Heilige Bibel
Deutsche Luther Übersetzung

Devoted Publishing
Email: devotedpub@hotmail.com
Facebook: @DevotedPublishing
Woodstock, Ontario, Kanada 2017

Table of Contents

Heilige Bibel: Deutsche Luther Übersetzung (Holy Bible: German Luther Translation)
Layout und Formatierung von Anthony Uyl und ist Copyright 2017 Devoted Publishing.
ISBN: 978-1-77356-057-1

Table of Contents

Das Alte Testament 3	Nahum 403
Genesis 3	Habakuk 404
Exodus 28	Zephanja 406
Levitikus 48	Haggai 408
Numeri 63	Sacharja 409
Deuternomium 84	Maleachi 414
Josua 102	Neues Testament 416
Richter 114	Matthäus 416
Rut 126	Markus 433
1 Samuel 128	Lukas 444
2 Samuel 144	Johannes 462
1 Könige 157	Apostelgeschichte 476
2 Könige 173	Römer 493
1 Chronik 188	1 Korinther 501
2 Chronik 202	2 Korinther 508
Esra 219	Galater 513
Nehemia 224	Epheser 516
Ester 231	Philipper 519
Hiob 235	Kolosser 521
Psalm 250	1 Thessalonicher 523
Sprueche 284	2 Thessalonicher 525
Prediger 296	1 Timotheus 526
Hohelied 300	2 Timotheus 528
Jesaja 302	Titus 530
Jeremia 327	Philemon 531
Klagelieder 354	Hebräer 532
Hesekiel 357	Jakobus 537
Daniel 381	1 Petrus 539
Hosea 389	2 Petrus 541
Joel 393	1 Johannes 543
Amos 395	2 Johannes 545
Obadja 398	3 Johannes 546
Jona 399	Judas 547
Mica 400	Offenbarung 548

Das Alte Testament

Genesis

Kapitel 1

¹Am Anfang schuf Gott Himmel und Erde.

²Und die Erde war wüst und leer, und es war finster auf der Tiefe; und der Geist Gottes schwebte auf dem Wasser.

³Und Gott sprach: Es werde Licht! und es ward Licht.

⁴Und Gott sah, daß das Licht gut war. Da schied Gott das Licht von der Finsternis

⁵und nannte das Licht Tag und die Finsternis Nacht. Da ward aus Abend und Morgen der erste Tag.

⁶Und Gott sprach: Es werde eine Feste zwischen den Wassern, und die sei ein Unterschied zwischen den Wassern.

⁷Da machte Gott die Feste und schied das Wasser unter der Feste von dem Wasser über der Feste. Und es geschah also.

⁸Und Gott nannte die Feste Himmel. Da ward aus Abend und Morgen der andere Tag.

⁹Und Gott sprach: Es sammle sich das Wasser unter dem Himmel an besondere Örter, daß man das Trockene sehe. Und es geschah also.

¹⁰Und Gott nannte das Trockene Erde, und die Sammlung der Wasser nannte er Meer. Und Gott sah, daß es gut war.

¹¹Und Gott sprach: Es lasse die Erde aufgehen Gras und Kraut, das sich besame, und fruchtbare Bäume, da ein jeglicher nach seiner Art Frucht trage und habe seinen eigenen Samen bei sich selbst auf Erden. Und es geschah also.

¹²Und die Erde ließ aufgehen Gras und Kraut, das sich besamte, ein jegliches nach seiner Art, und Bäume, die da Frucht trugen und ihren eigenen Samen bei sich selbst hatten, ein jeglicher nach seiner Art. Und Gott sah, daß es gut war.

¹³Da ward aus Abend und Morgen der dritte Tag.

¹⁴Und Gott sprach: Es werden Lichter an der Feste des Himmels, die da scheiden Tag und Nacht und geben Zeichen, Zeiten, Tage und Jahre

¹⁵und seien Lichter an der Feste des Himmels, daß sie scheinen auf Erden. Und es geschah also.

¹⁶Und Gott machte zwei große Lichter: ein großes Licht, das den Tag regiere, und ein kleines Licht, das die Nacht regiere, dazu auch Sterne.

¹⁷Und Gott setzte sie an die Feste des Himmels, daß sie schienen auf die Erde

¹⁸und den Tag und die Nacht regierten und schieden Licht und Finsternis. Und Gott sah, daß es gut war.

¹⁹Da ward aus Abend und Morgen der vierte Tag.

²⁰Und Gott sprach: Es errege sich das Wasser mit webenden und lebendigen Tieren, und Gevögel fliege auf Erden unter der Feste des Himmels.

²¹Und Gott schuf große Walfische und allerlei Getier, daß da lebt und webt, davon das Wasser sich erregte, ein jegliches nach seiner Art, und allerlei gefiedertes Gevögel, ein jegliches nach seiner Art. Und Gott sah, daß es gut war.

²²Und Gott segnete sie und sprach: Seid fruchtbar und mehrt euch und erfüllt das Wasser im Meer; und das Gefieder mehre sich auf Erden.

²³Da ward aus Abend und Morgen der fünfte Tag.

²⁴Und Gott sprach: Die Erde bringe hervor lebendige Tiere, ein jegliches nach seiner Art: Vieh, Gewürm und Tiere auf Erden, ein jegliches nach seiner Art. Und es geschah also.

²⁵Und Gott machte die Tiere auf Erden, ein jegliches nach seiner Art, und das Vieh nach seiner Art, und allerlei Gewürm auf Erden nach seiner Art. Und Gott sah, daß es gut war.

²⁶Und Gott sprach: Laßt uns Menschen machen, ein Bild, das uns gleich sei, die da herrschen über die Fische im Meer und über die Vögel unter dem Himmel und über das Vieh und über die ganze Erde und über alles Gewürm, das auf Erden kriecht.

²⁷Und Gott schuf den Menschen ihm zum Bilde, zum Bilde Gottes schuf er ihn; und schuf sie einen Mann und ein Weib.

²⁸Und Gott segnete sie und sprach zu ihnen: Seid fruchtbar und mehrt euch und füllt die Erde und macht sie euch untertan und herrscht über die Fische im Meer und über die Vögel unter dem Himmel und über alles Getier, das auf Erden kriecht.

²⁹Und Gott sprach: Seht da, ich habe euch gegeben allerlei Kraut, das sich besamt, auf der ganzen Erde und allerlei fruchtbare Bäume, die sich besamen, zu eurer Speise,

³⁰und allem Getier auf Erden und allen Vögeln unter dem Himmel und allem Gewürm, das da lebt auf Erden, daß sie allerlei grünes Kraut essen. Und es geschah also.

³¹Und Gott sah alles an, was er gemacht hatte; und siehe da, es war sehr gut. Da ward aus Abend und Morgen der sechste Tag.

Kapitel 2

¹Also ward vollendet Himmel und Erde mit ihrem ganzen Heer.

²Und also vollendete Gott am siebenten Tage seine Werke, die er machte, und ruhte am siebenten Tage von allen seinen Werken, die er machte.

³Und Gott segnete den siebenten Tag und heiligte ihn, darum daß er an demselben geruht hatte von allen seinen Werken, die Gott schuf und machte.

⁴Also ist Himmel und Erde geworden, da sie geschaffen sind, zu der Zeit, da Gott der HERR Erde und Himmel machte.

⁵Und allerlei Bäume auf dem Felde waren noch nicht auf Erden, und allerlei Kraut auf dem Felde war noch nicht gewachsen; denn Gott der HERR hatte noch nicht regnen lassen auf Erden, und es war kein Mensch, der das Land baute.

⁶Aber ein Nebel ging auf von der Erde und feuchtete alles Land.

⁷Und Gott der HERR machte den Menschen aus einem Erdenkloß, uns blies ihm ein den lebendigen Odem in seine Nase. Und also ward der Mensch eine lebendige Seele.

⁸Und Gott der HERR pflanzte einen Garten in Eden gegen Morgen und setzte den Menschen hinein, den er gemacht hatte.

⁹Und Gott der HERR ließ aufwachsen aus der Erde allerlei Bäume, lustig anzusehen und gut zu essen, und den Baum des Lebens mitten im Garten und den Baum der Erkenntnis des Guten und Bösen.

¹⁰Und es ging aus von Eden ein Strom, zu wässern den Garten, und er teilte sich von da in vier Hauptwasser.

¹¹Das erste heißt Pison, das fließt um das ganze Land Hevila; und daselbst findet man Gold.

¹²Und das Gold des Landes ist köstlich; und da findet man Bedellion und den Edelstein Onyx.

¹³Das andere Wasser heißt Gihon, das fließt um um das ganze Mohrenland.

¹⁴Das dritte Wasser heißt Hiddekel, das fließt vor Assyrien. Das vierte Wasser ist der Euphrat.

¹⁵Und Gott der HERR nahm den Menschen und setzte ihn in den Garten Eden, daß er ihn baute und bewahrte.

¹⁶Und Gott der HERR gebot dem Menschen und sprach: Du sollst essen von allerlei Bäumen im Garten;

¹⁷aber von dem Baum der Erkenntnis des Guten und des Bösen sollst du nicht essen; denn welches Tages du davon ißt, wirst du des Todes sterben.

¹⁸Und Gott der HERR sprach: Es ist nicht gut, daß der Mensch allein sei; ich will ihm eine Gehilfin machen, die um ihn sei.

¹⁹Denn als Gott der HERR gemacht hatte von der Erde allerlei Tiere auf dem Felde und allerlei Vögel unter dem Himmel, brachte er sie zu dem Menschen, daß er sähe, wie er sie nennte; denn der wie Mensch allerlei lebendige Tiere nennen würde, so sollten sie heißen.

²⁰Und der Mensch gab einem jeglichen Vieh und Vogel unter dem Himmel und Tier auf dem Felde seinen Namen; aber für den Menschen ward keine Gehilfin gefunden, die um ihn wäre.

²¹Da ließ Gott der HERR einen tiefen Schlaf fallen auf den Menschen, und er schlief ein. Und er nahm seiner Rippen eine und schloß die Stätte zu mit Fleisch.

²²Und Gott der HERR baute ein Weib aus der Rippe, die er vom Menschen nahm, und brachte sie zu ihm.

²³Da sprach der Mensch: Das ist doch Bein von meinem Bein und Fleisch von meinem Fleisch; man wird sie Männin heißen, darum daß sie vom Manne genommen ist.

²⁴Darum wird ein Mann Vater und Mutter verlassen und an seinem Weibe hangen, und sie werden sein ein Fleisch.

²⁵Und sie waren beide nackt, der Mensch und das Weib, und schämten sich nicht.

Kapitel 3

¹Und die Schlange war listiger denn alle Tiere auf dem Felde, die Gott der HERR gemacht hatte, und sprach zu dem Weibe: Ja, sollte Gott gesagt haben: Ihr sollt nicht essen von den Früchten der Bäume im

Garten?

²Da sprach das Weib zu der Schlange: Wir essen von den Früchten der Bäume im Garten;

³aber von den Früchten des Baumes mitten im Garten hat Gott gesagt: Eßt nicht davon, rührt's auch nicht an, daß ihr nicht sterbt.

⁴Da sprach die Schlange zum Weibe: Ihr werdet mitnichten des Todes sterben;

⁵sondern Gott weiß, daß, welches Tages ihr davon eßt, so werden eure Augen aufgetan, und werdet sein wie Gott und wissen, was gut und böse ist.

⁶Und das Weib schaute an, daß von dem Baum gut zu essen wäre und daß er lieblich anzusehen und ein lustiger Baum wäre, weil er klug machte; und sie nahm von der Frucht und aß und gab ihrem Mann auch davon, und er aß.

⁷Da wurden ihrer beiden Augen aufgetan, und sie wurden gewahr, daß sie nackt waren, und flochten Feigenblätter zusammen und machten sich Schürze.

⁸Und sie hörten die Stimme Gottes des HERRN, der im Garten ging, da der Tag kühl geworden war. Und Adam versteckte sich mit seinem Weibe vor dem Angesicht Gottes des HERRN unter die Bäume im Garten.

⁹Und Gott der HERR rief Adam und sprach zu ihm: Wo bist du?

¹⁰Und er sprach: Ich hörte deine Stimme im Garten und fürchtete mich; denn ich bin nackt, darum versteckte ich mich.

¹¹Und er sprach: Wer hat dir's gesagt, daß du nackt bist? Hast du nicht gegessen von dem Baum, davon ich dir gebot, du solltest nicht davon essen?

¹²Da sprach Adam: Das Weib, das du mir zugesellt hast, gab mir von von dem Baum, und ich aß.

¹³Da sprach Gott der HERR zum Weibe: Warum hast du das getan? Das Weib sprach: Die Schlange betrog mich also, daß ich aß.

¹⁴Da sprach Gott der HERR zu der Schlange: Weil du solches getan hast, seist du verflucht vor allem Vieh und vor allen Tieren auf dem Felde. Auf deinem Bauche sollst du gehen und Erde essen dein Leben lang.

¹⁵Und ich will Feindschaft setzen zwischen dir und dem Weibe und zwischen deinem Samen und ihrem Samen. Derselbe soll dir den Kopf zertreten, und du wirst ihn in die Ferse stechen.

¹⁶Und zum Weibe sprach er: Ich will dir viel Schmerzen schaffen, wenn du schwanger wirst; du sollst mit Schmerzen Kinder gebären; und dein Verlangen soll nach deinem Manne sein, und er soll dein Herr sein.

¹⁷Und zu Adam sprach er: Dieweil du hast gehorcht der Stimme deines Weibes und hast gegessen von dem Baum, davon ich dir gebot und sprach: Du sollst nicht davon essen, verflucht sei der Acker um deinetwillen, mit Kummer sollst du dich darauf nähren dein Leben lang.

¹⁸Dornen und Disteln soll er dir tragen, und sollst das Kraut auf dem Felde essen.

¹⁹Im Schweiße deines Angesichts sollst du dein Brot essen, bis daß du wieder zu Erde werdest, davon du genommen bist. Denn du bist Erde und sollst zu Erde werden.

²⁰Und Adam hieß sein Weib Eva, darum daß sie eine Mutter ist aller Lebendigen.

²¹Und Gott der HERR machte Adam und seinem Weibe Röcke von Fellen und kleidete sie.

²²Und Gott der HERR sprach: Siehe, Adam ist geworden wie unsereiner und weiß, was gut und böse ist. Nun aber, daß er nicht ausstrecke seine Hand und breche auch von dem Baum des Lebens und esse und lebe ewiglich!

²³Da wies ihn Gott der HERR aus dem Garten Eden, daß er das Feld baute, davon er genommen ist,

²⁴und trieb Adam aus und lagerte vor den Garten Eden die Cherubim mit dem bloßen, hauenden Schwert, zu bewahren den Weg zu dem Baum des Lebens.

Kapitel 4

¹Und Adam erkannte sein Weib Eva, und sie ward schwanger und gebar den Kain und sprach: Ich habe einen Mann gewonnen mit dem HERRN.

²Und sie fuhr fort und gebar Abel, seinen Bruder. Und Abel ward ein Schäfer; Kain aber ward ein Ackermann.

³Es begab sich nach etlicher Zeit, daß Kain dem HERRN Opfer brachte von den Früchten des Feldes;

⁴und Abel brachte auch von den Erstlingen seiner Herde und von ihrem Fett. Und der HERR sah gnädig an Abel und sein Opfer;

⁵aber Kain und sein Opfer sah er nicht gnädig an. Da ergrimmte Kain sehr, und seine Gebärde verstellte sich.

⁶Da sprach der HERR zu Kain: Warum ergrimmst du? und warum verstellt sich deine Gebärde?

⁷Ist's nicht also? Wenn du fromm bist, so bist du angenehm; bist du aber nicht fromm, so ruht die Sünde vor der Tür, und nach dir hat sie Verlangen; du aber herrsche über sie.

⁸Da redete Kain mit seinem Bruder Abel. Und es begab sich, da sie auf dem Felde waren, erhob sich Kain wider seinen Bruder Abel und schlug ihn tot.

⁹Da sprach der HERR zu Kain: Wo ist dein Bruder Abel? Er sprach: Ich weiß nicht; soll ich meines Bruders Hüter sein?

¹⁰Er aber sprach: Was hast du getan? Die Stimme des Bluts deines Bruders schreit zu mir von der Erde.

¹¹Und nun verflucht seist du auf der Erde, die ihr Maul hat aufgetan und deines Bruders Blut von deinen Händen empfangen.

¹²Wenn du den Acker bauen wirst, soll er dir hinfort sein Vermögen nicht geben. Unstet und flüchtig sollst du sein auf Erden.

¹³Kain aber sprach zu dem HERRN: Meine Sünde ist größer, denn daß sie mir vergeben werden möge.

¹⁴Siehe, du treibst mich heute aus dem Lande, und ich muß mich vor deinem Angesicht verbergen und muß unstet und flüchtig sein auf Erden. So wird mir's gehen, daß mich totschlage, wer mich findet.

¹⁵Aber der HERR sprach zu ihm: Nein; sondern wer Kain totschlägt, das soll siebenfältig gerächt werden. Und der HERR machte ein Zeichen an Kain, daß ihn niemand erschlüge, wer ihn fände.

¹⁶Also ging Kain von dem Angesicht des HERRN und wohnte im Lande Nod, jenseit Eden, gegen Morgen.

¹⁷Und Kain erkannte sein Weib, die ward schwanger und gebar den Henoch. Und er baute eine Stadt, die nannte er nach seines Sohnes Namen Henoch.

¹⁸Henoch aber zeugte Irad, Irad zeugte Mahujael, Mahujael zeugte Methusael, Methusael zeugte Lamech.

¹⁹Lamech aber nahm zwei Weiber; eine hieß Ada, die andere Zilla.

²⁰Und Ada gebar Jabal; von dem sind hergekommen, die in Hütten wohnten und Vieh zogen.

²¹Und sein Bruder hieß Jubal; von dem sind hergekommen die Geiger und Pfeifer.

²²Die Zilla aber gebar auch, nämlich den Thubalkain, den Meister in allerlei Erz-und Eisenwerk. Und die Schwester des Thubalkain war Naema.

²³Und Lamech sprach zu seinen Weibern Ada und Zilla: Ihr Weiber Lamechs, hört meine Rede und merkt, was ich sage: Ich habe einen Mann erschlagen für meine Wunde und einen Jüngling für meine Beule;

²⁴Kain soll siebenmal gerächt werden, aber Lamech siebenundsiebzigmal.

²⁵Adam erkannte abermals sein Weib, und sie gebar einen Sohn, den hieß sie Seth; denn Gott hat mir, sprach sie, einen andern Samen gesetzt für Abel, den Kain erwürgt hat.

²⁶Und Seth zeugte auch einen Sohn und hieß ihn Enos. Zu der Zeit fing man an, zu predigen von des HERRN Namen.

Kapitel 5

¹Dies ist das Buch von des Menschen Geschlecht. Da Gott den Menschen schuf, machte er ihn nach dem Bilde Gottes;

²und schuf sie einen Mann und ein Weib und segnete sie und hieß ihren Namen Mensch zur Zeit, da sie geschaffen wurden.

³Und Adam war hundertunddreißig Jahre alt und zeugte einen Sohn, der seinem Bild ähnlich war und hieß ihn Seth

⁴und lebte darnach achthundert Jahre und zeugte Söhne und Töchter;

⁵daß sein ganzes Alter ward neunhundertunddreißig Jahre, und starb.

⁶Seth war hundertundfünf Jahre alt und zeugte Enos

⁷und lebte darnach achthundertundsieben Jahre und zeugte Söhne und Töchter;

⁸daß sein ganzes Alter ward neunhundertundzwölf Jahre, und starb.

⁹Enos war neunzig Jahre alt und zeugte Kenan

¹⁰und lebte darnach achthundertundfünfzig Jahre und zeugte Söhne und Töchter;

¹¹daß sein ganzes Alter ward neunhundertundfünf Jahre, und starb.

¹²Kenan war siebzig Jahre alt und zeugte Mahalaleel

¹³und lebte darnach achthundertundvierzig Jahre und zeugte Söhne und Töchter;

¹⁴daß sein ganzes Alter ward neunhundertundzehn Jahre, und starb.

¹⁵Mahalaleel war fünfundsechzig Jahre alt und zeugte Jared

¹⁶und lebte darnach achthundertunddreißig Jahre und zeugte Söhne und Töchter;

¹⁷daß sein ganzes Alter ward achthundert und fünfundneunzig Jahre, und starb.

¹⁸Jared war hundertzweiundsechzig Jahre alt und zeugte Henoch

¹⁹und er lebte darnach achthundert Jahre und zeugte Söhne und Töchter;

²⁰daß sein ganzes Alter ward neunhundert und zweiundsechzig Jahre, und starb.

²¹Henoch war fünfundsechzig Jahre alt und zeugte Methusalah.

²²Und nachdem er Methusalah gezeugt hatte, blieb er in einem göttlichen Leben dreihundert Jahre und zeugte Söhne und Töchter;

²³daß sein ganzes Alter ward dreihundertfünfundsechzig Jahre.

²⁴Und dieweil er ein göttliches Leben führte, nahm ihn Gott hinweg, und er ward nicht mehr gesehen.

²⁵Methusalah war hundertsiebenundachtzig Jahre alt und zeugte Lamech

²⁶und lebte darnach siebenhundert und zweiundachtzig Jahre und zeugte Söhne und Töchter;

²⁷daß sein ganzes Alter ward neunhundert und neunundsechzig Jahre, und starb.

²⁸Lamech war hundertzweiundachtzig Jahre alt und zeugte einen Sohn

²⁹und hieß ihn Noah und sprach: Der wird uns trösten in unsrer Mühe und Arbeit auf der Erde, die der HERR verflucht hat.

³⁰Darnach lebte er fünfhundert und fünfundneunzig Jahre und zeugte Söhne und Töchter;

³¹daß sein ganzes Alter ward siebenhundert siebenundsiebzig Jahre, und starb.

³²Noah war fünfhundert Jahre alt und zeugte Sem, Ham und Japheth.

Kapitel 6

¹Da sich aber die Menschen begannen zu mehren auf Erden und ihnen Töchter geboren wurden,

²da sahen die Kinder Gottes nach den Töchtern der Menschen, wie sie schön waren, und nahmen zu Weibern, welche sie wollten.

³Da sprach der HERR: Die Menschen wollen sich von meinem Geist nicht mehr strafen lassen; denn sie sind Fleisch. Ich will ihnen noch Frist geben hundertundzwanzig Jahre.

⁴Es waren auch zu den Zeiten Tyrannen auf Erden; denn da die Kinder Gottes zu den Töchtern der Menschen eingingen und sie ihnen Kinder gebaren, wurden daraus Gewaltige in der Welt und berühmte Männer.

⁵Da aber der HERR sah, daß der Menschen Bosheit groß war auf Erden und alles Dichten und Trachten ihres Herzens nur böse war immerdar,

⁶da reute es ihn, daß er die Menschen gemacht hatte auf Erden, und es bekümmerte ihn in seinem Herzen,

⁷und er sprach: Ich will die Menschen, die ich gemacht habe, vertilgen von der Erde, vom Menschen an bis auf das Vieh und bis auf das Gewürm und bis auf die Vögel unter dem Himmel; denn es reut mich, daß ich sie gemacht habe.

⁸Aber Noah fand Gnade vor dem HERRN.

⁹Dies ist das Geschlecht Noahs. Noah war ein frommer Mann und ohne Tadel und führte ein göttliches Leben zu seinen Zeiten.

¹⁰und zeugte drei Söhne Sem, Ham und Japheth.

¹¹Aber die Erde war verderbt vor Gottes Augen und voll Frevels.

¹²Da sah Gott auf die Erde, und siehe, sie war verderbt; denn alles Fleisch hatte seinen Weg verderbt auf Erden.

¹³Da sprach Gott zu Noah: Alles Fleisches Ende ist vor mich gekommen; denn die Erde ist voll Frevels von ihnen; und siehe da, ich will sie verderben mit der Erde.

¹⁴Mache dir einen Kasten von Tannenholz und mache Kammern darin und verpiche ihn mit Pech inwendig und auswendig.

¹⁵Und mache ihn also: Dreihundert Ellen sei die Länge, fünfzig Ellen die Weite und dreißig Ellen die Höhe.

¹⁶Ein Fenster sollst du daran machen obenan, eine Elle groß. Die Tür sollst du mitten in seine Seite setzen. Und er soll drei Boden haben: einen unten, den andern in der Mitte, den dritten in der Höhe.

¹⁷Denn siehe, ich will die Sintflut mit Wasser kommen lassen auf Erden, zu verderben alles Fleisch, darin ein lebendiger Odem ist, unter dem Himmel. Alles, was auf Erden ist, soll untergehen.

¹⁸Aber mit dir will ich einen Bund aufrichten; und du sollst in den Kasten gehen mit deinen Söhnen, mit deinem Weibe und mit deiner Söhne Weibern.

¹⁹Und du sollst in den Kasten tun allerlei Tiere von allem Fleisch, je ein Paar, Männlein und Weiblein, daß sie lebendig bleiben bei dir.

²⁰Von den Vögeln nach ihrer Art, von dem Vieh nach seiner Art und von allerlei Gewürm auf Erden nach seiner Art: von den allen soll je ein Paar zu dir hineingehen, daß sie leben bleiben.

²¹Und du sollst allerlei Speise zu dir nehmen, die man ißt, und sollst sie bei dir sammeln, daß sie dir und ihnen zur Nahrung da sei.

²²Und Noah tat alles, was ihm Gott gebot.

Kapitel 7

¹Und der HERR sprach zu Noah: Gehe in den Kasten, du und dein ganzes Haus; denn ich habe dich gerecht ersehen vor mir zu dieser Zeit.

²Aus allerlei reinem Vieh nimm zu dir je sieben und sieben, das Männlein und sein Weiblein; von dem unreinen Vieh aber je ein Paar, das Männlein und sein Weiblein.

³Desgleichen von den Vögeln unter dem Himmel je sieben und sieben, das Männlein und sein Weiblein, auf daß Same lebendig bleibe auf dem ganzen Erdboden.

⁴Denn von nun an über sieben Tage will ich regnen lassen auf Erden vierzig Tage und vierzig Nächte und vertilgen von dem Erdboden alles, was Wesen hat, was ich gemacht habe.

⁵Und Noah tat alles, was ihm der HERR gebot.

⁶Er war aber sechshundert Jahre alt, da das Wasser der Sintflut auf Erden kam.

⁷Und er ging in den Kasten mit seinen Söhnen, seinem Weibe und seiner Söhne Weibern vor dem Gewässer der Sintflut.

⁸Von dem reinen Vieh und von dem unreinen, von den Vögeln und von allem Gewürm auf Erden

⁹gingen zu ihm in den Kasten paarweise, je ein Männlein und Weiblein, wie ihm Gott geboten hatte.

¹⁰Und da die sieben Tage vergangen waren, kam das Gewässer der Sintflut auf Erden.

¹¹In dem sechshundertsten Jahr des Alters Noahs, am siebzehnten Tage des zweiten Monats, das ist der Tag, da aufbrachen alle Brunnen der großen Tiefe, und taten sich auf die Fenster des Himmels,

¹²und kam ein Regen auf Erden vierzig Tage und vierzig Nächte.

¹³Eben am selben Tage ging Noah in den Kasten mit Sem, Ham und Japheth, seinen Söhnen, und mit seinem Weibe und seiner Söhne drei Weibern,

¹⁴dazu allerlei Getier nach seiner Art, allerlei Vieh nach seiner Art, allerlei Gewürm, das auf Erden kriecht, nach seiner Art und allerlei Vögel nach ihrer Art, alles was fliegen konnte, alles, was Fittiche hatte;

¹⁵das ging alles zu Noah in den Kasten paarweise, von allem Fleisch, darin ein lebendiger Geist war.

¹⁶Und das waren Männlein und Weiblein von allerlei Fleisch, und gingen hinein, wie denn Gott ihm geboten hatte. Und der HERR schloß hinter ihm zu.

¹⁷Da kam die Sintflut vierzig Tage auf Erden, und die Wasser wuchsen und hoben den Kasten auf und trugen ihn empor über die Erde.

¹⁸Also nahm das Gewässer überhand und wuchs sehr auf Erden, daß der Kasten auf dem Gewässer fuhr.

¹⁹Und das Gewässer nahm überhand und wuchs so sehr auf Erden, daß alle hohen Berge unter dem ganzen Himmel bedeckt wurden.

²⁰Fünfzehn Ellen hoch ging das Gewässer über die Berge, die bedeckt wurden.

²¹Da ging alles Fleisch unter, das auf Erden kriecht, an Vögeln, an Vieh, an Tieren und an allem, was sich regt auf Erden, und alle Menschen.

²²Alles, was einen lebendigen Odem hatte auf dem Trockenen, das starb.

²³Also ward vertilgt alles, was auf dem Erdboden war, vom Menschen an bis auf das Vieh und das Gewürm und auf die Vögel unter dem Himmel; das ward alles von der Erde vertilgt. Allein Noah blieb übrig und was mit ihm in dem Kasten war.

²⁴Und das Gewässer stand auf Erden hundertundfünfzig Tage.

Kapitel 8

¹Da gedachte Gott an Noah und an alle Tiere und an alles Vieh, das mit ihm in dem Kasten war, und ließ Wind auf Erden kommen, und die Wasser fielen;

²und die Brunnen der Tiefe wurden verstopft samt den Fenstern des Himmels, und dem Regen vom Himmel ward gewehrt;

³und das Gewässer verlief sich von der Erde immer mehr und nahm ab nach hundertfünfzig Tagen.

⁴Am siebzehnten Tage des siebenten Monats ließ sich der Kasten nieder auf das Gebirge Ararat.

⁵Es nahm aber das Gewässer immer mehr ab bis auf den zehnten Monat. Am ersten Tage des zehnten Monats sahen der Berge Spitzen

hervor.

⁶Nach vierzig Tagen tat Noah das Fenster auf an dem Kasten, das er gemacht hatte,

⁷und ließ einen Raben ausfliegen; der flog immer hin und wieder her, bis das Gewässer vertrocknete auf Erden.

⁸Darnach ließ er eine Taube von sich ausfliegen, auf daß er erführe, ob das Gewässer gefallen wäre auf Erden.

⁹Da aber die Taube nicht fand, da ihr Fuß ruhen konnte, kam sie wieder zu ihm in den Kasten; denn das Gewässer war noch auf dem ganzen Erdboden. Da tat er die Hand heraus und nahm sie zu sich in den Kasten.

¹⁰Da harrte er noch weitere sieben Tage und ließ abermals eine Taube fliegen aus dem Kasten.

¹¹Die kam zu ihm zur Abendzeit, und siehe, ein Ölblatt hatte sie abgebrochen und trug's in ihrem Munde. Da merkte Noah, daß das Gewässer gefallen wäre auf Erden.

¹²Aber er harrte noch weiter sieben Tage und ließ eine Taube ausfliegen; die kam nicht wieder zu ihm.

¹³Im sechshundertundersten Jahr des Alters Noahs, am ersten Tage des ersten Monats vertrocknete das Gewässer auf Erden. Da tat Noah das Dach von dem Kasten und sah, daß der Erdboden trocken war.

¹⁴Also ward die Erde ganz trocken am siebenundzwanzigsten Tage des zweiten Monats.

¹⁵Da redete Gott mit Noah und sprach:

¹⁶Gehe aus dem Kasten, du und dein Weib, deine Söhne und deiner Söhne Weiber mit dir.

¹⁷Allerlei Getier, das bei dir ist, von allerlei Fleisch, an Vögeln, an Vieh und an allerlei Gewürm, das auf Erden kriecht, das gehe heraus mit dir, daß sie sich regen auf Erden und fruchtbar seien und sich mehren auf Erden.

¹⁸Also ging Noah heraus mit seinen Söhnen und seinem Weibe und seiner Söhne Weibern,

¹⁹dazu allerlei Getier, allerlei Gewürm, allerlei Vögel und alles, was auf Erden kriecht; das ging aus dem Kasten, ein jegliches mit seinesgleichen.

²⁰Noah aber baute dem HERRN einen Altar und nahm von allerlei reinem Vieh und von allerlei reinem Geflügel und opferte Brandopfer auf dem Altar.

²¹Und der HERR roch den lieblichen Geruch und sprach in seinem Herzen: Ich will hinfort nicht mehr die Erde verfluchen um der Menschen willen; denn das Dichten des menschlichen Herzens ist böse von Jugend auf. Und ich will hinfort nicht mehr schlagen alles, was da lebt, wie ich getan habe.

²²Solange die Erde steht, soll nicht aufhören Saat und Ernte, Frost und Hitze, Sommer und Winter, Tag und Nacht.

Kapitel 9

¹Und Gott segnete Noah und seine Söhne und sprach: Seid fruchtbar und mehrt euch und erfüllt die Erde.

²Furcht und Schrecken vor euch sei über alle Tiere auf Erden und über alle Vögel unter dem Himmel, über alles, was auf dem Erdboden kriecht, und über alle Fische im Meer; in eure Hände seien sie gegeben.

³Alles, was sich regt und lebt, das sei eure Speise; wie das grüne Kraut habe ich's euch alles gegeben.

⁴Allein eßt das Fleisch nicht, das noch lebt in seinem Blut.

⁵Auch will ich eures Leibes Blut rächen und will's an allen Tieren rächen und will des Menschen Leben rächen an einem jeglichen Menschen als dem, der sein Bruder ist.

⁶Wer Menschenblut vergießt, des Blut soll auch durch Menschen vergossen werden; denn Gott hat den Menschen zu seinem Bilde gemacht.

⁷Seid fruchtbar und mehrt euch und regt euch auf Erden, daß euer viel darauf werden.

⁸Und Gott sagte zu Noah und seinen Söhnen mit ihm:

⁹Siehe, ich richte mit euch einen Bund auf und mit eurem Samen nach euch

¹⁰und mit allem lebendigen Getier bei euch, an Vögeln, an Vieh und an allen Tieren auf Erden bei euch, von allem, was aus dem Kasten gegangen ist, was für Tiere es sind auf Erden.

¹¹Und richte meinen Bund also mit euch auf, daß hinfort nicht mehr alles Fleisch verderbt werden soll mit dem Wasser der Sintflut, und soll hinfort keine Sintflut mehr kommen, die die Erde verderbe.

¹²Und Gott sprach: Das ist das Zeichen des Bundes, den ich gemacht habe zwischen mir und euch und allen lebendigen Seelen bei euch hinfort ewiglich:

¹³Meinen Bogen habe ich gesetzt in die Wolken; der soll das Zeichen sein des Bundes zwischen mir und der Erde.

¹⁴Und wenn es kommt, daß ich Wolken über die Erde führe, so soll man meinen Bogen sehen in den Wolken.

¹⁵Alsdann will ich gedenken an meinen Bund zwischen mir und euch und allen lebendigen Seelen in allerlei Fleisch, daß nicht mehr hinfort eine Sintflut komme, die alles Fleisch verderbe.

¹⁶Darum soll mein Bogen in den Wolken sein, daß ich ihn ansehe und gedenke an den ewigen Bund zwischen Gott und allen lebendigen Seelen in allem Fleisch, das auf Erden ist.

¹⁷Und Gott sagte zu Noah: Das sei das Zeichen des Bundes, den ich aufgerichtet habe zwischen mir und allem Fleisch auf Erden.

¹⁸Die Söhne Noahs, die aus dem Kasten gingen, sind diese: Sem, Ham und Japheth. Ham aber ist der Vater Kanaans.

¹⁹Das sind die drei Söhne Noahs, von denen ist alles Land besetzt.

²⁰Noah aber fing an und ward ein Ackermann und pflanzte Weinberge.

²¹Und da er von dem Wein trank, ward er trunken und lag in der Hütte aufgedeckt.

²²Da nun Ham, Kanaans Vater, sah seines Vaters Blöße, sagte er's seinen beiden Brüdern draußen.

²³Da nahmen Sem und Japheth ein Kleid und legten es auf ihrer beider Schultern und gingen rücklings hinzu und deckten des Vaters Blöße zu; und ihr Angesicht war abgewandt, daß sie ihres Vater Blöße nicht sahen.

²⁴Als nun Noah erwachte von seinem Wein und erfuhr, was ihm sein jüngster Sohn getan hatte,

²⁵sprach er: Verflucht sei Kanaan und sei ein Knecht aller Knechte unter seinen Brüdern!

²⁶und sprach weiter: Gelobt sei der HERR, der Gott Sem's; und Kanaan sei sein Knecht!

²⁷Gott breite Japheth aus, und lasse ihn wohnen in den Hütten des Sem; und Kanaan sei sein Knecht!

²⁸Noah aber lebte nach der Sintflut dreihundertfünfzig Jahre,

²⁹daß sein ganzes Alter ward neunhundertundfünfzig Jahre, und starb.

Kapitel 10

¹Dies ist das Geschlecht der Kinder Noahs: Sem, Ham, Japheth. Und sie zeugten Kinder nach der Sintflut.

²Die Kinder Japheths sind diese: Gomer, Magog, Madai, Javan, Thubal, Mesech und Thiras.

³Aber die Kinder von Gomer sind diese: Askenas, Riphath und Thorgama.

⁴Die Kinder von Javan sind diese: Elisa, Tharsis, die Chittiter und die Dodaniter.

⁵Von diesen sind ausgebreitet die Inseln der Heiden in ihren Ländern, jegliche nach ihren Sprachen, Geschlechtern und Leuten.

⁶Die Kinder von Ham sind diese: Chus, Mizraim, Put und Kanaan.

⁷Aber die Kinder von Chus sind diese: Seba, Hevila, Sabtha, Ragma und Sabthecha. Aber die Kinder von Ragma sind diese: Saba und Dedan.

⁸Chus aber zeugte den Nimrod. Der fing an ein gewaltiger Herr zu sein auf Erden,

⁹und war ein gewaltiger Jäger vor dem HERRN. Daher spricht man: Das ist ein gewaltiger Jäger vor dem HERRN wie Nimrod.

¹⁰Und der Anfang seines Reiches war Babel, Erech, Akkad und Chalne im Lande Sinear.

¹¹Von dem Land ist er gekommen nach Assur und baute Ninive und Rehoboth-Ir und Kalah,

¹²dazu Resen zwischen Ninive und Kalah. Dies ist die große Stadt.

¹³Mizraim zeugte die Luditer, die Anamiter, die Lehabiter, die Naphthuhiter,

¹⁴die Pathrusiter und die Kasluhiter (von dannen sind gekommen die Philister) und die Kaphthoriter.

¹⁵Kanaan aber zeugte Sidon, seinen ersten Sohn, und Heth,

¹⁶den Jebusiter, den Amoriter, den Girgasiter,

¹⁷den Heviter, den Arkiter, den Siniter,

¹⁸den Arvaditer, den Zemariter und den Hamathiter. Daher sind ausgebreitet die Geschlechter der Kanaaniter.

¹⁹Und ihre Grenzen waren von Sidon an durch Gerar bis gen Gaza, bis man kommt gen Sodom, Gomorra, Adama, Zeboim und bis gen Lasa.

²⁰Das sind die Kinder Hams in ihren Geschlechtern, Sprachen und Leuten.

²¹Sem aber, Japheths, des Ältern, Bruder, zeugte auch Kinder, der ein Vater ist aller Kinder von Eber.

²²Und dies sind seine Kinder: Elam, Assur, Arphachsad, Lud und Aram.

²³Die Kinder von Aram sind diese: Uz, Hul, Gether und Mas.

²⁴Arphachsad aber zeugte Salah, Salah zeugte Eber.

²⁵Eber zeugte zwei Söhne. Einer hieß Peleg, darum daß zu seiner Zeit die Welt zerteilt ward; des Bruder hieß Joktan.

²⁶Und Joktan zeugte Almodad, Saleph, Hazarmaveth, Jarah,

²⁷Hadoram, Usal, Dikla,

²⁸Obal, Abimael, Saba,

²⁹Ophir, Hevila und Jobab. Das sind die Kinder von Joktan.

³⁰Und ihre Wohnung war von Mesa an, bis man kommt gen Sephar, an den Berg gegen Morgen.

³¹Das sind die Kinder von Sem in ihren Geschlechtern, Sprachen, Ländern und Leuten.

³²Das sind die Nachkommen der Kinder Noahs in ihren Geschlechtern und Leuten. Von denen sind ausgebreitet die Leute auf Erden nach der Sintflut.

Kapitel 11

¹Es hatte aber alle Welt einerlei Zunge und Sprache.

²Da sie nun zogen gen Morgen, fanden sie ein ebenes Land im Lande Sinear, und wohnten daselbst.

³Und sie sprachen untereinander: Wohlauf, laß uns Ziegel streichen und brennen! und nahmen Ziegel zu Stein und Erdharz zu Kalk

⁴und sprachen: Wohlauf, laßt uns eine Stadt und einen Turm bauen, des Spitze bis an den Himmel reiche, daß wir uns einen Namen machen! denn wir werden sonst zerstreut in alle Länder.

⁵Da fuhr der HERR hernieder, daß er sähe die Stadt und den Turm, die die Menschenkinder bauten.

⁶Und der HERR sprach: Siehe, es ist einerlei Volk und einerlei Sprache unter ihnen allen, und haben das angefangen zu tun; sie werden nicht ablassen von allem, was sie sich vorgenommen haben zu tun.

⁷Wohlauf, laßt uns herniederfahren und ihre Sprache daselbst verwirren, daß keiner des andern Sprache verstehe!

⁸Also zerstreute sie der HERR von dort alle Länder, daß sie mußten aufhören die Stadt zu bauen.

⁹Daher heißt ihr Name Babel, daß der HERR daselbst verwirrt hatte aller Länder Sprache und sie zerstreut von dort in alle Länder.

¹⁰Dies sind die Geschlechter Sems: Sem war hundert Jahre alt und zeugte Arphachsad, zwei Jahre nach der Sintflut,

¹¹und lebte darnach fünfhundert Jahre und zeugte Söhne und Töchter.

¹²Arphachsad war fünfunddreißig Jahre alt und zeugte Salah

¹³und lebte darnach vierhundertunddrei Jahre und zeugte Söhne und Töchter.

¹⁴Salah war dreißig Jahre alt und zeugte Eber

¹⁵und lebte darnach vierhundertunddrei Jahre und zeugte Söhne und Töchter.

¹⁶Eber war vierunddreißig Jahre alt und zeugte Peleg

¹⁷und lebte darnach vierhundertunddreißig Jahre und zeugte Söhne und Töchter.

¹⁸Peleg war dreißig Jahre alt und zeugte Regu

¹⁹und lebte darnach zweihundertundneun Jahre und zeugte Söhne und Töchter.

²⁰Regu war zweiundreißig Jahre alt und zeugte Serug

²¹und lebte darnach zweihundertundsieben Jahre und zeugte Söhne und Töchter.

²²Serug war dreißig Jahre alt und zeugte Nahor

²³und lebte darnach zweihundert Jahre und zeugte Söhne und Töchter.

²⁴Nahor war neunundzwanzig Jahre alt und zeugte Tharah

²⁵und lebte darnach hundertundneunzehn Jahre und zeugte Söhne und Töchter.

²⁶Tharah war siebzig Jahre alt und zeugte Abram, Nahor und Haran.

²⁷Dies sind die Geschlechter Tharahs: Tharah zeugte Abram, Nahor und Haran. Aber Haran zeugte Lot.

²⁸Haran aber starb vor seinem Vater Tharah in seinem Vaterlande zu Ur in Chaldäa.

²⁹Da nahmen Abram und Nahor Weiber. Abrams Weib hieß Sarai, und Nahors Weib Milka, Harans Tochter, der ein Vater war der Milka und der Jiska.

³⁰Aber Sarai war unfruchtbar und hatte kein Kind.

³¹Da nahm Tharah seinen Sohn Abram und Lot, seines Sohnes Harans Sohn, und seine Schwiegertochter Sarai, seines Sohnes Abrams Weib, und führte sie aus Ur in Chaldäa, daß er ins Land Kanaan zöge; und sie kamen gen Haran und wohnten daselbst.

³²Und Tharah war zweihundertundfünf Jahre alt und starb in Haran.

Kapitel 12

¹Und der HERR sprach zu Abram: Gehe aus deinem Vaterlande und von deiner Freundschaft und aus deines Vaters Hause in ein Land, das ich dir zeigen will.

²Und ich will dich zum großen Volk machen und will dich segnen und dir einen großen Namen machen, und sollst ein Segen sein.

³Ich will segnen, die dich segnen, und verfluchen, die dich verfluchen; und in dir sollen gesegnet werden alle Geschlechter auf Erden.

⁴Da zog Abram aus, wie der HERR zu ihm gesagt hatte, und Lot zog mit ihm. Abram aber ward fünfundsiebzig Jahre alt, da er aus Haran zog.

⁵Also nahm Abram sein Weib Sarai und Lot, seines Bruders Sohn, mit aller ihrer Habe, die sie gewonnen hatten, und die Seelen, die sie erworben hatten in Haran; und zogen aus, zu reisen in das Land Kanaan. Und als sie gekommen waren in dasselbe Land,

⁶zog Abram durch bis an die Stätte Sichem und an den Hain More; es wohnten aber zu der Zeit die Kanaaniter im Lande.

⁷Da erschien der HERR dem Abram und sprach: Deinem Samen will ich dies Land geben. Und er baute daselbst einen Altar dem HERRN, der ihm erschienen war.

⁸Darnach brach er auf von dort an einen Berg, der lag gegen Morgen von der Stadt Beth-El, und richtete seine Hütte auf, daß er Beth-El gegen Abend und Ai gegen Morgen hatte, und baute daselbst dem HERRN einen Altar und predigte von dem Namen des HERRN.

⁹Darnach zog Abram weiter und zog aus ins Mittagsland.

¹⁰Es kam aber eine Teuerung in das Land. Da zog Abram hinab nach Ägypten, daß er sich daselbst als ein Fremdling aufhielte; denn die Teuerung war groß im Lande.

¹¹Und da er nahe an Ägypten kam, sprach er zu seinem Weib Sarai: Siehe, ich weiß, daß du ein schönes Weib von Angesicht bist.

¹²Wenn dich nun die Ägypter sehen werden, so werden sie sagen: Das ist sein Weib, und werden mich erwürgen, und dich leben lassen.

¹³Sage doch, du seiest meine Schwester, auf daß mir's wohl gehe um deinetwillen und meine Seele am Leben bleibe um deinetwillen.

¹⁴Als nun Abram nach Ägypten kam, sahen die Ägypter das Weib, daß sie sehr schön war.

¹⁵Und die Fürsten des Pharao sahen sie und priesen sie vor ihm. Da ward sie in des Pharao Haus gebracht.

¹⁶Und er tat Abram Gutes um ihretwillen. Und er hatte Schafe, Rinder, Esel, Knechte und Mägde, Eselinnen und Kamele.

¹⁷Aber der HERR plagte den Pharao mit großen Plagen und sein Haus um Sarais, Abrams Weibes, willen.

¹⁸Da rief Pharao Abram zu sich und sprach zu ihm: Warum hast du mir das getan? Warum sagtest du mir's nicht, daß sie dein Weib wäre?

¹⁹Warum sprachst du denn, sie wäre deine Schwester? Derhalben ich sie mir zum Weibe nehmen wollte. Und nun siehe, da hast du dein Weib; nimm sie und ziehe hin.

²⁰Und Pharao befahl seinen Leuten über ihm, daß sie ihn geleiteten und sein Weib und alles, was er hatte.

Kapitel 13

¹Also zog Abram herauf aus Ägypten mit seinem Weibe und mit allem, was er hatte, und Lot auch mit ihm, ins Mittagsland.

²Abram aber war sehr reich an Vieh, Silber und Gold.

³Und er zog immer fort von Mittag bis gen Beth-El, an die Stätte, da am ersten seine Hütte war, zwischen Beth-El und Ai,

⁴eben an den Ort, da er zuvor den Altar gemacht hatte. Und er predigte allda den Namen des HERRN.

⁵Lot aber, der mit Abram zog, der hatte auch Schafe und Rinder und Hütten.

⁶Und das Land konnte es nicht ertragen, daß sie beieinander wohnten; denn ihre Habe war groß, und konnten nicht beieinander wohnen.

⁷Und es war immer Zank zwischen den Hirten über Abrams Vieh und zwischen den Hirten über Lots Vieh. So wohnten auch zu der Zeit die Kanaaniter und Pheresiter im Lande.

⁸Da sprach Abram zu Lot: Laß doch nicht Zank sein zwischen mir und dir und zwischen meinen und deinen Hirten; denn wir sind Gebrüder.

⁹Steht dir nicht alles Land offen? Scheide dich doch von mir. Willst du zur Linken, so will ich zur Rechten; oder willst du zur Rechten, so will ich zur Linken.

¹⁰Da hob Lot sein Augen auf und besah die ganze Gegend am

Genesis

Jordan. Denn ehe der HERR Sodom und Gomorra verderbte, war sie wasserreich, bis man gen Zoar kommt, als ein Garten des HERRN, gleichwie Ägyptenland.

¹¹Da erwählte sich Lot die ganze Gegend am Jordan und zog gegen Morgen. Also schied sich ein Bruder von dem andern,

¹²daß Abram wohnte im Lande Kanaan und Lot in den Städten der Jordangegend und setzte seine Hütte gen Sodom.

¹³Aber die Leute zu Sodom waren böse und sündigten sehr wider den HERRN.

¹⁴Da nun Lot sich von Abram geschieden hatte, sprach der HERR zu Abram: Hebe dein Augen auf und siehe von der Stätte an, da du wohnst, gegen Mittag, gegen Morgen und gegen Abend.

¹⁵Denn alles Land, das du siehst, will ich dir geben und deinem Samen ewiglich;

¹⁶und ich will deinen Samen machen wie den Staub auf Erden. Kann ein Mensch den Staub auf Erden zählen, der wird auch deinen Samen zählen.

¹⁷Darum so mache dich auf und ziehe durch das Land in die Länge und Breite; denn dir will ich's geben.

¹⁸Also erhob Abram sein Hütte, kam und wohnte im Hain Mamre, der zu Hebron ist, und baute daselbst dem HERRN einen Altar.

Kapitel 14

¹Und es begab sich zu der Zeit des Königs Amraphel von Sinear, Ariochs, des Königs von Ellasar, Kedor-Laomors, des Königs von Elam, und Thideals, des Königs der Heiden,

²daß sie kriegten mit Bera, dem König von Sodom, und mit Birsa, dem König von Gomorra, und mit Sineab, dem König von Adama, und mit Semeber, dem König von Zeboim, und mit dem König von Bela, das Zoar heißt.

³Diese kamen alle zusammen in das Tal Siddim, wo nun das Salzmeer ist.

⁴Denn sie waren zwölf Jahre unter dem König Kedor-Laomor gewesen, und im dreizehnten Jahr waren sie von ihm abgefallen.

⁵Darum kam Kedor-Laomor und die Könige, die mit ihm waren, im vierzehnten Jahr und schlugen die Riesen zu Astharoth-Karnaim und die Susiter zu Ham und die Emiter in dem Felde Kirjathaim

⁶und die Horiter auf dem Gebirge Seir, bis El-Pharan, welches an die Wüste stößt.

⁷Darnach wandten sie um und kamen an den Born Mispat, das ist Kades, und schlugen das ganze Land der Amalekiter, dazu die Amoriter, die zu Hazezon-Thamar wohnten.

⁸Da zogen aus der König von Sodom, der König von Gomorra, der König von Adama, der König von Zeboim und der König von Bela, das Zoar heißt, und rüsteten sich, zu streiten im Tal Siddim

⁹mit Kedor-Laomor, dem König von Elam, und mit Thideal, dem König der Heiden, und mit Amraphel, dem König von Sinear, und mit Arioch, dem König von Ellasar: vier Könige mit fünfen.

¹⁰Das Tal Siddim aber hatte viel Erdharzgruben; und die Könige von Sodom und Gomorra wurden in die Flucht geschlagen und fielen da hinein, und was übrig blieb, floh auf das Gebirge.

¹¹Da nahmen sie alle Habe zu Sodom und Gomorra und alle Speise und zogen davon.

¹²Sie nahmen auch mit sich Lot, Abrams Bruderssohn, und seine Habe, denn er wohnte zu Sodom, und zogen davon.

¹³Da kam einer, der entronnen war, und sagte es Abram an, dem Ausländer, der da wohnte im Hain Mamres, des Amoriters, welcher ein Bruder war Eskols und Aners. Diese waren mit Abram im Bunde.

¹⁴Als nun Abram hörte, daß sein Bruder gefangen war, wappnete er seine Knechte, dreihundertundachtzehn, in seinem Hause geboren, und jagte ihnen nach bis gen Dan

¹⁵und teilte sich, fiel des Nachts über sie mit seinen Knechten und schlug sie und jagte sie bis gen Hoba, das zur Linken der Stadt Damaskus liegt,

¹⁶und brachte alle Habe wieder, dazu auch Lot, seinen Bruder, mit seiner Habe, auch die Weiber und das Volk.

¹⁷Als er nun wiederkam von der Schlacht des Kedor-Laomor und der Könige mit ihm, ging ihm entgegen der König von Sodom in das Feld, das Königstal heißt.

¹⁸Aber Melchisedek, der König von Salem, trug Brot und Wein hervor. Und er war ein Priester Gottes des Höchsten.

¹⁹Und segnete ihn und sprach: Gesegnet seist du, Abram, dem höchsten Gott, der Himmel und Erde geschaffen hat;

²⁰und gelobt sei Gott der Höchste, der deine Feinde in deine Hand beschlossen hat. Und demselben gab Abram den Zehnten von allem.

²¹Da sprach der König von Sodom zu Abram: Gib mir die Leute; die Güter behalte dir.

²²Aber Abram sprach zu dem König von Sodom: Ich hebe mein Hände auf zu dem HERRN, dem höchsten Gott, der Himmel und Erde geschaffen hat,

²³daß ich von allem, was dein ist, nicht einen Faden noch einen Schuhriemen nehmen will, daß du nicht sagst, du hast Abram reich gemacht;

²⁴ausgenommen, was die Jünglinge verzehrt haben; und die Männer Aner, Eskol und Mamre, die mit mir gezogen sind, die laß ihr Teil nehmen.

Kapitel 15

¹Nach diesen Geschichten begab sich's, daß zu Abram geschah das Wort des HERRN im Gesicht und sprach: Fürchte dich nicht Abram! Ich bin dein Schild und dein sehr großer Lohn.

²Abram sprach aber: HERR HERR, was willst du mir geben? Ich gehe dahin ohne Kinder; und dieser Elieser von Damaskus wird mein Haus besitzen.

³Und Abram sprach weiter: Mir hast du keinen Samen gegeben; und siehe, einer von meinem Gesinde soll mein Erbe sein.

⁴Und siehe, der HERR sprach zu ihm: Er soll nicht dein Erbe sein; sondern der von deinem Leib kommen wird, der soll dein Erbe sein.

⁵Und er hieß ihn hinausgehen und sprach: Siehe gen Himmel und zähle die Sterne; kannst du sie zählen? und sprach zu ihm: Also soll dein Same werden.

⁶Abram glaubte dem HERRN, und das rechnete er ihm zur Gerechtigkeit.

⁷Und er sprach zu ihm: Ich bin der HERR, der dich von Ur in Chaldäa ausgeführt hat, daß ich dir dies Land zu besitzen gebe.

⁸Abram aber sprach: HERR HERR, woran soll ich merken, daß ich's besitzen werde?

⁹Und er sprach zu ihm: Bringe mir eine dreijährige Kuh und eine dreijährige Ziege und einen dreijährigen Widder und eine Turteltaube und eine junge Taube.

¹⁰Und er brachte ihm solches alles und zerteilte es mitten voneinander und legte einen Teil dem andern gegenüber; aber die Vögel zerteilte er nicht.

¹¹Und die Raubvögel fielen auf die Aase; aber Abram scheuchte sie davon.

¹²Da nun die Sonne am Untergehen war, fiel ein tiefer Schlaf auf Abram; und siehe, Schrecken und große Finsternis überfiel ihn.

¹³Da sprach er zu Abram: Das sollst du wissen, daß dein Same wird fremd sein in einem Lande, das nicht sein ist; und da wird man sie zu dienen zwingen und plagen vierhundert Jahre.

¹⁴Aber ich will richten das Volk, dem sie dienen müssen. Darnach sollen sie ausziehen mit großem Gut.

¹⁵Und du sollst fahren zu deinen Vätern mit Frieden und in gutem Alter begraben werden.

¹⁶Sie aber sollen nach vier Mannesaltern wieder hierher kommen; denn die Missetat der Amoriter ist noch nicht voll.

¹⁷Als nun die Sonne untergegangen und es finster geworden war, siehe, da rauchte ein Ofen, und ein Feuerflamme fuhr zwischen den Stücken hin.

¹⁸An dem Tage machte der HERR einen Bund mit Abram und sprach: Deinem Samen will ich dies Land geben, von dem Wasser Ägyptens an bis an das große Wasser Euphrat:

¹⁹die Keniter, die Kenisiter, die Kadmoniter,

²⁰die Hethiter, die Pheresiter, die Riesen,

²¹die Amoriter, die Kanaaniter, die Girgasiter, die Jebusiter.

Kapitel 16

¹Sarai, Abrams Weib, gebar ihm kein Kind. Sie hatte eine ägyptische Magd, die hieß Hagar.

²Und sie sprach zu Abram: Siehe, der HERR hat mich verschlossen, daß ich nicht gebären kann. Gehe doch zu meiner Magd, ob ich vielleicht aus ihr mich aufbauen möge. Und Abram gehorchte der Stimme Sarais.

³Da nahm Sarai, Abrams Weib, ihre ägyptische Magd, Hagar, und gab sie Abram, ihrem Mann, zum Weibe, nachdem sie zehn Jahre im Lande Kanaan gewohnt hatten.

⁴Und er ging zu Hagar, die ward schwanger. Als sie nun sah, daß sie schwanger war, achtete sie ihre Frau gering gegen sich.

⁵Da sprach Sarai zu Abram: Du tust unrecht an mir. Ich habe meine Magd dir in die Arme gegeben; nun sie aber sieht, daß sie schwanger geworden ist, muß ich gering sein in ihren Augen. Der HERR sei Richter zwischen mir und dir.

⁶Abram aber sprach zu Sarai: Siehe, deine Magd ist unter deiner Gewalt; tue mit ihr, wie dir's gefällt. Da sie nun Sarai wollte demütigen,

floh sie von ihr.

⁷Aber der Engel des HERRN fand sie bei einem Wasserbrunnen in der Wüste, nämlich bei dem Brunnen am Wege gen Sur.

⁸Der sprach zu ihr: Hagar, Sarais Magd, wo kommst du her, und wo willst du hin? Sie sprach: Ich bin von meiner Frau Sarai geflohen.

⁹Und der Engel des HERRN sprach zu ihr: Kehre wieder um zu deiner Frau, und demütige dich unter ihre Hand.

¹⁰Und der Engel des HERRN sprach zu ihr: Ich will deinen Samen also mehren, daß er vor großer Menge nicht soll gezählt werden.

¹¹Weiter sprach der Engel des HERRN zu ihr: Siehe, du bist schwanger geworden und wirst einen Sohn gebären, des namen sollst du Ismael heißen, darum daß der HERR dein Elend erhört hat.

¹²Er wird ein wilder Mensch sein: seine Hand wider jedermann und jedermanns Hand wider ihn, und wird gegen alle seine Brüder wohnen.

¹³Und sie hieß den Namen des HERRN, der mit ihr redete: Du Gott siehst mich. Denn sie sprach: Gewiß habe ich hier gesehen den, der mich hernach angesehen hat.

¹⁴Darum hieß man den Brunnen einen Brunnen des Lebendigen, der mich ansieht; welcher Brunnen ist zwischen Kades und Bared.

¹⁵Und Hagar gebar einen Sohn; und Abram hieß den Sohn, den ihm Hagar gebar, Ismael.

¹⁶Und Abram war sechsundachtzig Jahre alt, da ihm Hagar den Ismael gebar.

Kapitel 17

¹Als nun Abram neunundneunzig Jahre alt war, erschien ihm der HERR und sprach zu ihm: Ich bin der allmächtige Gott; wandle vor mir und sei fromm.

²Und ich will meinen Bund zwischen mir und dir machen und ich will dich gar sehr mehren.

³Da fiel Abram auf sein Angesicht. Und Gott redete weiter mit ihm und sprach:

⁴Siehe, ich bin's und habe meinen Bund mit dir, und du sollst ein Vater vieler Völker werden.

⁵Darum sollst du nicht mehr Abram heißen, sondern Abraham soll dein Name sein; denn ich habe dich gemacht zum Vater vieler Völker

⁶und will dich gar sehr fruchtbar machen und will von dir Völker machen, und sollen auch Könige von dir kommen.

⁷Und ich will aufrichten meinen Bund zwischen mir und dir und deinem Samen nach dir, bei ihren Nachkommen, daß es ein ewiger Bund sei, also daß ich dein Gott sei und deines Samens nach dir,

⁸und ich will dir und deinem Samen nach dir geben das Land, darin du ein Fremdling bist, das ganze Land Kanaan, zu ewiger Besitzung, und will ihr Gott sein.

⁹Und Gott sprach zu Abraham: So halte nun meinen Bund, du und dein Same nach dir, bei ihren Nachkommen.

¹⁰Das ist aber mein Bund, den ihr halten sollt zwischen mir und euch und deinem Samen nach dir: Alles, was männlich ist unter euch, soll beschnitten werden.

¹¹Ihr sollt aber die Vorhaut an eurem Fleisch beschneiden. Das soll ein Zeichen sein des Bundes zwischen mir und euch.

¹²Ein jegliches Knäblein, wenn's acht Tage alt ist, sollt ihr beschneiden bei euren Nachkommen.

¹³Beschnitten werden soll alles Gesinde, das dir daheim geboren oder erkauft ist. Und also soll mein Bund an eurem Fleisch sein zum ewigen Bund.

¹⁴Und wo ein Mannsbild nicht wird beschnitten an der Vorhaut seines Fleisches, des Seele soll ausgerottet werden aus seinem Volk, darum daß es meinen Bund unterlassen hat.

¹⁵Und Gott sprach abermals zu Abraham: Du sollst dein Weib Sarai nicht mehr Sarai heißen, sondern Sara soll ihr Name sein.

¹⁶Denn ich will sie segnen, und auch von ihr will ich dir einen Sohn geben; denn ich will sie segnen, und Völker sollen aus ihr werden und Könige über viele Völker.

¹⁷Da fiel Abraham auf sein Angesicht und lachte, und sprach in seinem Herzen: Soll mir, hundert Jahre alt, ein Kind geboren werden, und Sara, neunzig Jahre alt, gebären?

¹⁸Und Abraham sprach zu Gott: Ach, daß Ismael leben sollte vor dir!

¹⁹Da sprach Gott: Ja, Sara, dein Weib, soll dir einen Sohn gebären, den sollst du Isaak heißen; denn mit ihm will ich meinen ewigen Bund aufrichten und mit seinem Samen nach ihm.

²⁰Dazu um Ismael habe ich dich auch erhört. Siehe, ich habe ihn gesegnet und will ihn fruchtbar machen und mehren gar sehr. Zwölf Fürsten wird er zeugen, und ich will ihn zum großen Volk machen.

²¹Aber meinen Bund will ich aufrichten mit Isaak, den dir Sara gebären soll um diese Zeit im andern Jahr.

²²Und er hörte auf, mit ihm zu reden. Und Gott fuhr auf von Abraham.

²³Da nahm Abraham seinen Sohn Ismael und alle Knechte, die daheim geboren, und alle, die erkauft und alles, was männlich war in seinem Hause, und beschnitt die Vorhaut an ihrem Fleisch ebendesselben Tages, wie ihm Gott gesagt hatte.

²⁴Und Abraham war neunundneunzig Jahre alt, da er die Vorhaut an seinem Fleisch beschnitt.

²⁵Ismael aber, sein Sohn, war dreizehn Jahre alt, da seines Fleisches Vorhaut beschnitten ward.

²⁶Eben auf einen Tag wurden sie alle beschnitten, Abraham, sein Sohn Ismael,

²⁷und was männlich in seinem Hause war, daheim geboren und erkauft von Fremden; es ward alles mit ihm beschnitten.

Kapitel 18

¹Und der HERR erschien ihm im Hain Mamre, da saß er an der Tür seiner Hütte, da der Tag am heißesten war.

²Und als er seine Augen aufhob und sah, siehe, da standen drei Männer vor ihm. Und da er sie sah, lief er ihnen entgegen von der Tür seiner Hütte und bückte sich nieder zur Erde

³und sprach: HERR, habe ich Gnade gefunden vor deinen Augen, so gehe nicht an deinem Knecht vorüber.

⁴Man soll euch ein wenig Wasser bringen und eure Füße waschen, und lehnt euch unter den Baum.

⁵Und ich will einen Bissen Brot bringen, daß ihr euer Herz labt; darnach sollt ihr fortgehen. Denn darum seid ihr zu eurem Knecht gekommen. Sie sprachen: Tue wie du gesagt hast.

⁶Abraham eilte in die Hütte zu Sara und sprach: Eile und menge drei Maß Semmelmehl, knete und backe Kuchen.

⁷Er aber lief zu den Rindern und holte ein zartes, gutes Kalb und gab's dem Knechte; der eilte und bereitete es zu.

⁸Und er trug auf Butter und Milch und von dem Kalbe, das er zubereitet hatte, und setzte es ihnen vor und blieb stehen vor ihnen unter dem Baum, und sie aßen.

⁹Da sprachen sie zu ihm: Wo ist dein Weib Sara? Er antwortete: Drinnen in der Hütte.

¹⁰Da sprach er: Ich will wieder zu dir kommen über ein Jahr; siehe, so soll Sara, dein Weib, einen Sohn haben. Das hörte Sara hinter ihm, hinter der Tür der Hütte.

¹¹Und sie waren beide, Abraham und Sara, alt und wohl betagt, also daß es Sara nicht mehr ging nach der Weiber Weise.

¹²Darum lachte sie bei sich selbst und sprach: Nun ich alt bin, soll ich noch Wollust pflegen, und mein Herr ist auch alt?

¹³Da sprach der HERR zu Abraham: Warum lacht Sara und spricht: Meinst du, das es wahr sei, daß ich noch gebären werde, so ich doch alt bin?

¹⁴Sollte dem HERRN etwas unmöglich sein? Um diese Zeit will ich wieder zu dir kommen über ein Jahr, so soll Sara einen Sohn haben.

¹⁵Da leugnete Sara und sprach: Ich habe nicht gelacht; denn sie fürchtete sich. Aber er sprach: Es ist nicht also; du hast gelacht.

¹⁶Da standen die Männer auf von dannen und wandten sich gegen Sodom; und Abraham ging mit ihnen, daß er sie geleitete.

¹⁷Da sprach der HERR: Wie kann ich Abraham verbergen, was ich tue,

¹⁸sintemal er ein großes und mächtiges Volk soll werden, und alle Völker auf Erden in ihm gesegnet werden sollen?

¹⁹Denn ich weiß, er wird befehlen seinen Kindern und seinem Hause nach ihm, daß sie des HERRN Wege halten und tun, was recht und gut ist, auf daß der HERR auf Abraham kommen lasse, was er ihm verheißen hat.

²⁰Und der HERR sprach: Es ist ein Geschrei zu Sodom und Gomorra, das ist groß, und ihre Sünden sind sehr schwer.

²¹Darum will ich hinabfahren und sehen, ob sie alles getan haben nach dem Geschrei, das vor mich gekommen ist, oder ob's nicht also sei, daß ich's wisse.

²²Und die Männer wandten ihr Angesicht und gingen gen Sodom; aber Abraham blieb stehen vor dem HERRN

²³und trat zu ihm und sprach: Willst du denn den Gerechten mit dem Gottlosen umbringen?

²⁴Es mögen vielleicht fünfzig Gerechte in der Stadt sein; wolltest du die umbringen und dem Ort nicht vergeben um fünfzig Gerechter willen, die darin wären?

²⁵Das sei ferne von dir, daß du das tust und tötest den Gerechten mit dem Gottlosen, daß der Gerechte sei gleich wie der Gottlose! Das sei ferne von dir, der du aller Welt Richter bist! Du wirst so nicht

Genesis
richten.

²⁶Der HERR sprach: Finde ich fünfzig Gerechte zu Sodom in der Stadt, so will ich um ihrer willen dem ganzen Ort vergeben.

²⁷Abraham antwortete und sprach: Ach siehe, ich habe mich unterwunden zu reden mit dem HERRN, wie wohl ich Erde und Asche bin.

²⁸Es möchten vielleicht fünf weniger den fünfzig Gerechte darin sein; wolltest du denn die ganze Stadt verderben um der fünf willen? Er sprach: Finde ich darin fünfundvierzig, so will ich sie nicht verderben.

²⁹Und er fuhr fort mit ihm zu reden und sprach: Man möchte vielleicht vierzig darin finden. Er aber sprach: Ich will ihnen nichts tun um der vierzig willen.

³⁰Abraham sprach: Zürne nicht, HERR, daß ich noch mehr rede. Man möchte vielleicht dreißig darin finden. Er aber sprach: Finde ich dreißig darin, so will ich ihnen nichts tun.

³¹Und er sprach: Ach siehe, ich habe mich unterwunden mit dem HERRN zu reden. Man möchte vielleicht zwanzig darin finden. Er antwortete: Ich will sie nicht verderben um der zwanzig willen.

³²Und er sprach: Ach zürne nicht, HERR, daß ich nur noch einmal rede. Man möchte vielleicht zehn darin finden. Er aber sprach: Ich will sie nicht verderben um der zehn willen.

³³Und der HERR ging hin, da er mit Abraham ausgeredet hatte; und Abraham kehrte wieder um an seinen Ort.

Kapitel 19

¹Die zwei Engel kamen gen Sodom des Abends; Lot aber saß zu Sodom unter dem Tor. Und da er sie sah, stand er auf, ihnen entgegen, und bückte sich mit seinem Angesicht zur Erde

²und sprach: Siehe, liebe Herren, kehrt doch ein zum Hause eures Knechtes und bleibt über Nacht; laßt eure Füße waschen, so steht ihr morgens früh auf und zieht eure Straße. Aber sie sprachen: Nein, sondern wir wollen über Nacht auf der Gasse bleiben.

³Da nötigte er sie sehr; und sie kehrten zu ihm ein und kamen in sein Haus. Und er machte ihnen ein Mahl und buk ungesäuerte Kuchen; und sie aßen.

⁴Aber ehe sie sich legten, kamen die Leute der Stadt Sodom und umgaben das ganze Haus, jung und alt, das ganze Volk aus allen Enden,

⁵und forderten Lot und sprachen zu ihm: Wo sind die Männer, die zu dir gekommen sind diese Nacht? Führe sie heraus zu uns, daß wir sie erkennen.

⁶Lot ging heraus zu ihnen vor die Tür und schloß die Tür hinter sich zu

⁷und sprach: Ach, liebe Brüder, tut nicht so übel!

⁸Siehe, ich habe zwei Töchter, die haben noch keinen Mann erkannt, die will ich herausgeben unter euch, und tut mit ihnen, was euch gefällt; allein diesen Männern tut nichts, denn darum sind sie unter den Schatten meines Daches eingegangen.

⁹Sie aber sprachen: Geh hinweg! und sprachen auch: Du bist der einzige Fremdling hier und willst regieren? Wohlan, wir wollen dich übler plagen denn jene. Und sie drangen hart auf den Mann Lot. Und da sie hinzuliefen und wollten die Tür aufbrechen,

¹⁰griffen die Männer hinaus und zogen Lot hinein zu sich ins Haus und schlossen die Tür zu.

¹¹Und die Männer vor der Tür wurden mit Blindheit geschlagen, klein und groß, bis sie müde wurden und die Tür nicht finden konnten.

¹²Und die Männer sprachen zu Lot: Hast du noch irgend hier einen Eidam und Söhne und Töchter, und wer dir angehört in der Stadt, den führe aus dieser Stätte.

¹³Denn wir werden diese Stätte verderben, darum daß ihr Geschrei groß ist vor dem HERRN; der hat uns gesandt, sie zu verderben.

¹⁴Da ging Lot hinaus und redete mit seinen Eidamen; die seine Töchter nehmen sollten: Macht euch auf und geht aus diesem Ort; denn der HERR wird diese Stadt verderben. Aber es war ihnen lächerlich.

¹⁵Da nun die Morgenröte aufging, hießen die Engel den Lot eilen und sprachen: Mache dich auf, nimm dein Weib und deine zwei Töchter, die vorhanden sind, daß du nicht auch umkommst in der Missetat dieser Stadt.

¹⁶Da er aber verzog, ergriffen die Männer ihn und sein Weib und seine zwei Töchter bei der Hand, darum daß der HERR ihn verschonte, und führten ihn hinaus und ließen ihn draußen vor der Stadt.

¹⁷Und als sie ihn hatten hinausgebracht, sprach er: Errette dein Seele und sieh nicht hinter dich; auch stehe nicht in dieser ganzen Gegend. Auf den Berg rette dich, daß du nicht umkommst.

¹⁸Aber Lot sprach zu ihnen: Ach nein, Herr!

¹⁹Siehe, dieweil dein Knecht Gnade gefunden hat vor deinen Augen, so wollest du deine Barmherzigkeit groß machen, die du an mir getan hast, daß du meine Seele am Leben erhieltest. Ich kann mich nicht auf den Berg retten; es möchte mich ein Unfall ankommen, daß ich stürbe.

²⁰Siehe, da ist eine Stadt nahe, darein ich fliehen kann, und sie ist klein; dahin will ich mich retten (ist sie doch klein), daß meine Seele lebendig bleibe.

²¹Da sprach er zu ihm: Siehe, ich habe auch in diesem Stück dich angesehen, daß ich die Stadt nicht umkehre, von der du geredet hast.

²²Eile und rette dich dahin; denn ich kann nichts tun, bis daß du hineinkommst. Daher ist diese Stadt genannt Zoar.

²³Und die Sonne war aufgegangen auf Erden, da Lot nach Zoar kam.

²⁴Da ließ der HERR Schwefel und Feuer regnen von Himmel herab auf Sodom und Gomorra

²⁵und kehrte die Städte um und die ganze Gegend und alle Einwohner der Städte und was auf dem Lande gewachsen war.

²⁶Und sein Weib sah hinter sich und ward zur Salzsäule.

²⁷Abraham aber machte sich des Morgens früh auf an den Ort, da er gestanden vor dem HERRN,

²⁸und wandte sein Angesicht gegen Sodom und Gomorra und alles Land der Gegend und schaute; und siehe, da ging Rauch auf vom Lande wie ein Rauch vom Ofen.

²⁹Und es geschah, da Gott die Städte in der Gegend verderbte, gedachte er an den Abraham und geleitete Lot aus den Städten, die er umkehrte, darin Lot wohnte.

³⁰Und Lot zog aus Zoar und blieb auf dem Berge mit seinen beiden Töchtern; denn er fürchtete sich, zu Zoar zu bleiben; und blieb also in einer Höhle mit seinen beiden Töchtern.

³¹Da sprach die ältere zu der jüngeren: Unser Vater ist alt, und ist kein Mann mehr auf Erden der zu uns eingehen möge nach aller Welt Weise;

³²so komm, laß uns unserm Vater Wein zu trinken geben und bei ihm schlafen, daß wir Samen von unserm Vater erhalten.

³³Also gaben sie ihrem Vater Wein zu trinken in derselben Nacht. Und die erste ging hinein und legte sich zu ihrem Vater; und der ward's nicht gewahr, da sie sich legte noch da sie aufstand.

³⁴Des Morgens sprach die ältere zu der jüngeren: Siehe, ich habe gestern bei meinem Vater gelegen. Laß uns ihm diese Nacht auch Wein zu trinken geben, daß du hineingehst und legst dich zu ihm, daß wir Samen von unserm Vater erhalten.

³⁵Also gaben sie ihrem Vater die Nacht auch Wein zu trinken. Und die jüngere machte sich auf und legte sich zu ihm; und er ward's nicht gewahr, da sie sich legte noch da sie aufstand.

³⁶Also wurden beide Töchter Lots schwanger von ihrem Vater.

³⁷Und die ältere gebar einen Sohn, den nannte sie Moab. Von dem kommen her die Moabiter bis auf den heutigen Tag.

³⁸Und die jüngere gebar auch einen Sohn, den hieß sie das Kind Ammi. Von dem kommen die Kinder Ammon bis auf den heutigen Tag.

Kapitel 20

¹Abraham aber zog von dannen ins Land gegen Mittag und wohnte zwischen Kades und Sur und ward ein Fremdling zu Gerar.

²Er sprach aber von seinem Weibe Sara: Es ist meine Schwester. Da sandte Abimelech, der König zu Gerar, nach ihr und ließ sie holen.

³Aber Gott kam zu Abimelech des Nachts im Traum und sprach zu ihm: Siehe da, du bist des Todes um des Weibes willen, das du genommen hast; denn sie ist eines Mannes Eheweib.

⁴Abimelech aber hatte sie nicht berührt und sprach: HERR, willst du denn auch ein gerechtes Volk erwürgen?

⁵Hat er nicht zu mir gesagt: Sie sei seine Schwester? Und sie hat auch gesagt: Er ist mein Bruder. Habe ich doch das getan mit einfältigem Herzen und unschuldigen Händen.

⁶Und Gott sprach zu ihm im Traum: Ich weiß auch, daß du mit einfältigem Herzen das getan hast. Darum habe ich dich auch behütet, daß du nicht wider mich sündigtest, und habe es nicht zugegeben, daß du sie berührtest.

⁷So gib nun dem Manne sein Weib wieder, denn er ist ein Prophet; und laß ihn für dich bitten, so wirst du lebendig bleiben. Wo du sie aber nicht wiedergibst, so wisse, daß du des Todes sterben mußt und alles, was dein ist.

⁸Da stand Abimelech des Morgens früh auf und rief alle seine Knechte und sagte ihnen dieses alles vor ihren Ohren. Und die Leute fürchteten sich sehr.

⁹Und Abimelech rief Abraham auch und sprach zu ihm: Warum hast du uns das getan? Und was habe ich an dir gesündigt, daß du so eine große Sünde wolltest auf mich und mein Reich bringen? Du hast mit mir gehandelt, wie man nicht handeln soll.

¹⁰Und Abimelech sprach weiter zu Abraham: Was hast du

gesehen, daß du solches getan hast?

¹¹Abraham sprach: Ich dachte, vielleicht ist keine Gottesfurcht an diesem Orte, und sie werden mich um meines Weibes willen erwürgen.

¹²Auch ist sie wahrhaftig meine Schwester; denn sie ist meines Vaters Tochter, aber nicht meiner Mutter Tochter, und ist mein geworden.

¹³Da mich aber Gott aus meines Vaters Hause wandern hieß, sprach ich zu ihr: Die Barmherzigkeit tu an mir, daß, wo wir hinkommen, du sagst, ich sei dein Bruder.

¹⁴Da nahm Abimelech Schafe und Rinder, Knechte und Mägde und gab sie Abraham und gab ihm wieder sein Weib Sara

¹⁵und sprach: Siehe da, mein Land steht dir offen; wohne, wo dir's wohl gefällt.

¹⁶Und sprach zu Sara: Siehe da, ich habe deinem Bruder tausend Silberlinge gegeben; siehe, das soll dir eine Decke der Augen sein vor allen, die bei dir sind, und allenthalben. Und damit war ihr Recht verschafft.

¹⁷Abraham aber betete zu Gott; da heilte Gott Abimelech und sein Weib und seine Mägde, daß sie Kinder gebaren.

¹⁸Denn der HERR hatte zuvor hart verschlossen alle Mütter des Hauses Abimelechs um Saras, Abrahams Weibes, willen.

Kapitel 21

¹Und der HERR suchte heim Sara, wie er geredet hatte, und tat mit ihr, wie er geredet hatte.

²Und Sara ward schwanger und gebar Abraham einen Sohn in seinem Alter um die Zeit, von der ihm Gott geredet hatte.

³Und Abraham hieß seinen Sohn, der ihm geboren war, Isaak, den ihm Sara gebar,

⁴und beschnitt ihn am achten Tage, wie ihm Gott geboten hatte.

⁵Hundert Jahre war Abraham alt, da ihm sein Sohn Isaak geboren ward.

⁶Und Sara sprach: Gott hat mir ein Lachen zugerichtet; denn wer es hören wird, der wird über mich lachen,

⁷und sprach: Wer durfte von Abraham sagen, daß Sara Kinder säuge? Denn ich habe ihm einen Sohn geboren in seinem Alter.

⁸Und das Kind wuchs und ward entwöhnt; und Abraham machte ein großes Mahl am Tage, da Isaak entwöhnt ward.

⁹Und Sara sah den Sohn Hagars, der Ägyptischen, den sie Abraham geboren hatte, daß er ein Spötter war,

¹⁰und sprach zu Abraham: Treibe diese Magd aus mit ihrem Sohn; denn dieser Magd Sohn soll nicht erben mit meinem Sohn Isaak.

¹¹Das Wort gefiel Abraham sehr übel um seines Sohnes willen.

¹²Aber Gott sprach zu ihm: Laß dir's nicht übel gefallen des Knaben und der Magd halben. Alles, was Sara dir gesagt hat, dem gehorche; denn in Isaak soll dir der Same genannt werden.

¹³Auch will ich der Magd Sohn zum Volk machen, darum daß er deines Samens ist.

¹⁴Da stand Abraham des Morgens früh auf und nahm Brot und einen Schlauch mit Wasser und legte es Hagar auf ihre Schulter und den Knaben mit und ließ sie von sich. Da zog sie hin und ging in der Wüste irre bei Beer-Seba.

¹⁵Da nun das Wasser in dem Schlauch aus war, warf sie den Knaben unter einen Strauch

¹⁶und ging hin und setzte sich gegenüber von fern, einen Bogenschuß weit; denn sie sprach: Ich kann nicht ansehen des Knaben Sterben. Und sie setzte sich gegenüber und hob ihre Stimme auf und weinte.

¹⁷Da erhörte Gott die Stimme des Knaben. Und der Engel Gottes rief vom Himmel der Hagar und sprach zu ihr: Was ist dir Hagar? Fürchte dich nicht; denn Gott hat erhört die Stimme des Knaben, da er liegt.

¹⁸Steh auf, nimm den Knaben und führe ihn an deiner Hand; denn ich will ihn zum großen Volk machen.

¹⁹Und Gott tat ihr die Augen auf, daß sie einen Wasserbrunnen sah. Da ging sie hin und füllte den Schlauch mit Wasser und tränkte den Knaben.

²⁰Und Gott war mit dem Knaben; der wuchs und wohnte in der Wüste und ward ein guter Schütze.

²¹Und er wohnte in der Wüste Pharan, und seine Mutter nahm ihm ein Weib aus Ägyptenland.

²²Zu der Zeit redete Abimelech und Phichol, sein Feldhauptmann, mit Abraham und sprach: Gott ist mit dir in allem, das du tust.

²³So schwöre mir nun bei Gott, daß du mir und meinen Kindern und meinen Enkeln keine Untreue erzeigen wollest, sondern die Barmherzigkeit, die ich an dir getan habe, an mir auch tust und an dem Lande, darin du ein Fremdling bist.

²⁴Da sprach Abraham: Ich will schwören.

²⁵Und Abraham setzte Abimelech zur Rede um des Wasserbrunnens willen, den Abimelechs Knechte hatten mit Gewalt genommen.

²⁶Da antwortete Abimelech: Ich habe es nicht gewußt, wer das getan hat; auch hast du mir's nicht angesagt; dazu habe ich's nicht gehört bis heute.

²⁷Da nahm Abraham Schafe und Rinder und gab sie Abimelech; und sie machten beide einen Bund miteinander.

²⁸Und Abraham stellt sieben Lämmer besonders.

²⁹Da sprach Abimelech zu Abraham: Was sollen die sieben Lämmer, die du besonders gestellt hast?

³⁰Er antwortete: Sieben Lämmer sollst du von meiner Hand nehmen, daß sie mir zum Zeugnis seien, daß ich diesen Brunnen gegraben habe.

³¹Daher heißt die Stätte Beer-Seba, weil sie beide miteinander da geschworen haben.

³²Und also machten sie den Bund zu Beer-Seba. Da machten sich auf Abimelech und Phichol, sein Feldhauptmann, und zogen wieder in der Philister Land.

³³Abraham aber pflanzte Bäume zu Beer-Seba und predigte daselbst von dem Namen des HERRN, des ewigen Gottes.

³⁴Und er war ein Fremdling in der Philister Lande eine lange Zeit.

Kapitel 22

¹Nach diesen Geschichten versuchte Gott Abraham und sprach zu ihm: Abraham! Und er antwortete: Hier bin ich.

²Und er sprach: Nimm Isaak, deinen einzigen Sohn, den du lieb hast, und gehe hin in das Land Morija und opfere ihn daselbst zum Brandopfer auf einem Berge, den ich dir sagen werde.

³Da stand Abraham des Morgens früh auf und gürtete seinen Esel und nahm mit sich zwei Knechte und seinen Sohn Isaak und spaltete Holz zum Brandopfer, machte sich auf und ging an den Ort, davon ihm Gott gesagt hatte.

⁴Am dritten Tage hob Abraham seine Augen auf und sah die Stätte von ferne

⁵und sprach zu seinen Knechten: Bleibt ihr hier mit dem Esel! Ich und der Knabe wollen dorthin gehen; und wenn wir angebetet haben, wollen wir wieder zu euch kommen.

⁶Und Abraham nahm das Holz zum Brandopfer und legte es auf seinen Sohn Isaak; er aber nahm das Feuer und Messer in seine Hand, und gingen die beiden miteinander.

⁷Da sprach Isaak zu seinem Vater Abraham: Mein Vater! Abraham antwortete: Hier bin ich mein Sohn. Und er sprach: Siehe, hier ist Feuer und Holz; wo ist aber das Schaf zum Brandopfer?

⁸Abraham antwortete: Mein Sohn, Gott wird sich ersehen ein Schaf zum Brandopfer. Und gingen beide miteinander.

⁹Und als sie kamen an die Stätte, die ihm Gott gesagt hatte, baute Abraham daselbst einen Altar und legte das Holz darauf und band seinen Sohn Isaak, legte ihn auf den Altar oben auf das Holz

¹⁰und reckte seine Hand aus und faßte das Messer, daß er seinen Sohn schlachtete.

¹¹Da rief ihm der Engel des HERRN vom Himmel und sprach: Abraham! Abraham! Er antwortete: Hier bin ich.

¹²Er sprach: Lege deine Hand nicht an den Knaben und tue ihm nichts; denn nun weiß ich, daß du Gott fürchtest und hast deines einzigen Sohnes nicht verschont um meinetwillen.

¹³Da hob Abraham sein Augen auf und sah einen Widder hinter sich in der Hecke mit seinen Hörnern hangen und ging hin und nahm den Widder und opferte ihn zum Brandopfer an seines Sohnes Statt.

¹⁴Und Abraham hieß die Stätte: Der HERR sieht. Daher man noch heutigestages sagt: Auf dem Berge, da der HERR sieht.

¹⁵Und der Engel des HERRN rief Abraham abermals vom Himmel

¹⁶und sprach: Ich habe bei mir selbst geschworen, spricht der HERR, weil du solches getan hast und hast deines einzigen Sohnes nicht verschont,

¹⁷daß ich deinen Samen segnen und mehren will wie die Sterne am Himmel und wie den Sand am Ufer des Meeres; und dein Same soll besitzen die Tore seiner Feinde;

¹⁸und durch deinen Samen sollen alle Völker auf Erden gesegnet werden, darum daß du meiner Stimme gehorcht hast.

¹⁹Also kehrte Abraham wieder zu seinen Knechten; und sie machten sich auf und zogen miteinander gen Beer-Seba; und er wohnte daselbst.

²⁰Nach diesen Geschichten begab sich's, daß Abraham angesagt ward: Siehe, Milka hat auch Kinder geboren deinem Bruder Nahor,

Genesis

²¹nämlich Uz, den Erstgeborenen, und Buz, seinen Bruder, und Kemuel, von dem die Syrer kommen,

²²und Chesed und Haso und Phildas und Jedlaph und Bethuel.

²³Bethuel aber zeugte Rebekka. Diese acht gebar Milka dem Nahor, Abrahams Bruder.

²⁴Und sein Kebsweib, mit Namen Rehuma, gebar auch, nämlich den Tebah, Gaham, Thahas und Maacha.

Kapitel 23

¹Sara ward hundertsiebenundzwanzig Jahre alt

²und starb in Kirjat-Arba, das Hebron heißt, im Lande Kanaan. Da kam Abraham, daß er sie beklagte und beweinte.

³Darnach stand er auf von seiner Leiche und redete mit den Kindern Heth und sprach:

⁴Ich bin ein Fremder und Einwohner bei euch; gebt mir ein Erbbegräbnis bei euch, daß ich meinen Toten begrabe, der vor mir liegt.

⁵Da antworteten Abraham die Kinder Heth und sprachen zu ihm:

⁶Höre uns, lieber Herr! Du bist ein Fürst Gottes unter uns, begrabe deinen Toten in unsern vornehmsten Gräbern; kein Mensch soll dir unter uns wehren, daß du in seinem Grabe begrabest deinen Toten.

⁷Da stand Abraham auf und bückte sich vor dem Volk des Landes, vor den Kindern Heth.

⁸Und er redete mit ihnen und sprach: Gefällt es euch, daß ich meinen Toten, der vor mir liegt, begrabe, so hört mich und bittet für mich Ephron, den Sohn Zohars,

⁹daß er mir gebe seine zwiefache Höhle, die er hat am Ende seines Ackers; er gebe sie mir um Geld, soviel sie wert ist, unter euch zum Erbbegräbnis.

¹⁰Ephron aber saß unter den Kindern Heth. Da antwortete Ephron, der Hethiter, Abraham, daß zuhörten die Kinder Heth, vor allen, die zu seiner Stadt Tor aus und ein gingen, und sprach:

¹¹Nein, mein Herr, sondern höre mir zu! Ich schenke dir den Acker und die Höhle darin dazu und übergebe dir's vor den Augen der Kinder meines Volkes, zu begraben deinen Toten.

¹²Da bückte sich Abraham vor dem Volk des Landes

¹³und redete mit Ephron, daß zuhörte das Volk des Landes, und sprach: Willst du mir ihn lassen, so bitte ich, nimm von mir das Geld für den Acker, das ich dir gebe, so will ich meinen Toten daselbst begraben.

¹⁴Ephron antwortete Abraham und sprach zu ihm:

¹⁵Mein Herr, höre doch mich! Das Feld ist vierhundert Lot Silber wert; was ist das aber zwischen mir und dir? Begrabe nur deinen Toten!

¹⁶Abraham gehorchte Ephron und wog ihm das Geld dar, das er gesagt hatte, daß zuhörten die Kinder Heth, vierhundert Lot Silber, das im Kauf gang und gäbe war.

¹⁷Also ward Ephrons Acker, darin die zwiefache Höhle ist, Mamre gegenüber, Abraham zum eigenen Gut bestätigt mit der Höhle darin und mit allen Bäumen auf dem Acker umher,

¹⁸daß die Kinder Heth zusahen und alle, die zu seiner Stadt Tor aus und ein gingen.

¹⁹Darnach begrub Abraham Sara, sein Weib, in der Höhle des Ackers, die zwiefach ist, Mamre gegenüber, das ist Hebron, im Lande Kanaan.

²⁰Also ward bestätigt der Acker und die Höhle darin Abraham zum Erbbegräbnis von den Kindern Heth.

Kapitel 24

¹Abraham ward alt und wohl betagt, und der HERR hatte ihn gesegnet allenthalben.

²Und er sprach zu dem ältesten Knecht seines Hauses, der allen seinen Gütern vorstand: Lege deine Hand unter meine Hüfte

³und schwöre mir bei dem HERRN, dem Gott des Himmels und der Erde, daß du meinem Sohn kein Weib nehmest von den Töchtern der Kanaaniter, unter welchen ich wohne,

⁴sondern daß du ziehst in mein Vaterland und zu meiner Freundschaft und nehmest meinem Sohn Isaak ein Weib.

⁵Der Knecht sprach: Wie, wenn das Weib mir nicht wollte folgen in dies Land, soll ich dann deinen Sohn wiederbringen in jenes Land, daraus du gezogen bist?

⁶Abraham sprach zu ihm: Davor hüte dich, daß du meinen Sohn nicht wieder dahin bringst.

⁷Der HERR, der Gott des Himmels, der mich von meines Vaters Hause genommen hat und von meiner Heimat, der mir geredet hat und mir auch geschworen hat und gesagt: Dies Land will ich deinem Samen geben, der wird seine Engel vor dir her senden, daß du meinem Sohn daselbst ein Weib nehmest.

⁸So aber das Weib dir nicht folgen will, so bist du dieses Eides quitt. Allein bringe meinen Sohn nicht wieder dorthin.

⁹Da legte der Knecht seine Hand unter die Hüfte Abrahams, seines Herrn, und schwur ihm solches.

¹⁰Also nahm der Knecht zehn Kamele von den Kamelen seines Herrn und zog hin und hatte mit sich allerlei Güter seines Herrn und machte sich auf und zog nach Mesopotamien zu der Stadt Nahors.

¹¹Da ließ er die Kamele sich lagern draußen vor der Stadt bei einem Wasserbrunnen, des Abends um die Zeit, wo die Weiber pflegten. herauszugehen und Wasser zu schöpfen,

¹²und sprach: HERR, du Gott meines Herrn Abraham, begegne mir heute und tue Barmherzigkeit an meinem Herrn Abraham!

¹³Siehe, ich stehe hier bei dem Wasserbrunnen, und der Leute Töchter in dieser Stadt werden herauskommen, Wasser zu schöpfen.

¹⁴Wenn nun eine Dirne kommt, zu der ich spreche: Neige deinen Krug, und laß mich trinken, und sie sprechen wird: Trinke, ich will deine Kamele auch tränken: das sei die, die du deinem Diener Isaak beschert hast, und daran werde ich erkennen, daß du Barmherzigkeit an meinem Herrn getan habest.

¹⁵Und ehe er ausgeredet hatte, siehe, da kam heraus Rebekka, Bethuels Tochter, der ein Sohn der Milka war, welche Nahors, Abrahams Bruders, Weib war, und trug einen Krug auf ihrer Achsel.

¹⁶Und sie war eine sehr schöne Dirne von Angesicht, noch eine Jungfrau, und kein Mann hatte sie erkannt. Die stieg hinab zum Brunnen und füllte den Krug und stieg herauf.

¹⁷Da lief ihr der Knecht entgegen und sprach: Laß mich ein wenig Wasser aus deinem Kruge trinken.

¹⁸Und sie sprach: Trinke, mein Herr! und eilend ließ sie den Krug hernieder auf ihre Hand und gab ihm zu trinken.

¹⁹Und da sie ihm zu trinken gegeben hatte, sprach sie: Ich will deinen Kamelen auch schöpfen, bis sie alle getrunken haben.

²⁰Und eilte und goß den Krug aus in die Tränke und lief abermals zum Brunnen, zu schöpfen, und schöpfte allen seinen Kamelen.

²¹Der Mann aber wunderte sich ihrer und schwieg still, bis er erkennete, ob der HERR zu seiner Reise Gnade gegeben hätte oder nicht.

²²Da nun die Kamele alle getrunken hatten, nahm er einen goldenen Reif, ein halbes Lot schwer, und zwei Armringe an ihre Hände, zehn Lot Goldes schwer,

²³und sprach: Wes Tochter bist du? das sage mir doch. Haben wir Raum in deines Vaters Hause, zu beherbergen?

²⁴Sie sprach zu ihm: Ich bin Bethuels Tochter, des Sohnes Milkas, den sie dem Nahor geboren hat,

²⁵und sagte weiter zu ihm: Es ist auch viel Stroh und Futter bei uns und Raum genug, zu beherbergen.

²⁶Da neigte sich der Mann und betete den HERRN an

²⁷und sprach: Gelobt sei der HERR, der Gott meines Herrn Abraham, der seine Barmherzigkeit und seine Wahrheit nicht verlassen hat an meinem Herrn; denn der HERR hat mich den Weg geführt zum Hause des Bruders meines Herrn.

²⁸Und die Dirne lief und sagte solches alles an in ihrer Mutter Hause.

²⁹Und Rebekka hatte einen Bruder, der hieß Laban; und Laban lief zu dem Mann draußen bei dem Brunnen.

³⁰Und als er sah den Reif und die Armringe an seiner Schwester Händen und hörte die Worte Rebekkas, seiner Schwester, daß sie sprach: Also hat mir der Mann gesagt, kam er zu dem Mann, und siehe, er stand bei den Kamelen am Brunnen.

³¹Und er sprach: Komm herein, du Gesegneter des HERRN! Warum stehst du draußen? Ich habe das Haus geräumt und für die Kamele auch Raum gemacht.

³²Also führte er den Mann ins Haus und zäumte die Kamele ab und gab ihnen Stroh und Futter und Wasser, zu waschen seine Füße und die Füße der Männer, die mit ihm waren,

³³und setzte ihnen Essen vor. Er sprach aber: Ich will nicht essen, bis daß ich zuvor meine Sache vorgebracht habe. Sie antworteten: Sage an!

³⁴Er sprach: Ich bin Abrahams Knecht.

³⁵Und der HERR hat meinen Herrn reichlich gesegnet, daß er groß geworden ist, und hat ihm Schafe und Ochsen, Silber und Gold, Knechte und Mägde, Kamele und Esel gegeben.

³⁶Dazu hat Sara, meines Herrn Weib, einen Sohn geboren meinem Herrn in seinem Alter; dem hat er alles gegeben, was er hat.

³⁷Und mein Herr hat einen Eid von mir genommen und gesagt: Du sollst meinem Sohn kein Weib nehmen von den Töchtern der Kanaaniter, in deren Land ich wohne,

³⁸sondern ziehe hin zu meines Vaters Hause und zu meinem Geschlecht; daselbst nimm meinem Sohn ein Weib.

³⁹Ich aber sprach zu meinem Herrn: Wie, wenn mir das Weib nicht folgen will?

⁴⁰Da sprach er zu mir: Der HERR, vor dem ich wandle, wird seinen Engel mit dir senden und Gnade zu deiner Reise geben, daß du meinem Sohn ein Weib nehmest von meiner Freundschaft und meines Vaters Hause.

⁴¹Alsdann sollst du meines Eides quitt sein, wenn du zu meiner Freundschaft kommst; geben sie dir sie nicht, so bist du meines Eides quitt.

⁴²Also kam ich heute zum Brunnen und sprach: HERR, Gott meines Herrn Abraham, hast du Gnade zu meiner Reise gegeben, auf der ich bin,

⁴³siehe, so stehe ich hier bei dem Wasserbrunnen. Wenn nun eine Jungfrau herauskommt, zu schöpfen, und ich zu ihr spreche: Gib mir ein wenig Wasser zu trinken aus deinem Krug,

⁴⁴und sie wird sagen: Trinke du, ich will deinen Kamelen auch schöpfen: die sei das Weib, das der HERR meines Herrn Sohne beschert hat.

⁴⁵Ehe ich nun solche Worte ausgeredet hatte in meinem Herzen, siehe, da kommt Rebekka heraus mit einem Krug auf ihrer Achsel und geht hinab zum Brunnen und schöpft. Da sprach ich zu ihr: Gib mir zu trinken.

⁴⁶Und sie nahm eilend den Krug von ihrer Achsel und sprach: Trinke, und deine Kamele will ich auch tränken. Also trank ich, und sie tränkte die Kamele auch.

⁴⁷Und ich fragte sie und sprach: Wes Tochter bist du? Sie antwortete: Ich bin Bethuels Tochter, des Sohnes Nahors, den ihm Milka geboren hat. Da legte ich einen Reif an ihre Stirn und Armringe an ihre Hände

⁴⁸und neigte mich und betete den HERRN an und lobte den HERRN, den Gott meines Herrn Abraham, der mich den rechten Weg geführt hat, daß ich seinem Sohn die Tochter nehme des Bruders meines Herrn.

⁴⁹Seid ihr nun die, so an meinem Herrn Freundschaft und Treue beweisen wollen, so sagt mir's; wo nicht, so sagt mir's auch, daß ich mich wende zur Rechten oder zur Linken.

⁵⁰Da antworteten Laban und Bethuel und sprachen: Das kommt vom HERRN; darum können wir nicht wider dich reden, weder Böses noch Gutes;

⁵¹da ist Rebekka vor dir, nimm sie und zieh hin, daß sie das Weib sei des Sohnes deines Herrn, wie der HERR geredet hat.

⁵²Da diese Worte hörte Abrahams Knecht, bückte er sich vor dem Herrn zur Erde

⁵³und zog hervor silberne und goldene Kleinode und Kleider und gab sie Rebekka; aber ihrem Bruder und der Mutter gab er Würze.

⁵⁴Da aß und trank er samt den Männern, die mit ihm waren, und blieb über Nacht allda. Des Morgens aber stand er auf und sprach: Laß mich ziehen zu meinem Herrn.

⁵⁵Aber ihr Bruder und ihre Mutter sprachen: Laß doch die Dirne einen Tag oder zehn bei uns bleiben; darnach sollst du ziehen.

⁵⁶Da sprach er zu ihnen: Haltet mich nicht auf; denn der HERR hat Gnade zu meiner Reise gegeben. Laßt mich, daß ich zu meinem Herrn ziehe.

⁵⁷Da sprachen sie: Laßt uns die Dirne rufen und fragen, was sie dazu sagt.

⁵⁸Und sie riefen Rebekka und sprachen zu ihr: Willst du mit diesem Mann ziehen? Sie antwortete: Ja, ich will mit ihm.

⁵⁹Also ließen sie Rebekka, ihre Schwester, ziehen mit ihrer Amme samt Abrahams Knecht und seinen Leuten.

⁶⁰Und sie segneten Rebekka und sprachen zu ihr: Du bist unsre Schwester; wachse in vieltausendmal tausend, und dein Same besitze die Tore seiner Feinde.

⁶¹Also machte sich Rebekka auf mit ihren Dirnen, und setzten sich auf die Kamele und zogen dem Manne nach. Und der Knecht nahm Rebekka und zog hin.

⁶²Isaak aber kam vom Brunnen des Lebendigen und Sehenden (denn er wohnte im Lande gegen Mittag)

⁶³und war ausgegangen, zu beten auf dem Felde um den Abend, und hob seine Augen auf und sah, daß Kamele daherkamen.

⁶⁴Und Rebekka hob ihre Augen auf und sah Isaak; da stieg sie eilend vom Kamel

⁶⁵und sprach zu dem Knecht: Wer ist der Mann auf dem Felde? Der Knecht sprach: Das ist mein Herr. Da nahm sie den Mantel und verhüllte sich.

⁶⁶Und der Knecht erzählte Isaak alle Sachen, die er ausgerichtet hatte.

⁶⁷Da führte sie Isaak in die Hütte seiner Mutter Sara und nahm die Rebekka und sie war sein Weib, und er gewann sie lieb. Also ward Isaak getröstet über seine Mutter.

Kapitel 25

¹Abraham nahm wieder ein Weib, die hieß Ketura.

²Die gebar ihm Simran und Joksan, Medan und Midian, Jesbak und Suah.

³Joksan aber zeugte Saba und Dedan. Die Kinder aber von Dedan waren: die Assuriter, die Letusiter und die Leumiter.

⁴Die Kinder Midians waren: Epha, Epher, Henoch, Abida und Eldaa. Diese alle sind Kinder der Ketura.

⁵Und Abraham gab all sein Gut Isaak.

⁶Aber den Kindern, die er von den Kebsweibern hatte, gab er Geschenke und ließ sie von seinen Sohn Isaak ziehen, dieweil er noch lebte, gegen Aufgang in das Morgenland.

⁷Das aber ist Abrahams Alter, das er gelebt hat: hundertfünfundsiebzig Jahre.

⁸Und er nahm ab und starb in einem ruhigen Alter, da er alt und lebenssatt war, und ward zu seinem Volk gesammelt.

⁹Und es begruben ihn die Söhne Isaak und Ismael in der zwiefachen Höhle auf dem Acker Ephrons, des Sohnes Zohars, des Hethiters, die da liegt Mamre gegenüber,

¹⁰in dem Felde, das Abraham von den Kindern Heth gekauft hatte. Da ist Abraham begraben mit Sara, seinem Weibe.

¹¹Und nach dem Tode Abrahams segnete Gott Isaak, seinen Sohn. Und er wohnte bei dem Brunnen des Lebendigen und Sehenden.

¹²Dies ist das Geschlecht Ismaels, des Sohnes Abrahams, den ihm Hagar gebar, die Magd Saras aus Ägypten;

¹³und das sind die Namen der Kinder Ismaels, davon ihre Geschlechter genannt sind: der erstgeborene Sohn Ismaels, Nebajoth, - Kedar, Abdeel, Mibsam,

¹⁴Misma, Duma, Massa,

¹⁵Hadar, Thema, Jetur, Naphis und Kedma.

¹⁶Dies sind die Kinder Ismaels mit ihren Namen in ihren Höfen und Zeltdörfern, zwölf Fürsten über ihre Leute.

¹⁷Und das ist das Alter Ismaels: hundert und siebenunddreißig Jahre. Und er nahm ab und starb und ward gesammelt zu seinem Volk.

¹⁸Und sie wohnten von Hevila an bis gen Sur vor Ägypten und bis wo man nach Assyrien geht. Er ließ sich aber nieder gegen alle seine Brüder.

¹⁹Dies ist das Geschlecht Isaaks, des Sohnes Abrahams: Abraham zeugte Isaak.

²⁰Isaak aber war vierzig Jahre alt, da er Rebekka zum Weibe nahm, die Tochter Bethuels, des Syrers, von Mesopotamien, Labans, des Syrers Schwester.

²¹Isaak aber bat den HERRN für sein Weib, denn sie war unfruchtbar. Und der HERR ließ sich erbitten, und Rebekka, sein Weib, ward schwanger.

²²Und die Kinder stießen sich miteinander in ihrem Leibe. Da sprach sie: Da mir's also sollte gehen, warum bin ich schwanger geworden? und sie ging hin, den HERRN zu fragen.

²³Und der HERR sprach zu ihr: Zwei Völker sind in deinem Leibe, und zweierlei Leute werden sich scheiden aus deinem Leibe; und ein Volk wird dem andern überlegen sein, und der Ältere wird dem Jüngeren dienen.

²⁴Da nun die Zeit kam, daß sie gebären sollte, siehe, da waren Zwillinge in ihrem Leibe.

²⁵Der erste, der herauskam, war rötlich, ganz rauh wie ein Fell; und sie nannten ihn Esau.

²⁶Darnach kam heraus sein Bruder, der hielt mit seiner Hand die Ferse des Esau; und sie hießen ihn Jakob. Sechzig Jahre alt war Isaak, da sie geboren wurden.

²⁷Und da nun die Knaben groß wurden, ward Esau ein Jäger und streifte auf dem Felde, Jakob aber ein sanfter Mann und blieb in seinen Hütten.

²⁸Und Isaak hatte Esau lieb und aß gern von seinem Weidwerk; Rebekka aber hatte Jakob lieb.

²⁹Und Jakob kochte ein Gericht. Da kam Esau vom Felde und war müde

³⁰und sprach zu Jakob: Laß mich kosten das rote Gericht; denn ich bin müde. Daher heißt er Edom.

³¹Aber Jakob sprach: Verkaufe mir heute deine Erstgeburt.

³²Esau antwortete: Siehe, ich muß doch sterben; was soll mir denn die Erstgeburt?

³³Jakob sprach: So schwöre mir heute. Und er schwur ihm und verkaufte also Jakob seine Erstgeburt.

³⁴Da gab ihm Jakob Brot und das Linsengericht, und er aß und trank und stand auf und ging davon. Also verachtete Esau seine Erstgeburt.

Genesis
Kapitel 26

¹Es kam aber eine Teuerung ins Land nach der vorigen, so zu Abrahams Zeiten war. Und Isaak zog zu Abimelech, der Philister König, zu Gerar.

²Da erschien ihm der HERR und sprach: Ziehe nicht hinab nach Ägypten, sondern bleibe in dem Lande, das ich dir sage.

³Sei ein Fremdling in diesem Lande, und ich will mit dir sein und dich segnen; denn dir und deinem Samen will ich alle diese Länder geben und will meinen Eid bestätigen, den ich deinem Vater Abraham geschworen habe,

⁴und will deinem Samen mehren wie die Sterne am Himmel und will deinem Samen alle diese Länder geben. Und durch deinen Samen sollen alle Völker auf Erden gesegnet werden,

⁵darum daß Abraham meiner Stimme gehorsam gewesen ist und hat gehalten meine Rechte, meine Gebote, meine Weise und mein Gesetz.

⁶Also wohnte Isaak zu Gerar.

⁷Und wenn die Leute an demselben Ort fragten nach seinem Weibe, so sprach er: Sie ist meine Schwester. Denn er fürchtete sich zu sagen: Sie ist mein Weib; sie möchten mich erwürgen um Rebekkas willen, denn sie war schön von Angesicht.

⁸Als er nun eine Zeitlang da war, sah Abimelech, der Philister König, durchs Fenster und ward gewahr, daß Isaak scherzte mit seinem Weibe Rebekka.

⁹Da rief Abimelech den Isaak und sprach: Siehe, es ist dein Weib. Wie hast du denn gesagt: Sie ist meine Schwester? Isaak antwortete ihm: Ich gedachte, ich möchte vielleicht sterben müssen um ihretwillen.

¹⁰Abimelech sprach: Warum hast du das getan? Es wäre leicht geschehen, daß jemand vom Volk sich zu deinem Weibe gelegt hätte, und hättest also eine Schuld auf uns gebracht.

¹¹Da gebot Abimelech allem Volk und sprach: Wer diesen Mann oder sein Weib antastet, der soll des Todes sterben.

¹²Und Isaak säte in dem Lande und erntete desselben Jahres hundertfältig; denn der HERR segnete ihn.

¹³Und er ward ein großer Mann und nahm immer mehr zu, bis er sehr groß ward,

¹⁴daß er viel Gut hatte an kleinem und großem Vieh und ein großes Gesinde. Darum beneideten ihn die Philister

¹⁵und verstopften alle Brunnen, die seines Vaters Knechte gegraben hatten zur Zeit Abrahams, seines Vaters, und füllten sie mit Erde;

¹⁶daß auch Abimelech zu ihm sprach: Ziehe von uns, denn du bist uns zu mächtig geworden.

¹⁷Da zog Isaak von dannen und schlug sein Gezelt auf im Grunde Gerar und wohnte allda

¹⁸und ließ die Wasserbrunnen wieder aufgraben, die sie zu Abrahams, seines Vaters, Zeiten gegraben hatten, welche die Philister verstopft hatten nach Abrahams Tod, und nannte sie mit demselben Namen mit denen sie sein Vater genannt hatte.

¹⁹Auch gruben Isaaks Knechte im Grunde und fanden daselbst einen Brunnen lebendigen Wassers.

²⁰Aber die Hirten von Gerar zankten mit den Hirten Isaaks und sprachen: Das Wasser ist unser. Da hieß er den Brunnen Esek, darum daß sie ihm unrecht getan hatten.

²¹Da gruben sie einen andern Brunnen. Darüber zankten sie auch, darum hieß er ihn Sitna.

²²Da machte er sich von dannen und grub einen andern Brunnen. Darüber zankten sie sich nicht; darum hieß er ihn Rehoboth und sprach: Nun hat uns der HERR Raum gemacht und uns wachsen lassen im Lande.

²³Darnach zog er von dannen gen Beer-Seba.

²⁴Und der HERR erschien ihm in derselben Nacht und sprach: Ich bin deines Vaters Abrahams Gott. Fürchte dich nicht; denn ich bin mit dir und will dich segnen und deinen Samen mehren um meines Knechtes Abraham willen.

²⁵Da baute er einen Altar daselbst und predigte von dem Namen des HERRN und richtete daselbst seine Hütte auf, und seine Knechte gruben daselbst einen Brunnen.

²⁶Und Abimelech ging zu ihm von Gerar, und Ahussat, sein Freund, und Phichol, sein Feldhauptmann.

²⁷Aber Isaak sprach zu ihnen: Warum kommt ihr zu mir? Haßt ihr mich doch und habt mich von euch getrieben.

²⁸Sie sprachen: Wir sehen mit sehenden Augen, daß der HERR mit dir ist. Darum sprachen wir: Es soll ein Eid zwischen uns und dir sein, und wir wollen einen Bund mit dir machen,

²⁹daß du uns keinen Schaden tust, gleichwie wir dir nichts denn alles Gute getan haben und dich mit Frieden haben ziehen lassen. Du aber bist nun der Gesegnete des HERRN.

³⁰Da machte er ihnen ein Mahl, und sie aßen und tranken.

³¹Und des Morgens früh standen sie auf und schwur einer dem andern; und Isaak ließ sie gehen, und sie zogen von ihm mit Frieden.

³²Desselben Tages aber kamen Isaaks Knechte und sagten ihm an von dem Brunnen, den sie gegraben hatten, und sprachen zu ihm: Wir haben Wasser gefunden.

³³Und er nannte ihn Seba; daher heißt die Stadt Beer-Seba bis auf den heutigen Tag.

³⁴Da Esau vierzig Jahre alt war, nahm er zum Weibe Judith, die Tochter Beeris, des Hethiters, und Basmath, die Tochter Elons, des Hethiters.

³⁵Die machten beide Isaak und Rebekka eitel Herzeleid.

Kapitel 27

¹Und es begab sich, da Isaak alt war geworden und seine Augen dunkel wurden zu sehen, rief er Esau, seinen älteren Sohn, und sprach zu ihm: Mein Sohn! Er aber antwortete ihm: Hier bin ich.

²Und er sprach: Siehe, ich bin alt geworden und weiß nicht, wann ich sterben soll.

³So nimm nun dein Geräte, Köcher und Bogen, und geh aufs Feld und fange mir ein Wildbret

⁴und mache mir ein Essen, wie ich's gern habe, und bringe mir's herein, daß ich esse, daß dich meine Seele segne, ehe ich sterbe.

⁵Rebekka aber hörte solche Worte, die Isaak zu seinem Sohn Esau sagte. Und Esau ging hin aufs Feld, daß er ein Wildbret jagte und heimbrächte.

⁶Da sprach Rebekka zu Jakob, ihrem Sohn: Siehe, ich habe gehört deinen Vater reden mit Esau, deinem Bruder, und sagen:

⁷Bringe mir ein Wildbret und mache mir ein Essen, daß ich esse und dich segne vor dem HERRN, ehe ich sterbe.

⁸So höre nun, mein Sohn, meine Stimme, was ich dich heiße.

⁹Gehe hin zur Herde und hole mir zwei gute Böcklein, daß ich deinem Vater ein Essen davon mache, wie er's gerne hat.

¹⁰Das sollst du deinem Vater hineintragen, daß er esse, auf daß er dich segne vor seinem Tode.

¹¹Jakob aber sprach zu seiner Mutter Rebekka: Siehe, mein Bruder Esau ist rauh, und ich glatt;

¹²so möchte vielleicht mein Vater mich betasten, und ich würde vor ihm geachtet, als ob ich ihn betrügen wollte, und brächte über mich einen Fluch und nicht einen Segen.

¹³Da sprach seine Mutter zu ihm: Der Fluch sei auf mir, mein Sohn; gehorche nur meiner Stimme, gehe und hole mir.

¹⁴Da ging er hin und holte und brachte es seiner Mutter. Da machte seine Mutter ein Essen, wie es sein Vater gern hatte,

¹⁵und nahm Esaus, ihres älteren Sohnes, köstliche Kleider, die sie bei sich im Hause hatte, und zog sie Jakob an, ihrem jüngeren Sohn;

¹⁶aber die Felle von den Böcklein tat sie um seine Hände, und wo er glatt war am Halse,

¹⁷und gab also das Essen mit Brot, wie sie es gemacht hatte, in Jakobs Hand, ihres Sohnes.

¹⁸Und er ging hinein zu seinem Vater und sprach: Mein Vater! Er antwortete: Hier bin ich. Wer bist du, mein Sohn?

¹⁹Jakob sprach zu seinem Vater: Ich bin Esau, dein erstgeborener Sohn; ich habe getan, wie du mir gesagt hast. Steh auf, setze dich und iß von meinem Wildbret, auf daß deine Seele segne.

²⁰Isaak aber sprach zu seinem Sohn: Mein Sohn, wie hast du so bald gefunden? Er antwortete: Der HERR, dein Gott, bescherte mir's.

²¹Da sprach Isaak zu Jakob: Tritt herzu, mein Sohn, daß ich dich betaste, ob du mein Sohn Esau seiest oder nicht.

²²Also trat Jakob zu seinem Vater Isaak; und da er ihn betastet hatte, sprach er: Die Stimme ist Jakobs Stimme, aber die Hände sind Esaus Hände.

²³Und er kannte ihn nicht; denn seine Hände waren rauh wie Esaus, seines Bruders, Hände. Und er segnete ihn

²⁴und sprach zu ihm: Bist du mein Sohn Esau? Er antwortete: Ja, ich bin's.

²⁵Da sprach er: So bringe mir her, mein Sohn, zu essen von deinem Wildbret, daß dich meine Seele segne. Da brachte er's ihm, und er aß, und trug ihm auch Wein hinein, und er trank.

²⁶Und Isaak, sein Vater, sprach zu ihm: Komm her und küsse mich, mein Sohn.

²⁷Er trat hinzu und küßte ihn. Da roch er den Geruch seiner Kleider und segnete ihn und sprach: Siehe, der Geruch meines Sohnes ist wie ein Geruch des Feldes, das der HERR gesegnet hat.

²⁸Gott gebe dir vom Tau des Himmels und von der Fettigkeit der Erde und Korn und Wein die Fülle.

²⁹Völker müssen dir dienen, und Leute müssen dir zu Fuße fallen. Sei ein Herr über deine Brüder, und deiner Mutter Kinder müssen dir zu Fuße fallen. Verflucht sei, wer dir flucht; gesegnet sei, wer dich segnet.

³⁰Als nun Isaak vollendet hatte den Segen über Jakob, und Jakob kaum hinausgegangen war von seinem Vater Isaak, da kam Esau, sein Bruder, von seiner Jagd

³¹und machte auch ein Essen und trug's hinein zu seinem Vater und sprach zu ihm: Steh auf, mein Vater, und iß von dem Wildbret deines Sohnes, daß mich deine Seele segne.

³²Da antwortete ihm Isaak, sein Vater: Wer bist du? Er sprach: Ich bin Esau, dein erstgeborener Sohn.

³³Da entsetzte sich Isaak über die Maßen sehr und sprach: Wer ist denn der Jäger, der mir gebracht hat, und ich habe von allem gegessen, ehe du kamst, und habe ihn gesegnet? Er wird auch gesegnet bleiben.

³⁴Als Esau diese Rede seines Vaters hörte, schrie er laut und ward über die Maßen sehr betrübt und sprach zu seinem Vater: Segne mich auch, mein Vater!

³⁵Er aber sprach: Dein Bruder ist gekommen mit List und hat deinen Segen hinweg.

³⁶Da sprach er: Er heißt wohl Jakob; denn er hat mich nun zweimal überlistet. Meine Erstgeburt hat er dahin; und siehe, nun nimmt er auch meinen Segen. Und sprach: Hast du mir denn keinen Segen vorbehalten?

³⁷Isaak antwortete und sprach zu ihm: Ich habe ihn zu Herrn über dich gesetzt, und alle seine Brüder habe ich ihm zu Knechten gemacht, mit Korn und Wein habe ich ihn versehen; was soll ich doch dir nun tun, mein Sohn?

³⁸Esau sprach zu seinem Vater: Hast du denn nur einen Segen, mein Vater? Segne mich auch, mein Vater! und hob auf seine Stimme und weinte.

³⁹Da antwortete Isaak, sein Vater, und sprach zu ihm: Siehe da, du wirst eine Wohnung haben ohne Fettigkeit der Erde und ohne Tau des Himmels von obenher.

⁴⁰Von deinem Schwerte wirst du dich nähren und deinem Bruder dienen. Und es wird geschehen, daß du auch ein Herr sein und sein Joch von deinem Halse reißen wirst.

⁴¹Und Esau war Jakob gram um des Segens willen, mit dem ihn sein Vater gesegnet hatte, und sprach in seinem Herzen: Es wird die Zeit bald kommen, da man um meinen Vater Leid tragen muß; dann will ich meinen Bruder Jakob erwürgen.

⁴²Da wurden Rebekka angesagt diese Worte ihres älteren Sohnes Esau; und sie schickte hin und ließ Jakob, ihren jüngeren Sohn, rufen und sprach zu ihm: Siehe, dein Bruder Esau droht dir, daß er dich erwürgen will.

⁴³Und nun höre meine Stimme, mein Sohn: Mache dich auf und fliehe zu meinem Bruder Laban gen Haran

⁴⁴und bleib eine Weile bei ihm, bis sich der Grimm deines Bruders legt

⁴⁵und bis sich sein Zorn wider dich von dir wendet und er vergißt, was du an ihm getan hast; so will ich darnach schicken und dich von dannen holen lassen. Warum sollte ich euer beider beraubt werden auf einen Tag?

⁴⁶Und Rebekka sprach zu Isaak: Mich verdrießt, zu leben vor den Töchter Heth. Wo Jakob ein Weib nimmt von den Töchter Heth wie diese, von den Töchtern des Landes, was soll mir das Leben?

Kapitel 28

¹Da rief Isaak seinen Sohn Jakob und segnete ihn und gebot ihm und sprach zu ihm: Nimm nicht ein Weib von den Töchtern Kanaans;

²sondern mache dich auf und ziehe nach Mesopotamien zum Hause Bethuels, des Vaters deiner Mutter, und nimm dir ein Weib daselbst von den Töchtern Labans, des Bruders deiner Mutter.

³Aber der allmächtige Gott segne dich und mache dich fruchtbar und mehre dich, daß du werdest ein Haufe Völker

⁴und gebe dir den Segen Abrahams, dir und deinem Samen mit dir, daß du besitzest das Land, darin du ein Fremdling bist, das Gott Abraham gegeben hat.

⁵Also fertigte Isaak den Jakob ab, daß er nach Mesopotamien zog zu Laban, Bethuels Sohn, in Syrien, dem Bruder Rebekkas, seiner und Esaus Mutter.

⁶Als nun Esau sah, daß Isaak Jakob gesegnet hatte und abgefertigt nach Mesopotamien, daß er daselbst ein Weib nähme, und daß er, indem er ihn segnete, ihm gebot und sprach: Du sollst nicht ein Weib nehmen von den Töchtern Kanaans,

⁷und daß Jakob seinem Vater und seiner Mutter gehorchte und nach Mesopotamien zog,

⁸sah auch, daß Isaak, sein Vater, nicht gerne sah die Töchter Kanaans:

⁹ging er hin zu Ismael und nahm zu den Weibern, die er zuvor hatte, Mahalath, die Tochter Ismaels, des Sohnes Abrahams, die Schwester Nebajoths, zum Weibe.

¹⁰Aber Jakob zog aus von Beer-Seba und reiste gen Haran

¹¹und kam an einen Ort, da blieb er über Nacht; denn die Sonne war untergegangen. Und er nahm einen Stein des Orts und legte ihn zu seinen Häupten und legte sich an dem Ort schlafen.

¹²Und ihm träumte; und siehe, eine Leiter stand auf der Erde, die rührte mit der Spitze an den Himmel, und siehe, die Engel Gottes stiegen daran auf und nieder;

¹³und der HERR stand obendarauf und sprach: Ich bin der HERR, Abrahams, deines Vaters, Gott und Isaaks Gott; das Land darauf du liegst, will ich dir und deinem Samen geben.

¹⁴Und dein Same soll werden wie der Staub auf Erden, und du sollst ausgebreitet werden gegen Abend, Morgen, Mitternacht und Mittag; und durch dich und deinen Samen sollen alle Geschlechter auf Erden gesegnet werden.

¹⁵Und siehe, ich bin mit dir und will dich behüten, wo du hin ziehst, und will dich wieder herbringen in dies Land. Denn ich will dich nicht lassen, bis daß ich tue alles, was ich dir geredet habe.

¹⁶Da nun Jakob von seinem Schlaf aufwachte, sprach er: Gewiß ist der HERR an diesem Ort, und ich wußte es nicht;

¹⁷und fürchtete sich und sprach: Wie heilig ist diese Stätte! Hier ist nichts anderes als Gottes Haus, und hier ist die Pforte des Himmels.

¹⁸Und Jakob stand des Morgens früh auf und nahm den Stein, den er zu seinen Häupten gelegt hatte, und richtete ihn auf zu einem Mal und goß Öl obendarauf

¹⁹und hieß die Stätte Beth-El; zuvor aber hieß die Stadt Lus.

²⁰Und Jakob tat ein Gelübde und sprach: So Gott wird mit mir sein und mich behüten auf dem Wege, den ich reise, und mir Brot zu essen geben und Kleider anzuziehen

²¹und mich in Frieden wieder heim zu meinem Vater bringen, so soll der HERR mein Gott sein;

²²und dieser Stein, den ich aufgerichtet habe zu einem Mal, soll ein Gotteshaus werden; und von allem, was du mir gibst, will ich dir den Zehnten geben.

Kapitel 29

¹Da hob Jakob seine Füße auf und ging in das Land, das gegen Morgen liegt,

²und sah sich um, und siehe, da war ein Brunnen auf dem Felde, und siehe, drei Herden Schafe lagen dabei; denn von dem Brunnen pflegten sie die Herden zu tränken, und ein großer Stein lag vor dem Loch des Brunnens.

³Und sie pflegten die Herden alle daselbst zu versammeln und den Stein von dem Brunnenloch zu wälzen und die Schafe zu tränken und taten alsdann den Stein wieder vor das Loch an seine Stätte.

⁴Und Jakob sprach zu ihnen: Liebe Brüder, wo seid ihr her? Sie antworteten: Wir sind von Haran.

⁵Er sprach zu ihnen: Kennt ihr auch Laban, den Sohn Nahors? Sie antworteten: Wir kennen ihn wohl.

⁶Er sprach: Geht es ihm auch wohl? Sie antworteten: Es geht ihm wohl; und siehe, da kommt seine Tochter Rahel mit den Schafen.

⁷Er sprach: Es ist noch hoher Tag und ist noch nicht Zeit das Vieh einzutreiben; tränkt doch die Schafe und geht hin und weidet sie.

⁸Sie antworteten: Wir können nicht, bis daß alle Herden zusammengebracht werden und wir den Stein von des Brunnens Loch wälzen und also die Schafe tränken.

⁹Als er noch mit ihnen redete, kam Rahel mit den Schafen ihres Vaters; denn sie hütete die Schafe.

¹⁰Da aber Jakob sah Rahel, die Tochter Labans, des Bruders seiner Mutter, und die Schafe Labans, des Bruders seiner Mutter, trat er hinzu und wälzte den Stein von dem Loch des Brunnens und tränkte die Schafe Labans, des Bruders seiner Mutter.

¹¹Und er küßte Rahel und weinte laut

¹²und sagte ihr an, daß er ihres Vaters Bruder wäre und Rebekkas Sohn. Da lief sie und sagte es ihrem Vater an.

¹³Da aber Laban hörte von Jakob, seiner Schwester Sohn, lief er ihm entgegen und herzte und küßte ihn und führte ihn in sein Haus. Da erzählte er dem Laban alle diese Sachen.

¹⁴Da sprach Laban zu ihm: Wohlan, du bist mein Bein und mein Fleisch. Und da er einen Monat lang bei ihm gewesen war,

¹⁵sprach Laban zu Jakob: Wiewohl du mein Bruder bist, solltest du mir darum umsonst dienen? Sage an, was soll dein Lohn sein?

¹⁶Laban aber hatte zwei Töchter; die ältere hieß Lea und die jüngere Rahel.

Genesis

¹⁷Aber Lea hatte ein blödes Gesicht, Rahel war hübsch und schön.
¹⁸Und Jakob gewann die Rahel lieb und sprach: Ich will dir sieben Jahre um Rahel, deine jüngere Tochter, dienen.
¹⁹Laban antwortete: Es ist besser, ich gebe sie dir als einem andern; bleibe bei mir.
²⁰Also diente Jakob um Rahel sieben Jahre, und sie deuchten ihn, als wären's einzelne Tage, so lieb hatte er sie.
²¹Und Jakob sprach zu Laban: Gib mir nun mein Weib, denn die Zeit ist hier, daß ich zu ihr gehe.
²²Da lud Laban alle Leute des Orts und machte ein Hochzeitsmahl.
²³Des Abends aber nahm er seine Tochter Lea und brachte sie zu ihm; und er ging zu ihr.
²⁴Und Laban gab seiner Tochter Lea seine Magd Silpa zur Magd.
²⁵Des Morgens aber, siehe, da war es Lea. Und er sprach zu Laban: Warum hast du mir das getan? Habe ich dir nicht um Rahel gedient? Warum hast du mich denn betrogen?
²⁶Laban antwortete: Es ist nicht Sitte in unserm lande, daß man die jüngere ausgebe vor der älteren.
²⁷Halte mit dieser die Woche aus, so will ich dir diese auch geben um den Dienst, den du bei mir noch andere sieben Jahre dienen sollst.
²⁸Jakob tat also und hielt die Woche aus. Da gab ihm Laban Rahel, seine Tochter, zum Weibe
²⁹und gab seiner Tochter Rahel seine Magd Bilha zur Magd.
³⁰Also ging er auch zu Rahel ein, und hatte Rahel lieber als Lea; und diente bei ihm fürder die andern sieben Jahre.
³¹Da aber der HERR sah, daß Lea unwert war, machte er sie fruchtbar; Rahel aber war unfruchtbar.
³²Und Lea ward schwanger und gebar einen Sohn; den hieß sie Ruben, und sprach: Der HERR hat angesehen mein Elend; nun wird mich mein Mann liebhaben.
³³Und ward abermals schwanger und gebar einen Sohn und sprach: Der HERR hat gehört, daß ich unwert bin, und hat mir diesen auch gegeben. Und sie hieß ihn Simeon.
³⁴Abermals ward sie schwanger und gebar einen Sohn und sprach: Nun wird mein Mann mir doch zugetan sein, denn ich habe ihm drei Söhne geboren. Darum hieß sie ihn Levi.
³⁵Zum vierten ward sie schwanger und gebar einen Sohn und sprach: Nun will ich dem HERRN danken. Darum hieß sie ihn Juda. Und hörte auf, Kinder zu gebären.

Kapitel 30

¹Da Rahel sah, daß sie dem Jakob kein Kind gebar, beneidete sie ihre Schwester und sprach zu Jakob: Schaffe mir Kinder, wo nicht, so sterbe ich.
²Jakob aber ward sehr zornig auf Rahel und sprach: Bin ich doch nicht Gott, der dir deines Leibes Frucht nicht geben will.
³Sie aber sprach: Siehe, da ist meine Magd Bilha; gehe zu ihr, daß sie auf meinen Schoß gebäre und ich doch durch sie aufgebaut werde.
⁴Und sie gab ihm also Bilha, ihre Magd, zum Weibe, und Jakob ging zu ihr.
⁵Also ward Bilha schwanger und gebar Jakob einen Sohn.
⁶Da sprach Rahel: Gott hat meine Sache gerichtet und meine Stimme erhört und mir einen Sohn gegeben. Darum hieß sie ihn Dan.
⁷Abermals ward Bilha, Rahels Magd, schwanger und gebar Jakob den andern Sohn.
⁸Da sprach Rahel: Gott hat es gewandt mit mir und meiner Schwester, und ich werde es ihr zuvortun. Und hieß ihn Naphthali.
⁹Da nun Lea sah, daß sie aufgehört hatte zu gebären, nahm sie ihre Magd Silpa und gab sie Jakob zum Weibe.
¹⁰Also gebar Silpa, Leas Magd, Jakob einen Sohn.
¹¹Da sprach Lea: Rüstig! Und hieß ihn Gad.
¹²Darnach gebar Silpa, Leas Magd, Jakob den andern Sohn.
¹³Da sprach Lea: Wohl mir! denn mich werden selig preisen die Töchter. Und hieß ihn Asser.
¹⁴Ruben ging aus zur Zeit der Weizenernte und fand Liebesäpfel auf dem Felde und brachte sie heim seiner Mutter Lea. Da sprach Rahel zu Lea: Gib mir von den Liebesäpfeln deines Sohnes einen Teil.
¹⁵Sie antwortete: Hast du nicht genug, daß du mir meinen Mann genommen hast, und willst auch die Liebesäpfel meines Sohnes nehmen? Rahel sprach: Wohlan, laß ihn diese Nacht bei dir schlafen um die Liebesäpfel deines Sohnes.
¹⁶Da nun Jakob des Abends vom Felde kam, ging ihm Lea hinaus entgegen und sprach: Zu mir sollst du kommen; denn ich habe dich erkauft um die Liebesäpfel meines Sohnes. Und er schlief die Nacht bei ihr.
¹⁷Und Gott erhörte Lea, und sie ward schwanger und gebar Jakob den fünften Sohn
¹⁸und sprach Gott hat mir gelohnt, daß ich meine Magd meinem Manne gegeben habe. Und hieß ihn Isaschar.
¹⁹Abermals ward Lea schwanger und gebar Jakob den sechsten Sohn,
²⁰und sprach: Gott hat mich wohl beraten; nun wird mein Mann doch bei mir wohnen, denn ich habe ihm sechs Söhne geboren. Und hieß ihn Sebulon.
²¹Darnach gebar sie eine Tochter, die hieß sie Dina.
²²Gott gedachte aber an Rahel und erhörte sie und machte sie fruchtbar.
²³Da ward sie schwanger und gebar einen Sohn und sprach: Gott hat meine Schmach von mir genommen.
²⁴Und hieß ihn Joseph und sprach: Der HERR wolle mir noch einen Sohn dazugeben!
²⁵Da nun Rahel den Joseph geboren hatte, sprach Jakob zu Laban: Laß mich ziehen und reisen an meinen Ort in mein Land.
²⁶Gib mir meine Weiber und meine Kinder um die ich dir gedient habe, daß ich ziehe; denn du weißt, wie ich dir gedient habe.
²⁷Laban sprach zu ihm: Laß mich Gnade vor deinen Augen finden. Ich spüre, daß mich der HERR segnet um deinetwillen;
²⁸bestimme den Lohn, den ich dir geben soll.
²⁹Er aber sprach zu ihm: Du weißt, wie ich dir gedient habe und was du für Vieh hast unter mir.
³⁰Du hattest wenig, ehe ich her kam, nun aber ist's ausgebreitet in die Menge, und der HERR hat dich gesegnet durch meinen Fuß. Und nun, wann soll ich auch mein Haus versorgen?
³¹Er aber sprach: Was soll ich dir denn geben? Jakob sprach: Du sollst mir nichts geben; sondern so du mir tun willst, was ich sage, so will ich wiederum weiden und hüten deine Schafe.
³²Ich will heute durch alle deine Herden gehen und aussondern alle gefleckten und bunten Schafe und alle schwarzen Schafe und die bunten und gefleckten Ziegen. Was nun bunt und gefleckt fallen wird, das soll mein Lohn sein.
³³So wird meine Gerechtigkeit zeugen heute oder morgen, wenn es kommt, daß ich meinen Lohn von dir nehmen soll; also daß, was nicht gefleckt oder bunt unter den Ziegen und nicht schwarz sein wird unter den Lämmern, das sei ein Diebstahl bei mir.
³⁴Da sprach Laban: Siehe da, es sei, wie du gesagt hast.
³⁵Und sonderte des Tages die sprenkligen und bunten Böcke und alle gefleckten und bunten Ziegen, wo nur was Weißes daran war, und alles, was schwarz war unter den Lämmern, und tat's unter die Hand seiner Kinder.
³⁶und machte Raum drei Tagereisen weit zwischen sich und Jakob. Also weidete Jakob die übrigen Herden Labans.
³⁷Jakob aber nahm Stäbe von grünen Pappelbäumen, Haseln und Kastanien und schälte weiße Streifen daran, daß an den Stäben das Weiß bloß ward,
³⁸und legte die Stäbe, die er geschält hatte, in die Tränkrinnen vor die Herden, die kommen mußten, zu trinken, daß sie da empfangen sollten, wenn sie zu trinken kämen.
³⁹Also empfingen die Herden über den Stäben und brachten Sprenklinge, Gefleckte und Bunte.
⁴⁰Da schied Jakob die Lämmer und richtete die Herde mit dem Angesicht gegen die Gefleckten und Schwarzen in der Herde Labans und machte sich eine eigene Herde, die tat er nicht zu der Herde Labans.
⁴¹Wenn aber der Lauf der Frühling-Herde war, legte er die Stäbe in die Rinnen vor die Augen der Herde, daß sie über den Stäben empfingen;
⁴²aber in der Spätlinge Lauf legte er sie nicht hinein. Also wurden die Spätlinge des Laban, aber die Frühlinge des Jakob.
⁴³Daher ward der Mann über die Maßen reich, daß er viele Schafe, Mägde und Knechte, Kamele und Esel hatte.

Kapitel 31

¹Und es kamen vor ihn die Reden der Kinder Labans, daß sie sprachen: Jakob hat alles Gut unsers Vaters an sich gebracht, und von unsers Vaters Gut hat er solchen Reichtum zuwege gebracht.
²Und Jakob sah an das Angesicht Labans; und siehe, es war nicht gegen ihn wie gestern und ehegestern.
³Und der HERR sprach zu Jakob: Ziehe wieder in deiner Väter Land und zu deiner Freundschaft; ich will mit dir sein.
⁴Da sandte Jakob hin und ließ rufen Rahel und Lea aufs Feld zu seiner Herde
⁵und sprach zu ihnen: Ich sehe eures Vaters Angesicht, daß es nicht gegen mich ist wie gestern und ehegestern; aber der Gott meines Vaters ist mit mir gewesen.

⁶Und ihr wißt, daß ich aus allen meinen Kräften eurem Vater gedient habe.

⁷Und er hat mich getäuscht und nun zehnmal meinen Lohn verändert; aber Gott hat ihm nicht gestattet, daß er mir Schaden täte.

⁸Wenn er sprach: Die Bunten sollen dein Lohn sein, so trug die ganze Herde Bunte. Wenn er aber sprach: Die Sprenkligen sollen dein Lohn sein, so trug die ganze Herde Sprenklinge.

⁹Also hat Gott die Güter eures Vaters ihm entwandt und mir gegeben.

¹⁰Denn wenn die Zeit des Laufs kam, hob ich meine Augen auf und sah im Traum, und siehe, die Böcke, die auf die Herde sprangen, waren sprenklig, gefleckt und bunt.

¹¹Und der Engel Gottes sprach zu mir im Traum: Jakob! Und ich antwortete: Hier bin ich.

¹²Er aber sprach: Hebe deine Augen, und siehe, alle Böcke, die auf die Herde springen, sind sprenklig, gefleckt und bunt; denn ich habe alles gesehen, was dir Laban tut.

¹³Ich bin der Gott zu Beth-El, da du den Stein gesalbt hast und mir daselbst ein Gelübde getan. Nun mache dich auf und zieh aus diesem Land und zieh wieder in das Land deiner Freundschaft.

¹⁴Da antworteten Rahel und Lea und sprachen zu ihm: Wir haben doch kein Teil noch Erbe mehr in unsers Vaters Hause.

¹⁵Hat er uns doch gehalten wie die Fremden; denn er hat uns verkauft und unsern Lohn verzehrt;

¹⁶darum hat Gott unserm Vater entwandt seinen Reichtum zu uns und unsern Kindern. Alles nun, was Gott dir gesagt hat, das tue.

¹⁷Also machte sich Jakob auf und lud seine Kinder und Weiber auf Kamele

¹⁸und führte weg all sein Vieh und alle seine Habe, die er zu Mesopotamien erworben hatte, daß er käme zu Isaak, seinem Vater, ins Land Kanaan.

¹⁹(Laban aber war gegangen sein Herde zu scheren.) Und Rahel stahl ihres Vaters Götzen.

²⁰Also täuschte Jakob den Laban zu Syrien damit, daß er ihm nicht ansagte, daß er floh.

²¹Also floh er und alles, was sein war, machte sich auf und fuhr über den Strom und richtete sich nach dem Berge Gilead.

²²Am dritten Tage ward Laban angesagt, daß Jakob geflohen wäre.

²³Und er nahm seine Brüder zu sich und jagte ihm nach sieben Tagereisen und ereilte ihn auf dem Berge Gilead.

²⁴Aber Gott kam zu Laban, dem Syrer, im Traum des Nachts und sprach zu ihm: Hüte dich, daß du mit Jakob nicht anders redest als freundlich.

²⁵Und Laban nahte zu Jakob. Jakob aber hatte seine Hütte aufgeschlagen auf dem Berge; und Laban mit seinen Brüdern schlug seine Hütte auch auf dem Berge Gilead.

²⁶Da sprach Laban zu Jakob: Was hast du getan, daß du mich getäuscht hast und hast meine Töchter entführt, als wenn sie durchs Schwert gefangen wären?

²⁷Warum bist du heimlich geflohen und hast dich weggestohlen und hast mir's nicht angesagt, daß ich dich hätte geleitet mit Freuden, mit Singen mit Pauken und Harfen?

²⁸Und hast mich nicht lassen meine Kinder und Töchter küssen? Nun, du hast töricht getan.

²⁹Und ich hätte wohl so viel Macht, daß ich euch könnte Übles tun; aber eures Vaters Gott hat gestern zu mir gesagt: Hüte dich, daß du mit Jakob nicht anders als freundlich redest.

³⁰Und weil du denn ja wolltest ziehen und sehntest dich so sehr nach deines Vaters Hause, warum hast du mir meine Götter gestohlen?

³¹Jakob antwortete und sprach zu Laban: Ich fürchtete mich und dachte, du würdest deine Töchter von mir reißen.

³²Bei welchem du aber deine Götter findest, der sterbe hier vor unsern Brüdern. Suche das Deine bei mir und nimm's hin. Jakob wußte aber nicht, daß sie Rahel gestohlen hatte.

³³Da ging Laban in die Hütten Jakobs und Leas und der beiden Mägde, und fand nichts; und ging aus der Hütte Leas in die Hütte Rahels.

³⁴Da nahm Rahel die Götzen und legte sie unter den Kamelsattel und setzte sich darauf. Laban aber betastete die ganze Hütte und fand nichts.

³⁵Da sprach sie zu ihrem Vater: Mein Herr, zürne mir nicht, denn ich kann nicht aufstehen vor dir, denn es geht mir nach der Frauen Weise. Also fand er die Götzen nicht, wie sehr er suchte.

³⁶Und Jakob ward zornig und schalt Laban und sprach zu ihm: Was habe ich mißgehandelt oder gesündigt, daß du so auf mich erhitzt bist?

³⁷Du hast allen meinen Hausrat betastet. Was hast du von meinem Hausrat gefunden? Lege das dar vor meinen und deinen Brüdern, daß sie zwischen uns beiden richten.

³⁸Diese zwanzig Jahre bin ich bei dir gewesen, deine Schafe und Ziegen sind nicht unfruchtbar gewesen; die Widder deiner Herde habe ich nie gegessen;

³⁹was die Tiere zerrissen, brachte ich dir nicht, ich mußte es bezahlen; du fordertest es von meiner Hand, es mochte mir des Tages oder des Nachts gestohlen sein.

⁴⁰Des Tages verschmachtete ich vor Hitze und des Nachts vor Frost, und kam kein Schlaf in meine Augen.

⁴¹Also habe ich diese zwanzig Jahre in deinem Hause gedient, vierzehn um deine Töchter und sechs um deine Herde, und du hast mir meinen Lohn zehnmal verändert.

⁴²Wo nicht der Gott meines Vaters, der Gott Abrahams und die Furcht Isaaks, auf meiner Seite gewesen wäre, du hättest mich leer lassen ziehen. Aber Gott hat mein Elend und meine Mühe angesehen und hat dich gestern gestraft.

⁴³Laban antwortete und sprach zu Jakob: Die Töchter sind meine Töchter, und die Kinder sind meine Kinder, und die Herden sind meine Herden, und alles, was du siehst, ist mein. Was kann ich meinen Töchtern heute oder ihren Kindern tun, die sie geboren haben?

⁴⁴So komm nun und laß uns einen Bund machen, ich und du, der ein Zeugnis sei zwischen mir und dir.

⁴⁵Da nahm Jakob einen Stein und richtete ihn auf zu einem Mal.

⁴⁶und sprach zu seinen Brüdern: Leset Steine auf! Und sie nahmen Steine und machten einen Haufen und aßen auf dem Haufen.

⁴⁷Und Laban hieß ihn Jegar-Sahadutha; Jakob aber hieß ihn Gilead.

⁴⁸Da sprach Laban: Der Haufe sei heute Zeuge zwischen mir und dir (daher heißt man ihn Gilead)

⁴⁹und sei eine Warte; denn er sprach: Der HERR sehe darein zwischen mir und dir, wenn wir voneinander kommen,

⁵⁰wo du meine Töchter bedrückst oder andere Weiber dazunimmst über meine Töchter. Es ist kein Mensch hier mit uns; siehe aber, Gott ist der Zeuge zwischen mir und dir.

⁵¹Und Laban sprach weiter zu Jakob: Siehe, das ist der Haufe, und das ist das Mal, das ich aufgerichtet habe zwischen mir und dir.

⁵²Derselbe Haufe sei Zeuge, und das Mal sei auch Zeuge, wenn ich herüberfahre zu dir oder du herüberfährst zu mir über diesen Haufen und dies Mal, zu beschädigen.

⁵³Der Gott Abrahams und der Gott Nahors, der Gott ihres Vaters sei Richter zwischen uns.

⁵⁴Und Jakob schwur ihm bei der Furcht seines Vaters Isaak. Und Jakob opferte auf dem Berge und lud seine Brüder zum Essen. Und da sie gegessen hatten, blieben sie auf dem Berge über Nacht.

⁵⁵Des Morgens aber stand Laban früh auf, küßte seine Kinder und Töchter und segnete sie und zog hin und kam wieder an seinen Ort.

Kapitel 32

¹Jakob aber zog seinen Weg; und es begegneten ihm die Engel Gottes.

²Und da er sie sah, sprach er: Es sind Gottes Heere; und hieß die Stätte Mahanaim.

³Jakob aber schickte Boten vor sich her zu seinem Bruder Esau ins Land Seir, in die Gegend Edoms,

⁴und befahl ihnen und sprach: Also sagt meinem Herrn Esau: Dein Knecht Jakob läßt dir sagen: Ich bin bis daher bei Laban lange außen gewesen

⁵und habe Rinder und Esel, Schafe, Knechte und Mägde; und habe ausgesandt, dir, meinem Herrn, anzusagen, daß ich Gnade vor deinen Augen fände.

⁶Die Boten kamen wieder zu Jakob und sprachen: Wir kamen zu deinem Bruder Esau; und er zieht dir auch entgegen mit vierhundert Mann.

⁷Da fürchtete sich Jakob sehr, und ihm ward bange; und teilte das Volk, das bei ihm war, und die Schafe und die Rinder und die Kamele in zwei Heere

⁸und sprach: So Esau kommt auf das eine Heer und schlägt es, so wird das übrige entrinnen.

⁹Weiter sprach Jakob: Gott meines Vaters Abraham und Gott meines Vaters Isaak, HERR, der du zu mir gesagt hast: Zieh wieder in dein Land und zu deiner Freundschaft, ich will dir wohltun!

¹⁰ich bin zu gering aller Barmherzigkeit und aller Treue, die du an deinem Knechte getan hast; denn ich hatte nicht mehr als diesen Stab, da ich über den Jordan ging, und nun bin ich zwei Heere geworden.

¹¹Errette mich von der Hand meines Bruders, von der Hand Esaus; denn ich fürchte mich vor ihm, daß er nicht komme und schlage mich,

Genesis

die Mütter samt den Kindern.

¹²Du hast gesagt ich will dir wohltun und deinen Samen machen wie den Sand am Meer, den man nicht zählen kann vor der Menge.

¹³Und er blieb die Nacht da und nahm von dem, das er vor Handen hatte, ein Geschenk für seinen Bruder Esau:

¹⁴zweihundert Ziegen, zwanzig Böcke, zweihundert Schafe, zwanzig Widder

¹⁵und dreißig säugende Kamele mit ihren Füllen, vierzig Kühe und zehn Farren, zwanzig Eselinnen mit zehn Füllen.

¹⁶und tat sie unter die Hand seiner Knechte, je eine Herde besonders, und sprach zu ihnen: Gehet vor mir hin und lasset Raum zwischen einer Herde nach der andern;

¹⁷und gebot dem ersten und sprach: Wenn dir mein Bruder Esau begegnet und dich fragt: Wem gehörst du an, und wo willst du hin, und wes ist's, was du vor dir treibst?

¹⁸sollst du sagen: Es gehört deinem Knechte Jakob zu, der sendet Geschenk seinem Herrn Esau und zieht hinter uns her.

¹⁹Also gebot er auch dem andern und dem dritten und allen, die den Herden nachgingen, und sprach: Wie ich euch gesagt habe, so sagt zu Esau, wenn ihr ihm begegnet;

²⁰und sagt ja auch: Siehe, dein Knecht Jakob ist hinter uns. Denn er gedachte: Ich will ihn versöhnen mit dem Geschenk, das vor mir her geht; darnach will ich ihn sehen, vielleicht wird er mich annehmen.

²¹Also ging das Geschenk vor ihm her, aber er blieb dieselbe Nacht beim Heer

²²und stand auf in der Nacht und nahm seine zwei Weiber und die zwei Mägde und seine elf Kinder und zog an die Furt des Jabbok.

²³nahm sie und führte sie über das Wasser, daß hinüberkam, was er hatte,

²⁴und blieb allein. Da rang ein Mann mit ihm, bis die Morgenröte anbrach.

²⁵Und da er sah, daß er ihn nicht übermochte, rührte er das Gelenk seiner Hüfte an; und das Gelenk der Hüfte Jakobs ward über dem Ringen mit ihm verrenkt.

²⁶Und er sprach: Laß mich gehen, denn die Morgenröte bricht an. Aber er antwortete: Ich lasse dich nicht, du segnest mich denn.

²⁷Er sprach: Wie heißt du? Er antwortete: Jakob.

²⁸Er sprach: Du sollst nicht mehr Jakob heißen, sondern Israel; denn du hast mit Gott und mit Menschen gekämpft und bist obgelegen.

²⁹Und Jakob fragte ihn und sprach: Sage doch, wie heißt du? Er aber sprach: Warum fragst du, wie ich heiße? Und er segnete ihn daselbst.

³⁰Und Jakob hieß die Stätte Pniel; denn ich habe Gott von Angesicht gesehen, und meine Seele ist genesen.

³¹Und als er an Pniel vorüberkam, ging ihm die Sonne auf; und er hinkte an seiner Hüfte.

³²Daher essen die Kinder Israel keine Spannader auf dem Gelenk der Hüfte bis auf den heutigen Tag, darum daß die Spannader an dem Gelenk der Hüfte Jakobs angerührt ward.

Kapitel 33

¹Jakob hob seine Augen auf und sah seinen Bruder Esau kommen mit vierhundert Mann. Und er teilte seine Kinder zu Lea und Rahel und zu den beiden Mägden

²und stellte die Mägde mit ihren Kindern vornean und Lea mit ihren Kindern hernach und Rahel mit Joseph zuletzt.

³Und er ging vor ihnen her und neigte sich siebenmal auf die Erde, bis er zu seinem Bruder kam.

⁴Esau aber lief ihm entgegen und herzte ihn und fiel ihm um den Hals und küßte ihn; und sie weinten.

⁵Und er hob seine Augen auf und sah die Weiber mit den Kindern und sprach: Wer sind diese bei dir? Er antwortete: Es sind Kinder, die Gott deinem Knecht beschert hat.

⁶Und die Mägde traten herzu mit ihren Kindern und neigten sich vor ihm.

⁷Lea trat auch herzu mit ihren Kindern und neigten sich vor ihm. Darnach trat Joseph und Rahel herzu und neigten sich auch vor ihm.

⁸Und er sprach: Was willst du mit all dem Heere, dem ich begegnet bin? Er antwortete: Daß ich Gnade fände vor meinem Herrn.

⁹Esau sprach: Ich habe genug, mein Bruder; behalte was du hast.

¹⁰Jakob antwortete: Ach, nicht! Habe ich Gnade gefunden vor dir, so nimm mein Geschenk von meiner Hand; denn ich sah dein Angesicht, als sähe ich Gottes Angesicht; und laß dir's wohl gefallen von mir.

¹¹Nimm doch den Segen von mir an, den ich dir zugebracht habe; denn Gott hat mir's beschert, und ich habe alles genug. Also nötigte er ihn, daß er's nahm.

¹²Und er sprach: Laß uns fortziehen und reisen, ich will mit dir ziehen.

¹³Er aber sprach zu ihm: Mein Herr, du erkennest, daß ich zarte Kinder bei mir habe, dazu säugende Schafe und Kühe; wenn sie einen Tag übertrieben würden, würde mir die ganze Herde sterben.

¹⁴Mein Herr ziehe vor seinem Knechte hin. Ich will gemächlich hintennach treiben, nach dem das Vieh und die Kinder gehen können, bis daß ich komme zu meinem Herrn nach Seir.

¹⁵Esau sprach: So will ich doch etliche bei dir lassen vom Volk, das mit mir ist. Er antwortete: Was ist's vonnöten? Laß mich nur Gnade vor meinem Herrn finden.

¹⁶Also zog des Tages Esau wiederum seines Weges gen Seir.

¹⁷Und Jakob zog gen Sukkoth und baute sich ein Haus und machte seinem Vieh Hütten; daher heißt die Stätte Sukkoth.

¹⁸Darnach zog Jakob mit Frieden zu der Stadt Sichems, die im Lande Kanaan liegt (nachdem er aus Mesopotamien gekommen war), und machte sein Lager vor der Stadt

¹⁹und kaufte ein Stück Acker von den Kindern Hemors, des Vaters Sichems, um hundert Groschen; daselbst richtete er seine Hütte auf.

²⁰Und er richtete daselbst einen Altar zu und rief an den Namen des starken Gottes Israels.

Kapitel 34

¹Dina aber, Leas Tochter, die sie Jakob geboren hatte, ging heraus, die Töchter des Landes zu sehen.

²Da die sah Sichem, Hemors Sohn, des Heviters, der des Landes Herr war, nahm er sie und lag bei ihr und schwächte sie.

³Und sein Herz hing an ihr, und er hatte die Dirne lieb und redete freundlich mit ihr.

⁴Und Sichem sprach zu seinem Vater Hemor: Nimm mir das Mägdlein zum Weibe.

⁵Und Jakob erfuhr, daß seine Tochter Dina geschändet war; und seine Söhne waren mit dem Vieh auf dem Felde, und Jakob schwieg bis daß sie kamen.

⁶Da ging Hemor, Sichems Vater, heraus zu Jakob, mit ihm zu reden.

⁷Indes kamen die Söhne Jakobs vom Felde. Und da sie es hörten, verdroß es die Männer, und sie wurden sehr zornig, daß er eine Torheit an Israel begangen und bei Jakobs Tochter gelegen hatte, denn so sollte es nicht sein.

⁸Da redete Hemor mit ihnen und sprach: Meines Sohnes Sichem Herz sehnt sich nach eurer Tochter; gebt sie ihm doch zum Weibe.

⁹Befreundet euch mit uns; gebt uns eure Töchter und nehmt ihr unsere Töchter

¹⁰und wohnt bei uns. Das Land soll euch offen sein; wohnt und werbet und gewinnet darin.

¹¹Und Sichem sprach zu ihrem Vater und ihren Brüdern: Laßt uns Gnade bei euch finden; was ihr mir sagt, das will ich euch geben.

¹²Fordert nur getrost von mir Morgengabe und Geschenk, ich will's geben, wie ihr heischt; gebt mir nur die Dirne zum Weibe.

¹³Da antworteten Jakobs Söhne dem Sichem und seinem Vater Hemor betrüglich, darum daß ihre Schwester Dina geschändet war,

¹⁴und sprachen zu ihnen: Wir können das nicht tun, daß wir unsere Schwester einem unbeschnittenem Mann geben; denn das wäre uns eine Schande.

¹⁵Doch dann wollen wir euch zu Willen sein, so ihr uns gleich werdet und alles, was männlich unter euch ist, beschnitten werde;

¹⁶dann wollen wir unsere Töchter euch geben und eure Töchter uns nehmen und bei euch wohnen und ein Volk sein.

¹⁷Wo ihr aber nicht darein willigen wollt, euch zu beschneiden, so wollen wir unsere Tochter nehmen und davonziehen.

¹⁸Die Rede gefiel Hemor und seinem Sohn wohl.

¹⁹Und der Jüngling verzog nicht, solches zu tun; denn er hatte Lust zu der Tochter Jakobs. Und er war herrlich gehalten über alle in seines Vaters Hause.

²⁰Da kamen sie nun, Hemor und sein Sohn Sichem, unter der Stadt Tor und redeten mit den Bürgern der Stadt und sprachen:

²¹Diese Leute sind friedsam bei uns und wollen im Lande wohnen und werben; so ist nun das Land weit genug für sie. Wir wollen uns ihre Töchter zu Weibern nehmen und ihnen unser Töchter geben.

²²Aber dann wollen sie uns zu Willen sein, daß sie bei uns wohnen und mit uns werden ein Volk, wo wir alles, was männlich unter uns ist, beschneiden, gleich wie sie beschnitten sind.

²³Ihr Vieh und ihre Güter und alles, was sie haben, wird unser sein, so wir nur ihnen zu Willen werden, daß sie bei uns wohnen.

²⁴Und sie gehorchten dem Hemor und Sichem, seinem Sohn, alle, die zu seiner Stadt Tor aus und ein gingen, und beschnitten alles, was

männlich war, das zu dieser Stadt aus und ein ging.

²⁵Und am dritten Tage, da sie Schmerzen hatten, nahmen die zwei Söhne Jakobs, Simeon und Levi, der Dina Brüder, ein jeglicher sein Schwert und gingen kühn in die Stadt und erwürgten alles, was männlich war.

²⁶und erwürgten auch Hemor und seinen Sohn Sichem mit der Schärfe des Schwerts und nahmen ihre Schwester Dina aus dem Hause Sichems und gingen davon.

²⁷Da kamen die Söhne Jakobs über die erschlagenen und plünderten die Stadt, darum daß sie hatten ihre Schwester geschändet.

²⁸Und nahmen ihre Schafe, Rinder, Esel und was in der Stadt und auf dem Felde war

²⁹und alle ihre Habe; alle Kinder und Weiber nahmen sie gefangen, und plünderten alles, was in den Häusern war.

³⁰Und Jakob sprach zu Simeon und Levi: Ihr habt mir Unglück zugerichtet und mich stinkend gemacht vor den Einwohnern dieses Landes, den Kanaanitern und Pheresitern; und ich bin ein geringer Haufe. Wenn sie sich nun versammeln über mich, so werden sie mich schlagen. Also werde ich vertilgt samt meinem Hause.

³¹Sie antworteten aber: Sollten sie denn mit unsrer Schwester wie mit einer Hure handeln?

Kapitel 35

¹Und Gott sprach zu Jakob: Mache dich auf und ziehe gen Beth-El und wohne daselbst und mache daselbst einen Altar dem Gott, der dir erschien, da du flohest vor deinem Bruder Esau.

²Da sprach Jakob zu seinem Hause und zu allen, die mit ihm waren: Tut von euch fremde Götter, so unter euch sind, und reinigt euch und ändert eure Kleider

³und laßt uns auf sein und gen Beth-El ziehen, daß ich daselbst einen Altar mache dem Gott, der mich erhört hat zur Zeit meiner Trübsal und ist mit mir gewesen auf dem Wege, den ich gezogen bin.

⁴Da gaben sie ihm alle fremden Götter, die unter ihren Händen waren, und ihre Ohrenspangen; und er vergrub sie unter einer Eiche, die neben Sichem stand.

⁵Und sie zogen aus. Und es kam die Furcht Gottes über die Städte, die um sie her lagen, daß sie den Söhnen Jakobs nicht nachjagten.

⁶Also kam Jakob gen Lus im Lande Kanaan, das da Beth-El heißt, samt all dem Volk, das mit ihm war,

⁷und baute daselbst einen Altar und hieß die Stätte El-Beth-El, darum daß ihm daselbst Gott offenbart war, da er floh vor seinem Bruder.

⁸Da starb Debora, der Rebekka Amme, und ward begraben unterhalb Beth-El unter der Eiche; die ward genannt die Klageeiche.

⁹Und Gott erschien Jakob abermals, nachdem er aus Mesopotamien gekommen war, und segnete ihn

¹⁰und sprach zu ihm: Du heißt Jakob; aber du sollst nicht mehr Jakob heißen, sondern Israel sollst du heißen. Und also heißt man ihn Israel.

¹¹Und Gott sprach zu ihm: Ich bin der allmächtige Gott; sei fruchtbar und mehre dich; Völker und Völkerhaufen sollen von dir kommen, und Könige sollen aus deinen Lenden kommen;

¹²und das Land, das ich Abraham und Isaak gegeben habe, will ich dir geben und will's deinem Samen nach dir geben.

¹³Also fuhr Gott auf von ihm von dem Ort, da er mit ihm geredet hatte.

¹⁴Jakob aber richtete ein steinernes Mal auf an dem Ort, da er mit ihm geredet hatte, und goß ein Trankopfer darauf und begoß es mit Öl.

¹⁵Und Jakob hieß den Ort, da Gott mit ihm geredet hatte, Beth-El.

¹⁶Und sie zogen von Beth-El. Und da noch ein Feld Weges war von Ephrath, da gebar Rahel.

¹⁷Und es kam sie hart an über der Geburt. Da aber die Geburt so schwer ward, sprach die Wehmutter zu ihr: Fürchte dich nicht, denn diesen Sohn wirst du auch haben.

¹⁸Da ihr aber die Seele ausging, daß sie sterben mußte, hieß sie ihn Ben-Oni; aber sein Vater hieß ihn Ben-Jamin.

¹⁹Also starb Rahel und ward begraben an dem Wege gen Ephrath, das nun heißt Bethlehem.

²⁰Und Jakob richtete ein Mal auf über ihrem Grabe; dasselbe ist das Grabmal Rahels bis auf diesen Tag.

²¹Und Israel zog aus und richtete seine Hütte auf jenseit des Turms Eder.

²²Und es begab sich, da Israel im Lande wohnte, ging Ruben hin und schlief bei Bilha, seines Vaters Kebsweib; und das kam vor Israel. Es hatte aber Jakob zwölf Söhne.

²³Die Söhne Leas waren diese: Ruben, der erstgeborene Sohn Jakobs, Simeon, Levi, Juda, Isaschar und Sebulon;

²⁴die Söhne Rahel waren: Joseph und Benjamin;

²⁵die Söhne Bilhas, Rahels Magd: Dan und Naphthali;

²⁶die Söhne Silpas, Leas Magd: Gad und Asser. Das sind die Söhne Jakobs, die ihm geboren sind in Mesopotamien.

²⁷Und Jakob kam zu seinem Vater Isaak gen Mamre zu Kirjat-Arba, das da heißt Hebron, darin Abraham und Isaak Fremdlinge gewesen sind.

²⁸Und Isaak ward hundertundachtzig Jahre alt

²⁹und nahm ab und starb und ward versammelt zu seinem Volk, alt und des Lebens satt. Und seine Söhne Esau und Jakob begruben ihn.

Kapitel 36

¹Das ist das Geschlecht Esaus, der da heißt Edom.

²Esau nahm Weiber von den Töchtern Kanaans: Ada, die Tochter Elons, des Hethiters, und Oholibama, die Tochter des Ana, die Enkelin des Zibeons, des Heviters,

³und Basmath, Ismaels Tochter, Nebajoths Schwester.

⁴Und Ada gebar dem Esau Eliphas, aber Basmath gebar Reguel.

⁵Oholibama gebar Jehus, Jaelam und Korah. Das sind Esaus Kinder, die ihm geboren sind im Lande Kanaan.

⁶Und Esau nahm seine Weiber, Söhne und Töchter und alle Seelen seines Hauses, seine Habe und alles Vieh mit allen Gütern, so er im Lande Kanaan erworben hatte, und zog in ein ander Land, hinweg von seinem Bruder Jakob.

⁷Denn ihre Habe war zu groß, daß sie nicht konnten beieinander wohnen; und das Land darin sie Fremdlinge waren, vermochte sie nicht zu ertragen vor der Menge ihres Viehs.

⁸Also wohnte Esau auf dem Gebirge Seir. Und Esau ist der Edom.

⁹Dies ist das Geschlecht Esaus, von dem die Edomiter herkommen, auf dem Gebirge Seir.

¹⁰Und so heißen die Kinder Esaus: Eliphas, der Sohn Adas, Esaus Weibes; Reguel, der Sohn Basmaths, Esaus Weibes.

¹¹Des Eliphas Söhne aber waren diese: Theman, Omar, Zepho, Gaetham und Kenas.

¹²Und Thimna war ein Kebsweib des Eliphas, Esaus Sohnes; die gebar ihm Amalek. Das sind die Kinder von Ada, Esaus Weib.

¹³Die Kinder aber Reguels sind diese: Nahath, Serah, Samma, Missa. Das sind die Kinder von Basmath, Esaus Weib.

¹⁴Die Kinder aber von Oholibama, Esaus Weib, der Tochter des Ana, der Enkelin Zibeons, sind diese, die sie dem Esau gebar: Jehus, Jaelam und Korah.

¹⁵Das sind die Fürsten unter den Kindern Esaus. Die Kinder des Eliphas, des ersten Sohnes Esaus: der Fürst Theman, der Fürst Omar, der Fürst Zepho, der Fürst Kenas,

¹⁶der Fürst Korah, der Fürst Gaetham, der Fürst Amalek. Das sind die Fürsten von Eliphas im Lande Edom und sind Kinder der Ada.

¹⁷Und das sind die Kinder Reguels, Esaus Sohnes: der Fürst Nahath, der Fürst Serah, der Fürst Samma, der Fürst Missa. Das sind die Fürsten von Reguel im Lande der Edomiter und sind Kinder von der Basmath, Esaus Weib.

¹⁸Das sind die Kinder Oholibamas, Esaus Weibes: der Fürst Jehus, der Fürst Jaelam, der Fürst Korah. Das sind die Fürsten von Oholibama, der Tochter des Ana, Esaus Weib.

¹⁹Das sind die Kinder und ihre Fürsten. Er ist der Edom.

²⁰Die Kinder aber von Seir, dem Horiter, die im Lande wohnten, sind diese: Lotan, Sobal, Zibeon, Ana, Dison, Ezer und Disan.

²¹Das sind die Fürsten der Horiter, Kinder des Seir, im Lande Edom.

²²Aber des Lotan Kinder waren diese: Hori, Heman; und Lotans Schwester hieß Thimna.

²³Die Kinder von Sobal waren diese: Alwan, Manahath, Ebal, Sepho und Onam.

²⁴Die Kinder von Zibeon waren diese: Aja und Ana. Das ist der Ana, der in der Wüste die warmen Quellen fand, da er seines Vaters Zibeon Esel hütete.

²⁵Die Kinder aber Anas waren: Dison und Oholibama, das ist die Tochter Anas.

²⁶Die Kinder Disons waren: Hemdan, Esban, Jethran und Cheran.

²⁷Die Kinder Ezers waren: Bilhan, Sawan und Akan.

²⁸Die Kinder Disans waren: Uz und Aran.

²⁹Dies sind die Fürsten der Horiter: der Fürst Lotan, der Fürst Sobal, der Fürst Zibeon, der Fürst Ana,

³⁰der Fürst Dison, der Fürst Ezer, der Fürst Disan. Das sind die Fürsten der Horiter, regiert haben im Lande Seir.

³¹Die Könige aber, die im Lande Edom regiert haben, ehe denn die Kinder Israel Könige hatten, sind diese:

³²Bela war König in Edom, ein Sohn Beors, und seine Stadt hieß

Dinhaba.

³³Und da Bela starb, ward König an seiner Statt Jobab, ein Sohn Serahs von Bozra.

³⁴Da Jobab starb, ward an seiner Statt König Husam aus der Themaniter Lande.

³⁵Da Husam starb, ward König an seiner Statt Hadad, ein Sohn Bedads, der die Midianiter schlug auf der Moabiter Felde; und seine Stadt hieß Awith.

³⁶Da Hadad starb, regierte Samla von Masrek.

³⁷Da Samla starb, ward Saul König, von Rehoboth am Strom.

³⁸Da Saul starb, ward an seiner Statt König Baal-Hanan, der Sohn Achbors.

³⁹Da Baal-Hanan, Achbors Sohn, starb, ward an seiner Statt König Hadar; und seine Stadt hieß Pagu, und sein Weib Mehetabeel, eine Tochter Matreds, die Mesahabs Tochter war.

⁴⁰Also heißen die Fürsten von Esau in ihren Geschlechtern, Örtern und Namen: der Fürst Thimna, der Fürst Alwa, der Fürst Jetheth,

⁴¹der Fürst Oholibama, der Fürst Ela, der Fürst Pinon,

⁴²der Fürst Kenas, der Fürst Theman, der Fürst Mibzar,

⁴³der Fürst Magdiel, der Fürst Iram. Das sind die Fürsten in Edom, wie sie gewohnt haben in ihrem Erblande. Das ist Esau, der Vater der Edomiter.

Kapitel 37

¹Jakob aber wohnte im Lande, darin sein Vater ein Fremdling gewesen war, im Lande Kanaan.

²Und dies sind die Geschlechter Jakobs: Joseph war siebzehn Jahre alt, da er ein Hirte des Viehs ward mit seinen Brüdern; und der Knabe war bei den Kinder Bilhas und Silpas, der Weiber seines Vaters, und brachte vor ihren Vater, wo ein böses Geschrei wider sie war.

³Israel aber hatte Joseph lieber als alle seine Kinder, darum daß er ihn im Alter gezeugt hatte; und machte ihm einen bunten Rock.

⁴Da nun seine Brüder sahen, daß ihn ihr Vater lieber hatte als alle seine Brüder, waren sie ihm feind und konnten ihm kein freundlich Wort zusprechen.

⁵Dazu hatte Joseph einmal einen Traum und sagte zu seinen Brüdern davon; da wurden sie ihm noch feinder.

⁶Denn er sprach zu ihnen: Höret doch, was mir geträumt hat:

⁷Mich deuchte, wir banden Garben auf dem Felde, und meine Garbe richtete sich auf und stand, und eure Garben umher neigten sich vor meiner Garbe.

⁸Da sprachen seine Brüder zu ihm: Solltest du unser König werden und über uns herrschen? und sie wurden ihm noch feinder um seines Traumes und seiner Rede willen.

⁹Und er hatte noch einen andern Traum, den erzählte er seinen Brüdern und sprach: Siehe, ich habe einen Traum gehabt: Mich deuchte, die Sonne und der Mond und elf Sterne neigten sich vor mir.

¹⁰Und da das seinem Vater und seinen Brüdern gesagt ward, strafte ihn sein Vater und sprach zu ihm: Was ist das für ein Traum, der dir geträumt hat? Soll ich und deine Mutter und deine Brüder kommen und vor dir niederfallen?

¹¹Und seine Brüder beneideten ihn. Aber sein Vater behielt diese Worte.

¹²Da nun seine Brüder hingingen, zu weiden das Vieh ihres Vaters in Sichem,

¹³sprach Israel zu Joseph: Hüten nicht deine Brüder das Vieh in Sichem? Komm, ich will dich zu ihnen senden. Er aber sprach: Hier bin ich.

¹⁴Und er sprach: Gehe hin und sieh, ob's wohl stehe um deine Brüder und um das Vieh, und sage mir wieder Antwort. Und er sandte ihn aus dem Tal Hebron, daß er gen Sichem ginge.

¹⁵Da fand ihn ein Mann, daß er irregig auf dem Felde; der fragte ihn und sprach: Wen suchst du?

¹⁶Er antwortete: Ich suche meine Brüder; sage mir doch an, wo sie hüten.

¹⁷Der Mann sprach: Sie sind von dannen gezogen; denn ich hörte, daß sie sagten: Laßt uns gen Dothan gehen. Da folgte Joseph seinen Brüdern nach und fand sie zu Dothan.

¹⁸Als sie ihn nun sahen von ferne, ehe er denn nahe zu ihnen kam machten sie einen Anschlag, daß sie ihn töteten,

¹⁹und sprachen untereinander: Seht, der Träumer kommt daher.

²⁰So kommt nun und laßt uns ihn erwürgen und in eine Grube werfen und sagen, ein böses Tier habe ihn gefressen, so wird man sehen, was seine Träume sind.

²¹Da das Ruben hörte, wollte er ihn aus ihren Händen erretten, und sprach: Laßt uns ihn nicht töten.

²²Und weiter sprach Ruben zu ihnen: Vergießt nicht Blut, sondern werft ihn in die Grube, die in der Wüste ist, und legt die Hand nicht an ihn. Er wollte ihn aber aus ihrer Hand erretten, daß er ihn seinem Vater wiederbrächte.

²³Als nun Joseph zu seinen Brüdern kam, zogen sie ihm seinen Rock, den bunten Rock, aus, den er anhatte,

²⁴und nahmen ihn und warfen ihn in die Grube; aber die Grube war leer und kein Wasser darin.

²⁵Und setzten sich nieder, zu essen. Indes hoben sie ihre Augen auf und sahen einen Haufen Ismaeliter kommen von Gilead mit ihren Kamelen; die trugen Würze, Balsam und Myrrhe und zogen hinab nach Ägypten.

²⁶Da sprach Juda zu seinen Brüdern: Was hilft's uns, daß wir unseren Bruder erwürgen und sein Blut verbergen?

²⁷Kommt, laßt uns ihn den Ismaeliten verkaufen, daß sich unsre Hände nicht an ihm vergreifen; denn er ist unser Bruder, unser Fleisch und Blut. Und sie gehorchten ihm.

²⁸Und da die Midianiter, die Kaufleute, vorüberreisten, zogen sie ihn heraus aus der Grube und verkauften ihn den Ismaeliten um zwanzig Silberlinge; die brachten ihn nach Ägypten.

²⁹Als nun Ruben wieder zur Grube kam und fand er Joseph nicht darin, zerriß er sein Kleid

³⁰und kam wieder zu seinen Brüdern und sprach: Der Knabe ist nicht da! Wo soll ich hin?

³¹Da nahmen sie Josephs Rock und schlachteten einen Ziegenbock und tauchten den Rock ins Blut

³²und schickten den bunten Rock hin und ließen ihn ihrem Vater bringen und sagen: Diesen haben wir gefunden; sieh, ob's deines Sohnes Rock sei oder nicht.

³³Er erkannte ihn aber und sprach: Es ist meines Sohnes Rock; ein böses Tier hat ihn gefressen, ein reißendes Tier hat Joseph zerrissen.

³⁴Und Jakob zerriß sein Kleider und legte einen Sack um seine Lenden und trug Leid um seinen Sohn lange Zeit.

³⁵Und alle seine Söhne und Töchter traten auf, daß sie ihn trösteten; aber er wollte sich nicht trösten lassen und sprach: Ich werde mit Leid hinunterfahren in die Grube zu meinem Sohn. Und sein Vater beweinte ihn.

³⁶Aber die Midianiter verkauften ihn in Ägypten dem Potiphar, des Pharao Kämmerer und Hauptmann der Leibwache.

Kapitel 38

¹Es begab sich um dieselbe Zeit, daß Juda hinabzog von seinen Brüdern und tat sich zu einem Mann von Adullam, der hieß Hira.

²Und Juda sah daselbst eines Kanaaniter-Mannes Tochter, der hieß Sua, und nahm sie. Und da er zu ihr einging,

³ward sie schwanger und gebar einen Sohn, den hieß er Ger.

⁴Und sie ward abermals schwanger und gebar einen Sohn, den hieß sie Onan.

⁵Sie gebar abermals einen Sohn, den hieß sie Sela; und er war zu Chesib, da sie ihn gebar.

⁶Und Juda gab seinem ersten Sohn, Ger, ein Weib, die hieß Thamar.

⁷Aber Ger war böse vor dem HERRN; darum tötete ihn der HERR.

⁸Da sprach Juda zu Onan: Gehe zu deines Bruders Weib und nimm sie zur Ehe, daß du deinem Bruder Samen erweckest.

⁹Aber da Onan wußte, daß der Same nicht sein eigen sein sollte, wenn er einging zu seines Bruders Weib, ließ er's auf die Erde fallen und verderbte es, auf daß er seinem Bruder nicht Samen gäbe.

¹⁰Da gefiel dem HERRN übel, was er tat, und er tötete ihn auch.

¹¹Da sprach Juda zu seiner Schwiegertochter Thamar: Bleibe eine Witwe in deines Vaters Hause, bis mein Sohn Sela groß wird. Denn er gedachte, vielleicht möchte er auch sterben wie seine Brüder. Also ging Thamar hin und blieb in ihres Vaters Hause.

¹²Da nun viele Tage verlaufen waren, starb des Sua Tochter, Juda's Weib. Und nachdem Juda ausgetrauert hatte, ging er hinauf seine Schafe zu scheren, gen Thimnath mit seinem Freunde Hira von Adullam.

¹³Da ward der Thamar angesagt: Siehe, dein Schwiegervater geht hinauf gen Thimnath, seine Schafe zu scheren.

¹⁴Da legte sie die Witwenkleider von sich, die sie trug, deckte sich mit einem Mantel und verhüllte sich und setzte sich vor das Tor von Enaim an dem Wege gen Thimnath; denn sie sah, daß Sela war groß geworden, und sie ward ihm nicht zum Weibe gegeben.

¹⁵Da sie nun Juda sah, meinte er, sie wäre eine Hure; denn sie hatte ihr Angesicht verdeckt.

¹⁶Und er machte sich zu ihr am Wege und sprach: Laß mich doch zu dir kommen; denn er wußte nicht, daß es seine Schwiegertochter

wäre. Sie antwortete: Was willst du mir geben, daß du zu mir kommst?

¹⁷Er sprach: Ich will dir einen Ziegenbock von der Herde senden. Sie antwortete: So gib mir ein Pfand, bis daß du mir's sendest.

¹⁸Er sprach: Was willst du für ein Pfand, das ich dir gebe? Sie antwortete: Deinen Ring und deine Schnur und deinen Stab, den du in den Händen hast. Da gab er's ihr und kam zu ihr; und sie ward von ihm schwanger.

¹⁹Und sie machte sich auf und ging hin und zog ihre Witwenkleider wieder an.

²⁰Juda aber sandte den Ziegenbock durch seinen Freund Adullam, daß er das Pfand wieder holte von dem Weibe; und er fand sie nicht.

²¹Da fragte er die Leute: Wo ist die Hure, die zu Enaim am Wege saß? Sie antworteten: Es ist keine Hure da gewesen.

²²Und er kam wieder zu Juda und sprach: Ich habe sie nicht gefunden; dazu sagen die Leute des Orts, es sei keine Hure da gewesen.

²³Juda sprach: Sie mag's behalten; sie kann uns doch nicht Schande nachsagen, denn ich habe den Bock gesandt, so hast du sie nicht gefunden.

²⁴Über drei Monate ward Juda angesagt: Deine Schwiegertochter Thamar hat gehurt; dazu siehe, ist sie von der Hurerei schwanger geworden. Juda spricht: Bringt sie hervor, daß sie verbrannt werde.

²⁵Und da man sie hervorbrachte, schickte sie zu ihrem Schwiegervater und sprach: Von dem Mann bin ich schwanger, des dies ist. Und sprach: Kennst du auch, wes dieser Ring und diese Schnur und dieser Stab ist?

²⁶Juda erkannte es und sprach: Sie ist gerechter als ich; denn ich habe sie nicht gegeben meinem Sohn Sela. Doch erkannte er sie fürder nicht mehr.

²⁷Und da sie gebären sollte, wurden Zwillinge in ihrem Leib gefunden.

²⁸Und als sie jetzt gebar, tat sich eine Hand heraus. Da nahm die Wehmutter einen roten Faden und band ihn darum und sprach: Der wird zuerst herauskommen.

²⁹Da aber der seine Hand wieder hineinzog, kam sein Bruder heraus; und sie sprach: Warum hast du um deinetwillen solchen Riß gerissen? Und man hieß ihn Perez.

³⁰Darnach kam sein Bruder heraus, der den roten Faden um seine Hand hatte. Und man hieß ihn Serah.

Kapitel 39

¹Joseph ward hinab nach Ägypten geführt; und Potiphar, ein ägyptischer Mann, des Pharao Kämmerer und Hauptmann, kaufte ihn von den Ismaeliten, die ihn hinabbrachten.

²Und der HERR war mit Joseph, daß er ein glücklicher Mann ward; und er war in seines Herrn, des Ägypters, Hause.

³Und sein Herr sah, daß der HERR mit ihm war; denn alles, was er tat, dazu gab der HERR Glück durch ihn,

⁴Also daß er Gnade fand vor seinem Herrn und sein Diener ward. Der setzte ihn über sein Haus, und alles, was er hatte, tat er unter seine Hände.

⁵Und von der Zeit an, da er ihn über sein Haus und alle seine Güter gesetzt hatte, segnete der HERR des Ägypters Haus um Josephs willen; und war eitel Segen des HERRN in allem, was er hatte, zu Hause und auf dem Felde.

⁶Darum ließ er alles unter Josephs Händen, was er hatte, und nahm sich keines Dinges an, solange er ihn hatte, nur daß er aß und trank. Und Joseph war schön und hübsch von Angesicht.

⁷Und es begab sich nach dieser Geschichte, daß seines Herrn Weib ihre Augen auf Joseph warf und sprach: Schlafe bei mir!

⁸Er weigerte sich aber und sprach zu ihr: Siehe, mein Herr nimmt sich keines Dinges an vor mir, was im Hause ist, und alles, was er hat, das hat er unter meine Hände getan,

⁹und hat nichts so Großes in dem Hause, das er mir verhohlen habe, außer dir, indem du sein Weib bist. Wie sollte ich denn nun ein solch groß Übel tun und wider Gott sündigen?

¹⁰Und sie trieb solche Worte gegen Joseph täglich. Aber er gehorchte ihr nicht, daß er nahe bei ihr schliefe noch um sie wäre.

¹¹Es begab sich eines Tages, daß Joseph in das Haus ging, sein Geschäft zu tun, und war kein Mensch vom Gesinde des Hauses dabei.

¹²Und sie erwischte ihn bei seinem Kleid und sprach: Schlafe bei mir! Aber er ließ das Kleid in ihrer Hand und floh und lief zum Hause hinaus.

¹³Da sie nun sah, daß er sein Kleid in ihrer Hand ließ und hinaus entfloh,

¹⁴rief sie das Gesinde im Hause und sprach zu ihnen: Sehet, er hat uns den hebräischen Mann hereingebracht, daß er seinen Mutwillen mit uns treibe. Er kam zu mir herein und wollte bei mir schlafen; ich rief aber mit lauter Stimme.

¹⁵Und da er hörte, daß ich ein Geschrei machte und rief, da ließ er sein Kleid bei mir und lief hinaus.

¹⁶Und sie legte sein Kleid neben sich, bis der Herr heimkam,

¹⁷und sagte zu ihm ebendieselben Worte und sprach: Der hebräische Knecht, den du uns hereingebracht hast, kam zu mir herein und wollte seinen Mutwillen mit mir treiben.

¹⁸Da ich aber ein Geschrei machte und rief, da ließ er sein Kleid bei mir und floh hinaus.

¹⁹Als sein Herr hörte die Rede seines Weibes, die sie ihm sagte und sprach: Also hat mir dein Knecht getan, ward er sehr zornig.

²⁰Da nahm ihn sein Herr und legte ihn ins Gefängnis, darin des Königs Gefangene lagen; und er lag allda im Gefängnis.

²¹Aber der HERR war mit ihm und neigte seine Huld zu ihm und ließ ihn Gnade finden vor dem Amtmann über das Gefängnis,

²²daß er ihm unter seine Hand befahl alle Gefangenen im Gefängnis, auf daß alles, was da geschah, durch ihn geschehen mußte.

²³Denn der Amtmann des Gefängnisses nahm sich keines Dinges an; denn der HERR war mit Joseph, und was er tat, dazu gab der HERR Glück.

Kapitel 40

¹Und es begab sich darnach, daß sich der Schenke des Königs in Ägypten und der Bäcker versündigten an ihrem Herrn, dem König von Ägypten.

²Und Pharao ward zornig über seine beiden Kämmerer, über den Amtmann über die Schenken und über den Amtmann über die Bäcker,

³und ließ sie setzen in des Hauptmanns Haus ins Gefängnis, da Joseph lag.

⁴Und der Hauptmann setzte Joseph über sie, daß er ihnen diente; und sie saßen etliche Tage im Gefängnis.

⁵Und es träumte ihnen beiden, dem Schenken und dem Bäcker des Königs von Ägypten, in einer Nacht einem jeglichen ein eigener Traum; und eines jeglichen Traum hatte seine Bedeutung.

⁶Da nun des Morgens Joseph zu ihnen hereinkam und sah, daß sie traurig waren,

⁷fragte er sie und sprach: Warum seid ihr heute so traurig?

⁸Sie antworteten: Es hat uns geträumt, und wir haben niemand, der es uns auslege. Joseph sprach: Auslegen gehört Gott zu; doch erzählt mir's.

⁹Da erzählte der oberste Schenke seinen Traum Joseph und sprach zu ihm: Mir hat geträumt, daß ein Weinstock vor mir wäre,

¹⁰der hatte drei Reben, und er grünte, wuchs und blühte, und seine Trauben wurden reif;

¹¹und ich hatte den Becher Pharaos in meiner Hand und nahm die Beeren und zerdrückte sie in den Becher und gab den Becher Pharao in die Hand.

¹²Joseph sprach zu ihm: Das ist seine Deutung. Drei Reben sind drei Tage.

¹³Über drei Tage wird Pharao dein Haupt erheben und dich wieder an dein Amt stellen, daß du ihm den Becher in die Hand gebest nach der vorigen Weise, da du sein Schenke warst.

¹⁴Aber gedenke meiner, wenn dir's wohl geht, und tue Barmherzigkeit an mir, daß du Pharao erinnerst, daß er mich aus diesem Hause führe.

¹⁵Denn ich bin aus dem Lande der Hebräer heimlich gestohlen; dazu habe ich auch allhier nichts getan, daß sie mich eingesetzt haben.

¹⁶Da der oberste Bäcker sah, daß die Deutung gut war, sprach er zu Joseph: Mir hat auch geträumt, ich trüge drei weiße Körbe auf meinem Haupt

¹⁷und im obersten Korbe allerlei gebackene Speise für den Pharao; und die Vögel aßen aus dem Korbe auf meinem Haupt.

¹⁸Joseph antwortete und sprach: Das ist seine Deutung. Drei Körbe sind drei Tage;

¹⁹und nach drei Tagen wird dir Pharao dein Haupt erheben und dich an den Galgen hängen, und die Vögel werden dein Fleisch von dir essen.

²⁰Und es geschah des dritten Tages, da beging Pharao seinen Jahrestag; und er machte eine Mahlzeit allen seinen Knechten und erhob das Haupt des obersten Schenken und das Haupt des obersten Bäckers unter den Knechten,

²¹und setzte den obersten Schenken wieder in sein Schenkamt, daß er den Becher reicht in Pharaos Hand;

²²aber den obersten Bäcker ließ er henken, wie ihnen Joseph gedeutet hatte.

²³Aber der oberste Schenke gedachte nicht an Joseph, sondern vergaß ihn.

Genesis
Kapitel 41

¹Und nach zwei Jahren hatte Pharao einen Traum, wie er stünde am Nil

²und sähe aus dem Wasser steigen sieben schöne, fette Kühe; die gingen auf der Weide im Grase.

³Nach diesen sah er andere sieben Kühe aus dem Wasser aufsteigen; die waren häßlich und mager und traten neben die Kühe an das Ufer am Wasser.

⁴Und die häßlichen und mageren fraßen die sieben schönen, fetten Kühe. Da erwachte Pharao.

⁵Und er schlief wieder ein, und ihn träumte abermals, und er sah, daß sieben Ähren wuchsen an einem Halm, voll und dick.

⁶Darnach sah er sieben dünnen Ähren aufgehen, die waren vom Ostwind versengt.

⁷Und die sieben mageren Ähren verschlangen die sieben dicken und vollen Ähren. Da erwachte Pharao und merkte, daß es ein Traum war.

⁸Und da es Morgen ward, war sein Geist bekümmert; und er schickte aus und ließ rufen alle Wahrsager in Ägypten und alle Weisen und erzählte ihnen seine Träume. Aber da war keiner, der sie dem Pharao deuten konnte.

⁹Da redete der oberste Schenke zu Pharao und sprach: Ich gedenke heute an meine Sünden.

¹⁰Da Pharao zornig ward über seine Knechte, und mich mit dem obersten Bäcker ins Gefängnis legte in des Hauptmanns Hause,

¹¹da träumte uns beiden in einer Nacht, einem jeglichen sein Traum, des Deutung ihn betraf.

¹²Da war bei uns ein hebräischer Jüngling, des Hauptmanns Knecht, dem erzählten wir's. Und er deutete uns unsere Träume, einem jeglichen seinen Traum.

¹³Und wie er uns deutete, so ist's ergangen; denn ich bin wieder in mein Amt gesetzt, und jener ist gehenkt.

¹⁴Da sandte Pharao hin und ließ Joseph rufen; und sie ließen ihn eilend aus dem Gefängnis. Und er ließ sich scheren und zog andere Kleider an und kam hinein zu Pharao.

¹⁵Da sprach Pharao zu ihm: Mir hat ein Traum geträumt, und ist niemand, der ihn deuten kann; ich habe aber gehört von dir sagen, wenn du einen Traum hörst, so kannst du ihn deuten.

¹⁶Joseph antwortete Pharao und sprach: Das steht bei mir nicht; Gott wird doch Pharao Gutes weissagen.

¹⁷Pharao sprach zu Joseph: Mir träumte ich stand am Ufer bei dem Wasser

¹⁸und sah aus dem Wasser steigen sieben schöne, fette Kühe; die gingen auf der Weide im Grase.

¹⁹Und nach ihnen sah ich andere sieben, dürre, sehr häßliche und magere Kühe heraussteigen. Ich habe in ganz Ägyptenland nicht so häßliche gesehen.

²⁰Und die sieben mageren und häßlichen Kühe fraßen auf die sieben ersten, fetten Kühe.

²¹Und da sie sie hineingefressen hatten, merkte man's nicht an ihnen, daß sie die gefressen hatten, und waren häßlich gleich wie vorhin. Da wachte ich auf.

²²Und ich sah abermals in einen Traum sieben Ähren auf einem Halm wachsen, voll und dick.

²³Darnach gingen auf sieben dürre Ähren, dünn und versengt.

²⁴Und die sieben dünnen Ähren verschlangen die sieben dicken Ähren. Und ich habe es den Wahrsagern gesagt; aber die können's mir nicht deuten.

²⁵Joseph antwortete Pharao: Beide Träume Pharaos sind einerlei. Gott verkündigt Pharao, was er vorhat.

²⁶Die sieben schönen Kühe sind sieben Jahre, und die sieben guten Ähren sind auch die sieben Jahre. Es ist einerlei Traum.

²⁷Die sieben mageren und häßlichen Kühe, die nach jenen aufgestiegen sind, das sind sieben Jahre; und die sieben mageren und versengten Ähren sind sieben Jahre teure Zeit.

²⁸Das ist nun, wie ich gesagt habe zu Pharao, daß Gott Pharao zeigt, was er vorhat.

²⁹Siehe, sieben reiche Jahre werden kommen in ganz Ägyptenland.

³⁰Und nach denselben werden sieben Jahre teure Zeit kommen, daß man vergessen wird aller solcher Fülle in Ägyptenland; und die teure Zeit wird das Land verzehren,

³¹daß man nichts wissen wird von der Fülle im Lande vor der teuren Zeit, die hernach kommt; denn sie wird sehr schwer sein.

³²Daß aber dem Pharao zum andernmal geträumt hat, bedeutet, daß solches Gott gewiß und eilend tun wird.

³³Nun sehe Pharao nach einem verständigen und weisen Mann, den er über Ägyptenland setze,

³⁴und schaffe, daß er Amtleute verordne im Lande und nehme den Fünften in Ägyptenland in den sieben reichen Jahren

³⁵und sammle alle Speise der guten Jahre, die kommen werden, daß sie Getreide aufschütten in Pharaos Kornhäuser zum Vorrat in den Städten und es verwahren,

³⁶auf daß man Speise verordnet finde dem Lande in den sieben teuren Jahren, die über Ägyptenland kommen werden, daß nicht das Land vor Hunger verderbe.

³⁷Die Rede gefiel Pharao und allen seinen Knechten wohl.

³⁸Und Pharao sprach zu seinen Knechten: Wie könnten wir einen solchen Mann finden, in dem der Geist Gottes sei?

³⁹Und sprach zu Joseph: Weil dir Gott solches alles hat kundgetan, ist keiner so verständig und weise wie du.

⁴⁰Du sollst über mein Haus sein, und deinem Wort soll all mein Volk gehorsam sein; allein um den königlichen Stuhl will ich höher sein als du.

⁴¹Und weiter sprach Pharao zu Joseph: Siehe, ich habe dich über ganz Ägyptenland gesetzt.

⁴²Und er tat seinen Ring von seiner Hand und gab ihn Joseph an seine Hand und kleidete ihn mit köstlicher Leinwand und hing eine goldene Kette an seinen Hals

⁴³und ließ ihn auf seinem zweiten Wagen fahren und ließ vor ihm ausrufen: Der ist des Landes Vater! und setzte ihn über ganz Ägyptenland.

⁴⁴Und Pharao sprach zu Joseph: Ich bin Pharao; ohne deinen Willen soll niemand seine Hand und Fuß regen in ganz Ägyptenland.

⁴⁵Und nannte ihn den heimlichen Rat und gab ihm ein Weib, Asnath, die Tochter Potipheras, des Priesters zu On. Also zog Joseph aus, das Land Ägypten zu besehen.

⁴⁶Und er war dreißig Jahre alt, da er vor Pharao stand, dem König in Ägypten; und fuhr aus von Pharao und zog durch ganz Ägyptenland.

⁴⁷Und das Land trug in den sieben reichen Jahren die Fülle;

⁴⁸und sie sammelten alle Speise der sieben Jahre, so im Lande Ägypten waren, und taten sie in die Städte. Was für Speise auf dem Felde einer jeglichen Stadt umher wuchs, das taten sie hinein.

⁴⁹Also schüttete Joseph das Getreide auf, über die Maßen viel wie Sand am Meer, also daß er aufhörte es zu zählen; denn man konnte es nicht zählen.

⁵⁰Und Joseph wurden zwei Söhne geboren, ehe denn die teure Zeit kam, welche ihm gebar Asnath, Potipheras, des Priesters zu On, Tochter.

⁵¹Und er hieß den ersten Manasse; denn Gott, sprach er, hat mich lassen vergessen alles meines Unglücks und all meines Vaters Hauses.

⁵²Den andern hieß er Ephraim; denn Gott, sprach er, hat mich lassen wachsen in dem Lande meines Elends.

⁵³Da nun die sieben reichen Jahre um waren in Ägypten,

⁵⁴da fingen an die sieben teuren Jahre zu kommen, davon Joseph gesagt hatte. Und es ward eine Teuerung in allen Landen; aber in ganz Ägyptenland war Brot.

⁵⁵Da nun das ganze Ägyptenland auch Hunger litt, schrie das Volk zu Pharao um Brot. Aber Pharao sprach zu allen Ägyptern: Gehet hin zu Joseph; was euch der sagt, das tut.

⁵⁶Als nun im ganzen Lande Teuerung war, tat Joseph allenthalben Kornhäuser auf und verkaufte den Ägyptern. Denn die Teuerung ward je länger, je größer im Lande.

⁵⁷Und alle Lande kamen nach Ägypten, zu kaufen bei Joseph; denn die Teuerung war groß in allen Landen.

Kapitel 42

¹Da aber Jakob sah, daß Getreide in Ägypten feil war, sprach er zu seinen Söhnen: Was sehet ihr euch lange um?

²Siehe, ich höre, es sei in Ägypten Getreide feil; zieht hinab und kauft uns Getreide, daß wir leben und nicht sterben.

³Also zogen hinab zehn Brüder Josephs, daß sie in Ägypten Getreide kauften.

⁴Aber den Benjamin, Josephs Bruder, ließ Jakob nicht mit seinen Brüdern ziehen; denn er sprach: Es möchte ihm ein Unfall begegnen.

⁵Also kamen die Kinder Israels, Getreide zu kaufen, samt anderen, die mit ihnen zogen; denn es war im Lande Kanaan auch teuer.

⁶Aber Joseph war der Regent im Lande und verkaufte Getreide allem Volk im Lande. Da nun seine Brüder kamen, fielen sie vor ihm nieder zur Erde auf ihr Antlitz.

⁷Und er sah sie an und kannte sie und stellte sich fremd gegen sie und redete hart mit ihnen und sprach zu ihnen: Woher kommt ihr? Sie sprachen: Aus dem Lande Kanaan, Speise zu kaufen.

⁸Aber wiewohl er sie kannte, kannten sie ihn doch nicht.

⁹Und Joseph gedachte an die Träume, die ihm von ihnen geträumt hatten, und sprach zu ihnen: Ihr seid Kundschafter und seid gekommen zu sehen, wo das Land offen ist.

¹⁰Sie antworteten ihm: Nein, mein Herr; deine Knechte sind gekommen Speise zu kaufen.

¹¹Wir sind alle eines Mannes Söhne; wir sind redlich, und deine Knechte sind nie Kundschafter gewesen.

¹²Er sprach zu ihnen: Nein, sondern ihr seid gekommen, zu ersehen, wo das Land offen ist.

¹³Sie antworteten ihm: Wir, deine Knechte, sind zwölf Brüder, eines Mannes Söhne im Lande Kanaan, und der jüngste ist noch bei unserm Vater; aber der eine ist nicht mehr vorhanden.

¹⁴Joseph sprach zu ihnen: Das ist's, was ich euch gesagt habe: Kundschafter seid ihr.

¹⁵Daran will ich euch prüfen; bei dem Leben Pharaos! ihr sollt nicht von dannen kommen, es komme denn her euer jüngster Bruder.

¹⁶Sendet einen unter euch hin, der euren Bruder hole; ihr aber sollt gefangen sein. Also will ich prüfen eure Rede, ob ihr mit Wahrheit umgeht oder nicht. Denn wo nicht, so seid ihr, bei dem Leben Pharaos! Kundschafter.

¹⁷Und er ließ sie beisammen verwahren drei Tage lang.

¹⁸Am dritten Tage aber sprach er zu ihnen: Wollt ihr leben, so tut also; denn ich fürchte Gott.

¹⁹Seid ihr redlich, so laßt eurer Brüder einen gebunden liegen in eurem Gefängnis; ihr aber zieht hin und bringet heim, was ihr gekauft habt für den Hunger.

²⁰Und bringt euren jüngsten Bruder zu mir, so will ich euren Worten glauben, daß ihr nicht sterben müßt. Und sie taten also.

²¹Sie aber sprachen untereinander: Das haben wir uns an unserm Bruder verschuldet, daß wir sahen die Angst seiner Seele, da er uns anflehte, und wir wollten ihn nicht erhören; darum kommt nun diese Trübsal über uns.

²²Ruben antwortete ihnen und sprach: Sagte ich's euch nicht, da ich sprach: Versündigt euch nicht an dem Knaben, und ihr wolltet nicht hören? Nun wird sein Blut gefordert.

²³Sie wußten aber nicht, daß Joseph verstand; denn er redete mit ihnen durch einen Dolmetscher.

²⁴Und er wandte sich von ihnen und weinte. Da er nun sich wieder zu ihnen wandte und mit ihnen redete, nahm er aus ihnen Simeon und band ihn vor ihren Augen.

²⁵Und Joseph tat Befehl, daß man ihre Säcke mit Getreide füllte und ihr Geld wiedergäbe, einem jeglichen in seinen Sack, dazu auch Zehrung auf den Weg; und man tat ihnen also.

²⁶Und sie lüden ihre Ware auf ihre Esel und zogen von dannen.

²⁷Da aber einer seinen Sack auftat, daß er seinem Esel Futter gäbe in der Herberge, ward er gewahr seines Geldes, das oben im Sack lag,

²⁸und sprach zu seinen Brüdern: Mein Geld ist mir wieder geworden; siehe, in meinem Sack ist es. Da entfiel ihnen ihr Herz, und sie erschraken untereinander und sprachen: Warum hat uns Gott das getan?

²⁹Da sie nun heimkamen zu ihrem Vater Jakob ins Land Kanaan, sagten sie ihm alles, was ihnen begegnet war, und sprachen:

³⁰Der Mann, der im Lande Herr ist, redete hart mit uns und hielt uns für Kundschafter des Landes.

³¹Und da wir ihm antworteten: Wir sind redlich und nie Kundschafter gewesen,

³²sondern zwölf Brüder, unsers Vaters Söhne, einer ist nicht mehr vorhanden, und der jüngste ist noch bei unserm Vater im Lande Kanaan,

³³sprach der Herr des Landes zu uns: Daran will ich merken, ob ihr redlich seid: Einen eurer Brüder laßt bei mir, und nehmt die Notdurft für euer Haus und zieht hin,

³⁴und bringt euren jüngsten Bruder zu mir, so merke ich, daß ihr nicht Kundschafter, sondern redlich seid; so will ich euch euren Bruder geben, und ihr mögt im Lande werben.

³⁵Und da sie die Säcke ausschütteten, fand ein jeglicher sein Bündlein Geld in seinem Sack. Und da sie sahen, daß es Bündlein ihres Geldes waren, erschraken sie samt ihrem Vater.

³⁶Da sprach Jakob, ihr Vater, zu ihnen: Ihr beraubt mich meiner Kinder; Joseph ist nicht mehr vorhanden, Simeon ist nicht mehr vorhanden, Benjamin wollt ihr hinnehmen; es geht alles über mich.

³⁷Ruben antwortete seinem Vater und sprach: Wenn ich dir ihn nicht wiederbringe, so erwürge meine zwei Söhne; gib ihn nur in meine Hand, ich will ihn dir wiederbringen.

³⁸Er sprach: Mein Sohn soll nicht mit euch hinabziehen, denn sein Bruder ist tot, und er ist allein übriggeblieben; wenn ihm ein Unfall auf dem Wege begegnete, den ihr reiset, würdet ihr meine grauen Haare mit Herzeleid in die Grube bringen.

Kapitel 43

¹Die Teuerung aber drückte das Land.

²Und da es verzehrt war, was sie an Getreide aus Ägypten gebracht hatten, sprach ihr Vater zu ihnen: Zieht wieder hin und kauft uns ein wenig Speise.

³Da antwortete ihm Juda und sprach: Der Mann band uns das hart ein und sprach: Ihr sollt mein Angesicht nicht sehen, es sei denn euer Bruder mit euch.

⁴Ist's nun, daß du unsern Bruder mit uns sendest, so wollen wir hinabziehen und dir zu essen kaufen.

⁵Ist's aber, daß du ihn nicht sendest, so ziehen wir nicht hinab. Denn der Mann hat gesagt zu uns: Ihr sollt mein Angesicht nicht sehen, euer Bruder sei denn mit euch.

⁶Israel sprach: Warum habt ihr so übel an mir getan, daß ihr dem Mann ansagtet, daß ihr noch einen Bruder habt?

⁷Sie antworteten: Der Mann forschte so genau nach uns und unsrer Freundschaft und sprach: Lebt euer Vater noch? Habt ihr auch noch einen Bruder? Da sagten wir ihm, wie er uns fragte. Wie konnten wir wissen, daß er sagen würde: Bringt euren Bruder mit hernieder!

⁸Da sprach Juda zu Israel, seinem Vater: Laß den Knaben mit mir ziehen, daß wir uns aufmachen und reisen, und leben und nicht sterben, wir und du und unsre Kindlein.

⁹Ich will Bürge für ihn sein, von meinen Händen sollst du ihn fordern. Wenn ich dir ihn nicht wiederbringe und vor deine Augen stelle, so will ich mein Leben lang die Schuld tragen.

¹⁰Denn wo wir nicht hätten verzogen, wären wir schon wohl zweimal wiedergekommen.

¹¹Da sprach Israel, ihr Vater, zu ihnen: Muß es denn ja also sein, so tut's und nehmt von des Landes besten Früchten in eure Säcke und bringt dem Manne Geschenke hinab: ein wenig Balsam und Honig, Würze und Myrrhe, Datteln und Mandeln.

¹²Nehmt auch anderes Geld mit euch; und das Geld, das euch oben in euren Säcken wieder geworden ist, bringt auch wieder mit euch. Vielleicht ist ein Irrtum da geschehen.

¹³Dazu nehmt euren Bruder, macht euch auf und kommt wieder zu dem Manne.

¹⁴Aber der allmächtige Gott gebe euch Barmherzigkeit vor dem Manne, daß er euch lasse euren andern Bruder und Benjamin. Ich aber muß sein wie einer, der seiner Kinder gar beraubt ist.

¹⁵Da nahmen sie diese Geschenke und das Geld zwiefältig mit sich und Benjamin, machten sich auf, zogen nach Ägypten und traten vor Joseph.

¹⁶Da sah sie Joseph mit Benjamin und sprach zu seinem Haushalter: Führe diese Männer ins Haus und schlachte und richte zu; denn sie sollen zu Mittag mit mir essen.

¹⁷Und der Mann tat, wie ihm Joseph gesagt hatte, und führte die Männer in Josephs Haus.

¹⁸Sie fürchteten sich aber, daß sie in Josephs Haus geführt wurden und sprachen: Wir sind hereingeführt um des Geldes willen, das wir in unsern Säcken das erstemal wiedergefunden haben, daß er's auf uns bringe und fälle ein Urteil über uns, damit er uns nehme zu eigenen Knechten samt unsern Eseln.

¹⁹Darum traten sie zu Josephs Haushalter und redeten mit ihm vor der Haustür

²⁰und sprachen: Mein Herr, wir sind das erstemal herabgezogen Speise zu kaufen,

²¹und da wir in die Herberge kamen und unsere Säcke auftaten, siehe, da war eines jeglichen Geld oben in seinem Sack mit völligem Gewicht; darum haben wir's wieder mit uns gebracht,

²²haben auch anderes Geld mit uns hergebracht, Speise zu kaufen; wir wissen aber nicht, wer uns unser Geld in unsre Säcke gesteckt hat.

²³Er aber sprach: Gehabt euch wohl, fürchtet euch nicht. Euer Gott hat euch einen Schatz gegeben in eure Säcke. Euer Geld ist mir geworden. Und er führte Simeon zu ihnen heraus

²⁴und führte sie in Josephs Haus, gab ihnen Wasser, daß sie ihre Füße wuschen, und gab ihren Eseln Futter.

²⁵Sie aber bereiteten das Geschenk zu, bis das Joseph kam auf den Mittag; denn sie hatten gehört, daß sie daselbst das Brot essen sollten.

²⁶Da nun Joseph zum Hause einging, brachten sie ihm ins Haus das Geschenk in ihren Händen und fielen vor ihm nieder zur Erde.

²⁷Er aber grüßte sie freundlich und sprach: Geht es eurem Vater, dem Alten, wohl, von dem ihr mir sagtet? Lebt er noch?

²⁸Sie antworteten: Es geht deinem Knechte, unserm Vater, wohl, und er lebt noch. Und sie neigten sich und fielen vor ihm nieder.

²⁹Und er hob seine Augen auf und sah seinen Bruder Benjamin, seiner Mutter Sohn, und sprach: Ist das euer jüngster Bruder, von dem ihr mir sagtet? und sprach weiter: Gott sei dir gnädig, mein Sohn!

Genesis

³⁰Und Joseph eilte, denn sein Herz entbrannte ihm gegen seinen Bruder, und suchte, wo er weinte, und ging in seine Kammer und weinte daselbst.

³¹Und da er sein Angesicht gewaschen hatte, ging er heraus und hielt sich fest und sprach: Legt Brot auf!

³²Und man trug ihm besonders auf und jenen auch besonders und den Ägyptern, die mit ihm aßen auch besonders. Denn die Ägypter dürfen nicht Brot essen mit den Hebräern, denn es ist ein Greuel vor ihnen.

³³Und man setzte sie ihm gegenüber, den Erstgeborenen nach seiner Erstgeburt und den Jüngsten nach seiner Jugend. Des verwunderten sie sich untereinander.

³⁴Und man trug ihnen Essen vor von seinem Tisch; aber dem Benjamin ward fünfmal mehr denn den andern. Und sie tranken und wurden fröhlich mit ihm.

Kapitel 44

¹Und Joseph befahl seinem Haushalter und sprach: Fülle den Männern ihre Säcke mit Speise, soviel sie führen können, lege jeglichem sein Geld oben in seinen Sack;

²und meinen silbernen Becher lege oben in des Jüngsten Sack mit dem Gelde für das Getreide. Der tat, wie ihm Joseph gesagt hatte.

³Des Morgens, da es licht ward, ließen sie die Männer ziehen mit ihren Eseln.

⁴Da sie aber zur Stadt hinaus waren und nicht ferne gekommen, sprach Joseph zu seinem Haushalter: Auf jage den Männern nach! und wenn du sie ereilst, so sprich zu ihnen: Warum habt ihr Gutes mit Bösem vergolten?

⁵Ist's nicht das, daraus mein Herr trinkt und damit er weissagt? Ihr habt übel getan.

⁶Und als er sie ereilte, redete er mit ihnen solche Worte.

⁷Sie antworteten ihm: Warum redet mein Herr solche Worte? Es sei ferne von deinen Knechten, ein solches zu tun.

⁸Siehe, das Geld, das wir fanden oben in unsern Säcken, haben wir wiedergebracht zu dir aus dem Lande Kanaan. Und wie sollten wir denn aus deines Herrn Hause gestohlen haben Silber und Gold?

⁹Bei welchem er gefunden wird unter deinen Knechten, der sei des Todes; dazu wollen auch wir meines Herrn Knechte sein.

¹⁰Er sprach: Ja, es sei, wie ihr geredet habt. Bei welchem er gefunden wird, der sei mein Knecht; ihr aber sollt ledig sein.

¹¹Und sie eilten, und ein jeglicher legte seinen Sack ab auf die Erde, und ein jeglicher tat seinen Sack auf.

¹²Und er suchte und hob am Ältesten an bis auf den Jüngsten; da fand sich der Becher in Benjamins Sack.

¹³Da zerrissen sie ihre Kleider und belud ein jeglicher seinen Esel und zogen wieder in die Stadt.

¹⁴Und Juda ging mit seinen Brüdern in Josephs Haus, denn er war noch daselbst; und sie fielen vor ihm nieder auf die Erde.

¹⁵Joseph aber sprach zu ihnen: Wie habt ihr das tun dürfen? Wißt ihr nicht, daß ein solcher Mann, wie ich, erraten könne?

¹⁶Juda sprach: Was sollen wir sagen meinem Herrn, oder wie sollen wir reden, und womit können wir uns rechtfertigen? Gott hat die Missetat deiner Knechte gefunden. Siehe da, wir und der, bei dem der Becher gefunden ist, sind meines Herrn Knechte.

¹⁷Er aber sprach: Das sei ferne von mir, solches zu tun! Der Mann, bei dem der Becher gefunden ist, soll mein Knecht sein; ihr aber zieht hinauf mit Frieden zu eurem Vater.

¹⁸Da trat Juda zu ihm und sprach: Mein Herr, laß deinen Knecht ein Wort reden vor den Ohren meines Herrn, und dein Zorn ergrimme nicht über deinen Knecht; denn du bist wie Pharao.

¹⁹Mein Herr fragte seine Knechte und sprach: Habt ihr auch einen Vater oder Bruder?

²⁰Da antworteten wir: Wir haben einen Vater, der ist alt, und einen jungen Knaben, in seinem Alter geboren; und sein Bruder ist tot, und er ist allein übriggeblieben von seiner Mutter, und sein Vater hat ihn lieb.

²¹Da sprachst du zu deinen Knechten: Bringet ihn herab zu mir; ich will ihm Gnade erzeigen.

²²Wir aber antworteten meinem Herrn: Der Knabe kann nicht von seinem Vater kommen; wo er von ihm käme, würde er sterben.

²³Da sprachst du zu deinen Knechten: Wo euer jüngster Bruder nicht mit euch herkommt, sollt ihr mein Angesicht nicht mehr sehen.

²⁴Da zogen wir hinauf zu deinem Knecht, unserm Vater, und sagten ihm meines Herrn Rede.

²⁵Da sprach unser Vater: Zieht wieder hin und kauft uns ein wenig Speise.

²⁶Wir aber sprachen: wir können nicht hinabziehen, es sei denn unser jüngster Bruder mit uns, so wollen wir hinabziehen; denn wir können des Mannes Angesicht nicht sehen, wenn unser jüngster Bruder nicht mit uns ist.

²⁷Da sprach dein Knecht, mein Vater, zu uns: Ihr wisset, daß mir mein Weib zwei Söhne geboren hat;

²⁸einer ging hinaus von mir, und man sagte: Er ist zerrissen; und ich habe ihn nicht gesehen bisher.

²⁹Werdet ihr diesen auch von mir nehmen und widerfährt ihm ein Unfall, so werdet ihr meine grauen Haare mit Jammer hinunter in die Grube bringen.

³⁰Nun, so ich heimkäme zu deinem Knecht, meinem Vater, und der Knabe wäre nicht mit uns, an des Seele seine Seele hanget,

³¹so wird's geschehen, wenn er sieht, daß der Knabe nicht da ist, daß er stirbt; so würden wir, deine Knechte, die grauen Haare deines Knechtes, unsers Vaters, mit Herzeleid in die Grube bringen.

³²Denn ich, dein Knecht, bin Bürge geworden für den Knaben gegen meinen Vater und sprach: Bringe ich ihn dir nicht wieder, so will ich mein Leben lang die Schuld tragen.

³³Darum laß deinen Knecht hier bleiben an des Knaben Statt zum Knecht meines Herrn und den Knaben mit seinen Brüdern hinaufziehen.

³⁴Denn wie soll ich hinaufziehen zu meinem Vater, wenn der Knabe nicht mit mir ist? Ich würde den Jammer sehen müssen, der meinem Vater begegnen würde.

Kapitel 45

¹Da konnte sich Joseph nicht länger enthalten vor allen, die um ihn her standen, und er rief: Laßt jedermann von mir hinausgehen! Und kein Mensch stand bei ihm, da sich Joseph seinen Brüdern zu erkennen gab.

²Und er weinte laut, daß es die Ägypter und das Gesinde des Pharao hörten,

³und sprach zu seinen Brüdern: Ich bin Joseph. Lebt mein Vater noch? und seine Brüder konnten ihm nicht antworten, so erschraken sie vor seinem Angesicht.

⁴Er aber sprach zu seinen Brüdern: Tretet doch her zu mir! Und sie traten herzu. Und er sprach: Ich bin Joseph euer Bruder, den ihr nach Ägypten verkauft habt.

⁵Und nun bekümmert euch nicht und denkt nicht, daß ich darum zürne, daß ihr mich hierher verkauft habt; denn um eures Lebens willen hat mich Gott vor euch her gesandt.

⁶Denn dies sind zwei Jahre, daß es teuer im Lande ist; und sind noch fünf Jahre, daß kein Pflügen und Ernten sein wird.

⁷Aber Gott hat mich vor euch her gesandt, daß er euch übrig behalte auf Erden und euer Leben errette durch eine große Errettung.

⁸Und nun, ihr habt mich nicht hergesandt, sondern Gott, der hat mich Pharao zum Vater gesetzt und zum Herrn über all sein Haus und zum Fürsten in ganz Ägyptenland.

⁹Eilet nun und zieht hinauf zu meinem Vater und sagt ihm: Das läßt dir Joseph, dein Sohn, sagen: Gott hat mich zum Herrn in ganz Ägypten gesetzt; komm herab zu mir, säume nicht;

¹⁰du sollst im Lande Gosen wohnen und nahe bei mir sein, du und deine Kinder und deine Kindeskinder, dein kleines und dein großes Vieh und alles, was du hast.

¹¹Ich will dich daselbst versorgen; denn es sind noch fünf Jahre der Teuerung, auf daß du nicht verderbest mit deinem Hause und allem, was du hast.

¹²Siehe, eure Augen sehen und die Augen meines Bruders Benjamin, daß ich mündlich mit euch rede.

¹³Verkündigt meinem Vater alle meine Herrlichkeit in Ägypten und alles, was ihr gesehen habt; eilt und kommt hernieder mit meinem Vater hierher.

¹⁴Und er fiel seinem Bruder Benjamin um den Hals und weinte; und Benjamin weinte auch an seinem Halse.

¹⁵Und er küßte alle seine Brüder und weinte über ihnen. Darnach redeten seine Brüder mit ihm.

¹⁶Und da das Gerücht kam in Pharaos Haus, daß Josephs Brüder gekommen wären, gefiel es Pharao wohl und allen seinen Knechten.

¹⁷Und Pharao sprach zu Joseph: Sage deinen Brüdern: Tut also, beladet eure Tiere, zieht hin;

¹⁸und wenn ihr kommt ins Land Kanaan, so nehmt euren Vater und alle die Euren und kommt zu mir; ich will euch Güter geben in Ägyptenland, daß ihr essen sollt das Mark im Lande;

¹⁹und gebiete ihnen: Tut also, nehmet Wagen für eure Kinder und Weiber und führt euren Vater und kommt;

²⁰und sehet euren Hausrat nicht an; denn die Güter des ganzen Landes Ägypten sollen euer sein.

²¹Die Kinder Israels taten also. Und Joseph gab ihnen Wagen nach dem Befehl Pharaos und Zehrung auf den Weg

²²und gab ihnen allen, einem jeglichem, ein Feierkleid; aber

Benjamin gab er dreihundert Silberlinge und fünf Feierkleider.

²³Und seinem Vater sandte er dabei zehn Esel, mit Gut aus Ägypten beladen, und zehn Eselinnen mit Getreide und Brot und Speise seinem Vater auf den Weg.

²⁴Also ließ er seine Brüder von sich, und sie zogen hin; und er sprach zu ihnen: Zanket nicht auf dem Wege!

²⁵Also zogen sie hinauf von Ägypten und kamen ins Land Kanaan zu ihrem Vater Jakob

²⁶und verkündigten ihm und sprachen: Joseph lebt noch und ist Herr im ganzen Ägyptenland. Aber sein Herz dachte gar viel anders, denn er glaubte ihnen nicht.

²⁷Da sagten sie ihm alle Worte Josephs, die er zu ihnen gesagt hatte. Und da er sah die Wagen, die ihm Joseph gesandt hatte, ihn zu führen, ward der Geist Jakobs, ihres Vaters, lebendig,

²⁸und Israel sprach: Ich habe genug, daß mein Sohn noch lebt; ich will hin und ihn sehen, ehe ich sterbe.

Kapitel 46

¹Israel zog hin mit allem, was er hatte. Und da er gen Beer-Seba kam, opferte er dem Gott seines Vaters Isaak.

²Und Gott sprach zu ihm des Nachts im Gesicht: Jakob, Jakob! Er sprach: Hier bin ich.

³Und er sprach: Ich bin Gott, der Gott deines Vaters; fürchte dich nicht, nach Ägypten hinabzuziehen, denn daselbst will ich dich zum großen Volk machen.

⁴Ich will mit dir hinab nach Ägypten ziehen und will dich auch wieder heraufführen; und Joseph soll seine Hände auf deine Augen legen.

⁵Da machte sich Jakob auf von Beer-Seba; und die Kinder Israels führten Jakob, ihren Vater, mit ihren Kindlein und Weibern auf den Wagen, die Pharao gesandt hatte, ihn zu führen,

⁶und nahmen ihr Vieh und ihre Habe, die sie im Lande Kanaan erworben hatten, und kamen also nach Ägypten, Jakob und all sein Same mit ihm,

⁷seine Söhne und seine Kindessöhne mit ihm, seine Töchter und seine Kindestöchter und all sein Same; die brachte er mit sich nach Ägypten.

⁸Dies sind die Namen der Kinder Israel, die nach Ägypten kamen: Jakob, und seine Söhne. Der erstgeborene Sohn Jakobs, Ruben.

⁹Die Kinder Rubens: Henoch, Pallu, Hezron und Charmi.

¹⁰Die Kinder Simeons: Jemuel, Jamin, Ohad, Jachin, Zohar und Saul, der Sohn von dem kanaanitischen Weibe.

¹¹Die Kinder Levis: Gerson, Kahath und Merari.

¹²Die Kinder Juda's: Ger, Onan, Sela, Perez und Serah. Aber Ger und Onan waren gestorben im Lande Kanaan. Die Kinder aber des Perez: Hezron und Hamul.

¹³Die Kinder Isaschars: Thola, Phuva, Job und Simron.

¹⁴Die Kinder Sebulons: Sered, Elon und Jahleel.

¹⁵Das sind die Kinder von Lea, die sie Jakob gebar in Mesopotamien mit seiner Tochter Dina. Die machen allesamt mit Söhnen und Töchtern dreiunddreißig Seelen.

¹⁶Die Kinder Gads: Ziphjon, Haggi, Suni, Ezbon, Eri, Arodi und Areli.

¹⁷Die Kinder Assers: Jimna, Jiswa, Jiswi, Beria und Serah, ihre Schwester. Aber die Kinder Berias: Heber und Malchiel.

¹⁸Das sind die Kinder von Silpa, die Laban gab Lea, seiner Tochter, und sie gebar Jakob diese sechzehn Seelen.

¹⁹Die Kinder Rahels, des Weibes Jakobs: Joseph und Benjamin.

²⁰Und Joseph wurden geboren in Ägyptenland Manasse und Ephraim, die ihm gebar Asnath, die Tochter Potipheras, des Priesters zu On.

²¹Die Kinder Benjamins: Bela, Becher, Asbel, Gera, Naaman, Ehi, Ros, Muppim, Huppim und Ard.

²²Das sind die Kinder von Rahel, die Jakob geboren sind, allesamt vierzehn Seelen.

²³Die Kinder Dans: Husim.

²⁴Die Kinder Naphthalis: Jahzeel, Guni, Jezer und Sillem.

²⁵Das sind die Kinder Bilhas, die Laban seiner Tochter Rahel gab, und sie gebar Jakob die sieben Seelen.

²⁶Alle Seelen, die mit Jakob nach Ägypten kamen, die aus seinen Lenden gekommen waren (ausgenommen die Weiber seiner Kinder), sind alle zusammen sechsundsechzig Seelen,

²⁷Und die Kinder Josephs, die in Ägypten geboren sind, waren zwei Seelen, also daß alle Seelen des Hauses Jakobs, die nach Ägypten kamen, waren siebzig.

²⁸Und er sandte Juda vor sich hin zu Joseph, das dieser ihn anwiese zu Gosen; und sie kamen in das Land Gosen.

²⁹Da spannte Joseph seinen Wagen an und zog hinauf, seinem Vater Israel entgegen, nach Gosen. Und da er ihn sah, fiel er ihm um den Hals und weinte lange an seinem Halse.

³⁰Da sprach Israel zu Joseph: Ich will nun gerne sterben, nachdem ich dein Angesicht gesehen habe, daß du noch lebst.

³¹Joseph sprach zu seinen Brüdern und seines Vaters Hause: Ich will hinaufziehen und Pharao ansagen und zu ihm sprechen: Meine Brüder und meines Vaters Haus sind zu mir gekommen aus dem Lande Kanaan,

³²und sind Viehhirten, denn es sind Leute, die mit Vieh umgehen; Ihr kleines und großes Vieh und alles, was sie haben, haben sie mitgebracht.

³³Wenn euch nun Pharao wird rufen und sagen: Was ist eure Nahrung?

³⁴so sollt ihr sagen: Deine Knechte sind Leute, die mit Vieh umgehen, von unsrer Jugend auf bis her, beide, wir und unsre Väter, auf daß ihr wohnen möget im Lande Gosen. Denn was Viehhirten sind, das ist den Ägyptern ein Greuel.

Kapitel 47

¹Da kam Joseph und sagte es Pharao an und sprach: Mein Vater und meine Brüder, ihr kleines und großes Vieh und alles, was sie haben, sind gekommen aus dem Lande Kanaan; und siehe sie sind im Lande Gosen.

²Und er nahm aus allen seinen Brüdern fünf und stellte sie vor Pharao.

³Da sprach Pharao zu seinen Brüdern: Was ist eure Nahrung? Sie antworteten: Deine Knechte sind Viehhirten, wir und unsere Väter;

⁴und sagten weiter zu Pharao: Wir sind gekommen, bei euch zu wohnen im Lande; denn deine Knechte haben nicht Weide für ihr Vieh, so hart drückt die Teuerung das Land Kanaan; so laß doch nun deine Knechte im Lande Gosen wohnen.

⁵Pharao sprach zu Joseph: Es ist dein Vater und sind deine Brüder, die sind zu dir gekommen;

⁶das Land Ägypten steht dir offen, laß sie am besten Ort des Landes wohnen, laß sie im Lande Gosen wohnen; und so du weißt, daß Leute unter ihnen sind, die tüchtig sind, so setze sie über mein Vieh.

⁷Joseph brachte auch seinen Vater Jakob hinein und stellte ihn vor Pharao. Und Jakob segnete den Pharao.

⁸Pharao aber fragte Jakob: Wie alt bist du?

⁹Jakob sprach: Die Zeit meiner Wallfahrt ist hundertdreißig Jahre; wenig und böse ist die Zeit meines Lebens und langt nicht an die Zeit meiner Väter in ihrer Wallfahrt.

¹⁰Und Jakob segnete den Pharao und ging heraus von ihm.

¹¹Aber Joseph schaffte seinem Vater und seinen Brüdern Wohnung und gab ihnen Besitz in Ägyptenland, am besten Ort des Landes, im Lande Raemses, wie Pharao geboten hatte.

¹²Und er versorgte seinen Vater und seine Brüder und das ganze Haus seines Vaters mit Brot, einen jeglichen, nachdem er Kinder hatte.

¹³Es war aber kein Brot in allen Landen; denn die Teuerung war sehr schwer, daß das Land Ägypten und Kanaan verschmachteten vor der Teuerung.

¹⁴Und Joseph brachte alles Geld zusammen, das in Ägypten und Kanaan gefunden ward, um das Getreide, das sie kauften; und Joseph tat alles Geld in das Haus Pharaos.

¹⁵Da nun Geld gebrach im Lande Ägypten und Kanaan, kamen alle Ägypter zu Joseph und sprachen: Schaffe uns Brot! Warum läßt du uns vor dir sterben, darum daß wir ohne Geld sind?

¹⁶Joseph sprach: Schafft euer Vieh her, so will ich euch um das Vieh geben, weil ihr ohne Geld seid.

¹⁷Da brachten sie Joseph ihr Vieh; und er gab ihnen Brot um ihre Pferde, Schafe, Rinder und Esel. Also ernährte er sie mit Brot das Jahr um all ihr Vieh.

¹⁸Da das Jahr um war, kamen sie zu ihm im zweiten Jahr und sprachen zu ihm: Wir wollen unserm Herrn nicht verbergen, daß nicht allein das Geld sondern auch alles Vieh dahin ist zu unserm Herrn; und ist nichts mehr übrig vor unserm Herrn denn unsre Leiber und unser Feld.

¹⁹Warum läßt du uns vor dir sterben und unser Feld? Kaufe uns und unser Land ums Brot, daß wir und unser Land leibeigen seien dem Pharao; gib uns Samen, daß wir leben und nicht sterben und das Feld nicht wüst werde.

²⁰Also kaufte Joseph dem Pharao das ganze Ägypten. Denn die Ägypter verkauften ein jeglicher seinen Acker, denn die Teuerung war zu stark über sie. Und ward also das Land Pharao eigen.

²¹Und er teilte das Volk aus in die Städte, von einem Ende Ägyptens bis ans andere.

²²Ausgenommen der Priester Feld. Das kaufte er nicht; denn es war von Pharao für die Priester verordnet, daß sie sich nähren sollten von dem Verordneten, das er ihnen gegeben hatte; darum brauchten sie ihr Feld nicht zu verkaufen.

²³Da sprach Joseph zu dem Volk: Siehe, ich habe heute gekauft euch und euer Feld dem Pharao; siehe, da habt ihr Samen und besäet das Feld.

²⁴Und von dem Getreide sollt ihr den Fünften geben; vier Teile sollen euer sein, zu besäen das Feld und zu eurer Speise und für euer Haus und eure Kinder.

²⁵Sie sprachen: Du hast uns am Leben erhalten; laß uns nur Gnade finden vor dir, unserm Herrn, so wollen wir gerne Pharao leibeigen sein.

²⁶Also machte Joseph ihnen ein Gesetz bis auf diesen Tag über der Ägypter Feld, den Fünften Pharao zu geben; ausgenommen der Priester Feld, das ward dem Pharao nicht eigen.

²⁷Also wohnte Israel in Ägypten im Lande Gosen, und hatten's inne und wuchsen und mehrten sich sehr.

²⁸Und Jakob lebte siebzehn Jahre in Ägyptenland, daß sein ganzes Alter ward hundertsiebenundvierzig Jahre.

²⁹Da nun die Zeit herbeikam, daß Israel sterben sollte, rief er seinen Sohn Joseph und sprach zu ihm: Habe ich Gnade vor dir gefunden, so lege deine Hand unter meine Hüfte, daß du mir die Liebe und Treue an mir tust und begrabest mich nicht in Ägypten;

³⁰sondern ich will liegen bei meinen Vätern, und du sollst mich aus Ägypten führen und in ihrem Begräbnis begraben. Er sprach: Ich will tun, wie du gesagt hast.

³¹Er aber sprach: So schwöre mir. Und er schwur ihm. Da neigte sich Israel zu Häupten des Bettes.

Kapitel 48

¹Darnach ward Joseph gesagt: Siehe, dein Vater ist krank. Und er nahm mit sich seine beiden Söhne, Manasse und Ephraim.

²Da ward's Jakob angesagt: Siehe, dein Sohn Joseph kommt zu dir. Und Israel machte sich stark und setzte sich im Bette

³und sprach zu Joseph: Der allmächtige Gott erschien mir zu Lus im Lande Kanaan und segnete mich

⁴und sprach zu mir: Siehe, ich will dich wachsen lassen und mehren und will dich zum Haufen Volks machen und will dies Land zu eigen geben deinem Samen nach dir ewiglich.

⁵So sollen nun deine zwei Söhne, Ephraim und Manasse, die dir geboren sind in Ägyptenland, ehe ich hereingekommen bin zu dir, mein sein gleich wie Ruben und Simeon.

⁶Welche du aber nach ihnen zeugest, sollen dein sein und genannt werden nach dem Namen ihrer Brüder in deren Erbteil.

⁷Und da ich aus Mesopotamien kam starb mir Rahel im Lande Kanaan auf dem Weg, da noch ein Feld Weges war gen Ephrath; und ich begrub sie daselbst an dem Wege Ephraths, das nun Bethlehem heißt.

⁸Und Israel sah die Söhne Josephs und sprach: Wer sind die?

⁹Joseph antwortete seinem Vater: Es sind meine Söhne, die mir Gott hier gegeben hat. Er sprach: Bringe sie her zu mir, daß ich sie segne.

¹⁰Denn die Augen Israels waren dunkel geworden vor Alter, und er konnte nicht wohl sehen. Und er brachte sie zu ihm. Er aber küßte sie und herzte sie

¹¹und sprach zu Joseph: Siehe, ich habe dein Angesicht gesehen, was ich nicht gedacht hätte; und siehe, Gott hat mich auch deinen Samen sehen lassen.

¹²Und Joseph nahm sie von seinem Schoß und neigte sich zur Erde gegen sein Angesicht.

¹³Da nahm sie Joseph beide, Ephraim in seine rechte Hand gegen Israels linke Hand und Manasse in seine Linke Hand gegen Israels rechte Hand, und brachte sie zu ihm.

¹⁴Aber Israel streckte seine rechte Hand aus und legte sie auf Ephraims, des Jüngeren, Haupt und seine linke auf Manasses Haupt und tat wissend also mit seinen Händen, denn Manasse war der Erstgeborene.

¹⁵Und er segnete Joseph und sprach: Der Gott, vor dem meine Väter, Abraham und Isaak, gewandelt haben, der Gott, der mein Hirte gewesen ist mein Leben lang bis auf diesen Tag,

¹⁶der Engel, der mich erlöst hat von allem Übel, der segne diese Knaben, daß sie nach meiner Väter Abrahams und Isaaks, Namen genannt werden, daß sie wachsen und viel werden auf Erden.

¹⁷Da aber Joseph sah, daß sein Vater die rechte Hand auf Ephraims Haupt legte, gefiel es ihm übel, und er faßte seines Vaters Hand, daß er sie von Ephraim Haupt auf Manasses Haupt wendete,

¹⁸und sprach zu ihm: Nicht so, mein Vater; dieser ist der Erstgeborene, lege deine rechte Hand auf sein Haupt.

¹⁹Aber sein Vater weigerte sich und sprach: Ich weiß wohl, mein Sohn, ich weiß wohl. Dieser soll auch ein Volk werden und wird groß sein; aber sein jüngerer Bruder wird größer denn er werden, und sein Same wird ein großes Volk werden.

²⁰Also segnete er sie des Tages und sprach: Wer in Israel will jemand segnen, der sage: Gott setze dich wie Ephraim und Manasse! und setzte also Ephraim Manasse vor.

²¹Und Israel sprach zu Joseph: Siehe, ich sterbe; und Gott wird mit euch sein und wird euch wiederbringen in das Land eurer Väter.

²²Ich habe dir ein Stück Land zu geben vor deinen Brüdern, das ich mit Schwert und Bogen aus der Amoriter Hand genommen habe.

Kapitel 49

¹Und Jakob berief seine Söhne und sprach: Versammelt euch, daß ich euch verkündige, was euch begegnen wird in künftigen Zeiten.

²Kommt zuhauf und höret zu, ihr Kinder Jakobs, und höret euren Vater Israel.

³Ruben, mein erster Sohn bist du, meine Kraft, und der Erstling meiner Stärke, der Oberste in der Würde und der Oberste in der Macht.

⁴Er fuhr leichtfertig dahin wie Wasser. Du sollst nicht der Oberste sein; denn du bist auf deines Vaters Lager gestiegen, daselbst hast du mein Bett entweiht mit dem Aufsteigen.

⁵Die Brüder Simeon und Levi, ihre Schwerter sind mörderische Waffen.

⁶Meine Seele komme nicht in ihren Rat, und meine Ehre sei nicht in ihrer Versammlung; denn in ihrem Zorn haben sie den Mann erwürgt, und in ihrem Mutwillen haben sie den Ochsen verlähmt.

⁷Verflucht sei ihr Zorn, daß er so heftig ist und ihr Grimm, daß er so störrig ist. Ich will sie zerteilen in Jakob und zerstreuen in Israel.

⁸Juda, du bist's; dich werden deine Brüder loben. Deine Hand wird deinen Feinden auf dem Halse sein; vor dir werden deines Vaters Kinder sich neigen.

⁹Juda ist ein junger Löwe. Du bist hoch gekommen, mein Sohn, durch große Siege. Er ist niedergekniet und hat sich gelagert wie ein Löwe und wie eine Löwin; wer will sich wider ihn auflehnen?

¹⁰Es wird das Zepter von Juda nicht entwendet werden noch der Stab des Herrschers von seinen Füßen, bis daß der Held komme; und demselben werden die Völker anhangen.

¹¹Er wird sein Füllen an den Weinstock binden und seiner Eselin Sohn an die edle Rebe. Er wird sein Kleid in Wein waschen und seinen Mantel im Weinbeerblut.

¹²Seine Augen sind trübe vom Wein und seine Zähne weiß von Milch.

¹³Sebulon wird an der Anfurt des Meeres wohnen und an der Anfurt der Schiffe und reichen an Sidon.

¹⁴Isaschar wird ein knochiger Esel sein und sich lagern zwischen den Hürden.

¹⁵Und er sah die Ruhe, daß sie gut ist, und das Land, daß es lustig ist; da hat er seine Schultern geneigt, zu tragen, und ist ein zinsbarer Knecht geworden.

¹⁶Dan wird Richter sein in seinem Volk wie ein ander Geschlecht in Israel.

¹⁷Dan wird eine Schlange werden auf dem Wege und eine Otter auf dem Steige und das Pferd in die Ferse beißen, daß sein Reiter zurückfalle.

¹⁸HERR, ich warte auf dein Heil!

¹⁹Gad wird gedrängt werden von Kriegshaufen, er aber drängt sie auf der Ferse.

²⁰Von Asser kommt sein fettes Brot, und er wird den Königen leckere Speise geben.

²¹Naphthali ist ein schneller Hirsch und gibt schöne Rede.

²²Joseph wird wachsen, er wird wachsen wie ein Baum an der Quelle, daß die Zweige emporsteigen über die Mauer.

²³Und wiewohl ihn die Schützen erzürnen und wider ihn kriegen und ihn verfolgen,

²⁴so bleibt doch sein Bogen fest und die Arme seiner Hände stark durch die Hände des Mächtigen in Jakob, durch ihn, den Hirten und Stein Israels.

²⁵Von deines Vaters Gott ist dir geholfen, und von dem Allmächtigen bist du gesegnet mit Segen oben vom Himmel herab, mit Segen von der Tiefe, die unten liegt, mit Segen der Brüste und des Mutterleibes.

²⁶Die Segen deines Vaters gehen stärker denn die Segen meiner Voreltern, nach Wunsch der Hohen in der Welt, und sollen kommen auf das Haupt Josephs und auf den Scheitel des Geweihten unter seinen Brüdern.

²⁷Benjamin ist ein reißender Wolf; des Morgens wird er Raub fressen, und des Abends wird er Beute austeilen.

²⁸Das sind die zwölf Stämme Israels alle, und das ist's was ihr Vater mit ihnen geredet hat, da er sie segnete, einen jeglichen mit einem besonderen Segen.

²⁹Und er gebot ihnen und sprach zu ihnen: Ich werde versammelt zu meinem Volk; begrabt mich zu meinen Vätern in der Höhle auf dem Acker Ephrons, des Hethiters,

³⁰in der zwiefachen Höhle, die gegenüber Mamre liegt, im Lande Kanaan, die Abraham kaufte samt dem Acker von Ephron, dem Hethiter, zum Erbbegräbnis.

³¹Daselbst haben sie Abraham begraben und Sara, sein Weib. Daselbst haben sie auch Isaak begraben und Rebekka, sein Weib. Daselbst habe ich auch Lea begraben,

³²in dem Acker und der Höhle, die von den Kindern Heth gekauft ist.

³³Und da Jakob vollendet hatte die Gebote an seine Kinder, tat er seine Füße zusammen aufs Bett und verschied und ward versammelt zu seinem Volk.

Kapitel 50

¹Da fiel Joseph auf seines Vaters Angesicht und weinte über ihn und küßte ihn.

²Und Joseph befahl seinen Knechten, den Ärzten, das sie seinen Vater salbten. Und die Ärzte salbten Israel,

³bis daß vierzig Tage um waren; denn so lange währen die Salbetage. Und die Ägypter beweinten ihn siebzig Tage.

⁴Da nun die Leidtage aus waren, redete Joseph mit Pharaos Gesinde und sprach: Habe ich Gnade vor euch gefunden, so redet mit Pharao und sprecht:

⁵Mein Vater hat einen Eid von mir genommen und gesagt: Siehe, ich sterbe; begrabe mich in meinem Grabe, das ich mir im Lande Kanaan gegraben habe. So will ich nun hinaufziehen und meinen Vater begraben und wiederkommen.

⁶Pharao sprach: Zieh hinauf und begrabe deinen Vater, wie du ihm geschworen hast.

⁷Also zog Joseph hinauf, seinen Vater zu begraben. Und es zogen mit ihm alle Knechte Pharaos, die Ältesten seines Hauses und alle Ältesten des Landes Ägypten,

⁸dazu das ganze Gesinde Josephs und seine Brüder und das Gesinde seines Vaters. Allein ihre Kinder, Schafe und Ochsen ließen sie im Lande Gosen.

⁹Und es zogen mit ihm hinauf Wagen und Reisige, und war ein sehr großes Heer.

¹⁰Da sie nun an die Tenne Atad kamen, die jenseit des Jordans liegt, da hielten sie eine gar große und bittere Klage; und er trug über seinen Vater Leid sieben Tage.

¹¹Und da die Leute im Lande, die Kanaaniter, die Klage bei der Tenne Atad sahen, sprachen sie: Die Ägypter halten da große Klage. Daher heißt man den Ort: Der Ägypter Klage, welcher liegt jenseit des Jordans.

¹²Und seine Kinder taten, wie er ihnen befohlen hatte,

¹³und führten ihn ins Land Kanaan und begruben ihn in der zwiefachen Höhle des Ackers, die Abraham erkauft hatte mit dem Acker zum Erbbegräbnis von Ephron, dem Hethiter, gegenüber Mamre.

¹⁴Als sie ihn nun begraben hatten, zog Joseph wieder nach Ägypten mit seinen Brüdern und mit allen, die mit ihm hinaufgezogen waren, seinen Vater zu begraben.

¹⁵Die Brüder aber Josephs fürchteten sich, da ihr Vater gestorben war, und sprachen: Joseph möchte uns Gram sein und vergelten alle Bosheit, die wir an ihm getan haben.

¹⁶Darum ließen sie ihm sagen: Dein Vater befahl vor seinem Tod und sprach:

¹⁷Also sollt ihr Joseph sagen: Vergib doch deinen Brüdern die Missetat und ihre Sünde, daß sie so übel an dir getan haben. So vergib doch nun diese Missetat uns, den Dienern des Gottes deines Vaters. Aber Joseph weinte, da sie solches mit ihm redeten.

¹⁸Und seine Brüder gingen hin und fielen vor ihm nieder und sprachen: Siehe, wir sind deine Knechte.

¹⁹Joseph sprach zu ihnen: Fürchtet euch nicht, denn ich bin unter Gott.

²⁰Ihr gedachtet's böse mit mir zu machen; aber Gott gedachte es gut zu machen, daß er täte, wie es jetzt am Tage ist, zu erhalten viel Volks.

²¹So fürchtet euch nun nicht; ich will euch versorgen und eure Kinder. Und er tröstete sie und redete freundlich mit ihnen.

²²Also wohnte Joseph in Ägypten mit seines Vaters Hause und lebte hundertundzehn Jahre

²³und sah Ephraims Kinder bis ins dritte Glied. Auch wurden dem Machir, Manasses Sohn, Kinder geboren auf den Schoß Josephs.

²⁴Und Joseph sprach zu seinen Brüdern: Ich sterbe, und Gott wird euch heimsuchen und aus diesem Lande führen in das Land, das er Abraham, Isaak und Jakob geschworen hat.

²⁵Darum nahm er einen Eid von den Kindern Israel und sprach: Wenn euch Gott heimsuchen wird, so führet meine Gebeine von dannen.

²⁶Also starb Joseph, da er war hundertundzehn Jahre alt. Und sie salbten ihn und legten ihn in eine Lade in Ägypten.

Exodus
Exodus

Kapitel 1

¹Dies sind die Namen der Kinder Israel, die mit Jakob nach Ägypten kamen; ein jeglicher kam mit seinem Hause hinein:

²Ruben, Simeon, Levi, Juda,

³Isaschar, Sebulon, Benjamin,

⁴Dan, Naphthali, Gad, Asser.

⁵Und aller Seelen, die aus den Lenden Jakobs gekommen waren, deren waren siebzig. Joseph aber war zuvor in Ägypten.

⁶Da nun Joseph gestorben war und alle seine Brüder und alle, die zu der Zeit gelebt hatten,

⁷wuchsen die Kinder Israel und zeugten Kinder und mehrten sich und wurden sehr viel, daß ihrer das Land voll ward.

⁸Da kam ein neuer König auf in Ägypten, der wußte nichts von Joseph

⁹und sprach zu seinem Volk: Siehe, des Volks der Kinder Israel ist viel und mehr als wir.

¹⁰Wohlan, wir wollen sie mit List dämpfen, daß ihrer nicht so viel werden. Denn wo sich ein Krieg erhöbe, möchten sie sich auch zu unsern Feinden schlagen und wider uns streiten und zum Lande ausziehen.

¹¹Und man setzte Fronvögte über sie, die sie mit schweren Diensten drücken sollten; denn man baute dem Pharao die Städte Pithon und Raemses zu Vorratshäusern.

¹²Aber je mehr sie das Volk drückten, je mehr es sich mehrte und ausbreitete. Und sie hielten die Kinder Israel wie einen Greuel.

¹³Und die Ägypter zwangen die Kinder Israel zum Dienst mit Unbarmherzigkeit

¹⁴und machten ihnen ihr Leben sauer mit schwerer Arbeit in Ton und Ziegeln und mit allerlei Frönen auf dem Felde und mit allerlei Arbeit, die sie ihnen auflegten mit Unbarmherzigkeit.

¹⁵Und der König in Ägypten sprach zu den hebräischen Wehmüttern, deren eine hieß Siphra und die andere Pua:

¹⁶Wenn ihr den hebräischen Weibern helft, und auf dem Stuhl seht, daß es ein Sohn ist, so tötet ihn; ist's aber eine Tochter, so laßt sie leben.

¹⁷Aber die Wehmütter fürchteten Gott und taten nicht, wie der König von Ägypten ihnen gesagt hatte, sondern ließen die Kinder leben.

¹⁸Da rief der König in Ägypten die Wehmütter und sprach zu ihnen: Warum tut ihr das, daß ihr die Kinder leben lasset?

¹⁹Die Wehmütter antworteten Pharao: Die hebräischen Weiber sind nicht wie die ägyptischen, denn sie sind harte Weiber; ehe die Wehmutter zu ihnen kommt, haben sie geboren.

²⁰Darum tat Gott den Wehmüttern Gutes. Und das Volk mehrte sich und ward sehr viel.

²¹Und weil die Wehmütter Gott fürchteten, baute er ihnen Häuser.

²²Da gebot Pharao allem seinem Volk und sprach: Alle Söhne, die geboren werden, werft ins Wasser, und alle Töchter laßt leben.

Kapitel 2

¹Und es ging ein Mann vom Hause Levi und nahm eine Tochter Levi.

²Und das Weib ward schwanger und gebar einen Sohn. Und da sie sah, daß es ein feines Kind war, verbarg sie ihn drei Monate.

³Und da sie ihn nicht länger verbergen konnte, machte sie ein Kästlein von Rohr und verklebte es mit Erdharz und Pech und legte das Kind darein und legte ihn in das Schilf am Ufer des Wassers.

⁴Aber seine Schwester stand von ferne, daß sie erfahren wollte, wie es ihm gehen würde.

⁵Und die Tochter Pharaos ging hernieder und wollte baden im Wasser; und ihre Jungfrauen gingen an dem Rande des Wassers. Und da sie das Kästlein im Schilf sah, sandte sie ihre Magd hin und ließ es holen.

⁶Und da sie es auftat, sah sie das Kind; und siehe, das Knäblein weinte. Da jammerte es sie, und sprach: Es ist der hebräischen Kindlein eins.

⁷Da sprach seine Schwester zu der Tochter Pharaos: Soll ich hingehen und der hebräischen Weiber eine rufen, die da säugt, daß sie dir das Kindlein säuge?

⁸Die Tochter Pharaos sprach zu ihr: Gehe hin. Die Jungfrau ging hin und rief des Kindes Mutter.

⁹Da sprach Pharaos Tochter zu ihr: Nimm hin das Kindlein und säuge mir's; ich will dir lohnen. Das Weib nahm das Kind und säugte es.

¹⁰Und da das Kind groß war, brachte sie es der Tochter Pharaos, und es ward ihr Sohn, und sie hieß ihn Mose; denn sie sprach: Ich habe ihn aus dem Wasser gezogen.

¹¹Zu den Zeiten, da Mose war groß geworden, ging er aus zu seinen Brüdern und sah ihre Last und ward gewahr, daß ein Ägypter schlug seiner Brüder, der Hebräischen, einen.

¹²Und er wandte sich hin und her, und da er sah, daß kein Mensch da war, erschlug er den Ägypter und scharrte ihn in den Sand.

¹³Auf einen andern Tag ging er auch aus und sah zwei hebräische Männer sich miteinander zanken und sprach zu dem Ungerechten: Warum schlägst du deinen Nächsten?

¹⁴Er aber sprach: Wer hat dich zum Obersten oder Richter über uns gesetzt? Willst du mich auch erwürgen, wie du den Ägypter erwürgt hast? Da fürchtete sich Mose und sprach: Wie ist das laut geworden?

¹⁵Und es kam vor Pharao; der trachtete nach Mose, daß er ihn erwürgte. Aber Mose floh vor Pharao und blieb im Lande Midian und wohnte bei einem Brunnen.

¹⁶Der Priester aber von Midian hatte sieben Töchter; die kamen, Wasser zu schöpfen, und füllten die Rinnen, daß sie ihres Vaters Schafe tränkten.

¹⁷Da kamen die Hirten und stießen sie davon. Aber Mose machte sich auf und half ihnen und tränkte ihre Schafe.

¹⁸Und da sie zu ihrem Vater Reguel kamen, sprach er: Wie seid ihr heute so bald gekommen?

¹⁹Sie sprachen: Ein ägyptischer Mann errettete uns von den Hirten und schöpfte uns und tränkte die Schafe.

²⁰Er sprach zu seinen Töchtern: Wo ist er? Warum habt ihr den Mann gelassen, daß ihr ihn nicht ludet, mit uns zu essen?

²¹Und Mose willigte darein, bei dem Manne zu bleiben. Und er gab Mose seine Tochter Zippora.

²²Die gebar einen Sohn; und er hieß ihn Gersom; denn er sprach: Ich bin ein Fremdling geworden im fremden Lande.

²³Lange Zeit aber darnach starb der König in Ägypten. Und die Kinder Israel seufzten über ihre Arbeit und schrieen, und ihr Schreien über ihre Arbeit kam vor Gott.

²⁴Und Gott erhörte ihr Wehklagen und gedachte an seinen Bund mit Abraham, Isaak und Jakob;

²⁵und er sah darein und nahm sich ihrer an.

Kapitel 3

¹Mose aber hütete die Schafe Jethros, seines Schwiegervaters, des Priesters in Midian, und trieb die Schafe hinter die Wüste und kam an den Berg Gottes, Horeb.

²Und der Engel des HERRN erschien ihm in einer feurigen Flamme aus dem Busch. Und er sah, daß der Busch mit Feuer brannte und ward doch nicht verzehrt;

³und sprach: ich will dahin und beschauen dies große Gesicht, warum der Busch nicht verbrennt.

⁴Da aber der HERR sah, daß er hinging, zu sehen, rief ihm Gott aus dem Busch und sprach: Mose, Mose! Er antwortete: Hier bin ich.

⁵Er sprach: Tritt nicht herzu, zieh deine Schuhe aus von deinen Füßen; denn der Ort, darauf du stehst, ist ein heilig Land!

⁶Und sprach weiter: Ich bin der Gott deines Vaters, der Gott Abrahams, der Gott Isaaks und der Gott Jakobs. Und Mose verhüllte sein Angesicht; denn er fürchtete sich Gott anzuschauen.

⁷Und der HERR sprach: Ich habe gesehen das Elend meines Volkes in Ägypten und habe ihr Geschrei gehört über die, so sie drängen; ich habe ihr Leid erkannt

⁸und bin herniedergefahren, daß ich sie errette von der Ägypter Hand und sie ausführe aus diesem Lande in ein gutes und weites Land, in ein Land, darin Milch und Honig fließt, an den Ort der Kanaaniter, Hethiter, Amoriter, Pheresiter, Heviter und Jebusiter.

⁹Weil nun das Geschrei der Kinder Israel vor mich gekommen ist, und ich auch dazu ihre Angst gesehen habe, wie die Ägypter sie ängsten,

¹⁰so gehe nun hin, ich will dich zu Pharao senden, daß du mein Volk, die Kinder Israel, aus Ägypten führest.

¹¹Mose sprach zu Gott: Wer bin ich, daß ich zu Pharao gehe und führe die Kinder Israel aus Ägypten?

¹²Er sprach: Ich will mit dir sein. Und das soll dir ein Zeichen sein, daß ich dich gesandt habe: Wenn du mein Volk aus Ägypten geführt hast, werdet ihr Gott opfern auf diesem Berge.

¹³Mose sprach zu Gott: Siehe, wenn ich zu den Kindern Israel komme und spreche zu ihnen: Der Gott eurer Väter hat mich zu euch gesandt, und sie mir sagen werden: Wie heißt sein Name? was soll ich ihnen sagen?

¹⁴Gott sprach zu Mose: ICH WERDE SEIN, DER ICH SEIN WERDE. Und sprach: Also sollst du den Kindern Israel sagen: ICH WERDE SEIN hat mich zu euch gesandt.

¹⁵Und Gott sprach weiter zu Mose: Also sollst du den Kindern Israel sagen: Der HERR, eurer Väter Gott, der Gott Abrahams, der Gott Isaaks, der Gott Jakobs, hat mich zu euch gesandt. Das ist mein Name ewiglich, dabei soll man mein Gedenken für und für.

¹⁶Darum so gehe hin und versammle die Ältesten in Israel und sprich zu ihnen: Der HERR, euer Väter Gott, ist mir erschienen, der Gott Abrahams, der Gott Isaaks, der Gott Jakobs, und hat gesagt: Ich habe euch heimgesucht, und gesehen, was euch in Ägypten widerfahren ist,

¹⁷und habe gesagt: ich will euch aus dem Elend Ägyptens führen in das Land der Kanaaniter, Hethiter, Amoriter, Pheresiter, Heviter und Jebusiter, in das Land, darin Milch und Honig fließt.

¹⁸Und wenn sie deine Stimme hören, so sollst du und die Ältesten in Israel hineingehen zum König in Ägypten und zu ihm sagen: Der HERR, der Hebräer Gott, hat uns gerufen. So laß uns nun gehen drei Tagereisen in die Wüste, daß wir opfern unserm Gott.

¹⁹Aber ich weiß, daß euch der König in Ägypten nicht wird ziehen lassen, außer durch eine starke Hand.

²⁰Denn ich werde meine Hand ausstrecken und Ägypten schlagen mit allerlei Wundern, die ich darin tun werde. Darnach wird er euch ziehen lassen.

²¹Und ich will diesem Volk Gnade geben vor den Ägyptern, daß, wenn ihr auszieht, ihr nicht leer auszieht;

²²sondern ein jeglich Weib soll von ihrer Nachbarin und Hausgenossin fordern silberne und goldene Gefäße und Kleider; die sollt ihr auf eure Söhne und Töchter legen und von den Ägyptern zur Beute nehmen.

Kapitel 4

¹Mose antwortete und sprach: Siehe, sie werden mir nicht glauben noch meine Stimme hören, sondern werden sagen: Der HERR ist dir nicht erschienen.

²Der HERR sprach zu ihm: Was ist's, was du in deiner Hand hast? Er sprach: Ein Stab.

³Er sprach: Wirf ihn vor dir auf die Erde. Und er warf ihn von sich; da ward er zur Schlange, und Mose floh vor ihr.

⁴Aber der HERR sprach zu ihm: Strecke deine Hand aus und erhasche sie bei dem Schwanz. Da streckte er seine Hand aus und hielt sie, und sie ward zum Stab in seiner Hand.

⁵Darum werden sie glauben, daß dir erschienen sei der HERR, der Gott ihrer Väter, der Gott Abrahams, der Gott Isaaks, der Gott Jakobs.

⁶Und der HERR sprach weiter zu ihm: Stecke deine Hand in deinen Busen. Und er steckte seine Hand in seinen Busen und zog sie wieder heraus; siehe, da war aussätzig wie Schnee.

⁷Und er sprach: Tue sie wieder in deinen Busen. Und er tat sie wieder in seinen Busen und zog sie heraus; siehe, da ward sie wieder wie sein anderes Fleisch.

⁸Wenn sie dir nun nicht werden glauben noch deine Stimme hören bei dem einen Zeichen, so werden sie doch glauben deine Stimme bei dem andern Zeichen.

⁹Wenn sie aber diesen zwei Zeichen nicht glauben werden noch deine Stimme hören, so nimm Wasser aus dem Strom und gieß es auf das trockene Land, so wird das Wasser, das du aus dem Strom genommen hast, Blut werden auf dem trockenen Lande.

¹⁰Mose aber sprach zu dem HERRN: Ach mein HERR, ich bin je und je nicht wohl beredt gewesen, auch nicht seit der Zeit, da du mit deinem Knecht geredet hast; denn ich habe eine schwere Sprache und eine schwere Zunge.

¹¹Der HERR sprach zu ihm: Wer hat dem Menschen den Mund geschaffen? Oder wer hat den Stummen oder Tauben oder Sehenden oder Blinden gemacht? Habe ich's nicht getan, der HERR?

¹²So geh nun hin: Ich will mit deinem Munde sein und dich lehren, was du sagen sollst.

¹³Mose sprach aber: Mein HERR, sende, welchen du senden willst.

¹⁴Da ward der HERR sehr zornig über Mose und sprach: Weiß ich denn nicht, daß dein Bruder Aaron aus dem Stamm Levi beredt ist? und siehe, er wird herausgehen dir entgegen; und wenn er dich sieht, wir er sich von Herzen freuen.

¹⁵Du sollst zu ihm reden und die Worte in seinen Mund legen. Und ich will mit deinem und seinem Munde sein und euch lehren, was ihr tun sollt.

¹⁶Und er soll für dich zum Volk reden; er soll dein Mund sein, und du sollst sein Gott sein.

¹⁷Und diesen Stab nimm in deine Hand, mit dem du die Zeichen tun sollst.

¹⁸Mose ging hin und kam wieder zu Jethro, seinem Schwiegervater, und sprach zu ihm: Laß mich doch gehen, daß ich wieder zu meinen Brüdern komme, die in Ägypten sind, und sehe, ob sie noch leben. Jethro sprach zu ihm: Gehe hin mit Frieden.

¹⁹Auch sprach der HERR zu ihm in Midian: Gehe hin und ziehe wieder nach Ägypten; denn die Leute sind tot, die nach deinem Leben standen.

²⁰Also nahm Mose sein Weib und seine Söhne und führte sie auf einem Esel und zog wieder nach Ägyptenland und nahm den Stab Gottes in seine Hand.

²¹Und der HERR sprach zu Mose: Siehe zu, wenn du wieder nach Ägypten kommst, daß du alle Wunder tust vor Pharao, die ich dir in deine Hand gegeben habe; aber ich will sein Herz verstocken, daß er das Volk nicht lassen wird.

²²Und du sollst zu ihm sagen: So sagt der HERR: Israel ist mein erstgeborener Sohn;

²³und ich gebiete dir, daß du meinen Sohn ziehen lassest, daß er mir diene. Wirst du dich des weigern, so will ich deinen erstgeborenen Sohn erwürgen.

²⁴Und als er unterwegs in der Herberge war, kam ihm der HERR entgegen und wollte ihn töten.

²⁵Da nahm Zippora einen Stein und beschnitt ihrem Sohn die Vorhaut und rührte ihm seine Füße an und sprach: Du bist mir ein Blutbräutigam.

²⁶Da ließ er von ihm ab. Sie sprach aber Blutbräutigam um der Beschneidung willen.

²⁷Und der HERR sprach zu Aaron: Gehe hin Mose entgegen in die Wüste. Und er ging hin und begegnete ihm am Berge Gottes und küßte ihn.

²⁸Und Mose sagte Aaron alle Worte des HERRN, der ihn gesandt hatte, und alle Zeichen, die er ihm befohlen hatte.

²⁹Und sie gingen hin und versammelten alle Ältesten von den Kindern Israel.

³⁰Und Aaron redete alle Worte, die der HERR mit Mose geredet hatte, und er tat die Zeichen vor dem Volk.

³¹Und das Volk glaubte. Und da sie hörten, daß der HERR die Kinder Israel heimgesucht und ihr Elend angesehen hätte, neigten sie sich und beteten an.

Kapitel 5

¹Darnach ging Mose und Aaron hinein und sprachen zu Pharao: So sagt der HERR, der Gott Israels: Laß mein Volk ziehen, daß mir's ein Fest halte in der Wüste.

²Pharao antwortete: Wer ist der HERR, des Stimme ich hören müsse und Israel ziehen lassen? Ich weiß nichts von dem HERRN, will auch Israel nicht lassen ziehen.

³Sie sprachen: Der Hebräer Gott hat uns gerufen; so laß uns nun hinziehen drei Tagereisen in die Wüste und dem HERRN, unserm Gott, opfern, daß uns nicht widerfahre Pestilenz oder Schwert.

⁴Da sprach der König in Ägypten zu ihnen: Du Mose und Aaron, warum wollt ihr das Volk von seiner Arbeit frei machen? Gehet hin an eure Dienste!

⁵Weiter sprach Pharao: Siehe, des Volks ist schon zuviel im Lande, und ihr wollt sie noch feiern heißen von ihrem Dienst!

⁶Darum befahl Pharao desselben Tages den Vögten des Volks und ihren Amtleuten und sprach:

⁷Ihr sollt dem Volk nicht mehr Stroh sammeln und geben, daß sie Ziegel machen wie bisher; laßt sie selbst hingehen, und Stroh zusammenlesen,

⁸und die Zahl der Ziegel, die sie bisher gemacht haben, sollt ihr ihnen gleichwohl auflegen und nichts mindern; denn sie gehen müßig, darum schreien sie und sprechen: Wir wollen hinziehen und unserm Gott opfern.

⁹Man drücke die Leute mit Arbeit, daß sie zu schaffen haben und sich nicht kehren an falsche Rede.

¹⁰Da gingen die Vögte des Volkes und ihre Amtleute aus und sprachen zum Volk: So spricht Pharao: Man wird euch kein Stroh geben;

¹¹geht ihr selbst hin und sammelt euch Stroh, wo ihr's findet; aber von eurer Arbeit soll nichts gemindert werden.

¹²Da zerstreute sich das Volk ins ganze Land Ägypten, daß es Stoppeln sammelte, damit sie Stroh hätten.

¹³Und die Vögte trieben sie und sprachen: Erfüllet euer Tagewerk, gleich als da ihr Stroh hattet.

¹⁴Und die Amtleute der Kinder Israel, welche die Vögte Pharaos

Exodus

über sie gesetzt hatten, wurden geschlagen, und ward zu ihnen gesagt: Warum habt ihr weder heute noch gestern euer gesetztes Tagewerk getan wie bisher?

¹⁵Da gingen hinein die Amtleute der Kinder Israel und schrien zu Pharao: Warum willst du mit deinen Knechten also fahren?

¹⁶Man gibt den Knechten kein Stroh, und sie sollen die Ziegel machen, die uns bestimmt sind; siehe deine Knechte werden geschlagen, und dein Volk muß schuldig sein.

¹⁷Pharao sprach: Ihr seid müßig, müßig seid ihr; darum sprecht ihr: Wir wollen hinziehen und dem HERRN opfern.

¹⁸So gehet nun hin und frönt; Stroh soll man euch nicht geben, aber die Anzahl der Ziegel sollt ihr schaffen.

¹⁹Da sähen die Amtleute der Kinder Israel, daß es ärger ward, weil man sagte: Ihr sollt nichts mindern von dem Tagewerk an den Ziegeln.

²⁰Und da sie von Pharao gingen, begegneten sie Mose und Aaron und traten ihnen entgegen

²¹und sprachen zu ihnen: Der HERR sehe auf euch und richte es, daß ihr unsern Geruch habt stinkend gemacht vor Pharao und seinen Knechten und habt ihnen das Schwert in die Hände gegeben, uns zu töten.

²²Mose aber kam wieder zu dem HERRN und sprach: HERR, warum tust du so übel an diesem Volk? Warum hast du mich hergesandt?

²³Denn seit dem, daß ich hineingegangen bin zu Pharao, mit ihm zu reden in deinem Namen, hat er das Volk noch härter geplagt, und du hast dein Volk nicht errettet.

Kapitel 6

¹Der HERR sprach zu Mose: Nun sollst du sehen, was ich Pharao tun werde; denn durch eine starke Hand muß er sie lassen ziehen, er muß sie noch durch eine starke Hand aus seinem Lande von sich treiben.

²Und Gott redete mit Mose und sprach zu ihm: Ich bin der HERR

³und bin erschienen Abraham, Isaak und Jakob als der allmächtige Gott; aber mein Name HERR ist ihnen nicht offenbart worden.

⁴Auch habe ich einen Bund mit ihnen aufgerichtet, daß ich ihnen geben will das Land Kanaan, das Land ihrer Wallfahrt, darin sie Fremdlinge gewesen sind.

⁵Auch habe ich gehört die Wehklage der Kinder Israel, welche die Ägypter mit Frönen beschweren, und habe an meinen Bund gedacht.

⁶Darum sage den Kindern Israel: Ich bin der HERR und will euch ausführen von euren Lasten in Ägypten und will euch erretten von eurem Frönen und will euch erlösen durch ausgereckten Arm und große Gerichte

⁷und will euch annehmen zum Volk und will euer Gott sein, daß ihr's erfahren sollt, daß ich der HERR bin, euer Gott, der euch ausführt von der Last Ägyptens

⁸und euch bringt in das Land, darüber ich habe meine Hand gehoben, daß ich's gäbe Abraham, Isaak und Jakob; das will ich euch geben zu eigen, ich, der HERR.

⁹Mose sagte solches den Kindern Israel; aber sie hörten ihn nicht vor Seufzen und Angst vor harter Arbeit.

¹⁰Da redete der HERR mit Mose und sprach:

¹¹Gehe hinein und rede mit Pharao, dem König in Ägypten, daß er die Kinder Israel aus seinem Lande lasse.

¹²Mose aber redete vor dem HERRN und sprach: Siehe, die Kinder Israel hören mich nicht; wie sollte mich denn Pharao hören? Dazu bin ich von unbeschnittenen Lippen.

¹³Also redete der HERR mit Mose und Aaron und tat ihnen Befehl an die Kinder Israel und an Pharao, den König in Ägypten, daß sie die Kinder Israel aus Ägypten führten.

¹⁴Dies sind die Häupter in ihren Vaterhäusern. Die Kinder Rubens, des ersten Sohnes Israels, sind diese: Henoch, Pallu, Hezron, Charmi. Das sind die Geschlechter von Ruben.

¹⁵Die Kinder Simeons sind diese: Jemuel, Jamin, Ohad, Jachin, Zohar und Saul, der Sohn des kanaanäischen Weibes. Das sind Simeons Geschlechter.

¹⁶Dies sind die Namen der Kinder Levis nach ihren Geschlechtern: Gerson, Kahath, Merari. Aber Levi ward hundertsiebenunddreißig Jahre alt.

¹⁷Die Kinder Gersons sind diese: Libni und Simei nach ihren Geschlechtern.

¹⁸Die Kinder Kahaths sind diese: Amram, Jizhar, Hebron, Usiel. Kahath aber ward hundertdreiunddreißig Jahre alt.

¹⁹Die Kinder Merari sind diese: Maheli und Musi. Das sind die Geschlechter Levis nach ihrer Abstammung.

²⁰Und Amram nahm seine Muhme Jochebed zum Weibe; die gebar ihm Aaron und Mose. Aber Amram ward hundertsiebenunddreißig Jahre alt.

²¹Die Kinder Jizhars sind diese: Korah, Nepheg, Sichri.

²²Die Kinder Usiels sind diese: Misael, Elzaphan, Sithri.

²³Aaron nahm zum Weibe Eliseba, die Tochter Amminadabs, Nahessons Schwester; die gebar ihm Nadab, Abihu, Eleasar, Ithamar.

²⁴Die Kinder Korah sind diese: Assir, Elkana, Abiasaph. Das sind die Geschlechter der Korahiter.

²⁵Eleasar aber, Aarons Sohn, der nahm von den Töchtern Putiels ein Weib; die gebar ihm Pinehas. Das sind die Häupter unter den Vätern der Leviten-Geschlechter.

²⁶Das ist Aaron und Mose, zu denen der HERR sprach: Führet die Kinder Israel aus Ägyptenland mit ihrem Heer.

²⁷Sie sind's die mit Pharao, dem König in Ägypten, redeten, daß sie die Kinder Israel aus Ägypten führten, nämlich Mose und Aaron.

²⁸Und des Tages redete der HERR mit Mose in Ägyptenland

²⁹und sprach zu Ihm: Ich bin der HERR; rede mit Pharao, dem König in Ägypten, alles, was ich mit dir rede.

³⁰Und er antwortete vor dem HERRN: Siehe, ich bin von unbeschnittenen Lippen; wie wird mich denn Pharao hören?

Kapitel 7

¹Der HERR sprach zu Mose: Siehe, ich habe dich zu einem Gott gesetzt über Pharao, und Aaron, dein Bruder, soll dein Prophet sein.

²Du sollst reden alles, was ich dir gebieten werde; aber Aaron, dein Bruder, soll's vor Pharao reden, daß er die Kinder Israel aus seinem Lande lasse.

³Aber ich will Pharaos Herz verhärten, daß ich meiner Zeichen und Wunder viel tue in Ägyptenland.

⁴Und Pharao wird euch nicht hören, auf daß ich meine Hand in Ägypten beweise und führe mein Heer, mein Volk, die Kinder Israel, aus Ägyptenland durch große Gerichte.

⁵Und die Ägypter sollen's innewerden, daß ich der HERR bin, wenn ich nun meine Hand über Ägypten ausstrecken und die Kinder Israel von ihnen wegführen werde.

⁶Mose und Aaron taten, wie ihnen Gott geboten hatte.

⁷Und Mose war achtzig Jahre alt und Aaron dreiundachtzig Jahre alt, da sie mit Pharao redeten

⁸Und der HERR sprach zu Mose und Aaron:

⁹Wenn Pharao zu euch sagen wird: Beweist eure Wunder, so sollst du zu Aaron sagen: Nimm deinen Stab und wirf ihn vor Pharao, daß er zur Schlange werde.

¹⁰Da gingen Mose und Aaron hinein zu Pharao und taten, wie ihnen der HERR geboten hatte. Und Aaron warf seinen Stab vor Pharao und vor seinen Knechten, und er ward zur Schlange.

¹¹Da forderte Pharao die Weisen und Zauberer; und die ägyptischen Zauberer taten auch also mit ihrem Beschwören:

¹²ein jeglicher warf seinen Stab von sich, da wurden Schlangen daraus; aber Aarons Stab verschlang ihre Stäbe.

¹³Also ward das Herz Pharaos verstockt, und hörte sie nicht, wie denn der HERR geredet hatte.

¹⁴Und der HERR sprach zu Mose: Das Herz Pharaos ist hart; er weigert sich das Volk zu lassen.

¹⁵Gehe hin zu Pharao morgen. Siehe, er wird ins Wasser gehen; so tritt ihm entgegen an das Ufer des Wassers und nimm den Stab in deine Hand, der zur Schlange ward,

¹⁶und sprich zu ihm: Der HERR, der Hebräer Gott, hat mich zu dir gesandt und lassen sagen: Laß mein Volk, daß mir's diene in der Wüste. Aber du hast bisher nicht wollen hören.

¹⁷Darum spricht der HERR also: Daran sollst du erfahren, daß ich der HERR bin. Siehe, ich will mit dem Stabe, den ich in meiner Hand habe, das Wasser schlagen, das in dem Strom ist, und es soll in Blut verwandelt werden,

¹⁸daß die Fische im Strom sterben sollen und der Strom stinken; und den Ägyptern wird ekeln, zu trinken das Wasser aus dem Strom.

¹⁹Und der HERR sprach zu Mose: Sage Aaron: Nimm deinen Stab und recke deine Hand aus über die Wasser in Ägypten, über ihre Bäche und Ströme und Seen und über alle Wassersümpfe, daß sie Blut werden; und es sei Blut in ganz Ägyptenland, in hölzernen und in steinernen Gefäßen.

²⁰Mose und Aaron taten, wie ihnen der HERR geboten hatte, und er hob den Stab auf und schlug ins Wasser, das im Strom war, vor Pharao und seinen Knechten. Und alles Wasser ward in Blut verwandelt.

²¹Und die Fische im Strom starben, und der Strom ward stinkend, daß die Ägypter nicht trinken konnten das Wasser aus dem Strom; und es war Blut in ganz Ägyptenland.

²²Und die ägyptischen Zauberer taten auch also mit ihrem Beschwören. Also ward das Herz Pharaos verstockt, und er hörte sie nicht, wie denn der HERR geredet hatte.

²³Und Pharao wandte sich und ging heim und nahm's nicht zu Herzen.

²⁴Aber alle Ägypter gruben nach Wasser um den Strom her, zu trinken; denn das Wasser aus dem Strom konnten sie nicht trinken.

²⁵Und das währte sieben Tage lang, daß der HERR den Strom schlug.

Kapitel 8

¹Der HERR sprach zu Mose: Gehe hinein zu Pharao und sprich zu ihm: So sagt der HERR: Laß mein Volk, daß mir's diene.

²Wo du dich weigerst, siehe, so will ich all dein Gebiet mit Fröschen plagen,

³daß der Strom soll von Fröschen wimmeln; die sollen heraufkriechen und kommen in dein Haus, in deine Schlafkammer, auch in die Häuser deiner Knechte, unter dein Volk, in deine Backöfen und in deine Teige;

⁴und die Frösche sollen auf dich und auf dein Volk und auf alle deine Knechte kriechen.

⁵Und der HERR sprach zu Mose: Sage Aaron: Recke deine Hand aus mit deinem Stabe über die Bäche und Ströme und Seen und laß Frösche über Ägyptenland kommen.

⁶Und Aaron reckte seine Hand über die Wasser in Ägypten, und es kamen Frösche herauf, daß Ägyptenland bedeckt ward.

⁷Da taten die Zauberer auch also mit ihrem Beschwören und ließen Frösche über Ägyptenland kommen.

⁸Da forderte Pharao Mose und Aaron und sprach: Bittet den HERRN für mich, daß er die Frösche von mir und von meinem Volk nehme, so will ich das Volk lassen, daß es dem HERRN opfere.

⁹Mose sprach: Habe du die Ehre vor mir und bestimme mir, wann ich für dich, für deine Knechte und für dein Volk bitten soll, daß die Frösche von dir und von deinem Haus vertrieben werden und allein im Strom bleiben.

¹⁰Er sprach: Morgen. Er sprach: Wie du gesagt hast. Auf daß du erfahrest, daß niemand ist wie der HERR, unser Gott,

¹¹so sollen die Frösche von dir, von deinem Hause, von deinen Knechten und von deinem Volk genommen werden und allein in Strom bleiben.

¹²Also gingen Mose und Aaron von Pharao; und Mose schrie zu dem HERRN der Frösche halben, wie er Pharao hatte zugesagt.

¹³Und der HERR tat, wie Mose gesagt hatte; und die Frösche starben in den Häusern, in den Höfen und auf dem Felde.

¹⁴Und sie häuften sie zusammen, hier einen Haufen und da einen Haufen, und das Land stank davon.

¹⁵Da aber Pharao sah, daß er Luft gekriegt hatte, verhärtete er sein Herz und hörte sie nicht, wie denn der HERR geredet hatte.

¹⁶Und der HERR sprach zu Mose: Sage Aaron: Recke deinen Stab aus und schlage in den Staub auf der Erde, daß Stechmücken werden in ganz Ägyptenland.

¹⁷Sie taten also, und Aaron reckte seine Hand aus mit dem Stabe und schlug in den Staub auf der Erde. Und es wurden Mücken an den Menschen und an dem Vieh; aller Staub des Landes ward zu Mücken in ganz Ägyptenland.

¹⁸Die Zauberer taten auch also mit ihrem Beschwören, daß sie Mücken herausbrächten, aber sie konnten nicht. Und die Mücken waren sowohl an den Menschen als an Vieh.

¹⁹Da sprachen die Zauberer zu Pharao: Das ist Gottes Finger. Aber das Herz Pharaos ward verstockt, und er hörte sie nicht, wie denn der HERR gesagt hatte.

²⁰Und der HERR sprach zu Mose: Mache dich morgen früh auf und tritt vor Pharao (siehe, er wird ans Wasser gehen) und sprich zu ihm: So sagt der HERR: Laß mein Volk, daß es mir diene;

²¹wo nicht, siehe, so will ich allerlei Ungeziefer lassen kommen über dich, deine Knechte, dein Volk und dein Haus, daß aller Ägypter Häuser und das Feld und was darauf ist, voll Ungeziefer werden sollen.

²²Und ich will des Tages ein Besonderes tun mit dem Lande Gosen, da sich mein Volk aufhält, daß kein Ungeziefer da sei; auf daß du innewerdest, daß ich der HERR bin auf Erden allenthalben;

²³und will eine Erlösung setzen zwischen meinem und deinem Volk; morgen soll das Zeichen geschehen.

²⁴Und der HERR tat also, und es kam viel Ungeziefer in Pharaos Haus, in seiner Knechte Häuser und über ganz Ägyptenland; und das Land ward verderbt von dem Ungeziefer.

²⁵Da forderte Pharao Mose und Aaron und sprach: Gehet hin, opfert eurem Gott hier im Lande.

²⁶Mose sprach: Das taugt nicht, daß wir also tun; denn wir würden der Ägypter Greuel opfern unserm Gott, dem HERRN; siehe, wenn wir der Ägypter Greuel vor ihren Augen opferten, würden sie uns nicht steinigen?

²⁷Drei Tagereisen wollen wir gehen in die Wüste und dem HERRN, unserm Gott, opfern, wie er uns gesagt hat.

²⁸Pharao sprach: Ich will euch lassen, daß ihr dem HERRN, eurem Gott, opfert in der Wüste; allein, daß ihr nicht ferner zieht; und bittet für mich.

²⁹Mose sprach: Siehe, wenn ich hinaus von dir komme, so will ich den HERRN bitten, daß dies Ungeziefer von Pharao und seinen Knechten und seinem Volk genommen werde morgen des Tages; allein täusche mich nicht mehr, daß du das Volk nicht lassest, dem HERRN zu opfern.

³⁰Und Mose ging hinaus von Pharao und bat den HERRN.

³¹Und der HERR tat, wie Mose gesagt hatte, und schaffte das Ungeziefer weg von Pharao, von seinen Knechten und von seinem Volk, daß nicht eines übrigblieb.

³²Aber Pharao verhärtete sein Herz auch dieses Mal und ließ das Volk nicht.

Kapitel 9

¹Der HERR sprach zu Mose: Gehe hinein zu Pharao und sprich zu ihm: Also sagt der HERR, der Gott der Hebräer: Laß mein Volk, daß sie mir dienen.

²Wo du dich des weigerst und sie weiter aufhältst,

³siehe, so wird die Hand des HERRN sein über dein Vieh auf dem Felde, über Pferde, über Esel, über Kamele, über Ochsen, über Schafe, mit einer sehr schweren Pestilenz.

⁴Und der HERR wird ein Besonderes tun zwischen dem Vieh der Israeliten und der Ägypter, daß nichts sterbe aus allem, was die Kinder Israel haben.

⁵Und der HERR bestimmte eine Zeit und sprach: Morgen wird der HERR solches auf Erden tun.

⁶Und der HERR tat solches des Morgens, und es starb allerlei Vieh der Ägypter; aber des Viehs der Kinder Israel starb nicht eins.

⁷Und Pharao sandte darnach, und siehe, es war des Viehs Israels nicht eins gestorben. Aber das Herz Pharaos ward verstockt, und er ließ das Volk nicht.

⁸Da sprach der HERR zu Mose und Aaron: Nehmet eure Fäuste voll Ruß aus dem Ofen, und Mose sprenge ihn gen Himmel vor Pharao,

⁹daß es über ganz Ägyptenland stäube und böse schwarze Blattern auffahren an den Menschen und am Vieh in ganz Ägyptenland.

¹⁰Und sie nahmen Ruß aus dem Ofen und traten vor Pharao, und Mose sprengte ihn gen Himmel. Da fuhren auf böse schwarze Blattern an den Menschen und am Vieh,

¹¹also daß die Zauberer nicht konnten vor Mose stehen vor den bösen Blattern; denn es waren an den Zauberern ebensowohl böse Blattern als an allen Ägyptern.

¹²Aber der HERR verstockte das Herz Pharaos, daß er sie nicht hörte, wie denn der HERR gesagt hatte.

¹³Da sprach der HERR zu Mose: Mache dich morgen früh auf und tritt vor Pharao und sprich zu ihm: So sagt der HERR, der Hebräer Gott: Laß mein Volk, daß mir's diene;

¹⁴ich will sonst diesmal alle meine Plagen über dich selbst senden, über deine Knechte und über dein Volk, daß du innewerden sollst, daß meinesgleichen nicht ist in allen Landen.

¹⁵Denn ich hätte schon jetzt meine Hand ausgereckt und dich und dein Volk mit Pestilenz geschlagen, daß du von der Erde vertilgt würdest.

¹⁶Aber darum habe ich dich erhalten, daß meine Kraft an dir erscheine und mein Name verkündigt werde in allen Landen.

¹⁷Du trittst mein Volk noch unter dich und willst's nicht lassen.

¹⁸Siehe, ich will morgen um diese Zeit einen sehr großen Hagel regnen lassen, desgleichen in Ägypten nicht gewesen ist, seitdem es gegründet ist, bis her.

¹⁹Und nun sende hin und verwahre dein Vieh, und alles, was du auf dem Felde hast. Denn alle Menschen und das Vieh, das auf dem Felde gefunden wird und nicht in die Häuser versammelt ist, so der Hagel auf sie fällt, werden sterben.

²⁰Wer nun unter den Knechten Pharaos des HERRN Wort fürchtete, der ließ seine Knechte und sein Vieh in die Häuser fliehen.

²¹Welcher Herz aber sich nicht kehrte an des HERRN Wort, die ließen ihre Knechte und ihr Vieh auf dem Felde.

²²Da sprach der Herr zu Mose: Recke deine Hand aus gen Himmel, daß es hagle über ganz Ägyptenland, über Menschen, über Vieh und über alles Kraut auf dem Felde in Ägyptenland.

²³Also reckte Mose seinen Stab gen Himmel, und der HERR ließ donnern und hageln, daß das Feuer auf die Erde schoß. Also ließ der HERR Hagel regnen über Ägyptenland,

²⁴daß Hagel und Feuer untereinander fuhren, so grausam, daß desgleichen in ganz Ägyptenland nie gewesen war, seitdem Leute darin gewesen sind.

²⁵Und der Hagel schlug in ganz Ägyptenland alles, was auf dem Felde war, Menschen und Vieh, und schlug alles Kraut auf dem Felde und zerbrach alle Bäume auf dem Felde.

²⁶Allein im Lande Gosen, da die Kinder Israel wohnten, da hagelte es nicht.

²⁷Da schickte Pharao hin und ließ Mose und Aaron rufen und sprach zu ihnen: Ich habe dasmal mich versündigt; der HERR ist gerecht, ich aber und mein Volk sind Gottlose.

²⁸Bittet aber den Herrn, daß er aufhöre solch Donnern und Hageln Gottes, so will ich euch lassen, daß ihr nicht länger hier bleibet.

²⁹Mose sprach: Wenn ich zur Stadt hinauskomme, so will ich meine Hände ausbreiten gegen den HERRN; so wird der Donner aufhören und kein Hagel mehr sein, daß du innewerdest, daß die Erde des HERRN sei.

³⁰Ich weiß aber, daß du und deine Knechte euch noch nicht fürchtet vor Gott dem HERRN.

³¹Also ward geschlagen der Flachs und die Gerste; denn die Gerste hatte geschoßt und der Flachs Knoten gewonnen.

³²Aber der Weizen und Spelt ward nicht geschlagen, denn es war Spätgetreide.

³³So ging nun Mose von Pharao zur Stadt hinaus und breitete seine Hände gegen den HERRN, und der Donner und Hagel hörten auf, und der Regen troff nicht mehr auf die Erde.

³⁴Da aber Pharao sah, daß der Regen und Donner und Hagel aufhörte, versündigte er sich weiter und verhärtete sein Herz, er und seine Knechte.

³⁵Also ward des Pharao Herz verstockt, daß er die Kinder Israel nicht ließ, wie denn der HERR geredet hatte durch Mose.

Kapitel 10

¹Und der HERR sprach zu Mose: Gehe hinein zu Pharao; denn ich habe sein und seiner Knechte Herz verhärtet, auf daß ich diese meine Zeichen unter ihnen tue,

²und daß du verkündigest vor den Ohren deiner Kinder und deiner Kindeskinder, was ich in Ägypten ausgerichtet habe und wie ich meine Zeichen unter ihnen getan habe, daß ihr wisset: Ich bin der HERR.

³Also gingen Mose und Aaron hinein zu Pharao und sprachen zu ihm: So spricht der HERR, der Hebräer Gott: Wie lange weigerst du dich, dich vor mir zu demütigen, daß du mein Volk lassest, mir zu dienen?

⁴Weigerst du dich, mein Volk zu lassen, siehe, so will ich morgen Heuschrecken kommen lassen an allen Orten,

⁵daß sie das Land bedecken, also daß man das Land nicht sehen könne; und sie sollen fressen, was euch übrig und errettet ist vor dem Hagel, und sollen alle grünenden Bäume fressen auf dem Felde

⁶und sollen erfüllen dein Haus, aller deiner Knechte Häuser und aller Ägypter Häuser, desgleichen nicht gesehen haben deine Väter und deiner Väter Väter, seitdem sie auf Erden gewesen bis auf diesen Tag. Und er wandte sich und ging von Pharao hinaus.

⁷Da sprachen die Knechte Pharaos zu ihm: Wie lange sollen wir mit diesem Manne geplagt sein? Laß die Leute ziehen, daß sie dem HERRN, ihrem Gott, dienen. Willst du zuvor erfahren daß Ägypten untergegangen sei?

⁸Mose und Aaron wurden wieder zu Pharao gebracht; der sprach zu ihnen: Gehet hin und dienet dem HERRN, eurem Gott. Welche sind es aber, die hinziehen sollen?

⁹Mose sprach: Wir wollen hinziehen mit jung und alt, mit Söhnen und Töchtern, mit Schafen und Rindern; denn wir haben ein Fest des HERRN.

¹⁰Er sprach zu ihnen: O ja, der HERR sei mit euch! Sollte ich euch und eure Kinder dazu ziehen lassen? Sehet da, ob ihr nicht Böses vorhabt!

¹¹Nicht also, sondern ihr Männer ziehet hin und dienet dem HERRN; denn das habt ihr auch gesucht. Und man stieß sie heraus von Pharao.

¹²Da sprach der HERR zu Mose: Recke deine Hand über Ägyptenland, daß Heuschrecken auf Ägyptenland kommen und fressen alles Kraut im Lande auf samt allem, was der Hagel übriggelassen hat.

¹³Mose reckte seinen Stab über Ägyptenland; und der HERR trieb einen Ostwind ins Land den ganzen Tag und die ganze Nacht; und des Morgens führte der Ostwind die Heuschrecken her.

¹⁴Und sie kamen über das ganze Ägyptenland und ließen sich nieder an allen Orten in Ägypten, so sehr viel, daß zuvor desgleichen nie gewesen ist noch hinfort sein wird.

¹⁵Denn sie bedeckten das Land und verfinsterten es. Und sie fraßen alles Kraut im Lande auf und alle Früchte auf den Bäumen, die der Hagel übriggelassen hatte, und ließen nichts Grünes übrig an den Bäumen und am Kraut auf dem Felde in ganz Ägyptenland.

¹⁶Da forderte Pharao eilend Mose und Aaron und sprach: Ich habe mich versündigt an dem HERRN, eurem Gott, und an euch;

¹⁷vergebt mir meine Sünde nur noch diesmal und bittet den HERRN, euren Gott, daß er doch nur diesen Tod von mir wegnehme.

¹⁸Und er ging aus von Pharao und bat den HERRN.

¹⁹Da wendete der HERR den Wind, also daß er sehr stark aus Westen ging und hob die Heuschrecken auf und warf sie ins Schilfmeer, daß nicht eine übrigblieb an allen Orten Ägyptens.

²⁰Aber der HERR verstockte Pharaos Herz, daß er die Kinder Israel nicht ließ.

²¹Der HERR sprach zu Mose: Recke deine Hand gen Himmel, daß es so finster werde in Ägyptenland, daß man's greifen mag.

²²Und Mose reckte seine Hand gen Himmel; da ward eine dicke Finsternis in ganz Ägyptenland drei Tage,

²³daß niemand den andern sah noch aufstand von dem Ort, da er war, in drei Tagen. Aber bei allen Kindern Israel war es licht in ihren Wohnungen.

²⁴Da forderte Pharao Mose und sprach: Ziehet hin und dienet dem Herrn; allein eure Schafe und Rinder laßt hier; laßt auch eure Kindlein mit euch ziehen.

²⁵Mose sprach: Du mußt uns auch Opfer und Brandopfer geben, die wir unserm Gott, dem HERRN, tun mögen.

²⁶Unser Vieh soll mit uns gehen und nicht eine Klaue dahintenbleiben; denn wir wissen nicht, womit wir dem HERRN dienen sollen, bis wir dahin kommen.

²⁷Aber der HERR verstockte das Herz Pharao daß er sie nicht lassen wollte.

²⁸Und Pharao sprach zu ihm: Gehe von mir und hüte dich, daß du nicht mehr vor meine Augen kommst; denn welches Tages du vor meine Augen kommst, sollst du sterben.

²⁹Mose antwortete: Wie du gesagt hast; ich will nicht mehr vor deine Augen kommen.

Kapitel 11

¹Und der HERR sprach zu Mose: Ich will noch eine Plage über Pharao und Ägypten kommen lassen; darnach wird er euch von hinnen lassen und wird nicht allein alles lassen, sondern euch von hinnen treiben.

²So sage nun vor dem Volk, daß ein jeglicher von seinem Nächsten und eine jegliche von ihrer Nächsten silberne und goldene Gefäße fordere.

³Und der HERR gab dem Volk Gnade vor den Ägyptern. Und Mose war ein sehr großer Mann in Ägyptenland vor den Knechten Pharaos und vor dem Volk.

⁴Und Mose sprach: So sagt der HERR: Ich will zu Mitternacht ausgehen in Ägyptenland;

⁵und alle Erstgeburt in Ägyptenland soll sterben, von dem ersten Sohn Pharaos an, der auf seinem Stuhl sitzt, bis an den ersten Sohn der Magd, die hinter der Mühle ist, und alle Erstgeburt unter dem Vieh;

⁶und wird ein großes Geschrei sein in ganz Ägyptenland, desgleichen nie gewesen ist noch werden wird;

⁷aber bei allen Kindern Israel soll nicht ein Hund mucken, unter Menschen sowohl als unter Vieh, auf daß ihr erfahret, wie der HERR Ägypten und Israel scheide.

⁸Dann werden zu mir herabkommen alle diese deine Knechte und mir zu Füßen fallen und sagen: Zieh aus, du und alles Volk, das unter dir ist. Darnach will ich ausziehen. Und er ging von Pharao mit grimmigem Zorn.

⁹Der HERR aber sprach zu Mose: Pharao hört euch nicht, auf daß viele Wunder geschehen in Ägyptenland.

¹⁰Und Mose und Aaron haben diese Wunder alle getan vor Pharao; aber der HERR verstockte sein Herz, daß er die Kinder Israel nicht lassen wollte aus seinem Lande.

Kapitel 12

¹Der HERR aber sprach zu Mose und Aaron in Ägyptenland:

²Dieser Monat soll bei euch der erste Monat sein, und von ihm sollt ihr die Monates des Jahres anheben.

³Sagt der ganzen Gemeinde Israel und sprecht: Am zehnten Tage dieses Monats nehme ein jeglicher ein Lamm, wo ein Hausvater ist, je ein Lamm zu einem Haus.

⁴Wo ihr aber in einem Hause zu einem Lamm zu wenig sind, so nehme er's und sein nächster Nachbar an seinem Hause, bis ihrer so viel wird, daß sie das Lamm aufessen können.

⁵Ihr sollt aber ein solches Lamm nehmen, daran kein Fehl ist, ein Männlein und ein Jahr alt; von den Schafen und Ziegen sollt ihr's nehmen

⁶und sollt's behalten bis auf den vierzehnten Tag des Monats. Und ein jegliches Häuflein im ganzen Israel soll's schlachten gegen Abend.

⁷Und sollt von seinem Blut nehmen und beide Pfosten der Tür und die obere Schwelle damit bestreichen an den Häusern, darin sie es essen.

⁸Und sollt also das Fleisch essen in derselben Nacht, am Feuer gebraten, und ungesäuertes Brot, und sollt es mit bitteren Kräutern essen.

⁹Ihr sollt's nicht roh essen noch mit Wasser gesotten, sondern am Feuer gebraten, sein Haupt mit seinen Schenkeln und Eingeweiden.

¹⁰Und sollt nichts davon übriglassen bis morgen; wo aber etwas übrigbleibt bis morgen, sollt ihr's mit Feuer verbrennen.

¹¹Also sollt ihr's aber essen: Um eure Lenden sollt ihr gegürtet sein und eure Schuhe an den Füßen haben und Stäbe in euren Händen, und sollt's essen, als die hinwegeilen; denn es ist des HERRN Passah.

¹²Denn ich will in derselben Nacht durch Ägyptenland gehen und alle Erstgeburt schlagen in Ägyptenland, unter den Menschen und unter dem Vieh, und will meine Strafe beweisen an allen Göttern der Ägypter, ich, der HERR.

¹³Und das Blut soll euer Zeichen sein an den Häusern, darin ihr seid, daß, wenn ich das Blut sehe, an euch vorübergehe und euch nicht die Plage widerfahre, die euch verderbe, wenn ich Ägyptenland schlage.

¹⁴Ihr sollt diesen Tag haben zum Gedächtnis und sollt ihn feiern dem HERRN zum Fest, ihr und alle eure Nachkommen, zur ewigen Weise.

¹⁵Sieben Tage sollt ihr ungesäuertes Brot essen; nämlich am ersten Tage sollt ihr den Sauerteig aus euren Häusern tun. Wer gesäuertes Brot ißt vom ersten Tage an bis auf den siebenten, des Seele soll ausgerottet werden von Israel.

¹⁶Der Tag soll heilig sein, daß ihr zusammenkommt; und der siebente soll auch heilig sein, daß ihr zusammenkommt. Keine Arbeit sollt ihr an dem tun; außer, was zur Speise gehört für allerlei Seelen, das allein mögt ihr für euch tun.

¹⁷Und haltet das ungesäuerte Brot; denn eben an demselben Tage habe ich euer Heer aus Ägyptenland geführt; darum sollt ihr diesen Tag halten, ihr und alle eure Nachkommen, zur ewigen Weise.

¹⁸Am vierzehnten Tage des ersten Monats, des Abends, sollt ihr ungesäuertes Brot essen bis an den einundzwanzigsten Tag des Monats an dem Abend,

¹⁹daß man sieben Tage keinen Sauerteig finde in euren Häusern. Denn wer gesäuertes Brot ißt, des Seele soll ausgerottet werden aus der Gemeinde Israel, es sei ein Fremdling oder Einheimischer im Lande.

²⁰Darum so esset kein gesäuertes Brot, sondern eitel ungesäuertes Brot in allen euren Wohnungen.

²¹Und Mose forderte alle Ältesten in Israel und sprach zu ihnen: Leset aus und nehmet Schafe für euch nach euren Geschlechtern und schlachtet das Passah.

²²Und nehmet ein Büschel Isop und taucht in das Blut in dem Becken und berühret damit die Oberschwelle und die zwei Pfosten. Und gehe kein Mensch zu seiner Haustür heraus bis an den Morgen.

²³Denn der HERR wird umhergehen und die Ägypter plagen. Und wenn er das Blut sehen wird an der Oberschwelle und den zwei Pfosten, wird er an der Tür vorübergehen und den Verderber nicht in eure Häuser kommen lassen, zu plagen.

²⁴Darum so halte diese Weise für dich und deine Kinder ewiglich.

²⁵Und wenn ihr in das Land kommt, das euch der HERR geben wird, wie er geredet hat, so haltet diesen Dienst.

²⁶Und wenn eure Kinder werden zu euch sagen: Was habt ihr da für einen Dienst?

²⁷sollt ihr sagen: Es ist das Passahopfer des HERRN, der an den Kindern Israel vorüberging in Ägypten, da er die Ägypter plagte und unsere Häuser errettete. Da neigte sich das Volk und betete an.

²⁸Und die Kinder Israel gingen hin und taten, wie der HERR Mose und Aaron geboten hatte.

²⁹Und zur Mitternacht schlug der HERR alle Erstgeburt in Ägyptenland von dem ersten Sohn Pharaos an, der auf seinem Stuhl saß, bis auf den ersten Sohn des Gefangenen im Gefängnis und alle Erstgeburt des Viehs.

³⁰Da stand Pharao auf und alle seine Knechte in derselben Nacht und alle Ägypter, und ward ein großes Geschrei in Ägypten; denn es war kein Haus, darin nicht ein Toter war.

³¹Und er forderte Moses und Aaron in der Nacht und sprach: Macht euch auf und ziehet aus von meinem Volk, ihr und die Kinder Israel; gehet hin und dienet dem HERRN, wie ihr gesagt habt.

³²Nehmet auch mit euch eure Schafe und Rinder, wie ihr gesagt habt; gehet hin und segnet mich auch.

³³Und die Ägypter drängten das Volk, daß sie es eilend aus dem Lande trieben; denn sie sprachen: Wir sind alle des Todes.

³⁴Und das Volk trug den rohen Teig, ehe denn er versäuert war, zu ihrer Speise, gebunden in ihren Kleidern, auf ihren Achseln.

³⁵Und die Kinder Israel hatten getan, wie Mose gesagt hatte, und von den Ägyptern gefordert silberne und goldene Geräte und Kleider.

³⁶Dazu hatte der HERR dem Volk Gnade gegeben vor den Ägyptern, daß sie ihnen willfährig waren; und so nahmen sie es von den Ägyptern zur Beute.

³⁷Also zogen aus die Kinder Israel von Raemses gen Sukkoth, sechshunderttausend Mann zu Fuß ohne die Kinder.

³⁸Und es zog auch mit ihnen viel Pöbelvolk und Schafe und Rinder, sehr viel Vieh.

³⁹Und sie buken aus dem rohen Teig, den sie aus Ägypten brachten, ungesäuerte Kuchen; denn es war nicht gesäuert, weil sie aus Ägypten gestoßen wurden und nicht verziehen konnten und sich sonst keine Zehrung zubereitet hatten.

⁴⁰Die Zeit aber, die die Kinder Israel in Ägypten gewohnt haben, ist vierhundertunddreißig Jahre.

⁴¹Da dieselben um waren, ging das ganze Heer des HERRN auf einen Tag aus Ägyptenland.

⁴²Darum wird diese Nacht dem HERRN gehalten, daß er sie aus Ägyptenland geführt hat; und die Kinder Israel sollen sie dem HERRN halten, sie und ihre Nachkommen.

⁴³Und der HERR sprach zu Mose und Aaron: Dies ist die Weise Passah zu halten. Kein Fremder soll davon essen.

⁴⁴Aber wer ein erkaufter Knecht ist, den beschneide man, und dann esse er davon.

⁴⁵Ein Beisaß und Mietling sollen nicht davon essen.

⁴⁶In einem Hause soll man's essen; ihr sollt nichts von seinem Fleisch hinaus vor das Haus tragen und sollt kein Bein an ihm zerbrechen.

⁴⁷Die ganze Gemeinde Israel soll solches tun.

⁴⁸So aber ein Fremdling bei dir wohnt und dem HERRN das Passah halten will, der beschneide alles, was männlich ist; alsdann mache er sich herzu, daß er solches tue, und sei wie ein Einheimischer des Landes; denn kein Unbeschnittener soll davon essen.

⁴⁹Einerlei Gesetz sei dem Einheimischen und dem Fremdling, der unter euch wohnt.

⁵⁰Und alle Kinder Israel taten, wie der HERR Mose und Aaron hatte geboten.

⁵¹Also führte der HERR auf einen Tag die Kinder Israel aus Ägyptenland mit ihrem Heer.

Kapitel 13

¹Und der HERR redete mit Mose und sprach:

²Heilige mir alle Erstgeburt, die allerlei Mutter bricht bei den Kindern Israel, unter den Menschen und unter dem Vieh; denn sie sind mein.

³Da sprach Mose zum Volk: Gedenket an diesen Tag, an dem ihr aus Ägypten, aus dem Diensthause, gegangen seid, daß der HERR euch mit mächtiger Hand von hinnen hat ausgeführt; darum sollst du nicht Sauerteig essen.

⁴Heute seid ihr ausgegangen, in dem Monat Abib.

⁵Wenn dich nun der HERR bringen wird in das Land der Kanaaniter, Hethiter, Amoriter, Heviter und Jebusiter, daß er deinen Vätern geschworen hat dir zu geben, ein Land, darin Milch und Honig fließt, so sollst du diesen Dienst halten in diesem Monat.

⁶Sieben Tage sollst du ungesäuertes Brot essen, und am siebenten Tage ist des HERRN Fest.

⁷Darum sollst du sieben Tage ungesäuertes Brot essen, daß bei dir kein Sauerteig noch gesäuertes Brot gesehen werde an allen deinen Orten.

⁸Ihr sollt euren Söhnen sagen an demselben Tage: Solches halten wir um deswillen, was uns der HERR getan hat, da wir aus Ägypten

Exodus

zogen.

⁹Darum soll dir's sein ein Zeichen in deiner Hand und ein Denkmal vor deinen Augen, auf daß des HERRN Gesetz sei in deinem Munde; denn der HERR hat dich mit mächtiger Hand aus Ägypten geführt.

¹⁰Darum halte diese Weise zu seiner Zeit jährlich.

¹¹Wenn dich nun der HERR ins Land der Kanaaniter gebracht hat, wie er dir und deinen Vätern geschworen hat und dir's gegeben,

¹²so sollst du aussondern dem HERRN alles, was die Mutter bricht, und alle Erstgeburt unter dem Vieh, was ein Männlein ist.

¹³Die Erstgeburt vom Esel sollst du lösen mit einem Schaf; wo du es aber nicht lösest, so brich ihm das Genick. Aber alle erste Menschengeburt unter deinen Söhnen sollst du lösen.

¹⁴Und wenn dich heute oder morgen dein Kind wird fragen: Was ist das? sollst du ihm sagen: Der HERR hat uns mit mächtiger Hand aus Ägypten, von dem Diensthause, geführt.

¹⁵Denn da Pharao hart war, uns loszulassen, erschlug der HERR alle Erstgeburt in Ägyptenland, von der Menschen Erstgeburt an bis an die Erstgeburt des Viehs. Darum opfre ich dem HERRN alles, was die Mutter bricht, was ein Männlein ist, und die Erstgeburt meiner Söhne ich löse.

¹⁶Das soll dir ein Zeichen in deiner Hand sein und ein Denkmal vor deinen Augen; denn der HERR hat uns mit mächtiger Hand aus Ägypten geführt.

¹⁷Da nun Pharao das Volk gelassen hatte, führte sie Gott nicht auf der Straße durch der Philister Land, die am nächsten war; denn Gott gedachte es möchte das Volk gereuen, wenn sie den Streit sähen, und sie möchten wieder nach Ägypten umkehren.

¹⁸Darum führte er das Volk um auf die Straße durch die Wüste am Schilfmeer. Und die Kinder Israel zogen gerüstet aus Ägyptenland.

¹⁹Und Mose nahm mit sich die Gebeine Josephs. Denn er hatte einen Eid von den Kindern Israel genommen und gesprochen: Gott wird euch heimsuchen; so führt meine Gebeine mit euch von hinnen.

²⁰Also zogen sie aus von Sukkoth und lagerten sich in Etham, vorn an der Wüste.

²¹Und der HERR zog vor ihnen her, des Tages in einer Wolkensäule, daß er den rechten Weg führte, und des Nachts in einer Feuersäule, daß er ihnen leuchtete, zu reisen Tag und Nacht.

²²Die Wolkensäule wich nimmer von dem Volk des Tages noch die Feuersäule des Nachts.

Kapitel 14

¹Und der HERR redete mit Mose und sprach:

²Rede mit den Kindern Israel und sprich, daß sie sich herumlenken und sich lagern bei Pihachiroth, zwischen Migdol und dem Meer, gegen Baal-Zephon, und daselbst gegenüber sich lagern ans Meer.

³Denn Pharao wird sagen von den Kindern Israel: Sie sind verirrt im Lande; die Wüste hat sie eingeschlossen.

⁴Und ich will sein Herz verstocken, daß er ihnen nachjage, und will an Pharao und an aller seiner Macht Ehre einlegen, und die Ägypter sollen innewerden, daß ich der HERR bin. Und sie taten also.

⁵Und da es dem König in Ägypten angesagt ward, daß das Volk geflohen war, ward sein Herz verwandelt und das Herz seiner Knechte gegen das Volk, und sie sprachen: Warum haben wir das getan, daß wir Israel haben gelassen, daß sie uns nicht dienten?

⁶Und er spannte seinen Wagen an und nahm sein Volk mit sich

⁷und nahm sechshundert auserlesene Wagen und was sonst von Wagen in Ägypten war und die Hauptleute über all sein Heer.

⁸Denn der HERR verstockte das Herz Pharaos, des Königs in Ägypten, daß er den Kindern Israel nachjagte. Aber die Kinder Israel waren durch eine hohe Hand ausgezogen.

⁹Und die Ägypter jagten ihnen nach und ereilten sie (da sie sich gelagert hatten am Meer) mit Rossen und Wagen und Reitern und allem Heer des Pharao bei Pihachiroth, gegen Baal-Zephon.

¹⁰Und da Pharao zu ihnen nahe kam, hoben die Kinder Israel ihre Augen auf, und siehe, die Ägypter zogen hinter ihnen her; und sie fürchteten sich sehr und schrieen zu dem HERRN

¹¹und sprachen zu Mose: Waren nicht genug Gräber in Ägypten, daß du uns mußtest wegführen, daß wir in der Wüste sterben? Warum hast du uns das getan, daß du uns aus Ägypten geführt hast?

¹²Ist's nicht das, das wir dir sagten in Ägypten: Höre auf und laß uns den Ägyptern dienen? Denn es wäre uns ja besser den Ägyptern dienen als in der Wüste sterben.

¹³Mose sprach zum Volk: Fürchtet euch nicht, stehet fest und sehet zu, was für ein Heil der HERR heute an euch tun wird. Denn diese Ägypter, die ihr heute sehet, werdet ihr nimmermehr sehen ewiglich.

¹⁴Der HERR wird für euch streiten, und ihr werdet still sein.

¹⁵Der HERR sprach zu Mose: Was schreist du zu mir? sage den Kindern Israel, daß sie ziehen.

¹⁶Du aber hebe deinen Stab auf und recke deine Hand aus über das Meer und teile es voneinander, daß die Kinder Israel hineingehen, mitten hindurch auf dem Trockenen.

¹⁷Siehe, ich will das Herz der Ägypter verstocken, daß sie euch nachfolgen. So will ich Ehre einlegen an dem Pharao und an aller seiner Macht, an seinen Wagen und Reitern.

¹⁸Und die Ägypter sollen innewerden, daß ich der HERR bin, wenn ich Ehre eingelegt habe an Pharao und an seinen Wagen und Reitern.

¹⁹Da erhob sich der Engel Gottes, der vor dem Heer Israels her zog, und machte sich hinter sie; und die Wolkensäule machte sich auch von ihrem Angesicht und trat hinter sie

²⁰und kam zwischen das Heer der Ägypter und das Heer Israels. Es war aber eine finstere Wolke und erleuchtete die Nacht, daß sie die ganze Nacht, diese und jene, nicht zusammenkommen konnten.

²¹Da nun Mose seine Hand reckte über das Meer, ließ es der HERR hinwegfahren durch einen starken Ostwind die ganze Nacht und machte das Meer trocken; und die Wasser teilten sich voneinander.

²²Und die Kinder Israel gingen hinein, mitten ins Meer auf dem Trockenen; und das Wasser war ihnen für Mauern zur Rechten und zur Linken.

²³Und die Ägypter folgten und gingen hinein ihnen nach, alle Rosse Pharaos und Wagen und Reiter, mitten ins Meer.

²⁴Als nun die Morgenwache kam, schaute der HERR auf der Ägypter Heer aus der Feuersäule und Wolke und machte einen Schrecken in ihrem Heer

²⁵und stieß die Räder von ihren Wagen, stürzte sie mit Ungestüm. Da sprachen die Ägypter: Laßt uns fliehen von Israel; der HERR streitet für sie wider die Ägypter.

²⁶Aber der HERR sprach zu Mose: Recke deine Hand aus über das Meer, daß das Wasser wieder herfalle über die Ägypter, über ihre Wagen und Reiter.

²⁷Da reckte Mose seine Hand aus über das Meer, und das Meer kam wieder vor morgens in seinen Strom, und die Ägypter flohen ihm entgegen. Also stürzte sie der HERR mitten ins Meer,

²⁸daß das Wasser wiederkam und bedeckte Wagen und Reiter und alle Macht des Pharao, die ihnen nachgefolgt waren ins Meer, daß nicht einer aus ihnen übrigblieb.

²⁹Aber die Kinder Israel gingen trocken mitten durchs Meer; und das Wasser war ihnen für Mauern zur Rechten und zur Linken.

³⁰Also half der HERR Israel an dem Tage von der Ägypter Hand. Und sie sahen die Ägypter tot am Ufer des Meeres

³¹und die große Hand, die der HERR an den Ägyptern erzeigt hatte. Und das Volk fürchtete den HERRN, und sie glaubten ihm und seinem Knecht Mose.

Kapitel 15

¹Da sang Mose und die Kinder Israel dies Lied dem HERRN und sprachen: Ich will dem HERRN singen, denn er hat eine herrliche Tat getan; Roß und Mann hat er ins Meer gestürzt.

²Der HERR ist meine Stärke und mein Lobgesang und ist mein Heil. Das ist mein Gott, ich will ihn preisen; er ist meines Vaters Gott, ich will ihn erheben.

³Der HERR ist der rechte Kriegsmann; HERR ist sein Name.

⁴Die Wagen Pharaos und seine Macht warf er ins Meer; seine auserwählten Hauptleute versanken im Schilfmeer.

⁵Die Tiefe hat sie bedeckt; sie fielen zu Grund wie die Steine.

⁶HERR, deine rechte Hand tut große Wunder; HERR, deine rechte Hand hat die Feinde zerschlagen.

⁷Und mit deiner großen Herrlichkeit hast du deine Widersacher gestürzt; denn da du deinen Grimm ausließest, verzehrte er sie wie Stoppeln.

⁸Durch dein Blasen taten sich die Wasser empor, und die Fluten standen in Haufen; die Tiefe wallte voneinander mitten im Meer.

⁹Der Feind gedachte: Ich will nachjagen und erhaschen und den Raub austeilen und meinen Mut an ihnen kühlen; ich will mein Schwert ausziehen, und meine Hand soll sie verderben.

¹⁰Da ließest du deinen Wind blasen und das Meer bedeckte sie, und sie sanken unter wie Blei im mächtigen Wasser.

¹¹HERR, wer ist dir gleich unter den Göttern? Wer ist dir gleich, der so mächtig, heilig, schrecklich, löblich und wundertätig sei?

¹²Da du deine rechte Hand ausrecktest, verschlang sie die Erde.

¹³Du hast geleitet durch deine Barmherzigkeit dein Volk, das du erlöst hast, und du hast sie geführt durch deine Stärke zu deiner heiligen Wohnung.

¹⁴Da das die Völker hörten, erbebten sie; Angst kam die Philister an;

¹⁵da erschraken die Fürsten Edoms; Zittern kam die Gewaltigen Moabs an; alle Einwohner Kanaans wurden feig.

¹⁶Es fällt auf sie Erschrecken und Furcht durch deinen großen Arm, daß sie erstarren wie die Steine, bis dein Volk, HERR, hindurchkomme, das du erworben hast.

¹⁷Du bringst sie hinein und pflanzest sie auf dem Berge deines Erbteils, den du, HERR, dir zur Wohnung gemacht hast, zu deinem Heiligtum, HERR, das deine Hand bereitet hat.

¹⁸Der HERR wird König sein immer und ewig.

¹⁹Denn Pharao zog hinein ins Meer mit Rossen und Wagen und Reitern; und der HERR ließ das Meer wieder über sie fallen. Aber die Kinder Israel gingen trocken mitten durchs Meer.

²⁰Und Mirjam, die Prophetin, Aarons Schwester, nahm eine Pauke in ihre Hand, und alle Weiber folgten ihr nach hinaus mit Pauken im Reigen.

²¹Und Mirjam sang ihnen vor: Laßt uns dem HERRN singen, denn er hat eine herrliche Tat getan; Roß und Mann hat er ins Meer gestürzt.

²²Mose ließ die Kinder Israel ziehen vom Schilfmeer hinaus zur Wüste Sur. Und sie wanderten drei Tage in der Wüste, daß sie kein Wasser fanden.

²³Da kamen sie gen Mara; aber sie konnten das Wasser nicht trinken, denn es war sehr bitter. Daher hieß man den Ort Mara.

²⁴Da murrte das Volk wider Mose und sprach: Was sollen wir trinken?

²⁵Er schrie zu dem HERRN, und der HERR wies ihm einen Baum; den tat er ins Wasser, da ward es süß. Daselbst stellte er ihnen ein Gesetz und ein Recht und versuchte sie

²⁶und sprach: Wirst du der Stimme des HERRN, deines Gottes, gehorchen und tun, was recht ist vor ihm, und zu Ohren fassen seine Gebote und halten alle seine Gesetze, so will ich der Krankheiten keine auf dich legen, die ich auf Ägypten gelegt habe; denn ich bin der HERR, dein Arzt.

²⁷Und sie kamen gen Elim, da waren zwölf Wasserbrunnen und siebzig Palmbäume, und sie lagerten sich daselbst ans Wasser.

Kapitel 16

¹Von Elim zogen sie aus; und die ganze Gemeinde der Kinder Israel kam in die Wüste Sin, die da liegt zwischen Elim und Sinai, am fünfzehnten Tage des zweiten Monats, nachdem sie aus Ägypten gezogen waren.

²Und es murrte die ganze Gemeinde der Kinder Israel wider Mose und Aaron in der Wüste

³und sprachen: Wollte Gott, wir wären in Ägypten gestorben durch des HERRN Hand, da wir bei den Fleischtöpfen saßen und hatten die Fülle Brot zu essen; denn ihr habt uns ausgeführt in diese Wüste, daß ihr diese ganze Gemeinde Hungers sterben lasset.

⁴Da sprach der HERR zu Mose: Siehe, ich will euch Brot vom Himmel regnen lassen, und das Volk soll hinausgehen und sammeln täglich, was es des Tages bedarf, daß ich's versuche, ob's in meinen Gesetzen wandle oder nicht.

⁵Des sechsten Tages aber sollen sie zurichten, was sie einbringen, und es wird zwiefältig soviel sein, als sie sonst täglich sammeln.

⁶Mose und Aaron sprachen zu allen Kindern Israel: Am Abend sollt ihr innewerden, daß euch der HERR aus Ägyptenland geführt hat,

⁷und des Morgens werdet ihr des HERRN Herrlichkeit sehen; denn er hat euer Murren wider den HERRN gehört. Was sind wir, daß ihr wider uns murrt?

⁸Weiter sprach Mose: Der HERR wird euch am Abend Fleisch zu essen geben und am Morgen Brots die Fülle, darum daß der HERR euer Murren gehört hat, daß ihr wider ihn gemurrt habt. Denn was sind wir? Euer Murren ist nicht wider uns, sondern wider den HERRN.

⁹Und Mose sprach zu Aaron: Sage der ganzen Gemeinde der Kinder Israel: Kommt herbei vor den HERRN, denn er hat euer Murren gehört.

¹⁰Und da Aaron also redete zu der ganzen Gemeinde der Kinder Israel, wandten sie sich gegen die Wüste; und siehe, die Herrlichkeit des HERRN erschien in einer Wolke.

¹¹Und der HERR sprach zu Mose:

¹²Ich habe der Kinder Israel Murren gehört. Sage ihnen: Gegen Abend sollt ihr Fleisch zu essen haben und am Morgen von Brot satt werden, und innewerden, daß ich der HERR, euer Gott, bin.

¹³Und am Abend kamen Wachteln herauf und bedeckten das Heer. Und am Morgen lag der Tau um das Heer her.

¹⁴Und als der Tau weg war, siehe, da lag's in der Wüste rund und klein wie der Reif auf dem Lande.

¹⁵Und da es die Kinder Israel sahen, sprachen sie untereinander: Man hu? (Das heißt: Was ist das?); denn sie wußten nicht was es war. Mose aber sprach zu ihnen: es ist das Brot, das euch der HERR zu essen gegeben hat.

¹⁶Das ist's aber, was der HERR geboten hat: Ein jeglicher sammle, soviel er für sich essen mag, und nehme einen Gomer auf ein jeglich Haupt nach der Zahl der Seelen in seiner Hütte.

¹⁷Und die Kinder Israel taten also und sammelten, einer viel, der andere wenig.

¹⁸Aber da man's mit dem Gomer maß, fand der nicht darüber, der viel gesammelt hatte, und der nicht darunter, der wenig gesammelt hatte; sondern ein jeglicher hatte gesammelt, soviel er für sich essen mochte.

¹⁹Und Mose sprach zu ihnen: Niemand lasse etwas übrig bis morgen.

²⁰Aber sie gehorchten Mose nicht. Und da etliche ließen davon übrig bis morgen; da wuchsen Würmer darin und es ward stinkend. Und Mose ward zornig auf sie.

²¹Sie sammelten aber alle Morgen, soviel ein jeglicher für sich essen mochte. Wenn aber die Sonne heiß schien, zerschmolz es.

²²Und des sechsten Tages sammelten sie des Brots zwiefältig, je zwei Gomer für einen. Und alle Obersten der Gemeinde kamen hinein und verkündigten's Mose.

²³Und er sprach zu ihnen: Das ist's, was der HERR gesagt hat: Morgen ist der Sabbat der heiligen Ruhe des HERRN; was ihr backen wollt, das backt, und was ihr kochen wollt, das kocht; was aber übrig ist, das lasset bleiben, daß es behalten werde bis morgen.

²⁴Und sie ließen's bleiben bis morgen, wie Mose geboten hatte; da ward's nicht stinkend und war auch kein Wurm darin.

²⁵Da sprach Mose: Esset das heute, denn es ist heute der Sabbat des HERRN; ihr werdet's heute nicht finden auf dem Felde.

²⁶Sechs Tage sollt ihr sammeln; aber der siebente Tag ist der Sabbat, an dem wird nichts da sein.

²⁷Aber am siebenten Tage gingen etliche vom Volk hinaus, zu sammeln, und fanden nichts.

²⁸Da sprach der HERR zu Mose: Wie lange weigert ihr euch, zu halten meine Gebote und Gesetze?

²⁹Sehet, der HERR hat euch den Sabbat gegeben; darum gibt er euch am sechsten Tage zweier Tage Brot. So bleibe nun ein jeglicher in dem Seinen, und niemand gehe heraus von seinem Ort des siebenten Tages.

³⁰Also feierte das Volk am siebenten Tage.

³¹Und das Haus Israel hieß es Man. Und es war wie Koriandersamen und weiß und hatte den Geschmack wie Semmel mit Honig.

³²Und Mose sprach: Das ist's, was der HERR geboten hat: Fülle ein Gomer davon, es zu behalten auf eure Nachkommen, auf daß man sehe das Brot, damit ich euch gespeist habe in der Wüste, da ich euch aus Ägyptenland führte.

³³Und Mose sprach zu Aaron: Nimm ein Krüglein und tu ein Gomer voll Man darein und laß es vor dem HERRN, daß es behalten werde auf eure Nachkommen.

³⁴Wie der HERR dem Mose geboten hatte, also ließ es Aaron daselbst vor dem Zeugnis, daß es behalten werde.

³⁵Und die Kinder Israel aßen Man vierzig Jahre, bis daß sie zu dem Lande kamen, da sie wohnen sollten; bis an die Grenze des Landes Kanaan aßen sie Man.

³⁶Ein Gomer aber ist der zehnte Teil eines Epha.

Kapitel 17

¹Und die ganze Gemeinde der Kinder Israel zog aus der Wüste Sin ihre Tagereisen, wie ihnen der HERR befahl, und sie lagerten sich in Raphidim. Da hatte das Volk kein Wasser zu trinken.

²Und sie zankten mit Mose und sprachen: Gebt uns Wasser, daß wir trinken. Mose sprach zu ihnen: Was zankt ihr mit mir? Warum versucht ihr den HERRN?

³Da aber das Volk daselbst dürstete nach Wasser, murrten sie wider Mose und sprachen: Warum hast du uns lassen aus Ägypten ziehen, daß du uns, unsre Kinder und unser Vieh Durstes sterben ließest?

⁴Mose schrie zum HERRN und sprach: Wie soll ich mit dem Volk tun? Es fehlt nicht viel, sie werden mich noch steinigen.

⁵Der HERR sprach zu ihm: Gehe hin vor dem Volk und nimm etliche Älteste von Israel mit dir und nimm deinen Stab in deine Hand, mit dem du den Strom schlugst, und gehe hin.

⁶Siehe, ich will daselbst stehen vor dir auf einem Fels am Horeb; da sollst du den Fels schlagen, so wird Wasser herauslaufen, daß das

Exodus

Volk trinke. Mose tat also vor den Ältesten von Israel.

⁷Da hieß man den Ort Massa und Meriba um des Zanks willen der Kinder Israel, und daß sie den HERRN versucht und gesagt hatten: Ist der HERR unter uns oder nicht?

⁸Da kam Amalek und stritt wider Israel in Raphidim.

⁹Und Mose sprach zu Josua: Erwähle uns Männer, zieh aus und streite wider Amalek; morgen will ich auf des Hügels Spitze stehen und den Stab Gottes in meiner Hand haben.

¹⁰Und Josua tat, wie Mose ihm sagte, daß er wider Amalek stritte. Mose aber und Aaron und Hur gingen auf die Spitze des Hügels.

¹¹Und wenn Mose seine Hand emporhielt, siegte Israel; wenn er aber seine Hand niederließ, siegte Amalek.

¹²Aber die Hände Mose's wurden schwer; darum nahmen sie einen Stein und legten ihn unter ihn, daß er sich daraufsetzte. Aaron aber und Hur stützten ihm seine Hände, auf jeglicher Seite einer. Also blieben seine Hände fest, bis die Sonne unterging.

¹³Und Josua dämpfte den Amalek und sein Volk durch des Schwertes Schärfe.

¹⁴Und der HERR sprach zu Mose: Schreibe das zum Gedächtnis in ein Buch und befiehl's in die Ohren Josuas; denn ich will den Amalek unter dem Himmel austilgen, daß man sein nicht mehr gedenke.

¹⁵Und Mose baute einen Altar und hieß ihn: Der HERR ist mein Panier.

¹⁶Denn er sprach: Es ist ein Malzeichen bei dem Stuhl des HERRN, daß der HERR streiten wird wider Amalek von Kind zu Kindeskind.

Kapitel 18

¹Und da Jethro, der Priester in Midian, Mose's Schwiegervater, hörte alles, was Gott getan hatte mit Mose und seinem Volk Israel, daß der HERR Israel hätte aus Ägypten geführt,

²nahm er Zippora, Mose's Weib, die er hatte zurückgesandt,

³samt ihren zwei Söhnen, deren einer hieß Gerson (denn er sprach: Ich bin ein Gast geworden in fremdem Lande)

⁴und der andere Elieser (denn er sprach: Der Gott meines Vaters ist meine Hilfe gewesen und hat mich errettet von dem Schwert Pharaos).

⁵Da nun Jethro, Mose's Schwiegervater, und seine Söhne und sein Weib zu ihm kamen in die Wüste, an den Berg Gottes, da er sich gelagert hatte,

⁶ließ er Mose sagen: Ich, Jethro, dein Schwiegervater, bin zu dir gekommen und dein Weib und ihre beiden Söhne mit ihr.

⁷Da ging Mose hinaus ihm entgegen und neigte sich vor ihm und küßte ihn. Und da sie sich untereinander gegrüßt hatten, gingen sie in die Hütte.

⁸Da erzählte Mose seinem Schwiegervater alles, was der HERR dem Pharao und den Ägyptern getan hatte Israels halben, und alle die Mühsal, die ihnen auf den Wege begegnet war, und daß sie der HERR errettet hätte.

⁹Jethro aber freute sich all des Guten, das der HERR Israel getan hatte, daß er sie errettet hatte von der Ägypter Hand.

¹⁰Und Jethro sprach: Gelobt sei der HERR, der euch errettet hat von der Ägypter und Pharaos Hand, der weiß sein Volk von der Ägypter Hand zu erretten.

¹¹Nun weiß ich, daß der HERR größer ist denn alle Götter, darum daß sie Hochmut an ihnen geübt haben.

¹²Und Jethro, Mose's Schwiegervater, brachte Gott ein Brandopfer mit Dankopfern. Da kamen Aaron und alle Ältesten in Israel, mit Mose's Schwiegervater das Brot zu essen vor Gott.

¹³Des andern Morgens setzte sich Mose, das Volk zu richten; und das Volk stand um Mose her von Morgen an bis zu Abend.

¹⁴Da aber sein Schwiegervater sah alles, was er dem Volke tat, sprach er: Was ist's, das du tust mit dem Volk? Warum sitzt du allein, und alles Volk steht um dich her von Morgen an bis zu Abend?

¹⁵Mose antwortete ihm: Das Volk kommt zu mir, Gott um Rat zu fragen.

¹⁶Denn wo sie was zu schaffen haben, kommen sie zu mir, daß ich richte zwischen einem jeglichen und seinem Nächsten und zeige ihnen Gottes Rechte und seine Gesetze.

¹⁷Sein Schwiegervater sprach zu ihm: Es ist nicht gut, was du tust.

¹⁸Du machst dich zu müde, dazu das Volk auch, das mit dir ist. Das Geschäft ist dir zu schwer; du kannst's allein nicht ausrichten.

¹⁹Aber gehorche meiner Stimme; ich will dir raten, und Gott wird mit dir sein. Pflege du des Volks vor Gott und bringe die Geschäfte vor Gott

²⁰und stelle ihnen Rechte und Gesetze, daß du sie lehrst den Weg, darin sie wandeln, und die Werke, die sie tun sollen.

²¹Siehe dich aber um unter allem Volk nach redlichen Leuten, die Gott fürchten, wahrhaftig und dem Geiz feind sind; die setze über sie, etliche über tausend, über hundert, über fünfzig und über zehn,

²²daß sie das Volk allezeit richten; wo aber eine große Sache ist, daß sie dieselbe an dich bringen, und sie alle geringen Sachen richten. So wird dir's leichter werden, und sie werden mit dir tragen.

²³Wirst du das tun, so kannst du ausrichten, was Gott dir gebietet, und all dies Volk kann mit Frieden an seinen Ort kommen.

²⁴Mose gehorchte seines Schwiegervaters Wort und tat alles, was er sagte,

²⁵und erwählte redliche Leute aus ganz Israel und machte sie zu Häuptern über das Volk, etliche über tausend, über hundert, über fünfzig und über zehn,

²⁶daß sie das Volk allezeit richteten; was aber schwere Sachen wären, zu Mose brächten, und die kleinen Sachen selber richteten.

²⁷Also ließ Mose seinen Schwiegervater in sein Land ziehen.

Kapitel 19

¹Im dritten Monat nach dem Ausgang der Kinder Israel aus Ägyptenland kamen sie dieses Tages in die Wüste Sinai.

²Denn sie waren ausgezogen von Raphidim und wollten in die Wüste Sinai und lagerten sich in der Wüste daselbst gegenüber dem Berge.

³Und Mose stieg hinauf zu Gott. Und der HERR rief ihm vom Berge und sprach: So sollst du sagen dem Hause Jakob und verkündigen den Kindern Israel:

⁴Ihr habt gesehen, was ich den Ägyptern getan habe, und wie ich euch getragen habe auf Adlerflügeln und habe euch zu mir gebracht.

⁵Werdet ihr nun meiner Stimme gehorchen und meinen Bund halten, so sollt ihr mein Eigentum sein vor allen Völkern; denn die ganze Erde ist mein.

⁶Und ihr sollt mir ein priesterlich Königreich und ein heiliges Volk sein. Das sind die Worte, die du den Kindern Israel sagen sollst.

⁷Mose kam und forderte die Ältesten im Volk und legte ihnen alle diese Worte vor, die der HERR geboten hatte.

⁸Und alles Volk antwortete zugleich und sprach: Alles, was der HERR geredet hat, wollen wir tun. Und Mose sagte die Rede des Volkes dem HERRN wieder.

⁹Und der HERR sprach zu Mose: Siehe, ich will zu dir kommen in einer dicken Wolke, auf daß dies Volk es höre, wenn ich mit dir rede, und glaube dir ewiglich. Und Mose verkündigte dem HERRN die Rede des Volks.

¹⁰Und der HERR sprach zu Mose: Gehe hin zum Volk und heilige sie heute und morgen, daß sie ihre Kleider waschen

¹¹und bereit seien auf den dritten Tag; denn am dritten Tage wird der HERR herabfahren auf den Berg Sinai.

¹²Und mache dem Volk ein Gehege umher und sprich zu ihnen: Hütet euch, daß ihr nicht auf den Berg steiget noch sein Ende anrührt; denn wer den Berg anrührt, soll des Todes sterben.

¹³Keine Hand soll ihn anrühren, sondern er soll gesteinigt oder mit Geschoß erschossen werden; es sei ein Tier oder ein Mensch, so soll er nicht leben. Wenn es aber lange tönen wird, dann sollen sie an den Berg gehen.

¹⁴Mose stieg vom Berge zum Volk und heiligte sie, und sie wuschen ihre Kleider.

¹⁵Und er sprach zu ihnen: Seid bereit auf den dritten Tag, und keiner nahe sich zum Weibe.

¹⁶Als nun der dritte Tag kam und es Morgen war, da erhob sich ein Donnern und Blitzen und eine dicke Wolke auf dem Berge und ein Ton einer sehr starken Posaune; das ganze Volk aber, das im Lager war, erschrak.

¹⁷Und Mose führte das Volk aus dem Lager Gott entgegen, und es trat unten an den Berg.

¹⁸Der ganze Berg Sinai aber rauchte, darum daß der HERR herab auf den Berg fuhr mit Feuer; und sein Rauch ging auf wie ein Rauch vom Ofen, daß der ganze Berg sehr bebte.

¹⁹Und der Posaune Ton ward immer stärker. Mose redete, und Gott antwortete ihm laut.

²⁰Als nun der HERR herniedergekommen war auf den Berg Sinai, oben auf seine Spitze, forderte er Mose oben auf die Spitze des Berges, und Mose stieg hinauf.

²¹Da sprach der HERR zu ihm: Steig hinab und bezeuge dem Volk, daß sie nicht durchbrechen zum HERRN, ihn zu sehen, und viele aus ihnen fallen.

²²Dazu die Priester, die zum HERRN nahen, sollen sich heiligen, daß sie der HERR nicht zerschmettere.

²³Mose aber sprach zum HERRN: Das Volk kann nicht auf den

Berg Sinai steigen; denn du hast uns bezeugt und gesagt: Mache ein Gehege um den Berg und heilige ihn.

²⁴Und der HERR sprach zu ihm: Gehe hin, steige hinab! Du und Aaron mit dir sollt heraufsteigen; aber die Priester und das Volk sollen nicht durchbrechen, daß sie hinaufsteigen zu dem HERRN, daß er sie nicht zerschmettere.

²⁵Und Mose stieg herunter zum Volk und sagte es ihm.

Kapitel 20

¹Und Gott redete alle diese Worte:

²Ich bin der HERR, dein Gott, der ich dich aus Ägyptenland, aus dem Diensthause, geführt habe.

³Du sollst keine anderen Götter neben mir haben.

⁴Du sollst dir kein Bildnis noch irgend ein Gleichnis machen, weder des, das oben im Himmel, noch des, das unten auf Erden, oder des, das im Wasser unter der Erde ist.

⁵Bete sie nicht an und diene ihnen nicht. Denn ich, der HERR, dein Gott, bin ein eifriger Gott, der da heimsucht der Väter Missetat an den Kindern bis in das dritte und vierte Glied, die mich hassen;

⁶und tue Barmherzigkeit an vielen Tausenden, die mich liebhaben und meine Gebote halten.

⁷Du sollst den Namen des HERRN, deines Gottes, nicht mißbrauchen; denn der HERR wird den nicht ungestraft lassen, der seinen Namen mißbraucht.

⁸Gedenke des Sabbattags, daß Du ihn heiligest.

⁹Sechs Tage sollst du arbeiten und alle dein Dinge beschicken;

¹⁰aber am siebenten Tage ist der Sabbat des HERRN, deines Gottes; da sollst du kein Werk tun noch dein Sohn noch deine Tochter noch dein Knecht noch deine Magd noch dein Vieh noch dein Fremdling, der in deinen Toren ist.

¹¹Denn in sechs Tagen hat der HERR Himmel und Erde gemacht und das Meer und alles, was darinnen ist, und ruhte am siebenten Tage. Darum segnete der HERR den Sabbattag und heiligte ihn.

¹²Du sollst deinen Vater und deine Mutter ehren, auf daß du lange lebest in dem Lande, daß dir der HERR, dein Gott, gibt.

¹³Du sollst nicht töten.

¹⁴Du sollst nicht ehebrechen.

¹⁵Du sollst nicht stehlen.

¹⁶Du sollst kein falsch Zeugnis reden wider deinen Nächsten.

¹⁷Laß dich nicht gelüsten deines Nächsten Hauses. Laß dich nicht gelüsten deines Nächsten Weibes, noch seines Knechtes noch seiner Magd, noch seines Ochsen noch seines Esels, noch alles, was dein Nächster hat.

¹⁸Und alles Volk sah den Donner und Blitz und den Ton der Posaune und den Berg rauchen. Da sie aber solches sahen, flohen sie und traten von ferne

¹⁹und sprachen zu Mose: Rede du mit uns, wir wollen gehorchen; und laß Gott nicht mit uns reden, wir möchten sonst sterben.

²⁰Mose aber sprach zum Volk: Fürchtet euch nicht; denn Gott ist gekommen, daß er euch versuchte und daß seine Furcht euch vor Augen wäre, daß ihr nicht sündigt.

²¹Also trat das Volk von ferne; aber Mose machte sich hinzu in das Dunkel, darin Gott war.

²²Und der HERR sprach zu ihm: Also sollst du den Kindern Israel sagen: Ihr habt gesehen, daß ich mit euch vom Himmel geredet habe.

²³Darum sollt ihr nichts neben mir machen; silberne und goldene Götter sollt ihr nicht machen.

²⁴Einen Altar von Erde mache mir, darauf du dein Brandopfer und Dankopfer, deine Schafe und Rinder opferst. Denn an welchem Ort ich meines Namens Gedächtnis stiften werde, da will ich zu dir kommen und dich segnen.

²⁵Und so du mir einen steinernen Altar machen willst, sollst du ihn nicht von gehauenen Steinen bauen; denn wo du mit deinem Messer darüber fährst, so wirst du ihn entweihen.

²⁶Du sollst auch nicht auf Stufen zu meinem Altar steigen, daß nicht deine Blöße aufgedeckt werde vor ihm.

Kapitel 21

¹Dies sind die Rechte, die du ihnen sollst vorlegen:

²So du einen hebräischen Knecht kaufst, der soll dir sechs Jahre dienen; im siebenten Jahr soll er frei ausgehen umsonst.

³Ist er ohne Weib gekommen, so soll er auch ohne Weib ausgehen; ist er aber mit Weib gekommen, so soll sein Weib mit ihm ausgehen.

⁴Hat ihm aber sein Herr ein Weib gegeben, und er hat Söhne oder Töchter gezeugt, so soll das Weib und die Kinder seines Herrn sein, er aber soll ohne Weib ausgehen.

⁵Spricht aber der Knecht: Ich habe meinen Herren lieb und mein Weib und Kind, ich will nicht frei werden,

⁶so bringe ihn sein Herr vor die "Götter" und halte ihn an die Tür oder den Pfosten und bohre ihm mit einem Pfriem durch sein Ohr, und er sei sein Knecht ewig.

⁷Verkauft jemand sein Tochter zur Magd, so soll sie nicht ausgehen wie die Knechte.

⁸Gefällt sie aber ihrem Herrn nicht und will er sie nicht zur Ehe nehmen, so soll er sie zu lösen geben. Aber unter ein fremdes Volk sie zu verkaufen hat er nicht Macht, weil er sie verschmäht hat.

⁹Vertraut er sie aber seinem Sohn, so soll er Tochterrecht an ihr tun.

¹⁰Gibt er ihm aber noch eine andere, so soll er an ihrer Nahrung, Kleidung und Eheschuld nichts abbrechen.

¹¹Tut er diese drei nicht, so soll sie frei ausgehen ohne Lösegeld.

¹²Wer einen Menschen schlägt, daß er stirbt, der soll des Todes sterben.

¹³Hat er ihm aber nicht nachgestellt, sondern Gott hat ihn lassen ungefähr in seine Hände fallen, so will ich dir einen Ort bestimmen, dahin er fliehen soll.

¹⁴Wo aber jemand seinem Nächsten frevelt und ihn mit List erwürgt, so sollst du denselben von meinem Altar nehmen, daß man ihn töte.

¹⁵Wer Vater und Mutter schlägt, der soll des Todes sterben.

¹⁶Wer einen Menschen stiehlt, es sei, daß er ihn verkauft oder daß man ihn bei ihm findet, der soll des Todes sterben.

¹⁷Wer Vater und Mutter flucht, der soll des Todes sterben.

¹⁸Wenn Männer mit einander hadern und einer schlägt den andern mit einem Stein oder mit einer Faust, daß er nicht stirbt, sondern zu Bette liegt:

¹⁹kommt er auf, daß er ausgeht an seinem Stabe, so soll, der ihn schlug, unschuldig sein, nur daß er ihm bezahle, was er versäumt hat, und das Arztgeld gebe.

²⁰Wer seinen Knecht oder seine Magd schlägt mit einem Stabe, daß sie sterben unter seinen Händen, der soll darum gestraft werden.

²¹Bleibt er aber einen oder zwei Tage am Leben, so soll er darum nicht gestraft werden; denn es ist sein Geld.

²²Wenn Männer hadern und verletzen ein schwangeres Weib, daß ihr die Frucht abgeht, und ihr kein Schade widerfährt, so soll man ihn um Geld strafen, wieviel des Weibes Mann ihm auflegt, und er soll's geben nach der Schiedsrichter Erkennen.

²³Kommt ihr aber ein Schade daraus, so soll er lassen Seele um Seele,

²⁴Auge um Auge, Zahn um Zahn, Hand um Hand, Fuß um Fuß,

²⁵Brand um Brand, Wunde um Wunde, Beule um Beule.

²⁶Wenn jemand seinen Knecht oder seine Magd in ein Auge schlägt und verderbt es, der soll sie frei loslassen um das Auge.

²⁷Desgleichen, wenn er seinem Knecht oder seiner Magd einen Zahn ausschlägt, soll er sie frei loslassen um den Zahn.

²⁸Wenn ein Ochse einen Mann oder ein Weib stößt, daß sie sterben, so soll man den Ochsen steinigen und sein Fleisch nicht essen; so ist der Herr des Ochsen unschuldig.

²⁹Ist aber der Ochse zuvor stößig gewesen, und seinem Herrn ist's angesagt, und hat ihn nicht verwahrt, und er tötet darüber einen Mann oder ein Weib, so soll man den Ochsen steinigen, und sein Herr soll sterben.

³⁰Wird man aber ein Lösegeld auf ihn legen, so soll er geben, sein Leben zu lösen, was man ihm auflegt.

³¹Desgleichen soll man mit ihm handeln, wenn er Sohn oder Tochter stößt.

³²Stößt er aber einen Knecht oder eine Magd, so soll er ihrem Herrn dreißig Silberlinge geben, und den Ochsen soll man steinigen.

³³So jemand eine Grube auftut oder gräbt eine Grube und deckt sie nicht zu, und es fällt ein Ochse oder Esel hinein,

³⁴so soll's der Herr der Grube mit Geld dem andern wiederbezahlen; das Aas aber soll sein sein.

³⁵Wenn jemandes Ochse eines andern Ochsen stößt, daß er stirbt, so sollen sie den lebendigen Ochsen verkaufen und das Geld teilen und das Aas auch teilen.

³⁶Ist's aber kund gewesen, daß der Ochse zuvor stößig war, und sein Herr hat ihn nicht verwahrt, so soll er einen Ochsen für den andern vergelten und das Aas haben.

Exodus
Kapitel 22

¹Wenn jemand einen Ochsen oder ein Schaf stiehlt und schlachtet's oder verkauft's, der soll fünf Ochsen für einen Ochsen wiedergeben und vier Schafe für ein Schaf.

²Wenn ein Dieb ergriffen wird, daß er einbricht, und wird dabei geschlagen, daß er stirbt, so soll man kein Blutgericht über jenen lassen gehen.

³Ist aber die Sonne über ihn aufgegangen, so soll man das Blutgericht gehen lassen. Es soll aber ein Dieb wiedererstatten; hat er nichts, so verkaufe man ihn um seinen Diebstahl.

⁴Findet man aber bei ihm den Diebstahl lebendig, es sei ein Ochse, Esel oder Schaf, so soll er's zwiefältig wiedergeben.

⁵Wenn jemand einen Acker oder Weinberg beschädigt, daß er sein Vieh läßt Schaden tun in eines andern Acker, der soll von dem Besten auf seinem Acker und Weinberg wiedererstatten.

⁶Wenn ein Feuer auskommt und ergreift die Dornen und verbrennt die Garben oder Getreide, das noch steht, oder den Acker, so soll der wiedererstatten, der das Feuer angezündet hat.

⁷Wenn jemand seinem Nächsten Geld oder Geräte zu bewahren gibt, und es wird demselben aus seinem Hause gestohlen: findet man den Dieb, so soll er's zwiefältig wiedergeben;

⁸findet man aber den Dieb nicht, so soll man den Hauswirt vor die "Götter" bringen, ob er nicht seine Hand habe an seines Nächsten Habe gelegt.

⁹Wo einer den andern beschuldigt um irgend ein Unrecht, es sei um Ochsen oder Esel oder Schaf oder Kleider oder allerlei, das verloren ist, so soll beider Sache vor die "Götter" kommen. Welchen die "Götter" verdammen, der soll's zwiefältig seinem Nächsten wiedergeben.

¹⁰Wenn jemand seinem Nächsten einen Esel oder Ochsen oder ein Schaf oder irgend ein Vieh zu bewahren gibt, und es stirbt ihm oder wird beschädigt oder wird ihm weggetrieben, daß es niemand sieht,

¹¹so soll man's unter ihnen auf einen Eid bei dem HERRN kommen lassen, ob er nicht habe seine Hand an seines Nächsten Habe gelegt; und des Gutes Herr soll's annehmen, also daß jener nicht bezahlen müsse.

¹²Stiehlt's ihm aber ein Dieb, so soll er's seinem Herrn bezahlen.

¹³Wird es aber zerrissen, soll er Zeugnis davon bringen und nicht bezahlen.

¹⁴Wenn's jemand von seinem Nächsten entlehnt, und es wird beschädigt oder stirbt, daß sein Herr nicht dabei ist, so soll er's bezahlen.

¹⁵Ist sein Herr aber dabei, soll er's nicht bezahlen, so er's um sein Geld gedingt hat.

¹⁶Wenn jemand eine Jungfrau beredet, die noch nicht verlobt ist, und bei ihr schläft, der soll ihr geben ihre Morgengabe und sie zum Weibe haben.

¹⁷Weigert sich aber ihr Vater, sie ihm zu geben, soll er Geld darwägen, wieviel einer Jungfrau zur Morgengabe gebührt.

¹⁸Die Zauberinnen sollst du nicht leben lassen.

¹⁹Wer bei einem Vieh liegt, der soll des Todes sterben.

²⁰Wer den Göttern opfert und nicht dem HERRN allein, der sei verbannt.

²¹Die Fremdlinge sollst du nicht schinden noch unterdrücken; denn ihr seid auch Fremdlinge in Ägyptenland gewesen.

²²Ihr sollt keine Witwen und Waisen bedrängen.

²³Wirst du sie bedrängen, so werden sie zu mir schreien, und ich werde ihr Schreien erhören;

²⁴so wird mein Zorn ergrimmen, daß ich euch mit dem Schwert töte und eure Weiber Witwen und eure Kinder Waisen werden.

²⁵Wenn du Geld leihst einem aus meinem Volk, der arm ist bei dir, sollst du ihn nicht zu Schaden bringen und keinen Wucher an ihm treiben.

²⁶Wenn du von deinem Nächsten ein Kleid zum Pfande nimmst, sollst du es ihm wiedergeben, ehe die Sonne untergeht;

²⁷denn sein Kleid ist seine einzige Decke seiner Haut, darin er schläft. Wird er aber zu mir schreien, so werde ich ihn erhören; denn ich bin gnädig.

²⁸Den "Göttern" sollst du nicht fluchen, und den Obersten in deinem Volk nicht lästern.

²⁹Deiner Frucht Fülle und Saft sollst du nicht zurückhalten. Deinen ersten Sohn sollst du mir geben.

³⁰So sollst du auch tun mit deinem Ochsen und Schafe. Sieben Tage laß es bei seiner Mutter sein, am achten Tag sollst du mir's geben.

³¹Ihr sollt heilige Leute vor mir sein; darum sollt ihr kein Fleisch essen, das auf dem Felde von Tieren zerrissen ist, sondern es vor die Hunde werfen.

Kapitel 23

¹Du sollst falscher Anklage nicht glauben, daß du einem Gottlosen Beistand tust und ein falscher Zeuge seist.

²Du sollst nicht folgen der Menge zum Bösen und nicht also verantworten vor Gericht, daß du der Menge nach vom Rechten weichest.

³Du sollst den Geringen nicht beschönigen in seiner Sache.

⁴Wenn du deines Feindes Ochsen oder Esel begegnest, daß er irrt, so sollst du ihm denselben wieder zuführen.

⁵Wenn du den Esel des, der dich haßt, siehst unter seiner Last liegen, hüte dich, und laß ihn nicht, sondern versäume gerne das Deine um seinetwillen.

⁶Du sollst das Recht deines Armen nicht beugen in seiner Sache.

⁷Sei ferne von falschen Sachen. Den Unschuldigen und Gerechten sollst du nicht erwürgen; denn ich lasse den Gottlosen nicht Recht haben.

⁸Du sollst nicht Geschenke nehmen; denn Geschenke machen die Sehenden blind und verkehren die Sachen der Gerechten.

⁹Die Fremdlinge sollt ihr nicht unterdrücken; denn ihr wisset um der Fremdlinge Herz, dieweil ihr auch seid Fremdlinge in Ägyptenland gewesen.

¹⁰Sechs Jahre sollst du dein Land besäen und seine Früchte einsammeln.

¹¹Im siebenten Jahr sollst du es ruhen und liegen lassen, daß die Armen unter deinem Volk davon essen; und was übrigbleibt, laß das Wild auf dem Felde essen. Also sollst du auch tun mit deinem Weinberg und Ölberg.

¹²Sechs Tage sollst du deine Arbeit tun; aber des siebenten Tages sollst du feiern, auf daß dein Ochs und Esel ruhen und deiner Magd Sohn und der Fremdling sich erquicken.

¹³Alles, was ich euch gesagt habe, das haltet. Und anderer Götter Namen sollt ihr nicht gedenken, und aus eurem Munde sollen sie nicht gehört werden.

¹⁴Dreimal sollt ihr mir Feste halten im Jahr:

¹⁵das Fest der ungesäuerten Brote sollst du halten, daß du sieben Tage ungesäuertes Brot essest, wie ich dir geboten habe, um die Zeit des Monats Abib; denn in demselben bist du aus Ägypten gezogen. Erscheint aber nicht leer vor mir.

¹⁶Und das Fest der Ernte, der Erstlinge deiner Früchte, die du auf dem Felde gesät hast. Und das Fest der Einsammlung im Ausgang des Jahres, wenn du deine Arbeit eingesammelt hast vom Felde.

¹⁷Dreimal im Jahre soll erscheinen vor dem HERRN, dem Herrscher, alles, was männlich ist unter dir.

¹⁸Du sollst das Blut meines Opfers nicht neben dem Sauerteig opfern, und das Fett von meinem Fest soll nicht bleiben bis auf morgen.

¹⁹Die Erstlinge von der ersten Frucht auf deinem Felde sollst du bringen in das Haus des HERRN, deines Gottes. Und sollst das Böcklein nicht kochen in seiner Mutter Milch.

²⁰Siehe, ich sende einen Engel vor dir her, der dich behüte auf dem Wege und bringe dich an den Ort, den ich bereitet habe.

²¹Darum hüte dich vor seinem Angesicht und gehorche seiner Stimme und erbittere ihn nicht; denn er wird euer Übertreten nicht vergeben, und mein Name ist in ihm.

²²Wirst du aber seiner Stimme hören und tun alles, was ich dir sagen werde, so will ich deiner Feinde Feind und deiner Widersacher Widersacher sein.

²³Wenn nun mein Engel vor dir her geht und dich bringt an die Amoriter, Hethiter, Pheresiter, Kanaaniter, Heviter und Jebusiter und ich sie vertilge,

²⁴so sollst du ihre Götter nicht anbeten noch ihnen dienen und nicht tun, wie sie tun, sondern du sollst ihre Götzen umreißen und zerbrechen.

²⁵Aber dem HERRN, eurem Gott, sollt ihr dienen, so wird er dein Brot und dein Wasser segnen, und ich will alle Krankheit von dir wenden.

²⁶Es soll nichts Unträchtiges noch Unfruchtbares sein in deinem Lande, und ich will dich lassen alt werden.

²⁷Ich will meinen Schrecken vor dir her senden und alles Volk verzagt machen, dahin du kommst, und will dir alle deine Feinde in die Flucht geben.

²⁸Ich will Hornissen vor dir her senden, die vor dir her ausjagen die Heviter, Kanaaniter und Hethiter.

²⁹Ich will sie nicht auf ein Jahr ausstoßen vor dir, auf daß nicht das Land wüst werde und sich wilde Tiere wider dich mehren;

³⁰einzeln nacheinander will ich sie vor dir her ausstoßen, bis du wachsest und das Land besitzest.

³¹Und will deine Grenze setzen von dem Schilfmeer bis an das

Philistermeer und von der Wüste bis an den Strom. Denn ich will dir in deine Hand geben die Einwohner des Landes, daß du sie sollst ausstoßen vor dir her.

³²Du sollst mit ihnen oder mit ihren Göttern keinen Bund machen;
³³sondern laß sie nicht wohnen in deinem Lande, daß sie dich nicht verführen wider mich. Denn wo du ihren Göttern dienst, wird dir's zum Fall geraten.

Kapitel 24

¹Und zu Mose sprach er: Steig herauf zum HERRN, du und Aaron, Nadab und Abihu und siebzig von den Ältesten Israels, und betet an von ferne.
²Aber Mose allein nahe sich zum HERRN und lasse jene nicht herzu nahen, und das Volk komme auch nicht zu ihm herauf.
³Mose kam und erzählte dem Volk alle Worte des HERRN und alle Rechte. Da antwortete alles Volk mit einer Stimme und sprachen: Alle Worte, die der HERR gesagt hat, wollen wir tun.
⁴Da schrieb Mose alle Worte des HERRN und machte sich des Morgens früh auf und baute einen Altar unten am Berge mit zwölf Säulen nach den zwölf Stämmen Israels,
⁵und sandte hin Jünglinge aus den Kindern Israel, daß sie Brandopfer darauf opferten und Dankopfer dem HERRN von Farren.
⁶Und Mose nahm die Hälfte des Blutes und tat's in ein Becken, die andere Hälfte sprengte er auf den Altar.
⁷Und nahm das Buch des Bundes und las es vor den Ohren des Volkes. Und da sie sprachen: Alles, was der HERR gesagt hat, das wollen wir tun und gehorchen,
⁸da nahm Mose das Blut und besprengte das Volk damit und sprach: Sehet, das ist das Blut des Bundes, den der HERR mit euch macht über allen diesen Worten.
⁹Da stiegen Mose und Aaron, Nadab und Abihu und siebzig von den Ältesten Israels hinauf
¹⁰und sahen den Gott Israels. Unter seinen Füßen war es wie ein schöner Saphir und wie die Gestalt des Himmels, wenn's klar ist.
¹¹Und er reckte seine Hand nicht aus wider die Obersten in Israel. Und da sie Gott geschaut hatten, aßen und tranken sie.
¹²Und der HERR sprach zu Mose: Komm herauf zu mir auf den Berg und bleib daselbst, daß ich dir gebe steinerne Tafeln und Gesetze und Gebote, die ich geschrieben habe, die du sie lehren sollst.
¹³Da machte sich Mose auf mit seinem Diener Josua und stieg auf den Berg Gottes
¹⁴und sprach zu den Ältesten: Bleibet hier, bis wir wieder zu euch kommen. Siehe, Aaron und Hur sind bei euch; hat jemand eine Sache, der komme vor dieselben.
¹⁵Da nun Mose auf den Berg kam, bedeckte eine Wolke den Berg,
¹⁶und die Herrlichkeit des HERRN wohnte auf dem Berge Sinai und deckte ihn mit der Wolke sechs Tage, und er rief Mose am siebenten Tage aus der Wolke.
¹⁷Und das Ansehen der Herrlichkeit des HERRN war wie ein verzehrendes Feuer auf der Spitze des Berges vor den Kindern Israel.
¹⁸Und Mose ging mitten in die Wolke und stieg auf den Berg und blieb auf dem Berg vierzig Tage und vierzig Nächte.

Kapitel 25

¹Und der HERR redete mit Mose und sprach:
²Sage den Kindern Israel, daß sie mir ein Hebopfer geben; und nehmt dasselbe von jedermann, der es willig gibt.
³Das ist aber das Hebopfer, das ihr von ihnen nehmen sollt: Gold, Silber, Erz,
⁴blauer und roter Purpur, Scharlach, köstliche weiße Leinwand, Ziegenhaar,
⁵rötliche Widderfelle, Dachsfelle, Akazienholz,
⁶Öl zur Lampe, Spezerei zur Salbe und zu gutem Räuchwerk,
⁷Onyxsteine und eingefaßte Steine zum Leibrock und zum Amtschild.
⁸Und sie sollen mir ein Heiligtum machen, daß ich unter ihnen wohne.
⁹Wie ich dir ein Vorbild der Wohnung und alles ihres Geräts zeigen werde, so sollt ihr's machen.
¹⁰Macht eine Lade aus Akazienholz; dritthalb Ellen soll die Länge sein, anderthalb Ellen die Breite und anderthalb Ellen die Höhe.
¹¹Du sollst sie mit Gold überziehen inwendig und auswendig, und mache einen goldenen Kranz oben umher.
¹²Und gieße vier goldene Ringe und mache sie an ihr vier Ecken, also daß zwei Ringe seien auf einer Seite und zwei auf der andern Seite.
¹³Und mache Stangen von Akazienholz und überziehe sie mit Gold
¹⁴und stecke sie in die Ringe an der Lade Seiten, daß man sie damit trage;
¹⁵sie sollen in den Ringen bleiben und nicht herausgetan werden.
¹⁶Und sollst in die Lade das Zeugnis legen, das ich dir geben werde.
¹⁷Du sollst auch einen Gnadenstuhl machen von feinem Golde; dritthalb Ellen soll seine Länge sein und anderthalb Ellen seine Breite.
¹⁸Und du sollst zwei Cherubim machen von getriebenem Golde zu beiden Enden des Gnadenstuhls,
¹⁹daß ein Cherub sei an diesem Ende, der andere an dem andern Ende, und also zwei Cherubim seien an des Gnadenstuhls Enden.
²⁰Und die Cherubim sollen ihr Flügel ausbreiten von oben her, daß sie mit ihren Flügeln den Gnadenstuhl bedecken und eines jeglichen Antlitz gegen das des andern stehe; und ihre Antlitze sollen auf den Gnadenstuhl sehen.
²¹Und sollst den Gnadenstuhl oben auf die Lade tun und in die Lade das Zeugnis legen, das ich dir geben werde.
²²Von dem Ort will ich mich dir bezeugen und mit dir reden, nämlich von dem Gnadenstuhl zwischen den zwei Cherubim, der auf der Lade des Zeugnisses ist, alles, was ich dir gebieten will an die Kinder Israel.
²³Du sollst auch einen Tisch machen von Akazienholz; zwei Ellen soll seine Länge sein und eine Elle sein Breite und anderthalb Ellen seine Höhe.
²⁴Und sollst ihn überziehen mit feinem Gold und einen goldenen Kranz umher machen
²⁵und eine Leiste umher, eine Handbreit hoch, und einen goldenen Kranz um die Leiste her.
²⁶Und sollst vier goldene Ringe daran machen an die vier Ecken an seinen vier Füßen.
²⁷Hart unter der Leiste sollen die Ringe sein, daß man Stangen darein tue und den Tisch trage.
²⁸Und sollst die Stangen von Akazienholz machen und sie mit Gold überziehen, daß der Tisch damit getragen werde.
²⁹Du sollst auch aus feinem Golde seine Schüsseln und Löffel machen, seine Kannen und Schalen, darin man das Trankopfer darbringe.
³⁰Und sollst auf den Tisch allezeit Schaubrote legen vor mir.
³¹Du sollst auch einen Leuchter von feinem, getriebenem Golde machen; daran soll der Schaft mit Röhren, Schalen, Knäufen und Blumen sein.
³²Sechs Röhren sollen aus dem Leuchter zu den Seiten ausgehen, aus jeglicher Seite drei Röhren.
³³Eine jegliche Röhre soll drei offene Schalen mit Knäufen und Blumen haben; so soll es sein bei den sechs Röhren aus dem Leuchter.
³⁴Aber der Schaft am Leuchter soll vier offene Schalen mit Knäufen und Blumen haben
³⁵und je einen Knauf unter zwei von den Sechs Röhren, welche aus dem Leuchter gehen.
³⁶Beide, die Knäufe und Röhren, sollen aus ihm gehen, alles getriebenes, lauteres Gold.
³⁷Und sollst sieben Lampen machen obenauf, daß sie nach vornehin leuchten,
³⁸und Lichtschneuzen und Löschnäpfe von feinem Golde.
³⁹Aus einem Zentner feinen Goldes sollst du das machen mit allem diesem Gerät.
⁴⁰Und siehe zu, daß du es machst nach dem Bilde, das du auf dem Berge gesehen hast.

Kapitel 26

¹Die Wohnung sollst du machen von zehn Teppichen, von gezwirnter, weißer Leinwand, von blauem und rotem Purpur und von Scharlach. Cherubim sollst du daran machen von kunstreicher Arbeit.
²Die Länge eines Teppichs soll achtundzwanzig Ellen sein, die Breite vier Ellen, und sollen alle zehn gleich sein.
³Und sollen je fünf zu einem Stück zusammengefügt sein, einer an den andern.
⁴Und sollst Schleifen machen von blauem Purpur an jegliches Stück am Rand, wo die zwei Stücke sollen zusammengeheftet werden;
⁵fünfzig Schleifen an jegliches Stück, daß eine Schleife der andern gegenüberstehe.
⁶Und sollst fünfzig goldene Haken machen, womit man die Teppiche zusammenheftet, einen an den andern, auf daß es eine Wohnung werde.
⁷Du sollst auch eine Decke aus Ziegenhaar machen zur Hütte über die Wohnung von elf Teppichen.
⁸Die Länge eines Teppichs soll dreißig Ellen sein, die Breite aber

Exodus

vier Ellen, und sollen alle elf gleich groß sein.

⁹Fünf sollst du aneinander fügen und sechs auch aneinander, daß du den sechsten Teppich zwiefältig machst vorn an der Hütte.

¹⁰Und sollst an jegliches Stück fünfzig Schleifen machen am Rand, wo die Stücke sollen zusammengeheftet werden.

¹¹Und sollst fünfzig eherne Haken machen und die Haken in die Schleifen tun, daß die Hütte zusammengefügt und eine Hütte werde.

¹²Aber vom Überlangen an den Teppichen der Hütte sollst du einen halben Teppich lassen überhangen hinten an der Hütte

¹³und auf beiden Seiten je eine Elle, daß das Überlange sei an der Hütte Seiten und auf beiden Seiten sie bedecke.

¹⁴Über diese Decke sollst du eine Decke machen von rötlichen Widderfellen, dazu über sie eine Decke von Dachsfellen.

¹⁵Du sollst auch Bretter machen zu der Wohnung von Akazienholz, die stehen sollen.

¹⁶Zehn Ellen lang soll ein Brett sein und anderthalb Ellen breit.

¹⁷Zwei Zapfen soll ein Brett haben, daß eins an das andere könne gesetzt werden. Also sollst du alle Bretter der Wohnung machen.

¹⁸Ihrer zwanzig sollen stehen gegen Mittag.

¹⁹Die sollen vierzig silberne Füße unten haben, je zwei Füße unter einem jeglichen Brett an seinen zwei Zapfen.

²⁰Also auf der andern Seite gegen Mitternacht sollen auch zwanzig Bretter stehen

²¹und vierzig silberne Füße, je zwei Füße unter jeglichem Brett.

²²Aber hinten an der Wohnung gegen Abend sollst du sechs Bretter machen;

²³dazu zwei Bretter hinten an die zwei Ecken der Wohnung,

²⁴daß ein jegliches der beiden sich mit seinem Eckbrett von untenauf geselle und oben am Haupt gleich zusammenkomme mit einer Klammer;

²⁵daß es acht Bretter seien mit ihren silbernen Füßen, deren sollen sechzehn sein, je zwei unter einem Brett.

²⁶Und sollst Riegel machen von Akazienholz, fünf zu den Brettern auf einer Seite der Wohnung

²⁷und fünf zu den Brettern auf der andern Seite der Wohnung und fünf zu den Brettern hinten an der Wohnung gegen Abend.

²⁸Und sollst den mittleren Riegel mitten an den Brettern hindurchstoßen und alles zusammenfassen von einem Ende zu dem andern.

²⁹Und sollst die Bretter mit Gold überziehen und ihre Ringe von Gold machen, daß man die Riegel darein tue.

³⁰Und die Riegel sollst du mit Gold überziehen. Und also sollst du denn die Wohnung aufrichten nach der Weise, wie du gesehen hast auf dem Berge.

³¹Du sollst einen Vorhang machen von blauem und rotem Purpur, Scharlach und gezwirnter weißer Leinwand; und sollst Cherubim daran machen von kunstreicher Arbeit.

³²Und sollst ihn hängen an vier Säulen von Akazienholz, die mit Gold überzogen sind und goldene Haken und vier silberne Füße haben.

³³Und sollst den Vorhang hängen unter die Haken, und die Lade des Zeugnisses innen hinter den Vorhang setzen, daß er euch eine Scheidewand sei zwischen dem Heiligen und dem Allerheiligsten.

³⁴Und sollst den Gnadenstuhl tun auf die Lade des Zeugnisses in dem Allerheiligsten.

³⁵Den Tisch aber setze außen vor den Vorhang und den Leuchter dem Tisch gegenüber, mittagswärts in der Wohnung, daß der Tisch stehe gegen Mitternacht.

³⁶Und sollst ein Tuch machen in die Tür der Hütte, gewirkt von blauem und rotem Purpur, Scharlach und gezwirnter weißer Leinwand.

³⁷Und sollst dem Tuch fünf Säulen machen von Akazienholz, mit Gold überzogen, mit goldene Haken, und sollst ihnen fünf eherne Füße gießen.

Kapitel 27

¹Du sollst einen Altar machen von Akazienholz, fünf Ellen lang und breit, daß er gleich viereckig sei, und drei Ellen hoch.

²Hörner sollst du auf seinen vier Ecken machen und sollst ihn mit Erz überziehen.

³Mache auch Aschentöpfe, Schaufeln, Becken, Gabeln, Kohlenpfannen; alle seine Geräte sollst du aus Erz machen.

⁴Du sollst auch ein ehernes Gitter machen wie ein Netz und vier eherne Ringe an seine vier Enden.

⁵Du sollst's aber von untenauf um den Altar machen, daß das Gitter reiche bis mitten an den Altar.

⁶Und sollst auch Stangen machen zu dem Altar von Akazienholz, mit Erz überzogen.

⁷Und man soll die Stangen in die Ringe tun, daß die Stangen seien an beiden Seiten des Altars, wenn man ihn trägt.

⁸Und sollst ihn also von Brettern machen, daß er inwendig hohl sei, wie dir auf dem Berge gezeigt ist.

⁹Du sollst auch der Wohnung einen Hof machen, einen Umhang von gezwirnter Leinwand, auf einer Seite hundert Ellen lang, gegen Mittag,

¹⁰und zwanzig Säulen auf zwanzig ehernen Füßen, und ihre Haken mit ihren Querstäben von Silber.

¹¹Also auch gegen Mitternacht soll sein ein Umhang, hundert Ellen lang, zwanzig Säulen auf zwanzig ehernen Füßen, und ihre Haken mit ihren Querstäben von Silber.

¹²Aber gegen Abend soll die Breite des Hofes haben einen Umhang, fünfzig Ellen lang, zehn Säulen auf zehn Füßen.

¹³Gegen Morgen aber soll die Breite des Hofes haben fünfzig Ellen,

¹⁴also daß der Umhang habe auf einer Seite fünfzehn Ellen, dazu drei Säulen auf drei Füßen,

¹⁵und wieder fünfzehn Ellen auf der andern Seite, dazu drei Säulen auf drei Füßen;

¹⁶aber im Tor des Hofes soll ein Tuch sein, zwanzig Ellen breit, gewirkt von blauem und rotem Purpur, Scharlach und gezwirnter weißer Leinwand, dazu vier Säulen auf ihren vier Füßen.

¹⁷Alle Säulen um den Hof her sollen silberne Querstäbe und silberne Haken und eherne Füße haben.

¹⁸Und die Länge des Hofes soll hundert Ellen sein, die Breite fünfzig Ellen, die Höhe fünf Ellen, von gezwirnter weißer Leinwand, und seine Füße sollen ehern sein.

¹⁹Auch alle Geräte der Wohnung zu allerlei Amt und alle ihre Nägel und alle Nägel des Hofes sollen ehern sein.

²⁰Gebiete den Kindern Israel, daß sie zu dir bringen das allerreinste, lautere Öl von Ölbäumen, gestoßen, zur Leuchte, daß man täglich Lampen aufsetze

²¹in der Hütte des Stifts, außen vor dem Vorhang, der vor dem Zeugnis hängt. Und Aaron und seine Söhne sollen sie zurichten des Morgens und des Abends vor dem HERRN. Das soll euch eine ewige Weise sein auf eure Nachkommen unter den Kindern Israel.

Kapitel 28

¹Du sollst Aaron, deinen Bruder, und seine Söhne zu dir nehmen aus den Kindern Israel, daß er mein Priester sei, nämlich Aaron und seine Söhne Nadab, Abihu, Eleasar und Ithamar.

²Und sollst Aaron, deinem Bruder, heilige Kleider machen, die herrlich und schön seien.

³Und du sollst reden mit allen, die eines weisen Herzens sind, die ich mit dem Geist der Weisheit erfüllt habe, daß sie Aaron Kleider machen zu seiner Weihe, daß er mein Priester sei.

⁴Das sind aber die Kleider, die sie machen sollen: das Amtschild, den Leibrock, Purpurrock, engen Rock, Hut und Gürtel. Also sollen sie heilige Kleider machen deinem Bruder Aaron und seinen Söhnen, daß er mein Priester sei.

⁵Dazu sollen sie nehmen Gold, blauen und roten Purpur, Scharlach und weiße Leinwand.

⁶Den Leibrock sollen sie machen von Gold, blauem und rotem Purpur, Scharlach und gezwirnter weißer Leinwand, kunstreich;

⁷zwei Schulterstücke soll er haben, die zusammengehen an beiden Enden, und soll zusammengebunden werden.

⁸Und sein Gurt darauf soll derselben Kunst und Arbeit sein, von Gold, blauem und rotem Purpur, Scharlach und gezwirnter weißer Leinwand.

⁹Und sollst zwei Onyxsteine nehmen und darauf graben die Namen der Kinder Israel,

¹⁰Auf jeglichen sechs Namen, nach der Ordnung ihres Alters.

¹¹Das sollst du tun durch die Steinschneider, die da Siegel graben, also daß sie mit Gold umher gefaßt werden.

¹²Und sollst sie auf die Schulterstücke des Leibrocks heften, daß es Steine seien zum Gedächtnis für die Kinder Israel, daß Aaron ihre Namen auf seinen beiden Schultern trage vor dem HERRN zum Gedächtnis.

¹³Und sollst goldene Fassungen machen

¹⁴und zwei Ketten von feinem Golde, mit zwei Enden, aber die Glieder ineinander hangend; und sollst sie an die Fassungen tun.

¹⁵Das Amtschild sollst du machen nach der Kunst, wie den Leibrock, von Gold, blauem und rotem Purpur, Scharlach und gezwirnter weißer Leinwand.

¹⁶Viereckig soll es sein und zwiefach; eine Spanne breit soll seine Länge sein und eine Spanne breit seine Breite.

¹⁷Und sollst's füllen die vier Reihen voll Steine. Die erste Reihe

sei ein Sarder, Topas, Smaragd;

¹⁸die andere ein Rubin, Saphir, Demant;

¹⁹die dritte ein Lynkurer, Achat, Amethyst;

²⁰die vierte ein Türkis, Onyx, Jaspis. In Gold sollen sie gefaßt sein in allen Reihen

²¹und sollen nach den zwölf Namen der Kinder Israel stehen, gegraben vom Steinschneider, daß auf einem jeglichen ein Namen stehe nach den zwölf Stämmen.

²²Und sollst Ketten zu dem Schild machen mit zwei Enden, aber die Glieder ineinander hangend, von feinem Golde,

²³und zwei goldene Ringe an das Schild, also daß du die zwei Ringe heftest an zwei Ecken des Schildes,

²⁴und die zwei goldenen Ketten in die zwei Ringe an den beiden Ecken des Schildes tust.

²⁵Aber die zwei Enden der zwei Ketten sollst du an die zwei Fassungen tun und sie heften auf die Schulterstücke am Leibrock vornehin.

²⁶Und sollst zwei andere goldene Ringe machen und an die zwei Ecken des Schildes heften an seinem Rand, inwendig gegen den Leibrock.

²⁷Und sollst abermals zwei goldene Ringe machen und sie unten an die zwei Schulterstücke vorn am Leibrock heften, wo der Leibrock zusammengeht, oben über dem Gurt des Leibrocks.

²⁸Und man soll das Schild mit seinen Ringen mit einer blauen Schnur an die Ringe des Leibrocks knüpfen, daß es über dem Gurt des Leibrocks hart anliege und das Schild sich nicht vom Leibrock losmache.

²⁹Also soll Aaron die Namen der Kinder Israel tragen in dem Amtschild auf seinem Herzen, wenn er in das Heilige geht, zum Gedächtnis vor dem HERRN allezeit.

³⁰Und sollst in das Amtschild tun Licht und Recht, daß sie auf dem Herzen Aarons seien, wenn er eingeht vor den HERRN, daß er trage das Amt der Kinder Israel auf seinem Herzen vor dem HERRN allewege.

³¹Du sollst auch einen Purpurrock unter dem Leibrock machen ganz von blauem Purpur.

³²Und oben mitteninne soll ein Loch sein und eine Borte um das Loch her zusammengefaltet, daß er nicht zerreiße.

³³Und unten an seinen Saum sollst du Granatäpfel machen von blauem und rotem Purpur und Scharlach um und um und zwischen dieselben goldene Schellen auch um und um,

³⁴daß eine goldene Schelle sei, darnach ein Granatapfel und wieder eine goldene Schelle und wieder ein Granatapfel, um und um an dem Saum des Purpurrocks.

³⁵Und Aaron soll ihn anhaben, wenn er dient, daß man seinen Klang höre, wenn er aus und eingeht in das Heilige vor dem HERRN, auf daß er nicht sterbe.

³⁶Du sollst auch ein Stirnblatt machen von feinem Golde und darauf ausgraben, wie man die Siegel ausgräbt: Heilig dem HERRN.

³⁷Und sollst's heften an eine blaue Schnur vorn an den Hut,

³⁸auf der Stirn Aarons, daß also Aaron trage die Missetat des Heiligen, das die Kinder Israel heiligen in allen Gaben ihrer Heiligung; und es soll allewege an seiner Stirn sein, daß er sie versöhne vor dem HERRN.

³⁹Du sollst auch einen engen Rock machen von weißer Leinwand und einen Hut von weißer Leinwand machen und einen gestickten Gürtel.

⁴⁰Und den Söhnen Aarons sollst du Röcke, Gürtel und Hauben machen, die herrlich und schön seien.

⁴¹Und sollst sie deinem Bruder Aaron samt seinen Söhnen anziehen; und sollst sie salben und ihre Hände füllen und sie weihen, daß sie meine Priester seien.

⁴²Und sollst ihnen leinene Beinkleider machen, zu bedecken die Blöße des Fleisches von den Lenden bis an die Hüften.

⁴³Und Aaron und seine Söhne sollen sie anhaben, wenn sie in die Hütte des Stifts gehen oder hinzutreten zum Altar, daß sie dienen in dem Heiligtum, daß sie nicht ihre Missetat tragen und sterben müssen. Das soll ihm und seinem Stamm nach ihm eine ewige Weise sein.

Kapitel 29

¹Das ist's auch, was du ihnen tun sollst, daß sie mir zu Priestern geweiht werden. Nimm einen jungen Farren und zwei Widder ohne Fehl,

²ungesäuertes Brot und ungesäuerte Kuchen, mit Öl gemengt, und ungesäuerte Fladen, mit Öl gesalbt; von Weizenmehl sollst du solches alles machen.

³Und sollst es in einen Korb legen und in dem Korbe herzubringen samt dem Farren und den zwei Widdern.

⁴Und sollst Aaron und seine Söhne vor die Tür der Hütte des Stifts führen und mit Wasser waschen

⁵und die Kleider nehmen und Aaron anziehen den engen Rock und den Purpurrock und den Leibrock und das Schild zu dem Leibrock, und sollst ihn gürten mit dem Gurt des Leibrocks

⁶und den Hut auf sein Haupt setzen und die heilige Krone an den Hut.

⁷Und sollst nehmen das Salböl und auf sein Haupt schütten und ihn salben.

⁸Und seine Söhne sollst du auch herzuführen und den engen Rock ihnen anziehen

⁹und beide, Aaron und auch sie, mit Gürteln gürten und ihnen die Hauben aufbinden, daß sie das Priestertum haben zu ewiger Weise. Und sollst Aaron und seinen Söhnen die Hände füllen,

¹⁰und den Farren herzuführen vor die Hütte des Stifts; und Aaron und seine Söhne sollen ihre Hände auf des Farren Haupt legen.

¹¹Und du sollst den Farren schlachten vor dem HERRN, vor der Tür der Hütte des Stifts.

¹²Und sollst von seinem Blut nehmen und auf des Altars Hörner tun mit deinem Finger und alles andere Blut an des Altars Boden schütten.

¹³Und sollst alles Fett nehmen am Eingeweide und das Netz über der Leber und die zwei Nieren mit dem Fett, das darüber liegt, und sollst es auf dem Altar anzünden.

¹⁴Aber des Farren Fleisch, Fell und Mist sollst du draußen vor dem Lager verbrennen; denn es ist ein Sündopfer.

¹⁵Aber den einen Widder sollst du nehmen, und Aaron und seine Söhne sollen ihre Hände auf sein Haupt legen.

¹⁶Dann sollst du ihn schlachten und sein Blut nehmen und auf den Altar sprengen ringsherum.

¹⁷Aber den Widder sollst du zerlegen in Stücke, und seine Eingeweide und Schenkel waschen, und sollst es auf seine Stücke und sein Haupt legen

¹⁸und den ganzen Widder anzünden auf dem Altar; denn es ist dem HERRN ein Brandopfer, ein süßer Geruch, ein Feuer des HERRN.

¹⁹Den andern Widder aber sollst du nehmen, und Aaron und seine Söhne sollen ihre Hände auf sein Haupt legen;

²⁰und sollst ihn schlachten und von seinem Blut nehmen und Aaron und seinen Söhnen auf den rechten Ohrknorpel tun und auf ihre Daumen ihrer rechten Hand und auf die große Zehe ihres rechten Fußes; und sollst das Blut auf den Altar sprengen ringsherum.

²¹Und sollst von dem Blut auf dem Altar nehmen und vom Salböl, und Aaron und seine Kleider, seine Söhne und ihre Kleider besprengen; so wird er und seine Kleider, seine Söhne und ihre Kleider geweiht.

²²Darnach sollst du nehmen das Fett von dem Widder, den Schwanz und das Fett am Eingeweide, das Netz über der Leber und die zwei Nieren mit dem Fett darüber und die rechte Schulter (denn es ist ein Widder der Füllung),

²³und ein Brot und einen Ölkuchen und einen Fladen aus dem Korbe des ungesäuerten Brots, der vor dem HERRN steht;

²⁴und lege alles auf die Hände Aarons und seiner Söhne und webe es dem HERRN.

²⁵Darnach nimm's von ihren Händen und zünde es an auf dem Altar zu dem Brandopfer, zum süßen Geruch vor dem HERRN; denn das ist ein Feuer des HERRN.

²⁶Und sollst die Brust nehmen vom Widder der Füllung Aarons und sollst sie dem HERRN weben. Das soll dein Teil sein.

²⁷Und sollst also heiligen die Webebrust und die Hebeschulter, die gewebt und gehebt sind von dem Widder der Füllung Aarons und seiner Söhne.

²⁸Und das soll Aarons und seiner Söhne sein ewigerweise von den Kindern Israel; denn es ist ein Hebopfer. Und eine Hebe soll es sein, von den Kindern Israel von ihrem Dankopfern, ihre Hebe für den HERRN.

²⁹Aber die heiligen Kleider Aarons sollen seine Söhne haben nach ihm, daß sie darin gesalbt und ihre Hände gefüllt werden.

³⁰Welcher unter seinen Söhnen an seiner Statt Priester wird, der soll sie sieben Tage anziehen, daß er gehe in die Hütte des Stifts, zu dienen im Heiligen.

³¹Du sollst aber nehmen den Widder der Füllung, und sein Fleisch an einem heiligen Ort kochen.

³²Und Aaron mit seinen Söhnen soll des Widders Fleisch essen samt dem Brot im Korbe vor der Tür der Hütte des Stifts.

³³Denn es ist zur Versöhnung damit geschehen, zu füllen ihre Hände, daß sie geweiht werden. Kein andrer soll es essen; denn es ist heilig.

³⁴Wo aber etwas übrigbleibt von dem Fleisch der Füllung und von

dem Brot bis an den Morgen, das sollst du mit Feuer verbrennen und nicht essen lassen; denn es ist heilig.

³⁵Und sollst also mit Aaron und seinen Söhnen tun alles, was ich dir geboten habe. Sieben Tage sollst du ihre Hände füllen

³⁶und täglich einen Farren zum Sündopfer schlachten zur Versöhnung. Und sollst den Altar entsündigen, wenn du ihn versöhnst, und sollst ihn salben, daß er geweiht werde.

³⁷Sieben Tage sollst du den Altar versöhnen und ihn weihen, daß er sei ein Hochheiliges. Wer den Altar anrühren will, der ist dem Heiligtum verfallen.

³⁸Und das sollst du mit dem Altar tun: zwei jährige Lämmer sollst du allewege des Tages darauf opfern,

³⁹Ein Lamm des Morgens, das andere gegen Abend;

⁴⁰Und zu einem Lamm ein zehntel Semmelmehl, gemengt mit einem Viertel von einem Hin gestoßenen Öls, und ein Viertel vom Hin Wein zum Trankopfer.

⁴¹Mit dem andern Lamm gegen Abend sollst du tun wie mit dem Speisopfer und Trankopfer des Morgens, zu süßem Geruch, ein Feuer dem Herrn.

⁴²Das ist das tägliche Brandopfer bei euren Nachkommen vor der Tür der Hütte des Stifts, vor dem HERRN, da ich mich euch bezeugen und mit euch reden will.

⁴³Daselbst will ich mich den Kindern Israel bezeugen und geheiligt werden in meiner Herrlichkeit.

⁴⁴So will ich die Hütte des Stifts mit dem Altar heiligen und Aaron und seine Söhne mir zu Priestern weihen.

⁴⁵Und will unter den Kindern Israel wohnen und ihr Gott sein,

⁴⁶daß sie wissen sollen, ich sei der HERR, ihr Gott, der sie aus Ägyptenland führte, daß ich unter ihnen wohne, ich, der HERR, Ihr Gott.

Kapitel 30

¹Du sollst auch einen Räuchaltar machen, zu räuchern, von Akazienholz,

²eine Elle lang und breit, gleich viereckig und zwei Ellen hoch, mit seinen Hörnern.

³Und sollst ihn mit feinem Golde überziehen, sein Dach und seine Wände ringsumher und seine Hörner. Und sollst einen Kranz von Gold machen

⁴und zwei goldene Ringe unter dem Kranz zu beiden Seiten, daß man Stangen darein tue und ihn damit trage.

⁵Die Stangen sollst du auch von Akazienholz machen und mit Gold überziehen.

⁶Und sollst ihn setzen vor den Vorhang, der vor der Lade des Zeugnisses hängt, und vor dem Gnadenstuhl, der auf dem Zeugnis ist, wo ich mich dir bezeugen werde.

⁷Und Aaron soll darauf räuchern gutes Räuchwerk alle Morgen, wenn er die Lampen zurichtet.

⁸Desgleichen, wenn er die Lampen anzündet gegen Abend, soll er solch Räuchwerk auch räuchern. Das soll das tägliche Räuchopfer sein vor dem HERRN bei euren Nachkommen.

⁹Ihr sollt kein fremdes Räuchwerk darauf tun, auch kein Brandopfer noch Speisopfer und kein Trankopfer darauf opfern.

¹⁰Und Aaron soll auf seinen Hörnern versöhnen einmal im Jahr mit dem Blut des Sündopfers zur Versöhnung. Solche Versöhnung soll jährlich einmal geschehen bei euren Nachkommen; denn das ist dem HERRN ein Hochheiliges.

¹¹Und der HERR redete mit Mose und sprach:

¹²Wenn du die Häupter der Kinder Israel zählst, so soll ein jeglicher dem HERRN geben die Versöhnung seiner Seele, auf daß ihnen nicht eine Plage widerfahre, wenn sie gezählt werden.

¹³Es soll aber ein jeglicher, der in der Zahl ist, einen halben Silberling geben nach dem Lot des Heiligtums (ein Lot hat zwanzig Gera). Solcher halber Silberling soll das Hebopfer des HERRN sein.

¹⁴Wer in der Zahl ist von zwanzig Jahren und darüber, der soll solch Hebopfer dem HERRN geben.

¹⁵Der Reiche soll nicht mehr geben und der Arme nicht weniger als den halben Silberling, den man dem HERRN zur Hebe gibt für die Versöhnung ihre Seelen.

¹⁶Und du sollst solch Geld der Versöhnung nehmen von den Kindern Israel und zum Gottesdienst der Hütte des Stifts geben, daß es sei den Kindern Israel ein Gedächtnis vor dem HERRN, daß er sich über ihre Seelen versöhnen lasse.

¹⁷Und der HERR redete mit Mose und sprach:

¹⁸Du sollst auch ein ehernes Handfaß machen mit einem ehernen Fuß, zum Waschen, und sollst es setzen zwischen die Hütte des Stifts und den Altar, und Wasser darein tun,

¹⁹daß Aaron und seine Söhne ihre Hände und Füße darin waschen,

²⁰wenn sie in die Hütte des Stifts gehen oder zum Altar, daß sie dienen, ein Feuer anzuzünden dem HERRN,

²¹auf daß sie nicht sterben. Das soll eine ewige Weise sein ihm und seinem Samen bei ihren Nachkommen.

²²Und der HERR redete mit Mose und sprach:

²³Nimm zu dir die beste Spezerei: die edelste Myrrhe, fünfhundert Lot, und Zimt, die Hälfte soviel, zweihundertfünfzig, und Kalmus, auch zweihundertfünfzig,

²⁴und Kassia, fünfhundert, nach dem Lot des Heiligtums, und Öl vom Ölbaum ein Hin.

²⁵Und mache ein heiliges Salböl nach der Kunst des Salbenbereiters.

²⁶Und sollst damit salben die Hütte des Stifts und die Lade des Zeugnisses,

²⁷den Tisch mit allem seinem Geräte, den Leuchter mit seinem Geräte, den Räucheraltar,

²⁸den Brandopferaltar mit allem seinem Geräte und das Handfaß mit seinem Fuß.

²⁹Und sollst sie also weihen, daß sie hochheilig seien; denn wer sie anrühren will, der ist dem Heiligtum verfallen.

³⁰Aaron und seine Söhne sollst du auch salben und sie mir zu Priestern weihen.

³¹Und sollst mit den Kindern Israel reden und sprechen: Dies Öl soll mir eine heilige Salbe sein bei euren Nachkommen.

³²Auf Menschenleib soll's nicht gegossen werden, sollst auch seinesgleichen nicht machen; denn es ist heilig, darum soll's euch heilig sein.

³³Wer ein solches macht oder einem andern davon gibt, der soll von seinem Volk ausgerottet werden.

³⁴Und der HERR sprach zu Mose: Nimm dir Spezerei; Balsam, Stakte, Galban und reinen Weihrauch, von einem so viel wie vom andern,

³⁵und mache Räuchwerk daraus, nach der Kunst des Salbenbereiters gemengt, daß es rein und heilig sei.

³⁶Und du sollst es zu Pulver stoßen und sollst davon tun vor das Zeugnis in der Hütte des Stifts, wo ich mich dir bezeugen werde. Das soll euch ein Hochheiliges sein.

³⁷Und desgleichen Räuchwerk sollt ihr euch nicht machen, sondern es soll dir heilig sein dem HERRN.

³⁸Wer ein solches machen wird, der wird ausgerottet werden von seinem Volk.

Kapitel 31

¹Und der HERR redete mit Mose und sprach:

²Siehe, ich habe mit Namen berufen Bezaleel, den Sohn Uris, des Sohnes Hur, vom Stamme Juda,

³und habe ihn erfüllt mit dem Geist Gottes, mit Weisheit und Verstand und Erkenntnis und mit allerlei Geschicklichkeit,

⁴kunstreich zu arbeiten an Gold, Silber, Erz,

⁵kunstreich Steine zu schneiden und einzusetzen, und kunstreich zu zimmern am Holz, zu machen allerlei Werk.

⁶Und siehe, ich habe ihm zugegeben Oholiab, den Sohn Ahisamachs, vom Stamme Dan; und habe allerlei Weisen die Weisheit ins Herz gegeben, daß sie machen sollen alles, was ich dir geboten habe:

⁷die Hütte des Stifts, die Lade des Zeugnisses, den Gnadenstuhl darauf und alle Geräte der Hütte,

⁸den Tisch und sein Gerät, den feinen Leuchter und all sein Gerät, den Räucheraltar,

⁹den Brandopferaltar mit allem seinem Geräte, das Handfaß mit seinem Fuß,

¹⁰die Amtskleider und die heiligen Kleider des Priesters Aaron und die Kleider seiner Söhne, priesterlich zu dienen,

¹¹das Salböl und das Räuchwerk von Spezerei zum Heiligtum. Alles, was ich dir geboten habe, werden sie machen.

¹²Und der HERR redete mit Mose und sprach:

¹³Sage den Kindern Israel und sprich: Haltet meinen Sabbat; denn derselbe ist ein Zeichen zwischen mir und euch auf eure Nachkommen, daß ihr wisset, daß ich der HERR bin, der euch heiligt.

¹⁴Darum so haltet meinen Sabbat; denn er soll euch heilig sein. Wer ihn entheiligt, der soll des Todes sterben. Denn wer eine Arbeit da tut, des Seele soll ausgerottet werden von seinem Volk.

¹⁵Sechs Tage soll man arbeiten; aber am siebenten Tag ist Sabbat, die heilige Ruhe des HERRN. Wer eine Arbeit tut am Sabbattag, der soll des Todes sterben.

¹⁶Darum sollen die Kinder Israel den Sabbat halten, daß sie ihn auch bei ihren Nachkommen halten zum ewigen Bund.

¹⁷Er ist ein ewiges Zeichen zwischen mir und den Kindern Israel. Denn in sechs Tagen machte der HERR Himmel und Erde; aber am siebenten Tage ruhte er und erquickte sich.

¹⁸Und da der HERR ausgeredet hatte mit Mose auf dem Berge Sinai, gab er ihm zwei Tafeln des Zeugnisses; die waren beschrieben mit dem Finger Gottes.

Kapitel 32

¹Da aber das Volk sah, daß Mose verzog, von dem Berge zu kommen, sammelte sich's wider Aaron und sprach zu ihm: Auf, mache uns Götter, die vor uns her gehen! Denn wir wissen nicht, was diesem Mann Mose widerfahren ist, der uns aus Ägyptenland geführt hat.

²Aaron sprach zu ihnen: Reißt ab die goldenen Ohrenringe an den Ohren eurer Weiber, eurer Söhne und eurer Töchter und bringet sie zu mir.

³Da riß alles Volk seine goldenen Ohrenringe von ihren Ohren, und brachten sie zu Aaron.

⁴Und er nahm sie von ihren Händen und entwarf's mit einem Griffel und machte ein gegossenes Kalb. Und sie sprachen: Das sind deine Götter, Israel, die dich aus Ägyptenland geführt haben!

⁵Da das Aaron sah, baute er einen Altar vor ihm und ließ ausrufen und sprach: Morgen ist des HERRN Fest.

⁶Und sie standen des Morgens früh auf und opferten Brandopfer und brachten dazu Dankopfer. Danach setzte sich das Volk, zu essen und zu trinken, und standen auf zu spielen.

⁷Der HERR aber sprach zu Mose: Gehe, steig hinab; denn dein Volk, das du aus Ägyptenland geführt hast, hat's verderbt.

⁸Sie sind schnell von dem Wege getreten, den ich ihnen geboten habe. Sie haben sich ein gegossenes Kalb gemacht und haben's angebetet und ihm geopfert und gesagt: Das sind deine Götter, Israel, die dich aus Ägyptenland geführt haben.

⁹Und der HERR sprach zu Mose: Ich sehe, daß es ein halsstarriges Volk ist.

¹⁰Und nun laß mich, daß mein Zorn über sie ergrimme und sie vertilge; so will ich dich zum großen Volk machen.

¹¹Mose aber flehte vor dem HERRN, seinem Gott, und sprach: Ach HERR, warum will dein Zorn ergrimmen über dein Volk, das du mit großer Kraft und starker Hand hast aus Ägyptenland geführt?

¹²Warum sollen die Ägypter sagen und sprechen: Er hat sie zu ihrem Unglück ausgeführt, daß er sie erwürgte im Gebirge und vertilgte vom Erdboden? Kehre dich von dem Grimm deines Zornes und laß dich gereuen des Übels über dein Volk.

¹³Gedenke an deine Diener Abraham, Isaak und Israel, denen du bei dir selbst geschworen und verheißen hast: Ich will euren Samen mehren wie die Sterne am Himmel, und alles Land, das ich euch verheißen habe, will ich eurem Samen geben, und sie sollen's besitzen ewiglich.

¹⁴Also gereute den HERRN das Übel, das er drohte seinem Volk zu tun.

¹⁵Mose wandte sich und stieg vom Berge und hatte zwei Tafeln des Zeugnisses in seiner Hand, die waren beschrieben auf beiden Seiten.

¹⁶Und Gott hatte sie selbst gemacht und selber die Schrift eingegraben.

¹⁷Da nun Josua hörte des Volks Geschrei, daß sie jauchzten, sprach er zu Mose: Es ist ein Geschrei im Lager wie im Streit.

¹⁸Er antwortete: Es ist nicht ein Geschrei gegeneinander derer, die obliegen und unterliegen, sondern ich höre ein Geschrei eines Singetanzes.

¹⁹Als er aber nahe zum Lager kam und das Kalb und den Reigen sah, ergrimmte er mit Zorn und warf die Tafeln aus seiner Hand und zerbrach sie unten am Berge

²⁰und nahm das Kalb, das sie gemacht hatten, und zerschmelzte es mit Feuer und zermalmte es zu Pulver und stäubte es aufs Wasser und gab's den Kindern Israel zu trinken

²¹und sprach zu Aaron: Was hat dir das Volk getan, daß du eine so große Sünde über sie gebracht hast?

²²Aaron sprach: Mein Herr lasse seinen Zorn nicht ergrimmen. Du weißt, daß dies Volk böse ist.

²³Sie sprachen zu mir: Mache uns Götter, die vor uns her gehen; denn wir wissen nicht, wie es diesem Manne Mose geht, der uns aus Ägyptenland geführt hat.

²⁴Ich sprach zu ihnen: Wer Gold hat, der reiß es ab und gebe es mir. Und ich warf's ins Feuer; daraus ist das Kalb geworden.

²⁵Da nun Mose sah, daß das Volk zuchtlos geworden war (denn Aaron hatte sie zuchtlos gemacht, zum Geschwätz bei ihren Widersachern),

²⁶trat er an das Tor des Lagers und sprach: Her zu mir, wer dem HERRN angehört! Da sammelten sich zu ihm alle Kinder Levi.

²⁷Und er sprach zu ihnen: So spricht der HERR, der Gott Israels: Gürte ein jeglicher sein Schwert um seine Lenden und durchgehet hin und zurück von einem Tor zum andern das Lager, und erwürge ein jeglicher seinen Bruder, Freund und Nächsten.

²⁸Die Kinder Levi taten, wie ihnen Mose gesagt hatte; und fielen des Tages vom Volk dreitausend Mann.

²⁹Da sprach Mose: Füllet heute eure Hände dem HERRN, ein jeglicher an seinem Sohn und Bruder, daß heute über euch der Segen gegeben werde.

³⁰Des Morgens sprach Mose zum Volk: Ihr habt eine große Sünde getan; nun will ich hinaufsteigen zu dem HERRN, ob ich vielleicht eure Sünde versöhnen möge.

³¹Als nun Mose wieder zum HERRN kam, sprach er: Ach, das Volk hat eine große Sünde getan, und sie haben sich goldene Götter gemacht.

³²Nun vergib ihnen ihre Sünde; wo nicht, so tilge mich auch aus deinem Buch, das du geschrieben hast.

³³Der HERR sprach zu Mose: Was? Ich will den aus meinem Buch tilgen, der an mir sündigt.

³⁴So gehe nun hin und führe das Volk, dahin ich dir gesagt habe. Siehe, mein Engel soll vor dir her gehen. Ich werde ihre Sünde wohl heimsuchen, wenn meine Zeit kommt heimzusuchen.

³⁵Also strafte der HERR das Volk, daß sie das Kalb hatten gemacht, welches Aaron gemacht hatte.

Kapitel 33

¹Der HERR sprach zu Mose: Gehe, ziehe von dannen, du und das Volk, das du aus Ägyptenland geführt hast, in das Land, das ich Abraham, Isaak und Jakob geschworen habe und gesagt: Deinem Samen will ich's geben;

²und ich will vor dir her senden einen Engel und ausstoßen die Kanaaniter, Amoriter, Hethiter, Pheresiter, Heviter und Jebusiter,

³dich zu bringen in das Land, darin Milch und Honig fließt. Ich will nicht mit dir hinaufziehen, denn du bist ein halsstarriges Volk; ich möchte dich unterwegs vertilgen.

⁴Da das Volk diese böse Rede hörte, trugen sie Leid, und niemand trug seinen Schmuck an sich.

⁵Und der HERR sprach zu Mose: Sage zu den Kindern Israel: Ihr seid ein halsstarriges Volk. Wo ich nur einen Augenblick mit dir hinaufzöge, würde ich dich vertilgen. Und nun lege deinen Schmuck von dir, daß ich wisse, was ich dir tun soll.

⁶Also taten die Kinder Israel ihren Schmuck von sich vor dem Berge Horeb.

⁷Mose aber nahm die Hütte und schlug sie auf draußen, ferne vom Lager, und hieß sie eine Hütte des Stifts. Und wer den HERRN fragen wollte, mußte herausgehen zur Hütte des Stifts vor das Lager.

⁸Und wenn Mose ausging zur Hütte so stand alles Volk auf und trat ein jeglicher in seiner Hütte Tür und sahen ihm nach, bis er in die Hütte kam.

⁹Und wenn Mose in die Hütte kam, so kam die Wolkensäule hernieder und stand in der Hütte Tür und redete mit Mose.

¹⁰Und alles Volk sah die Wolkensäule in der Hütte Tür stehen, und standen auf und neigten sich, ein jeglicher in seiner Hütte Tür.

¹¹Der HERR aber redete mit Mose von Angesicht zu Angesicht, wie ein Mann mit seinem Freunde redet. Und wenn er wiederkehrte zum Lager, so wich sein Diener Josua, der Sohn Nuns, der Jüngling, nicht aus der Hütte.

¹²Und Mose sprach zu dem HERRN: Siehe, du sprichst zu mir: Führe das Volk hinauf! und läßt mich nicht wissen, wen du mit mir senden willst, so du doch gesagt hast: Ich kenne dich mit Namen, und du hast Gnade vor meinen Augen gefunden.

¹³Habe ich denn Gnade vor deinen Augen gefunden, so laß mich deinen Weg wissen, damit ich dich kenne und Gnade vor deinen Augen finde. Und siehe doch, daß dies Volk dein Volk ist.

¹⁴Er sprach: Mein Angesicht soll vorangehen; damit will ich dich leiten.

¹⁵Er aber sprach zu ihm: Wo nicht dein Angesicht vorangeht, so führe uns nicht von dannen hinauf.

¹⁶Denn wobei soll doch erkannt werden, daß ich und dein Volk vor deinen Augen Gnade gefunden haben, außer wenn du mit uns gehst, auf daß ich und dein Volk gerühmt werden vor allem Volk, das auf dem Erdboden ist?

¹⁷Der HERR sprach zu Mose: Was du jetzt geredet hast, will ich auch tun; denn du hast Gnade vor meinen Augen gefunden, und ich kenne dich mit Namen.

¹⁸Er aber sprach: So laß mich deine Herrlichkeit sehen.

Exodus

¹⁹Und er sprach: Ich will vor deinem Angesicht alle meine Güte vorübergehen lassen und will ausrufen des HERRN Namen vor dir. Wem ich aber gnädig bin, dem bin ich gnädig; und wes ich mich erbarme, des erbarme ich mich.

²⁰Und sprach weiter: Mein Angesicht kannst du nicht sehen; denn kein Mensch wird leben, der mich sieht.

²¹Und der HERR sprach weiter: Siehe, es ist ein Raum bei mir; da sollst du auf dem Fels stehen.

²²Wenn denn nun meine Herrlichkeit vorübergeht, will ich dich in der Felskluft lassen stehen und meine Hand ob dir halten, bis ich vorübergehe.

²³Und wenn ich meine Hand von dir tue, wirst du mir hintennach sehen; aber mein Angesicht kann man nicht sehen.

Kapitel 34

¹Und der HERR sprach zu Mose: Haue dir zwei steinerne Tafeln, wie die ersten waren, daß ich die Worte darauf schreibe, die auf den ersten Tafeln waren, welche du zerbrochen hast.

²Und sei morgen bereit, daß du früh auf den Berg Sinai steigest und daselbst zu mir tretest auf des Berges Spitze.

³Und laß niemand mit dir hinaufsteigen, daß niemand gesehen werde um den ganzen Berg her; auch kein Schaf noch Rind laß weiden gegen diesen Berg hin.

⁴Und Mose hieb zwei steinerne Tafeln, wie die ersten waren, und stand des Morgens früh auf und stieg auf den Berg Sinai, wie ihm der HERR geboten hatte, und nahm die zwei steinernen Tafeln in seine Hand.

⁵Da kam der HERR hernieder in einer Wolke und trat daselbst zu ihm und rief aus des HERRN Namen.

⁶Und der HERR ging vor seinem Angesicht vorüber und rief: HERR, HERR, GOTT, barmherzig und gnädig und geduldig und von großer Gnade und Treue!

⁷der da bewahrt Gnade in tausend Glieder und vergibt Missetat, Übertretung und Sünde, und vor welchem niemand unschuldig ist; der die Missetat der Väter heimsucht auf Kinder und Kindeskinder bis ins dritte und vierte Glied.

⁸Und Mose neigte sich eilend zu der Erde und betete an

⁹und sprach: Habe ich, HERR, Gnade vor deinen Augen gefunden, so gehe der HERR mit uns; denn es ist ein halstarriges Volk, daß du unsrer Missetat und Sünde gnädig seist und lassest uns dein Erbe sein.

¹⁰Und er sprach: Siehe, ich will einen Bund machen vor allem deinem Volk und will Wunder tun, dergleichen nicht geschaffen sind in allen Landen und unter allen Völkern, und alles Volk, darunter du bist, soll sehen des HERRN Werk; denn wunderbar soll sein, was ich bei dir tun werde.

¹¹Halte, was ich dir heute gebiete. Siehe, ich will vor dir her ausstoßen die Amoriter, Kanaaniter, Hethiter, Pheresiter, Heviter und Jebusiter.

¹²Hüte dich, daß du nicht einen Bund machest mit den Einwohnern des Landes, da du hineinkommst, daß sie dir nicht ein Fallstrick unter dir werden;

¹³sondern ihre Altäre sollst du umstürzen und ihre Götzen zerbrechen und ihre Haine ausrotten;

¹⁴denn du sollst keinen andern Gott anbeten. Denn der HERR heißt ein Eiferer; ein eifriger Gott ist er.

¹⁵Daß du nicht einen Bund mit des Landes Einwohnern machest, und wenn sie ihren Göttern nachlaufen und opfern ihren Göttern, sie dich nicht laden und du von ihrem Opfer essest,

¹⁶und daß du nehmest deinen Söhnen ihre Töchter zu Weibern und dieselben dann ihren Göttern nachlaufen und machen deine Söhne auch ihren Göttern nachlaufen.

¹⁷Du sollst dir keine gegossenen Götter machen.

¹⁸Das Fest der ungesäuerten Brote sollst du halten. Sieben Tage sollst du ungesäuertes Brot essen, wie ich dir geboten habe, um die Zeit des Monats Abib; denn im Monat Abib bist du aus Ägypten gezogen.

¹⁹Alles, was die Mutter bricht, ist mein; was männlich sein wird in deinem Vieh, das seine Mutter bricht, es sei Ochse oder Schaf.

²⁰Aber den Erstling des Esels sollst du mit einem Schaf lösen. Wo du es aber nicht lösest, so brich ihm das Genick. Alle Erstgeburt unter deinen Söhnen sollst du lösen. Und daß niemand vor mir leer erscheine!

²¹Sechs Tage sollst du arbeiten; am siebenten Tage sollst du feiern, mit Pflügen und mit Ernten.

²²Das Fest der Wochen sollst du halten mit den Erstlingen der Weizenernte, und das Fest der Einsammlung, wenn das Jahr um ist.

²³Dreimal im Jahr soll alles, was männlich ist, erscheinen vor dem Herrscher, dem HERRN und Gott Israels.

²⁴Wenn ich die Heiden vor dir ausstoßen und deine Grenze erweitern werde, soll niemand deines Landes begehren, die weil du hinaufgehst dreimal im Jahr, zu erscheinen vor dem HERRN, deinem Gott.

²⁵Du sollst das Blut meines Opfers nicht opfern neben gesäuertem Brot, und das Opfer des Osterfestes soll nicht über Nacht bleiben bis an den Morgen.

²⁶Die Erstlinge von den Früchten deines Ackers sollst du in das Haus des HERRN, deines Gottes, bringen. Du sollst das Böcklein nicht kochen in seiner Mutter Milch.

²⁷Und der HERR sprach zu Mose: Schreib diese Worte: denn nach diesen Worten habe ich mit dir und mit Israel einen Bund gemacht.

²⁸Und er war allda bei dem HERRN vierzig Tage und vierzig Nächte und aß kein Brot und trank kein Wasser. Und er schrieb auf die Tafeln die Worte des Bundes, die Zehn Worte.

²⁹Da nun Mose vom Berge Sinai ging, hatte er die zwei Tafeln des Zeugnisses in seiner Hand und wußte nicht, daß die Haut seines Angesichts glänzte davon, daß er mit ihm geredet hatte.

³⁰Und da Aaron und alle Kinder Israel sahen, daß die Haut seines Angesichts glänzte, fürchteten sie sich, zu ihm zu nahen.

³¹Da rief sie Mose; und sie wandten sich zu ihm, Aaron und alle Obersten der Gemeinde; und er redete mit ihnen.

³²Darnach nahten alle Kinder Israel zu ihm. Und er gebot ihnen alles, was der HERR mit ihm geredet hatte auf dem Berge Sinai.

³³Und da er solches alles mit ihnen geredet hatte, legte er eine Decke auf sein Angesicht.

³⁴Und wenn er hineinging vor den HERRN, mit ihm zu reden, tat er die Decke ab, bis er wieder herausging. Und wenn er herauskam und redete mit den Kindern Israel, was ihm geboten war,

³⁵so sahen dann die Kinder Israel sein Angesicht an, daß die Haut seines Angesichts glänzte; so tat er wieder die Decke auf sein Angesicht, bis er wieder hineinging, mit ihm zu reden.

Kapitel 35

¹Und Mose versammelte die ganze Gemeinde der Kinder Israel und sprach zu ihnen: Das ist's, was der HERR geboten hat, das ihr tun sollt:

²Sechs Tage sollt ihr arbeiten; den siebenten Tag aber sollt ihr heilig halten als einen Sabbat der Ruhe des HERRN. Wer an dem arbeitet, soll sterben.

³Ihr sollt kein Feuer anzünden am Sabbattag in allen euren Wohnungen.

⁴Und Mose sprach zu der ganzen Gemeinde der Kinder Israel: Das ist's, was der HERR geboten hat:

⁵Gebt unter euch ein Hebopfer dem HERRN, also daß das Hebopfer des HERRN ein jeglicher willig bringe, Gold, Silber, Erz,

⁶blauen und roten Purpur, Scharlach, weiße Leinwand und Ziegenhaar,

⁷rötliche Widderfelle, Dachsfelle und Akazienholz,

⁸Öl zur Lampe und Spezerei zur Salbe und zu gutem Räuchwerk,

⁹Onyxsteine und eingefaßte Steine zum Leibrock und zum Amtschild.

¹⁰Und wer unter euch verständig ist, der komme und mache, was der HERR geboten hat:

¹¹nämlich die Wohnung mit ihrer Hütte und Decke, Haken, Brettern, Riegeln, Säulen und Füßen;

¹²die Lade mit ihren Stangen, den Gnadenstuhl und Vorhang;

¹³den Tisch mit seinen Stangen und allem seinem Geräte und die Schaubrote;

¹⁴den Leuchter, zu leuchten, und sein Gerät und seine Lampen und das Öl zum Licht;

¹⁵den Räuchaltar mit seinen Stangen, die Salbe und Spezerei zum Räuchwerk; das Tuch vor der Wohnung Tür;

¹⁶den Brandopferaltar mit seinem ehernen Gitter, Stangen und allem seinem Geräte; das Handfaß mit seinem Fuße;

¹⁷den Umhang des Vorhofs mit seinen Säulen und Füßen und das Tuch des Tors am Vorhof;

¹⁸die Nägel der Wohnung und des Vorhofs mit ihren Seilen;

¹⁹die Kleider des Amts zum Dienst im Heiligen, die heiligen Kleider Aarons, des Priesters, mit den Kleidern seiner Söhne zum Priestertum.

²⁰Da ging die ganze Gemeinde der Kinder Israel aus von Mose.

²¹Und alle, die es gern und willig gaben, kamen und brachten das Hebopfer dem HERRN zum Werk der Hütte des Stifts und zu allem ihren Dienst und zu den heiligen Kleidern.

²²Es brachten aber beide, Mann und Weib, wer's willig tat, Spangen, Ohrringe, Ringe und Geschmeide und allerlei goldenes Gerät. Dazu brachte jedermann Gold zum Webeopfer dem HERRN.

²³Und wer bei sich fand blauen und roten Purpur, Scharlach, weiße Leinwand, Ziegenhaar, rötliche Widderfelle und Dachsfelle, der brachte es.

²⁴Und wer Silber und Erz hob, der brachte es zur Hebe dem HERRN. Und wer Akazienholz bei sich fand, der brachte es zu allerlei Werk des Gottesdienstes.

²⁵Und welche verständige Weiber waren, die spannen mit ihren Händen und brachten ihr Gespinnst, blauen und roten Purpur, Scharlach und weiße Leinwand.

²⁶Und welche Weiber solche Arbeit konnten und willig dazu waren, die spannen Ziegenhaare.

²⁷Die Fürsten aber brachten Onyxsteine und eingefaßte Steine zum Leibrock und zum Schild

²⁸und Spezerei und Öl zu den Lichtern und zur Salbe und zum guten Räuchwerk.

²⁹Also brachte die Kinder Israel willig, beide, Mann und Weib, zu allerlei Werk, das der HERR geboten hatte durch Mose, daß man's machen sollte.

³⁰Und Mose sprach zu den Kindern Israel: Sehet, der HERR hat mit Namen berufen den Bezaleel, den Sohn Uris, des Sohnes Hur, vom Stamme Juda,

³¹und hat ihn erfüllt mit dem Geist Gottes, daß er weise, verständig, geschickt sei zu allerlei Werk,

³²kunstreich zu arbeiten an Gold, Silber und Erz,

³³Edelsteine zu schneiden und einzusetzen, Holz zu zimmern, zu machen allerlei kunstreiche Arbeit.

³⁴Und hat ihm ins Herz gegeben, zu unterweisen, ihm und Oholiab, dem Sohn Ahisamachs, vom Stamme Dan.

³⁵Er hat ihr Herz mit Weisheit erfüllt, zu machen allerlei Werk, zu schneiden, zu wirken und zu sticken mit blauem und rotem Purpur, Scharlach und weißer Leinwand, und mit Weben, daß sie machen allerlei Werk und kunstreiche Arbeit erfinden.

Kapitel 36

¹Da arbeiteten Bezaleel und Oholiab und alle weisen Männer, denen der HERR Weisheit und Verstand gegeben hatte, zu wissen, wie sie allerlei Werk machen sollten zum Dienst des Heiligtums, nach allem, was der HERR geboten hatte.

²Und Mose berief den Bezaleel und Oholiab und alle weisen Männer, denen der HERR Weisheit gegeben hatte in ihr Herz, alle, die sich freiwillig erboten und hinzutraten, zu arbeiten an dem Werke.

³Und sie nahmen zu sich von Mose alle Hebe, die die Kinder Israel brachten zu dem Werke des Dienstes des Heiligtums, daß es gemacht würde. Denn sie brachten alle Morgen ihre willige Gabe zu ihm.

⁴Da kamen alle Weisen, die am Werk des Heiligtums arbeiteten, ein jeglicher von seinem Werk, das sie machten,

⁵und sprachen zu Mose: Das Volk bringt zu viel, mehr denn zum Werk dieses Dienstes not ist, das der HERR zu machen geboten hat.

⁶Da gebot Mose, daß man rufen ließ durchs Lager: Niemand tue mehr zur Hebe des Heiligtums. Da hörte das Volk auf zu bringen.

⁷Denn des Dinges war genug zu allerlei Werk, das zu machen war, und noch übrig.

⁸Also machten alle weisen Männer unter den Arbeitern am Werk die Wohnung, zehn Teppiche von gezwirnter weißer Leinwand, blauem und rotem Purpur und Scharlach, und Cherubim daran von kunstreicher Arbeit.

⁹Die Länge eines Teppichs war achtundzwanzig Ellen und die Breite vier Ellen, und waren alle in einem Maß.

¹⁰Und er fügte je fünf Teppiche zu einem Stück zusammen, einen an den andern.

¹¹Und machte blaue Schleifen an jegliches Stück am Rande, wo die zwei Stücke sollten zusammengeheftet werden,

¹²fünfzig Schleifen an jegliches Stück, daß eine Schleife der anderen gegenüberstünde.

¹³Und machte fünfzig goldene Haken und heftete die Teppiche mit den Haken einen an den andern zusammen, daß es eine Wohnung würde.

¹⁴Und er machte elf Teppiche von Ziegenhaaren, zur Hütte über die Wohnung,

¹⁵dreißig Ellen lang und vier Ellen breit, alle in einem Maß.

¹⁶Und fügte ihrer fünf zusammen auf einen Teil und sechs zusammen auf den andern Teil.

¹⁷Und machte fünfzig Schleifen an jegliches Stück am Rande, wo die Stücke sollten zusammengeheftet werden.

¹⁸Und machte je fünfzig eherne Haken, daß die Hütte damit zusammen in eins gefügt würde.

¹⁹Und machte eine Decke über die Hütte von rötlichen Widderfellen und über die noch eine Decke von Dachsfellen.

²⁰Und machte Bretter zur Wohnung von Akazienholz, die stehen sollten,

²¹ein jegliches zehn Ellen lang und anderthalb Ellen breit

²²und an jeglichem zwei Zapfen, damit eins an das andere gesetzt würde. Also machte er alle Bretter zur Wohnung,

²³daß der Bretter zwanzig gegen Mittag standen.

²⁴Und machte vierzig silberne Füße darunter, unter jeglich Brett zwei Füße an seine zwei Zapfen.

²⁵Also zur andern Seite der Wohnung, gegen Mitternacht, machte er auch zwanzig Bretter

²⁶mit vierzig silbernen Füßen, unter jeglichem Brett zwei Füße.

²⁷Aber hinten an der Wohnung, gegen Abend, machte er sechs Bretter

²⁸und zwei andere hinten an den zwei Ecken der Wohnung,

²⁹daß ein jegliches der beiden sich mit seinem Eckbrett von untenauf gesellte und oben am Haupt zusammenkäme mit einer Klammer,

³⁰daß der Bretter acht würden und sechzehn silberne Füße, unter jeglichem zwei Füße.

³¹Und er machte Riegel von Akazienholz, fünf zu den Brettern auf der einen Seite der Wohnung

³²und fünf auf der andern Seite und fünf hintenan, gegen Abend.

³³Und machte den mittleren Riegel, daß er mitten an den Brettern hindurchgestoßen würde von einem Ende zum andern.

³⁴Und überzog die Bretter mit Gold; aber ihre Ringe machte er von Gold, daß man die Riegel darein täte, und überzog die Riegel mit Gold.

³⁵Und machte den Vorhang mit dem Cherubim daran künstlich von blauem und rotem Purpur, Scharlach und gezwirnter weißer Leinwand.

³⁶Und machte zu demselben vier Säulen von Akazienholz und überzog sie mit Gold, und ihre Haken von Gold; und goß dazu vier silberne Füße.

³⁷Und machte ein Tuch in der Tür der Hütte von blauem und rotem Purpur, Scharlach und gezwirnter weißer Leinwand, gestickt,

³⁸und fünf Säulen dazu mit ihren Haken, und überzog ihre Köpfe und Querstäbe mit Gold und fünf eherne Füße daran.

Kapitel 37

¹Und Bezaleel machte die Lade von Akazienholz, dritthalb Ellen lang, anderthalb Ellen breit und hoch,

²und überzog sie mit feinem Golde inwendig und auswendig und machte ihr einen goldenen Kranz umher.

³Und goß vier goldene Ringe an ihre vier Ecken, auf jeglicher Seite zwei.

⁴Und machte Stangen von Akazienholz und überzog sie mit Gold

⁵und tat sie in die Ringe an der Lade Seiten, daß man sie tragen konnte.

⁶Und machte den Gnadenstuhl von feinem Golde, dritthalb Ellen lang und anderthalb Ellen breit.

⁷Und machte zwei Cherubim von getriebenem Golde an die zwei Enden des Gnadenstuhls,

⁸einen Cherub an diesem Ende, den andern an jenem Ende.

⁹Und die Cherubim breiteten ihre Flügel aus von obenher und deckten damit den Gnadenstuhl; und ihre Antlitze standen gegeneinander und sahen auf den Gnadenstuhl.

¹⁰Und er machte den Tisch von Akazienholz, zwei Ellen lang, eine Elle breit und anderthalb Ellen hoch,

¹¹und überzog ihn mit feinem Golde und machte ihm einen goldenen Kranz umher.

¹²Und machte ihm eine Leiste umher, eine Handbreit hoch, und machte einen goldenen Kranz um die Leiste her.

¹³Und goß dazu vier goldene Ringe und tat sie an die vier Ecken an seinen vier Füßen,

¹⁴hart an der Leiste, daß die Stangen darin wären, daran man den Tisch trüge.

¹⁵Und machte die Stangen von Akazienholz und überzog sie mit Gold, daß man den Tisch damit trüge.

¹⁶Und machte auch von feinem Golde das Gerät auf den Tisch: Schüsseln und Löffel, Kannen und Schalen, darin man das Trankopfer darbrächte.

¹⁷Und er machte den Leuchter von feinem, getriebenem Golde. Daran war der Schaft mit Röhren, Schalen, Knäufen und Blumen.

¹⁸Sechs Röhren gingen zu seinen Seiten aus, zu jeglicher Seite drei Röhren.

¹⁹Drei Schalen waren an jeglichem Rohr mit Knäufen und Blumen.

²⁰An dem Leuchter aber waren vier Schalen mit Knäufen und Blumen,

²¹je ein Knauf unter zwei von den sechs Röhren, die aus ihm gingen,

²²und die Knäufe und Röhren gingen aus ihm, und war alles aus getriebenem, feinem Gold.

²³Und machte die sieben Lampen mit ihren Lichtschnäuzen und Löschnäpfen von feinem Gold.

²⁴Aus einem Zentner feinen Goldes machte er ihn und all sein Gerät.

²⁵Er machte auch den Räucheraltar von Akazienholz, eine Elle lang und breit, gleich viereckig, und zwei Ellen hoch, mit seinen Hörnern,

²⁶und überzog ihn mit feinem Golde, sein Dach und seine Wände ringsumher und seine Hörner, und machte ihm einen Kranz umher von Gold

²⁷und zwei goldene Ringe unter dem Kranz zu beiden Seiten, daß man Stangen darein täte und ihn damit trüge.

²⁸Aber die Stangen machte er von Akazienholz und überzog sie mit Gold.

²⁹Und er machte die heilige Salbe und Räuchwerk von reiner Spezerei nach der Kunst des Salbenbereiters.

Kapitel 38

¹Und er machte den Brandopferaltar von Akazienholz, fünf Ellen lang und breit, gleich viereckig, und drei Ellen hoch.

²Und machte vier Hörner, die aus ihm gingen auf seinen vier Ecken, und überzog sie mit Erz.

³Und machte allerlei Geräte zu dem Altar: Aschentöpfe, Schaufeln, Becken, Gabeln, Kohlenpfannen, alles aus Erz.

⁴Und machte am Altar ein Gitter wie ein Netz von Erz umher, von untenauf bis an die Hälfte des Altars.

⁵Und goß vier Ringe an die vier Enden des ehernen Gitters für die Stangen.

⁶Dieselben machte er aus Akazienholz und überzog sie mit Erz

⁷und tat sie in die Ringe an den Seiten des Altars, daß man ihn damit trüge; und machte ihn inwendig hohl.

⁸Und machte ein Handfaß von Erz und seinen Fuß auch von Erz aus Spiegeln der Weiber, die vor der Tür der Hütte des Stifts dienten.

⁹Und er machte den Vorhof: Gegen Mittag mit einem Umhang, hundert Ellen lang, von gezwirnter weißer Leinwand,

¹⁰mit seinen zwanzig Säulen und zwanzig Füßen von Erz, aber ihre Haken und Querstäbe von Silber;

¹¹desgleichen gegen Mitternacht hundert Ellen mit zwanzig Säulen und zwanzig Füßen von Erz, aber ihre Haken und Querstäbe von Silber;

¹²gegen Abend aber fünfzig Ellen mit zehn Säulen und zehn Füßen, aber ihre Haken und Querstäbe von Silber;

¹³gegen Morgen auch fünfzig Ellen;

¹⁴fünfzehn Ellen auf einer Seite mit drei Säulen und drei Füßen,

¹⁵und auf der andern Seite auch fünfzehn Ellen mit drei Säulen und drei Füßen, daß ihrer so viele waren an der einen Seite des Tors am Vorhofe als an der andern.

¹⁶Alle Umhänge des Vorhofs waren von gezwirnter weißer Leinwand

¹⁷und die Füße der Säulen von Erz und ihre Haken und Querstäbe von Silber, also daß ihre Köpfe überzogen waren mit Silber. Und ihre Querstäbe waren silbern an allen Säulen des Vorhofs.

¹⁸Und das Tuch in dem Tor des Vorhofs machte er gestickt von blauem und rotem Purpur, Scharlach und gezwirnter weißer Leinwand, zwanzig Ellen lang und fünf Ellen hoch, nach dem Maß der Umhänge des Vorhofs.

¹⁹Dazu vier Säulen und vier Füße von Erz, und ihre Haken von Silber und ihre Köpfe und ihre Querstäbe überzogen mit Silber.

²⁰Und alle Nägel der Wohnung und des Vorhofs ringsherum waren von Erz.

²¹Das ist nun die Summe zu der Wohnung des Zeugnisses, die gezählt ward, wie Mose geboten hatte, durch den Dienst der Leviten unter der Hand Ithamars, des Sohnes Aarons, des Priesters.

²²Bezaleel, der Sohn Uris, des Sohnes Hur, vom Stamme Juda, machte alles, wie der HERR dem Mose geboten hatte,

²³und mit ihm Oholiab, der Sohn Ahisamachs, vom Stamme Dan, ein Meister zu schneiden, zu wirken und zu sticken mit blauem und rotem Purpur, Scharlach und weißer Leinwand.

²⁴Alles Gold, das verarbeitet ist in diesem ganzen Werk des Heiligtums, das zum Webeopfer gegeben ward, ist neunundzwanzig Zentner siebenhundertunddreißig Lot nach dem Lot des Heiligtums.

²⁵Des Silbers aber, das von der Gemeinde kam, war hundert Zentner tausendsiebenhundertfünfzig Lot nach dem Lot des Heiligtums:

²⁶so manch Haupt, so manch halbes Lot nach dem Lot des Heiligtums, von allen, die gezählt wurden von zwanzig Jahren an und darüber, sechshundertmaltausend dreitausend fünfhundertundfünfzig.

²⁷Aus den hundert Zentnern Silber goß man die Füße des Heiligtums und die Füße des Vorhangs, hundert Füße aus hundert Zentnern, je einen Zentner zum Fuß.

²⁸Aber aus tausend siebenhundert und fünfundsiebzig Loten wurden gemacht der Säulen Haken, und ihre Köpfe überzogen und ihre Querstäbe.

²⁹Das Webeopfer aber des Erzes war siebzig Zentner zweitausendvierhundert Lot.

³⁰Daraus wurden gemacht die Füße in der Tür der Hütte des Stifts und der eherne Altar und das eherne Gitter daran und alle Geräte des Altars,

³¹dazu die Füße des Vorhofs ringsherum und die Füße des Tores am Vorhofe, alle Nägel der Wohnung und alle Nägel des Vorhofs ringsherum.

Kapitel 39

¹Aber von dem blauen und roten Purpur und dem Scharlach machten sie Aaron Amtskleider, zu dienen im Heiligtum, wie der HERR Mose geboten hatte.

²Und er machte den Leibrock von Gold, blauem und rotem Purpur, Scharlach und gezwirnter weißer Leinwand.

³Und sie schlugen das Gold und schnitten's zu Faden, daß man's künstlich wirken konnte unter den blauen und roten Purpur, Scharlach und weiße Leinwand.

⁴Schulterstücke machten sie an ihm, die zusammengingen, und an beiden Enden ward er zusammengebunden.

⁵Und sein Gurt war nach derselben Kunst und Arbeit von Gold, blauem und rotem Purpur, Scharlach und gezwirnter weißer Leinwand, wie der HERR dem Mose geboten hatte.

⁶Und sie machten zwei Onyxsteine, umher gefaßt mit Gold, gegraben durch die Steinschneider mit den Namen der Kinder Israel;

⁷und er heftete sie auf die Schulterstücke des Leibrocks, daß es Steine seien zum Gedächtnis der Kinder Israel, wie der HERR dem Mose geboten hatte.

⁸Und sie machten das Schild nach der Kunst und dem Werk des Leibrocks von Gold, blauem und rotem Purpur, Scharlach und gezwirnter weißer Leinwand,

⁹daß es viereckig und zwiefach war, eine Spanne lang und breit.

¹⁰Und füllten es mit vier Reihen Steinen: die erste Reihe war ein Sarder, Topas und Smaragd;

¹¹die andere ein Rubin, Saphir und Demant;

¹²die dritte ein Lynkurer, Achat und Amethyst;

¹³die vierte ein Türkis, Onyx und Jaspis, umher gefaßt mit Gold in allen Reihen.

¹⁴Und die Steine standen nach den zwölf Namen der Kinder Israel, gegraben durch die Steinschneider, daß auf einem jeglichen ein Name stand nach den zwölf Stämmen.

¹⁵Und sie machten am Schild Ketten mit zwei Enden von feinem Golde

¹⁶und zwei goldene Fassungen und zwei goldene Ringe und hefteten die zwei Ringe auf die zwei Ecken des Schildes.

¹⁷Und die zwei goldenen Ketten taten sie in die zwei Ringe auf den Ecken des Schildes.

¹⁸Aber die zwei Enden der Ketten taten sie an die zwei Fassungen und hefteten sie auf die Schulterstücke des Leibrocks vornehin.

¹⁹Und machten zwei andere goldene Ringe und hefteten sie an die zwei andern Ecken des Schildes an seinen Rand, inwendig gegen den Leibrock.

²⁰Und sie machten zwei andere goldene Ringe, die taten sie unten an die zwei Schulterstücke vorn am Leibrock, wo er zusammengeht, oben über dem Gurt des Leibrocks,

²¹daß das Schild mit seinen Ringen an die Ringe des Leibrocks geknüpft würde mit einer blauen Schnur, daß es über dem Gurt des Leibrocks hart anläge und nicht vom Leibrock los würde, wie der HERR dem Mose geboten hatte.

²²Und machte einen Purpurrock zum Leibrock, gewirkt, ganz von blauem Purpur,

²³und sein Loch oben mitteninne und eine Borte ums Loch her gefaltet, daß er nicht zerrisse.

²⁴Und sie machten an seinen Saum Granatäpfel von blauem und

rotem Purpur, Scharlach und gezwirnter weißer Leinwand.

²⁵Und machten Schellen von feinem Golde; die taten sie zwischen die Granatäpfel ringsumher am Saum des Purpurrocks,

²⁶je ein Granatapfel und eine Schelle um und um am Saum, darin zu dienen, wie der HERR dem Mose geboten hatte.

²⁷Und sie machten auch die engen Röcke, von weißer Leinwand gewirkt, Aaron und seinen Söhnen,

²⁸und den Hut von weißer Leinwand und die schönen Hauben von weißer Leinwand und Beinkleider von gezwirnter weißer Leinwand

²⁹und den gestickten Gürtel von gezwirnter weißer Leinwand, blauem und rotem Purpur und Scharlach, wie der HERR dem Mose geboten hatte.

³⁰Sie machten auch das Stirnblatt, die heilige Krone, von feinem Gold, und gruben Schrift darein: Heilig dem HERRN.

³¹Und banden eine blaue Schnur daran, daß sie an den Hut von obenher geheftet würde, wie der HERR dem Mose geboten hatte.

³²Also ward vollendet das ganze Werk der Wohnung der Hütte des Stifts. Und die Kinder Israel taten alles, was der HERR dem Mose geboten hatte.

³³Und sie brachten die Wohnung zu Mose: die Hütte und alle ihre Geräte, Haken, Bretter, Riegel, Säulen, Füße,

³⁴die Decke von rötlichen Widderfellen, die Decke von Dachsfellen und den Vorhang;

³⁵die Lade des Zeugnisses mit ihren Stangen, den Gnadenstuhl;

³⁶den Tisch und alle seine Geräte und die Schaubrote;

³⁷den schönen Leuchter mit den Lampen zubereitet und allem seinen Geräte und Öl zum Licht;

³⁸den Goldenen Altar und die Salbe und gutes Räuchwerk; das Tuch in der Hütte Tür;

³⁹den ehernen Altar und sein ehernes Gitter mit seinen Stangen und allem seinem Geräte; das Handfaß mit seinem Fuß;

⁴⁰die Umhänge des Vorhofs mit seinen Säulen und Füßen; das Tuch im Tor des Vorhofs mit seinen Seilen und Nägeln und allem Gerät zum Dienst der Wohnung der Hütte des Stifts;

⁴¹die Amtskleider des Priesters Aaron, zu dienen im Heiligtum, und die Kleider seiner Söhne, daß sie Priesteramt täten.

⁴²Alles, wie der HERR dem Mose geboten hatte, taten die Kinder Israel an allem diesem Dienst.

⁴³Und Mose sah an all dies Werk; und siehe, sie hatten es gemacht, wie der HERR geboten hatte. Und er segnete sie.

Kapitel 40

¹Und der HERR redete mit Mose und sprach:

²Du sollst die Wohnung der Hütte des Stifts aufrichten am ersten Tage des ersten Monats.

³und sollst darein setzen die Lade des Zeugnisses und vor die Lade den Vorhang hängen.

⁴Und sollst den Tisch darbringen und ihn zubereiten und den Leuchter darstellen und die Lampen darauf setzen.

⁵Und sollst den goldenen Räucheraltar setzen vor die Lade des Zeugnisses und das Tuch in der Tür der Wohnung aufhängen.

⁶Den Brandopferaltar aber sollst du setzen heraus vor die Tür der Wohnung der Hütte des Stifts,

⁷und das Handfaß zwischen die Hütte des Stifts und den Altar, und Wasser darein tun,

⁸und den Vorhof stellen umher, und das Tuch in der Tür des Vorhofs aufhängen.

⁹Und sollst die Salbe nehmen, und die Wohnung und alles, was darin ist, salben; und sollst sie weihen mit allem ihrem Geräte, daß sie heilig sei.

¹⁰Und sollst den Brandopferaltar salben mit allem seinem Geräte, und weihen, daß er hochheilig sei.

¹¹Sollst auch das Handfaß und seinen Fuß salben und weihen.

¹²Und sollst Aaron und seine Söhne vor die Tür der Hütte des Stifts führen und mit Wasser waschen,

¹³und Aaron die heiligen Kleider anziehen und ihn salben und weihen, daß er mein Priester sei;

¹⁴und seine Söhne auch herzuführen und ihnen die engen Röcke anziehen,

¹⁵und sie salben, wie du ihren Vater gesalbt hast, daß sie meine Priester seien. Und diese Salbung sollen sie haben zum ewigen Priestertum bei ihren Nachkommen.

¹⁶Und Mose tat alles, wie ihm der HERR geboten hatte.

¹⁷Also ward die Wohnung aufgerichtet im zweiten Jahr, am ersten Tage des ersten Monats.

¹⁸Und da Mose sie aufrichtete, setzte er die Füße und die Bretter und Riegel und richtete die Säulen auf

¹⁹und breitete die Hütte aus über der Wohnung und legte die Decke der Hütte obendarauf, wie der HERR ihm geboten hatte,

²⁰und nahm das Zeugnis und legte es in die Lade und tat die Stangen an die Lade und tat den Gnadenstuhl oben auf die Lade

²¹und brachte die Lade in die Wohnung und hing den Vorhang vor die Lade des Zeugnisses, wie ihm der HERR geboten hatte,

²²und setzte den Tisch in die Hütte des Stifts, an die Seite der Wohnung gegen Mitternacht, außen vor den Vorhang,

²³und richtete Brot darauf zu vor dem HERRN, wie ihm der HERR geboten hatte,

²⁴und setzte den Leuchter auch hinein, gegenüber dem Tisch, an die Seite der Wohnung gegen Mittag,

²⁵und tat Lampen darauf vor dem HERRN, wie ihm der HERR geboten hatte,

²⁶und setzte den goldenen Altar hinein vor den Vorhang

²⁷und räucherte darauf mit gutem Räuchwerk, wie ihm der HERR geboten hatte,

²⁸und hing das Tuch in die Tür der Wohnung.

²⁹Aber den Brandopferaltar setzte er vor die Tür der Wohnung der Hütte des Stifts und opferte darauf Brandopfer und Speisopfer, wie ihm der HERR geboten hatte.

³⁰Und das Handfaß setzte er zwischen die Hütte des Stifts und den Altar und tat Wasser darein zum Waschen.

³¹Und Mose, Aaron und seine Söhne wuschen ihre Hände und Füße darin.

³²Denn sie müssen sich waschen, wenn sie in die Hütte des Stifts gehen oder hinzutreten zum Altar, wie ihm der HERR geboten hatte.

³³Und er richtete den Vorhof auf um die Wohnung und um den Altar her und hing den Vorhang in das Tor des Vorhofs. Also vollendete Mose das ganze Werk.

³⁴Da bedeckte die Wolke die Hütte des Stifts, und die Herrlichkeit des HERRN füllte die Wohnung.

³⁵Und Mose konnte nicht in die Hütte des Stifts gehen, weil die Wolke darauf blieb und die Herrlichkeit des HERRN die Wohnung füllte.

³⁶Und wenn die Wolke sich aufhob von der Wohnung, so zogen die Kinder Israel, solange sie reisten.

³⁷Wenn sich aber die Wolke nicht aufhob, so zogen sie nicht bis an den Tag, da sie sich aufhob.

³⁸Denn die Wolke des HERRN war des Tages auf der Wohnung, und des Nachts war sie feurig vor den Augen des ganzen Hauses Israel, solange sie reisten.

Levitikus

Kapitel 1

¹Und der HERR rief Mose und redete mit ihm aus der Hütte des Stifts und sprach:

²Rede mit den Kindern Israel und sprich zu ihnen: Welcher unter euch dem HERRN ein Opfer tun will, der tue es von dem Vieh, von Rindern und Schafen.

³Will er ein Brandopfer tun von Rindern, so opfere er ein Männlein, das ohne Fehl sei, vor der Tür der Hütte des Stifts, daß es dem HERRN angenehm sei von ihm,

⁴und lege seine Hand auf des Brandopfers Haupt, so wird es angenehm sein und ihn versöhnen.

⁵Und er soll das junge Rind schlachten vor dem HERRN; und die Priester, Aarons Söhne, sollen das Blut herzubringen und auf den Altar umhersprengen, der vor der Tür der Hütte des Stifts ist.

⁶Und man soll dem Brandopfer die Haut abziehen, und es soll in Stücke zerhauen werden;

⁷und die Söhne Aarons, des Priesters, sollen ein Feuer auf dem Altar machen und Holz obendarauf legen

⁸und sollen die Stücke, den Kopf und das Fett auf das Holz legen, das auf dem Feuer auf dem Altar liegt.

⁹Das Eingeweide aber und die Schenkel soll man mit Wasser waschen, und der Priester soll das alles anzünden auf dem Altar zum Brandopfer. Das ist ein Feuer zum süßen Geruch dem HERRN.

¹⁰Will er aber von Schafen oder Ziegen ein Brandopfer tun, so opfere er ein Männlein, das ohne Fehl sei.

¹¹Und soll es schlachten zur Seite des Altars gegen Mitternacht vor dem HERRN. Und die Priester, Aarons Söhne, sollen sein Blut auf den Altar umhersprengen.

¹²Und man soll es in Stücke zerhauen, und der Priester soll sie samt dem Kopf und dem Fett auf das Holz und Feuer, das auf dem Altar ist, legen.

¹³Aber das Eingeweide und die Schenkel soll man mit Wasser waschen, und der Priester soll es alles opfern und anzünden auf dem Altar zum Brandopfer. Das ist ein Feuer zum süßen Geruch dem HERRN.

¹⁴Will er aber von Vögeln dem HERRN ein Brandopfer tun, so tue er's von Turteltauben oder von jungen Tauben.

¹⁵Und der Priester soll's zum Altar bringen und ihm den Kopf abkneipen, daß es auf dem Altar angezündet werde, und sein Blut ausbluten lassen an der Wand des Altars.

¹⁶Und seinen Kropf mit seinen Federn soll man neben den Altar gegen Morgen auf den Aschenhaufen werfen;

¹⁷und soll seine Flügel spalten, aber nicht abbrechen. Und also soll's der Priester auf dem Altar anzünden, auf dem Holz, auf dem Feuer zum Brandopfer. Das ist ein Feuer zum süßen Geruch dem HERRN.

Kapitel 2

¹Wenn eine Seele dem HERRN ein Speisopfer tun will, so soll es von Semmelmehl sein, und sie sollen Öl darauf gießen und Weihrauch darauf legen

²und es also bringen zu den Priestern, Aarons Söhnen. Da soll der Priester seine Hand voll nehmen von dem Semmelmehl und Öl, samt dem ganzen Weihrauch und es anzünden zum Gedächtnis auf dem Altar. Das ist ein Feuer zum süßen Geruch dem HERRN.

³Das übrige aber vom Speisopfer soll Aarons und seiner Söhne sein. Das soll ein Hochheiliges sein von den Feuern des HERRN.

⁴Will er aber sein Speisopfer tun vom Gebackenen im Ofen, so nehme er Kuchen von Semmelmehl, ungesäuert, mit Öl gemengt, oder ungesäuerte Fladen, mit Öl bestrichen.

⁵Ist aber dein Speisopfer etwas vom Gebackenen in der Pfanne, so soll's von ungesäuertem Semmelmehl mit Öl gemengt sein;

⁶und sollst's in Stücke zerteilen und Öl darauf gießen, so ist's ein Speisopfer.

⁷Ist aber dein Speisopfer etwas auf dem Rost Geröstetes, so sollst du es von Semmelmehl mit Öl machen

⁸und sollst das Speisopfer, das du von solcherlei machen willst dem HERRN, zu dem Priester bringen; der soll es zu dem Altar bringen

⁹und des Speisopfers einen Teil abzuheben zum Gedächtnis und anzünden auf dem Altar. Das ist ein Feuer zum süßen Geruch dem HERRN.

¹⁰Das übrige aber soll Aarons und seiner Söhne sein. Das soll ein Hochheiliges sein von den Feuern des HERRN.

¹¹Alle Speisopfer, die ihr dem HERRN opfern wollt, sollt ihr ohne Sauerteig machen; denn kein Sauerteig noch Honig soll dem HERRN zum Feuer angezündet werden.

¹²Unter den Erstlingen sollt ihr sie dem HERRN bringen; aber auf den Altar sollen sie nicht kommen zum süßen Geruch.

¹³Alle deine Speisopfer sollst du salzen, und dein Speisopfer soll nimmer ohne Salz des Bundes deines Gottes sein; denn in allem deinem Opfer sollst du Salz opfern.

¹⁴Willst du aber ein Speisopfer dem HERRN tun von den ersten Früchten, so sollst du Ähren, am Feuer gedörrt, klein zerstoßen und also das Speisopfer deiner ersten Früchte opfern;

¹⁵und sollst Öl darauf tun und Weihrauch darauf legen, so ist's ein Speisopfer.

¹⁶Und der Priester soll einen Teil von dem Zerstoßenen und vom Öl mit dem ganzen Weihrauch anzünden zum Gedächtnis. Das ist ein Feuer dem HERRN.

Kapitel 3

¹Ist aber sein Opfer ein Dankopfer von Rindern, es sei ein Ochse oder eine Kuh, soll er eins opfern vor dem HERRN, das ohne Fehl sei.

²Und soll seine Hand auf desselben Haupt legen und es schlachten vor der Tür der Hütte des Stifts. Und die Priester, Aarons Söhne, sollen das Blut auf den Altar umhersprengen.

³Und er soll von dem Dankopfer dem HERRN opfern, nämlich das Fett, welches die Eingeweide bedeckt, und alles Fett am Eingeweide

⁴und die zwei Nieren mit dem Fett, das daran ist, an den Lenden, und das Netz um die Leber, an den Nieren abgerissen.

⁵Und Aarons Söhne sollen's anzünden auf dem Altar zum Brandopfer, auf dem Holz, das auf dem Feuer liegt. Das ist ein Feuer zum süßen Geruch dem HERRN.

⁶Will er aber dem HERRN ein Dankopfer von kleinem Vieh tun, es sei ein Widder oder Schaf, so soll's ohne Fehl sein.

⁷Ist's ein Lämmlein, soll er's vor den HERRN bringen

⁸und soll seine Hand auf desselben Haupt legen und es schlachten vor der Hütte des Stifts. Und die Söhne Aarons sollen sein Blut auf dem Altar umhersprengen.

⁹Und er soll also von dem Dankopfer dem HERRN opfern zum Feuer, nämlich sein Fett, den ganzen Schwanz, von dem Rücken abgerissen, dazu das Fett, welches das Eingeweide bedeckt, und alles Fett am Eingeweide,

¹⁰die zwei Nieren mit dem Fett, das daran ist, an den Lenden, und das Netz um die Leber, an den Nieren abgerissen.

¹¹Und der Priester soll es anzünden auf dem Altar zur Speise des Feuers dem HERRN.

¹²Ist aber sein Opfer eine Ziege und er bringt es vor den HERRN,

¹³soll er seine Hand auf ihr Haupt legen und sie schlachten vor der Hütte des Stifts. Und die Söhne Aarons sollen das Blut auf dem Altar umhersprengen,

¹⁴und er soll davon opfern ein Opfer dem HERRN, nämlich das Fett, welches die Eingeweide bedeckt, und alles Fett am Eingeweide,

¹⁵die zwei Nieren mit dem Fett, das daran ist, an den Lenden, und das Netz über der Leber, an den Nieren abgerissen.

¹⁶Und der Priester soll's anzünden auf dem Altar zur Speise des Feuers zum süßen Geruch. Alles Fett ist des HERRN.

¹⁷Das sei eine ewige Sitte bei euren Nachkommen in allen Wohnungen, daß ihr kein Fett noch Blut esset.

Kapitel 4

¹Und der HERR redete mit Mose und sprach:

²Rede mit den Kindern Israel und sprich: Wenn eine Seele sündigen würde aus Versehen an irgend einem Gebot des HERRN und täte, was sie nicht tun sollte:

³nämlich so der Priester, der gesalbt ist, sündigen würde, daß er eine Schuld auf das Volk brächte, der soll für seine Sünde, die er getan hat, einen jungen Farren bringen, der ohne Fehl sei, dem HERRN zum Sündopfer.

⁴Und soll den Farren vor die Tür der Hütte des Stifts bringen vor den HERRN und seine Hand auf desselben Haupt legen und ihn schlachten vor dem HERRN.

⁵Und der Priester, der gesalbt ist, soll von des Farren Blut nehmen und es in die Hütte des Stifts bringen

⁶und soll seinen Finger in das Blut tauchen und damit siebenmal sprengen vor dem HERRN, vor dem Vorhang im Heiligen.

⁷Und soll von dem Blut tun auf die Hörner des Räucheraltars, der vor dem HERRN in der Hütte des Stifts steht, und alles übrige Blut gießen an den Boden des Brandopferaltars, der vor der Tür der Hütte

des Stifts steht.

⁸Und alles Fett des Sündopfers soll er abheben, nämlich das Fett, welches das Eingeweide bedeckt, und alles Fett am Eingeweide,

⁹die zwei Nieren mit dem Fett, das daran ist, an den Lenden, und das Netz über der Leber, an den Nieren abgerissen,

¹⁰gleichwie er's abhebt vom Ochsen im Dankopfer; und soll es anzünden auf dem Brandopferaltar.

¹¹Aber das Fell des Farren mit allem Fleisch samt Kopf und Schenkeln und das Eingeweide und den Mist,

¹²das soll er alles hinausführen aus dem Lager an eine reine Stätte, da man die Asche hin schüttet, und soll's verbrennen auf dem Holz mit Feuer.

¹³Wenn die ganze Gemeinde Israel etwas versehen würde und die Tat vor ihren Augen verborgen wäre, daß sie wider irgend ein Gebot des HERRN getan hätten, was sie nicht tun sollten, und also sich verschuldeten,

¹⁴und darnach ihrer Sünde innewürden, die sie getan hätten, sollen sie einen jungen Farren darbringen zum Sündopfer und vor die Tür der Hütte des Stifts stellen.

¹⁵Und die Ältesten von der Gemeinde sollen ihre Hände auf sein Haupt legen vor dem HERRN und den Farren schlachten vor dem HERRN.

¹⁶Und der Priester, der gesalbt ist, soll Blut vom Farren in die Hütte des Stifts bringen

¹⁷und mit seinem Finger siebenmal sprengen vor dem HERRN vor dem Vorhang.

¹⁸Und soll von dem Blut auf die Hörner des Altars tun, der vor dem HERRN steht in der Hütte des Stifts, und alles andere Blut an den Boden des Brandopferaltars gießen, der vor der Tür der Hütte des Stifts steht.

¹⁹Alles sein Fett aber soll er abheben und auf dem Altar anzünden.

²⁰Und soll mit dem Farren tun, wie er mit dem Farren des Sündopfers getan hat. Und soll also der Priester sie versöhnen, so wird's ihnen vergeben.

²¹Und soll den Farren hinaus vor das Lager tragen und verbrennen, wie er den vorigen Farren verbrannt hat. Das soll das Sündopfer der Gemeinde sein.

²²Wenn aber ein Fürst sündigt und irgend etwas wider des HERRN, seines Gottes, Gebote tut, was er nicht tun sollte, und versieht etwas, daß er verschuldet,

²³und er wird seiner Sünde inne, die er getan hat, der soll zum Opfer bringen einen Ziegenbock ohne Fehl,

²⁴und seine Hand auf des Bockes Haupt legen und ihn schlachten an der Stätte, da man die Brandopfer schlachtet vor dem HERRN. Das sei sein Sündopfer.

²⁵Da soll denn der Priester von dem Blut des Sündopfers nehmen mit seinem Finger und es auf die Hörner des Brandopferaltars tun und das andere Blut an den Boden des Altars gießen.

²⁶Aber alles sein Fett soll er auf dem Altar anzünden gleich wie das Fett des Dankopfers. Und soll also der Priester seine Sünde versöhnen, so wird's ihm vergeben.

²⁷Wenn aber eine Seele vom gemeinen Volk etwas versieht und sündigt, daß sie wider irgend eines der Gebote des HERRN tut, was sie nicht tun sollte, und sich also verschuldet,

²⁸und ihrer Sünde innewird, die sie getan hat, die soll zum Opfer eine Ziege bringen ohne Fehl für die Sünde, die sie getan hat,

²⁹und soll ihre Hand auf des Sündopfers Haupt legen und es schlachten an der Stätte des Brandopfers.

³⁰Und der Priester soll von dem Blut mit seinem Finger nehmen und auf die Hörner des Altars des Brandopfers tun und alles andere Blut an des Altars Boden gießen.

³¹All sein Fett aber soll er abreißen, wie er das Fett des Dankopfers abgerissen hat, und soll's anzünden auf dem Altar zum süßen Geruch dem HERRN. Und soll also der Priester sie versöhnen, so wird's ihr vergeben.

³²Wird er aber ein Schaf zum Sündopfer bringen, so bringe er ein weibliches, das ohne Fehl ist,

³³und lege seine Hand auf des Sündopfers Haupt und schlachte es zum Sündopfer an der Stätte, da man die Brandopfer schlachtet.

³⁴Und der Priester soll von dem Blut mit seinem Finger nehmen und auf die Hörner des Brandopferaltars tun und alles andere Blut an den Boden des Altars gießen.

³⁵Aber all sein Fett soll er abreißen, wie er das Fett vom Schaf des Dankopfers abgerissen hat, und soll's auf dem Altar anzünden zum Feuer dem HERRN. Und soll also der Priester versöhnen seine Sünde, die er getan hat, so wird's ihm vergeben.

Kapitel 5

¹Wenn jemand also sündigen würde, daß er den Fluch aussprechen hört und Zeuge ist, weil er's gesehen oder erfahren hat, es aber nicht ansagt, der ist einer Missetat schuldig.

²Oder wenn jemand etwas Unreines anrührt, es sei ein Aas eines unreinen Tieres oder Viehs oder Gewürms, und wüßte es nicht, der ist unrein und hat sich verschuldet.

³Oder wenn er einen unreinen Menschen anrührt, in was für Unreinigkeit der Mensch unrein werden kann, und wüßte es nicht und wird's inne, der hat sich verschuldet.

⁴Oder wenn jemand schwört, daß ihm aus dem Mund entfährt, Schaden oder Gutes zu tun (wie denn einem Menschen ein Schwur entfahren mag, ehe er's bedächte), und wird's inne, der hat sich an der einem verschuldet.

⁵Wenn's nun geschieht, daß er sich an einem verschuldet und bekennt, daß er daran gesündigt hat,

⁶so soll er für seine Schuld dieser seiner Sünde, die er getan hat, dem HERRN bringen von der Herde eine Schaf-oder Ziegenmutter zum Sündopfer, so soll ihm der Priester seine Sünden versöhnen.

⁷Vermag er aber nicht ein Schaf, so bringe er dem HERRN für seine Schuld, die er getan hat, zwei Turteltauben oder zwei junge Tauben, die erste zum Sündopfer, die andere zum Brandopfer,

⁸und bringe sie dem Priester. Der soll die erste zum Sündopfer machen, und ihr den Kopf abkneipen hinter dem Genick, und nicht abbrechen;

⁹und sprenge mit dem Blut des Sündopfers an die Seite des Altars, und lasse das übrige Blut ausbluten an des Altars Boden. Das ist das Sündopfer,

¹⁰Die andere aber soll er zum Brandopfer machen, so wie es recht ist. Und soll also der Priester ihm seine Sünde versöhnen, die er getan hat, so wird's ihm vergeben.

¹¹Vermag er aber nicht zwei Turteltauben oder zwei junge Tauben, so bringe er für seine Sünde als ein Opfer ein zehntel Epha Semmelmehl zum Sündopfer. Er soll aber kein Öl darauf legen noch Weihrauch darauf tun; denn es ist ein Sündopfer.

¹²Und soll's zum Priester bringen. Der Priester aber soll eine Handvoll davon nehmen zum Gedächtnis und anzünden auf dem Altar zum Feuer dem HERRN. Das ist ein Sündopfer.

¹³Und der Priester soll also seine Sünde, die er getan hat, ihm versöhnen, so wird's ihm vergeben. Und es soll dem Priester gehören wie ein Speisopfer.

¹⁴Und der HERR redete mit Mose und sprach:

¹⁵Wenn sich jemand vergreift, daß er es versieht und sich versündigt an dem, das dem HERRN geweiht ist, soll er ein Schuldopfer dem HERRN bringen, einen Widder ohne Fehl von der Herde, der zwei Silberlinge wert sei nach dem Lot des Heiligtums, zum Schuldopfer.

¹⁶Dazu was er gesündigt hat an dem Geweihten, soll er wiedergeben und den fünften Teil darüber geben, und soll's dem Priester geben; der soll ihn versöhnen mit dem Widder des Schuldopfers, so wird's ihm vergeben.

¹⁷Wenn jemand sündigt und tut wider irgend ein Gebot des HERRN, was er nicht tun sollte, und hat's nicht gewußt, der hat sich verschuldet und ist einer Missetat schuldig

¹⁸und soll bringen einen Widder von der Herde ohne Fehl, der eines Schuldopfers wert ist, zum Priester; der soll ihm versöhnen, was er versehen hat und wußte es nicht, so wird's ihm vergeben.

¹⁹Das ist das Schuldopfer; verschuldet hat er sich an dem HERRN.

Kapitel 6

¹Und der HERR redete mit Mose und sprach:

²Wenn jemand sündigen würde und sich damit an dem Herrn vergreifen, daß er seinem Nebenmenschen ableugnet, was ihm dieser befohlen hat, oder was ihm zu treuer Hand getan ist, oder was er sich mit Gewalt genommen oder mit Unrecht an sich gebracht,

³oder wenn er, was verloren ist, gefunden hat, und leugnet solches und tut einen falschen Eid über irgend etwas, darin ein Mensch wider seinen Nächsten Sünde tut;

⁴wenn's nun geschieht, daß er also sündigt und sich verschuldet, so soll er wiedergeben, was er mit Gewalt genommen oder mit Unrecht an sich gebracht, oder was ihm befohlen ist, oder was er gefunden hat,

⁵oder worüber er den falschen Eid getan hat; das soll er alles ganz wiedergeben, dazu den fünften Teil darüber geben dem, des es gewesen ist, des Tages, wenn er sein Schuldopfer gibt.

⁶Aber für seine Schuld soll er dem HERRN zu dem Priester einen Widder von der Herde ohne Fehl bringen, der eines Schuldopfers wert ist.

⁷So soll ihn der Priester versöhnen vor dem HERRN, so wird ihm

vergeben alles, was er getan hat, darum er sich verschuldet hat.

⁸Und der HERR redete mit Mose und sprach:

⁹Gebiete Aaron und seinen Söhnen und sprich: Dies ist das Gesetz des Brandopfers. Das Brandopfer soll brennen auf dem Herd des Altars die ganze Nacht bis an den Morgen, und es soll des Altars Feuer brennend darauf erhalten werden.

¹⁰Und der Priester soll seinen leinenen Rock anziehen und die leinenen Beinkleider an seinen Leib und soll die Asche aufheben, die das Feuer auf dem Altar gemacht hat, und soll sie neben den Altar schütten.

¹¹und soll seine Kleider darnach ausziehen und andere Kleider anziehen und die Asche hinaustragen aus dem Lager an eine reine Stätte.

¹²Das Feuer auf dem Altar soll brennen und nimmer verlöschen; der Priester soll alle Morgen Holz darauf anzünden und obendarauf das Brandopfer zurichten und das Fett der Dankopfer darauf anzünden.

¹³Ewig soll das Feuer auf dem Altar brennen und nimmer verlöschen.

¹⁴Und das ist das Gesetz des Speisopfers, das Aarons Söhne opfern sollen vor dem HERRN auf dem Altar.

¹⁵Es soll einer abheben eine Handvoll Semmelmehl vom Speisopfer und vom Öl und den ganzen Weihrauch, der auf dem Speisopfer liegt, und soll's anzünden auf dem Altar zum süßen Geruch, ein Gedächtnis dem HERRN.

¹⁶Das übrige aber sollen Aaron und seine Söhne verzehren und sollen's ungesäuert essen an heiliger Stätte, im Vorhof der Hütte des Stifts.

¹⁷Sie sollen's nicht mit Sauerteig backen; denn es ist ihr Teil, den ich ihnen gegeben habe von meinem Opfer. Es soll ihnen ein Hochheiliges sein gleichwie das Sündopfer und Schuldopfer.

¹⁸Was männlich ist unter den Kindern Aarons, die sollen's essen. Das sei ein ewiges Recht euren Nachkommen an den Opfern des HERRN: es soll sie niemand anrühren, er sei den geweiht.

¹⁹Und der HERR redete mit Mose und sprach:

²⁰Das soll das Opfer sein Aarons und seiner Söhne, das sie dem HERRN opfern sollen am Tage der Salbung: ein zehntel Epha Semmelmehl als tägliches Speisopfer, eine Hälfte des Morgens, die andere Hälfte des Abends.

²¹In der Pfanne mit Öl sollst du es machen und geröstet darbringen; und in Stücken gebacken sollst du solches opfern zum süßen Geruch dem HERRN.

²²Und der Priester, der unter seinen Söhnen an seiner Statt gesalbt wird, soll solches tun; das ist ein ewiges Recht. Es soll dem HERRN ganz verbrannt werden;

²³denn alles Speisopfer eines Priesters soll ganz verbrannt und nicht gegessen werden.

²⁴Und der HERR redete mit Mose und sprach:

²⁵Sage Aaron und seinen Söhnen und sprich: Dies ist das Gesetz des Sündopfers. An der Stätte, da du das Brandopfer schlachtest, sollst du auch das Sündopfer schlachten vor dem HERRN; das ist ein Hochheiliges.

²⁶Der Priester, der das Sündopfer tut, soll's essen an heiliger Stätte, im Vorhof der Hütte des Stifts.

²⁷Niemand soll sein Fleisch anrühren, er sei denn geweiht. Und wer von seinem Blut ein Kleid besprengt, der soll das besprengte Stück waschen an heiliger Stätte.

²⁸Und den Topf, darin es gekocht ist, soll man zerbrechen. Ist's aber ein eherner Topf, so soll man ihn scheuern und mit Wasser spülen.

²⁹Was männlich ist unter den Priestern, die sollen davon essen; denn es ist ein Hochheiliges.

³⁰Aber all das Sündopfer, des Blut in die Hütte des Stifts gebracht wird, zu versöhnen im Heiligen, soll man nicht essen, sondern mit Feuer verbrennen.

Kapitel 7

¹Und dies ist das Gesetz des Schuldopfers. Ein Hochheiliges ist es.

²An der Stätte, da man das Brandopfer schlachtet, soll man auch das Schuldopfer schlachten und sein Blut auf dem Altar umhersprengen.

³Und all sein Fett soll man opfern, den Schwanz und das Fett, welches das Eingeweide bedeckt,

⁴die zwei Nieren mit dem Fett, das daran ist, an den Lenden, und das Netz über der Leber, an den Nieren abgerissen.

⁵Und der Priester soll's auf dem Altar anzünden zum Feuer dem HERRN. Das ist ein Schuldopfer.

⁶Was männlich ist unter den Priestern, die sollen das essen an heiliger Stätte; denn es ist ein Hochheiliges.

⁷Wie das Sündopfer, also soll auch das Schuldopfer sein; aller beider soll einerlei Gesetz sein; und sollen dem Priester gehören, der dadurch versöhnt.

⁸Welcher Priester jemandes Brandopfer opfert, des soll des Brandopfers Fell sein, das er geopfert hat.

⁹Und alles Speisopfer, das im Ofen oder auf dem Rost oder in der Pfanne gebacken ist, soll dem Priester gehören, der es opfert.

¹⁰Und alles Speisopfer, das mit Öl gemengt oder trocken ist, soll aller Kinder Aarons sein, eines wie des andern.

¹¹Und dies ist das Gesetz des Dankopfers, das man dem HERRN opfert.

¹²Wollen sie ein Lobopfer tun, so sollen sie ungesäuerte Kuchen opfern, mit Öl gemengt, oder ungesäuerte Fladen, mit Öl bestrichen, oder geröstete Semmelkuchen, mit Öl gemengt.

¹³Sie sollen aber solches Opfer tun auf Kuchen von gesäuertem Brot mit ihrem Lob-und Dankopfer,

¹⁴und sollen einen von den allen dem HERRN zur Hebe opfern, und es soll dem Priester gehören, der das Blut des Dankopfers sprengt.

¹⁵Und das Fleisch ihres Lob-und Dankopfers soll desselben Tages gegessen werden, da es geopfert ist, und nichts übriggelassen werden bis an den Morgen.

¹⁶Ist es aber ein Gelübde oder freiwilliges Opfer, so soll es desselben Tages, da es geopfert ist, gegessen werden; so aber etwas übrigbleibt auf den andern Tag, soll man's doch essen.

¹⁷Aber was vom geopferten Fleisch übrigbleibt am dritten Tage, soll mit Feuer verbrannt werden.

¹⁸Und wo jemand am dritten Tage wird essen von dem geopferten Fleisch seines Dankopfers, so wird er nicht angenehm sein, der es geopfert hat; es wird ihm auch nicht zugerechnet werden, sondern es wird ein Greuel sein; und welche Seele davon essen wird, die ist einer Missetat schuldig.

¹⁹Und das Fleisch, das von etwas Unreinem berührt wird, soll nicht gegessen, sondern mit Feuer verbrannt werden. Wer reines Leibes ist, soll von dem Fleisch essen.

²⁰Und welche Seele essen wird von dem Fleisch des Dankopfers, das dem HERRN zugehört, und hat eine Unreinigkeit an sich, die wird ausgerottet werden von ihrem Volk.

²¹Und wenn eine Seele etwas Unreines anrührt, es sei ein unreiner Mensch, ein unreines Vieh oder sonst was greulich ist, und vom Fleisch des Dankopfers ißt, das dem HERRN zugehört, die wird ausgerottet werden von ihrem Volk.

²²Und der HERR redete mit Mose und sprach:

²³Rede mit den Kindern Israel und sprich: Ihr sollt kein Fett essen von Ochsen, Lämmern und Ziegen.

²⁴Aber das Fett vom Aas, und was vom Wild zerrissen ist, macht euch zu allerlei Nutz; aber essen sollt ihr's nicht.

²⁵Denn wer das Fett ißt von dem Vieh, davon man dem HERRN Opfer bringt, dieselbe Seele soll ausgerottet werde von ihrem Volk.

²⁶Ihr sollt auch kein Blut essen, weder vom Vieh noch von Vögeln, überall, wo ihr wohnt.

²⁷Welche Seele würde irgend ein Blut essen, die soll ausgerottet werden von ihrem Volk.

²⁸Und der HERR redete mit Mose und sprach:

²⁹Rede mit den Kindern Israel und sprich: Wer dem HERRN sein Dankopfer tun will, der soll darbringen, was vom Dankopfer dem HERRN gehört.

³⁰Er soll's aber mit seiner Hand herzubringen zum Opfer des HERRN; nämlich das Fett soll er bringen samt der Brust, daß sie ein Webeopfer werden vor dem HERRN.

³¹Und der Priester soll das Fett anzünden auf dem Altar, aber die Brust soll Aarons und seiner Söhne sein.

³²Und die rechte Schulter sollen sie dem Priester geben zur Hebe von ihren Dankopfern.

³³Und welcher unter Aarons Söhnen das Blut der Dankopfer opfert und das Fett, des soll die rechte Schulter sein zu seinem Teil.

³⁴Denn die Webebrust und die Hebeschulter habe ich genommen von den Kindern Israel von ihren Dankopfern und habe sie dem Priester Aaron und seinen Söhnen gegeben zum ewigen Recht.

³⁵Dies ist die Gebühr Aarons und seiner Söhne von den Opfern des HERRN, des Tages, da sie überantwortet wurden Priester zu sein dem HERRN,

³⁶die der HERR gebot am Tage, da er sie salbte, daß sie ihnen gegeben werden sollte von den Kindern Israel, zum ewigen Recht allen ihren Nachkommen.

³⁷Dies ist das Gesetz des Brandopfers, des Speisopfers, des Sündopfers, des Schuldopfers, der Füllopfer und der Dankopfer,

³⁸das der HERR dem Mose gebot auf dem Berge Sinai des Tages, da er ihm gebot an die Kinder Israel, zu opfern ihre Opfer dem HERRN in der Wüste Sinai.

Kapitel 8

¹Und der HERR redete mit Mose und sprach:

²Nimm Aaron und seine Söhne mit ihm samt ihren Kleidern und das Salböl und einen Farren zum Sündopfer, zwei Widder und einen Korb mit ungesäuertem Brot,

³und versammle die ganze Gemeinde vor die Tür der Hütte des Stifts.

⁴Mose tat, wie ihm der HERR gebot, und versammelte die Gemeinde vor die Tür der Hütte des Stifts

⁵und sprach zu ihnen: Das ist's, was der HERR geboten hat zu tun.

⁶Und nahm Aaron und seine Söhne und wusch sie mit Wasser

⁷und legte ihnen den leinenen Rock an und gürtete sie mit dem Gürtel und zog ihnen den Purpurrock an und tat ihm den Leibrock an und Gürtete ihn über den Leibrock her

⁸und tat ihm das Amtschild an und das Schild Licht und Recht

⁹und setzte ihm den Hut auf sein Haupt und setzte an den Hut oben an seiner Stirn das goldene Blatt der heiligen Krone, wie der HERR dem Mose geboten hatte.

¹⁰Und Mose nahm das Salböl und salbte die Wohnung und alles, was darin war, und weihte es

¹¹und sprengte damit siebenmal auf den Altar und salbte den Altar mit allem seinem Geräte, das Handfaß mit seinem Fuß, daß es geweiht würde,

¹²und goß von dem Salböl auf Aarons Haupt und salbte ihn, daß er geweiht würde,

¹³und brachte herzu Aarons Söhne und zog ihnen leinene Röcke an und gürtete sie mit dem Gürtel und band ihnen Hauben auf, wie ihm der HERR geboten hatte.

¹⁴Und ließ herzuführen einen Farren zum Sündopfer. Und Aaron und seine Söhne legten ihre Hände auf sein Haupt.

¹⁵Da schlachtete er ihn. Und Mose nahm das Blut und tat's auf die Hörner des Altars umher mit seinem Finger und entsündigte den Altar und goß das Blut an des Altars Boden und weihte ihn, daß er ihn versöhnte.

¹⁶Und nahm alles Fett am Eingeweide, das Netz über der Leber und die zwei Nieren mit dem Fett daran, und zündete es an auf dem Altar.

¹⁷Aber den Farren mit seinem Fell, Fleisch und Mist verbrannte er mit Feuer draußen vor dem Lager, wie ihm der HERR geboten hatte.

¹⁸Und brachte herzu einen Widder zum Brandopfer. Und Aaron und seine Söhne legten ihre Hände auf sein Haupt.

¹⁹Da schlachtete er ihn. Und Mose sprengte das Blut auf den Altar umher,

²⁰zerhieb den Widder in Stücke und zündete an das Haupt, die Stücke und das Fett

²¹und wusch die Eingeweide und Schenkel mit Wasser und zündete also den ganzen Widder an auf dem Altar. Das war ein Brandopfer zum süßen Geruch, ein Feuer dem HERRN, wie ihm der HERR geboten hatte.

²²Er brachte auch herzu den andern Widder des Füllopfers. Und Aaron und seine Söhne legten ihre Hände auf sein Haupt.

²³Da schlachtete er ihn. Und Mose nahm von seinem Blut und tat's Aaron auf den Knorpel seines rechten Ohrs und auf den Daumen seiner rechten Hand und auf die große Zehe seines rechten Fußes.

²⁴Und brachte herzu Aarons Söhne und tat von dem Blut auf den Knorpel des rechten Ohrs und auf den Daumen ihrer rechten Hand und auf die große Zehe ihres rechten Fußes und sprengte das Blut auf den Altar umher.

²⁵Und nahm das Fett und den Schwanz und alles Fett am Eingeweide und das Netz über der Leber, die zwei Nieren mit dem Fett daran und die rechte Schulter;

²⁶dazu nahm er von dem Korb des ungesäuerten Brots vor dem HERRN einen ungesäuerten Kuchen und einen Kuchen geölten Brots und einen Fladen und legte es auf das Fett und auf die rechte Schulter.

²⁷Und gab das allesamt auf die Hände Aarons und seiner Söhne und webte es zum Webeopfer vor dem HERRN.

²⁸Und nahm alles wieder von ihren Händen und zündete es an auf dem Altar oben auf dem Brandopfer. Ein Füllopfer war es zum süßen Geruch, ein Feuer dem HERRN.

²⁹Und Mose nahm die Brust und webte ein Webeopfer vor dem HERRN von dem Widder des Füllopfers; der ward Mose zu seinem Teil, wie ihm der HERR geboten hatte.

³⁰Und Mose nahm von dem Salböl und dem Blut auf dem Altar und sprengte es auf Aaron und seine Kleider, auf seine Söhne und ihre Kleider, und weihte also Aaron und seine Kleider, seine Söhne und ihre Kleider mit ihm.

³¹Und sprach zu Aaron und seinen Söhnen: Kochet das Fleisch vor der Tür der Hütte des Stifts, und esset es daselbst, dazu auch das Brot im Korbe des Füllopfers, wie mir geboten ist und gesagt, daß Aaron und seine Söhne es essen sollen.

³²Was aber übrigbleibt vom Fleisch und Brot, das sollt ihr mit Feuer verbrennen.

³³Und sollt in sieben Tagen nicht ausgehen von der Tür der Hütte des Stifts bis an den Tag, da die Tage eures Füllopfers aus sind; denn sieben Tage sind eure Hände gefüllt,

³⁴wie es an diesem Tage geschehen ist; der HERR hat's geboten zu tun, auf daß ihr versöhnt seid.

³⁵Und sollt vor der Tür der Hütte des Stifts Tag und Nacht bleiben sieben Tage lang und sollt nach dem Gebot des HERRN tun, daß ihr nicht sterbet; denn also ist mir's geboten.

³⁶Und Aaron und seine Söhne taten alles, was ihnen der HERR geboten hatte durch Mose.

Kapitel 9

¹Und am achten Tage rief Mose Aaron und seine Söhne und die Ältesten in Israel

²und sprach zu Aaron: Nimm zu dir ein junges Kalb zum Sündopfer und einen Widder zum Brandopfer, beide ohne Fehl, und bringe sie vor den Herrn.

³Und rede mit den Kindern Israel und sprich: Nehmt einen Ziegenbock zum Sündopfer und ein Kalb und ein Schaf, beide ein Jahr alt und ohne Fehl, zum Brandopfer

⁴und einen Ochsen und einen Widder zum Dankopfer, daß wir dem HERRN opfern, und ein Speisopfer, mit Öl gemengt. Denn heute wird euch der HERR erscheinen.

⁵Und sie nahmen, was Mose geboten hatte, vor der Tür der Hütte des Stifts; und es trat herzu die ganze Gemeinde und stand vor dem HERRN.

⁶Da sprach Mose: Das ist's, was der HERR geboten hat, daß ihr es tun sollt, so wird euch des HERRN Herrlichkeit erscheinen.

⁷Und Mose sprach zu Aaron: Tritt zum Altar und mache dein Sündopfer und dein Brandopfer und versöhne dich und das Volk; darnach mache des Volkes Opfer und versöhne sie auch, wie der HERR geboten hat.

⁸Und Aaron trat zum Altar und schlachtete das Kalb zu seinem Sündopfer.

⁹Und seine Söhne brachten das Blut zu ihm, und er tauchte mit seinem Finger ins Blut und tat's auf die Hörner des Altars und goß das Blut an des Altars Boden.

¹⁰Aber das Fett und die Nieren und das Netz von der Leber am Sündopfer zündete er an auf dem Altar, wie der HERR dem Mose geboten hatte.

¹¹Und das Fleisch und das Fell verbrannte er mit Feuer draußen vor dem Lager.

¹²Darnach schlachtete er das Brandopfer; und Aarons Söhne brachten das Blut zu ihm, und er sprengte es auf den Altar umher.

¹³Und sie brachten das Brandopfer zu ihm zerstückt und den Kopf; und er zündete es an auf dem Altar.

¹⁴Und er wusch das Eingeweide und die Schenkel und zündete es an oben auf dem Brandopfer auf dem Altar.

¹⁵Darnach brachte er herzu des Volks Opfer und nahm den Bock, das Sündopfer des Volks, und schlachtete ihn und machte ein Sündopfer daraus wie das vorige.

¹⁶Und brachte das Brandopfer herzu und tat damit, wie es recht war.

¹⁷Und brachte herzu das Speisopfer und nahm seine Hand voll und zündete es an auf dem Altar, außer dem Morgenbrandopfer.

¹⁸Darnach schlachtete er den Ochsen und den Widder zum Dankopfer des Volks; und seine Söhne brachten ihm das Blut, das sprengte er auf dem Altar umher.

¹⁹Aber das Fett vom Ochsen und vom Widder, den Schwanz und das Fett am Eingeweide und die Nieren und das Netz über der Leber:

²⁰alles solches Fett legten sie auf die Brust; und er zündete das Fett auf dem Altar.

²¹Aber die Brust und die rechte Schulter webte Aaron zum Webeopfer vor dem HERRN, wie der HERR dem Mose geboten hatte.

²²Und Aaron hob seine Hand auf zum Volk und segnete sie; und er stieg herab, da er das Sündopfer, Brandopfer und Dankopfer gemacht hatte.

²³Und Mose und Aaron gingen in die Hütte des Stifts; und da sie wieder herausgingen, segneten sie das Volk. Da erschien die Herrlichkeit des HERRN allem Volk.

²⁴Und ein Feuer ging aus von dem HERRN und verzehrte auf dem Altar das Brandopfer und das Fett. Da das alles Volk sah, frohlockten

Levitikus

sie und fielen auf ihr Antlitz.

Kapitel 10

¹Und die Söhne Aarons Nadab und Abihu nahmen ein jeglicher seinen Napf und taten Feuer darein und legten Räuchwerk darauf und brachten das fremde Feuer vor den HERRN, das er ihnen nicht geboten hatte.

²Da fuhr ein Feuer aus von dem HERRN und verzehrte sie, daß sie starben vor dem HERRN.

³Da sprach Mose zu Aaron: Das ist's, was der HERR gesagt hat: Ich erzeige mich heilig an denen, die mir nahe sind, und vor allem Volk erweise ich mich herrlich. Und Aaron schwieg still.

⁴Mose aber rief Misael und Elzaphan, die Söhne Usiels, Aarons Vettern, und sprach zu ihnen: Tretet hinzu und traget eure Brüder von dem Heiligtum hinaus vor das Lager.

⁵Und sie traten hinzu und trugen sie hinaus mit ihren leinenen Röcken vor das Lager, wie Mose gesagt hatte.

⁶Da sprach Mose zu Aaron und seinen Söhnen Eleasar und Ithamar: Ihr sollt eure Häupter nicht entblößen noch eure Kleider zerreißen, daß ihr nicht sterbet und der Zorn über die ganze Gemeinde komme. Laßt eure Brüder, das ganze Haus Israel, weinen über diesen Brand, den der HERR getan hat.

⁷Ihr aber sollt nicht ausgehen von der Tür der Hütte des Stifts, ihr möchtet sterben; denn das Salböl des HERRN ist auf euch. Und sie taten, wie Mose sagte.

⁸Der HERR aber redete mit Aaron und sprach:

⁹Du und deine Söhne mit dir sollt keinen Wein noch starkes Getränk trinken, wenn ihr in die Hütte des Stifts geht, auf daß ihr nicht sterbet. Das sei ein ewiges Recht allen euren Nachkommen,

¹⁰auf daß ihr könnt unterscheiden, was heilig und unheilig, was rein und unrein ist,

¹¹und daß ihr die Kinder Israel lehret alle Rechte, die der HERR zu ihnen geredet hat durch Mose.

¹²Und Mose redete mit Aaron und mit seinen noch übrigen Söhnen, Eleasar und Ithamar: Nehmet, was übriggeblieben ist vom Speisopfer an den Opfern des HERRN, und esset's ungesäuert bei dem Altar; denn es ist ein Hochheiliges.

¹³Ihr sollt's aber an heiliger Stätte essen; denn das ist dein Recht und deiner Söhne Recht an den Opfern des HERRN; denn so ist's mir geboten.

¹⁴Aber die Webebrust und die Hebeschulter sollst du und deine Söhne und deine Töchter mit dir essen an reiner Stätte; denn solch Recht ist dir und deinen Kindern gegeben an den Dankopfern der Kinder Israel.

¹⁵Denn die Hebeschulter und die Webebrust soll man zu den Opfern des Fetts bringen, daß sie zum Webeopfer gewebt werden vor dem HERRN; darum ist's dein und deiner Kinder zum ewigen Recht, wie der HERR geboten hat.

¹⁶Und Mose suchte den Bock des Sündopfers, und fand ihn verbrannt, Und er ward zornig über Eleasar und Ithamar, Aarons Söhne, die noch übrig waren, und sprach:

¹⁷Warum habt ihr das Sündopfer nicht gegessen an heiliger Stätte? denn es ist ein Hochheiliges, und er hat's euch gegeben, daß ihr die Missetat der Gemeinde tragen sollt, daß ihr sie versöhnet vor dem HERRN.

¹⁸Siehe, sein Blut ist nicht gekommen in das Heilige hinein. Ihr solltet es im Heiligen gegessen haben, wie mir geboten ist.

¹⁹Aaron aber sprach zu Mose: Siehe, heute haben sie ihr Sündopfer und ihr Brandopfer vor dem HERRN geopfert, und es ist mir also gegangen, wie du siehst; und ich sollte essen heute vom Sündopfer? Sollte das dem HERRN gefallen?

²⁰Da das Mose hörte, ließ er's sich gefallen.

Kapitel 11

¹Und der HERR redete mit Mose und Aaron und sprach zu ihnen:

²Redet mit den Kindern Israel und sprecht: Das sind die Tiere, die ihr essen sollt unter allen Tieren auf Erden.

³Alles, was die Klauen spaltet und wiederkäut unter den Tieren, das sollt ihr essen.

⁴Was aber wiederkäut und hat Klauen und spaltet sie doch nicht, wie das Kamel, das ist euch unrein, und ihr sollt's nicht essen.

⁵Die Kaninchen wiederkäuen wohl, aber sie spalten die Klauen nicht; darum sind sie unrein.

⁶Der Hase wiederkäut auch, aber er spaltet die Klauen nicht; darum ist er euch unrein.

⁷Und ein Schwein spaltet wohl die Klauen, aber es wiederkäut nicht; darum soll's euch unrein sein.

⁸Von dieser Fleisch sollt ihr nicht essen noch ihr Aas anrühren; denn sie sind euch unrein.

⁹Dies sollt ihr essen unter dem, was in Wassern ist: alles, was Floßfedern und Schuppen hat in Wassern, im Meer und in Bächen, sollt ihr essen.

¹⁰Alles aber, was nicht Floßfedern und Schuppen hat im Meer und in Bächen, unter allem, was sich regt in Wassern, und allem, was lebt im Wasser, soll euch eine Scheu sein,

¹¹daß ihr von ihrem Fleisch nicht eßt und vor ihrem Aas euch scheut.

¹²Denn alles, was nicht Floßfedern und Schuppen hat in Wassern, sollt ihr scheuen.

¹³Und dies sollt ihr scheuen unter den Vögeln, daß ihr's nicht eßt: den Adler, den Habicht, den Fischaar,

¹⁴den Geier, den Weih, und was seine Art ist,

¹⁵und alle Raben mit ihrer Art,

¹⁶den Strauß, die Nachteule, den Kuckuck, den Sperber mit seiner Art,

¹⁷das Käuzlein, den Schwan, den Uhu,

¹⁸die Fledermaus, die Rohrdommel,

¹⁹den Storch, den Reiher, den Häher mit seiner Art, den Wiedehopf und die Schwalbe.

²⁰Alles auch, was sich regt und Flügel hat und geht auf vier Füßen, das soll euch eine Scheu sein.

²¹Doch das sollt ihr essen von allem, was sich regt und Flügel hat und geht auf vier Füßen: was noch zwei Beine hat, womit es auf Erden hüpft;

²²von demselben mögt ihr essen die Heuschrecken, als da ist: Arbe mit seiner Art und Solam mit seiner Art und Hargol mit seiner Art und Hagab mit seiner Art.

²³Aber alles, was sonst Flügel und vier Füße hat, soll euch eine Scheu sein,

²⁴und sollt sie unrein achten. Wer solcher Aas anrührt, der wird unrein sein bis auf den Abend.

²⁵Und wer dieser Aase eines tragen wird, soll seine Kleider waschen und wird unrein sein bis auf den Abend.

²⁶Darum alles Getier, das Klauen hat und spaltet sie nicht und wiederkäuet nicht, das soll euch unrein sein.

²⁷Und alles, was auf Tatzen geht unter den Tieren, die auf vier Füßen gehen, soll euch unrein sein; wer ihr Aas anrührt, wird unrein sein bis auf den Abend.

²⁸Und wer ihr Aas trägt, soll seine Kleider waschen und unrein sein bis auf den Abend; denn solche sind euch unrein.

²⁹Diese sollen euch auch unrein sein unter den Tieren, die auf Erden kriechen: das Wiesel, die Maus, die Kröte, ein jegliches mit seiner Art,

³⁰der Igel, der Molch, die Eidechse, die Blindschleiche und der Maulwurf;

³¹die sind euch unrein unter allem, was da kriecht; wer ihr Aas anrührt, der wird unrein sein bis auf den Abend.

³²Und alles, worauf ein solch totes Aas fällt, das wird unrein, es sei allerlei hölzernes Gefäß oder Kleider oder Fell oder Sack; und alles Gerät, womit man etwas schafft, soll man ins Wasser tun, und es ist unrein bis auf den Abend; alsdann wird's rein.

³³Allerlei irdenes Gefäß, wo solcher Aas hineinfällt, wird alles unrein, was darin ist; und sollt's zerbrechen.

³⁴Alle Speise, die man ißt, so solch Wasser hineinkommt, ist unrein; und aller Trank, den man trinkt in allerlei solchem Gefäß, ist unrein.

³⁵Und alles, worauf solches Aas fällt, wird unrein, es sei ein Ofen oder Kessel, so soll man's zerbrechen; denn es ist unrein und soll euch unrein sein.

³⁶Doch die Brunnen und Gruben und Teiche bleiben rein. Wer aber ihr Aas anrührt, ist unrein.

³⁷Und ob solch ein Aas fiele auf Samen, den man sät, so ist er doch rein.

³⁸Wenn man aber Wasser über den Samen gösse, und fiele darnach ein solch Aas darauf, so würde er euch unrein.

³⁹Wenn ein Tier stirbt, das ihr essen mögt: wer das Aas anrührt, der ist unrein bis an den Abend.

⁴⁰Wer von solchem Aas ißt, der soll sein Kleid waschen und wird unrein sein bis an den Abend. Also wer auch trägt ein solch Aas, soll sein Kleid waschen, und ist unrein bis an den Abend

⁴¹Was auf Erden schleicht, das soll euch eine Scheu sein, und man soll's nicht essen.

⁴²Alles, was auf dem Bauch kriecht, und alles, was auf vier oder mehr Füßen geht, unter allem, was auf Erden schleicht, sollt ihr nicht

essen; denn es soll euch eine Scheu sein.

⁴³Macht eure Seelen nicht zum Scheusal und verunreinigt euch nicht an ihnen, daß ihr euch besudelt.

⁴⁴Denn ich bin der HERR, euer Gott. Darum sollt ihr euch heiligen, daß ihr heilig seid, denn ich bin heilig, und sollt eure Seelen nicht verunreinigen an irgend einem kriechenden Tier, das auf Erden schleicht.

⁴⁵Denn ich bin der HERR, der euch aus Ägyptenland geführt hat, daß ich euer Gott sei. Darum sollt ihr heilig sein, denn ich bin heilig.

⁴⁶Dies ist das Gesetz von den Tieren und Vögeln und allerlei Tieren, die sich regen im Wasser, und allerlei Tieren, die auf Erden schleichen,

⁴⁷daß ihr unterscheiden könnt, was unrein und rein ist, und welches Tier man essen und welches man nicht essen soll.

Kapitel 12

¹Und der HERR redete mit Mose und sprach:

²Rede mit den Kindern Israel und sprich: Wenn ein Weib empfängt und gebiert ein Knäblein, so soll sie sieben Tage unrein sein, wie wenn sie ihre Krankheit leidet.

³Und am achten Tage soll man das Fleisch seiner Vorhaut beschneiden.

⁴Und sie soll daheimbleiben dreiunddreißig Tage im Blut ihrer Reinigung. Kein Heiliges soll sie anrühren, und zum Heiligtum soll sie nicht kommen, bis daß die Tage ihrer Reinigung aus sind.

⁵Gebiert sie aber ein Mägdlein, so soll sie zwei Wochen unrein sein, wie wenn sie ihre Krankheit leidet, und soll sechsundsechzig Tage daheimbleiben in dem Blut ihrer Reinigung.

⁶Und wenn die Tage ihrer Reinigung aus sind für den Sohn oder für die Tochter, soll sie ein jähriges Lamm bringen zum Brandopfer und eine junge Taube oder Turteltaube zum Sündopfer dem Priester vor die Tür der Hütte des Stifts.

⁷Der soll es opfern vor dem HERRN und sie versöhnen, so wird sie rein von ihrem Blutgang. Das ist das Gesetz für die, so ein Knäblein oder Mägdlein gebiert.

⁸Vermag aber ihre Hand nicht ein Schaf, so nehme sie zwei Turteltauben oder zwei junge Tauben, eine zum Brandopfer, die andere zum Sündopfer; so soll sie der Priester versöhnen, daß sie rein werde.

Kapitel 13

¹Und der HERR redete mit Mose und Aaron und sprach:

²Wenn einem Menschen an der Haut seines Fleisches etwas auffährt oder ausschlägt oder eiterweiß wird, als wollte ein Aussatz werden an der Haut seines Fleisches, soll man ihn zum Priester Aaron führen oder zu einem unter seinen Söhnen, den Priestern.

³Und wenn der Priester das Mal an der Haut des Fleisches sieht, daß die Haare in Weiß verwandelt sind und das Ansehen an dem Ort tiefer ist denn die andere Haut seines Fleisches, so ist's gewiß der Aussatz. Darum soll ihn der Priester besehen und für unrein urteilen.

⁴Wenn aber etwas eiterweiß ist an der Haut des Fleisches, und doch das Ansehen der Haut nicht tiefer denn die andere Haut des Fleisches und die Haare nicht in Weiß verwandelt sind, so soll der Priester ihn verschließen sieben Tage

⁵und am siebenten Tage besehen. Ist's, daß das Mal bleibt, wie er's zuvor gesehen hat, und hat nicht weitergefressen an der Haut,

⁶so soll ihn der Priester abermals sieben Tage verschließen. Und wenn er ihn zum andermal am siebenten Tage besieht und findet, daß das Mal verschwunden ist und nicht weitergefressen hat an der Haut, so soll er ihn rein urteilen; denn es ist ein Grind. Und er soll seine Kleider waschen, so ist er rein.

⁷Wenn aber der Grind weiterfrißt in der Haut, nachdem er vom Priester besehen worden ist, ob er rein sei, und wird nun zum andernmal vom Priester besehen,

⁸wenn dann da der Priester sieht, daß der Grind weitergefressen hat in der Haut, so soll er ihn unrein urteilen; denn es ist gewiß Aussatz.

⁹Wenn ein Mal des Aussatzes an einem Menschen sein wird, den soll man zum Priester bringen.

¹⁰Wenn derselbe sieht und findet, daß Weißes aufgefahren ist an der Haut und die Haare in Weiß verwandelt und rohes Fleisch im Geschwür ist,

¹¹so ist's gewiß ein alter Aussatz in der Haut des Fleisches. Darum soll ihn der Priester unrein urteilen und nicht verschließen; denn er ist schon unrein.

¹²Wenn aber der Aussatz blüht in der Haut und bedeckt die ganze Haut, von dem Haupt bis auf die Füße, alles, was dem Priester vor Augen sein mag,

¹³wenn dann der Priester besieht und findet, daß der Aussatz das ganze Fleisch bedeckt hat, so soll er denselben rein urteilen, dieweil es alles an ihm in Weiß verwandelt ist; denn er ist rein.

¹⁴Ist aber rohes Fleisch da des Tages, wenn er besehen wird, so ist er unrein.

¹⁵Und wenn der Priester das rohe Fleisch sieht, soll er ihn unrein urteilen; denn das rohe Fleisch ist unrein, und es ist gewiß Aussatz.

¹⁶Verkehrt sich aber das rohe Fleisch wieder und verwandelt sich in Weiß, so soll er zum Priester kommen.

¹⁷Und wenn der Priester besieht und findet, daß das Mal ist in Weiß verwandelt, soll er ihn rein urteilen; denn er ist rein.

¹⁸Wenn jemandes Fleisch an der Haut eine Drüse wird und wieder heilt,

¹⁹darnach an demselben Ort etwas Weißes auffährt oder rötliches Eiterweiß wird, soll er vom Priester besehen werden.

²⁰Wenn dann der Priester sieht, daß das Ansehen tiefer ist denn die andere Haut und das Haar in Weiß verwandelt, so soll er ihn unrein urteilen; denn es ist gewiß ein Aussatzmal aus der Drüse geworden.

²¹Sieht aber der Priester und findet, daß die Haare nicht weiß sind und es ist nicht tiefer denn die andere Haut und ist verschwunden, so soll er ihn sieben Tage verschließen.

²²Frißt es weiter in der Haut, so soll er ihn unrein urteilen; denn es ist gewiß ein Aussatzmal.

²³Bleibt aber das Eiterweiß also stehen und frißt nicht weiter, so ist's die Narbe von der Drüse, und der Priester soll ihn rein urteilen.

²⁴Wenn sich jemand an der Haut am Feuer brennt und das Brandmal weißrötlich oder weiß ist

²⁵und der Priester ihn besieht und findet das Haar in Weiß verwandelt an dem Brandmal und das Ansehen tiefer denn die andere Haut, so ist's gewiß Aussatz, aus dem Brandmal geworden. Darum soll ihn der Priester unrein urteilen; denn es ist ein Aussatzmal.

²⁶Sieht aber der Priester und findet, daß die Haare am Brandmal nicht in Weiß verwandelt und es nicht tiefer ist denn die andere Haut und ist dazu verschwunden, so soll er ihn sieben Tage verschließen;

²⁷und am siebenten Tage soll er ihn besehen. Hat's weitergefressen an der Haut, so soll er unrein urteilen; denn es ist Aussatz.

²⁸Ist's aber gestanden an dem Brandmal und hat nicht weitergefressen an der Haut des Brandmals und ist dazu verschwunden, so ist's ein Geschwür des Brandmals. Und der Priester soll ihn rein urteilen; denn es ist die Narbe des Brandmals.

²⁹Wenn ein Mann oder Weib auf dem Haupt oder am Bart ein Mal hat

³⁰und der Priester das Mal besieht und findet, daß das Ansehen der Haut tiefer ist denn die andere Haut und das Haar daselbst golden und dünn, so soll er ihn unrein urteilen; denn es ist ein aussätziger Grind des Hauptes oder des Bartes.

³¹Sieht aber der Priester, daß der Grind nicht tiefer anzusehen ist denn die andere Haut und das Haar nicht dunkel ist, soll er denselben sieben Tage verschließen.

³²Und wenn er am siebenten Tage besieht und findet, daß der Grind nicht weitergefressen hat und kein goldenes Haar da ist und das Ansehen des Grindes nicht tiefer ist denn die andere Haut,

³³soll er sich scheren, doch daß er den Grind nicht beschere; und soll ihn der Priester abermals sieben Tage verschließen.

³⁴Und wenn er ihn am siebenten Tage besieht und findet, daß der Grind nicht weitergefressen hat in der Haut und das Ansehen ist nicht tiefer als die andere Haut, so soll er ihn rein sprechen, und er soll seine Kleider waschen; denn er ist rein.

³⁵Frißt aber der Grind weiter an der Haut, nachdem er rein gesprochen ist,

³⁶und der Priester besieht und findet, daß der Grind also weitergefressen hat an der Haut, so soll er nicht mehr darnach fragen, ob die Haare golden sind; denn er ist unrein.

³⁷Ist aber vor Augen der Grind stillgestanden und dunkles Haar daselbst aufgegangen, so ist der Grind heil und er rein. Darum soll ihn der Priester rein sprechen.

³⁸Wenn einem Mann oder Weib an der Haut ihres Fleisches etwas eiterweiß ist

³⁹und der Priester sieht daselbst, daß das Eiterweiß schwindet, das ist ein weißer Grind, in der Haut aufgegangen, und er ist rein.

⁴⁰Wenn einem Manne die Haupthaare ausfallen, daß er kahl wird, der ist rein.

⁴¹Fallen sie ihm vorn am Haupt aus und wird eine Glatze, so ist er rein.

⁴²Wird aber an der Glatze, oder wo er kahl ist, ein weißes oder rötliches Mal, so ist ihm Aussatz an der Glatze oder am Kahlkopf aufgegangen.

⁴³Darum soll ihn der Priester besehen. Und wenn er findet, daß ein weißes oder rötliches Mal aufgelaufen an seiner Glatze oder am

Levitikus

Kahlkopf, daß es sieht, wie sonst der Aussatz an der Haut,

⁴⁴so ist er aussätzig und unrein; und der Priester soll ihn unrein sprechen solches Mals halben auf seinem Haupt.

⁴⁵Wer nun aussätzig ist, des Kleider sollen zerrissen sein und das Haupt bloß und die Lippen verhüllt und er soll rufen: Unrein, unrein!

⁴⁶Und solange das Mal an ihm ist, soll er unrein sein, allein wohnen und seine Wohnung soll außerhalb des Lagers sein.

⁴⁷Wenn an einem Kleid ein Aussatzmal sein wird, es sei wollen oder leinen,

⁴⁸am Aufzug oder am Eintrag, es sei wollen oder leinen, oder an einem Fell oder an allem, was aus Fellen gemacht wird,

⁴⁹und wenn das Mal grünlich oder rötlich ist am Kleid oder am Fell oder am Aufzug oder am Eintrag oder an irgend einem Ding, das von Fellen gemacht ist, das ist gewiß ein Mal des Aussatzes; darum soll's der Priester besehen.

⁵⁰Und wenn er das Mal sieht, soll er's einschließen sieben Tage.

⁵¹Und wenn er am siebenten Tage sieht, daß das Mal hat weitergefressen am Kleid, am Aufzug oder am Eintrag, am Fell oder an allem, was man aus Fellen macht, so ist das Mal ein fressender Aussatz, und es ist unrein.

⁵²Und man soll das Kleid verbrennen oder den Aufzug oder den Eintrag, es sei wollen oder leinen oder allerlei Fellwerk, darin solch ein Mal ist; denn es ist fressender Aussatz, und man soll es mit Feuer verbrennen.

⁵³Wird aber der Priester sehen, daß das Mal nicht weitergefressen hat am Kleid oder am Aufzug oder am Eintrag oder an allerlei Fellwerk,

⁵⁴so soll er gebieten, daß man solches wasche, worin solches Mal ist, und soll's einschließen andere sieben Tage.

⁵⁵Und wenn der Priester sehen wird, nachdem das Mal gewaschen ist, daß das Mal nicht verwandelt ist vor seinen Augen und auch nicht weitergefressen hat, so ist's unrein, und sollst es mit Feuer verbrennen; denn es ist tief eingefressen und hat's vorn oder hinten schäbig gemacht.

⁵⁶Wenn aber der Priester sieht, daß das Mal verschwunden ist nach seinem Waschen, so soll er's abreißen vom Kleid, vom Fell, von Aufzug oder vom Eintrag.

⁵⁷Wird's aber noch gesehen am Kleid, am Aufzug, am Eintrag oder allerlei Fellwerk, so ist's ein Aussatzmal, und sollst das mit Feuer verbrennen, worin solch Mal ist.

⁵⁸Das Kleid aber oder der Aufzug oder Eintrag oder allerlei Fellwerk, das gewaschen und von dem das Mal entfernt ist, soll man zum andernmal waschen, und ist's rein.

⁵⁹Das ist das Gesetz über die Male des Aussatzes an Kleidern, sie seien wollen oder leinen, am Aufzug und am Eintrag und allerlei Fellwerk, rein oder unrein zu sprechen.

Kapitel 14

¹Und der HERR redete mit Mose und sprach:

²Das ist das Gesetz über den Aussätzigen, wenn er soll gereinigt werden. Er soll zum Priester kommen.

³Und der Priester soll aus dem Lager gehen und besehen, wie das Mal des Aussatzes am Aussätzigen heil geworden ist,

⁴und soll gebieten dem, der zu reinigen ist, daß er zwei lebendige Vögel nehme, die da rein sind, und Zedernholz und scharlachfarbene Wolle und Isop.

⁵Und soll gebieten, den einen Vogel zu schlachten in ein irdenes Gefäß über frischem Wasser.

⁶Und soll den lebendigen Vogel nehmen mit dem Zedernholz, scharlachfarbener Wolle und Isop und in des Vogels Blut tauchen, der über dem frischen Wasser geschlachtet ist,

⁷und besprengen den, der vom Aussatz zu reinigen ist, siebenmal; und reinige ihn also und lasse den lebendigen Vogel ins freie Feld fliegen.

⁸Der Gereinigte aber soll seine Kleider waschen und alle seine Haare abscheren und sich mit Wasser baden, so ist er rein. Darnach gehe er ins Lager; doch soll er außerhalb seiner Hütte sieben Tage bleiben.

⁹Und am siebenten Tage soll er alle seine Haare abscheren auf dem Haupt, am Bart, an den Augenbrauen, daß alle Haare abgeschoren seien, und soll seine Kleider waschen und sein Fleisch im Wasser baden, so ist er rein.

¹⁰Und am achten Tage soll er zwei Lämmer nehmen ohne Fehl und ein jähriges Schaf ohne Fehl und drei zehntel Semmelmehl zum Speisopfer, mit Öl gemengt, und ein Log Öl.

¹¹Da soll der Priester den Gereinigten und diese Dinge stellen vor den HERRN, vor der Tür der Hütte des Stifts.

¹²Und soll das eine Lamm nehmen und zum Schuldopfer opfern mit dem Log Öl; und soll solches vor dem HERRN weben

¹³und darnach das Lamm schlachten, wo man das Sündopfer und Brandopfer schlachtet, nämlich an heiliger Stätte; denn wie das Sündopfer, also ist auch das Schuldopfer des Priesters; denn es ist ein Hochheiliges.

¹⁴Und der Priester soll von dem Blut nehmen vom Schuldopfer und dem Gereinigten auf den Knorpel des rechten Ohrs tun und auf den Daumen seiner rechten Hand und auf die große Zehe seines rechten Fußes.

¹⁵Darnach soll er von dem Log Öl nehmen und es in seine, des Priesters, linke Hand gießen

¹⁶und mit seinem rechten Finger in das Öl tauchen, das in seiner linken Hand ist, und sprengen vom Öl mit seinem Finger siebenmal vor dem HERRN.

¹⁷Vom übrigen Öl aber in seiner Hand soll er dem Gereinigten auf den Knorpel des rechten Ohrs tun und auf den rechten Daumen und auf die große Zehe seines rechten Fußes, oben auf das Blut des Schuldopfers.

¹⁸Das übrige Öl aber in seiner Hand soll er auf des Gereinigten Haupt tun und ihn versöhnen vor dem HERRN.

¹⁹Und soll das Sündopfer machen und den Gereinigten versöhnen seiner Unreinigkeit halben; und soll darnach das Brandopfer schlachten

²⁰und soll es auf dem Altar opfern samt dem Speisopfer und ihn versöhnen, so ist er rein.

²¹Ist er aber arm und erwirbt mit seiner Hand nicht so viel, so nehme er ein Lamm zum Schuldopfer, zu weben, zu seiner Versöhnung und ein zehntel Semmelmehl, mit Öl gemengt, zum Speisopfer, und ein Log Öl

²²und zwei Turteltauben oder zwei junge Tauben, die er mit seiner Hand erwerben kann, daß eine sei ein Sündopfer, die andere ein Brandopfer,

²³und bringe sie am achten Tage seiner Reinigung zum Priester vor die Tür der Hütte des Stifts, vor den HERRN.

²⁴Da soll der Priester das Lamm zum Schuldopfer nehmen und das Log Öl und soll's alles weben vor dem HERRN

²⁵und das Lamm des Schuldopfers schlachten und Blut nehmen von demselben Schuldopfer und es dem Gereinigten tun auf den Knorpel seines rechten Ohrs und auf den Daumen seiner rechten Hand und auf die große Zehe seines rechten Fußes,

²⁶und von dem Öl in seine, des Priesters, linke Hand gießen

²⁷und mit seinem rechten Finger vom Öl, das in seiner linken Hand ist, siebenmal sprengen vor dem HERRN.

²⁸Von dem übrigen aber in seiner Hand soll er dem Gereinigten auf den Knorpel seines rechten Ohrs und auf den Daumen seiner rechten Hand und auf die große Zehe seines rechten Fußes tun, oben auf das Blut des Schuldopfers.

²⁹Das übrige Öl aber in seiner Hand soll er dem Gereinigten auf das Haupt tun, ihn zu versöhnen vor dem HERRN;

³⁰und darnach aus der einen Turteltaube oder jungen Taube, wie seine Hand hat mögen erwerben,

³¹ein Sündopfer, aus der andern ein Brandopfer machen samt dem Speisopfer. Und soll der Priester den Gereinigten also versöhnen vor dem HERRN.

³²Das sei das Gesetz für den Aussätzigen, der mit seiner Hand nicht erwerben kann, was zur Reinigung gehört.

³³Und der HERR redete mit Mose und Aaron und sprach:

³⁴Wenn ihr in das Land Kanaan kommt, das ich euch zur Besitzung gebe, und ich werde irgend in einem Hause eurer Besitzung ein Aussatzmal geben,

³⁵so soll der kommen, des das Haus ist, es dem Priester ansagen und sprechen: Es sieht mich an, als sei ein Aussatzmal an meinem Hause.

³⁶Da soll der Priester heißen, daß sie das Haus ausräumen, ehe denn der Priester hineingeht, das Mal zu besehen, auf daß nicht unrein werde alles, was im Hause ist; darnach soll der Priester hineingehen, das Haus zu besehen.

³⁷Wenn er nun das Mal besieht und findet, daß an der Wand des Hauses grünliche oder rötliche Grüblein sind und ihr Ansehen tiefer denn sonst die Wand ist,

³⁸so soll er aus dem Hause zur Tür herausgehen und das Haus sieben Tage verschließen.

³⁹Und wenn er am siebenten Tage wiederkommt und sieht, daß das Mal weitergefressen hat an des Hauses Wand,

⁴⁰so soll er die Steine heißen ausbrechen, darin das Mal ist, und hinaus vor die Stadt an einen unreinen Ort werfen.

⁴¹Und das Haus soll man inwendig ringsherum schaben und die abgeschabte Tünche hinaus vor die Stadt an einen unreinen Ort schütten.

⁴²und andere Steine nehmen und an jener Statt tun und andern Lehm nehmen und das Haus bewerfen.

⁴³Wenn das Mal wiederkommt und ausbricht am Hause, nachdem man die Steine ausgerissen und das Haus anders beworfen hat,

⁴⁴so soll der Priester hineingehen. Und wenn er sieht, daß das Mal weitergefressen hat am Hause, so ist's gewiß ein fressender Aussatz am Hause, und es ist unrein.

⁴⁵Darum soll man das Haus abbrechen, Steine und Holz und alle Tünche am Hause, und soll's hinausführen vor die Stadt an einen unreinen Ort.

⁴⁶Und wer in das Haus geht, solange es verschlossen ist, der ist unrein bis an den Abend.

⁴⁷Und wer darin liegt oder darin ißt, der soll seine Kleider waschen.

⁴⁸Wo aber der Priester, wenn er hineingeht, sieht, daß dies Mal nicht weiter am Haus gefressen hat, nachdem das Haus beworfen ist, so soll er's rein sprechen; denn das Mal ist heil geworden.

⁴⁹Und soll zum Sündopfer für das Haus nehmen zwei Vögel, Zedernholz und scharlachfarbene Wolle und Isop,

⁵⁰und den einen Vogel schlachten in ein irdenes Gefäß über frischem Wasser.

⁵¹Und soll nehmen das Zedernholz, die scharlachfarbene Wolle, den Isop und den lebendigen Vogel, und in des geschlachteten Vogels Blut und in das frische Wasser tauchen, und das Haus siebenmal besprengen.

⁵²Und soll also das Haus entsündigen mit dem Blut des Vogels und mit dem frischen Wasser, mit dem lebendigen Vogel, mit dem Zedernholz, mit Isop und mit scharlachfarbener Wolle.

⁵³Und soll den lebendigen Vogel lassen hinaus vor die Stadt ins freie Feld fliegen, und das Haus versöhnen, so ist's rein.

⁵⁴Das ist das Gesetz über allerlei Mal des Aussatzes und Grindes,

⁵⁵über den Aussatz der Kleider und der Häuser,

⁵⁶über Beulen, Ausschlag und Eiterweiß,

⁵⁷auf daß man wisse, wann etwas unrein oder rein ist. Das ist das Gesetz vom Aussatz.

Kapitel 15

¹Und der HERR redete mit Mose und Aaron und sprach:

²Redet mit den Kindern Israel und sprecht zu ihnen: Wenn ein Mann an seinem Fleisch einen Fluß hat, derselbe ist unrein.

³Dann aber ist er unrein an diesem Fluß, wenn sein Fleisch eitert oder verstopft ist.

⁴Alles Lager, darauf er liegt, und alles, darauf er sitzt, wird unrein werden.

⁵Und wer sein Lager anrührt, der soll seine Kleider waschen und sich mit Wasser baden und unrein sein bis auf den Abend.

⁶Und wer sich setzt, wo er gesessen hat, der soll seine Kleider waschen und sich mit Wasser baden und unrein sein bis auf den Abend.

⁷Wer sein Fleisch anrührt, der soll seine Kleider waschen und sich mit Wasser baden und unrein sein bis auf den Abend.

⁸Wenn er seinen Speichel wirft auf den, der rein ist, der soll seine Kleider waschen und sich mit Wasser baden und unrein sein bis auf den Abend.

⁹Und der Sattel, darauf er reitet, wird unrein werden.

¹⁰Und wer anrührt irgend etwas, das er unter sich gehabt hat, der wird unrein sein bis auf den Abend. Und wer solches trägt, der soll seine Kleider waschen und sich mit Wasser baden und unrein sein bis auf den Abend.

¹¹Und welchen er anrührt, ehe er die Hände wäscht, der soll seine Kleider waschen und sich mit Wasser baden und unrein sein bis auf den Abend.

¹²Wenn er ein irdenes Gefäß anrührt, das soll man zerbrechen; aber das hölzerne Gefäß soll man mit Wasser spülen.

¹³Und wenn er rein wird von seinem Fluß, so soll er sieben Tage zählen, nachdem er rein geworden ist, und seine Kleider waschen und sein Fleisch mit fließendem Wasser baden, so ist er rein.

¹⁴Und am achten Tage soll er zwei Turteltauben oder zwei junge Tauben nehmen und vor den HERRN bringen vor die Tür der Hütte des Stifts und dem Priester geben.

¹⁵Und der Priester soll aus einer ein Sündopfer, aus der andern ein Brandopfer machen und ihn versöhnen vor dem HERRN seines Flusses halben.

¹⁶Wenn einem Mann im Schlaf der Same entgeht, der soll sein ganzes Fleisch mit Wasser baden und unrein sein bis auf den Abend.

¹⁷Und alles Kleid und alles Fell, das mit solchem Samen befleckt ist, soll er waschen mit Wasser und unrein sein bis auf den Abend.

¹⁸Ein Weib, bei welchem ein solcher liegt, die soll sich mit Wasser baden und unrein sein bis auf den Abend.

¹⁹Wenn ein Weib ihres Leibes Blutfluß hat, die soll sieben Tage unrein geachtet werden; wer sie anrührt, der wird unrein sein bis auf den Abend.

²⁰Und alles, worauf sie liegt, solange sie ihre Zeit hat, und worauf sie sitzt, wird unrein sein.

²¹Und wer ihr Lager anrührt, der soll seine Kleider waschen und sich mit Wasser baden und unrein sein bis auf den Abend.

²²Und wer anrührt irgend etwas, darauf sie gesessen hat, soll seine Kleider waschen und sich mit Wasser baden und unrein sein bis auf den Abend.

²³Und wer anrührt irgend etwas, das auf ihrem Lager gewesen ist oder da, wo sie gesessen hat soll unrein sein bis auf den Abend.

²⁴Und wenn ein Mann bei ihr liegt und es kommt sie ihre Zeit an bei ihm, der wird sieben Tage unrein sein, und das Lager, auf dem er gelegen hat wird unrein sein.

²⁵Wenn aber ein Weib den Blutfluß eine lange Zeit hat, zu ungewöhnlicher Zeit oder über die gewöhnliche Zeit, so wird sie unrein sein, solange sie ihn hat; wie zu ihrer gewöhnlichen Zeit, so soll sie auch da unrein sein.

²⁶Alles Lager, darauf sie liegt die ganze Zeit ihres Flußes, soll sein wie ihr Lager zu ihrer gewöhnlichen Zeit. Und alles, worauf sie sitzt, wird unrein sein gleich der Unreinigkeit ihrer gewöhnlichen Zeit.

²⁷Wer deren etwas anrührt, der wird unrein sein und soll seine Kleider waschen und sich mit Wasser baden und unrein sein bis auf den Abend.

²⁸Wird sie aber rein von ihrem Fluß, so soll sie sieben Tage zählen; darnach soll sie rein sein.

²⁹Und am achten Tage soll sie zwei Turteltauben oder zwei junge Tauben nehmen und zum Priester bringen vor die Tür der Hütte des Stifts.

³⁰Und der Priester soll aus einer machen ein Sündopfer, aus der andern ein Brandopfer, und sie versöhnen vor dem HERRN über den Fluß ihrer Unreinigkeit.

³¹So sollt ihr die Kinder Israel warnen vor ihrer Unreinigkeit, daß sie nicht sterben in ihrer Unreinigkeit, wenn sie meine Wohnung verunreinigen, die unter ihnen ist.

³²Das ist das Gesetz über den, der einen Fluß hat und dem der Same im Schlaf entgeht, daß er unrein davon wird,

³³und über die, die ihren Blutfluß hat, und wer einen Fluß hat, es sei Mann oder Weib, und wenn ein Mann bei einer Unreinen liegt.

Kapitel 16

¹Und der HERR redete mit Mose, nachdem die zwei Söhne Aarons gestorben waren, da sie vor dem HERRN opferten,

²und sprach: Sage deinem Bruder Aaron, daß er nicht zu aller Zeit in das inwendige Heiligtum gehe hinter den Vorhang vor den Gnadenstuhl, der auf der Lade ist, daß er nicht sterbe; denn ich will in einer Wolke erscheinen auf dem Gnadenstuhl;

³sondern damit soll er hineingehen: mit einem jungen Farren zum Sündopfer und mit einem Widder zum Brandopfer.

⁴und soll den heiligen leinenen Rock anlegen und leinene Beinkleider an seinem Fleisch haben und sich mit einem leinenen Gürtel gürten und den leinenen Hut aufhaben, denn das sind die heiligen Kleider, und soll sein Fleisch mit Wasser baden und sie anlegen.

⁵Und soll von der Gemeinde der Kinder Israel zwei Ziegenböcke nehmen zum Sündopfer und einen Widder zum Brandopfer.

⁶Und Aaron soll den Farren, sein Sündopfer, herzubringen, daß er sich und sein Haus versöhne,

⁷und darnach die zwei Böcke nehmen und vor den HERRN stellen vor der Tür der Hütte des Stifts,

⁸und soll das Los werfen über die zwei Böcke: ein Los dem HERRN, das andere dem Asasel.

⁹Und soll den Bock, auf welchen das Los des HERRN fällt, opfern zum Sündopfer.

¹⁰Aber den Bock, auf welchen das Los für Asasel fällt, soll er lebendig vor den HERRN stellen, daß er über ihm versöhne, und lasse den Bock für Asasel in die Wüste.

¹¹Und also soll er denn den Farren seines Sündopfers herzubringen und sich und sein Haus versöhnen und soll ihn schlachten

¹²und soll einen Napf voll Glut vom Altar nehmen, der vor dem HERRN steht, und die Hand voll zerstoßenen Räuchwerks und es hinein hinter den Vorhang bringen

¹³und das Räuchwerk aufs Feuer tun vor dem HERRN, daß der Nebel vom Räuchwerk den Gnadenstuhl bedecke, der auf dem Zeugnis ist, daß er nicht sterbe.

¹⁴Und soll von dem Blut des Farren nehmen und es mit seinem Finger auf den Gnadenstuhl sprengen vornean; vor den Gnadenstuhl aber soll er siebenmal mit seinem Finger vom Blut sprengen.

¹⁵Darnach soll er den Bock, des Volkes Sündopfer, schlachten und sein Blut hineinbringen hinter den Vorhang und soll mit seinem Blut tun, wie er mit des Farren Blut getan hat, und damit auch sprengen auf den Gnadenstuhl und vor den Gnadenstuhl;

¹⁶und soll also versöhnen das Heiligtum von der Unreinigkeit der Kinder Israel und von ihrer Übertretung in allen ihren Sünden. Also soll er auch tun der Hütte des Stifts; denn sie sind unrein, die umher lagern.

¹⁷Kein Mensch soll in der Hütte des Stifts sein, wenn er hineingeht, zu versöhnen im Heiligtum, bis er herausgehe; und soll also versöhnen sich und sein Haus und die ganze Gemeinde Israel.

¹⁸Und wenn er herausgeht vor dem Altar, der vor dem HERRN steht, soll er ihn versöhnen und soll vom Blut des Farren und vom Blut des Bocks nehmen und es auf des Altars Hörner umher tun;

¹⁹und soll mit seinem Finger vom Blut darauf sprengen siebenmal und ihn reinigen und heiligen von der Unreinigkeit der Kinder Israel.

²⁰Und wenn er vollbracht hat das Versöhnen des Heiligtums und der Hütte des Stifts und des Altars, so soll er den lebendigen Bock herzubringen.

²¹Da soll Aaron seine beiden Hände auf sein Haupt legen und bekennen auf ihn alle Missetat der Kinder Israel und alle ihre Übertretung in allen ihren Sünden, und soll sie dem Bock auf das Haupt legen und ihn durch einen Mann, der bereit ist, in die Wüste laufen lassen,

²²daß also der Bock alle ihre Missetat auf sich in eine Wildnis trage; und er lasse ihn in die Wüste.

²³Und Aaron soll in die Hütte des Stifts gehen und ausziehen die leinenen Kleider, die er anzog, da er in das Heiligtum ging, und soll sie daselbst lassen.

²⁴Und soll sein Fleisch mit Wasser baden an heiliger Stätte und seine eigenen Kleider antun und herausgehen und sein Brandopfer und des Volkes Brandopfer machen und beide, sich und das Volk, versöhnen,

²⁵und das Fett vom Sündopfer auf dem Altar anzünden.

²⁶Der aber den Bock für Asasel hat ausgeführt, soll seine Kleider waschen und sein Fleisch mit Wasser baden und darnach ins Lager kommen.

²⁷Den Farren des Sündopfers und den Bock des Sündopfers, deren Blut in das Heiligtum zu versöhnen gebracht ward, soll man hinausschaffen vor das Lager und mit Feuer verbrennen, Haut, Fleisch und Mist.

²⁸Und der sie verbrennt, soll seine Kleider waschen und sein Fleisch mit Wasser baden und darnach ins Lager kommen.

²⁹Auch soll euch das ein ewiges Recht sein: am zehnten Tage des siebenten Monats sollt ihr euren Leib kasteien und kein Werk tun, weder ein Einheimischer noch ein Fremder unter euch.

³⁰Denn an diesem Tage geschieht eure Versöhnung, daß ihr gereinigt werdet; von allen euren Sünden werdet ihr gereinigt vor dem HERRN.

³¹Darum soll's euch ein großer Sabbat sein, und ihr sollt euren Leib kasteien. Ein ewiges Recht sei das.

³²Es soll aber solche Versöhnung tun ein Priester, den man geweiht und des Hand man gefüllt hat zum Priester an seines Vaters Statt; und er soll die leinenen Kleider antun, die heiligen Kleider,

³³und soll also versöhnen das heiligste Heiligtum und die Hütte des Stifts und den Altar und die Priester und alles Volk der Gemeinde.

³⁴Das soll euch ein ewiges Recht sein, daß ihr die Kinder Israel versöhnt von allen ihren Sünden, im Jahr einmal. Und Aaron tat, wie der HERR dem Mose geboten hatte.

Kapitel 17

¹Und der HERR redete mit Mose und sprach:

²Sage Aaron und seinen Söhnen und allen Kindern Israel und sprich zu ihnen: Das ist's, was der HERR geboten hat.

³Welcher aus dem Haus Israel einen Ochsen oder Lamm oder Ziege schlachtet, in dem Lager oder draußen vor dem Lager,

⁴und es nicht vor die Tür der Hütte des Stifts bringt, daß es dem HERRN zum Opfer gebracht werde vor der Wohnung des HERRN, der soll des Blutes schuldig sein als der Blut vergossen hat, und solcher Mensch soll ausgerottet werden aus seinem Volk.

⁵Darum sollen die Kinder Israel ihre Schlachttiere, die sie auf dem freien Feld schlachten wollen, vor den HERRN bringen vor die Tür der Hütte des Stifts zum Priester und allda ihre Dankopfer dem HERRN opfern.

⁶Und der Priester soll das Blut auf den Altar des HERRN sprengen vor der Tür der Hütte des Stifts und das Fett anzünden zum süßen Geruch dem HERRN.

⁷Und mitnichten sollen sie ihre Opfer hinfort den Feldteufeln opfern, mit denen sie Abgötterei treiben. Das soll ihnen ein ewiges Recht sein bei ihren Nachkommen.

⁸Darum sollst du zu ihnen sagen: Welcher Mensch aus dem Hause Israel oder auch ein Fremdling, der unter euch ist, ein Opfer oder Brandopfer tut

⁹und bringt's nicht vor die Tür der Hütte des Stifts, daß er's dem HERRN tue, der soll ausgerottet werden von seinem Volk.

¹⁰Und welcher Mensch, er sei vom Haus Israel oder ein Fremdling unter euch, irgend Blut ißt, wider den will ich mein Antlitz setzen und will ihn mitten aus seinem Volk ausrotten.

¹¹Denn des Leibes Leben ist im Blut, und ich habe es euch auf den Altar gegeben, daß eure Seelen damit versöhnt werden. Denn das Blut ist die Versöhnung, weil das Leben in ihm ist.

¹²Darum habe ich gesagt den Kindern Israel: Keine Seele unter euch soll Blut essen, auch kein Fremdling, der unter euch wohnt.

¹³Und welcher Mensch, er sei vom Haus Israel oder ein Fremdling unter euch, ein Tier oder einen Vogel fängt auf der Jagd, das man ißt, der soll desselben Blut hingießen und mit Erde zuscharren.

¹⁴Denn des Leibes Leben ist in seinem Blut, solange es lebt; und ich habe den Kindern Israel gesagt: Ihr sollt keines Leibes Blut essen; denn des Leibes Leben ist in seinem Blut; wer es ißt, der soll ausgerottet werden.

¹⁵Und welche Seele ein Aas oder was vom Wild zerrissen ist, ißt, er sei ein Einheimischer oder Fremdling, der soll sein Kleid waschen und sich mit Wasser baden und unrein sein bis auf den Abend, so wird er rein.

¹⁶Wo er seine Kleider nicht waschen noch sich baden wird, so soll er seiner Missetat schuldig sein.

Kapitel 18

¹Und der HERR redete mit Mose und sprach:

²Rede mit den Kindern Israel und sprich zu ihnen: Ich bin der HERR, euer Gott.

³Ihr sollt nicht tun nach den Werken des Landes Ägypten, darin ihr gewohnt habt, auch nicht nach den Werken des Landes Kanaan, darein ich euch führen will; ihr sollt auch nach ihrer Weise nicht halten;

⁴sondern nach meinen Rechten sollt ihr tun, und meine Satzungen sollt ihr halten, daß ihr darin wandelt; denn ich bin der HERR, euer Gott.

⁵Darum sollt ihr meine Satzungen halten und meine Rechte. Denn welcher Mensch dieselben tut, der wird dadurch leben; denn ich bin der HERR.

⁶Niemand soll sich zu seiner nächsten Blutsfreundin tun, ihre Blöße aufzudecken; denn ich bin der HERR.

⁷Du sollst deines Vaters und deiner Mutter Blöße nicht aufdecken; es ist deine Mutter, darum sollst du ihre Blöße nicht aufdecken.

⁸Du sollst deines Vaters Weibes Blöße nicht aufdecken; denn sie ist deines Vaters Blöße.

⁹Du sollst deiner Schwester Blöße, die deines Vaters oder deiner Mutter Tochter ist, daheim oder draußen geboren, nicht aufdecken.

¹⁰Du sollst die Blöße der Tochter deines Sohnes oder deiner Tochter nicht aufdecken; denn es ist deine Blöße.

¹¹Du sollst die Blöße der Tochter deines Vaters Weibes, die deinem Vater geboren ist und deine Schwester ist, nicht aufdecken.

¹²Do sollst die Blöße der Schwester deines Vaters nicht aufdecken; denn es ist deines Vaters nächste Blutsfreundin.

¹³Du sollst deiner Mutter Schwester Blöße nicht aufdecken; denn es ist deiner Mutter nächste Blutsfreundin.

¹⁴Du sollst deines Vaters Bruders Blöße nicht aufdecken, daß du sein Weib nehmest; denn sie ist deine Base.

¹⁵Du sollst deiner Schwiegertochter Blöße nicht aufdecken; denn es ist deines Sohnes Weib, darum sollst du ihre Blöße nicht aufdecken.

¹⁶Du sollst deines Bruders Weibes Blöße nicht aufdecken; denn sie ist deines Bruders Blöße.

¹⁷Du sollst eines Weibes samt ihrer Tochter Blöße nicht aufdecken noch ihres Sohnes Tochter oder ihrer Tochter Tochter nehmen, ihre Blöße aufzudecken; denn sie sind ihre nächsten Blutsfreundinnen, und es ist ein Frevel.

¹⁸Du sollst auch deines Weibes Schwester nicht nehmen neben ihr, ihre Blöße aufzudecken, ihr zuwider, solange sie noch lebt.

¹⁹Du sollst nicht zum Weibe gehen, solange sie ihre Krankheit hat, in ihrer Unreinigkeit ihre Blöße aufzudecken.

²⁰Du sollst auch nicht bei deines Nächsten Weibe liegen, dadurch du dich an ihr verunreinigst.

²¹Du sollst auch nicht eines deiner Kinder dahingeben, daß es dem Moloch verbrannt werde, daß du nicht entheiligst den Namen deines Gottes; denn ich bin der HERR.

²²Du sollst nicht beim Knaben liegen wie beim Weibe; denn es ist ein Greuel.

²³Du sollst auch bei keinem Tier liegen, daß du mit ihm verunreinigt werdest. Und kein Weib soll mit einem Tier zu schaffen haben; denn es ist ein Greuel.

²⁴Ihr sollt euch in dieser keinem verunreinigen; denn in diesem allem haben sich verunreinigt die Heiden, die ich vor euch her will ausstoßen,

²⁵und das Land ist dadurch verunreinigt. Und ich will ihre Missetat an ihnen heimsuchen, daß das Land seine Einwohner ausspeie.

²⁶Darum haltet meine Satzungen und Rechte, und tut dieser Greuel keine, weder der Einheimische noch der Fremdling unter euch;

²⁷denn alle solche Greuel haben die Leute dieses Landes getan, die vor euch waren, und haben das Land verunreinigt;

²⁸auf daß euch nicht auch das Land ausspeie, wenn ihr es verunreinigt, gleich wie es die Heiden hat ausgespieen, die vor euch waren.

²⁹Denn welche diese Greuel tun, deren Seelen sollen ausgerottet werden von ihrem Volk.

³⁰Darum haltet meine Satzungen, daß ihr nicht tut nach den greulichen Sitten, die vor euch waren, daß ihr nicht damit verunreinigt werdet; denn ich bin der HERR, euer Gott.

Kapitel 19

¹Und der HERR redete mit Mose und sprach:

²Rede mit der ganzen Gemeinde der Kinder Israel und sprich zu ihnen: Ihr sollt heilig sein; denn ich bin heilig, der HERR, euer Gott.

³Ein jeglicher fürchte seine Mutter und seinen Vater. Haltet meine Feiertage; denn ich bin der HERR, euer Gott.

⁴Ihr sollt euch nicht zu den Götzen wenden und sollt euch keine gegossenen Götter machen; denn ich bin der HERR, euer Gott.

⁵Und wenn ihr dem HERRN wollt ein Dankopfer tun, so sollt ihr es opfern, daß es ihm gefallen könnte.

⁶Ihr sollt es desselben Tages essen, da ihr's opfert, und des andern Tages; was aber auf den dritten Tag übrigbleibt, soll man mit Feuer verbrennen.

⁷Wird aber jemand am dritten Tage davon essen, so ist er ein Greuel und wird nicht angenehm sein.

⁸Und der Esser wird seine Missetat tragen, darum daß er das Heiligtum des HERRN entheiligte, und solche Seele wird ausgerottet werden von ihrem Volk.

⁹Wenn du dein Land einerntest, sollst du nicht alles bis an die Enden umher abschneiden, auch nicht alles genau aufsammeln.

¹⁰Also auch sollst du deinen Weinberg nicht genau lesen noch die abgefallenen Beeren auflesen, sondern dem Armen und Fremdling sollst du es lassen; denn ich bin der HERR euer Gott.

¹¹Ihr sollt nicht stehlen noch lügen noch fälschlich handeln einer mit dem andern.

¹²Ihr sollt nicht falsch schwören bei meinem Namen und entheiligen den Namen deines Gottes; denn ich bin der HERR.

¹³Du sollst deinem Nächsten nicht unrecht tun noch ihn berauben. Es soll des Tagelöhners Lohn nicht bei dir bleiben bis an den Morgen.

¹⁴Du sollst dem Tauben nicht fluchen und sollst dem Blinden keinen Anstoß setzen; denn du sollst dich vor deinem Gott fürchten, denn ich bin der HERR.

¹⁵Ihr sollt nicht unrecht handeln im Gericht, und sollst nicht vorziehen den Geringen noch den Großen ehren; sondern du sollst deinen Nächsten recht richten.

¹⁶Du sollst kein Verleumder sein unter deinem Volk. Du sollst auch nicht stehen wider deines Nächsten Blut; denn ich bin der HERR.

¹⁷Du sollst deinen Bruder nicht hassen in deinem Herzen, sondern du sollst deinen Nächsten zurechtweisen, auf daß du nicht seineshalben Schuld tragen müssest.

¹⁸Du sollst nicht rachgierig sein noch Zorn halten gegen die Kinder deines Volks. Du sollst deinen Nächsten lieben wie dich selbst; denn ich bin der HERR.

¹⁹Meine Satzungen sollt ihr halten, daß du dein Vieh nicht lassest mit anderlei Tier zu schaffen haben und dein Feld nicht besäest mit mancherlei Samen und kein Kleid an dich komme, daß mit Wolle und Leinen gemengt ist.

²⁰Wenn ein Mann bei einem Weibe liegt, die eine leibeigene Magd und von dem Mann verschmäht ist, doch nicht erlöst noch Freiheit erlangt hat, das soll gestraft werden; aber sie sollen nicht sterben, denn sie ist nicht frei gewesen.

²¹Er soll aber für seine Schuld dem HERRN vor die Tür der Hütte des Stifts einen Widder zum Schuldopfer bringen;

²²und der Priester soll ihn versöhnen mit dem Schuldopfer vor dem HERRN über die Sünde, die er getan hat, so wird ihm Gott gnädig sein über seine Sünde, die er getan hat.

²³Wenn ihr in das Land kommt und allerlei Bäume pflanzt, davon man ißt, sollt ihr mit seinen Früchten tun wie mit einer Vorhaut. Drei Jahre sollt ihr sie unbeschnitten achten, daß ihr sie nicht esset;

²⁴im vierten Jahr aber sollen alle ihre Früchte heilig sein, ein Preisopfer dem HERRN;

²⁵im fünften Jahr aber sollt ihr die Früchte essen und sie einsammeln; denn ich bin der HERR, euer Gott.

²⁶Ihr sollt nichts vom Blut essen. Ihr sollt nicht auf Vogelgeschrei achten noch Tage wählen.

²⁷Ihr sollt euer Haar am Haupt nicht rundumher abschneiden noch euren Bart gar abscheren.

²⁸Ihr sollt kein Mal um eines Toten willen an eurem Leibe reißen noch Buchstaben an euch ätzen; denn ich bin der HERR.

²⁹Du sollst deine Tochter nicht zur Hurerei halten, daß nicht das Land Hurerei treibe und werde voll Lasters.

³⁰Meine Feiertage haltet, und fürchtet euch vor meinem Heiligtum; denn ich bin der HERR.

³¹Ihr sollt euch nicht wenden zu den Wahrsagern, und forscht nicht von den Zeichendeutern, daß ihr nicht an ihnen verunreinigt werdet; denn ich bin der HERR, euer Gott.

³²Vor einem grauen Haupt sollst du aufstehen und die Alten ehren; denn du sollst dich fürchten vor deinem Gott, denn ich bin der HERR.

³³Wenn ein Fremdling bei dir in eurem Lande wohnen wird, den sollt ihr nicht schinden.

³⁴Er soll bei euch wohnen wie ein Einheimischer unter euch, und sollst ihn lieben wie dich selbst; denn ihr seid auch Fremdlinge gewesen in Ägyptenland. Ich bin der HERR, euer Gott.

³⁵Ihr sollt nicht unrecht handeln im Gericht mit der Elle, mit Gewicht, mit Maß.

³⁶Rechte Waage, rechte Pfunde, rechte Scheffel, rechte Kannen sollen bei euch sein; denn ich bin der HERR, euer Gott, der euch aus Ägyptenland geführt hat,

³⁷daß ihr alle meine Satzungen und alle meine Rechte haltet und tut; denn ich bin der HERR.

Kapitel 20

¹Und der HERR redete mit Mose und sprach:

²Sage den Kindern Israel: Welcher unter den Kindern Israel oder ein Fremdling, der in Israel wohnt, eines seiner Kinder dem Moloch gibt, der soll des Todes sterben; das Volk im Lande soll ihn steinigen.

³Und ich will mein Antlitz setzen wider solchen Menschen und will ihn aus seinem Volk ausrotten, daß er dem Moloch eines seiner Kinder gegeben und mein Heiligtum verunreinigt und meinen heiligen Namen entheiligt hat.

⁴Und wo das Volk im Lande durch die Finger sehen würde dem Menschen, der eines seiner Kinder dem Moloch gegeben hat, daß es ihn nicht tötet,

⁵so will doch ich mein Antlitz wider denselben Menschen setzen und wider sein Geschlecht und will ihn und alle, die mit ihm mit dem Moloch Abgötterei getrieben haben, aus ihrem Volke ausrotten.

⁶Wenn eine Seele sich zu den Wahrsagern und Zeichendeutern wenden wird, daß sie ihnen nachfolgt, so will ich mein Antlitz wider dieselbe Seele setzen und will sie aus ihrem Volk ausrotten.

⁷Darum heiligt euch und seid heilig; denn ich bin der HERR, euer Gott.

⁸Und haltet meine Satzungen und tut sie; denn ich bin der HERR, der euch heiligt.

⁹Wer seinem Vater oder seiner Mutter flucht, der soll des Todes sterben. Sein Blut sei auf ihm, daß er seinem Vater oder seiner Mutter geflucht hat.

¹⁰Wer die Ehe bricht mit jemandes Weibe, der soll des Todes sterben, beide, Ehebrecher und Ehebrecherin, darum daß er mit seines Nächsten Weibe die Ehe gebrochen hat.

¹¹Wenn jemand bei seines Vaters Weibe schläft, daß er seines Vater Blöße aufgedeckt hat, die sollen beide des Todes sterben; ihr Blut sei auf ihnen.

¹²Wenn jemand bei seiner Schwiegertochter schläft, so sollen sie beide des Todes sterben; ihr Blut sei auf ihnen.

¹³Wenn jemand beim Knaben schläft wie beim Weibe, die haben einen Greuel getan und sollen beide des Todes sterben; ihr Blut sei auf ihnen.

¹⁴Wenn jemand ein Weib nimmt und ihre Mutter dazu, der hat einen Frevel verwirkt; man soll ihn mit Feuer verbrennen und sie beide auch, daß kein Frevel sei unter euch.

¹⁵Wenn jemand beim Vieh liegt, der soll des Todes sterben, und

das Vieh soll man erwürgen.

¹⁶Wenn ein Weib sich irgend zu einem Vieh tut, daß sie mit ihm zu schaffen hat, die sollst du töten und das Vieh auch; des Todes sollen sie sterben; ihr Blut sei auf ihnen.

¹⁷Wenn jemand seine Schwester nimmt, seines Vaters Tochter oder seiner Mutter Tochter, und ihre Blöße schaut und sie wieder seine Blöße, das ist Blutschande. Die sollen ausgerottet werden vor den Leuten ihres Volks; denn er hat seiner Schwester Blöße aufgedeckt; er soll seine Missetat tragen.

¹⁸Wenn ein Mann beim Weibe schläft zur Zeit ihrer Krankheit und entblößt ihre Scham und deckt ihren Brunnen auf, und entblößt den Brunnen ihres Bluts, die sollen beide aus ihrem Volk ausgerottet werden.

¹⁹Deiner Mutter Schwester Blöße und deines Vater Schwester Blöße sollst du nicht aufdecken; denn ein solcher hat seine nächste Blutsfreundin aufgedeckt, und sie sollen ihre Missetat tragen.

²⁰Wenn jemand bei seines Vaters Bruders Weibe schläft, der hat seines Oheims Blöße aufgedeckt. Sie sollen ihre Sünde tragen; ohne Kinder sollen sie sterben.

²¹Wenn jemand seines Bruders Weib nimmt, das ist eine schändliche Tat; sie sollen ohne Kinder sein, darum daß er seines Bruders Blöße aufgedeckt hat.

²²So haltet nun alle meine Satzungen und meine Rechte und tut darnach, auf daß euch das Land nicht ausspeie, darein ich euch führe, daß ihr darin wohnt.

²³Und wandelt nicht in den Satzungen der Heiden, die ich vor euch her werde ausstoßen. Denn solches alles haben sie getan, und ich habe einen Greuel an ihnen gehabt.

²⁴Euch aber sage ich: Ihr sollt jener Land besitzen; denn ich will euch ein Land zum Erbe geben, darin Milch und Honig fließt. Ich bin der HERR, euer Gott, der euch von allen Völkern abgesondert hat.

²⁵daß ihr auch absondern sollt das reine Vieh vom unreinen und unreine Vögel von den reinen, und eure Seelen nicht verunreinigt am Vieh, an Vögeln und an allem, was auf Erden kriecht, das ich euch abgesondert habe, daß es euch unrein sei.

²⁶Darum sollt ihr mir heilig sein; denn ich, der HERR, bin heilig, der euch abgesondert hat von den Völkern, daß ihr mein wäret.

²⁷Wenn ein Mann oder Weib ein Wahrsager oder Zeichendeuter sein wird, die sollen des Todes sterben. Man soll sie steinigen; ihr Blut sei auf ihnen.

Kapitel 21

¹Und der HERR sprach zu Mose: Sage den Priestern, Aarons Söhnen, und sprich zu ihnen: Ein Priester soll sich an keinem Toten seines Volkes verunreinigen,

²außer an seinem Blutsfreunde, der ihm am nächsten angehört, als: an seiner Mutter, an seinem Vater, an seinem Sohne, an seiner Tochter, an seinem Bruder

³und an seiner Schwester, die noch eine Jungfrau und noch bei ihm ist und keines Mannes Weib gewesen ist; an der mag er sich verunreinigen.

⁴Sonst soll er sich nicht verunreinigen an irgend einem, der ihm zugehört unter seinem Volk, daß er sich entheilige.

⁵Sie sollen auch keine Platte machen auf ihrem Haupt noch ihren Bart abscheren und an ihrem Leib kein Mal stechen.

⁶Sie sollen ihrem Gott heilig sein und nicht entheiligen den Namen ihres Gottes. Denn sie opfern des HERRN Opfer, das Brot ihres Gottes; darum sollen sie heilig sein.

⁷Sie sollen keine Hure nehmen noch eine Geschwächte oder die von ihrem Mann verstoßen ist; denn er ist heilig seinem Gott.

⁸Darum sollst du ihn heilig halten, denn er opfert das Brot deines Gottes; er soll dir heilig sein, denn ich bin heilig, der HERR, der euch heiligt.

⁹Wenn eines Priesters Tochter anfängt zu huren, die soll man mit Feuer verbrennen; denn sie hat ihren Vater geschändet.

¹⁰Wer Hoherpriester ist unter seinen Brüdern, auf dessen Haupt das Salböl gegossen und dessen Hand gefüllt ist, daß er angezogen würde mit den Kleidern, der soll sein Haupt nicht entblößen und seine Kleider nicht zerreißen

¹¹und soll zu keinem Toten kommen und soll sich weder über Vater noch über Mutter verunreinigen.

¹²Aus dem Heiligtum soll er nicht gehen, daß er nicht entheilige das Heiligtum seines Gottes; denn die Weihe des Salböls seines Gottes ist auf ihm. Ich bin der HERR.

¹³Eine Jungfrau soll er zum Weibe nehmen;

¹⁴aber keine Witwe noch Verstoßene noch Geschwächte noch Hure, sondern eine Jungfrau seines Volks soll er zum Weibe nehmen,

¹⁵auf daß er nicht seinen Samen entheilige unter seinem Volk; denn ich bin der HERR, der ihn heiligt.

¹⁶Und der HERR redete mit Mose und sprach:

¹⁷Rede mit Aaron und sprich: Wenn an jemand deiner Nachkommen in euren Geschlechtern ein Fehl ist, der soll nicht herzutreten, daß er das Brot seines Gottes opfere.

¹⁸Denn keiner, an dem ein Fehl ist, soll herzutreten; er sei blind, lahm, mit einer seltsamen Nase, mit ungewöhnlichem Glied,

¹⁹oder der an einem Fuß oder einer Hand gebrechlich ist

²⁰oder höckerig ist oder ein Fell auf dem Auge hat oder schielt oder den Grind oder Flechten hat oder der gebrochen ist.

²¹Welcher nun von Aarons, des Priesters, Nachkommen einen Fehl an sich hat, der soll nicht herzutreten, zu opfern die Opfer des HERRN; denn er hat einen Fehl, darum soll er zu dem Brot seines Gottes nicht nahen, daß er es opfere.

²²Doch soll er das Brot seines Gottes essen, von dem Heiligen und vom Hochheiligen.

²³Aber zum Vorhang soll er nicht kommen noch zum Altar nahen, weil der Fehl an ihm ist, daß er nicht entheilige mein Heiligtum; denn ich bin der HERR, der sie heiligt.

²⁴Und Mose redete solches zu Aaron und zu seinen Söhnen und zu allen Kindern Israel.

Kapitel 22

¹Und der HERR redete mit Mose und sprach:

²Sage Aaron und seinen Söhnen, daß sie sich enthalten von dem Heiligen der Kinder Israel, welches sie mir heiligen und meinen heiligen Namen nicht entheiligen, denn ich bin der HERR.

³So sage nun ihnen auf ihre Nachkommen: Welcher eurer Nachkommen herzutritt zum Heiligen, das die Kinder Israel dem HERRN heiligen, und hat eine Unreinheit an sich, des Seele soll ausgerottet werden von meinem Antlitz; denn ich bin der HERR.

⁴Welcher der Nachkommen Aarons aussätzig ist oder einen Fluß hat, der soll nicht essen vom Heiligen, bis er rein werde. Wer etwa einen anrührt, der an einem Toten unrein geworden ist, oder welchem der Same entgeht im Schlaf,

⁵und welcher irgend ein Gewürm anrührt, dadurch er unrein wird, oder einen Menschen, durch den er unrein wird, und alles, was ihn verunreinigt:

⁶welcher der eins anrührt, der ist unrein bis auf den Abend und soll von dem Heiligen nicht essen, sondern soll zuvor seinen Leib mit Wasser baden.

⁷Und wenn die Sonne untergegangen und er rein geworden ist, dann mag er davon essen; denn es ist seine Nahrung.

⁸Ein Aas und was von wilden Tieren zerrißen ist, soll er nicht essen, auf daß er nicht unrein daran werde; denn ich bin der HERR.

⁹Darum sollen sie meine Sätze halten, daß sie nicht Sünde auf sich laden und daran sterben, wenn sie sich entheiligen; denn ich bin der HERR, der sie heiligt.

¹⁰Kein anderer soll von dem Heiligen essen noch des Priesters Beisaß oder Tagelöhner.

¹¹Wenn aber der Priester eine Seele um sein Geld kauft, die mag davon essen; und was ihm in seinem Hause geboren wird, das mag auch von seinem Brot essen.

¹²Wenn aber des Priesters Tochter eines Fremden Weib wird, die soll nicht von der heiligen Hebe essen.

¹³Wird sie aber eine Witwe oder ausgestoßen und hat keine Kinder und kommt wieder zu ihres Vaters Hause, so soll sie essen von ihres Vaters Brot, wie da sie noch Jungfrau war. Aber kein Fremdling soll davon essen.

¹⁴Wer sonst aus Versehen von dem Heiligen ißt der soll den fünften Teil dazutun und dem Priester geben samt dem Heiligen,

¹⁵auf daß sie nicht entheiligen das Heilige der Kinder Israel, das sie dem HERRN heben,

¹⁶auf daß sie nicht mit Missetat und Schuld beladen, wenn sie ihr Geheiligtes essen; denn ich bin der HERR, der sie heiligt.

¹⁷Und der HERR redete mit Mose und sprach:

¹⁸Sage Aaron und seinen Söhnen und allen Kindern Israel: Welcher Israeliter oder Fremdling in Israel sein Opfer tun will, es sei ein Gelübde oder von freiem Willen, daß sie dem HERRN ein Brandopfer tun wollen, das ihm von euch angenehm sei,

¹⁹das soll ein Männlein und ohne Fehl sein, von Rindern oder Lämmern oder Ziegen.

²⁰Alles, was ein Fehl hat, sollt ihr nicht opfern; denn es wird von euch nicht angenehm sein.

²¹Und wer ein Dankopfer dem HERRN tun will, ein besonderes Gelübde oder von freiem Willen, von Rindern oder Schafen, das soll

ohne Gebrechen sein, daß es angenehm sei; es soll keinen Fehl haben.

²²Ist's blind oder gebrechlich oder geschlagen oder dürr oder räudig oder hat es Flechten, so sollt ihr solches dem HERRN nicht opfern und davon kein Opfer geben auf den Altar des HERRN.

²³Einen Ochsen oder Schaf, die zu lange oder zu kurze Glieder haben, magst du von freiem Willen opfern; aber angenehm mag's nicht sein zum Gelübde.

²⁴Du sollst auch dem HERRN kein zerstoßenes oder zerriebenes oder zerrissenes oder das ausgeschnitten ist, opfern, und sollt im Lande solches nicht tun.

²⁵Du sollst auch solcher keins von eines Fremdlings Hand als Brot eures Gottes opfern; denn es taugt nicht und hat einen Fehl; darum wird's nicht angenehm sein von euch.

²⁶Und der HERR redete mit Mose und sprach:

²⁷Wenn ein Ochs oder Lamm oder Ziege geboren ist, so soll es sieben Tage bei seiner Mutter sein, und am achten Tage und darnach mag man's dem HERRN opfern, so ist's angenehm.

²⁸Es sei ein Ochs oder Schaf, so soll man's nicht mit seinem Jungen auf einen Tag schlachten.

²⁹Wenn ihr aber wollt dem HERRN ein Lobopfer tun, das von euch angenehm sei,

³⁰so sollt ihr's desselben Tages essen und sollt nichts übrig bis auf den Morgen behalten; denn ich bin der HERR.

³¹Darum haltet meine Gebote und tut darnach; denn ich bin der HERR.

³²Daß ihr meinen heiligen Namen nicht entheiligt, und ich geheiligt werde unter den Kindern Israel; denn ich bin der HERR, der euch heiligt,

³³der euch aus Ägyptenland geführt hat, daß ich euer Gott wäre, ich, der HERR.

Kapitel 23

¹Und der HERR redete mit Mose und sprach:

²Sage den Kindern Israel und sprich zu ihnen: Das sind die Feste des HERRN, die ihr heilig und meine Feste heißen sollt, da ihr zusammenkommt.

³Sechs Tage sollst du arbeiten; der siebente Tag aber ist der große, heilige Sabbat, da ihr zusammenkommt. Keine Arbeit sollt ihr an dem tun; denn es ist der Sabbat des HERRN in allen euren Wohnungen.

⁴Dies sind aber die Feste des HERRN, die ihr die heiligen Feste heißen sollt, da ihr zusammenkommt.

⁵Am vierzehnten Tage des ersten Monats gegen Abend ist des HERRN Passah.

⁶Und am fünfzehnten desselben Monats ist das Fest der ungesäuerten Brote des HERRN; da sollt ihr sieben Tage ungesäuertes Brot essen.

⁷Der erste Tag soll heilig unter euch heißen, da ihr zusammenkommt; da sollt ihr keine Dienstarbeit tun.

⁸Und sieben Tage sollt ihr dem HERRN opfern. Der siebente Tag soll auch heilig heißen, da ihr zusammenkommt; da sollt ihr auch keine Dienstarbeit tun.

⁹Und der HERR redete mit Mose und sprach:

¹⁰Sage den Kindern Israel und sprich zu ihnen: Wenn ihr in das Land kommt, das ich euch geben werde, und werdet's ernten, so sollt ihr eine Garbe der Erstlinge eurer Ernte zu dem Priester bringen.

¹¹Da soll die Garbe gewebt werden vor dem HERRN, daß es von euch angenehm sei; solches soll aber der Priester tun des Tages nach dem Sabbat.

¹²Und ihr sollt des Tages, da eure Garbe gewebt wird, ein Brandopfer dem HERRN tun von einem Lamm, das ohne Fehl und jährig sei,

¹³samt dem Speisopfer: zwei Zehntel Semmelmehl, mit Öl gemengt, als ein Opfer dem HERRN zum süßen Geruch; dazu das Trankopfer: ein viertel Hin Wein.

¹⁴Und sollt kein neues Brot noch geröstete oder frische Körner zuvor essen bis auf den Tag, da ihr eurem Gott Opfer bringt. Das soll ein Recht sein euren Nachkommen in allen euren Wohnungen.

¹⁵Darnach sollt ihr Zählen vom Tage nach dem Sabbat, da ihr die Webegarbe brachtet, sieben ganze Wochen;

¹⁶bis an den Tag nach dem siebenten Sabbat, nämlich fünfzig Tage, sollt ihr zählen und neues Speisopfer dem HERRN opfern,

¹⁷und sollt's aus euren Wohnungen opfern, nämlich zwei Webebrote von zwei Zehntel Semmelmehl, gesäuert und gebacken, zu Erstlingen dem HERRN.

¹⁸Und sollt herzubringen neben eurem Brot sieben jährige Lämmer ohne Fehl und einen jungen Farren und zwei Widder, die sollen des HERRN Brandopfer sein, mit ihrem Speisopfern und Trankopfern, ein Opfer eines süßen Geruchs dem HERRN.

¹⁹Dazu sollt ihr machen einen Ziegenbock zum Sündopfer und zwei jährige Lämmer zum Dankopfer.

²⁰Und der Priester soll's weben samt den Erstlingsbroten vor dem HERRN; die sollen samt den zwei Lämmern dem HERRN heilig sein und dem Priester gehören.

²¹Und sollt diesen Tag ausrufen; denn er soll unter euch heilig heißen, da ihr zusammenkommt; keine Dienstarbeit sollt ihr tun. Ein ewiges Recht soll das sein bei euren Nachkommen in allen euren Wohnungen.

²²Wenn ihr aber euer Land erntet sollt ihr nicht alles bis an die Enden des Feldes abschneiden, auch nicht alles genau auflesen, sondern sollt's den Armen und Fremdlingen lassen. Ich bin der HERR, euer Gott.

²³Und der HERR redete mit Mose und sprach:

²⁴Rede mit den Kindern Israel und sprich: Am ersten Tage des siebenten Monats sollt ihr den heiligen Sabbat des Blasens zum Gedächtnis halten, da ihr zusammenkommt;

²⁵da sollt ihr keine Dienstarbeit tun und sollt dem HERRN opfern.

²⁶Und der HERR redete mit Mose und sprach:

²⁷Des zehnten Tages in diesem siebenten Monat ist der Versöhnungstag. Der soll bei euch heilig heißen, daß ihr zusammenkommt; da sollt ihr euren Leib kasteien und dem HERRN opfern

²⁸und sollt keine Arbeit tun an diesem Tage; denn es ist der Versöhnungstag, daß ihr versöhnt werdet vor dem HERRN, eurem Gott.

²⁹Denn wer seinen Leib nicht kasteit an diesem Tage, der soll aus seinem Volk ausgerottet werden.

³⁰Und wer dieses Tages irgend eine Arbeit tut, den will ich vertilgen aus seinem Volk.

³¹Darum sollt ihr keine Arbeit tun. Das soll ein ewiges Recht sein euren Nachkommen in allen ihren Wohnungen.

³²Es ist euer großer Sabbat, daß ihr eure Leiber kasteit. Am neunten Tage des Monats zu Abend sollt ihr diesen Sabbat halten, von Abend bis wieder zu Abend.

³³Und der HERR redete mit Mose und sprach:

³⁴Rede mit den Kindern Israel und sprich: Am fünfzehnten Tage dieses siebenten Monats ist das Fest der Laubhütten sieben Tage dem HERRN.

³⁵Der erste Tag soll heilig heißen, daß ihr zusammenkommt; keine Dienstarbeit sollt ihr tun.

³⁶Sieben Tage sollt ihr dem HERRN opfern. Der achte Tag soll auch heilig heißen, daß ihr zusammenkommt, und sollt eure Opfer dem HERRN tun; denn es ist der Tag der Versammlung; keine Dienstarbeit sollt ihr tun.

³⁷Das sind die Feste des HERRN, die ihr sollt für heilig halten, daß ihr zusammenkommt und dem HERRN Opfer tut: Brandopfer, Speisopfer, Trankopfer und andere Opfer, ein jegliches nach seinem Tage,

³⁸außer was die Sabbate des HERRN und eure Gaben und Gelübde und freiwillige Gaben sind, die ihr dem HERRN gebt.

³⁹So sollt ihr nun am fünfzehnten Tage des siebenten Monats, wenn ihr die Früchte des Landes eingebracht habt, das Fest des HERRN halten sieben Tage lang. Am ersten Tage ist es Sabbat, und am achten Tage ist es auch Sabbat.

⁴⁰Und sollt am ersten Tage Früchte nehmen von schönen Bäumen, Palmenzweige und Maien von dichten Bäumen und Bachweiden und sieben Tage fröhlich sein vor dem HERRN, eurem Gott.

⁴¹Und sollt also dem HERRN das Fest halten sieben Tage des Jahres. Das soll ein ewiges Recht sein bei euren Nachkommen, daß sie im siebenten Monat also feiern.

⁴²Sieben Tage sollt ihr in Laubhütten wohnen; wer einheimisch ist in Israel, der soll in Laubhütten wohnen,

⁴³daß eure Nachkommen wissen, wie ich die Kinder Israel habe lassen in Hütten wohnen, da ich sie aus Ägyptenland führte. Ich bin der HERR, euer Gott.

⁴⁴Und Mose sagte den Kindern Israel solche Feste des HERRN.

Kapitel 24

¹Und der HERR redete mit Mose und sprach:

²Gebiete den Kindern Israel, daß sie zu dir bringen gestoßenes lauteres Baumöl zur Leuchte, daß man täglich Lampen aufsetze

³außen vor dem Vorhang des Zeugnisses in der Hütte des Stifts. Und Aaron soll's zurichten des Abends und des Morgens vor dem HERRN täglich. Das sei ein ewiges Recht euren Nachkommen.

⁴Er soll die Lampen auf dem feinen Leuchter zurichten vor dem HERRN täglich.

⁵Und sollst Semmelmehl nehmen und davon zwölf Kuchen backen; zwei Zehntel soll ein Kuchen haben.

⁶Und sollst sie legen je sechs auf eine Schicht auf den feinen Tisch vor dem HERRN.

⁷Und sollst auf dieselben legen reinen Weihrauch, daß er sei bei den Broten zum Gedächtnis, ein Feuer dem HERRN.

⁸Alle Sabbate für und für soll er sie zurichten vor dem HERRN, von den Kindern Israel zum ewigen Bund.

⁹Und sie sollen Aarons und seiner Söhne sein; die sollen sie essen an heiliger Stätte; denn das ist ein Hochheiliges von den Opfern des HERRN zum ewigen Recht.

¹⁰Es ging aber aus eines israelitischen Weibes Sohn, der eines ägyptischen Mannes Kind war, unter den Kindern Israel und zankte sich im Lager mit einem israelitischen Mann

¹¹und lästerte den Namen des HERRN und fluchte. Da brachten sie ihn zu Mose (seine Mutter aber hieß Selomith, eine Tochter Dibris vom Stamme Dan)

¹²und legten ihn gefangen, bis ihnen klare Antwort würde durch den Mund des HERRN.

¹³Und der HERR redete mit Mose und sprach:

¹⁴Führe den Flucher hinaus vor das Lager und laß alle, die es gehört haben, ihre Hände auf sein Haupt legen und laß ihn die ganze Gemeinde steinigen.

¹⁵Und sage den Kindern Israel: Welcher seinem Gott flucht, der soll seine Sünde tragen.

¹⁶Welcher des HERRN Namen lästert, der soll des Todes sterben; die ganze Gemeinde soll ihn steinigen. Wie der Fremdling, so soll auch der Einheimische sein; wenn er den Namen lästert, so soll er sterben.

¹⁷Wer irgend einen Menschen erschlägt, der soll des Todes sterben.

¹⁸Wer aber ein Vieh erschlägt, der soll's bezahlen, Leib um Leib.

¹⁹Und wer seinen Nächsten verletzt, dem soll man tun, wie er getan hat,

²⁰Schade um Schade, Auge um Auge, Zahn um Zahn; wie er hat einen Menschen verletzt, so soll man ihm wieder tun.

²¹Also daß, wer ein Vieh erschlägt, der soll's bezahlen; wer aber einen Menschen erschlägt, der soll sterben.

²²Es soll einerlei Recht unter euch sein, dem Fremdling wie dem Einheimischen; denn ich bin der HERR, euer Gott.

²³Mose aber sagte es den Kindern Israel; und sie führten den Flucher hinaus vor das Lager und steinigten ihn. Also taten die Kinder Israel, wie der HERR dem Mose geboten hatte.

Kapitel 25

¹Und der HERR redete mit Mose auf dem Berge Sinai und sprach:

²Rede mit den Kindern Israel und sprich zu ihnen: Wenn ihr in das Land kommt, das ich euch geben werde, so soll das Land seinen Sabbat dem HERRN feiern,

³daß du sechs Jahre dein Feld besäest und sechs Jahre deinen Weinberg beschneidest und sammelst die Früchte ein;

⁴aber im siebenten Jahr soll das Land seinen großen Sabbat dem HERRN feiern, darin du dein Feld nicht besäen noch deinen Weinberg beschneiden sollst.

⁵Was aber von selber nach deiner Ernte wächst, sollst du nicht ernten, und die Trauben, so ohne deine Arbeit wachsen, sollst du nicht lesen, dieweil es ein Sabbatjahr des Landes ist.

⁶Aber was das Land während seines Sabbats trägt, davon sollt ihr essen, du und dein Knecht, deine Magd, dein Tagelöhner, dein Beisaß, dein Fremdling bei dir,

⁷dein Vieh und die Tiere in deinem Lande; alle Früchte sollen Speise sein.

⁸Und du sollst zählen solcher Sabbatjahre sieben, daß sieben Jahre siebenmal gezählt werden, und die Zeit der sieben Sabbatjahre mache neunundvierzig Jahre.

⁹Da sollst du die Posaune lassen blasen durch all euer Land am zehnten Tage des siebenten Monats, eben am Tage der Versöhnung.

¹⁰Und ihr sollt das fünfzigste Jahr heiligen und sollt ein Freijahr ausrufen im Lande allen, die darin wohnen; denn es ist euer Halljahr. Da soll ein jeglicher bei euch wieder zu seiner Habe und zu seinem Geschlecht kommen;

¹¹denn das fünfzigste Jahr ist euer Halljahr. Ihr sollt nicht säen, auch was von selber wächst, nicht ernten, auch was ohne Arbeit wächst im Weinberge, nicht lesen;

¹²denn das Halljahr soll unter euch heilig sein. Ihr sollt aber essen, was das Feld trägt.

¹³Das ist das Halljahr, da jedermann wieder zu dem Seinen kommen soll.

¹⁴Wenn du nun etwas deinem Nächsten verkaufst oder ihm etwas abkaufst, soll keiner seinen Bruder übervorteilen,

¹⁵sondern nach der Zahl der Jahre vom Halljahr an sollst du es von ihm kaufen; und was die Jahre hernach tragen mögen, so hoch soll er dir's verkaufen.

¹⁶Nach der Menge der Jahre sollst du den Kauf steigern, und nach der wenigen der Jahre sollst du den Kauf verringern; denn er soll dir's, nach dem es tragen mag, verkaufen.

¹⁷So übervorteile nun keiner seinen Nächsten, sondern fürchte dich vor deinem Gott; denn ich bin der HERR, euer Gott.

¹⁸Darum tut nach meinen Satzungen und haltet meine Rechte, daß ihr darnach tut, auf daß ihr im Lande sicher wohnen möget.

¹⁹Denn das Land soll euch seine Früchte geben, daß ihr zu essen genug habet und sicher darin wohnt.

²⁰Und ob du würdest sagen: Was sollen wir essen im siebenten Jahr? denn wir säen nicht, so sammeln wir auch kein Getreide ein:

²¹da will ich meinem Segen über euch im sechsten Jahr gebieten, das er soll dreier Jahr Getreide machen,

²²daß ihr säet im achten Jahr und von dem alten Getreide esset bis in das neunte Jahr, daß ihr vom alten esset, bis wieder neues Getreide kommt.

²³Darum sollt ihr das Land nicht verkaufen für immer; denn das Land ist mein, und ihr seid Fremdlinge und Gäste vor mir.

²⁴Und sollt in all eurem Lande das Land zu lösen geben.

²⁵Wenn dein Bruder verarmt, und verkauft dir seine Habe, und sein nächster Verwandter kommt zu ihm, daß er's löse, so soll er's lösen, was sein Bruder verkauft hat.

²⁶Wenn aber jemand keinen Löser hat und kann mit seiner Hand so viel zuwege bringen, daß er's löse,

²⁷so soll er rechnen von dem Jahr, da er's verkauft hat, und was noch übrig ist, dem Käufer wiedergeben und also wieder zu seiner Habe kommen.

²⁸Kann aber seine Hand nicht so viel finden, daß er's ihm wiedergebe, so soll, was er verkauft hat, in der Hand des Käufers bleiben bis zum Halljahr; in demselben soll es frei werden und er wieder zu seiner Habe kommen.

²⁹Wer ein Wohnhaus verkauft in einer Stadt mit Mauern, der hat ein ganzes Jahr Frist, dasselbe wieder zu lösen; das soll die Zeit sein, darin er es lösen kann.

³⁰Wo er's aber nicht löst, ehe denn das ganze Jahr um ist, so soll's der Käufer für immer behalten und seine Nachkommen, und es soll nicht frei werden im Halljahr.

³¹Ist's aber ein Haus auf dem Dorfe, um das keine Mauer ist, das soll man dem Feld des Landes gleich rechnen, und es soll können los werden und im Halljahr frei werden.

³²Die Städte der Leviten aber, nämlich die Häuser in den Städten, darin ihre Habe ist, können immerdar gelöst werden.

³³Wer etwas von den Leviten löst, der soll's verlassen im Halljahr, es sei Haus oder Stadt, das er besessen hat; denn die Häuser in den Städten der Leviten sind ihre Habe unter den Kindern Israel.

³⁴Aber das Feld vor ihren Städten soll man nicht verkaufen; denn das ist ihr Eigentum ewiglich.

³⁵Wenn dein Bruder verarmt und neben dir abnimmt, so sollst du ihn aufnehmen als einen Fremdling oder Gast, daß er lebe neben dir,

³⁶und sollst nicht Zinsen von ihm nehmen noch Wucher, sondern sollst dich vor deinem Gott fürchten, auf daß dein Bruder neben dir leben könne.

³⁷Denn du sollst ihm dein Geld nicht auf Zinsen leihen noch deine Speise auf Wucher austun.

³⁸Denn ich bin der HERR, euer Gott, der euch aus Ägyptenland geführt hat, daß ich euch das Land Kanaan gäbe und euer Gott wäre.

³⁹Wenn dein Bruder verarmt neben dir und verkauft sich dir, so sollst du ihn nicht lassen dienen als einen Leibeigenen;

⁴⁰sondern wie ein Tagelöhner und Gast soll er bei dir sein und bis an das Halljahr bei dir dienen.

⁴¹Dann soll er von dir frei ausgehen und seine Kinder mit ihm und soll wiederkommen zu seinem Geschlecht und zu seiner Väter Habe.

⁴²Denn sie sind meine Knechte, die ich aus Ägyptenland geführt habe; darum soll man sie nicht auf leibeigene Weise verkaufen.

⁴³Und sollst nicht mit Strenge über sie herrschen, sondern dich fürchten vor deinem Gott.

⁴⁴Willst du aber leibeigene Knechte und Mägde haben, so sollst du sie kaufen von den Heiden, die um euch her sind,

⁴⁵und auch von den Kindern der Gäste, die Fremdlinge unter euch sind, und von ihren Nachkommen, die sie bei euch in eurem Land zeugen; dieselben mögt ihr zu eigen haben

⁴⁶und sollt sie besitzen und eure Kinder nach euch zum Eigentum für und für; die sollt ihr leibeigene Knechte sein lassen. Aber von euren

Brüdern, den Kindern Israel, soll keiner über den andern herrschen mit Strenge.

⁴⁷Wenn irgend ein Fremdling oder Gast bei dir zunimmt und dein Bruder neben ihm verarmt und sich dem Fremdling oder Gast bei dir oder jemand von seinem Stamm verkauft,

⁴⁸so soll er nach seinem Verkaufen Recht haben, wieder frei zu werden, und es mag ihn jemand unter seinen Brüdern lösen,

⁴⁹oder sein Vetter oder Vetters Sohn oder sonst ein Blutsfreund seines Geschlechts; oder so seine Hand so viel erwirbt, so soll er selbst sich lösen.

⁵⁰Und soll mit seinem Käufer rechnen von dem Jahr an, da er sich verkauft hatte, bis aufs Halljahr; und das Geld, darum er sich verkauft hat, soll nach der Zahl der Jahre gerechnet werden, als wäre er die ganze Zeit Tagelöhner bei ihm gewesen.

⁵¹Sind noch viele Jahre bis an das Halljahr, so soll er nach denselben desto mehr zu seiner Lösung wiedergeben von dem Gelde darum er gekauft ist.

⁵²Sind aber wenig Jahre übrig bis ans Halljahr, so soll er auch darnach wiedergeben zu seiner Lösung.

⁵³Als Tagelöhner soll er von Jahr zu Jahr bei ihm sein, und sollst nicht lassen mit Strenge über ihn herrschen vor deinen Augen.

⁵⁴Wird er aber auf diese Weise sich nicht lösen, so soll er im Halljahr frei ausgehen und seine Kinder mit ihm.

⁵⁵Denn die Kinder Israel sind meine Knechte, die ich aus Ägyptenland geführt habe. Ich bin der HERR, euer Gott.

Kapitel 26

¹Ihr sollt keine Götzen machen noch Bild und sollt euch keine Säule aufrichten, auch keinen Malstein setzen in eurem Lande, daß ihr davor anbetet; denn ich bin der HERR, euer Gott.

²Haltet meine Sabbate und fürchtet euch vor meinem Heiligtum. Ich bin der HERR.

³Werdet ihr in meinen Satzungen wandeln und meine Gebote halten und tun,

⁴so will ich euch Regen geben zu seiner Zeit, und das Land soll sein Gewächs geben und die Bäume auf dem Felde ihre Früchte bringen,

⁵und die Dreschzeit soll reichen bis zur Weinernte, und die Weinernte bis zur Zeit der Saat; und sollt Brots die Fülle haben und sollt sicher in eurem Lande wohnen.

⁶Ich will Frieden geben in eurem Lande, daß ihr schlafet und euch niemand schrecke. Ich will die bösen Tiere aus eurem Land tun, und soll kein Schwert durch euer Land gehen.

⁷Ihr sollt eure Feinde jagen, und sie sollen vor euch her ins Schwert fallen.

⁸Euer fünf sollen hundert jagen, und euer hundert sollen zehntausend jagen; denn eure Feinde sollen vor euch her fallen ins Schwert.

⁹Und ich will mich zu euch wenden und will euch wachsen und euch mehren lassen und will meinen Bund euch halten.

¹⁰Und sollt von dem Vorjährigen essen, und wenn das Neue kommt, das Vorjährige wegtun.

¹¹Ich will meine Wohnung unter euch haben, und meine Seele soll euch nicht verwerfen.

¹²Und will unter euch wandeln und will euer Gott sein; so sollt ihr mein Volk sein.

¹³Denn ich bin der HERR, euer Gott, der euch aus Ägyptenland geführt hat, daß ihr meine Knechte wäret, und habe euer Joch zerbrochen und habe euch aufgerichtet wandeln lassen.

¹⁴Werdet ihr mir aber nicht gehorchen und nicht tun diese Gebote alle

¹⁵und werdet meine Satzungen verachten und eure Seele wird meine Rechte verwerfen, daß ihr nicht tut alle meine Gebote, und werdet meinen Bund brechen,

¹⁶so will ich euch auch solches tun: ich will euch heimsuchen mit Schrecken, Darre und Fieber, daß euch die Angesichter verfallen und der Leib verschmachte; ihr sollt umsonst euren Samen säen, und eure Feinde sollen ihn essen;

¹⁷und ich will mein Antlitz wider euch stellen, und sollt geschlagen werden vor euren Feinden; und die euch hassen, sollen über euch herrschen, und sollt fliehen, da euch niemand jagt.

¹⁸So ihr aber über das noch nicht mir gehorcht, so will ich's noch siebenmal mehr machen, euch zu strafen um eure Sünden,

¹⁹daß ich euren Stolz und eure Halsstarrigkeit breche; und will euren Himmel wie Eisen und eure Erde wie Erz machen.

²⁰Und eure Mühe und Arbeit soll verloren sein, daß euer Land sein Gewächs nicht gebe und die Bäume des Landes ihre Früchte nicht bringen.

²¹Und wo ihr mir entgegen wandelt und mich nicht hören wollt, so will ich's noch siebenmal mehr machen, auf euch zu schlagen um eurer Sünden willen.

²²Und will wilde Tiere unter euch senden, die sollen eure Kinder fressen und euer Vieh zerreißen und euer weniger machen, und eure Straßen sollen wüst werden.

²³Werdet ihr euch aber damit noch nicht von mir züchtigen lassen und mir entgegen wandeln,

²⁴so will ich euch auch entgegen wandeln und will euch noch siebenmal mehr schlagen um eurer Sünden willen

²⁵und will ein Racheschwert über euch bringen, das meinen Bund rächen soll. Und ob ihr euch in eure Städte versammelt, will ich doch die Pestilenz unter euch senden und will euch in eurer Feinde Hände geben.

²⁶Dann will ich euch den Vorrat des Brots verderben, daß zehn Weiber sollen in einem Ofen backen, und euer Brot soll man mit Gewicht auswägen, und wenn ihr esset, sollt ihr nicht satt werden.

²⁷Werdet ihr aber dadurch mir noch nicht gehorchen und mir entgegen wandeln,

²⁸so will ich euch im Grimm entgegen wandeln und will euch siebenmal mehr strafen um eure Sünden,

²⁹daß ihr sollt eurer Söhne und Töchter Fleisch essen.

³⁰Und will eure Höhen vertilgen und eure Sonnensäulen ausrotten und will eure Leichname auf eure Götzen werfen, und meine Seele wird an euch Ekel haben.

³¹Und will eure Städte einreißen und will euren süßen Geruch nicht riechen.

³²Also will ich das Land wüst machen, daß eure Feinde, so darin wohnen, sich davor entsetzen werden.

³³Euch aber will ich unter die Heiden streuen, und das Schwert ausziehen hinter euch her, daß euer Land soll wüst sein und eure Städte verstört.

³⁴Alsdann wird das Land sich seine Sabbate gefallen lassen, solange es wüst liegt und ihr in der Feinde Land seid; ja, dann wird das Land feiern und sich seine Sabbate gefallen lassen.

³⁵Solange es wüst liegt, wird es feiern, darum daß es nicht feiern konnte, da ihr's solltet feiern lassen, da ihr darin wohntet.

³⁶Und denen, die von euch übrigbleiben will ich ein feiges Herz machen in ihrer Feinde Land, daß sie soll ein rauschend Blatt jagen, und soll fliehen davor, als jage sie ein Schwert, und fallen, da sie niemand jagt.

³⁷Und soll einer über den andern hinfallen, gleich als vor dem Schwert, da sie doch niemand jagt; und ihr sollt euch nicht auflehnen dürfen wider eure Feinde.

³⁸Und ihr sollt umkommen unter den Heiden, und eurer Feinde Land soll euch fressen.

³⁹Welche aber von euch übrigbleiben, die sollen in ihrer Missetat verschmachten in der Feinde Land; auch in ihrer Väter Missetat sollen sie mit ihnen verschmachten.

⁴⁰Da werden sie denn bekennen ihre Missetat und ihrer Väter Missetat, womit sie sich an mir versündigt und mir entgegen gewandelt haben.

⁴¹Darum will ich auch ihnen entgegen wandeln und will sie in ihrer Feinde Land wegtreiben; da wird sich ja ihr unbeschnittenes Herz demütigen, und dann werden sie sich die Strafe ihrer Missetat gefallen lassen.

⁴²Und ich werde gedenken an meinen Bund mit Jakob und an meinen Bund mit Isaak und an meinen Bund mit Abraham und werde an das Land gedenken,

⁴³das von ihnen verlassen ist und sich seine Sabbate gefallen läßt, dieweil es wüst von ihnen liegt, und sie sich die Strafe ihrer Missetat gefallen lassen, darum daß sie meine Rechte verachtet haben und ihre Seele an meinen Satzungen Ekel gehabt hat.

⁴⁴Auch wenn sie schon in der Feinde Land sind, habe ich sie gleichwohl nicht verworfen und ekelt mich ihrer nicht also, daß es mit ihnen aus sein sollte und mein Bund mit ihnen sollte nicht mehr gelten; denn ich bin der HERR, ihr Gott.

⁴⁵Und ich will über sie an meinen ersten Bund gedenken, da ich sie aus Ägyptenland führte vor den Augen der Heiden, daß ich ihr Gott wäre, ich, der HERR.

⁴⁶Dies sind die Satzungen und Rechte und Gesetze, die der HERR zwischen ihm selbst und den Kindern Israel gestellt hat auf dem Berge Sinai durch die Hand Mose's.

Levitikus
Kapitel 27

¹Und der HERR redete mit Mose und sprach:

²Rede mit den Kindern Israel und sprich zu ihnen: Wenn jemand ein besonderes Gelübde tut, also daß du seinen Leib schätzen mußt,

³so soll dies eine Schätzung sein: ein Mannsbild, zwanzig Jahre alt bis ins sechzigste Jahr, sollst du schätzen auf fünfzig Silberlinge nach dem Lot des Heiligtums,

⁴ein Weibsbild auf dreißig Silberlinge.

⁵Von fünf Jahren an bis auf zwanzig Jahre sollst du ihn schätzen auf zwanzig Silberlinge, wenn's ein Mannsbild ist, ein Weibsbild aber auf zehn Silberlinge.

⁶Von einem Monat an bis auf fünf Jahre sollst du ihn schätzen auf fünf Silberlinge, wenn's ein Mannsbild ist, ein Weibsbild aber auf drei Silberlinge.

⁷Ist er aber sechzig Jahre alt und darüber, so sollst du ihn schätzen auf fünfzehn Silberlinge, wenn's ein Mannsbild ist, ein Weibsbild aber auf zehn Silberlinge.

⁸Ist er aber zu arm zu solcher Schätzung, so soll er sich vor den Priester stellen, und der Priester soll ihn schätzen; er soll ihn aber schätzen, nach dem die Hand des, der gelobt hat, erwerben kann.

⁹Ist's aber ein Vieh, das man dem HERRN opfern kann: alles, was man davon dem HERRN gibt ist heilig.

¹⁰Man soll's nicht wechseln noch wandeln, ein gutes um ein böses, oder ein böses um ein gutes. Wird's aber jemand wechseln, ein Vieh um das andere, so sollen sie beide dem HERRN heilig sein.

¹¹Ist aber das Tier unrein, daß man's dem HERRN nicht opfern darf, so soll man's vor den Priester stellen,

¹²und der Priester soll's schätzen, ob es gut oder böse sei; und es soll bei des Priesters Schätzung bleiben.

¹³Will's aber jemand lösen, der soll den Fünften über die Schätzung geben.

¹⁴Wenn jemand sein Haus heiligt, daß es dem HERRN heilig sei, das soll der Priester schätzen, ob's gut oder böse sei; und darnach es der Priester schätzt, so soll's bleiben.

¹⁵So es aber der, so es geheiligt hat, will lösen, so soll er den fünften Teil des Geldes, zu dem es geschätzt ist, draufgeben, so soll's sein werden.

¹⁶Wenn jemand ein Stück Acker von seinem Erbgut dem HERRN heiligt, so soll es geschätzt werden nach der Aussaat. Ist die Aussaat ein Homer Gerste, so soll es fünfzig Silberlinge gelten.

¹⁷Heiligt er seinen Acker vom Halljahr an, so soll er nach seinem Wert gelten.

¹⁸Hat er ihn aber nach dem Halljahr geheiligt, so soll der Priester das Geld berechnen nach den übrigen Jahren zum Halljahr und ihn darnach geringer schätzen.

¹⁹Will aber der, so ihn geheiligt hat, den Acker lösen, so soll er den fünften Teil des Geldes, zu dem er geschätzt ist, draufgeben, so soll er sein werden.

²⁰Will er ihn aber nicht lösen, sondern verkauft ihn einem andern, so soll er ihn nicht mehr lösen können;

²¹sondern derselbe Acker, wenn er im Halljahr frei wird, soll dem HERRN heilig sein wie ein verbannter Acker und soll des Priesters Erbgut sein.

²²Wenn aber jemand dem HERRN einen Acker heiligt, den er gekauft hat und der nicht sein Erbgut ist,

²³so soll der Priester berechnen, was er gilt bis an das Halljahr; und soll desselben Tages solche Schätzung geben, daß sie dem HERRN heilig sei.

²⁴Aber im Halljahr soll er wieder gelangen an den, von dem er ihn gekauft hat, daß sein Erbgut im Lande sei.

²⁵Alle Schätzung soll geschehen nach dem Lot des Heiligtums; ein Lot aber hat zwanzig Gera.

²⁶Die Erstgeburt unter dem Vieh, die dem HERRN sonst gebührt, soll niemand dem HERRN heiligen, es sei ein Ochs oder Schaf; denn es ist des HERRN.

²⁷Ist es aber unreines Vieh, so soll man's lösen nach seinem Werte, und darübergeben den Fünften. Will er's aber nicht lösen, so verkaufe man's nach seinem Werte.

²⁸Man soll kein Verbanntes verkaufen noch lösen, das jemand dem HERRN verbannt von allem, was sein ist, es seien Menschen, Vieh oder Erbacker; denn alles verbannte ist ein Hochheiliges dem HERRN.

²⁹Man soll auch keinen verbannten Menschen lösen, sondern er soll des Todes sterben.

³⁰Alle Zehnten im Lande von Samen des Landes und von Früchten der Bäume sind des HERRN und sollen dem HERRN heilig sein.

³¹Will aber jemand seinen Zehnten lösen, der soll den Fünften darübergeben.

³²Und alle Zehnten von Rindern und Schafen, von allem, was unter dem Hirtenstabe geht, das ist ein heiliger Zehnt dem HERRN.

³³Man soll nicht fragen, ob's gut oder böse sei; man soll's auch nicht wechseln. Wird's aber jemand wechseln, so soll's beides heilig sein und nicht gelöst werden.

³⁴Dies sind die Gebote, die der HERR dem Mose gebot an die Kinder Israel auf dem Berge Sinai.

Numeri

Kapitel 1

¹Und der HERR redete mit Mose in der Wüste Sinai in der Hütte des Stifts am ersten Tage des zweiten Monats im zweiten Jahr, da sie aus Ägyptenland gegangen waren, und sprach:
²Nehmet die Summe der ganzen Gemeinde der Kinder Israel nach ihren Geschlechtern und Vaterhäusern und Namen, alles, was männlich ist, von Haupt zu Haupt,
³von zwanzig Jahren an und darüber, was ins Heer zu ziehen taugt in Israel; ihr sollt sie zählen nach ihren Heeren, du und Aaron.
⁴Und sollt zu euch nehmen je vom Stamm einen Hauptmann über sein Vaterhaus.
⁵Dies sind die Namen der Hauptleute, die neben euch stehen sollen: von Ruben sei Elizur, der Sohn Sedeurs;
⁶von Simeon sei Selumiel, der Sohn Zuri-Saddais;
⁷von Juda sei Nahesson, der Sohn Amminadabs;
⁸von Isaschar sei Nathanael, der Sohn Zuars;
⁹von Sebulon sei Eliab, der Sohn Helons;
¹⁰von den Kindern Josephs: von Ephraim sei Elisama, der Sohn Ammihuds; von Manasse sei Gamliel, der Sohn Pedazurs;
¹¹von Benjamin sei Abidan, der Sohn des Gideoni;
¹²von Dan sei Ahieser, der Sohn Ammi-Saddais;
¹³von Asser sei Pagiel, der Sohn Ochrans;
¹⁴von Gad sei Eljasaph, der Sohn Deguels;
¹⁵von Naphthali sei Ahira, der Sohn Enans.
¹⁶Das sind die Vornehmsten der Gemeinde, die Fürsten unter den Stämmen ihrer Väter, die da Häupter über die Tausende in Israel waren.
¹⁷Und Mose und Aaron nahmen sie zu sich, wie sie da mit Namen genannt sind,
¹⁸und sammelten auch die ganze Gemeinde am ersten Tage des zweiten Monats und rechneten nach ihrer Geburt, nach ihren Geschlechtern und Vaterhäusern und Namen, von zwanzig Jahren an und darüber, von Haupt zu Haupt,
¹⁹wie der HERR dem Mose geboten hatte, und zählten sie in der Wüste Sinai.
²⁰Der Kinder Ruben, des ersten Sohnes Israels, nach ihrer Geburt und Geschlecht, ihren Vaterhäusern und Namen, von Haupt zu Haupt, alles, was männlich war, von zwanzig Jahren und darüber, und ins Heer zu ziehen taugte,
²¹wurden gezählt vom Stamme Ruben sechsundvierzigtausend und fünfhundert.
²²Der Kinder Simeon nach ihrer Geburt und Geschlecht, ihren Vaterhäusern, Zahl und Namen, von Haupt zu Haupt, alles, was männlich war, von zwanzig Jahren und darüber, und ins Heer zu ziehen taugte,
²³wurden gezählt zum Stamm Simeon neunundfünfzigtausend und dreihundert.
²⁴Der Kinder Gad nach ihrer Geburt und Geschlecht, ihren Vaterhäusern und Namen, von zwanzig Jahren und darüber, und ins Heer zu ziehen taugte,
²⁵wurden gezählt zum Stamm Gad fünfundvierzigtausend sechshundertundfünfzig.
²⁶Der Kinder Juda nach ihrer Geburt und Geschlecht, ihren Vaterhäusern und Namen, von zwanzig Jahren und darüber, was ins Heer zu ziehen taugte,
²⁷wurden gezählt zum Stamm Juda vierundsiebzigtausend und sechshundert.
²⁸Der Kinder Isaschar nach ihrer Geburt und Geschlecht, ihren Vaterhäusern und Namen, von zwanzig Jahren und darüber, was ins Heer zu ziehen taugte,
²⁹wurden gezählt zum Stamm Isaschar vierundfünfzigtausend und vierhundert.
³⁰Der Kinder Sebulon nach ihrer Geburt und Geschlecht, ihren Vaterhäusern und Namen, von zwanzig Jahren und darüber, was ins Heer zu ziehen taugte,
³¹wurden gezählt zum Stamm Sebulon siebenundfünfzigtausend und vierhundert.
³²Der Kinder Joseph von Ephraim nach ihrer Geburt und Geschlecht, ihren Vaterhäusern und Namen, von zwanzig Jahren und darüber, was ins Heer zu ziehen taugte,
³³wurden gezählt zum Stamm Ephraim vierzigtausend und fünfhundert.
³⁴Der Kinder Manasse nach ihrer Geburt und Geschlecht, ihren Vaterhäusern und Namen, von zwanzig Jahren und darüber, was ins Heer zu ziehen taugte,
³⁵wurden zum Stamm Manasse gezählt zweiunddreißigtausend und zweihundert.
³⁶Der Kinder Benjamin nach ihrer Geburt und Geschlecht, ihren Vaterhäusern und Namen, von zwanzig Jahren und darüber, was ins Heer zu ziehen taugte,
³⁷wurden zum Stamm Benjamin gezählt fünfunddreißigtausend und vierhundert.
³⁸Der Kinder Dan nach ihrer Geburt und Geschlecht, ihren Vaterhäusern und Namen, von zwanzig Jahren und darüber, was ins Heer zu ziehen taugte,
³⁹wurden gezählt zum Stamme Dan zweiundsechzigtausend und siebenhundert.
⁴⁰Der Kinder Asser nach ihrer Geburt und Geschlecht, ihren Vaterhäusern und Namen, von zwanzig Jahren und darüber, was ins Heer zu ziehen taugte,
⁴¹wurden gezählt zum Stamm Asser einundvierzigtausend und fünfhundert.
⁴²Der Kinder Naphthali nach ihrer Geburt und Geschlecht, ihren Vaterhäusern und Namen, von zwanzig Jahren und darüber, was ins Heer zu ziehen taugte,
⁴³wurden zum Stamm Naphthali gezählt dreiundfünfzigtausend und vierhundert.
⁴⁴Dies sind, die Mose und Aaron zählten samt den zwölf Fürsten Israels, deren je einer über ein Vaterhaus war.
⁴⁵Und die Summe der Kinder Israel nach ihrer Geburt und Geschlecht, ihren Vaterhäusern und Namen, von zwanzig Jahren und darüber, was ins Heer zu ziehen taugte in Israel,
⁴⁶war sechsmal hunderttausend und dreitausend fünfhundertundfünfzig.
⁴⁷Aber die Leviten nach ihrer Väter Stamm wurden nicht mit darunter gezählt.
⁴⁸Und der HERR redete mit Mose und sprach:
⁴⁹Den Stamm Levi sollst du nicht zählen noch ihre Summe nehmen unter den Kindern Israel,
⁵⁰sondern du sollst sie ordnen zur Wohnung des Zeugnisses und zu allem Geräte und allem, was dazu gehört. Und sie sollen die Wohnung tragen und alles Gerät und sollen sein pflegen und um die Wohnung her sich lagern.
⁵¹Und wenn man reisen soll, so sollen die Leviten die Wohnung abnehmen. Wenn aber das Heer zu lagern ist, sollen sie die Wohnung aufschlagen. Und wo ein Fremder sich dazumacht, der soll sterben.
⁵²Die Kinder Israel sollen sich lagern, ein jeglicher in sein Lager und zu dem Panier seiner Schar.
⁵³Aber die Leviten sollen sich um die Wohnung des Zeugnisses her lagern, auf daß nicht ein Zorn über die Gemeinde der Kinder Israel komme; darum sollen die Leviten des Dienstes warten an der Wohnung des Zeugnisses.
⁵⁴Und die Kinder Israel taten alles, wie der HERR dem Mose geboten hatte.

Kapitel 2

¹Und der HERR redete mit Mose und Aaron und sprach:
²Die Kinder Israel sollen vor der Hütte des Stifts umher sich lagern, ein jeglicher unter seinem Panier und Zeichen nach ihren Vaterhäusern.
³Gegen Morgen sollen lagern Juda mit seinem Panier und Heer; ihr Hauptmann Nahesson, der Sohn Amminadabs,
⁴und sein Heer, zusammen vierundsiebzigtausend und sechshundert.
⁵Neben ihm soll sich lagern der Stamm Isaschar; ihr Hauptmann Nathanael, der Sohn Zuars,
⁶und sein Heer, zusammen vierundfünfzigtausend und vierhundert.
⁷Dazu der Stamm Sebulon; ihr Hauptmann Eliab, der Sohn Helons,
⁸sein Heer, zusammen siebenundfünfzigtausend und vierhundert.
⁹Daß alle, die ins Lager Juda's gehören, seien zusammen hundert sechsundachtzigtausend und vierhundert die zu ihrem Heer gehören; und sie sollen vornean ziehen.
¹⁰Gegen Mittag soll liegen das Gezelt und Panier Rubens mit ihrem Heer; ihr Hauptmann Elizur, der Sohn Sedeurs,
¹¹und sein Heer, zusammen sechsundvierzigtausend fünfhundert.
¹²Neben ihm soll sich lagern der Stamm Simeon; ihr Hauptmann Selumiel, der Sohn Zuri-Saddais,
¹³und sein Heer, zusammen neunundfünfzigtausend dreihundert.

¹⁴Dazu der Stamm Gad; ihr Hauptmann Eljasaph, der Sohn Reguels,

¹⁵und sein Heer, zusammen fünfundvierzigtausend sechshundertfünfzig.

¹⁶Daß alle, die ins Lager Rubens gehören, seien zusammen hunderteinundfünfzigtausend vierhundertfünfzig, die zu ihrem Heer gehören; sie sollen die zweiten im Ausziehen sein.

¹⁷Darnach soll die Hütte des Stifts ziehen mit dem Lager der Leviten, mitten unter den Lagern; und wie sie sich lagern, so sollen sie auch ziehen, ein jeglicher an seinem Ort unter seinem Panier.

¹⁸Gegen Abend soll liegen das Gezelt und Panier Ephraims mit ihrem Heer; ihr Hauptmann soll sein Elisama, der Sohn Ammihuds,

¹⁹und sein Heer, zusammen vierzigtausend und fünfhundert.

²⁰Neben ihm soll sich lagern der Stamm Manasse; ihr Hauptmann Gamliel, der Sohn Pedazurs,

²¹und sein Heer, zusammen zweiunddreißigtausend und zweihundert.

²²Dazu der Stamm Benjamin; ihr Hauptmann Abidan, der Sohn des Gideoni,

²³und sein Heer, zusammen fünfunddreißigtausend und vierhundert.

²⁴Daß alle, die ins Lager Ephraims gehören, seien zusammen hundertundachttausend und einhundert, die zu seinem Heer gehören; und sie sollen die dritten im Ausziehen sein.

²⁵Gegen Mitternacht soll liegen das Gezelt und Panier Dans mit ihrem Heer; ihr Hauptmann Ahieser, der Sohn Ammi-Saddais,

²⁶und sein Heer, zusammen zweiundsechzigtausend und siebenhundert.

²⁷Neben ihm soll sich lagern der Stamm Asser; ihr Hauptmann Pagiel, der Sohn Ochrans,

²⁸und sein Heer, zusammen einundvierzigtausend und fünfhundert.

²⁹Dazu der Stamm Naphthali; ihr Hauptmann Ahira, der Sohn Enans,

³⁰und sein Heer, zusammen dreiundfünfzigtausend und vierhundert.

³¹Daß alle, die ins Lager Dans gehören, seien zusammen hundertsiebenundfünfzigtausend und sechshundert; und sie sollen die letzten sein im Ausziehen mit ihrem Panier.

³²Dies ist die Summe der Kinder Israel nach ihren Vaterhäusern und Lagern mit ihren Heeren: sechshunderttausend und dreitausend fünfhundertfünfzig.

³³Aber die Leviten wurden nicht in die Summe unter die Kinder Israel gezählt, wie der HERR dem Mose geboten hatte.

³⁴Und die Kinder Israel taten alles, wie der HERR dem Mose geboten hatte, und lagerten sich unter ihre Paniere und zogen aus, ein jeglicher in seinem Geschlecht nach seinem Vaterhaus.

Kapitel 3

¹Dies ist das Geschlecht Aarons und Mose's zu der Zeit, da der HERR mit Mose redete auf dem Berge Sinai.

²Und dies sind die Namen der Söhne Aarons: der Erstgeborene Nadab, darnach Abihu, Eleasar und Ithamar.

³Das sind die Namen der Söhne Aarons, die zu Priestern gesalbt waren und deren Hände gefüllt wurden zum Priestertum.

⁴Aber Nadab und Abihu starben vor dem HERRN, da sie fremdes Feuer opferten vor dem HERRN in der Wüste Sinai, und hatten keine Söhne. Eleasar aber und Ithamar pflegten des Priesteramtes unter ihrem Vater Aaron.

⁵Und der HERR redete mit Mose und sprach:

⁶Bringe den Stamm Levi herzu und stelle sie vor den Priester Aaron, daß sie ihm dienen

⁷und seiner und der ganzen Gemeinde Hut warten vor der Hütte des Stifts und dienen am Dienst der Wohnung

⁸und warten alles Gerätes der Hütte des Stifts und der Hut der Kinder Israel, zu dienen am Dienst der Wohnung.

⁹Und sollst die Leviten Aaron und seinen Söhnen zuordnen zum Geschenk von den Kindern Israel.

¹⁰Aaron aber und seine Söhne sollst du setzen, daß sie ihres Priestertums warten. Wo ein Fremder sich herzutut, der soll sterben.

¹¹Und der HERR redete mit Mose und sprach:

¹²Siehe, ich habe die Leviten genommen unter den Kindern Israel für alle Erstgeburt, welche die Mutter bricht, unter den Kindern Israel, also daß die Leviten sollen mein sein.

¹³Denn die Erstgeburten sind mein seit der Zeit, da ich alle Erstgeburt schlug in Ägyptenland; da heiligte ich mir alle Erstgeburt in Israel, vom Menschen an bis auf das Vieh, daß sie mein sein sollen, ich, der HERR.

¹⁴Und der HERR redete mit Mose in der Wüste Sinai und sprach:

¹⁵Zähle die Kinder Levi nach ihren Vaterhäusern und Geschlechtern, alles, was männlich ist, einen Monat alt und darüber.

¹⁶Also zählte sie Mose nach dem Wort des HERRN, wie er geboten hatte.

¹⁷Und dies waren die Kinder Levis mit Namen: Gerson, Kahath, Merari.

¹⁸Die Namen aber der Kinder Gersons nach ihren Geschlechtern waren: Libni und Simei.

¹⁹Die Kinder Kahaths nach ihren Geschlechtern waren: Amram, Jizhar, Hebron und Usiel.

²⁰Die Kinder Meraris nach ihren Geschlechtern waren; Maheli und Musi. Dies sind die Geschlechter Levis nach ihren Vaterhäusern.

²¹Dies sind die Geschlechter von Gerson: die Libniter und Simeiter.

²²Deren Summe war an der Zahl gefunden siebentausendundfünfhundert, alles, was männlich war, einen Monat alt und darüber.

²³Und dieselben Geschlechter der Gersoniter sollen sich lagern hinter der Wohnung gegen Abend.

²⁴Ihr Oberster sei Eljasaph, der Sohn Laels.

²⁵Und sie sollen an der Hütte des Stifts warten der Wohnung und der Hütte und ihrer Decken und des Tuches in der Tür der Hütte des Stifts,

²⁶des Umhangs am Vorhof und des Tuches in der Tür des Vorhofs, welcher um die Wohnung und um den Altar her geht, und ihre Seile und alles dessen, was zu ihrem Dienst gehört.

²⁷Dies sind die Geschlechter von Kahath: die Amramiten, die Jizhariten, die Hebroniten und die Usieliten,

²⁸was männlich war, einen Monat alt und darüber, an der Zahl achttausendsechshundert, die der Sorge für das Heiligtum warten.

²⁹und sie sollen sich lagern an die Seite der Wohnung gegen Mittag.

³⁰Ihr Oberster sei Elizaphan, der Sohn Usiels.

³¹Und sie sollen warten der Lade, des Tisches, des Leuchters, der Altäre und alles Gerätes des Heiligtums, daran sie dienen und des Tuches und was sonst zu ihrem Dienst gehört.

³²Aber der Oberste über alle Obersten der Leviten soll Eleasar sein, Aarons Sohn, des Priesters, über die, so verordnet sind, zu warten der Sorge für das Heiligtum.

³³Dies sind die Geschlechter Meraris: die Maheliter und Musiter,

³⁴die an der Zahl waren sechstausendundzweihundert, alles was männlich war, einen Monat alt und darüber.

³⁵Ihr Oberster sei Zuriel, der Sohn Abihails. Und sollen sich lagern an die Seite der Wohnung gegen Mitternacht.

³⁶Und ihr Amt soll sein, zu warten der Bretter und Riegel und Säulen und Füße der Wohnung und alles ihres Gerätes und ihres Dienstes,

³⁷dazu der Säulen um den Vorhof her mit den Füßen und Nägeln und Seilen.

³⁸Aber vor der Wohnung und vor der Hütte des Stifts gegen Morgen sollen sich lagern Mose und Aaron und seine Söhne, daß sie des Heiligtums warten für die Kinder Israel. Wenn sich ein Fremder herzutut, der soll sterben.

³⁹Alle Leviten zusammen, die Mose und Aaron zählten nach ihren Geschlechtern nach dem Wort des HERRN eitel Mannsbilder einen Monat alt und darüber, waren zweiundzwanzigtausend.

⁴⁰Und der HERR sprach zu Mose: Zähle alle Erstgeburt, was männlich ist unter den Kindern Israel, einen Monat und darüber, und nimm die Zahl ihrer Namen.

⁴¹Und sollst die Leviten mir, dem HERRN, aussondern für alle Erstgeburt der Kinder Israel und der Leviten Vieh für alle Erstgeburt unter dem Vieh der Kinder Israel.

⁴²Und Mose zählte, wie ihm der HERR geboten hatte, alle Erstgeburt unter den Kindern Israel;

⁴³und fand sich die Zahl der Namen aller Erstgeburt, was männlich war, einen Monat alt und darüber, in ihrer Summe zweiundzwanzigtausend zweihundertdreiundsiebzig.

⁴⁴Und der HERR redete mit Mose und sprach:

⁴⁵Nimm die Leviten für alle Erstgeburt unter den Kindern Israel und das Vieh der Leviten für ihr Vieh, daß die Leviten mein, des HERRN, seien.

⁴⁶Aber als Lösegeld von den zweihundertdreiundsiebzig Erstgeburten der Kinder Israel, die über der Leviten Zahl sind,

⁴⁷sollst du je fünf Silberlinge nehmen von Haupt zu Haupt nach dem Lot des Heiligtums (zwanzig Gera hat ein Lot)

⁴⁸und sollst das Geld für die, so überzählig sind unter ihnen, geben Aaron und seinen Söhnen.
⁴⁹Da nahm Mose das Lösegeld von denen, die über der Leviten Zahl waren,
⁵⁰von den Erstgeburten der Kinder Israel, tausenddreihundert und fünfundsechzig Silberlinge nach dem Lot des Heiligtums,
⁵¹und gab's Aaron und seinen Söhnen nach dem Worte des HERRN, wie der HERR dem Mose geboten hatte.

Kapitel 4

¹Und der HERR redete mit Mose und Aaron und sprach:
²Nimm die Summe der Kinder Kahath aus den Kindern Levi nach ihren Geschlechtern und Vaterhäusern,
³von dreißig Jahren an bis ins fünfzigste Jahr, alle, die zum Dienst taugen, daß sie tun die Werke in der Hütte des Stifts.
⁴Das soll aber das Amt der Kinder Kahath in der Hütte des Stifts sein; was das Hochheilige ist.
⁵Wenn das Heer aufbricht, so sollen Aaron und seine Söhne hineingehen und den Vorhang abnehmen und die Lade des Zeugnisses darein winden
⁶und darauf tun die Decke von Dachsfellen und obendrauf eine ganz blaue Decke breiten und ihre Stangen daran legen
⁷und über den Schaubrottisch auch eine blaue Decke breiten und darauf legen die Schüsseln, Löffel, die Schalen und Kannen zum Trankopfer, und das beständige Brot soll darauf liegen.
⁸Und sollen darüber breiten eine scharlachrote Decke und dieselbe bedecken mit einer Decke von Dachsfellen und seine Stangen daran legen.
⁹Und sollen eine blaue Decke nehmen und darein winden den Leuchter des Lichts und seine Lampen mit seinen Schneuzen und Näpfen und alle Ölgefäße, die zum Amt gehören.
¹⁰Und sollen um das alles tun eine Decke von Dachsfellen und sollen es auf die Stangen legen.
¹¹Also sollen sie auch über den goldenen Altar eine blaue Decke breiten und sie bedecken mit der Decke von Dachsfellen und seine Stangen daran tun.
¹²Alle Gerät, womit sie schaffen im Heiligtum, sollen sie nehmen und blaue Decken darüber tun und mit einer Decke von Dachsfellen bedecken und auf Stangen legen.
¹³Sie sollen auch die Asche vom Altar fegen und eine Decke von rotem Purpur über ihn breiten
¹⁴und alle seine Geräte darauf schaffen, Kohlenpfannen, Gabeln, Schaufeln, Becken mit allem Gerät des Altars; und sollen darüber breiten eine Decke von Dachsfellen und seine Stangen daran tun.
¹⁵Wenn nun Aaron und seine Söhne solches ausgerichtet und das Heiligtum und all sein Gerät bedeckt haben, wenn das Heer aufbricht, darnach sollen die Kinder Kahath hineingehen, daß sie es tragen; und sollen das Heiligtum nicht anrühren, daß sie nicht sterben. Dies sind die Lasten der Kinder Kahath an der Hütte des Stifts.
¹⁶Und Eleasar, Aarons, des Priesters, Sohn, soll das Amt haben, daß er ordne das Öl zum Licht und die Spezerei zum Räuchwerk und das tägliche Speisopfer und das Salböl, daß er beschicke die ganze Wohnung und alles, was darin ist, im Heiligtum und seinem Geräte.
¹⁷Und der HERR redete mit Mose und Aaron und sprach:
¹⁸Ihr sollt den Stamm der Geschlechter der Kahathiter nicht lassen sich verderben unter den Leviten;
¹⁹sondern das sollt ihr mit ihnen tun, wo sie werden anrühren das Hochheilige: Aaron und seine Söhne sollen hineingehen und einen jeglichen stellen zu seinem Amt und seiner Last.
²⁰Sie sollen aber nicht hineingehen, zu schauen das Heiligtum auch nur einen Augenblick, daß sie nicht sterben.
²¹Und der HERR redete mit Mose und sprach:
²²Nimm die Summe der Kinder Gerson auch nach ihren Vaterhäusern und Geschlechtern,
²³von dreißig Jahren an und darüber bis ins fünfzigste Jahr, und ordne sie alle, die da zum Dienst tüchtig sind, daß sie ein Amt haben in der Hütte des Stifts.
²⁴Das soll aber der Geschlechter der Gersoniter Amt sein, das sie schaffen und tragen:
²⁵sie sollen die Teppiche der Wohnung und der Hütte des Stifts tragen und ihre Decke und die Decke von Dachsfellen, die obendrüber ist, und das Tuch in der Hütte des Stifts
²⁶und die Umhänge des Vorhofs und das Tuch in der Tür des Tores am Vorhof, welcher um die Wohnung und den Altar her geht, und ihre Seile und alle Geräte ihres Amtes und alles, was zu ihrem Amt gehört.
²⁷Nach dem Wort Aarons und seiner Söhne soll alles Amt der Kinder Gerson geschehen, alles, was sie tragen und schaffen sollen, und ihr sollt zusehen, daß sie aller ihrer Last warten.
²⁸Das soll das Amt der Geschlechter der Kinder der Gersoniter sein in der Hütte des Stifts; und ihr Dienst soll unter der Hand Ithamars sein, des Sohnes Aarons, des Priesters.
²⁹Die Kinder Merari nach ihren Geschlechtern und Vaterhäusern sollst du auch ordnen,
³⁰von dreißig Jahren an und darüber bis ins fünfzigste Jahr, alle, die zum Dienst taugen, daß sie ein Amt haben in der Hütte des Stifts.
³¹Dieser Last aber sollen sie warten nach allem ihrem Amt in der Hütte des Stifts, das sie tragen die Bretter der Wohnung und Riegel und Säulen und Füße,
³²dazu die Säulen des Vorhofs umher und Füße und Nägel und Seile mit allem ihrem Geräte, nach allem ihrem Amt; einem jeglichen sollt ihr seinen Teil der Last am Geräte zu warten verordnen.
³³Das sei das Amt der Geschlechter der Kinder Merari, alles, was sie schaffen sollen in der Hütte des Stifts unter der Hand Ithamars, des Priesters, des Sohnes Aarons.
³⁴Und Mose und Aaron samt den Hauptleuten der Gemeinde zählten die Kinder der Kahathiter nach ihren Geschlechtern und Vaterhäusern,
³⁵von dreißig Jahren an und darüber bis ins fünfzigste Jahr, alle, die zum Dienst taugten, daß sie Amt in der Hütte des Stifts hätten.
³⁶Und die Summe war zweitausend siebenhundertfünfzig.
³⁷Das ist die Summe der Geschlechter der Kahathiter, die alle zu schaffen hatten in der Hütte des Stifts, die Mose und Aaron zählten nach dem Wort des HERRN durch Mose.
³⁸Die Kinder Gerson wurden auch gezählt in ihren Geschlechtern und Vaterhäusern,
³⁹von dreißig Jahren an und darüber bis ins fünfzigste, alle, die zum Dienst taugten, daß sie Amt in der Hütte des Stifts hätten.
⁴⁰Und die Summe war zweitausend sechshundertdreißig.
⁴¹Das ist die Summe der Geschlechter der Kinder Gerson, die alle zu schaffen hatten in der Hütte des Stifts, welche Mose und Aaron zählten nach dem Wort des HERRN.
⁴²Die Kinder Merari wurden auch gezählt nach ihren Geschlechtern und Vaterhäusern,
⁴³von dreißig Jahren an und darüber bis ins fünfzigste, alle, die zum Dienst taugten, daß sie Amt in der Hütte des Stifts hätten.
⁴⁴Und die Summe war dreitausendzweihundert.
⁴⁵Das ist die Summe der Geschlechter der Kinder Merari, die Mose und Aaron zählten nach dem Wort des HERRN durch Mose.
⁴⁶Die Summe aller Leviten, die Mose und Aaron samt den Hauptleuten Israels zählten nach ihren Geschlechtern und Vaterhäusern,
⁴⁷von dreißig Jahren und darüber bis ins fünfzigste, aller, die eingingen, zu schaffen ein jeglicher sein Amt und zu tragen die Last der Hütte des Stifts,
⁴⁸war achttausend fünfhundertachtzig,
⁴⁹die gezählt wurden nach dem Wort des HERRN durch Mose, ein jeglicher zu seinem Amt und seiner Last, wie der HERR dem Mose geboten hatte.

Kapitel 5

¹Und der HERR redete mit Mose und sprach:
²Gebiete den Kindern Israel, daß sie aus dem Lager tun alle Aussätzigen und alle, die Eiterflüsse haben, und die an Toten unrein geworden sind.
³Beide, Mann und Weib, sollt ihr hinaustun vor das Lager, daß sie nicht ihr Lager verunreinigen, darin ich unter ihnen wohne.
⁴Und die Kinder Israel taten also und taten sie hinaus vor das Lager, wie der HERR zu Mose geredet hatte.
⁵Und der HERR redete mit Mose und sprach:
⁶Sage den Kindern Israel und sprich zu ihnen: Wenn ein Mann oder Weib irgend eine Sünde wider einen Menschen tut und sich an dem HERRN damit versündigt, so hat die Seele eine Schuld auf sich;
⁷und sie sollen ihre Sünde bekennen, die sie getan haben, und sollen ihre Schuld versöhnen mit der Hauptsumme und darüber den fünften Teil dazutun und dem geben, an dem sie sich versündigt haben.
⁸Ist aber niemand da, dem man's bezahlen sollte, so soll man es dem HERRN geben für den Priester außer dem Widder der Versöhnung, dadurch er versöhnt wird.
⁹Desgleichen soll alle Hebe von allem, was die Kinder Israel heiligen und dem Priester opfern, sein sein.
¹⁰Und wer etwas heiligt, das soll auch sein sein; und wer etwas dem Priester gibt, das soll auch sein sein.
¹¹Und der HERR redete mit Mose und sprach:

¹²Sage den Kindern Israel und sprich zu ihnen: Wenn irgend eines Mannes Weib untreu würde und sich an ihm versündigte

¹³und jemand bei ihr liegt, und es würde doch dem Manne verborgen vor seinen Augen und würde entdeckt, daß sie unrein geworden ist, und er kann sie nicht überführen, denn sie ist nicht dabei ergriffen,

¹⁴und der Eifergeist entzündet ihn, daß er um sein Weib eifert, sie sei unrein oder nicht unrein,

¹⁵so soll er sie zum Priester bringen und ein Opfer über sie bringen, ein zehntel Epha Gerstenmehl, und soll kein Öl darauf gießen noch Weihrauch darauf tun. Denn es ist ein Eiferopfer und Rügeopfer, das Missetat rügt.

¹⁶Da soll der Priester sie herzuführen und vor den HERRN stellen

¹⁷und heiliges Wasser nehmen in ein irdenes Gefäß und Staub vom Boden der Wohnung ins Wasser tun.

¹⁸Und soll das Weib vor den HERRN stellen und ihr Haupt entblößen und das Rügeopfer, das ein Eiferopfer ist, auf ihre Hand legen; und der Priester soll in seiner Hand bitteres verfluchtes Wasser haben

¹⁹und soll das Weib beschwören und zu ihr sagen: Hat kein Mann bei dir gelegen, und bist du deinem Mann nicht untreu geworden, daß du dich verunreinigt hast, so sollen dir diese bittern verfluchten Wasser nicht schaden.

²⁰Wo du aber deinem Mann untreu geworden bist, daß du unrein wurdest, und hat jemand bei dir gelegen außer deinem Mann,

²¹so soll der Priester das Weib beschwören mit solchem Fluch und soll zu ihr sagen: Der HERR setze dich zum Fluch und zum Schwur unter deinem Volk, daß der HERR deine Hüfte schwinden und deinen Bauch schwellen lasse!

²²So gehe nun das verfluchte Wasser in deinen Leib, daß dein Bauch schwelle und deine Hüfte schwinde! Und das Weib soll sagen: Amen, amen.

²³Also soll der Priester diese Flüche auf einen Zettel schreiben und mit dem bittern Wasser abwaschen

²⁴und soll dem Weibe von dem bittern Wasser zu trinken geben, daß das verfluchte bittere Wasser in sie gehe.

²⁵Es soll aber der Priester von ihrer Hand das Eiferopfer nehmen und zum Speisopfer vor dem HERRN weben und auf dem Altar opfern, nämlich:

²⁶er soll eine Handvoll des Speisopfers nehmen und auf dem Altar anzünden zum Gedächtnis und darnach dem Weibe das Wasser zu trinken geben.

²⁷Und wenn sie das Wasser getrunken hat: ist sie unrein und hat sich an ihrem Mann versündigt, so wird das verfluchte Wasser in sie gehen und ihr bitter sein, daß ihr der Bauch schwellen und die Hüfte schwinden wird, und wird das Weib ein Fluch sein unter ihrem Volk;

²⁸ist aber ein solch Weib nicht verunreinigt, sondern rein, so wird's ihr nicht schaden, daß sie kann schwanger werden.

²⁹Dies ist das Eifergesetz, wenn ein Weib ihrem Mann untreu ist und unrein wird,

³⁰oder wenn einen Mann der Eifergeist entzündet, daß er um sein Weib eifert, daß er's stelle vor den HERRN und der Priester mit ihr tue alles nach diesem Gesetz.

³¹Und der Mann soll unschuldig sein an der Missetat; aber das Weib soll ihre Missetat tragen.

Kapitel 6

¹Und der HERR redete mit Mose und sprach:

²Sage den Kindern Israel und sprich zu ihnen: Wenn ein Mann oder Weib ein besonderes Gelübde tut, dem HERRN sich zu enthalten,

³der soll sich Weins und starken Getränks enthalten; Weinessig oder Essig von starkem Getränk soll er auch nicht trinken, auch nichts, das aus Weinbeeren gemacht wird; er soll weder frische noch dürre Weinbeeren essen.

⁴Solange solch ein Gelübde währt, soll er nichts essen, das man vom Weinstock macht, vom Weinkern bis zu den Hülsen.

⁵Solange die Zeit solches seines Gelübdes währt, soll kein Schermesser über sein Haupt fahren, bis das die Zeit aus sei, die er dem HERRN gelobt hat; denn er ist heilig und soll das Haar auf seinem Haupt lassen frei wachsen.

⁶Die ganze Zeit über, die er dem HERRN gelobt hat, soll er zu keinem Toten gehen.

⁷Er soll sich auch nicht verunreinigen an dem Tod seines Vaters, seiner Mutter, seines Bruders oder seiner Schwester; denn das Gelübde seines Gottes ist auf seinem Haupt.

⁸Die ganze Zeit seines Gelübdes soll er dem HERRN heilig sein.

⁹Und wo jemand vor ihm unversehens plötzlich stirbt, da wird das Haupt seines Gelübdes verunreinigt; darum soll er sein Haupt scheren am Tage seiner Reinigung, das ist am siebenten Tage.

¹⁰Und am achten Tage soll er zwei Turteltauben bringen oder zwei junge Tauben zum Priester vor die Tür der Hütte des Stifts.

¹¹Und der Priester soll eine zum Sündopfer und die andere zum Brandopfer machen und ihn versöhnen, darum daß er sich an einem Toten versündigt hat, und also sein Haupt desselben Tages heiligen,

¹²daß er dem HERRN die Zeit seines Gelübdes aushalte. Und soll ein jähriges Lamm bringen zum Schuldopfer. Aber die vorigen Tage sollen umsonst sein, darum daß sein Gelübde verunreinigt ist.

¹³Dies ist das Gesetz des Gottgeweihten: wenn die Zeit seines Gelübdes aus ist, so soll man ihn bringen vor die Tür der Hütte des Stifts.

¹⁴Und er soll bringen sein Opfer dem HERRN, ein jähriges Lamm ohne Fehl zum Brandopfer und ein jähriges Schaf ohne Fehl zum Sündopfer und einen Widder ohne Fehl zum Dankopfer

¹⁵und einen Korb mit ungesäuerten Kuchen von Semmelmehl, mit Öl gemengt, und ungesäuerte Fladen, mit Öl bestrichen, und ihre Speisopfer und Trankopfer.

¹⁶Und der Priester soll's vor den HERRN bringen und soll sein Sündopfer und sein Brandopfer machen.

¹⁷Und den Widder soll er zum Dankopfer machen dem HERRN samt dem Korbe mit den ungesäuerten Brot; und soll auch sein Speisopfer und sein Trankopfer machen.

¹⁸Und der Geweihte soll das Haupt seines Gelübdes scheren vor der Tür der Hütte des Stifts und soll das Haupthaar seines Gelübdes nehmen und aufs Feuer werfen, das unter dem Dankopfer ist.

¹⁹Und der Priester soll den gekochten Bug nehmen von dem Widder und einen ungesäuerten Kuchen aus dem Korbe und einen ungesäuerten Fladen und soll's dem Geweihten auf sein Hände legen, nachdem er sein Gelübde abgeschoren hat,

²⁰und der Priester soll's vor dem HERRN weben. Das ist heilig dem Priester samt der Webebrust und der Hebeschulter. Darnach mag der Geweihte Wein trinken.

²¹Das ist das Gesetz des Gottgeweihten, der sein Opfer dem HERRN gelobt wegen seines Gelübdes, außer dem, was er sonst vermag; wie er gelobt hat, soll er tun nach dem Gesetz seines Gelübdes.

²²Und der HERR redete mit Mose und sprach:

²³Sage Aaron und seinen Söhnen und sprich: Also sollt ihr sagen zu den Kindern Israel, wenn ihr sie segnet:

²⁴Der HERR segne dich und behüte dich;

²⁵der HERR lasse sein Angesicht leuchten über dir und sei dir gnädig;

²⁶der HERR hebe sein Angesicht über dich und gebe dir Frieden.

²⁷Denn ihr sollt meinen Namen auf die Kinder Israel legen, daß ich sie segne.

Kapitel 7

¹Und da Mose die Wohnung aufgerichtet hatte und sie gesalbt und geheiligt allem ihrem Geräte, dazu auch den Altar mit allem seinem Geräte gesalbt und geheiligt,

²da opferten die Fürsten Israels, die Häupter waren in ihren Vaterhäusern; denn sie waren die Obersten unter den Stämmen und standen obenan unter denen, die gezählt waren.

³Und sie brachten Opfer vor den HERRN, sechs bedeckte Wagen und zwölf Rinder, je einen Wagen für zwei Fürsten und einen Ochsen für einen, und brachten sie vor die Wohnung.

⁴Und der HERR sprach zu Mose:

⁵Nimm's von ihnen, daß es diene zum Dienst der Hütte des Stifts, und gib's den Leviten, einem jeglichen nach seinem Amt.

⁶Da nahm Mose die Wagen und die Rinder und gab sie den Leviten.

⁷Zwei Wagen und vier Rinder gab er den Kindern Gerson nach ihrem Amt;

⁸und vier Wagen und acht Ochsen gab er den Kindern Merari nach ihrem Amt unter der Hand Ithamars, des Sohnes Aarons, des Priesters;

⁹den Kindern Kahath aber gab er nichts, darum daß sie ein heiliges Amt auf sich hatten und auf ihren Achseln tragen mußten.

¹⁰Und die Fürsten opferten zur Einweihung das Altars an dem Tage, da er gesalbt ward, und opferten ihre Gabe vor dem Altar.

¹¹Und der HERR sprach zu Mose: Laß einen jeglichen Fürsten an seinem Tage sein Opfer bringen zur Einweihung des Altars.

¹²Am ersten Tage opferte seine Gabe Nahesson, der Sohn Amminadabs, des Stammes Juda.

¹³Und seine Gabe war eine silberne Schüssel, hundertdreißig Lot schwer, eine silbern Schale siebzig Lot schwer nach dem Lot des Heiligtums, beide voll Semmelmehl, mit Öl gemengt, zum Speisopfer;

¹⁴dazu einen goldenen Löffel, zehn Lot schwer, voll Räuchwerk,
¹⁵einen jungen Farren, einen Widder, ein jähriges Lamm zum Brandopfer;
¹⁶einen Ziegenbock zum Sündopfer;
¹⁷und zum Dankopfer zwei Rinder, fünf Widder und fünf jährige Lämmer. Das ist die Gabe Nahessons, des Sohnes Amminadabs.
¹⁸Am zweiten Tage opferte Nathanael, der Sohn Zuars, der Fürst Isaschars.
¹⁹Seine Gabe war eine silberne Schüssel, hundertdreißig Lot schwer, eine silberne Schale, siebzig Lot schwer nach dem Lot des Heiligtums, beide voll Semmelmehl, mit Öl gemengt, zum Speisopfer;
²⁰dazu einen goldenen Löffel, zehn Lot schwer, voll Räuchwerk,
²¹einen jungen Farren, einen Widder, ein jähriges Lamm zum Brandopfer;
²²einen Ziegenbock zum Sündopfer;
²³und zum Dankopfer zwei Rinder, fünf Widder und fünf jährige Lämmer. Das ist die Gabe Nathanaels, des Sohnes Zuars.
²⁴Am dritten Tage der Fürst der Kinder Sebulon, Eliab, der Sohn Helons.
²⁵Seine Gabe war eine silberne Schüssel, hundertdreißig Lot schwer, eine silberne Schale, siebzig Lot schwer nach dem Lot des Heiligtums, beide voll Semmelmehl, mit Öl gemengt, zum Speisopfer;
²⁶dazu einen goldenen Löffel, zehn Lot schwer, voll Räuchwerk,
²⁷einen jungen Farren, einen Widder, ein jähriges Lamm zum Brandopfer;
²⁸einen Ziegenbock zum Sündopfer;
²⁹und zum Dankopfer zwei Rinder, fünf Widder und fünf jährige Lämmer. Das ist die Gabe Eliabs, des Sohnes Helons.
³⁰Am vierten Tage der Fürst der Kinder Ruben, Elizur, der Sohn Sedeurs.
³¹Seine Gabe war eine silberne Schüssel, hundertdreißig Lot schwer, eine silberne Schale, siebzig Lot schwer nach dem Lot des Heiligtums, beide voll Semmelmehl, mit Öl gemengt, zum Speisopfer;
³²dazu einen goldenen Löffel, zehn Lot schwer, voll Räuchwerk,
³³einen jungen Farren, einen Widder, ein jähriges Lamm zum Brandopfer;
³⁴einen Ziegenbock zum Sündopfer;
³⁵und zum Dankopfer zwei Rinder, fünf Widder und fünf jährige Lämmer. Das ist die Gabe Elizurs, des Sohnes Sedeurs.
³⁶Am fünften Tage der Fürst der Kinder Simeon, Selumiel, der Sohn Zuri-Saddais.
³⁷Seine Gabe war eine silberne Schüssel, hundertdreißig Lot schwer, eine silberne Schale, siebzig Lot schwer nach dem Lot des Heiligtums, beide voll Semmelmehl, mit Öl gemengt, zum Speisopfer;
³⁸dazu einen goldenen Löffel, zehn Lot schwer, voll Räuchwerk,
³⁹einen jungen Farren, einen Widder, ein jähriges Lamm zum Brandopfer;
⁴⁰einen Ziegenbock zum Sündopfer;
⁴¹und zum Dankopfer zwei Rinder, fünf Widder und fünf jährige Lämmer. Das ist die Gabe Selumiels, des Sohnes Zuri-Saddais.
⁴²Am sechsten Tage der Fürst der Kinder Gad, Eljasaph, der Sohn Deguels.
⁴³Seine Gabe war eine silberne Schüssel, hundertdreißig Lot schwer, eine silberne Schale, siebzig Lot schwer nach dem Lot des Heiligtums, beide voll Semmelmehl, mit Öl gemengt, zum Speisopfer;
⁴⁴dazu einen goldenen Löffel, zehn Lot schwer, voll Räuchwerk,
⁴⁵einen jungen Farren, einen Widder, ein jähriges Lamm zum Brandopfer;
⁴⁶einen Ziegenbock zum Sündopfer;
⁴⁷und zum Dankopfer zwei Rinder, fünf Widder und fünf jährige Lämmer. Das ist die Gabe Eljasaphs, des Sohnes Deguels.
⁴⁸Am siebenten Tage der Fürst der Kinder Ephraim, Elisama, der Sohn Ammihuds.
⁴⁹Seine Gabe war eine silberne Schüssel, hundertdreißig Lot schwer, eine silberne Schale, siebzig Lot schwer nach dem Lot des Heiligtums, beide voll Semmelmehl, mit Öl gemengt, zum Speisopfer;
⁵⁰dazu einen goldenen Löffel, zehn Lot schwer, voll Räuchwerk,
⁵¹einen jungen Farren, einen Widder, ein jähriges Lamm zum Brandopfer;
⁵²einen Ziegenbock zum Sündopfer;
⁵³und zum Dankopfer zwei Rinder, fünf Widder und fünf jährige Lämmer. Das ist die Gabe Elisamas, des Sohnes Ammihuds.
⁵⁴Am achten Tage der Fürst der Kinder Manasses, Gamliel, der Sohn Pedazurs.
⁵⁵Seine Gabe war eine silberne Schüssel, hundertdreißig Lot schwer, eine silberne Schale, siebzig Lot schwer nach dem Lot des Heiligtums, beide voll Semmelmehl, mit Öl gemengt, zum Speisopfer;
⁵⁶dazu einen goldenen Löffel, zehn Lot schwer, voll Räuchwerk,
⁵⁷einen jungen Farren, einen Widder, ein jähriges Lamm zum Brandopfer;
⁵⁸einen Ziegenbock zum Sündopfer;
⁵⁹und zum Dankopfer zwei Rinder, fünf Widder und fünf jährige Lämmer. Das ist die Gabe Gamliels, des Sohnes Pedazurs.
⁶⁰Am neunten Tage der Fürst der Kinder Benjamin, Abidan, der Sohn des Gideoni.
⁶¹Seine Gabe war eine silberne Schüssel, hundertdreißig Lot schwer, eine silberne Schale, siebzig Lot schwer nach dem Lot des Heiligtums, beide voll Semmelmehl, mit Öl gemengt, zum Speisopfer;
⁶²dazu einen goldenen Löffel, zehn Lot schwer, voll Räuchwerk,
⁶³einen jungen Farren, einen Widder, ein jähriges Lamm zum Brandopfer;
⁶⁴einen Ziegenbock zum Sündopfer;
⁶⁵und zum Dankopfer zwei Rinder, fünf Widder und fünf jährige Lämmer. Das ist die Gabe Abidans, des Sohn's Gideonis.
⁶⁶Am zehnten Tage der Fürst der Kinder Dan, Ahi-Eser, der Sohn Ammi-Saddais.
⁶⁷Seine Gabe war eine silberne Schüssel, hundertdreißig Lot schwer, eine silberne Schale, siebzig Lot schwer nach dem Lot des Heiligtums, beide voll Semmelmehl, mit Öl gemengt, zum Speisopfer;
⁶⁸dazu einen goldenen Löffel, zehn Lot schwer, voll Räuchwerk,
⁶⁹einen jungen Farren, einen Widder, ein jähriges Lamm zum Brandopfer;
⁷⁰einen Ziegenbock zum Sündopfer;
⁷¹und zum Dankopfer zwei Rinder, fünf Widder und fünf jährige Lämmer. Das ist die Gabe Ahi-Esers, des Sohnes Ammi-Saddais.
⁷²Am elften Tage der Fürst der Kinder Asser, Pagiel, der Sohn Ochrans.
⁷³Seine Gabe war eine silberne Schüssel, hundertdreißig Lot schwer, eine silberne Schale, siebzig Lot schwer nach dem Lot des Heiligtums, beide voll Semmelmehl, mit Öl gemengt, zum Speisopfer;
⁷⁴dazu einen goldenen Löffel, zehn Lot schwer, voll Räuchwerk,
⁷⁵einen jungen Farren, einen Widder, ein jähriges Lamm zum Brandopfer;
⁷⁶einen Ziegenbock zum Sündopfer;
⁷⁷und zum Dankopfer zwei Rinder, fünf Widder und fünf jährige Lämmer. Das ist die Gabe Pagiels, des Sohnes Ochrans.
⁷⁸Am zwölften Tage der Fürst der Kinder Naphthali, Ahira, der Sohn Enans.
⁷⁹Seine Gabe war eine silberne Schüssel, hundertdreißig Lot schwer, eine silberne Schale, siebzig Lot schwer nach dem Lot des Heiligtums, beide voll Semmelmehl, mit Öl gemengt, zum Speisopfer;
⁸⁰dazu einen goldenen Löffel, zehn Lot schwer, voll Räuchwerk,
⁸¹einen jungen Farren, einen Widder, ein jähriges Lamm zum Brandopfer;
⁸²einen Ziegenbock zum Sündopfer;
⁸³und zum Dankopfer zwei Rinder, fünf Widder und fünf jährige Lämmer. Das ist die Gabe Ahiras, des Sohnes Enans.
⁸⁴Das ist die Einweihung des Altars zur Zeit, da er gesalbt ward, dazu die Fürsten Israels opferten diese zwölf silbernen Schüsseln, zwölf silberne Schalen, zwölf goldene Löffel,
⁸⁵also daß je eine Schüssel hundertdreißig Lot Silber und je eine Schale siebzig Lot hatte, daß die Summe alles Silbers am Gefäß betrug zweitausendvierhundert Lot nach dem Lot des Heiligtums.
⁸⁶Und der zwölf goldenen Löffel voll Räuchwerk hatte je einer zehn Lot nach dem Lot des Heiligtums, daß die Summe Goldes an den Löffeln betrug hundertzwanzig Lot.
⁸⁷Die Summe der Rinder zum Brandopfer waren zwölf Farren, zwölf Widder, zwölf jährige Lämmer samt ihrem Speisopfer und zwölf Ziegenböcke zum Sündopfer.
⁸⁸Und die Summe der Rinder zum Dankopfer war vierundzwanzig Farren, sechzig Widder, sechzig Böcke, sechzig jährige Lämmer. Das ist die Einweihung des Altars, da er gesalbt ward.
⁸⁹Und wenn Mose in die Hütte des Stifts ging, daß mit ihm geredet würde, so hörte er die Stimme mit ihm reden von dem Gnadenstuhl, der auf der Lade des Zeugnisses war, dort ward mit ihm geredet.

Kapitel 8

¹Und der HERR redete mit Mose und sprach:
²Rede mit Aaron und sprich zu ihm: Wenn du Lampen aufsetzt, sollst du sie also setzen, daß alle sieben vorwärts von dem Leuchter scheinen.
³Und Aaron tat also und setzte die Lampen auf, vorwärts von dem Leuchter zu scheinen, wie der HERR dem Mose geboten hatte.

⁴Der Leuchter aber war getriebenes Gold, beide, sein Schaft und seine Blumen; nach dem Gesicht, das der HERR dem Mose gezeigt hatte, also machte er den Leuchter.

⁵Und der HERR redete mit Mose und sprach:

⁶Nimm die Leviten aus den Kindern Israel und reinige sie.

⁷Also sollst du aber mit ihnen tun, daß du sie reinigst: du sollst Sündwasser auf sie sprengen, und sie sollen alle ihre Haare rein abscheren und ihre Kleider waschen, so sind sie rein.

⁸Dann sollen sie nehmen einen jungen Farren und sein Speisopfer, Semmelmehl, mit Öl gemengt; und einen andern jungen Farren sollst du zum Sündopfer nehmen.

⁹Und sollst die Leviten vor die Hütte des Stifts bringen und die ganze Gemeinde der Kinder Israel versammeln

¹⁰und die Leviten vor den HERRN bringen; und die Kinder Israel sollen ihre Hände auf die Leviten legen,

¹¹und Aaron soll die Leviten vor dem HERRN weben als Webeopfer von den Kindern Israel, auf daß sie dienen mögen in dem Amt des HERRN.

¹²Und die Leviten sollen ihre Hände aufs Haupt der Farren legen, und einer soll zum Sündopfer, der andere zum Brandopfer dem HERRN gemacht werden, die Leviten zu versöhnen.

¹³Und sollst die Leviten vor Aaron und seine Söhne stellen und vor dem HERRN weben,

¹⁴und sollst sie also aussondern von den Kindern Israel, daß sie mein seien.

¹⁵Darnach sollen sie hineingehen, daß sie dienen in der Hütte des Stifts. Also sollst du sie reinigen und weben;

¹⁶denn sie sind mein Geschenk von den Kindern Israel, und ich habe sie mir genommen für alles, was die Mutter bricht, nämlich für die Erstgeburt aller Kinder Israel.

¹⁷Denn alle Erstgeburt unter den Kindern Israel ist mein, der Menschen und des Viehes, seit der Zeit ich alle Erstgeburt in Ägyptenland schlug und heiligte sie mir

¹⁸und nahm die Leviten an für alle Erstgeburt unter den Kindern Israel

¹⁹und gab sie zum Geschenk Aaron und seinen Söhnen aus den Kindern Israel, daß sie dienen im Amt der Kinder Israel in der Hütte des Stifts, die Kinder Israel zu versöhnen, auf daß nicht unter den Kindern Israel sei eine Plage, so sie sich nahen wollten zum Heiligtum.

²⁰Und Mose mit Aaron samt der ganzen Gemeinde der Kinder Israel taten mit den Leviten alles, wie der HERR dem Mose geboten hatte.

²¹Und die Leviten entsündigten sich und wuschen ihre Kleider, und Aaron webte sie vor dem HERRN und versöhnte sie, daß sie rein wurden.

²²Darnach gingen sie hinein, daß sie ihr Amt täten in der Hütte des Stifts vor Aaron und seinen Söhnen. Wie der HERR dem Mose geboten hatte über die Leviten, also taten sie mit ihnen.

²³Und der HERR redete mit Mose und sprach:

²⁴Das ist's, was den Leviten gebührt: von fünfundzwanzig Jahren und darüber taugen sie zum Amt und Dienst in der Hütte des Stifts;

²⁵aber von dem fünfzigsten Jahr an sollen sie ledig sein vom Amt des Dienstes und sollen nicht mehr dienen,

²⁶sondern ihren Brüdern helfen des Dienstes warten an der Hütte des Stifts; des Amts aber sollen sie nicht pflegen. Also sollst du mit den Leviten tun, daß ein jeglicher seines Dienstes warte.

Kapitel 9

¹Und der HERR redete mit Mose in der Wüste Sinai im zweiten Jahr, nachdem sie aus Ägyptenland gezogen waren, im ersten Monat, und sprach:

²Laß die Kinder Israel Passah halten zu seiner Zeit,

³am vierzehnten Tage dieses Monats gegen Abend; zu seiner Zeit sollen sie es halten nach aller seiner Satzung und seinem Recht.

⁴Und Mose redete mit den Kindern Israel, daß sie das Passah hielten.

⁵Und sie hielten Passah am vierzehnten Tage des ersten Monats gegen Abend in der Wüste Sinai; alles, wie der HERR dem Mose geboten hatte, so taten die Kinder Israel.

⁶Da waren etliche Männer unrein geworden an einem toten Menschen, daß sie nicht konnten Passah halten des Tages. Die traten vor Mose und Aaron desselben Tages

⁷und sprachen zu ihm: Wir sind unrein geworden an einem toten Menschen; warum sollen wir geringer sein, daß wir unsere Gabe dem HERRN nicht bringen dürfen zu seiner Zeit unter den Kindern Israel?

⁸Mose sprach zu ihnen: Harret, ich will hören, was euch der HERR gebietet.

⁹Und der HERR redete mit Mose und sprach:

¹⁰Sage den Kinder Israel und sprich: Wenn jemand unrein an einem Toten oder ferne über Feld ist, unter euch oder unter euren Nachkommen, der soll dennoch dem HERRN Passah halten,

¹¹aber im zweiten Monat, am vierzehnten Tage gegen Abend, und soll's neben ungesäuertem Brot und bittern Kräutern essen,

¹²und sie sollen nichts davon übriglassen, bis morgen, auch kein Bein daran zerbrechen und sollen's nach aller Weise des Passah halten.

¹³Wer aber rein und nicht über Feld ist und läßt es anstehen, das Passah zu halten, des Seele soll ausgerottet werden von seinem Volk, darum daß er seine Gabe dem HERRN nicht gebracht hat zu seiner Zeit; er soll seine Sünde tragen.

¹⁴Und wenn ein Fremdling bei euch wohnt und auch dem HERRN Passah hält, der soll's halten nach der Satzung und dem Recht des Passah. Diese Satzung soll euch gleich sein, dem Fremden wie des Landes Einheimischen.

¹⁵Und des Tages, da die Wohnung aufgerichtet ward, bedeckte sie eine Wolke auf der Hütte des Zeugnisses; und des Abends bis an den Morgen war über der Wohnung eine Gestalt des Feuers.

¹⁶Also geschah's immerdar, daß die Wolke sie bedeckte, und des Nachts die Gestalt des Feuers.

¹⁷Und so oft sich die Wolke aufhob von der Hütte, so zogen die Kinder Israel; und an welchem Ort die Wolke blieb, da lagerten sich die Kinder Israel.

¹⁸Nach dem Wort des HERRN zogen die Kinder Israel, und nach seinem Wort lagerten sie sich. Solange die Wolke auf der Wohnung blieb, so lange lagen sie still.

¹⁹Und wenn die Wolke viele Tage verzog auf der Wohnung, so taten die Kinder Israel nach dem Gebot des HERRN und zogen nicht.

²⁰Und wenn's war, daß die Wolke auf der Wohnung nur etliche Tage blieb, so lagerten sie sich nach dem Wort des HERRN und zogen nach dem Wort des HERRN.

²¹Wenn die Wolke da war von Abend bis an den Morgen und sich dann erhob, so zogen sie; oder wenn sie sich des Tages oder des Nachts erhob, so zogen sie auch.

²²Wenn sie aber zwei Tage oder einen Monat oder länger auf der Wohnung blieb, so lagen die Kinder Israel und zogen nicht; und wenn sie sich dann erhob, so zogen sie.

²³Denn nach des HERRN Mund lagen sie, und nach des HERRN Mund zogen sie, daß sie täten, wie der HERR gebot, nach des HERRN Wort durch Mose.

Kapitel 10

¹Und der HERR redete mit Mose und sprach:

²Mache dir zwei Drommeten von getriebenem Silber, daß du sie brauchst, die Gemeinde zu berufen und wenn das Heer aufbrechen soll.

³Wenn man mit beiden schlicht bläst, soll sich zu dir versammeln die ganze Gemeinde vor die Tür der Hütte des Stifts.

⁴Wenn man nur mit einer schlicht bläst, so sollen sich zu dir versammeln die Fürsten, die Obersten über die Tausende in Israel.

⁵Wenn ihr aber drommetet, so sollen die Lager aufbrechen, die gegen Morgen liegen.

⁶Und wenn ihr zum andernmal drommetet, so sollen die Lager aufbrechen, die gegen Mittag liegen. Denn wenn sie reisen sollen, so sollt ihr drommeten.

⁷Wenn aber die Gemeinde zu versammeln ist, sollt ihr schlicht blasen und nicht drommeten.

⁸Es sollen aber solch Blasen mit den Drommeten die Söhne Aarons, die Priester, tun; und das soll euer Recht sein ewiglich bei euren Nachkommen.

⁹Wenn ihr in einen Streit ziehet in eurem Lande wider eure Feinde, die euch bedrängen, so sollt ihr drommeten mit den Drommeten, daß euer gedacht werde vor dem HERRN, eurem Gott, und ihr erlöst werdet von euren Feinden.

¹⁰Desgleichen, wenn ihr fröhlich seid, und an euren Festen und an euren Neumonden sollt ihr mit den Drommeten blasen über eure Brandopfer und Dankopfer, daß es euch sei zum Gedächtnis vor eurem Gott. Ich bin der HERR, euer Gott.

¹¹Am zwanzigsten Tage im zweiten Monat des zweiten Jahres erhob sich die Wolke von der Wohnung des Zeugnisses.

¹²Und die Kinder Israel brachen auf und zogen aus der Wüste Sinai, und die Wolke blieb in der Wüste Pharan.

¹³Es brachen aber auf die ersten nach dem Wort des HERRN durch Mose;

¹⁴nämlich das Panier des Lagers der Kinder Juda zog am ersten mit ihrem Heer, und über ihr Heer war Nahesson, der Sohn Amminadabs;

¹⁵und über das Heer des Stammes der Kinder Isaschar war Nathanael, der Sohn Zuars;

¹⁶und über das Heer des Stammes der Kinder Sebulon war Eliab, der Sohn Helons.

¹⁷Da zerlegte man die Wohnung, und zogen die Kinder Gerson und Merari und trugen die Wohnung.

¹⁸Darnach zog das Panier des Lagers Rubens mit ihrem Heer, und über ihr Heer war Elizur, der Sohn Sedeurs;

¹⁹und über das Heer des Stammes der Kinder Simeon war Selumiel, der Sohn Zuri-Saddais;

²⁰und Eljasaph, der Sohn Deguels, über das Heer des Stammes der Kinder Gad.

²¹Da zogen auch die Kahathiten und trugen das Heiligtum; und jene richteten die Wohnung auf, bis diese nachkamen.

²²Darnach zog das Panier des Lagers der Kinder Ephraim mit ihrem Heer, und über ihr Heer war Elisama, der Sohn Ammihuds;

²³und Gamliel, der Sohn Pedazurs, über das Heer des Stammes der Kinder Manasse;

²⁴und Abidan, der Sohn des Gideoni, über das Heer des Stammes der Kinder Benjamin.

²⁵Darnach zog das Panier des Lagers der Kinder Dan mit ihrem Heer; und so waren die Lager alle auf. Und Ahi-Eser, der Sohn Ammi-Saddais, war über ihr Heer;

²⁶und Pagiel, der Sohn Ochrans, über das Heer des Stammes der Kinder Asser;

²⁷und Ahira, der Sohn Enans, über das Heer des Stammes der Kinder Naphthali.

²⁸So zogen die Kinder Israel mit ihrem Heer.

²⁹Und Mose sprach zu seinem Schwager Hobab, dem Sohn Reguels, aus Midian: Wir ziehen dahin an die Stätte, davon der HERR gesagt hat: Ich will sie euch geben; so komm nun mit uns, so wollen wir das Beste an dir tun; denn der HERR hat Israel Gutes zugesagt.

³⁰Er aber antwortete: Ich will nicht mit euch, sondern in mein Land zu meiner Freundschaft ziehen.

³¹Er sprach: Verlaß uns doch nicht; denn du weißt, wo wir in der Wüste uns lagern sollen, und sollst unser Auge sein.

³²Und wenn du mit uns ziehst: was der HERR Gutes an uns tut, das wollen wir an dir tun.

³³Also zogen sie von dem Berge des HERRN drei Tagereisen, und die Lade des Bundes des HERRN zog vor ihnen her die drei Tagereisen, ihnen zu weisen, wo sie ruhen sollten.

³⁴Und die Wolke des Herrn war des Tages über ihnen, wenn sie aus dem Lager zogen.

³⁵Und wenn die Lade zog, so sprach Mose: HERR, stehe auf! laß deine Feinde zerstreut und die dich hassen, flüchtig werden vor dir!

³⁶Und wenn sie ruhte, so sprach er: Komm wieder, HERR, zu der Menge der Tausende Israels!

Kapitel 11

¹Und da sich das Volk ungeduldig machte, gefiel es übel vor den Ohren des HERRN. Und als es der HERR hörte, ergrimmte sein Zorn, und zündete das Feuer des HERRN unter ihnen an; das verzehrte die äußersten Lager.

²Da schrie das Volk zu Mose, und Mose bat den HERRN; da verschwand das Feuer.

³Und man hieß die Stätte Thabeera, darum daß sich unter ihnen des HERRN Feuer angezündet hatte.

⁴Das Pöbelvolk aber unter ihnen war lüstern geworden, und sie saßen und weinten samt den Kindern Israel und sprachen: Wer will uns Fleisch zu essen geben?

⁵Wir gedenken der Fische, die wir in Ägypten umsonst aßen, und der Kürbisse, der Melonen, des Lauchs, der Zwiebeln und des Knoblauchs.

⁶Nun aber ist unsere Seele matt; denn unsere Augen sehen nichts als das Man.

⁷Es war aber das Man wie Koriandersamen und anzusehen wie Bedellion.

⁸Und das Volk lief hin und her und sammelte und zerrieb es mit Mühlen und stieß es in Mörsern und kochte es in Töpfen und machte sich Aschenkuchen daraus; und es hatte einen Geschmack wie ein Ölkuchen.

⁹Und wenn des Nachts der Tau über die Lager fiel, so fiel das Man mit darauf.

¹⁰Da nun Mose das Volk hörte weinen unter ihren Geschlechtern, einen jeglichen in seiner Hütte Tür, da ergrimmte der Zorn des HERRN sehr, und Mose ward auch bange.

¹¹Und Mose sprach zu dem HERRN: Warum bekümmerst du deinen Knecht? und warum finde ich nicht Gnade vor deinen Augen, daß du die Last dieses ganzen Volks auf mich legst?

¹²Habe ich nun all das Volk empfangen oder geboren, daß du zu mir sagen magst: Trag es in deinen Armen, wie eine Amme ein Kind trägt, in das Land, das du ihren Vätern geschworen hast?

¹³Woher soll ich Fleisch nehmen, daß ich allem diesem Volk gebe? Sie weinen vor mir und sprechen: Gib uns Fleisch, daß wir essen.

¹⁴Ich vermag alles das Volk nicht allein zu ertragen; denn es ist mir zu schwer.

¹⁵Und willst du also mit mir tun, so erwürge ich mich lieber, habe ich anders Gnade vor deinen Augen gefunden, daß ich nicht mein Unglück so sehen müsse.

¹⁶Und der HERR sprach zu Mose: Sammle mir siebzig Männer unter den Ältesten Israels, von denen du weißt, daß sie Älteste im Volk und seine Amtleute sind, und nimm sie vor die Hütte des Stifts und stelle sie daselbst vor dich,

¹⁷so will ich herniederkommen und mit dir daselbst reden und von deinem Geist, der auf dir ist, nehmen und auf sie legen, daß sie mit dir die Last des Volkes tragen, daß du nicht allein tragest.

¹⁸Und zum Volk sollst du sagen: Heiliget euch auf morgen, daß ihr Fleisch esset; denn euer Weinen ist vor die Ohren des HERRN gekommen, die ihr sprecht: Wer gibt uns Fleisch zu essen? denn es ging uns wohl in Ägypten. Darum wird euch der HERR Fleisch geben, daß ihr esset,

¹⁹nicht einen Tag, nicht zwei, nicht fünf, nicht zehn, nicht zwanzig Tage lang,

²⁰sondern einen Monat lang, bis daß es euch zur Nase ausgehe und euch ein Ekel sei; darum daß ihr den HERRN verworfen habt, der unter euch ist, und vor ihm geweint und gesagt: Warum sind wir aus Ägypten gegangen?

²¹Und Mose sprach: Sechshunderttausend Mann Fußvolk ist es, darunter ich bin, und du sprichst Ich will euch Fleisch geben, daß ihr esset einen Monat lang!

²²Soll man Schafe und Rinder schlachten, daß es ihnen genug sei? Oder werden sich alle Fische des Meeres herzu versammeln, daß es ihnen genug sei?

²³Der HERR aber sprach zu Mose: Ist denn die Hand des HERRN verkürzt? Aber du sollst jetzt sehen, ob meine Worte können dir etwas gelten oder nicht.

²⁴Und Mose ging heraus und sagte dem Volk des HERRN Worte und versammelte siebzig Männer unter den Ältesten des Volks und stellte sie um die Hütte her.

²⁵Da kam der HERR hernieder in der Wolke und redete mit ihm und nahm von dem Geist, der auf ihm war, und legte ihn auf die siebzig ältesten Männer. Und da der Geist auf ihnen ruhte, weissagten sie und hörten nicht auf.

²⁶Es waren aber noch zwei Männer im Lager geblieben; der eine hieß Eldad, der andere Medad, und der Geist ruhte auf ihnen; denn sie waren auch angeschrieben und doch nicht hinausgegangen zu der Hütte, und sie weissagten im Lager.

²⁷Da lief ein Knabe hin und sagte es Mose an und sprach: Eldad und Medad weissagen im Lager.

²⁸Da antwortete Josua, der Sohn Nuns, Mose's Diener, den er erwählt hatte, und sprach: Mein Herr Mose, wehre ihnen.

²⁹Aber Mose sprach zu ihm: Bist du der Eiferer für mich? Wollte Gott, daß all das Volk des HERRN weissagte und der HERR seinen Geist über sie gäbe!

³⁰Also sammelte sich Mose zum Lager mit den Ältesten Israels.

³¹Da fuhr aus der Wind von dem HERRN und ließ Wachteln kommen vom Meer und streute sie über das Lager, hier eine Tagereise lang, da eine Tagereise lang um das Lager her, zwei Ellen hoch über der Erde.

³²Da machte sich das Volk auf denselben ganzen Tag und die ganze Nacht und den ganzen andern Tag und sammelten Wachteln; und welcher am wenigsten sammelte, der sammelte zehn Homer. Uns sie hängten sie auf um das Lager her.

³³Da aber das Fleisch noch unter ihren Zähnen war und ehe es aufgezehrt war, da ergrimmte der Zorn des HERRN unter dem Volk, und schlug sie mit einer sehr großen Plage.

³⁴Daher heißt diese Stätte Lustgräber, darum daß man daselbst begrub das lüsterne Volk.

³⁵Von den Lustgräbern aber zog das Volk aus gen Hazeroth, und sie blieben zu Hazeroth.

Numeri

Kapitel 12

¹Und Mirjam und Aaron redeten wider Mose um seines Weibes willen, der Mohrin, der er genommen hatte, darum daß er eine Mohrin zum Weibe genommen hatte,

²und sprachen: Redet denn der HERR allein durch Mose? Redet er nicht auch durch uns? Und der HERR hörte es.

³Aber Mose war ein sehr geplagter Mensch über alle Menschen auf Erden.

⁴Und plötzlich sprach der HERR zu Mose und zu Aaron und zu Mirjam: Geht heraus, ihr drei, zu der Hütte des Stifts. Und sie gingen alle drei heraus.

⁵Da kam der HERR hernieder in der Wolkensäule und trat in der Hütte Tür und rief Aaron und Mirjam; und die beiden gingen hinaus.

⁶Und er sprach: Höret meine Worte: Ist jemand unter euch ein Prophet des HERRN, dem will ich mich kundmachen in einem Gesicht oder will mit ihm reden in einem Traum.

⁷Aber nicht also mein Knecht Mose, der in meinem ganzen Hause treu ist.

⁸Mündlich rede ich mit ihm, und er sieht den HERRN in seiner Gestalt, nicht durch dunkle Worte oder Gleichnisse. Warum habt ihr euch denn nicht gefürchtet, wider meinen Knecht Mose zu reden?

⁹Und der Zorn des HERRN ergrimmte über sie, und er wandte sich weg;

¹⁰dazu die Wolke wich auch von der Hütte. Und siehe da war Mirjam aussätzig wie der Schnee. Und Aaron wandte sich zu Mirjam und wird gewahr, daß sie aussätzig ist,

¹¹Und sprach zu Mose: Ach, mein Herr, laß die Sünde nicht auf uns bleiben, mit der wir töricht getan und uns versündigt haben,

¹²daß diese nicht sei wie ein Totes, das von seiner Mutter Leibe kommt und ist schon die Hälfte seines Fleisches gefressen.

¹³Mose aber schrie zu dem HERRN und sprach: Ach Gott, heile sie!

¹⁴Der HERR sprach zu Mose: Wenn ihr Vater ihr ins Angesicht gespieen hätte, sollte sie sich nicht sieben Tage schämen? Laß sie verschließen sieben Tage außerhalb des Lagers; darnach laß sie wieder aufnehmen.

¹⁵Also ward Mirjam sieben Tage verschlossen außerhalb des Lagers. Und das Volk zog nicht weiter, bis Mirjam aufgenommen ward.

¹⁶Darnach zog das Volk von Hazeroth und lagerte sich in die Wüste Pharan.

Kapitel 13

¹Und der HERR redet mit Mose und sprach:

²Sende Männer aus, die das Land Kanaan erkunden, das ich den Kindern Israel geben will, aus jeglichem Stamm ihrer Väter einen vornehmen Mann.

³Mose, der sandte sie aus der Wüste Pharan nach dem Wort des HERRN, die alle vornehme Männer waren unter den Kindern Israel.

⁴Und hießen also: Sammua, der Sohn Sakkurs, des Stammes Ruben;

⁵Saphat, der Sohn Horis, des Stammes Simeon;

⁶Kaleb, der Sohn Jephunnes, des Stammes Juda;

⁷Jigeal, der Sohn Josephs, des Stammes Isaschar;

⁸Hosea, der Sohn Nuns, des Stammes Ephraim;

⁹Palti, der Sohn Raphus, des Stammes Benjamin;

¹⁰Gaddiel, der Sohn Sodis, des Stammes Sebulon;

¹¹Gaddi, der Sohn Susis, des Stammes Joseph von Manasse;

¹²Ammiel, der Sohn Gemallis, des Stammes Dan;

¹³Sethur, der Sohn Michaels, des Stammes Asser;

¹⁴Nahebi, der Sohn Vaphsis, des Stammes Naphthali;

¹⁵Guel, der Sohn Machis, des Stammes Gad.

¹⁶Das sind die Namen der Männer, die Mose aussandte, zu erkunden das Land. Aber Hosea, den Sohn Nuns, nannte Mose Josua.

¹⁷Da sie nun Mose sandte, das Land Kanaan zu erkunden, sprach er zu ihnen: Ziehet hinauf ins Mittagsland und geht auf das Gebirge

¹⁸und besehet das Land, wie es ist, und das Volk, das darin wohnt, ob's stark oder schwach, wenig oder viel ist;

¹⁹und was es für ein Land ist, darin sie wohnen, ob's gut oder böse sei; und was für Städte sind, darin sie wohnen, ob sie in Gezelten oder Festungen wohnen;

²⁰und was es für Land sei, ob's fett oder mager sei und ob Bäume darin sind oder nicht. Seid getrost und nehmet die Früchte des Landes. Es war aber eben um die Zeit der ersten Weintrauben.

²¹Sie gingen hinauf und erkundeten das Land von der Wüste Zin bis gen Rehob, da man gen Hamath geht.

²²Sie gingen auch hinauf ins Mittagsland und kamen bis gen Hebron; da waren Ahiman, Sesai und Thalmai, die Kinder Enaks. Hebron aber war sieben Jahre gebaut vor Zoan in Ägypten.

²³Und sie kamen bis an den Bach Eskol und schnitten daselbst eine Rebe ab mit einer Weintraube und ließen sie zwei auf einem Stecken tragen, dazu auch Granatäpfel und Feigen.

²⁴Der Ort heißt Bach Eskol um der Traube willen, die die Kinder Israel daselbst abschnitten.

²⁵Und sie kehrten um, als sie das Land erkundet hatten, nach vierzig Tagen,

²⁶gingen hin und kamen zu Mose und Aaron und zu der ganzen Gemeinde der Kinder Israel in die Wüste Pharan gen Kades und sagten ihnen wieder und der ganzen Gemeinde, wie es stände, und ließen sie die Früchte des Landes sehen.

²⁷Und erzählten ihnen und sprachen: Wir sind in das Land gekommen, dahin ihr uns sandtet, darin Milch und Honig fließt, und dies ist seine Frucht;

²⁸nur, daß starkes Volk darin wohnt und sehr große und feste Städte sind; und wir sahen auch Enaks Kinder daselbst.

²⁹So wohnen die Amalekiter im Lande gegen Mittag, die Hethiter und Jebusiter und Amoriter wohnen auf dem Gebirge, die Kanaaniter aber wohnen am Meer und um den Jordan.

³⁰Kaleb aber stillte das Volk gegen Mose und sprach: Laßt uns hinaufziehen und das Land einnehmen; denn wir können es überwältigen.

³¹Aber die Männer, die mit ihm waren hinaufgezogen, sprachen: Wir vermögen nicht hinaufzuziehen gegen das Volk; denn sie sind uns zu stark,

³²und machten dem Lande, das sie erkundet hatten, ein böses Geschrei unter den Kindern Israel und sprachen: Das Land, dadurch wir gegangen sind, es zu erkunden, frißt seine Einwohner, und alles Volk, das wir darin sahen, sind Leute von großer Länge.

³³Wir sahen auch Riesen daselbst, Enaks Kinder von den Riesen; und wir waren vor unsern Augen wie Heuschrecken, und also waren wir auch vor ihren Augen.

Kapitel 14

¹Da fuhr die ganze Gemeinde auf und schrie, und das Volk weinte die Nacht.

²Und alle Kinder Israel murrten wider Mose und Aaron, und die ganze Gemeinde sprach zu ihnen: Ach, daß wir in Ägyptenland gestorben wären oder noch stürben in dieser Wüste!

³Warum führt uns der HERR in dies Land, daß wir durchs Schwert fallen und unsere Weiber und unsere Kinder ein Raub werden? Ist's nicht besser, wir ziehen wieder nach Ägypten?

⁴Und einer sprach zu dem andern: Laßt uns einen Hauptmann aufwerfen und wieder nach Ägypten ziehen!

⁵Mose aber und Aaron fielen auf ihr Angesicht vor der ganzen Versammlung der Gemeinde der Kinder Israel.

⁶Und Josua, der Sohn Nuns, und Kaleb, der Sohn Jephunnes, die auch das Land erkundet hatten, zerrissen ihre Kleider

⁷und sprachen zu der ganzen Gemeinde der Kinder Israel: Das Land, das wir durchwandelt haben, es zu erkunden, ist sehr gut.

⁸Wenn der HERR uns gnädig ist, so wird er uns in das Land bringen und es uns geben, ein Land, darin Milch und Honig fließt.

⁹Fallt nur nicht ab vom HERRN und fürchtet euch vor dem Volk dieses Landes nicht; denn wir wollen sie wie Brot fressen. Es ist ihr Schutz von ihnen gewichen; der HERR aber ist mit uns. Fürchtet euch nicht vor ihnen.

¹⁰Da sprach das ganze Volk, man sollte sie steinigen. Da erschien die Herrlichkeit des HERRN in der Hütte des Stifts allen Kindern Israel.

¹¹Und der HERR sprach zu Mose: Wie lange lästert mich dies Volk? und wie lange wollen sie nicht an mich glauben durch allerlei Zeichen, die ich unter ihnen getan habe?

¹²So will ich sie mit Pestilenz schlagen und vertilgen und dich zu einem größeren und mächtigeren Volk machen, denn dies ist.

¹³Mose aber sprach zu dem HERRN: So werden's die Ägypter hören; denn du hast dies Volk mit deiner Kraft mitten aus ihnen geführt.

¹⁴Und man wird es sagen zu den Einwohnern dieses Landes, die da gehört haben, daß du, HERR, unter diesem Volk seist, daß du von Angesicht gesehen werdest und deine Wolke stehe über ihnen und du, HERR, gehest vor ihnen her in der Wolkensäule des Tages und Feuersäule des Nachts.

¹⁵Würdest du nun dies Volk töten, wie einen Mann, so würden die Heiden sagen, die solch Gerücht von dir hören, und sprechen:

¹⁶Der HERR konnte mitnichten dies Volk in das Land bringen, das er ihnen geschworen hatte; darum hat er sie geschlachtet in der Wüste.

¹⁷So laß nun die Kraft des HERRN groß werden, wie du gesagt

hast und gesprochen:

¹⁸Der HERR ist geduldig und von großer Barmherzigkeit und vergibt Missetat und Übertretung und läßt niemand ungestraft sondern sucht heim die Missetat der Väter über die Kinder ins dritte und vierte Glied.

¹⁹So sei nun gnädig der Missetat dieses Volks nach deiner großen Barmherzigkeit, wie du auch vergeben hast diesem Volk aus Ägypten bis hierher.

²⁰Und der HERR sprach: Ich habe es vergeben, wie du gesagt hast.

²¹Aber so wahr als ich lebe, so soll alle Herrlichkeit des HERRN voll werden.

²²Denn alle die Männer, die meine Herrlichkeit und meine Zeichen gesehen haben, die ich getan habe in Ägypten und in der Wüste, und mich nun zehnmal versucht und meiner Stimme nicht gehorcht haben,

²³deren soll keiner das Land sehen, das ich ihren Vätern geschworen habe; auch keiner soll es sehen, der mich verlästert hat.

²⁴Aber meinen Knecht Kaleb, darum daß ein anderer Geist mit ihm ist und er mir treulich nachgefolgt ist, den will ich in das Land bringen, darein er gekommen ist, und sein Same soll es einnehmen,

²⁵dazu die Amalekiter und Kanaaniter, die im Tale wohnen. Morgen wendet euch und ziehet in die Wüste auf dem Wege zum Schilfmeer.

²⁶Und der HERR redete mit Mose und Aaron und sprach:

²⁷Wie lange murrt diese böse Gemeinde wider mich? Denn ich habe das Murren der Kinder Israel, das sie wider mich gemurrt haben, gehört.

²⁸Darum sprich zu ihnen: So wahr ich lebe, spricht der HERR, ich will euch tun, wie ihr vor meinen Ohren gesagt habt.

²⁹Eure Leiber sollen in dieser Wüste verfallen; und alle, die ihr gezählt seid von zwanzig Jahren und darüber, die ihr wider mich gemurrt habt,

³⁰sollt nicht in das Land kommen, darüber ich meine Hand gehoben habe, daß ich euch darin wohnen ließe, außer Kaleb, dem Sohn Jephunnes, und Josua, dem Sohn Nuns.

³¹Eure Kinder, von denen ihr sagtet: Sie werden ein Raub sein, die will ich hineinbringen, daß sie erkennen sollen das Land, das ihr verwerft.

³²Aber ihr samt euren Leibern sollt in dieser Wüste verfallen.

³³Und eure Kinder sollen Hirten sein in dieser Wüste vierzig Jahre und eure Untreue tragen, bis daß eure Leiber aufgerieben werden in der Wüste,

³⁴Nach der Zahl der vierzig Tage, darin ihr das Land erkundet habt; je ein Tag soll ein Jahr gelten, daß ihr vierzig Jahre eure Missetaten tragt; auf daß ihr innewerdet, was es sei, wenn ich die Hand abziehe.

³⁵Ich, der HERR, habe es gesagt; das will ich auch tun aller dieser bösen Gemeinde, die sich wider mich empört hat. In dieser Wüste sollen sie aufgerieben werden und daselbst sterben.

³⁶Also starben durch die Plage vor dem HERRN alle die Männer, die Mose gesandt hatte, das Land zu erkunden, und wiedergekommen waren und wider ihn murren machten die ganze Gemeinde.

³⁷damit daß sie dem Lande ein Geschrei machten, daß es böse wäre.

³⁸Aber Josua, der Sohn Nuns, und Kaleb, der Sohn Jephunnes, blieben lebendig aus den Männern, die gegangen waren, das Land zu erkunden.

³⁹Und Mose redete diese Worte zu allen Kindern Israel. Da trauerte das Volk sehr,

⁴⁰und sie machten sich des Morgens früh auf und zogen auf die Höhe des Gebirges und sprachen: Hier sind wir und wollen hinaufziehen an die Stätte, davon der HERR gesagt hat; denn wir haben gesündigt.

⁴¹Mose aber sprach: Warum übertretet ihr also das Wort des HERRN? Es wird euch nicht gelingen.

⁴²Ziehet nicht hinauf, denn der HERR ist nicht unter Euch, daß ihr nicht geschlagen werdet vor euren Feinden.

⁴³Denn die Amalekiter und Kanaaniter sind vor euch daselbst, und ihr werdet durchs Schwert fallen, darum daß ihr euch vom HERRN gekehrt habt, und der HERR wird nicht mit euch sein.

⁴⁴Aber sie waren störrig, hinaufzuziehen auf die Höhe des Gebirges; aber die Lade des Bundes des HERRN und Mose kamen nicht aus dem Lager.

⁴⁵Da kamen die Amalekiter und Kanaaniter, die auf dem Gebirge wohnten, herab und schlugen und zersprengten sie bis gen Horma.

Kapitel 15

¹Und der HERR redete mit Mose und sprach:

²Rede mit den Kindern Israel und sprich zu ihnen: Wenn ihr in das Land eurer Wohnung kommt, das ich euch geben werde,

³und wollt dem HERRN Opfer tun, es sei ein Brandopfer oder ein Opfer zum besonderen Gelübde oder ein freiwilliges Opfer oder euer Festopfer, auf daß ihr dem HERRN einen süßen Geruch machet von Rindern oder von Schafen:

⁴wer nun seine Gabe dem HERRN opfern will, der soll das Speisopfer tun, ein Zehntel Semmelmehl, mit einem viertel Hin Öl;

⁵und Wein zum Trankopfer, auch ein viertel Hin, zu dem Brandopfer oder sonst zu dem Opfer, da ein Lamm geopfert wird.

⁶Wenn aber ein Widder geopfert wird, sollst du das Speisopfer machen aus zwei Zehntel Semmelmehl, mit einem drittel Hin Öl gemengt,

⁷und Wein zum Trankopfer, auch ein drittel Hin; das sollst du dem HERRN zum süßen Geruch opfern.

⁸Willst du aber ein Rind zum Brandopfer oder zum besonderen Gelübdopfer oder zum Dankopfer dem HERRN machen,

⁹so sollst du zu dem Rind ein Speisopfer tun, drei Zehntel Semmelmehl, mit einem halben Hin Öl gemengt,

¹⁰und Wein zum Trankopfer, auch ein halbes Hin; das ist ein Opfer dem HERRN zum süßen Geruch.

¹¹Also sollst du tun mit einem Ochsen, mit einem Widder, mit einem Schaf oder mit einer Ziege.

¹²Darnach die Zahl dieser Opfer ist, darnach soll auch die Zahl der Speisopfer und Trankopfer sein.

¹³Wer ein Einheimischer ist, der soll solches tun, daß er dem HERRN opfere ein Opfer zum süßen Geruch.

¹⁴Und wenn ein Fremdling bei euch wohnt oder unter euch bei euren Nachkommen ist, und will dem HERRN ein Opfer zum süßen Geruch tun, der soll tun, wie ihr tut.

¹⁵Der ganzen Gemeinde sei eine Satzung, euch sowohl als den Fremdlingen; eine ewige Satzung soll das sein euren Nachkommen, daß vor dem HERRN der Fremdling sei wie ihr.

¹⁶Ein Gesetz, ein Recht soll euch und dem Fremdling sein, der bei euch wohnt.

¹⁷Und der HERR redete mit Mose und sprach:

¹⁸Rede mit den Kindern Israel und sprich zu ihnen: Wenn ihr in das Land kommt, darein ich euch bringen werde,

¹⁹daß ihr esset von dem Brot im Lande, sollt ihr dem HERRN eine Hebe geben:

²⁰als eures Teiges Erstling sollt ihr einen Kuchen zur Hebe geben; wie die Hebe von der Scheune,

²¹also sollt ihr auch dem HERRN eures Teiges Erstling zur Hebe geben bei euren Nachkommen.

²²Und wenn ihr aus Versehen dieser Gebote irgend eins nicht tut, die der HERR zu Mose geredet hat,

²³alles, was der HERR euch durch Mose geboten hat, von dem Tage an, da er anfing zu gebieten auf eure Nachkommen;

²⁴wenn nun ohne Wissen der Gemeinde etwas versehen würde, so soll die ganze Gemeinde einen jungen Farren aus den Rindern zum Brandopfer machen, zum süßen Geruch dem HERRN, samt seinem Speisopfer, wie es recht ist, und einen Ziegenbock zum Sündopfer.

²⁵Und der Priester soll also die ganze Gemeinde der Kinder Israel versöhnen, so wird's ihnen vergeben sein; denn es ist ein Versehen. Und sie sollen bringen solch ihre Gabe zum Opfer dem HERRN und ihr Sündopfer vor dem HERRN über ihr Versehen,

²⁶so wird's vergeben der ganzen Gemeinde der Kinder Israel, dazu auch dem Fremdling, der unter euch wohnt, weil das ganze Volk an solchem versehen teilhat.

²⁷Wenn aber eine Seele aus Versehen sündigen wird, die soll eine jährige Ziege zum Sündopfer bringen.

²⁸Und der Priester soll versöhnen solche Seele, die aus Versehen gesündigt hat, vor dem HERRN, daß er sie versöhne und ihr vergeben werde.

²⁹Und es soll ein Gesetz sein für die, so ein Versehen begehen, für den Einheimischen unter den Kindern Israel und für den Fremdling, der unter ihnen wohnt.

³⁰Wenn aber eine Seele aus Frevel etwas tut, es sei ein Einheimischer oder Fremdling, der hat den HERRN geschmäht. Solche Seele soll ausgerottet werden aus ihrem Volk.

³¹denn sie hat des HERRN Wort verachtet und sein Gebot lassen fahren. Ja, sie soll ausgerottet werden; die Schuld sei ihr.

³²Als nun die Kinder Israel in der Wüste waren, fanden sie einen Mann Holz lesen am Sabbattage.

³³Und die ihn darob gefunden hatten, da er das Holz las, brachten

sie ihn zu Mose und Aaron und vor die ganze Gemeinde.

³⁴Und sie legten ihn gefangen; denn es war nicht klar ausgedrückt, was man mit ihm tun sollte.

³⁵Der HERR aber sprach zu Mose: Der Mann soll des Todes sterben; die ganze Gemeinde soll ihn steinigen draußen vor dem Lager.

³⁶Da führte die ganze Gemeinde ihn hinaus vor das Lager und steinigten ihn, daß er starb, wie der HERR dem Mose geboten hatte.

³⁷Und der HERR sprach zu Mose:

³⁸Rede mit den Kindern Israel und sprich zu ihnen, daß sie sich Quasten machen an den Zipfeln ihrer Kleider samt allen ihren Nachkommen, und blaue Schnüre auf die Quasten an die Zipfel tun;

³⁹und sollen euch die Quasten dazu dienen, daß ihr sie ansehet und gedenket aller Gebote des HERRN und tut sie, daß ihr nicht von eures Herzens Dünken noch von euren Augen euch umtreiben lasset und abgöttisch werdet.

⁴⁰Darum sollt ihr gedenken und tun alle meine Gebote und heilig sein eurem Gott.

⁴¹Ich bin der HERR, euer Gott, der euch aus Ägyptenland geführt hat, daß ich euer Gott wäre, ich, der HERR, euer Gott.

Kapitel 16

¹Und Korah, der Sohn Jizhars, des Sohnes Kahaths, des Sohnes Levis, samt Dathan und Abiram, den Söhnen Eliabs, und On, dem Sohn Peleths, den Söhnen Rubens,

²die empörten sich wider Mose samt etlichen Männern unter den Kindern Israel, zweihundertundfünfzig, Vornehmste in der Gemeinde, Ratsherren und namhafte Leute.

³Und sie versammelten sich wider Mose und Aaron und sprachen zu ihnen: Ihr macht's zu viel. Denn die ganze Gemeinde ist überall heilig, und der HERR ist unter ihnen; warum erhebt ihr euch über die Gemeinde des HERRN?

⁴Da das Mose hörte, fiel er auf sein Angesicht

⁵und sprach zu Korah und zu seiner ganzen Rotte: Morgen wird der HERR kundtun, wer sein sei, wer heilig sei und zu ihm nahen soll; welchen er erwählt, der soll zu ihm nahen.

⁶Das tut: nehmet euch Pfannen, Korah und seine ganze Rotte,

⁷und legt Feuer darein und tut Räuchwerk darauf vor dem HERRN morgen. Welchen der HERR erwählt, der sei heilig. Ihr macht es zu viel, ihr Kinder Levi.

⁸Und Mose sprach zu Korah: Höret doch, ihr Kinder Levi!

⁹Ist's euch zu wenig, daß euch der Gott Israels ausgesondert hat von der Gemeinde Israel, daß ihr zu ihm nahen sollt, daß ihr dienet im Amt der Wohnung des HERRN und vor die Gemeinde tretet, ihr zu dienen?

¹⁰Er hat dich und alle deine Brüder, die Kinder Levi, samt dir zu sich genommen; und ihr sucht nun auch das Priestertum?

¹¹Du und deine ganze Rotte macht einen Aufruhr wider den HERRN. Was ist Aaron, daß ihr wider ihn murrt?

¹²Und Mose schickte hin und ließ Dathan und Abiram rufen, die Söhne Eliabs. Sie aber sprachen: Wir kommen nicht hinauf.

¹³Ist's zu wenig, daß du uns aus dem Lande geführt hast, darin Milch und Honig fließt, daß du uns tötest in der Wüste? Du mußt auch noch über uns herrschen?

¹⁴Wie fein hast du uns gebracht in ein Land, darin Milch und Honig fließt, und hast uns Äcker und Weinberge zum Erbteil gegeben! Willst du den Leuten auch die Augen ausreißen? Wir kommen nicht hinauf.

¹⁵Da ergrimmte Mose sehr und sprach zu dem HERRN: Wende dich nicht zu ihrem Speisopfer! Ich habe nicht einen Esel von ihnen genommen und habe ihrer keinem nie ein Leid getan.

¹⁶Und er sprach zu Korah: Du und deine Rotte sollt morgen vor dem HERRN sein; du, sie auch und Aaron.

¹⁷Und ein jeglicher nehme seine Pfanne und lege Räuchwerk darauf, und tretet herzu vor den HERRN, ein jeglicher mit seiner Pfanne, das sind zweihundertundfünfzig Pfannen; auch Du Aaron, ein jeglicher mit seiner Pfanne.

¹⁸Und ein jeglicher nahm seine Pfanne und legte Feuer und Räuchwerk darauf; und sie traten vor die Tür der Hütte des Stifts, und Mose und Aaron auch.

¹⁹Und Korah versammelte wider sie die ganze Gemeinde vor der Tür der Hütte des Stifts. Aber die Herrlichkeit des HERRN erschien vor der ganzen Gemeinde.

²⁰Und der HERR redete mit Mose und Aaron und sprach:

²¹Scheidet euch von dieser Gemeinde, daß ich sie plötzlich vertilge.

²²Sie fielen aber auf ihr Angesicht und sprachen: Ach Gott, der du bist ein Gott der Geister alles Fleisches, wenn ein Mann gesündigt hat, willst du darum über die ganze Gemeinde wüten?

²³Und der HERR redete mit Mose und sprach:

²⁴Sage der Gemeinde und sprich: Weicht ringsherum von der Wohnung Korahs und Dathans und Abirams.

²⁵Und Mose stand auf und ging zu Dathan und Abiram, und die Ältesten Israels folgten ihm nach,

²⁶und er redete mit der Gemeinde und sprach: Weichet von den Hütten dieser gottlosen Menschen und rührt nichts an, was ihr ist, daß ihr nicht vielleicht umkommt in irgend einer ihrer Sünden.

²⁷Und sie gingen hinweg von der Hütte Korahs, Dathans und Abirams. Dathan aber und Abiram gingen heraus und traten an die Tür ihrer Hütten mit ihren Weibern und Söhnen und Kindern.

²⁸Und Mose sprach: Dabei sollt ihr merken, daß mich der HERR gesandt hat, daß ich alle diese Werke täte, und nicht aus meinem Herzen:

²⁹werden sie sterben, wie alle Menschen sterben, oder heimgesucht, wie alle Menschen heimgesucht werden, so hat mich der HERR nicht gesandt;

³⁰wird aber der HERR etwas Neues schaffen, daß die Erde ihren Mund auftut und verschlingt sie mit allem, was sie haben, daß sie lebendig hinunter in die Hölle fahren, so werdet ihr erkennen, daß diese Leute den HERRN gelästert haben.

³¹Und als er diese Worte hatte alle ausgeredet, zerriß die Erde unter ihnen

³²und tat ihren Mund auf und verschlang sie mit ihren Häusern, mit allen Menschen, die bei Korah waren, und mit aller ihrer Habe.

³³und sie fuhren hinunter lebendig in die Hölle mit allem, was sie hatten, und die Erde deckte sie zu, und kamen um aus der Gemeinde.

³⁴Und ganz Israel, das um sie her war, floh vor ihrem Geschrei; denn sie sprachen: daß uns die Erde nicht auch verschlinge!

³⁵Dazu fuhr das Feuer aus von dem HERRN und fraß die zweihundertundfünfzig Männer, die das Räuchwerk opferten.

³⁶Und der HERR redete mit Mose und sprach:

³⁷Sage Eleasar, dem Sohn Aarons, des Priesters, daß er die Pfannen aufhebe aus dem Brand und streue das Feuer hin und her;

³⁸denn die Pfannen solcher Sünder sind dem Heiligtum verfallen durch ihre Seelen. Man schlage sie zu breiten Blechen, daß man den Altar damit überziehe; denn sie sind geopfert vor dem HERRN und geheiligt und sollen den Kindern Israel zum Zeichen sein.

³⁹Und Eleasar, der Priester, nahm die ehernen Pfannen, die die Verbrannten geopfert hatten und schlug sie zu Blechen, den Altar zu überziehen,

⁴⁰zum Gedächtnis der Kinder Israel, daß nicht jemand Fremdes sich herzumache, der nicht ist des Samens Aarons, zu opfern Räuchwerk vor dem HERRN, auf daß es ihm nicht gehe wie Korah und seiner Rotte, wie der HERR ihm geredet hatte durch Mose.

⁴¹Des andern Morgens aber murrte die ganze Gemeinde der Kinder Israel wider Mose und Aaron, und sprachen: Ihr habt des HERRN Volk getötet.

⁴²Und da sich die Gemeinde versammelte wider Mose und Aaron, wandten sie sich zur Hütte des Stifts. Und siehe, da bedeckte es die Wolke, und die Herrlichkeit des HERRN erschien.

⁴³Und Mose und Aaron gingen herzu vor die Hütte des Stifts.

⁴⁴Und der HERR redete mit Mose und sprach:

⁴⁵Hebt euch aus dieser Gemeinde; ich will sie plötzlich vertilgen! Und sie fielen auf ihr Angesicht.

⁴⁶Und Mose sprach zu Aaron: Nimm die Pfanne und tue Feuer darein vom Altar und lege Räuchwerk darauf und gehe eilend zu der Gemeinde und versöhne sie; denn das Wüten ist von dem HERRN ausgegangen, und die Plage ist angegangen.

⁴⁷Und Aaron nahm wie ihm Mose gesagt hatte, und lief mitten unter die Gemeinde (und siehe, die Plage war angegangen unter dem Volk) und räucherte und versöhnte das Volk

⁴⁸und stand zwischen den Toten und den Lebendigen. Da ward der Plage gewehrt.

⁴⁹Derer aber, die an der Plage gestorben waren, waren vierzehntausend und siebenhundert, ohne die, so mit Korah starben.

⁵⁰Und Aaron kam wieder zu Mose vor die Tür der Hütte des Stifts, und der Plage ward gewehrt.

Kapitel 17

¹Und der HERR redete mit Mose und sprach:

²Sage den Kindern Israel und nimm von ihnen zwölf Stecken, von Jeglichem Fürsten seines Vaterhauses einen, und schreib eines jeglichen Namen auf seinen Stecken.

³Aber den Namen Aarons sollst du schreiben auf den Stecken Levis. Denn je für ein Haupt ihrer Vaterhäuser soll ein Stecken sein.

⁴Und lege sie in die Hütte des Stifts vor dem Zeugnis, da ich mich euch bezeuge.

⁵Und welchen ich erwählen werde, des Stecken wird grünen, daß ich das Murren der Kinder Israel, das sie wider euch murren, stille.

⁶Mose redete mit den Kindern Israel, und alle ihre Fürsten gaben ihm zwölf Stecken, ein jeglicher Fürst einen Stecken, nach ihren Vaterhäusern; und der Stecken Aarons war auch unter ihren Stecken.

⁷Und Mose legte die Stecken vor den HERRN in der Hütte des Zeugnisses.

⁸Des Morgens aber, da Mose in die Hütte des Zeugnisses ging, fand er den Stecken Aarons des Hauses Levi grünen und die Blüte aufgegangen und Mandeln tragen.

⁹Und Mose trug die Stecken alle heraus von dem HERRN vor alle Kinder Israel, daß sie es sahen; und ein jeglicher nahm seinen Stecken.

¹⁰Der HERR sprach aber zu Mose: Trage den Stecken Aarons wieder vor das Zeugnis, daß er verwahrt werde zum Zeichen den ungehorsamen Kindern, daß ihr Murren von mir aufhöre, daß sie nicht sterben.

¹¹Mose tat wie ihm der HERR geboten hatte.

¹²Und die Kinder Israel sprachen zu Mose: Siehe, wir verderben und kommen um; wir werden alle vertilgt und kommen um.

¹³Wer sich naht zur Wohnung des HERRN, der stirbt. Sollen wir denn ganz und gar untergehen?

Kapitel 18

¹Und der HERR sprach zu Aaron: Du und deine Söhne und deines Vaters Haus mit dir sollt die Missetat des Heiligtums tragen; und du und deine Söhne mit dir sollt die Missetat eures Priestertums tragen.

²Aber deine Brüder des Stammes Levis, deines Vaters, sollst du zu dir nehmen, daß sie bei dir seien und dir dienen; du aber und deine Söhne mit dir vor der Hütte des Zeugnisses.

³Und sie sollen deines Dienstes und des Dienstes der ganzen Hütte warten. Doch zu dem Gerät des Heiligtums und zu dem Altar sollen sie nicht nahen, daß nicht beide, sie und ihr, sterbet;

⁴sondern sie sollen bei dir sein, daß sie des Dienstes warten an der Hütte des Stifts in allem Amt der Hütte; und kein Fremder soll sich zu euch tun.

⁵So wartet nun des Dienstes des Heiligtums und des Dienstes des Altars, daß hinfort nicht mehr ein Wüten komme über die Kinder Israel.

⁶Denn siehe, ich habe die Leviten, eure Brüder, genommen aus den Kindern Israel, dem HERRN zum Geschenk, und euch gegeben, daß sie des Amts pflegen an der Hütte des Stifts.

⁷Du aber und deine Söhne mit dir sollt eures Priestertums warten, daß ihr dienet in allerlei Geschäft des Altars und inwendig hinter dem Vorhang; denn euer Priestertum gebe ich euch zum Amt, zum Geschenk. Wenn ein Fremder sich herzutut, der soll sterben.

⁸Und der HERR sagte zu Aaron: Siehe, ich habe dir gegeben meine Hebopfer von allem, was die Kinder Israel heiligen, als Gebühr dir und deinen Söhnen zum ewigen Recht.

⁹Das sollst du haben von dem Hochheiligen: Was nicht angezündet wird von allen ihren Gaben an allen ihren Speisopfern und an allen ihren Sündopfern und an allen ihren Schuldopfern, die sie mir geben, das soll dir und deinen Söhnen ein Hochheiliges sein.

¹⁰An einem heiligen Ort sollst du es essen. Was männlich ist, soll davon essen; denn es soll dir heilig sein.

¹¹Ich habe auch das Hebopfer ihrer Gabe an allen Webeopfern der Kinder Israel dir gegeben und deinen Söhnen und Töchtern samt dir zum ewigen Recht; wer rein ist in deinem Hause, soll davon essen.

¹²Alles beste Öl und alles Beste vom Most und Korn, nämlich ihre Erstlinge, die sie dem HERRN geben, habe ich dir gegeben.

¹³Die erste Frucht, die sie dem HERRN bringen von allem, was in ihrem Lande ist, soll dein sein; wer rein ist in deinem Hause, soll davon essen.

¹⁴Alles Verbannte in Israel soll dein sein.

¹⁵Alles, was die Mutter bricht unter allem Fleisch, das sie dem HERRN bringen, es sei ein Mensch oder Vieh, soll dein sein; doch daß du die erste Menschenfrucht lösen lassest und die erste Frucht eines unreinen Viehs auch lösen lassest.

¹⁶Sie sollen's aber lösen, wenn's einen Monat alt ist; und sollst es zu lösen geben um Geld, um fünf Silberlinge nach dem Lot des Heiligtums, das hat zwanzig Gera.

¹⁷Aber die erste Frucht eines Rindes oder Schafes oder einer Ziege sollst du nicht zu lösen geben, denn sie sind heilig; ihr Blut sollst du sprengen auf den Altar, und ihr Fett sollst du anzünden zum Opfer des süßen Geruchs dem HERRN.

¹⁸Ihr Fleisch soll dein sein, wie auch die Webebrust und die rechte Schulter dein ist.

¹⁹Alle Hebopfer, die die Kinder Israel heiligen dem HERRN, habe ich dir gegeben und deinen Söhnen und deinen Töchtern samt dir zum ewigen Recht. Das soll ein unverweslicher Bund sein ewig vor dem HERRN, dir und deinem Samen samt dir.

²⁰Und der HERR sprach zu Aaron: Du sollst in ihrem Lande nichts besitzen, auch kein Teil unter ihnen haben; denn ich bin dein Teil und dein Erbgut unter den Kindern Israel.

²¹Den Kindern Levi aber habe ich alle Zehnten gegeben in Israel zum Erbgut für ihr Amt, das sie mir tun an der Hütte des Stifts.

²²Daß hinfort die Kinder Israel nicht zur Hütte des Stifts sich tun, Sünde auf sich zu laden, und sterben;

²³sondern die Leviten sollen des Amts pflegen an der Hütte des Stifts, und sie sollen jener Missetat tragen zu ewigem Recht bei euren Nachkommen. Und sie sollen unter den Kindern Israel kein Erbgut besitzen;

²⁴Denn den Zehnten der Kinder Israel, den sie dem HERRN heben, habe ich den Leviten zum Erbgut gegeben. Darum habe ich zu ihnen gesagt, daß sie unter den Kindern Israel kein Erbgut besitzen sollen.

²⁵Und der HERR redete mit Mose und sprach:

²⁶Sage den Leviten und sprich zu ihnen: Wenn ihr den Zehnten nehmt von den Kindern Israel, den ich euch von ihnen gegeben habe zu eurem Erbgut, so sollt ihr davon ein Hebopfer dem HERRN tun, je den Zehnten von dem Zehnten;

²⁷und sollt solch euer Hebopfer achten, als gäbet ihr Korn aus der Scheune und Fülle aus der Kelter.

²⁸Also sollt auch ihr das Hebeopfer dem HERRN geben von allen euren Zehnten, die ihr nehmt von den Kindern Israel, daß ihr solches Hebopfer des HERRN dem Priester Aaron gebet.

²⁹Von allem, was euch gegeben wird, sollt ihr dem HERRN allerlei Hebopfer geben, von allem Besten das, was davon geheiligt wird.

³⁰Und sprich zu ihnen: Wenn ihr also das Beste davon hebt, so soll's den Leviten gerechnet werden wie ein Einkommen der Scheune und wie ein Einkommen der Kelter.

³¹Ihr möget's essen an allen Stätten, ihr und eure Kinder; denn es ist euer Lohn für euer Amt in der Hütte des Stifts.

³²So werdet ihr nicht Sünde auf euch laden an demselben, wenn ihr das Beste davon hebt, und nicht entweihen das Geheiligte der Kinder Israel und nicht sterben.

Kapitel 19

¹Und der HERR redete mit Mose und Aaron und sprach:

²Diese Weise soll ein Gesetz sein, das der HERR geboten hat und gesagt: Sage den Kindern Israel, daß sie zu dir führen ein rötliche Kuh ohne Gebrechen, an der kein Fehl sei und auf die noch nie ein Joch gekommen ist.

³Und gebt sie dem Priester Eleasar; der soll sie hinaus vor das Lager führen und daselbst vor ihm schlachten lassen.

⁴Und Eleasar, der Priester, soll von ihrem Blut mit seinem Finger nehmen und stracks gegen die Hütte des Stifts siebenmal sprengen

⁵und die Kuh vor ihm verbrennen lassen, beides, ihr Fell und ihr Fleisch, dazu ihr Blut samt ihrem Mist.

⁶Und der Priester soll Zedernholz und Isop und scharlachrote Wolle nehmen und auf die brennende Kuh werfen

⁷und soll seine Kleider waschen und seinen Leib mit Wasser baden und darnach ins Lager gehen und unrein sein bis an den Abend.

⁸Und der sie verbrannt hat, soll auch seine Kleider mit Wasser waschen und seinen Leib in Wasser baden und unrein sein bis an den Abend.

⁹Und ein reiner Mann soll die Asche von der Kuh aufraffen und sie schütten draußen vor dem Lager an eine reine Stätte, daß sie daselbst verwahrt werde für die Gemeinde der Kinder Israel zum Sprengwasser; denn es ist ein Sündopfer.

¹⁰Und derselbe, der die Asche der Kuh aufgerafft hat, soll seine Kleider waschen und unrein sein bis an den Abend. Dies soll ein ewiges Recht sein den Kindern Israel und den Fremdlingen, die unter euch wohnen.

¹¹Wer nun irgend einen toten Menschen anrührt, der wird sieben Tage unrein sein.

¹²Der soll sich hiermit entsündigen am dritten Tage und am siebenten Tage, so wird er rein; und wo er sich nicht am dritten Tage und am siebenten Tage entsündigt, so wird er nicht rein werden.

¹³Wenn aber jemand irgend einen toten Menschen anrührt und sich nicht entsündigen wollte, der verunreinigt die Wohnung des HERRN, und solche Seele soll ausgerottet werden aus Israel. Darum daß das Sprengwasser nicht über ihn gesprengt ist, so ist er unrein; seine

Unreinigkeit bleibt an ihm.

¹⁴Das ist das Gesetz: Wenn ein Mensch in der Hütte stirbt, soll jeder, der in die Hütte geht und wer in der Hütte ist, unrein sein sieben Tage.

¹⁵Und alles offene Gerät, das keinen Deckel noch Band hat, ist unrein.

¹⁶Auch wer anrührt auf dem Felde einen, der erschlagen ist mit dem Schwert, oder einen Toten oder eines Menschen Gebein oder ein Grab, der ist unrein sieben Tage.

¹⁷So sollen sie nun für den Unreinen nehmen Asche von diesem verbrannten Sündopfer und fließendes Wasser darauf tun in ein Gefäß.

¹⁸Und ein reiner Mann soll Isop nehmen und ins Wasser tauchen und die Hütte besprengen und alle Geräte und alle Seelen, die darin sind; also auch den, der eines Toten Gebein oder einen Erschlagenen oder Toten oder ein Grab angerührt hat.

¹⁹Es soll aber der Reine den Unreinen am dritten Tage und am siebenten Tage entsündigen; und er soll seine Kleider waschen und sich mit Wasser baden, so wird er am Abend rein.

²⁰Welcher aber unrein sein wird und sich nicht entsündigen will, des Seele soll ausgerottet werden aus der Gemeinde; denn er hat das Heiligtum des HERRN verunreinigt und ist mit Sprengwasser nicht besprengt; darum ist er unrein.

²¹Und dies soll ihnen ein ewiges Recht sein. Und der auch, der mit dem Sprengwasser gesprengt hat, soll seine Kleider waschen; und wer das Sprengwasser anrührt, der soll unrein sein bis an den Abend.

²²Und alles, was der Unreine anrührt, wird unrein werden; und welche Seele ihn anrühren wird, soll unrein sein bis an den Abend.

Kapitel 20

¹Und die Kinder Israel kamen mit der ganzen Gemeinde in die Wüste Zin im ersten Monat, und das Volk lag zu Kades. Und Mirjam starb daselbst und ward daselbst begraben.

²Und die Gemeinde hatte kein Wasser, und sie versammelten sich wider Mose und Aaron.

³Und das Volk haderte mit Mose und sprach: Ach, daß wir umgekommen wären, da unsere Brüder umkamen vor dem HERRN!

⁴Warum habt ihr die Gemeinde des HERRN in diese Wüste gebracht, daß wir hier sterben mit unserm Vieh?

⁵Und warum habt ihr uns aus Ägypten geführt an diesen bösen Ort, da man nicht säen kann, da weder Feigen noch Weinstöcke noch Granatäpfel sind und dazu kein Wasser zu trinken?

⁶Mose und Aaron gingen vor der Gemeinde zur Tür der Hütte des Stifts und fielen auf ihr Angesicht, und die Herrlichkeit des HERRN erschien ihnen.

⁷Und der HERR redete mit Mose und sprach:

⁸Nimm den Stab und versammle die Gemeinde, du und dein Bruder Aaron, und redet mit dem Fels vor ihren Augen; der wird sein Wasser geben. Also sollst du ihnen Wasser aus dem Fels bringen und die Gemeinde tränken und ihr Vieh.

⁹Da nahm Mose den Stab vor dem HERRN, wie er ihm geboten hatte.

¹⁰Und Mose und Aaron versammelten die Gemeinde vor den Fels, und er sprach zu ihnen: Höret, ihr Ungehorsamen, werden wir euch Wasser bringen aus jenem Fels?

¹¹Und Mose hob seine Hand auf und schlug den Fels mit dem Stab zweimal. Da ging viel Wasser heraus, daß die Gemeinde trank und ihr Vieh.

¹²Der HERR aber sprach zu Mose und Aaron: Darum daß ihr nicht an mich geglaubt habt, mich zu heiligen vor den Kindern Israel, sollt ihr diese Gemeinde nicht in das Land bringen, das ich ihnen geben werde.

¹³Das ist das Haderwasser, darüber die Kinder Israel mit dem HERRN haderten und er geheiligt ward an ihnen.

¹⁴Und Mose sandte Botschaft aus Kades zu dem König der Edomiter: Also läßt dir dein Bruder Israel sagen: Du weißt alle die Mühsal, die uns betroffen hat,

¹⁵daß unsre Väter nach Ägypten hinabgezogen sind und wir lange Zeit in Ägypten gewohnt haben, und die Ägypter behandelten uns und unsre Väter übel.

¹⁶Und wir schrieen zu dem HERRN; der hat unsre Stimme erhört und einen Engel gesandt und uns aus Ägypten geführt. Und siehe, wir sind zu Kades, in der Stadt an deinen Grenzen.

¹⁷Laß uns durch dein Land ziehen. Wir wollen nicht durch Äcker noch Weinberge gehen, auch nicht Wasser aus den Brunnen trinken; die Landstraße wollen wir ziehen, weder zur Rechten noch zur Linken weichen, bis wir durch deine Grenze kommen.

¹⁸Edom aber sprach zu ihnen: Du sollst nicht durch mich ziehen, oder ich will dir mit dem Schwert entgegenziehen.

¹⁹Die Kinder Israel sprachen zu ihm: Wir wollen auf der gebahnten Straße ziehen, und so wir von deinem Wasser trinken, wir und unser Vieh, so wollen wir's bezahlen; wir wollen nichts denn nur zu Fuße hindurchziehen.

²⁰Er aber sprach: Du sollst nicht herdurchziehen. Und die Edomiter zogen aus, ihnen entgegen, mit mächtigem Volk und starker Hand.

²¹Also weigerten sich die Edomiter, Israel zu vergönnen, durch ihr Gebiet zu ziehen. Und Israel wich von ihnen.

²²Und die Kinder Israel brachen auf von Kades und kamen mit der ganzen Gemeinde an den Berg Hor.

²³Und der HERR redete mit Mose und Aaron am Berge Hor, an den Grenzen des Landes der Edomiter, und sprach:

²⁴Laß sich Aaron sammeln zu seinem Volk; denn er soll nicht in das Land kommen, das ich den Kindern Israel gegeben habe, darum daß ihr meinem Munde ungehorsam gewesen seid bei dem Haderwasser.

²⁵Nimm aber Aaron und seinen Sohn Eleasar und führe sie auf den Berg Hor

²⁶und zieh Aaron seine Kleider aus und ziehe sie Eleasar an, seinem Sohne. Und Aaron soll sich daselbst sammeln und sterben.

²⁷Da tat Mose, wie ihm der HERR geboten hatte, und sie stiegen auf den Berg Hor vor der ganzen Gemeinde.

²⁸Und Mose zog Aaron seine Kleider aus und zog sie Eleasar an, seinem Sohne.

²⁹Und Aaron starb daselbst oben auf dem Berge. Mose aber und Eleasar stiegen herab vom Berge.

Kapitel 21

¹Und da die Kanaaniter, der König von Arad, der gegen Mittag wohnte, hörte, daß Israel hereinkommt durch den Weg der Kundschafter, stritt er wider Israel und führte etliche gefangen.

²Da gelobte Israel dem HERRN ein Gelübde und sprach: Wenn du dies Volk unter Meine Hand gibst, so will ich ihre Städte verbannen.

³Und der HERR erhörte die Stimme Israels und gab die Kanaaniter, und sie verbannten sie samt ihren Städten und hießen die Stätte Horma.

⁴Da zogen sie von dem Berge Hor auf dem Wege gegen das Schilfmeer, daß sie um der Edomiter Land hinzögen. Und das Volk ward verdrossen auf dem Wege

⁵und redete wider Gott und wider Mose: Warum hast du uns aus Ägypten geführt, daß wir sterben in der Wüste? Denn es ist kein Brot noch Wasser hier, und unsre Seele ekelt vor dieser mageren Speise.

⁶Da sandte der HERR feurige Schlangen unter das Volk; die bissen das Volk, daß viel Volks in Israel starb.

⁷Da kamen sie zu Mose und sprachen: Wir haben gesündigt, daß wir wider dich geredet haben; bitte den HERRN, daß er die Schlangen von uns nehme. Mose bat für das Volk.

⁸Da sprach der HERR zu Mose: Mache dir eine eherne Schlange und richte sie zum Zeichen auf; wer gebissen ist und sieht sie an, der soll leben.

⁹Da machte Mose eine eherne Schlange und richtete sie auf zum Zeichen; und wenn jemanden eine Schlange biß, so sah er die eherne Schlange an und blieb leben.

¹⁰Und die Kinder Israel zogen aus und lagerten sich in Oboth.

¹¹Und von Oboth zogen sie aus und lagerten sich in Ije-Abarim, in der Wüste Moab, gegenüber gegen der Sonne Aufgang.

¹²Und von da zogen sie und lagerten sich am Bach Sered.

¹³Von da zogen sie und lagerten sich diesseits am Arnon, der in der Wüste ist und herauskommt von der Grenze der Amoriter; denn der Arnon ist die Grenze Moabs zwischen Moab und den Amoritern.

¹⁴Daher heißt es in dem Buch von den Kriegen des HERRN: "Das Vaheb in Supha und die Bäche Arnon

¹⁵und die Quelle der Bäche, welche reicht hinan bis zur Stadt Ar und lenkt sich und ist die Grenze Moabs."

¹⁶Und von da zogen sie zum Brunnen. Das ist der Brunnen, davon der HERR zu Mose sagte: Sammle das Volk, ich will ihnen Wasser geben.

¹⁷Da sang Israel das Lied: "Brunnen, steige auf! Singet von ihm!

¹⁸Das ist der Brunnen, den die Fürsten gegraben haben; die Edlen im Volk haben ihn gegraben mit dem Zepter, mit ihren Stäben." Und von dieser Wüste zogen sie gen Matthana;

¹⁹und von Matthana gen Nahaliel; und von Nahaliel gen Bamoth;

²⁰und von Bamoth in das Tal, das im Felde Moabs liegt, zu dem hohen Berge Pisgas, der gegen die Wüste sieht.

²¹Und Israel sandte Boten zu Sihon, dem König der Amoriter, und ließ ihm sagen:

²²Laß mich durch dein Land ziehen. Wir wollen nicht weichen in

die Äcker noch in die Weingärten, wollen auch Brunnenwasser nicht trinken; die Landstraße wollen wir ziehen, bis wir durch deine Grenze kommen.

²³Aber Sihon gestattete den Kindern Israel nicht den Zug durch sein Gebiet, sondern sammelte all sein Volk und zog aus, Israel entgegen in die Wüste; und als er gen Jahza kam, stritt er wider Israel.

²⁴Israel aber schlug ihn mit der Schärfe des Schwerts und nahm sein Land ein vom Arnon an bis an den Jabbok und bis an die Kinder Ammon; denn die Grenzen der Kinder Ammon waren fest.

²⁵Also nahm Israel alle diese Städte und wohnte in allen Städten der Amoriter, zu Hesbon und in allen seinen Ortschaften.

²⁶Denn Hesbon war die Stadt Sihons, des Königs der Amoriter, und er hatte zuvor mit dem König der Moabiter gestritten und ihm all sein Land abgewonnen bis zum Arnon.

²⁷Daher sagt man im Lied: "Kommt gen Hesbon, daß man die Stadt Sihons baue und aufrichte;

²⁸denn Feuer ist aus Hesbon gefahren, eine Flamme von der Stadt Sihons, die hat gefressen Ar der Moabiter und die Bürger der Höhen am Arnon.

²⁹Weh dir, Moab! Du Volk des Kamos bist verloren; man hat seine Söhne in die Flucht geschlagen und seine Töchter gefangen geführt Sihon, dem König der Amoriter.

³⁰Ihre Herrlichkeit ist zunichte worden von Hesbon bis gen Dibon; sie ist verstört bis gen Nophah, die da langt bis gen Medeba."

³¹Also wohnte Israel im Lande der Amoriter.

³²Und Mose sandte aus Kundschafter gen Jaser, und sie gewannen seine Ortschaften und nahmen die Amoriter ein, die darin waren,

³³und wandten sich und zogen hinauf den Weg nach Basan. Da zog aus, ihnen entgegen, Og, der König von Basan, mit allem seinem Volk, zu streiten in Edrei.

³⁴Und der HERR sprach zu Mose: Fürchte dich nicht vor ihm; denn ich habe ihn in deine Hand gegeben mit Land und Leuten, und du sollst mit ihm tun, wie du mit Sihon, dem König der Amoriter, getan hast, der zu Hesbon wohnte.

³⁵Und sie schlugen ihn und seine Söhne und all sein Volk, bis daß keiner übrigblieb, und nahmen das Land ein.

Kapitel 22

¹Darnach zogen die Kinder Israel und lagerten sich in das Gefilde Moab jenseit des Jordans, gegenüber Jericho.

²Und Balak, der Sohn Zippors, sah alles, was Israel getan hatte den Amoritern;

³und die Moabiter fürchteten sich sehr vor dem Volk, das so groß war, und den Moabitern graute vor den Kindern Israel;

⁴und sie sprachen zu den Ältesten der Midianiter: Nun wird dieser Haufe auffressen, was um uns ist, wie ein Ochse Kraut auf dem Felde auffrißt. Balak aber, der Sohn Zippors, war zu der Zeit König der Moabiter.

⁵Und er sandte Boten aus zu Bileam, dem Sohn Beors, gen Pethor, der wohnte an dem Strom im Lande der Kinder seines Volks, daß sie ihn forderten, und ließ ihm sagen: Siehe, es ist ein Volk aus Ägypten gezogen, das bedeckt das Angesicht der Erde und liegt mir gegenüber.

⁶So komm nun und verfluche mir das Volk (denn es ist mir zu mächtig), ob ich's schlagen möchte und aus dem Lande vertreiben; denn ich weiß, daß, welchen du segnest, der ist gesegnet, und welchen du verfluchst, der ist verflucht.

⁷Und die Ältesten der Moabiter gingen hin mit den Ältesten der Midianiter und hatten den Lohn des Wahrsagers in ihren Händen und kamen zu Bileam und sagten ihm die Worte Balaks.

⁸Und er sprach zu ihnen: Bleibt hier über Nacht, so will ich euch wieder sagen, wie mir der HERR sagen wird. Also blieben die Fürsten der Moabiter bei Bileam.

⁹Und Gott kam zu Bileam und sprach: Wer sind die Leute, die bei dir sind?

¹⁰Bileam sprach zu Gott: Balak, der Sohn Zippors, der Moabiter König, hat zu mir gesandt:

¹¹Siehe, ein Volk ist aus Ägypten gezogen und bedeckt das Angesicht der Erde; so komm nun und fluche ihm, ob ich mit ihm streiten möge und sie vertreiben.

¹²Gott aber sprach zu Bileam: Gehe nicht mit ihnen, verfluche das Volk auch nicht; denn es ist gesegnet.

¹³Da stand Bileam des Morgens auf und sprach zu den Fürsten Balaks: Gehet hin in euer Land; denn der HERR will's nicht gestatten, daß ich mit euch ziehe.

¹⁴Und die Fürsten der Moabiter machten sich auf, kamen zu Balak und sprachen: Bileam weigert sich, mit uns zu ziehen.

¹⁵Da sandte Balak noch größere und herrlichere Fürsten, denn jene waren.

¹⁶Da die zu Bileam kamen, sprachen sie zu ihm: Also läßt dir sagen Balak, der Sohn Zippors: Wehre dich doch nicht, zu mir zu ziehen;

¹⁷denn ich will dich hoch ehren, und was du mir sagst, das will ich tun; komm doch und fluche mir diesem Volk.

¹⁸Bileam antwortete und sprach zu den Dienern Balaks: Wenn mir Balak sein Haus voll Silber und Gold gäbe, so könnte ich doch nicht übertreten das Wort des HERRN, meines Gottes, Kleines oder Großes zu tun.

¹⁹So bleibt doch nur hier auch ihr diese Nacht, daß ich erfahre, was der HERR weiter mit mir reden werde.

²⁰Da kam Gott des Nachts zu Bileam und sprach zu ihm: Sind die Männer gekommen, dich zu rufen, so mache dich auf und zieh mit ihnen; doch was ich dir sagen werde, das sollst du tun.

²¹Da stand Bileam des Morgens auf und sattelte seine Eselin und zog mit den Fürsten der Moabiter.

²²Aber der Zorn Gottes ergrimmte, daß er hinzog. Und der Engel des HERRN trat ihm in den Weg, daß er ihm widerstünde. Er aber ritt auf seiner Eselin, und zwei Knechte waren mit ihm.

²³Und die Eselin sah den Engel des HERRN im Wege stehen und ein bloßes Schwert in seiner Hand. Und die Eselin wich aus dem Wege und ging auf dem Felde; Bileam aber schlug sie, daß sie in den Weg sollte gehen.

²⁴Da trat der Engel des HERRN in den Pfad bei den Weinbergen, da auf beiden Seiten Wände waren.

²⁵Und da die Eselin den Engel des HERRN sah, drängte sie sich an die Wand und klemmte Bileam den Fuß an der Wand; und er schlug sie noch mehr.

²⁶Da ging der Engel des HERRN weiter und trat an einen engen Ort, da kein Weg war zu weichen, weder zur Rechten noch zur Linken.

²⁷Und da die Eselin den Engel des HERRN sah, fiel sie auf ihre Knie unter Bileam. Da ergrimmte der Zorn Bileams, und er schlug die Eselin mit dem Stabe.

²⁸Da tat der HERR der Eselin den Mund auf, und sie sprach zu Bileam: Was habe ich dir getan, daß du mich geschlagen hast nun dreimal?

²⁹Bileam sprach zur Eselin: Daß du mich höhnest! ach, daß ich jetzt ein Schwert in der Hand hätte, ich wollte dich erwürgen!

³⁰Die Eselin sprach zu Bileam: Bin ich nicht deine Eselin, darauf du geritten bist zu deiner Zeit bis auf diesen Tag? Habe ich auch je gepflegt, dir also zu tun? Er sprach: Nein.

³¹Da öffnete der HERR dem Bileam die Augen, daß er den Engel des HERRN sah im Wege stehen und ein bloßes Schwert in seiner Hand, und er neigte und bückte sich mit seinem Angesicht.

³²Und der Engel des HERRN sprach zu ihm: Warum hast du deine Eselin geschlagen nun dreimal? Siehe, ich bin ausgegangen, daß ich dir widerstehe; denn dein Weg ist vor mir verkehrt.

³³Und die Eselin hat mich gesehen und ist dreimal ausgewichen; sonst, wo sie nicht vor mir gewichen wäre, so wollte ich dich auch jetzt erwürgt und die Eselin lebendig erhalten haben.

³⁴Da sprach Bileam zu dem Engel des HERRN: Ich habe gesündigt; denn ich habe es nicht gewußt, daß du mir entgegenstandest im Wege. Und nun, so dir's nicht gefällt, will ich wieder umkehren.

³⁵Der Engel des HERRN sprach zu ihm: Zieh hin mit den Männern; aber nichts anderes, denn was ich dir sagen werde, sollst du reden. Also zog Bileam mit den Fürsten Balaks.

³⁶Da Balak hörte, daß Bileam kam, zog er aus ihm entgegen in die Stadt der Moabiter, die da liegt an der Grenze des Arnon, welcher ist an der äußersten Grenze,

³⁷und sprach zu ihm: Habe ich nicht zu dir gesandt und dich fordern lassen? Warum bist du denn nicht zu mir gekommen? Meinst du ich könnte dich nicht ehren?

³⁸Bileam antwortete ihm: Siehe, ich bin gekommen zu dir; aber wie kann ich etwas anderes reden, als was mir Gott in den Mund gibt? Das muß ich reden.

³⁹Also zog Bileam mit Balak, und sie kamen in die Gassenstadt.

⁴⁰Und Balak opferte Rinder und Schafe und sandte davon an Bileam und an die Fürsten, die bei ihm waren.

⁴¹Und des Morgens nahm Balak den Bileam und führte ihn hin auf die Höhe Baals, daß er von da sehen konnte das Ende des Volks.

Numeri

Kapitel 23

¹Und Bileam sprach zu Balak: Baue mir hier sieben Altäre und schaffe mir her sieben Farren und sieben Widder.

²Balak tat, wie ihm Bileam sagte; und beide, Balak und Bileam, opferten je auf einem Altar einen Farren und einen Widder.

³Und Bileam sprach zu Balak: Tritt zu deinem Brandopfer; ich will hingehen, ob vielleicht mir der HERR begegne, daß ich dir ansage, was er mir zeigt. Und ging hin eilend.

⁴Und Gott begegnete Bileam; er aber sprach zu ihm: Sieben Altäre habe ich zugerichtet und je auf einem Altar einen Farren und einen Widder geopfert.

⁵Der HERR aber gab das Wort dem Bileam in den Mund und sprach: Gehe wieder zu Balak und rede also.

⁶Und da er wieder zu ihm kam, siehe, da stand er bei dem Brandopfer samt allen Fürsten der Moabiter.

⁷Da hob er an seinen Spruch und sprach: Aus Syrien hat mich Balak, der Moabiter König, holen lassen von dem Gebirge gegen Aufgang: Komm, verfluche mir Jakob! komm schilt Israel!

⁸Wie soll ich fluchen, dem Gott nicht flucht? Wie soll ich schelten, den der HERR nicht schilt?

⁹Denn von der Höhe der Felsen sehe ich ihn wohl, und von den Hügeln schaue ich ihn. Siehe, das Volk wird besonders wohnen und nicht unter die Heiden gerechnet werden.

¹⁰Wer kann zählen den Staub Jakobs und die Zahl des vierten Teils Israels? Meine Seele müsse sterben des Todes der Gerechten, und mein Ende werde wie dieser Ende!

¹¹Da sprach Balak zu Bileam: Was tust du an mir? Ich habe dich holen lassen, zu fluchen meinen Feinden; und siehe, du segnest.

¹²Er antwortete und sprach: Muß ich das nicht halten und reden, was mir der HERR in den Mund gibt?

¹³Balak sprach zu ihm: Komm doch mit mir an einen andern Ort, von wo du nur sein Ende sehest und es nicht ganz sehest, und fluche mir ihm daselbst.

¹⁴Und er führte ihn auf einen freien Platz auf der Höhe Pisga und baute sieben Altäre und opferte je auf einem Altar einen Farren und einen Widder.

¹⁵Und (Bileam) sprach zu Balak: Tritt her zu deinem Brandopfer; ich will dort warten.

¹⁶Und der HERR begegnete Bileam und gab ihm das Wort in seinen Mund und sprach: Gehe wieder zu Balak und rede also.

¹⁷Und da er wieder zu ihm kam, siehe, da stand er bei seinem Brandopfer samt den Fürsten der Moabiter. Und Balak sprach zu ihm: Was hat der HERR gesagt?

¹⁸Und er hob an seinen Spruch und sprach: Stehe auf, Balak, und höre! nimm zu Ohren was ich sage, du Sohn Zippors!

¹⁹Gott ist nicht ein Mensch, daß er lüge, noch ein Menschenkind, daß ihn etwas gereue. Sollte er etwas sagen und nicht tun? Sollte er etwas reden und nicht halten?

²⁰Siehe, zu segnen bin ich hergebracht; er segnet, und ich kann's nicht wenden.

²¹Man sieht keine Mühe in Jakob und keine Arbeit in Israel. Der HERR, sein Gott, ist bei ihm und das Drommeten des Königs unter ihm.

²²Gott hat sie aus Ägypten geführt; seine Freudigkeit ist wie eines Einhorns.

²³Denn es ist kein Zauberer in Jakob und kein Wahrsager in Israel. Zu seiner Zeit wird Jakob gesagt und Israel, was Gott tut.

²⁴Siehe, das Volk wird aufstehen, wie ein junger Löwe und wird sich erheben wie ein Löwe; es wird sich nicht legen, bis es den Raub fresse und das Blut der Erschlagenen saufe.

²⁵Da sprach Balak zu Bileam: Du sollst ihm weder fluchen noch es segnen.

²⁶Bileam antwortete und sprach zu Balak: Habe ich dir nicht gesagt, alles, was der HERR reden würde, das würde ich tun?

²⁷Balak sprach zu ihm: Komm doch, ich will dich an einen Ort führen, ob's vielleicht Gott gefalle, daß du daselbst mir sie verfluchst.

²⁸Und er führte ihn auf die Höhe des Berges Peor, welcher gegen die Wüste sieht.

²⁹Und Bileam sprach zu Balak: Baue mir hier sieben Altäre und schaffe mir sieben Farren und sieben Widder.

³⁰Balak tat, wie ihm Bileam sagte, und opferte je auf einem Altar einen Farren und einen Widder.

Kapitel 24

¹Da nun Bileam sah, daß es dem HERRN gefiel, daß er Israel segnete, ging er nicht aus, wie vormals, nach Zauberei, sondern richtete sein Angesicht stracks zu der Wüste,

²hob seine Augen auf und sah Israel, wie sie lagen nach ihren Stämmen. Und der Geist Gottes kam auf ihn,

³und er hob an seinen Spruch und sprach: Es sagt Bileam, der Sohn Beors, es sagt der Mann, dem die Augen geöffnet sind,

⁴es sagt der Hörer göttlicher Rede, der des Allmächtigen Offenbarung sieht, dem die Augen geöffnet werden, wenn er niederkniet:

⁵Wie fein sind deine Hütten, Jakob, und deine Wohnungen, Israel!

⁶Wie die Täler, die sich ausbreiten, wie die Gärten an den Wassern, wie die Aloebäume, die der HERR pflanzt, wie die Zedern an den Wassern.

⁷Es wird Wasser aus seinem Eimer fließen, und sein Same wird ein großes Wasser werden; sein König wird höher werden denn Agag, und sein Reich wird sich erheben.

⁸Gott hat ihn aus Ägypten geführt; seine Freudigkeit ist wie eines Einhorns. Er wird die Heiden, seine Verfolger, fressen und ihre Gebeine zermalmen und mit seinen Pfeilen zerschmettern.

⁹Er hat sich niedergelegt wie ein Löwe und wie ein junger Löwe; wer will sich gegen ihn auflehnen? Gesegnet sei, der dich segnet, und verflucht, der dir flucht!

¹⁰Da ergrimmte Balak im Zorn wider Bileam und schlug die Hände zusammen und sprach zu ihm: Ich habe dich gefordert, daß du meinen Feinden fluchen solltest; und siehe, du hast sie nun dreimal gesegnet.

¹¹Und nun hebe dich an deinen Ort! Ich gedachte, ich wollte dich ehren; aber der HERR hat dir die Ehre verwehrt.

¹²Bileam antwortete ihm: Habe ich nicht auch zu deinen Boten gesagt, die du zu mir sandtest, und gesprochen:

¹³Wenn mir Balak sein Haus voll Silber und Gold gäbe, so könnte ich doch an des HERRN Wort nicht vorüber, Böses oder Gutes zu tun nach meinem Herzen; sondern was der HERR reden würde, das würde ich auch reden?

¹⁴Und nun siehe, ich ziehe zu meinem Volk. So komm, ich will dir verkündigen, was dies Volk deinem Volk tun wird zur letzten Zeit.

¹⁵Und er hob an seinen Spruch und sprach: es sagt Bileam, der Sohn Beors, es sagt der Mann, dem die Augen geöffnet sind,

¹⁶es sagt der Hörer göttlicher Rede und der die Erkenntnis hat des Höchsten, der die Offenbarung des Allmächtigen sieht und dem die Augen geöffnet werden, wenn er niederkniet.

¹⁷Ich sehe ihn, aber nicht jetzt; ich schaue ihn aber nicht von nahe. Es wird ein Stern aus Jakob aufgehen und ein Zepter aus Israel aufkommen und wird zerschmettern die Fürsten der Moabiter und verstören alle Kinder des Getümmels.

¹⁸Edom wird er einnehmen, und Seir wird seinen Feinden unterworfen sein; Israel aber wird den Sieg haben.

¹⁹Aus Jakob wird der Herrscher kommen und umbringen, was übrig ist von den Städten.

²⁰Und da er sah die Amalekiter, hob er an seinen Spruch und sprach: Amalek, die Ersten unter den Heiden; aber zuletzt wirst du gar umkommen.

²¹Und da er die Keniter sah, hob er an seinen Spruch und sprach: Fest ist deine Wohnung, und hast dein Nest in einen Felsen gelegt.

²²Aber, o Kain, du wirst verbrannt werden, wenn Assur dich gefangen wegführen wird.

²³Und er hob abermals an seinen Spruch und sprach: Ach, wer wird leben, wenn Gott solches tun wird?

²⁴Und Schiffe aus Chittim werden verderben den Assur und Eber; er aber wird auch umkommen.

²⁵Und Bileam machte sich auf und zog hin und kam wieder an seinen Ort, und Balak zog seinen Weg.

Kapitel 25

¹Und Israel wohnte in Sittim. Und das Volk hob an zu huren mit der Moabiter Töchtern,

²welche luden das Volk zum Opfer ihrer Götter. Und das Volk aß und betete ihre Götter an.

³Und Israel hängte sich an den Baal-Peor. Da ergrimmte des HERRN Zorn über Israel,

⁴und er sprach zu Mose: nimm alle Obersten des Volks und hänge sie dem HERRN auf an der Sonne, auf daß der grimmige Zorn des HERRN von Israel gewandt werde.

⁵Und Mose sprach zu den Richtern Israels: Erwürge ein jeglicher seine Leute, die sich an den Baal-Peor gehängt haben.

⁶Und siehe, ein Mann aus den Kindern Israel kam und brachte unter seine Brüder eine Midianitin vor den Augen Mose's und der ganzen Gemeinde der Kinder Israel, die da weinten vor der Tür der Hütte des Stifts.

⁷Da das sah Pinehas, der Sohn Eleasars, des Sohnes Aarons, des Priesters, stand er auf aus der Gemeinde und nahm einen Spieß in seine Hand

⁸und ging dem israelitischen Mann nach hinein in die Kammer und durchstach sie beide, den israelitischen Mann und das Weib, durch ihren Bauch. Da hörte die Plage auf von den Kindern Israel.

⁹Und es wurden getötet in der Plage vierundzwanzigtausend.

¹⁰Und der HERR redete mit Mose und sprach:

¹¹Pinehas, der Sohn Eleasars, des Sohnes Aarons, des Priesters, hat meinen Grimm von den Kindern Israel gewendet durch seinen Eifer um mich, daß ich nicht in meinem Eifer die Kinder Israel vertilgte.

¹²Darum sage: Siehe, ich gebe ihm meinen Bund des Friedens;

¹³und er soll haben und sein Same nach ihm den Bund eines ewigen Priestertums, darum daß er für seinen Gott geeifert und die Kinder Israel versöhnt hat.

¹⁴Der israelitische Mann aber, der erschlagen ward mit der Midianitin, hieß Simri, der Sohn Salus, der Fürst eines Vaterhauses der Simeoniter.

¹⁵Das midianitische Weib, das auch erschlagen ward, hieß Kosbi, eine Tochter Zurs, der ein Fürst war seines Geschlechts unter den Midianitern.

¹⁶Und der HERR redete mit Mose und sprach:

¹⁷Tut den Midianitern Schaden und schlagt sie;

¹⁸denn sie haben euch Schaden getan mit ihrer List, die sie wider euch geübt haben durch den Peor und durch ihre Schwester Kosbi, die Tochter des Fürsten der Midianiter, die erschlagen ist am Tag der Plage um des Peor willen.

Kapitel 26

¹Und es geschah, nach der Plage sprach der HERR zu Mose und Eleasar, dem Sohn des Priesters Aaron:

²Nehmt die Summe der ganzen Gemeinde der Kinder Israel, von zwanzig Jahren und darüber, nach ihren Vaterhäusern, alle, die ins Heer zu ziehen taugen in Israel.

³Und Mose redete mit ihnen samt Eleasar, dem Priester, in dem Gefilde der Moabiter, an dem Jordan gegenüber Jericho,

⁴die zwanzig Jahre alt waren und darüber, wie der HERR dem Mose geboten hatte und den Kindern Israel, die aus Ägypten gezogen waren.

⁵Ruben, der Erstgeborene Israels. Die Kinder Rubens aber waren: Henoch, von dem das Geschlecht der Henochiter kommt; Pallu, von dem das Geschlecht der Palluiter kommt;

⁶Hezron, von dem das Geschlecht der Hezroniter kommt; Charmi, von dem das Geschlecht der Charmiter kommt.

⁷Das sind die Geschlechter von Ruben, und ihre Zahl war dreiundvierzigtausend siebenhundertdreißig.

⁸Aber die Kinder Pallus waren: Eliab.

⁹Und die Kinder Eliabs waren: Nemuel und Dathan und Abiram, die Vornehmen in der Gemeinde, die sich wider Mose und Aaron auflehnten in der Rotte Korahs, die sich wider den HERRN auflehnten

¹⁰und die Erde ihren Mund auftat und sie verschlang mit Korah, da die Rotte starb, da das Feuer zweihundertfünfzig Männer fraß und sie ein Zeichen wurden.

¹¹Aber die Kinder Korahs starben nicht.

¹²Die Kinder Simeons in ihren Geschlechtern waren: Nemuel, daher kommt das Geschlecht der Nemueliter; Jamin, daher kommt das Geschlecht der Jaminiter; Jachin, daher das Geschlecht der Jachiniter kommt;

¹³Serah, daher das Geschlecht der Serahiter kommt; Saul, daher das Geschlecht der Sauliter kommt.

¹⁴Das sind die Geschlechter Simeon, zweiundzwanzigtausend und zweihundert.

¹⁵Die Kinder Gads in ihren Geschlechtern waren: Ziphon, daher das Geschlecht der Ziphoniter kommt; Haggi, daher das Geschlecht der Haggiter kommt; Suni, daher das Geschlecht der Suniter kommt;

¹⁶Osni, daher das Geschlecht der Osniter kommt; Eri, daher das Geschlecht der Eriter kommt;

¹⁷Arod, daher das Geschlecht der Aroditer kommt; Ariel, daher das Geschlecht der Arieliter kommt.

¹⁸Das sind die Geschlechter der Kinder Gads, an ihrer Zahl vierzigtausend und fünfhundert

¹⁹Die Kinder Juda's: Ger und Onan, welche beide starben im Lande Kanaan.

²⁰Es waren aber die Kinder Juda's in ihren Geschlechtern: Sela, daher das Geschlecht der Selaniter kommt; Perez, daher das Geschlecht der Pereziter kommt; Serah, daher das Geschlecht der Serahiter kommt.

²¹Aber die Kinder des Perez waren: Hezron, daher das Geschlecht der Hezroniter kommt; Hamul, daher das Geschlecht der Hamuliter kommt.

²²Das sind die Geschlechter Juda's, an ihrer Zahl sechsundsiebzigtausend und fünfhundert.

²³Die Kinder Isaschars in ihren Geschlechtern waren: Thola, daher das Geschlecht der Tholaiter kommt; Phuva, daher das Geschlecht der Phuvaniter kommt;

²⁴Jasub, daher kommt das Geschlecht der Jasubiter kommt; Simron, daher das Geschlecht der Simroniter kommt.

²⁵Das sind die Geschlechter Isaschars, an der Zahl vierundsechzigtausend und dreihundert.

²⁶Die Kinder Sebulons in ihren Geschlechtern waren: Sered, daher das Geschlecht der Serediter kommt; Elon, daher das Geschlecht der Eloniter kommt; Jahleel, daher das Geschlecht der Jahleeliter kommt.

²⁷Das sind die Geschlechter Sebulons, an ihrer Zahl sechzigtausend und fünfhundert.

²⁸Die Kinder Josephs in ihren Geschlechtern waren: Manasse und Ephraim.

²⁹Die Kinder aber Manasses waren: Machir, daher kommt das Geschlecht der Machiriter; Machir aber zeugte Gilead, daher kommt das Geschlecht der Gileaditer.

³⁰Dies sind aber die Kinder Gileads: Hieser, daher kommt das Geschlecht der Hieseriter; Helek, daher kommt das Geschlecht der Helekiter.

³¹Asriel, daher kommt das Geschlecht der Asrieliter; Sichem, daher kommt das Geschlecht der Sichemiter;

³²Semida, daher kommt das Geschlecht der Semiditer; Hepher, daher kommt das Geschlecht der Hepheriter.

³³Zelophehad aber war Hephers Sohn und hatte keine Söhne sondern Töchter; die hießen Mahela, Noa, Hogla, Milka und Thirza.

³⁴Das sind die Geschlechter Manasses, an ihrer Zahl zweiundfünfzigtausend und siebenhundert.

³⁵Die Kinder Ephraims in ihren Geschlechtern waren: Suthelah, daher kommt das Geschlecht der Suthelahiter; Becher, daher kommt das Geschlecht der Becheriter; Thahan, daher kommt das Geschlecht der Thahaniter.

³⁶Die Kinder Suthelahs waren: Eran, daher kommt das Geschlecht der Eraniter.

³⁷Das sind die Geschlechter der Kinder Ephraims, an ihrer Zahl zweiunddreißigtausend und fünfhundert. Das sind die Kinder Josephs in ihren Geschlechtern.

³⁸Die Kinder Benjamins in ihren Geschlechtern waren: Bela, daher kommt das Geschlecht der Belaiter; Asbel, daher kommt das Geschlecht der Asbeliter; Ahiram, daher kommt das Geschlecht der Ahiramiter;

³⁹Supham, daher kommt das Geschlecht der Suphamiter; Hupham, daher kommt das Geschlecht der Huphamiter.

⁴⁰Die Kinder aber Belas waren: Ard und Naeman, daher kommt das Geschlecht der Arditer und Naemaniter.

⁴¹Das sind die Kinder Benjamins in ihren Geschlechtern, an der Zahl fünfundvierzigtausend und sechshundert.

⁴²Die Kinder Dans in ihren Geschlechtern waren: Suham, daher kommt das Geschlecht der Suhamiter

⁴³Das sind die Geschlechter Dans in ihren Geschlechtern, allesamt an der Zahl vierundsechzigtausend und vierhundert.

⁴⁴Die Kinder Asser in ihren Geschlechtern waren: Jimna, daher kommt das Geschlecht der Jimniter; Jiswi, daher kommt das Geschlecht der Jiswiter; Beria, daher kommt das Geschlecht der Beriiter.

⁴⁵Aber die Kinder Berias waren: Heber, daher kommt das Geschlecht der Hebriter; Melchiel, daher kommt das Geschlecht der Melchieliter.

⁴⁶Und die Tochter Assers hieß Sarah.

⁴⁷Das sind die Geschlechter der Kinder Assers, an ihrer Zahl dreiundfünfzigtausend und vierhundert.

⁴⁸Die Kinder Naphthalis in ihren Geschlechtern waren: Jahzeel, daher kommt das Geschlecht der Jahzeeliter; Guni, daher kommt das Geschlecht der Guniter.

⁴⁹Jezer, daher kommt das Geschlecht der Jezeriter; Sillem, daher kommt das Geschlecht der Sillemiter.

⁵⁰Das sind die Geschlechter von Naphthali, an ihrer Zahl fünfundvierzigtausend und vierhundert.

⁵¹Das ist die Summe der Kinder Israel sechsmal hunderttausend eintausend siebenhundertdreißig.

⁵²Und der HERR redete mit Mose und sprach:

Numeri

⁵³Diesen sollst du das Land austeilen zum Erbe nach der Zahl der Namen.

⁵⁴Vielen sollst du viel zum Erbe geben, und wenigen wenig; jeglichen soll man geben nach ihrer Zahl.

⁵⁵Doch man soll das Land durchs Los teilen; nach dem Namen der Stämme ihrer Väter sollen sie Erbe nehmen.

⁵⁶Denn nach dem Los sollst du ihr Erbe austeilen zwischen den vielen und den wenigen.

⁵⁷Und das ist die Summe der Leviten in ihren Geschlechtern: Gerson, daher kommt das Geschlecht der Gersoniter; Kahath, daher kommt das Geschlecht der Kahathiter; Merari, daher das Geschlecht der Merariter.

⁵⁸Dies sind die Geschlechter Levis: das Geschlecht der Libniter, das Geschlecht der Hebroniter, das Geschlecht der Maheliter, das Geschlecht der Musiter, das Geschlecht der Korahiter. Kahath zeugte Amram.

⁵⁹Und Amrams Weib hieß Jochebed, eine Tochter Levis, die ihm geboren ward in Ägypten; und sie gebar dem Amram Aaron und Mose und ihre Schwester Mirjam.

⁶⁰Dem Aaron aber ward geboren: Nadab, Abihu, Eleasar und Ithamar.

⁶¹Nadab aber und Abihu starben, da sie fremdes Feuer opferten vor dem HERRN.

⁶²Und ihre Summe war dreiundzwanzigtausend, alles Mannsbilder, von einem Monat und darüber. Denn sie wurden nicht gezählt unter die Kinder Israel; denn man gab ihnen kein Erbe unter den Kindern Israel.

⁶³Das ist die Summe der Kinder Israel, die Mose und Eleasar, der Priester, zählten im Gefilde der Moabiter, an dem Jordan gegenüber Jericho;

⁶⁴unter welchen war keiner aus der Summe, da Mose und Aaron, der Priester, die Kinder Israel zählten in der Wüste Sinai.

⁶⁵Denn der HERR hatte ihnen gesagt, sie sollten des Todes sterben in der Wüste. Und blieb keiner übrig als Kaleb, der Sohn Jephunnes, und Josua, der Sohn Nuns.

Kapitel 27

¹Und die Töchter Zelophehads, des Sohnes Hephers, des Sohnes Gileads, des Sohnes Machirs, des Sohnes Manasses, unter den Geschlechtern Manasses, des Sohnes Josephs, mit Namen Mahela, Noa, Hogla, Milka und Thirza, kamen herzu

²und traten vor Mose und vor Eleasar, den Priester, und vor die Fürsten und die ganze Gemeinde vor der Tür der Hütte des Stifts und sprachen:

³Unser Vater ist gestorben in der Wüste und war nicht mit unter der Gemeinde, die sich wider den HERRN empörte in der Rotte Korahs, sondern ist an seiner Sünde gestorben, und hatte keine Söhne.

⁴Warum soll denn unsers Vaters Name unter seinem Geschlecht untergehen, weil er keinen Sohn hat? Gebt uns auch ein Gut unter unsers Vaters Brüdern!

⁵Mose brachte ihre Sache vor den HERRN.

⁶Und der HERR sprach zu ihm:

⁷Die Töchter Zelophehads haben recht geredet; du sollst ihnen ein Erbgut unter ihres Vaters Brüdern geben und sollst ihres Vaters Erbe ihnen zuwenden.

⁸Und sage den Kindern Israel: Wenn jemand stirbt und hat nicht Söhne, so sollt ihr sein Erbe seiner Tochter zuwenden.

⁹Hat er keine Tochter, sollt ihr's seinen Brüdern geben.

¹⁰Hat er keine Brüder, sollt ihr's seines Vaters Brüdern geben.

¹¹Hat er nicht Vatersbrüder, sollt ihr's seinen nächsten Blutsfreunden geben, die ihm angehören in seinem Geschlecht, daß sie es einnehmen. Das soll den Kindern Israel ein Gesetz und Recht sein, wie der HERR dem Mose geboten hat.

¹²Und der HERR sprach zu Mose: Steig auf dies Gebirge Abarim und besiehe das Land, das ich den Kindern Israel gebe werde.

¹³Und wenn du es gesehen hast, sollst du dich sammeln zu deinem Volk, wie dein Bruder Aaron versammelt ist,

¹⁴dieweil ihr meinem Wort ungehorsam gewesen seid in der Wüste Zin bei dem Hader der Gemeinde, da ihr mich heiligen solltet durch das Wasser vor ihnen. Das ist das Haderwasser zu Kades in der Wüste Zin.

¹⁵Und Mose redete mit dem HERRN und sprach:

¹⁶Der HERR, der Gott der Geister alles Fleisches, wolle einen Mann setzen über die Gemeinde,

¹⁷der vor ihnen her aus und ein gehe und sie aus und ein führe, daß die Gemeinde des HERRN nicht sei wie die Schafe ohne Hirten.

¹⁸Und der HERR sprach zu Mose: Nimm Josua zu dir, den Sohn Nuns, einen Mann, in dem der Geist ist, und lege deine Hände auf ihn

¹⁹und stelle ihn vor den Priester Eleasar und vor die ganze Gemeinde und gebiete ihm vor ihren Augen,

²⁰und lege von deiner Herrlichkeit auf ihn, daß ihm gehorche die ganze Gemeinde der Kinder Israel.

²¹Und er soll treten vor den Priester Eleasar, der soll für ihn ratfragen durch die Weise des Lichts vor dem HERRN. Nach desselben Mund sollen aus und einziehen er und alle Kinder Israel mit ihm und die ganze Gemeinde.

²²Mose tat, wie ihm der HERR geboten hatte, und nahm Josua und stellte ihn vor den Priester Eleasar und vor die ganze Gemeinde

²³und legte seine Hand auf ihn und gebot ihm, wie der HERR mit Mose geredet hatte.

Kapitel 28

¹Und der HERR redete mit Mose und sprach:

²Gebiete den Kindern Israel und sprich zu ihnen: Die Opfer meines Brots, welches mein Opfer des süßen Geruchs ist, sollt ihr halten zu seiner Zeit, daß ihr mir's opfert.

³Und sprich zu ihnen: Das sind die Opfer, die ihr dem HERRN opfern sollt: jährige Lämmer, die ohne Fehl sind, täglich zwei zum täglichen Brandopfer,

⁴Ein Lamm des Morgens, das andere gegen Abend;

⁵dazu ein zehntel Epha Semmelmehl zum Speisopfer, mit Öl gemengt, das gestoßen ist, ein viertel Hin.

⁶Das ist das tägliche Brandopfer, das ihr am Berge Sinai opfertet, zum süßen Geruch ein Feuer dem HERRN.

⁷Dazu ein Trankopfer je zu einem Lamm ein viertel Hin. Im Heiligtum soll man den Wein des Trankopfers opfern dem HERRN.

⁸Das andere Lamm sollst du gegen Abend zurichten; mit dem Speisopfer wie am Morgen und mit einem Trankopfer sollst du es machen zum Opfer des süßen Geruchs dem HERRN.

⁹Am Sabbattag aber zwei jährige Lämmer ohne Fehl und zwei Zehntel Semmelmehl zum Speisopfer, mit Öl gemengt, und sein Trankopfer.

¹⁰Das ist das Brandopfer eines jeglichen Sabbats außer dem täglichen Brandopfer samt seinem Trankopfer.

¹¹Aber des ersten Tages eurer Monate sollt ihr dem HERRN ein Brandopfer opfern: Zwei junge Farren, einen Widder, sieben jährige Lämmer ohne Fehl;

¹²und je drei Zehntel Semmelmehl zum Speisopfer, mit Öl gemengt, zu einem Farren; zwei Zehntel Semmelmehl zum Speisopfer, mit Öl gemengt, zu einem Widder;

¹³und je ein Zehntel Semmelmehl zum Speisopfer, mit Öl gemengt, zu einem Lamm. Das ist das Brandopfer des süßen Geruchs, ein Opfer dem HERRN.

¹⁴Und ihr Trankopfer soll sein ein halbes Hin Wein zum Farren, ein drittel Hin zum Widder, ein viertel Hin zum Lamm. Das ist das Brandopfer eines jeglichen Monats im Jahr.

¹⁵Dazu soll man einen Ziegenbock zum Sündopfer dem HERRN machen außer dem täglichen Brandopfer und seinem Trankopfer.

¹⁶Aber am vierzehnten Tage des ersten Monats ist das Passah des HERRN.

¹⁷Und am fünfzehnten Tage desselben Monats ist Fest. Sieben Tage soll man ungesäuertes Brot essen.

¹⁸Der erste Tag soll heilig heißen, daß ihr zusammenkommt; keine Dienstarbeit sollt ihr an ihm tun

¹⁹und sollt dem HERRN Brandopfer tun: Zwei junge Farren, einen Widder, sieben jährige Lämmer ohne Fehl;

²⁰samt ihren Speisopfern: Drei Zehntel Semmelmehl, mit Öl gemengt, zu einem Farren, und zwei Zehntel zu dem Widder,

²¹und je ein Zehntel auf ein Lamm unter den sieben Lämmern;

²²dazu einen Bock zum Sündopfer, daß ihr versöhnt werdet.

²³Und sollt solches tun außer dem Brandopfer am Morgen, welche das tägliche Brandopfer ist.

²⁴Nach dieser Weise sollt ihr alle Tage, die sieben Tage lang, das Brot opfern zum Opfer des süßen Geruchs dem HERRN außer dem täglichen Brandopfer, dazu sein Trankopfer.

²⁵Und der siebente Tag soll bei euch heilig heißen, daß ihr zusammenkommt; keine Dienstarbeit sollt ihr da tun.

²⁶Und der Tag der Erstlinge, wenn ihr opfert das neue Speisopfer dem HERRN, wenn eure Wochen um sind, soll heilig heißen, daß ihr zusammenkommt; keine Dienstarbeit sollt ihr da tun

²⁷und sollt dem HERRN Brandopfer tun zum süßen Geruch: zwei junge Farren, einen Widder, sieben jährige Lämmer;

²⁸samt ihrem Speisopfer: drei Zehntel Semmelmehl, mit Öl gemengt, zu einem Farren, zwei Zehntel zu dem Widder,

²⁹und je ein Zehntel zu einem Lamm der sieben Lämmer;
³⁰und einen Ziegenbock, euch zu versöhnen.
³¹Dies sollt ihr tun außer dem täglichen Brandopfer mit seinem Speisopfer. Ohne Fehl soll's sein, dazu ihre Trankopfer.

Kapitel 29

¹Und der erste Tag des siebenten Monats soll bei euch heilig heißen, daß ihr zusammenkommt; keine Dienstarbeit sollt ihr da tun-es ist euer Drommetentag-
²und sollt Brandopfer tun zum süßen Geruch dem HERRN: einen jungen Farren, einen Widder, sieben jährige Lämmer ohne Fehl;
³dazu ihr Speisopfer: drei Zehntel Semmelmehl, mit Öl gemengt, zu dem Farren, zwei Zehntel zu dem Widder,
⁴und ein Zehntel auf ein jegliches Lamm der sieben Lämmer;
⁵auch einen Ziegenbock zum Sündopfer, euch zu versöhnen-
⁶außer dem Brandopfer des Monats und seinem Speisopfer und außer dem täglichen Brandopfer mit seinem Speisopfer und mit seinem Trankopfer, wie es recht ist-,zum süßen Geruch. Das ist ein Opfer dem HERRN.
⁷Der zehnte Tag des siebenten Monats soll bei euch auch heilig heißen, daß ihr zusammenkommt; und sollt eure Leiber kasteien und keine Arbeit da tun,
⁸sondern Brandopfer dem HERRN zum süßen Geruch opfern: einen jungen Farren, einen Widder, sieben jährige Lämmer ohne Fehl;
⁹mit ihren Speisopfern: drei Zehntel Semmelmehl, mit Öl gemengt, zu dem Farren, zwei Zehntel zu dem Widder,
¹⁰und ein Zehntel je zu einem Lamm der sieben Lämmer;
¹¹dazu einen Ziegenbock zum Sündopfer, außer dem Sündopfer der Versöhnung und dem täglichen Brandopfer mit seinem Speisopfer und mit ihrem Trankopfer.
¹²Der fünfzehnte Tag des siebenten Monats soll bei euch heilig heißen, daß ihr zusammenkommt; keine Dienstarbeit sollt ihr an dem tun und sollt dem HERRN sieben Tage feiern
¹³und sollt dem HERRN Brandopfer tun zum Opfer des süßen Geruchs dem HERRN: dreizehn junge Farren, zwei Widder; vierzehn jährige Lämmer ohne Fehl;
¹⁴samt ihrem Speisopfer: drei Zehntel Semmelmehl, mit Öl gemengt, je zu einem der dreizehn Farren, zwei Zehntel je zu einem Widder,
¹⁵und ein Zehntel je zu einem der vierzehn Lämmer;
¹⁶dazu einen Ziegenbock zum Sündopfer, -außer dem täglichen Brandopfer mit seinem Speisopfer und seinem Trankopfer.
¹⁷Am zweiten Tage: zwölf junge Farren, zwei Widder, vierzehn jährige Lämmer ohne Fehl;
¹⁸mit ihrem Speisopfer und Trankopfer zu den Farren, zu den Widdern und zu den Lämmern in ihrer Zahl, wie es recht ist;
¹⁹dazu einen Ziegenbock zum Sündopfer, außer dem täglichen Brandopfer mit seinem Speisopfer und mit ihrem Trankopfer.
²⁰Am dritten Tage: elf Farren, zwei Widder, vierzehn jährige Lämmer ohne Fehl;
²¹mit ihrem Speisopfer und Trankopfer zu den Farren, zu den Widdern und zu den Lämmern in ihrer Zahl, wie es recht ist;
²²dazu einen Ziegenbock zum Sündopfer, außer dem täglichen Brandopfer mit seinem Speisopfer und mit ihrem Trankopfer.
²³Am vierten Tage: Zehn Farren, zwei Widder, vierzehn jährige Lämmer ohne Fehl;
²⁴samt ihren Speisopfern und Trankopfern zu den Farren, zu den Widdern und zu den Lämmern in ihrer Zahl, wie es recht ist;
²⁵dazu einen Ziegenbock zum Sündopfer, außer dem täglichen Brandopfer mit seinem Speisopfer und mit ihrem Trankopfer.
²⁶Am fünften Tage: neun Farren, zwei Widder, vierzehn jährige Lämmer ohne Fehl;
²⁷samt ihren Speisopfern und Trankopfern zu den Farren, zu den Widdern und zu den Lämmern in ihrer Zahl, wie es recht ist;
²⁸dazu einen Ziegenbock zum Sündopfer, außer dem täglichen Brandopfer mit seinem Speisopfer und mit ihrem Trankopfer.
²⁹Am sechsten Tage: acht Farren, zwei Widder, vierzehn jährige Lämmer ohne Fehl;
³⁰samt ihren Speisopfern und Trankopfern zu den Farren, zu den Widdern und zu den Lämmern in ihrer Zahl, wie es recht ist;
³¹dazu einen Ziegenbock zum Sündopfer, außer dem täglichen Brandopfer mit seinem Speisopfer und mit ihrem Trankopfer.
³²Am siebenten Tage: sieben Farren, zwei Widder, vierzehn jährige Lämmer ohne Fehl;
³³samt ihren Speisopfern und Trankopfern zu den Farren, zu den Widdern und zu den Lämmern in ihrer Zahl, wie es recht ist;
³⁴dazu einen Ziegenbock zum Sündopfer, außer dem täglichen Brandopfer mit seinem Speisopfer und mit ihrem Trankopfer.
³⁵Am achten soll der Tag der Versammlung sein; keine Dienstarbeit sollt ihr da tun
³⁶und sollt Brandopfer opfern zum Opfer des süßen Geruchs dem HERRN: einen Farren, einen Widder, sieben jährige Lämmer ohne Fehl;
³⁷samt ihren Speisopfern und Trankopfern zu den Farren, zu den Widdern und zu den Lämmern in ihrer Zahl, wie es recht ist;
³⁸dazu einen Bock zum Sündopfer, außer dem täglichen Brandopfer mit seinem Speisopfer und mit ihrem Trankopfer.
³⁹Solches sollt ihr dem HERRN tun auf eure Feste, außerdem, was ihr gelobt und freiwillig gebt zu Brandopfern, Speisopfern, Trankopfern und Dankopfern.
⁴⁰Und Mose sagte den Kindern Israel alles, was ihm der HERR geboten hatte.

Kapitel 30

¹Und Mose redete mit den Fürsten der Stämme der Kinder Israel und sprach: das ist's, was der HERR geboten hat:
²Wenn jemand dem HERRN ein Gelübde tut oder einen Eid schwört, daß er seine Seele verbindet, der soll sein Wort nicht aufheben, sondern alles tun, wie es zu seinem Munde ist ausgegangen.
³Wenn ein Weib dem HERRN ein Gelübde tut und sich verbindet, solange sie in ihres Vaters Hause und ledig ist,
⁴und ihr Gelübde und Verbündnis, das sie nimmt auf ihre Seele, kommt vor ihren Vater, und er schweigt dazu, so gilt all ihr Gelübde und all ihr Verbündnis, das sie ihrer Seele aufgelegt hat.
⁵Wo aber ihr Vater ihr wehrt des Tages, wenn er's hört, so gilt kein Gelübde noch Verbündnis, das sie auf ihre Seele gelegt hat; und der HERR wird ihr gnädig sein, weil ihr Vater ihr gewehrt hat.
⁶Wird sie aber eines Mannes und hat ein Gelübde auf sich oder ist ihr aus ihren Lippen ein Verbündnis entfahren über ihre Seele,
⁷und der Mann hört es, und schweigt desselben Tages, wenn er's hört, so gilt ihr Gelübde und Verbündnis, das sie auf ihre Seele genommen hat.
⁸Wo aber ihr Mann ihr wehrt des Tages, wenn er's hört, so ist ihr Gelübde los, das sie auf sich hat, und das Verbündnis, das ihr aus den Lippen entfahren ist über ihre Seele; und der HERR wird ihr gnädig sein.
⁹Das Gelübde einer Witwe und Verstoßenen, alles Verbündnis, das sie nimmt auf ihre Seele, das gilt auf ihr.
¹⁰Wenn eine in ihres Mannes Hause gelobt oder sich mit einem Eide verbindet über ihre Seele,
¹¹und ihr Mann hört es, und schweigt dazu und wehrt es nicht, so gilt all dasselbe Gelübde und alles Verbündnis, das sie auflegt ihrer Seele.
¹²Macht's aber ihr Mann des Tages los, wenn er's hört, so gilt das nichts, was aus ihren Lippen gegangen ist, was sie gelobt oder wozu sie sich verbunden hat über ihre Seele; denn ihr Mann hat's losgemacht, und der HERR wird ihr gnädig sein.
¹³Alle Gelübde und Eide, die verbinden den Leib zu kasteien, mag ihr Mann bekräftigen oder aufheben also:
¹⁴wenn er dazu schweigt von einem Tag zum andern, so bekräftigt er alle ihre Gelübde und Verbündnisse, die sie auf sich hat, darum daß er geschwiegen hat des Tages, da er's hörte;
¹⁵wird er's aber aufheben, nachdem er's gehört hat, so soll er ihre Missetat tragen.
¹⁶Das sind die Satzungen, die der HERR dem Mose geboten hat zwischen Mann und Weib, zwischen Vater und Tochter, solange sie noch ledig ist in ihres Vaters Hause.

Kapitel 31

¹Und der HERR redete mit Mose und sprach:
²Räche die Kinder Israel an den Midianitern, daß du darnach dich sammelst zu deinem Volk.
³Da redete Mose mit dem Volk und sprach: Rüstet unter euch Leute zum Heer wider die Midianiter, daß sie den HERRN rächen an den Midianitern,
⁴aus jeglichem Stamm tausend, daß ihr aus allen Stämmen Israels in das Heer schickt.
⁵Und sie nahmen aus den Tausenden Israels je tausend eines Stammes, zwölftausend gerüstet zum Heer.
⁶Und Mose schickte sie mit Pinehas, dem Sohn Eleasars, des Priesters, ins Heer und die heiligen Geräte und die Halldrommeten in seiner Hand.
⁷Und sie führten das Heer wider die Midianiter, wie der HERR dem Mose geboten hatte, und erwürgten alles, was männlich war.

⁸Dazu die Könige der Midianiter erwürgten sie samt ihren Erschlagenen, nämlich Evi, Rekem, Zur, Hur und Reba, die fünf Könige der Midianiter. Bileam, den Sohn Beors, erwürgten sie auch mit dem Schwert.

⁹Und die Kinder Israel nahmen gefangen die Weiber der Midianiter und ihre Kinder; all ihr Vieh, alle ihre Habe und alle ihre Güter raubten sie,

¹⁰und verbrannten mit Feuer alle ihre Städte ihrer Wohnungen und alle Zeltdörfer.

¹¹Und nahmen allen Raub und alles, was zu nehmen war, Menschen und Vieh,

¹²und brachten's zu Mose und zu Eleasar, dem Priester, und zu der Gemeinde der Kinder Israel, nämlich die Gefangenen und das genommene Vieh und das geraubte Gut ins Lager auf der Moabiter Gefilde, das am Jordan liegt gegenüber Jericho.

¹³Und Mose und Eleasar, der Priester, und alle Fürsten der Gemeinde gingen ihnen entgegen, hinaus vor das Lager.

¹⁴Und Mose ward zornig über die Hauptleute des Heeres, die Hauptleute über tausend und über hundert waren, die aus dem Heer und Streit kamen,

¹⁵und sprach zu ihnen: Warum habt ihr alle Weiber leben lassen?

¹⁶Siehe, haben nicht dieselben die Kinder Israel durch Bileams Rat abwendig gemacht, daß sie sich versündigten am HERRN über dem Peor und eine Plage der Gemeinde des HERRN widerfuhr?

¹⁷So erwürget nun alles, was männlich ist unter den Kindern, und alle Weiber, die Männer erkannt und beigelegen haben;

¹⁸aber alle Kinder, die weiblich sind und nicht Männer erkannt haben, die laßt für euch leben.

¹⁹Und lagert euch draußen vor dem Lager sieben Tage, alle, die jemand erwürgt oder Erschlagene angerührt haben, daß ihr euch entsündigt am dritten und am siebenten Tage, samt denen, die ihr gefangen genommen habt.

²⁰Und alle Kleider und alles Gerät von Fellen und alles Pelzwerk und alles hölzerne Gefäß sollt ihr entsündigen.

²¹Und Eleasar, der Priester, sprach zu dem Kriegsvolk, das in den Streit gezogen war: Das ist das Gesetz, welches der HERR dem Mose geboten hat:

²²Gold, Silber, Erz, Eisen, Zinn und Blei

²³und alles was das Feuer leidet, sollt ihr durchs Feuer lassen gehen und reinigen; nur daß es mit dem Sprengwasser entsündigt werde. Aber alles, was das Feuer nicht leidet, sollt ihr durchs Wasser gehen lassen.

²⁴Und sollt eure Kleider waschen am siebenten Tage, so werdet ihr rein; darnach sollt ihr ins Lager kommen.

²⁵Und der HERR redete mit Mose und sprach:

²⁶Nimm die Summe des Raubes der Gefangenen, an Menschen und an Vieh, du und Eleasar, der Priester, und die obersten Väter der Gemeinde;

²⁷und gib die Hälfte denen, die ins Heer gezogen sind und die Schlacht getan haben, und die andere Hälfte der Gemeinde.

²⁸Du sollst aber dem HERRN heben von den Kriegsleuten, die ins Heer gezogen sind, je fünf Hunderten eine Seele, an Menschen, Rindern, Eseln und Schafen.

²⁹Von ihrer Hälfte sollst du es nehmen und dem Priester Eleasar geben zur Hebe dem HERRN.

³⁰Aber von der Hälfte der Kinder Israel sollst du je ein Stück von fünfzigen nehmen, an Menschen, Rindern, Eseln und Schafen und von allem Vieh, und sollst es den Leviten geben, die des Dienstes warten an der Wohnung des HERRN.

³¹Und Mose und Eleasar, der Priester, taten, wie der HERR dem Mose geboten hatte.

³²Und es war die übrige Ausbeute, die das Kriegsvolk geraubt hatte, sechsmal hundert und fünfundsiebzigtausend Schafe,

³³zweiundsiebzigtausend Rinder,

³⁴einundsechzigtausend Esel

³⁵und der Mädchen, die nicht Männer erkannt hatten, zweiunddreißigtausend Seelen.

³⁶Und die Hälfte, die denen, so ins Heer gezogen waren, gehörte, war an der Zahl dreihundertmal und siebenunddreißigtausend und fünfhundert Schafe;

³⁷davon wurden dem HERRN sechshundertfünfundsiebzig Schafe.

³⁸Desgleichen sechsunddreißigtausend Rinder; davon wurden dem HERRN zweiundsiebzig.

³⁹Desgleichen dreißigtausend und fünfhundert Esel; davon wurden dem HERRN einundsechzig.

⁴⁰Desgleichen Menschenseelen, sechzehntausend Seelen; davon wurden dem HERRN zweiunddreißig Seelen.

⁴¹Und Mose gab solche Hebe des HERRN dem Priester Eleasar, wie ihm der HERR geboten hatte.

⁴²Aber die andere Hälfte, die Mose den Kindern Israel zuteilte von den Kriegsleuten,

⁴³nämlich die Hälfte, der Gemeinde zuständig, war auch dreihundertmal und siebenunddreißigtausend fünfhundert Schafe,

⁴⁴sechsunddreißigtausend Rinder,

⁴⁵dreißigtausend und fünfhundert Esel

⁴⁶und sechzehntausend Menschenseelen.

⁴⁷Und Mose nahm von dieser Hälfte der Kinder Israel je ein Stück von fünfzigen, sowohl des Viehs als der Menschen, und gab's den Leviten, die des Dienstes warteten an der Wohnung des HERRN, wie der HERR dem Mose geboten hatte.

⁴⁸Und es traten herzu die Hauptleute über die Tausende des Kriegsvolks, nämlich die über tausend und über hundert waren, zu Mose

⁴⁹und sprachen zu ihm: Deine Knechte haben die Summe genommen der Kriegsleute, die unter unsern Händen gewesen sind, und fehlt nicht einer.

⁵⁰Darum bringen wir dem HERRN Geschenke, was ein jeglicher gefunden hat von goldenem Geräte, Ketten, Armgeschmeide, Ringe, Ohrenringe und Spangen, daß unsere Seelen versöhnt werden vor dem HERRN.

⁵¹Und Mose samt dem Priester Eleasar nahm von ihnen das Gold von allerlei Geräte.

⁵²Und alles Goldes Hebe, das sie dem HERRN hoben, war sechzehntausend und siebenhundertfünfzig Lot von den Hauptleuten über tausend und hundert.

⁵³Denn die Kriegsleute hatten geraubt ein jeglicher für sich.

⁵⁴Und Mose mit Eleasar, dem Priester, nahm das Gold von den Hauptleuten über tausend und hundert, und brachten es in die Hütte des Stifts zum Gedächtnis der Kinder Israel vor dem HERRN.

Kapitel 32

¹Die Kinder Ruben und die Kinder Gad hatten sehr viel Vieh und sahen das Land Jaser und Gilead an als gute Stätte für ihr Vieh

²und kamen und sprachen zu Mose und zu dem Priester Eleasar und zu den Fürsten der Gemeinde:

³Das Land Ataroth, Dibon, Jaser, Nimra, Hesbon, Eleale, Sebam, Nebo und Beon,

⁴das der HERR geschlagen hat vor der Gemeinde Israel, ist gut zur Weide; und wir, deine Knechte, haben Vieh.

⁵Und sprachen weiter: Haben wir Gnade vor dir gefunden, so gib dies Land deinen Knechten zu eigen, so wollen wir nicht über den Jordan ziehen.

⁶Mose sprach zu ihnen: Eure Brüder sollen in den Streit ziehen, und ihr wollt hier bleiben?

⁷Warum macht ihr der Kinder Israel Herzen abwendig, daß sie nicht hinüberziehen in das Land, das ihnen der HERR geben wird?

⁸Also taten auch eure Väter, da ich sie aussandte von Kades-Barnea, das Land zu schauen;

⁹und da sie hinaufgekommen waren bis an den Bach Eskol und sahen das Land, machten sie das Herz der Kinder Israel abwendig, daß sie nicht in das Land wollten, das ihnen der HERR geben wollte.

¹⁰Und des HERRN Zorn ergrimmte zur selben Zeit, und er schwur und sprach:

¹¹Diese Leute, die aus Ägypten gezogen sind, von zwanzig Jahren und darüber sollen wahrlich das Land nicht sehen, das ich Abraham, Isaak und Jakob geschworen habe, darum daß sie mir nicht treulich nachgefolgt sind;

¹²ausgenommen Kaleb, den Sohn Jephunnes, des Kenisiters, und Josua, den Sohn Nuns; denn sie sind dem HERRN treulich nachgefolgt.

¹³Also ergrimmte des HERRN Zorn über Israel, und er ließ sie hin und her in der Wüste ziehen vierzig Jahre, bis daß ein Ende ward all des Geschlechts, das übel getan hatte vor dem HERRN.

¹⁴Und siehe, ihr seid aufgetreten an eurer Väter Statt, daß der Sünder desto mehr seien und ihr auch den Zorn und Grimm des HERRN noch mehr macht wider Israel.

¹⁵Denn wo ihr euch von ihm wendet, so wird er auch noch länger sie lassen in der Wüste, und ihr werdet dies Volk alles verderben.

¹⁶Da traten sie herzu und sprachen: Wir wollen nur Schafhürden hier bauen für unser Vieh und Städte für unsere Kinder;

¹⁷wir aber wollen uns rüsten vornan vor den Kindern Israel her, bis daß wir sie bringen an ihren Ort. Unsre Kinder sollen in den verschlossenen Städten bleiben um der Einwohner willen des Landes.

¹⁸Wir wollen nicht heimkehren, bis die Kinder Israel einnehmen ein jeglicher sein Erbe.

¹⁹Denn wir wollen nicht mit ihnen erben jenseit des Jordans, sondern unser Erbe soll uns diesseit des Jordan gegen Morgen gefallen

sein.

²⁰Mose sprach zu Ihnen: Wenn ihr das tun wollt, daß ihr euch rüstet zum Streit vor dem HERRN,

²¹so zieht über den Jordan vor dem HERRN, wer unter euch gerüstet ist, bis daß er seine Feinde austreibe von seinem Angesicht

²²und das Land untertan werde dem HERRN; darnach sollt ihr umwenden und unschuldig sein vor dem HERRN und vor Israel und sollt dies Land also haben zu eigen vor dem HERRN.

²³Wo ihr aber nicht also tun wollt, siehe, so werdet ihr euch an dem HERRN versündigen und werdet eurer Sünde innewerden, wenn sie euch finden wird.

²⁴So bauet nun Städte für eure Kinder und Hürden für euer Vieh und tut, was ihr geredet habt.

²⁵Die Kinder Gad und die Kinder Ruben sprachen zu Mose: Deine Knechte sollen tun, wie mein Herr geboten hat.

²⁶Unsre Kinder, Weiber, Habe und all unser Vieh sollen in den Städten Gileads sein;

²⁷wir aber, deine Knechte, wollen alle gerüstet zum Heer in den Streit ziehen vor dem HERRN, wie mein Herr geredet hat.

²⁸Da gebot Mose ihrethalben dem Priester Eleasar und Josua, dem Sohn Nuns, und den obersten Vätern der Stämme der Kinder Israel

²⁹und sprach zu ihnen: Wenn die Kinder Gad und die Kinder Ruben mit euch über den Jordan ziehen, alle gerüstet zum Streit vor dem HERRN, und das Land euch untertan ist, so gebet ihnen das Land Gilead zu eigen;

³⁰ziehen sie aber nicht mit euch gerüstet, so sollen sie unter euch erben im Lande Kanaan.

³¹Die Kinder Gad und die Kinder Ruben antworteten und sprachen: Wie der Herr redete zu seinen Knechten, so wollen wir tun.

³²Wir wollen gerüstet ziehen vor dem HERRN ins Land Kanaan und unser Erbgut besitzen diesseit des Jordans.

³³Also gab Mose den Kindern Gad und den Kindern Ruben und dem halben Stamm Manasses, des Sohnes Josephs, das Königreich Sihons, des Königs der Amoriter, und das Königreich Ogs, des Königs von Basan, das Land samt den Städten in dem ganzen Gebiete umher.

³⁴Da bauten die Kinder Gad Dibon, Ataroth, Aroer,

³⁵Atroth-Sophan, Jaser, Jogbeha,

³⁶Beth-Nimra und Beth-Haran, verschlossene Städte und Schafhürden.

³⁷Die Kinder Ruben bauten Hesbon, Eleale, Kirjathaim,

³⁸Nebo, Baal-Meon, und änderten die Namen, und Sibma, und gaben den Städten Namen, die sie bauten.

³⁹Und die Kinder Machirs, des Sohnes Manasses, gingen nach Gilead und gewannen's und vertrieben die Amoriter, die darin waren.

⁴⁰Da gab Mose dem Machir, dem Sohn Manasses, Gilead; und er wohnte darin.

⁴¹Jair aber, der Sohn Manasses, ging hin und gewann ihre Dörfer und hieß sie Dörfer Jairs.

⁴²Nobah ging hin und gewann Knath mit seinen Ortschaften und hieß sie Nobah nach seinem Namen.

Kapitel 33

¹Das sind die Reisen der Kinder Israel, da sie aus Ägyptenland gezogen sind mit ihrem Heer durch Mose und Aaron.

²Und Mose beschrieb ihren Auszug, wie sie zogen nach dem Befehl des HERRN, und dies sind die Reisen ihres Zuges.

³Sie zogen aus von Raemses am fünfzehnten Tag des ersten Monats, dem zweiten Tage der Ostern, durch eine hohe Hand, daß es alle Ägypter sahen,

⁴als sie eben die Erstgeburt begruben, die der HERR unter ihnen geschlagen hatte; denn der HERR hatte auch an ihren Göttern Gericht geübt.

⁵Als sie nun von Raemses auszogen, lagerten sie sich in Sukkoth.

⁶Und zogen aus von Sukkoth und lagerten sich in Etham, welches liegt an dem Ende der Wüste.

⁷Von Etham zogen sie aus und blieben in Pihachiroth, welches liegt gegen Baal-Zephon, und lagerten sich gegen Migdol.

⁸Von Hachiroth zogen sie aus und gingen mitten durchs Meer in die Wüste und reisten drei Tagereisen in der Wüste Etham und lagerten sich in Mara.

⁹Von Mara zogen sie aus und kamen gen Elim; da waren zwölf Wasserbrunnen und siebzig Palmen; und lagerten sich daselbst.

¹⁰Von Elim zogen sie aus und lagerten sich an das Schilfmeer.

¹¹Von dem Schilfmeer zogen sie aus und lagerten sich in der Wüste Sin.

¹²Von der Wüste Sin zogen sie aus und lagerten sich in Dophka.

¹³Von Dophka zogen sie aus und lagerten sich in Alus.

¹⁴Von Alus zogen sie aus und lagerten sich in Raphidim, daselbst hatte das Volk kein Wasser zu trinken.

¹⁵Von Raphidim zogen sie aus und lagerten sich in der Wüste Sinai.

¹⁶Von Sinai zogen sie aus und lagerten sich bei den Lustgräbern.

¹⁷Von den Lustgräbern zogen sie aus und lagerten sich in Hazeroth.

¹⁸Von Hazeroth zogen sie aus und lagerten sich in Rithma.

¹⁹Von Rithma zogen sie aus und lagerten sich in Rimmon-Perez.

²⁰Von Rimmon-Perez zogen sie aus und lagerten sich in Libna.

²¹Von Libna zogen sie aus und lagerten sich in Rissa.

²²Von Rissa zogen sie aus und lagerten sich in Kehelatha.

²³Von Kehelatha zogen sie aus und lagerten sich im Gebirge Sepher.

²⁴Vom Gebirge Sepher zogen sie aus und lagerten sich in Harada.

²⁵Von Harada zogen sie aus und lagerten sich in Makheloth.

²⁶Von Makheloth zogen sie aus und lagerten sich in Thahath.

²⁷Von Thahath zogen sie aus und lagerten sich in Tharah.

²⁸Von Tharah zogen sie aus und lagerten sich in Mithka.

²⁹Von Mithka zogen sie aus und lagerten sich in Hasmona.

³⁰Von Hasmona zogen sie aus und lagerten sich in Moseroth.

³¹Von Moseroth zogen sie aus und lagerten sich in Bne-Jaakan.

³²Von Bne-Jaakan zogen sie aus und lagerten sich in Horgidgad.

³³Von Horgidgad zogen sie aus und lagerten sich in Jotbatha.

³⁴Von Jotbatha zogen sie aus und lagerten sich in Abrona.

³⁵Von Abrona zogen sie aus und lagerten sich in Ezeon-Geber.

³⁶Von Ezeon-Geber zogen sie aus und lagerten sich in der Wüste Zin, das ist Kades.

³⁷Von Kades zogen sie aus und lagerten sich an dem Berge Hor, an der Grenze des Landes Edom.

³⁸Da ging der Priester Aaron auf den Berg Hor nach dem Befehl des HERRN und starb daselbst im vierzigsten Jahr des Auszugs der Kinder Israel aus Ägyptenland am ersten Tage des fünften Monats,

³⁹da er hundertunddreiundzwanzig Jahre alt war.

⁴⁰Und der König der Kanaaniter zu Arad, der da wohnte gegen Mittag des Landes Kanaan, hörte, daß die Kinder Israel kamen.

⁴¹Und von dem Berge Hor zogen sie aus und lagerten sich in Zalmona.

⁴²Von Zalmona zogen sie aus und lagerten sich in Phunon.

⁴³Von Phunon zogen sie aus und lagerten sich in Oboth.

⁴⁴Von Oboth zogen sie aus und lagerten sich in Ije-Abarim, in der Moabiter Gebiet.

⁴⁵Von Ijim zogen sie aus und lagerten sich in Dibon-Gad.

⁴⁶Von Dibon-Gad zogen sie aus und lagerten sich in Almon-Diblathaim.

⁴⁷Von Almon-Diblathaim zogen sie aus und lagerten sich in dem Gebirge Abarim vor dem Nebo.

⁴⁸Von dem Gebirge Abarim zogen sie aus und lagerten sich in das Gefilde der Moabiter an dem Jordan gegenüber Jericho.

⁴⁹Sie lagerten sich aber am Jordan von Beth-Jesimoth an bis an Abel-Sittim, im Gefilde der Moabiter.

⁵⁰Und der HERR redete mit Mose in dem Gefilde der Moabiter an dem Jordan gegenüber Jericho und sprach:

⁵¹Rede mit den Kindern Israel und sprich zu ihnen: Wenn ihr über den Jordan gegangen seid in das Land Kanaan,

⁵²so sollt ihr alle Einwohner vertreiben vor eurem Angesicht und alle ihre Säulen und alle ihre gegossenen Bilder zerstören und alle ihre Höhen vertilgen,

⁵³daß ihr also das Land einnehmet und darin wohnt; denn euch habe ich das Land gegeben, daß ihr's einnehmet.

⁵⁴Und sollt das Land austeilen durchs Los unter eure Geschlechter. Denen, deren viele sind, sollt ihr desto mehr zuteilen, und denen, deren wenige sind, sollt ihr desto weniger zuteilen. Wie das Los einem jeglichen daselbst fällt, so soll er's haben; nach den Stämmen eurer Väter sollt ihr's austeilen.

⁵⁵Werdet ihr aber die Einwohner des Landes nicht vertreiben vor eurem Angesicht, so werden euch die, so ihr überbleiben laßt, zu Dornen werden in euren Augen und zu Stacheln in euren Seiten und werden euch drängen in dem Lande darin ihr wohnet.

⁵⁶So wird's dann gehen, daß ich euch gleich tun werde, wie ich gedachte ihnen zu tun.

Numeri

Kapitel 34

¹Und der HERR redete mit Mose und sprach:

²Gebiete den Kindern Israel und sprich zu ihnen: Wenn ihr ins Land Kanaan kommt, so soll dies das Land sein, das euch zum Erbteil fällt, das Land Kanaan nach seinen Grenzen.

³Die Ecke gegen Mittag soll anfangen an der Wüste Zin bei Edom, daß eure Grenze gegen Mittag sei vom Ende des Salzmeeres, das gegen Morgen liegt,

⁴und das die Grenze sich lenke mittagwärts von der Steige Akrabbim und gehe durch Zin, und ihr Ausgang sei mittagwärts von Kades-Barnea und gelange zum Dorf Adar und gehe durch Azmon

⁵und lenke sich von Azmon an den Bach Ägyptens, und ihr Ende sei an dem Meer.

⁶Aber die Grenze gegen Abend soll diese sein, nämlich das große Meer. Das sei eure Grenze gegen Abend.

⁷Die Grenze gegen Mitternacht soll diese sein: ihr sollt messen von dem großen Meer bis an den Berg Hor,

⁸und von dem Berg Hor messen, bis man kommt gen Hamath, das der Ausgang der Grenze sei gen Zedad

⁹und die Grenze ausgehe gen Siphron und ihr Ende sei am Dorf Enan. Das sei eure Grenze gegen Mitternacht.

¹⁰Und sollt messen die Grenze gegen Morgen vom Dorf Enan gen Sepham,

¹¹und die Grenze gehe herab von Sepham gen Ribla morgenwärts von Ain; darnach gehe sie herab und lenke sich an die Seite des Meers Kinneret gegen Morgen

¹²und komme herab an den Jordan, daß ihr Ende sei das Salzmeer. Das sei euer Land mit seiner Grenze umher.

¹³Und Mose gebot den Kindern Israel und sprach: Das ist das Land, das ihr durchs Los unter euch teilen sollt, das der HERR geboten hat den neun Stämmen und dem halben Stamm zu geben.

¹⁴Denn der Stamm der Kinder Ruben nach ihren Vaterhäusern und der halbe Stamm Manasse haben ihr Teil genommen.

¹⁵Also haben zwei Stämme und der halbe Stamm ihr Erbteil dahin, diesseit des Jordans gegenüber Jericho gegen Morgen.

¹⁶Und der HERR redete mit Mose und sprach:

¹⁷Das sind die Namen der Männer, die das Land unter euch teilen sollen: der Priester Eleasar und Josua, der Sohn Nuns.

¹⁸Dazu sollt ihr nehmen von einem jeglichen Stamm einen Fürsten, das Land auszuteilen.

¹⁹Und das sind der Männer Namen: Kaleb, der Sohn Jephunnes, des Stammes Juda;

²⁰Samuel, der Sohn Ammihuds, des Stammes Simeon;

²¹Elidad, der Sohn Chislons, des Stammes Benjamin;

²²Bukki, der Sohn Joglis, Fürst des Stammes der Kinder Dan;

²³Hanniel, der Sohn Ephods, Fürst des Stammes der Kinder Manasse, von den Kindern Joseph;

²⁴Kemuel, der Sohn Siphtans, Fürst des Stammes der Kinder Ephraim;

²⁵Elizaphan, der Sohn Parnachs, Fürst des Stammes der Kinder Sebulon;

²⁶Paltiel, der Sohn Assans, der Fürst des Stammes der Kinder Isaschar;

²⁷Ahihud, der Sohn Selomis, Fürst des Stammes der Kinder Asser;

²⁸Pedahel, der Sohn Ammihuds, Fürst des Stammes der Kinder Naphthali.

²⁹Dies sind die, denen der HERR gebot, daß sie den Kindern Israel Erbe austeilten im Lande Kanaan.

Kapitel 35

¹Und der HERR redete mit Mose auf den Gefilde der Moabiter am Jordan gegenüber Jericho und sprach:

²Gebiete den Kindern Israel, daß sie den Leviten Städte geben von ihren Erbgütern zur Wohnung;

³dazu Vorstädte um die Städte her sollt ihr den Leviten auch geben, daß sie in den Städten wohnen und in den Vorstädten ihr Vieh und Gut und allerlei Tiere haben.

⁴Die Weite aber der Vorstädte, die ihr den Leviten gebt, soll tausend Ellen draußen vor der Stadtmauer umher haben.

⁵So sollt ihr nun messen außen an der Stadt von der Ecke gegen Morgen zweitausend Ellen und von der Ecke gegen Mittag zweitausend Ellen und von der Ecke gegen Abend zweitausend Ellen und von der Ecke gegen Mitternacht zweitausend Ellen, daß die Stadt in der Mitte sei. Das sollen ihre Vorstädte sein.

⁶Und unter den Städten, die ihr den Leviten geben werdet, sollt ihr sechs Freistädte geben, daß dahinein fliehe, wer einen Totschlag getan hat. Über dieselben sollt ihr noch zweiundvierzig Städte geben,

⁷daß alle Städte, die ihr den Leviten gebt, seien achtundvierzig mit ihren Vorstädten.

⁸Und sollt derselben desto mehr geben von denen, die viel besitzen unter den Kindern Israel, und desto weniger von denen, die wenig besitzen; ein jeglicher nach seinem Erbteil, das ihm zugeteilt wird, soll Städte den Leviten geben.

⁹Und der HERR redete mit Mose und sprach:

¹⁰Rede mit den Kindern Israel und sprich zu ihnen: Wenn ihr über den Jordan ins Land Kanaan kommt,

¹¹sollt ihr Städte auswählen, daß sie Freistädte seien, wohin fliehe, wer einen Totschlag unversehens tut.

¹²Und sollen unter euch solche Freistädte sein vor dem Bluträcher, daß der nicht sterben müsse, der einen Totschlag getan hat, bis daß er vor der Gemeinde vor Gericht gestanden sei.

¹³Und der Städte, die ihr geben werdet zu Freistädten, sollen sechs sein.

¹⁴Drei sollt ihr geben diesseit des Jordans und drei im Lande Kanaan.

¹⁵Das sind die sechs Freistädte, den Kindern Israel und den Fremdlingen und den Beisassen unter euch, daß dahin fliehe, wer einen Totschlag getan hat unversehens.

¹⁶Wer jemand mit einem Eisen schlägt, daß er stirbt, der ist ein Totschläger und soll des Todes sterben.

¹⁷Wirft er ihn mit einem Stein, mit dem jemand mag getötet werden, daß er davon stirbt, so ist er ein Totschläger und soll des Todes sterben.

¹⁸Schlägt er ihn aber mit einem Holz, mit dem jemand mag totgeschlagen werden, daß er stirbt, so ist er ein Totschläger und soll des Todes sterben.

¹⁹Der Rächer des Bluts soll den Totschläger zum Tode bringen; wo er ihm begegnet, soll er ihn töten.

²⁰Stößt er ihn aus Haß oder wirft etwas auf ihn aus List, daß er stirbt,

²¹oder schlägt ihn aus Feindschaft mit seiner Hand, daß er stirbt, so soll er des Todes sterben, der ihn geschlagen hat; denn er ist ein Totschläger. Der Rächer des Bluts soll ihn zum Tode bringen, wo er ihm begegnet.

²²Wenn er ihn aber ungefähr stößt, ohne Feindschaft, oder wirft irgend etwas auf ihn unversehens

²³oder wirft irgend einen Stein auf ihn, davon man sterben mag, und er hat's nicht gesehen, also daß er stirbt, und er ist nicht sein Feind, hat ihm auch kein Übles gewollt,

²⁴so soll die Gemeinde richten zwischen dem, der geschlagen hat, und dem Rächer des Bluts nach diesen Rechten.

²⁵Und die Gemeinde soll den Totschläger erretten von der Hand des Bluträchers und soll ihn wiederkommen lassen zu der Freistadt, dahin er geflohen war; und er soll daselbst bleiben, bis daß der Hohepriester sterbe, den man mit dem heiligen Öl gesalbt hat.

²⁶Wird aber der Totschläger aus seiner Freistadt Grenze gehen, dahin er geflohen ist,

²⁷und der Bluträcher findet ihn außerhalb der Grenze seiner Freistadt und schlägt ihn tot, so soll er des Bluts nicht schuldig sein.

²⁸Denn er sollte in seiner Freistadt bleiben bis an den Tod des Hohenpriesters, und nach des Hohenpriesters Tod wieder zum Lande seines Erbguts kommen.

²⁹Das soll euch ein Recht sein bei euren Nachkommen, überall, wo ihr wohnt.

³⁰Den Totschläger soll man töten nach dem Mund zweier Zeugen. Ein Zeuge soll nicht aussagen über eine Seele zum Tode.

³¹Und ihr sollt keine Versühnung nehmen für die Seele eines Totschlägers; denn er ist des Todes schuldig, und er soll des Todes sterben.

³²Und sollt keine Versühnung nehmen für den, der zur Freistadt geflohen ist, daß er wiederkomme, zu wohnen im Lande, bis der Priester sterbe.

³³Und schändet das Land nicht, darin ihr wohnet; denn wer blutschuldig ist, der schändet das Land, und das Land kann vom Blut nicht versöhnt werden, das darin vergossen wird, außer durch das Blut des, der es vergossen hat.

³⁴Verunreinigt das Land nicht, darin ihr wohnet, darin ich auch wohne; denn ich bin der HERR, der unter den Kindern Israel wohnt.

Kapitel 36

¹Und die obersten Väter des Geschlechts der Kinder Gileads, des Sohnes Machirs, der Manasses Sohn war, von den Geschlechtern der Kinder Joseph, traten herzu und redeten vor Mose und vor den Fürsten, den obersten Vätern der Kinder Israel,

²und sprachen: Meinem Herrn hat der HERR geboten, daß man das Land zum Erbteil geben sollte durchs Los den Kindern Israel; auch ward meinem Herrn geboten von dem HERRN, daß man das Erbteil Zelophehads, unsers Bruders, seinen Töchtern geben soll.

³Wenn sie jemand aus den Stämmen der Kinder Israel zu Weibern nimmt, so wird unserer Väter Erbteil weniger werden, und so viel sie haben, wird zu dem Erbteil kommen des Stammes, dahin sie kommen; also wird das Los unseres Erbteils verringert.

⁴Wenn nun das Halljahr der Kinder Israel kommt, so wird ihr Erbteil zu dem Erbteil des Stammes kommen, da sie sind; also wird das Erbteil des Stammes unserer Väter verringert, so viel sie haben.

⁵Mose gebot den Kindern Israel nach dem Befehl des Herrn und sprach: Der Stamm der Kinder Joseph hat recht geredet.

⁶Das ist's, was der HERR gebietet den Töchtern Zelophehads und spricht: Laß sie freien, wie es ihnen gefällt; allein daß sie freien unter dem Geschlecht des Stammes ihres Vaters,

⁷auf daß nicht die Erbteile der Kinder Israel fallen von einen Stamm zum andern; denn ein jeglicher unter den Kindern Israel soll anhangen an dem Erbe des Stammes seiner Väter.

⁸Und alle Töchter, die Erbteil besitzen unter den Stämmen der Kinder Israel, sollen freien einen von dem Geschlecht des Stammes ihres Vaters, auf daß ein jeglicher unter den Kindern Israel seiner Väter Erbe behalte

⁹und nicht ein Erbteil von einem Stamm falle auf den andern, sondern ein jeglicher hange an seinem Erbe unter den Stämmen der Kinder Israel.

¹⁰Wie der HERR dem Mose geboten hatte, so taten die Töchter Zelophehads,

¹¹Mahela, Thirza, Hogla, Milka und Noa, und freiten die Kinder ihrer Vettern,

¹²des Geschlechts der Kinder Manasses, des Sohnes Josephs. Also blieb ihr Erbteil an dem Stamm des Geschlechts ihres Vaters.

¹³Das sind die Gebote und Rechte, die der HERR gebot durch Mose den Kindern Israel auf dem Gefilde der Moabiter am Jordan gegenüber Jericho.

Deuteronomium

Kapitel 1

¹Das sind die Worte die Mose redete zum ganzen Israel jenseit des Jordans in der Wüste, auf dem Gefilde gegen das Schilfmeer, zwischen Pharan und Tophel, Laban Hazeroth und Disahab.

²Elf Tagereisen von Horeb, durch den Weg des Gebirges Seir, bis gen Kades-Barnea.

³Und es geschah im vierzigsten Jahr, am ersten Tage des elften Monats, da redete Mose mit den Kindern Israel alles, wie ihm der HERR an sie geboten hatte,

⁴nachdem er Sihon, den König der Amoriter, geschlagen hatte, der zu Hesbon wohnte, dazu Og, den König von Basan, der zu Astharoth und zu Edrei wohnte.

⁵Jenseit des Jordans, im Lande der Moabiter, fing an Mose auszulegen dies Gesetz und sprach:

⁶Der HERR, unser Gott, redete mit uns am Berge Horeb und sprach: Ihr seid lang genug an diesem Berge gewesen;

⁷wendet euch und ziehet hin, daß ihr zu dem Gebirge der Amoriter kommt und zu allen ihren Nachbarn im Gefilde, auf Bergen und in Gründen, gegen Mittag und gegen die Anfurt des Meers, ins Land Kanaan und zum Berge Libanon, bis an das große Wasser Euphrat.

⁸Siehe da, ich habe euch das Land, das vor euch liegt, gegeben; gehet hinein und nehmet es ein, das der HERR euren Vätern Abraham, Isaak und Jakob geschworen hat, daß er's ihnen und ihrem Samen nach ihnen geben wollte.

⁹Da sprach ich zu derselben Zeit zu euch: Ich kann nicht allein ertragen;

¹⁰denn der HERR, euer Gott, hat euch gemehrt, daß ihr heutigestages seid wie die Menge der Sterne am Himmel.

¹¹Der HERR, euer Väter Gott, mache euer noch viel tausend mehr und segne euch, wie er euch verheißen hat!

¹²Wie kann ich allein solche Mühe und Last und Hader von euch ertragen?

¹³Schafft her weise, verständige und erfahrene Leute unter euren Stämmen, die will ich über euch zu Häuptern setzen.

¹⁴Da antwortetet ihr mir und sprachst: Das ist ein gut Ding, davon du sagst, daß du tun willst.

¹⁵Da nahm ich die Häupter eurer Stämme, weise und erfahrene Männer, und setzte sie über euch zu Häuptern über tausend, über hundert, über fünfzig und über zehn, und zu Amtleuten unter euren Stämmen,

¹⁶und gebot euren Richtern zur selben Zeit und sprach: Verhört eure Brüder und richtet recht zwischen jedermann und seinem Bruder und dem Fremdlinge.

¹⁷Keine Person sollt ihr im Gericht ansehen, sondern sollt den Kleinen hören wie den Großen, und vor niemandes Person euch scheuen; denn das Gerichtamt ist Gottes. Wird aber euch eine Sache zu hart sein, die lasset an mich gelangen, daß ich sie höre.

¹⁸Also gebot ich euch zu der Zeit alles, was ihr tun sollt.

¹⁹Da zogen wir aus von Horeb und wandelten durch die ganze Wüste, die groß und grausam ist, wie ihr gesehen habt, auf der Straße zum Gebirge der Amoriter, wie uns der HERR, unser Gott, geboten hatte, und kamen bis gen Kades-Barnea.

²⁰Da sprach ich zu euch: Ihr seid an das Gebirge der Amoriter gekommen, das uns der HERR, unser Gott, geben wird.

²¹Siehe da das Land vor dir, das der HERR, dein Gott, dir gegeben hat; zieh hinauf und nimm's ein, wie der HERR, deiner Väter Gott, dir verheißen hat. Fürchte dich nicht und laß dir nicht grauen.

²²Da kamt ihr alle zu mir und sprachst: Laßt uns Männer vor uns hin senden, die uns das Land erkunden und uns wieder sagen, durch welchen Weg wir hineinziehen sollen und die Städte, da wir hineinkommen sollen.

²³Das gefiel mir wohl, und ich nahm aus euch zwölf Männer, von jeglichem Stamm einen.

²⁴Da diese weggingen und hinaufzogen auf das Gebirge und an den Bach Eskol kamen, da besahen sie es

²⁵und nahmen Früchte des Landes mit sich und brachten sie herab zu uns und sagten uns wieder und sprachst: Das Land ist gut, das der HERR, unser Gott, uns gegeben hat.

²⁶Aber ihr wolltet nicht hinaufziehen und wurdet ungehorsam dem Munde des HERRN, eures Gottes,

²⁷und murrtet in euren Hütten und sprachst: Der HERR ist uns gram; darum hat er uns aus Ägyptenland geführt, daß er uns in der Amoriter Hände gebe, uns zu vertilgen.

²⁸Wo sollen wir hinauf? Unsre Brüder haben unser Herz verzagt gemacht und gesagt, das Volk sei größer und höher denn wir; die Städte seien groß und bis an den Himmel vermauert; dazu haben wir Enakiter daselbst gesehen.

²⁹Ich sprach aber zu euch: Entsetzet euch nicht und fürchtet euch nicht vor ihnen.

³⁰Der HERR, euer Gott, zieht vor euch hin und wird für euch streiten, wie er mit euch getan hat in Ägypten vor euren Augen

³¹und in der Wüste, da du gesehen hast, wie dich der HERR, dein Gott, getragen hat, wie ein Mann seinen Sohn trägt, durch allen Weg, daher ihr gewandelt seid, bis ihr an diesen Ort kamt.

³²Aber das gilt nichts bei euch, daß ihr an den HERRN, euren Gott, hättet geglaubt,

³³der vor euch her ging, euch die Stätte zu weisen, wo ihr euch lagern solltet, des Nachts im Feuer, daß er euch den Weg zeigte, darin ihr gehen solltet, und des Tages in der Wolke.

³⁴Als aber der HERR euer Geschrei hörte, ward er zornig und schwur und sprach:

³⁵Es soll keiner dieses bösen Geschlechts das gute Land sehen, das ich ihren Vätern zu geben geschworen habe;

³⁶außer Kaleb, dem Sohn Jephunnes, der soll es sehen, und ihm will ich geben das Land, darauf er getreten ist, und seinen Kindern, darum daß er treulich dem HERRN gefolgt ist.

³⁷Auch ward der HERR über mich zornig um euretwillen und sprach: Du sollst auch nicht hineinkommen.

³⁸Aber Josua, der Sohn Nuns, der dein Diener ist, der soll hineinkommen. Denselben stärke; denn er soll Israel das Erbe austeilen.

³⁹Und eure Kinder, davon ihr sagtet, sie würden ein Raub werden, und eure Söhne, die heutigestages weder Gutes noch Böses verstehen, die sollen hineinkommen; denselben will ich's geben, und sie sollen's einnehmen.

⁴⁰Ihr aber wendet euch und ziehet nach der Wüste den Weg zum Schilfmeer.

⁴¹Da antwortetet ihr und sprachst zu mir: Wir haben an dem HERRN gesündigt; wir wollen hinauf und streiten, wie uns der HERR, unser Gott, geboten hat. Da ihr euch nun rüstetet, ein jeglicher mit seinen Waffen, und wart an dem, daß ihr hinaufzöget aufs Gebirge,

⁴²sprach der HERR zu mir: Sage ihnen, daß sie nicht hinaufziehen, auch nicht streiten, denn ich bin nicht unter euch, auf daß ihr nicht geschlagen werdet von euren Feinden.

⁴³Da ich euch das sagte, gehorchtet ihr nicht und wurdet ungehorsam dem Munde des HERRN und wart vermessen und zoget hinauf aufs Gebirge.

⁴⁴Da zogen die Amoriter aus, die auf dem Gebirge wohnten, euch entgegen, und jagten euch, wie die Bienen tun, und schlugen euch zu Seir bis gen Horma.

⁴⁵Da ihr nun wiederkamt und weintet vor dem HERRN, wollte der HERR eure Stimme nicht hören und neigte seine Ohren nicht zu euch.

⁴⁶Also bliebet ihr in Kades eine lange Zeit.

Kapitel 2

¹Da wandten wir uns und zogen aus zur Wüste auf der Straße zum Schilfmeer, wie der HERR zu mir sagte, und umzogen das Gebirge Seir eine lange Zeit.

²Und der HERR sprach zu mir:

³Ihr habt dies Gebirge nun genug umzogen; wendet euch gegen Mitternacht.

⁴Und gebiete dem Volk und sprich: ihr werdet durch das Land eurer Brüder, der Kinder Esau, ziehen, die zu Seir wohnen; und sie werden sich vor euch fürchten. Aber verwahrt euch mit Fleiß,

⁵daß ihr sie nicht bekrieget; denn ich werde euch ihres Landes nicht einen Fußbreit geben; denn das Gebirge Seir habe ich den Kindern Esau zu besitzen gegeben.

⁶Speise sollt ihr um Geld von ihnen kaufen, daß ihr esset, und Wasser sollt ihr um Geld von ihnen kaufen, daß ihr trinket.

⁷Denn der HERR, dein Gott, hat dich gesegnet in allen Werken deiner Hände. Er hat dein Reisen durch diese große Wüste zu Herzen genommen, und vierzig Jahre ist der HERR, dein Gott, bei dir gewesen, daß dir nichts gemangelt hat.

⁸Da wir nun vor unsern Brüdern, den Kindern Esau, weitergezogen waren, die auf dem Gebirge Seir wohnten, auf dem Wege des Gefildes von Elath und Ezeon-Geber, wandten wir uns und gingen durch den Weg der Wüste der Moabiter.

⁹Da sprach der HERR zu mir: Du sollst den Moabitern nicht Schaden tun noch sie bekriegen; denn ich will dir ihres Landes nichts zu

besitzen geben; denn ich habe Ar den Kindern Lot zu besitzen gegeben.

¹⁰(Die Emiter haben vorzeiten darin gewohnt; das war ein großes, starkes und hohes Volk wie die Enakiter.

¹¹Man hielt sie auch für Riesen gleich wie die Enakiter; und die Moabiter heißen sie Emiter.

¹²Auch wohnten vorzeiten in Seir die Horiter; und die Kinder Esau vertrieben und vertilgten sie vor sich her und wohnten an ihrer Statt, gleich wie Israel dem Lande seiner Besitzung tat, das ihnen der HERR gab.)

¹³So macht euch nun auf und ziehet durch den Bach Sered! und wir zogen hindurch.

¹⁴Die Zeit aber, die wir von Kades-Barnea zogen, bis wir durch den Bach Sered kamen, war achtunddreißig Jahre, bis alle die Kriegsleute gestorben waren im lager, wie der HERR ihnen geschworen hatte.

¹⁵Dazu war auch die Hand des HERRN wider sie, daß sie umkämen aus dem Lager, bis daß ihrer ein Ende würde.

¹⁶Und da aller der Kriegsleute ein Ende war und sie gestorben waren unter dem Volk,

¹⁷redete der HERR mit mir und sprach:

¹⁸Du wirst heute durch das Gebiet der Moabiter ziehen bei Ar

¹⁹und wirst nahe kommen gegen die Kinder Ammon. Denen sollst du nicht Schaden tun noch sie bekriegen; denn ich will dir des Landes der Kinder Ammon nichts zu besitzen geben; denn ich habe es den Kindern Lot zu besitzen gegeben.

²⁰(Es ist auch gehalten für der Riesen Land, und haben vorzeiten Riesen darin gewohnt, und die Ammoniter hießen sie Samsummiter.

²¹Das war ein großes, starkes hohes Volk wie die Enakiter; und der HERR vertilgte sie vor ihnen und ließ sie ihr Land besitzen, daß sie an ihrer Statt da wohnten,

²²gleichwie er getan hat mit den Kindern Esau, die auf dem Gebirge Seir wohnen, da er die Horiter vor ihnen vertilgte und ließ sie ihr Land besitzen, daß sie da an ihrer Statt wohnten bis auf diesen Tag.

²³Und die Kaphthoriter zogen aus Kaphthor und vertilgten die Avviter, die in Dörfern wohnten bis gen Gaza, und wohnten an ihrer Statt daselbst.)

²⁴Macht euch auf und ziehet aus und gehet über den Bach Arnon. Siehe, ich habe Sihon, den König der Amoriter zu Hesbon, in deine Hände gegeben mit seinem Lande. Hebe an einzunehmen, und streite wider ihn.

²⁵Heutigestages will ich anheben, daß sich vor dir fürchten und erschrecken sollen alle Völker unter dem ganzen Himmel, daß, wenn sie von dir hören, ihnen bange und wehe werden soll vor dir.

²⁶Da sandte ich Boten aus der Wüste von Kedemoth zu Sihon, dem König zu Hesbon, mit friedlichen Worten und ließ ihm sagen:

²⁷Ich will durch dein Land ziehen, und wo die Straße geht, will ich gehen; ich will weder zur Rechten noch zur Linken ausweichen.

²⁸Speise sollst du mir um Geld verkaufen, daß ich esse, und Wasser sollst du mir um Geld geben, daß ich trinke. Ich will nur zu Fuß hindurchgehen,

²⁹wie mir die Kinder Esau getan haben, die zu Seir wohnen, und die Moabiter, die zu Ar wohnen, bis daß ich komme über den Jordan, in das Land, das uns der HERR, unser Gott, geben wird.

³⁰Aber Sihon, der König zu Hesbon, wollte uns nicht durchziehen lassen; denn der HERR, dein Gott, verhärtete seinen Mut und verstockte ihm sein Herz, auf daß er ihn in deine Hände gäbe, wie es heutigestages ist.

³¹Und der HERR sprach zu mir: Siehe, ich habe angefangen, dahinzugeben vor dir Sihon mit seinem Lande; hebt an, einzunehmen und zu besitzen sein Land.

³²Und Sihon zog aus, uns entgegen, mit allem seinem Volk zum Streit gen Jahza.

³³Aber der HERR, unser Gott, gab ihn dahin vor uns, daß wir ihn schlugen mit seinen Kindern und seinem ganzen Volk.

³⁴Da gewannen wir zu der Zeit alle seine Städte und verbannten alle Städte, Männer, Weiber und Kinder und ließen niemand übrigbleiben.

³⁵Allein das Vieh raubten wir für uns und die Ausbeute der Städte, die wir gewannen.

³⁶Von Aroer an, das am Ufer des Bachs Arnon liegt, und von der Stadt am Bach gen Gilead war keine Stadt, die sich vor uns schützen konnte; der HERR, unser Gott, gab alles dahin vor uns.

³⁷Allein zu dem Lande der Kinder Ammon kamst du nicht, weder zu allem, was am Bach Jabbok war, noch zu den Städten auf dem Gebirge noch zu allem, das uns der HERR, unser Gott, verboten hatte.

Kapitel 3

¹Und wir wandten uns und zogen hinauf den Weg nach Basan. Und Og, der König von Basan, zog aus uns entgegen, mit allem seinem Volk, zu streiten bei Edrei.

²Aber der HERR sprach zu mir: Fürchte dich nicht vor ihm; denn ich habe ihn und all sein Volk mit seinem Lande in deine Hände gegeben; und du sollst mit ihm tun, wie du mit Sihon, dem König der Amoriter, getan hast, der zu Hesbon saß.

³Also gab der HERR, unser Gott, auch den König Og von Basan in unsre Hände mit allem seinem Volk, daß wir ihn schlugen, bis daß ihm nichts übrigblieb.

⁴Da gewannen wir zu der Zeit alle seine Städte (und war keine Stadt, die wir ihm nicht nahmen): sechzig Städte, die ganze Gegend Argob, das Königreich Ogs von Basan.

⁵Alle diese Städte waren fest mit hohen Mauern, Toren und Riegeln, außer sehr vielen anderen Flecken ohne Mauern.

⁶Und wir verbannten sie, gleich wie wir mit Sihon, dem König zu Hesbon, taten. Alle Städte verbannten wir, mit Männern, Weibern und Kindern.

⁷Aber alles Vieh und den Raub der Städte raubten wir für uns.

⁸Also nahmen wir zu der Zeit das Land aus der Hand der zwei Könige der Amoriter, jenseit des Jordans, von dem Bach Arnon an bis an den Berg Hermon

⁹(welchen die Sidoniter Sirjon heißen, aber die Amoriter heißen ihn Senir),

¹⁰alle Städte auf der Ebene und das ganze Gilead und das ganze Basan bis gen Salcha und Edrei, die Städte des Königreichs Ogs von Basan.

¹¹(Denn allein der König Og von Basan war noch übrig von den Riesen. Siehe, sein eisernes Bett ist zu Rabba der Kinder Ammon, neun Ellen lang und vier Ellen breit nach eines Mannes Ellenbogen.

¹²Solches Land nahmen wir ein zu derselben Zeit. Von Aroer an, das am Bach Arnon liegt, gab ich's den Rubeniter und Gaditern samt dem halben Gebirge Gilead mit seinen Städten.

¹³Aber das übrige Gilead und das ganze Basan, das Königreich Ogs, gab ich dem halben Stamm Manasse, die ganze Gegend Argob (dieses ganze Basan heißt der Riesen Land).

¹⁴Jair, der Sohn Manasses, nahm die ganze Gegend Argob bis an die Grenze der Gessuriter und Maachathiter und hieß das Basan nach seinem Namen Dörfer Jairs bis auf den heutigen Tag.

¹⁵Machir aber gab ich Gilead.

¹⁶Und den Rubenitern und Gaditern gab ich des Gileads einen Teil bis an den Bach Arnon, die Mitte des Bachs, der die Grenze ist, und bis an den Bach Jabbok, der die Grenze ist der Kinder Ammon;

¹⁷dazu das Gefilde und den Jordan, der die Grenze ist, von Kinnereth an bis an das Meer am Gefilde, das Salzmeer, unten am Berge Pisga gegen Morgen.

¹⁸Und ich gebot euch zu der Zeit und sprach: Der HERR, euer Gott, hat euch dies Land gegeben einzunehmen; so ziehet nun gerüstet vor euren Brüder, den Kindern Israel, her, was streitbar ist,

¹⁹allein eure Weiber und Kinder und das Vieh (denn ich weiß, daß ihr viel Vieh habt) laßt in euren Städten beliehen, die ich euch gegeben habe,

²⁰bis daß der HERR eure Brüder auch zu Ruhe bringe wie euch, daß sie auch das Land einnehmen, das ihnen der HERR, euer Gott, geben wird jenseit des Jordans; so sollt ihr dann wiederkehren zu eurer Besitzung, die ich euch gegeben habe.

²¹Und Josua gebot ihnen zu derselben Zeit und sprach: Deine Augen haben gesehen alles, was der HERR, euer Gott, diesen Königen getan hat. Also wird der HERR auch allen Königreichen tun, da du hin ziehst.

²²Fürchtet euch nicht vor ihnen; denn der HERR, euer Gott, streitet für euch.

²³Und ich bat den HERRN zu derselben Zeit und sprach:

²⁴HERR HERR, du hast angehoben, zu erzeigen deinem Knecht deine Herrlichkeit und deine starke Hand. Denn wo ist ein Gott im Himmel und auf Erden, der es deinen Werken und deiner Macht könnte nachtun?

²⁵Laß mich hinübergehen und sehen das gute Land jenseit des Jordans, dies gute Gebirge und den Libanon.

²⁶Aber der HERR war erzürnt auf mich um euretwillen und erhörte mich nicht, sondern sprach: Laß es genug sein! rede mir davon nicht mehr!

²⁷Steige auf die Höhe des Berges Pisga, und hebe deine Augen auf gegen Abend und gegen Mitternacht und gegen Mittag und gegen Morgen, und siehe es mit deinen Augen; denn du wirst nicht über diesen Jordan gehen.

²⁸Und gebiete dem Josua, daß er getrost und unverzagt sei; denn er soll über den Jordan ziehen vor dem Volk her und soll ihnen das Land austeilen, das du sehen wirst.

²⁹Also blieben wir im Tal gegenüber Beth-Peor.

Kapitel 4

¹Und nun höre, Israel, die Gebote und Rechte, die ich euch lehre, daß ihr sie tun sollt, auf daß ihr lebt und hineinkommet und das Land einnehmet, das euch der HERR, eurer Väter Gott, gibt.

²Ihr sollt nichts dazutun zu dem, was ich euch gebiete, und sollt auch nichts davontun, auf daß ihr bewahren möget die Gebote des HERRN, eures Gottes, die ich euch gebiete.

³Eure Augen haben gesehen, was der HERR getan hat wider den Baal-Peor; denn alle, die dem Baal-Peor folgten, hat der HERR, dein Gott, vertilgt unter euch.

⁴Aber ihr, die ihr dem HERRN, eurem Gott, anhinget, lebt alle heutigestages.

⁵Siehe, ich habe euch gelehrt Gebote und Rechte, wie mir der HERR, mein Gott, geboten hat, daß ihr also tun sollt in dem Lande, darein ihr kommen werdet, daß ihr's einnehmet.

⁶So behaltet's nun und tut es. Denn das wird eure Weisheit und Verstand sein bei allen Völkern, wenn sie hören werden alle diese Gebote, daß sie müssen sagen: Ei, welch weise und verständige Leute sind das und ein herrlich Volk!

⁷Denn wo ist so ein herrlich Volk, zu dem Götter also nahe sich tun als der HERR, unser Gott, so oft wir ihn anrufen?

⁸Und wo ist so ein herrlich Volk, das so gerechte Sitten und Gebote habe wie all dies Gesetz, daß ich euch heutigestages vorlege?

⁹Hüte dich nur und bewahre deine Seele wohl, daß du nicht vergessest der Geschichten, die deine Augen gesehen haben, und daß sie nicht aus deinem Herzen kommen all dein Leben lang. Und sollst deinen Kindern und Kindeskindern kundtun

¹⁰den Tag, da du vor dem HERRN, deinem Gott, standest am Berge Horeb, da der HERR zu mir sagte: Versammle mir das Volk, daß sie meine Worte hören und lernen mich fürchten alle ihre Lebtage auf Erden und lehren ihre Kinder.

¹¹Und ihr tratet herzu und standet unten an dem Berge; der Berg brannte aber bis mitten an den Himmel, und war da Finsternis, Wolken und Dunkel.

¹²Und der HERR redete mit euch mitten aus dem Feuer. Die Stimme seiner Worte hörtet ihr; aber keine Gestalt saht ihr außer der Stimme.

¹³Und er verkündigte euch seinen Bund, den er euch gebot zu tun, nämlich die Zehn Worte, und schrieb sie auf zwei steinerne Tafeln.

¹⁴Und der HERR gebot mir zur selben Zeit, daß ich euch lehren sollte Gebote und Rechte, daß ihr darnach tätet in dem Lande, darein ihr ziehet, daß ihr's einnehmet.

¹⁵So bewahret nun eure Seelen wohl, denn ihr habt keine Gestalt gesehen des Tages, da der HERR mit euch redete aus dem Feuer auf dem Berge Horeb,

¹⁶auf daß ihr nicht verderbet und machet euch irgend ein Bild, das gleich sei einem Mann oder Weib

¹⁷oder Vieh auf Erden oder Vogel unter dem Himmel

¹⁸oder Gewürm auf dem Lande oder Fisch im Wasser unter der Erde,

¹⁹daß du auch nicht deine Augen aufhebest gen Himmel und sehest die Sonne und den Mond und die Sterne, das ganze Heer des Himmels, und fallest ab und betest sie an und dienest ihnen, welche der HERR, dein Gott, verordnet hat allen Völkern unter dem ganzen Himmel.

²⁰Euch aber hat der HERR angenommen und aus dem eisernen Ofen, nämlich aus Ägypten, geführt, daß ihr sein Erbvolk sollt sein, wie es ist an diesem Tag.

²¹Und der HERR war so erzürnt über mich um eures Tuns willen, daß er schwur, ich sollte nicht über den Jordan gehen noch in das gute Land kommen, das dir der HERR, dein Gott, zum Erbteil geben wird,

²²sondern ich muß in diesem Lande sterben und werde nicht über den Jordan gehen; ihr aber werdet hinübergehen und solch gutes Land einnehmen.

²³So hütet euch nun, daß ihr des Bundes des HERRN, eures Gottes, nicht vergesset, den er mit euch gemacht hat, und nicht Bilder machet irgend einer Gestalt, wie der HERR, dein Gott, geboten hat.

²⁴Denn der HERR, dein Gott, ist ein verzehrendes Feuer und ein eifriger Gott.

²⁵Wenn ihr nun aber Kinder zeuget und Kindeskinder und im Lande wohnet und verderbt euch und machet euch Bilder irgend einer Gestalt, daß ihr übel tut vor dem HERRN, eurem Gott, und ihr ihn erzürnet:

²⁶so rufe ich heutigestages über euch zu Zeugen Himmel und Erde, daß ihr werdet bald umkommen von dem Lande, in welches ihr gehet über den Jordan, daß ihr's einnehmet; ihr werdet nicht lange darin bleiben, sondern werdet vertilgt werden.

²⁷Und der HERR wird euch zerstreuen unter die Völker, und wird euer ein geringer Haufe übrig sein unter den Heiden, dahin euch der HERR treiben wird.

²⁸Daselbst wirst du dienen den Göttern, die Menschenhände Werk sind, Holz und Stein, die weder sehen noch hören noch essen noch riechen.

²⁹Wenn du aber daselbst den HERRN, deinen Gott, suchen wirst, so wirst du ihn finden, wenn du ihn wirst von ganzem Herzen und von ganzer Seele suchen.

³⁰Wenn du geängstet sein wirst und dich treffen werden alle diese Dinge in den letzten Tage, so wirst du dich bekehren zu dem HERRN, deinem Gott, und seiner Stimme gehorchen.

³¹Denn der HERR, dein Gott, ist ein barmherziger Gott; er wird dich nicht lassen noch verderben, wird auch nicht vergessen des Bundes, den er deinen Vätern geschworen hat.

³²Denn frage nach den vorigen Zeiten, die vor dir gewesen sind, von dem Tage an, da Gott den Menschen auf Erden geschaffen hat, von einem Ende des Himmels zum andern, ob je solch großes Ding geschehen oder desgleichen je gehört sei,

³³daß ein Volk Gottes Stimme gehört habe aus dem Feuer reden, wie du gehört hast, und dennoch lebest?

³⁴oder ob Gott versucht habe hineinzugehen und sich ein Volk mitten aus einem Volk zu nehmen durch Versuchungen, durch Zeichen, durch Wunder, durch Streit und durch eine mächtige Hand und durch einen ausgestreckten Arm und durch sehr schreckliche Taten, wie das alles der HERR, euer Gott, für euch getan hat in Ägypten vor deinen Augen?

³⁵Du hast's gesehen, auf daß du wissest, daß der HERR allein Gott ist und keiner mehr.

³⁶Vom Himmel hat er dich seine Stimme hören lassen, daß er dich züchtigte; und auf Erden hat er dir gezeigt sein großes Feuer, und seine Worte hast du aus dem Feuer gehört.

³⁷Darum daß er deine Väter geliebt und ihren Samen nach ihnen erwählt hat, hat er dich ausgeführt mit seinem Angesicht durch sein große Kraft aus Ägypten,

³⁸daß er vertriebe vor dir her große Völker und stärkere, denn du bist, und dich hineinbrächte, daß er dir ihr Land gäbe zum Erbteil, wie es heutigestages steht.

³⁹So sollst du nun heutigestages wissen und zu Herzen nehmen, daß der HERR Gott ist oben im Himmel und unten auf Erden und keiner mehr;

⁴⁰daß du haltest seine Rechte und Gebote, die ich dir heute gebiete: so wird dir's und deinen Kindern nach dir wohl gehen, daß dein Leben lange währe in dem Lande, das dir der HERR, dein Gott, gibt ewiglich.

⁴¹Da sonderte Mose drei Städte aus jenseit des Jordans, gegen der Sonne Aufgang,

⁴²daß dahin flöhe, wer seinen Nächsten totschlägt unversehens und ihm zuvor nicht Feind gewesen ist; der soll in der Städte eine fliehen, daß er lebendig bleibe:

⁴³Bezer in der Wüste im ebnen Lande unter den Rubenitern und Ramoth in Gilead unter den Gaditern und Golan in Basan unter den Manassitern.

⁴⁴Das ist das Gesetz, das Mose den Kindern Israel vorlegte.

⁴⁵Das sind die Zeugnisse und Gebote und Rechte, die Mose den Kindern Israel sagte, da sie aus Ägypten gezogen waren,

⁴⁶jenseit des Jordans, im Tal gegenüber Beth-Peor, im Lande Sihons, des Königs der Amoriter, der zu Hesbon saß, den Mose und die Kinder Israel schlugen, da sie aus Ägypten gezogen waren,

⁴⁷und nahmen sein Land ein, dazu das Land Ogs, des Königs von Basan, der zwei Könige der Amoriter, die jenseit des Jordans waren, gegen der Sonne Aufgang,

⁴⁸von Aroer an, welches am Ufer liegt des Baches Arnon, bis an den Berg Sion, das ist der Hermon,

⁴⁹und alles Blachfeld jenseit des Jordans, gegen Aufgang der Sonne, bis an das Meer im Blachfelde, unten am Berge Pisga.

Kapitel 5

¹Und Mose rief das ganze Israel und sprach zu ihnen: Höre, Israel, die Gebote und Rechte, die ich heute vor euren Ohren rede, und lernt sie und behaltet sie, daß ihr darnach tut!

²Der HERR, unser Gott, hat einen Bund mit uns gemacht am Horeb

³und hat nicht mit unsern Vätern diesen Bund gemacht, sondern mit uns, die wir hier sind heutigestages und alle leben.

⁴Er hat von Angesicht zu Angesicht mit euch aus dem Feuer auf dem Berge geredet.

⁵Ich stand zu derselben Zeit zwischen dem HERRN und euch, daß ich euch ansagte des HERRN Wort; denn ihr fürchtetet euch vor dem Feuer und ginget nicht auf den Berg. Und er sprach:

⁶Ich bin der HERR, dein Gott, der dich aus Ägyptenland geführt hat, aus dem Diensthause.

⁷Du sollst keine andern Götter haben vor mir.

⁸Du sollst dir kein Bildnis machen, keinerlei Gleichnis, weder des, das oben im Himmel, noch des, das unten auf Erden, noch des, das im Wasser unter der Erde ist.

⁹Du sollst sie nicht anbeten noch ihnen dienen. Denn ich bin der HERR, dein Gott, bin ein eifriger Gott, der die Missetat der Väter heimsucht über die Kinder ins dritte und vierte Glied, die mich hassen;

¹⁰und Barmherzigkeit erzeige in viel tausend, die mich lieben und meine Gebote halten.

¹¹Du sollst den Namen des HERRN, deines Gottes, nicht mißbrauchen; denn der HERR wird den nicht ungestraft lassen, der seinen Namen mißbraucht.

¹²Den Sabbattag sollst du halten, daß du ihn heiligest, wie dir der HERR, dein Gott, geboten hat.

¹³Sechs Tage sollst du arbeiten und alle deine Werke tun.

¹⁴Aber am siebenten Tage ist der Sabbat des HERRN, deines Gottes. Da sollst du keine Arbeit tun noch dein Sohn noch deine Tochter noch dein Knecht noch deine Magd noch dein Ochse noch dein Esel noch all dein Vieh noch dein Fremdling, der in deinen Toren ist, auf daß dein Knecht und deine Magd ruhe wie du.

¹⁵Denn du sollst gedenken, daß du auch Knecht in Ägyptenland warst und der HERR, dein Gott, dich von dort ausgeführt hat mit einer mächtigen Hand und mit ausgerecktem Arm. Darum hat dir der HERR, dein Gott, geboten, daß du den Sabbattag halten sollst.

¹⁶Du sollst deinen Vater und deine Mutter ehren, wie dir der HERR, dein Gott, geboten hat, auf daß du lange lebest und daß dir's wohl gehe in dem Lande, das dir der HERR, dein Gott, geben wird.

¹⁷Du sollst nicht töten.

¹⁸Du sollst nicht ehebrechen.

¹⁹Du sollst nicht stehlen.

²⁰Du sollst kein falsch Zeugnis reden wider deinen Nächsten.

²¹Laß dich nicht gelüsten deines Nächsten Weibes. Du sollst nicht begehren deines Nächsten Haus, Acker, Knecht, Magd, Ochsen, Esel noch alles, was sein ist.

²²Das sind die Worte, die der HERR redete zu eurer ganzen Gemeinde auf dem Berge, aus dem Feuer und der Wolke und dem Dunkel, mit großer Stimme, und tat nichts dazu und schrieb sie auf zwei steinerne Tafeln und gab sie mir.

²³Da ihr aber die Stimme aus der Finsternis hörtet und den Berg mit Feuer brennen saht, tratet ihr zu mir, alle Obersten unter euren Stämmen und eure Ältesten.

²⁴und spracht: Siehe, der HERR, unser Gott, hat uns lassen sehen sein Herrlichkeit und seine Majestät; und wir haben sein Stimme aus dem Feuer gehört. Heutigestages haben wir gesehen, daß Gott mit Menschen redet, und sie lebendig bleiben.

²⁵Und nun, warum sollen wir sterben, daß uns dies große Feuer verzehre? Wenn wir des HERRN, unsers Gottes, Stimme weiter hören, so müssen wir sterben.

²⁶Denn was ist alles Fleisch, daß es hören möge die Stimme des lebendigen Gottes aus dem Feuer reden wie wir, und lebendig bleibe?

²⁷Tritt nun hinzu und höre alles, was der HERR, unser Gott, sagt, und sage es uns. Alles, was der HERR, unser Gott, mit dir reden wird, das wollen wir hören und tun.

²⁸Da aber der HERR eure Worte hörte, die ihr mit mir redetet, sprach er zu mir: Ich habe gehört die Worte dieses Volks, die sie dir geredet haben; es ist alles gut, was sie geredet haben.

²⁹Ach daß sie ein solch Herz hätten, mich zu fürchten, und zu halten alle meine Gebote ihr Leben lang, auf daß es ihnen wohl ginge und ihren Kindern ewiglich!

³⁰Gehe hin und sage ihnen: Gehet heim in eure Hütten.

³¹Du aber sollst hier vor mir stehen, daß ich mit dir rede alle Gesetze und Gebote und Rechte, die du sie lehren sollst, daß sie darnach tun in dem Lande, das ich ihnen geben werde einzunehmen.

³²So habt nun acht, daß ihr tut, wie euch der HERR, euer Gott, geboten hat, und weicht nicht, weder zur Rechten noch zur Linken.

³³sondern wandelt in allen Wegen, die euch der HERR, euer Gott, geboten hat, auf daß ihr leben möget und es euch wohl gehe und ihr lange lebt in dem Lande, das ihr einnehmen werdet.

Kapitel 6

¹Dies sind aber die Gesetze und Gebote und Rechte, die euch der HERR, euer Gott, geboten hat, daß ihr sie lernen und tun sollt in dem Lande, dahin ihr ziehet, es einzunehmen,

²daß du den HERRN, deinen Gott, fürchtest und haltest alle seine Rechte und Gebote, die ich dir gebiete, du und deine Kinder und deine Kindeskinder, alle eure Lebtage, auf daß ihr lange lebt.

³Israel, du sollst hören und behalten, daß du es tust, daß dir's wohl gehe und du sehr vermehrt werdest, wie der HERR, deiner Väter Gott, dir verheißen hat ein Land, darin Milch und Honig fließt.

⁴Höre, Israel, der HERR, unser Gott, ist ein einiger HERR.

⁵Und du sollst den HERRN, deinen Gott, liebhaben von ganzem Herzen, von ganzer Seele, von allem Vermögen.

⁶Und diese Worte, die ich dir heute gebiete, sollst du zu Herzen nehmen

⁷und sollst sie deinen Kindern einschärfen und davon reden, wenn du in deinem Hause sitzest oder auf dem Wege gehst, wenn du dich niederlegst oder aufstehst,

⁸und sollst sie binden zum Zeichen auf deine Hand, und sollen dir ein Denkmal vor deinen Augen sein,

⁹und sollst sie über deines Hauses Pfosten schreiben und an die Tore.

¹⁰Wenn dich nun der HERR, dein Gott, in das Land bringen wird, das er deinen Vätern Abraham, Isaak und Jakob geschworen hat dir zu geben, große und feine Städte, die du nicht gebaut hast,

¹¹und Häuser, alles Guts voll, die du nicht gefüllt hast und ausgehauene Brunnen, die du nicht ausgehauen hast, und Weinberge und Ölberge, die du nicht gepflanzt hast, daß du essest und satt werdest;

¹²so hüte dich, daß du nicht des HERRN vergessest, der dich aus Ägyptenland, aus dem Diensthaus, geführt hat;

¹³sondern du den HERRN, deinen Gott, fürchten und ihm dienen und bei seinem Namen schwören.

¹⁴Und sollst nicht andern Göttern nachfolgen der Völker, die um euch her sind

¹⁵denn der HERR, dein Gott, ist ein eifriger Gott unter dir, daß nicht der Zorn des HERRN, deines Gottes, über dich ergrimme und vertilge dich von der Erde.

¹⁶Ihr sollt den HERRN, euren Gott, nicht versuchen, wie ihr ihn versuchtet zu Massa,

¹⁷sondern sollt halten die Gebote des HERRN, eures Gottes, und seine Zeugnisse und Rechte, die er geboten hat,

¹⁸daß du tust, was recht und gut ist vor den Augen des HERRN, auf daß dir's wohl gehe und du hineinkommest und einnehmest das gute Land, das der HERR geschworen hat deinen Vätern,

¹⁹daß er verjage alle deine Feinde vor dir, wie der HERR geredet hat.

²⁰Wenn dich aber dein Sohn heute oder morgen fragen wird und sagen: Was sind das für Zeugnisse, Gebote und Rechte, die euch der HERR, unser Gott, geboten hat?

²¹so sollst du deinem Sohn sagen: Wir waren Knechte des Pharao in Ägypten, und der HERR führte uns aus Ägypten mit mächtiger Hand,

²²und der HERR tat große und böse Zeichen und Wunder an Ägypten und Pharao und allem seinem Hause vor unsern Augen

²³und führte uns von dannen, auf daß er uns einführte und gäbe uns das Land, das er unsern Vätern geschworen hatte;

²⁴und der HERR hat uns geboten, zu tun nach allen diesen Rechten, daß wir den HERRN, unsern Gott, fürchten, auf daß es uns wohl gehe alle unsre Lebtage, wie es geht heutigestages;

²⁵und es wird unsre Gerechtigkeit sein vor dem HERRN, unserm Gott, so wir tun und halten alle diese Gebote, wie er uns geboten hat.

Kapitel 7

¹Wenn dich der HERR, dein Gott, in das Land bringt, darein du kommen wirst, es einzunehmen, und ausgerottet viele Völker vor dir her, die Hethiter, Girgasiter, Amoriter, Kanaaniter, Pheresiter, Heviter und Jebusiter, sieben Völker, die größer und stärker sind denn du,

²und wenn sie der HERR, dein Gott, vor dir dahingibt, daß du sie schlägst, so sollt ihr sie verbannen, daß du keinen Bund mit ihnen machest noch ihnen Gunst erzeigest.

³Und sollst dich mit ihnen nicht befreunden: eure Töchter sollt ihr

Deuternomium

nicht geben ihren Söhnen, und ihre Töchter sollt ihr nicht nehmen euren Söhnen.

⁴Denn sie werden eure Söhne mir abfällig machen, daß sie andern Göttern dienen; so wird dann des HERRN Zorn ergrimmen über euch und euch bald vertilgen.

⁵Sondern also sollt ihr mit ihnen tun: ihre Altäre sollt ihr zerreißen, ihre Säulen zerbrechen, ihre Haine abhauen und ihre Götzen mit Feuer verbrennen.

⁶Denn du bist ein heiliges Volk dem HERRN, deinem Gott, Dich hat der HERR, dein Gott erwählt zum Volk des Eigentums aus allen Völkern, die auf Erden sind.

⁷Nicht hat euch der HERR angenommen und euch erwählt, darum daß euer mehr wäre als alle Völker, denn du bist das kleinste unter allen Völkern;

⁸sondern darum, daß er euch geliebt hat und daß er seinen Eid hielte, den er euren Vätern geschworen hat, hat er euch ausgeführt mit mächtiger Hand und hat dich erlöst vom Hause des Dienstes, aus der Hand Pharaos, des Königs in Ägypten.

⁹So sollst du nun wissen, daß der HERR, dein Gott, ein Gott ist, ein treuer Gott, der den Bund und die Barmherzigkeit hält denen, die ihn lieben und seine Gebote halten, in tausend Glieder,

¹⁰und vergilt denen, die ihn hassen, ins Angesicht, daß er sie umbringe, und säumt sie nicht, daß er denen vergelte ins Angesicht, die ihn hassen.

¹¹So halte nun die Gebote und Gesetze und Rechte, die ich dir heute gebiete, daß du darnach tust.

¹²Und wenn ihr diese Rede hört und haltet sie und darnach tut, so wird der HERR, dein Gott, auch halten den Bund und die Barmherzigkeit, die er deinen Väter geschworen hat,

¹³und wird dich lieben und segnen und mehren und wird die Frucht deines Leibes segnen und die Frucht deines Landes, dein Getreide, Most und Öl, die Früchte deiner Kühe und die Früchte deiner Schafe in dem Lande, das er deinen Vätern geschworen hat dir zu geben.

¹⁴Gesegnet wirst du sein über alle Völker. Es wird niemand unter dir unfruchtbar sein noch unter deinem Vieh.

¹⁵Der HERR wird von dir tun alle Krankheit und wird keine böse Seuche der Ägypter dir auflegen, die du erfahren hast, und wir sie allen deinen Hassern auflegen.

¹⁶Du wirst alle Völker verzehren, die der HERR, dein Gott, dir geben wird. Du sollst ihrer nicht schonen und ihren Göttern nicht dienen; denn das würde dir ein Strick sein.

¹⁷Wirst du aber in deinem Herzen sagen: Dieses Volk ist mehr, denn ich bin; wie kann ich sie vertreiben?

¹⁸so fürchte dich nicht vor ihnen. Gedenke, was der HERR, dein Gott, Pharao und allen Ägyptern getan hat

¹⁹durch große Versuchungen, die du mit Augen gesehen hast, und durch Zeichen und Wunder, durch mächtige Hand und ausgereckten Arm, womit dich der HERR, dein Gott, ausführte. Also wird der HERR, dein Gott, allen Völkern tun, vor denen du dich fürchtest.

²⁰Dazu wird der HERR, dein Gott, Hornissen unter sie senden, bis umgebracht werde, was übrig ist und sich verbirgt vor dir.

²¹Laß dir nicht grauen vor ihnen; denn der HERR, dein Gott, ist unter dir, der große und schreckliche Gott.

²²Er, der HERR, dein Gott, wird diese Leute ausrotten vor dir, einzeln nacheinander. Du kannst sie nicht eilend vertilgen, auf daß sich nicht wider dich mehren die Tiere auf dem Felde.

²³Der HERR, dein Gott, wird sie vor dir dahingeben und wird sie mit großer Schlacht erschlagen, bis er sie vertilge,

²⁴und wird dir ihre Könige in deine Hände geben, und du sollst ihren Namen umbringen unter dem Himmel. Es wird dir niemand widerstehen, bis du sie vertilgst.

²⁵Die Bilder ihrer Götter sollst du mit Feuer verbrennen, und sollst nicht begehren des Silbers oder Goldes, das daran ist, oder es zu dir nehmen, daß du dich nicht darin verstrickst; denn solches ist dem HERRN, deinem Gott, ein Greuel.

²⁶Darum sollst du nicht in dein Haus den Greuel bringen, daß du nicht wie dasselbe verbannt werdest; sondern du sollst einen Ekel und Greuel daran haben, denn es ist verbannt.

Kapitel 8

¹Alle Gebote, die ich dir heute gebiete, sollt ihr halten daß ihr darnach tut, auf daß ihr lebt und gemehrt werdet und hineinkommt und einnehmet das Land, das der HERR euren Vätern geschworen hat.

²Und gedenke alles des Weges, durch den dich der HERR, dein Gott, geleitet hat diese vierzig Jahre in der Wüste, auf daß er dich demütigte und versuchte, daß kund würde, was in deinem Herzen wäre, ob du seine Gebote halten würdest oder nicht.

³Er demütigte dich und ließ dich hungern und speiste dich mit Man, das du und deine Väter nie gekannt hattet; auf daß er dir kundtäte, daß der Mensch nicht lebt vom Brot allein, sondern von allem, was aus dem Mund des HERRN geht.

⁴Deine Kleider sind nicht veraltet an dir, und deine Füße sind nicht geschwollen diese vierzig Jahre.

⁵So erkennst du ja in deinem Herzen, daß der HERR, dein Gott, dich gezogen hat, wie eine Mann seinen Sohn zieht.

⁶So halte nun die Gebote des HERRN, deines Gottes, daß du in seinen Wegen wandelst und fürchtest ihn.

⁷Denn der HERR, dein Gott, führt dich in ein gutes Land, ein Land, darin Bäche und Brunnen und Seen sind, die an den Bergen und in den Auen fließen;

⁸ein Land, darin Weizen, Gerste, Weinstöcke, Feigenbäume und Granatäpfel sind; ein Land darin Ölbäume und Honig wachsen;

⁹ein Land, da du Brot genug zu essen hast, da dir nichts mangelt; ein Land, des Steine Eisen sind, da du Erz aus den Bergen hauest.

¹⁰Und wenn du gegessen hast und satt bist, sollst du den HERRN, deinem Gott, loben für das gute Land, das er dir gegeben hat.

¹¹So hüte dich nun, daß du des HERRN, deines Gottes, nicht vergessest, damit daß du seine Gebote und seine Gesetze und Rechte, die ich dir heute gebiete, nicht hältst;

¹²daß, wenn du nun gegessen hast und satt bist und schöne Häuser erbaust und darin wohnst

¹³und du deine Rinder und Schafe und Silber und Gold und alles, was du hast, sich mehrt,

¹⁴daß dann dein Herz sich nicht überhebe und du vergessest des HERRN, deines Gottes, der dich aus Ägyptenland geführt hat, aus dem Diensthause,

¹⁵und dich geleitet hat durch die große und grausame Wüste, da feurige Schlangen und Skorpione und eitel Dürre und kein Wasser war, und ließ dir Wasser aus dem harten Felsen gehen

¹⁶und speiste dich mit Man in der Wüste, von welchem deine Väter nichts gewußt haben, auf daß er dich demütigte und versuchte, daß er dir hernach wohltäte.

¹⁷Du möchtest sonst sagen in deinem Herzen: Meine Kräfte und meiner Hände Stärke haben mir dies Vermögen ausgerichtet.

¹⁸Sondern gedenke an den HERRN, deinen Gott; denn er ist's, der dir Kräfte gibt, solch mächtige Taten zu tun, auf daß er hielte seinen Bund, den er deinen Vätern geschworen hat, wie es geht heutigestages.

¹⁹Wirst du aber des HERRN, deines Gottes, vergessen und andern Göttern nachfolgen und ihnen dienen und sie anbeten, so bezeuge ich heute über euch, daß ihr umkommen werdet;

²⁰eben wie die Heiden, die der HERR umbringt vor eurem Angesicht, so werdet ihr auch umkommen, darum daß ihr nicht gehorsam seid der Stimme des HERRN, eures Gottes.

Kapitel 9

¹Höre, Israel, du wirst heute über den Jordan gehen, daß du hineinkommest, einzunehmen das Land der Völker, die größer und stärker sind denn du, große Städte vermauert bis in den Himmel,

²ein großes, hohes Volk, die Enakiter, die du kennst, von denen du auch gehört hast: Wer kann wider die Kinder Enak bestehen?

³So sollst du wissen heute, daß der HERR, dein Gott, vor dir her geht, ein verzehrendes Feuer. Er wird sie vertilgen und wird sie unterwerfen vor dir her, und du wirst sie vertreiben und umbringen bald, wie dir der HERR geredet hat.

⁴Wenn nun der HERR, dein Gott, sie ausgestoßen hat vor dir her, so sprich nicht in deinem Herzen: Der HERR hat mich hereingeführt, dies Land einzunehmen, um meiner Gerechtigkeit willen, so doch der HERR diese Heiden vertreibt vor dir her um ihres gottlosen Wesens willen.

⁵Denn du kommst nicht herein, ihr Land einzunehmen, um deiner Gerechtigkeit und deines aufrichtigen Herzens willen; sondern der HERR, dein Gott, vertreibt diese Heiden um ihres gottlosen Wesens willen, daß er das Wort halte, das der HERR geschworen hat deinen Vätern Abraham, Isaak und Jakob.

⁶So wisse nun, daß der HERR, dein Gott, dir nicht um deiner Gerechtigkeit willen dies gute Land gibt einzunehmen, sintemal du ein halsstarriges Volk bist.

⁷Gedenke und vergiß nicht, wie du den HERRN, deinen Gott, erzürntest in der Wüste. Von dem Tage an, da du aus Ägyptenland zogst, bis ihr gekommen seid an diesen Ort, seid ihr ungehorsam gewesen dem HERRN.

⁸Denn am Horeb erzürntet ihr den HERRN also, daß er vor Zorn euch vertilgen wollte,

⁹da ich auf den Berg gegangen war, die steinernen Tafeln zu empfangen, die Tafeln des Bundes, den der HERR mit euch machte, und ich vierzig Tage und vierzig Nächte auf dem Berge blieb und kein Brot aß und kein Wasser trank

¹⁰und mir der HERR die zwei steinernen Tafeln gab, mit dem Finger Gottes beschrieben, und darauf alle Worte, die der HERR mit euch aus dem Feuer auf dem Berge geredet hatte am Tage der Versammlung.

¹¹Und nach den vierzig Tagen und vierzig Nächten gab mir der HERR die zwei steinernen Tafeln des Bundes

¹²und sprach zu mir: Mache dich auf, gehe eilend hinab von hinnen; denn dein Volk, das du aus Ägypten geführt hast, hat's verderbt. Sie sind schnell getreten von dem Wege, den ich ihnen geboten habe: sie haben sich ein gegossenes Bild gemacht.

¹³Und der HERR sprach zu mir: Ich sehe, daß dies Volk ein halsstarriges Volk ist.

¹⁴Laß ab von mir, daß ich sie vertilge und ihren Namen austilge unter dem Himmel; ich will aus dir ein stärkeres uns größeres Volk machen, denn dieses ist.

¹⁵Und als ich mich wandte und von dem Berge ging, der mit Feuer brannte, und die zwei Tafeln des Bundes auf meinen Händen hatte,

¹⁶da sah ich, und siehe, da hattet ihr euch an dem HERRN, eurem Gott, versündigt, daß ihr euch ein gegossenes Kalb gemacht hattet und schnell von dem Wege getreten wart, den euch der HERR geboten hatte.

¹⁷Da faßte ich beide Tafeln und warf sie aus meinen Händen und zerbrach sie vor euren Augen

¹⁸und fiel nieder vor dem HERRN, wie zuerst, vierzig Tage und vierzig Nächte, und aß kein Brot und trank kein Wasser um all eurer Sünden willen, die ihr getan hattet, da ihr solches Übel tatet vor dem HERRN, ihn zu erzürnen.

¹⁹Denn ich fürchtete mich vor dem Zorn und Grimm, mit dem der HERR über euch erzürnt war, daß er euch vertilgen wollte. Aber der HERR erhörte mich auch damals.

²⁰Auch war der HERR sehr zornig über Aaron, also daß er ihn vertilgen wollte; aber ich bat auch für Aaron zur selbigen Zeit.

²¹Aber eure Sünde, das Kalb, das ihr gemacht hattet, nahm ich und zerschmelzte es mit Feuer und zerschlug es und zermalmte es, bis es Staub ward und warf den Staub in den Bach, der vom Berge fließt.

²²So erzürntet ihr den HERRN auch zu Thabeera und zu Massa und bei den Lustgräbern.

²³Und da er euch aus Kades-Barnea sandte und sprach: Gehet hinauf und nehmet das Land ein, das ich euch gegeben habe! wart ihr ungehorsam dem Mund des HERRN, eures Gottes, und glaubtet an ihn nicht und gehorchtet seiner Stimme nicht.

²⁴Denn ihr seid ungehorsam dem HERRN gewesen, solange ich euch gekannt habe.

²⁵Also fiel ich nieder vor dem HERRN die vierzig Tage und vierzig Nächte, die ich dalag; denn der HERR sprach, er wollte euch vertilgen.

²⁶Ich aber bat den HERRN und sprach: HERR HERR, verderbe dein Volk und dein Erbteil nicht, das du durch deine große Kraft erlöst und mit mächtiger Hand aus Ägypten geführt hast!

²⁷Gedenke an deine Knechte Abraham, Isaak und Jakob! Sieh nicht an die Härtigkeit und das gottlose Wesen und Sünde dieses Volks,

²⁸daß nicht das Land sage, daraus du uns geführt hast: Der HERR konnte sie nicht ins Land bringen, das er ihnen verheißen hatte, und hat sie darum ausgeführt, daß er ihnen gram war, daß er sie tötete in der Wüste!

²⁹Denn sie sind dein Volk und dein Erbteil, das du mit deinen großen Kräften und mit deinem ausgerecktem Arm hast ausgeführt.

Kapitel 10

¹Zu derselben Zeit sprach der HERR zu mir: Haue dir zwei steinerne Tafeln wie die ersten und komm zu mir auf den Berg und mache dir eine hölzerne Lade,

²so will ich auf die Tafeln schreiben die Worte, die auf den ersten waren, die du zerbrochen hast; und du sollst sie in die Lade legen.

³Also machte ich die Lade von Akazienholz und hieb zwei steinerne Tafeln, wie die ersten waren, und ging auf den Berg und hatte die zwei Tafeln in meinen Händen.

⁴Da schrieb er auf die Tafeln, wie die erste Schrift war, die zehn Worte, die der HERR zu euch redete aus dem Feuer auf dem Berge zur Zeit der Versammlung; und der HERR gab sie mir.

⁵Und ich wandte mich und ging vom Berge und legte die Tafeln in die Lade, die ich gemacht hatte, daß sie daselbst wären, wie mir der HERR geboten hatte.

⁶Und die Kinder Israel zogen aus von Beeroth-Bne-Jaakan gen Moser. Daselbst starb Aaron, und ist daselbst begraben; und sein Sohn Eleasar ward für ihn Priester.

⁷Von da zogen sie aus gen Gudegoda, von Gugegoda gen Jotbatha, ein Land, da Bäche sind.

⁸Zur selben Zeit sonderte der HERR den Stamm Levi aus, die Lade des Bundes des HERRN zu tragen und zu stehen vor dem HERRN, ihm zu dienen und in seinem Namen zu segnen bis auf diesen Tag.

⁹Darum sollten die Leviten kein Teil noch Erbe haben mit ihren Brüdern; denn der HERR ist ihr Erbe, wie der HERR, dein Gott, ihnen geredet hat.

¹⁰Ich aber stand auf dem Berge, wie das erstemal, vierzig Tage und vierzig Nächte; und der HERR erhörte mich auch diesmal und wollte dich nicht verderben.

¹¹Er sprach aber zu mir: Mache dich auf und gehe hin, daß du vor dem Volk her ziehst, daß sie hineinkommen und das Land einnehmen, das ich ihren Vätern geschworen habe ihnen zu geben.

¹²Nun, Israel, was fordert der HERR, dein Gott, von dir, denn daß du den HERRN, deinen Gott, fürchtest, daß du in allen seinen Wegen wandelst und liebst ihn und dienest dem HERRN, deinem Gott, von ganzem Herzen und von ganzer Seele,

¹³daß du die Gebote des HERRN haltest und seine Rechte, die ich dir heute gebiete, auf daß dir's wohl gehe?

¹⁴Siehe, der Himmel und aller Himmel Himmel und die Erde und alles, was darinnen ist, das ist des HERRN, deines Gottes.

¹⁵dennoch hat er allein zu deinen Vätern Lust gehabt, daß er sie liebte, und hat ihren Samen erwählt nach ihnen, euch, aus allen Völkern, wie es heutigestages steht.

¹⁶So beschneidet nun eure Herzen und seid fürder nicht halsstarrig.

¹⁷Denn der HERR, euer Gott, ist ein Gott aller Götter und HERR über alle Herren, ein großer Gott, mächtig und schrecklich, der keine Person achtet und kein Geschenk nimmt

¹⁸und schafft Recht den Waisen und Witwen und hat die Fremdlinge lieb, daß er ihnen Speise und Kleider gebe.

¹⁹Darum sollt ihr auch die Fremdlinge lieben; denn ihr seid auch Fremdlinge gewesen in Ägyptenland.

²⁰Den HERRN, deinen Gott, sollst du fürchten, ihm sollst du dienen, ihm sollst du anhangen und bei seinem Namen schwören.

²¹Er ist dein Ruhm und dein Gott, der bei dir solche große und schreckliche Dinge getan hat, die deine Augen gesehen haben.

²²Deine Väter zogen hinab nach Ägypten mit siebzig Seelen; aber nun hat dich der HERR, dein Gott, gemehrt wie die Sterne am Himmel.

Kapitel 11

¹So sollst du nun den HERRN, deinen Gott, lieben und sein Gesetz, seine Weise, seine Rechte halten dein Leben lang.

²Und erkennet heute, was eure Kinder nicht wissen noch gesehen haben, nämlich die Züchtigung des HERRN, eures Gottes, seine Herrlichkeit, dazu seine mächtige Hand und ausgereckten Arm

³und seine Zeichen und Werke, die er getan hat unter den Ägyptern, an Pharao, dem König in Ägypten, und am allem seinem Lande;

⁴und was er an der Macht der Ägypter getan hat, an ihren Rossen und Wagen, da er das Wasser des Schilfmeers über sie führte, da sie euch nachjagten und sie der HERR umbrachte bis auf diesen Tag;

⁵und was er euch getan hat in der Wüste, bis ihr an diesen Ort gekommen seid;

⁶was er Dathan und Abiram getan hat, den Kindern Eliabs, des Sohnes Rubens, wie die Erde ihren Mund auftat und verschlang sie mit Gesinde und Hütten und allem ihrem Gut, das sie erworben hatten, mitten unter dem ganzen Israel.

⁷Denn eure Augen haben die großen Werke des HERRN gesehen, die er getan hat.

⁸Darum sollt ihr alle die Gebote halten, die ich dir heute gebiete, auf daß ihr gestärkt werdet, hineinzukommen und das Land einzunehmen, dahin ihr ziehet, daß ihr's einnehmet;

⁹und daß du lange lebest in dem Lande, das der HERR euren Vätern geschworen hat ihnen zu geben und ihrem Samen, ein Land, darin Milch und Honig fließt.

¹⁰Denn das Land, da du hin kommst, ist nicht wie Ägyptenland, davon ihr ausgezogen seid, da du deinen Samen säen und selbst tränken mußtest wie einen Kohlgarten;

¹¹sondern es hat Berge und Auen, die der Regen vom Himmel tränkt,

¹²auf welch Land der HERR, dein Gott, acht hat und die Augen des HERRN, deines Gottes, immerdar sehen, von Anfang des Jahres bis

Deuternomium

ans Ende.

¹³Werdet ihr nun meine Gebote hören, die ich euch gebiete, daß ihr den HERRN, euren Gott, liebet und ihm dienet von ganzem Herzen und von ganzer Seele,

¹⁴so will ich eurem Land Regen geben zu seiner Zeit, Frühregen und Spätregen, daß du einsammelst dein Getreide, deinen Most und dein Öl,

¹⁵und will deinem Vieh Gras geben auf deinem Felde, daß ihr esset und satt werdet.

¹⁶Hütet euch aber, daß sich euer Herz nicht überreden lasse, daß ihr abweichet und dienet andern Göttern und betet sie an,

¹⁷und daß dann der Zorn des HERRN ergrimme über euch und schließe den Himmel zu, daß kein Regen komme und die Erde ihr Gewächs nicht gebe und ihr bald umkommt von dem guten Lande, das euch der HERR gegeben hat.

¹⁸So fasset nun diese Worte zu Herzen und in eure Seele und bindet sie zum Zeichen auf eure Hand, daß sie ein Denkmal vor euren Augen seien.

¹⁹Und lehret sie eure Kinder, daß du davon redest, wenn du in deinem Hause sitzest oder auf dem Wege gehst, wenn du dich niederlegst und wenn du aufstehst;

²⁰und schreibe sie an die Pfosten deines Hauses und an die Tore,

²¹daß du und deine Kinder lange leben in dem Lande, das der HERR deinen Vätern geschworen hat ihnen zu geben, solange die Tage vom Himmel auf Erden währen.

²²Denn wo ihr diese Gebote alle werdet halten, die ich euch gebiete, daß ihr darnach tut, daß ihr den HERRN, euren Gott, liebet und wandelt in allen seinen Wegen und ihm anhanget,

²³so wir der HERR alle diese Völker vor euch her ausstoßen, daß ihr größere und stärkere Völker vertreibt, denn ihr seid.

²⁴Alle Orte, darauf eure Fußsohle tritt, sollen euer sein; von der Wüste an und von dem Berge Libanon und von dem Wasser Euphrat bis ans Meer gegen Abend soll eure Grenze sein.

²⁵Niemand wird euch widerstehen können. Furcht und Schrecken vor euch wird der HERR über alles Land kommen lassen, darauf ihr tretet, wie er euch verheißen hat.

²⁶Siehe, ich lege euch heute vor den Segen und Fluch:

²⁷den Segen so ihr gehorchet den Geboten des Herrn, eures Gottes, die ich euch heute gebiete;

²⁸den Fluch aber, so ihr nicht gehorchen werdet den Geboten des HERRN, eures Gottes, und abweichet von dem Wege, den ich euch heute gebiete, daß ihr andern Göttern nachwandelt, die ihr nicht kennt.

²⁹Wenn dich der HERR, dein Gott, in das Land bringt, da du hineinkommst, daß du es einnehmest, so sollst du den Segen sprechen lassen auf dem Berge Garizim und den Fluch auf dem Berge Ebal,

³⁰welche sind jenseit des Jordans, der Straße nach gegen der Sonne Niedergang, im Lande der Kanaaniter, die auf dem Blachfelde wohnen, Gilgal gegenüber, bei dem Hain More.

³¹Denn ihr werdet über den Jordan gehen, daß ihr hineinkommet, das Land einzunehmen, das euch der HERR, euer Gott, gegeben hat, daß ihr's einnehmet und darin wohnet.

³²So haltet nun, daß ihr tut nach allen Geboten und Rechten, die ich euch heute vorlege.

Kapitel 12

¹Das sind die Gebote und Rechte, die ihr halten sollt, daß ihr darnach tut in dem Lande, das der HERR, deiner Väter Gott, dir gegeben hat einzunehmen, solange ihr auf Erden lebt.

²Verstört alle Orte, da die Heiden, die ihr vertreiben werdet, ihren Göttern gedient haben, es sei auf hohen Bergen, auf Hügeln oder unter grünen Bäumen,

³und reißt um ihre Altäre und zerbrecht ihre Säulen und verbrennt mit Feuer ihre Haine, und die Bilder ihrer Götter zerschlagt, und vertilgt ihren Namen aus demselben Ort.

⁴Ihr sollt dem HERRN, eurem Gott, nicht also tun;

⁵sondern den Ort, den der HERR, euer Gott, erwählen wird aus allen euren Stämmen, daß er seinen Namen daselbst läßt wohnen, sollt ihr aufsuchen und dahin kommen

⁶und eure Brandopfer und eure andern Opfer und eure Zehnten und eurer Hände Hebe und euer Gelübde und eure freiwilligen Opfer und die Erstgeburt eurer Rinder und Schafe dahin bringen.

⁷Und sollt daselbst vor dem HERRN, eurem Gott, essen und fröhlich sein, ihr und euer Haus, über alles, was eure Hand vor sich bringt, darin dich der HERR, dein Gott, gesegnet hat.

⁸Ihr sollt der keins tun, das wir heute allhier tun, ein jeglicher, was ihn recht dünkt.

⁹Denn ihr seid bisher noch nicht zur Ruhe gekommen noch zu dem Erbteil, das dir der HERR, dein Gott, geben wird.

¹⁰Ihr werdet aber über den Jordan gehen und in dem Lande wohnen, das euch der HERR, euer Gott, wird zum Erbe austeilen, und er wird euch Ruhe geben von allen euren Feinden um euch her, und ihr werdet sicher wohnen.

¹¹Wenn nun der HERR, dein Gott, einen Ort erwählt, daß sein Name daselbst wohne, sollt ihr dahin bringen alles, was ich euch gebiete: eure Brandopfer, eure andern Opfer, eure Zehnten, eurer Hände Hebe und eure freien Gelübde, die ihr dem HERRN geloben werdet.

¹²und sollt fröhlich sein vor dem HERRN, eurem Gott, ihr und eure Söhne und eure Töchter und eure Knechte und eure Mägde und die Leviten, die in euren Toren sind; denn sie haben kein Teil noch Erbe mit euch.

¹³Hüte dich, daß du nicht deine Brandopfer opferst an allen Orten, die du siehst;

¹⁴sondern an dem Ort, den der HERR erwählt in irgend einem deiner Stämme, da sollst du dein Brandopfer opfern und tun alles, was ich dir gebiete.

¹⁵Doch magst du schlachten und Fleisch essen in allen deinen Toren, nach aller Lust deiner Seele, nach dem Segen des HERRN, deines Gottes, den er dir gegeben hat; beide, der Reine und der Unreine, mögen's essen, wie man Reh oder Hirsch ißt.

¹⁶Nur das Blut sollst du nicht essen, sondern auf die Erde gießen wie Wasser.

¹⁷Du darfst aber nicht essen in deinen Toren vom Zehnten deines Getreides, deines Mostes, deines Öls noch von der Erstgeburt deiner Rinder, deiner Schafe, oder von irgend einem deiner Gelübde, die du gelobt hast, oder von deinem freiwilligen Opfer, oder von der Hebe deiner Hand;

¹⁸sondern vor dem HERRN, deinem Gott, sollst du solches essen an dem Ort, den der HERR, dein Gott, erwählt, du und deine Söhne, deine Töchter, deine Knechte, deine Mägde und der Levit, der in deinem Tor ist, und sollst fröhlich sein vor dem HERRN, deinem Gott, über alles, was deine Hand vor sich bringt.

¹⁹Und hüte dich, daß du den Leviten nicht verläßt, solange du in deinem Lande lebst.

²⁰Wenn aber der HERR, dein Gott, deine Grenze erweitern wird, wie er dir verheißen hat, und du sprichst: Ich will Fleisch essen, weil deine Seele Fleisch zu essen gelüstet, so iß Fleisch nach aller Lust deiner Seele.

²¹Ist aber die Stätte fern von dir, die der HERR, dein Gott, erwählt hat, daß er seinen Namen daselbst wohnen lasse, so schlachte von deinen Rindern oder Schafen, die dir der HERR gegeben hat, wie ich dir geboten habe, und iß es in deinen Toren nach aller Lust deiner Seele.

²²Wie man Reh oder Hirsch ißt, magst du es essen; beide, der Reine und der Unreine, mögen es zugleich essen.

²³Allein merke, daß du das Blut nicht essest, denn das Blut ist die Seele; darum sollst du die Seele nicht mit dem Fleisch essen,

²⁴sondern sollst es auf die Erde gießen wie Wasser.

²⁵Und sollst es darum nicht essen, daß dir's wohl gehe und deinen Kindern nach dir, weil du getan hast, was recht ist vor dem HERRN.

²⁶Aber wenn du etwas heiligen willst von dem Deinen oder geloben, so sollst du es aufladen und bringen an den Ort, den der HERR erwählt hat,

²⁷und dein Brandopfer mit Fleisch und Blut tun auf dem Altar des HERRN, deines Gottes. Das Blut deiner andern Opfer soll gegossen werden auf den Altar des HERRN, deines Gottes, und das Fleisch sollst du essen.

²⁸Sieh zu, und höre alle diese Worte, die ich dir gebiete, auf daß dir's wohl gehe und deinen Kindern nach dir ewiglich, weil du getan hast, was recht und gefällig ist vor dem HERRN, deinem Gott.

²⁹Wenn der HERR, dein Gott, vor dir her die Heiden ausrottet, daß du hinkommst, ihr Land einzunehmen, und es eingenommen hast und darin wohnst,

³⁰so hüte dich, daß du nicht in den Strick fallest ihnen nach, nachdem sie vertilgt sind vor dir, und nicht fragst nach ihren Göttern und sprichst: Wie diese Völker haben ihren Göttern gedient, also will ich auch tun.

³¹Du sollst nicht also dem HERRN, deinem Gott, tun; denn sie haben ihren Göttern getan alles, was dem HERRN ein Greuel ist und was er haßt, denn sie haben auch ihre Söhne und Töchter mit Feuer verbrannt ihren Göttern.

³²Alles, was ich euch gebiete, das sollt ihr halten, daß ihr darnach tut. Ihr sollt nichts dazutun noch davontun.

Kapitel 13

¹Wenn ein Prophet oder Träumer unter euch wird aufstehen und gibt dir ein Zeichen oder Wunder,

²und das Zeichen oder Wunder kommt, davon er dir gesagt hat, und er spricht: Laß uns andern Göttern folgen, die ihr nicht kennt, und ihnen dienen,

³so sollst du nicht gehorchen den Worten des Propheten oder Träumers; denn der HERR, euer Gott, versucht euch, daß er erfahre, ob ihr ihn von ganzem Herzen liebhabt.

⁴Denn ihr sollt dem HERRN, eurem Gott, folgen und ihn fürchten und seine Gebote halten und seiner Stimme gehorchen und ihm dienen und ihm anhangen.

⁵Der Prophet aber oder der Träumer soll sterben, darum daß er euch von dem HERRN, eurem Gott, der euch aus Ägyptenland geführt und dich von dem Diensthause erlöst hat, abzufallen gelehrt und dich aus dem Wege verführt hat, den der HERR, dein Gott, geboten hat, darin zu wandeln, auf daß du das Böse von dir tust.

⁶Wenn dich dein Bruder, deiner Mutter Sohn, oder dein Sohn oder deine Tochter oder das Weib in deinen Armen oder dein Freund, der dir ist wie dein Herz, heimlich überreden würde und sagen: Laß uns gehen und andern Göttern dienen! -die du nicht kennst noch deine Väter,

⁷von den Göttern der Völker, die um euch her sind, sie seien dir nahe oder ferne, von einem Ende der Erde bis an das andere,

⁸so willige nicht darein und gehorche ihm nicht. Auch soll dein Auge seiner nicht schonen, und sollst dich seiner nicht erbarmen noch ihn verbergen,

⁹sondern sollst ihn erwürgen. Deine Hand soll die erste über ihm sein, daß man ihn töte, und darnach die Hand des ganzen Volks.

¹⁰Man soll ihn zu Tode steinigen, denn er hat dich wollen verführen von dem HERRN, deinem Gott, der dich aus Ägyptenland, aus dem Diensthaus, geführt hat,

¹¹auf daß ganz Israel höre und fürchte sich und man nicht mehr solch Übel vornehme unter euch.

¹²Wenn du hörst von irgend einer Stadt, die dir der HERR, dein Gott, gegeben hat, darin zu wohnen, daß man sagt:

¹³Es sind etliche heillose Leute ausgegangen unter dir und haben die Bürger ihrer Stadt verführt und gesagt: Laßt uns gehen und andern Göttern dienen! -die ihr nicht kennt-

¹⁴so sollst du sie fleißig suchen, forschen und fragen. Und so sich findet die Wahrheit, daß es gewiß also ist, daß der Greuel unter euch geschehen ist,

¹⁵so sollst du die Bürger derselben Stadt schlagen mit des Schwertes Schärfe und sie verbannen mit allem, was darin ist, und ihr Vieh mit der Schärfe des Schwerts.

¹⁶Und allen ihren Raub sollst du sammeln mitten auf die Gasse und mit Feuer verbrennen, die Stadt und allen ihren Raub miteinander, dem HERRN, deinem Gott, daß sie auf einem Haufen liege ewiglich und nie wieder gebaut werde.

¹⁷Und laß nichts von dem Bann an deiner Hand hangen, auf daß der HERR von dem Grimm seines Zorns abgewendet werde und gebe dir Barmherzigkeit und erbarme sich deiner und mehre dich, wie er den Vätern geschworen hat;

¹⁸darum daß du der Stimme des HERRN, deines Gottes, gehorcht hast, zu halten alle seine Gebote, die ich dir heute gebiete, daß du tust, was recht ist vor den Augen des HERRN, deines Gottes.

Kapitel 14

¹Ihr seid die Kinder des HERRN, eures Gottes; ihr sollt euch nicht Male stechen noch kahl scheren über den Augen über einem Toten.

²Denn du bist ein heiliges Volk dem HERRN, deinem Gott; und der HERR hat dich erwählt, daß du sein Eigentum seist, aus allen Völkern, die auf Erden sind.

³Du sollst keine Greuel essen.

⁴Das sind aber die Tiere, die ihr essen sollt: Ochs, Schaf, Ziege,

⁵Hirsch, Reh, Büffel, Steinbock, Gemse, Auerochs und Elen;

⁶und alles Tier, das seine Klauen spaltet und wiederkäut, sollt ihr essen.

⁷Das sollt ihr aber nicht essen von dem, das wiederkäut, und von dem, das die Klauen spaltet: das Kamel, der Hase und Kaninchen, die wiederkäuen und doch ihre Klauen nicht spalten, sollen euch unrein sein;

⁸das Schwein, ob es wohl die Klauen spaltet, so wiederkäut es doch nicht: es soll euch unrein sein. Ihr Fleisch sollt ihr nicht essen, und ihr Aas sollt ihr nicht anrühren,

⁹Das ist, was ihr essen sollt von allem, das in Wassern ist: alles, was Floßfedern und Schuppen hat, sollt ihr essen.

¹⁰Was aber keine Floßfedern noch Schuppen hat, sollt ihr nicht essen; denn es ist euch unrein.

¹¹Alle reinen Vögel esset.

¹²Das sind aber die ihr nicht essen sollt: der Adler, der Habicht, der Fischaar,

¹³der Taucher, der Weih, der Geier mit seiner Art,

¹⁴und alle Raben mit ihrer Art,

¹⁵der Strauß, die Nachteule, der Kuckuck, der Sperber mit seiner Art,

¹⁶das Käuzlein, der Uhu, die Fledermaus,

¹⁷die Rohrdommel, der Storch, der Schwan,

¹⁸der Reiher, der Häher mit seiner Art, der Wiedehopf, die Schwalbe.

¹⁹Und alles was Flügel hat und kriecht, soll euch unrein sein, und sollt es nicht essen.

²⁰Die reinen Vögel sollt ihr essen.

²¹Ihr sollt kein Aas essen-dem Fremdling in deinem Tor magst du es geben, daß er's esse oder daß er's verkaufe einem Ausländer; denn du bist ein heiliges Volk dem HERRN, deinem Gott. Du sollst das Böcklein nicht kochen in der Milch seiner Mutter.

²²Du sollst alle Jahre den Zehnten absondern alles Ertrages deiner Saat, der aus deinem Acker kommt,

²³und sollst davon essen vor dem HERRN, deinem Gott, an dem Ort, den er erwählt, daß sein Name daselbst wohne, nämlich vom Zehnten deines Getreides, deines Mostes, deines Öls und von der Erstgeburt deiner Rinder und deiner Schafe, auf daß du lernst fürchten den HERRN, deinen Gott, dein Leben lang.

²⁴Wenn aber des Weges dir zu viel ist, daß du solches hintragen kannst, darum daß der Ort dir zu ferne ist, den der HERR, dein Gott, erwählt hat, daß er seinen Namen daselbst wohnen lasse (denn der HERR, dein Gott, hat dich gesegnet),

²⁵so gib's hin um Geld und fasse das Geld in deine Hand und gehe an den Ort, den der HERR, dein Gott, erwählt hat,

²⁶und gib das Geld um alles, was deiner Seele gelüstet, es sei um Rinder, Schafe, Wein, starken Trank oder um alles, das deine Seele wünscht, und iß daselbst vor dem HERRN, deinem Gott, und sei fröhlich, du und dein Haus

²⁷und der Levit, der in deinem Tor ist (den sollst du nicht verlassen, denn er hat kein Teil noch Erbe mit dir).

²⁸Alle drei Jahre sollst du aussondern den Zehnten deines Ertrages desselben Jahrs und sollst's lassen in deinem Tor.

²⁹So soll kommen der Levit (der kein Teil noch Erbe mit dir hat) und der Fremdling und der Waise und die Witwe, die in deinem Tor sind, und essen und sich sättigen, auf daß dich der HERR, dein Gott, segne in allen Werken deiner Hand, die du tust.

Kapitel 15

¹Alle sieben Jahre sollst du ein Erlaßjahr halten.

²Also soll's aber zugehen mit dem Erlaßjahr: wenn einer seinem Nächsten etwas borgte, der soll's ihm erlassen und soll's nicht einmahnen von seinem Nächsten oder von seinem Bruder; denn es heißt das Erlaßjahr des HERRN.

³Von einem Fremden magst du es einmahnen; aber dem, der dein Bruder ist, sollst du es erlassen.

⁴Es sollte allerdinge kein Armer unter euch sein; denn der HERR wird dich segnen in dem Lande, das dir der HERR, dein Gott, geben wird zum Erbe einzunehmen,

⁵allein, daß du der Stimme des HERRN, deines Gottes, gehorchest und haltest alle diese Gebote, die ich dir heute gebiete, daß du darnach tust.

⁶Denn der HERR, dein Gott, wird dich segnen, wie er dir verheißen hat; so wirst du vielen Völkern leihen, und du wirst von niemanden borgen; du wirst über viele Völker herrschen, und über dich wird niemand herrschen.

⁷Wenn deiner Brüder irgend einer arm ist in irgend einer Stadt in deinem Lande, das der HERR, dein Gott, dir geben wird, so sollst du dein Herz nicht verhärten noch deine Hand zuhalten gegen deinen armen Bruder,

⁸sondern sollst sie ihm auftun und ihm leihen, nach dem er Mangel hat.

⁹Hüte dich, daß nicht in deinem Herzen eine böse Tücke sei, daß du sprichst: Es naht herzu das siebente Jahr, das Erlaßjahr, und siehst einen armen Bruder unfreundlich an und gebest ihm nicht; so wird er über dich zu dem HERRN rufen, und es wird dir eine Sünde sein.

¹⁰Sondern du sollst ihm geben und dein Herz nicht verdrießen lassen, daß du ihm gibst; denn um solches willen wird dich der HERR, dein Gott, segnen in allen deinen Werken und in allem, was du vornimmst.

¹¹Es werden allezeit Arme sein im Lande; darum gebiete ich dir und sage, daß du deine Hand auftust deinem Bruder, der bedrängt und arm ist in deinem Lande.

¹²Wenn sich dein Bruder, ein Hebräer oder eine Hebräerin, dir verkauft, so soll er dir sechs Jahre dienen; im siebenten Jahr sollst du ihn frei losgeben.

¹³Und wenn du ihn frei losgibst, sollst du ihn nicht leer von dir gehen lassen,

¹⁴sondern sollst ihm auflegen von deinen Schafen, von deiner Tenne von deiner Kelter, daß du gebest von dem, das dir der HERR, dein Gott, gesegnet hat.

¹⁵Und gedenke, daß du auch Knecht warst in Ägyptenland und der HERR, dein Gott, dich erlöst hat; darum gebiete ich dir solches heute.

¹⁶Wird er aber zu dir sprechen: Ich will nicht ausziehen von dir; denn ich habe dich und dein Haus lieb (weil ihm wohl bei dir ist),

¹⁷so nimm einen Pfriemen und bohre ihm durch sein Ohr an der Tür und laß ihn ewiglich dein Knecht sein. Mit deiner Magd sollst du auch also tun.

¹⁸Und laß dich's nicht schwer dünken, daß du ihn frei losgibst, denn er hat dir als zwiefältiger Tagelöhner sechs Jahre gedient; so wird der HERR, dein Gott, dich segnen in allem, was du tust.

¹⁹Alle Erstgeburt, die unter deinen Rindern und Schafen geboren wird, was ein Männlein ist, sollst du dem HERRN, deinem Gott, heiligen. Du sollst nicht ackern mit dem Erstling deiner Ochsen und nicht scheren die Erstlinge deiner Schafe.

²⁰Vor dem HERRN, deinem Gott, sollst du sie essen jährlich an der Stätte, die der HERR erwählt, du und dein Haus.

²¹Wenn's aber einen Fehl hat, daß es hinkt oder blind ist, oder sonst irgend einen bösen Fehl, so sollst du es nicht opfern dem HERRN, deinem Gott;

²²sondern in deinem Tor sollst du es essen, du seist unrein oder rein, wie man Reh und Hirsch ißt.

²³Allein daß du sein Blut nicht essest, sondern auf die Erde gießest wie Wasser.

Kapitel 16

¹Halte den Monat Abib, daß du Passah haltest dem HERRN, deinem Gott; denn im Monat Abib hat dich der HERR, dein Gott, aus Ägypten geführt bei der Nacht.

²Und sollst dem HERRN, deinem Gott, das Passah schlachten, Schafe und Rinder, an der Stätte, die der HERR erwählen wird, daß sein Name daselbst wohne.

³Du sollst kein Gesäuertes auf das Fest essen, denn mit Furcht bist du aus Ägyptenland gezogen, auf daß du des Tages deines Auszugs aus Ägyptenland gedenkest dein Leben lang.

⁴Es soll in sieben Tagen kein Sauerteig gesehen werden in allen deinen Grenzen und soll auch nichts vom Fleisch, das des Abends am ersten Tage geschlachtet ist, über Nacht bleiben bis an den Morgen.

⁵Du darfst nicht Passah schlachten in irgend deiner Tore einem, die dir der HERR, dein Gott gegeben hat;

⁶sondern an der Stätte, die der HERR, dein Gott erwählen wird, daß sein Name daselbst wohne, da sollst du das Passah schlachten des Abends, wenn die Sonne ist untergegangen, zu der Zeit, als du aus Ägypten zogst.

⁷Und sollst kochen und essen an der Stätte, die der HERR, dein Gott, erwählen wird, und darnach dich wenden des Morgens und heimgehen in deine Hütten.

⁸Sechs Tage sollst du ungesäuertes essen, und am siebenten Tag ist die Versammlung des HERRN, deines Gottes; da sollst du keine Arbeit tun.

⁹Sieben Wochen sollst du dir zählen, und anheben zu zählen, wenn man anfängt mit der Sichel in der Saat.

¹⁰Und sollst halten das Fest der Wochen dem HERRN, deinem Gott, daß du eine freiwillige Gabe deiner Hand gebest, nach dem dich der HERR, dein Gott, gesegnet hat;

¹¹und sollst fröhlich sein vor dem HERRN, deinem Gott, du und dein Sohn, deine Tochter, dein Knecht, deine Magd und der Levit, der in deinem Tor ist, der Fremdling, der Waise, und die Witwe, die unter dir sind, an der Stätte, die der HERR, dein Gott, erwählen wird, daß sein Name da wohne.

¹²Und gedenke, daß du Knecht in Ägypten gewesen bist, daß du haltest und tust nach diesen Geboten.

¹³Das Fest der Laubhütten sollst du halten sieben Tage, wenn du hast eingesammelt von deiner Tenne und von deiner Kelter,

¹⁴und sollst fröhlich sein auf deinem Fest, du und dein Sohn, deine Tochter, dein Knecht, deine Magd, der Levit, der Fremdling, der Waise und die Witwe, die in deinem Tor sind.

¹⁵Sieben Tage sollst du dem HERRN, deinem Gott, das Fest halten an der Stätte, die der HERR erwählen wird. Denn der HERR, dein Gott, wird dich segnen in allem deinem Einkommen und in allen Werken deiner Hände; darum sollst du fröhlich sein.

¹⁶Dreimal des Jahres soll alles, was männlich ist unter dir, vor dem HERRN, deinem Gott, erscheinen, an der Stätte, die der HERR erwählen wird: aufs Fest der ungesäuerten Brote, aufs Fest der Wochen und aufs Fest der Laubhütten; sie sollen aber nicht leer vor dem HERRN erscheinen,

¹⁷ein jeglicher nach der Gabe seiner Hand, nach dem Segen, den dir der HERR, dein Gott, gegeben hat.

¹⁸Richter und Amtleute sollst du dir setzen in allen deinen Toren, die dir der HERR, dein Gott, geben wird unter deinen Stämmen, daß sie das Volk richten mit rechtem Gericht.

¹⁹Du sollst das Recht nicht beugen und sollst auch keine Person ansehen noch Geschenke nehmen; denn die Geschenke machen die Weisen blind und verkehren die Sachen der Gerechten.

²⁰Was recht ist, dem sollst du nachjagen, auf daß du leben und einehmen mögest das Land, das dir der HERR, dein Gott, geben wird.

²¹Du sollst keinen Hain von Bäumen pflanzen bei dem Altar des HERRN, deines Gottes, den du dir machst.

²²Du sollst keine Säule aufrichten, welche der HERR, dein Gott, haßt.

Kapitel 17

¹Du sollst dem HERRN, deinem Gott, keinen Ochsen oder Schaf opfern, das einen Fehl oder irgend etwas Böses an sich hat; denn es ist dem HERRN, deinem Gott, ein Greuel.

²Wenn unter dir in der Tore einem, die dir der HERR, geben wird, jemand gefunden wird, Mann oder Weib, der da übel tut vor den Augen des HERRN, deines Gottes, daß er seinen Bund übertritt

³und hingeht und dient andern Göttern und betet sie an, es sei Sonne oder Mond oder allerlei Heer des Himmels, was ich nicht geboten habe,

⁴und es wird dir angesagt, und du hörst es, so sollst du wohl darnach fragen. Und wenn du findest, das es gewiß wahr ist, daß solcher Greuel in Israel geschehen ist,

⁵so sollst du den Mann oder das Weib ausführen, die solches Übel getan haben, zu deinem Tor und sollst sie zu Tode steinigen.

⁶Auf zweier oder dreier Zeugen Mund soll sterben, wer des Todes wert ist; aber auf eines Zeugen soll er nicht sterben.

⁷Die Hand der Zeugen soll die erste sein, ihn zu töten, und darnach die Hand alles Volks, daß du das Böse von dir tust.

⁸Wenn eine Sache vor Gericht dir zu schwer sein wird, zwischen Blut und Blut, zwischen Handel und Handel, zwischen Schaden und Schaden, und was Streitsachen sind in deinen Toren, so sollst du dich aufmachen und hingehen zu der Stätte, die der HERR, dein Gott, erwählen wird,

⁹und zu den Priestern, den Leviten, und zu dem Richter, der zur Zeit sein wird, kommen und fragen; die sollen dir das Urteil sprechen.

¹⁰Und du sollst tun nach dem, was sie dir sagen an der Stätte, die der HERR erwählen wird, und sollst es halten, daß du tust nach allem, was sie dich lehren werden.

¹¹Nach dem Gesetz, das sie dich lehren, und nach dem Recht, das sie dir sagen, sollst du dich halten, daß du davon nicht abweichest, weder zur Rechten noch zur Linken.

¹²Und wo jemand vermessen handeln würde, daß er dem Priester nicht gehorchte, der daselbst in des HERRN, deines Gottes, Amt steht, oder dem Richter, der soll sterben, und sollst das Böse aus Israel tun,

¹³daß es alles Volk höre und sich fürchte und nicht mehr vermessen sei.

¹⁴Wenn du in das Land kommst, das dir der HERR, dein Gott, geben wird, und nimmst es ein und wohnst darin und wirst sagen: Ich will einen König über mich setzen, wie alle Völker um mich her haben,

¹⁵so sollst du den zum König über dich setzen, den der HERR, dein Gott, erwählen wird. Du sollst aber aus deinen Brüdern einen zum König über dich setzen. Du darfst nicht irgend einen Fremdem, der nicht dein Bruder ist, über dich setzen.

¹⁶Allein daß er nicht viele Rosse halte und führe das Volk nicht wieder nach Ägypten um der Menge der Rosse willen; weil der HERR euch gesagt hat, daß ihr hinfort nicht wieder diesen Weg kommen sollt.

¹⁷Er soll auch nicht viele Weiber nehmen, daß sein Herz nicht abgewandt werde, und soll auch nicht viel Silber und Gold sammeln.

¹⁸Und wenn er nun sitzen wird auf dem Stuhl seines Königreichs, soll er dies andere Gesetz von den Priestern, den Leviten, nehmen und in ein Buch schreiben lassen.

¹⁹Das soll bei ihm sein, und er soll darin lesen sein Leben lang,

auf daß er lerne fürchten den HERRN, seinen Gott, daß er halte alle Worte dieses Gesetzes und diese Rechte, daß er darnach tue.

²⁰Er soll sein Herz nicht erheben über seine Brüder und soll nicht weichen von dem Gebot, weder zur Rechten noch zur Linken, auf daß er seine Tage verlängere in seinem Königreich, er und seine Kinder in Israel.

Kapitel 18

¹Die Priester, die Leviten des ganzen Stammes Levi, sollen nicht Teil noch Erbe haben mit Israel. Die Opfer des HERRN und sein Erbteil sollen sie essen.

²Darum sollen sie kein Erbe unter ihren Brüdern haben, daß der HERR ihr Erbe ist, wie er ihnen geredet hat.

³Das soll aber das Recht der Priester sein an dem Volk, an denen, die da opfern, es sei Ochse oder Schaf, daß man dem Priester gebe den Arm und beide Kinnbacken und den Wanst

⁴und die Erstlinge deines Korns, deines Mostes und deines Öls und die Erstlinge von der Schur deiner Schafe.

⁵Denn der HERR, dein Gott, hat ihn erwählt aus allen deinen Stämmen, daß er stehe am Dienst im Namen des HERRN, er und seine Söhne ewiglich.

⁶Wenn ein Levit kommt aus irgend einem deiner Tore oder sonst irgend aus ganz Israel, da er Gast ist, und kommt nach aller Lust seiner Seele an den Ort, den der HERR erwählen wird,

⁷daß er diene im Namen des HERRN, seines Gottes, wie alle seine Brüder, die Leviten, die daselbst vor dem HERR stehen:

⁸die sollen gleichen Teil zu essen haben, ohne was einer hat von dem verkauften Gut seiner Väter.

⁹Wenn du in das Land kommst, das dir der HERR, dein Gott, geben wird, so sollst du nicht lernen tun die Greuel dieser Völker,

¹⁰daß nicht jemand unter dir gefunden werde, der seinen Sohn oder seine Tochter durchs Feuer gehen lasse, oder ein Weissager oder Tagewähler oder der auf Vogelgeschrei achte oder ein Zauberer

¹¹oder Beschwörer oder Wahrsager oder Zeichendeuter oder der die Toten frage.

¹²Denn wer solches tut, der ist dem HERRN ein Greuel, und um solcher Greuel willen vertreibt sie der HERR, dein Gott, vor dir her.

¹³Du aber sollst rechtschaffen sein mit dem HERRN, deinem Gott.

¹⁴Denn diese Völker, deren Land du einnehmen wirst, gehorchen den Tagewählern und Weissagern; aber du sollst dich nicht also halten gegen den HERRN, deinen Gott.

¹⁵Einen Propheten wie mich wird der HERR, dein Gott, dir erwecken aus dir und aus deinen Brüdern; dem sollt ihr gehorchen.

¹⁶Wie du denn von dem HERRN, deinem Gott, gebeten hast am Horeb am Tage der Versammlung und sprachst: Ich will hinfort nicht mehr hören die Stimme des HERRN, meines Gottes, und das sehr große Feuer nicht mehr sehen, daß ich nicht sterbe.

¹⁷Und der HERR sprach zu mir: Sie haben wohl geredet.

¹⁸Ich will ihnen einen Propheten, wie du bist, erwecken aus ihren Brüdern und meine Worte in seinen Mund geben; der soll zu ihnen reden alles, was ich ihm gebieten werde.

¹⁹Und wer meine Worte nicht hören wird, die er in meinem Namen reden wird, von dem will ich's fordern.

²⁰Doch wenn ein Prophet vermessen ist, zu reden in meinem Namen, was ich ihm nicht geboten habe zu reden, und wenn einer redet in dem Namen anderer Götter, derselbe Prophet soll sterben.

²¹Ob du aber in deinem Herzen sagen würdest: Wie kann ich merken, welches Wort der HERR nicht geredet hat?

²²Wenn der Prophet redet in dem Namen des HERRN, und es wird nichts daraus und es kommt nicht, das ist das Wort, das der HERR nicht geredet hat, darum scheue dich nicht vor ihm.

Kapitel 19

¹Wenn der HERR, dein Gott, die Völker ausgerottet hat, welcher Land dir der HERR, dein Gott, geben wird, daß du es einnehmest und in ihren Städten und Häusern wohnst,

²sollst du dir drei Städte aussondern in dem Lande, das dir der HERR, dein Gott, geben wird einzunehmen.

³Und sollst den Weg dahin zurichten und das Gebiet deines Landes, das dir der HERR, dein Gott, austeilen wird, in drei Kreise scheiden, daß dahin fliehe, wer einen Totschlag getan hat.

⁴Und also soll's sein mit der Sache des Totschlägers, der dahin flieht, daß er lebendig bleibe: wenn jemand seinen Nächsten schlägt, nicht vorsätzlich, und hat zuvor keinen Haß auf ihn gehabt,

⁵sondern als wenn jemand mit seinem Nächsten in den Wald ginge, Holz zu hauen, und seine Hand holte mit der Axt aus, das Holz abzuhauen, und das Eisen führe vom Stiel und träfe seinen Nächsten,

daß er stürbe: der soll in dieser Städte eine fliehen, daß er lebendig bleibe,

⁶auf daß nicht der Bluträcher dem Totschläger nachjage, weil sein Herz erhitzt ist, und ergreife ihn, weil der Weg so ferne ist, und schlage ihn tot, so er doch nicht des Todes schuldig ist, weil er keinen Haß gegen ihn getragen hat.

⁷Darum gebiete ich dir, daß du drei Städte aussonderst.

⁸Und so der HERR, dein Gott, deine Grenzen erweitern wird, wie er deinen Vätern geschworen hat, und gibt dir alles Land, das er geredet hat deinen Vätern zu geben

⁹(so du anders alle diese Gebote halten wirst, daß du darnach tust, die ich dir heute gebiete, daß du den HERRN, deinen Gott, liebst und in seinen Wegen wandelst dein Leben lang), so sollst du noch drei Städte tun zu diesen dreien,

¹⁰auf daß nicht unschuldig Blut in deinem Land vergossen werde, das dir der HERR, dein Gott, zum Erbe gibt, und Blutschulden auf dich kommen.

¹¹Wenn aber jemand Haß trägt wider seinen Nächsten und lauert auf ihn und macht sich über ihn und schlägt ihn tot und flieht in dieser Städte eine,

¹²so sollen die Ältesten in seiner Stadt hinschicken und ihn von da holen lassen und ihn in die Hände des Bluträchers geben, daß er sterbe.

¹³Deine Augen sollen ihn nicht verschonen, und du sollst das unschuldige Blut aus Israel tun, daß dir's wohl gehe.

¹⁴Du sollst deines Nächsten Grenze nicht zurücktreiben, die die Vorfahren gesetzt haben in deinem Erbteil, das du erbest in dem Lande, das dir der HERR, dein Gott, gegeben hat einzunehmen.

¹⁵Es soll kein einzelner Zeuge wider jemand auftreten über irgend eine Missetat oder Sünde, es sei welcherlei Sünde es sei, die man tun kann, sondern in dem Mund zweier oder dreier Zeugen soll die Sache bestehen.

¹⁶Wenn ein frevler Zeuge wider jemand auftritt, über ihn zu bezeugen eine Übertretung,

¹⁷so sollen die beiden Männer, die eine Sache miteinander haben, vor dem HERRN, vor den Priestern und Richtern stehen, die zur selben Zeit sein werden;

¹⁸und die Richter sollen wohl forschen. Und wenn der falsche Zeuge hat ein falsches Zeugnis wider seinen Bruder gegeben,

¹⁹so sollt ihr ihm tun, wie er gedachte seinem Bruder zu tun, daß du das Böse von dir wegtust,

²⁰auf daß es die andern hören, sich fürchten und nicht mehr solche böse Stücke vornehmen zu tun unter dir.

²¹Dein Auge soll sie nicht schonen; Seele um Seele, Auge um Auge, Zahn um Zahn, Hand um Hand, Fuß um Fuß.

Kapitel 20

¹Wenn du in einen Krieg ziehst wider deine Feinde und siehst Rosse und Wagen eines Volks, das größer ist als du, so fürchte dich nicht vor ihnen; denn der HER, dein Gott, der dich aus Ägyptenland geführt hat, ist mit dir.

²Wenn ihr nun hinzukommt zum Streit, so soll der Priester herzutreten und mit dem Volk reden

³und zu ihnen sprechen: Israel, höre zu! Ihr geht heute in den Streit wider eure Feinde; euer Herz verzage nicht, fürchtet euch nicht und erschreckt nicht und laßt euch nicht grauen vor ihnen;

⁴denn der HERR, euer Gott, geht mit euch, daß er für euch streite mit euren Feinden, euch zu helfen.

⁵Aber die Amtleute sollen mit dem Volk reden und sagen: Welcher ein neues Haus gebaut hat und hat's noch nicht eingeweiht, der gehe hin und bleibe in seinem Hause, auf daß er nicht sterbe im Krieg und ein anderer weihe es ein.

⁶Welcher einen Weinberg gepflanzt hat und hat seine Früchte noch nicht genossen, der gehe hin und bleibe daheim, daß er nicht im Kriege sterbe und ein anderer genieße seine Früchte.

⁷Welcher ein Weib sich verlobt hat und hat sie noch nicht heimgeholt, der gehe hin und bleibe daheim, daß er nicht im Kriege sterbe und ein anderer hole sie heim.

⁸Und die Amtleute sollen weiter mit dem Volk reden und sprechen: Welcher sich fürchtet und ein verzagtes Herz hat, der gehe hin und bleibe daheim, auf daß er nicht auch seiner Brüder Herz feige mache, wie sein Herz ist.

⁹Und wenn die Amtleute ausgeredet haben mit dem Volk, so sollen sie die Hauptleute vor das Volk an die Spitze stellen.

¹⁰Wenn du vor eine Stadt ziehst, sie zu bestreiten, so sollst du ihr den Frieden anbieten.

¹¹Antwortet sie dir friedlich und tut dir auf, so soll das Volk, das darin gefunden wird dir zinsbar und untertan sein.

Deuternomium

¹²Will sie aber nicht friedlich mit dir handeln und will mit dir kriegen, so belagere sie.

¹³Und wenn sie der HERR, dein Gott, dir in die Hand gibt, so sollst du alles, was männlich darin ist, mit des Schwertes Schärfe schlagen.

¹⁴Allein die Weiber, die Kinder und das Vieh und alles, was in der Stadt ist, und allen Raub sollst du unter dich austeilen und sollst essen von der Ausbeute deiner Feinde, die dir der HERR, dein Gott, gegeben hat.

¹⁵Also sollst du allen Städten tun, die sehr ferne von dir liegen und nicht von den Städten dieser Völker hier sind.

¹⁶Aber in den Städten dieser Völker, die dir der HERR, dein Gott, zum Erbe geben wird, sollst du nichts leben lassen, was Odem hat,

¹⁷sondern sollst sie verbannen, nämlich die Hethiter, Amoriter, Kanaaniter, Pheresiter, Heviter und Jebusiter, wie dir der HERR, dein Gott, geboten hat,

¹⁸auf daß sie euch nicht lehren tun alle die Greuel, die sie ihren Göttern tun, und ihr euch versündigt an dem HERRN, eurem Gott.

¹⁹Wenn du vor einer Stadt lange Zeit liegen mußt, wider die du streitest, sie zu erobern, so sollst die Bäume nicht verderben, daß du mit Äxten dran fährst; denn du kannst davon essen, darum sollst du sie nicht ausrotten. Ist's doch Holz auf dem Felde und nicht ein Mensch, daß es vor dir ein Bollwerk sein könnte.

²⁰Welches aber Bäume sind, von denen du weißt, daß man nicht davon ißt, die sollst du verderben und ausrotten und Bollwerk daraus bauen wider die Stadt, die mit dir kriegt, bis du ihrer mächtig werdest.

Kapitel 21

¹Wenn man einen Erschlagenen findet in dem Lande, das dir der HERR, dein Gott, geben wird einzunehmen, und er liegt im Felde und man weiß nicht, wer ihn erschlagen hat,

²so sollen deine Ältesten und Richter hinausgehen und von dem Erschlagenen messen bis an die Städte, die umher liegen.

³Welche Stadt die nächste ist, deren Älteste sollen eine junge Kuh von den Rindern nehmen, mit der man nicht gearbeitet und die noch nicht am Joch gezogen hat,

⁴und sollen sie hinabführen in einen kiesigen Grund, der weder bearbeitet noch besät ist, und daselbst im Grund ihr den Hals brechen.

⁵Da sollen herzukommen die Priester, die Kinder Levi; denn der HERR, dein Gott, hat sie erwählt, daß sie ihm dienen und in seinem Namen segnen, und nach ihrem Mund sollen alle Sachen und alle Schäden gerichtet werden.

⁶Und alle Ältesten der Stadt sollen herzutreten zu dem Erschlagenen und ihre Hände waschen über die junge Kuh, der im Grunde der Hals gebrochen ist,

⁷und sollen antworten und sagen: Unsre Hände haben dies Blut nicht vergossen, so haben's auch unsre Augen nicht gesehen.

⁸Sei gnädig deinem Volk Israel, das du, HERR, erlöst hast; lege nicht das unschuldige Blut auf dein Volk Israel! So werden sie über dem Blut versöhnt sein.

⁹Also sollst du das unschuldige Blut von dir tun, daß du tust, was recht ist vor den Augen des HERRN.

¹⁰Wenn du in einen Streit ziehst wider deine Feinde, und der HERR, dein Gott, gibt sie dir in deine Hände, daß du ihre Gefangenen wegführst,

¹¹und siehst unter den Gefangenen ein schönes Weib und hast Lust zu ihr, daß du sie zum Weibe nehmest,

¹²so führe sie in dein Haus und laß sie ihr Haar abscheren und ihre Nägel beschneiden

¹³und die Kleider ablegen, darin sie gefangen ist, und laß sie sitzen in deinem Hause und beweinen einen Monat lang ihren Vater und ihre Mutter; darnach gehe zu ihr und nimm sie zur Ehe und laß sie dein Weib sein.

¹⁴Wenn du aber nicht mehr Lust zu ihr hast, so sollst du sie gehen lassen, wohin sie will, und nicht um Geld verkaufen noch versetzen, darum daß du sie gedemütigt hast.

¹⁵Wenn jemand zwei Weiber hat, eine, die er liebhat, und eine, die er haßt, und sie ihm Kinder gebären, beide, die liebe und die unwerte, daß der Erstgeborene von der unwerten ist,

¹⁶und die Zeit kommt, daß er seinen Kindern das Erbe austeile, so kann er nicht den Sohn der liebsten zum erstgeborenen Sohn machen für den erstgeborenen Sohn der unwerten,

¹⁷sondern er soll den Sohn der unwerten für den ersten Sohn erkennen, daß er ihm zwiefältig gebe von allem, was vorhanden ist; denn derselbe ist der Erstling seiner Kraft, und der Erstgeburt Recht ist sein.

¹⁸Wenn jemand einen eigenwilligen und ungehorsamen Sohn hat, der seines Vaters und seiner Mutter Stimme nicht gehorcht und, wenn sie ihn züchtigen, ihnen nicht gehorchen will,

¹⁹so sollen ihn Vater und Mutter greifen und zu den Ältesten der Stadt führen und zu dem Tor des Orts,

²⁰und zu den Ältesten der Stadt sagen: Dieser unser Sohn ist eigenwillig und ungehorsam und gehorcht unsrer Stimme nicht und ist ein Schlemmer und ein Trunkenbold.

²¹So sollen ihn steinigen alle Leute der Stadt, daß er sterbe, und sollst also das Böse von dir tun, daß es ganz Israel höre und sich fürchte.

²²Wenn jemand eine Sünde getan hat, die des Todes würdig ist, und wird getötet, und man hängt ihn an ein Holz,

²³so soll sein Leichnam nicht über Nacht an dem Holz bleiben, sondern du sollst ihn desselben Tages begraben, denn ein Gehenkter ist verflucht bei Gott, auf daß du dein Land nicht verunreinigst, das dir der HERR, dein Gott, gibt zum Erbe.

Kapitel 22

¹Wenn du deines Bruders Ochsen oder Schaf siehst irregehen, so sollst du dich nicht entziehen von ihnen, sondern sollst sie wieder zu deinem Bruder führen.

²Wenn aber dein Bruder dir nicht nahe ist und du kennst ihn nicht, so sollst du sie in dein Haus nehmen, daß sie bei dir seien, bis sie dein Bruder suche, und sollst sie ihm dann wiedergeben.

³Also sollst du tun mit seinem Esel, mit seinem Kleid und mit allem Verlorenen, das dein Bruder verliert und du findest; du kannst dich nicht entziehen.

⁴Wenn du deines Bruders Esel oder Ochsen siehst fallen auf dem Wege, so sollst du dich nicht von ihm entziehen, sondern sollst ihm aufhelfen.

⁵Ein Weib soll nicht Mannsgewand tragen, und ein Mann soll nicht Weiberkleider antun; denn wer solches tut, der ist dem HERRN, deinem Gott, ein Greuel.

⁶Wenn du auf dem Wege findest ein Vogelnest auf einem Baum oder auf der Erde, mit Jungen oder mit Eiern, und daß die Mutter auf den Jungen oder auf den Eiern sitzt, so sollst du nicht die Mutter mit den Jungen nehmen,

⁷sondern sollst die Mutter fliegen lassen und die Jungen nehmen, auf daß dir's wohl gehe und du lange lebest.

⁸Wenn du ein neues Haus baust, so mache eine Lehne darum auf deinem Dache, auf daß du nicht Blut auf dein Haus ladest, wenn jemand herabfiele.

⁹Du sollst deinen Weinberg nicht mit mancherlei besäen, daß nicht dem Heiligtum verfalle die Fülle, der Same, den du gesät hast, samt dem Ertrage des Weinbergs.

¹⁰Du sollst nicht ackern zugleich mit einem Ochsen und Esel.

¹¹Du sollst nicht anziehen ein gemengtes Kleid, von Wolle und Leinen zugleich.

¹²Du sollst dir Quasten machen an den Zipfeln deines Mantels mit dem du dich bedeckst.

¹³Wenn jemand ein Weib nimmt und wird ihr gram, wenn er zu ihr gegangen ist,

¹⁴und legt ihr etwas Schändliches auf und bringt ein böses Geschrei über sie aus und spricht: Das Weib habe ich genommen, und da ich mich zu ihr tat, fand ich sie nicht Jungfrau,

¹⁵so sollen Vater und Mutter der Dirne sie nehmen und vor die Ältesten der Stadt in dem Tor hervorbringen der Dirne Jungfrauschaft.

¹⁶Und der Dirne Vater soll sagen: Ich habe diesem Mann meine Tochter zum Weibe gegeben; nun ist er ihr gram geworden

¹⁷und legt ein schändlich Ding auf sie und spricht: Ich habe deine Tochter nicht Jungfrau gefunden; hier ist die Jungfrauschaft meiner Tochter. Und sollen das Kleid vor den Ältesten der Stadt ausbreiten.

¹⁸So sollen die Ältesten der Stadt den Mann nehmen und züchtigen

¹⁹und um hundert Silberlinge büßen und dieselben der Dirne Vater geben, darum daß er eine Jungfrau in Israel berüchtigt hat; und er soll sie zum Weibe haben, daß er sie sein Leben lang nicht lassen möge.

²⁰Ist's aber Wahrheit, daß die Dirne nicht ist Jungfrau gefunden,

²¹so soll man sie heraus vor die Tür ihres Vaters Hauses führen, und die Leute der Stadt sollen sie zu Tode steinigen, darum daß sie eine Torheit in Israel begangen und in ihres Vaters Hause gehurt hat; und sollst das Böse von dir tun.

²²Wenn jemand gefunden wird, der bei einem Weibe schläft, die einen Ehemann hat, so sollen sie beide sterben, der Mann und das Weib, bei dem er geschlafen hat; und sollst das Böse von Israel tun.

²³Wenn eine Dirne jemand verlobt ist, und ein Mann kriegt sie in der Stadt und schläft bei ihr,

²⁴so sollt ihr sie alle beide zu der Stadt Tor ausführen und sollt sie

steinigen, daß sie sterben; die Dirne darum, daß sie nicht geschrieen hat, da sie doch in der Stadt war; den Mann darum, daß er seines Nächsten Weib geschändet hat; und sollst das Böse von dir tun.

²⁵Wenn aber jemand eine verlobte Dirne auf dem Felde kriegt und ergreift sie und schläft bei ihr, so soll der Mann allein sterben, der bei ihr geschlafen hat,

²⁶und der Dirne sollst du nichts tun; denn sie hat keine Sünde des Todes wert getan, sondern gleich wie jemand sich wider seinen Nächsten erhöbe und schlüge ihn tot, so ist dies auch.

²⁷Denn er fand sie auf dem Felde, und die verlobte Dirne schrie, und war niemand, der ihr half.

²⁸Wenn jemand an eine Jungfrau kommt, die nicht verlobt ist, und ergreift sie und schläft bei ihr, und es findet sich also,

²⁹so soll, der bei ihr geschlafen hat, ihrem Vater fünfzig Silberlinge geben und soll sie zum Weibe haben, darum daß er sie geschwächt hat; er kann sie nicht lassen sein Leben lang.

³⁰Niemand soll seines Vaters Weib nehmen und nicht aufdecken seines Vaters Decke.

Kapitel 23

¹Es soll kein Zerstoßener noch Verschnittener in die Gemeinde des HERRN kommen.

²Es soll auch kein Hurenkind in die Gemeinde des HERRN kommen, auch nach dem zehnten Glied, sondern soll allewege nicht in die Gemeinde des HERRN kommen.

³Die Ammoniter und Moabiter sollen nicht in die Gemeinde des HERRN kommen, auch nach dem zehnten Glied; sondern sie sollen nimmermehr hineinkommen,

⁴darum daß sie euch nicht entgegenkamen mit Brot und Wasser auf dem Wege, da ihr aus Ägypten zoget, vielmehr wider euch dingten den Bileam, den Sohn Beors von Pethor aus Mesopotamien; daß er dich verfluchen sollte.

⁵Aber der HERR, dein Gott, wollte Bileam nicht hören und wandelte dir den Fluch in den Segen, darum daß dich der HERR, dein Gott, liebhatte.

⁶Du sollst nicht ihren Frieden noch ihr Bestes suchen dein Leben lang ewiglich.

⁷Den Edomiter sollst du nicht für eine Greuel halten; er ist dein Bruder. Den Ägypter sollst du auch nicht für einen Greuel halten; denn du bist ein Fremdling in seinem Lande gewesen.

⁸Die Kinder, die sie im dritten Glied zeugen, sollen in die Gemeinde des HERRN kommen.

⁹Wenn du ausziehst wider deine Feinde und ein Lager aufschlägst, so hüte dich vor allem Bösen.

¹⁰Wenn jemand unter dir ist, der nicht rein ist, daß ihm des Nachts etwas widerfahren ist, der soll hinaus vor das Lager gehen und nicht wieder hineinkommen,

¹¹bis er vor abends sich mit Wasser bade; und wenn die Sonne untergegangen ist, soll er wieder ins Lager gehen.

¹²Und du sollst draußen vor dem Lager einen Ort haben, dahin du zur Not hinausgehst.

¹³Und sollst eine Schaufel haben, und wenn du dich draußen setzen willst, sollst du damit graben; und wenn du gesessen hast, sollst du zuscharren, was von dir gegangen ist.

¹⁴Denn der HERR, dein Gott, wandelt unter deinem Lager, daß er dich errette und gebe deine Feinde vor dir dahin. Darum soll dein Lager heilig sein, daß nichts Schändliches unter dir gesehen werde und er sich von dir wende.

¹⁵Du sollst den Knecht nicht seinem Herrn überantworten, der von ihm zu dir sich entwandt hat.

¹⁶Er soll bei dir bleiben an dem Ort, den er erwählt in deiner Tore einem, wo es ihm gefällt; und sollst ihn nicht schinden.

¹⁷Es soll keine Hure sein unter den Töchtern Israels und kein Hurer unter den Söhnen Israels.

¹⁸Du sollst keinen Hurenlohn noch Hundegeld in das Haus des HERRN, deines Gottes, bringen aus irgend einem Gelübde; denn das ist dem HERRN, deinem Gott, beides ein Greuel.

¹⁹Du sollst von deinem Bruder nicht Zinsen nehmen, weder Geld noch mit Speise noch mit allem, womit man wuchern kann.

²⁰Von den Fremden magst du Zinsen nehmen, aber nicht von deinem Bruder, auf daß dich der HERR, dein Gott, segne in allem, was du vornimmst in dem Lande, dahin du kommst, es einzunehmen.

²¹Wenn du dem HERRN ein Gelübde tust, so sollst du es nicht verziehen zu halten; denn der HERR, dein Gott, wird's von dir fordern, und es wird dir Sünde sein.

²²Wenn du das Geloben unterwegs läßt, so ist dir's keine Sünde.

²³Aber was zu deinen Lippen ausgegangen ist, sollst du halten und danach tun, wie du dem HERRN, deinem Gott, freiwillig gelobt hast, was du mit deinem Munde geredet hast.

²⁴Wenn du in deines Nächsten Weinberg gehst, so magst du Trauben essen nach deinem Willen, bis du satt hast; aber du sollst nichts in dein Gefäß tun

²⁵Wenn du in die Saat deines Nächsten gehst, so magst du mit der Hand Ähren abrupfen; aber mit der Sichel sollst du nicht darin hin und her fahren.

Kapitel 24

¹Wenn jemand ein Weib nimmt und ehelicht sie, und sie nicht Gnade findet vor seinen Augen, weil er etwas schändliches an ihr gefunden hat, so soll er einen Scheidebrief schreiben und ihr in die Hand geben und sie aus seinem Haus entlassen.

²Wenn sie dann aus seinem Hause gegangen ist und hingeht und wird eines andern Weib,

³und der andere ihr auch gram wird und einen Scheidebrief schreibt und ihr in die Hand gibt und sie aus seinem Hause läßt, oder so der andere Mann stirbt, der sie zum Weibe genommen hatte:

⁴so kann sie ihr erster Mann, der sie entließ, nicht wiederum nehmen, daß sie sein Weib sei, nachdem sie unrein ist, den solches ist ein Greuel vor dem HERRN, auf daß du nicht eine Sünde über das Land bringst, das dir der HERR, dein Gott, zum Erbe gegeben hat.

⁵Wenn jemand kurz zuvor ein Weib genommen hat, der soll nicht in die Heerfahrt ziehen, und man soll ihm nichts auflegen. Er soll frei in seinem Hause sein ein Jahr lang, daß er fröhlich sei mit seinem Weibe, das er genommen hat.

⁶Du sollst nicht zum Pfande nehmen den unteren und den oberen Mühlstein; denn damit hättest du das Leben zum Pfand genommen.

⁷Wenn jemand gefunden wird, der aus seinen Brüdern, aus den Kindern Israel, eine Seele stiehlt, und versetzt oder verkauft sie: solcher Dieb soll sterben, daß du das Böse von dir tust.

⁸Hüte dich bei der Plage des Aussatzes, daß du mit Fleiß haltest und tust alles, was dich die Priester, die Leviten, lehren; wie ich ihnen geboten habe, so sollt ihr's halten und danach tun.

⁹Bedenke, was der HERR, dein Gott, tat mit Mirjam auf dem Wege, da ihr aus Ägypten zoget.

¹⁰Wenn du deinem Nächsten irgend eine Schuld borgst, so sollst du nicht in sein Haus gehen und ihm ein Pfand nehmen,

¹¹sondern du sollst außen stehen, und er, dem du borgst, soll sein Pfand zu dir herausbringen.

¹²Ist er aber ein Dürftiger, so sollst du dich nicht schlafen legen über seinem Pfand,

¹³sondern sollst ihm sein Pfand wiedergeben, wenn die Sonne untergeht, daß er in seinem Kleide schlafe und segne dich. Das wird dir vor dem HERRN, deinem Gott, eine Gerechtigkeit sein.

¹⁴Du sollst dem Dürftigen und Armen seinen Lohn nicht vorenthalten, er sei von deinen Brüdern oder den Fremdlingen, die in deinem Lande und in deinen Toren sind,

¹⁵sondern sollst ihm seinen Lohn des Tages geben, daß die Sonne nicht darüber untergehe (denn er ist dürftig und erhält seine Seele damit), auf daß er nicht wider dich den HERRN anrufe und es dir Sünde sei.

¹⁶Die Väter sollen nicht für die Kinder noch die Kinder für die Väter sterben, sondern ein jeglicher soll für seine Sünde sterben.

¹⁷Du sollst das Recht des Fremdlings und des Waisen nicht beugen und sollst der Witwe nicht das Kleid zum Pfand nehmen.

¹⁸Denn du sollst gedenken, daß du Knecht in Ägypten gewesen bist und der HERR, dein Gott, dich von dort erlöst hat; darum gebiete ich dir, daß du solches tust.

¹⁹Wenn du auf deinem Acker geerntet und eine Garbe vergessen hast auf dem Acker, so sollst du nicht umkehren, dieselbe zu holen, sondern sie soll des Fremdlings, des Waisen und der Witwe sein, auf daß dich der HERR, dein Gott, segne in allen Werken deiner Hände.

²⁰Wenn du deine Ölbäume hast geschüttelt, so sollst du nicht nachschütteln; es soll des Fremdlings, des Waisen und der Witwe sein.

²¹Wenn du deinen Weinberg gelesen hast, so sollst du nicht nachlesen; es soll des Fremdlings, des Waisen und der Witwe sein.

²²Und sollst gedenken, daß du Knecht in Ägyptenland gewesen bist; darum gebiete ich dir, daß du solches tust.

Kapitel 25

¹Wenn ein Hader ist zwischen Männern, so soll man sie vor Gericht bringen und sie richten und den Gerechten gerecht sprechen und den Gottlosen verdammen.

²Und so der Gottlose Schläge verdient hat, soll ihn doch der Richter heißen niederfallen, und man soll ihm vor dem Richter eine

Zahl Schläge geben nach dem Maß seiner Missetat.

³Wenn man ihm vierzig Schläge gegeben hat, soll man ihn nicht mehr schlagen, auf daß nicht, so man mehr Schläge gibt, er zuviel geschlagen werde und dein Bruder verächtlich vor deinen Augen sei.

⁴Du sollst dem Ochsen, der da drischt, nicht das Maul verbinden.

⁵Wenn Brüder beieinander wohnen und einer stirbt ohne Kinder, so soll des Verstorbenen Weib nicht einen fremden Mann draußen nehmen; sondern ihr Schwager soll sich zu ihr tun und sie zum Weibe nehmen und sie ehelichen.

⁶Und den ersten Sohn, den sie gebiert, soll er bestätigen nach dem Namen seines verstorbenen Bruders, daß sein Name nicht vertilgt werde aus Israel.

⁷Gefällt es aber dem Mann nicht, daß er sein Schwägerin nehme, so soll sie, seine Schwägerin hinaufgehen unter das Tor vor die Ältesten und sagen: Mein Schwager weigert sich, seinem Bruder einen Namen zu erwecken in Israel, und will mich nicht ehelichen.

⁸So sollen ihn die Ältesten der Stadt fordern und mit ihm reden. Wenn er dann darauf besteht und spricht: Es gefällt mir nicht, sie zu nehmen,

⁹so soll seine Schwägerin zu ihm treten vor den Ältesten und ihm einen Schuh ausziehen von seinen Füßen und ihn anspeien und soll antworten und sprechen: Also soll man tun einem jeden Mann, der seines Bruders Haus nicht erbauen will!

¹⁰Und sein Namen soll in Israel heißen "des Barfüßers Haus".

¹¹Wenn zwei Männer miteinander hadern und des einen Weib läuft zu, daß sie ihren Mann errette von der Hand dessen, der ihn schlägt, und streckt ihre Hand aus und ergreift ihn bei seiner Scham,

¹²so sollst du ihr die Hand abhauen, und dein Auge soll sie nicht verschonen.

¹³Du sollst nicht zweierlei Gewicht in deinem Sack, groß und klein, haben;

¹⁴und in deinem Hause soll nicht zweierlei Scheffel, groß und klein, sein.

¹⁵Du sollst ein völlig und recht Gewicht und einen völligen und rechten Scheffel haben, auf daß dein Leben lange währe in dem Lande, das dir der HERR, dein Gott, geben wird.

¹⁶Denn wer solches tut, der ist dem HERRN, deinem Gott, ein Greuel wie alle, die übel tun.

¹⁷Gedenke was dir die Amalekiter taten auf dem Wege, da ihr aus Ägypten zoget,

¹⁸wie sie dich angriffen auf dem Wege und schlugen die letzten deines Heeres, alle die Schwachen, die dir hinten nachzogen, da du müde und matt warst, und fürchteten Gott nicht.

¹⁹Wenn nun der HERR, dein Gott, dich zur Ruhe bringt von allen deinen Feinden umher im Lande, das dir der HERR, dein Gott, gibt zum Erbe einzunehmen, so sollst du das Gedächtnis der Amalekiter austilgen unter dem Himmel. Das vergiß nicht!

Kapitel 26

¹Wenn du in das Land kommst, das dir der HERR, dein Gott, zum Erbe geben wird, und nimmst es ein und wohnst darin,

²so sollst du nehmen allerlei erste Früchte des Landes, die aus der Erde kommen, die der HERR, dein Gott dir gibt, und sollst sie in einen Korb legen und hingehen an den Ort, den der HERR, dein Gott, erwählen wird, daß sein Name daselbst wohne,

³und sollst zu dem Priester kommen, der zu der Zeit da ist, und zu ihm sagen: Ich bekenne heute dem HERRN, deinem Gott, daß ich gekommen bin in das Land, das der HERR unsern Vätern geschworen hat uns zu geben.

⁴Und der Priester soll den Korb nehmen von deiner Hand und vor dem Altar des HERRN, deines Gottes, niedersetzen.

⁵Da sollst du antworten und sagen vor dem HERRN, deinem Gott: Mein Vater war ein Syrer und nahe dem Umkommen und zog hinab nach Ägypten und war daselbst ein Fremdling mit geringem Volk und ward daselbst ein großes, starkes und zahlreiches Volk.

⁶Aber die Ägypter behandelten uns übel und zwangen uns und legten einen harten Dienst auf uns.

⁷Da schrieen wir zu dem HERRN, dem Gott unsrer Väter; und der HERR erhörte unser Schreien und sah unser Elend, unsre Angst und Not

⁸und führte uns aus Ägypten mit mächtiger Hand und ausgerecktem Arm und mit großem Schrecken, durch Zeichen und Wunder

⁹und brachte uns an diesen Ort und gab uns dies Land, darin Milch und Honig fließt.

¹⁰Nun bringe ich die ersten Früchte des Landes, die du, HERR, mir gegeben hast. Und sollst sie lassen vor dem HERRN, deinem Gott, und anbeten vor dem HERRN, deinem Gott,

¹¹und fröhlich sein über allem Gut, das dir der HERR, dein Gott, gegeben hat und deinem Hause, du und der Levit und der Fremdling, der bei dir ist.

¹²Wenn du alle Zehnten deines Einkommens zusammengebracht hast im dritten Jahr, das ist das Zehnten-Jahr, so sollst du dem Leviten, dem Fremdling, dem Waisen und der Witwe geben, daß sie essen in deinem Tor und satt werden.

¹³Und sollst sprechen vor dem HERRN, deinem Gott: Ich habe gebracht, was geheiligt ist, aus meinem Hause und habe es gegeben den Leviten, den Fremdlingen, den Waisen und den Witwen nach all deinem Gebot, das du mir geboten hast; ich habe deine Gebote nicht übertreten noch vergessen;

¹⁴ich habe nichts davon gegessen in meinem Leide und habe nichts davongetan in Unreinigkeit; ich habe nicht zu den Toten davon gegeben; ich bin der Stimme des HERRN, meines Gottes, gehorsam gewesen und habe getan alles, wie du mir geboten hast.

¹⁵Siehe herab von deiner heiligen Wohnung, vom Himmel, und segne dein Volk Israel und das Land, das du uns gegeben hast, wie du unsern Vätern geschworen hast, ein Land, darin Milch und Honig fließt.

¹⁶Heutigestages gebietet dir der HERR, dein Gott, daß du tust nach allen diesen Geboten und Rechten, daß du sie hältst und darnach tust von ganzem Herzen und von ganzer Seele.

¹⁷Dem HERRN hast du heute zugesagt, daß er dein Gott, sei, daß du wollest in allen seinen Wegen wandeln und halten seine Gesetze, Gebote und Rechte und seiner Stimme gehorchen.

¹⁸Und der HERR hat dir heute zugesagt, daß du sein eigen Volk sein sollst, wie er dir verheißen hat, so du alle seine Gebote hältst

¹⁹und daß er dich zum höchsten machen werde und du gerühmt, gepriesen und geehrt werdest über alle Völker, die er gemacht hat, daß du dem HERRN, deinem Gott, ein heiliges Volk seist, wie er geredet hat.

Kapitel 27

¹Und Mose gebot samt den Ältesten Israels dem Volk und sprach: Haltet alle Gebote, die ich euch heute gebiete.

²Und zu der Zeit, wenn ihr über den Jordan geht in das Land, das dir der HERR, dein Gott, geben wird, sollst du große Steine aufrichten und sie mit Kalk tünchen

³und darauf schreiben alle Worte dieses Gesetzes, wenn du hinüberkommst, auf daß du kommst in das Land, das der HERR, dein Gott, dir geben wird, ein Land darin Milch und Honig fließt, wie der HERR, deiner Väter Gott, dir verheißen hat.

⁴Wenn ihr nun über den Jordan geht, so sollt ihr solche Steine aufrichten (davon ich euch heute gebiete) auf dem Berge Ebal und mit Kalk tünchen.

⁵Und sollst daselbst dem HERRN, deinem Gott, einen steinernen Altar bauen, darüber kein Eisen fährt.

⁶Von ganzen Steinen sollst du diesen Altar dem HERRN, deinem Gott, bauen und Brandopfer darauf opfern dem HERRN, deinem Gott.

⁷Und sollst Dankopfer opfern und daselbst essen und fröhlich sein vor dem HERRN, deinem Gott.

⁸Und sollst auf die Steine alle Worte dieses Gesetzes schreiben, klar und deutlich.

⁹Und Mose und die Priester, die Leviten, redeten mit ganz Israel und sprachen: Merke und höre zu, Israel! Heute, dieses Tages, bist du ein Volk des HERRN, deines Gottes, geworden,

¹⁰daß du der Stimme des HERRN, deines Gottes, gehorsam seist und tust nach seinen Geboten und Rechten, die ich dir heute gebiete.

¹¹Und Mose gebot dem Volk desselben Tages und sprach:

¹²Diese sollen stehen auf dem Berge Garizim, zu segnen das Volk, wenn ihr über den Jordan gegangen seid; Simeon, Levi, Juda, Isaschar, Joseph und Benjamin.

¹³Und diese sollen stehen auf dem Berge Ebal, zu fluchen Ruben, Gad, Asser, Sebulon, Dan und Naphthali.

¹⁴Und die Leviten sollen anheben und sagen zu jedermann von Israel mit lauter Stimme:

¹⁵Verflucht sei, wer einen Götzen oder ein gegossenes Bild macht, einen Greuel des HERRN, ein Werk von den Händen der Werkmeister, und stellt es verborgen auf! Und alles Volk soll antworten und sagen: Amen.

¹⁶Verflucht sei, wer seinen Vater oder seine Mutter unehrt! Und alles Volk soll sagen: Amen.

¹⁷Verflucht sei wer seines Nächsten Grenze verengert! Und alles Volk soll sagen: Amen.

¹⁸Verflucht sei, wer einen Blinden irren macht auf dem Wege! Und alles Volk soll sagen: Amen.

¹⁹Verflucht sei, wer das Recht des Fremdlings, des Waisen und

der Witwe beugt! Und alles Volk soll sagen: Amen.

²⁰Verflucht sei, wer bei seines Vaters Weibe liegt, daß er aufdecke die Decke seines Vaters! und alles Volk soll sagen: Amen.

²¹Verflucht sei wer irgend bei einem Vieh liegt! Und alles Volk soll sagen: Amen.

²²Verflucht sei, wer bei seiner Schwester liegt, die seines Vaters oder seiner Mutter Tochter ist! Und alles Volk soll sagen: Amen.

²³Verflucht sei, wer bei seiner Schwiegermutter liegt! Und alles Volk soll sagen: Amen.

²⁴Verflucht sei, wer seinen Nächsten heimlich erschlägt! Und alles Volk soll sagen: Amen.

²⁵Verflucht sei, wer Geschenke nimmt, daß er unschuldiges Blut vergießt! Und alles Volk soll sagen: Amen.

²⁶Verflucht sei, wer nicht alle Worte dieses Gesetzes erfüllt, daß er darnach tue! Und alles Volk soll sagen: Amen.

Kapitel 28

¹Und wenn du der Stimme des HERRN, deines Gottes, gehorchen wirst, daß du hältst und tust alle seine Gebote, die ich dir heute gebiete, so wird dich der HERR, dein Gott, zum höchsten machen über alle Völker auf Erden,

²und werden über dich kommen alle diese Segen und werden dich treffen, darum daß du der Stimme des HERRN, deines Gottes, bist gehorsam gewesen.

³Gesegnet wirst du sein in der Stadt, gesegnet auf dem Acker.

⁴Gesegnet wird sein die Frucht deines Leibes, die Frucht deines Landes und die Frucht deines Viehs, die Früchte deiner Rinder und die Früchte deiner Schafe.

⁵Gesegnet wird sein dein Korb und dein Backtrog.

⁶Gesegnet wirst du sein, wenn du eingehst, gesegnet, wenn du ausgehst.

⁷Und der HERR wird deine Feinde, die sich wider dich auflehnen, vor dir schlagen; durch einen Weg sollen sie ausziehen wider dich, und durch sieben Wege vor dir fliehen.

⁸Der HERR wird gebieten dem Segen, daß er mit dir sei in deinem Keller und in allem, was du vornimmst, und wird dich segnen in dem Lande, das dir der HERR, dein Gott, gegeben hat.

⁹Der HERR wird dich ihm zum heiligen Volk aufrichten, wie er dir geschworen hat, darum daß du die Gebote des HERRN, deines Gottes, hältst und wandelst in seinen Wegen,

¹⁰daß alle Völker auf Erden werden sehen, daß du nach dem Namen des HERRN genannt bist, und werden sich vor dir fürchten.

¹¹Und der HERR wird machen, daß du Überfluß an Gütern haben wirst, an der Frucht deines Leibes, an der Frucht deines Viehs, an der Frucht deines Ackers, in dem Lande, das der HERR deinen Vätern geschworen hat dir zu geben.

¹²Und der HERR wird dir seinen guten Schatz auftun, den Himmel, daß er deinem Land Regen gebe zu seiner Zeit und daß er segne alle Werke deiner Hände. Und du wirst vielen Völkern leihen; du aber wirst von niemand borgen.

¹³Und der HERR wird dich zum Haupt machen und nicht zum Schwanz, und du wirst oben schweben und nicht unten liegen, darum daß du gehorsam bist den Geboten des HERRN, deines Gottes, die ich dir heute gebiete zu halten und zu tun,

¹⁴und nicht weichst von irgend einem Wort, das ich euch heute gebiete, weder zur Rechten noch zur Linken, damit du andern Göttern nachwandelst, ihnen zu dienen.

¹⁵Wenn du aber nicht gehorchen wirst der Stimme des HERRN, deines Gottes, daß du hältst und tust alle seine Gebote und Rechte, die ich dir heute gebiete, so werden alle Flüche über dich kommen und dich treffen.

¹⁶Verflucht wirst du sein in der Stadt, verflucht auf dem Acker.

¹⁷Verflucht wird sein dein Korb und dein Backtrog.

¹⁸Verflucht wird sein die Frucht deines Leibes, die Frucht deines Landes, die Frucht deiner Rinder und die Frucht deiner Schafe.

¹⁹Verflucht wirst du sein, wenn du eingehst, verflucht, wenn du ausgehst.

²⁰Der HERR wird unter dich senden Unfall, Unruhe und Unglück in allem, was du vor die Hand nimmst, was du tust, bis du vertilgt werdest und bald untergehst um deines bösen Wesens willen, darum daß du mich verlassen hast.

²¹Der HERR wird dir die Pestilenz anhängen, bis daß er dich vertilge in dem Lande, dahin du kommst, es einzunehmen.

²²Der HERR wird dich schlagen mit Darre, Fieber, Hitze, Brand, Dürre, giftiger Luft und Gelbsucht und wird dich verfolgen, bis er dich umbringe.

²³Dein Himmel, der über deinem Haupt ist, wird ehern sein und die Erde unter dir eisern.

²⁴Der HERR wird deinem Lande Staub und Asche für Regen geben vom Himmel auf dich, bis du vertilgt werdest.

²⁵Der HERR wird dich vor deinen Feinden schlagen; durch einen Weg wirst du zu ihnen ausziehen, und durch sieben Wege wirst du vor ihnen fliehen und wirst zerstreut werden unter alle Reiche auf Erden.

²⁶Dein Leichnam wird eine Speise sein allen Vögeln des Himmels und allen Tieren auf Erden, und niemand wird sein, der sie scheucht.

²⁷Der HERR wird dich schlagen mit Drüsen Ägyptens, mit Feigwarzen, mit Grind und Krätze, daß du nicht kannst heil werden.

²⁸Der HERR wird dich schlagen mit Wahnsinn, Blindheit und Rasen des Herzens;

²⁹und wirst tappen am Mittag, wie ein Blinder tappt im Dunkeln; und wirst auf deinem Wege kein Glück haben; und wirst Gewalt und Unrecht leiden müssen dein Leben lang, und niemand wird dir helfen.

³⁰Ein Weib wirst du dir vertrauen lassen; aber ein anderer wird bei ihr schlafen. Ein Haus wirst du bauen; aber du wirst nicht darin wohnen. Einen Weinberg wirst du pflanzen; aber du wirst seine Früchte nicht genießen.

³¹Dein Ochse wird vor deinen Augen geschlachtet werden; aber du wirst nicht davon essen. Dein Esel wird vor deinem Angesicht mit Gewalt genommen und dir nicht wiedergegeben werden. Dein Schaf wird deinen Feinden gegeben werden, und niemand wird dir helfen.

³²Deine Söhne und Töchter werden einem andern Volk gegeben werden, daß deine Augen zusehen und verschmachten über ihnen täglich; und wird keine Stärke in deinen Händen sein.

³³Die Früchte deines Landes und alle deine Arbeit wird ein Volk verzehren, das du nicht kennst, und wirst Unrecht leiden und zerstoßen werden dein Leben lang

³⁴und wirst unsinnig werden vor dem, das deine Augen sehen müssen.

³⁵Der HERR wird dich schlagen mit bösen Drüsen an den Knieen und Waden, daß du nicht kannst geheilt werden, von den Fußsohlen an bis auf den Scheitel.

³⁶Der HERR wird dich und deinen König, den du über dich gesetzt hast, treiben unter ein Volk, das du nicht kennst noch deine Väter; und wirst daselbst dienen andern Göttern: Holz und Steinen.

³⁷Und wirst ein Scheusal und ein Sprichwort und Spott sein unter allen Völkern, dahin dich der HERR getrieben hat.

³⁸Du wirst viel Samen ausführen auf das Feld, und wenig einsammeln; denn die Heuschrecken werden's abfressen.

³⁹Weinberge wirst du pflanzen und bauen, aber keinen Wein trinken noch lesen; denn die Würmer werden's verzehren.

⁴⁰Ölbäume wirst du haben in allen deinen Grenzen; aber du wirst dich nicht salben mit Öl, denn dein Ölbaum wird ausgerissen werden.

⁴¹Söhne und Töchter wirst du zeugen, und doch nicht haben; denn sie werden gefangen weggeführt werden.

⁴²Alle deine Bäume und Früchte deines Landes wird das Ungeziefer fressen.

⁴³Der Fremdling, der bei dir ist, wird über dich steigen und immer oben schweben; du aber wirst heruntersteigen und immer unterliegen.

⁴⁴Er wird dir leihen, du aber wirst ihm nicht leihen; er wird das Haupt sein, und du wirst der Schwanz sein.

⁴⁵Und alle diese Flüche werden über dich kommen und dich verfolgen und treffen, bis du vertilgt werdest, darum daß du der Stimme des HERRN, deines Gottes, nicht gehorcht hast, daß du seine Gebote und Rechte hieltest, die er dir geboten hat.

⁴⁶Darum werden Zeichen und Wunder an dir sein und an deinem Samen ewiglich,

⁴⁷daß du dem HERRN, deinem Gott, nicht gedient hast mit Freude und Lust deines Herzens, da du allerlei genug hattest,

⁴⁸Und du wirst deinem Feinde, den dir der HERR zuschicken wird, dienen in Hunger und Durst, in Blöße und allerlei Mangel; und er wird ein eisernes Joch auf deinen Hals legen, bis daß er dich vertilge.

⁴⁹Der HERR wird ein Volk über dich schicken von ferne, von der Welt Ende, wie ein Adler fliegt, des Sprache du nicht verstehst,

⁵⁰ein freches Volk, das nicht ansieht die Person des Alten noch schont der Jünglinge.

⁵¹Es wird verzehren die Frucht deines Viehs und die Frucht deines Landes, bis du vertilgt werdest; und wird dir nichts übriglassen an Korn, Most, Öl, an Früchten der Rinder und Schafe, bis daß dich's umbringe;

⁵²und wird dich ängsten in allen deinen Toren, bis daß es niederwerfe deine hohen und festen Mauern, darauf du dich verläßt, in allem deinem Lande; und wirst geängstet werden in allen deinen Toren, in deinem ganzen Lande, das dir der HERR, dein Gott, gegeben hat.

⁵³Du wirst die Frucht deines Leibes essen, das Fleisch deiner Söhne und Töchter, die dir der HERR, dein Gott, gegeben hat, in der Angst und Not, womit dich dein Feind bedrängen wird,

⁵⁴daß ein Mann, der zuvor sehr zärtlich und in Üppigkeit gelebt hat unter euch, wird seinem Bruder und dem Weibe in seinen Armen und dem Sohne, der noch übrig ist von seinen Söhnen, nicht gönnen,

⁵⁵zu geben jemand unter ihnen von dem Fleisch seiner Söhne, das er ißt, sintemal ihm nichts übrig ist von allem Gut in der Angst und Not, womit dich dein Feind bedrängen wird in allen deinen Toren.

⁵⁶Ein Weib unter euch, das zuvor zärtlich und in Üppigkeit gelebt hat, daß sie nicht versucht hat, ihre Fußsohle auf die Erde zu setzen, vor Zärtlichkeit und Wohlleben, die wird ihrem Manne in ihren Armen und ihrem Sohne und ihrer Tochter nicht gönnen

⁵⁷die Nachgeburt, die zwischen ihren eigenen Beinen ist ausgegangen, dazu die Söhne, die sie geboren hat; denn sie werden vor Mangel an allem heimlich essen in der Angst und Not, womit dich dein Feind bedrängen wird in deinen Toren.

⁵⁸Wo du nicht wirst halten, daß du tust alle Worte dieses Gesetzes, die in diesem Buch geschrieben sind, daß du fürchtest diesen herrlichen und schrecklichen Namen, den HERRN, deinen Gott,

⁵⁹so wird der HERR erschrecklich mit dir umgehen, mit Plagen auf dich und deinen Samen, mit großen und langwierigen Plagen, mit bösen und langwierigen Krankheiten,

⁶⁰und wird dir zuwenden alle Seuchen Ägyptens, davor du dich fürchtest, und sie werden dir anhangen;

⁶¹dazu alle Krankheiten und alle Plagen, die nicht geschrieben sind in dem Buch dieses Gesetzes, wird der HERR über dich kommen lassen, bis du vertilgt werdest.

⁶²Und wird euer ein geringer Haufe übrigbleiben, die ihr zuvor gewesen seid wie Sterne am Himmel nach der Menge, darum daß du nicht gehorcht hast der Stimme des HERRN, deines Gottes.

⁶³Und wie sich der HERR über euch zuvor freute, daß er euch Gutes täte und mehrte euch, also wird er sich über euch freuen, daß er euch umbringe und vertilge; und werdet verstört werden von dem Lande, in das du jetzt einziehst, es einzunehmen.

⁶⁴Denn der HERR wird dich zerstreuen unter alle Völker von einem Ende der Welt bis ans andere; und wirst daselbst andern Göttern dienen, die du nicht kennst noch deine Väter: Holz und Steinen.

⁶⁵Dazu wirst du unter denselben Völkern kein bleibend Wesen haben, und deine Fußsohlen werden keine Ruhe haben. Denn der HERR wird dir daselbst ein bebendes Herz geben und verschmachtete Augen und eine verdorrte Seele.

⁶⁶daß dein Leben wird vor dir schweben. Nacht und Tag wirst du dich fürchten und deines Lebens nicht sicher sein.

⁶⁷Des Morgens wirst du sagen: Ach, daß es Abend wäre! des Abends wirst du sagen: Ach, das es Morgen wäre! vor Furcht deines Herzens, die dich schrecken wird, und vor dem, was du mit deinen Augen sehen wirst.

⁶⁸Und der HERR wird dich mit Schiffen wieder nach Ägypten führen, den Weg, davon ich gesagt habe: Du sollst ihn nicht mehr sehen. Und ihr werdet daselbst euren Feinden zu Knechten und Mägden verkauft werden, und wird kein Käufer dasein.

Kapitel 29

¹Dies sind die Worte des Bundes, den der HERR dem Mose geboten hat zu machen mit den Kindern Israel in der Moabiter Lande, zum andernmal, nachdem er denselben mit ihnen gemacht hatte am Horeb.

²Und Mose rief das ganze Israel und sprach zu ihnen: Ihr habt gesehen alles, was der HERR getan hat in Ägypten vor euren Augen dem Pharao mit allen seinen Knechten und seinem ganzen Lande,

³die großen Versuchungen, die deine Augen gesehen haben, daß es große Zeichen und Wunder waren.

⁴Und der HERR hat euch bis auf diesen heutigen Tag noch nicht gegeben ein Herz, das verständig wäre, Augen, die da sähen, und Ohren, die da hörten.

⁵Er hat euch vierzig Jahre in der Wüste lassen wandeln: eure Kleider sind an euch nicht veraltet, und dein Schuh ist nicht veraltet an deinen Füßen;

⁶ihr habt kein Brot gegessen und keinen Wein getrunken noch starkes Getränk, auf daß du wissest, daß ich der HERR, euer Gott, bin.

⁷Und da ihr kamt an diesen Ort, zog aus der König Sihon zu Hesbon und der König Og von Basan uns entgegen, mit uns zu streiten; und wir haben sie geschlagen

⁸und ihr Land eingenommen und zum Erbteil gegeben den Rubenitern und Gaditern und dem halben Stamm der Manassiter.

⁹So haltet nun die Worte dieses Bundes und tut darnach, auf daß ihr weise handeln möget in allem eurem Tun.

¹⁰Ihr stehet heute alle vor dem HERRN, eurem Gott, die Obersten eurer Stämme, eure Ältesten, eure Amtleute, ein jeder Mann in Israel,

¹¹eure Kinder, eure Weiber, dein Fremdling, der in deinem Lager ist (beide, dein Holzhauer und dein Wasserschöpfer),

¹²daß du tretest in den Bund des HERRN, deines Gottes, und in den Eid, den der HERR, dein Gott, heute mit dir macht,

¹³auf daß er dich heute ihm zum Volk aufrichte und er dein Gott sei, wie er dir verheißen hat und wie er deinen Vätern Abraham, Isaak und Jakob geschworen hat.

¹⁴denn ich mache diesen Bund und diesen Eid nicht mit euch allein,

¹⁵sondern sowohl mit euch, die ihr heute hier seid und mit uns stehet vor dem HERRN, unserm Gott, als auch mit denen, die heute nicht mit uns sind.

¹⁶Denn ihr wißt, wie wir in Ägyptenland gewohnt haben und mitten durch die Heiden gezogen sind, durch welche ihr zoget,

¹⁷und saht ihre Greuel und ihre Götzen, Holz und Stein, Silber und Gold, die bei ihnen waren.

¹⁸Daß nicht vielleicht ein Mann oder ein Weib oder ein Geschlecht oder ein Stamm unter euch sei, des Herz heute sich von dem HERRN, unserm Gott, gewandt habe, daß er hingehe und diene den Göttern dieser Völker und werde vielleicht eine Wurzel unter euch, die da Galle und Wermut trage,

¹⁹und ob er schon höre die Worte dieses Fluches, dennoch sich segne in seinem Herzen und spreche: Es geht mir wohl, dieweil ich wandle, wie es mein Herz dünkt, auf daß die Trunkenen mit den Durstigen dahinfahren!

²⁰Da wird der HERR dem nicht gnädig sein; sondern dann wird sein Zorn und Eifer rauchen über solchen Mann und werden sich auf ihn legen alle Flüche, die in diesem Buch geschrieben sind; und der HERR wird seinen Namen austilgen unter dem Himmel

²¹und wird ihn absondern zum Unglück aus allen Stämmen Israels, laut aller Flüche des Bundes, der in dem Buch dieses Gesetzes geschrieben ist.

²²So werden dann sagen die Nachkommen eurer Kinder, die nach euch aufkommen werden, und die Fremden, die aus fernen Landen kommen, wenn sie die Plagen dieses Landes sehen und die Krankheiten, womit sie der HERR beladen hat

²³(daß er all ihr Land mit Schwefel und Salz verbrannt hat, daß es nicht besät werden kann noch etwas wächst noch Kraut darin aufgeht, gleich wie Sodom und Gomorra, Adama und Zeboim umgekehrt sind, die der HERR in seinem Zorn und Grimm umgekehrt hat),

²⁴so werden alle Völker sagen: Warum hat der HERR diesem Lande also getan? Was ist das für ein so großer und grimmiger Zorn?

²⁵So wird man sagen: Darum daß sie den Bund des HERRN, des Gottes ihrer Väter, verlassen haben, den er mit ihnen machte, da er sie aus Ägyptenland führte,

²⁶und sind hingegangen und haben andern Göttern gedient und sie angebetet (solche Götter, die sie nicht kennen und die er ihnen nicht verordnet hat),

²⁷darum ist des HERRN Zorn ergrimmt über dies Land, daß er über sie hat kommen lassen alle Flüche, die in diesem Buch geschrieben stehen;

²⁸und der HERR hat sie aus ihrem Lande gestoßen mit großem Zorn, Grimm und Ungnade und hat sie in ein ander Land geworfen, wie es steht heutigestages.

²⁹Das Geheimnis ist des HERRN, unsers Gottes; was aber offenbart ist, das ist unser und unserer Kinder ewiglich, daß wir tun sollen alle Worte dieses Gesetzes.

Kapitel 30

¹Wenn nun über dich kommt dies alles, es sei der Segen oder der Fluch, die ich dir vorgelegt habe, und du in dein Herz gehst, wo du unter den Heiden bist, dahin dich der HERR, dein Gott, verstoßen hat,

²und bekehrst dich zu dem HERRN, deinem Gott, daß du seiner Stimme gehorchest, du und deine Kinder, von ganzem Herzen und von ganzer Seele, in allem, was ich dir heute gebiete,

³so wird der HERR, dein Gott, dein Gefängnis wenden und sich deiner erbarmen und wird dich wieder versammeln aus allen Völkern, dahin dich der HERR, dein Gott, verstreut hat.

⁴Wenn du bis an der Himmel Ende verstoßen wärest, so wird dich doch der HERR, dein Gott, von dort sammeln und dich von dort holen

⁵und wird dich in das Land bringen, das deine Väter besessen haben, und wirst es einnehmen, und er wird dir Gutes tun und dich mehren über deine Väter.

⁶Und der HERR, dein Gott, wird dein Herz beschneiden und das Herz deiner Nachkommen, daß du den HERRN, deinen Gott, liebst von ganzem Herzen und von ganzer Seele, auf daß du leben mögest.

⁷Aber diese Flüche wird der HERR, dein Gott, alle auf deine

Feinde legen und auf die, so dich hassen und verfolgen;

⁸du aber wirst dich bekehren und der Stimme des HERRN gehorchen, daß du tust alle seine Gebote, die ich dir heute gebiete.

⁹Und der HERR, dein Gott, wird dir Glück geben in allen Werken deiner Hände, an der Frucht deines Leibes, an der Frucht deines Viehs, an der Frucht deines Landes, daß dir's zugut komme. Denn der HERR wird sich wenden, daß er sich über dich freue, dir zugut, wie er sich über deine Väter gefreut hat,

¹⁰darum daß du der Stimme des HERRN, deines Gottes, gehorchest, zu halten seine Gebote und Rechte, die geschrieben stehen im Buch dieses Gesetzes, so du dich wirst bekehren zu dem HERRN, deinem Gott, von ganzem Herzen und von ganzer Seele.

¹¹Denn das Gebot, das ich dir heute gebiete, ist dir nicht verborgen noch zu ferne

¹²noch im Himmel, daß du möchtest sagen: Wer will uns in den Himmel fahren und es uns holen, daß wir's hören und tun?

¹³Es ist auch nicht jenseit des Meers, daß du möchtest sagen: Wer will uns über das Meer fahren und es uns holen, daß wir's hören und tun?

¹⁴Denn es ist das Wort gar nahe bei dir, in deinem Munde und in deinem Herzen, daß du es tust.

¹⁵Siehe ich habe dir heute vorgelegt das Leben und das Gute, den Tod und das Böse,

¹⁶der ich dir heute gebiete, daß du den HERRN, deinen Gott, liebst und wandelst in seinen Wegen und seine Gebote, Gesetze und Rechte haltest und leben mögest und gemehrt werdest und dich der HERR, dein Gott, segne in dem Lande, in das du einziehst, es einzunehmen.

¹⁷Wendest du aber dein Herz und gehorchst nicht, sondern läßt dich verführen, daß du andere Götter anbetest und ihnen dienest,

¹⁸so verkündige ich euch heute, daß ihr umkommen und nicht lange in dem Lande bleiben werdet, dahin du einziehst über den Jordan, es einzunehmen.

¹⁹Ich nehme Himmel und Erde heute über euch zu Zeugen: ich habe euch Leben und Tod, Segen und Fluch vorgelegt, daß du das Leben erwählest und du und dein Same leben mögt,

²⁰daß ihr den HERRN, euren Gott, liebet und seiner Stimme gehorchet und ihm anhanget. Denn das ist dein Leben und dein langes Alter, daß du in dem Lande wohnst, das der HERR deinen Vätern Abraham, Isaak und Jakob geschworen hat ihnen zu geben.

Kapitel 31

¹Und Mose ging hin und redete diese Worte mit dem ganzen Israel

²und sprach zu ihnen: Ich bin heute hundertundzwanzig Jahre alt; ich kann nicht mehr aus noch ein gehen; dazu hat der HERR zu mir gesagt: Du sollst nicht über diesen Jordan gehen.

³Der HERR, dein Gott, wird selber vor dir her gehen; er wird selber diese Völker vor dir her vertilgen, daß du ihr Land einnehmest. Josua, der soll vor dir hinübergehen, wie der HERR geredet hat.

⁴Und der HERR wird ihnen tun, wie er getan hat Sihon und Og, den Königen der Amoriter, und ihrem Lande, welche er vertilgt hat.

⁵Wenn sie nun der HERR vor euch dahingeben wird, so sollt ihr ihnen tun nach allem Gebot, das ich euch geboten habe.

⁶Seid getrost und unverzagt, fürchtet euch nicht und laßt euch nicht vor ihnen grauen; denn der HERR, dein Gott, wird selber mit dir wandeln und wird die Hand nicht abtun noch dich verlassen.

⁷Und Mose rief zu Josua und sprach zu ihm vor den Augen des ganzen Israel: Sei getrost und unverzagt; denn du wirst dies Volk in das Land bringen, das der HERR ihren Vätern geschworen hat ihnen zu geben, und du wirst es unter sie austeilen.

⁸Der HERR aber, der selber vor euch her geht, der wird mit dir sein und wird die Hand nicht abtun noch dich verlassen. Fürchte dich nicht und erschrick nicht.

⁹Und Mose schrieb dies Gesetz und gab's den Priestern, den Kindern Levi, die die Lade des Bundes trugen, und allen Ältesten Israels

¹⁰und gebot ihnen und sprach: Je nach sieben Jahren, zur Zeit des Erlaßjahrs, am Fest der Laubhütten,

¹¹wenn das ganze Israel kommt, zu erscheinen vor dem HERRN, deinem Gott, an dem Ort, den er erwählen wird, sollst du dieses Gesetz vor dem ganzen Israel ausrufen lassen vor ihren Ohren,

¹²nämlich vor der Versammlung des Volks (der Männer, Weiber und Kinder und deines Fremdlings, der in deinem Tor ist), auf daß sie es hören und lernen den HERRN, euren Gott, fürchten und es zu halten, daß sie tun alle Worte dieses Gesetzes,

¹³und daß ihre Kinder, die es nicht wissen, es auch hören und lernen den HERRN, euren Gott, fürchten alle Tage, die ihr in dem Lande lebt, darein ihr gehet über den Jordan, es einzunehmen.

¹⁴Und der HERR sprach zu Mose: Siehe, deine Zeit ist herbeigekommen, daß du stirbst. Rufe Josua und tretet in die Hütte des Stifts, daß ich ihm Befehl tue. Mose ging hin mit Josua, und sie traten in die Hütte des Stifts.

¹⁵Der HERR aber erschien in der Hütte in einer Wolkensäule, und die Wolkensäule stand in der Hütte Tür.

¹⁶Und der HERR sprach zu Mose: Siehe, du wirst schlafen mit deinen Vätern; und dies Volk wird aufkommen und wird abfallen zu fremden Göttern des Landes, darein sie kommen, und wird mich verlassen und den Bund fahren lassen, den ich mit ihm gemacht habe.

¹⁷So wird mein Zorn ergrimmen über sie zur selben Zeit, und ich werde sie verlassen und mein Antlitz vor ihnen verbergen, daß sie verzehrt werden. Und wenn sie dann viel Unglück und Angst treffen wird, werden sie sagen: Hat mich nicht dies Übel alles betreten, weil mein Gott nicht mit mir ist?

¹⁸Ich aber werde mein Antlitz verbergen zu der Zeit um alles Bösen willen, das sie getan haben, daß sie sich zu andern Göttern gewandt haben.

¹⁹So schreibt euch nun dies Lied und lehret es die Kinder Israel und legt es in ihren Mund, daß mir das Lied ein Zeuge sei unter den Kindern Israel.

²⁰Denn ich will sie in das Land bringen, das ich ihren Vätern geschworen habe, darin Milch und Honig fließt. Und wenn sie essen und satt und fett werden, so werden sie sich wenden zu andern Göttern und ihnen dienen und mich lästern und meinen Bund fahren lassen.

²¹Und wenn sie dann viel Unglück und Angst betreten wird, so soll dieses Lied ihnen antworten zum Zeugnis; denn es soll nicht vergessen werden aus dem Mund ihrer Nachkommen. Denn ich weiß ihre Gedanken, mit denen sie schon jetzt umgehen, ehe ich sie in das Land bringe, das ich geschworen habe.

²²Also schrieb Mose dieses Lied zur selben Zeit und lehrte es die Kinder Israel.

²³Und befahl Josua, dem Sohn Nuns, und sprach: Sei getrost und unverzagt; denn du sollst die Kinder Israel in das Land führen, das ich ihnen geschworen habe, und ich will mit dir sein.

²⁴Da nun Mose die Worte dieses Gesetzes ganz ausgeschrieben hatte in ein Buch,

²⁵gebot er den Leviten, die die Lade des Zeugnisses des HERRN trugen, und sprach:

²⁶Nehmt das Buch dieses Gesetzes und legt es an die Seite der Lade des Bundes des HERRN, eures Gottes, daß es daselbst ein Zeuge sei wider dich.

²⁷Denn ich kenne deinen Ungehorsam und deine Halsstarrigkeit. Siehe, wo ich noch heute mit euch lebe, seid ihr ungehorsam gewesen wider den HERRN; wie viel mehr nach meinem Tode!

²⁸So versammelt nun vor mich alle Ältesten eurer Stämme und eure Amtleute, daß ich diese Worte vor ihren Ohren rede und Himmel und Erde wider sie zu Zeugen nehme.

²⁹Denn ich weiß, daß ihr's nach meinem Tode verderben werdet und aus dem Wege treten, den ich euch geboten habe. So wird euch dann Unglück begegnen hernach, darum daß ihr übel getan habt vor den Augen des HERRN, daß ihr ihn erzürnet durch eurer Hände Werk.

³⁰Also redete Mose die Worte dieses Liedes ganz aus vor den Ohren der ganzen Gemeinde Israel:

Kapitel 32

¹Merkt auf, ihr Himmel, ich will reden, und die Erde höre die Rede meines Mundes.

²Meine Lehre triefe wie der Regen, und meine Rede fließe wie Tau, wie der Regen auf das Gras und wie die Tropfen auf das Kraut.

³Denn ich will den Namen des HERRN preisen. Gebt unserm Gott allein die Ehre!

⁴Er ist ein Fels. Seine Werke sind unsträflich; denn alles, was er tut, das ist recht. Treu ist Gott und kein Böses an ihm; gerecht und fromm ist er.

⁵Die verkehrte und böse Art fällt von ihm ab; sie sind Schandflecken und nicht seine Kinder.

⁶Dankest du also dem HERRN, deinem Gott, du toll und töricht Volk? Ist er nicht dein Vater und dein HERR? Ist's nicht er allein, der dich gemacht und bereitet hat?

⁷Gedenke der vorigen Zeit bis daher und betrachte, was er getan hat an den alten Vätern. Frage deinen Vater, der wird dir's verkündigen, deine Ältesten, die werden dir's sagen.

⁸Da der Allerhöchste die Völker zerteilte und zerstreute der Menschen Kinder, da setzte er die Grenzen der Völker nach der Zahl der Kinder Israel.

⁹Denn des HERRN teil ist sein Volk, Jakob ist sein Erbe.

Deuternomium

¹⁰Er fand ihn in der Wüste, in der dürren Einöde, da es heult. Er umfing ihn und hatte acht auf ihn; er behütete ihn wie seinen Augapfel.

¹¹Wie ein Adler ausführt seine Jungen und über ihnen schwebt, breitete er seine Fittiche aus und nahm ihn und trug ihn auf seinen Flügeln.

¹²Der HERR allein leitete ihn, und kein fremder Gott war mit ihm.

¹³Er ließ ihn hoch herfahren auf Erden und nährte ihn mit den Früchten des Feldes und ließ ihn Honig saugen aus den Felsen und Öl aus den harten Steinen,

¹⁴Butter von den Kühen und Milch von den Schafen samt dem Fetten von den Lämmern und feiste Widder und Böcke mit fetten Nieren und Weizen und tränkte ihn mit gutem Traubenblut.

¹⁵Da aber Jesurun fett ward, ward er übermütig. Er ist fett und dick und stark geworden und hat den Gott fahren lassen, der ihn gemacht hat. Er hat den Fels seines Heils gering geachtet

¹⁶und hat ihn zum Eifer gereizt durch fremde Götter; durch Greuel hat er ihn erzürnt.

¹⁷Sie haben den Teufeln geopfert und nicht ihrem Gott, den Göttern, die sie nicht kannten, den neuen, die zuvor nicht gewesen sind, die ihre Väter nicht geehrt haben.

¹⁸Deinen Fels, der dich gezeugt hat, hast du aus der Acht gelassen und hast vergessen Gottes, der dich gemacht hat.

¹⁹Und da es der HERR sah, ward er zornig über seine Söhne und Töchter,

²⁰und er sprach: Ich will mein Antlitz vor ihnen verbergen, will sehen, was ihnen zuletzt widerfahren wird; denn es ist eine verkehrte Art, es sind untreue Kinder.

²¹Sie haben mich gereizt an dem, das nicht Gott ist; mit ihrer Abgötterei haben sie mich erzürnt. Und ich will sie wieder reizen an dem, das nicht ein Volk ist; an einem törichten Volk will ich sie erzürnen.

²²Denn ein Feuer ist angegangen durch meinen Zorn und wird brennen bis in die unterste Hölle und wird verzehren das Land mit seinem Gewächs und wird anzünden die Grundfesten der Berge.

²³Ich will alles Unglück über sie häufen, ich will meine Pfeile in sie schießen.

²⁴Vor Hunger sollen sie verschmachten und verzehrt werden vom Fieber und von jähem Tod. Ich will der Tiere Zähne unter sie schicken und der Schlangen Gift.

²⁵Auswendig wird sie das Schwert berauben und inwendig der Schrecken, beide, Jünglinge und Jungfrauen, die Säuglinge mit dem grauen Mann.

²⁶Ich wollte sagen: "Wo sind sie? ich werde ihr Gedächtnis aufheben unter den Menschen",

²⁷wenn ich nicht den Zorn der Feinde scheute, daß nicht ihre Feinde stolz würden und möchten sagen: Unsre Macht ist hoch, und der HERR hat nicht solches alles getan.

²⁸Denn es ist ein Volk, darin kein Rat ist, und ist kein Verstand in ihnen.

²⁹O, daß sie weise wären und vernähmen solches, daß sie verstünden, was ihnen hernach begegnen wird!

³⁰Wie gehet es zu, daß einer wird ihrer tausend jagen, und zwei werden zehntausend flüchtig machen? Ist es nicht also, daß sie ihr Fels verkauft hat und der HERR sie übergeben hat?

³¹Denn unser Fels ist nicht wie ihr Fels, des sind unsre Feinde selbst Richter.

³²Denn ihr Weinstock ist vom Weinstock zu Sodom und von dem Acker Gomorras; ihre Trauben sind Galle, sie haben bittere Beeren;

³³ihr Wein ist Drachengift und wütiger Ottern Galle.

³⁴Ist solches nicht bei mir verborgen und versiegelt in meinen Schätzen?

³⁵Die Rache ist mein; ich will vergelten. Zu seiner Zeit soll ihr Fuß gleiten; denn die Zeit ihres Unglücks ist nahe, und was über sie kommen soll, eilt herzu.

³⁶Denn der HERR wird sein Volk richten, und über seine Knechte wird er sich erbarmen. Denn er wird ansehen, daß ihre Macht dahin ist und beides, das Verschlossene und Verlassene, weg ist.

³⁷Und man wird sagen: Wo sind ihre Götter, ihr Fels, auf den sie trauten?

³⁸Welche das Fett ihrer Opfer aßen und tranken den Wein ihrer Trankopfer, laßt sie aufstehen und euch helfen und schützen!

³⁹Seht ihr nun, daß ich's allein bin und ist kein Gott neben Mir! Ich kann töten und lebendig machen, ich kann schlagen und heilen, und ist niemand, der aus meiner Hand errette.

⁴⁰Denn ich will meine Hand in den Himmel heben und will sagen: Ich lebe ewiglich.

⁴¹Wenn ich den Blitz meines Schwerts wetzen werde und meine Hand zur Strafe greifen wird, so will ich mich wieder rächen an meinen Feinden und denen, die mich hassen, vergelten.

⁴²Ich will meine Pfeile mit Blut trunken machen, und mein Schwert soll Fleisch fressen, mit dem Blut der Erschlagenen und Gefangenen, von dem entblößten Haupt des Feindes.

⁴³Jauchzet alle, die ihr sein Volk seid; denn er wird das Blut seiner Knechte rächen und wird sich an seinen Feinden rächen und gnädig sein dem Lande seines Volkes.

⁴⁴Und Mose kam und redete alle Worte dieses Liedes vor den Ohren des Volks, er und Josua, der Sohn Nuns.

⁴⁵Da nun Mose solches alles ausgeredet hatte zum ganzen Israel,

⁴⁶sprach er zu ihnen: Nehmet zu Herzen alle Worte, die ich euch heute bezeuge, daß ihr euren Kindern befehlt, daß sie halten und tun alle Worte dieses Gesetzes.

⁴⁷Denn es ist nicht ein vergebliches Wort an euch, sondern es ist euer Leben; und solches Wort wird euer Leben verlängern in dem Lande, da ihr hin gehet über den Jordan, daß ihr es einnehmet.

⁴⁸Und der HERR redete mit Mose desselben Tages und sprach:

⁴⁹Gehe auf das Gebirge Abarim, auf den Berg Nebo, der da liegt im Moabiterland, gegenüber Jericho, und schaue das Land Kanaan, das ich den Kindern Israel zum Eigentum geben werde,

⁵⁰und stirb auf dem Berge, wenn du hinaufgekommen bist, und versamme dich zu deinem Volk, gleich wie dein Bruder Aaron starb auf dem Berge Hor und sich zu seinem Volk versammelte.

⁵¹darum daß ihr euch an mir versündigt habt unter den Kindern Israel bei dem Haderwasser zu Kades in der Wüste Zin, daß ihr mich nicht heiligtet unter den Kindern Israel;

⁵²denn du sollst das Land vor dir sehen, daß ich den Kindern Israel gebe, aber du sollst nicht hineinkommen.

Kapitel 33

¹Dies ist der Segen, damit Mose, der Mann Gottes, die Kinder Israel vor seinem Tode segnete.

²Und er sprach: Der Herr ist vom Sinai gekommen und ist ihnen aufgegangen von Seir; er ist hervorgebrochen von dem Berge Pharan und ist gekommen mit viel tausend Heiligen; zu seiner rechten Hand ist ein feuriges Gesetz an sie.

³Wie hat er die Leute so lieb! Alle seine Heiligen sind in deiner Hand; sie werden sich setzen zu deinen Füßen und werden lernen von deinen Worten.

⁴Mose hat uns das Gesetz geboten, das Erbe der Gemeinde Jakobs.

⁵Und Er ward König über Jesurun, als sich versammelten die Häupter des Volks samt den Stämmen Israels.

⁶Ruben lebe, und sterbe nicht, und er sei ein geringer Haufe.

⁷Dies ist der Segen Juda's. Und er sprach: HERR, erhöre die Stimme Juda's und mache ihn zum Regenten in seinem Volk und laß seine Macht groß werden, und ihm müsse wider seine Feinde geholfen werden.

⁸Und zu Levi sprach er: Deine Macht und dein Licht bleibe bei deinem heiligen Mann, den du versucht hast zu Massa, da ihr hadertet am Haderwasser.

⁹Wer von seinem Vater und von seiner Mutter spricht: Ich sehe ihn nicht, und von seinem Bruder: Ich kenne ihn nicht, und von seinem Sohn: Ich weiß nicht, die halten deine Rede und bewahren deinen Bund;

¹⁰die werden Jakob deine Rechte lehren und Israel dein Gesetz; die werden Räuchwerk vor deine Nase legen und ganze Opfer auf deinen Altar.

¹¹HERR, segne sein Vermögen und laß dir gefallen die Werke seiner Hände; zerschlage den Rücken derer, die sich wider ihn auflehnen, und derer, die ihn hassen, daß sie nicht aufkommen.

¹²Und zu Benjamin sprach er: der Geliebte des HERRN wird sicher wohnen; allezeit wird er über ihm halten und wird zwischen seinen Schultern wohnen.

¹³Und zu Joseph sprach er: Sein Land liegt im Segen des HERRN: da sind edle Früchte vom Himmel, vom Tau und von der Tiefe, die unten liegt;

¹⁴da sind edle Früchte von der Sonne, und edle, reife Früchte der Monde,

¹⁵und von den hohen Bergen von alters her und von den Hügeln für und für

¹⁶und edle Früchte von der Erde und dem, was darinnen ist. Die Gnade des, der in dem Busch wohnte, komme auf das Haupt Josephs und auf den Scheitel des Geweihten unter seinen Brüdern.

¹⁷Seine Herrlichkeit ist wie eines erstgeborenen Stieres, und seine Hörner sind wie Einhornshörner; mit denselben wird er die Völker stoßen zuhauf bis an des Landes Enden. Das sind die Zehntausende Ephraims und die Tausende Manasses.

¹⁸Und zu Sebulon sprach er: Sebulon freue dich deines Auszugs;

aber Isaschar, freue dich deiner Hütten.

[19]Sie werden die Völker auf den Berg rufen und daselbst opfern Opfer der Gerechtigkeit. Denn sie werden die Menge des Meers saugen und die versenkten Schätze im Sande.

[20]Und zu Gad sprach er: Gelobt sei, der Gad Raum macht! Er liegt wie ein Löwe und raubt den Arm und den Scheitel,

[21]und er ersah sich das Erbe, denn daselbst war ihm eines Fürsten Teil aufgehoben, und er kam mit den Obersten des Volks und vollführte die Gerechtigkeit des HERRN und seine Rechte an Israel.

[22]Und zu Dan sprach er: Dan ein junger Löwe, der herausspringt von Basan.

[23]Und zu Naphthali sprach er: Naphthali wird genug haben, was er begehrt, und wird voll Segens des HERRN sein; gegen Abend und Mittag wird sein Besitz sein.

[24]Und zu Asser sprach er: Asser sei gesegnet unter den Söhnen und tauche seinen Fuß in Öl.

[25]Eisen und Erz sei dein Riegel; dein Alter sei wie die Jugend.

[26]Es ist kein Gott wie der Gott Jesuruns. Der im Himmel sitzt, der sei deine Hilfe, und des Herrlichkeit in Wolken ist.

[27]Zuflucht ist bei dem alten Gott und unter den ewigen Armen. Und er wird vor dir her deinen Feind austreiben und sagen: Sei vertilgt!

[28]Israel wird sicher allein wohnen; der Brunnen Jakobs wird sein in dem Lande, da Korn und Most ist, dazu sein Himmel wird mit Tau triefen.

[29]Wohl dir, Israel! Wer ist dir gleich? O Volk, das du durch den HERRN selig wirst, der deiner Hilfe Schild und das Schwert deines Sieges ist! Deinen Feinden wird's fehlen; aber du wirst auf ihren Höhen einhertreten.

Kapitel 34

[1]Und Mose ging von dem Gefilde der Moabiter auf den Berg Nebo, auf die Spitze des Gebirges Pisga, gegenüber Jericho. Und der HERR zeigte ihm das ganze Land Gilead bis gen Dan

[2]und das ganze Naphthali und das Land Ephraim und Manasse und das ganze Land Juda bis an das Meer gegen Abend

[3]und das Mittagsland und die Gegend der Ebene Jerichos, der Palmenstadt, bis gen Zoar.

[4]Und der HERR sprach zu ihm: Dies ist das Land, das ich Abraham, Isaak und Jakob geschworen habe und gesagt: Ich will es deinem Samen geben. Du hast es mit deinen Augen gesehen; aber du sollst nicht hinübergehen.

[5]Also starb Mose, der Knecht des HERRN, daselbst im Lande der Moabiter nach dem Wort des HERRN.

[6]Und er begrub ihn im Tal im Lande der Moabiter gegenüber Beth-Peor. Und niemand hat sein Grab erfahren bis auf diesen heutigen Tag.

[7]Und Mose war hundertundzwanzig Jahre alt, da er starb. Seine Augen waren nicht dunkel geworden, und seine Kraft war nicht verfallen.

[8]Und die Kinder Israel beweinten Mose im Gefilde der Moabiter dreißig Tage; und es wurden vollendet die Tage des Weinens und Klagens über Mose.

[9]Josua aber, der Sohn Nuns, ward erfüllt mit dem Geist der Weisheit; denn Mose hatte seine Hände auf ihn gelegt. Und die Kinder Israel gehorchten ihm und taten, wie der HERR dem Mose geboten hatte.

[10]Und es stand hinfort kein Prophet in Israel auf wie Mose, den der HERR erkannt hätte von Angesicht zu Angesicht,

[11]zu allerlei Zeichen und Wundern, dazu ihn der HERR sandte, daß er sie täte in Ägyptenland an Pharao und an allen seinen Knechten und an allem seinem Lande

[12]und zu aller dieser mächtigen Hand und den schrecklichen Taten, die Mose tat vor den Augen des ganzen Israels.

Josua

Kapitel 1

¹Nach dem Tode Mose's, des Knechts des HERRN, sprach der HERR zu Josua, dem Sohn Nuns, Mose's Diener:

²Mein Knecht Mose ist gestorben; so mache dich nun auf und zieh über den Jordan, du und dies ganze Volk, in das Land, das ich ihnen, den Kindern Israel, gegeben habe.

³Alle Stätten, darauf eure Fußsohlen treten werden, habe ich euch gegeben, wie ich Mose geredet habe.

⁴Von der Wüste an und diesem Libanon bis an das große Wasser Euphrat, das ganze Land der Hethiter, bis an das große Meer gegen Abend sollen eure Grenzen sein.

⁵Es soll dir niemand widerstehen dein Leben lang. Wie ich mit Mose gewesen bin, also will ich auch mit dir sein. Ich will dich nicht verlassen noch von dir weichen.

⁶Sei getrost und unverzagt; denn du sollst diesem Volk das Land austeilen, das ich ihren Vätern geschworen habe, daß ich's ihnen geben wollte.

⁷Sei nur getrost und sehr freudig, daß du haltest und tust allerdinge nach dem Gesetz, das dir Mose, mein Knecht, geboten hat. Weiche nicht davon, weder zur Rechten noch zur Linken, auf daß du weise handeln mögest in allem, was du tun sollst.

⁸Und laß dieses Buch des Gesetzes nicht von deinem Munde kommen, sondern betrachte es Tag und Nacht, auf daß du haltest und tust allerdinge nach dem, was darin geschrieben steht. Alsdann wird es dir gelingen in allem, was du tust, und wirst weise handeln können.

⁹Siehe, ich habe dir geboten, daß du getrost und freudig seist. Laß dir nicht grauen und entsetze dich nicht; denn der HERR, dein Gott, ist mit dir in allem, was du tun wirst.

¹⁰Da gebot Josua den Hauptleuten des Volks und sprach:

¹¹Geht durch das Lager und gebietet dem Volk und sprecht: Schafft euch Vorrat; denn über drei Tage werdet ihr über diesen Jordan gehen, daß ihr hineinkommt und das Land einnehmt, daß euch der HERR, euer Gott, geben wird.

¹²Und zu den Rubenitern, Gaditern und dem halben Stamm Manasse sprach Josua:

¹³Gedenket an das Wort, das euch Mose, der Knecht des HERRN, sagte und sprach: Der HERR, euer Gott, hat euch zur Ruhe gebracht und dies Land gegeben.

¹⁴Eure Weiber und Kinder und Vieh laßt in dem Lande bleiben, das euch Mose gegeben hat, diesseit des Jordans; ihr aber sollt vor euren Brüdern her ziehen gerüstet, was streitbare Männer sind, und ihnen helfen,

¹⁵bis daß der HERR eure Brüder auch zur Ruhe bringt wie euch, daß sie auch einnehmen das Land, das ihnen der HERR, euer Gott, geben wird. Alsdann sollt ihr wieder umkehren in euer Land, das euch Mose, der Knecht des HERRN, gegeben hat zu besitzen diesseit des Jordans, gegen der Sonne Aufgang.

¹⁶Und sie antworteten Josua und sprachen: Alles, was du uns geboten hast, das wollen wir tun; und wo du uns hinsendest, da wollen wir hin gehen.

¹⁷Wie wir Mose gehorsam sind gewesen, so wollen wir dir auch gehorsam sein; allein, daß der HERR, dein Gott, nur mit dir sei, wie er mit Mose war.

¹⁸Wer deinem Mund ungehorsam ist und nicht gehorcht deinen Worten in allem, was du uns gebietest, der soll sterben. Sei nur getrost und unverzagt!

Kapitel 2

¹Josua aber, der Sohn Nuns, hatte zwei Kundschafter heimlich ausgesandt von Sittim und ihnen gesagt: Geht hin, beseht das Land und Jericho. Die gingen hin und kamen in das Haus einer Hure, die hieß Rahab, und kehrten zu ihr ein.

²Da ward dem König von Jericho gesagt: Siehe, es sind in dieser Nacht Männer hereingekommen von den Kindern Israel, das Land zu erkunden.

³Da sandte der König zu Jericho zu Rahab und ließ ihr sagen: Gib die Männer heraus, die zu dir in dein Haus gekommen sind; denn sie sind gekommen, das ganze Land zu erkunden.

⁴Aber das Weib verbarg die zwei Männer und sprach also: Es sind ja Männer zu mir hereingekommen; aber ich wußte nicht, woher sie waren.

⁵Und da man die Tore wollte zuschließen, da es finster war, gingen sie hinaus, daß ich nicht weiß, wo sie hingegangen sind. Jagt ihnen eilend nach, denn ihr werdet sie ergreifen.

⁶Sie aber ließ sie auf das Dach steigen und verdeckte sie unter die Flachsstengel, die sie auf dem Dache ausgebreitet hatte.

⁷Aber die Männer jagten ihnen nach auf dem Wege zum Jordan bis an die Furt; und man schloß das Tor zu, da die hinaus waren, die ihnen nachjagten.

⁸Und ehe denn die Männer sich schlafen legten, stieg sie zu ihnen hinauf auf das Dach

⁹und sprach zu ihnen: Ich weiß, daß der HERR euch das Land gegeben hat; denn ein Schrecken ist über uns gefallen vor euch, und alle Einwohner des Landes sind feig geworden.

¹⁰Denn wir haben gehört, wie der HERR hat das Wasser im Schilfmeer ausgetrocknet vor euch her, da ihr aus Ägypten zoget, und was ihr den zwei Königen der Amoriter, Sihon und Og, jenseit des Jordans getan habt, wie ihr sie verbannt habt.

¹¹Und seit wir solches gehört haben, ist unser Herz verzagt und ist kein Mut mehr in jemand vor euch; denn der HERR, euer Gott, ist Gott oben im Himmel und unten auf Erden.

¹²So schwört mir nun bei dem HERRN, daß, weil ich an euch Barmherzigkeit getan habe, ihr auch an meines Vaters Hause Barmherzigkeit tut; und gebt mir ein gewisses Zeichen,

¹³daß ihr leben lasset meinen Vater, meine Mutter, meine Brüder und meine Schwestern und alles, was sie haben, und errettet unsere Seelen vom Tode.

¹⁴Die Männer sprachen zu ihr: Tun wir nicht Barmherzigkeit und Treue an dir, wenn uns der HERR das Land gibt, so soll unsere Seele für euch des Todes sein, sofern du unser Geschäft nicht verrätst.

¹⁵Da ließ sie dieselben am Seil durchs Fenster hernieder; denn ihr Haus war an der Stadtmauer, und sie wohnte auch auf der Mauer.

¹⁶Und sie sprach zu ihnen: Geht auf das Gebirge, daß euch nicht begegnen, die euch nachjagen, und verbergt euch daselbst drei Tage, bis daß sie wiederkommen, die euch nachjagen; darnach geht eure Straße.

¹⁷Die Männer aber sprachen zu ihr: Wir wollen aber des Eides los sein, den du von uns genommen hast,

¹⁸wenn wir kommen ins Land und du nicht dies rote Seil in das Fenster knüpfst, womit du uns herniedergelassen hast, und zu dir ins Haus versammelst deinen Vater, deine Mutter, deine Brüder und deines Vaters ganzes Haus.

¹⁹Und wer zu Tür deines Hauses herausgeht, des Blut sei auf seinem Haupt, und wir unschuldig; aber aller, die in deinem Hause sind, so eine Hand an sie gelegt wird, soll ihr Blut auf unserm Haupt sein.

²⁰Und so du etwas von diesem unserm Geschäft wirst aussagen, so wollen wir des Eides los sein, den du von uns genommen hast.

²¹Sie sprach: Es sei, wie ihr sagt, und ließ sie gehen. Und sie gingen hin. Und sie knüpfte das rote Seil ins Fenster.

²²Sie aber gingen hin und kamen aufs Gebirge und blieben drei Tage daselbst, bis daß die wiederkamen, die ihnen nachjagten. Denn sie hatten sie gesucht auf allen Straßen, und doch nicht gefunden.

²³Also kehrten die zwei Männer wieder und gingen vom Gebirge und fuhren über und kamen zu Josua, dem Sohne Nuns, und erzählten ihm alles, wie sie es gefunden hatten,

²⁴und sprachen zu Josua: Der HERR hat uns alles Land in unsre Hände gegeben; so sind auch alle Einwohner des Landes feig vor uns.

Kapitel 3

¹Und Josua machte sich früh auf, und sie zogen aus Sittim und kamen an den Jordan, er und alle Kinder Israel, und blieben daselbst über Nacht, ehe sie hinüberzogen.

²Nach drei Tagen aber gingen die Hauptleute durchs Lager

³und geboten dem Volk und sprachen: Wenn ihr sehen werdet die Lade des Bundes des HERRN, eures Gottes, und die Priester aus den Leviten sie tragen, so ziehet aus von eurem Ort und folgt ihr nach.

⁴Doch daß zwischen euch und ihr Raum sei bei zweitausend Ellen. Ihr sollt nicht zu ihr nahen, auf daß ihr wisset, auf welchem Weg ihr gehen sollt; denn ihr seid den Weg bisher nicht gegangen.

⁵Und Josua sprach zu dem Volk: Heiligt euch; denn morgen wir der HERR ein Wunder unter euch tun.

⁶Und zu den Priestern sprach er: Tragt die Lade des Bundes und geht vor dem Volk her. Da trugen sie die Lade des Bundes und gingen vor dem Volk her.

⁷Und der HERR sprach zu Josua: Heute will ich anfangen, dich groß zu machen vor dem ganzen Israel, daß sie wissen, wie ich mit Mose gewesen bin, also sei ich auch mit dir.

⁸Und du gebiete den Priestern, die die Lade des Bunde tragen, und sprich: Wenn ihr kommt vorn ins Wasser des Jordans, so steht still.

⁹Und Josua sprach zu den Kindern Israel: Herzu! und Hört die Worte des HERRN, eures Gottes!

¹⁰Und sprach: Dabei sollt ihr merken, daß ein lebendiger Gott unter euch ist, und daß er vor euch austreiben wird die Kanaaniter, Hethiter, Heviter, Pheresiter, Girgasiter, Amoriter und Jebusiter.

¹¹Siehe, die Lade des Bundes des Herrschers über alle Welt wird vor euch her gehen in den Jordan.

¹²So nehmt nun zwölf aus den Stämmen Israels, aus jeglichem Stamm einen.

¹³Wenn dann die Fußsohlen der Priester, die des HERRN Lade, des Herrschers über alle Welt, tragen, in des Jordans Wasser sich lassen, so wird das Wasser, das von oben herabfließt im Jordan, abreißen, daß es auf einem Haufen stehen bleibe.

¹⁴Da nun das Volk auszog aus seinen Hütten, daß sie über den Jordan gingen, und die Priester die Lade des Bundes vor dem Volk her trugen

¹⁵und an den Jordan kamen und ihre Füße vorn ins Wasser tauchten (der Jordan aber war voll an allen seinen Ufern die ganze Zeit der Ernte),

¹⁶da stand das Wasser, das von oben herniederkam, aufgerichtet auf einem Haufen, sehr ferne, bei der Stadt Adam, die zur Seite Zarthans liegt; aber das Wasser das zum Meer hinunterlief, zum Salzmeer, das nahm ab und verfloß. Also ging das Volk hinüber, Jericho gegenüber.

¹⁷Und die Priester, die die Lade des Bundes des HERRN trugen, standen still im Trockenen mitten im Jordan. Und ganz Israel ging trocken durch, bis das ganze Volk alles über den Jordan kam.

Kapitel 4

¹Da nun das Volk ganz über den Jordan gegangen war, sprach der HERR zu Josua:

²Nehmt euch zwölf Männer, aus jeglichem Stamm einen,

³und gebietet ihnen und sprecht: Hebt auf aus dem Jordan zwölf Steine von dem Ort, da die Füße der Priester stillgestanden sind, und bringt sie mit euch hinüber, daß ihr sie in der Herberge laßt, da ihr diese Nacht herbergen werdet.

⁴Da rief Josua die zwölf Männer, die er verordnet hatte aus den Kindern Israel, aus jeglichem Stamm einen,

⁵und sprach zu ihnen: Geht hinüber vor die Lade des HERRN, eures Gottes, mitten in den Jordan und hebe ein jeglicher einen Stein auf seine Achsel, nach der Zahl der Stämme der Kinder Israel,

⁶daß sie ein Zeichen seien unter euch. Wenn eure Kinder hernach ihre Väter fragen werden und sprechen: Was tun diese Steine da?

⁷so sollt ihr ihnen sagen: Weil das Wasser des Jordans abgerissen ist vor der Lade des Bundes des HERRN, da sie durch den Jordan ging, sollen diese Steine den Kindern Israels ein ewiges Gedächtnis sein.

⁸Da taten die Kinder Israel, wie ihnen Josua geboten hatte, und trugen zwölf Steine mitten aus dem Jordan, wie der HERR zu Josua gesagt hatte, nach der Zahl der Stämme der Kinder Israel, und brachten sie mit sich hinüber in die Herberge und ließen sie daselbst.

⁹Und Josua richtete zwölf Steine auf mitten im Jordan, da die Füße der Priester gestanden waren, die die Lade des Bundes trugen; die sind noch daselbst bis auf diesen Tag.

¹⁰Denn die Priester, die die Lade trugen, standen mitten in Jordan, bis daß alles ausgerichtet ward, was der HERR dem Josua geboten hatte. Und das Volk eilte und ging hinüber.

¹¹Da nun das Volk ganz hinübergegangen war, da ging die Lade des HERRN auch hinüber und die Priester vor dem Volk her.

¹²Und die Rubeniter und Gaditer und der halbe Stamm Manasse gingen gerüstet vor den Kindern Israel her, wie Mose zu ihnen geredet hatte.

¹³Bei vierzigtausend Gerüstete zum Heer gingen vor dem HERRN zum Streit auf das Gefilde Jerichos.

¹⁴An dem Tage machte der HERR den Josua groß vor dem ganzen Israel; und sie fürchteten ihn, wie sie Mose fürchteten, sein Leben lang.

¹⁵Und der HERR sprach zu Josua:

¹⁶Gebiete den Priestern, die die Lade des Zeugnisses tragen, daß sie aus dem Jordan heraufsteigen.

¹⁷Also gebot Josua den Priestern und sprach: Steigt herauf aus dem Jordan!

¹⁸Und da die Priester, die die Lade des HERRN trugen, aus dem Jordan heraufstiegen und mit ihren Fußsohlen aufs Trockene traten, kam das Wasser des Jordans wieder an seine Stätte und floß wie zuvor an allen seinen Ufern.

¹⁹Es war aber der zehnte Tag des ersten Monats, da das Volk aus dem Jordan heraufstieg; und lagerten sich in Gilgal, gegen Morgen vor der Stadt Jericho.

²⁰Und die zwölf Steine, die sie aus dem Jordan genommen hatten, richtete Josua auf zu Gilgal

²¹und sprach zu den Kinder Israel: Wenn eure Kinder hernach ihre Väter fragen werden und sagen: Was sollen diese Steine?

²²So sollt ihr's ihnen kundtun und sagen: Israel ging trocken durch den Jordan,

²³da der HERR, euer Gott, das Wasser des Jordans austrocknete vor euch, bis ihr hinüberginget, gleichwie der HERR, euer Gott, tat in dem Schilfmeer, das er vor uns austrocknete, bis wir hindurchgingen,

²⁴auf daß alle Völker auf Erden die Hand des HERRN erkennen, wie mächtig sie ist, daß ihr den HERRN, euren Gott, fürchtet allezeit.

Kapitel 5

¹Da nun alle Könige der Amoriter, die jenseit des Jordans gegen Abend wohnten, und alle Könige der Kanaaniter am Meer hörten, wie der HERR das Wasser des Jordans hatte ausgetrocknet vor den Kindern Israel, bis sie hinübergingen, verzagte ihr Herz, und war kein Mut mehr in ihnen vor den Kindern Israel.

²Zu der Zeit sprach der HERR zu Josua: Mach dir steinerne Messer und beschneide die Kinder Israel zum andernmal.

³Da machte sich Josua steinerne Messer und beschnitt die Kinder Israel auf dem Hügel Araloth.

⁴Und das ist die Sache, darum Josua sie beschnitt: Alles Volk, das aus Ägypten gezogen war, die Männer, alle Kriegsleute, waren gestorben in der Wüste auf dem Wege, da sie aus Ägypten zogen.

⁵Denn alles Volk, das auszog war beschnitten; aber alles Volk, das in der Wüste geboren war, auf dem Wege, da sie aus Ägypten zogen, das war nicht beschnitten.

⁶Denn die Kinder Israel wandelten vierzig Jahre in der Wüste, bis daß das ganze Volk der Kriegsmänner, die aus Ägypten gezogen waren, umkamen, darum daß sie der Stimme des HERRN nicht gehorcht hatten; wie denn der HERR ihnen geschworen hatte uns zu geben, ein Land, darin Milch und Honig fließt.

⁷Deren Kinder, die an ihrer Statt waren aufgekommen, beschnitt Josua; denn sie hatten Vorhaut und waren auf dem Wege nicht beschnitten.

⁸Und da das ganze Volk beschnitten war, blieben sie an ihrem Ort im Lager, bis sie heil wurden.

⁹Und der HERR sprach zu Josua: Heute habe ich die Schande Ägyptens von euch gewendet. Und diese Stätte ward Gilgal genannt bis auf diesen Tag.

¹⁰Und als die Kinder Israel also in Gilgal das Lager hatten, hielten sie Passah am vierzehnten Tage des Monats am Abend auf dem Gefilde Jerichos

¹¹und aßen vom Getreide des Landes am Tag nach dem Passah, nämlich ungesäuertes Brot und geröstete Körner, ebendesselben Tages.

¹²Und das Man hörte auf des andern Tages, da sie des Landes Getreide aßen, daß die Kinder Israel kein Man mehr hatten, sondern aßen vom Getreide des Landes Kanaan in demselben Jahr.

¹³Und es begab sich, da Josua bei Jericho war, daß er seine Augen aufhob und ward gewahr, daß ein Mann ihm gegenüberstand und hatte sein bloßes Schwert in seiner Hand. Und Josua ging zu ihm und sprach zu ihm: Gehörst du uns an oder unsern Feinden?

¹⁴Er sprach: Nein, sondern ich bin ein Fürst über das Heer des HERRN und bin jetzt gekommen. Da fiel Josua auf sein Angesicht zur Erde und betete an und sprach zu ihm: Was sagt mein HERR seinem Knecht?

¹⁵Und der Fürst über das Heer des HERRN sprach zu Josua: Zieh deine Schuhe aus von deinen Füßen; denn die Stätte, darauf du stehst, ist heilig. Und Josua tat also.

Kapitel 6

¹Jericho aber war verschlossen und verwahrt vor den Kindern Israel, daß niemand aus oder ein kommen konnte,

²Aber der HERR sprach zu Josua: Siehe da, ich habe Jericho samt seinem König und seinen Kriegsleuten in deine Hände gegeben.

³Laß alle Kriegsmänner rings um die Stadt her gehen einmal, und tue sechs Tage also.

⁴Und laß sieben Priester sieben Posaunen des Halljahrs tragen vor der Lade her, und am siebenten Tage geht siebenmal um die Stadt, und laß die Priester die Posaunen blasen.

⁵Und wenn man das Halljahrshorn bläst und es lange tönt, daß ihr die Posaune hört, so soll das ganze Volk ein großes Feldgeschrei machen, so werden der Stadt Mauern umfallen, und das Volk soll hineinsteigen, ein jeglicher stracks vor sich.

⁶Da rief Josua, der Sohn Nuns, die Priester und sprach zu ihnen: Tragt die Lade des Bundes, und sieben Priester laßt sieben

Halljahrsposaunen tragen vor der Lade des HERRN.

⁷Zieht hin und geht um die Stadt; wer gerüstet ist, gehe vor der Lade des HERRN her.

⁸Da Josua solches dem Volk gesagt hatte, trugen die sieben Priester sieben Halljahrsposaunen vor der Lade des HERRN her und gingen und bliesen die Posaunen; und die Lade des Bundes des HERRN folgt ihnen nach.

⁹Und wer gerüstet war, ging vor den Priestern her, die die Posaunen bliesen; und der Haufe folgte der Lade nach, und man blies Posaunen.

¹⁰Josua aber gebot dem Volk und sprach: Ihr sollt kein Feldgeschrei machen noch eure Stimme hören lassen, noch soll ein Wort aus eurem Munde gehen bis auf den Tag, da ich zu euch sagen werde: Macht ein Feldgeschrei! so macht dann ein Feldgeschrei.

¹¹Also ging die Lade des HERRN rings um die Stadt einmal, und sie kamen in das Lager und blieben darin über Nacht.

¹²Und Josua machte sich des Morgens früh auf, und die Priester trugen die Lade des HERRN.

¹³So trugen die sieben Priester die sieben Halljahrsposaunen vor der Lade des HERRN her und gingen und bliesen Posaunen; und wer gerüstet war, ging vor ihnen her, und der Haufe folgte der Lade des HERRN, und man blies Posaunen.

¹⁴Des andern Tages gingen sie auch einmal um die Stadt und kamen wieder ins Lager. Also taten sie sechs Tage.

¹⁵Am siebenten Tage aber, da die Morgenröte aufging, machten sie sich früh auf und gingen nach derselben Weise siebenmal um die Stadt, daß sie desselben einen Tages siebenmal um die Stadt kamen.

¹⁶Und beim siebentenmal, da die Priester die Posaunen bliesen, sprach Josua zum Volk: Macht ein Feldgeschrei; denn der HERR hat euch die Stadt gegeben.

¹⁷Aber diese Stadt und alles, was darin ist, soll dem HERRN verbannt sein. Allein die Hure Rahab soll leben bleiben und alle, die mit ihr im Hause sind; denn sie hat die Boten verborgen, die wir aussandten.

¹⁸Allein hütet euch von dem Verbannten, daß ihr euch nicht verbannt, so ihr des Verbannten etwas nehmt, und macht das Lager Israel verbannt und bringt's in Unglück.

¹⁹Aber alles Silber und Gold samt dem ehernen Geräte soll dem HERRN geheiligt sein, daß es zu des HERRN Schatz komme.

²⁰Da machte das Volk ein Feldgeschrei, und man blies die Posaunen. Denn als das Volk den Hall der Posaunen hörte, machte es ein großes Feldgeschrei. Und die Mauer fielen um, und das Volk erstieg die Stadt, ein jeglicher stracks vor sich. Also gewannen sie die Stadt

²¹und verbannten alles, was in der Stadt war, mit der Schärfe des Schwerts: Mann und Weib, jung und alt, Ochsen, Schafe und Esel.

²²Aber Josua sprach zu den zwei Männern, die das Land ausgekundschaftet hatten: Geht in das Haus der Hure und führt das Weib von dort heraus mit allem, was sie hat, wie ihr versprochen habt.

²³Da gingen die Jünglinge, die Kundschafter, hinein und führten Rahab heraus samt Vater und Mutter und Brüdern und alles, was sie hatte, und alle ihre Geschlechter und ließ sie draußen, außerhalb des Lagers Israels.

²⁴Aber die Stadt verbrannten sie mit Feuer und alles, was darin war. Allein das Silber und Gold und eherne und eiserne Geräte taten sie zum Schatz in das Haus des HERRN.

²⁵Rahab aber, die Hure, samt dem Hause ihres Vaters und alles, was sie hatte, ließ Josua leben. Und sie wohnt in Israel bis auf diesen Tag, darum daß sie die Boten verborgen hatte, die Josua auszukundschaften gesandt hatte gen Jericho.

²⁶Zu der Zeit schwur Josua und sprach: Verflucht sei der Mann vor dem HERRN, der sich aufmacht und diese Stadt Jericho wieder baut! Wenn er einen Grund legt, das koste ihn den ersten Sohn; wenn er ihre Tore setzt, das koste ihn seinen jüngsten Sohn!

²⁷Also war der HERR mit Josua, daß man von ihm sagte in allen Landen.

Kapitel 7

¹Aber die Kinder Israel vergriffen sich an dem Verbannten; denn Achan, der Sohn Charmis, des Sohnes Sabdis, des Sohnes Serahs, vom Stamm Juda nahm des Verbannten etwas. Da ergrimmte der Zorn des HERRN über die Kinder Israel.

²Und Josua sandte Männer aus von Jericho gen Ai, das bei Beth-Aven liegt, gegen Morgen vor Beth-El, und sprach zu ihnen: Geht hinauf und erkundet das Land! Und da sie hinaufgegangen waren und Ai erkundet hatten,

³kamen sie wieder zu Josua und sprachen zu ihm: Laß nicht das ganze Volk hinaufziehen, sondern bei zwei-oder dreitausend Mann, daß sie hinaufziehen und schlagen Ai, daß nicht das ganze Volk sich daselbst bemühe; denn ihrer ist wenig.

⁴Also zogen hinauf des Volks bei dreitausend Mann, und sie flohen vor den Männern zu Ai.

⁵Und die von Ai schlugen ihrer bei sechsunddreißig Mann und jagten sie vor dem Tor bis gen Sabarim und schlugen sie den Weg herab. Da ward dem Volk das Herz verzagt und ward zu Wasser.

⁶Josua aber zerriß seine Kleider und fiel auf sein Angesicht zur Erde vor der Lade des HERRN bis auf den Abend samt den Ältesten Israels, und sie warfen Staub auf ihre Häupter.

⁷Und Josua sprach: Ach HERR HERR, warum hast du dies Volk über den Jordan geführt, daß du uns in die Hände der Amoriter gäbest, uns umzubringen? O, daß wir's uns hätten gefallen lassen, jenseit des Jordans zu bleiben!

⁸Ach, mein HERR, was soll ich sagen, weil Israel seinen Feinden den Rücken kehrt?

⁹Wenn das die Kanaaniter und alle Einwohner des Landes hören, so werden sie uns umbringen und auch unsern Namen ausrotten von der Erde. Was willst du denn für deinen großen Namen tun?

¹⁰Da sprach der HERR zu Josua: Stehe auf! Warum liegst du also auf deinem Angesicht?

¹¹Israel hat sich versündigt, sie haben meinen Bund übertreten, den ich ihnen angeboten habe, und haben des Verbannten etwas genommen und gestohlen und es verleugnet und unter eure Geräte gelegt.

¹²Die Kinder Israel können nicht stehen vor ihren Feinden, sondern müssen ihren Feinden den Rücken kehren; denn sie sind im Bann. Ich werde hinfort nicht mit euch sein, wo ihr nicht den Bann aus euch vertilgt.

¹³Stehe auf und heilige das Volk und sprich: Heiligt euch auf morgen. Denn also sagte der HERR, der Gott Israels: Es ist ein Bann unter dir Israel; darum kannst du nicht stehen vor deinen Feinden, bis daß ihr den Bann von euch tut.

¹⁴Und sollt euch früh herzumachen, ein Stamm nach dem andern; und welchen Stamm der HERR treffen wird, der soll sich herzumachen, ein Geschlecht nach dem andern; und welch Geschlecht der HERR treffen wird, das soll sich herzumachen, ein Haus nach dem andern; und welch Haus der HERR treffen wird, das soll sich herzumachen, ein Hauswirt nach dem andern.

¹⁵Und welcher gefunden wird im Bann, den soll man mit Feuer verbrennen mit allem, was er hat, darum daß er den Bund des HERRN übertreten und eine Torheit in Israel begangen hat.

¹⁶Da machte sich Josua des Morgens früh auf und brachte Israel herzu, einen Stamm nach dem andern; und es ward getroffen der Stamm Juda.

¹⁷Und da er die Geschlechter in Juda herzubrachte, ward getroffen das Geschlecht der Serahiter. Und da er das Geschlecht der Serahiter herzubrachte, einen Hauswirt nach dem andern, ward Sabdi getroffen.

¹⁸Und da er sein Haus herzubrachte, einen Wirt nach dem andern, ward getroffen Achan, der Sohn Charmis, des Sohnes Sabdis, des Sohnes Serahs, aus dem Stamm Juda.

¹⁹Und Josua sprach zu Achan: Mein Sohn, gib dem HERRN, dem Gott Israels, die Ehre und gib ihm das Lob und sage mir an: Was hast du getan? und leugne mir nichts.

²⁰Da antwortete Achan Josua und sprach: Wahrlich, ich habe mich versündigt an dem HERRN, dem Gott Israels. Also und also habe ich getan:

²¹ich sah unter dem Raub einen köstlichen babylonischen Mantel und zweihundert Silberlinge und eine goldene Stange, fünfzig Lot am Gewicht; des gelüstete mich, und ich nahm es. Und siehe es ist verscharrt in die Erde in meiner Hütte und das Silber darunter.

²²Da sandte Josua Boten hin, die liefen zur Hütte; und siehe, es war verscharrt in seiner Hütte und das Silber darunter.

²³Und sie nahmen's aus der Hütte und brachten's zu Josua und zu allen Kindern Israel und schütteten es vor den HERRN.

²⁴Da nahm Josua und das ganze Israel mit ihm Achan, den Sohn Serahs, samt dem Silber, Mantel und der goldenen Stange, seine Söhne und Töchter, seine Ochsen und Esel und Schafe, seine Hütte und alles, was er hatte, und führten sie hinauf ins Tal Achor.

²⁵Und Josua sprach: Weil du uns betrübt hast, so betrübe dich der HERR an diesem Tage. Und das ganze Israel steinigte ihn und verbrannte sie mit Feuer. Und da sie sie gesteinigt hatten,

²⁶machten sie über sie einen großen Steinhaufen, der bleibt bis auf diesen Tag. Also kehrte sich der HERR von dem Grimm seines Zorns, Daher heißt derselbe Ort das Tal Achor bis auf diesen Tag.

Kapitel 8

¹Und der HERR sprach zu Josua: Fürchte dich nicht und zage nicht! Nimm mit dir alles Kriegsvolk und mache dich auf und zieh hinauf gen Ai! Siehe da, ich habe den König zu Ai samt seinem Volk, seiner Stadt, und seinem Lande in deine Hände gegeben.

²Du sollst mit Ai und seinem König tun, wie du mit Jericho und seinem König getan hast, nur daß ihr ihren Raub und ihr Vieh unter euch teilen sollt. Aber stelle einen Hinterhalt hinter der Stadt.

³Da machte sich Josua auf und alles Kriegsvolk, hinaufzuziehen gen Ai. Und Josua erwählte dreißigtausend streitbare Männer und sandte sie aus bei der Nacht

⁴und gebot ihnen und sprach: Seht zu, ihr sollt der Hinterhalt sein hinter der Stadt; macht euch aber nicht allzu ferne von der Stadt und seid allesamt bereit!

⁵Ich aber und das Volk, das mit mir ist, wollen uns zu der Stadt machen. Und wenn sie uns entgegen herausfahren wie das erstemal, so wollen wir vor ihnen fliehen,

⁶daß sie uns nachfolgen heraus, bis daß wir sie von der Stadt hinweggreißen. Denn sie werden gedenken, wir fliehen vor ihnen wie das erstemal. Und wenn wir vor ihnen fliehen,

⁷sollt ihr euch aufmachen aus dem Hinterhalt und die Stadt einnehmen; denn der HERR, euer Gott, wird sie in eure Hände geben.

⁸Wenn ihr aber die Stadt eingenommen habt, so steckt sie an mit Feuer und tut nach dem Wort des HERRN. Seht, ich habe es euch geboten.

⁹Also sandte sie Josua hin; und sie gingen hin auf den Hinterhalt und hielten zwischen Beth-El und Ai abendwärts von Ai. Josua aber blieb die Nacht unter dem Volk

¹⁰und machte sich des Morgens früh auf und ordnete das Volk und zog hinauf mit den Ältesten Israels vor dem Volk her gen Ai.

¹¹Und alles Kriegsvolk, das bei ihm war, zog hinauf, und sie traten herzu und kamen gegen die Stadt und lagerten sich gegen Mitternacht vor Ai, daß nur ein Tal war zwischen ihnen und Ai.

¹²Er hatte aber bei fünftausend Mann genommen und auf den Hinterhalt gestellt zwischen Beth-El und Ai abendwärts von der Stadt.

¹³Und sie stellten das Volk des ganzen Lagers, das gegen Mitternacht vor der Stadt war, also, daß sein letztes reichte bis gegen den Abend von der Stadt. Und Josua ging hin in derselben Nacht mitten in das Tal.

¹⁴Als aber der König zu Ai das sah, eilten die Männer der Stadt und machten sich früh auf und zogen heraus, Israel zu begegnen im Streit, er mit allem seinem Volk, an einem bestimmten Ort vor dem Gefilde. Denn er wußte nicht, daß ihm ein Hinterhalt gelegt war hinter der Stadt.

¹⁵Josua aber und ganz Israel stellten sich, als würden sie geschlagen vor ihnen und flohen auf dem Weg zur Wüste.

¹⁶Da ward das ganze Volk in der Stadt zuhauf gerufen, daß es ihnen sollte nachjagen.

¹⁷Und sie jagten Josua nach und wurden von der Stadt hinweggerissen, daß nicht ein Mann übrigblieb in Ai und Beth-El, der nicht ausgezogen wäre, Israel nachzujagen; und ließen die Stadt offen stehen, daß sie Israel nachjagten.

¹⁸Da sprach der HERR zu Josua: Recke aus die Lanze in deiner Hand gegen Ai; denn ich will sie in deine Hand geben. Und da Josua die Lanze in seiner Hand gegen die Stadt ausreckte,

¹⁹da brach der Hinterhalt eilends auf aus seinem Ort, und liefen, nachdem er seine Hand ausreckte und kamen in die Stadt und gewannen sie und eilten und steckten sie mit Feuer an.

²⁰Und die Männer von Ai wandten sich und sahen hinter sich und sahen den Rauch der Stadt aufgehen gen Himmel und hatten nicht Raum zu fliehen, weder hin noch her. Und das Volk, das zur Wüste floh, kehrte sich um gegen die, so ihnen nachjagten.

²¹Denn da Josua und das ganze Israel sah, daß der Hinterhalt die Stadt gewonnen hatte, weil der Stadt Rauch aufging, kehrten sie wieder um und schlugen die Männer von Ai.

²²Und die in der Stadt kamen auch heraus ihnen entgegen, daß sie mitten unter Israel kamen, von dorther und von hierher; und schlugen sie, bis daß niemand unter ihnen übrigblieb noch entrinnen konnte,

²³und griffen den König zu Ai lebendig und brachten ihn zu Josua.

²⁴Und da Israel alle Einwohner zu Ai erwürgt hatte auf dem Felde und in der Wüste, die ihnen nachgejagt hatten, und alle durch die Schärfe des Schwertes fielen, bis daß sie alle umkamen, da kehrte sich ganz Israel gegen Ai und schlugen es mit der Schärfe des Schwerts.

²⁵Und alle, die des Tages fielen, beide Männer und Weiber, der waren zwölftausend, alles Leute von Ai.

²⁶Josua aber zog nicht wieder zurück seine Hand, mit der er die Lanze ausgereckt hatte, bis daß verbannt wurden alle Einwohner Ais.

²⁷Nur das Vieh und den Raub der Stadt teilte Israel aus unter sich nach dem Wort des HERRN, das er Josua geboten hatte.

²⁸Und Josua brannte Ai aus und machte einen Haufen daraus ewiglich, der noch heute daliegt,

²⁹und ließ den König zu Ai an einen Baum hängen bis an den Abend. Da aber die Sonne war untergegangen, gebot er, daß man seinen Leichnam vom Baum täte, und sie warfen ihn unter der Stadt Tor und machten einen großen Steinhaufen auf ihn, der bis auf diesen Tag da ist.

³⁰Da baute Josua dem HERRN, dem Gott Israels, einen Altar auf dem Berge Ebal

³¹(wie Mose der Knecht des HERRN, geboten hatte den Kindern Israel, wie geschrieben steht im Gesetzbuch Mose's: einen Altar von ganzen Steinen, die mit keinem Eisen behauen waren) und opferte dem HERRN darauf Brandopfer und Dankopfer

³²und schrieb daselbst auf die Steine das andere Gesetz, das Mose den Kindern Israel vorgeschrieben hatte.

³³Und das ganze Israel mit seinen Ältesten und Amtleuten und Richtern standen zu beiden Seiten der Lade, gegenüber den Priestern aus Levi, die die Lade des Bundes des HERRN trugen, die Fremdlinge sowohl wie die Einheimischen, eine Hälfte neben dem Berge Garizim und die andere Hälfte neben dem Berge Ebal, wie Mose, der Knecht des HERRN, vormals geboten hatte zu segnen das Volk Israel.

³⁴Darnach ließ er ausrufen alle Worte des Gesetzes vom Segen und Fluch, wie es geschrieben steht im Gesetzbuch.

³⁵Es war kein Wort, das Mose geboten hatte, das Josua nicht hätte lassen ausrufen vor der ganzen Gemeinde Israel und vor den Weibern und Kindern und Fremdlingen, die unter ihnen wandelten.

Kapitel 9

¹Da nun das hörten alle Könige, die jenseit des Jordans waren auf den Gebirgen und in den Gründen und an allen Anfurten des großen Meers, auch die neben dem Berge Libanon waren, nämlich die Hethiter, Amoriter, Kanaaniter, Pheresiter, Heviter und Jebusiter,

²sammelten sie sich einträchtig zuhauf, daß sie wider Josua und wider Israel stritten.

³Aber die Bürger zu Gibeon, da sie hörten, was Josua mit Jericho und Ai gemacht hatte, erdachten sie eine List,

⁴gingen hin und versahen sich mit Speise und nahmen alte Säcke auf ihre Esel.

⁵und alte, zerrissene, geflickte Weinschläuche und alte, geflickte Schuhe an ihre Füße und zogen alte Kleider an, und alles Brot, das sie nahmen, war hart und schimmlig.

⁶Und gingen zu Josua ins Lager gen Gilgal und sprachen zu ihm und zum ganzen Israel: Wir kommen aus fernen Landen; so macht einen Bund mit uns.

⁷Da sprach das ganze Israel zu dem Heviter: Vielleicht möchtest du unter uns wohnend werden; wie könnte ich dann einen Bund mit dir machen?

⁸Sie aber sprachen zu Josua: Wir sind deine Knechte. Josua sprach zu ihnen: Was seid ihr, und woher kommt ihr?

⁹Sie sprachen: Deine Knechte sind aus sehr fernen Landen gekommen um des Namens willen des HERRN, deines Gottes; denn wir haben sein Gerücht gehört und alles, was er in Ägypten getan hat,

¹⁰und alles, was er den zwei Königen der Amoriter jenseit des Jordans getan hat: Sihon, dem König zu Hesbon, und Og, dem König von Basan, der zu Astharoth wohnte.

¹¹Darum sprachen unsere Ältesten und alle Einwohner unsers Landes: Nehmt Speise mit euch auf die Reise und geht hin, ihnen entgegen, und sprecht zu ihnen: Wir sind eure Knechte. So macht nun einen Bund mit uns.

¹²Dies unser Brot, das wir aus unsern Häusern zu unsrer Speise nahmen, war noch frisch, da wir auszogen zu euch, nun aber, siehe, es ist hart und schimmlig;

¹³und diese Weinschläuche füllten wir neu, und siehe, sie sind zerrissen; und diese unsre Kleider und Schuhe sind alt geworden über der sehr langen Reise.

¹⁴Da nahmen die Hauptleute ihre Speise an und fragten den Mund des HERRN nicht.

¹⁵Und Josua machte Frieden mit ihnen und richtete einen Bund mit ihnen auf, daß sie leben bleiben sollten. Und die Obersten der Gemeinde schwuren ihnen.

¹⁶Aber über drei Tage, nachdem sie mit ihnen einen Bund gemacht hatten, kam es vor sie, daß jene nahe bei ihnen waren und würden unter ihnen wohnen.

¹⁷Denn da die Kinder Israel fortzogen, kamen sie des dritten Tages zu ihren Städten, die hießen Gibeon, Kaphira, Beeroth und Kirjath-Jearim,

Josua

¹⁸und schlugen sie nicht, darum daß ihnen die Obersten der Gemeinde geschworen hatten bei dem HERRN, dem Gott Israels. Da aber die ganze Gemeinde wider die Obersten murrte,

¹⁹sprachen alle Obersten zu der ganzen Gemeinde: Wir haben ihnen geschworen bei dem HERRN, dem Gott Israels; darum können wir sie nicht antasten.

²⁰Aber das wollen wir tun: laßt sie leben, daß nicht ein Zorn über uns komme um des Eides willen, den wir ihnen getan haben.

²¹Und die Obersten sprachen zu ihnen: Laßt sie leben, daß sie Holzhauer und Wasserträger seien der ganzen Gemeinde, wie ihnen die Obersten gesagt haben.

²²Da rief sie Josua und redete mit ihnen und sprach: Warum habt ihr uns betrogen und gesagt, ihr seid sehr ferne von uns, so ihr doch unter uns wohnet?

²³Darum sollt ihr verflucht sein, daß unter euch nicht aufhören Knechte, die Holz hauen und Wasser tragen zum Hause meines Gottes.

²⁴Sie antworteten Josua und sprachen: Es ist deinen Knechten angesagt, daß der HERR, dein Gott, Mose, seinem Knecht, geboten habe, daß er euch das ganze Land geben und vor euch her alle Einwohner des Landes vertilgen wolle. Da fürchteten wir für unser Leben vor euch sehr und haben solches getan.

²⁵Nun aber, siehe, wir sind in deinen Händen; was dich gut dünkt uns zu tun, das tue.

²⁶Und er tat ihnen also und errettete sie von der Kinder Israel Hand, daß sie sie nicht erwürgten.

²⁷Also machte sie Josua desselben Tages zu Holzhauern und Wasserträgern für die Gemeinde und den Altar des HERRN bis auf diesen Tag, an dem Ort, den er erwählen würde.

Kapitel 10

¹Da aber Adoni-Zedek, der König zu Jerusalem, hörte daß Josua Ai gewonnen und es verbannt hatte und Ai samt seinem König getan hatte, gleich wie er Jericho und seinem König getan hatte, und daß die zu Gibeon Frieden mit Israel gemacht hatten und unter sie gekommen waren,

²fürchteten sie sich sehr; denn Gibeon war eine große Stadt wie eine königliche Stadt und größer als Ai, und alle seine Bürger streitbar.

³Und er sandte zu Hoham, dem König zu Hebron, und zu Piream, dem König zu Jarmuth, und zu Japhia, dem König zu Eglon, und ließ ihnen sagen:

⁴Kommt herauf zu mir und helft mir, daß wir Gibeon schlagen; denn es hat mit Josua und den Kindern Israel Frieden gemacht.

⁵Da kamen zuhauf und zogen hinauf die fünf Könige der Amoriter, der König zu Jerusalem, der König zu Hebron, der König zu Jarmuth, der König zu Lachis, der König zu Eglon, mit allem ihrem Heerlager und belagerten Gibeon und stritten dawider.

⁶Aber die zu Gibeon sandten zu Josua ins Lager gen Gilgal und ließen ihm sagen: Zieh deine Hand nicht ab von deinen Knechten; komm zu uns herauf eilend, rette uns und hilf uns! denn es haben sich wider uns versammelt alle Könige der Amoriter, die auf dem Gebirge wohnen.

⁷Josua zog hinauf von Gilgal und alles Kriegsvolk mit ihm und alle streitbaren Männer.

⁸Und der HERR sprach zu Josua: Fürchte dich nicht vor ihnen, denn ich habe sie in deine Hände gegeben; niemand unter ihnen wird vor dir stehen können.

⁹Also kam Josua plötzlich über sie; denn die ganze Nacht zog er herauf von Gilgal.

¹⁰Aber der HERR schreckte sie vor Israel, daß sie eine große Schlacht schlugen zu Gibeon und jagten ihnen nach den Weg hinan zu Beth-Horon und schlugen sie bis gen Aseka und Makkeda.

¹¹Und da sie vor Israel flohen den Weg zu Beth-Horon, ließ der HERR einen großen Hagel vom Himmel auf sie fallen bis gen Aseka, daß sie starben. Und viel mehr starben ihrer von dem Hagel, als die Kinder Israel mit dem Schwert erwürgten.

¹²Da redete Josua mit dem HERRN des Tages, da der HERR die Amoriter dahingab vor den Kindern Israel, und sprach vor dem gegenwärtigen Israel: Sonne, stehe still zu Gibeon, und Mond, im Tal Ajalon!

¹³da stand die Sonne und der Mond still, bis daß sich das Volk an ihren Feinden rächte. Ist dies nicht geschrieben im Buch des Frommen? Also stand die Sonne mitten am Himmel und verzog unterzugehen beinahe einen ganzen Tag.

¹⁴Und war kein Tag diesem gleich, weder zuvor noch darnach, da der HERR der Stimme eines Mannes gehorchte; denn der HERR stritt für Israel.

¹⁵Josua aber zog wieder ins Lager gen Gilgal und das ganze Israel mit ihm.

¹⁶Aber diese fünf Könige waren geflohen und hatten sich versteckt in die Höhle zu Makkeda.

¹⁷Da ward Josua angesagt: Wir haben die fünf Könige gefunden, verborgen in der Höhle zu Makkeda.

¹⁸Josua sprach: So wälzt große Steine vor das Loch der Höhle und bestellt Männer davor, die sie hüten.

¹⁹Ihr aber steht nicht still, sondern jagt euren Feinde nach und schlagt ihre Nachzügler und laßt sie nicht in ihre Städte kommen; denn der HERR, euer Gott, hat sie in eure Hände gegeben.

²⁰Und da Josua und die Kinder Israel vollendet hatten diese sehr große Schlacht an ihnen und sie ganz geschlagen, und was übrigblieb von ihnen, in die festen Städte gekommen war,

²¹da kam alles Volk wieder ins Lager zu Josua gen Makkeda mit Frieden, und wagte niemand vor den Kindern Israel seine Zunge zu regen.

²²Josua aber sprach: Macht auf das Loch der Höhle und bringt hervor die fünf Könige zu mir!

²³Sie taten also und brachten die fünf Könige zu ihm aus der Höhle: den König zu Jerusalem, den König zu Hebron, den König zu Jarmuth, den König zu Lachis, den König zu Eglon.

²⁴Da aber die fünf Könige zu ihm herausgebracht waren, rief Josua das ganze Israel und sprach zu den Obersten des Kriegsvolks, die mit ihm zogen: Kommt herzu und setzt eure Füße auf die Hälse dieser Könige. Und sie kamen herzu und setzten ihre Füße auf ihre Hälse.

²⁵Und Josua sprach zu ihnen: Fürchtet euch nicht und erschreckt nicht, seid getrost und unverzagt; denn also wird der HERR allen euren Feinden tun, wider die ihr streitet.

²⁶Und Josua schlug sie darnach und tötete sie und hing sie an fünf Bäume; und sie hingen an den Bäumen bis zum Abend.

²⁷Da aber die Sonne war untergegangen, gebot er, daß man sie von den Bäumen nähme und würfe sie in die Höhle darin sie sich verkrochen hatten. Und sie legten große Steine vor der Höhle Loch; die sind noch da bis auf diesen Tag.

²⁸Desselben Tages aber gewann Josua auch Makkeda und schlug es mit der Schärfe des Schwerts, dazu seinen König, und verbannte es und alle Seelen, die darin waren, und ließ niemand übrigbleiben und tat dem König zu Makkeda, wie er dem König zu Jericho getan hatte.

²⁹Da zog Josua und das ganze Israel mit ihm von Makkeda gen Libna und stritt dawider.

³⁰Und der HERR gab dieses auch in die Hand Israels mit seinem König; und er schlug es mit der Schärfe des Schwerts und alle Seelen, die darin waren, und ließ niemand übrigbleiben und tat seinem König, wie er dem König zu Jericho getan hatte.

³¹Darnach zog Josua und das ganze Israel mit ihm von Libna nach Lachis und belagerten und bestritten es.

³²Und der HERR gab Lachis auch in die Hände Israels, daß sie des andern Tages gewannen und schlugen es mit der Schärfe des Schwerts und alle Seelen, die darin waren, allerdinge wie sie Libna getan hatten.

³³Zu derselben Zeit zog Horam, der König der Geser, hinauf, Lachis zu helfen; aber Josua schlug ihn mit allem seinem Volk, bis daß niemand übrigblieb.

³⁴Und Josua zog von Lachis samt dem ganzen Israel gen Eglon und belagerte und bestritt es

³⁵und gewann es desselben Tages und schlug es mit der Schärfe des Schwerts und verbannte alle Seelen, die darin waren, desselben Tages, allerdinge wie er Lachis getan hatte.

³⁶Darnach zog Josua hinauf samt dem ganzen Israel von Eglon gen Hebron und bestritt es

³⁷und gewann es und schlug es mit der Schärfe des Schwerts und seinen König mit allen seinen Städten und allen Seelen, die darin waren, und ließ niemand übrigbleiben, allerdinge wie er Eglon getan hatte, und verbannte es und alle Seelen, die darin waren.

³⁸Da kehrte Josua wieder um samt dem ganzen Israel gen Debir und bestritt es

³⁹und gewann es samt seinem König und alle seine Städte; und schlugen es mit der Schärfe des Schwerts und verbannten alle Seelen, die darin waren, und ließ niemand übrigbleiben. Wie er Hebron getan hatte, so tat er auch Debir und seinem König, und wie er Libna und seinem König getan hatte.

⁴⁰Also schlug Josua alles Land auf dem Gebirge und gegen Mittag und in den Gründen und an den Abhängen mit allen ihren Königen und ließ niemand übrigbleiben und verbannte alles, was Odem hatte, wie der HERR, der Gott Israels, geboten hatte.

⁴¹Und schlug sie von Kades-Barnea an bis gen Gaza und das ganze Land Gosen bis gen Gibeon

⁴²und gewann alle diese Könige mit ihrem Lande auf einmal; denn der HERR, der Gott Israels, stritt für Israel.

⁴³Und Josua zog wieder ins Lager gen Gilgal mit dem ganzen Israel.

Kapitel 11

¹Da aber Jabin, der König zu Hazor, solches hörte, sandte er zu Jobab, dem König zu Madon, und zum König zu Simron und zum König zu Achsaph

²und zu den Königen, die gegen Mitternacht auf dem Gebirge und auf dem Gefilde gegen Mittag von Kinneroth und in den Gründen und in Naphoth-Dor am Meer wohnten,

³zu den Kanaanitern gegen Morgen und Abend, Hethitern, Pheresitern und Jebusitern, auf dem Gebirge, dazu den Hevitern unten am Berge Hermon im Lande Mizpa.

⁴Diese zogen aus mit allem ihrem Heer, ein großes Volk, so viel als des Sandes am Meer, und sehr viel Rosse und Wagen.

⁵Alle diese Könige versammelten sich und kamen und lagerten sich zuhauf an das Wasser Merom, zu streiten mit Israel.

⁶Und der HERR sprach zu Josua: Fürchte dich nicht vor ihnen! denn morgen um diese Zeit will ich sie alle erschlagen geben vor den Kindern Israel; ihre Rosse sollst du lähmen und ihre Wagen mit Feuer verbrennen.

⁷Und Josua kam plötzlich über sie und alles Kriegsvolk mit ihm am Wasser Merom, und überfielen sie.

⁸Und der HERR gab sie in die Hände Israels, und schlugen sie und jagten sie bis gen Groß-Sidon und bis an die warmen Wasser und bis an die Ebene Mizpa gegen Morgen und schlugen sie, bis daß niemand unter ihnen übrigblieb.

⁹Da tat ihnen Josua, wie der HERR ihm gesagt hatte, und lähmte ihre Rosse und verbrannte ihre Wagen

¹⁰und kehrte um zu derselben Zeit und gewann Hazor und schlug seinen König mit dem Schwert; denn Hazor war vormals die Hauptstadt aller dieser Königreiche.

¹¹Und sie schlugen alle Seelen, die darin waren, mit der Schärfe des Schwerts und verbannten sie, und er ließ nichts übrigbleiben, das Odem hatte, und verbrannte Hazor mit Feuer.

¹²Dazu gewann Josua alle Städte dieser Könige mit ihren Königen und schlug sie mit der Schärfe des Schwerts und verbannte sie, wie Mose, der Knecht des HERRN, geboten hatte.

¹³Doch verbrannten die Kinder Israel keine Städte, die auf Hügeln standen, sondern Hazor allein verbrannte Josua.

¹⁴Und allen Raub dieser Städte und das Vieh teilten die Kinder Israel unter sich; aber alle Menschen schlugen sie mit der Schärfe des Schwerts, bis sie die vertilgten, und ließen nichts übrigbleiben, das Odem hatte.

¹⁵Wie der HERR dem Mose, seinem Knecht, und Mose Josua geboten hatte, so tat Josua, daß nichts fehlte an allem, was der HERR dem Mose geboten hatte.

¹⁶Also nahm Josua alles dies Land ein, das Gebirge und alles, was gegen Mittag liegt, und das Land Gosen und die Gründe und das Gefilde und das Gebirge Israel mit seinen Gründen,

¹⁷von dem kahlen Gebirge an, das aufsteigt gen Seir, bis gen Baal-Gad in der Ebene beim Berge Libanon, unten am Berge Hermon. Alle ihre Könige gewann er und schlug sie und tötete sie.

¹⁸Er stritt aber eine lange Zeit mit diesen Königen.

¹⁹Es war aber keine Stadt, die sich mit Frieden ergab den Kindern Israel, ausgenommen die Heviter, die zu Gibeon wohnten; sondern sie gewannen sie alle im Streit.

²⁰Und das alles geschah also von dem HERRN, daß ihr Herz verstockt würde, mit Streit zu begegnen den Kindern Israel, auf daß sie verbannt würden und ihnen keine Gnade widerführe, sondern vertilgt würden, wie der HERR dem Mose geboten hatte.

²¹Zu der Zeit kam Josua und rottete aus die Enakiter von dem Gebirge, von Hebron, von Debir, von Anab und von allem Gebirge Juda und von allem Gebirge Israel und verbannte sie mit ihren Städten

²²und ließ keine Enakiter übrigbleiben im Lande der Kinder Israel; außer zu Gaza, zu Gath, zu Asdod, da blieben ihrer übrig.

²³Also nahm Josua alles Land ein, allerdinge wie der HERR zu Mose geredet hatte, und gab es Israel zum Erbe, einem jeglichen Stamm seinen Teil. Und der Krieg hörte auf im Lande.

Kapitel 12

¹Dies sind die Könige des Landes, die die Kinder Israel schlugen und nahmen ihr Land ein jenseit des Jordans gegen der Sonne Aufgang von dem Bach Arnon an bis an den Berg Hermon und das ganze Gefilde gegen Morgen:

²Sihon, der König der Amoriter, der zu Hesbon wohnte und herrschte von Aroer an, das am Ufer liegt des Bachs Arnon, und von der Mitte des Tals an und über das halbe Gilead bis an den Bach Jabbok, der die Grenze ist der Kinder Ammon,

³und über das Gefilde bis an das Meer Kinneroth gegen Morgen und bis an das Meer im Gefilde, nämlich das Salzmeer, gegen Morgen, des Weges gen Beth-Jesimoth, und gegen Mittag unten an den Abhängen des Gebirges Pisga.

⁴Dazu das Gebiet des Königs Og von Basan, der noch von den Riesen übrig war und wohnte zu Astharoth und Edrei

⁵und herrschte über den Berg Hermon, über Salcha und über ganz Basan bis an die Grenze der Gessuriter und Maachathiter und über das halbe Gilead, da die Grenze war Sihons, des Königs zu Hesbon.

⁶Mose, der Knecht des HERRN, und die Kinder Israel schlugen sie. Und Mose, der Knecht des HERRN, gab ihr Land einzunehmen den Rubenitern, Gaditer und dem halben Stamm Manasse.

⁷Dies sind die Könige des Landes, die Josua schlug und die Kinder Israel, diesseit des Jordans gegen Abend, von Baal-Gad an auf der Ebene beim Berge Libanon bis an das kahle Gebirge, das aufsteigt gen Seir (und Josua gab das Land den Stämmen Israels einzunehmen, einem jeglichen sein Teil,

⁸was auf den Gebirgen, in den Gründen, Gefilden, an den Abhängen, in der Wüste und gegen Mittag war: die Hethiter, Amoriter, Kanaaniter, Pheresiter, Heviter und Jebusiter):

⁹der König zu Jericho, der König zu Ai, das zur Seite an Beth-el liegt,

¹⁰der König zu Jerusalem, der König zu Hebron,

¹¹der König zu Jarmuth, der König zu Lachis,

¹²der König zu Eglon, der König zu Geser,

¹³der König zu Debir, der König zu Geder,

¹⁴der König zu Horma, der König zu Arad,

¹⁵der König zu Libna, der König zu Adullam,

¹⁶der König zu Makkeda, der König zu Beth-El,

¹⁷der König zu Thappuah, der König zu Hepher,

¹⁸der König zu Aphek, der König zu Lasaron,

¹⁹der König zu Madon, der König zu Hazor,

²⁰der König zu Simron-Meron, der König zu Achsaph,

²¹der König zu Thaanach, der König zu Megiddo,

²²der König zu Kedes, der König zu Jokneam am Karmel,

²³der König zu Naphoth-Dor, der König der Heiden zu Gilgal,

²⁴der König zu Thirza. Das sind einunddreißig Könige.

Kapitel 13

¹Da nun Josua alt war und wohl betagt, sprach der HERR zu ihm: Du bist alt geworden und wohl betagt, und des Landes ist noch sehr viel übrig einzunehmen,

²nämlich alle Kreise der Philister und ganz Gessur,

³vom Sihor an, der vor Ägypten fließt bis an die Grenze Ekrons gegen Mitternacht, die den Kanaanitern zugerechnet wird, fünf Herren der Philister, nämlich der Gaziter, der Asdoditer, der Askaloniter, der Gathiter der Ekroniter, und die Avviter;

⁴vom Mittag an aber das ganze Land der Kanaaniter und Meara der Sidonier bis gen Aphek, bis an die Grenze der Amoriter;

⁵dazu das Land der Gebaliter und der ganze Libanon gegen der Sonne Aufgang, von Baal-Gad an unter dem Berge Hermon, bis man kommt gen Hamath.

⁶Alle, die auf dem Gebirge wohnen, vom Libanon an bis an die warmen Wasser, alle Sidonier: ich will sie vertreiben vor den Kindern Israel; lose nur darum, sie auszuteilen unter Israel, wie ich dir geboten habe.

⁷So teile nun dies Land zum Erbe unter die neun Stämme und unter den halben Stamm Manasse.

⁸Denn die Rubeniter und Gaditer haben mit dem andern halben Manasse ihr Erbteil empfangen, das ihnen Mose gab jenseit des Jordans, gegen Aufgang, wie ihnen dasselbe Mose, der Knecht des HERRN, gegeben hat,

⁹von Aroer an, das am Ufer des Bachs Arnon liegt, und von der Stadt mitten im Tal und die ganze Ebene Medeba bis gen Dibon

¹⁰und alle Städte Sihons, des Königs der Amoriter, der zu Hesbon saß, bis an die Grenze der Kinder Ammon,

¹¹dazu Gilead und das Gebiet von Gessur und Maacha und den ganzen Berg Hermon und das ganze Basan bis gen Salcha

¹²(das ganze Reich Ogs von Basan, der zu Astharoth und Edrei saß, welcher noch übrig war von den Riesen. Mose aber schlug sie und vertrieb sie.

¹³Die Kinder Israel vertrieben aber die zu Gessur und zu Maacha nicht, sondern es wohnten beide, Gessur und Maacha, unter den Kindern Israel bis auf diesen Tag).

¹⁴Aber dem Stamm der Leviten gab er kein Erbteil; denn das

Opfer des HERRN, des Gottes Israels, ist ihr Erbteil, wie er ihnen geredet hat.

¹⁵Also gab Mose dem Stamm der Kinder Ruben nach ihren Geschlechtern,

¹⁶daß ihr Gebiet war von Aroer an, das am Ufer des Bachs Arnon liegt, und von der Stadt mitten im Tal mit allem ebenen Felde bis gen Medeba,

¹⁷Hesbon und alle seine Städte, die im ebenen Felde liegen, Dibon, Bamoth-Baal und Beth-Baal-Meon,

¹⁸Jahza, Kedemoth, Mephaath,

¹⁹Kirjathaim, Sibma, Zereth-Sahar auf dem Berge im Tal,

²⁰Beth-Peor, die Abhänge am Pisga und Beth-Jesimoth

²¹und alle Städte auf der Ebene und das ganze Reich Sihons, des Königs der Amoriter, der zu Hesbon saß, den Mose schlug samt den Fürsten Midians, Evi, Rekem, Zur, Hur und Reba, den Gewaltigen des Königs Sihon, die im Lande wohnten.

²²Auch Bileam, der Sohn Beors, den Weissager erwürgten die Kinder Israel mit dem Schwert samt den Erschlagenen.

²³Und die Grenze der Kinder Ruben war der Jordan. Das ist das Erbteil der Kinder Ruben nach ihren Geschlechtern, die Städte und ihre Dörfer.

²⁴Dem Stamm der Kinder Gad nach ihrem Geschlecht gab Mose,

²⁵daß ihr Gebiet war Jaser und alle Städte in Gilead und das halbe Land der Kinder Ammon bis gen Aroer, welches liegt vor Rabba,

²⁶und von Hesbon bis gen Ramath-Mizpe und Betonim, und von Mahanaim bis an die Grenze Debirs,

²⁷im Tal aber Beth-Haran, Beth-Nimra, Sukkoth und Zaphon, was übrig war von dem Reich Sihons, des Königs zu Hesbon, daß der Jordan die Grenze war bis ans Ende des Meeres Kinnereth, jenseit des Jordans gegen Aufgang.

²⁸Das ist das Erbteil der Kinder Gad nach ihren Geschlechtern, die Städte und ihre Dörfer.

²⁹Dem halben Stamm der Kinder Manasse nach ihren Geschlechtern gab Mose,

³⁰daß ihr Gebiet war von Mahanaim an: das ganze Basan, das ganze Reich Ogs, des Königs von Basan, und alle Flecken Jairs, die in Basan liegen, nämlich Städte.

³¹Und das halbe Gilead, Astharoth, Edrei, die Städte des Königreichs Ogs von Basan, gab er den Kindern Machirs, des Sohnes Manasses, das ist die Hälfte der Kinder Machirs, nach ihren Geschlechtern.

³²Das ist es, was Mose ausgeteilt hat in dem Gefilde Moabs, jenseit des Jordans vor Jericho gegen Aufgang.

³³Aber dem Stamm Levi gab Mose kein Erbteil; denn der HERR, der Gott Israels, ist ihr Erbteil, wie er ihnen geredet hat.

Kapitel 14

¹Dies ist es aber, was die Kinder Israel eingenommen haben im Lande Kanaan, das unter sie ausgeteilt haben der Priester Eleasar und Josua, der Sohn Nuns, und die obersten Väter unter den Stämmen der Kinder Israel.

²Sie teilten es aber durchs Los unter sie, wie der HERR durch Mose geboten hatte, zu geben den zehnthalb Stämmen.

³Denn den zwei Stämmen und dem halben Stamm hatte Mose Erbteil gegeben jenseit des Jordans; den Leviten aber hatte er kein Erbteil unter ihnen gegeben.

⁴Denn die Kinder Josephs wurden zwei Stämme, Manasse und Ephraim; den Leviten aber gaben sie kein Teil im Lande, sondern Städte, darin zu wohnen, und Vorstädte für ihr Vieh und ihre Habe.

⁵Wie der HERR dem Mose geboten hatte, so taten die Kinder Israel und teilten das Land.

⁶Da traten herzu die Kinder Juda zu Josua zu Gilgal, und Kaleb, der Sohn Jephunnes, der Kenisiter, sprach zu ihm: Du weißt, was der Herr zu Mose, dem Manne Gottes, sagte meinet-und deinetwegen in Kades-Barnea.

⁷Ich war vierzig Jahre alt, da mich Mose, der Knecht des HERRN, aussandte von Kades-Barnea, das Land zu erkunden, und ich ihm Bericht gab nach meinem Gewissen.

⁸Aber meine Brüder, die mit mir hinaufgegangen waren, machten dem Volk das Herz verzagt; ich aber folgte dem HERRN, meinem Gott, treulich.

⁹Da schwur Mose desselben Tages und sprach: Das Land, darauf du mit deinem Fuß getreten hast, soll dein und deiner Kinder Erbteil sein ewiglich, darum daß du dem HERRN, meinem Gott, treulich gefolgt bist.

¹⁰Und nun siehe, der HERR hat mich leben lassen, wie er geredet hat. Es sind nun fünfundvierzig Jahre, daß der HERR solches zu Mose sagte, die Israel in der Wüste gewandelt ist. Und nun siehe, ich bin heut fünfundachtzig Jahre alt

¹¹und bin noch heutigestages so stark, als ich war des Tages, da mich Mose aussandte; wie meine Kraft war dazumal, also ist sie auch jetzt, zu streiten und aus und ein zu gehen.

¹²So gib mir nun dies Gebirge, davon der HERR geredet hat an jenem Tage; denn du hast's gehört am selben Tage. Denn es wohnen die Enakiter droben, und sind große feste Städte. Ob der HERR mit mir sein wollte, daß ich sie vertriebe, wie der HERR geredet hat.

¹³Da segnete ihn Josua und gab also Hebron Kaleb, dem Sohn Jephunnes, zum Erbteil.

¹⁴Daher ward Hebron Kalebs, des Sohnes Jephunnes, des Kenisiters, Erbteil bis auf diesen Tag, darum daß er dem HERRN, dem Gott Israels, treulich gefolgt war.

¹⁵Aber Hebron hieß vorzeiten Stadt des Arba, der ein großer Mensch war unter den Enakiter. Und der Krieg hatte aufgehört im Lande.

Kapitel 15

¹Das Los des Stammes der Kinder Juda nach ihren Geschlechtern war an der Grenze Edoms bei der Wüste Zin, mittagwärts, am Ende des Landes gegen Mittag,

²daß ihre Mittagsgrenze war von der Ecke an dem Salzmeer, das ist, von der Zunge, die mittagswärts geht,

³und geht aus mittagswärts von der Steige Akrabbim und geht durch Zin und geht hinauf im Mittag von Kades-Barnea und geht durch Hezron und geht hinauf gen Adar und lenkt sich um gen Karkaa

⁴und geht durch Azmon und kommt hinaus an den Bach Ägyptens, daß das Ende der Grenze das Meer wird. Das sei eure Grenze gegen Mittag.

⁵Aber die Morgengrenze ist das Salzmeer bis an des Jordans Ende. Die Grenze gegen Mitternacht ist von der Zunge des Meers, die am Ende des Jordans ist,

⁶und geht herauf gen Beth-Hogla und zieht sich mitternachtswärts von Beth-Araba und kommt herauf zum Stein Bohans, des Sohnes Rubens,

⁷und geht herauf gen Debir vom Tal Achor und wendet sich mitternachtwärts gen Gilgal, welches liegt gegenüber der Steige Adummim, die mittagwärts vom Wasser liegt; darnach geht sie zu dem Wasser En-Semes und kommt hinaus zum Brunnen Rogel;

⁸darnach geht sie herauf zum Tal des Sohnes Hinnoms an der Mittagseite des Jebusiters, das ist Jerusalem, und kommt herauf an die Spitze des Berges, der vor dem Tal Hinnom liegt abendwärts, welcher stößt an die Ecke des Tals Rephaim gegen Mitternacht zu;

⁹darnach kommt sie von des Berges Spitze zu dem Wasserbrunnen Nephthoa und kommt heraus zu den Städten des Gebirges Ephron und neigt sich gen Baala, das ist Kirjath-Jearim,

¹⁰und lenkt sich herum von Baala gegen Abend zum Gebirge Seir und geht an der Mitternachtseite des Gebirges Jearim, das ist Chesalon, und kommt herab gen Beth-Semes und geht durch Thimna

¹¹und bricht heraus an der Seite Ekrons her mitternachtwärts und zieht sich gen Sichron und geht über den Berg Baala und kommt heraus gen Jabneel, daß ihr Ende ist das Meer.

¹²Die Grenze aber gegen Abend ist das große Meer. Das ist die Grenze der Kinder Juda umher nach ihren Geschlechtern.

¹³Kaleb aber, dem Sohn Jephunnes, ward sein Teil gegeben unter den Kindern Juda, wie der HERR dem Josua befahl, nämlich die Stadt des Arba, des Vaters Enaks, das ist Hebron.

¹⁴Und Kaleb vertrieb von da die drei Söhne Enaks: Sesai, Ahiman und Thalmai, geboren von Enak.

¹⁵und zog von dort hinauf zu den Einwohnern Debirs. Debir aber hieß vorzeiten Kirjath-Sepher.

¹⁶Und Kaleb sprach: Wer Kirjath-Sepher schlägt und gewinnt, dem will ich meine Tochter Achsa zum Weibe geben.

¹⁷Da gewann es Othniel, der Sohn des Kenas, der Bruder Kalebs; und er gab ihm seine Tochter Achsa zum Weibe.

¹⁸Und es begab sich, da sie einzog, beredete sie ihn, einen Acker zu fordern von ihrem Vater. Und sie stieg vom Esel; da sprach Kaleb zu ihr: Was ist dir?

¹⁹Sie sprach: Gib mir einen Segen! Denn du hast mir ein Mittagsland gegeben; gib mir auch Wasserquellen! Da gab er ihr die Quellen von oben und unten.

²⁰Dies ist das Erbteil des Stammes der Kinder Juda nach ihren Geschlechtern.

²¹Und die Städte des Stammes der Kinder Juda von einer Ecke zu der andern, an der Grenze der Edomiter gegen Mittag, waren diese: Kabzeel, Eder, Jagur,

²²Kina, Dimona, Ad-Ada,
²³Kedes, Hazor, Ithnan,
²⁴Siph, Telem, Bealoth,
²⁵Hazor-Hadatta, Karioth-Hezron, das ist Hazor,
²⁶Amam, Sema, Molada,
²⁷Hazar-Gadda, Hesmon, Beth-Pelet,
²⁸Hazar-Sual, Beer-Seba, Bisjothja,
²⁹Baala, Ijim, Ezem,
³⁰Eltholad, Chesil, Horma,
³¹Ziklag, Madmanna, Sansanna,
³²Lebaoth, Silhim, Ain, Rimmon. Das sind neunundzwanzig Städte und ihre Dörfer.
³³In den Gründen aber war Esthaol, Zora, Asna,
³⁴Sanoah, En-Gannim, Tappuah, Enam,
³⁵Jarmuth, Adullam, Socho, Aseka,
³⁶Saaraim, Adithaim, Gedera, Gederothaim. Das sind vierzehn Städte und ihre Dörfer.
³⁷Zenan, Hadasa, Migdal-Gad,
³⁸Dilean, Mizpe, Joktheel,
³⁹Lachis, Bozkath, Eglon,
⁴⁰Chabbon, Lahmas, Kithlis,
⁴¹Gederoth, Beth-Dagon, Naema, Makkeda. Das sind sechzehn Städte und ihre Dörfer.
⁴²Libna, Ether, Asan,
⁴³Jephthah, Asna, Nezib,
⁴⁴Kegila, Achsib, Maresa. Das sind neun Städte und ihre Dörfer.
⁴⁵Ekron mit seinen Ortschaften und Dörfern.
⁴⁶Von Ekron und ans Meer, alles, was an Asdod und seine Dörfer reicht:
⁴⁷Asdod mit seinen Ortschaften und Dörfern, Gaza mit seinen Ortschaften und Dörfern bis an das Wasser Ägyptens; und das große Meer ist seine Grenze.
⁴⁸Auf dem Gebirge aber war Samir, Jatthir, Socho,
⁴⁹Danna, Kirjath-Sanna, das ist Debir,
⁵⁰Anab, Esthemo, Anim,
⁵¹Gosen, Holon, Gilo. Das sind elf Städte und ihre Dörfer.
⁵²Arab, Duma, Esean,
⁵³Janum, Beth-Thappuah, Apheka,
⁵⁴Humta, Kirjath-Arba, das ist Hebron, Zior. Das sind neun Städte und ihre Dörfer.
⁵⁵Maon, Karmel, Siph, Jutta,
⁵⁶Jesreel, Jokdeam, Sanoah,
⁵⁷Hakain, Gibea, Thimna. Das sind zehn Städte und ihre Dörfer.
⁵⁸Halhul, Beth-Zur, Gedor,
⁵⁹Maarath, Beth-Anoth, Elthekon. Das sind sechs Städte und ihre Dörfer.
⁶⁰Kirjath-Baal, das ist Kirjath-Jearim, Harabba; zwei Städte und ihre Dörfer.
⁶¹In der Wüste aber war Beth-Araba, Middin, Sechacha,
⁶²Nibsan und die Salzstadt und Engedi. Das sind sechs Städte und ihre Dörfer.
⁶³Die Jebusiter aber wohnten zu Jerusalem, und die Kinder Juda konnten sie nicht vertreiben; also blieben die Jebusiter mit den Kindern Juda zu Jerusalem bis auf diesen Tag.

Kapitel 16

¹Und das Los fiel den Kindern Joseph aufgangwärts vom Jordan gegenüber Jericho bis zum Wasser bei Jericho, und die Wüste, die heraufgeht von Jericho durch das Gebirge gen Beth-El;
²und kommt von Beth-El heraus gen Lus und geht durch zur Grenze des Arachiters gen Ataroth
³und zieht sich hernieder abendwärts zu der Grenze des Japhletiters bis an die Grenze des niederen Beth-Horon und bis gen Geser; und das Ende ist am Meer.
⁴Das haben zum Erbteil genommen die Kinder Josephs, Manasse und Ephraim.
⁵Die Grenze der Kinder Ephraim nach ihren Geschlechtern, die Grenze ihres Erbteils aufgangwärts, war Ataroth-Adar bis zum obern Beth-Horon
⁶und geht aus gegen Abend bei Michmethath, das gegen Mitternacht liegt; daselbst lenkt sie sich herum gegen Aufgang gen Thaanath-Silo und geht da durch aufgangwärts gen Janoha
⁷und kommt herab von Janoha gen Ataroth und Naarath und stößt an Jericho und geht aus am Jordan;
⁸von Thappuah geht sie abendwärts zum Bach Kana; und ihr Ende ist am Meer. Das ist das Erbteil des Stammes der Kinder Ephraim nach ihren Geschlechtern.
⁹dazu alle Städte mit ihren Dörfern, welche für die Kinder Ephraim ausgesondert waren unter dem Erbteil der Kinder Manasse.
¹⁰Und sie vertrieben die Kanaaniter nicht, die zu Geser wohnten; also blieben die Kanaaniter unter Ephraim bis auf diesen Tag und wurden zinsbar.

Kapitel 17

¹Und das Los fiel dem Stamm Manasse, denn er ist Josephs erster Sohn, und fiel auf Machir, den ersten Sohn Manasses, den Vater Gileads, denn er war ein streitbarer Mann; darum ward ihm Gilead und Basan.
²Den andern Kindern aber Manasses nach ihren Geschlechtern fiel es auch, nämlich den Kindern Abiesers, den Kindern Heleks, den Kindern Asriels, den Kindern Sichems, den Kindern Hephers und den Kindern Semidas. Das sind die Kinder Manasses, des Sohnes Josephs, die Männer, nach ihren Geschlechtern.
³Aber Zelophehad, der Sohn Hephers, des Sohnes Gilead, des Sohnes Machir, des Sohnes Manasses, hatte keine Söhne, sondern Töchter, und ihre Namen sind diese: Mahela, Noa, Hogla, Milka, Thirza;
⁴und sie traten vor den Priester Eleasar und vor Josua, den Sohn Nuns, und vor die Obersten und sprachen: Der HERR hat Mose geboten, daß er uns solle Erbteil geben unter unsern Brüdern. Und man gab ihnen Erbteil unter den Brüdern ihres Vaters nach dem Befehl des HERRN.
⁵Es fielen aber auf Manasse zehn Meßschnüre, außer dem Lande Gilead und Basan, das jenseit des Jordans liegt;
⁶denn die Töchter Manasse nahmen Erbteil unter seinen Söhnen, und das Land Gilead war den andern Kindern Manasses.
⁷Und die Grenze Manasses war von Asser gen Michmethath, das vor Sichem liegt, und reicht zur Rechten an die von En-Thappuah;
⁸denn das Land Thappuah ward den Manasse; aber Thappuah an der Grenze Manasses ward den Kindern Ephraim;
⁹darnach kommt sie herab zum Bach Kana zur Mittagsseite des Bachs, die Städte daselbst sind Ephraims unter den Städten Manasses; die Grenze Manasses aber geht weiter an der Mitternachtseite des Baches und endet am Meer.
¹⁰Dem Ephraim ward's gegen Mittag und dem Manasse gegen Mitternacht, und das Meer ist seine Grenze; und sie sollen stoßen an Asser von Mitternacht und an Isaschar von Morgen.
¹¹So hatte nun Manasse unter Isaschar und Asser: Beth-Sean und seine Ortschaften, Jibleam und seine Ortschaften und die zu Dor und seine Ortschaften und die zu Endor und seine Ortschaften und die zu Thaanach und seine Ortschaften und die zu Megiddo und seine Ortschaften und den dritten Teil Nepheths.
¹²Und die Kinder Manasse konnten diese Städte nicht einnehmen; sondern die Kanaaniter blieben wohnen in dem Lande.
¹³Da aber die Kinder Israel mächtig wurden, machten sie die Kanaaniter zinsbar und vertrieben sie nicht.
¹⁴Da redeten die Kinder Joseph mit Josua und sprachen: Warum hast du mir nur ein Los und eine Schnur des Erbteils gegeben? Und ich bin doch ein großes Volk, wie mich der HERR so gesegnet hat.
¹⁵Da sprach Josua zu ihnen: Weil du ein großes Volk bist, so gehe hinauf in den Wald und haue um daselbst im Lande die Pheresiter und Riesen, weil dir das Gebirge Ephraim zu enge ist.
¹⁶Da sprachen die Kinder Joseph: Das Gebirge wird nicht Raum genug für uns sein, und es sind eiserne Wagen bei allen Kanaanitern, die im Tal des Landes wohnen: bei denen zu Beth-Sean und seinen zugehörigen Orten und bei denen im Tal Jesreel.
¹⁷Josua sprach zum Hause Josephs, zu Ephraim und Manasse: Du bist ein großes Volk; und weil du so groß bist, sollst du nicht nur ein Los haben,
¹⁸sondern das Gebirge soll dein sein, da der Wald ist, den haue um; und er wird dein sein bis an seine Enden, wenn du die Kanaaniter vertreibst, die eiserne Wagen haben und mächtig sind.

Kapitel 18

¹Und es versammelte sich die ganze Gemeinde der Kinder Israel gen Silo und richteten daselbst auf die Hütte des Stifts, und das Land war ihnen unterworfen.
²Und es waren noch sieben Stämme der Kinder Israel, denen sie ihr Erbteil nicht ausgeteilt hatten.
³Und Josua sprach zu den Kinder Israel: Wie lange seid ihr so laß, daß ihr nicht hingeht, das Land einzunehmen, das euch der HERR, euer Väter Gott, gegeben hat?
⁴Schafft euch aus jeglichem Stamm drei Männer, daß ich sie sende und sie sich aufmachen und durchs Land gehen und es aufschreiben

nach ihren Erbteilen und zu mir kommen.

⁵Teilt das Land in sieben Teile. Juda soll bleiben auf seiner Grenze von Mittag her, und das Haus Josephs soll bleiben auf seiner Grenze von Mitternacht her.

⁶Ihr aber schreibt die sieben Teile der Lande auf und bringt sie zu mir hierher, so will ich euch das Los werfen hier vor dem HERRN, unserm Gott.

⁷Denn die Leviten haben kein Teil unter euch, sondern das Priestertum des HERRN ist ihr Erbteil. Gad aber und Ruben und der halbe Stamm Manasse haben ihr Teil genommen jenseit des Jordans, gegen Morgen, das ihnen Mose, der Knecht Gottes, gegeben hat.

⁸Da machten sich die Männer auf, daß sie hingingen; und Josua gebot ihnen, da sie hin wollten gehen, das Land aufzuschreiben, und sprach: Gehet hin und durchwandelt das Land und schreibt es auf und kommt wieder zu mir, daß ich euch hier das Los werfe vor dem HERRN zu Silo.

⁹Also gingen die Männer hin und durchzogen das Land und schrieben es auf in einen Brief nach den Städten in sieben Teile und kamen zu Josua ins Lager gen Silo.

¹⁰Da warf Josua das Los über sie zu Silo vor dem HERRN und teilte daselbst das Land aus unter die Kinder Israel, einem jeglichen sein Teil.

¹¹Und das Los des Stammes der Kinder Benjamin fiel nach ihren Geschlechtern, und die Grenze ihres Loses ging aus zwischen den Kindern Juda und den Kindern Joseph.

¹²Und ihre Grenze war an der Seite gegen Mitternacht vom Jordan an und geht herauf an der Mitternachtseite Jerichos und kommt aufs Gebirge abendwärts und geht aus nach der Wüste Beth-Aven

¹³und geht von da gen Lus, an der Seite her an Lus mittagwärts, das ist Beth-El, und kommt hinab gen Ataroth-Adar an den Berg, der gegen Mittag liegt von dem niederen Beth-Horon.

¹⁴Darnach neigt sie sich und lenkt sich um zur Seite des Abends gegen Mittag von dem Berge an, der vor Beth-Horon mittagswärts liegt, und endet an Kirjath-Baal, das ist Kirjath-Jearim, die Stadt der Kinder Juda. Das ist die Seite gegen Abend.

¹⁵Aber die Seite gegen Mittag ist von Kirjath-Jearim an und geht aus gegen Abend und kommt hinaus zum Wasserbrunnen Nephthoa

¹⁶und geht herab an des Berges Ende, der vor dem Tal des Sohnes Hinnoms liegt, am Grunde Rephaim gegen Mitternacht, und geht durchs Tal Hinnom an der Mittagseite des Jebusiters und kommt hinab zum Brunnen Rogel

¹⁷und zieht sich mitternachtwärts und kommt hinaus gen En-Semes und kommt hinaus gen Geliloth, das gegenüber der Steige Adummim liegt, und kommt herab zum Stein Bohans, des Sohnes Rubens,

¹⁸und geht zur Seite hin neben dem Gefilde, das gegen Mitternacht liegt, und kommt hinab aufs Gefilde

¹⁹und geht an der Seite Beth-Hoglas, das gegen Mitternacht liegt, und ihr Ende ist an der Zunge des Salzmeers gegen Mitternacht, an dem Ende des Jordans gegen Mittag. Das ist die Mittagsgrenze.

²⁰Aber die Seite gegen Morgen soll der Jordan enden. Das ist das Erbteil der Kinder Benjamin in ihren Grenzen umher nach ihren Geschlechtern.

²¹Die Städte aber des Stammes der Kinder Benjamin nach ihren Geschlechtern sind diese: Jericho, Beth-Hogla, Emek-Keziz,

²²Beth-Araba, Zemaraim, Beth-El,

²³Avvim, Happara, Ophra,

²⁴Kaphar-Ammonai, Ophni, Geba. Das sind zwölf Städte und ihre Dörfer.

²⁵Gibeon Rama, Beeroth,

²⁶Mizpe, Kaphira, Moza,

²⁷Rekem, Jerpeel, Thareala,

²⁸Zela, Eleph und die Jebusiter, das ist Jerusalem, Gibeath, Kirjath. Vierzehn Städte und ihre Dörfer. Das ist das Erbteil der Kinder Benjamin nach ihren Geschlechtern.

Kapitel 19

¹Darnach fiel das zweite Los auf den Stamm der Kinder Simeon nach ihren Geschlechtern; und ihr Erbteil war unter dem Erbteil der Kinder Juda.

²Und es ward ihnen zum Erbteil Beer-Seba, Seba, Molada,

³Hazar-Sual, Bala, Ezem,

⁴Eltholad, Bethul, Horma,

⁵Ziklag, Beth-Markaboth, Hazar-Susa,

⁶Beth-Lebaoth, Saruhen. Das sind dreizehn Städte und ihre Dörfer.

⁷Ain, Rimmon, Ehter, Asan. Das sind vier Städte und ihre Dörfer.

⁸Dazu alle Dörfer, die um diese Städte liegen, bis gen Baalath-Beer-Ramath gegen Mittag. Das ist das Erbteil des Stammes der Kinder Simeon nach ihren Geschlechtern.

⁹Denn der Kinder Simeon Erbteil ist unter dem Erbteil der Kinder Juda. Weil das Erbteil der Kinder Juda ihnen zu groß war, darum erbten die Kinder Simeon unter ihrem Erbteil.

¹⁰Das dritte Los fiel auf die Kinder Sebulon nach ihren Geschlechtern; und die Grenze ihres Erbteils war bis gen Sarid

¹¹und geht hinauf abendwärts gen Mareala und stößt an Dabbeseth und stößt an den Bach, der vor Jokneam fließt,

¹²und wendet sich von Sarid gegen der Sonne Aufgang bis an die Grenze Kisloth-Thabor und kommt hinaus gen Dabrath und reicht hinauf gen Japhia,

¹³und von da geht sie gegen Aufgang durch Gath-Hepher, Eth-Kazin und kommt hinaus gen Rimmon, Mithoar und Nea

¹⁴und lenkt sich herum mitternachtwärts gen Hannathon und endet im Tal Jephthah-El,

¹⁵und Kattath, Nahalal, Simron, Jedeala und Bethlehem. Das sind zwölf Städte und ihre Dörfer.

¹⁶Das ist das Erbteil der Kinder Sebulon nach ihren Geschlechtern; das sind ihre Städte und Dörfer.

¹⁷Das vierte Los fiel auf die Kinder Isaschar nach ihren Geschlechtern.

¹⁸Und ihr Gebiet war Jesreel, Chesulloth, Sunem,

¹⁹Hapharaim, Sion, Anaharath,

²⁰Rabbith, Kisjon, Ebez,

²¹Remeth, En-Gannim, En-Hadda, Beth-Pazez,

²²und die Grenze stößt an Thabor, Sahazima, Beth-Semes, und ihr Ende ist am Jordan. Sechzehn Städte und ihre Dörfer.

²³Das ist das Erbteil des Stammes der Kinder Isaschar nach ihren Geschlechtern, die Städte und ihre Dörfer.

²⁴Das fünfte Los fiel auf den Stamm der Kinder Asser nach ihren Geschlechtern.

²⁵Und ihr Gebiet war Helkath, Hali, Beten, Achsaph,

²⁶Allammelech, Amead, Miseal, und die Grenze stößt an den Karmel am Meer und an Sihor-Libnath

²⁷und wendet sich gegen der Sonne Aufgang gen Beth-Dagon und stößt an Sebulon und an das Tal Jephthah-El mitternachtwärts, Beth-Emek, Negiel und kommt hinaus gen Kabul zur Linken,

²⁸Ebron, Rehob, Hammon, Kana bis an Groß-Sidon

²⁹und wendet sich gen Rama bis zu der festen Stadt Tyrus und wendet sich gen Hosa und endet am Meer in der Gegend von Achsib

³⁰und schließt ein Umma, Aphek, Rehob. Zweiundzwanzig Städte und ihre Dörfer.

³¹Das ist das Erbteil des Stammes der Kinder Asser nach ihren Geschlechtern, die Städte und ihre Dörfer.

³²Das sechste Los fiel auf die Kinder Naphthali nach ihren Geschlechtern.

³³Und ihre Grenze war von Heleph, von den Eichen bei Zaanannim an, Adami-Nebek, Jabneel, bis gen Lakkum und endet am Jordan,

³⁴und die Grenze wendet sich zum Abend gen Asnoth-Thabor und kommt von da hinaus gen Hukkok und stößt an Sebulon gegen Mittag und an Asser gegen Abend und an Juda am Jordan gegen der Sonne Aufgang;

³⁵und feste Städte sind: Ziddim, Zer, Hammath, Rakkath, Kinnereth,

³⁶Adama, Rama, Hazor,

³⁷Kedes, Edrei, En-Hazor,

³⁸Jereon, Migdal-El, Horem, Beth-Anath, Beth-Semes. Neunzehn Städte und ihre Dörfer.

³⁹Das ist das Erbteil des Stammes der Kinder Naphthali nach ihren Geschlechtern, die Städte und ihre Dörfer.

⁴⁰Das siebente Los fiel auf den Stamm der Kinder Dan nach ihren Geschlechtern.

⁴¹Und das Gebiet ihres Erbteils waren Zora, Esthaol, Ir-Semes,

⁴²Saalabbin, Ajalon, Jethla,

⁴³Elon, Thimnatha, Ekron,

⁴⁴Eltheke, Gibbethon, Baalath,

⁴⁵Jehud, Bne-Barak, Gath-Rimmon,

⁴⁶Me-Jarkon, Rakkon mit den Grenzen gegen Japho.

⁴⁷Und an demselben endet das Gebiet der Kinder Dan. Und die Kinder Dan zogen hinauf und stritten wider Lesem und gewannen und schlugen es mit der Schärfe des Schwerts und nahmen es ein und wohnten darin und nannten es Dan nach ihres Vaters Namen.

⁴⁸Das ist das Erbteil des Stammes der Kinder Dan nach ihren Geschlechtern, die Städte und ihre Dörfer.

⁴⁹Und da sie das Ganze Land ausgeteilt hatten nach seinen

Grenzen, gaben die Kinder Israel Josua, dem Sohn Nuns, ein Erbteil unter ihnen

⁵⁰und gaben ihm nach dem Befehl des HERRN die Stadt, die er forderte, nämlich Thimnath-Serah auf dem Gebirge Ephraim. Da baute er die Stadt und wohnte darin.

⁵¹Das sind die Erbteile, die Eleasar, der Priester, und Josua, der Sohn Nuns, und die Obersten der Vaterhäuser unter den Stämmen durchs Los den Kindern Israel austeilten zu Silo vor dem HERRN, vor der Tür der Hütte des Stifts; und vollendeten also das Austeilen des Landes.

Kapitel 20

¹Und der HERR redete mit Josua und sprach:

²Sage den Kindern Israel: Gebt unter euch Freistädte, davon ich durch Mose euch gesagt habe,

³dahin fliehen möge ein Totschläger, der eine Seele unversehens und unwissend schlägt, daß sie unter euch frei seien von dem Bluträcher.

⁴Und der da flieht zu der Städte einer, soll stehen draußen vor der Stadt Tor und vor den Ältesten der Stadt seine Sache ansagen; so sollen sie ihn zu sich in die Stadt nehmen und ihm Raum geben, daß er bei ihnen wohne.

⁵Und wenn der Bluträcher ihm nachjagt, sollen sie den Totschläger nicht in seine Hände übergeben, weil er unwissend seinen Nächsten geschlagen hat und ist ihm zuvor nicht feind gewesen.

⁶So soll er in der Stadt wohnen, bis daß er stehe vor der Gemeinde vor Gericht, und bis daß der Hohepriester sterbe, der zur selben Zeit sein wird. Alsdann soll der Totschläger wiederkommen in seine Stadt und in sein Haus, zur Stadt, davon er geflohen ist.

⁷Da heiligten sie Kedes in Galiläa, auf dem Gebirge Naphthali, und Sichem auf dem Gebirge Ephraim und Kirjath-Arba, das ist Hebron, auf dem Gebirge Juda;

⁸und jenseit des Jordans, da Jericho liegt, gegen Aufgang, gaben sie Bezer in der Wüste auf der Ebene aus dem Stamm Ruben und Ramoth in Gilead aus dem Stamm Gad und Golan in Basan aus dem Stamm Manasse.

⁹Das waren die Städte, bestimmt allen Kindern Israel und den Fremdlingen, die unter ihnen wohnten, daß dahin fliehe, wer eine Seele unversehens schlägt, daß er nicht sterbe durch den Bluträcher, bis daß er vor der Gemeinde gestanden sei.

Kapitel 21

¹Da traten herzu die obersten Väter unter den Leviten zu dem Priester Eleasar und Josua, dem Sohn Nuns, und zu den obersten Vätern unter den Stämmen der Kinder Israel

²und redeten mit ihnen zu Silo im Lande Kanaan und sprachen: Der HERR hat uns geboten durch Mose, daß man uns Städte geben solle, zu wohnen, und ihre Vorstädte zu unserm Vieh.

³Da gaben die Kinder Israel den Leviten von ihren Erbteilen nach dem Befehl des HERRN diese Städte und ihre Vorstädte.

⁴Und das Los fiel auf das Geschlechter der Kahathiter, und wurden den Kindern Aarons, des Priesters, aus den Leviten durchs Los dreizehn Städte von dem Stamm Juda, von dem Stamm Simeon und von dem Stamm Benjamin.

⁵Den andern Kindern Kahaths aber wurden durchs Los zehn Städte von den Geschlechtern des Stammes Ephraim, von dem Stamme Dan und von dem halben Stamm Manasse.

⁶Aber den Kindern Gersons wurden durchs Los dreizehn Städte von den Geschlechtern des Stammes Isaschar, von dem Stamm Asser und von dem Stamm Naphthali und von dem halben Stamm Manasse in Basan.

⁷Den Kindern Meraris nach ihren Geschlechtern wurden zwölf Städte von dem Stamm Ruben, von dem Stamm Gad und von dem Stamm Sebulon.

⁸Also gaben die Kinder Israel den Leviten durchs Los diese Städte und Vorstädte, wie der HERR durch Mose geboten hatte.

⁹Von dem Stamm der Kinder Juda und von dem Stamm der Kinder Simeon gaben sie diese Städte, die sie mit ihren Namen nannten,

¹⁰den Kindern Aarons, vom Geschlecht der Kahathiter, aus den Kindern Levi; denn das erste Los ward ihnen.

¹¹So geben sie ihnen die Stadt des Arba, des Vaters Enaks, das ist Hebron auf dem Gebirge Juda und ihre Vorstädte um sie her.

¹²Aber den Acker der Stadt und ihre Dörfer gaben sie Kaleb, dem Sohn Jephunnes, zu seinem Erbe.

¹³Also gaben sie den Kindern Aarons, des Priesters, die Freistadt der Totschläger, Hebron, und seine Vorstädte, Libna und sein Vorstädte,

¹⁴Jatthir und seine Vorstädte, Esthemoa und sein Vorstädte,

¹⁵Holon und seine Vorstädte, Debir und seine Vorstädte,

¹⁶Ain und seine Vorstädte, Jutta und seine Vorstädte, Beth-Semes und seine Vorstädte, neun Städte von diesen zwei Stämmen;

¹⁷von dem Stamm Benjamin aber gaben sie vier Städte: Gibeon und seine Vorstädte, Geba und seine Vorstädte,

¹⁸Anathoth und seine Vorstädte, Almon und seine Vorstädte,

¹⁹daß alle Städte der Kinder Aarons, der Priester, waren dreizehn mit ihren Vorstädten.

²⁰Den Geschlechtern aber der andern Kinder Kahath, den Leviten, wurden durch ihr Los vier Städte von dem Stamm Ephraim;

²¹sie gaben ihnen die Freistadt der Totschläger, Sichem und seine Vorstädte auf dem Gebirge Ephraim, Geser und seine Vorstädte,

²²Kibzaim und seine Vorstädte, Beth-Horon und seine Vorstädte.

²³Von dem Stamme Dan vier Städte: Eltheke und seine Vorstädte, Gibbethon und seine Vorstädte,

²⁴Ajalon und seine Vorstädte, Gath-Rimmon und seine Vorstädte.

²⁵Von dem halben Stamm Manasse zwei Städte: Thaanach und seine Vorstädte, Gath-Rimmon und seine Vorstädte,

²⁶daß alle Städte der Geschlechter der andern Kinder Kahath waren zehn mit ihren Vorstädten.

²⁷Den Kindern aber Gerson aus den Geschlechtern der Leviten wurden gegeben von dem halben Stamm Manasse zwei Städte: die Freistadt für die Totschläger, Golan in Basan, und sein Vorstädte, Beesthra und seine Vorstädte.

²⁸Von dem Stamme Isaschar vier Städte: Kisjon und seine Vorstädte, Dabrath und seine Vorstädte,

²⁹Jarmuth und seine Vorstädte, En-Gannim und seine Vorstädte.

³⁰Von dem Stamm Asser vier Städte: Miseal und seine Vorstädte, Abdon und seine Vorstädte,

³¹Helkath und seine Vorstädte, Rehob und seine Vorstädte.

³²Von dem Stamm Naphthali drei Städte: die Freistadt für die Totschläger, Kedes in Galiläa, und seine Vorstädte, Hammoth-Dor und seine Vorstädte, Karthan und seine Vorstädte,

³³daß alle Städte des Geschlechts der Gersoniter waren dreizehn mit ihren Vorstädten.

³⁴Den Geschlechtern aber der Kinder Merari, den andern Leviten, wurden gegeben von dem Stamm Sebulon vier Städte: Jokneam und seine Vorstädte, Kartha und seine Vorstädte,

³⁵Dimna und seine Vorstädte, Nahalal und seine Vorstädte.

³⁶Von dem Stamm Ruben vier Städte: Bezer und seine Vorstädte, Jahza und seine Vorstädte,

³⁷Kedemoth und seine Vorstädte, Mephaath und seine Vorstädte.

³⁸Von dem Stamme Gad vier Städte: die Freistadt für die Totschläger, Ramoth in Gilead, und seine Vorstädte,

³⁹Mahanaim und seine Vorstädte, Hesbon und seine Vorstädte, Jaser und seine Vorstädte,

⁴⁰daß alle Städte der Kinder Merari nach ihren Geschlechtern, der andern Leviten, nach ihrem Los waren zwölf.

⁴¹Alle Städte der Leviten unter dem Erbe der Kinder Israel waren achtundvierzig mit ihren Vorstädten.

⁴²Und eine jegliche dieser Städte hatte ihre Vorstadt um sich her, eine wie die andere.

⁴³Also gab der HERR Israel alles Land, das er geschworen hatte ihren Vätern zu geben, und sie nahmen es ein und wohnten darin.

⁴⁴Und der HERR gab ihnen Ruhe von allen umher, wie er ihren Vätern geschworen hatte, und stand ihrer Feinde keiner wider sie, sondern alle ihre Feinde gab er in ihre Hände.

⁴⁵Und es fehlte nichts an allem Guten, das der HERR dem Hause Israel verheißen hatte. Es kam alles.

Kapitel 22

¹Da rief Josua die Rubeniter und Gaditer und den halben Stamm Manasse

²und sprach zu ihnen: Ihr habt alles gehalten, was euch Mose, der Knecht des HERRN, geboten hat, und gehorcht meiner Stimme in allem, was ich euch geboten habe.

³Ihr habt eure Brüder nicht verlassen eine lange Zeit her bis auf diesen Tag und habt gehalten an dem Gebot des HERRN, eures Gottes.

⁴Weil nun der HERR, euer Gott, hat eure Brüder zur Ruhe gebracht, wie er ihnen geredet hat, so wendet euch nun und ziehet hin in eure Hütten im Lande eures Erbes, das euch Mose, der Knecht des HERRN, gegeben hat jenseit des Jordans.

⁵Haltet aber nur an mit Fleiß, daß ihr tut nach dem Gebot und Gesetz, das euch Mose, der Knecht des HERRN, geboten hat, daß ihr den HERRN, euren Gott, liebt und wandelt auf allen seinen Wegen und seine Gebote haltet und ihm anhanget und ihm dient von ganzem Herzen und von ganzer Seele.

Josua

⁶Also segnete sie Josua und ließ sie gehen; und sie gingen zu ihren Hütten.

⁷Dem halben Stamm Manasse hatte Mose gegeben in Basan; der andern Hälfte gab Josua unter ihren Brüdern diesseit des Jordans gegen Abend. Und da er sie gesegnet hatte,

⁸sprach er zu ihnen: Ihr kommt wieder heim mit großem Gut zu euren Hütten, mit sehr viel Vieh, Silber, Gold, Erz, Eisen und Kleidern; so teilt nun den Raub eurer Feinde mit euren Brüdern.

⁹Also kehrten um die Rubeniter, Gaditer und der halbe Stamm Manasse und gingen von den Kindern Israel aus Silo, das im Lande Kanaan liegt, daß sie ins Land Gilead zögen zum Lande ihres Erbes, das sie erbten nach Befehl des HERRN durch Mose.

¹⁰Und da sie kamen in die Kreise am Jordan, die im Lande Kanaan liegen, bauten die Rubeniter, Gaditer und der halbe Stamm Manasse daselbst am Jordan einen großen, schönen Altar.

¹¹Da aber die Kinder Israel hörten sagen: Siehe, die Kinder Ruben, die Kinder Gad und der halbe Stamm Manasse haben einen Altar gebaut gegenüber dem Land Kanaan, in den Kreisen am Jordan, diesseit der Kinder Israel,

¹²da versammelten sie sich mit der ganzen Gemeinde zu Silo, daß sie wider sie hinaufzögen mit einem Heer.

¹³Und sandten zu ihnen ins Land Gilead Pinehas, den Sohn Eleasars, des Priesters,

¹⁴und mit ihm zehn oberste Fürsten unter ihren Vaterhäusern, aus jeglichem Stamm Israels einen.

¹⁵Und da sie zu ihnen kamen ins Land Gilead, redeten sie mit ihnen und sprachen:

¹⁶So läßt euch sagen die ganze Gemeinde des HERRN: Wie versündigt ihr euch also an dem Gott Israels, daß ihr euch heute kehrt von dem HERRN damit, daß ihr euch einen Altar baut, daß ihr abfallt von dem HERRN?

¹⁷Ist's uns zu wenig an der Missetat über dem Peor, von welcher wir noch auf diesen Tag nicht gereinigt sind und kam eine Plage unter die Gemeinde des HERRN?

¹⁸Und ihr wendet euch heute von dem HERRN weg und seid heute abtrünnig geworden von dem HERRN, auf daß er heute oder morgen über die ganze Gemeinde Israel erzürne.

¹⁹Dünkt euch das Land eures Erbes unrein, so kommt herüber in das Land, das der HERR hat, da die Wohnung des HERRN steht, und macht euch ansässig unter uns; und werdet nicht abtrünnig von dem Herrn und von uns, daß ihr euch einen Altar baut außer dem Altar des HERRN, unsers Gottes.

²⁰Versündigte sich nicht Achan, der Sohn Serahs, am Verbannten? und der Zorn kam über die ganze Gemeinde Israel, und er ging nicht allein unter über seiner Missetat.

²¹Da antworteten die Kinder Ruben und die Kinder Gad und der halbe Stamm Manasse und sagten zu den Häuptern über die Tausende Israels:

²²Der starke Gott, der HERR, weiß es; so wisse es Israel auch: fallen wir ab oder sündigen wider den HERRN, so helfe er uns heute nicht!

²³Und so wir darum den Altar gebaut haben, daß wir uns von dem HERRN wenden wollten, Brandopfer und Speisopfer darauf opfern oder Dankopfer darauf tun, so fordere es der HERR.

²⁴Und so wir's nicht vielmehr aus Sorge darum getan haben, wir sprachen: Heut oder morgen möchten eure Kinder zu unsern Kindern sagen: Was geht euch der HERR, der Gott Israels, an?

²⁵Der HERR hat den Jordan zur Grenze gesetzt zwischen uns und euch Kindern Ruben und Gad; ihr habt keinen Teil am HERRN." Damit würden eure Kinder unsre Kinder von der Furcht des HERRN weisen.

²⁶Darum sprachen wir: Laßt uns einen Altar bauen, nicht zum Brandopfer noch zu andern Opfern,

²⁷sondern daß er ein Zeuge sei zwischen uns und euch und unsern Nachkommen, daß wir dem HERRN Dienst tun mögen vor ihm mit unsern Brandopfern, Dankopfern und andern Opfern und eure Kinder heut oder morgen nicht sagen dürfen zu unsern Kindern: Ihr habt keinen Teil an dem HERRN.

²⁸Wenn sie aber also zu uns sagen würden oder zu unsern Nachkommen heut oder morgen, so könnten wir sagen: Seht das Gleichnis des Altars des HERRN, den unsere Väter gemacht haben, nicht zum Brandopfer noch zu andern Opfern, sondern zum Zeugen zwischen uns und euch.

²⁹Das sei ferne von uns, daß wir abtrünnig werden von dem HERRN, daß wir uns heute wollten von ihm wenden und einen Altar bauen zum Brandopfer und andern Opfern, außer dem Altar des HERRN, unsers Gottes, der vor seiner Wohnung steht.

³⁰Da aber Pinehas, der Priester, und die Obersten der Gemeinde, die Häupter über die Tausende Israels, die mit ihm waren, hörten diese Worte, die die Kinder Ruben, Gad und Manasse sagten, gefielen sie ihnen wohl.

³¹Und Pinehas, der Sohn Eleasars, des Priesters, sprach zu den Kindern Ruben, Gad und Manasse: Heute erkennen wir, daß der HERR unter uns ist, daß ihr euch nicht an den HERRN versündigt habt in dieser Tat. Nun habt ihr die Kinder Israel errettet aus der Hand des HERRN.

³²Da zogen Pinehas, der Sohn Eleasars, des Priesters, und die Obersten aus dem Lande Gilead von den Kindern Ruben und Gad wieder ins Land Kanaan zu den Kindern Israel und sagten's ihnen an.

³³Das gefiel den Kindern Israel wohl, und lobten den Gott der Kinder Israel und sagten nicht mehr, daß sie hinauf wollten ziehen mit einem Heer wider sie, zu verderben das Land, darin die Kinder Ruben und Gad wohnten.

³⁴Und die Kinder Ruben und Gad hießen den Altar: Daß er Zeuge sei zwischen uns, daß der HERR Gott sei.

Kapitel 23

¹Und nach langer Zeit, da der HERR hatte Israel zur Ruhe gebracht vor allen ihren Feinden umher und Josua nun alt und wohl betagt war,

²berief er das ganze Israel, ihre Ältesten, Häupter, Richter und Amtleute, und sprach zu ihnen: Ich bin alt und wohl betagt,

³und ihr habt gesehen alles, was der HERR, euer Gott, getan hat an allen diesen Völkern vor euch her; denn der HERR, euer Gott, hat selber für euch gestritten.

⁴Seht, ich habe euch diese noch übrigen Völker durchs Los zugeteilt, einem jeglichen Stamm sein Erbteil, vom Jordan an, und alle Völker, die ich ausgerottet habe, und am großen Meer gegen der Sonne Untergang.

⁵Und der HERR, euer Gott, wird sie ausstoßen vor euch und von euch vertreiben, daß ihr ihr Land einnehmt, wie euch der HERR, euer Gott, geredet hat.

⁶So seid nun sehr getrost, daß ihr haltet und tut alles, was geschrieben steht im Gesetzbuch Mose's, daß ihr nicht davon weicht, weder zur Rechten noch zur Linken,

⁷auf daß ihr nicht unter diese übrigen Völker kommt, die bei euch sind, und nicht gedenkt noch schwört bei dem Namen ihrer Götter noch ihnen dient noch sie anbetet,

⁸sondern dem HERRN, eurem Gott, anhangt, wie ihr bis auf diesen Tag getan habt.

⁹Der HERR hat vor euch vertrieben große und mächtige Völker, und niemand hat euch widerstanden bis auf diesen Tag.

¹⁰Euer einer jagt tausend; denn der HERR, euer Gott, streitet für euch, wie er euch geredet hat.

¹¹Darum so behütet aufs fleißigste eure Seelen, daß ihr dem HERRN, euren Gott, liebhabt.

¹²Denn wo ihr euch umwendet und diesen Völkern anhangt und euch mit ihnen verheiratet, daß ihr unter sie und sie unter euch kommen:

¹³so wisset, daß der HERR, euer Gott, wird nicht mehr alle diese Völker vor euch vertreiben; sondern sie werden euch zum Strick und Netz und zur Geißel in euren Seiten werden und zum Stachel in eure Augen, bis daß er euch umbringe hinweg von dem guten Lande, das euch der HERR, euer Gott, gegeben hat.

¹⁴Siehe, ich gehe heute dahin wie alle Welt; und ihr sollt wissen von ganzem Herzen und von ganzer Seele, daß nicht ein Wort gefehlt hat an all dem Guten, das der HERR, euer Gott, euch verheißen hat. Es ist alles gekommen und keins ausgeblieben.

¹⁵Gleichwie nun alles Gute gekommen ist, das der HERR, euer Gott, euch verheißen hat, also wird der HERR auch über euch kommen lassen alles Böse, bis er euch vertilge von diesem guten Land, das euch der HERR, euer Gott, gegeben hat,

¹⁶wenn ihr übertretet den Bund des HERRN, eures Gottes, den er euch geboten hat, und hingeht und andern Göttern dient und sie anbetet, daß der Zorn des HERRN über euch ergrimmt und euch bald umbringt hinweg von dem guten Land, das er euch gegeben hat.

Kapitel 24

¹Josua versammelte alle Stämme Israels gen Sichem und berief die Ältesten von Israel, die Häupter, Richter und Amtleute. Und da sie vor Gott getreten waren,

²sprach er zum ganzen Volk: So sagt der HERR, der Gott Israels: Eure Väter wohnten vorzeiten jenseit des Stroms, Tharah, Abrahams und Nahors Vater, und dienten andern Göttern.

³Da nahm ich euren Vater Abraham jenseit des Stroms und ließ ihn wandern im ganzen Land Kanaan und mehrte ihm seinen Samen und gab ihm Isaak.

⁴Und Isaak gab ich Jakob und Esau und gab Esau das Gebirge Seir zu besitzen. Jakob aber und seine Kinder zogen hinab nach Ägypten.

⁵Da sandte ich Mose und Aaron und plagte Ägypten, wie ich unter ihnen getan habe.

⁶Darnach führte ich euch und eure Väter aus Ägypten. Und da ihr an das Meer kamt und die Ägypter euren Vätern nachjagten mit Wagen und Reitern ans Schilfmeer,

⁷da schrieen sie zum HERRN; der setzte eine Finsternis zwischen euch und die Ägypter und führte das Meer über sie, und es bedeckte sie. Und eure Augen haben gesehen, was ich an den Ägyptern getan habe. Und ihr habt gewohnt in der Wüste eine lange Zeit.

⁸Und ich habe euch gebracht in das Land der Amoriter, die jenseit des Jordans wohnten; und da sie wider euch stritten, gab ich sie in eure Hände, daß ihr ihr Land besaßet, und vertilgte sie vor euch her.

⁹Da machte sich auf Balak, der Sohn Zippors, der Moabiter König, und stritt wider Israel und sandte hin und ließ rufen Bileam, den Sohn Beors, daß er euch verfluchte.

¹⁰Aber ich wollte ihn nicht hören. Und er segnete euch und ich errettete euch aus seinen Händen.

¹¹Und da ihr über den Jordan gingt und gen Jericho kamt, stritten wider euch die Bürger von Jericho, die Amoriter, Pheresiter, Kanaaniter, Hethiter, Girgasiter, Heviter und Jebusiter; aber ich gab sie in eure Hände.

¹²Und sandte Hornissen vor euch her; die trieben sie aus vor euch her, die zwei Könige der Amoriter, nicht durch dein Schwert noch durch deinen Bogen.

¹³Und ich habe euch ein Land gegeben, daran ihr nicht gearbeitet habt, und Städte, die ihr nicht gebaut habt, daß ihr darin wohnt und eßt von Weinbergen und Ölbäumen, die ihr nicht gepflanzt habt.

¹⁴So fürchtet nun den HERRN und dient ihm treulich und rechtschaffen und laßt fahren die Götter, denen eure Väter gedient haben jenseit des Stroms und in Ägypten, und dient dem HERRN.

¹⁵Gefällt es euch aber nicht, daß ihr dem HERRN dient, so erwählt euch heute, wem ihr dienen wollt: den Göttern, denen eure Väter gedient haben jenseit des Stroms, oder den Göttern der Amoriter, in deren Land ihr wohnt. Ich aber und mein Haus wollen dem HERRN dienen.

¹⁶Da antwortete das Volk und sprach: Das sei ferne von uns, daß wir den HERRN verlassen und andern Göttern dienen!

¹⁷Denn der HERR, unser Gott, hat uns und unsre Väter aus Ägyptenland geführt, aus dem Diensthause, und hat vor unsern Augen solche große Zeichen getan und uns behütet auf dem ganzen Weg, den wir gezogen sind, und unter allen Völkern, durch welche wir gezogen sind,

¹⁸und hat ausgestoßen vor uns her alle Völker der Amoriter, die im Land wohnten. Darum wollen wir auch dem HERRN dienen; denn er ist unser Gott.

¹⁹Josua sprach zu dem Volk: Ihr könnt dem HERRN nicht dienen; denn er ist ein heiliger Gott, ein eifriger Gott, der eurer Übertretungen und Sünden nicht schonen wird.

²⁰Wenn ihr aber den HERRN verlaßt und fremden Göttern dient, so wird er sich wenden und euch plagen und euch umbringen, nachdem er euch Gutes getan hat.

²¹Das Volk aber sprach zu Josua: Nicht also, sondern wir wollen dem HERRN dienen.

²²Da sprach Josua zum Volk: Ihr seid Zeugen über euch, daß ihr den HERRN euch erwählt habt, daß ihr ihm dient. Und sie sprachen: Ja.

²³So tut nun von euch die fremden Götter, die unter euch sind, und neigt euer Herz zu dem HERRN, dem Gott Israels.

²⁴Und das Volk sprach zu Josua: Wir wollen dem HERRN, unserm Gott, dienen und seiner Stimme gehorchen.

²⁵Also machte Josua desselben Tages einen Bund mit dem Volk und legte ihnen Gesetze und Rechte vor zu Sichem.

²⁶Und Josua schrieb dies alles ins Gesetzbuch Gottes und nahm einen großen Stein und richtete ihn auf daselbst unter einer Eiche, die bei dem Heiligtum des HERRN war,

²⁷und sprach zum ganzen Volk: Siehe, dieser Stein soll Zeuge sein über uns, denn er hat gehört alle Rede des HERRN, die er uns geredet hat; und soll ein Zeuge über euch sein, daß ihr euren Gott nicht verleugnet.

²⁸Also ließ Josua das Volk gehen, einen jeglichen in sein Erbteil.

²⁹Und es begab sich nach dieser Geschichte, daß Josua, der Sohn Nuns, der Knecht des HERRN, starb, da er hundertundzehn Jahre alt war.

³⁰Und man begrub ihn in der Grenze seines Erbteils zu Thimnath-Serah, das auf dem Gebirge Ephraim liegt mitternachtwärts vom Berge Gaas.

³¹Und Israel diente dem Herrn, solange Josua lebte und die Ältesten, welche noch lange Zeit lebten nach Josua, die alle die Werke des HERRN wußten, die er an Israel getan hatte.

³²Die Gebeine Josephs, welche die Kinder Israel hatten aus Ägypten gebracht, begruben sie zu Sichem in dem Stück Feld, das Jakob kaufte von den Kindern Hemors, des Vaters Sichems, um hundert Groschen und das der Kinder Josephs Erbteil ward.

³³Eleasar, der Sohn Aarons, starb auch, und sie begruben ihn zu Gibea, der Stadt seines Sohnes Pinehas, die ihm gegeben war auf dem Gebirge Ephraim.

Richter

Kapitel 1

¹Nach dem Tod Josuas fragten die Kinder Israel den HERRN und sprachen: Wer soll unter uns zuerst hinaufziehen, Krieg zu führen wider die Kanaaniter?

²Der HERR sprach: Juda soll hinaufziehen. Siehe, ich habe das Land in seine Hand gegeben.

³Da sprach Juda zu seinem Bruder Simeon: Zieh mit mir hinauf in mein Los und laß uns wider die Kanaaniter streiten, so will ich wieder mit dir ziehen in dein Los. Also zog Simeon mit ihm.

⁴Da nun Juda hinaufzog, gab der HERR die Kanaaniter und Pheresiter in ihre Hände, und sie schlugen zu Besek zehntausend Mann.

⁵Und fanden den Adoni-Besek zu Besek und stritten wider ihn und schlugen die Kanaaniter und Pheresiter.

⁶Aber Adoni-Besek floh, und sie jagten ihm nach; und da sie ihn ergriffen, hieben sie ihm die Daumen ab an seinen Händen und Füßen.

⁷Da sprach Adoni-Besek: Siebzig Könige mit abgehauenen Daumen ihrer Hände und Füße lasen auf unter meinem Tisch. Wie ich nun getan habe, so hat mir Gott wieder vergolten. Und man brachte ihn gen Jerusalem; daselbst starb er.

⁸Aber die Kinder Juda stritten wider Jerusalem und gewannen es und schlugen es mit der Schärfe des Schwerts und zündeten die Stadt an.

⁹Darnach zogen die Kinder Juda herab, zu streiten wider die Kanaaniter, die auf dem Gebirge und gegen Mittag und in den Gründen wohnten.

¹⁰Und Juda zog hin wider die Kanaaniter, die zu Hebron wohnten (Hebron aber hieß vorzeiten Kirjath-Arba), und sie schlugen den Sesai und Ahiman und Thalmai.

¹¹Und zogen von da wider die Einwohner zu Debir (Debir aber hieß vorzeiten Kirjath-Sepher).

¹²Und Kaleb sprach: Wer Kirjath-Sepher schlägt und gewinnt, dem will ich meine Tochter Achsa zum Weibe geben.

¹³Da gewann es Othniel, der Sohn des Kenas, Kalebs jüngerer Bruder. Und er gab ihm sein Tochter Achsa zum Weibe.

¹⁴Und es begab sich, da sie einzog, beredete sie ihn, einen Acker zu fordern von ihrem Vater. Und sie stieg vom Esel; da sprach Kaleb zu ihr: Was ist dir?

¹⁵Sie sprach: Gib mir einen Segen! Denn du hast mir ein Mittagsland gegeben; gib mir auch Wasserquellen! Da gab er ihr die Quellen oben und unten.

¹⁶Und die Kinder des Keniters, Mose's Schwagers, zogen herauf aus der Palmenstadt mit den Kindern Juda in die Wüste Juda, die da liegt gegen Mittag der Stadt Arad, und gingen hin und wohnten unter dem Volk.

¹⁷Und Juda zog hin mit seinem Bruder Simeon, und schlugen die Kanaaniter zu Zephath und verbannten sie und nannten die Stadt Horma.

¹⁸Dazu gewann Juda Gaza mit seinem Zugehör und Askalon mit seinem Zugehör und Ekron mit seinem Zugehör.

¹⁹Und der HERR war mit Juda, daß er das Gebirge einnahm; denn er konnte die Einwohner im Grunde nicht vertreiben, darum daß sie eiserne Wagen hatten.

²⁰Und sie gaben dem Kaleb Hebron, wie Mose gesagt hatte; und er vertrieb daraus die drei Söhne des Enak.

²¹Aber die Kinder Benjamin vertrieben die Jebusiter nicht, die zu Jerusalem wohnten; sondern die Jebusiter wohnten bei den Kindern Benjamin zu Jerusalem bis auf diesen Tag.

²²Desgleichen zogen auch die Kinder Joseph hinauf gen Beth-El, und der HERR war mit ihnen.

²³Und das Haus Josephs ließ auskundschaften Beth-El, das vorzeiten Lus hieß.

²⁴Und die Wächter sahen einen Mann aus der Stadt gehen und sprachen zu ihm: Weise uns, wo wir in die Stadt kommen, so wollen wir Barmherzigkeit an dir tun.

²⁵Und da er ihnen zeigte, wo sie in die Stadt kämen, schlugen sie die Stadt mit der Schärfe des Schwerts; aber den Mann und all sein Geschlecht ließen sie gehen.

²⁶Da zog derselbe Mann ins Land der Hethiter und baute eine Stadt und hieß sie Lus; die heißt noch heutigestages also.

²⁷Und Manasse vertrieb nicht Beth-Sean mit den zugehörigen Orten noch Thaanach mit den zugehörigen Orten noch die Einwohner zu Dor mit den zugehörigen Orten noch die Einwohner zu Jibleam mit den zugehörigen Orten noch die Einwohner zu Megiddo mit den zugehörigen Orten; und die Kanaaniter blieben wohnen im Land.

²⁸Da aber Israel mächtig war, machte es die Kanaaniter zinsbar und vertrieb sie nicht.

²⁹Desgleichen vertrieb auch Ephraim die Kanaaniter nicht, die zu Geser wohnten, sondern die Kanaaniter wohnten unter ihnen zu Geser.

³⁰Sebulon vertrieb auch nicht die Einwohner von Kitron und Nahalol; sondern die Kanaaniter wohnten unter ihnen und waren zinsbar.

³¹Asser vertrieb die Einwohner zu Akko nicht noch die Einwohner zu Sidon, zu Ahelab, zu Achsib, zu Helba, zu Aphik und zu Rehob;

³²sondern die Asseriter wohnten unter den Kanaanitern, die im Lande wohnten, denn sie vertrieben sie nicht.

³³Naphthali vertrieb die Einwohner nicht zu Beth-Semes noch zu Beth-Anath, sondern wohnte unter den Kanaanitern, die im Lande wohnten. Aber die zu Beth-Semes und zu Beth-Anath wurden zinsbar.

³⁴Und die Amoriter drängten die Kinder Dan aufs Gebirge und ließen nicht zu, daß sie herunter in den Grund kämen.

³⁵Und die Amoriter blieben wohnen auf dem Gebirge Heres, zu Ajalon und Saalbim. Doch ward ihnen die Hand des Hauses Joseph zu schwer, und wurden zinsbar.

³⁶Und die Grenze der Amoriter war, da man nach Akrabbim hinaufgeht, von dem Fels an und weiter hinauf.

Kapitel 2

¹Es kam aber der Engel des HERRN herauf von Gilgal gen Bochim und sprach: Ich habe euch aus Ägypten heraufgeführt und in das Land gebracht, das ich euren Vätern geschworen habe, und sprach, ich wollte meinen Bund mit euch nicht brechen ewiglich;

²ihr aber solltet keinen Bund machen mit den Einwohnern dieses Landes und ihre Altäre zerbrechen. Aber ihr habt meiner Stimme nicht gehorcht. Warum habt ihr das getan?

³Da sprach ich auch: Ich will sie nicht vertreiben vor euch, daß sie euch zum Strick werden und ihre Götter zum Netz.

⁴Und da der Engel des HERRN solche Worte geredet hatte zu allen Kinder Israel, hob das Volk seine Stimme auf und weinte,

⁵und hießen die Stätte Bochim und opferten daselbst dem HERRN.

⁶Als Josua das Volk von sich gelassen hatte und die Kinder Israel hingezogen waren, ein jeglicher in sein Erbteil, das Land einzunehmen,

⁷diente das Volk dem HERRN, solange Josua lebte und die Ältesten, die noch lange nach Josua lebten und alle die großen Werke des HERRN gesehen hatten, die er getan hatte.

⁸Da nun Josua, der Sohn Nuns, gestorben war, der Knecht des HERRN, als er hundertundzehn Jahre alt war,

⁹begruben sie ihn in den Grenzen seines Erbteile zu Thimnath-Heres auf dem Gebirge Ephraim, mitternachtwärts vom Berge Gaas.

¹⁰Da auch alle, die zu der Zeit gelebt hatten, zu ihren Vätern versammelt wurden, kam nach ihnen ein andres Geschlecht auf, das den HERRN nicht kannte noch sein Werke, die er an Israel getan hatte.

¹¹Da taten die Kinder Israel übel vor dem HERRN und dienten den Baalim

¹²und verließen den HERRN, ihrer Väter Gott, der sie aus Ägyptenland geführt hatte, und folgten andern Göttern nach von den Göttern der Völker, die um sie her wohnten, und beteten sie an und erzürnten den HERRN;

¹³denn sie verließen je und je den HERRN und dienten Baal und den Astharoth.

¹⁴So ergrimmte der Zorn des HERRN über Israel und gab sie in die Hand der Räuber, daß diese sie beraubten, und verkaufte sie in die Hände ihrer Feinde umher. Und sie konnten nicht mehr ihren Feinden widerstehen;

¹⁵sondern wo sie hinaus wollten, da war des HERRN Hand wider sie zum Unglück, wie denn der HERR ihnen gesagt und geschworen hatte. Und sie wurden hart gedrängt.

¹⁶Wenn dann der HERR Richter auferweckte, die ihnen halfen aus der Räuber Hand,

¹⁷so gehorchten sie den Richtern auch nicht, sondern liefen andern Göttern nach und beteten sie an und wichen bald von dem Weg, darauf ihre Väter gegangen waren, des HERRN Geboten zu gehorchen, und taten nicht wie dieselben.

¹⁸Wenn aber der HERR ihnen Richter erweckte, so war der HERR mit dem Richter und half ihnen aus ihrer Feinde Hand, solange der Richter lebte. Denn es jammerte den HERRN ihr Wehklagen über die, so sie zwangen und drängten.

¹⁹Wenn aber der Richter starb, so wandten sie sich und verderbten

es mehr denn ihre Väter, daß sie andern Göttern folgten, ihnen zu dienen und sie anzubeten; sie ließen nicht von ihrem Vornehmen noch von ihrem halsstarrigen Wesen.

²⁰Darum ergrimmte denn des HERRN Zorn über Israel, daß er sprach: Weil dies Volk meinen Bund übertreten hat, den ich ihren Vätern geboten habe, und gehorchen meiner Stimme nicht,

²¹so will ich auch hinfort die Heiden nicht vertreiben, die Josua hat gelassen, da er starb,

²²daß ich Israel durch sie versuche, ob sie auf dem Wege des HERRN bleiben, daß sie darin wandeln, wie ihre Väter geblieben sind, oder nicht.

²³Also ließ der HERR diese Heiden, daß er sie nicht bald vertrieb, die er nicht hatte in Josuas Hand übergeben.

Kapitel 3

¹Dies sind die Heiden, die der HERR ließ bleiben, daß er durch sie Israel versuchte, alle, die nicht wußten um die Kriege Kanaans,

²und daß die Geschlechter der Kinder Israel wüßten und lernten streiten, die zuvor nichts darum wußten,

³nämlich die fünf Fürsten der Philister und alle Kanaaniter und Sidonier und Heviter, die am Berg Libanon wohnten, von dem Berg Baal-Hermon an, bis wo man kommt gen Hamath.

⁴Dieselben blieben, Israel durch sie zu versuchen, daß es kund würde, ob sie den Geboten des HERRN gehorchten, die er ihren Vätern geboten hatte durch Mose.

⁵Da nun die Kinder Israel also wohnten unter den Kanaanitern, Hethitern, Amoritern, Pheresitern, Hevitern und Jebusitern,

⁶nahmen sie jener Töchter zu Weibern und gaben ihre Töchter jener Söhnen und dienten jener Göttern.

⁷Und die Kinder Israel taten übel vor dem HERRN und vergaßen des HERRN, ihres Gottes, und dienten den Baalim und den Ascheroth.

⁸Da ergrimmte der Zorn des HERRN über Israel, und er verkaufte sie unter die Hand Kusan-Risathaims, des Königs von Mesopotamien; und dienten also die Kinder Israel dem Kusan-Risathaim acht Jahre.

⁹Da schrieen die Kinder Israel zu dem HERRN; und der HERR erweckte ihnen einen Heiland, der sie erlöste: Othniel, den Sohn Kenas, Kalebs jüngsten Bruder.

¹⁰Und der Geist des HERRN kam auf ihn, und er ward Richter in Israel und zog aus zum Streit. Und der HERR gab den König von Mesopotamien, Kusan-Risathaim, in seine Hand, daß seine Hand über ihn zu stark ward.

¹¹Da ward das Land still vierzig Jahre. Und Othniel, der Sohn Kenas, starb.

¹²Aber die Kinder Israel taten fürder übel vor dem HERRN. Da stärkte der HERR den Eglon, den König der Moabiter, wider Israel, darum daß sie übel taten vor dem HERRN.

¹³Und er sammelte zu sich die Kinder Ammon und die Amalekiter und zog hin und schlug Israel und nahm ein die Palmenstadt.

¹⁴Und die Kinder Israel dienten Eglon, dem König der Moabiter, achtzehn Jahre.

¹⁵Da schrieen sie zu dem HERRN; und der HERR erweckte ihnen einen Heiland: Ehud, den Sohn Geras, den Benjaminiten, der war links. Und da die Kinder Israel durch ihn Geschenk sandten Eglon, dem König der Moabiter,

¹⁶machte sich Ehud ein zweischneidig Schwert, eine Elle lang, und gürtete es unter sein Kleid auf seine rechte Hüfte

¹⁷und brachte das Geschenk dem Eglon, dem König der Moabiter. Eglon aber war ein sehr fetter Mann.

¹⁸Und da er das Geschenk hatte überantwortet, ließ er das Volk von sich, die das Geschenk getragen hatten,

¹⁹und kehrte um von den Götzen zu Gilgal und ließ ansagen: Ich habe, o König, dir was Heimliches zu sagen. Er aber hieß schweigen, und gingen aus von ihm alle, die um ihn standen.

²⁰Und Ehud kam zu ihm hinein. Er aber saß oben in der Sommerlaube, die für ihn allein war. Und Ehud sprach: Ich habe Gottes Wort an dich. Da stand er auf vom Stuhl.

²¹Ehud aber reckte seine linke Hand aus und nahm das Schwert von seiner rechten Hüfte und stieß es ihm in seinen Bauch,

²²daß auch das Heft der Schneide nach hineinfuhr und das Fett das Heft verschloß; denn er zog das Schwert nicht aus seinem Bauch.

²³Aber Ehud ging zum Saal hinaus und tat die Tür der Sommerlaube hinter sich zu und verschloß sie.

²⁴Da er nun hinaus war, kamen seine Knechte und sahen, daß die Tür verschlossen war, und sprachen: Er ist vielleicht zu Stuhl gegangen in der Kammer an der Sommerlaube.

²⁵Da sie aber so lange harrten, bis sie sich schämten (denn niemand tat die Tür der Laube auf), nahmen sie den Schlüssel und schlossen auf; siehe, da lag ihr Herr auf der Erde tot.

²⁶Ehud aber war entronnen, dieweil sie verzogen, und ging an den Götzen vorüber und entrann bis gen Seira.

²⁷Und da er hineinkam, blies er die Posaune auf dem Gebirge Ephraim. Und die Kinder Israel zogen mit ihm vom Gebirge und er vor ihnen her,

²⁸und sprach zu ihnen: Jagt mir nach; denn der HERR hat euch die Moabiter, eure Feinde, in eure Hände gegeben! Und sie jagten ihm nach und gewannen die Furten am Jordan, die gen Moab gehen, und ließen niemand hinüber

²⁹und schlugen die Moabiter zu der Zeit, bei zehntausend Mann, allzumal die besten und streitbare Männer, daß nicht einer entrann.

³⁰Also wurden die Moabiter zu der Zeit unter die Hand der Kinder Israel gedämpft. Und das Land war still achtzig Jahre.

³¹Darnach war Samgar, der Sohn Anaths; der schlug sechshundert Philister mit einem Ochsenstecken, und auch er erlöste Israel.

Kapitel 4

¹Aber die Kinder Israel taten fürder übel vor dem HERRN, da Ehud gestorben war.

²Und der HERR verkaufte sie in die Hand Jabins, des Königs der Kanaaniter, der zu Hazor saß; und sein Feldhauptmann war Sisera, und er wohnte zu Haroseth der Heiden.

³Und die Kinder Israel schrieen zum HERRN; denn er hatte neunhundert eiserne Wagen und zwang die Kinder Israel mit Gewalt zwanzig Jahre.

⁴Zu der Zeit war Richterin in Israel die Prophetin Debora, das Weib Lapidoths.

⁵Und sie wohnte unter der Palme Deboras zwischen Rama und Beth-El auf dem Gebirge Ephraim. Und die Kinder Israel kamen zu ihr hinauf vor Gericht.

⁶Diese sandte hin und ließ rufen Barak, den Sohn Abinoams von Kedes-Naphthali, und ließ ihm sagen: Hat dir nicht der HERR, der Gott Israels, geboten: Gehe hin und zieh auf den Berg Thabor und nimm zehntausend Mann mit dir von den Kindern Naphthali und Sebulon?

⁷Denn ich will Sisera, den Feldhauptmann Jabins, zu dir ziehen an das Wasser Kison mit seinen Wagen und mit seiner Menge und will ihn in deine Hände geben.

⁸Barak sprach zu ihr: Wenn du mit mir ziehst, so will ich ziehen; ziehst du aber nicht mit mir, so will ich nicht ziehen.

⁹Sie sprach: Ich will mit dir ziehen, aber der Preis wird nicht dein sein auf dieser Reise, die du tust, sondern der HERR wird Sisera in eines Weibes Hand übergeben. Also machte sich Debora auf und zog mit Barak gen Kedes.

¹⁰Da rief Barak Sebulon und Naphthali gen Kedes, und es zogen hinauf ihm nach zehntausend Mann. Debora zog auch mit ihm.

¹¹(Heber aber, der Keniter, war von den Kenitern, von den Kindern Hobabs, Mose's Schwagers, weggezogen und hatte seine Hütte aufgeschlagen bei den Eichen zu Zaanannim neben Kedes.)

¹²Da ward Sisera angesagt, daß Barak, der Sohn Abinoams, auf den Berg Thabor gezogen wäre.

¹³Und er rief alle seine Wagen zusammen, neunhundert eiserne Wagen, und alles Volk, das mit ihm war, von Haroseth der Heiden an das Wasser Kison.

¹⁴Debora aber sprach zu Barak: Auf! das ist der Tag, da dir der HERR den Sisera hat in deine Hand gegeben; denn der HERR wird vor dir her ausziehen. Also zog Barak von dem Berge Thabor herab und die zehntausend Mann ihm nach.

¹⁵Aber der HERR erschreckte den Sisera samt allen seinen Wagen und ganzem Heer vor der Schärfe des Schwertes Baraks, daß Sisera von seinem Wagen sprang und floh zu Fuß.

¹⁶Barak aber jagte nach den Wagen und dem Heer bis gen Haroseth der Heiden. Und alles Heer Siseras fiel vor der Schärfe des Schwerts, daß nicht einer übrigblieb.

¹⁷Sisera aber floh zu Fuß in die Hütte Jaels, des Weibes Hebers, des Keniters. Denn der König Jabin zu Hazor und das Haus Hebers, des Keniters, standen miteinander im Frieden.

¹⁸Jael aber ging heraus, Sisera entgegen, und sprach zu ihm: Weiche, mein Herr, weiche zu mir und fürchte dich nicht! Und er wich zu ihr in die Hütte, und sie deckte ihn zu mit einer Decke.

¹⁹Er aber sprach zu ihr: Gib mir doch ein wenig Wasser zu trinken, denn mich dürstet. Da tat sie auf einen Milchtopf und gab ihm zu trinken und deckte ihn zu.

²⁰Und er sprach zu ihr: Tritt in der Hütte Tür, und wenn jemand kommt und fragt, ob jemand hier sei, so sprich: Niemand.

²¹Da nahm Jael, das Weib Hebers, einen Nagel von der Hütte und einen Hammer in ihre Hand und ging leise zu ihm hinein und schlug

ihm den Nagel durch seine Schläfe, daß er in die Erde drang. Er aber war entschlummert, ward ohnmächtig und starb.

²²Da aber Barak Sisera nachjagte, ging Jael heraus, ihm entgegen, und sprach zu ihm: Gehe her! ich will dir den Mann zeigen, den du suchst. Und da er zu ihr hineinkam, lag Sisera tot, und der Nagel steckte in seiner Schläfe.

²³Also dämpfte Gott zu der Zeit Jabin, der Kanaaniter König, vor den Kindern Israel.

²⁴Und die Hand der Kinder Israel ward immer stärker wider Jabin, der Kanaaniter König, bis sie ihn ausrotteten.

Kapitel 5

¹Da sang Debora und Barak, der Sohn Abinoams, zu der Zeit und sprachen:

²Lobet den HERRN, daß Israel wieder frei geworden ist und das Volk willig dazu gewesen ist.

³Höret zu, ihr Könige, und merket auf, ihr Fürsten! Ich will, dem HERRN will ich singen; dem HERRN, dem Gott Israels, will ich spielen.

⁴HERR, da du von Seir auszogst und einhergingst vom Felde Edoms, da erzitterte die Erde, der Himmel troff, und die Wolken troffen von Wasser.

⁵Die Berge ergossen sich vor dem HERRN, der Sinai vor dem HERRN, dem Gott Israels.

⁶Zu den Zeiten Samgars, des Sohnes Anaths, zu den Zeiten Jaels waren verlassen die Wege; und die da auf Straßen gehen sollten, die wandelten durch krumme Wege.

⁷Es gebrach, an Regiment gebrach's in Israel, bis daß ich, Debora, aufkam, bis ich aufkam, eine Mutter in Israel.

⁸Ein Neues hat Gott erwählt, er hat die Tore bestritten. Es war kein Schild noch Speer unter vierzigtausend in Israel zu sehen.

⁹Mein Herz ist mit den Gebietern Israels, mit denen, die willig waren unter dem Volk. Lobet den HERRN!

¹⁰Die ihr auf schönen Eselinnen reitet, die ihr auf Teppichen sitzet, und die ihr auf dem Wege gehet: singet!

¹¹Da die Schützen schreien zwischen den Schöpf-Rinnen, da sage man von der Gerechtigkeit des HERRN, von der Gerechtigkeit seines Regiments in Israel. Da zog des HERRN Volk herab zu den Toren.

¹²Wohlauf, wohlauf, Debora! Wohlauf, wohlauf, und singe ein Lied! Mache dich auf, Barak, und fange deine Fänger, du Sohn Abinoams!

¹³Da zog herab, was übrig war von Herrlichen im Volk; der HERR zog mit mir herab unter den Helden.

¹⁴Aus Ephraim die, so ihre Wurzel haben in Amalek, und nach dir Benjamin in deinem Volk; von Machir zogen Gebieter herab und von Sebulon, die den Führerstab hielten.

¹⁵Und Fürsten zu Isaschar waren mit Debora. Und Isaschar war wie Barak, in den Grund gesandt ihm nach. Ruben hielt hoch von sich und sonderte sich von ihm.

¹⁶Warum bleibst du zwischen den Hürden, zu hören das Blöken der Herden, und hältst groß von dir und sonderst dich von uns?

¹⁷Gilead blieb jenseit des Jordans. Und warum wohnt Dan unter den Schiffen? Asser saß an der Anfurt des Meers und blieb an seinen zerrissenen Ufern.

¹⁸Sebulons Volk aber wagte seinen Seele in den Tod, Naphthali auch auf der Höhe des Gefildes.

¹⁹Die Könige kamen und stritten; da stritten die Könige der Kanaaniter zu Thaanach am Wasser Megiddos; aber sie brachten keinen Gewinn davon.

²⁰Vom Himmel ward wider sie gestritten; die Sterne in ihren Bahnen stritten wider Sisera.

²¹Der Bach Kison wälzte sie, der Bach Kedumin, der Bach Kison. Tritt, meine Seele, auf die Starken!

²²Da rasselten der Pferde Füße von dem Jagen ihrer mächtigen Reiter.

²³Fluchet der Stadt Meros, sprach der Engel des HERRN; fluchet ihren Bürgern, daß sie nicht kamen dem HERRN zu Hilfe, zu Hilfe dem HERRN unter den Helden!

²⁴Gesegnet sei unter den Weibern Jael, das Weib Hebers, des Keniters; gesegnet sei sie in der Hütte unter den Weibern!

²⁵Milch gab sie, da er Wasser forderte, und Butter brachte sie dar in einer herrlichen Schale.

²⁶Sie griff mit ihrer Hand den Nagel und mit ihrer Rechten den Schmiedhammer und schlug Sisera durch sein Haupt und zerquetschte und durchbohrte seine Schläfe.

²⁷Zu ihren Füßen krümmte er sich, fiel nieder und legte sich; er krümmte sich, fiel nieder zu ihren Füßen; wie er sich krümmte, so lag er verderbt.

²⁸Die Mutter Siseras sah zum Fenster hinaus und heulte durchs Gitter: Warum verzieht sein Wagen, daß er nicht kommt? Wie bleiben die Räder seiner Wagen so dahinten?

²⁹Die weisesten unter ihren Frauen antworteten, da sie ihre Klageworte immer wiederholte:

³⁰Sollen sie denn nicht finden und austeilen den Raub, einem jeglichen Mann eine Dirne oder zwei zur Ausbeute und Sisera bunte gestickte Kleider zur Ausbeute, gestickte bunte Kleider um dem Hals zur Ausbeute?

³¹Also müssen umkommen, HERR, alle deine Feinde! Die ihn aber liebhaben, müssen sein, wie die Sonne aufgeht in ihrer Macht! - Und das Land war still vierzig Jahre.

Kapitel 6

¹Und da die Kinder Israel übel taten vor dem HERRN, gab sie der HERR unter die Hand der Midianiter sieben Jahre.

²Und da der Midianiter Hand zu stark ward über Israel, machten die Kinder Israel für sich Klüfte in den Gebirgen und Höhlen und Festungen.

³Und wenn Israel etwas säte, so kamen die Midianiter und Amalekiter und die aus dem Morgenlande herauf über sie

⁴und lagerten sich wider sie und verderbten das Gewächs auf dem Lande bis hinan gen Gaza und ließen nichts übrig von Nahrung in Israel, weder Schafe noch Ochsen noch Esel.

⁵Denn sie kamen herauf mit ihrem Vieh und Hütten wie eine große Menge Heuschrecken, daß weder sie noch ihre Kamele zu zählen waren, und fielen ins Land, daß sie es verderbten.

⁶Also war Israel sehr gering vor den Midianitern. Da schrieen die Kinder Israel zu dem HERRN.

⁷Als sie aber zu dem HERRN schrieen um der Midianiter willen,

⁸sandte der HERR einen Propheten zu ihnen, der sprach zu ihnen: So spricht der HERR, der Gott Israels: Ich habe euch aus Ägypten geführt und aus dem Diensthause gebracht

⁹und habe euch errettet von der Ägypter Hand und von der Hand aller, die euch drängten, und habe sie vor euch her ausgestoßen und ihr Land euch gegeben

¹⁰und sprach zu euch: Ich bin der HERR, euer Gott; fürchtet nicht der Amoriter Götter, in deren Lande ihr wohnt. Und ihr habt meiner Stimme nicht gehorcht.

¹¹Und der Engel des HERRN kam und setzte sich unter eine Eiche zu Ophra, die war des Joas, des Abiesriters; und sein Sohn Gideon drosch Weizen in der Kelter, daß er ihn bärge vor den Midianitern.

¹²Da erschien ihm der Engel des HERRN und sprach zu ihm: Der HERR mit dir, du streitbarer Held!

¹³Gideon aber sprach zu ihm: Mein Herr, ist der HERR mit uns, warum ist uns denn solches alles widerfahren? Und wo sind alle die Wunder, die uns unsre Väter erzählten und sprachen: Der HERR hat uns aus Ägypten geführt? Nun aber hat uns der HERR verlassen und unter der Midianiter Hände gegeben.

¹⁴Der HERR aber wandte sich zu ihm und sprach: Gehe hin in dieser deiner Kraft; du sollst Israel erlösen aus der Midianiter Händen. Siehe, ich habe dich gesandt.

¹⁵Er aber sprach zu ihm: Mein Herr, womit soll ich Israel erlösen? Siehe, meine Freundschaft ist die geringste in Manasse, und ich bin der Kleinste in meines Vaters Hause.

¹⁶der HERR aber sprach zu ihm: Ich will mit dir sein, daß du die Midianiter schlagen sollst wie einen einzelnen Mann.

¹⁷Er aber sprach zu ihm: Habe ich Gnade vor dir gefunden, so mache mir doch ein Zeichen, daß du es seist, der mit mir redet;

¹⁸weiche nicht, bis ich zu dir komme und bringe mein Speisopfer und es vor dir hinlege. Er sprach: Ich will bleiben bis daß du wiederkommst.

¹⁹Und Gideon kam und richtete zu ein Ziegenböcklein und ein Epha ungesäuerten Mehls und legte das Fleisch in einen Korb und tat die Brühe in einen Topf und brachte es zu ihm heraus unter die Eiche und trat herzu.

²⁰Aber der Engel Gottes sprach zu ihm: Nimm das Fleisch und das Ungesäuerte und lege es hin auf den Fels, der hier ist, und gieß die Brühe aus. Und er tat also.

²¹Da reckte der Engel des HERRN den Stecken aus, den er in der Hand hatte, und rührte mit der Spitze das Fleisch und das Ungesäuerte an. Und das Feuer fuhr aus dem Fels und verzehrte das Fleisch und das Ungesäuerte. Und der Engel des HERRN verschwand aus seinen Augen.

²²Da nun Gideon sah, daß es der Engel des HERRN war, sprach er: Ach HERR HERR! habe ich also den Engel des HERRN von

Angesicht gesehen?

²³Aber der HERR sprach zu ihm: Friede sei mit dir! Fürchte dich nicht; du wirst nicht sterben.

²⁴Da baute Gideon daselbst dem HERRN einen Altar und hieß ihn: Der HERR ist der Friede. Der steht noch bis auf diesen heutigen Tag zu Ophra, der Stadt der Abiesriter.

²⁵Und in derselben Nacht sprach der HERR zu ihm: Nimm einen Farren unter den Ochsen, die deines Vaters sind, und einen andern Farren, der siebenjährig ist, und zerbrich den Altar Baals, der deines Vaters ist, und haue um das Ascherabild, das dabei steht,

²⁶und baue dem HERRN, deinem Gott, oben auf der Höhe dieses Felsens einen Altar und rüste ihn zu und nimm den andern Farren und opfere ein Brandopfer mit dem Holz des Ascherabildes, das du abgehauen hast.

²⁷Da nahm Gideon zehn Männer aus seinen Knechten und tat, wie ihm der HERR gesagt hatte. Aber er fürchtete sich, solches zu tun des Tages, vor seines Vaters Haus und den Leuten in der Stadt, und tat's bei der Nacht.

²⁸Da nun die Leute in der Stadt des Morgens früh aufstanden, siehe, da war der Altar Baals zerbrochen und das Ascherabild dabei abgehauen und der andere Farre ein Brandopfer auf dem Altar, der gebaut war.

²⁹Und einer sprach zu dem andern: Wer hat das getan? Und da sie suchten und nachfragten, ward gesagt: Gideon, der Sohn des Joas, hat das getan.

³⁰Da sprachen die Leute der Stadt zu Joas: Gib deinen Sohn heraus; er muß sterben, daß er den Altar Baals zerbrochen und das Ascherabild dabei abgehauen hat.

³¹Joas aber sprach zu allen, die bei ihm standen: Wollt ihr um Baal hadern? Wollt ihr ihm helfen? Wer um ihn hadert, der soll dieses Morgens sterben. Ist er Gott, so rechte er um sich selbst, daß sein Altar zerbrochen ist.

³²Von dem Tag an hieß man ihn Jerubbaal und sprach: Baal rechte mit ihm, daß er seinen Altar zerbrochen hat.

³³Da nun alle Midianiter und Amalekiter und die aus dem Morgenland sich zuhauf versammelt hatten und zogen herüber und lagerten sich im Grunde Jesreel,

³⁴erfüllte der Geist des HERRN den Gideon; und er ließ die Posaune blasen und rief die Abiesriter, daß sie ihm folgten,

³⁵und sandte Botschaft zu ganz Manasse und rief sie an, daß sie ihm auch nachfolgten. Er sandte auch Botschaft zu Asser und Sebulon und Naphthali; die kamen herauf, ihm entgegen.

³⁶Und Gideon sprach zu Gott: Willst du Israel durch meine Hand erlösen, wie du geredet hast,

³⁷so will ich ein Fell mit der Wolle auf die Tenne legen. Wird der Tau auf dem Fell allein sein und die ganze Erde umher trocken, so will ich merken, daß du Israel erlösen wirst durch meine Hand, wie du geredet hast.

³⁸Und es geschah also. Und da er des andern Morgens früh aufstand, drückte er den Tau aus vom Fell und füllte eine Schale voll des Wassers.

³⁹Und Gideon sprach zu Gott: Dein Zorn ergrimme nicht wider mich, daß ich noch einmal rede. Ich will's nur noch einmal versuchen mit dem Fell. Es sei allein auf dem Fell trocken und der Tau auf der ganzen Erde.

⁴⁰Und Gott tat also dieselbe Nacht, daß es trocken war allein auf dem Fell und Tau auf der ganzen Erde.

Kapitel 7

¹Da machte sich Jerubbaal, das ist Gideon, früh auf und alles Volk, das mit ihm war, und lagerten sich an den Brunnen Harod, daß er das Heer der Midianiter hatte gegen Mitternacht vom dem Hügel More im Grund.

²Der HERR aber sprach zu Gideon: Des Volks ist zu viel, das mit dir ist, daß ich sollte Midian in ihre Hände geben; Israel möchte sich rühmen wider mich und sagen: Meine Hand hat mich erlöst.

³So laß nun ausrufen vor den Ohren des Volks und sagen: Wer blöde und verzagt ist, der kehre um und hebe sich alsbald vom Gebirge Gilead. Da kehrten des Volks um bei zweiundzwanzigtausend, daß nur zehntausend übrigblieben.

⁴Und der HERR sprach zu Gideon: Des Volks ist noch zu viel. Führe sie sie hinab ans Wasser, daselbst will ich sie dir prüfen. Und von welchem ich dir sagen werde, daß er mit dir ziehen soll, der soll mit dir ziehen; von welchem aber ich sagen werde, daß er nicht mit dir ziehen soll, der soll nicht ziehen.

⁵Und er führte das Volk hinab ans Wasser. Und der HERR sprach zu Gideon: Wer mit seiner Zunge Wasser leckt, wie ein Hund leckt, den stelle besonders; des gleichen wer auf seine Kniee fällt, zu trinken.

⁶Da war die Zahl derer, die geleckt hatten aus der Hand zum Mund, dreihundert Mann; das andere Volk alles hatte knieend getrunken.

⁷Und der HERR sprach zu Gideon: Durch die dreihundert Mann, die geleckt haben, will ich euch erlösen und die Midianiter in deine Hände geben; aber das andere Volk laß alles gehen an seinen Ort.

⁸Und sie nahmen Zehrung für das Volk mit sich und ihre Posaunen. Aber die andern Israeliten ließ er alle gehen, einen jeglichen in seine Hütte; die dreihundert Mann aber behielt er. Und das Heer der Midianiter lag unten vor ihm im Grunde.

⁹Und der HERR sprach in derselben Nacht zu ihm: Stehe auf und gehe hinab zum Lager; denn ich habe es in deine Hände gegeben.

¹⁰Fürchtest du dich aber hinabzugehen, so laß deinen Diener Pura mit dir hinabgehen zum Lager,

¹¹daß du hörst, was sie reden. Darnach werden deine Hände stark sein, und du wirst hinabziehen zum Lager. Da ging Gideon mit seinem Diener Pura hinab vorn an den Ort der Schildwächter, die im Lager waren.

¹²Und die Midianiter und Amalekiter und alle aus dem Morgenland hatten sich niedergelegt im Grunde wie eine große Menge Heuschrecken; und ihre Kamele waren nicht zu zählen vor der Menge wie der Sand am Ufer des Meers.

¹³Da nun Gideon kam, siehe, da erzählte einer einem andern einen Traum und sprach: Siehe, mir hat geträumt: mich deuchte, ein geröstetes Gerstenbrot wälzte sich zum Heer der Midianiter; und da es kam an die Gezelte, schlug es dieselben und warf sie nieder und kehrte sie um, das Oberste zu unterst, daß das Gezelt lag.

¹⁴Da antwortete der andere: Das ist nichts anderes denn das Schwert Gideons, des Sohnes Joas, des Israeliten. Gott hat die Midianiter in seine Hände gegeben mit dem ganzen Heer.

¹⁵Da Gideon den hörte solchen Traum erzählen und seine Auslegung, betete er an und kam wieder ins Heer Israels und sprach: Macht euch auf, denn der HERR hat das Heer der Midianiter in eure Hände gegeben.

¹⁶und er teilte die dreihundert Mann in drei Haufen und gab einem jeglichen eine Posaune in seine Hand und leere Krüge mit Fackeln darin

¹⁷und sprach zu ihnen: Seht auf mich und tut auch also; und siehe, wenn ich vor das Lager komme, wie ich tue so tut ihr auch.

¹⁸Wenn ich die Posaune blase und alle, die mit mir sind, so sollt ihr auch die Posaune blasen ums ganze Heer und sprechen: Hie HERR und Gideon!

¹⁹Also kam Gideon und hundert Mann mit ihm vor das Lager, zu Anfang der mittelsten Nachtwache, da sie eben die Wächter aufgestellt hatten, und bliesen mit Posaunen und zerschlugen die Krüge in ihren Händen.

²⁰Also bliesen alle drei Haufen mit Posaunen und zerbrachen die Krüge. Sie hielten aber die Fackeln in ihrer linken Hand und die Posaunen in ihrer rechten Hand, daß sie bliesen und riefen: Hie Schwert des HERRN und Gideons!

²¹Und ein jeglicher stand auf seinem Ort um das Lager her. Da ward das ganze Heer laufend, und schrieen und flohen.

²²Und indem die dreihundert Mann bliesen die Posaunen, schaffte der HERR, daß sie im ganzen Heer eines jeglichen Schwert wider den andern war. Und das Heer floh bis Beth-Sitta gen Zereda, bis an die Grenze von Abel-Mehola bei Tabbath.

²³Und die Männer Israels von Naphthali, von Asser und vom ganzen Manasse wurden zuhauf gerufen und jagten den Midianitern nach.

²⁴Und Gideon sandte Botschaft auf das ganze Gebirge Ephraim und ließ sagen: Kommt herab, den Midianitern entgegen, und gewinnt das Wasser vor ihnen bis gen Beth-Bara und auch den Jordan. Da eilten zusammen alle, die von Ephraim waren, und gewannen das Wasser vor ihnen bis gen Beth-Bara und den Jordan

²⁵und fingen zwei Fürsten der Midianiter, Oreb und Seeb, und erwürgten Oreb auf dem Fels Oreb und Seeb in der Kelter Seeb, und jagten die Midianiter und brachten die Häupter Orebs und Seebs zu Gideon über den Jordan.

Kapitel 8

¹Und die Männer von Ephraim sprachen zu ihm: Warum hast du uns das getan, daß du uns nicht riefst, da du in den Streit zogst wider die Midianiter? Und zankten mit ihm heftig.

²Er aber sprach zu ihnen: Was habe ich jetzt getan, das eurer Tat gleich sei? Ist nicht die Nachlese Ephraims besser denn die ganze Weinernte Abiesers?

³Gott hat die Fürsten der Midianiter, Oreb und Seeb, in eure

Hände gegeben. Wie hätte ich können das tun, was ihr getan habt? Da er solches redete, ließ ihr Zorn von ihm ab.

⁴Da nun Gideon an den Jordan kam, ging er hinüber mit den dreihundert Mann, die bei ihm waren; die waren müde und jagten nach.

⁵Und er sprach zu den Leuten von Sukkoth: Gebt doch dem Volk, das unter mir ist, etliche Brote; denn sie sind müde, daß ich nachjagte den Königen der Mididaniter, Sebah und Zalmuna.

⁶Aber die Obersten zu Sukkoth sprachen: Sind die Fäuste Sebahs und Zalmunas schon in deinen Händen, daß wir deinem Heer sollen Brot geben?

⁷Gideon sprach: Wohlan, wenn der HERR Sebah und Zalmuna in meine Hand gibt, will ich euer Fleisch mit Dornen aus der Wüste und mit Hecken zerdreschen.

⁸Und er zog von da hinauf gen Pnuel und redete auch also zu ihnen. Und die Leute zu Pnuel antworteten ihm gleich wie die zu Sukkoth.

⁹Und er sprach auch zu den Leuten zu Pnuel: Komme ich mit Frieden wieder, so will ich diesen Turm zerbrechen.

¹⁰Sebah aber und Zalmuna waren zu Karkor und ihr Heer mit ihnen, bei fünfzehntausend, alle, die übriggeblieben waren vom ganzen Heer derer aus Morgenland; denn hundertzwanzigtausend waren gefallen, die das Schwert ausziehen konnten.

¹¹Und Gideon zog hinauf auf der Straße derer, die in Hütten wohnten, gegen Morgen von Nobah und Jogbeha, und schlug das Heer, denn das Heer war sicher.

¹²Und Sebah und Zalmuna flohen; aber er jagte ihnen nach und fing die zwei Könige der Midianiter, Sebah und Zalmuna, und schreckte das ganze Heer.

¹³Da nun Gideon, der Sohn Joas, wiederkam vom Streit, ehe die Sonne heraufgekommen war,

¹⁴fing er einen Knaben aus den Leuten zu Sukkoth und fragte ihn; der schrieb ihm auf die Obersten zu Sukkoth und ihre Ältesten, siebenundsiebzig Mann.

¹⁵Und er kam zu den Leuten zu Sukkoth und sprach: Siehe, hier ist Sebah und Zalmuna, über welchen ihr mein spottetet und spracht: Ist denn Sebahs und Zalmunas Faust schon in deinen Händen, daß wir deinen Leuten, die müde sind, Brot geben sollen?

¹⁶Und er nahm die Ältesten der Stadt und Dornen aus der Wüste und Hecken und ließ es die Leute zu Sukkoth fühlen.

¹⁷Und den Turm Pnuels zerbrach er und erwürgte die Leute der Stadt.

¹⁸Und er sprach zu Sebah und Zalmuna: Wie waren die Männer, die ihr erwürgtet zu Thabor? Sie sprachen: Sie waren wie du und ein jeglicher schön wie eines Königs Kinder.

¹⁹Er aber sprach: Es sind meine Brüder, meiner Mutter Söhne, gewesen. So wahr der HERR lebt, wo ihr sie hättet leben lassen, wollte ich euch nicht erwürgen.

²⁰Und er sprach zu seinem erstgeborenen Sohn, Jether: Stehe auf und erwürge sie! Aber der Knabe zog sein Schwert nicht; denn er fürchtete sich, weil er noch ein Knabe war.

²¹Sebah aber und Zalmuna sprachen: Stehe du auf und mache dich an uns; denn darnach der Mann ist, ist auch seine Kraft. Also stand Gideon auf und erwürgte Sebah und Zalmuna und nahm die Spangen, die an ihrer Kamele Hälsen waren.

²²Da sprachen zu Gideon etliche in Israel: Sei Herr über uns, du und dein Sohn und deines Sohnes Sohn, weil du uns von der Midianiter Hand erlöst hast.

²³Aber Gideon sprach zu ihnen: Ich will nicht Herr sein über euch, und auch mein Sohn soll nicht Herr über euch sein, sondern der HERR soll Herr über euch sein.

²⁴Gideon aber sprach zu Ihnen: Eins begehre ich von euch: ein jeglicher gebe mir die Stirnbänder, die er geraubt hat. (Denn weil es Ismaeliter waren, hatten sie goldene Stirnbänder.)

²⁵Sie sprachen: Die wollen wir geben; und breiteten ein Kleid aus, und ein jeglicher warf die Stirnbänder darauf, die er geraubt hatte.

²⁶Und die goldenen Stirnbänder, die er forderte, machten am Gewicht tausendsiebenhundert Lot Gold, ohne die Spangen und Ketten und Purpurkleider, die der Midianiter Könige tragen, und ohne die Halsbänder ihrer Kamele.

²⁷Und Gideon machte einen Leibrock daraus und setzte ihn in seine Stadt zu Ophra. Und ganz Israel trieb damit Abgötterei daselbst, und es geriet Gideon und seinem Hause zum Fall.

²⁸Also wurden die Midianiter gedemütigt vor den Kindern Israel und hoben ihren Kopf nicht mehr empor. Und das Land war still vierzig Jahre, solange Gideon lebte.

²⁹Und Jerubbaal, der Sohn des Joas, ging hin und wohnte in seinem Hause.

³⁰Und Gideon hatte siebzig Söhne, die aus seiner Hüfte gekommen waren; denn er hatte viele Weiber.

³¹Und sein Kebsweib, das er zu Sichem hatte, gebar ihm auch einen Sohn; den nannte er Abimelech.

³²Und Gideon, der Sohn des Joas, starb in gutem Alter und ward begraben in seines Vaters Joas Grab zu Ophra, der Stadt der Abiesriter.

³³Da aber Gideon gestorben war, kehrten sich die Kinder Israel um und liefen dem Baalim nach und machten sich Baal-Berith zum Gott.

³⁴Und die Kinder Israel gedachten nicht an den HERRN, ihren Gott, der sie errettet hatte von der Hand aller ihrer Feinde umher,

³⁵und taten nicht Barmherzigkeit an dem Hause des Jerubbaal Gideon, wie er alles Gute an Israel getan hatte.

Kapitel 9

¹Abimelech aber, der Sohn Jerubbaals, ging hin zu Sichem zu den Brüdern seiner Mutter und redete mit ihnen und mit dem ganzen Geschlecht des Vaterhauses seiner Mutter und sprach:

²Redet doch vor den Ohren aller Männer zu Sichem: was ist euch besser, daß siebzig Männer, alle Kinder Jerubbaals, über euch Herren seien, oder daß ein Mann über euch Herr sei? Gedenkt auch dabei, daß ich euer Gebein und Fleisch bin.

³Da redeten die Brüder seiner Mutter von ihm alle diese Worte vor den Ohren aller Männer zu Sichem. Und ihr Herz neigte sich Abimelech nach; denn sie gedachten: Er ist unser Bruder.

⁴Und sie gaben ihm siebzig Silberlinge aus dem Haus Baal-Beriths. Und Abimelech dingte damit lose, leichtfertige Männer, die ihm nachfolgten.

⁵Und er kam in seines Vaters Haus gen Ophra und erwürgte seine Brüder, die Kinder Jerubbaals, siebzig Mann, auf einem Stein. Es blieb aber übrig Jotham, der jüngste Sohn Jerubbaals; denn er war versteckt.

⁶Und es versammelten sich alle Männer von Sichem und das ganze Haus Millo, gingen hin und machten Abimelech zum König bei der hohen Eiche, die zu Sichem steht.

⁷Da das angesagt ward dem Jotham, ging er hin und trat auf die Höhe des Berges Garizim und hob auf seine Stimme, rief und sprach zu ihnen: Hört mich, ihr Männer zu Sichem, daß euch Gott auch höre!

⁸Die Bäume gingen hin, daß sie einen König über sich salbten, und sprachen zu dem Ölbaum: Sei unser König!

⁹Aber der Ölbaum antwortete ihnen: Soll ich meine Fettigkeit lassen, die beide, Götter und Menschen, an mir preisen, und hingehen, daß ich schwebe über den Bäumen?

¹⁰Da sprachen die Bäume zum Feigenbaum: Komm du und sei unser König!

¹¹Aber der Feigenbaum sprach zu ihnen: Soll ich meine Süßigkeit und meine gute Frucht lassen und hingehen, daß ich über den Bäumen schwebe?

¹²Da sprachen die Bäume zum Weinstock: Komm du und sei unser König!

¹³Aber der Weinstock sprach zu ihnen: Soll ich meinen Most lassen, der Götter und Menschen fröhlich macht, und hingehen, daß ich über den Bäumen schwebe?

¹⁴Da sprachen die Bäume zum Dornbusch: Komm du und sei unser König!

¹⁵Und der Dornbusch sprach zu den Bäumen: Ist's wahr, daß ihr mich zum König salbt über euch, so kommt und vertraut euch unter meinen Schatten; wo nicht, so gehe Feuer aus dem Dornbusch und verzehre die Zedern Libanons.

¹⁶Habt ihr nun recht und redlich getan, daß ihr Abimelech zum König gemacht habt; und habt ihr wohl getan an Jerubbaal und an seinem Hause und habt ihm getan, wie er um euch verdient hat

¹⁷(denn mein Vater hat gestritten um euretwillen und seine Seele dahingeworfen von sich, daß er euch errettete von der Midianiter Hand;

¹⁸und ihr lehnt euch auf heute wider meines Vaters Haus und erwürgt seine Kinder, siebzig Mann, auf einem Stein und macht euch Abimelech, seiner Magd Sohn, zum König über die Männer zu Sichem, weil er euer Bruder ist);

¹⁹und habt ihr nun recht und redlich gehandelt an Jerubbaal und an seinem Hause an diesem Tage: so seid fröhlich über Abimelech und er sei fröhlich über euch;

²⁰wo nicht, so gehe Feuer aus von Abimelech und verzehre die Männer zu Sichem und das Haus Millo, und gehe auch Feuer aus von den Männern zu Sichem und vom Haus Millo und verzehre Abimelech.

²¹Und Jotham floh vor seinem Bruder Abimelech und entwich und ging gen Beer und wohnte daselbst.

²²Als nun Abimelech drei Jahre über Israel geherrscht hatte,

²³sandte Gott einen bösen Willen zwischen Abimelech und den Männern zu Sichem. Und die Männer zu Sichem wurden Abimelech

untreu,

²⁴auf daß der Frevel, an den siebzig Söhnen Jerubbaals begangen, und ihr Blut käme auf Abimelech, ihren Bruder, der sie erwürgt hatte, und auf die Männer zu Sichem, die ihm seine Hand dazu gestärkt hatten, daß er seine Brüder erwürgte.

²⁵Und die Männer zu Sichem stellten einen Hinterhalt auf den Spitzen der Berge und beraubten alle, die auf der Straße zu ihnen wandelten. Und es ward Abimelech angesagt.

²⁶Es kam aber Gaal, der Sohn Ebeds, und seine Brüder und zogen zu Sichem ein. Und die Männer von Sichem verließen sich auf ihn

²⁷und zogen heraus aufs Feld und lasen ab ihre Weinberge und kelterten und machten einen Tanz und gingen in ihres Gottes Haus und aßen und tranken und fluchten dem Abimelech.

²⁸Und Gaal, der Sohn Ebeds, sprach: Wer ist Abimelech, und was ist Sichem, daß wir ihm dienen sollten? Ist er nicht Jerubbaals Sohn und hat Sebul, seinen Knecht, hergesetzt? Dienet den Leuten Hemors, des Vaters Sichems! Warum sollten wir jenen dienen?

²⁹Wollte Gott, das Volk wäre unter meiner Hand, daß ich Abimelech vertriebe! Und es ward Abimelech gesagt: Mehre dein Heer und zieh aus!

³⁰Denn Sebul, der Oberste in der Stadt, da er die Worte Gaals, des Sohnes Ebeds, hörte, ergrimmte er in seinem Zorn

³¹und sandte Botschaft zu Abimelech heimlich und ließ ihm sagen: Siehe, Gaal, der Sohn Ebeds, und seine Brüder sind gen Sichem gekommen und machen dir die Stadt aufrührerisch.

³²So mache dich nun auf bei der Nacht, du und dein Volk, das bei dir ist, und mache einen Hinterhalt auf sie im Felde.

³³Und des Morgens, wenn die Sonne aufgeht, so mache dich früh auf und überfalle die Stadt. Und wo er und das Volk, das bei ihm ist, zu dir hinauszieht, so tue mit ihm, wie es deine Hand findet.

³⁴Abimelech stand auf bei der Nacht und alles Volk, das bei ihm war, und hielt auf Sichem mit vier Haufen.

³⁵Und Gaal, der Sohn Ebeds, zog heraus und trat vor die Tür an der Stadt Tor. Aber Abimelech machte sich auf aus dem Hinterhalt samt dem Volk, das mit ihm war.

³⁶Da nun Gaal das Volk sah, sprach er zu Sebul: Siehe, da kommt ein Volk von der Höhe des Gebirges hernieder. Sebul aber sprach zu Ihm: Du siehst die Schatten der Berge für Leute an.

³⁷Gaal redete noch mehr und sprach: Siehe, ein Volk kommt hernieder aus der Mitte des Landes, und ein Haufe kommt auf dem Wege zur Zaubereiche.

³⁸Da sprach Sebul zu ihm: Wo ist nun hier dein Maul, das da sagte: Wer ist Abimelech, daß wir ihm dienen sollten? Ist das nicht das Volk, das du verächtet hast? Zieh nun aus und streite mit ihm!

³⁹Gaal zog aus vor den Männern zu Sichem her und stritt mit Abimelech.

⁴⁰Aber Abimelech jagte ihn, daß er floh vor ihm; und fielen viel Erschlagene bis an die Tür des Tors.

⁴¹Und Abimelech blieb zu Aruma. Sebul aber verjagte den Gaal und seine Brüder, die zu Sichem nicht durften bleiben.

⁴²Am Morgen aber ging das Volk heraus aufs Feld. Da das Abimelech ward angesagt,

⁴³nahm er das Kriegsvolk und teilte es in drei Haufen und machte einen Hinterhalt auf sie im Felde. Als er nun sah, daß das Volk aus der Stadt ging, erhob er sich über sie und schlug sie.

⁴⁴Abimelech aber und die Haufen, die bei ihm waren, überfielen sie und traten an die Tür des Stadttors; und zwei der Haufen überfielen alle, die auf dem Felde waren, und schlugen sie.

⁴⁵Da stritt Abimelech wider die Stadt denselben Tag und gewann sie und erwürgte das Volk, das darin war, und zerbrach die Stadt und säte Salz darauf.

⁴⁶Da das hörten alle Männer des Turms zu Sichem, gingen sie in die Festung des Hauses des Gottes Berith.

⁴⁷Da das Abimelech hörte, daß sich alle Männer des Turms zu Sichem versammelt hatten,

⁴⁸ging er auf den Berg Zalmon mit allem seinem Volk, das bei ihm war und nahm eine Axt in seine Hand und hieb einen Ast von den Bäumen und legte ihn auf seine Achsel und sprach zu allem Volk, das mit ihm war: Was ihr gesehen habt, daß ich tue, das tut auch ihr eilend wie ich.

⁴⁹Da hieb alles Volk ein jeglicher einen Ast ab und folgten Abimelech nach und legten sie an die Festung und steckten's an mit Feuer, daß auch alle Männer des Turms zu Sichem starben, bei tausend Mann und Weib.

⁵⁰Abimelech aber zog gen Thebez und belagerte es und gewann es.

⁵¹Es war aber ein starker Turm mitten in der Stadt. Auf den flohen alle Männer und Weiber und alle Bürger der Stadt und schlossen hinter sich zu und stiegen auf das Dach des Turms.

⁵²Da kam Abimelech zum Turm und stritt dawider und nahte sich zur Tür des Turms, daß er ihn mit Feuer verbrannte.

⁵³Aber ein Weib warf einen Mühlstein Abimelech auf den Kopf und zerbrach ihm den Schädel.

⁵⁴Da rief Abimelech eilend dem Diener, der seine Waffen trug, und sprach zu ihm: Zieh dein Schwert aus und töte mich, daß man nicht von mir sage: Ein Weib hat ihn erwürgt. Da durchstach ihn sein Diener, und er starb.

⁵⁵Da aber die Israeliten, die mit ihm waren, sahen, daß Abimelech tot war, ging ein jeglicher an seinen Ort.

⁵⁶Also bezahlte Gott Abimelech das Übel, das er an seinem Vater getan hatte, da er seine siebzig Brüder erwürgte;

⁵⁷desgleichen alles Übel der Männer Sichems vergalt ihnen Gott auf ihren Kopf, und es kam über sie der Fluch Jothams, des Sohnes Serubbaals.

Kapitel 10

¹Nach Abimelech machte sich auf, zu helfen Israel, Thola, ein Mann von Isaschar, ein Sohn Phuas, des Sohnes Dodos. Und er wohnte zu Samir auf dem Gebirge Ephraim

²und richtete Israel dreiundzwanzig Jahre und starb und wurde begraben zu Samir.

³Nach ihm machte sich auf Jair, ein Gileaditer, und richtete Israel zweiundzwanzig Jahre.

⁴Der hatte dreißig Söhne auf dreißig Eselsfüllen reiten; und sie hatten dreißig Städte, die hießen Dörfer Jairs bis auf diesen Tag und liegen in Gilead.

⁵Und Jair starb und ward begraben zu Kamon.

⁶Aber die Kinder Israel taten fürder übel vor dem HERRN und dienten den Baalim und den Astharoth und den Göttern von Syrien und den Göttern von Sidon und den Göttern Moabs und den Göttern der Kinder Ammon und den Göttern der Philister und verließen den HERRN und dienten ihm nicht.

⁷Da ergrimmte der Zorn des HERRN über Israel, und er verkaufte sie unter die Hand der Philister und der Kinder Ammon.

⁸Und sie zertraten und zerschlugen die Kinder Israel von dem Jahr an wohl achtzehn Jahre, nämlich alle Kinder Israel jenseit des Jordans, im Lande der Amoriter, das in Gilead liegt.

⁹Dazu zogen die Kinder Ammon über den Jordan und stritten wider Juda, Benjamin und das Haus Ephraim, also daß Israel sehr geängstet ward.

¹⁰Da schrieen die Kinder Israel zu dem HERRN und sprachen: Wir haben an dir gesündigt; denn wir haben unsern Gott verlassen und den Baalim gedient.

¹¹Aber der HERR sprach zu den Kindern Israel: Haben euch nicht auch gezwungen die Ägypter, die Amoriter, die Kinder Ammon, die Philister,

¹²die Sidonier, die Amalekiter und Maoniter, und ich half euch aus ihren Händen, da ihr zu mir schrieet?

¹³Und doch habt ihr mich verlassen und andern Göttern gedient; darum will ich euch nicht mehr helfen.

¹⁴Geht hin und schreit die Götter an, die ihr erwählt habt; laßt euch dieselben helfen zur Zeit eurer Trübsal.

¹⁵Aber die Kinder Israel sprachen zu dem HERRN: Wir haben gesündigt, mache es nur du mit uns, wie es dir gefällt; allein errette uns zu dieser Zeit.

¹⁶Und sie taten von sich die fremden Götter und dienten dem HERRN. Und es jammerte ihn, daß Israel so geplagt ward.

¹⁷Und die Kinder Ammon kamen zuhauf und lagerten sich in Gilead; aber die Kinder Israel versammelten sich und lagerten sich zu Mizpa.

¹⁸Und die Obersten des Volks zu Gilead sprachen untereinander: Welcher anfängt zu streiten wider die Kinder Ammon, der soll das Haupt sein über alle, die in Gilead wohnen.

Kapitel 11

¹Jephthah, ein Gileaditer, war ein streibarer Held, aber ein Hurenkind. Gilead aber hatte Jephthah gezeugt.

²Da aber das Weib Gileads ihm Kinder gebar und des Weibes Kinder groß wurden, stießen sie Jephthah aus und sprachen zu ihm: Du sollst nicht erben in unsers Vaters Haus; denn du bist eines andern Weibes Sohn.

³Da floh er vor seinen Brüdern und wohnte im Lande Tob. Und es sammelten sich zu ihm lose Leute und zogen aus mit ihm.

⁴Und über etliche Zeit hernach stritten die Kinder Ammon mit Israel.

⁵Da nun die Kinder Ammon also stritten mit Israel, gingen die Ältesten von Gilead hin, daß sie Jephthah holten aus dem Lande Tob,
⁶und sprachen zu ihm: Komm und sei unser Hauptmann, daß wir streiten wider die Kinder Ammon.
⁷Aber Jephthah sprach zu den Ältesten von Gilead: Seid ihr es nicht, die mich hassen und aus meines Vaters Haus gestoßen haben? Und nun kommt ihr zu mir, weil ihr in Trübsal seid?
⁸Die Ältesten von Gilead sprachen zu Jephthah: Darum kommen wir nun wieder zu dir, daß du mit uns ziehst und hilfst uns streiten wider die Kinder Ammon und seist unser Haupt über alle, die in Gilead wohnen.
⁹Jephthah sprach zu den Ältesten von Gilead: So ihr mich wieder holet, zu streiten wider die Kinder Ammon, und der HERR sie vor mir dahingeben wird, soll ich dann euer Haupt sein?
¹⁰Die Ältesten von Gilead sprachen zu Jephthah: Der HERR sei Zuhörer zwischen uns, wo wir nicht tun, wie du gesagt hast.
¹¹Also ging Jephthah mit den Ältesten von Gilead; und das Volk setzte ihn zum Haupt und Obersten über sich. Und Jephthah redete solches alles vor dem HERRN zu Mizpa.
¹²Da sandte Jephthah Botschaft zum König der Kinder Ammon und ließ ihm sagen: Was hast du mit mir zu schaffen, daß du kommst zu mir, wider mein Land zu streiten?
¹³Der König der Kinder Ammon antwortete den Boten Jephthahs: Darum daß Israel mein Land genommen hat, da sie aus Ägypten zogen, vom Arnon an bis an den Jabbok und wieder bis zum Jordan; so gib mir's nun wieder mit Frieden.
¹⁴Jephthah aber sandte noch mehr Boten zum König der Kinder Ammon,
¹⁵die sprachen zu ihm: So spricht Jephthah: Israel hat kein Land genommen, weder den Moabitern noch den Kindern Ammon.
¹⁶Denn da sie aus Ägypten zogen, wandelte Israel durch die Wüste bis ans Schilfmeer und kam gen Kades
¹⁷und sandte Boten zum König der Edomiter und sprach: Laß mich durch dein Land ziehen. Aber der Edomiter König erhörte sie nicht. Auch sandten sie zum König der Moabiter; der wollte auch nicht. Also blieb Israel in Kades
¹⁸und wandelte in der Wüste. Und sie umzogen das Land der Edomiter und Moabiter und kamen von der Sonne Aufgang an der Moabiter Land und lagerten sich jenseit des Arnon und kamen nicht in die Grenze der Moabiter; denn der Arnon ist der Moabiter Grenze.
¹⁹Und Israel sandte Boten zu Sihon, dem König der Amoriter zu Hesbon, und ließ ihm sagen: Laß uns durch dein Land ziehen bis an meinen Ort.
²⁰Aber Sihon vertraute Israel nicht, durch sein Gebiet zu ziehen, sondern versammelte all sein Volk und lagerte sich zu Jahza und stritt mit Israel.
²¹Der HERR aber, der Gott Israels, gab den Sihon mit all seinem Volk in die Hände Israels, daß sie sie schlugen. Also nahm Israel ein alles Land der Amoriter, die in demselben Lande wohnten.
²²Und sie nahmen alles Gebiet der Amoriter ein vom Arnon an bis an den Jabbok und von der Wüste an bis an den Jordan.
²³So hat nun der HERR, der Gott Israels, die Amoriter vertrieben vor seinem Volk Israel; und du willst ihr Land einnehmen?
²⁴Du solltest deren Land einnehmen, die dein Gott Kamos vertriebe, und uns lassen einnehmen das Land aller, die der HERR, unser Gott, vor uns vertrieben hat.
²⁵Meinst du, daß du besser recht habest denn Balak, der Sohn Zippors, der Moabiter König? Hat derselbe auch je gerechtet ⁵¹⁸eeft oder gestritten wider Israel?
²⁶Dieweil nun Israel dreihundert Jahre gewohnt hat in Hesbon und in Aroer und ihren Ortschaften und allen Städten, die am Arnon liegen, warum errettetet ihr's nicht in dieser Zeit?
²⁷Ich habe nichts an dir gesündigt, und du tust so übel an mir, daß du wider mich streitest. Der HERR, der da Richter ist, richte heute zwischen Israel und den Kindern Ammon.
²⁸Aber der König der Kinder Ammon erhörte die Rede Jephthahs nicht, die er zu ihm sandte.
²⁹Da kam der Geist des HERRN auf Jephthah, und er zog durch Gilead und Manasse und durch Mizpe, das in Gilead liegt, und von Mizpe, das in Gilead liegt auf die Kinder Ammon.
³⁰Und Jephthah gelobte dem HERRN ein Gelübde und sprach: Gibst du die Kinder Ammon in meine Hand,
³¹was zu meiner Haustür heraus mir entgegengeht, wenn ich mit Frieden wiederkomme von den Kindern Ammon, das soll des HERRN sein, und ich will's zum Brandopfer opfern.
³²Also zog Jephthah auf die Kinder Ammon, wider sie zu streiten. Und der HERR gab sie in seine Hände.
³³Und er schlug sie von Aroer an, bis wo man kommt gen Minnith, zwanzig Städte, und bis an den Plan der Weinberge, eine sehr große Schlacht. Und wurden also die Kinder Ammon gedemütigt vor den Kindern Israel.
³⁴Da nun Jephthah kam gen Mizpa zu seinem Hause, siehe, da geht seine Tochter heraus ihm entgegen mit Pauken und Reigen; und sie war sein einziges Kind, und er hatte sonst keinen Sohn noch Tochter.
³⁵Und da er sie sah, zerriß er seine Kleider und sprach: Ach, meine Tochter, wie beugst du mich und betrübst mich! Denn ich habe meinen Mund aufgetan gegen den HERRN und kann's nicht widerrufen.
³⁶Sie aber sprach: Mein Vater, hast du deinen Mund aufgetan gegen den HERRN, so tue mir, wie es aus deinem Mund gegangen ist, nachdem der HERR dich gerächt hat an deinen Feinden, den Kindern Ammon.
³⁷Und sie sprach zu ihrem Vater: Du wollest mir das tun, daß du mir lassest zwei Monate, daß ich von hinnen hinabgehe auf die Berge und meine Jungfrauschaft beweine mit meinen Gespielen.
³⁸Er sprach: Gehe hin! und ließ sie zwei Monate gehen. Da ging sie hin mit ihren Gespielen und beweinte ihre Jungfrauschaft auf den Bergen.
³⁹Und nach zwei Monaten kam sie wieder zu ihrem Vater. Und er tat ihr, wie er gelobt hatte; und sie war nie eines Mannes schuldig geworden. Und es ward eine Gewohnheit in Israel,
⁴⁰daß die Töchter Israel jährlich hingehen, zu klagen um die Tochter Jephthahs, des Gileaditers, des Jahres vier Tage.

Kapitel 12

¹Und die von Ephraim kamen zuhauf und gingen mitternachtwärts und sprachen zu Jephthah: Warum bist du in den Streit gezogen wider die Kinder Ammon und hast uns nicht gerufen, daß wir mit dir zögen? Wir wollen dein Haus samt dir mit Feuer verbrennen.
²Jephthah sprach zu ihnen: ich und mein Volk hatten eine große Sache mit den Kindern Ammon, und ich schrie euch an, aber ihr halft mir nicht aus ihren Händen.
³Da ich nun sah, daß ihr nicht helfen wolltet, stellte ich meine Seele in meine Hand und zog hin wider die Kinder Ammon, und der HERR gab sie in meine Hand. Warum kommt ihr nun zu mir herauf, wider mich zu streiten?
⁴Und Jephthah sammelte alle Männer in Gilead und stritt wider Ephraim. Und die Männer in Gilead schlugen Ephraim, darum daß sie sagten: Seid doch ihr Gileaditer unter Ephraim und Manasse als die Flüchtigen Ephraims.
⁵Und die Gileaditer nahmen ein die Furten des Jordans vor Ephraim. Wenn nun die Flüchtigen Ephraims sprachen: Laß mich hinübergehen! so sprachen die Männer von Gilead zu Ihm: Bist du ein Ephraimiter? Wenn er dann antwortete: Nein!
⁶hießen sie ihn sprechen: Schiboleth; so sprach er Siboleth und konnte es nicht recht reden; alsdann griffen sie ihn schlugen ihn an den Furten des Jordans, daß zu der Zeit von Ephraim fielen zweiundvierzigtausend.
⁷Jephthah aber richtete Israel sechs Jahre. Und Jephthah, der Gileaditer, starb und ward begraben in den Städten zu Gilead.
⁸Nach diesem richtete Israel Ebzan von Bethlehem.
⁹Der hatte dreißig Söhne, und dreißig Töchter gab er hinaus, und dreißig Töchter nahm er von außen seinen Söhnen; er richtete Israel sieben Jahre
¹⁰und starb und ward begraben zu Bethlehem.
¹¹Nach diesem richtete Israel Elon, ein Sebuloniter; er richtete Israel zehn Jahre
¹²und starb und ward begraben zu Ajalon im Lande Sebulon.
¹³Nach diesem richtete Israel Abdon, ein Sohn Hillels, ein Pirathoniter.
¹⁴der hatte vierzig Söhne und dreißig Enkel, die auf siebzig Eselsfüllen ritten; er richtete Israel acht Jahre
¹⁵und starb und ward begraben zu Pirathon im Lande Ephraim auf dem Gebirge der Amalekiter.

Kapitel 13

¹Und die Kinder Israel taten fürder übel vor dem HERRN; und der HERR gab sie in die Hände der Philister vierzig Jahre.
²Es war aber ein Mann zu Zora von einem Geschlecht der Daniter, mit Namen Manoah; und sein Weib war unfruchtbar und gebar nicht.
³Und der Engel des HERRN erschien dem Weibe und sprach zu ihr: Siehe, du bist unfruchtbar und gebierst nicht; aber du wirst schwanger werden und einen Sohn gebären.
⁴So hüte dich nun, daß du nicht Wein noch starkes Getränk trinkst und nichts Unreines essest;
⁵Denn du wirst schwanger werden und einen Sohn gebären, dem

kein Schermesser soll aufs Haupt kommen. Denn der Knabe wird ein Geweihter Gottes sein von Mutterleibe an; und er wird anfangen, Israel zu erlösen aus der Philister Hand.

⁶Da kam das Weib und sagte es ihrem Mann an und sprach: Es kam ein Mann Gottes zu mir, und seine Gestalt war anzusehen wie ein Engel Gottes, gar erschrecklich, daß ich ihn nicht fragte, woher oder wohin; und er sagte mir nicht, wie er hieße.

⁷Er sprach aber zu mir: Siehe, du wirst schwanger werden und einen Sohn gebären. So trinke nun keinen Wein noch starkes Getränk und iß nichts Unreines; denn der Knabe soll ein Geweihter Gottes sein von Mutterleibe an bis an seinen Tod.

⁸Da bat Manoah den HERRN und sprach: Ach HERR, laß den Mann Gottes wieder zu uns kommen, den du gesandt hast, daß er uns lehre, was wir mit dem Knaben tun sollen, der geboren soll werden.

⁹Und Gott erhörte die Stimme Manoahs; und der Engel Gottes kam wieder zum Weibe. Sie saß aber auf dem Felde, und ihr Mann Manoah war nicht bei ihr.

¹⁰Da lief sie eilend und sagte es ihrem Mann an und sprach zu ihm: Siehe, der Mann ist mir erschienen, der jenes Tages zu mir kam.

¹¹Manoah machte sich auf und ging seinem Weibe nach und kam zu dem Mann und sprach zu ihm: Bist du der Mann, der mit dem Weibe geredet hat? Er sprach: Ja.

¹²Und Manoah sprach: Wenn nun kommen wird, was du geredet hast, welches soll des Knaben Weise und Werk sein?

¹³Der Engel des HERRN sprach zu Manoah: Vor allem, was ich dem Weibe gesagt habe, soll sie sich hüten.

¹⁴Sie soll nicht essen was aus dem Weinstock kommt, und soll keinen Wein noch starkes Getränk trinken und nichts Unreines essen; alles, was ich ihr geboten habe, soll sie halten.

¹⁵Manoah sprach zu dem Engel des HERRN: Laß dich doch halten; wir wollen dir ein Ziegenböcklein zurichten.

¹⁶Aber der Engel des HERRN antwortete Manoah: Wenn du gleich mich hier hältst, so esse ich doch von deiner Speise nicht. Willst du aber dem HERRN ein Brandopfer tun, so magst du es opfern. Denn Manoah wußte nicht, daß es der Engel des HERRN war.

¹⁷Und Manoah sprach zum Engel des HERRN: Wie heißest du? daß wir dich preisen, wenn nun kommt, was du geredet hast.

¹⁸Aber der Engel des HERRN sprach zu ihm: Warum fragst du nach meinem Namen, der doch wundersam ist?

¹⁹Da nahm Manoah ein Ziegenböcklein und Speisopfer und opferte es auf einem Fels dem HERRN. Und Er tat Wunderbares- Manoah aber und sein Weib sahen zu;

²⁰denn da die Lohe auffuhr vom Altar gen Himmel, fuhr der Engel des HERRN in der Lohe des Altars mit hinauf. Da das Manoah und sein Weib sahen, fielen sie zur Erde auf ihr Angesicht.

²¹Und der Engel des HERRN erschien nicht mehr Manoah und seinem Weibe. Da erkannte Manoah, daß es der Engel des HERRN war,

²²und sprach zu seinem Weibe: Wir müssen des Todes sterben, daß wir Gott gesehen haben.

²³Aber sein Weib antwortete ihm: Wenn der HERR Lust hätte, uns zu töten, so hätte er das Brandopfer und Speisopfer nicht genommen von unsern Händen; er hätte uns auch nicht alles solches erzeigt noch uns solches hören lassen, wie jetzt geschehen ist.

²⁴Und das Weib gebar einen Sohn und hieß ihn Simson. Und der Knabe wuchs, und der HERR segnete ihn.

²⁵Und der Geist des HERRN fing an, ihn zu treiben im Lager Dan zwischen Zora und Esthaol.

Kapitel 14

¹Simson ging gen Thimnath und sah ein Weib zu Thimnath unter den Töchtern der Philister.

²Und da er heraufkam, sagte er's an seinem Vater und seiner Mutter und sprach: Ich habe ein Weib gesehen zu Thimnath unter den Töchtern der Philister; gebt mir nun diese zum Weibe.

³Sein Vater und sein Mutter sprachen zu ihm: Ist denn nun kein Weib unter den Töchtern deiner Brüder und in allem deinem Volk, daß du hingehst und nimmst ein Weib bei den Philistern, die unbeschnitten sind? Simson sprach zu seinem Vater: Gib mir diese; denn sie gefällt meinen Augen.

⁴Aber sein Vater und seine Mutter wußten nicht, daß es von dem HERRN wäre; denn er suchte Ursache wider die Philister. Die Philister aber herrschten zu der Zeit über Israel.

⁵Also ging Simson hinab mit seinem Vater und seiner Mutter gen Thimnath. Und als sie kamen an die Weinberge zu Thimnath, siehe, da kam ein junger Löwe brüllend ihm entgegen.

⁶Und der Geist des HERRN geriet über ihn, und er zerriß ihn, wie man ein Böcklein zerreißt, und hatte doch gar nichts in seiner Hand. Und sagte es nicht an seinem Vater noch seiner Mutter, was er getan hatte.

⁷Da er nun hinabkam redete er mit dem Weibe, und sie gefiel Simson in seinen Augen.

⁸Und nach etlichen Tagen kam er wieder, daß er sie nähme; und trat aus dem Wege, daß er das Aas des Löwen besähe. Siehe, da war ein Bienenschwarm in dem Leibe des Löwen und Honig.

⁹Und er nahm ihn in seine Hand und aß davon unterwegs und ging zu seinem Vater und zu seiner Mutter und gab ihnen, daß sie auch aßen. Er sagte ihnen aber nicht an, daß er den Honig aus des Löwen Leibe genommen hatte.

¹⁰Und da sein Vater hinabkam zu dem Weibe, machte Simson daselbst eine Hochzeit, wie die Jünglinge zu tun pflegen.

¹¹Und da sie ihn sahen, gaben sie ihm dreißig Gesellen zu, die bei ihm sein sollten.

¹²Simson aber sprach zu ihnen: Ich will euch ein Rätsel aufgeben. Wenn ihr mir das erratet und trefft diese sieben Tage der Hochzeit, so will ich euch dreißig Hemden geben und dreißig Feierkleider.

¹³Könnt ihrs aber nicht erraten, so sollt ihr mir dreißig Hemden und dreißig Feierkleider geben. Und sie sprachen zu ihm: Gib dein Rätsel auf; laß uns hören!

¹⁴Er sprach zu ihnen: Speise ging von dem Fresser und Süßigkeit von dem Starken. Und sie konnten in drei Tagen das Rätsel nicht erraten.

¹⁵Am siebenten Tage sprachen sie zu Simsons Weibe: Überrede deinen Mann, daß er uns sage das Rätsel, oder wir werden dich und deines Vaters Haus mit Feuer verbrennen. Habt ihr uns hierher geladen, daß ihr uns arm macht? Oder nicht?

¹⁶Da weinte Simsons Weib vor ihm und sprach: Du bist mir gram und hast mich nicht lieb. Du hast den Kindern meines Volkes ein Rätsel aufgegeben und hast mir's nicht gesagt. Er aber sprach zu ihr: Siehe, ich habe es meinem Vater und meiner Mutter nicht gesagt und sollte dir's sagen?

¹⁷Und sie weinte die sieben Tage vor ihm, da sie Hochzeit hatten; aber am siebenten Tage sagte er's ihr, denn sie drängte ihn. Und sie sagte das Rätsel ihres Volkes Kindern.

¹⁸Da sprachen die Männer der Stadt zu ihm am siebenten Tage, ehe die Sonne unterging: Was ist süßer den Honig? Was ist stärker denn der Löwe? Aber er sprach zu ihnen: Wenn ihr nicht hättet mit meinem Kalb gepflügt, ihr hättet mein Rätsel nicht getroffen.

¹⁹Und der Geist des HERRN geriet über ihn, und er ging hinab gen Askalon und schlug dreißig Mann unter ihnen und nahm ihr Gewand und gab Feierkleider denen, die das Rätsel erraten hatten. Und ergrimmte in seinem Zorn und ging herauf in seines Vaters Haus.

²⁰Aber Simsons Weib ward einem seiner Gesellen gegeben, der ihm zugehörte.

Kapitel 15

¹Es begab sich aber nach etlichen Tagen, um die Weizenernte, daß Simson sein Weib besuchte mit einem Ziegenböcklein. Und als er gedachte: Ich will zu meinem Weibe gehen in die Kammer, wollte ihn der Vater nicht hinein lassen

²und sprach: Ich meinte, du wärest ihr gram geworden, und habe sie deinem Freunde gegeben. Sie hat aber eine jüngere Schwester, die ist schöner denn sie; die laß dein sein für diese.

³Da sprach Simson zu ihnen: Ich habe einmal eine gerechte Sache wider die Philister; ich will euch Schaden tun.

⁴Und Simson ging hin und fing dreihundert Füchse und nahm Brände und kehrte je einen Schwanz zum andern und tat einen Brand je zwischen zwei Schwänze

⁵und zündete die Brände an mit Feuer und ließ sie unter das Korn der Philister und zündete also an die Garben samt dem stehenden Korn und Weinberge und Ölbäume.

⁶Da sprachen die Philister: Wer hat das getan? Da sagte man: Simson, der Eidam des Thimniters; darum daß er ihm sein Weib genommen und seinem Freunde gegeben hat. Da zogen die Philister hinauf und verbrannten sie samt ihrem Vater mit Feuer.

⁷Simson aber sprach zu ihnen: Wenn ihr solches tut, so will ich mich an euch rächen und darnach aufhören,

⁸und schlug sie hart, an Schultern und an Lenden. Und zog hinab und wohnte in der Steinkluft zu Etam.

⁹Da zogen die Philister hinauf und lagerten sich in Juda und ließen sich nieder zu Lehi.

¹⁰Aber die von Juda sprachen: Warum seid ihr wider uns heraufgezogen? Sie antworteten: Wir sind heraufgekommen, Simson zu binden, daß wir mit ihm tun, wie er uns getan hat.

¹¹Da zogen dreitausend Mann von Juda hinab in die Steinkluft zu

Richter

Etam und sprachen zu Simson: Weißt du nicht, daß die Philister über uns herrschen? Warum hast du denn das an uns getan? Er sprach zu ihnen: Wie sie mir getan haben, so habe ich ihnen wieder getan.

¹²Sie sprachen zu ihm: Wir sind herabgekommen, dich zu binden und in der Philister Hände zu geben. Simson sprach zu ihnen: So schwört mir, daß ihr mir kein Leid tun wollt.

¹³Sie antworteten ihm: Wir wollen dir kein Leid tun, sondern wollen dich nur Binden und in ihre Hände geben und wollen dich nicht töten. Und sie banden ihn mit zwei neuen Stricken und führten ihn herauf vom Fels.

¹⁴Und da er kam bis gen Lehi, jauchzten die Philister ihm entgegen. Aber der Geist Gottes geriet über ihn, und die Stricke an seinen Armen wurden wie Fäden, die das Feuer versengt hat, daß die Bande an seinen Händen zerschmolzen.

¹⁵Und er fand einen frischen Eselskinnbacken; da reckte er seine Hand aus und nahm ihn und schlug damit tausend Mann.

¹⁶Und Simson sprach: Da liegen sie bei Haufen; durch eines Esels Kinnbacken habe ich tausend Mann geschlagen.

¹⁷Und da er das ausgeredet hatte, warf er den Kinnbacken aus seiner Hand und hieß die Stätte Ramath-Lehi (das ist Kinnbackenhöhe).

¹⁸Da ihn aber sehr dürstete, rief er den HERRN an und sprach: Du hast solch großes Heil gegeben durch die Hand deines Knechtes; nun aber muß ich Durstes sterben und in der Unbeschnittenen Hände fallen.

¹⁹Da spaltete Gott die Höhlung in Lehi, das Wasser herausging; und als er trank, kam der Geist wieder, und er ward erquickt. Darum heißt er noch heutigestages "des Anrufers Brunnen", der in Lehi ist.

²⁰Und er richtete Israel zu der Philister Zeit zwanzig Jahre.

Kapitel 16

¹Simson ging hin gen Gaza und sah daselbst eine Hure und kam zu ihr.

²Da ward den Gazitern gesagt: Simson ist hereingekommen. Und sie umgaben ihn und ließen auf ihn lauern die ganze Nacht in der Stadt Tor und waren die ganze Nacht still und sprachen: Harre; morgen, wenn's licht wird, wollen wir ihn erwürgen.

³Simson aber lag bis Mitternacht. Da stand er auf zu Mitternacht und ergriff beide Türen an der Stadt Tor samt den Pfosten und hob sie aus mit den Riegeln und legte sie auf seine Schultern und trug sie hinauf auf die Höhe des Berges vor Hebron.

⁴Darnach gewann er ein Weib lieb am Bach Sorek, die hieß Delila.

⁵Zu der kamen der Philister Fürsten hinauf und sprachen zu ihr: Überrede ihn und siehe, worin er solche große Kraft hat und womit wir ihn übermögen, daß wir ihn binden und zwingen, so wollen wir dir geben ein jeglicher tausendundhundert Silberlinge.

⁶Und Delila sprach zu Simson: Sage mir doch, worin deine große Kraft sei und womit man dich binden möge, daß man dich zwinge?

⁷Simson sprach zu ihr: Wenn man mich bände mit sieben Seilen von frischem Bast, die noch nicht verdorrt sind, so würde ich schwach und wäre wie ein anderer Mensch.

⁸Da brachten der Philister Fürsten zu ihr hinauf sieben Seile von frischem Bast, die noch nicht verdorrt waren; und sie band ihn damit.

⁹(Man lauerte ihm aber auf bei ihr in der Kammer.) Und sie sprach zu ihm: Die Philister über dir, Simson! Er aber zerriß die Seile, wie eine flächsene Schnur zerreißt, wenn sie ans Feuer riecht; und es ward nicht kund, wo seine Kraft wäre.

¹⁰Da sprach Delila zu Simson: Siehe, du hast mich getäuscht und mir gelogen; nun, so sage mir doch, womit kann man dich binden?

¹¹Er antwortete ihr: Wenn sie mich bänden mit neuen Stricken, damit nie eine Arbeit geschehen ist, so würde ich schwach und wie ein anderer Mensch.

¹²Da nahm Delila neue Stricke und band ihn damit und sprach: Philister über dir, Simson! (Man lauerte ihm aber auf in der Kammer.) Und er zerriß sie von seinen Armen herab wie einen Faden.

¹³Delila aber sprach zu ihm: Bisher hast du mich getäuscht und mir gelogen. Sage mir doch, womit kann man dich binden? Er antwortete ihr: Wenn du mir die sieben Locken meines Hauptes zusammenflöchtest mit einem Gewebe und heftetest sie mit dem Nagel ein.

¹⁴Und sie sprach zu ihm: Philister über dir, Simson! Er aber wachte auf von seinem Schlaf und zog die geflochtenen Locken mit Nagel und Gewebe heraus.

¹⁵Da sprach sie zu ihm: Wie kannst du sagen, du habest mich lieb, so dein Herz doch nicht mit mir ist? Dreimal hast du mich getäuscht und mir nicht gesagt, worin deine große Kraft sei.

¹⁶Da sie ihn aber drängte mit ihren Worten alle Tage und ihn zerplagte, ward seine Seele matt bis an den Tod,

¹⁷und er sagte ihr sein ganzes Herz und sprach: Es ist nie ein Schermesser auf mein Haupt gekommen; denn ich bin ein Geweihter Gottes von Mutterleibe an. Wenn man mich schöre, so wiche meine Kraft von mir, daß ich schwach würde und wie alle anderen Menschen.

¹⁸Da nun Delila sah, daß er ihr all sein Herz offenbart hatte, sandte sie hin und ließ der Philister Fürsten rufen und sagen: Kommt noch einmal herauf; denn er hat mir all sein Herz offenbart. Da kamen der Philister Fürsten zu ihr herauf und brachten das Geld mit sich in ihrer Hand.

¹⁹Und sie ließ ihn entschlafen auf ihrem Schoß und rief einem, der ihm die sieben Locken seines Hauptes abschöre. Und sie fing an ihn zu zwingen; da war seine Kraft von ihm gewichen.

²⁰Und sie sprach zu ihm: Philister über dir, Simson! Da er nun aus seinem Schlaf erwachte, gedachte er: Ich will ausgehen, wie ich mehrmals getan habe, ich will mich losreißen; und wußte nicht, daß der HERR von ihm gewichen war.

²¹Aber die Philister griffen ihn und stachen ihm die Augen aus und führten ihn hinab gen Gaza und banden ihn mit zwei ehernen Ketten, und er mußte mahlen im Gefängnis.

²²Aber das Haar seines Hauptes fing an, wieder zu wachsen, wo es geschoren war.

²³Da aber der Philister Fürsten sich versammelten, ihrem Gott Dagon ein großes Opfer zu tun und sich zu freuen, sprachen sie: Unser Gott hat uns unsern Feind Simson in unsre Hände gegeben.

²⁴Desgleichen, als ihn das Volk sah, lobten sie ihren Gott; denn sie sprachen: Unser Gott hat uns unsern Feind in unsre Hände gegeben, der unser Land verderbte und unsrer viele erschlug.

²⁵Da nun ihr Herz guter Dinge war, sprachen sie: Laßt Simson holen, daß er vor uns spiele. Da holten sie Simson aus dem Gefängnis, und er spielte vor ihnen, und sie stellten ihn zwischen die Säulen.

²⁶Simson aber sprach zu dem Knabe, der ihn bei der Hand leitete: Laß mich, daß ich die Säulen taste, auf welchen das Haus steht, daß ich mich dranlehne.

²⁷Da Haus aber war voll Männer und Weiber. Es waren der Philister Fürsten alle da und auf dem Dach bei dreitausend, Mann und Weib, die zusahen, wie Simson spielte.

²⁸Simson aber rief den HERRN an und sprach: HERR HERR, gedenke mein und stärke mich doch, Gott, diesmal, daß ich für meine beiden Augen mich einmal räche an den Philistern!

²⁹Und er faßte die zwei Mittelsäulen, auf welche das Haus gesetzt war und darauf es sich hielt, eine in seine rechte und die andere in seine linke Hand,

³⁰und sprach: Meine Seele sterbe mit den Philistern! und neigte sich kräftig. Da fiel das Haus auf die Fürsten und auf alles Volk, das darin war, daß der Toten mehr waren, die in seinem Tod starben, denn die bei seinem Leben starben.

³¹Da kamen sein Brüder hernieder und seines Vaters ganzes Haus und hoben ihn auf und trugen ihn hinauf und begruben ihn in seines Vaters Manoahs Grab, zwischen Zora und Esthaol. Er richtete aber Israel zwanzig Jahre.

Kapitel 17

¹Es war ein Mann auf dem Gebirge Ephraim, mit Namen Micha.

²Der sprach zu seiner Mutter: Die tausendundhundert Silberlinge, die dir genommen worden sind und derenthalben du den Fluch gesprochen und auch vor meinen Ohren gesagt hast, sieh, das Geld ist bei mir; ich habe es genommen. Da sprach sein Mutter: Gesegnet sei mein Sohn dem HERRN!

³Also gab er seiner Mutter die tausendundhundert Silberlinge wieder. Und seine Mutter sprach: Ich habe das Geld dem HERRN geheiligt von meiner Hand für meinen Sohn, daß man ein Bildnis und einen Abgott machen soll; darum so gebe ich's dir nun wieder.

⁴Aber er gab seiner Mutter das Geld wieder. Da nahm seine Mutter zweihundert Silberlinge und tat sie zu dem Goldschmied; der machte ihr ein Bild und einen Abgott, das war darnach im Hause Michas.

⁵Und der Mann Micha hatte also ein Gotteshaus; und machte einen Leibrock und Hausgötzen und füllte seiner Söhne einem die Hand, daß er sein Priester ward.

⁶Zu der Zeit war kein König in Israel, und ein jeglicher tat, was ihn recht deuchte.

⁷Es war aber ein Jüngling von Bethlehem-Juda unter dem Geschlecht Juda's, und er war ein Levit und war fremd daselbst.

⁸Er zog aus der Stadt Bethlehem-Juda, zu wandern, wo er hin konnte. Und da er aufs Gebirge Ephraim kam zum Hause Michas, daß er seinen Weg ginge,

⁹fragte ihn Micha: Wo kommst du her? Er antwortete ihm: Ich bin ein Levit von Bethlehem-Juda und wandere, wo ich hin kann.

¹⁰Micha aber sprach zu ihm: Bleibe bei mir, du sollst mein Vater und mein Priester sein; ich will dir jährlich zehn Silberlinge und deine Kleidung und Nahrung geben. Und der Levit ging hin.

¹¹Der Levit trat an, zu bleiben bei dem Mann; und er hielt den Jüngling gleich wie einen Sohn.

¹²Und Micha füllte dem Leviten die Hand, daß er sein Priester ward, und war also im Haus Michas.

¹³Und Micha sprach: Nun weiß ich, daß mir der HERR wird wohltun, weil ich einen Leviten zum Priester habe.

Kapitel 18

¹Zu der Zeit war kein König in Israel. Und der Stamm der Daniter suchte sich ein Erbteil, da sie wohnen möchten; denn es war bis auf den Tag noch kein Erbe auf sie gefallen unter den Stämmen Israels.

²Und die Kinder Dan sandten aus ihren Geschlechtern von ihren Enden fünf streitbare Männer von Zora und Esthaol, das Land zu erkunden und zu erforschen, und sprachen zu ihnen: Ziehet hin und erforschet das Land. Und sie kamen auf das Gebirge Ephraim ans Haus Michas und blieben über Nacht daselbst.

³Und da sie bei dem Gesinde Michas waren, erkannten sie die Stimme des Jünglings, des Leviten; und sie wichen von ihrem Weg dahin und sprachen zu ihm: Wer hat dich hierhergebracht? Was machst du da? Und was hast du hier?

⁴Er antwortete ihnen: So und so hat Micha an mir getan und hat mich gedingt, daß ich sein Priester sei.

⁵Sie sprachen zu ihm: Frage doch Gott, daß wir erfahren, ob unser Weg, den wir wandeln, auch wohl geraten werde.

⁶Der Priester antwortete ihnen: Ziehet hin mit Frieden; euer Weg, den ihr ziehet, ist recht vor dem HERRN.

⁷Da gingen die fünf Männer hin und kamen gen Lais und sahen das Volk, das darin war, sicher wohnen auf die Weise wie die Sidonier, still und sicher; und war niemand, der ihnen Leid täte im Land oder Herr über sie wäre, und waren ferne von den Sidoniern und hatten nichts mit Leuten zu tun.

⁸Und sie kamen zu ihren Brüdern gen Zora und Esthaol; und ihre Brüder sprachen zu ihnen: Wie steht's mit euch?

⁹Sie sprachen: Auf, laßt uns zu ihnen hinaufziehen! denn wir haben das Land besehen, das ist sehr gut. Darum eilt und seid nicht faul zu ziehen, daß ihr kommt, das Land einzunehmen.

¹⁰Wenn ihr kommt, werdet ihr zu einem sichern Volke kommen, und das Land ist weit und breit; denn Gott hat's in eure Hände gegeben, einen solchen Ort, da nichts gebricht an alle dem, was auf Erden ist.

¹¹Da zogen von da aus den Geschlechtern Dan von Zora und Esthaol sechshundert Mann, gerüstet mit ihren Waffen zum Streit,

¹²und zogen hinauf und lagerten sich zu Kirjath-Jearim in Juda. Daher nannten sie die Stätte das Lager Dan bis auf diesen Tag, das hinter Kirjath-Jearim liegt.

¹³Und von da gingen sie auf das Gebirge Ephraim und kamen zum Hause Michas.

¹⁴Da antworteten die fünf Männer, die ausgegangen waren, das Land Lais zu erkunden, und sprachen zu ihren Brüdern: Wißt ihr auch, daß in diesen Häusern ein Leibrock, Hausgötzen, Bildnis und Abgott sind? Nun möget ihr denken, was euch zu tun ist.

¹⁵Sie kehrten da ein und kamen an das Haus des Jünglings, des Leviten, in Michas Haus und grüßten ihn freundlich.

¹⁶Aber die sechshundert Gerüsteten mit ihren Waffen, die von den Kindern Dan waren, standen vor dem Tor.

¹⁷Und die fünf Männer, die das Land zu erkunden ausgezogen waren, gingen hinauf und kamen dahin und nahmen das Bild, den Leibrock, die Hausgötzen und den Abgott. Dieweil stand der Priester vor dem Tor bei den sechshundert Gerüsteten mit ihren Waffen.

¹⁸Als nun jene ins Haus Michas gekommen waren und nahmen das Bild, den Leibrock, die Hausgötzen und den Abgott, sprach der Priester zu ihnen: Was macht ihr?

¹⁹Sie antworteten ihm: Schweige und halte das Maul zu und ziehe mit uns, daß du unser Vater und Priester seist. Ist dir's besser, daß du in des einen Mannes Haus Priester seist oder unter einem ganzen Stamm und Geschlecht in Israel?

²⁰Das gefiel dem Priester wohl, und er nahm den Leibrock, die Hausgötzen und das Bild und kam mit unter das Volk.

²¹Und da sie sich wandten und hinzogen, schickten sie die Kindlein und das Vieh und was sie Köstliches hatten, vor sich her.

²²Da sie nun fern von Michas Haus kamen, wurden die Männer zuhauf gerufen, die in den Häusern waren bei Michas Haus, und folgten den Kindern Dan nach und riefen den Kindern Dan.

²³Sie aber wandten ihr Antlitz um und sprachen zu Micha: was ist dir, daß du also zuhauf kommst?

²⁴Er antwortete: Ihr habt meine Götter genommen, die ich gemacht hatte, und den Priester und ziehet hin; und was habe ich nun mehr? Und ihr fragt noch, was mir fehle?

²⁵Aber die Kinder Dan sprachen zu ihm: Laß deine Stimme nicht hören bei uns, daß nicht auf dich stoßen zornige Leute und deine Seele und deines Hauses Seele nicht hingerafft werde!

²⁶Also gingen die Kinder Dan ihres Weges. Und Micha, da er sah, daß sie ihm zu stark waren, wandte er sich um und kam wieder zu seinem Hause.

²⁷Sie aber nahmen, was Micha gemacht hatte, und den Priester, den er hatte, und kamen an Lais, an ein stilles, sicheres Volk, und schlugen es mit der Schärfe des Schwerts und verbrannten die Stadt mit Feuer.

²⁸Und war niemand, der sie errettete; denn sie lag fern von Sidon, und sie hatten mit den Leuten nichts zu schaffen; und sie lag im Grunde, welcher an Beth-Rehob liegt. Da bauten sie die Stadt und wohnten darin

²⁹und nannten sie Dan nach dem Namen ihres Vaters Dan, der Israel geboren war. (Und die Stadt hieß vorzeiten Lais.)

³⁰Und die Kinder Dan richteten für sich auf das Bild. Und Jonathan, der Sohn Gersons, des Sohnes Manasses, und seine Söhne waren Priester unter dem Stamm der Daniter bis an die Zeit, da sie aus dem Lande gefangen geführt wurden.

³¹Also setzten sie unter sich das Bild Michas, das er gemacht hatte, so lange, als das Haus Gottes war zu Silo.

Kapitel 19

¹Zu der Zeit war kein König in Israel. Und ein levitischer Mann war Fremdling an der Seite des Gebirges Ephraim und hatte sich ein Kebsweib genommen von Bethlehem-Juda.

²Und da sie hatte neben ihm gehurt, lief sie von ihm zu ihres Vaters Haus gen Bethlehem-Juda und war daselbst vier Monate lang.

³Und ihr Mann machte sich auf und zog ihr nach, daß er freundlich mit ihr redete und sie wieder zu sich holte; und hatte einen Knecht und ein Paar Esel mit sich. Und sie führte ihn in ihres Vaters Haus. Da ihn aber der Vater der Dirne sah, ward er froh und empfing ihn.

⁴Und sein Schwiegervater, der Dirne Vater, hielt ihn, daß er drei Tage bei ihm blieb; sie aßen und tranken und blieben des Nachts da.

⁵Des vierten Tages erhoben sie sich des Morgens früh, und er machte sich auf und wollte ziehen. Da sprach der Dirne Vater zu seinem Eidam: Labe dein Herz zuvor mit einem Bissen Brot, darnach sollt ihr ziehen.

⁶Und sie setzten sich und aßen beide miteinander und tranken. Da sprach der Dirne Vater zu dem Mann: Bleib doch über Nacht und laß dein Herz guter Dinge sein.

⁷Da aber der Mann aufstand und wollte ziehen, nötigte ihn sein Schwiegervater, daß er über Nacht dablieb.

⁸Des Morgens am fünften Tage machte er sich früh auf und wollte ziehen. Da sprach der Dirne Vater: Labe doch dein Herz und laß uns verziehen, bis sich der Tag neigt. Und aßen also die beiden miteinander.

⁹Und der Mann machte sich auf und wollte ziehen mit seinem Kebsweib und mit seinem Knechte. Aber sein Schwiegervater, der Dirne Vater, sprach zu ihm: Siehe, der Tag hat sich geneigt, und es will Abend werden; bleib über Nacht. Siehe, hier ist Herberge noch diesen Tag; bleibe hier über Nacht und laß dein Herz guter Dinge sein. Morgen steht ihr früh auf und ziehet eures Weges zu deiner Hütte.

¹⁰Aber der Mann wollte nicht über Nacht bleiben, sondern machte sich auf und zog hin und kam bis vor Jebus, das ist Jerusalem, und sein Paar Esel beladen und sein Kebsweib mit ihm.

¹¹Da sie nun nahe bei Jebus kamen, sank der Tag sehr dahin. Und der Knecht sprach zu seinem Herrn: Komm doch und laß uns in diese Stadt der Jebusiter einkehren und über Nacht darin bleiben.

¹²Aber sein Herr sprach zu ihm: Wir wollen nicht in der Fremden Stadt einkehren, die nicht sind von den Kindern Israel, sondern wollen hinüber gen Gibea.

¹³Und sprach zu seinem Knecht: Gehe weiter, daß wir hinzukommen an einen Ort und über Nacht zu Gibea oder zu Rama bleiben.

¹⁴Und sie zogen weiter und wandelten, und die Sonne ging ihnen unter, hart bei Gibea, das liegt in Benjamin.

¹⁵Und sie kehrten daselbst ein, daß sie hineinkämen und über Nacht zu Gibea blieben. Da er aber hineinkam, setzte er sich in der Stadt Gasse; denn es war niemand, der sie bei Nacht im Hause herbergen wollte.

¹⁶Und siehe, da kam ein alter Mann von seiner Arbeit vom Felde am Abend, und er war auch vom Gebirge Ephraim und ein Fremdling zu Gibea; aber die Leute des Orts waren Benjaminiter.

¹⁷Und da er seine Augen aufhob und sah den Gast auf der Gasse, sprach er zu ihm: Wo willst du hin? und wo kommst du her?

¹⁸Er aber antwortete ihm: Wir reisen von Bethlehem-Juda, bis wir kommen an die Seite des Gebirges Ephraim, daher ich bin; und bin gen Bethlehem-Juda gezogen und ziehe jetzt zum Hause des HERRN, und niemand will mich beherbergen.

¹⁹Wir haben Stroh und Futter für unsre Esel und Brot und Wein für mich und deine Magd und für den Knecht, der mit deinem Diener ist, daß uns nichts gebricht.

²⁰Der alte Mann sprach: Friede sei mit dir! Alles was dir mangelt findest du bei mir; bleibe nur nicht über Nacht auf der Gasse.

²¹Und führte ihn in sein Haus und gab den Eseln Futter, und sie wuschen ihre Füße und aßen und tranken.

²²Und da ihr Herz nun guter Dinge war, siehe, da kamen die Leute der Stadt, böse Buben, und umgaben das Haus und pochten an die Tür und sprachen zu dem alten Mann, dem Hauswirt: Bringe den Mann heraus, der in dein Haus gekommen ist, daß wir ihn erkennen.

²³Aber der Mann, der Hauswirt, ging zu ihnen heraus und sprach zu ihnen: Nicht, meine Brüder, tut nicht so übel; nachdem dieser Mann in mein Haus gekommen ist, tut nicht eine solche Torheit!

²⁴Siehe, ich habe eine Tochter, noch eine Jungfrau, und dieser ein Kebsweib; die will ich herausbringen. Die mögt ihr zu Schanden machen, und tut mit ihr, was euch gefällt; aber an diesen Mann tut nicht solche Torheit.

²⁵Aber die Leute wollten ihm nicht gehorchen. Da faßte der Mann sein Kebsweib und brachte sie zu ihnen hinaus. Die erkannten sie und trieben ihren Mutwillen an ihr die ganze Nacht bis an den Morgen; und da die Morgenröte anbrach, ließen sie sie gehen.

²⁶Da kam das Weib hart vor morgens und fiel nieder vor der Tür am Hause des Mannes, darin ihr Herr war, und lag da, bis es licht ward.

²⁷Da nun ihr Herr des Morgens aufstand und die Tür auftat am Hause und herausging, daß er seines Weges zöge, siehe, da lag sein Kebsweib vor der Tür des Hauses und ihre Hände auf der Schwelle.

²⁸Er aber sprach zu ihr: Stehe auf, laß uns ziehen! Aber sie antwortete nicht. Da nahm er sie auf den Esel, machte sich auf und zog an seinen Ort.

²⁹Als er nun heimkam, nahm er ein Messer und faßte sein Kebsweib und zerstückte sie mit Gebein und mit allem in zwölf Stücke und sandte sie in alle Grenzen Israels.

³⁰Wer das sah, der sprach: Solches ist nicht geschehen noch gesehen, seit der Zeit die Kinder Israel aus Ägyptenland gezogen sind, bis auf diesen Tag. Nun bedenkt euch über dem, gebt Rat und sagt an!

Kapitel 20

¹Da zogen die Kinder Israel aus und versammelten sich zuhauf wie ein Mann, von Dan bis gen Beer-Seba und vom Lande Gilead zu dem HERRN gen Mizpa;

²und traten zuhauf die Obersten des ganzen Volks aller Stämme Israels in der Gemeinde Gottes, vierhunderttausend Mann zu Fuß, die das Schwert auszogen.

³Aber die Kinder Benjamin hörten, daß die Kinder Israel hinauf gen Mizpa gezogen waren. Und die Kinder Israel sprachen: Sagt, wie ist das Übel zugegangen?

⁴Da antwortete der Levit, des Weibes Mann, die erwürgt war, und sprach: Ich kam gen Gibea in Benjamin mit meinem Kebsweibe, über Nacht dazubleiben.

⁵Da machten sich wider mich auf die Bürger zu Gibea und umgaben mich im Hause des Nachts und gedachten, mich zu erwürgen; und haben mein Kebsweib geschändet, daß sie gestorben ist.

⁶Da faßte ich mein Kebsweib und zerstückte es und sandte es in alle Felder des Erbes Israels; denn sie haben einen Mutwillen und eine Torheit getan in Israel.

⁷Siehe, da seid ihr Kinder Israel alle; schafft euch Rat und tut hierzu!

⁸Da machte sich alles Volk auf wie ein Mann und sprach: Es soll niemand in seine Hütte gehen noch in sein Haus kehren;

⁹sondern das wollen wir jetzt tun wider Gibea:

¹⁰laßt uns losen und nehmen zehn Mann von hundert, und hundert von tausend, und tausend von zehntausend aus allen Stämmen Israels, daß sie Speise nehmen für das Volk, daß es komme und tue mit Gibea-Benjamin nach all seiner Torheit, die es in Israel getan hat.

¹¹Also versammelten sich zu der Stadt alle Männer Israels, wie ein Mann verbunden.

¹²Und die Stämme Israels sandten Männer zu allen Geschlechtern Benjamins und ließen ihnen sagen: Was ist das für eine Bosheit, die bei euch geschehen ist?

¹³So gebt nun her die Männer, die bösen Buben zu Gibea, daß wir sie töten und das Übel aus Israel tun! Aber die Kinder Benjamin wollten nicht gehorchen der Stimme ihrer Brüder, der Kinder Israel;

¹⁴sondern versammelten sich aus den Städten gen Gibea, auszuziehen in den Streit wider die Kinder Israel.

¹⁵Und wurden des Tages gezählt der Kinder Benjamin aus den Städten sechsundzwanzigtausend Mann, die das Schwert auszogen, ohne die Bürger zu Gibea, deren wurden siebenhundert gezählt, auserlesene Männer.

¹⁶Und unter allem diesem Volk waren siebenhundert Mann auserlesen, die links waren und konnten mit der Schleuder ein Haar treffen, daß sie nicht fehlten.

¹⁷Aber derer von Israel (ohne die von Benjamin) wurden gezählt vierhunderttausend Mann, die das Schwert führten, und alle streitbare Männer.

¹⁸Die machten sich auf und zogen hinauf gen Beth-el und fragten Gott und sprachen: Wer soll vor uns hinaufziehen, den Streit anzufangen mit den Kindern Benjamin? Der HERR sprach: Juda soll anfangen.

¹⁹Also machten sich die Kinder Israel des Morgens auf und lagerten sich vor Gibea.

²⁰Und ein jeder Mann von Israel ging heraus, zu streiten mit Benjamin, und schickten sich, zu streiten wider Gibea.

²¹Da fielen die Kinder Benjamin heraus aus Gibea und schlugen des Tages unter Israel zweiundzwanzigtausend zu Boden.

²²Aber das Volk der Männer von Israel ermannte sich und stellte sich auf, noch weiter zu streiten am selben Ort, da sie sich des vorigen Tages gestellt hatten.

²³Und die Kinder Israel zogen hinauf und weinten vor dem HERRN bis an den Abend und fragten den HERRN und sprachen: Sollen wir wieder nahen, zu streiten mit den Kindern Benjamin, unsern Brüdern? Der HERR sprach: Zieht hinauf zu ihnen!

²⁴Und da die Kinder Israel sich machten an die Kinder Benjamin des andern Tages,

²⁵fielen die Benjaminiter heraus aus Gibea ihnen entgegen desselben Tages und schlugen von den Kindern Israel noch achtzehntausend zu Boden, die alle das Schwert führten.

²⁶Da zogen alle Kinder Israel hinauf und alles Volk und kamen gen Beth-El und weinten und blieben daselbst vor dem HERRN und fasteten den Tag bis zum Abend und opferten Brandopfer und Dankopfer vor dem HERRN.

²⁷Und die Kinder Israel fragten den HERRN (es war aber daselbst die Lade des Bundes Gottes zu der Zeit,

²⁸und Pinehas, der Sohn Eleasars, Aarons Sohns, stand vor ihm zu der Zeit) und sprachen: Sollen wir weiter ausziehen, zu streiten mit den Kindern Benjamin, unsern Brüdern, oder sollen wir ablassen? Der HERR sprach: Zieht hinauf; morgen will ich sie in eure Hände geben.

²⁹Und die Kinder Israel stellten einen Hinterhalt auf Gibea umher.

³⁰Und zogen also die Kinder Israel hinauf des dritten Tages gegen die Kinder Benjamin und stellten sich wider Gibea wie zuvor zweimal.

³¹Da fuhren die Kinder Benjamin heraus, dem Volk entgegen, und wurden losgerissen von der Stadt und fingen an zu schlagen und zu verwunden etliche vom Volk, wie zuvor zweimal, im Felde auf zwei Straßen, deren eine gen Beth-El, die andere gen Gibea geht, bei dreißig Mann in Israel.

³²Da gedachten die Kinder Benjamin: Sie sind geschlagen vor uns wie vorhin. Aber die Kinder Israel sprachen: Laßt uns fliehen, daß wir sie von der Stadt reißen auf die Straßen!

³³Da machten sich auf alle Männer von Israel von ihrem Ort und stellten sich zu Baal-Thamar. Und der Hinterhalt Israels brach hervor an seinem Ort, von der Höhle Geba,

³⁴und kamen gen Gibea zehntausend Mann, auserlesen aus ganz Israel, daß der Streit hart ward; sie aber wußten nicht, daß sie das Unglück treffen würde.

³⁵Also schlug der HERR den Benjamin vor den Kindern Israel, daß die Kinder Israel auf den Tag verderbten fünfundzwanzigtausend und hundert Mann in Benjamin, die alle das Schwert führten.

³⁶Denn da die Kinder Benjamin sahen, daß sie geschlagen waren, gaben ihnen die Männer Israels Raum; denn sie verließen sich auf den Hinterhalt, den sie bei Gibea aufgestellt hatten.

³⁷Und der Hinterhalt eilte auch und brach hervor auf Gibea zu und zog hinan und schlug die ganze Stadt mit der Schärfe des Schwerts.

³⁸Sie hatten aber abgeredet miteinander, die Männer von Israel und der Hinterhalt, mit dem Schwert über sie zu fallen, wenn der Rauch aus der Stadt sich erhöbe.

³⁹Da nun die Männer von Israel sich wandten im Streit und Benjamin anfing zu schlagen und verwundeten in Israel bei dreißig Mann und gedachten: Sie sind vor uns geschlagen wie im vorigen Streit,

⁴⁰da fing an sich zu erheben von der Stadt ein Rauch stracks über

sich. Und Benjamin wandte sich hinter sich, und siehe, da ging die Stadt ganz auf gen Himmel.

⁴¹Und die Männer von Israel wandten sich auch um. Da erschraken die Männer Benjamins; denn sie sahen, daß sie das Unglück treffen wollte.

⁴²Und wandten sich von den Männern Israels auf den Weg zur Wüste; aber der Streit folgte ihnen nach, und die von den Städten hineingekommen waren, die verderbten sie drinnen.

⁴³Und sie umringten Benjamin und jagten ihn bis gen Menuha und zertraten sie bis vor Gibea gegen der Sonne Aufgang.

⁴⁴Und es fielen von Benjamin achtzehntausend Mann, die alle streitbare Männer waren.

⁴⁵Da wandten sie sich und flohen zu der Wüste, an den Fels Rimmon; aber auf derselben Straße schlugen sie fünftausend Mann und folgten ihnen hintennach bis gen Gideom und schlugen ihrer zweitausend.

⁴⁶Und also fielen des Tages von Benjamin fünfundzwanzigtausend Mann, die das Schwert führten und alle streitbare Männer waren.

⁴⁷Nur sechshundert Mann wandten sich und flohen zur Wüste, zum Fels Rimmon, und blieben im Fels Rimmon, vier Monate.

⁴⁸Und die Männer Israels kamen wieder zu den Kindern Benjamin und schlugen mit der Schärfe des Schwerts die in der Stadt, Leute und Vieh und alles, was man fand; und alle Städte, die man fand, verbrannte man mit Feuer.

Kapitel 21

¹Aber die Männer Israels hatten zu Mizpa geschworen und gesagt: Niemand soll seine Tochter den Benjaminitern zum Weib geben.

²Und das Volk kam gen Beth-El und blieb da bis zum Abend vor Gott, und sie hoben auf ihre Stimme und weinten sehr

³und sprachen: O HERR, Gott von Israel, warum ist das geschehen in Israel, daß heute Israel um einen Stamm kleiner geworden ist?

⁴Des andern Morgens machte sich das Volk früh auf und baute da einen Altar und opferte Brandopfer und Dankopfer.

⁵Und die Kinder Israel sprachen: Wer ist irgend von den Stämmen Israels, der nicht mit der Gemeinde ist heraufgekommen zum HERRN? Denn es war ein großer Eid geschehen, daß, wer nicht hinaufkäme zum HERRN gen Mizpa, der sollte des Todes sterben.

⁶Und es reute die Kinder Israel über Benjamin, ihre Brüder, und sie sprachen: Heute ist ein Stamm von Israel abgebrochen.

⁷Wie wollen wir ihnen tun, daß die Übriggebliebenen Weiber kriegen? Denn wir haben geschworen bei dem HERRN, daß wir ihnen von unsern Töchtern nicht Weiber geben.

⁸Und sprachen: Wer ist irgend von den Stämmen Israels, die nicht hinaufgekommen sind zum HERRN gen Mizpa? Und siehe, da war im Lager der Gemeinde niemand gewesen von Jabes in Gilead.

⁹Denn sie zählten das Volk, und siehe, da war kein Bürger da von Jabes in Gilead.

¹⁰Da sandte die Gemeinde zwölftausend Mann dahin von streitbaren Männern und geboten ihnen und sprachen: Geht hin und schlagt mit der Schärfe des Schwerts die Bürger zu Jabes in Gilead mit Weib und Kind.

¹¹Doch also sollt ihr tun: alles, was männlich ist, und alle Weiber, die beim Mann gelegen haben, verbannt.

¹²Und sie fanden bei den Bürgern zu Jabes in Gilead vierhundert Dirnen, die Jungfrauen waren und bei keinem Mann gelegen hatten; die brachten sie ins Lager gen Silo, das da liegt im Lande Kanaan.

¹³Da sandte die ganze Gemeinde hin und ließ reden mit den Kindern Benjamin, die im Fels Rimmon waren, und sagten ihnen Frieden zu.

¹⁴Also kamen die Kinder Benjamin wieder zu der Zeit. Und sie gaben ihnen die Weiber, die sie hatten erhalten von den Weibern zu Jabes in Gilead; aber es waren ihrer nicht genug für sie.

¹⁵Da reute es das Volk über Benjamin, daß der HERR einen Riß gemacht hatte in den Stämmen Israels.

¹⁶Und die Ältesten der Gemeinde sprachen: Was wollen wir tun, daß die Übriggebliebenen Weiber kriegen? Denn die Weiber in Benjamin sind vertilgt.

¹⁷Und sie sprachen: Die übrigen von Benjamin müssen ja ihr Erbe behalten, daß nicht ein Stamm ausgetilgt werde von Israel.

¹⁸Und wir können ihnen unsre Töchter nicht zu Weibern geben; denn die Kinder Israel haben geschworen und gesagt: Verflucht sei, wer den Benjaminitern ein Weib gibt!

¹⁹Und sie sprachen: Siehe, es ist ein Jahrfest des HERRN zu Silo, das mitternachtwärts liegt von Beth-El, gegen der Sonne Aufgang von der Straße, da man hinaufgeht von Beth-El gen Sichem, und mittagswärts liegt von Lebona.

²⁰Und sie geboten den Kindern Benjamin und sprachen: Gehet hin und lauert in den Weinbergen.

²¹Wenn ihr dann seht, daß die Töchter Silos heraus mit Reigen zum Tanz gehen, so fahret hervor aus den Weinbergen und nehme ein jeglicher sich ein Weib von den Töchtern Silos und gehet hin ins Land Benjamin.

²²Wenn aber ihre Väter oder Brüder kommen, mit uns zu rechten, wollen wir zu ihnen sagen: Gönnt sie uns; denn wir hatten nicht für jeden ein Weib genommen im Streit. Auch habt nicht ihr sie ihnen gegeben; sonst wäret ihr jetzt schuldig.

²³Die Kinder Benjamin taten also und nahmen Weiber nach ihrer Zahl von den Reigen, die sie raubten, und zogen hin und wohnten in ihrem Erbteil und bauten die Städte und wohnten darin.

²⁴Auch die Kinder Israel machten sich von dannen zu der Zeit, ein jeglicher zu seinem Stamm und zu seinem Geschlecht, und zogen von da aus, ein jeglicher zu seinem Erbteil.

²⁵Zu der Zeit war kein König in Israel; ein jeglicher tat, was ihn recht deuchte.

Rut

Kapitel 1

¹Zu der Zeit, da die Richter regierten, ward eine Teuerung im Lande. Und ein Mann von Bethlehem-Juda zog wallen in der Moabiter Land mit seinem Weibe und seinen zwei Söhnen.

²Der hieß Elimelech und sein Weib Naemi und seine zwei Söhne Mahlon und Chiljon; die waren Ephrather von Bethlehem-Juda. Und da sie kamen ins Land der Moabiter, blieben sie daselbst.

³Und Elimelech, der Naemi Mann, starb, und sie blieb übrig mit ihren zwei Söhnen.

⁴Die nahmen moabitische Weiber; eine hieß Orpa, die andere Ruth. Und da sie daselbst gewohnt hatten ungefähr zehn Jahre,

⁵starben sie alle beide, Mahlon und Chiljon, daß das Weib überlebte beide Söhne und ihren Mann.

⁶Da machte sie sich auf mit ihren zwei Schwiegertöchtern und zog wieder aus der Moabiter Lande; denn sie hatte erfahren im Moabiterlande, daß der HERR sein Volk hatte heimgesucht und ihnen Brot gegeben.

⁷Und sie ging aus von dem Ort, da sie gewesen war, und ihre beiden Schwiegertöchter mit ihr. Und da sie ging auf dem Wege, daß sie wiederkäme ins Land Juda,

⁸sprach sie zu ihren beiden Schwiegertöchtern: Geht hin und kehrt um, eine jegliche zu ihrer Mutter Haus. Der HERR tue an euch Barmherzigkeit, wie ihr an den Toten und mir getan habt!

⁹Der HERR gebe euch, daß ihr Ruhe findet, eine jegliche in ihres Mannes Hause! Und küßte sie. Da hoben sie ihre Stimmen auf und weinten

¹⁰und sprachen zu ihr: Wir wollen mit dir zu deinem Volk gehen.

¹¹Aber Naemi sprach: Kehrt um, meine Töchter! warum wollt ihr mit mir gehen? Wie kann ich fürder Kinder in meinem Leibe haben, die eure Männer sein könnten?

¹²Kehrt um, meine Töchter, und geht hin! denn ich bin nun zu alt, daß ich einen Mann nehme. Und wenn ich spräche: Es ist zu hoffen, daß ich diese Nacht einen Mann nehme und Kinder gebäre,

¹³wie könntet ihr doch harren, bis sie groß würden? wie wolltet ihr verziehen, daß ihr nicht Männer solltet nehmen? Nicht, meine Töchter! denn mich jammert euer sehr; denn des HERRN Hand ist über mich ausgegangen.

¹⁴Da hoben sie ihre Stimme auf und weinten noch mehr. Und Opra küßte ihre Schwiegermutter; Ruth aber blieb bei ihr.

¹⁵Sie aber sprach: Siehe, deine Schwägerin ist umgewandt zu ihrem Volk und zu ihrem Gott; kehre auch du um, deiner Schwägerin nach.

¹⁶Ruth antwortete: Rede mir nicht ein, daß ich dich verlassen sollte und von dir umkehren. Wo du hin gehst, da will ich auch hin gehen; wo du bleibst, da bleibe ich auch. Dein Volk ist mein Volk, und dein Gott ist mein Gott.

¹⁷Wo du stirbst, da sterbe ich auch, da will ich auch begraben werden. Der HERR tue mir dies und das, der Tod muß mich und dich scheiden.

¹⁸Als sie nun sah, daß sie fest im Sinn war, mit ihr zu gehen, ließ sie ab, mit ihr davon zu reden.

¹⁹Also gingen die beiden miteinander, bis sie gen Bethlehem kamen. Und da sie nach Bethlehem hineinkamen, regte sich die ganze Stadt über ihnen und sprach: Ist das die Naemi?

²⁰Sie aber sprach: Heißt mich nicht Naemi, sondern Mara; denn der Allmächtige hat mich sehr betrübt.

²¹Voll zog ich aus, aber leer hat mich der HERR wieder heimgebracht. Warum heißt ihr mich denn Naemi, so mich doch der HERR gedemütigt und der Allmächtige betrübt hat?

²²Es war aber um die Zeit, daß die Gerstenernte anging, da Naemi mit ihrer Schwiegertochter Ruth, der Moabitin, wiederkam vom Moabiterlande gen Bethlehem.

Kapitel 2

¹Es war auch ein Mann, ein Verwandter des Mannes der Naemi, von dem Geschlecht Elimelechs, mit Namen Boas; der war ein wohlhabender Mann.

²Und Ruth, die Moabitin, sprach zu Naemi: Laß mich aufs Feld gehen und Ähren auflesen dem nach, vor dem ich Gnade finde. Sie aber sprach zu ihr: Gehe hin, meine Tochter.

³Sie ging hin, kam und las auf, den Schnittern nach, auf dem Felde. Und es begab sich eben, daß dasselbe Feld war des Boas, der von dem Geschlecht Elimelechs war.

⁴Und siehe, Boas kam eben von Bethlehem und sprach zu den Schnittern: Der HERR mit euch! Sie antworteten: Der HERR segne dich!

⁵Und Boas sprach zu seinem Knechte, der über die Schnitter gestellt war: Wes ist die Dirne?

⁶Der Knecht, der über die Schnitter gestellt war, antwortete und sprach: Es ist die Dirne, die Moabitin, die mit Naemi wiedergekommen ist von der Moabiter Lande.

⁷Denn sie sprach: Laßt mich doch auflesen und sammeln unter den Garben, den Schnittern nach; und ist also gekommen und dagestanden vom Morgen an bis her und bleibt wenig daheim.

⁸Da sprach Boas zu Ruth: Hörst du es, meine Tochter? Du sollst nicht gehen auf einen andern Acker, aufzulesen, und gehe auch nicht von hinnen, sondern halte dich zu meinen Dirnen.

⁹Und siehe, wo sie schneiden im Felde, da gehe ihnen nach. Ich habe meinen Knechten geboten, daß dich niemand antaste. Und so dich dürstet, so gehe hin zu dem Gefäß und trinke von dem, was meine Knechte schöpfen.

¹⁰Da fiel sie auf ihr Angesicht und beugte sich nieder zur Erde und sprach zu ihm: Womit habe ich die Gnade gefunden vor deinen Augen, daß du mich ansiehst, die ich doch fremd bin?

¹¹Boas antwortete und sprach zu ihr: Es ist mir angesagt alles, was du hast getan an deiner Schwiegermutter nach deines Mannes Tod: daß du verlassen hast deinen Vater und deine Mutter und dein Vaterland und bist zu meinem Volk gezogen, das du zuvor nicht kanntest.

¹²Der HERR vergelte dir deine Tat, und dein Lohn müsse vollkommen sein bei dem HERRN, dem Gott Israels, zu welchem du gekommen bist, daß du unter seinen Flügeln Zuversicht hättest.

¹³Sie sprach: Laß mich Gnade vor deinen Augen finden, mein Herr; denn du hast mich getröstet und deine Magd freundlich angesprochen, so ich doch nicht bin wie deiner Mägde eine.

¹⁴Boas sprach zu ihr, da Essenszeit war: Mache dich hier herzu und iß vom Brot und tauche deinen Bissen in den Essig. Und sie setzte sich zur Seite der Schnitter. Er aber legte ihr geröstete Körner vor, und sie aß und ward satt und ließ übrig.

¹⁵Und da sie sich aufmachte, zu lesen, gebot Boas seinen Knechten und sprach: Laßt sie auch zwischen den Garben lesen und beschämt sie nicht;

¹⁶Auch von den Haufen laßt übrigbleiben und laßt liegen, daß sie es auflese, und niemand schelte sie darum.

¹⁷Also las sie auf dem Felde bis zum Abend und schlug's aus, was sie aufgelesen hatte; und es war bei einem Epha Gerste.

¹⁸Und sie hob's auf und kam in die Stadt; und ihre Schwiegermutter sah es, was sie gelesen hatte. Da zog sie hervor und gab ihr, was übriggeblieben war, davon sie satt war geworden.

¹⁹Da sprach ihre Schwiegermutter zu ihr: Wo hast du heute gelesen, und wo hast du gearbeitet? Gesegnet sei, der dich angesehen hat! Sie aber sagte es ihrer Schwiegermutter, bei wem sie gearbeitet hätte, und sprach: Der Mann, bei dem ich heute gearbeitet habe, heißt Boas.

²⁰Naemi aber sprach zu ihrer Schwiegertochter: Gesegnet sei er dem HERRN! denn er hat seine Barmherzigkeit nicht gelassen an den Lebendigen und an den Toten. Und Naemi sprach zu ihr: Der Mann gehört zu uns und ist unser Erbe.

²¹Ruth, die Moabitin, sprach: Er sprach auch das zu mir: Du sollst dich zu meinen Leuten halten, bis sie mir alles eingeerntet haben.

²²Naemi sprach zu Ruth, ihrer Schwiegertochter: Es ist gut, meine Tochter, daß du mit seinen Dirnen ausgehst, auf daß nicht jemand dir dreinrede auf einem andern Acker.

²³Also hielt sie sich zu den Dirnen des Boas, daß sie las, bis daß die Gerstenernte und Weizenernte aus war; und kam wieder zu ihrer Schwiegermutter.

Kapitel 3

¹Und Naemi, ihre Schwiegermutter, sprach zu ihr: Meine Tochter, ich will dir Ruhe schaffen, daß dir's wohl gehe.

²Nun, der Boas, unser Verwandter, bei des Dirnen du gewesen bist, worfelt diese Nacht Gerste auf seiner Tenne.

³So bade dich und salbe dich und lege dein Kleid an und gehe hinab auf die Tenne; gib dich dem Manne nicht zu erkennen, bis er ganz gegessen und getrunken hat.

⁴Wenn er sich dann legt, so merke den Ort, da er sich hin legt, und komm und decke auf zu seinen Füßen und lege dich, so wird er dir wohl sagen, was du tun sollst.

⁵Sie sprach zu ihr: Alles, was du mir sagst, will ich tun.

⁶Sie ging hinab zur Tenne und tat alles, wie ihre Schwiegermutter geboten hatte.

⁷Und da Boas gegessen und getrunken hatte, ward sein Herz guter Dinge, und er kam und legte sich hinter einen Kornhaufen; und sie kam leise und deckte auf zu seinen Füßen und legte sich.

⁸Da es nun Mitternacht ward, erschrak der Mann und beugte sich vor; und siehe, ein Weib lag zu seinen Füßen.

⁹Und er sprach: Wer bist du? Sie antwortete: Ich bin Ruth, deine Magd. Breite deine Decke über deine Magd; denn du bist der Erbe.

¹⁰Er aber sprach: Gesegnet seist du dem HERRN, meine Tochter! Du hast deine Liebe hernach besser gezeigt den zuvor, daß du bist nicht den Jünglingen nachgegangen, weder reich noch arm.

¹¹Nun, meine Tochter, fürchte dich nicht. Alles was du sagst, will ich dir tun; denn die ganze Stadt meines Volkes weiß, daß du ein tugendsam Weib bist.

¹²Nun, es ist wahr, daß ich der Erbe bin; aber es ist einer näher denn ich.

¹³Bleibe über Nacht. Morgen, so er dich nimmt, wohl; gelüstet's ihn aber nicht, dich zu nehmen, so will ich dich nehmen, so wahr der HERR lebt. Schlaf bis zum Morgen.

¹⁴Und sie schlief bis zum Morgen zu seinen Füßen. Und sie stand auf, ehe denn einer den andern erkennen konnte; und er gedachte, daß nur niemand innewerde, daß das Weib in die Tenne gekommen sei.

¹⁵Und sprach: Lange her den Mantel, den du anhast, und halt ihn. Und sie hielt ihn. Und er maß sechs Maß Gerste und legte es auf sie. Und er kam in die Stadt.

¹⁶Sie aber kam zu ihrer Schwiegermutter; die sprach: Wie steht's mit dir, meine Tochter? Und sie sagte ihr alles, was ihr der Mann getan hatte,

¹⁷und sprach: Diese sechs Maß Gerste gab er mir; denn er sprach: Du sollst nicht leer zu deiner Schwiegermutter kommen.

¹⁸Sie aber sprach: Sei still, meine Tochter, bis du erfährst, wo es hinaus will; denn der Mann wird nicht ruhen, er bringe es denn heute zu Ende.

Kapitel 4

¹Boas ging hinauf ins Tor und setzte sich daselbst. Und siehe, da der Erbe vorüberging, von welchem er geredet hatte, sprach Boas: Komm und setze dich hierher! Und er kam und setzte sich.

²Und er nahm zehn Männer von den Ältesten der Stadt und sprach: Setzt euch her! Und sie setzten sich.

³Da sprach er zu dem Erben: Naemi, die vom Lande der Moabiter wiedergekommen ist, bietet feil das Stück Feld, das unsers Bruders war, Elimelechs.

⁴Darum gedachte ich's vor deine Ohren zu bringen und zu sagen: Willst du es beerben, so kaufe es vor den Bürgern und vor den Ältesten meines Volkes; willst du es aber nicht beerben, so sage mir's, daß ich's wisse. Denn es ist kein Erbe außer dir und ich nach dir. Er sprach: Ich will's beerben.

⁵Boas sprach: Welches Tages du das Feld kaufst von der Hand Naemis, so mußt du auch Ruth, die Moabitin, des Verstorbenen Weib, nehmen, daß du dem Verstorbenen einen Namen erweckst auf seinem Erbteil.

⁶Da sprach er: Ich vermag es nicht zu beerben, daß ich nicht vielleicht mein Erbteil verderbe. Beerbe du, was ich beerben soll; denn ich vermag es nicht zu beerben.

⁷Und es war von alters her eine solche Gewohnheit in Israel: wenn einer ein Gut nicht beerben noch erkaufen wollte, auf daß eine Sache bestätigt würde, so zog er seinen Schuh aus und gab ihn dem andern; das war das Zeugnis in Israel.

⁸Und der Erbe sprach zu Boas: Kaufe du es! und zog seinen Schuh aus.

⁹Und Boas sprach zu den Ältesten und zu allem Volk: Ihr seid heute Zeugen, daß ich alles gekauft habe, was dem Elimelech, und alles, was Chiljon und Mahlon gehört hat, von der Hand Naemis;

¹⁰dazu auch Ruth, die Moabitin, Mahlons Weib, habe ich mir erworben zum Weibe, daß ich dem Verstorbenen einen Namen erwecke auf sein Erbteil und sein Name nicht ausgerottet werde unter seinen Brüdern und aus dem Tor seines Orts; Zeugen seid ihr des heute.

¹¹Und alles Volk, das im Tor war, samt den Ältesten sprachen: Wir sind Zeugen. Der HERR mache das Weib, das in dein Haus kommt, wie Rahel und Leah, die beide das Haus Israels gebaut haben; und wachse sehr in Ephratha und werde gepriesen zu Bethlehem.

¹²Und dein Haus werde wie das Haus des Perez, den Thamar dem Juda gebar, von dem Samen, den dir der HERR geben wird von dieser Dirne.

¹³Also nahm Boas die Ruth, daß sie sein Weib ward. Und da er zu ihr einging, gab ihr der HERR, daß sie schwanger ward und gebar einen Sohn.

¹⁴Da sprachen die Weiber zu Naemi: Gelobt sei der HERR, der dir nicht hat lassen abgehen einen Erben zu dieser Zeit, daß sein Name in Israel bliebe.

¹⁵Der wir dich erquicken und dein Alter versorgen. Denn deine Schwiegertochter, die dich geliebt hat, hat ihn geboren, welche dir besser ist als sieben Söhne.

¹⁶Und Naemi nahm das Kind und legte es auf ihren Schoß und ward seine Wärterin.

¹⁷Und ihre Nachbarinnen gaben ihm einen Namen und sprachen: Naemi ist ein Kind geboren; und hießen ihn Obed. Der ist der Vater Isais, welcher ist Davids Vater.

¹⁸Dies ist das Geschlecht des Perez: Perez zeugte Hezron;

¹⁹Hezron zeugte Ram; Ram zeugte Amminadab;

²⁰Amminadab zeugte Nahesson; Nahesson zeugte Salma;

²¹Salma zeugte Boas; Boas zeugte Obed;

²²Obed zeugte Isai; Isai zeugte David.

1 Samuel

Kapitel 1

¹Es war ein Mann von Ramathaim-Zophim, vom Gebirge Ephraim, der hieß Elkana, ein Sohn Jerohams, des Sohnes Elihus, des Sohnes Thohus, des Sohnes Zuphs, ein Ephraimiter.

²Und er hatte zwei Weiber; eine hieß Hanna, die andere Peninna. Peninna aber hatte Kinder, und Hanna hatte keine Kinder.

³Und derselbe Mann ging jährlich hinauf von seiner Stadt, daß er anbetete und opferte dem HERRN Zebaoth zu Silo. Daselbst waren aber Priester des HERRN Hophni und Pinehas, die zwei Söhne Elis.

⁴Und des Tages, da Elkana opferte, gab er seinem Weib Peninna und allen ihren Söhnen und Töchtern Stücke.

⁵Aber Hanna gab er ein Stück traurig; denn er hatte Hanna lieb, aber der HERR hatte ihren Leib verschlossen.

⁶Und ihre Widersacherin betrübte und reizte sie sehr, darum daß der HERR ihren Leib verschlossen hatte.

⁷Also ging's alle Jahre; wenn sie hinaufzog zu des HERRN Hause, betrübte jene sie also; so weinte sie dann und aß nichts.

⁸Elkana aber, ihr Mann, sprach zu ihr: Hanna, warum weinst du, und warum issest du nichts, und warum ist dein Herz so traurig? Bin ich dir nicht besser denn zehn Söhne?

⁹Da stand Hanna auf, nachdem sie gegessen hatten zu Silo und getrunken. (Eli aber, der Priester, saß auf einem Stuhl an der Pfoste des Tempels des HERRN.)

¹⁰Und sie war von Herzen betrübt und betete zum HERRN und weinte sehr

¹¹und gelobte ein Gelübde und sprach: HERR Zebaoth, wirst du deiner Magd Elend ansehen und an mich gedenken und deiner Magd nicht vergessen und wirst deiner Magd einen Sohn geben, so will ich ihn dem HERRN geben sein Leben lang und soll kein Schermesser auf sein Haupt kommen.

¹²Und da sie lange betete vor dem HERRN, hatte Eli acht auf ihren Mund.

¹³Denn Hanna redete in ihrem Herzen; allein ihre Lippen regten sich, und ihre Stimme hörte man nicht. Da meinte Eli, sie wäre trunken,

¹⁴und sprach zu ihr: Wie lange willst du trunken sein? Laß den Wein von dir kommen, den du bei dir hast!

¹⁵Hanna aber antwortete und sprach: Nein, mein Herr, ich bin ein betrübtes Weib. Wein und starkes Getränk habe ich nicht getrunken, sondern habe mein Herz vor dem HERRN ausgeschüttet.

¹⁶Du wolltest deine Magd nicht achten wie ein loses Weib; denn ich habe aus meinem großen Kummer und Traurigkeit geredet bisher.

¹⁷Eli antwortete und sprach: Gehe hin mit Frieden; der Gott Israels wird dir geben deine Bitte, die du von ihm gebeten hast.

¹⁸Sie sprach: Laß deine Magd Gnade finden vor deinen Augen. Also ging das Weib hin ihres Weges und aß und sah nicht mehr so traurig.

¹⁹Und des Morgens früh machten sie sich auf; und da sie angebetet hatten vor dem HERRN, kehrten sie wieder um und kamen heim gen Rama. Und Elkana erkannte sein Weib Hanna, und der HERR gedachte an sie.

²⁰Und da die Tage um waren, ward Hanna schwanger und gebar einen Sohn und hieß ihn Samuel: "denn ich habe ihn von dem HERRN erbeten."

²¹Und da der Mann Elkana hinaufzog mit seinem ganzen Hause, daß er dem HERRN opferte das jährliche Opfer und sein Gelübde,

²²zog Hanna nicht mit hinauf, sondern sprach zu ihrem Mann: Bis der Knabe entwöhnt werde, so will ich ihn bringen, daß er vor dem HERRN erscheine und bleibe daselbst ewiglich.

²³Elkana, ihr Mann, sprach zu ihr: So tue, wie dir's gefällt: bleib, bis du ihn entwöhnst; der HERR bestätige aber was er geredet hat. Also blieb das Weib und säugte ihren Sohn, bis daß sie ihn entwöhnte.

²⁴Und brachte ihn mit sich hinauf, nachdem sie ihn entwöhnt hatte, mit drei Farren, mit einem Epha Mehl und einem Krug Wein; und brachte ihn in das Haus des HERRN zu Silo. Der Knabe war aber noch jung.

²⁵Und sie schlachteten einen Farren und brachten den Knaben zu Eli.

²⁶Und sie sprach: Ach, mein Herr, so wahr deine Seele lebt, mein Herr, ich bin das Weib, das hier bei dir stand, zu dem HERRN zu beten.

²⁷Um diesen Knaben bat ich. Nun hat der HERR meine Bitte gegeben, die ich von ihm bat.

²⁸Darum gebe ich ihm dem HERRN wieder sein Leben lang, weil er vom HERRN erbeten ist. Und sie beteten daselbst den HERRN an.

Kapitel 2

¹Und Hanna betete und sprach: Mein Herz ist fröhlich in dem HERRN; mein Horn ist erhöht in dem HERRN. Mein Mund hat sich weit aufgetan über meine Feinde; denn ich freue mich deines Heils.

²Es ist niemand heilig wie der HERR, außer dir ist keiner; und ist kein Hort, wie unser Gott ist.

³Laßt euer großes Rühmen und Trotzen, noch gehe freches Reden aus eurem Munde; denn der HERR ist ein Gott, der es merkt, und läßt solch Vornehmen nicht gelingen.

⁴Der Bogen der Starken ist zerbrochen, und die Schwachen sind umgürtet mit Stärke.

⁵Die da satt waren, sind ums Brot Knechte geworden, und die Hunger litten, hungert nicht mehr; ja die Unfruchtbare hat sieben geboren, und die viele Kinder hatte, hat abgenommen.

⁶Der HERR tötet und macht lebendig, führt in die Hölle und wieder heraus.

⁷Der HERR macht arm und macht reich; er erniedrigt und erhöht.

⁸Er hebt auf den Dürftigen aus dem Staub und erhöht den Armen aus dem Kot, daß er ihn setze unter die Fürsten und den Stuhl der Ehre erben lasse. Denn der Welt Grundfesten sind des HERRN, und er hat den Erdboden darauf gesetzt.

⁹Er wird behüten die Füße seiner Heiligen, aber die Gottlosen müssen zunichte werden in Finsternis; denn viel Vermögen hilft doch niemand.

¹⁰Die mit dem HERRN hadern, müssen zugrunde gehen; über ihnen wird er donnern im Himmel. Der HERR wird richten der Welt Enden und wird Macht geben seinem König und erhöhen das Horn seines Gesalbten.

¹¹Elkana aber ging hin gen Rama in sein Haus; und der Knabe war des HERRN Diener vor dem Priester Eli.

¹²Aber die Söhne Elis waren böse Buben; die fragten nicht nach dem HERRN

¹³noch nach dem Recht der Priester an das Volk. Wenn jemand etwas opfern wollte, so kam des Priesters Diener, wenn das Fleisch kochte, und hatte eine Gabel mit drei Zacken in seiner Hand

¹⁴und stieß in den Tiegel oder Kessel oder Pfanne oder Topf; was er mit der Gabel hervorzog, das nahm der Priester davon. Also taten sie dem ganzen Israel, die dahinkamen zu Silo.

¹⁵Desgleichen, ehe denn sie das Fett anzündeten, kam des Priesters Diener und sprach zu dem, der das Opfer brachte: Gib mir das Fleisch, dem Priester zu braten; denn er will nicht gekochtes Fleisch von dir nehmen, sondern rohes.

¹⁶Wenn dann jemand zu ihm sagte: Laß erst das Fett anzünden und nimm darnach, was dein Herz begehrt, so sprach er zu ihm: Du sollst mir's jetzt geben; wo nicht so will ich's mit Gewalt nehmen.

¹⁷Darum war die Sünde der jungen Männer sehr groß vor dem HERRN; denn die Leute lästerten das Opfer des HERRN.

¹⁸Samuel aber war ein Diener vor dem HERRN; und der Knabe war umgürtet mit einem Leibrock.

¹⁹Dazu machte ihm seine Mutter ein kleines Oberkleid und brachte es ihm hinauf zu seiner Zeit, wenn sie mit ihrem Mann hinaufging, zu opfern das jährliche Opfer.

²⁰Und Eli segnete Elkana und sein Weib und sprach: Der HERR gebe dir Samen von diesem Weibe um die Bitte willen, die sie vom HERRN gebeten hat. Und sie gingen an ihren Ort.

²¹Und der HERR suchte Hanna heim, daß sie schwanger ward und gebar drei Söhne und zwei Töchter. Aber Samuel, der Knabe, nahm zu bei dem HERRN.

²²Eli aber war sehr alt und erfuhr alles, was seine Söhne taten dem ganzen Israel, und daß sie schliefen bei den Weibern, die da dienten vor der Tür der Hütte des Stifts.

²³Und er sprach zu ihnen: Warum tut ihr solches? Denn ich höre euer böses Wesen von diesem ganzen Volk.

²⁴Nicht, meine Kinder, das ist nicht ein gutes Gerücht, das ich höre. Ihr macht des HERRN Volk übertreten.

²⁵Wenn jemand wider einen Menschen sündigt, so kann's der Richter schlichten. Wenn aber jemand wider den HERRN sündigt, wer kann für ihn bitten? Aber sie gehorchten ihres Vaters Stimme nicht; denn der HERR war willens, sie zu töten.

²⁶Aber der Knabe Samuel nahm immermehr zu und war angenehm bei dem HERRN und bei den Menschen.

²⁷Es kam aber ein Mann Gottes zu Eli und sprach zu ihm: So spricht der HERR: Ich habe mich offenbart deines Vaters Hause, da sie noch in Ägypten waren, in Pharaos Hause,

²⁸und habe ihn daselbst mir erwählt vor allen Stämmen Israels zum Priestertum, daß er opfern sollte auf meinem Altar und Räucherwerk anzünden und den Leibrock vor mir tragen, und habe deines Vaters Hause gegeben alle Feuer der Kinder Israel.

²⁹Warum tretet ihr denn mit Füßen meine Schlachtopfer und Speisopfer, die ich geboten habe in der Wohnung? Und du ehrst deine Söhne mehr denn mich, daß ihr euch mästet von dem Besten aller Speisopfer meines Volkes Israel.

³⁰Darum spricht der HERR, der Gott Israels: Ich habe geredet, dein Haus und deines Vaters Haus sollten wandeln vor mir ewiglich. Aber nun spricht der HERR: Es sei fern von mir! sondern wer mich ehrt, den will ich auch ehren; wer aber mich verachtet, der soll wieder verachtet werden.

³¹Siehe, es wird die Zeit kommen, daß ich will entzweibrechen deinen Arm und den Arm deines Vaterhauses, daß kein Alter sei in deinem Hause,

³²und daß du sehen wirst deinen Widersacher in der Wohnung bei allerlei Gutem, das Israel geschehen wird, und wird kein Alter sein in deines Vaters Hause ewiglich.

³³Doch will ich dir nicht einen jeglichen von meinem Altar ausrotten, auf daß deine Augen verschmachten und deine Seele sich gräme; und alle Menge deines Hauses sollen sterben, wenn sie Männer geworden sind.

³⁴Und das soll dir ein Zeichen sein, das über deine zwei Söhne, Hophni und Pinehas, kommen wird: auf einen Tag werden sie beide sterben.

³⁵Ich will aber einen treuen Priester erwecken, der soll tun, wie es meinem Herzen und meiner Seele gefällt; dem will ich ein beständiges Haus bauen, daß er vor meinem Gesalbten wandle immerdar.

³⁶Und wer übrig ist von deinem Hause, der wird kommen und vor jenem niederfallen um einen silbernen Pfennig und ein Stück Brot und wird sagen: Laß mich doch zu einem Priesterteil, daß ich einen Bissen Brot esse.

Kapitel 3

¹Und da Samuel, der Knabe, dem HERRN diente unter Eli, war des HERRN Wort teuer zu derselben Zeit, und war wenig Weissagung.

²Und es begab sich, zur selben Zeit lag Eli an seinem Ort, und seine Augen fingen an, dunkel zu werden, daß er nicht sehen konnte.

³Und Samuel hatte sich gelegt im Tempel des HERRN, da die Lade Gottes war, und die Lampe Gottes war noch nicht verloschen.

⁴Und der HERR rief Samuel. Er aber antwortete: Siehe, hier bin ich!

⁵und lief zu Eli und sprach: Siehe, hier bin ich! du hast mich gerufen. Er aber sprach: Ich habe dich nicht gerufen; gehe wieder hin und lege dich schlafen. Und er ging hin und legte sich schlafen.

⁶Der HERR rief abermals: Samuel! Und Samuel stand auf und ging zu Eli und sprach: Siehe, hier bin ich! du hast mich gerufen. Er aber sprach: Ich habe nicht gerufen, mein Sohn; gehe wieder hin und lege dich schlafen.

⁷Aber Samuel kannte den HERRN noch nicht, und des HERRN Wort war ihm noch nicht offenbart.

⁸Und der HERR rief Samuel wieder, zum drittenmal. Und er stand auf und ging zu Eli und sprach: Siehe, hier bin ich! du hast mich gerufen. Da merkte Eli, daß der HERR den Knaben rief,

⁹und sprach zu ihm: Gehe wieder hin und lege dich schlafen; und so du gerufen wirst, so sprich: Rede, HERR, denn dein Knecht hört. Samuel ging hin und legte sich an seinen Ort.

¹⁰Da kam der HERR und trat dahin und rief wie vormals: Samuel, Samuel! Und Samuel sprach: Rede, denn dein Knecht hört.

¹¹Und der HERR sprach zu Samuel: Siehe, ich tue ein Ding in Israel, daß, wer das hören wird, dem werden seine beiden Ohren gellen.

¹²An dem Tage will ich erwecken über Eli, was ich wider sein Haus geredet habe; ich will's anfangen und vollenden.

¹³Denn ich habe es ihm angesagt, daß ich Richter sein will über sein Haus ewiglich um der Missetat willen, daß er wußte, wie seine Kinder sich schändlich hielten, und hat ihnen nicht gewehrt.

¹⁴Darum habe ich dem Hause Eli geschworen, daß die Missetat des Hauses Eli solle nicht versöhnt werden weder mit Schlachtopfer noch mit Speisopfer ewiglich.

¹⁵Und Samuel lag bis an den Morgen und tat die Türen auf am Hause des HERRN. Samuel aber fürchtete sich, das Gesicht Eli anzusagen.

¹⁶Da rief ihn Eli und sprach: Samuel, mein Sohn! Er antwortete: Siehe, hier bin ich!

¹⁷Er sprach: Was ist das Wort, das dir gesagt ist? Verschweige mir nichts. Gott tue dir dies und das, wo du mir etwas verschweigst, das dir gesagt ist.

¹⁸Da sagte es Samuel alles an und verschwieg ihm nichts. Er aber sprach: Es ist der HERR; er tue, was ihm wohl gefällt.

¹⁹Samuel aber nahm zu, und der HERR war mit ihm, und fiel keines unter allen seinen Worten auf die Erde.

²⁰Und ganz Israel von Dan an bis gen Beer-Seba erkannte, daß Samuel ein treuer Prophet des HERRN war.

²¹Und der HERR erschien hinfort zu Silo; denn der HERR war durch Samuel offenbart worden zu Silo durchs Wort des HERRN. Und Samuel fing an zu predigen dem ganzen Israel.

Kapitel 4

¹Israel aber zog aus, den Philistern entgegen, in den Streit, und lagerten sich bei Eben-Ezer. Die Philister aber hatten sich gelagert zu Aphek

²und stellten sich gegen Israel. Und der Streit teilte sich weit, und Israel ward vor den Philistern geschlagen; und sie schlugen in der Ordnung im Felde bei viertausend Mann.

³Und da das Volk ins Lager kam, sprachen die Ältesten Israels: Warum hat uns der HERR heute schlagen lassen vor den Philistern? Laßt uns zu uns nehmen die Lade des Bundes des HERRN von Silo und laßt sie unter uns kommen, daß sie uns helfe von der Hand unsrer Feinde.

⁴Und das Volk sandte gen Silo und ließ von da holen die Lade des Bundes des HERRN Zebaoth, der über den Cherubim sitzt. Und es waren da die zwei Söhne Elis mit der Lade des Bundes Gottes, Hophni und Pinehas.

⁵Und da die Lade des Bundes des HERRN ins Lager kam, jauchzte das ganze Israel mit großem Jauchzen, daß die Erde erschallte.

⁶Da aber die Philister hörten das Geschrei solches Jauchzens, sprachen sie: Was ist das Geschrei solches großen Jauchzens in der Hebräer Lager? Und da sie erfuhren, daß die Lade des HERRN ins Lager gekommen wäre,

⁷fürchteten sie sich und sprachen: Gott ist ins Lager gekommen; und sprachen weiter: Wehe uns! denn es ist zuvor nicht also gestanden.

⁸Wehe uns! Wer will uns erretten von der Hand dieser mächtigen Götter, die Ägypten schlugen mit allerlei Plage in der Wüste.

⁹So seid nun getrost ihr Männer, ihr Philister, daß ihr nicht dienen müßt den Hebräern, wie sie euch gedient haben! Seid Männer und streitet!

¹⁰Da stritten die Philister, und Israel ward geschlagen, und ein jeglicher floh in seine Hütte; und es war eine sehr große Schlacht, daß aus Israel fielen dreißigtausend Mann Fußvolk.

¹¹Und die Lade Gottes ward genommen, und die zwei Söhne Elis, Hophni und Pinehas, starben.

¹²Da lief einer von Benjamin aus dem Heer und kam gen Silo desselben Tages und hatte seine Kleider zerrissen und hatte Erde auf sein Haupt gestreut.

¹³Und siehe, als er hineinkam, saß Eli auf dem Stuhl, daß er den Weg sähe; denn sein Herz war zaghaft über die Lade Gottes. Und da der Mann in die Stadt kam, sagte er's an, und die ganze Stadt schrie.

¹⁴Und da Eli das laute Schreien hörte, fragte er: Was ist das für ein lautes Getümmel? Da kam der Mann eilend und sagte es Eli an.

¹⁵Eli aber war achtundneunzig Jahre alt, und seine Augen waren dunkel, daß er nicht sehen konnte.

¹⁶Der Mann aber sprach zu Eli: Ich komme und bin heute aus dem Heer geflohen. Er aber sprach: Wie geht es zu, mein Sohn?

¹⁷Da antwortete der Verkündiger und sprach: Israel ist geflohen vor den Philistern, und ist eine große Schlacht im Volk geschehen, und deine zwei Söhne, Hophni und Pinehas, sind gestorben; dazu die Lade Gottes ist genommen.

¹⁸Da aber er der Lade Gottes gedachte, fiel er zurück vom Stuhl am Tor und brach seinen Hals entzwei und starb; denn er war alt und ein schwerer Mann. Er richtete aber Israel vierzig Jahre.

¹⁹Seine Schwiegertochter aber, des Pinehas Weib, war schwanger und sollte gebären. Da sie das Gerücht hörte, daß die Lade Gottes genommen und ihr Schwiegervater und ihr Mann tot war, krümmte sie sich und gebar; denn es kam sie ihre Wehe an.

²⁰Und da sie jetzt starb, sprachen die Weiber, die neben ihr standen: Fürchte dich nicht, du hast einen jungen Sohn. Aber sie antwortete nicht und nahm's auch nicht zu Herzen.

²¹Und sie hieß den Knaben Ikabod und sprach: Die Herrlichkeit ist dahin von Israel! weil die Lade Gottes genommen war, und wegen ihres Schwiegervaters und ihres Mannes.

²²Und sprach abermals: Die Herrlichkeit ist dahin von Israel; denn die Lade Gottes ist genommen.

1 Samuel

Kapitel 5

¹Die Philister aber nahmen die Lade Gottes und brachten sie von Eben-Ezer gen Asdod

²in das Haus Dagons und stellten sie neben Dagon.

³Und da die von Asdod des andern Morgens früh aufstanden, fanden sie Dagon auf seinem Antlitz liegen auf der Erde vor der Lade des HERRN. Aber sie nahmen den Dagon und setzten ihn wieder an seinen Ort.

⁴Da sie aber des andern Morgens früh aufstanden, fanden sie Dagon abermals auf seinem Antlitz liegen auf der Erde vor der Lade des HERRN, aber sein Haupt und seine beiden Hände waren abgehauen auf der Schwelle, daß der Rumpf allein dalag.

⁵Darum treten die Priester Dagons und alle, die in Dagons Haus gehen, nicht auf die Schwelle Dagons zu Asdod bis auf diesen Tag.

⁶Aber die Hand des HERRN war schwer über die von Asdod und verderbte sie und schlug sie mit bösen Beulen, Asdod und sein Gebiet.

⁷Da aber die Leute zu Asdod sahen, daß es so zuging, sprachen sie: Laßt die Lade des Gottes Israels nicht bei uns bleiben; denn seine Hand ist zu hart über uns und unserm Gott Dagon.

⁸Und sie sandten hin und versammelten alle Fürsten der Philister zu sich und sprachen: Was sollen wir mit der Lade des Gottes Israels machen? Da antworteten sie: Laßt die Lade des Gottes Israels nach Gath tragen. Und sie trugen die Lade des Gottes Israels dahin.

⁹Da sie aber dieselbe dahin getragen hatten, ward durch die Hand des HERRN in der Stadt ein sehr großer Schrecken, und er schlug die Leute in der Stadt, beide, klein und groß, also daß an ihnen Beulen ausbrachen.

¹⁰Da sandten sie die Lade des HERRN gen Ekron. Da aber die Lade Gottes gen Ekron kam, schrieen die von Ekron: Sie haben die Lade Gottes hergetragen zu mir, daß sie mich töte und mein Volk.

¹¹Da sandten sie hin und versammelten alle Fürsten der Philister und sprachen: Sendet die Lade des Gottes Israels wieder an ihren Ort, daß sie mich und mein Volk nicht töte. Denn die Hand Gottes machte einen sehr großen Schrecken mit Würgen in der ganzen Stadt.

¹²Und welche Leute nicht starben, die wurden geschlagen mit Beulen, daß das Geschrei der Stadt auf gen Himmel ging.

Kapitel 6

¹Also war die Lade des HERRN sieben Monate im Lande der Philister.

²Und die Philister riefen ihre Priester und Weissager und sprachen: Was sollen wir mit der Lade des HERRN machen? Lehrt uns, womit sollen wir sie an ihren Ort senden?

³Sie sprachen: Wollt ihr die Lade des Gottes Israels senden, so sendet sie nicht leer, sondern sollt ihm vergelten ein Schuldopfer; so werdet ihr gesund werden und wird euch kund werden, warum seine Hand nicht von euch läßt.

⁴Sie aber sprachen: Welches ist das Schuldopfer, das wir ihm geben sollen? Sie antworteten: Fünf goldene Beulen und fünf goldene Mäuse nach der Zahl der fünf Fürsten der Philister; denn es ist einerlei Plage gewesen über euch alle und über eure Fürsten.

⁵So müßt ihr nun machen Bilder eurer Beulen und eurer Mäuse, die euer Land verderbt haben, daß ihr dem Gott Israels die Ehre gebt; vielleicht wird seine Hand leichter werden über euch und über euren Gott und über euer Land.

⁶Warum verstockt ihr euer Herz, wie die Ägypter und Pharao ihr Herz verstockten? Ist's nicht also: da er seine Macht an ihnen bewies, ließen sie sie fahren, daß sie hingingen?

⁷So nehmet nun und machet einen neuen Wagen und zwei junge, säugende Kühe, auf die noch nie ein Joch gekommen ist, und spannt sie an den Wagen und laßt ihre Kälber hinter ihnen daheim bleiben.

⁸Und nehmet die Lade des HERRN und legt sie auf den Wagen; und die goldenen Kleinode, die ihr ihm zum Schuldopfer gebet, tut in ein Kästlein neben ihre Seite. Und sendet sie hin und laßt sie gehen.

⁹Und sehet zu: geht sie hin auf dem Weg ihrer Grenze gen Beth-Semes, so hat er uns all das große Übel getan; wo nicht, so werden wir wissen, daß sein Hand uns nicht gerührt hat, sondern es ist uns ungefähr widerfahren.

¹⁰Die Leute taten also und nahmen zwei junge, säugende Kühe und spannten sie an den Wagen und behielten ihre Kälber daheim

¹¹und legten die Lade des HERR auf den Wagen und das Kästlein mit den goldenen Mäusen und mit den Bildern ihrer Beulen.

¹²Und die Kühe gingen geradewegs auf Beth-Semes zu auf einer Straße und gingen und blökten und wichen nicht weder zur Rechten noch zur Linken; und die Fürsten der Philister gingen ihnen nach bis an die Grenze von Beth-Semes.

¹³Die Beth-Semiter aber schnitten eben in der Weizenernte im Grund, und hoben ihre Augen auf und sahen die Lade und freuten sich, sie zu sehen.

¹⁴Der Wagen aber kam auf den Acker Josuas, des Beth-Semiters, und stand daselbst still. Und war ein großer Stein daselbst. Und sie spalteten das Holz vom Wagen und opferten die Kühe dem HERRN zum Brandopfer.

¹⁵Die Leviten aber hoben die Lade des HERRN herab und das Kästlein, das obendran war, darin die goldenen Kleinode waren, und setzten sie auf den großen Stein. Aber die Leute zu Beth-Semes opferten dem HERRN desselben Tages Brandopfer und andere Opfer.

¹⁶Da aber die fünf Fürsten der Philister zugesehen hatten, zogen sie wiederum gen Ekron desselben Tages.

¹⁷Dies sind aber die goldenen Beulen, die die Philister dem HERRN zum Schuldopfer gaben: Sadod eine, Gaza eine, Askalon eine, Gath eine und Ekron eine;

¹⁸und die goldenen Mäuse nach der Zahl aller Städte der Philister unter den fünf Fürsten, der gemauerten Städte und der Dörfer. Und Zeuge ist der große Stein, darauf sie die Lade des HERRN ließen, bis auf diesen Tag auf dem Acker Josuas, des Beth-Semiters.

¹⁹Und etliche zu Beth-Semes wurden geschlagen, darum daß sie die Lade des HERRN angesehen hatten. Und er schlug des Volks siebzig Mann (fünfzigtausendund siebzig). Da trug das Volk Leid, daß der HERR so eine große Schlacht im Volk getan hatte.

²⁰Und die Leute zu Beth-Semes sprachen: Wer kann stehen vor dem HERRN, solchem heiligen Gott? Und zu wem soll er von uns ziehen?

²¹Und sie sandten Boten zu den Bürgern Kirjath-Jearims und ließen ihnen sagen: Die Philister haben uns die Lade des HERRN wiedergebracht; kommt herab und holt sie zu euch hinauf.

Kapitel 7

¹Also kamen die Leute von Kirjath-Jearim und holten die Lade des HERRN hinauf und brachten sie ins Haus Abinadabs auf dem Hügel; und seinen Sohn Eleasar heiligten sie, daß er die Lade des HERRN hütete.

²Und von dem Tage an, da die Lade des HERRN zu Kirjath-Jearim blieb, verzog sich die Zeit so lange, bis es zwanzig Jahre wurden; und das ganze Haus Israel weinte vor dem HERRN.

³Samuel aber sprach zum ganzen Hause Israel: So ihr euch mit ganzem Herzen bekehrt zu dem HERRN, so tut von euch die fremden Götter und die Astharoth und richtet euer Herz zu dem HERRN und dienet ihm allein, so wird er euch erretten aus der Philister Hand.

⁴Da taten die Kinder Israel von sich die Baalim und die Astharoth und dienten dem HERRN allein.

⁵Samuel aber sprach: Versammelt das ganze Israel gen Mizpa, daß ich für euch bitte zum HERRN.

⁶Und sie kamen zusammen gen Mizpa und schöpften Wasser und gossen's aus vor dem HERRN und fasteten denselben Tag und sprachen daselbst: Wir haben an dem HERRN gesündigt. Also richtete Samuel die Kinder Israel zu Mizpa.

⁷Da aber die Philister hörten, daß die Kinder Israel zusammengekommen waren gen Mizpa, zogen die Fürsten der Philister hinauf wider Israel. Da das die Kinder Israel hörten, fürchteten sie sich vor den Philistern

⁸und sprachen zu Samuel: Laß nicht ab, für uns zu schreien zu dem HERRN, unserm Gott, daß er uns helfe aus der Philister Hand.

⁹Samuel nahm ein Milchlämmlein und opferte dem HERRN ein ganzes Brandopfer und schrie zum HERRN für Israel; und der HERR erhörte ihn.

¹⁰Und indem Samuel das Brandopfer opferte, kamen die Philister herzu, zu streiten wider Israel. Aber der HERR ließ donnern einen großen Donner über die Philister desselben Tages und schreckte sie, daß sie vor Israel geschlagen wurden.

¹¹Da zogen die Männer Israels aus von Mizpa und jagten die Philister und schlugen sie bis unter Beht-Kar.

¹²Da nahm Samuel einen Stein und setzte ihn zwischen Mizpa und Sen und hieß ihn Eben-Ezer und sprach: Bis hierher hat uns der HERR geholfen.

¹³Also wurden die Philister gedämpft und kamen nicht mehr in die Grenze Israels; und die Hand des HERRN war wider die Philister, solange Samuel lebte.

¹⁴Also wurden Israel die Städte wieder, die die Philister ihnen genommen hatten, von Ekron an bis gen Gath, samt ihrem Gebiet; die errettete Israel von der Hand der Philister. Und Israel hatte Frieden mit den Amoritern.

¹⁵Samuel aber richtete Israel sein Leben lang

¹⁶und zog jährlich umher zu Beth-El und Gilgal und Mizpa. Und

wenn er Israel an allen diesen Orten gerichtet hatte,

¹⁷kam er wieder gen Rama (denn da war sein Haus) und richtete Israel daselbst und baute dem HERRN daselbst einen Altar.

Kapitel 8

¹Da aber Samuel alt ward, setzte er seine Söhne zu Richtern über Israel.

²Sein erstgeborener Sohn hieß Joel und der andere Abia, und sie waren Richter zu Beer-Seba.

³Aber seine Söhne wandelten nicht in seinem Wege, sondern neigten sich zum Geiz und nahmen Geschenke und beugten das Recht.

⁴Da versammelten sich alle Ältesten in Israel und kamen gen Rama zu Samuel

⁵und sprachen zu ihm: Siehe, du bist alt geworden, und deine Söhne wandeln nicht in deinen Wegen; so setze nun einen König über uns, der uns richte, wie alle Heiden haben.

⁶Das gefiel Samuel übel, daß sie sagten: Gib uns einen König, der uns richte. Und Samuel betete vor dem HERRN.

⁷Der HERR aber sprach zu Samuel: Gehorche der Stimme des Volks in allem, was sie zu dir gesagt haben; denn sie haben nicht dich, sondern mich verworfen, daß ich nicht soll König über sie sein.

⁸Sie tun dir, wie sie immer getan haben von dem Tage an, da ich sie aus Ägypten führte, bis auf diesen Tag, und sie mich verlassen und andern Göttern gedient haben.

⁹So gehorche nun ihrer Stimme. Doch bezeuge ihnen und verkündige ihnen das Recht des Königs, der über sie herrschen wird.

¹⁰Und Samuel sagte alle Worte des HERRN dem Volk, das von ihm einen König forderte,

¹¹und sprach: Das wird des Königs Recht sein, der über euch herrschen wird: Eure Söhne wird er nehmen zu seinem Wagen und zu Reitern, und daß sie vor seinem Wagen her laufen,

¹²und zu Hauptleuten über tausend und über fünfzig und zu Ackerleuten, die ihm seinen Acker bauen, und zu Schnittern in seiner Ernte, und daß sie seine Kriegswaffen und was zu seinen Wagen gehört, machen.

¹³Eure Töchter aber wird er nehmen, daß sie Salbenbereiterinnen, Köchinnen und Bäckerinnen seien.

¹⁴Eure besten Äcker und Weinberge und Ölgärten wird er nehmen und seinen Knechten geben.

¹⁵Dazu von eurer Saat und euren Weinbergen wird er den Zehnten nehmen und seinen Kämmerern und Knechten geben.

¹⁶Und eure Knechte und Mägde und eure schönsten Jünglinge und eure Esel wird er nehmen und seine Geschäfte damit ausrichten.

¹⁷Von euren Herden wird er den Zehnten nehmen, und ihr müßt seine Knechte sein.

¹⁸Wenn ihr dann schreien werdet zu der Zeit über euren König, den ihr euch erwählt habt, so wird der HERR zu derselben Zeit euch nicht erhören.

¹⁹Aber das Volk weigerte sich, zu gehorchen der Stimme Samuels, und sprachen: Mitnichten, sondern es soll ein König über uns sein,

²⁰daß wir auch seien wie alle Heiden, daß uns unser König richte und vor uns her ausziehe und unsere Kriege führe.

²¹Und da Samuel alle Worte des Volks gehört hatte, sagte er sie vor den Ohren des HERRN.

²²Der HERR aber sprach zu Samuel: Gehorche ihrer Stimme und mache ihnen einen König. Und Samuel sprach zu den Männern Israels: Geht hin, ein jeglicher in seine Stadt.

Kapitel 9

¹Es war aber ein Mann von Benjamin mit Namen Kis, ein Sohn Abiels, des Sohnes Zerors, des Sohnes Bechoraths, des Sohnes Aphiahs, des Sohnes eines Benjaminiters, ein wohlhabender Mann.

²Der hatte einen Sohn mit Namen Saul; der war ein junger, schöner Mann, und war kein schönerer unter den Kindern Israel, eines Hauptes länger denn alles Volk.

³Es hatte aber Kis, der Vater Sauls, seine Eselinnen verloren; und er sprach zu seinem Sohn Saul: Nimm der Knechte einen mit dir, mache dich auf, gehe hin und suche die Eselinnen.

⁴Und sie gingen durch das Gebirge Ephraim und durch das Land Salisa, und fanden sie nicht; sie gingen durch das Land Saalim, und sie waren nicht da; sie gingen durch das Land Benjamin, und fanden sie nicht.

⁵Da sie aber kamen in das Land Zuph, sprach Saul zu dem Knecht, der mit ihm war: Komm, laß uns wieder heimgehen; mein Vater möchte von den Eselinnen lassen und um uns sorgen.

⁶Er aber sprach: Siehe, es ist ein berühmter Mann Gottes in dieser Stadt; alles, was er sagt, das geschieht. Nun laß uns dahin gehen; vielleicht sagt er uns unsern Weg, den wir gehen.

⁷Saul aber sprach zu seinem Knechte: Wenn wir schon hingehen, was bringen wir dem Mann? Denn das Brot ist dahin aus unserm Sack; so haben wir sonst keine Gabe, die wir dem Mann Gottes bringen. Was haben wir?

⁸Der Knecht antwortete Saul wieder und sprach: Siehe, ich habe ein viertel eines Silberlings bei mir; das wollen wir dem Mann Gottes geben, daß er uns unsern Weg sage.

⁹(Vorzeiten in Israel, wenn man ging, Gott zu fragen, sprach man: Kommt, laßt uns gehen zu dem Seher! Denn die man jetzt Propheten heißt, die hieß man vorzeiten Seher.)

¹⁰Saul sprach zu seinem Knecht: Du hast wohl geredet; komm laß uns gehen! Und da sie hingingen zu der Stadt, da der Mann Gottes war,

¹¹und zur Stadt hinaufstiegen, fanden sie Dirnen, die herausgingen, Wasser zu schöpfen. Zu denselben sprachen sie: Ist der Seher hier?

¹²Sie antworteten ihnen und sprachen: Ja, siehe, da ist er; eile, denn er ist heute in die Stadt gekommen, weil das Volk heute zu opfern hat auf der Höhe.

¹³Wenn ihr in die Stadt kommt, so werdet ihr ihn finden, ehe denn er hinaufgeht auf die Höhe, zu essen. Denn das Volk wird nicht essen, bis er komme, sintemal er segnet das Opfer; darnach essen die, so geladen sind. Darum geht hinauf, denn jetzt werdet ihr ihn eben antreffen.

¹⁴Und da sie hinauf zur Stadt kamen und in die Stadt eintraten, siehe, da ging Samuel heraus, ihnen entgegen, und wollte auf die Höhe gehen.

¹⁵Aber der HERR hatte Samuels Ohren offenbart einen Tag zuvor, ehe denn Saul kam, und gesagt:

¹⁶Morgen um diese Zeit will ich einen Mann zu dir senden aus dem Lande Benjamin; den sollst du zum Fürsten salben über mein Volk Israel, daß er mein Volk erlöse von der Philister Hand. Denn ich habe mein Volk angesehen, und sein Geschrei ist vor mich gekommen.

¹⁷Da nun Samuel Saul ansah, antwortete ihm der HERR: Siehe, das ist der Mann, von dem ich dir gesagt habe, daß er über mein Volk herrsche.

¹⁸Da trat Saul zu Samuel unter dem Tor und sprach: Sage mir, wo ist hier des Sehers Haus?

¹⁹Samuel antwortete Saul wieder und sprach: Ich bin der Seher. Gehe vor mir hinauf auf die Höhe, denn ihr sollt heute mit mir essen; morgen will ich dich lassen gehen, und alles, was in deinem Herzen ist, will ich dir sagen.

²⁰Und um die Eselinnen, die du vor drei Tagen verloren hast, bekümmere dich jetzt nicht: sie sind gefunden. Und wes wird sein alles, was das Beste ist in Israel? Wird's nicht dein und deines Vaters ganzen Hauses sein?

²¹Saul antwortete: Bin ich nicht ein Benjamiter und von einem der geringsten Stämme Israels, und mein Geschlecht das kleinste unter allen Geschlechtern der Stämme Benjamin? Warum sagst du denn mir solches?

²²Samuel aber nahm Saul und seinen Knecht und führte sie in den Speisesaal und setzte sie obenan unter die, so geladen waren; der waren bei dreißig Mann.

²³Und Samuel sprach zu dem Koch: Gib her das Stück, das ich dir gab und befahl, du solltest es bei dir behalten.

²⁴Da trug der Koch eine Schulter auf und was daranhing. Und er legte es Saul vor und sprach: Siehe, das ist übrig; lege vor dich und iß; denn es ist für dich aufbehalten eben auf diese Zeit, da ich das Volk lud. Also aß Saul mit Samuel des Tages.

²⁵Und da sie hinabgegangen waren von der Höhe zur Stadt, redete er mit Saul auf dem Dache.

²⁶Und sie standen früh auf; und da die Morgenröte aufging, rief Samuel dem Saul auf dem Dach und sprach: Auf! daß ich dich gehen lasse. Und Saul machte sich auf, und die beiden gingen miteinander hinaus, er und Samuel.

²⁷Und da sie kamen hinab an der Stadt Ende, sprach Samuel zu Saul: Sage dem Knecht, daß er uns vorangehe (und er ging voran); du aber stehe jetzt still, daß ich dir kundtue, was Gott gesagt hat.

Kapitel 10

¹Da nahm Samuel ein Ölglas und goß auf sein Haupt und küßte ihn und sprach: Siehst du, daß dich der HERR zum Fürsten über sein Erbteil gesalbt hat?

²Wenn du jetzt von mir gehst, so wirst du zwei Männer finden bei dem Grabe Rahels, in der Grenze Benjamins, zu Zelzah; die werden dir sagen: Die Eselinnen sind gefunden, die du zu suchen bist gegangen; und siehe, dein Vater hat die Esel aus der Acht gelassen und sorgt um

euch und spricht: Was soll ich um meinen Sohn tun?

³Und wenn du dich von da weiter wendest, so wirst du kommen zu der Eiche Thabor; daselbst werden dich antreffen drei Männer, die hinaufgehen zu Gott gen Beth-El. Einer trägt drei Böcklein, der andere drei Laibe Brot, der dritte einen Krug mit Wein.

⁴Und sie werden dich freundlich grüßen und dir zwei Brote geben. Die sollst du von ihren Händen nehmen.

⁵Darnach wirst du kommen zu dem Hügel Gottes, da der Philister Schildwacht ist; und wenn du daselbst in die Stadt kommst, wird dir begegnen ein Haufe Propheten, von der Hütte herabkommend, und vor ihnen her Psalter und Pauke und Flöte und Harfe, und sie werden weissagen.

⁶Und der Geist des HERRN wird über dich geraten, daß du mit ihnen weissagst; da wirst du ein anderer Mann werden.

⁷Wenn dir nun diese Zeichen kommen, so tue, was dir unter die Hand kommt; denn Gott ist mit dir.

⁸Du sollst aber vor mir hinabgehen gen Gilgal; siehe, da will ich zu dir hinabkommen, zu opfern Brandopfer und Dankopfer. Sieben Tage sollst du harren, bis ich zu dir komme und dir kundtue, was du tun sollst.

⁹Und da er seine Schultern wandte, daß er von Samuel ginge, gab Gott ihm ein anderes Herz, und alle diese Zeichen kamen auf denselben Tag.

¹⁰Und da sie kamen an den Hügel, siehe, da kam ihm ein Prophetenhaufe entgegen; und der Geist Gottes geriet über ihn, daß er unter ihnen weissagte.

¹¹Da ihn aber sahen alle, die ihn vormals gekannt hatten, daß er mit den Propheten weissagte, sprachen sie alle untereinander: Was ist dem Sohn des Kis geschehen? Ist Saul auch unter den Propheten?

¹²Und einer daselbst antwortete und sprach: Wer ist ihr Vater? Daher ist das Sprichwort gekommen: Ist Saul auch unter den Propheten?

¹³Und da er ausgeweisagt hatte, kam er auf die Höhe.

¹⁴Es sprach aber Sauls Vetter zu ihm und zu seinem Knecht: Wo seid ihr hingegangen? Sie antworteten: Die Eselinnen zu suchen; und da wir sahen, daß sie nicht da waren kamen wir zu Samuel.

¹⁵Da sprach der Vetter Sauls: Sage mir, was sagte euch Samuel?

¹⁶Saul antwortete seinem Vetter: Er sagte uns, daß die Eselinnen gefunden wären. Aber von dem Königreich sagte er ihm nicht, was Samuel gesagt hatte.

¹⁷Samuel aber berief das Volk zum HERRN gen Mizpa

¹⁸und sprach zu den Kinder Israel: So sagt der HERR, der Gott Israels: Ich habe Israel aus Ägypten geführt und euch von der Ägypter Hand errettet und von der Hand aller Königreiche, die euch zwangen.

¹⁹Und ihr habt euren Gott verworfen, der euch aus all eurem Unglück und Trübsal geholfen hat, und sprecht zu ihm: Setze einen König über uns. Wohlan! so tretet nun vor den HERRN nach euren Stämmen und Freundschaften.

²⁰Da nun Samuel alle Stämme Israels herzubrachte, ward getroffen der Stamm Benjamin.

²¹Und da er den Stamm Benjamin herzubrachte mit seinen Geschlechtern, ward getroffen das Geschlecht Matris, und ward getroffen Saul, der Sohn des Kis. Und sie suchten ihn; aber sie fanden ihn nicht.

²²Da fragten sie weiter den HERRN: Wird er auch noch kommen? Der HERR antwortete: Siehe, er hat sich bei dem Geräte versteckt.

²³Da liefen sie hin und holten ihn von dort. Und da er unter das Volk trat, war er eines Hauptes länger denn alles Volk.

²⁴Und Samuel sprach zu allem Volk: Da seht ihr, welchen der HERR erwählt hat; denn ihm ist keiner gleich in allem Volk. Da jauchzte das Volk und sprach: Glück zu dem König!

²⁵Samuel aber sagte dem Volk alle Rechte des Königreiches und schrieb es in ein Buch und legte es vor den HERRN. Und Samuel ließ alles Volk gehen, einen jeglichen in sein Haus.

²⁶Und Saul ging auch heim gen Gibea, und ging mit ihm des Heeres ein Teil, welcher Herz Gott rührte.

²⁷Aber etliche lose Leute sprachen: Was sollte uns dieser helfen? und verachteten ihn und brachten ihm kein Geschenk. Er aber tat, als hörte er's nicht.

Kapitel 11

¹Es zog aber herauf Nahas, der Ammoniter, und belagerte Jabes in Gilead. Und alle Männer zu Jabes sprachen zu Nahas: Mache einen Bund mit uns, so wollen wir dir dienen.

²Aber Nahas, der Ammoniter, antwortete ihnen: Darin will ich einen Bund mit euch machen, daß ich euch das rechte Auge aussteche und bringe damit Schmach über ganz Israel.

³Da sprachen zu ihm die Ältesten zu Jabes: Gib uns sieben Tage, daß wir Boten senden in alles Gebiet Israels; ist dann niemand, der uns rette, so wollen wir zu dir hinausgehen.

⁴Da kamen die Boten gen Gibea Sauls und redeten solches vor den Ohren des Volks. Da hob alles Volk seine Stimme auf und weinte.

⁵Und siehe, da kam Saul vom Felde hinter den Rindern her und sprach: Was ist dem Volk, daß es weint? Da erzählten sie ihm die Sache der Männer von Jabes.

⁶Da geriet der Geist Gottes über ihn, als er solche Worte hörte, und sein Zorn ergrimmte sehr,

⁷und er nahm ein paar Ochsen und zerstückte sie und sandte in alles Gebiet Israels durch die Boten und ließ sagen: Wer nicht auszieht, Saul und Samuel nach, des Rinder soll man also tun. Da fiel die Furcht des HERRN auf das Volk, daß sie auszogen wie ein Mann.

⁸Und er musterte sie zu Besek; und der Kinder Israel waren dreihundert mal tausend Mann und der Kinder Juda dreißigtausend.

⁹Und sie sagten den Boten, die gekommen waren: Also sagt den Männern zu Jabes in Gilead: Morgen soll euch Hilfe geschehen, wenn die Sonne beginnt heiß zu scheinen. Da die Boten kamen und verkündigten das Männern zu Jabes, wurden sie froh.

¹⁰Und die Männer von Jabes sprachen: Morgen wollen wir zu euch hinausgehen, daß ihr uns tut alles, was euch gefällt.

¹¹Und des andern Morgens stellte Saul das Volk in drei Haufen, und sie kamen ins Lager um die Morgenwache und schlugen die Ammoniter, bis der Tag heiß ward; welche aber übrigblieben, wurden also zerstreut, daß ihrer nicht zwei beieinander blieben.

¹²Da sprach das Volk zu Samuel: Wer sind die, die da sagten: Sollte Saul über uns herrschen? Gebt sie her, die Männer, daß wir sie töten.

¹³Saul aber sprach: Es soll auf diesen Tag niemand sterben; denn der HERR hat heute sein Heil gegeben in Israel.

¹⁴Samuel sprach zum Volk: Kommt, laßt uns gen Gilgal gehen und das Königreich daselbst erneuen.

¹⁵Da ging alles Volk gen Gilgal und machten daselbst Saul zum König vor dem HERRN zu Gilgal und opferten Dankopfer vor dem HERRN. Und Saul samt allen Männern Israels freuten sich daselbst gar sehr.

Kapitel 12

¹Da sprach Samuel zum ganzen Israel: Siehe, ich habe eurer Stimme gehorcht in allem, was ihr mir gesagt habt, und habe einen König über euch gemacht.

²Und nun siehe, da zieht euer König vor euch her. Ich aber bin alt und grau geworden, und meine Söhne sind bei euch, und ich bin vor euch hergegangen von meiner Jugend auf bis auf diesen Tag.

³Siehe, hier bin ich; antwortet wider mich vor dem HERRN und seinem Gesalbten, ob ich jemandes Ochsen oder Esel genommen habe? ob ich jemand habe Gewalt oder Unrecht getan? ob ich von jemandes Hand ein Geschenk genommen habe und mir die Augen blenden lassen? so will ich's euch wiedergeben.

⁴Sie sprachen: Du hast uns keine Gewalt noch Unrecht getan und von niemandes Hand etwas genommen.

⁵Er sprach zu ihnen: Der HERR sei Zeuge wider euch und sein Gesalbter heutigestages, daß ihr nichts in meiner Hand gefunden habt. Sie sprachen: Ja, Zeugen sollen sie sein.

⁶Und Samuel sprach zum Volk: Ja, der HERR, der Mose und Aaron gemacht hat und eure Väter aus Ägyptenland geführt hat.

⁷So tretet nun her, daß ich mit euch rechte vor dem HERRN über alle Wohltat des HERRN, die er an euch und euren Vätern getan hat.

⁸Als Jakob nach Ägypten gekommen war, schrieen eure Väter zu dem HERRN, und er sandte Mose und Aaron, daß sie eure Väter aus Ägypten führten und sie an diesem Ort wohnen ließen.

⁹Aber da sie des HERRN, ihres Gottes, vergaßen, verkaufte er sie unter die Gewalt Siseras, des Feldhauptmanns zu Hazor, und unter die Gewalt der Philister und unter die Gewalt des Königs der Moabiter, die stritten wider sie.

¹⁰Und sie schrieen zum HERRN und sprachen: Wir haben gesündigt, daß wir den HERRN verlassen und den Baalim und den Astharoth gedient haben; nun aber errette uns von der Hand unserer Feinde, so wollen wir dir dienen.

¹¹Da sandte der HERR Jerubbaal, Bedan, Jephthah und Samuel und errettete euch von eurer Feinde Händen umher und ließ euch sicher wohnen.

¹²Da ihr aber saht, das Nahas, der König der Kinder Ammon, wider euch kam, spracht ihr zu mir: Mitnichten, sondern ein König soll über uns herrschen; so doch der HERR, euer Gott, euer König war.

¹³Nun, da habt ihr euren König, den ihr erwählt und erbeten habt; denn siehe, der HERR hat einen König über euch gesetzt.

¹⁴Werdet ihr nun den HERRN fürchten und ihm dienen und seiner Stimme gehorchen und dem Munde des HERRN nicht ungehorsam sein, so werdet ihr und euer König, der über euch herrscht, dem HERRN, eurem Gott, folgen.

¹⁵Werdet ihr aber des HERRN Stimme nicht gehorchen, sondern seinem Munde ungehorsam sein, so wird die Hand des HERRN wider euch sein wie wider eure Väter.

¹⁶Tretet auch nun her und seht das große Ding, das der HERR vor euren Augen tun wird.

¹⁷Ist nicht jetzt die Weizenernte? Ich will aber den HERRN anrufen, daß er soll donnern und regnen lassen, daß ihr innewerdet und sehen sollt das große Übel, das ihr vor des HERRN Augen getan habt, daß ihr euch einen König erbeten habt.

¹⁸Und da Samuel den HERRN anrief, ließ der HERR donnern und regnen desselben Tages. Da fürchtete das ganze Volk sehr den HERRN und Samuel

¹⁹und sprachen alle zu Samuel: Bitte für deine Knechte den HERRN, deinen Gott, daß wir nicht sterben; denn über alle unsre Sünden haben wir auch das Übel getan, daß wir uns einen König erbeten haben.

²⁰Samuel aber sprach zum Volk: Fürchtet euch nicht! Ihr habt zwar das Übel alles getan; doch weicht nicht hinter dem HERRN ab, sondern dient dem HERRN von ganzem Herzen

²¹und folgt nicht dem Eitlen nach; denn es nützt nicht und kann nicht erretten, weil es ein eitel Ding ist.

²²Aber der HERR verläßt sein Volk nicht um seines großen Namens willen; denn es hat dem HERRN gefallen, euch ihm selbst zum Volk zu machen.

²³Es sei aber auch ferne von mir, mich also an dem HERRN zu versündigen, daß ich sollte ablassen für euch zu beten und euch zu lehren den guten und richtigen Weg.

²⁴Fürchtet nur den HERRN und dient ihm treulich von ganzem Herzen; denn ihr habt gesehen wie große Dinge er an euch tut.

²⁵Werdet ihr aber übel handeln, so werdet ihr und euer König verloren sein.

Kapitel 13

¹Saul war ein Jahr König gewesen; und da er zwei Jahre über Israel regiert hatte,

²erwählte er sich dreitausend Mann aus Israel. Zweitausend waren mit Saul zu Michmas und auf dem Gebirge zu Beth-El und eintausend mit Jonathan zu Gibea-Benjamin; das andere Volk aber ließ er gehen, einen jeglichen in seine Hütte.

³Jonathan aber schlug die Schildwacht der Philister, die zu Gibea war. Das kam vor die Philister. Und Saul ließ die Posaune blasen im ganzen Land und sagen: Das laßt die Hebräer hören!

⁴Und ganz Israel hörte sagen: Saul hat der Philister Schildwacht geschlagen, und Israel ist stinkend geworden vor den Philistern. Und alles Volk wurde zuhauf gerufen Saul nach gen Gilgal.

⁵Da versammelten sich die Philister, zu streiten mit Israel, dreißigtausend Wagen, sechstausend Reiter und sonst Volk, so viel wie Sand am Rand des Meers, und zogen herauf und lagerten sich zu Michmas, gegen Morgen vor Beth-Aven.

⁶Da das sahen die Männer Israels, daß sie in Nöten waren (denn dem Volk war bange), verkrochen sie sich in die Höhlen und Klüfte und Felsen und Löcher und Gruben.

⁷Es gingen aber auch Hebräer über den Jordan ins Land Gad und Gilead. Saul aber war noch zu Gilgal, und alles Volk ward hinter ihm verzagt.

⁸Da harrte er sieben Tage auf die Zeit, von Samuel bestimmt. Und da Samuel nicht kam gen Gilgal, zerstreute sich das Volk von ihm.

⁹Da sprach Saul: Bringt mir her Brandopfer und Dankopfer. Und er opferte Brandopfer.

¹⁰Als aber das Brandopfer vollendet war, siehe, da kam Samuel. Da ging Saul hinaus ihm entgegen, ihn zu grüßen.

¹¹Samuel aber sprach: Was hast du getan? Saul antwortete: Ich sah, daß das Volk sich von mir zerstreute, und du kamst nicht zu bestimmter Zeit, und die Philister waren versammelt zu Michmas.

¹²Da sprach ich: Nun werden die Philister zu mir herabkommen gen Gilgal, und ich habe das Angesicht des HERRN nicht erbeten; da wagte ich's und opferte Brandopfer.

¹³Samuel aber sprach zu Saul: Du hast töricht getan und nicht gehalten des HERRN, deines Gottes, Gebot, das er dir geboten hat; denn er hätte dein Reich bestätigt über Israel für und für.

¹⁴Aber nun wird dein Reich nicht bestehen. Der HERR hat sich einen Mann ersucht nach seinem Herzen; dem hat der HERR geboten, Fürst zu sein über sein Volk; denn du hast des HERRN Gebot nicht gehalten.

¹⁵Und Samuel machte sich auf und ging von Gilgal gen Gibea-Benjamin. Aber Saul zählte das Volk, das bei ihm war, bei sechshundert Mann.

¹⁶Saul aber und sein Sohn Jonathan und das Volk, das bei ihm war, blieben zu Gibea-Benjamin. Die Philister aber hatten sich gelagert zu Michmas.

¹⁷Und aus dem Lager der Philister zogen drei Haufen, das Land zu verheeren. Einer wandte sich auf die Straße gen Ophra ins Land Sual;

¹⁸der andere wandte sich auf die Straße Beth-Horons; der dritte wandte sich auf die Straße, die da reicht bis an das Tal Zeboim an der Wüste.

¹⁹Es ward aber kein Schmied im ganzen Lande Israel gefunden, denn die Philister gedachten, die Hebräer möchten sich Schwert und Spieß machen;

²⁰und ganz Israel mußte hinabziehen zu den Philistern, wenn jemand hatte eine Pflugschar, Haue, Beil oder Sense zu schärfen.

²¹Und die Schneiden an den Sensen und Hauen und Gabeln und Beilen waren abgearbeitet und die Stachel stumpf geworden.

²²Da nun der Streittag kam, ward kein Schwert noch Spieß gefunden in des ganzen Volkes Hand, das mit Saul und Jonathan war; nur Saul und sein Sohn Jonathan hatten Waffen.

²³Und eine Wache der Philister zog heraus an den engen Weg von Michmas.

Kapitel 14

¹Es begab sich eines Tages, daß Jonathan, der Sohn Sauls, sprach zu seinem Knaben, der sein Waffenträger war: Komm, laß uns hinübergehen zu der Philister Wache, die da drüben ist! und sagte es seinem Vater nicht an.

²Saul aber blieb zu Gibea am Ende unter einem Granatbaum, der in der Vorstadt war; und des Volks, das bei ihm war, waren bei sechshundert Mann.

³Und Ahia, der Sohn Ahitobs, des Bruders Ikabods, des Sohnes Pinehas, des Sohnes Elis, des Priesters des HERRN zu Silo, trug den Leibrock. Das Volk wußte auch nicht, daß Jonathan war hingegangen.

⁴Es waren aber an dem Wege, da Jonathan versuchte hinüberzugehen zu der Philister Wache, zwei spitze Felsen, einer diesseits, der andere jenseits; der eine hieß Bozez, der andere Sene.

⁵Und einer sah von Mitternacht gegen Michmas und der andere von Mittag gegen Geba.

⁶Und Jonathan sprach zu seinem Waffenträger: Komm, laß uns hinübergehen zu der Wache der Unbeschnittenen! Vielleicht wird der HERR etwas durch uns ausrichten; denn es ist dem HERRN nicht schwer, durch viel oder wenig zu helfen.

⁷Da antwortete ihm sein Waffenträger: Tue alles, was in deinem Herzen ist; fahre hin. Siehe, ich bin mit dir, wie dein Herz will.

⁸Jonathan sprach: Wohlan! Wenn wir hinüberkommen zu den Leuten und ihnen ins Gesicht kommen,

⁹werden sie dann sagen: Steht still, bis wir zu euch gelangen! so wollen wir an unserm Ort stehenbleiben und nicht zu ihnen hinaufgehen.

¹⁰Werden sie aber sagen: Kommt zu uns herauf! so wollen wir zu ihnen hinaufsteigen, so hat sie uns der HERR in unsre Hand gegeben. Und das soll uns zum Zeichen sein.

¹¹Da sie nun der Philister Wache beide ins Gesicht kamen, sprachen die Philister: Siehe, die Hebräer sind aus ihren Löchern gegangen, darin sie sich verkrochen hatten.

¹²Und die Männer der Wache antworteten Jonathan und seinem Waffenträger und sprachen: Kommt herauf zu uns, so wollen wir's euch wohl lehren! Da sprach Jonathan zu seinem Waffenträger: Steig mir nach! der HERR hat sie gegeben in die Hände Israels.

¹³Und Jonathan kletterte mit Händen und mit Füßen hinauf und sein Waffenträger ihm nach. Da fielen sie vor Jonathan darnieder, und sein Waffenträger würgte ihm immer nach,

¹⁴also daß derer, die Jonathan und sein Waffenträger zuerst erschlug, waren bei zwanzig Mann, beinahe auf einer halben Hufe Acker, die ein Joch pflügt.

¹⁵Und es kam ein Schrecken ins Lager auf dem Felde und ins ganze Volk; die Wache und die streifenden Rotten erschraken auch, also daß das Land erbebte; denn es war ein Schrecken von Gott.

¹⁶Und die Wächter Sauls zu Gibea-Benjamin sahen, daß der Haufe zerrann und verlief sich und ward zerschmissen.

¹⁷Saul sprach zu dem Volk, das bei ihm war: Zählt und seht, wer von uns sei weggegangen! Und da sei zählten, siehe, das war Jonathan und sein Waffenträger nicht da.

¹⁸Da sprach Saul zu Ahia: Bringe die Lade Gottes! (Denn die

1 Samuel

Lade Gottes war zu der Zeit bei den Kindern Israel.)

¹⁹Und da Saul noch redete mit dem Priester, da ward das Getümmel und das Laufen in der Philister Lager größer. Und Saul sprach zum Priester: Zieh deine Hand ab!

²⁰Und Saul rief und alles Volk, das mit ihm war, und sie kamen zum Streit; und siehe, da ging eines jeglichen Schwert wider den andern und war ein sehr großes Getümmel.

²¹Auch die Hebräer, die bisher bei den Philistern gewesen waren und mit ihnen im Lager hinaufgezogen waren umher, taten sich zu denen von Israel, die mit Saul und Jonathan waren.

²²Und alle Männer von Israel, die sich auf dem Gebirge Ephraim verkrochen hatten, da sie hörten, daß die Philister flohen, strichen hinter ihnen her im Streit.

²³Also half der HERR zu der Zeit Israel. Und der Streit währte bis gen Beth-Aven.

²⁴Und da die Männer Israels matt waren desselben Tages, beschwor Saul das Volk und sprach: Verflucht sei jedermann, wer etwas ißt zum Abend, daß ich mich an meinen Feinden räche! Da aß das ganze Volk nichts.

²⁵Und das ganze Land kam in den Wald. Es war aber Honig auf dem Erdboden.

²⁶Und da das Volk hineinkam in den Wald, siehe, da floß der Honig. Aber niemand tat davon mit der Hand zu seinem Munde; denn das Volk fürchtete sich vor dem Eid.

²⁷Jonathan aber hatte nicht gehört, daß sein Vater das Volk beschworen hatte, und reckte seinen Stab aus, den er in seiner Hand hatte, und tauchte mit der Spitze in den Honigseim und wandte seine Hand zu seinem Munde; da wurden sein Augen wacker.

²⁸Da antwortete einer des Volks und sprach: Dein Vater hat das Volk beschworen und gesagt: Verflucht sei jedermann, der heute etwas ißt! Und das Volk war matt geworden.

²⁹Da sprach Jonathan: Mein Vater hat das Land ins Unglück gebracht; seht, wie wacker sind meine Augen geworden, daß ich ein wenig dieses Honigs gekostet habe.

³⁰Weil aber das Volk heute nicht hat dürfen essen von der Beute seiner Feinde, die es gefunden hat, so hat auch nun die Schlacht nicht größer werden können wider die Philister.

³¹Sie schlugen aber die Philister des Tages von Michmas bis gen Ajalon. Und das Volk ward sehr matt.

³²Und das Volk fiel über die Beute her und nahm Schafe und Rinder und Kälber und schlachteten auf der Erde und aßen so blutig.

³³Da verkündete man Saul: Siehe, das Volk versündigt sich am HERRN, daß es Blut ißt. Er sprach: Ihr habt übel getan; wälzt her zu mir jetzt einen großen Stein.

³⁴Und Saul sprach weiter: Zerstreut euch unter das Volk und sagt ihnen, daß ein jeglicher seinen Ochsen und sein Schaf zu mir bringe, und schlachtet allhier, daß ihr esset und euch nicht versündigt an dem HERRN mit dem Blutessen. Da brachte alles Volk ein jeglicher seinen Ochsen mit seiner Hand herzu des Nachts und schlachtete daselbst.

³⁵Und Saul baute dem HERRN einen Altar. (Das ist der erste Altar, den er dem HERRN baute.)

³⁶Und Saul sprach: Laßt uns hinabziehen den Philistern nach bei der Nacht und sie berauben, bis daß es lichter Morgen wird, daß wir niemand von ihnen übriglassen. Sie antworteten: Tue alles, was dir gefällt. Aber der Priester sprach: Laßt uns hierher zu Gott nahen.

³⁷Und Saul fragte Gott: Soll ich hinabziehen den Philistern nach? Und willst du sie geben in Israels Hände? Aber er antwortete ihm zu der Zeit nicht.

³⁸Da sprach Saul: Laßt herzutreten alle Obersten des Volks, und erfahret und sehet, an welchem die Sünde sei zu dieser Zeit;

³⁹denn so wahr der HERR lebt, der Heiland Israels, und ob sie gleich an meinem Sohn Jonathan wäre, so soll er sterben! Und niemand antwortete ihm aus dem ganzen Volk.

⁴⁰Und er sprach zu dem ganzen Israel: Seid ihr auf jener Seite; ich und mein Sohn Jonathan wollen sein auf dieser Seite. Das Volk sprach: Tue, was dir gefällt.

⁴¹Und Saul sprach zu dem HERRN, dem Gott Israels: Schaffe Recht! Da ward Jonathan und Saul getroffen; aber das Volk ging frei aus.

⁴²Saul sprach: Werft über mich und meinen Sohn Jonathan! Da ward Jonathan getroffen.

⁴³Und Saul sprach zu Jonathan: Sage mir, was hast du getan? Jonathan sagte es ihm und sprach: Ich habe ein wenig Honig gekostet mit dem Stabe, den ich in meiner Hand hatte; und siehe, ich muß darum sterben.

⁴⁴Da sprach Saul: Gott tue mir dies und das, Jonathan, du mußt des Todes sterben.

⁴⁵Aber das Volk sprach zu Saul: Sollte Jonathan sterben, der ein solch großes Heil in Israel getan hat! Das sei ferne! So wahr der HERR lebt, es soll kein Haar von seinem Haupt auf die Erde fallen; denn Gott hat's heute durch ihn getan. Also erlöste das Volk Jonathan, daß er nicht sterben mußte.

⁴⁶Da zog Saul herauf von den Philistern, und die Philister zogen an ihren Ort.

⁴⁷Aber da Saul das Reich über Israel eingenommen hatte, stritt er wider alle seine Feinde umher: wider die Moabiter, wider die Kinder Ammon, wider die Edomiter, wider die Könige Zobas, wider die Philister; und wo er sich hin wandte, da übte er Strafe.

⁴⁸Und er hatte Sieg und schlug die Amalekiter und errettete Israel von der Hand aller, die sie zwackten.

⁴⁹Saul aber hatte Söhne: Jonathan, Iswi, Malchisua. Und seine Töchter hießen also: die erstgeborene Merab und die jüngere Michal.

⁵⁰Und das Weib Sauls hieß Ahinoam, eine Tochter des Ahimaaz. Und sein Feldhauptmann hieß Abner, ein Sohn Ners, Sauls Vetters.

⁵¹Kis war aber Sauls Vater; Ner aber, Abners Vater, war ein Sohn Abiels.

⁵²Es war aber ein harter Streit wider die Philister, solange Saul lebte. Und wo Saul sah einen starken und rüstigen Mann, den nahm er zu sich.

Kapitel 15

¹Samuel aber sprach zu Saul: Der HERR hat mich gesandt, daß ich dich zum König salbte über sein Volk Israel; so höre nun die Stimme der Worte des HERRN.

²So spricht der HERR Zebaoth: Ich habe bedacht, was Amalek Israel tat und wie er ihm den Weg verlegte, da er aus Ägypten zog.

³So zieh nun hin und schlage die Amalekiter und verbanne sie mit allem, was sie haben; schone ihrer nicht sondern töte Mann und Weib, Kinder und Säuglinge, Ochsen und Schafe, Kamele und Esel!

⁴Saul ließ solches vor das Volk kommen; und er zählte sie zu Telaim: zweihunderttausend Mann Fußvolk und zehntausend Mann aus Juda.

⁵Und da Saul kam zu der Amalekiter Stadt, machte er einen Hinterhalt am Bach

⁶und ließ den Kenitern sagen: Geht hin, weicht und zieht herab von den Amalekiter, daß ich euch nicht mit ihnen aufräume; denn ihr tatet Barmherzigkeit an allen Kindern Israel, da sie aus Ägypten zogen. Also machten sich die Keniter von den Amalekitern.

⁷Da schlug Saul die Amalekiter von Hevila an bis gen Sur, das vor Ägypten liegt,

⁸und griff Agag, der Amalekiter König, lebendig, und alles Volk verbannte er mit des Schwertes Schärfe.

⁹Aber Saul und das Volk verschonten den Agag, und was gute Schafe und Rinder und gemästet war, und die Lämmer und alles, was gut war, und wollten's nicht verbannen; was aber schnöde und untüchtig war, das verbannten sie.

¹⁰Da geschah des HERRN Wort zu Samuel und sprach:

¹¹Es reut mich, daß ich Saul zum König gemacht habe; denn er hat sich hinter mir abgewandt und meine Worte nicht erfüllt. Darob ward Samuel zornig und schrie zu dem HERRN die ganze Nacht.

¹²Und Samuel machte sich früh auf, daß er Saul am Morgen begegnete. Und ihm ward angesagt, daß Saul gen Karmel gekommen wäre und hätte sich ein Siegeszeichen aufgerichtet und wäre umhergezogen und gen Gilgal hinabgekommen.

¹³Als nun Samuel zu Saul kam, sprach Saul zu ihm: Gesegnet seist du dem HERRN! Ich habe des HERRN Wort erfüllt.

¹⁴Samuel antwortete: Was ist denn das für ein Blöken der Schafe in meinen Ohren und ein Brüllen der Rinder, die ich höre?

¹⁵Saul sprach: Von den Amalekitern haben sie sie gebracht; denn das Volk verschonte die besten Schafe und Rinder um des Opfers willen des HERRN, deines Gottes; das andere haben wir verbannt.

¹⁶Samuel aber antwortete Saul: Laß dir sagen, was der HERR mit mir geredet hat diese Nacht. Er sprach: Sage an!

¹⁷Samuel sprach: Ist's nicht also? Da du klein warst vor deinen Augen, wurdest du das Haupt unter den Stämmen Israels, und der HERR salbte dich zum König über Israel?

¹⁸Und der HERR sandte dich auf den Weg und sprach: Zieh hin und verbanne die Sünder, die Amalekiter, und streite wider sie, bis du sie vertilgst!

¹⁹Warum hast du nicht gehorcht der Stimme des HERRN, sondern hast dich zum Raub gewandt und übel gehandelt vor den Augen des HERRN?

²⁰Saul antwortete Samuel: Habe ich doch der Stimme des HERRN gehorcht und bin hingezogen des Wegs, den mich der HERR sandte, und habe Agag, der Amalekiter König, gebracht und die Amalekiter

verbannt;

²¹Aber das Volk hat vom Raub genommen, Schafe und Rinder, das Beste unter dem Verbannten, dem HERRN deinem Gott, zu opfern in Gilgal.

²²Samuel aber sprach: Meinst du, daß der HERR Lust habe am Opfer und Brandopfer gleich wie am Gehorsam gegen die Stimme des Herrn? Siehe, Gehorsam ist besser denn Opfer, und Aufmerken besser denn das Fett von Widdern;

²³denn Ungehorsam ist eine Zaubereisünde, und Widerstreben ist Abgötterei und Götzendienst. Weil du nun des HERRN Wort verworfen hast, hat er dich auch verworfen, daß du nicht König seist.

²⁴Da sprach Saul zu Samuel: Ich habe gesündigt, daß ich des HERRN Befehl und deine Worte übertreten habe; denn ich fürchtete das Volk und gehorchte ihrer Stimme.

²⁵Und nun vergib mir die Sünden und kehre mit mir um, daß ich den HERRN anbete.

²⁶Samuel sprach zu Saul: Ich will nicht mit dir umkehren; denn du hast des HERRN Wort verworfen, und der HERR hat dich auch verworfen, daß du nicht König seist über Israel.

²⁷Und als Samuel sich umwandte, daß er wegginge, ergriff er ihn bei einem Zipfel seines Rocks, und er zerriß.

²⁸Da sprach Samuel zu ihm: Der HERR hat das Königreich Israel heute von dir gerissen und deinem Nächsten gegeben, der besser ist denn du.

²⁹Auch lügt der Held in Israel nicht, und es gereut ihn nicht; denn er ist nicht ein Mensch, daß ihn etwas gereuen sollte.

³⁰Er aber sprach: Ich habe gesündigt; aber ehre mich doch jetzt vor den Ältesten meines Volks und vor Israel und kehre mit mir um, daß ich den HERRN, deinen Gott, anbete.

³¹Also kehrte Samuel um und folgte Saul nach, daß Saul den HERRN anbetete.

³²Samuel aber sprach: Laßt her zu mir bringen Agag, der Amalekiter König. Und Agag ging zu ihm getrost und sprach: Also muß man des Todes Bitterkeit vertreiben.

³³Samuel sprach: Wie dein Schwert Weiber ihrer Kinder beraubt hat, also soll auch deine Mutter der Kinder beraubt sein unter den Weibern. Also hieb Samuel den Agag zu Stücken vor dem HERRN in Gilgal.

³⁴Und Samuel ging hin gen Rama; Saul aber zog hinauf zu seinem Hause zu Gibea Sauls.

³⁵Und Samuel sah Saul fürder nicht mehr bis an den Tag seines Todes. Aber doch trug Samuel Leid um Saul, daß es den HERRN gereut hatte, daß er Saul zum König über Israel gemacht hatte.

Kapitel 16

¹Und der HERR sprach zu Samuel: Wie lange trägst du Leid um Saul, den ich verworfen habe, daß er nicht König sei über Israel? Fülle dein Horn mit Öl und gehe hin: ich will dich senden zu dem Bethlehemiter Isai; denn unter seinen Söhnen habe ich mir einen König ersehen.

²Samuel aber sprach: Wie soll ich hingehen? Saul wird's erfahren und mich erwürgen. Der HERR sprach: Nimm ein Kalb von den Rindern zu dir und sprich: Ich bin gekommen, dem HERRN zu opfern.

³Und sollst Isai zum Opfer laden; da will ich dir weisen, was du tun sollst, daß du mir salbest, welchen ich dir sagen werde.

⁴Samuel tat, wie ihm der HERR gesagt hatte, und kam gen Bethlehem. Da entsetzten sich die Ältesten der Stadt und gingen ihm entgegen und sprachen: Ist's Friede, daß du kommst?

⁵Er sprach: Ja, ich bin gekommen, dem HERRN zu opfern; heiligt euch und kommt zu mir zum Opfer. Und er heiligte Isai und seine Söhne und lud sie zum Opfer.

⁶Da sie nun hereinkamen, sah er den Eliab an und gedachte, der sei vor dem HERRN sein Gesalbter.

⁷Aber der HERR sprach zu Samuel: Sieh nicht an seine Gestalt noch seine große Person; ich habe ihn verworfen. Denn es geht nicht, wie ein Mensch sieht: ein Mensch sieht, was vor Augen ist; der HERR aber sieht das Herz an.

⁸Da rief Isai den Abinadab und ließ ihn an Samuel vorübergehen. Und er sprach: Diesen hat der HERR auch nicht erwählt.

⁹Da ließ Isai vorübergehen Samma. Er aber sprach: Diesen hat der HERR auch nicht erwählt.

¹⁰Da ließ Isai seine sieben Söhne an Samuel vorübergehen. Aber Samuel sprach zu Isai: Der HERR hat der keinen erwählt.

¹¹Und Samuel sprach zu Isai: Sind das die Knaben alle? Er aber sprach: Es ist noch übrig der jüngste; und siehe, er hütet die Schafe. Da sprach Samuel zu Isai: Sende hin und laß ihn holen; denn wir werden uns nicht setzen, bis er hierherkomme.

¹²Da sandte er hin und ließ ihn holen. Und er war bräunlich, mit schönen Augen und guter Gestalt. Und der HERR sprach: Auf! und salbe ihn; denn der ist's.

¹³Da nahm Samuel sein Ölhorn und salbte ihn mitten unter seinen Brüdern. Und der Geist des HERRN geriet über David von dem Tage an und fürder. Samuel aber machte sich auf und ging gen Rama.

¹⁴Und der Geist des HERRN wich von Saul, und ein böser Geist vom HERRN machte ihn unruhig.

¹⁵Da sprachen die Knechte Sauls zu ihm: Siehe, ein böser Geist von Gott macht dich sehr unruhig;

¹⁶unser Herr sage seinen Knechten, die vor ihm stehen, daß sie einen Mann suchen, der auf der Harfe wohl spielen könne, auf daß, wenn der böse Geist Gottes über dich kommt, er mit seiner Hand spiele, daß es besser mit dir werde.

¹⁷Da sprach Saul zu seinen Knechten: Seht nach einem Mann, der des Saitenspiels kundig ist, und bringt ihn zu mir.

¹⁸Da antwortete der Jünglinge einer und sprach: Siehe, ich habe gesehen einen Sohn Isais, des Bethlehemiten, der ist des Saitenspiels kundig; ein rüstiger Mann und streitbar und verständig in seinen Reden und schön, und der HERR ist mit ihm.

¹⁹Da sandte Saul Boten zu Isai und ließ ihm sagen: Sende deinen Sohn David zu mir, der bei den Schafen ist.

²⁰Da nahm Isai einen Esel mit Brot und einen Schlauch Wein und ein Ziegenböcklein und sandte es Saul durch seinen Sohn David.

²¹Also kam David zu Saul und diente vor ihm, und er gewann ihn sehr lieb, und er ward sein Waffenträger.

²²Und Saul sandte zu Isai und ließ ihm sagen: Laß David vor mir bleiben; denn er hat Gnade gefunden vor meinen Augen.

²³Wenn nun der Geist Gottes über Saul kam, so nahm David die Harfe und spielte mit seiner Hand; so erquickte sich Saul, und es ward besser mit ihm, und der böse Geist wich von ihm.

Kapitel 17

¹Die Philister sammelten ihre Heere zum Streit und kamen zusammen zu Socho in Juda und lagerten sich zwischen Socho und Aseka bei Ephes-Dammim.

²Aber Saul und die Männer Israels kamen zusammen und lagerten sich im Eichgrunde und rüsteten sich zum Streit gegen die Philister.

³Und die Philister standen auf einem Berge jenseits und die Israeliten auf einem Berge diesseits, daß ein Tal zwischen ihnen war.

⁴Da trat aus den Lagern der Philister ein Riese mit Namen Goliath von Gath, sechs Ellen und eine Handbreit hoch;

⁵und er hatte einen ehernen Helm auf seinem Haupt und einen schuppendichten Panzer an, und das Gewicht seines Panzers war fünftausend Lot Erz;

⁶und hatte eherne Beinharnische an seinen Schenkeln und einen ehernen Schild auf seinen Schultern.

⁷Und der Schaft seines Spießes war wie ein Weberbaum, und das Eisen seines Spießes hatte sechshundert Lot Eisen; und sein Schildträger ging vor ihm her.

⁸Und er stand und rief zu dem Heer Israels und sprach zu ihnen: Was seid ihr ausgezogen, euch zu rüsten in einen Streit? Bin ich nicht ein Philister und ihr Sauls Knechte? Erwählt einen unter euch, der zu mir herabkomme.

⁹Vermag er wider mich zu streiten und schlägt mich, so wollen wir eure Knechte sein; vermag ich aber wider ihn und schlage ihn, so sollt ihr unsre Knechte sein, daß ihr uns dient.

¹⁰Und der Philister sprach: Ich habe heutigestages dem Heer Israels Hohn gesprochen: Gebt mir einen und laßt uns miteinander streiten.

¹¹Da Saul und ganz Israel diese Rede des Philisters hörten, entsetzten sie sich und fürchteten sich sehr.

¹²David aber war jenes ephrathischen Mannes Sohn von Bethlehem-Juda, der hieß Isai; der hatte acht Söhne und war ein alter Mann zu Sauls Zeiten und war betagt unter den Männern.

¹³Und die drei ältesten Söhne Isais waren mit Saul in den Streit gezogen und hießen mit Namen: Eliab, der erstgeborene, Abinadab, der andere, und Samma, der dritte.

¹⁴David aber war der jüngste. Da aber die drei ältesten mit Saul in den Krieg zogen,

¹⁵ging David ab und zu von Saul, daß er die Schafe seines Vaters hütete zu Bethlehem.

¹⁶Aber der Philister trat herzu frühmorgens und abends und stellt sich dar vierzig Tage.

¹⁷Isai aber sprach zu seinem Sohn David: Nimm für deine Brüder dieses Epha geröstete Körner und diese zehn Brote und lauf ins Heer zu deinen Brüdern,

1 Samuel

¹⁸und diese zehn frischen Käse und bringe sie dem Hauptmann und besuche deine Brüder, ob's ihnen wohl gehe, und nimm, was sie dir befehlen.

¹⁹Saul aber und sie und alle Männer Israels waren im Eichgrunde und stritten wider die Philister.

²⁰Da machte sich David des Morgens früh auf und ließ die Schafe dem Hüter und trug und ging hin, wie ihm Isai geboten hatte und kam zur Wagenburg. Und das Heer war ausgezogen und hatte sich gerüstet, und sie schrieen im Streit.

²¹Denn Israel hatte sich gerüstet; so waren die Philister wider ihr Heer auch gerüstet.

²²Da ließ David das Gefäß, das er trug, unter dem Hüter des Gerätes und lief zum Heer und ging hinein und grüßte seine Brüder.

²³Und da er noch mit ihnen redete, siehe, da trat herauf der Riese mit Namen Goliath, der Philister von Gath, aus der Philister Heer und redete wie vorhin, und David hörte es.

²⁴Aber jedermann in Israel, wenn er den Mann sah, floh er vor ihm und fürchtete sich sehr.

²⁵Und jedermann in Israel sprach: Habt ihr den Mann gesehen herauftreten? Denn er ist heraufgetreten Israel Hohn zu sprechen. Und wer ihn schlägt, den will der König sehr reich machen und ihm seine Tochter geben und will seines Vaters Haus freimachen in Israel.

²⁶Da sprach David zu den Männern, die bei ihm standen: Was wird man dem tun, der diesen Philister schlägt und die Schande von Israel wendet? Denn wer ist der Philister, dieser Unbeschnittene, der das Heer des lebendigen Gottes höhnt?

²⁷Da sagte ihm das Volk wie vorhin: So wird man tun dem, der ihn schlägt.

²⁸Und Eliab, sein ältester Bruder, hörte ihn reden mit den Männern und ergrimmte mit Zorn wider David und sprach: Warum bist du herabgekommen? und wem hast du die wenigen Schafe dort in der Wüste gelassen? Ich kenne deine Vermessenheit wohl und deines Herzens Bosheit. Denn du bist herabgekommen, daß du den Streit sehest.

²⁹David antwortete: Was habe ich dir nun getan? Ist mir's nicht befohlen?

³⁰und wandte sich von ihm gegen einen andern und sprach, wie er vorhin gesagt hatte. Da antwortete ihm das Volk wie vorhin.

³¹Und da sie die Worte hörten, die David sagte, verkündigten sie es vor Saul, und er ließ ihn holen.

³²Und David sprach zu Saul: Es entfalle keinem Menschen das Herz um deswillen; Dein Knecht soll hingehen und mit dem Philister streiten.

³³Saul aber sprach zu David: Du kannst nicht hingehen wider diesen Philister, mit ihm zu streiten; denn du bist ein Knabe, dieser aber ist ein Kriegsmann von seiner Jugend auf.

³⁴David aber sprach zu Saul: Dein Knecht hütete die Schafe seines Vaters, und es kam ein Löwe und ein Bär und trug ein Schaf weg von der Herde;

³⁵und ich lief ihm nach und schlug ihn und errettete es aus seinem Maul. Und da er sich über mich machte, ergriff ich ihn bei seinem Bart und schlug ihn und tötete ihn.

³⁶Also hat dein Knecht geschlagen beide, den Löwen und den Bären. So soll nun dieser Philister, der Unbeschnittene, sein gleich wie deren einer; denn er hat geschändet das Heer des lebendigen Gottes.

³⁷Und David sprach: Der HERR, der mich von dem Löwen und Bären errettet hat, der wird mich auch erretten von diesem Philister. Und Saul sprach zu David: Gehe hin, der HERR sei mit dir! Und Saul zog David seine Kleider an und setzte ihm seinen ehernen Helm auf sein Haupt und legte ihm seinen Panzer an.

³⁹Und David gürtete sein Schwert über seine Kleider und fing an zu gehen, denn er hatte es nie versucht. Da sprach David zu Saul: Ich kann nicht also gehen, denn ich bin's nicht gewohnt, und legte es von sich

⁴⁰und nahm seinen Stab in seine Hand und erwählte fünf glatte Steine aus dem Bach und tat sie in seine Hirtentasche, die er hatte, und in den Sack und nahm die Schleuder in seine Hand und machte sich zu dem Philister.

⁴¹Und der Philister ging auch einher und machte sich zu David und sein Schildträger vor ihm her.

⁴²Da nun der Philister sah und schaute David an, verachtete er ihn; denn er war ein Knabe, bräunlich und schön.

⁴³Und der Philister sprach zu David: Bin ich denn ein Hund, daß du mit Stecken zu mir kommst? und fluchte dem David bei seinem Gott

⁴⁴und sprach zu David: Komm her zu mir, ich will dein Fleisch geben den Vögeln unter dem Himmel und den Tieren auf dem Felde!

⁴⁵David aber sprach zu dem Philister: Du kommst zu mir mit Schwert, Spieß und Schild; ich aber komme zu dir im Namen des HERRN Zebaoth, des Gottes des Heeres Israels, das du gehöhnt hast.

⁴⁶Heutigestages wird dich der HERR in meine Hand überantworten, daß ich dich schlage und nehme dein Haupt von dir und gebe die Leichname des Heeres der Philister heute den Vögeln unter dem Himmel und dem Wild auf Erden, daß alles Land innewerde, daß Israel einen Gott hat,

⁴⁷und daß alle diese Gemeinde innewerde, daß der HERR nicht durch Schwert noch Spieß hilft; denn der Streit ist des HERRN, und er wird euch geben in unsre Hände.

⁴⁸Da sich nun der Philister aufmachte und daherging und nahte sich zu David, eilte David und lief auf das Heer zu, dem Philister entgegen.

⁴⁹Und David tat seine Hand in die Tasche und nahm einen Stein daraus und schleuderte und traf den Philister an seine Stirn, daß der Stein in seine Stirn fuhr und er zur Erde fiel auf sein Angesicht.

⁵⁰Also überwand David den Philister mit der Schleuder und mit dem Stein und schlug ihn und tötete ihn. Und da David kein Schwert in seiner Hand hatte,

⁵¹lief er und trat zu dem Philister und nahm sein Schwert und zog's aus der Scheide und tötete ihn und hieb ihm den Kopf damit ab. Da aber die Philister sahen, daß ihr Stärkster tot war, flohen sie.

⁵²Und die Männer Israels und Juda's machten sich auf und riefen und jagten den Philistern nach, bis man kommt ins Tal und bis an die Tore Ekrons. Und die Philister fielen erschlagen auf dem Wege zu den Toren bis gen Gath und gen Ekron.

⁵³Und die Kinder Israel kehrten um von dem Nachjagen der Philister und beraubten ihr Lager.

⁵⁴David aber nahm des Philisters Haupt und brachte es gen Jerusalem; seine Waffen aber legte er in sein Hütte.

⁵⁵Da aber Saul David sah ausgehen wider die Philister, sprach er zu Abner, seinem Feldhauptmann: Wes Sohn ist der Knabe? Abner aber sprach: So wahr deinen Seele lebt, König, ich weiß es nicht.

⁵⁶Der König sprach: So frage darnach, wes Sohn der Jüngling sei.

⁵⁷Da nun David wiederkam von der Schlacht des Philisters, nahm ihn Abner und brachte ihn vor Saul, und er hatte des Philisters Haupt in seiner Hand.

⁵⁸Und Saul sprach zu ihm: Wes Sohn bist du, Knabe? David sprach: Ich bin ein Sohn deines Knechtes Isai, des Bethlehemiten.

Kapitel 18

¹Und da er hatte ausgeredet mit Saul, verband sich das Herz Jonathans mit dem Herzen Davids, und Jonathan gewann ihn lieb wie sein eigen Herz.

²Und Saul nahm ihn des Tages und ließ ihn nicht wieder zu seines Vaters Haus kommen.

³Und Jonathan und David machten einen Bund miteinander; denn er hatte ihn lieb wie sein eigen Herz.

⁴Und Jonathan zog aus seinen Rock, den er anhatte, und gab ihn David, dazu seinen Mantel, sein Schwert, seinen Bogen und seinen Gürtel.

⁵Und David zog aus, wohin ihn Saul sandte, und hielt sich klüglich. Und Saul setzte ihn über Kriegsleute; und er gefiel wohl allem Volk, auch den Knechten Sauls.

⁶Es begab sich aber, da er wiedergekommen war von des Philisters Schlacht, daß die Weiber aus allen Städten Israels waren gegangen mit Gesang und Reigen, dem König Saul entgegen, mit Pauken, mit Freuden und mit Geigen.

⁷Und die Weiber sangen gegeneinander und spielten und sprachen: Saul hat tausend geschlagen, aber David zehntausend.

⁸Da ergrimmte Saul sehr, und gefiel ihm das Wort übel und sprach: Sie haben David zehntausend gegeben und mir tausend: das Königreich will noch sein werden!

⁹Und Saul sah David sauer an von dem Tage und hinfort.

¹⁰Des andern Tages geriet der böse Geist von Gott über Saul, und er raste daheim in seinem Hause; David aber spielte auf den Saiten mit seiner Hand, wie er täglich pflegte. Und Saul hatte einen Spieß in der Hand

¹¹und er schoß ihn und gedachte: Ich will David an die Wand spießen. David aber wandte sich zweimal von ihm.

¹²Und Saul fürchtete sich vor David; denn der HERR war mit ihm und war von Saul gewichen.

¹³Da tat ihn Saul von sich und setzte ihn zum Fürsten über tausend Mann; und er zog aus und ein vor dem Volk.

¹⁴Und David hielt sich klüglich in allem seinem Tun, und der HERR war mit ihm.

¹⁵Da nun Saul sah, daß er sich so klüglich hielt, scheute er sich vor ihm.

¹⁶Aber ganz Israel und Juda hatte David lieb; denn er zog aus und ein vor ihnen her.

¹⁷Und Saul sprach zu David: Siehe, meine größte Tochter Merab will ich dir zum Weibe geben; sei mir nur tapfer und führe des HERRN Kriege. Denn Saul gedachte: Meine Hand soll nicht an ihm sein, sondern die Hand der Philister.

¹⁸David aber antwortete Saul: Wer bin ich? und was ist mein Leben und das Geschlecht meines Vaters in Israel, daß ich des Königs Eidam werden soll?

¹⁹Da aber die Zeit kam, daß Merab, die Tochter Sauls, sollte David gegeben werden, ward sie Adriel, dem Meholathiter, zum Weibe gegeben.

²⁰Aber Michal, Sauls Tochter, hatte den David lieb. Da das Saul angesagt ward, sprach er: Das ist recht;

²¹ich will sie ihm geben, daß sie ihm zum Fall gerate und der Philister Hände über ihn kommen. Und sprach zu David: Du sollst heute mit der andern mein Eidam werden.

²²Und Saul gebot seinen Knechten: Redet mit David heimlich und sprecht: Siehe, der König hat Lust zu dir, und alle seine Knechte lieben dich; so sei nun des Königs Eidam.

²³Und die Knechte Sauls redeten solche Worte vor den Ohren Davids. David aber sprach: Dünkt euch das ein Geringes, des Königs Eidam zu sein? Ich aber bin ein armer, geringer Mann.

²⁴Und die Knechte Sauls sagten es ihm wieder und sprachen: Solche Worte hat David geredet.

²⁵Saul sprach: So sagt zu David: Der König begehrt keine Morgengabe, nur hundert Vorhäute von den Philistern, daß man sich räche an des Königs Feinden. Denn Saul trachtete David zu fällen durch der Philister Hand.

²⁶Da sagten seine Knechte David an solche Worte, und deuchte David die Sache gut, daß er des Königs Eidam würde. Und die Zeit war noch nicht aus,

²⁷da machte sich David auf und zog mit seinen Männern und schlug unter den Philistern zweihundert Mann. Und David brachte ihre Vorhäute dem König in voller Zahl, daß er des Königs Eidam würde. Da gab ihm Saul seine Tochter Michal zum Weibe.

²⁸Und Saul sah und merkte, daß der HERR mit David war. Und Michal, Sauls Tochter, hatte ihn lieb.

²⁹Da fürchtete sich Saul noch mehr vor David und ward sein Feind sein Leben lang.

³⁰Und da der Philister Fürsten auszogen, handelte David klüglicher denn alle Knechte Sauls, wenn sie auszogen, daß sein Name hoch gepriesen ward.

Kapitel 19

¹Saul aber redete mit seinem Sohn Jonathan und mit allen seinen Knechten, daß sie David sollten töten. Aber Jonathan, Sauls Sohn, hatte David sehr lieb.

²und verkündigte es ihm und sprach: Mein Vater Saul trachtet darnach, daß er dich töte. Nun, so bewahre dich morgen und bleib verborgen und verstecke dich.

³Ich will aber herausgehen und neben meinem Vater stehen auf dem Felde, da du bist, und von dir mit meinem Vater reden; und was ich sehe, will ich dir kundtun.

⁴Und Jonathan redete das Beste von David mit seinem Vater Saul und sprach zu ihm: Es versündige sich der König nicht an seinem Knecht David; denn er hat keine Sünde wider dich getan, und sein Tun ist dir sehr nütze;

⁵und er hat sein Leben in seine Hand gesetzt und schlug den Philister, und der HERR tat ein großes Heil dem ganzen Israel. Das hast du gesehen und dich des gefreut. Warum willst du dich denn an unschuldigem Blut versündigen, daß du David ohne Ursache tötest?

⁶Da gehorchte Saul der Stimme Jonathans und schwur: So wahr der HERR lebt, er soll nicht sterben!

⁷Da rief Jonathan David und sagte ihm alle diese Worte und brachte ihn zu Saul, daß er zu ihm war wie zuvor.

⁸Es erhob sich aber wieder ein Streit, und David zog aus und stritt wider die Philister und tat eine große Schlacht, daß sie vor ihm flohen.

⁹Aber der böse Geist vom HERRN kam über Saul, und er saß in seinem Hause und hatte einen Spieß in seiner Hand; David aber spielte auf den Saiten mit der Hand.

¹⁰Und Saul trachtete, David mit dem Spieß an die Wand zu spießen. Er aber riß sich von Saul, und der Spieß fuhr in die Wand. David aber floh und entrann dieselbe Nacht.

¹¹Saul sandte aber Boten zu Davids Haus, daß sie ihn verwahrten und töteten am Morgen. Das verkündigte dem David sein Weib Michal und sprach: Wirst du nicht diese Nacht deine Seele erretten, so mußt du morgen sterben.

¹²Da ließ ihn Michal durchs Fenster hernieder, daß er hinging, entfloh und entrann.

¹³Und Michal nahm ein Götzenbild und legte es ins Bett und legte ein Ziegenfell zu seinen Häupten und deckte es mit Kleidern zu.

¹⁴Da sandte Saul Boten, daß sie David holten. Sie aber sprach: Er ist krank.

¹⁵Saul aber sandte Boten, nach David zu sehen, und sprach: Bringt ihn herauf zu mir mit dem Bett, daß er getötet werde!

¹⁶Da nun die Boten kamen, siehe, da lag das Bild im Bett und ein Ziegenfell zu seinen Häupten.

¹⁷Da sprach Saul zu Michal: Warum hast du mich betrogen und meinen Feind gelassen, daß er entrönne? Michal sprach zu Saul: Er sprach zu mir: Laß mich gehen, oder ich töte dich!

¹⁸David aber entfloh und entrann und kam zu Samuel nach Rama und sagte ihm an alles, was ihm Saul getan hatte. Und er ging hin mit Samuel, und sie blieben zu Najoth.

¹⁹Und es ward Saul angesagt: Siehe, David ist zu Najoth in Rama.

²⁰Da sandte Saul Boten, daß sie David holten; und sie sahen den Chor der Propheten weissagen, und Samuel war ihr Vorsteher. Da kam der Geist Gottes auf die Boten Sauls, daß auch sie weissagten.

²¹Da das Saul ward angesagt, sandte er andere Boten; die weissagten auch. Da sandte er die dritten Boten; die weissagten auch.

²²Da ging er selbst auch gen Rama. Und da er kam zum großen Brunnen, der zu Seku ist, fragte er und sprach: Wo ist Samuel und David? Da ward ihm gesagt: Siehe, zu Najoth in Rama.

²³Und er ging dahin gen Najoth in Rama. Und der Geist Gottes kam auch auf ihn, und er ging einher und weissagte, bis er kam gen Najoth in Rama.

²⁴Und er zog auch seine Kleider aus und weissagte auch vor Samuel und fiel bloß nieder den ganzen Tag und die ganze Nacht. Daher spricht man: Ist Saul auch unter den Propheten?

Kapitel 20

¹David aber floh von Najoth in Rama und kam und redete vor Jonathan: Was habe ich getan? Was habe ich mißgehandelt? Was habe ich gesündigt vor deinem Vater, daß er nach meinem Leben steht?

²Er aber sprach zu Ihm: Das sei ferne; du sollst nicht sterben. Siehe, mein Vater tut nichts, weder Großes noch Kleines, das er nicht meinen Ohren offenbare; warum sollte denn mein Vater dies vor mir verbergen? Es wird nicht so sein.

³Da schwur David weiter und sprach: Dein Vater weiß wohl, daß ich Gnade vor deinen Augen gefunden habe; darum wird er denken: Jonathan soll solches nicht wissen, es möchte ihn bekümmern. Wahrlich, so wahr der HERR lebt, und so wahr deine Seele lebt, es ist nur ein Schritt zwischen mir und dem Tode.

⁴Jonathan sprach zu David: Ich will an dir tun, was dein Herz begehrt.

⁵David sprach zu ihm: Siehe, morgen ist der Neumond, da ich mit dem König zu Tisch sitzen sollte; so laß mich, daß ich mich auf dem Felde verberge bis an den Abend des dritten Tages.

⁶Wird dein Vater nach mir fragen, so sprich: David bat mich, daß er gen Bethlehem, zu seiner Stadt, laufen möchte; denn es ist ein jährlich Opfer daselbst dem ganzen Geschlecht.

⁷Wird er sagen: Es ist gut, so steht es wohl um deinen Knecht. Wird er aber ergrimmen, so wirst du merken, daß Böses bei ihm beschlossen ist.

⁸So tue nun Barmherzigkeit an deinem Knecht; denn du hast mit mir, deinem Knecht, einen Bund im HERRN gemacht. Ist aber eine Missetat an mir, so töte du mich; denn warum wolltest du mich zu deinem Vater bringen?

⁹Jonathan sprach: Das sei ferne von dir, daß ich sollte merken, daß Böses bei meinem Vater beschlossen wäre über dich zu bringen, und sollte es dir nicht ansagen.

¹⁰David aber sprach: Wer will mir's ansagen, so dir dein Vater etwas Hartes antwortet?

¹¹Jonathan sprach zu David: Komm, laß uns aufs Feld gehen! Und sie gingen beide hinaus aufs Feld.

¹²Und Jonathan sprach zu David: HERR, Gott Israels, wenn ich erforsche an meinem Vater morgen und am dritten Tag, daß es wohl steht mit David, und nicht hinsende zu dir und es vor deinen Ohren offenbare,

¹³so tue der HERR dem Jonathan dies und jenes. Wenn aber das Böse meinem Vater gefällt wider dich, so will ich's auch vor deinen Ohren offenbaren und dich ziehen lassen, daß du mit Frieden weggehst. Und der HERR sei mit dir, wie er mit meinem Vater gewesen ist.

¹⁴Tue ich's nicht, so tue keine Barmherzigkeit des HERRN an mir,

1 Samuel

solange ich lebe, auch nicht, so ich sterbe.

¹⁵Und wenn der HERR die Feinde Davids ausrotten wird, einen jeglichen aus dem Lande, so reiße du deine Barmherzigkeit nicht von meinem Hause ewiglich.

¹⁶Also machte Jonathan einen Bund mit dem Hause Davids und sprach: Der HERR fordere es von der Hand der Feinde Davids.

¹⁷Und Jonathan fuhr fort und schwur David, so lieb hatte er ihn; denn er hatte ihn so lieb wie seine Seele.

¹⁸Und Jonathan sprach zu ihm: Morgen ist der Neumond, so wird man nach dir fragen; denn man wird dich vermissen, wo du zu sitzen pflegst.

¹⁹Des dritten Tages aber komm bald hernieder und gehe an einen Ort, da du dich verbergest am Werktage, und setze dich an den Stein Asel.

²⁰So will ich zu seiner Seite drei Pfeile schießen, als ob ich nach dem Ziel schösse.

²¹Und siehe, ich will den Knaben senden: Gehe hin, suche die Pfeile! Werde ich zu dem Knaben sagen: Siehe, die Pfeile liegen hierwärts hinter dir, hole sie! so komm, denn es ist Friede und hat keine Gefahr, so wahr der HERR lebt.

²²Sage ich aber zum Jüngling: Siehe, die Pfeile liegen dortwärts vor dir! so gehe hin, denn der HERR hat dich lassen gehen.

²³Was aber du und ich miteinander geredet haben, da ist der HERR zwischen mir und dir ewiglich.

²⁴David verbarg sich im Felde. Und da der Neumond kam, setzte sich der König zu Tisch, zu essen.

²⁵Da sich aber der König gesetzt hatte an seinen Ort, wie er gewohnt war, an der Wand, stand Jonathan auf; Abner aber setzte sich an die Seite Sauls. Und man vermißte David an seinem Ort.

²⁶Und Saul redete des Tages nichts; denn er gedachte: Es ist ihm etwas widerfahren, daß er nicht rein ist.

²⁷Des andern Tages nach dem Neumond, da man David vermißte an seinem Ort, sprach Saul zu seinem Sohn Jonathan: Warum ist der Sohn Isai nicht zu Tisch gekommen, weder gestern noch heute?

²⁸Jonathan antwortete Saul: Er bat mich sehr, daß er gen Bethlehem ginge,

²⁹und sprach: Laß mich gehen; denn unser Geschlecht hat zu opfern in der Stadt, und mein Bruder hat mir's selbst geboten; habe ich Gnade vor deinen Augen gefunden, so will ich hinweg und meine Brüder sehen. Darum ist er nicht gekommen zu des Königs Tisch.

³⁰Da ergrimmte der Zorn Sauls wider Jonathan, und er sprach zu ihm: Du ungehorsamer Bösewicht! ich weiß wohl, daß du den Sohn Isais auserkoren hast, dir und deiner Mutter, die dich geboren hat, zur Schande.

³¹Denn solange der Sohn Isais lebt auf Erden, wirst du, dazu auch dein Königreich, nicht bestehen. So sende nun hin und laß ihn herholen zu mir; denn er muß sterben.

³²Jonathan antwortete seinem Vater Saul und sprach zu ihm: Warum soll er sterben? Was hat er getan?

³³Da schoß Saul den Spieß nach ihm, daß er ihn spießte. Da merkte Jonathan, daß bei seinem Vater gänzlich beschlossen war, David zu töten,

³⁴und stand auf vom Tisch mit grimmigem Zorn und aß des andern Tages nach dem Neumond kein Brot; denn er war bekümmert um David, daß ihn sein Vater also verdammte.

³⁵Des Morgens ging Jonathan hinaus aufs Feld, dahin David bestimmt hatte, und ein kleiner Knabe mit ihm;

³⁶und sprach zu dem Knaben: Lauf und suche mir die Pfeile, die ich schieße! Da aber der Knabe lief, schoß er einen Pfeil über ihn hin.

³⁷Und als der Knabe kam an den Ort, dahin Jonathan den Pfeil geschossen hatte, rief ihm Jonathan nach und sprach: Der Pfeil liegt dortwärts vor dir.

³⁸Und rief abermals ihm nach: Rasch! eile, und stehe nicht still! Da las der Knabe Jonathans Pfeile auf und brachte sie zu seinem Herrn.

³⁹Und der Knabe wußte nichts darum; allein Jonathan und David wußten um die Sache.

⁴⁰Da gab Jonathan seine Waffen seinem Knaben und sprach zu ihm: Gehe hin und trage sie in die Stadt.

⁴¹Da der Knabe hineinkam, stand David auf vom Ort gegen Mittag und fiel auf sein Antlitz zur Erde und beugte sich dreimal nieder, und sie küßten sich miteinander und weinten miteinander, David aber am allermeisten.

⁴²Und Jonathan sprach zu David: Gehe hin mit Frieden! Was wir beide geschworen haben im Namen des HERRN und gesagt: Der HERR sei zwischen mir und dir, zwischen meinem Samen und deinem Samen, das bleibe ewiglich. Und Jonathan machte sich auf und kam in die Stadt.

Kapitel 21

¹David aber kam gen Nobe zum Priester Ahimelech. Und Ahimelech entsetzte sich, da er David entgegenging, und sprach zu ihm: Warum kommst du allein und ist kein Mann mit dir?

²David sprach zu Ahimelech, dem Priester: Der König hat mir eine Sache befohlen und sprach zu mir: Laß niemand wissen, warum ich dich gesandt habe und was ich dir befohlen habe. Denn ich habe auch meine Leute an den und den Ort beschieden.

³Hast du nun etwas unter deiner Hand, ein Brot oder fünf, die gib mir in meine Hand, oder was du findest.

⁴Der Priester antwortete David und sprach: Ich habe kein gemeines Brot unter meiner Hand, sondern heiliges Brot; wenn sich nur die Leute von Weibern enthalten hätten!

⁵David antwortete dem Priester und sprach zu ihm: Es sind die Weiber drei Tage uns versperrt gewesen, da ich auszog, und der Leute Zeug war heilig; ist aber dieser Weg unheilig, so wird er heute geheiligt werden an dem Zeuge.

⁶Da gab ihm der Priester von dem heiligen Brot, weil kein anderes da war denn die Schaubrote, die man vor dem HERRN abhob, daß man anderes frisches Brot auflegte des Tages, da man sie wegnahm.

⁷Es war aber des Tages ein Mann drinnen versperrt vor dem HERRN aus den Knechten Sauls, mit Namen Doeg, ein Edomiter, der mächtigste unter den Hirten Sauls.

⁸Und David sprach zu Ahimelech: Ist nicht hier unter deiner Hand ein Spieß oder Schwert? Ich habe mein Schwert und meine Waffen nicht mit mir genommen; denn die Sache des Königs war eilend.

⁹Der Priester sprach: Das Schwert des Philisters Goliath, den du schlugst im Eichgrunde, das ist hier, gewickelt in einen Mantel hinter dem Leibrock. Willst du das, so nimm's hin; denn es ist hier kein anderes als das. David sprach: Es ist seinesgleichen nicht; gib mir's!

¹⁰Und David machte sich auf und floh vor Saul und kam zu Achis, dem König zu Gath.

¹¹Aber die Knechte des Achis sprachen zu ihm: Das ist der David, des Landes König, von dem sie sangen im Reigen und sprachen: Saul schlug tausend, David aber zehntausend.

¹²Und David nahm die Rede zu Herzen und fürchtete sich sehr vor Achis, dem König zu Gath,

¹³und verstellte seine Gebärde vor ihnen und tobte unter ihren Händen und stieß sich an die Tür am Tor, und sein Geifer floß ihm in den Bart.

¹⁴Da sprach Achis zu seinen Knechten: Siehe, ihr seht, daß der Mann unsinnig ist; warum habt ihr ihn zu mir gebracht?

¹⁵Habe ich der Unsinnigen zu wenig, daß ihr diesen herbrächtet, daß er neben mir rasete? Sollte der in mein Haus kommen?

Kapitel 22

¹David ging von dannen und entrann in die Höhle Adullam. Da das seine Brüder hörten und das ganze Haus seines Vaters, kamen sie zu ihm hinab dahin.

²Und es versammelten sich zu ihm allerlei Männer, die in Not und Schulden und betrübten Herzens waren; und er war ihr Oberster, daß bei vierhundert Mann bei ihm waren.

³Und David ging von da gen Mizpe in der Moabiter Land und sprach zu der Moabiter König: Laß meinen Vater und meine Mutter bei euch aus und ein gehen, bis ich erfahre, was Gott mit mir tun wird.

⁴Und er ließ sie vor dem König der Moabiter, daß sie bei ihm blieben, solange David sich barg an sicherem Orte.

⁵Aber der Prophet Gad sprach zu David: Bleibe nicht verborgen, sondern gehe hin und komm ins Land Juda. Da ging David hin und kam in den Wald Hereth.

⁶Und es kam vor Saul, daß David und die Männer, die bei ihm waren, wären hervorgekommen. Und Saul saß zu Gibea unter dem Baum auf der Höhe und hatte seinen Spieß in der Hand, und alle seine Knechte standen neben ihm.

⁷Da sprach Saul zu seinen Knechten, die neben ihm standen: Höret, ihr Benjaminiter! wird auch der Sohn Isais euch allen Äcker und Weinberge geben und euch alle über tausend und über hundert zu Obersten machen,

⁸daß ihr euch alle verbunden habt wider mich und ist niemand, der es meinen Ohren offenbarte, weil auch mein Sohn einen Bund gemacht hat mit dem Sohn Isais? Ist niemand unter euch, den es kränke meinethalben und der es meinen Ohren offenbare? Denn mein Sohn hat meinen Knecht wider mich auferweckt, daß er mir nachstellt, wie es am Tage ist.

⁹Da antwortete Doeg, der Edomiter, der neben den Knechten Sauls stand, und sprach: Ich sah den Sohn Isais, daß er gen Nobe kam zu Ahimelech, dem Sohn Ahitobs.

¹⁰Der fragte den HERRN für ihn und gab ihm Speise und das Schwert Goliaths, des Philisters.

¹¹Da sandte der König hin und ließ rufen Ahimelech, den Priester, den Sohn Ahitobs, und seines Vaters ganzes Haus, die Priester, die zu Nobe waren. Und sie kamen alle zum König.

¹²Und Saul sprach: Höre, du Sohn Ahitobs! Er sprach: Hier bin ich, mein Herr.

¹³Und Saul sprach zu ihm: Warum habt ihr einen Bund wider mich gemacht, du und der Sohn Isais, daß du ihm Brot und Schwert gegeben und Gott für ihn gefragt hast, daß du ihn erweckest, daß er mir nachstelle, wie es am Tage ist?

¹⁴Ahimelech antwortete dem König und sprach: Und wer ist unter allen deinen Knechten wie David, der getreu ist und des Königs Eidam und geht in deinem Gehorsam und ist herrlich gehalten in deinem Hause?

¹⁵Habe ich denn heute erst angefangen Gott für ihn zu fragen? Das sei ferne von mir! Der König lege solches seinem Knecht nicht auf noch meines Vaters ganzem Hause; denn dein Knecht hat von allem diesem nichts gewußt, weder Kleines noch Großes.

¹⁶Aber der König sprach: Ahimelech, du mußt des Todes sterben, du und deines Vater ganzes Haus.

¹⁷Und der König sprach zu seinen Trabanten, die neben ihm standen: Wendet euch und tötet des HERRN Priester! denn ihre Hand ist auch mit David, und da sie wußten, daß er floh, haben sie mir's nicht eröffnet. Aber die Knechte des Königs wollten ihre Hände nicht an die Priester des HERRN legen, sie zu erschlagen.

¹⁸Da sprach der König zu Doeg: Wende du dich und erschlage die Priester! Doeg, der Edomiter, wandte sich und erschlug die Priester, daß des Tages starben fünfundachtzig Männer, die leinene Leibröcke trugen.

¹⁹Und die Stadt der Priester, Nobe, schlug er mit der Schärfe des Schwerts, Mann und Weib, Kinder und Säuglinge, Ochsen und Esel und Schafe.

²⁰Es entrann aber ein Sohn Ahimelechs, des Sohnes Ahitobs, der hieß Abjathar, und floh David nach

²¹und verkündigte ihm, daß Saul die Priester des HERRN erwürgt hätte.

²²David aber sprach zu Abjathar: Ich wußte es wohl an dem Tage, da der Edomiter Doeg da war, daß er's würde Saul ansagen. Ich bin schuldig an allen Seelen in deines Vaters Hause.

²³Bleibe bei mir und fürchte dich nicht; wer nach meinem Leben steht, der soll auch nach deinem Leben stehen, und sollst mit mir bewahrt werden.

Kapitel 23

¹Und es ward David angesagt: Siehe, die Philister streiten wider Kegila und berauben die Tennen.

²Da fragte David den HERRN und sprach: Soll ich hingehen und diese Philister schlagen? Und der HERR sprach zu David: Gehe hin! du wirst die Philister schlagen und Kegila erretten.

³Aber die Männer bei David sprachen zu ihm: Siehe, wir fürchten uns hier in Juda, und wollen hingehen gen Kegila zu der Philister Heer?

⁴Da fragte David wieder den HERRN, und der HERR antwortete ihm und sprach: Auf, zieh hinab gen Kegila! denn ich will die Philister in deine Hände geben.

⁵Also zog David samt seinen Männern gen Kegila und stritt wider die Philister und trieb ihnen ihr Vieh weg und tat eine große Schlacht an ihnen. Also errettete David die zu Kegila.

⁶Denn da Abjathar, der Sohn Ahimelechs, floh zu David gen Kegila, trug er den Leibrock mit sich hinab.

⁷Da ward Saul angesagt, daß David gen Kegila gekommen wäre, und er sprach: Gott hat ihn in meine Hände übergeben, daß er eingeschlossen ist, nun er in eine Stadt gekommen ist, mit Türen und Riegeln verwahrt.

⁸Und Saul ließ alles Volk rufen zum Streit hinab gen Kegila, daß sie David und seine Männer belagerten.

⁹Da aber David merkte, daß Saul Böses über ihn gedachte, sprach er zu dem Priester Abjathar: Lange den Leibrock her!

¹⁰Und David sprach: HERR, Gott Israels, dein Knecht hat gehört, daß Saul darnach trachte, daß er gen Kegila komme, die Stadt zu verderben um meinetwillen.

¹¹Werden mich auch die Bürger zu Kegila überantworten in seine Hände? Und wird auch Saul herabkommen, wie dein Knecht gehört hat? Das verkündige, HERR, Gott Israels, deinem Knecht! Und der HERR sprach: Er wird herabkommen.

¹²David sprach: Werden aber die Bürger zu Kegila mich und meine Männer überantworten in die Hände Sauls? Der HERR sprach: Ja.

¹³Da machte sich David auf samt seinen Männern, deren bei sechshundert waren, und zogen aus von Kegila und wandelten, wo sie konnten. Da nun Saul angesagt ward, daß David von Kegila entronnen war, ließ er sein Ausziehen anstehen.

¹⁴David aber blieb in der Wüste verborgen und blieb auf dem Berge in der Wüste Siph. Saul aber suchte ihn sein Leben lang; aber Gott gab ihn nicht in seine Hände.

¹⁵Und David sah, daß Saul ausgezogen war, sein Leben zu suchen. Aber David war in der Wüste Siph, in der Heide.

¹⁶Da machte sich Jonathan auf, der Sohn Sauls, und ging hin zu David in der Heide und stärkte seine Hand in Gott

¹⁷und sprach zu ihm: Fürchte dich nicht; meines Vaters Sauls Hand wird dich nicht finden, und du wirst König werden über Israel, so will ich der nächste um dich sein; auch weiß solches mein Vater wohl.

¹⁸Und sie machten beide einen Bund miteinander vor dem HERRN; und David blieb in der Heide, aber Jonathan zog wieder heim.

¹⁹Aber die Siphiter zogen hinauf zu Saul gen Gibea und sprachen: Ist nicht David bei uns verborgen an sicherem Ort in der Heide, auf dem Hügel Hachila, der zur Rechten liegt an der Wüste?

²⁰So komme nun der König hernieder nach all seines Herzens Begehr, so wollen wir ihn überantworten in des Königs Hände.

²¹Da sprach Saul: Gesegnet seid ihr dem HERRN, daß ihr euch meiner erbarmt habt!

²²So gehet nun hin und werdet's noch gewisser, daß ihr wisset und sehet, an welchem Ort seine Füße gewesen sind und wer ihn daselbst gesehen habe; denn mir ist gesagt, daß er listig ist.

²³Besehet und erkundet alle Orte, da er sich verkriecht, und kommt wieder zu mir, wenn ihr's gewiß seid, so will ich mit euch ziehen. Ist er im Lande, so will ich nach ihm forschen unter allen Tausenden in Juda.

²⁴Da machten sie sich auf und gingen gen Siph vor Saul hin. David aber und seine Männer waren in der Wüste Maon, auf dem Gefilde zur Rechten der Wüste.

²⁵Da nun Saul hinzog mit seinen Männern, zu suchen, ward's David angesagt; und er machte sich den Fels hinab und blieb in der Wüste Maon. Da das Saul hörte, jagte er David nach in die Wüste Maon.

²⁶Und Saul mit seinen Männern ging an einer Seite des Berge, David mit seinen Männern an der anderen Seite des Berges. Da David aber eilte, dem Saul zu entgehen, da umringte Saul samt seinen Männern David und seine Männer, daß er sie griffe.

²⁷Aber es kam ein Bote zu Saul und sprach: Eile und komm! denn die Philister sind ins Land gefallen.

²⁸Da kehrte sich Saul von dem Nachjagen Davids und zog hin, den Philistern entgegen; daher heißt man den Ort Sela-Mahlekoth (das heißt Scheidefels).

²⁹Und David zog hinauf von dannen und barg sich auf den Berghöhen zu Engedi.

Kapitel 24

¹Da nun Saul wiederkam von den Philistern, ward ihm gesagt: Siehe, David ist in der Wüste Engedi.

²Und Saul nahm dreitausend junger Mannschaft aus ganz Israel und zog hin, David samt seinen Männern zu suchen auf den Felsen der Gemsen.

³Und da er kam zu den Schafhürden am Wege, war daselbst eine Höhle, und Saul ging hinein seine Füße zu decken. David aber und seine Männer saßen hinten in der Höhle.

⁴Da sprachen die Männer Davids zu ihm: Siehe, das ist der Tag, davon der HERR dir gesagt hat: "Siehe, ich will deinen Feind in deine Hände geben, daß du mit ihm tust, was dir gefällt." Und David stand auf und schnitt leise einen Zipfel vom Rock Sauls.

⁵Aber darnach schlug ihm sein Herz, daß er den Zipfel Sauls hatte abgeschnitten,

⁶und er sprach zu seinen Männern: Das lasse der HERR ferne von mir sein, daß ich das tun sollte und meine Hand legen an meinen Herrn, den Gesalbten des HERRN; denn er ist der Gesalbte des HERRN.

⁷Und David wies seine Männer von sich mit den Worten und ließ sie nicht sich wider Saul auflehnen. Da aber Saul sich aufmachte aus der Höhle und ging des Weges,

⁸machte sich darnach David auch auf und ging aus der Höhle und rief Saul hintennach und sprach: Mein Herr König! Saul sah hinter sich. Und David neigte sein Antlitz zur Erde und fiel nieder

⁹und sprach zu Saul: Warum gehorchst du der Menschen Wort, die da sagen: David sucht dein Unglück?

¹⁰Siehe, heutigestages sehen deine Augen, daß dich der HERR heute hat in meine Hände gegeben in der Höhle, und es ward gesagt,

daß ich dich sollte erwürgen. Aber es ward dein verschont; denn ich sprach: Ich will meine Hand nicht an meinen Herrn legen; denn er ist der Gesalbte des HERRN.

¹¹Mein Vater, siehe doch den Zipfel von deinem Rock in meiner Hand, daß ich dich nicht erwürgen wollte, da ich den Zipfel von deinem Rock schnitt. Erkenne und sieh, daß nichts Böses in meiner Hand ist noch keine Übertretung. Ich habe auch an dir nicht gesündigt, und du jagst meine Seele, daß du sie wegnehmest.

¹²Der HERR wird Richter sein zwischen mir und dir und mich an dir rächen; aber meine Hand soll nicht über dir sein.

¹³Wie man sagt nach dem alten Sprichwort: "Von Gottlosen kommt Untugend." Aber meine Hand soll nicht über dir sein.

¹⁴Wem ziehst du nach, König von Israel? Wem jagst du nach? Einem toten Hund, einem einzigen Floh.

¹⁵Der HERR sei Richter und richte zwischen mir und dir und sehe darein und führe meine Sache aus und rette mich von deiner Hand.

¹⁶Als nun David solche Worte zu Saul hatte ausgeredet, sprach Saul: Ist das nicht deine Stimme, mein Sohn David? Und Saul hob auf seine Stimme und weinte

¹⁷und sprach zu David: Du bist gerechter denn ich: du hast mir Gutes bewiesen; ich aber habe dir Böses bewiesen;

¹⁸und du hast mir heute angezeigt, wie du Gutes an mir getan hast, daß mich der HERR hatte in deine Hände beschlossen und du mich doch nicht erwürgt hast.

¹⁹Wie sollte jemand seinen Feind finden und ihn lassen einen guten Weg gehen? Der HERR vergelte dir Gutes für diesen Tag, wie du an mir getan hast.

²⁰Nun siehe, ich weiß, daß du König werden wirst, und das Königreich Israel wird in deiner Hand bestehen:

²¹so schwöre mir nun bei dem HERRN, daß du nicht ausrottest meinen Samen nach mir und meinen Namen nicht austilgest von meines Vaters Hause.

²²Und David schwur Saul. Da zog Saul heim; David aber mit seinen Männern machte sich hinauf auf die Berghöhe.

Kapitel 25

¹Und Samuel starb; und das ganze Israel versammelte sich und trug Leid um ihn, und sie begruben ihn in seinem Hause zu Rama. David aber machte sich auf und zog hinab in die Wüste Pharan.

²Und es war ein Mann zu Maon und sein Wesen zu Karmel; und der Mann war sehr großen Vermögens und hatte dreitausend Schafe und tausend Ziegen. Und es begab sich eben, daß er seine Schafe schor zu Karmel.

³Und er hieß Nabal; sein Weib aber hieß Abigail und war ein Weib von guter Vernunft und schön von Angesicht; der Mann aber war hart und boshaft in seinem Tun und war einer von Kaleb.

⁴Da nun David in der Wüste hörte, daß Nabal seine Schafe schor,

⁵sandte er aus zehn Jünglinge und sprach zu ihnen: Gehet hinauf gen Karmel; und wenn ihr zu Nabal kommt, so grüßet ihn von mir freundlich

⁶und sprecht: Glück zu! Friede sei mit dir und deinem Hause und mit allem, was du hast!

⁷Ich habe gehört, daß du Schafscherer hast. Nun, deine Hirten, die du hast, sind mit uns gewesen; wir haben sie nicht verhöhnt, und hat ihnen nichts gefehlt an der Zahl, solange sie zu Karmel gewesen sind

⁸frage deine Jünglinge darum, die werden dir's sagen, und laß die Jünglinge Gnade finden vor deinen Augen; denn wir sind auf einen guten Tag gekommen. Gib deinen Knechten und deinem Sohn David, was deine Hand findet.

⁹Und da die Jünglinge Davids hinkamen und in Davids Namen alle diese Worte mit Nabal geredet hatten, hörten sie auf.

¹⁰Aber Nabal antwortete den Knechten Davids und sprach: Wer ist David? und wer ist der Sohn Isais? Es werden jetzt der Knechte viel, die sich von ihren Herren reißen.

¹¹Sollte ich mein Brot, Wasser und Fleisch nehmen, das ich für meine Scherer geschlachtet habe, und den Leuten geben, die ich nicht kenne, wo sie her sind?

¹²Da kehrten sich die Jünglinge Davids wieder auf ihren Weg; und da sie wieder zu ihm kamen, sagten sie ihm solches alles.

¹³Da sprach David zu seinen Männern: Gürte ein jeglicher sein Schwert um sich und David gürtete sein Schwert auch um sich, und zogen hinauf bei vierhundert Mann; aber zweihundert blieben bei dem Geräte.

¹⁴Aber der Abigail, Nabals Weib, sagte an der Jünglinge einer und sprach: Siehe, David hat Boten gesandt aus der Wüste, unsern Herrn zu grüßen; er aber schnaubte sie an.

¹⁵Und sie sind uns doch sehr nützliche Leute gewesen und haben uns nicht verhöhnt, und hat uns nichts gefehlt an der Zahl, solange wir bei ihnen gewandelt haben, wenn wir auf dem Felde waren;

¹⁶sondern sie sind unsre Mauern gewesen Tag und Nacht, solange wir die Schafe bei ihnen gehütet haben.

¹⁷So merke nun und siehe, was du tust; denn es ist gewiß ein Unglück vorhanden über unsern Herrn und über sein ganzes Haus; und er ist ein heilloser Mann, dem niemand etwas sagen darf.

¹⁸Da eilte Abigail und nahm zweihundert Brote und zwei Krüge Wein und fünf gekochte Schafe und fünf Scheffel Mehl und hundert Rosinenkuchen und zweihundert Feigenkuchen und lud's auf Esel

¹⁹und sprach zu ihren Jünglingen: Geht vor mir hin; siehe, ich will kommen hernach. Und sie sagte ihrem Mann Nabal nichts davon.

²⁰Und als sie nun auf dem Esel ritt und hinabzog im Dunkel des Berges, siehe, da kam David und seine Männer hinab ihr entgegen, daß sie auf sie stieß.

²¹David aber hatte geredet: Wohlan, ich habe umsonst behütet alles, was dieser hat in der Wüste, daß nichts gefehlt hat an allem, was er hat; und er bezahlt mir Gutes mit Bösem.

²²Gott tue dies und noch mehr den Feinden Davids, wo ich diesem bis zum lichten Morgen übriglasse einen, der männlich ist, aus allem, was er hat.

²³Da nun Abigail David sah, stieg sie eilend vom Esel und fiel vor David auf ihr Antlitz und beugte sich nieder zur Erde

²⁴und fiel zu seinen Füßen und sprach: Ach, mein Herr, mein sei die Missetat, und laß deine Magd reden vor deinen Ohren und höre die Worte deiner Magd!

²⁵Mein Herr setze nicht sein Herz wider diesen Nabal, den heillosen Mann; denn er ist ein Narr, wie sein Name heißt, und Narrheit ist bei ihm. Ich aber, deine Magd, habe die Jünglinge meines Herrn nicht gesehen, die du gesandt hast.

²⁶Nun aber, mein Herr, so wahr der HERR lebt und so wahr deine Seele lebt, der HERR hat dich verhindert, daß du nicht kämst in Blutschuld und dir mit eigener Hand hilfst. So müssen nun werden wie Nabal deine Feinde und die meinem Herrn übelwollen.

²⁷Hier ist der Segen, den deine Magd meinem Herrn hergebracht hat; den gib den Jünglingen, die unter meinem Herrn wandeln.

²⁸Vergib deiner Magd die Übertretung. Denn der HERR wird meinem Herrn ein beständiges Haus machen; denn du führst des HERRN Kriege; und laß kein Böses an dir gefunden werden dein Leben lang.

²⁹Und wenn sich ein Mensch erheben wird, dich zu verfolgen, und nach deiner Seele steht, so wird die Seele meines Herrn eingebunden sein im Bündlein der Lebendigen bei dem HERRN, deinem Gott; aber die Seele deiner Feinde wird geschleudert werden mit der Schleuder.

³⁰Wenn denn der HERR all das Gute meinem Herrn tun wird, was er dir geredet hat, und gebieten, daß du ein Herzog seist über Israel,

³¹so wird's dem Herzen meines Herrn nicht ein Anstoß noch Ärgernis sein, daß du Blut vergossen ohne Ursache und dir selber geholfen; so wird der HERR meinem Herrn wohltun und wirst an deine Magd gedenken.

³²Da sprach David zu Abigail: Gelobt sei der HERR, der Gott Israels, der dich heutigestages hat mir entgegengesandt;

³³und gesegnet sei deine Rede, und gesegnet seist du, daß du mir heute gewehrt hast, daß ich nicht in Blutschuld gekommen bin und mir mit eigener Hand geholfen habe.

³⁴Wahrlich, so wahr der HERR, der Gott Israels, lebt, der mich verhindert hat, daß ich nicht übel an dir täte: wärst du nicht eilend mir begegnet, so wäre dem Nabal nicht übriggeblieben bis auf diesen lichten Morgen einer, der männlich ist.

³⁵Also nahm David von ihrer Hand, was sie gebracht hatte und sprach zu ihr: Zieh mit Frieden hinauf in dein Haus; siehe, ich habe deiner Stimme gehorcht und deine Person angesehen.

³⁶Da aber Abigail zu Nabal kam, siehe, da hatte er ein Mahl zugerichtet in seinem Hause wie eines Königs Mahl, und sein Herz war guter Dinge bei ihm selbst, und er war sehr trunken. Sie aber sagte ihm nichts, weder klein noch groß bis an den lichten Morgen.

³⁷Da es aber Morgen ward und der Wein von Nabal gekommen war, sagte ihm sein Weib solches. Da erstarb sein Herz in seinem Leibe, daß er ward wie ein Stein.

³⁸Und über zehn Tage schlug ihn der HERR, daß er starb.

³⁹Da das David hörte, daß Nabal tot war, sprach er: Gelobt sei der HERR, der meine Schmach gerächt hat an Nabal und seinen Knecht abgehalten hat von dem Übel; und der HERR hat dem Nabal das Übel auf seinen Kopf vergolten. Und David sandte hin und ließ mit Abigail reden, daß er sie zum Weibe nähme.

⁴⁰Und da die Knechte Davids zu Abigail kamen gen Karmel, redeten sie mit ihr und sprachen: David hat uns zu dir gesandt, daß er dich zum Weibe nehme.

⁴¹Sie stand auf und fiel nieder auf ihr Angesicht zur Erde und sprach: Siehe, hier ist deine Magd, daß sie diene den Knechten meines Herrn und ihre Füße wasche.

⁴²Und Abigail eilte und machte sich auf und ritt auf einem Esel, und fünf Dirnen, die unter ihr waren, und zog den Boten Davids nach und ward sein Weib.

⁴³Auch hatte David Ahinoam von Jesreel genommen; und waren beide seine Weiber.

⁴⁴Saul aber hatte Michal seine Tochter, Davids Weib, Phalti, dem Sohn des Lais von Gallim, gegeben.

Kapitel 26

¹Die aber von Siph kamen zu Saul gen Gibea und sprachen: Ist nicht David verborgen auf dem Hügel Hachila vor der Wüste?

²Da machte sich Saul auf und zog herab zur Wüste Siph und mit ihm dreitausend junger Mannschaft in Israel, daß er David suchte in der Wüste Siph,

³und lagerte sich auf dem Hügel Hachila, der vor der Wüste liegt am Wege. David aber blieb in der Wüste. Und da er merkte, daß Saul ihm nachkam in die Wüste,

⁴sandte er Kundschafter aus und erfuhr, daß Saul gewiß gekommen wäre.

⁵Und David machte sich auf und kam an den Ort, da Saul sein Lager hielt, und sah die Stätte, da Saul lag mit seinem Feldhauptmann Abner, dem Sohn des Ners. (Denn Saul lag in der Wagenburg und das Heervolk um ihn her.)

⁶Da antwortete David und sprach zu Ahimelech, dem Hethiter, und zu Abisai, dem Sohn der Zeruja, dem Bruder Joabs: Wer will mit mir hinab zu Saul ins Lager? Abisai sprach: Ich will mit dir hinab.

⁷Also kam David und Abisai zum Volk des Nachts. Und siehe, Saul lag und schlief in der Wagenburg, und sein Spieß steckte in der Erde zu seinen Häupten; Abner aber und das Volk lag um ihn her.

⁸Da sprach Abisai zu David: Gott hat deinen Feind heute in deine Hand beschlossen; so will ich ihn nun mit dem Spieß stechen in die Erde einmal, daß er's nicht mehr bedarf.

⁹David aber sprach zu Abisai: Verderbe ihn nicht; denn wer will die Hand an den Gesalbten des HERRN legen und ungestraft bleiben?

¹⁰Weiter sprach David: So wahr der HERR lebt, wo der HERR nicht ihn schlägt, oder seine Zeit kommt, daß er sterbe oder in einen Streit ziehe und komme um,

¹¹so lasse der HERR ferne von mir sein, daß ich meine Hand sollte an den Gesalbten des HERRN legen. So nimm nun den Spieß zu seinen Häupten und den Wasserbecher und laß uns gehen.

¹²Also nahm David den Spieß und den Wasserbecher zu den Häupten Sauls und ging hin, und war niemand, der es sah noch merkte noch erwachte, sondern sie schliefen alle; denn es war ein tiefer Schlaf vom HERRN auf sie gefallen.

¹³Da nun David auf die andere Seite hinübergekommen war, trat er auf des Berges Spitze von ferne, daß ein weiter Raum war zwischen ihnen,

¹⁴und schrie das Volk an und Abner, den Sohn Ners, und sprach: Hörst du nicht, Abner? Und Abner antwortete und sprach: Wer bist du, daß du so schreist gegen den König?

¹⁵Und David sprach zu Abner: Bist du nicht ein Mann und wer ist dir gleich in Israel? Warum hast du denn nicht behütet deinen Herrn, den König? Denn es ist des Volk einer hineingekommen, deinen Herrn, den König, zu verderben.

¹⁶Es ist aber nicht fein, was du getan hast. So wahr der HERR lebt, ihr seid Kinder des Todes, daß ihr euren Herrn, den Gesalbten des HERRN, nicht behütet habt. Nun siehe, hier ist der Spieß des Königs und der Wasserbecher, die zu seinen Häupten waren.

¹⁷Da erkannte Saul die Stimme Davids und sprach: Ist das nicht deine Stimme mein Sohn David? David sprach: Es ist meine Stimme, mein Herr König.

¹⁸Und sprach weiter: Warum verfolgt mein Herr also seinen Knecht? Was habe ich getan? und was Übels ist in meiner Hand?

¹⁹So höre doch nun mein Herr, der König, die Worte seines Knechtes: Reizt dich der HERR wider mich, so lasse man ihn ein Speisopfer riechen; tun's aber Menschenkinder, so seien sie verflucht vor dem HERRN, daß sie mich heute verstoßen, daß ich nicht hafte in des HERRN Erbteil, und sprechen: Gehe hin, diene andern Göttern!

²⁰So falle nun mein Blut nicht auf die Erde, ferne von dem Angesicht des HERRN. Denn der König Israels ist ausgezogen zu suchen einen Floh, wie man ein Rebhuhn jagt auf den Bergen.

²¹Und Saul sprach: Ich habe gesündigt, komm wieder, mein Sohn David, ich will dir fürder kein Leid tun, darum daß meine Seele heutigestages teuer gewesen ist in deinen Augen. Siehe, ich habe töricht und sehr unweise getan.

²²David antwortete und sprach: Siehe, hier ist der Spieß des Königs; es gehe der Jünglinge einer herüber und hole ihn.

²³Der HERR aber wird einem jeglichen vergelten nach seiner Gerechtigkeit und seinem Glauben. Denn der HERR hat dich heute in meine Hand gegeben; aber ich wollte meine Hand nicht an den Gesalbten des HERRN legen.

²⁴Und wie heute deine Seele in meinen Augen ist groß geachtet gewesen, so werde meine Seele groß geachtet vor den Augen des HERRN, und er errette mich von aller Trübsal.

²⁵Saul sprach zu David: Gesegnet seist du, mein Sohn David; du wirst's tun und hinausführen. David aber ging seine Straße, und Saul kehrte wieder an seinen Ort.

Kapitel 27

¹David aber gedachte in seinem Herzen: Ich werde der Tage einen Saul in die Hände fallen; es ist mir nichts besser, denn daß ich entrinne in der Philister Land, daß Saul von mir ablasse, mich fürder zu suchen im ganzen Gebiet Israels; so werde ich seinen Händen entrinnen.

²Und machte sich auf und ging hinüber samt den sechshundert Mann, die bei ihm waren, zu Achis, dem Sohn Maochs, dem König zu Gath.

³Also blieb David bei Achis zu Gath mit seinen Männern, ein jeglicher mit seinem Hause, David auch mit seinen zwei Weibern Ahinoam, der Jesreelitin, und Abigail, des Nabals Weibe, der Karmeliterin.

⁴Und da Saul angesagt ward, daß David gen Gath geflohen wäre, suchte er ihn nicht mehr.

⁵Und David sprach zu Achis: Habe ich Gnade vor deinen Augen gefunden, so laß mir geben einen Raum in der Städte einer auf dem Lande, daß ich darin wohne; was soll dein Knecht in der königlichen Stadt bei dir wohnen?

⁶Da gab ihm Achis des Tages Ziklag. Daher gehört Ziklag zu den Königen Juda's bis auf diesen Tag.

⁷Die Zeit aber, die David in der Philister Lande wohnte, ist ein Jahr und vier Monate.

⁸David aber zog hinauf samt seinen Männern und fiel ins Land der Gessuriter und Girsiter und Amalekiter; denn diese waren von alters her die Einwohner dieses Landes, wo man kommt gen Sur bis an Ägyptenland.

⁹Da aber David das Land schlug, ließ er weder Mann noch Weib leben und nahm Schafe, Rinder, Esel, Kamele und Kleider und kehrte wieder und kam zu Achis.

¹⁰Wenn dann Achis sprach: Seid ihr heute nicht eingefallen? so sprach David: In das Mittagsland Juda's und in das Mittagsland der Jerahmeeliter und in das Mittagsland der Keniter.

¹¹David aber ließ weder Mann noch Weib lebendig gen Gath kommen und gedachte: Sie möchten wider uns reden und schwätzen. Also tat David, und das war seine Weise, solange er wohnte in der Philister Lande.

¹²Darum glaubte Achis David und gedachte: Er hat sich stinkend gemacht vor seinem Volk Israel, darum soll er immer mein Knecht sein.

Kapitel 28

¹Und es begab sich zu derselben Zeit, daß die Philister ihr Heer versammelten, in den Streit zu ziehen wieder Israel. Und Achis sprach zu David: Du sollst wissen, daß du und deine Männer sollt mit mir ausziehen ins Heer.

²David sprach zu Achis: Wohlan, du sollst erfahren, was dein Knecht tun wird. Achis sprach zu David: Darum will ich dich zum Hüter meines Hauptes setzen mein Leben lang.

³Samuel aber war gestorben, und ganz Israel hatte Leid um ihn getragen und ihn begraben in seiner Stadt in Rama. Und Saul hatte aus dem Lande vertrieben die Wahrsager und Zeichendeuter.

⁴Da nun die Philister sich versammelten und kamen und lagerten sich zu Sunem, versammelte Saul auch das ganze Israel, und sie lagerten sich zu Gilboa.

⁵Da aber Saul der Philister Heer sah, fürchtete er sich, und sein Herz verzagte sehr.

⁶Und er ratfragte den HERRN; aber der HERR antwortete ihm nicht, weder durch Träume noch durchs Licht noch durch Propheten.

⁷Da sprach Saul zu seinen Knechten: Sucht mir ein Weib, die einen Wahrsagergeist hat, daß ich zu ihr gehe und sie frage. Seine Knechte sprachen zu ihm: Siehe, zu Endor ist ein Weib, die hat einen Wahrsagergeist.

⁸Und Saul wechselte seine Kleider und zog andere an und ging hin und zwei Männer mit ihm, und sie kamen bei der Nacht zu dem Weibe,

1 Samuel

und er sprach: Weissage mir doch durch den Wahrsagergeist und bringe mir herauf, den ich dir sage.

⁹Das Weib sprach zu ihm: Siehe, du weißt wohl, was Saul getan hat, wie er die Wahrsager und Zeichendeuter ausgerottet hat vom Lande; warum willst du denn meine Seele ins Netz führen, daß ich getötet werde?

¹⁰Saul aber schwur ihr bei dem HERRN und sprach: So wahr der HERR lebt, es soll dir dies nicht zur Missetat geraten.

¹¹Da sprach das Weib: Wen soll ich dir denn heraufbringen? Er sprach: Bringe mir Samuel herauf.

¹²Da nun das Weib Samuel sah, schrie sie laut und sprach zu Saul: Warum hast du mich betrogen? Du bist Saul.

¹³Und der König sprach zu ihr: Fürchte dich nicht! Was siehst du? Das Weib sprach zu Saul: Ich sehe Götter heraufsteigen aus der Erde.

¹⁴Er sprach: Wie ist er gestaltet? Sie sprach: Es kommt ein alter Mann herauf und ist bekleidet mit einem Priesterrock. Da erkannte Saul, daß es Samuel war, und neigte sich mit seinem Antlitz zur Erde und fiel nieder.

¹⁵Samuel aber sprach zu Saul: Warum hast du mich unruhig gemacht, daß du mich heraufbringen läßt? Saul sprach: Ich bin sehr geängstet: die Philister streiten wider mich, und Gott ist von mir gewichen und antwortet mir nicht, weder durch Propheten noch durch Träume; darum habe ich dich lassen rufen, daß du mir weisest, was ich tun soll.

¹⁶Samuel sprach: Was willst du mich fragen, weil der HERR von dir gewichen und dein Feind geworden ist?

¹⁷Der HERR wird dir tun, wie er durch mich geredet hat, und wird das Reich von deiner Hand reißen und David, deinem Nächsten, geben.

¹⁸Darum daß du der Stimme des HERRN nicht gehorcht und den Grimm seines Zorns nicht ausgerichtet hast wider Amalek, darum hat dir der HERR solches jetzt getan.

¹⁹Dazu wird der HERR Israel mit dir auch geben in der Philister Hände. Morgen wirst du und deine Söhne mit mir sein. Auch wird der HERR das Lager Israels in der Philister Hände geben.

²⁰Da fiel Saul zur Erde, so lang er war, und erschrak sehr vor den Worten Samuels, daß keine Kraft mehr in ihm war; denn er hatte nichts gegessen den ganzen Tag und die ganze Nacht.

²¹Und das Weib ging hinein zu Saul und sah, daß er sehr erschrocken war, und sprach zu ihm: Siehe, deine Magd hat deiner Stimme gehorcht, und ich habe meine Seele in deine Hand gesetzt, daß ich deinen Worten gehorchte, die du zu mir sagtest.

²²So gehorche nun auch deiner Magd Stimme. Ich will dir einen Bissen Brot vorsetzen, daß du essest, daß du zu Kräften kommest und deine Straße gehest.

²³Er aber weigerte sich und sprach: Ich will nicht essen. Da nötigten ihn seine Knechte und das Weib, daß er ihrer Stimme gehorchte. Und er stand auf von der Erde und setzte sich aufs Bett.

²⁴Das Weib aber hatte daheim ein gemästetes Kalb; da eilte sie und schlachtete es und nahm Mehl und knetete es und buk's ungesäuert.

²⁵und brachte es herzu vor Saul und seine Knechte. Und da sie gegessen hatten, standen sie auf und gingen die Nacht.

Kapitel 29

¹Die Philister aber versammelten alle ihre Heere zu Aphek; und Israel lagerte sich zu Ain in Jesreel.

²Und die Fürsten der Philister gingen daher mit Hunderten und mit Tausenden; David aber und seine Männer gingen hintennach bei Achis.

³Da sprachen die Fürsten der Philister: Was sollen diese Hebräer? Achis sprach zu ihnen: Ist nicht das David, der Knecht Sauls, des Königs Israels, der nun bei mir gewesen ist Jahr und Tag, und ich habe nichts an ihm gefunden, seit der Zeit, daß er abgefallen ist, bis her?

⁴Aber die Fürsten der Philister wurden zornig auf ihn und sprachen zu ihm: Laß den Mann umkehren und an seinem Ort bleiben, dahin du ihn bestellt hast, daß er nicht mit uns hinabziehe zum Streit und unser Widersacher werde im Streit. Denn woran könnte er seinem Herrn größeren Gefallen tun als an den Köpfen dieser Männer?

⁵Ist er nicht David, von dem sie sangen im Reigen: Saul hat tausend geschlagen, David aber zehntausend?

⁶Da rief Achis David und sprach zu ihm: So wahr der HERR lebt, ich halte dich für redlich, und dein Ausgang und Eingang mit mir im Heer gefällt mir wohl, und habe nichts Arges an dir gespürt, seit der Zeit, daß du zu mir gekommen bist; aber du gefällst den Fürsten nicht.

⁷So kehre nun um und gehe hin mit Frieden, auf daß du nicht übel tust vor den Augen der Fürsten der Philister.

⁸David aber sprach zu Achis: Was habe ich getan, und was hast du gespürt an deinem Knecht seit der Zeit, daß ich vor dir gewesen bin, bis her, daß ich nicht sollte kommen und streiten wider die Feinde meines Herrn, des Königs?

⁹Achis antwortete und sprach zu David: Ich weiß es wohl; denn du gefällst meinen Augen wie ein Engel Gottes. Aber der Philister Fürsten haben gesagt: Laß ihn nicht mit uns hinauf in den Streit ziehen.

¹⁰So mache dich nun morgen früh auf und die Knechte deines Herrn, die mit dir gekommen sind; und wenn ihr euch morgen früh aufgemacht habt, da es licht ist, so gehet hin.

¹¹Also machten sich David und seine Männer früh auf, daß sie des Morgens hingingen und wieder in der Philister Land kämen. Die Philister aber zogen hinauf gen Jesreel.

Kapitel 30

¹Da nun David des dritten Tages kam gen Ziklag mit seinen Männern, waren die Amalekiter eingefallen ins Mittagsland und in Ziklag und hatten Ziklag geschlagen und mit Feuer verbrannt

²und hatten die Weiber daraus weggeführt, beide, klein und groß; sie hatten aber niemand getötet, sondern weggetrieben, und waren dahin ihres Weges.

³Da nun David samt seinen Männern zur Stadt kam und sah, daß sie mit Feuer verbrannt und ihre Weiber, Söhne und Töchter gefangen waren,

⁴hoben David und das Volk, das bei ihm war, ihre Stimme auf und weinten, bis sie nicht mehr weinen konnten.

⁵Denn Davids zwei Weiber waren auch gefangen: Ahinoam, die Jesreelitin, und Abigail, Nabals Weib, des Karmeliten.

⁶Und David war sehr geängstet, denn das Volk wollte ihn steinigen; denn des ganzen Volkes Seele war unwillig, ein jeglicher um seine Söhne und Töchter willen. David aber stärkte sich in dem HERRN, seinem Gott,

⁷und sprach zu Abjathar, dem Priester, Ahimelechs Sohn: Bringe mir her den Leibrock. Und da Abjathar den Leibrock zu David gebracht hatte,

⁸fragte David den HERRN und sprach: Soll ich den Kriegsleuten nachjagen, und werde ich sie ergreifen? Er sprach: Jage ihnen nach! du wirst sie ergreifen und Rettung tun.

⁹Da zog David hin und die sechshundert Mann, die bei ihm waren; und da sie kamen an den Bach Besor, blieben etliche stehen.

¹⁰David aber und die vierhundert Mann jagten nach; die zweihundert Mann aber, die stehen blieben, waren zu müde, über den Bach Besor zu gehen.

¹¹Und sie fanden einen ägyptischen Mann im Felde; den führten sie zu David und gaben ihm Brot, daß er aß und tränkten ihn mit Wasser

¹²und gaben ihm ein Stück Feigenkuchen und zwei Rosinenkuchen. Und da er gegessen hatte, kam sein Geist wieder zu ihm; denn er hatte in drei Tagen und drei Nächten nichts gegessen und kein Wasser getrunken.

¹³David aber sprach zu ihm: Wes bist du? und woher bist du? Er sprach: Ich bin ein ägyptischer Jüngling, eines Amalekiters Knecht, und mein Herr hat mich verlassen; denn ich war krank vor drei Tagen.

¹⁴Wir sind eingefallen in das Mittagsland der Krether und in Juda und in das Mittagsland Kalebs und haben Ziklag mit Feuer verbrannt.

¹⁵David sprach zu ihm: Willst du mich hinführen zu diesen Kriegsleuten? Er sprach: Schwöre mir bei Gott, daß du mich nicht tötest noch in meines Herrn Hand überantwortest, so will ich dich hinabführen zu diesen Kriegsleuten.

¹⁶Und er führte ihn hinab. Und siehe, sie hatten sich zerstreut auf dem ganzen Lande, aßen und tranken und feierten über all dem großen Raub, den sie genommen hatten aus der Philister und Juda's Lande.

¹⁷Und David schlug sie vom Morgen an bis an den Abend gegen den andern Tag, daß ihrer keiner entrann, außer vierhundert Jünglinge; die stiegen auf die Kamele und flohen.

¹⁸Also errettete David alles, was die Amalekiter genommen hatten, und seine zwei Weiber;

¹⁹und fehlte an keinem, weder klein noch groß noch Söhne noch Töchter noch Beute noch alles, das sie genommen hatten; David brachte es alles wieder.

²⁰Und David nahm die Schafe und Rinder und trieb das Vieh vor sich her, und sie sprachen: Das ist Davids Raub.

²¹Und da David zu den zweihundert Männern kam, die zu müde gewesen, David nachzufolgen, und am Bach Besor geblieben waren, gingen sie heraus, David entgegen und dem Volk, das mit ihm war. Und David trat zum Volk und grüßte sie freundlich.

²²Da antworteten, was böse und lose Leute waren unter denen, die mit David gezogen waren, und sprachen: Weil sie nicht mit uns gezogen sind, soll man ihnen nichts geben von der Beute, die wir errettet haben; sondern ein jeglicher führe sein Weib und seine Kinder und gehe hin.

²³Da sprach David: Ihr sollt nicht so tun, Brüder, mit dem, was

uns der HERR gegeben hat, und hat uns behütet und diese Kriegsleute, die wider uns gekommen waren, in unsere Hände gegeben.

²⁴Wer sollte euch darin gehorchen? Wie das Teil derjenigen, die in den Streit hinabgezogen sind, so soll auch sein das Teil derjenigen, die bei dem Geräte geblieben sind, und soll gleich geteilt werden.

²⁵Das ist seit der Zeit und forthin in Israel Sitte und Recht geworden bis auf diesen Tag.

²⁶Und da David gen Ziklag kam, sandte er von der Beute den Ältesten in Juda, seinen Freunden, und sprach: Siehe, da habt ihr den Segen aus der Beute der Feinde des HERRN!

²⁷nämlich denen zu Beth-El, denen zu Ramoth im Mittagsland, denen zu Jatthir,

²⁸denen zu Aroer, denen zu Siphamoth, denen zu Esthemoa,

²⁹denen zu Rachal, denen in den Städten der Jerahmeeliter, denen in den Städten der Keniter,

³⁰denen zu Horma, denen zu Bor-Asan, denen zu Athach,

³¹denen zu Hebron und allen Orten, da David gewandelt hatte mit seinen Männern.

Kapitel 31

¹Die Philister aber stritten wider Israel; und die Männer Israels flohen vor den Philistern und fielen erschlagen auf dem Gebirge Gilboa.

²Und die Philister hingen sich an Saul und seine Söhne und erschlugen Jonathan und Abinadab und Malchisua, die Söhne Sauls.

³Und der Streit ward hart wider Saul, und die Schützen trafen auf ihn mit Bogen, und er ward sehr verwundet von den Schützen.

⁴Da sprach Saul zu seinem Waffenträger: Zieh dein Schwert aus und erstich mich damit, daß nicht diese Unbeschnittenen kommen und mich erstechen und treiben ihren Spott mit mir. Aber sein Waffenträger wollte nicht; denn er fürchtete sich sehr. Da nahm Saul das Schwert und fiel hinein.

⁵Da nun sein Waffenträger sah, daß Saul tot war, fiel er auch in sein Schwert und starb mit ihm.

⁶Also starb Saul und seine drei Söhne und sein Waffenträger und alle seine Männer zugleich auf diesen Tag.

⁷Da aber die Männer Israels, die jenseits des Grundes und gegen den Jordan hin waren, sahen, daß die Männer Israels geflohen waren, und daß Saul und seine Söhne tot waren, verließen sie die Städte und flohen auch; so kamen die Philister und wohnten darin.

⁸Des andern Tages kamen die Philister, die Erschlagenen auszuziehen, und fanden Saul und seine drei Söhne liegen auf dem Gebirge Gilboa

⁹und hieben ihm sein Haupt ab und zogen ihm seine Waffen ab und sandten sie in der Philister Land umher, zu verkündigen im Hause ihrer Götzen und unter dem Volk,

¹⁰und legten seine Rüstung in das Haus der Astharoth; aber seinen Leichnam hingen sie auf die Mauer zu Beth-Sean.

¹¹Da die zu Jabes in Gilead hörten, was die Philister Saul getan hatten,

¹²machten sie sich auf, was streitbare Männer waren, und gingen die ganze Nacht und nahmen die Leichname Sauls und seiner Söhne von der Mauer zu Beth-Sean und brachten sie gen Jabes und verbrannten sie daselbst

¹³und nahmen ihre Gebeine und begruben sie unter den Baum zu Jabes und fasteten sieben Tage.

2 Samuel

Kapitel 1

¹Nach dem Tode Sauls, da David von der Amalekiter Schlacht wiedergekommen und zwei Tage in Ziklag geblieben war,

²siehe, da kam am dritten Tage ein Mann aus dem Heer von Saul mit zerrissenen Kleidern und Erde auf seinem Haupt. Und da er zu David kam, fiel er zur Erde und beugte sich nieder.

³David aber sprach zu ihm: Wo kommst du her? Er sprach zu ihm: Aus dem Heer Israels bin ich entronnen.

⁴David sprach zu ihm: Sage mir, wie geht es zu? Er sprach: Das Volk ist geflohen vom Streit, und ist viel Volks gefallen; dazu ist Saul tot und sein Sohn Jonathan.

⁵David sprach zu dem Jüngling, der ihm solches sagte: Woher weißt du, daß Saul und Jonathan tot sind?

⁶Der Jüngling, der ihm solches sagte, sprach: Ich kam von ungefähr aufs Gebirge Gilboa, und siehe Saul lehnte sich auf seinen Spieß, und die Wagen und Reiter jagten hinter ihm her.

⁷Und er wandte sich um und sah mich und rief mich. Und ich sprach: Hier bin ich.

⁸Und er sprach zu mir: Wer bist du? Ich sprach zu ihm: Ich bin ein Amalekiter.

⁹Und er sprach zu mir: Tritt zu mir und töte mich; denn ich bin bedrängt umher, und mein Leben ist noch ganz in mir.

¹⁰Da trat ich zu ihm und tötete ihn; denn ich wußte wohl, daß er nicht leben konnte nach seinem Fall; und nahm die Krone von seinem Haupt und das Armgeschmeide von seinem Arm und habe es hergebracht zu dir, meinem Herrn.

¹¹Da faßte David seine Kleider und zerriß sie, und alle Männer, die bei ihm waren,

¹²und trugen Leid und weinten und fasteten bis an den Abend über Saul und Jonathan, seinen Sohn, und über das Volk des HERRN und über das Haus Israel, daß sie durchs Schwert gefallen waren.

¹³Und David sprach zu dem Jüngling, der es ihm ansagte: Wo bist du her? Er sprach: Ich bin eines Fremdlings, eines Amalekiters, Sohn.

¹⁴David sprach zu ihm: Wie, daß du dich nicht gefürchtet hast, deine Hand zu legen an den Gesalbten des HERRN, ihn zu verderben!

¹⁵Und David sprach zu seiner Jünglinge einem: Herzu, und schlag ihn! Und er schlug ihn, daß er starb.

¹⁶Da sprach David zu ihm: Dein Blut sei über deinem Kopf; denn dein Mund hat wider dich selbst geredet und gesprochen: Ich habe den Gesalbten des HERRN getötet.

¹⁷Und David klagte diese Klage über Saul und Jonathan, seinen Sohn,

¹⁸und befahl, man sollte die Kinder Juda das Bogenlied lehren. Siehe, es steht geschrieben im Buch der Redlichen:

¹⁹"Die Edelsten in Israel sind auf deiner Höhe erschlagen. Wie sind die Helden gefallen!

²⁰Sagt's nicht an zu Gath, verkündet's nicht auf den Gassen zu Askalon, daß sich nicht freuen die Töchter der Philister, daß nicht frohlocken die Töchter der Unbeschnittenen.

²¹Ihr Berge zu Gilboa, es müsse weder tauen noch regnen auf euch noch Äcker sein, davon Hebopfer kommen; denn daselbst ist den Helden ihr Schild abgeschlagen, der Schild Sauls, als wäre er nicht gesalbt mit Öl.

²²Der Bogen Jonathans hat nie gefehlt, und das Schwert Sauls ist nie leer wiedergekommen von dem Blut der Erschlagenen und vom Fett der Helden.

²³Saul und Jonathan, holdselig und lieblich in ihrem Leben, sind auch im Tode nicht geschieden; schneller waren sie denn die Adler und stärker denn die Löwen.

²⁴Ihr Töchter Israels, weint über Saul, der euch kleidete mit Scharlach säuberlich und schmückte euch mit goldenen Kleinoden an euren Kleidern.

²⁵Wie sind die Helden so gefallen im Streit! Jonathan ist auf deinen Höhen erschlagen.

²⁶Es ist mir Leid um dich, mein Bruder Jonathan: ich habe große Freude und Wonne an dir gehabt; deine Liebe ist mir sonderlicher gewesen, denn Frauenliebe ist.

²⁷Wie sind die Helden gefallen und die Streitbaren umgekommen!"

Kapitel 2

¹Nach dieser Geschichte fragte David den HERRN und sprach: Soll ich hinauf in der Städte Juda's eine ziehen? Und der HERR sprach zu ihm: Zieh hinauf! David sprach: Wohin? Er sprach: Gen Hebron.

²Da zog David dahin mit seinen zwei Weibern Ahinoam, der Jesreelitin, und Abigail, Nabals, des Karmeliten, Weib.

³Dazu die Männer, die bei ihm waren, führte David hinauf, einen jeglichen mit seinem Hause, und sie wohnten in den Städten Hebrons.

⁴Und die Männer Juda's kamen und salbten daselbst David zum König über das Haus Juda. Und da es David ward angesagt, daß die von Jabes in Gilead Saul begraben hatten,

⁵sandte er Boten zu ihnen und ließ ihnen sagen: Gesegnet seid ihr dem HERRN, daß ihr solche Barmherzigkeit an eurem Herrn Saul, getan und ihn begraben habt.

⁶So tue nun an euch der HERR Barmherzigkeit und Treue; und ich will euch auch Gutes tun, darum daß ihr solches getan habt.

⁷So seien nun eure Hände getrost, und seit freudig; denn euer Herr, Saul ist tot; so hat mich das Haus Juda zum König gesalbt über sich.

⁸Abner aber, der Sohn Ners, der Sauls Feldhauptmann war, nahm Is-Boseth, Sauls Sohn, und führte ihn gen Mahanaim

⁹und machte ihn zum König über Gilead, über die Asuriter, über Jesreel, Ephraim, Benjamin und über ganz Israel.

¹⁰Und Is-Boseth, Sauls Sohn, war vierzig Jahre alt, da er König ward über Israel, und regierte zwei Jahre. Aber das Haus Juda hielt es mit David.

¹¹Die Zeit aber, da David König war zu Hebron über das Haus Juda, war sieben Jahre und sechs Monate.

¹²Und Abner, der Sohn Ners, zog aus samt den Knechten Is-Boseths, des Sohnes Sauls, von Mahanaim, gen Gibeon;

¹³und Joab, der Zeruja Sohn, zog aus samt den Knechten Davids; und sie stießen aufeinander am Teich zu Gibeon, und lagerten sich diese auf dieser Seite des Teichs, jene auf jener Seite.

¹⁴Und Abner sprach zu Joab: Laß sich die Leute aufmachen und vor uns spielen. Joab sprach: Es gilt wohl.

¹⁵Da machten sich auf und gingen hin an der Zahl zwölf aus Benjamin auf Is-Boseths Teil, des Sohnes Sauls, und zwölf von den Knechten Davids.

¹⁶Und ein jeglicher ergriff den andern bei dem Kopf und stieß ihm sein Schwert in seine Seite, und fielen miteinander; daher der Ort genannt wird: Helkath-Hazzurim, der zu Gibeon ist.

¹⁷Und es erhob sich ein sehr harter Streit des Tages. Abner aber und die Männer Israels wurden geschlagen vor den Knechten Davids.

¹⁸Es waren aber drei Söhne der Zeruja daselbst: Joab, Abisai und Asahel. Asahel aber war von leichten Füßen wie ein Reh auf den Felde

¹⁹und jagte Abner nach und wich nicht weder zur Rechten noch zur Linken von Abner.

²⁰Da wandte sich Abner um und sprach: Bist du Asahel? Er sprach: Ja.

²¹Abner sprach zu ihm: Hebe dich entweder zur Rechten oder zur Linken und nimm für dich der Leute einen und nimm ihm sein Waffen. Aber Asahel wollte nicht von ihm ablassen.

²²Da sprach Abner weiter zu Asahel: Hebe dich von mir! Warum willst du, daß ich dich zu Boden schlage? Und wie dürfte ich mein Antlitz aufheben vor deinem Bruder Joab?

²³Aber er weigerte sich zu weichen. Da stach ihn Abner mit dem Schaft des Spießes in seinen Bauch, daß der Spieß hinten ausging; und er fiel daselbst und starb vor ihm. Und wer an den Ort kam, da Asahel tot lag, der stand still.

²⁴Aber Joab und Abisai jagten Abner nach, bis die Sonne unterging. Und da sie kamen auf den Hügel Amma, der vor Giah liegt auf dem Wege zur Wüste Gibeon,

²⁵versammelten sich die Kinder Benjamin hinter Abner her und wurden ein Haufe und traten auf eines Hügels Spitze.

²⁶Und Abner rief zu Joab und sprach: Soll denn das Schwert ohne Ende fressen? Weißt du nicht, daß hernach möchte mehr Jammer werden? Wie lange willst du dem Volk nicht sagen, daß es ablasse von seinen Brüdern?

²⁷Joab sprach: So wahr Gott lebt, hättest du heute morgen so gesagt, das Volk hätte ein jeglicher von seinem Bruder abgelassen.

²⁸Und Joab blies die Posaune, und alles Volk stand still und jagten nicht mehr Israel nach und stritten auch nicht mehr.

²⁹Abner aber und seine Männer gingen die ganze Nacht über das Blachfeld und gingen über den Jordan und wandelten durchs ganze

Bithron und kamen gen Mahanaim.

³⁰Joab aber wandte sich von Abner und versammelte das ganze Volk; und es fehlten an den Knechten Davids neunzehn Mann und Asahel.

³¹Aber die Knechte Davids hatten geschlagen unter Benjamin und den Männern Abner, daß dreihundertundsechzig Mann waren tot geblieben.

³²Und sie hoben Asahel auf und begruben ihn in seines Vaters Grab zu Bethlehem. Und Joab mit seinen Männern gingen die ganze Nacht, daß ihnen das Licht anbrach zu Hebron.

Kapitel 3

¹Und es war ein langer Streit zwischen dem Hause Sauls und dem Hause Davids. David aber nahm immer mehr zu, und das Haus Saul nahm immer mehr ab.

²Und es wurden David Kinder geboren zu Hebron: Sein erstgeborener Sohn: Amnon, von Ahinoam, der Jesreelitin;

³der zweite Chileab, von Abigail, Nabals Weib, des Karmeliten; der dritte: Absalom, der Sohn Maachas, der Tochter Thalmais, des Königs zu Gessur;

⁴der vierte: Adonia, der Sohn der Haggith; der fünfte: Sephatja, der Sohn der Abital;

⁵der sechste: Jethream, von Egla, dem Weib Davids. Diese sind David geboren zu Hebron.

⁶Als nun der Streit war zwischen dem Hause Sauls und dem Hause Davids, stärkte Abner das Haus Sauls.

⁷Und Saul hatte ein Kebsweib, die hieß Rizpa, eine Tochter Ajas. Und Is-Boseth sprach zu Abner: Warum hast du dich getan zu meines Vaters Kebsweib?

⁸Da ward Abner sehr zornig über die Worte Is-Boseths und sprach: Bin ich denn ein Hundskopf, der ich wider Juda an dem Hause Sauls, deines Vaters, und an seinen Brüdern und Freunden Barmherzigkeit tue und habe dich nicht in Davids Hände gegeben? Und du rechnest mir heute eine Missetat zu um ein Weib?

⁹Gott tue Abner dies und das, wenn ich nicht tue, wie der HERR dem David geschworen hat,

¹⁰daß das Königreich vom Hause Saul genommen werde und der Stuhl Davids aufgerichtet werde über Israel und Juda von Dan bis gen Beer-Seba.

¹¹Da konnte er fürder ihm kein Wort mehr antworten, so fürchtete er sich vor ihm.

¹²Und Abner sandte Boten zu David für sich und ließ ihm sagen: Wes ist das Land? Und sprach: Mache einen Bund mit mir; siehe, meine Hand soll mit dir sein, daß ich zu dir kehre das ganze Israel.

¹³Er sprach: Wohl, ich will einen Bund mit dir machen. Aber eins bitte ich von dir, daß du mein Angesicht nicht sehest, du bringst denn zuvor Michal, Sauls Tochter, wenn du kommst, mein Angesicht zu sehen.

¹⁴Auch sandte David Boten zu Is-Boseth, dem Sohn Sauls, und ließ ihm sagen: Gib mir mein Weib Michal, die ich mir verlobt habe mit hundert Vorhäuten der Philister.

¹⁵Is-Boseth sandte hin und ließ sie nehmen von dem Mann Paltiel, dem Sohn des Lais.

¹⁶Und ihr Mann ging mit ihr und weinte hinter ihr bis gen Bahurim. Da sprach Abner zu ihm: Kehre um und gehe hin! Und er kehrte um.

¹⁷Und Abner hatte eine Rede mit den Ältesten in Israel und sprach: Ihr habt schon längst nach David getrachtet, daß er König wäre über euch.

¹⁸So tut's nun; denn der HERR hat von David gesagt: Ich will mein Volk Israel erretten durch die Hand Davids, meines Knechtes, von der Philister Hand und aller seiner Feinde Hand.

¹⁹Auch redete Abner vor den Ohren Benjamins und ging auch hin, zu reden vor den Ohren Davids zu Hebron alles, was Israel und dem ganzen Hause Benjamin wohl gefiel.

²⁰Da nun Abner gen Hebron zu David kam und mit ihm zwanzig Mann, machte ihnen David ein Mahl.

²¹Und Abner sprach zu David: Ich will mich aufmachen und hingehen, daß ich das ganze Israel zu meinem Herrn, dem König, sammle und daß sie einen Bund mit dir machen, auf daß du König seist, wie es deine Seele begehrt. Also ließ David Abner von sich, daß er hinginge mit Frieden.

²²Und siehe, die Knechte Davids und Joab kamen von einem Streifzuge und brachten mit sich große Beute. Abner aber war nicht mehr bei David zu Hebron, sondern er hatte ihn von sich gelassen, daß er mit Frieden weggegangen war.

²³Da aber Joab und das ganze Heer mit ihm war gekommen, ward ihm angesagt, daß Abner, der Sohn Ners, zum König gekommen war und hatte er ihn von sich gelassen, daß er mit Frieden war weggegangen.

²⁴Da ging Joab zum König hinein und sprach: Was hast du getan? Siehe, Abner ist zu dir gekommen; warum hast du ihn von dir gelassen, daß er ist weggegangen?

²⁵Kennst du Abner, den Sohn Ners, nicht? Denn er ist gekommen, dich zu überreden, daß er erkennt deinen Ausgang und Eingang und erführe alles, was du tust.

²⁶Und da Joab von David ausging, sandte er Boten Abner nach, daß sie ihn wiederum holten von Bor-Hassira; und David wußte nichts darum.

²⁷Als nun Abner wieder gen Hebron kam, führte ihn Joab mitten unter das Tor, daß er heimlich mit ihm redete, und stach ihn daselbst in den Bauch, daß er starb, um seines Bruders Asahel Bluts willen.

²⁸Da das David hernach erfuhr, sprach er: Ich bin unschuldig und mein Königreich vor dem HERRN ewiglich an dem Blut Abners, des Sohnes Ners;

²⁹es falle aber auf das Haupt Joabs und auf seines Vaters ganzes Haus, und müsse nicht aufhören im Hause Joabs, der einen Eiterfluß und Aussatz habe und am Stabe gehe und durchs Schwert falle und an Brot Mangel habe.

³⁰Also erwürgten Joab und Abisai Abner, darum daß er ihren Bruder Asahel getötet hatte im Streit zu Gibeon.

³¹David aber sprach zu Joab und allem Volk, das mit ihm war: Zerreißt eure Kleider und gürtet Säcke um euch und tragt Leid um Abner! Und der König ging dem Sarge nach.

³²Und da sie Abner begruben zu Hebron, hob der König seine Stimme auf und weinte bei dem Grabe Abners, und weinte auch alles Volk.

³³Und der König klagte um Abner und sprach: Mußte Abner sterben, wie ein Ruchloser stirbt?

³⁴Deine Hände waren nicht gebunden, deine Füße waren nicht in Fesseln gesetzt; du bist gefallen, wie man vor bösen Buben fällt. Da beweinte ihn alles Volk noch mehr.

³⁵Da nun alles Volk hineinkam, mit David zu essen, da es noch hoch am Tage war, schwur David und sprach: Gott tue mir dies und das, wo ich Brot esse oder etwas koste, ehe die Sonne untergeht.

³⁶Und alles Volk erkannte es, und gefiel ihnen auch wohl, wie alles, was der König tat, dem ganzen Volke wohl gefiel;

³⁷und alles Volk und ganz Israel merkten des Tages, daß es nicht vom König war, daß Abner, der Sohn Ners, getötet ward.

³⁸Und der König sprach zu seinen Knechten: Wisset ihr nicht, daß auf diesen Tag ein Fürst und Großer gefallen ist in Israel?

³⁹Ich aber bin noch zart und erst gesalbt zum König. Aber die Männer, die Kinder der Zeruja, sind mir verdrießlich. Der HERR vergelte dem, der Böses tut, nach seiner Bosheit.

Kapitel 4

¹Da aber der Sohn Sauls hörte, daß Abner zu Hebron tot wäre, wurden seine Hände laß, und ganz Israel erschrak.

²Es waren aber zwei Männer, Hauptleute der streifenden Rotten unter dem Sohn Sauls; einer hieß Baana, der andere Rechab, Söhne Rimmons, des Beerothiters, aus den Kindern Benjamin. (Denn Beeroth ward auch unter Benjamin gerechnet;

³und die Beerothiter waren geflohen gen Gitthaim und wohnten daselbst gastweise bis auf den heutigen Tag.)

⁴Auch hatte Jonathan, der Sohn Sauls, einen Sohn, der war lahm an den Füßen, und war fünf Jahre alt, da das Geschrei von Saul und Jonathan aus Jesreel kam und seine Amme ihn aufhob und floh; und indem sie eilte und floh, fiel er und ward hinkend; und er hieß Mephiboseth.

⁵So gingen nun hin die Söhne Rimmons, des Beerothiters, Rechab und Baana, und kamen zum Hause Is-Boseths, da der Tag am heißesten war; und er lag auf seinem Lager am Mittag.

⁶Und sie kamen ins Haus, Weizen zu holen, und stachen ihn in den Bauch und entrannen.

⁷Denn da sie ins Haus kamen, lag er auf seinem Bette in seiner Schlafkammer; und sie stachen ihn tot und hieben ihm den Kopf ab und nahmen seinen Kopf und gingen hin des Weges auf dem Blachfelde die ganze Nacht

⁸und brachten das Haupt Is-Boseths zu David gen Hebron und sprachen zum König: Siehe, da ist das Haupt Is-Boseths, Sauls Sohnes, deines Feindes, der nach deiner Seele stand; der HERR hat heute meinen Herrn, den König, gerächt an Saul und an seinem Samen.

⁹Da antwortete ihnen David: So wahr der HERR lebt, der meine Seele aus aller Trübsal erlöst hat,

2 Samuel

¹⁰ich griff den, der mir verkündigte und sprach: Saul ist tot! und meinte, er wäre ein guter Bote, und erwürgte ihn zu Ziklag, dem ich sollte Botenlohn geben.

¹¹Und diese gottlosen Leute haben einen gerechten Mann in seinem Hause auf seinem Lager erwürgt. Ja, sollte ich das Blut nicht fordern von euren Händen und euch von der Erde tun?

¹²Und David gebot seinen Jünglingen; die erwürgten sie und hieben ihre Hände und Füße ab und hingen sie auf am Teich zu Hebron. Aber das Haupt Is-Boseths nahmen sie und gruben's in Abners Grab zu Hebron.

Kapitel 5

¹Und es kamen alle Stämme Israels zu David gen Hebron und sprachen: Siehe, wir sind deines Gebeins und deines Fleisches.

²Dazu auch vormals, da Saul über uns König war, führtest du Israel aus und ein. So hat der HERR dir gesagt: Du sollst mein Volk Israel hüten und sollst ein Herzog sein über Israel.

³Und es kamen alle Ältesten in Israel zum König gen Hebron. Und der König David machte mit ihnen einen Bund zu Hebron vor dem HERRN, und sie salbten David zum König über Israel.

⁴Dreißig Jahre war David alt, da er König ward, und regierte vierzig Jahre.

⁵Zu Hebron regierte er sieben Jahre und sechs Monate über Juda; aber zu Jerusalem regierte er dreiunddreißig Jahre über ganz Israel und Juda.

⁶Und der König zog hin mit seinen Männern gen Jerusalem wider die Jebusiter, die im Lande wohnten. Sie aber sprachen zu David: Du wirst nicht hier hereinkommen, sondern Blinde und Lahme werden dich abtreiben. Damit meinten sie aber, daß David nicht würde dahinein kommen.

⁷David aber gewann die Burg Zion, das ist Davids Stadt.

⁸Da sprach David desselben Tages: Wer die Jebusiter schlägt und erlangt die Dachrinnen, die Lahmen und die Blinden, denen die Seele Davids feind ist...! Daher spricht man: Laß keinen Blinden und Lahmen ins Haus kommen.

⁹Also wohnte David auf der Burg und hieß sie Davids Stadt. Und David baute ringsumher von Millo an einwärts.

¹⁰Und David nahm immer mehr zu, und der HERR, der Gott Zebaoth, war mit ihm.

¹¹Und Hiram, der König zu Tyrus sandte Boten zu David und Zedernbäume und Zimmerleute und Steinmetzen, daß sie David ein Haus bauten.

¹²Und David merkte, daß ihn der HERR zum König über Israel bestätigt hatte und sein Königreich erhöht um seines Volks Israel willen.

¹³Und David nahm noch mehr Weiber und Kebsweiber zu Jerusalem, nachdem er von Hebron gekommen war; und wurden ihm noch mehr Söhne und Töchter geboren.

¹⁴Und das sind die Namen derer, die ihm zu Jerusalem geboren sind: Sammua, Sobab, Nathan, Salomo,

¹⁵Jibhar, Elisua, Nepheg, Japhia,

¹⁶Elisama, Eljada, Eliphelet.

¹⁷Und da die Philister hörten, daß man David zum König über Israel gesalbt hatte, zogen sie alle herauf, David zu suchen. Da das David erfuhr, zog er hinab in eine Burg.

¹⁸Aber die Philister kamen und ließen sich nieder im Grunde Rephaim.

¹⁹Und David fragte den HERRN und sprach: Soll ich hinaufziehen wider die Philister? und willst du sie in meine Hand geben? Der HERR sprach zu David: Zieh hinauf! ich will die Philister in deine Hände geben.

²⁰Und David kam gen Baal-Perazim und schlug sie daselbst und sprach: Der HERR hat meine Feinde vor mir voneinander gerissen, wie die Wasser reißen. Daher hieß man den Ort Baal-Perazim.

²¹Und sie ließen ihre Götzen daselbst; David aber und seine Männer hoben sie auf.

²²Die Philister aber zogen abermals herauf und ließen sich nieder im Grunde Rephaim.

²³Und David fragte den HERRN; der sprach: Du sollst nicht hinaufziehen, sondern komm von hinten zu ihnen, daß du an sie kommst gegenüber den Maulbeerbäumen.

²⁴Und wenn du hörst das Rauschen auf den Wipfeln der Maulbeerbäume einhergehen, so eile; denn der HERR ist dann ausgegangen vor dir her, zu schlagen das Heer der Philister.

²⁵David tat, wie ihm der HERR geboten hatte, und schlug die Philister von Geba an, bis man kommt gen Geser.

Kapitel 6

¹Und David sammelte abermals alle junge Mannschaft in Israel, dreißigtausend,

²und machte sich auf und ging hin mit allem Volk, das bei ihm war, gen Baal in Juda, daß er die Lade Gottes von da heraufholte, deren Name heißt: Der Name des HERRN Zebaoth wohnt darauf über den Cherubim.

³Und sie ließen die Lade Gottes führen auf einen neuen Wagen und holten sie aus dem Hause Abinadabs, der auf dem Hügel wohnte. Usa aber und Ahjo, die Söhne Abinadabs, trieben den neuen Wagen.

⁴Und da sie ihn mit der Lade Gottes aus dem Hause Abinadabs führten, der auf einem Hügel wohnte, und Ahjo vor der Lade her ging,

⁵spielte David und das ganze Haus Israel vor dem HERRN her mit allerlei Saitenspiel von Tannenholz, mit Harfen und Psaltern und Pauken und Schellen und Zimbeln.

⁶Und da sie kamen zu Tenne Nachons, griff Usa zu und hielt die Lade Gottes; denn die Rinder traten beiseit aus.

⁷Da ergrimmte des HERRN Zorn über Usa, und Gott schlug ihn daselbst um seines Frevels willen, daß er daselbst starb bei der Lade Gottes.

⁸Da ward David betrübt, daß der HERR den Usa so wegriß, und man hieß die Stätte Perez-Usa bis auf diesen Tag.

⁹Und David fürchtete sich vor dem HERRN des Tages und sprach: Wie soll die Lade des HERRN zu mir kommen?

¹⁰Und wollte sie nicht lassen zu sich bringen in die Stadt Davids, sondern ließ sie bringen ins Haus Obed-Edoms, des Gathiters.

¹¹Und da die Lade des HERRN drei Monate blieb im Hause Obed-Edoms, des Gathiters, segnete ihn der HERR und sein ganzes Haus.

¹²Und es ward dem König David angesagt, daß der HERR das Haus Obed-Edoms segnete und alles, was er hatte, um der Lade Gottes willen. Da ging er hin und holte die Lade Gottes aus dem Hause Obed-Edoms herauf in die Stadt Davids mit Freuden.

¹³Und da sie einhergegangen waren mit der Lade des HERRN sechs Gänge, opferte man einen Ochsen und ein fettes Schaf.

¹⁴Und David tanzte mit aller Macht vor dem HERR her und war begürtet mit einem leinenen Leibrock.

¹⁵Und David samt dem ganzen Israel führten die Lade des HERRN herauf mit Jauchzen und Posaunen.

¹⁶Und da die Lade des HERRN in die Stadt Davids kam, sah Michal, die Tochter Sauls, durchs Fenster und sah den König David springen und tanzen vor dem HERRN und verachtete ihn in ihrem Herzen.

¹⁷Da sie aber die Lade des HERRN hereinbrachten, stellten sie die an ihren Ort mitten in der Hütte, die David für sie hatte aufgeschlagen. Und David opferte Brandopfer und Dankopfer vor dem HERRN.

¹⁸Und da David hatte ausgeopfert die Brandopfer und Dankopfer, segnete er das Volk in dem Namen des HERRN Zebaoth

¹⁹und teilte aus allem Volk, der ganzen Menge Israels, sowohl Mann als Weib, einem jeglichen einen Brotkuchen und ein Stück Fleisch und ein halbes Maß Wein. Da kehrte alles Volk heim, ein jeglicher in sein Haus.

²⁰Da aber David wiederkam sein Haus zu grüßen, ging Michal, die Tochter Sauls, heraus ihm entgegen und sprach: Wie herrlich ist heute der König von Israel gewesen, der sich vor den Mägden seiner Knechte entblößt hat, wie sich die losen Leute entblößen!

²¹David aber sprach zu Michal: Ich will vor dem HERRN spielen, der mich erwählt hat vor deinem Vater und vor allem seinem Hause, daß er mir befohlen hat, ein Fürst zu sein über das Volk des HERRN, über Israel,

²²Und ich will noch geringer werden denn also und will niedrig sein in meinen Augen, und mit den Mägden, von denen du geredet hast, zu Ehren kommen.

²³Aber Michal, Sauls Tochter, hatte kein Kind bis an den Tag ihres Todes.

Kapitel 7

¹Da nun der König in seinem Hause saß und der HERR ihm Ruhe gegeben hatte von allen seinen Feinden umher,

²sprach er zu dem Propheten Nathan: Siehe, ich wohne in einem Zedernhause, und die Lade Gottes wohnt unter den Teppichen.

³Nathan sprach zu dem König: Gehe hin; alles, was du in deinem Herzen hast, das tue, denn der HERR ist mit dir.

⁴Des Nachts aber kam das Wort des HERRN zu Nathan und sprach:

⁵Gehe hin und sage meinem Knechte David: So spricht der HERR: Solltest du mir ein Haus bauen, daß ich darin wohne?

⁶Habe ich doch in keinem Hause gewohnt seit dem Tage, da ich

die Kinder Israel aus Ägypten führte, bis auf diesen Tag, sondern ich habe gewandelt in der Hütte und Wohnung.

⁷Wo ich mit allen Kinder Israel hin wandelte, habe ich auch je geredet mit irgend der Stämme Israels einem, dem ich befohlen habe, mein Volk Israel zu weiden, und gesagt: Warum baut ihr mir nicht ein Zedernhaus?

⁸So sollst du nun so sagen meinem Knechte David: So spricht der HERR Zebaoth: Ich habe dich genommen von den Schafhürden, daß du sein solltest ein Fürst über mein Volk Israel,

⁹und bin mit dir gewesen, wo du hin gegangen bist, und habe alle deine Feinde vor dir ausgerottet und habe dir einen großen Namen gemacht wie der Name der Großen auf Erden.

¹⁰Und ich will meinem Volk Israel einen Ort setzen und will es pflanzen, daß es daselbst wohne und nicht mehr in der Irre gehe, und es Kinder der Bosheit nicht mehr drängen wie vormals und seit der Zeit, daß ich Richter über mein Volk Israel verordnet habe;

¹¹und will Ruhe geben von allen deinen Feinden. Und der HERR verkündigt dir, daß der HERR dir ein Haus machen will.

¹²Wenn nun deine Zeit hin ist, daß du mit deinen Vätern schlafen liegst, will ich deinen Samen nach dir erwecken, der von deinem Leibe kommen soll; dem will ich sein Reich bestätigen.

¹³Der soll meinem Namen ein Haus bauen, und ich will den Stuhl seines Königreichs bestätigen ewiglich.

¹⁴Ich will sein Vater sein, und er soll mein Sohn sein. Wenn er eine Missetat tut, will ich ihn mit Menschenruten und mit der Menschenkinder Schlägen strafen;

¹⁵aber meine Barmherzigkeit soll nicht von ihm entwandt werden, wie ich sie entwandt habe von Saul, den ich vor dir habe weggenommen.

¹⁶Aber dein Haus und dein Königreich soll beständig sein ewiglich vor dir, und dein Stuhl soll ewiglich bestehen.

¹⁷Da Nathan alle diese Worte und all dies Gesicht David gesagt hatte,

¹⁸kam David, der König, und blieb vor dem Herrn und sprach: Wer bin ich, HERR HERR, und was ist mein Haus, daß du mich bis hierher gebracht hast?

¹⁹Dazu hast du das zu wenig geachtet HERR HERR, sondern hast dem Hause deines Knechts noch von fernem Zukünftigem geredet, und das nach Menschenweise, HERR HERR!

²⁰Und was soll David mehr reden mit dir? Du erkennst deinen Knecht, HERR HERR!

²¹Um deines Wortes willen und nach deinem Herzen hast du solche großen Dinge alle getan, daß du sie deinem Knecht kundtätest.

²²Darum bist du auch groß geachtet, HERR, Gott; denn es ist keiner wie du und ist kein Gott als du, nach allem, was wir mit unsern Ohren gehört haben.

²³Denn wo ist ein Volk auf Erden wie dein Volk Israel, um welches willen Gott ist hingegangen, sich ein Volk zu erlösen und sich einen Namen zu machen und solch große und schreckliche Dinge zu tun in deinem Lande vor deinem Volk, welches du dir erlöst hast von Ägypten, von den Heiden und ihren Göttern?

²⁴Und du hast dir dein Volk Israel zubereitet, dir zum Volk in Ewigkeit; und du, HERR, bist ihr Gott geworden.

²⁵So bekräftige nun, HERR, Gott, das Wort in Ewigkeit, das du über deinen Knecht und über sein Haus geredet hast, und tue, wie du geredet hast!

²⁶So wird dein Name groß werden in Ewigkeit, daß man wird sagen: Der HERR Zebaoth ist der Gott über Israel, und das Haus deines Knechtes David wird bestehen vor dir.

²⁷Denn du, HERR Zebaoth, du Gott Israels, hast das Ohr deines Knechts geöffnet und gesagt: Ich will dir ein Haus bauen. Darum hat dein Knecht sein Herz gefunden, daß er dieses Gebet zu dir betet.

²⁸Nun, HERR HERR, du bist Gott, und deine Worte werden Wahrheit sein. Du hast solches Gute über deinen Knecht geredet.

²⁹So hebe nun an und segne das Haus deines Knechtes, daß es ewiglich vor dir sei; denn du, HERR HERR, hast's geredet, und mit deinem Segen wird deines Knechtes Haus gesegnet ewiglich.

Kapitel 8

¹Und es begab sich darnach, daß David die Philister schlug und schwächte sie und nahm den Dienstzaum von der Philister Hand.

²Er schlug auch die Moabiter also zu Boden, daß er zwei Teile zum Tode brachte und einen Teil am Leben ließ. Also wurden die Moabiter David untertänig, daß sie ihm Geschenke zutrugen.

³David schlug auch Hadadeser, den Sohn Rehobs, König zu Zoba, da er hinzog, seine Macht wieder zu holen an dem Wasser Euphrat.

⁴Und David fing aus ihnen tausendundsiebenhundert Reiter und zwanzigtausend Mann Fußvolk und verlähmte alle Rosse der Wagen und behielt übrig hundert Wagen.

⁵Es kamen aber die Syrer von Damaskus, zu helfen Hadadeser, dem König zu Zoba; und David schlug der Syrer zweiundzwanzigtausend Mann

⁶und legte Volk in das Syrien von Damaskus. Also ward Syrien David untertänig, daß sie ihm Geschenke zutrugen. Denn der HERR half David, wo er hin zog.

⁷Und David nahm die goldenen Schilde, die Hadadesers Knechte gehabt hatten, und brachte sie gen Jerusalem.

⁸Aber von Betah und Berothai, den Städten Hadadesers, nahm der König David sehr viel Erz.

⁹Da aber Thoi, der König zu Hamath, hörte, daß David hatte alle Macht des Hadadesers geschlagen,

¹⁰sandte er Joram, seinen Sohn, zu David, ihn freundlich zu grüßen und ihn zu segnen, daß er wider Hadadeser gestritten und ihn geschlagen hatte (denn Thoi hatte einen Streit mit Hadadeser): und er hatte mit sich silberne, goldene und eherne Kleinode,

¹¹welche der König David auch dem HERR heiligte samt dem Silber und Gold, das er heiligte von allen Heiden, die er unter sich gebracht;

¹²von Syrien, von Moab, von den Kindern Ammon, von den Philistern, von Amalek, von der Beute Hadadesers, des Sohnes Rehobs, König zu Zoba.

¹³Auch machte sich David einen Namen da er wiederkam von der Syrer Schlacht und schlug im Salztal achtzehntausend Mann,

¹⁴und legte Volk in ganz Edom, und ganz Edom war David unterworfen; denn der HERR half David, wo er hin zog.

¹⁵Also war David König über ganz Israel, und schaffte Recht und Gerechtigkeit allem Volk.

¹⁶Joab, der Zeruja Sohn, war über das Heer; Josaphat aber, der Sohn Ahiluds war Kanzler;

¹⁷Zadok, der Sohn Ahitobs, und Ahimelech, der Sohn Abjathars, waren Priester; Seraja war Schreiber;

¹⁸Benaja, der Sohn Jojadas, war über die Krether und Plether, und die Söhne Davids waren Priester.

Kapitel 9

¹Und David sprach: Ist auch noch jemand übriggeblieben von dem Hause Sauls, daß ich Barmherzigkeit an ihm tue um Jonathans willen?

²Es war aber ein Knecht vom Hause Sauls, der hieß Ziba; den riefen sie zu David. Und der König sprach zu ihm: Bist du Ziba? Er sprach: Ja, dein Knecht.

³Der König sprach: Ist noch jemand vom Hause Sauls, daß ich Gottes Barmherzigkeit an ihm tue? Ziba sprach: Es ist noch da ein Sohn Jonathans, lahm an den Füßen.

⁴Der König sprach zu ihm: Wo ist er? Ziba sprach zum König: Siehe, er ist zu Lo-Dabar im Hause Machirs, des Sohnes Ammiels.

⁵Da sandte der König David hin und ließ ihn holen von Lo-Dabar aus dem Hause Machirs, des Sohnes Ammiels.

⁶Da nun Mephiboseth, der Sohn Jonathans, des Sohnes Sauls, zu David kam, fiel er auf sein Angesicht und beugte sich nieder. David aber sprach: Mephiboseth! Er sprach: Hier bin ich, dein Knecht.

⁷David sprach zu ihm: Fürchte dich nicht; denn ich will Barmherzigkeit an dir tun um Jonathans, deines Vaters, willen und will dir allen Acker deines Vaters Saul wiedergeben; du sollst aber täglich an meinem Tisch das Brot essen.

⁸Er aber fiel nieder und sprach: Wer bin ich, dein Knecht, daß du dich wendest zu einem toten Hunde, wie ich bin?

⁹Da rief der König Ziba, den Diener Sauls, und sprach zu ihm: Alles, was Saul gehört hat und seinem ganzen Hause, habe ich dem Sohn deines Herrn gegeben.

¹⁰So arbeite ihm nun seinen Acker, du und deine Kinder und Knechte, und bringe es ein, daß es das Brot sei des Sohnes deines Herrn, daß er sich nähre; aber Mephiboseth, deines Herrn Sohn, soll täglich das Brot essen an meinem Tisch. Ziba aber hatte fünfzehn Söhne und zwanzig Knechte.

¹¹Und Ziba sprach zum König: Alles, wie mein Herr, der König, seinem Knecht geboten hat, so soll dein Knecht tun. Und Mephiboseth (sprach David) esse an meinem Tisch wie der Königskinder eins.

¹²Und Mephiboseth hatte einen kleinen Sohn, der hieß Micha. Aber alles, was im Hause Zibas wohnte, das diente Mephiboseth.

¹³Mephiboseth aber wohnte zu Jerusalem; denn er aß täglich an des Königs Tisch, und er hinkte mit seinen beiden Füßen.

2 Samuel

Kapitel 10

¹Und es begab sich darnach, daß der König der Kinder Ammon starb, und sein Sohn Hanun ward König an seiner Statt.

²Da sprach David: Ich will Barmherzigkeit tun an Hanun, dem Sohn Nahas, wie sein Vater an mir Barmherzigkeit getan hat. Und sandte hin und ließ ihn trösten durch seine Knechte über seinen Vater. Da nun die Knechte Davids ins Land der Kinder Ammon kamen,

³sprachen die Gewaltigen der Kinder Ammon zu ihrem Herrn, Hanun: Meinst du, daß David deinen Vater ehren wolle, daß er Tröster zu dir gesandt hat? Meinst du nicht, daß er darum hat seine Knechte zu dir gesandt, daß er die Stadt erforsche und erkunde und umkehre?

⁴Da nahm Hanun die Knechte David und schor ihnen den Bart halb und schnitt ihnen die Kleider halb ab bis an den Gürtel und ließ sie gehen.

⁵Da das David ward angesagt, sandte er ihnen entgegen; denn die Männer waren sehr geschändet. Und der König ließ ihnen sagen: Bleibt zu Jericho, bis euer Bart gewachsen; so kommt dann wieder.

⁶Da aber die Kinder Ammon sahen, daß sie vor David stinkend geworden waren, sandten sie hin und dingten die Syrer des Hauses Rehob und die Syrer zu Zoba, zwanzigtausend Mann Fußvolk, und von dem König Maachas tausend Mann und von Is-Tob zwölftausend Mann.

⁷Da das David hörte, sandte er Joab mit dem ganzen Heer der Kriegsleute.

⁸Und die Kinder Ammon zogen aus und rüsteten sich zum Streit vor dem Eingang des Tors. Die Syrer aber von Zoba, von Rehob, von Is-Tob und von Maacha waren allein im Felde.

⁹Da Joab nun sah, daß der Streit auf ihn gestellt war vorn und hinten, erwählte er aus aller jungen Mannschaft in Israel und stellte sich wider die Syrer.

¹⁰Und das übrige Volk tat er unter die Hand seines Bruders Abisai, daß er sich rüstete wider die Kinder Ammon,

¹¹und sprach: Werden mir die Syrer überlegen sein, so komm mir zu Hilfe; werden aber die Kinder Ammon dir überlegen sein, so will ich dir zu Hilfe kommen.

¹²Sei getrost und laß uns stark sein für unser Volk und für die Städte unsers Gottes; der HERR aber tue, was ihm gefällt.

¹³Und Joab machte sich herzu mit dem Volk, das bei ihm war, zu streiten wider die Syrer; und sie flohen vor ihm.

¹⁴Und da die Kinder Ammon sahen, daß die Syrer flohen, flohen sie auch vor Abisai und zogen in die Stadt. Also kehrte Joab um von den Kindern Ammon und kam gen Jerusalem.

¹⁵Und da die Syrer sahen, daß sie geschlagen waren vor Israel, kamen sie zuhauf.

¹⁶Und Hadadeser sandte hin und brachte heraus die Syrer jenseit des Stromes und führte herein ihre Macht; und Sobach, der Feldhauptmann Hadadesers, zog vor ihnen her.

¹⁷Da das David ward angesagt, sammelte er zuhauf das ganze Israel und zog über den Jordan und kam gen Helam. Und die Syrer stellten sich wider David, mit ihm zu streiten.

¹⁸Aber die Syrer flohen vor Israel. Und David verderbte der Syrer siebenhundert Wagen und vierzigtausend Reiter; dazu Sobach, den Feldhauptmann, schlug er, daß er daselbst starb.

¹⁹Da aber die Könige, die unter Hadadeser waren, sahen, daß sie geschlagen waren vor Israel, machten sie Frieden mit Israel und wurden ihnen untertan. Und die Syrer fürchteten sich, den Kindern Ammon mehr zu helfen.

Kapitel 11

¹Und da das Jahr um kam, zur Zeit, wann die Könige pflegen auszuziehen, sandte David Joab und seine Knechte mit ihm das ganze Israel, daß sie die Kinder Ammon verderbten und Rabba belagerten. David aber blieb zu Jerusalem.

²Und es begab sich, daß David um den Abend aufstand von seinem Lager und ging auf dem Dach des Königshauses und sah vom Dach ein Weib sich waschen; und das Weib war sehr schöner Gestalt.

³Und David sandte hin und ließ nach dem Weibe fragen, und man sagte: Ist das nicht Bath-Seba, die Tochter Eliams, das Weib des Urias, des Hethiters?

⁴Und David sandte Boten hin und ließ sie holen. Und da sie zu ihm hineinkam, schlief er bei ihr. Sie aber reinigte sich von ihrer Unreinigkeit und kehrte wieder zu ihrem Hause.

⁵Und das Weib ward schwanger und sandte hin und ließ David verkündigen und sagen: Ich bin schwanger geworden.

⁶David aber sandte zu Joab: Sende zu mir Uria, den Hethiter. Und Joab sandte Uria zu David.

⁷Und da Uria zu ihm kam, fragte David, ob es mit Joab und mit dem Volk und mit dem Streit wohl stünde?

⁸Und David sprach zu Uria: Gehe hinab in dein Haus und wasche deine Füße. Und da Uria zu des Königs Haus hinausging, folgte ihm nach des Königs Geschenk.

⁹Aber Uria legte sich schlafen vor der Tür des Königshauses, da alle Knechte seines Herrn lagen, und ging nicht hinab in sein Haus.

¹⁰Da man aber David ansagte: Uria ist nicht hinab in sein Haus gegangen, sprach David zu ihm: Bist du nicht über Feld hergekommen? Warum bist du nicht hinab in dein Haus gegangen?

¹¹Uria aber sprach zu David: Die Lade und Israel und Juda bleiben in Zelten, und Joab, mein Herr, und meines Herrn Knechte liegen im Felde, und ich sollte in mein Haus gehen, daß ich äße und tränke und bei meinem Weibe läge? So wahr du lebst und deine Seele lebt, ich tue solches nicht.

¹²David sprach zu Uria: So bleibe auch heute hier; morgen will ich dich lassen gehen. So blieb Uria zu Jerusalem des Tages und des andern dazu.

¹³Und David lud ihn, daß er vor ihm aß und trank, und machte ihn trunken. Aber des Abends ging er aus, daß er sich schlafen legte auf sein Lager mit seines Herrn Knechten, und ging nicht hinab in sein Haus.

¹⁴Des Morgens schrieb David einen Brief an Joab und sandte ihn durch Uria.

¹⁵Er schrieb aber also in den Brief: Stellt Uria an den Streit, da er am härtesten ist, und wendet euch hinter ihm ab, daß er erschlagen werde und sterbe.

¹⁶Als nun Joab um die Stadt lag, stellte er Uria an den Ort, wo er wußte, daß streitbare Männer waren.

¹⁷Und da die Männer der Stadt herausfielen und stritten wider Joab, fielen etliche des Volks von den Knechten Davids, und Uria, der Hethiter, starb auch.

¹⁸Da sandte Joab hin und ließ David ansagen allen Handel des Streits

¹⁹und gebot dem Boten und sprach: Wenn du allen Handel des Streits hast ausgeredet mit dem König

²⁰und siehst, daß der König sich erzürnt und zu dir spricht: Warum habt ihr euch so nahe zur Stadt gemacht mit dem Streit? Wißt ihr nicht, wie man pflegt von der Mauer zu schießen?

²¹Wer schlug Abimelech, den Sohn Jerubbeseths? Warf nicht ein Weib einen Mühlstein auf ihn von der Mauer, daß er starb zu Thebez? Warum habt ihr euch so nahe zur Mauer gemacht? so sollst du sagen: Dein Knecht Uria, der Hethiter, ist auch tot.

²²Der Bote ging hin und kam und sagte an David alles, darum ihn Joab gesandt hatte.

²³Und der Bote sprach zu David: Die Männer nahmen überhand wider uns und fielen zu uns heraus aufs Feld; wir aber waren an ihnen bis vor die Tür des Tors;

²⁴und die Schützen schossen von der Mauer auf deine Knechte und töteten etliche von des Königs Knechten; dazu ist Uria, der Hethiter, auch tot.

²⁵David sprach zum Boten: So sollst du zu Joab sagen: Laß dir das nicht übel gefallen; denn das Schwert frißt jetzt diesen, jetzt jenen. Fahre fort mit dem Streit wider die Stadt, daß du sie zerbrechest, und seid getrost.

²⁶Und da Urias Weib hörte, daß ihr Mann, Uria, tot war, trug sie Leid um ihren Eheherrn.

²⁷Da sie aber ausgetrauert hatte, sandte David hin und ließ sie in sein Haus holen, und sie ward sein Weib und gebar ihm einen Sohn. Aber die Tat gefiel dem HERRN übel, die David tat.

Kapitel 12

¹Und der HERR sandte Nathan zu David. Da der zu ihm kam, sprach er zu ihm: Es waren zwei Männer in einer Stadt, einer reich, der andere arm.

²Der Reiche hatte sehr viele Schafe und Rinder;

³aber der Arme hatte nichts denn ein einziges kleines Schäflein, das er gekauft hatte. Und er nährte es, daß es groß ward bei ihm und bei seinen Kindern zugleich: es aß von seinem Bissen und trank von seinem Becher und schlief in seinem Schoß, und er hielt es wie eine Tochter.

⁴Da aber zu dem reichen Mann ein Gast kam, schonte er zu nehmen von seinen Schafen und Rindern, daß er dem Gast etwas zurichtete, der zu ihm gekommen war, und nahm das Schaf des armen Mannes und richtete es zu dem Mann, der zu ihm gekommen war.

⁵Da ergrimmte David mit großem Zorn wider den Mann und sprach zu Nathan: So wahr der HERR lebt, der Mann ist ein Kind des Todes, der das getan hat!

⁶Dazu soll er vierfältig bezahlen, darum daß er solches getan hat und nicht geschont hat.

⁷Da sprach Nathan zu David: Du bist der Mann! So spricht der HERR, der Gott Israels: Ich habe dich zum König gesalbt über Israel und habe dich errettet aus der Hand Sauls,

⁸und habe dir deines Herrn Haus gegeben, dazu seine Weiber in deinen Schoß, und habe dir das Haus Israel und Juda gegeben; und ist das zu wenig, will ich noch dies und das dazutun.

⁹Warum hast du denn das Wort des HERRN verachtet, daß du solches Übel vor seinen Augen tatest? Uria, den Hethiter, hast du erschlagen mit dem Schwert; sein Weib hast du dir zum Weib genommen; ihn aber hast du erwürgt mit dem Schwert der Kinder Ammon.

¹⁰Nun so soll von deinem Hause das Schwert nicht lassen ewiglich, darum daß du mich verachtet hast und das Weib Urias, des Hethiters, genommen hast, daß sie dein Weib sei.

¹¹So spricht der HERR: Siehe, ich will Unglück über dich erwecken aus deinem eigenen Hause und will deine Weiber nehmen vor deinen Augen und will sie deinem Nächsten geben, daß er bei deinen Weibern schlafen soll an der lichten Sonne.

¹²Denn du hast es heimlich getan; ich aber will dies tun vor dem ganzen Israel und an der Sonne.

¹³Da sprach David zu Nathan: Ich habe gesündigt wider den HERRN. Nathan sprach zu David: So hat auch der HERR deine Sünde weggenommen; du wirst nicht sterben.

¹⁴Aber weil du die Feinde des HERRN hast durch diese Geschichte lästern gemacht, wird der Sohn, der dir geboren ist, des Todes sterben.

¹⁵Und Nathan ging heim. Und der HERR schlug das Kind, das Urias Weib David geboren hatte, daß es todkrank ward.

¹⁶Und David suchte Gott um des Knäbleins willen und fastete und ging hinein und lag über Nacht auf der Erde.

¹⁷Da standen auf die Ältesten seines Hauses und wollten ihn aufrichten von der Erde; er wollte aber nicht und aß auch nicht mit ihnen.

¹⁸Am siebenten Tage aber starb das Kind. Und die Knechte Davids fürchteten sich ihm anzusagen, daß das Kind tot wäre; denn sie gedachten: Siehe, da das Kind noch lebendig war, redeten wir mit ihm, und er gehorchte unsrer Stimme nicht; wie viel mehr wird er sich wehe tun, so wir sagen: Das Kind ist tot.

¹⁹Da aber David sah, daß seine Knechte leise redeten, und merkte, daß das Kind tot wäre, sprach er zu seinen Knechten: Ist das Kind tot? Sie sprachen: Ja.

²⁰Da stand David auf von der Erde und wusch sich und salbte sich und tat andere Kleider an und ging in das Haus des HERRN und betete an. Und da er wieder heimkam, hieß er ihm Brot auftragen und aß.

²¹Da sprachen seine Knechte zu ihm: Was ist das für ein Ding, das du tust? Da das Kind lebte, fastetest du und weintest; aber nun es gestorben ist, stehst du auf und ißt?

²²Er sprach: Um das Kind fastete ich und weinte, da es lebte; denn ich gedachte: Wer weiß, ob mir der HERR nicht gnädig wird, daß das Kind lebendig bleibe.

²³Nun es aber tot ist, was soll ich fasten? Kann ich es auch wiederum holen? Ich werde wohl zu ihm fahren; es kommt aber nicht zu mir.

²⁴Und da David sein Weib Bath-Seba getröstet hatte, ging er zu ihr hinein und schlief bei ihr. Und sie gebar ihm einen Sohn, den hieß er Salomo. Und der HERR liebte ihn.

²⁵Und er tat ihn unter die Hand Nathans, des Propheten; der hieß ihn Jedidja, um des HERRN willen.

²⁶So stritt nun Joab wider Rabba der Kinder Ammon königliche Stadt

²⁷und sandte Boten zu David und ließ ihm sagen: Ich habe gestritten wider Rabba und habe auch gewonnen die Wasserstadt.

²⁸So nimm nun zuhauf das übrige Volk und belagere die Stadt und gewinne sie, auf daß ich sie nicht gewinne und ich den Namen davon habe.

²⁹Also nahm David alles Volk zuhauf und zog hin und stritt wider Rabba und gewann es

³⁰und nahm die Krone seines Königs von seinem Haupt, die am Gewicht einen Zentner Gold hatte und Edelgesteine, und sie ward David auf sein Haupt gesetzt; und er führte aus der Stadt sehr viel Beute.

³¹Aber das Volk drinnen führte er heraus und legte sie unter eiserne Sägen und Zacken und eiserne Keile und verbrannte sie in Ziegelöfen. So tat er allen Städten der Kinder Ammon. Da kehrte David und alles Volk wieder gen Jerusalem.

Kapitel 13

¹Und es begab sich darnach, daß Absalom, der Sohn Davids, hatte eine schöne Schwester, die hieß Thamar; und Amnon, der Sohn Davids, gewann sie lieb.

²Und dem Amnon ward wehe, als wollte er krank werden um Thamars, seiner Schwester, willen. Denn sie war eine Jungfrau, und es deuchte Amnon schwer sein, daß er ihr etwas sollte tun.

³Amnon aber hatte einen Freund, der hieß Jonadab, ein Sohn Simeas, Davids Bruders; und derselbe Jonadab war ein sehr weiser Mann.

⁴Der sprach zu ihm: Warum wirst du so mager, du Königssohn, von Tag zu Tag? Magst du mir's nicht ansagen? Da sprach Amnon zu ihm: Ich habe Thamar, meines Bruders Absalom Schwester, liebgewonnen.

⁵Jonadab sprach zu ihm: Lege dich auf dein Bett und stelle dich krank. Wenn dann dein Vater kommt, dich zu besuchen, so sprich zu ihm: Laß doch meine Schwester Thamar kommen, daß sie mir zu essen gebe und mache vor mir das Essen, daß ich zusehe und von ihrer Hand esse.

⁶Also legte sich Amnon und stellte sich krank. Da nun der König kam, ihn zu besuchen, sprach Amnon zum König: Laß doch meine Schwester Thamar kommen, daß sie vor mir einen Kuchen oder zwei mache und ich von ihrer Hand esse.

⁷Da sandte David nach Thamar ins Haus und ließ ihr sagen: Gehe hin ins Haus deines Bruders Amnon und mache ihm eine Speise.

⁸Thamar ging hin ins Haus ihres Bruders Amnon; er aber lag im Bett. Und sie nahm einen Teig und knetete und bereitete es vor seinen Augen und buk die Kuchen.

⁹Und sie nahm eine Pfanne und schüttete es vor ihm aus; aber er weigerte sich zu essen. Und Amnon sprach: Laßt jedermann von mir hinausgehen. Und es ging jedermann von ihm hinaus.

¹⁰Da sprach Amnon zu Thamar: Bringe das Essen in die Kammer, daß ich von deiner Hand esse. Da nahm Thamar die Kuchen, die sie gemacht hatte, und brachte sie zu Amnon, ihrem Bruder, in die Kammer.

¹¹Und da sie es zu ihm brachte, daß er äße, ergriff er sie und sprach zu ihr: Komm her, meine Schwester, schlaf bei mir!

¹²Sie aber sprach zu ihm: Nicht, mein Bruder, schwäche mich nicht, denn so tut man nicht in Israel; tue nicht eine solche Torheit!

¹³Wo will ich mit meiner Schande hin? Und du wirst sein wie die Toren in Israel. Rede aber mit dem König; der wird mich dir nicht versagen.

¹⁴Aber er wollte nicht gehorchen und überwältigte sie und schwächte sie und schlief bei ihr.

¹⁵Und Amnon ward ihr überaus gram, daß der Haß größer war, denn vorhin die Liebe war. Und Amnon sprach zu ihr: Mache dich auf und hebe dich!

¹⁶Sie aber sprach zu ihm: Das Übel ist größer denn das andere, das du an mir getan hast, daß du mich ausstößest. Aber er gehorchte ihrer Stimme nicht,

¹⁷sondern rief seinen Knaben, der sein Diener war, und sprach: Treibe diese von mir hinaus und schließe die Tür hinter ihr zu!

¹⁸Und sie hatte einen bunten Rock an; denn solche Röcke trugen des Königs Töchter, welche Jungfrauen waren. Und da sie sein Diener hinausgetrieben und die Tür hinter ihr zugeschlossen hatte,

¹⁹warf Thamar Asche auf ihr Haupt und zerriß den bunten Rock, den sie anhatte, und legte ihre Hand auf das Haupt und ging daher und schrie.

²⁰Und ihr Bruder Absalom sprach zu Ihr: Ist denn dein Bruder Amnon bei dir gewesen? Nun, meine Schwester, schweig still; es ist dein Bruder, und nimm die Sache nicht so zu Herzen. Also blieb Thamar einsam in Absaloms, ihres Bruders, Haus.

²¹Und da der König David solches alles hörte, ward er sehr zornig. Aber Absalom redete nicht mit Amnon, weder Böses noch Gutes;

²²denn Absalom war Amnon gram, darum daß er seine Schwester Thamar geschwächt hatte.

²³Über zwei Jahre aber hatte Absalom Schafscherer zu Baal-Hazor, das bei Ephraim liegt; und Absalom lud alle Kinder des Königs

²⁴und kam zum König und sprach: Siehe, dein Knecht hat Schafscherer; der König wolle samt seinen Knechten mit seinem Knecht gehen.

²⁵Der König aber sprach zu Absalom: Nicht, mein Sohn, laß uns nicht alle gehen, daß wir dich nicht beschweren. Und da er ihn nötigte, wollte er doch nicht gehen, sondern segnete ihn.

²⁶Absalom sprach: Soll denn nicht mein Bruder Amnon mit uns gehen? Der König sprach zu ihm: Warum soll er mit dir gehen?

²⁷Da nötigte ihn Absalom, daß er mit ihm ließ Amnon und alle

Kinder des Königs.

²⁸Absalom aber gebot seinen Leuten und sprach: Sehet darauf, wenn Amnon guter Dinge wird von dem Wein und ich zu euch spreche: Schlagt Amnon und tötet ihn, daß ihr euch nicht fürchtet; denn ich hab's euch geheißen. Seid getrost und frisch daran!

²⁹Also taten die Leute Absaloms dem Amnon, wie ihnen Absalom geboten hatte. Da standen alle Kinder des Königs auf, und ein jeglicher setzte sich auf sein Maultier und flohen.

³⁰Und da sie noch auf dem Wege waren, kam das Gerücht vor David, daß Absalom hätte alle Kinder des Königs erschlagen, daß nicht einer von ihnen übrig wäre.

³¹Da stand der König auf und zerriß seine Kleider und legte sich auf die Erde; und alle seine Knechte, die um ihn her standen, zerrissen ihre Kleider.

³²Da hob Jonadab an, der Sohn Simeas, des Bruders Davids, und sprach: Mein Herr denke nicht, daß alle jungen Männer, die Kinder des Königs tot sind, sondern Amnon ist allein tot. Denn Absalom hat's bei sich behalten von dem Tage an, da er seine Schwester Thamar schwächte.

³³So nehme nun mein Herr, der König, solches nicht zu Herzen, daß alle Kinder des Königs tot seien, sondern Amnon ist allein tot.

³⁴Absalom aber floh. Und der Diener auf der Warte hob seine Augen auf und sah; und siehe, ein großes Volk kam auf dem Wege nacheinander an der Seite des Berges.

³⁵Da sprach Jonadab zum König: Siehe, die Kinder des Königs kommen; wie dein Knecht gesagt hat, so ist's ergangen.

³⁶Und da er hatte ausgeredet, siehe, da kamen die Kinder des Königs und hoben ihre Stimme auf und weinten. Der König und alle seine Knechte weinten auch gar sehr.

³⁷Absalom aber floh und zog zu Thalmai, dem Sohn Ammihuds, dem König zu Gessur. Er aber trug Leid über seinen Sohn alle Tage.

³⁸Da aber Absalom geflohen war und gen Gessur gezogen, blieb er daselbst drei Jahre.

³⁹Und der König David hörte auf, auszuziehen wider Absalom; denn er hatte sich getröstet über Amnon, daß er tot war.

Kapitel 14

¹Joab aber, der Zeruja Sohn, merkte, daß des Königs Herz war wider Absalom,

²und sandte hin gen Thekoa und ließ holen von dort ein kluges Weib und sprach zu ihr: Trage Leid und zieh Trauerkleider an und salbe dich nicht mit Öl, sondern stelle dich wie ein Weib, das eine lange Zeit Leid getragen hat über einen Toten;

³und sollst zum König hineingehen und mit ihm reden so und so. Und Joab gab ihr ein, was sie reden sollte.

⁴Und da das Weib von Thekoa mit dem König reden wollte, fiel sie auf ihr Antlitz zur Erde und beugte sich nieder und sprach: Hilf mir, König!

⁵Der König sprach zu ihr: Was ist dir? Sie sprach: Ach, ich bin eine Witwe, und mein Mann ist gestorben.

⁶Und deine Magd hatte zwei Söhne, die zankten miteinander auf dem Felde, und da kein Retter war, schlug einer den andern und tötete ihn.

⁷Und siehe, nun steht auf die ganze Freundschaft wider deine Magd und sagen: Gib her den, der seinen Bruder erschlagen hat, daß wir ihn töten für die Seele seines Bruders, den er erwürgt hat, und auch den Erben vertilgen; und wollen meinen Funken auslöschen, der noch übrig ist, daß meinem Mann kein Name und nichts Übriges bleibe auf Erden.

⁸Der König sprach zum Weibe: Gehe heim, ich will für dich gebieten.

⁹Und das Weib von Thekoa sprach zum König: Mein Herr König, die Missetat sei auf mir und meines Vaters Hause; der König aber und sein Stuhl sei unschuldig.

¹⁰Der König sprach: Wer wider dich redet, den bringe zu mir, so soll er nicht mehr dich antasten.

¹¹Sie sprach: Der König gedenke an den HERRN, deinen Gott, daß der Bluträcher nicht noch mehr Verderben anrichte und sie meinen Sohn nicht vertilgen. Er sprach: So wahr der HERR lebt, es soll kein Haar von deinem Sohn auf die Erde fallen.

¹²Und das Weib sprach: Laß deine Magd meinem Herrn König etwas sagen. Er sprach: Sage an!

¹³Das Weib sprach: Warum bist du also gesinnt wider Gottes Volk? Denn da der König solches geredet hat, ist er wie ein Schuldiger, dieweil er seinen Verstoßenen nicht wieder holen läßt.

¹⁴Denn wir sterben eines Todes und sind wie Wasser, so in die Erde verläuft, das man nicht aufhält; und Gott will nicht das Leben wegnehmen, sondern bedenkt sich, daß nicht das Verstoßene auch von ihm verstoßen werde.

¹⁵So bin ich nun gekommen, mit meinem Herrn König solches zu reden; denn das Volk macht mir bang. Denn deine Magd gedachte: Ich will mit dem König reden; vielleicht wird er tun, was seine Magd sagt.

¹⁶Denn er wird seine Magd erhören, daß er mich errette von der Hand aller, die mich samt meinem Sohn vertilgen wollen vom Erbe Gottes.

¹⁷Und deine Magd gedachte: Meines Herrn, des Königs, Wort soll mir ein Trost sein; denn mein Herr, der König, ist wie ein Engel Gottes, daß er Gutes und Böses hören kann. Darum wird der HERR, dein Gott, mit dir sein.

¹⁸Der König antwortete und sprach zu dem Weibe: Leugne mir nicht, was ich dich frage. Das Weib sprach: Mein Herr, der König, rede.

¹⁹Der König sprach: Ist nicht die Hand Joabs mit dir in diesem allem? Das Weib antwortete und sprach: So wahr deine Seele lebt, mein Herr König, es ist nicht anders, weder zur Rechten noch zur Linken, denn wie mein Herr, der König, geredet hat. Denn dein Knecht Joab hat mir's geboten, und er hat solches alles seiner Magd eingegeben;

²⁰daß ich diese Sache also wenden sollte, das hat dein Knecht Joab gemacht. Aber mein Herr ist weise wie die Weisheit eines Engels Gottes, daß er merkt alles auf Erden.

²¹Da sprach der König zu Joab: Siehe, ich habe solches getan; so gehe hin und bringe den Knaben Absalom wieder.

²²Da fiel Joab auf sein Antlitz zur Erde und beugte sich nieder und dankte dem König und sprach: Heute merkt dein Knecht, daß ich Gnade gefunden habe vor deinen Augen, mein Herr König, da der König tut, was sein Knecht sagt.

²³Also macht sich Joab auf und zog gen Gessur und brachte Absalom gen Jerusalem.

²⁴Aber der König sprach: Laß ihn wider in sein Haus gehen und mein Angesicht nicht sehen. Also kam Absalom wieder in sein Haus und sah des Königs Angesicht nicht.

²⁵Es war aber in ganz Israel kein Mann so schön wie Absalom, und er hatte dieses Lob vor allen; von seiner Fußsohle an bis auf seinen Scheitel war nicht ein Fehl an ihm.

²⁶Und wenn man sein Haupt schor (das geschah gemeiniglich alle Jahre; denn es war ihm zu schwer, daß man's abscheren mußte), so wog sein Haupthaar zweihundert Lot nach dem königlichen Gewicht.

²⁷Und Absalom wurden drei Söhne geboren und eine Tochter, die hieß Thamar und war ein Weib schön von Gestalt.

²⁸Also blieb Absalom zwei Jahre zu Jerusalem, daß er des Königs Angesicht nicht sah.

²⁹Und Absalom sandte nach Joab, daß er ihn zum König sendete; und er wollte nicht zu ihm kommen. Er aber sandte zum andernmal; immer noch wollte er nicht kommen.

³⁰Da sprach er zu seinen Knechten: Seht das Stück Acker Joabs neben meinem, und er hat Gerste darauf; so geht hin und steckt es mit Feuer an. Da steckten die Knechte Absaloms das Stück mit Feuer an.

³¹Da machte sich Joab auf und kam zu Absalom ins Haus und sprach zu ihm: Warum haben deine Knechte mein Stück mit Feuer angesteckt?

³²Absalom sprach zu Joab: Siehe, ich sandte nach dir und ließ dir sagen: Komm her, daß ich dich zum König sende und sagen lasse: Warum bin ich von Gessur gekommen? Es wäre mir besser, daß ich noch da wäre. So laß mich nun das Angesicht des Königs sehen; ist aber eine Missetat an mir, so töte mich.

³³Und Joab ging hinein zum König und sagte es ihm an. Und er rief Absalom, daß er hinein zum König kam; und er fiel nieder vor dem König auf sein Antlitz zur Erde, und der König küßte Absalom.

Kapitel 15

¹Und es begab sich darnach, daß Absalom ließ sich machen einen Wagen und Rosse und fünfzig Mann, die seine Trabanten waren.

²Auch machte sich Absalom des Morgens früh auf und trat an den Weg bei dem Tor. Und wenn jemand einen Handel hatte, daß er zum König vor Gericht kommen sollte, rief ihn Absalom zu sich und sprach: Aus welcher Stadt bist du? Wenn dann der sprach: Dein Knecht ist aus der Stämme Israels einem,

³so sprach Absalom zu ihm: Siehe, deine Sache ist recht und schlecht; aber du hast keinen, der dich hört, beim König.

⁴Und Absalom sprach: O, wer setzt mich zum Richter im Lande, daß jedermann zu mir käme, der eine Sache und Gerichtshandel hat, daß ich hülfe!

⁵Und wenn jemand sich zu ihm tat, daß er wollte vor ihm niederfallen, so reckte er seine Hand aus und ergriff ihn und küßte ihn.

⁶Auf diese Weise tat Absalom dem ganzen Israel, wenn sie kamen vor Gericht zum König, und stahl also das Herz der Männer Israels.

⁷Nach vierzig Jahren sprach Absalom zum König: Ich will hingehen und mein Gelübde zu Hebron ausrichten, das ich dem HERRN gelobt habe.

⁸Denn dein Knecht tat ein Gelübde, da ich zu Gessur in Syrien wohnte, und sprach: Wenn mich der HERR wieder gen Jerusalem bringt, so will ich dem HERRN einen Gottesdienst tun.

⁹Der König sprach: Gehe hin mit Frieden. Und er machte sich auf und ging gen Hebron.

¹⁰Absalom aber hatte Kundschafter ausgesandt in alle Stämme Israels und lassen sagen: Wenn ihr der Posaune Schall hören werdet, so sprecht: Absalom ist König geworden zu Hebron.

¹¹Es gingen aber mit Absalom zweihundert Mann von Jerusalem, die geladen waren; aber sie gingen in ihrer Einfalt und wußten nichts um die Sache.

¹²Absalom aber sandte auch nach Ahithophel, dem Giloniten, Davids Rat, aus seiner Stadt Gilo. Da er nun die Opfer tat, ward der Bund stark, und das Volk lief zu und mehrte sich mit Absalom.

¹³Da kam einer, der sagte es David an und sprach: Das Herz jedermanns in Israel folgt Absalom nach.

¹⁴David sprach aber zu allen seinen Knechten, die bei ihm waren zu Jerusalem: Auf, laßt uns fliehen! denn hier wird kein entrinnen sein vor Absalom; eilet, daß wir gehen, daß er uns nicht übereile und ergreife uns und treibe ein Unglück auf uns und schlage die Stadt mit der Schärfe des Schwerts.

¹⁵Da sprachen die Knechte des Königs zu ihm: Was mein Herr, der König, erwählt, siehe, hier sind deine Knechte.

¹⁶Und der König zog hinaus und sein ganzes Haus ihm nach. Er ließ aber zehn Kebsweiber zurück, das Haus zu bewahren.

¹⁷Und da der König und alles Volk, das ihm nachfolgte, hinauskamen, blieben sie stehen am äußersten Hause.

¹⁸Und alle seine Knechte gingen an ihm vorüber; dazu alle Krether und Plether und alle Gathiter, sechshundert Mann, die von Gath ihm nachgefolgt waren, gingen an dem König vorüber.

¹⁹Und der König sprach zu Itthai, dem Gathiter: Warum gehst du auch mit uns? Kehre um und bleibe bei dem König; denn du bist hier fremd und von deinem Ort gezogen hierher.

²⁰Gestern bist du gekommen, und heute sollte ich dich mit uns hin und her ziehen lassen? Denn ich will gehen, wohin ich gehen kann. Kehre um und deine Brüder mit dir; dir widerfahre Barmherzigkeit und Treue.

²¹Itthai antwortete und sprach: So wahr der HERR lebt, und so wahr mein König lebt, an welchem Ort mein Herr, der König, sein wird, es gerate zum Tod oder zum Leben, da wird dein Knecht auch sein.

²²David sprach zu Itthai: So komm und gehe mit. Also ging Itthai, der Gathiter, und alle seine Männer und der ganze Haufe Kinder, die mit ihm waren.

²³Und das ganze Land weinte mit lauter Stimme, und alles Volk ging mit. Und der König ging über den Bach Kidron, und alles Volk ging vor auf dem Wege, der zur Wüste geht.

²⁴Und siehe, Zadok war auch da und alle Leviten, die bei ihm waren, und trugen die Lade des Bundes und stellten sie dahin. Und Abjathar trat empor, bis daß alles Volk zur Stadt hinauskam.

²⁵Aber der König sprach zu Zadok: Bringe die Lade Gottes wieder in die Stadt. Werde ich Gnade finden vor dem HERRN, so wird er mich wieder holen und wird mich sie sehen lassen und sein Haus.

²⁶Spricht er aber also: Ich habe nicht Lust zu dir, siehe, hier bin ich. Er mache es mit mir, wie es ihm wohl gefällt.

²⁷Und der König sprach zu dem Priester Zadok: O du Seher, kehre um wieder in die Stadt mit Frieden und mit euch eure beiden Söhne, Ahimaaz, dein Sohn, und Jonathan, der Sohn Abjathars!

²⁸Siehe ich will verziehen auf dem blachen Felde in der Wüste, bis daß Botschaft von euch komme, und sage mir an.

²⁹Also brachten Zadok und Abjathar die Lade Gottes wieder gen Jerusalem und blieben daselbst.

³⁰David aber ging den Ölberg hinan und weinte, und sein Haupt war verhüllt, und er ging barfuß. Dazu alles Volk, das bei ihm war, hatte ein jeglicher sein Haupt verhüllt und gingen hinan und weinten.

³¹Und da es David angesagt ward, daß Ahithophel im Bund mit Absalom war, sprach er: HERR, mache den Ratschlag Ahithophels zur Narrheit!

³²Und da David auf die Höhe kam, da man Gott pflegt anzubeten, siehe, da begegnete ihm Husai, der Arachiter, mit zerrissenem Rock und Erde auf seinem Haupt.

³³Und David sprach zu ihm: Wenn du mit mir gehst, wirst du mir eine Last sein.

³⁴Wenn du aber wieder in die Stadt gingest und sprächest zu Absalom: Ich bin dein Knecht, ich will des Königs sein; der ich deines Vaters Knecht war zu der Zeit, will nun dein Knecht sein: So würdest du mir zugut den Ratschlag Ahithophels zunichte machen.

³⁵Auch sind Zadok und Abjathar, die Priester, mit dir. Alles, was du hörst aus des Königs Haus, würdest du ansagen den Priestern Zadok und Abjathar.

³⁶Siehe, es sind bei ihnen ihre zwei Söhne: Ahimaaz, Zadoks, und Jonathan, Abjathars Sohn. Durch die kannst du mir entbieten, was du hören wirst.

³⁷Also kam Husai, der Freund Davids, in die Stadt; und Absalom kam gen Jerusalem.

Kapitel 16

¹Und da David ein wenig von der Höhe gegangen war, siehe, da begegnete ihm Ziba, der Diener Mephiboseths, mit einem Paar Esel, gesattelt, darauf waren zweihundert Brote und hundert Rosinenkuchen und hundert Feigenkuchen und ein Krug Wein.

²Da sprach der König zu Ziba: Was willst du damit machen? Ziba sprach: Die Esel sollen für das Haus des Königs sein, darauf zu reiten, und die Brote und Feigenkuchen für die Diener, zu essen, und der Wein, zu trinken, wenn sie müde werden in der Wüste.

³Der König sprach: Wo ist der Sohn deines Herrn? Ziba sprach zum König: Siehe, er blieb zu Jerusalem; denn er sprach: Heute wird mir das Haus Israel meines Vaters Reich wiedergeben.

⁴Der König sprach zu Ziba: Siehe, es soll dein sein alles, was Mephiboseth hat. Ziba sprach: Ich neige mich; laß mich Gnade finden vor dir, mein Herr König.

⁵Da aber der König bis gen Bahurim kam, siehe, da ging ein Mann daselbst heraus, vom Geschlecht des Hauses Sauls, der hieß Simei, der Sohn Geras; der ging heraus und fluchte

⁶und warf David mit Steinen und alle Knechte des Königs David. Denn alles Volk und alle Gewaltigen waren zu seiner Rechten und zur Linken.

⁷So sprach aber Simei, da er fluchte: Heraus, heraus, du Bluthund, du heilloser Mann!

⁸Der HERR hat dir vergolten alles Blut des Hauses Sauls, daß du an seiner Statt bist König geworden. Nun hat der HERR das Reich gegeben in die Hand deines Sohnes Absalom; und siehe, nun steckst du in deinem Unglück; denn du bist ein Bluthund.

⁹Aber Abisai, der Zeruja Sohn, sprach zu dem König: Sollte dieser tote Hund meinem Herrn, dem König, fluchen? Ich will hingehen und ihm den Kopf abreißen.

¹⁰Der König sprach: Ihr Kinder der Zeruja, was habe ich mit euch zu schaffen? Laßt ihn fluchen; denn der HERR hat's ihn geheißen: Fluche David! Wer kann nun sagen: Warum tust du also?

¹¹Und David sprach zu Abisai und zu allen seinen Knechten: Siehe, mein Sohn, der von meinem Leibe gekommen ist, steht mir nach meinem Leben; warum nicht auch jetzt der Benjaminiter? Laßt ihn, daß er fluche; denn der HERR hat's ihn geheißen.

¹²Vielleicht wird der HERR mein Elend ansehen und mir mit Gutem vergelten sein heutiges Fluchen.

¹³Also ging David mit seinen Leuten des Weges; Aber Simei ging an des Berges Seite her ihm gegenüber und fluchte und warf mit Steinen nach ihm und besprengte ihn mit Erdklößen.

¹⁴Und der König kam hinein mit allem Volk, das bei ihm war, müde und erquickte sich daselbst.

¹⁵Aber Absalom und alles Volk der Männer Israels kamen gen Jerusalem und Ahithophel mit ihm.

¹⁶Da aber Husai, der Arachiter, Davids Freund, zu Absalom hineinkam, sprach er zu Absalom: Glück zu, Herr König! Glück zu, Herr König!

¹⁷Absalom aber sprach zu Husai: Ist das deine Barmherzigkeit an deinem Freunde? Warum bist du nicht mit deinem Freunde gezogen?

¹⁸Husai aber sprach zu Absalom: Nicht also, sondern welchen der HERR erwählt und dies Volk und alle Männer in Israel, des will ich sein und bei ihm bleiben.

¹⁹Zum andern, wem sollte ich dienen? Sollte ich nicht vor seinem Sohn dienen? Wie ich vor deinem Vater gedient habe, so will ich auch vor dir sein.

²⁰Und Absalom sprach zu Ahithophel: Ratet zu, was sollen wir tun?

²¹Ahithophel sprach zu Absalom: Gehe hinein zu den Kebsweibern deines Vaters, die er zurückgelassen hat, das Haus zu bewahren, so wird das ganze Israel hören, daß du dich bei deinem Vater hast stinkend gemacht, und wird aller Hand, die bei dir sind, desto kühner werden.

²²Da machten sie Absalom eine Hütte auf dem Dache, und Absalom ging hinein zu den Kebsweibern seines Vaters vor den Augen des ganzen Israel.

²³Zu der Zeit, wenn Ahithophel einen Rat gab, das war, als wenn man Gott um etwas hätte gefragt; also waren alle Ratschläge Ahithophels bei David und bei Absalom.

Kapitel 17

¹Und Ahithophel sprach zu Absalom: Ich will zwölftausend Mann auslesen und mich aufmachen und David nachjagen bei der Nacht

²und will ihn überfallen, weil er matt und laß ist. Wenn ich ihn dann erschrecke, daß alles Volk, das bei ihm ist, flieht, will ich den König allein schlagen

³und alles Volk wieder zu dir bringen. Wenn dann jedermann zu dir gebracht ist, wie du begehrst, so bleibt alles Volk mit Frieden.

⁴Das deuchte Absalom gut und alle Ältesten in Israel.

⁵Aber Absalom sprach: Laßt doch Husai, den Arachiten, auch rufen und hören, was er dazu sagt.

⁶Und da Husai hinein zu Absalom kam, sprach Absalom zu ihm: Solches hat Ahithophel geredet; sage du, sollen wir's tun oder nicht?

⁷Da sprach Husai zu Absalom: Es ist nicht ein guter Rat, den Ahithophel auf diesmal gegeben hat.

⁸Und Husai sprach weiter: Du kennst deinen Vater wohl und seine Leute, daß sie stark sind und zorniges Gemüts wie ein Bär auf dem Felde, dem die Jungen geraubt sind; dazu ist dein Vater ein Kriegsmann und wird sich nicht säumen mit dem Volk.

⁹Siehe, er hat sich jetzt vielleicht verkrochen irgend in einer Grube oder sonst an einen Ort. Wenn's dann geschähe, daß es das erstemal übel geriete und käme ein Geschrei und spräche: Es ist das Volk, welches Absalom nachfolgt, geschlagen worden,

¹⁰so würde jedermann verzagt werden, der auch sonst ein Krieger ist und ein Herz hat wie ein Löwe. Denn es weiß ganz Israel, daß dein Vater stark ist und Krieger, die bei ihm sind.

¹¹Aber das rate ich, daß du zu dir versammlest ganz Israel von Dan an bis gen Beer-Seba, so viel als der Sand am Meer, und deine Person ziehe unter ihnen.

¹²So wollen wir ihn überfallen, an welchem Ort wir ihn finden, und wollen über ihn kommen, wie der Tau auf die Erde fällt, daß wir von ihm und allen seinen Männern nicht einen übriglassen.

¹³Wird er sich aber in eine Stadt versammeln, so soll das ganze Israel Stricke an die Stadt werfen und sie in den Bach reißen, daß man nicht ein Kieselein da finde.

¹⁴Da sprach Absalom und jedermann in Israel: Der Rat Husais, des Arachiten, ist besser denn Ahithophels Rat. Aber der HERR schickte es also, daß der gute Rat Ahithophels verhindert wurde, auf daß der HERR Unheil über Absalom brächte.

¹⁵Und Husai sprach zu Zadok und Abjathar, den Priestern: So und so hat Ahithophel Absalom und den Ältesten in Israel geraten; ich aber habe so und so geraten.

¹⁶So sendet nun eilend hin und lasset David ansagen und sprecht: Bleibe nicht auf dem blachen Felde der Wüste, sondern mache dich hinüber, daß der König nicht verschlungen werde und alles Volk, das bei ihm ist.

¹⁷Jonathan aber und Ahimaaz standen bei dem Brunnen Rogel, und eine Magd ging hin und sagte es ihnen an. Sie aber gingen hin und sagten es dem König David an; denn sie durften sich nicht sehen lassen, daß sie in die Stadt kämen.

¹⁸Es sah sie aber ein Knabe und sagte es Absalom an. Aber die beiden gingen eilend hin und kamen in eines Mannes Haus zu Bahurim; der hatte einen Brunnen in seinem Hofe. Dahinein stiegen sie,

¹⁹und das Weib nahm und breitete eine Decke über des Brunnens Loch und breitete Grütze darüber, daß man es nicht merkte.

²⁰Da nun die Knechte Absaloms zum Weibe ins Haus kamen, sprachen sie: Wo ist Ahimaaz und Jonathan? Das Weib sprach zu ihnen: Sie gingen über das Wässerlein. Und da sie suchten, und nicht fanden, gingen sie wieder gen Jerusalem.

²¹Und da sie weg waren, stiegen jene aus dem Brunnen und gingen hin und sagten's David, dem König, an und sprachen zu David: Macht euch auf und geht eilend über das Wasser; denn so und so hat Ahithophel wider euch Rat gegeben.

²²Da machte sich David auf und alles Volk, das bei ihm war, und gingen über den Jordan, bis es lichter Morgen ward, und fehlte nicht an einem, der nicht über den Jordan gegangen wäre.

²³Als aber Ahithophel sah, daß sein Rat nicht ausgeführt ward, sattelte er seinen Esel, machte sich auf und zog heim in seine Stadt und beschickte sein Haus und erhängte sich und starb und ward begraben in seines Vaters Grab.

²⁴Und David kam gen Mahanaim. Und Absalom zog über den Jordan und alle Männer Israels mit ihm.

²⁵Und Absalom hatte Amasa an Joabs Statt gesetzt über das Heer. Es war aber Amasa eines Mannes Sohn, der hieß Jethra, ein Israeliter, welcher einging zu Abigail, der Tochter des Nahas, der Schwester der Zeruja, Joabs Mutter.

²⁶Israel aber und Absalom lagerten sich in Gilead.

²⁷Da David gen Mahanaim gekommen war, da brachten Sobi, der Sohn Nahas von Rabba der Kinder Ammon, und Machir, der Sohn Ammiels von Lo-Dabar, und Barsillai, ein Gileaditer von Roglim,

²⁸Bettwerk, Becken, irdene Gefäße, Weizen, Gerste, Mehl, geröstete Körner, Bohnen, Linsen, Grütze,

²⁹Honig, Butter, Schafe und Rinderkäse zu David und zu dem Volk, das bei ihm war, zu essen. Denn sie gedachten: Das Volk wird hungrig, müde und durstig sein in der Wüste.

Kapitel 18

¹Und David ordnete das Volk, das bei ihm war, und setzte über sie Hauptleute, über tausend und über hundert,

²und stellte des Volkes einen dritten Teil unter Joab und einen dritten Teil unter Abisai, den Sohn der Zeruja, Joabs Bruder, und einen dritten Teil unter Itthai, den Gathiter. Und der König sprach zum Volk: Ich will auch mit euch ausziehen.

³Aber das Volk sprach: Du sollst nicht ausziehen; denn ob wir gleich fliehen oder die Hälfte sterben, so werden sie unser nicht achten; denn du bist wie unser zehntausend; so ist's nun besser, daß du uns von der Stadt aus helfen mögst.

⁴Der König sprach zu ihnen: Was euch gefällt, das will ich tun. Und der König trat ans Tor, und alles Volk zog aus bei Hunderten und bei Tausenden.

⁵Und der König gebot Joab und Abisai und Itthai und sprach: Fahrt mir säuberlich mit dem Knaben Absalom! Und alles Volk hörte es, da der König gebot allen Hauptleuten um Absalom.

⁶Und da das Volk hinauskam aufs Feld, Israel entgegen, erhob sich der Streit im Walde Ephraim.

⁷Und das Volk Israel ward daselbst geschlagen vor den Knechten Davids, daß desselben Tages eine große Schlacht geschah, zwanzigtausend Mann.

⁸Und war daselbst der Streit zerstreut auf allem Lande; und der Wald fraß viel mehr Volk des Tages, denn das Schwert fraß.

⁹Und Absalom begegnete den Knechten Davids und ritt auf einem Maultier. Und da das Maultier unter eine große Eiche mit dichten Zweigen kam, blieb sein Haupt an der Eiche hangen, und er schwebte zwischen Himmel und Erde; aber sein Maultier lief unter ihm weg.

¹⁰Da das ein Mann sah, sagte er's Joab an und sprach: Siehe, ich sah Absalom an einer Eiche hangen.

¹¹Und Joab sprach zu dem Mann, der's ihm hatte angesagt: Siehe, sahst du das, warum schlugst du ihn nicht daselbst zur Erde? so wollte ich dir von meinetwegen zehn Silberlinge und einen Gürtel gegeben haben.

¹²Der Mann sprach zu Joab: Wenn du mir tausend Silberlinge in meine Hand gewogen hättest, so wollte ich dennoch meine Hand nicht an des Königs Sohn gelegt haben; denn der König gebot dir und Abisai und Itthai vor unsern Ohren und sprach: Hütet euch, daß nicht jemand dem Knaben Absalom...!

¹³Oder wenn ich etwas Falsches getan hätte auf meiner Seele Gefahr, weil dem König nichts verholen wird, würdest du selbst wider mich gestanden sein.

¹⁴Joab sprach: Ich kann nicht so lange bei dir verziehen. Da nahm Joab drei Spieße in sein Hand und stieß sie Absalom ins Herz, da er noch lebte an der Eiche.

¹⁵Und zehn Knappen, Joabs Waffenträger, machten sich umher und schlugen ihn zu Tod.

¹⁶Da blies Joab die Posaune und brachte das Volk wieder, daß es nicht weiter Israel nachjagte; denn Joab wollte das Volk schonen.

¹⁷Und sie nahmen Absalom und warfen ihn in den Wald in eine große Grube und legten einen sehr großen Haufen Steine auf ihn. Und das ganze Israel floh, ein jeglicher in seine Hütte.

¹⁸Absalom aber hatte sich eine Säule aufgerichtet, da er noch lebte; die steht im Königsgrunde. Denn er sprach: Ich habe keinen Sohn, darum soll dies meines Namens Gedächtnis sein; er hieß die Säule nach seinem Namen, und sie heißt auch bis auf diesen Tag Absaloms Mal.

¹⁹Ahimaaz, der Sohn Zadoks, sprach: Laß mich doch laufen und dem König verkündigen, daß der HERR ihm Recht verschafft hat von seiner Feinde Händen.

²⁰Joab aber sprach zu ihm: Du bringst heute keine gute Botschaft. Einen andern Tag sollst du Botschaft bringen, und heute nicht; denn des Königs Sohn ist tot.

²¹Aber zu Chusi sprach Joab: Gehe hin und sage dem König an, was du gesehen hast. Und Chusi neigte sich vor Joab und lief.

²²Ahimaaz aber, der Sohn Zadoks, sprach abermals zu Joab: Wie, wenn ich auch liefe dem Chusi nach? Joab sprach: Was willst du laufen, Mein Sohn? Komm her, die Botschaft wird dir nichts einbringen.

²³Wie wenn ich liefe? Er sprach zu ihm: So laufe doch! Also lief Ahimaaz geradewegs und kam Chusi vor.

²⁴David aber saß zwischen beiden Toren. Und der Wächter ging aufs Dach des Tors an der Mauer und hob seine Augen auf und sah einen Mann laufen allein

²⁵und rief und sagte es dem König an. Der König aber sprach: Ist er allein, so ist eine gute Botschaft in seinem Munde. Und da derselbe immer näher kam,

²⁶sah der Wächter einen andern Mann laufen, und rief in das Tor und sprach: Siehe, ein Mann läuft allein. Der König aber sprach: Der ist auch ein guter Bote.

²⁷Der Wächter sprach: Ich sehe des ersten Lauf wie den Lauf des Ahimaaz, des Sohnes Zadoks. Und der König sprach: Es ist ein guter Mann und bringt eine gute Botschaft.

²⁸Ahimaaz aber rief und sprach zum König: Friede! Und fiel nieder vor dem König auf sein Antlitz zur Erde und sprach: Gelobt sei der HERR, dein Gott, der die Leute, die ihre Hand wider meinen Herrn, den König, aufhoben, übergeben hat.

²⁹Der König aber sprach: Geht es auch wohl dem Knaben Absalom? Ahimaaz sprach: Ich sah ein großes Getümmel, da des Königs Knecht Joab mich, deinen Knecht, sandte, und weiß nicht, was es war.

³⁰Der König sprach: Gehe herum und tritt daher. Und er ging herum und stand allda.

³¹Siehe, da kam Chusi und sprach: Hier gute Botschaft, mein Herr König! Der HERR hat dir heute Recht verschafft von der Hand aller, die sich wider dich auflehnten.

³²Der König aber sprach zu Chusi: Geht es dem Knaben Absalom auch wohl? Chusi sprach: Es müsse allen Feinden meines Herrn Königs gehen, wie es dem Knaben geht, und allen, die sich wider ihn auflehnen, übel zu tun.

³³Da ward der König traurig und ging hinauf auf den Söller im Tor und weinte, und im Gehen sprach er also: Mein Sohn Absalom! mein Sohn, mein Sohn Absalom! Wollte Gott, ich wäre für dich gestorben! O Absalom, mein Sohn, mein Sohn!

Kapitel 19

¹Und es ward Joab angesagt: Siehe, der König weint und trägt Leid um Absalom.

²Und es ward aus dem Sieg des Tages ein Leid unter dem ganzen Volk; denn das Volk hatte gehört des Tages, daß sich der König um seinen Sohn bekümmerte.

³Und das Volk stahl sich weg an dem Tage in die Stadt, wie sich ein Volk wegstiehlt, das zu Schanden geworden ist, wenn's im Streit geflohen ist.

⁴Der König aber hatte sein Angesicht verhüllt und schrie laut: Ach, mein Sohn Absalom! Absalom, mein Sohn, mein Sohn!

⁵Joab aber kam zum König ins Haus und sprach: Du hast heute schamrot gemacht alle deine Knechte, die heute deine, deiner Söhne, deiner Töchter, deiner Weiber und deiner Kebsweiber Seele errettet haben,

⁶daß du liebhast, die dich hassen, und haßt, die dich liebhaben. Denn du läßt heute merken, daß dir's nicht gelegen ist an den Hauptleuten und Knechten. Denn ich merke heute wohl: wenn dir nur Absalom lebte und wir heute alle tot wären, das wäre dir recht.

⁷So mache dich nun auf und gehe heraus und rede mit deinen Knechten freundlich. Denn ich schwöre dir bei dem HERRN: Wirst du nicht herausgehen, es wird kein Mann bei dir bleiben diese Nacht über. Das wird dir ärger sein denn alles Übel, das über dich gekommen ist von deiner Jugend auf bis hierher.

⁸Da machte sich der König auf und setzte sich ins Tor. Und man sagte es allem Volk: Siehe, der König sitzt im Tor. Da kam alles Volk vor den König. Aber Israel war geflohen, ein jeglicher in seine Hütte.

⁹Und es zankte sich alles Volk in allen Stämmen Israels und sprachen: Der König hat uns errettet von der Hand unsrer Feinde und erlöste uns von der Philister Hand und hat müssen aus dem Lande fliehen vor Absalom.

¹⁰So ist Absalom, den wir über uns gesalbt hatten, gestorben im Streit. Warum seid ihr so nun still, daß ihr den König nicht wieder holet?

¹¹Der König aber sandte zu Zadok und Abjathar, den Priestern, und ließ ihnen sagen: Redet mit den Ältesten in Juda und sprecht: Warum wollt ihr die letzten sein, den König wieder zu holen in sein Haus? (Denn die Rede des ganzen Israel war vor den König gekommen in sein Haus.)

¹²Ihr seid meine Brüder, mein Bein und mein Fleisch; warum wollt ihr denn die letzten sein, den König wieder zu holen?

¹³Und zu Amasa sprecht: Bist du nicht mein Bein und mein Fleisch? Gott tue mir dies und das, wo du nicht sollst sein Feldhauptmann vor mir dein Leben lang an Joabs Statt.

¹⁴Und er neigte das Herz aller Männer Juda's wie eines Mannes; und sie sandten hin zum König: Komm wieder, du und alle deine Knechte!

¹⁵Also kam der König wieder. Und da er an den Jordan kam, waren die Männer Juda's gen Gilgal gekommen, hinabzuziehen dem König entgegen, daß sie den König über den Jordan führten.

¹⁶Und Simei, der Sohn Geras, der Benjaminiter, der zu Bahurim wohnte, eilte und zog mit den Männern Juda's hinab, dem König David entgegen;

¹⁷und waren tausend Mann mit ihm von Benjamin, dazu auch Ziba, der Diener des Hauses Sauls, mit seinen fünfzehn Söhnen und zwanzig Knechten; und sie gingen durch den Jordan vor dem König hin;

¹⁸und die Fähre war hinübergegangen, daß sie das Gesinde des Königs hinüberführten und täten, was ihm gefiel. Simei aber, der Sohn Geras, fiel vor dem König nieder, da er über den Jordan fuhr,

¹⁹und sprach zum König: Mein Herr, rechne mir nicht zu die Missetat und gedenke nicht, daß dein Knecht dich beleidigte des Tages, da mein Herr, der König, aus Jerusalem ging, und der König nehme es nicht zu Herzen.

²⁰Denn dein Knecht erkennt, daß ich gesündigt habe. Und siehe, ich bin heute zuerst gekommen unter dem ganzen Hause Joseph, daß ich meinem Herrn, dem König, entgegen herabzöge.

²¹Aber Abisai, der Zeruja Sohn, antwortete und sprach: Und Simei sollte darum nicht sterben, so er doch dem Gesalbten des HERRN geflucht hat?

²²David aber sprach: Was habe ich mit euch zu schaffen, ihr Kinder der Zeruja, daß ihr mir heute wollt zum Satan werden? Sollte heute jemand sterben in Israel? Meinst du, ich wisse nicht, daß ich heute bin König geworden über Israel?

²³Und der König sprach zu Simei: Du sollst nicht sterben. Und der König schwur ihm.

²⁴Mephiboseth, der Sohn Sauls, kam auch herab, dem König entgegen. Und er hatte seine Füße und seinen Bart nicht gereinigt und seine Kleider nicht gewaschen von dem Tage an, da der König weggegangen war, bis an den Tag, da er mit Frieden kam.

²⁵Da er nun von Jerusalem kam, dem König zu begegnen, sprach der König zu ihm: Warum bist du nicht mit mir gezogen, Mephiboseth?

²⁶Und er sprach: Mein Herr König, mein Knecht hat mich betrogen. Denn dein Knecht gedachte, ich will einen Esel satteln und darauf reiten und zum König ziehen, denn dein Knecht ist lahm.

²⁷Dazu hat er deinen Knecht angegeben vor meinem Herrn, dem König. Aber mein Herr, der König, ist wie ein Engel Gottes; tue, was dir wohl gefällt.

²⁸Denn all meines Vaters Haus ist nichts gewesen als Leute des Todes vor meinem Herrn, dem König; so hast du deinen Knecht gesetzt unter die, so an deinem Tisch essen. Was habe ich weiter Gerechtigkeit oder weiter zu schreien zu dem König?

²⁹Der König sprach zu ihm: Was redest du noch weiter von deinem Dinge? Ich habe es gesagt: Du und Ziba teilt den Acker miteinander.

³⁰Mephiboseth sprach zum König: Er nehme ihn auch ganz dahin, nachdem mein Herr König mit Frieden heimgekommen ist.

³¹Und Barsillai, der Gileaditer, kam herab von Roglim und führte den König über den Jordan, daß er ihn über den Jordan geleitete.

³²Und Barsillai war sehr alt, wohl achtzig Jahre, der hatte den König versorgt, als er zu Mahanaim war; denn er war ein Mann von großem Vermögen.

³³Und der König sprach zu Barsillai: Du sollst mit mir hinüberziehen; ich will dich versorgen bei mir zu Jerusalem.

³⁴Aber Barsillai sprach zum König: was ist's noch, das ich zu leben habe, daß ich mit dem König sollte hinauf gen Jerusalem ziehen?

³⁵Ich bin heute achtzig Jahre alt. Wie sollte ich kennen, was gut oder böse ist, oder schmecken, was ich esse oder trinke, oder hören, was die Sänger oder Sängerinnen singen? Warum sollte dein Knecht meinem Herrn König weiter beschweren?

³⁶Dein Knecht soll ein wenig gehen mit dem König über den Jordan. Warum will mir der König eine solche Vergeltung tun?

³⁷Laß deinen Knecht umkehren, daß ich sterbe in meiner Stadt bei meines Vaters und meiner Mutter Grab. Siehe, da ist dein Knecht Chimham; den laß mit meinem Herrn König hinüberziehen, und tue ihm, was dir wohl gefällt.

³⁸Der König sprach: Chimham soll mit mir hinüberziehen, und ich

will ihm tun, was dir wohl gefällt; auch alles, was du von mir begehrst, will ich dir tun.

³⁹Und da alles Volk über den Jordan war gegangen und der König auch, küßte der König den Barsillai und segnete ihn; und er kehrte wieder an seinen Ort.

⁴⁰Und der König zog hinüber gen Gilgal, und Chimham zog mit ihm. Und alles Volk Juda hatte den König hinübergeführt; aber des Volkes Israel war nur die Hälfte da.

⁴¹Und siehe, da kamen alle Männer Israels zum König und sprachen zu ihm: Warum haben dich unsre Brüder, die Männer Juda's, gestohlen und haben den König und sein Haus über den Jordan geführt und alle Männer Davids mit ihm?

⁴²Da antworteten die von Juda denen von Israel: Der König gehört uns nahe zu; was zürnt ihr darum? Meint ihr, daß wir von dem König Nahrung und Geschenke empfangen haben?

⁴³So antworteten dann die von Israel denen von Juda und sprachen: Wir haben zehnmal mehr beim König, dazu auch bei David, denn ihr. Warum hast du mich denn so gering geachtet? Und haben wir nicht zuerst davon geredet, uns unsern König zu holen? Aber die von Juda redeten härter denn die von Israel.

Kapitel 20

¹Es traf sich aber, daß daselbst ein heilloser Mann war, der hieß Seba, ein Sohn Bichris, ein Benjaminiter; der blies die Posaune und sprach: Wir haben keinen Teil an David noch Erbe am Sohn Isais. Ein jeglicher hebe sich zu seiner Hütte, o Israel!

²Da fiel von David jedermann in Israel, und sie folgten Seba, dem Sohn Bichris. Aber die Männer Juda's hingen an ihrem König vom Jordan an bis gen Jerusalem.

³Da aber der König David heimkam gen Jerusalem, nahm er die zehn Kebsweiber, die er hatte zurückgelassen, das Haus zu bewahren, und tat sie in eine Verwahrung und versorgte sie; aber er ging nicht zu ihnen ein. Und sie waren also verschlossen bis an ihren Tod und lebten als Witwen.

⁴Und der König sprach zu Amasa: Berufe mir alle Männer in Juda auf den dritten Tag, und du sollst auch hier stehen!

⁵Und Amasa ging hin, Juda zu berufen; aber er verzog die Zeit, die er ihm bestimmt hatte.

⁶Da sprach David zu Abisai: Nun wird uns Seba, der Sohn Bichris, mehr Leides tun denn Absalom. Nimm du die Knechte deines Herrn und jage ihm nach, daß er nicht etwa für sich feste Städte finde und entrinne aus unsern Augen.

⁷Da zogen aus, ihm nach, die Männer Joabs, dazu die Krether und Plether und alle Starken. Sie zogen aber aus von Jerusalem, nachzujagen Seba, dem Sohn Bichris.

⁸Da sie aber bei dem großen Stein waren zu Gibeon, kam Amasa vor ihnen her. Joab aber war gegürtet über seinem Kleide, das er anhatte, und hatte darüber ein Schwert gegürtet, das hing in seiner Hüfte in der Scheide; das ging gerne aus und ein.

⁹Und Joab sprach zu Amasa: Friede sei mit dir, mein Bruder! Und Joab faßte mit seiner rechten Hand Amasa bei dem Bart, daß er ihn küßte.

¹⁰Und Amasa hatte nicht acht auf das Schwert in der Hand Joabs; und er stach ihn damit in den Bauch, daß sein Eingeweide sich auf die Erde schüttete, und gab ihm keinen Stich mehr und er starb. Joab aber und sein Bruder Abisai jagten nach Seba, dem Sohn Bichris.

¹¹Und es trat ein Mann von den Leuten Joabs neben ihn und sprach: Wer's mit Joab hält und für David ist, der folge Joab nach!

¹²Amasa aber lag im Blut gewälzt mitten auf der Straße. Da aber der Mann sah, daß alles Volk da stehenblieb, wandte er Amasa von der Straße auf den Acker und warf Kleider auf ihn, weil er sah, daß, wer an ihn kam, stehenblieb.

¹³Da er nun aus der Straße getan war, folgte jedermann Joab nach, Seba, dem Sohn Bichris, nachzujagen.

¹⁴Und er zog durch alle Stämme Israels gen Abel und Beth-Maacha und ganz Haberim; und versammelten sich und folgten ihm nach

¹⁵und kamen und belagerten ihn zu Abel-Beth-Maacha und schütteten einen Wall gegen die Stadt hin, daß er bis an die Vormauer langte; und alles Volk, das mit Joab war, stürmte und wollte die Mauer niederwerfen.

¹⁶Da rief eine weise Frau aus der Stadt: Hört! hört! Sprecht zu Joab, daß er hierher komme; ich will mit ihm reden.

¹⁷Und da er zu ihr kam, sprach die Frau: Bist du Joab? Er sprach: Ja. Sie sprach zu ihm: Höre die Rede deiner Magd. Er sprach: Ich höre.

¹⁸Sie sprach: Vorzeiten sprach man: Wer fragen will, der frage zu Abel; und so ging's wohl aus.

¹⁹Ich bin eine von den friedsamen und treuen Städten in Israel; und du willst die Stadt und Mutter in Israel töten? Warum willst du das Erbteil des HERRN verschlingen?

²⁰Joab antwortete und sprach: Das sei ferne, das sei ferne von mir, daß ich verschlingen und verderben sollte! Es steht nicht also;

²¹sondern ein Mann vom Gebirge Ephraim mit Namen Seba, der Sohn Bichris, hat sich empört wider den König David. Gebt ihn allein her, so will ich von der Stadt ziehen. Die Frau aber sprach zu Joab: Siehe, sein Haupt soll zu dir über die Mauer geworfen werden.

²²Und die Frau kam hinein zu allem Volk mit ihrer Weisheit. Und sie hieben Seba, dem Sohn Bichris, den Kopf ab und warfen ihn zu Joab. Da blies er die Posaune, und sie zerstreuten sich von der Stadt, ein jeglicher in seine Hütte. Joab aber kam wieder gen Jerusalem zum König.

²³Joab aber war über das ganze Heer Israels. Benaja, der Sohn Jojadas, war über die Krether und Plether.

²⁴Adoram war Rentmeister. Josaphat, der Sohn Ahiluds, war Kanzler.

²⁵Seja war Schreiber. Zadok und Abjathar waren Priester;

²⁶dazu war Ira, der Jairiter, Davids Priester.

Kapitel 21

¹Es war auch eine Teuerung zu Davids Zeiten drei Jahre aneinander. Und David suchte das Angesicht des HERRN; und der HERR sprach: Um Sauls willen und um des Bluthauses willen, daß er die Gibeoniter getötet hat.

²Da ließ der König die Gibeoniter rufen und sprach zu ihnen. (Die Gibeoniter aber waren nicht von den Kindern Israel, sondern übrig von den Amoritern; aber die Kinder Israel hatten ihnen geschworen, und Saul suchte sie zu schlagen in seinem Eifer für die Kinder Israel und Juda.)

³So sprach nun David zu den Gibeonitern: Was soll ich euch tun? und womit soll ich sühnen, daß ihr das Erbteil des HERRN segnet?

⁴Die Gibeoniter sprachen zu ihm: Es ist uns nicht um Gold noch Silber zu tun an Saul und seinem Hause und steht uns nicht zu, jemand zu töten in Israel. Er sprach: Was sprecht ihr denn, daß ich euch tun soll?

⁵Sie sprachen zum König: Den Mann, der uns verderbt und zunichte gemacht hat, sollen wir vertilgen, daß ihm nichts bleibe in allen Grenzen Israels.

⁶Gebt uns sieben Männer aus seinem Hause, daß wir sie aufhängen dem HERRN zu Gibea Sauls, des Erwählten des HERRN. Der König sprach: Ich will sie geben.

⁷Aber der König verschonte Mephiboseth, den Sohn Jonathans, des Sohnes Sauls, um des Eides willen des HERRN, der zwischen ihnen war, zwischen David und Jonathan, dem Sohn Sauls.

⁸Aber die zwei Söhne Rizpas, der Tochter Ajas, die sie Saul geboren hatte, Armoni und Mephiboseth, dazu die fünf Söhne Merabs, der Tochter Sauls, die sie dem Adriel geboren hatte, dem Sohn Barsillais, des Meholathiters, nahm der König

⁹und gab sie in die Hand der Gibeoniter; die hingen sie auf dem Berge vor dem HERRN. Also fielen diese sieben auf einmal und starben zur Zeit der ersten Ernte, wann die Gerstenernte angeht.

¹⁰Da nahm Rizpa, die Tochter Ajas, einen Sack und breitete ihn auf den Fels am Anfang der Ernte, bis daß Wasser von Himmel über sie troff, und ließ des Tages die Vögel des Himmels nicht auf ihnen ruhen noch des Nachts die Tiere des Feldes.

¹¹Und es ward David angesagt, was Rizpa, die Tochter Ajas, Sauls Kebsweib, getan hatte.

¹²Und David ging hin und nahm die Gebeine Sauls und die Gebeine Jonathans, seines Sohnes, von den Bürgern zu Jabes in Gilead (die sie vom Platz am Tor Beth-Seans gestohlen hatten, dahin sie die Philister gehängt hatten zu der Zeit, da die Philister Saul schlugen auf dem Berge Gilboa),

¹³und brachte sie von da herauf; und sie sammelten sie zuhauf mit den Gebeinen der Gehängten

¹⁴und begruben die Gebeine Sauls und seines Sohnes Jonathan im Lande Benjamin zu Zela im Grabe seines Vaters Kis und taten alles, wie der König geboten hatte. Also ward Gott nach diesem dem Lande wieder versöhnt.

¹⁵Es erhob sich aber wieder ein Krieg von den Philistern wider Israel; und David zog hinab und seine Knechte mit ihm und stritten wider die Philister. Und David ward müde.

¹⁶Und Jesbi zu Nob (welcher war der Kinder Raphas einer, und das Gewicht seines Speers war dreihundert Gewicht Erzes, und er hatte neue Waffen), der gedachte David zu schlagen.

¹⁷Aber Abisai, der Zeruja Sohn, half ihm und schlug den Philister

tot. Da schwuren ihm die Männer Davids und sprachen: Du sollst nicht mehr mit uns ausziehen in den Streit, daß nicht die Leuchte in Israel verlösche.

¹⁸Darnach erhob sich noch ein Krieg zu Gob mit den Philistern. Da schlug Sibbechai, der Husathiter, den Saph, welcher auch der Kinder Raphas einer war.

¹⁹Und es erhob sich noch ein Krieg zu Gob mit den Philistern. Da schlug El-Hanan, der Sohn Jaere-Orgims, ein Bethlehemiter, den Goliath, den Gathiter, welcher hatte einen Spieß, des Stange war wie ein Weberbaum.

²⁰Und es erhob sich noch ein Krieg zu Gath. Da war ein langer Mann, der hatte sechs Finger an seinen Händen und sechs Zehen an seinen Füßen, das ist vierundzwanzig an der Zahl; und er war auch geboren dem Rapha.

²¹Und da er Israel Hohn sprach, schlug ihn Jonathan, der Sohn Simeas, des Bruders Davids.

²²Diese vier waren geboren dem Rapha zu Gath und fielen durch die Hand Davids und seiner Knechte.

Kapitel 22

¹Und David redete vor dem HERRN die Worte dieses Liedes zur Zeit, da ihn der HERR errettet hatte von der Hand aller seiner Feinde und von der Hand Sauls, und sprach:

²Der HERR ist mein Fels und meine Burg und mein Erretter.

³Gott ist mein Hort, auf den ich traue, mein Schild und Horn meines Heils, mein Schutz und meine Zuflucht, mein Heiland, der du mir hilfst vor dem Frevel.

⁴Ich rufe an den HERRN, den Hochgelobten, so werde ich von meinen Feinden erlöst.

⁵Es hatten mich umfangen die Schmerzen des Todes, und die Bäche des Verderbens erschreckten mich.

⁶Der Hölle Bande umfingen mich, und des Todes Stricke überwältigten mich.

⁷Da mir angst war, rief ich den HERRN an und schrie zu meinem Gott; da erhörte er meine Stimme von seinem Tempel, und mein Schreien kam vor ihn zu seinen Ohren.

⁸Die Erde bebte und ward bewegt; die Grundfesten des Himmels regten sich und bebten, da er zornig war.

⁹Dampf ging auf von seiner Nase und verzehrend Feuer von seinem Munde, daß es davon blitzte.

¹⁰Er neigte den Himmel und fuhr herab, und Dunkel war unter seinen Füßen.

¹¹Und er fuhr auf dem Cherub und flog daher, und er schwebte auf den Fittichen des Windes.

¹²Sein Gezelt um ihn her war finster und schwarze, dicke Wolken.

¹³Von dem Glanz vor ihm brannte es mit Blitzen.

¹⁴Der HERR donnerte vom Himmel, und der Höchste ließ seinen Donner aus.

¹⁵Er schoß seine Strahlen und zerstreute sie; er ließ blitzen und erschreckte sie.

¹⁶Da sah man das Bett der Wasser, und des Erdbodens Grund ward aufgedeckt von dem Schelten des HERRN, von dem Odem und Schnauben seiner Nase.

¹⁷Er streckte seine Hand aus von der Höhe und holte mich und zog mich aus den großen Wassern.

¹⁸Er errettete mich von meinen starken Feinden, von meinen Hassern, die zu mir mächtig waren,

¹⁹die mich überwältigten zur Zeit meines Unglücks; und der HERR ward meine Zuversicht.

²⁰Und er führte mich aus in das Weite, er riß mich heraus; denn er hatte Lust zu mir.

²¹Der HERR tut wohl an mir nach meiner Gerechtigkeit; er vergilt mir nach der Reinigkeit meiner Hände.

²²Denn ich halte die Wege des HERRN und bin nicht gottlos wider meinen Gott.

²³Denn alle seine Rechte habe ich vor Augen, und seine Gebote werfe ich nicht von mir;

²⁴sondern ich bin ohne Tadel vor ihm und hüte mich vor Sünden.

²⁵Darum vergilt mir der HERR nach meiner Gerechtigkeit, nach meiner Reinigkeit vor seinen Augen.

²⁶Bei den Heiligen bist du heilig, bei den Frommen bist du fromm,

²⁷bei den Reinen bist du rein, und bei den Verkehrten bist du verkehrt.

²⁸Denn du hilfst dem elenden Volk, und mit deinen Augen erniedrigst du die Hohen.

²⁹Denn du, HERR, bist meine Leuchte; der HERR macht meine Finsternis licht.

³⁰Denn mit dir kann ich Kriegsvolk zerschlagen und mit meinem Gott über die Mauer springen.

³¹Gottes Wege sind vollkommen; des HERRN Reden sind durchläutert. Er ist ein Schild allen, die ihm vertrauen.

³²Denn wo ist ein Gott außer dem HERRN, und wo ist ein Hort außer unserm Gott?

³³Gott stärkt mich mit Kraft und weist mir einen Weg ohne Tadel.

³⁴Er macht meine Füße gleich den Hirschen und stellt mich auf meine Höhen.

³⁵Er lehrt meine Hände streiten und lehrt meinen Arm den ehernen Bogen spannen.

³⁶Du gibst mir den Schild deines Heils; und wenn du mich demütigst, machst du mich groß.

³⁷Du machst unter mir Raum zu gehen, daß meine Knöchel nicht wanken.

³⁸Ich will meinen Feinden nachjagen und sie vertilgen und will nicht umkehren, bis ich sie umgebracht habe.

³⁹Ich will sie umbringen und zerschmettern; sie sollen mir nicht widerstehen und müssen unter meine Füße fallen.

⁴⁰Du kannst mich rüsten mit Stärke zum Streit; du kannst unter mich werfen, die sich wider mich setzen.

⁴¹Du gibst mir meine Feinde in die Flucht, daß ich verstöre, die mich hassen.

⁴²Sie sahen sich um, aber da ist kein Helfer, nach dem HERRN; aber er antwortet ihnen nicht.

⁴³Ich will sie zerstoßen wie Staub auf der Erde; wie Kot auf der Gasse will ich sie verstäuben und zerstreuen.

⁴⁴Du hilfst mir von dem zänkischen Volk und behütest mich, daß ich ein Haupt sei unter den Heiden; ein Volk, das ich nicht kannte, dient mir.

⁴⁵Den Kindern der Fremde hat's wider mich gefehlt; sie gehorchen mir mit gehorsamen Ohren.

⁴⁶Die Kinder der Fremde sind verschmachtet und kommen mit Zittern aus ihren Burgen.

⁴⁷Der HERR lebt, und gelobt sei mein Hort; und Gott, der Hort meines Heils, werde erhoben,

⁴⁸der Gott, der mir Rache gibt und wirft die Völker unter mich.

⁴⁹Er hilft mir aus von meinen Feinden. Du erhöhst mich aus denen, die sich wider mich setzen; du hilfst mir von den Frevlern.

⁵⁰Darum will ich dir danken, HERR, unter den Heiden und deinem Namen lobsingen,

⁵¹der seinem Könige großes Heil beweist und wohltut seinem Gesalbten, David und seinem Samen ewiglich.

Kapitel 23

¹Dies sind die letzten Worte Davids: Es sprach David der Sohn Isais, es sprach der Mann, der hoch erhoben ist, der Gesalbte des Gottes Jakobs, lieblich mit Psalmen Israels.

²Der Geist des HERRN hat durch mich geredet, und seine Rede ist auf meiner Zunge.

³Es hat der Gott Israels zu mir gesprochen, der Hort Israels hat geredet: Ein Gerechter herrscht unter den Menschen, er herrscht mit der Furcht Gottes

⁴und ist wie das Licht des Morgens, wenn die Sonne aufgeht, am Morgen ohne Wolken, da vom Glanz nach dem Regen das Gras aus der Erde wächst.

⁵Denn ist mein Haus nicht also bei Gott? Denn er hat mir einen ewigen Bund gesetzt, der in allem wohl geordnet und gehalten wird. All mein Heil und all mein Begehren, das wird er wachsen lassen.

⁶Aber die heillosen Leute sind allesamt wie die ausgeworfenen Disteln, die man nicht mit Händen fassen kann;

⁷sondern wer sie angreifen soll, muß Eisen und Spießstange in der Hand haben; sie werden mit Feuer verbrannt an ihrem Ort.

⁸Dies sind die Namen der Helden Davids: Jasobeam, der Sohn Hachmonis, ein Vornehmster unter den Rittern; er hob seinen Spieß auf und schlug achthundert auf einmal.

⁹Nach ihm war Eleasar, der Sohn Dodos, des Sohnes Ahohis, unter den drei Helden mit David. Da sie Hohn sprachen den Philistern und daselbst versammelt waren zum Streit und die Männer Israels hinaufzogen,

¹⁰da stand er und schlug die Philister, bis seine Hand müde am Schwert erstarrte. Und der HERR gab ein großes Heil zu der Zeit, daß das Volk umwandte ihm nach, zu rauben.

¹¹Nach ihm war Samma, der Sohn Ages, des Harariters. Da die Philister sich versammelten in eine Rotte, und war daselbst ein Stück Acker voll Linsen, und das Volk floh vor den Philistern,

¹²da trat er mitten auf das Stück und errettete es und schlug die

2 Samuel

Philister; und Gott gab ein großes Heil.

¹³Und diese drei Vornehmsten unter dreißigen kamen hinab in der Ernte zu David in die Höhle Adullam, und die Rotte der Philister lag im Grunde Rephaim.

¹⁴David aber war dazumal an sicherem Ort; aber der Philister Volk lag zu Bethlehem.

¹⁵Und David ward lüstern und sprach: Wer will mir Wasser zu trinken holen aus dem Brunnen zu Bethlehem unter dem Tor?

¹⁶Da brachen die drei Helden ins Lager der Philister und schöpften Wasser aus dem Brunnen zu Bethlehem unter dem Tor und trugen's und brachten's zu David. Aber er wollte nicht trinken sondern goß es aus dem HERRN

¹⁷und sprach: Das lasse der HERR fern von mir sein, daß ich das tue! Ist's nicht das Blut der Männer, die ihr Leben gewagt haben und dahin gegangen sind? Und wollte es nicht trinken. Das taten die drei Helden.

¹⁸Abisai, Joabs Bruder, der Zeruja Sohn, war auch ein Vornehmster unter den Rittern: er hob seinen Spieß auf und schlug dreihundert, und war auch berühmt unter dreien

¹⁹und der Herrlichste unter dreien und war ihr Oberster; aber er kam nicht bis an jene drei.

²⁰Und Benaja, der Sohn Jojadas, des Sohnes Is-Hails, von großen Taten, von Kabzeel, der schlug zwei Helden der Moabiter und ging hinab und schlug einen Löwen im Brunnen zur Schneezeit.

²¹Und schlug auch einen ägyptischen ansehnlichen Mann, der hatte einen Spieß in seiner Hand. Er aber ging zu ihm hinab mit einem Stecken und riß dem Ägypter den Spieß aus der Hand und erwürgte ihn mit seinem eigenen Spieß.

²²Das tat Benaja, der Sohn Jojadas, und war berühmt unter den drei Helden

²³und herrlicher denn die dreißig; aber er kam nicht bis an jene drei. Und David machte ihn zum heimlichen Rat.

²⁴Asahel, der Bruder Joabs, war unter den dreißig; Elhanan, der Sohn Dodos, zu Bethlehem;

²⁵Samma, der Haroditer; Elika, der Haroditer;

²⁶Helez, der Paltiter; Ira, der Sohn Ikkes, des Thekoiters;

²⁷Abieser, der Anathothiter; Mebunnai, der Husathiter;

²⁸Zalmon, der Ahohiter; Maherai, der Netophathiter;

²⁹Heleb, der Sohn Baanas, der Netophathiter; Itthai, der Sohn Ribais, von Gibea der Kinder Benjamin;

³⁰Benaja, der Pirathoniter; Hiddai, von Nahale-Gaas;

³¹Abi-Albon, der Arbathiter; Asmaveth, der Barhumiter;

³²Eljahba, der Saalboniter; die Kinder Jasen und Jonathan;

³³Samma, der Harariter; Ahiam, der Sohn Sarars, der Harariter;

³⁴Eliphelet, der Sohn Ahasbais, des Maachathiters; Eliam, der Sohn Ahithophels, des Gileoniters;

³⁵Hezrai, der Karmeliter; Paerai, der Arbiter;

³⁶Jigeal, der Sohn Nathans, von Zoba; Bani, der Gaditer;

³⁷Zelek, der Ammoniter; Naharai, der Beerothiter, der Waffenträger Joabs, des Sohnes der Zeruja;

³⁸Ira, der Jethriter; Gareb, der Jethriter;

³⁹Uria, der Hethiter. Das sind allesamt siebenunddreißig.

Kapitel 24

¹Und der Zorn des HERRN ergrimmte abermals wider Israel und er reizte David wider sie, daß er sprach: Gehe hin, zähle Israel und Juda!

²Und der König sprach zu Joab, seinem Feldhauptmann: Gehe umher in allen Stämmen Israels von Dan an bis gen Beer-Seba und zähle das Volk, daß ich wisse, wieviel sein ist!

³Joab sprach zu dem König: Der HERR, dein Gott, tue diesem Volk, wie es jetzt ist, noch hundertmal soviel, daß mein Herr, der König, seiner Augen Lust daran sehe; aber was hat mein Herr König zu dieser Sache Lust?

⁴Aber des Königs Wort stand fest wider Joab und die Hauptleute des Heeres. Also zog Joab aus und die Hauptleute des Heeres von dem König, daß sie das Volk Israel zählten.

⁵Und sie gingen über den Jordan und lagerten sich zu Aroer, zur Rechten der Stadt, die am Bach Gad liegt, und gen Jaser hin,

⁶und kamen gen Gilead und ins Niederland Hodsi, und kamen gen Dan-Jaan und um Sidon her,

⁷und kamen zu der festen Stadt Tyrus und allen Städten der Heviter und Kanaaniter, und kamen hinaus an den Mittag Juda's gen Beer-Seba,

⁸und durchzogen das ganze land und kamen nach neuen Monaten und zwanzig Tagen gen Jerusalem.

⁹Und Joab gab dem König die Summe des Volks, das gezählt war. Und es waren in Israel achthundertmal tausend starke Männer, die das Schwert auszogen, und in Juda fünfhundertmal tausend Mann.

¹⁰Und das Herz schlug David, nachdem das Volk gezählt war. Und David sprach zum HERRN: Ich habe schwer gesündigt, daß ich das getan habe; und nun, HERR, nimm weg die Missetat deines Knechtes; denn ich habe sehr töricht getan.

¹¹Und da David des Morgens aufstand, kam des HERRN Wort zu Gad, dem Propheten, Davids Seher, und sprach:

¹²Gehe hin und rede mit David: So spricht der HERR: Dreierlei bringe ich zu dir; erwähle dir deren eins, daß ich es dir tue.

¹³Gad kam zu David und sagte es ihm an und sprach zu ihm: Willst du, daß sieben Jahre Teuerung in dein Land komme? oder daß du drei Monate vor deinen Widersachern fliehen müssest und sie dich verfolgen? oder drei Tage Pestilenz in deinem Lande sei? So merke nun und siehe, was ich wieder sagen soll dem, der mich gesandt hat.

¹⁴David sprach zu Gad: Es ist mir sehr angst; aber laß uns in die Hand des HERRN fallen, denn seine Barmherzigkeit ist groß; ich will nicht in der Menschen Hand fallen.

¹⁵Also ließ der HERR Pestilenz in Israel kommen von Morgen an bis zur bestimmten Zeit, daß des Volks starb von Dan an bis gen Beer-Seba siebzigtausend Mann.

¹⁶Und da der Engel seine Hand ausstreckte über Jerusalem, daß er es verderbte, reute den HERRN das Übel, und er sprach zum Engel, zu dem Verderber im Volk: Es ist genug; laß deine Hand ab! Der Engel aber des HERRN war bei der Tenne Aravnas, des Jebusiters.

¹⁷Da aber David den Engel sah, der das Volk schlug, sprach er zum HERRN: Siehe, ich habe gesündigt, ich habe die Missetat getan; was habe diese Schafe getan? Laß deine Hand wider mich und meines Vaters Haus sein!

¹⁸Und Gad kam zu David zur selben Zeit und sprach zu ihm: Gehe hinauf und richte dem HERRN einen Altar auf in der Tenne Aravnas, des Jebusiters!

¹⁹Also ging David hinauf, wie Gad ihm gesagt und der HERR ihm geboten hatte.

²⁰Und da Aravna sich wandte, sah er den König mit seinen Knechten zu ihm herüberkommen und fiel nieder auf sein Angesicht zur Erde

²¹und sprach: Warum kommt mein Herr, der König, zu seinem Knecht? David sprach: Zu kaufen von dir die Tenne und zu bauen dem HERRN einen Altar, daß die Plage vom Volk aufhöre.

²²Aber Aravna sprach zu David: Mein Herr, der König, nehme und opfere, wie es ihm gefällt: siehe, da ist ein Rind zum Brandopfer und Schleifen und Geschirr vom Ochsen zu Holz.

²³Das alles gab Aravna, der König, dem König. Und Aravna sprach zum König: Der HERR, dein Gott, lasse dich ihm angenehm sein.

²⁴Aber der König sprach zu Aravna: Nicht also, sondern ich will dir's abkaufen um seinen Preis; denn ich will dem HERRN, meinem Gott, nicht Brandopfer tun, das ich umsonst habe. Also kaufte David die Tenne und das Rind um fünfzig Silberlinge

²⁵und baute daselbst dem HERRN einen Altar und opferte Brandopfer und Dankopfer. Und der HERR ward dem Land versöhnt, und die Plage hörte auf von dem Volk Israel.

1 Könige

Kapitel 1

¹Und da der König David alt war und wohl betagt, konnte er nicht mehr warm werden, ob man ihn gleich mit Kleidern bedeckte.

²Da sprachen seine Knechte zu ihm: Laßt sie meinem Herrn, dem König, eine Dirne, eine Jungfrau, suchen, die vor dem König stehe und sein pflege und schlafe in seinen Armen und wärme meinen Herrn, den König.

³Und sie suchten eine schöne Dirne im ganzen Gebiet Israels und fanden Abisag von Sunem und brachten sie dem König.

⁴Und sie war eine sehr schöne Dirne und pflegte des Königs und diente ihm. Aber der König erkannte sie nicht.

⁵Adonia aber, der Sohn der Haggith, erhob sich und sprach: Ich will König werden! und machte sich Wagen und Reiter und fünfzig Mann zu Trabanten vor ihm her.

⁶Und sein Vater hatte ihn nie bekümmert sein Leben lang, daß er hätte gesagt: Warum tust du also? Und er war auch ein sehr schöner Mann und war geboren nächst nach Absalom.

⁷Und er hatte seinen Rat mit Joab, dem Sohn der Zeruja, und mit Abjathar, dem Priester; die halfen Adonia.

⁸Aber Zadok, der Priester, und Benaja, der Sohn Jojadas, und Nathan, der Prophet, und Simei und Rei und die Helden Davids waren nicht mit Adonia.

⁹Und da Adonia Schafe und Rinder und gemästetes Vieh opferte bei dem Stein Soheleth, der neben dem Brunnen Rogel liegt, lud er alle seine Brüder, des Königs Söhne, und alle Männer Juda's, des Königs Knechte.

¹⁰Aber den Propheten Nathan und Benaja und die Helden und Salomo, seinen Bruder, lud er nicht.

¹¹Da sprach Nathan zu Bath-Seba, Salomos Mutter: Hast du nicht gehört, daß Adonia, der Sohn der Haggith, ist König geworden? Und unser Herr David weiß nichts darum.

¹²So komm nun, ich will dir einen Rat geben, daß du deine Seele und deines Sohnes Salomo Seele errettest.

¹³Auf, und gehe zum König David hinein und sprich zu ihm: Hast du nicht, mein Herr König, deiner Magd geschworen und geredet: Dein Sohn Salomo soll nach mir König sein, und er soll auf meinem Stuhl sitzen? Warum ist denn Adonia König geworden?

¹⁴Siehe, wenn du noch da bist und mit dem König redest, will ich dir nach hineinkommen und vollends deine Worte ausreden.

¹⁵Und Bath-Seba ging hinein zum König in die Kammer. Und der König war sehr alt, und Abisag von Sunem diente dem König.

¹⁶Und Bath-Seba neigte sich und fiel vor dem König nieder. Der König aber sprach: Was ist dir?

¹⁷Sie sprach zu ihm: Mein Herr, du hast deiner Magd geschworen bei dem HERRN, deinem Gott: Dein Sohn Salomo soll König sein nach mir und auf meinem Stuhl sitzen.

¹⁸Nun aber siehe, Adonia ist König geworden, und, mein Herr König, du weißt nichts darum.

¹⁹Er hat Ochsen und gemästetes Vieh und viele Schafe geopfert und hat geladen alle Söhne des Königs, dazu Abjathar, den Priester, und Joab den Feldhauptmann; aber deinen Knecht Salomo hat er nicht geladen.

²⁰Du aber, mein Herr König, die Augen des ganzen Israel sehen auf dich, daß du ihnen anzeigest, wer auf dem Stuhl meines Herrn Königs sitzen soll.

²¹Wenn aber mein Herr König mit seinen Vätern entschlafen ist, so werden ich und mein Sohn Salomo müssen Sünder sein.

²²Als sie aber noch redete mit dem König, kam der Prophet Nathan.

²³Und sie sagten's dem König an: Siehe, da ist der Prophet Nathan. Und als er hinein vor den König kam, fiel er vor dem König nieder auf sein Angesicht zu Erde

²⁴und sprach: Mein Herr König, hast du gesagt: Adonia soll nach mir König sein und auf meinem Stuhl sitzen?

²⁵Denn er ist heute hinabgegangen und hat geopfert Ochsen und Mastvieh und viele Schafe und hat alle Söhne des Königs geladen und die Hauptleute, dazu den Priester Abjathar. Und siehe, sie essen und trinken vor ihm und sagen: Glück zu dem König Adonia!

²⁶Aber mich, deinen Knecht, und Zadok, den Priester, und Benaja, den Sohn Jojadas, und deinen Knecht Salomo hat er nicht geladen.

²⁷Ist das von meinem Herrn, dem König, befohlen, und hast du es deine Knechte nicht wissen lassen, wer auf dem Stuhl meines Herrn, des Königs, nach ihm sitzen soll?

²⁸Der König David antwortete und sprach: Rufet mir Bath-Seba! Und sie kam hinein vor den König. Und da sie vor dem König stand,

²⁹schwur der König und sprach: So wahr der HERR lebt, der meine Seele erlöst hat aus aller Not,

³⁰ich will heute tun, wie ich dir geschworen habe bei dem HERRN, dem Gott Israels, und geredet, daß Salomo, dein Sohn, soll nach mir König sein, und er soll auf meinem Stuhl sitzen für mich.

³¹Da neigte sich Bath-Seba mit ihrem Antlitz zur Erde und fiel vor dem König nieder und sprach: Glück meinem Herrn, dem König David, ewiglich!

³²Und der König David sprach: Rufet mir den Priester Zadok und den Propheten Nathan und Benaja, den Sohn Jojadas! Und da sie hineinkamen vor den König,

³³sprach der König zu ihnen: Nehmet mit euch eures Herrn Knechte und setzet meinen Sohn Salomo auf mein Maultier und führet ihn hinab gen Gihon.

³⁴Und der Priester Zadok samt dem Propheten Nathan salbe ihn daselbst zum König über Israel. Und blast mit den Posaunen und sprecht: Glück dem König Salomo!

³⁵Und ziehet mit ihm herauf, und er soll kommen und sitzen auf meinem Stuhl und König sein für mich; und ich will ihm gebieten, daß er Fürst sei über Israel und Juda.

³⁶Da antwortete Benaja, der Sohn Jojadas, dem König und sprach: Amen! Es sage der HERR, der Gott meines Herrn, des Königs, auch also!

³⁷Wie der HERR mit meinem Herrn, dem König gewesen ist, so sei er auch mit Salomo, daß sein Stuhl größer werde denn der Stuhl meines Herrn, des Königs David.

³⁸Da gingen hinab der Priester Zadok und der Prophet Nathan und Benaja, der Sohn Jojadas, und die Krether und Plether und setzten Salomo auf das Maultier des Königs David und führten ihn gen Gihon.

³⁹Und der Priester Zadok nahm das Ölhorn aus der Hütte und salbte Salomo. Und sie bliesen mit der Posaune, und alles Volk sprach: Glück dem König Salomo!

⁴⁰Und alles Volk zog ihm nach herauf, und das Volk pfiff mit Flöten und war sehr fröhlich, daß die Erde von ihrem Geschrei erscholl.

⁴¹Und Adonai hörte es und alle, die er geladen hatte, die bei ihm waren; und sie hatten schon gegessen. Und da Joab der Posaune Schall hörte, sprach er: Was will das Geschrei und Getümmel der Stadt?

⁴²Da er aber noch redete, siehe, da kam Jonathan, der Sohn Abjathars, des Priesters. Und Adonia sprach: Komm herein, denn du bist ein redlicher Mann und bringst gute Botschaft.

⁴³Jonathan antwortete und sprach zu Adonia: Ja, unser Herr, der König David, hat Salomo zum König gemacht

⁴⁴und hat mit ihm gesandt den Priester Zadok und den Propheten Nathan und Benaja, den Sohn Jojadas, und die Krether und Plether; und sie haben ihn auf des Königs Maultier gesetzt;

⁴⁵und Zadok, der Priester, samt dem Propheten Nathan hat ihn gesalbt zum König zu Gihon, und sind von da heraufgezogen mit Freuden, daß die Stadt voll Getümmels ist. Das ist das Geschrei, das ihr gehört habt.

⁴⁶Dazu sitzt Salomo auf dem königlichen Stuhl.

⁴⁷Und die Knechte des Königs sind hineingegangen, zu segnen unsern Herrn, den König David, und haben gesagt: Dein Gott mache Salomo einen bessern Namen, denn dein Name ist, und mache seinen Stuhl größer, denn deinen Stuhl! Und der König hat angebetet auf dem Lager.

⁴⁸Auch hat der König also gesagt: Gelobt sei der HERR, der Gott Israels, der heute hat lassen einen sitzen auf meinem Stuhl, daß es meine Augen gesehen haben.

⁴⁹Da erschraken und machten sich auf alle, die bei Adonia geladen waren, und gingen hin, ein jeglicher seinen Weg.

⁵⁰Aber Adonia fürchtete sich vor Salomo und machte sich auf, ging hin und faßte die Hörner des Altars.

⁵¹Und es ward Salomo angesagt: Siehe, Adonia fürchtet den König Salomo; und siehe, er faßte die Hörner des Altars und spricht: Der König Salomo schwöre mir heute, daß er seinen Knecht nicht töte mit dem Schwert.

⁵²Salomo sprach: Wird er redlich sein, so soll kein Haar von ihm auf die Erde fallen; wird aber Böses an ihm gefunden, so soll er sterben.

⁵³Und der König Salomo sandte hin und ließ ihn herab vom Altar holen. Und da er kam, fiel er vor dem König Salomo nieder. Salomo aber sprach zu Ihm: Gehe in dein Haus!

1 Könige

Kapitel 2

¹Als nun die Zeit herbeikam, daß David sterben sollte, gebot er seinem Sohn Salomo und sprach:

²Ich gehe hin den Weg aller Welt; so sei getrost und sei ein Mann

³und warte des Dienstes des HERRN, deines Gottes, daß du wandelst in seinen Wegen und haltest seine Sitten, Gebote und Rechte und Zeugnisse, wie geschrieben steht im Gesetz Mose's, auf daß du klug seist in allem, was du tust und wo du dich hin wendest;

⁴auf daß der HERR sein Wort erwecke, das er über mich geredet hat und gesagt: Werden deine Kinder ihre Wege behüten, daß sie vor mir treulich und von ganzem Herzen und von ganzer Seele wandeln, so soll dir nimmer gebrechen ein Mann auf dem Stuhl Israels.

⁵Auch weißt du wohl, was mir getan hat Joab, der Sohn der Zeruja, was er tat den zwei Feldhauptmännern Israels, Abner dem Sohn Ners, und Amasa, dem Sohn Jethers, die er erwürgt hat und vergoß Kriegsblut im Frieden und tat Kriegsblut an seinen Gürtel, der um seine Lenden war, und an seine Schuhe, die an seinen Füßen waren.

⁶Tue nach deiner Weisheit, daß du seine grauen Haare nicht mit Frieden hinunter in die Grube bringst.

⁷Aber den Kindern Barsillais, des Gileaditers, sollst du Barmherzigkeit beweisen, daß sie an deinem Tisch essen. Denn also nahten sie zu mir, da ich vor Absalom, deinem Bruder, floh.

⁸Und siehe, du hast bei mir Simei, den Sohn Geras, den Benjaminiter von Bahurim, der mir schändlich fluchte zu der Zeit, da ich gen Mahanaim ging. Er aber kam herab mir entgegen am Jordan. Da schwur ich ihm bei dem HERRN und sprach: Ich will dich nicht töten mit dem Schwert.

⁹Du aber laß ihn nicht unschuldig sein; denn du bist ein weiser Mann und wirst wohl wissen, was du ihm tun sollst, daß du seine grauen Haare mit Blut hinunter in die Grube bringst.

¹⁰Also entschlief David mit seinen Vätern und ward begraben in der Stadt Davids.

¹¹Die Zeit aber, die David König gewesen ist über Israel, ist vierzig Jahre: sieben Jahre war er König zu Hebron und dreiunddreißig Jahre zu Jerusalem.

¹²Und Salomo saß auf dem Stuhl seines Vaters David, und sein Königreich ward sehr beständig.

¹³Aber Adonia, der Sohn der Haggith, kam hinein zu Bath-Seba, der Mutter Salomos. Und sie sprach: Kommst du auch in Frieden? Er sprach: Ja!

¹⁴und sprach: Ich habe mit dir zu reden. Sie sprach: Sage an!

¹⁵Er sprach: Du weißt, daß das Königreich mein war und ganz Israel hatte sich auf mich gerichtet, daß ich König sein sollte; aber nun ist das Königreich gewandt und meines Bruders geworden, von dem HERRN ist's ihm geworden.

¹⁶Nun bitte ich eine Bitte von dir; du wolltest mein Angesicht nicht beschämen. Sie sprach zu ihm: Sage an!

¹⁷Er sprach: Rede mit dem König Salomo, denn er wird dein Angesicht nicht beschämen, daß er mir gebe Abisag von Sunem zum Weibe.

¹⁸Bath-Seba sprach: Wohl, ich will mit dem König deinethalben reden.

¹⁹Und Bath-Seba kam hinein zum König Salomo, mit ihm zu reden Adonias halben. Und der König stand auf und ging ihr entgegen und neigte sich vor ihr und setzte sie auf seinen Stuhl. Und es ward der Mutter des Königs ein Stuhl gesetzt, daß sie sich setzte zu seiner Rechten.

²⁰Und sie sprach: Ich bitte eine kleine Bitte von dir; du wollest mein Angesicht nicht beschämen. Der König sprach zu ihr: Bitte, meine Mutter; ich will dein Angesicht nicht beschämen.

²¹Sie sprach: Laß Abisag von Sunem deinem Bruder Adonia zum Weibe geben.

²²Da antwortete der König Salomo und sprach zu seiner Mutter: Warum bittest du um Abisag von Sunem für Adonia? Bitte ihm das Königreich auch; denn er ist mein älterer Bruder und hat den Priester Abjathar und Joab, den Sohn der Zeruja.

²³und der König Salomo schwur bei dem HERRN und sprach: Gott tue mir dies und das, Adonia soll das wider sein Leben geredet haben!

²⁴Und nun, so wahr der HERR lebt, der mich bestätigt hat und sitzen lassen auf dem Stuhl meines Vaters David und der mir ein Haus gemacht hat, wie er geredet hat, heute soll Adonia sterben!

²⁵Und der König Salomo sandte hin Benaja, den Sohn Jojadas; der schlug ihn, daß er starb.

²⁶Und zu dem Priester Abjathar sprach der König: Gehe hin gen Anathoth zu deinem Acker; denn du bist des Todes. Aber ich will dich heute nicht töten; denn du hast die Lade des HERRN HERRN vor meinem Vater David getragen und hast mitgelitten, wo mein Vater gelitten hat.

²⁷Also verstieß Salomo den Abjathar, daß er nicht durfte Priester des HERRN sein, auf daß erfüllet würde des HERRN Wort, das er über das Haus Elis geredet hatte zu Silo.

²⁸Und dies Gerücht kam vor Joab; denn Joab hatte an Adonia gehangen, wiewohl nicht an Absalom. Da floh Joab in die Hütte des HERRN und faßte die Hörner des Altars.

²⁹Und es ward dem König Salomo angesagt, daß Joab zur Hütte des HERRN geflohen wäre, und siehe, er steht am Altar. Da sandte Salomo hin Benaja, den Sohn Jojadas, und sprach: Gehe, schlage ihn!

³⁰Und da Benaja zur Hütte des HERRN kam, sprach er zu ihm: So sagt der König: Gehe heraus! Er sprach: Nein, hier will ich sterben. Und Benaja sagte solches dem König wieder und sprach: So hat Joab geredet, und so hat er mir geantwortet.

³¹Der König sprach zu ihm: Tue, wie er geredet hat, und schlage ihn und begrabe ihn, daß du das Blut, das Joab ohne Ursache vergossen hat, von mir tust und von meines Vaters Hause;

³²und der HERR bezahle ihm sein Blut auf seinen Kopf, daß er zwei Männer erschlagen hat, die gerechter und besser waren denn er, und hat sie erwürgt mit dem Schwert, daß mein Vater David nichts darum wußte: Abner, den Sohn Ners, den Feldhauptmann über Israel, und Amasa, den Sohn Jethers, den Feldhauptmann über Juda;

³³daß ihr Blut bezahlt werde auf den Kopf Joabs und seines Samens ewiglich, aber David und sein Same, sein Haus und sein Stuhl Frieden habe ewiglich von dem HERRN.

³⁴Und Benaja, der Sohn Jojadas, ging hinauf und schlug ihn und tötete ihn. Und er ward begraben in seinem Hause in der Wüste.

³⁵Und der König setzte Benaja, den Sohn Jojadas, an seine Statt über das Heer, und Zadok, den Priester, setzte der König an die Statt Abjathars.

³⁶Und der König sandte hin und ließ Simei rufen und sprach zu ihm: Baue dir ein Haus zu Jerusalem und wohne daselbst und gehe von da nicht heraus, weder hierher noch daher.

³⁷Welches Tages du wirst hinausgehen und über den Bach Kidron gehen, so wisse, daß du des Todes sterben mußt; dein Blut sei auf deinem Kopf!

³⁸Simei sprach zum König: Das ist eine gute Meinung; wie mein Herr, der König, geredet hat, so soll dein Knecht tun. Also wohnte Simei zu Jerusalem lange Zeit.

³⁹Es begab sich aber über drei Jahre, daß zwei Knechte dem Simei entliefen zu Achis, dem Sohn Maachas, dem König zu Gath. Und es ward Simei angesagt: Siehe, deine Knechte sind zu Gath.

⁴⁰Da machte sich Simei auf und sattelte seinen Esel und zog hin gen Gath zu Achis, daß er seine Knechte suchte. Und da er hinkam, brachte er seine Knechte von Gath.

⁴¹Und es ward Salomo angesagt, daß Simei hingezogen wäre von Jerusalem gen Gath und wiedergekommen.

⁴²Da sandte der König hin und ließ Simei rufen und sprach zu ihm: Habe ich dir nicht geschworen bei dem HERRN und dir bezeugt und gesagt, welches Tages du würdest ausziehen und hierhin oder dahin gehen, daß du wissen solltest, du müßtest des Todes sterben? und du sprachst zu mir: Ich habe eine gute Meinung gehört.

⁴³Warum hast du denn nicht dich gehalten nach dem Eid des HERRN und dem Gebot, das ich dir geboten habe?

⁴⁴Und der König sprach zu Simei: Du weißt alle die Bosheit, der dir dein Herz bewußt ist, die du meinem Vater David getan hast; der HERR hat deine Bosheit bezahlt auf deinen Kopf,

⁴⁵und der König Salomo ist gesegnet, und der Stuhl Davids wird beständig sein vor dem HERRN ewiglich.

⁴⁶Und der König gebot Benaja, dem Sohn Jojadas; der ging hinaus und schlug ihn, daß er starb. Und das Königreich ward bestätigt durch Salomos Hand.

Kapitel 3

¹Und Salomo verschwägerte sich mit Pharao, dem König in Ägypten und nahm Pharaos Tochter und brachte sie in die Stadt Davids, bis er ausbaute sein Haus und des HERRN Haus und die Mauer um Jerusalem her.

²Aber das Volk opferte noch auf den Höhen; denn es war noch kein Haus gebaut dem Namen des HERRN bis auf die Zeit.

³Salomo aber hatte den HERRN lieb und wandelte nach den Sitten seines Vaters David, nur daß er auf den Höhen opferte und räucherte.

⁴Und der König ging hin gen Gibeon daselbst zu opfern; denn das war die vornehmste Höhe. Und Salomo opferte tausend Brandopfer auf demselben Altar.

⁵Und der HERR erschien Salomo zu Gibeon im Traum des

Nachts, und Gott sprach: Bitte, was ich dir geben soll!

⁶Salomo sprach: Du hast an meinem Vater David, deinem Knecht, große Barmherzigkeit getan, wie er denn vor dir gewandelt ist in Wahrheit und Gerechtigkeit und mit richtigem Herzen vor dir, und hast ihm diese große Barmherzigkeit gehalten und ihm einen Sohn gegeben, der auf seinem Stuhl säße, wie es denn jetzt geht.

⁷Nun, HERR, mein Gott, du hast deinen Knecht zum König gemacht an meines Vaters David Statt. So bin ich ein junger Knabe, weiß weder meinen Ausgang noch Eingang.

⁸Und dein Knecht ist unter dem Volk, das du erwählt hast, einem Volke, so groß das es niemand zählen noch beschreiben kann vor der Menge.

⁹So wollest du deinem Knecht geben ein gehorsames Herz, daß er dein Volk richten möge und verstehen, was gut und böse ist. Denn wer vermag dies dein mächtiges Volk zu richten?

¹⁰Das gefiel dem HERRN wohl, daß Salomo um ein solches bat.

¹¹Und Gott sprach zu ihm: Weil du solches bittest und bittest nicht um langes Leben noch um Reichtum noch um deiner Feinde Seele, sondern um Verstand, Gericht zu hören,

¹²siehe, so habe ich getan nach deinen Worten. Siehe, ich habe dir ein weises und verständiges Herz gegeben, daß deinesgleichen vor dir nicht gewesen ist und nach dir nicht aufkommen wird.

¹³Dazu, was du nicht gebeten hast, habe ich dir auch gegeben, sowohl Reichtum als Ehre, daß deinesgleichen keiner unter den Königen ist zu deinen Zeiten.

¹⁴Und so du wirst in meinen Wegen wandeln, daß du hältst meine Sitten und Gebote, wie dein Vater David gewandelt hat, so will ich dir geben ein langes Leben.

¹⁵Und da Salomo erwachte, siehe, da war es ein Traum. Und er kam gen Jerusalem und trat vor die Lade des Bundes des HERRN und opferte Brandopfer und Dankopfer und machte ein großes Mahl allen seinen Knechten.

¹⁶Zu der Zeit kamen zwei Huren zum König und traten vor ihn.

¹⁷Und das eine Weib sprach: Ach, mein Herr, ich und dies Weib wohnten in einem Hause, und ich gebar bei ihr im Hause.

¹⁸Und über drei Tage, da ich geboren hatte, gebar sie auch. Und wir waren beieinander, daß kein Fremder mit uns war im Hause, nur wir beide.

¹⁹Und dieses Weibes Sohn starb in der Nacht; denn sie hatte ihn im Schlaf erdrückt.

²⁰Und sie stand in der Nacht auf und nahm meinen Sohn von meiner Seite, da deine Magd schlief, und legte ihn an ihren Arm, und ihren toten Sohn legte sie an meinen Arm.

²¹Und da ich des Morgens aufstand, meinen Sohn zu säugen, siehe, da war er tot. Aber am Morgen sah ich ihn genau an, und siehe, es war nicht mein Sohn, den ich geboren hatte.

²²Das andere Weib sprach: Nicht also; mein Sohn lebt, und dein Sohn ist tot. Jene aber sprach: Nicht also; dein Sohn ist tot, und mein Sohn lebt. Und redeten also vor dem König.

²³Und der König sprach: Diese spricht: mein Sohn lebt, und dein Sohn ist tot; jene spricht: Nicht also; dein Sohn ist tot, und mein Sohn lebt.

²⁴Und der König sprach: Holet mir ein Schwert her! und da das Schwert vor den König gebracht ward,

²⁵sprach der König: Teilt das lebendige Kind in zwei Teile und gebt dieser die Hälfte und jener die Hälfte.

²⁶Da sprach das Weib, des Sohn lebte, zum König (denn ihr mütterliches Herz entbrannte über ihren Sohn): Ach, mein Herr, gebt ihr das Kind lebendig und tötet es nicht! Jene aber sprach: Es sei weder mein noch dein; laßt es teilen!

²⁷Da antwortete der König und sprach: Gebet dieser das Kind lebendig und tötet es nicht; die ist seine Mutter.

²⁸Und das Urteil, das der König gefällt hatte, erscholl vor dem ganzen Israel, und sie fürchteten sich vor dem König; denn sie sahen, daß die Weisheit Gottes in ihm war, Gericht zu halten.

Kapitel 4

¹Also war Salomo König über ganz Israel.

²Und dies waren seine Fürsten: Asarja, der Sohn Zadoks, des Priesters,

³Elihoreph und Ahija, die Söhne Sisas, waren Schreiber. Josaphat, der Sohn Ahiluds, war Kanzler.

⁴Benaja, der Sohn Jojadas, war Feldhauptmann. Zadok und Abjathar waren Priester.

⁵Asarja, der Sohn Nathans, war über die Amtleute. Sabud, der Sohn Nathans, war Priester, des Königs Freund.

⁶Ahisar war Hofmeister. Adoniram, der Sohn Abdas, war Rentmeister.

⁷Und Salomo hatte zwölf Amtleute über ganz Israel, die den König und sein Haus versorgten. Ein jeder hatte des Jahres eine Monat lang zu versorgen.

⁸und hießen also: Der Sohn Hurs auf dem Gebirge Ephraim;

⁹der Sohn Dekers zu Makaz und zu Saalbim und zu Beth-Semes und zu Elon und Beth-Hanan;

¹⁰der Sohn Heseds zu Arubboth, und hatte dazu Socho und das ganze Land Hepher;

¹¹der Sohn Abinadabs über die ganze Herrschaft zu Dor, und hatte Taphath, Salomos Tochter zum Weibe;

¹²Baana, der Sohn Ahiluds, zu Thaanach und zu Megiddo und über ganz Beth-Sean, welches liegt neben Zarthan unter Jesreel, von Beth-Sean bis an Abel-Mehola, bis jenseit Jokmeams;

¹³der Sohn Gebers zu Ramoth in Gilead, und hatte die Flecken Jairs, des Sohnes Manasses, in Gilead und hatte die Gegend Argob, die in Basan liegt, sechzig große Städte, vermauert und mit ehernen Riegeln;

¹⁴Ahinadab, der Sohn Iddos, zu Mahanaim;

¹⁵Ahimaaz in Naphthali, und der nahm auch Salomos Tochter Basmath zum Weibe;

¹⁶Baana, der Sohn Husais, in Asser und zu Aloth;

¹⁷Josaphat, der Sohn Paruahs, in Isaschar;

¹⁸Simei, der Sohn Elas, in Benjamin;

¹⁹Geber, der Sohn Uris, im Lande Gilead, im Lande Sihons, des Königs der Amoriter und Ogs, des Königs von Basan (ein Amtmann war in demselben Lande).

²⁰Juda aber und Israel, deren war viel wie der Sand am Meer, und sie aßen und tranken und waren fröhlich.

²¹Also war Salomo ein Herr über alle Königreiche, von dem Strom an bis zu der Philister Lande und bis an die Grenze Ägyptens, die ihm Geschenke zubrachten und ihm dienten sein Leben lang.

²²Und Salomo mußte täglich zur Speisung haben dreißig Kor Semmelmehl, sechzig Kor anderes Mehl,

²³zehn gemästete Rinder und zwanzig Weiderinder und hundert Schafe, ausgenommen Hirsche und Rehe und Gemsen und gemästetes Federvieh,

²⁴Denn er herrschte im ganzen Lande diesseit des Stromes, von Tiphsah bis gen Gaza, über alle Könige diesseit des Stromes, und hatte Frieden von allen seinen Untertanen umher,

²⁵daß Juda und Israel sicher wohnten, ein jeglicher unter seinem Weinstock und unter seinem Feigenbaum, von Dan bis gen Beer-Seba, solange Salomo lebte.

²⁶Und Salomo hatte vierzigtausend Wagenpferde und zwölftausend Reisige.

²⁷Und die Amtleute versorgten den König Salomo und alles, was zum Tisch des Königs gehörte, ein jeglicher in seinem Monat, und ließen nichts fehlen.

²⁸Auch Gerste und Stroh für die Rosse und Renner brachten sie an den Ort, da er war, ein jeglicher nach seinem Befehl.

²⁹Und Gott gab Salomo sehr große Weisheit und Verstand und reichen Geist wie Sand, der am Ufer des Meeres liegt,

³⁰daß die Weisheit Salomos größer war denn aller, die gegen Morgen wohnen, und aller Ägypter Weisheit.

³¹Und er war weiser denn alle Menschen, auch weiser denn Ethan, der Esrahiter, Heman, Chalkol und Darda, die Söhne Mahols, und war berühmt unter allen Heiden umher.

³²Und er redete dreitausend Sprüche, und seine Lieder waren tausendundfünf.

³³Und er redete von Bäumen, von der Zeder an auf dem Libanon bis an Isop, der aus der Wand wächst. Auch redete er von Vieh, von Vögeln, von Gewürm und von Fischen.

³⁴Und es kamen aus allen Völkern, zu hören die Weisheit Salomos, von allen Königen auf Erden, die von seiner Weisheit gehört hatten.

Kapitel 5

¹Und Hiram, der König zu Tyrus, sandte seine Knechte zu Salomo; denn er hatte gehört, daß sie ihn zum König gesalbt hatten an seines Vaters Statt. Denn Hiram liebte David sein Leben lang.

²Und Salomo sandte zu Hiram und ließ ihm sagen:

³Du weißt, daß mein Vater David nicht konnte bauen ein Haus dem Namen des HERRN, seines Gottes, um des Krieges willen, der um ihn her war, bis ihn der HERR unter seiner Füße Sohlen gab.

⁴Nun aber hat mir der HERR, mein Gott, Ruhe gegeben umher, daß kein Widersacher noch böses Hindernis mehr ist.

⁵Siehe, so habe ich gedacht, ein Haus zu bauen dem Namen des

1 Könige

HERRN, meines Gottes, wie der HERR geredet hat zu meinem Vater David und gesagt: Dein Sohn, den ich an deine Statt setzen werde auf deinen Stuhl, der soll meinem Namen das Haus bauen.

⁶So befiehl nun, daß man mir Zedern aus dem Libanon haue, und daß deine Knechte mit meinen Knechten seien. Und den Lohn deiner Knechte will ich dir geben, alles, wie du sagst. Denn du weißt, daß bei uns niemand ist, der Holz zu hauen wisse wie die Sidonier.

⁷Da Hiram aber hörte die Worte Salomos, freute er sich hoch und sprach: Gelobt sei der HERR heute, der David einen weisen Sohn gegeben hat über dies große Volk.

⁸Und Hiram sandte zu Salomo und ließ ihm sagen: Ich habe gehört, was du zu mir gesandt hast. Ich will tun nach allem deinem Begehr mit Zedern-und Tannenholz

⁹Meine Knechte sollen die Stämme vom Libanon hinabbringen ans Meer, und will sie in Flöße legen lassen auf dem Meer bis an den Ort, den du mir wirst ansagen lassen, und will sie daselbst abbinden, und du sollst's holen lassen. Aber du sollst auch mein Begehr tun und Speise geben meinem Gesinde.

¹⁰Also gab Hiram Salomo Zedern-und Tannenholz nach allem seinem Begehr.

¹¹Salomo aber gab Hiram zwanzigtausend Kor Weizen, zu essen für sein Gesinde, und zwanzig Kor gestoßenen Öls. Solches gab Salomo jährlich dem Hiram.

¹²Und der HERR gab Salomo Weisheit, wie er ihm geredet hatte. Und es war Friede zwischen Hiram und Salomo, und sie machten beide einen Bund miteinander.

¹³Und Salomo hob Fronarbeiter aus von ganz Israel, und ihre Zahl war dreißigtausend Mann,

¹⁴und sandte sie auf den Libanon, je einen Monat zehntausend, daß sie einen Monat auf dem Libanon waren und zwei Monate daheim. Und Adoniram war über solche Anzahl.

¹⁵Und Salomo hatte siebzigtausend, die Last trugen, und achtzigtausend, die da Steine hieben auf dem Berge,

¹⁶ohne die obersten Amtleute Salomos, die über das Werk gesetzt waren: dreitausenddreihundert, welche über das Volk herrschten, das da am Werk arbeitete.

¹⁷und der König gebot, daß sie große und köstliche Steine ausbrächen, gehauene Steine zum Grund des Hauses.

¹⁸Und die Bauleute Salomos und die Bauleute Hirams und die Gebaliter hieben aus und bereiteten zu Holz und Steine, zu bauen das Haus.

Kapitel 6

¹Im vierhundertachtzigsten Jahr nach dem Ausgang der Kinder Israel aus Ägyptenland, im vierten Jahr des Königreichs Salomo über Israel, im Monat Siv, das ist der zweite Monat, ward das Haus des HERRN gebaut.

²Das Haus aber, das der König Salomo dem HERRN baute, war sechzig Ellen lang, zwanzig Ellen breit und dreißig Ellen hoch.

³Und er baute eine Halle vor dem Tempel, zwanzig Ellen lang nach der Breite des Hauses und zehn Ellen breit vor dem Hause her.

⁴Und er machte an das Haus Fenster mit festen Stäben davor.

⁵Und er baute einen Umgang an der Wand des Hauses ringsumher, daß er um den Tempel und um den Chor her ging, und machte Seitengemächer umher.

⁶Der unterste Gang war fünf Ellen weit und der mittelste sechs Ellen weit und der dritte sieben Ellen weit; denn er machte Absätze außen am Hause umher, daß die Balken nicht in die Wände des Hauses eingriffen.

⁷Und da das Haus gesetzt ward, waren die Steine zuvor ganz zugerichtet, daß man kein Hammer noch Beil noch irgend ein eisernes Werkzeug im Bauen hörte.

⁸Eine Tür aber war zur rechten Seite mitten im Hause, daß man durch eine Wendeltreppe hinaufging auf den Mittelgang und vom Mittelgang auf den dritten.

⁹Also baute er das Haus und vollendete es; und er deckte das Haus mit Balken und Tafelwerk von Zedern.

¹⁰Und er baute die Gänge um das ganze Haus herum, je fünf Ellen hoch, und verband sie mit dem Hause durch Balken von Zedernholz.

¹¹Und es geschah des HERRN Wort zu Salomo und sprach:

¹²Also sei es mit dem Hause, das du baust: Wirst du in meinen Geboten wandeln und nach meinen Rechten tun und alle meine Gebote halten, darin zu wandeln, so will ich mein Wort mit dir bestätigen, wie ich deinem Vater David geredet habe,

¹³und will wohnen unter den Kindern Israel und will mein Volk Israel nicht verlassen.

¹⁴Und Salomo baute das Haus und vollendete es.

¹⁵Er baute die Wände des Hauses inwendig mit Brettern von Zedern; von des Hauses Boden bis an die Decke täfelte er es mit Holz inwendig, und den Boden des Hauses täfelte er mit Tannenbrettern.

¹⁶Und er baute von der hintern Seite des Hauses an zwanzig Ellen mit zedernen Brettern vom Boden bis an die Decke und baute also inwendig den Chor, das Allerheiligste.

¹⁷Aber das Haus des Tempels (vor dem Chor) war vierzig Ellen lang.

¹⁸Inwendig war das ganze Haus eitel Zedern mit gedrehten Knoten und Blumenwerk, daß man keinen Stein sah.

¹⁹Aber den Chor bereitete er inwendig im Haus, daß man die Lade des Bundes des HERRN dahin täte.

²⁰Und vor dem Chor, der zwanzig Ellen lang, zwanzig Ellen weit und zwanzig Ellen hoch war und überzogen mit lauterem Gold, täfelte er den Altar mit Zedern.

²¹Und Salomo überzog das Haus inwendig mit lauterem Golde und zog goldene Riegel vor dem Chor her, den er mit Gold überzogen hatte,

²²also daß das ganze Haus ganz mit Gold überzogen war; dazu auch den ganzen Altar vor dem Chor überzog er mit Gold.

²³Er machte auch im Chor zwei Cherubim, zehn Ellen hoch, von Ölbaumholz.

²⁴Fünf Ellen hatte ein Flügel eines jeglichen Cherubs, daß zehn Ellen waren vom Ende seines einen Flügels zum Ende des andern Flügels.

²⁵Also hatte der andere Cherub auch zehn Ellen, und war einerlei Maß und einerlei Gestalt beider Cherubim;

²⁶auch war ein jeglicher Cherub zehn Ellen hoch.

²⁷Und er tat die Cherubim inwendig ins Haus. Und die Cherubim breiteten ihre Flügel aus, daß eines Flügel rührte an diese Wand und des andern Cherubs Flügel rührte an die andere Wand; aber mitten im Hause rührte ein Flügel an den andern.

²⁸Und er überzog die Cherubim mit Gold.

²⁹Und an allen Wänden des Hauses um und um ließ er Schnitzwerk machen von ausgehöhlten Cherubim, Palmen und Blumenwerk inwendig und auswendig.

³⁰Auch überzog er den Boden des Hauses mit goldenen Blechen inwendig und auswendig.

³¹Und am Eingang des Chors machte er zwei Türen von Ölbaumholz mit fünfeckigen Pfosten

³²und ließ Schnitzwerk darauf machen von Cherubim, Palmen und Blumenwerk und überzog sie mit goldenen Blechen.

³³Also machte er auch im Eingang des Tempels viereckige Pfosten von Ölbaumholz

³⁴und zwei Türen von Tannenholz, daß eine jegliche Tür zwei Blatt hatte aneinander hangen in ihren Angeln,

³⁵und machte Schnitzwerk darauf von Cherubim, Palmen und Blumenwerk und überzog es mit Gold, genau wie es eingegraben war.

³⁶Und er baute auch den inneren Hof von drei Reihen behauener Steine und von einer Reihe zederner Balken.

³⁷Im vierten Jahr, im Monat Siv, ward der Grund gelegt am Hause des HERRN,

³⁸und im elften Jahr, im Monat Bul (das ist der achte Monat), ward das Haus bereitet, wie es sein sollte, daß sie sieben Jahre daran bauten,

Kapitel 7

¹Aber an seinem Hause baute Salomo dreizehn Jahre, daß er's ganz ausbaute.

²Nämlich er baute das Haus vom Wald Libanon, hundert Ellen lang, fünfzig Ellen weit und dreißig Ellen hoch. Auf vier Reihen von zedernen Säulen legte er den Boden von zedernen Balken,

³und deckte mit Zedern die Gemächer auf den Säulen, und der Gemächer waren fünfundvierzig, je fünfzehn in einer Reihe.

⁴Und Gebälk lag in drei Reihen, und waren Fenster einander gegenüber dreimal.

⁵Und alle Türen waren in ihren Pfosten viereckig, und die Fenster waren einander gegenüber dreimal.

⁶Er baute auch eine Halle von Säulen, fünfzig Ellen lang und dreißig Ellen breit, und noch eine Halle vor diese mit Säulen und einem Aufgang davor,

⁷Und baute eine Halle zum Richtstuhl, darin man Gericht hielt, und täfelte sie vom Boden bis zur Decke mit Zedern.

⁸Dazu sein Haus, darin er wohnte, im Hinterhof, hinten an der Halle, gemacht wie die andern. Und machte auch ein Haus wie die Halle der Tochter Pharaos, die Salomo zum Weibe genommen hatte.

⁹Solches alles waren köstliche Steine, nach dem Winkeleisen gehauen, mit Sägen geschnitten auf allen Seiten, vom Grund an bis an

das Dach und von außen bis zum großen Hof.

¹⁰Die Grundfeste aber waren auch köstliche und große Steine, zehn und acht Ellen groß,

¹¹und darauf köstliche Steine, nach dem Winkeleisen gehauen, und Zedern.

¹²Aber der große Hof umher hatte drei Reihen behauene Steine und eine Reihe von zedernen Balken wie auch der innere Hof am Hause des HERRN und die Halle am Hause.

¹³Und der König Salomo sandte hin und ließ holen Hiram von Tyrus,

¹⁴einer Witwe Sohn aus dem Stamm Naphthali, und sein Vater war ein Mann von Tyrus gewesen; der war ein Meister im Erz, voll Weisheit, Verstand und Kunst, zu arbeiten allerlei Erzwerk. Da er zum König Salomo kam, machte er alle seine Werke.

¹⁵Und machte zwei eherne Säulen, eine jegliche achtzehn Ellen hoch, und ein Faden von zwölf Ellen war das Maß um jegliche Säule her.

¹⁶Und machte zwei Knäufe, von Erz gegossen, oben auf die Säulen zu setzen und ein jeglicher Knauf war fünf Ellen hoch.

¹⁷Und es war an jeglichem Knauf oben auf den Säulen Gitterwerk, sieben geflochtenen Reife wie Ketten.

¹⁸Und machte an jeglichem Knauf zwei Reihen Granatäpfel umher an dem Gitterwerk, womit der Knauf bedeckt ward.

¹⁹Und die Knäufe waren wie die Lilien, vor der Halle, vier Ellen groß.

²⁰Und der Granatäpfel in den Reihen umher waren zweihundert, oben und unten an dem Gitterwerk, das um den Bauch des Knaufs her ging, an jeglichem Knauf auf beiden Säulen.

²¹Und er richtete die Säulen auf vor der Halle des Tempels. Und die er zur rechten Hand setzte, hieß er Jachin, und die er zur linken Hand setzte, hieß er Boas.

²²Und es stand also oben auf den Säulen wie Lilien. Also ward vollendet das Werk der Säulen.

²³Und er machte ein Meer, gegossen von einem Rand zum andern zehn Ellen weit, rundumher, und fünf Ellen hoch, und eine Schnur dreißig Ellen lang war das Maß ringsum.

²⁴Und um das Meer gingen Knoten an seinem Rande rings ums Meer her, je zehn auf eine Elle; der Knoten aber waren zwei Reihen gegossen.

²⁵Und es stand auf zwölf Rindern, deren drei gegen Mitternacht gewandt waren, drei gegen Abend, drei gegen Mittag und drei gegen Morgen, und das Meer obendrauf, daß alle ihre Hinterteile inwendig waren.

²⁶Seine Dicke aber ward eine Hand breit, und sein Rand war wie eines Bechers Rand, wie eine aufgegangene Lilie, und gingen darein zweitausend Bath.

²⁷Er machte auch zehn eherne Gestühle, ein jegliches vier Ellen lang und breit und drei Ellen hoch.

²⁸Es war aber das Gestühl also gemacht, daß es Seiten hatte zwischen den Leisten.

²⁹Und an den Seiten zwischen den Leisten waren Löwen, Ochsen und Cherubim. Und die Seiten, daran die Löwen und Ochsen waren, hatten Leisten oben und unten, dazu herabhängende Kränze.

³⁰Und ein jegliches Gestühl hatte vier eherne Räder mit ehernem Gestell. Und auf vier Ecken waren Achseln gegossen, eine jegliche der andern gegenüber, unten an den Kessel gelehnt.

³¹Aber der Hals mitten auf dem Gestühl war eine Elle hoch und rund, anderthalb Ellen weit, und waren Buckeln an dem Hals, in Feldern, die viereckig waren und nicht rund.

³²Die vier Räder aber standen unten an den Seiten, und die Achsen der Räder waren am Gestühl. Ein jegliches Rad war anderthalb Ellen hoch.

³³Und es waren Räder wie Wagenräder. Und ihre Achsen, Naben, Speichen und Felgen waren alle gegossen.

³⁴Und die vier Achseln auf den vier Ecken eines jeglichen Gestühls waren auch am Gestühl.

³⁵Und am Hals oben auf dem Gestühl, eine halbe Elle hoch, rundumher, waren Leisten und Seiten am Gestühl.

³⁶Und er ließ auf die Fläche der Seiten und Leisten graben Cherubim, Löwen und Palmenbäume, nach dem auf jeglichem Raum war, und Kränze ringsumher daran.

³⁷Auf diese Weise machte er zehn Gestühle, gegossen; einerlei Maß und Gestalt war an allen.

³⁸Und er machte zehn eherne Kessel, daß vierzig Bath in einen Kessel ging, und jeder war vier Ellen groß; und auf jeglichem Gestühl war ein Kessel.

³⁹Und setzte fünf Gestühle an die rechte Ecke des Hauses und die andern fünf an die linke Ecke; aber das Meer setzte er zur Rechten vornan gegen Mittag.

⁴⁰Und Hiram machte auch Töpfe, Schaufeln, Becken und vollendete also alle Werke, die der König Salomo am Hause des HERRN machen ließ:

⁴¹die zwei Säulen und die kugeligen Knäufe oben auf den zwei Säulen; die zwei Gitterwerke, zu bedecken die zwei kugeligen Knäufe auf den Säulen;

⁴²und die vierhundert Granatäpfel an den zwei Gitterwerken, je zwei Reihen Granatäpfel an einem Gitterwerk, zu bedecken die zwei kugeligen Knäufe auf den Säulen;

⁴³dazu die zehn Gestühle und zehn Kessel obendrauf;

⁴⁴und das Meer und zwölf Rinder unter dem Meer;

⁴⁵und die Töpfe, Schaufeln und Becken. Und alle diese Gefäße, die Hiram dem König Salomo machte zum Hause des HERRN, waren von geglättetem Erz.

⁴⁶In der Gegend am Jordan ließ sie der König gießen in dicker Erde, zwischen Sukkoth und Zarthan.

⁴⁷Und Salomo ließ alle Gefäße ungewogen vor der sehr großen Menge des Erzes.

⁴⁸Auch machte Salomo alles Gerät, das zum Hause des HERRN gehörte: einen goldenen Altar, einen goldenen Tisch, darauf die Schaubrote liegen;

⁴⁹fünf Leuchter zur rechten Hand und fünf Leuchter zur Linken vor dem Chor, von lauterem Gold, mit goldenen Blumen, Lampen und Schneuzen;

⁵⁰dazu Schalen, Messer, Becken, Löffel und Pfannen von lauterem Gold. Auch waren die Angeln an der Tür am Hause inwendig, im Allerheiligsten, und an der Tür des Hauses des Tempels golden.

⁵¹Also ward vollendet alles Werk, das der König Salomo machte am Hause des HERRN. Und Salomo brachte hinein, was sein Vater David geheiligt hatte von Silber und Gold und Gefäßen, und legte es in den Schatz des Hauses des HERRN.

Kapitel 8

¹Da versammelt der König Salomo zu sich die Ältesten in Israel, alle Obersten der Stämme und Fürsten der Vaterhäuser unter den Kindern Israel gen Jerusalem, die Lade des Bundes des HERRN heraufzubringen aus der Stadt Davids, das ist Zion.

²Und es versammelten sich zum König Salomo alle Männer in Israel im Monat Ethanim, am Fest, das ist der siebente Monat.

³Und da alle Ältesten Israels kamen, hoben die Priester die Lade des HERRN auf

⁴und brachten sie hinauf, dazu die Hütte des Stifts und alle Geräte des Heiligtums, das in der Hütte war. Das taten die Priester und die Leviten.

⁵Und der König Salomo und die ganze Gemeinde Israel, die sich zu ihm versammelt hatte, gingen mit ihm vor der Lade her und opferten Schafe und Rinder, so viel, daß man's nicht zählen noch rechnen konnte.

⁶Also brachten die Priester die Lade des Bundes des HERRN an ihren Ort, in den Chor des Hauses, in das Allerheiligste, unter die Flügel der Cherubim.

⁷Denn die Cherubim breiteten die Flügel aus an dem Ort, da die Lade stand, und bedeckten die Lade und ihre Stangen von obenher.

⁸Und die Stangen waren so lang, daß ihre Knäufe gesehen wurden in dem Heiligtum vor dem Chor, aber außen wurden sie nicht gesehen, und waren daselbst bis auf diesen Tag.

⁹Und war nichts in der Lade denn nur die zwei steinernen Tafeln Mose's, die er hineingelegt hatte am Horeb, da der HERR mit den Kindern Israel einen Bund machte, da sie aus Ägyptenland gezogen waren.

¹⁰Da aber die Priester aus dem Heiligtum gingen, erfüllte die Wolke das Haus des HERRN,

¹¹daß die Priester nicht konnten stehen und des Amts pflegen vor der Wolke; denn die Herrlichkeit des HERRN erfüllte das Haus des HERRN.

¹²Da sprach Salomo: Der HERR hat geredet, er wolle im Dunkel wohnen.

¹³So habe ich nun ein Haus gebaut dir zur Wohnung, einen Sitz, daß du ewiglich da wohnest.

¹⁴Und der König wandte sein Angesicht und segnete die ganze Gemeinde Israel; und die ganze Gemeinde Israel stand.

¹⁵Und er sprach: Gelobet sei der HERR, der Gott Israels, der durch seinen Mund meinem Vater David geredet und durch seine Hand erfüllt hat und gesagt:

¹⁶Von dem Tage an, da ich mein Volk Israel aus Ägypten führte, habe ich keine Stadt erwählt unter irgend einem Stamm Israels, daß mir ein Haus gebaut würde, daß mein Name da wäre; David aber habe ich

erwählt, daß er über mein Volk Israel sein sollte.

¹⁷Und mein Vater David hatte es zuvor im Sinn, daß er ein Haus baute dem Namen des HERRN, des Gottes Israels;

¹⁸aber der HERR sprach zu meinem Vater David: Daß du im Sinn hast, meinem Namen ein Haus zu bauen, hast du wohl getan, daß du dir solches vornahmst.

¹⁹Doch du sollst das Haus nicht bauen; sondern dein Sohn, der aus deinen Lenden kommen wird, der soll meinem Namen ein Haus bauen.

²⁰Und der HERR hat sein Wort bestätigt, das er geredet hat; denn ich bin aufgekommen an meines Vaters Davids Statt und sitze auf dem Stuhl Israels, wie der HERR geredet hat, und habe gebaut ein Haus dem Namen des HERRN des Gottes Israels,

²¹und habe daselbst eine Stätte zugerichtet der Lade, darin der Bund des HERRN ist, den er gemacht hat mit unsern Vätern, da er sie aus Ägyptenland führte.

²²Und Salomo trat vor den Altar des HERRN gegenüber der ganzen Gemeinde Israel und breitete seine Hände aus gen Himmel

²³und sprach: HERR, Gott Israels, es ist kein Gott, weder droben im Himmel noch unten auf der Erden, dir gleich, der du hältst den Bund und die Barmherzigkeit deinen Knechten, die vor dir wandeln von ganzem Herzen;

²⁴der du hast gehalten deinem Knecht, meinem Vater David, was du ihm geredet hast. Mit deinem Mund hast du es geredet, und mit deiner Hand hast du es erfüllt, wie es steht an diesem Tage.

²⁵Nun, HERR, Gott Israels, halte deinem Knecht, meinem Vater David, was du ihm verheißen hast und gesagt: Es soll dir nicht gebrechen an einem Mann vor mir, der da sitze auf dem Stuhl Israels, so doch, daß deine Kinder ihren Weg bewahren, daß sie vor mir wandeln, wie du vor mir gewandelt hast.

²⁶Nun, Gott Israels, laß deine Worte wahr werden, die du deinem Knecht, meinem Vater David, geredet hast.

²⁷Denn sollte in Wahrheit Gott auf Erden wohnen? Siehe, der Himmel und aller Himmel Himmel können dich nicht fassen; wie sollte es denn dies Haus tun, das ich gebaut habe?

²⁸Wende dich aber zum Gebet deines Knechtes und zu seinem Flehen, HERR, mein Gott, auf daß du hörest das Lob und Gebet, das dein Knecht heute vor dir tut;

²⁹daß deine Augen offen stehen über dies Haus Nacht und Tag, über die Stätte, davon du gesagt hast: Mein Name soll da sein. Du wollest hören das Gebet, das dein Knecht an dieser Stätte tut,

³⁰und wollest erhören das Flehen deines Knechtes und deines Volkes Israel, das sie hier tun werden an dieser Stätte; und wenn du es hörst in deiner Wohnung, im Himmel, wollest du gnädig sein.

³¹Wenn jemand wider seinen Nächsten sündigt und es wird ihm ein Eid aufgelegt, den er schwören soll, und der Eid kommt vor deinen Altar in diesem Hause:

³²so wollest du hören im Himmel und recht schaffen deinen Knechten, den Gottlosen zu verdammen und seinen Wandel auf seinen Kopf zu bringen und den Gerechten gerecht zu sprechen, ihm zu geben nach seiner Gerechtigkeit.

³³Wenn dein Volk Israel vor seinen Feinden geschlagen wird, weil sie an dir gesündigt haben, und sie bekehren sich zu dir und bekennen deinen Namen und beten und flehen zu dir in diesem Hause:

³⁴so wollest du hören im Himmel und der Sünde deines Volkes Israel gnädig sein und sie wiederbringen in das Land, das du ihren Vätern gegeben hast.

³⁵Wenn der Himmel verschlossen wird, daß es nicht regnet, weil sie an dir gesündigt haben, und sie werden beten an diesem Ort und deinen Namen bekennen und sich von ihren Sünden bekehren, weil du sie drängest;

³⁶so wollest du hören im Himmel und gnädig sein der Sünde deiner Knechte und deines Volkes Israel, daß du ihnen den guten Weg weisest, darin sie wandeln sollen, und lassest regnen auf das Land, das du deinem Volk zum Erbe gegeben hast.

³⁷Wenn eine Teuerung oder Pestilenz oder Dürre oder Brand oder Heuschrecken oder Raupen im Lande sein werden, oder sein Feind im Lande seine Tore belagert, oder irgend eine Plage oder Krankheit da ist;

³⁸wer dann bittet und fleht, es seien sonst Menschen oder dein ganzes Volk Israel, die da gewahr werden ihrer Plage ein jeglicher in seinem Herzen, und breitet seine Hände aus zu diesem Hause:

³⁹so wollest du hören im Himmel, in dem Sitz, da du wohnst, und gnädig sein und schaffen, daß du gebest einem jeglichen, wie er gewandelt hat, wie du sein Herz erkennst, denn du allein kennst das Herz aller Kinder der Menschen,

⁴⁰auf daß sie dich fürchten allezeit, solange sie in dem Lande leben, das du unsern Vätern gegeben hast.

⁴¹Wenn auch ein Fremder, der nicht von deinem Volk Israel ist, kommt aus fernem Lande um deines Namens willen

⁴²(denn sie werden hören von deinem großen Namen und von deiner mächtigen Hand und von deinem ausgereckten Arm), und kommt, daß er bete vor diesem Hause:

⁴³so wollest du hören im Himmel, im Sitz deiner Wohnung, und tun alles, darum der Fremde dich anruft, auf daß alle Völker auf Erden deinen Namen erkennen, daß sie auch dich fürchten wie dein Volk Israel und daß sie innewerden, wie dies Haus nach deinem Namen genannt sei, das ich gebaut habe.

⁴⁴Wenn dein Volk auszieht in den Streit wider seine Feinde des Weges, den du sie senden wirst, und sie werden beten zum HERRN nach der Stadt hin, die du erwählt hast, und nach dem Hause, das ich deinem Namen gebaut habe:

⁴⁵so wollest du ihr Gebet und Flehen hören im Himmel und Recht schaffen.

⁴⁶Wenn sie an dir sündigen werden (denn es ist kein Mensch, der nicht sündigt), und du erzürnst und gibst sie dahin vor ihren Feinden, daß sie sie gefangen führen in der Feinde Land, fern oder nahe,

⁴⁷und sie in ihr Herz schlagen in dem Lande, da sie gefangen sind, und bekehren sich und flehen zu dir im Lande ihres Gefängnisses und sprechen: Wir haben gesündigt und übel getan und sind gottlos gewesen,

⁴⁸und bekehren sich also zu dir von ganzem Herzen und von ganzer Seele in ihrer Feinde Land, die sie weggeführt haben, und beten zu dir nach ihrem Lande hin, das du ihren Vätern gegeben hast, nach der Stadt hin, die du erwählt hast, und nach dem Hause, das ich deinem Namen gebaut habe:

⁴⁹so wollest du ihr Gebet und Flehen hören im Himmel, vom Sitz deiner Wohnung, und Recht schaffen

⁵⁰und deinem Volk gnädig sein, das an dir gesündigt hat, und allen ihren Übertretungen, damit sie wider dich übertreten haben, und Barmherzigkeit geben vor denen, die sie gefangen halten, daß sie sich ihrer erbarmen;

⁵¹denn sie sind dein Volk und dein Erbe, die du aus Ägypten, aus dem eisernen Ofen, geführt hast.

⁵²Laß deine Augen offen sein auf das Flehen deines Knechtes und deines Volkes Israel, daß du sie hörest in allem, darum sie dich anrufen;

⁵³denn du hast sie dir abgesondert zum Erbe aus allen Völkern auf Erden, wie du geredet hast durch Mose, deinen Knecht, da du unsre Väter aus Ägypten führtest, HERR HERR!

⁵⁴Und da Salomo all dieses Gebet und Flehen hatte vor dem HERRN ausgebetet, stand er auf von dem Altar des HERRN und ließ ab vom Knieen und Hände-Ausbreiten gen Himmel

⁵⁵und trat dahin und segnete die ganze Gemeinde Israel mit lauter Stimme und sprach:

⁵⁶Gelobet sei der HERR, der seinem Volk Israel Ruhe gegeben hat, wie er geredet hat. Es ist nicht eins dahingefallen aus allen seinen guten Worten, die er geredet hat durch seinen Knecht Mose.

⁵⁷Der Herr, unser Gott, sei mit uns, wie er gewesen ist mit unsern Vätern. Er verlasse uns nicht und ziehe die Hand nicht ab von uns,

⁵⁸zu neigen unser Herz zu ihm, daß wir wandeln in allen seinen Wegen und halten seine Gebote, Sitten und Rechte, die er unsern Vätern geboten hat.

⁵⁹Und diese Worte, die ich vor dem HERR gefleht habe, müssen nahekommen dem HERRN, unserm Gott, Tag und Nacht, daß er Recht schaffe seinem Knecht und seinem Volk Israel, ein jegliches zu seiner Zeit,

⁶⁰auf daß alle Völker auf Erden erkennen, daß der HERR Gott ist und keiner mehr.

⁶¹Und euer Herz sei rechtschaffen mit dem HERRN, unserm Gott, zu wandeln in seinen Sitten und zu halten seine Gebote, wie es heute geht.

⁶²Und der König samt dem ganzen Israel opferten vor dem HERRN Opfer.

⁶³Und Salomo opferte Dankopfer, die er dem HERR opferte, zweiundzwanzigtausend Ochsen und hundertzwanzigtausend Schafe. Also weihten sie das Haus des HERRN ein, der König und alle Kinder Israel.

⁶⁴Desselben Tages weihte der König die Mitte des Hofes, der vor dem Hause des HERRN war, damit, daß er Brandopfer, Speisopfer und das Fett der Dankopfer daselbst ausrichtete. Denn der eherne Altar, der vor dem HERRN stand, war zu klein zu dem Brandopfer, Speisopfer und zum Fett der Dankopfer.

⁶⁵Und Salomo machte zu der Zeit ein Fest und alles Israel mit ihm, eine große Versammlung, von der Grenze Hamaths an bis an den Bach Ägyptens, vor dem HERRN, unserm Gott, sieben Tage und abermals sieben Tage, das waren vierzehn Tage.

⁶⁶Und er ließ das Volk des achten Tages gehen. Und sie segneten den König und gingen hin zu ihren Hütten fröhlich und guten Muts über

all dem Guten, das der HERR an David, seinem Knecht und an seinem Volk Israel getan hatte.

Kapitel 9

¹Und da Salomo hatte ausgebaut des HERRN Haus und des Königs Haus und alles, was er begehrte und Lust hatte zu machen,

²erschien ihm der HERR zum andernmal, wie er ihm erschienen war zu Gibeon.

³Und der HERR sprach zu ihm: Ich habe dein Gebet und Flehen gehört, das du vor mir gefleht hast, und habe dies Haus geheiligt, das du gebaut hast, daß ich meinen Namen dahin setze ewiglich; und meine Augen und mein Herz sollen da sein allewege.

⁴Und du, so du vor mir wandelst, wie dein Vater David gewandelt hat, mit rechtschaffenem Herzen und aufrichtig, daß du tust alles, was ich dir geboten habe, und meine Gebote und Rechte hältst:

⁵so will ich bestätigen den Stuhl deines Königreiches über Israel ewiglich, wie ich deinem Vater David geredet habe und gesagt: Es soll dir nicht gebrechen an einem Mann auf dem Stuhl Israels.

⁶Werdet ihr aber euch von mir abwenden, ihr und eure Kinder, und nicht halten meine Gebote und Rechte, die ich euch vorgelegt habe, und hingehen und andern Göttern dienen und sie anbeten:

⁷so werde ich Israel ausrotten von dem Lande, das ich ihnen gegeben habe; und das Haus, das ich geheiligt habe meinem Namen, will ich verwerfen von meinem Angesicht; und Israel wird ein Sprichwort und eine Fabel sein unter allen Völkern.

⁸Und das Haus wird eingerissen werden, daß alle, die vorübergehen, werden sich entsetzen und zischen und sagen: Warum hat der HERR diesem Lande und diesem Hause also getan?

⁹so wird man antworten: Darum, daß sie den HERRN, ihren Gott, verlassen haben, der ihre Väter aus Ägyptenland führte, und haben angenommen andere Götter und sie angebetet und ihnen gedient, darum hat der HERR all dies Übel über sie gebracht.

¹⁰Da nun die zwanzig Jahre um waren, in welchen Salomo die zwei Häuser baute, des HERRN Haus und des Königs Haus,

¹¹dazu Hiram, der König zu Tyrus, Salomo Zedernbäume und Tannenbäume und Gold nach allem seinem Begehr brachte: Da gab der König Salomo Hiram zwanzig Städte im Land Galiläa.

¹²Und Hiram zog aus von Tyrus, die Städte zu besehen, die ihm Salomo gegeben hatte; und sie gefielen ihm nicht,

¹³und er sprach: Was sind das für Städte, mein Bruder, die du mir gegeben hast? Und hieß das Land Kabul bis auf diesen Tag.

¹⁴Und Hiram hatte gesandt dem König Salomo hundertzwanzig Zentner Gold.

¹⁵Und also verhielt sich's mit den Fronleuten, die der König Salomo aushob, zu bauen des HERRN Haus und sein Haus und Millo und die Mauer Jerusalems und Hazor und Megiddo und Geser.

¹⁶Denn Pharao, der König in Ägypten, war heraufgekommen und hatte Geser gewonnen und mit Feuer verbrannt und die Kanaaniter erwürgt, die in der Stadt wohnten, und hatte er seiner Tochter, Salomos Weib, zum Geschenk gegeben.

¹⁷Also baute Salomo Geser und das niedere Beth-Horon

¹⁸und Baalath und Thamar in der Wüste im Lande

¹⁹und alle Städte der Kornhäuser, die Salomo hatte, und alle Städte der Wagen und die Städte der Reiter, und wozu er Lust hatte zu bauen in Jerusalem, im Libanon und im ganzen Lande seiner Herrschaft.

²⁰Und alles übrige Volk von den Amoritern, Hethitern, Pheresitern, Hevitern und Jebusitern, die nicht von den Kindern Israel waren,

²¹derselben Kinder, die sie hinter sich übrigbleiben ließen im Lande, die die Kinder Israel nicht konnten verbannen: die machte Salomo zu Fronleuten bis auf diesen Tag.

²²Aber von den Kindern Israel machte er nicht Knechte, sondern ließ sie Kriegsleute und seine Knechte und Fürsten und Ritter und über seine Wagen und Reiter sein.

²³Und die obersten Amtleute, die über Salomos Geschäfte waren, deren waren fünfhundertfünfzig, die über das Volk herrschten, das die Geschäfte ausrichtete.

²⁴Und die Tochter Pharaos zog herauf von der Stadt Davids in ihr Haus, das er für sie gebaut hatte. Da baute er auch Millo.

²⁵Und Salomo opferte des Jahres dreimal Brandopfer und Dankopfer auf dem Altar, den er dem HERRN gebaut hatte, und räucherte auf ihm vor dem HERRN. Und ward also das Haus fertig.

²⁶Und Salomo machte auch Schiffe zu Ezeon-Geber, das bei Eloth liegt am Ufer des Schilfmeers im Lande der Edomiter.

²⁷Und Hiram sandte seine Knechte im Schiff, die gute Schiffsleute und auf dem Meer erfahren waren, mit den Knechten Salomos;

²⁸und sie kamen gen Ophir und holten daselbst vierhundertzwanzig Zentner Gold und brachten's dem König Salomo.

Kapitel 10

¹Und da das Gerücht von Salomo und von dem Namen des HERRN kam vor die Königin von Reicharabien, kam sie, Salomo zu versuchen mit Rätseln.

²Und sie kam gen Jerusalem mit sehr vielem Volk, mit Kamelen, die Spezerei trugen und viel Gold und Edelsteine. Und da sie zum König Salomo hineinkam, redete sie ihm alles, was sie sich vorgenommen hatte.

³Und Salomo sagte es ihr alles, und war dem König nichts verborgen, das er ihr nicht sagte.

⁴Da aber die Königin von Reicharabien sah alle Weisheit Salomos und das Haus, das er gebaut hatte,

⁵und die Speise für seinen Tisch und seiner Knechte Wohnung und seiner Diener Amt und ihre Kleider und seine Schenken und seine Brandopfer, die er im Hause des HERRN opferte, konnte sie sich nicht mehr enthalten

⁶und sprach zum König: Es ist wahr, was ich in meinem Lande gehört habe von deinem Wesen und von deiner Weisheit.

⁷Und ich habe es nicht wollen glauben, bis ich gekommen bin und habe es mit meinen Augen gesehen. Und siehe, es ist mir nicht die Hälfte gesagt. Du hast mehr Weisheit und Gut, denn das Gerücht ist, das ich gehört habe.

⁸Selig sind die Leute und deine Knechte, die allezeit vor dir stehen und deine Weisheit hören.

⁹Gelobt sei der HERR, dein Gott, der zu dir Lust hat, daß er dich auf den Stuhl Israels gesetzt hat; darum daß der HERR Israel liebhat ewiglich, hat er dich zum König gesetzt, daß du Gericht und Recht haltest.

¹⁰Und sie gab dem König hundertzwanzig Zentner Gold und sehr viel Spezerei und Edelgestein. Es kam nicht mehr so viel Spezerei, als die Königin von Reicharabien dem König Salomo gab.

¹¹Dazu die Schiffe Hirams, die Gold aus Ophir führten, brachten sehr viel Sandelholz und Edelgestein.

¹²Und der König ließ machen von Sandelholz Pfeiler im Hause des HERRN und im Hause des Königs und Harfen und Psalter für die Sänger. Es kam nicht mehr solch Sandelholz, ward auch nicht mehr gesehen bis auf diesen Tag.

¹³Und der König Salomo gab der Königin von Reicharabien alles, was sie begehrte und bat, außer was er ihr von selbst gab. Und sie wandte sich und zog in ihr Land samt ihren Knechten.

¹⁴Des Goldes aber, das Salomo in einem Jahr bekam, war am Gewicht sechshundertsechsundsechzig Zentner,

¹⁵außer was von den Krämern und dem Handel der Kaufleute und von allen Königen Arabiens und von den Landpflegern kam.

¹⁶Und der König Salomo ließ machen zweihundert Schilde vom besten Gold, sechshundert Lot tat er zu einem Schild,

¹⁷und dreihundert Tartschen vom besten Gold, je drei Pfund Gold zu einer Tartsche. Und der König tat sie in das Haus am Wald Libanon.

¹⁸Und der König machte einen großen Stuhl von Elfenbein und überzog ihn mit dem edelsten Golde.

¹⁹Und der Stuhl hatte sechs Stufen, und das Haupt hinten am Stuhl war rund, und waren Lehnen auf beiden Seiten um den Sitz, und zwei Löwen standen an den Lehnen.

²⁰Und zwölf Löwen standen auf den sechs Stufen auf beiden Seiten. Solches ist nie gemacht in allen Königreichen.

²¹Alle Trinkgefäße des Königs Salomo waren golden, und alle Gefäße im Hause vom Wald Libanon waren auch lauter Gold; denn das Silber achtete man zu den Zeiten Salomos für nichts.

²²Denn die Meerschiffe des Königs, die auf dem Meer mit den Schiffen Hirams fuhren, kamen in drei Jahren einmal und brachten Gold, Silber, Elfenbein, Affen und Pfauen.

²³Also ward der König Salomo größer an Reichtum und Weisheit denn alle Könige auf Erden.

²⁴Und alle Welt begehrte Salomo zu sehen, daß sie die Weisheit hörten, die ihm Gott in sein Herz gegeben hatte.

²⁵Und jedermann brachte ihm Geschenke, silberne und goldene Geräte, Kleider und Waffen, Würze, Rosse, Maultiere-jährlich.

²⁶Und Salomo brachte zuhauf Wagen und Reiter, daß er hatte tausend und vierhundert Wagen und zwölftausend Reiter, und legte sie in die Wagenstädte und zum König nach Jerusalem.

²⁷Und der König machte, daß des Silbers zu Jerusalem so viel war wie die Steine, und Zedernholz so viel wie die wilden Feigenbäume in den Gründen

²⁸Und man brachte dem Salomo Pferde aus Ägypten und allerlei Ware; und die Kaufleute des Königs kauften diese Ware

1 Könige

²⁹und brachten's aus Ägypten heraus, je einen Wagen um sechshundert Silberlinge und ein Pferd um hundertfünfzig. Also brachte man sie auch allen Königen der Hethiter und den Königen von Syrien durch ihre Hand.

Kapitel 11

¹Aber der König Salomo liebte viel ausländische Weiber: Die Tochter Pharaos und moabitische, ammonitische, edomitische, sidonische und hethitische,

²von solchen Völkern, davon der HERR gesagt hatte den Kindern Israel: Gehet nicht zu ihnen und laßt sie nicht zu euch kommen; sie werden gewiß eure Herzen neigen ihren Göttern nach. An diesen hing Salomo mit Liebe.

³Und er hatte siebenhundert Weiber zu Frauen und dreihundert Kebsweiber; und seine Weiber neigten sein Herz.

⁴Und da er nun alt war, neigten seine Weiber sein Herz den fremden Göttern nach, daß sein Herz nicht ganz war mit dem HERRN, seinem Gott, wie das Herz seines Vaters David.

⁵Also wandelte Salomo Asthoreth, der Göttin derer von Sidon, nach und Milkom, dem Greuel der Ammoniter.

⁶Und Salomo tat, was dem HERRN übel gefiel, und folgte nicht gänzlich dem HERRN wie sein Vater David.

⁷Da baute Salomo eine Höhe Kamos, dem Greuel der Moabiter, auf dem Berge, der vor Jerusalem liegt, und Moloch, dem Greuel der Ammoniter.

⁸Also tat Salomo allen seinen Weibern, die ihren Göttern räucherten und opferten.

⁹Der HERR aber ward zornig über Salomo, daß sein Herz von dem HERRN, dem Gott Israels, abgewandt war, der ihm zweimal erschienen war

¹⁰und ihm solches geboten hatte, daß er nicht andern Göttern nachwandelte, und daß er doch nicht gehalten hatte, was ihm der HERR geboten hatte.

¹¹Darum sprach der HERR zu Salomo: Weil solches bei dir geschehen ist, und hast meinen Bund und meine Gebote nicht gehalten, die ich dir geboten habe, so will ich auch das Königreich von dir reißen und deinem Knecht geben.

¹²Doch bei deiner Zeit will ich's nicht tun um deines Vaters David willen; sondern von der Hand deines Sohnes will ich's reißen.

¹³Doch ich will nicht das ganze Reich abreißen; einen Stamm will ich deinem Sohn geben um Davids willen, meines Knechtes, und um Jerusalems willen, das ich erwählt habe.

¹⁴Und der HERR erweckte Salomo einen Widersacher, Hadad, den Edomiter, vom königlichen Geschlecht in Edom.

¹⁵Denn da David in Edom war und Joab, der Feldhauptmann, hinaufzog, die Erschlagenen zu begraben, schlug er was ein Mannsbild war in Edom.

¹⁶(Denn Joab blieb sechs Monate daselbst und das ganze Israel, bis er ausrottete alles, was ein Mannsbild war in Edom.)

¹⁷Da floh Hadad und mit ihm etliche Männer der Edomiter von seines Vaters Knechten, daß sie nach Ägypten kämen; Hadad aber war ein junger Knabe.

¹⁸Und sie machten sich auf von Midian und kamen gen Pharan und nahmen Leute mit sich aus Pharan und kamen nach Ägypten zu Pharao, dem König in Ägypten; der gab ihm ein Haus und Nahrung und wies ihm ein Land an.

¹⁹Und Hadad fand große Gnade vor dem Pharao, daß er ihm auch seines Weibes Thachpenes, der Königin, Schwester zum Weibe gab.

²⁰Und die Schwester der Thachpenes gebar ihm Genubath, seinen Sohn; und Thachpenes zog ihn auf im Hause Pharaos, daß Genubath war im Hause Pharaos unter den Kindern Pharaos.

²¹Da nun Hadad hörte in Ägypten, daß David entschlafen war mit seinen Vätern und daß Joab, der Feldhauptmann, tot war, sprach er zu Pharao: Laß mich in mein Land ziehen!

²²Pharao sprach zu ihm: Was fehlt dir bei mir, daß du willst in dein Land ziehen? Er sprach: Nichts; aber laß mich ziehen!

²³Auch erweckte Gott ihm einen Widersacher, Reson, den Sohn Eljadas, der von seinem Herrn, Hadadeser, dem König zu Zoba, geflohen war,

²⁴und sammelte wider ihn Männer und ward ein Hauptmann der Kriegsknechte, da sie David erwürgte; und sie zogen gen Damaskus und wohnten daselbst und regierten zu Damaskus.

²⁵Und er war Israels Widersacher, solange Salomo lebte. Das kam zu dem Schaden, den Hadad tat; und Reson hatte einen Haß wider Israel und ward König über Syrien.

²⁶Dazu Jerobeam, der Sohn Nebats, ein Ephraimiter von Zereda, Salomos Knecht (und seine Mutter hieß Zeruga, eine Witwe), der hob auch die Hand auf wider den König.

²⁷Und das ist die Sache, darum er die Hand wider den König aufhob: da Salomo Millo baute, verschloß er die Lücke an der Stadt Davids, seines Vaters.

²⁸Und Jerobeam war ein streitbarer Mann. Und da Salomo sah, daß der Jüngling tüchtig war, setzte er ihn über alle Lastarbeit des Hauses Joseph.

²⁹Es begab sich aber zu der Zeit, daß Jerobeam ausging von Jerusalem, und es traf ihn der Prophet Ahia von Silo auf dem Wege und hatte einen Mantel an, und waren beide allein im Felde.

³⁰Und Ahia faßte den neuen Mantel, den er anhatte, und riß ihn in zwölf Stücke

³¹und sprach zu Jerobeam: Nimm zehn Stücke zu dir! Denn so spricht der HERR, der Gott Israels: Siehe, ich will das Königreich von der Hand Salomos reißen und dir zehn Stämme geben,

³²einen Stamm soll er haben um meines Knechtes David willen und um der Stadt Jerusalem willen, die ich erwählt habe aus allen Stämmen Israels,

³³darum daß sie mich verlassen und angebetet haben Asthoreth, die Göttin der Sidonier, Kamos, den Gott der Moabiter, und Milkom, den Gott der Kinder Ammon, und nicht gewandelt haben in meinen Wegen, daß sie täten, was mir wohl gefällt, meine Gebote und Rechte, wie David, sein Vater.

³⁴Ich will aber nicht das ganze Reich aus seiner Hand nehmen; sondern ich will ihn zum Fürsten machen sein Leben lang um Davids, meines Knechtes, willen, den ich erwählt habe, der meine Gebote und Rechte gehalten hat.

³⁵Aus der Hand seines Sohnes will ich das Königreich nehmen und will dir zehn Stämme

³⁶und seinem Sohn einen Stamm geben, auf daß David, mein Knecht, vor mir eine Leuchte habe allewege in der Stadt Jerusalem, die ich mir erwählt habe, daß ich meinen Namen dahin stellte.

³⁷So will ich nun dich nehmen, daß du regierest über alles, was dein Herz begehrt, und sollst König sein über Israel.

³⁸Wirst du nun gehorchen allem, was ich dir gebieten werde, und in meinen Wegen wandeln und tun, was mir gefällt, daß du haltest meine Rechte und Gebote, wie mein Knecht David getan hat: so will ich mit dir sein und dir ein beständiges Haus bauen, wie ich David gebaut habe, und will dir Israel geben.

³⁹und will den Samen Davids um deswillen demütigen, doch nicht ewiglich.

⁴⁰Salomo aber trachtete, Jerobeam zu töten. Da machte sich Jerobeam auf und floh nach Ägypten zu Sisak, dem König in Ägypten, und blieb in Ägypten, bis daß Salomo starb.

⁴¹Was mehr von Salomo zu sagen ist, und alles, was er getan hat, und seine Weisheit, das ist geschrieben in der Chronik von Salomo.

⁴²Die Zeit aber, die Salomo König war zu Jerusalem über ganz Israel, ist vierzig Jahre.

⁴³Und Salomo entschlief mit seinen Vätern und ward begraben in der Stadt Davids, seines Vaters. Und sein Sohn Rehabeam ward König an seiner Statt.

Kapitel 12

¹Und Rehabeam zog gen Sichem; denn das ganze Israel war gen Sichem gekommen, ihn zum König zu machen.

²Und Jerobeam, der Sohn Nebats, hörte das, da er noch in Ägypten war, dahin er vor dem König Salomo geflohen war, und blieb in Ägypten.

³Und sie sandten hin und ließen ihn rufen. Und Jerobeam samt der ganzen Gemeinde Israel kamen und redeten mit Rehabeam und sprachen:

⁴Dein Vater hat unser Joch zu hart gemacht; so mache du nun den harten Dienst und das schwere Joch leichter, das er uns aufgelegt hat, so wollen wir dir untertänig sein.

⁵Er aber sprach zu ihnen: Gehet hin bis an den dritten Tag, dann kommt wieder zu mir. Und das Volk ging hin.

⁶Und der König Rehabeam hielt einen Rat mit den Ältesten, die vor seinem Vater Salomo standen, da er lebte, und sprach: Wie ratet ihr, daß wir diesem Volk eine Antwort geben?

⁷Sie sprachen zu ihm: Wirst du heute diesem Volk einen Dienst tun und ihnen zu Willen sein und sie erhören und ihnen gute Worte geben, so werden sie dir untertänig sein ihr Leben lang.

⁸Aber er ließ außer acht der Ältesten Rat, den sie ihm gegeben hatten, und hielt einen Rat mit den Jungen, die mit ihm aufgewachsen waren und vor ihm standen.

⁹Und er sprach zu Ihnen: Was ratet ihr, daß wir antworten diesem Volk, die zu mir gesagt haben: Mache das Joch leichter, das dein Vater

auf uns gelegt hat?

¹⁰Und die Jungen, die mit ihm aufgewachsen waren, sprachen zu ihm: Du sollst zu dem Volk, das zu dir sagt: "Dein Vater hat unser Joch zu schwer gemacht; mache du es uns leichter", also sagen: Mein kleinster Finger soll dicker sein denn meines Vaters Lenden.

¹¹Nun, mein Vater hat auf euch ein schweres Joch geladen; ich aber will des noch mehr über euch machen: Mein Vater hat euch mit Peitschen gezüchtigt; ich will euch mit Skorpionen züchtigen.

¹²Also kam Jerobeam samt dem ganzen Volk zu Rehabeam am dritten Tage, wie der König gesagt hatte und gesprochen: Kommt wieder zu mir am dritten Tage.

¹³Und der König gab dem Volk eine harte Antwort und ließ außer acht den Rat, den ihm die Ältesten gegeben hatten,

¹⁴und redete mit ihnen nach dem Rat der Jungen und sprach: Mein Vater hat euer Joch schwer gemacht; ich aber will des noch mehr über euch machen: Mein Vater hat euch mit Peitschen gezüchtigt; ich aber will euch mit Skorpionen züchtigen.

¹⁵Also gehorchte der König dem Volk nicht; denn es war also abgewandt von dem HERRN, auf daß er sein Wort bekräftigte, das er durch Ahia von Silo geredet hatte zu Jerobeam, dem Sohn Nebats.

¹⁶Da aber das ganze Israel sah, daß der König nicht auf sie hören wollte, gab das Volk dem König eine Antwort und sprach: Was haben wir für Teil an David oder Erbe am Sohn Isais? Israel, hebe dich zu deinen Hütten! So, siehe nun du zu deinem Hause, David! Also ging Israel in seine Hütten,

¹⁷daß Rehabeam regierte nur über die Kinder Israel, die in den Städten Juda's wohnten.

¹⁸Und da der König Rehabeam hinsandte Adoram, den Rentmeister, warf ihn ganz Israel mit Steinen zu Tode. Aber der König Rehabeam stieg stracks auf einen Wagen, daß er flöhe gen Jerusalem.

¹⁹Also fiel Israel ab vom Hause David bis auf diesen Tag.

²⁰Da nun ganz Israel hörte, daß Jerobeam war wiedergekommen, sandten sie hin und ließen ihn rufen zu der ganzen Gemeinde und machten ihn zum König über das ganze Israel. Und folgte niemand dem Hause David als der Stamm Juda allein.

²¹Und da Rehabeam gen Jerusalem kam, sammelte er das ganze Haus Juda und den Stamm Benjamin, hundertundachtzigtausend junge, streitbare Mannschaft, wider das Haus Israel zu streiten und das Königreich wieder an Rehabeam, den Sohn Salomos, zu bringen.

²²Es kam aber Gottes Wort zu Semaja, dem Mann Gottes, und sprach:

²³Sage Rehabeam, dem Sohn Salomos, dem König Juda's, und zum ganzen Hause Juda und Benjamin und dem andern Volk und sprich:

²⁴So spricht der HERR: Ihr sollt nicht hinaufziehen und streiten wider eure Brüder, die Kinder Israel; jedermann gehe wieder heim; denn solches ist von mir geschehen. Und sie gehorchten dem Wort des HERRN und kehrten um, daß sie hingingen, wie der Herr gesagt hatte.

²⁵Jerobeam aber baute Sichem auf dem Gebirge Ephraim und wohnte darin, und zog von da heraus und baute Pnuel.

²⁶Jerobeam aber gedachte in seinem Herzen: Das Königreich wird nun wieder zum Hause David fallen.

²⁷Wenn dies Volk soll hinaufgehen, Opfer zu tun in des HERRN Hause zu Jerusalem, so wird sich das Herz dieses Volkes wenden zu ihrem Herrn Rehabeam, dem König Juda's, und sie werden mich erwürgen und wieder zu Rehabeam, dem König Juda's, fallen.

²⁸Und der König hielt einen Rat und machte zwei goldenen Kälber und sprach zu ihnen: es ist euch zuviel, hinauf gen Jerusalem zu gehen; siehe, da sind deine Götter, Israel, die dich aus Ägyptenland geführt haben.

²⁹Und er setzte eins zu Beth-El, und das andere tat er gen Dan.

³⁰Und das geriet zur Sünde; denn das Volk ging hin vor das eine bis gen Dan.

³¹Er machte auch ein Haus der Höhen und machte Priester aus allem Volk, die nicht von den Kindern Levi waren.

³²Und er machte ein Fest am fünfzehnten Tage des achten Monats wie das Fest in Juda und opferte auf dem Altar. So tat er zu Beth-El, daß man den Kälbern opferte, die er gemacht hatte, und stiftete zu Beth-El die Priester der Höhen, die er gemacht hatte,

³³und opferte auf dem Altar, den er gemacht hatte zu Beth-El, am fünfzehnten Tage des achten Monats, welchen er aus seinem Herzen erdacht hatte, und machte den Kindern Israel ein Fest und opferte auf dem Altar und räucherte.

1 Könige

Kapitel 13

¹Und siehe, ein Mann Gottes kam von Juda durch das Wort des HERRN gen Beth-El; und Jerobeam stand bei dem Altar, zu räuchern.

²Und er rief wider den Altar durch das Wort des HERRN und sprach: Altar, Altar! so spricht der HERR: Siehe, es wird ein Sohn dem Hause David geboren werden mit Namen Josia; der wird auf dir opfern die Priester der Höhen, die auf dir räuchern, und wir Menschengebeine auf dir verbrennen.

³Und er gab des Tages ein Wunderzeichen und sprach: Das ist das Wunderzeichen, daß solches der HERR geredet hat: Siehe der Altar wird reißen und die Asche verschüttet werden, die darauf ist.

⁴Da aber der König das Wort von dem Mann Gottes hörte, der wider den Altar zu Beth-El rief, reckte er seine Hand aus bei dem Altar und sprach: Greift ihn! Und seine Hand verdorrte, die er wider ihn ausgereckt hatte, und er konnte sie nicht wieder zu sich ziehen.

⁵Und der Altar riß, und die Asche ward verschüttet vom Altar nach dem Wunderzeichen, das der Mann Gottes gegeben hatte durch das Wort des HERRN.

⁶Und der König hob an und sprach zu dem Mann Gottes: Bitte das Angesicht des Herrn, deines Gottes, und bitte für mich, daß meine Hand wieder zu mir komme. Da bat der Mann Gottes das Angesicht des HERRN; und der König ward seine Hand wieder zu ihm gebracht und ward, wie sie zuvor war.

⁷Und der König redete mit dem Mann Gottes: Komm mit mir heim und labe dich, ich will dir ein Geschenk geben.

⁸Aber der Mann Gottes sprach zum König: Wenn du mir auch dein halbes Haus gäbst, so käme ich doch nicht mit dir; denn ich will an diesem Ort kein Brot essen noch Wasser trinken.

⁹Denn also ist mir geboten durch des HERRN Wort und gesagt: Du sollst kein Brot essen und kein Wasser trinken und nicht wieder den Weg kommen, den du gegangen bist.

¹⁰Und er ging weg einen andern Weg und kam nicht wieder den Weg, den er gen Beth-El gekommen war.

¹¹Es wohnte aber ein alter Prophet zu Beth-El; zu dem kamen seine Söhne und erzählten ihm alle Werke, dir der Mann Gottes getan hatte des Tages zu Beth-El, und die Worte, die er zum König geredet hatte.

¹²Und ihr Vater sprach zu ihnen: Wo ist der Weg, den er gezogen ist? Und seine Söhne zeigten ihm den Weg, den der Mann Gottes gezogen war, der von Juda gekommen war.

¹³Er aber sprach zu seinen Söhnen: Sattelt mir den Esel! und da sie ihm den Esel sattelten, ritt er darauf

¹⁴und zog dem Mann Gottes nach und fand ihn unter einer Eiche sitzen und sprach: Bist du der Mann Gottes, der von Juda gekommen ist? Er sprach: Ja.

¹⁵Er sprach zu ihm: Komm mit mir heim und iß Brot.

¹⁶Er aber sprach: Ich kann nicht mit dir umkehren und mit dir kommen; ich will auch nicht Brot essen noch Wasser trinken mit dir an diesem Ort.

¹⁷Denn es ist mit mir geredet worden durch das Wort des HERRN: Du sollst daselbst weder Brot essen noch Wasser trinken; du sollst nicht wieder den Weg gehen, den du gegangen bist.

¹⁸Er sprach zu ihm: Ich bin auch ein Prophet wie du, und ein Engel hat mit mir geredet durch des HERRN Wort und gesagt: Führe ihn wieder mit dir heim, daß er Brot esse und Wasser trinke. Er log ihm aber

¹⁹und führte ihn wieder zurück, daß er Brot aß und Wasser trank in seinem Hause.

²⁰Und da sie zu Tisch saßen, kam das Wort des HERRN zu dem Propheten, der ihn wieder zurückgeführt hatte;

²¹und er rief dem Mann Gottes zu, der da von Juda gekommen war, und sprach: So spricht der HERR: Darum daß du dem Munde des HERRN bist ungehorsam gewesen und hast nicht gehalten das Gebot, das dir der HERR, dein Gott, geboten hat,

²²und bist umgekehrt, hast Brot gegessen und Wasser getrunken an dem Ort, davon ich dir sagte: Du sollst weder Brot essen noch Wasser trinken, so soll dein Leichnam nicht in deiner Väter Grab kommen.

²³Und nachdem er Brot gegessen und getrunken hatte, sattelte man den Esel dem Propheten, den er wieder zurückgeführt hatte.

²⁴Und da er wegzog, fand ihn ein Löwe auf dem Wege und tötete ihn; und sein Leichnam lag geworfen in dem Wege, und der Esel stand neben ihm und der Löwe stand neben dem Leichnam.

²⁵Und da Leute vorübergingen, sahen sie den Leichnam in den Weg geworfen und den Löwen bei dem Leichnam stehen, und kamen und sagten es in der Stadt, darin der alte Prophet wohnte.

²⁶Da das der Prophet hörte, der ihn wieder zurückgeführt hatte,

1 Könige

sprach er: Es ist der Mann Gottes, der dem Munde des HERRN ist ungehorsam gewesen. Darum hat ihn der HERR dem Löwen gegeben; der hat ihn zerrissen und getötet nach dem Wort, das ihm der HERR gesagt hat.

27Und er sprach zu seinen Söhnen: Sattelt mir den Esel! Und da sie ihn gesattelt hatten,

28zog er hin und fand seinen Leichnam in den Weg geworfen und den Esel und den Löwen neben dem Leichnam stehen. Der Löwe hatte nichts gefressen vom Leichnam und den Esel nicht zerrissen.

29Da hob der Prophet den Leichnam des Mannes Gottes auf und legte ihn auf den Esel und führte ihn wieder zurück und kam in die Stadt des alten Propheten, daß sie ihn beklagten und begrüben.

30Und er legte den Leichnam in sein Grab; und sie beklagten ihn: Ach, Bruder!

31Und da sie ihn begraben hatten, sprach er zu seinen Söhnen: Wenn ich sterbe, so begrabt mich in dem Grabe, darin der Mann Gottes begraben ist, und legt mein Gebein neben sein Gebein.

32Denn es wird geschehen was er geschrieen hat wider den Altar zu Beth-El durch das Wort des HERRN und wider alle Häuser der Höhen, die in den Städten Samarias sind.

33Aber nach dieser Geschichte kehrte sich Jerobeam nicht von seinem bösen Wege, sondern machte Priester der Höhen aus allem Volk. Zu wem er Lust hatte, dessen Hand füllte er, und der ward Priester der Höhen.

34Und dies geriet zu Sünde dem Hause Jerobeam, daß es verderbt und von der Erde vertilgt ward.

Kapitel 14

1Zu der Zeit war Abia, der Sohn Jerobeams, krank.

2Und Jerobeam sprach zu seinem Weibe: Mache dich auf und verstelle dich, daß niemand merke, daß du Jerobeams Weib bist, und gehe hin gen Silo; siehe, daselbst ist der Prophet Ahia, der mir geredet hat, daß ich sollte König sein über dies Volk.

3Und nimm mit dir zehn Brote und Kuchen und einen Krug mit Honig und komm zu ihm, daß er dir sage, wie es dem Knaben gehen wird.

4Und das Weib Jerobeams tat also und machte sich auf und ging hin gen Silo und kam in das Haus Ahias. Ahia aber konnte nicht sehen, denn seine Augen waren starr vor Alter.

5Aber der HERR sprach zu Ahia: Siehe, das Weib Jerobeams kommt, daß sie von dir eine Sache frage um ihren Sohn; denn er ist krank. So rede nun mit ihr so und so. Da sie nun hineinkam, stellte sie sich fremd.

6Als aber Ahia hörte das Rauschen ihrer Füße zur Tür hineingehen, sprach er: Komm herein, du Weib Jerobeams! Warum stellst du dich so fremd? Ich bin zu dir gesandt als ein harter Bote.

7Gehe hin und sage Jerobeam: So spricht der HERR, der Gott Israels: Ich habe dich erhoben aus dem Volk und zum Fürsten über mein Volk Israel gesetzt

8und habe das Königreich von Davids Haus gerissen und dir gegeben. Du aber bist nicht gewesen wie mein Knecht David, der meine Gebote hielt und wandelte mir nach von ganzem Herzen, daß er tat, was mir wohl gefiel,

9und hast übel getan über alle, die vor dir gewesen sind, bist hingegangen und hast dir andere Götter gemacht und gegossene Bilder, daß du mich zum Zorn reizest, und hast mich hinter deinen Rücken geworfen.

10Darum siehe, ich will Unglück über das Haus Jerobeam führen und ausrotten von Jerobeam alles, was männlich ist, den Verschlossenen und Verlassenen in Israel, und will die Nachkommen des Hauses Jerobeams ausfegen, wie man Kot ausfegt, bis es ganz mit ihm aus sei.

11Wer von Jerobeam stirbt in der Stadt, den sollen die Hunde fressen; wer aber auf dem Felde stirbt, den sollen die Vögel des Himmels fressen; denn der HERR hat's geredet.

12So mache dich nun auf und gehe heim; und wenn dein Fuß zur Stadt eintritt, wird das Kind sterben.

13Und es wird ihn das ganze Israel beklagen, und werden ihn begraben; denn dieser allein von Jerobeam wird zu Grabe kommen, darum daß etwas Gutes an ihm erfunden ist vor dem HERRN, dem Gott Israels, im Hause Jerobeams.

14Der HERR aber wird sich einen König über Israel erwecken, der wird das Haus Jerobeams ausrotten an dem Tage. Und was ist's, das schon jetzt geschieht!

15Und der HERR wird Israel schlagen, gleich wie das Rohr im Wasser bewegt wird, und wird Israel ausreißen aus diesem guten Lande, daß er ihren Vätern gegeben hat, und wird sie zerstreuen jenseit des Stromes, darum daß sie ihre Ascherahbilder gemacht haben, den HERRN zu erzürnen.

16Und er wird Israel übergeben um der Sünden willen Jerobeams, der da gesündigt hat und Israel hat sündigen gemacht.

17Und das Weib Jerobeams machte sich auf, ging hin und kam gen Thirza. Und da sie auf die Schwelle des Hauses kam, starb der Knabe.

18Und sie begruben ihn und ganz Israel beklagte ihn nach dem Wort des HERRN, das er geredet hatte durch seinen Knecht Ahia, den Propheten.

19Was mehr von Jerobeam zu sagen ist, wie er gestritten und regiert hat, siehe, das ist geschrieben in der Chronik der Könige Israels.

20Die Zeit aber, die Jerobeam regierte, sind zweiundzwanzig Jahre; und er entschlief mit seinen Vätern, und sein Sohn Nadab ward König an seiner Statt.

21So war Rehabeam, der Sohn Salomos, König in Juda. Einundvierzig Jahre alt war Rehabeam, da er König ward, und regierte siebzehn Jahre zu Jerusalem, in der Stadt, die der HERR erwählt hatte aus allen Stämmen Israels, daß er seinen Namen dahin stellte. Seine Mutter hieß Naema, eine Ammonitin.

22Und Juda tat, was dem HERRN übel gefiel, und sie reizten ihn zum Eifer mehr denn alles, das ihre Väter getan hatten mit ihren Sünden, die sie taten.

23Denn sie bauten auch Höhen, Säulen und Ascherahbilder auf allen hohen Hügeln und unter allen grünen Bäumen.

24Es waren auch Hurer im Lande; und sie taten alle Greuel der Heiden, die der HERR vor den Kindern Israel vertrieben hatte.

25Aber im fünften Jahr des Königs Rehabeam zog Sisak, der König in Ägypten, herauf wider Jerusalem

26und nahm die Schätze aus dem Hause des HERRN und aus dem Hause des Königs und alles, was zu nehmen war, und nahm alle goldenen Schilde, die Salomo hatte lassen machen;

27an deren Statt ließ der König Rehabeam eherne Schilde machen und befahl sie unter die Hand der obersten Trabanten, die die Tür hüteten am Hause des Königs.

28Und so oft der König in das Haus des HERRN ging, trugen sie die Trabanten und brachten sie wieder in der Trabanten Kammer.

29Was aber mehr von Rehabeam zu sagen ist und alles was er getan hat, siehe, das ist geschrieben in der Chronik der Könige Juda's.

30Es war aber Krieg zwischen Rehabeam und Jerobeam ihr Leben lang.

31Und Rehabeam entschlief mit seinen Vätern und ward begraben mit seinen Vätern in der Stadt Davids. Und seine Mutter hieß Naema, eine Ammonitin. Und sein Sohn Abiam ward König an seiner Statt.

Kapitel 15

1Im achtzehnten Jahr des Königs Jerobeam, des Sohnes Nebats, ward Abiam König in Juda,

2und regierte drei Jahre zu Jerusalem. Seine Mutter hieß Maacha, eine Tochter Abisaloms.

3Und er wandelte in allen Sünden seines Vaters, die er vor ihm getan hatte, und sein Herz war nicht rechtschaffen an dem HERRN, seinem Gott, wie das Herz seines Vaters David.

4Denn um Davids willen gab der HERR, sein Gott, ihm eine Leuchte zu Jerusalem, daß er seinen Sohn nach ihn erweckte und Jerusalem erhielt,

5darum daß David getan hatte, was dem HERRN wohl gefiel, und nicht gewichen war von allem, was er ihm gebot sein Leben lang, außer dem Handel mit Uria, dem Hethiter.

6Es war aber Krieg zwischen Rehabeam und Jerobeam sein Leben lang.

7Was aber mehr von Abiam zu sagen ist und alles, was er getan hat, siehe, das ist geschrieben in der Chronik der Könige Juda's. Es war aber Krieg zwischen Abiam und Jerobeam.

8Und Abiam entschlief mit seinen Vätern, und sie begruben ihn in der Stadt Davids. Und Asa, sein Sohn, ward König an seiner Statt.

9Im zwanzigsten Jahr des Königs Jerobeam über Israel ward Asa König in Juda,

10und regierte einundvierzig Jahre zu Jerusalem. Seine Mutter hieß Maacha, eine Tochter Abisaloms.

11Und Asa tat was dem HERRN wohl gefiel, wie sein Vater David,

12und tat die Hurer aus dem Lande und tat ab alle Götzen, die seine Väter gemacht hatten.

13Dazu setzte er auch sein Mutter Maacha ab, daß sie nicht mehr Herrin war, weil sie ein Greuelbild gemacht hatte der Ascherah. Und Asa rottete aus ihr Greuelbild und verbrannte es am Bach Kidron.

14Aber die Höhen taten sie nicht ab. Doch war das Herz Asas rechtschaffen an dem HERRN sein Leben lang.

¹⁵Und das Silber und Gold und Gefäß, das sein Vater geheiligt hatte, und was von ihm selbst geheiligt war, brachte er ein zum Hause des HERRN.

¹⁶Und es war ein Streit zwischen Asa und Baesa, dem König Israels, ihr Leben lang.

¹⁷Basea aber, der König Israels, zog herauf wider Juda und baute Rama, daß niemand sollte aus und ein ziehen auf Asas Seite, des Königs Juda's.

¹⁸Da nahm Asa alles Silber und Gold, das übrig war im Schatz des Hauses des HERRN und im Schatz des Hauses des Königs, und gab's in seiner Knechte Hände und sandte sie zu Benhadad, dem Sohn Tabrimmons, des Sohnes Hesjons, dem König zu Syrien, der zu Damaskus wohnte, und ließ ihm sagen:

¹⁹Es ist ein Bund zwischen mir und dir und zwischen meinem Vater und deinem Vater; darum schicke ich dir ein Geschenk, Silber und Gold, daß du fahren lassest den Bund, den du mit Baesa, dem König Israels, hast, daß er von mir abziehe.

²⁰Benhadad gehorchte dem König Asa und sandte seine Hauptleute wider die Städte Israels und schlug Ijon und Dan und Abel-Beth-Maacha, das ganze Kinneroth samt dem Lande Naphthali.

²¹Da das Baesa hörte, ließ er ab zu bauen Rama und zog wieder gen Thirza.

²²Der König Asa aber bot auf das ganze Juda, niemand ausgenommen, und sie nahmen die Steine und das Holz von Rama weg, womit Baesa gebaut hatte; und der König Asa baute damit Geba-Benjamin und Mizpa.

²³Was aber mehr von Asa zu sagen ist und alle seine Macht und alles, was er getan hat, und die Städte, die er gebaut hat, siehe, das ist geschrieben in der Chronik der Könige Juda's. Nur war er in seinem Alter an seinen Füßen krank.

²⁴Und Asa entschlief mit seinen Vätern und ward begraben mit seinen Vätern in der Stadt Davids, seines Vaters. Und Josaphat, sein Sohn, ward König an seiner Statt.

²⁵Nadab aber, der Sohn Jerobeams, ward König über Israel im zweiten Jahr Asas, des Königs Juda's, und regierte über Israel zwei Jahre

²⁶und tat, was dem HERRN übel gefiel, und wandelte in dem Wege seines Vaters und in seiner Sünde, durch die er Israel hatte sündigen gemacht.

²⁷Aber Baesa, der Sohn Ahias, aus dem Hause Isaschar, machte einen Bund wider ihn und erschlug ihn zu Gibbethon, welches den Philistern gehört. Denn Nadab und das ganze Israel belagerten Gibbethon.

²⁸Also tötete ihn Baesa im dritten Jahr Asas, des Königs Juda's, und ward König an seiner Statt.

²⁹Als er nun König war, schlug er das ganze Haus Jerobeam und ließ nichts übrig, was Odem hatte, von Jerobeam, bis er ihn vertilgte, nach dem Wort des HERRN, das er geredet hatte durch seinen Knecht Ahia von Silo

³⁰um der Sünden willen Jerobeam, die er tat und durch die er Israel sündigen machte, mit dem Reizen, durch das er den HERRN, den Gott Israels, erzürnte.

³¹Was aber mehr von Nadab zu sagen ist und alles, was er getan hat, siehe, das ist geschrieben in der Chronik der Könige Israels.

³²Und es war Krieg zwischen Asa und Baesa, dem König Israels, ihr Leben lang.

³³Im dritten Jahr Asas, des Königs Juda's, ward Baesa, der Sohn Ahias, König über das ganze Israel zu Thirza vierundzwanzig Jahre;

³⁴und tat, was dem HERRN übel gefiel, und wandelte in dem Wege Jerobeams und in seiner Sünde, durch die er Israel hatte sündigen gemacht.

Kapitel 16

¹Es kam aber das Wort des HERRN zu Jehu, dem Sohn Hananis, wider Baesa und sprach:

²Darum daß ich dich aus dem Staub erhoben habe und zum Fürsten gemacht habe über mein Volk Israel und du wandelst in dem Wege Jerobeams und machst mein Volk Israel sündigen, daß du mich erzürnst durch ihre Sünden,

³siehe, so will ich die Nachkommen Baesas und die Nachkommen seines Hauses wegnehmen und will dein Haus machen wie das Haus Jerobeams, des Sohnes Nebats.

⁴Wer von Baesa stirbt in der Stadt, den sollen die Hunde fressen; und wer von ihm stirbt auf dem Felde, den sollen die Vögel des Himmels fressen.

⁵Was aber mehr von Baesa zu sagen ist und was er getan hat, und seine Macht, siehe, das ist geschrieben in der Chronik der Könige Israels.

⁶Und Baesa entschlief mit seinen Vätern und ward begraben zu Thirza. Und sein Sohn Ela ward König an seiner Statt.

⁷Auch kam das Wort des HERRN durch den Propheten Jehu, den Sohn Hananis, über Baesa und über sein Haus und wider alles Übel, das er tat vor dem HERRN, ihn zu erzürnen durch die Werke seiner Hände, daß es würde wie das Haus Jerobeam, und darum daß er dieses geschlagen hatte.

⁸Im sechundzwanzigsten Jahr Asas, des Königs Juda's, ward Ela, der Sohn Baesas, König über Israel zu Thirza zwei Jahre.

⁹Aber sein Knecht Simri, der Oberste über die Hälfte der Wagen, machte einen Bund wider ihn. Er war aber zu Thirza, trank und war trunken im Hause Arzas, des Vogts zu Thirza.

¹⁰Und Simri kam hinein und schlug ihn tot im siebenundzwanzigsten Jahr Asas, des Königs Juda's, und ward König an seiner Statt.

¹¹Und da er König war und auf seinem Stuhl saß, schlug er das ganze Haus Baesas, und ließ nichts übrig, was männlich war, dazu seine Erben und seine Freunde.

¹²Also vertilgte Simri das ganze Haus Baesa nach dem Wort des Herrn, das er über Baesa geredet hatte durch den Propheten Jehu,

¹³um aller Sünden willen Baesas und seines Sohnes Ela, die sie taten und durch die sie Israel sündigen machten, den HERRN, den Gott Israels, zu erzürnen durch ihr Abgötterei.

¹⁴Was aber mehr von Ela zu sagen ist und alles, was er getan hat, siehe, das ist geschrieben in der Chronik der Könige Israels.

¹⁵Im siebenundzwanzigsten Jahr Asas, des Königs Juda's, ward Simri König sieben Tage zu Thirza. Und das Volk lag vor Gibbethon der Philister.

¹⁶Da aber das Volk im Lager hörte sagen, daß Simri einen Bund gemacht und auch den König erschlagen hätte, da machte das ganze Israel desselben Tages Omri, den Feldhauptmann, zum König über Israel im Lager.

¹⁷Und Omri zog herauf und das ganze Israel mit ihm von Gibbethon und belagerten Thirza.

¹⁸Da aber Simri sah, daß die Stadt würde gewonnen werden, ging er in den Palast im Hause des Königs und verbrannte sich mit dem Hause des Königs und starb

¹⁹um seiner Sünden willen, die er getan hatte, daß er tat, was dem HERRN übel gefiel, und wandelte in dem Wege Jerobeams und seiner Sünde, die er tat, daß er Israel sündigen machte.

²⁰Was aber mehr von Simri zu sagen ist und wie er seinen Bund machte, siehe, das ist geschrieben in der Chronik der Könige Israels.

²¹Dazumal teilte sich das Volk Israel in zwei Teile. Eine Hälfte hing an Thibni, dem Sohn Ginaths, daß sie ihn zum König machten; die andere Hälfte hing aber an Omri.

²²Aber das Volk, das an Omri hing, ward stärker denn das Volk, das an Thibni hing, dem Sohn Ginaths. Und Thibni starb; da ward Omri König.

²³Im einunddreißigsten Jahr Asas, des Königs Juda's, ward Omri König über Israel zwölf Jahre, und regierte zu Thirza sechs Jahre.

²⁴Er kaufte den Berg Samaria von Semer um zwei Zentner Silber und baute auf den Berg und hieß die Stadt, die er baute, nach dem Namen Semers, des Berges Herr, Samaria.

²⁵Und Omri tat, was dem HERRN übel gefiel und war ärger denn alle, die vor ihm gewesen waren,

²⁶und wandelte in allen Wegen Jerobeams, des Sohnes Nebats, und in seinen Sünden, durch die er Israel sündigen machte, daß sie den HERRN, den Gott Israels, erzürnten in ihrer Abgötterei.

²⁷Was aber mehr von Omri zu sagen ist und alles, was er getan hat, und seine Macht, die er geübt hat, siehe, das ist geschrieben in der Chronik der Könige Israels.

²⁸Und Omri entschlief mit seinen Vätern und ward begraben zu Samaria. Und Ahab, sein Sohn, ward König an seiner Statt.

²⁹Im achunddreißigsten Jahr Asas, des Königs Juda's, ward Ahab, der Sohn Omris, König über Israel, und regierte über Israel zu Samaria zweiundzwanzig Jahre

³⁰und tat was dem HERRN übel, gefiel, über alle, die vor ihm gewesen waren.

³¹Und es war ihm ein Geringes, daß er wandelte in der Sünde Jerobeams, des Sohnes Nebats, und nahm dazu Isebel, die Tochter Ethbaals, des Königs zu Sidon, zum Weibe und ging hin und diente Baal und betete ihn an

³²und richtete Baal einen Altar auf im Hause Baals, das er baute zu Samaria,

³³und machte ein Ascherabild; daß Ahab mehr tat, den HERRN, den Gott Israels, zu erzürnen, denn alle Könige Israels, die vor ihm gewesen waren.

1 Könige

³⁴Zur selben Zeit baute Hiel von Beth-El Jericho. Es kostete ihn seinen ersten Sohn Abiram, da er den Grund legte, und den jüngsten Sohn Segub, da er die Türen setzte, nach dem Wort des HERRN, das er geredet hatte durch Josua, den Sohn Nuns.

Kapitel 17

¹Und es sprach Elia, der Thisbiter, aus den Bürgern Gileads, zu Ahab: So wahr der HERR, der Gott Israels, lebt, vor dem ich stehe, es soll diese Jahre weder Tau noch Regen kommen, ich sage es denn.

²Und das Wort des HERRN kam zu ihm und sprach:

³Gehe weg von hinnen und wende dich gegen Morgen und verbirg dich am Bach Krith, der gegen den Jordan fließt;

⁴und sollst vom Bach trinken; und ich habe den Raben geboten, daß sie dich daselbst sollen versorgen.

⁵Er aber ging hin und tat nach dem Wort des HERRN und ging weg und setzte sich am Bach Krith, der gegen den Jordan fließt.

⁶Und die Raben brachten ihm das Brot und Fleisch des Morgens und des Abends, und er trank vom Bach.

⁷Und es geschah nach etlicher Zeit, daß der Bach vertrocknete; denn es war kein Regen im Lande.

⁸Da kam das Wort des HERRN zu ihm und sprach:

⁹Mache dich auf und gehe gen Zarpath, welches bei Sidon liegt, und bleibe daselbst; denn ich habe einer Witwe geboten, daß sie dich versorge.

¹⁰Und er machte sich auf und ging gen Zarpath. Und da er kam an das Tor der Stadt, siehe, da war eine Witwe und las Holz auf. Und er rief ihr und sprach: Hole mir ein wenig Wasser im Gefäß, daß ich trinke!

¹¹Da sie aber hinging, zu holen, rief er ihr und sprach: Bringe mir auch einen Bissen Brot mit!

¹²Sie sprach: So wahr der HERR, dein Gott, lebt, ich habe nichts gebackenes, nur eine Handvoll Mehl im Kad und ein wenig Öl im Krug. Und siehe, ich habe ein Holz oder zwei aufgelesen und gehe hinein und will mir und meinem Sohn zurichten, daß wir essen und sterben.

¹³Elia sprach zu ihr: Fürchte dich nicht! Gehe hin und mach's, wie du gesagt hast. Doch mache mir am ersten ein kleines Gebackenes davon und bringe mir's heraus; dir aber und deinem Sohn sollst du darnach auch machen.

¹⁴Denn also spricht der HERR, der Gott Israels: Das Mehl im Kad soll nicht verzehrt werden, und dem Ölkrug soll nichts mangeln bis auf den Tag, da der HERR regnen lassen wird auf Erden.

¹⁵Sie ging hin und machte, wie Elia gesagt hatte. Und er aß und sie auch und ihr Haus eine Zeitlang.

¹⁶Das Mehl im Kad ward nicht verzehrt, und dem Ölkrug mangelte nichts nach dem Wort des HERRN, daß er geredet hatte durch Elia.

¹⁷Und nach diesen Geschichten ward des Weibes, seiner Hauswirtin, Sohn krank, und seine Krankheit war sehr hart, daß kein Odem mehr in ihm blieb.

¹⁸Und sie sprach zu Elia: Was habe ich mit dir zu schaffen, du Mann Gottes? Bist du zu mir hereingekommen, daß meiner Missetat gedacht und mein Sohn getötet würde.

¹⁹Er sprach zu ihr: Gib mir her deinen Sohn! Und er nahm ihn von ihrem Schoß und ging hinauf auf den Söller, da er wohnte, und legte ihn auf sein Bett

²⁰und rief den HERRN an und sprach: HERR, mein Gott, hast du auch der Witwe, bei der ich ein Gast bin, so übel getan, daß du ihren Sohn tötetest?

²¹Und er maß sich über dem Kinde dreimal und rief den HERRN an und sprach: HERR, mein Gott, laß die Seele dieses Kindes wieder zu ihm kommen!

²²Und der HERR erhörte die Stimme Elia's; und die Seele des Kindes kam wieder zu ihm, und es ward lebendig.

²³Und Elia nahm das Kind und brachte es hinab vom Söller ins Haus und gab's seiner Mutter und sprach: Siehe da, dein Sohn lebt!

²⁴Und das Weib sprach zu Elia: Nun erkenne ich, daß du ein Mann Gottes bist, und des HERRN Wort in deinem Munde ist Wahrheit.

Kapitel 18

¹Und über eine lange Zeit kam das Wort des HERRN zu Elia, im dritten Jahr, und sprach: Gehe hin und zeige dich Ahab, daß ich regnen lasse auf Erden.

²Und Elia ging hin, daß er sich Ahab zeigte. Es war aber eine große Teuerung zu Samaria.

³Und Ahab rief Obadja, seinen Hofmeister. (Obadja aber fürchtete den HERRN sehr.

⁴Denn da Isebel die Propheten des HERRN ausrottete, nahm Obadja hundert Propheten und versteckte sie in Höhlen, hier fünfzig und da fünfzig, und versorgte sie mit Brot und Wasser.)

⁵So sprach nun Ahab zu Obadja: Zieh durchs Land zu allen Wasserbrunnen und Bächen, ob wir möchten Heu finden und die Rosse und Maultiere erhalten, daß nicht das Vieh alles umkomme.

⁶Und sie teilten sich ins Land, daß sie es durchzogen. Ahab zog allein auf einem Wege und Obadja auch allein den andern Weg.

⁷Da nun Obadja auf dem Wege war, siehe, da begegnete ihm Elia; und er erkannte ihn, fiel auf sein Antlitz und sprach: Bist du nicht mein Herr Elia?

⁸Er sprach: Ja. Gehe hin und sage deinem Herrn: Siehe, Elia ist hier!

⁹Er aber sprach: Was habe ich gesündigt, daß du deinen Knecht willst in die Hände Ahabs geben, daß er mich töte?

¹⁰So wahr der HERR, dein Gott, lebt, es ist kein Volk noch Königreich, dahin mein Herr nicht gesandt hat, dich zu suchen; und wenn sie sprachen: Er ist nicht hier, nahm er einen Eid von dem Königreich und Volk, daß man dich nicht gefunden hätte.

¹¹Und du sprichst nun: Gehe hin, sage deinem Herrn: Siehe, Elia ist hier!

¹²Wenn ich nun hinginge von dir, so würde dich der Geist des HERRN wegnehmen, weiß nicht, wohin; und wenn ich dann käme und sagte es Ahab an und er fände dich nicht, so erwürgte er mich. Aber dein Knecht fürchtet den HERRN von seiner Jugend auf.

¹³Ist's meinem Herrn nicht angesagt, was ich getan habe, da Isebel die Propheten des HERR erwürgte? daß ich der Propheten des HERRN hundert versteckte, hier fünfzig und da fünfzig, in Höhlen und versorgte sie mit Brot und Wasser?

¹⁴Und du sprichst nun: Gehe hin, sage deinem Herrn: Elia ist hier! daß er mich erwürge.

¹⁵Elia sprach: So wahr der HERR Zebaoth lebt, vor dem ich stehe, ich will mich ihm heute zeigen.

¹⁶Da ging Obadja hin Ahab entgegen und sagte es ihm an. Und Ahab ging hin Elia entgegen.

¹⁷Und da Ahab Elia sah, sprach Ahab zu ihm: Bist du, der Israel verwirrt?

¹⁸Er aber sprach: Ich verwirre Israel nicht, sondern Du und deines Vaters Haus, damit daß ihr des HERRN Gebote verlassen habt und wandelt Baalim nach.

¹⁹Wohlan, so sende nun hin und versammle zu mir das ganze Israel auf den Berg Karmel und die vierhundertfünfzig Propheten Baals, auch die vierhundert Propheten der Aschera, die vom Tisch Isebels essen.

²⁰Also sandte Ahab hin unter alle Kinder Israel und versammelte die Propheten auf den Berg Karmel.

²¹Da trat Elia zu allem Volk und sprach: Wie lange hinkt ihr auf beide Seiten? Ist der HERR Gott, so wandelt ihm nach; ist's aber Baal, so wandelt ihm nach. Und das Volk antwortete ihm nichts.

²²Da sprach Elia zum Volk: Ich bin allein übriggeblieben als Prophet des HERRN; aber der Propheten Baals sind vierhundertfünfzig Mann.

²³So gebt uns zwei Farren und laßt sie erwählen einen Farren und ihn zerstücken und aufs Holz legen und kein Feuer daran legen; so will ich den andern Farren nehmen und aufs Holz legen und auch kein Feuer daran legen.

²⁴So rufet ihr an den Namen eures Gottes, und ich will den Namen des HERRN anrufen. Welcher Gott nun mit Feuer antworten wird, der sei Gott. Und das ganze Volk antwortete und sprach: Das ist recht.

²⁵Und Elia sprach zu den Propheten Baals: Erwählt ihr einen Farren und richtet zu am ersten, denn euer ist viel; und ruft eures Gottes Namen an und legt kein Feuer daran.

²⁶Und sie nahmen den Farren, den man ihnen gab, und richteten zu und riefen an den Namen Baals vom Morgen bis an den Mittag und sprachen: Baal, erhöre uns! Aber es war da keine Stimme noch Antwort. Und sie hinkten um den Altar, den sie gemacht hatten.

²⁷Da es nun Mittag ward, spottete ihrer Elia und sprach: Ruft laut! denn er ist ein Gott; er dichtet oder hat zu schaffen oder ist über Feld oder schläft vielleicht, daß er aufwache.

²⁸Und sie riefen laut und ritzten sich mit Messern und Pfriemen nach ihrer Weise, bis daß ihr Blut herabfloß.

²⁹Da aber Mittag vergangen war, weissagten sie bis um die Zeit, da man Speisopfer tun sollte; und da war keine Stimme noch Antwort noch Aufmerken.

³⁰Da sprach Elia zu allem Volk: Kommt her, alles Volk zu mir! Und da alles Volk zu ihm trat, baute er den Altar des HERRN wieder auf, der zerbrochen war,

³¹und nahm zwölf Steine nach der Zahl der Stämme der Kinder Jakobs (zu welchem das Wort des HERRN redete und sprach: Du sollst

Israel heißen),

³²und baute mit den Steinen einen Altar im Namen des HERRN und machte um den Altar her eine Grube, zwei Kornmaß weit,

³³und richtete das Holz zu und zerstückte den Farren und legte ihn aufs Holz

³⁴und sprach: Holt vier Kad Wasser voll und gießt es auf das Brandopfer und aufs Holz! Und sprach: Tut's noch einmal! Und sie taten's noch einmal. Und er sprach: Tut's zum drittenmal! Und sie taten's zum drittenmal.

³⁵Und das Wasser lief um den Altar her, und die Grube ward auch voll Wasser.

³⁶Und da die Zeit war, Speisopfer zu opfern, trat Elia, der Prophet, herzu und sprach: HERR, Gott Abrahams, Isaaks und Israels, laß heute kund werden, daß du Gott in Israel bist und ich dein Knecht, und daß ich solches alles nach deinem Wort getan habe!

³⁷Erhöre mich HERR, erhöre mich, daß dies Volk wisse, daß du, HERR, Gott bist, daß du ihr Herz darnach bekehrst!

³⁸Da fiel das Feuer des HERRN herab und fraß Brandopfer, Holz, Steine und Erde und leckte das Wasser auf in der Grube.

³⁹Da das alles Volk sah, fiel es auf sein Angesicht und sprach: Der HERR ist Gott, der HERR ist Gott!

⁴⁰Elia aber sprach zu ihnen: Greift die Propheten Baals, daß ihrer keiner entrinne! und sie griffen sie. Und Elia führte sie hinab an den Bach Kison und schlachtete sie daselbst.

⁴¹Und Elia sprach zu Ahab: Zieh hinauf, iß und trink; denn es rauscht, als wollte es sehr regnen.

⁴²Und da Ahab hinaufzog, zu essen und zu trinken, ging Elia auf des Karmels Spitze und bückte sich zur Erde und tat sein Haupt zwischen seine Knie

⁴³und sprach zu seinem Diener: Geh hinauf und schau zum Meer zu! Er ging hinauf und schaute und sprach: Es ist nichts da. Er sprach: Geh wieder hin siebenmal!

⁴⁴Und beim siebentenmal sprach er: Siehe, es geht eine kleine Wolke auf aus dem Meer wie eines Mannes Hand. Er sprach: Geh hinauf und sage Ahab: Spanne an und fahre hinab, daß dich der Regen nicht ergreife!

⁴⁵Und ehe man zusah, ward der Himmel schwarz von Wolken und Wind, und kam ein großer Regen. Ahab aber fuhr und zog gen Jesreel.

⁴⁶Und die Hand des HERRN kam über Elia, und er gürtete seine Lenden und lief vor Ahab hin, bis er kam gen Jesreel.

Kapitel 19

¹Und Ahab sagte Isebel alles an, was Elia getan hatte und wie er hatte alle Propheten Baals mit dem Schwert erwürgt.

²Da sandte Isebel einen Boten zu Elia und ließ ihm sagen: Die Götter tun mir dies und das, wo ich nicht morgen um diese Zeit deiner Seele tue wie dieser Seelen einer.

³Da er das sah, machte er sich auf und ging hin um seines Lebens willen und kam gen Beer-Seba in Juda und ließ seinen Diener daselbst.

⁴Er aber ging hin in die Wüste eine Tagereise und kam hinein und setzte sich unter einen Wacholder und bat, daß seine Seele stürbe, und sprach: Es ist genug, so nimm nun, HERR, meine Seele; ich bin nicht besser denn meine Väter.

⁵Und er legte sich und schlief unter dem Wacholder. Und siehe, ein Engel rührte ihn an und sprach zu ihm: Steh auf und iß!

⁶Und er sah sich um, und siehe, zu seinen Häupten lag ein geröstetes Brot und eine Kanne mit Wasser. Und da er gegessen und getrunken hatte, legte er sich wieder schlafen.

⁷Und der Engel des HERRN kam zum andernmal wieder und rührte ihn an und sprach: Steh auf und iß! denn du hast einen großen Weg vor dir.

⁸Er stand auf und aß und trank und ging durch die Kraft derselben Speise vierzig Tage und vierzig Nächte bis an den Berg Gottes Horeb

⁹und kam daselbst in eine Höhle und blieb daselbst über Nacht. Und siehe, das Wort des HERRN kam zu ihm und sprach zu ihm: Was machst du hier, Elia?

¹⁰Er sprach: Ich habe geeifert um den HERRN, den Gott Zebaoth; denn die Kinder Israel haben deinen Bund verlassen und deine Altäre zerbrochen und deine Propheten mit dem Schwert erwürgt, und ich bin allein übriggeblieben, und sie stehen darnach, daß sie mir mein Leben nehmen.

¹¹Er sprach: Gehe heraus und tritt auf den Berg vor den HERRN! Und siehe, der HERR ging vorüber und ein großer, starker Wind, der die Berge zerriß und die Felsen zerbrach, vor dem HERRN her; der HERR war aber nicht im Winde. Nach dem Winde aber kam ein Erdbeben; aber der HERR war nicht im Erdbeben.

¹²Und nach dem Erdbeben kam ein Feuer; aber der HERR war nicht im Feuer. Und nach dem Feuer kam ein stilles, sanftes Sausen.

¹³Da das Elia hörte, verhüllte er sein Antlitz mit seinem Mantel und ging heraus und trat in die Tür der Höhle. Und siehe, da kam eine Stimme zu ihm und sprach: Was hast du hier zu tun, Elia?

¹⁴Er sprach: Ich habe um den HERRN, den Gott Zebaoth, geeifert; denn die Kinder Israel haben deinen Bund verlassen, deine Altäre zerbrochen, deine Propheten mit dem Schwert erwürgt, und ich bin allein übriggeblieben, und sie stehen darnach, daß sie mir das Leben nehmen.

¹⁵Aber der HERR sprach zu ihm: Gehe wiederum deines Weges durch die Wüste gen Damaskus und gehe hinein und salbe Hasael zum König über Syrien,

¹⁶und Jehu, den Sohn Nimsis, zum König über Israel, und Elisa, den Sohn Saphats, von Abel-Mehola, zum Propheten an deiner Statt.

¹⁷Und es soll geschehen, daß wer dem Schwert Hasaels entrinnt, den soll Jehu töten.

¹⁸Und ich will übriglassen siebentausend in Israel: alle Kniee, die sich nicht gebeugt haben vor Baal, und allen Mund, der ihn nicht geküßt hat.

¹⁹Und er ging von dannen und fand Elisa, den Sohn Saphats, daß er pflügte mit zwölf Jochen vor sich hin; und er war selbst bei dem zwölften. Und Elia ging zu ihm und warf seinen Mantel auf ihn.

²⁰Er aber ließ die Rinder und lief Elia nach und sprach: Laß mich meinen Vater und meine Mutter küssen, so will ich dir nachfolgen. Er sprach zu ihm: Gehe hin und komme wieder; bedenke, was ich dir getan habe!

²¹Und er lief wieder von ihm und nahm ein Joch Rinder und opferte es und kochte das Fleisch mit dem Holzwerk an den Rindern und gab's dem Volk, daß sie aßen. Und machte sich auf und folgte Elia nach und diente ihm.

Kapitel 20

¹Und Benhadad, der König von Syrien, versammelte alle seine Macht, und waren zweiunddreißig Könige mit ihm und Roß und Wagen, und zog herauf und belagerte Samaria und stritt dawider

²und sandte Boten zu Ahab, dem König Israels, in die Stadt

³und ließ ihm sagen: So spricht Benhadad: Dein Silber und dein Gold ist mein, und deine Weiber und deine besten Kinder sind auch mein.

⁴Der König Israels antwortete und sprach: Mein Herr König, wie du geredet hast! Ich bin dein und alles, was ich habe.

⁵Und die Boten kamen wieder und sprachen: So spricht Benhadad: Weil ich zu dir gesandt habe und lassen sagen: Dein Silber und dein Gold, deine Weiber und deine Kinder sollst du mir geben,

⁶so will ich morgen um diese Zeit meine Knechte zu dir senden, daß sie dein Haus und deiner Untertanen Häuser durchsuchen; und was dir lieblich ist, sollen sie in ihre Hände nehmen und wegtragen.

⁷Da rief der König Israels alle Ältesten des Landes und sprach: Merkt und seht, wie böse er's vornimmt! Er hat zu mir gesandt um meine Weiber und Kinder, Silber und Gold, und ich hab ihm nichts verweigert.

⁸Da sprachen zu ihm alle Alten und das Volk: Du sollst nicht gehorchen noch bewilligen.

⁹Und er sprach zu den Boten Benhadads: Sagt meinem Herrn, dem König: Alles, was du am ersten entboten hast, will ich tun; aber dies kann ich nicht tun. Und die Boten gingen hin und sagten solches wieder.

¹⁰Da sandte Benhadad zu ihm und ließ ihm sagen: Die Götter tun mir dies und das, wo der Staub Samarias genug sein soll, daß alles Volk unter mir eine Handvoll davon bringe.

¹¹Aber der König Israels antwortete und sprach: Sagt: Der den Harnisch anlegt, soll sich nicht rühmen wie der, der ihn hat abgelegt.

¹²Da das Benhadad hörte und er eben trank mit den Königen in den Gezelten, sprach er zu seinen Knechten: Schickt euch! Und sie schickten sich wider die Stadt.

¹³Und siehe, ein Prophet trat zu Ahab, dem Königs Israels, und sprach: So spricht der HERR: Du hast ja gesehen all diesen großen Haufen. Siehe, ich will ihn heute in deine Hand geben, daß du wissen sollst, ich sei der HERR.

¹⁴Ahab sprach: Durch wen? Er sprach: So spricht der HERR: Durch die Leute der Landvögte. Er sprach: Wer soll den Streit anheben? Er sprach: Du.

¹⁵Da zählte er die Landvögte, und ihrer waren zweihundertzweiunddreißig, und zählte nach ihnen das Volk aller Kinder Israel, siebentausend Mann.

¹⁶Und sie zogen aus am Mittag. Benhadad aber trank und war trunken im Gezelt samt den zweiunddreißig Königen, die ihm zu Hilfe gekommen waren.

1 Könige

¹⁷Und die Leute der Landvögte zogen am ersten aus. Benhadad aber sandte aus, und die sagten ihm an und sprachen: Es ziehen Männer aus Samaria.

¹⁸Er sprach: Greift sie lebendig, sie seien um Friedens oder um Streit ausgezogen!

¹⁹Da aber die Leute der Landvögte waren ausgezogen und das Heer ihnen nach,

²⁰schlug ein jeglicher, wer ihm vorkam. Und die Syrer flohen und Israel jagte ihnen nach. Und Benhadad, der König von Syrien, entrann mit Rossen und Reitern.

²¹Und der König Israels zog aus und schlug Roß und Wagen, daß er an den Syrern eine große Schlacht tat.

²²Da trat der Prophet zum König Israels und sprach zu ihm: Gehe hin und stärke dich und merke und siehe, was du tust! Denn der König von Syrien wird wider dich heraufziehen, wenn das Jahr um ist.

²³Denn die Knechte des Königs von Syrien sprachen zu ihm: Ihre Götter sind Berggötter; darum haben sie uns überwunden. O daß wir mit ihnen auf der Ebene streiten müßten! Was gilt's, wir wollten sie überwinden!

²⁴Tue also: Tue die Könige weg, einen jeglichen an seinen Ort, und stelle die Landpfleger an ihre Stätte

²⁵und ordne dir ein Heer, wie das Heer war, das du verloren hast, und Roß und Wagen, wie jene waren, und laß uns wider sie streiten auf der Ebene. Was gilt's, wir wollen ihnen obliegen! Er gehorchte ihrer Stimme und tat also.

²⁶Als nun das Jahr um war, ordnete Benhadad die Syrer und zog herauf gen Aphek, wider Israel zu streiten.

²⁷Und die Kinder Israel ordneten sich auch und versorgten sich und zogen hin ihnen entgegen und lagerten sich gegen sie wie zwei kleine Herden Ziegen. Der Syrer aber war das Land voll.

²⁸Und es trat der Mann Gottes herzu und sprach zum König Israels: So spricht der HERR: Darum daß die Syrer haben gesagt, der HERR sei ein Gott der Berge und nicht ein Gott der Gründe, so habe ich all diesen großen Haufen in deine Hand gegeben, daß ihr wisset, ich sei der HERR.

²⁹Und sie lagerten sich stracks gegen jene, sieben Tage. Am siebenten Tage zogen sie zuhauf in den Streit; und die Kinder Israel schlugen die Syrer hunderttausend Mann Fußvolk auf einen Tag.

³⁰Und die übrigen flohen gen Aphek in die Stadt; und die Mauer fiel auf die übrigen siebenundzwanzigtausend Mann. Und Benhadad floh auch in die Stadt von einer Kammer in die andere.

³¹Da sprachen seine Knechte zu ihm: Siehe, wir haben gehört, daß die Könige des Hauses Israel barmherzige Könige sind; so laßt uns Säcke um unsere Lenden tun und Stricke um unsre Häupter und zum König Israels hinausgehen; vielleicht läßt er deine Seele leben.

³²Und sie gürteten Säcke um ihre Lenden und Stricke um ihre Häupter und kamen zum König Israels und sprachen: Benhadad, dein Knecht, läßt dir sagen: Laß doch meine Seele leben! Er aber sprach: Lebt er noch, so ist er mein Bruder.

³³Und die Männer nahmen eilend das Wort von ihm und deuteten's für sich und sprachen: Ja dein Bruder Benhadad. Er sprach: Kommt und bringt ihn! Da ging Benhadad zu ihm heraus. Und er ließ ihn auf dem Wagen sitzen.

³⁴Und Benhadad sprach zu ihm: Die Städte, die mein Vater deinem Vater genommen hat, will ich dir wiedergeben; und mache dir Gassen zu Damaskus, wie mein Vater zu Samaria getan hat. So will ich (sprach Ahab) mit einem Bund dich ziehen lassen. Und er machte mit ihm einen Bund und ließ ihn ziehen.

³⁵Da sprach ein Mann unter den Kindern der Propheten zu seinem Nächsten durch das Wort des HERRN: Schlage mich doch! Er aber weigerte sich, ihn zu schlagen.

³⁶Da sprach er zu ihm: Darum daß du der Stimme des HERRN nicht hast gehorcht, siehe, so wird dich ein Löwe schlagen, wenn du von mir gehst. Und da er von ihm abging, fand ihn ein Löwe und schlug ihn.

³⁷Und er fand einen anderen Mann und sprach: Schlage mich doch! und der Mann schlug ihn wund.

³⁸Da ging der Prophet hin und trat zum König an den Weg und verstellte sein Angesicht mit einer Binde.

³⁹Und da der König vorüberzog, schrie er den König an und sprach: Dein Knecht war ausgezogen mitten in den Streit. Und siehe, ein Mann war gewichen und brachte einen Mann zu mir und sprach: Verwahre diesen Mann; wo man ihn wird vermissen, so soll deine Seele anstatt seiner Seele sein, oder du sollst einen Zentner Silber darwägen.

⁴⁰Und da dein Knecht hier und da zu tun hatte, war der nicht mehr da. Der König Israels sprach zu ihm: Das ist dein Urteil; du hast es selbst gefällt.

⁴¹Da tat er eilend die Binde von seinem Angesicht; und der König Israels kannte ihn, daß er der Propheten einer war.

⁴²Und er sprach zu ihm: So spricht der HERR: Darum daß du hast den verbannten Mann von dir gelassen, wird deine Seele für seine Seele sein und dein Volk für sein Volk.

⁴³Aber der König Israels zog hin voll Unmuts und zornig in sein Haus und kam gen Samaria.

Kapitel 21

¹Nach diesen Geschichten begab sich's, daß Naboth, ein Jesreeliter, einen Weinberg hatte zu Jesreel, bei dem Palast Ahabs, des Königs zu Samaria.

²Und Ahab redete mit Naboth und sprach: Gib mir deinen Weinberg; ich will mir einen Kohlgarten daraus machen, weil er so nahe an meinem Hause liegt. Ich will dir einen bessern Weinberg dafür geben, oder, so dir's gefällt, will ich dir Silber dafür geben, soviel er gilt.

³Aber Naboth sprach zu Ahab: Das lasse der HERR fern von mir sein, daß ich dir meiner Väter Erbe sollte geben!

⁴Da kam Ahab heim voll Unmuts und zornig um des Wortes willen, das Naboth, der Jesreeliter, zu ihm hatte gesagt und gesprochen: Ich will dir meiner Väter Erbe nicht geben. Und er legte sich auf sein Bett und wandte sein Antlitz und aß kein Brot.

⁵Da kam zu ihm hinein Isebel, sein Weib, und redete mit ihm: Was ist's, daß du nicht Brot ißt?

⁶Er sprach zu ihr: Ich habe mit Naboth, dem Jesreeliten, geredet und gesagt: Gib mir deinen Weinberg um Geld, oder, so du Lust dazu hast, will ich dir einen andern dafür geben. Er aber sprach: Ich will dir meinen Weinberg nicht geben.

⁷Da sprach Isebel, sein Weib, zu ihm: Was wäre für ein Königreich in Israel, wenn du nicht tätig wärst! Stehe auf und iß Brot und sei guten Muts! Ich will dir den Weinberg Naboths, des Jesreeliten, verschaffen.

⁸Und sie schrieb Briefe unter Ahabs Namen und versiegelte sie mit seinem Siegel und sandte sie zu den Ältesten und Obersten in seiner Stadt, die um Naboth wohnten.

⁹Und sie schrieb also in diesen Briefen: Laßt ein Fasten ausschreien und setzt Naboth obenan im Volk

¹⁰und stellt zwei lose Buben vor ihn, die da Zeugen und sprechen: Du hast Gott und den König gelästert! und führt ihn hinaus und steinigt ihn, daß er sterbe.

¹¹Und die Ältesten und Obersten seiner Stadt, die in seiner Stadt wohnten, taten, wie ihnen Isebel entboten hatte, wie sie in den Briefen geschrieben hatte, die sie zu ihnen sandte,

¹²und ließen ein Fasten ausschreien und ließen Naboth obenan unter dem Volk sitzen.

¹³Da kamen die zwei losen Buben und stellten sich vor ihn und zeugten wider Naboth vor dem Volk und sprachen: Naboth hat Gott und den König gelästert. Da führten sie ihn vor die Stadt hinaus und steinigten ihn, daß er starb.

¹⁴Und sie entboten Isebel und ließen ihr sagen: Naboth ist gesteinigt und tot.

¹⁵Da aber Isebel hörte, daß Naboth gesteinigt und tot war, sprach sie zu Ahab: Stehe auf und nimm ein den Weinberg Naboths, des Jesreeliten, welchen er sich weigerte dir um Geld zu geben; denn Naboth lebt nimmer, sondern ist tot.

¹⁶Da Ahab hörte, daß Naboth tot war, stand er auf, daß er hinabginge zum Weinberge Naboths, des Jesreeliten, und ihn einnähme.

¹⁷Aber das Wort des HERRN kam zu Elia, dem Thisbiter, und sprach:

¹⁸Mache dich auf und gehe hinab, Ahab, dem König Israels, entgegen, der zu Samaria ist, siehe, er ist im Weinberge Naboths, dahin er ist hinabgegangen, daß er ihn einnehme,

¹⁹und rede mit ihm und sprich: So spricht der HERR: Du hast totgeschlagen, dazu auch in Besitz genommen. Und sollst mit ihm reden und Sagen: So spricht der HERR: An der Stätte, da Hunde das Blut Naboths geleckt haben, sollen auch Hunde dein Blut lecken.

²⁰Und Ahab sprach zu Elia: Hast du mich gefunden, mein Feind? Er aber sprach: Ja, ich habe dich gefunden, darum daß du dich verkauft hast, nur Übles zu tun vor dem HERRN.

²¹Siehe, ich will Unglück über dich bringen und deine Nachkommen wegnehmen und will von Ahab ausrotten, was männlich ist, den der verschlossen und übriggelassen ist in Israel,

²²und will dein Haus machen wie das Haus Jerobeams, des Sohnes Nebats, und wie das Haus Baesas, des Sohnes Ahias, um des Reizens willen, durch das du mich erzürnt und Israel sündigen gemacht hast.

²³Und über Isebel redete der HERR auch und sprach: Die Hunde sollen Isebel fressen an der Mauer Jesreels.

²⁴Wer von Ahab stirbt in der Stadt, den sollen die Hunde fressen; und wer auf dem Felde stirbt, den sollen die Vögel unter dem Himmel

fressen.

²⁵(Also war niemand, der sich so gar verkauft hätte, übel zu tun vor dem HERRN, wie Ahab; denn sein Weib Isebel überredete ihn also.)

²⁶Und er machte sich zum großen Greuel, daß er den Götzen nachwandelte allerdinge, wie die Amoriter getan hatten, die der HERR vor den Kindern Israel vertrieben hatte.

²⁷Da aber Ahab solche Worte hörte, zerriß er seine Kleider und legte einen Sack an seinen Leib und fastete und schlief im Sack und ging jämmerlich einher.

²⁸Und das Wort des HERRN kam zu Elia, dem Thisbiter, und sprach:

²⁹Hast du nicht gesehen, wie sich Ahab vor mir bückt? Weil er sich nun vor mir bückt, will ich das Unglück nicht einführen bei seinem Leben; aber bei seines Sohnes Leben will ich das Unglück über sein Haus führen.

Kapitel 22

¹Und es vergingen drei Jahre, daß kein Krieg war zwischen den Syrern und Israel.

²Im dritten Jahr aber zog Josaphat, der König Juda's hinab zum König Israels.

³Und der König Israels sprach zu seinen Knechten: Wißt ihr nicht, daß Ramoth in Gilead unser ist; und wir sitzen still und nehmen es nicht von der Hand des Königs von Syrien?

⁴Und sprach zu Josaphat: Willst du mit mir ziehen in den Streit gen Ramoth in Gilead? Josaphat sprach zum König Israels: ich will sein wie du, und mein Volk wie dein Volk, und meine Rosse wie deine Rosse.

⁵Und Josaphat sprach zum König Israels: Frage doch heute um das Wort des HERRN!

⁶Da sammelte der König Israels Propheten bei vierhundert Mann und sprach zu ihnen: Soll ich gen Ramoth in Gilead ziehen, zu streiten, oder soll ich's lassen anstehen? Sie sprachen: Zieh hinauf! der HERR wird's in die Hand des Königs geben.

⁷Josaphat aber sprach: Ist hier kein Prophet des HERRN mehr, daß wir durch ihn fragen?

⁸Der König Israels sprach zu Josaphat: Es ist noch ein Mann, Micha, der Sohn Jemlas, durch den man den HERR fragen kann. Aber ich bin ihm gram; denn er weissagt mir kein Gutes, sondern eitel Böses. Josaphat sprach: Der König rede nicht also.

⁹Da rief der König Israels einen Kämmerer und sprach: Bringe eilend her Micha, den Sohn Jemlas!

¹⁰Der König aber Israels und Josaphat, der König Juda's, saßen ein jeglicher auf seinem Stuhl, mit ihren Kleidern angezogen, auf dem Platz vor der Tür am Tor Samarias; und alle Propheten weissagten vor ihnen.

¹¹Und Zedekia, der Sohn Knaenas, hatte sich eiserne Hörner gemacht und sprach: So spricht der HERR: Hiermit wirst du die Syrer stoßen, bis du sie aufräumst.

¹²Und alle Propheten weissagten also und sprachen: Ziehe hinauf gen Ramoth in Gilead und fahre glücklich; der HERR wird's in die Hand des Königs geben.

¹³Und der Bote, der hingegangen war, Micha zu rufen, sprach zu ihm: Siehe, der Propheten Reden sind einträchtig gut für den König; so laß nun dein Wort auch sein wie das Wort derselben und rede Gutes.

¹⁴Micha sprach: So wahr der HERR lebt, ich will reden, was der HERR mir sagen wird.

¹⁵Und da er zum König kam, sprach der König zu Ihm: Micha, sollen wir gen Ramoth in Gilead ziehen, zu streiten oder sollen wir's lassen anstehen? Er sprach zu Ihm: Ja, ziehe hinauf und fahre glücklich; der HERR wird's in die Hand des Königs geben.

¹⁶Der König sprach abermals zu ihm: Ich beschwöre dich, daß du mir nichts denn die Wahrheit sagst im Namen des HERRN.

¹⁷Er sprach: Ich sah ganz Israel zerstreut auf den Bergen wie die Schafe, die keinen Hirten haben. Und der HERR sprach: Diese haben keinen Herrn; ein jeglicher kehre wieder heim mit Frieden.

¹⁸Da sprach der König Israels zu Josaphat: Habe ich dir nicht gesagt, daß er mir nichts Gutes weissagt, sondern eitel Böses?

¹⁹Er sprach: Darum höre nun das Wort des HERRN! Ich sah den HERRN sitzen auf seinem Stuhl und alles himmlische Heer neben ihm stehen zu seiner Rechten und Linken.

²⁰Und der HERR sprach: Wer will Ahab überreden, daß er hinaufziehe und falle zu Ramoth in Gilead? Und einer sagte dies, und der andere das.

²¹Da ging ein Geist heraus und trat vor den HERRN und sprach: Ich will ihn überreden. Der HERR sprach zu ihm: Womit?

²²Er sprach: Ich will ausgehen und will ein falscher Geist sein in aller Propheten Munde. Er sprach: Du sollst ihn überreden und sollst's ausrichten; gehe aus und tue also!

²³Nun siehe, der HERR hat einen falschen Geist gegeben in aller dieser deiner Propheten Mund; und der HERR hat böses über dich geredet.

²⁴Da trat herzu Zedekia, der Sohn Knaenas, und schlug Micha auf den Backen und sprach: Wie? Ist der Geist des HERRN von mir gewichen, daß er mit dir redete?

²⁵Micha sprach: Siehe, du wirst's sehen an dem Tage, wenn du von einer Kammer in die andere gehen wirst, daß du dich verkriechst.

²⁶Der König Israels sprach: Nimm Micha und laß ihn bleiben bei Amon, dem Obersten der Stadt, und bei Joas, dem Sohn des Königs,

²⁷und sprich: So spricht der König: Diesen setzt ein in den Kerker und speist ihn mit Brot und Wasser der Trübsal, bis ich mit Frieden wiederkomme.

²⁸Micha sprach: Kommst du mit Frieden wieder, so hat der HERR nicht durch mich geredet. Und sprach: Höret zu, alles Volk!

²⁹Also zog der König Israels und Josaphat, der König Juda's, hinauf gen Ramoth in Gilead.

³⁰Und der König Israels sprach zu Josaphat: Ich will mich verstellen und in den Streit kommen; du aber habe deine Kleider an. Und der König Israels verstellte sich und zog in den Streit.

³¹Aber der König von Syrien gebot den Obersten über seine Wagen, deren waren zweiunddreißig, und sprach: Ihr sollt nicht streiten wider Kleine noch Große, sondern wider den König Israels allein.

³²Und da die Obersten der Wagen Josaphat sahen, meinten sie er wäre der König Israels, und fielen auf ihn mit Streiten; aber Josaphat schrie.

³³Da aber die Obersten der Wagen sahen, daß er nicht der König Israels war, wandten sie sich von ihm.

³⁴Ein Mann aber spannte den Bogen von ungefähr und schoß den König Israels zwischen Panzer und Wehrgehänge. Und er sprach zu seinem Fuhrmann: Wende deine Hand und führe mich aus dem Heer, denn ich bin wund!

³⁵Und der Streit nahm überhand desselben Tages, und der König stand auf dem Wagen der Syrer und starb des Abends. Und das Blut floß von den Wunden mitten in den Wagen.

³⁶Und man ließ ausrufen im Heer, da die Sonne unterging, und sagen: Ein jeglicher gehe in seine Stadt und in sein Land.

³⁷Also starb der König und ward gen Samaria gebracht. Und sie begruben ihn zu Samaria.

³⁸Und da sie den Wagen wuschen bei dem Teich Samarias, leckten die Hunde sein Blut (es wuschen ihn aber die Huren) nach dem Wort des HERRN, das er geredet hatte.

³⁹Was mehr von Ahab zu sagen ist und alles, was er getan hat, und das elfenbeinerne Haus, das er baute, und alle Städte, die er gebaut hat, siehe, das ist geschrieben in der Chronik der Könige Israels.

⁴⁰Also entschlief Ahab mit seinen Vätern; und sein Sohn Ahasja ward König an seiner Statt.

⁴¹Und Josaphat, der Sohn Asas, ward König über Juda im vierten Jahr Ahabs, des Königs Israels,

⁴²und war fünfunddreißig Jahre alt, da er König ward, und regierte fünfundzwanzig Jahre zu Jerusalem. Seine Mutter hieß Asuba, eine Tochter Silhis. Und er wandelte in allem Wege seines Vaters Asa und wich nicht davon; und er tat was dem HERRN wohl gefiel.

⁴³Doch tat er die Höhen nicht weg, und das Volk opferte und räucherte noch auf den Höhen.

⁴⁴Und er hatte Frieden mit dem König Israels.

⁴⁵Was aber mehr von Josaphat zu sagen ist und seine Macht, was er getan und wie er gestritten hat, siehe das ist geschrieben in der Chronik der Könige Juda's.

⁴⁶Auch tat er aus dem Lande, was noch übrige Hurer waren, die zu der Zeit seines Vaters Asa waren übriggeblieben.

⁴⁷Und es war kein König in Edom; ein Landpfleger war König.

⁴⁸Und Josaphat hatte Schiffe lassen machen aufs Meer, die nach Ophir gehen sollten, Gold zu holen. Aber sie gingen nicht; denn sie wurden zerbrochen zu Ezeon-Geber.

⁴⁹Dazumal sprach Ahasja, der Sohn Ahabs, zu Josaphat: Laß meine Knechte mit deinen Schiffen fahren! Josaphat aber wollte nicht.

1 Könige

⁵⁰Und Josaphat entschlief mit seinen Vätern und ward begraben mit seinen Vätern in der Stadt Davids, seines Vaters; und Joram, sein Sohn, ward König an seiner Statt.

⁵¹Ahasja, der Sohn Ahabs, ward König über Israel zu Samaria im siebzehnten Jahr Josaphats, des Königs Juda's, und regierte über Israel zwei Jahre;

⁵²und er tat, was dem HERRN übel gefiel, und wandelte in dem Wege seines Vaters und seiner Mutter und in dem Wege Jerobeams, des Sohnes Nebats, der Israel sündigen machte,

⁵³und diente Baal und betete ihn an und erzürnte den HERRN, den Gott Israels, wie sein Vater tat.

2 Könige

Kapitel 1

¹Es fielen aber die Moabiter ab von Israel, da Ahab tot war.

²Und Ahasja fiel durch das Gitter in seinem Söller zu Samaria und ward krank; und sandte Boten und sprach zu ihnen: Geht hin und fragt Baal-Sebub, den Gott zu Ekron, ob ich von dieser Krankheit genesen werde.

³Aber der Engel des HERRN redete mit Elia, dem Thisbiter: Auf! und begegne den Boten des Königs zu Samaria und sprich zu ihnen: Ist denn nun kein Gott in Israel, daß ihr hingehet, zu fragen Baal-Sebub, den Gott Ekrons?

⁴Darum so spricht der HERR: Du sollst nicht von dem Bette kommen, darauf du dich gelegt hast, sondern sollst des Todes sterben. Und Elia ging weg.

⁵Und da die Boten wieder zu ihm kamen, sprach er zu ihnen: Warum kommt ihr wieder?

⁶Sie sprachen zu ihm: Es kam ein Mann herauf uns entgegen und sprach zu uns: Gehet wiederum hin zu dem König, der euch gesandt hat, und sprecht zu ihm: So spricht der HERR: Ist denn kein Gott in Israel, daß du hinsendest, zu fragen Baal-Sebub, den Gott Ekrons? Darum sollst du nicht kommen von dem Bette, darauf du dich gelegt hast, sondern sollst des Todes sterben.

⁷Er sprach zu ihnen: Wie war der Mann gestaltet, der euch begegnete und solches zu euch sagte?

⁸Sie sprachen zu ihm: Er hatte eine rauhe Haut an und einen ledernen Gürtel um seine Lenden. Er aber sprach: Es ist Elia, der Thisbiter.

⁹Und er sandte hin zu ihm einen Hauptmann über fünfzig samt seinen fünfzigen. Und da er hinaufkam, siehe, da saß er oben auf dem Berge. Er aber sprach zu Ihm: Du Mann Gottes, der König sagt: Du sollst herabkommen!

¹⁰Elia antwortete dem Hauptmann über fünfzig und sprach zu ihm: Bin ich ein Mann Gottes, so falle Feuer vom Himmel und fresse dich und deine fünfzig. Da fiel Feuer vom Himmel und fraß ihn und seine fünfzig.

¹¹Und er sandte wiederum einen andern Hauptmann über fünfzig zu ihm samt seinen fünfzigen. Der antwortete und sprach zu ihm: Du Mann Gottes, so spricht der König: Komm eilends herab!

¹²Elia antwortete und sprach: Bin ich ein Mann Gottes, so falle Feuer vom Himmel und fresse dich und deine fünfzig. Da fiel das Feuer Gottes vom Himmel und fraß ihn und seine fünfzig.

¹³Da sandte er wiederum den dritten Hauptmann über fünfzig samt seinen fünfzigen. Da der zu ihm hinaufkam, beugte er seine Kniee gegen Elia und flehte ihn an und sprach zu ihm: Du Mann Gottes, laß meine Seele und die Seele deiner Knechte, dieser fünfzig, vor dir etwas gelten.

¹⁴Siehe, das Feuer ist vom Himmel gefallen und hat die ersten zwei Hauptmänner über fünfzig mit ihren fünfzigen gefressen; nun aber laß meine Seele etwas gelten vor dir.

¹⁵Da sprach der Engel des HERRN zu Elia: Gehe mit ihm hinab und fürchte dich nicht vor ihm! und er machte sich auf und ging mit ihm hinab zum König.

¹⁶Und er sprach zu ihm: So spricht der HERR: Darum daß du hast Boten hingesandt und lassen fragen Baal-Sebub, den Gott zu Ekron, als wäre kein Gott in Israel, dessen Wort man fragen möchte, so sollst du von dem Bette nicht kommen, darauf du dich gelegt hast, sondern sollst des Todes sterben.

¹⁷Also starb er nach dem Wort des HERRN, das Elia geredet hatte. Und Joram ward König an seiner Statt im zweiten Jahr Jorams, des Sohnes Josaphats, des Königs Juda's; denn er hatte keinen Sohn.

¹⁸Was aber mehr von Ahasja zu sagen ist, das er getan hat, siehe, das ist geschrieben in der Chronik der Könige Israels.

Kapitel 2

¹Da aber der HERR wollte Elia im Wetter gen Himmel holen, gingen Elia und Elisa von Gilgal.

²Und Elia sprach zu Elisa: Bleib doch hier; denn der HERR hat mich gen Beth-El gesandt. Elisa aber sprach: So wahr der HERR lebt und deine Seele, ich verlasse dich nicht. Und da sie hinab gen Beth-El kamen,

³gingen der Propheten Kinder, die zu Beth-El waren, heraus zu Elisa und sprachen zu ihm: Weißt du auch, daß der HERR wird deinen Herrn heute von deinen Häupten nehmen? Er aber sprach: Ich weiß es auch wohl; schweigt nur still.

⁴Und Elia sprach zu ihm: Elisa, bleib doch hier; denn der HERR hat mich gen Jericho gesandt. Er aber sprach: So wahr der HERR lebt und deine Seele, ich verlasse dich nicht. Und da sie gen Jericho kamen,

⁵traten der Propheten Kinder, die zu Jericho waren, zu Elisa und sprachen zu ihm: Weißt du auch, daß der HERR wird deinen Herrn heute von deinen Häupten nehmen? Er aber sprach: Ich weiß es auch wohl; schweigt nur still.

⁶Und Elia sprach zu ihm: Bleib doch hier; denn der HERR hat mich gesandt an den Jordan. Er aber sprach: So wahr der HERR lebt und deine Seele, ich verlasse dich nicht. Und sie gingen beide miteinander.

⁷Aber fünfzig Männer unter der Propheten Kindern gingen hin und traten gegenüber von ferne; aber die beiden standen am Jordan.

⁸Da nahm Elia seinen Mantel und wickelte ihn zusammen und schlug ins Wasser; das teilte sich auf beiden Seiten, daß die beiden trocken hindurchgingen.

⁹Und da sie hinüberkamen, sprach Elia zu Elisa: Bitte, was ich dir tun soll, ehe ich von dir genommen werde. Elisa sprach: Daß mir werde ein zwiefältig Teil von deinem Geiste.

¹⁰Er sprach: Du hast ein Hartes gebeten. Doch, so du mich sehen wirst, wenn ich von dir genommen werde, so wird's ja sein; wo nicht, so wird's nicht sein.

¹¹Und da sie miteinander gingen und redeten, siehe, da kam ein feuriger Wagen mit feurigen Rossen, die schieden die beiden voneinander; und Elia fuhr also im Wetter gen Himmel.

¹²Elisa aber sah es und schrie: Vater, mein Vater, Wagen Israels und seine Reiter! und sah ihn nicht mehr. Und er faßte sein Kleider und zerriß sie in zwei Stücke

¹³und hob auf den Mantel Elia's, der ihm entfallen war, und kehrte um und trat an das Ufer des Jordans

¹⁴und nahm den Mantel Elia's, der ihm entfallen war, und schlug ins Wasser und sprach: Wo ist nun der HERR, der Gott Elia's? und schlug ins Wasser; da teilte sich's auf beide Seiten, und Elisa ging hindurch.

¹⁵Und da ihn sahen der Propheten Kinder, die gegenüber zu Jericho waren, sprachen sie: Der Geist Elia's ruht auf Elisa; und gingen ihm entgegen und fielen vor ihm nieder zur Erde

¹⁶und sprachen zu ihm: Siehe, es sind unter deinen Knechten fünfzig Männer, starke leute, die laß gehen und deinen Herrn suchen; vielleicht hat ihn der Geist des HERRN genommen und irgend auf einen Berg oder irgend in ein Tal geworfen. Er aber sprach: Laßt ihn gehen!

¹⁷Aber sie nötigten ihn, bis daß er nachgab und sprach: Laßt hingehen! Und sie sandte hin fünfzig Männer und suchten ihn drei Tage; aber sie fanden ihn nicht.

¹⁸Und kamen wieder zu ihm, da er noch zu Jericho war; und er sprach zu ihnen: Sagte ich euch nicht, ihr sollt nicht hingehen?

¹⁹Und die Männer der Stadt sprachen zu Elisa: Siehe, es ist gut wohnen in dieser Stadt, wie mein Herr sieht; aber es ist böses Wasser und das Land unfruchtbar.

²⁰Er sprach: Bringet mir her eine neue Schale und tut Salz darein! Und sie brachten's ihm.

²¹Da ging er hinaus zu der Wasserquelle und warf das Salz hinein und sprach: So spricht der HERR: Ich habe dies Wasser gesund gemacht; es soll hinfort kein Tod noch Unfruchtbarkeit daher kommen.

²²Also ward das Wasser gesund bis auf diesen Tag nach dem Wort Elisas, das er redete.

²³Und er ging hinauf gen Beth-El. Und als er auf dem Wege hinanging, kamen kleine Knaben zur Stadt heraus und spotteten sein und sprachen zu ihm: Kahlkopf, komm herauf! Kahlkopf, komm herauf!

²⁴Und er wandte sich um; und da er sie sah, fluchte er ihnen im Namen des HERRN. Da kamen zwei Bären aus dem Walde und zerrissen der Kinder zweiundvierzig.

²⁵Von da ging er auf den Berg Karmel und kehrte um von da gen Samaria.

Kapitel 3

¹Joram, der Sohn Ahabs, ward König über Israel zu Samaria im achtzehnten Jahr Josaphats, des Königs Juda's, und regierte zwölf Jahre.

²Und er tat, was dem HERRN übel gefiel; doch nicht wie sein Vater und seine Mutter. Denn er tat weg die Säule Baals, die sein Vater machen ließ.

³Aber er blieb hangen an den Sünden Jerobeams, des Sohnes Nebats, der Israel sündigen machte, und ließ nicht davon.

⁴Mesa aber, der Moabiter König, hatte viele Schafe und zinste dem König Israels Wolle von hunderttausend Lämmern und

2 Könige

hunderttausend Widdern.

⁵Da aber Ahab tot war, fiel der Moabiter König ab vom König Israels.

⁶Da zog zur selben Zeit aus der König Joram von Samaria und ordnete das ganze Israel

⁷und sandte hin zu Josaphat, dem König Juda's, und ließ ihm sagen: Der Moabiter König ist von mir abgefallen; komm mit mir, zu streiten wider die Moabiter! Er sprach: Ich will hinaufkommen; ich bin wie du, und mein Volk wie dein Volk, und meine Rosse wie deine Rosse.

⁸Und er sprach: Welchen Weg wollen wir hinaufziehen? Er sprach: Den Weg durch die Wüste Edom.

⁹Also zog hin der König Israels, der König Juda's und der König Edoms. Und da sie sieben Tagereisen zogen, hatte das Heer und das Vieh, das unter ihnen war kein Wasser.

¹⁰Da sprach der König Israels: O wehe! der HERR hat diese drei Könige geladen, daß er sie in der Moabiter Hände gebe.

¹¹Josaphat aber sprach: Ist kein Prophet des HERRN hier, daß wir den HERRN durch ihn ratfragen? Da antwortete einer unter den Knechten des Königs Israels und sprach: Hier ist Elisa, der Sohn Saphats, der Elia Wasser auf die Hände goß.

¹²Josaphat sprach: Des HERRN Wort ist bei ihm. Also zogen sie zu ihm hinab der König Israels und Josaphat und der König Edoms.

¹³Elisa aber sprach zum König Israels: Was hast du mit mir zu schaffen? gehe hin zu den Propheten deines Vaters und zu den Propheten deiner Mutter! Der König Israels sprach zu ihm: Nein! denn der HERR hat diese drei Könige geladen, daß er sie in der Moabiter Hände gebe.

¹⁴Elisa sprach: So wahr der HERR Zebaoth lebt, vor dem ich stehe, wenn ich nicht Josaphat, den König Juda's, ansähe, ich wollte dich nicht ansehen noch achten.

¹⁵So bringet mir nun einen Spielmann! Und da der Spielmann auf den Saiten spielte, kam die Hand des HERRN auf ihn,

¹⁶und er sprach: So spricht der HERR: Macht hier und da Gräben an diesem Bach!

¹⁷Denn so spricht der HERR: Ihr werdet keinen Wind noch Regen sehen; dennoch soll der Bach voll Wasser werden, daß ihr und euer Gesinde und euer Vieh trinket.

¹⁸Dazu ist das ein Geringes vor dem HERRN; er wird auch die Moabiter in eure Hände geben,

¹⁹daß ihr schlagen werdet alle festen Städte und alle auserwählten Städte und werdet fällen alle guten Bäume und werdet verstopfen alle Wasserbrunnen und werdet allen guten Acker mit Steinen verderben.

²⁰Des Morgens aber, zur Zeit, da man Speisopfer opfert, siehe, da kam ein Gewässer des Weges von Edom und füllte das Land mit Wasser.

²¹Da aber alle Moabiter hörten, daß die Könige heraufzogen, wider sie zu streiten, beriefen sie alle, die zur Rüstung alt genug und darüber waren, und traten an die Grenze.

²²Und da sie sich des Morgens früh aufmachten und die Sonne aufging über dem Gewässer, deuchte die Moabiter das Gewässer ihnen gegenüber rot zu sein wie Blut;

²³und sie sprachen: Es ist Blut! Die Könige haben sich mit dem Schwert verderbt, und einer wird den andern geschlagen haben. Hui, Moab, mache dich nun auf zur Ausbeute!

²⁴Aber da sie zum Lager Israels kamen, machte sich Israel auf und schlug die Moabiter; und sie flohen vor ihnen. Aber sie kamen hinein und schlugen Moab.

²⁵Die Städte zerbrachen sie, und ein jeglicher warf seine Steine auf alle guten Äcker und machten sie voll und verstopften die Wasserbrunnen und fällten alle guten Bäume, bis daß nur die Steine von Kir-Hareseth übrigblieben; und es umgaben die Stadt die Schleuderer und warfen auf sie.

²⁶Da aber der Moabiter König sah, daß ihm der Streit zu stark war, nahm er siebenhundert Mann zu sich, die das Schwert auszogen, durchzubrechen wider den König Edoms; aber sie konnten nicht.

²⁷Da nahm er seinen ersten Sohn, der an seiner Statt sollte König werden, und opferte ihn zum Brandopfer auf der Mauer. Da kam ein großer Zorn über Israel, daß sie von ihm abzogen und kehrten wieder in ihr Land.

Kapitel 4

¹Und es schrie ein Weib unter den Weibern der Kinder der Propheten zu Elisa und sprach: Dein Knecht, mein Mann, ist gestorben, so weißt du, daß er, dein Knecht, den HERRN fürchtete; nun kommt der Schuldherr und will meine beiden Kinder nehmen zu leibeigenen Knechten.

²Elisa sprach zu ihr: Was soll ich dir tun? Sage mir, was hast du im Hause? Sie sprach: Deine Magd hat nichts im Hause denn einen Ölkrug.

³Er sprach: Gehe hin und bitte draußen von allen deinen Nachbarinnen leere Gefäße, und derselben nicht wenig,

⁴und gehe hinein und schließe die Tür zu hinter dir und deinen Söhnen und gieß in alle Gefäße; und wenn du sie gefüllt hast, so gib sie hin.

⁵Sie ging hin und schloß die Tür zu hinter sich und ihren Söhnen; die brachten ihr die Gefäße zu, so goß sie ein.

⁶Und da die Gefäße voll waren, sprach sie zu ihrem Sohn: Lange mir noch ein Gefäß her! Er sprach: Es ist kein Gefäß mehr hier. Da stand das Öl.

⁷Und sie ging hin und sagte es dem Mann Gottes an. Er sprach: Gehe hin, verkaufe das Öl und bezahle deinen Schuldherrn; du aber und deine Söhne nähret euch von dem übrigen.

⁸Und es begab sich zu der Zeit, daß Elisa ging gen Sunem. Daselbst war eine reiche Frau; die hielt ihn, daß er bei ihr aß. Und so oft er daselbst durchzog, kehrte er zu ihr ein und aß bei ihr.

⁹Und sie sprach zu ihrem Mann: Siehe, ich merke, daß dieser Mann Gottes heilig ist, der immerdar hier durchgeht.

¹⁰Laß uns ihm eine kleine bretterne Kammer oben machen und ein Bett, Tisch, Stuhl und Leuchter hineinsetzen, auf daß er, wenn er zu uns kommt, dahin sich tue.

¹¹Und es begab sich zu der Zeit, daß er hineinkam und legte sich oben in die Kammer und schlief darin

¹²und sprach zu seinem Diener Gehasi: Rufe die Sunamitin! Und da er sie rief, trat sie vor ihn.

¹³Er sprach zu ihm: Sage ihr: Siehe, du hast uns allen diesen Dienst getan; was soll ich dir tun? Hast du eine Sache an den König oder an den Feldhauptmann? Sie sprach: Ich wohne unter meinem Volk.

¹⁴Er sprach: Was ist ihr denn zu tun? Gehasi sprach: Ach, sie hat keinen Sohn, und ihr Mann ist alt.

¹⁵Er sprach: Rufe sie! Und da er sie rief, trat sie in die Tür.

¹⁶Und er sprach: Um diese Zeit über ein Jahr sollst du einen Sohn herzen. Sie sprach: Ach nicht, mein Herr, du Mann Gottes! lüge deiner Magd nicht!

¹⁷Und die Frau ward schwanger und gebar einen Sohn um dieselbe Zeit über ein Jahr, wie ihr Elisa geredet hatte.

¹⁸Da aber das Kind groß ward, begab sich's, daß es hinaus zu seinem Vater zu den Schnittern ging

¹⁹und sprach zu seinem Vater: O mein Haupt, mein Haupt! Er sprach zu seinem Knecht: Bringe ihn zu seiner Mutter!

²⁰Und er nahm ihn und brachte ihn zu seiner Mutter, und sie setzte ihn auf ihren Schoß bis an den Mittag; da starb er.

²¹Und sie ging hinauf und legte ihn aufs Bett des Mannes Gottes, schloß zu und ging hinaus

²²und rief ihren Mann und sprach: Sende mir der Knechte einen und eine Eselin; ich will zu dem Mann Gottes, und wiederkommen.

²³Er sprach: Warum willst du zu ihm? Ist doch heute nicht Neumond noch Sabbat. Sie sprach: Es ist gut.

²⁴Und sie sattelte die Eselin und sprach zum Knecht: Treibe fort und säume nicht mit dem Reiten, wie ich dir sage!

²⁵Also zog sie hin und kam zu dem Mann Gottes auf den Berg Karmel. Als aber der Mann Gottes sie kommen sah, sprach er zu seinem Diener Gehasi: Siehe, die Sunamitin ist da!

²⁶So laufe ihr nun entgegen und frage sie, ob's ihr und ihrem Mann und Sohn wohl gehe. Sie sprach: Wohl.

²⁷Da sie aber zu dem Mann Gottes auf den Berg kam, hielt sie ihn bei seinen Füßen; Gehasi aber trat herzu, daß er sie abstieße. Aber der Mann Gottes sprach: Laß sie! denn ihre Seele ist betrübt, und der HERR hat mir's verborgen und nicht angezeigt.

²⁸Wann habe ich einen Sohn gebeten von meinem Herrn? sagte ich nicht du solltest mich nicht täuschen?

²⁹Er sprach zu Gehasi: Gürte deine Lenden und nimm meinen Stab in deine Hand und gehe hin (so dir jemand begegnet, so grüße ihn nicht, und grüßt dich jemand, so danke ihm nicht), und lege meinen Stab auf des Knaben Antlitz.

³⁰Die Mutter des Knaben aber sprach: So wahr der HERR lebt und deine Seele, ich lasse nicht von dir! Da machte er sich auf und ging ihr nach.

³¹Gehasi aber ging vor ihnen hin und legte den Stab dem Knaben aufs Antlitz; da war aber keine Stimme noch Fühlen. Und er ging wiederum ihnen entgegen und zeigte ihm an und sprach: Der Knabe ist nicht aufgewacht.

³²Und da Elisa ins Haus kam, siehe, da lag der Knabe tot auf seinem Bett.

³³Und er ging hinein und schloß die Tür zu für sie beide und betete zu dem HERRN

³⁴und stieg hinauf und legte sich auf das Kind und legte seinen Mund auf des Kindes Mund und seine Augen auf seine Augen und seine Hände auf seine Hände und breitete sich also über ihn, daß des Kindes Leib warm ward.

³⁵Er aber stand wieder auf und ging im Haus einmal hierher und daher und stieg hinauf und breitete sich über ihn. Da schnaubte der Knabe siebenmal; darnach tat der Knabe seine Augen auf.

³⁶Und er rief Gehasi und sprach: Rufe die Sunamitin! Und da er sie rief, kam sie hinein zu ihm. Er sprach: Da nimm hin deinen Sohn!

³⁷Da kam sie und fiel zu seinen Füßen und beugte sich nieder zur Erde und nahm ihren Sohn und ging hinaus.

³⁸Da aber Elisa wieder gen Gilgal kam, ward Teuerung im Lande, und die Kinder der Propheten wohnten vor ihm. Und er sprach zu seinem Diener: Setze zu einen großen Topf und koche ein Gemüse für die Kinder der Propheten!

³⁹Da ging einer aufs Feld, daß er Kraut läse, und fand wilde Ranken und las davon Koloquinten sein Kleid voll; und da er kam, schnitt er's in den Topf zum Gemüse, denn sie kannten es nicht.

⁴⁰Und da sie es ausschütteten für die Männer, zu essen, und sie von dem Gemüse aßen, schrieen sie und sprachen: O Mann Gottes, der Tod im Topf! denn sie konnten es nicht essen.

⁴¹Er aber sprach: Bringt Mehl her! Und er tat's in den Topf und sprach: Schütte es dem Volk vor, daß sie essen! Da war nichts Böses in dem Topf.

⁴²Es kam aber ein Mann von Baal-Salisa und brachte dem Mann Gottes Erstlingsbrot, nämlich zwanzig Gerstenbrote, und neues Getreide in seinem Kleid. Er aber sprach: Gib's dem Volk, daß sie essen!

⁴³Sein Diener sprach: Wie soll ich hundert Mann von dem geben? Er sprach: Gib dem Volk, daß sie essen! Denn so spricht der HERR: Man wird essen, und es wird übrigbleiben.

⁴⁴Und er legte es ihnen vor, daß sie aßen; und es blieb noch übrig nach dem Wort des HERRN.

Kapitel 5

¹Naeman, der Feldhauptmann des Königs von Syrien, war ein trefflicher Mann vor seinem Herrn und hoch gehalten; denn durch ihn gab der HERR Heil in Syrien. Und er war ein gewaltiger Mann, und aussätzig.

²Die Kriegsleute aber in Syrien waren herausgefallen und hatten eine junge Dirne weggeführt aus dem Lande Israel; die war im Dienst des Weibes Naemans.

³Die sprach zu ihrer Frau: Ach, daß mein Herr wäre bei dem Propheten zu Samaria! der würde ihn von seinem Aussatz losmachen.

⁴Da ging er hinein zu seinem Herrn und sagte es ihm an und sprach: So und so hat die Dirne aus dem Lande Israel geredet.

⁵Der König von Syrien sprach: So zieh hin, ich will dem König Israels einen Brief schreiben. Und er zog hin und nahm mit sich zehn Zentner Silber und sechstausend Goldgulden und zehn Feierkleider

⁶und brachte den Brief dem König Israels, der lautete also: Wenn dieser Brief zu dir kommt, siehe, so wisse, ich habe meinen Knecht Naeman zu dir gesandt, daß du ihn von seinem Aussatz losmachst.

⁷Und da der König Israels den Brief las, zerriß er seine Kleider und sprach: Bin ich denn Gott, daß ich töten und lebendig machen könnte, daß er zu mir schickt, daß ich den Mann von seinem Aussatz losmache? Merkt und seht, wie sucht er Ursache wider mich!

⁸Da das Elisa, der Mann Gottes, hörte, daß der König seine Kleider zerrissen hatte, sandte er zu ihm und ließ ihm sagen: Warum hast du deine Kleider zerrissen? Laß ihn zu mir kommen, daß er innewerde, daß ein Prophet in Israel ist.

⁹Also kam Naeman mit Rossen und Wagen und hielt vor der Tür am Hause Elisas.

¹⁰Da sandte Elisa einen Boten zu ihm und ließ ihm sagen: Gehe hin und wasche dich siebenmal im Jordan, so wird dir dein Fleisch wieder erstattet und rein werden.

¹¹Da erzürnte Naeman und zog weg und sprach: Ich meinte, er sollte zu mir herauskommen und hertreten und den Namen der HERRN, seines Gottes, anrufen und mit seiner Hand über die Stätte fahren und den Aussatz also abtun.

¹²Sind nicht die Wasser Amana und Pharphar zu Damaskus besser denn alle Wasser in Israel, daß ich mich darin wüsche und rein würde? Und wandte sich und zog weg mit Zorn.

¹³Da machten sich seine Knechte zu ihm, redeten mit ihm und sprachen: Lieber Vater, wenn dich der Prophet etwas Großes hätte geheißen, solltest du es nicht tun? Wie viel mehr, so er zu dir sagt: Wasche dich, so wirst du rein!

¹⁴Da stieg er ab und taufte sich im Jordan siebenmal, wie der Mann Gottes geredet hatte; und sein Fleisch ward wieder erstattet wie das Fleisch eines jungen Knaben, und er ward rein.

¹⁵Und er kehrte wieder zu dem Mann Gottes samt seinem ganzen Heer. Und da er hineinkam, trat er vor ihn und sprach: Siehe, ich weiß, daß kein Gott ist in allen Landen, außer in Israel; so nimm nun den Segen von deinem Knecht.

¹⁶Er aber sprach: So wahr der HERR lebt, vor dem ich stehe, ich nehme es nicht. Und er nötigte ihn, daß er's nähme; aber er wollte nicht.

¹⁷Da sprach Naeman: Möchte deinem Knecht nicht gegeben werden dieser Erde Last, soviel zwei Maultiere tragen? Denn dein Knecht will nicht mehr andern Göttern opfern und Brandopfer tun, sondern dem HERRN.

¹⁸Nur darin wolle der HERR deinem Knecht gnädig sein: wo ich anbete im Hause Rimmons, wenn mein Herr ins Haus Rimmons geht, daselbst anzubeten, und er sich an meine Hand lehnt.

¹⁹Er sprach zu ihm: Zieh hin mit Frieden! Und als er von ihm weggezogen war ein Feld Wegs auf dem Lande,

²⁰gedachte Gehasi, der Diener Elisas, des Mannes Gottes: Siehe, mein Herr hat diesen Syrer Naeman verschont, daß er nichts von ihm hat genommen, das er gebracht hat. So wahr der HERR lebt, ich will ihm nachlaufen und etwas von ihm nehmen.

²¹Also jagte Gehasi dem Naeman nach. Und da Naeman sah, daß er ihm nachlief, stieg er vom Wagen ihm entgegen und sprach: Steht es wohl?

²²Er sprach: Ja. Aber mein Herr hat mich gesandt und läßt dir sagen: Siehe, jetzt sind zu mir gekommen vom Gebirge Ephraim zwei Jünglinge aus der Propheten Kinder; gib ihnen einen Zentner Silber und zwei Feierkleider!

²³Naeman sprach: Nimm lieber zwei Zentner! Und nötigte ihn und band zwei Zentner Silber in zwei Beutel und zwei Feierkleider und gab's zweien seiner Diener; die trugen's vor ihm her.

²⁴Und da er kam an den Hügel, nahm er's von ihren Händen und legte es beiseit im Hause und ließ die Männer gehen.

²⁵Und da sie weg waren, trat er vor seinen Herrn. Und Elisa sprach zu ihm: Woher, Gehasi? Er sprach: Dein Knecht ist weder hierher noch daher gegangen.

²⁶Er aber sprach zu ihm: Ist nicht mein Herz mitgegangen, da der Mann umkehrte von seinem Wagen dir entgegen? war das die Zeit, Silber und Kleider zu nehmen, Ölgärten, Weinberge, Schafe, Rinder, Knechte und Mägde?

²⁷Aber der Aussatz Naeman wird dir anhangen und deinem Samen ewiglich. Da ging er von ihm hinaus aussätzig wie Schnee.

Kapitel 6

¹Die Kinder der Propheten sprachen zu Elisa: Siehe, der Raum, da wir vor dir wohnen, ist uns zu enge.

²Laß uns an den Jordan gehen und einen jeglichen daselbst Holz holen, daß wir uns daselbst eine Stätte bauen, da wir wohnen. Er sprach: Gehet hin!

³Und einer sprach: Gehe lieber mit deinen Knechten! Er sprach: Ich will mitgehen.

⁴Und er kam mit ihnen. Und da sie an den Jordan kamen hieben sie Holz ab.

⁵Und da einer sein Holz fällte, fiel das Eisen ins Wasser. Und er schrie und sprach: O weh, mein Herr! dazu ist's entlehnt.

⁶Aber der Mann Gottes sprach: Wo ist's entfallen? Und da er ihm den Ort zeigte, schnitt er ein Holz ab und stieß es dahin. Da schwamm das Eisen.

⁷Und er sprach: Heb's auf! da reckte er seine Hand aus und nahm's.

⁸Und der König von Syrien führte einen Krieg wider Israel und beratschlagte sich mit seinen Knechten und sprach: Wir wollen uns lagern da und da.

⁹Aber der Mann Gottes sandte zum König Israels und ließ ihm sagen: Hüte dich, daß du nicht an dem Ort vorüberziehst; denn die Syrer ruhen daselbst.

¹⁰So sandte denn der König Israels hin an den Ort, den ihm der Mann Gottes gesagt und vor dem er ihn gewarnt hatte, und war daselbst auf der Hut; und tat das nicht einmal oder zweimal allein.

¹¹Da ward das Herz des Königs von Syrien voll Unmuts darüber,

und er rief seine Knechte und sprach zu ihnen: Wollt ihr mir denn nicht ansagen: Wer von den Unsern hält es mit dem König Israels?

¹²Da sprach seiner Knechte einer: Nicht also, mein Herr König; sondern Elisa, der Prophet in Israel, sagt alles dem König Israels, was du in der Kammer redest, da dein Lager ist.

¹³Er sprach: So gehet hin und sehet, wo er ist, daß ich hinsende und lasse ihn holen. Und sie zeigten ihm an und sprachen: Siehe, er ist zu Dothan.

¹⁴Da sandte er hin Rosse und Wagen und eine große Macht. Und da sie bei der Nacht hinkamen, umgaben sie die Stadt.

¹⁵Und der Diener des Mannes Gottes stand früh auf, daß er sich aufmachte und auszöge; und siehe, da lag eine Macht um die Stadt mit Rossen und Wagen. Da sprach sein Diener zu ihm: O weh, mein Herr! wie wollen wir nun tun?

¹⁶Er sprach: Fürchte dich nicht! denn derer ist mehr, die bei uns sind, als derer, die bei ihnen sind.

¹⁷Und Elisa betete und sprach: HERR, öffne ihm die Augen, daß er sehe! Da öffnete der HERR dem Diener die Augen, daß er sah; und siehe, da war der Berg voll feuriger Rosse und Wagen um Elisa her.

¹⁸Und da sie zu ihm hinabkamen, bat Elisa und sprach: HERR, schlage dies Volk mit Blindheit! Und er schlug sie mit Blindheit nach dem Wort Elisas.

¹⁹Und Elisa sprach zu Ihnen: Dies ist nicht der Weg noch die Stadt. Folget mir nach! ich will euch führen zu dem Mann, den ihr sucht. Und er führte sie gen Samaria.

²⁰Und da sie gen Samaria kamen, sprach Elisa: HERR, öffne diesen die Augen, daß sie sehen! Und der HERR öffnete ihnen die Augen, daß sie sahen; und siehe, da waren sie mitten in Samaria.

²¹Und der König Israels, da er sie sah, sprach er zu Elisa: Mein Vater, soll ich sie schlagen?

²²Er sprach: Du sollst sie nicht schlagen. Schlägst du denn die, welche du mit deinem Schwert und Bogen gefangen hast? Setze ihnen Brot und Wasser vor, daß sie essen und trinken, und laß sie zu ihrem Herrn ziehen!

²³Da ward ein großes Mahl zugerichtet. Und da sie gegessen und getrunken hatten, ließ er sie gehen, daß sie zu ihrem Herrn zogen. Seit dem kamen streifende Rotten der Syrer nicht mehr ins Land Israel.

²⁴Nach diesem begab sich's, daß Benhadad, der König von Syrien all sein Heer versammelte und zog herauf und belagerte Samaria.

²⁵Und es ward eine große Teuerung zu Samaria. Sie aber belagerten die Stadt, bis daß ein Eselskopf achtzig Silberlinge und ein viertel Kab Taubenmist fünf Silberlinge galt.

²⁶Und da der König Israels an der Mauer einherging, schrie ihn ein Weib an und sprach: Hilf mir, Mein König!

²⁷Er sprach: Hilft dir der HERR nicht, woher soll ich dir helfen? von der Tenne oder der Kelter?

²⁸Und der König sprach zu Ihr: Was ist dir? Sie sprach: Dies Weib sprach zu mir: Gib deinen Sohn her, daß wir heute essen; morgen wollen wir meinen Sohn essen.

²⁹So haben wir meinen Sohn gekocht und gegessen. Und ich sprach zu ihr am andern Tage: Gib deinen Sohn her und laß uns essen! Aber sie hat ihren Sohn versteckt.

³⁰Da der König die Worte des Weibes hörte, zerriß er seine Kleider, indem er auf der Mauer ging. Da sah alles Volk, daß er darunter einen Sack am Leibe anhatte.

³¹Und er sprach: Gott tue mir dies und das, wo das Haupt Elisas, des Sohnes Saphats, heute auf ihm stehen wird!

³²Elisa aber saß in seinem Hause, und alle Ältesten saßen bei ihm. Und der König sandte einen Mann vor sich her. Aber ehe der Bote zu ihm kam, sprach er zu den Ältesten: Habt ihr gesehen, wie dies Mordkind hergesandt, daß er mein Haupt abreiße? Sehet zu, wenn der Bote kommt, daß ihr die Tür zuschließt und stoßt ihn mit der Tür weg! Siehe, das Rauschen der Füße seines Herrn folgt ihm nach.

³³Da er noch also mit ihnen redete, siehe, da kam der Bote zu ihm hinab; und er sprach: Siehe, solches Übel kommt von dem HERRN! was soll ich mehr von dem HERRN erwarten?

Kapitel 7

¹Elisa aber sprach: Höret des HERRN Wort! So spricht der HERR: Morgen um diese Zeit wird ein Scheffel Semmelmehl einen Silberling gelten und zwei Scheffel Gerste einen Silberling unter dem Tor zu Samaria.

²Da antwortete der Ritter, auf dessen Hand sich der König lehnte, dem Mann Gottes und sprach: Und wenn der HERR Fenster am Himmel machte, wie könnte solches geschehen? Er sprach: Siehe da, mit deinen Augen wirst du es sehen, und nicht davon essen!

³Und es waren vier aussätzige Männer an der Tür vor dem Tor; und einer sprach zum andern: Was wollen wir hier bleiben, bis wir sterben?

⁴Wenn wir gleich gedächten, in die Stadt zu kommen, so ist Teuerung in der Stadt, und wir müßten doch daselbst sterben; bleiben wir aber hier, so müssen wir auch sterben. So laßt uns nun hingehen und zu dem Heer der Syrer fallen. Lassen sie uns leben, so leben wir; töten sie uns, so sind wir tot.

⁵Und sie machten sich in der Frühe auf, daß sie zum Heer der Syrer kämen. Und da sie vorn an den Ort des Heeres kamen, siehe, da war niemand.

⁶Denn der HERR hatte die Syrer lassen hören ein Geschrei von Rossen, Wagen und großer Heereskraft, daß sie untereinander sprachen: Siehe, der König Israels hat wider uns gedingt die Könige der Hethiter und die Könige der Ägypter, daß sie über uns kommen sollen.

⁷Und sie machten sich auf und flohen in der Frühe und ließen ihre Hütten, Rosse und Esel im Lager, wie es stand, und flohen mit ihrem Leben davon.

⁸Als nun die Aussätzigen an den Ort kamen, gingen sie in der Hütten eine, aßen und tranken und nahmen Silber, Gold und Kleider und gingen hin und verbargen es und kamen wieder und gingen in eine andere Hütte und nahmen daraus und gingen hin und verbargen es.

⁹Aber einer sprach zum andern: Laßt uns nicht also tun; dieser Tag ist ein Tag guter Botschaft. Wo wir das verschweigen und harren, bis daß es lichter Morgen wird, wird unsre Missetat gefunden werden; so laßt uns nun hingehen, daß wir kommen und es ansagen dem Hause des Königs.

¹⁰Und da sie kamen, riefen sie am Tor der Stadt und sagten es ihnen an und sprachen: Wir sind zum Lager der Syrer gekommen, und siehe, es ist niemand da und keine Menschenstimme, sondern Rosse und Esel angebunden und die Hütten, wie sie stehen.

¹¹Da rief man den Torhütern zu, daß sie es drinnen ansagten im Hause des Königs.

¹²Und der König stand auf in der Nacht und sprach zu seinen Knechten: Laßt euch sagen, wie die Syrer mit uns umgehen. Sie wissen, daß wir Hunger leiden, und sind aus dem Lager gegangen, daß sie sich im Felde verkröchen, und denken: Wenn sie aus der Stadt gehen, wollen wir sie lebendig greifen und in die Stadt kommen.

¹³Da antwortete seiner Knechte einer und sprach: Man nehme fünf Rosse von denen, die noch drinnen sind übriggeblieben. Siehe, es wird ihnen gehen, wie aller Menge Israels, so drinnen übriggeblieben oder schon dahin ist. Die laßt uns senden und sehen.

¹⁴Da nahmen sie zwei Wagen mit Rossen, und der König sandte sie dem Heere der Syrer nach und sprach: Ziehet hin und sehet!

¹⁵Und da sie ihnen nachzogen bis an den Jordan, siehe, da lag der Weg voll Kleider und Geräte, welche die Syrer von sich geworfen hatten, da sie eilten. Und da die Boten wiederkamen und sagten es dem König an,

¹⁶ging das Volk hinaus und beraubte das Lager der Syrer. Und es galt ein Scheffel Semmelmehl einen Silberling und zwei Scheffel Gerste auch einen Silberling nach dem Wort des HERRN.

¹⁷Aber der König bestellte den Ritter, auf dessen Hand er sich lehnte, unter das Tor. Und das Volk zertrat ihn im Tor, daß er starb, wie der Mann Gottes geredet hatte, da der König zu ihm hinabkam.

¹⁸Und es geschah, wie der Mann Gottes dem König gesagt hatte, da er sprach: Morgen um diese Zeit werden zwei Scheffel Gerste einen Silberling gelten und ein Scheffel Semmelmehl einen Silberling unter dem Tor zu Samaria,

¹⁹und der Ritter dem Mann Gottes antwortete und sprach: Siehe, wenn der HERR Fenster am Himmel machte, wie möchte solches geschehen? Er aber sprach: Siehe, mit deinen Augen wirst du es sehen, und wirst nicht davon essen!

²⁰Und es ging ihm eben also; denn das Volk zertrat ihn im Tor, daß er starb.

Kapitel 8

¹Elisa redete mit dem Weibe, dessen Sohn er hatte lebendig gemacht, und sprach: Mache dich auf und gehe hin mit deinem Hause und wohne in der Fremde, wo du kannst; denn der HERR wird eine Teuerung rufen, die wird ins Land kommen sieben Jahre lang.

²Das Weib machte sich auf und tat, wie der Mann Gottes sagte, und zog hin mit ihrem Hause und wohnte in der Philister Land sieben Jahre.

³Da aber die sieben Jahre um waren, kam das Weib wieder aus der Philister Land; und sie ging aus, den König anzurufen um ihr Haus und ihren Acker.

⁴Der König aber redete mit Gehasi, dem Diener des Mannes Gottes, und sprach: Erzähle mir alle großen Taten, die Elisa getan hat!

⁵Und indem er dem König erzählte, wie er hätte einen Toten lebendig gemacht, siehe, da kam eben das Weib, dessen Sohn er hatte lebendig gemacht, und rief den König an um ihr Haus und ihren Acker. Da sprach Gehasi: Mein Herr König, dies ist das Weib, und dies ist der Sohn, den Elisa hat lebendig gemacht.

⁶Und der König fragte das Weib; und sie erzählte es ihm. Da gab ihr der König einen Kämmerer und sprach: Schaffe ihr wieder alles, was ihr gehört; dazu alles Einkommen des Ackers, seit der Zeit, daß sie das Land verlassen hat, bis hierher!

⁷Und Elisa kam gen Damaskus. Da lag Benhadad, der König von Syrien, krank; und man sagte es ihm an und sprach: Der Mann Gottes ist hergekommen.

⁸Da sprach der König zu Hasael: Nimm Geschenke zu dir und gehe dem Mann Gottes entgegen und frage den HERRN durch ihn und sprich, ob ich von dieser Krankheit möge genesen.

⁹Hasael ging ihm entgegen und nahm Geschenke mit sich und allerlei Güter zu Damaskus, eine Last für vierzig Kamele. Und da er kam, trat er vor ihn und sprach: Dein Sohn Benhadad, der König von Syrien, hat mich zu dir gesandt und läßt dir sagen: Kann ich auch von dieser Krankheit genesen?

¹⁰Elisa sprach zu ihm: Gehe hin und sage ihm: Du wirst genesen! Aber der HERR hat mir gezeigt, daß er des Todes sterben wird.

¹¹Und der Mann Gottes schaute ihn starr und lange an und weinte.

¹²Da sprach Hasael: Warum weint mein Herr? Er sprach: Ich weiß, was für Übel du den Kindern Israel tun wirst: du wirst ihre festen Städte mit Feuer verbrennen und ihre junge Mannschaft mit dem Schwert erwürgen und ihre jungen Kinder töten und ihre schwangeren Weiber zerhauen.

¹³Hasael sprach: Was ist dein Knecht, der Hund, daß er solch großes Ding tun sollte? Elisa sprach: Der HERR hat mir gezeigt, daß du König von Syrien sein wirst.

¹⁴Und er ging weg von Elisa und kam zu seinem Herrn; der sprach zu ihm: Was sagte dir Elisa? Er sprach: Er sagte mir: Du wirst genesen.

¹⁵Des andern Tages aber nahm er die Bettdecke und tauchte sie in Wasser und breitete sie über sein Angesicht; da starb er, und Hasael ward König an seiner Statt.

¹⁶Im fünften Jahr Jorams, des Sohnes Ahabs, des Königs in Israel, ward Joram, der Sohn Josaphats, König in Juda.

¹⁷Zweiunddreißig Jahre alt war er, da er König ward. Und er regierte acht Jahre zu Jerusalem

¹⁸und wandelte auf dem Wege der Könige Israels, wie das Haus Ahab tat; denn Ahabs Tochter war sein Weib. Und er tat, was dem HERRN übel gefiel;

¹⁹aber der HERR wollte Juda nicht verderben um seines Knechtes David willen, wie er ihm verheißen hatte, ihm zu geben eine Leuchte unter seinen Kindern immerdar.

²⁰Zu seiner Zeit fielen die Edomiter ab von Juda und machten einen König über sich.

²¹Da zog Joram gen Zair und alle Wagen mit ihm und machte sich des Nachts auf und schlug die Edomiter, die um ihn her waren, dazu die Obersten über die Wagen, daß das Volk floh in seine Hütten.

²²Doch blieben die Edomiter abtrünnig von Juda bis auf diesen Tag. Auch fiel zur selben Zeit ab Libna.

²³Was aber mehr von Joram zu sagen ist und alles, was er getan hat, siehe, das ist geschrieben in der Chronik der Könige Juda's.

²⁴Und Joram entschlief mit seinen Vätern in der Stadt Davids. Und Ahasja, sein Sohn, ward König an seiner Statt.

²⁵Im zwölften Jahr Jorams, des Sohnes Ahabs, des Königs Israels, ward Ahasja, der Sohn Jorams, König in Juda.

²⁶Zweiundzwanzig Jahre alt war Ahasja, da er König ward, und regierte ein Jahr zu Jerusalem. Seine Mutter hieß Athalja, eine Tochter Omris, des Königs Israels.

²⁷Und er wandelte auf dem Wege des Hauses Ahab und tat, was dem HERRN übel gefiel, wie das Haus Ahab; denn er war Schwager im Hause Ahab.

²⁸Und er zog mit Joram, dem Sohn Ahabs, in den Streit wider Hasael, den König von Syrien gen Ramoth in Gilead; aber die Syrer schlugen Joram.

²⁹Da kehrte Joram, der König, um, daß er sich heilen ließ zu Jesreel von den Wunden, die ihm die Syrer geschlagen hatten zu Rama, da er mit Hasael, dem König von Syrien, stritt. Und Ahasja, der Sohn Jorams, der König Juda's, kam hinab, zu besuchen Joram, den Sohn Ahabs, zu Jesreel; denn er lag krank.

Kapitel 9

¹Elisa aber, der Prophet, rief der Propheten Kinder einen und sprach zu ihm: Gürte deine Lenden und nimm diesen Ölkrug mit dir und gehe hin gen Ramoth in Gilead.

²Und wenn du dahin kommst, wirst du daselbst sehen Jehu, den Sohn Josaphats, des Sohnes Nimsis. Und gehe hinein und heiß ihn aufstehen unter seinen Brüdern und führe ihn in die innerste Kammer

³und nimm den Ölkrug und schütte es auf sein Haupt und sprich: So sagt der HERR: Ich habe dich zum König über Israel gesalbt. Und sollst die Tür auftun und fliehen und nicht verziehen.

⁴Und der Jüngling, der Diener des Propheten, ging hin gen Ramoth in Gilead.

⁵Und da er hineinkam, siehe, da saßen die Hauptleute des Heeres. Und er sprach: Ich habe dir, Hauptmann, was zu sagen. Jehu sprach: Welchem unter uns allen? Er sprach: Dir, Hauptmann.

⁶Da stand er auf und ging hinein. Er aber schüttete das Öl auf sein Haupt und sprach zu ihm: So sagt der HERR, der Gott Israels: Ich habe dich zum König gesalbt über das Volk Israel.

⁷Und du sollst das Haus Ahabs, deines Herrn, schlagen, daß ich das Blut der Propheten, meiner Knechte, und das Blut aller Knechte des HERRN räche, das die Hand Isebels vergossen hat,

⁸daß das ganze Haus Ahab umkomme. Und ich will von Ahab ausrotten, was männlich ist, den Verschlossenen und Verlassenen in Israel,

⁹und will das Haus Ahabs machen wie das Haus Jerobeams, des Sohnes Nebats, und wie das Haus Baesas, des Sohnes Ahias.

¹⁰Und die Hunde sollen Isebel fressen auf dem Acker zu Jesreel, und soll sie niemand begraben. Und er tat die Tür auf und floh.

¹¹Und da Jehu herausging zu den Knechten seines Herrn, sprach man zu ihm: Steht es wohl? Warum ist dieser Rasende zu dir gekommen? Er sprach zu ihnen: Ihr kennt doch den Mann wohl und was er sagt.

¹²Sie sprachen: Das ist nicht wahr; sage es uns aber an! Er sprach: So und so hat er mir geredet und gesagt: So spricht der HERR: Ich habe dich zum König gesalbt.

¹³Da eilten sie und nahm ein jeglicher sein Kleid und legte unter ihn auf die hohen Stufen und bliesen mit der Posaune und sprachen: Jehu ist König geworden!

¹⁴Also machte Jehu, der Sohn Nimsis, einen Bund wider Joram. Joram aber hatte mit ganz Israel vor Ramoth in Gilead gelegen wider Hasael, den König von Syrien.

¹⁵Und Joram der König war wiedergekommen, daß er sich heilen ließ zu Jesreel von den Wunden, die ihm die Syrer geschlagen hatten, da er stritt mit Hasael, dem König von Syrien. Und Jehu sprach: Ist's euer Wille, so soll niemand entrinnen aus der Stadt, daß er hingehe und es ansage zu Jesreel.

¹⁶Und er fuhr und zog gen Jesreel, denn Joram lag daselbst; so war Ahasja, der König Juda's, hinabgezogen, Joram zu besuchen.

¹⁷Der Wächter aber, der auf dem Turm zu Jesreel stand, sah den Haufen Jehus kommen und sprach: Ich sehe einen Haufen. Da sprach Joram: Nimm einen Reiter und sende ihnen entgegen und sprich: Ist's Friede?

¹⁸Und der Reiter ritt hin ihm entgegen und sprach: So sagt der König: Ist's Friede? Jehu sprach: Was geht dich der Friede an? Wende dich hinter mich! Der Wächter verkündigte und sprach: Der Bote ist zu ihnen gekommen und kommt nicht wieder.

¹⁹Da sandte er einen andern Reiter. Da der zu ihnen kam, sprach er: So spricht der König: Ist's Friede? Jehu sprach: Was geht dich der Friede an? Wende dich hinter mich!

²⁰Das verkündigte der Wächter und sprach: Er ist zu ihnen gekommen und kommt nicht wieder. Und es ist ein Treiben wie das Treiben Jehus, des Sohnes Nimsis; denn er treibt, wie wenn er unsinnig wäre.

²¹Da sprach Joram: Spannt an! Und man spannte seinen Wagen an. Und sie zogen aus, Joram, der König Israels, und Ahasja, der König Juda's, ein jeglicher auf seinem Wagen, daß sie Jehu entgegenkämen; und sie trafen ihn auf dem Acker Naboths, des Jesreeliten.

²²Und da Joram Jehu sah, sprach er: Jehu, ist's Friede? Er aber sprach: Was Friede? Deiner Mutter Isebel Abgötterei und Zauberei wird immer größer.

²³Da wandte Joram seine Hand und floh und sprach zu Ahasja: Es ist Verräterei, Ahasja!

²⁴Aber Jehu faßte den Bogen und schoß Joram zwischen die Arme, daß sein Pfeil durch sein Herz ausfuhr, und er fiel in seinen Wagen.

²⁵Und er sprach zu seinem Ritter Bidekar: Nimm und wirf ihn auf den Acker Naboths, des Jesreeliten! Denn ich gedenke, daß du mit mir

auf einem Wagen seinem Vater Ahab nachfuhrst, da der HERR solchen Spruch über ihn tat:

²⁶Was gilt's (sprach der HERR), ich will dir das Blut Naboths und seiner Kinder, das ich gestern sah, vergelten auf diesem Acker. So nimm nun und wirf ihn auf den Acker nach dem Wort des HERRN.

²⁷Da das Ahasja, der König Juda's, sah, floh er des Weges zum Hause des Gartens. Jehu aber jagte ihm nach und hieß ihn auch schlagen in dem Wagen auf der Höhe Gur, die bei Jibleam liegt. Und er floh gen Megiddo und starb daselbst.

²⁸Und seine Knechte ließen ihn führen gen Jerusalem und begruben ihn in seinem Grabe mit seinen Vätern in der Stadt Davids.

²⁹Ahasja aber regierte über Juda im elften Jahr Jorams, des Sohnes Ahabs.

³⁰Und da Jehu gen Jesreel kam und Isebel das erfuhr, schminkte sie ihr Angesicht und schmückte ihr Haupt und guckte zum Fenster hinaus.

³¹Und da Jehu unter das Tor kam, sprach sie: Ist's Simri wohl gegangen, der seinen Herrn erwürgte?

³²Und er hob sein Angesicht auf zum Fenster und sprach: Wer hält's hier mit mir? Da sahen zwei oder drei Kämmerer zu ihm heraus.

³³Er sprach: Stürzt sie herab! und sie stürzten sie herab, daß die Wand und die Rosse mit ihrem Blut besprengt wurden, und sie ward zertreten.

³⁴Und da er hineinkam und gegessen und getrunken hatte, sprach er: Sehet doch nach der Verfluchten und begrabet sie; denn sie ist eines Königs Tochter!

³⁵Da sie aber hingingen, sie zu begraben, fanden sie nichts von ihr denn den Schädel und die Füße und ihre flachen Hände.

³⁶Und sie kamen wieder und sagten's ihm an. Er aber sprach: Es ist, was der HERR geredet hat durch seinen Knecht Elia, den Thisbiter, und gesagt: Auf dem Acker Jesreel sollen die Hunde der Isebel Fleisch fressen;

³⁷und das Aas Isebels soll wie Kot auf dem Felde sein im Acker Jesreels, daß man nicht sagen könne: Das ist Isebel.

Kapitel 10

¹Ahab aber hatte siebzig Söhne zu Samaria. Und Jehu schrieb Briefe und sandte sie gen Samaria, zu den Obersten der Stadt (Jesreel), zu den Ältesten und Vormündern Ahabs, die lauteten also:

²Wenn dieser Brief zu euch kommt, bei denen eures Herrn Söhne sind und Wagen, Rosse, feste Städte und Rüstung,

³so sehet, welcher der Beste und geschickteste sei unter den Söhnen eures Herrn, und setzet ihn auf seines Vaters Stuhl und streitet für eures Herrn Haus.

⁴Sie aber fürchteten sich gar sehr und sprachen: Siehe, zwei Könige konnten ihm nicht widerstehen; wie wollen wir denn stehen?

⁵Und die über das Haus und über die Stadt waren und die Ältesten und Vormünder sandten hin zu Jehu und ließen ihm sagen: Wir sind deine Knechte: wir wollen alles tun, was du uns sagst; wir wollen niemand zum König machen. Tue was dir gefällt.

⁶Da schrieb er den andern Brief an sie, der lautete also: So ihr mein seid und meiner Stimme gehorcht, so nehmet die Häupter von den Männern, eures Herrn Söhnen, und bringt sie zu mir morgen um diese Zeit gen Jesreel. (Der Söhne aber des Königs waren siebzig Mann, und die Größten der Stadt zogen sie auf.)

⁷Da nun der Brief zu ihnen kam, nahmen sie des Königs Söhne und schlachteten die siebzig Männer und legten ihre Häupter in Körbe und schickten sie zu ihm gen Jesreel.

⁸Und da der Bote kam und sagte es ihm an und sprach: Sie haben die Häupter der Königskinder gebracht, sprach er: Legt sie auf zwei Haufen vor die Tür am Tor bis morgen.

⁹Und des Morgens, da er ausging, trat er dahin und sprach zu allem Volk: Ihr seid ja gerecht. Siehe, habe ich wider meinen Herrn einen Bund gemacht und ihn erwürgt, wer hat denn diese alle geschlagen?

¹⁰So erkennet ihr ja, daß kein Wort des HERRN ist auf die Erde gefallen, das der HERR geredet hat wider das Haus Ahab; und der HERR hat getan, wie er geredet hat durch seinen Knecht Elia.

¹¹Also schlug Jehu alle übrigen vom Hause Ahab zu Jesreel, alle seine Großen, seine Verwandten und seine Priester, bis daß ihm nicht einer übrigblieb;

¹²und machte sich auf, zog hin und kam gen Samaria. Unterwegs aber war ein Hirtenhaus.

¹³Da traf Jehu an die Brüder Ahasjas, des Königs Juda's, und sprach: Wer seid ihr? Sie sprachen: Wir sind Brüder Ahasjas und ziehen hinab, zu grüßen des Königs Kinder und der Königin Kinder.

¹⁴Er aber sprach: Greifet sie lebendig! Und sie griffen sie lebendig und schlachteten sie bei dem Brunnen am Hirtenhaus, zweiundvierzig Mann, und ließen nicht einen von ihnen übrig.

¹⁵Und da er von dannen zog, fand er Jonadab, den Sohn Rechabs, der ihm begegnete. Und er grüßte ihn und sprach zu ihm: Ist dein Herz richtig wie mein Herz mit deinem Herzen? Jonadab sprach: Ja. Ist's also, so gib mir deine Hand! Und er gab ihm seine Hand! Und er ließ ihn zu sich auf den Wagen sitzen

¹⁶und sprach: Komm mit mir und siehe meinen Eifer um den HERRN! Und sie führten ihn mit ihm auf seinem Wagen.

¹⁷Und da er gen Samaria kam, schlug er alles, was übrig war von Ahab zu Samaria, bis daß er ihn vertilgte nach dem Wort des HERRN, das er zu Elia geredet hatte.

¹⁸Und Jehu versammelt alles Volk und ließ ihnen sagen: Ahab hat Baal wenig gedient; Jehu will ihm besser dienen.

¹⁹So laßt nun rufen alle Propheten Baals, alle seine Knechte und alle seine Priester zu mir, daß man niemand vermisse; denn ich habe ein großes Opfer dem Baal zu tun. Wen man vermissen wird, der soll nicht leben. Aber Jehu tat solches mit Hinterlist, daß er die Diener Baals umbrächte.

²⁰Und Jehu sprach: Heiligt dem Baal das Fest! Und sie ließen es ausrufen.

²¹Auch sandte Jehu in ganz Israel und ließ alle Diener Baals kommen, daß niemand übrig war, der nicht gekommen wäre. Und sie gingen in das Haus Baals, daß das Haus Baals voll ward an allen Enden.

²²Da sprach er zu denen, die über das Kleiderhaus waren: Bringet allen Dienern Baals Kleider heraus! Und sie brachten die Kleider heraus.

²³Und Jehu ging in das Haus Baal mit Jonadab, dem Sohn Rechabs, und sprach zu den Dienern Baals: Forschet und sehet zu, daß nicht hier unter euch sei jemand von des HERRN Dienern, sondern Baals Diener allein!

²⁴Und da sie hineinkamen Opfer und Brandopfer zu tun, bestellte sich Jehu außen achtzig Mann und sprach: Wenn der Männer jemand entrinnt, die ich unter eure Hände gebe, so soll für seine Seele dessen Seele sein.

²⁵Da er nun die Brandopfer vollendet hatte, sprach Jehu zu den Trabanten und Rittern: Geht hinein und schlagt jedermann; laßt niemand herausgehen! Und sie schlugen sie mit der Schärfe des Schwerts. Und die Trabanten und Ritter warfen sie weg und gingen zur Stadt des Hauses Baals

²⁶und brachte heraus die Säulen in dem Hause Baal und verbrannten sie

²⁷und zerbrachen die Säule Baals samt dem Hause Baals und machten heimliche Gemächer daraus bis auf diesen Tag.

²⁸Also vertilgte Jehu den Baal aus Israel;

²⁹aber von den Sünden Jerobeams, des Sohnes Nebats, der Israel sündigen machte, ließ Jehu nicht, von den goldenen Kälbern zu Beth-El und zu Dan.

³⁰Und der HERR sprach zu Jehu: Darum, daß du willig gewesen bist zu tun, was mir gefallen hat, und hast am Hause Ahab getan alles, was in meinem Herzen war, sollen dir auf dem Stuhl Israels sitzen deine Kinder ins vierte Glied.

³¹Aber doch hielt Jehu nicht, daß er im Gesetz des HERRN, des Gottes Israels, wandelte von ganzem Herzen; denn er ließ nicht von den Sünden Jerobeams, der Israel hatte sündigen gemacht.

³²Zur selben Zeit fing der HERR an, Israel zu mindern; denn Hasael schlug sie in allen Grenzen Israels,

³³vom Jordan gegen der Sonne Aufgang, das Land Gilead der Gaditer, Rubeniter und Manassiter, von Aroer an, das am Bach Arnon liegt, so Gilead wie Basan.

³⁴Was aber mehr von Jehu zu sagen ist und alles, was er getan hat, und alle seine Macht, siehe, das ist geschrieben in der Chronik der Könige Israels.

³⁵Und Jehu entschlief mit seinen Vätern, und sie begruben ihn zu Samaria. Und Joahas, sein Sohn, ward König an seiner Statt.

³⁶Die Zeit aber, die Jehu über Israel regiert hat zu Samaria, sind achtundzwanzig Jahre.

Kapitel 11

¹Athalja aber, Ahasjas Mutter, da sie sah, daß ihr Sohn tot war, machte sie sich auf und brachte um alle aus dem königlichen Geschlecht.

²Aber Joseba, die Tochter des Königs Joram, Ahasjas Schwester, nahm Joas, den Sohn Ahasjas, und stahl ihn aus des Königs Kinder, die getötet wurden, und tat ihn mit seiner Amme in die Bettkammer; und sie verbargen ihn vor Athalja, daß er nicht getötet ward.

³Und er war mit ihr versteckt im Hause des HERRN sechs Jahre.

Athalja aber war Königin im Lande.

⁴Im siebenten Jahr aber sandte hin Jojada und nahm die Obersten über hundert von den Leibwächtern und den Trabanten und ließ sie zu sich ins Haus des HERRN kommen und machte einen Bund mit ihnen und nahm einen Eid von ihnen im Hause des HERRN und zeigte ihnen des Königs Sohn

⁵und gebot ihnen und sprach: Das ist's, was ihr tun sollt: Ein dritter Teil von euch, die ihr des Sabbats antretet, soll der Hut warten im Hause des Königs,

⁶und ein dritter Teil soll sein am Tor Sur, und ein dritter Teil am Tor das hinter den Trabanten ist, und soll der Hut warten am Hause Massah.

⁷Aber die zwei Teile euer aller, die des Sabbats abtreten, sollen der Hut warten im Hause des HERRN um den König,

⁸und sollt rings um den König euch machen, ein jeglicher mit seiner Wehre in der Hand, und wer herein zwischen die Reihen kommt, der sterbe, und sollt bei dem König sein, wenn er aus und ein geht.

⁹Und die Obersten taten alles, was ihnen Jojada, der Priester, gesagt hatte, und nahmen zu sich ihre Männer, die des Sabbats abtraten, und kamen zu dem Priester Jojada.

¹⁰Und der Priester gab den Hauptleuten Spieße und Schilde, die dem König David gehört hatten und in dem Hause des HERRN waren.

¹¹Und die Trabanten standen um den König her, ein jeglicher mit seiner Wehre in der Hand, von dem Winkel des Hauses zur Rechten bis zum Winkel zur Linken, zum Altar zu und zum Hause.

¹²Und er ließ des Königs Sohn hervorkommen und setzte ihm eine Krone auf und gab ihm das Zeugnis, und sie machten ihn zum König und salbten ihn und schlugen die Hände zusammen und sprachen: Glück zu dem Königl!

¹³Und da Athalja hörte das Geschrei des Volkes, das zulief, kam sie zum Volk in das Haus des HERRN

¹⁴und sah. Siehe, da stand der König an der Säule, wie es Gewohnheit war, und die Obersten und die Drommeter bei dem König; und alles Volk des Landes war fröhlich, und man blies mit Drommeten. Athalja aber zerriß ihre Kleider und rief: Aufruhr, Aufruhr!

¹⁵Aber der Priester Jojada gebot den Obersten über hundert, die über das Heer gesetzt waren, und sprach zu ihnen: Führet sie zwischen den Reihen hinaus; und wer ihr folgt, der sterbe des Schwerts! Denn der Priester hatte gesagt, sie sollte nicht im Hause des HERRN sterben.

¹⁶Und sie machten ihr Raum zu beiden Seiten; und sie ging hinein des Weges, da die Rosse zum Hause des Königs gehen, und ward daselbst getötet.

¹⁷Da machte Jojada einen Bund zwischen dem HERRN und dem König und dem Volk, daß sie des HERRN Volk sein sollten; also auch zwischen dem König und dem Volk.

¹⁸Da ging alles Volk des Landes in das Haus Baals und brachen ihre Altäre ab und zerbrachen seine Bildnisse gründlich, und Matthan, den Priester Baals, erwürgten sie vor den Altären. Der Priester aber bestellte die Ämter im Hause des HERRN

¹⁹und nahm die Obersten über hundert und die Leibwächter und die Trabanten und alles Volk des Landes, und sie führten den König hinab vom Hause des HERRN und kamen durchs Tor der Trabanten zum Königshause; und er setzte sich auf der Könige Stuhl.

²⁰Und alles Volk im Lande war fröhlich, und die Stadt war still. Athalja aber töteten sie mit dem Schwert in des Königs Hause.

²¹Und Joas war sieben Jahre alt, da er König ward.

Kapitel 12

¹Im siebenten Jahr Jehus ward Joas König, und regierte vierzig Jahre zu Jerusalem. Seine Mutter hieß Zibja von Beer-Seba.

²Und Joas tat, was recht war und dem HERRN wohl gefiel, solange ihn der Priester Jojada lehrte,

³nur, daß sie die Höhen nicht abtaten; denn das Volk opferte und räucherte noch auf den Höhen.

⁴Und Joas sprach zu den Priestern: Alles Geld, das geheiligt wird, daß es in das Haus des HERRN gebracht werde, das gang und gäbe ist, das Geld, das jedermann gibt in der Schätzung seiner Seele, und alles Geld, das jedermann von freiem Herzen opfert, daß es in des HERRN Haus gebracht werde,

⁵das laßt die Priester zu sich nehmen, einen jeglichen von seinen Bekannten. Davon sollen sie bessern, was baufällig ist am Hause, wo sie finden, daß es baufällig ist.

⁶Da aber die Priester bis ins dreiundzwanzigste Jahr des Königs Joas nicht besserten, was baufällig war am Hause,

⁷rief der König Joas den Priester Jojada samt den Priestern und sprach zu ihnen: Warum bessert ihr nicht, was baufällig ist am Hause? So sollt ihr nun nicht zu euch nehmen das Geld, ein jeglicher von seinen Bekannten, sondern sollt's geben zu dem, das baufällig ist am Hause.

⁸Und die Priester willigten darein, daß sie nicht vom Volk Geld nähmen und das Baufällige am Hause besserten.

⁹Da nahm der Priester Jojada eine Lade und bohrte oben ein Loch darein und setzte sie zur rechten Hand neben den Altar, da man in das Haus des HERRN geht. Und die Priester, die an der Schwelle hüteten, taten darein alles Geld, das zu des HERRN Haus gebracht ward.

¹⁰Wenn sie dann sahen, daß viel Geld in der Lade war, so kam des Königs Schreiber herauf mit dem Hohenpriester, und banden das Geld zusammen und zählten es, was für des HERRN Haus gefunden ward.

¹¹Und man übergab das Geld bar den Werkmeistern, die da bestellt waren zu dem Hause des HERRN; und sie gaben's heraus den Zimmerleuten und Bauleuten, die da arbeiteten am Hause des HERRN,

¹²nämlich den Maurern und Steinmetzen und denen, die da Holz und gehauene Stein kaufen sollten, daß das Baufällige am Hause des HERRN gebessert würde, und für alles, was not war, um am Hause zu bessern.

¹³Doch ließ man nicht machen silberne Schalen, Messer, Becken, Drommeten noch irgend ein goldenes oder silbernes Gerät im Hause des HERRN von solchem Geld, das zu des HERRN Hause gebracht ward;

¹⁴sondern man gab's den Arbeitern, daß sie damit das Baufällige am Hause des Herrn besserten.

¹⁵Auch brauchten die Männer nicht Rechnung zu tun, denen man das Geld übergab, daß sie es den Arbeitern gäben; sondern sie handelten auf Glauben.

¹⁶Aber das Geld von Schuldopfern und Sündopfern ward nicht zum Hause des HERRN gebracht; denn es gehörte den Priestern.

¹⁷Zu der Zeit zog Hasael, der König von Syrien, herauf und stritt wider Gath und gewann es. Und da Hasael sein Angesicht stellte, nach Jerusalem hinaufzuziehen,

¹⁸nahm Joas, der König Juda's, all das Geheiligte, das seine Väter Josaphat, Joram und Ahasja, die Könige Juda's, geheiligt hatten, und was er geheiligt hatte, dazu alles Gold, das man fand im Schatz in des HERRN Hause und in des Königs Hause, und schickte es Hasael, dem König von Syrien. Da zog er ab von Jerusalem.

¹⁹Was aber mehr von Joas zu sagen ist und alles, was er getan hat, das ist geschrieben in der Chronik der Könige Juda's,

²⁰Und seine Knechte empörten sich und machten einen Bund und schlugen ihn im Haus Millo, da man hinabgeht zu Silla.

²¹Denn Josachar, der Sohn Simeaths, und Josabad, der Sohn Somers, seine Knechte, schlugen ihn tot. Und man begrub ihn mit seinen Vätern in der Stadt Davids. Und Amazja, sein Sohn, ward König an seiner Statt.

Kapitel 13

¹Im dreiundzwanzigsten Jahr des Joas, des Sohnes Ahasjas, des Königs Juda's, ward Joahas, der Sohn Jehus, König über Israel zu Samaria siebzehn Jahre;

²und er tat, was dem HERRN übel gefiel, und wandelte nach den Sünden Jerobeams, des Sohnes Nebats, der Israel sündigen machte, und ließ nicht davon.

³Und des HERRN Zorn ergrimmte über Israel, und er gab sie in die Hand Hasaels, des Königs von Syrien, und Benhadads, des Sohnes Hasaels, die ganze Zeit.

⁴Aber Joahas bat des HERRN Angesucht. Und der HERR erhörte ihn; denn er sah den Jammer Israels an, wie sie der König von Syrien drängte.

⁵Und der HERR gab Israel einen Heiland, der sie aus der Gewalt der Syrer führte, daß die Kinder Israel in ihren Hütten wohnten wie zuvor.

⁶Doch sie ließen nicht von der Sünde des Hauses Jerobeams, der Israel sündigen machte, sondern wandelten darin. Auch blieb stehen das Ascherabild zu Samaria.

⁷Denn es war des Volks des Joahas nicht mehr übriggeblieben als fünfzig Reiter, zehn Wagen und zehntausend Mann Fußvolk. Denn der König von Syrien hatte sie umgebracht und hatte sie gemacht wie Staub beim Dreschen.

⁸Was aber mehr von Joahas zu sagen ist und alles, was er getan hat, und seine Macht, siehe, das ist geschrieben in der Chronik der Könige Israels.

⁹Und Joahas entschlief mit seinen Vätern, und man begrub ihn zu Samaria. Und sein Sohn Joas ward König an seiner Statt.

¹⁰Im siebenunddreißigsten Jahr des Joas, des Königs in Juda, ward Joas, der Sohn Joahas, König über Israel zu Samaria sechzehn Jahre;

¹¹und er tat, was dem HERRN übel gefiel, und ließ nicht von allen Sünden Jerobeams, des Sohnes Nebats, der Israel sündigen machte, sondern wandelte darin.

¹²Was aber mehr von Joas zu sagen ist und was er getan hat und seine Macht, wie er mit Amazja, dem König Juda's, gestritten hat, siehe, das ist geschrieben in der Chronik der Könige Israels.

¹³Und Joas entschlief mit seinen Vätern, und Jerobeam saß auf seinem Stuhl. Joas aber ward begraben zu Samaria bei den Königen Israels.

¹⁴Elisa aber war krank, daran er auch starb. Und Joas, der König Israels, kam zu ihm hinab und weinte vor ihm und sprach: Mein Vater, mein Vater! Wagen Israels und seine Reiter!

¹⁵Elisa aber sprach zu ihm: Nimm Bogen und Pfeile! Und da er den Bogen und die Pfeile nahm,

¹⁶sprach er zum König Israels: Spanne mit deiner Hand den Bogen! Und er spannte mit seiner Hand. Und Elisa legte seine Hand auf des Königs Hand

¹⁷und sprach: Tu das Fenster auf gegen Morgen! Und er tat's auf. Und Elisa sprach: Schieß! Und er schoß. Er aber sprach: Ein Pfeil des Heils vom HERRN, ein Pfeil des Heils wider die Syrer; und du wirst die Syrer schlagen zu Aphek, bis sie aufgerieben sind.

¹⁸Und er sprach: Nimm die Pfeile! Und da er sie nahm, sprach er zum König Israels: Schlage die Erde! Und er schlug dreimal und stand still.

¹⁹Da ward der Mann Gottes zornig auf ihn und sprach: Hättest du fünf-oder sechsmal geschlagen, so würdest du die Syrer geschlagen haben, bis sie aufgerieben wären; nun aber wirst du sie dreimal schlagen.

²⁰Da aber Elisa gestorben war und man ihn begraben hatte, fielen die Kriegsleute der Moabiter ins Land desselben Jahres.

²¹Und es begab sich, daß man einen Mann begrub; da sie aber die Kriegsleute sahen, warfen sie den Mann in Elisas Grab. Und da er hinabkam und die Gebeine Elisas berührte, ward er lebendig und trat auf seine Füße.

²²Also zwang nun Hasael, der König von Syrien, Israel, solange Joahas lebte.

²³Aber der HERR tat ihnen Gnade und erbarmte sich ihrer und wandte sich zu ihnen um seines Bundes willen mit Abraham, Isaak und Jakob und wollte sie nicht verderben, verwarf sie auch nicht von seinem Angesicht bis auf diese Stunde.

²⁴Und Hasael, der König von Syrien, starb, und sein Sohn Benhadad ward König an seiner Statt.

²⁵Joas aber nahm wieder die Städte aus der Hand Benhadads, des Sohnes Hasaels, die er aus der Hand seines Vaters Joahas genommen hatte im Streit. Dreimal schlug ihn Joas und brachte die Städte Israels wieder.

Kapitel 14

¹Im zweiten Jahr des Joas, des Sohnes des Joahas, des Königs über Israel, ward Amazja König, der Sohn des Joas, des Königs in Juda.

²Fünfundzwanzig Jahre alt war er, da er König ward, und regierte neunundzwanzig Jahre zu Jerusalem. Seine Mutter hieß Joaddan von Jerusalem.

³Und er tat, was dem HERRN wohl gefiel, doch nicht wie sein Vater David; sondern wie sein Vater Joas tat er auch.

⁴Denn die Höhen wurden nicht abgetan; sondern das Volk opferte und räucherte noch auf den Höhen.

⁵Da er nun seines Königreiches mächtig ward, schlug er seine Knechte, die seinen Vater, den König geschlagen hatten.

⁶Aber die Kinder der Totschläger tötete er nicht, wie es denn geschrieben steht im Gesetzbuch Mose's, da der HERR geboten hat und gesagt: Die Väter sollen nicht um der Kinder willen sterben, und die Kinder sollen nicht um der Väter willen sterben; sondern ein jeglicher soll um seiner Sünde sterben.

⁷Er schlug auch die Edomiter im Salztal zehntausend und gewann die Stadt Sela mit Streit und hieß sie Joktheel bis auf diesen Tag.

⁸Da sandte Amazja Boten zu Joas, dem Sohn des Joahas, des Sohnes Jehus, dem König über Israel, und ließ ihm sagen: Komm her, wir wollen uns miteinander messen!

⁹Aber Joas, der König Israels, sandte zu Amazja, dem König Juda's und ließ ihm sagen: Der Dornstrauch, der im Libanon ist, sandte zur Zeder im Libanon und ließ ihr sagen: Gib deine Tochter meinem Sohn zum Weibe! Aber das Wild auf dem Felde im Libanon lief über den Dornstrauch und zertrat ihn.

¹⁰Du hast die Edomiter geschlagen; des überhebt sich dein Herz. Habe den Ruhm und bleibe daheim! Warum ringst du nach Unglück, daß du fällst und Juda mit dir?

¹¹Aber Amazja gehorchte nicht. Da zog Joas, der König Israels, herauf; und sie maßen sich miteinander, er und Amazja, der König Juda's, zu Beth-Semes, das in Juda liegt.

¹²Aber Juda ward geschlagen vor Israel, daß ein jeglicher floh in seine Hütte.

¹³Und Joas, der König Israels, griff Amazja, den König in Juda, den Sohn des Joas, des Sohnes Ahasjas, zu Beth-Semes und kam gen Jerusalem und riß ein die Mauer Jerusalems von dem Tor Ephraim bis an das Ecktor, vierhundert Ellen lang,

¹⁴und nahm alles Gold und Silber und Gerät, das gefunden ward im Hause des HERRN und im Schatz des Königshauses, dazu die Geiseln, und zog wieder gen Samaria.

¹⁵Was aber mehr von Joas zu sagen ist, was er getan hat, und seine Macht, und wie er mit Amazja, dem König Juda's gestritten hat, siehe, das ist geschrieben in der Chronik der Könige Israels.

¹⁶Und Joas entschlief mit seinen Vätern und ward begraben zu Samaria unter den Königen Israels. Und sein Sohn Jerobeam ward König an seiner Statt.

¹⁷Amazja aber, der Sohn des Joas, des Königs in Juda, lebte nach dem Tod des Joas, des Sohnes des Joahas, des Königs über Israel, fünfzehn Jahre.

¹⁸Was aber mehr von Amazja zu sagen ist, das ist geschrieben in der Chronik der Könige Juda's.

¹⁹Und sie machten einen Bund wider ihn zu Jerusalem; er aber floh gen Lachis. Und sie sandten hin, ihm nach, gen Lachis und töteten in daselbst.

²⁰Und sie brachten ihn auf Rossen, und er ward begraben zu Jerusalem bei seinen Vätern in der Stadt Davids.

²¹Und das ganze Volk Juda's nahm Asarja in seinem sechzehnten Jahr und machten ihn zum König anstatt seines Vaters Amazja.

²²Er baute Elath und brachte es wieder zu Juda, nachdem der König mit seinen Vätern entschlafen war.

²³Im fünfzehnten Jahr Amazjas, des Sohnes Joas, des Königs in Juda, ward Jerobeam, der Sohn des Joas, König über Israel zu Samaria einundvierzig Jahre;

²⁴Und er tat, was dem HERRN übel gefiel, und ließ nicht ab von den Sünden Jerobeams, des Sohnes Nebats, der Israel sündigen machte.

²⁵Er aber brachte wieder herzu das Gebiet Israels von Hamath an bis an das Meer, das im blachen Felde liegt, nach dem Wort des HERRN, das er geredet hatte durch seinen Knecht Jona, den Sohn Amitthais, den Propheten, der von Gath-Hepher war.

²⁶Denn der HERR sah an den elenden Jammer Israels, daß auch die Verschlossenen und Verlassenen dahin waren und kein Helfer war in Israel.

²⁷Und der HERR hatte nicht geredet, daß er wollte den Namen Israels austilgen unter dem Himmel, und half ihnen durch Jerobeam, den Sohn des Joas.

²⁸Was aber mehr von Jerobeam zu sagen ist und alles, was er getan hat, und seine Macht, wie er gestritten hat, und wie er Damaskus und Hamath wiedergebracht an Juda in Israel, siehe, das ist geschrieben in der Chronik der Könige Israels.

²⁹Und Jerobeam entschlief mit seinen Vätern, mit den Königen Israels. Und sein Sohn Sacharja ward König an seiner Statt.

Kapitel 15

¹Im siebenundzwanzigsten Jahr Jerobeams, des Königs Israels, ward König Asarja, der Sohn Amazjas, des Königs Juda's;

²und er war sechzehn Jahre alt, da er König ward, und regierte zweiundfünfzig Jahre zu Jerusalem. Seine Mutter hieß Jecholja von Jerusalem.

³Und er tat, was dem HERRN wohl gefiel, ganz wie sein Vater Amazja,

⁴nur daß sie die Höhen nicht abtaten; denn das Volk opferte und räucherte noch auf den Höhen.

⁵Der HERR aber plagte den König, daß er aussätzig war bis an seinen Tod, und wohnte in einem besonderen Hause. Jotham aber, des Königs Sohn, regierte das Haus und richtete das Volk im Lande.

⁶Was aber mehr von Asarja zu sagen ist und alles, was er getan hat, das ist geschrieben in der Chronik der Könige Juda's.

⁷Und Asarja entschlief mit seinen Vätern, und man begrub ihn bei seinen Vätern in der Stadt Davids. Und sein Sohn Jotham ward König an seiner Statt.

⁸Im achtunddreißigsten Jahr Asarjas, des Königs Juda's, ward König Sacharja, der Sohn Jerobeams, über Israel zu Samaria sechs Monate;

⁹und er tat, was dem HERRN übel gefiel, wie seine Väter getan hatten. Er ließ nicht ab von den Sünden Jerobeams, des Sohnes Nebats, der Israel sündigen machte.

¹⁰Und Sallum, der Sohn des Jabes, machte einen Bund wider ihn und schlug ihn vor dem Volk und tötete ihn und ward König an seiner

Statt.

¹¹Was aber mehr von Sacharja zu sagen ist, siehe, das ist geschrieben in der Chronik der Könige Israels.

¹²Und das ist's, was der HERR zu Jehu geredet hatte: Dir sollen Kinder ins vierte Glied sitzen auf dem Stuhl Israels. Und ist also geschehen.

¹³Sallum aber, der Sohn des Jabes, ward König im neununddreißigsten Jahr Usias, des Königs in Juda, und regierte einen Monat zu Samaria.

¹⁴Denn Menahem, der Sohn Gadis, zog herauf von Thirza und kam gen Samaria und schlug Sallum, den Sohn des Jabes, zu Samaria und tötete ihn und ward König an seiner Statt.

¹⁵Was aber mehr von Sallum zu sagen ist und seinen Bund, den er anrichtete, siehe, das ist geschrieben in der Chronik der Könige Israels.

¹⁶Dazumal schlug Menahem Tiphsah und alle, die darin waren, und ihr Gebiet von Thirza aus, darum daß sie ihn nicht wollten einlassen, und schlug alle ihre Schwangeren und zerriß sie.

¹⁷Im neununddreißigsten Jahr Asarjas, des Königs Juda's, ward König Menahem, der Sohn Gadis, über Israel zu Samaria;

¹⁸und er tat, was dem HERRN übel gefiel. Er ließ sein Leben lang nicht von den Sünden Jerobeams, des Sohnes Nebats, der Israel sündigen machte.

¹⁹Und es kam Phul, der König von Assyrien, ins Land. Und Menahem gab dem Phul tausend Zentner Silber, daß er's mit ihm hielte und befestigte ihm das Königreich.

²⁰Und Menahem setzte ein Geld in Israel auf die Reichsten, fünfzig Silberlinge auf einen jeglichen Mann, daß er's dem König von Assyrien gäbe. Also zog der König von Assyrien wieder heim und blieb nicht im Lande.

²¹Was aber mehr von Menahem zu sagen ist und alles, was er getan hat, siehe, das ist geschrieben in der Chronik der Könige Israels.

²²Und Menahem entschlief mit seinen Vätern, und Pekahja, sein Sohn, ward König an seiner Statt.

²³Im fünfzigsten Jahr Asarjas, des Königs in Juda, ward König Pekahja, der Sohn Menahems, über Israel zu Samaria, zwei Jahre;

²⁴und er tat, was dem HERRN übel gefiel; denn er ließ nicht von der Sünde Jerobeams, des Sohnes Nebats, der Israel sündigen machte.

²⁵Und es machte Pekah, der Sohn Remaljas, sein Ritter, einen Bund wider ihn und schlug ihn zu Samaria im Palast des Königshauses samt Argob und Arje, und mit ihm waren fünfzig Mann von den Kindern Gileads, und tötete ihn und ward König an seiner Statt.

²⁶Was aber mehr von Pekahja zu sagen ist und alles, was er getan hat, siehe, das ist geschrieben in der Chronik der Könige Israels.

²⁷Im zweiundfünfzigsten Jahr Asarjas, des Königs Juda's, ward König Pekah, der Sohn Remaljas, über Israel zu Samaria zwanzig Jahre;

²⁸und er tat, was dem HERRN übel gefiel; denn er ließ nicht von den Sünden Jerobeams, des Sohnes Nebats, der Israel sündigen machte.

²⁹Zu den Zeiten Pekahs, des Königs Israels, kam Thiglath-Pileser, der König von Assyrien, und nahm Ijon, Abel-Beth-Maacha, Janoah, Kedes, Hazor, Gilead und Galiläa, das ganze Land Naphthali, und führte sie weg nach Assyrien.

³⁰Und Hosea, der Sohn Elas, machte einen Bund wider Pekah, den Sohn Remaljas, und schlug ihn tot und ward König an seiner Statt im zwanzigsten Jahr Jothams, des Sohnes Usias.

³¹Was aber mehr von Pekah zu sagen ist und alles, was er getan hat, siehe, das ist geschrieben in der Chronik der Könige Israels.

³²Im zweiten Jahr Pekahs, des Sohnes Remaljas, des Königs über Israel, ward König Jotham, der Sohn Usias, des Königs in Juda.

³³Er war fünfundzwanzig Jahre alt, da er König ward, und regierte sechzehn Jahre zu Jerusalem. Seine Mutter hieß Jerusa, eine Tochter Zadoks.

³⁴Und er tat, was dem HERRN wohl gefiel, ganz wie sein Vater Usia getan hatte,

³⁵nur, daß sie die Höhen nicht abtaten; denn das Volk opferte und räucherte noch auf den Höhen. Er baute das obere Tor am Hause des HERRN.

³⁶Was aber mehr von Jotham zu sagen ist und alles, was er getan hat, siehe, das ist geschrieben in der Chronik der Könige Juda's.

³⁷Zu der Zeit hob der HERR an, zu senden gen Juda Rezin, den König von Syrien und Pekah, den Sohn Remaljas.

³⁸Und Jotham entschlief mit seinen Vätern in der Stadt Davids, seines Vaters. Und Ahas, sein Sohn, ward König an seiner Statt.

Kapitel 16

¹Im siebzehnten Jahr Pekahs, des Sohnes Remaljas, ward König Ahas, der Sohn Jothams, des Königs in Juda.

²Zwanzig Jahre war Ahas alt, da er König ward, und regierte sechzehn Jahre zu Jerusalem; und tat nicht, was dem HERRN, seinem Gott, wohl gefiel wie sein Vater David;

³denn er wandelte auf dem Wege der Könige Israels. Dazu ließ er seinen Sohn durchs Feuer gehen nach den Greueln der Heiden, die der HERR vor den Kindern Israel vertrieben hatte,

⁴und tat Opfer und räucherte auf den Höhen und auf den Hügeln und unter allen grünen Bäumen.

⁵Dazumal zogen Rezin, der König von Syrien und Pekah, der Sohn Remaljas, König in Israel, hinauf gen Jerusalem, zu streiten und belagerten Ahas; aber sie konnten es nicht gewinnen.

⁶Zu derselben Zeit brachte Rezin, König von Syrien, Elath wieder an Syrien und stieß die Juden aus Elath; aber die Syrer kamen und wohnten darin bis auf diesen Tag.

⁷Und Ahas sandte Boten zu Thiglath-Pileser, dem König von Assyrien, und ließ ihm sagen: Ich bin dein Knecht und dein Sohn; komm herauf und hilf mir aus der Hand des Königs von Syrien und des Königs Israels, die sich wider mich haben aufgemacht!

⁸Und Ahas nahm das Silber und Gold, das im Hause des HERRN und in den Schätzen des Königshauses gefunden ward, und sandte dem König von Assyrien Geschenke.

⁹Und der König von Assyrien gehorchte ihm und zog herauf gen Damaskus und gewann es und führte es weg gen Kir und tötete Rezin.

¹⁰Und der König Ahas zog entgegen Thiglath-Pileser, dem König zu Assyrien, gen Damaskus. Und da er einen Altar sah, sandte der König Ahas desselben Altars Ebenbild und Gleichnis zum Priester Uria, wie derselbe gemacht war.

¹¹Und Uria, der Priester, baute einen Altar und machte ihn, wie der König Ahas zu ihm gesandt hatte von Damaskus, bis der König Ahas von Damaskus kam.

¹²Und da der König von Damaskus kam und den Altar sah, opferte er darauf

¹³und zündete darauf an sein Brandopfer und Speisopfer und goß darauf sein Trankopfer und ließ das Blut der Dankopfer, die er opferte, auf den Altar sprengen.

¹⁴Aber den ehernen Altar, der vor dem HERRN stand, tat er weg, daß er nicht stände zwischen dem Altar und dem Hause des HERRN, sondern setzte ihn an die Seite des Altars gegen Mitternacht.

¹⁵Und der König Ahas gebot Uria, dem Priester, und sprach: Auf dem großen Altar sollst du anzünden die Brandopfer des Morgens und die Speisopfer des Abends und die Brandopfer des Königs und sein Speisopfer und die Brandopfer alles Volks im Lande samt ihrem Speisopfer und Trankopfer; und alles Blut der Brandopfer und das Blut aller andern Opfer sollst du darauf sprengen; aber mit dem ehernen Altar will ich denken, was ich mache.

¹⁶Uria, der Priester, tat alles, was ihn der König Ahas hieß.

¹⁷Und der König Ahas brach ab die Seiten an den Gestühlen und tat die Kessel oben davon; und das Meer tat er von den Ehernen Ochsen, die darunter waren, und setzte es auf steinernes Pflaster.

¹⁸Dazu bedeckte die Sabbathalle, die sie im Hause gebaut hatten, und den äußeren Eingang des Königs wandte er zum Hause des HERRN, dem König von Assyrien zum Dienst.

¹⁹Was aber mehr von Ahas zu sagen ist, was er getan hat, siehe, das ist geschrieben in der Chronik der Könige Juda's.

²⁰Und Ahas entschlief mit seinen Vätern und ward begraben bei seinen Vätern in der Stadt Davids. Und Hiskia, sein Sohn, ward König an seiner Statt.

Kapitel 17

¹Im zwölften Jahr des Ahas, des Königs in Juda, ward König über Israel zu Samaria Hosea, der Sohn Elas, neun Jahre;

²und er tat, was dem HERRN übel gefiel, doch nicht wie die Könige Israels, die vor ihm waren.

³Wider denselben zog herauf Salmanasser, der König von Assyrien. Und Hosea ward ihm untertan, daß er ihm Geschenke gab.

⁴Da aber der König von Assyrien innewarb, daß Hosea einen Bund anrichtete und hatte Boten zu So, dem König in Ägypten, gesandt, griff er ihn und legte ihn ins Gefängnis.

⁵Nämlich der König von Assyrien zog über das ganze Land und gen Samaria und belagerte es drei Jahre.

⁶Und im neunten Jahr Hoseas gewann der König von Assyrien Samaria und führte Israel weg nach Assyrien und setzte sie nach Halah und an den Habor, an das Wasser Gosan und in die Städte der Meder.

⁷Denn die Kinder Israel sündigten wider den HERRN, ihren Gott,

der sie aus Ägyptenland geführt hatte, aus der Hand Pharaos, des Königs von Ägypten, und fürchteten andere Götter

⁸und wandelten nach der Heiden Weise, die der HERR vor den Kindern Israel vertrieben hatte, und taten wie die Könige Israels;

⁹und die Kinder Israels schmückten ihre Sachen wider den HERRN, ihren Gott, die doch nicht gut waren, also daß sie sich Höhen bauten in allen Städten, von den Wachttürmen bis zu den festen Städten,

¹⁰und richteten Säulen auf und Ascherabilder auf allen hohen Hügeln und unter allen grünen Bäumen,

¹¹und räucherten daselbst auf allen Höhen wie die Heiden, die der HERR vor ihnen weggetrieben hatte, und sie trieben böse Stücke, den HERRN zu erzürnen,

¹²und dienten den Götzen, davon der HERR zu ihnen gesagt hatte: Ihr sollt solches nicht tun;

¹³und wenn der HERR bezeugte in Israel und Juda durch alle Propheten und Seher und ließ ihnen sagen: Kehret um von euren bösen Wegen und haltet meine Gebote und Rechte nach allem Gesetz, das ich euren Vätern geboten habe und das ich zu euch gesandt habe durch meine Knechte, die Propheten:

¹⁴so gehorchten sie nicht, sondern härteten ihren Nacken gleich dem Nacken ihrer Väter, die nicht glaubten an den HERRN, ihren Gott;

¹⁵dazu verachteten sie seine Gebote und seinen Bund, den er mit ihren Vätern gemacht hatte, und seine Zeugnisse, die er unter ihnen tat, und wandelten ihrer Eitelkeit nach und wurden eitel den Heiden nach, die um sie her wohnten, von welchen ihnen der HERR geboten hatte, sie sollten nicht wie sie tun;

¹⁶aber sie verließen alle Gebote des HERRN, ihres Gottes, und machten sich zwei gegossene Kälber und Ascherabild und beteten an alles Heer des Himmels und dienten Baal

¹⁷und ließen ihre Söhne und Töchter durchs Feuer gehen und gingen mit Weissagen und Zaubern um und verkauften sich, zu tun, was dem HERRN übel gefiel, ihn zu erzürnen:

¹⁸da ward der HERR sehr zornig über Israel und tat sie von seinem Angesicht, daß nichts übrigblieb denn der Stamm Juda allein.

¹⁹(Dazu hielten auch die von Juda nicht die Gebote des HERRN, ihres Gottes, und wandelten in den Sitten, darnach Israel getan hatte.)

²⁰Darum verwarf der HERR allen Samen Israels und drängte sie und gab sie in die Hände der Räuber, bis er sie verwarf von seinem Angesicht.

²¹Denn Israel ward gerissen vom Hause Davids; und sie machten zum König Jerobeam, den Sohn Nebats. Derselbe wandte Israel ab vom HERRN und machte, daß sie schwer sündigten.

²²Also wandelten die Kinder Israel in allen Sünden Jerobeams, die er angerichtet hatte, und ließen nicht davon,

²³bis der HERR Israel von seinem Angesicht tat, wie er geredet hatte durch alle seine Knechte, die Propheten. Also ward Israel aus seinem Lande weggeführt nach Assyrien bis auf diesen Tag.

²⁴Der König aber von Assyrien ließ kommen Leute von Babel, von Kutha, von Avva, von Hamath und Sepharvaim und setzte sie in die Städte in Samaria anstatt der Kinder Israel. Und sie nahmen Samaria ein und wohnten in desselben Städten.

²⁵Und da sie aber anhoben daselbst zu wohnen und den HERRN nicht fürchteten, sandte der HERR Löwen unter sie, die erwürgten sie.

²⁶Und sie ließen dem König von Assyrien sagen: Die Heiden, die du hast hergebracht und die Städte Samarias damit besetzt, wissen nichts von der Weise Gottes im Lande; darum hat der HERR Löwen unter sie gesandt, und siehe, dieselben töten sie, weil sie nicht wissen um die Weise Gottes im Lande.

²⁷Der König von Assyrien gebot und sprach: Bringet dahin der Priester einen, die von dort sind weggeführt, und ziehet hin und wohnet daselbst, und er lehre sie die Weise Gottes im Lande.

²⁸Da kam der Priester einer, die von Samaria weggeführt waren, und wohnte zu Beth-El und lehrte sie, wie sie den HERRN fürchten sollten.

²⁹Aber ein jegliches Volk machte seinen Gott und taten sie in die Häuser auf den Höhen, die die Samariter gemacht hatten, ein jegliches Volk in ihren Städten, darin sie wohnten.

³⁰Die von Babel machten Sukkoth-Benoth; die von Chut machten Nergal; die von Hamath machten Asima;

³¹die von Avva machten Nibehas und Tharthak; die von Sepharvaim verbrannten ihre Söhne dem Adrammelech und Anammelech, den Göttern derer von Sepharvaim.

³²Und weil sie den HERRN auch fürchteten, machten sie sich Priester auf den Höhen aus allem Volk unter ihnen; die opferten für sie in den Häusern auf den Höhen.

³³Also fürchteten sie den HERRN und dienten auch den Göttern nach eines jeglichen Volkes Weise, von wo sie hergebracht waren.

³⁴Und bis auf diesen Tag tun sie nach der alten Weise, daß sie weder den HERRN fürchten noch ihre Rechte und Sitten tun nach dem Gesetz und Gebot, das der HERR geboten hat den Kindern Jakobs, welchem er den Namen Israel gab.

³⁵Und er machte einen Bund mit ihnen und gebot ihnen und sprach: Fürchtet keine andern Götter und betet sie nicht an und dienet ihnen nicht und opfert ihnen nicht;

³⁶sondern den HERRN, der euch aus Ägyptenland geführt hat mit großer Kraft und ausgerecktem Arm, den fürchtet, den betet an, und dem opfert;

³⁷und die Sitten, Rechte Gesetze und Gebote, die er euch hat aufschreiben lassen, die haltet, daß ihr darnach tut allewege und nicht andere Götter fürchtet;

³⁸und des Bundes, den er mit euch gemacht hat, vergesset nicht daß ihr nicht andre Götter fürchtet;

³⁹sondern fürchtet den HERRN, euren Gott, der wird euch erretten von allen euren Feinden.

⁴⁰Aber diese gehorchten nicht, sondern taten nach ihrer vorigen Weise.

⁴¹Also fürchteten die Heiden den HERRN und dienten auch ihren Götzen. Also taten auch ihre Kinder und Kindeskinder, wie ihre Väter getan haben, bis auf diesen Tag.

Kapitel 18

¹Im dritten Jahr Hoseas, des Sohnes Elas, des Königs über Israel, ward König Hiskia, der Sohn Ahas, des Königs in Juda.

²Er war fünfundzwanzig Jahre alt, da er König ward, und regierte neunundzwanzig Jahre zu Jerusalem. Seine Mutter hieß Abi, eine Tochter Sacharjas.

³Und er tat, was dem HERRN wohl gefiel, wie sein Vater David.

⁴Er tat ab die Höhen und zerbrach die Säulen und rottete das Ascherabild aus und zerstieß die eherne Schlange, die Mose gemacht hatte; denn bis zu der Zeit hatten ihr die Kinder Israel geräuchert, und man hieß sie Nehusthan.

⁵Er vertraute dem HERRN, dem Gott Israels, daß nach ihm seinesgleichen nicht war unter allen Königen Juda's noch vor ihm gewesen.

⁶Er hing dem HERRN an und wich nicht von ihm ab und hielt seine Gebote, die der HERR dem Mose geboten hatte.

⁷Und der HERR war mit ihm; und wo er auszog handelte er klüglich. Dazu ward er abtrünnig vom König von Assyrien und war ihm nicht untertan.

⁸Er schlug die Philister bis gen Gaza und ihr Gebiet von den Wachttürmen an bis die festen Städte.

⁹Im vierten Jahr Hiskias, des Königs in Juda (das war das siebente Jahr Hoseas, des Sohnes Elas, des Königs über Israel), da zog Salmanasser, der König von Assyrien, herauf wider Samaria und belagerte es

¹⁰und gewann es nach drei Jahren; im sechsten Jahr Hiskias, das ist im neunten Jahr Hoseas, des Königs Israels, da ward Samaria gewonnen.

¹¹Und der König von Assyrien führte Israel weg gen Assyrien und setzte sie nach Halah und an den Habor, an das Wasser Gosan und in die Städte der Meder,

¹²darum daß sie nicht gehorcht hatten der Stimme des HERRN, ihres Gottes, und übertreten hatten seinen Bund und alles, was Mose, der Knecht des HERRN, geboten hatte; deren sie keines gehört noch getan.

¹³Im vierzehnten Jahr aber des Königs Hiskia zog herauf Sanherib, der König von Assyrien, wider alle festen Städte Juda's und nahm sie ein.

¹⁴Da sandte Hiskia, der König Juda's, zum König von Assyrien gen Lachis und ließ ihm sagen: Ich habe mich versündigt. Kehre um von mir; was du mir auflegst, will ich tragen. Da legte der König von Assyrien Hiskia, dem König Juda's, dreihundert Zentner Silber auf und dreißig Zentner Gold.

¹⁵Also gab Hiskia all das Silber, das im Hause des HERRN und in den Schätzen des Königshauses gefunden ward.

¹⁶Zur selben Zeit zerbrach Hiskia, der König Juda's, die Türen am Tempel des HERRN und die Bleche, die er selbst hatte darüberziehen lassen, und gab sie dem König von Assyrien.

¹⁷Und der König von Assyrien sandte den Tharthan und den Erzkämmerer und den Erzschenken von Lachis zum König Hiskia mit großer Macht gen Jerusalem, und sie zogen herauf. Und da sie hinkamen, hielten sie an der Wasserleitung des oberen Teiches, der da liegt an der Straße bei dem Acker des Walkmüllers,

¹⁸und riefen nach dem König. Da kam heraus zu ihnen Eljakim, der Sohn Hilkias, der Hofmeister, und Sebna, der Schreiber, und Joah,

der Sohn Asaphs, der Kanzler.

¹⁹Und der Erzschenke sprach zu ihnen: Sagt doch dem König Hiskia: So spricht der große König, der König von Assyrien: Was ist das für ein Trotz, darauf du dich verläßt?

²⁰Meinst du, es sei noch Rat und Macht, zu streiten? Worauf verläßt du dich denn, daß du mir abtrünnig geworden bist?

²¹Siehe, verlässest du dich auf diesen zerstoßenen Rohrstab, auf Ägypten, welcher, so sich jemand darauf lehnt, wird er ihm die Hand durchbohren? Also ist Pharao, der König in Ägypten, allen, die sich auf ihn verlassen.

²²Ob ihr aber wolltet zu mir sagen: Wir verlassen uns auf den HERRN, unsern Gott! ist's denn nicht der, dessen Höhen und Altäre Hiskia hat abgetan und gesagt zu Juda und zu Jerusalem: Vor diesem Altar, der zu Jerusalem ist, sollt ihr anbeten?

²³Wohlan, nimm eine Wette an mit meinem Herrn, dem König von Assyrien: ich will dir zweitausend Rosse geben, ob du könntest Reiter dazu geben.

²⁴Wie willst du denn bleiben vor der geringsten Hauptleute einem von meines Herrn Untertanen? Und du verläßt dich auf Ägypten um der Wagen und Reiter willen.

²⁵Meinst du aber, ich sei ohne den HERRN heraufgezogen, daß ich diese Stätte verderbe? Der HERR hat mich's geheißen: Ziehe hinauf in dies Land und verderbe es!

²⁶Da sprach Eljakim, der Sohn Hilkias und Sebna und Joah zum Erzschenken: Rede mit deinen Knechten auf syrisch, denn deine Knechte verstehen es; und rede nicht mit uns auf jüdisch vor den Ohren des Volks, das auf der Mauer ist.

²⁷Aber der Erzschenke sprach zu ihnen: Hat mich denn mein Herr zu deinem Herrn oder zu dir gesandt, daß ich solche Worte rede? und nicht vielmehr zu den Männern, die auf der Mauer sitzen, daß sie mit euch ihren eigenen Mist fressen und ihren Harn saufen?

²⁸Also stand der Erzschenke auf und redete mit lauter Stimme auf jüdisch und sprach: Hört das Wort des großen Königs, des Königs von Assyrien!

²⁹So spricht der König: Laßt euch Hiskia nicht betrügen; denn er vermag euch nicht zu erretten von meiner Hand.

³⁰Und laßt euch Hiskia nicht vertrösten auf den HERRN, daß er sagt: Der HERR wird uns erretten, und diese Stadt wird nicht in die Hände des Königs von Assyrien gegeben werden.

³¹Gehorchet Hiskia nicht! Denn so spricht der König von Assyrien: Nehmet an meine Gnade und kommt zu mir heraus, so soll jedermann von seinem Weinstock und seinem Feigenbaum essen und von seinem Brunnen trinken,

³²bis ich komme und hole euch in ein Land, das eurem Lande gleich ist, darin Korn, Most, Brot, Weinberge, Ölbäume und Honig sind; so werdet ihr leben bleiben und nicht sterben. Gehorchet Hiskia nicht; denn er verführt euch, daß er spricht: Der HERR wird uns erretten.

³³Haben auch die Götter der Heiden ein jeglicher sein Land errettet von der Hand des Königs von Assyrien?

³⁴Wo sind die Götter zu Hamath und Arpad? Wo sind die Götter zu Sepharvaim, Hena und Iwwa? Haben sie auch Samaria errettet von meiner Hand?

³⁵Wo ist ein Gott unter aller Lande Göttern, die ihr Land haben von meiner Hand errettet, daß der HERR sollte Jerusalem von meiner Hand erretten?

³⁶Das Volk aber schwieg still und antwortete ihm nichts; denn der König hatte geboten und gesagt: Antwortet ihm nichts.

³⁷Da kamen Eljakim, der Sohn Hilkias, und Sebna, der Schreiber, und Joah, der Sohn Asaphs, der Kanzler, zu Hiskia mit zerrissenen Kleidern und sagten ihm an die Worte des Erzschenken.

Kapitel 19

¹Da der König Hiskia das hörte, zerriß er seine Kleider und legte einen Sack an und ging in das Haus des Herrn

²und sandte Eljakim, den Hofmeister, und Sebna, den Schreiber, samt den Ältesten der Priester, mit Säcken angetan, zu dem Propheten Jesaja, dem Sohn des Amoz;

³und sie sprachen zu ihm: So sagt Hiskia: Das ist ein Tag der Not, des Scheltens und des Lästerns; die Kinder sind gekommen an die Geburt und ist keine Kraft da, zu gebären.

⁴Ob vielleicht der HERR, dein Gott, hören wollte alle Worte des Erzschenken, den sein Herr, der König von Assyrien, gesandt hat, Hohn zu sprechen dem lebendigen Gott und zu schelten mit Worten, die der HERR, dein Gott, gehört hat: So erhebe dein Gebet für die übrigen, die noch vorhanden sind.

⁵Und da die Knechte Hiskias zu Jesaja kamen,

⁶sprach Jesaja zu ihnen: So sagt eurem Herrn: So spricht der HERR: Fürchte dich nicht vor den Worten, die du gehört hast, womit mich die Knechte des Königs von Assyrien gelästert haben.

⁷Siehe, ich will ihm einen Geist geben, daß er ein Gerücht hören wird und wieder in sein Land ziehen, und will ihn durchs Schwert fällen in seinem Lande.

⁸Und da der Erzschenke wiederkam, fand er den König von Assyrien streiten wider Libna; denn er hatte gehört, daß er von Lachis gezogen war.

⁹Und da er hörte von Thirhaka, dem König der Mohren: Siehe, er ist ausgezogen mit dir zu streiten, sandte er abermals Boten zu Hiskia und ließ ihm sagen:

¹⁰So sagt Hiskia, dem König Juda's: Laß dich deinen Gott nicht betrügen, auf den du dich verlässest und sprichst: Jerusalem wird nicht in die Hand des Königs von Assyrien gegeben werden.

¹¹Siehe, du hast gehört, was die Könige von Assyrien getan haben allen Landen und sie verbannt; und du solltest errettet werden?

¹²Haben der Heiden Götter auch sie errettet, welche meine Väter haben verderbt: Gosan, Haran, Rezeph und die Kinder Edens, die zu Thelassar waren?

¹³Wo ist der König von Hamath, der König zu Arpad und der König der Stadt Sepharvaim, von Hena und Iwwa?

¹⁴Und da Hiskia den Brief von den Boten empfangen und gelesen hatte, ging er hinauf zum Hause des HERRN und breitete ihn aus vor dem HERRN

¹⁵und betete vor dem HERRN und sprach: HERR, Gott Israels, der du über dem Cherubim sitzest, du bist allein Gott über alle Königreiche auf Erden, du hast Himmel und Erde gemacht.

¹⁶HERR, neige deine Ohren und höre; tue deine Augen auf und siehe, und höre die Worte Sanheribs, der hergesandt hat, Hohn zu sprechen dem lebendigen Gott.

¹⁷Es ist wahr HERR, die Könige von Assyrien haben die Heiden mit dem Schwert umgebracht und ihr Land

¹⁸und haben ihre Götter ins Feuer geworfen. Denn es waren nicht Götter, sondern Werke von Menschenhänden, Holz und Stein; darum haben sie sie vertilgt.

¹⁹Nun aber, HERR, unser Gott, hilf uns aus seiner Hand, auf daß alle Königreiche auf Erden erkennen, daß du, HERR, allein Gott bist.

²⁰Da sandte Jesaja, der Sohn Amoz, zu Hiskia und ließ ihm sagen: So spricht der HERR, der Gott Israels: Was du zu mir gebetet hast um Sanherib, den König von Assyrien, das habe ich gehört.

²¹Das ist's, was der HERR wider ihn geredet hat: Die Jungfrau, die Tochter Zion, verachtet dich und spottet dein; die Tochter Jerusalem schüttelt ihr Haupt dir nach.

²²Wen hast du gehöhnt und gelästert? Über wen hast du deine Stimme erhoben? Du hast deine Augen erhoben wider den Heiligen in Israel.

²³Du hast den HERRN durch deine Boten gehöhnt und gesagt: "Ich bin durch die Menge meiner Wagen auf die Höhen der Berge gestiegen, auf den innersten Libanon; ich habe seine hohen Zedern und auserlesenen Tannen abgehauen und bin gekommen an seine äußerste Herberge, an den Wald seines Baumgartens.

²⁴Ich habe gegraben und ausgetrunken die fremden Wasser und werde austrocknen mit meinen Fußsohlen alle Flüsse Ägyptens."

²⁵Hast du aber nicht gehört, daß ich solches lange zuvor getan habe, und von Anfang habe ich's bereitet? Nun aber habe ich's kommen lassen, daß die festen Städte werden fallen in einen wüsten Steinhaufen,

²⁶und die darin wohnen, matt werden und sich fürchten und schämen müssen und werden wie das Gras auf dem Felde und wie das grüne Kraut, wie Gras auf den Dächern, das verdorrt, ehe denn es reif wird.

²⁷Ich weiß dein Wohnen, dein Aus-und Einziehen und daß du tobst wider mich.

²⁸Weil du denn wider mich tobst und dein Übermut vor meine Ohren heraufgekommen ist, so will ich dir einen Ring an deine Nase legen und ein Gebiß in dein Maul und will dich den Weg wieder zurückführen, da du her gekommen bist.

²⁹Und das sei dir ein Zeichen: In diesem Jahr iß, was von selber wächst; im andern Jahr, was noch aus den Wurzeln wächst; im dritten Jahr säet und erntet, und pflanzt Weinberge und esset ihre Früchte.

³⁰Und was vom Hause Juda's errettet und übriggeblieben ist, wird fürder unter sich wurzeln und über sich Frucht tragen.

³¹Denn von Jerusalem werden ausgehen, die übriggeblieben sind, und die Erretteten vom Berge Zion. Der Eifer des HERRN Zebaoth wird solches tun.

³²Darum spricht der HERR vom König von Assyrien also: Er soll nicht in diese Stadt kommen und keinen Pfeil hineinschießen und mit keinem Schilde davonkommen und soll keinen Wall darum schütten;

2 Könige

³³sondern er soll den Weg wiederum ziehen, den er gekommen ist, und soll in diese Stadt nicht kommen; der HERR sagt's.

³⁴Und ich will diese Stadt beschirmen, daß ich ihr helfe um meinetwillen und um Davids, meines Knechtes, willen.

³⁵Und in derselben Nacht fuhr aus der Engel des HERRN und schlug im Lager von Assyrien hundertfünfundachtzigtausend Mann. Und da sie sich des Morgens früh aufmachten, siehe, da lag's alles eitel tote Leichname.

³⁶Also brach Sanherib, der König von Assyrien, auf und zog weg und kehrte um und blieb zu Ninive.

³⁷Und da er anbetete im Hause Nisrochs, seines Gottes, erschlugen ihn mit dem Schwert Adrammelech und Sarezer, seine Söhne, und entrannen ins Land Ararat. Und sein Sohn Asar-Haddon ward König an seiner Statt.

Kapitel 20

¹Zu der Zeit ward Hiskia todkrank. Und der Prophet Jesaja, der Sohn des Amoz, kam zu ihm und sprach zu ihm: So spricht der HERR: Beschicke dein Haus; denn du wirst sterben und nicht leben bleiben!

²Er aber wandte sein Antlitz zur Wand und betete zum HERRN und sprach:

³Ach, HERR, gedenke doch, daß ich vor dir treulich gewandelt habe und mit rechtschaffenem Herzen und habe getan, was dir wohl gefällt. Und Hiskia weinte sehr.

⁴Da aber Jesaja noch nicht zur Stadt halb hinausgegangen war, kam des HERRN Wort zu ihm und sprach:

⁵Kehre um und sage Hiskia, dem Fürsten meines Volkes: So spricht der HERR, der Gott deines Vaters David: Ich habe dein Gebet gehört und deine Tränen gesehen. Siehe, ich will dich gesund machen, am dritten Tage wirst du hinauf in das Haus des HERRN gehen,

⁶und ich will fünfzehn Jahre zu deinem Leben tun und dich und diese Stadt erretten von dem König von Assyrien und diese Stadt beschirmen um meinetwillen und um meines Knechtes David willen.

⁷Und Jesaja sprach: Bringet her ein Pflaster von Feigen! Und da sie es brachten, legten sie es auf die Drüse; und er ward gesund.

⁸Hiskia aber sprach zu Jesaja: Welches ist das Zeichen, daß mich der HERR wird gesund machen und ich in des HERRN Haus hinaufgehen werde am dritten Tage?

⁹Jesaja sprach: Das Zeichen wirst du haben vom HERRN, daß der HERR tun wird, was er geredet hat: Soll der Schatten zehn Stufen fürdergehen oder zehn Stufen zurückgehen?

¹⁰Hiskia sprach: Es ist leicht, daß der Schatten zehn Stufen niederwärts gehe; das will ich nicht, sondern daß er zehn Stufen hinter sich zurückgehe.

¹¹Da rief der Prophet den HERRN an; und der Schatten ging hinter sich zurück zehn Stufen am Zeiger Ahas, die er niederwärts gegangen war.

¹²Zu der Zeit sandte Berodoch-Baladan, der Sohn Baladans, König zu Babel, Briefe und Geschenke zu Hiskia; denn er hatte gehört, daß Hiskia krank gewesen war.

¹³Hiskia aber war fröhlich mit ihnen und zeigte ihnen das ganze Schatzhaus, Silber, Gold, Spezerei und das beste Öl, und das Zeughaus und alles, was in seinen Schätzen vorhanden war. Es war nichts in seinem Hause und in seiner ganzen Herrschaft, das ihnen Hiskia nicht zeigte.

¹⁴Da kam Jesaja, der Prophet, zum König Hiskia und sprach zu ihm: Was haben diese Leute gesagt? und woher sind sie zu dir gekommen? Hiskia sprach: Sie sind aus fernen Landen zu mir gekommen, von Babel.

¹⁵Er sprach: Was haben sie gesehen in deinem Hause? Hiskia sprach: Sie haben alles gesehen, was in meinem Hause ist, und ist nichts in meinen Schätzen, was ich ihnen nicht gezeigt hätte.

¹⁶Da sprach Jesaja zu Hiskia: Höre des HERRN Wort:

¹⁷Siehe, es kommt die Zeit, daß alles wird gen Babel weggeführt werden aus deinem Hause und was deine Väter gesammelt haben bis auf diesen Tag; und wird nichts übriggelassen werden, spricht der HERR.

¹⁸Dazu von den Kindern, die von dir kommen, die du zeugen wirst, werden sie nehmen, daß sie Kämmerer seien im Palast des Königs zu Babel.

¹⁹Hiskia aber sprach zu Jesaja: Das ist gut, was der HERR geredet hat, und sprach weiter: Es wird doch Friede und Treue sein zu meinen Zeiten.

²⁰Was mehr von Hiskia zu sagen ist und alle seine Macht und was er getan hat und der Teich und die Wasserleitung, durch die er Wasser in die Stadt geleitet hat, siehe, das ist geschrieben in der Chronik der Könige Juda's.

²¹Und Hiskia entschlief mit seinen Vätern. Und Manasse, sein Sohn, ward König an seiner Statt.

Kapitel 21

¹Manasse war zwölf Jahre alt, da er König ward, und regierte fünfundfünfzig Jahre zu Jerusalem. Seine Mutter hieß Hephzibah.

²Und er tat, was dem HERRN übel gefiel, nach den Greueln der Heiden, die der HERR vor den Kinder Israel vertrieben hatte,

³und baute wieder Höhen, die sein Vater Hiskia hatte zerstört, und richtete dem Baal Altäre auf und machte ein Ascherabild, wie Ahab, der König Israels, getan hatte, und betete an alles Heer des Himmels und diente ihnen.

⁴Und baute Altäre im Hause des HERRN, davon der HERR gesagt hatte: Ich will meinen Namen zu Jerusalem setzen;

⁵und er baute allem Heer des Himmels Altäre in beiden Höfen am Hause des HERRN.

⁶Und ließ seinen Sohn durchs Feuer gehen und achtete auf Vogelgeschrei und Zeichen und hielt Wahrsager und Zeichendeuter und tat des viel, das dem HERRN übel gefiel, ihn zu erzürnen.

⁷Er setzte auch das Bild der Aschera, das er gemacht hatte, in das Haus, von welchem der HERR gesagt hatte: In dies Haus und nach Jerusalem, das ich erwählt habe aus allen Stämmen Israels, will ich meinen Namen setzen ewiglich;

⁸und will den Fuß Israels nicht mehr bewegen lassen von dem Lande, das ich ihren Vätern gegeben habe, so doch, daß sie halten und tun nach allem, was ich geboten habe, und nach allem Gesetz, das mein Knecht Mose ihnen geboten hat.

⁹Aber sie gehorchten nicht; sondern Manasse verführte sie, daß sie ärger taten denn die Heiden, die der HERR vor den Kindern Israel vertilgt hatte.

¹⁰Da redete der HERR durch seine Knechte, die Propheten, und sprach:

¹¹Darum daß Manasse, der König Juda's, hat diese Greuel getan, die ärger sind denn alle Greuel, so die Amoriter getan haben, die vor ihm gewesen sind, und hat auch Juda sündigen gemacht mit seinen Götzen;

¹²darum spricht der HERR, der Gott Israels, also: Siehe, ich will Unglück über Jerusalem und Juda bringen, daß, wer es hören wird, dem sollen seine beide Ohren gellen;

¹³und will über Jerusalem die Meßschnur Samarias ziehen und das Richtblei des Hauses Ahab; und will Jerusalem ausschütten, wie man Schüsseln ausschüttet, und will sie umstürzen;

¹⁴und ich will die übrigen meines Erbteils verstoßen und sie geben in die Hände ihrer Feinde, daß sie ein Raub und Reißen werden aller ihrer Feinde,

¹⁵darum daß sie getan haben, was mir übel gefällt, und haben mich erzürnt von dem Tage an, da ihre Väter aus Ägypten gezogen sind, bis auf diesen Tag.

¹⁶Auch vergoß Manasse sehr viel unschuldig Blut, bis daß Jerusalem allerorten voll ward, außer der Sünde, durch die er Juda sündigen machte, daß sie taten, was dem HERRN übel gefiel.

¹⁷Was aber mehr von Manasse zu sagen ist und alles, was er getan hat, und seine Sünde, die er tat, siehe, das ist geschrieben in der Chronik der Könige Juda's.

¹⁸Und Manasse entschlief mit seinen Vätern und ward begraben im Garten an seinem Hause, im Garten Usas. Und sein Sohn Amon ward König an seiner Statt.

¹⁹Zweiundzwanzig Jahre alt war Amon, da er König ward, und regierte zwei Jahre zu Jerusalem. Seine Mutter hieß Mesullemeth, eine Tochter des Haruz von Jotba.

²⁰Und er tat, was dem HERRN übel gefiel, wie sein Vater Manasse getan hatte,

²¹und wandelte in allem Wege, den sein Vater gewandelt hatte, und diente allen Götzen, welchen sein Vater gedient hatte, und betete sie an,

²²und verließ den HERRN, seiner Väter Gott, und wandelte nicht im Wege des HERRN.

²³Und seine Knechte machten einen Bund wider Amon und töteten den König in seinem Hause.

²⁴Aber das Volk im Land schlug alle, die den Bund gemacht hatten wider den König Amon. Und das Volk im Lande machte Josia, seinen Sohn zum König an seiner Statt.

²⁵Was aber Amon mehr getan hat, siehe, das ist geschrieben in der Chronik der Könige Juda's.

²⁶Und man begrub ihn in seinem Grabe im Garten Usas. Und sein Sohn Josia ward König an seiner Statt.

Kapitel 22

¹Josia war acht Jahre alt, da er König ward, und regierte einunddreißig Jahre zu Jerusalem. Seine Mutter hieß Jedida, eine Tochter Adajas, von Bozkath.

²Und er tat was dem HERRN wohl gefiel, und wandelte in allem Wege seines Vaters David und wich nicht, weder zur Rechten noch zur Linken.

³Und im achtzehnten Jahr des Königs Josia sandte der König hin Saphan, den Sohn Azaljas, des Sohnes Mesullams, den Schreiber, in das Haus des HERRN und sprach:

⁴Gehe hinauf zu dem Hohenpriester Hilkia, daß er abgebe alles Geld, das zum Hause des HERRN gebracht ist, das die Türhüter gesammelt haben vom Volk,

⁵daß man es gebe den Werkmeistern, die bestellt sind im Hause des HERRN, und sie es geben den Arbeitern am Hause des HERRN, daß sie bessern, was baufällig ist am Hause,

⁶nämlich den Zimmerleuten und Bauleuten und Maurern und denen, die da Holz und gehauene Steine kaufen sollen, das Haus zu bessern;

⁷doch daß man keine Rechnung von ihnen nehme von dem Geld, das unter ihre Hand getan wird, sondern daß sie auf Glauben handeln.

⁸Und der Hohepriester Hilkia sprach zu dem Schreiber Saphan: Ich habe das Gesetzbuch gefunden im Hause des HERRN. Und Hilkia gab das Buch Saphan, daß er's läse.

⁹Und Saphan, der Schreiber kam zum König und gab ihm Bericht und sprach: Deine Knechte haben das Geld ausgeschüttet, das im Hause gefunden ist und haben's den Werkmeistern gegeben, die bestellt sind am Hause des HERRN.

¹⁰Auch sagte Saphan, der Schreiber, dem König und sprach: Hilkia, der Priester, gab mir ein Buch. Und Saphan las es vor dem König.

¹¹Da aber der König hörte die Worte im Gesetzbuch, zerriß er seine Kleider.

¹²Und der König gebot Hilkia, dem Priester, und Ahikam, dem Sohn Saphans, und Achbor, dem Sohn Michajas, und Saphan, dem Schreiber, und Asaja dem Knecht des Königs, und sprach:

¹³Gehet hin und fraget den HERRN für mich, für dies Volk und für ganz Juda um die Worte dieses Buches, das gefunden ist; denn es ist ein großer Grimm des HERRN, der über uns entbrannt ist, darum daß unsre Väter nicht gehorcht haben den Worten dieses Buches, daß sie täten alles, was darin geschrieben ist.

¹⁴Da gingen hin Hilkia, der Priester, Ahikam, Achbor, Saphan und Asaja zu der Prophetin Hulda, dem Weibe Sallums, des Sohnes Thikwas, des Sohnes Harhas, des Hüters der Kleider, und sie wohnte zu Jerusalem im andern Teil; und sie redeten mit ihr.

¹⁵Sie aber sprach zu ihnen: So spricht der HERR, der Gott Israels: Saget dem Mann, der euch zu mir gesandt hat:

¹⁶So spricht der HERR: Siehe, ich will Unglück über diese Stätte und ihre Einwohner bringen, alle Worte des Gesetzes, die der König Juda's hat lassen lesen.

¹⁷Darum, daß sie mich verlassen und andern Göttern geräuchert haben, mich zu erzürnen mit allen Werken ihrer Hände, darum wird mein Grimm sich wider diese Stätte entzünden und nicht ausgelöscht werden.

¹⁸Aber dem König Juda's, der euch gesandt hat, den HERRN zu fragen, sollt ihr sagen: So spricht der HERR, der Gott Israels:

¹⁹Darum daß dein Herz erweicht ist über den Worten, die du gehört hast, und hast dich gedemütigt vor dem HERRN, da du hörtest, was ich geredet habe wider diese Stätte und ihre Einwohner, daß sie sollen eine Verwüstung und ein Fluch sein, und hast deine Kleider zerrissen und hast geweint vor mir, so habe ich's auch erhört, spricht der HERR.

²⁰Darum will ich dich zu deinen Vätern sammeln, daß du mit Frieden in dein Grab versammelt werdest und deine Augen nicht sehen all das Unglück, das ich über diese Stätte bringen will. Und sie sagten es dem König wieder.

Kapitel 23

¹Und der König sandte hin, und es versammelten sich zu ihm alle Ältesten in Juda und Jerusalem.

²Und der König ging hinauf ins Haus des HERRN und alle Männer von Juda und alle Einwohner von Jerusalem mit ihm, Priester und Propheten, und alles Volk, klein und groß; und man las vor ihren Ohren alle Worte aus dem Buch des Bundes, das im Hause des HERRN gefunden war.

³Und der König trat an die Säule und machte einen Bund vor dem HERRN, daß sie sollten wandeln dem HERRN nach und halten seine Gebote, Zeugnisse und Rechte von ganzem Herzen und von ganzer Seele, daß sie aufrichteten die Worte dieses Bundes, die geschrieben standen in diesem Buch. Und alles Volk trat in den Bund.

⁴Und der König gebot dem Hohenpriester Hilkia und den nächsten Priestern nach ihm und den Hütern an der Schwelle, daß sie sollten aus dem Tempel des HERRN tun alle Geräte, die dem Baal und der Aschera und allem Heer des Himmels gemacht waren. Und sie verbrannten sie außen vor Jerusalem im Tal Kidron, und ihr Staub ward getragen gen Beth-El.

⁵Und er tat ab die Götzenpfaffen, welche die Könige Juda's hatten eingesetzt, zu räuchern auf den Höhen in den Städten Juda's und um Jerusalem her, auch die Räucherer des Baal und der Sonne und des Mondes und der Planeten und alles Heeres am Himmel.

⁶Und ließ das Ascherabild aus dem Hause des HERRN führen hinaus vor Jerusalem an den Bach Kidron und verbrannte es am Bach Kidron und machte es zu Staub und man warf den Staub auf die Gräber der gemeinen Leute.

⁷Und er brach ab die Häuser der Hurer, die an dem Hause des HERRN waren, darin die Weiber wirkten Häuser für die Aschera.

⁸Und ließ kommen alle Priester aus den Städten Juda's und verunreinigte die Höhen, da die Priester räucherten, von Geba an bis gen Beer-Seba, und brach ab die Höhen an den Toren, die an der Tür des Tors Josuas, des Stadtvogts, waren und zur Linken, wenn man zum Tor der Stadt geht.

⁹Doch durften die Priester der Höhen nicht opfern auf dem Altar des HERRN zu Jerusalem, sondern aßen ungesäuertes Brot unter ihren Brüdern.

¹⁰Er verunreinigte auch das Topheth im Tal der Kinder Hinnom, daß niemand seinen Sohn oder seine Tochter dem Moloch durchs Feuer ließ gehen.

¹¹Und tat ab die Rosse, welche die Könige Juda's hatten der Sonne gesetzt am Eingang des Hauses des HERRN, an der Kammer Nethan-Melechs, des Kämmerers, die im Parwarim war; und die Wagen der Sonne verbrannte er mit Feuer.

¹²Und die Altäre auf dem Dach, dem Söller des Ahas, die die Könige Juda's gemacht hatten, und die Altäre, die Manasse gemacht hatte in den zwei Höfen des Hauses des HERRN, brach der König ab, und lief von dannen und warf ihren Staub in den Bach Kidron.

¹³Auch die Höhen, die vor Jerusalem waren, zur Rechten am Berge des Verderbens, die Salomo, der König Israels, gebaut hatte der Asthoreth, dem Greuel von Sidon, und Kamos, dem Greuel von Moab, und Milkom, dem Greuel der Kinder Ammon, verunreinigte der König,

¹⁴und zerbrach die Säulen und rottete aus die Ascherabilder und füllte ihre Stätte mit Menschenknochen.

¹⁵Auch den Altar zu Beth-El, die Höhe, die Jerobeam gemacht hatte, der Sohn Nebats, der Israel sündigen machte, denselben Altar brach er ab und die Höhe und verbrannte die Höhe und machte sie zu Staub und verbrannte das Ascherabild.

¹⁶Und Josia wandte sich und sah die Gräber, die da waren auf dem Berge, und sandte hin und ließ die Knochen aus den Gräbern holen und verbrannte sie auf dem Altar und verunreinigte ihn nach dem Wort des HERRN, das der Mann Gottes ausgerufen hatte, der solches ausrief.

¹⁷Und er sprach: Was ist das für ein Grabmal, das ich sehe? Und die Leute in der Stadt sprachen zu ihm: Es ist das Grab des Mannes Gottes, der von Juda kam und rief solches aus, das du getan hast wider den Altar zu Beth-El.

¹⁸Und er sprach: Laßt ihn liegen; niemand bewege seine Gebeine! Also wurden seine Gebeine errettet mit den Gebeinen des Propheten, der von Samaria gekommen war.

¹⁹Er tat auch weg alle Häuser der Höhen in den Städten Samarias, welche die Könige Israel gemacht hatten, (den HERRN) zu erzürnen, und tat mit ihnen ganz wie er zu Beth-El getan hatte.

²⁰Und er opferte alle Priester der Höhen, die daselbst waren, auf den Altären und verbrannte also Menschengebeine darauf und kam wieder gen Jerusalem.

²¹Und der König gebot dem Volk und sprach: Haltet dem HERRN, eurem Gott, Passah, wie es geschrieben steht in diesem Buch des Bundes!

²²Denn es war kein Passah so gehalten wie dieses von der Richter Zeit an, die Israel gerichtet haben, und in allen Zeiten der Könige Israels und der Könige Juda's;

²³sondern im achtzehnten Jahr des Königs Josia ward dieses Passah gehalten dem HERRN zu Jerusalem.

²⁴Auch fegte Josia aus alle Wahrsager, Zeichendeuter, Bilder und Götzen und alle Greuel, die im Lande Juda und zu Jerusalem gesehen wurden, auf daß er aufrichtete die Worte des Gesetzes, die geschrieben standen im Buch, das Hilkia, der Priester, fand im Hause des HERRN.

²⁵Seinesgleichen war vor ihm kein König gewesen, der so von

ganzem Herzen, von ganzer Seele, von allen Kräften sich zum HERRN bekehrte nach allem Gesetz Mose's; und nach ihm kam seinesgleichen nicht auf.

²⁶Doch kehrte sich der Herr nicht von dem Grimm seines Zorns, mit dem er über Juda erzürnt war um all der Reizungen willen, durch die ihn Manasse gereizt hatte.

²⁷Und der HERR sprach: Ich will Juda auch von meinem Angesicht tun, wie ich Israel weggetan habe, und will diese Stadt verwerfen, die ich erwählt hatte, Jerusalem, und das Haus, davon ich gesagt habe: Mein Namen soll daselbst sein.

²⁸Was aber mehr von Josia zu sagen ist und alles, was er getan hat, siehe, das ist geschrieben in der Chronik der Könige Juda's.

²⁹Zu seiner Zeit zog Pharao Necho, der König in Ägypten, herauf wider den König von Assyrien an das Wasser Euphrat. Aber der König Josia zog ihm entgegen und starb zu Megiddo, da er ihn gesehen hatte.

³⁰Und seine Knechte führten ihn tot von Megiddo und brachten ihn gen Jerusalem und begruben ihn in seinem Grabe. Und das Volk im Lande nahm Joahas, den Sohn Josias, und salbten ihn und machten ihn zum König an seines Vaters Statt.

³¹Dreiundzwanzig Jahre war Joahas alt, da er König ward, und regierte drei Monate zu Jerusalem. Seine Mutter hieß Hamutal, eine Tochter Jeremia's von Libna.

³²Und er tat, was dem HERRN übel gefiel, wie seine Väter getan hatten.

³³Aber Pharao Necho legte ihn ins Gefängnis zu Ribla im Lande Hamath, daß er nicht regieren sollte in Jerusalem, und legte eine Schatzung aufs Land: hundert Zentner Silber und einen Zentner Gold.

³⁴Und Pharao Necho machte zum König Eljakim, den Sohn Josias, anstatt seines Vaters Josia und wandte seinen Namen in Jojakim. Aber Joahas nahm er und brachte ihn nach Ägypten; daselbst starb er.

³⁵Und Jojakim gab das Silber und das Gold Pharao. Doch schätzte er das Land, daß es solches Silber gäbe nach Befehl Pharaos; einen jeglichen nach seinem Vermögen schätzte er am Silber und Gold unter dem Volk im Lande, daß er es dem Pharao Necho gäbe.

³⁶Fünfundzwanzig Jahre alt war Jojakim, da er König ward, und regierte elf Jahre zu Jerusalem. Seine Mutter hieß Sebuda, eine Tochter Pedajas von Ruma.

³⁷Und er tat, was dem HERRN übel gefiel, wie seine Väter getan hatten.

Kapitel 24

¹Zu seiner Zeit zog herauf Nebukadnezar, der König zu Babel, und Jojakim war ihm untertänig drei Jahre; und er wandte sich und ward abtrünnig von ihm.

²Und der HERR ließ auf ihn Kriegsknechte kommen aus Chaldäa, aus Syrien, aus Moab und aus den Kindern Ammon und ließ sie nach Juda kommen, daß sie es verderbten, nach dem Wort des HERRN, das er geredet hatte durch seine Knechte, die Propheten.

³Es geschah aber Juda also nach dem Wort des HERRN, daß er sie von seinem Angesicht täte um der Sünden willen Manasses, die er getan hatte;

⁴auch um des unschuldigen Blutes willen, das er vergoß und machte Jerusalem voll mit unschuldigem Blut, wollte der HERR nicht vergeben.

⁵Was aber mehr zu sagen ist von Jojakim und alles, was er getan hat, siehe, das ist geschrieben in der Chronik der Könige Juda's.

⁶Und Jojakim entschlief mit seinen Vätern. Und sein Sohn Jojachin ward König an seiner Statt.

⁷Und der König von Ägypten zog nicht mehr aus seinem Lande; denn der König zu Babel hatte ihm genommen alles, was dem König zu Ägypten gehörte vom Bach Ägyptens an bis an das Wasser Euphrat.

⁸Achtzehn Jahre alt war Jojachin, da er König ward, und regierte drei Monate zu Jerusalem. Seine Mutter hieß Nehusta, eine Tochter Elnathans von Jerusalem.

⁹Und er tat, was dem HERRN übel gefiel, wie sein Vater getan hatte.

¹⁰Zu der Zeit zogen herauf die Knechte Nebukadnezars, des Königs von Babel, gen Jerusalem und kamen an die Stadt mit Bollwerk.

¹¹Und Nebukadnezar kam zur Stadt, da seine Knechte sie belagerten.

¹²Aber Jojachin, der König Juda's, ging heraus zum König von Babel mit seiner Mutter, mit seinen Knechten, mit seinen Obersten und Kämmerern; und der König von Babel nahm ihn gefangen im achten Jahr seines Königreiches.

¹³Und er nahm von dort heraus alle Schätze im Hause des HERRN und im Hause des Königs und zerschlug alle goldenen Gefäße, die Salomo, der König Israels, gemacht hatte im Tempel des HERRN, wie denn der HERR geredet hatte.

¹⁴Und führte weg das ganze Jerusalem, alle Obersten, alle Gewaltigen, zehntausend Gefangene, und alle Zimmerleute und alle Schmiede und ließ nichts übrig denn geringes Volk des Landes.

¹⁵Und er führte weg Jojachin gen Babel, die Mutter des Königs, die Weiber des Königs und seine Kämmerer; dazu die Mächtigen im Lande führte er auch gefangen von Jerusalem gen Babel,

¹⁶und was der besten Leute waren, siebentausend, und Zimmerleute und Schmiede, tausend, alles starke Kriegsmänner; und der König von Babel brachte sie gen Babel.

¹⁷Und der König von Babel machte Matthanja, Jojachins Oheim, zum König an seiner Statt und wandelte seinen Namen in Zedekia.

¹⁸Einundzwanzig Jahre alt war Zedekia, da er König ward, und regierte elf Jahre zu Jerusalem. Seine Mutter hieß Hamutal, eine Tochter Jeremia's von Libna.

¹⁹Und er tat, was dem HERRN übel gefiel, wie Jojakim getan hatte.

²⁰Denn es geschah also mit Jerusalem und Juda aus dem Zorn des HERRN, bis daß er sie von seinem Angesicht würfe. Und Zedekia ward abtrünnig vom König zu Babel.

Kapitel 25

¹Und es begab sich im neunten Jahr seines Königreichs, am zehnten Tag des zehnten Monats, kam Nebukadnezar, der König zu Babel, mit aller seiner Macht wider Jerusalem; und sie lagerten sich dawider und bauten Bollwerke darum her.

²Also ward die Stadt belagert bis ins elfte Jahr des Königs Zedekia.

³Aber am neunten Tag des (vierten) Monats ward der Hunger stark in der Stadt, daß das Volk des Landes nichts zu essen hatte.

⁴Da brach man in die Stadt; und alle Kriegsmänner flohen bei der Nacht auf dem Wege durch das Tor zwischen zwei Mauern, der zu des Königs Garten geht. Aber die Chaldäer lagen um die Stadt. Und er floh des Weges zum blachen Felde.

⁵Aber die Macht der Chaldäer jagte dem König nach, und sie ergriffen ihn im blachen Felde zu Jericho, und alle Kriegsleute, die bei ihm waren, wurden von ihm zerstreut.

⁶Sie aber griffen den König und führten ihn hinauf zum König von Babel gen Ribla; und sie sprachen ein Urteil über ihn.

⁷Und sie schlachteten die Kinder Zedekias vor seinen Augen und blendeten Zedekia die Augen und banden ihn mit Ketten und führten ihn gen Babel.

⁸Am siebenten Tag des fünften Monats, das ist das neunzehnte Jahr Nebukadnezars, des Königs zu Babel, kam Nebusaradan, der Hauptmann der Trabanten, des Königs zu Babels Knecht, gen Jerusalem

⁹und verbrannte das Haus des HERRN und das Haus des Königs und alle Häuser zu Jerusalem; alle großen Häuser verbrannte er mit Feuer.

¹⁰Und die ganze Macht der Chaldäer, die mit dem Hauptmann war, zerbrach die Mauer um Jerusalem her.

¹¹Das andere Volk aber, das übrig war in der Stadt, und die zum König von Babel fielen, und den andern Haufen führte Nebusaradan, der Hauptmann, weg.

¹²Und von den Geringsten im Lande ließ der Hauptmann Weingärtner und Ackerleute.

¹³Aber die ehernen Säulen am Hause des HERRN und die Gestühle und das eherne Meer, das am Hause des HERRN war, zerbrachen die Chaldäer und führten das Erz gen Babel.

¹⁴Und die Töpfe, Schaufeln, Messer, Löffel und alle ehernen Gefäße, womit man diente, nahmen sie weg.

¹⁵Dazu nahm der Hauptmann die Pfannen und Becken, was golden und silbern war,

¹⁶die zwei Säulen, das Meer und das Gestühle, das Salomo gemacht hatte zum Hause des HERRN. Es war nicht zu wägen das Erz aller dieser Gefäße.

¹⁷Achtzehn Ellen hoch war eine Säule, und ihr Knauf darauf war auch ehern und drei Ellen hoch, und das Gitterwerk und die Granatäpfel an dem Knauf umher war alles ehern. Auf diese Weise war auch die andere Säule mit dem Gitterwerk.

¹⁸Und der Hauptmann nahm den Obersten Priester Seraja und den Priester Zephania, den nächsten nach ihm, und die drei Türhüter

¹⁹und einen Kämmerer aus der Stadt, der gesetzt war über die Kriegsmänner, und fünf Männer, die stets vor dem König waren, die in der Stadt gefunden wurden, und den Schreiber des Feldhauptmanns, der das Volk im Lande zum Heer aufbot, und sechzig Mann vom Volk auf dem Lande, die in der Stadt gefunden wurden;

²⁰diese brachte Nebusaradan, der Hauptmann, und brachte sie zum

König von Babel zu Ribla.

²¹Und der König von Babel schlug sie tot zu Ribla im Lande Hamath. Also ward Juda weggeführt aus seinem Lande.

²²Aber über das übrige Volk im Lande Juda, das Nebukadnezar, der König von Babel, übrigließ, setzte er Gedalja, den Sohn Ahikams, des Sohnes Saphans.

²³Da nun alle Hauptleute des Kriegsvolks und die Männer hörten, daß der König von Babel Gedalja eingesetzt hatte, kamen sie zu Gedalja gen Mizpa, nämlich Ismael, der Sohn Nethanjas, und Johanan, der Sohn Kareahs, und Seraja, der Sohn Thanhumeths, der Netophathiter, und Jaasanja, der Sohn des Maachathiters, samt ihren Männern.

²⁴Und Gedalja schwur ihnen und ihren Männern und sprach zu ihnen: Fürchtet euch nicht, untertan zu sein den Chaldäern; bleibet im Lande und seid untertänig dem König von Babel, so wird's euch wohl gehen!

²⁵Aber im siebenten Monat kam Ismael, der Sohn Nethanjas, des Sohnes Elisamas, vom königlichen Geschlecht, und zehn Männer mit ihm, und sie schlugen Gedalja tot, dazu die Juden und Chaldäer, die bei ihm waren zu Mizpa.

²⁶Da machte sich auf alles Volk, klein und groß, und die Obersten des Kriegsvolks und kamen nach Ägypten; denn sie fürchteten sich vor den Chaldäern.

²⁷Aber im siebenunddreißigsten Jahr, nachdem Jojachin, der König Juda's, weggeführt war, am siebenundzwanzigsten Tag des zwölften Monats, hob Evil-Merodach, der König zu Babel im ersten Jahr seines Königreichs das Haupt Jojachins, des Königs Juda's, aus dem Kerker hervor

²⁸und redete freundlich mit ihm und setzte seinen Stuhl über die Stühle der Könige, die bei ihm waren zu Babel,

²⁹und wandelte die Kleider seines Gefängnisses, und er aß allewege vor ihm sein Leben lang;

³⁰und es ward ihm ein Teil bestimmt, das man ihm allewege gab vom König, auf einen jeglichen Tag sein ganzes Leben lang.

1 Chronik

Kapitel 1

¹Adam, Seth, Enos,
²Kenan, Mahalaleel, Jared,
³Henoch, Methusalah, Lamech,
⁴Noah, Sem, Ham, Japheth.
⁵Die Kinder Japheths sind diese: Gomer, Magog, Madai, Javan, Thubal, Mesech, Thiras.
⁶Die Kinder aber Gomers sind: Askenas, Riphath, Thogarma.
⁷Die Kinder Javans sind: Elisa, Tharsisa, die Chittiter, die Dodaniter.
⁸Die Kinder Hams sind: Chus, Mizraim, Put, Kanaan.
⁹Die Kinder aber von Chus sind: Seba, Hevila, Sabtha, Ragma, Sabthecha. Die Kinder aber Ragmas sind: Saba und Dedan.
¹⁰Chus aber zeugte Nimrod; der fing an, gewaltig zu sein auf Erden.
¹¹Mizraim zeugte die Luditer, die Anamiter, die Lehabiter, die Naphthuhiter,
¹²die Pathrusiter, die Kasluhiter, von welchen sind ausgegangen die Philister, und die Kaphthoriter.
¹³Kanaan aber zeugte Sidon, seinen ersten Sohn und Heth,
¹⁴den Jebusiter, den Amoriter, den Girgasiter,
¹⁵den Heviter, den Arkiter, den Siniter,
¹⁶den Arvaditer, den Zemariter und den Hamathiter.
¹⁷Die Kinder Sems sind diese: Elam, Assur, Arphachsad, Lud, Aram, Uz, Hul, Gether und Mesech.
¹⁸Arphachsad aber zeugte Salah; Salah zeugte Eber.
¹⁹Eber aber wurden zwei Söhne geboren: der eine hieß Peleg, darum daß zu seiner Zeit das Land zerteilt ward, und sein Bruder hieß Joktan.
²⁰Joktan aber zeugte Almodad, Saleph, Hazarmaveth, Jarah,
²¹Hadoram, Usal, Dikla,
²²Ebal, Abimael, Saba,
²³Ophir, Hevila, und Jobab. Diese alle sind Kinder Joktans.
²⁴Sem, Arphachsad, Salah,
²⁵Eber, Peleg, Regu,
²⁶Serug, Nahor, Tharah,
²⁷Abram, das ist Abraham.
²⁸Die Kinder aber Abrahams sind: Isaak und Ismael.
²⁹Dies ist ihr Geschlecht: der erste Sohn Ismaels, Nebajoth, Kedar, Adbeel, Mibsam,
³⁰Misma, Duma, Massa, Hadad, Thema,
³¹Jetur, Naphis, Kedma. Das sind die Kinder Ismaels.
³²Die Kinder aber Keturas, des Kebsweibs Abraham: die gebar Simran, Joksan, Medan, Midian, Jesbak, Suah. Aber die Kinder Joksans sind: Saba und Dedan.
³³Und die Kinder Midians sind: Epha, Epher, Hanoch, Abida, Eldaa. Diese alle sind Kinder der Ketura.
³⁴Abraham zeugte Isaak. Die Kinder aber Isaaks sind: Esau und Israel.
³⁵Die Kinder Esaus sind: Eliphas, Reguel, Jeus, Jaelam, Korah.
³⁶Die Kinder Eliphas sind: Theman, Omar, Zephi, Gaetham, Kenas, Thimna, Amalek.
³⁷Die Kinder Reguels sind: Nahath, Serah, Samma und Missa.
³⁸Die Kinder Seirs sind: Lotan, Sobal, Zibeon, Ana, Dison, Ezer, Disan.
³⁹Die Kinder Lotans sind: Hori, Homam; und Thimna war eine Schwester Lotans.
⁴⁰Die Kinder Sobals sind: Aljan, Manahath, Ebal, Sephi, Onam. Die Kinder Zibeons sind: Aja und Ana.
⁴¹Die Kinder Anas: Dison. Die Kinder Disons sind: Hamran, Esban, Jethran, Cheran.
⁴²Die Kinder Ezers sind: Bilhan, Saawan, Jaakan. Die Kinder Disans sind: Uz und Aran.
⁴³Die sind die Könige die regiert haben im Lande Edom, ehe denn ein König regierte unter den Kindern Israel; Bela, der Sohn Beors; und seine Stadt hieß Dinhaba.
⁴⁴Und da Bela starb, ward König an seiner Statt Jobab, der Sohn Serahs von Bozra.
⁴⁵Und da Jobab starb, ward König an seiner Statt Husam aus der Themaniter Lande.
⁴⁶Da Husam starb, ward König an seiner Statt Hadad, der Sohn Bedads der die Midianiter schlug in der Moabiter Feld; und seine Stadt hieß Awith.
⁴⁷Da Hadad starb, ward König an seiner Statt Samla von Masrek.
⁴⁸Da Samla starb, ward König an seiner Statt Saul von Rehoboth am Strom.
⁴⁹Da Saul starb, ward König an seiner Statt Baal-Hanan, der Sohn Achbors.
⁵⁰Da Baal-Hanan starb, ward König an seiner Statt Hadad, und seine Stadt hieß Pagi; und sein Weib hieß Mehetabeel, eine Tochter Matreds, die Mesahabs Tochter war.
⁵¹Da aber Hadad starb, wurden Fürsten zu Edom: Fürst Thimna, Fürst Alwa, Fürst Jetheth,
⁵²Fürst Oholibama, Fürst Ela, Fürst Pinon,
⁵³Fürst Kenas, Fürst Theman, Fürst Mizbar,
⁵⁴Fürst Magdiel, Fürst Iram. Das sind die Fürsten zu Edom.

Kapitel 2

¹Dies sind die Kinder Israels: Ruben, Simeon, Levi, Juda, Isaschar, Sebulon,
²Dan, Joseph, Benjamin, Naphthali, Gad, Asser.
³Die Kinder Juda's sind: Ger, Onan, Sela. Die drei wurden ihm geboren von der Kanaanitin, der Tochter Suas. Ger aber, der erste Sohn Juda's, war böse vor dem HERRN; darum tötete er ihn.
⁴Thamar aber, seine Schwiegertochter, gebar ihm Perez und Serah, daß aller Kinder Juda's waren fünf.
⁵Die Kinder des Perez sind: Hezron und Hamul.
⁶Die Kinder aber Serahs sind: Simri, Ethan, Heman, Chalkol, Dara. Diese alle sind fünf.
⁷Die Kinder Charmis sind Achan, welcher Israel betrübte, da er sich am Verbannten vergriff.
⁸Die Kinder Ethans sind: Asarja.
⁹Die Kinder aber Hezrons, die ihm geboren, sind: Jerahmeel, Ram, Chalubai.
¹⁰Ram aber zeugte Amminadab. Amminadab zeugte Nahesson, den Fürsten der Kinder Juda.
¹¹Nahesson zeugte Salma. Salma zeugte Boas.
¹²Boas zeugte Obed. Obed zeugte Isai.
¹³Isai zeugte seinen ersten Sohn Eliab; Abinadab, den zweiten; Simea, den dritten;
¹⁴Nathanel, den vierten; Raddai, den fünften;
¹⁵Ozem, den sechsten; David, den siebenten.
¹⁶Und ihre Schwestern waren: Zeruja und Abigail. Die Kinder Zerujas sind Abisai, Joab, Asahael, die drei.
¹⁷Abigail aber gebar Amasa. Der Vater aber Amasas war Jether, ein Ismaeliter.
¹⁸Kaleb, der Sohn Hezrons, zeugte mit Asuba, seiner Frau, und mit Jerigoth; und dies sind derselben Kinder: Jeser, Sobab und Ardon.
¹⁹Da aber Asuba starb, nahm Kaleb Ephrath; die gebar ihm Hur.
²⁰Hur zeugte Uri. Uri zeugte Bezaleel.
²¹Darnach kam Hezron zu der Tochter Machirs, des Vaters Gileads, und er nahm sie, da er sechzig Jahre alt war; und sie gebar ihm Segub.
²²Segub aber zeugte Jair; der hatte dreiundzwanzig Städte im Lande Gilead.
²³Aber die Gessuriter und Syrer nahmen ihnen die Flecken Jairs, dazu Kenath mit seinen Ortschaften, sechzig Städte. Diese alle sind Kinder Machirs, des Vaters Gileads.
²⁴Nach dem Tode Hezrons in Kaleb Ephratha gebar Hezrons Weib Abia ihm Ashur, den Vater Thekoas.
²⁵Jerahmeel, der erste Sohn Hezrons, hatte Kinder: den ersten, Ram, Buna, Oren und Ozem und Ahia.
²⁶Und Jerahmeel hatte noch ein anderes Weib, die hieß Atara; die ist die Mutter Onams.
²⁷Die Kinder aber Rams, des ersten Sohnes Jerahmeels, sind: Maaz, Jamin und Eker.
²⁸Aber Onam hatte Kinder: Sammai und Jada. Die Kinder aber Sammais sind: Nadab und Abisur.
²⁹Das Weib aber Abisurs hieß Abihail, die gebar Achban und Molid.
³⁰Die Kinder aber Nadabs sind: Seled und Appaim; und Seled starb ohne Kinder.
³¹Die Kinder Appaims sind: Jesai. Die Kinder Jesais sind: Sesan. Die Kinder Sesans sind: Ahelai.
³²Die Kinder aber Jadas, des Bruders Sammais, sind: Jether und Jonathan; Jether aber starb ohne Kinder.
³³Die Kinder aber Jonathans sind: Peleth und Sasa. Das sind die Kinder Jerahmeels.

³⁴Sesan aber hatte nicht Söhne, sondern Töchter. Und Sesan hatte einen ägyptischen Knecht, der hieß Jarha.

³⁵Und Sesan gab Jarha, seinem Knecht seine Tochter zum Weibe; die gebar ihm Atthai.

³⁶Atthai zeugte Nathan. Nathan zeugte Sabad.

³⁷Sabad zeugte Ephlal. Ephlal zeugte Obed.

³⁸Obed zeugte Jehu. Jehu zeugte Asarja.

³⁹Asarja zeugte Helez. Helez zeugte Eleasa.

⁴⁰Eleasa zeugte Sisemai. Sisemai zeugte Sallum.

⁴¹Sallum zeugte Jekamja. Jekamja zeugte Elisama.

⁴²Die Kinder Kalebs, des Bruder Jerahmeels, sind: Mesa, sein erster Sohn, der ist der Vater Siphs, und die Kinder Maresas, des Vaters Hebrons.

⁴³Die Kinder aber Hebrons sind: Korah, Tappuah, Rekem und Sama.

⁴⁴Sama aber zeugte Raham, den Vater Jorkeams. Rekem zeugte Sammai.

⁴⁵Der Sohn aber Sammais hieß Maon, und Maon war der Vater Beth-Zurs.

⁴⁶Epha aber, das Kebsweib Kalebs, gebar Haran, Moza und Gases. Haran aber zeugte Gases.

⁴⁷Die Kinder aber Jahdais sind: Regem, Jotham, Gesan, Pelet, Epha und Saaph.

⁴⁸Aber Maacha, das Kebsweib Kalebs, gebar Seber und Thirhena

⁴⁹und gebar auch Saaph, den Vater Madmannas, und Sewa, den Vater Machbenas und den Vater Gibeas. Aber Achsa war Kalebs Tochter.

⁵⁰Dies waren die Kinder Kalebs: die Söhne Hurs, des ersten Sohn's von der Ephratha: Sobal, der Vater Kirjath-Jearims;

⁵¹Salma, der Vater Bethlehems; Hareph, der Vater Bethgaders.

⁵²Und Sobal, der Vater Kirjath-Jearims, hatte Söhne: Haroe und die Hälfte der Manahthiter.

⁵³Die Freundschaften aber zu Kirjath-Jearim waren die Jethriter, Puthiter, Sumathiter und Misraiter. Von diesen sind ausgegangen die Zorathiter und Esthaoliter.

⁵⁴Die Kinder Salmas sind Bethlehem und die Netophathiter, Atharoth des Hauses Joabs und die Hälfte der Manahthiter, das sind die Zoraiter.

⁵⁵Und die Freundschaften der Schreiber, die zu Jabez wohnten, sind die Threathiter, Simeathiter, Suchathiter. Das sind die Kiniter, die da gekommen sind von Hammath, dem Vater des Hauses Rechabs.

Kapitel 3

¹Die sind die Kinder Davids, die ihm zu Hebron geboren sind: der erste: Amnon, von Ahinoam, der Jesreelitin; der zweite: Daniel, von Abigail, der Karmelitin;

²der dritte: Absalom, der Sohn Maachas, der Tochter Thalmais, des Königs zu Gessur; der vierte: Adonia, der Sohn Haggiths;

³der fünfte: Sephatja, von Abital; der sechste: Jethream, von seinem Weibe Egla.

⁴Diese sechs sind ihm geboren zu Hebron; denn er regierte daselbst sieben Jahre und sechs Monate; aber zu Jerusalem regierte er dreiunddreißig Jahre.

⁵Und diese sind ihm geboren zu Jerusalem: Simea, Sobab, Nathan, Salomo, die vier von Bath-Sua, der Tochter Ammiels;

⁶dazu Jibhar, Elisama, Eliphelet,

⁷Nogah, Nepheg, Japhia,

⁸Elisama, Eljada, Eliphelet, die neun.

⁹Das sind alles Kinder Davids, ohne was der Kebsweiber Kinder waren. Und Thamar war ihre Schwester.

¹⁰Salomos Sohn war Rehabeam; des Sohn war Abia; des Sohn war Asa; des Sohn war Josaphat;

¹¹des Sohn war Joram; des Sohn war Ahasja; des Sohn war Joas;

¹²des Sohn war Amazja; des Sohn war Asarja; des Sohn war Jotham;

¹³des Sohn war Ahas; des Sohn war Hiskia; des Sohn war Manasse;

¹⁴des Sohn war Amon; des Sohn war Josia.

¹⁵Josias Söhne aber waren: der erste: Johanan, der zweite: Jojakim, der dritte: Zedekia, der vierte: Sallum.

¹⁶Aber die Kinder Jojakims waren: Jechonja; des Sohnes war Zedekia.

¹⁷Die Kinder aber Jechonjas, der gefangen ward, waren Sealthiel,

¹⁸Malchiram, Pedaja, Seneazzar, Jekamja, Hosama, Nedabja.

¹⁹Die Kinder Pedajas waren: Serubabel und Simei. Die Kinder Serubabels waren: Mesullam und Hananja und ihre Schwester Selomith;

²⁰dazu Hasuba, Ohel, Berechja, Hasadja, Jusab-Hesed, die fünf.

²¹Die Kinder aber Hananjas waren: Pelatja und Jesaja, die Söhne Rephajas, die Söhne Arnans, die Söhne Obadja, die Söhne Sechanjas.

²²Die Kinder aber Sechanjas waren Semaja. Die Kinder Semajas waren: Hattus, Jigeal, Bariah, Nearja, Saphat, die sechs.

²³Die Kinder aber Nearjas waren: Eljoenai, Hiskia, Asrikam, die drei.

²⁴Die Kinder aber Eljoenais waren: Hodavja, Eljasib, Pelaja, Akkub, Johanan, Delaja, Anani, die sieben.

Kapitel 4

¹Die Kinder Juda's waren: Perez, Hezron, Karmi, Hur und Sobal.

²Reaja aber, der Sohn Sobals, zeugte Jahath. Jahath zeugte Ahumai und Lahad. Das sind die Freundschaften der Zorathiter.

³Und dies ist der Stamm des Vaters Etams: Jesreel, Jisma, Jidbas; und ihre Schwester hieß Hazlelponi;

⁴und Pnuel, der Vater Gedors, und Eser, der Vater Husas. Das sind die Kinder Hurs, des ersten Sohnes der Ephrata, des Vaters Bethlehems.

⁵Ashur aber, der Vater Thekoas, hatte zwei Weiber: Helea und Naera.

⁶Und Naera gebar ihm Ahussam, Hepher, Themni, Ahastari. Das sind die Kinder Naeras.

⁷Aber die Kinder Heleas waren: Zereth, Jizhar und Ethnan.

⁸Koz aber zeugte Anub und Hazobeba und die Freundschaft Aharhels, des Sohnes Harums.

⁹Jaebez aber war herrlicher denn seine Brüder; und seine Mutter hieß ihn Jaebez, denn sie sprach: Ich habe ihn mit Kummer geboren.

¹⁰Und Jaebez rief den Gott Israels an und sprach: Ach, daß du mich segnetest und meine Grenze mehrtest und deine Hand mit mir wäre und schaffetst mit dem Übel, daß mich's nicht bekümmere! Und Gott ließ kommen, was er bat.

¹¹Kalub aber, der Bruder Suhas, zeugte Mehir; der ist der Vater Esthons.

¹²Esthon aber zeugte Beth-Rapha, Paseah und Thehinna, den Vater der Stadt Nahas; das sind die Männer von Recha.

¹³Die Kinder des Kenas waren: Othniel und Seraja. Die Kinder aber Othniels waren: Hathath.

¹⁴Und Meonothai zeuget Ophra. Und Seraja zeugte Joab, den Vater des Tals der Zimmerleute; denn sie waren Zimmerleute.

¹⁵Die Kinder aber Kalebs, des Sohnes Jephunnes, waren: Iru, Ela und Naam und die Kinder des Ela und Kenas.

¹⁶Die Kinder aber Jehallel-Els waren Siph, Sipha, Thirja und Asareel.

¹⁷Die Kinder aber Esras waren: Jether, Mered, Epher und Jalon. Und das sind die Kinder Bithjas, der Tochter Pharaos, die der Mered nahm: sie gebar Mirjam, Sammai, Jesbah, den Vater Esthemoas.

¹⁸Und sein jüdisches Weib gebar Jered, den Vater Gedors; Heber, den Vater Sochos; Jekuthiel, den Vater Sanoahs.

¹⁹Die Kinder des Weibes Hodijas, der Schwester Nahams, waren: der Vater Kegilas, der Garmiter, und Esthemoa, der Maachathiter.

²⁰Die Kinder Simons waren: Amnon und Rinna, Ben-Hanan und Thilon. Die Kinder Jeseis waren: Soheth und Ben-Soheth.

²¹Die Kinder aber Selas, des Sohnes Juda's, waren: Ger, der Vater Lechas, Laeda, der Vater Maresas, und die Freundschaft der Leinweber von dem Hause Asbeas;

²²dazu Jokim und die Männer von Koseba, und Joas und Saraph, die da Herren wurden über Moab, und sie kehrten nach Lahem zurück, wie die alte Rede lautet.

²³Sie waren Töpfer und wohnten unter Pflanzungen und Zäunen bei dem König zu seinem Geschäft und blieben daselbst.

²⁴Die Kinder Simeons waren: Nemuel, Jamin, Jarib, Serah, Saul;

²⁵des Sohn war Sallum; des Sohn war Mibsam; des Sohn war Mismas.

²⁶Die Kinder aber Mismas waren: Hammuel; des Sohn war Sakkur; des Sohn war Simei.

²⁷Und Simei hatte sechzehn Söhne und sechs Töchter; aber seine Brüder hatten nicht viel Kinder, und alle ihre Freundschaften mehrten sich nicht so wie die Kinder Juda's.

²⁸Sie wohnten aber zu Beer-Seba, Molada, Hazar-Sual,

²⁹Bilha, Ezem, Tholad,

³⁰Bethuel, Horma, Ziklag,

³¹Beth-Markaboth, Hasar-Susim, Beth-Birei, Saaraim. Dies waren ihre Städte bis auf den König David, dazu ihre Dörfer.

³²Etam, Ain, Rimmon, Thochen, Asan, die fünf Städte,

³³und alle Dörfer, die um diese Städte her waren, bis gen Baal; das ist ihre Wohnung, und sie hatten ihr eigenes Geschlechtsregister.

³⁴Und Mesobab, Jamlech, Josa, der Sohn Amazjas,

³⁵Joel, Jehu, der Sohn Josibjas, des Sohnes Serajas, des Sohnes

Asiels,

³⁶Eljoenai, Jaekoba, Jesohaja, Asaja, Adiel, Ismeel und Benaja,

³⁷Sisa, der Sohn Siphels, des Sohnes Allons, des Sohnes Jedajas, des Sohnes Simris, des Sohnes Semajas:

³⁸diese, die mit Namen genannt sind, waren Fürsten in ihren Geschlechtern; und ihre Vaterhäuser breiteten sich aus in die Menge.

³⁹Und sie zogen hin, daß sie gen Gedor kämen, bis gegen Morgen des Tals, daß sie Weide suchten für ihre Schafe,

⁴⁰und fanden fette und gute Weide und ein Land, weit von Raum, still und ruhig; denn vormals wohnten daselbst die von Ham.

⁴¹Und die jetzt mit Namen aufgezeichnet sind, kamen zur Zeit Hiskias, des Königs Juda's, und schlugen jener Hütten und die Meuniter, die daselbst gefunden wurden, und verbannte sie bis auf diesen Tag und wohnten an ihrer Statt; denn es war Weide daselbst für ihre Schafe.

⁴²Auch gingen aus ihnen, aus den Kindern Simeons, fünfhundert Männer zu dem Gebirge Seir mit ihren Obersten: Pelatja, Nearja, Rephaja und Usiel, den Kindern Jeseis,

⁴³und schlugen die übrigen Entronnenen der Amalekiter und wohnten daselbst bis auf diesen Tag.

Kapitel 5

¹Die Kinder Rubens, des ersten Sohnes Israels (denn er war der erste Sohn; aber damit, daß er seines Vaters Bett entweihte, war seine Erstgeburt gegeben den Kinder Josephs, des Sohnes Israels, und er ward nicht aufgezeichnet zur Erstgeburt;

²denn Juda, der mächtig war unter seinen Brüdern, dem ward das Fürstentum vor ihm gegeben, und Joseph die Erstgeburt).

³So sind nun die Kinder Rubens, des ersten Sohnes Israels: Henoch, Pallu, Hezron und Charmi.

⁴Die Kinder aber Joels waren: Semaja; des Sohnes war Gog; des Sohnes war Simei;

⁵des Sohn war Micha; des Sohn war Reaja; des Sohn war Baal;

⁶des Sohn war Beera, welchen gefangen wegführte Thilgath-Pilneser, der König von Assyrien; er aber war ein Fürst unter den Rubenitern.

⁷Aber seine Brüder unter seinen Geschlechtern, da sie nach ihrer Geburt aufgezeichnet wurden, waren: Jeiel, der Oberste, und Sacharja,

⁸und Bela, der Sohn des Asas, des Sohnes Semas, des Sohnes Joels; der wohnte zu Aroer und bis gen Nebo und Baal-Meon

⁹und wohnte gegen Aufgang, bis man kommt an die Wüste am Wasser Euphrat; denn ihres Viehs war viel im Lande Gilead.

¹⁰Und zur Zeit Sauls führten sie Krieg wider die Hagariter, daß sie fielen durch ihre Hand, und wohnten in deren Hütten auf der ganzen Morgengrenze von Gilead.

¹¹Die Kinder Gads aber wohnten ihnen gegenüber im Lande Basan bis gen Salcha:

¹²Joel, der Vornehmste, und Sapham, der andere, Jaenai und Saphat zu Basan.

¹³Und ihre Brüder nach ihren Vaterhäusern waren: Michael, Mesullam, Seba, Jorai, Jaekan, Sia und Eber, die sieben.

¹⁴Dies sind die Kinder Abihails, des Sohnes Huris, des Sohnes Jaroahs, des Sohnes Gileads, des Sohnes Michaels, des Sohnes Jesisais, des Sohnes Jahdos, des Sohnes Bus.

¹⁵Ahi, der Sohn Abdiels, des Sohnes Gunis, war ein Oberster in ihren Vaterhäusern,

¹⁶und sie wohnten zu Gilead in Basan und in seinen Ortschaften und in allen Fluren Sarons bis an ihre Enden.

¹⁷Diese wurden alle aufgezeichnet zur Zeit Jothams, des König in Juda, und Jerobeams, des Königs über Israel.

¹⁸Der Kinder Ruben, der Gaditer und des halben Stammes Manasse, was streitbare Männer waren, die Schild und Schwert führen und Bogen spannen konnten und streitkundig waren, deren waren vierundvierzigtausend und siebenhundertundsechzig die ins Heer zogen.

¹⁹Und sie stritten mit den Hagaritern und mit Jetur, Naphis und Nodab;

²⁰und es ward ihnen geholfen wider sie, und die Hagariter wurden gegeben in ihre Hände und alle, die mit ihnen waren. Denn sie schrieen zu Gott im Streit, und er ließ sich erbitten; denn sie vertrauten ihm.

²¹Und sie führten weg ihr Vieh, fünftausend Kamele, zweihundertfünfzigtausend Schafe, zweitausend Esel, und hunderttausend Menschenseelen.

²²Denn es fielen viele Verwundete; denn der Streit war von Gott. Und sie wohnten an ihrer Statt bis zur Zeit, da sie gefangen weggeführt wurden.

²³Die Kinder aber des halben Stammes Manasse wohnten im Lande von Basan an bis gen Baal-Hermon und Senir und den Berg Hermon; und ihrer waren viel.

²⁴Und diese waren die Häupter ihrer Vaterhäuser: Epher, Jesei, Eliel, Asriel, Jeremia, Hodavja, Jahdiel, gewaltige Männer und berühmte Häupter in ihren Vaterhäusern.

²⁵Und da sie sich an dem Gott ihrer Väter versündigten und abfielen zu den Götzen der Völker im Lande, die Gott vor ihnen vertilgt hatte,

²⁶erweckte der Gott Israels den Geist Phuls, des Königs von Assyrien, und den Geist Thilgath-Pilnesers, des Königs von Assyrien; der führte weg die Rubeniter, Gaditer und den halben Stamm Manasse und brachte sie gen Halah und an den Habor und gen Hara und an das Wasser Gosan bis auf diesen Tag.

Kapitel 6

¹Die Kinder Levis waren: Gerson, Kahath und Merari.

²Die Kinder aber Kahaths waren: Amram, Jizhar, Hebron und Usiel.

³Die Kinder Amrams waren: Aaron, Mose und Mirjam. Die Kinder Aaron waren: Nadab, Abihu, Eleasar und Ithamar.

⁴Eleasar zeugte Pinehas. Pinehas zeugte Abisua.

⁵Abisua zeugte Bukki. Bukki zeugte Usi.

⁶Usi zeugte Serahja. Serahja zeugte Merajoth.

⁷Merajoth zeugte Amarja. Amarja zeugte Ahitob.

⁸Ahitob zeugte Zadok. Zadok zeugte Ahimaaz.

⁹Ahimaaz zeugte Asarja. Asarja zeugte Johanan.

¹⁰Johanan zeugte Asarja, den, der Priester war in dem Hause, das Salomo baute zu Jerusalem.

¹¹Asarja zeugte Amarja. Amarja zeugte Ahitob.

¹²Ahitob zeugte Zadok. Zadok zeugte Sallum.

¹³Sallum zeugte Hilkia. Hilkia zeugte Asarja.

¹⁴Asarja zeugte Seraja. Seraja zeugte Jozadak.

¹⁵Jozadak aber ward mit weggeführt, da der HERR Juda und Jerusalem durch Nebukadnezar ließ gefangen wegführen.

¹⁶So sind nun die Kinder Levi diese: Gerson, Kahath, Merari.

¹⁷So heißen aber die Kinder Gersons: Libni und Simei.

¹⁸Aber die Kinder Kahaths heißen: Amram, Jizhar, Hebron und Usiel.

¹⁹Die Kinder Meraris heißen: Maheli und Musi. Das sind die Geschlechter der Leviten nach ihren Vaterhäusern.

²⁰Gerson Sohn war Libni; des Sohn war Jahath; des Sohn war Simma;

²¹des Sohn war Joah; des Sohn war Iddo; des Sohn war Serah; des Sohn war Jeathrai.

²²Kahaths Sohn aber war Aminadab; des Sohn war Korah; des Sohn war Assir;

²³des Sohn war Elkana; des Sohn war Abiasaph; des Sohn war Assir;

²⁴des Sohn war Thahat; des Sohn war Uriel; des Sohn war Usia; des Sohn war Saul.

²⁵Die Kinder Elkanas waren: Amasai und Ahimoth;

²⁶des Sohn war Elkana; des Sohn war Elkana von Zoph; des Sohn war Nahath;

²⁷des Sohn war Eliab; des Sohn war Jeroham; des Sohn war Elkana.

²⁸Und die Kinder Samuels waren: der Erstgeborene Vasni und Abia.

²⁹Meraris Sohn war Maheli; des Sohn war Libni; des Sohn war Simei; des Sohn war Usa;

³⁰des Sohn war Simea; des Sohn war Haggia; des Sohn war Asaja.

³¹Dies sind aber, die David bestellte, zu singen im Hause des HERRN, als die Lade des Bundes zur Ruhe gekommen war;

³²und sie dienten vor der Wohnung der Hütte des Stifts mit Singen, bis daß Salomo das Haus des HERRN baute zu Jerusalem, und standen nach ihrer Weise in ihrem Amt.

³³Und dies sind sie, die da standen, und ihre Kinder: Von den Kindern Kahaths war Heman, der Sänger, der Sohn Joels, des Sohnes Samuel;

³⁴des Sohnes Elkanas, des Sohnes Jerohams, des Sohnes Eliels, des Sohnes Thoahs,

³⁵des Sohnes Zuphs, des Sohnes Elkanas, des Sohnes Mahaths, des Sohnes Amasais,

³⁶des Sohnes Elkanas, des Sohnes Joels, des Sohnes Asarjas, des Sohnes Zephanjas,

³⁷des Sohnes Thahaths, des Sohnes Assirs, des Sohnes Abiasaphs, des Sohnes Korahs,

³⁸des Sohnes Jizhars, des Sohnes Kahaths, des Sohnes Levis, des Sohnes Israels.

³⁹Und sein Bruder Asaph stand zu seiner Rechten. Und er, der

Asaph, war ein Sohn Berechjas, des Sohnes Simeas,
⁴⁰des Sohnes Michaels, des Sohnes Baesejas, des Sohnes Malchias,
⁴¹des Sohnes Athnis, des Sohnes Serahs, des Sohnes Adajas,
⁴²des Sohnes Ethans, des Sohnes Simmas, des Sohnes Simeis,
⁴³des Sohnes Jahats, des Sohnes Gersons, des Sohnes Levis.
⁴⁴Ihre Brüder aber, die Kinder Meraris, standen zur Linken: nämlich Ethan, der Sohn Kusis, des Sohnes Abdis, des Sohnes Malluchs,
⁴⁵des Sohnes Hasabjas, des Sohnes Amazjas, des Sohnes Hilkias,
⁴⁶des Sohnes Amzis, des Sohnes Banis, des Sohnes Semers,
⁴⁷des Sohnes Mahelis, des Sohnes Musis, des Sohnes Meraris, des Sohnes Levis.
⁴⁸Ihre Brüder aber, die Leviten, waren gegeben zu allerlei Amt an der Wohnung des Hauses Gottes.
⁴⁹Aaron aber und seine Söhne waren im Amt, anzuzünden auf dem Brandopferaltar und auf dem Räucheraltar und zu allem Geschäft im Allerheiligsten und zu versöhnen Israel, wie Mose, der Knecht Gottes, geboten hatte.
⁵⁰Dies sind aber die Kinder Aarons: Eleasar, sein Sohn: des Sohn war Pinehas; des Sohn war Abisua;
⁵¹des Sohn war Bukki, des Sohn war Usi; des Sohn war Serahja;
⁵²des Sohn war Merajoth; des Sohn war Amarja; des Sohn war Ahitob;
⁵³des Sohn war Zadok; des Sohn war Ahimaaz.
⁵⁴Und dies ist ihre Wohnung und Sitz in ihren Grenzen, nämlich der Kinder Aaron, des Geschlechts der Kahathiter; denn das Los fiel ihnen zu,
⁵⁵und sie gaben ihnen Hebron im Lande Juda und desselben Vorstädte umher.
⁵⁶Aber das Feld der Stadt und ihre Dörfer gaben sie Kaleb, dem Sohn Jephunnes.
⁵⁷So gaben sie nun den Kinder Aaron die Freistädte Hebron und Libna samt ihren Vorstädten, Jatthir und Esthemoa mit ihren Vorstädten.
⁵⁸Hilen, Debir,
⁵⁹Asan und Beth-Semes mit ihren Vorstädten;
⁶⁰und aus dem Stamm Benjamin: Geba, Alemeth und Anathoth mit ihren Vorstädten, daß aller Städte in ihren Geschlechtern waren dreizehn.
⁶¹Aber den Kindern Kahaths nach ihren Geschlechtern wurden durch Los aus dem Stamm Ephraim, aus dem Stamm Dan und aus dem halben Stamm Manasse zehn Städte.
⁶²Den Kindern Gerson nach ihren Geschlechtern wurden aus dem Stamm Isaschar und aus dem Stamm Asser und aus dem Stamm Naphthali und aus dem Stamm Manasse in Basan dreizehn Städte.
⁶³Den Kindern Merari nach ihren Geschlechtern wurden durch das Los aus dem Stamm Ruben und aus dem Stamm Gad und aus dem Stamm Sebulon zwölf Städte.
⁶⁴Und die Kinder Israel gaben den Leviten die Städte mit ihren Vorstädten,
⁶⁵nämlich durchs Los aus dem Stamm der Kinder Juda und aus dem Stamm der Kinder Simeon und aus dem Stamm der Kinder Benjamin die Städte, die sie mit Namen bestimmten.
⁶⁶Aber den Geschlechtern der Kinder Kahath wurden Städte ihres Gebietes aus dem Stamm Ephraim.
⁶⁷So gaben sie nun ihnen, dem Geschlecht der andern Kinder Kahath, die Freistädte: Sichem auf dem Gebirge Ephraim, Geser,
⁶⁸Jokmeam, Beth-Horon,
⁶⁹Ajalon und Gath-Rimmon mit ihren Vorstädten.
⁷⁰Dazu aus dem halben Stamm Manasse: Aner und Bileam mit ihren Vorstädten.
⁷¹Aber den Kindern Gerson gaben sie aus dem Geschlecht des halben Stammes Manasse: Golan in Basan und Astharoth mit ihren Vorstädten.
⁷²Aus dem Stamm Isaschar: Kedes, Dabrath,
⁷³Ramoth und Anem mit ihren Vorstädten.
⁷⁴Aus dem Stamm Asser: Masal, Abdon,
⁷⁵Hukok und Rehob mit ihren Vorstädten.
⁷⁶Aus dem Stamm Naphthali: Kedes in Galiläa, Hammon und Kirjathaim mit ihren Vorstädten.
⁷⁷Den andern Kindern Merari gaben sie aus dem Stamm Sebulon: Rimmono und Thabor mit ihren Vorstädten.
⁷⁸und jenseit des Jordans gegenüber Jericho, gegen der Sonne Aufgang am Jordan, aus dem Stamm Ruben: Bezer in der Wüste, Jahza,
⁷⁹Kedemoth und Mephaat mit ihren Vorstädten.
⁸⁰Aus dem Stamm Gad: Ramoth in Gilead, Mahanaim,
⁸¹Hesbon und Jaser mit ihren Vorstädten.

Kapitel 7

¹Die Kinder Isaschars waren: Thola, Phua, Jasub und Simron, die vier.
²Die Kinder aber Tholas waren: Usi, Rephaja, Jeriel, Jahemai, Jibsam und Samuel, Häupter in ihren Vaterhäusern von Thola und gewaltige Männer in ihrem Geschlecht, an der Zahl zu Davids Zeiten zweiundzwanzigtausend und sechshundert.
³Die Kinder Usis, waren: Jisrahja. Aber die Kinder Jisrahjas waren: Michael, Obadja, Joel und Jissia, die fünf, und alle waren Häupter.
⁴Und mit ihnen unter ihrem Geschlecht nach ihren Vaterhäusern waren gerüstetes Heervolk zum Streit sechsunddreißigtausend; denn sie hatten viel Weiber und Kinder.
⁵Und ihre Brüder in allen Geschlechtern Isaschars waren gewaltige Männer und wurden alle aufgezeichnet, siebenundachtzigtausend.
⁶Die Kinder Benjamins waren Bela, Becher und Jediael, die drei.
⁷Aber die Kinder Belas waren: Ezbon, Usi, Usiel, Jerimoth und Iri, die fünf, Häupter in ihren Vaterhäusern, gewaltige Männer. Und wurden aufgezeichnet zweiundzwanzigtausend und vierunddreißig.
⁸Die Kinder Bechers waren: Semira, Joas, Elieser, Eljoenai, Omri, Jerimoth, Abia, Anathoth und Alemeth; die waren alle Kinder des Becher.
⁹Und wurden aufgezeichnet in ihren Geschlechtern nach den Häuptern ihrer Vaterhäuser, gewaltige Männer, zwanzigtausend und zweihundert.
¹⁰Die Kinder aber Jediaels waren: Bilhan. Bilhans Kinder aber waren: Jeus, Benjamin, Ehud, Knaena, Sethan, Tharsis und Ahisahar.
¹¹Die waren alle Kinder Jediaels, Häupter ihrer Vaterhäuser, gewaltige Männer, siebzehntausend zweihundert, die ins Heer auszogen, zu streiten.
¹²Und Suppim und Huppim waren Kinder der Irs; Husim aber waren Kinder Ahers.
¹³Die Kinder Naphthalis waren: Jahziel, Guni, Jezer und Sallum, Kinder von Bilha.
¹⁴Die Kinder Manasse sind diese: Asriel, welchen gebar sein syrisches Kebsweib; auch gebar sie Machir, den Vater Gileads.
¹⁵Und Machir gab Huppim und Suppim Weiber, und seine Schwester hieß Maacha. Sein andrer Sohn hieß Zelophehad; und Zelophehad hatte Töchter.
¹⁶Und Maacha, das Weib Machirs, gebar einen Sohn, den hieß sie Peres; und sein Bruder hieß Seres, und desselben Söhne waren Ulam und Rekem.
¹⁷Ulams Sohn aber war Bedan. Das sind die Kinder Gileads, des Sohnes Machirs, des Sohnes Manasses.
¹⁸Und seine Schwester Molecheth gebar Ishod, Abieser und Mahela.
¹⁹Und Semida hatte diese Kinder: Ahjan, Sichem, Likhi und Aniam.
²⁰Die Kinder Ephraims waren diese: Suthela (des Sohn war Bered; des Sohn war Thahath; des Sohn war Eleada; des Sohn war Thahath;
²¹des Sohn war Sebad; des Sohn war Suthela) und Eser und Elead. Und die Männer zu Gath, die Einheimischen im Lande, erwürgten sie, darum daß sie hinabgezogen waren ihr Vieh zu nehmen.
²²Und ihr Vater Ephraim trug lange Zeit Leid, und seine Brüder kamen, ihn zu trösten.
²³Und er ging ein zu seinem Weibe; die ward schwanger und gebar einen Sohn, den hieß er Beria, darum daß es in seinem Hause übel zuging.
²⁴Seine Tochter aber war Seera; die baute das niedere und obere Beth-Horon und Usen-Seera.
²⁵Des Sohn war Repha und Reseph; des Sohn war Thelah; des Sohn war Thahan;
²⁶des Sohn war Laedan; des Sohn war Ammihud, des Sohn war Elisama
²⁷des Sohn war Nun; des Sohn war Josua.
²⁸Und ihre Habe und Wohnung war Beth-El und seine Ortschaften, und gegen Aufgang Naeran, und gegen Abend Geser und seine Ortschaften, Sichem und seine Ortschaften bis gen Ajia und seine Ortschaften,
²⁹und an der Seite der Kinder Manasse Beth-Sean und seine Ortschaften, Thaanach und seine Ortschaften, Megiddo und seine Ortschaften, Dor und seine Ortschaften. In diesen wohnten die Kinder Josephs, des Sohnes Israels.
³⁰Die Kinder Asser waren diese: Jimna, Jiswa, Jiswi, Beria und

Serah, ihre Schwester.

³¹Die Kinder Berias waren: Heber und Malchiel, das ist der Vater Birsawiths.

³²Heber aber zeugte Japhlet, Semer, Hotham und Sua, ihre Schwester.

³³Die Kinder Japhlets waren: Pasach, Bimehal und Aswath; das waren die Kinder Japhlets.

³⁴Die Kinder Semers waren: Ahi, Rohga, Jehubba und Aram.

³⁵Und die Kinder seines Bruders Helem waren: Zophah, Jimna, Seles und Amal.

³⁶Die Kinder Zophas waren: Suah, Harnepher, Sual, Beri, Jimra,

³⁷Bezer, Hod, Samma, Silsa, Jethran und Beera.

³⁸Die Kinder Jethers waren: Jephunne, Phispa und Ara.

³⁹Die Kinder Ullas waren: Arah, Hanniel und Rizja.

⁴⁰Diese waren alle Kinder Assers, Häupter ihrer Vaterhäuser, auserlesene, gewaltige Männer und Häupter über Fürsten. Und wurden aufgezeichnet ins Heer zum Streit an ihrer Zahl sechsundzwanzigtausend Mann.

Kapitel 8

¹Benjamin aber zeugte Bela, seinen ersten Sohn; Asbal, den zweiten; Ahrah, den dritten;

²Noha, den vierten; Rapha, den fünften.

³Und Bela hatte Kinder: Addar, Gera, Abihud,

⁴Abisua, Naeman, Ahoah,

⁵Gera, Sephuphan und Huram.

⁶Dies sind die Kinder Ehuds (die da Häupter waren der Vaterhäuser unter den Bürgern zu Geba und zogen weg gen Manahath,

⁷nämlich Naeman, Ahia und Gera, derselbe führte sie weg): und er zeugte Usa und Abihud.

⁸Und Saharaim zeugte im Lande Moab, da er von sich gelassen hatte seine Weiber Husim und Baara,

⁹und er zeugte von Hodes, seinem Weibe: Jobab, Zibja, Mesa, Malcham,

¹⁰Jeuz, Sachja und Mirma. Das sind seine Kinder, Häupter der Vaterhäuser.

¹¹Von Husim aber zeugte er Abitob und Elpaal.

¹²die Kinder aber Elpaals waren: Eber, Miseam und Semer. Derselbe baute Ono und Lod und ihre Ortschaften.

¹³Und Beria und Sema waren Häupter der Vaterhäuser unter den Bürgern zu Ajalon; sie verjagten die zu Gath.

¹⁴Ahjo aber, Sasak, Jeremoth,

¹⁵Sebadja, Arad, Ader,

¹⁶Michael, Jispa und Joha, das sind Kinder Berias.

¹⁷Sebadja, Mesullam, Hiski, Heber,

¹⁸Jismerai, Jislia, Jobab, das sind Kinder Elpaals.

¹⁹Jakim, Sichri, Sabdi,

²⁰Eljoenai, Zilthai, Eliel,

²¹Adaja, Braja und Simrath, das sind Kinder Simeis.

²²Jispan, Eber, Eliel,

²³Abdon, Sichri, Hanan,

²⁴Hananja, Elam, Anthothja,

²⁵Jephdeja und Pnuel, das sind die Kinder Sasaks.

²⁶Samserai, Seharja, Athalja,

²⁷Jaeresja, Elia und Sichri, das sind Kinder Jerohams.

²⁸das sind die Häupter der Vaterhäuser ihrer Geschlechter, die zu Jerusalem wohnten.

²⁹Aber zu Gibeon wohnte der Vater Gibeons, und sein Weib hieß Maacha,

³⁰und sein erster Sohn war Abdon, Zur, Kis, Baal, Nadab,

³¹Gedo, Ahjo, Secher;

³²Mikloth aber zeugte Simea. Und auch sie wohnten ihren Brüdern gegenüber zu Jerusalem mit ihnen.

³³Ner zeugte Kis. Kis zeugte Saul. Saul zeugte Jonathan, Malchisua, Abinadab und Esbaal.

³⁴Der Sohn aber Jonathans war Merib-Baal. Merib-Baal zeugte Micha.

³⁵Die Kinder Michas waren: Pithon, Melech, Tharea und Ahas.

³⁶Ahas aber zeugte Joadda. Joadda zeugte Alemeth, Asmaveth und Simri. Simri zeugte Moza.

³⁷Moza zeugte Binea; des Sohn war Rapha; des Sohn war Eleasa; des Sohn war Azel.

³⁸Azel aber hatte sechs Söhne; die hießen: Asrikam, Bochru, Ismael, Searja, Obadja, Hanan. Die waren alle Söhne Azels.

³⁹Die Kinder Eseks, seines Bruders, waren: Ulam, sein erster Sohn; Jeus, der andere; Eliphelet, der dritte.

⁴⁰Die Kinder aber Ulams waren gewaltige Leute und geschickt mit Bogen und hatten viele Söhne und Sohnes-Söhne: hundertfünfzig. Die sind alle von den Kindern Benjamins.

Kapitel 9

¹Und das ganze Israel ward aufgezeichnet, und siehe, sie sind aufgeschrieben im Buch der Könige Israels; und Juda ward weggeführt gen Babel um seiner Missetat willen.

²Und die zuerst wohnten auf ihren Gütern und Städten, waren Israel, Priester, Leviten und Tempelknechte.

³Und zu Jerusalem wohnten etliche der Kinder Juda, etliche der Kinder Benjamin, etliche der Kinder Ephraim und Manasse:

⁴nämlich aus den Kindern des Perez, des Sohnes Juda's, war Uthai, der Sohn Ammihuds, des Sohnes Omris, des Sohnes Imris, des Sohnes Banis,

⁵von den Selaniter aber Asaja, der erste Sohn, und seine Söhne,

⁶von den Kindern Serah: Jeguel und seine Brüder, sechshundertundneunzig;

⁷von den Kindern Benjamin: Sallu, der Sohn Mesullams, des Sohnes Hodavjas, des Sohnes Hasnuas,

⁸und Jibneja, der Sohn Jerohams, und Ela, der Sohn Usis, des Sohnes Michris, und Mesullam, der Sohn Sephatjas, des Sohnes Reguels, des Sohnes Jibnejas,

⁹dazu ihre Brüder in ihren Geschlechtern, neunhundertsechsundfünfzig. Alle diese Männer waren Häupter in ihren Vaterhäusern.

¹⁰Von den Priestern aber: Jedaja, Jojarib, Jachin

¹¹und Asarja, der Sohn Hilkias, des Sohnes Mesullams, des Sohnes Zadoks, des Sohnes Merajoths, des Sohnes Ahitobs, ein Fürst im Hause Gottes,

¹²und Adaja, der Sohn Jerohams, des Sohnes Pashurs, des Sohnes Malchias, und Maesai, der Sohn Abdiels, des Sohnes Jahseras, des Sohnes Mesullams, des Sohnes Mesillemiths, des Sohnes Immers,

¹³dazu ihre Brüder, Häupter ihrer Vaterhäuser, tausendsiebenhundert und sechzig, tüchtige Leute im Geschäft des Amtes im Hause Gottes.

¹⁴Von den Leviten aber aus den Kinder Meraris: Semaja, der Sohn Hassubs, des Sohnes Asrikams, des Sohnes Hasabjas,

¹⁵und Bakbakkar, Heres und Galal und Matthanja, der Sohn Michas, des Sohnes Sichris, des Sohnes Asaphs,

¹⁶und Obadja, der Sohn Semajas, des Sohnes Galals, des Sohnes Jeduthuns, und Berechja, der Sohn Asas, des Sohnes Elkanas, der in den Dörfern der Netophathiter wohnte.

¹⁷Die Pförtner aber waren: Sallum, Akkub, Talmon, Ahiman mit ihren Brüdern; und Sallum war der Oberste,

¹⁸und er hat bisher am Tor des Königs gegen Aufgang gewartet. Dies sind die Pförtner in den Lagern der Kinder Levi.

¹⁹Und Sallum, der Sohn Kores, des Sohnes Abiasaphs, des Sohnes Korahs, und seine Brüder aus seinem Vaterhause, die Korahiter, waren im Geschäft des Amts, daß sie warteten an der Schwelle der Hütte, wie auch ihre Väter im Lager des HERRN des Eingangs gewartet hatten.

²⁰Pinehas aber, der Sohn Eleasars, war vorzeiten Fürst über sie, darum daß der HERR mit ihm gewesen war.

²¹Sacharja aber, der Sohn Meselemjas, war Hüter am Tor der Hütte des Stifts.

²²Alle diese waren auserlesen zu Hütern an der Schwelle, zweihundertundzwölf; die waren aufgezeichnet in ihren Dörfern. Und David und Samuel, der Seher, setzten sie ein auf Glauben,

²³daß sie und ihre Kinder hüten sollten die Tore am Hause des HERRN, nämlich an dem Hause der Hütte, daß sie sein warteten.

²⁴Es waren aber solche Torwächter gegen die vier Winde gestellt: gegen Morgen, gegen Abend, gegen Mitternacht, gegen Mittag.

²⁵Ihre Brüder aber waren auf ihren Dörfern, daß sie hereinkämen allezeit je des siebenten Tages, bei ihnen zu sein.

²⁶Denn auf Glauben waren diese die vier obersten Torhüter. Und die Leviten waren über die Kammern und Schätze im Hause Gottes.

²⁷Auch blieben sie über Nacht um das Haus Gottes; denn es gebührte ihnen die Hut, daß sie alle Morgen auftäten.

²⁸Und etliche aus ihnen waren über das Gerät des Amts; denn sie trugen's gezählt aus und ein.

²⁹und ihrer etliche waren bestellt über die Gefäße und über alles heilige Gerät, über Semmelmehl, über Wein, über Öl, über Weihrauch, über Spezereien.

³⁰Und der Priester Kinder machten etliche das Salböl mit Spezereien.

³¹Und Matthithja, aus den Leviten, dem ersten Sohn Sallums, des Korahiters, waren vertraut die Pfannen.

³²Aus den Kahathitern aber, ihren Brüdern, waren etliche über die

Schaubrote, sie zuzurichten auf alle Sabbate.

³³Jene aber sind die Sänger, die Häupter der Vaterhäuser der Leviten, die in den Kammern keinen Dienst hatten; denn Tag und Nacht waren sie in ihrem Geschäft.

³⁴Das sind die Häupter der Vaterhäuser unter den Leviten in ihren Geschlechtern. Diese wohnten zu Jerusalem.

³⁵Zu Gibeon wohnten Jeiel, der Vater Gibeons; sein Weib hieß Maacha

³⁶und sein erster Sohn Abdon, Zur, Kis, Baal, Ner, Nadab,

³⁷Gedor, Ahjo, Sacharja, Mikloth;

³⁸Mikloth aber zeugte Simeam. Und sie wohnten auch ihren Brüdern gegenüber zu Jerusalem unter den Ihren.

³⁹Ner aber zeugte Kis. Kis zeugte Saul. Saul zeugte Jonathan, Malchisua, Abinadab, Esbaal.

⁴⁰Der Sohn aber Jonathans war Merib-Baal. Merib-Baal aber zeugte Micha.

⁴¹Die Kinder Michas waren: Pithon, Melech und Tharea.

⁴²Ahas zeugte Jaera. Jaera zeugte Alemeth, Asmaveth und Simmri. Simmri zeugte Moza.

⁴³Moza zeugte Binea; des Sohn war Raphaja; des Sohn war Eleasa; des Sohn war Azel.

⁴⁴Azel aber hatte sechs Söhne; die hießen: Asrikam, Bochru, Ismael, Searja, Obadja, Hanan. Das sind die Kinder Azels.

Kapitel 10

¹Die Philister stritten wider Israel. Und die von Israel flohen vor den Philistern und fielen erschlagen auf dem Gebirge Gilboa.

²Aber die Philister hingen sich an Saul und seine Söhne hinter ihnen her und erschlugen Jonathan, Abinadab und Malchisua, die Söhne Sauls.

³Und des Streit ward hart wider Saul; und die Bogenschützen kamen an ihn, daß er von den Schützen verwundet ward.

⁴Da sprach Saul zu seinem Waffenträger: Zieh dein Schwert aus und erstich mich damit, daß diese Unbeschnittenen nicht kommen und schändlich mit mir umgehen! Aber sein Waffenträger wollte nicht; denn er fürchtete sich sehr. Da nahm Saul sein Schwert und fiel hinein.

⁵Da aber sein Waffenträger sah, daß er tot war, fiel er auch ins Schwert und starb.

⁶Also starb Saul und seine drei Söhne und sein ganzes Haus zugleich.

⁷Da aber die Männer Israels, die im Grunde wohnten, sahen, daß sie geflohen waren und daß Saul und seine Söhne tot waren, verließen sie ihre Städte und flohen, und die Philister kamen und wohnten darin.

⁸Des andern Morgens kamen die Philister, die Erschlagenen auszuziehen, und fanden Saul und seine Söhne liegen auf dem Gebirge Gilboa

⁹und zogen ihn aus und hoben auf sein Haupt und seine Waffen und sandten's ins Land der Philister umher und ließen's verkündigen vor ihren Götzen und dem Volk

¹⁰und legten seine Waffen ins Haus ihres Gottes, und seinen Schädel hefteten sie ans Haus Dagons.

¹¹Da aber alle die zu Jabes in Gilead hörten alles, was die Philister Saul getan hatten,

¹²machten sie sich auf, alle streitbaren Männer, und nahmen die Leichname Sauls und seiner Söhne und brachten sie gen Jabes und begruben ihre Gebeine unter der Eiche zu Jabes und fasteten sieben Tage.

¹³Also starb Saul an seiner Missetat, die er wider den HERRN getan hatte an dem Wort des HERRN, das er nicht hielt; auch daß er die Wahrsagerin fragte

¹⁴und fragte den HERRN nicht, darum tötete er ihn und wandte das Reich zu David, dem Sohn Isais.

Kapitel 11

¹Und ganz Israel versammelte sich zu David gen Hebron und sprach: Siehe, wir sind dein Bein und dein Fleisch.

²Auch schon, da Saul König war, führtest du Israel aus und ein. So hat der HERR, dein Gott, dir geredet: Du sollst mein Volk Israel weiden, und du sollst Fürst sein über mein Volk Israel.

³Also kamen alle Ältesten Israels zum König gen Hebron. Und David machte einen Bund mit ihnen zu Hebron vor dem HERRN. Und sie salbten David zu König über Israel nach dem Wort des HERRN durch Samuel.

⁴Und David zog hin und das ganze Israel gen Jerusalem, das ist Jebus; denn die Jebusiter wohnten daselbst im Lande.

⁵Und die Bürger zu Jebus sprachen zu David: Du sollst nicht hereinkommen. David aber gewann die Burg Zion, das ist Davids Stadt.

⁶Und David sprach: Wer die Jebusiter am ersten schlägt, der soll ein Haupt und Oberster sein. Da erstieg sie am ersten Joab, der Zeruja Sohn, und ward Hauptmann.

⁷David aber wohnte auf der Burg; daher heißt man sie Davids Stadt.

⁸Und er baute die Stadt umher, von Millo an bis ganz umher. Joab aber ließ leben die übrigen in der Stadt.

⁹Und David nahm immer mehr zu, und der HERR Zebaoth war mit ihm.

¹⁰Dies sind die Obersten unter den Helden Davids, die sich redlich mit ihm hielten in seinem Königreiche bei ganz Israel, daß man ihn zum König machte nach dem Wort des HERRN über Israel.

¹¹Und dies ist die Zahl der Helden Davids: Jasobeam, der Sohn Hachmonis, der Vornehmste unter den dreißig; er hob seinen Spieß auf und schlug dreihundert auf einmal.

¹²Nach ihm aber Eleasar, der Sohn Dodos, der Ahohiter; und er war unter den drei Helden.

¹³Dieser war mit David zu Pas-Dammim, da die Philister sich daselbst versammelt hatten zu Streit. Und es war da ein Stück Acker voll Gerste. Und das Volk floh vor den Philistern.

¹⁴Und sie traten mitten aufs Stück und erretteten es und schlugen die Philister; und der HERR gab großes Heil.

¹⁵Und drei aus dem dreißig Vornehmsten zogen hinab zum Felsen zu David in die Höhle Adullam; aber der Philister Lager lag im Grunde Rephaim.

¹⁶David aber war an sicherem Ort; und die Schildwacht der Philister war dazumal zu Bethlehem.

¹⁷Und David ward lüstern und sprach: Wer will mir Wasser zu trinken geben aus dem Brunnen zu Bethlehem unter dem Tor?

¹⁸Da brachen die drei in der Philister Lager und schöpften Wasser aus dem Brunnen zu Bethlehem unter dem Tor und trugen's und brachten's zu David. Er aber wollte es nicht trinken, sondern goß es aus dem HERRN

¹⁹und sprach: Das lasse mein Gott fern von mir sein, daß ich solches tue und trinke das Blut dieser Männer in ihres Lebens Gefahr; denn sie haben's mit ihres Lebens Gefahr hergebracht! Darum wollte er's nicht trinken. Das taten die drei Helden.

²⁰Abisai, der Bruder Joabs, der war der Vornehmste unter dreien; und er hob seinen Spieß auf und schlug dreihundert. Und er war unter dreien berühmt,

²¹und er, der dritte, herrlicher denn die zwei und war ihr Oberster; aber bis an jene drei kam er nicht.

²²Benaja, der Sohn Jojadas, des Sohnes Is-Hails, von großen Taten, von Kabzeel, er schlug zwei Helden der Moabiter und ging hinab und schlug einen Löwen mitten im Brunnen zur Schneezeit.

²³Er schlug auch einen ägyptischen Mann, der war fünf Ellen groß und hatte einen Spieß in der Hand wie ein Weberbaum. Aber er ging zu ihm hinab mit einem Stecken und nahm ihm den Spieß aus der Hand und tötete ihn mit seinem eigenen Spieß.

²⁴Das tat Benaja, der Sohn Jojadas, und war berühmt unter drei Helden

²⁵und war der herrlichste unter den dreißig; aber an jene drei kam er nicht. David aber machte ihn zum heimlichen Rat.

²⁶Die streitbaren Helden sind diese: Asahel, der Bruder Joabs; Elhanan, der Sohn Dodos von Bethlehem;

²⁷Sammoth, der Haroriter; Helez, der Peloniter;

²⁸Ira, der Sohn Ikkes, der Thekoiter; Abieser, der Anathothiter;

²⁹Sibbechai, der Husathiter; Ilai, der Ahohiter;

³⁰Maherai, der Netophathiter; Heled, der Sohn Baanas, der Netophathiter;

³¹Itthai, der Sohn Ribais, von Gibea der Kinder Benjamin; Benaja, der Pirathoniter;

³²Hurai, von Nahale-Gaas; Abiel, der Arbathiter;

³³Asmaveth, der Baherumiter; Eljahba, der Saalboniter;

³⁴die Kinder Hasems, des Gisoniters; Jonathan, der Sohn Sages, der Harariter;

³⁵Ahiam, der Sohn Sachars, der Harariter; Elipal der Sohn Urs;

³⁶Hepher, der Macherathiter; Ahia, der Peloniter;

³⁷Hezro, der Karmeliter; Naerai, der Sohn Asbais;

³⁸Joel, der Bruder Nathans; Mibehar, der Sohn Hagris;

³⁹Zelek, der Ammoniter; Naherai, der Berothiter, der Waffenträger Joabs, des Sohnes der Zeruja;

⁴⁰Ira, der Jethriter; Gareb, der Jethriter;

⁴¹Uria, der Hethiter; Sabad, der Sohn Ahelais;

⁴²Adina, der Sohn Sisas, der Rubeniter, ein Hauptmann der Rubeniter, und dreißig waren unter ihm;

⁴³Hanan, der Sohn Maachas; Josaphat, der Mithniter;

1 Chronik

⁴⁴Usia, der Asthrathiter; Sama und Jaiel, die Söhne Hothams des Aroeriters;

⁴⁵Jediael, der Sohn Simris; Joha, sein Bruder, der Thiziter;

⁴⁶Eliel, der Maheviter; Jeribai und Josawja, die Söhne Elnaams; Jethma, der Moabiter;

⁴⁷Eliel, Obed, Jaesiel von Mezobaja.

Kapitel 12

¹Auch kamen zu David gen Ziklag, da er noch abgesondert war vor Saul, dem Sohn des Kis, und sie waren auch unter den Helden, die zum Streit halfen,

²mit Bogen gerüstet, geschickt mit beiden Händen, auf Steine und auf Pfeile und Bogen: von den Brüdern Sauls, die aus Benjamin waren:

³der Vornehmste Ahieser und Joas, die Kinder Saamas, des Gibeathiters, Jesiel und Pelet, die Kinder Asmaveths, Baracha und Jehu, der Anathothiter,

⁴Jismaja, der Gibeoniter, gewaltig unter den dreißig und über die dreißig. Jeremia, Jahasiel, Johanan, Josabad, der Gederathither,

⁵Eleusai, Jerimoth, Bealja, Semarja, Sephatja, der Harophiter,

⁶Elkana, Jissia, Asareel, Joeser, Jasobeam, die Korahiter,

⁷Joela und Sebadja, die Kinder Jerohams von Gedor.

⁸Von den Gaditern sonderten sich aus zu David nach dem sichern Ort in der Wüste, da er sich verborgen hatte, starke Helden und Kriegsleute, die Schild und Spieß führten, und ihr Angesicht wie der Löwen, und schnell wie die Rehe auf den Bergen:

⁹der erste: Eser, der zweite: Obadja, der dritte: Eliab,

¹⁰der vierte: Masmanna, der fünfte: Jeremia,

¹¹der sechste: Atthai, der siebente: Eliel,

¹²der achte: Johanan, der neunte: Elsabad,

¹³der zehnte: Jeremia, der elfte: Machbannai.

¹⁴Diese waren von den Kindern Gad, Häupter im Heer, der Kleinste über hundert und der größte über tausend.

¹⁵Die sind's, die über den Jordan gingen im ersten Monat, da er voll war an beiden Ufern, und verjagten alle, die in den Gründen wohnten, gegen Morgen und gegen Abend.

¹⁶Es kamen aber auch Kinder Benjamins und Juda's zu David an seinen sichern Ort.

¹⁷David aber ging heraus zu ihnen, und antwortete und sprach zu ihnen: Kommt ihr im Frieden zu mir und mir zu helfen, so soll mein Herz mit euch sein; kommt ihr aber mit List und mir zuwider zu sein, da doch kein Frevel an mir ist, so sehe der Gott unsrer Väter darein und strafe es.

¹⁸Aber der Geist ergriff Amasai, den Hauptmann unter den dreißig: Dein sind wir, David, und mit dir halten wir's, du Sohn Isais. Friede, Friede sei mit dir! Friede sei mit deinen Helfern! denn dein Gott hilft dir. Da nahm sie David an und setzte sie zu Häuptern über die Kriegsleute.

¹⁹Und von Manasse fielen zu David, da er kam mit den Philistern wider Saul zum Streit und half ihnen nicht. Denn die Fürsten der Philister ließen ihn mit Bedacht von sich und sprachen: Wenn er zu seinem Herrn Saul fiele, so möchte es uns unsern Hals kosten.

²⁰Da er nun gen Ziklag zog, fielen zu ihm von Manasse Adna, Josabad, Jediael, Michael, Josabad, Elihu, Zilthai, Häupter über tausend in Manasse.

²¹Und sie halfen David wider die Kriegsleute; denn sie waren alle streitbare Männer und wurden Hauptleute über das Heer.

²²Auch kamen alle Tage etliche zu David, ihm zu helfen, bis daß es ein großes Heer ward wie ein Heer Gottes.

²³Und dies ist die Zahl der Häupter, gerüstet zum Heer, die zu David gen Hebron kamen, das Königreich Sauls zu ihm zu wenden nach dem Wort des HERRN:

²⁴der Kinder Juda, die Schild und Spieß trugen, waren sechstausend und achthundert, gerüstet zum Heer;

²⁵der Kinder Simeon, streitbare Helden zum Heer, siebentausend und hundert;

²⁶der Kinder Levi viertausend und sechshundert,

²⁷und Jojada, der Fürst unter denen von Aaron, mit dreitausend und siebenhundert,

²⁸Zadok, ein junger streitbarer Held mit seines Vaters Hause, zweiundzwanzig Oberste;

²⁹der Kinder Benjamin, Sauls Brüder, dreitausend (denn bis auf die Zeit hielten ihrer noch viel an dem Hause Saul);

³⁰der Kinder Ephraim zwanzigtausend und achthundert, streitbare Helden und berühmte Männer in ihren Vaterhäusern;

³¹des halben Stammes Manasse achtzehntausend, die mit Namen genannt wurden, daß sie kämen und machten David zum König;

³²der Kinder Isaschar, die verständig waren und rieten, was zu der Zeit Israel tun sollte, zweihundert Hauptleute; und alle ihre Brüder folgten ihrem Wort;

³³von Sebulon, die ins Heer zogen zum Streit, gerüstet mit allerlei Waffen zum Streit, fünfzigtausend, sich in die Ordnung zu schicken einträchtig;

³⁴von Naphthali tausend Hauptleute und mit ihnen, die Schild und Spieß führten, siebenunddreißigtausend;

³⁵von Dan, zum Streit gerüstet, achtundzwanzigtausend sechshundert;

³⁶von Asser, die ins Heer zogen, gerüstet zum Streit, vierzigtausend;

³⁷von jenseit des Jordans, von den Rubenitern, Gaditern und dem halben Stamm Manasse, mit allerlei Waffen zum Streit, hundertzwanzigtausend.

³⁸Alle diese Kriegsleute, die das Heer ordneten, kamen von ganzem Herzen gen Hebron, David zum König zu machen über ganz Israel. Auch war alles andere Israel eines Herzens, daß man David zum König machte.

³⁹Und sie waren daselbst bei David drei Tage, aßen und tranken; denn ihre Brüder hatten für sie zubereitet.

⁴⁰Auch welche die nächsten um sie waren, bis hin an Isaschar, Sebulon und Naphthali, die brachten Brot auf Eseln, Kamelen, Maultieren und Rindern, Speise von Mehl, Kuchen von Feigen und Rosinen, Wein, Öl, Rinder, Schafe die Menge; denn es war Freude in Israel.

Kapitel 13

¹Und David hielt einen Rat mit den Hauptleuten über tausend und über hundert und mit allen Fürsten

²und sprach zu der ganzen Gemeinde Israel: Gefällt es euch und ist's vom HERRN, unserm Gott, so laßt uns allenthalben ausschicken zu unsern andern Brüdern in allen Landen Israels und mit ihnen zu den Priestern und Leviten in den Städten, da sie Vorstädte haben, daß sie zu uns versammelt werden,

³und laßt uns die Lade unsers Gottes zu uns wieder holen; denn zu den Zeiten Sauls fragten wir nicht nach ihr.

⁴Da sprach die ganze Gemeinde, man sollte also tun; denn solches gefiel allem Volk wohl.

⁵Also versammelte David das ganze Israel, vom Sihor Ägyptens an, bis man kommt gen Hamath, die Lade Gottes zu holen von Kirjath-Jearim.

⁶Und David zog hinauf mit ganz Israel gen Baala, nach Kirjath-Jearim, welches liegt in Juda, daß er von da heraufbrächte die Lade Gottes, des HERRN, der auf dem Cherubim sitzt, da der Name angerufen wird.

⁷Und sie ließen die Lade Gottes auf einem neuen Wagen führen aus dem Hause Abinadabs. Usa aber und sein Bruder trieben den Wagen.

⁸David aber und das ganze Israel spielten vor Gott her aus ganzer Macht mit Liedern, mit Harfen, mit Psaltern, mit Pauken, mit Zimbeln, und mit Posaunen.

⁹Da sie aber kamen zur Tenne Chidon, reckte Usa seine Hand aus, die Lade zu halten; denn die Rinder schritten beiseit aus.

¹⁰Da erzürnte der Grimm des HERRN über Usa, und er schlug ihn, darum daß er seine Hand hatte ausgereckt an die Lade, daß er daselbst starb vor Gott.

¹¹Da ward David traurig, daß der HERR den Usa wegriß, und hieß die Stätte Perez-Usa bis auf diesen Tag.

¹²Und David fürchtete sich vor Gott des Tages und sprach: Wie soll ich die Lade Gottes zu mir bringen?

¹³Darum ließ er die Lade Gottes nicht zu sich bringen in die Stadt Davids, sondern lenkte sie hin ins Haus Obed-Edoms, des Gahtiters.

¹⁴Also blieb die Lade Gottes bei Obed-Edom in seinem Hause drei Monate. Und der HERR segnete das Haus Obed-Edoms und alles, was er hatte.

Kapitel 14

¹Und Hiram, der König zu Tyrus, sandte Boten zu David und Zedernholz, Maurer und Zimmerleute, daß sie ihm ein Haus bauten.

²Und David merkte, daß ihn der HERR zum König über Israel bestätigt hatte; denn sein Königreich stieg auf um seines Volkes Israel willen.

³Und David nahm noch mehr Weiber zu Jerusalem und zeugte noch mehr Söhne und Töchter.

⁴Und die ihm zu Jerusalem geboren wurden, hießen also: Sammua, Sobab, Nathan, Salomo,

⁵Jibhar, Elisua, Elpelet,

⁶Nogah, Nepheg, Japhia,
⁷Elisama, Baeljada, Eliphelet.
⁸Und da die Philister hörten, daß David zum König gesalbt war über ganz Israel, zogen sie alle herauf, David zu suchen. Da das David hörte, zog aus gegen sie.
⁹Und die Philister kamen und ließen sich nieder im Grunde Rephaim.
¹⁰David aber fragte Gott und sprach: Soll ich hinaufziehen wider die Philister? und willst du sie in meine Hand geben? Der HERR sprach zu ihm: Zieh hinauf! ich hab sie in deine Hände gegeben.
¹¹Und da sie hinaufzogen gen Baal-Perazim, schlug sie David daselbst. Und David sprach: Gott hat meine Feinde durch meine Hand zertrennt, wie sich das Wasser trennt. Daher hießen sie die Stätte Baal-Perazim.
¹²Und sie ließen ihre Götter daselbst; da hieß sie David mit Feuer verbrennen.
¹³Aber die Philister machten sich wieder heran und ließen sich nieder im Grunde.
¹⁴Und David fragte abermals Gott; und Gott sprach zu ihm: Du sollst nicht hinaufziehen hinter ihnen her, sondern lenke dich von ihnen, daß du an sie kommst gegenüber den Maulbeerbäumen.
¹⁵Wenn du dann wirst hören das Rauschen oben auf den Maulbeerbäumen einhergehen, so fahre heraus zum Streit; denn Gott ist da vor dir ausgezogen, zu schlagen der Philister Heer.
¹⁶Und David tat, wie ihm Gott geboten hatte; und sie schlugen das Heer der Philister von Gibeon an bis gen Geser.
¹⁷Und Davids Namen ging aus in alle Lande, und der HERR ließ seine Furcht über alle Heiden kommen.

Kapitel 15

¹Und er baute Häuser in der Stadt Davids und bereitete der Lade Gottes eine Stätte und breitete eine Hütte über sie.
²Dazumal sprach David: Die Lade Gottes soll niemand tragen außer den Leviten; denn diese hat der HERR erwählt, daß sie die Lade Gottes tragen und ihm dienen ewiglich.
³Da versammelte David das ganze Israel gen Jerusalem, daß sie die Lade des HERRN hinaufbrächten an die Stätte, die er dazu bereitet hatte.
⁴Und David brachte zuhauf die Kinder Aaron und die Leviten:
⁵aus den Kindern Kahath: Uriel, den Obersten, samt seinen Brüdern, hundertundzwanzig;
⁶aus den Kindern Merari: Asaja, den Obersten, samt seinen Brüdern, zweihundertzwanzig;
⁷aus den Kindern Gerson: Joel, den Obersten, samt seinen Brüdern, hundertunddreißig;
⁸aus den Kindern Elizaphan: Semaja, den Obersten, samt seinen Brüdern, zweihundert;
⁹aus den Kindern Hebron: Eliel, den Obersten, samt seinen Brüdern, achtzig;
¹⁰aus den Kinder Usiel: Amminadab, den Obersten, samt seinen Brüdern, hundertundzwölf.
¹¹Und David rief Zadok und Abjathar, die Priester, und die Leviten, nämlich Uriel, Asaja, Joel, Semaja, Eliel, Amminadab,
¹²und sprach zu ihnen: Ihr seid die Häupter der Vaterhäuser unter den Leviten; so heiligt nun euch und eure Brüder, daß ihr die Lade des HERRN, des Gottes Israels, heraufbringt an den Ort, den ich ihr bereitet habe;
¹³denn das erstemal, da ihr nicht da waret, machte der HERR, unser Gott, einen Riß unter uns, darum daß wir ihn nicht suchten, wie sich's gebührt.
¹⁴Also heiligten sich die Priester und die Leviten, daß sie die Lade des HERRN, des Gottes Israels, heraufbrächten.
¹⁵Und die Kinder Levi trugen die Lade Gottes auf ihren Achseln mit den Stangen daran, wie Mose geboten hatte nach dem Wort des HERRN.
¹⁶Und David sprach zu den Obersten der Leviten, daß sie ihre Brüder zu Sängern bestellen sollten mit Saitenspiel, mit Psaltern, Harfen und hellen Zimbeln, daß sie laut sängen und mit Freuden.
¹⁷Da bestellten die Leviten Heman, den Sohn Joels, und aus seinen Brüdern Asaph, den Sohn Berechjas, und aus den Kindern Meraris, ihren Brüdern, Ethan, den Sohn Kusajas,
¹⁸und mit ihnen ihre Brüder der zweiten Ordnung: Sacharja, Ben-Jaesiel, Semiramoth, Jehiel, Unni, Eliab, Benaja, Maaseja, Matthithja, Eliphelehu, Miknuja, Obed-Edom, Jeiel, die Torhüter.
¹⁹Denn Heman, Asaph und Ethan waren Sänger mit ehernen Zimbeln, hell zu klingen.
²⁰Sacharja aber, Asiel, Semiramoth, Jehiel, Unni, Eliab, Maaseja und Benaja mit Psaltern, nachzusingen;
²¹Matthithja aber, Eliphelehu, Miknuja, Obed-Edom, Jeiel und Asasja mit Harfen von acht Saiten, vorzusingen;
²²Chenanja aber, der Leviten Oberster, der Sangmeister, daß er sie unterwiese zu singen; denn er war verständig.
²³Und Berechja und Elkana waren Torhüter der Lade.
²⁴Aber Sebanja, Josaphat, Nathanael, Amasai, Sacharja, Benaja, Elieser, die Priester, bliesen die Drommeten vor der Lade Gottes; und Obed-Edom und Jehia waren Torhüter an der Lade.
²⁵Also gingen hin David und die Ältesten in Israel und die Obersten über die Tausende, heraufzuholen die Lade des Bundes des HERRN aus dem Hause Obed-Edoms mit Freuden.
²⁶Und da Gott den Leviten half, die die Lade des Bundes des HERRN trugen, opferte man sieben Farren und sieben Widder.
²⁷Und David hatte einen leinenen Rock an, dazu alle Leviten, die die Lade trugen, und die Sänger und Chenanja, der Sangmeister, mit den Sängern; auch hatte David einen leinenen Leibrock darüber.
²⁸Also brachte das ganze Israel die Lade des Bundes des HERRN hinauf mit Jauchzen, Posaunen, Drommeten und hellen Zimbeln, mit Psaltern und Harfen.
²⁹Und da nun die Lade des Bundes des HERRN in die Stadt Davids kam, sah Michal, die Tochter Sauls, zum Fenster heraus; und da sie den König David sah hüpfen und spielen, verachtete sie ihn in ihrem Herzen.

Kapitel 16

¹Und da sie die Lade Gottes hineinbrachten, setzten sie sie in die Hütte, die ihr David aufgerichtet hatte, und opferten Brandopfer und Dankopfer vor Gott.
²Und da David die Brandopfer und Dankopfer ausgerichtet hatte, segnete er das Volk im Namen des HERRN
³und teilte aus jedermann in Israel, Männern und Weibern, einen Laib Brot und ein Stück Fleisch und ein halbes Maß Wein.
⁴Und er bestellte etliche Leviten zu Dienern vor der Lade des HERRN, daß sie priesen, dankten und lobten den HERRN, den Gott Israels:
⁵nämlich Asaph, den ersten, Sacharja, den andern, Jeiel, Semiramoth, Jehiel, Matthithja, Eliab, Benaja, Obed-Edom und Jeiel mit Psaltern und Harfen, Asaph aber mit hellen Zimbeln,
⁶Benaja aber und Jahasiel, die Priester, mit Drommeten allezeit vor der Lade des Bundes Gottes.
⁷Zu der Zeit bestellte David zum ersten, dem HERRN zu danken, durch Asaph und seine Brüder:
⁸Danket dem HERRN, prediget seinen Namen; tut kund unter den Völkern sein Tun!
⁹Singet und spielet ihm; dichtet von allen seinen Wundern!
¹⁰Rühmet seinen heiligen Namen; es freue sich das Herz derer, die den HERRN suchen!
¹¹Fraget nach dem HERRN und nach seiner Macht; suchet sein Angesicht allezeit!
¹²Gedenket seiner Wunderwerke, die er getan hat, seiner Wunder und der Gerichte seines Mundes,
¹³ihr, der Same Israels, seines Knechtes, ihr Kinder Jakobs, seine Auserwählten!
¹⁴Er ist der HERR, unser Gott; er richtet in aller Welt.
¹⁵Gedenket ewiglich seines Bundes, was er verheißen hat in tausend Geschlechter,
¹⁶den er gemacht hat mit Abraham, und seines Eides mit Isaak;
¹⁷und stellte es Jakob zum Recht und Israel zum ewigen Bund
¹⁸und sprach: Dir will ich das Land Kanaan geben, das Los eures Erbteils,
¹⁹da sie wenig und gering waren und Fremdlinge darin.
²⁰Und sie zogen von einem Volk zum andern und aus einem Königreich zum andern Volk.
²¹Er ließ niemand ihnen Schaden tun und strafte Könige um ihretwillen.
²²"Tastet meine Gesalbten nicht an und tut meinen Propheten kein Leid!"
²³Singet dem HERRN, alle Lande; verkündiget täglich sein Heil!
²⁴Erzählet unter den Heiden seine Herrlichkeit, unter allen Völkern seine Wunder!
²⁵Denn der HERR ist groß und sehr löblich und herrlich über alle Götter.
²⁶Denn aller Heiden Götter sind Götzen; der HERR aber hat den Himmel gemacht.
²⁷Es stehet herrlich und prächtig vor ihm und gehet gewaltig und fröhlich zu an seinem Ort.

²⁸Bringet her dem HERRN, ihr Völker, bringet her dem HERRN Ehre und Macht!

²⁹Bringet her dem HERRN die Ehre seines Namens; bringet Geschenke und kommt vor ihn und betet den HERRN an in heiligem Schmuck!

³⁰Es fürchte ihn alle Welt; er hat den Erdboden bereitet, daß er nicht bewegt wird.

³¹Es freue sich der Himmel, und die Erde sei fröhlich; und man sage unter den Heiden, daß der HERR regieret.

³²Das Meer brause und was darinnen ist; und das Feld sei fröhlich und alles, was darauf ist.

³³Und lasset jauchzen alle Bäume im Walde vor dem HERRN; denn er kommt, zu richten die Erde.

³⁴Danket dem HERRN; denn er ist freundlich, und seine Güte währet ewiglich.

³⁵Und sprecht: Hilf uns, Gott, unser Heiland, und sammle uns und errette uns aus den Heiden, daß wir deinem heiligen Namen danken und dir Lob sagen.

³⁶Gelobet sei der HERR, der Gott Israels, von Ewigkeit zu Ewigkeit! Und alles Volk sagte Amen! und: Lobe den HERRN!

³⁷Also ließ er daselbst vor der Lade des Bundes des HERRN den Asaph und seine Brüder, zu dienen vor der Lade allezeit, einen jeglichen Tag sein Tagewerk,

³⁸aber Obed-Edom und ihre Brüder, achtundsechzig, und Obed-Edom, den Sohn Jedithuns, und Hosa zu Torhütern.

³⁹Und Zadok, den Priester, und seine Brüder, die Priester, ließ er vor der Wohnung des HERRN auf der Höhe zu Gibeon,

⁴⁰daß sie dem HERRN täglich Brandopfer täten auf dem Brandopferaltar, des Morgens und des Abends, wie geschrieben steht im Gesetz des HERRN, das er an Israel geboten hat.

⁴¹und mit ihnen Heman und Jedithun und die andern Erwählten, die mit Namen benannt waren, zu danken dem HERRN, daß seine Güte währet ewiglich,

⁴²und mit ihnen Heman und Jedithun, mit Drommeten und Zimbeln zu klingen und mit Saitenspielen Gottes. Die Kinder aber Jedithun machte er zu Torhütern.

⁴³Also zog alles Volk heim, ein jeglicher in sein Haus; und David kehrte auch heim, sein Haus zu grüßen.

Kapitel 17

¹Es begab sich, da David in seinem Hause wohnte, sprach er zu dem Propheten Nathan: Siehe, ich wohne in einem Zedernhaus, und die Lade des Bundes des HERRN ist unter Teppichen.

²Nathan sprach zu David: Alles was in deinem Herzen ist, das tue; denn Gott ist mit dir.

³Aber in derselben Nacht kam das Wort Gottes zu Nathan und sprach:

⁴Gehe hin und sage David, meinem Knecht: So spricht der HERR: Du sollst mir nicht ein Haus bauen zur Wohnung.

⁵Denn ich habe in keinem Hause gewohnt von dem Tage an, da ich die Kinder Israel ausführte, bis auf diesen Tag; sondern bin gewesen, wo die Hütte gewesen ist und die Wohnung.

⁶Wo ich wandelte im ganzen Israel, habe ich auch zu der Richter einem in Israel je gesagt, denen ich gebot zu weiden mein Volk, und gesprochen: Warum baut ihr mir nicht ein Zedernhaus?

⁷So sprich nun also zu meinem Knecht David: So spricht der HERR Zebaoth: Ich habe dich genommen von der Weide hinter den Schafen, daß du solltest sein ein Fürst über mein Volk Israel,

⁸und bin mit dir gewesen, wo du hin gegangen bist, und habe deine Feinde ausgerottet vor dir und habe dir einen Namen gemacht, wie die Großen auf Erden Namen haben.

⁹Und ich will meinem Volk Israel eine Stätte setzen und will es pflanzen, daß es daselbst wohnen soll und nicht mehr bewegt werde; und die bösen Leute sollen es nicht mehr schwächen wie vormals und zu den Zeiten, da ich den Richtern gebot über mein Volk Israel.

¹⁰Und ich will alle deine Feinde demütigen und verkündige dir, daß der HERR dir ein Haus bauen will.

¹¹Wenn aber deine Tage aus sind, daß du hingehst zu deinen Vätern, so will ich dir Samen erwecken, der deiner Söhne einer sein soll; dem will ich sein Königreich bestätigen.

¹²Der soll mir ein Haus bauen, und ich will seinen Stuhl bestätigen ewiglich.

¹³Ich will sein Vater sein, und er soll mein Sohn sein. Und ich will meine Barmherzigkeit nicht von ihm wenden, wie ich sie von dem gewandt habe, der vor dir war;

¹⁴sondern ich will ihn setzen in mein Haus und in mein Königreich ewiglich, daß sein Stuhl beständig sei ewiglich.

¹⁵Und da Nathan nach allen diesen Worten und all diesem Gesicht mit David redete,

¹⁶kam der König David und blieb vor dem HERRN und sprach: Wer bin ich, HERR, GOTT, und was ist mein Haus, daß du mich bis hierher gebracht hast?

¹⁷Und das hat dich noch zu wenig gedeucht, Gott, sondern du hast über das Haus deines Knechtes noch von fernem Zukünftigen geredet; und hast mich angesehen nach Menschenweise, der du in der Höhe Gott der HERR bist.

¹⁸Was soll David mehr sagen zu dir, daß du deinem Knecht herrlich machst? Du erkennst deinen Knecht.

¹⁹HERR, um deines Knechtes willen, nach deinem Herzen hast du alle solche großen Dinge getan, daß du kundtätest alle Herrlichkeit.

²⁰HERR, es ist deinesgleichen nicht und ist kein Gott denn du, nach allem, was wir mit unseren Ohren gehört haben.

²¹Und wo ist ein Volk auf Erden wie dein Volk Israel, um welches willen Gott hingegangen ist, sich ein Volk zu erlösen und sich selbst einen Namen zu machen von großen und schrecklichen Dingen, Heiden auszustoßen vor deinem Volk her, das du aus Ägypten erlöst hast.

²²Und du hast dir dein Volk Israel zum Volk gemacht ewiglich; und du, HERR, bist ihr Gott geworden.

²³Nun, HERR, das Wort, das du geredet hast über deinen Knecht und über sein Haus, werde wahr ewiglich, und tue, wie du geredet hast.

²⁴Und dein Name werde wahr und groß ewiglich, daß man sage: Der HERR Zebaoth, der Gott Israels, ist Gott in Israel, und das Haus deines Knechtes David ist beständig vor dir.

²⁵Denn du, mein Gott, hast das Ohr deines Knechtes geöffnet, daß du ihm ein Haus bauen willst; darum hat dein Knecht Mut gefunden, daß er vor dir betet.

²⁶Nun, HERR, du bist Gott und hast solch Gutes deinem Knecht geredet.

²⁷Nun hebe an, zu segnen das Haus deines Knechtes, daß es ewiglich sei vor dir; denn was du, HERR, segnest, das ist gesegnet ewiglich.

Kapitel 18

¹Nach diesem schlug David die Philister und demütigte sie und nahm Gath und seine Ortschaften aus der Philister Hand.

²Auch schlug er die Moabiter, daß die Moabiter David untertänig wurden und Geschenke brachten.

³Er schlug auch Hadadeser, den König zu Zoba und Hamath, da er hinzog, sein Zeichen aufzurichten am Wasser Euphrat.

⁴Und David gewann ihm ab tausend Wagen, siebentausend Reiter und zwanzigtausend Mann zu Fuß. Und David verlähmte alle Rosse der Wagen und behielt hundert Wagen übrig.

⁵Und die Syrer von Damaskus kamen, dem Hadadeser, dem König zu Zoba, zu helfen. Aber David schlug der Syrer zweiundzwanzigtausend Mann

⁶und legte Volk in das Syrien von Damaskus, daß die Syrer David untertänig wurden und brachten ihm Geschenke. Denn der HERR half David, wo er hin zog.

⁷Und David nahm die goldenen Schilde, die Hadadesers Knechte gehabt hatten, und brachte sie gen Jerusalem.

⁸Auch nahm David aus den Städten Hadadesers, Tibehath und Chun, sehr viel Erz, davon Salomo das eherne Meer und die Säulen und eherne Gefäße machte.

⁹Und da Thou, der König zu Hamath, hörte, daß David alle Macht Hadadesers, des Königs zu Zoba, geschlagen hatte,

¹⁰sandte er seinen Sohn Hadoram zum König David und ließ ihn grüßen und segnen, daß er Hadadeser geschlagen hatte (denn Thou hatte einen Streit mit Hadadeser); und er hatte mit sich allerlei goldene, silberne und eherne Gefäße.

¹¹Auch diese heiligte der König David dem HERRN mit dem Silber und Gold, das er den Heiden genommen hatte: den Edomitern, Moabitern, Ammonitern, Philistern und Amalekitern.

¹²Und Abisai, der Zeruja Sohn, schlug der Edomiter im Salztal achtzehntausend

¹³und legte Volk in Edom, daß alle Edomiter David untertänig waren. Denn der HERR half David, wo er hin zog.

¹⁴Also regierte David über das ganze Israel und handhabte Gericht und Gerechtigkeit allem seinem Volk.

¹⁵Joab, der Zeruja Sohn, war über das Heer; Josaphat, der Sohn Ahiluds, war Kanzler;

¹⁶Zadok, der Sohn Ahitobs, und Abimelech, der Sohn Abjathars, waren Priester; Sawsa war Schreiber;

¹⁷Benaja, der Sohn Jojadas, war über die Krether und Plehfer und die Söhne Davids waren die Ersten zur Hand des Königs.

Kapitel 19

¹Und nach diesem starb Nahas, der König der Kinder Ammon, und sein Sohn ward König an seiner Statt.

²Da gedachte David: Ich will Barmherzigkeit tun an Hanon, dem Sohn des Nahas; denn sein Vater hat an mir Barmherzigkeit getan. Und sandte Boten hin, ihn zu trösten über seinen Vater. Und da die Knechte Davids ins Land der Kinder Ammon kamen zu Hanon, ihn zu trösten,

³sprachen die Fürsten der Kinder Ammon zu Hanon: Meinst du, daß David deinen Vater ehre vor deinen Augen, daß er Tröster zu dir gesandt hat? Ja, seine Knechte sind gekommen zu dir, zu forschen und umzukehren und zu erkunden das Land.

⁴Da nahm Hanon die Knechte Davids und schor sie und schnitt ihre Kleider halb ab bis an die Lenden und ließ sie gehen.

⁵Und etliche gingen hin und sagten es David an von den Männern. Er aber sandte ihnen entgegen; denn die Männer waren sehr geschändet. Und der König sprach: Bleibet zu Jericho, bis euer Bart wachse; so kommt dann wieder.

⁶Da aber die Kinder Ammon sahen, daß sie waren stinkend geworden vor David, sandten sie hin, beide Hanon und die Kinder Ammon, tausend Zentner Silber, Wagen und Reiter zu dingen aus Mesopotamien, aus dem Syrien von Maacha und aus Zoba.

⁷Und dingten zweiunddreißigtausend Wagen und den König von Maacha mit seinem Volk; die kamen und lagerten sich vor Medeba. Und die Kinder Ammon sammelten sich aus ihren Städten und kamen zum Streit.

⁸Da das David hörte, sandte er hin Joab mit dem ganzen Heer der Helden.

⁹Die Kinder Ammon aber waren ausgezogen und rüsteten sich zum Streit vor der Stadt Tor. Die Könige aber, die gekommen waren, hielten im Felde besonders.

¹⁰Da nun Joab sah, daß vorn und hinter ihm Streit wider ihn war, erwählte er aus aller jungen Mannschaft in Israel und stellte sich gegen die Syrer.

¹¹Das übrige Volk aber tat er unter die Hand Abisais, seines Bruders, daß sie sich rüsteten wider die Kinder Ammon,

¹²und sprach: Wenn mir die Syrer zu stark werden, so komm mir zu Hilfe; wo dir aber die Kinder Ammon zu stark werden, will ich dir helfen.

¹³Sei getrost und laß uns getrost handeln für unser Volk und für die Städte unseres Gottes; der HERR tue, was ihm gefällt.

¹⁴Und Joab machte sich herzu mit dem Volk, das bei ihm war, gegen die Syrer zu streiten; und sie flohen vor ihm.

¹⁵Da aber die Kinder Ammon sahen, daß die Syrer flohen, flohen sie auch vor Abisai, seinem Bruder, und zogen in die Stadt. Joab aber kam gen Jerusalem.

¹⁶Da aber die Syrer sahen, daß sie vor Israel geschlagen waren, sandten sie Boten hin und brachten heraus die Syrer jenseit des Stroms; und Sophach, der Feldhauptmann Hadadesers, zog vor ihnen her.

¹⁷Da das David angesagt ward, sammelte er zuhauf das ganze Israel und zog über den Jordan; und da er an sie kam, rüstete er sich wider sie. Und David rüstete sich gegen die Syrer zum Streit, und sie stritten mit ihm.

¹⁸Aber die Syrer flohen vor Israel. Und David verderbte der Syrer siebentausend Wagen und vierzigtausend Mann zu Fuß; dazu tötete er Sophach, den Feldhauptmann.

¹⁹Und da die Knechte Hadadesers sahen, daß sie vor Israel geschlagen waren, machten sie Frieden mit David und wurden seine Knechte. Und die Syrer wollten den Kindern Ammon nicht mehr helfen.

Kapitel 20

¹Und da das Jahr um war, zur Zeit, wann die Könige ausziehen, führte Joab die Heermacht und verderbte der Kinder Ammon Land, kam und belagerte Rabba; David aber blieb zu Jerusalem. Und Joab schlug Rabba und zerbrach es.

²Und David nahm die Krone seines Königs von seinem Haupt und fand daran einen Zentner Gold und Edelsteine; und sie ward David auf sein Haupt gesetzt. Auch führte er aus der Stadt sehr viel Raub.

³Aber das Volk drinnen führte er heraus und zerteilte sie mit Sägen und eisernen Dreschwagen und Keilen. Also tat David in allen Städten der Kinder Ammon. Und David zog samt dem Volk wider nach Jerusalem.

⁴Darnach erhob sich ein Streit zu Geser mit den Philistern. Dazumal schlug Sibbechai, der Husathiter, den Sippai, der aus den Kindern der Riesen war, und sie wurden gedemütigt.

⁵Und es erhob sich noch ein Streit mit den Philistern. Da schlug Elhanan, der Sohn Jairs, den Lahemi, den Bruder Goliaths, den Gathiter, welcher hatte eine Spießstange wie ein Weberbaum.

⁶Abermals ward ein Streit zu Gath. Da war ein großer Mann, der hatte je sechs Finger und sechs Zehen, die machen zusammen vierundzwanzig; und er war auch von den Riesen geboren

⁷und höhnte Israel. Aber Jonathan, der Sohn Simeas, des Bruders Davids, schlug ihn.

⁸Diese waren geboren von den Riesen zu Gath und fielen durch die Hand Davids und seiner Knechte.

Kapitel 21

¹Und der Satan stand wider Israel und reizte David, daß er Israel zählen ließe.

²Und David sprach zu Joab und zu des Volkes Obersten: Gehet hin, zählt Israel von Beer-Seba an bis gen Dan und bringt es zu mir, daß ich wisse, wieviel ihrer sind.

³Joab sprach: Der HERR tue zu seinem Volk, wie sie jetzt sind, hundertmal soviel; aber, mein Herr König, sind sie nicht alle meines Herrn Knechte? Warum fragt denn mein Herr darnach? Warum soll eine Schuld auf Israel kommen?

⁴Aber des Königs Wort stand fest wider Joab. Und Joab zog aus und wandelte durch das ganze Israel und kam gen Jerusalem

⁵und gab die Zahl des gezählten Volks David. Und es waren des ganzen Israels elfhundertmal tausend Mann, die das Schwert auszogen, und Juda's vierhundertmal und siebzigtausend Mann, die das Schwert auszogen.

⁶Levi aber und Benjamin zählte er nicht unter ihnen; denn es war dem Joab des Königs Wort ein Greuel.

⁷Aber solches gefiel Gott übel, und er schlug Israel.

⁸Und David sprach zu Gott: Ich habe schwer gesündigt, daß ich das getan habe. Nun aber nimm weg die Missetat deines Knechtes; denn ich habe sehr töricht getan.

⁹Und der HERR redete mit Gad, dem Seher Davids, und sprach:

¹⁰Gehe hin, rede mit David und sprich: So spricht der HERR: Dreierlei lege ich dir vor; erwähle dir eins, daß ich es dir tue.

¹¹Und da Gad zu David kam, sprach er zu ihm: So spricht der HERR: Erwähle dir

¹²entweder drei Jahre Teuerung, oder drei Monate Flucht vor deinen Widersachern und vor dem Schwert deiner Feinde, daß dich's ergreife, oder drei Tage das Schwert des HERRN und Pestilenz im Lande, daß der Engel des HERRN verderbe in allen Grenzen Israels. So siehe nun zu, was ich antworten soll dem, der mich gesandt hat.

¹³David sprach zu Gad: Mir ist sehr angst; doch ich will in die Hand des HERRN fallen, denn seine Barmherzigkeit ist sehr groß, und will nicht in Menschenhände fallen.

¹⁴Da ließ der HERR Pestilenz in Israel kommen, daß siebzigtausend Mann fielen aus Israel.

¹⁵Und Gott sandte den Engel gen Jerusalem, sie zu verderben. Und im Verderben sah der HERR darein und reute ihn das Übel, und er sprach zum Engel, dem Verderber: Es ist genug; laß deine Hand ab! Der Engel aber des HERRN stand bei der Tenne Ornans, des Jebusiters.

¹⁶Und David hob seine Augen auf und sah den Engel des HERRN stehen zwischen Himmel und Erde und sein bloßes Schwert in seiner Hand ausgereckt über Jerusalem. Da fielen David und die Ältesten, mit Säcken bedeckt, auf ihr Antlitz.

¹⁷Und David sprach zu Gott: Bin ich's nicht, der das Volk zählen hieß? ich bin, der gesündigt und das Übel getan hat; diese Schafe aber, was haben sie getan? HERR, mein Gott, laß deine Hand wider mich und meines Vaters Haus, und nicht wider dein Volk sein, es zu plagen!

¹⁸Und der Engel des HERRN sprach zu Gad, daß er David sollte sagen, daß David hinaufgehen und dem HERRN einen Altar aufrichten sollte in der Tenne Ornans, des Jebusiters.

¹⁹Also ging David hinauf nach dem Wort Gads, das er geredet hatte in des HERRN Namen.

²⁰Ornan aber, da er sich wandte und sah den Engel, und seine vier Söhne mit ihm, versteckten sie sich; denn Ornan drosch Weizen.

²¹Als nun David zu Ornan ging, sah Ornan und ward Davids gewahr und ging heraus aus der Tenne und fiel vor David nieder mit seinem Antlitz zur Erde.

²²Und David sprach zu Ornan: Gib mir den Platz der Tenne, daß ich einen Altar dem HERRN darauf baue; um volles Geld sollst du ihn mir geben, auf daß die Plage unter dem Volk aufhöre.

²³Ornan aber sprach zu David: Nimm dir und mache, mein Herr König, wie dir's gefällt: siehe, ich gebe das Rind zum Brandopfer und das Geschirr von Holz und Weizen zum Speisopfer; das alles gebe ich.

²⁴Aber der König David sprach zu Ornan: Nicht also, sondern um volles Geld will ich's kaufen; denn ich will nicht, was dein ist, nehmen für den HERRN und will's nicht umsonst haben zum Brandopfer.

²⁵Also gab David Ornan um den Platz Gold, am Gewicht

sechshundert Lot.

²⁶Und David baute daselbst dem HERRN einen Altar und opferte Brandopfer und Dankopfer. Und da er den HERRN anrief, erhörte er ihn durch das Feuer vom Himmel auf den Altar des Brandopfers.

²⁷Und der HERR sprach zum Engel, daß er sein Schwert in sein Scheide kehrte.

²⁸Zur selben Zeit, da David sah, daß ihn der HERR erhört hatte auf der Tenne Ornans, des Jebusiters, pflegte er daselbst zu opfern.

²⁹Denn die Wohnung des HERRN, die Mose in der Wüste gemacht hatte, und der Brandopferaltar war zu der Zeit auf der Höhe zu Gibeon.

³⁰David aber konnte nicht hingehen vor denselben, Gott zu suchen, so war er erschrocken vor dem Schwert des Engels des HERRN.

Kapitel 22

¹Und David sprach: Hier soll das Haus Gottes des HERRN sein und dies ist der Altar zum Brandopfer Israels.

²Und David ließ versammeln die Fremdlinge, die im Lande Israel waren, und bestellte Steinmetzen, Steine zu hauen, das Haus Gottes zu bauen.

³Und David bereitet viel Eisen zu Nägeln an die Türen in den Toren und zu Klammern und so viel Erz, daß es nicht zu wägen war,

⁴Auch Zedernholz ohne Zahl; denn die von Sidon und Tyrus brachten viel Zedernholz zu David.

⁵Denn David gedachte: Mein Sohn Salomo ist jung und zart; das Haus aber, das dem HERRN soll gebaut werden, soll groß sein, daß sein Name und Ruhm erhoben werde in allen Landen; darum will ich Vorrat schaffen. Also schaffte David viel Vorrat vor seinem Tode.

⁶Und er rief seinem Sohn Salomo und gebot ihm, zu bauen das Haus des HERRN, des Gottes Israels,

⁷und sprach zu ihm: Mein Sohn, ich hatte es im Sinn, dem Namen des HERRN, meines Gottes, ein Haus zu bauen.

⁸Aber das Wort des HERRN kam zu mir und sprach: Du hast viel Blut vergossen und große Kriege geführt; darum sollst du meinem Namen nicht ein Haus bauen, weil du so viel Blutes auf die Erde vergossen hast vor mir.

⁹Siehe, der Sohn, der dir geboren soll werden, der wird ein Mann der Ruhe sein; denn ich will ihn ruhen lassen von all seinen Feinden umher; denn er soll Salomo heißen; denn ich will Frieden und Ruhe geben über Israel sein Leben lang.

¹⁰Der soll meinem Namen ein Haus bauen. Er soll mein Sohn sein, und ich will sein Vater sein. Und ich will seinen königlichen Stuhl über Israel bestätigen ewiglich.

¹¹So wird nun, mein Sohn, der HERR mit dir sein und es wird dir gelingen, daß du dem HERRN, deinem Gott, ein Haus bauest, wie er von dir geredet hat.

¹²Auch wird der HERR dir geben Klugheit und Verstand und wird dir Israel befehlen, daß du haltest das Gesetz des HERRN, deines Gottes.

¹³Dann aber wirst du Glück haben, wenn du dich hältst, daß du tust nach den Geboten und Rechten, die der HERR dem Mose geboten hat an Israel. Sei getrost und unverzagt, fürchte dich nicht und zage nicht!

¹⁴Siehe ich habe in meiner Mühsal geschafft zum Hause des HERRN hunderttausend Zentner Gold und tausendmal tausend Zentner Silber, dazu Erz und Eisen ohne Zahl; denn es ist zu viel. Auch Holz und Steine habe ich zugerichtet; des magst du noch mehr machen.

¹⁵So hast du viel Arbeiter, Steinmetzen und Zimmerleute an Stein und Holz, und allerlei Meister in allerlei Arbeit,

¹⁶an Gold, Silber, Erz und Eisen ohne Zahl. So mache dich auf und richte es aus; der HERR wird mit dir sein!

¹⁷Und David gebot allen Obersten Israels, daß sie seinem Sohn Salomo hülfen.

¹⁸"Ist nicht der HERR, euer Gott, mit euch und hat euch Ruhe gegeben umher? Denn er hat die Einwohner des Landes in meine Hand gegeben, und das Land ist unterworfen dem HERRN und seinem Volk.

¹⁹So richtet nun euer Herz und eure Seele, den HERRN, euren Gott, zu suchen. Und macht euch auf und bauet Gott dem HERRN ein Heiligtum, daß man die Lade des Bundes des HERRN und die heiligen Gefäße Gottes in das Haus bringe, das dem Namen des HERRN gebaut soll werden."

Kapitel 23

¹Also machte David seinen Sohn Salomo zum König über Israel, da er alt und des Lebens satt war.

²Und David versammelte alle Obersten in Israel und die Priester und Leviten.

³Und man zählte die Leviten von dreißig Jahren und darüber; und ihre Zahl war von Haupt zu Haupt, was Männer waren, achtunddreißigtausend.

⁴"Aus diesen sollen vierundzwanzigtausend dem Werk am Hause des HERRN vorstehen und sechstausend Amtleute und Richter sein

⁵und viertausend Torhüter und viertausend Lobsänger des HERRN mit Saitenspielen, die ich gemacht habe, Lob zu singen."

⁶Und David machte Ordnungen unter den Kindern Levi, nämlich unter Gerson, Kahath und Merari.

⁷Die Gersoniter waren: Laedan und Simei.

⁸Die Kinder Laedans: der erste, Jehiel, Setham und Joel, die drei.

⁹Die Kinder Simeis waren: Salomith, Hasiel und Haran, die drei. Diese waren die Häupter der Vaterhäuser von Laedan.

¹⁰Und diese waren Simeis Kinder: Jahath, Sina, Jeus und Beria. Diese vier waren Simeis Kinder.

¹¹Jahath aber war der erste, Sina der andere. Aber Jeus und Beria hatten nicht Kinder; darum wurden sie für ein Vaterhaus gerechnet.

¹²Die Kinder Kahaths waren: Amram, Jizhar, Hebron und Usiel, die vier.

¹³Die Kinder Amrams waren: Aaron und Mose. Aaron aber ward abgesondert, daß er geheiligt würde zum Hochheiligen, er und seine Söhne ewiglich, zu räuchern vor dem HERRN und zu dienen und zu segnen in dem Namen des HERRN ewiglich.

¹⁴Und Mose's, des Mannes Gottes, Kinder wurden genannt unter der Leviten Stamm.

¹⁵Die Kinder aber Mose's waren: Gersom und Elieser.

¹⁶Die Kinder Gersoms: der erste war Sebuel.

¹⁷Die Kinder Eliesers: der erste war Rehabja. Und Elieser hatte keine andern Kinder; aber der Kinder Ehabjas waren überaus viele.

¹⁸Die Kinder Jizhars waren: Salomith, der erste.

¹⁹Die Kinder Hebrons waren: Jeria, der erste; Amarja, der zweite; Jahasiel, der dritte; und Jakmeam, der vierte.

²⁰Die Kinder Usiels waren: Micha, der erste, und Jissia, der andere.

²¹Die Kinder Meraris waren: Maheli und Musi. Die Kinder Mahelis waren: Eleasar und Kis.

²²Eleasar aber starb und hatte keine Söhne, sondern Töchter; und die Kinder des Kis, ihre Brüder, nahmen sie.

²³Die Kinder Musis waren: Maheli, Eder und Jeremoth, die drei.

²⁴Das sind die Kinder Levi nach ihren Vaterhäusern, nämlich die Häupter der Vaterhäuser, die gerechnet wurden nach der Namen Zahl von Haupt zu Haupt, welche taten das Geschäft des Amts im Hause des HERRN, von zwanzig Jahren und darüber.

²⁵Denn David sprach: Der HERR, der Gott Israels, hat seinem Volk Ruhe gegeben und wird zu Jerusalem wohnen ewiglich.

²⁶So wurden auch die Kinder Levi gezählt von zwanzig Jahren und darüber, da sie ja die Wohnung nicht mehr zu tragen hatten mit all ihrem Geräte ihres Amts,

²⁷sondern nach den letzten Worten Davids,

²⁸daß sie stehen sollten unter der Hand der Kinder Aaron, zu dienen im Hause des HERRN in den Vorhöfen und Kammern und zur Reinigung von allerlei Heiligem und zu allem Werk des Amts im Hause Gottes

²⁹und zum Schaubrot, zum Semmelmehl für das Speisopfer, zu den ungesäuerten Fladen, zur Pfanne, zum Rösten und zu allem Gewicht und Maß

³⁰und zu stehen des Morgens, zu danken und zu loben den HERRN, und des Abends auch also,

³¹und alle Brandopfer dem HERRN zu opfern auf die Sabbate, Neumonde und Feste, nach der Zahl und Gebühr allewege vor dem HERRN,

³²daß sie des Dienstes an der Hütte des Stifts warteten und des Heiligtums und der Kinder Aaron, ihrer Brüder, zu dienen im Hause des HERRN.

Kapitel 24

¹Aber dies waren die Ordnungen der Kinder Aaron. Die Kinder Aarons waren: Nadab, Abihu, Eleasar und Ithamar.

²Aber Nadab und Abihu starben vor ihrem Vater und hatten keine Kinder. Und Eleasar und Ithamar wurden Priester.

³Und es ordneten sie David und Zadok aus den Kinder Eleasars und Ahimelech aus den Kindern Ithamars nach ihrer Zahl und ihrem

Amt.

⁴Und wurden der Kinder Eleasars mehr gefunden an Häuptern der Männer denn der Kinder Ithamars. Und er ordnete sie also: sechzehn aus den Kindern Eleasars zu Obersten ihrer Vaterhäuser und acht aus den Kindern Ithamars nach ihren Vaterhäusern.

⁵Er ordnete sie aber durchs Los, darum daß beide aus Eleasars und Ithamars Kindern Oberste waren im Heiligtum und Oberste vor Gott.

⁶Und der Schreiber Semaja, der Sohn Nathanaels, aus den Leviten, schrieb sie auf vor dem König und vor den Obersten und vor Zadok, dem Priester, und vor Ahimelech, dem Sohn Abjathars, und vor den Obersten der Vaterhäuser unter den Priestern und Leviten, nämlich je ein Vaterhaus für Eleasar und das andere für Ithamar.

⁷Das erste Los fiel auf Jojarib, das zweite auf Jedaja,
⁸das dritte auf Harim, das vierte auf Seorim,
⁹das fünfte auf Malchia, das sechste auf Mijamin,
¹⁰das siebente auf Hakkoz, das achte auf Abia,
¹¹das neunte auf Jesua, das zehnte auf Sechanja,
¹²das elfte auf Eljasib, das zwölfte auf Jakim,
¹³das dreizehnte auf Huppa, das vierzehnte auf Jesebeab,
¹⁴das fünfzehnte auf Bilga, das sechzehnte auf Immer,
¹⁵das siebzehnte auf Hefir, das achtzehnte auf Hapizzez,
¹⁶das neunzehnte auf Pethaja, das zwanzigste auf Jeheskel,
¹⁷das einundzwanzigste auf Jachin, das zweiundzwanzigste auf Gamul,
¹⁸das dreiundzwanzigste auf Delaja, das vierundzwanzigste auf Maasja.

¹⁹Das ist die Ordnung nach ihrem Amt, zu gehen in das Haus des HERRN nach ihrer Weise unter ihrem Vater Aaron, wie ihm der HERR, der Gott Israels, geboten hat.

²⁰Aber unter den andern Kindern Levi war unter den Kindern Amrams Subael. Unter den Kindern Subaels war Jehdeja.

²¹Unter den Kindern Rehabjas war der erste: Jissia.

²²Aber unter den Jizharitern war Selomoth. Unter den Kindern Selomoths war Jahath.

²³Die Kinder Hebrons waren: Jeria, der erste; Amarja, der zweite; Jahasiel, der dritte; Jakmeam, der vierte.

²⁴Die Kinder Usiels waren: Micha. Unter den Kindern Michas war Samir.

²⁵Der Bruder Michas war: Jissia. Unter den Kindern Jissias war Sacharja.

²⁶Die Kinder Meraris waren: Maheli und Musi, die Kinder Jaesias, seines Sohnes.

²⁷Die Kinder Meraris von Jaesia, seinem Sohn, waren: Soham, Sakkur und Ibri.

²⁸Maheli aber hatte Eleasar, der hatte keine Söhne.

²⁹Von Kis: unter den Kindern des Kis war: Jerahmeel.

³⁰Die Kinder Musis waren: Maheli, Eder und Jeremoth. Das sind die Kinder der Leviten nach ihren Vaterhäusern.

³¹Und man warf für sie auch das Los neben ihren Brüdern, den Kindern Aaron, vor dem König David und Zadok und Ahimelech und vor den Obersten der Vaterhäuser unter den Priestern und Leviten, für den jüngsten Bruder ebensowohl als für den Obersten in den Vaterhäusern.

Kapitel 25

¹Und David samt den Feldhauptleuten sonderten ab zu Ämtern die Kinder Asaphs, Hemans und Jedithuns, die Propheten mit Harfen, Psaltern und Zimbeln; und sie wurden gezählt zum Werk nach ihrem Amt.

²Unter den Kindern Asaphs waren: Sakkur, Joseph, Nethanja, Asarela, Kinder Asaph, unter Asaph der da weissagte bei dem König.

³Von Jedithun: die Kinder Jedithuns waren: Gedalja, Sori, Jesaja, Hasabja, Matthithja, Simei, die sechs, unter ihrem Vater Jedithun, mit Harfen, der da weissagte, zu danken und zu loben den HERRN.

⁴Von Heman: die Kinder Hemans waren: Bukkia, Matthanja, Usiel, Sebuel, Jerimoth, Hananja, Hanani, Eliatha, Giddalthi, Romamthi-Eser, Josbekasa, Mallothi, Hothir und Mahesioth.

⁵Diese waren alle Kinder Hemans, des Sehers des Königs in den Worten Gottes, das Horn zu erheben; denn Gott hatte Heman vierzehn Söhne und drei Töchter gegeben.

⁶Diese waren alle unter ihren Vätern Asaph, Jedithun und Heman, zu singen im Hause des HERRN mit Zimbeln, Psaltern und Harfen, nach dem Amt im Hause Gottes bei dem König.

⁷Und es war ihre Zahl samt ihren Brüdern, die im Gesang des HERRN gelehrt waren, allesamt Meister, zweihundertachtundachtzig.

⁸Und sie warfen das Los über ihre Ämter zugleich, dem Jüngeren wie dem Älteren, dem Lehrer wie dem Schüler.

⁹Und das erste Los fiel unter Asaph auf Joseph. Das zweite auf Gedalja samt seinen Brüdern und Söhnen; derer waren zwölf.

¹⁰Das dritte auf Sakkur samt seine Söhnen und Brüdern; derer waren zwölf.

¹¹Das vierte auf Jizri samt seinen Söhnen und Brüdern; derer waren zwölf.

¹²Das fünfte auf Nethanja samt seinen Söhnen und Brüdern; derer waren zwölf.

¹³Das sechste auf Bukkia samt seinen Söhnen und Brüdern; derer waren zwölf.

¹⁴Das siebente auf Jesarela samt seinen Söhnen und Brüdern; derer waren zwölf.

¹⁵Das achte auf Jesaja samt seinen Söhnen und Brüdern; derer waren zwölf.

¹⁶Das neunte auf Matthanja samt seinen Söhnen und Brüdern; derer waren zwölf.

¹⁷Das zehnte auf Simei samt seinen Söhnen und Brüdern; derer waren zwölf.

¹⁸Das elfte auf Asareel samt seinen Söhnen und Brüdern; derer waren zwölf.

¹⁹Das zwölfte auf Hasabja samt seinen Söhnen und Brüdern; derer waren zwölf.

²⁰Das dreizehnte auf Subael samt seinen Söhnen und Brüdern; derer waren zwölf.

²¹Das vierzehnte auf Matthithja samt seinen Söhnen und Brüdern; derer waren zwölf.

²²Das fünfzehnte auf Jeremoth samt seinen Söhnen und Brüdern; derer waren zwölf.

²³Das sechzehnte auf Hanaja samt seinen Söhnen und Brüdern; derer waren zwölf.

²⁴Das siebzehnte auf Josbekasa samt seinen Söhnen und Brüdern; derer waren zwölf.

²⁵Das achtzehnte auf Hanani samt seinen Söhnen und Brüdern; derer waren zwölf.

²⁶Das neunzehnte auf Mallothi samt seinen Söhnen und Brüdern; derer waren zwölf.

²⁷Das zwanzigste auf Eliatha samt seinen Söhnen und Brüdern; derer waren zwölf.

²⁸Das einundzwanzigste auf Hothir samt seinen Söhnen und Brüdern; derer waren zwölf.

²⁹Das zweiundzwanzigste auf Giddalthi samt seinen Söhnen und Brüdern; derer waren zwölf.

³⁰Das dreiundzwanzigste auf Mahesioth samt seinen Söhnen und Brüdern; derer waren zwölf.

³¹Das vierundzwanzigste auf Romamthi-Eser samt seinen Söhnen und Brüdern; derer waren zwölf.

Kapitel 26

¹Von den Ordnungen der Torhüter. Unter den Korahitern war Meselemja, der Sohn Kores, aus den Kindern Asaph.

²Die Kinder Meselemjas waren diese: der Erstgeborene: Sacharja, der zweite: Jediael, der dritte: Sebadja, der vierte: Jathniel,

³der fünfte: Elam, der sechste: Johanan, der siebente: Eljoenai.

⁴Die Kinder aber Obed-Edoms waren diese: der Erstgeborene: Semaja, der zweite: Josabad, der dritte: Joah, der vierte: Sachar, der fünfte: Nathanael,

⁵der sechste: Ammiel, der siebente: Isaschar, der achte: Pegulthai; denn Gott hatte ihn gesegnet.

⁶Und seinem Sohn Semaja wurden auch Söhne geboren, die im Hause ihres Vaters herrschten; denn es waren tüchtige Leute.

⁷So waren nun die Kinder Semajas: Othni, Rephael, Obed und Elsabad, dessen Brüder tüchtige Leute waren, Elihu und Samachja.

⁸Diese waren alle aus den Kindern Obed-Edoms; sie samt ihren Kindern und Brüdern, tüchtige Leute, geschickt zu Ämtern, waren zweiundsechzig von Obed-Edom.

⁹Meselemja hatte Kinder und Brüder, tüchtige Männer, achtzehn.

¹⁰Hosa aber aus den Kindern Meraris hatte Kinder: den Vornehmsten: Simri (denn der Erstgeborene war er nicht, aber sein Vater setzte ihn zum Vornehmsten),

¹¹den zweiten: Hilkia, den dritten: Tebalja, den vierten: Sacharja. Aller Kinder und Brüder Hosas waren dreizehn.

¹²Dies sind die Ordnungen der Torhüter nach den Häuptern der Männer im Amt neben ihren Brüdern, zu dienen im Hause des HERRN.

¹³Und das Los ward geworfen, dem Jüngeren wie dem Älteren, unter ihren Vaterhäusern zu einem jeglichen Tor.

¹⁴Das Los gegen Morgen fiel auf Meselemja; aber sein Sohn Sacharja, der ein kluger Rat war, warf man auch das Los, und es fiel

ihm gegen Mitternacht,

¹⁵Obed-Edom aber gegen Mittag und seinen Söhnen bei dem Vorratshause,

¹⁶und Suppim und Hosa gegen Abend bei dem Tor Salecheth, da man die Straße hinaufgeht, da eine Hut neben der andern steht.

¹⁷Gegen Morgen waren der Leviten sechs, gegen Mitternacht des Tages vier, gegen Mittag des Tages vier, bei dem Vorratshause aber je zwei und zwei,

¹⁸am Parbar aber gegen Abend vier an der Straße und zwei am Parbar.

¹⁹Dies sind die Ordnungen der Torhüter unter den Kindern der Korahiter und den Kindern Merari.

²⁰Von den Leviten aber war Ahia über die Schätze des Hauses Gottes und über die Schätze, die geheiligt wurden.

²¹Von den Kindern Laedan, den Kindern des Gersoniten Laedan, waren Häupter der Vaterhäuser die Jehieliten.

²²Die Kinder der Jehieliten waren: Setham und sein Bruder Joel über die Schätze des Hauses des HERRN.

²³Unter den Amramiten, Jizhariten, Hebroniten und Usieliten

²⁴war Sebuel, der Sohn Gersoms, des Sohnes Mose's, Fürst über die Schätze.

²⁵Aber sein Bruder Elieser hatte einen Sohn, Rehabja; des Sohn war Jesaja; des Sohn war Joram; des Sohn war Sichri; des Sohn war Selomith.

²⁶Derselbe Selomith und seine Brüder waren über alle Schätze des Geheiligten, welches geheiligt hatte der König David und die Häupter der Vaterhäuser, die Obersten über tausend und über hundert und die Obersten im Heer.

²⁷(Von Krieg und Raub hatten sie es geheiligt, zu bessern das Haus des HERRN.)

²⁸Auch alles, was Samuel, der Seher, und Saul, der Sohn des Kis, und Abner, der Sohn des Ners, und Joab, der Zeruja Sohn, geheiligt hatten, alles Geheiligte war unter der Hand Selomiths und seiner Brüder.

²⁹Unter den Jizhariten waren Chenanja und seine Söhne zum Werk draußen über Israel Amtleute und Richter.

³⁰Unter den Hebroniten aber waren Hasabja und seine Brüder, tüchtige Leute, tausend und siebenhundert, über die Ämter Israels diesseits des Jordans gegen Abend, zu allerlei Geschäft des HERRN und zu dienen dem König.

³¹Unter den Hebroniten war Jeria, der Vornehmste unter den Hebroniten seines Geschlechts unter den Vaterhäusern (es wurden aber unter ihnen gesucht und gefunden im vierzigsten Jahr des Königreiches Davids tüchtige Männer zu Jaser in Gilead),

³²und seine Brüder, tüchtige Männer, zweitausend und siebenhundert Oberste der Vaterhäuser. Und David setzte sie über die Rubeniter, Gaditer und den halben Stamm Manasse zu allen Händeln Gottes und des Königs.

Kapitel 27

¹Dies sind aber die Kinder Israel nach ihrer Zahl, die Häupter der Vaterhäuser und die Obersten über tausend und über hundert, und ihre Amtleute, die dem König dienten, nach ihren Ordnungen, die ab und zu zogen, einen jeglichen Monat eine, in allen Monaten des Jahres. Eine jegliche Ordnung aber hatte vierundzwanzigtausend.

²Über die erste Ordnung des ersten Monats war Jasobeam, der Sohn Sabdiels; und unter seiner Ordnung waren vierundzwanzigtausend.

³Er war aus den Kinder Perez und war der Oberste über alle Hauptleute der Heere im ersten Monat.

⁴Über die Ordnung des zweiten Monats war Dodai, der Ahohiter, und Mikloth war Fürst über seine Ordnung; und unter seiner Ordnung waren vierundzwanzigtausend.

⁵Der dritte Feldhauptmann des dritten Monats, der Oberste, war Benaja, der Sohn Jojadas, des Priesters: und unter seiner Ordnung waren vierundzwanzigtausend.

⁶Das ist Benaja, der Held unter den dreißigen und über die dreißig; und seine Ordnung war unter seinem Sohn Ammisabad.

⁷Der vierte im vierten Monat war Asahel, Joabs Bruder, und nach ihm Sebadja, sein Sohn; und unter seiner Ordnung waren vierundzwanzigtausend.

⁸Der fünfte im fünften Monat war Samehuth, der Jishariter; und unter seine Ordnung waren vierundzwanzigtausend.

⁹Der sechste im sechsten Monat war Ira, der Sohn des Ikkes, der Thekoiter; und unter seiner Ordnung waren vierundzwanzigtausend.

¹⁰Der siebente im siebenten Monat war Helez, der Peloniter, aus den Kindern Ephraim; und unter seiner Ordnung waren vierundzwanzigtausend.

¹¹Der achte im achten Monat war Sibbechai, der Husathiter, aus den Serahitern; und unter seiner Ordnung waren vierundzwanzigtausend.

¹²Der neunte im neunten Monat war Abieser, der Anathothiter, aus den Benjaminitern; und unter seiner Ordnung waren vierundzwanzigtausend.

¹³Der zehnte im zehnten Monat war Maherai, der Netophathiter, aus den Serahitern; und unter seiner Ordnung waren vierundzwanzigtausend.

¹⁴Der elfte im elften Monat war Benaja der Pirathoniter, aus den Kindern Ephraim; und unter seiner Ordnung waren vierundzwanzigtausend.

¹⁵Der zwölfte im zwölften Monat war Heldai, der Netophathiter, aus Othniel; und unter seiner Ordnung waren vierundzwanzigtausend.

¹⁶Über die Stämme Israels aber waren diese: unter den Rubenitern war Fürst: Elieser, der Sohn Sichris; unter den Simeonitern war Sephatja, der Sohn Maachas;

¹⁷unter den Leviten war Hasabja, der Sohn Kemuels; unter den Aaroniten war Zadok.

¹⁸unter Juda war Elihu aus den Brüdern Davids; unter Isaschar war Omri, der Sohn Michaels;

¹⁹unter Sebulon war Jismaja, der Sohn Obadjas; unter Naphthali war Jeremoth, der Sohn Asriels;

²⁰unter den Kindern Ephraim war Hosea, der Sohn Asasjas; unter dem halben Stamm Manasse war Joel, der Sohn Pedajas;

²¹unter dem halben Stamm Manasse in Gilead war Iddo, der Sohn Sacharjas; unter Benjamin war Jaesiel, der Sohn Abners;

²²unter Dan war Asareel, der Sohn Jerohams. Das sind die Fürsten der Stämme Israels.

²³Aber David nahm nicht die Zahl derer, die von zwanzig Jahren und darunter waren; denn der HERR hatte verheißen, Israel zu mehren wie die Sterne am Himmel.

²⁴Joab aber, der Zeruja Sohn, der hatte angefangen zu zählen, und vollendete es nicht; denn es kam darum ein Zorn über Israel. Darum kam die Zahl nicht in die Chronik des Königs David.

²⁵Über den Schatz des Königs war Asmaveth, der Sohn Abdiels; und über die Schätze auf dem Lande in Städten, Dörfern und Türmen war Jonathan, der Sohn Usias.

²⁶Über die Ackerleute, das Land zu bauen, war Esri, der Sohn Chelubs.

²⁷Über die Weinberge war Simei, der Ramathiter; über die Weinkeller und Schätze des Weins war Sabdi, der Sephamiter.

²⁸Über die Ölgärten und Maulbeerbäume in den Auen war Baal-Hanan, der Gaderiter. Über den Ölschatz war Joas.

²⁹Über die Weiderinder zu Saron war Sitrai, der Saroniter; aber über die Rinder in den Gründen war Saphat, der Sohn Adlais.

³⁰Über die Kamele war Obil, der Ismaeliter. Über die Esel war Jehdeja, der Meronothiter.

³¹Über die Schafe war Jasis, der Hagariter. Diese waren alle Oberste über die Güter des Königs David.

³²Jonathan aber, Davids Vetter, war Rat, ein verständiger und gelehrter Mann. Und Jehiel, der Sohn Hachmonis, war bei den Söhnen des Königs.

³³Ahithophel war auch Rat des Königs. Husai, der Arachiter, war des Königs Freund.

³⁴Nach Ahithophel war Jojada, der Sohn Benajas, und Abjathar. Joab aber war der Feldhauptmann des Königs.

Kapitel 28

¹Und David versammelte gen Jerusalem alle Obersten Israels, nämlich die Fürsten der Stämme, die Fürsten der Ordnungen, die dem König dienten, die Fürsten über tausend und über hundert, die Fürsten über die Güter und das Vieh des Königs und seiner Söhne mit den Kämmerern, die Kriegsmänner und alle ansehnlichen Männer.

²Und David, der König, stand auf und sprach: Höret mir zu, meine Brüder und mein Volk! Ich hatte mir vorgenommen, ein Haus zu bauen, da ruhen sollte die Lade des Bundes des HERRN und der Schemel seiner Füße unsres Gottes, und hatte mich geschickt, zu bauen.

³Aber Gott ließ mir sagen: Du sollst meinem Namen kein Haus bauen; denn du bist ein Kriegsmann und hast Blut vergossen.

⁴Nun hat der HERR, der Gott Israel, mich erwählt aus meines Vaters ganzem Hause, daß ich König über Israel sein sollte ewiglich. Denn er hat Juda erwählt zum Fürstentum, und im Hause Juda meines Vaters Haus, und unter meines Vaters Kindern hat er Gefallen gehabt an mir, daß er mich über ganz Israel zum König machte.

⁵Und unter allen seinen Söhnen (denn der HERR hat mir viele

Söhne gegeben) hat er meinen Sohn Salomo erwählt, daß er sitzen soll auf dem Stuhl des Königreichs des Herrn über Israel,

⁶und hat zu mir geredet: Dein Sohn Salomo soll mein Haus und meine Vorhöfe bauen; denn ich habe ihn erwählt zum Sohn, und ich will sein Vater sein

⁷und will sein Königreich bestätigen ewiglich, so er wird anhalten, daß er tue nach meinen Geboten und Rechten, wie es heute steht.

⁸Nun vor dem ganzen Israel, der Gemeinde des HERRN, und vor den Ohren unseres Gottes: So haltet und sucht alle die Gebote des HERRN, eures Gottes, auf daß ihr besitzet das gute Land und es vererbt auf eure Kinder nach euch ewiglich.

⁹Und du, mein Sohn Salomo, erkenne den Gott deines Vaters und diene ihm mit ganzem Herzen und mit williger Seele. Denn der HERR sucht alle Herzen und verstehet aller Gedanken Dichten. Wirst du ihn suchen, so wirst du ihn finden; wirst du ihn aber verlassen, so wird er dich verwerfen ewiglich.

¹⁰So siehe nun zu; denn der HERR hat dich erwählt, daß du sein Haus baust zum Heiligtum. Sei getrost und mache es!

¹¹Und David gab seinem Sohn Salomo ein Vorbild der Halle des Tempels und seiner Häuser und der Gemächer und Söller und Kammern inwendig und des Hauses Gnadenstuhls,

¹²dazu Vorbilder alles dessen, was bei ihm in seinem Gemüt war, nämlich die Vorhöfe am Hause des HERRN und aller Gemächer umher für die Schätze im Hause Gottes und für die Schätze des Geheiligten,

¹³und der Ordnungen der Priester und Leviten, und aller Geschäfte und Geräte der Ämter im Hause des HERRN,

¹⁴und des goldenen Zeuges nach dem Goldgewicht zu allerlei Geräte eines jeglichen Amts, und alles silbernen Zeuges nach dem Gewicht zu allerlei Geräte eines jeglichen Amts,

¹⁵und das Gewicht für den goldenen Leuchter und die goldenen Lampen, für jeglichen Leuchter und seine Lampen sein Gewicht, also auch für die silbernen Leuchter, für den Leuchter und seine Lampen, nach dem Amt eines jeglichen Leuchters;

¹⁶auch gab er das Gewicht des Goldes für die Tische der Schaubrote, für jeglichen Tisch sein Gewicht, also auch des Silbers für die silbernen Tische,

¹⁷und für die Gabeln, Becken und Kannen von lauterem Golde und für die goldenen Becher, für jeglichen Becher sein Gewicht, und für die silbernen Becher, für jeglichen Becher sein Gewicht,

¹⁸und für den Räucheraltar vom allerlautersten Golde sein Gewicht, auch ein Vorbild des Wagens, nämlich der goldenen Cherubim, daß sie sich ausbreiteten und bedeckten oben die Lade des Bundes des HERRN.

¹⁹"Das alles ist mir beschrieben gegeben von der Hand des HERRN, daß es mich unterwiese über alle Werke des Vorbildes."

²⁰Und David sprach zu seinem Sohn Salomo: Sei getrost und unverzagt und mache es; fürchte dich nicht und zage nicht! Gott der HERR, mein Gott, wird mit dir sein und wird die Hand nicht abziehen noch dich verlassen, bis du alle Werke zum Amt im Hause des HERRN vollendest.

²¹Siehe da, die Ordnungen der Priester und Leviten zu allen Ämtern im Hause Gottes sind mit dir zu allem Geschäft und sind willig und weise zu allen Ämtern, dazu die Fürsten und alles Volk zu allen deinen Händeln.

Kapitel 29

¹Und der König David sprach zu der ganzen Gemeinde: Gott hat Salomo, meiner Söhne einen, erwählt, der noch jung und zart ist; das Werk aber ist groß; denn es ist nicht eines Menschen Wohnung, sondern Gottes des HERRN.

²Ich aber habe aus allen meinen Kräften zugerichtet zum Hause Gottes Gold zu goldenem, Silber zu silbernem, Erz zu ehernem, Eisen zu eisernem, Holz zu hölzernem Geräte, Onyxsteine und eingefaßte Steine, Rubine und bunte Steine und allerlei Edelsteine und Marmelsteine die Menge.

³Überdas, aus Wohlgefallen am Hause meines Gottes, habe ich eigenes Gutes, Gold und Silber,

⁴dreitausend Zentner Gold von Ophir und siebentausend Zentner lauteres Silber, das gebe ich zum heiligen Hause Gottes außer allem, was ich zugerichtet habe, die Wände der Häuser zu überziehen,

⁵daß golden werde, was golden, silbern, was silbern sein soll, und zu allerlei Werk durch die Hand der Werkmeister. Und wer ist nun willig, seine Hand heute dem HERRN zu füllen?

⁶Da waren die Fürsten der Vaterhäuser, die Fürsten der Stämme Israels, die Fürsten über tausend und über hundert und die Fürsten über des Königs Geschäfte willig

⁷und gaben zum Amt im Hause Gottes fünftausend Zentner Gold und zehntausend Goldgulden und zehntausend Zentner Silber, achtzehntausend Zentner Erz und hunderttausend Zentner Eisen.

⁸Und bei welchem Steine gefunden wurden, die gaben sie zum Schatz des Hauses des HERRN unter die Hand Jehiels, des Gersoniten.

⁹Und das Volk ward fröhlich, daß sie willig waren; denn sie gaben's von ganzem Herzen dem HERRN freiwillig. Und David, der König, freute sich auch hoch

¹⁰und lobte den HERRN und sprach vor der ganzen Gemeinde: Gelobt seist du, HERR, Gott Israels, unsers Vaters, ewiglich.

¹¹Dir, HERR, gebührt die Majestät und Gewalt, Herrlichkeit, Sieg und Dank. Denn alles, was im Himmel und auf Erden ist. das ist dein. Dein, HERR, ist das Reich, und du bist erhöht über alles zum Obersten.

¹²Reichtum und Ehre ist vor dir; Du herrschest über alles; in deiner Hand steht Kraft und Macht; in deiner Hand steht es, jedermann groß und stark zu machen.

¹³Nun, unser Gott, wir danken dir und rühmen den Namen deiner Herrlichkeit.

¹⁴Denn was bin ich? Was ist mein Volk, daß wir sollten vermögen, freiwillig so viel zu geben? Denn von dir ist alles gekommen, und von deiner Hand haben wir dir's gegeben.

¹⁵Denn wir sind Fremdlinge und Gäste vor dir wie unsre Väter alle. unser Leben auf Erden ist wie ein Schatten, und ist kein Aufhalten.

¹⁶HERR, unser Gott, aller dieser Haufe, den wir zugerichtet haben, dir ein Haus zu bauen, deinem heiligen Namen, ist von deiner Hand gekommen, und ist alles dein.

¹⁷Ich weiß, mein Gott, daß du das Herz prüfst, und Aufrichtigkeit ist dir angenehm. Darum habe ich dies alles aus aufrichtigem Herzen freiwillig gegeben und habe jetzt mit Freuden gesehen dein Volk, das hier vorhanden ist, daß es dir freiwillig gegeben hat.

¹⁸HERR, Gott unsrer Väter, Abrahams, Isaaks und Israels, bewahre ewiglich solchen Sinn und Gedanken im Herzen deines Volkes und richte ihre Herzen zu dir.

¹⁹Und meinem Sohn Salomo gib ein rechtschaffenes Herz, daß er halte deine Gebote, Zeugnisse und Rechte, daß er alles tue und baue diese Wohnung, die ich zugerichtet habe.

²⁰Und David sprach zu der ganzen Gemeinde: Lobet den HERRN, euren Gott! Und die ganze Gemeinde lobte den HERRN, den Gott ihrer Väter; und sie neigten sich und fielen nieder vor dem HERRN und vor dem König

²¹und opferten dem HERRN Opfer. Und des Morgens opferten sie Brandopfer: tausend Farren, tausend Widder, tausend Lämmer mit ihren Trankopfern, und opferten die Menge vor dem ganzen Israel

²²und aßen und tranken desselben Tages vor dem HERRN mit großen Freuden und machten zum zweitenmal Salomo, den Sohn Davids, zum König und salbten ihn dem HERRN zum Fürsten und Zadok zum Priester.

²³Also saß Salomo auf dem Stuhl des Herrn als ein König an seines Vaters Davids Statt und ward glücklich; und ganz Israel ward ihm gehorsam.

²⁴Und alle Obersten und Gewaltigen, auch alle Kinder des Königs David taten sich unter den König Salomo.

²⁵Und der HERR machte Salomo immer größer vor dem Volk Israel und gab ihm ein prächtiges Königreich, wie keiner vor ihm über Israel gehabt hatte.

²⁶So ist nun David, der Sohn Isais. König gewesen über ganz Israel.

²⁷Die Zeit aber, die er König über Israel gewesen ist, ist vierzig Jahre: zu Hebron regierte er sieben Jahre und zu Jerusalem dreiunddreißig Jahre.

²⁸Und er starb im guten Alter, gesättigt mit Leben, Reichtum und Ehre. Und sein Sohn Salomo ward König an seiner Statt.

²⁹Die Geschichten aber des Königs David, beide, die ersten und die letzten, siehe, die sind geschrieben in den Geschichten Samuels, des Sehers, und in den Geschichten des Propheten Nathan und in den Geschichten Gads, des Sehers,

³⁰mit allem seinem Königreich und seiner Gewalt und den Zeiten, die ergangen sind über ihn und über Israel und alle Königreiche in den Landen.

2 Chronik

Kapitel 1

¹Und Salomo, der Sohn Davids, ward in seinem Reich bekräftigt; und der HERR, sein Gott, war mit ihm und machte ihn immer größer.

²Und Salomo redete mit dem ganzen Israel, mit den Obersten über tausend und hundert, mit den Richtern und mit allen Fürsten in Israel, mit den Obersten der Vaterhäuser,

³daß sie hingingen, Salomo und die ganze Gemeinde mit ihm, zu der Höhe, die zu Gibeon war; denn daselbst war die Hütte des Stifts Gottes, die Mose, der Knecht des HERRN, gemacht hatte in der Wüste.

⁴(Aber die Lade Gottes hatte David heraufgebracht von Kirjath-Jearim an den Ort, den er bereitet hatte; denn er hatte ihr eine Hütte aufgeschlagen zu Jerusalem.)

⁵Aber der eherne Altar, den Bezaleel, der Sohn Uris, des Sohnes Hurs, gemacht hatte, war daselbst vor der Wohnung des HERRN; und Salomo und die Gemeinde pflegten ihn zu suchen.

⁶Und Salomo opferte auf dem ehernen Altar vor dem HERRN, der vor der Hütte des Stifts stand, tausend Brandopfer.

⁷In derselben Nacht aber erschien Gott Salomo und sprach zu ihm: Bitte, was soll ich dir geben?

⁸Und Salomo sprach zu Gott: Du hast große Barmherzigkeit an meinem Vater David getan und hast mich an seiner Statt zum König gemacht;

⁹so laß nun, HERR, Gott, deine Worte wahr werden an meinem Vater David; denn du hast mich zum König gemacht über ein Volk, des so viel ist als Staub auf Erden.

¹⁰So gib mir nun Weisheit und Erkenntnis, daß ich vor diesem Volk aus und ein gehe; denn wer kann dies dein großes Volk richten?

¹¹Da sprach Gott zu Salomo: Weil du das im Sinn hast und hast nicht um Reichtum noch um Gut noch um Ehre noch um deiner Feinde Seele noch um langes Leben gebeten, sondern hast um Weisheit und Erkenntnis gebeten, daß du mein Volk richten mögst, darüber ich dich zum König gemacht habe,

¹²so sei dir Weisheit und Erkenntnis gegeben; dazu will ich dir Reichtum und Gut und Ehre geben, daß deinesgleichen unter den Königen vor dir nicht gewesen ist noch werden soll nach dir.

¹³Also kam Salomo von der Höhe, die zu Gibeon war, von der Hütte des Stifts, gen Jerusalem und regierte über Israel.

¹⁴Und Salomo sammelte sich Wagen und Reiter, daß er zuwege brachte tausendundvierhundert Wagen und zwölftausend Reiter, und legte sie in die Wagenstädte und zu dem König nach Jerusalem.

¹⁵Und der König machte, daß des Silbers und Goldes so viel war zu Jerusalem wie die Steine und der Zedern wie die Maulbeerbäume in den Gründen.

¹⁶Und man brachte Salomo Rosse aus Ägypten und allerlei Ware; und die Kaufleute des Königs kauften die Ware;

¹⁷und brachten's aus Ägypten heraus, je einen Wagen um sechshundert Silberlinge, ein Roß um hundertfünfzig. Also brachten sie auch allen Königen der Hethiter und den Königen von Syrien.

Kapitel 2

¹Und Salomo gedachte zu bauen ein Haus dem Namen des HERRN und ein Haus seines Königreichs.

²Und Salomo zählte ab siebzigtausend, die da Last trugen, und achtzigtausend, die da Steine hieben auf dem Berge, und dreitausend und sechshundert Aufseher über sie.

³Und Salomo sandte zu Huram, dem König zu Tyrus, und ließ ihm sagen: Wie du mit meinem Vater David tatest und ihm sandtest Zedern, daß er sich ein Haus baute, darin er wohnte.

⁴Siehe, ich will dem Namen des HERRN, meines Gottes, ein Haus bauen, das ihm geheiligt werde, gutes Räuchwerk vor ihm zu räuchern und Schaubrote allewege zuzurichten und Brandopfer des Morgens und des Abends auf die Sabbate und Neumonde und auf die Feste des HERRN, unsers Gottes, ewiglich für Israel.

⁵Und das Haus, das ich bauen will soll groß sein; denn unser Gott ist größer als alle Götter.

⁶Aber wer vermag's, daß er ihm ein Haus baue? denn der Himmel und aller Himmel Himmel können ihn nicht fassen. Wer sollte ich denn sein, daß ich ihm ein Haus baute? es sei denn um vor ihm zu räuchern.

⁷So sende mir nun einen weisen Mann, zu arbeiten mit Gold, Silber, Erz, Eisen, rotem Purpur, Scharlach und blauem Purpur und der da wisse einzugraben mit den Weisen, die bei mir sind in Juda und Jerusalem, welche mein Vater David bestellt hat.

⁸Und sende mir Zedern-, Tannen-und Sandelholz vom Libanon; denn ich weiß, daß deine Knechte das Holz zu hauen wissen auf dem Libanon. Und siehe, meine Knechte sollen mit deinen Knechten sein,

⁹daß man mir viel Holz zubereite; denn das Haus, das ich bauen will, soll groß und sonderlich sein.

¹⁰Und siehe, ich will den Zimmerleuten, deinen Knechten, die das Holz hauen, zwanzigtausend Kor Gerste und zwanzigtausend Kor Weizen und zwanzigtausend Bath Wein und zwanzigtausend Bath Öl geben.

¹¹Da sprach Huram, der König zu Tyrus, durch Schrift und sandte zu Salomo: Darum daß der HERR sein Volk liebt, hat er dich über sie zum König gemacht.

¹²Und Huram sprach weiter: Gelobt sei der HERR, der Gott Israels, der da Himmel und Erde gemacht hat, daß er dem König David hat einen weisen, klugen und verständigen Sohn gegeben, der dem HERRN ein Haus baue und ein Haus seines Königreichs.

¹³So sende ich nun einen weisen Mann, der Verstand hat, Huram, meinen Meister

¹⁴(der ein Sohn ist eines Weibes aus den Töchtern Dans, und dessen Vater ein Tyrer gewesen ist); der weiß zu arbeiten an Gold, Silber, Erz, Eisen, Steinen, Holz, rotem und blauem Purpur, köstlicher weißer Leinwand und Scharlach und einzugraben allerlei und allerlei kunstreich zu machen, was man ihm aufgibt, mit deinen Weisen und mit den Weisen meines Herrn, des Königs Davids, deines Vaters.

¹⁵So sende nun mein Herr Weizen, Gerste, Öl und Wein seinen Knechten, wie er geredet hat;

¹⁶so wollen wir das Holz hauen auf dem Libanon, wieviel es not ist, und wollen's auf Flößen bringen im Meer gen Japho; von da magst du es hinauf gen Jerusalem bringen.

¹⁷Und Salomo zählte alle Fremdlinge im Lande Israel nach dem, daß David, sein Vater, sie gezählt hatte; und wurden gefunden hundert und fünfzigtausend dreitausend und sechshundert.

¹⁸Und er machte aus denselben siebzigtausend Träger und achtzigtausend Hauer auf dem Berge und dreitausend sechshundert Aufseher, die das Volk zum Dienst anhielten.

Kapitel 3

¹Und Salomo fing an zu bauen das Haus des HERRN zu Jerusalem auf dem Berge Morija, der David, seinem Vater, gezeigt war, welchen David zubereitet hatte zum Raum auf der Tenne Ornans, des Jebusiters.

²Er fing aber an zu bauen im zweiten Monat am zweiten Tage im vierten Jahr seines Königreiches.

³Und also legte Salomo den Grund, zu bauen das Haus Gottes: die Länge sechzig Ellen nach altem Maß, die Weite zwanzig Ellen.

⁴Und die Halle vor der Weite des Hauses her war zwanzig Ellen lang, die Höhe aber war hundertzwanzig Ellen; und er überzog sie inwendig mit lauterem Golde.

⁵Das große Haus aber täfelte er mit Tannenholz und überzog's mit dem besten Golde und machte darauf Palmen und Kettenwerk

⁶und überzog das Haus mit edlen Steinen zum Schmuck; das Gold aber war Parwaim-Gold.

⁷Und überzog das Haus, die Balken und die Schwellen samt seinen Wänden und Türen mit Gold und ließ Cherubim schnitzen an die Wände.

⁸Er machte auch das Haus des Allerheiligsten, des Länge war zwanzig Ellen nach der Weite des Hauses, und seine Weite war auch zwanzig Ellen, und überzog's mit dem besten Golde bei sechshundert Zentner.

⁹Und gab auch zu Nägeln fünfzig Lot Gold am Gewicht und überzog die Söller mit Gold.

¹⁰Er machte auch im Hause des Allerheiligsten zwei Cherubim nach der Bildner Kunst und überzog sie mit Gold.

¹¹Und die Länge der Flügel an den Cherubim war zwanzig Ellen, daß ein Flügel fünf Ellen hatte und rührte an die Wand des Hauses und der andere Flügel auch fünf Ellen hatte und rührte an den Flügel des andern Cherubs.

¹²Also hatte auch der eine Flügel des andern Cherubs fünf Ellen und rührte an die Wand des Hauses und sein anderer Flügel auch fünf Ellen und rührte an den Flügel des andern Cherubs,

¹³daß diese Flügel der Cherubim waren ausgebreitet zwanzig Ellen weit; und sie standen auf ihren Füßen, und ihr Antlitz war gewandt zum Hause hin.

¹⁴Er machte auch einen Vorhang von blauem und rotem Purpur, von Scharlach und köstlichem weißen Leinwerk und machte Cherubim darauf.

¹⁵Und er machte vor dem Hause zwei Säulen, fünfunddreißig Ellen lang und der Knauf obendrauf fünf Ellen,

¹⁶und machte Ketten zum Gitterwerk und tat sie oben an die Säulen und machte hundert Granatäpfel und tat sie an die Ketten

¹⁷und richtete die Säulen auf vor dem Tempel, eine zur Rechten und die andere zur Linken, und hieß die zur Rechten Jachin und die zur Linken Boas.

Kapitel 4

¹Er machte auch einen ehernen Altar, zwanzig Ellen lang und breit und zehn Ellen hoch.

²Und er machte ein gegossenes Meer, von einem Rand bis zum andern zehn Ellen weit, rundumher, und fünf Ellen hoch; und ein Maß von dreißig Ellen mochte es umher begreifen.

³Und Knoten waren unter ihm umher, je zehn auf eine Elle; und es waren zwei Reihen Knoten um das Meer her, die mit gegossen waren.

⁴Es stand aber auf zwölf Ochsen, also daß drei gewandt waren gegen Mitternacht, drei gegen Abend, drei gegen Mittag und drei gegen Morgen, und das Meer oben auf ihnen, und alle ihre Hinterteile waren inwendig.

⁵Seine Dicke war eine Hand breit, und sein Rand war wie eines Bechers Rand und eine aufgegangene Lilie, und es faßte dreitausend Bath.

⁶Und er machte zehn Kessel; deren setzte er fünf zur Rechten und fünf zur Linken, darin zu waschen, daß sie darin abspülten, was zum Brandopfer gehört; das Meer aber, daß sich die Priester darin wüschen.

⁷Er machte auch zehn goldene Leuchter, wie sie sein sollten, und setzte sie in den Tempel, fünf zur Rechten und fünf zur Linken,

⁸und machte zehn Tische und tat sie in den Tempel, fünf zur Rechten und fünf zur Linken, und machte hundert goldene Becken.

⁹Er machte auch einen Hof für die Priester und einen großen Vorhof und Türen in den Vorhof und überzog die Türen mit Erz.

¹⁰und setzte das Meer an die rechte Ecke gegen Morgen mittagswärts.

¹¹Und Huram machte Töpfe, Schaufeln und Becken. Also vollendete Huram die Arbeit, die er dem König Salomo tat am Hause Gottes,

¹²nämlich die zwei Säulen mit den Kugeln und Knäufen oben auf beiden Säulen; und beide Gitterwerke, zu bedecken beide Kugeln der Knäufe oben auf den Säulen;

¹³und die vierhundert Granatäpfel an den Gitterwerken, zwei Reihen Granatäpfel an jeglichem Gitterwerk, zu bedecken beide Kugeln der Knäufe, die oben auf den Säulen waren.

¹⁴Auch machte er die Gestühle und die Kessel auf den Gestühlen

¹⁵und das Meer und zwölf Ochsen darunter;

¹⁶dazu Töpfe, Schaufeln, gabeln und alle ihre Gefäße machte Huram, der Meister, dem König Salomo zum Hause des HERRN von geglättetem Erz.

¹⁷In der Gegend des Jordans ließ sie der König gießen in dicker Erde, zwischen Sukkoth und Zaredatha.

¹⁸Und Salomo machte aller dieser Gefäße sehr viel, daß des Erzes Gewicht nicht zu erforschen war.

¹⁹Und Salomo machte alles Gerät zum Hause Gottes, nämlich den goldenen Altar und die Tische mit den Schaubroten darauf;

²⁰die Leuchter mit ihren Lampen von lauterem Gold, daß sie brennten vor dem Chor, wie sich's gebührt;

²¹und die Blumen und die Lampen und die Schneuzen waren golden, das war alles völliges Gold;

²²dazu die Messer, Becken, Löffel und Näpfe waren lauter Gold. Und der Eingang, nämlich seine Tür inwendig zu dem Allerheiligsten und die Türen am Hause des Tempels, waren golden.

Kapitel 5

¹Also ward alle Arbeit vollbracht, die Salomo tat am Hause des HERRN. Und Salomo brachte hinein alles, was sein Vater David geheiligt hatte, nämlich Silber und Gold und allerlei Geräte, und legte es in den Schatz im Hause Gottes.

²Da versammelte Salomo alle Ältesten in Israel, alle Hauptleute der Stämme, Fürsten der Vaterhäuser unter den Kindern Israel gen Jerusalem, daß sie die Lade des Bundes des HERRN hinaufbrächten aus der Stadt Davids, das ist Zion.

³Und es versammelten sich zum König alle Männer Israels am Fest, das ist im siebenten Monat,

⁴und kamen alle Ältesten Israels. Und die Leviten hoben die Lade auf

⁵und brachten sie hinauf samt der Hütte des Stifts und allem heiligen Gerät, das in der Hütte war; es brachten sie hinauf die Priester, die Leviten.

⁶Aber der König Salomo und die ganze Gemeinde Israel, zu ihm versammelt vor der Lade, opferten Schafe und Ochsen, so viel, daß es niemand zählen noch rechnen konnte.

⁷Also brachten die Priester die Lade des Bundes des HERRN an ihre Stätte, in den Chor des Hauses, in das Allerheiligste, unter die Flügel der Cherubim,

⁸daß die Cherubim ihre Flügel ausbreiteten über die Stätte der Lade; und die Cherubim bedeckten die Lade und ihre Stangen von obenher.

⁹Die Stangen aber waren so lang, daß man ihre Knäufe sah von der Lade her vor dem Chor; aber außen sah man sie nicht. Und sie war daselbst bis auf diesen Tag.

¹⁰Und war nichts in der Lade außer den zwei Tafeln, die Mose am Horeb hineingetan hatte, da der HERR einen Bund machte mit den Kindern Israel, da sie aus Ägypten zogen.

¹¹Und die Priester gingen heraus aus dem Heiligen, denn alle Priester, die vorhanden waren, hatten sich geheiligt, also daß auch die Ordnungen nicht gehalten wurden;

¹²und die Leviten und die Sänger alle, Asaph, Heman und Jedithun und ihre Kinder und Brüder, angezogen mit feiner Leinwand, standen gegen Morgen des Altars mit Zimbeln, Psaltern und Harfen, und bei ihnen hundertzwanzig Priester, die mit Drommeten bliesen;

¹³und es war, als wäre es einer, der drommetete und sänge, als hörte man eine Stimme loben und danken dem HERRN. Und da die Stimme sich erhob von den Drommeten, Zimbeln und Saitenspielen und von dem Loben des HERRN, daß er gütig ist und seine Barmherzigkeit ewig währet, da ward das Haus des HERRN erfüllt mit einer Wolke,

¹⁴daß die Priester nicht stehen konnten, zu dienen vor der Wolke; denn die Herrlichkeit des HERRN erfüllte das Haus Gottes.

Kapitel 6

¹Da sprach Salomo: Der HERR hat geredet, er wolle wohnen im Dunkel.

²So habe ich nun ein Haus gebaut dir zur Wohnung, und einen Sitz, da du ewiglich wohnst.

³Und der König wandte sein Antlitz und segnete die ganze Gemeinde Israel; denn die ganze Gemeinde Israel stand.

⁴Und er sprach: Gelobt sei der HERR, der Gott Israels, der durch seinen Mund meinem Vater David geredet und es mit seiner Hand erfüllt hat, der da sagte:

⁵Seit der Zeit, da ich mein Volk aus Ägyptenland geführt habe, habe ich keine Stadt erwählt in allen Stämmen Israels, ein Haus zu bauen, daß mein Name daselbst wäre, und habe auch keinen Mann erwählt, daß er Fürst wäre über mein Volk Israel;

⁶aber Jerusalem habe ich erwählt, daß mein Name daselbst sei, und David habe ich erwählt, daß er über mein Volk Israel sei.

⁷Und da es mein Vater im Sinn hatte, ein Haus zu bauen dem Namen des HERRN, des Gottes Israels,

⁸sprach der HERR zu meinem Vater David: Du hast wohl getan, daß du im Sinn hast, meinem Namen ein Haus zu bauen.

⁹Doch du sollst das Haus nicht bauen, sondern dein Sohn, der aus deinen Lenden kommen wird, soll meinem Namen das Haus bauen.

¹⁰So hat nun der HERR sein Wort bestätigt, das er geredet hat; denn ich bin aufgekommen an meines Vaters David Statt und sitze auf dem Stuhl Israels, wie der HERR geredet hat, und habe ein Haus gebaut dem Namen des HERRN, des Gottes Israels,

¹¹und habe hineingetan die Lade, darin der Bund des HERRN ist, den er mit den Kindern Israel gemacht hat.

¹²Und er trat vor den Altar des HERRN vor der ganzen Gemeinde Israel und breitete seine Hände aus

¹³(denn Salomo hatte eine eherne Kanzel gemacht und gesetzt mitten in den Vorhof, fünf Ellen lang und breit und drei Ellen hoch; auf dieselbe trat er und fiel nieder auf seine Kniee vor der ganzen Gemeinde Israel und breitete seine Hände aus gen Himmel)

¹⁴und sprach: HERR, Gott Israels, es ist kein Gott dir gleich, weder im Himmel noch auf Erden, der du hältst den Bund und die Barmherzigkeit deinen Knechten die vor dir wandeln aus ganzem Herzen.

¹⁵Du hast gehalten deinem Knechte David, meinem Vater, was du ihm geredet hast; mit deinem Munde hast du es geredet, und mit deiner Hand hast du es erfüllt, wie es heutigestages steht.

¹⁶Nun, HERR, Gott Israels, halte deinem Knechte David, meinem Vater, was du ihm verheißen hast und gesagt: Es soll dir nicht gebrechen an einem Manne vor mir, der auf dem Stuhl Israels sitze, doch sofern deine Kinder ihren Weg bewahren, daß sie wandeln in meinem Gesetz, wie du vor mir gewandelt hast.

¹⁷Nun, HERR, Gott Israels, laß deine Worte wahr werden, das du deinem Knechte David geredet hast.

¹⁸Denn sollte in Wahrheit Gott bei den Menschen wohnen? Siehe, der Himmel und aller Himmel Himmel können dich nicht fassen; wie sollte es denn das Haus tun, das ich gebaut habe?

¹⁹Wende dich aber, HERR, mein Gott, zu dem Gebet deines Knechtes und zu seinem Flehen, daß du erhörest das Bitten und Beten, das dein Knecht vor dir tut;

²⁰daß deine Augen offen seien über dies Haus Tag und Nacht, über die Stätte, dahin du deinen Namen zu stellen verheißen hast; daß du hörest das Gebet, das dein Knecht an dieser Stelle tun wird.

²¹So höre nun das Flehen deines Knechtes und deines Volkes Israel, das sie bitten werden an dieser Stätte; höre es aber von der Stätte deiner Wohnung, vom Himmel. Und wenn du es hörst, wollest du gnädig sein.

²²Wenn jemand wider seinen Nächsten sündigen wird und es wird ihm ein Eid aufgelegt, den er schwören soll, und der Eid kommt vor deinen Altar in diesem Hause:

²³so wollest du hören vom Himmel und deinem Knechte Recht verschaffen, daß du dem Gottlosen vergeltest und gibst seinen Wandel auf seinen Kopf und rechtfertigst den Gerechten und gebest ihm nach seiner Gerechtigkeit.

²⁴Wenn dein Volk Israel vor seinen Feinden geschlagen wird, weil an dir gesündigt haben, und sie bekehren sich und bekennen deinen Namen, bitten und flehen vor dir in diesem Hause:

²⁵so wollest du hören vom Himmel und gnädig sein der Sünde deines Volkes Israel und sie wieder in das Land bringen, das du ihnen und ihren Vätern gegeben hast.

²⁶Wenn der Himmel zugeschlossen wird, daß es nicht regnet, weil sie an dir gesündigt haben, und sie bitten an dieser Stätte und bekennen deinen Namen und bekehren sich von ihren Sünden, weil du sie gedemütigt hast:

²⁷so wollest du hören vom Himmel und gnädig sein der Sünde deiner Knechte und deines Volkes Israel, daß du sie den guten Weg lehrest, darin sie wandeln sollen, und regnen lassest auf dein Land, das du deinem Volk gegeben hast zu besitzen.

²⁸Wenn eine Teuerung im Lande wird oder Pestilenz oder Dürre, Brand, Heuschrecken, Raupen, oder wenn sein Feind im Lande seine Tore belagert oder irgend eine Plage oder Krankheit da ist:

²⁹wer dann bittet oder fleht, es seien allerlei Menschen oder dein ganzes Volk Israel, so jemand ein Plage und Schmerzen fühlt und seine Hände ausbreitet zu diesem Hause:

³⁰so wollest du hören vom Himmel, vom Sitz deiner Wohnung, und gnädig sein und jedermann geben nach all seinem Wandel, nach dem du sein Herz erkennst (denn du allein erkennst das Herz der Menschenkinder),

³¹auf daß sie dich fürchten und wandeln in deinen Wegen alle Tage, solange sie leben in dem Lande, das du unsern Vätern gegeben hast.

³²Wenn auch ein Fremder, der nicht von deinem Volk Israel ist, kommt aus fernen Landen um deines großen Namens und deiner mächtigen Hand und deines ausgereckten Armes willen und betet vor diesem Hause:

³³so wollest du hören vom Himmel, vom Sitz deiner Wohnung, und tun also, alles, warum er dich anruft, auf daß alle Völker auf Erden deinen Namen erkennen und dich fürchten wie dein Volk Israel und innewerden, daß dies Haus, das ich gebaut habe, nach deinem Namen genannt sei.

³⁴Wenn dein Volk auszieht in den Streit wider seine Feinde des Weges, den du sie senden wirst, und sie zu dir beten nach dieser Stadt hin, die du erwählt hast und nach dem Hause, das ich deinem Namen gebaut habe:

³⁵so wollest du ihr Gebet und Flehen hören vom Himmel und ihnen zu ihrem Recht helfen.

³⁶Wenn sie an dir sündigen werden (denn es ist kein Mensch, der nicht sündige), und du über sie erzürnst und gibst sie dahin ihren Feinden, daß sie sie gefangen wegführen in ein fernes oder nahes Land,

³⁷und sie in ihr Herz schlagen in dem Lande, darin sie gefangen sind, und bekehren sich und flehen zu dir im Lande ihres Gefängnisses und sprechen: Wir haben gesündigt, übel getan und sind gottlos gewesen,

³⁸und sich also von ganzem Herzen und von ganzer Seele zu dir bekehren im Lande ihres Gefängnisses, da man sie gefangen hält, und sie beten nach ihrem Lande hin, das du ihren Vätern gegeben hast, nach der Stadt hin, die du erwählt hast, und nach dem Hause, das ich deinem Namen gebaut habe:

³⁹so wollest du ihr Gebet und Flehen hören vom Himmel, vom Sitz deiner Wohnung, und ihnen zu ihrem Recht helfen und deinem Volk gnädig sein, das an dir gesündigt hat.

⁴⁰So laß nun, mein Gott, deine Augen offen sein und deine Ohren aufmerken auf das Gebet an dieser Stätte.

⁴¹So mache dich nun auf, HERR, Gott zu deiner Ruhe, du und die Lade deiner Macht. Laß deine Priester, HERR, Gott, mit Heil angetan werden und deine Heiligen sich freuen über dem Guten.

⁴²Du, HERR, Gott, wende nicht weg das Antlitz deines Gesalbten; gedenke an die Gnaden, deinem Knechte David verheißen.

Kapitel 7

¹Und da Salomo ausgebetet hatte, fiel ein Feuer vom Himmel und verzehrte das Brandopfer und die anderen Opfer; und die Herrlichkeit des HERRN erfüllte das Haus,

²daß die Priester nicht konnten hineingehen ins Haus des HERRN, weil die Herrlichkeit des HERRN füllte des HERRN Haus.

³Auch sahen alle Kinder Israel das Feuer herabfallen und die Herrlichkeit des HERRN über dem Hause, und fielen auf ihre Kniee mit dem Antlitz zur Erde aufs Pflaster und beteten an und dankten dem HERRN, daß er gütig ist und seine Barmherzigkeit ewiglich währet.

⁴Der König aber und alles Volk opferten vor dem HERRN;

⁵denn der König Salomo opferte zweiundzwanzigtausend Ochsen und hundertzwanzigtausend Schafe. Und also weihten sie das Haus Gottes ein, der König und alles Volk.

⁶Aber die Priester standen in ihrem Dienst und die Leviten mit den Saitenspielen des HERRN, die der König David hatte machen lassen, dem HERRN zu danken, daß seine Barmherzigkeit ewiglich währet, mit den Psalmen Davids durch ihre Hand; und die Priester bliesen die Drommeten ihnen gegenüber, und das ganze Israel stand.

⁷Und Salomo heiligte die Mitte des Hofes, der vor dem Hause des HERRN war; denn er hatte daselbst Brandopfer und das Fett der Dankopfer ausgerichtet. Denn der eherne Altar, den Salomo hatte machen lassen, konnte nicht alle Brandopfer, Speisopfer und das Fett fassen.

⁸Und Salomo hielt zu derselben Zeit ein Fest sieben Tage lang und das ganze Israel mit ihm, eine sehr große Gemeinde, von Hamath an bis an den Bach Ägyptens,

⁹und hielt am achten Tag eine Versammlung; denn die Einweihung des Altars hielten sie sieben Tage und das Fest auch sieben Tage.

¹⁰Aber am dreiundzwanzigsten Tag des siebenten Monats ließ er das Volk heimgehen in ihre Hütten fröhlich und guten Muts über allem Guten, das der HERR an David, Salomo und seinem Volk Israel getan hatte.

¹¹Also vollendete Salomo das Haus des HERRN und das Haus des Königs; und alles, was in sein Herz gekommen war, zu machen im Hause des HERRN und in seinem Hause, gelang ihm.

¹²Und der HERR erschien Salomo des Nachts und sprach zu ihm: Ich habe dein Gebet erhört und diese Stätte mir erwählt zum Opferhause.

¹³Siehe, wenn ich den Himmel zuschließe, daß es nicht regnet, oder heiße die Heuschrecken das Land fressen oder lasse Pestilenz unter mein Volk kommen,

¹⁴und mein Volk sich demütigt, das nach meinem Namen genannt ist, daß sie beten und mein Angesicht suchen und sich von ihren bösen Wegen bekehren werden: so will ich vom Himmel hören und ihre Sünde vergeben und ihr Land heilen.

¹⁵So sollen nun meine Augen offen sein und meine Ohren aufmerken auf das Gebet an dieser Stätte.

¹⁶So habe ich nun dies Haus erwählt und geheiligt, daß mein Name daselbst sein soll ewiglich und meine Augen und mein Herz soll da sein allewege.

¹⁷Und so du wirst vor mir wandeln, wie dein Vater David gewandelt hat, daß du tust alles, was ich dich heiße, und hältst meine Gebote und Rechte:

¹⁸so will ich den Stuhl deines Königreichs bestätigen, wie ich mich deinem Vater David verbunden habe und gesagt: Es soll dir nicht gebrechen an einem Manne, der über Israel Herr sei.

¹⁹Werdet ihr euch aber umkehren und meine Rechte und Gebote, die ich euch vorgelegt habe, verlassen und hingehen und andern Göttern dienen und sie anbeten:

²⁰so werde ich sie auswurzeln aus meinem Lande, das ich ihnen gegeben habe; und dies Haus, das ich meinem Namen geheiligt habe, werde ich von meinem Angesicht werfen und werde es zum Sprichwort machen und zur Fabel unter allen Völkern.

²¹Und vor diesem Haus, das das höchste gewesen ist, werden sich entsetzen alle, die vorübergehen, und sagen: Warum ist der HERR mit diesem Lande und diesem Hause also verfahren?

²²so wird man sagen: Darum daß sie den HERRN, ihrer Väter Gott, verlassen haben, der sie aus Ägyptenland geführt hat, und haben sich an andere Götter gehängt und sie angebetet und ihnen gedient, darum hat er all dies Unglück über sie gebracht.

Kapitel 8

¹Und nach zwanzig Jahren, in welchen Salomo des HERRN Haus und sein Haus baute,

²baute er auch die Städte, die Huram Salomo gab, und ließ die Kinder Israel darin wohnen.

³Und Salomo zog gen Hamath-Zoba und ward desselben mächtig

⁴und baute Thadmor in der Wüste und alle Kornstädte, die er baute in Hamath;

⁵er baute auch Ober-und Nieder-Beth-Horon, die feste Städte waren mit Mauern, Türen und Riegeln,

⁶auch Baalath und alle Kornstädte, die Salomo hatte, und alle Wagen-und Reiter-Städte und alles, wozu Salomo Lust hatte zu bauen zu Jerusalem und auf dem Libanon und im ganzen Lande seiner Herrschaft.

⁷Alles übrige Volk von den Hethitern, Amoritern, Pheresitern, Hevitern und Jebusitern, die nicht von den Kindern Israel waren,

⁸ihre Kinder, die sie hinterlassen hatten im lande, die die Kinder Israel nicht vertilgt hatten, machte Salomo zu Fronleuten bis auf diesen Tag.

⁹Aber von den Kindern Israel machte Salomo nicht Knechte zu seiner Arbeit; sondern sie waren Kriegsleute und Oberste über seine Ritter und über seine Wagen und Reiter.

¹⁰Und der obersten Amtleute des Königs Salomo waren zweihundert und fünfzig, die über das Volk herrschten.

¹¹Und die Tochter Pharaos ließ Salomo heraufholen aus der Stadt Davids in das Haus, das er für sie gebaut hatte. Denn er sprach: Mein Weib soll mir nicht wohnen im Hause Davids, des Königs Israels; denn es ist geheiligt, weil die Lade des HERRN hineingekommen ist.

¹²Von dem an opferte Salomo dem HERRN Brandopfer auf dem Altar des HERRN, den er gebaut hatte vor der Halle,

¹³ein jegliches auf seinen Tag zu opfern nach dem Gebot Mose's, auf die Sabbate, Neumonde und bestimmte Zeiten des Jahres dreimal, nämlich auf's Fest der ungesäuerten Brote, auf's Fest der Wochen und auf's Fest der Laubhütten.

¹⁴Und er bestellte die Priester in ihren Ordnungen zu ihrem Amt, wie es David, sein Vater, bestimmt hatte und die Leviten zu ihrem Dienst, daß sie lobten und dienten vor den Priestern, jegliche auf ihren Tag, und die Torhüter in ihren Ordnungen, jegliche auf ihr Tor; denn also hatte es David, der Mann Gottes, befohlen.

¹⁵Und es ward nicht gewichen vom Gebot des Königs über die Priester und Leviten in allerlei Sachen und bei den Schätzen.

¹⁶Also ward bereitet alles Geschäft Salomos von dem Tage an, da des HERRN Haus gegründet ward, bis er's vollendete, daß des HERRN Haus ganz bereitet ward.

¹⁷Da zog Salomo gen Ezeon-Geber und gen Eloth an dem Ufer des Meeres im Lande Edom.

¹⁸Und Huram sandte ihm Schiffe durch seine Knechte, die des Meeres kundig waren und sie fuhren mit den Knechten Salomos gen Ophir und holten von da vierhundertundfünfzig Zentner Gold und brachten's dem König Salomo.

Kapitel 9

¹Und da die Königin von Reicharabien das Gerücht von Salomo hörte, kam sie mit sehr vielem Volk gen Jerusalem, mit Kamelen, die Gewürze und Gold die Menge trugen und Edelsteine, Salomo mit Rätseln zu versuchen. Und da sie zu Salomo kam, redete sie mit ihm alles, was sie sich hatte vorgenommen.

²Und der König sagte ihr alles, was sie fragte, und war Salomo nichts verborgen, das er ihr nicht gesagt hätte.

³Und da die Königin von Reicharabien sah die Weisheit Salomos und das Haus, das er gebaut hatte,

⁴die Speise für seinen Tisch, die Wohnung für die Knechte, die Ämter seiner Diener und ihre Kleider, seine Schenken mit ihren Kleidern und seinen Gang, da man hinaufging ins Haus des HERRN, konnte sie sich nicht mehr enthalten,

⁵und sie sprach zum König: Es ist wahr, was ich gehört habe in meinem Lande von deinem Wesen und von deiner Weisheit.

⁶Ich wollte aber ihren Worten nicht glauben, bis ich gekommen bin und habe es mit meinen Augen gesehen. Und siehe, es ist mir nicht die Hälfte gesagt deiner großen Weisheit. Es ist mehr an dir denn das Gerücht, das ich gehört habe.

⁷Selig sind deine Männer und selig diese deine Knechte, die allewege vor dir stehen und deine Weisheit hören.

⁸Der HERR, dein Gott, sei gelobt, der dich liebhat, daß er dich auf seinen Stuhl zum König gesetzt hat dem HERRN, deinem Gott. Das macht, dein Gott hat Israel lieb, daß er es ewiglich aufrichte; darum hat er dich über sie zum König gesetzt, daß du Recht und Redlichkeit handhabest.

⁹Und sie gab dem König hundertundzwanzig Zentner Gold und sehr viel Gewürze und Edelsteine. Es waren keine Gewürze wie diese, die die Königin von Reicharabien dem König Salomo gab.

¹⁰Dazu die Knechte Hurams und die Knechte Salomos, die Gold aus Ophir brachten, die brachten auch Sandelholz und Edelsteine.

¹¹Und Salomo ließ aus dem Sandelholz Treppen im Hause des HERRN und im Hause des Königs machen und Harfen und Psalter für die Sänger. Es waren vormals nie gesehen solche Hölzer im Lande Juda.

¹²Und der König Salomo gab der Königin von Reicharabien alles, was sie begehrte und bat, außer was sie zum König gebracht hatte. Und sie wandte sich und zog in ihr Land mit ihren Knechten.

¹³Des Goldes aber, das Salomo in einem Jahr gebracht ward, war sechshundertsechsundsechzig Zentner,

¹⁴außer was die Krämer und Kaufleute brachten. Und alle Könige der Araber und die Landpfleger brachten Gold und Silber zu Salomo.

¹⁵Daher machte der König Salomo zweihundert Schilde vom besten Golde, daß sechshundert Lot auf einen Schild kam,

¹⁶und dreihundert Tartschen vom besten Golde, daß dreihundert Lot Gold zu einer Tartsche kam.

¹⁷Und der König tat sie ins Haus vom Walde Libanon. Und der König machte einen großen elfenbeinernen Stuhl und überzog ihn mit lauterem Golde.

¹⁸Und der Stuhl hatte sechs Stufen und einen goldenen Fußschemel am Stuhl und hatte Lehnen auf beiden Seiten um den Sitz, und zwei Löwen standen neben den Lehnen.

¹⁹Und zwölf Löwen standen daselbst auf den sechs Stufen zu beiden Seiten. Ein solches ist nicht gemacht in allen Königreichen.

²⁰Und alle Trinkgefäße des Königs Salomo waren golden, und alle Gefäße des Hauses vom Walde Libanon waren lauteres Gold; denn das Silber ward für nichts gerechnet zur Zeit Salomos.

²¹Denn die Schiffe des Königs fuhren auf dem Meer mit den Knechten Hurams und kamen in drei Jahren einmal und brachten Gold, Silber, Elfenbein, Affen und Pfauen.

²²Also ward der König Salomo größer denn alle Könige auf Erden an Reichtum und Weisheit.

²³Und alle Könige auf Erden suchten das Angesicht Salomos, seine Weisheit zu hören, die ihm Gott in sein Herz gegeben hatte.

²⁴Und sie brachten ein jeglicher sein Geschenk, silberne und goldene Gefäße, Kleider, Waffen, Gewürz, Rosse und Maultiere, jährlich.

²⁵Und Salomo hatte viertausend Wagenpferde und zwölftausend Reisige; und man legte in die Wagenstädte und zu dem König nach Jerusalem.

²⁶Und er war ein Herr über alle Könige vom Strom an bis an der Philister Land und bis an die Grenze Ägyptens.

²⁷Und der König machte, daß des Silber so viel war zu Jerusalem wie die Steine und der Zedern so viel wie die Maulbeerbäume in den Gründen.

²⁸Und man brachte ihm Rosse aus Ägypten und aus allen Ländern.

²⁹Was aber mehr von Salomo zu sagen ist, beides, sein erstes und sein letztes, siehe, das ist geschrieben in den Geschichten des Propheten Nathan und in den Prophezeiungen Ahias von Silo und in den Geschichten Jeddis, des Sehers, wider Jerobeam, den Sohn Nebats.

³⁰Und Salomo regierte zu Jerusalem über ganz Israel vierzig Jahre.

³¹Und Salomo entschlief mit seinen Vätern, und man begrub ihn in der Stadt Davids, seines Vaters. Und Rehabeam, sein Sohn, ward König an seiner Statt.

Kapitel 10

¹Rehabeam zog gen Sichem; denn ganz Israel war gen Sichem gekommen, ihn zum König zu machen.

²Und da das Jerobeam hörte, der Sohn Nebats, der in Ägypten war, dahin er vor dem König Salomo geflohen war, kam er wieder aus Ägypten.

³Und sie sandten hin und ließen ihn rufen. Und Jerobeam kam mit dem ganzen Israel, und sie redeten mir Rehabeam uns sprachen:

⁴Dein Vater hat unser Joch zu hart gemacht; so erleichtere nun du den harten Dienst deines Vaters und das schwere Joch, das er auf uns gelegt hat, so wollen wir dir untertänig sein.

⁵Er sprach zu ihnen: Über drei Tage kommt wieder zu mir. Und das Volk ging hin.

⁶Und der König Rehabeam ratfragte die Ältesten, die vor seinem Vater Salomo gestanden waren, da er am Leben war, und sprach: Wie ratet ihr, daß ich diesem Volk Antwort gebe?

⁷Sie redeten mit ihm und sprachen: Wirst du diesem Volk freundlich sein und sie gütig behandeln und ihnen gute Worte geben, so werden sie dir untertänig sein allewege.

⁸Er aber ließ außer acht den Rat der Ältesten, den sie ihm gegeben hatten, und ratschlagte mit den Jungen, die mit ihm aufgewachsen waren und vor ihm standen,

⁹und sprach zu ihnen: Was ratet ihr, daß wir diesem Volk antworten, die mit mir geredet haben und sagen: Erleichtere das Joch, das dein Vater auf uns gelegt hat?

¹⁰Die Jungen aber, die mit ihm aufgewachsen waren, redeten mit ihm und sprachen: So sollst du sagen zu dem Volk, das mit dir geredet und spricht: Dein Vater hat unser Joch zu schwer gemacht; mache du unser Joch leichter, und sprich zu ihnen: Mein kleinster Finger soll dicker sein den meines Vaters Lenden.

¹¹Hat nun mein Vater auf euch ein schweres Joch geladen, so will ich eures Joches noch mehr machen: mein Vater hat euch mit Peitschen gezüchtigt, ich aber mit Skorpionen.

¹²Als nun Jerobeam und alles Volk zu Rehabeam kam am dritten Tage, wie denn der König gesagt hatte: Kommt wieder zu mir am dritten Tage,

¹³antwortete ihnen der König hart. Und der König Rehabeam ließ außer acht den Rat der Ältesten

¹⁴und redete mit ihnen nach dem Rat der Jungen und sprach: Hat mein Vater euer Joch schwer gemacht, so will ich noch mehr dazu machen: mein Vater hat euch mit Peitschen gezüchtigt, ich aber mit Skorpionen.

¹⁵Also gehorchte der König dem Volk nicht; denn es war also von Gott gewandt, auf daß der HERR sein Wort bestätigte, das er geredet hatte durch Ahia von Silo zu Jerobeam, dem Sohn Nebats.

¹⁶Da aber das ganze Israel sah, daß ihnen der König nicht gehorchte, antwortete das Volk dem König und sprach: Was haben wir für Teil an David oder Erbe am Sohn Isais? Jedermann von Israel zu seiner Hütte! So siehe nun du zu deinem Hause, David! Und das ganze Israel ging in seine Hütten,

¹⁷also daß Rehabeam nur über die Kinder Israel regierte, die in den Städten Juda's wohnten.

¹⁸Aber der König Rehabeam sandte Hadoram, den Rentmeister; aber die Kinder Israel steinigten ihn zu Tode. Und der König Rehabeam stieg stracks auf seinen Wagen, daß er flöhe gen Jerusalem.

¹⁹Also fiel Israel ab vom Hause Davids bis auf diesen Tag.

Kapitel 11

¹Und da Rehabeam gen Jerusalem kam, versammelte er das ganze Haus Juda und Benjamin, hunderundachtzigtausend junger Mannschaft, die streitbar waren, wider Israel zu streiten, daß sie das Königreich wieder an Rehabeam brächten.

²Aber das Wort des HERRN kam zu Semaja, dem Mann Gottes, und sprach:

³Sage Rehabeam, dem Sohn Salomos, dem König Juda's, und dem ganzen Israel, das in Juda und Benjamin ist, und sprich:

⁴So spricht der HERR: Ihr sollt nicht hinaufziehen noch wider eure Brüder streiten; ein jeglicher gehe wieder heim; denn das ist von mir geschehen. Sie gehorchten dem HERRN und ließen ab von dem Zug wider Jerobeam.

⁵Rehabeam aber wohnte zu Jerusalem und baute Städte zu Festungen in Juda,

⁶nämlich: Bethlehem, Etam, Thekoa,

⁷Beth-Zur, Socho, Adullam,

⁸Gath, Maresa, Siph,

⁹Adoraim, Lachis, Aseka,

¹⁰Zora, Ajalon und Hebron, welche waren die festen Städte in Juda und Benjamin;

¹¹und machte sie stark und setzte Fürsten darein und Vorrat von Speise, Öl und Wein.

¹²Und in allen Städten schaffte er Schilde und Spieße und machte sie sehr stark. Juda und Benjamin waren unter ihm.

¹³Auch machten sich zu ihm die Priester und Leviten aus ganz Israel und allem Gebiet;

¹⁴denn die Leviten verließen ihre Vorstädte und Habe und kamen zu Juda gen Jerusalem. Denn Jerobeam und seine Söhne verstießen sie, daß sie vor dem HERRN nicht des Priesteramtes pflegen konnten.

¹⁵Er stiftete sich aber Priester zu den Höhen und zu den Feldteufeln und Kälbern, die er machen ließ.

¹⁶Und nach ihnen kamen aus allen Stämmen Israels, die ihr Herz gaben, daß sie nach dem HERRN, dem Gott Israels, fragten, gen Jerusalem, daß sie opferten dem HERRN, dem Gott ihrer Väter.

¹⁷Und stärkten also das Königreich Juda und befestigten Rehabeam, den Sohn Salomos, drei Jahre lang; denn sie wandelten in den Wegen Davids und Salomos drei Jahre.

¹⁸Und Rehabeam nahm Mahalath, die Tochter Jerimoths, des Sohnes Davids, zum Weibe und Abihail, die Tochter Eliabs, des Sohnes Isais.

¹⁹Die gebar ihm diese Söhne: Jeus, Semarja und Saham.

²⁰Nach der nahm er Maacha, die Tochter Absaloms; die gebar ihm Abia, Atthai, Sisa und Selomith.

²¹Aber Rehabeam hatte Maacha, die Tochter Absaloms, lieber denn alle seine Weiber und Kebsweiber; denn er hatte achtzehn Weiber und sechzig Kebsweiber und zeugte achtundzwanzig Söhne und sechzig Töchter.

²²Und Rehabeam setzte Abia, den Sohn Maachas, zum Haupt und Fürsten unter seinen Brüdern; denn er gedachte ihn zum König zu machen.

²³Und er handelte klüglich und verteilte alle seine Söhne in die Lande Juda und Benjamin in alle festen Städte, und er gab ihnen Nahrung die Menge und nahm ihnen viele Weiber.

Kapitel 12

¹Da aber das Königreich Rehabeams befestigt und bekräftigt ward, verließ er das Gesetz des HERRN und ganz Israel mit ihm.

²Aber im fünften Jahr des Königs Rehabeam zog herauf Sisak, der König in Ägypten, wider Jerusalem (denn sie hatten sich versündigt am HERRN)

³mit tausendzweihundert Wagen und mit sechzigtausend Reiter, und das Volk war nicht zu zählen, das mit ihm kam aus Ägypten: Libyer, Suchiter und Mohren.

⁴Und er gewann die festen Städte, die in Juda waren, und kam bis gen Jerusalem.

⁵Da kam Semaja, der Prophet, zu Rehabeam und zu den Obersten Juda's, die sich gen Jerusalem versammelt hatten vor Sisak, und sprach zu ihnen: So spricht der HERR: Ihr habt mich verlassen; darum habe ich euch auch verlassen in Sisaks Hand.

⁶Da demütigten sich die Obersten in Israel mit dem König und sprachen: Der HERR ist gerecht.

⁷Als aber der HERR sah, daß sie sich demütigten, kam das Wort des HERRN zu Semaja und sprach: Sie haben sich gedemütigt; darum will ich sie nicht verderben, sondern ich will ihnen ein wenig Errettung geben, daß mein Grimm nicht triefe auf Jerusalem durch Sisak.

⁸Doch sollen sie ihm untertan sein, daß sie innewerden, was es sei, mir dienen und den Königreichen in den Landen dienen.

⁹Also zog Sisak, der König in Ägypten, herauf gen Jerusalem und nahm die Schätze im Hause des HERRN und die Schätze im Hause des Königs und nahm alles weg und nahm auch die goldenen Schilde, die Salomo machen ließ.

¹⁰An deren Statt ließ der König Rehabeam eherne Schilde machen und befahl sie den Obersten der Trabanten, die an der Tür des Königshauses hüteten.

¹¹Und so oft der König in des HERRN Haus ging, kamen die Trabanten und trugen sie und brachten sie wieder in der Trabanten Kammer.

¹²Und weil er sich demütigte, wandte sich des HERRN Zorn von ihm, daß nicht alles verderbt ward. Denn es war in Juda noch etwas Gutes.

¹³Also ward Rehabeam, der König, bekräftigt in Jerusalem und regierte. Einundvierzig Jahre alt war Rehabeam da er König ward, und regierte siebzehn Jahre zu Jerusalem in der Stadt, die der HERR erwählt hatte aus allen Stämmen Israels, daß er seinen Namen dahin stellte. Seine Mutter hieß Naema, eine Ammonitin.

¹⁴Und er handelte übel und schickte sein Herz nicht, daß er den HERRN suchte.

¹⁵Die Geschichten aber Rehabeams, beide, die ersten und die letzten, sind geschrieben in den Geschichten Semajas, des Propheten, und Iddos, des Sehers, und aufgezeichnet, dazu die Kriege Rehabeam und Jerobeam ihr Leben lang.

¹⁶Und Rehabeam entschlief mit seinen Vätern und ward begraben in der Stadt Davids. Und sein Sohn Abia ward König an seiner Statt.

Kapitel 13

¹Im achtzehnten Jahr des Königs Jerobeam ward Abia König in Juda,

²und regierte drei Jahre zu Jerusalem. Seine Mutter hieß Michaja, eine Tochter Uriels von Gibea. Und es erhob sich ein Streit zwischen Abia und Jerobeam.

³Und Abia rüstete sich zum Streit mit vierhunderttausend junger Mannschaft, starke Leute zum Kriege. Jerobeam aber rüstete sich, mit ihm zu streiten mit achthunderttausend junger Mannschaft, starke Leute.

⁴Und Abia machte sich auf oben auf den Berg Zemaraim, welcher liegt auf dem Gebirge Ephraim und sprach: Hört mir zu, Jerobeam und ganz Israel!

⁵Wisset ihr nicht, daß der HERR, der Gott Israels, hat das Königreich zu Israel David gegeben ewiglich, ihm und seinen Söhnen durch einen Salzbund?

⁶Aber Jerobeam, der Sohn Nebats, der Knecht Salomos, Davids Sohnes, warf sich auf und ward seinem Herrn abtrünnig.

⁷Und haben sich zu ihm geschlagen lose Leute und böse Buben und haben sich gestärkt wider Rehabeam, den Sohn Salomos; denn Rehabeam war jung und eines blöden Herzens, daß er sich vor ihnen nicht wehrte.

⁸Nun denkt ihr euch zu setzen wider das Reich des HERRN unter den Söhnen Davids, weil euer ein großer Haufe ist und habt goldene Kälber, die euch Jerobeam zu Göttern gemacht hat.

⁹Habt ihr nicht die Priester des HERRN, die Kinder Aaron, und die Leviten ausgestoßen und habt euch eigene Priester gemacht wie die Völker in den Landen? Wer da kommt, seine Hand zu füllen mit einem jungen Farren und sieben Widdern, der wird Priester derer, die nicht Götter sind.

¹⁰Mit uns aber ist der HERR, unser Gott, den wir nicht verlassen, und die Priester, die dem HERRN dienen, die Kinder Aaron, und die Leviten mit ihrem Geschäft,

¹¹die anzünden dem HERRN alle Morgen Brandopfer und alle Abende, dazu das gute Räuchwerk, und bereitete Brote auf den reinen Tisch, und der goldene Leuchter mit seinen Lampen, die da alle Abende angezündet werden. Denn wir halten die Gebote des HERRN, unsers Gottes; ihr aber habt ihn verlassen.

¹²Siehe, mit uns ist an der Spitze Gott und seine Priester und die Halldrommeten, daß man wider euch drommete. Ihr Kinder Israel, streitet nicht wider den HERRN, eurer Väter Gott; denn es wird euch nicht gelingen.

¹³Aber Jerobeam machte einen Hinterhalt umher, daß er von hinten an sie käme, daß sie vor Juda waren und der Hinterhalt hinter Juda.

¹⁴Da sich nun Juda umwandte, siehe, da war vorn und hinten Streit. Da schrieen sie zum HERRN, und die Priester drommeteten mit den Drommeten,

¹⁵und jedermann in Juda erhob Geschrei. Und da jedermann in Juda schrie, schlug Gott Jerobeam und das ganze Israel vor Abia und Juda.

¹⁶Und die Kinder Israel flohen vor Juda, und Gott gab sie in ihre Hände,

¹⁷daß Abia mit seinem Volk eine große Schlacht an ihnen tat und fielen aus Israel Erschlagene fünfhunderttausend junger Mannschaft.

¹⁸Also wurden die Kinder Israel gedemütigt zu der Zeit; aber die Kinder Juda wurden getrost, denn sie verließen sich auf den HERRN, ihrer Väter Gott.

¹⁹Und Abia jagte Jerobeam nach und gewann ihm Städte ab: Beth-El mit seinen Ortschaften, Jesana mit seinen Ortschaften und Ephron mit seinen Ortschaften,

²⁰daß Jerobeam fürder nicht zu Kräften kam, solange Abia lebte. Und der HERR plagte ihn, daß er starb.

²¹Abia aber ward mächtig, und er nahm vierzig Weiber und zeugte zweiundzwanzig Söhne und sechzehn Töchter.

²²Was aber mehr von Abia zu sagen ist und seine Wege und sein Tun, das ist geschrieben in der Historie des Propheten Iddo.

Kapitel 14

¹Und Abia entschlief mit seinen Vätern, und sie begruben ihn in der Stadt Davids. Und Asa, sein Sohn, war König an seiner Statt. Zu dessen Zeiten war das Land still zehn Jahre.

²Und Asa tat, was recht war und dem HERRN, seinem Gott, wohl gefiel,

³und tat weg die fremden Altäre und die Höhen und zerbrach die Säulen und hieb die Ascherahbilder ab

⁴und ließ Juda sagen, daß sie den HERRN, den Gott ihrer Väter, suchten und täten nach dem Gesetz und Gebot.

⁵Und er tat weg aus allen Städten Juda's die Höhen und die Sonnensäulen; denn das Königreich war still vor ihm.

⁶Und er baute feste Städte in Juda, weil das Land still und kein Streit wider ihn war in denselben Jahren; denn der HERR gab ihm Ruhe.

⁷Und er sprach zu Juda: Laßt uns diese Städte bauen und Mauern darumher führen und Türme, Türen und Riegel, weil das Land noch offen vor uns ist; denn wir haben den HERRN, unsern Gott, gesucht, und er hat uns Ruhe gegeben umher. Also bauten sie, und es ging glücklich vonstatten.

⁸Und Asa hatte eine Heereskraft, die Schild und Spieß trugen, aus Juda dreihunderttausend und aus Benjamin, die Schilde trugen und mit dem Bogen schießen konnten zweihundertachtzigtausend; und diese waren starke Helden.

⁹Es zog aber wider sie aus Serah, der Mohr, mit einer Heereskraft tausendmaltausend, dazu dreihundert Wagen, und sie kamen bis gen Maresa.

¹⁰Und Asa zog aus ihnen entgegen; und sie rüsteten sich zum Streit im Tal Zephatha bei Maresa.

¹¹Und Asa rief an den HERRN, seinen Gott, und sprach: HERR, es ist bei dir kein Unterschied, zu helfen unter vielen oder da keine Kraft ist. Hilf uns, HERR, unser Gott; denn wir verlassen uns auf dich, und in deinem Namen sind wir gekommen wider diese Menge. HERR, unser Gott, wider dich vermag kein Mensch etwas.

¹²Und der HERR schlug die Mohren vor Asa und vor Juda, daß sie flohen.

¹³Und Asa samt dem Volk, das bei ihm war, jagte ihnen nach bis gen Gerar. Und die Mohren fielen, daß ihrer keiner lebendig blieb; sondern sie wurden geschlagen vor dem HERRN und vor seinem Heerlager. Und sie trugen sehr viel Raub davon.

¹⁴Und er schlug alle Städte um Gerar her; denn die Furcht des HERRN kam über sie. Und sie beraubten alle Städte; denn es war viel Raub darin.

¹⁵Auch schlugen sie die Hütten des Viehs und führten weg Schafe die Menge und Kamele und kamen wieder gen Jerusalem.

Kapitel 15

¹Und auf Asarja, den Sohn Odeds, kam der Geist Gottes.

²Der ging hinaus Asa entgegen und sprach zu ihm: Höret mir zu, Asa und ganz Juda und Benjamin. Der HERR ist mit euch, weil ihr mit ihm seid; und wenn ihr ihn sucht, wird er sich von euch finden lassen. Werdet ihr aber ihn verlassen, so wird er euch auch verlassen.

³Es werden aber viel Tage sein in Israel, daß kein rechter Gott, kein Priester, der da lehrt, und kein Gesetz sein wird.

⁴Und wenn sie sich bekehren in ihrer Not zum Herrn, dem Gott Israels, und werden ihn suchen, so wird er sich finden lassen.

⁵Zu der Zeit wird's nicht wohl gehen dem, der aus und ein geht; denn es werden große Getümmel sein über alle, die auf Erden wohnen.

⁶Denn ein Volk wird das andere zerschlagen und eine Stadt die andere; denn Gott wird sie erschrecken mit allerlei Angst.

⁷Ihr aber seid getrost und tut eure Hände nicht ab; denn euer Werk hat seinen Lohn.

⁸Da aber Asa hörte diese Worte und die Weissagung Odeds, des Propheten, ward er getrost und tat weg die Greuel aus dem ganzen Lande Juda und Benjamin uns aus den Städten, die er gewonnen hatte auf dem Gebirge Ephraim, und erneuerte den Altar des HERRN, der vor der Halle des HERRN stand,

⁹und versammelte das ganze Juda und Benjamin und die Fremdlinge bei ihnen aus Ephraim, Manasse und Simeon. Denn es fielen zu ihm aus Israel die Menge, als sie sahen, daß der HERR, sein Gott, mit ihm war.

¹⁰Und sie versammelten sich gen Jerusalem im dritten Monat des fünfzehnten Jahres des Königreichs Asas

¹¹und opferten desselben Tages dem HERRN von dem Raub, den sie gebracht hatten, siebenhundert Ochsen und siebentausend Schafe.

¹²Und sie traten in den Bund, daß sie suchten den HERRN, ihrer Väter Gott, von ganzem Herzen und von ganzer Seele;

¹³und wer nicht würde den HERRN, den Gott Israels, suchen, sollte sterben, klein oder groß, Mann oder Weib.

¹⁴Und sie schwuren dem HERRN mit lauter Stimme, mit Freudengeschrei, mit Drommeten und Posaunen.

¹⁵Und das ganze Juda war fröhlich über dem Eide; denn sie hatten geschworen von ganzen Herzen, und suchten ihn mit ganzem Willen. Und er ließ sich finden, und der HERR gab ihnen Ruhe umher.

¹⁶Auch setzte Asa, der König, ab Maacha, seine Mutter, daß sie nicht mehr Herrin war, weil sie der Ascherah ein Greuelbild gestiftet hatte. Und Asa rottete ihr Greuelbild aus und zerstieß es und verbrannte

es am Bach Kidron.

¹⁷Aber die Höhen in Israel wurden nicht abgetan; doch war das Herz Asas rechtschaffen sein Leben lang.

¹⁸Und er brachte ein, was sein Vater geheiligt und was er geheiligt hatte, ins Haus Gottes: Silber, Gold und Gefäße.

¹⁹Und es war kein Streit bis an das fünfunddreißigste Jahr des Königreichs Asas.

Kapitel 16

¹Im sechsunddreißigsten Jahr des Königreichs Asas zog herauf Baesa, der König Israels, wider Juda und baute Rama, daß er Asa, dem König Juda's, wehrte aus und ein zu ziehen.

²Aber Asa nahm aus dem Schatz im Hause des HERRN und im Hause des Königs Silber und Gold und sandte zu Benhadad, dem König von Syrien, der zu Damaskus wohnte, und ließ ihm sagen:

³Es ist ein Bund zwischen mir und dir, zwischen meinem Vater und deinem Vater; darum habe ich dir Silber und Gold gesandt, daß du den Bund mit Baesa, dem König Israels fahren läßt, daß er von mir abziehe.

⁴Benhadad gehorchte dem König Asa und sandte seine Heerfürsten wider die Städte Israels; die schlugen Ijon, Dan und Abel-Maim und alle Kornstädte Naphthalis.

⁵Da Baesa das hörte, ließ er ab Rama zu bauen, und hörte auf von seinem Werk.

⁶Aber der König Asa nahm zu sich das ganze Juda, und sie trugen die Steine und das Holz von Rama, womit Baesa baute; und er baute damit Geba und Mizpa.

⁷Zu der Zeit kam Hanani, der Seher, zu Asa, dem König Juda's, und sprach zu ihm: Daß du dich auf den König von Syrien verlassen hast und hast dich nicht auf den HERRN, deinen Gott, verlassen, darum ist die Macht des Königs von Syrien deiner Hand entronnen.

⁸Waren nicht die Mohren und Libyer ein große Menge mit sehr viel Wagen und Reitern? Doch da gab sie der HERR in deine Hand, da du dich auf ihn verließest.

⁹Denn des HERRN Augen schauen alle Lande, daß er stärke die, so von ganzem Herzen an ihm sind. Du hast töricht getan; darum wirst du auch von nun an Kriege haben.

¹⁰Aber Asa ward zornig über den Seher und legte ihn ins Gefängnis; denn er grollte ihm über diesem Stück. Und Asa unterdrückte etliche des Volkes zu der Zeit.

¹¹Die Geschichten aber Asas, beide, die ersten und die letzten, siehe, die sind geschrieben im Buch von den Königen Juda's und Israels.

¹²Und Asa ward krank an seinen Füßen im neununddreißigsten Jahr seines Königreichs, und seine Krankheit nahm sehr zu; und er suchte auch in seiner Krankheit den HERRN nicht, sondern die Ärzte.

¹³Also entschlief Asa mit seinen Vätern und starb im einundvierzigsten Jahr seines Königreichs.

¹⁴Und man begrub ihn in seinem Grabe, das er hatte lassen graben in der Stadt Davids. Und sie legten ihn auf sein Lager, welches man gefüllt hatte mit gutem Räuchwerk und allerlei Spezerei, nach der Kunst des Salbenbereiters gemacht, und machten ihm einen großen Brand.

Kapitel 17

¹Und sein Sohn Josaphat ward König an seiner Statt und ward mächtig wider Israel.

²Und er legte Kriegsvolk in alle festen Städte Juda's und setzte Amtleute im Lande Juda und in den Städten Ephraims, die sein Vater Asa gewonnen hatte.

³Und der HERR war mit Josaphat; denn er wandelte in den vorigen Wegen seines Vaters David und suchte nicht die Baalim,

⁴sondern den Gott seines Vaters, und wandelte in seinen Geboten und nicht nach den Werken Israels.

⁵Darum bestätigte ihm der HERR das Königreich; und ganz Juda gab Josaphat Geschenke, und er hatte Reichtum und Ehre die Menge.

⁶Und da sein Herz mutig ward in den Wegen des HERRN, tat er fürder ab die Höhen und Ascherabilder aus Juda.

⁷Im dritten Jahr seines Königreichs sandte er seine Fürsten Ben-Hail, Obadja, Sacharja, Nathanael und Michaja, daß sie lehren sollten in den Städten Juda's;

⁸und mit ihnen die Leviten Semaja, Nethanja, Sebadja, Asael, Semiramoth, Jonathan, Adonia, Tobia und Tob-Adonia; und mit ihnen die Priester Elisama und Joram.

⁹Und sie lehrten in Juda und hatten das Gesetzbuch des HERRN mit sich und zogen umher in allen Städten Juda's und lehrten das Volk.

¹⁰Und es kam die Furcht des HERRN über alle Königreiche in den Landen, die um Juda her lagen, daß sie nicht stritten wider Josaphat.

¹¹Und die Philister brachten Josaphat Geschenke, eine Last Silber; und die Araber brachten ihm siebentausend und siebenhundert Widder und siebentausend und siebenhundert Böcke.

¹²Also nahm Josaphat zu und ward immer größer; und er baute in Juda Burgen und Kornstädte

¹³und hatte viel Vorrat in den Städten Juda's und streitbare Männer und gewaltige Leute zu Jerusalem.

¹⁴Und dies war die Ordnung nach ihren Vaterhäusern: in Juda waren Oberste über tausend: Adna, ein Oberster und mit ihm waren dreihunderttausend gewaltige Männer;

¹⁵Neben ihm war Johanan, der Oberste, und mit ihm waren zweihundertachtzigtausend;

¹⁶neben ihm war Amasja, der Sohn Sichris, der Freiwillige des HERRN, und mit ihm waren zweihunderttausend gewaltige Männer;

¹⁷und von den Kindern Benjamin war Eljada, ein gewaltiger Mann, und mit ihm waren zweihunderttausend, die mit Bogen und Schild gerüstet waren;

¹⁸neben ihm war Josabad, und mit ihm waren hundertachtzigtausend Gerüstete zum Heer.

¹⁹Diese dienten alle dem König, außer denen, die der König noch gelegt hatte in die festen Städte im ganzen Juda.

Kapitel 18

¹Und Josaphat hatte große Reichtümer und Ehre und verschwägerte sich mit Ahab.

²Und nach etlichen Jahren zog er hinab zu Ahab gen Samaria. Und Ahab ließ ihn für das Volk, das bei ihm war, viel Schafe und Ochsen schlachten. Und er beredete ihn, daß er hinauf gen Ramoth in Gilead zöge.

³Und Ahab, der König Israels, sprach zu Josaphat, dem König Juda's: Zieh mit mir gen Ramoth in Gilead! Er sprach zu ihm: Ich bin wie du, und mein Volk wie dein Volk; wir wollen mit dir in den Streit.

⁴Aber Josaphat sprach zum König Israels: Frage doch heute des HERRN Wort!

⁵Und der König Israels versammelte vierhundert Mann und sprach zu ihnen: Sollen wir gen Ramoth in Gilead ziehen in den Streit, oder soll ich's anstehen lassen? Sie sprachen: Zieh hinauf! Gott wird sie in deine Hand geben.

⁶Josaphat aber sprach: Ist nicht irgend noch ein Prophet des HERRN hier, daß wir durch ihn fragen?

⁷Der König Israels sprach zu Josaphat: Es ist noch ein Mann, daß man den HERRN durch ihn frage, aber ich bin ihm gram; denn er weissagt über mich kein Gutes, sondern allewege Böses, nämlich Micha, der Sohn Jemlas. Josaphat sprach: der König rede nicht also.

⁸Und der König Israels rief einen seiner Kämmerer und sprach: Bringe eilend her Micha, den Sohn Jemlas!

⁹Und der König Israels und Josaphat, der König Juda's, saßen ein jeglicher auf seinem Stuhl, mit ihren Kleider angezogen. Sie saßen aber auf dem Platz vor der Tür am Tor zu Samaria; und alle Propheten weissagten vor ihnen.

¹⁰Und Zedekia, der Sohn Knaenas, machte sich eiserne Hörner und sprach: So spricht der HERR: Hiermit wirst du die Syrer stoßen, bis du sie aufreibst.

¹¹Und alle Propheten weissagten auch also und sprachen: Zieh hinauf gen Ramoth in Gilead! es wird dir gelingen; der HERR wird sie geben in des Königs Hand.

¹²Und der Bote, der hingegangen war, Micha zu rufen, redete mit ihm und sprach: Siehe, der Propheten Reden sind einträchtig gut für den König; laß doch dein Wort auch sein wie derselben eines und rede Gutes.

¹³Micha aber sprach: So wahr der HERR lebt, was mein Gott sagen wird, das will ich reden.

¹⁴Und da er zum König kam, sprach der König zu ihm: Micha, sollen wir gen Ramoth in Gilead in den Streit ziehen, oder soll ich's lassen anstehen? Er sprach: Ja, ziehet hinauf! es wird euch gelingen; es wird euch in eure Hände gegeben werden.

¹⁵Aber der König sprach zu ihm: Ich beschwöre dich noch einmal, daß du mir nichts denn die Wahrheit sagst im Namen des HERRN.

¹⁶Da sprach er: Ich sehe das ganze Israel zerstreut auf den Bergen wie Schafe, die keinen Hirten haben. Und der HERR sprach: Diese haben keinen HERRN; es kehre ein jeglicher wieder heim mit Frieden.

¹⁷Da sprach der König Israels zu Josaphat: Sagte ich dir nicht: Er weissagt über mich kein Gutes, sondern Böses?

¹⁸Er aber sprach: Darum höret des HERRN Wort! Ich sah den HERRN sitzen auf seinem Stuhl, und alles Himmlische Heer stand zu seiner Rechten und zu seiner Linken.

¹⁹Und der HERR sprach: Wer will Ahab, den König Israels, überreden, daß er hinaufziehe und falle zu Ramoth in Gilead? Und da

dieser so und jener anders sagte,

²⁰kam ein Geist hervor und trat vor den HERRN und sprach: Ich will ihn überreden. Der HERR aber sprach zu ihm: Womit?

²¹Er sprach: Ich will ausfahren und ein falscher Geist sein in aller Propheten Mund. Und er sprach: Du wirst ihn überreden und wirst es ausrichten; fahre hin und tue also!

²²Nun siehe, der HERR hat einen falschen Geist gegeben in dieser deiner Propheten Mund, und der HERR hat Böses wider dich geredet.

²³Da trat herzu Zedekia, der Sohn Knaenas, und schlug Micha auf den Backen und sprach: Welchen Weg ist der Geist des HERRN von mir gegangen, daß er durch dich redete?

²⁴Micha sprach: Siehe, du wirst es sehen des Tages, wenn du von einer Kammer in die andere gehen wirst, daß du dich versteckst.

²⁵Aber der König Israels sprach: Nehmt Micha und laßt ihn bleiben bei Amon, dem Stadtvogt, und bei Joas, dem Sohn des Königs,

²⁶und sagt: So spricht der König: Legt diesen ins Gefängnis und speist ihn mit Brot und Wasser der Trübsal, bis ich wiederkomme mit Frieden.

²⁷Micha sprach: Kommst du mit Frieden wieder, so hat der HERR nicht durch mich geredet. Und er sprach: Höret, ihr Völker alle!

²⁸Also zog hinauf der König Israels und Josaphat, der König Juda's, gen Ramoth in Gilead.

²⁹Und der König Israels sprach zu Josaphat: Ich will mich verkleiden und in den Streit kommen; du aber habe deine Kleider an. Und der König Israels verkleidete sich, und sie kamen in den Streit.

³⁰Aber der König von Syrien hatte den Obersten über seine Wagen geboten: Ihr sollt nicht streiten, weder gegen klein noch gegen groß, sondern gegen den König Israels allein.

³¹Da nun die Obersten der Wagen Josaphat sahen, dachten sie: Es ist der König Israels! und umringten ihn, wider ihn zu streiten. Aber Josaphat schrie; und der HERR half ihm, und Gott wandte sie von ihm.

³²Denn da die Obersten der Wagen sahen, daß er nicht der König Israels war, wandten sie sich von ihm ab.

³³Es spannte aber ein Mann seinen Bogen von ungefähr und schoß den König Israels zwischen Panzer und Wehrgehänge. Da sprach er zu seinem Fuhrmann: Wende deine Hand und führe mich aus dem Heer, denn ich bin wund!

³⁴Und der Streit nahm zu des Tages. Und der König Israels stand auf seinem Wagen gegen die Syrer bis an den Abend und starb, da die Sonne unterging.

Kapitel 19

¹Josaphat aber, der König Juda's, kam wieder heim mit Frieden gen Jerusalem.

²Und es gingen ihm entgegen hinaus Jehu, der Sohn Hananis, der Seher, und sprach zum König Josaphat: Sollst du so dem Gottlosen helfen, und lieben, die den HERRN hassen? Und um deswillen ist über dir der Zorn vom HERRN.

³Aber doch ist etwas Gutes an dir gefunden, daß du die Ascherabilder hast ausgefegt aus dem Lande und hast dein Herz gerichtet, Gott zu suchen.

⁴Also blieb Josaphat zu Jerusalem. Und er zog wiederum aus unter das Volk von Beer-Seba an bis auf das Gebirge Ephraim und brachte sie wieder zu dem HERRN, ihrer Väter Gott.

⁵Und er bestellte Richter im Lande in allen festen Städten Juda's, in einer jeglichen Stadt etliche,

⁶und sprach zu den Richtern: Sehet zu, was ihr tut! denn ihr haltet das Gericht nicht den Menschen, sondern dem HERRN; und er ist mit euch im Gericht.

⁷Darum laßt die Furcht des HERRN bei euch sein und hütet euch und tut's; denn bei dem HERRN, unserm Gott, ist kein Unrecht noch Ansehen der Person noch Annehmen des Geschenks.

⁸Auch bestellte Josaphat zu Jerusalem etliche aus den Leviten und Priestern und aus den Obersten der Vaterhäuser in Israel über das Gericht des HERRN und über die Streitsachen und ließ sie zu Jerusalem wohnen,

⁹und er gebot ihnen und sprach: Tut also in der Furcht des HERRN, treulich und mit rechtem Herzen.

¹⁰In allen Sachen, die zu euch kommen von euren Brüdern, die in ihren Städten wohnen, zwischen Blut und Blut, zwischen Gesetz und Gebot, zwischen Sitten und Rechten, sollt ihr sie unterrichten, daß sie sich nicht verschulden am HERRN und ein Zorn über euch und eure Brüder komme. Tut also, so werdet ihr euch nicht verschulden.

¹¹Siehe, Amarja, der oberste Priester, ist über euch in allen Sachen des HERRN, und Sebadja, der Sohn Ismaels, der Fürst im Hause Juda's, in allen Sachen des Königs, und als Amtleute habt ihr die Leviten vor euch. Seid getrost und tut's, und der HERR wird mit dem Guten sein.

Kapitel 20

¹Nach diesem kamen die Kinder Moab, die Kinder Ammon und mit ihnen auch Meuniter, wider Josaphat zu streiten.

²Und man kam und sagte es Josaphat an und sprach: Es kommt wider dich eine große Menge von jenseits des Meeres, von Syrien; und siehe, sie sind zu Hazezon-Thamar, das ist Engedi.

³Josaphat aber fürchtete sich und stellte sein Angesicht, zu suchen den HERRN, und ließ ein Fasten ausrufen unter ganz Juda.

⁴Und Juda kam zusammen, den HERRN zu suchen; auch kamen sie aus allen Städten Juda's, den HERRN zu suchen.

⁵Und Josaphat trat unter die Gemeinde Juda's und Jerusalems im Hause des HERRN vor dem neuen Hofe

⁶und sprach: HERR, unser Väter Gott, bist du nicht Gott im Himmel und Herrscher in allen Königreichen der Heiden? Und in deiner Hand ist Kraft und Macht, und ist niemand, der wider dich zu stehen vermöge.

⁷Hast du, unser Gott, nicht die Einwohner dieses Landes vertrieben vor deinem Volk Israel und hast es gegeben dem Samen Abrahams, deines Liebhabers, ewiglich,

⁸daß sie darin gewohnt und dir ein Heiligtum für deinen Namen darin gebaut haben und gesagt:

⁹Wenn ein Unglück, Schwert, Strafe, Pestilenz oder Teuerung über uns kommt, sollen wir stehen vor diesem Hause vor dir (denn dein Name ist in diesem Hause) und schreien zu dir in unsrer Not, so wollest du hören und helfen?

¹⁰Nun siehe, die Kinder Ammon und Moab und die vom Gebirge Seir, durch welche du die Kinder Israel nicht ziehen ließest, da sie aus Ägyptenland zogen, sondern sie mußten von ihnen weichen und durften sie nicht vertilgen;

¹¹und siehe, sie lassen uns das entgelten und kommen, uns auszustoßen aus deinem Erbe, das du uns gegeben hast.

¹²Unser Gott, willst du sie nicht richten? Denn in uns ist nicht Kraft gegen diesen großen Haufen, der wider uns kommt. Wir wissen nicht, was wir tun sollen; sondern unsre Augen sehen nach dir.

¹³Und das ganze Juda stand vor dem HERRN mit ihren Kindern, Weibern und Söhnen.

¹⁴Aber auf Jahasiel, den Sohn Sacharjas, des Sohnes Benajas, des Sohnes Jehiels, des Sohnes Matthanjas, den Leviten aus den Kindern Asaph, kam der Geist des HERRN mitten in der Gemeinde,

¹⁵und er sprach: Merkt auf, ganz Juda und ihr Einwohner zu Jerusalem und du, König Josaphat! So spricht der HERR zu euch: Ihr sollt euch nicht fürchten noch zagen vor diesem großen Haufen; denn ihr streitet nicht, sondern Gott.

¹⁶Morgen sollt ihr zu ihnen hinabziehen; und siehe, sie ziehen die Höhe von Ziz herauf, und ihr werdet sie treffen, wo das Tal endet, vor der Wüste Jeruel.

¹⁷Aber ihr werdet nicht streiten in dieser Sache. Tretet nur hin und steht und seht das Heil des HERRN, der mit euch ist, Juda und Jerusalem. Fürchtet euch nicht und zaget nicht. Morgen zieht aus wider sie; der HERR ist mit euch.

¹⁸Da beugte sich Josaphat mit seinem Antlitz zur Erde, und ganz Juda und die Einwohner von Jerusalem fielen vor dem HERRN nieder und beteten den HERRN an.

¹⁹Und die Leviten aus den Kindern der Kahathiter, nämlich von den Kindern der Korahiter, machten sich auf, zu loben den HERRN, den Gott Israels, mit lauter Stimme gen Himmel.

²⁰Und sie machten sich des Morgens früh auf und zogen aus zur Wüste Thekoa. Und da sie auszogen, stand Josaphat und sprach: Hört mir zu, Juda und ihr Einwohner zu Jerusalem! Glaubet an den HERRN, euren Gott, so werdet ihr sicher sein; und glaubt an seine Propheten, so werdet ihr Glück haben.

²¹Und er unterwies das Volk und bestellte die Sänger dem HERRN, daß sie lobten in heiligem Schmuck und vor den Gerüsteten her zögen und sprächen: Danket dem HERRN; denn sein Barmherzigkeit währet ewiglich.

²²Und da sie anfingen mit Danken und Loben, ließ der HERR einen Hinterhalt kommen über die Kinder Ammon und Moab und die auf dem Gebirge Seir, die wider Juda gekommen waren, und sie wurden geschlagen.

²³Da standen die Kinder Ammon wider die vom Gebirge Seir, sie zu verbannen und zu vertilgen. Und da sie die vom Gebirge Seir hatten alle aufgerieben, half einer dem andern zum Verderben.

²⁴Da aber Juda an die Warte kam an der Wüste, wandten sie sich gegen den Haufen; und siehe, da lagen die Leichname auf der Erde, daß keiner entronnen war.

²⁵Und Josaphat kam mit seinem Volk, ihren Raub auszuteilen, und sie fanden unter ihnen so viel Güter und Kleider und köstliche Geräte

und nahmen sich's, daß es auch nicht zu tragen war. Und teilten drei Tage den Raub aus; denn es war viel.

²⁶Am vierten Tage aber kamen sie zusammen im Lobetal; denn daselbst lobten sie den HERRN. Daher heißt die Stätte Lobetal bis auf diesen Tag.

²⁷Also kehrte jedermann von Juda und Jerusalem wieder um und Josaphat an der Spitze, daß sie gen Jerusalem zögen mit Freuden; denn der HERR hatte ihnen eine Freude gegeben an ihren Feinden.

²⁸Und sie zogen in Jerusalem ein mit Psaltern, Harfen und Drommeten zum Hause des HERRN.

²⁹Und die Furcht Gottes kam über alle Königreiche in den Landen, da sie hörten, daß der HERR wider die Feinde Israels gestritten hatte.

³⁰Also war das Königreich Josaphats still, und Gott gab ihm Ruhe umher.

³¹Und Josaphat regierte über Juda und war fünfunddreißig Jahre alt, da er König ward, und regierte fünfundzwanzig Jahre zu Jerusalem. Seine Mutter hieß Asuba, eine Tochter Silhis.

³²Und er wandelte in dem Wege seines Vaters Asa und ließ nicht davon, daß er tat, was dem HERRN wohl gefiel.

³³Nur die Höhen wurden nicht abgetan; denn das Volk hatte sein Herz noch nicht geschickt zu dem Gott ihrer Väter.

³⁴Was aber mehr von Josaphat zu sagen ist, beides, das erste und das letzte, siehe, das ist geschrieben in den Geschichten Jehus, des Sohnes Hananis, die aufgenommen sind ins Buch der Könige Israels.

³⁵Darnach vereinigte sich Josaphat, der König Juda's, mit Ahasja, dem König Israels, welcher war gottlos in seinem Tun.

³⁶Und er vereinigte sich mit ihm, Schiffe zu machen, daß sie aufs Meer führen; und sie machten Schiffe zu Ezeon-Geber.

³⁷Aber Elieser, der Sohn Dodavas von Maresa, weissagte wider Josaphat und sprach: Darum daß du dich mit Ahasja vereinigt hast, hat der HERR deine Werke zerrissen. Und die Schiffe wurden zerbrochen und konnten nicht aufs Meer fahren.

Kapitel 21

¹Und Josaphat entschlief mit seinen Vätern und ward begraben bei seinen Vätern in der Stadt Davids. Und sein Sohn Joram ward König an seiner Statt.

²Und er hatte Brüder, Josaphats Söhne: Asarja, Jehiel, Sacharja, Asarja, Michael und Sephatja; diese alle waren Kinder Josaphats, des Königs in Juda.

³Und ihr Vater gab ihnen viel Gaben von Silber, Gold und Kleinoden, mit festen Städten in Juda; aber das Königreich gab er Joram, denn er war der Erstgeborene.

⁴Da aber Joram aufkam über das Königreich seines Vaters und mächtig ward, erwürgte er seine Brüder alle mit dem Schwert, dazu auch etliche Oberste in Israel.

⁵Zweiunddreißig Jahre alt war Joram, da er König ward, und regierte acht Jahre zu Jerusalem

⁶und wandelte in dem Wege der Könige Israels, wie das Haus Ahab getan hatte; denn Ahabs Tochter war sein Weib. Und er tat, was dem HERRN übel gefiel;

⁷aber der HERR wollte das Haus David nicht verderben um des Bundes willen, den er mit David gemacht hatte, und wie er verheißen hatte, ihm eine Leuchte zu geben und seinen Kindern immerdar.

⁸Zu seiner Zeit fielen die Edomiter ab von Juda und machten über sich einen König.

⁹Da zog Joram hinüber mit seinen Obersten und alle Wagen mit ihm und machte sich des Nachts auf und schlug die Edomiter um ihn her und die Obersten der Wagen.

¹⁰Doch blieben die Edomiter abtrünnig von Juda bis auf diesen Tag. Zur selben Zeit fiel Libna auch von ihm ab; denn er verließ den HERRN, seiner Väter Gott.

¹¹Auch machte er Höhen auf den Bergen in Juda und machte die zu Jerusalem abgöttisch und verführte Juda.

¹²Es kam aber Schrift zu ihm von dem Propheten Elia, die lautete also: So spricht der HERR, der Gott deines Vaters David: Darum daß du nicht gewandelt hast in den Wegen deines Vaters Josaphat noch in den Wegen Asas, des Königs in Juda,

¹³sondern wandelst in dem Wege der Könige Israels und machst Juda und die zu Jerusalem abgöttisch nach der Abgötterei des Hauses Ahab, und hast dazu deine Brüder, deines Vaters Haus, erwürgt, die besser waren als du:

¹⁴siehe, so wird dich der HERR mit einer großen Plage schlagen an deinem Volk, an deinen Kindern, an deinen Weibern und an aller deiner Habe;

¹⁵du aber wirst viel Krankheit haben in deinem Eingeweide, bis daß dein Eingeweide vor Krankheit herausgehe in Jahr und Tag.

¹⁶Also erweckte der HERR wider Joram den Geist der Philister und Araber, die neben den Mohren wohnen;

¹⁷und sie zogen herauf und brachen ein in Juda und führten weg alle Habe, die vorhanden war im Hause des Königs, dazu seine Söhne und seine Weiber, daß ihm kein Sohn übrigblieb, außer Joahas, sein jüngster Sohn.

¹⁸Und nach alledem plagte ihn der HERR in seinem Eingeweide mit solcher Krankheit, die nicht zu heilen war.

¹⁹Und das währte von Tag zu Tag, als die Zeit zweier Jahre um war, ging sein Eingeweide von ihm in seiner Krankheit, und er starb in schlimmen Schmerzen. Und sie machten ihm keinen Brand, wie sie seinen Vätern getan hatten.

²⁰Zweiunddreißig Jahre alt war er, da er König ward, und regierte acht Jahre zu Jerusalem und wandelte, daß es nicht fein war. Und sie begruben ihn in der Stadt Davids, aber nicht in der Könige Gräbern.

Kapitel 22

¹Und die zu Jerusalem machten zum König Ahasja, seinen jüngsten Sohn, an seiner Statt. Denn die Kriegsleute, die aus den Arabern zum Lager kamen, hatten die ersten alle erwürgt; darum ward König Ahasja, der Sohn Jorams, des Königs in Juda.

²Zweiundzwanzig Jahre alt war Ahasja, da er König ward, und regierte ein Jahr zu Jerusalem. Seine Mutter hieß Athalja, die Tochter Omris.

³Und er wandelte auch in den Wegen des Hauses Ahab; denn sein Mutter hielt ihn dazu, daß er gottlos war.

⁴Darum tat er, was dem HERRN übel gefiel, wie das Haus Ahab. Denn sie waren seine Ratgeber nach seines Vaters Tode, daß sie ihn verderbten.

⁵Und er wandelte nach ihrem Rat. Und er zog hin mit Joram, dem Sohn Ahabs, dem König Israels, in den Streit gen Ramoth in Gilead wider Hasael, den König von Syrien. Aber die Syrer schlugen Joram,

⁶daß er umkehrte, sich heilen zu lassen zu Jesreel; denn er hatte Wunden, die ihm geschlagen waren zu Rama, da er stritt mit Hasael, dem König von Syrien. Und Ahasja, der Sohn Jorams, der König Juda's, zog hinab, zu besuchen Joram, den Sohn Ahabs, zu Jesreel, der krank lag.

⁷Denn es war von Gott Ahasja der Unfall zugefügt, daß er zu Joram käme und also mit Joram auszöge wider Jehu, den Sohn Nimsis, welchen der HERR gesalbt hatte, auszurotten das Haus Ahab.

⁸Da nun Jehu Strafe übte am Hause Ahab, fand er etliche Oberste aus Juda und die Kinder der Brüder Ahasjas, die Ahasja dienten, und erwürgte sie.

⁹Und er suchte Ahasja, und sie fingen ihn, da er sich versteckt hatte zu Samaria. Und er ward zu Jehu gebracht; der tötete ihn, und man begrub ihn. Denn sie sprachen: Er ist Josaphats Sohn, der nach dem HERRN trachtete von ganzem Herzen. Und es niemand mehr aus dem Hause Ahasja, der tüchtig war zum Königreich.

¹⁰Da aber Athalja, die Mutter Ahasjas, sah, daß ihr Sohn tot war, machte sie sich auf und brachte um alle vom königlichen Geschlecht im Hause Juda.

¹¹Aber Josabeath, die Königstochter, nahm Joas, den Sohn Ahasjas, und stahl ihn unter den Kindern des Königs, die getötet wurden, und tat ihn mit seiner Amme in die Bettkammer. Also verbarg ihn Josabeath, die Tochter des Königs Joram, des Priesters Jojada Weib (denn sie war Ahasjas Schwester), vor Athalja, daß er nicht getötet ward.

¹²Und er war bei ihnen im Hause Gottes versteckt sechs Jahre, solange Athalja Königin war im Lande.

Kapitel 23

¹Aber im siebenten Jahr faßte Jojada einen Mut und nahm die Obersten über hundert, nämlich Asarja, den Sohn Jerohams, Ismael, den Sohn Johanans, Asarja, den Sohn Obeds, Maaseja, den Sohn Adajas, und Elisaphat, den Sohn Sichris, mit sich zum Bund.

²Die zogen umher in Juda und brachten die Leviten zuhauf aus allen Städten Juda's und die Obersten der Vaterhäuser in Israel, daß sie kämen gen Jerusalem.

³Und die ganze Gemeinde machte einen Bund im Hause Gottes mit dem König. Und er sprach zu ihnen: Siehe des Königs Sohn soll König sein, wie der HERR geredet hat über die Kinder Davids.

⁴So sollt ihr also tun: Der dritte Teil von euch, die des Sabbats antreten von den Priestern und Leviten, sollen die Torhüter sein an der Schwelle,

⁵und der dritte Teil im Hause des Königs, und der dritte Teil am Grundtor; aber alles Volk soll sein in den Höfen am Hause des HERRN.

⁶Und daß niemand in das Haus des HERRN gehe; nur die Priester

und Leviten, die da dienen, die sollen hineingehen, denn sie sind heilig, und alles Volk tue nach dem Gebot des HERRN.

⁷Und die Leviten sollen sich rings um den König her machen, ein jeglicher mit seiner Wehr in der Hand, und wer ins Haus geht, der sei des Todes, und sie sollen bei dem König sein, wenn er aus und ein geht.

⁸Und die Leviten und ganz Juda taten, wie der Priester Jojada geboten hatte, und nahm ein jeglicher seine Leute, die des Sabbats antraten, mit denen, die des Sabbats abtraten. Denn Jojada, der Priester, ließ die Ordnungen nicht auseinander gehen.

⁹Und Jojada, der Priester, gab den Obersten über hundert die Spieße und Schilde und Waffen des Königs David, die im Hause Gottes waren,

¹⁰und stellte alles Volk, einen jeglichen mit seiner Waffe in der Hand, von dem rechten Winkel des Hauses bis zum linken Winkel, zum Altar und zum Hause hin um den König her.

¹¹Und sie brachten des Königs Sohn hervor und setzten ihm die Krone auf und gaben ihm das Zeugnis und machten ihn zum König. Und Jojada samt seinen Söhnen salbten ihn und sprachen: Glück zu dem König!

¹²Da aber Athalja hörte das Geschrei des Volkes, das zulief und den König lobte, ging sie zum Volk im Hause des HERRN.

¹³Und sie sah, und siehe, der König stand an seiner Stätte am Eingang und die Obersten und die Drommeten um den König; und alles Volk des Landes war fröhlich, und man blies Drommeten, und die Sänger mit allerlei Saitenspiel sangen Lob. Da zerriß sie ihre Kleider und rief: Aufruhr, Aufruhr!

¹⁴Aber Jojada, der Priester, machte sich heraus mit den Obersten über hundert, die über das Heer waren, und sprach zu ihnen: Führt sie zwischen den Reihen hinaus; und wer ihr nachfolgt, den soll man mit dem Schwert töten! Denn der Priester hatte befohlen, man sollte sie nicht töten im Hause des HERRN.

¹⁵Und sie machten Raum zu beiden Seiten; und da sie kam zum Eingang des Roßtors am Hause des Königs, töteten sie sie daselbst.

¹⁶Und Jojada machte einen Bund zwischen ihm und allem Volk und dem König, daß sie des HERRN Volk sein sollten.

¹⁷Da ging alles Volk ins Haus Baals und brachen es ab, und seine Altäre und Bilder zerbrachen sie, und erwürgten Matthan, den Priester Baals, vor den Altären.

¹⁸Und Jojada bestellte die Ämter im Hause des HERRN unter den Priestern und den Leviten, die David verordnet hatte zum Hause des HERRN, Brandopfer zu tun dem HERRN, wie es geschrieben steht im Gesetz Mose's, mit Freuden und mit Lieder, die David gedichtet,

¹⁹und stellte Torhüter in die Tore am Hause des HERRN, daß niemand hineinkäme, der sich verunreinigt hätte an irgend einem Dinge.

²⁰Und er nahm die Obersten über hundert und die Mächtigen und Herren im Volk und alles Volk des Landes und führte den König hinab vom Hause des HERRN, und sie brachten ihn durch das hohe Tor am Hause des Königs und ließen den König sich auf den königlichen Stuhl setzen.

²¹Und alles Volk des Landes war fröhlich, und die Stadt war still; aber Athalja ward mit dem Schwert erwürgt.

Kapitel 24

¹Joas war sieben Jahre alt, da er König ward, und regierte vierzig Jahre zu Jerusalem. Seine Mutter hieß Zibja von Beer-Seba.

²Und Joas tat, was dem HERRN wohl gefiel, solange der Priester Jojada lebte.

³Und Jojada gab ihm zwei Weiber, und er zeugte Söhne und Töchter.

⁴Darnach nahm sich Joas vor das Haus des HERRN zu erneuern,

⁵und versammelte die Priester und Leviten und sprach zu ihnen: Ziehet aus zu allen Städten Juda's und sammelt Geld aus ganz Israel, das Haus eures Gottes zu bessern jährlich, und eilet, solches zu tun. Aber die Leviten eilten nicht.

⁶Da rief der König Jojada, den Vornehmsten, und sprach zu ihm: Warum hast du nicht acht auf die Leviten, daß sie einbringen von Juda und Jerusalem die Steuer, die Mose, der Knecht des HERRN, gesetzt hat, die man sammelte unter Israel zu der Hütte des Stifts?

⁷Denn die gottlose Athalja und ihre Söhne haben das Haus Gottes zerrissen, und alles, was zum Hause des HERRN geheiligt war, haben sie an die Baalim gebracht.

⁸Da befahl der König, daß man eine Lade machte und setzte sie außen ins Tor am Hause des HERRN,

⁹und ließ ausrufen in Juda und zu Jerusalem, daß man dem HERRN einbringen sollte die Steuer, die von Mose, dem Knecht Gottes, auf Israel gelegt war in der Wüste.

¹⁰Da freuten sich alle Obersten und alles Volk und brachten's und warfen's in die Lade, bis sie voll ward.

¹¹Und wenn's Zeit war, daß man die Lade herbringen sollte durch die Leviten nach des Königs Befehl (wenn sie sahen, daß viel Geld darin war), so kam der Schreiber des Königs und wer vom vornehmsten Priester Befehl hatte, und schüttete die Lade aus und trugen sie wieder an ihren Ort. So taten sie alle Tage, daß sie Geld die Menge zuhauf brachten.

¹²Und der König und Jojada gaben's den Werkmeistern, die da schaffen am Hause des HERRN; dieselben dingten Steinmetzen und Zimmerleute, zu erneuern das Haus des HERRN; auch Meister in Eisen und Erz, zu bessern das Haus des HERRN.

¹³Und die Arbeiter arbeiteten, daß die Besserung im Werk zunahm durch ihre Hand, und machten das Haus Gottes ganz fertig und wohl zugerichtet.

¹⁴Und da sie es vollendet hatten, brachten sie das übrige Geld vor den König und Jojada; davon machte man Gefäße zum Hause des HERRN, Gefäße zum Dienst und zu Brandopfern, Löffel und goldene und silberne Geräte. Und sie opferten Brandopfer bei dem Hause des HERRN allewege, solange Jojada lebte.

¹⁵Und Jojada ward alt und des Lebens satt und starb, und war hundertunddreißig Jahre alt, da er starb.

¹⁶Und sie begruben ihn in der Stadt Davids unter die Könige, darum daß er hatte wohl getan an Israel und an Gott und seinem Hause.

¹⁷Und nach dem Tode Jojadas kamen die Obersten von Juda und bückten sich vor dem König; da hörte der König auf sie.

¹⁸Und sie verließen das Haus des HERRN, des Gottes ihrer Väter, und dienten den Ascherabildern und Götzen. Da kam der Zorn über Juda und Jerusalem um dieser ihrer Schuld willen.

¹⁹Er sandte aber Propheten zu ihnen, daß sie sich zu dem HERRN bekehren sollten, und die zeugten wider sie; aber sie nahmen's nicht zu Ohren.

²⁰Und der Geist Gottes erfüllte Sacharja, den Sohn Jojadas, des Priesters. Der trat oben über das Volk und sprach zu ihnen: So spricht Gott: Warum übertretet ihr die Gebote des HERRN und wollt kein Gelingen haben? Denn ihr habt den HERRN verlassen, so wird er euch wieder verlassen.

²¹Aber sie machten einen Bund wider ihn und steinigten ihn, nach dem Gebot des Königs, im Hofe am Hause des HERRN.

²²Und der König Joas gedachte nicht an die Barmherzigkeit, die Jojada, sein Vater, an ihm getan hatte, sondern erwürgte seinen Sohn. Da er aber starb, sprach er: Der HERR wird's sehen und heimsuchen.

²³Und da das Jahr um war, zog herauf das Heer der Syrer, und sie kamen gen Juda und Jerusalem und brachten um alle Obersten im Volk, und allen ihren Raub sandten sie dem König zu Damaskus.

²⁴Denn der Syrer Macht kam mit wenig Männer; doch gab der HERR in ihre Hand eine sehr große Macht, darum daß sie den HERRN, den Gott ihrer Väter, verlassen hatten. Auch übten sie an Joas Strafe.

²⁵Und da sie von ihm zogen, ließen sie ihn in großer Krankheit zurück. Es machten aber seine Knechte einen Bund wider ihn um des Blutes willen der Kinder Jojadas, des Priesters, und erwürgten ihn auf seinem Bett, und er starb. Und man begrub ihn in der Stadt Davids, aber nicht in der Könige Gräbern.

²⁶Die aber den Bund wider ihn machten, waren diese: Sabad, der Sohn Simeaths, der Ammonitin, und Josabad, der Sohn Simriths, der Moabitin.

²⁷Aber seine Söhne und die Summe, die unter ihm gesammelt ward, und der Bau des Hauses Gottes, siehe, die sind geschrieben in der Historie im Buche der Könige. Und sein Sohn Amazja ward König an seiner Statt.

Kapitel 25

¹Fünfundzwanzig Jahre alt war Amazja, da er König ward, und regierte neunundzwanzig Jahre zu Jerusalem. Seine Mutter hieß Joaddan von Jerusalem.

²Und er tat, was dem HERRN wohl gefiel, doch nicht von ganzem Herzen.

³Da nun sein Königreich bekräftigt war, erwürgte er seine Knechte, die den König, seinen Vater, geschlagen hatten.

⁴Aber ihre Kinder tötete er nicht; denn also steht's im Gesetz, im Buch Mose's, da der HERR gebietet und spricht: Die Väter sollen nicht sterben für die Kinder noch die Kinder für die Väter; sondern ein jeglicher soll um seiner Sünde willen sterben.

⁵Und Amazja brachte zuhauf Juda und stellte sie nach ihren Vaterhäusern, nach den Obersten über tausend und über hundert unter ganz Juda und Benjamin, und zählte sie von zwanzig Jahren und darüber und fand ihrer dreihunderttausend auserlesen, die ins Heer ziehen und Spieß und Schild führen konnten.

⁶Dazu nahm er aus Israel hunderttausend starke Kriegsleute um hundert Zentner Silber.

⁷Es kam aber ein Mann Gottes zu ihm und sprach: König, laß nicht das Heer Israels mit dir kommen; denn der HERR ist nicht mit Israel, mit allen Kindern Ephraim;

⁸sondern ziehe du hin, daß du Kühnheit beweisest im Streit. Sollte Gott dich fallen lassen vor deinen Feinden? Denn bei Gott steht die Kraft zu helfen und fallen zu lassen.

⁹Amazja sprach zum Mann Gottes: Was soll man denn tun mit den hundert Zentnern, die ich den Kriegsknechten von Israel gegeben habe? Der Mann Gottes sprach: Der HERR hat noch mehr, das er dir geben kann, denn dies.

¹⁰Da sonderte Amazja die Kriegsleute ab, die zu ihm aus Ephraim gekommen waren, daß sie an ihren Ort hingingen. Da ergrimmte ihr Zorn wider Juda sehr, und sie zogen wieder an ihren Ort mit grimmigem Zorn.

¹¹Und Amazja ward getrost und führte sein Volk aus und zog aus ins Salztal und schlug die Kinder von Seir zehntausend.

¹²Und die Kinder Juda fingen ihrer zehntausend lebendig; die führten sie auf die Spitze eines Felsen und stürzten sie von der Spitze des Felsens, daß sie alle zerbarsten.

¹³Aber die Kriegsknechte, die Amazja hatte wiederum lassen ziehen, daß sie nicht mit seinem Volk zum Streit zögen, fielen ein in die Städte Juda's, von Samaria an bis gen Beth-Horon, und schlugen ihrer dreitausend und nahmen viel Raub.

¹⁴Und da Amazja wiederkam von der Edomiter Schlacht, brachte er die Götter der Kinder Seir und stellte sie sich zu Göttern und betete an vor ihnen und räucherte ihnen.

¹⁵Da ergrimmte der Zorn des HERRN über Amazja, und er sandte den Propheten zu ihm; der sprach zu ihm: Warum suchst du die Götter des Volks, die ihr Volk nicht konnten erretten von deiner Hand?

¹⁶Und da er mit ihm redete, sprach er zu ihm: Hat man dich zu des Königs Rat gemacht? Höre auf; warum willst du geschlagen sein? Da hörte der Prophet auf und sprach: Ich merke wohl, daß Gott sich beraten hat, dich zu verderben, weil du solches getan hast und gehorchst meinem Rat nicht.

¹⁷Und Amazja, der König Juda's, ward Rats und sandte hin zu Joas, dem Sohn des Joahas, des Sohnes Jehus, dem König Israels, und ließ ihm sagen: Komm, wir wollen uns miteinander messen!

¹⁸Aber Joas, der König Israels, sandte zu Amazja, dem König Juda's, und ließ ihm sagen: Der Dornstrauch im Libanon sandte zur Zeder im Libanon und ließ ihr sagen: Gib deine Tochter meinem Sohn zum Weibe! Aber das Wild im Libanon lief über den Dornstrauch und zertrat ihn.

¹⁹Du gedenkst: Siehe, ich habe die Edomiter geschlagen; des überhebt sich dein Herz, und du suchst Ruhm. Nun bleib daheim! Warum ringst du nach Unglück, daß du fallest und Juda mit dir?

²⁰Aber Amazja gehorchte nicht; denn es geschah von Gott, daß sie dahingegeben würden, darum daß sie die Götter der Edomiter gesucht hatten.

²¹Da zog Joas, der König Israels, herauf; und sie maßen sich miteinander, er und Amazja, der König Juda's, zu Beth-Semes, das in Juda liegt.

²²Aber Juda ward geschlagen vor Israel, und sie flohen, ein jeglicher in seine Hütte.

²³Aber Amazja, den König in Juda, den Sohn des Joas, griff Joas, der Sohn des Joahas, der König über Israel, zu Beth-Semes und brachte ihn gen Jerusalem und riß ein die Mauer zu Jerusalem vom Tor Ephraim an bis an das Ecktor, vierhundert Ellen lang.

²⁴Und alles Gold und Silber und alle Gefäße, die vorhanden waren im Hause Gottes bei Obed-Edom und in dem Schatz im Hause des Königs, und die Geiseln nahm er mit sich gen Samaria.

²⁵Und Amazja, der Sohn des Joas, der König in Juda, lebte nach dem Tode des Joas, des Sohnes Joahas, des Königs über Israel, fünfzehn Jahre.

²⁶Was aber mehr von Amazja zu sagen ist, das erste und das letzte, siehe, das ist geschrieben im Buch der Könige Juda's und Israels.

²⁷Und von der Zeit an, da Amazja von dem HERRN wich, machten sie einen Bund wider ihn zu Jerusalem; er aber floh gen Lachis. Da sandten sie ihm nach gen Lachis und töteten ihn daselbst.

²⁸Und sie brachten ihn auf Rossen und begruben ihn bei seinen Vätern in der Stadt Juda's.

Kapitel 26

¹Da nahm das ganze Volk Juda Usia, der war sechzehn Jahre alt, und machten ihn zum König an seines Vaters Statt,

²Derselbe baute Eloth und brachte es wieder an Juda, nachdem der König entschlafen war mit seinen Vätern.

³Sechzehn Jahre alt war Usia, da er König ward, und regierte zweiundfünfzig Jahre zu Jerusalem. Seine Mutter hieß Jecholja von Jerusalem.

⁴Und er tat, was dem HERRN wohl gefiel, wie sein Vater Amazja getan hatte.

⁵Und er suchte Gott, solange Sacharja lebte, der Lehrer in den Gesichten Gottes; und solange er den HERRN suchte, ließ es ihm Gott gelingen.

⁶Denn er zog aus und stritt wider die Philister und riß nieder die Mauer zu Gath und die Mauer zu Jabne und die Mauer zu Asdod und baute Städte um Asdod und unter den Philistern.

⁷Denn Gott half ihm wider die Philister, wider die Araber, die zu Gur-Baal wohnten, und wider die Meuniter.

⁸Und die Ammoniter gaben Usia Geschenke, und er ward berühmt so weit, bis man kommt nach Ägypten; denn er ward immer stärker und stärker.

⁹Und Usia baute Türme zu Jerusalem am Ecktor und am Taltor und am Winkel und befestigte sie.

¹⁰Er baute auch Türme in der Wüste und grub viele Brunnen. Denn er hatte viel Vieh, sowohl in den Auen als auf den Ebenen, auch Ackerleute und Weingärtner an den Bergen und am Karmel; denn er hatte Lust zum Ackerwerk.

¹¹Und Usia hatte eine Macht zum Streit, die ins Heer zogen, von Kriegsknechten, in der Zahl gerechnet durch Jeiel, den Schreiber, und Maaseja, den Amtmann, unter der Hand Hananjas aus den Obersten des Königs.

¹²Und die Zahl der Häupter der Vaterhäuser unter den starken Kriegern war zweitausend und sechshundert,

¹³und unter ihrer Hand die Heeresmacht dreihunderttausend und siebentausendundfünfhundert, zum Streit geschickt in Heereskraft, zu helfen dem König wider die Feinde.

¹⁴Und Usia schaffte ihnen für das ganze Heer Schilde, Spieße, Helme, Panzer, Bogen und Schleudersteine

¹⁵und machte zu Jerusalem kunstvolle Geschütze, die auf den Türmen und Ecken sein sollten, zu schießen mit Pfeilen und großen Steinen. Und sein Name kam weit aus, darum daß ihm wunderbar geholfen ward, bis er mächtig ward.

¹⁶Und da er mächtig geworden war, überhob sich sein Herz zu seinem Verderben; denn er vergriff sich an dem HERRN, seinem Gott, und ging in den Tempel des HERRN, zu räuchern auf dem Räucheraltar.

¹⁷Aber Asarja, der Priester, ging ihm nach und achtzig Priester des HERRN mit ihm, ansehnliche Leute,

¹⁸und standen wider Usia, den König, und sprachen zu ihm: Es gebührt dir, Usia, nicht, zu räuchern dem HERRN, sondern den Priestern, Aarons Kindern, die zu räuchern geheiligt sind. Gehe heraus aus dem Heiligtum; denn du vergreifst dich, und es wird dir keine Ehre sein vor Gott dem HERRN.

¹⁹Aber Usia ward zornig und hatte ein Räuchfaß in der Hand. Und da er mit den Priestern zürnte, fuhr der Aussatz aus an seiner Stirn vor den Priestern im Hause des HERRN, vor dem Räucheraltar.

²⁰Und Asarja, der oberste Priester, wandte das Haupt zu ihm und alle Priester, und siehe, da war er aussätzig an seiner Stirn; und sie stießen ihn von dannen. Er eilte auch selbst, herauszugehen; denn seine Plage war vom HERRN.

²¹Also war Usia, der König, aussätzig bis an seinen Tod und wohnte in einem besonderen Hause aussätzig; denn er ward verstoßen vom Hause des HERRN. Jotham aber, sein Sohn, stand des Königs Hause vor und richtete das Volk im Lande.

²²Was aber mehr von Usia zu sagen ist, beides, das erste und das letzte, hat beschrieben der Prophet Jesaja, der Sohn des Amoz.

²³Und Usia entschlief mit seinen Vätern, und sie begruben ihn bei seinen Vätern im Acker bei dem Begräbnis der Könige; denn sie sprachen: Er ist aussätzig. Und Jotham, sein Sohn, ward König an seiner Statt.

Kapitel 27

¹Jotham war fünfundzwanzig Jahre alt, da er König ward, und regierte sechzehn Jahre zu Jerusalem. Seine Mutter hieß Jerusa, eine Tochter Zadoks.

²Und er tat, was dem HERRN wohl gefiel, ganz wie sein Vater Usia getan hatte, nur ging er nicht in den Tempel des HERRN; das Volk aber verderbte sich noch immer.

³Er baute das obere Tor am Hause des HERRN, und an der Mauer des Ophel baute er viel,

⁴und baute die Städte auf dem Gebirge Juda, und in den Wäldern baute er Burgen und Türme.

⁵Und er stritt mit dem König der Kinder Ammon, und ward ihrer mächtig, daß ihm die Kinder Ammon dasselbe Jahr gaben hundert Zentner Silber, zehntausend Kor Weizen und zehntausend Kor Gerste. So viel gaben ihm die Kinder Ammon auch im zweiten und im dritten Jahr.

⁶Also ward Jotham mächtig; denn er richtete seine Wege vor dem HERRN, seinem Gott.

⁷Was aber mehr von Jotham zu sagen ist und alle seine Streite und seine Wege, siehe, das ist geschrieben im Buch der Könige Israels und Juda's.

⁸Fünfundzwanzig Jahre alt war er, da er König ward, und regierte sechzehn Jahre zu Jerusalem.

⁹Und Jotham entschlief mit seinen Vätern, und sie begruben ihn in der Stadt Davids. Und sein Sohn Ahas ward König an seiner Statt.

Kapitel 28

¹Ahas war zwanzig Jahre alt, da er König ward, und regierte sechzehn Jahre zu Jerusalem und tat nicht, was dem HERRN wohl gefiel, wie sein Vater David,

²sondern wandelte in den Wegen der Könige Israels. Dazu machte er gegossene Bilder den Baalim

³und räucherte im Tal der Kinder Hinnom und verbrannte seine Söhne mit Feuer nach den Greuel der Heiden, die der HERR vor den Kindern Israel vertrieben hatte,

⁴und opferte und räucherte auf den Höhen und auf den Hügeln und unter allen grünen Bäumen.

⁵Darum gab ihn der HERR, sein Gott, in die Hand des Königs von Syrien, daß sie ihn schlugen und einen großen Haufen von den Seinen gefangen wegführten und gen Damaskus brachten. Auch ward er gegeben unter die Hand des Königs Israels, daß er einen großen Schlag an ihm tat.

⁶Denn Pekah, der Sohn Remaljas, schlug in Juda hundertzwanzigtausend auf einen Tag, die alle streitbare Leute waren, darum daß sie den HERRN, ihrer Väter Gott, verließen.

⁷Und Sichri, ein Gewaltiger in Ephraim, erwürgte Maaseja, einen Königssohn, und Asrikam, den Hausfürsten, und Elkana, den nächsten nach dem König.

⁸Und die Kinder Israel führten gefangen weg zweihunderttausend Weiber, Söhne und Töchter und nahmen dazu großen Raub von ihnen und brachten den Raub gen Samaria.

⁹Es war daselbst aber ein Prophet des HERRN, der hieß Obed; der ging heraus, dem Heer entgegen, das gen Samaria kam, und sprach zu ihnen: Siehe, weil der HERR, eurer Väter Gott, über Juda zornig ist, hat er sie in eure Hände gegeben; ihr aber habt sie erwürgt so greulich, daß es in den Himmel reicht.

¹⁰Nun gedenkt ihr, die Kinder Juda's und Jerusalems euch zu unterwerfen zu Knechten und Mägden. Ist das denn nicht Schuld bei euch wider den HERRN, euren Gott?

¹¹So gehorcht mir nun und bringt die Gefangenen wieder hin, die ihr habt weggeführt aus euren Brüdern; denn des HERRN Zorn ist über euch ergrimmt.

¹²Da machten sich auf etliche unter den Vornehmsten der Kinder Ephraim: Asarja, der Sohn Johanans, Berechja, der Sohn Mesillemoths, Jehiskia, der Sohn Sallums, und Amasa, der Sohn Hadlais, wider die, so aus dem Heer kamen,

¹³und sprachen zu ihnen: Ihr sollt die Gefangenen nicht hereinbringen; denn ihr gedenkt nur, Schuld vor dem HERRN über uns zu bringen, auf daß ihr unsrer Sünden und Schuld desto mehr macht; denn es ist schon der Schuld zu viel und der Zorn über Israel ergrimmt.

¹⁴Da ließen die Geharnischten die Gefangenen und den Raub vor den Obersten und vor der ganzen Gemeinde.

¹⁵Da standen auf die Männer, die jetzt mit Namen genannt sind, und nahmen die Gefangenen; und alle, die bloß unter ihnen waren, zogen sie an von dem Geraubten und kleideten sie und zogen ihnen Schuhe an und gaben ihnen zu essen und zu trinken und salbten sie und führten sie auf Eseln alle, die schwach waren, und brachten sie gen Jericho, zur Palmenstadt, zu ihren Brüdern und kamen wieder gen Samaria.

¹⁶Zu derselben Zeit sandte der König Ahas zu den Königen von Assyrien, daß sie ihm hülfen.

¹⁷Und es kamen abermals die Edomiter und schlugen Juda und führten etliche weg.

¹⁸Auch fielen die Philister ein in die Städte in der Aue und dem Mittagslande Juda's und gewannen Beth-Semes, Ajalon, Gederoth und Socho mit ihren Ortschaften und wohnten darin.

¹⁹Denn der HERR demütigte Juda um Ahas willen, des Königs Juda's, darum daß er die Zucht auflöste in Juda und vergriff sich am HERRN.

²⁰Und es kam wider ihn Thilgath-Pilneser, der König von Assyrien; der bedrängte ihn, und stärkte ihn nicht.

²¹Denn Ahas plünderte das Haus des HERRN und das Haus des Königs und der Obersten und gab es dem König von Assyrien; aber es half ihm nichts.

²²Dazu in seiner Not machte der König Ahas das Vergreifen am HERRN noch mehr

²³und opferte den Göttern zu Damaskus, die ihn geschlagen hatten, und sprach: Die Götter der Könige von Assyrien helfen ihnen; darum will ich ihnen opfern, daß sie mir auch helfen, so doch dieselben ihn und dem ganzen Israel zum Fall waren.

²⁴Und Ahas brachte zuhauf die Gefäße des Hauses Gottes und zerschlug die Gefäße im Hause Gottes und schloß die Türen zu am Hause des HERRN und machte sich Altäre in allen Winkeln zu Jerusalem.

²⁵Und in den Städten Juda's hin und her machte er Höhen, zu räuchern andern Göttern, und reizte den HERRN, seiner Väter Gott.

²⁶Was aber mehr von ihm zu sagen ist und alle seine Wege, beide, die ersten und die letzten, siehe, das ist geschrieben im Buch der Könige Juda's und Israels.

²⁷Und Ahas entschlief mit seinen Vätern, und sie begruben ihn in der Stadt zu Jerusalem; denn sie brachten ihn nicht in die Gräber der Könige Israels. Und sein Sohn Hiskia ward König an seiner Statt.

Kapitel 29

¹Hiskia war fünfundzwanzig Jahre alt, da er König ward, und regierte neunundzwanzig Jahre zu Jerusalem. Seine Mutter hieß Abia, eine Tochter Sacharjas.

²Und er tat, was dem HERRN wohl gefiel, wie sein Vater David.

³Er tat auf die Türen am Hause des HERRN im ersten Monat des ersten Jahres seines Königreichs und befestigte sie

⁴und brachte hinein die Priester und die Leviten und versammelte sie auf der breiten Gasse gegen Morgen

⁵und sprach zu ihnen: Hört mir zu, ihr Leviten! Heiligt euch nun, daß ihr heiligt das Haus des HERR, des Gottes eurer Väter, und tut heraus den Unflat aus dem Heiligtum.

⁶Denn unsre Väter haben sich vergriffen und getan, was dem HERRN, unserm Gott, übel gefällt, und haben ihn verlassen; denn sie haben ihr Angesicht von der Wohnung des HERRN abgewandt und ihr den Rücken zugekehrt

⁷und haben die Tore an der Halle zugeschlossen und die Lampen ausgelöscht und kein Räuchwerk geräuchert und kein Brandopfer getan im Heiligtum dem Gott Israels.

⁸Daher ist der Zorn des HERRN über Juda und Jerusalem gekommen, und er hat sie dahingegeben in Zerstreuung und Verwüstung, daß man sie anpfeift, wie ihr mit euren Augen seht.

⁹Denn siehe, um deswillen sind unsre Väter gefallen durchs Schwert; unsre Söhne, Töchter und Weiber sind weggeführt.

¹⁰Nun habe ich im Sinn einen Bund zu machen mit dem HERRN, dem Gott Israels, daß sein Zorn und Grimm sich von uns wende.

¹¹Nun, meine Söhne, seid nicht lässig; denn euch hat der HERR erwählt, daß ihr vor ihm stehen sollt und daß ihr seine Diener und Räucherer seid.

¹²Da machten sich auf die Leviten: Mahath, der Sohn Amasais, und Joel, der Sohn Asarjas, aus den Kindern der Kahathiter; aus den Kindern aber Merari: Kis, der Sohn Abdis, und Asarja, der Sohn Jehallel-Els; aber aus den Kindern der Gersoniter: Joah, der Sohn Simmas, und Eden, der Sohn Joahs;

¹³und aus den Kinder Elizaphan: Simri und Jeiel; aus den Kindern Asaph: Sacharja und Matthanja;

¹⁴und aus den Kindern Heman: Jehiel und Simei; und aus den Kindern Jeduthun: Semaja und Usiel.

¹⁵Und sie versammelten ihre Brüder und heiligten sich und gingen hinein nach dem Gebot des Königs aus dem Wort des HERRN, zu reinigen das Haus des HERRN.

¹⁶Die Priester aber gingen hinein inwendig ins Haus des HERRN, zu reinigen und taten alle Unreinigkeit, die im Tempel des HERRN gefunden ward, auf den Hof am Hause des HERRN, und die Leviten nahmen sie und trugen sie hinaus an den Bach Kidron.

¹⁷Sie fingen aber an am ersten Tage des ersten Monats, sich zu heiligen, und am achten Tage des Monats gingen sie in die Halle des HERRN und heiligten das Haus des HERRN acht Tage und vollendeten es am sechzehnten Tage des ersten Monats.

¹⁸Und sie gingen hinein zum König Hiskia und sprachen: Wir haben gereinigt das ganze Haus des HERRN, den Brandopferaltar und alle seine Geräte, den Tisch der Schaubrote und alle seine Geräte.

¹⁹Und alle Gefäße, die der König Ahas, da er König war, besudelt hatte, da er sich versündigte, die haben wir zugerichtet und geheiligt; siehe, sie sind vor dem Altar des HERRN.

²⁰Da machte sich auf der König Hiskia und versammelte die Obersten der Stadt und ging hinauf zum Hause des Herrn;

²¹und sie brachten herzu sieben Farren, sieben Widder, sieben Lämmer und sieben Ziegenböcke zum Sündopfer für das Königreich, für das Heiligtum und für Juda. Und er sprach zu den Priestern, den Kindern Aaron, daß sie opfern sollten auf dem Altar des HERRN.

²²Da schlachteten sie die Rinder, und die Priester nahmen das Blut und sprengten es auf den Altar; und schlachteten die Widder und sprengten das Blut auf den Altar; und schlachteten die Lämmer und sprengten das Blut auf den Altar;

²³und brachten die Böcke zum Sündopfer vor den König und die Gemeinde und legten ihre Hände auf sie,

²⁴und die Priester schlachteten sie und taten ihr Blut zur Entsündigung auf den Altar, zu versöhnen das ganze Israel. Denn der König hatte befohlen, Brandopfer und Sündopfer zu tun für das ganze Israel.

²⁵Und er stellte die Leviten auf im Hause des HERRN mit Zimbeln, Psaltern und Harfen, wie es David befohlen hatte und Gad, der Seher des Königs und der Prophet Nathan; denn es war des HERRN Gebot durch seine Propheten.

²⁶Und die Leviten standen mit den Saitenspielen Davids und die Priester mit den Drommeten.

²⁷Und Hiskia hieß Brandopfer tun auf dem Altar. Und um die Zeit, da man anfing das Brandopfer, fing auch der Gesang des HERRN und die Drommeten und dazu mancherlei Saitenspiel Davids, des Königs Israels.

²⁸Und die ganze Gemeinde betete an; und der Gesang der Sänger und das Drommeten der Drommeter währte alles, bis das Brandopfer ausgerichtet war.

²⁹Da nun das Brandopfer ausgerichtet war, beugte sich der König und alle, die sich bei ihm fanden, und beteten an.

³⁰Und der König Hiskia samt den Obersten hieß die Leviten den HERRN loben mit den Liedern Davids und Asaphs, des Sehers. Und sie lobten mit Freuden und neigten sich und beteten an.

³¹Und Hiskia antwortete und sprach: Nun habt ihr eure Hände gefüllt dem HERRN; tretet hinzu und bringt her die Opfer und Lobopfer zum Hause des HERRN. Und die Gemeinde brachte herzu Opfer und Lobopfer, und jedermann freiwilligen Herzens Brandopfer.

³²Und die Zahl der Brandopfer, die die Gemeinde herzubrachte, waren siebzig Rinder, hundert Widder und zweihundert Lämmer, und solches alles zum Brandopfer dem HERRN.

³³Und sie heiligten sechshundert Rinder und dreitausend Schafe.

³⁴Aber der Priester waren zu wenig, und konnten nicht allen Brandopfern die Haut abziehen, darum halfen ihnen ihre Brüder, die Leviten, bis das Werk ausgerichtet ward und bis sich die Priester heiligten; denn die Leviten waren eifriger, sich zu heiligen, als die Priester.

³⁵Auch war der Brandopfer viel mit dem Fett der Dankopfer und mit den Trankopfern zu den Brandopfern. Also ward das Amt am Hause des HERRN fertig.

³⁶Und Hiskia freute sich samt allem Volk dessen, was Gott dem Volke bereitet hatte; denn es geschah eilend.

Kapitel 30

¹Und Hiskia sandte hin zum ganzen Israel und Juda und schrieb Briefe an Ephraim und Manasse, daß sie kämen zum Hause des HERRN gen Jerusalem, Passah zu halten dem HERRN, dem Gott Israels.

²Und der König hielt einen Rat mit seinen Obersten und der ganzen Gemeinde zu Jerusalem, das Passah zu halten im zweiten Monat.

³Denn sie konnten's nicht halten zur selben Zeit, darum daß der Priester nicht genug geheiligt waren und das Volk noch nicht zuhauf gekommen war gen Jerusalem.

⁴Und es gefiel dem König wohl und der ganzen Gemeinde,

⁵und sie bestellten, daß solches ausgerufen würde durch ganz Israel von Beer-Seba an bis gen Dan, daß sie kämen, Passah zu halten dem HERRN, dem Gott Israels, zu Jerusalem; denn es war lange nicht gehalten, wie es geschrieben steht.

⁶Und die Läufer gingen hin mit den Briefen von der Hand des Königs und seiner Obersten durch ganz Israel und Juda nach dem Befehl des Königs und sprachen: Ihr Kinder Israel, bekehrt euch zu dem HERRN, dem Gott Abrahams, Isaaks und Israels, so wird er sich kehren zu den Entronnenen, die noch übrig unter euch sind aus der Hand der Könige von Assyrien.

⁷Und seid nicht wie eure Väter und Brüder, die sich am HERRN, ihrer Väter Gott, vergriffen, daß er sie dahingab in die Verwüstung, wie ihr selber seht.

⁸So seid nun nicht halsstarrig wie eure Väter; sondern gebt eure Hand dem HERRN und kommt zu seinem Heiligtum, das er geheiligt hat ewiglich, und dient dem HERRN, eurem Gott, so wird sich der Grimm seines Zorns von euch wenden.

⁹Denn so ihr euch bekehrt zu dem HERRN, so werden eure Brüder und Kinder Barmherzigkeit haben vor denen, die sie gefangen halten, daß sie wieder in dies Land kommen. Denn der HERR, euer Gott, ist gnädig und barmherzig und wird sein Angesicht nicht von euch wenden, so ihr euch zu ihm bekehrt.

¹⁰Und die Läufer gingen von einer Stadt zur andern im Lande Ephraim und Manasse und bis gen Sebulon; aber sie verlachten sie und spotteten ihrer.

¹¹Doch etliche von Asser und Manasse und Sebulon demütigten sich und kamen gen Jerusalem.

¹²Auch kam Gottes Hand über Juda, daß er ihnen gab einerlei Herz, zu tun nach des Königs und der Obersten Gebot aus dem Wort des HERRN.

¹³Und es kam zuhauf gen Jerusalem ein großes Volk, zu halten das Fest der ungesäuerten Brote im zweiten Monat, eine sehr große Gemeinde.

¹⁴Und sie machten sich auf und taten ab die Altäre, die zu Jerusalem waren, und alle Räucherwerke taten sie weg und warfen sie in den Bach Kidron;

¹⁵und sie schlachteten das Passah am vierzehnten Tage des zweiten Monats. Und die Priester und Leviten bekannten ihre Schande und heiligten sich und brachten die Brandopfer zum Hause des HERRN

¹⁶und standen in ihrer Ordnung, wie sich's gebührt, nach dem Gesetz Mose's, des Mannes Gottes. Und die Priester sprengten das Blut von der Hand der Leviten.

¹⁷Denn ihrer waren viele in der Gemeinde, die sich nicht geheiligt hatten; darum schlachteten die Leviten das Passah für alle, die nicht rein waren, daß sie dem HERRN geheiligt würden.

¹⁸Auch war des Volks viel von Ephraim, Manasse, Isaschar und Sebulon, die nicht rein waren, sondern aßen das Osterlamm, aber nicht, wie geschrieben steht. Denn Hiskia bat für sie und sprach: Der HERR, der gütig ist, wolle gnädig sein

¹⁹allen, die ihr Herz schicken, Gott zu suchen, den HERRN, den Gott ihrer Väter, wiewohl nicht in heiliger Reinigkeit.

²⁰Und der HERR erhörte Hiskia und heilte das Volk.

²¹Also hielten die Kinder Israel, die zu Jerusalem gefunden wurden, das Fest der ungesäuerten Brote sieben Tage mit großer Freude. Und die Leviten und Priester lobten den HERRN alle Tage mit starken Saitenspielen des HERRN.

²²Und Hiskia redete herzlich mit allen Leviten, die verständig waren im Dienste des HERRN. Und sie aßen das Fest über, sieben Tage, und opferten Dankopfer und dankten dem HERRN, ihrer Väter Gott.

²³Und die ganze Gemeinde ward Rats, noch andere sieben Tage zu halten, und hielten auch die sieben Tage mit Freuden.

²⁴Denn Hiskia, der König Juda's, gab eine Hebe für die Gemeinde: tausend Farren und siebentausend Schafe; die Obersten aber gaben eine Hebe für die Gemeinde: tausend Farren und zehntausend Schafe. Auch hatten sich der Priester viele geheiligt.

²⁵Und es freuten sich die ganze Gemeinde Juda's, die Priester und Leviten und die ganze Gemeinde, die aus Israel gekommen waren, und die Fremdlinge, die aus dem Lande Israel gekommen waren und in Juda wohnten,

²⁶und war eine große Freude zu Jerusalem; denn seit der Zeit Salomos, des Sohnes Davids, des Königs Israels, war solches zu Jerusalem nicht gewesen.

²⁷Und die Priester und die Leviten standen auf und segneten das Volk, und ihre Stimme ward erhört, und ihr Gebet kam hinein vor seine heilige Wohnung im Himmel.

Kapitel 31

¹Und da dies alles war ausgerichtet, zogen hinaus alle Israeliten, die unter den Städten Juda's gefunden wurden, und zerbrachen die Säulen und hieben die Ascherabilder ab und brachen ab die Höhen und Altäre aus dem ganzen Juda, Benjamin, Ephraim und Manasse, bis sie sie ganz aufräumten. Und die Kinder Israel zogen alle wieder zu ihrem Gut in ihre Städte.

²Hiskia aber bestellte die Priester und Leviten nach ihren Ordnungen, einen jeglichen nach seinem Amt, beider, der Priester und Leviten, zu Brandopfern und Dankopfern, daß sie dienten, dankten und lobten in den Toren des Lagers des HERRN.

³Und der König gab seinen Teil von seiner Habe zu Brandopfern des Morgens und des Abends und zu Brandopfern am Sabbat und an den Neumonden und Festen, wie es geschrieben steht im Gesetz des HERRN.

⁴Und er sprach zu dem Volk, das zu Jerusalem wohnte, daß sie ihren Teil gäben den Priestern und Leviten, auf daß sie könnten desto härter halten am Gesetz des HERRN.

⁵Und da das Wort ausging, gaben die Kinder Israel viel Erstlinge von Getreide, Most, Öl, Honig und allerlei Ertrag des Feldes, und allerlei Zehnten brachten sie viel hinein.

⁶Und die Kinder Israel und Juda, die in den Städten Juda's wohnten, brachten auch Zehnten von Rindern und Schafen und Zehnten von dem Geheiligten, das sie dem HERRN, ihrem Gott, geheiligt hatten, und machten hier einen Haufen und da einen Haufen.

⁷Im dritten Monat fingen sie an, Haufen auszuschütten, und im siebenten Monat richteten sie es aus.

⁸Und da Hiskia mit den Obersten hineinging und sahen die Haufen, lobten sie den HERRN und sein Volk Israel.

⁹Und Hiskia fragte die Priester und die Leviten um die Haufen.

¹⁰Und Asarja, der Priester, der Vornehmste im Hause Zadok, sprach zu ihm: Seit der Zeit, da man angefangen hat, die Hebe zu bringen ins Haus des HERRN, haben wir gegessen und sind satt geworden, und ist noch viel übriggeblieben; denn der HERR hat sein Volk gesegnet, darum ist dieser Haufe übriggeblieben.

¹¹Da befahl der König, daß man Kammern zubereiten sollte am Hause des HERRN. Und sie bereiteten zu

¹²und taten hinein die Hebe, die Zehnten und das Geheiligte treulich. Und über dasselbe war Fürst Chananja, der Levit, und Simei, sein Bruder, der nächste nach ihm;

¹³und Jehiel, Asasja, Nahath, Asahel, Jerimoth, Josabad, Eliel, Jismachja, Mahath und Benaja, verordnet zur Hand Chananjas und Simeis, seine Bruders, nach Befehl des Königs Hiskia und Asarjas, des Fürsten im Hause Gottes.

¹⁴Und Kore, der Sohn Jimnas, der Levit, der Torhüter gegen Morgen, war über die freiwilligen Gaben Gottes, die dem HERRN zur Hebe gegeben wurden, und über die hochheiligen.

¹⁵Und unter seiner Hand waren: Eden, Minjamin, Jesua, Semaja, Amarja und Sechanja in den Städten der Priester, auf Treu und Glauben, daß sie geben sollten ihren Brüdern nach ihren Ordnungen, dem jüngsten wie dem ältesten,

¹⁶ausgenommen, die aufgezeichnet waren als Mannsbilder drei Jahre alt und darüber, alle, die in das Haus des HERRN gingen nach Gebühr eines jeglichen Tages zu ihrem Amt in ihrem Dienst nach ihren Ordnungen

¹⁷(die Priester aber wurden aufgezeichnet nach ihren Vaterhäusern, und die Leviten von zwanzig Jahren und darüber waren in ihrem Dienst nach ihren Ordnungen);

¹⁸dazu denen, die ausgezeichnet wurden als ihre Kinder, Weiber, Söhne und Töchter unter der ganzen Menge. Denn sie heiligten treulich das Geheiligte.

¹⁹Auch waren Männer mit Namen benannt unter den Kindern Aaron, den Priestern, auf den Feldern der Vorstädte in allen Städten, daß sie Teile gäben allen Mannsbildern unter den Priestern und allen, die unter die Leviten aufgezeichnet wurden.

²⁰Also tat Hiskia im ganzen Juda und tat, was gut, recht und wahrhaftig war vor dem HERRN, seinem Gott.

²¹Und in allem Tun, das er anfing, am Dienst des Hauses Gottes nach dem Gesetz und Gebot, zu suchen seinen Gott, handelte er von ganzem Herzen; darum hatte er auch Glück.

Kapitel 32

¹Nach diesen Geschichten und dieser Treue kam Sanherib, der König von Assyrien, und zog nach Juda und lagerten sich vor die festen Städte und gedachte, sie zu sich zu reißen.

²Und da Hiskia sah, daß Sanherib kam und sein Angesicht stand zu streiten wider Jerusalem,

³ward er Rats mit seinen Obersten und Gewaltigen, zuzudecken die Wasser der Brunnen, die draußen vor der Stadt waren; und sie halfen ihm.

⁴Und es versammelte sich ein großes Volk und deckten zu alle Brunnen und den Bach, der mitten durchs Land fließt, und sprachen: Daß die Könige von Assyrien nicht viel Wasser finden, wenn sie kommen.

⁵Und er ward getrost und baute alle Mauern, wo sie lückig waren, und machte Türme darauf und baute draußen noch die andere Mauer und befestigte Millo an der Stadt Davids und machte viel Waffen und Schilde

⁶und setzte Hauptleute zum Streit über das Volk und sammelte sie zu sich auf die breite Gasse am Tor der Stadt und redete herzlich mit ihnen und sprach:

⁷Seid getrost und frisch, fürchtet euch nicht und zagt nicht vor dem König von Assyrien noch vor all dem Haufen, der bei ihm ist; denn es ist ein Größerer mit uns als mit ihm:

⁸Mit ihm ist sein fleischlicher Arm; mit uns aber ist der HERR, unser Gott, daß er uns helfe und führe den Streit. Und das Volk verließ sich auf die Worte Hiskias, des Königs Juda's.

⁹Darnach sandte Sanherib, der König von Assyrien, seine Knechte gen Jerusalem (denn er lag vor Lachis und alle seine Herrschaft mit ihm) zu Hiskia, dem König Juda's, und zum ganzen Juda, das zu Jerusalem war, und ließ ihm sagen:

¹⁰So spricht Sanherib, der König von Assyrien: Wes vertröstet ihr euch, die ihr wohnt in dem belagerten Jerusalem?

¹¹Hiskia beredet euch, daß er euch gebe in den Tod durch Hunger und Durst, und spricht: Der HERR, unser Gott, wird uns erretten von der Hand des Königs von Assyrien.

¹²Ist er nicht der Hiskia, der seine Höhen und Altäre weggetan hat und gesagt zu Juda und Jerusalem: Vor einem Altar sollt ihr anbeten und darauf räuchern?

¹³Wißt ihr nicht, was ich und meine Väter getan haben allen Völkern in den Ländern? Haben auch die Götter der Heiden in den Ländern können ihre Länder erretten von meiner Hand?

¹⁴Wer ist unter allen Göttern dieser Heiden, die meine Väter verbannt haben, der sein Volk habe erretten können von meiner Hand, daß euer Gott euch sollte erretten können aus meiner Hand?

¹⁵So laßt euch nun Hiskia nicht betrügen und laßt euch durch solches nicht bereden und glaubt ihm nicht. Denn so kein Gott aller Heiden und Königreiche hat sein Volk können von meiner und meiner Väter Hände erretten, so werden euch auch eure Götter nicht erretten können von meiner Hand.

¹⁶Dazu redeten seine Knechte noch mehr wider Gott den HERRN und wider seinen Knecht Hiskia.

¹⁷Auch schrieb er Briefe, Hohn zu sprechen dem HERRN, dem Gott Israels, und redete von ihm und sprach: Wie die Götter der Heiden in den Ländern Ihr Volk nicht haben errettet von meiner Hand, so wird auch der Gott Hiskias sein Volk nicht erretten von meiner Hand.

¹⁸Und sie riefen mit lauter Stimme auf jüdisch zum Volk zu Jerusalem, das auf der Mauer war, sie furchtsam zu machen und zu erschrecken, daß sie die Stadt gewönnen,

¹⁹und redeten wider den Gott Jerusalems wie wider die Götter der Völker auf Erden, die Menschenhände Werk waren.

²⁰Aber der König Hiskia und der Prophet Jesaja, der Sohn des Amoz, beteten dawider und schrieen gen Himmel.

²¹Und der HERR sandte einen Engel, der vertilgte alle Gewaltigen des Heeres und Fürsten und Obersten im Lager des Königs von Assyrien, daß er mit Schanden wieder in sein Land zog. Und da er in seines Gottes Haus ging, fällten ihn daselbst durchs Schwert, die von seinem eigenen Leib gekommen waren.

²²Also half der HERR dem Hiskia und denen zu Jerusalem aus der Hand Sanheribs, des Königs von Assyrien, und aller andern und gab ihnen Ruhe umher,

²³daß viele dem HERRN Geschenke brachten gen Jerusalem und Kleinode Hiskia, dem König Juda's. Und er ward darnach erhoben vor allen Heiden.

²⁴Zu der Zeit ward Hiskia todkrank. Und er bat den HERRN; der redete zu ihm und gab ihm ein Wunderzeichen.

²⁵Aber Hiskia vergalt nicht, wie ihm gegeben war; denn sein Herz überhob sich. Darum kam der Zorn über ihn und über Juda und

Jerusalem.

²⁶Aber Hiskia demütigte sich, daß sein Herz sich überhoben hatte, samt denen zu Jerusalem; darum kam der Zorn des HERRN nicht über sie, solange Hiskia lebte.

²⁷Und Hiskia hatte sehr großen Reichtum und Ehre und machte sich Schätze von Silber, Gold, Edelsteinen, Gewürzen, Schilden und allerlei köstlichem Geräte

²⁸und Vorratshäuser zu dem Ertrag an Getreide, Most und Öl und Ställe für allerlei Vieh und Hürden für die Schafe,

²⁹und er baute sich Städte und hatte Vieh an Schafen und Rindern die Menge; denn Gott gab ihm sehr großes Gut.

³⁰Er ist der Hiskia, der die obere Wasserquelle in Gihon zudeckte und leitete sie hinunter abendwärts von der Stadt Davids; denn Hiskia war glücklich in allen seinen Werken.

³¹Da aber die Botschafter der Fürsten von Babel zu ihm gesandt waren, zu fragen nach dem Wunder, das im Lande geschehen war, verließ ihn Gott also, daß er ihn versuchte, auf daß kund würde alles, was in seinem Herzen war.

³²Was aber mehr von Hiskia zu sagen ist und seine Barmherzigkeit, siehe, das ist geschrieben in dem Gesicht des Propheten Jesaja, des Sohnes Amoz, im Buche der Könige Juda's und Israels.

³³Und Hiskia entschlief mit seinen Vätern, und sie begruben ihn, wo man hinangeht zu den Gräbern der Kinder Davids. Und ganz Juda und die zu Jerusalem taten ihm Ehre in seinem Tod. Und sein Sohn Manasse ward König an seiner Statt.

Kapitel 33

¹Manasse war zwölf Jahre alt, da er König ward, und regierte fünfundfünfzig Jahre zu Jerusalem

²und tat, was dem HERR übel gefiel, nach den Greueln der Heiden, die der HERR vor den Kindern Israel vertrieben hatte,

³und baute wieder Höhen, die sein Vater Hiskia abgebrochen hatte und stiftete den Baalim Altäre und machte Ascherabilder und betete an alles Heer des Himmels und diente ihnen.

⁴Er baute auch Altäre im Hause des HERRN, davon der HERR geredet hat: Zu Jerusalem soll mein Name sein ewiglich;

⁵und baute Altäre allem Heer des Himmels in beiden Höfen am Hause des HERRN.

⁶Und er ließ seine Söhne durchs Feuer gehen im Tal des Sohnes Hinnoms und wählte Tage und achtete auf Vogelgeschrei und zauberte und stiftete Wahrsager und Zeichendeuter und tat viel, was dem HERRN übel gefiel, ihn zu erzürnen.

⁷Er setzte auch das Bild des Götzen, das er machen ließ, ins Haus Gottes, davon Gott zu David geredet hatte und zu Salomo, seinem Sohn: In diesem Hause zu Jerusalem, das ich erwählt habe vor allen Stämmen Israels, will ich meinen Namen setzen ewiglich;

⁸und will nicht mehr den Fuß Israels lassen weichen von dem Lande, das ich ihren Vätern bestellt habe, sofern sie sich halten, daß sie tun alles, was ich ihnen geboten habe, in allem Gesetz und den Geboten und Rechten durch Mose.

⁹Aber Manasse verführte Juda und die zu Jerusalem, daß sie ärger taten denn die Heiden, die der HERR vor den Kindern Israel vertilgt hatte.

¹⁰Und wenn der HERR mit Manasse und seinem Volk reden ließ, merkten sie nicht darauf.

¹¹Darum ließ der HERR über sie kommen die Fürsten des Heeres des Königs von Assyrien, die nahmen Manasse gefangen mit Fesseln und banden ihn mit Ketten und brachten ihn gen Babel.

¹²Und da er in Angst war, flehte er vor dem HERRN, seinem Gott, und demütigte sich sehr vor dem Gott seiner Väter

¹³und bat und flehte zu ihm. Da erhörte er sein Flehen und brachte ihm wieder gen Jerusalem zu seinem Königreich. Da erkannte Manasse, daß der HERR Gott ist.

¹⁴Darnach baute er die äußere Mauer an der Stadt Davids abendswärts an Gihon im Tal und wo man zum Fischtor eingeht und umher an den Ophel und machte sie sehr hoch und legte Hauptleute in die festen Städte Juda's

¹⁵und tat weg die fremden Götter und den Götzen aus dem Hause des HERRN und alle Altäre, die er gebaut hatte auf dem Berge des Hauses des HERRN und zu Jerusalem, und warf sie hinaus vor die Stadt

¹⁶und richtete zu den Altar des HERRN und opferte darauf Dankopfer und Lobopfer und befahl Juda, daß sie dem HERRN, dem Gott Israels, dienen sollten.

¹⁷Doch opferte das Volk noch auf den Höhen, wiewohl dem HERRN, ihrem Gott.

¹⁸Was aber mehr von Manasse zu sagen ist und sein Gebet zu seinem Gott und die Reden der Seher, die mit ihm redeten im Namen des HERRN, des Gottes Israels, siehe, die sind unter den Geschichten der Könige Israels.

¹⁹Und sein Gebet und Flehen und alle seine Sünde und Missetat und die Stätten, darauf er die Höhen baute und Ascherabilder und Götzen stiftete, ehe denn er gedemütigt ward, siehe, die sind geschrieben unter den Geschichten der Seher.

²⁰Und Manasse entschlief mit seinen Vätern und sie begruben ihn in seinem Hause. Und sein Sohn Amon ward König an seiner Statt.

²¹Zweiundzwanzig Jahre alt war Amon, da er König ward, und regierte zwei Jahre zu Jerusalem

²²und tat, was dem HERRN übel gefiel, wie sein Vater Manasse getan hatte. Und Amon opferte allen Götzen, die sein Vater Manasse gemacht hatte, und diente ihnen.

²³Aber er demütigte sich nicht vor dem HERRN, wie sich sein Vater Manasse gedemütigt hatte; denn er, Amon machte der Schuld viel.

²⁴Und seine Knechte machten einen Bund wieder ihn und töteten ihn in seinem Hause.

²⁵Da schlug das Volk im Lande alle, die den Bund wider den König Amon gemacht hatten. Und das Volk im Lande macht Josia, seinen Sohn zum König an seiner Statt.

Kapitel 34

¹Acht Jahre alt war Josia, da er König ward, und regierte einunddreißig Jahre zu Jerusalem

²und tat, was dem HERRN wohl gefiel, und wandelte in den Wegen seines Vaters David und wich weder zur Rechten noch zur Linken.

³Denn im achten Jahr seines Königreichs, da er noch jung war, fing er an zu suchen den Gott seines Vaters David, und im zwölften Jahr fing er an zu reinigen Juda und Jerusalem von den Höhen und Ascherabildern und Götzen und gegossenen Bildern

⁴und ließ vor sich abbrechen die Altäre der Baalim, und die Sonnensäulen obendrauf hieb er ab, und die Ascherabilder und Götzen und gegossenen Bilder zerbrach er und machte sie zu Staub und streute sie auf die Gräber derer, die ihnen geopfert hatten,

⁵und verbrannte die Gebeine der Priester auf ihren Altären und reinigte also Juda und jerusalem,

⁶dazu in den Städten Manasses, Ephraims, Simeons und bis an Naphthali in ihren Wüsten umher.

⁷Und da er die Altäre und Ascherabilder abgebrochen und die Götzen klein zermalmt und alle Sonnensäulen abgehauen hatte im ganzen Lande Israel, kam er wieder gen Jerusalem.

⁸Im achtzehnten Jahr seines Königreichs, da er das Land und das Haus gereinigt hatte, sandte er Saphan, den Sohn Azaljas, und Maaseja, den Stadtvogt, und Joah, den Sohn Joahas, den Kanzler, zu bessern das Haus des HERRN, seines Gottes.

⁹Und sie kamen zu dem Hohenpriester Hilkia; und man gab ihnen das Geld, das zum Hause Gottes gebracht war, welches die Leviten, die an der Schwelle hüteten, gesammelt hatten von Manasse, Ephraim und von allen übrigen in Israel und vom ganzen Juda und Benjamin und von denen, die zu Jerusalem wohnten;

¹⁰und sie gaben's den Werkmeistern, die bestellt waren am Hause des HERRN. Die gaben's denen, die da arbeiteten am Hause des Herrn, wo es baufällig war, daß sie das Haus besserten.

¹¹nämlich den Zimmerleuten und Bauleuten, gehauene Steine zu kaufen und Holz zu Klammern und Balken an den Häusern, welche die Könige Juda's verderbt hatten.

¹²Und die Männer arbeiteten am Werk treulich. Und es waren über sie verordnet Jahath und Obadja, die Leviten aus den Kindern Meraris, Sacharja und Mesullam aus den Kindern der Kahathiten, das Werk zu treiben (und waren alle Leviten, die des Saitenspiels kundig waren).

¹³Aber über die Lastträger und Treiber zu allerlei Arbeit in allen ihren Ämtern waren aus den Leviten die Schreiber, Amtleute und Torhüter.

¹⁴Und da sie das Geld herausnahmen, das zum Hause des HERRN eingelegt war, fand Hilkia, der Priester, das Buch des Gesetzes des HERRN, das durch Mose gegeben war.

¹⁵Und Hilkia antwortete und sprach zu Saphan, dem Schreiber: Ich habe das Gesetzbuch gefunden im Hause des HERRN. Und Hilkia gab das Buch Saphan.

¹⁶Saphan aber brachte es zum König und gab dem König Bericht und sprach: Alles, was unter die Hände deiner Knechte gegeben ist, das machen sie.

¹⁷Und sie haben das Geld zuhauf geschüttet, das im Hause des HERRN gefunden ist, und haben's gegeben denen, die verordnet sind, und den Arbeitern.

¹⁸Und Saphan, der Schreiber, sagte dem König an und sprach: Hilkia, der Priester, hat mir ein Buch gegeben. Und Saphan las daraus vor dem König.

¹⁹Und da der König die Worte des Gesetzes hörte, zerriß er seine Kleider.

²⁰Und der König gebot Hilkia und Ahikam, dem Sohn Saphans, und Abdon, dem Sohn Michas, und Saphan, dem Schreiber, und Asaja, dem Knecht des Königs, und sprach:

²¹Gehet hin und fraget den HERRN für mich und für die übrigen in Israel und Juda über die Worte des Buches, das gefunden ist; denn der Grimm des HERRN ist groß, der über uns entbrannt ist, daß unsre Väter nicht gehalten haben das Wort des HERRN, daß sie täten, wie geschrieben steht in diesem Buch.

²²Da ging Hilkia hin samt den andern, die der König gesandt hatte, zu der Prophetin Hulda, dem Weibe Sallums, des Sohnes Thokehaths, des Sohnes Hasras, des Kleiderhüters, die zu Jerusalem wohnte im andern Teil, und redeten solches mit ihr.

²³Und sie sprach zu ihnen: So spricht der HERR, der Gott Israels: Saget dem Manne, der euch zu mir gesandt hat:

²⁴So spricht der HERR: Siehe, ich will Unglück bringen über diesen Ort und die Einwohner, alle die Flüche, die geschrieben stehen in dem Buch, das man vor dem König Juda's gelesen hat,

²⁵darum daß sie mich verlassen haben und andern Göttern geräuchert, daß sie mich erzürnten mit allerlei Werken ihrer Hände. Und mein Grimm ist entbrannt über diesen Ort und soll nicht ausgelöscht werden.

²⁶Und zum König Juda's, der euch gesandt hat, den HERRN zu fragen, sollt ihr also sagen: So spricht der HERR, der Gott Israels, von den Worten, die du gehört hast:

²⁷Darum daß dein Herz weich geworden ist und hast dich gedemütigt vor Gott, da du seine Worte hörtest wider diesen Ort und wider die Einwohner, und hast dich vor mir gedemütigt und deine Kleider zerrissen und vor mir geweint, so habe ich dich auch erhört, spricht der HERR.

²⁸Siehe, ich will dich sammeln zu deinen Vätern, daß du in dein Grab mit Frieden gesammelt werdest, daß deine Augen nicht sehen all das Unglück, das ich über diesen Ort und die Einwohner bringen will. Und sie sagten's dem König wieder.

²⁹Da sandte der König hin und ließ zuhauf kommen alle Ältesten in Juda und Jerusalem.

³⁰Und der König ging hinauf ins Haus des HERRN und alle Männer Juda's und Einwohner zu Jerusalem, die Priester, die Leviten und alles Volk, klein und groß; und wurden vor ihren Ohren gelesen alle Worte im Buch des Bundes, das im Hause des HERRN gefunden war.

³¹Und der König trat an seinen Ort und machte einen Bund vor dem HERRN, daß man dem HERRN nachwandeln sollte, zu halten seine Gebote, Zeugnisse und Rechte von ganzem Herzen und von ganzer Seele, zu tun nach allen Worten des Bundes, die gechrieben standen in diesem Buch.

³²Und er ließ in den Bund treten alle, die zu Jerusalem und in Benjamin vorhanden waren. Und die Einwohner zu Jerusalem taten nach dem Bund Gottes, des Gottes ihrer Väter.

³³Und Josia tat weg alle Greuel aus allen Landen der Kinder Israel und schaffte, daß alle, die in Israel gefunden wurden, dem HERRN, ihrem Gott, dienten. Solange Josia lebte, wichen sie nicht von dem HERRN, ihrer Väter Gott.

Kapitel 35

¹Und Josia hielt dem HERRN Passah zu Jerusalem, und sie schlachteten das Passah am vierzehnten Tage des ersten Monats.

²Und er bestellte die Priester zu ihrem Dienst und stärkte sie zu ihrem Amt im Hause des HERRN

³und sprach zu den Leviten, die ganz Israel lehrten und dem HERRN geheiligt waren: Tut die heilige Lade ins Haus das Salomo, der Sohn Davids, der König Israels, gebaut hat. Ihr sollt sie nicht auf den Schultern tragen. So dienet nun dem HERRN, eurem Gott, und seinem Volk Israel

⁴und bereitet euch nach euren Vaterhäusern in euren Ordnungen, wie sie vorgeschrieben sind von David, dem König Israels, und seinem Sohn Salomo,

⁵und steht im Heiligtum nach den Ordnungen der Vaterhäuser eurer Brüder, vom Volk geboren, je eine Ordnung eines Vaterhauses der Leviten,

⁶und schlachtet das Passah und heiligt euch und bereitet es für eure Brüder, daß sie tun nach dem Wort des HERRN durch Mose.

⁷Und Josia gab zur Hebe für den gemeinen Mann Lämmer und junge Ziegen (alles zum Passah für alle, die vorhanden waren, an der Zahl dreißigtausend) und dreitausend Rinder, alles von dem Gut des Königs.

⁸Seine Fürsten aber gaben zur Hebe freiwillig für das Volk und für die Priester und Leviten. Hilkia, Sacharja und Jehiel, die Fürsten im Hause Gottes, gaben den Priestern zum Passah zweitausend und sechshundert Lämmer und Ziegen, dazu dreihundert Rinder.

⁹Aber Chananja, Semaja, Nathanael und seine Brüder, Hasabja, Jeiel und Josabad, der Leviten Oberste, gaben zur Hebe den Leviten zum Passah fünftausend Lämmer und Ziegen und dazu fünfhundert Rinder.

¹⁰Also ward der Gottesdienst beschickt; und die Priester standen an ihrer Stätte und die Leviten in ihren Ordnungen nach dem Gebot des Königs.

¹¹Und sie schlachteten das Passah, und die Priester nahmen das Blut von ihren Händen und sprengten, und die Leviten zogen die Haut ab.

¹²Und die Brandopfer taten sie davon, daß sie die gäben unter die Teile der Vaterhäuser des Volks, dem HERRN zu opfern. Wie es geschrieben steht im Buch Mose's. So taten sie mit den Rindern auch.

¹³Und sie kochten das Passah am Feuer, wie sich's gebührt. Aber was geheiligt war, kochten sie in Töpfen, Kesseln und Pfannen, und machten's eilend für alles Volk.

¹⁴Darnach aber bereiteten sie auch für sich und die Priester. Denn die Priester, die Kinder Aaron, schafften an dem Brandopfer und Fetten bis in die Nacht; darum mußten die Leviten für sich und für die Priester, die Kinder Aaron, zubereiten.

¹⁵Und die Sänger, die Kinder Asaph, standen an ihrer Stätte nach dem Gebot Davids und Asaphs und Hemans und Jedithuns, des Sehers des Königs, und die Torhüter an allen Toren, und sie wichen nicht von ihrem Amt; denn die Leviten, ihre Brüder, bereiteten zu für sie.

¹⁶Also ward beschickt der Gottesdienst des HERRN des Tages, daß man Passah hielt und Brandopfer tat auf dem Altar des HERRN nach dem Gebot des Königs Josia.

¹⁷Also hielten die Kinder Israel, die vorhanden waren, Passah zu der Zeit und das Fest der ungesäuerten Brote sieben Tage.

¹⁸Es war aber kein Passah gehalten in Israel wie das, von der Zeit Samuels, des Propheten; und kein König in Israel hatte solch Passah gehalten, wie Josia Passah hielt und die Priester, Leviten, ganz Juda und was von Israel vorhanden war und die Einwohner zu Jerusalem.

¹⁹Im achtzehnten Jahr des Königreichs Josias ward dies Passah gehalten.

²⁰Nach diesem, da Josia das Haus zugerichtet hatte, zog Necho, der König in Ägypten, herauf, zu streiten wider Karchemis am Euphrat. Und Josia zog aus, ihm entgegen.

²¹Aber er sandte Boten zu ihm und ließ ihm sagen: Was habe ich mit dir zu tun, König Juda's? ich komme jetzt nicht wider dich, sondern wider das Haus, mit dem ich Krieg habe; und Gott hat gesagt, ich soll eilen. Laß ab von Gott, der mit mir ist, daß er dich nicht verderbe!

²²Aber Josia wandte sein Angesicht nicht von ihm, sondern stellte sich, mit ihm zu streiten und gehorchte nicht den Worten Nechos aus dem Munde Gottes und kam, mit ihm zu streiten auf der Ebene bei Megiddo.

²³Aber die Schützen schossen den König Josia, und der König sprach zu seinen Knechten: Führt mich hinüber; denn ich bin sehr wund!

²⁴Und seine Knechte taten ihn von dem Wagen und führten ihn auf seinem andern Wagen und brachten ihn gen Jerusalem; und er starb und ward begraben in den Gräbern seiner Väter. Und ganz Juda und Jerusalem trugen Leid um Josia.

²⁵Und Jeremia beklagte Josia, und alle Sänger und Sängerinnen redeten in ihren Klageliedern über Josia bis auf diesen Tag und machten eine Gewohnheit daraus in Israel. Siehe, es ist geschrieben unter den Klageliedern.

²⁶Was aber mehr von Josia zu sagen ist und seine Barmherzigkeit nach der Vorschrift im Gesetz des HERRN

²⁷und seine Geschichten, beide, die ersten und die letzten, siehe, das ist geschrieben im Buch der Könige Israels und Juda's.

Kapitel 36

¹Und das Volk im Lande nahm Joahas, den Sohn Josias, und machte ihn zum König an seines Vaters Statt zu Jerusalem.

²Dreiundzwanzig Jahre alt war Joahas, da er König ward. Und regierte drei Monate zu Jerusalem;

³denn der König in Ägypten setzte ihn ab zu Jerusalem und büßte das Land um hundert Zentner Silber und einen Zentner Gold.

⁴Und der König in Ägypten machte Eljakim, seinen Bruder, zum König über Juda und Jerusalem und wandelte seinen Namen in Jojakim.

2 Chronik

Aber seinen Bruder Joahas nahm Necho und brachte ihn nach Ägypten.

⁵Fünfundzwanzig Jahre alt war Jojakim, da er König ward. Und regierte elf Jahre zu Jerusalem und tat, was dem HERRN, seinem Gott, übel gefiel.

⁶Und Nebukadnezar, der König zu Babel, zog wider ihn herauf und band ihn mit Ketten, daß er ihn gen Babel führte.

⁷Auch brachte Nebukadnezar etliche Gefäße des Hauses des HERRN gen Babel und tat sie in seinen Tempel zu Babel.

⁸Was aber mehr von Jojakim zu sagen ist und seine Greuel, die er tat und die an ihm gefunden wurden, siehe, die sind geschrieben im Buch der Könige Israels und Juda's. Und sein Sohn Jojachin ward König an seiner Statt.

⁹Acht Jahre alt war Jojachin, da er König ward. Und regierte drei Monate und zehn Tage zu Jerusalem und tat, was dem HERRN übel gefiel.

¹⁰Da aber das Jahr um kam, sandte hin Nebukadnezar und ließ ihn gen Babel holen mit den köstlichen Gefäßen im Hause des HERRN und machte Zedekia, seinen Bruder zum König über Juda und Jerusalem.

¹¹Einundzwanzig Jahre alt war Zedekia, da er König ward. Und regierte elf Jahre zu Jerusalem

¹²und tat, was dem HERRN, seinem Gott, übel gefiel, und demütigte sich nicht vor dem Propheten Jeremia, der da redete aus dem Munde des HERRN.

¹³Dazu ward er abtrünnig von Nebukadnezar, dem König zu Babel, der einen Eid bei Gott ihm genommen hatte, und ward halsstarrig und verstockte sein Herz, daß er sich nicht bekehrte zu dem HERRN, dem Gott Israels.

¹⁴Auch alle Obersten unter den Priestern samt dem Volk machten des Sündigens viel nach allerlei Greueln der Heiden und verunreinigten das Haus des HERRN, das er geheiligt hatte zu Jerusalem.

¹⁵Und der HERR, ihrer Väter Gott, sandte zu ihnen durch seine Boten früh und immerfort; denn er schonte seines Volkes und seiner Wohnung.

¹⁶Aber sie spotteten der Boten Gottes und verachteten seine Worte und äfften seine Propheten, bis der Grimm des HERRN über sein Volk wuchs, daß kein Heilen mehr da war.

¹⁷Denn er führte über sie den König der Chaldäer und ließ erwürgen ihre junge Mannschaft mit dem Schwert im Hause ihres Heiligtums und verschonte weder die Jünglinge noch die Jungfrauen, weder die Alten noch die Großväter; alle gab er sie in seine Hand.

¹⁸Und alle Gefäße im Hause Gottes, groß und klein, die Schätze im Hause des HERRN und die Schätze des Königs und seiner Fürsten, alles ließ er gen Babel führen.

¹⁹Und sie verbrannten das Haus Gottes und brachen ab die Mauer zu Jerusalem, und alle ihre Paläste brannten sie mit Feuer aus, daß alle ihre köstlichen Geräte verderbt wurden.

²⁰Und er führte weg gen Babel, wer vom Schwert übriggeblieben war, und sie wurden seine und seiner Söhne Knechte, bis das Königreich der Perser aufkam,

²¹daß erfüllt würde das Wort des HERRN durch den Mund Jeremia's, bis das Land an seinen Sabbaten genug hätte. Denn die ganze Zeit über, da es wüst lag, hatte es Sabbat, bis daß siebzig Jahre voll wurden.

²²Aber im ersten Jahr des Kores, des Königs in Persien (daß erfüllt würde das Wort des HERRN, durch den Mund Jeremia's geredet), erweckte der HERR den Geist des Kores, des Königs in Persien, daß er ließ ausrufen durch sein ganzes Königreich, auch durch Schrift, und sagen:

²³So spricht Kores, der König in Persien: Der HERR, der Gott des Himmels, hat mir alle Königreiche der Erde gegeben, und er hat mir befohlen, ihm ein Haus zu bauen zu Jerusalem in Juda. Wer nun unter euch seines Volkes ist, mit dem sei der HERR, sein Gott, und er ziehe hinauf.

Esra

Kapitel 1

¹Im ersten Jahr des Kores, des Königs in Persien (daß erfüllt würde das Wort des HERRN durch den Mund Jeremia's geredet), erweckte der HERR den Geist des Kores, des Königs in Persien, daß er ausrufen ließ durch sein ganzes Königreich, auch durch Schrift, und sagen:

²So spricht Kores, der König in Persien: Der HERR, der Gott des Himmels, hat mir alle Königreiche der Erde gegeben, und hat mir befohlen, ihm ein Haus zu bauen zu Jerusalem in Juda.

³Wer nun unter euch seine Volkes ist, mit dem Sei Gott, und er ziehe hinauf gen Jerusalem in Juda und baue das Haus des HERRN, des Gottes Israels. Er ist der Gott, der zu Jerusalem ist.

⁴Und wer noch übrig ist an allen Orten, da der Fremdling ist, dem sollen helfen die Leute seines Orts mit Silber und Gold, Gut und Vieh, außer dem, was sie aus freiem Willen geben zum Hause Gottes zu Jerusalem.

⁵Da machten sich auf die Obersten der Vaterhäuser aus Juda und Benjamin und die Priester und Leviten, alle, deren Geist Gott erweckte, hinaufzuziehen und zu bauen das Haus des HERRN zu Jerusalem.

⁶Und alle, die um sie her waren, stärkten ihre Hände mit silbernem und goldenem Geräte, mit Gut und Vieh und Kleinoden, außer dem, Was sie freiwillig gaben.

⁷Und der König Kores tat heraus die Gefäße des Hauses des HERRN, die Nebukadnezar aus Jerusalem genommen hatte und in seines Gottes Haus getan hatte.

⁸Aber Kores, der König in Persien, tat sie heraus durch Mithredath, den Schatzmeister; der zählte sie dar Sesbazar, dem Fürsten Juda's.

⁹Und dies ist ihre Zahl: dreißig goldene Becken und tausend silberne Becken, neunundzwanzig Messer,

¹⁰dreißig goldene Becher und der andern, silbernen Becher vierhundertundzehn und anderer Gefäße tausend,

¹¹daß aller Gefäße, golden und silbern, waren fünftausend und vierhundert. Alle brachte sie Sesbazar herauf mit denen, die aus der Gefangenschaft von Babel heraufzogen gen Jerusalem.

Kapitel 2

¹Dies sind die Kinder der Landschaft, die heraufzogen aus der Gefangenschaft, die Nebukadnezar, der König zu Babel, hatte gen Babel geführt und die wieder gen Jerusalem und nach Juda kamen, ein jeglicher in seine Stadt,

²und kamen mit Serubabel, Jesua, Nehemia, Seraja, Reelaja, Mardochai, Bilsa, Mispar, Bigevai, Rehum und Baana. Dies ist nun die Zahl der Männer des Volkes Israel:

³der Kinder Parevs zweitausend hundertundzweiundsiebzig;

⁴der Kinder Sephatja dreihundert und zweiundsiebzig;

⁵der Kinder Arah siebenhundert und fünfundsiebzig;

⁶der Kinder Pahath-Moab, von den Kindern Jesua, Joab, zweitausend achthundertundzwölf;

⁷der Kinder Elam tausend zweihundertvierundfünfzig;

⁸der Kinder Satthu neunhundert und fünfundvierzig;

⁹der Kinder Sakkai siebenhundert und sechzig;

¹⁰der Kinder Bani sechshundert und zweiundvierzig;

¹¹der Kinder Bebai sechshundert und dreiundzwanzig;

¹²der Kinder Asgad tausend zweihundert und zweiundzwanzig;

¹³der Kinder Adonikam sechshundert und sechsundsechzig;

¹⁴der Kinder Bigevai zweitausend und sechsundfünfzig;

¹⁵der Kinder Adin vierhundert und vierundfünfzig;

¹⁶der Kinder Ater von Hiskia achtundneunzig;

¹⁷der Kinder Bezai dreihundert und dreiundzwanzig;

¹⁸der Kinder Jorah hundertundzwölf;

¹⁹der Kinder Hasum zweihundert und dreiundzwanzig;

²⁰der Kinder von Gibbar fünfundneunzig;

²¹der Kinder von Bethlehem hundertdreiundzwanzig;

²²der Männer von Netopha sechsundfünfzig;

²³der Männer von Anathoth hundertachtundzwanzig;

²⁴der Kinder von Asmaveth zweihundertvierzig;

²⁵der Kinder von Kirjath-Arim, Kaphira und Beeroth siebenhundert und dreiundvierzig;

²⁶der Kinder von Rama und Geba sechshundert und einundzwanzig;

²⁷der Männer von Michmas hundertzweiundzwanzig;

²⁸der Männer von Beth-El und Ai zweihundert und dreiundzwanzig;

²⁹der Kinder von Nebo zweiundfünfzig;

³⁰der Kinder Magbis hundertsechsundfünfzig;

³¹der Kinder des andern Elam tausendzweihundert und vierundfünfzig;

³²der Kinder Harim dreihundertundzwanzig;

³³der Kinder von Lod, Hadid und Ono siebenhundert und fünfundzwanzig;

³⁴der Kinder von Jericho dreihundert und fünfundvierzig;

³⁵der Kinder von Senaa dreitausend und sechshundertunddreißig.

³⁶Der Priester: der Kinder Jedaja vom Hause Jesua neunhundert und dreiundsiebzig;

³⁷der Kinder Immer tausend und zweiundfünfzig;

³⁸der Kinder Pashur tausendzweihundert und siebenundvierzig;

³⁹der Kinder Harim tausend und siebzehn.

⁴⁰Der Leviten: der Kinder Jesua und Kadmiel von den Kindern Hodavja vierundsiebzig.

⁴¹Der Sänger: der Kinder Asaph hundertachtundzwanzig.

⁴²der Kinder der Torhüter: die Kinder Sallum, die Kinder Ater, die Kinder Talmon, die Kinder Akkub, die Kinder Hatita und die Kinder Sobai, allesamt hundertneununddreißig.

⁴³Der Tempelknechte: die Kinder Ziha, die Kinder Hasupha, die Kinder Tabbaoth,

⁴⁴die Kinder Keros, die Kinder Siaha, die Kinder Padon,

⁴⁵die Kinder Lebana, die Kinder Hagaba, die Kinder Akkub,

⁴⁶die Kinder Hagab, die Kinder Samlai, die Kinder Hanan,

⁴⁷die Kinder Giddel, die Kinder Gahar, die Kinder Reaja,

⁴⁸die Kinder Rezin, die Kinder Nekoda, die Kinder Gassam,

⁴⁹die Kinder Usa, die Kinder Paseah, die Kinder Beasi,

⁵⁰die Kinder Asna, die Kinder der Meuniter, die Kinder der Nephusiter,

⁵¹die Kinder Bakbuk, die Kinder Hakupha, die Kinder Harhur,

⁵²die Kinder Bazluth, die Kinder Mehida, die Kinder Harsa,

⁵³die Kinder Barkos, die Kinder Sisera, die Kinder Themah,

⁵⁴die Kinder Neziah, die Kinder Hatipha.

⁵⁵Die Kinder der Knechte Salomos: Die Kinder Sotai, die Kinder Sophereth, die Kinder Peruda,

⁵⁶die Kinder Jaala, die Kinder Darkon, die Kinder Giddel,

⁵⁷die Kinder Sephatja, die Kinder Hattil, die Kinder Pochereth von Zebaim, die Kinder der Ami.

⁵⁸Aller Tempelknechte und Kinder der Knechte Salomos waren zusammen dreihundert und zweiundneunzig.

⁵⁹Und diese zogen auch mit herauf von Thel-Melah, Thel-Harsa, Cherub, Addon und Immer, aber sie konnten nicht anzeigen ihr Vaterhaus noch ihr Geschlecht, ob sie aus Israel wären:

⁶⁰die Kinder Delaja, die Kinder Tobia, die Kinder Nekoda, sechshundert und zweiundfünfzig.

⁶¹Und von den Kindern der Priester: die Kinder Habaja, die Kinder Hakkoz, die Kinder Barsillais, der aus den Töchtern Barsillais, des Gileaditers, ein Weib nahm und ward unter ihrem Namen genannt.

⁶²Die suchten ihre Geburtsregister, und fanden keine; darum wurden sie untüchtig geachtet zum Priestertum.

⁶³Und der Landpfleger sprach zu ihnen, sie sollten nicht essen vom Hochheiligen, bis ein Priester aufstände mit dem Licht und Recht.

⁶⁴Der ganzen Gemeinde wie ein Mann waren zweiundvierzigtausend und dreihundertundsechzig.

⁶⁵ausgenommen ihre Knechte und Mägde, derer waren siebentausend dreihundert und siebenunddreißig, dazu zweihundert Sänger und Sängerinnen.

⁶⁶Und hatten siebenhundert und sechsunddreißig Rosse, zweihundert und fünfundvierzig Maultiere,

⁶⁷vierhundert und fünfunddreißig Kamele und sechstausend und siebenhundertzwanzig Esel.

⁶⁸Und etliche Oberste der Vaterhäuser, da sie kamen zum Hause des Herrn zu Jerusalem, gaben sie freiwillig zum Hause Gottes, daß man's setzte auf seine Stätte,

⁶⁹und gaben nach ihrem Vermögen zum Schatz fürs Werk einundsechzigtausend Goldgulden und fünftausend Pfund Silber und hundert Priesterröcke.

⁷⁰Also setzten sich die Priester und die Leviten und die vom Volk und die Sänger und die Torhüter und die Tempelknechte in ihre Städte und alles Israel in seine Städte.

Esra
Kapitel 3

¹Und da herbeikam der siebente Monat und die Kinder Israel nun in ihren Städten waren, kam das Volk zusammen wie ein Mann gen Jerusalem.

²Und es machte sich auf Jesua, der Sohn Jozadaks, und seine Brüder, die Priester, und Serubabel, der Sohn Sealthiels, und seine Brüder und bauten den Altar des Gottes Israels, Brandopfer darauf zu opfern, wie es geschrieben steht im Gesetz Mose's, des Mannes Gottes,

³und richteten zu den Altar auf seine Stätte (denn es war ein Schrecken unter ihnen vor den Völkern in den Ländern) und opferten dem HERRN Brandopfer darauf des Morgens und des Abends.

⁴Und hielten der Laubhütten Fest, wie geschrieben steht, und taten Brandopfer alle Tage nach der Zahl, wie sich's gebührt, einen jeglichen Tag sein Opfer,

⁵darnach auch die täglichen Brandopfer und der Neumonde und aller Festtage des HERRN, die geheiligt sind, und allerlei freiwillige Opfer, die sie dem HERRN freiwillig taten.

⁶Am ersten Tage des siebenten Monats fingen sie an, dem HERRN Brandopfer zu tun. Aber der Grund des Tempels war noch nicht gelegt.

⁷Sie gaben aber Geld den Steinmetzen und Zimmerleuten und Speise und Trank und Öl denen zu Sidon und zu Tyrus, daß sie Zedernholz vom Libanon aufs Meer gen Japho brächten nach dem Befehl des Kores, des Königs in Persien, an sie.

⁸Im zweiten Jahr ihrer Ankunft am Hause Gottes zu Jerusalem, im zweiten Monat, fingen an Serubabel, der Sohn Sealthiels, und Jesua, der Sohn Jozadaks, und die übrigen ihrer Brüder, Priester und Leviten, und alle, die aus der Gefangenschaft gekommen waren gen und bestellten die Leviten von zwanzig Jahren und darüber, zu treiben das Werk am Hause des HERRN.

⁹Und Jesua stand mit seinen Söhnen und Brüdern und Kadmiel mit seinen Söhnen, die Kinder Juda, wie ein Mann, vorzustehen den Arbeitern am Hause Gottes, desgleichen die Kinder Henadad mit ihren Kindern und Brüdern, den Leviten.

¹⁰Und da die Bauleute den Grund legten am Tempel des HERRN, standen die Priester in ihren Kleidern mit Drommeten und die Leviten, die Kinder Asaph, mit Zimbeln, zu loben den HERRN mit dem Gedicht Davids, des Königs über Israel.

¹¹und sangen umeinander und lobten und dankten dem HERRN, daß er gütig ist und seine Barmherzigkeit ewiglich währet über Israel. Und alles Volk jauchzte laut beim Lobe des HERRN, daß der Grund am Hause des HERRN gelegt war.

¹²Aber viele der alten Priester und Leviten und Obersten der Vaterhäuser, die das vorige Haus gesehen hatten, da nun dies Haus vor ihren Augen gegründet ward, weinten sie laut. Viele aber jauchzten mit Freuden, daß das Geschrei hoch erscholl,

¹³also daß das Volk nicht unterscheiden konnte das Jauchzen mit Freuden und das laute Weinen im Volk; denn das Volk jauchzte laut, daß man das Geschrei ferne hörte.

Kapitel 4

¹Da aber die Widersacher Juda's und Benjamins hörten, daß die Kinder der Gefangenschaft dem HERRN, dem Gott Israels, den Tempel bauten,

²kamen sie zu Serubabel und zu den Obersten der Vaterhäuser und sprachen zu ihnen: Wir wollen mit euch bauen; denn wir suchen euren Gott gleichwie ihr, und wir haben ihm geopfert, seit der Zeit da Asar-Haddon, der König von Assyrien, uns hat heraufgebracht.

³Aber Serubabel und Jesua und die andern Obersten der Vaterhäuser in Israel antworteten ihnen: Es ziemt sich nicht, uns und euch, das Haus unsers Gottes zu bauen; sondern wir wollen allein bauen dem HERRN, dem Gott Israels, wie uns Kores, der König in Persien, geboten hat.

⁴Da hinderte das Volk im Lande die Hand des Volkes Juda und schreckten sie ab im Bauen

⁵und dingten Ratgeber wider sie und verhinderten ihren Rat, solange Kores, der König in Persien, lebte, bis an das Königreich Darius, des Königs in Persien.

⁶Und da Ahasveros König ward, im Anfang seines Königreichs, schrieben sie eine Anklage wider die von Juda und Jerusalem.

⁷Und zu den Zeiten Arthahsasthas schrieb Bislam, Mithredath, Tabeel und die andern ihres Rats an Arthahsastha, den König in Persien. Die Schrift aber des Briefes war syrisch, und er war auf syrisch verdolmetscht.

⁸Rehum, der Kanzler, und Simsai, der Schreiber schrieben diesen Brief wider Jerusalem an Arthahsastha, den König:

⁹Wir, Rehum, der Kanzler, und Simsai, der Schreiber, und die andern des Rats: die von Dina, von Arpharsach, von Tarpal, von Persien, von Erech, von Babel, von Susan, von Deha und von Elam,

¹⁰und die andern Völker, welche der große und berühmte Asnaphar herübergebracht und gesetzt hat in die Stadt Samaria und in die andern Orte diesseits des Wassers, und so fort.

¹¹Und dies ist der Inhalt des Briefes, den sie dem König Arthahsastha sandten: Deine Knechte, die Männer diesseits des Wassers, und so fort.

¹²Es sei kund dem König, daß die Juden, die von dir zu uns heraufgekommen sind gen Jerusalem, in die aufrührerische und böse Stadt, bauen sie und machen ihre Mauern und führen sie aus dem Grunde.

¹³So sei nun dem König kund: Wo diese Stadt gebaut wird und die Mauern wieder gemacht, so werden sie Schoß, Zoll und jährliche Zinse nicht geben, und ihr Vornehmen wird den Königen Schaden bringen.

¹⁴Nun wir aber das Salz des Königshauses essen und die Schmach des Königs nicht länger wollen sehen, darum schicken wir hin und lassen es den König zu wissen tun,

¹⁵daß man lasse suchen in den Chroniken deiner Väter; so wirst du finden in denselben Chroniken und erfahren, daß diese Stadt aufrührerisch und schädlich ist den Königen und Landen und macht, daß andere auch abfallen, von alters her, darum die Stadt auch zerstört ist.

¹⁶Darum tun wir dem König zu wissen, daß, wo diese Stadt gebaut wird und ihre Mauern gemacht, so wirst du vor ihr nichts behalten diesseits des Wassers.

¹⁷Da sandte der König ein Antwort an Rehum, den Kanzler, und Simsai, den Schreiber, und die andern ihres Rates, die in Samaria wohnten und in den andern Orten jenseits des Wassers: Friede und Gruß!

¹⁸der Brief, den ihr uns zugeschickt habt, ist deutlich vor mir gelesen.

¹⁹Und ist von mir befohlen, daß man suchen sollte. Und man hat gefunden, daß diese Stadt von alters her wider die Könige sich empört hat und Aufruhr und Abfall darin geschieht.

²⁰Auch sind mächtige Könige zu Jerusalem gewesen, die geherrscht haben über alles, was jenseits des Wassers ist, daß ihnen Zoll, Schoß und jährliche Zinse gegeben wurden.

²¹So tut nun nach diesem Befehl: Wehrt denselben Männern, daß diese Stadt nicht gebaut werde, bis daß von mir der Befehl gegeben werde.

²²So seht nun zu, daß ihr nicht lässig hierin seid, damit nicht größerer Schade entstehe dem König!

²³Da nun der Brief des Königs Arthahsastha gelesen ward vor Rehum und Simsai, dem Schreiber, und ihrem Rat, zogen sie eilend hinauf gen Jerusalem zu den Juden und wehrten ihnen mit Arm und Gewalt.

²⁴Da hörte auf das Werk am Hause Gottes zu Jerusalem und blieb nach bis ins zweite Jahr des darius, des Königs in Persien.

Kapitel 5

¹Es weissagten aber die Propheten Haggai und Sacharja, der Sohn Iddos, den Juden, die in Juda und Jerusalem waren, im Namen des Gottes Israels.

²Da machten sich auf Serubabel, der Sohn Sealthiels, und Jesua, der Sohn Jozadaks, und fingen an zu bauen das Haus Gottes zu Jerusalem, und mit ihnen die Propheten Gottes, die sie stärkten.

³Zu der Zeit kam Thathnai, der Landpfleger diesseits des Wassers, und Sethar-Bosnai und ihr Rat und sprachen also zu ihnen: Wer hat euch befohlen, dies Haus zu bauen und seine Mauern zu machen?

⁴Da sagten wir ihnen, wie die Männer hießen, die diesen Bau taten.

⁵Aber das Auge ihres Gottes war über den Ältesten der Juden, daß ihnen nicht gewehrt ward, bis daß man die Sache an Darius gelangen ließ und darüber eine Schrift wiederkäme.

⁶Dies ist aber der Inhalt des Briefes Thathnais, des Landpflegers diesseits des Wassers, und Sethar-Bosnais und ihres Rats, derer von Apharsach, die diesseits des Wassers waren, an den König Darius.

⁷Und die Worte die sie zu ihm sandten, lauteten also: Dem König Darius allen Frieden!

⁸Es sei kund dem König, daß wir ins jüdische Land gekommen sind zu dem Hause des großen Gottes, welches man baut mit behauenen Steinen, und Balken legt man in die Wände, und das Werk geht frisch vonstatten unter ihrer Hand.

⁹Wir aber haben die Ältesten gefragt und zu ihnen gesagt also: Wer hat euch befohlen, dies Haus zu bauen und seine Mauern zu machen?

¹⁰Auch fragten wir, wie sie hießen, auf daß wir sie dir kundtäten und die Namen der Männer aufschrieben, die ihre Obersten waren.

¹¹Sie aber gaben uns solche Worte zur Antwort und sprachen: Wir sind Knechte des Gottes im Himmel und der Erde und bauen das Haus, das vormals vor vielen Jahren gebaut war, das ein großer König Israels gebaut hat und aufgerichtet.

¹²Da aber unsre Väter den Gott des Himmels erzürnten, gab er sie in die Hand Nebukadnezars, des Königs zu Babel, des Chaldäers; der zerbrach dies Haus und führte das Volk weg gen Babel.

¹³Aber im ersten Jahr des Kores, des Königs zu Babel, befahl derselbe König Kores, dies Haus Gottes zu bauen.

¹⁴Denn auch die goldenen und silbernen Gefäße im Hause Gottes, die Nebukadnezar aus dem Tempel zu Jerusalem nahm und brachte sie in den Tempel zu Babel, nahm der König Kores aus dem Tempel zu Babel und gab sie Sesbazar mit Namen, den er zum Landpfleger setzte,

¹⁵und sprach zu ihm: Diese Gefäße nimm, zieh hin und bringe sie in den Tempel zu Jerusalem und laß das Haus Gottes bauen an seiner Stätte.

¹⁶Da kam derselbe Sesbazar und legte den Grund am Hause Gottes zu Jerusalem. Seit der Zeit baut man, und es ist noch nicht vollendet.

¹⁷Gefällt es nun dem König, so lasse er suchen in dem Schatzhause des Königs, das zu Babel ist, ob's von dem König Kores befohlen sei, das Haus Gottes zu Jerusalem zu bauen, und sende zu uns des Königs Meinung darüber.

Kapitel 6

¹Da befahl der König Darius, daß man suchen sollte in der Kanzlei im Schatzhause des Königs, die zu Babel lag.

²da fand man zu Ahmetha im Schloß das in Medien Liegt, ein Buch und stand also darin eine Geschichte geschrieben:

³Im ersten Jahr des Königs Kores befahl der König Kores, das Haus Gottes zu Jerusalem zu bauen als eine Stätte, da man opfert und den Grund zu legen; zur Höhe sechzig Ellen und zur Weite auch sechzig Ellen;

⁴und drei Reihen von behauenen Steinen und eine Reihe von Holz; und die Kosten sollen vom Hause des Königs gegeben werden;

⁵dazu die goldenen und silbernen Gefäße des Hauses Gottes, die Nebukadnezar aus dem Tempel zu Jerusalem genommen und gen Babel gebracht hat, soll man wiedergeben, daß sie wiedergebracht werden in den Tempel zu Jerusalem an ihre Statt im Hause Gottes.

⁶So haltet euch nun fern von ihnen, du, Thathnai, Landpfleger jenseits des Wassers, und Sethar-Bosnai und ihr andern des Rats, ihr von Apharsach, die ihr jenseits des Wassers seid.

⁷Laßt sie arbeiten am Hause Gottes, daß der Juden Landpfleger und ihre Ältesten das Haus Gottes bauen an seine Stätte.

⁸Auch ist von mir befohlen, was man den Ältesten der Juden tun soll, zu bauen das Haus Gottes; nämlich, daß man aus des Königs Gütern von den Renten jenseits des Wassers mit Fleiß nehme und gebe es den Leuten und daß man ihnen nicht wehre,

⁹und wenn sie bedürfen junge Farren, Widder oder Lämmer zum Brandopfer dem Gott des Himmels, Weizen, Salz, Wein und Öl, nach dem Wort der Priester zu Jerusalem soll man ihnen geben jeglichen Tag seine Gebühr, und daß solches nicht lässig geschehe!

¹⁰daß sie opfern zum süßen Geruch dem Gott des Himmels und bitten für das Leben des Königs und seiner Kinder.

¹¹Von mir ist solcher Befehl geschehen. Und welcher Mensch diese Worte verändert, von des Hause soll man einen Balken nehmen und aufrichten und ihn daran hängen, und sein Haus soll dem Gericht verfallen sein um der Tat willen.

¹²Der Gott aber, der seinen Namen daselbst wohnen läßt, bringe um alle Könige und jegliches Volk, das seine Hand ausreckt, daran zu ändern und zu brechen das Haus Gottes in Jerusalem. Ich, Darius, habe dies befohlen, daß es mit Fleiß getan werde.

¹³Das taten mit Fleiß Thathnai, der Landpfleger jenseits des Wassers, und Sethar-Bosnai mit ihrem Rat, zu welchem der König Darius gesandt hatte.

¹⁴Und die Ältesten der Juden bauten; und es ging vonstatten durch die Weissagung der Propheten Haggai und Sacharja, des Sohnes Iddos, und sie bauten und richteten auf nach dem Befehl des Gottes Israels und nach dem Befehl des Kores, Darius und Arthahsastha, der Könige in Persien,

¹⁵und vollendeten das Haus bis an den dritten Tag des Monats Adar, das war das sechste Jahr des Königreichs des Königs Darius.

¹⁶Und die Kinder Israel, die Priester, die Leviten und die andern Kinder der Gefangenschaft hielten Einweihung des Hauses Gotte mit Freuden

¹⁷und opferten auf die Einweihung des Hauses Gottes hundert Farren, zweihundert Widder, vierhundert Lämmer und zum Sündopfer für ganz Israel zwölf Ziegenböcke nach der Zahl der Stämme Israels

¹⁸und bestellten die Priester und die Leviten in ihren Ordnungen, zu dienen Gott, der zu Jerusalem ist, wie es geschrieben steht im Buch Mose's.

¹⁹Und die Kinder der Gefangenschaft hielten Passah am vierzehnten Tage des ersten Monats;

²⁰Denn die Priester und Leviten hatten sich gereinigt wie ein Mann, daß sie alle rein waren, und schlachteten das Passah für alle Kinder der Gefangenschaft und für ihre Brüder, die Priester und für sich.

²¹Und die Kinder Israel, die aus der Gefangenschaft waren wiedergekommen, und alle, die sich zu ihnen abgesondert hatten von der Unreinigkeit der Heiden im Lande, zu suchen den HERRN, den Gott Israels, aßen

²²und hielten das Fest der ungesäuerten Brote sieben Tage mit Freuden; denn der HERR hatte sie fröhlich gemacht und das Herz des Königs von Assyrien zu ihnen gewandt, daß sie gestärkt würden im Werk am Hause Gottes, der der Gott Israels ist.

Kapitel 7

¹Nach diesen Geschichten, da Arthahsastha, der König in Persien, regierte, zog herauf von Babel Esra, der Sohn Serajas, des Sohnes Asarjas, des Sohnes Hilkias,

²des Sohnes Sallum, des Sohnes Zadoks, des Sohnes Ahitobs,

³des Sohnes Amarjas, des Sohnes Asarjas, des Sohnes Merajoths,

⁴des Sohnes Serahjas, des Sohnes Usis, des Sohnes Bukkis,

⁵des Sohnes Abisuas, des Sohnes Pinehas, des Sohnes Eleasars, des Sohnes Aarons, des obersten Priesters.

⁶Esra aber war ein geschickter Schriftgelehrter im Gesetz Mose's, das der HERR, der Gott Israels gegeben hatte. Und der König gab ihm alles, was er forderte, nach der Hand des HERRN, seines Gottes, über ihm.

⁷Und es zogen herauf etliche der Kinder Israel und der Priester und der Leviten, der Sänger, der Torhüter und der Tempelknechte gen Jerusalem, im siebenten Jahr Arthahsasthas, des Königs.

⁸Und er kam gen Jerusalem im fünften Monat, nämlich des siebenten Jahres des Königs.

⁹Denn am ersten Tage des ersten Monats ward er Rats, heraufzuziehen von Babel, und am ersten Tage des fünften Monats kam er gen Jerusalem nach der guten Hand Gottes über ihm.

¹⁰Denn Esra schickte sein Herz, zu suchen das Gesetz des HERRN und zu tun, und zu lehren in Israel Gebote und Rechte.

¹¹Und dies ist der Inhalt des Briefes, den der König Arthahsastha gab Esra, dem Priester, dem Schriftgelehrten, der ein Lehrer war in den Worten des HERRN und seiner Gebote über Israel:

¹²Arthahsastha, König aller Könige, Esra, dem Priester und Schriftgelehrten im Gesetz des Gottes des Himmels, Friede und Gruß!

¹³Von mir ist befohlen, daß alle, die da willig sind in meinem Reich, des Volkes Israel und der Priester und Leviten, gen Jerusalem zu ziehen, daß die mit dir ziehen,

¹⁴dieweil du vom König und seinen sieben Ratsherren gesandt bist, zu besichtigen Juda und Jerusalem nach dem Gesetz Gottes, das unter deiner Hand ist,

¹⁵und hinzubringen Silber und Gold, das der König und seine Ratsherren freiwillig geben dem Gott Israels, des Wohnung zu Jerusalem ist,

¹⁶und allerlei Silber und Gold, das du finden kannst in der ganzen Landschaft Babel, mit dem, was das Volk und die Priester freiwillig geben zum Hause ihres Gottes zu Jerusalem.

¹⁷Alles das nimm und kaufe mit Fleiß von dem Gelde Farren, Widder, Lämmer und die Speisopfer und Trankopfer dazu, daß man opfere auf dem Altar beim Hause eures Gottes zu Jerusalem.

¹⁸Dazu was dir und deinen Brüdern mit dem übrigen Gelde zu tun gefällt, das tut nach dem Willen eures Gottes.

¹⁹Und die Gefäße, die dir gegeben sind zum Amt im Hause Gottes, überantworte vor Gott zu Jerusalem.

²⁰Auch was mehr not sein wird zum Hause deines Gottes, das dir vorfällt auszugeben, das laß geben aus der Kammer des Königs.

²¹Ich, König Arthahsastha, habe dies befohlen den Schatzmeistern jenseit des Wassers, daß, was Esra von euch fordern wird, der Priester und Schriftgelehrte im Gesetz des Gottes des Himmels, daß ihr das fleißig tut,

²²bis auf hundert Zentner Silber und auf hundert Kor Weizen und auf hundert Bath Wein und auf hundert Bath Öl und salz ohne Maß.

²³Alles was gehört zum Gesetz des Gottes des Himmels, daß man dasselbe fleißig tue zum Hause des Gottes des Himmels, daß nicht ein

Esra

Zorn komme über das Königreich des Königs und seiner Kinder.

²⁴Und euch sei kund, daß ihr nicht Macht habt, Zins, Zoll und jährliche Rente zu legen auf irgend einen Priester, Leviten, Sänger, Torhüter, Tempelknecht und Diener im Hause dieses Gottes.

²⁵Du aber, Esra, nach der Weisheit deines Gottes, die unter deiner Hand ist, setze Richter und Pfleger, die alles Volk richten, das jenseit des Wassers ist, alle, die das Gesetz deines Gottes wissen; und welche es nicht wissen, die lehret es.

²⁶Und ein jeglicher, der nicht mit Fleiß tun wird das Gesetz deines Gottes und das Gesetz des Königs, der soll sein Urteil um der Tat willen haben, es sei zum Tod oder in die Acht oder zur Buße am Gut oder ins Gefängnis.

²⁷Gelobt sei der HERR, unsrer Väter Gott, der solches hat dem König eingegeben, daß er das Haus des HERRN zu Jerusalem ziere,

²⁸und hat zu mir Barmherzigkeit geneigt vor dem König und seinen Ratsherren und allen Gewaltigen des Königs! Und ich ward getrost nach der Hand des HERRN, meines Gottes, über mir und versammelte Häupter aus Israel, daß sie mit mir hinaufzögen.

Kapitel 8

¹Dies sind die Häupter ihrer Vaterhäuser und ihr Geschlecht, die mit mir heraufzogen von Babel zu den Zeiten, da der König Arthahsastha regierte:

²Von den Kindern Pinhas: Gersom; von den Kinder Ithamar: Daniel; von den Kindern David: Hattus,

³von den Kindern Sechanja; von den Kindern Pareos: Sacharja und mit ihm Mannsbilder, gerechnet hundertfünfzig;

⁴von den Kindern Pahath-Moab: Eljoenai, der Sohn Serahjas, und mit ihm zweihundert Mannsbilder;

⁵von den Kindern Satthu: Sechanja, der Sohn Jahasiels, und mit ihm dreihundert Mannsbilder;

⁶von den Kindern Adin: Ebed, der Sohn Jonathan, und mit ihm fünfzig Mannsbilder;

⁷von den Kindern Elam: Jesaja, der Sohn Athaljas, und mit ihm siebzig Mannsbilder;

⁸von den Kindern Sephatja: Sebadja, der Sohn Michaels und mit ihm achtzig Mannsbilder;

⁹von den Kindern Joab: Obadja, der Sohn Jehiels, und mit ihm zweihundertachtzehn Mannsbilder;

¹⁰von den Kindern Bani: Selomith, der Sohn Josiphjas, und mit ihm hundertsechzig Mannsbilder;

¹¹von den Kindern Bebai: Sacharja, der Sohn Bebais, und mit ihm achtundzwanzig Mannsbilder;

¹²von den Kindern Asgad: Johanan, der Sohn Hakkatans, und mit ihm hundertundzehn Mannsbilder;

¹³von den Kindern Adonikams die letzten, und hießen also: Eliphelet, Jeiel und Semaja, und mit ihnen sechzig Mannsbilder;

¹⁴von den Kindern Bigevai: Uthai und Sabbud und mit ihnen siebzig Mannsbilder.

¹⁵Und ich versammelte sie ans Wasser, das gen Ahava kommt; und wir bleiben drei Tage daselbst. Und da ich achthatte aufs Volk und die Priester, fand ich keine Leviten daselbst.

¹⁶Da sandte ich hin Elieser, Ariel, Semaja, Elnathan, Jarib, Elnathan, Nathan, Sacharja und Mesullam, die Obersten, und Jojarib und Elnathan, die Lehrer,

¹⁷und sandte sie aus zu Iddo, dem Obersten, gen Kasphia, daß sie uns holten Diener für das Haus unsers Gottes. Und ich gab ihnen ein, was sie reden sollten mit Iddo und seinen Brüdern, den Tempelknechten, zu Kasphia.

¹⁸Und sie brachten uns, nach der guten Hand unsres Gottes über uns, einen klugen Mann aus den Kindern Maheli, des Sohnes Levis, des Sohnes Israels, und Serebja mit seinen Söhnen und Brüdern, achtzehn,

¹⁹und Hasabja und mit ihm Jesaja von den Kindern Merari mit seinen Brüdern und ihren Söhnen, zwanzig,

²⁰und von den Tempelknechten, die David und die Fürsten gaben, zu dienen den Leviten, zweihundertundzwanzig, alle mit Namen genannt.

²¹Und ich ließ daselbst am Wasser bei Ahava ein Fasten ausrufen, daß wir uns demütigten vor unserm Gott, zu suchen von ihm einen richtigen Weg für uns und unsre Kinder und alle unsre Habe.

²²Denn ich schämte mich vom König Geleit und Reiter zu fordern, uns wider die Feinde zu helfen auf dem Wege. Denn wir hatten dem König gesagt: Die Hand unsres Gottes ist zum Besten über alle, die ihn suchen, und seine Stärke und Zorn über alle, die ihn verlassen.

²³Also fasteten wir und suchten solches von unserm Gott, und er hörte uns.

²⁴Und ich sonderte zwölf aus von den obersten Priestern, dazu Serebja und Hasabja und mit ihnen ihrer Brüder zehn,

²⁵und wog ihnen dar das Silber und Gold und die Gefäße zur Hebe für das Haus unsres Gottes, welche der König und seine Ratsherren und Fürsten und ganz Israel, das vorhanden war, zur Hebe gegeben hatten.

²⁶Und wog ihnen dar unter ihre Hand sechshundertundfünfzig Zentner Silber und an silbernen Gefäßen hundert zentner und an Gold hundert Zentner,

²⁷zwanzig goldene Becher, tausend Goldgulden wert, und zwei eherne, köstliche Gefäße, lauter wie Gold.

²⁸Und sprach zu ihnen: Ihr seid heilig dem HERRN, so sind die Gefäße auch heilig; dazu das frei gegebene Silber und Gold dem HERRN, eurer Väter Gott.

²⁹So wacht und bewahrt es, bis daß ihr's darwägt vor den Obersten Priestern und Leviten und den Obersten der Vaterhäuser in Israel zu Jerusalem in die Kammer des Hauses des HERRN.

³⁰Da nahmen die Priester und Leviten das gewogene Silber und Gold und die Gefäße, daß sie es brächten gen Jerusalem zum Hause unsres Gottes.

³¹Also brachen wir auf von dem Wasser Ahava am zwölften Tage des ersten Monats, daß wir gen Jerusalem zögen. Und die Hand unsres Gottes war über uns und errettete uns von der Hand der Feinde und derer, die uns nachstellten auf dem Wege.

³²Und wir kamen gen Jerusalem und blieben daselbst drei Tage.

³³Aber am vierten Tage wurden dargewogen das Silber und Gold und die Gefäße ins Haus unsres Gottes unter die Hand des Priesters Meremoth, des Sohnes Urias, und mit ihm Eleasar, dem Sohn Pinehas, und mit ihnen Josabad, dem Sohn Jesuas, und Noadja, dem Sohn Binnuis, den Leviten,

³⁴nach Zahl und Gewicht eines jeglichen; und das Gewicht ward zu der Zeit alles aufgeschrieben.

³⁵Und die Kinder der Gefangenschaft, die aus der Gefangenschaft gekommen waren, opferten Brandopfer dem Gott Israels: zwölf Farren für das ganze Israel, sechsundneunzig Widder, siebenundsiebzig Lämmer, zwölf Böcke zum Sündopfer, alles zum Brandopfer dem HERRN.

³⁶Und sie überantworteten des Königs Befehle den Amtleuten des Königs und den Landpflegern diesseit des Wassers. Und diese halfen dem Volk und dem Hause Gottes.

Kapitel 9

¹Da das alles war ausgerichtet, traten zu mir die Obersten und sprachen: Das Volk Israel und die Priester und Leviten sind nicht abgesondert von den Völkern in den Ländern nach ihren Greueln, nämlich die Kanaaniter, Hethiter, Pheresiter, Jebusiter, Ammoniter, Moabiter, Ägypter und Amoriter;

²denn sie haben derselben Töchter genommen sich und ihren Söhnen und den heiligen Samen gemein gemacht mit den Völkern in den Ländern. Und die Hand der Obersten und Ratsherren war die vornehmste in dieser Missetat.

³Da ich solches hörte, zerriß ich mein Kleid und meinen Rock und raufte mein Haupthaar und Bart aus und saß bestürzt.

⁴Und es versammelten sich zu mir alle, die des HERRN Wort, des Gottes Israels, fürchteten, um der Vergreifung willen derer, die gefangen gewesen waren; und ich saß bestürzt bis an das Abendopfer.

⁵Und um das Abendopfer stand ich auf von meinem Elend und zerriß mein Kleid und meinen Rock und fiel auf meine Kniee und breitete meine Hände aus zum HERRN, meinem Gott,

⁶und sprach: Mein Gott, ich schäme mich und scheue mich, meine Augen aufzuheben zu dir, mein Gott; denn unsre Missetat ist über unser Haupt gewachsen und unsre Schuld ist groß bis in den Himmel.

⁷Von der Zeit unsrer Väter an sind wir in großer Schuld gewesen bis auf diesen Tag, und um unsrer Missetat willen sind wir und unsre Könige und Priester gegeben in die Hand der Könige in den Ländern, ins Schwert, ins Gefängnis in Raub und in Scham des Angesichts, wie es heutigestages geht.

⁸Nun aber ist einen kleinen Augenblick Gnade von dem HERRN, unserm Gott, geschehen, daß uns noch Entronnene übriggelassen sind, daß er uns gebe einen Nagel an seiner heiligen Stätte, daß unser Gott unsre Augen erleuchte und gebe uns ein wenig Leben, da wir Knechte sind.

⁹Denn wir sind Knechte, und unser Gott hat uns nicht verlassen, ob wir Knechte sind, und hat Barmherzigkeit zu uns geneigt vor den Königen in Persien, daß sie uns das Leben gelassen haben und erhöht das Haus unsers Gottes und aufgerichtet seine Verstörung und uns gegeben einen Zaun in Juda und Jerusalem.

¹⁰Nun, was sollen wir sagen, unser Gott, nach diesem, daß wir deine Gebote verlassen haben,

¹¹die du durch deine Knechte, die Propheten, geboten hast und gesagt: Das Land, darein ihr kommt, es zu erben, ist ein unreines Land durch die Unreinigkeit der Völker in den Ländern in ihren Greueln, womit sie es an allen Enden voll Unreinigkeit gemacht haben.

¹²So sollt ihr nun eure Töchter nicht geben ihren Söhnen, und ihre Töchter sollt ihr euren Söhnen nicht nehmen; und sucht nicht ihren Frieden noch ihr Gutes ewiglich, auf daß ihr mächtig werdet und esset das Gute im Lande und vererbt es auf eure Kinder ewiglich.

¹³Und nach dem allem, was über uns gekommen ist um unsrer bösen Werke großer Schuld willen, hast du, unser Gott, unsre Missetat verschont und hast uns eine Errettung gegeben, wie es da steht.

¹⁴Sollten wir wiederum deine Gebote lassen fahren, daß wir uns mit den Völkern dieser Greuel befreundeten? Wirst du nicht über uns zürnen, bis daß es ganz aus sei, daß nichts Übriges noch keine Errettung sei?

¹⁵HERR, Gott Israels, du bist gerecht; denn wir sind übriggeblieben als Errettete, wie es heute steht. Siehe, wir sind vor dir in unsrer Schuld; denn um deswillen ist nicht zu bestehen vor dir.

Kapitel 10

¹Und da Esra also betete und bekannte, weinte und vor dem Hause Gottes lag, sammelten sich zu ihm aus Israel eine sehr große Gemeinde von Männern und Weibern und Kindern; denn das Volk weinte sehr.

²Und Sechanja, der Sohn Jehiels, aus den Kindern Elam, antwortete und sprach zu Esra: Wohlan, wir haben uns an unserm Gott vergriffen, daß wir fremde Weiber aus den Völkern des Landes genommen haben. Nun, es ist noch Hoffnung für Israel über dem.

³So laßt uns einen Bund machen mit unserm Gott, daß wir alle Weiber und die von ihnen geboren sind, hinaustun nach dem Rat des HERRN und derer, die die Gebote unsers Gottes fürchten, daß man tue nach dem Gesetz.

⁴So mache dich auf! denn dir gebührt's; wir wollen mit dir sein. Sei getrost und tue es!

⁵Da stand Esra auf und nahm einen Eid von den Obersten der Priester und Leviten und des ganzen Israels, daß sie nach diesem Wort tun sollten. Und sie schwuren.

⁶Und Esra stand auf vor dem Hause Gottes und ging in die Kammer Johanans, des Sohnes Eljasibs. Und da er dahin kam, aß er kein Brot und trank kein Wasser; denn er trug Leid um die Vergreifung derer, die gefangen gewesen waren.

⁷Und sie ließen ausrufen durch Juda und Jerusalem zu allen, die gefangen gewesen waren, daß sie sich gen Jerusalem versammelten.

⁸Und welcher nicht käme in drei Tagen nach dem Rat der Obersten und Ältesten, des Habe sollte alle verbannt sein und er abgesondert von der Gemeinde der Gefangenen.

⁹Da versammelten sich alle Männer Juda's und Benjamins gen Jerusalem in drei Tagen, das ist am zwanzigsten Tage des neunten Monats. Und alles Volk saß auf der Straße vor dem Hause Gottes und zitterte um der Sache willen und vom Regen.

¹⁰Und Esra, der Priester, stand auf und sprach zu ihnen: Ihr habt euch vergriffen, daß ihr fremde Weiber genommen habt, daß ihr der Schuld Israels noch mehr machet.

¹¹So bekennt nun dem HERRN, eurer Väter Gott, und tut sein Wohlgefallen und scheidet euch von den Völkern des Landes und von den fremden Weibern.

¹²Da antwortete die ganze Gemeinde und sprach mit lauter Stimme: Es geschehe, wie du uns gesagt hast.

¹³Aber des Volks ist viel, und Regenzeit, und man kann nicht draußen stehen; so ist's auch nicht eines oder zweier Tage Werk, denn wir haben viel gemacht solcher Übertretungen.

¹⁴Laßt uns unsre Obersten bestellen für die ganze Gemeinde, daß alle, die in unsern Städten fremde Weiber genommen haben, zu bestimmten Zeiten kommen und die Ältesten einer jeglichen Stadt und ihre Richter mit ihnen, bis daß von uns gewendet werde der Zorn unseres Gottes um dieser Sache willen.

¹⁵(Nur Jonathan, der Sohn Asahels, und Jahseja, der Sohn Tikwas, setzten sich dawider, und Mesullam und Sabthai, der Levit, halfen ihnen.)

¹⁶Und die Kinder der Gefangenschaft taten also. Und der Priester Esra und Männer, welche die Häupter ihrer Vaterhäuser waren, alle mit Namen genannt, wurden ausgesondert und setzten sich am ersten Tage des zehnten Monats, zu erforschen diese Sache;

¹⁷und sie richteten es aus an allen Männern, die fremde Weiber hatten, bis zum ersten Tage des ersten Monats.

¹⁸Und es wurden gefunden unter den Kindern der Priestern, die fremde Weiber genommen hatten, nämlich unter den Kindern Jesuas, des Sohnes Jozadaks, und seinen Brüdern Maaseja, Elieser, Jarib und Gedalja,

¹⁹und sie gaben ihre Hand darauf, daß sie die Weiber wollten ausstoßen und zu ihrem Schuldopfer einen Widder für ihre Schuld geben;

²⁰unter den Kindern Immer: Hanani und Sebadja;

²¹unter den Kindern Harim: Maaseja, Elia, Semaja Jehiel und Usia;

²²unter den Kindern Pashur: Eljoenai, Maaseja, Ismael, Nathanael, Josabad und Eleasa;

²³unter den Leviten: Josabad, Simei und Kelaja (er ist der Kelita), Pethahja, Juda und Elieser;

²⁴unter den sängern: Eljasib; unter den Torhütern: Sallum, Telem und Uri.

²⁵Von Israel unter den Kindern Pareos: Ramja, Jesia, Malchia, Mijamin, Eleasar, Malchia und Benaja;

²⁶unter den Kindern Elam: Matthanja, Sacharja, Jehiel, Abdi, Jeremoth und Elia;

²⁷unter den Kindern Satthu: Eljoenai, Eljasib, Matthanja, Jeremoth, Sabad und Asisa;

²⁸unter den Kindern Bebai: Johanan, Hananja, Sabbai und Athlai;

²⁹unter den Kindern Bani: Mesullam, Malluch, Adaja, Jasub, Seal und Jeremoth;

³⁰unter den Kindern Pahath-Moab: Adna, Chelal, Benaja, Maaseja, Matthanja, Bezaleel, Binnui und Manasse;

³¹unter den Kindern Harim: Elieser, Jissia, Malchia, Semaja Simeon,

³²Benjamin, Malluch und Semarja;

³³unter den Kindern Hasum: Matthnai, Matthattha, Sabad, Eliphelet, Jeremai, Manasse und Simei;

³⁴unter den Kindern Bani: Maedai, Amram, Uel,

³⁵Benaja, Bedja, Cheluhi,

³⁶Vanja, Meremoth, Eljasib,

³⁷Matthanja, Matthnai, Jaesai,

³⁸Bani, Binnui, Simei,

³⁹Selemja, Nathan, Adaja,

⁴⁰Machnadbai, Sasai, Sarai,

⁴¹Asareel, Selemja, Semarja,

⁴²Sallum, Amarja und Joseph;

⁴³unter den Kindern Nebo: Jeiel, Matthithja, Sabad, Sebina, Jaddai, Joel und Benaja.

⁴⁴Diese alle hatten fremde Weiber genommen; und waren etliche unter denselben Weibern, die Kinder getragen hatten.

Nehemia

Kapitel 1

¹Dies sind die Geschichten Nehemias, des Sohnes Hachaljas. Es geschah im Monat Chislev des zwanzigsten Jahres, da ich war zu Susan auf dem Schloß,

²da kam Hanani, einer meiner Brüder, mit etlichen Männern aus Juda. Und ich fragte sie, wie es den Juden ginge, die errettet und übrig waren von der Gefangenschaft, und wie es zu Jerusalem ginge.

³Und sie sprachen zu mir: Die übrigen von der Gefangenschaft sind daselbst im Lande in großem Unglück und Schmach; die Mauern Jerusalems sind zerbrochen und seine Tore mit Feuer verbrannt.

⁴Da ich aber solche Worte hörte, saß ich und weinte und trug Leid etliche Tage und fastete und betete vor dem Gott des Himmels

⁵und sprach: Ach HERR, Gott des Himmels, großer und schrecklicher Gott, der da hält den Bund und die Barmherzigkeit denen, die ihn lieben und seine Gebote halten,

⁶laß doch deine Ohren aufmerken und deine Augen offen sein, daß du hörst das Gebet deines Knechtes, das ich nun vor dir bete Tag und Nacht für die Kinder Israel, deine Knechte, und bekenne die Sünden der Kinder Israel, die wir an dir getan haben; und ich und meines Vaters Haus haben auch gesündigt.

⁷Wir haben an dir mißgehandelt, daß wir nicht gehalten haben die Gebote, Befehle und Rechte, die du geboten hast deinem Knecht Mose.

⁸Gedenke aber doch des Wortes, das du deinem Knecht Mose gebotest und sprachst: Wenn ihr euch versündigt, so will ich euch unter die Völker streuen.

⁹Wo ihr euch aber bekehrt zu mir und haltet meine Gebote und tut sie, und ob ihr verstoßen wäret bis an der Himmel Ende, so will ich euch doch von da versammeln und will euch bringen an den Ort, den ich erwählt habe, daß mein Name daselbst wohne.

¹⁰Sie sind ja doch deine Knechte und dein Volk, die du erlöst hast durch deine große Kraft und mächtige Hand.

¹¹Ach HERR, laß deine Ohren aufmerken auf das Gebet deines Knechtes und auf das Gebet deiner Knechte, die da begehren deinen Namen zu fürchten; und laß es deinem Knecht heute gelingen und gib ihm Barmherzigkeit vor diesem Manne! Denn ich war des Königs Schenke.

Kapitel 2

¹Im Monat Nisan des zwanzigsten Jahre des Königs Arthahsastha, da Wein vor ihm stand, hob ich den Wein auf und gab dem König; und ich sah traurig vor ihm.

²Da sprach der König zu mir: Warum siehst du so übel? Du bist ja nicht krank? Das ist's nicht, sondern du bist schwermütig. Ich aber fürchtete mich gar sehr

³und sprach zu dem König: Der König lebe ewiglich! Sollte ich nicht übel sehen? Die Stadt da das Begräbnis meiner Väter ist, liegt wüst, und ihre Tore sind mit Feuer verzehrt.

⁴Da sprach der König: Was forderst du denn? da betete ich zu dem Gott des Himmels

⁵und sprach zum König: Gefällt es dem König und ist dein Knecht angenehm vor dir, so wollest du mich senden nach Juda zu der Stadt des Begräbnisses meiner Väter, daß ich sie baue.

⁶Und der König sprach zu mir und die Königin, die neben ihm saß: Wie lange wird deine Reise währen, und wann wirst du wiederkommen? Und es gefiel dem König, daß er mich hinsendete. Und ich setzte ihm eine bestimmte Zeit

⁷und sprach zum König: Gefällt es dem König, so gebe man mir Briefe an die Landpfleger jenseit des Wassers, daß sie mich hinübergeleiten, bis ich komme nach Juda,

⁸und Briefe an Asaph den Holzfürsten des Königs, daß er mir Holz gebe zu Balken der Pforten an der Burg beim Tempel und zu der Stadtmauer und zum Hause, da ich einziehen soll. Und der König gab mir nach der guten Hand meines Gottes über mir.

⁹Und da ich kam zu den Landpflegern jenseit des Wassers, gab ich ihnen des Königs Briefe. Und der König sandte mit mir Hauptleute und Reiter.

¹⁰Da aber das hörten Saneballat, der Horoniter, und Tobia, der ammonitische Knecht, verdroß es sie sehr, daß ein Mensch gekommen wäre, der Gutes suchte für die Kinder Israel.

¹¹Und da ich gen Jerusalem kam und drei Tage da gewesen war,

¹²machte ich mich des Nachts auf und wenig Männer mit mir (denn ich sagte keinem Menschen, was mir mein Gott eingegeben hatte zu tun an Jerusalem), und war kein Tier mit mir, ohne das, darauf ich ritt.

¹³Und ich ritt zum Taltor aus bei der Nacht und gegen den Drachenbrunnen und an das Misttor; und es tat mir wehe, daß die Mauern Jerusalems eingerissen waren und die Tore mit Feuer verzehrt.

¹⁴Und ging hinüber zu dem Brunnentor und zu des Königs Teich; und war da nicht Raum meinem Tier, daß es unter mir hätte gehen können.

¹⁵Da zog ich bei Nacht den Bach hinan; und es tat mir wehe, die Mauern also zu sehen. Und kehrte um und kam zum Taltor wieder heim.

¹⁶Und die Obersten wußten nicht, wo ich hinging oder was ich machte; denn ich hatte bis daher den Juden und den Priestern, den Ratsherren und den Obersten und den andern, die am Werk arbeiteten, nichts gesagt.

¹⁷Und ich sprach zu ihnen: Ihr seht das Unglück, darin wir sind, daß Jerusalem wüst liegt und seine Tore sind mit Feuer verbrannt. Kommt, laßt uns die Mauern Jerusalems bauen, daß wir nicht mehr eine Schmach seien!

¹⁸Und sagte ihnen an die Hand meines Gottes, die gut über mir war, dazu die Worte des Königs, die er zu mir geredet hatte. Und sie sprachen: So laßt uns auf sein und bauen! Und ihre Hände wurden gestärkt zum Guten.

¹⁹Da aber das Saneballat, der Horoniter und Tobia, der ammonitische Knecht, und Gesem, der Araber, hörten, spotteten sie unser und verachteten uns und sprachen: Was ist das, das ihr tut? Wollt ihr von dem König abfallen?

²⁰Da antwortete ich ihnen und sprach: Der Gott des Himmels wird es uns gelingen lassen; denn wir, seine Knechte, haben uns aufgemacht und bauen. Ihr aber habt kein Teil noch Recht noch Gedächtnis in Jerusalem.

Kapitel 3

¹Und Eljasib, der Hohepriester, machte sich auf mit seinen Brüdern, den Priestern und bauten das Schaftor. Sie heiligten es und setzten seine Türen ein. Sie heiligten es aber bis an den Turm Mea, bis an den Turm Hananeel.

²Neben ihm bauten die Männer von Jericho. Und daneben baute Sakkur, der Sohn Imris.

³Aber das Fischtor bauten die Kinder von Senaa, sie deckten es und setzten seine Türen ein, Schlösser und Riegel.

⁴Neben ihnen baute Meremoth, der Sohn Urias, des Sohnes Hakkoz. Neben ihnen baute Mesullam, der Sohn Berechjas, des Sohnes Mesesabeels. Neben ihnen baute Zadok, der Sohn Baanas.

⁵Neben ihnen bauten die von Thekoa; aber ihre Vornehmeren brachten ihren Hals nicht zum Dienst ihrer Herren.

⁶Das alte Tor baute Jojada, der Sohn Paseahs, und Mesullam, der Sohn Besodjas; sie deckten es und setzten ein seine Türen und Schlösser und Riegel.

⁷Neben ihnen bauten Melatja von Gibeon und Jadon von Meronoth, die Männer von Gibeon und von Mizpa, am Stuhl des Landpflegers diesseit des Wassers.

⁸Daneben baute Usiel, der Sohn des Harhajas, der Goldschmied. Neben ihm baute Hananja, der Sohn der Salbenbereiter; und sie bauten aus zu Jerusalem bis an die breite Mauer.

⁹Neben ihm baute Rephaja, der Sohn Hurs, der Oberste des halben Kreises von Jerusalem.

¹⁰Neben ihm baute Jedaja, der Sohn Harumaphs, gegenüber seinem Hause. Neben ihm baute Hattus, der Sohn Hasabnejas.

¹¹Aber Malchia, der Sohn Harims, und Hassub, der Sohn Pahath-Moabs, bauten ein andres Stück und den Ofenturm.

¹²Daneben baute Sallum, der Sohn des Halohes, der Oberste des andern halben Kreises von Jerusalem, er und seine Töchter.

¹³Das Taltor bauten Hanun und die Bürger von Sanoah, sie bauten's und setzten ein seine Türen, Schlösser und Riegel, und tausend Ellen an der Mauer bis an das Misttor.

¹⁴Das Misttor aber baute Malchia, der Sohn Rechabs, der Oberste des Kreises von Beth-Cherem; er baute es und setzte ein seine Türen, Schlösser und Riegel.

¹⁵Aber das Brunnentor baute Sallun, der Sohn Chol-Hoses, der Oberste des Kreises von Mizpa, er baute es und deckte es und setzte ein seine Türen, Schlösser und Riegel, dazu die Mauer am Teich Siloah bei dem Garten des Königs bis an die Stufen, die von der Stadt Davids herabgehen.

¹⁶Nach ihm baute Nehemia, der Sohn Asbuks, der Oberste des halben Kreises von Beth-Zur, bis gegenüber den Gräbern Davids und bis an den Teich, den man gemacht hatte, und bis an das Haus der

Helden.

¹⁷Nach ihm bauten die Leviten, Rehum, der Sohn Banis. Neben ihm baute Hasabja, der Oberste des halben Kreises von Kegila, für seinen Kreis.

¹⁸Nach ihm bauten ihre Brüder, Bavvai, der Sohn Henadads, der Oberste des andern halben Kreises von Kegila.

¹⁹Neben ihm baute Eser, der Sohn Jesuas, der Oberste zu Mizpa, ein anderes Stück den Winkel hinan gegenüber dem Zeughaus.

²⁰Nach ihm auf dem Berge baute Baruch, der Sohn Sabbais, ein anderes Stück vom Winkel bis an die Haustür Eljasibs, des Hohenpriesters.

²¹Nach ihm baute Meremoth, der Sohn Urias, des Sohnes Hakkoz, ein anderes Stück von der Haustür Eljasibs, bis an das Ende des Hauses Eljasibs.

²²Nach ihm bauten die Priester, die Männer aus der Gegend.

²³Nach dem baute Benjamin und Hassub gegenüber ihrem Hause. Nach dem baute Asarja, der Sohn Maasejas, des Sohnes Ananjas, neben seinem Hause.

²⁴Nach ihm baute Binnui, der Sohn Henadads, ein anderes Stück vom Hause Asarjas bis an den Winkel und bis an die Ecke.

²⁵Palal, der Sohn Usais, gegenüber dem Winkel und den Oberen Turm, der vom Königshause heraussieht bei dem Kerkerhofe. Nach ihm Pedaja, der Sohn Pareos.

²⁶Die Tempelknechte aber wohnten am Ophel bis an das Wassertor gegen Morgen, da der Turm heraussieht.

²⁷Nach dem bauten die von Thekoa ein anderes Stück gegenüber dem großen Turm, der heraussieht, und bis an die Mauer des Ophel.

²⁸Aber vom Roßtor an bauten die Priester, ein jeglicher gegenüber seinem Hause.

²⁹Nach dem baute Zadok, der Sohn Immers, gegenüber seinem Hause. Nach ihm baute Semaja, der Sohn Sechanjas, der Hüter des Tores gegen Morgen.

³⁰Nach ihm baute Hananja, der Sohn Selemjas, und Hanun, der Sohn Zalaphs, der sechste, ein anderes Stück. Nach ihm baute Mesullam, der Sohn Berechjas, gegenüber seiner Kammer.

³¹Nach ihm baute Malchia, der Sohn des Goldschmieds, bis an das Haus der Tempelknechte und der Krämer, gegenüber dem Ratstor und bis an den Söller an der Ecke.

³²Und zwischen dem Söller und dem Schaftor bauten die Goldschmiede und die Krämer.

Kapitel 4

¹Da aber Saneballat hörte, daß wir die Mauer bauten, ward er zornig und sehr entrüstet und spottete der Juden

²und sprach vor seinen Brüdern und den Mächtigen zu Samaria: Was machen die ohnmächtigen Juden? Wird man sie so lassen? Werden sie opfern? Werden sie es diesen Tag vollenden? Werden sie die Steine lebendig machen, die Schutthaufen und verbrannt sind?

³Aber Tobia, der Ammoniter, neben ihm sprach: Laß sie nur bauen; wenn Füchse hinaufzögen, die zerrissen wohl ihre steinerne Mauer.

⁴Höre, unser Gott, wie verachtet sind wir! Kehre ihren Hohn auf ihren Kopf, daß du sie gibst in Verachtung im Lande ihrer Gefangenschaft.

⁵Decke ihre Missetat nicht zu, und ihre Sünde vertilge nicht vor dir; denn sie haben vor den Bauleuten dich erzürnt.

⁶Aber wir bauten die Mauer und fügten sie ganz aneinander bis an die halbe Höhe. Und das Volk gewann ein Herz zu arbeiten.

⁷Da aber Saneballat und Tobia und die Araber und Ammoniter und Asdoditer hörten, daß die Mauern zu Jerusalem zugemacht wurden und daß sie die Lücken hatten angefangen zu verschließen; wurden sie sehr zornig

⁸und machten allesamt einen Bund zuhaufen, daß sie kämen und stritten wider Jerusalem und richteten darin Verwirrung an.

⁹Wir aber beteten zu unserm Gott und stellten Hut gegen sie Tag und Nacht vor ihnen.

¹⁰Und Juda sprach: Die Kraft der Träger ist zu schwach, und des Schuttes ist zu viel; wir können nicht an der Mauer bauen.

¹¹Unsre Widersacher aber gedachten: Sie sollen's nicht wissen noch sehen, bis wir mitten unter sie kommen und sie erwürgen und das Werk hindern.

¹²Da aber die Juden, die neben ihnen wohnten, kamen, und sagten's uns wohl zehnmal, aus allen Orten, da sie um uns wohnten,

¹³da stellte ich unten an die Orte hinter der Mauer in die Gräben das Volk nach ihren Geschlechtern mit ihren Schwertern, Spießen und Bogen.

¹⁴Und ich besah es und machte mich auf und sprach zu den Ratsherren und Obersten und dem andern Volk: Fürchtet euch nicht vor ihnen; gedenkt an den großen, schrecklichen HERRN und streitet für eure Brüder, Söhne, Töchter, Weiber und Häuser!

¹⁵Da aber unsre Feinde hörten, daß es uns kund war geworden und Gott ihren Rat zunichte gemacht hatte, kehrten wir alle wieder zur Mauer, ein jeglicher zu seiner Arbeit.

¹⁶Und es geschah von hier an, daß der Jünglinge die Hälfte taten die Arbeit, die andere Hälfte hielten die Spieße, Schilde, Bogen und Panzer. Und die Obersten standen hinter dem ganzen Hause Juda,

¹⁷die da bauten an der Mauer. Und die da Last trugen von denen, die ihnen aufluden, mit einer Hand taten sie die Arbeit, und mit der andern hielten sie die Waffe.

¹⁸Und ein jeglicher, der da baute, hatte sein Schwert an seine Lenden gegürtet und baute also; und der mit der Posaune blies, war neben mir.

¹⁹Und ich sprach zu den Ratsherren und Obersten und zum andern Volk: Das Werk ist groß und weit, und wir sind zerstreut auf der Mauer, ferne voneinander.

²⁰An welchem Ort ihr nun die Posaune tönen hört, dahin versammelt euch zu uns. Unser Gott wird für uns streiten.

²¹So arbeiteten wir am Werk, und ihre Hälfte hielt die Spieße von dem Aufgang der Morgenröte, bis die Sterne hervorkamen.

²²Auch sprach ich zu der Zeit zum Volk: Ein jeglicher bleibe mit seinen Leuten über Nacht zu Jerusalem, daß sie uns des Nachts der Hut und des Tages der Arbeit warten.

²³Aber ich und meine Brüder und meine Leute und die Männer an der Hut hinter mir, wir zogen unsere Kleider nicht aus; ein jeglicher ließ das Baden anstehen.

Kapitel 5

¹Und es erhob sich ein großes Geschrei des Volkes und ihrer Weiber wider ihre Brüder, die Juden.

²Und waren etliche, die da sprachen: Unserer Söhne und Töchter sind viel; laßt uns Getreide nehmen und essen, daß wir leben.

³Aber etliche sprachen: Laßt uns unsre Äcker, Weinberge und Häuser versetzen und Getreide nehmen in der Teuerung.

⁴Etliche aber sprachen: Wir habe Geld entlehnt zum Schoß für den König auf unsre Äcker und Weinberge;

⁵nun ist doch wie unsrer Brüder Leib auch unser Leib und wie ihre Kinder unsre Kinder, und siehe, wir müssen unsre Söhne und Töchter unterwerfen dem Dienst, und sind schon unsrer Töchter etliche unterworfen, und ist kein Vermögen in unsern Händen, und unsre Äcker und Weinberge sind der andern geworden.

⁶Da ich aber ihr Schreien und solche Worte hörte, ward ich sehr zornig.

⁷Und mein Herz ward Rats mit mir, daß ich schalt die Ratsherren und die Obersten und sprach zu ihnen: Wollt ihr einer auf den andern Wucher treiben? Und ich brachte die Gemeinde wider sie zusammen

⁸und sprach zu ihnen: Wir haben unsre Brüder, die Juden, erkauft die den Heiden verkauft waren, nach unserm Vermögen; und ihr wollt auch eure Brüder verkaufen und sie sollen uns verkauft werden? Da schwiegen sie und fanden nichts zu antworten.

⁹Und ich sprach: Es ist nicht gut, was ihr tut. Solltet ihr nicht in der Furcht Gottes wandeln um des Hohnes willen der Heiden, unsrer Feinde?

¹⁰Ich und meine Brüder und meine Leute haben ihnen auch Geld geliehen und Getreide; laßt uns doch diese Schuld erlassen.

¹¹So gebt ihnen nun heute wieder ihre Äcker, Weinberge, Ölgärten und Häuser und den Hundertsten am Geld, am Getreide, am Most und am Öl, den ihr von ihnen zu fordern habt.

¹²Da sprachen sie: Wir wollen's wiedergeben und wollen nichts von ihnen fordern und wollen tun wie du gesagt hast. Und ich rief die Priester und nahm einen Eid von ihnen, daß sie also tun sollten.

¹³Auch schüttelte ich meinen Busen aus und sprach: Also schüttle Gott aus jedermann von seinem Hause und von seiner Arbeit, der dies Wort nicht handhabt, daß er sei ausgeschüttelt und leer. Und die ganze Gemeinde sprach: Amen! und lobte den HERRN. Und das Volk tat also.

¹⁴Auch von der Zeit an, da mir befohlen ward, ihr Landpfleger zu sein im Lande Juda, nämlich vom zwanzigsten Jahr an bis in das zweiunddreißigste Jahr des Königs Arthahsastha, das sind zwölf Jahre, nährte ich mich und meine Brüder nicht von der Landpfleger Kost.

¹⁵Denn die vorigen Landpfleger, die vor mir gewesen waren, hatten das Volk beschwert und hatten von ihnen genommen Brot und Wein, dazu auch vierzig Silberlinge; auch waren die Leute mit Gewalt gefahren über das Volk. Ich tat aber nicht also um der Furcht Gottes willen.

¹⁶Auch arbeitete ich an der Mauer Arbeit und kaufte keinen

Nehemia

Acker; und alle meine Leute mußten daselbst an die Arbeit zuhauf kommen.

¹⁷Dazu waren die Juden und Obersten hundertundfünfzig an meinem Tisch und die zu uns kamen aus den Heiden, die um uns her sind.

¹⁸Und man gebrauchte für mich des Tages einen Ochsen und sechs erwählte Schafe und Vögel und je innerhalb zehn Tagen allerlei Wein die Menge. Dennoch forderte ich nicht der Landpfleger Kost; denn der Dienst war schwer auf dem Volk.

¹⁹Gedenke mir, mein Gott, zum Besten alles, was ich diesem Volk getan habe!

Kapitel 6

¹Und da Saneballat, Tobia und Gesem, der Araber, und unsre Feinde erfuhren, daß ich die Mauer gebaut hatte und keine Lücke mehr daran wäre, wiewohl ich die Türen zu der Zeit noch nicht eingehängt hatte in den Toren,

²sandte Sanaballat und Gesem zu mir und ließen mir sagen: Komm und laß uns zusammenkommen in den Dörfern in der Fläche Ono! Sie gedachten mir aber Böses zu tun.

³Ich aber sandte Boten zu ihnen und ließ ihnen sagen: Ich habe ein großes Geschäft auszurichten, ich kann nicht hinabkommen; es möchte das Werk nachbleiben, wo ich die Hände abtäte und zu euch hinabzöge.

⁴Sie sandten aber viermal zu mir auf diese Weise, und ich antwortete ihnen auf diese Weise.

⁵Da sandte Saneballat zum fünftenmal zu mir seinen Diener mit einem offenen Brief in seiner Hand.

⁶Darin war geschrieben: Es ist vor die Heiden gekommen, und Gesem hat's gesagt, daß du und die Juden gedenkt abzufallen, darum du die Mauer baust, und wollest also König werden;

⁷und du habest die Propheten bestellt, die von dir ausrufen sollen zu Jerusalem und sagen: Er ist der König Juda's. Nun, solches wird vor den König kommen. So komm nun und laß uns miteinander ratschlagen!

⁸Ich aber sandte zu ihm und ließ ihm sagen: Solches ist nicht geschehen, was du sagst; du hast es aus deinem Herzen erdacht.

⁹Denn sie alle wollen uns furchtsam machen und gedachten: Sie sollen die Hand abtun vom Geschäft, daß es nicht fertig werde, aber nun stärke meine Hände!

¹⁰Und ich kam in das Haus Semajas, des Sohnes Delajas, des Sohnes Mehetabeels; und er hatte sich verschlossen und sprach: Laß uns zusammenkommen im Hause Gottes mitten im Tempel und die Türen zuschließen; denn sie werden kommen, dich zu erwürgen, und werden bei der Nacht kommen, daß sie dich erwürgen.

¹¹Ich aber sprach: Sollte ein solcher Mann fliehen? Sollte ein solcher Mann, wie ich bin, in den Tempel gehen, daß er lebendig bleibe? Ich will nicht hineingehen.

¹²Denn ich merkte, daß ihn Gott nicht gesandt hatte. Denn er sagte wohl Weissagung auf mich; aber Tobia und Saneballat hatten ihm Geld gegeben.

¹³Darum nahm er Geld, auf daß ich mich fürchten sollte und also tun und sündigen, daß sie ein böses Gerücht hätten, damit sie mich lästern möchten.

¹⁴Gedenke, mein Gott, des Tobia und Saneballat nach diesen Werken, auch der Prophetin Noadja und der anderen Propheten, die mich wollten abschrecken!

¹⁵Und die Mauer ward fertig am fünfundzwanzigsten Tage des Monats Elul in zweiundfünfzig Tagen.

¹⁶Und da alle unsre Feinde das hörten, fürchteten sich alle Heiden, die um uns her waren, und der Mut entfiel ihnen; denn sie merkten, daß dies Werk von Gott war.

¹⁷Auch waren zu derselben Zeit viele der Obersten Juda's, deren Briefe gingen zu Tobia und von Tobia zu ihnen.

¹⁸Denn ihrer waren viel in Juda, die ihm geschworen waren; denn er war der Eidam Sechanjas, des Sohnes Arahs, und sein Sohn Johanan hatte die Tochter Mesullams, des Sohnes Berechjas.

¹⁹Und sie sagten Gutes von ihm vor mir und brachten meine Reden aus zu ihm. So sandte denn Tobia Briefe, mich abzuschrecken.

Kapitel 7

¹Da wir nun die Mauer gebaut hatten, hängte ich die Türen ein und wurden bestellt die Torhüter, Sänger und Leviten.

²Und ich gebot meinem Bruder Hanani und Hananja, dem Burgvogt zu Jerusalem (denn er war ein treuer Mann und gottesfürchtig vor vielen andern),

³und sprach zu ihnen: Man soll die Tore Jerusalem nicht auftun, bis daß die Sonne heiß wird; und wenn man noch auf der Hut steht, soll man die Türen zuschlagen und verriegeln. Und es wurden Hüter bestellt aus den Bürgern Jerusalems, ein jeglicher auf seine Hut seinem Hause gegenüber.

⁴Die Stadt aber war weit von Raum und groß, aber wenig Volk darin, und die Häuser wurden nicht gebaut.

⁵Und mein Gott gab mir ins Herz, daß ich versammelte die Ratsherren und die Obersten und das Volk, sie zu verzeichnen. Und ich fand das Geschlechtsregister derer, die vorhin heraufgekommen waren, und fand darin geschrieben:

⁶Dies sind die Kinder der Landschaft, die heraufgekommen sind aus der Gefangenschaft, die Nebukadnezar, der König zu Babel, hatte weggeführt, und die wieder gen Jerusalem und nach Juda kamen, ein jeglicher in seine Stadt,

⁷und sind gekommen mit Serubabel, Jesua, Nehemia, Asarja, Raamja, Nahamani, Mardochai, Bilsan, Mispereth, Bigevai, Nehum und Baana. Dies ist die Zahl der Männer vom Volk Israel:

⁸der Kinder Pareos waren zweitausend einhundert und zweiundsiebzig;

⁹der Kinder Sephatja dreihundert und zweiundsiebzig;

¹⁰der Kinder Arah sechshundert und zweiundfünfzig;

¹¹der Kinder Pahath-Moab von den Kindern Jesua und Joab zweitausend achthundert und achtzehn;

¹²der Kinder Elam tausend zweihundert und vierundfünfzig;

¹³der Kinder Satthu achthundert und fünfundvierzig;

¹⁴der Kinder Sakkai siebenhundert und sechzig;

¹⁵der Kinder Binnui sechshundert und achtundvierzig;

¹⁶der Kinder Bebai sechshundert und achtundzwanzig;

¹⁷der Kinder Asgad zweitausend dreihundert und zweiundzwanzig;

¹⁸der Kinder Adonikam sechshundert und siebenundsechzig;

¹⁹der Kinder Bigevai zweitausend und siebenundsechzig;

²⁰der Kinder Adin sechshundert und fünfundfünfzig;

²¹der Kinder Ater von Hiskia achtundneunzig;

²²der Kinder Hasum dreihundert und achtundzwanzig;

²³der Kinder Bezai dreihundert und vierundzwanzig;

²⁴der Kinder Hariph hundert und zwölf;

²⁵der Kinder von Gibeon fünfundneunzig;

²⁶der Männer von Bethlehem und Netopha hundert und achtundachtzig;

²⁷der Männer von Anathoth hundert und achtundzwanzig;

²⁸der Männer von Beth-Asmaveth zweiundvierzig;

²⁹der Männer von Kirjath-Jearim, Kaphira und Beeroth siebenhundert und dreiundvierzig;

³⁰der Männer von Rama und Geba sechshundert und einundzwanzig;

³¹der Männer von Michmas hundert und zweiundzwanzig;

³²der Männer von Beth-El und Ai hundert und dreiundzwanzig;

³³der Männer vom andern Nebo zweiundfünfzig;

³⁴der Kinder des andern Elam tausend zweihundert und vierundfünfzig;

³⁵der Kinder Harim dreihundert und zwanzig;

³⁶der Kinder von Jericho dreihundert und fünfundvierzig;

³⁷der Kinder von Lod, Hadid und Ono siebenhundert und einundzwanzig;

³⁸der Kinder von Seena dreitausend und neunhundert und dreißig;

³⁹Die Priester: der Kinder Jedaja, vom Hause Jesua, neunhundert und dreiundsiebzig;

⁴⁰der Kinder Immer tausend und zweiundfünfzig;

⁴¹der Kinder Pashur tausend zweihundert und siebenundvierzig;

⁴²der Kinder Harim tausend und siebzehn;

⁴³Die Leviten: der Kinder Jesua von Kadmiel, von den Kindern Hodavja, vierundsiebzig;

⁴⁴Die Sänger: der Kinder Asaph hundert und achtundvierzig;

⁴⁵Die Torhüter waren: die Kinder Sallum, die Kinder Ater, die Kinder Talmon, die Kinder Akkub, die Kinder Hatita, die Kinder Sobai, allesamt hundert und achtunddreißig;

⁴⁶Die Tempelknechte: die Kinder Ziha, die Kinder Hasupha, die Kinder Tabbaoth,

⁴⁷die Kinder Keros, die Kinder Sia, die Kinder Padon,

⁴⁸die Kinder Lebana, die Kinder Hagaba, die Kinder Salmai,

⁴⁹die Kinder Hanan, die Kinder Giddel, die Kinder Gahar,

⁵⁰die Kinder Reaja, die Kinder Rezin, die Kinder Nekoda,

⁵¹die Kinder Gassam, die Kinder Usa, die Kinder Paseah,

⁵²die Kinder Besai, die Kinder der Meuniter, die Kinder der Nephusiter,

⁵³die Kinder Bakbuk, die Kinder Hakupha, die Kinder Harhur,

⁵⁴die Kinder Bazlith, die Kinder Mehida, die Kinder Harsa,

⁵⁵die Kinder Barkos, die Kinder Sisera, die Kinder Themah,
⁵⁶die Kinder Neziah, die Kinder Hatipha.
⁵⁷Die Kinder der Knechte Salomos waren: die Kinder Sotai, die Kinder Sophereth, die Kinder Perida,
⁵⁸die Kinder Jaala, die Kinder Darkon, die Kinder Giddel,
⁵⁹die Kinder Sephatja, die Kinder Hattil, die Kinder Pochereth von Zebaim, die Kinder Amon.
⁶⁰Aller Tempelknechte und Kinder der Knechte Salomos waren dreihundert und zweiundneunzig;
⁶¹Und diese zogen auch mit herauf von Thel-Melah, Thel-Harsa, Cherub, Addon und Immer, aber sie konnten nicht anzeigen ihr Vaterhaus noch ihr Geschlecht, ob sie aus Israel wären:
⁶²die Kinder Delaja, die Kinder Tobia und die Kinder Nekoda, sechshundert und zweiundvierzig;
⁶³Und von den Priestern waren die Kinder Habaja, die Kinder Hakkoz, die Kinder Barsillai, der aus den Töchtern Barsillais, des Gileaditers, ein Weib nahm und ward nach ihrem Namen genannt.
⁶⁴Diese suchten ihr Geburtsregister; und da sie es nicht fanden, wurden sie untüchtig geachtet zum Priestertum.
⁶⁵Und der Landpfleger sprach zu ihnen, sie sollten nicht essen vom Hocheiligen, bis daß ein Priester aufkäme mit dem Licht und Recht.
⁶⁶Der ganzen Gemeinde wie ein Mann waren zweiundvierzigtausend und dreihundertundsechzig,
⁶⁷ausgenommen ihre Knechte und Mägde; derer waren siebentausend dreihundert und siebenunddreißig, dazu zweihundert und fünfundvierzig Sänger und Sängerinnen.
⁶⁸Und sie hatten siebenhundert und sechsunddreißig Rosse, zweihundert und fünfundvierzig Maultiere,
⁶⁹vierhundert und fünfunddreißig Kamele, sechstausend siebenhundert und zwanzig Esel.
⁷⁰Und etliche Obersten der Vaterhäuser gaben zum Werk. Der Landpfleger gab zum Schatz tausend Goldgulden, fünfzig Becken, fünfhundert und dreißig Priesterröcke.
⁷¹Und etliche Obersten der Vaterhäuser gaben zum Schatz fürs Werk zwanzigtausend Goldgulden, zweitausend und zweihundert Pfund Silber.
⁷²Und das andere Volk gab zwanzigtausend Goldgulden und zweitausend Pfund Silber und siebenundsechzig Priesterröcke.
⁷³Und die Priester und die Leviten, die Torhüter, die Sänger und die vom Volk und die Tempelknechte und ganz Israel setzten sich in ihre Städte.

Kapitel 8

¹Da nun herzukam der siebente Monat und die Kinder Israel in ihren Städten waren, versammelte sich das ganze Volk wie ein Mann auf die breite Gasse vor dem Wassertor und sprachen zu Esra, dem Schriftgelehrten, daß er das Buch des Gesetzes Mose's holte, das der HERR Israel geboten hat.
²Und Esra, der Priester, brachte das Gesetz vor die Gemeinde, Männer und Weiber und alle, die es vernehmen konnten, am ersten Tage des siebenten Monats
³und las daraus auf der breiten Gasse, die vor dem Wassertor ist, vom lichten Morgen an bis auf den Mittag, vor Mann und Weib und wer's vernehmen konnte. Und des ganzen Volkes Ohren waren zu dem Gesetz gekehrt.
⁴Und Esra, der Schriftgelehrte, stand auf einem hölzernen, hohen Stuhl, den sie gemacht hatten, zu predigen, und standen neben ihm Matthithja, Sema, Anaja, Uria, Hilkia und Maaseja, zu seiner Rechten, aber zu seiner Linken Pedaja, Misael, Malchia, Hasum, Hasbaddana, Sacharja und Mesullam.
⁵Und Esra tat das Buch auf vor dem ganzen Volk, denn er ragte über alles Volk; und da er's auftat, stand alles Volk.
⁶Und Esra lobte den HERRN, den großen Gott. Und alles Volk antwortete: Amen, Amen! mit ihren Händen empor und neigten sich und beteten den HERRN an mit dem Antlitz zur Erde.
⁷Und Jesua, Bani, Serebja, Jamin, Akkub, Sabthai, Hodia, Maaseja, Kelita, Asarja, Josabad, Hanan, Pelaja und die Leviten machten, daß das Volk aufs Gesetz merkte; und das Volk stand auf seiner Stätte.
⁸Und sie lasen im Gesetzbuch Gottes klar und verständlich, daß man verstand, was gelesen ward.
⁹Und Nehemia, der da ist der Landpfleger, und Esra, der Priester, der Schriftgelehrte, und die Leviten, die alles Volk aufmerken machten sprachen zum Volk: Dieser Tag ist heilig dem HERRN, eurem Gott; darum seid nicht traurig und weint nicht! Denn alles Volk weinte, da sie die Worte des Gesetzes hörten.
¹⁰Darum sprach er zu ihnen: Geht hin und eßt das Fette und trinkt das Süße und sendet denen auch Teile, die nichts für sich bereitet haben; denn dieser Tag ist heilig unserm HERRN. Und bekümmert euch nicht; denn die Freude am HERRN ist eure Stärke.
¹¹Und die Leviten stillten alles Volk und sprachen: Seid still, denn der Tag ist heilig; bekümmert euch nicht!
¹²Und alles Volk ging hin, daß es äße, tränke und Teile sendete und eine große Freude machte; denn sie hatten die Worte verstanden, die man hatte kundgetan.
¹³Und des andern Tages versammelten sich die Obersten der Vaterhäuser unter dem ganzen Volk und die Priester und Leviten zu Esra, dem Schriftgelehrten, daß er sie in den Worten des Gesetzes unterrichtete.
¹⁴Und sie fanden geschrieben im Gesetz, das der HERR durch Mose geboten hatte, daß die Kinder Israel in Laubhütten wohnen sollten am Fest im siebenten Monat
¹⁵und sollten's lassen laut werden und ausrufen in allen ihren Städten und zu Jerusalem und sagen: Geht hinaus auf die Berge und holt Ölzweige, Myrtenzweige, Palmenzweige und Zweige von dichten Bäumen, daß man Laubhütten mache, wie es geschrieben steht.
¹⁶Und das Volk ging hinaus und holten und machten sich Laubhütten, ein jeglicher auf seinem Dach und in ihren Höfen und in den Höfen am Hause Gottes und auf der breiten Gasse am Wassertor und auf der breiten Gasse am Tor Ephraim.
¹⁷Und die ganze Gemeinde derer, die aus der Gefangenschaft waren wiedergekommen, machten Laubhütten und wohnten darin. Denn die Kinder Israel hatten seit der Zeit Josuas, des Sohnes Nuns, bis auf diesen Tag nicht also getan; und es war eine große Freude.
¹⁸Und ward im Gesetzbuch Gottes gelesen alle Tage, vom ersten Tag an bis auf den letzten; und sie hielten das Fest sieben Tage und am achten Tage die Versammlung, wie sich's gebührt.

Kapitel 9

¹Am vierundzwanzigsten Tage dieses Monats kamen die Kinder Israel zusammen mit Fasten und Säcken und Erde auf ihnen
²und sonderten den Samen Israels ab von allen fremden Kindern und traten hin und bekannten ihre Sünden und ihrer Väter Missetaten.
³Und standen auf an ihrer Stätte, und man las im Gesetzbuch des HERRN, ihres Gottes, ein Viertel des Tages; und ein Viertel bekannten sie und beteten an den HERRN, ihren Gott.
⁴Und auf dem hohen Platz für die Leviten standen auf Jesua, Bani, Kadmiel, Sebanja, Bunni, Serebja, Bani und Chenani und schrieen laut zu dem HERRN, ihrem Gott.
⁵Und die Leviten Jesua, Kadmiel, Bani, Hasabneja, Serebja, Hodia, Sebanja, Pethahja sprachen: Auf! Lobet den HERRN, euren Gott, von Ewigkeit zu Ewigkeit, und man lobe den Namen deiner Herrlichkeit, der erhaben ist über allen Preis und Ruhm.
⁶HERR, du bist's allein, du hast gemacht den Himmel und aller Himmel Himmel mit allem ihrem Heer, die Erde und alles, was darauf ist, die Meere und alles, was darin ist; du machst alles lebendig, und das himmlische Heer betet dich an.
⁷Du bist der HERR, Gott, der du Abram erwählt hast und ihn von Ur in Chaldäa ausgeführt und Abraham genannt
⁸und sein Herz treu vor dir gefunden und einen Bund mit ihm gemacht, seinem Samen zu geben das Land der Kanaaniter, Hethiter, Amoriter, Pheresiter, Jebusiter und Girgasiter; und hast dein Wort gehalten, denn du bist gerecht.
⁹Und du hast angesehen das Elend unsrer Väter in Ägypten und ihr Schreien erhört am Schilfmeer
¹⁰und Zeichen und Wunder getan an Pharao und allen seinen Knechten und an allem Volk seines Landes, denn du erkanntest, daß sie stolz wider sie waren, und hast dir einen Namen gemacht, wie er jetzt ist.
¹¹Und hast das Meer vor ihnen zerrissen, daß sie mitten im Meer trocken hindurchgingen, und ihre Verfolger in die Tiefe geworfen wie Steine in mächtige Wasser
¹²und sie geführt des Tages in einer Wolkensäule und des Nachts in einer Feuersäule, ihnen zu leuchten auf dem Weg, den sie zogen.
¹³Und bist herabgestiegen auf den Berg Sinai und hast mit ihnen vom Himmel geredet und gegeben ein wahrhaftiges Recht und ein rechtes Gesetz und gute Gebote und Sitten
¹⁴und deinen heiligen Sabbat ihnen kundgetan und Gebote, Sitten und Gesetz ihnen geboten durch deinen Knecht Mose,
¹⁵und hast ihnen Brot vom Himmel gegeben, da sie hungerte, und Wasser aus dem Felsen lassen gehen, da sie dürstete, und mit ihnen geredet, sie sollten hineingehen und das Land einnehmen, darüber du deine Hand hobst, es ihnen zu geben.

Nehemia

¹⁶Aber unsre Väter wurden stolz und halsstarrig, daß sie deinen Geboten nicht gehorchten,

¹⁷und weigerten sich zu hören und gedachten auch nicht an deine Wunder, die du an ihnen tatest; sondern sie wurden halsstarrig und warfen ihr Haupt auf, daß sie sich zurückwendeten zu Dienstbarkeit in ihrer Ungeduld. Aber du, mein Gott, vergabst und warst gnädig, barmherzig, geduldig und von großer Barmherzigkeit und verließest sie nicht.

¹⁸Und ob sie wohl ein gegossenes Kalb machten und sprachen: Das ist dein Gott, der dich aus Ägyptenland geführt hat! und taten große Lästerungen:

¹⁹doch verließest du sie nicht in der Wüste nach deiner großen Barmherzigkeit, und die Wolkensäule wich nicht von ihnen des Tages, sie zu führen auf dem Wege, noch die Feuersäule des Nachts, ihnen zu leuchten auf dem Wege, den sie zogen.

²⁰Und du gabst ihnen einen guten Geist, sie zu unterweisen; und dein Man wandtest du nicht von ihrem Munde, und gabst ihnen Wasser, da sie dürstete.

²¹Vierzig Jahre versorgtest du sie in der Wüste, daß ihnen nichts mangelte. Ihre Kleider veralteten nicht und ihre Füße zerschwollen nicht.

²²Und gabst ihnen Königreiche und Völker und teiltest sie hierher und daher, daß sie einnahmen das Land Sihons, des Königs zu Hesbon, und das Land Ogs, des Königs von Basan.

²³Und vermehrtest ihre Kinder wie die Sterne am Himmel und brachtest sie in das Land, das du ihren Vätern verheißen hattest, daß sie einziehen und es einnehmen sollten.

²⁴Und die Kinder zogen hinein und nahmen das Land ein; und du demütigtest vor ihnen die Einwohner des Landes, die Kanaaniter, und gabst sie in ihre Hände, ihre Könige und die Völker im Lande, daß sie mit ihnen täten nach ihrem Willen.

²⁵Und sie gewannen feste Städte und ein fettes Land und nahmen Häuser ein voll allerlei Güter, ausgehauene Brunnen, Weinberge, Ölgärten und Bäume, davon man ißt, die Menge, und sie aßen und wurden satt und fett und lebten in Wonne durch deine große Güte.

²⁶Aber sie wurden ungehorsam und widerstrebten dir und warfen dein Gesetz hinter sich zurück und erwürgten deine Propheten, die ihnen zeugten, daß sie sollten sich zu dir bekehren, und taten große Lästerungen.

²⁷Darum gabst du sie in die Hand ihrer Feinde, die sie ängsteten. Und zur Zeit ihrer Angst schrieen sie zu dir; und du erhörtest sie vom Himmel, und durch deine große Barmherzigkeit gabst du ihnen Heilande, die ihnen halfen aus ihrer Feinde Hand.

²⁸Wenn sie aber zur Ruhe kamen, taten sie wieder übel vor dir. So verließest du sie in ihrer Feinde Hand, daß sie über sie herrschten. So schrieen sie dann wieder zu dir; und du erhörtest sie vom Himmel und errettetest sie nach deiner großen Barmherzigkeit vielmal.

²⁹Und du ließest ihnen bezeugen, daß sie sich bekehren sollten zu deinem Gesetz. Aber sie waren stolz und gehorchten deinen Geboten nicht und sündigten an deinen Rechten (durch welche ein Mensch lebt, so er sie tut) und kehrten dir den Rücken zu und wurden halsstarrig und gehorchten nicht.

³⁰Und du verzogst viele Jahre über ihnen und ließest ihnen bezeugen durch deinen Geist in deinen Propheten; aber sie nahmen es nicht zu Ohren. Darum hast du sie gegeben in die Hand der Völker in den Ländern.

³¹Aber nach deiner großen Barmherzigkeit hast du es nicht gar aus mit ihnen gemacht noch sie verlassen; denn du bist ein gnädiger und barmherziger Gott.

³²Nun, unser Gott, du großer Gott, mächtig und schrecklich, der du hältst Bund und Barmherzigkeit, achte nicht gering alle die Mühsal, die uns getroffen hat, unsre Könige, Fürsten, Priester, Propheten, Väter und dein ganzes Volk von der Zeit an der Könige von Assyrien bis auf diesen Tag.

³³Du bist gerecht in allem, was du über uns gebracht hast; denn du hast recht getan, wir aber sind gottlos gewesen.

³⁴Und unsre Könige, Fürsten, Priester und Väter haben nicht nach deinem Gesetz getan und auch nicht achtgehabt auf deine Gebote und Zeugnisse, die du hast ihnen lassen bezeugen.

³⁵Und sie haben dir nicht gedient in ihrem Königreich und in deinen großen Gütern, die du ihnen gabst, und in dem weiten und fetten Lande, das du ihnen dargegeben hast, und haben sich nicht bekehrt von ihrem bösen Wesen.

³⁶Siehe, wir sind heutigestages Knechte, und in dem Lande, das du unsern Vätern gegeben hast, zu essen seine Früchte und Güter, siehe, da sind wir Knechte.

³⁷Und sein Ertrag mehrt sich den Königen, die du über uns gesetzt hast um unsrer Sünden willen; und sie herrschen über unsre Leiber und unser Vieh nach ihrem Willen, und wir sind in großer Not.

³⁸Und in diesem allem machen wir einen festen Bund und schreiben und lassen's unsre Fürsten, Leviten und Priester versiegeln.

Kapitel 10

¹Die Versiegler aber waren: Nehemia, der Landpfleger, der Sohn Hachaljas, und Zedekia,

²Seraja, Asarja, Jeremia,

³Pashur, Amarja, Malchia,

⁴Hattus, Sebanja, Malluch,

⁵Harim, Meremoth, Obadja,

⁶Daniel, Ginthon, Baruch,

⁷Mesullam, Abia, Mijamin,

⁸Maasja, Bilgai und Semaja, das waren die Priester;

⁹die Leviten aber waren: Jesua, der Sohn Asanjas, Binnui von den Kindern Henadads, Kadmiel

¹⁰und ihre Brüder: Sechanja, Hodia, Kelita, Pelaja, Hanan,

¹¹Micha, Rehob, Hasabja,

¹²Sakkur, Serebja, Sebanja,

¹³Hodia, Bani und Beninu;

¹⁴die Häupter im Volk waren: Pareos, Pahath-Moab, Elam, Satthu, Bani,

¹⁵Bunni, Asgad, Bebai,

¹⁶Adonia, Bigevai, Adin,

¹⁷Ater, Hiskia, Assur,

¹⁸Hodia, Hasum, Bezai,

¹⁹Hariph, Anathoth, Nobai,

²⁰Magpias, Mesullam, Hesir,

²¹Mesesabeel, Zadok, Jaddua,

²²Pelatja, Hanan, Anaja,

²³Hosea, Hananja, Hassub,

²⁴Halohes, Pilha, Sobek,

²⁵Rehum, Hasabna, Maaseja,

²⁶Ahia, Hanan, Anan,

²⁷Malluch, Harim und Baana.

²⁸Und das andere Volk, Priester, Leviten, Torhüter, Sänger, Tempelknechte und alle, die sich von den Völker in den Landen abgesondert hatten zum Gesetz Gottes, samt ihren Weibern, Söhnen und Töchtern, alle, die es verstehen konnten,

²⁹hielten sich zu ihren Brüdern, den Mächtigen, und kamen, daß sie schwuren und sich mit einem Eide verpflichteten, zu wandeln im Gesetz Gottes, das durch Mose, den Knecht Gottes, gegeben ist, daß sie es hielten und tun wollten nach allen Geboten, Rechten und Sitten des HERRN, unsers Herrschers;

³⁰und daß wir den Völkern im Lande unsere Töchter nicht geben noch ihre Töchter unsern Söhnen nehmen wollten;

³¹auch wenn die Völker im Lande am Sabbattage bringen Ware und allerlei Getreide zu verkaufen, daß wir nichts von ihnen nehmen wollten am Sabbat und den Heiligen Tagen; und daß wir das siebente Jahr von aller Hand Beschwerung freilassen wollten.

³²Und wir legten uns ein Gebot auf uns, daß wir jährlich einen dritten Teil eines Silberlings gäben zum Dienst im Hause unsers Gottes,

³³nämlich zu Schaubrot, zu täglichem Speisopfer, zum täglichen Brandopfer, zum Opfer des Sabbats, der Neumonde und Festtage und zu dem Geheiligten und zum Sündopfer, damit Israel versöhnt werde, und zu allem Geschäft im Hause unsers Gottes.

³⁴Und wir warfen das Los unter den Priestern, Leviten und dem Volk um das Opfer des Holzes, das man zum Hause unsers Gottes bringen sollte jährlich nach unsern Vaterhäusern auf bestimmte Zeit, zu brennen auf dem Altar des HERRN, unsers Gottes, wie es im Gesetz geschrieben steht.

³⁵Und wir wollen jährlich bringen die Erstlinge unsers Landes und die Erstlinge aller Früchte auf allen Bäumen zum Hause des HERRN;

³⁶und die Erstlinge unsrer Söhne und unsres Viehs, wie es im Gesetz geschrieben steht, und die Erstlinge unsrer Rinder und unsrer Schafe wollen wir zum Hause unsres Gottes bringen den Priestern, die im Hause unsres Gottes dienen.

³⁷Auch wollen wir bringen das Erste unsres Teiges und unsre Hebopfer und Früchte von allerlei Bäumen, Most und Öl den Priestern in die Kammern am Hause unsres Gottes und den Zehnten unsres Landes den Leviten, daß die Leviten den Zehnten haben in allen Städten unsres Ackerwerks.

³⁸Und der Priester, der Sohn Aarons, soll mit den Leviten sein, wenn sie den Zehnten nehmen, daß die Leviten den Zehnten ihrer Zehnten heraufbringen zum Hause unsres Gottes in die Kammern im Vorratshause.

³⁹Denn die Kinder Israel und die Kinder Levi sollen die Hebe des

Getreides, Mosts und Öls herauf in die Kammern bringen. Daselbst sind die Gefäße des Heiligtums und die Priester, die da dienen, und die Torhüter und Sänger. So wollen wir das Haus unsres Gottes nicht verlassen.

Kapitel 11

¹Und die Obersten des Volks wohnten zu Jerusalem. Das andere Volk aber warf das Los darum, daß unter zehn ein Teil gen Jerusalem, in die heilige Stadt, zöge zu wohnen, und neun Teile in den Städten wohnten.

²Und das Volk segnete alle die Männer, die willig waren, zu Jerusalem zu wohnen.

³Dies sind die Häupter in der Landschaft, die zu Jerusalem und in den Städten Juda's wohnten. (Sie wohnten aber ein jeglicher in seinem Gut, das in ihren Städten war: nämlich Israel, Priester, Leviten, Tempelknechte und die Kinder der Knechte Salomos.)

⁴Und zu Jerusalem wohnten etliche der Kinder Juda und Benjamin. Von den Kindern Juda: Athaja, der Sohn Usias, des Sohnes Sacharjas, des Sohnes Amarjas, des Sohnes Sephatjas, des Sohnes Mahalaleels, aus den Kindern Perez,

⁵und Maaseja, der Sohn Baruchs, des Sohnes Chol-Hoses, des Sohnes Hasajas, des Sohnes Adajas, des Sohnes Jojaribs, des Sohnes Sacharjas, des Sohnes des Selaniters.

⁶Aller Kinder Perez, die zu Jerusalem wohnten, waren vierhundert und achtundsechzig, tüchtige Leute.

⁷Dies sind die Kinder Benjamin: Sallu, der Sohn Mesullams, des Sohnes Joeds, des Sohnes Pedajas, des Sohnes Kolajas, des Sohnes Maasejas, des Sohnes Ithiels, des Sohnes Jesaja's,

⁸und nach ihm Gabbai, Sallai, neunhundert und achtundzwanzig;

⁹und Joel, der Sohn Sichris, war ihr Vorsteher, und Juda, der Sohn Hasnuas, über den andern Teil der Stadt.

¹⁰Von den Priestern wohnten daselbst Jedaja, der Sohn Jojaribs, Jachin,

¹¹Seraja, der Sohn Hilkias, des Sohnes Mesullams, des Sohnes Zadoks, des Sohnes Merajoths, des Sohnes Ahitobs, ein Fürst im Hause Gottes,

¹²und ihre Brüder, die im Hause schafften, derer waren achthundert und zweiundzwanzig; und Adaja, der Sohn Jerohams, des Sohnes Pelaljas, des Sohnes Amzis, des Sohnes Sacharjas, des Sohnes Pashurs, des Sohnes Malchias,

¹³und seine Brüder, Oberste der Vaterhäuser, zweihundert und zweiundvierzig; und Amassai, der Sohn Asareels, des Sohnes Ahsais, des Sohnes Mesillemoths, des Sohnes Immers,

¹⁴und ihre Brüder, gewaltige Männer, hundert und achtundzwanzig; und ihr Vorsteher war Sabdiel, der Sohn Gedolims.

¹⁵Von den Leviten: Semaja, der Sohn Hassubs, des Sohnes Asrikams, des Sohnes Hasabjas, des Sohnes Bunnis,

¹⁶und Sabthai und Josabad, aus der Leviten Obersten, an den äußerlichen Geschäften im Hause Gottes,

¹⁷und Matthanja, der Sohn Michas, des Sohnes Sabdis, des Sohnes Asaphs, der das Haupt war, Dank anzuheben zum Gebet, und Bakbukja, der andere unter seinen Brüdern, und Abda, der Sohn Sammuas, des Sohnes Galals, des Sohnes Jedithuns.

¹⁸Alle Leviten in der heiligen Stadt waren zweihundert und vierundachtzig.

¹⁹Und die Torhüter: Akkub und Talmon und ihre Brüder, die in den Toren hüteten, waren hundert und zweiundsiebzig.

²⁰Das andere Israel aber, Priester und Leviten, waren in allen Städten Juda's, ein jeglicher in seinem Erbteil.

²¹Die Tempelknechte wohnten am Ophel; und Ziha und Gispa waren über die Tempelknechte.

²²Der Vorsteher aber über die Leviten zu Jerusalem war Usi, der Sohn Banis, des Sohnes Hasabjas, des Sohnes Matthanjas, des Sohnes Michas, aus den Kindern Asaphs, den Sängern, für das Geschäft im Hause Gottes.

²³Denn es war des Königs Gebot über sie, daß man den Sängern treulich gäbe, einen jeglichen Tag seine Gebühr.

²⁴Und Pethahja, der Sohn Mesesabeels, aus den Kindern Serahs, des Sohnes Juda's, war zu Handen des Königs in allen Geschäften an das Volk.

²⁵Und der Kinder Juda, die außen auf den Dörfern auf ihrem Lande waren, wohnten etliche zu Kirjath-Arba und seinen Ortschaften und zu Dibon und seinen Ortschaften und zu Kabzeel und seinen Ortschaften,

²⁶und zu Jesua, Molada, Beth-Pelet,

²⁷Hazar-Sual, Beer-Seba und ihren Ortschaften

²⁸und zu Ziklag und Mechona und ihren Ortschaften

²⁹und zu En-Rimmon, Zora, Jarmuth,

³⁰Sanoah, Adullam und ihren Dörfern, zu Lachis und auf seinem Felde, zu Aseka und seinen Ortschaften. Und sie lagerten sich von Beer-Seba an bis an das Tal Hinnom.

³¹Die Kinder Benjamin aber wohnten von Geba an zu Michmas, Aja, Beth-El und seinen Ortschaften

³²und zu Anathoth, Nob, Ananja,

³³Hazor, Rama, Gitthaim,

³⁴Hadid, Zeboim, Neballat,

³⁵Lod und Ono im Tal der Zimmerleute.

³⁶Und etliche Leviten, die Teile in Juda hatten, wohnten unter Benjamin.

Kapitel 12

¹Dies sind die Priester und die Leviten, die mit Serubabel, dem Sohn Sealthiels, und mit Jesua heraufzogen: Seraja, Jeremia, Esra,

²Amarja, Malluch, Hattus,

³Sechanja, Rehum, Meremoth,

⁴Iddo, Ginthoi, Abia,

⁵Mijamin, Maadja, Bilga,

⁶Semaja, Jojarib, Jedaja,

⁷Sallu, Amok, Hilkia und Jedaja. Dies waren die Häupter unter den Priestern und ihren Brüdern zu den Zeiten Jesuas.

⁸Die Leviten aber waren diese: Jesua, Binnui, Kadmiel, Serebja, Juda und Matthanja, der hatte das Dankamt mit seinen Brüdern;

⁹Bakbukja und Unni, ihre Brüder, waren ihnen gegenüber zum Dienst.

¹⁰Jesua zeugte Jojakim, Jojakim zeugte Eljasib, Eljasib zeugte Jojada,

¹¹Jojada zeugte Jonathan, Jonathan zeugte Jaddua.

¹²Und zu den Zeiten Jojakims waren diese Oberste der Vaterhäuser unter den Priestern: nämlich von Seraja war Meraja, von Jeremia war Hananja,

¹³von Esra war Mesullam, von Amarja war Johanan,

¹⁴von Malluch war Jonathan, von Sebanja war Joseph,

¹⁵von Harim war Adna, von Merajoth war Helkai,

¹⁶von Iddo war Sacharja, von Ginthon war Mesullam,

¹⁷von Abia war Sichri, von Minjamin-Moadja war Piltai,

¹⁸von Bilga war Sammua, von Semaja war Jonathan,

¹⁹von Jojarib war Matthnai, von Jedaja war Usi,

²⁰von Sallai war Kallai, von Amok war Eber,

²¹von Hilkia war Hasabja, von Jedaja war Nathanael.

²²Und zu den Zeiten Eljasibs, Jojadas, Johanans und Jadduas wurden die Obersten der Vaterhäuser unter den Leviten aufgeschrieben und die Priester, unter dem Königreich des Darius, des Persers.

²³Es wurden aber die Kinder Levi, die Obersten der Vaterhäuser, aufgeschrieben in der Chronik bis zur Zeit Johanans, des Sohnes Eljasibs.

²⁴Und dies waren die Obersten unter den Leviten: Hasabja, Serebja und Jesua, der Sohn Kadmiels; und ihre Brüder neben ihnen, verordnet, zu loben und zu danken, wie es David, der Mann Gottes, geboten hatte, eine Ordnung um die andere,

²⁵waren Matthanja, Bakbukja, Obadja. Aber Mesullam, Talmon und Akkub, die Torhüter, hatten die Hut an den Vorratskammern der Tore.

²⁶Diese waren zu den Zeiten Jojakims, des Sohnes Jesuas, des Sohnes Jozadaks, und zu den Zeiten Nehemias, des Landpflegers, und des Priesters Esra, des Schriftgelehrten.

²⁷Und bei der Einweihung der Mauer zu Jerusalem suchte man die Leviten aus allen ihren Orten, daß man sie gen Jerusalem brächte, zu halten Einweihung in Freuden, mit Danken, mit Singen, mit Zimbeln, Psalter und Harfen.

²⁸Und es versammelten sich die Kinder der Sänger von der Gegend um Jerusalem her und von den Höfen der Netophathiter

²⁹und von Beth-Gilgal und von den Äckern zu Geba und Asmaveth; denn die Sänger hatten sich Höfe gebaut um Jerusalem her.

³⁰Und die Priester und Leviten reinigten sich und reinigten das Volk, die Tore und die Mauer.

³¹Und ich ließ die Fürsten Juda's oben auf die Mauer steigen und bestellte zwei große Dankchöre. Die einen gingen hin zur Rechten oben auf der Mauer zum Misttor hin,

³²und ihnen ging nach Hosaja und die Hälfte der Fürsten Juda's

³³und Asarja, Esra, Mesullam,

³⁴Juda, Benjamin, Semaja und Jeremia

³⁵und etliche der Priester-Kinder mit Drommeten, dazu Sacharja, der Sohn Jonathans, des Sohnes Semajas, des Sohnes Matthanjas, des Sohnes Michajas, des Sohnes Sakkurs, des Sohnes Asaphs,

Nehemia

³⁶und seine Brüder: Semaja, Asareel, Milalai, Gilalai, Maai, Nathanael und Juda, Hanani, mit den Saitenspielen Davids, des Mannes Gottes, Esra aber, der Schriftgelehrte, vor ihnen her.

³⁷Und zogen zum Brunnentor hin und gingen stracks vor sich auf den Stufen zur Stadt Davids, die Mauer hinauf zu dem Hause Davids hinan und bis an das Wassertor gegen Morgen.

³⁸Der andere Dankchor ging ihnen gegenüber, und ich ihm nach und die Hälfte des Volks, oben auf der Mauer zum Ofenturm hinan und bis an die breite Mauer

³⁹und zum Tor Ephraim hinan und zum alten Tor und zum Fischtor und zum Turm Hananeel und zum Turm Mea bis an das Schaftor, und blieben stehen im Kerkertor.

⁴⁰Und standen also die zwei Dankchöre am Hause Gottes, und ich und die Hälfte der Obersten mit mir,

⁴¹und die Priester, nämlich Eljakim, Maaseja, Minjamin, Michaja, Eljoenai, Sacharja, Hananja mit Drommeten,

⁴²und Maaseja, Semaja, Eleasar, Usi, Johanan, Malchia, Elam und Eser. Und die Sänger sangen laut, und Jisrahja war der Vorsteher.

⁴³Und es wurden desselben Tages große Opfer geopfert, und sie waren fröhlich; denn Gott hatte ihnen eine große Freude gemacht, daß sich auch die Weiber und Kinder freuten, und man hörte die Freude Jerusalems ferne.

⁴⁴Zu der Zeit wurden verordnet Männer über die Vorratskammern, darin die Heben, Erstlinge und Zehnten waren, daß sie sammeln sollten von den Äckern um die Städte her, auszuteilen nach dem Gesetz für die Priester und Leviten; denn Juda hatte eine Freude an den Priestern und Leviten, daß sie standen

⁴⁵und warteten des Dienstes ihres Gottes und des Dienstes der Reinigung. Und die Sänger und Torhüter standen nach dem Gebot Davids und seines Sohnes Salomo;

⁴⁶denn vormals, zu den Zeiten Davids und Asaphs, wurden gestiftet die obersten Sänger und Loblieder und Dank zu Gott.

⁴⁷Aber ganz Israel gab den Sängern und Torhütern Teile zu den Zeiten Serubabels und Nehemias, einen jeglichen Tag sein Teil; und sie gaben Geheiligtes für die Leviten, die Leviten aber gaben Geheiligtes für die Kinder Aaron.

Kapitel 13

¹Und es ward zu der Zeit gelesen das Buch Mose vor den Ohren des Volks und ward gefunden darin geschrieben, daß die Ammoniter und Moabiter sollen nimmermehr in die Gemeinde Gottes kommen,

²darum daß sie den Kindern Israel nicht entgegenkamen mit Brot und Wasser und dingten sie wider Bileam, daß er sie verfluchen sollte; aber unser Gott wandte den Fluch in einen Segen.

³Da sie nun dies Gesetz hörten, schieden sie alle Fremdlinge von Israel.

⁴Und vor dem hatte der Priester Eljasib, der gesetzt war über die Kammern am Hause unsres Gottes, ein Verwandter des Tobia, demselben eine große Kammer gemacht;

⁵und dahin hatten sie zuvor gelegt Speisopfer, Weihrauch, Geräte und die Zehnten vom Getreide, Most und Öl, die Gebühr der Leviten, Sänger und Torhüter, dazu die Hebe der Priester.

⁶Aber bei diesem allem war ich nicht zu Jerusalem; denn im zweiunddreißigsten Jahr Arthahsasthas, des Königs zu Babel, kam ich zum König, und nach etlicher Zeit erwarb ich vom König,

⁷daß ich gen Jerusalem zog. Und ich merkte, daß nicht gut war, was Eljasib an Tobia getan hatte, da er sich eine Kammer machte im Hofe am Hause Gottes;

⁸und es verdroß mich sehr, und ich warf alle Geräte vom Hause hinaus vor die Kammer

⁹und hieß, daß sie die Kammern reinigten; und ich brachte wieder dahin das Gerät des Hauses Gottes, das Speisopfer und den Weihrauch.

¹⁰Und ich erfuhr, daß der Leviten Teile ihnen nicht gegeben waren, derhalben die Leviten und die Sänger, die das Geschäft des Amts ausrichten sollten, geflohen waren, ein jeglicher zu seinen Acker.

¹¹Da schalt ich die Obersten und sprach: Warum ist das Haus Gottes verlassen? Aber ich versammelte sie und stellte sie an ihre Stätte.

¹²Da brachte ganz Juda den Zehnten vom Getreide, Most und Öl zum Vorrat.

¹³Und ich setzte über die Vorräte Selemja, den Priester, und Zadok, den Schriftgelehrten, und aus den Leviten Pedaja und ihnen zur Hand Hanan, den Sohn Sakkurs, des Sohnes Matthanjas; denn sie wurden für treu gehalten, und ihnen ward befohlen, ihren Brüdern auszuteilen.

¹⁴Gedenke, mein Gott, mir daran und tilge nicht aus meine Barmherzigkeit, die ich an meines Gottes Hause und an seinem Dienst getan habe!

¹⁵Zur selben Zeit sah ich in Juda Kelter treten am Sabbat und Garben hereinbringen und Esel, beladen mit Wein, Trauben, Feigen und allerlei Last, gen Jerusalem bringen am Sabbattag. Und ich zeugte wider sie des Tages, da sie die Nahrung verkauften.

¹⁶Es wohnten auch Tyrer darin; die brachten Fische und allerlei Ware und verkauften's am Sabbat den Kinder Juda's in Jerusalem.

¹⁷Da schalt ich die Obersten in Juda und sprach zu ihnen: Was ist das für ein böses Ding, das ihr tut, und brecht den Sabbattag?

¹⁸Taten nicht eure Väter also, und unser Gott führte all dies Unglück über uns und über diese Stadt? Und ihr macht des Zorns über Israel noch mehr, daß ihr den Sabbat brecht!

¹⁹Und da es in den Toren zu Jerusalem dunkel ward vor dem Sabbat, hieß ich die Türen zuschließen und befahl, man sollte sie nicht auftun bis nach dem Sabbat. Und ich bestellte meiner Leute etliche an die Tore, daß man keine Last hereinbrächte am Sabbattage.

²⁰Da blieben die Krämer und Verkäufer mit allerlei Ware über Nacht draußen vor Jerusalem, ein Mal oder zwei.

²¹Da zeugte ich wider sie und sprach zu ihnen: Warum bleibt ihr über Nacht um die Mauer? Werdet ihr's noch einmal tun, so will ich Hand an euch legen. Von der Zeit an kamen sie des Sabbats nicht.

²²Und ich sprach zu den Leviten, daß sie sich reinigten und kämen und hüteten die Tore, zu heiligen den Sabbattag. Mein Gott, gedenke mir des auch und schone mein nach deiner großen Barmherzigkeit.

²³Ich sah auch zu der Zeit Juden, die Weiber genommen hatten von Asdod, Ammon und Moab.

²⁴Und ihre Kinder redeten die Hälfte asdodisch und konnten nicht jüdisch reden, sondern nach der Sprache eines jeglichen Volks.

²⁵Und ich schalt sie und fluchte ihnen und schlug etliche Männer und raufte sie und nahm einen Eid von ihnen bei Gott: Ihr sollt eure Töchter nicht geben ihren Söhnen noch ihre Töchter nehmen euren Söhnen oder euch selbst.

²⁶Hat nicht Salomo, der König Israels, daran gesündigt? Und war doch in vielen Heiden kein König ihm gleich, und er war seinem Gott lieb, und Gott setzte ihn zum König über ganz Israel; dennoch machten ihn die ausländischen Weiber sündigen.

²⁷Und von euch muß man das hören, daß ihr solches Übel tut, euch an unserm Gott zu vergreifen und ausländische Weiber zu nehmen?

²⁸Und einer aus den Kindern Jojadas, des Sohnes Eljasibs, des Hohenpriesters, war Saneballats, des Horoniters, Eidam; aber ich jagte ihn von mir.

²⁹Gedenke an sie, mein Gott, daß sie das Priestertum befleckt haben und den Bund des Priestertums und der Leviten!

³⁰Also reinigte ich sie von allem Ausländischen und bestellte den Dienst der Priester und Leviten, einen jeglichen zu seinem Geschäft,

³¹und für die Opfergaben an Holz zu bestimmten Zeiten und für die Erstlinge. Gedenke meiner, mein Gott, im Besten!

Ester

Kapitel 1

¹Zu den Zeiten Ahasveros (der da König war von Indien bis an Mohrenland über hundert und siebenundzwanzig Länder)

²und da er auf seinem königlichen Stuhl saß zu Schloß Susan,

³im dritten Jahr seines Königreichs, machte er bei sich ein Mahl allen seinen Fürsten und Knechten, den Gewaltigen in Persien und Medien, den Landpflegern und Obersten in seinen Ländern,

⁴daß er sehen ließe den herrlichen Reichtum seines Königreichs und die köstliche Pracht seiner Majestät viele Tage lang, hundert und achtzig Tage.

⁵Und da die Tage aus waren, machte der König ein Mahl allem Volk, das zu Schloß Susan war, Großen und Kleinen, sieben Tage lang im Hofe des Gartens am Hause des Königs.

⁶Da hingen weiße, rote und blaue Tücher, mit leinenen und scharlachnen Seilen gefaßt, in silbernen Ringen auf Marmorsäulen. Die Bänke waren golden und silbern auf Pflaster von grünem, weißem, gelbem und schwarzen Marmor.

⁷Und das Getränk trug man in goldenen Gefäßen und immer andern und andern Gefäßen, und königlichen Wein die Menge, wie denn der König vermochte.

⁸Und man setzte niemand, was er trinken sollte; denn der König hatte allen Vorstehern befohlen, daß ein jeglicher sollte tun, wie es ihm wohl gefiel.

⁹Und die Königin Vasthi machte auch ein Mahl für die Weiber im königlichen Hause des Königs Ahasveros.

¹⁰Und am siebenten Tage, da der König gutes Muts war vom Wein, hieß er Mehuman, Bistha, Harbona, Bigtha, Abagtha, Sethar und Charkas, die sieben Kämmerer, die vor dem König Ahasveros dienten,

¹¹daß sie die Königin Vasthi holten vor den König mit der königlichen Krone, daß er den Völkern und Fürsten zeigte ihre Schöne; denn sie war schön.

¹²Aber die Königin Vasthi wollte nicht kommen nach dem Wort des Königs durch seine Kämmerer. Da ward der König sehr zornig, und sein Grimm entbrannte in ihm.

¹³Und der König sprach zu den Weisen, die sich auf die Zeiten verstanden (denn des Königs Sachen mußten geschehen vor allen, die sich auf Recht und Händel verstanden;

¹⁴die nächsten aber die bei ihm waren Charsena, Sethar, Admatha, Tharsis, Meres, Marsena und Memuchan, die sieben Fürsten der Perser und Meder, die das Angesicht des Königs sahen und saßen obenan im Königreich),

¹⁵was für ein Recht man an der Königin Vasthi tun sollte, darum daß sie nicht getan hatte nach dem Wort des Königs durch seine Kämmerer.

¹⁶Da sprach Memuchan vor dem König und den Fürsten: Die Königin Vasthi hat nicht allein an dem König übel getan, sondern auch an allen Fürsten und an allen Völkern in allen Landen des Königs Ahasveros.

¹⁷Denn es wird solche Tat der Königin auskommen zu allen Weibern, daß sie ihre Männer verachten vor ihren Augen und werden sagen: Der König Ahasveros hieß die Königin Vasthi vor sich kommen; aber sie wollte nicht.

¹⁸So werden nun die Fürstinnen in Persien und Medien auch so sagen zu allen Fürsten des Königs, wenn sie solche Tat der Königin hören; so wird sich Verachtens und Zorn genug erheben.

¹⁹Gefällt es dem König, so lasse man ein königlich Gebot von ihm ausgehen und schreiben nach der Perser und Meder Gesetz, welches man nicht darf übertreten: daß Vasthi nicht mehr vor den König Ahasveros komme, und der König gebe ihre königliche Würde einer andern, die besser ist denn sie.

²⁰Und es erschalle dieser Befehl des Königs, den er geben wird, in sein ganzes Reich, welches groß ist, daß alle Weiber ihre Männer in Ehren halten, unter Großen und Kleinen.

²¹Das gefiel dem König und den Fürsten; und der König tat nach dem Wort Memuchans.

²²Da wurden Briefe ausgesandt in alle Länder des Königs, in ein jegliches Land nach seiner Schrift und zu jeglichem Volk nach seiner Sprache: daß ein jeglicher Mann der Oberherr in seinem Hause sei und ließe reden nach der Sprache seines Volkes.

Kapitel 2

¹Nach diesen Geschichten, da der Grimm des Königs Ahasveros sich gelegt hatte, gedachte er an Vasthi, was sie getan hatte und was über sie beschlossen war.

²Da sprachen die Diener des Königs, die ihm dienten: Man suche dem König junge, schöne Jungfrauen,

³und der König bestellte Männer in allen Landen seines Königreichs, daß sie allerlei junge, schöne Jungfrauen zusammenbringen gen Schloß Susan ins Frauenhaus unter der Hand Hegais, des Königs Kämmerers, der der Weiber wartet, und man gebe ihnen ihren Schmuck;

⁴und welche Dirne dem König gefällt, die werde Königin an Vasthis Statt. Das gefiel dem König, und er tat also.

⁵Es war aber ein jüdischer Mann zu Schloß Susan, der hieß Mardochai, ein Sohn Jairs, des Sohnes Simeis, des Sohnes des Kis, ein Benjaminiter,

⁶der mit weggeführt war von Jerusalem, da Jechonja, der König Juda's, weggeführt ward, welchen Nebukadnezar, der König zu Babel, wegführte.

⁷Und er war ein Vormund der Hadassa, das ist Esther, eine Tochter seines Oheims; denn sie hatte weder Vater noch Mutter. Und sie war eine schöne und feine Dirne. Und da ihr Vater und ihre Mutter starb, nahm sie Mardochai auf zur Tochter.

⁸Da nun das Gebot und Gesetz des Königs laut ward und viel Dirnen zuhaufe gebracht wurden gen Schloß Susan unter die Hand Hegais, ward Esther auch genommen zu des Königs Hause unter die Hand Hegais, des Hüters der Weiber.

⁹Und die Dirne gefiel ihm, und sie fand Barmherzigkeit vor ihm. Und er eilte mit ihrem Schmuck, daß er ihr ihren Teil gäbe und sieben feine Dirnen von des Königs Hause dazu. Und er tat sie mit ihren Dirnen an den besten Ort im Frauenhaus.

¹⁰Und Esther sagte ihm nicht an ihr Volk und ihre Freundschaft; denn Mardochai hatte ihr geboten, sie sollte es nicht ansagen.

¹¹Und Mardochai wandelte alle Tage vor dem Hofe am Frauenhaus, daß er erführe, ob's Esther wohl ginge und was ihr geschehen würde.

¹²Wenn aber die bestimmte Zeit einer jeglichen Dirne kam, daß sie zum König Ahasveros kommen sollte, nachdem sie zwölf Monate im Frauen-Schmücken gewesen war (denn ihr Schmücken mußte soviel Zeit haben, nämlich sechs Monate mit Balsam und Myrrhe und sechs Monate mit guter Spezerei, so waren denn die Weiber geschmückt):

¹³alsdann ging die Dirne zum König und alles, was sie wollte, mußte man ihr geben, daß sie damit vom Frauenhaus zu des Königs Hause ginge.

¹⁴Und wenn eine des Abends hineinkam, die ging des Morgens von ihm in das andere Frauenhaus unter die Hand des Saasgas, des Königs Kämmerers, des Hüters der Kebsweiber Und sie durfte nicht wieder zum König kommen, es lüstete denn den König und er ließ sie mit Namen rufen.

¹⁵Da nun die Zeit Esthers herankam, der Tochter Abihails, des Oheims Mardochais (die er zur Tochter hatte aufgenommen), daß sie zum König kommen sollte, begehrte sie nichts, denn was Hegai, des Königs Kämmerer, der Weiber Hüter, sprach. Und Esther fand Gnade vor allen, die sie ansahen.

¹⁶Es ward aber Esther genommen zum König Ahasveros ins königliche Haus im zehnten Monat, der da heißt Tebeth, im siebenten Jahr seines Königreichs.

¹⁷Und der König gewann Esther lieb über alle Weiber, und sie fand Gnade und Barmherzigkeit vor ihm vor allen Jungfrauen. Und er setzte die königliche Krone auf ihr Haupt und machte sie zur Königin an Vasthis Statt.

¹⁸Und der König machte ein großes Mahl allen seinen Fürsten und Knechten, das war ein Mahl um Esthers willen, und ließ die Länder ruhen und gab königliche Geschenke aus.

¹⁹Und da man das anderemal Jungfrauen versammelte, saß Mardochai im Tor des Königs.

²⁰Und Esther hatte noch nicht angesagt ihre Freundschaft noch ihr Volk, wie ihr Mardochai geboten hatte; denn Esther tat nach den Worten Mardochais, gleich als da er ihr Vormund war.

²¹Zur selben Zeit, da Mardochai im Tor des Königs saß, wurden zwei Kämmerer des Königs, Bigthan und Theres, die die Tür hüteten, zornig und trachteten ihre Hände an den König Ahasveros zu legen.

²²Das ward Mardochai kund, und er sagte es der Königin Esther, und Esther sagte es dem König in Mardochais Namen.

²³Und da man nachforschte, ward's gefunden, und sie wurden beide an Bäume gehängt. Und es ward geschrieben in die Chronik vor dem König.

Kapitel 3

¹Nach diesen Geschichten machte der König Ahasveros Haman groß, den Sohn Hammedathas, den Agagiter, und erhöhte ihn und setzte seinen Stuhl über alle Fürsten, die bei ihm waren.

²Und alle Knechte des Königs, die im Tor waren, beugten die Kniee und fielen vor Haman nieder; denn der König hatte es also geboten. Aber Mardochai beugte die Kniee nicht und fiel nicht nieder.

³Da sprachen des Königs Knechte, die im Tor des Königs waren, zu Mardochai: Warum übertrittst du des Königs Gebot?

⁴Und da sie solches täglich zu ihm sagten und er ihnen nicht gehorchte, sagten sie es Haman an, daß sie sähen, ob solch Tun Mardochais bestehen würde; denn er hatte ihnen gesagt, daß er ein Jude wäre.

⁵Und da nun Haman sah, daß Mardochai ihm nicht die Kniee beugte noch vor ihm niederfiel, ward er voll Grimms.

⁶Und verachtete es, daß er an Mardochai allein sollte die Hand legen, denn sie hatten ihm das Volk Mardochais angesagt; sondern er trachtete, das Volk Mardochais, alle Juden, so im ganzen Königreich des Ahasveros waren, zu vertilgen.

⁷Im ersten Monat, das ist der Monat Nisan, im zwölften Jahr des Königs Ahasveros, ward das Pur, das ist das Los, geworfen vor Haman, von einem Tage auf den andern und von Monat zu Monat bis auf den zwölften, das ist der Monat Adar.

⁸Und Haman sprach zum König Ahasveros: Es ist ein Volk, zerstreut in allen Ländern deines Königreichs, und ihr Gesetz ist anders denn aller Völker, und tun nicht nach des Königs Gesetzen; es ziemt dem König nicht, sie also zu lassen.

⁹Gefällt es dem König, so lasse er schreiben, daß man sie umbringe; so will ich zehntausend Zentner Silber darwägen unter die Hand der Amtleute, daß man's bringt in die Kammer des Königs.

¹⁰Da tat der König seinen Ring von der Hand und gab ihn Haman, dem Sohn Hammedathas, dem Agagiter, der Juden Feind.

¹¹Und der König sprach zu Haman: Das Silber sei dir gegeben, dazu das Volk, daß du damit tust, was dir gefällt.

¹²Da rief man die Schreiber des Königs am dreizehnten Tage des ersten Monats; und ward geschrieben, wie Haman befahl, an die Fürsten des Königs und zu den Landpflegern hin und her in den Ländern und zu den Hauptleuten eines jeglichen Volks in den Ländern hin und her, nach der Schrift eines jeglichen Volks und nach ihrer Sprache, im Namen des Königs Ahasveros und mit des Königs Ring versiegelt.

¹³Und die Briefe wurden gesandt durch die Läufer in alle Länder des Königs, zu vertilgen, zu erwürgen und umzubringen alle Juden, jung und alt, Kinder und Weiber, auf einen Tag, nämlich auf den dreizehnten Tag des zwölften Monats, das ist der Monat Adar, und ihr Gut zu rauben.

¹⁴Also war der Inhalt der Schrift: daß ein Gebot gegeben wäre in allen Ländern, allen Völkern zu eröffnen, daß sie auf denselben Tag bereit wären.

¹⁵Und die Läufer gingen aus eilend nach des Königs Wort, und zu Schloß Susan ward das Gebot angeschlagen. Und der König und Haman saßen und tranken; aber die Stadt Susan ward bestürzt.

Kapitel 4

¹Da Mardochai erfuhr alles, was geschehen war, zerriß er seine Kleider und legte einen Sack an und Asche und ging hinaus mitten in die Stadt und schrie laut und kläglich.

²Und kam bis vor das Tor des Königs; denn es durfte niemand zu des Königs Tor eingehen, der einen Sack anhatte.

³Und in allen Ländern, an welchen Ort des Königs Wort und Gebot gelangte, war ein großes Klagen unter den Juden, und viele fasteten, weinten trugen Leid und lagen in Säcken und in der Asche.

⁴Da kamen die Dirnen Esthers und ihre Kämmerer und sagten's ihr an. Da erschrak die Königin sehr. Und sie sandte Kleider, daß Mardochai sie anzöge und den Sack von sich legte; aber er nahm sie nicht.

⁵Da rief Esther Hathach unter des Königs Kämmerern, der vor ihr stand, und gab ihm Befehl an Mardochai, daß sie erführe, was das wäre und warum er so täte.

⁶Da ging Hathach hinaus zu Mardochai in die Gasse der Stadt, die vor dem Tor des Königs war.

⁷Und Mardochai sagte ihm alles, was ihm begegnet wäre, und die Summe des Silbers, das Haman versprochen hatte in des Königs Kammer darzuwägen um der Juden willen, sie zu vertilgen,

⁸und gab ihm die Abschrift des Gebots, das zu Susan angeschlagen war, sie zu vertilgen, daß er's Esther zeigte und ihr ansagte und geböte ihr, daß sie zum König hineininge und flehte zu ihm und täte eine Bitte an ihn um ihr Volk.

⁹Und da Hathach hineinkam und sagte Esther die Worte Mardochais,

¹⁰sprach Esther zu Hathach und gebot ihm an Mardochai:

¹¹Es wissen alle Knechte des Königs und das Volk in den Landen des Königs, daß, wer zum König hineingeht inwendig in den Hof, er sei Mann oder Weib, der nicht gerufen ist, der soll stracks nach dem Gebot sterben; es sei denn, daß der König das goldene Zepter gegen ihn recke, damit er lebendig bleibe. Ich aber bin nun in dreißig Tagen nicht gerufen, zum König hineinzukommen.

¹²Und da die Worte Esthers wurden Mardochai angesagt,

¹³hieß Mardochai Esther wieder sagen: Gedenke nicht, daß du dein Leben errettest, weil du im Hause des Königs bist, vor allen Juden;

¹⁴denn wo du wirst zu dieser Zeit schweigen, so wird eine Hilfe und Errettung von einem andern Ort her den Juden entstehen, und du und deines Vaters Haus werdet umkommen. Und wer weiß, ob du nicht um dieser Zeit willen zur königlichen Würde gekommen bist?

¹⁵Esther hieß Mardochai antworten:

¹⁶So gehe hin und versammle alle Juden, die zu Susan vorhanden sind, und fastet für mich, daß ihr nicht esset und trinket in drei Tagen, weder Tag noch Nacht; ich und meine Dirnen wollen auch also fasten. Und ich will zum König hineingehen wider das Gebot; komme ich um, so komme ich um.

¹⁷Mardochai ging hin und tat alles, was ihm Esther geboten hatte.

Kapitel 5

¹Und am dritten Tage zog sich Esther königlich an und trat in den inneren Hof am Hause des Königs gegenüber dem Hause des Königs. Und der König saß auf seinem königlichen Stuhl im königlichen Hause, gegenüber der Tür des Hauses.

²Und da der König sah Esther, die Königin, stehen im Hofe, fand sie Gnade vor seinen Augen. Und der König reckte das goldene Zepter in seiner Hand gegen Esther. Da trat Esther herzu und rührte die Spitze des Zepters an.

³Da sprach der König zu ihr: Was ist dir, Esther, Königin? und was forderst du? Auch die Hälfte des Königreichs soll dir gegeben werden.

⁴Esther sprach: Gefällt es dem König, so komme der König und Haman heute zu dem Mahl, das ich zugerichtet habe.

⁵Der König sprach: Eilet, daß Haman tue, was Esther gesagt hat! Da nun der König und Haman zu dem Mahl kamen, das Esther zugerichtet hatte,

⁶sprach der König zu Esther, da er Wein getrunken hatte: Was bittest du, Esther? Es soll dir gegeben werden. Und was forderst du? Auch die Hälfte des Königreichs, es soll geschehen.

⁷Da antwortete Esther und sprach: Meine Bitte und Begehr ist:

⁸Habe ich Gnade gefunden vor dem König, und so es dem König gefällt mir zu geben eine Bitte und zu tun mein Begehren, so komme der König und Haman zu dem Mahl, das ich für sie zurichten will; so will ich morgen Tun, was der König gesagt hat.

⁹Da ging Haman des Tages hinaus fröhlich und gutes Muts. Und da er sah Mardochai im Tor des Königs, daß er nicht aufstand noch sich vor ihm bewegte, ward er voll Zorns über Mardochai.

¹⁰Aber er hielt an sich. Und da er heimkam, sandte er hin und ließ holen seine Freunde und sein Weib Seres

¹¹und zählte ihnen auf die Herrlichkeit seines Reichtums und die Menge seiner Kinder und alles, wie ihn der König so groß gemacht hätte und daß er über die Fürsten und Knechte des Königs erhoben wäre.

¹²Auch sprach Haman: Und die Königin Esther hat niemand kommen lassen mit dem König zum Mahl, das sie zugerichtet hat, als mich; und ich bin morgen auch zu ihr geladen mit dem König.

¹³Aber an dem allem habe ich keine Genüge, solange ich sehe den Juden Mardochai am Königstor sitzen.

¹⁴Da sprachen zu ihm sein Weib Seres und alle Freunde: Man mache einen Baum, fünfzig Ellen hoch, und morgen sage dem König, daß man Mardochai daran hänge; so kommst du mit dem König fröhlich zum Mahl. Das gefiel Haman wohl, und er ließ einen Baum zurichten.

Kapitel 6

¹In derselben Nacht konnte der König nicht schlafen und hieß die Chronik mit den Historien bringen. Da die wurden vor dem König gelesen,

²fand sich's geschrieben, wie Mardochai hatte angesagt, daß die zwei Kämmerer des Königs, Bigthan und Theres, die an der Schwelle hüteten, getrachtet hätten, die Hand an den König Ahasveros zu legen.

³Und der König sprach: Was haben wir Mardochai Ehre und Gutes dafür getan? Da sprachen die Diener des Königs, die ihm dienten: Es ist ihm nichts geschehen.

⁴Und der König sprach: Wer ist im Hofe? Haman aber war in den Hof gegangen, draußen vor des Königs Hause, daß er dem König sagte, Mardochai zu hängen an den Baum, den er zubereitet hatte.

⁵Und des Königs Diener sprachen zu ihm: Siehe, Haman steht im Hofe. Der König sprach: Laßt ihn hereingehen!

⁶Und da Haman hineinkam, sprach der König zu ihm: Was soll man dem Mann tun, den der König gerne wollte ehren? Haman aber gedachte in seinem Herzen: Wem sollte der König anders gern wollen Ehre tun denn mir?

⁷Und Haman sprach zum König: Dem Mann, den der König gerne wollte ehren,

⁸soll man königliche Kleider bringen, die der König pflegt zu tragen, und ein Roß, darauf der König reitet, und soll eine königliche Krone auf sein Haupt setzen;

⁹und man soll solch Kleid und Roß geben in die Hand eines Fürsten des Königs, daß derselbe den Mann anziehe, den der König gern ehren wollte, und führe ihn auf dem Roß in der Stadt Gassen und lasse rufen vor ihm her: So wird man tun dem Mann, den der König gerne ehren will.

¹⁰Der König sprach zu Haman: Eile und nimm das Kleid und Roß, wie du gesagt hast, und tu also mit Mardochai, dem Juden, der vor dem Tor des Königs sitzt; und laß nichts fehlen an allem, was du geredet hast!

¹¹Da nahm Haman das Kleid und Roß und zog Mardochai an und führte ihn auf der Stadt Gassen und rief vor ihm her: So wird man tun dem Mann, den der König gerne ehren will.

¹²Und Mardochai kam wieder an das Tor des Königs. Haman aber eilte nach Hause, trug Leid mit verhülltem Kopf

¹³und erzählte seinem Weibe Seres und seinen Freunden allen alles, was ihm begegnet war. Da sprachen zu ihm seine Weisen und sein Weib Seres: Ist Mardochai vom Geschlecht der Juden, vor dem du zu fallen angehoben hast, so vermagst du nichts an ihm, sondern du wirst vor ihm fallen.

¹⁴Da sie aber noch mit ihm redeten, kamen herbei des Königs Kämmerer und trieben Haman, zum Mahl zu kommen, das Esther zugerichtet hatte.

Kapitel 7

¹Und da der König mit Haman kam zum Mahl, das die Königin Esther zugerichtet hatte,

²sprach der König zu Esther auch des andern Tages, da er Wein getrunken hatte: Was bittest du, Königin Esther, daß man's dir gebe? Und was forderst du? Auch das halbe Königreich, es soll geschehen.

³Esther, die Königin, antwortete und sprach: habe ich Gnade vor dir gefunden, o König, und gefällt es dem König, so gib mir mein Leben um meiner Bitte willen und mein Volk um meines Begehrens willen.

⁴Denn wir sind verkauft, ich und mein Volk, daß wir vertilgt, erwürgt und umgebracht werden. Und wären wir doch nur zu Knechten und Mägden verkauft, so wollte ich schweigen; so würde der Feind doch dem König nicht schaden.

⁵Der König Ahasveros redete und sprach zu der Königin Esther: Wer ist der, oder wo ist der, der solches in seinen Sinn nehmen dürfe, also zu tun?

⁶Esther sprach: Der Feind und Widersacher ist dieser böse Haman. Haman entsetzte sich vor dem König und der Königin.

⁷Und der König stand auf vom Mahl und vom Wein in seinem Grimm und ging in den Garten am Hause. Und Haman stand auf und bat die Königin Esther um sein Leben; denn er sah, daß ihm ein Unglück vom König schon bereitet war.

⁸Und da der König wieder aus dem Garten am Hause in den Saal, da man gegessen hatte, kam, lag Haman an der Bank, darauf Esther saß. Da sprach der König: Will er auch der Königin Gewalt tun bei mir im Hause? Da das Wort aus des Königs Munde ging, verhüllten sie Haman das Antlitz.

⁹Und Harbona, der Kämmerer einer vor dem König, sprach: Siehe, es steht ein Baum im Hause Haman, fünfzig Ellen hoch, den er Mardochai gemacht hatte, den Gutes für den König geredet hat. Der König sprach: Laßt ihn daran hängen!

¹⁰Also hängte man Haman an den Baum, den er Mardochai gemacht hatte. Da legte sich des Königs Zorn.

Kapitel 8

¹An dem Tage gab der König Ahasveros der Königin Esther das Haus Hamans, des Judenfeindes. Und Mardochai kam vor den König; denn Esther sagte an, wie er ihr zugehörte.

²Und der König tat ab von seinem Fingerreif, den er von Haman hatte genommen, und gab ihn Mardochai. Und Esther setzte Mardochai über das Haus Hamans.

³Und Esther redete weiter vor dem König und fiel ihm zu den Füßen und weinte und flehte ihn an, daß er zunichte machte die Bosheit Hamans, des Agagiters, und seine Anschläge, die er wider die Juden erdacht hatte.

⁴Und der König reckte das goldene Zepter gegen Esther. Da stand Esther auf und trat vor den König

⁵und sprach: Gefällt es dem König und habe ich Gnade gefunden vor ihm und ist's gelegen dem König und ich gefalle ihm, so schreibe man, daß die Briefe Hamans, des Sohnes Hammedathas, des Agagiters, widerrufen werden, die er geschrieben hat, die Juden umzubringen in allen Landen des Königs.

⁶Denn wie kann ich zusehen dem Übel, das mein Volk treffen würde? Und wie kann ich zusehen, daß mein Geschlecht umkomme?

⁷Da sprach der König Ahasveros zur Königin Esther und zu Mardochai, dem Juden: Siehe, ich habe Esther das Haus Hamans gegeben, und ihn hat man an einen Baum gehängt, darum daß er seine Hand hat an die Juden gelegt;

⁸so schreibt ihr nun für die Juden, wie es euch gefällt, in des Königs Namen und versiegelt's mit des Königs Ringe. Denn die Schriften, die in des Königs Namen geschrieben und mit des Königs Ring versiegelt wurden, durfte niemand widerrufen.

⁹Da wurden berufen des Königs Schreiber zu der Zeit im dritten Monat, das ist der Monat Sivan, am dreiundzwanzigsten Tage, und wurde geschrieben, wie Mardochai gebot, an die Juden und an die Fürsten, Landpfleger und Hauptleute in den Landen von Indien bis an das Mohrenland, nämlich hundert und siebenundzwanzig Länder, einem jeglichen Lande nach seiner Schrift, einem jeglichen Volk nach seiner Sprache, und den Juden nach ihrer Schrift und Sprache.

¹⁰Und es war geschrieben in des Königs Ahasveros Namen und mit des Königs Ring versiegelt, und er sandte die Briefe durch die reitenden Boten auf jungen Maultieren,

¹¹darin der König den Juden Macht gab, in welchen Städten sie auch waren, sich zu versammeln und zu stehen für ihr Leben und zu vertilgen, zu erwürgen und umzubringen alle Macht des Volkes und Landes, die sie ängsteten, samt den Kindern und Weibern, und ihr Gut zu rauben

¹²auf einen Tag in allen Ländern des Königs Ahasveros, nämlich am dreizehnten Tage des zwölften Monats, das ist der Monat Adar.

¹³Der Inhalt aber der Schrift war, daß ein Gebot gegeben wäre in allen Landen, zu eröffnen allen Völkern, daß die Juden bereit sein sollten, sich zu rächen an ihren Feinden.

¹⁴Und die reitenden Boten auf den Maultieren ritten aus schnell und eilend nach dem Wort des Königs, und das Gebot ward zu Schloß Susan angeschlagen.

¹⁵Mardochai aber ging aus von dem König in königlichen Kleidern, blau und weiß, und mit einer großen goldenen Krone, angetan mit einem Leinen-und Purpur-mantel; und die Stadt Susan jauchzte und war fröhlich.

¹⁶Den Juden aber war Licht und Freude und Wonne und Ehre gekommen.

¹⁷Und in allen Landen und Städten, an welchen Ort des Königs Wort und Gebot gelangte, da war Freude und Wonne unter den Juden, Wohlleben und gute Tage, daß viele aus den Völkern im Lande Juden wurden; denn die Furcht vor den Juden war über sie gekommen.

Kapitel 9

¹Im zwölften Monat, das ist der Monat Adar, am dreizehnten Tag, den des Königs Wort und Gebot bestimmt hatte, daß man's tun sollte, ebendesselben Tages, da die Feinde der Juden hofften, sie zu überwältigen, wandte sich's, daß die Juden ihre Feinde überwältigen sollten.

²Da versammelten sich die Juden in ihren Städten in allen Landen des Königs Ahasveros, daß sie die Hand legten an die, so ihnen übel wollten. Und niemand konnte ihnen widerstehen; denn ihre Furcht war über alle Völker gekommen.

³Auch alle Obersten in den Landen und Fürsten und Landpfleger

Ester

und Amtleute des Königs halfen den Juden; denn die Furcht vor Mardochai war über sie gekommen.

⁴Denn Mardochai war groß im Hause des Königs, und sein Gerücht erscholl in allen Ländern, wie er zunähme und groß würde.

⁵Also schlugen die Juden an allen ihren Feinden eine Schwertschlacht und würgten und raubten und brachten um und taten nach ihrem Willen an denen, die ihnen feind waren.

⁶Und zu Schloß Susan erwürgten die Juden und brachten um fünfhundert Mann;

⁷dazu erwürgten sie Parsandatha, Dalphon, Aspatha,

⁸Poratha, Adalja, Aridatha,

⁹Parmastha, Arisai, Aridai, Vajesatha,

¹⁰die zehn Söhne Hamans, des Sohne Hammedathas, des Judenfeindes. Aber an die Güter legten sie ihre Hände nicht.

¹¹Zu derselben Zeit kam die Zahl der Erwürgten zu Schloß Susan vor den König.

¹²Und der König sprach zu der Königin Esther: Die Juden haben zu Schloß Susan fünfhundert Mann erwürgt und umgebracht und die zehn Söhne Hamans; was werden sie tun in den andern Ländern des Königs? was bittest du, daß man dir gebe? und was forderst du mehr, daß man tue?

¹³Esther sprach: Gefällt's dem König, so lasse er auch morgen die Juden tun nach dem heutigen Gebot, und die zehn Söhne Hamans soll man an den Baum hängen.

¹⁴Und der König hieß also tun. Und das Gebot ward zu Susan angeschlagen, und die zehn Söhne Haman wurden gehängt.

¹⁵Und die Juden zu Susan versammelten sich auch am vierzehnten Tage des Monats Adar und erwürgten zu Susan dreihundert Mann; aber an ihre Güter legten sie ihre Hände nicht.

¹⁶Aber die andern Juden in den Ländern des Königs kamen zusammen und standen für ihr Leben, daß sie Ruhe schafften vor ihren Feinden, und erwürgten ihrer Feinde fünfundsiebzigtausend; aber an ihre Güter legten sie ihre Hände nicht.

¹⁷Das geschah am dreizehnten Tage des Monats Adar, und sie ruhten am vierzehnten Tage desselben Monats; den machte man zum Tage des Wohllebens und der Freude.

¹⁸Aber die Juden zu Susan waren zusammengekommen am dreizehnten und am vierzehnten Tage und ruhten am fünfzehnten Tag; und den Tag machte man zum Tage des Wohllebens und der Freude.

¹⁹Darum machten die Juden, die auf den Dörfern und Flecken wohnten, den vierzehnten Tag des Monats Adar zum Tag des Wohllebens und der Freude, und sandte einer dem andern Geschenke.

²⁰Und Mardochai schrieb diese Geschichten auf und sandte Briefe an alle Juden, die in den Landen des Königs Ahasveros waren, nahen und fernen,

²¹daß sie annähmen und hielten den vierzehnten und fünfzehnten Tag des Monats Adar jährlich,

²²nach den Tagen, darin die Juden zur Ruhe gekommen waren von ihren Feinden und nach dem Monat, darin ihre Schmerzen in Freude und ihr Leid in gute Tage verkehrt war; daß sie dieselben halten sollten als Tage des Wohllebens und der Freude und einer dem andern Geschenke schicken und den Armen mitteilen.

²³Und die Juden nahmen's an, was sie angefangen hatten zu tun und was Mardochai an sie schrieb:

²⁴wie Haman, der Sohn Hammedathas, der Agagiter, aller Juden Feind, gedacht hatte, alle Juden umzubringen, und das Pur, das ist das Los, werfen lassen, sie zu erschrecken und umzubringen;

²⁵und wie Esther zum König gegangen war und derselbe durch Briefe geboten hatte, daß seine bösen Anschläge, die er wider die Juden gedacht, auf seinen Kopf gekehrt würden; und wie man ihn und seine Söhne an den Baum gehängt hatte.

²⁶Daher sie diese Tage Purim nannten nach dem Namen des Loses. Und nach allen Worten dieses Briefes und dem, was sie selbst gesehen hatten und was an sie gelangt war,

²⁷richteten die Juden es auf und nahmen's auf sich und auf ihre Nachkommen und auf alle, die sich zu ihnen taten, daß sie nicht unterlassen wollten, zu halten diese zwei Tage jährlich, wie die vorgeschrieben und bestimmt waren;

²⁸daß diese Tage nicht vergessen, sondern zu halten seien bei Kindeskindern, bei allen Geschlechtern, in allen Ländern und Städten. Es sind die Tage Purim, welche nicht sollen übergangen werden unter den Juden, und ihr Gedächtnis soll nicht umkommen bei ihren Nachkommen.

²⁹Und die Königin Esther, die Tochter Abihails, und Mardochai, der Jude, schrieben mit ganzem Ernst, um es zu bestätigen, diesen zweiten Brief von Purim;

³⁰und er sandte die Briefe zu allen Juden in den hundert und siebenundzwanzig Ländern des Königreichs des Ahasveros mit freundlichen und treuen Worten:

³¹daß sie annähmen die Tage Purim auf die bestimmte Zeit, wie Mardochai, der Jude, über sie bestätigt hatte und die Königin Esther, und wie sie für sich selbst und ihre Nachkommen bestätigt hatten die Geschichte der Fasten und ihres Schreiens.

³²Und Esther befahl, die Geschichte dieser Purim zu bestätigen. Und es ward in ein Buch geschrieben.

Kapitel 10

¹Und der König Ahasveros legte Zins aufs Land und auf die Inseln im Meer.

²Aber alle Werke seiner Gewalt und Macht und die große Herrlichkeit Mardochais, die ihm der König gab, siehe, das ist geschrieben in der Chronik der Könige in Medien und Persien.

³Denn Mardochai, der Jude, war der nächste nach dem König Ahasveros und groß unter den Juden und angenehm unter der Menge seiner Brüder, der für sein Volk Gutes suchte und redete das Beste für sein ganzes Geschlecht.

Hiob

Kapitel 1

¹Es war ein Mann im Lande Uz, der hieß Hiob. Derselbe war schlecht und recht, gottesfürchtig und mied das Böse.

²Und zeugte sieben Söhne und drei Töchter;

³und seines Viehs waren siebentausend Schafe, dreitausend Kamele, fünfhundert Joch Rinder und fünfhundert Eselinnen, und er hatte viel Gesinde; und er war herrlicher denn alle, die gegen Morgen wohnten.

⁴Und seine Söhne gingen und machten ein Mahl, ein jeglicher in seinem Hause auf seinen Tag, und sandten hin und luden ihre drei Schwestern, mit ihnen zu essen und zu trinken.

⁵Und wenn die Tage des Mahls um waren, sandte Hiob hin und heiligte sie und machte sich des Morgens früh auf und opferte Brandopfer nach ihrer aller Zahl; denn Hiob gedachte: Meine Söhne möchten gesündigt und Gott abgesagt haben in ihrem Herzen. Also tat Hiob allezeit.

⁶Es begab sich aber auf einen Tag, da die Kinder Gottes kamen und vor den HERRN traten, kam der Satan auch unter ihnen.

⁷Der HERR aber sprach zu dem Satan: Wo kommst du her? Satan antwortete dem HERRN und sprach: Ich habe das Land umher durchzogen.

⁸Der HERR sprach zu Satan: Hast du nicht achtgehabt auf meinen Knecht Hiob? Denn es ist seinesgleichen nicht im Lande, schlecht und recht, gottesfürchtig und meidet das Böse.

⁹Der Satan antwortete dem HERRN und sprach: Meinst du, daß Hiob umsonst Gott fürchtet?

¹⁰Hast du doch ihn, sein Haus und alles, was er hat, ringsumher verwahrt. Du hast das Werk seiner Hände gesegnet, und sein Gut hat sich ausgebreitet im Lande.

¹¹Aber recke deine Hand aus und taste an alles, was er hat: was gilt's, er wird dir ins Angesicht absagen?

¹²Der HERR sprach zum Satan: Siehe, alles, was er hat, sei in deiner Hand; nur an ihn selbst lege deine Hand nicht. Da ging der Satan aus von dem HERRN.

¹³Des Tages aber, da seine Söhne und Töchter aßen und Wein tranken in ihres Bruders Hause, des Erstgeborenen,

¹⁴kam ein Bote zu Hiob und sprach: Die Rinder pflügten, und die Eselinnen gingen neben ihnen auf der Weide.

¹⁵da fielen die aus Saba herein und nahmen sie und schlugen die Knechte mit der Schärfe des Schwerts; und ich bin allein entronnen, daß ich dir's ansagte.

¹⁶Da er noch redete, kam ein anderer und sprach: Das Feuer Gottes fiel vom Himmel und verbrannte Schafe und Knechte und verzehrte sie; und ich bin allein entronnen, daß ich dir's ansagte.

¹⁷Da der noch redete, kam einer und sprach: Die Chaldäer machte drei Rotten und überfielen die Kamele und nahmen sie und schlugen die Knechte mit der Schärfe des Schwerts; und ich bin allein entronnen, daß ich dir's ansagte.

¹⁸Da der noch redete, kam einer und sprach: Deine Söhne und Töchter aßen und tranken im Hause ihres Bruders, des Erstgeborenen,

¹⁹Und siehe, da kam ein großer Wind von der Wüste her und stieß auf die vier Ecken des Hauses und warf's auf die jungen Leute, daß sie starben; und ich bin allein entronnen, daß ich dir's ansagte.

²⁰Da stand Hiob auf und zerriß seine Kleider und raufte sein Haupt und fiel auf die Erde und betete an

²¹und sprach: Ich bin nackt von meiner Mutter Leibe gekommen, nackt werde ich wieder dahinfahren. Der HERR hat's gegeben, der HERR hat's genommen; der Name des HERRN sei gelobt.

²²In diesem allem sündigte Hiob nicht und tat nichts Törichtes wider Gott.

Kapitel 2

¹Es begab sich aber des Tages, da die Kinder Gottes kamen und traten vor den HERRN, daß der Satan auch unter ihnen kam und vor den HERRN trat.

²Da sprach der HERR zu dem Satan: Wo kommst du her? Der Satan antwortete dem HERRN und sprach: Ich habe das Land umher durchzogen.

³Der HERR sprach zu dem Satan: Hast du nicht acht auf meinen Knecht Hiob gehabt? Denn es ist seinesgleichen im Lande nicht, schlecht und recht, gottesfürchtig und meidet das Böse und hält noch fest an seiner Frömmigkeit; du aber hast mich bewogen, daß ich ihn ohne Ursache verderbt habe.

⁴Der Satan antwortete dem HERRN und sprach: Haut für Haut; und alles was ein Mann hat, läßt er für sein Leben.

⁵Aber recke deine Hand aus und taste sein Gebein und Fleisch an: was gilt's, er wird dir ins Angesicht absagen?

⁶Der HERR sprach zu dem Satan: Siehe da, er ist in deiner Hand; doch schone seines Lebens!

⁷Da fuhr der Satan aus vom Angesicht des HERRN und schlug Hiob mit bösen Schwären von der Fußsohle an bis auf seinen Scheitel.

⁸Und er nahm eine Scherbe und schabte sich und saß in der Asche.

⁹Und sein Weib sprach zu ihm: Hältst du noch fest an deiner Frömmigkeit? Ja, sage Gott ab und stirb!

¹⁰Er aber sprach zu ihr: Du redest, wie die närrischen Weiber reden. Haben wir Gutes empfangen von Gott und sollten das Böse nicht auch annehmen? In diesem allem versündigte sich Hiob nicht mit seinen Lippen.

¹¹Da aber die drei Freunde Hiobs hörten all das Unglück, das über ihn gekommen war, kamen sie, ein jeglicher aus seinem Ort: Eliphas von Theman, Bildad von Suah und Zophar von Naema. Denn sie wurden eins, daß sie kämen, ihn zu beklagen und zu trösten.

¹²Und da sie ihre Augen aufhoben von ferne, kannten sie ihn nicht und hoben auf ihre Stimme und weinten, und ein jeglicher zerriß sein Kleid, und sie sprengten Erde auf ihr Haupt gen Himmel

¹³und saßen mit ihm auf der Erde sieben Tage und sieben Nächte und redeten nichts mit ihm; denn sie sahen, daß der Schmerz sehr groß war.

Kapitel 3

¹Darnach tat Hiob seinen Mund auf und verfluchte seinen Tag.

²Und Hiob sprach:

³Der Tag müsse verloren sein, darin ich geboren bin, und die Nacht, welche sprach: Es ist ein Männlein empfangen!

⁴Derselbe Tag müsse finster sein, und Gott von obenherab müsse nicht nach ihm fragen; kein Glanz müsse über ihn scheinen!

⁵Finsternis und Dunkel müssen ihn überwältigen, und dicke Wolken müssen über ihm bleiben, und der Dampf am Tage mache ihn gräßlich!

⁶Die Nacht müsse Dunkel einnehmen; sie müsse sich nicht unter den Tagen des Jahres freuen noch in die Zahl der Monden kommen!

⁷Siehe, die Nacht müsse einsam sein und kein Jauchzen darin sein!

⁸Es müssen sie verfluchen die Verflucher des Tages und die da bereit sind, zu erregen den Leviathan!

⁹Ihre Sterne müssen finster sein in ihrer Dämmerung; sie hoffe aufs Licht, und es komme nicht, und müsse nicht sehen die Wimpern der Morgenröte,

¹⁰darum daß sie nicht verschlossen hat die Tür des Leibes meiner Mutter und nicht verborgen das Unglück vor meinen Augen!

¹¹Warum bin ich nicht gestorben von Mutterleib an? Warum bin ich nicht verschieden, da ich aus dem Leibe kam?

¹²Warum hat man mich auf den Schoß gesetzt? Warum bin ich mit Brüsten gesäugt?

¹³So läge ich doch nun und wäre still, schliefe und hätte Ruhe

¹⁴mit den Königen und Ratsherren auf Erden, die das Wüste bauen,

¹⁵oder mit den Fürsten, die Gold haben und deren Häuser voll Silber sind.

¹⁶Oder wie eine unzeitige Geburt, die man verborgen hat, wäre ich gar nicht, wie Kinder, die das Licht nie gesehen haben.

¹⁷Daselbst müssen doch aufhören die Gottlosen mit Toben; daselbst ruhen doch, die viel Mühe gehabt haben.

¹⁸Da haben doch miteinander Frieden die Gefangenen und hören nicht die Stimme des Drängers.

¹⁹Da sind beide, klein und groß, und der Knecht ist frei von seinem Herrn.

²⁰Warum ist das Licht gegeben dem Mühseligen und das Leben den betrübten Herzen

²¹(die des Todes warten, und er kommt nicht, und grüben ihn wohl aus dem Verborgenen,

²²die sich sehr freuten und fröhlich wären, wenn sie ein Grab bekämen),

²³dem Manne, dessen Weg verborgen ist und vor ihm von Gott verzäunt ward?

²⁴Denn wenn ich essen soll, muß ich seufzen, und mein Heulen fährt heraus wie Wasser.

²⁵Denn was ich gefürchtet habe ist über mich gekommen, und was ich sorgte, hat mich getroffen.

Hiob

²⁶War ich nicht glückselig? War ich nicht fein stille? Hatte ich nicht gute Ruhe? Und es kommt solche Unruhe!

Kapitel 4

¹Da antwortete Eliphas von Theman und sprach:

²Du hast's vielleicht nicht gern, so man versucht, mit dir zu reden; aber wer kann sich's enthalten?

³Siehe, du hast viele unterwiesen und lässige Hände gestärkt;

⁴deine Rede hat die Gefallenen aufgerichtet, und die bebenden Kniee hast du gekräftigt.

⁵Nun aber es an dich kommt, wirst du weich; und nun es dich trifft, erschrickst du.

⁶Ist nicht deine Gottesfurcht dein Trost, deine Hoffnung die Unsträflichkeit deiner Wege?

⁷Gedenke doch, wo ist ein Unschuldiger umgekommen? oder wo sind die Gerechten je vertilgt?

⁸Wie ich wohl gesehen habe: die da Mühe pflügen und Unglück säten, ernteten es auch ein;

⁹durch den Odem Gottes sind sie umgekommen und vom Geist seines Zorns vertilgt.

¹⁰Das Brüllen der Löwen und die Stimme der großen Löwen und die Zähne der jungen Löwen sind zerbrochen.

¹¹Der Löwe ist umgekommen, daß er nicht mehr raubt, und die Jungen der Löwin sind zerstreut.

¹²Und zu mir ist gekommen ein heimlich Wort, und mein Ohr hat ein Wörtlein davon empfangen.

¹³Da ich Gesichte betrachtete in der Nacht, wenn der Schlaf auf die Leute fällt,

¹⁴da kam mich Furcht und Zittern an, und alle meine Gebeine erschraken.

¹⁵Und da der Geist an mir vorüberging standen mir die Haare zu Berge an meinem Leibe.

¹⁶Da stand ein Bild vor meinen Augen, und ich kannte seine Gestalt nicht; es war still, und ich hörte eine Stimme:

¹⁷Wie kann ein Mensch gerecht sein vor Gott? oder ein Mann rein sein vor dem, der ihn gemacht hat?

¹⁸Siehe, unter seinen Knechten ist keiner ohne Tadel, und seine Boten zeiht er der Torheit:

¹⁹wie viel mehr die in Lehmhäusern wohnen und auf Erde gegründet sind und werden von Würmern gefressen!

²⁰Es währt vom Morgen bis an den Abend, so werden sie zerschlagen; und ehe sie es gewahr werden, sind sie gar dahin,

²¹und ihre Nachgelassenen vergehen und sterben auch unversehens.

Kapitel 5

¹Rufe doch! was gilts, ob einer dir antworte? Und an welchen von den Heiligen willst du dich wenden?

²Einen Toren aber erwürgt wohl der Unmut, und den Unverständigen tötet der Eifer.

³Ich sah einen Toren eingewurzelt, und ich fluchte plötzlich seinem Hause.

⁴Seine Kinder werden fern sein vom Heil und werden zerschlagen werden im Tor, da kein Erretter sein wird.

⁵Seine Ernte wird essen der Hungrige und auch aus den Hecken sie holen, und sein Gut werden die Durstigen aussaufen.

⁶Denn Mühsal aus der Erde nicht geht und Unglück aus dem Acker nicht wächst;

⁷sondern der Mensch wird zu Unglück geboren, wie die Vögel schweben, emporzufliegen.

⁸Ich aber würde zu Gott mich wenden und meine Sache vor ihn bringen,

⁹der große Dinge tut, die nicht zu erforschen sind, und Wunder, die nicht zu zählen sind:

¹⁰der den Regen aufs Land gibt und läßt Wasser kommen auf die Gefilde;

¹¹der die Niedrigen erhöht und den Betrübten emporhilft.

¹²Er macht zunichte die Anschläge der Listigen, daß es ihre Hand nicht ausführen kann;

¹³er fängt die Weisen in ihrer Listigkeit und stürzt der Verkehrten Rat,

¹⁴daß sie des Tages in der Finsternis laufen und tappen am Mittag wie in der Nacht.

¹⁵Er hilft den Armen von dem Schwert, von ihrem Munde und von der Hand des Mächtigen,

¹⁶und ist des Armen Hoffnung, daß die Bosheit wird ihren Mund müssen zuhalten.

¹⁷Siehe, selig ist der Mensch, den Gott straft; darum weigere dich der Züchtigung des Allmächtigen nicht.

¹⁸Denn er verletzt und verbindet; er zerschlägt und seine Hand heilt.

¹⁹Aus sechs Trübsalen wird er dich erretten, und in der siebenten wird dich kein Übel rühren:

²⁰in der Teuerung wird er dich vom Tod erlösen und im Kriege von des Schwertes Hand;

²¹Er wird dich verbergen vor der Geißel Zunge, daß du dich nicht fürchtest vor dem Verderben, wenn es kommt;

²²im Verderben und im Hunger wirst du lachen und dich vor den wilden Tieren im Lande nicht fürchten;

²³sondern sein Bund wird sein mit den Steinen auf dem Felde, und die wilden Tiere im Lande werden Frieden mit dir halten.

²⁴Und du wirst erfahren, daß deine Hütte Frieden hat, und wirst deine Behausung versorgen und nichts vermissen,

²⁵und wirst erfahren, daß deines Samens wird viel werden und deine Nachkommen wie das Gras auf Erden,

²⁶und wirst im Alter zum Grab kommen, wie Garben eingeführt werden zu seiner Zeit.

²⁷Siehe, das haben wir erforscht und ist also; dem gehorche und merke du dir's.

Kapitel 6

¹Hiob antwortete und sprach:

²Wenn man doch meinen Unmut wöge und mein Leiden zugleich in die Waage legte!

³Denn nun ist es schwerer als Sand am Meer; darum gehen meine Worte irre.

⁴Denn die Pfeile des Allmächtigen stecken in mir: derselben Gift muß mein Geist trinken, und die Schrecknisse Gottes sind auf mich gerichtet.

⁵Das Wild schreit nicht, wenn es Gras hat; der Ochse blökt nicht, wenn er sein Futter hat.

⁶Kann man auch essen, was ungesalzen ist? Oder wer mag kosten das Weiße um den Dotter?

⁷Was meine Seele widerte anzurühren, das ist meine Speise, mir zum Ekel.

⁸O, daß meine Bitte geschähe und Gott gäbe mir, was ich hoffe!

⁹Daß Gott anfinge und zerschlüge mich und ließe seine Hand gehen und zerschmetterte mich!

¹⁰So hätte ich nun Trost, und wollte bitten in meiner Krankheit, daß er nur nicht schone, habe ich doch nicht verleugnet die Reden des Heiligen.

¹¹Was ist meine Kraft, daß ich möge beharren? und welches ist mein Ende, daß meine Seele geduldig sein sollte?

¹²Ist doch meine Kraft nicht steinern und mein Fleisch nicht ehern.

¹³Habe ich doch nirgend Hilfe, und mein Vermögen ist dahin.

¹⁴Wer Barmherzigkeit seinem Nächsten verweigert, der verläßt des Allmächtigen Furcht.

¹⁵Meine Brüder trügen wie ein Bach, wie Wasserströme, die vergehen,

¹⁶die trübe sind vom Eis, in die der Schnee sich birgt:

¹⁷zur Zeit, wenn sie die Hitze drückt, versiegen sie; wenn es heiß wird, vergehen sie von ihrer Stätte.

¹⁸Die Reisezüge gehen ab vom Wege, sie treten aufs Ungebahnte und kommen um;

¹⁹die Reisezüge von Thema blicken ihnen nach, die Karawanen von Saba hofften auf sie:

²⁰aber sie wurden zu Schanden über ihrer Hoffnung und mußten sich schämen, als sie dahin kamen.

²¹So seid ihr jetzt ein Nichts geworden, und weil ihr Jammer sehet, fürchtet ihr euch.

²²Habe ich auch gesagt: Bringet her von eurem Vermögen und schenkt mir

²³und errettet mich aus der Hand des Feindes und erlöst mich von der Hand der Gewalttätigen?

²⁴Lehret mich, so will ich schweigen; und was ich nicht weiß, darin unterweist mich.

²⁵Warum tadelt ihr rechte Rede? Wer ist unter euch, der sie strafen könnte?

²⁶Gedenket ihr, Worte zu strafen? Aber eines Verzweifelten Rede ist für den Wind.

²⁷Ihr fielet wohl über einen armen Waisen her und grübet eurem Nachbarn Gruben.

²⁸Doch weil ihr habt angehoben, sehet auf mich, ob ich vor euch mit Lügen bestehen werde.

²⁹Antwortet, was recht ist; meine Antwort wird noch recht bleiben.

³⁰Ist denn auf meiner Zunge Unrecht, oder sollte mein Gaumen Böses nicht merken?

Kapitel 7

¹Muß nicht der Mensch immer im Streit sein auf Erden, und sind seine Tage nicht wie eines Tagelöhners?

²Wie ein Knecht sich sehnt nach dem Schatten und ein Tagelöhner, daß seine Arbeit aus sei,

³also habe ich wohl ganze Monden vergeblich gearbeitet, und elender Nächte sind mir viel geworden.

⁴Wenn ich mich legte, sprach ich: Wann werde ich aufstehen? Und der Abend ward mir lang; ich wälzte mich und wurde des satt bis zur Dämmerung.

⁵Mein Fleisch ist um und um wurmig und knotig; meine Haut ist verschrumpft und zunichte geworden.

⁶Meine Tage sind leichter dahingeflogen denn die Weberspule und sind vergangen, daß kein Aufhalten dagewesen ist.

⁷Gedenke, daß mein Leben ein Wind ist und meine Augen nicht wieder Gutes sehen werden.

⁸Und kein lebendiges Auge wird mich mehr schauen; sehen deine Augen nach mir, so bin ich nicht mehr.

⁹Eine Wolke vergeht und fährt dahin: also, wer in die Hölle hinunterfährt, kommt nicht wieder herauf

¹⁰und kommt nicht wieder in sein Haus, und sein Ort kennt ihn nicht mehr.

¹¹Darum will ich auch meinem Munde nicht wehren; ich will reden in der Angst meines Herzens und will klagen in der Betrübnis meiner Seele.

¹²Bin ich denn ein Meer oder ein Meerungeheuer, daß du mich so verwahrst?

¹³Wenn ich gedachte: Mein Bett soll mich trösten, mein Lager soll mir meinen Jammer erleichtern,

¹⁴so erschrecktest du mich mit Träumen und machtest mir Grauen durch Gesichte,

¹⁵daß meine Seele wünschte erstickt zu sein und meine Gebeine den Tod.

¹⁶Ich begehre nicht mehr zu leben. Laß ab von mir, denn meine Tage sind eitel.

¹⁷Was ist ein Mensch, daß du ihn groß achtest und bekümmerst dich um ihn?

¹⁸Du suchst ihn täglich heim und versuchst ihn alle Stunden.

¹⁹Warum tust du dich nicht von mir und lässest mich nicht, bis ich nur meinen Speichel schlinge?

²⁰Habe ich gesündigt, was tue ich dir damit, o du Menschenhüter? Warum machst du mich zum Ziel deiner Anläufe, daß ich mir selbst eine Last bin?

²¹Und warum vergibst du mir meine Missetat nicht und nimmst weg meine Sünde? Denn nun werde ich mich in die Erde legen, und wenn du mich morgen suchst, werde ich nicht da sein.

Kapitel 8

¹Da antwortete Bildad von Suah und sprach:

²Wie lange willst du solches reden und sollen die Reden deines Mundes so einen stolzen Mut haben?

³Meinst du, daß Gott unrecht richte oder der Allmächtige das Recht verkehre?

⁴Haben deine Söhne vor ihm gesündigt, so hat er sie verstoßen um ihrer Missetat willen.

⁵So du aber dich beizeiten zu Gott tust und zu dem Allmächtigen flehst,

⁶und so du rein und fromm bist, so wird er aufwachen zu dir und wird wieder aufrichten deine Wohnung um deiner Gerechtigkeit willen;

⁷und was du zuerst wenig gehabt hast, wird hernach gar sehr zunehmen.

⁸Denn frage die vorigen Geschlechter und merke auf das, was ihr Väter erforscht haben;

⁹denn wir sind von gestern her und wissen nichts; unser Leben ist ein Schatten auf Erden.

¹⁰Sie werden dich's lehren und dir sagen und ihre Rede aus ihrem Herzen hervorbringen:

¹¹"Kann auch ein Rohr aufwachsen, wo es nicht feucht steht? oder Schilf wachsen ohne Wasser?

¹²Sonst wenn's noch in der Blüte ist, ehe es abgehauen wird, verdorrt es vor allem Gras.

¹³So geht es allen denen, die Gottes vergessen; und die Hoffnung der Heuchler wird verloren sein.

¹⁴Denn seine Zuversicht vergeht, und seine Hoffnung ist eine Spinnwebe.

¹⁵Er verläßt sich auf sein Haus, und wird doch nicht bestehen; er wird sich daran halten, aber doch nicht stehenbleiben.

¹⁶Er steht voll Saft im Sonnenschein, und seine Reiser wachsen hervor in seinem Garten.

¹⁷Seine Saat steht dick bei den Quellen und sein Haus auf Steinen.

¹⁸Wenn er ihn aber verschlingt von seiner Stätte, wird sie sich gegen ihn stellen, als kennte sie ihn nicht.

¹⁹Siehe, das ist die Freude seines Wesens; und aus dem Staube werden andere wachsen."

²⁰Darum siehe, daß Gott nicht verwirft die Frommen und erhält nicht die Hand der Boshaften,

²¹bis daß dein Mund voll Lachens werde und deine Lippen voll Jauchzens.

²²Die dich aber hassen, werden zu Schanden werden, und der Gottlosen Hütte wird nicht bestehen.

Kapitel 9

¹Hiob antwortete und sprach:

²Ja, ich weiß gar wohl, daß es also ist und daß ein Mensch nicht recht behalten mag gegen Gott.

³Hat er Lust, mit ihm zu hadern, so kann er ihm auf tausend nicht eins antworten.

⁴Er ist weise und mächtig; wem ist's je gelungen, der sich wider ihn gelegt hat?

⁵Er versetzt Berge, ehe sie es innewerden, die er in seinem Zorn umkehrt.

⁶Er bewegt die Erde aus ihrem Ort, daß ihre Pfeiler zittern.

⁷Er spricht zur Sonne, so geht sie nicht auf, und versiegelt die Sterne.

⁸Er breitet den Himmel aus allein und geht auf den Wogen des Meeres.

⁹Er macht den Wagen am Himmel und Orion und die Plejaden und die Sterne gegen Mittag.

¹⁰Er tut große Dinge, die nicht zu erforschen sind, und Wunder, deren keine Zahl ist.

¹¹Siehe, er geht an mir vorüber, ehe ich's gewahr werde, und wandelt vorbei, ehe ich's merke.

¹²Siehe, wenn er hinreißt, wer will ihm wehren? Wer will zu ihm sagen: Was machst du?

¹³Er ist Gott; seinen Zorn kann niemand stillen; unter ihn mußten sich beugen die Helfer Rahabs.

¹⁴Wie sollte ich denn ihm antworten und Worte finden gegen ihn?

¹⁵Wenn ich auch recht habe, kann ich ihm dennoch nicht antworten, sondern ich müßte um mein Recht flehen.

¹⁶Wenn ich ihn schon anrufe, und er mir antwortet, so glaube ich doch nicht, daß er meine Stimme höre.

¹⁷Denn er fährt über mich mit Ungestüm und macht mir Wunden viel ohne Ursache.

¹⁸Er läßt meinen Geist sich nicht erquicken, sondern macht mich voll Betrübnis.

¹⁹Will man Macht, so ist er zu mächtig; will man Recht, wer will mein Zeuge sein?

²⁰Sage ich, daß ich gerecht bin, so verdammt er mich doch; bin ich Unschuldig, so macht er mich doch zu Unrecht.

²¹Ich bin unschuldig! ich frage nicht nach meiner Seele, begehre keines Lebens mehr.

²²Es ist eins, darum sage ich: Er bringt um beide, den Frommen und den Gottlosen.

²³Wenn er anhebt zu geißeln, so dringt er alsbald zum Tod und spottet der Anfechtung der Unschuldigen.

²⁴Das Land aber wird gegeben unter die Hand der Gottlosen, und der Richter Antlitz verhüllt er. Ist's nicht also, wer anders sollte es tun?

²⁵Meine Tage sind schneller gewesen denn ein Läufer; sie sind geflohen und haben nichts Gutes erlebt.

²⁶Sie sind dahingefahren wie die Rohrschiffe, wie ein Adler fliegt zur Speise.

²⁷Wenn ich gedenke: Ich will meiner Klage vergessen und meine Gebärde lassen fahren und mich erquicken,

²⁸so fürchte ich alle meine Schmerzen, weil ich weiß, daß du mich nicht unschuldig sein lässest.

²⁹Ich muß ja doch ein Gottloser sein; warum mühe ich mich denn so vergeblich?

³⁰Wenn ich mich gleich mit Schneewasser wüsche und reinigte mein Hände mit Lauge,

Hiob

³¹so wirst du mich doch tauchen in Kot, und so werden mir meine Kleider greulich anstehen.

³²Denn er ist nicht meinesgleichen, dem ich antworten könnte, daß wir vor Gericht miteinander kämen.

³³Es ist zwischen uns kein Schiedsmann, der seine Hand auf uns beide lege.

³⁴Er nehme von mir seine Rute und lasse seinen Schrecken von mir,

³⁵daß ich möge reden und mich nicht vor ihm fürchten dürfe; denn ich weiß, daß ich kein solcher bin.

Kapitel 10

¹Meine Seele verdrießt mein Leben; ich will meiner Klage bei mir ihren Lauf lassen und reden in der Betrübnis meiner Seele

²und zu Gott sagen: Verdamme mich nicht! laß mich wissen, warum du mit mir haderst.

³Gefällt dir's, daß du Gewalt tust und mich verwirfst, den deine Hände gemacht haben, und bringst der Gottlosen Vornehmen zu Ehren?

⁴Hast du denn auch fleischliche Augen, oder siehst du, wie ein Mensch sieht?

⁵Oder ist deine Zeit wie eines Menschen Zeit, oder deine Jahre wie eines Mannes Jahre?

⁶daß du nach einer Missetat fragest und suchest meine Sünde,

⁷so du doch weißt wie ich nicht gottlos sei, so doch niemand ist, der aus deiner Hand erretten könne.

⁸Deine Hände haben mich bereitet und gemacht alles, was ich um und um bin; und du wolltest mich verderben?

⁹Gedenke doch, daß du mich aus Lehm gemacht hast; und wirst mich wieder zu Erde machen?

¹⁰Hast du mich nicht wie Milch hingegossen und wie Käse lassen gerinnen?

¹¹Du hast mir Haut und Fleisch angezogen; mit Gebeinen und Adern hast du mich zusammengefügt.

¹²Leben und Wohltat hast du an mir getan, und dein Aufsehen bewahrt meinen Odem.

¹³Aber dies verbargst du in deinem Herzen, ich weiß, daß du solches im Sinn hattest:

¹⁴wenn ich sündigte, so wolltest du es bald merken und meine Missetat nicht ungestraft lassen.

¹⁵Bin ich gottlos, dann wehe mir! bin ich gerecht, so darf ich doch mein Haupt nicht aufheben, als der ich voll Schmach bin und sehe mein Elend.

¹⁶Und wenn ich es aufrichte, so jagst du mich wie ein Löwe und handelst wiederum wunderbar an mir.

¹⁷Du erneuest deine Zeugen wider mich und machst deines Zornes viel auf mich; es zerplagt mich eins über das andere in Haufen.

¹⁸Warum hast du mich aus Mutterleib kommen lassen? Ach, daß ich wäre umgekommen und mich nie ein Auge gesehen hätte!

¹⁹So wäre ich, als die nie gewesen sind, von Mutterleibe zum Grabe gebracht.

²⁰Ist denn mein Leben nicht kurz? So höre er auf und lasse ab von mir, daß ich ein wenig erquickt werde,

²¹ehe ich denn hingehe und komme nicht wieder, ins Land der Finsternis und des Dunkels,

²²ins Land da es stockfinster ist und da keine Ordnung ist, und wenn's hell wird, so ist es wie Finsternis.

Kapitel 11

¹Da antwortete Zophar von Naema und sprach:

²Wenn einer lang geredet, muß er nicht auch hören? Muß denn ein Schwätzer immer recht haben?

³Müssen die Leute zu deinem eitlen Geschwätz schweigen, daß du spottest und niemand dich beschäme?

⁴Du sprichst: Meine Rede ist rein, und lauter bin ich vor deinen Augen.

⁵Ach, daß Gott mit dir redete und täte seine Lippen auf

⁶und zeigte dir die heimliche Weisheit! Denn er hätte noch wohl mehr an dir zu tun, auf daß du wissest, daß er deiner Sünden nicht aller gedenkt.

⁷Meinst du, daß du wissest, was Gott weiß, und wollest es so vollkommen treffen wie der Allmächtige?

⁸Es ist höher denn der Himmel; was willst du tun? tiefer denn die Hölle; was kannst du wissen?

⁹länger denn die Erde und breiter denn das Meer.

¹⁰So er daherfährt und gefangen legt und Gericht hält, wer will's ihm wehren?

¹¹Denn er kennt die losen Leute, sieht die Untugend, und sollte es nicht merken?

¹²Ein unnützer Mann bläht sich, und ein geborener Mensch will sein wie ein junges Wild.

¹³Wenn du dein Herz richtetest und deine Hände zu ihm ausbreitetest;

¹⁴wenn du die Untugend, die in deiner Hand ist, fern von dir tätest, daß in deiner Hütte kein Unrecht bliebe:

¹⁵so möchtest du dein Antlitz aufheben ohne Tadel und würdest fest sein und dich nicht fürchten.

¹⁶Dann würdest du der Mühsal vergessen und so wenig gedenken als des Wassers, das vorübergeht;

¹⁷und die Zeit deines Lebens würde aufgehen wie der Mittag, und das Finstere würde ein lichter Morgen werden;

¹⁸und dürftest dich dessen trösten, daß Hoffnung da sei; würdest dich umsehen und in Sicherheit schlafen legen;

¹⁹würdest ruhen, und niemand würde dich aufschrecken; und viele würden vor dir flehen.

²⁰Aber die Augen der Gottlosen werden verschmachten, und sie werden nicht entrinnen können; denn Hoffnung wird ihrer Seele fehlen.

Kapitel 12

¹Da antwortete Hiob und sprach:

²Ja, ihr seid die Leute, mit euch wird die Weisheit sterben!

³Ich habe so wohl ein Herz als ihr und bin nicht geringer denn ihr; und wer ist, der solches nicht wisse?

⁴Ich muß von meinem Nächsten verlacht sein, der ich Gott anrief, und er erhörte mich. Der Gerechte und Fromme muß verlacht sein

⁵und ist ein verachtet Lichtlein vor den Gedanken der Stolzen, steht aber, daß sie sich daran ärgern.

⁶Der Verstörer Hütten haben die Fülle, und Ruhe haben, die wider Gott toben, die ihren Gott in der Faust führen.

⁷Frage doch das Vieh, das wird dich's lehren und die Vögel unter dem Himmel, die werden dir's sagen;

⁸oder rede mit der Erde, die wird dich's lehren, und die Fische im Meer werden dir's erzählen.

⁹Wer erkennte nicht an dem allem, daß des HERRN Hand solches gemacht hat?

¹⁰daß in seiner Hand ist die Seele alles dessen, was da lebt, und der Geist des Fleisches aller Menschen?

¹¹Prüft nicht das Ohr die Rede? und der Mund schmeckt die Speise?

¹²Ja, "bei den Großvätern ist die Weisheit, und der Verstand bei den Alten".

¹³Bei ihm ist Weisheit und Gewalt, Rat und Verstand.

¹⁴Siehe, wenn er zerbricht, so hilft kein Bauen; wenn er jemand einschließt, kann niemand aufmachen.

¹⁵Siehe, wenn er das Wasser verschließt, so wird alles dürr; und wenn er's ausläßt, so kehrt es das Land um.

¹⁶Er ist stark und führt es aus. Sein ist, der da irrt und der da verführt.

¹⁷Er führt die Klugen wie einen Raub und macht die Richter toll.

¹⁸Er löst auf der Könige Zwang und bindet mit einem Gurt ihre Lenden.

¹⁹Er führt die Priester wie einen Raub und bringt zu Fall die Festen.

²⁰Er entzieht die Sprache den Bewährten und nimmt weg den Verstand der Alten.

²¹Er schüttet Verachtung auf die Fürsten und macht den Gürtel der Gewaltigen los.

²²Er öffnet die finsteren Gründe und bringt heraus das Dunkel an das Licht.

²³Er macht etliche zu großem Volk und bringt sie wieder um. Er breitet ein Volk aus und treibt es wieder weg.

²⁴Er nimmt weg den Mut der Obersten des Volkes im Lande und macht sie irre auf einem Umwege, da kein Weg ist,

²⁵daß sie in Finsternis tappen ohne Licht; und macht sie irre wie die Trunkenen.

Kapitel 13

¹Siehe, das alles hat mein Auge gesehen und mein Ohr gehört, und ich habe es verstanden.

²Was ihr wißt, das weiß ich auch; und bin nicht geringer denn ihr.

³Doch wollte ich gern zu dem Allmächtigen reden und wollte gern mit Gott rechten.

⁴Aber ihr deutet's fälschlich und seid alle unnütze Ärzte.

⁵Wollte Gott, ihr schwieget, so wäret ihr weise.

⁶Höret doch meine Verantwortung und merket auf die Sache,

davon ich rede!

⁷Wollt ihr Gott verteidigen mit Unrecht und für ihn List brauchen?
⁸Wollt ihr seine Person ansehen? Wollt ihr Gott vertreten?
⁹Wird's euch auch wohl gehen, wenn er euch richten wird? Meint ihr, daß ihr ihn täuschen werdet, wie man einen Menschen täuscht?
¹⁰Er wird euch strafen, wo ihr heimlich Person ansehet.
¹¹Wird er euch nicht erschrecken, wenn er sich wird hervortun, und wird seine Furcht nicht über euch fallen?
¹²Eure Denksprüche sind Aschensprüche; eure Bollwerke werden wie Lehmhaufen sein.
¹³Schweiget mir, daß ich rede, es komme über mich, was da will.
¹⁴Was soll ich mein Fleisch mit meinen Zähnen davontragen und meine Seele in meine Hände legen?
¹⁵Siehe, er wird mich doch erwürgen, und ich habe nichts zu hoffen; doch will ich meine Wege vor ihm verantworten.
¹⁶Er wird ja mein Heil sein; denn es kommt kein Heuchler vor ihn.
¹⁷Höret meine Rede, und meine Auslegung gehe ein zu euren Ohren.
¹⁸Siehe, ich bin zum Rechtsstreit gerüstet; ich weiß, daß ich recht behalten werde.
¹⁹Wer ist, der mit mir rechten könnte? Denn dann wollte ich schweigen und verscheiden.
²⁰Zweierlei tue mir nur nicht, so will ich mich vor dir nicht verbergen:
²¹laß deine Hand fern von mir sein, und dein Schrecken erschrecke mich nicht!
²²Dann rufe, ich will antworten, oder ich will reden, antworte du mir!
²³Wie viel ist meiner Missetaten und Sünden? Laß mich wissen meine Übertretung und Sünde.
²⁴Warum verbirgst du dein Antlitz und hältst mich für deinen Feind?
²⁵Willst du wider ein fliegend Blatt so ernst sein und einen dürren Halm verfolgen?
²⁶Denn du schreibst mir Betrübnis an und willst über mich bringen die Sünden meiner Jugend.
²⁷Du hast meinen Fuß in den Stock gelegt und hast acht auf alle meine Pfade und siehst auf die Fußtapfen meiner Füße,
²⁸der ich doch wie Moder vergehe und wie ein Kleid, das die Motten fressen.

Kapitel 14

¹Der Mensch, vom Weibe geboren, lebt kurze Zeit und ist voll Unruhe,
²geht auf wie eine Blume und fällt ab, flieht wie ein Schatten und bleibt nicht.
³Und du tust deine Augen über einen solchen auf, daß du mich vor dir ins Gericht ziehest.
⁴Kann wohl ein Reiner kommen von den Unreinen? Auch nicht einer.
⁵Er hat seine bestimmte Zeit, die Zahl seiner Monden steht bei dir; du hast ein Ziel gesetzt, das wird er nicht überschreiten.
⁶So tu dich von ihm, daß er Ruhe habe, bis daß seine Zeit komme, deren er wie ein Tagelöhner wartet.
⁷Ein Baum hat Hoffnung, wenn er schon abgehauen ist, daß er sich wieder erneue, und seine Schößlinge hören nicht auf.
⁸Ob seine Wurzel in der Erde veraltet und sein Stamm im Staub erstirbt,
⁹so grünt er doch wieder vom Geruch des Wassers und wächst daher, als wäre er erst gepflanzt.
¹⁰Aber der Mensch stirbt und ist dahin; er verscheidet, und wo ist er?
¹¹Wie ein Wasser ausläuft aus dem See, und wie ein Strom versiegt und vertrocknet,
¹²so ist ein Mensch, wenn er sich legt, und wird nicht aufstehen und wird nicht aufwachen, solange der Himmel bleibt, noch von seinem Schlaf erweckt werden.
¹³Ach daß du mich in der Hölle verdecktest und verbärgest, bis dein Zorn sich lege, und setztest mir ein Ziel, daß du an mich dächtest.
¹⁴Wird ein toter Mensch wieder leben? Alle Tage meines Streites wollte ich harren, bis daß meine Veränderung komme!
¹⁵Du würdest rufen und ich dir antworten; es würde dich verlangen nach dem Werk deiner Hände.
¹⁶Jetzt aber zählst du meine Gänge. Hast du nicht acht auf meine Sünden?
¹⁷Du hast meine Übertretungen in ein Bündlein versiegelt und meine Missetat zusammengefaßt.

¹⁸Zerfällt doch ein Berg und vergeht, und ein Fels wird von seinem Ort versetzt;
¹⁹Wasser wäscht Steine weg, und seine Fluten flößen die Erde weg: aber des Menschen Hoffnung ist verloren.
²⁰denn du stößest ihn gar um, daß er dahinfährt, veränderst sein Wesen und lässest ihn fahren.
²¹Sind seine Kinder in Ehren, das weiß er nicht; oder ob sie gering sind, des wird er nicht gewahr.
²²Nur sein eigen Fleisch macht ihm Schmerzen, und seine Seele ist ihm voll Leides.

Kapitel 15

¹Da antwortete Eliphas von Theman und sprach:
²Soll ein weiser Mann so aufgeblasene Worte reden und seinen Bauch so blähen mit leeren Reden?
³Du verantwortest dich mit Worten, die nicht taugen, und dein Reden ist nichts nütze.
⁴Du hast die Furcht fahren lassen und redest verächtlich vor Gott.
⁵Denn deine Missetat lehrt deinen Mund also, und hast erwählt eine listige Zunge.
⁶Dein Mund verdammt dich, und nicht ich; deine Lippen zeugen gegen dich.
⁷Bist du der erste Mensch geboren? bist du vor allen Hügeln empfangen?
⁸Hast du Gottes heimlichen Rat gehört und die Weisheit an dich gerissen?
⁹Was weißt du, das wir nicht wissen? was verstehst du, das nicht bei uns sei?
¹⁰Es sind Graue und Alte unter uns, die länger gelebt haben denn dein Vater.
¹¹Sollten Gottes Tröstungen so gering vor dir gelten und ein Wort, in Lindigkeit zu dir gesprochen?
¹²Was nimmt dein Herz vor? was siehst du so stolz?
¹³Was setzt sich dein Mut gegen Gott, daß du solche Reden aus deinem Munde lässest?
¹⁴Was ist ein Mensch, daß er sollte rein sein, und daß er sollte gerecht sein, der von einem Weibe geboren ist?
¹⁵Siehe, unter seinen Heiligen ist keiner ohne Tadel, und die im Himmel sind nicht rein vor ihm.
¹⁶Wie viel weniger ein Mensch, der ein Greuel und schnöde ist, der Unrecht säuft wie Wasser.
¹⁷Ich will dir's zeigen, höre mir zu, und ich will dir erzählen, was ich gesehen habe,
¹⁸was die Weisen gesagt haben und ihren Vätern nicht verhohlen gewesen ist,
¹⁹welchen allein das Land gegeben war, daß kein Fremder durch sie gehen durfte:
²⁰"Der Gottlose bebt sein Leben lang, und dem Tyrannen ist die Zahl seiner Jahre verborgen.
²¹Was er hört, das schreckt ihn; und wenn's gleich Friede ist, fürchtet er sich, der Verderber komme,
²²glaubt nicht, daß er möge dem Unglück entrinnen, und versieht sich immer des Schwerts.
²³Er zieht hin und her nach Brot, und es dünkt ihn immer, die Zeit seines Unglücks sei vorhanden.
²⁴Angst und Not schrecken ihn und schlagen ihn nieder wie ein König mit seinem Heer.
²⁵Denn er hat seine Hand wider Gott gestreckt und sich wider den Allmächtigen gesträubt.
²⁶Er läuft mit dem Kopf an ihn und ficht halsstarrig wider ihn.
²⁷Er brüstet sich wie ein fetter Wanst und macht sich feist und dick.
²⁸Er wohnt in verstörten Städten, in Häusern, da man nicht bleiben darf, die auf einem Haufen liegen sollen.
²⁹Er wird nicht reich bleiben, und sein Gut wird nicht bestehen, und sein Glück wird sich nicht ausbreiten im Lande.
³⁰Unfall wird nicht von ihm lassen. Die Flamme wird seine Zweige verdorren, und er wird ihn durch den Odem seines Mundes wegnehmen.
³¹Er wird nicht bestehen, denn er ist in seinem eiteln Dünkel betrogen; und eitel wird sein Lohn werden.
³²Er wird ein Ende nehmen vor der Zeit; und sein Zweig wird nicht grünen.
³³Er wird abgerissen werden wie eine unzeitige Traube vom Weinstock, und wie ein Ölbaum seine Blüte abwirft.
³⁴Denn der Heuchler Versammlung wird einsam bleiben; und das Feuer wird fressen die Hütten derer, die Geschenke nehmen.

³⁵Sie gehen schwanger mit Unglück und gebären Mühsal, und ihr Schoß bringt Trug."

Kapitel 16

¹Hiob antwortete und sprach:

²Ich habe solches oft gehört. Ihr seid allzumal leidige Tröster!

³Wollen die leeren Worte kein Ende haben? Oder was macht dich so frech, also zu reden?

⁴Ich könnte auch wohl reden wie ihr. Wäre eure Seele an meiner Statt, so wollte ich auch Worte gegen euch zusammenbringen und mein Haupt also über euch schütteln.

⁵Ich wollte euch stärken mit dem Munde und mit meinen Lippen trösten.

⁶Aber wenn ich schon rede, so schont mein der Schmerz nicht; lasse ich's anstehen so geht er nicht von mir.

⁷Nun aber macht er mich müde und verstört alles, was ich bin.

⁸Er hat mich runzlig gemacht, das zeugt wider mich; und mein Elend steht gegen mich auf und verklagt mich ins Angesicht.

⁹Sein Grimm zerreißt, und der mir gram ist, beißt die Zähne über mich zusammen; mein Widersacher funkelt mit seinen Augen auf mich.

¹⁰Sie haben ihren Mund aufgesperrt gegen mich und haben mich schmählich auf meine Backen geschlagen; sie haben ihren Mut miteinander an mir gekühlt.

¹¹Gott hat mich übergeben dem Ungerechten und hat mich in der Gottlosen Hände kommen lassen.

¹²Ich war in Frieden, aber er hat mich zunichte gemacht; er hat mich beim Hals genommen und zerstoßen und hat mich zum Ziel aufgerichtet.

¹³Er hat mich umgeben mit seinen Schützen; er hat meine Nieren gespalten und nicht verschont; er hat meine Galle auf die Erde geschüttet.

¹⁴Er hat mir eine Wunde über die andere gemacht; er ist an mich gelaufen wie ein Gewaltiger.

¹⁵Ich habe einen Sack um meine Haut genäht und habe mein Horn in den Staub gelegt.

¹⁶Mein Antlitz ist geschwollen von Weinen, und meine Augenlider sind verdunkelt,

¹⁷wiewohl kein Frevel in meiner Hand ist und mein Gebet ist rein.

¹⁸Ach Erde, bedecke mein Blut nicht! und mein Geschrei finde keine Ruhestätte!

¹⁹Auch siehe da, meine Zeuge ist mein Himmel; und der mich kennt, ist in der Höhe.

²⁰Meine Freunde sind meine Spötter; aber mein Auge tränt zu Gott,

²¹daß er entscheiden möge zwischen dem Mann und Gott, zwischen dem Menschenkind und seinem Freunde.

²²Denn die bestimmten Jahre sind gekommen, und ich gehe hin des Weges, den ich nicht wiederkommen werde.

Kapitel 17

¹Mein Odem ist schwach, und meine Tage sind abgekürzt; das Grab ist da.

²Fürwahr, Gespött umgibt mich, und auf ihrem Hadern muß mein Auge weilen.

³Sei du selber mein Bürge bei dir; wer will mich sonst vertreten?

⁴Denn du hast ihrem Herzen den Verstand verborgen; darum wirst du ihnen den Sieg geben.

⁵Es rühmt wohl einer seinen Freunden die Ausbeute; aber seiner Kinder Augen werden verschmachten.

⁶Er hat mich zum Sprichwort unter den Leuten gemacht, und ich muß mir ins Angesicht speien lassen.

⁷Mein Auge ist dunkel geworden vor Trauern, und alle meine Glieder sind wie ein Schatten.

⁸Darüber werden die Gerechten sich entsetzen, und die Unschuldigen werden sich entrüsten gegen die Heuchler.

⁹Aber der Gerechte wird seinen Weg behalten; und wer reine Hände hat, wird an Stärke zunehmen.

¹⁰Wohlan, so kehrt euch alle her und kommt; ich werde doch keinen Weisen unter euch finden.

¹¹Meine Tage sind vergangen; meine Anschläge sind zerrissen, die mein Herz besessen haben.

¹²Sie wollen aus der Nacht Tag machen und aus dem Tage Nacht.

¹³Wenn ich gleich lange harre, so ist doch bei den Toten mein Haus, und in der Finsternis ist mein Bett gemacht;

¹⁴Die Verwesung heiße ich meinen Vater und die Würmer meine Mutter und meine Schwester:

¹⁵was soll ich denn harren? und wer achtet mein Hoffen?

¹⁶Hinunter zu den Toten wird es fahren und wird mit mir in dem Staub liegen.

Kapitel 18

¹Da antwortete Bildad von Suah und sprach:

²Wann wollt ihr der Reden ein Ende machen? Merkt doch; darnach wollen wir reden.

³Warum werden wir geachtet wie Vieh und sind so unrein vor euren Augen?

⁴Willst du vor Zorn bersten? Meinst du, daß um deinetwillen die Erde verlassen werde und der Fels von seinem Ort versetzt werde?

⁵Und doch wird das Licht der Gottlosen verlöschen, und der Funke seines Feuers wird nicht leuchten.

⁶Das Licht wird finster werden in seiner Hütte, und seine Leuchte über ihm verlöschen.

⁷Seine kräftigen Schritte werden in die Enge kommen, und sein Anschlag wird ihn fällen.

⁸Denn er ist mit seinen Füßen in den Strick gebracht und wandelt im Netz.

⁹Der Strick wird seine Ferse halten, und die Schlinge wird ihn erhaschen.

¹⁰Sein Strick ist gelegt in die Erde, und seine Falle auf seinem Gang.

¹¹Um und um wird ihn schrecken plötzliche Furcht, daß er nicht weiß, wo er hinaus soll.

¹²Hunger wird seine Habe sein, und Unglück wird ihm bereit sein und anhangen.

¹³Die Glieder seines Leibes werden verzehrt werden; seine Glieder wird verzehren der Erstgeborene des Todes.

¹⁴Seine Hoffnung wird aus seiner Hütte ausgerottet werden, und es wird ihn treiben zum König des Schreckens.

¹⁵In seiner Hütte wird nichts bleiben; über seine Stätte wird Schwefel gestreut werden.

¹⁶Von unten werden verdorren seine Wurzeln, und von oben abgeschnitten seine Zweige.

¹⁷Sein Gedächtnis wird vergehen in dem Lande, und er wird keinen Namen haben auf der Gasse.

¹⁸Er wird vom Licht in die Finsternis vertrieben und vom Erdboden verstoßen werden.

¹⁹Er wird keine Kinder haben und keine Enkel unter seinem Volk; es wird ihm keiner übrigbleiben in seinen Gütern.

²⁰Die nach ihm kommen, werden sich über seinen Tag entsetzen; und die vor ihm sind, wird eine Furcht ankommen.

²¹Das ist die Wohnung des Ungerechten; und dies ist die Stätte des, der Gott nicht achtet.

Kapitel 19

¹Hiob antwortete und sprach:

²Wie lange plagt ihr doch meine Seele und peinigt mich mit Worten?

³Ihr habt mich nun zehnmal gehöhnt und schämt euch nicht, daß ihr mich also umtreibt.

⁴Irre ich, so irre ich mir.

⁵Wollt ihr wahrlich euch über mich erheben und wollt meine Schmach mir beweisen,

⁶so merkt doch nun einmal, daß mir Gott Unrecht tut und hat mich mit seinem Jagdstrick umgeben.

⁷Siehe, ob ich schon schreie über Frevel, so werde ich doch nicht erhört; ich rufe, und ist kein Recht da.

⁸Er hat meinen Weg verzäunt, daß ich nicht kann hinübergehen, und hat Finsternis auf meinen Steig gestellt.

⁹Er hat meine Ehre mir ausgezogen und die Krone von meinem Haupt genommen.

¹⁰Er hat mich zerbrochen um und um und läßt mich gehen und hat ausgerissen meine Hoffnung wie einen Baum.

¹¹Sein Zorn ist über mich ergrimmt, und er achtet mich für seinen Feind.

¹²Seine Kriegsscharen sind miteinander gekommen und haben ihren Weg gegen mich gebahnt und haben sich um meine Hütte her gelagert.

¹³Er hat meine Brüder fern von mir getan, und meine Verwandten sind mir fremd geworden.

¹⁴Meine Nächsten haben sich entzogen, und meine Freunde haben mein vergessen.

¹⁵Meine Hausgenossen und meine Mägde achten mich für fremd; ich bin unbekannt geworden vor ihren Augen.

¹⁶Ich rief meinen Knecht, und er antwortete mir nicht; ich mußte

ihn anflehen mit eigenem Munde.

¹⁷Mein Odem ist zuwider meinem Weibe, und ich bin ein Ekel den Kindern meines Leibes.

¹⁸Auch die jungen Kinder geben nichts auf mich; wenn ich ihnen widerstehe, so geben sie mir böse Worte.

¹⁹Alle meine Getreuen haben einen Greuel an mir; und die ich liebhatte, haben sich auch gegen mich gekehrt.

²⁰Mein Gebein hanget an mir an Haut und Fleisch, und ich kann meine Zähne mit der Haut nicht bedecken.

²¹Erbarmt euch mein, erbarmt euch mein, ihr meine Freunde! denn die Hand Gottes hat mich getroffen.

²²Warum verfolgt ihr mich gleich wie Gott und könnt meines Fleisches nicht satt werden?

²³Ach daß meine Reden geschrieben würden! ach daß sie in ein Buch gestellt würden!

²⁴mit einem eisernen Griffel auf Blei und zum ewigem Gedächtnis in Stein gehauen würden!

²⁵Aber ich weiß, daß mein Erlöser lebt; und als der letzte wird er über dem Staube sich erheben.

²⁶Und nachdem diese meine Haut zerschlagen ist, werde ich ohne mein Fleisch Gott sehen.

²⁷Denselben werde ich mir sehen, und meine Augen werden ihn schauen, und kein Fremder. Darnach sehnen sich meine Nieren in meinem Schoß.

²⁸Wenn ihr sprecht: Wie wollen wir ihn verfolgen und eine Sache gegen ihn finden!

²⁹so fürchtet euch vor dem Schwert; denn das Schwert ist der Zorn über die Missetaten, auf daß ihr wißt, daß ein Gericht sei.

Kapitel 20

¹Da antwortete Zophar von Naema und sprach:

²Darauf muß ich antworten und kann nicht harren.

³Denn ich muß hören, wie man mich straft und tadelt; aber der Geist meines Verstandes soll für mich antworten.

⁴Weißt du nicht, daß es allezeit so gegangen ist, seitdem Menschen auf Erden gewesen sind:

⁵daß der Ruhm der Gottlosen steht nicht lange und die Freude des Heuchlers währt einen Augenblick?

⁶Wenngleich seine Höhe in den Himmel reicht und sein Haupt an die Wolken rührt,

⁷so wird er doch zuletzt umkommen wie Kot, daß die, welche ihn gesehen haben, werden sagen: Wo ist er?

⁸Wie ein Traum vergeht, so wird er auch nicht zu finden sein, und wie ein Gesicht in der Nacht verschwindet.

⁹Welch Auge ihn gesehen hat, wird ihn nicht mehr sehen; und seine Stätte wird ihn nicht mehr schauen.

¹⁰Seine Kinder werden betteln gehen, und seine Hände müssen seine Habe wieder hergeben.

¹¹Seine Gebeine werden seine heimlichen Sünden wohl bezahlen, und sie werden sich mit ihm in die Erde legen.

¹²Wenn ihm die Bosheit in seinem Munde wohl schmeckt, daß er sie birgt unter seiner Zunge,

¹³daß er sie hegt und nicht losläßt und sie zurückhält in seinem Gaumen,

¹⁴so wird seine Speise inwendig im Leibe sich verwandeln in Otterngalle.

¹⁵Die Güter, die er verschlungen hat, muß er wieder ausspeien, und Gott wird sie aus seinem Bauch stoßen.

¹⁶Er wird der Ottern Gift saugen, und die Zunge der Schlange wird ihn töten.

¹⁷Er wird nicht sehen die Ströme noch die Wasserbäche, die mit Honig und Butter fließen.

¹⁸Er wird arbeiten, und des nicht genießen; und seine Güter werden andern, daß er deren nicht froh wird.

¹⁹Denn er hat unterdrückt und verlassen den Armen; er hat Häuser an sich gerissen, die er nicht erbaut hat.

²⁰Denn sein Wanst konnte nicht voll werden; so wird er mit seinem köstlichen Gut nicht entrinnen.

²¹Nichts blieb übrig vor seinem Fressen; darum wird sein gutes Leben keinen Bestand haben.

²²Wenn er gleich die Fülle und genug hat, wird ihm doch angst werden; aller Hand Mühsal wird über ihn kommen.

²³Es wird ihm der Wanst einmal voll werden, wenn er wird den Grimm seines Zorns über ihn senden und über ihn wird regnen lassen seine Speise.

²⁴Er wird fliehen vor dem eisernen Harnisch, und der eherne Bogen wird ihn verjagen.

²⁵Ein bloßes Schwert wird durch ihn ausgehen; und des Schwertes Blitz, der ihm bitter sein wird, wird mit Schrecken über ihn fahren.

²⁶Es ist keine Finsternis da, die ihn verdecken möchte. Es wird ihn ein Feuer verzehren, das nicht angeblasen ist; und wer übrig ist in seiner Hütte, dem wird's übel gehen.

²⁷Der Himmel wird seine Missetat eröffnen, und die Erde wird sich gegen ihn setzen.

²⁸Das Getreide in seinem Hause wird weggeführt werden, zerstreut am Tage seines Zorns.

²⁹Das ist der Lohn eines gottlosen Menschen bei Gott und das Erbe, das ihm zugesprochen wird von Gott.

Kapitel 21

¹Hiob antwortete und sprach:

²Hört doch meiner Rede zu und laßt mir das anstatt eurer Tröstungen sein!

³Vertragt mich, daß ich auch rede, und spottet darnach mein!

⁴Handle ich denn mit einem Menschen? oder warum sollte ich ungeduldig sein?

⁵Kehrt euch her zu mir; ihr werdet erstarren und die Hand auf den Mund legen müssen.

⁶Wenn ich daran denke, so erschrecke ich, und Zittern kommt mein Fleisch an.

⁷Warum leben denn die Gottlosen, werden alt und nehmen zu an Gütern?

⁸Ihr Same ist sicher um sie her, und ihre Nachkömmlinge sind bei ihnen.

⁹Ihr Haus hat Frieden vor der Furcht, und Gottes Rute ist nicht über ihnen.

¹⁰Seinen Stier läßt man zu, und es mißrät ihm nicht; seine Kuh kalbt und ist nicht unfruchtbar.

¹¹Ihre jungen Kinder lassen sie ausgehen wie eine Herde, und ihre Knaben hüpfen.

¹²Sie jauchzen mit Pauken und Harfen und sind fröhlich mit Flöten.

¹³Sie werden alt bei guten Tagen und erschrecken kaum einen Augenblick vor dem Tode,

¹⁴die doch sagen zu Gott: "Hebe dich von uns, wir wollen von deinen Wegen nicht wissen!

¹⁵Wer ist der Allmächtige, daß wir ihm dienen sollten? oder was sind wir gebessert, so wir ihn anrufen?"

¹⁶"Aber siehe, ihr Glück steht nicht in ihren Händen; darum soll der Gottlosen Sinn ferne von mir sein."

¹⁷Wie oft geschieht's denn, daß die Leuchte der Gottlosen verlischt und ihr Unglück über sie kommt? daß er Herzeleid über sie austeilt in seinem Zorn?

¹⁸daß sie werden wie Stoppeln vor dem Winde und wie Spreu, die der Sturmwind wegführt?

¹⁹"Gott spart desselben Unglück auf seine Kinder". Er vergelte es ihm selbst, daß er's innewerde.

²⁰Seine Augen mögen sein Verderben sehen, und vom Grimm des Allmächtigen möge er trinken.

²¹Denn was ist ihm gelegen an seinem Hause nach ihm, wenn die Zahl seiner Monden ihm zugeteilt ist?

²²Wer will Gott lehren, der auch die Hohen richtet?

²³Dieser stirbt frisch und gesund in allem Reichtum und voller Genüge,

²⁴sein Melkfaß ist voll Milch, und seine Gebeine werden gemästet mit Mark;

²⁵jener aber stirbt mit betrübter Seele und hat nie mit Freuden gegessen;

²⁶und liegen gleich miteinander in der Erde, und Würmer decken sie zu.

²⁷Siehe, ich kenne eure Gedanken wohl und euer frevles Vornehmen gegen mich.

²⁸Denn ihr sprecht: "Wo ist das Haus des Fürsten? und wo ist die Hütte, da die Gottlosen wohnten?"

²⁹Habt ihr denn die Wanderer nicht befragt und nicht gemerkt ihre Zeugnisse?

³⁰Denn der Böse wird erhalten am Tage des Verderbens, und am Tage des Grimms bleibt er.

³¹Wer will ihm ins Angesicht sagen, was er verdient? wer will ihm vergelten, was er tut?

³²Und er wird zu Grabe geleitet und hält Wache auf seinem Hügel.

³³Süß sind ihm die Schollen des Tales, und alle Menschen ziehen ihm nach; und derer, die ihm vorangegangen sind, ist keine Zahl.

³⁴Wie tröstet ihr mich so vergeblich, und eure Antworten finden

Hiob
sich unrecht!

Kapitel 22

¹Da antwortete Eliphas von Theman und sprach:

²Kann denn ein Mann Gottes etwas nützen? Nur sich selber nützt ein Kluger.

³Meinst du, dem Allmächtigen liege daran, daß du gerecht seist? Was hilft's ihm, wenn deine Wege ohne Tadel sind?

⁴Meinst du wegen deiner Gottesfurcht strafe er dich und gehe mit dir ins Gericht?

⁵Nein, deine Bosheit ist zu groß, und deiner Missetaten ist kein Ende.

⁶Du hast etwa deinem Bruder ein Pfand genommen ohne Ursache; du hast den Nackten die Kleider ausgezogen;

⁷du hast die Müden nicht getränkt mit Wasser und hast dem Hungrigen dein Brot versagt,

⁸du hast Gewalt im Lande geübt und prächtig darin gegessen;

⁹die Witwen hast du leer lassen gehen und die Arme der Waisen zerbrochen.

¹⁰Darum bist du mit Stricken umgeben, und Furcht hat dich plötzlich erschreckt.

¹¹Solltest du denn nicht die Finsternis sehen und die Wasserflut, die dich bedeckt?

¹²Ist nicht Gott hoch droben im Himmel? Siehe, die Sterne an droben in der Höhe!

¹³Und du sprichst: "Was weiß Gott? Sollte er, was im Dunkeln ist, richten können?

¹⁴Die Wolken sind die Vordecke, und er sieht nicht; er wandelt im Umkreis des Himmels."

¹⁵Achtest du wohl auf den Weg, darin vorzeiten die Ungerechten gegangen sind?

¹⁶die vergangen sind, ehe denn es Zeit war, und das Wasser hat ihren Grund weggewaschen;

¹⁷die zu Gott sprachen: "Hebe dich von uns! was sollte der Allmächtige uns tun können?"

¹⁸so er doch ihr Haus mit Gütern füllte. Aber der Gottlosen Rat sei ferne von mir.

¹⁹Die Gerechten werden es sehen und sich freuen, und der Unschuldige wird ihrer spotten:

²⁰"Fürwahr, unser Widersacher ist verschwunden; und sein Übriggelassenes hat das Feuer verzehrt."

²¹So vertrage dich nun mit ihm und habe Frieden; daraus wird dir viel Gutes kommen.

²²Höre das Gesetz von seinem Munde und fasse seine Reden in dein Herz.

²³Wirst du dich bekehren zu dem Allmächtigen, so wirst du aufgebaut werden. Tue nur Unrecht ferne hinweg von deiner Hütte

²⁴und wirf in den Staub dein Gold und zu den Steinen der Bäche das Ophirgold,

²⁵so wird der Allmächtige dein Gold sein und wie Silber, das dir zugehäuft wird.

²⁶Dann wirst du Lust haben an dem Allmächtigen und dein Antlitz zu Gott aufheben.

²⁷So wirst du ihn bitten, und er wird dich hören, und wirst dein Gelübde bezahlen.

²⁸Was du wirst vornehmen, wird er dir lassen gelingen; und das Licht wird auf deinem Wege scheinen.

²⁹Denn die sich demütigen, die erhöht er; und wer seine Augen niederschlägt, der wird genesen.

³⁰Auch der nicht unschuldig war wird errettet werden; er wird aber errettet um deiner Hände Reinigkeit willen.

Kapitel 23

¹Hiob antwortete und sprach:

²Meine Rede bleibt noch betrübt; meine Macht ist schwach über meinem Seufzen.

³Ach daß ich wüßte, wie ich ihn finden und zu seinem Stuhl kommen möchte

⁴und das Recht vor ihm sollte vorlegen und den Mund voll Verantwortung fassen

⁵und erfahren die Reden, die er mir antworten, und vernehmen, was er mir sagen würde!

⁶Will er mit großer Macht mit mir rechten? Er stelle sich nicht so gegen mich,

⁷sondern lege mir's gleich vor, so will ich mein Recht wohl gewinnen.

⁸Aber ich gehe nun stracks vor mich, so ist er nicht da; gehe ich zurück, so spüre ich ihn nicht;

⁹ist er zur Linken, so schaue ich ihn nicht; verbirgt er sich zur Rechten, so sehe ich ihn nicht.

¹⁰Er aber kennt meinen Weg wohl. Er versuche mich, so will ich erfunden werden wie das Gold.

¹¹Denn ich setze meinen Fuß auf seine Bahn und halte seinen Weg und weiche nicht ab

¹²und trete nicht von dem Gebot seiner Lippen und bewahre die Rede seines Mundes mehr denn mein eigen Gesetz.

¹³Doch er ist einig; wer will ihm wehren? Und er macht's wie er will.

¹⁴Denn er wird vollführen, was mir bestimmt ist, und hat noch viel dergleichen im Sinne.

¹⁵Darum erschrecke ich vor ihm; und wenn ich's bedenke, so fürchte ich mich vor ihm.

¹⁶Gott hat mein Herz blöde gemacht, und der Allmächtige hat mich erschreckt.

¹⁷Denn die Finsternis macht kein Ende mit mir, und das Dunkel will vor mir nicht verdeckt werden.

Kapitel 24

¹Warum sind von dem Allmächtigen nicht Zeiten vorbehalten, und warum sehen, die ihn kennen, seine Tage nicht?

²Man verrückt die Grenzen, raubt die Herde und weidet sie.

³Sie treiben der Waisen Esel weg und nehmen der Witwe Ochsen zum Pfande.

⁴Die Armen müssen ihnen weichen, und die Dürftigen im Lande müssen sich verkriechen.

⁵Siehe, wie Wildesel in der Wüste gehen sie hinaus an ihr Werk und suchen Nahrung; die Einöde gibt ihnen Speise für ihre Kinder.

⁶Sie ernten auf dem Acker, was er trägt, und lesen den Weinberg des Gottlosen.

⁷Sie liegen in der Nacht nackt ohne Gewand und haben keine Decke im Frost.

⁸Sie müssen sich zu den Felsen halten, wenn ein Platzregen von den Bergen auf sie gießt, weil sie sonst keine Zuflucht haben.

⁹Man reißt das Kind von den Brüsten und macht's zum Waisen und macht die Leute arm mit Pfändern.

¹⁰Den Nackten lassen sie ohne Kleider gehen, und den Hungrigen nehmen sie die Garben.

¹¹Sie zwingen sie, Öl zu machen auf ihrer Mühle und ihre Kelter zu treten, und lassen sie doch Durst leiden.

¹²Sie machen die Leute in der Stadt seufzend und die Seele der Erschlagenen schreiend, und Gott stürzt sie nicht.

¹³Jene sind abtrünnig geworden vom Licht und kennen seinen Weg nicht und kehren nicht wieder zu seiner Straße.

¹⁴Wenn der Tag anbricht, steht auf der Mörder und erwürgt den Armen und Dürftigen; und des Nachts ist er wie ein Dieb.

¹⁵Das Auge des Ehebrechers hat acht auf das Dunkel, und er spricht: "Mich sieht kein Auge", und verdeckt sein Antlitz.

¹⁶Im Finstern bricht man in die Häuser ein; des Tages verbergen sie sich miteinander und scheuen das Licht.

¹⁷Denn wie wenn der Morgen käme, ist ihnen allen die Finsternis; denn sie sind bekannt mit den Schrecken der Finsternis.

¹⁸"Er fährt leicht wie auf einem Wasser dahin; seine Habe wird gering im Lande, und er baut seinen Weinberg nicht.

¹⁹Der Tod nimmt weg, die da sündigen, wie die Hitze und Dürre das Schneewasser verzehrt.

²⁰Der Mutterschoß vergißt sein; die Würmer haben ihre Lust an ihm. Sein wird nicht mehr gedacht; er wird zerbrochen wie ein fauler Baum,

²¹er, der beleidigt hat die Einsame, die nicht gebiert, und hat der Witwe kein Gutes getan."

²²Aber Gott erhält die Mächtigen durch seine Kraft, daß sie wieder aufstehen, wenn sie am Leben verzweifelten.

²³Er gibt ihnen, daß sie sicher seien und eine Stütze haben; und seine Augen sind über ihren Wegen.

²⁴Sie sind hoch erhöht, und über ein kleines sind sie nicht mehr; sinken sie hin, so werden sie weggerafft wie alle andern, und wie das Haupt auf den Ähren werden sie abgeschnitten.

²⁵Ist's nicht also? Wohlan, wer will mich Lügen strafen und bewähren, daß meine Rede nichts sei?

Kapitel 25

¹Da antwortete Bildad von Suah und sprach:
²Ist nicht Herrschaft und Schrecken bei ihm, der Frieden macht unter seinen Höchsten?
³Wer will seine Kriegsscharen zählen? und über wen geht nicht auf sein Licht?
⁴Und wie kann ein Mensch gerecht vor Gott sein? und wie kann rein sein eines Weibes Kind?
⁵Siehe, auch der Mond scheint nicht helle, und die Sterne sind nicht rein vor seinen Augen:
⁶wie viel weniger ein Mensch, die Made, und ein Menschenkind, der Wurm!

Kapitel 26

¹Hiob antwortete und sprach:
²Wie stehest du dem bei, der keine Kraft hat, hilfst dem, der keine Stärke in den Armen hat!
³Wie gibst du Rat dem, der keine Weisheit hat, und tust kund Verstandes die Fülle!
⁴Zu wem redest du? und wes Odem geht von dir aus?
⁵Die Toten ängsten sich tief unter den Wassern und denen, die darin wohnen.
⁶Das Grab ist aufgedeckt vor ihm, und der Abgrund hat keine Decke.
⁷Er breitet aus die Mitternacht über das Leere und hängt die Erde an nichts.
⁸Er faßt das Wasser zusammen in seine Wolken, und die Wolken zerreißen darunter nicht.
⁹Er verhüllt seinen Stuhl und breitet seine Wolken davor.
¹⁰Er hat um das Wasser ein Ziel gesetzt, bis wo Licht und Finsternis sich scheiden.
¹¹Die Säulen des Himmels zittern und entsetzen sich vor seinem Schelten.
¹²Von seiner Kraft wird das Meer plötzlich ungestüm, und durch seinen Verstand zerschmettert er Rahab.
¹³Am Himmel wird's schön durch seinen Wind, und seine Hand durchbohrt die flüchtige Schlange.
¹⁴Siehe, also geht sein Tun, und nur ein geringes Wörtlein davon haben wir vernommen. Wer will aber den Donner seiner Macht verstehen?

Kapitel 27

¹Und Hiob fuhr fort und hob an seine Sprüche und sprach:
²So wahr Gott lebt, der mir mein Recht weigert, und der Allmächtige, der meine Seele betrübt;
³solange mein Odem in mir ist und der Hauch von Gott in meiner Nase ist:
⁴meine Lippen sollen nichts Unrechtes reden, und meine Zunge soll keinen Betrug sagen.
⁵Das sei ferne von mir, daß ich euch recht gebe; bis daß mein Ende kommt, will ich nicht weichen von meiner Unschuld.
⁶Von meiner Gerechtigkeit, die ich habe, will ich nicht lassen; mein Gewissen beißt mich nicht meines ganzen Lebens halben.
⁷Aber mein Feind müsse erfunden werden als ein Gottloser, und der sich wider mich auflehnt, als ein Ungerechter.
⁸Denn was ist die Hoffnung des Heuchlers, wenn Gott ein Ende mit ihm macht und seine Seele hinreißt?
⁹Meinst du das Gott sein Schreien hören wird, wenn die Angst über ihn kommt?
¹⁰Oder kann er an dem Allmächtigen seine Lust haben und Gott allezeit anrufen?
¹¹Ich will euch lehren von der Hand Gottes; und was bei dem Allmächtigen gilt, will ich nicht verhehlen.
¹²Siehe, ihr haltet euch alle für klug; warum bringt ihr denn solch unnütze Dinge vor?
¹³Das ist der Lohn eines gottlosen Menschen bei Gott und das Erbe der Tyrannen, das sie von dem Allmächtigen nehmen werden:
¹⁴wird er viele Kinder haben, so werden sie des Schwertes sein; und seine Nachkömmlinge werden des Brots nicht satt haben.
¹⁵Die ihm übrigblieben, wird die Seuche ins Grab bringen; und seine Witwen werden nicht weinen.
¹⁶Wenn er Geld zusammenbringt wie Staub und sammelt Kleider wie Lehm,
¹⁷so wird er es wohl bereiten; aber der Gerechte wird es anziehen, und der Unschuldige wird das Geld austeilen.
¹⁸Er baut sein Haus wie eine Spinne, und wie ein Wächter seine Hütte macht.
¹⁹Der Reiche, wenn er sich legt, wird er's nicht mitraffen; er wird seine Augen auftun, und da wird nichts sein.
²⁰Es wird ihn Schrecken überfallen wie Wasser; des Nachts wird ihn das Ungewitter wegnehmen.
²¹Der Ostwind wird ihn wegführen, daß er dahinfährt; und Ungestüm wird ihn von seinem Ort treiben.
²²Er wird solches über ihn führen und wird sein nicht schonen; vor seiner Hand muß er fliehen und wieder fliehen.
²³Man wird über ihn mit den Händen klatschen und über ihn zischen, wo er gewesen ist.

Kapitel 28

¹Es hat das Silber seine Gänge, und das Gold, das man läutert seinen Ort.
²Eisen bringt man aus der Erde, und aus den Steinen schmelzt man Erz.
³Man macht der Finsternis ein Ende und findet zuletzt das Gestein tief verborgen.
⁴Man bricht einen Schacht von da aus, wo man wohnt; darin hangen und schweben sie als die Vergessenen, da kein Fuß hin tritt, fern von den Menschen.
⁵Man zerwühlt unten die Erde wie mit Feuer, darauf doch oben die Speise wächst.
⁶Man findet Saphir an etlichen Orten, und Erdenklöße, da Gold ist.
⁷Den Steig kein Adler erkannt hat und kein Geiersauge gesehen;
⁸es hat das stolze Wild nicht darauf getreten und ist kein Löwe darauf gegangen.
⁹Auch legt man die Hand an die Felsen und gräbt die Berge um.
¹⁰Man reißt Bäche aus den Felsen; und alles, was köstlich ist, sieht das Auge.
¹¹Man wehrt dem Strome des Wassers und bringt, das darinnen verborgen ist, ans Licht.
¹²Wo will man aber die Weisheit finden? und wo ist die Stätte des Verstandes?
¹³Niemand weiß, wo sie liegt, und sie wird nicht gefunden im Lande der Lebendigen.
¹⁴Die Tiefe spricht: "Sie ist in mir nicht"; und das Meer spricht: "Sie ist nicht bei mir".
¹⁵Man kann nicht Gold um sie geben noch Silber darwägen, sie zu bezahlen.
¹⁶Es gilt ihr nicht gleich ophirisch Gold oder köstlicher Onyx und Saphir.
¹⁷Gold und Glas kann man ihr nicht vergleichen noch um sie golden Kleinod wechseln.
¹⁸Korallen und Kristall achtet man gegen sie nicht. Die Weisheit ist höher zu wägen denn Perlen.
¹⁹Topaz aus dem Mohrenland wird ihr nicht gleich geschätzt, und das reinste Gold gilt ihr nicht gleich.
²⁰Woher kommt denn die Weisheit? und wo ist die Stätte des Verstandes?
²¹Sie ist verhohlen vor den Augen aller Lebendigen, auch den Vögeln unter dem Himmel.
²²Der Abgrund und der Tod sprechen: "Wir haben mit unsern Ohren ihr Gerücht gehört."
²³Gott weiß den Weg dazu und kennt ihre Stätte.
²⁴Denn er sieht die Enden der Erde und schaut alles, was unter dem Himmel ist.
²⁵Da er dem Winde sein Gewicht machte und setzte dem Wasser sein gewisses Maß;
²⁶da er dem Regen ein Ziel machte und dem Blitz und Donner den Weg:
²⁷da sah er sie und verkündigte sie, bereitete sie und ergründete sie
²⁸und sprach zu den Menschen: Siehe, die Furcht des HERRN, das ist Weisheit; und meiden das Böse, das ist Verstand.

Kapitel 29

¹Und Hiob hob abermals an seine Sprüche und sprach:
²O daß ich wäre wie in den vorigen Monden, in den Tagen, da mich Gott behütete;
³da seine Leuchte über meinem Haupt schien und ich bei seinem Licht in der Finsternis ging;
⁴wie war ich in der Reife meines Lebens, da Gottes Geheimnis über meiner Hütte war;
⁵da der Allmächtige noch mit mir war und meine Kinder um mich her;
⁶da ich meine Tritte wusch in Butter und die Felsen mir Ölbäche gossen;

Hiob

⁷da ich ausging zum Tor in der Stadt und mir ließ meinen Stuhl auf der Gasse bereiten;
⁸da mich die Jungen sahen und sich versteckten, und die Alten vor mir aufstanden;
⁹da die Obersten aufhörten zu reden und legten ihre Hand auf ihren Mund;
¹⁰da die Stimme der Fürsten sich verkroch und ihre Zunge am Gaumen klebte!
¹¹Denn wessen Ohr mich hörte, der pries mich selig; und wessen Auge mich sah, der rühmte mich.
¹²Denn ich errettete den Armen, der da schrie, und den Waisen, der keinen Helfer hatte.
¹³Der Segen des, der verderben sollte, kam über mich; und ich erfreute das Herz der Witwe.
¹⁴Gerechtigkeit war mein Kleid, das ich anzog wie einen Rock; und mein Recht war mein fürstlicher Hut.
¹⁵Ich war des Blinden Auge und des Lahmen Fuß.
¹⁶Ich war ein Vater der Armen; und die Sache des, den ich nicht kannte, die erforschte ich.
¹⁷Ich zerbrach die Backenzähne des Ungerechten und riß den Raub aus seinen Zähnen.
¹⁸Ich gedachte: "Ich will in meinem Nest ersterben und meiner Tage viel machen wie Sand."
¹⁹Meine Wurzel war aufgetan dem Wasser, und der Tau blieb über meinen Zweigen.
²⁰Meine Herrlichkeit erneute sich immer an mir, und mein Bogen ward immer stärker in meiner Hand.
²¹Sie hörten mir zu und schwiegen und warteten auf meinen Rat.
²²Nach meinen Worten redete niemand mehr, und meine Rede troff auf sie.
²³Sie warteten auf mich wie auf den Regen und sperrten ihren Mund auf als nach dem Spätregen.
²⁴Wenn ich mit ihnen lachte, wurden sie nicht zu kühn darauf; und das Licht meines Angesichts machte mich nicht geringer.
²⁵Wenn ich zu ihrem Geschäft wollte kommen, so mußte ich obenan sitzen und wohnte wie ein König unter Kriegsknechten, da ich tröstete, die Leid trugen.

Kapitel 30

¹Nun aber lachen sie mein, die jünger sind denn ich, deren Väter ich verachtet hätte, sie zu stellen unter meine Schafhunde;
²deren Vermögen ich für nichts hielt; die nicht zum Alter kommen konnten;
³die vor Hunger und Kummer einsam flohen in die Einöde, neulich verdarben und elend wurden;
⁴die da Nesseln ausraufen um die Büsche, und Ginsterwurzel ist ihre Speise;
⁵aus der Menschen Mitte werden sie weggetrieben, man schreit über sie wie über einen Dieb;
⁶in grausigen Tälern wohnen sie, in den Löchern der Erde und Steinritzen;
⁷zwischen den Büschen rufen sie, und unter den Disteln sammeln sie sich:
⁸die Kinder gottloser und verachteter Leute, die man aus dem Lande weggetrieben.
⁹Nun bin ich ihr Spottlied geworden und muß ihr Märlein sein.
¹⁰Sie haben einen Greuel an mir und machen sich ferne von mir und scheuen sich nicht, vor meinem Angesicht zu speien.
¹¹Sie haben ihr Seil gelöst und mich zunichte gemacht und ihren Zaum vor mir abgetan.
¹²Zur Rechten haben sich Buben wider mich gesetzt und haben meinen Fuß ausgestoßen und haben wider mich einen Weg gemacht, mich zu verderben.
¹³Sie haben meine Steige zerbrochen; es war ihnen so leicht, mich zu beschädigen, daß sie keiner Hilfe dazu bedurften.
¹⁴Sie sind gekommen wie zu einer weiten Lücke der Mauer herein und sind ohne Ordnung dahergefallen.
¹⁵Schrecken hat sich gegen mich gekehrt und hat verfolgt wie der Wind meine Herrlichkeit; und wie eine Wolke zog vorüber mein glückseliger Stand.
¹⁶Nun aber gießt sich aus meine Seele über mich, und mich hat ergriffen die elende Zeit.
¹⁷Des Nachts wird mein Gebein durchbohrt allenthalben; und die mich nagen, legen sich nicht schlafen.
¹⁸Mit großer Gewalt werde ich anders und anders gekleidet, und ich werde damit umgürtet wie mit einem Rock.
¹⁹Man hat mich in den Kot getreten und gleich geachtet dem Staub und der Asche.
²⁰Schreie ich zu dir, so antwortest du mir nicht; trete ich hervor, so achtest du nicht auf mich.
²¹Du hast mich verwandelt in einen Grausamen und zeigst an mit der Stärke deiner Hand, daß du mir gram bist.
²²Du hebst mich auf und lässest mich auf dem Winde fahren und zerschmelzest mich kräftig.
²³Denn ich weiß du wirst mich dem Tod überantworten; da ist das bestimmte Haus aller Lebendigen.
²⁴Aber wird einer nicht die Hand ausstrecken unter Trümmern und nicht schreien vor seinem Verderben?
²⁵Ich weinte ja über den, der harte Zeit hatte; und meine Seele jammerte der Armen.
²⁶Ich wartete des Guten, und es kommt das Böse; ich hoffte aufs Licht, und es kommt Finsternis.
²⁷Meine Eingeweide sieden und hören nicht auf; mich hat überfallen die elende Zeit.
²⁸Ich gehe schwarz einher, und brennt mich doch die Sonne nicht; ich stehe auf in der Gemeinde und schreie.
²⁹Ich bin ein Bruder der Schakale und ein Geselle der Strauße.
³⁰Meine Haut über mir ist schwarz geworden, und meine Gebeine sind verdorrt vor Hitze.
³¹Meine Harfe ist eine Klage geworden und meine Flöte ein Weinen.

Kapitel 31

¹Ich habe einen Bund gemacht mit meinen Augen, daß ich nicht achtete auf eine Jungfrau.
²Was gäbe mir Gott sonst als Teil von oben und was für ein Erbe der Allmächtige in der Höhe?
³Wird nicht der Ungerechte Unglück haben und ein Übeltäter verstoßen werden?
⁴Sieht er nicht meine Wege und zählt alle meine Gänge?
⁵Habe ich gewandelt in Eitelkeit, oder hat mein Fuß geeilt zum Betrug?
⁶So wäge man mich auf der rechten Waage, so wird Gott erfahren meine Unschuld.
⁷Ist mein Gang gewichen aus dem Wege und mein Herz meinen Augen nachgefolgt und klebt ein Flecken an meinen Händen,
⁸so müsse ich säen, und ein andrer esse es; und mein Geschlecht müsse ausgewurzelt werden.
⁹Hat sich mein Herz lassen reizen zum Weibe und habe ich an meines Nächsten Tür gelauert,
¹⁰so müsse mein Weib von einem andern geschändet werden, und andere müssen bei ihr liegen;
¹¹denn das ist ein Frevel und eine Missetat für die Richter.
¹²Denn das wäre ein Feuer, das bis in den Abgrund verzehrte und all mein Einkommen auswurzelte.
¹³Hab ich verachtet das Recht meines Knechtes oder meiner Magd, wenn sie eine Sache wider mich hatten?
¹⁴Was wollte ich tun, wenn Gott sich aufmachte, und was würde ich antworten, wenn er heimsuchte?
¹⁵Hat ihn nicht auch der gemacht, der mich in Mutterleibe machte, und hat ihn im Schoße ebensowohl bereitet?
¹⁶Habe ich den Dürftigen ihr Begehren versagt und die Augen der Witwe lassen verschmachten?
¹⁷Hab ich meinen Bissen allein gegessen, und hat nicht der Waise auch davon gegessen?
¹⁸Denn ich habe mich von Jugend auf gehalten wie ein Vater, und von meiner Mutter Leib an habe ich gerne getröstet.
¹⁹Hab ich jemand sehen umkommen, daß er kein Kleid hatte, und den Armen ohne Decke gehen lassen?
²⁰Haben mich nicht gesegnet seine Lenden, da er von den Fellen meiner Lämmer erwärmt ward?
²¹Hab ich meine Hand an die Waisen gelegt, weil ich sah, daß ich im Tor Helfer hatte?
²²So falle meine Schulter von der Achsel, und mein Arm breche von der Röhre.
²³Denn ich fürchte Gottes Strafe über mich und könnte seine Last nicht ertragen.
²⁴Hab ich das Gold zu meiner Zuversicht gemacht und zu dem Goldklumpen gesagt: "Mein Trost"?
²⁵Hab ich mich gefreut, daß ich großes Gut hatte und meine Hand allerlei erworben hatte?
²⁶Hab ich das Licht angesehen, wenn es hell leuchtete, und den Mond, wenn er voll ging,
²⁷daß ich mein Herz heimlich beredet hätte, ihnen Küsse

zuzuwerfen mit meiner Hand?

²⁸was auch eine Missetat ist vor den Richtern; denn damit hätte ich verleugnet Gott in der Höhe.

²⁹Hab ich mich gefreut, wenn's meinem Feind übel ging, und habe mich überhoben, darum daß ihn Unglück betreten hatte?

³⁰Denn ich ließ meinen Mund nicht sündigen, daß ich verwünschte mit einem Fluch seine Seele.

³¹Haben nicht die Männer in meiner Hütte müssen sagen: "Wo ist einer, der von seinem Fleisch nicht wäre gesättigt worden?"

³²Draußen mußte der Gast nicht bleiben, sondern meine Tür tat ich dem Wanderer auf.

³³Hab ich meine Übertretungen nach Menschenweise zugedeckt, daß ich heimlich meine Missetat verbarg?

³⁴Habe ich mir grauen lassen vor der großen Menge, und hat die Verachtung der Freundschaften mich abgeschreckt, daß ich stille blieb und nicht zur Tür ausging?

³⁵O hätte ich einen, der mich anhört! Siehe, meine Unterschrift, der Allmächtige antworte mir!, und siehe die Schrift, die mein Verkläger geschrieben!

³⁶Wahrlich, dann wollte ich sie auf meine Achsel nehmen und mir wie eine Krone umbinden;

³⁷ich wollte alle meine Schritte ihm ansagen und wie ein Fürst zu ihm nahen.

³⁸Wird mein Land gegen mich schreien und werden miteinander seine Furchen weinen;

³⁹hab ich seine Früchte unbezahlt gegessen und das Leben der Ackerleute sauer gemacht:

⁴⁰so mögen mir Disteln wachsen für Weizen und Dornen für Gerste. Die Worte Hiobs haben ein Ende.

Kapitel 32

¹Da hörten die drei Männer auf, Hiob zu antworten, weil er sich für gerecht hielt.

²Aber Elihu, der Sohn Baracheels von Bus, des Geschlechts Rams, ward zornig über Hiob, daß er seine Seele gerechter hielt denn Gott.

³Auch ward er zornig über seine drei Freunde, daß sie keine Antwort fanden und doch Hiob verdammten.

⁴Denn Elihu hatte geharrt, bis daß sie mit Hiob geredet hatten, weil sie älter waren als er.

⁵Darum, da er sah, daß keine Antwort war im Munde der drei Männer, ward er zornig.

⁶Und so antwortete Elihu, der Sohn Baracheels von Bus, und sprach: Ich bin jung, ihr aber seid alt; darum habe ich mich gescheut und gefürchtet, mein Wissen euch kundzutun.

⁷Ich dachte: Laß das Alter reden, und die Menge der Jahre laß Weisheit beweisen.

⁸Aber der Geist ist in den Leuten und der Odem des Allmächtigen, der sie verständig macht.

⁹Die Großen sind nicht immer die Weisesten, und die Alten verstehen nicht das Recht.

¹⁰Darum will ich auch reden; höre mir zu. Ich will mein Wissen auch kundtun.

¹¹Siehe, ich habe geharrt auf das, was ihr geredet habt; ich habe aufgemerkt auf eure Einsicht, bis ihr träfet die rechte Rede,

¹²und ich habe achtgehabt auf euch. Aber siehe, da ist keiner unter euch, der Hiob zurechtweise oder seiner Rede antworte.

¹³Sagt nur nicht: "Wir haben Weisheit getroffen; Gott muß ihn schlagen, kein Mensch."

¹⁴Gegen mich hat er seine Worte nicht gerichtet, und mit euren Reden will ich ihm nicht antworten.

¹⁵Ach! sie sind verzagt, können nicht mehr antworten; sie können nicht mehr reden.

¹⁶Weil ich denn geharrt habe, und sie konnten nicht reden (denn sie stehen still und antworten nicht mehr),

¹⁷will ich auch mein Teil antworten und will mein Wissen kundtun.

¹⁸Denn ich bin der Reden so voll, daß mich der Odem in meinem Innern ängstet.

¹⁹Siehe, mein Inneres ist wie der Most, der zugestopft ist, der die neuen Schläuche zerreißt.

²⁰Ich muß reden, daß ich mir Luft mache; ich muß meine Lippen auftun und antworten.

²¹Ich will niemands Person ansehen und will keinem Menschen schmeicheln.

²²Denn ich weiß nicht zu schmeicheln; leicht würde mich sonst mein Schöpfer dahinraffen.

Kapitel 33

¹Höre doch, Hiob, meine Rede und merke auf alle meine Worte!

²Siehe, ich tue meinen Mund auf, und meine Zunge redet in meinem Munde.

³Mein Herz soll recht reden, und meine Lippen sollen den reinen Verstand sagen.

⁴Der Geist Gottes hat mich gemacht, und der Odem des Allmächtigen hat mir das Leben gegeben.

⁵Kannst du, so antworte mir; rüste dich gegen mich und stelle dich.

⁶Siehe, ich bin Gottes ebensowohl als du, und aus Lehm bin ich auch gemacht.

⁷Siehe, du darfst vor mir nicht erschrecken, und meine Hand soll dir nicht zu schwer sein.

⁸Du hast geredet vor meinen Ohren; die Stimme deiner Reden mußte ich hören:

⁹"Ich bin rein, ohne Missetat, unschuldig und habe keine Sünde;

¹⁰siehe, er hat eine Sache gegen mich gefunden, er achtet mich für einen Feind;

¹¹er hat meinen Fuß in den Stock gelegt und hat acht auf alle meine Wege."

¹²Siehe, darin hast du nicht recht, muß ich dir antworten; denn Gott ist mehr als ein Mensch.

¹³Warum willst du mit ihm zanken, daß er dir nicht Rechenschaft gibt alles seines Tuns?

¹⁴Denn in einer Weise redet Gott und wieder in einer anderen, nur achtet man's nicht.

¹⁵Im Traum, im Nachtgesicht, wenn der Schlaf auf die Leute fällt, wenn sie schlafen auf dem Bette,

¹⁶da öffnet er das Ohr der Leute und schreckt sie und züchtigt sie,

¹⁷daß er den Menschen von seinem Vornehmen wende und behüte ihn vor Hoffart

¹⁸und verschone seine Seele vor dem Verderben und sein Leben, daß es nicht ins Schwert falle.

¹⁹Auch straft er ihn mit Schmerzen auf seinem Bette und alle seinen Gebeine heftig

²⁰und richtet ihm sein Leben so zu, daß ihm vor seiner Speise ekelt, und seine Seele, daß sie nicht Lust zu essen hat.

²¹Sein Fleisch verschwindet, daß man's nimmer sehen kann; und seine Gebeine werden zerschlagen, daß man sie nicht gerne ansieht,

²²daß seine Seele naht zum Verderben und sein Leben zu den Toten.

²³So dann für ihn ein Engel als Mittler eintritt, einer aus tausend, zu verkündigen dem Menschen, wie er solle recht tun,

²⁴so wird er ihm gnädig sein und sagen: "Erlöse ihn, daß er nicht hinunterfahre ins Verderben; denn ich habe eine Versöhnung gefunden."

²⁵Sein Fleisch wird wieder grünen wie in der Jugend, und er wird wieder jung werden.

²⁶Er wird Gott bitten; der wird ihm Gnade erzeigen und wird ihn sein Antlitz sehen lassen mit Freuden und wird dem Menschen nach seiner Gerechtigkeit vergelten.

²⁷Er wird vor den Leuten bekennen und sagen: "Ich hatte gesündigt und das Recht verkehrt; aber es ist mir nicht vergolten worden.

²⁸Er hat meine Seele erlöst, daß sie nicht führe ins Verderben, sondern mein Leben das Licht sähe."

²⁹Siehe, das alles tut Gott zwei-oder dreimal mit einem jeglichen,

³⁰daß er seine Seele zurückhole aus dem Verderben und erleuchte ihn mit dem Licht der Lebendigen.

³¹Merke auf, Hiob, und höre mir zu und schweige, daß ich rede!

³²Hast du aber was zu sagen, so antworte mir; Sage an! ich wollte dich gerne rechtfertigen.

³³Hast du aber nichts, so höre mir zu und schweige; ich will dich die Weisheit lehren.

Kapitel 34

¹Und es hob an Elihu und sprach:

²Hört, ihr Weisen, meine Rede, und ihr Verständigen, merkt auf mich!

³Denn das Ohr prüft die Rede, und der Mund schmeckt die Speise.

⁴Laßt uns ein Urteil finden, daß wir erkennen unter uns, was gut sei.

⁵Denn Hiob hat gesagt: "Ich bin gerecht, und Gott weigert mir mein Recht;

⁶ich muß lügen, ob ich wohl recht habe, und bin gequält von meinen Pfeilen, ob ich wohl nichts verschuldet habe."

⁷Wer ist ein solcher Hiob, der da Spötterei trinkt wie Wasser

⁸und auf dem Wege geht mit den Übeltätern und wandelt mit gottlosen Leuten?

⁹Denn er hat gesagt: "Wenn jemand schon fromm ist, so gilt er doch nichts bei Gott."

¹⁰Darum hört mir zu, ihr weisen Leute: Es sei ferne, daß Gott sollte gottlos handeln und der Allmächtige ungerecht;

¹¹sondern er vergilt dem Menschen, darnach er verdient hat, und trifft einen jeglichen nach seinem Tun.

¹²Ohne zweifel, Gott verdammt niemand mit Unrecht, und der Allmächtige beugt das Recht nicht.

¹³Wer hat, was auf Erden ist, verordnet, und wer hat den ganzen Erdboden gesetzt?

¹⁴So er nun an sich dächte, seinen Geist und Odem an sich zöge,

¹⁵so würde alles Fleisch miteinander vergehen, und der Mensch würde wieder zu Staub werden.

¹⁶Hast du nun Verstand, so höre das und merke auf die Stimme meiner Reden.

¹⁷Kann auch, der das Recht haßt regieren? Oder willst du den, der gerecht und mächtig ist, verdammen?

¹⁸Sollte einer zum König sagen: "Du heilloser Mann!" und zu den Fürsten: "Ihr Gottlosen!"?

¹⁹Und er sieht nicht an die Person der Fürsten und kennt den Herrlichen nicht mehr als den Armen; denn sie sind alle seiner Hände Werk.

²⁰Plötzlich müssen die Leute sterben und zu Mitternacht erschrecken und vergehen; die Mächtigen werden weggenommen nicht durch Menschenhand.

²¹Denn seine Augen sehen auf eines jeglichen Wege, und er schaut alle ihre Gänge.

²²Es ist keine Finsternis noch Dunkel, daß sich da möchten verbergen die Übeltäter.

²³Denn er darf auf den Menschen nicht erst lange achten, daß er vor Gott ins Gericht komme.

²⁴Er bringt die Stolzen um, ohne erst zu forschen, und stellt andere an ihre Statt:

²⁵darum daß er kennt ihre Werke und kehrt sie um des Nachts, daß sie zerschlagen werden.

²⁶Er straft sie ab wie die Gottlosen an einem Ort, da man es sieht:

²⁷darum daß sie von ihm weggewichen sind und verstanden seiner Wege keinen,

²⁸daß das Schreien der Armen mußte vor ihn kommen und er das Schreien der Elenden hörte.

²⁹Wenn er Frieden gibt, wer will verdammen? und wenn er das Antlitz verbirgt, wer will ihn schauen unter den Völkern und Leuten allzumal?

³⁰Denn er läßt nicht über sie regieren einen Heuchler, das Volk zu drängen.

³¹Denn zu Gott muß man sagen: "Ich habe gebüßt, ich will nicht übel tun.

³²Habe ich's nicht getroffen, so lehre du mich's besser; habe ich Unrecht gehandelt, ich will's nicht mehr tun."

³³Soll er nach deinem Sinn vergelten? Denn du verwirfst alles; du hast zu wählen, und nicht ich. Weißt du nun was, so sage an.

³⁴Verständige Leute werden zu mir sagen und ein weiser Mann, der mir zuhört:

³⁵"Hiob redet mit Unverstand, und seine Worte sind nicht klug."

³⁶O, daß Hiob versucht würde bis ans Ende! darum daß er sich zu ungerechten Leuten kehrt.

³⁷Denn er hat über seine Sünde noch gelästert; er treibt Spott unter uns und macht seiner Reden viel wider Gott.

Kapitel 35

¹Und es hob an Elihu und sprach:

²Achtest du das für Recht, daß du sprichst: "Ich bin gerechter denn Gott"?

³Denn du sprichst: "Wer gilt bei dir etwas? Was hilft es, ob ich nicht sündige?"

⁴Ich will dir antworten ein Wort und deinen Freunden mit dir.

⁵Schaue gen Himmel und siehe; und schau an die Wolken, daß sie dir zu hoch sind.

⁶Sündigst du, was kannst du ihm Schaden? Und ob deiner Missetaten viel ist, was kannst du ihm tun?

⁷Und ob du gerecht seist, was kannst du ihm geben, oder was wird er von deinen Händen nehmen?

⁸Einem Menschen, wie du bist, mag wohl etwas tun deine Bosheit, und einem Menschenkind deine Gerechtigkeit.

⁹Man schreit, daß viel Gewalt geschieht, und ruft über den Arm der Großen;

¹⁰aber man fragt nicht: "Wo ist Gott, mein Schöpfer, der Lobgesänge gibt in der Nacht,

¹¹der uns klüger macht denn das Vieh auf Erden und weiser denn die Vögel unter dem Himmel?"

¹²Da schreien sie über den Hochmut der Bösen, und er wird sie nicht erhören.

¹³Denn Gott wird das Eitle nicht erhören, und der Allmächtige wird es nicht ansehen.

¹⁴Nun sprichst du gar, du wirst ihn nicht sehen. Aber es ist ein Gericht vor ihm, harre sein nur!

¹⁵ob auch sein Zorn so bald nicht heimsucht und er sich's nicht annimmt, daß so viel Laster da sind.

¹⁶Darum hat Hiob seinen Mund umsonst aufgesperrt und gibt stolzes Gerede vor mit Unverstand.

Kapitel 36

¹Elihu redet weiter und sprach:

²Harre mir noch ein wenig, ich will dir's zeigen; denn ich habe noch von Gottes wegen etwas zu sagen.

³Ich will mein Wissen weither holen und beweisen, daß mein Schöpfer recht habe.

⁴Meine Reden sollen ohne Zweifel nicht falsch sein; mein Verstand soll ohne Tadel vor dir sein.

⁵Siehe, Gott ist mächtig, und verachtet doch niemand; er ist mächtig von Kraft des Herzens.

⁶Den Gottlosen erhält er nicht, sondern hilft dem Elenden zum Recht.

⁷Er wendet seine Augen nicht von dem Gerechten; sondern mit Königen auf dem Thron läßt er sie sitzen immerdar, daß sie hoch bleiben.

⁸Und wenn sie gefangen blieben in Stöcken und elend gebunden mit Stricken,

⁹so verkündigt er ihnen, was sie getan haben, und ihre Untugenden, daß sie sich überhoben,

¹⁰und öffnet ihnen das Ohr zur Zucht und sagt ihnen, daß sie sich von dem Unrechten bekehren sollen.

¹¹Gehorchen sie und dienen ihm, so werden sie bei guten Tagen alt werden und mit Lust leben.

¹²Gehorchen sie nicht, so werden sie ins Schwert fallen und vergehen in Unverstand.

¹³Die Heuchler werden voll Zorns; sie schreien nicht, wenn er sie gebunden hat.

¹⁴So wird ihre Seele in der Jugend sterben und ihr Leben unter den Hurern.

¹⁵Aber den Elenden wird er in seinem Elend erretten und dem Armen das Ohr öffnen in der Trübsal.

¹⁶Und auch dich lockt er aus dem Rachen der Angst in weiten Raum, da keine Bedrängnis mehr ist; und an deinem Tische, voll des Guten, wirst du Ruhe haben.

¹⁷Du aber machst die Sache der Gottlosen gut, daß ihre Sache und ihr Recht erhalten wird.

¹⁸Siehe zu, daß nicht vielleicht Zorn dich verlocke zum Hohn, oder die Größe des Lösegelds dich verleite.

¹⁹Meinst du, daß er deine Gewalt achte oder Gold oder irgend eine Stärke oder Vermögen?

²⁰Du darfst der Nacht nicht begehren, welche Völker wegnimmt von ihrer Stätte.

²¹Hüte dich und kehre dich nicht zum Unrecht, wie du denn vor Elend angefangen hast.

²²Siehe Gott ist zu hoch in seiner Kraft; wo ist ein Lehrer, wie er ist?

²³Wer will ihm weisen seinen Weg, und wer will zu ihm sagen: "Du tust Unrecht?"

²⁴Gedenke daß du sein Werk erhebest, davon die Leute singen.

²⁵Denn alle Menschen sehen es; die Leute schauen's von ferne.

²⁶Siehe Gott ist groß und unbekannt; seiner Jahre Zahl kann niemand erforschen.

²⁷Er macht das Wasser zu kleinen Tropfen und treibt seine Wolken zusammen zum Regen,

²⁸daß die Wolken fließen und triefen sehr auf die Menschen.

²⁹Wenn er sich vornimmt die Wolken auszubreiten wie sein hoch Gezelt,

³⁰siehe, so breitet er aus sein Licht über dieselben und bedeckt alle Enden des Meeres.

³¹Denn damit schreckt er die Leute und gibt doch Speise die Fülle.

³²Er deckt den Blitz wie mit Händen und heißt ihn doch wieder

kommen.

³³Davon zeugt sein Geselle, des Donners Zorn in den Wolken.

Kapitel 37

¹Des entsetzt sich mein Herz und bebt.

²O höret doch, wie der Donner zürnt, und was für Gespräch von seinem Munde ausgeht!

³Er läßt ihn hinfahren unter allen Himmeln, und sein Blitz scheint auf die Enden der Erde.

⁴Ihm nach brüllt der Donner, und er donnert mit seinem großen Schall; und wenn sein Donner gehört wird, kann man's nicht aufhalten.

⁵Gott donnert mit seinem Donner wunderbar und tut große Dinge und wird doch nicht erkannt.

⁶Er spricht zum Schnee, so ist er bald auf Erden, und zum Platzregen, so ist der Platzregen da mit Macht.

⁷Aller Menschen Hand hält er verschlossen, daß die Leute lernen, was er tun kann.

⁸Das wilde Tier geht in seine Höhle und bleibt an seinem Ort.

⁹Von Mittag her kommt Wetter und von Mitternacht Kälte.

¹⁰Vom Odem Gottes kommt Frost, und große Wasser ziehen sich eng zusammen.

¹¹Die Wolken beschwert er mit Wasser, und durch das Gewölk bricht sein Licht.

¹²Er kehrt die Wolken, wo er hin will, daß sie schaffen alles, was er ihnen gebeut, auf dem Erdboden:

¹³es sei zur Züchtigung über ein Land oder zur Gnade, läßt er sie kommen.

¹⁴Da merke auf, Hiob, stehe und vernimm die Wunder Gottes!

¹⁵Weißt du wie Gott solches über sie bringt und wie er das Licht aus seinen Wolken läßt hervorbrechen?

¹⁶Weißt du wie sich die Wolken ausstreuen, die Wunder des, der vollkommen ist an Wissen?

¹⁷Du, des Kleider warm sind, wenn das Land still ist vom Mittagswinde,

¹⁸ja, du wirst mit ihm den Himmel ausbreiten, der fest ist wie ein gegossener Spiegel.

¹⁹Zeige uns, was wir ihm sagen sollen; denn wir können nichts vorbringen vor Finsternis.

²⁰Wer wird ihm erzählen, daß ich wolle reden? So jemand redet, der wird verschlungen.

²¹Jetzt sieht man das Licht nicht, das am Himmel hell leuchtet; wenn aber der Wind weht, so wird's klar.

²²Von Mitternacht kommt Gold; um Gott her ist schrecklicher Glanz.

²³Den Allmächtigen aber können wir nicht finden, der so groß ist von Kraft; das Recht und eine gute Sache beugt er nicht.

²⁴Darum müssen ihn fürchten die Leute; und er sieht keinen an, wie weise sie sind.

Kapitel 38

¹Und der HERR antwortete Hiob aus dem Wetter und sprach:

²Wer ist der, der den Ratschluß verdunkelt mit Worten ohne Verstand?

³Gürte deine Lenden wie ein Mann; ich will dich fragen, lehre mich!

⁴Wo warst du, da ich die Erde gründete? Sage an, bist du so klug!

⁵Weißt du, wer ihr das Maß gesetzt hat oder wer über sie eine Richtschnur gezogen hat?

⁶Worauf stehen ihre Füße versenkt, oder wer hat ihren Eckstein gelegt,

⁷da mich die Morgensterne miteinander lobten und jauchzten alle Kinder Gottes?

⁸Wer hat das Meer mit Türen verschlossen, da es herausbrach wie aus Mutterleib,

⁹da ich's mit Wolken kleidete und in Dunkel einwickelte wie in Windeln,

¹⁰da ich ihm den Lauf brach mit meinem Damm und setzte ihm Riegel und Türen

¹¹und sprach: "Bis hierher sollst du kommen und nicht weiter; hier sollen sich legen deine stolzen Wellen!"?

¹²Hast du bei deiner Zeit dem Morgen geboten und der Morgenröte ihren Ort gezeigt,

¹³daß sie die Ecken der Erde fasse und die Gottlosen herausgeschüttelt werden?

¹⁴Sie wandelt sich wie Ton unter dem Siegel, und alles steht da wie im Kleide.

¹⁵Und den Gottlosen wird ihr Licht genommen, und der Arm der Hoffärtigen wird zerbrochen.

¹⁶Bist du in den Grund des Meeres gekommen und in den Fußtapfen der Tiefe gewandelt?

¹⁷Haben sich dir des Todes Tore je aufgetan, oder hast du gesehen die Tore der Finsternis?

¹⁸Hast du vernommen wie breit die Erde sei? Sage an, weißt du solches alles!

¹⁹Welches ist der Weg, da das Licht wohnt, und welches ist der Finsternis Stätte,

²⁰daß du mögest ergründen seine Grenze und merken den Pfad zu seinem Hause?

²¹Du weißt es ja; denn zu der Zeit wurdest du geboren, und deiner Tage sind viel.

²²Bist du gewesen, da der Schnee her kommt, oder hast du gesehen, wo der Hagel her kommt,

²³die ich habe aufbehalten bis auf die Zeit der Trübsal und auf den Tag des Streites und Krieges?

²⁴Durch welchen Weg teilt sich das Licht und fährt der Ostwind hin über die Erde?

²⁵Wer hat dem Platzregen seinen Lauf ausgeteilt und den Weg dem Blitz und dem Donner

²⁶und läßt regnen aufs Land da niemand ist, in der Wüste, da kein Mensch ist,

²⁷daß er füllt die Einöde und Wildnis und macht das Gras wächst?

²⁸Wer ist des Regens Vater? Wer hat die Tropfen des Taues gezeugt?

²⁹Aus wes Leib ist das Eis gegangen, und wer hat den Reif unter dem Himmel gezeugt,

³⁰daß das Wasser verborgen wird wie unter Steinen und die Tiefe oben gefriert?

³¹Kannst du die Bande der sieben Sterne zusammenbinden oder das Band des Orion auflösen?

³²Kannst du den Morgenstern hervorbringen zu seiner Zeit oder den Bären am Himmel samt seinen Jungen heraufführen?

³³Weißt du des Himmels Ordnungen, oder bestimmst du seine Herrschaft über die Erde?

³⁴Kannst du deine Stimme zu der Wolke erheben, daß dich die Menge des Wassers bedecke?

³⁵Kannst du die Blitze auslassen, daß sie hinfahren und sprechen zu dir: Hier sind wir?

³⁶Wer gibt die Weisheit in das Verborgene? Wer gibt verständige Gedanken?

³⁷Wer ist so weise, der die Wolken zählen könnte? Wer kann die Wasserschläuche am Himmel ausschütten,

³⁸wenn der Staub begossen wird, daß er zuhauf läuft und die Schollen aneinander kleben?

³⁹Kannst du der Löwin ihren Raub zu jagen geben und die jungen Löwen sättigen,

⁴⁰wenn sie sich legen in ihre Stätten und ruhen in der Höhle, da sie lauern?

⁴¹Wer bereitet den Raben die Speise, wenn seine Jungen zu Gott rufen und fliegen irre, weil sie nicht zu essen haben?

Kapitel 39

¹Weißt du die Zeit, wann die Gemsen auf den Felsen gebären? oder hast du gemerkt, wann die Hinden schwanger gehen?

²Hast du gezählt ihre Monden, wann sie voll werden? oder weißt du die Zeit, wann sie gebären?

³Sie beugen sich, lassen los ihre Jungen und werden los ihre Wehen.

⁴Ihre Jungen werden feist und groß im Freien und gehen aus und kommen nicht wieder zu ihnen.

⁵Wer hat den Wildesel so frei lassen gehen, wer hat die Bande des Flüchtigen gelöst,

⁶dem ich die Einöde zum Hause gegeben habe und die Wüste zur Wohnung?

⁷Er verlacht das Getümmel der Stadt; das Pochen des Treibers hört er nicht.

⁸Er schaut nach den Bergen, da seine Weide ist, und sucht, wo es grün ist.

⁹Meinst du das Einhorn werde dir dienen und werde bleiben an deiner Krippe?

¹⁰Kannst du ihm dein Seil anknüpfen, die Furchen zu machen, daß es hinter dir brache in Tälern?

¹¹Magst du dich auf das Tier verlassen, daß es so stark ist, und wirst es dir lassen arbeiten?

¹²Magst du ihm trauen, daß es deinen Samen dir wiederbringe und

Hiob

in deine Scheune sammle?

¹³Der Fittich des Straußes hebt sich fröhlich. Dem frommen Storch gleicht er an Flügeln und Federn.

¹⁴Doch läßt er seine Eier auf der Erde und läßt sie die heiße Erde ausbrüten.

¹⁵Er vergißt, daß sie möchten zertreten werden und ein wildes Tier sie zerbreche.

¹⁶Er wird so hart gegen seine Jungen, als wären sie nicht sein, achtet's nicht, daß er umsonst arbeitet.

¹⁷Denn Gott hat ihm die Weisheit genommen und hat ihm keinen Verstand zugeteilt.

¹⁸Zu der Zeit, da er hoch auffährt, verlacht er beide, Roß und Mann.

¹⁹Kannst du dem Roß Kräfte geben oder seinen Hals zieren mit seiner Mähne?

²⁰Läßt du es aufspringen wie die Heuschrecken? Schrecklich ist sein prächtiges Schnauben.

²¹Es stampft auf den Boden und ist freudig mit Kraft und zieht aus, den Geharnischten entgegen.

²²Es spottet der Furcht und erschrickt nicht und flieht vor dem Schwert nicht,

²³wenngleich über ihm klingt der Köcher und glänzen beide, Spieß und Lanze.

²⁴Es zittert und tobt und scharrt in die Erde und läßt sich nicht halten bei der Drommete Hall.

²⁵So oft die Drommete klingt, spricht es: Hui! und wittert den Streit von ferne, das Schreien der Fürsten und Jauchzen.

²⁶Fliegt der Habicht durch deinen Verstand und breitet seine Flügel gegen Mittag?

²⁷Fliegt der Adler auf deinen Befehl so hoch, daß er sein Nest in der Höhe macht?

²⁸In den Felsen wohnt er und bleibt auf den Zacken der Felsen und auf Berghöhen.

²⁹Von dort schaut er nach der Speise, und seine Augen sehen ferne.

³⁰Seine Jungen saufen Blut, und wo Erschlagene liegen, da ist er.

Kapitel 40

¹Und der HERR antwortete Hiob und sprach:

²Will mit dem Allmächtigen rechten der Haderer? Wer Gott tadelt, soll's der nicht verantworten?

³Hiob aber antwortete dem HERRN und sprach:

⁴Siehe, ich bin zu leichtfertig gewesen; was soll ich verantworten? Ich will meine Hand auf meinen Mund legen.

⁵Ich habe einmal geredet, und will nicht antworten; zum andernmal will ich's nicht mehr tun.

⁶Und der HERR antwortete Hiob aus dem Wetter und sprach:

⁷Gürte wie ein Mann deine Lenden; ich will dich fragen, lehre mich!

⁸Solltest du mein Urteil zunichte machen und mich verdammen, daß du gerecht seist?

⁹Hast du einen Arm wie Gott, und kannst mit gleicher Stimme donnern, wie er tut?

¹⁰Schmücke dich mit Pracht und erhebe dich; ziehe Majestät und Herrlichkeit an!

¹¹Streue aus den Zorn deines Grimmes; schaue an die Hochmütigen, wo sie sind, und demütige sie!

¹²Ja, schaue die Hochmütigen, wo sie sind und beuge sie; und zermalme die Gottlosen, wo sie sind!

¹³Verscharre sie miteinander in die Erde und versenke ihre Pracht ins Verborgene,

¹⁴so will ich dir auch bekennen, daß dir deine rechte Hand helfen kann.

¹⁵Siehe da, den Behemoth, den ich neben dir gemacht habe; er frißt Gras wie ein Ochse.

¹⁶Siehe seine Kraft ist in seinen Lenden und sein Vermögen in den Sehnen seines Bauches.

¹⁷Sein Schwanz streckt sich wie eine Zeder; die Sehnen seiner Schenkel sind dicht geflochten.

¹⁸Seine Knochen sind wie eherne Röhren; seine Gebeine sind wie eiserne Stäbe.

¹⁹Er ist der Anfang der Wege Gottes; der ihn gemacht hat, der gab ihm sein Schwert.

²⁰Die Berge tragen ihm Kräuter, und alle wilden Tiere spielen daselbst.

²¹Er liegt gern im Schatten, im Rohr und im Schlamm verborgen.

²²Das Gebüsch bedeckt ihn mit seinem Schatten, und die Bachweiden umgeben ihn.

²³Siehe, er schluckt in sich den Strom und achtet's nicht groß; läßt sich dünken, er wolle den Jordan mit seinem Munde ausschöpfen.

²⁴Fängt man ihn wohl vor seinen Augen und durchbohrt ihm mit Stricken seine Nase?

Kapitel 41

¹Kannst du den Leviathan ziehen mit dem Haken und seine Zunge mit einer Schnur fassen?

²Kannst du ihm eine Angel in die Nase legen und mit einem Stachel ihm die Backen durchbohren?

³Meinst du, er werde dir viel Flehens machen oder dir heucheln?

⁴Meinst du, daß er einen Bund mit dir machen werde, daß du ihn immer zum Knecht habest?

⁵Kannst du mit ihm spielen wie mit einem Vogel oder ihn für deine Dirnen anbinden?

⁶Meinst du die Genossen werden ihn zerschneiden, daß er unter die Kaufleute zerteilt wird?

⁷Kannst du mit Spießen füllen seine Haut und mit Fischerhaken seinen Kopf?

⁸Wenn du deine Hand an ihn legst, so gedenke, daß es ein Streit ist, den du nicht ausführen wirst.

⁹Siehe, die Hoffnung wird jedem fehlen; schon wenn er seiner ansichtig wird, stürzt er zu Boden.

¹⁰Niemand ist so kühn, daß er ihn reizen darf; wer ist denn, der vor mir stehen könnte?

¹¹Wer hat mir etwas zuvor getan, daß ich's ihm vergelte? Es ist mein, was unter allen Himmeln ist.

¹²Dazu muß ich nun sagen, wie groß, wie mächtig und wohlgeschaffen er ist.

¹³Wer kann ihm sein Kleid aufdecken? und wer darf es wagen, ihm zwischen die Zähne zu greifen?

¹⁴Wer kann die Kinnbacken seines Antlitzes auftun? Schrecklich stehen seine Zähne umher.

¹⁵Seine stolzen Schuppen sind wie feste Schilde, fest und eng ineinander.

¹⁶Eine rührt an die andere, daß nicht ein Lüftlein dazwischengeht.

¹⁷Es hängt eine an der andern, und halten zusammen, daß sie sich nicht voneinander trennen.

¹⁸Sein Niesen glänzt wie ein Licht; seine Augen sind wie die Wimpern der Morgenröte.

¹⁹Aus seinem Munde fahren Fackeln, und feurige Funken schießen heraus.

²⁰Aus seiner Nase geht Rauch wie von heißen Töpfen und Kesseln.

²¹Sein Odem ist wie eine lichte Lohe, und aus seinem Munde gehen Flammen.

²²Auf seinem Hals wohnt die Stärke, und vor ihm her hüpft die Angst.

²³Die Gliedmaßen seines Fleisches hangen aneinander und halten hart an ihm, daß er nicht zerfallen kann.

²⁴Sein Herz ist so hart wie ein Stein und so fest wie ein unterer Mühlstein.

²⁵Wenn er sich erhebt, so entsetzen sich die Starken; und wenn er daherbricht, so ist keine Gnade da.

²⁶Wenn man zu ihm will mit dem Schwert, so regt er sich nicht, oder mit Spieß, Geschoß und Panzer.

²⁷Er achtet Eisen wie Stroh, und Erz wie faules Holz.

²⁸Kein Pfeil wird ihn verjagen; die Schleudersteine sind ihm wie Stoppeln.

²⁹Die Keule achtet er wie Stoppeln; er spottet der bebenden Lanze.

³⁰Unten an ihm sind scharfe Scherben; er fährt wie mit einem Dreschwagen über den Schlamm.

³¹Er macht, daß der tiefe See siedet wie ein Topf, und rührt ihn ineinander, wie man eine Salbe mengt.

³²Nach ihm leuchtet der Weg; er macht die Tiefe ganz grau.

³³Auf Erden ist seinesgleichen niemand; er ist gemacht, ohne Furcht zu sein.

³⁴Er verachtet alles, was hoch ist; er ist ein König über alles stolze Wild.

Kapitel 42

¹Und Hiob antwortete dem HERRN und sprach:

²Ich erkenne, daß du alles vermagst, und nichts, das du dir vorgenommen, ist dir zu schwer.

³"Wer ist der, der den Ratschluß verhüllt mit Unverstand?" Darum bekenne ich, daß ich habe unweise geredet, was mir zu hoch ist und ich nicht verstehe.

⁴"So höre nun, laß mich reden; ich will dich fragen, lehre mich!"

⁵Ich hatte von dir mit den Ohren gehört; aber nun hat dich mein Auge gesehen.

⁶Darum spreche ich mich schuldig und tue Buße in Staub und Asche.

⁷Da nun der HERR mit Hiob diese Worte geredet hatte, sprach er zu Eliphas von Theman: Mein Zorn ist ergrimmt über dich und deine zwei Freunde; denn ihr habt nicht recht von mir geredet wie mein Knecht Hiob.

⁸So nehmt nun sieben Farren und sieben Widder und geht hin zu meinem Knecht Hiob und opfert Brandopfer für euch und laßt meinen Knecht Hiob für euch bitten. Denn ich will ihn ansehen, daß ich an euch nicht tue nach eurer Torheit; denn ihr habt nicht recht von mir geredet wie mein Knecht Hiob.

⁹Da gingen hin Eliphas von Theman, Bildad von Suah und Zophar von Naema und taten, wie der HERR ihnen gesagt hatte; und der HERR sah an Hiob.

¹⁰Und der HERR wandte das Gefängnis Hiobs, da er bat für seine Freunde. Und der Herr gab Hiob zwiefältig so viel, als er gehabt hatte.

¹¹Und es kamen zu ihm alle seine Brüder und alle seine Schwestern und alle, die ihn vormals kannten, und aßen mit ihm in seinem Hause und kehrten sich zu ihm und trösteten ihn über alles Übel, das der HERR hatte über ihn kommen lassen. Und ein jeglicher gab ihm einen schönen Groschen und ein goldenes Stirnband.

¹²Und der HERR segnete hernach Hiob mehr denn zuvor, daß er kriegte vierzehntausend Schafe und sechstausend Kamele und tausend Joch Rinder und tausend Eselinnen.

¹³Und er kriegte sieben Söhne und drei Töchter;

¹⁴und hieß die erste Jemima, die andere Kezia und die dritte Keren-Happuch.

¹⁵Und wurden nicht so schöne Weiber gefunden in allen Landen wie die Töchter Hiobs. Und ihr Vater gab ihnen Erbteil unter ihren Brüdern.

¹⁶Und Hiob lebte nach diesem hundert und vierzig Jahre, daß er sah Kinder und Kindeskinder bis ins vierte Glied.

¹⁷Und Hiob starb alt und lebenssatt.

Psalm

Kapitel 1

¹Wohl dem, der nicht wandelt im Rat der Gottlosen noch tritt auf den Weg Sünder noch sitzt, da die Spötter sitzen,

²sondern hat Lust zum Gesetz des HERRN und redet von seinem Gesetz Tag und Nacht!

³Der ist wie ein Baum, gepflanzt an den Wasserbächen, der seine Frucht bringt zu seiner Zeit, und seine Blätter verwelken nicht; und was er macht, das gerät wohl.

⁴Aber so sind die Gottlosen nicht, sondern wie Spreu, die der Wind verstreut.

⁵Darum bleiben die Gottlosen nicht im Gericht noch die Sünder in der Gemeinde der Gerechten.

⁶Denn der HERR kennt den Weg der Gerechten; aber der Gottlosen Weg vergeht.

Kapitel 2

¹Warum toben die Heiden, und die Völker reden so vergeblich?

²Die Könige der Erde lehnen sich auf, und die Herren ratschlagen miteinander wider den HERRN und seinen Gesalbten:

³"Lasset uns zerreißen ihre Bande und von uns werfen ihre Seile!"

⁴Aber der im Himmel wohnt, lacht ihrer, und der HERR spottet ihrer.

⁵Er wird einst mit ihnen reden in seinem Zorn, und mit seinem Grimm wird er sie schrecken.

⁶"Aber ich habe meinen König eingesetzt auf meinem heiligen Berg Zion."

⁷Ich will von der Weisheit predigen, daß der HERR zu mir gesagt hat: "Du bist mein Sohn, heute habe ich dich gezeuget:

⁸heische von mir, so will ich dir Heiden zum Erbe geben und der Welt Enden zum Eigentum.

⁹Du sollst sie mit einem eisernen Zepter zerschlagen; wie Töpfe sollst du sie zerschmeißen."

¹⁰So lasset euch nun weisen, ihr Könige, und lasset euch züchtigen, ihr Richter auf Erden!

¹¹Dient dem HERRN mit Furcht und freut euch mit Zittern!

¹²Küßt den Sohn, daß er nicht zürne und ihr umkommt auf dem Wege; denn sein Zorn wird bald entbrennen. Aber wohl allen, die auf ihn trauen!

Kapitel 3

¹(Ein Psalm Davids, da er floh vor seinem Sohn Absalom.) Ach HERR, wie sind meiner Feinde so viel und setzen sich so viele wider mich!

²Viele sagen von meiner Seele: Sie hat keine Hilfe bei Gott. (Sela.)

³Aber du, HERR, bist der Schild für mich und der mich zu Ehren setzt und mein Haupt aufrichtet.

⁴Ich rufe an mit meiner Stimme den HERRN; so erhört er mich von seinem heiligen Berge. (Sela.)

⁵Ich liege und schlafe und erwache; denn der HERR hält mich.

⁶Ich fürchte mich nicht vor viel Tausenden, die sich umher gegen mich legen.

⁷Auf, HERR, hilf mir, mein Gott! denn du schlägst alle meine Feinde auf den Backen und zerschmetterst der Gottlosen Zähne.

⁸Bei dem HERRN findet man Hilfe. Dein Segen komme über dein Volk! (Sela.)

Kapitel 4

¹(Ein Psalm Davids, vorzusingen, auf Saitenspiel.) Erhöre mich, wenn ich rufe, Gott meiner Gerechtigkeit, der du mich tröstest in Angst; sei mir gnädig und erhöre mein Gebet!

²Liebe Herren, wie lange soll meine Ehre geschändet werden? Wie habt ihr das Eitle so lieb und die Lüge so gern! (Sela.)

³Erkennet doch, daß der HERR seine Heiligen wunderbar führt; der HERR hört, wenn ich ihn anrufe.

⁴Zürnet ihr, so sündiget nicht. Redet mit eurem Herzen auf dem Lager und harret. (Sela.)

⁵Opfert Gerechtigkeit und hoffet auf den HERRN.

⁶Viele sagen: "Wer wird uns Gutes sehen lassen?" Aber, HERR, erhebe über uns das Licht deines Antlitzes!

⁷Du erfreuest mein Herz, ob jene gleich viel Wein und Korn haben.

⁸Ich liege und schlafe ganz mit Frieden; denn allein du, HERR, hilfst mir, daß ich sicher wohne.

Kapitel 5

¹(Ein Psalm Davids, vorzusingen, für das Erbe.) HERR, höre meine Worte, merke auf meine Rede!

²Vernimm mein Schreien, mein König und mein Gott; denn ich will vor dir beten.

³HERR, frühe wollest du meine Stimme hören; frühe will ich mich zu dir schicken und aufmerken.

⁴Denn du bist nicht ein Gott, dem gottloses Wesen gefällt; wer böse ist, bleibt nicht vor dir.

⁵Die Ruhmredigen bestehen nicht vor deinen Augen; du bist feind allen Übeltätern.

⁶Du bringst die Lügner um; der HERR hat Greuel an den Blutgierigen und Falschen.

⁷Ich aber will in dein Haus gehen auf deine große Güte und anbeten gegen deinen heiligen Tempel in deiner Furcht.

⁸HERR, leite mich in deiner Gerechtigkeit um meiner Feinde willen; richte deinen Weg vor mir her.

⁹Denn in ihrem Munde ist nichts Gewisses; ihr Inwendiges ist Herzeleid. Ihr Rachen ist ein offenes Grab; denn mit ihren Zungen heucheln sie.

¹⁰Sprich sie schuldig, Gott, daß sie fallen von ihrem Vornehmen. Stoße sie aus um ihrer großen Übertretungen willen; denn sie sind widerspenstig.

¹¹Laß sich freuen alle, die auf dich trauen; ewiglich laß sie rühmen, denn du beschirmst sie; fröhlich laß sein in dir, die deinen Namen lieben.

¹²Denn du, HERR, segnest die Gerechten; du krönest sie mit Gnade wie mit einem Schild.

Kapitel 6

¹(Ein Psalm Davids, vorzusingen, auf acht Saiten.) Ach HERR, strafe mich nicht in deinem Zorn und züchtige mich nicht in deinem Grimm!

²HERR, sei mir gnädig, denn ich bin schwach; heile mich, HERR, denn meine Gebeine sind erschrocken,

³und meine Seele ist sehr erschrocken. Ach du, HERR, wie lange!

⁴Wende dich, HERR, und errette meine Seele; hilf mir um deiner Güte willen!

⁵Denn im Tode gedenkt man dein nicht; wer will dir bei den Toten danken?

⁶Ich bin so müde vom Seufzen; ich schwemme mein Bett die ganze Nacht und netze mit meinen Tränen mein Lager.

⁷Meine Gestalt ist verfallen vor Trauern und alt ist geworden; denn ich werde allenthalben geängstet.

⁸Weichet von mir, alle Übeltäter; denn der HERR hört mein Weinen,

⁹der HERR hört mein Flehen; mein Gebet nimmt der HERR an.

¹⁰Es müssen alle meine Feinde zu Schanden werden und sehr erschrecken, sich zurückkehren und zu Schanden werden plötzlich.

Kapitel 7

¹(Die Unschuld Davids, davon er sang dem HERRN von wegen der Worte des Chus, des Benjaminiten.) Auf dich, HERR, traue ich, mein Gott. Hilf mir von allen meinen Verfolgern und errette mich,

²daß sie nicht wie Löwen meine Seele erhaschen und zerreißen, weil kein Erretter da ist.

³HERR, mein Gott, habe ich solches getan und ist Unrecht in meinen Händen;

⁴habe ich Böses vergolten denen, so friedlich mit mir lebten, oder die, so mir ohne Ursache feind waren, beschädigt:

⁵so verfolge mein Feind meine Seele und ergreife sie und trete mein Leben zu Boden und lege meine Ehre in den Staub. (Sela.)

⁶Stehe auf, HERR, in deinem Zorn, erhebe dich über den Grimm meiner Feinde und wache auf zu mir, der du Gericht verordnet hast,

⁷daß sich die Völker um dich sammeln; und über ihnen kehre wieder zur Höhe.

⁸Der HERR ist Richter über die Völker. Richte mich, HERR, nach deiner Gerechtigkeit und Frömmigkeit!

⁹Laß der Gottlosen Bosheit ein Ende werden und fördere die Gerechten; denn du prüfst Herzen und Nieren.

¹⁰Mein Schild ist bei Gott, der den frommen Herzen hilft.

¹¹Gott ist ein rechter Richter und ein Gott, der täglich droht.

¹²Will man sich nicht bekehren, so hat er sein Schwert gewetzt und seinen Bogen gespannt und zielt

¹³und hat darauf gelegt tödliche Geschosse; seine Pfeile hat er zugerichtet, zu verderben.

¹⁴Siehe, der hat Böses im Sinn; mit Unglück ist er schwanger und wird Lüge gebären.

¹⁵Er hat eine Grube gegraben und ausgehöhlt und ist in die Grube gefallen, die er gemacht hat,

¹⁶Sein Unglück wird auf seinen Kopf kommen und sein Frevel auf seinen Scheitel fallen.

¹⁷Ich danke dem HERRN um seiner Gerechtigkeit willen und will loben den Namen des HERRN, des Allerhöchsten.

Kapitel 8

¹(Ein Psalm Davids, vorzusingen, auf der Gittith.) HERR, unser Herrscher, wie herrlich ist dein Name in allen Landen, du, den man lobt im Himmel!

²Aus dem Munde der jungen Kinder und Säuglinge hast du eine Macht zugerichtet um deiner Feinde willen, daß du vertilgest den Feind und den Rachgierigen.

³Wenn ich sehe die Himmel, deiner Finger Werk, den Mond und die Sterne, die du bereitet hast:

⁴was ist der Mensch, daß du seiner gedenkst, und des Menschenkind, daß du dich seiner annimmst?

⁵Du hast ihn wenig niedriger gemacht denn Gott, und mit Ehre und Schmuck hast du ihn gekrönt.

⁶Du hast ihn zum Herrn gemacht über deiner Hände Werk; alles hast du unter seine Füße getan:

⁷Schafe und Ochsen allzumal, dazu auch die wilden Tiere,

⁸die Vögel unter dem Himmel und die Fische im Meer und was im Meer geht.

⁹HERR, unser Herrscher, wie herrlich ist dein Name in allen Landen!

Kapitel 9

¹(Ein Psalm Davids, von der schönen Jugend, vorzusingen.) Ich danke dem HERRN von ganzem Herzen und erzähle alle deine Wunder.

²Ich freue mich und bin fröhlich in dir und lobe deinen Namen, du Allerhöchster,

³daß du meine Feinde hinter sich getrieben hast; sie sind gefallen und umgekommen vor dir.

⁴Denn du führest mein Recht und meine Sache aus; du sitzest auf dem Stuhl, ein rechter Richter.

⁵Du schiltst die Heiden und bringst die Gottlosen um; ihren Namen vertilgst du immer und ewiglich.

⁶Die Schwerter des Feindes haben ein Ende; die Städte hast du umgekehrt; ihr Gedächtnis ist umgekommen samt ihnen.

⁷Der HERR aber bleibt ewiglich; er hat seinen Stuhl bereitet zum Gericht,

⁸und er wird den Erdboden recht richten und die Völker regieren rechtschaffen.

⁹Und der HERR ist des Armen Schutz, ein Schutz in der Not.

¹⁰Darum hoffen auf dich, die deinen Namen kennen; denn du verlässest nicht, die dich, HERR, suchen.

¹¹Lobet den HERRN, der zu Zion wohnt; verkündiget unter den Völkern sein Tun!

¹²Denn er gedenkt und fragt nach ihrem Blut; er vergißt nicht des Schreiens der Armen.

¹³HERR, sei mir gnädig; siehe an mein Elend unter den Feinden, der du mich erhebst aus den Toren des Todes,

¹⁴auf daß ich erzähle all deinen Preis in den Toren der Tochter Zion, daß ich fröhlich sei über deine Hilfe.

¹⁵Die Heiden sind versunken in der Grube, die sie zugerichtet hatten; ihr Fuß ist gefangen in dem Netz, das sie gestellt hatten.

¹⁶So erkennt man, daß der HERR Recht schafft. Der Gottlose ist verstrickt in dem Werk seiner Hände. (Zwischenspiel. Sela.)

¹⁷Ach daß die Gottlosen müßten zur Hölle gekehrt werden, alle Heiden, die Gottes vergessen!

¹⁸Denn er wird des Armen nicht so ganz vergessen, und die Hoffnung der Elenden wird nicht verloren sein ewiglich.

¹⁹HERR, stehe auf, daß die Menschen nicht Oberhand haben; laß alle Heiden vor dir gerichtet werden!

²⁰Gib ihnen, HERR, einen Meister, daß die Heiden erkennen, daß sie Menschen sind. (Sela.)

Kapitel 10

¹HERR, warum trittst du so ferne, verbirgst dich zur Zeit der Not?

²Weil der Gottlose Übermut treibt, muß der Elende leiden; sie hängen sich aneinander und erdenken böse Tücke.

³Denn der Gottlose rühmt sich seines Mutwillens, und der Geizige sagt dem Herrn ab und lästert ihn.

⁴Der Gottlose meint in seinem Stolz, er frage nicht darnach; in allen seinen Tücken hält er Gott für nichts.

⁵Er fährt fort mit seinem Tun immerdar; deine Gerichte sind ferne von ihm; er handelt trotzig mit allen seinen Feinden.

⁶Er spricht in seinem Herzen: Ich werde nimmermehr darniederliegen; es wird für und für keine Not haben.

⁷Sein Mund ist voll Fluchens, Falschheit und Trugs; seine Zunge richtet Mühe und Arbeit an.

⁸Er sitzt und lauert in den Dörfern; er erwürgt die Unschuldigen heimlich; seine Augen spähen nach dem Armen.

⁹Er lauert im Verborgenen wie ein Löwe in der Höhle; er lauert, daß er den Elenden erhasche, und er hascht ihn, wenn er ihn in sein Netz zieht.

¹⁰Er zerschlägt und drückt nieder und stößt zu Boden den Armen mit Gewalt.

¹¹Er spricht in seinem Herzen: Gott hat's vergessen; er hat sein Antlitz verborgen, er wird's nimmermehr sehen.

¹²Stehe auf, HERR; Gott, erhebe deine Hand; vergiß der Elenden nicht!

¹³Warum soll der Gottlose Gott lästern und in seinem Herzen sprechen: Du fragest nicht darnach?

¹⁴Du siehest ja, denn du schauest das Elend und den Jammer; es steht in deinen Händen. Die Armen befehlens's dir; du bist der Waisen Helfer.

¹⁵Zerbrich den Arm des Gottlosen und suche heim das Böse, so wird man sein gottlos Wesen nimmer finden.

¹⁶Der HERR ist König immer und ewiglich; die Heiden müssen aus seinem Land umkommen.

¹⁷Das Verlangen der Elenden hörst du, HERR; ihr Herz ist gewiß, daß dein Ohr darauf merket,

¹⁸daß du Recht schaffest dem Waisen und Armen, daß der Mensch nicht mehr trotze auf Erden.

Kapitel 11

¹(Ein Psalm Davids, vorzusingen.) Ich traue auf den HERRN. Wie sagt ihr denn zu meiner Seele: Fliehet wie ein Vogel auf eure Berge?

²Denn siehe, die Gottlosen spannen den Bogen und legen ihre Pfeile auf die Sehnen, damit heimlich zu schießen die Frommen.

³Denn sie reißen den Grund um; was sollte der Gerechte ausrichten?

⁴Der HERR ist in seinem heiligen Tempel, des HERRN Stuhl ist im Himmel; seine Augen sehen darauf, seine Augenlider prüfen die Menschenkinder.

⁵Der HERR prüft den Gerechten; seine Seele haßt den Gottlosen und die gerne freveln.

⁶Er wird regnen lassen über die Gottlosen Blitze, Feuer und Schwefel und wird ihnen ein Wetter zum Lohn geben.

⁷Der HERR ist gerecht und hat Gerechtigkeit lieb; die Frommen werden schauen sein Angesicht.

Kapitel 12

¹(Ein Psalm Davids, vorzusingen, auf acht Saiten.) Hilf, HERR! die Heiligen haben abgenommen, und der Gläubigen ist wenig unter den Menschenkindern.

²Einer redet mit dem andern unnütze Dinge; sie heucheln und lehren aus uneinigem Herzen.

³Der HERR wolle ausrotten alle Heuchelei und die Zunge, die da stolz redet,

⁴die da sagen: Unsere Zunge soll Oberhand haben, uns gebührt zu reden; wer ist unser HERR?

⁵Weil denn die Elenden verstört werden und die Armen seufzen, will ich auf, spricht der HERR; ich will Hilfe schaffen dem, der sich darnach sehnt.

⁶Die Rede des HERRN ist lauter wie durchläutert Silber im irdenen Tiegel, bewähret siebenmal.

⁷Du, HERR, wollest sie bewahren und uns behüten vor diesem Geschlecht ewiglich!

⁸Denn es wird allenthalben voll Gottloser, wo solche nichtswürdige Leute unter den Menschen herrschen.

Psalm

Kapitel 13

¹(Ein Psalm Davids, vorzusingen.) HERR, wie lange willst du mein so gar vergessen? Wie lange verbirgst du dein Antlitz vor mir?

²Wie lange soll ich sorgen in meiner Seele und mich ängsten in meinem Herzen täglich? Wie lange soll sich mein Feind über mich erheben?

³Schaue doch und erhöre mich, HERR, mein Gott! Erleuchte meine Augen, daß ich nicht dem Tode entschlafe,

⁴daß nicht mein Feind rühme, er sei mein mächtig geworden, und meine Widersacher sich nicht freuen, daß ich niederlage.

⁵Ich hoffe aber darauf, daß du so gnädig bist; mein Herz freut sich, daß du so gerne hilfst.

⁶Ich will dem HERRN singen, daß er so wohl an mir tut.

Kapitel 14

¹(Ein Psalm Davids, vorzusingen.) Die Toren sprechen in ihrem Herzen: Es ist kein Gott. Sie taugen nichts und sind ein Greuel mit ihrem Wesen; da ist keiner, der Gutes tue.

²Der HERR schaut vom Himmel auf der Menschen Kinder, daß er sehe, ob jemand klug sei und nach Gott frage.

³Aber sie sind alle abgewichen und allesamt untüchtig; da ist keiner, der Gutes tue, auch nicht einer.

⁴Will denn der Übeltäter keiner das merken, die mein Volk fressen, daß sie sich nähren; aber den HERRN rufen sie nicht an?

⁵Da fürchten sie sich; denn Gott ist bei dem Geschlecht der Gerechten.

⁶Ihr schändet des Armen Rat; aber Gott ist seine Zuversicht.

⁷Ach daß die Hilfe aus Zion über Israel käme und der HERR sein gefangen Volk erlösete! So würde Jakob fröhlich sein und Israel sich freuen.

Kapitel 15

¹(Ein Psalm Davids.) HERR, wer wird wohnen in deiner Hütte? Wer wird bleiben auf deinem heiligen Berge?

²Wer ohne Tadel einhergeht und recht tut und redet die Wahrheit von Herzen;

³wer mit seiner Zunge nicht verleumdet und seinen Nächstem kein Arges tut und seinen Nächsten nicht schmäht;

⁴wer die Gottlosen für nichts achtet, sondern ehrt die Gottesfürchtigen; wer sich selbst zum Schaden schwört und hält es;

⁵wer sein Geld nicht auf Wucher gibt und nimmt nicht Geschenke gegen den Unschuldigen: wer das tut, der wird wohl bleiben.

Kapitel 16

¹(Ein gülden Kleinod Davids.) Bewahre mich Gott; denn ich traue auf dich.

²Ich habe gesagt zu dem HERRN: Du bist ja der HERR; ich weiß von keinem Gute außer dir.

³An den Heiligen, so auf Erden sind, und den Herrlichen, an denen hab ich all mein Gefallen.

⁴Aber jene, die einem andern nacheilen, werden groß Herzeleid haben. Ich will ihre Trankopfer mit Blut nicht opfern noch ihren Namen in meinem Munde führen.

⁵Der HERR aber ist mein Gut und mein Teil; du erhältst mein Erbteil.

⁶Das Los ist mir gefallen aufs Lieblichste; mir ist ein schön Erbteil geworden.

⁷Ich lobe den HERRN, der mir geraten hat; auch züchtigen mich meine Nieren des Nachts.

⁸Ich habe den HERRN allezeit vor Augen; denn er ist mir zur Rechten, so werde ich fest bleiben.

⁹Darum freut sich mein Herz, und meine Ehre ist fröhlich; auch mein Fleisch wird sicher liegen.

¹⁰Denn du wirst meine Seele nicht dem Tode lassen und nicht zugeben, daß dein Heiliger verwese.

¹¹Du tust mir kund den Weg zum Leben; vor dir ist Freude die Fülle und liebliches Wesen zu deiner Rechten ewiglich.

Kapitel 17

¹(Ein Gebet Davids.) HERR, erhöre die Gerechtigkeit, merke auf mein Schreien; vernimm mein Gebet, das nicht aus falschem Munde geht.

²Sprich du in meiner Sache und schaue du aufs Recht.

³Du prüfst mein Herz und siehst nach ihm des Nachts und läuterst mich, und findest nichts. Ich habe mir vorgesetzt, daß mein Mund nicht soll übertreten.

⁴Ich bewahre mich in dem Wort deiner Lippen vor Menschenwerk, vor dem Wege des Mörders.

⁵Erhalte meinen Gang auf deinen Fußsteigen, daß meine Tritte nicht gleiten.

⁶Ich rufe zu dir, daß du, Gott, wollest mich erhören; neige deine Ohren zu mir, höre meine Rede.

⁷Beweise deine wunderbare Güte, du Heiland derer, die dir vertrauen, wider die, so sich gegen deine rechte Hand setzen.

⁸Behüte mich wie einen Augapfel im Auge, beschirme mich unter dem Schatten deiner Flügel

⁹vor den Gottlosen, die mich verstören, vor meinen Feinden, die um und um nach meiner Seele stehen.

¹⁰Ihr Herz schließen sie zu; mit ihrem Munde reden sie stolz.

¹¹Wo wir gehen, so umgeben sie uns; ihre Augen richten sie dahin, daß sie uns zur Erde stürzen;

¹²gleichwie ein Löwe, der des Raubes begehrt, wie ein junger Löwe, der in der Höhle sitzt.

¹³HERR, mache dich auf, überwältige ihn und demütige ihn, errette meine Seele von dem Gottlosen mit deinem Schwert,

¹⁴von den Leuten mit deiner Hand, HERR, von den Leuten dieser Welt, welche ihr Teil haben in ihrem Leben, welchen du den Bauch füllst mit deinem Schatz, die da Söhne die Fülle haben und lassen ihr übriges ihren Kindern.

¹⁵Ich aber will schauen dein Antlitz in Gerechtigkeit; ich will satt werden, wenn ich erwache, an deinem Bilde.

Kapitel 18

¹(Ein Psalm, vorzusingen, Davids, des Knechtes des HERRN, welcher hat dem Herrn die Worte dieses Liedes geredet zur Zeit, da ihn der HERR errettet hatte von der Hand aller seiner Feinde und von der Hand Sauls, und sprach:) Herzlich lieb habe ich dich, HERR, meine Stärke!

²HERR, mein Fels, meine Burg, mein Erretter, mein Gott, mein Hort, auf den ich traue, mein Schild und Horn meines Heils und mein Schutz!

³Ich rufe an den HERRN, den Hochgelobten, so werde ich von meinen Feinden erlöst.

⁴Es umfingen mich des Todes Bande, und die Bäche des Verderbens erschreckten mich.

⁵Der Hölle Bande umfingen mich, und des Todes Stricke überwältigten mich.

⁶Da mir angst war, rief ich den HERRN an und schrie zu meinem Gott; da erhörte er meine Stimme von seinem Tempel, und mein Schreien kam vor ihn zu seinen Ohren.

⁷Die Erde bebte und ward bewegt, und die Grundfesten der Berge regten sich und bebten, da er zornig war.

⁸Dampf ging von seiner Nase und verzehrend Feuer von seinem Munde, daß es davon blitzte.

⁹Er neigte den Himmel und fuhr herab, und Dunkel war unter seinen Füßen.

¹⁰Und er fuhr auf dem Cherub und flog daher; er schwebte auf den Fittichen des Windes.

¹¹Sein Gezelt um ihn her war finster und schwarze, dicke Wolken, darin er verborgen war.

¹²Vom Glanz vor ihm trennten sich die Wolken mit Hagel und Blitzen.

¹³Und der HERR donnerte im Himmel, und der Höchste ließ seinen Donner aus mit Hagel und Blitzen.

¹⁴Er schoß seine Strahlen und zerstreute sie; er ließ sehr blitzen und schreckte sie.

¹⁵Da sah man das Bett der Wasser, und des Erdbodens Grund ward aufgedeckt, HERR, von deinem Schelten, von dem Odem und Schnauben deiner Nase.

¹⁶Er streckte seine Hand aus von der Höhe und holte mich und zog mich aus großen Wassern.

¹⁷Er errettete mich von meinen starken Feinden, von meinen Hassern, die mir zu mächtig waren,

¹⁸die mich überwältigten zur Zeit meines Unglücks; und der HERR ward meine Zuversicht.

¹⁹Und er führte mich aus ins Weite. Er riß mich heraus; denn er hatte Lust zu mir.

²⁰Der HERR tut wohl an mir nach meiner Gerechtigkeit; er vergilt mir nach der Reinigkeit meiner Hände.

²¹Denn ich halte die Wege des HERRN und bin nicht gottlos wider meinen Gott.

²²Denn alle seine Rechte habe ich vor Augen, und seine Gebote werfe ich nicht von mir;

²³sondern ich bin ohne Tadel vor ihm und hüte mich vor Sünden.
²⁴Darum vergilt mir der HERR nach meiner Gerechtigkeit, nach der Reinigkeit meiner Hände vor seinen Augen.
²⁵Bei den Heiligen bist du heilig, und bei den Frommen bist du fromm,
²⁶und bei den Reinen bist du rein, und bei den Verkehrten bist du verkehrt.
²⁷Denn du hilfst dem elenden Volk, und die hohen Augen erniedrigst du.
²⁸Denn du erleuchtest meine Leuchte; der HERR, mein Gott, macht meine Finsternis licht.
²⁹Denn mit dir kann ich Kriegsvolk zerschlagen und mit meinem Gott über die Mauer springen.
³⁰Gottes Wege sind vollkommen; die Reden des HERRN sind durchläutert. Er ist ein Schild allen, die ihm vertrauen.
³¹Denn wo ist ein Gott außer dem HERRN, oder ein Hort außer unserm Gott?
³²Gott rüstet mich mit Kraft und macht meine Wege ohne Tadel.
³³Er macht meine Füße gleich den Hirschen und stellt mich auf meine Höhen.
³⁴Er lehrt meine Hand streiten und lehrt meinen Arm einen ehernen Bogen spannen.
³⁵Du gibst mir den Schild deines Heils, und deine Rechte stärkt mich; und wenn du mich demütigst, machst du mich groß.
³⁶Du machst unter mir Raum zu gehen, daß meine Knöchel nicht wanken.
³⁷Ich will meinen Feinden nachjagen und sie ergreifen, und nicht umkehren, bis ich sie umgebracht habe.
³⁸Ich will sie zerschmettern; sie sollen mir nicht widerstehen und müssen unter meine Füße fallen.
³⁹Du kannst mich rüsten mit Stärke zum Streit; du kannst unter mich werfen, die sich wider mich setzen.
⁴⁰Du gibst mir meine Feinde in die Flucht, daß ich meine Hasser verstöre.
⁴¹Sie rufen-aber da ist kein Helfer-zum HERRN; aber er antwortet ihnen nicht.
⁴²Ich will sie zerstoßen wie Staub vor dem Winde; ich will sie wegräumen wie den Kot auf der Gasse.
⁴³Du hilfst mir von dem zänkischen Volk und machst mich zum Haupt unter den Heiden; ein Volk, das ich nicht kannte, dient mir;
⁴⁴es gehorcht mir mit gehorsamen Ohren. Ja, den Kindern der Fremde hat's wider mich gefehlt;
⁴⁵die Kinder der Fremde verschmachten und kommen mit Zittern aus ihren Burgen.
⁴⁶Der HERR lebt, und gelobt sei mein Hort; und erhoben werde der Gott meines Heils,
⁴⁷der Gott, der mir Rache gibt und zwingt die Völker unter mich;
⁴⁸der mich errettet von meinen Feinden und erhöht mich aus denen, die sich wider mich setzen; du hilfst mir von den Frevlern.
⁴⁹Darum will ich dir danken, HERR, unter den Heiden und deinem Namen lobsingen,
⁵⁰der seinem König großes Heil beweist und wohltut seinem Gesalbten, David und seinem Samen ewiglich.

Kapitel 19

¹(Ein Psalm Davids, vorzusingen.) Die Himmel erzählen die Ehre Gottes, und die Feste verkündigt seiner Hände Werk.
²Ein Tag sagt's dem andern, und eine Nacht tut's kund der andern.
³Es ist keine Sprache noch Rede, da man nicht ihre Stimme höre.
⁴Ihre Schnur geht aus in alle Lande und ihre Rede an der Welt Ende. Er hat der Sonne eine Hütte an ihnen gemacht;
⁵und dieselbe geht heraus wie ein Bräutigam aus seiner Kammer und freut sich wie ein Held zu laufen den Weg.
⁶Sie geht auf an einem Ende des Himmels und läuft um bis wieder an sein Ende, und bleibt nichts vor ihrer Hitze verborgen.
⁷Das Gesetz des HERRN ist vollkommen und erquickt die Seele; das Zeugnis des HERRN ist gewiß und macht die Unverständigen weise.
⁸Die Befehle des HERRN sind richtig und erfreuen das Herz; die Gebote des HERRN sind lauter und erleuchten die Augen.
⁹Die Furcht des HERRN ist rein und bleibt ewiglich; die Rechte des HERRN sind wahrhaftig, allesamt gerecht.
¹⁰Sie sind köstlicher denn Gold und viel feines Gold; sie sind süßer denn Honig und Honigseim.
¹¹Auch wird dein Knecht durch sie erinnert; und wer sie hält, der hat großen Lohn.
¹²Wer kann merken, wie oft er fehlet? Verzeihe mir die verborgenen Fehle!
¹³Bewahre auch deinen Knecht vor den Stolzen, daß sie nicht über mich herrschen, so werde ich ohne Tadel sein und unschuldig bleiben großer Missetat.
¹⁴Laß dir wohl gefallen die Rede meines Mundes und das Gespräch meines Herzens vor dir, HERR, mein Hort und mein Erlöser.

Kapitel 20

¹(Ein Psalm Davids, vorzusingen.) Der HERR erhöre dich in der Not; der Name des Gottes Jakobs schütze dich!
²Er sende dir Hilfe vom Heiligtum und stärke dich aus Zion.
³Er gedenke all deines Speisopfers, und dein Brandopfer müsse vor ihm fett sein. (Sela.)
⁴Er gebe dir was dein Herz begehrt, und erfülle alle deine Anschläge.
⁵Wir rühmen, daß du uns hilfst, und im Namen unsres Gottes werfen wir Panier auf. Der HERR gewähre dir alle deine Bitten!
⁶Nun merke ich, daß der HERR seinem Gesalbten hilft und erhöht ihn in seinen heiligen Himmel; seine rechte Hand hilft mit Macht.
⁷Jene verlassen sich auf Wagen und Rosse; wir aber denken an den Namen des HERRN, unsers Gottes.
⁸Sie sind niedergestürzt und gefallen; wir aber stehen aufgerichtet.
⁹Hilf, HERR, dem König und erhöre uns wenn wir rufen!

Kapitel 21

¹(Ein Psalm Davids, vorzusingen.) HERR, der König freut sich in deiner Kraft, und wie sehr fröhlich ist er über deine Hilfe!
²Du gibst ihm seines Herzens Wunsch und weigerst nicht, was sein Mund bittet. (Sela.)
³Denn du überschüttest ihn mit gutem Segen; du setzt eine goldene Krone auf sein Haupt.
⁴Er bittet Leben von dir; so gibst du ihm langes Leben immer und ewiglich.
⁵Er hat große Ehre an deiner Hilfe; du legst Lob und Schmuck auf ihn.
⁶Denn du setzest ihn zum Segen ewiglich; du erfreuest ihn mit Freude vor deinem Antlitz.
⁷Denn der König hofft auf den HERRN und wird durch die Güte des HERRN fest bleiben.
⁸Deine Hand wird finden alle deine Feinde; deine Rechte wird finden, die dich hassen.
⁹Du wirst sie machen wie ein Feuerofen, wenn du dreinsehen wirst; der HERR wird sie verschlingen in seinem Zorn; Feuer wird sie fressen.
¹⁰Ihre Frucht wirst du umbringen vom Erdboden und ihren Samen von den Menschenkindern.
¹¹Denn sie gedachten dir Übles zu tun und machten Anschläge, die sie nicht konnten ausführen.
¹²Denn du wirst machen, daß sie den Rücken kehren; mit deiner Sehne wirst du gegen ihr Antlitz zielen.
¹³HERR, erhebe dich in deiner Kraft, so wollen wir singen und loben deine Macht.

Kapitel 22

¹(Ein Psalm Davids, vorzusingen; von der Hinde, die früh gejagt wird.) Mein Gott, mein Gott, warum hast du mich verlassen? ich heule; aber meine Hilfe ist ferne.
²Mein Gott, des Tages rufe ich, so antwortest du nicht; und des Nachts schweige ich auch nicht.
³Aber du bist heilig, der du wohnst unter dem Lobe Israels.
⁴Unsre Väter hofften auf dich; und da sie hofften, halfst du ihnen aus.
⁵Zu dir schrieen sie und wurden errettet; sie hofften auf dich und wurden nicht zu Schanden.
⁶Ich aber bin ein Wurm und kein Mensch, ein Spott der Leute und Verachtung des Volks.
⁷Alle, die mich sehen, spotten mein, sperren das Maul auf und schütteln den Kopf:
⁸"Er klage es dem HERRN; der helfe ihm aus und errette ihn, hat er Lust zu ihm."
⁹Denn du hast mich aus meiner Mutter Leib gezogen; du warst meine Zuversicht, da ich noch an meiner Mutter Brüsten war.
¹⁰Auf dich bin ich geworfen von Mutterleib an; du bist mein Gott von meiner Mutter Schoß an.
¹¹Sei nicht ferne von mir, denn Angst ist nahe; denn es ist hier kein Helfer.
¹²Große Farren haben mich umgeben, gewaltige Stiere haben mich

umringt. ¹³Ihren Rachen sperren sie auf gegen mich wie ein brüllender und reißender Löwe.
¹⁴Ich bin ausgeschüttet wie Wasser, alle meine Gebeine haben sich zertrennt; mein Herz ist in meinem Leibe wie zerschmolzen Wachs.
¹⁵Meine Kräfte sind vertrocknet wie eine Scherbe, und meine Zunge klebt an meinem Gaumen, und du legst mich in des Todes Staub.
¹⁶Denn die Hunde haben mich umgeben, und der Bösen Rotte hat mich umringt; sie haben meine Hände und Füße durchgraben.
¹⁷Ich kann alle meine Gebeine zählen; aber sie schauen und sehen ihre Lust an mir.
¹⁸Sie teilen meine Kleider unter sich und werfen das Los um mein Gewand.
¹⁹Aber du, HERR, sei nicht ferne; meine Stärke, eile, mir zu helfen!
²⁰Errette meine Seele vom Schwert, meine einsame von den Hunden!
²¹Hilf mir aus dem Rachen des Löwen und errette mich von den Einhörnern!
²²Ich will deinen Namen predigen meinen Brüdern; ich will dich in der Gemeinde rühmen.
²³Rühmet den HERRN, die ihr ihn fürchtet; es ehre ihn aller Same Jakobs, und vor ihm scheue sich aller Same Israels.
²⁴Denn er hat nicht verachtet noch verschmäht das Elend des Armen und sein Antlitz vor ihm nicht verborgen; und da er zu ihm schrie, hörte er's.
²⁵Dich will ich preisen in der großen Gemeinde; ich will mein Gelübde bezahlen vor denen, die ihn fürchten.
²⁶Die Elenden sollen essen, daß sie satt werden; und die nach dem HERRN fragen, werden ihn preisen; euer Herz soll ewiglich leben.
²⁷Es werden gedenken und sich zum HERRN bekehren aller Welt Enden und vor ihm anbeten alle Geschlechter der Heiden.
²⁸Denn des HERRN ist das Reich, und er herrscht unter den Heiden.
²⁹Alle Fetten auf Erden werden essen und anbeten; vor ihm werden die Kniee beugen alle, die im Staub liegen, und die, so kümmerlich leben.
³⁰Er wird einen Samen haben, der ihm dient; vom HERRN wird man verkündigen zu Kindeskind.
³¹Sie werden kommen und seine Gerechtigkeit predigen dem Volk, das geboren wird, daß er's getan hat.

Kapitel 23

¹(Ein Psalm Davids.) Der HERR ist mein Hirte; mir wird nichts mangeln.
²Er weidet mich auf grüner Aue und führet mich zum frischen Wasser.
³Er erquicket meine Seele; er führet mich auf rechter Straße um seines Namens willen.
⁴Und ob ich schon wanderte im finstern Tal, fürchte ich kein Unglück; denn du bist bei mir, dein Stecken und dein Stab trösten mich.
⁵Du bereitest vor mir einen Tisch im Angesicht meiner Feinde. Du salbest mein Haupt mit Öl und schenkest mir voll ein.
⁶Gutes und Barmherzigkeit werden mir folgen mein Leben lang, und ich werde bleiben im Hause des HERRN immerdar.

Kapitel 24

¹(Ein Psalm Davids.) Die Erde ist des HERRN und was darinnen ist, der Erdboden und was darauf wohnt.
²Denn er hat ihn an die Meere gegründet und an den Wassern bereitet.
³Wer wird auf des HERRN Berg gehen, und wer wird stehen an seiner heiligen Stätte?
⁴Der unschuldige Hände hat und reines Herzens ist; der nicht Lust hat zu loser Lehre und schwört nicht fälschlich:
⁵der wird den Segen vom HERRN empfangen und Gerechtigkeit von dem Gott seines Heils.
⁶Das ist das Geschlecht, das nach ihm fragt, das da sucht dein Antlitz, Gott Jakobs. (Sela.)
⁷Machet die Tore weit und die Türen in der Welt hoch, daß der König der Ehren einziehe!
⁸Wer ist derselbe König der Ehren? Es ist der HERR, stark und mächtig, der HERR, mächtig im Streit.
⁹Machet die Tore weit und die Türen in der Welt hoch, daß der König der Ehren einziehe!
¹⁰Wer ist derselbe König der Ehren? Es ist der HERR Zebaoth; er ist der König der Ehren. (Sela.)

Kapitel 25

¹(Ein Psalm Davids.) Nach dir, HERR, verlangt mich.
²Mein Gott, ich hoffe auf dich; laß mich nicht zu Schanden werden, daß sich meine Feinde nicht freuen über mich.
³Denn keiner wird zu Schanden, der dein harret; aber zu Schanden müssen sie werden, die leichtfertigen Verächter.
⁴HERR, zeige mir deine Wege und lehre mich deine Steige;
⁵leite mich in deiner Wahrheit und lehre mich! Denn du bist der Gott, der mir hilft; täglich harre ich dein.
⁶Gedenke, HERR, an deine Barmherzigkeit und an deine Güte, die von der Welt her gewesen ist.
⁷Gedenke nicht der Sünden meiner Jugend und meiner Übertretungen; gedenke aber mein nach deiner Barmherzigkeit um deiner Güte willen!
⁸Der HERR ist gut und fromm; darum unterweist er die Sünder auf dem Wege.
⁹Er leitet die Elenden recht und lehrt die Elenden seinen Weg.
¹⁰Die Wege des HERRN sind eitel Güte und Wahrheit denen, die seinen Bund und seine Zeugnisse halten.
¹¹Um deines Namens willen, HERR, sei gnädig meiner Missetat, die da groß ist.
¹²Wer ist der, der den HERRN fürchtet? Er wird ihn unterweisen den besten Weg.
¹³Seine Seele wird im Guten wohnen, und sein Same wird das Land besitzen.
¹⁴Das Geheimnis des HERRN ist unter denen, die ihn fürchten; und seinen Bund läßt er sie wissen.
¹⁵Meine Augen sehen stets zu dem HERRN; denn er wird meinen Fuß aus dem Netze ziehen.
¹⁶Wende dich zu mir und sei mir gnädig; denn ich bin einsam und elend.
¹⁷Die Angst meines Herzens ist groß; führe mich aus meinen Nöten!
¹⁸Siehe an meinen Jammer und mein Elend und vergib mir alle meine Sünden!
¹⁹Siehe, daß meiner Feinde so viel sind und hassen mich aus Frevel.
²⁰Bewahre meine Seele und errette mich, laß mich nicht zu Schanden werden; denn ich traue auf dich.
²¹Schlecht und Recht, das behüte mich; denn ich harre dein.
²²Gott, erlöse Israel aus aller seiner Not!

Kapitel 26

¹(Ein Psalm Davids.) HERR, schaffe mir Recht; denn ich bin unschuldig! Ich hoffe auf den HERRN; darum werde ich nicht fallen.
²Prüfe mich, HERR, und versuche mich; läutere meine Nieren und mein Herz.
³Denn deine Güte ist vor meinen Augen, und ich wandle in deiner Wahrheit.
⁴Ich sitze nicht bei den eitlen Leuten und habe nicht Gemeinschaft mit den Falschen.
⁵Ich hasse die Versammlung der Boshaften und sitze nicht bei den Gottlosen.
⁶Ich wasche meine Hände in Unschuld und halte mich, HERR, zu deinem Altar,
⁷da man hört die Stimme des Dankens, und da man predigt alle deine Wunder.
⁸HERR, ich habe lieb die Stätte deines Hauses und den Ort, da deine Ehre wohnt.
⁹Raffe meine Seele nicht hin mit den Sündern noch mein Leben mit den Blutdürstigen,
¹⁰welche mit böser Tücke umgehen und nehmen gern Geschenke.
¹¹Ich aber wandle unschuldig. Erlöse mich und sei mir gnädig!
¹²Mein Fuß geht richtig. Ich will dich loben, HERR, in den Versammlungen.

Kapitel 27

¹(Ein Psalm Davids.) Der HERR ist mein Licht und mein Heil; vor wem sollte ich mich fürchten! Der HERR ist meines Lebens Kraft; vor wem sollte mir grauen!
²So die Bösen, meine Widersacher und Feinde, an mich wollen, meine Fleisch zu fressen, müssen sie anlaufen und fallen.
³Wenn sich schon ein Heer wider mich legt, so fürchtet sich dennoch mein Herz nicht; wenn sich Krieg wider mich erhebt, so verlasse ich mich auf ihn.
⁴Eins bitte ich vom HERRN, das hätte ich gerne: daß ich im Hause des HERRN bleiben möge mein Leben lang, zu schauen die schönen

Gottesdienste des HERRN und seinen Tempel zu betrachten.

⁵Denn er deckt mich in seiner Hütte zur bösen Zeit, er verbirgt mich heimlich in seinem Gezelt und erhöht mich auf einem Felsen,

⁶und wird nun erhöhen mein Haupt über meine Feinde, die um mich sind; so will ich in seiner Hütte Lob opfern, ich will singen und lobsagen dem HERRN.

⁷HERR, höre meine Stimme, wenn ich rufe; sei mir gnädig und erhöre mich!

⁸Mein Herz hält dir vor dein Wort: "Ihr sollt mein Antlitz suchen." Darum suche ich auch, HERR, dein Antlitz.

⁹Verbirg dein Antlitz nicht vor mir und verstoße nicht im Zorn deinen Knecht; denn du bist meine Hilfe. Laß mich nicht und tue nicht von mir die Hand ab, Gott, mein Heil!

¹⁰Denn mein Vater und meine Mutter verlassen mich; aber der HERR nimmt mich auf.

¹¹HERR, weise mir deinen Weg und leite mich auf richtiger Bahn um meiner Feinde willen.

¹²Gib mich nicht in den Willen meiner Feinde; denn es stehen falsche Zeugen gegen mich und tun mir Unrecht ohne Scheu.

¹³Ich glaube aber doch, daß ich sehen werde das Gute des HERRN im Lande der Lebendigen.

¹⁴Harre des HERRN! Sei getrost und unverzagt und harre des HERRN!

Kapitel 28

¹(Ein Psalm Davids.) Wenn ich rufe zu dir, HERR, mein Hort, so schweige mir nicht, auf daß nicht, wo du schweigst, ich gleich werde denen, die in die Grube fahren.

²Höre die Stimme meines Flehens, wenn ich zu dir schreie, wenn ich meine Hände aufhebe zu deinem heiligen Chor.

³Raffe mich nicht hin mit den Gottlosen und mit den Übeltätern, die freundlich reden mit ihrem Nächsten und haben Böses im Herzen.

⁴Gib ihnen nach ihrer Tat und nach ihrem bösen Wesen; gib ihnen nach den Werken ihrer Hände; vergilt ihnen, was sie verdient haben.

⁵Denn sie wollen nicht achten auf das Tun des HERRN noch auf die Werke seiner Hände; darum wird er sie zerbrechen und nicht aufbauen.

⁶Gelobt sei der HERR; denn er hat erhört die Stimme meines Flehens.

⁷Der HERR ist meine Stärke und mein Schild; auf ihn hofft mein Herz, und mir ist geholfen. Und mein Herz ist fröhlich, und ich will ihm danken mit meinem Lied.

⁸Der HERR ist meine Stärke; er ist die Stärke, die seinem Gesalbten hilft.

⁹Hilf deinem Volk und segne dein Erbe und weide sie und erhöhe sie ewiglich!

Kapitel 29

¹(Ein Psalm Davids.) Bringet her dem HERRN, ihr Gewaltigen, bringet her dem HERRN Ehre und Stärke!

²Bringet dem HERRN die Ehre seines Namens; betet an den HERRN im heiligen Schmuck!

³Die Stimme des HERRN geht über den Wassern; der Gott der Ehren donnert, der HERR über großen Wassern.

⁴Die Stimme des HERRN geht mit Macht; die Stimme des HERRN geht herrlich.

⁵Die Stimme des HERRN zerbricht die Zedern; der HERR zerbricht die Zedern im Libanon.

⁶Und macht sie hüpfen wie ein Kalb, den Libanon und Sirjon wie ein junges Einhorn.

⁷Die Stimme des HERRN sprüht Feuerflammen.

⁸Die Stimme des HERRN erregt die Wüste; der HERR erregt die Wüste Kades.

⁹Die Stimme des HERRN erregt die Hinden und entblößt die Wälder; und in seinem Tempel sagt ihm alles Ehre.

¹⁰Der HERR sitzt, eine Sintflut anzurichten; und der HERR bleibt ein König in Ewigkeit.

¹¹Der HERR wird seinem Volk Kraft geben; der HERR wird sein Volk segnen mit Frieden.

Kapitel 30

¹(Ein Psalm, zu singen von der Einweihung des Hauses, von David.) Ich preise dich, HERR; denn du hast mich erhöht und lässest meine Feinde sich nicht über mich freuen.

²HERR, mein Gott, da ich schrie zu dir, machtest du mich gesund.

³HERR, du hast meine Seele aus der Hölle geführt; du hast mich lebend erhalten, da jene in die Grube fuhren.

⁴Ihr Heiligen, lobsinget dem HERRN; danket und preiset seine Heiligkeit!

⁵Denn sein Zorn währt einen Augenblick, und lebenslang seine Gnade; den Abend lang währt das Weinen, aber des Morgens ist Freude.

⁶Ich aber sprach, da mir's wohl ging: Ich werde nimmermehr darniederliegen.

⁷Denn, HERR, durch dein Wohlgefallen hattest du meinen Berg stark gemacht; aber da du dein Antlitz verbargest, erschrak ich.

⁸Zu dir, HERR, rief ich, und zum HERRN flehte ich:

⁹Was ist nütze an meinem Blut, wenn ich zur Grube fahre? Wird dir auch der Staub danken und deine Treue verkündigen?

¹⁰HERR, höre und sei mir gnädig! HERR, sei mein Helfer!

¹¹Du hast meine Klage verwandelt in einen Reigen; du hast mir meinen Sack ausgezogen und mich mit Freude gegürtet,

¹²auf daß dir lobsinge meine Ehre und nicht stille werde. HERR, mein Gott, ich will dir danken in Ewigkeit.

Kapitel 31

¹(Ein Psalm Davids, vorzusingen.) HERR, auf dich traue ich, laß mich nimmermehr zu Schanden werden; errette mich durch deine Gerechtigkeit!

²Neige deine Ohren zu mir, eilend hilf mir! Sei mir ein starker Fels und eine Burg, daß du mir helfest!

³Denn du bist mein Fels und meine Burg, und um deines Namens willen wolltest du mich leiten und führen.

⁴Du wollest mich aus dem Netze ziehen, das sie mir gestellt haben; denn du bist meine Stärke.

⁵In deine Hände befehle ich meinen Geist; du hast mich erlöst, HERR, du treuer Gott.

⁶Ich hasse, die da halten auf eitle Götzen; ich aber hoffe auf den HERRN.

⁷Ich freue mich und bin fröhlich über deine Güte, daß du mein Elend ansiehst und erkennst meine Seele in der Not

⁸und übergibst mich nicht in die Hände des Feindes; du stellst meine Füße auf weiten Raum.

⁹HERR, sei mir gnädig, denn mir ist angst; meine Gestalt ist verfallen vor Trauern, dazu meine Seele und mein Leib.

¹⁰Denn mein Leben hat abgenommen vor Betrübnis und meine Zeit vor Seufzen; meine Kraft ist verfallen vor meiner Missetat, und meine Gebeine sind verschmachtet.

¹¹Es geht mir so übel, daß ich bin eine große Schmach geworden meinen Nachbarn und eine Scheu meinen Verwandten; die mich sehen auf der Gasse, fliehen vor mir.

¹²Mein ist vergessen im Herzen wie eines Toten; ich bin geworden wie ein zerbrochenes Gefäß.

¹³Denn ich höre, wie mich viele schelten, Schrecken ist um und um; sie ratschlagen miteinander über mich und denken, mir das Leben zu nehmen.

¹⁴Ich aber, HERR, hoffe auf dich und spreche: Du bist mein Gott!

¹⁵Meine Zeit steht in deinen Händen. Errette mich von der Hand meiner Feinde und von denen, die mich verfolgen.

¹⁶Laß leuchten dein Antlitz über deinen Knecht; hilf mir durch deine Güte!

¹⁷HERR, laß mich nicht zu Schanden werden; denn ich rufe dich an. Die Gottlosen müssen zu Schanden werden und schweigen in der Hölle.

¹⁸Verstummen müssen falsche Mäuler, die da reden gegen den Gerechten frech, stolz und höhnisch.

¹⁹Wie groß ist deine Güte, die du verborgen hast für die, so dich fürchten, und erzeigest vor den Leuten denen, die auf dich trauen!

²⁰Du verbirgst sie heimlich bei dir vor jedermanns Trotz; du verdeckst sie in der Hütte vor den zänkischen Zungen.

²¹Gelobt sei der HERR, daß er hat eine wunderbare Güte mir bewiesen in einer festen Stadt.

²²Denn ich sprach zu meinem Zagen: Ich bin von deinen Augen verstoßen. Dennoch hörtest du meines Flehens Stimme, da ich zu dir schrie.

²³Liebet den HERRN, alle seine Heiligen! Die Gläubigen behütet der HERR und vergilt reichlich dem, der Hochmut übt.

²⁴Seid getrost und unverzagt, alle, die ihr des HERRN harret!

Kapitel 32

¹(Eine Unterweisung Davids.) Wohl dem, dem die Übertretungen vergeben sind, dem die Sünde bedeckt ist!

²Wohl dem Menschen, dem der HERR die Missetat nicht zurechnet, in des Geist kein Falsch ist!

³Denn da ich's wollte verschweigen, verschmachteten meine

Psalm

Gebeine durch mein täglich Heulen.

⁴Denn deine Hand war Tag und Nacht schwer auf mir, daß mein Saft vertrocknete, wie es im Sommer dürre wird. (Sela.)

⁵Darum bekannte ich dir meine Sünde und verhehlte meine Missetat nicht. Ich sprach: Ich will dem HERRN meine Übertretungen bekennen. Da vergabst du mir die Missetat meiner Sünde. (Sela.)

⁶Um deswillen werden die Heiligen zu dir beten zur rechten Zeit; darum, wenn große Wasserfluten kommen, werden sie nicht an dieselben gelangen.

⁷Du bist mein Schirm; du wirst mich vor Angst behüten, daß ich errettet gar fröhlich rühmen kann. (Sela.)

⁸"Ich will dich unterweisen und dir den Weg zeigen, den du wandeln sollst; ich will dich mit meinen Augen leiten."

⁹Seid nicht wie Rosse und Maultiere, die nicht verständig sind, welchen man Zaum und Gebiß muß ins Maul legen, wenn sie nicht zu dir wollen.

¹⁰Der Gottlose hat viel Plage; wer aber auf den HERRN hofft, den wird die Güte umfangen.

¹¹Freuet euch des HERRN und seid fröhlich, ihr Gerechten, und rühmet, alle ihr Frommen.

Kapitel 33

¹Freuet euch des HERRN, ihr Gerechten; die Frommen sollen ihn preisen.

²Danket dem HERRN mit Harfen und lobsinget ihm auf dem Psalter von zehn Saiten.

³Singet ihm ein neues Lied; machet's gut auf Saitenspiel mit Schall.

⁴Denn des HERRN Wort ist wahrhaftig; und was er zusagt, das hält er gewiß.

⁵Er liebt die Gerechtigkeit und Gericht; die Erde ist voll der Güte des Herrn.

⁶Der Himmel ist durch das Wort des HERRN gemacht und all sein Heer durch den Geist seines Mundes.

⁷Er hält das Wasser im Meer zusammen wie in einem Schlauch und legt die Tiefen in das Verborgene.

⁸Alle Welt fürchte den Herrn; und vor ihm scheue sich alles, was auf dem Erdboden wohnt.

⁹Denn so er spricht, so geschieht's; so er gebeut, so stehet's da.

¹⁰Der HERR macht zunichte der Heiden Rat und wendet die Gedanken der Völker.

¹¹Aber der Rat des HERRN bleibt ewiglich, seines Herzens Gedanken für und für.

¹²Wohl dem Volk, des Gott der HERR ist, dem Volk, das er zum Erbe erwählt hat!

¹³Der HERR schaut vom Himmel und sieht aller Menschen Kinder.

¹⁴Von seinem festen Thron sieht er auf alle, die auf Erden wohnen.

¹⁵Er lenkt ihnen allen das Herz; er merkt auf alle ihre Werke.

¹⁶Einem Könige hilft nicht seine große Macht; ein Riese wird nicht errettet durch seine große Kraft.

¹⁷Rosse helfen auch nicht, und ihre große Stärke errettet nicht.

¹⁸Siehe, des HERRN Auge sieht auf die, so ihn fürchten, die auf seine Güte hoffen,

¹⁹daß er ihre Seele errette vom Tode und ernähre sie in der Teuerung.

²⁰Unsre Seele harrt auf den HERRN; er ist unsre Hilfe und Schild.

²¹Denn unser Herz freut sich sein, und wir trauen auf seinen heiligen Namen.

²²Deine Güte, HERR, sei über uns, wie wir auf dich hoffen.

Kapitel 34

¹(Ein Psalm Davids, da er seine Gebärde verstellte vor Abimelech, als der ihn von sich trieb und er wegging.) Ich will den HERRN loben allezeit; sein Lob soll immerdar in meinem Munde sein.

²Meine Seele soll sich rühmen des HERRN, daß es die Elenden hören und sich freuen.

³Preiset mit mir den HERRN und laßt uns miteinander seinen Namen erhöhen.

⁴Da ich den HERRN suchte, antwortete er mir und errettete mich aus aller meiner Furcht.

⁵Welche auf ihn sehen, die werden erquickt, und ihr Angesicht wird nicht zu Schanden.

⁶Da dieser Elende rief, hörte der HERR und half ihm aus allen seinen Nöten.

⁷Der Engel des HERRN lagert sich um die her, so ihn fürchten, und hilft ihnen aus.

⁸Schmecket und sehet, wie freundlich der HERR ist. Wohl dem, der auf ihn traut!

⁹Fürchtet den HERRN, ihr seine Heiligen! denn die ihn fürchten, haben keinen Mangel.

¹⁰Reiche müssen darben und hungern; aber die den HERRN suchen, haben keinen Mangel an irgend einem Gut.

¹¹Kommt her, Kinder, höret mir zu; ich will euch die Furcht des HERRN lehren:

¹²Wer ist, der Leben begehrt und gerne gute Tage hätte?

¹³Behüte deine Zunge vor Bösem und deine Lippen, daß sie nicht Trug reden.

¹⁴Laß vom Bösen und tue Gutes; suche Frieden und jage ihm nach.

¹⁵Die Augen des HERRN merken auf die Gerechten und seine Ohren auf ihr Schreien;

¹⁶das Antlitz aber des HERRN steht gegen die, so Böses tun, daß er ihr Gedächtnis ausrotte von der Erde.

¹⁷Wenn die Gerechten schreien, so hört der HERR und errettet sie aus all ihrer Not.

¹⁸Der HERR ist nahe bei denen, die zerbrochnes Herzens sind, und hilft denen, die ein zerschlagen Gemüt haben.

¹⁹Der Gerechte muß viel Leiden; aber der HERR hilft ihm aus dem allem.

²⁰Er bewahrt ihm alle seine Gebeine, daß deren nicht eins zerbrochen wird.

²¹Den Gottlosen wird das Unglück töten; und die den Gerechten hassen, werden Schuld haben.

²²Der HERR erlöst die Seele seiner Knechte; und alle, die auf ihn trauen, werden keine Schuld haben.

Kapitel 35

¹(Ein Psalm Davids.) HERR, hadere mit meinen Haderern; streite wider meine Bestreiter.

²Ergreife Schild und Waffen und mache dich auf, mir zu helfen!

³Zücke den Spieß und schütze mich gegen meine Verfolger! Sprich zu meiner Seele: Ich bin deine Hilfe!

⁴Es müssen sich schämen und gehöhnt werden, die nach meiner Seele stehen; es müssen zurückkehren und zu Schanden werden, die mir übelwollen.

⁵Sie müssen werden wie Spreu vor dem Winde, und der Engel des Herrn stoße sie weg.

⁶Ihr Weg müsse finster und schlüpfrig werden, und der Engel des HERRN verfolge sie.

⁷Denn sie haben mir ohne Ursache ihr Netz gestellt, mich zu verderben, und haben ohne Ursache meiner Seele Gruben zugerichtet.

⁸Er müsse unversehens überfallen werden; und sein Netz, das er gestellt hat, müsse ihn fangen; und er müsse darin überfallen werden.

⁹Aber meine Seele müsse sich freuen des HERRN und sei fröhlich über seine Hilfe.

¹⁰Alle meine Gebeine müssen sagen: HERR, wer ist deinesgleichen? Der du den Elenden errettest von dem, der ihm zu stark ist, und den Elenden und Armen von seinen Räubern.

¹¹Es treten frevle Zeugen auf; die zeihen mich, des ich nicht schuldig bin.

¹²Sie tun mir Arges um Gutes, mich in Herzeleid zu bringen.

¹³Ich aber, wenn sie krank waren, zog einen Sack an, tat mir wehe mit Fasten und betete stets von Herzen;

¹⁴ich hielt mich, als wäre es mein Freund und Bruder; ich ging traurig wie einer, der Leid trägt über seine Mutter.

¹⁵Sie aber freuen sich über meinen Schaden und rotten sich; es rotten sich die Hinkenden wider mich ohne meine Schuld; sie zerreißen und hören nicht auf.

¹⁶Mit denen, die da heucheln und spotten um des Bauches willen, beißen sie ihre Zähne zusammen über mich.

¹⁷HERR, wie lange willst du zusehen? Errette doch meine Seele aus ihrem Getümmel und meine einsame von den jungen Löwen!

¹⁸Ich will dir danken in der großen Gemeinde, und unter vielem Volk will ich dich rühmen.

¹⁹Laß sich nicht über mich freuen, die mir unbillig feind sind, noch mit Augen spotten, die mich ohne Ursache hassen!

²⁰Denn sie trachten Schaden zu tun und suchen falsche Anklagen gegen die Stillen im Lande

²¹und sperren ihr Maul weit auf wider mich und sprechen: "Da, Da! das sehen wir gerne."

²²HERR, du siehst es, schweige nicht; HERR, sei nicht ferne von mir!

²³Erwecke dich und wache auf zu meinem Recht und zu meiner Sache, mein Gott und Herr!

²⁴HERR, mein Gott, richte mich nach deiner Gerechtigkeit, daß sie sich über mich nicht freuen.

²⁵Laß sie nicht sagen in ihrem Herzen: "Da, da! das wollten wir." Laß sie nicht sagen: "Wir haben ihn verschlungen."

²⁶Sie müssen sich schämen und zu Schanden werden alle, die sich meines Übels freuen; sie müssen mit Schande und Scham gekleidet werden, die sich gegen mich rühmen.

²⁷Rühmen und freuen müssen sich, die mir gönnen, daß ich recht behalte, und immer sagen: Der HERR sei hoch gelobt, der seinem Knechte wohlwill.

²⁸Und meine Zunge soll reden von deiner Gerechtigkeit und dich täglich preisen.

Kapitel 36

¹(Ein Psalm Davids, des Knechtes des HERRN, vorzusingen.) Es ist aus Grund meines Herzens von der Gottlosen Wesen gesprochen, daß keine Gottesfurcht bei ihnen ist.

²Sie schmücken sich untereinander selbst, daß sie ihre böse Sache fördern und andere verunglimpfen.

³Alle ihre Worte sind schädlich und erlogen; sie lassen sich auch nicht weisen, daß sie Gutes täten;

⁴sondern sie trachten auf ihrem Lager nach Schaden und stehen fest auf dem bösen Weg und scheuen kein Arges.

⁵HERR, deine Güte reicht, soweit der Himmel ist, und deine Wahrheit, soweit die Wolken gehen.

⁶Deine Gerechtigkeit steht wie die Berge Gottes und dein Recht wie eine große Tiefe. HERR, du hilfst Menschen und Vieh.

⁷Wie teuer ist deine Güte, Gott, daß Menschenkinder unter dem Schatten deiner Flügel Zuflucht haben!

⁸Sie werden trunken von den reichen Gütern deines Hauses, und du tränkest sie mit Wonne als mit einem Strom.

⁹Denn bei dir ist die Quelle des Lebens, und in deinem Licht sehen wir das Licht.

¹⁰Breite deine Güte über die, die dich kennen, und deine Gerechtigkeit über die Frommen.

¹¹Laß mich nicht von den Stolzen untertreten werden, und die Hand der Gottlosen stürze mich nicht;

¹²sondern laß sie, die Übeltäter, daselbst fallen, daß sie verstoßen werden und nicht bleiben mögen.

Kapitel 37

¹(Ein Psalm Davids.) Erzürne dich nicht über die Bösen; sei nicht neidisch auf die Übeltäter.

²Denn wie das Gras werden sie bald abgehauen, und wie das grüne Kraut werden sie verwelken.

³Hoffe auf den HERRN und tue Gutes; bleibe im Lande und nähre dich redlich.

⁴Habe Deine Lust am HERRN; der wird dir geben, was dein Herz wünschet.

⁵Befiehl dem HERRN deine Wege und hoffe auf ihn; er wird's wohl machen

⁶und wird deine Gerechtigkeit hervorbringen wie das Licht und dein Recht wie den Mittag.

⁷Sei stille dem HERRN und warte auf ihn; erzürne dich nicht über den, dem sein Mutwille glücklich fortgeht.

⁸Steh ab vom Zorn und laß den Grimm, erzürne dich nicht, daß du nicht auch übel tust.

⁹Denn die Bösen werden ausgerottet; die aber des HERRN harren, werden das Land erben.

¹⁰Es ist noch um ein kleines, so ist der Gottlose nimmer; und wenn du nach seiner Stätte sehen wirst, wird er weg sein.

¹¹Aber die Elenden werden das Land erben und Lust haben in großem Frieden.

¹²Der Gottlose droht dem Gerechten und beißt seine Zähne zusammen über ihn.

¹³Aber der HERR lacht sein; denn er sieht, daß sein Tag kommt.

¹⁴Die Gottlosen ziehen das Schwert aus und spannen ihren Bogen, daß sie fällen den Elenden und Armen und schlachten die Frommen.

¹⁵Aber ihr Schwert wird in ihr Herz gehen, und ihr Bogen wird zerbrechen.

¹⁶Das wenige, das ein Gerechter hat, ist besser als das große Gut vieler Gottlosen.

¹⁷Denn der Gottlosen Arm wird zerbrechen; aber der HERR erhält die Gerechten.

¹⁸Der HERR kennt die Tage der Frommen, und ihr Gut wird ewiglich bleiben.

¹⁹Sie werden nicht zu Schanden in der bösen Zeit, und in der Teuerung werden sie genug haben.

²⁰Denn die Gottlosen werden umkommen; und die Feinde des HERRN, wenn sie gleich sind wie köstliche Aue, werden sie doch vergehen, wie der Rauch vergeht.

²¹Der Gottlose borgt und bezahlt nicht; der Gerechte aber ist barmherzig und gibt.

²²Denn seine Gesegneten erben das Land; aber seine Verfluchten werden ausgerottet.

²³Von dem HERRN wird solches Mannes Gang gefördert, und er hat Lust an seinem Wege.

²⁴Fällt er, so wird er nicht weggeworfen; denn der HERR hält ihn bei der Hand.

²⁵Ich bin jung gewesen und alt geworden und habe noch nie gesehen den Gerechten verlassen oder seinen Samen nach Brot gehen.

²⁶Er ist allezeit barmherzig und leihet gerne, und sein Same wird gesegnet sein.

²⁷Laß vom Bösen und tue Gutes und bleibe wohnen immerdar.

²⁸Denn der HERR hat das Recht lieb und verläßt seine Heiligen nicht; ewiglich werden sie bewahrt; aber der Gottlosen Same wird ausgerottet.

²⁹Die Gerechten erben das Land und bleiben ewiglich darin.

³⁰Der Mund des Gerechten redet die Weisheit, und seine Zunge lehrt das Recht.

³¹Das Gesetz seines Gottes ist in seinem Herzen; seine Tritte gleiten nicht.

³²Der Gottlose lauert auf den Gerechten und gedenkt ihn zu töten.

³³Aber der HERR läßt ihn nicht in seinen Händen und verdammt ihn nicht, wenn er verurteilt wird.

³⁴Harre auf den HERRN und halte seinen Weg, so wird er dich erhöhen, daß du das Land erbest; du wirst es sehen, daß die Gottlosen ausgerottet werden.

³⁵Ich habe gesehen einen Gottlosen, der war trotzig und breitete sich aus und grünte wie ein Lorbeerbaum.

³⁶Da man vorüberging, siehe, da war er dahin; ich fragte nach ihm, da ward er nirgend gefunden.

³⁷Bleibe fromm und halte dich recht; denn solchem wird's zuletzt wohl gehen.

³⁸Die Übertreter aber werden vertilgt miteinander, und die Gottlosen werden zuletzt ausgerottet.

³⁹Aber der HERR hilft den Gerechten; der ist ihre Stärke in der Not.

⁴⁰Und der HERR wird ihnen beistehen und wird sie erretten; er wird sie von dem Gottlosen erretten und ihnen helfen; denn sie trauen auf ihn.

Kapitel 38

¹(Ein Psalm Davids, zum Gedächtnis.) HERR, strafe mich nicht in deinem Zorn und züchtige mich nicht in deinem Grimm.

²Denn deine Pfeile stecken in mir, und deine Hand drückt mich.

³Es ist nichts Gesundes an meinem Leibe vor deinem Drohen und ist kein Friede in meinen Gebeinen vor meiner Sünde.

⁴Denn meine Sünden gehen über mein Haupt; wie eine schwere Last sind sie mir zu schwer geworden.

⁵Meine Wunden stinken und eitern vor meiner Torheit.

⁶Ich gehe krumm und sehr gebückt; den ganzen Tag gehe ich traurig.

⁷Denn meine Lenden verdorren ganz, und ist nichts Gesundes an meinem Leibe.

⁸Es ist mir gar anders denn zuvor, und ich bin sehr zerstoßen. Ich heule vor Unruhe meines Herzens.

⁹HERR, vor dir ist alle meine Begierde, und mein Seufzen ist dir nicht verborgen.

¹⁰Mein Herz bebt, meine Kraft hat mich verlassen, und das Licht meiner Augen ist nicht bei mir.

¹¹Meine Lieben und Freunde treten zurück und scheuen meine Plage, und meine Nächsten stehen ferne.

¹²Und die mir nach dem Leben trachten, stellen mir nach; und die mir übelwollen, reden, wie sie Schaden tun wollen, und gehen mit eitel Listen um.

¹³Ich aber muß sein wie ein Tauber und nicht hören, und wie ein Stummer, der seinen Mund nicht auftut,

¹⁴und muß sein wie einer, der nicht hört und der keine Widerrede in seinem Munde hat.

¹⁵Aber ich harre, HERR, auf dich; du, HERR, mein Gott, wirst erhören.

¹⁶Denn ich denke: Daß sie sich ja nicht über mich freuen! Wenn mein Fuß wankte, würden sie sich hoch rühmen wider mich.

¹⁷Denn ich bin zu Leiden gemacht, und mein Schmerz ist immer vor mir.

¹⁸Denn ich zeige meine Missetat an und sorge wegen meiner Sünde.

¹⁹Aber meine Feinde leben und sind mächtig; die mich unbillig hassen, derer ist viel.

²⁰Und die mir Arges tun um Gutes, setzen sich wider mich, darum daß ich an dem Guten halte.

²¹Verlaß mich nicht, HERR! Mein Gott, sei nicht ferne von mir!

²²Eile, mir beizustehen, HERR, meine Hilfe.

Kapitel 39

¹(Ein Psalm Davids, vorzusingen, für Jeduthun.) Ich habe mir vorgesetzt: Ich will mich hüten, daß ich nicht sündige mit meiner Zunge. Ich will meinen Mund zäumen, weil ich muß den Gottlosen vor mir sehen.

²Ich bin verstummt und still und schweige der Freuden und muß mein Leid in mich fressen.

³Mein Herz ist entbrannt in meinem Leibe, und wenn ich daran gedenke, werde ich entzündet; ich rede mit meiner Zunge.

⁴Aber, HERR, lehre mich doch, daß es ein Ende mit mir haben muß und mein Leben ein Ziel hat und ich davon muß.

⁵Siehe, meiner Tage sind einer Hand breit bei dir, und mein Leben ist wie nichts vor dir. Wie gar nichts sind alle Menschen, die doch so sicher leben! (Sela.)

⁶Sie gehen daher wie ein Schemen und machen sich viel vergebliche Unruhe; sie sammeln, und wissen nicht, wer es einnehmen wird.

⁷Nun, HERR, wes soll ich mich trösten? Ich hoffe auf dich.

⁸Errette mich von aller meiner Sünde und laß mich nicht den Narren ein Spott werden.

⁹Ich will schweigen und meinen Mund nicht auftun; denn du hast's getan.

¹⁰Wende deine Plage von mir; denn ich bin verschmachtet von der Strafe deiner Hand.

¹¹Wenn du einen züchtigst um der Sünde willen, so wird seine Schöne verzehrt wie von Motten. Ach wie gar nichts sind doch alle Menschen! (Sela.)

¹²Höre mein Gebet, HERR, und vernimm mein Schreien und schweige nicht über meine Tränen; denn ich bin dein Pilger und dein Bürger wie alle meine Väter.

¹³Laß ab von mir, daß ich mich erquicke, ehe ich den hinfahre und nicht mehr hier sei.

Kapitel 40

¹(Ein Psalm Davids, vorzusingen.) Ich harrte des HERRN; und er neigte sich zu mir und hörte mein Schreien

²und zog mich aus der grausamen Grube und aus dem Schlamm und stellte meine Füße auf einen Fels, daß ich gewiß treten kann;

³und hat mir ein neues Lied in meinen Mund gegeben, zu loben unsern Gott. Das werden viele sehen und den HERRN fürchten und auf ihn hoffen.

⁴Wohl dem, der seine Hoffnung setzt auf den HERRN und sich nicht wendet zu den Hoffärtigen und zu denen, die mit Lügen umgehen!

⁵HERR, mein Gott, groß sind deine Wunder und deine Gedanken, die du an uns beweisest. Dir ist nichts gleich. Ich will sie verkündigen und davon sagen; aber sie sind nicht zu zählen.

⁶Opfer und Speisopfer gefallen dir nicht; aber die Ohren hast du mir aufgetan. Du willst weder Brandopfer noch Sündopfer.

⁷Da ich sprach: Siehe, ich komme; im Buch ist von mir geschrieben.

⁸Deinen Willen, mein Gott, tue ich gern, und dein Gesetz habe ich in meinem Herzen.

⁹Ich will predigen die Gerechtigkeit in der großen Gemeinde; siehe, ich will mir meinen Mund nicht stopfen lassen, HERR, das weißt du.

¹⁰Deine Gerechtigkeit verberge ich nicht in meinem Herzen; von deiner Wahrheit und von deinem Heil rede ich; ich verhehle deine Güte und Treue nicht vor der großen Gemeinde.

¹¹Du aber, HERR, wollest deine Barmherzigkeit von mir nicht wenden; laß deine Güte und Treue allewege mich behüten.

¹²Denn es hat mich umgeben Leiden ohne Zahl; es haben mich meine Sünden ergriffen, daß ich nicht sehen kann; ihrer ist mehr denn der Haare auf meinem Haupt, und mein Herz hat mich verlassen.

¹³Laß dir's gefallen, HERR, daß du mich errettest; eile, HERR, mir zu helfen!

¹⁴Schämen müssen sich und zu Schanden werden, die mir nach meiner Seele stehen, daß sie die umbringen; zurück müssen sie fallen und zu Schanden werden, die mir Übles gönnen.

¹⁵Sie müssen in ihrer Schande erschrecken, die über mich schreien: "Da, da!"

¹⁶Es müssen dein sich freuen und fröhlich sein alle, die nach dir fragen; und die dein Heil lieben, müssen sagen allewege: "Der HERR sei hoch gelobt!"

¹⁷Denn ich bin arm und elend; der HERR aber sorgt für mich. Du bist mein Helfer und Erretter; mein Gott, verziehe nicht!

Kapitel 41

¹(Ein Psalm Davids, vorzusingen.) Wohl dem, der sich des Dürftigen annimmt! Den wird der HERR erretten zur bösen Zeit.

²Der HERR wird ihn bewahren und beim Leben erhalten und es ihm lassen wohl gehen auf Erden und wird ihn nicht geben in seiner Feinde Willen.

³Der HERR wird ihn erquicken auf seinem Siechbette; du hilfst ihm von aller Krankheit.

⁴Ich sprach: HERR, sei mir gnädig, heile meine Seele; denn ich habe an dir gesündigt.

⁵Meine Feinde reden Arges gegen mich: "Wann wird er sterben und sein Name vergehen?"

⁶Sie kommen, daß sie schauen, und meinen's doch nicht von Herzen; sondern suchen etwas, das sie lästern mögen, gehen hin und tragen's aus.

⁷Alle, die mich hassen, raunen miteinander wider mich und denken Böses über mich.

⁸Sie haben ein Bubenstück über mich beschlossen: "Wenn er liegt, soll er nicht wieder aufstehen."

⁹Auch mein Freund, dem ich mich vertraute, der mein Brot aß, tritt mich unter die Füße.

¹⁰Du aber, HERR, sei mir gnädig und hilf mir auf, so will ich sie bezahlen.

¹¹Dabei merke ich, daß du Gefallen an mir hast, daß mein Feind über mich nicht jauchzen wird.

¹²Mich aber erhältst du um meiner Frömmigkeit willen und stellst mich vor dein Angesicht ewiglich.

¹³Gelobet sei der HERR, der Gott Israels, von nun an bis in Ewigkeit! Amen, amen.

Kapitel 42

¹(Eine Unterweisung der Kinder Korah, vorzusingen.) Wie der Hirsch schreit nach frischem Wasser, so schreit meine Seele, Gott, zu dir.

²Meine Seele dürstet nach Gott, nach dem lebendigen Gott. Wann werde ich dahin kommen, daß ich Gottes Angesicht schaue?

³Meine Tränen sind meine Speise Tag und Nacht, weil man täglich zu mir sagt: Wo ist nun dein Gott?

⁴Wenn ich des innewerde, so schütte ich mein Herz aus bei mir selbst; denn ich wollte gerne hingehen mit dem Haufen und mit ihnen wallen zum Hause Gottes mit Frohlocken und Danken unter dem Haufen derer, die da feiern.

⁵Was betrübst du dich, meine Seele, und bist so unruhig in mir? Harre auf Gott! denn ich werde ihm noch danken, daß er mir hilft mit seinem Angesicht.

⁶Mein Gott, betrübt ist meine Seele in mir; darum gedenke ich an dich im Lande am Jordan und Hermonim, auf dem kleinen Berg.

⁷Deine Fluten rauschen daher, daß hier eine Tiefe und da eine Tiefe brausen; alle deine Wasserwogen und Wellen gehen über mich.

⁸Der HERR hat des Tages verheißen seine Güte, und des Nachts singe ich ihm und bete zu dem Gott meines Lebens.

⁹Ich sage zu Gott, meinem Fels: Warum hast du mein vergessen? Warum muß ich so traurig gehen, wenn mein Feind mich drängt?

¹⁰Es ist als ein Mord in meinen Gebeinen, daß mich meine Feinde schmähen, wenn sie täglich zu mir sagen: Wo ist nun dein Gott?

¹¹Was betrübst du dich, meine Seele, und bist so unruhig in mir? Harre auf Gott! denn ich werde ihm noch danken, daß er meines Angesichts Hilfe und mein Gott ist.

Kapitel 43

¹Richte mich, Gott, und führe meine Sache wider das unheilige Volk und errette mich von den falschen und bösen Leuten.

²Denn du bist der Gott meine Stärke; warum verstößest du mich? Warum lässest du mich so traurig gehen, wenn mich mein Feind drängt?

³Sende dein Licht und deine Wahrheit, daß sie mich leiten und

bringen zu deinem heiligen Berg und zu deiner Wohnung,

⁴daß ich hineingehe zum Altar Gottes, zu dem Gott, der meine Freude und Wonne ist, und dir, Gott, auf der Harfe danke, mein Gott.

⁵Was betrübst du dich, meine Seele, und bist so unruhig in mir? Harre auf Gott! denn ich werde ihm noch danken, daß er meines Angesichts Hilfe und mein Gott ist.

Kapitel 44

¹(Eine Unterweisung der Kinder Korah, vorzusingen.) Gott, wir haben's mit unsern Ohren gehört, unsre Väter haben's uns erzählt, was du getan hast zu ihren Zeiten vor alters.

²Du hast mit deiner Hand die Heiden vertrieben, aber sie hast du eingesetzt; du hast die Völker verderbt, aber sie hast du ausgebreitet.

³Denn sie haben das Land nicht eingenommen durch ihr Schwert, und ihr Arm half ihnen nicht, sondern deine Rechte, dein Arm und das Licht deines Angesichts; denn du hattest Wohlgefallen an ihnen.

⁴Du, Gott, bist mein König, der du Jakob Hilfe verheißest.

⁵Durch dich wollen wir unsre Feinde zerstoßen; in deinem Namen wollen wir untertreten, die sich wider uns setzen.

⁶Denn ich verlasse mich nicht auf meinen Bogen, und mein Schwert kann mir nicht helfen;

⁷sondern du hilfst uns von unsern Feinden und machst zu Schanden, die uns hassen.

⁸Wir wollen täglich rühmen von Gott und deinem Namen danken ewiglich. (Sela.)

⁹Warum verstößest du uns denn nun und lässest uns zu Schanden werden und ziehst nicht aus unter unserm Heer?

¹⁰Du lässest uns fliehen vor unserm Feind, daß uns berauben, die uns hassen.

¹¹Du lässest uns auffressen wie Schafe und zerstreuest uns unter die Heiden.

¹²Du verkaufst dein Volk umsonst und nimmst nichts dafür.

¹³Du machst uns zur Schmach unsern Nachbarn, zum Spott und Hohn denen, die um uns her sind.

¹⁴Du machst uns zum Beispiel unter den Heiden und daß die Völker das Haupt über uns schütteln.

¹⁵Täglich ist meine Schmach vor mir, und mein Antlitz ist voller Scham,

¹⁶daß ich die Schänder und Lästerer hören und die Feinde und Rachgierigen sehen muß.

¹⁷Dies alles ist über uns gekommen; und wir haben doch dein nicht vergessen noch untreu in deinem Bund gehandelt.

¹⁸Unser Herz ist nicht abgefallen noch unser Gang gewichen von deinem Weg,

¹⁹daß du uns so zerschlägst am Ort der Schakale und bedeckst uns mit Finsternis.

²⁰Wenn wir des Namens unsers Gottes vergessen hätten und unsre Hände aufgehoben zum fremden Gott,

²¹würde das Gott nicht finden? Er kennt ja unsers Herzens Grund.

²²Denn wir werden ja um deinetwillen täglich erwürgt und sind geachtet wie Schlachtschafe.

²³Erwecke dich, HERR! Warum schläfst Du? Wache auf und verstoße uns nicht so gar!

²⁴Warum verbirgst du dein Antlitz, vergissest unsers Elends und unsrer Drangsal?

²⁵Denn unsre Seele ist gebeugt zur Erde; unser Leib klebt am Erdboden.

²⁶Mache dich auf, hilf uns und erlöse uns um deiner Güte willen!

Kapitel 45

¹(Ein Brautlied und Unterweisung der Kinder Korah, von den Rosen, vorzusingen.) Mein Herz dichtet ein feines Lied; ich will singen von meinem König; meine Zunge ist wie der Griffel eines guten Schreibers.

²Du bist der Schönste unter den Menschenkindern, holdselig sind deine Lippen; darum segnet dich Gott ewiglich.

³Gürte dein Schwert an deine Seite, du Held, und schmücke dich schön!

⁴Es müsse dir gelingen in deinem Schmuck. Zieh einher der Wahrheit zugut, und die Elenden bei Recht zu erhalten, so wird deine rechte Hand Wunder vollbringen.

⁵Scharf sind deine Pfeile, daß die Völker vor dir niederfallen; sie dringen ins Herz der Feinde des Königs.

⁶Gott, dein Stuhl bleibt immer und ewig; das Zepter deines Reiches ist ein gerades Zepter.

⁷Du liebest die Gerechtigkeit und hassest gottlos Wesen; darum hat dich Gott, dein Gott, gesalbt mit Freudenöl mehr denn deine Gesellen.

⁸Deine Kleider sind eitel Myrrhe, Aloe und Kassia, wenn du aus den elfenbeinernen Palästen dahertrittst in deiner schönen Pracht.

⁹In deinem Schmuck gehen der Könige Töchter; die Braut steht zu deiner Rechten in eitel köstlichem Gold.

¹⁰Höre, Tochter, sieh und neige deine Ohren; vergiß deines Volkes und Vaterhauses,

¹¹so wird der König Lust an deiner Schöne haben; denn er ist dein HERR, und ihn sollst du anbeten.

¹²Die Tochter Tyrus wird mit Geschenk dasein; die Reichen im Volk werden vor dir flehen.

¹³Des Königs Tochter drinnen ist ganz herrlich; sie ist mit goldenen Gewändern gekleidet.

¹⁴Man führt sie in gestickten Kleidern zum König; und ihre Gespielen, die Jungfrauen, die ihr nachgehen, führt man zu dir.

¹⁵Man führt sie mit Freuden und Wonne, und sie gehen in des Königs Palast.

¹⁶An deiner Väter Statt werden deine Söhne sein; die wirst du zu Fürsten setzen in aller Welt.

¹⁷Ich will deines Namens gedenken von Kind zu Kindeskind; darum werden dir danken die Völker immer und ewiglich.

Kapitel 46

¹(Ein Lied der Kinder Korah, von der Jugend, vorzusingen.) Gott ist unsre Zuversicht und Stärke. Eine Hilfe in den großen Nöten, die uns getroffen haben.

²Darum fürchten wir uns nicht, wenngleich die Welt unterginge und die Berge mitten ins Meer sänken,

³wenngleich das Meer wütete und wallte und von seinem Ungestüm die Berge einfielen. (Sela.)

⁴Dennoch soll die Stadt Gottes fein lustig bleiben mit ihren Brünnlein, da die heiligen Wohnungen des Höchsten sind.

⁵Gott ist bei ihr drinnen, darum wird sie fest bleiben; Gott hilft ihr früh am Morgen.

⁶Die Heiden müssen verzagen und die Königreiche fallen; das Erdreich muß vergehen, wenn er sich hören läßt.

⁷Der HERR Zebaoth ist mit uns; der Gott Jakobs ist unser Schutz. (Sela.)

⁸Kommet her und schauet die Werke des HERRN, der auf Erden solch zerstören anrichtet,

⁹der den Kriegen steuert in aller Welt, den Bogen zerbricht, Spieße zerschlägt und Wagen mit Feuer verbrennt.

¹⁰Seid stille und erkennet, daß ich GOTT bin. Ich will Ehre einlegen unter den Heiden; ich will Ehre einlegen auf Erden.

¹¹Der HERR Zebaoth ist mit uns; der Gott Jakobs ist unser Schutz. (Sela.)

Kapitel 47

¹(Ein Psalm der Kinder Korah, vorzusingen.) Frohlocket mit Händen, alle Völker, und jauchzet Gott mit fröhlichem Schall!

²Denn der HERR, der Allerhöchste, ist erschrecklich, ein großer König auf dem ganzen Erdboden.

³Er zwingt die Völker unter uns und die Leute unter unsre Füße.

⁴Er erwählt uns unser Erbteil, die Herrlichkeit Jakobs, den er liebt. (Sela.)

⁵Gott fährt auf mit Jauchzen und der HERR mit heller Posaune.

⁶Lobsinget, lobsinget Gott; lobsinget, lobsinget unserm König!

⁷Denn Gott ist König auf dem ganzen Erdboden; lobsinget ihm klüglich!

⁸Gott ist König über die Heiden; Gott sitzt auf seinem heiligen Stuhl.

⁹Die Fürsten unter den Völkern sind versammelt zu einem Volk des Gottes Abrahams; denn Gottes sind die Schilde auf Erden, er hat sie erhöht.

Kapitel 48

¹(Ein Psalmlied der Kinder Korah.) Groß ist der HERR und hochberühmt in der Stadt unsers Gottes, auf seinem heiligen Berge.

²Schön ragt empor der Berg Zion, des sich das ganze Land tröstet; an der Seite gegen Mitternacht liegt die Stadt des großen Königs.

³Gott ist in ihren Palästen bekannt, daß er der Schutz sei.

⁴Denn siehe, Könige waren versammelt und sind miteinander vorübergezogen.

⁵Sie haben sich verwundert, da sie solches sahen; sie haben sich entsetzt und sind davon gestürzt.

⁶Zittern ist sie daselbst angekommen, Angst wie eine Gebärerin.

⁷Du zerbrichst die Schiffe im Meer durch den Ostwind.

Psalm

⁸Wie wir gehört haben, so sehen wir's an der Stadt des HERRN Zebaoth, an der Stadt unsers Gottes; Gott erhält sie ewiglich. (Sela.)
⁹Gott, wir gedenken deiner Güte in deinem Tempel.
¹⁰Gott, wie dein Name, so ist auch dein Ruhm bis an der Welt Enden; deine Rechte ist voll Gerechtigkeit.
¹¹Es freue sich der Berg Zion, und die Töchter Juda's seien fröhlich um deiner Gerichte willen.
¹²Machet euch um Zion und umfanget sie, zählet ihre Türme;
¹³achtet mit Fleiß auf ihre Mauern, durchwandelt ihre Paläste, auf daß ihr davon verkündiget den Nachkommen,
¹⁴daß dieser Gott sei unser Gott immer und ewiglich. Er führt uns wie die Jugend.

Kapitel 49

¹(Ein Psalm der Kinder Korah, vorzusingen.) Höret zu, alle Völker; merket auf, alle, die in dieser Zeit leben,
²beide, gemeiner Mann und Herren, beide, reich und arm, miteinander!
³Mein Mund soll von Weisheit reden und mein Herz von Verstand sagen.
⁴Ich will einem Spruch mein Ohr neigen und kundtun mein Rätsel beim Klange der Harfe.
⁵Warum sollte ich mich fürchten in bösen Tagen, wenn mich die Missetat meiner Untertreter umgibt,
⁶die sich verlassen auf ihr Gut und trotzen auf ihren großen Reichtum?
⁷Kann doch einen Bruder niemand erlösen noch ihn Gott versöhnen
⁸(denn es kostet zuviel, eine Seele zu erlösen; man muß es anstehen lassen ewiglich),
⁹daß er fortlebe immerdar und die Grube nicht sehe.
¹⁰Denn man wird sehen, daß die Weisen sterben sowohl als die Toren und Narren umkommen und müssen ihr Gut andern lassen.
¹¹Das ist ihr Herz, daß ihre Häuser währen immerdar, ihre Wohnungen bleiben für und für; und haben große Ehre auf Erden.
¹²Dennoch kann ein Mensch nicht bleiben in solchem Ansehen, sondern muß davon wie ein Vieh.
¹³Dies ihr Tun ist eitel Torheit; doch loben's ihre Nachkommen mit ihrem Munde. (Sela.)
¹⁴Sie liegen in der Hölle wie Schafe, der Tod weidet sie; aber die Frommen werden gar bald über sie herrschen, und ihr Trotz muß vergehen; in der Hölle müssen sie bleiben.
¹⁵Aber Gott wird meine Seele erlösen aus der Hölle Gewalt; denn er hat mich angenommen. (Sela.)
¹⁶Laß dich's nicht irren, ob einer reich wird, ob die Herrlichkeit seines Hauses groß wird.
¹⁷Denn er wird nichts in seinem Sterben mitnehmen, und seine Herrlichkeit wird ihm nicht nachfahren.
¹⁸Er tröstet sich wohl dieses guten Lebens, und man preist's, wenn einer sich gütlich tut;
¹⁹aber doch fahren sie ihren Vätern nach und sehen das Licht nimmermehr.
²⁰Kurz, wenn ein Mensch in Ansehen ist und hat keinen Verstand, so fährt er davon wie ein Vieh.

Kapitel 50

¹(Ein Psalm Asaphs.) Gott, der HERR, der Mächtige, redet und ruft der Welt vom Aufgang der Sonne bis zu ihrem Niedergang.
²Aus Zion bricht an der schöne Glanz Gottes.
³Unser Gott kommt und schweigt nicht. Fressend Feuer geht vor ihm her und um ihn her ist ein großes Wetter.
⁴Er ruft Himmel und Erde, daß er sein Volk richte:
⁵"Versammelt mir meine Heiligen, die den Bund mit mir gemacht haben beim Opfer."
⁶Und die Himmel werden seine Gerechtigkeit verkündigen; denn Gott ist Richter. (Sela.)
⁷"Höre, mein Volk, laß mich reden; Israel, laß mich unter dir zeugen: Ich, Gott, bin dein Gott.
⁸Deines Opfers halber strafe ich dich nicht, sind doch deine Brandopfer immer vor mir.
⁹Ich will nicht von deinem Hause Farren nehmen noch Böcke aus deinen Ställen.
¹⁰Denn alle Tiere im Walde sind mein und das Vieh auf den Bergen, da sie bei tausend gehen.
¹¹Ich kenne alle Vögel auf den Bergen, und allerlei Tier auf dem Feld ist vor mir.
¹²Wo mich hungerte, wollte ich dir nicht davon sagen; denn der Erdboden ist mein und alles, was darinnen ist.
¹³Meinst du, daß ich Ochsenfleisch essen wolle oder Bocksblut trinken?
¹⁴Opfere Gott Dank und bezahle dem Höchsten deine Gelübde
¹⁵und rufe mich an in der Not, so will ich dich erretten, so sollst du mich preisen."
¹⁶Aber zum Gottlosen spricht Gott: "Was verkündigst du meine Rechte und nimmst meinen Bund in deinen Mund,
¹⁷so du doch Zucht hassest und wirfst meine Worte hinter dich?
¹⁸Wenn du einen Dieb siehst, so läufst du mit ihm und hast Gemeinschaft mit den Ehebrechern.
¹⁹Deinen Mund lässest du Böses reden, und deine Zunge treibt Falschheit.
²⁰Du sitzest und redest wider deinen Bruder; deiner Mutter Sohn verleumdest du.
²¹Das tust du, und ich schweige; da meinst du, ich werde sein gleichwie du. Aber ich will dich strafen und will dir's unter Augen stellen.
²²Merket doch das, die ihr Gottes vergesset, daß ich nicht einmal hinraffe und sei kein Retter da.
²³Wer Dank opfert, der preiset mich; und da ist der Weg, daß ich ihm zeige das Heil Gottes."

Kapitel 51

¹(Ein Psalm Davids, vorzusingen; da der Prophet Nathan zu ihm kam, als er war zu Bath-Seba eingegangen.) Gott, sei mir gnädig nach deiner Güte und tilge meine Sünden nach deiner großen Barmherzigkeit.
²Wasche mich wohl von meiner Missetat und reinige mich von meiner Sünde.
³Denn ich erkenne meine Missetat, und meine Sünde ist immer vor mir.
⁴An dir allein habe ich gesündigt und übel vor dir getan, auf daß du recht behaltest in deinen Worten und rein bleibest, wenn du gerichtet wirst.
⁵Siehe, ich bin in sündlichem Wesen geboren, und meine Mutter hat mich in Sünden empfangen.
⁶Siehe, du hast Lust zur Wahrheit, die im Verborgenen liegt; du lässest mich wissen die heimliche Weisheit.
⁷Entsündige mich mit Isop, daß ich rein werde; wasche mich, daß ich schneeweiß werde.
⁸Laß mich hören Freude und Wonne, daß die Gebeine fröhlich werden, die du zerschlagen hast.
⁹Verbirg dein Antlitz von meinen Sünden und tilge alle meine Missetaten.
¹⁰Schaffe in mir, Gott, ein reines Herz und gib mir einen neuen, gewissen Geist.
¹¹Verwirf mich nicht von deinem Angesicht und nimm deinen heiligen Geist nicht von mir.
¹²Tröste mich wieder mit deiner Hilfe, und mit einem freudigen Geist rüste mich aus.
¹³Ich will die Übertreter deine Wege lehren, daß sich die Sünder zu dir bekehren.
¹⁴Errette mich von den Blutschulden, Gott, der du mein Gott und Heiland bist, daß meine Zunge deine Gerechtigkeit rühme.
¹⁵Herr, tue meine Lippen auf, daß mein Mund deinen Ruhm verkündige.
¹⁶Denn du hast nicht Lust zum Opfer, ich wollte dir's sonst wohl geben, und Brandopfer gefallen dir nicht.
¹⁷Die Opfer, die Gott gefallen, sind ein geängsteter Geist; ein geängstet und zerschlagen Herz wirst du, Gott, nicht verachten.
¹⁸Tue wohl an Zion nach deiner Gnade; baue die Mauern zu Jerusalem.
¹⁹Dann werden dir gefallen die Opfer der Gerechtigkeit, die Brandopfer und ganzen Opfer; dann wird man Farren auf deinem Altar opfern.

Kapitel 52

¹(Eine Unterweisung Davids, vorzusingen; da Doeg, der Edomiter, kam und sagte Saul an und sprach: David ist in Ahimelechs Haus gekommen.) Was trotzest du denn, du Tyrann, daß du kannst Schaden tun; so doch Gottes Güte täglich währet?
²Deine Zunge trachtet nach Schaden und schneidet mit Lügen wie ein scharfes Schermesser.
³Du redest lieber Böses denn Gutes, und Falsches denn Rechtes. (Sela.
⁴Du redest gerne alles, was zu verderben dient, mit falscher Zunge.

⁵Darum wird dich Gott auch ganz und gar zerstören und zerschlagen und aus deiner Hütte reißen und aus dem Lande der Lebendigen ausrotten. (Sela.)
⁶Und die Gerechten werden es sehen und sich fürchten und werden sein lachen:
⁷"Siehe, das ist der Mann, der Gott nicht für seinen Trost hielt, sondern verließ sich auf seinen großen Reichtum und war mächtig, Schaden zu tun."
⁸Ich aber werde bleiben wie ein grüner Ölbaum im Hause Gottes, verlasse mich auf Gottes Güte immer und ewiglich.
⁹Ich danke dir ewiglich, denn du kannst's wohl machen; ich will harren auf deinen Namen, denn deine Heiligen haben Freude daran.

Kapitel 53

¹(Eine Unterweisung Davids, im Chor umeinander vorzusingen.) Die Toren sprechen in ihrem Herzen: Es ist kein Gott. Sie taugen nichts und sind ein Greuel geworden in ihrem bösen Wesen; das ist keiner, der Gutes tut.
²Gott schaut vom Himmel auf der Menschen Kinder, daß er sehe, ob jemand klug sei, der nach Gott frage.
³Aber sie sind alle abgefallen und allesamt untüchtig; da ist keiner, der Gutes tue, auch nicht einer.
⁴Wollen denn die Übeltäter sich nicht sagen lassen, die mein Volk fressen, daß sie sich nähren? Gott rufen sie nicht an.
⁵Da fürchten sie sich aber, wo nichts zu fürchten ist; denn Gott zerstreut die Gebeine derer, die dich belagern. Du machst sie zu Schanden; denn Gott verschmäht sie.
⁶Ach daß Hilfe aus Zion über Israel käme und Gott sein gefangen Volk erlösete! So würde sich Jakob freuen und Israel fröhlich sein.

Kapitel 54

¹(Eine Unterweisung Davids, vorzusingen, auf Saitenspiel; da die von Siph kamen und sprachen zu Saul: David hat sich bei uns verborgen.) Hilf mir, Gott, durch deinen Namen und schaffe mir Recht durch deine Gewalt.
²Gott, erhöre mein Gebet, vernimm die Rede meines Mundes.
³Denn Stolze setzen sich wider mich, und Trotzige stehen mir nach meiner Seele und haben Gott nicht vor Augen. (Sela.)
⁴Siehe, Gott steht mir bei, der HERR erhält meine Seele.
⁵Er wird die Bosheit meinen Feinden bezahlen. Verstöre sie durch deine Treue!
⁶So will ich dir ein Freudenopfer tun und deinen Namen, HERR, danken, daß er so tröstlich ist.
⁷Denn du errettest mich aus aller meiner Not, daß mein Auge an meinen Feinden Lust sieht.

Kapitel 55

¹(Eine Unterweisung Davids, vorzusingen, auf Saitenspiel.) Gott, erhöre mein Gebet und verbirg dich nicht vor meinem Flehen.
²Merke auf mich und erhöre mich, wie ich so kläglich zage und heule,
³daß der Feind so schreit und der Gottlose drängt; denn sie wollen mir eine Tücke beweisen und sind mir heftig gram.
⁴Mein Herz ängstet sich in meinem Leibe, und des Todes Furcht ist auf mich gefallen.
⁵Furcht und Zittern ist mich angekommen, und Grauen hat mich überfallen.
⁶Ich sprach: O hätte ich Flügel wie Tauben, da ich flöge und wo bliebe!
⁷Siehe, so wollt ich ferne wegfliehen und in der Wüste bleiben. (Sela.)
⁸Ich wollte eilen, daß ich entrönne vor dem Sturmwind und Wetter.
⁹Mache ihre Zunge uneins, HERR, und laß sie untergehen; denn ich sehe Frevel und Hader in der Stadt.
¹⁰Solches geht Tag und Nacht um und um auf ihren Mauern, und Mühe und Arbeit ist drinnen.
¹¹Schadentun regieret drinnen; Lügen und Trügen läßt nicht von ihrer Gasse.
¹²Wenn mich doch mein Feind schändete, wollte ich's leiden; und wenn mein Hasser wider mich pochte, wollte ich mich vor ihm verbergen.
¹³Du aber bist mein Geselle, mein Freund und mein Verwandter,
¹⁴die wir freundlich miteinander waren unter uns; wir wandelten im Hause Gottes unter der Menge.
¹⁵Der Tod übereile sie, daß sie lebendig in die Hölle fahren; denn es ist eitel Bosheit unter ihrem Haufen.
¹⁶Ich aber will zu Gott rufen, und der HERR wird mir helfen.
¹⁷Des Abends, Morgens und Mittags will ich klagen und heulen, so wird er meine Stimme hören.
¹⁸Er erlöst meine Seele von denen, die an mich wollen, und schafft ihr Ruhe; denn ihrer viele sind wider mich.
¹⁹Gott wird hören und sie demütigen, der allewege bleibt. (Sela.) Denn sie werden nicht anders und fürchten Gott nicht.
²⁰Sie legen ihre Hände an seine Friedsamen und entheiligen seinen Bund.
²¹Ihr Mund ist glätter denn Butter, und sie haben Krieg im Sinn; ihre Worte sind gelinder denn Öl, und sind doch bloße Schwerter.
²²Wirf dein Anliegen auf den HERRN; der wird dich versorgen und wird den Gerechten nicht ewiglich in Unruhe lassen.
²³Aber, Gott, du wirst sie hinunterstoßen in die tiefe Grube: die Blutgierigen und Falschen werden ihr Leben nicht zur Hälfte bringen. Ich aber hoffe auf dich.

Kapitel 56

¹(Ein gülden Kleinod Davids, von der stummen Taube unter den Fremden, da ihn die Philister griffen zu Gath.) Gott, sei mir gnädig, denn Menschen schnauben wider mich; täglich streiten sie und ängsten mich.
²Meine Feinde schnauben täglich; denn viele streiten stolz wider mich.
³Wenn ich mich fürchte, so hoffe ich auf dich.
⁴Ich will Gottes Namen rühmen; auf Gott will ich hoffen und mich nicht fürchten; was sollte mir Fleisch tun?
⁵Täglich fechten sie meine Worte an; all ihre Gedanken sind, daß sie mir Übel tun.
⁶Sie halten zuhauf und lauern und haben acht auf meine Fersen, wie sie meine Seele erhaschen.
⁷Sollten sie mit ihrer Bosheit entrinnen? Gott, stoße solche Leute ohne alle Gnade hinunter!
⁸Zähle die Wege meiner Flucht; fasse meine Tränen in deinen Krug. Ohne Zweifel, du zählst sie.
⁹Dann werden sich meine Feinde müssen zurückkehren, wenn ich rufe; so werde ich inne, daß du mein Gott bist.
¹⁰Ich will rühmen Gottes Wort; ich will rühmen des HERRN Wort.
¹¹Auf Gott hoffe ich und fürchte mich nicht; was können mir die Menschen tun?
¹²Ich habe dir, Gott, gelobt, daß ich dir danken will;
¹³denn du hast meine Seele vom Tode errettet, meine Füße vom Gleiten, daß ich wandle vor Gott im Licht der Lebendigen.

Kapitel 57

¹(Ein gülden Kleinod Davids, vorzusingen, daß er nicht umkäme, da er vor Saul floh in die Höhle.) Sei mir gnädig, Gott, sei mir gnädig! denn auf dich traut meine Seele, und unter dem Schatten deiner Flügel habe ich Zuflucht, bis daß das Unglück vorübergehe.
²Ich rufe zu Gott, dem Allerhöchsten, zu Gott, der meines Jammers ein Ende macht.
³Er sendet vom Himmel und hilft mir von der Schmähung des, der wider mich schnaubt. (Sela.) Gott sendet seine Güte und Treue.
⁴Ich liege mit meiner Seele unter den Löwen; die Menschenkinder sind Flammen, ihre Zähne sind Spieße und Pfeile und ihre Zungen scharfe Schwerter.
⁵Erhebe dich, Gott, über den Himmel, und deine Ehre über alle Welt.
⁶Sie stellen meinem Gang Netze und drücken meine Seele nieder; sie graben vor mir eine Grube, und fallen selbst hinein. (Sela.)
⁷Mein Herz ist bereit, Gott, mein Herz ist bereit, daß ich singe und lobe.
⁸Wache auf, meine Ehre, wache auf, Psalter und Harfe! Mit der Frühe will ich aufwachen.
⁹HERR, ich will dir danken unter den Völkern; ich will dir lobsingen unter den Leuten.
¹⁰Denn deine Güte ist, soweit der Himmel ist, und deine Wahrheit, soweit die Wolken gehen.
¹¹Erhebe dich, Gott, über den Himmel, und deine Ehre über alle Welt.

Psalm

Kapitel 58

¹(Ein gülden Kleinod Davids, vorzusingen, daß er nicht umkäme.) Seid ihr denn stumm, daß ihr nicht reden wollt, was recht ist, und richten, was gleich ist, ihr Menschenkinder?

²Ja, mutwillig tut ihr Unrecht im Lande und gehet stracks durch, mit euren Händen zu freveln.

³Die Gottlosen sind verkehrt von Mutterschoß an; die Lügner irren von Mutterleib an.

⁴Ihr Wüten ist gleichwie das Wüten einer Schlange, wie die taube Otter, die ihr Ohr zustopft,

⁵daß sie nicht höre die Stimme des Zauberers, des Beschwörers, der wohl beschwören kann.

⁶Gott, zerbrich ihre Zähne in ihrem Maul; zerstoße, HERR, das Gebiß der jungen Löwen!

⁷Sie werden zergehen wie Wasser, das dahinfließt. Sie zielen mit ihren Pfeilen; aber dieselben zerbrechen.

⁸Sie vergehen wie die Schnecke verschmachtet; wie eine unzeitige Geburt eines Weibes sehen sie die Sonne nicht.

⁹Ehe eure Dornen reif werden am Dornstrauch, wird sie ein Zorn so frisch wegreißen.

¹⁰Der Gerechte wird sich freuen, wenn er solche Rache sieht, und wird seine Füße baden in des Gottlosen Blut,

¹¹daß die Leute werden sagen: Der Gerechte wird ja seiner Frucht genießen; es ist ja noch Gott Richter auf Erden.

Kapitel 59

¹(Ein gülden Kleinod Davids, daß er nicht umkäme, da Saul hinsandte und ließ sein Haus verwahren, daß er ihn tötete.) Errette mich, mein Gott, von meinen Feinden und schütze mich vor denen, die sich wider mich setzen.

²Errette mich von den Übeltätern und hilf mir von den Blutgierigen.

³Denn siehe, HERR, sie lauern auf meine Seele; die Starken sammeln sich wider mich ohne meine Schuld und Missetat.

⁴Sie laufen ohne meine Schuld und bereiten sich. Erwache und begegne mir und siehe drein.

⁵Du, HERR, Gott Zebaoth, Gott Israels, wache auf und suche heim alle Heiden; sei der keinem gnädig, die so verwegene Übeltäter sind. (Sela.)

⁶Des Abends heulen sie wiederum wie die Hunde und laufen in der Stadt umher.

⁷Siehe, sie plaudern miteinander; Schwerter sind in ihren Lippen: "Wer sollte es hören?"

⁸Aber du, HERR, wirst ihrer lachen und aller Heiden spotten.

⁹Vor ihrer Macht halte ich mich zu dir; denn Gott ist mein Schutz.

¹⁰Gott erzeigt mir reichlich seine Güte; Gott läßt mich meine Lust sehen an meinen Feinden.

¹¹Erwürge sie nicht, daß es mein Volk nicht vergesse; zerstreue sie aber mit deiner Macht, HERR, unser Schild, und stoße sie hinunter!

¹²Das Wort ihrer Lippen ist eitel Sünde, darum müssen sie gefangen werden in ihrer Hoffart; denn sie reden eitel Fluchen und Lügen.

¹³Vertilge sie ohne alle Gnade; vertilge sie, daß sie nichts seien und innewerden, daß Gott Herrscher sei in Jakob, in aller Welt. (Sela.)

¹⁴Des Abends heulen sie wiederum wie die Hunde und laufen in der Stadt umher.

¹⁵Sie laufen hin und her um Speise und murren, wenn sie nicht satt werden.

¹⁶Ich aber will von deiner Macht singen und des Morgens rühmen deine Güte; denn du bist mir Schutz und Zuflucht in meiner Not.

¹⁷Ich will dir, mein Hort, lobsingen; denn du, Gott, bist mein Schutz und mein gnädiger Gott.

Kapitel 60

¹(Ein gülden Kleinod Davids, vorzusingen; von der Rose des Zeugnisses, zu lehren; da er gestritten hatte mit den Syrern zu Mesopotamien und mit den Syrern von Zoba; da Joab umkehrte und schlug der Edomiter im Salztal zwölftausend.) Gott, der du uns verstoßen und zerstreut hast und zornig warst, tröste uns wieder.

²Der du die Erde bewegt und zerrissen hast, heile ihre Brüche, die so zerschellt ist.

³Denn du hast deinem Volk Hartes erzeigt; du hast uns einen Trunk Weins gegeben, daß wir taumelten;

⁴du hast aber doch ein Panier gegeben denen, die dich fürchten, welches sie aufwarfen und das sie sicher machte. (Sela.)

⁵Auf daß deine Lieben erledigt werden, hilf mit deiner Rechten und erhöre uns.

⁶Gott redete in seinem Heiligtum, des bin ich froh, und will teilen Sichem und abmessen das Tal Sukkoth.

⁷Gilead ist mein, mein ist Manasse, Ephraim ist die Macht meines Hauptes, Juda ist mein Zepter,

⁸Moab ist mein Waschbecken, meinen Schuh strecke ich über Edom, Philistäa jauchzt mir zu.

⁹Wer will mich führen in die feste Stadt? Wer geleitet mich bis nach Edom?

¹⁰Wirst du es nicht tun, Gott, der du uns verstößest und ziehest nicht aus, Gott, mit unserm Heer?

¹¹Schaffe uns Beistand in der Not; denn Menschenhilfe ist nichts nütze.

¹²Mit Gott wollen wir Taten tun. Er wird unsre Feinde untertreten.

Kapitel 61

¹(Ein Psalm Davids, vorzusingen, auf Saitenspiel.) Höre, Gott, mein Schreien und merke auf mein Gebet!

²Hienieden auf Erden rufe ich zu dir, wenn mein Herz in Angst ist, du wollest mich führen auf einen hohen Felsen.

³Denn du bist meine Zuversicht, ein starker Turm vor meinen Feinden.

⁴Laß mich wohnen in deiner Hütte ewiglich und Zuflucht haben unter deinen Fittichen. (Sela.)

⁵Denn du, Gott, hörst mein Gelübde; du belohnst die wohl, die deinen Namen fürchten.

⁶Du wollest dem König langes Leben geben, daß seine Jahre währen immer für und für,

⁷daß er immer bleibe vor Gott. Erzeige ihm Güte und Treue, die ihn behüten.

⁸So will ich deinem Namen lobsingen ewiglich, daß ich meine Gelübde bezahle täglich.

Kapitel 62

¹(Ein Psalm Davids für Jeduthun, vorzusingen.) Meine Seele sei stille zu Gott, der mir hilft.

²Denn er ist mein Hort, meine Hilfe, meine Schutz, daß mich kein Fall stürzen wird, wie groß er ist.

³Wie lange stellt ihr alle einem nach, daß ihr ihn erwürget-als eine hängende Wand und zerrissene Mauer?

⁴Sie denken nur, wie sie ihn dämpfen, fleißigen sich der Lüge; geben gute Worte, aber im Herzen fluchen sie. (Sela.)

⁵Aber sei nur stille zu Gott, meine Seele; denn er ist meine Hoffnung.

⁶Er ist mein Hort, meine Hilfe und mein Schutz, daß ich nicht fallen werde.

⁷Bei Gott ist mein Heil, meine Ehre, der Fels meiner Stärke; meine Zuversicht ist auf Gott.

⁸Hoffet auf ihn allezeit, liebe Leute, schüttet euer Herz vor ihm aus; Gott ist unsre Zuversicht. (Sela.)

⁹Aber Menschen sind ja nichts, große Leute fehlen auch; sie wiegen weniger denn nichts, so viel ihrer ist.

¹⁰Verlasset euch nicht auf Unrecht und Frevel, haltet euch nicht zu solchem, das eitel ist; fällt euch Reichtum zu, so hänget das Herz nicht daran.

¹¹Gott hat ein Wort geredet, das habe ich etlichemal gehört: daß Gott allein mächtig ist.

¹²Und du, HERR, bist gnädig und bezahlst einem jeglichen, wie er's verdient.

Kapitel 63

¹(Ein Psalm Davids, da er war in der Wüste Juda.) Gott, du bist mein Gott; frühe wache ich zu dir. Es dürstet meine Seele nach dir; mein Fleisch verlangt nach dir in einem trockenen und dürren Land, wo kein Wasser ist.

²Daselbst sehe ich nach dir in deinem Heiligtum, wollte gerne schauen deine Macht und Ehre.

³Denn deine Güte ist besser denn Leben; meine Lippen preisen dich.

⁴Daselbst wollte ich dich gerne loben mein Leben lang und meine Hände in deinem Namen aufheben.

⁵Das wäre meines Herzens Freude und Wonne, wenn ich dich mit fröhlichem Munde loben sollte.

⁶Wenn ich mich zu Bette lege, so denke ich an dich; wenn ich erwache, so rede ich von dir.

⁷Denn du bist mein Helfer, und unter dem Schatten deiner Flügel frohlocke ich.

⁸Meine Seele hanget dir an; deine rechte Hand erhält mich.

⁹Sie aber stehen nach meiner Seele, mich zu überfallen; sie werden unter die Erde hinunterfahren.
¹⁰Sie werden ins Schwert fallen und den Füchsen zuteil werden.
¹¹Aber der König freut sich in Gott. Wer bei ihm schwört, wird gerühmt werden; denn die Lügenmäuler sollen verstopft werden.

Kapitel 64

¹(Ein Psalm Davids, vorzusingen.) Höre, Gott, meine Stimme in meiner Klage; behüte mein Leben vor dem grausamen Feinde.
²Verbirg mich vor der Versammlung der Bösen, vor dem Haufen der Übeltäter,
³welche ihre Zunge schärfen wie ein Schwert, die mit giftigen Worten zielen wie mit Pfeilen,
⁴daß sie heimlich schießen die Frommen; plötzlich schießen sie auf ihn ohne alle Scheu.
⁵Sie sind kühn mit ihren bösen Anschlägen und sagen, wie sie Stricke legen wollen, und sprechen: Wer kann sie sehen?
⁶Sie erdichten Schalkheit und halten's heimlich, sind verschlagen und haben geschwinde Ränke.
⁷Aber Gott wird sie plötzlich schießen, daß es ihnen wehe tun wird.
⁸Ihre eigene Zunge wird sie fällen, daß ihrer spotten wird, wer sie sieht.
⁹Und alle Menschen werden sich fürchten und sagen: "Das hat Gott getan!" und merken, daß es sein Werk sei.
¹⁰Die Gerechten werden sich des HERRN freuen und auf ihn trauen, und alle frommen Herzen werden sich des rühmen.

Kapitel 65

¹(Ein Psalm Davids, ein Lied, vorzusingen.) Gott, man lobt dich in der Stille zu Zion, und dir bezahlt man Gelübde.
²Du erhörst Gebet; darum kommt alles Fleisch zu dir.
³Unsre Missetat drückt uns hart; du wollest unsre Sünden vergeben.
⁴Wohl dem, den du erwählst und zu dir lässest, daß er wohne in deinen Höfen; der hat reichen Trost von deinem Hause, deinem heiligen Tempel.
⁵Erhöre uns nach der wunderbaren Gerechtigkeit, Gott, unser Heil, der du bist Zuversicht aller auf Erden und ferne am Meer;
⁶der die Berge fest setzt in seiner Kraft und gerüstet ist mit Macht;
⁷der du stillest das Brausen des Meers, das Brausen seiner Wellen und das Toben der Völker,
⁸daß sich entsetzen, die an den Enden wohnen, vor deinen Zeichen. Du machst fröhlich, was da webet, gegen Morgen und gegen Abend.
⁹Du suchst das Land heim und wässerst es und machst es sehr reich. Gottes Brünnlein hat Wassers die Fülle. Du läßt ihr Getreide wohl geraten; denn also bauest du das Land.
¹⁰Du tränkest seine Furchen und feuchtest sein Gepflügtes; mit Regen machst du es weich und segnest sein Gewächs.
¹¹Du krönst das Jahr mit deinem Gut, und deine Fußtapfen triefen von Fett.
¹²Die Weiden in der Wüste sind auch fett, daß sie triefen, und die Hügel sind umher lustig.
¹³Die Anger sind voll Schafe, und die Auen stehen dick mit Korn, daß man jauchzet und singet.

Kapitel 66

¹(Ein Psalmlied, vorzusingen.) Jauchzet Gott, alle Lande!
²Lobsinget zu Ehren seinem Namen; rühmet ihn herrlich!
³Sprechet zu Gott: "Wie wunderbar sind deine Werke! es wird deinen Feinden fehlen vor deiner großen Macht.
⁴Alles Land bete dich an und lobsinge dir, lobsinge deinem Namen." (Sela.)
⁵Kommet her und sehet an die Werke Gottes, der so wunderbar ist in seinem Tun unter den Menschenkindern.
⁶Er verwandelt das Meer ins Trockene, daß man zu Fuß über das Wasser ging; dort freuten wir uns sein.
⁷Er herrscht mit seiner Gewalt ewiglich; seine Augen schauen auf die Völker. Die Abtrünnigen werden sich nicht erhöhen können. (Sela.)
⁸Lobet, ihr Völker, unsern Gott; lasset seinen Ruhm weit erschallen,
⁹der unsre Seelen im Leben erhält und läßt unsre Füße nicht gleiten.
¹⁰Denn, Gott, du hast uns versucht und geläutert wie das Silber geläutert wird;
¹¹du hast uns lassen in den Turm werfen; du hast auf unsre Lenden eine Last gelegt;
¹²du hast Menschen lassen über unser Haupt fahren; wir sind in Feuer und Wasser gekommen: aber du hast uns ausgeführt und erquickt.
¹³Darum will ich mit Brandopfern gehen in dein Haus und dir meine Gelübde bezahlen,
¹⁴wie ich meine Lippen habe aufgetan und mein Mund geredet hat in meiner Not.
¹⁵Ich will dir Brandopfer bringen von feisten Schafen samt dem Rauch von Widdern; ich will opfern Rinder mit Böcken. (Sela.)
¹⁶Kommet her, höret zu alle, die ihr Gott fürchtet; ich will erzählen, was er an meiner Seele getan hat.
¹⁷Zu ihm rief ich mit meinem Munde, und pries ihn mit meiner Zunge.
¹⁸Wo ich Unrechtes vorhätte in meinem Herzen, so würde der HERR nicht hören;
¹⁹aber Gott hat mich erhört und gemerkt auf mein Flehen.
²⁰Gelobt sei Gott, der mein Gebet nicht verwirft noch seine Güte von mir wendet.

Kapitel 67

¹(Ein Psalmlied, vorzusingen, auf Saitenspiel.) Gott sei uns gnädig und segne uns; er lasse uns sein Antlitz leuchten (Sela),
²daß man auf Erden erkenne seinen Weg, unter allen Heiden sein Heil.
³Es danken dir, Gott, die Völker; es danken dir alle Völker.
⁴Die Völker freuen sich und jauchzen, daß du die Leute recht richtest und regierest die Leute auf Erden. (Sela.)
⁵Es danken dir, Gott, die Völker; es danken dir alle Völker.
⁶Das Land gibt sein Gewächs. Es segne uns Gott, unser Gott.
⁷Es segne uns Gott, und alle Welt fürchte ihn!

Kapitel 68

¹(Ein Psalmlied Davids, vorzusingen.) Es stehe Gott auf, daß seine Feinde zerstreut werden, und die ihn hassen, vor ihm fliehen.
²Vertreibe sie, wie der Rauch vertrieben wird; wie das Wachs zerschmilzt vom Feuer, so müssen umkommen die Gottlosen vor Gott.
³Die Gerechten aber müssen sich freuen und fröhlich sein vor Gott und von Herzen sich freuen.
⁴Singet Gott, lobsinget seinem Namen! Machet Bahn dem, der durch die Wüste herfährt-er heißt HERR-,und freuet euch vor ihm,
⁵der ein Vater ist der Waisen und ein Richter der Witwen. Er ist Gott in seiner heiligen Wohnung,
⁶ein Gott, der den Einsamen das Haus voll Kinder gibt, der die Gefangenen ausführt zu rechter Zeit und läßt die Abtrünnigen bleiben in der Dürre.
⁷Gott, da du vor deinem Volk her zogst, da du einhergingst in der Wüste (Sela),
⁸da bebte die Erde, und die Himmel troffen vor Gott, dieser Sinai vor dem Gott, der Israels Gott ist.
⁹Du gabst, Gott, einen gnädigen Regen; und dein Erbe, das dürre war, erquicktest du,
¹⁰daß deine Herde darin wohnen könne. Gott, du labtest die Elenden mit deinen Gütern.
¹¹Der HERR gab das Wort mit großen Scharen Evangelisten:
¹²"Die Könige der Heerscharen flohen eilends, und die Hausehre teilte den Raub aus.
¹³Wenn ihr zwischen den Hürden laget, so glänzte es wie der Taube Flügel, die wie Silber und Gold schimmern.
¹⁴Als der Allmächtige die Könige im Lande zerstreute, da ward es helle, wo es dunkel war."
¹⁵Ein Gebirge Gottes ist das Gebirge Basans; ein großes Gebirge ist das Gebirge Basans.
¹⁶Was seht ihr scheel, ihr großen Gebirge, auf den Berg, da Gott Lust hat zu wohnen? Und der HERR bleibt auch immer daselbst.
¹⁷Der Wagen Gottes sind vieltausendmal tausend; der HERR ist unter ihnen am heiligen Sinai.
¹⁸Du bist in die Höhe gefahren und hast das Gefängnis gefangen; du hast Gaben empfangen für die Menschen, auch die Abtrünnigen, auf daß Gott der HERR daselbst wohne.
¹⁹Gelobet sei der HERR täglich. Gott legt uns eine Last auf; aber er hilft uns auch. (Sela.)
²⁰Wir haben einen Gott, der da hilft, und den HERRN HERRN, der vom Tode errettet.
²¹Ja, Gott wird den Kopf seiner Feinde zerschmettern, den Haarschädel derer, die da fortfahren in ihrer Sünde.
²²Der HERR hat gesagt: "Aus Basan will ich dich wieder holen, aus der Tiefe des Meeres will ich sie holen,

²³daß dein Fuß in der Feinde Blut gefärbt werde und deine Hunde es lecken."

²⁴Man sieht, Gott, wie du einherziehst, wie du, mein Gott und König, einherziehst im Heiligtum.

²⁵Die Sänger gehen vorher, die Spielleute unter den Jungfrauen, die da pauken:

²⁶"Lobet Gott den HERRN in den Versammlungen, ihr vom Brunnen Israels!"

²⁷Da herrscht unter ihnen der kleine Benjamin, die Fürsten Juda's mit ihren Haufen, die Fürsten Sebulons, die Fürsten Naphthalis.

²⁸Dein Gott hat dein Reich aufgerichtet; das wollest du, Gott, uns stärken, denn es ist dein Werk.

²⁹Um deines Tempels willen zu Jerusalem werden dir die Könige Geschenke zuführen.

³⁰Schilt das Tier im Rohr, die Rotte der Ochsen mit ihren Kälbern, den Völkern, die da zertreten um Geldes willen. Er zerstreut die Völker, die da gerne kriegen.

³¹Die Fürsten aus Ägypten werden kommen; Mohrenland wird seine Hände ausstrecken zu Gott.

³²Ihr Königreiche auf Erden, singet Gott, lobsinget dem HERRN (Sela),

³³dem, der da fährt im Himmel allenthalben von Anbeginn! Siehe, er wird seinem Donner Kraft geben.

³⁴Gebet Gott die Macht! Seine Herrlichkeit ist über Israel, und seine Macht in den Wolken.

³⁵Gott ist wundersam in seinem Heiligtum. Er ist Gott Israels; er wird dem Volk Macht und Kraft geben. Gelobt sei Gott!

Kapitel 69

¹(Ein Psalm Davids, von den Rosen, vorzusingen.) Gott, hilf mir; denn das Wasser geht mir bis an die Seele.

²Ich versinke im tiefen Schlamm, da kein Grund ist; ich bin im tiefen Wasser, und die Flut will mich ersäufen.

³Ich habe mich müde geschrieen, mein Hals ist heiser; das Gesicht vergeht mir, daß ich so lange muß harren auf meinen Gott.

⁴Die mich ohne Ursache hassen, deren ist mehr, denn ich Haare auf dem Haupt habe. Die mir unbillig feind sind und mich verderben, sind mächtig. Ich muß bezahlen, was ich nicht geraubt habe.

⁵Gott, du weißt meine Torheit, und meine Schulden sind nicht verborgen.

⁶Laß nicht zu Schanden werden an mir, die dein harren, HERR HERR Zebaoth! Laß nicht schamrot werden an mir, die dich suchen, Gott Israels!

⁷Denn um deinetwillen trage ich Schmach; mein Angesicht ist voller Schande.

⁸Ich bin fremd geworden meinen Brüdern und unbekannt meiner Mutter Kindern.

⁹Denn der Eifer um dein Haus hat mich gefressen; und die Schmähungen derer, die dich schmähen, sind auf mich gefallen.

¹⁰Und ich weine und faste bitterlich; und man spottet mein dazu.

¹¹Ich habe einen Sack angezogen; aber sie treiben Gespött mit mir.

¹²Die im Tor sitzen, schwatzen von mir, und in den Zechen singt man von mir.

¹³Ich aber bete, HERR, zu dir zur angenehmen Zeit; Gott durch deine große Güte erhöre mit deiner treuen Hilfe.

¹⁴Errette mich aus dem Kot, daß ich nicht versinke; daß ich errettet werde von meinen Hassern und aus dem tiefen Wasser;

¹⁵daß mich die Wasserflut nicht ersäufe und die Tiefe nicht verschlinge und das Loch der Grube nicht über mich zusammengehe.

¹⁶Erhöre mich, HERR, denn dein Güte ist tröstlich; wende dich zu mir nach deiner großen Barmherzigkeit

¹⁷und verbirg dein Angesicht nicht vor deinem Knechte, denn mir ist angst; erhöre mich eilend.

¹⁸Mache dich zu meiner Seele und erlöse sie; erlöse mich um meiner Feinde willen.

¹⁹Du weißt meine Schmach, Schande und Scham; meine Widersacher sind alle vor dir.

²⁰Die Schmach bricht mir mein Herz und kränkt mich. Ich warte, ob es jemand jammere, aber da ist niemand, und auf Tröster, aber ich finde keine.

²¹Und sie geben mir Galle zu essen und Essig zu trinken in meinem großen Durst.

²²Ihr Tisch werde vor ihnen zum Strick, zur Vergeltung und zu einer Falle.

²³Ihre Augen müssen finster werden, daß sie nicht sehen, und ihre Lenden laß immer wanken.

²⁴Gieße deine Ungnade auf sie, und dein grimmiger Zorn ergreife sie.

²⁵Ihre Wohnung müsse wüst werden, und sei niemand, der in ihren Hütten wohne.

²⁶Denn sie verfolgen, den du geschlagen hast, und rühmen, daß du die Deinen übel schlagest.

²⁷Laß sie in eine Sünde über die andere fallen, daß sie nicht kommen zu deiner Gerechtigkeit.

²⁸Tilge sie aus dem Buch der Lebendigen, daß sie mit den Gerechten nicht angeschrieben werden.

²⁹Ich aber bin elend, und mir ist wehe. Gott, deine Hilfe schütze mich!

³⁰Ich will den Namen Gottes loben mit einem Lied und will ihn hoch ehren mit Dank.

³¹Das wird dem HERRN besser gefallen denn ein Farre, der Hörner und Klauen hat.

³²Die Elenden sehen's und freuen sich; und die Gott suchen, denen wird das Herz leben.

³³Denn der HERR hört die Armen und verachtet seine Gefangenen nicht.

³⁴Es lobe ihn Himmel, Erde und Meer und alles, was sich darin regt.

³⁵Denn Gott wird Zion helfen und die Städte Juda's bauen, daß man daselbst wohne und sie besitze.

³⁶Und der Same seiner Knechte wird sie ererben, und die seinen Namen lieben, werden darin bleiben.

Kapitel 70

¹(Ein Psalm Davids, vorzusingen, zum Gedächtnis.) Eile, Gott, mich zu erretten, HERR, mir zu helfen!

²Es müssen sich schämen und zu Schanden werden, die nach meiner Seele stehen; sie müssen zurückkehren und gehöhnt werden, die mir Übles wünschen,

³daß sie müssen wiederum zu Schanden werden, die da über mich schreien: "Da, da!"

⁴Sich freuen und fröhlich müssen sein an dir, die nach dir fragen, und die dein Heil lieben, immer sagen: Hoch gelobt sei Gott!

⁵Ich aber bin elend und arm. Gott, eile zu mir, denn du bist mein Helfer und Erretter; mein Gott verziehe nicht!

Kapitel 71

¹HERR, ich traue auf dich; laß mich nimmermehr zu Schanden werden.

²Errette mich durch deine Gerechtigkeit und hilf mir aus; neige deine Ohren zu mir und hilf mir!

³Sei mir ein starker Hort, dahin ich immer fliehen möge, der du zugesagt hast mir zu helfen; denn du bist mein Fels und meine Burg.

⁴Mein Gott, hilf mir aus der Hand der Gottlosen, aus der Hand des Ungerechten und Tyrannen.

⁵Denn du bist meine Zuversicht, HERR HERR, meine Hoffnung von meiner Jugend an.

⁶Auf dich habe ich mich verlassen von Mutterleibe an; du hast mich aus meiner Mutter Leib gezogen. Mein Ruhm ist immer von dir.

⁷Ich bin vor vielen wie ein Wunder; aber du bist meine starke Zuversicht.

⁸Laß meinen Mund deines Ruhmes und deines Preises voll sein täglich.

⁹Verwirf mich nicht in meinem Alter; verlaß mich nicht, wenn ich schwach werde.

¹⁰Denn meine Feinde reden wider mich, und die auf meine Seele lauern, beraten sich miteinander

¹¹und sprechen: "Gott hat ihn verlassen; jaget nach und ergreifet ihn, denn da ist kein Erretter."

¹²Gott, sei nicht ferne von mir; mein Gott, eile, mir zu helfen!

¹³Schämen müssen sich und umkommen, die meiner Seele zuwider sind; mit Schande und Hohn müssen sie überschüttet werden, die mein Unglück suchen.

¹⁴Ich aber will immer harren und will immer deines Ruhmes mehr machen.

¹⁵Mein Mund soll verkündigen deine Gerechtigkeit, täglich deine Wohltaten, die ich nicht alle zählen kann.

¹⁶Ich gehe einher in der Kraft des HERRN HERRN; ich preise deine Gerechtigkeit allein.

¹⁷Gott, du hast mich von Jugend auf gelehrt, und bis hierher verkündige ich deine Wunder.

¹⁸Auch verlaß mich nicht, Gott, im Alter, wenn ich grau werde, bis ich deinen Arm verkündige Kindeskindern und deine Kraft allen, die noch kommen sollen.

¹⁹Gott, deine Gerechtigkeit ist hoch, der du große Dinge tust. Gott, wer ist dir gleich?
²⁰Denn du lässest mich erfahren viele und große Angst und machst mich wieder lebendig und holst mich wieder aus der Tiefe der Erde herauf.
²¹Du machst mich sehr groß und tröstest mich wieder.
²²So danke ich auch dir mit Psalterspiel für deine Treue, mein Gott; ich lobsinge dir auf der Harfe, du Heiliger in Israel.
²³Meine Lippen und meine Seele, die du erlöst hast, sind fröhlich und lobsingen dir.
²⁴Auch dichtet meine Zunge täglich von deiner Gerechtigkeit; denn schämen müssen sich und zu Schanden werden, die mein Unglück suchen.

Kapitel 72

¹(Des Salomo.) Gott, gib dein Gericht dem König und deine Gerechtigkeit des Königs Sohne,
²daß er dein Volk richte mit Gerechtigkeit und deine Elenden rette.
³Laß die Berge den Frieden bringen unter das Volk und die Hügel die Gerechtigkeit.
⁴Er wird das elende Volk bei Recht erhalten und den Armen helfen und die Lästerer zermalmen.
⁵Man wird dich fürchten, solange die Sonne und der Mond währt, von Kind zu Kindeskindern.
⁶Er wird herabfahren wie der Regen auf die Aue, wie die Tropfen, die das Land feuchten.
⁷Zu seinen Zeiten wird erblühen der Gerechte und großer Friede, bis daß der Mond nimmer sei.
⁸Er wird herrschen von einem Meer bis ans andere und von dem Strom an bis zu der Welt Enden.
⁹Vor ihm werden sich neigen die in der Wüste, und seine Feinde werden Staub lecken.
¹⁰Die Könige zu Tharsis und auf den Inseln werden Geschenke bringen; die Könige aus Reicharabien und Seba werden Gaben zuführen.
¹¹Alle Könige werden ihn anbeten; alle Heiden werden ihm dienen.
¹²Denn er wird den Armen erretten, der da schreit, und den Elenden, der keinen Helfer hat.
¹³Er wird gnädig sein den Geringen und Armen, und den Seelen der Armen wird er helfen.
¹⁴Er wird ihre Seele aus dem Trug und Frevel erlösen, und ihr Blut wird teuer geachtet werden vor ihm.
¹⁵Er wird leben, und man wird ihm von Gold aus Reicharabien geben. Und man wird immerdar für ihn beten; täglich wird man ihn segnen.
¹⁶Auf Erden, oben auf den Bergen, wird das Getreide dick stehen; seine Frucht wird rauschen wie der Libanon, und sie werden grünen wie das Gras auf Erden.
¹⁷Sein Name wird ewiglich bleiben; solange die Sonne währt, wird sein Name auf die Nachkommen reichen, und sie werden durch denselben gesegnet sein; alle Heiden werden ihn preisen.
¹⁸Gelobet sei Gott der HERR, der Gott Israels, der allein Wunder tut;
¹⁹und gelobet sei sein herrlicher Name ewiglich; und alle Lande müssen seiner Ehre voll werden! Amen, amen.
²⁰Ein Ende haben die Gebete Davids, des Sohnes Isais.

Kapitel 73

¹(Ein Psalm Asaphs.) Israel hat dennoch Gott zum Trost, wer nur reines Herzens ist.
²Ich aber hätte schier gestrauchelt mit meinen Füßen; mein Tritt wäre beinahe geglitten.
³Denn es verdroß mich der Ruhmredigen, da ich sah, daß es den Gottlosen so wohl ging.
⁴Denn sie sind in keiner Gefahr des Todes, sondern stehen fest wie ein Palast.
⁵Sie sind nicht in Unglück wie andere Leute und werden nicht wie andere Menschen geplagt.
⁶Darum muß ihr Trotzen köstlich Ding sein, und ihr Frevel muß wohl getan heißen.
⁷Ihre Person brüstet sich wie ein fetter Wanst; sie tun, was sie nur gedenken.
⁸Sie achten alles für nichts und reden übel davon und reden und lästern hoch her.
⁹Was sie reden, daß muß vom Himmel herab geredet sein; was sie sagen, das muß gelten auf Erden.
¹⁰Darum fällt ihnen ihr Pöbel zu und laufen ihnen zu mit Haufen wie Wasser.
¹¹und sprechen: "Was sollte Gott nach jenen fragen? Was sollte der Höchste ihrer achten?"
¹²Siehe, das sind die Gottlosen; die sind glücklich in der Welt und werden reich.
¹³Soll es denn umsonst sein, daß mein Herz unsträflich lebt und ich meine Hände in Unschuld wasche,
¹⁴ich bin geplagt täglich, und meine Strafe ist alle Morgen da?
¹⁵Ich hätte auch schier so gesagt wie sie; aber siehe, damit hätte ich verdammt alle meine Kinder, die je gewesen sind.
¹⁶Ich dachte ihm nach, daß ich's begreifen möchte; aber es war mir zu schwer,
¹⁷bis daß ich ging in das Heiligtum Gottes und merkte auf ihr Ende.
¹⁸Ja, du setzest sie aufs Schlüpfrige und stürzest sie zu Boden.
¹⁹Wie werden sie so plötzlich zunichte! Sie gehen unter und nehmen ein Ende mit Schrecken.
²⁰Wie ein Traum, wenn einer erwacht, so machst du, HERR, ihr Bild in der Stadt verschmäht.
²¹Da es mir wehe tat im Herzen und mich stach in meine Nieren,
²²da war ich ein Narr und wußte nichts; ich war wie ein Tier vor dir.
²³Dennoch bleibe ich stets an dir; denn du hältst mich bei meiner rechten Hand,
²⁴du leitest mich nach deinem Rat und nimmst mich endlich in Ehren an.
²⁵Wenn ich nur dich habe, so frage ich nichts nach Himmel und Erde.
²⁶Wenn mir gleich Leib und Seele verschmachtet, so bist du doch, Gott, allezeit meines Herzens Trost und mein Teil.
²⁷Denn siehe, die von dir weichen, werden umkommen; du bringest um, alle die von dir abfallen.
²⁸Aber das ist meine Freude, daß ich mich zu Gott halte und meine Zuversicht setzte auf den HERRN HERRN, daß ich verkündige all dein Tun.

Kapitel 74

¹(Eine Unterweisung Asaphs.) Gott, warum verstößest du uns so gar und bist so grimmig zornig über die Schafe deiner Weide?
²Gedenke an deine Gemeinde, die du vor alters erworben und dir zum Erbteil erlöst hast, an den Berg Zion, darauf du wohnest.
³Hebe deine Schritte zum dem, was so lange wüst liegt. Der Feind hat alles verderbt im Heiligtum.
⁴Deine Widersacher brüllen in deinen Häusern und setzen ihre Götzen darein.
⁵Man sieht die Äxte obenher blinken, wie man in einen Wald haut;
⁶sie zerhauen alle seine Tafelwerke mit Beil und Barte.
⁷Sie verbrennen dein Heiligtum; sie entweihen und werfen zu Boden die Wohnung deines Namens.
⁸Sie sprechen in ihrem Herzen; "Laßt uns sie plündern!" Sie verbrennen alle Häuser Gottes im Lande.
⁹Unsere Zeichen sehen wir nicht, und kein Prophet predigt mehr, und keiner ist bei uns, der weiß, wie lange.
¹⁰Ach Gott, wie lange soll der Widersacher schmähen und der Feind deinen Namen so gar verlästern?
¹¹Warum wendest du deine Hand ab? Ziehe von deinem Schoß dein Rechte und mache ein Ende.
¹²Gott ist ja mein König von alters her, der alle Hilfe tut, die auf Erden geschieht.
¹³Du zertrennst das Meer durch dein Kraft und zerbrichst die Köpfe der Drachen im Wasser.
¹⁴Du zerschlägst die Köpfe der Walfische und gibst sie zur Speise dem Volk in der Einöde.
¹⁵Du lässest quellen Brunnen und Bäche; du läßt versiegen starke Ströme.
¹⁶Tag und Nacht ist dein; du machst, daß Sonne und Gestirn ihren gewissen Lauf haben.
¹⁷Du setzest einem jeglichen Lande seine Grenze; Sommer und Winter machst du.
¹⁸So gedenke doch des, daß der Feind den HERRN schmäht und ein töricht Volk lästert deinen Namen.
¹⁹Du wollest nicht dem Tier geben die Seele deiner Turteltaube, und der Herde deiner Elenden nicht so gar vergessen.
²⁰Gedenke an den Bund; denn das Land ist allenthalben jämmerlich verheert, und die Häuser sind zerrissen.

²¹Laß den Geringen nicht in Schanden davongehen; laß die Armen und Elenden rühmen deinen Namen.
²²Mache dich auf, Gott, und führe aus deine Sache; gedenke an die Schmach, die dir täglich von den Toren widerfährt.
²³Vergiß nicht des Geschreis deiner Feinde; das Toben deiner Widersacher wird je länger, je größer.

Kapitel 75

¹(Ein Psalm und Lied Asaphs, daß er nicht umkäme, vorzusingen.) Wir danken dir, Gott, wir danken dir und verkündigen deine Wunder, daß dein Name so nahe ist.
²"Denn zu seiner Zeit, so werde ich recht richten.
³Das Land zittert und alle, die darin wohnen; aber ich halte seine Säulen fest." (Sela.)
⁴Ich sprach zu den Ruhmredigen: Rühmet nicht so! und zu den Gottlosen: Pochet nicht auf Gewalt!
⁵pochet nicht so hoch auf eure Gewalt, redet nicht halsstarrig,
⁶es habe keine Not, weder vom Anfang noch vom Niedergang noch von dem Gebirge in der Wüste.
⁷Denn Gott ist Richter, der diesen erniedrigt und jenen erhöht.
⁸Denn der HERR hat einen Becher in der Hand und mit starkem Wein voll eingeschenkt und schenkt aus demselben; aber die Gottlosen müssen alle trinken und die Hefen aussaufen.
⁹Ich aber will verkündigen ewiglich und lobsingen dem Gott Jakobs.
¹⁰"Und will alle Gewalt der Gottlosen zerbrechen, daß die Gewalt des Gerechten erhöht werde."

Kapitel 76

¹(Ein Psalmlied Asaphs, auf Saitenspiel, vorzusingen.) Gott ist in Juda bekannt; in Israel ist sein Name herrlich.
²Zu Salem ist sein Gezelt, und seine Wohnung zu Zion.
³Daselbst zerbricht er die Pfeile des Bogens, Schild, Schwert und Streit. (Sela.)
⁴Du bist herrlicher und mächtiger denn die Raubeberge.
⁵Die Stolzen müssen beraubt werden und entschlafen, und alle Krieger müssen die Hand lassen sinken.
⁶Von deinem Schelten, Gott Jakobs, sinkt in Schlaf Roß und Wagen.
⁷Du bist erschrecklich. Wer kann vor dir stehen, wenn du zürnest?
⁸Wenn du das Urteil lässest hören vom Himmel, so erschrickt das Erdreich und wird still,
⁹wenn Gott sich aufmacht zu richten, daß er helfe allen Elenden auf Erden. (Sela.)
¹⁰Wenn Menschen wider dich wüten, so legst du Ehre ein; und wenn sie noch mehr wüten, bist du auch noch gerüstet.
¹¹Gelobet und haltet dem HERRN, eurem Gott; alle, die ihr um ihn her seid, bringet Geschenke dem Schrecklichen,
¹²der den Fürsten den Mut nimmt und schrecklich ist unter den Königen auf Erden.

Kapitel 77

¹(Ein Psalm Asaphs für Jeduthun, vorzusingen.) Ich schreie mit meiner Stimme zu Gott; zu Gott schreie ich, und er erhört mich.
²In der Zeit der Not suche ich den HERRN; meine Hand ist des Nachts ausgereckt und läßt nicht ab; denn meine Seele will sich nicht trösten lassen.
³Wenn ich betrübt bin, so denke ich an Gott; wenn mein Herz in ängsten ist, so rede ich. (Sela.)
⁴Meine Augen hältst du, daß sie wachen; ich bin so ohnmächtig, daß ich nicht reden kann.
⁵Ich denke der alten Zeit, der vorigen Jahre.
⁶Ich denke des Nachts an mein Saitenspiel und rede mit meinem Herzen; mein Geist muß forschen.
⁷Wird denn der HERR ewiglich verstoßen und keine Gnade mehr erzeigen?
⁸Ist's denn ganz und gar aus mit seiner Güte, und hat die Verheißung ein Ende?
⁹Hat Gott vergessen, gnädig zu sein, und seine Barmherzigkeit vor Zorn verschlossen? (Sela.)
¹⁰Aber doch sprach ich: Ich muß das leiden; die rechte Hand des Höchsten kann alles ändern.
¹¹Darum gedenke ich an die Taten des HERRN; ja, ich gedenke an deine vorigen Wunder
¹²und rede von allen deinen Werken und sage von deinem Tun.
¹³Gott, dein Weg ist heilig. Wo ist so ein mächtiger Gott, als du, Gott, bist?
¹⁴Du bist der Gott, der Wunder tut; du hast deine Macht bewiesen unter den Völkern.
¹⁵Du hast dein Volk erlöst mit Macht, die Kinder Jakobs und Josephs. (Sela.)
¹⁶Die Wasser sahen dich, Gott, die Wasser sahen dich und ängsteten sich, und die Tiefen tobten.
¹⁷Die dicken Wolken gossen Wasser, die Wolken donnerten, und die Strahlen fuhren daher.
¹⁸Es donnerte im Himmel, deine Blitze leuchteten auf dem Erdboden; das Erdreich regte sich und bebte davon.
¹⁹Dein Weg war im Meer und dein Pfad in großen Wassern, und man spürte doch deinen Fuß nicht.
²⁰Du führtest dein Volk wie eine Herde Schafe durch Mose und Aaron.

Kapitel 78

¹(Eine Unterweisung Asaphs.) Höre, mein Volk, mein Gesetz; neigt eure Ohren zu der Rede meines Mundes!
²Ich will meinen Mund auftun zu Sprüchen und alte Geschichten aussprechen,
³die wir gehört haben und wissen und unsre Väter uns erzählt haben,
⁴daß wir's nicht verhalten sollten ihren Kindern, die hernach kommen, und verkündigten den Ruhm des HERRN und seine Macht und seine Wunder, die er getan hat.
⁵Er richtete ein Zeugnis auf in Jakob und gab ein Gesetz in Israel, das er unsern Vätern gebot zu lehren ihre Kinder,
⁶auf daß es die Nachkommen lernten und die Kinder, die noch sollten geboren werden; wenn sie aufkämen, daß sie es auch ihren Kinder verkündigten,
⁷daß sie setzten auf Gott ihre Hoffnung und nicht vergäßen der Taten Gottes und seine Gebote hielten
⁸und nicht würden wie ihre Väter, eine abtrünnige und ungehorsame Art, welchen ihr Herz nicht fest war und ihr Geist nicht treulich hielt an Gott,
⁹wie die Kinder Ephraim, die geharnischt den Bogen führten, abfielen zur Zeit des Streits.
¹⁰Sie hielten den Bund Gottes nicht und wollten nicht in seinem Gesetz wandeln
¹¹und vergaßen seiner Taten und seiner Wunder, die er ihnen erzeigt hatte,
¹²Vor ihren Vätern tat er Wunder in Ägyptenland, im Felde Zoan.
¹³Er zerteilte das Meer und ließ sie hindurchgehen und stellte das Wasser wie eine Mauer.
¹⁴Er leitete sie des Tages mit einer Wolke und des Nachts mit einem hellen Feuer.
¹⁵Er riß die Felsen in der Wüste und tränkte sie mit Wasser die Fülle
¹⁶und ließ Bäche aus den Felsen fließen, daß sie hinabflossen wie Wasserströme.
¹⁷Dennoch sündigten sie weiter gegen ihn und erzürnten den Höchsten in der Wüste
¹⁸und versuchten Gott in ihrem Herzen, daß sie Speise forderten für ihre Seelen,
¹⁹und redeten gegen Gott und sprachen: "Ja, Gott sollte wohl können einen Tisch bereiten in der Wüste?
²⁰Siehe, er hat wohl den Felsen geschlagen, daß Wasser flossen und Bäche sich ergossen; aber wie kann er Brot geben und seinem Volke Fleisch verschaffen?"
²¹Da nun das der HERR hörte, entbrannte er, und Feuer ging an in Jakob, und Zorn kam über Israel,
²²daß sie nicht glaubten an Gott und hofften nicht auf seine Hilfe.
²³Und er gebot den Wolken droben und tat auf die Türen des Himmels
²⁴und ließ das Man auf sie regnen, zu essen, und gab ihnen Himmelsbrot.
²⁵Sie aßen Engelbrot; er sandte ihnen Speise die Fülle.
²⁶Er ließ wehen den Ostwind unter dem Himmel und erregte durch seine Stärke den Südwind
²⁷und ließ Fleisch auf sie regnen wie Staub und Vögel wie Sand am Meer
²⁸und ließ sie fallen unter ihr Lager allenthalben, da sie wohnten.
²⁹Da aßen sie und wurden allzu satt; er ließ sie ihre Lust büßen.
³⁰Da sie nun ihre Lust gebüßt hatten und noch davon aßen,
³¹da kam der Zorn Gottes über sie und erwürgte die Vornehmsten unter ihnen und schlug darnieder die Besten in Israel.
³²Aber über das alles sündigten sie noch mehr und glaubten nicht

an seine Wunder.

³³Darum ließ er sie dahinsterben, daß sie nichts erlangten und mußten ihr Leben lang geplagt sein.

³⁴Wenn er sie erwürgte, suchten sie ihn und kehrten sich zu Gott

³⁵und gedachten, daß Gott ihr Hort ist und Gott der Höchste ihr Erlöser ist,

³⁶und heuchelten mit ihrem Munde und logen ihm mit ihrer Zunge;

³⁷aber ihr Herz war nicht fest an ihm, und hielten nicht treulich an seinem Bund.

³⁸Er aber war barmherzig und vergab die Missetat und vertilgte sie nicht und wandte oft seinen Zorn ab und ließ nicht seinen ganzen Zorn gehen.

³⁹Denn er gedachte, daß sie Fleisch sind, ein Wind, der dahinfährt und nicht wiederkommt.

⁴⁰Wie oft erzürnten sie ihn in der Wüste und entrüsteten ihn in der Einöde!

⁴¹Sie versuchten Gott immer wieder und meisterten den Heiligen in Israel.

⁴²Sie gedachten nicht an seine Hand des Tages, da er sie erlöste von den Feinden;

⁴³wie er denn seine Zeichen in Ägypten getan hatte und seine Wunder im Lande Zoan;

⁴⁴da er ihr Wasser in Blut wandelte, daß sie ihre Bäche nicht trinken konnten;

⁴⁵da er Ungeziefer unter sie schickte, daß sie fraß, und Frösche, die sie verderbten,

⁴⁶und gab ihre Gewächse den Raupen und ihre Saat den Heuschrecken;

⁴⁷da er ihre Weinstöcke mit Hagel schlug und ihre Maulbeerbäume mit Schloßen;

⁴⁸da er ihr Vieh schlug mit Hagel und ihre Herden mit Wetterstrahlen;

⁴⁹da er böse Engel unter sie sandte in seinem grimmigen Zorn und ließ sie toben und wüten und Leid tun;

⁵⁰da er seinen Zorn ließ fortgehen und ihre Seele vor dem Tode nicht verschonte und übergab ihr Leben der Pestilenz;

⁵¹da er alle Erstgeburt in Ägypten schlug, die Erstlinge ihrer Kraft in den Hütten Hams,

⁵²und ließ sein Volk ausziehen wie die Schafe und führte sie wie eine Herde in der Wüste.

⁵³Und leitete sie sicher, daß sie sich nicht fürchteten; aber ihre Feinde bedeckte das Meer.

⁵⁴Und er brachte sie zu seiner heiligen Grenze, zu diesem Berge, den seine Rechte erworben hat,

⁵⁵und vertrieb vor ihnen her die Völker und ließ ihnen das Erbe austeilen und ließ in jener Hütten die Stämme Israels wohnen.

⁵⁶Aber sie versuchten und erzürnten Gott den Höchsten und hielten ihre Zeugnisse nicht

⁵⁷und fielen zurück und verachteten alles wie ihre Väter und hielten nicht, gleichwie ein loser Bogen,

⁵⁸und erzürnten ihn mit ihren Höhen und reizten ihn mit ihren Götzen.

⁵⁹Und da das Gott hörte, entbrannte er und verwarf Israel ganz,

⁶⁰daß er seine Wohnung zu Silo ließ fahren, die Hütte, da er unter Menschen wohnte,

⁶¹und gab seine Macht ins Gefängnis und seine Herrlichkeit in die Hand des Feindes

⁶²und übergab sein Volk ins Schwert und entbrannte über sein Erbe.

⁶³Ihre junge Mannschaft fraß das Feuer, und ihre Jungfrauen mußten ungefreit bleiben.

⁶⁴Ihre Priester fielen durchs Schwert, und waren keine Witwen, die da weinen sollten.

⁶⁵Und der HERR erwachte wie ein Schlafender, wie ein Starker jauchzt, der vom Wein kommt,

⁶⁶und schlug seine Feinde zurück und hängte ihnen ewige Schande an.

⁶⁷Und er verwarf die Hütte Josephs und erwählte nicht den Stamm Ephraim,

⁶⁸sondern erwählte den Stamm Juda, den Berg Zion, welchen er liebte.

⁶⁹Und baute sein Heiligtum hoch, wie die Erde, die ewiglich fest stehen soll.

⁷⁰Und erwählte seinen Knecht David und nahm ihn von den Schafställen;

⁷¹von den säugenden Schafen holte er ihn, daß er sein Volk Jakob weiden sollte und sein Erbe Israel.

⁷²Und er weidete sie auch mit aller Treue und regierte mit allem Fleiß.

Kapitel 79

¹(Ein Psalm Asaphs.) Gott, es sind Heiden in dein Erbe gefallen; die haben deinen heiligen Tempel verunreinigt und aus Jerusalem Steinhaufen gemacht.

²Sie haben die Leichname deiner Knechte den Vögeln zu fressen gegeben und das Fleisch deiner Heiligen den Tieren im Lande.

³Sie haben Blut vergossen um Jerusalem her wie Wasser; und war niemand, der begrub.

⁴Wir sind unsern Nachbarn eine Schmach geworden, ein Spott und Hohn denen, die um uns sind.

⁵HERR, wie lange willst du so gar zürnen und deinen Eifer wie Feuer brennen lassen?

⁶Schütte deinen Grimm auf die Heiden, die dich nicht kennen, und auf die Königreiche, die deinen Namen nicht anrufen.

⁷Denn sie haben Jakob aufgefressen und seine Häuser verwüstet.

⁸Gedenke nicht unsrer vorigen Missetaten; erbarme dich unser bald, denn wir sind sehr dünn geworden.

⁹Hilf du uns, Gott, unser Helfer, um deines Namens Ehre willen; errette uns und vergib uns unsre Sünden um deines Namens willen!

¹⁰Warum lässest du die Heiden sagen: "Wo ist nun ihr Gott?" Laß unter den Heiden vor unsern Augen kund werden die Rache des Blutes deiner Knechte, das vergossen ist.

¹¹Laß vor dich kommen das Seufzen der Gefangenen; nach deinem großen Arm erhalte die Kinder des Todes

¹²und vergilt unsern Nachbarn siebenfältig in ihren Busen ihr Schmähen, damit sie dich, HERR, geschmäht haben.

¹³Wir aber, dein Volk und Schafe deiner Weide, werden dir danken ewiglich und verkündigen deinen Ruhm für und für.

Kapitel 80

¹(Ein Psalm und Zeugnis Asaphs, von den Rosen, vorzusingen.) Du Hirte Israels, höre, der du Joseph hütest wie Schafe; erscheine, der du sitzest über dem Cherubim!

²Erwecke deine Gewalt, der du vor Ephraim, Benjamin und Manasse bist, und komm uns zu Hilfe!

³Gott, tröste uns und laß leuchten dein Antlitz; so genesen wir.

⁴HERR, Gott Zebaoth, wie lange willst du zürnen bei dem Gebet deines Volkes?

⁵Du speisest sie mit Tränenbrot und tränkest sie mit großem Maß voll Tränen.

⁶Du setzest uns unsre Nachbarn zum Zank, und unsre Feinde spotten unser.

⁷Gott Zebaoth, tröste uns, laß leuchten dein Antlitz; so genesen wir.

⁸Du hast einen Weinstock aus Ägypten geholt und hast vertrieben die Heiden und denselben gepflanzt.

⁹Du hast vor ihm die Bahn gemacht und hast ihn lassen einwurzeln, daß er das Land erfüllt hat.

¹⁰Berge sind mit seinem Schatten bedeckt und mit seinen Reben die Zedern Gottes.

¹¹Du hast sein Gewächs ausgebreitet bis an das Meer und seine Zweige bis an den Strom.

¹²Warum hast du denn seinen Zaun zerbrochen, daß ihn zerreißt, alles, was vorübergeht?

¹³Es haben ihn zerwühlt die wilden Säue, und die wilden Tiere haben ihn verderbt.

¹⁴Gott Zebaoth, wende dich doch, schaue vom Himmel und sieh an und suche heim diesen Weinstock

¹⁵und halt ihn im Bau, den deine Rechte gepflanzt hat und den du dir fest erwählt hast.

¹⁶Siehe drein und schilt, daß des Brennens und Reißens ein Ende werde.

¹⁷Deine Hand schütze das Volk deiner Rechten und die Leute, die du dir fest erwählt hast;

¹⁸so wollen wir nicht von dir weichen. Laß uns leben, so wollen wir deinen Namen anrufen.

¹⁹HERR, Gott Zebaoth, tröste uns, laß dein Antlitz leuchten; so genesen wir.

Psalm

Kapitel 81
¹(Auf der Gittith, vorzusingen, Asaphs.) Singet fröhlich Gott, der unsre Stärke ist; jauchzt dem Gott Jakobs!

²Hebet an mit Psalmen und gebet her die Pauken, liebliche Harfen mit Psalter!

³Blaset im Neumond die Posaune, in unserm Fest der Laubhütten!

⁴Denn solches ist die Weise in Israel und ein Recht des Gottes Jakobs.

⁵Solche hat er zum Zeugnis gesetzt unter Joseph, da sie aus Ägyptenland zogen und fremde Sprache gehört hatten,

⁶da ich ihre Schulter von der Last entledigt hatte und ihre Hände der Körbe los wurden.

⁷Da du mich in der Not anriefst, half ich dir aus; ich erhörte dich, da dich das Wetter überfiel, und versuchte dich am Haderwasser. (Sela.)

⁸Höre, mein Volk, ich will unter dir zeugen; Israel, du sollst mich hören,

⁹daß unter dir kein anderer Gott sei und du keinen fremden Gott anbetest.

¹⁰Ich bin der HERR, dein Gott, der dich aus Ägyptenland geführt hat: Tue deinen Mund weit auf, laß mich ihn füllen!

¹¹Aber mein Volk gehorcht nicht meiner Stimme, und Israel will mich nicht.

¹²So habe ich sie gelassen in ihres Herzens Dünkel, daß sie wandeln nach ihrem Rat.

¹³Wollte mein Volk mir gehorsam sein und Israel auf meinem Wege gehen,

¹⁴so wollte ich ihre Feinde bald dämpfen und meine Hand über ihre Widersacher wenden,

¹⁵und denen, die den HERRN hassen, müßte es wider sie fehlen; ihre Zeit aber würde ewiglich währen,

¹⁶und ich würde sie mit dem besten Weizen speisen und mit Honig aus dem Felsen sättigen.

Kapitel 82
¹(Ein Psalm Asaphs.) Gott steht in der Gemeinde Gottes und ist Richter unter den Göttern.

²Wie lange wollt ihr unrecht richten und die Person der Gottlosen vorziehen? (Sela.)

³Schaffet Recht dem Armen und dem Waisen und helfet dem Elenden und Dürftigen zum Recht.

⁴Errettet den Geringen und Armen und erlöset ihn aus der Gottlosen Gewalt.

⁵Aber sie lassen sich nicht sagen und achten's nicht; sie gehen immer hin im Finstern; darum müssen alle Grundfesten des Landes wanken.

⁶Ich habe wohl gesagt: "Ihr seid Götter und allzumal Kinder des Höchsten";

⁷aber ihr werdet sterben wie Menschen und wie ein Tyrann zugrunde gehen.

⁸Gott, mache dich auf und richte den Erdboden; denn du bist Erbherr über alle Heiden!

Kapitel 83
¹(Ein Psalmlied Asaphs.) Gott, schweige doch nicht also und sei doch nicht so still; Gott, halt doch nicht so inne!

²Denn siehe, deine Feinde toben, und die dich hassen, richten den Kopf auf.

³Sie machen listige Anschläge gegen dein Volk und ratschlagen wider deine Verborgenen.

⁴"Wohl her!" sprechen sie; "laßt uns sie ausrotten, daß sie kein Volk seien, daß des Namens Israel nicht mehr gedacht werde!"

⁵Denn sie haben sich miteinander vereinigt und einen Bund wider dich gemacht,

⁶die Hütten der Edomiter und Ismaeliter, der Moabiter und Hagariter,

⁷der Gebaliter, Ammoniter und Amalekiter, die Philister samt denen zu Tyrus;

⁸Assur hat sich auch zu ihnen geschlagen; sie helfen den Kindern Lot. (Sela.)

⁹Tue ihnen, wie den Midianitern, wie Sisera, wie Jabin am Bach Kison,

¹⁰die vertilgt wurden bei Endor und wurden zu Kot auf der Erde.

¹¹Mache ihre Fürsten wie Oreb und Seeb, alle ihre Obersten wie Sebah und Zalmuna,

¹²die da sagen: Wir wollen Häuser Gottes einnehmen.

¹³Gott, mache sie wie einen Wirbel, wie Stoppeln vor dem Winde.

¹⁴Wie ein Feuer den Wald verbrennt und wie eine Flamme die Berge anzündet:

¹⁵also verfolge sie mit deinem Wetter und erschrecke sie mit deinem Ungewitter.

¹⁶Mache ihr Angesicht voll Schande, daß sie nach deinem Namen fragen müssen, o HERR.

¹⁷Schämen müssen sie sich und erschrecken auf immer und zu Schanden werden und umkommen;

¹⁸so werden sie erkennen, daß du mit deinem Namen heißest HERR allein und der Höchste in aller Welt.

Kapitel 84
¹(Ein Psalm der Kinder Korah, auf der Gittith, vorzusingen.) Wie lieblich sind deine Wohnungen, HERR Zebaoth!

²Meine Seele verlangt und sehnt sich nach den Vorhöfen des HERRN; mein Leib und Seele freuen sich in dem lebendigen Gott.

³Denn der Vogel hat ein Haus gefunden und die Schwalbe ihr Nest, da sie Junge hecken: deine Altäre, HERR Zebaoth, mein König und Gott.

⁴Wohl denen, die in deinem Hause wohnen; die loben dich immerdar. (Sela.)

⁵Wohl den Menschen, die dich für ihre Stärke halten und von Herzen dir nachwandeln,

⁶die durch das Jammertal gehen und machen daselbst Brunnen; und die Lehrer werden mit viel Segen geschmückt.

⁷Sie erhalten einen Sieg nach dem andern, daß man sehen muß, der rechte Gott sei zu Zion.

⁸HERR, Gott Zebaoth, erhöre mein Gebet; vernimm's, Gott Jakobs! (Sela.)

⁹Gott, unser Schild, schaue doch; siehe an das Antlitz deines Gesalbten!

¹⁰Denn ein Tag in deinen Vorhöfen ist besser denn sonst tausend; ich will lieber der Tür hüten in meines Gottes Hause denn wohnen in der Gottlosen Hütten.

¹¹Denn Gott der HERR ist Sonne und Schild; der HERR gibt Gnade und Ehre: er wird kein Gutes mangeln lassen den Frommen.

¹²HERR Zebaoth, wohl dem Menschen, der sich auf dich verläßt!

Kapitel 85
¹(Ein Psalm der Kinder Korah, vorzusingen.) HERR, der du bist vormals gnädig gewesen deinem Lande und hast die Gefangenen Jakobs erlöst;

²der du die Missetat vormals vergeben hast deinem Volk und alle ihre Sünde bedeckt (sela);

³der du vormals hast allen deinen Zorn aufgehoben und dich gewendet von dem Grimm deines Zorns:

⁴tröste uns, Gott, unser Heiland, und laß ab von deiner Ungnade über uns!

⁵Willst du denn ewiglich über uns zürnen und deinen Zorn gehen lassen für und für?

⁶Willst du uns denn nicht wieder erquicken, daß sich dein Volk über dich freuen möge?

⁷HERR, erzeige uns deine Gnade und hilf uns!

⁸Ach, daß ich hören sollte, was Gott der HERR redet; daß er Frieden zusagte seinem Volk und seinen Heiligen, auf daß sie nicht auf eine Torheit geraten!

⁹Doch ist ja seine Hilfe nahe denen, die ihn fürchten, daß in unserm Lande Ehre wohne;

¹⁰daß Güte und Treue einander begegnen, Gerechtigkeit und Friede sich küssen;

¹¹daß Treue auf der Erde wachse und Gerechtigkeit vom Himmel schaue;

¹²daß uns auch der HERR Gutes tue und unser Land sein Gewächs gebe;

¹³daß Gerechtigkeit weiter vor ihm bleibe und im Schwange gehe.

Kapitel 86
¹(Ein Gebet Davids.) HERR, neige deine Ohren und erhöre mich; denn ich bin elend und arm.

²Bewahre meine Seele; denn ich bin heilig. Hilf du, mein Gott, deinem Knechte, der sich verläßt auf dich.

³HERR, sei mir gnädig; denn ich rufe täglich zu dir!

⁴Erfreue die Seele deines Knechtes; denn nach dir, HERR, verlangt mich.

⁵Denn du, HERR, bist gut und gnädig, von großer Güte allen, die dich anrufen.

⁶Vernimm, HERR, mein Gebet und merke auf die Stimme meines Flehens.

⁷In der Not rufe ich dich an; du wollest mich erhören.
⁸HERR, dir ist keiner gleich unter den Göttern, und ist niemand, der tun kann wie du.
⁹Alle Heiden die du gemacht hast, werden kommen und vor dir anbeten, HERR, und deinen Namen ehren,
¹⁰daß du so groß bist und Wunder tust und allein Gott bist.
¹¹Weise mir, HERR, deinen Weg, daß ich wandle in deiner Wahrheit; erhalte mein Herz bei dem einen, daß ich deinen Namen fürchte.
¹²Ich danke dir, HERR, mein Gott, von ganzem Herzen und ehre deinen Namen ewiglich.
¹³Denn deine Güte ist groß über mich; du hast meine Seele errettet aus der tiefen Hölle.
¹⁴Gott, es setzen sich die Stolzen wider mich, und der Haufe der Gewalttätigen steht mir nach meiner Seele, und haben dich nicht vor Augen.
¹⁵Du aber, HERR, Gott, bist barmherzig und gnädig, geduldig und von großer Güte und Treue.
¹⁶Wende dich zu mir, sei mir gnädig; stärke deinen Knecht mit deiner Kraft und hilf dem Sohn deiner Magd!
¹⁷Tu ein Zeichen an mir, daß mir's wohl gehe, daß es sehen, die mich hassen, und sich schämen müssen, daß du mir beistehst, HERR, und tröstest mich.

Kapitel 87

¹(Ein Psalmlied der Kinder Korah.) Sie ist fest gegründet auf den heiligen Bergen.
²Der HERR liebt die Tore Zions über alle Wohnungen Jakobs.
³Herrliche Dinge werden in dir gepredigt, du Stadt Gottes. (Sela.)
⁴Ich will predigen lassen Rahab und Babel, daß sie mich kennen sollen. Siehe, die Philister und Tyrer samt den Mohren werden daselbst geboren.
⁵Man wird zu Zion sagen, daß allerlei Leute darin geboren werden und daß er, der Höchste, sie baue.
⁶Der HERR wird zählen, wenn er aufschreibt die Völker: "Diese sind daselbst geboren." (Sela.)
⁷Und die Sänger wie die im Reigen werden alle in dir singen, eins ums andere.

Kapitel 88

¹(Ein Psalmlied der Kinder Korah, vorzusingen, von der Schwachheit der Elenden. Eine Unterweisung Hemans, des Esrahiten.) HERR, Gott, mein Heiland, ich schreie Tag und Nacht vor dir.
²Laß mein Gebet vor dich kommen; neige deine Ohren zu meinem Geschrei.
³Denn meine Seele ist voll Jammers, und mein Leben ist nahe dem Tode.
⁴Ich bin geachtet gleich denen, die in die Grube fahren; ich bin ein Mann, der keine Hilfe hat.
⁵Ich liege unter den Toten verlassen wie die Erschlagenen, die im Grabe liegen, deren du nicht mehr gedenkst und die von deiner Hand abgesondert sind.
⁶Du hast mich in die Grube hinuntergelegt, in die Finsternis und in die Tiefe.
⁷Dein Grimm drückt mich; du drängst mich mit allen deinen Fluten. (Sela.)
⁸Meine Freunde hast du ferne von mir getan; du hast mich ihnen zum Greuel gemacht. Ich liege gefangen und kann nicht herauskommen.
⁹Meine Gestalt ist jämmerlich vor Elend. HERR, ich rufe dich an täglich; ich breite meine Hände aus zu dir.
¹⁰Wirst du denn unter den Toten Wunder tun, oder werden die Verstorbenen aufstehen und dir danken? (Sela.)
¹¹Wird man in Gräbern erzählen deine Güte, und deine Treue im Verderben?
¹²Mögen denn deine Wunder in der Finsternis erkannt werden oder deine Gerechtigkeit in dem Lande, da man nichts gedenkt?
¹³Aber ich schreie zu dir, HERR, und mein Gebet kommt frühe vor dich.
¹⁴Warum verstößest du, HERR, meine Seele und verbirgst dein Antlitz vor mir?
¹⁵Ich bin elend und ohnmächtig, daß ich so verstoßen bin; ich leide deine Schrecken, daß ich fast verzage.
¹⁶Dein Grimm geht über mich; dein Schrecken drückt mich.
¹⁷Sie umgeben mich täglich wie Wasser und umringen mich miteinander.
¹⁸Du machst, daß meine Freunde und Nächsten und meine Verwandten sich ferne von mir halten um solches Elends willen.

Kapitel 89

¹(Eine Unterweisung Ethans, des Esrahiten.) Ich will singen von der Gnade des HERRN ewiglich und seine Wahrheit verkündigen mit meinem Munde für und für
²und sage also: Daß eine ewige Gnade wird aufgehen, und du wirst deine Wahrheit treulich halten im Himmel.
³"Ich habe einen Bund gemacht mit meinem Auserwählten; ich habe David, meinem Knechte, geschworen:
⁴Ich will deinen Samen bestätigen ewiglich und deinen Stuhl bauen für und für." (Sela.)
⁵Und die Himmel werden, HERR, deine Wunder preisen und deine Wahrheit in der Gemeinde der Heiligen.
⁶Denn wer mag in den Wolken dem HERRN gleich gelten, und gleich sein unter den Kindern Gottes dem HERRN?
⁷Gott ist sehr mächtig in der Versammlung der Heiligen und wunderbar über alle, die um ihn sind.
⁸HERR, Gott Zebaoth, wer ist wie du ein mächtiger Gott? Und deine Wahrheit ist um dich her.
⁹Du herrschest über das ungestüme Meer; du stillest seine Wellen, wenn sie sich erheben.
¹⁰Du schlägst Rahab zu Tod; du zerstreust deine Feinde mit deinem starken Arm.
¹¹Himmel und Erde ist dein; du hast gegründet den Erdboden und was darinnen ist.
¹²Mitternacht und Mittag hast du geschaffen; Thabor und Hermon jauchzen in deinem Namen.
¹³Du hast einen gewaltigen Arm; stark ist deine Hand, und hoch ist deine Rechte.
¹⁴Gerechtigkeit und Gericht ist deines Stuhles Festung; Gnade und Wahrheit sind vor deinem Angesicht.
¹⁵Wohl dem Volk, das jauchzen kann! HERR, sie werden im Licht deines Antlitzes wandeln;
¹⁶sie werden über deinen Namen täglich fröhlich sein und in deiner Gerechtigkeit herrlich sein.
¹⁷Denn du bist der Ruhm ihrer Stärke, und durch dein Gnade wirst du unser Horn erhöhen.
¹⁸Denn des HERRN ist unser Schild, und des Heiligen in Israel ist unser König.
¹⁹Dazumal redetest du im Gesicht zu deinem Heiligen und sprachst: "Ich habe einen Helden erweckt, der helfen soll; ich habe erhöht einen Auserwählten aus dem Volk.
²⁰Ich habe gefunden meinen Knecht David; ich habe ihn gesalbt mit meinem heiligen Öl.
²¹Meine Hand soll ihn erhalten und mein Arm soll ihn stärken.
²²Die Feinde sollen ihn nicht überwältigen, und die Ungerechten sollen ihn nicht dämpfen;
²³sondern ich will seine Widersacher schlagen vor ihm her, und die ihn hassen, will ich plagen;
²⁴aber meine Wahrheit und Gnade soll bei ihm sein, und sein Horn soll in meinem Namen erhoben werden.
²⁵Ich will seine Hand über das Meer stellen und seine Rechte über die Wasser.
²⁶Er wird mich nennen also: Du bist mein Vater, mein Gott und Hort, der mir hilft.
²⁷Und ich will ihn zum ersten Sohn machen, allerhöchst unter den Königen auf Erden.
²⁸Ich will ihm ewiglich bewahren meine Gnade, und mein Bund soll ihm fest bleiben.
²⁹Ich will ihm ewiglich Samen geben und seinen Stuhl, solange der Himmel währt, erhalten.
³⁰Wo aber seine Kinder mein Gesetz verlassen und in meinen Rechten nicht wandeln,
³¹so sie meine Ordnungen entheiligen und meine Gebote nicht halten,
³²so will ich ihre Sünde mit der Rute heimsuchen und ihre Missetat mit Plagen.
³³aber meine Gnade will ich nicht von ihm wenden und meine Wahrheit nicht lassen trügen.
³⁴Ich will meinen Bund nicht entheiligen, und nicht ändern, was aus meinem Munde gegangen ist.
³⁵Ich habe einmal geschworen bei meiner Heiligkeit, ich will David nicht lügen:
³⁶Sein Same soll ewig sein und sein Stuhl vor mir wie die Sonne;
³⁷wie der Mond soll er ewiglich erhalten sein, und gleich wie der Zeuge in den Wolken gewiß sein." (Sela.)
³⁸Aber nun verstößest du und verwirfst und zürnest mit deinem Gesalbten.

Psalm

³⁹Du zerstörst den Bund deines Knechtes und trittst sein Krone zu Boden.

⁴⁰Du zerreißest alle seine Mauern und lässest seine Festen zerbrechen.

⁴¹Es berauben ihn alle, die vorübergehen; er ist seinen Nachbarn ein Spott geworden.

⁴²Du erhöhest die Rechte seiner Widersacher und erfreuest alle seine Feinde.

⁴³Auch hast du die Kraft seines Schwertes weggenommen und lässest ihn nicht siegen im Streit.

⁴⁴Du zerstörst seine Reinigkeit und wirfst seinen Stuhl zu Boden.

⁴⁵Du verkürzest die Zeit seiner Jugend und bedeckest ihn mit Hohn. (Sela.)

⁴⁶HERR, wie lange willst du dich so gar verbergen und deinen Grimm wie Feuer brennen lassen?

⁴⁷Gedenke, wie kurz mein Leben ist. Warum willst du alle Menschen umsonst geschaffen haben?

⁴⁸Wo ist jemand, der da lebt und den Tod nicht sähe? der seine Seele errette aus des Todes Hand? (Sela.)

⁴⁹HERR, wo ist deine vorige Gnade, die du David geschworen hast in deiner Wahrheit?

⁵⁰Gedenke, HERR, an die Schmach deiner Knechte, die ich trage in meinem Schoß von so vielen Völkern allen,

⁵¹mit der, HERR, deine Feinde schmähen, mit der sie schmähen die Fußtapfen deines Gesalbten.

⁵²Gelobt sei der HERR ewiglich! Amen, amen.

Kapitel 90

¹(Ein Gebet Mose's, des Mannes Gottes.) HERR, Gott, du bist unsre Zuflucht für und für.

²Ehe denn die Berge wurden und die Erde und die Welt geschaffen wurden, bist du, Gott, von Ewigkeit zu Ewigkeit,

³der du die Menschen lässest sterben und sprichst: Kommt wieder, Menschenkinder!

⁴Denn tausend Jahre sind vor dir wie der Tag, der gestern vergangen ist, und wie eine Nachtwache.

⁵Du lässest sie dahinfahren wie einen Strom; sie sind wie ein Schlaf, gleichwie ein Gras, das doch bald welk wird,

⁶das da frühe blüht und bald welk wird und des Abends abgehauen wird und verdorrt.

⁷Das macht dein Zorn, daß wir so vergehen, und dein Grimm, daß wir so plötzlich dahinmüssen.

⁸Denn unsere Missetaten stellst du vor dich, unsre unerkannte Sünde ins Licht vor deinem Angesicht.

⁹Darum fahren alle unsere Tage dahin durch deinen Zorn; wir bringen unsre Jahre zu wie ein Geschwätz.

¹⁰Unser Leben währet siebzig Jahre, und wenn's hoch kommt, so sind's achtzig Jahre, und wenn's köstlich gewesen ist, so ist es Mühe und Arbeit gewesen; denn es fährt schnell dahin, als flögen wir davon.

¹¹Wer glaubt aber, daß du so sehr zürnest, und wer fürchtet sich vor solchem deinem Grimm?

¹²Lehre uns bedenken, daß wir sterben müssen, auf daß wir klug werden.

¹³HERR, kehre doch wieder zu uns und sei deinen Knechten gnädig!

¹⁴Fülle uns früh mit deiner Gnade, so wollen wir rühmen und fröhlich sein unser Leben lang.

¹⁵Erfreue uns nun wieder, nachdem du uns so lange plagest, nachdem wir so lange Unglück leiden.

¹⁶Zeige deinen Knechten deine Werke und deine Ehre ihren Kindern.

¹⁷Und der HERR, unser Gott, sei uns freundlich und fördere das Werk unsrer Hände bei uns; ja, das Werk unsrer Hände wolle er fördern!

Kapitel 91

¹Wer unter dem Schirm des Höchsten sitzt und unter dem Schatten des Allmächtigen bleibt,

²der spricht zu dem HERRN: Meine Zuversicht und meine Burg, mein Gott, auf den ich hoffe.

³Denn er errettet dich vom Strick des Jägers und von der schädlichen Pestilenz.

⁴Er wird dich mit seinen Fittichen decken, und deine Zuversicht wird sein unter seinen Flügeln. Seine Wahrheit ist Schirm und Schild,

⁵daß du nicht erschrecken müssest vor dem Grauen der Nacht, vor den Pfeilen, die des Tages fliegen,

⁶vor der Pestilenz, die im Finstern schleicht, vor der Seuche, die im Mittage verderbt.

⁷Ob tausend fallen zu deiner Seite und zehntausend zu deiner Rechten, so wird es doch dich nicht treffen.

⁸Ja du wirst mit deinen Augen deine Lust sehen und schauen, wie den Gottlosen vergolten wird.

⁹Denn der HERR ist deine Zuversicht; der Höchste ist deine Zuflucht.

¹⁰Es wird dir kein Übel begegnen, und keine Plage wird zu deiner Hütte sich nahen.

¹¹Denn er hat seinen Engeln befohlen über dir, daß sie dich behüten auf allen deinen Wegen,

¹²daß sie dich auf Händen tragen und du deinen Fuß nicht an einen Stein stoßest.

¹³Auf Löwen und Ottern wirst du gehen, und treten auf junge Löwen und Drachen.

¹⁴"Er begehrt mein, so will ich ihm aushelfen; er kennt meinen Namen, darum will ich ihn schützen.

¹⁵Er ruft mich an, so will ich ihn erhören; ich bin bei ihm in der Not; ich will ihn herausreißen und zu Ehren bringen.

¹⁶Ich will ihn sättigen mit langem Leben und will ihm zeigen mein Heil."

Kapitel 92

¹(Ein Psalmlied auf den Sabbattag.) Das ist ein köstlich Ding, dem HERRN danken, und lobsingen deinem Namen, du Höchster,

²des Morgens deine Gnade und des Nachts deine Wahrheit verkündigen

³auf den zehn Saiten und Psalter, mit Spielen auf der Harfe.

⁴Denn, HERR, du lässest mich fröhlich singen von deinen Werken, und ich rühme die Geschäfte deiner Hände.

⁵HERR, wie sind deine Werke so groß! Deine Gedanken sind so sehr tief.

⁶Ein Törichter glaubt das nicht, und ein Narr achtet solches nicht.

⁷Die Gottlosen grünen wie das Gras, und die Übeltäter blühen alle, bis sie vertilgt werden immer und ewiglich.

⁸Aber du, HERR, bist der Höchste und bleibst ewiglich.

⁹Denn siehe, deine Feinde, HERR, deine Feinde werden umkommen; und alle Übeltäter müssen zerstreut werden.

¹⁰Aber mein Horn wird erhöht werden wie eines Einhorns, und ich werde gesalbt mit frischem Öl.

¹¹Und mein Auge wird seine Lust sehen an meinen Feinden; und mein Ohr wird seine Lust hören an den Boshaften, die sich wider mich setzen.

¹²Der Gerechte wird grünen wie ein Palmbaum; er wird wachsen wie eine Zeder auf dem Libanon.

¹³Die gepflanzt sind in dem Hause des HERRN, werden in den Vorhöfen unsers Gottes grünen.

¹⁴Und wenn sie gleich alt werden, werden sie dennoch blühen, fruchtbar und frisch sein,

¹⁵daß sie verkündigen, daß der HERR so fromm ist, mein Hort, und ist kein Unrecht an ihm.

Kapitel 93

¹Der HERR ist König und herrlich geschmückt; der HERR ist geschmückt und hat ein Reich angefangen, soweit die Welt ist, und zugerichtet, daß es bleiben soll.

²Von Anbeginn steht dein Stuhl fest; du bist ewig.

³HERR, die Wasserströme erheben sich, die Wasserströme erheben ihr Brausen, die Wasserströme heben empor die Wellen.

⁴Die Wasserwogen im Meer sind groß und brausen mächtig; der HERR aber ist noch größer in der Höhe.

⁵Dein Wort ist eine rechte Lehre. Heiligkeit ist die Zierde deines Hauses, o HERR, ewiglich.

Kapitel 94

¹HERR, Gott, des die Rache ist, Gott, des die Rache ist, erscheine!

²Erhebe dich, du Richter der Welt; vergilt den Hoffärtigen, was sie verdienen!

³HERR, wie lange sollen die Gottlosen, wie lange sollen die Gottlosen prahlen,

⁴und so trotzig reden, und alle Übeltäter sich so rühmen?

⁵HERR, sie zerschlagen dein Volk und plagen dein Erbe;

⁶Witwen und Fremdlinge erwürgen sie und töten die Waisen

⁷und sagen: "Der HERR sieht's nicht, und der Gott Jakobs achtet's nicht."

⁸Merket doch, ihr Narren unter dem Volk! Und ihr Toren, wann wollt ihr klug werden?

⁹Der das Ohr gepflanzt hat, sollte der nicht hören? Der das Auge gemacht hat, sollte der nicht sehen?

¹⁰Der die Heiden züchtigt, sollte der nicht strafen, -der die Menschen lehrt, was sie wissen?

¹¹Aber der HERR weiß die Gedanken der Menschen, daß sie eitel sind.

¹²Wohl dem, den du, HERR, züchtigst und lehrst ihn durch dein Gesetz,

¹³daß er Geduld habe, wenn's übel geht, bis dem Gottlosen die Grube bereitet werde!

¹⁴Denn der HERR wird sein Volk nicht verstoßen noch sein Erbe verlassen.

¹⁵Denn Recht muß doch Recht bleiben, und dem werden alle frommen Herzen zufallen.

¹⁶Wer steht bei mir wider die Boshaften? Wer tritt zu mir wider die Übeltäter?

¹⁷Wo der HERR nicht hülfe, so läge meine Seele schier in der Stille.

¹⁸Ich sprach: Mein Fuß hat gestrauchelt; aber deine Gnade, HERR, hielt mich.

¹⁹Ich hatte viel Bekümmernisse in meinem Herzen; aber deine Tröstungen ergötzten meine Seele.

²⁰Du wirst ja nimmer eins mit dem schädlichen Stuhl, der das Gesetz übel deutet.

²¹Sie rüsten sich gegen die Seele des Gerechten und verdammen unschuldig Blut.

²²Aber der HERR ist mein Schutz; mein Gott ist der Hort meiner Zuversicht.

²³Und er wird ihnen ihr Unrecht vergelten und wird sie um ihre Bosheit vertilgen; der HERR, unser Gott, wird sie vertilgen.

Kapitel 95

¹Kommt herzu, laßt uns dem HERRN frohlocken und jauchzen dem Hort unsers Heils!

²Lasset uns mit Danken vor sein Angesicht kommen und mit Psalmen ihm jauchzen!

³Denn der HERR ist ein großer Gott und ein großer König über alle Götter.

⁴Denn in seiner Hand ist, was unten in der Erde ist; und die Höhen der Berge sind auch sein.

⁵Denn sein ist das Meer, und er hat's gemacht; und seine Hände haben das Trockene bereitet.

⁶Kommt, laßt uns anbeten und knieen und niederfallen vor dem HERRN, der uns gemacht hat.

⁷Denn er ist unser Gott und wir das Volk seiner Weide und Schafe seiner Hand. Heute, so ihr seine Stimme höret,

⁸so verstocket euer Herz nicht, wie zu Meriba geschah, wie zu Massa in der Wüste,

⁹da mich eure Väter versuchten, mich prüften und sahen mein Werk.

¹⁰Vierzig Jahre hatte ich Mühe mit diesem Volk und sprach: Es sind Leute, deren Herz immer den Irrweg will und die meine Wege nicht lernen wollen;

¹¹daß ich schwur in meinem Zorn: Sie sollen nicht zu meiner Ruhe kommen.

Kapitel 96

¹Singet dem HERRN ein neues Lied; singet dem HERRN alle Welt!

²Singet dem HERRN und lobet seinen Namen; verkündiget von Tag zu Tage sein Heil!

³Erzählet unter den Heiden seine Ehre, unter allen Völkern seine Wunder.

⁴Denn der HERR ist groß und hoch zu loben, wunderbar über alle Götter.

⁵Denn alle Götter der Völker sind Götzen; aber der HERR hat den Himmel gemacht.

⁶Es stehet herrlich und prächtig vor ihm und gehet gewaltig und löblich zu in seinem Heiligtum.

⁷Ihr Völker, bringet her dem HERRN, bringet her dem HERRN Ehre und Macht.

⁸Bringet her dem HERRN die Ehre seines Namens; bringet Geschenke und kommt in seine Vorhöfe!

⁹Betet an den HERRN in heiligem Schmuck; es fürchte ihn alle Welt!

¹⁰Saget unter den Heiden, daß der HERR König sei und habe sein Reich, soweit die Welt ist, bereitet, daß es bleiben soll, und richtet die Völker recht.

¹¹Der Himmel freue sich, und die Erde sei fröhlich; das Meer brause und was darinnen ist;

¹²das Feld sei fröhlich und alles, was darauf ist; und lasset rühmen alle Bäume im Walde

¹³vor dem HERRN; denn er kommt, denn er kommt, zu richten das Erdreich. Er wird den Erdboden richten mit Gerechtigkeit und die Völker mit seiner Wahrheit.

Kapitel 97

¹Der HERR ist König; des freue sich das Erdreich und seien fröhlich die Inseln, soviel ihrer sind.

²Wolken und Dunkel ist um ihn her; Gerechtigkeit und Gericht ist seines Stuhles Festung.

³Feuer geht vor ihm her und zündet an umher seine Feinde.

⁴Seine Blitze leuchten auf den Erdboden; das Erdreich siehet's und erschrickt.

⁵Die Berge zerschmelzen wie Wachs vor dem HERRN, vor dem Herrscher des ganzen Erdbodens.

⁶Die Himmel verkündigen seine Gerechtigkeit, und alle Völker sehen seine Ehre.

⁷Schämen müssen sich alle, die den Bildern dienen und sich der Götzen rühmen. Betet ihn an, alle Götter.

⁸Zion hört es und ist froh; und die Töchter Juda's sind fröhlich, HERR, über dein Regiment.

⁹Denn du, HERR, bist der Höchste in allen Landen; du bist hoch erhöht über alle Götter.

¹⁰Die ihr den HERRN liebet, hasset das Arge! Der HERR bewahret die Seelen seiner Heiligen; von der Gottlosen Hand wird er sie erretten.

¹¹Dem Gerechten muß das Licht immer wieder aufgehen und Freude den frommen Herzen.

¹²Ihr Gerechten freuet euch des HERRN und danket ihm und preiset seine Heiligkeit!

Kapitel 98

¹(Ein Psalm.) Singet dem HERRN ein neues Lied; denn er tut Wunder. Er siegt mit seiner Rechten und mit seinem heiligen Arm.

²Der HERR läßt sein Heil verkündigen; vor den Völkern läßt er seine Gerechtigkeit offenbaren.

³Er gedenkt an seine Gnade und Wahrheit dem Hause Israel; aller Welt Enden sehen das Heil unsers Gottes.

⁴Jauchzet dem HERRN, alle Welt; singet, rühmet und lobet!

⁵Lobet den HERRN mit Harfen, mit Harfen und Psalmen!

⁶Mit Drommeten und Posaunen jauchzet vor dem HERRN, dem König!

⁷Das Meer brause und was darinnen ist, der Erdboden und die darauf wohnen.

⁸Die Wasserströme frohlocken, und alle Berge seien fröhlich

⁹vor dem HERRN; denn er kommt das Erdreich zu richten. Er wird den Erdboden richten mit Gerechtigkeit und die Völker mit Recht.

Kapitel 99

¹Der HERR ist König, darum zittern die Völker; er sitzt auf den Cherubim, darum bebt die Welt.

²Der HERR ist groß zu Zion und hoch über alle Völker.

³Man danke deinem großen und wunderbaren Namen, der da heilig ist.

⁴Im Reich dieses Königs hat man das Recht lieb. Du gibst Frömmigkeit, du schaffest Gericht und Gerechtigkeit in Jakob.

⁵Erhebet den HERRN, unsern Gott, betet an zu seinem Fußschemel; denn er ist heilig.

⁶Mose und Aaron unter seinen Priestern und Samuel unter denen, die seinen Namen anrufen, sie riefen an den HERRN, und er erhörte sie.

⁷Er redete mit ihnen durch eine Wolkensäule; sie hielten seine Zeugnisse und Gebote, die er ihnen gab.

⁸Herr, du bist unser Gott, du erhörtest sie; du, Gott, vergabst ihnen und straftest ihr Tun.

⁹Erhöhet den HERRN, unsern Gott, und betet an zu seinem heiligen Berge; denn der HERR, unser Gott, ist heilig.

Psalm

Kapitel 100

¹(Ein Dankpsalm.) Jauchzet dem HERRN, alle Welt!

²Dient dem HERRN mit Freuden; kommt vor sein Angesicht mit Frohlocken!

³Erkennt, daß der HERR Gott ist! Er hat uns gemacht, und nicht wir selbst, zu seinem Volk und zu Schafen seiner Weide.

⁴Geht zu seinen Toren ein mit Danken, zu seinen Vorhöfen mit Loben; danket ihm, lobet seinen Namen!

⁵Denn der HERR ist freundlich, und seine Gnade währet ewig und seine Wahrheit für und für.

Kapitel 101

¹(Ein Psalm Davids.) Von Gnade und Recht will ich singen und dir, HERR, lobsagen.

²Ich handle vorsichtig und redlich bei denen, die mir zugehören, und wandle treulich in meinem Hause.

³Ich nehme mir keine böse Sache vor; ich hasse den Übeltäter und lasse ihn nicht bei mir bleiben.

⁴Ein verkehrtes Herz muß von mir weichen; den Bösen leide ich nicht.

⁵Der seinen Nächsten heimlich verleumdet, den vertilge ich; ich mag den nicht, der stolze Gebärde und hohen Mut hat.

⁶Meine Augen sehen nach den Treuen im Lande, daß sie bei mir wohnen; und habe gerne fromme Diener.

⁷Falsche Leute halte ich nicht in meinem Hause; die Lügner gedeihen bei mir nicht.

⁸Jeden Morgen will ich vertilgen alle Gottlosen im Lande, daß ich alle Übeltäter ausrotte aus der Stadt des HERRN.

Kapitel 102

¹(Ein Gebet des Elenden, so er betrübt ist und seine Klage vor dem HERRN ausschüttet.) HERR, höre mein Gebet und laß mein Schreien zu dir kommen!

²Verbirg dein Antlitz nicht vor mir in der Not, neige deine Ohren zu mir; wenn ich dich anrufe, so erhöre mich bald!

³Denn meine Tage sind vergangen wie ein Rauch, und meine Gebeine sind verbrannt wie ein Brand.

⁴Mein Herz ist geschlagen und verdorrt wie Gras, daß ich auch vergesse, mein Brot zu essen.

⁵Mein Gebein klebt an meinem Fleisch vor Heulen und Seufzen.

⁶Ich bin wie eine Rohrdommel in der Wüste; ich bin gleich wie ein Käuzlein in den verstörten Stätten.

⁷Ich wache und bin wie ein einsamer Vogel auf dem Dache.

⁸Täglich schmähen mich meine Feinde; und die mich verspotten, schwören bei mir.

⁹Denn ich esse Asche wie Brot und mische meinen Trank mit Weinen

¹⁰vor deinem Drohen und Zorn, daß du mich aufgehoben und zu Boden gestoßen hast.

¹¹Meine Tage sind dahin wie Schatten, und ich verdorre wie Gras.

¹²Du aber, HERR, bleibst ewiglich und dein Gedächtnis für und für.

¹³Du wollest dich aufmachen und über Zion erbarmen; denn es ist Zeit, daß du ihr gnädig seist, und die Stunde ist gekommen.

¹⁴Denn deine Knechte wollten gerne, daß sie gebaut würde, und sähen gerne, daß ihre Steine und Kalk zugerichtet würden,

¹⁵daß die Heiden den Namen des HERRN fürchten und alle Könige auf Erden dein Ehre,

¹⁶daß der HERR Zion baut und erscheint in seiner Ehre.

¹⁷Er wendet sich zum Gebet der Verlassenen und verschmäht ihr Gebet nicht.

¹⁸Das werde geschrieben auf die Nachkommen; und das Volk, das geschaffen soll werden, wird den HERRN loben.

¹⁹Denn er schaut von seiner heiligen Höhe, und der HERR sieht vom Himmel auf die Erde,

²⁰daß er das Seufzen des Gefangenen höre und losmache die Kinder des Todes,

²¹auf daß sie zu Zion predigen den Namen des HERRN und sein Lob zu Jerusalem,

²²wenn die Völker zusammenkommen und die Königreiche, dem HERRN zu dienen.

²³Er demütigt auf dem Wege meine Kraft; er verkürzt meine Tage.

²⁴Ich sage: Mein Gott, nimm mich nicht weg in der Hälfte meiner Tage! Deine Jahre währen für und für.

²⁵Du hast vormals die Erde gegründet, und die Himmel sind deiner Hände Werk.

²⁶Sie werden vergehen, aber du bleibest. Sie werden veralten wie ein Gewand; sie werden verwandelt wie ein Kleid, wenn du sie verwandeln wirst.

²⁷Du aber bleibest, wie du bist, und deine Jahre nehmen kein Ende.

²⁸Die Kinder deiner Knechte werden bleiben, und ihr Same wird vor dir gedeihen.

Kapitel 103

¹(Ein Psalm Davids.) Lobe den HERRN, meine Seele, und was in mir ist, seinen heiligen Namen!

²Lobe den HERRN, meine Seele, und vergiß nicht, was er dir Gutes getan hat:

³der dir alle deine Sünden vergibt und heilet alle deine Gebrechen,

⁴der dein Leben vom Verderben erlöst, der dich krönt mit Gnade und Barmherzigkeit,

⁵der deinen Mund fröhlich macht, und du wieder jung wirst wie ein Adler.

⁶Der HERR schafft Gerechtigkeit und Gericht allen, die Unrecht leiden.

⁷Er hat seine Wege Mose wissen lassen, die Kinder Israel sein Tun.

⁸Barmherzig und gnädig ist der HERR, geduldig und von großer Güte.

⁹Er wird nicht immer hadern noch ewiglich Zorn halten.

¹⁰Er handelt nicht mit uns nach unsern Sünden und vergilt uns nicht nach unsrer Missetat.

¹¹Denn so hoch der Himmel über der Erde ist, läßt er seine Gnade walten über die, so ihn fürchten.

¹²So ferne der Morgen ist vom Abend, läßt er unsre Übertretungen von uns sein.

¹³Wie sich ein Vater über Kinder erbarmt, so erbarmt sich der HERR über die, so ihn fürchten.

¹⁴Denn er kennt, was für ein Gemächte wir sind; er gedenkt daran, daß wir Staub sind.

¹⁵Ein Mensch ist in seinem Leben wie Gras, er blüht wie eine Blume auf dem Feld;

¹⁶wenn der Wind darüber geht, so ist sie nimmer da, und ihre Stätte kennt sie nicht mehr.

¹⁷Die Gnade aber des HERRN währet von Ewigkeit zu Ewigkeit über die, so ihn fürchten, und seine Gerechtigkeit auf Kindeskind

¹⁸bei denen, die seinen Bund halten und gedenken an seine Gebote, daß sie darnach tun.

¹⁹Der HERR hat seinen Stuhl im Himmel bereitet, und sein Reich herrscht über alles.

²⁰Lobet den HERRN, ihr seine Engel, ihr starken Helden, die ihr seine Befehle ausrichtet, daß man höre auf die Stimme seines Wortes!

²¹Lobet den HERRN, alle seine Heerscharen, seine Diener, die ihr seinen Willen tut!

²²Lobet den HERRN, alle seine Werke, an allen Orten seiner Herrschaft! Lobe den HERRN, meine Seele!

Kapitel 104

¹Lobe den HERRN, meine Seele! HERR, mein Gott, du bist sehr herrlich; du bist schön und prächtig geschmückt.

²Licht ist dein Kleid, das du anhast; du breitest aus den Himmel wie einen Teppich;

³Du wölbest es oben mit Wasser; du fährst auf den Wolken wie auf einem Wagen und gehst auf den Fittichen des Windes,

⁴der du machst Winde zu deinen Engeln und zu deinen Dienern Feuerflammen;

⁵der du das Erdreich gegründet hast auf seinem Boden, daß es bleibt immer und ewiglich.

⁶Mit der Tiefe deckst du es wie mit einem Kleide, und Wasser standen über den Bergen.

⁷Aber von deinem Schelten flohen sie, von deinem Donner fuhren sie dahin.

⁸Die Berge gingen hoch hervor, und die Täler setzten sich herunter zum Ort, den du ihnen gegründet hast.

⁹Du hast eine Grenze gesetzt, darüber kommen sie nicht und dürfen nicht wiederum das Erdreich bedecken.

¹⁰Du läßt Brunnen quellen in den Gründen, daß die Wasser zwischen den Bergen hinfließen,

¹¹daß alle Tiere auf dem Felde trinken und das Wild seinen Durst lösche.

¹²An denselben sitzen die Vögel des Himmels und singen unter den Zweigen.

¹³Du feuchtest die Berge von obenher; du machst das Land voll

Früchte, die du schaffest;

¹⁴du lässest Gras wachsen für das Vieh und Saat zu Nutz den Menschen, daß du Brot aus der Erde bringest,

¹⁵und daß der Wein erfreue des Menschen Herz, daß seine Gestalt schön werde vom Öl und das Brot des Menschen Herz stärke;

¹⁶daß die Bäume des HERRN voll Saft stehen, die Zedern Libanons, die er gepflanzt hat.

¹⁷Daselbst nisten die Vögel, und die Reiher wohnen auf den Tannen.

¹⁸Die hohen Berge sind der Gemsen Zuflucht, und die Steinklüfte der Kaninchen.

¹⁹Du hast den Mond gemacht, das Jahr darnach zu teilen; die Sonne weiß ihren Niedergang.

²⁰Du machst Finsternis, daß es Nacht wird; da regen sich alle wilden Tiere,

²¹die jungen Löwen, die da brüllen nach dem Raub und ihre Speise suchen von Gott.

²²Wenn aber die Sonne aufgeht, heben sie sich davon und legen sich in ihre Höhlen.

²³So geht dann der Mensch aus an seine Arbeit und an sein Ackerwerk bis an den Abend.

²⁴HERR, wie sind deine Werke so groß und viel! Du hast sie alle weislich geordnet, und die Erde ist voll deiner Güter.

²⁵Das Meer, das so groß und weit ist, da wimmelt's ohne Zahl, große und kleine Tiere.

²⁶Daselbst gehen die Schiffe; da sind Walfische, die du gemacht hast, daß sie darin spielen.

²⁷Es wartet alles auf dich, daß du ihnen Speise gebest zu seiner Zeit.

²⁸Wenn du ihnen gibst, so sammeln sie; wenn du deine Hand auftust, so werden sie mit Gut gesättigt.

²⁹Verbirgst du dein Angesicht, so erschrecken sie; du nimmst weg ihren Odem, so vergehen sie und werden wieder zu Staub.

³⁰Du lässest aus deinen Odem, so werden sie geschaffen, und du erneuest die Gestalt der Erde.

³¹Die Ehre des HERRN ist ewig; der HERR hat Wohlgefallen an seinen Werken.

³²Er schaut die Erde an, so bebt sie; er rührt die Berge an, so rauchen sie.

³³Ich will dem HERRN singen mein Leben lang und meinen Gott loben, solange ich bin.

³⁴Meine Rede müsse ihm wohl gefallen. Ich freue mich des HERRN.

³⁵Der Sünder müsse ein Ende werden auf Erden, und die Gottlosen nicht mehr sein. Lobe den HERRN, meine Seele! Halleluja!

Kapitel 105

¹Danket dem HERRN und predigt seinen Namen; verkündigt sein Tun unter den Völkern!

²Singet von ihm und lobet ihn; redet von allen seinen Wundern!

³Rühmet seinen heiligen Namen; es freue sich das Herz derer, die den HERRN suchen!

⁴Fraget nach dem HERRN und nach seiner Macht, suchet sein Antlitz allewege!

⁵Gedenket seiner Wunderwerke, die er getan hat, seiner Wunder und der Gerichte seines Mundes,

⁶ihr, der Same Abrahams, seines Knechtes, ihr Kinder Jakobs, seine Auserwählten!

⁷Er ist der HERR, unser Gott; er richtet in aller Welt.

⁸Er gedenkt ewiglich an seinen Bund, des Wortes, das er verheißen hat auf tausend Geschlechter,

⁹den er gemacht hat mit Abraham, und des Eides mit Isaak;

¹⁰und stellte es Jakob zu einem Rechte und Israel zum ewigen Bunde

¹¹und sprach: "Dir will ich das Land Kanaan geben, das Los eures Erbes,"

¹²da sie wenig und gering waren und Fremdlinge darin.

¹³Und sie zogen von Volk zu Volk, von einem Königreich zum andern Volk.

¹⁴Er ließ keinen Menschen ihnen Schaden tun und strafte Könige um ihretwillen.

¹⁵"Tastet meine Gesalbten nicht an und tut meinen Propheten kein Leid!"

¹⁶Und er ließ Teuerung ins Land kommen und entzog allen Vorrat des Brots.

¹⁷Er sandte einen Mann vor ihnen hin; Joseph ward zum Knecht verkauft.

¹⁸Sie zwangen seine Füße in den Stock, sein Leib mußte in Eisen liegen,

¹⁹bis daß sein Wort kam und die Rede des HERRN ihn durchläuterte.

²⁰Da sandte der König hin und ließ ihn losgeben; der HERR über Völker hieß ihn herauslassen.

²¹Er setzte ihn zum Herrn über sein Haus, zum Herrscher über alle seine Güter,

²²daß er seine Fürsten unterwiese nach seiner Weise und seine Ältesten Weisheit lehrte.

²³Und Israel zog nach Ägypten, und Jakob ward ein Fremdling im Lande Hams.

²⁴Und er ließ sein Volk sehr wachsen und machte sie mächtiger denn ihre Feinde.

²⁵Er verkehrte jener Herz, daß sie seinem Volk gram wurden und dachten, seine Knechte mit List zu dämpfen.

²⁶Er sandte seinen Knecht Mose, Aaron, den er erwählt hatte.

²⁷Dieselben taten seine Zeichen unter ihnen und seine Wunder im Lande Hams.

²⁸Er ließ Finsternis kommen und machte es finster; und sie waren nicht ungehorsam seinen Worten.

²⁹Er verwandelte ihre Wasser in Blut und tötete ihre Fische.

³⁰Ihr Land wimmelte Frösche heraus in den Kammern ihrer Könige.

³¹Er sprach: da kam Ungeziefer, Stechmücken in all ihr Gebiet.

³²Er gab ihnen Hagel zum Regen, Feuerflammen in ihrem Lande

³³und schlug ihre Weinstöcke und Feigenbäume und zerbrach die Bäume in ihrem Gebiet.

³⁴Er sprach: da kamen Heuschrecken und Käfer ohne Zahl.

³⁵Und sie fraßen alles Gras in ihrem Lande und fraßen die Früchte auf ihrem Felde.

³⁶Er schlug alle Erstgeburt in Ägypten, alle Erstlinge ihrer Kraft.

³⁷Und er führte sie aus mit Silber und Gold; und war kein Gebrechlicher unter ihren Stämmen.

³⁸Ägypten ward froh, daß sie auszogen; denn ihre Furcht war auf sie gefallen.

³⁹Er breitete eine Wolke aus zur Decke und ein Feuer, des Nachts zu leuchten.

⁴⁰Sie baten: da ließ er Wachteln kommen; und er sättigte sie mit Himmelsbrot.

⁴¹Er öffnete den Felsen: da floß Wasser heraus, daß Bäche liefen in der dürren Wüste.

⁴²Denn er gedachte an sein heiliges Wort, das er Abraham, seinem Knecht, hatte geredet.

⁴³Also führte er sein Volk in Freuden und seine Auserwählten in Wonne

⁴⁴und gab ihnen die Länder der Heiden, daß sie die Güter der Völker einnahmen,

⁴⁵auf daß sie halten sollten seine Rechte und sein Gesetze bewahren. Halleluja!

Kapitel 106

¹Halleluja! Danket dem HERRN; denn er ist freundlich, und seine Güte währet ewiglich.

²Wer kann die großen Taten des HERRN ausreden und alle seine löblichen Werke preisen?

³Wohl denen, die das Gebot halten und tun immerdar recht!

⁴HERR, gedenke mein nach der Gnade, die du dem Volk verheißen hast; beweise uns deine Hilfe,

⁵daß wir sehen mögen die Wohlfahrt deiner Auserwählten und uns freuen, daß es deinem Volk wohl geht, und uns rühmen mit deinem Erbteil.

⁶Wir haben gesündigt samt unsern Vätern; wir haben mißgehandelt und sind gottlos gewesen.

⁷Unsre Väter in Ägypten wollten deine Wunder nicht verstehen; sie gedachten nicht an deine große Güte und waren ungehorsam am Meer, am Schilfmeer.

⁸Er half ihnen aber um seines Namens willen, daß er seine Macht bewiese.

⁹Und er schalt das Schilfmeer: da ward's trocken, und führte sie durch die Tiefen wie in einer Wüste

¹⁰und half ihnen von der Hand des, der sie haßte, und erlöste sie von der Hand des Feindes;

¹¹und die Wasser ersäuften ihre Widersacher, daß nicht einer übrig blieb.

¹²Da glaubten sie an seine Worte und sangen sein Lob.

¹³Aber sie vergaßen bald seiner Werke; sie warteten nicht auf

Psalm

seinen Rat.

¹⁴Und sie wurden lüstern in der Wüste und versuchten Gott in der Einöde.

¹⁵Er aber gab ihnen ihre Bitte und sandte ihnen genug, bis ihnen davor ekelte.

¹⁶Und sie empörten sich wider Mose im Lager, wider Aaron, den Heiligen des HERRN.

¹⁷Die Erde tat sich auf und verschlang Dathan und deckte zu die Rotte Abirams,

¹⁸und Feuer ward unter ihrer Rotte angezündet, die Flamme verbrannte die Gottlosen.

¹⁹Sie machten ein Kalb am Horeb und beteten an das gegossene Bild

²⁰und verwandelten ihre Ehre in ein Gleichnis eines Ochsen, der Gras frißt.

²¹Sie vergaßen Gottes, ihres Heilands, der so große Dinge in Ägypten getan hatte,

²²Wunder im Lande Hams und schreckliche Werke am Schilfmeer.

²³Und er sprach, er wolle sie vertilgen, wo nicht Mose, sein Auserwählter, in den Riß getreten wäre vor ihm, seinen Grimm abzuwenden, auf daß er sie nicht gar verderbte.

²⁴und sie verachteten das liebe Land, sie glaubten seinem Wort nicht

²⁵und murrten in ihren Hütten; sie gehorchten der Stimme des HERRN nicht.

²⁶Und er hob auf seine Hand wider sie, daß er sie niederschlüge in der Wüste

²⁷und würfe ihren Samen unter die Heiden und zerstreute sie in die Länder.

²⁸Und sie hingen sich an den Baal-Peor und aßen von den Opfern der toten Götzen

²⁹und erzürnten ihn mit ihrem Tun; da brach auch die Plage unter sie.

³⁰Da trat Pinehas herzu und schlichtete die Sache; da ward der Plage gesteuert.

³¹Das ward ihm gerechnet zur Gerechtigkeit für und für ewiglich.

³²Und sie erzürnten ihn am Haderwasser, und Mose ging es übel um ihretwillen.

³³Denn sie betrübten ihm sein Herz, daß ihm etliche Worte entfuhren.

³⁴Auch vertilgten sie die Völker nicht, wie sie doch der HERR geheißen hatte;

³⁵sondern sie mengten sich unter die Heiden und lernten derselben Werke

³⁶und dienten ihren Götzen; die wurden ihnen zum Fallstrick.

³⁷Und sie opferten ihre Söhne und ihre Töchter den Teufeln

³⁸und vergossen unschuldig Blut, das Blut ihrer Söhne und ihrer Töchter, die sie opferten den Götzen Kanaans, daß das Land mit Blutschulden befleckt ward;

³⁹und verunreinigten sich mit ihren Werken und wurden abgöttisch mit ihrem Tun.

⁴⁰Da ergrimmte der Zorn des HERRN über sein Volk, und er gewann einen Greuel an seinem Erbe

⁴¹und gab sie in die Hände der Heiden, daß über sie herrschten, die ihnen gram waren.

⁴²Und ihre Feinde ängsteten sie; und sie wurden gedemütigt unter ihre Hände.

⁴³Er errettete sie oftmals; aber sie erzürnten ihn mit ihrem Vornehmen und wurden wenig um ihrer Missetat willen.

⁴⁴Und er sah ihre Not an, da er ihre Klage hörte,

⁴⁵und gedachte an seinen Bund, den er mit ihnen gemacht hatte; und es reute ihn nach seiner großen Güte,

⁴⁶und er ließ sie zur Barmherzigkeit kommen vor allen, die sie gefangen hatten.

⁴⁷Hilf uns, HERR, unser Gott, und bringe uns zusammen aus den Heiden, daß wir danken deinem heiligen Namen und rühmen dein Lob.

⁴⁸Gelobet sei der HERR, der Gott Israels, von Ewigkeit zu Ewigkeit, und alles Volk spreche: Amen, halleluja!

Kapitel 107

¹Danket dem HERRN; denn er ist freundlich, und seine Güte währet ewiglich.

²So sollen sagen, die erlöst sind durch den HERRN, die er aus der Not erlöst hat

³und die er aus den Ländern zusammengebracht hat vom Aufgang, vom Niedergang, von Mitternacht und vom Meer.

⁴Die irregingen in der Wüste, in ungebahntem Wege, und fanden keine Stadt, da sie wohnen konnten,

⁵hungrig und durstig, und ihre Seele verschmachtete;

⁶die zum HERRN riefen in ihrer Not, und er errettete sie aus ihren Ängsten

⁷und führte sie einen richtigen Weg, daß sie gingen zur Stadt, da sie wohnen konnten:

⁸die sollen dem HERRN danken für seine Güte und für seine Wunder, die er an den Menschenkindern tut,

⁹daß er sättigt die durstige Seele und füllt die hungrige Seele mit Gutem.

¹⁰Die da sitzen mußten in Finsternis und Dunkel, gefangen in Zwang und Eisen,

¹¹darum daß sie Gottes Geboten ungehorsam gewesen waren und das Gesetz des Höchsten geschändet hatten,

¹²dafür ihr Herz mit Unglück geplagt werden mußte, daß sie dalagen und ihnen niemand half;

¹³die zum HERRN riefen in ihrer Not, und er half ihnen aus ihren Ängsten

¹⁴und führte sie aus der Finsternis und Dunkel und zerriß ihre Bande:

¹⁵die sollen dem HERRN danken für seine Güte und für seine Wunder, die an den Menschenkindern tut,

¹⁶daß er zerbricht eherne Türen und zerschlägt eiserne Riegel.

¹⁷Die Narren, so geplagt waren um ihrer Übertretung willen und um ihrer Sünden willen,

¹⁸daß ihnen ekelte vor aller Speise und sie todkrank wurden;

¹⁹die riefen zum HERRN in ihrer Not, und er half ihnen aus ihren Ängsten,

²⁰er sandte sein Wort und machte sie gesund und errettete sie, daß sie nicht starben:

²¹die sollen dem HERRN danken für seine Güte und für seine Wunder, die er an den Menschenkindern tut,

²²und Dank opfern und erzählen seine Werke mit Freuden.

²³Die mit Schiffen auf dem Meer fuhren und trieben ihren Handel in großen Wassern;

²⁴die des HERRN Werke erfahren haben und seine Wunder im Meer,

²⁵wenn er sprach und einen Sturmwind erregte, der die Wellen erhob,

²⁶und sie gen Himmel fuhren und in den Abgrund fuhren, daß ihre Seele vor Angst verzagte,

²⁷daß sie taumelten und wankten wie ein Trunkener und wußten keinen Rat mehr;

²⁸die zum HERRN schrieen in ihrer Not, und er führte sie aus ihren Ängsten

²⁹und stillte das Ungewitter, daß die Wellen sich legten

³⁰und sie froh wurden, daß es still geworden war und er sie zu Lande brachte nach ihrem Wunsch:

³¹die sollen dem HERRN danken für seine Güte und für seine Wunder, die er an den Menschenkindern tut,

³²und ihn bei der Gemeinde preisen und bei den Alten rühmen.

³³Er machte Bäche trocken und ließ Wasserquellen versiegen,

³⁴daß ein fruchtbar Land zur Salzwüste wurde um der Bosheit willen derer, die darin wohnten.

³⁵Er machte das Trockene wiederum wasserreich und im dürren Lande Wasserquellen

³⁶und hat die Hungrigen dahingesetzt, daß sie eine Stadt zurichten, da sie wohnen konnten,

³⁷und Äcker besäen und Weinberge pflanzen möchten und die jährlichen Früchte gewönnen.

³⁸Und er segnete sie, daß sie sich sehr mehrten, und gab ihnen viel Vieh.

³⁹Sie waren niedergedrückt und geschwächt von dem Bösen, das sie gezwungen und gedrungen hatte.

⁴⁰Er schüttete Verachtung auf die Fürsten und ließ sie irren in der Wüste, da kein Weg ist,

⁴¹und schützte den Armen vor Elend und mehrte sein Geschlecht wie eine Herde.

⁴²Solches werden die Frommen sehen und sich freuen; und aller Bosheit wird das Maul gestopft werden.

⁴³Wer ist weise und behält dies? So werden sie merken, wie viel Wohltaten der HERR erzeigt.

Kapitel 108

¹(Ein Psalmlied Davids.) Gott, es ist mein rechter Ernst; ich will singen und dichten, meine Ehre auch.

²Wohlauf, Psalter und Harfe! Ich will in der Frühe auf sein.

³Ich will dir danken, HERR, unter den Völkern; ich will dir lobsingen unter den Leuten.

⁴Denn deine Gnade reicht, soweit der Himmel ist, und deine Wahrheit, soweit die Wolken gehen.

⁵Erhebe dich, Gott, über den Himmel, und deine Ehre über alle Lande.

⁶Auf daß deine lieben Freunde erledigt werden, hilf mit deiner Rechten und erhöre mich!

⁷Gott redete in seinem Heiligtum, des bin ich froh, und will Sichem teilen und das Tal Sukkoth abmessen.

⁸Gilead ist mein, Manasse ist auch mein, und Ephraim ist die Macht meines Hauptes, Juda ist mein Zepter,

⁹Moab ist mein Waschbecken, ich will meinen Schuh über Edom strecken, über die Philister will ich jauchzen.

¹⁰Wer will mich führen in eine feste Stadt? Wer wird mich leiten bis nach Edom?

¹¹Wirst du es nicht tun, Gott, der du uns verstößest und ziehest nicht aus, Gott, mit unserm Heer?

¹²Schaffe uns Beistand in der Not; denn Menschenhilfe ist nichts nütze.

¹³Mit Gott wollen wir Taten tun; er wird unsre Feinde untertreten.

Kapitel 109

¹(Ein Psalm Davids, vorzusingen.) Gott, mein Ruhm, schweige nicht!

²Denn sie haben ihr gottloses und falsches Maul gegen mich aufgetan und reden wider mich mit falscher Zunge;

³und sie reden giftig wider mich allenthalben und streiten wider mich ohne Ursache.

⁴Dafür, daß ich sie liebe, sind sie wider mich; ich aber bete.

⁵Sie beweisen mir Böses um Gutes und Haß um Liebe.

⁶Setze Gottlose über ihn; und der Satan müsse stehen zu seiner Rechten.

⁷Wenn er gerichtet wird, müsse er verdammt ausgehen, und sein Gebet müsse Sünde sein.

⁸Seiner Tage müssen wenige werden, und sein Amt müsse ein anderer empfangen.

⁹Seine Kinder müssen Waisen werden und sein Weib eine Witwe.

¹⁰Seine Kinder müssen in der Irre gehen und betteln und suchen, als die verdorben sind.

¹¹Es müsse der Wucherer aussaugen alles, was er hat; und Fremde müssen seine Güter rauben.

¹²Und niemand müsse ihm Gutes tun, und niemand erbarme sich seiner Waisen.

¹³Seine Nachkommen müssen ausgerottet werden; ihr Name werde im andern Glied vertilgt.

¹⁴Seiner Väter Missetat müsse gedacht werden vor dem HERRN, und seiner Mutter Sünde müsse nicht ausgetilgt werden.

¹⁵Der HERR müsse sie nimmer aus den Augen lassen, und ihr Gedächtnis müsse ausgerottet werden auf Erden,

¹⁶darum daß er so gar keine Barmherzigkeit hatte, sondern verfolgte den Elenden und Armen und Betrübten, daß er ihn tötete.

¹⁷Und er wollte den Fluch haben, der wird ihm auch kommen; er wollte den Segen nicht, so wird er auch ferne von ihm bleiben.

¹⁸Er zog an den Fluch wie sein Hemd; der ist in sein Inwendiges gegangen wie Wasser, und wie Öl in seine Gebeine;

¹⁹So werde er ihm wie ein Kleid, das er anhabe, und wie ein Gürtel, mit dem er allewege sich gürte.

²⁰So geschehe denen vom HERRN, die mir zuwider sind und reden Böses wider meine Seele.

²¹Aber du, HERR HERR, sei du mit mir um deines Namens willen; denn deine Gnade ist mein Trost: errette mich!

²²Denn ich bin arm und elend; mein Herz ist zerschlagen in mir.

²³Ich fahre dahin wie ein Schatten, der vertrieben wird, und werde verjagt wie die Heuschrecken.

²⁴Meine Kniee sind schwach von Fasten, und mein Fleisch ist mager und hat kein Fett.

²⁵Und ich muß ihr Spott sein; wenn sie mich sehen, schütteln sie ihren Kopf.

²⁶Stehe mir bei, HERR, mein Gott! hilf mir nach deiner Gnade,

²⁷daß sie innewerden, daß dies sei deine Hand, daß du, HERR, solches tust.

²⁸Fluchen sie, so segne du. Setzen sie sich wider mich, so sollen sie zu Schanden werden; aber dein Knecht müsse sich freuen.

²⁹Meine Widersacher müssen mit Schmach angezogen werden und mit ihrer Schande bekleidet werden wie ein Rock.

³⁰Ich will dem HERRN sehr danken mit meinem Munde und ihn rühmen unter vielen.

³¹Denn er steht dem Armen zur Rechten, daß er ihm helfe von denen, die sein Leben verurteilen.

Kapitel 110

¹(Ein Psalm Davids.) Der HERR sprach zu meinem Herrn: "Setze dich zu meiner Rechten, bis ich deine Feinde zum Schemel deiner Füße lege."

²Der HERR wird das Zepter deines Reiches senden aus Zion: "Herrsche unter deinen Feinden!"

³Nach deinem Sieg wird dir dein Volk willig opfern in heiligem Schmuck. Deine Kinder werden dir geboren wie der Tau aus der Morgenröte.

⁴Der HERR hat geschworen, und es wird ihn nicht gereuen: "Du ist ein Priester ewiglich nach der Weise Melchisedeks."

⁵Der HERR zu deiner Rechten wird zerschmettern die Könige am Tage seines Zorns;

⁶er wird richten unter den Heiden; er wird ein großes Schlagen unter ihnen tun; er wird zerschmettern das Haupt über große Lande.

⁷Er wird trinken vom Bach auf dem Wege; darum wird er das Haupt emporheben.

Kapitel 111

¹Halleluja! Ich danke dem HERRN von ganzem Herzen im Rat der Frommen und in der Gemeinde.

²Groß sind die Werke des HERRN; wer ihrer achtet, der hat eitel Lust daran.

³Was er ordnet, das ist löblich und herrlich; und seine Gerechtigkeit bleibt ewiglich.

⁴Er hat ein Gedächtnis gestiftet seiner Wunder, der gnädige und barmherzige HERR.

⁵Er gibt Speise denen, die ihn fürchten; er gedenkt ewiglich an seinen Bund.

⁶Er läßt verkündigen seine gewaltigen Taten seinem Volk, daß er ihnen gebe das Erbe der Heiden.

⁷Die Werke seiner Hände sind Wahrheit und Recht; alle seine Gebote sind rechtschaffen.

⁸Sie werden erhalten immer und ewiglich und geschehen treulich und redlich.

⁹Er sendet eine Erlösung seinem Volk; er verheizt, daß sein Bund ewiglich bleiben soll. Heilig und hehr ist sein Name.

¹⁰Die Furcht des HERRN ist der Weisheit Anfang. Das ist eine feine Klugheit, wer darnach tut, des Lob bleibt ewiglich.

Kapitel 112

¹Halleluja! Wohl dem, der den HERRN fürchtet, der große Lust hat zu seinen Geboten!

²Des Same wird gewaltig sein auf Erden; das Geschlecht der Frommen wird gesegnet sein.

³Reichtum und die Fülle wird in ihrem Hause sein, und ihre Gerechtigkeit bleibt ewiglich.

⁴Den Frommen geht das Licht auf in der Finsternis von dem Gnädigen, Barmherzigen und Gerechten.

⁵Wohl dem, der barmherzig ist und gerne leidet und richtet seine Sachen aus, daß er niemand Unrecht tue!

⁶Denn er wird ewiglich bleiben; des Gerechten wird nimmermehr vergessen.

⁷Wenn eine Plage kommen will, so fürchtet er sich nicht; sein Herz hofft unverzagt auf den HERRN.

⁸Sein Herz ist getrost und fürchtet sich nicht, bis er seine Lust an seinen Feinden sieht.

⁹Er streut aus und gibt den Armen; seine Gerechtigkeit bleibt ewiglich, sein Horn wird erhöht mit Ehren.

¹⁰Der Gottlose wird's sehen, und es wird ihn verdrießen; seine Zähne wird er zusammenbeißen und vergehen. Denn was die Gottlosen gerne wollten, das ist verloren.

Kapitel 113

¹Halleluja! Lobet, ihr Knechte des HERRN, lobet den Namen des HERRN!

²Gelobet sei des HERRN Name von nun an bis in Ewigkeit!

³Vom Aufgang der Sonne bis zu ihrem Niedergang sei gelobet der Name des HERRN!

⁴Der HERR ist hoch über alle Heiden; seine Ehre geht, soweit der Himmel ist.
⁵Wer ist wie der HERR, unser Gott? der sich so hoch gesetzt hat
⁶und auf das Niedrige sieht im Himmel und auf Erden;
⁷der den Geringen aufrichtet aus dem Staube und erhöht den Armen aus dem Kot,
⁸daß er ihn setze neben die Fürsten, neben die Fürsten seines Volkes;
⁹der die Unfruchtbare im Hause wohnen macht, daß sie eine fröhliche Kindermutter wird. Halleluja!

Kapitel 114

¹Da Israel aus Ägypten zog, das Haus Jakob aus dem fremden Volk,
²da ward Juda sein Heiligtum, Israel seine Herrschaft.
³Das Meer sah es und floh; der Jordan wandte sich zurück;
⁴die Berge hüpften wie die Lämmer, die Hügel wie die jungen Schafe.
⁵Was war dir, du Meer, daß du flohest, und du, Jordan, daß du dich zurückwandtest,
⁶ihr Berge, daß ihr hüpftet wie die Lämmer, ihr Hügel wie die jungen Schafe?
⁷Vor dem HERRN bebte die Erde, vor dem Gott Jakobs,
⁸der den Fels wandelte in einen Wassersee und die Steine in Wasserbrunnen.

Kapitel 115

¹Nicht uns, HERR, nicht uns, sondern deinem Namen gib Ehre um deine Gnade und Wahrheit!
²Warum sollen die Heiden sagen: Wo ist nun ihr Gott?
³Aber unser Gott ist im Himmel; er kann schaffen, was er will.
⁴Jener Götzen aber sind Silber und Gold, von Menschenhänden gemacht.
⁵Sie haben Mäuler, und reden nicht; sie haben Augen, und sehen nicht;
⁶sie haben Ohren, und hören nicht; sie heben Nasen, und riechen nicht;
⁷sie haben Hände, und greifen nicht; Füße haben sie, und gehen nicht; sie reden nicht durch ihren Hals.
⁸Die solche machen, sind ihnen gleich, und alle, die auf sie hoffen.
⁹Aber Israel hoffe auf den HERRN! Der ist ihre Hilfe und Schild.
¹⁰Das Haus Aaron hoffe auf den HERRN! Der ist ihre Hilfe und Schild.
¹¹Die den HERRN fürchten, hoffen auf den HERRN! Der ist ihre Hilfe und Schild.
¹²Der HERR denkt an uns und segnet uns; er segnet das Haus Israel, er segnet das Haus Aaron;
¹³er segnet, die den HERRN fürchten, Kleine und Große.
¹⁴Der HERR segne euch je mehr und mehr, euch und eure Kinder!
¹⁵Ihr seid die Gesegneten des HERRN, der Himmel und Erde gemacht hat.
¹⁶Der Himmel allenthalben ist des HERRN; aber die Erde hat er den Menschenkindern gegeben.
¹⁷Die Toten werden dich, HERR, nicht loben, noch die hinunterfahren in die Stille;
¹⁸sondern wir loben den HERRN von nun an bis in Ewigkeit. Halleluja!

Kapitel 116

¹Das ist mir lieb, daß der HERR meine Stimme und mein Flehen hört.
²Denn er neigte sein Ohr zu mir; darum will ich mein Leben lang ihn anrufen.
³Stricke des Todes hatten mich umfangen, und Ängste der Hölle hatten mich getroffen; ich kam in Jammer und Not.
⁴Aber ich rief an den Namen des HERRN: O HERR, errette mein Seele!
⁵Der HERR ist gnädig und gerecht, und unser Gott ist barmherzig.
⁶Der HERR behütet die Einfältigen; wenn ich unterliege, so hilft er mir.
⁷Sei nun wieder zufrieden, meine Seele; denn der HERR tut dir Gutes.
⁸Denn du hast meine Seele aus dem Tode gerissen, meine Augen von den Tränen, meinen Fuß vom Gleiten.
⁹Ich werde wandeln vor dem HERRN im Lande der Lebendigen.
¹⁰Ich glaube, darum rede ich; ich werde aber sehr geplagt.
¹¹Ich sprach in meinem Zagen: Alle Menschen sind Lügner.
¹²Wie soll ich dem HERRN vergelten alle seine Wohltat, die er an mir tut?
¹³Ich will den Kelch des Heils nehmen und des HERRN Namen predigen.
¹⁴Ich will mein Gelübde dem HERRN bezahlen vor allem seinem Volk.
¹⁵Der Tod seiner Heiligen ist wertgehalten vor dem HERRN.
¹⁶O HERR, ich bin dein Knecht; ich bin dein Knecht, deiner Magd Sohn. Du hast meine Bande zerrissen.
¹⁷Dir will ich Dank opfern und des HERRN Namen predigen.
¹⁸Ich will meine Gelübde dem HERRN bezahlen vor allem seinem Volk,
¹⁹in den Höfen am Hause des HERRN, in dir Jerusalem. Halleluja!

Kapitel 117

¹Lobet den HERRN, alle Heiden; preiset ihn, alle Völker!
²Denn seine Gnade und Wahrheit waltet über uns in Ewigkeit. Halleluja!

Kapitel 118

¹Danket dem HERRN; denn er ist freundlich, und seine Güte währet ewiglich.
²Es sage nun Israel: Seine Güte währet ewiglich.
³Es sage nun das Haus Aaron: Seine Güte währet ewiglich.
⁴Es sagen nun, die den HERRN fürchten: Seine Güte währet ewiglich.
⁵In der Angst rief ich den HERRN an, und der HERR erhörte mich und tröstete mich.
⁶Der HERR ist mit mir, darum fürchte ich mich nicht; was können mir Menschen tun?
⁷Der HERR ist mit mir, mir zu helfen; und ich will meine Lust sehen an meinen Feinden.
⁸Es ist gut, auf den HERRN zu vertrauen, und nicht sich verlassen auf Menschen.
⁹Es ist gut auf den HERRN vertrauen und nicht sich verlassen auf Fürsten.
¹⁰Alle Heiden umgeben mich; aber im Namen des HERRN will ich sie zerhauen.
¹¹Sie umgeben mich allenthalben; aber im Namen des HERRN will ich sie zerhauen.
¹²Sie umgeben mich wie Bienen; aber sie erlöschen wie Feuer in Dornen; im Namen des HERRN will ich sie zerhauen.
¹³Man stößt mich, daß ich fallen soll; aber der HERR hilft mir.
¹⁴Der HERR ist meine Macht und mein Psalm und ist mein Heil.
¹⁵Man singt mit Freuden vom Sieg in den Hütten der Gerechten: "Die Rechte des HERRN behält den Sieg;
¹⁶die Rechte des HERRN ist erhöht; die Rechte des HERRN behält den Sieg!"
¹⁷Ich werde nicht sterben, sondern leben und des HERRN Werke verkündigen.
¹⁸Der HERR züchtigt mich wohl; aber er gibt mich dem Tode nicht.
¹⁹Tut mir auf die Tore der Gerechtigkeit, daß ich dahin eingehe und dem HERRN danke.
²⁰Das ist das Tor des HERRN; die Gerechten werden dahin eingehen.
²¹Ich danke dir, daß du mich demütigst und hilfst mir.
²²Der Stein, den die Bauleute verworfen haben, ist zum Eckstein geworden.
²³Das ist vom HERRN geschehen und ist ein Wunder vor unsern Augen.
²⁴Dies ist der Tag, den der HERR macht; lasset uns freuen und fröhlich darinnen sein.
²⁵O HERR, hilf! o HERR, laß wohl gelingen!
²⁶Gelobt sei, der da kommt im Namen des HERRN! Wir segnen euch, die ihr vom Hause des HERRN seid.
²⁷der HERR ist Gott, der uns erleuchtet. Schmücket das Fest mit Maien bis an die Hörner des Altars!
²⁸Du bist mein Gott, und ich danke dir; mein Gott, ich will dich preisen.
²⁹Danket dem HERRN; denn er ist freundlich, und sein Güte währet ewiglich.

Kapitel 119

¹(ALEPH.) Wohl denen, die ohne Tadel leben, die im Gesetz des HERRN wandeln!

²Wohl denen, die seine Zeugnisse halten, die ihn von ganzem Herzen suchen!

³Denn welche auf seinen Wegen wandeln, die tun kein Übel.

⁴Du hast geboten, fleißig zu halten deine Befehle.

⁵Oh daß mein Leben deine Rechte mit ganzem Ernst hielte!

⁶Wenn ich schaue allein auf deine Gebote, so werde ich nicht zu Schanden.

⁷Ich danke dir von Herzen, daß du mich lehrst die Rechte deiner Gerechtigkeit.

⁸Deine Rechte will ich halten; verlaß mich nimmermehr.

⁹(BETH.) Wie wird ein Jüngling seinen Weg unsträflich gehen? Wenn er sich hält nach deinen Worten.

¹⁰Ich suche dich von ganzem Herzen; laß mich nicht abirren von deinen Geboten.

¹¹Ich behalte dein Wort in meinem Herzen, auf daß ich nicht wieder dich sündige.

¹²Gelobt seist du, HERR! Lehre mich deine Rechte!

¹³Ich will mit meinen Lippen erzählen alle Rechte deines Mundes.

¹⁴Ich freue mich des Weges deiner Zeugnisse wie über allerlei Reichtum.

¹⁵Ich rede von dem, was du befohlen hast, und schaue auf deine Wege.

¹⁶Ich habe Lust zu deinen Rechten und vergesse deiner Worte nicht.

¹⁷(GIMEL.) Tue wohl deinem Knecht, daß ich lebe und dein Wort halte.

¹⁸Öffne mir die Augen, daß ich sehe die Wunder an deinem Gesetz.

¹⁹Ich bin ein Gast auf Erden; verbirg deine Gebote nicht vor mir.

²⁰Meine Seele ist zermalmt vor Verlangen nach deinen Rechten allezeit.

²¹Du schiltst die Stolzen; verflucht sind, die von deinen Geboten abirren.

²²Wende von mir Schmach und Verachtung; denn ich halte deine Zeugnisse.

²³Es sitzen auch die Fürsten und reden wider mich; aber dein Knecht redet von deinen Rechten.

²⁴Ich habe Lust zu deinen Zeugnissen; die sind meine Ratsleute.

²⁵(DALETH.) Meine Seele liegt im Staube; erquicke mich nach deinem Wort.

²⁶Ich erzähle meine Wege, und du erhörst mich; lehre mich deine Rechte.

²⁷Unterweise mich den Weg deiner Befehle, so will ich reden von deinen Wundern.

²⁸Ich gräme mich, daß mir das Herz verschmachtet; stärke mich nach deinem Wort.

²⁹Wende von mir den falschen Weg und gönne mir dein Gesetz.

³⁰Ich habe den Weg der Wahrheit erwählt; deine Rechte habe ich vor mich gestellt.

³¹Ich hange an deinen Zeugnissen; HERR, laß mich nicht zu Schanden werden!

³²Wenn du mein Herz tröstest, so laufe ich den Weg deiner Gebote.

³³(HE.) Zeige mir, HERR, den Weg deiner Rechte, daß ich sie bewahre bis ans Ende.

³⁴Unterweise mich, daß ich bewahre dein Gesetz und halte es von ganzem Herzen.

³⁵Führe mich auf dem Steige deiner Gebote; denn ich habe Lust dazu.

³⁶Neige mein Herz zu deinen Zeugnissen, und nicht zum Geiz.

³⁷Wende meine Augen ab, daß sie nicht sehen nach unnützer Lehre; sondern erquicke mich auf deinem Wege.

³⁸Laß deinen Knecht dein Gebot fest für dein Wort halten, daß ich mich nicht fürchte.

³⁹Wende von mir die Schmach, die ich scheue; denn deine Rechte sind lieblich.

⁴⁰Siehe, ich begehre deiner Befehle; erquicke mich mit deiner Gerechtigkeit.

⁴¹(VAU.) HERR, laß mir deine Gnade widerfahren, deine Hilfe nach deinem Wort,

⁴²daß ich antworten möge meinem Lästerer; denn ich verlasse mich auf dein Wort.

⁴³Und nimm ja nicht von meinem Munde das Wort der Wahrheit; denn ich hoffe auf deine Rechte.

⁴⁴Ich will dein Gesetz halten allewege, immer und ewiglich.

⁴⁵Und ich wandle fröhlich; denn ich suche deine Befehle.

⁴⁶Ich rede von deinen Zeugnissen vor Königen und schäme mich nicht

⁴⁷und habe Lust an deinen Geboten, und sie sind mir lieb,

⁴⁸und hebe meine Hände auf zu deinen Geboten, die mir lieb sind, und rede von deinen Rechten.

⁴⁹(ZAIN.) Gedenke deinem Knechte an dein Wort, auf welches du mich lässest hoffen.

⁵⁰Das ist mein Trost in meinem Elend; denn dein Wort erquickt mich.

⁵¹Die Stolzen haben ihren Spott an mir; dennoch weiche ich nicht von deinem Gesetz.

⁵²HERR, wenn ich gedenke, wie du von der Welt her gerichtet hast, so werde ich getröstet.

⁵³Ich bin entbrannt über die Gottlosen, die dein Gesetz verlassen.

⁵⁴Deine Rechte sind mein Lied in dem Hause meiner Wallfahrt.

⁵⁵HERR, ich gedenke des Nachts an deinen Namen und halte dein Gesetz.

⁵⁶Das ist mein Schatz, daß ich deine Befehle halte.

⁵⁷(CHETH.) Ich habe gesagt: "HERR, das soll mein Erbe sein, daß ich deine Worte halte."

⁵⁸Ich flehe vor deinem Angesicht von ganzem Herzen; sei mir gnädig nach deinem Wort.

⁵⁹Ich betrachte meine Wege und kehre meine Füße zu deinen Zeugnissen.

⁶⁰Ich eile und säume mich nicht, zu halten deine Gebote.

⁶¹Der Gottlosen Rotte beraubt mich; aber ich vergesse deines Gesetzes nicht.

⁶²Zur Mitternacht stehe ich auf, dir zu danken für die Rechte deiner Gerechtigkeit.

⁶³Ich halte mich zu denen, die dich fürchten und deine Befehle halten.

⁶⁴HERR, die Erde ist voll deiner Güte; lehre mich deine Rechte.

⁶⁵(TETH.) Du tust Gutes deinem Knechte, HERR, nach deinem Wort.

⁶⁶Lehre mich heilsame Sitten und Erkenntnis; den ich glaube deinen Geboten.

⁶⁷Ehe ich gedemütigt ward, irrte ich; nun aber halte ich dein Wort.

⁶⁸Du bist gütig und freundlich; lehre mich deine Rechte.

⁶⁹Die Stolzen erdichten Lügen über mich; ich aber halte von ganzem Herzen deine Befehle.

⁷⁰Ihr Herz ist dick wie Schmer; ich aber habe Lust an deinem Gesetz.

⁷¹Es ist mir lieb, daß du mich gedemütigt hast, daß ich deine Rechte lerne.

⁷²Das Gesetz deines Mundes ist mir lieber denn viel tausend Stück Gold und Silber.

⁷³(JOD.) Deine Hand hat mich gemacht und bereitet; unterweise mich, daß ich deine Gebote lerne.

⁷⁴Die dich fürchten, sehen mich und freuen sich; denn ich hoffe auf dein Wort.

⁷⁵HERR, ich weiß, daß deine Gerichte recht sind; du hast mich treulich gedemütigt.

⁷⁶Deine Gnade müsse mein Trost sein, wie du deinem Knecht zugesagt hast.

⁷⁷Laß mir deine Barmherzigkeit widerfahren, daß ich lebe; denn ich habe Lust zu deinem Gesetz.

⁷⁸Ach daß die Stolzen müßten zu Schanden werden, die mich mit Lügen niederdrücken! ich aber rede von deinen Befehlen.

⁷⁹Ach daß sich müßten zu mir halten, die dich fürchten und deine Zeugnisse kennen!

⁸⁰Mein Herz bleibe rechtschaffen in deinen Rechten, daß ich nicht zu Schanden werde.

⁸¹(CAPH.) Meine Seele verlangt nach deinem Heil; ich hoffe auf dein Wort.

⁸²Meine Augen sehnen sich nach deinem Wort und sagen: Wann

Psalm

tröstest du mich?

⁸³Denn ich bin wie ein Schlauch im Rauch; deiner Rechte vergesse ich nicht.

⁸⁴Wie lange soll dein Knecht warten? Wann willst du Gericht halten über meine Verfolger?

⁸⁵Die Stolzen graben ihre Gruben, sie, die nicht sind nach deinem Gesetz.

⁸⁶Deine Gebote sind eitel Wahrheit. Sie verfolgen mich mit Lügen; hilf mir.

⁸⁷Sie haben mich schier umgebracht auf Erden; ich aber lasse deine Befehle nicht.

⁸⁸Erquicke mich durch deine Gnade, daß ich halte die Zeugnisse deines Mundes.

⁸⁹(LAMED.) HERR, dein Wort bleibt ewiglich, soweit der Himmel ist;

⁹⁰deine Wahrheit währet für und für. Du hast die Erde zugerichtet, und sie bleibt stehen.

⁹¹Es bleibt täglich nach deinem Wort; denn es muß dir alles dienen.

⁹²Wo dein Gesetz nicht mein Trost gewesen wäre, so wäre ich vergangen in meinem Elend.

⁹³Ich will deine Befehle nimmermehr vergessen; denn du erqickest mich damit.

⁹⁴Ich bin dein, hilf mir! denn ich suche deine Befehle.

⁹⁵Die Gottlosen lauern auf mich, daß sie mich umbringen; ich aber merke auf deine Zeugnisse.

⁹⁶Ich habe alles Dinges ein Ende gesehen; aber dein Gebot währet.

⁹⁷(MEM.) Wie habe ich dein Gesetz so lieb! Täglich rede ich davon.

⁹⁸Du machst mich mit deinem Gebot weiser, als meine Feinde sind; denn es ist ewiglich mein Schatz.

⁹⁹Ich bin gelehrter denn alle meine Lehrer; denn deine Zeugnisse sind meine Rede.

¹⁰⁰Ich bin klüger denn die Alten; denn ich halte deine Befehle.

¹⁰¹Ich wehre meinem Fuß alle bösen Wege, daß ich dein Wort halte.

¹⁰²Ich weiche nicht von deinen Rechten; denn du lehrest mich.

¹⁰³Dein Wort ist meinem Munde süßer denn Honig.

¹⁰⁴Dein Wort macht mich klug; darum hasse ich alle falschen Wege.

¹⁰⁵(NUN.) Dein Wort ist meine Fußes Leuchte und ein Licht auf meinem Wege.

¹⁰⁶Ich schwöre und will's halten, daß ich die Rechte deiner Gerechtigkeit halten will.

¹⁰⁷Ich bin sehr gedemütigt; HERR, erquicke mich nach deinem Wort!

¹⁰⁸Laß dir gefallen, HERR das willige Opfer meines Mundes und lehre mich deine Rechte.

¹⁰⁹Ich trage meine Seele immer in meinen Händen, und ich vergesse deines Gesetzes nicht.

¹¹⁰Die Gottlosen legen mir Stricke; ich aber irre nicht von deinen Befehlen.

¹¹¹Deine Zeugnisse sind mein ewiges Erbe; denn sie sind meines Herzens Wonne.

¹¹²Ich neige mein Herz, zu tun nach deinen Rechten immer und ewiglich.

¹¹³(SAMECH.) Ich hasse die Flattergeister und liebe dein Gesetz.

¹¹⁴Du bist mein Schirm und Schild; ich hoffe auf dein Wort.

¹¹⁵Weichet von mir, ihr Boshaften! Ich will halten die Gebote meines Gottes.

¹¹⁶Erhalte mich durch dein Wort, daß ich lebe; und laß mich nicht zu Schanden werden über meiner Hoffnung.

¹¹⁷Stärke mich, daß ich genese, so will ich stets meine Lust haben an deinen Rechten.

¹¹⁸Du zertrittst alle, die von deinen Rechten abirren; denn ihre Trügerei ist eitel Lüge.

¹¹⁹Du wirfst alle Gottlosen auf Erden weg wie Schlacken; darum liebe ich deine Zeugnisse.

¹²⁰Ich fürchte mich vor dir, daß mir die Haut schaudert, und entsetze mich vor deinen Gerichten.

¹²¹(AIN.) Ich halte über Recht und Gerechtigkeit; übergib mich nicht denen, die mir wollen Gewalt tun.

¹²²Vertritt du deinen Knecht und tröste ihn; mögen mir die Stolzen nicht Gewalt tun.

¹²³Meine Augen sehnen sich nach deinem Heil und nach dem Wort deiner Gerechtigkeit.

¹²⁴Handle mit deinem Knecht nach deiner Gnade und lehre mich deine Rechte.

¹²⁵Ich bin dein Knecht; unterweise mich, daß ich erkenne deine Zeugnisse.

¹²⁶Es ist Zeit, daß der HERR dazutue; sie haben dein Gesetz zerrissen.

¹²⁷Darum liebe ich dein Gebot über Gold und über feines Gold.

¹²⁸Darum halte ich stracks alle deine Befehle; ich hasse allen falschen Weg.

¹²⁹(PE.) Deine Zeugnisse sind wunderbar; darum hält sie meine Seele.

¹³⁰Wenn dein Wort offenbar wird, so erfreut es und macht klug die Einfältigen.

¹³¹Ich sperre meinen Mund auf und lechze nach deinen Geboten; denn mich verlangt darnach.

¹³²Wende dich zu mir und sei mir gnädig, wie du pflegst zu tun denen, die deinen Namen lieben.

¹³³Laß meinen Gang gewiß sein in deinem Wort und laß kein Unrecht über mich herrschen.

¹³⁴Erlöse mich von der Menschen Frevel, so will ich halten deine Befehle.

¹³⁵Laß dein Antlitz leuchten über deinen Knecht und lehre mich deine Rechte.

¹³⁶Meine Augen fließen mit Wasser, daß man dein Gesetz nicht hält.

¹³⁷(TZADDI.) HERR, du bist gerecht, und dein Wort ist recht.

¹³⁸Du hast die Zeugnisse deiner Gerechtigkeit und die Wahrheit hart geboten.

¹³⁹Ich habe mich schier zu Tode geeifert, daß meine Gegner deiner Worte vergessen.

¹⁴⁰Dein Wort ist wohl geläutert, und dein Knecht hat es lieb.

¹⁴¹Ich bin gering und verachtet; ich vergesse aber nicht deiner Befehle.

¹⁴²Deine Gerechtigkeit ist eine ewige Gerechtigkeit, und dein Gesetz ist Wahrheit.

¹⁴³Angst und Not haben mich getroffen; ich habe aber Lust an deinen Geboten.

¹⁴⁴Die Gerechtigkeit deiner Zeugnisse ist ewig; unterweise mich, so lebe ich.

¹⁴⁵(KOPH.) Ich rufe von ganzem Herzen; erhöre mich, HERR, daß ich dein Rechte halte.

¹⁴⁶Ich rufe zu dir; hilf mir, daß ich deine Zeugnisse halte.

¹⁴⁷Ich komme in der Frühe und schreie; auf dein Wort hoffe ich.

¹⁴⁸Ich wache auf, wenn's noch Nacht ist, zu sinnen über dein Wort.

¹⁴⁹Höre meine Stimme nach deiner Gnade; HERR, erquicke mich nach deinen Rechten.

¹⁵⁰Meine boshaften Verfolger nahen herzu und sind ferne von deinem Gesetz.

¹⁵¹HERR, du bist nahe, und deine Gebote sind eitel Wahrheit.

¹⁵²Längst weiß ich, daß du deine Zeugnisse für ewig gegründet hast.

¹⁵³(RESH.) Siehe mein Elend und errette mich; hilf mir aus, denn ich vergesse deines Gesetzes nicht.

¹⁵⁴Führe meine Sache und erlöse mich; erquicke mich durch dein Wort.

¹⁵⁵Das Heil ist ferne von den Gottlosen; denn sie achten deine Rechte nicht.

¹⁵⁶HERR, deine Barmherzigkeit ist groß; erquicke mich nach deinen Rechten.

¹⁵⁷Meiner Verfolger und Widersacher sind viele; ich weiche aber nicht von deinen Zeugnissen.

¹⁵⁸Ich sehe die Verächter, und es tut mir wehe, daß sie dein Wort nicht halten.

¹⁵⁹Siehe, ich liebe deine Befehle; HERR, erquicke mich nach deiner Gnade.

¹⁶⁰Dein Wort ist nichts denn Wahrheit; alle Rechte deiner Gerechtigkeit währen ewiglich.

¹⁶¹(SCHIN.) Die Fürsten verfolgen mich ohne Ursache, und mein Herz fürchtet sich vor deinen Worten.
¹⁶²Ich freue mich über dein Wort wie einer, der eine große Beute kriegt.
¹⁶³Lügen bin ich gram und habe Greuel daran; aber dein Gesetz habe ich lieb.
¹⁶⁴Ich lobe dich des Tages siebenmal um der Rechte willen deiner Gerechtigkeit.
¹⁶⁵Großen Frieden haben, die dein Gesetz lieben; sie werden nicht straucheln.
¹⁶⁶HERR, ich warte auf dein Heil und tue nach deinen Geboten.
¹⁶⁷Meine Seele hält deine Zeugnisse und liebt sie sehr.
¹⁶⁸Ich halte deine Befehle und deine Zeugnisse; denn alle meine Wege sind vor dir.

¹⁶⁹(TAU.) HERR, laß meine Klage vor dich kommen; unterweise mich nach deinem Wort.
¹⁷⁰Laß mein Flehen vor dich kommen; errette mich nach deinem Wort.
¹⁷¹Meine Lippen sollen loben, wenn du mich deine Rechte lehrest.
¹⁷²Meine Zunge soll ihr Gespräch haben von deinem Wort; denn alle deine Gebote sind recht.
¹⁷³Laß mir deine Hand beistehen; denn ich habe erwählt deine Befehle.
¹⁷⁴HERR, mich verlangt nach deinem Heil, und ich habe Lust an deinem Gesetz.
¹⁷⁵Laß meine Seele leben, daß sie dich lobe, und deine Rechte mir helfen.
¹⁷⁶Ich bin ein verirrtes und verlorenes Schaf. Suche deinen Knecht; denn ich vergesse deiner Gebote nicht.

Kapitel 120

¹(Ein Lied im höhern Chor.) Ich rufe zu dem HERRN in meiner Not, und er erhört mich.
²HERR, errette meine Seele von den Lügenmäulern, von den falschen Zungen.
³Was kann mir die falsche Zunge tun, was kann sie ausrichten?
⁴Sie ist wie scharfe Pfeile eines Starken, wie Feuer in Wachholdern.
⁵Wehe mir, daß ich ein Fremdling bin unter Mesech; ich muß wohnen unter den Hütten Kedars.
⁶Es wird meiner Seele lang, zu wohnen bei denen, die den Frieden hassen.
⁷Ich halte Frieden; aber wenn ich rede, so fangen sie Krieg an.

Kapitel 121

¹(Ein Lied im höhern Chor.) Ich hebe meine Augen auf zu den Bergen von welchen mir Hilfe kommt.
²Meine Hilfe kommt von dem HERRN, der Himmel und Erde gemacht hat.
³Er wird deinen Fuß nicht gleiten lassen; und der dich behütet schläft nicht.
⁴Siehe, der Hüter Israels schläft noch schlummert nicht.
⁵Der HERR behütet dich; der HERR ist dein Schatten über deiner rechten Hand,
⁶daß dich des Tages die Sonne nicht steche noch der Mond des Nachts.
⁷Der HERR behüte dich vor allem Übel, er behüte deine Seele;
⁸der HERR behüte deinen Ausgang und Eingang von nun an bis in Ewigkeit.

Kapitel 122

¹(Ein Lied Davids im höhern Chor.) Ich freute mich über die, so mir sagten: Laßt uns ins Haus des HERRN gehen!
²Unsre Füße stehen in deinen Toren, Jerusalem.
³Jerusalem ist gebaut, daß es eine Stadt sei, da man zusammenkommen soll,
⁴da die Stämme hinaufgehen, die Stämme des HERRN, wie geboten ist dem Volk Israel, zu danken dem Namen des Herrn.
⁵Denn daselbst sind Stühle zum Gericht, die Stühle des Hauses David.
⁶Wünschet Jerusalem Glück! Es möge wohl gehen denen, die dich lieben!
⁷Es möge Friede sein in deinen Mauern und Glück in deinen Palästen!
⁸Um meiner Brüder und Freunde willen will ich dir Frieden wünschen.
⁹Um des Hauses willen des HERRN, unsers Gottes, will ich dein Bestes suchen.

Kapitel 123

¹(Ein Lied im höhern Chor.) Ich hebe meine Augen auf zu dir, der du im Himmel sitzest.
²Siehe! wie die Augen der Knechte auf die Hände ihrer Herren sehen, wie die Augen der Magd auf die Hände ihrer Frau, also sehen unsre Augen auf den HERRN, unsern Gott, bis er uns gnädig werde.
³Sei uns gnädig, HERR, sei uns gnädig! denn wir sind sehr voll Verachtung.
⁴Sehr voll ist unsre Seele von der Stolzen Spott und der Hoffärtigen Verachtung.

Kapitel 124

¹(Ein Loblied im höhern Chor.) Wo der HERR nicht bei uns wäre, so sage Israel,
²wo der HERR nicht bei uns wäre, wenn die Menschen sich wider uns setzen:
³so verschlängen sie uns lebendig, wenn ihr Zorn über uns ergrimmte;
⁴so ersäufte uns Wasser, Ströme gingen über unsre Seele;
⁵es gingen Wasser allzu hoch über unsre Seele.
⁶Gelobet sei der HERR, daß er uns nicht gibt zum Raub in ihre Zähne!
⁷Unsre Seele ist entronnen wie ein Vogel dem Stricke des Voglers; der Strick ist zerrissen, wir sind los.
⁸Unsre Hilfe steht im Namen des HERRN, der Himmel und Erden gemacht hat.

Kapitel 125

¹(Ein Lied im Höhern Chor.) Die auf den HERRN hoffen, die werden nicht fallen, sondern ewig bleiben wie der Berg Zion.
²Um Jerusalem her sind Berge, und der HERR ist um sein Volk her von nun an bis in Ewigkeit.
³Denn der Gottlosen Zepter wird nicht bleiben über dem Häuflein der Gerechten, auf daß die Gerechten ihre Hand nicht ausstrecken zur Ungerechtigkeit.
⁴HERR, tue wohl den guten und frommen Herzen!
⁵Die aber abweichen auf ihre krummen Wege, wird der HERR wegtreiben mit den Übeltätern. Friede sei über Israel!

Kapitel 126

¹(Ein Lied im Höhern Chor.) Wenn der HERR die Gefangenen Zions erlösen wird, so werden wir sein wie die Träumenden.
²Dann wird unser Mund voll Lachens und unsere Zunge voll Rühmens sein. Da wird man sagen unter den Heiden: Der HERR hat Großes an ihnen getan!
³Der HERR hat Großes an uns getan; des sind wir fröhlich.
⁴HERR, bringe wieder unsere Gefangenen, wie du die Bäche wiederbringst im Mittagslande.
⁵Die mit Tränen säen, werden mit Freuden ernten.
⁶Sie gehen hin und weinen und tragen edlen Samen und kommen mit Freuden und bringen ihre Garben.

Kapitel 127

¹(Ein Lied Salomos im Höhern Chor.) Wo der HERR nicht das Haus baut, so arbeiten umsonst, die daran bauen. Wo der HERR nicht die Stadt behütet, so wacht der Wächter umsonst.
²Es ist umsonst, daß ihr früh aufstehet und hernach lange sitzet und esset euer Brot mit Sorgen; denn seinen Freunden gibt er's schlafend.
³Siehe, Kinder sind eine Gabe des HERRN, und Leibesfrucht ist ein Geschenk.
⁴Wie die Pfeile in der Hand des Starken, also geraten die jungen Knaben.
⁵Wohl dem, der seinen Köcher derselben voll hat! Die werden nicht zu Schanden, wenn sie mit ihren Feinden handeln im Tor.

Kapitel 128

¹(Ein Lied im höhern Chor.) Wohl dem, der den HERRN fürchtet und auf seinen Wegen geht!
²Du wirst dich nähren deiner Hände arbeit; wohl dir, du hast es gut.
³Dein Weib wird sein wie ein fruchtbarer Weinstock drinnen in deinem Hause, deine Kinder wie Ölzweige um deinen Tisch her.

Psalm

⁴Siehe, also wird gesegnet der Mann, der den HERRN fürchtet.

⁵Der HERR wird dich segnen aus Zion, daß du sehest das Glück Jerusalems dein Leben lang

⁶und sehest deiner Kinder Kinder. Friede über Israel!

Kapitel 129

¹(Ein Lied im höhern Chor.) Sie haben mich oft gedrängt von meiner Jugend auf, so sage Israel,

²sie haben mich oft gedrängt von meiner Jugend auf; aber sie haben mich nicht übermocht.

³Die Pflüger haben auf meinen Rücken geackert und ihre Furchen lang gezogen.

⁴Der HERR, der gerecht ist, hat der Gottlosen Seile abgehauen.

⁵Ach daß müßten zu Schanden werden und zurückkehren alle, die Zion gram sind!

⁶Ach daß sie müßten sein wie das Gras auf den Dächern, welches verdorrt, ehe man es ausrauft,

⁷von welchem der Schnitter seine Hand nicht füllt noch der Garbenbinder seinen Arm

⁸und die vorübergehen nicht sprechen: "Der Segen des HERRN sei über euch! wir segnen euch im Namen des HERRN"!

Kapitel 130

¹(Ein Lied im höhern Chor.) Aus der Tiefe rufe ich, HERR, zu dir.

²HERR, höre auf meine Stimme, laß deine Ohren merken auf die Stimme meines Flehens!

³So du willst, HERR, Sünden zurechnen, HERR, wer wird bestehen?

⁴Denn bei dir ist die Vergebung, daß man dich fürchte.

⁵Ich harre des HERRN; meine Seele harret, und ich hoffe auf sein Wort.

⁶Meine Seele wartet auf den HERRN von einer Morgenwache bis zur andern.

⁷Israel, hoffe auf den HERRN! denn bei dem HERRN ist die Gnade und viel Erlösung bei ihm,

⁸und er wird Israel erlösen aus allen seinen Sünden.

Kapitel 131

¹(Ein Lied Davids im höhern Chor.) HERR, mein Herz ist nicht hoffärtig, und meine Augen sind nicht stolz; ich wandle nicht in großen Dingen, die mir zu hoch sind.

²Ja, ich habe meine Seele gesetzt und gestillt; so ist meine Seele in mir wie ein entwöhntes Kind bei seiner Mutter.

³Israel, hoffe auf den HERRN von nun an bis in Ewigkeit!

Kapitel 132

¹(Ein Lied im höhern Chor.) Gedenke, HERR, an David und all sein Leiden,

²der dem HERRN schwur und gelobte dem Mächtigen Jakobs:

³"Ich will nicht in die Hütte meines Hauses gehen noch mich aufs Lager meines Bettes legen,

⁴ich will meine Augen nicht schlafen lassen noch meine Augenlider schlummern,

⁵bis ich eine Stätte finde für den HERRN, zur Wohnung des Mächtigen Jakobs."

⁶Siehe, wir hörten von ihr in Ephratha; wir haben sie gefunden auf dem Felde des Waldes.

⁷Wir wollen in seine Wohnung gehen und anbeten vor seinem Fußschemel.

⁸HERR, mache dich auf zu deiner Ruhe, du und die Lade deiner Macht!

⁹Deine Priester laß sich kleiden mit Gerechtigkeit und deine Heiligen sich freuen.

¹⁰Wende nicht weg das Antlitz deines Gesalbten um deines Knechtes David willen.

¹¹Der HERR hat David einen wahren Eid geschworen, davon wird er sich nicht wenden: "Ich will dir auf deinen Stuhl setzen die Frucht deines Leibes.

¹²Werden deine Kinder meinen Bund halten und mein Zeugnis, das ich sie lehren werde, so sollen auch ihre Kinder auf deinem Stuhl sitzen ewiglich."

¹³Denn der HERR hat Zion erwählt und hat Lust, daselbst zu wohnen.

¹⁴"Dies ist meine Ruhe ewiglich, hier will ich wohnen; denn es gefällt mir wohl.

¹⁵Ich will ihre Speise segnen und ihren Armen Brot genug geben.

¹⁶Ihre Priester will ich mit Heil kleiden, und ihre Heiligen sollen fröhlich sein.

¹⁷Daselbst soll aufgehen das Horn Davids; ich habe meinen Gesalbten eine Leuchte zugerichtet.

¹⁸Seine Feinde will ich mit Schanden kleiden; aber über ihm soll blühen seine Krone."

Kapitel 133

¹(Ein Lied Davids im höhern Chor.) Siehe, wie fein und lieblich ist's, daß Brüder einträchtig beieinander wohnen!

²wie der köstliche Balsam ist, der von Aaron Haupt herabfließt in seinen ganzen Bart, der herabfließt in sein Kleid,

³wie der Tau, der vom Hermon herabfällt auf die Berge Zions. Denn daselbst verheizt der HERR Segen und Leben immer und ewiglich.

Kapitel 134

¹(Ein Lied im höhern Chor.) Siehe, lobet den HERRN, alle Knechte des HERRN, die ihr stehet des Nachts im Hause des HERRN!

²Hebet eure Hände auf im Heiligtum und lobet den HERRN!

³Der HERR segne dich aus Zion, der Himmel und Erde gemacht hat!

Kapitel 135

¹Halleluja! Lobet den Namen des HERRN, lobet, ihr Knechte des HERRN,

²die ihr stehet im Hause des HERRN, in den Höfen des Hauses unsers Gottes!

³Lobet den HERRN, denn der HERR ist freundlich; lobsinget seinem Namen, denn er ist lieblich!

⁴Denn der HERR hat sich Jakob erwählt, Israel zu seinem Eigentum.

⁵Denn ich weiß, daß der HERR groß ist und unser HERR vor allen Göttern.

⁶Alles, was er will, das tut er, im Himmel und auf Erden, im Meer und in allen Tiefen;

⁷der die Wolken läßt aufsteigen vom Ende der Erde, der die Blitze samt dem Regen macht, der den Wind aus seinen Vorratskammern kommen läßt;

⁸der die Erstgeburten schlug in Ägypten, beider, der Menschen und des Viehes,

⁹und ließ Zeichen und Wunder kommen über dich, Ägyptenland, über Pharao und alle seine Knechte;

¹⁰der viele Völker schlug und tötete mächtige Könige:

¹¹Sihon, der Amoriter König, und Og, den König von Basan, und alle Königreiche in Kanaan;

¹²und gab ihr Land zum Erbe, zum Erbe seinem Volk Israel.

¹³HERR, dein Name währet ewiglich; dein Gedächtnis, HERR, währet für und für.

¹⁴Denn der HERR wird sein Volk richten und seinen Knechten gnädig sein.

¹⁵Der Heiden Götzen sind Silber und Gold, von Menschenhänden gemacht.

¹⁶Sie haben Mäuler, und reden nicht; sie haben Augen, und sehen nicht;

¹⁷sie haben Ohren, und hören nicht; auch ist kein Odem in ihrem Munde.

¹⁸Die solche machen, sind gleich also, alle, die auf solche hoffen.

¹⁹Das Haus Israel lobe den HERRN! Lobet den HERRN, ihr vom Hause Aaron!

²⁰Ihr vom Hause Levi, lobet den HERRN! Die ihr den HERRN fürchtet, lobet den HERRN!

²¹Gelobet sei der HERR aus Zion, der zu Jerusalem wohnt! Halleluja!

Kapitel 136

¹Danket dem HERRN; denn er ist freundlich, denn seine Güte währet ewiglich.

²Danket dem Gott aller Götter, denn seine Güte währet ewiglich.

³Danket dem HERRN aller Herren, denn seine Güte währet ewiglich,

⁴der große Wunder tut allein, denn seine Güte währet ewiglich;

⁵der die Himmel weislich gemacht hat, denn seine Güte währet ewiglich;

⁶der die Erde auf Wasser ausgebreitet hat, denn seine Güte währet ewiglich;

⁷der große Lichter gemacht hat, denn seine Güte währet ewiglich:
⁸Die Sonne, dem Tag vorzustehen, denn seine Güte währet ewiglich,
⁹den Mond und Sterne, der Nacht vorzustehen, denn seine Güte währet ewiglich;
¹⁰der Ägypten schlug an ihren Erstgeburten, denn seine Güte währet ewiglich
¹¹und führte Israel heraus, denn seine Güte währet ewiglich
¹²durch mächtige Hand und ausgerecktem Arm, denn seine Güte währet ewiglich;
¹³der das Schilfmeer teilte in zwei Teile, denn seine Güte währet ewiglich
¹⁴und ließ Israel hindurchgehen, denn seine Güte währet ewiglich;
¹⁵der Pharao und sein Heer ins Schilfmeer stieß, denn seine Güte währet ewiglich;
¹⁶der sein Volk führte in der Wüste, denn seine Güte währet ewiglich;
¹⁷der große Könige schlug, denn seine Güte währet ewiglich
¹⁸und erwürgte mächtige Könige, denn seine Güte währet ewiglich:
¹⁹Sihon, der Amoriter König, denn seine Güte währet ewiglich
²⁰und Og, den König von Basan, denn seine Güte währet ewiglich,
²¹und gab ihr Land zum Erbe, denn seine Güte währet ewiglich,
²²zum Erbe seinem Knecht Israel, denn seine Güte währet ewiglich,
²³denn er dachte an uns, da wir unterdrückt waren, denn seine Güte währet ewiglich;
²⁴und erlöste uns von unsern Feinden, denn seine Güte währet ewiglich;
²⁵der allem Fleisch Speise gibt, denn seine Güte währet ewiglich.
²⁶Dankt dem Gott des Himmels, denn seine Güte währet ewiglich.

Kapitel 137

¹An den Wassern zu Babel saßen wir und weinten, wenn wir an Zion gedachten.
²Unsere Harfen hingen wir an die Weiden, die daselbst sind.
³Denn dort hießen uns singen, die uns gefangen hielten, und in unserm Heulen fröhlich sein: "Singet uns ein Lied von Zion!"
⁴Wie sollten wir des HERRN Lied singen in fremden Landen?
⁵Vergesse ich dein, Jerusalem, so werde ich meiner Rechten vergessen.
⁶Meine Zunge soll an meinem Gaumen kleben, wo ich nicht dein gedenke, wo ich nicht lasse Jerusalem meine höchste Freude sein.
⁷HERR, gedenke der Kinder Edom den Tag Jerusalems, die da sagten: "Rein ab, rein ab bis auf ihren Boden!"
⁸Du verstörte Tochter Babel, wohl dem, der dir vergilt, wie du uns getan hast!
⁹Wohl dem, der deine jungen Kinder nimmt und zerschmettert sie an dem Stein!

Kapitel 138

¹(Davids.) Ich danke dir von ganzem Herzen; vor den Göttern will ich dir lobsingen.
²Ich will anbeten zu deinem heiligen Tempel und deinem Namen danken für deine Güte und Treue; denn du hast deinen Namen über alles herrlich gemacht durch dein Wort.
³Wenn ich dich anrufe, so erhörst du mich und gibst meiner Seele große Kraft.
⁴Es danken dir, HERR, alle Könige auf Erden, daß sie hören das Wort deines Mundes,
⁵und singen auf den Wegen des HERRN, daß die Ehre des HERRN groß sei.
⁶Denn der HERR ist hoch und sieht auf das Niedrige und kennt die Stolzen von ferne.
⁷Wenn ich mitten in der Angst wandle, so erquickst du mich und streckst deine Hand über den Zorn meiner Feinde und hilfst mir mit deiner Rechten.
⁸Der HERR wird's für mich vollführen. HERR, deine Güte ist ewig. Das Werk deiner Hände wollest du nicht lassen.

Kapitel 139

¹(Ein Psalm Davids, vorzusingen.) HERR, Du erforschest mich und kennst mich.
²Ich sitze oder stehe auf, so weißt du es; du verstehst meine Gedanken von ferne.
³Ich gehe oder liege, so bist du um mich und siehst alle meine Wege.
⁴Denn siehe, es ist kein Wort auf meiner Zunge, das du, HERR, nicht alles wissest.
⁵Von allen Seiten umgibst du mich und hältst deine Hand über mir.
⁶Solche Erkenntnis ist mir zu wunderbar und zu hoch; ich kann sie nicht begreifen.
⁷Wo soll ich hin gehen vor deinem Geist, und wo soll ich hin fliehen vor deinem Angesicht?
⁸Führe ich gen Himmel, so bist du da. Bettete ich mir in die Hölle, siehe, so bist du auch da.
⁹Nähme ich Flügel der Morgenröte und bliebe am äußersten Meer,
¹⁰so würde mich doch deine Hand daselbst führen und deine Rechte mich halten.
¹¹Spräche ich: Finsternis möge mich decken! so muß die Nacht auch Licht um mich sein.
¹²Denn auch Finsternis ist nicht finster bei dir, und die Nacht leuchtet wie der Tag, Finsternis ist wie das Licht.
¹³Denn du hast meine Nieren bereitet und hast mich gebildet im Mutterleib.
¹⁴Ich danke dir dafür, daß ich wunderbar gemacht bin; wunderbar sind deine Werke, und das erkennt meine Seele wohl.
¹⁵Es war dir mein Gebein nicht verhohlen, da ich im Verborgenen gemacht ward, da ich gebildet ward unten in der Erde.
¹⁶Deine Augen sahen mich, da ich noch unbereitet war, und alle Tage waren auf dein Buch geschrieben, die noch werden sollten, als derselben keiner da war.
¹⁷Aber wie köstlich sind vor mir, Gott, deine Gedanken! Wie ist ihrer so eine große Summe!
¹⁸Sollte ich sie zählen, so würde ihrer mehr sein denn des Sandes. Wenn ich aufwache, bin ich noch bei dir.
¹⁹Ach Gott, daß du tötetest die Gottlosen, und die Blutgierigen von mir weichen müßten!
²⁰Denn sie reden von dir lästerlich, und deine Feinde erheben sich ohne Ursache.
²¹Ich hasse ja, HERR, die dich hassen, und es verdrießt mich an ihnen, daß sie sich wider dich setzen.
²²Ich hasse sie im rechten Ernst; sie sind mir zu Feinden geworden.
²³Erforsche mich, Gott, und erfahre mein Herz; prüfe mich und erfahre, wie ich's meine.
²⁴Und siehe, ob ich auf bösem Wege bin, und leite mich auf ewigem Wege.

Kapitel 140

¹(Ein Psalm Davids, vorzusingen.) Errette mich, HERR, von den bösen Menschen; behüte mich vor den freveln Leute,
²die Böses gedenken in ihrem Herzen und täglich Krieg erregen.
³Sie schärfen ihre Zunge wie eine Schlange; Otterngift ist unter ihren Lippen. (Sela.)
⁴Bewahre mich, HERR, vor der Hand der Gottlosen; behüte mich vor den freveln Leuten, die meinen Gang gedenken umzustoßen.
⁵Die Hoffärtigen legen mir Stricke und breiten mir Seile aus zum Netz und stellen mir Fallen an den Weg. (Sela.)
⁶Ich aber sage zum HERRN: Du bist mein Gott; HERR, vernimm die Stimme meines Flehens!
⁷HERR HERR, meine starke Hilfe, du beschirmst mein Haupt zur Zeit des Streites.
⁸HERR, laß dem Gottlosen seine Begierde nicht; stärke seinen Mutwillen nicht: sie möchten sich des überheben. (Sela.)
⁹Das Unglück, davon meine Feinde ratschlagen, müsse auf ihren Kopf fallen.
¹⁰Er wird Strahlen über sie schütten; er wird sie mit Feuer tief in die Erde schlagen, daß sie nicht mehr aufstehen.
¹¹Ein böses Maul wird kein Glück haben auf Erden; ein frevler, böser Mensch wird verjagt und gestürzt werden.
¹²Denn ich weiß, daß der HERR wird des Elenden Sache und der Armen Recht ausführen.
¹³Auch werden die Gerechten deinem Namen danken, und die Frommen werden vor deinem Angesicht bleiben.

Kapitel 141

¹(Ein Psalm Davids.) HERR, ich rufe zu dir; eile zu mir; vernimm meine Stimme, wenn ich dich anrufe.
²Mein Gebet müsse vor dir Taugen wie ein Räuchopfer, mein Händeaufheben wie ein Abendopfer.
³HERR, behüte meinen Mund und bewahre meine Lippen.
⁴Neige mein Herz nicht auf etwas Böses, ein gottloses Wesen zu

Psalm

führen mit den Übeltätern, daß ich nicht esse von dem, was ihnen geliebt.

⁵Der Gerechte schlage mich freundlich und strafe mich; das wird mir so wohl tun wie Balsam auf meinem Haupt; denn ich bete stets, daß sie mir nicht Schaden tun.

⁶Ihre Führer müssen gestürzt werden über einen Fels; so wird man dann meine Rede hören, daß sie lieblich sei.

⁷Unsere Gebeine sind zerstreut bis zur Hölle, wie wenn einer das Land pflügt und zerwühlt.

⁸Denn auf dich, HERR HERR, sehen meine Augen; ich traue auf dich, verstoße meine Seele nicht.

⁹Bewahre mich vor dem Stricke, den sie mir gelegt haben, und von der Falle der Übeltäter.

¹⁰Die Gottlosen müssen in ihr eigen Netz fallen miteinander, ich aber immer vorübergehen.

Kapitel 142

¹(Eine Unterweisung Davids, ein Gebet, da er in der Höhle war.) Ich schreie zum HERRN mit meiner Stimme; ich flehe zum HERRN mit meiner Stimme;

²ich schütte meine Rede vor ihm aus und zeige an vor ihm meine Not.

³Wenn mein Geist in Ängsten ist, so nimmst du dich meiner an. Sie legen mir Stricke auf dem Wege, darauf ich gehe.

⁴Schaue zur Rechten und siehe! da will mich niemand kennen. Ich kann nicht entfliehen; niemand nimmt sich meiner Seele an.

⁵HERR, zu dir schreie ich und sage: Du bist meine Zuversicht, mein Teil im Lande der Lebendigen.

⁶Merke auf meine Klage, denn ich werde sehr geplagt; errette mich von meinen Verfolgern, denn sie sind mir zu mächtig.

⁷Führe meine Seele aus dem Kerker, daß ich danke deinem Namen. Die Gerechten werden sich zu mir sammeln, wenn du mir wohltust.

Kapitel 143

¹(Ein Psalm Davids.) HERR, erhöre mein Gebet, vernimm mein Flehen um deiner Wahrheit willen, erhöre mich um deiner Gerechtigkeit willen

²und gehe nicht ins Gericht mit deinem Knechte; denn vor dir ist kein Lebendiger gerecht.

³Denn der Feind verfolgt meine Seele und schlägt mein Leben zu Boden; er legt mich ins Finstere wie die, so längst tot sind.

⁴Und mein Geist ist in mir geängstet; mein Herz ist mir in meinem Leibe verzehrt.

⁵Ich gedenke an die vorigen Zeiten; ich rede von allen deinen Taten und sage von den Werken deiner Hände.

⁶Ich breite meine Hände aus zu dir; meine Seele dürstet nach dir wie ein dürres Land. (Sela.)

⁷HERR, erhöre mich bald, mein Geist vergeht; verbirg dein Antlitz nicht von mir, daß ich nicht gleich werde denen, die in die Grube fahren.

⁸Laß mich frühe hören deine Gnade; denn ich hoffe auf dich. Tue mir kund den Weg, darauf ich gehen soll; denn mich verlangt nach dir.

⁹Errette mich, mein Gott, von meinen Feinden; zu dir habe ich Zuflucht.

¹⁰Lehre mich tun nach deinem Wohlgefallen, denn du bist mein Gott; dein guter Geist führe mich auf ebener Bahn.

¹¹HERR, erquicke mich um deines Namens willen; führe meine Seele aus der Not um deiner Gerechtigkeit willen

¹²und verstöre meine Feinde um deiner Güte willen und bringe alle um, die meine Seele ängsten; denn ich bin dein Knecht.

Kapitel 144

¹(Ein Psalm Davids.) Gelobet sei der HERR, mein Hort, der meine Hände lehrt streiten und meine Fäuste kriegen,

²meine Güte und meine Burg, mein Schutz und mein Erretter, mein Schild, auf den ich traue, der mein Volk unter mich zwingt.

³HERR, was ist der Mensch, daß du dich sein annimmst, und des Menschen Kind, daß du ihn so achtest?

⁴Ist doch der Mensch gleich wie nichts; seine Zeit fährt dahin wie ein Schatten.

⁵HERR, neige deine Himmel und fahre herab; rühre die Berge an, daß sie rauchen.

⁶laß blitzen und zerstreue sie; schieße deine Strahlen und schrecke sie;

⁷strecke deine Hand aus von der Höhe und erlöse mich und errette mich von großen Wassern, von der Hand der Kinder der Fremde,

⁸deren Mund redet unnütz, und ihre Werke sind falsch.

⁹Gott, ich will dir ein neues Lied singen, ich will dir spielen auf dem Psalter von zehn Saiten,

¹⁰der du den Königen Sieg gibst und erlöst deinen Knecht David vom mörderischen Schwert des Bösen.

¹¹Erlöse mich auch und errette mich von der Hand der Kinder der Fremde, deren Mund redet unnütz, und ihre Werke sind falsch,

¹²daß unsere Söhne aufwachsen in ihrer Jugend wie die Pflanzen, und unsere Töchter seien wie die ausgehauenen Erker, womit man Paläste ziert;

¹³daß unsere Kammern voll seien und herausgeben können einen Vorrat nach dem andern; daß unsere Schafe tragen tausend und zehntausend auf unsern Triften;

¹⁴daß unsere Ochsen viel erarbeiten; daß kein Schade, kein Verlust noch Klage auf unsern Gassen sei.

¹⁵Wohl dem Volk, dem es also geht! Wohl dem Volk, des Gott der HERR ist!

Kapitel 145

¹(Ein Lob Davids.) Ich will dich erheben, mein Gott, du König, und deinen Namen loben immer und ewiglich.

²Ich will dich täglich loben und deinen Namen rühmen immer und ewiglich.

³Der HERR ist groß und sehr löblich, und seine Größe ist unausforschlich.

⁴Kindeskinder werden deine Werke preisen und von deiner Gewalt sagen.

⁵Ich will reden von deiner herrlichen, schönen Pracht und von deinen Wundern,

⁶daß man soll sagen von deinen herrlichen Taten und daß man erzähle deine Herrlichkeit;

⁷daß man preise deine große Güte und deine Gerechtigkeit rühme.

⁸Gnädig und barmherzig ist der HERR, geduldig und von großer Güte.

⁹Der HERR ist allen gütig und erbarmt sich aller seiner Werke.

¹⁰Es sollen dir danken, HERR, alle deine Werke und deine Heiligen dich loben

¹¹und die Ehre deines Königreiches rühmen und von deiner Gewalt reden,

¹²daß den Menschenkindern deine Gewalt kund werde und die herrliche Pracht deines Königreichs.

¹³Dein Reich ist ein ewiges Reich, und deine Herrschaft währet für und für.

¹⁴Der HERR erhält alle, die da fallen, und richtet auf alle, die niedergeschlagen sind.

¹⁵Aller Augen warten auf dich, und du gibst ihnen ihre Speise zu seiner Zeit.

¹⁶Du tust deine Hand auf und erfüllst alles, was lebt, mit Wohlgefallen.

¹⁷Der HERR ist gerecht in allen seinen Wegen und heilig in allen seinen Werken.

¹⁸Der HERR ist nahe allen, die ihn anrufen, allen, die ihn mit Ernst anrufen.

¹⁹Er tut, was die Gottesfürchtigen begehren, und hört ihr Schreien und hilft ihnen.

²⁰Der HERR behütet alle, die ihn lieben, und wird vertilgen alle Gottlosen.

²¹Mein Mund soll des HERRN Lob sagen, und alles Fleisch lobe seinen heiligen Namen immer und ewiglich.

Kapitel 146

¹Halleluja! Lobe den HERRN, meine Seele!

²Ich will den HERRN loben, solange ich lebe, und meinem Gott lobsingen, solange ich hier bin.

³Verlaßt euch nicht auf Fürsten; sie sind Menschen, die können ja nicht helfen.

⁴Denn des Menschen Geist muß davon, und er muß wieder zu Erde werden; alsdann sind verloren alle seine Anschläge.

⁵Wohl dem, des Hilfe der Gott Jakobs ist; des Hoffnung auf den HERRN, seinem Gott, steht;

⁶der Himmel, Erde, Meer und alles, was darinnen ist, gemacht hat; der Glauben hält ewiglich;

⁷der Recht schafft denen, so Gewalt leiden; der die Hungrigen speist. Der HERR löst die Gefangenen.

⁸Der HERR macht die Blinden sehend. Der HERR richtet auf, die niedergeschlagen sind. Der HERR liebt die Gerechten.

⁹Der HERR behütet die Fremdlinge und erhält die Waisen und

Witwen und kehrt zurück den Weg der Gottlosen.

¹⁰Der HERR ist König ewiglich, dein Gott, Zion, für und für. Halleluja.

Kapitel 147

¹Lobet den HERR! denn unsern Gott loben, das ist ein köstlich Ding; solch Lob ist lieblich und schön.

²Der HERR baut Jerusalem und bringt zusammen die Verjagten Israels.

³Er heilt, die zerbrochnes Herzens sind, und verbindet ihre Schmerzen.

⁴Er zählt die Sterne und nennt sie alle mit Namen.

⁵Der HERR ist groß und von großer Kraft; und ist unbegreiflich, wie er regiert.

⁶Der Herr richtet auf die Elenden und stößt die Gottlosen zu Boden.

⁷Singet umeinander dem HERRN mit Dank und lobet unsern Gott mit Harfen,

⁸der den Himmel mit Wolken verdeckt und gibt Regen auf Erden; der Gras auf Bergen wachsen läßt;

⁹der dem Vieh sein Futter gibt, den jungen Raben, die ihn anrufen.

¹⁰Er hat nicht Lust an der Stärke des Rosses noch Gefallen an eines Mannes Schenkeln.

¹¹Der HERR hat Gefallen an denen, die ihn fürchten, die auf seine Güte hoffen.

¹²Preise, Jerusalem, den HERRN; lobe Zion, deinen Gott!

¹³Denn er macht fest die Riegel deiner Tore und segnet deine Kinder drinnen.

¹⁴Er schafft deinen Grenzen Frieden und sättigt dich mit dem besten Weizen.

¹⁵Er sendet seine Rede auf Erden; sein Wort läuft schnell.

¹⁶Er gibt Schnee wie Wolle, er streut Reif wie Asche.

¹⁷Er wirft seine Schloßen wie Bissen; wer kann bleiben vor seinem Frost?

¹⁸Er spricht, so zerschmilzt es; er läßt seinen Wind wehen, so taut es auf.

¹⁹Er zeigt Jakob sein Wort, Israel seine Sitten und Rechte.

²⁰So tut er keinen Heiden, noch läßt er sie wissen seine Rechte. Halleluja!

Kapitel 148

¹Halleluja! Lobet im Himmel den HERRN; lobet ihn in der Höhe!

²Lobet ihn, alle seine Engel; lobet ihn, all sein Heer!

³Lobet ihn, Sonne und Mond; lobet ihn, alle leuchtenden Sterne!

⁴Lobet ihn, ihr Himmel allenthalben und die Wasser, die oben am Himmel sind!

⁵Die sollen loben den Namen des HERRN; denn er gebot, da wurden sie geschaffen.

⁶Er hält sie immer und ewiglich; er ordnet sie, daß sie nicht anders gehen dürfen.

⁷Lobet den HERRN auf Erden, ihr Walfische und alle Tiefen;

⁸Feuer, Hagel, Schnee und Dampf, Strumwinde, die sein Wort ausrichten;

⁹Berge und alle Hügel, fruchtbare Bäume und alle Zedern;

¹⁰Tiere und alles Vieh, Gewürm und Vögel;

¹¹ihr Könige auf Erden und alle Völker, Fürsten und alle Richter auf Erden;

¹²Jünglinge und Jungfrauen, Alte mit den Jungen!

¹³Die sollen loben den Namen des HERRN; denn sein Name allein ist hoch, sein Lob geht, soweit Himmel und Erde ist.

¹⁴Und erhöht das Horn seines Volkes. Alle Heiligen sollen loben, die Kinder Israel, das Volk, das ihm dient. Halleluja!

Kapitel 149

¹Halleluja! Singet dem HERRN ein neues Lied; die Gemeinde der Heiligen soll ihn loben.

²Israel freue sich des, der es gemacht hat; die Kinder Zions seien fröhlich über ihren König.

³Sie sollen loben seinen Namen im Reigen; mit Pauken und Harfen sollen sie ihm spielen.

⁴Denn der HERR hat Wohlgefallen an seinem Volk; er hilft den Elenden herrlich.

⁵Die Heiligen sollen fröhlich sein und preisen und rühmen auf ihren Lagern.

⁶Ihr Mund soll Gott erheben, und sie sollen scharfe Schwerter in ihren Händen haben,

⁷daß sie Rache üben unter den Heiden, Strafe unter den Völkern;

⁸ihre Könige zu binden mit Ketten und ihre Edlen mit eisernen Fesseln;

⁹daß sie ihnen tun das Recht, davon geschrieben ist. Solche Ehre werden alle seine Heiligen haben. Halleluja!

Kapitel 150

¹Halleluja! Lobet den HERRN in seinem Heiligtum; lobet ihn in der Feste seiner Macht!

²Lobet ihn in seinen Taten; lobet ihn in seiner großen Herrlichkeit!

³Lobet ihn mit Posaunen; lobet ihn mit Psalter und Harfe!

⁴Lobet ihn mit Pauken und Reigen; lobet ihn mit Saiten und Pfeifen!

⁵Lobet ihn mit hellen Zimbeln; lobet ihn mit wohlklingenden Zimbeln!

⁶Alles, was Odem hat, lobe den HERRN! Halleluja!

Sprueche

Kapitel 1

¹Dies sind die Sprüche Salomos, des Königs in Israel, des Sohnes Davids,

²zu lernen Weisheit und Zucht, Verstand

³Klugheit, Gerechtigkeit, Recht und Schlecht;

⁴daß die Unverständigen klug und die Jünglinge vernünftig und vorsichtig werden.

⁵Wer weise ist der hört zu und bessert sich; wer verständig ist, der läßt sich raten,

⁶daß er verstehe die Sprüche und ihre Deutung, die Lehre der Weisen und ihre Beispiele.

⁷Des HERRN Furcht ist Anfang der Erkenntnis. Die Ruchlosen verachten Weisheit und Zucht.

⁸Mein Kind, gehorche der Zucht deines Vaters und verlaß nicht das Gebot deiner Mutter.

⁹Denn solches ist ein schöner Schmuck deinem Haupt und eine Kette an deinem Hals.

¹⁰Mein Kind, wenn dich die bösen Buben locken, so folge nicht.

¹¹Wenn sie sagen: "Gehe mit uns! wir wollen auf Blut lauern und den Unschuldigen ohne Ursache nachstellen;

¹²wir wollen sie lebendig verschlingen wie die Hölle und die Frommen wie die, so hinunter in die Grube fahren;

¹³wir wollen großes Gut finden; wir wollen unsre Häuser mit Raub füllen,

¹⁴wage es mit uns! es soll unser aller ein Beutel sein":

¹⁵mein Kind, wandle den Weg nicht mit ihnen; wehre deinem Fuß vor ihrem Pfad.

¹⁶Denn ihr Füße laufen zum Bösen und eilen, Blut zu vergießen.

¹⁷Denn es ist vergeblich, das Netz auswerfen vor den Augen der Vögel.

¹⁸Sie aber lauern auf ihr eigen Blut und stellen sich selbst nach dem Leben.

¹⁹Also geht es allen, die nach Gewinn geizen, daß ihr Geiz ihnen das Leben nimmt.

²⁰Die Weisheit klagt draußen und läßt sich hören auf den Gassen;

²¹sie ruft in dem Eingang des Tores, vorn unter dem Volk; sie redet ihre Worte in der Stadt:

²²Wie lange wollt ihr Unverständigen unverständig sein und die Spötter Lust zu Spötterei und die Ruchlosen die Lehre hassen?

²³Kehret euch zu meiner Strafe. Siehe, ich will euch heraussagen meinen Geist und euch meine Worte kundtun.

²⁴Weil ich denn rufe, und ihr weigert euch, ich recke meine Hand aus, und niemand achtet darauf,

²⁵und laßt fahren allen meinen Rat und wollt meine Strafe nicht:

²⁶so will ich auch lachen in eurem Unglück und eurer spotten, wenn da kommt, was ihr fürchtet,

²⁷wenn über euch kommt wie ein Sturm, was ihr fürchtet, und euer Unglück als ein Wetter, wenn über euch Angst und Not kommt.

²⁸Dann werden sie nach mir rufen, aber ich werde nicht antworten; sie werden mich suchen, und nicht finden.

²⁹Darum, daß sie haßten die Lehre und wollten des HERRN Furcht nicht haben,

³⁰wollten meinen Rat nicht und lästerten alle meine Strafe:

³¹so sollen sie essen von den Früchten ihres Wesens und ihres Rats satt werden.

³²Was die Unverständigen gelüstet, tötet sie, und der Ruchlosen Glück bringt sie um.

³³Wer aber mir gehorcht, wird sicher bleiben und genug haben und kein Unglück fürchten.

Kapitel 2

¹Mein Kind, so du willst meine Rede annehmen und meine Gebote bei dir behalten,

²daß dein Ohr auf Weisheit achtat und du dein Herz mit Fleiß dazu neigest;

³ja, so du mit Fleiß darnach rufest und darum betest;

⁴so du sie suchest wie Silber und nach ihr froschest wie nach Schätzen,

⁵alsdann wirst du die Furcht des HERRN verstehen und Gottes Erkenntnis finden.

⁶Denn der HERR gibt Weisheit, und aus seinem Munde kommt Erkenntnis und Verstand.

⁷Er läßt's den Aufrichtigen gelingen und beschirmt die Frommen

⁸und behütet die, so recht tun, und bewahrt den Weg seiner Heiligen.

⁹Alsdann wirst du verstehen Gerechtigkeit und Recht und Frömmigkeit und allen guten Weg.

¹⁰Denn Weisheit wird in dein Herz eingehen, daß du gerne lernst;

¹¹guter Rat wird dich bewahren, und Verstand wird dich behüten,

¹²daß du nicht geratest auf den Weg der Bösen noch unter die verkehrten Schwätzer,

¹³die da verlassen die rechte Bahn und gehen finstere Wege,

¹⁴die sich freuen, Böses zu tun, und sind fröhlich in ihrem bösen, verkehrten Wesen,

¹⁵welche ihren Weg verkehren und folgen ihrem Abwege;

¹⁶daß du nicht geratest an eines andern Weib, an eine Fremde, die glatte Worte gibt

¹⁷und verläßt den Freund ihrer Jugend und vergißt den Bund ihres Gottes

¹⁸(denn ihr Haus neigt sich zum Tod und ihre Gänge zu den Verlorenen;

¹⁹alle, die zu ihr eingehen, kommen nicht wieder und ergreifen den Weg des Lebens nicht);

²⁰auf daß du wandelst auf gutem Wege und bleibst auf der rechten Bahn.

²¹Denn die Gerechten werden im Lande wohnen, und die Frommen werden darin bleiben;

²²aber die Gottlosen werden aus dem Lande ausgerottet, und die Verächter werden daraus vertilgt.

Kapitel 3

¹Mein Kind, vergiß meines Gesetzes nicht, und dein Herz behalte meine Gebote.

²Denn sie werden dir langes Leben und gute Jahre und Frieden bringen;

³Gnade und Treue werden dich nicht lassen. Hänge sie an deinen Hals und schreibe sie auf die Tafel deines Herzens,

⁴so wirst du Gunst und Klugheit finden, die Gott und Menschen gefällt.

⁵Verlaß dich auf den HERRN von ganzem Herzen und verlaß dich nicht auf deinen Verstand;

⁶sondern gedenke an ihn in allen deinen Wegen, so wird er dich recht führen.

⁷Dünke dich nicht, weise zu sein, sondern fürchte den HERRN und weiche vom Bösen.

⁸Das wird deinem Leibe gesund sein und deine Gebeine erquicken.

⁹Ehre den HERRN von deinem Gut und von den Erstlingen all deines Einkommens,

¹⁰so werden deine Scheunen voll werden und deine Kelter mit Most übergehen.

¹¹Mein Kind, verwirf die Zucht des HERRN nicht und sei nicht ungeduldig über seine Strafe.

¹²Denn welchen der HERR liebt, den straft er, und hat doch Wohlgefallen an ihm wie ein Vater am Sohn.

¹³Wohl dem Menschen, der Weisheit findet, und dem Menschen, der Verstand bekommt!

¹⁴Denn es ist besser, sie zu erwerben, als Silber; denn ihr Ertrag ist besser als Gold.

¹⁵Sie ist edler denn Perlen; und alles, was du wünschen magst, ist ihr nicht zu vergleichen.

¹⁶Langes Leben ist zu ihrer rechten Hand; zu ihrer Linken ist Reichtum und Ehre.

¹⁷Ihre Wege sind liebliche Wege, und alle ihre Steige sind Friede.

¹⁸Sie ist ein Baum des Lebens allen, die sie ergreifen; und selig sind, die sie halten.

¹⁹Denn der HERR hat die Erde durch Weisheit gegründet und durch seinen Rat die Himmel bereitet.

²⁰Durch seine Weisheit sind die Tiefen zerteilt und die Wolken mit Tau triefend gemacht.

²¹Mein Kind, laß sie nicht von deinen Augen weichen, so wirst du glückselig und klug werden.

²²Das wird deiner Seele Leben sein und ein Schmuck deinem Halse.

²³Dann wirst du sicher wandeln auf deinem Wege, daß dein Fuß sich nicht stoßen wird.

²⁴Legst du dich, so wirst du dich nicht fürchten, sondern süß schlafen,

²⁵daß du dich nicht fürchten darfst vor plötzlichem Schrecken noch vor dem Sturm der Gottlosen, wenn er kommt.

²⁶Denn der HERR ist dein Trotz; der behütet deinen Fuß, daß er nicht gefangen werde.

²⁷Weigere dich nicht, dem Dürftigen Gutes zu tun, so deine Hand von Gott hat, solches zu tun.

²⁸Sprich nicht zu deinem Nächsten: "Geh hin und komm wieder; morgen will ich dir geben", so du es wohl hast.

²⁹Trachte nicht Böses wider deinen Nächsten, der auf Treue bei dir wohnt.

³⁰Hadere nicht mit jemand ohne Ursache, so er dir kein Leid getan hat.

³¹Eifere nicht einem Frevler nach und erwähle seiner Wege keinen;

³²denn der HERR hat Greuel an dem Abtrünnigen, und sein Geheimnis ist bei den Frommen.

³³Im Hause des Gottlosen ist der Fluch des HERRN; aber das Haus der Gerechten wird gesegnet.

³⁴Er wird der Spötter spotten; aber den Elenden wird er Gnade geben.

³⁵Die Weisen werden Ehre erben; aber wenn die Narren hochkommen, werden sie doch zu Schanden.

Kapitel 4

¹Höret, meine Kinder, die Zucht eures Vaters; merket auf, daß ihr lernt und klug werdet!

²Denn ich gebe euch eine gute Lehre; verlaßt mein Gesetz nicht.

³Denn ich war meines Vaters Sohn, ein zarter und ein einziger vor meiner Mutter.

⁴Und er lehrte mich und sprach: Laß dein Herz meine Worte aufnehmen; halte meine Gebote, so wirst du leben.

⁵Nimm an Weisheit, nimm an Verstand; vergiß nicht und weiche nicht von der Rede meines Mundes.

⁶Verlaß sie nicht, so wird sie dich bewahren; liebe sie, so wird sie dich behüten.

⁷Denn der Weisheit Anfang ist, wenn man sie gerne hört und die Klugheit lieber hat als alle Güter.

⁸Achte sie hoch, so wird sie dich erhöhen, und wird dich zu Ehren bringen, wo du sie herzest.

⁹Sie wird dein Haupt schön schmücken und wird dich zieren mit einer prächtigen Krone.

¹⁰So höre, mein Kind, und nimm an meine Rede, so werden deiner Jahre viel werden.

¹¹Ich will dich den Weg der Weisheit führen; ich will dich auf rechter Bahn leiten,

¹²daß, wenn du gehst, dein Gang dir nicht sauer werde, und wenn du läufst, daß du nicht anstoßest.

¹³Fasse die Zucht, laß nicht davon; bewahre sie, denn sie ist dein Leben.

¹⁴Komm nicht auf der Gottlosen Pfad und tritt nicht auf den Weg der Bösen.

¹⁵Laß ihn fahren und gehe nicht darin; weiche von ihm und gehe vorüber.

¹⁶Denn sie schlafen nicht, sie haben denn Übel getan; und ruhen nicht, sie haben den Schaden getan.

¹⁷Denn sie nähren sich von gottlosem Brot und trinken vom Wein des Frevels.

¹⁸Aber der Gerechten Pfad glänzt wie das Licht, das immer heller leuchtet bis auf den vollen Tag.

¹⁹Der Gottlosen Weg aber ist wie Dunkel; sie wissen nicht, wo sie fallen werden.

²⁰Mein Sohn, merke auf meine Worte und neige dein Ohr zu meiner Rede.

²¹Laß sie nicht von deinen Augen fahren, behalte sie in deinem Herzen.

²²Denn sie sind das Leben denen, die sie finden, und gesund ihrem ganzen Leibe.

²³Behüte dein Herz mit allem Fleiß; denn daraus geht das Leben.

²⁴Tue von dir den verkehrten Mund und laß das Lästermaul ferne von dir sein.

²⁵Laß deine Augen stracks vor sich sehen und deine Augenlider richtig vor dir hin blicken.

²⁶Laß deinen Fuß gleich vor sich gehen, so gehst du gewiß.

²⁷Wanke weder zur Rechten noch zur Linken; wende deinen Fuß vom Bösen.

Kapitel 5

¹Mein Kind, merke auf meine Weisheit; neige dein Ohr zu meiner Lehre,

²daß du bewahrest guten Rat und dein Mund wisse Unterschied zu halten.

³Denn die Lippen der Hure sind süß wie Honigseim, und ihre Kehle ist glätter als Öl,

⁴aber hernach bitter wie Wermut und scharf wie ein zweischneidiges Schwert.

⁵Ihre Füße laufen zum Tod hinunter; ihre Gänge führen ins Grab.

⁶Sie geht nicht stracks auf dem Wege des Lebens; unstet sind ihre Tritte, daß sie nicht weiß, wo sie geht.

⁷So gehorchet mir nun, meine Kinder, und weichet nicht von der Rede meines Mundes.

⁸Laß deine Wege ferne von ihr sein, und nahe nicht zur Tür ihres Hauses,

⁹daß du nicht den Fremden gebest deine Ehre und deine Jahre dem Grausamen;

¹⁰daß sich nicht Fremde von deinem Vermögen sättigen und deine Arbeit nicht sei in eines andern Haus,

¹¹und müssest hernach seufzen, wenn du Leib und Gut verzehrt hast,

¹²und sprechen: "Ach, wie habe ich die Zucht gehaßt und wie hat mein Herz die Strafe verschmäht!

¹³wie habe ich nicht gehorcht der Stimme meiner Lehrer und mein Ohr nicht geneigt zu denen, die mich lehrten!

¹⁴Ich bin schier in alles Unglück gekommen vor allen Leuten und allem Volk."

¹⁵Trink Wasser aus deiner Grube und Flüsse aus deinem Brunnen.

¹⁶Laß deine Brunnen herausfließen und die Wasserbäche auf die Gassen.

¹⁷Habe du aber sie allein, und kein Fremder mit dir.

¹⁸Dein Born sei gesegnet, und freue dich des Weibes deiner Jugend.

¹⁹Sie ist lieblich wie die Hinde und holdselig wie ein Reh. Laß dich ihre Liebe allezeit sättigen und ergötze dich allewege in ihrer Liebe.

²⁰Mein Kind, warum willst du dich an der Fremden ergötzen und herzest eine andere?

²¹Denn jedermanns Wege sind offen vor dem HERRN, und er mißt alle ihre Gänge.

²²Die Missetat des Gottlosen wird ihn fangen, und er wird mit dem Strick seiner Sünde gehalten werden.

²³Er wird sterben, darum daß er sich nicht will ziehen lassen; und um seiner großen Torheit willen wird's ihm nicht wohl gehen.

Kapitel 6

¹Mein Kind, wirst du Bürge für deinen Nächsten und hast deine Hand bei einem Fremden verhaftet,

²so bist du verknüpft durch die Rede deines Mundes und gefangen mit den Reden deines Mundes.

³So tue doch, mein Kind, also und errette dich, denn du bist deinem Nächsten in die Hände gekommen: eile, dränge und treibe deinen Nächsten.

⁴Laß deine Augen nicht schlafen, noch deinen Augenlider schlummern.

⁵Errette dich wie ein Reh von der Hand und wie eine Vogel aus der Hand des Voglers.

⁶Gehe hin zur Ameise, du Fauler; siehe ihre Weise an und lerne!

⁷Ob sie wohl keinen Fürsten noch Hauptmann noch Herrn hat,

⁸bereitet sie doch ihr Brot im Sommer und sammelt ihre Speise in der Ernte.

⁹Wie lange liegst du, Fauler? Wann willst du aufstehen von deinem Schlaf?

¹⁰Ja, schlafe noch ein wenig, schlummere ein wenig, schlage die Hände ineinander ein wenig, daß du schlafest,

¹¹so wird dich die Armut übereilen wie ein Fußgänger und der Mangel wie ein gewappneter Mann.

¹²Ein heilloser Mensch, ein schädlicher Mann geht mit verstelltem Munde,

¹³winkt mit Augen, deutet mit Füßen, zeigt mit Fingern,

¹⁴trachtet allezeit Böses und Verkehrtes in seinem Herzen und richtet Hader an.

¹⁵Darum wird ihm plötzlich sein Verderben kommen, und er wird schnell zerbrochen werden, da keine Hilfe dasein wird.

¹⁶Diese sechs Stücke haßt der HERR, und am siebenten hat er einen Greuel:

¹⁷hohe Augen, falsche Zunge, Hände, die unschuldig Blut vergießen,
¹⁸Herz, das mit böser Tücke umgeht, Füße, die behend sind, Schaden zu tun,
¹⁹falscher Zeuge, der frech Lügen redet und wer Hader zwischen Brüdern anrichtet.
²⁰Mein Kind, bewahre die Gebote deines Vaters und laß nicht fahren das Gesetz deiner Mutter.
²¹Binde sie zusammen auf dein Herz allewege und hänge sie an deinen Hals,
²²wenn du gehst, daß sie dich geleiten; wenn du dich legst, daß sie dich bewahren; wenn du aufwachst, daß sie zu dir sprechen.
²³Denn das Gebot ist eine Leuchte und das Gesetz ein Licht, und die Strafe der Zucht ist ein Weg des Lebens,
²⁴auf daß du bewahrt werdest vor dem bösen Weibe, vor der glatten Zunge der Fremden.
²⁵Laß dich ihre Schöne nicht gelüsten in deinem Herzen und verfange dich nicht an ihren Augenlidern.
²⁶Denn eine Hure bringt einen ums Brot; aber eines andern Weib fängt das edle Leben.
²⁷Kann auch jemand ein Feuer im Busen behalten, daß seine Kleider nicht brennen?
²⁸Wie sollte jemand auf Kohlen gehen, daß seine Füße nicht verbrannt würden?
²⁹Also gehet's dem, der zu seines Nächsten Weib geht; es bleibt keiner ungestraft, der sie berührt.
³⁰Es ist einem Diebe nicht so große Schmach, ob er stiehlt, seine Seele zu sättigen, weil ihn hungert;
³¹und ob er ergriffen wird, gibt er's siebenfältig wieder und legt dar alles Gut in seinem Hause.
³²Aber wer mit einem Weibe die Ehe bricht, der ist ein Narr; der bringt sein Leben ins Verderben.
³³Dazu trifft ihn Plage und Schande, und seine Schande wird nicht ausgetilgt.
³⁴Denn der Grimm des Mannes eifert, und schont nicht zur Zeit der Rache
³⁵und sieht keine Person an, die da versöhne, und nimmt's nicht an, ob du viel schenken wolltest.

Kapitel 7

¹Mein Kind, behalte meine Rede und verbirg meine Gebote bei dir.
²Behalte meine Gebote, so wirst du leben, und mein Gesetz wie deinen Augapfel.
³Binde sie an deine Finger; schreibe sie auf die Tafel deines Herzens.
⁴Sprich zur Weisheit: "Du bist meine Schwester", und nenne die Klugheit deine Freundin,
⁵daß du behütet werdest vor dem fremden Weibe, vor einer andern, die glatte Worte gibt.
⁶Denn am Fenster meines Hauses guckte ich durchs Gitter
⁷und sah unter den Unverständigen und ward gewahr unter den Kindern eines törichten Jünglings,
⁸der ging auf der Gasse an einer Ecke und trat daher auf dem Wege bei ihrem Hause,
⁹in der Dämmerung, am Abend des Tages, da es Nacht ward und dunkel war.
¹⁰Und siehe, da begegnete ihm ein Weib im Hurenschmuck, listig,
¹¹wild und unbändig, daß ihr Füße in ihrem Hause nicht bleiben können.
¹²Jetzt ist sie draußen, jetzt auf der Gasse, und lauert an allen Ecken.
¹³Und erwischte ihn und küßte ihn unverschämt und sprach zu ihm:
¹⁴Ich habe Dankopfer für mich heute bezahlt für meine Gelübde.
¹⁵Darum bin herausgegangen, dir zu begegnen, dein Angesicht zu suchen, und habe dich gefunden.
¹⁶Ich habe mein Bett schön geschmückt mit bunten Teppichen aus Ägypten.
¹⁷Ich habe mein Lager mit Myrrhe, Aloe und Zimt besprengt.
¹⁸Komm, laß und buhlen bis an den Morgen und laß und der Liebe pflegen.
¹⁹Denn der Mann ist nicht daheim; er ist einen fernen Weg gezogen.
²⁰Er hat den Geldsack mit sich genommen; er wird erst aufs Fest wieder heimkommen.
²¹Sie überredete ihn mit vielen Worten und gewann ihn mit ihrem glatten Munde.
²²Er folgt ihr alsbald nach, wie ein Ochse zur Fleischbank geführt wird, und wie zur Fessel, womit man die Narren züchtigt,
²³bis sie ihm mit dem Pfeil die Leber spaltet; wie ein Vogel zum Strick eilt und weiß nicht, daß es ihm sein Leben gilt.
²⁴So gehorchet mir nun, meine Kinder, und merket auf die Rede meines Mundes.
²⁵Laß dein Herz nicht weichen auf ihren Weg und laß dich nicht verführen auf ihrer Bahn.
²⁶Denn sie hat viele verwundet und gefällt, und sind allerlei Mächtige von ihr erwürgt.
²⁷Ihr Haus sind Wege zum Grab, da man hinunterfährt in des Todes Kammern.

Kapitel 8

¹Ruft nicht die Weisheit, und die Klugheit läßt sich hören?
²Öffentlich am Wege und an der Straße steht sie.
³An den Toren bei der Stadt, da man zur Tür eingeht, schreit sie:
⁴O ihr Männer, ich schreie zu euch und rufe den Leuten.
⁵Merkt, ihr Unverständigen, auf Klugheit und, ihr Toren, nehmt es zu Herzen!
⁶Höret, denn ich will reden, was fürstlich ist, und lehren, was recht ist.
⁷Denn mein Mund soll die Wahrheit reden, und meine Lippen sollen hassen, was gottlos ist.
⁸Alle Reden meines Mundes sind gerecht; es ist nichts Verkehrtes noch falsches darin.
⁹Sie sind alle gerade denen, die sie verstehen, und richtig denen, die es annehmen wollen.
¹⁰Nehmet an meine Zucht lieber denn Silber, und die Lehre achtet höher denn köstliches Gold.
¹¹Denn Weisheit ist besser als Perlen; und alles, was man wünschen mag, kann ihr nicht gleichen.
¹²Ich, Weisheit, wohne bei der Klugheit und weiß guten Rat zu geben.
¹³Die Furcht des HERRN haßt das Arge, die Hoffart, den Hochmut und bösen Weg; und ich bin feind dem verkehrten Mund.
¹⁴Mein ist beides, Rat und Tat; ich habe Verstand und Macht.
¹⁵Durch mich regieren die Könige und setzen die Ratsherren das Recht.
¹⁶Durch mich herrschen die Fürsten und alle Regenten auf Erden.
¹⁷Ich liebe, die mich lieben; und die mich frühe suchen, finden mich.
¹⁸Reichtum und Ehre ist bei mir, währendes Gut und Gerechtigkeit.
¹⁹Meine Frucht ist besser denn Gold und feines Gold und mein Ertrag besser denn auserlesenes Silber.
²⁰Ich wandle auf dem rechten Wege, auf der Straße des Rechts,
²¹daß ich wohl versorge, die mich lieben, und ihre Schätze vollmache.
²²Der HERR hat mich gehabt im Anfang seiner Wege; ehe er etwas schuf, war ich da.
²³Ich bin eingesetzt von Ewigkeit, von Anfang, vor der Erde.
²⁴Da die Tiefen noch nicht waren, da war ich schon geboren, da die Brunnen noch nicht mit Wasser quollen.
²⁵Ehe denn die Berge eingesenkt waren, vor den Hügeln war ich geboren,
²⁶da er die Erde noch nicht gemacht hatte und was darauf ist, noch die Berge des Erdbodens.
²⁷Da er die Himmel bereitete, war ich daselbst, da er die Tiefe mit seinem Ziel faßte.
²⁸Da er die Wolken droben festete, da er festigte die Brunnen der Tiefe,
²⁹da er dem Meer das Ziel setzte und den Wassern, daß sie nicht überschreiten seinen Befehl, da er den Grund der Erde legte:
³⁰da war ich der Werkmeister bei ihm und hatte meine Lust täglich und spielte vor ihm allezeit
³¹und spielte auf seinem Erdboden, und meine Lust ist bei den Menschenkindern.
³²So gehorchet mir nun, meine Kinder. Wohl denen, die meine Wege halten.
³³Höret die Zucht und werdet weise und lasset sie nicht fahren.
³⁴Wohl dem Menschen, der mir gehorcht, daß er wache an meiner Tür täglich, daß er warte an den Pfosten meiner Tür.
³⁵Wer mich findet, der findet das Leben und wird Wohlgefallen vom HERRN erlangen.
³⁶Wer aber an mir sündigt, der verletzt seine Seele. Alle, die mich

hassen, lieben den Tod.

Kapitel 9

¹Die Weisheit baute ihr Haus und hieb sieben Säulen,
²schlachtete ihr Vieh und trug ihren Wein auf und bereitete ihren Tisch
³und sandte ihre Dirnen aus, zu rufen oben auf den Höhen der Stadt:
⁴"Wer verständig ist, der mache sich hierher!", und zum Narren sprach sie:
⁵"Kommet, zehret von meinem Brot und trinket den Wein, den ich schenke;
⁶verlaßt das unverständige Wesen, so werdet ihr leben, und gehet auf dem Wege der Klugheit."
⁷Wer den Spötter züchtigt, der muß Schande auf sich nehmen; und wer den Gottlosen straft, der muß gehöhnt werden.
⁸Strafe den Spötter nicht, er haßt dich; strafe den Weisen, der wird dich lieben.
⁹Gib dem Weisen, so wird er noch weiser werden; lehre den Gerechten, so wird er in der Lehre zunehmen.
¹⁰Der Weisheit Anfang ist des HERRN Furcht, und den Heiligen erkennen ist Verstand.
¹¹Denn durch mich werden deiner Tage viel werden und werden dir der Jahre des Lebens mehr werden.
¹²Bist du weise, so bist du dir weise; bist du ein Spötter, so wirst du es allein tragen.
¹³Es ist aber ein törichtes, wildes Weib, voll Schwätzens, und weiß nichts;
¹⁴die sitzt in der Tür ihres Hauses auf dem Stuhl, oben in der Stadt,
¹⁵zu laden alle, die vorübergehen und richtig auf ihrem Wege wandeln:
¹⁶"Wer unverständig ist, der mache sich hierher!", und zum Narren spricht sie:
¹⁷"Die gestohlenen Wasser sind süß, und das verborgene Brot schmeckt wohl."
¹⁸Er weiß aber nicht, daß daselbst Tote sind und ihre Gäste in der tiefen Grube.

Kapitel 10

¹Dies sind die Sprüche Salomos. Ein weiser Sohn ist seines Vaters Freude; aber ein törichter Sohn ist seiner Mutter Grämen.
²Unrecht Gut hilft nicht; aber Gerechtigkeit errettet vor dem Tode.
³Der HERR läßt die Seele des Gerechten nicht Hunger leiden; er stößt aber weg der Gottlosen Begierde.
⁴Lässige Hand macht arm; aber der Fleißigen Hand macht reich.
⁵Wer im Sommer sammelt, der ist klug; wer aber in der Ernte schläft, wird zu Schanden.
⁶Den Segen hat das Haupt des Gerechten; aber den Mund der Gottlosen wird ihr Frevel überfallen.
⁷Das Gedächtnis der Gerechten bleibt im Segen; aber der Gottlosen Name wird verwesen.
⁸Wer weise von Herzen ist nimmt die Gebote an; wer aber ein Narrenmaul hat, wird geschlagen.
⁹Wer unschuldig lebt, der lebt sicher; wer aber verkehrt ist auf seinen Wegen, wird offenbar werden.
¹⁰Wer mit Augen winkt, wird Mühsal anrichten; und der ein Narrenmaul hat, wird geschlagen.
¹¹Des Gerechten Mund ist ein Brunnen des Lebens; aber den Mund der Gottlosen wird ihr Frevel überfallen.
¹²Haß erregt Hader; aber Liebe deckt zu alle Übertretungen.
¹³In den Lippen des Verständigen findet man Weisheit; aber auf den Rücken der Narren gehört eine Rute.
¹⁴Die Weisen bewahren die Lehre; aber der Narren Mund ist nahe dem Schrecken.
¹⁵Das Gut des Reichen ist seine feste Stadt; aber die Armen macht die Armut blöde.
¹⁶Der Gerechte braucht sein Gut zum Leben; aber der Gottlose braucht sein Einkommen zur Sünde.
¹⁷Die Zucht halten ist der Weg zum Leben; wer aber der Zurechtweisung nicht achtet, der bleibt in der Irre.
¹⁸Falsche Mäuler bergen Haß; und wer verleumdet, der ist ein Narr.
¹⁹Wo viel Worte sind, da geht's ohne Sünde nicht ab; wer aber seine Lippen hält, ist klug.
²⁰Des Gerechten Zunge ist köstliches Silber; aber der Gottlosen Herz ist wie nichts.
²¹Des Gerechten Lippen weiden viele; aber die Narren werden an ihrer Torheit sterben.
²²Der Segen des HERRN macht reich ohne Mühe.
²³Ein Narr treibt Mutwillen und hat dazu noch seinen Spott; aber der Mann ist weise, der aufmerkt.
²⁴Was der Gottlose fürchtet, das wird ihm begegnen; und was die Gerechten begehren, wird ihnen gegeben.
²⁵Der Gottlose ist wie ein Wetter, das vorübergeht und nicht mehr ist; der Gerechte aber besteht ewiglich.
²⁶Wie der Essig den Zähnen und der Rauch den Augen tut, so tut der Faule denen, die ihn senden.
²⁷Die Furcht des HERRN mehrt die Tage; aber die Jahre der Gottlosen werden verkürzt.
²⁸Das Warten der Gerechten wird Freude werden; aber der Gottlosen Hoffnung wird verloren sein.
²⁹Der Weg des HERRN ist des Frommen Trotz; aber die Übeltäter sind blöde.
³⁰Der Gerechte wird nimmermehr umgestoßen; aber die Gottlosen werden nicht im Lande bleiben.
³¹Der Mund des Gerechten bringt Weisheit; aber die Zunge der Verkehrten wird ausgerottet.
³²Die Lippen der Gerechten lehren heilsame Dinge; aber der Gottlosen Mund ist verkehrt.

Kapitel 11

¹Falsche Waage ist dem HERRN ein Greuel; aber völliges Gewicht ist sein Wohlgefallen.
²Wo Stolz ist, da ist auch Schmach; aber Weisheit ist bei den Demütigen.
³Unschuld wird die Frommen leiten; aber die Bosheit wird die Verächter verstören.
⁴Gut hilft nicht am Tage des Zorns; aber Gerechtigkeit errettet vom Tod.
⁵Die Gerechtigkeit des Frommen macht seinen Weg eben; aber der Gottlose wird fallen durch sein gottloses Wesen.
⁶Die Gerechtigkeit der Frommen wird sie erretten; aber die Verächter werden gefangen in ihrer Bosheit.
⁷Wenn der gottlose Mensch stirbt, ist seine Hoffnung verloren und das Harren des Ungerechten wird zunichte.
⁸Der Gerechte wird aus seiner Not erlöst, und der Gottlose kommt an seine Statt.
⁹Durch den Mund des Heuchlers wird sein Nächster verderbt; aber die Gerechten merken's und werden erlöst.
¹⁰Eine Stadt freut sich, wenn's den Gerechten wohl geht; und wenn die Gottlosen umkommen, wird man froh.
¹¹Durch den Segen der Frommen wird eine Stadt erhoben; aber durch den Mund der Gottlosen wird sie zerbrochen.
¹²Wer seinen Nächsten schändet, ist ein Narr; aber ein verständiger Mann schweigt still.
¹³Ein Verleumder verrät, was er heimlich weiß; aber wer eines getreuen Herzens ist, verbirgt es.
¹⁴Wo nicht Rat ist, da geht das Volk unter; wo aber viel Ratgeber sind, da geht es wohl zu.
¹⁵Wer für einen andern Bürge wird, der wird Schaden haben; wer aber sich vor Geloben hütet, ist sicher.
¹⁶Ein holdselig Weib erlangt Ehre; aber die Tyrannen erlangen Reichtum.
¹⁷Ein barmherziger Mann tut sich selber Gutes; aber ein unbarmherziger betrübt auch sein eigen Fleisch.
¹⁸Der Gottlosen Arbeit wird fehlschlagen; aber wer Gerechtigkeit sät, das ist gewisses Gut.
¹⁹Gerechtigkeit fördert zum Leben; aber dem Übel nachjagen fördert zum Tod.
²⁰Der HERR hat Greuel an den verkehrten Herzen, und Wohlgefallen an den Frommen.
²¹Den Bösen hilfts nichts, wenn sie auch alle Hände zusammentäten; aber der Gerechten Same wird errettet werden.
²²Ein schönes Weib ohne Zucht ist wie eine Sau mit einem goldenen Haarband.
²³Der Gerechten Wunsch muß doch wohl geraten, und der Gottlosen Hoffen wird Unglück.
²⁴Einer teilt aus und hat immer mehr; ein anderer kargt, da er nicht soll, und wird doch ärmer.
²⁵Die Seele, die da reichlich segnet, wird gelabt; wer reichlich tränkt, der wird auch getränkt werden.
²⁶Wer Korn innehält, dem fluchen die Leute; aber Segen kommt über den, der es verkauft.

²⁷Wer da Gutes sucht, dem widerfährt Gutes; wer aber nach Unglück ringt, dem wird's begegnen.
²⁸Wer sich auf seinen Reichtum verläßt, der wird untergehen; aber die Gerechten werden grünen wie ein Blatt.
²⁹Wer sein eigen Haus betrübt, der wird Wind zum Erbteil haben; und ein Narr muß ein Knecht des Weisen sein.
³⁰Die Frucht des Gerechten ist ein Baum des Lebens, und ein Weiser gewinnt die Herzen.
³¹So der Gerechte auf Erden leiden muß, wie viel mehr der Gottlose und der Sünder!

Kapitel 12

¹Wer sich gern läßt strafen, der wird klug werden; wer aber ungestraft sein will, der bleibt ein Narr.
²Wer fromm ist, der bekommt Trost vom HERRN; aber ein Ruchloser verdammt sich selbst.
³Ein gottlos Wesen fördert den Menschen nicht; aber die Wurzel der Gerechten wird bleiben.
⁴Ein tugendsam Weib ist eine Krone ihres Mannes; aber eine böse ist wie Eiter in seinem Gebein.
⁵Die Gedanken der Gerechten sind redlich; aber die Anschläge der Gottlosen sind Trügerei.
⁶Der Gottlosen Reden richten Blutvergießen an; aber der Frommen Mund errettet.
⁷Die Gottlosen werden umgestürzt und nicht mehr sein; aber das Haus der Gerechten bleibt stehen.
⁸Eines weisen Mannes Rat wird gelobt; aber die da tückisch sind, werden zu Schanden.
⁹Wer gering ist und wartet des Seinen, der ist besser, denn der groß sein will, und des Brotes mangelt.
¹⁰Der Gerechte erbarmt sich seines Viehs; aber das Herz der Gottlosen ist unbarmherzig.
¹¹Wer seinen Acker baut, der wird Brot die Fülle haben; wer aber unnötigen Sachen nachgeht, der ist ein Narr.
¹²Des Gottlosen Lust ist, Schaden zu tun; aber die Wurzel der Gerechten wird Frucht bringen.
¹³Der Böse wird gefangen in seinen eigenen falschen Worten; aber der Gerechte entgeht der Angst.
¹⁴Viel Gutes kommt dem Mann durch die Frucht des Mundes; und dem Menschen wird vergolten, nach dem seine Hände verdient haben.
¹⁵Dem Narren gefällt seine Weise wohl; aber wer auf Rat hört, der ist weise.
¹⁶Ein Narr zeigt seinen Zorn alsbald; aber wer die Schmach birgt, ist klug.
¹⁷Wer wahrhaftig ist, der sagt frei, was recht ist; aber ein falscher Zeuge betrügt.
¹⁸Wer unvorsichtig herausfährt, sticht wie ein Schwert; aber die Zunge der Weisen ist heilsam.
¹⁹Wahrhaftiger Mund besteht ewiglich; aber die falsche Zunge besteht nicht lange.
²⁰Die, so Böses raten, betrügen; aber die zum Frieden raten, schaffen Freude.
²¹Es wird dem Gerechten kein Leid geschehen; aber die Gottlosen werden voll Unglück sein.
²²Falsche Mäuler sind dem HERRN ein Greuel; die aber treulich handeln, gefallen ihm wohl.
²³Ein verständiger Mann trägt nicht Klugheit zur Schau; aber das Herz der Narren ruft seine Narrheit aus.
²⁴Fleißige Hand wird herrschen; die aber lässig ist, wird müssen zinsen.
²⁵Sorge im Herzen kränkt, aber ein freundliches Wort erfreut.
²⁶Der Gerechte hat's besser denn sein Nächster; aber der Gottlosen Weg verführt sie.
²⁷Einem Lässigen gerät sein Handel nicht; aber ein fleißiger Mensch wird reich.
²⁸Auf dem Wege der Gerechtigkeit ist Leben, und auf ihrem gebahnten Pfad ist kein Tod.

Kapitel 13

¹Ein weiser Sohn läßt sich vom Vater züchtigen; aber ein Spötter gehorcht der Strafe nicht.
²Die Frucht des Mundes genießt man; aber die Verächter denken nur zu freveln.
³Wer seinen Mund bewahrt, der bewahrt sein Leben; wer aber mit seinem Maul herausfährt, der kommt in Schrecken.
⁴Der Faule begehrt und kriegt's doch nicht; aber die Fleißigen kriegen genug.
⁵Der Gerechte ist der Lüge feind; aber der Gottlose schändet und schmäht sich selbst.
⁶Die Gerechtigkeit behütet den Unschuldigen; aber das gottlose Wesen bringt zu Fall den Sünder.
⁷Mancher ist arm bei großem Gut, und mancher ist reich bei seiner Armut.
⁸Mit Reichtum kann einer sein Leben erretten; aber ein Armer hört kein Schelten.
⁹Das Licht der Gerechten brennt fröhlich; aber die Leuchte der Gottlosen wird auslöschen.
¹⁰Unter den Stolzen ist immer Hader; aber Weisheit ist bei denen, die sich raten lassen.
¹¹Reichtum wird wenig, wo man's vergeudet; was man aber zusammenhält, das wird groß.
¹²Die Hoffnung, die sich verzieht, ängstet das Herz; wenn's aber kommt, was man begehrt, das ist wie ein Baum des Lebens.
¹³Wer das Wort verachtet, der verderbt sich selbst; wer aber das Gebot fürchtet, dem wird's vergolten.
¹⁴Die Lehre des Weisen ist eine Quelle des Lebens, zu meiden die Stricke des Todes.
¹⁵Feine Klugheit schafft Gunst; aber der Verächter Weg bringt Wehe.
¹⁶Ein Kluger tut alles mit Vernunft; ein Narr aber breitet Narrheit aus.
¹⁷Ein gottloser Bote bringt Unglück; aber ein treuer Bote ist heilsam.
¹⁸Wer Zucht läßt fahren, der hat Armut und Schande; wer sich gerne strafen läßt, wird zu ehren kommen.
¹⁹Wenn's kommt, was man begehrt, das tut dem Herzen wohl; aber das Böse meiden ist den Toren ein Greuel.
²⁰Wer mit den Weisen umgeht, der wird weise; wer aber der Narren Geselle ist, der wird Unglück haben.
²¹Unglück verfolgt die Sünder; aber den Gerechten wird Gutes vergolten.
²²Der Gute wird vererben auf Kindeskind; aber des Sünders Gut wird für den Gerechten gespart.
²³Es ist viel Speise in den Furchen der Armen; aber die Unrecht tun, verderben.
²⁴Wer seine Rute schont, der haßt seinen Sohn; wer ihn aber liebhat, der züchtigt ihn bald.
²⁵Der Gerechte ißt, daß sein Seele satt wird; der Gottlosen Bauch aber hat nimmer genug.

Kapitel 14

¹Durch weise Weiber wird das Haus erbaut; eine Närrin aber zerbricht's mit ihrem Tun.
²Wer den HERRN fürchtet, der wandelt auf rechter Bahn; wer ihn aber verachtet, der geht auf Abwegen.
³Narren reden tyrannisch; aber die Weisen bewahren ihren Mund.
⁴Wo nicht Ochsen sind, da ist die Krippe rein; aber wo der Ochse geschäftig ist, da ist viel Einkommen.
⁵Ein treuer Zeuge lügt nicht; aber ein Falscher Zeuge redet frech Lügen.
⁶Der Spötter sucht Weisheit, und findet sie nicht; aber dem Verständigen ist die Erkenntnis leicht.
⁷Gehe von dem Narren; denn du lernst nichts von ihm.
⁸Das ist des Klugen Weisheit, daß er auf seinen Weg merkt; aber der Narren Torheit ist eitel Trug.
⁹Die Narren treiben das Gespött mit der Sünde; aber die Frommen haben Lust an den Frommen.
¹⁰Das Herz kennt sein eigen Leid, und in seine Freude kann sich kein Fremder mengen.
¹¹Das Haus der Gottlosen wird vertilgt; aber die Hütte der Frommen wird grünen.
¹²Es gefällt manchem ein Weg wohl; aber endlich bringt er ihn zum Tode.
¹³Auch beim Lachen kann das Herz trauern, und nach der Freude kommt Leid.
¹⁴Einem losen Menschen wird's gehen wie er handelt; aber ein Frommer wird über ihn sein.
¹⁵Ein Unverständiger glaubt alles; aber ein Kluger merkt auf seinen Gang.
¹⁶Ein Weiser fürchtet sich und meidet das Arge; ein Narr aber fährt trotzig hindurch.
¹⁷Ein Ungeduldiger handelt töricht; aber ein Bedächtiger haßt es.
¹⁸Die Unverständigen erben Narrheit; aber es ist der Klugen Krone, vorsichtig handeln.

¹⁹Die Bösen müssen sich bücken vor dem Guten und die Gottlosen in den Toren des Gerechten.

²⁰Einen Armen hassen auch seine Nächsten; aber die Reichen haben viele Freunde.

²¹Der Sünder verachtet seinen Nächsten; aber wohl dem, der sich der Elenden erbarmt!

²²Die mit bösen Ränken umgehen, werden fehlgehen; die aber Gutes denken, denen wird Treue und Güte widerfahren.

²³Wo man arbeitet, da ist genug; wo man aber mit Worten umgeht, da ist Mangel.

²⁴Den Weisen ist ihr Reichtum eine Krone; aber die Torheit der Narren bleibt Torheit.

²⁵Ein treuer Zeuge errettet das Leben; aber ein falscher Zeuge betrügt.

²⁶Wer den HERRN fürchtet, der hat eine sichere Festung, und seine Kinder werden auch beschirmt.

²⁷Die Furcht des HERRN ist eine Quelle des Lebens, daß man meide die Stricke des Todes.

²⁸Wo ein König viel Volks hat, das ist seine Herrlichkeit; wo aber wenig Volks ist, das macht einen Herrn blöde.

²⁹Wer geduldig ist, der ist weise; wer aber ungeduldig ist, der offenbart seine Torheit.

³⁰Ein gütiges Herz ist des Leibes Leben; aber Neid ist Eiter in den Gebeinen.

³¹Wer dem Geringen Gewalt tut, der lästert desselben Schöpfer; aber wer sich des Armen erbarmt, der ehrt Gott.

³²Der Gottlose besteht nicht in seinem Unglück; aber der Gerechte ist auch in seinem Tod getrost.

³³Im Herzen des Verständigen ruht Weisheit, und wird offenbar unter den Narren.

³⁴Gerechtigkeit erhöhet ein Volk; aber die Sünde ist der Leute Verderben.

³⁵Ein kluger Knecht gefällt dem König wohl; aber einem schändlichen Knecht ist er feind.

Kapitel 15

¹Eine linde Antwort stillt den Zorn; aber ein hartes Wort richtet Grimm an.

²Der Weisen Zunge macht die Lehre lieblich; der Narren Mund speit eitel Narrheit.

³Die Augen des HERRN schauen an allen Orten beide, die Bösen und die Frommen.

⁴Ein heilsame Zunge ist ein Baum des Lebens; aber eine lügenhafte macht Herzeleid.

⁵Der Narr lästert die Zucht seines Vaters; wer aber Strafe annimmt, der wird klug werden.

⁶In des Gerechten Haus ist Guts genug; aber in dem Einkommen des Gottlosen ist Verderben.

⁷Der Weisen Mund streut guten Rat; aber der Narren Herz ist nicht richtig.

⁸Der Gottlosen Opfer ist dem HERRN ein Greuel; aber das Gebet der Frommen ist ihm angenehm.

⁹Der Gottlosen Weg ist dem HERRN ein Greuel; wer aber der Gerechtigkeit nachjagt, den liebt er.

¹⁰Den Weg verlassen bringt böse Züchtigung, und wer Strafe haßt, der muß sterben.

¹¹Hölle und Abgrund ist vor dem HERRN; wie viel mehr der Menschen Herzen!

¹²Der Spötter liebt den nicht, der ihn straft, und geht nicht zu den Weisen.

¹³Ein fröhlich Herz macht ein fröhlich Angesicht; aber wenn das Herz bekümmert ist, so fällt auch der Mut.

¹⁴Ein kluges Herz handelt bedächtig; aber der Narren Mund geht mit Torheit um.

¹⁵Ein Betrübter hat nimmer einen guten Tag; aber ein guter Mut ist ein täglich Wohlleben.

¹⁶Es ist besser ein wenig mit der Furcht des HERRN denn großer Schatz, darin Unruhe ist.

¹⁷Es ist besser ein Gericht Kraut mit Liebe, denn ein gemästeter Ochse mit Haß.

¹⁸Ein zorniger Mann richtet Hader an; ein Geduldiger aber stillt den Zank.

¹⁹Der Weg des Faulen ist dornig; aber der Weg des Frommen ist wohl gebahnt.

²⁰Ein weiser Sohn erfreut den Vater, und ein törichter Mensch ist seiner Mutter Schande.

²¹Dem Toren ist die Torheit eine Freude; aber ein verständiger Mann bleibt auf dem rechten Wege.

²²Die Anschläge werden zunichte, wo nicht Rat ist; wo aber viel Ratgeber sind, bestehen sie.

²³Es ist einem Manne eine Freude, wenn er richtig antwortet; und ein Wort zu seiner Zeit ist sehr lieblich.

²⁴Der Weg des Lebens geht überwärts für den Klugen, auf daß er meide die Hölle unterwärts.

²⁵Der HERR wird das Haus des Hoffärtigen zerbrechen und die Grenze der Witwe bestätigen.

²⁶Die Anschläge des Argen sind dem HERRN ein Greuel; aber freundlich reden die Reinen.

²⁷Der Geizige verstört sein eigen Haus; wer aber Geschenke haßt, der wird leben.

²⁸Das Herz des Gerechten ersinnt, was zu antworten ist; aber der Mund der Gottlosen schäumt Böses.

²⁹Der HERR ist fern von den Gottlosen; aber der Gerechten Gebet erhört er.

³⁰Freundlicher Anblick erfreut das Herz; eine gute Botschaft labt das Gebein.

³¹Das Ohr, das da hört die Strafe des Lebens, wird unter den Weisen wohnen.

³²Wer sich nicht ziehen läßt, der macht sich selbst zunichte; wer aber auf Strafe hört, der wird klug.

³³Die Furcht des HERRN ist Zucht und Weisheit; und ehe man zu Ehren kommt, muß man zuvor leiden.

Kapitel 16

¹Der Mensch setzt sich's wohl vor im Herzen; aber vom HERRN kommt, was die Zunge reden soll.

²Einem jeglichen dünken seine Wege rein; aber der HERR wägt die Geister.

³Befiehl dem HERRN deine Werke, so werden deine Anschläge fortgehen.

⁴Der HERR macht alles zu bestimmtem Ziel, auch den Gottlosen für den bösen Tag.

⁵Ein stolzes Herz ist dem HERRN ein Greuel und wird nicht ungestraft bleiben, wenn sie gleich alle aneinander hängen.

⁶Durch Güte und Treue wird Missetat versöhnt, und durch die Furcht des HERRN meidet man das Böse.

⁷Wenn jemands Wege dem HERRN wohl gefallen, so macht er auch seine Feinde mit ihm zufrieden.

⁸Es ist besser ein wenig mit Gerechtigkeit denn viel Einkommen mit Unrecht.

⁹Des Menschen Herz erdenkt sich seinen Weg; aber der HERR allein gibt, daß er fortgehe.

¹⁰Weissagung ist in dem Munde des Königs; sein Mund fehlt nicht im Gericht.

¹¹Rechte Waage und Gewicht ist vom HERRN; und alle Pfunde im Sack sind seine Werke.

¹²Den Königen ist Unrecht tun ein Greuel; denn durch Gerechtigkeit wird der Thron befestigt.

¹³Recht raten gefällt den Königen; und wer aufrichtig redet, wird geliebt.

¹⁴Des Königs Grimm ist ein Bote des Todes; aber ein weiser Mann wird ihn versöhnen.

¹⁵Wenn des Königs Angesicht freundlich ist, das ist Leben, und seine Gnade ist wie ein Spätregen.

¹⁶Nimm an die Weisheit, denn sie ist besser als Gold; und Verstand haben ist edler als Silber.

¹⁷Der Frommen Weg meidet das Arge; und wer seinen Weg bewahrt, der erhält sein Leben.

¹⁸Wer zu Grunde gehen soll, der wird zuvor stolz; und Hochmut kommt vor dem Fall.

¹⁹Es ist besser niedrigen Gemüts sein mit den Elenden, denn Raub austeilen mit den Hoffärtigen.

²⁰Wer eine Sache klüglich führt, der findet Glück; und wohl dem, der sich auf den HERRN verläßt.

²¹Ein Verständiger wird gerühmt für einen weisen Mann, und liebliche Reden lehren wohl.

²²Klugheit ist wie ein Brunnen des Lebens dem, der sie hat; aber die Zucht der Narren ist Narrheit.

²³Ein weises Herz redet klug und lehrt wohl.

²⁴Die Reden des Freundlichen sind Honigseim, trösten die Seele und erfrischen die Gebeine.

²⁵Manchem gefällt ein Weg wohl; aber zuletzt bringt er ihn zum Tode.

²⁶Mancher kommt zu großem Unglück durch sein eigen Maul.

²⁷Ein loser Mensch gräbt nach Unglück, und in seinem Maul brennt Feuer.

²⁸Ein verkehrter Mensch richtet Hader an, und ein Verleumder macht Freunde uneins.

²⁹Ein Frevler lockt seinen Nächsten und führt ihn auf keinen guten Weg.

³⁰Wer mit den Augen winkt, denkt nichts Gutes; und wer mit den Lippen andeutet, vollbringt Böses.

³¹Graue Haare sind eine Krone der Ehren, die auf dem Wege der Gerechtigkeit gefunden wird.

³²Ein Geduldiger ist besser denn ein Starker, und der seines Mutes Herr ist, denn der Städte gewinnt.

³³Das Los wird geworfen in den Schoß; aber es fällt, wie der HERR will.

Kapitel 17

¹Es ist ein trockner Bissen, daran man sich genügen läßt, besser denn ein Haus voll Geschlachtetes mit Hader.

²Ein kluger Knecht wird herrschen über unfleißige Erben und wird unter den Brüdern das Erbe austeilen.

³Wie das Feuer Silber und der Ofen Gold, also prüft der HERR die Herzen.

⁴Ein Böser achtet auf böse Mäuler, und ein Falscher gehorcht den schädlichen Zungen.

⁵Wer des Dürftigen spottet, der höhnt desselben Schöpfer; und wer sich über eines andern Unglück freut, der wird nicht ungestraft bleiben.

⁶Der Alten Krone sind Kindeskinder, und der Kinder Ehre sind ihre Väter.

⁷Es steht einem Narren nicht wohl an, von hohen Dingen reden, viel weniger einem Fürsten, daß er gern lügt.

⁸Wer zu schenken hat, dem ist's ein Edelstein; wo er sich hin kehrt, ist er klug geachtet.

⁹Wer Sünde zudeckt, der macht Freundschaft; wer aber die Sache aufrührt, der macht Freunde uneins.

¹⁰Schelten bringt mehr ein an dem Verständigen denn hundert Schläge an dem Narren.

¹¹Ein bitterer Mensch trachtet, eitel Schaden zu tun; aber es wird ein grimmiger Engel über ihn kommen.

¹²Es ist besser, einem Bären begegnen, dem die Jungen geraubt sind, denn einem Narren in seiner Narrheit.

¹³Wer Gutes mit Bösem vergilt, von dessen Haus wird Böses nicht lassen.

¹⁴Wer Hader anfängt, ist gleich dem, der dem Wasser den Damm aufreißt. Laß du vom Hader, ehe du drein gemengt wirst.

¹⁵Wer den Gottlosen gerechtspricht und den Gerechten verdammt, die sind beide dem HERRN ein Greuel.

¹⁶Was soll dem Narren Geld in der Hand, Weisheit zu kaufen, so er doch ein Narr ist?

¹⁷Ein Freund liebt allezeit, und als ein Bruder wird er in Not erfunden.

¹⁸Es ist ein Narr, der in die Hand gelobt und Bürge wird für seinen Nächsten.

¹⁹Wer Zank liebt, der liebt Sünde; und wer seine Türe hoch macht, ringt nach Einsturz.

²⁰Ein verkehrtes Herz findet nichts Gutes; und der verkehrter Zunge ist, wird in Unglück fallen.

²¹Wer einen Narren zeugt, der hat Grämen; und eines Narren Vater hat keine Freude.

²²Ein fröhlich Herz macht das Leben lustig; aber ein betrübter Mut vertrocknet das Gebein.

²³Der Gottlose nimmt heimlich gern Geschenke, zu beugen den Weg des Rechts.

²⁴Ein Verständiger gebärdet sich weise; ein Narr wirft die Augen hin und her.

²⁵Ein törichter Sohn ist seines Vaters Trauern und Betrübnis der Mutter, die ihn geboren hat.

²⁶Es ist nicht gut, daß man den Gerechten schindet, noch den Edlen zu schlagen, der recht handelt.

²⁷Ein Vernünftiger mäßigt seine Rede; und ein verständiger Mann ist kaltes Muts.

²⁸Ein Narr, wenn er schwiege, wurde auch für weise gerechnet, und für verständig, wenn er das Maul hielte.

Kapitel 18

¹Wer sich absondert, der sucht, was ihn gelüstet, und setzt sich wider alles, was gut ist.

²Ein Narr hat nicht Lust am Verstand, sondern kundzutun, was in seinem Herzen steckt.

³Wo der Gottlose hin kommt, da kommt Verachtung und Schmach mit Hohn.

⁴Die Worte in eines Mannes Munde sind wie tiefe Wasser, und die Quelle der Weisheit ist ein voller Strom.

⁵Es ist nicht gut, die Person des Gottlosen achten, zu beugen den Gerechten im Gericht.

⁶Die Lippen des Narren bringen Zank, und sein Mund ringt nach Schlägen.

⁷Der Mund des Narren schadet ihm selbst, und seine Lippen fangen seine eigene Seele.

⁸Die Worte des Verleumders sind Schläge und gehen einem durchs Herz.

⁹Wer lässig ist in seiner Arbeit, der ist ein Bruder des, der das Seine umbringt.

¹⁰Der Name des HERRN ist ein festes Schloß; der Gerechte läuft dahin und wird beschirmt.

¹¹Das Gut des Reichen ist ihm eine feste Stadt und wie hohe Mauern in seinem Dünkel.

¹²Wenn einer zu Grunde gehen soll, wird sein Herz zuvor stolz; und ehe man zu Ehren kommt, muß man zuvor leiden.

¹³Wer antwortet ehe er hört, dem ist's Narrheit und Schande.

¹⁴Wer ein fröhlich Herz hat, der weiß sich in seinem Leiden zu halten; wenn aber der Mut liegt, wer kann's tragen?

¹⁵Ein verständiges Herz weiß sich vernünftig zu halten; und die Weisen hören gern, wie man vernünftig handelt.

¹⁶Das Geschenk des Menschen macht ihm Raum und bringt ihn vor die großen Herren.

¹⁷Ein jeglicher ist zuerst in seiner Sache gerecht; kommt aber sein Nächster hinzu, so findet sich's.

¹⁸Das Los stillt den Hader und scheidet zwischen den Mächtigen.

¹⁹Ein verletzter Bruder hält härter den eine feste Stadt, und Zank hält härter denn Riegel am Palast.

²⁰Einem Mann wird vergolten, darnach sein Mund geredet hat, und er wird gesättigt von der Frucht seiner Lippen.

²¹Tod und Leben steht in der Zunge Gewalt; wer sie liebt, der wird von ihrer Frucht essen.

²²Wer eine Ehefrau findet, der findet etwas Gutes und kann guter Dinge sein im HERRN.

²³Ein Armer redet mit Flehen, ein Reicher antwortet stolz.

²⁴Ein treuer Freund liebt mehr uns steht fester bei denn ein Bruder.

Kapitel 19

¹Ein Armer, der in seiner Frömmigkeit wandelt, ist besser denn ein Verkehrter mit seinen Lippen, der doch ein Narr ist.

²Wo man nicht mit Vernunft handelt, da geht's nicht wohl zu; und wer schnell ist mit Füßen, der tut sich Schaden.

³Die Torheit eines Menschen verleitet seinen Weg, und doch tobt sein Herz wider den HERRN.

⁴Gut macht viele Freunde; aber der Arme wird von seinen Freunden verlassen.

⁵Ein falscher Zeuge bleibt nicht ungestraft; und wer Lügen frech redet, wird nicht entrinnen.

⁶Viele schmeicheln der Person des Fürsten; und alle sind Freunde des, der Geschenke gibt.

⁷Den Armen hassen alle seine Brüder; wie viel mehr halten sich seine Freunde von ihm fern! Und wer sich auf Worte verläßt, dem wird nichts.

⁸Wer klug wird, liebt sein Leben; und der Verständige findet Gutes.

⁹Ein falscher Zeuge bleibt nicht ungestraft; und wer frech Lügen redet, wird umkommen.

¹⁰Dem Narren steht nicht wohl an, gute Tage haben, viel weniger einem Knecht, zu herrschen über Fürsten.

¹¹Wer geduldig ist, der ist ein kluger Mensch, und ist ihm eine Ehre, daß er Untugend überhören kann.

¹²Die Ungnade des Königs ist wie das Brüllen eines jungen Löwen; aber seine Gnade ist wie der Tau auf dem Grase.

¹³Ein törichter Sohn ist seines Vaters Herzeleid, und ein zänkisches Weib ein stetiges Triefen.

¹⁴Haus und Güter vererben die Eltern; aber ein vernünftiges Weib kommt vom HERRN.

¹⁵Faulheit bringt Schlafen, und eine lässige Seele wird Hunger

leiden.

¹⁶Wer das Gebot bewahrt, der bewahrt sein Leben; wer aber seines Weges nicht achtet, wird sterben.

¹⁷Wer sich des Armen erbarmt, der leihet dem HERRN; der wird ihm wieder Gutes vergelten.

¹⁸Züchtige deinen Sohn, solange Hoffnung da ist; aber laß deine Seele nicht bewegt werden, ihn zu töten.

¹⁹Großer Grimm muß Schaden leiden; denn willst du ihm steuern, so wird er noch größer.

²⁰Gehorche dem Rat, und nimm Zucht an, daß du hernach weise seiest.

²¹Es sind viel Anschläge in eines Mannes Herzen; aber der Rat des HERRN besteht.

²²Ein Mensch hat Lust an seiner Wohltat; und ein Armer ist besser denn ein Lügner.

²³Die Furcht des HERRN fördert zum Leben, und wird satt bleiben, daß kein Übel sie heimsuchen wird.

²⁴Der Faule verbirgt seine Hand im Topf und bringt sie nicht wieder zum Munde.

²⁵Schlägt man den Spötter, so wird der Unverständige klug; straft man einen Verständigen, so wird er vernünftig.

²⁶Wer Vater verstört und Mutter verjagt, der ist ein schändliches und verfluchtes Kind.

²⁷Laß ab, mein Sohn, zu hören die Zucht, und doch abzuirren von vernünftiger Lehre.

²⁸Ein loser Zeuge spottet des Rechts, und der Gottlosen Mund verschlingt das Unrecht.

²⁹Den Spöttern sind Strafen bereitet, und Schläge auf der Narren Rücken.

Kapitel 20

¹Der Wein macht lose Leute, und starkes Getränk macht wild; wer dazu Lust hat, wird nimmer weise.

²Das Schrecken des Königs ist wie das Brüllen eines jungen Löwen; wer ihn erzürnt, der sündigt wider sein Leben.

³Es ist dem Mann eine Ehre, vom Hader bleiben; aber die gern Hadern, sind allzumal Narren.

⁴Um der Kälte willen will der Faule nicht pflügen; so muß er in der Ernte betteln und nichts kriegen.

⁵Der Rat im Herzen eines Mannes ist wie tiefe Wasser; aber ein Verständiger kann's merken, was er meint.

⁶Viele Menschen werden fromm gerühmt; aber wer will finden einen, der rechtschaffen fromm sei?

⁷Ein Gerechter, der in seiner Frömmigkeit wandelt, des Kindern wird's wohl gehen nach ihm.

⁸Ein König, der auf seinem Stuhl sitzt, zu richten, zerstreut alles Arge mit seinen Augen.

⁹Wer kann sagen: Ich bin rein in meinem Herzen und lauter von meiner Sünde?

¹⁰Mancherlei Gewicht und Maß ist beides Greuel dem HERRN.

¹¹Auch einen Knaben kennt man an seinem Wesen, ob er fromm und redlich werden will.

¹²Ein hörend Ohr und sehend Auge, die macht beide der HERR.

¹³Liebe den Schlaf nicht, daß du nicht arm werdest; laß deine Augen wacker sein, so wirst du Brot genug haben.

¹⁴"Böse, böse!" spricht man, wenn man's hat; aber wenn's weg ist, so rühmt man es dann.

¹⁵Es gibt Gold und viele Perlen; aber ein vernünftiger Mund ist ein edles Kleinod.

¹⁶Nimm dem sein Kleid, der für einen andern Bürge wird, und pfände ihn um des Fremden willen.

¹⁷Das gestohlene Brot schmeckt dem Manne wohl; aber hernach wird ihm der Mund voll Kieselsteine werden.

¹⁸Anschläge bestehen, wenn man sie mit Rat führt; und Krieg soll man mit Vernunft führen.

¹⁹Sei unverworren mit dem, der Heimlichkeit offenbart, und mit dem Verleumder und mit dem falschen Maul.

²⁰Wer seinem Vater und seiner Mutter flucht, des Leuchte wird verlöschen mitten in der Finsternis.

²¹Das Erbe, darnach man zuerst sehr eilt wird zuletzt nicht gesegnet sein.

²²Sprich nicht: Ich will Böses vergelten! Harre des HERRN, der wird dir helfen.

²³Mancherlei Gewicht ist ein Greuel dem HERRN, und eine falsche Waage ist nicht gut.

²⁴Jedermanns Gänge kommen vom HERRN. Welcher Mensch versteht seinen Weg?

²⁵Es ist dem Menschen ein Strick, sich mit Heiligem übereilen und erst nach den Geloben überlegen.

²⁶Ein weiser König zerstreut die Gottlosen und bringt das Rad über sie.

²⁷Eine Leuchte des HERRN ist des Menschen Geist; die geht durch alle Kammern des Leibes.

²⁸Fromm und wahrhaftig sein behütet den König, und sein Thron besteht durch Frömmigkeit.

²⁹Der Jünglinge Stärke ist ihr Preis; und graues Haar ist der Alten Schmuck.

³⁰Man muß dem Bösen wehren mit harter Strafe und mit ernsten Schlägen, die man fühlt.

Kapitel 21

¹Des Königs Herz ist in der Hand des HERRN wie Wasserbäche, und neigt es wohin er will.

²Einen jeglichen dünkt sein Weg recht; aber der HERR wägt die Herzen.

³Wohl und recht tun ist dem HERRN lieber denn Opfer.

⁴Hoffärtige Augen und stolzer Mut, die Leuchte der Gottlosen, ist Sünde.

⁵Die Anschläge eines Emsigen bringen Überfluß; wer aber allzu rasch ist, dem wird's mangeln.

⁶Wer Schätze sammelt mit Lügen, der wird fehlgehen und ist unter denen, die den Tod suchen.

⁷Der Gottlosen Rauben wird sie erschrecken; denn sie wollten nicht tun, was recht war.

⁸Wer mit Schuld beladen ist, geht krumme Wege; wer aber rein ist, des Werk ist recht.

⁹Es ist besser wohnen im Winkel auf dem Dach, denn bei einem zänkischen Weibe in einem Haus beisammen.

¹⁰Die Seele des Gottlosen wünscht Arges und gönnt seinem Nächsten nichts.

¹¹Wenn der Spötter gestraft wird, so werden die Unvernünftigen Weise; und wenn man einen Weisen unterrichtet, so wird er vernünftig.

¹²Der Gerechte hält sich weislich gegen des Gottlosen Haus; aber die Gottlosen denken nur Schaden zu tun.

¹³Wer seine Ohren verstopft vor dem Schreien des Armen, der wird auch rufen, und nicht erhört werden.

¹⁴Eine heimliche Gabe stillt den Zorn, und ein Geschenk im Schoß den heftigen Grimm.

¹⁵Es ist dem Gerechten eine Freude, zu tun, was recht ist, aber eine Furcht den Übeltätern.

¹⁶Ein Mensch, der vom Wege der Klugheit irrt, wird bleiben in der Toten Gemeinde.

¹⁷Wer gern in Freuden lebt, dem wird's mangeln; und wer Wein und Öl liebt, wird nicht reich.

¹⁸Der Gottlose muß für den Gerechten gegeben werden und der Verächter für die Frommen.

¹⁹Es ist besser, wohnen im wüsten Lande denn bei einem zänkischen und zornigen Weibe.

²⁰Im Hause des Weisen ist ein lieblicher Schatz und Öl; aber ein Narr verschlemmt es.

²¹Wer der Gerechtigkeit und Güte nachjagt, der findet Leben, Gerechtigkeit und Ehre.

²²Ein Weiser gewinnt die Stadt der Starken und stürzt ihre Macht, darauf sie sich verläßt.

²³Wer seinen Mund und seine Zunge bewahrt, der bewahrt seine Seele vor Angst.

²⁴Der stolz und vermessen ist, heißt ein Spötter, der im Zorn Stolz beweist.

²⁵Der Faule stirbt über seinem Wünschen; denn seine Hände wollen nichts tun.

²⁶Er wünscht den ganzen Tag; aber der Gerechte gibt, und versagt nicht.

²⁷Der Gottlosen Opfer ist ein Greuel; denn es wird in Sünden geopfert.

²⁸Ein lügenhafter Zeuge wird umkommen; aber wer sich sagen läßt, den läßt man auch allezeit wiederum reden.

²⁹Der Gottlose fährt mit dem Kopf hindurch; aber wer fromm ist, des Weg wird bestehen.

³⁰Es hilft keine Weisheit, kein Verstand, kein Rat wider den HERRN.

³¹Rosse werden zum Streittage bereitet; aber der Sieg kommt vom HERRN.

Sprueche

Kapitel 22

¹Ein guter Ruf ist köstlicher denn großer Reichtum, und Gunst besser denn Silber und Gold.

²Reiche und Arme müssen untereinander sein; der HERR hat sie alle gemacht.

³Der Kluge sieht das Unglück und verbirgt sich; die Unverständigen gehen hindurch und werden beschädigt.

⁴Wo man leidet in des HERRN Furcht, da ist Reichtum, Ehre und Leben.

⁵Stachel und Stricke sind auf dem Wege des Verkehrten; wer sich aber davon fernhält, bewahrt sein Leben.

⁶Wie man einen Knaben gewöhnt, so läßt er nicht davon, wenn er alt wird.

⁷Der Reiche herrscht über die Armen; und wer borgt, ist des Leihers Knecht.

⁸Wer Unrecht sät, der wird Mühsal ernten und wird durch die Rute seiner Bosheit umkommen.

⁹Ein gütiges Auge wird gesegnet; denn er gibt von seinem Brot den Armen.

¹⁰Treibe den Spötter aus, so geht der Zank weg, so hört auf Hader und Schmähung.

¹¹Wer ein treues Herz und liebliche Rede hat, des Freund ist der König.

¹²Die Augen des HERRN behüten guten Rat; aber die Worte des Verächters verkehrt er.

¹³Der Faule spricht: Es ist ein Löwe draußen, ich möchte erwürgt werden auf der Gasse.

¹⁴Der Huren Mund ist eine Tiefe Grube; wem der HERR ungnädig ist, der fällt hinein.

¹⁵Torheit steckt dem Knaben im Herzen; aber die Rute der Zucht wird sie fern von ihm treiben.

¹⁶Wer dem Armen Unrecht tut, daß seines Guts viel werde, der wird auch einem Reichen geben, und Mangel haben.

¹⁷Neige deine Ohren und höre die Worte der Weisen und nimm zu Herzen meine Lehre.

¹⁸Denn es wird dir sanft tun, wo du sie wirst im Sinne behalten und sie werden miteinander durch deinen Mund wohl geraten.

¹⁹Daß deine Hoffnung sei auf den HERRN, erinnere ich dich an solches heute dir zugut.

²⁰Habe ich dir's nicht mannigfaltig vorgeschrieben mit Rat und Lehren,

²¹daß ich dir zeigte einen gewissen Grund der Wahrheit, daß du recht antworten könntest denen, die dich senden?

²²Beraube den Armen nicht, ob er wohl arm ist, und unterdrücke den Elenden nicht im Tor.

²³Denn der HERR wird ihre Sache führen und wird ihre Untertreter untertreten.

²⁴Geselle dich nicht zum Zornigen und halte dich nicht zu einem grimmigen Mann,

²⁵du möchtest seinen Weg lernen und an deiner Seele Schaden nehmen.

²⁶Sei nicht bei denen, die ihre Hand verhaften und für Schuld Bürge werden;

²⁷denn wo du es nicht hast, zu bezahlen, so wird man dir dein Bett unter dir wegnehmen.

²⁸Verrücke nicht die vorigen Grenzen, die deine Väter gemacht haben.

²⁹Siehst du einen Mann behend in seinem Geschäft, der wird vor den Königen stehen und wird nicht stehen vor den Unedlen.

Kapitel 23

¹Wenn du sitzest und issest mit einem Herrn, so merke, wen du vor dir hast,

²und setze ein Messer an deine Kehle, wenn du gierig bist.

³Wünsche dir nichts von seinen feinen Speisen; denn es ist falsches Brot.

⁴Bemühe dich nicht reich zu werden und laß ab von deinen Fündlein.

⁵Laß dein Augen nicht fliegen nach dem, was du nicht haben kannst; denn dasselbe macht sich Flügel wie ein Adler und fliegt gen Himmel.

⁶Iß nicht Brot bei einem Neidischen und wünsche dir von seinen feinen Speisen nichts.

⁷Denn wie ein Gespenst ist er inwendig; er spricht: Iß und trink! und sein Herz ist doch nicht mit dir.

⁸Deine Bissen die du gegessen hattest, mußt du ausspeien, und mußt deine freundlichen Worte verloren haben.

⁹Rede nicht vor des Narren Ohren; denn er verachtet die Klugheit deiner Rede.

¹⁰Verrücke nicht die vorigen Grenzen und gehe nicht auf der Waisen Acker.

¹¹Denn ihr Erlöser ist mächtig; der wird ihre Sache wider dich ausführen.

¹²Gib dein Herz zur Zucht und deine Ohren zu vernünftiger Rede.

¹³Laß nicht ab den Knaben zu züchtigen; denn wenn du ihn mit der Rute haust, so wird man ihn nicht töten.

¹⁴Du haust ihn mit der Rute; aber du errettest seine Seele vom Tode.

¹⁵Mein Sohn, wenn dein Herz weise ist, so freut sich auch mein Herz;

¹⁶und meine Nieren sind froh, wenn deine Lippen reden, was recht ist.

¹⁷Dein Herz folge nicht den Sündern, sondern sei täglich in der Furcht des HERRN.

¹⁸Denn es wird dir hernach gut sein, und dein Warten wird nicht trügen.

¹⁹Höre, mein Sohn, und sei weise und richte dein Herz in den Weg.

²⁰Sei nicht unter den Säufern und Schlemmern;

²¹denn die Säufer und Schlemmer verarmen, und ein Schläfer muß zerrissene Kleider tragen.

²²Gehorche deinem Vater, der dich gezeugt hat, und verachte deine Mutter nicht, wenn sie alt wird.

²³Kaufe Wahrheit, und verkaufe sie nicht, Weisheit, Zucht und Verstand.

²⁴Der Vater eines Gerechten freut sich; und wer einen Weisen gezeugt hat, ist fröhlich darüber.

²⁵Laß sich deinen Vater und deine Mutter freuen, und fröhlich sein, die dich geboren hat.

²⁶Gib mir, mein Sohn, dein Herz, und laß deinen Augen meine Wege wohl gefallen.

²⁷Denn eine Hure ist eine tiefe Grube, und eine Ehebrecherin ist ein enger Brunnen.

²⁸Auch lauert sie wie ein Räuber, und die Frechen unter den Menschen sammelt sie zu sich.

²⁹Wo ist Weh? wo ist Leid? wo ist Zank? wo ist Klagen? wo sind Wunden ohne Ursache? wo sind trübe Augen?

³⁰Wo man beim Wein liegt und kommt, auszusaufen, was eingeschenkt ist.

³¹Siehe den Wein nicht an, daß er so rot ist und im Glase so schön steht. Er geht glatt ein;

³²aber danach beißt er wie eine Schlange und sticht wie eine Otter.

³³So werden deine Augen nach andern Weibern sehen, und dein Herz wird verkehrte Dinge reden,

³⁴und wirst sein wie einer, der mitten im Meer schläft, und wie einer schläft oben auf dem Mastbaum.

³⁵"Sie schlagen mich, aber es tut mir nicht weh; sie klopfen mich, aber ich fühle es nicht. Wann will ich aufwachen, daß ich's mehr treibe?"

Kapitel 24

¹Folge nicht bösen Leuten und wünsche nicht, bei ihnen zu sein;

²denn ihr Herz trachte nach Schaden, und ihre Lippen raten zu Unglück.

³Durch Weisheit wird ein Haus gebaut und durch Verstand erhalten.

⁴Durch ordentliches Haushalten werden die Kammern voll aller köstlichen, lieblichen Reichtümer.

⁵Ein weiser Mann ist stark, und ein vernünftiger Mann ist mächtig von Kräften.

⁶Denn mit Rat muß man Krieg führen; und wo viele Ratgeber sind, da ist der Sieg.

⁷Weisheit ist dem Narren zu hoch; er darf seinen Mund im Tor nicht auftun.

⁸Wer sich vornimmt, Böses zu tun, den heißt man billig einen Erzbösewicht.

⁹Des Narren Tücke ist Sünde, und der Spötter ist ein Greuel vor den Leuten.

¹⁰Der ist nicht stark, der in der Not nicht fest ist.

¹¹Errette die, so man töten will; und entzieh dich nicht von denen, die man würgen will.

¹²Sprichst du: "Siehe, wir verstehen's nicht!" meinst du nicht, der die Herzen wägt, merkt es, und der auf deine Seele achthat, kennt es und vergilt dem Menschen nach seinem Werk?

¹³Iß, mein Sohn, Honig, denn er ist gut, und Honigseim ist süß in deinem Halse.
¹⁴Also lerne die Weisheit für deine Seele. Wo du sie findest, so wird's hernach wohl gehen, und deine Hoffnung wird nicht umsonst sein.
¹⁵Laure nicht als Gottloser auf das Haus des Gerechten; verstöre seine Ruhe nicht.
¹⁶Denn ein Gerechter fällt siebenmal und steht wieder auf; aber die Gottlosen versinken im Unglück.
¹⁷Freue dich des Falles deines Feindes nicht, und dein Herz sei nicht froh über seinem Unglück;
¹⁸der HERR möchte es sehen, und es möchte ihm übel gefallen und er seine Zorn von ihm wenden.
¹⁹Erzürne dich nicht über die Bösen und eifere nicht über die Gottlosen.
²⁰Denn der Böse hat nichts zu hoffen, und die Leuchte der Gottlosen wird verlöschen.
²¹Mein Kind, fürchte den HERRN und den König und menge dich nicht unter die Aufrührer.
²²Denn ihr Verderben wird plötzlich entstehen; und wer weiß, wann beider Unglück kommt?
²³Dies sind auch Worte von Weisen. Die Person ansehen im Gericht ist nicht gut.
²⁴Wer zum Gottlosen spricht: "Du bist fromm", dem fluchen die Leute, und das Volk haßt ihn.
²⁵Welche aber strafen, die gefallen wohl, und kommt ein reicher Segen auf sie.
²⁶Eine richtige Antwort ist wie ein lieblicher Kuß.
²⁷Richte draußen dein Geschäft aus und bearbeite deinen Acker; darnach baue dein Haus.
²⁸Sei nicht Zeuge ohne Ursache wider deinen Nächsten und betrüge nicht mit deinem Munde.
²⁹Sprich nicht: "Wie man mir tut, so will ich wieder tun und einem jeglichen sein Werk vergelten."
³⁰Ich ging am Acker des Faulen vorüber und am Weinberg des Narren;
³¹und siehe, da waren eitel Nesseln darauf, und er stand voll Disteln, und die Mauer war eingefallen.
³²Da ich das sah, nahm ich's zu Herzen und schaute und lernte daran.
³³Du willst ein wenig schlafen und ein wenig schlummern und ein wenig deine Hände zusammentun, daß du ruhest:
³⁴aber es wird dir deine Armut kommen wie ein Wanderer und dein Mangel wie ein gewappneter Mann.

Kapitel 25

¹Dies sind auch Sprüche Salomos, die hinzugesetzt haben die Männer Hiskias, des Königs in Juda.
²Es ist Gottes Ehre, eine Sache verbergen; aber der Könige Ehre ist's, eine Sache zu erforschen.
³Der Himmel ist hoch und die Erde tief; aber der Könige Herz ist unerforschlich.
⁴Man tue den Schaum vom Silber, so wird ein reines Gefäß daraus.
⁵Man tue den Gottlosen hinweg vor dem König, so wird sein Thron mit Gerechtigkeit befestigt.
⁶Prange nicht vor dem König und tritt nicht an den Ort der Großen.
⁷Denn es ist dir besser, daß man zu dir sage: Tritt hier herauf! als daß du vor dem Fürsten erniedrigt wirst, daß es deine Augen sehen müssen.
⁸Fahre nicht bald heraus, zu zanken; denn was willst du hernach machen, wenn dich dein Nächster beschämt hat?
⁹Führe deine Sache mit deinem Nächsten, und offenbare nicht eines andern Heimlichkeit,
¹⁰auf daß nicht übel von dir spreche, der es hört, und dein böses Gerücht nimmer ablasse.
¹¹Ein Wort geredet zu seiner Zeit, ist wie goldene Äpfel auf silbernen Schalen.
¹²Wer einem Weisen gehorcht, der ihn straft, das ist wie ein goldenes Stirnband und goldenes Halsband.
¹³Wie die Kühle des Schnees zur Zeit der Ernte, so ist ein treuer Bote dem, der ihn gesandt hat, und labt seines Herrn Seele.
¹⁴Wer viel verspricht und hält nicht, der ist wie Wolken und Wind ohne Regen.
¹⁵Durch Geduld wird ein Fürst versöhnt, und eine linde Zunge bricht die Härtigkeit.

¹⁶Findest du Honig, so iß davon, so viel dir genug ist, daß du nicht zu satt wirst und speiest ihn aus.
¹⁷Entzieh deinen Fuß vom Hause deines Nächsten; er möchte dein überdrüssig und dir gram werden.
¹⁸Wer wider seinen Nächsten falsch Zeugnis redet, der ist ein Spieß, Schwert und scharfer Pfeil.
¹⁹Die Hoffnung auf einen Treulosen zur Zeit der Not ist wie ein fauler Zahn und gleitender Fuß.
²⁰Wer einem betrübten Herzen Lieder singt, das ist, wie wenn einer das Kleid ablegt am kalten Tage, und wie Essig auf der Kreide.
²¹Hungert deinen Feind, so speise ihn mit Brot; dürstet ihn, so tränke ihn mit Wasser.
²²Denn du wirst feurige Kohlen auf sein Haupt häufen, und der HERR wird dir's vergelten.
²³Der Nordwind bringt Ungewitter, und die heimliche Zunge macht saures Angesicht.
²⁴Es ist besser, im Winkel auf dem Dach sitzen denn bei einem zänkischen Weibe in einem Haus beisammen.
²⁵Eine gute Botschaft aus fernen Landen ist wie kalt Wasser einer durstigen Seele.
²⁶Ein Gerechter, der vor einem Gottlosen fällt, ist wie ein getrübter Brunnen und eine verderbte Quelle.
²⁷Wer zuviel Honig ißt, das ist nicht gut; und wer schwere Dinge erforscht, dem wird's zu schwer.
²⁸Ein Mann, der seinen Geist nicht halten kann, ist wie eine offene Stadt ohne Mauern.

Kapitel 26

¹Wie der Schnee im Sommer und Regen in der Ernte, also reimt sich dem Narren die Ehre nicht.
²Wie ein Vogel dahinfährt und eine Schwalbe fliegt, also ein unverdienter Fluch trifft nicht.
³Dem Roß eine Geißel und dem Esel einen Zaum und dem Narren eine Rute auf den Rücken!
⁴Antworte dem Narren nicht nach seiner Narrheit, daß du ihm nicht auch gleich werdest.
⁵Antworte aber dem Narren nach seiner Narrheit, daß er sich nicht weise lasse dünken.
⁶Wer eine Sache durch einen törichten Boten ausrichtet, der ist wie ein Lahmer an den Füßen und nimmt Schaden.
⁷Wie einem Krüppel das Tanzen, also steht den Narren an, von Weisheit zu reden.
⁸Wer einem Narren Ehre antut, das ist, als wenn einer einen edlen Stein auf den Rabenstein würfe.
⁹Ein Spruch in eines Narren Mund ist wie ein Dornzweig, der in eines Trunkenen Hand sticht.
¹⁰Ein guter Meister macht ein Ding recht; aber wer einen Stümper dingt, dem wird's verderbt.
¹¹Wie ein Hund sein Gespeites wieder frißt, also ist der Narr, der seine Narrheit wieder treibt.
¹²Wenn du einen siehst, der sich weise dünkt, da ist an einem Narren mehr Hoffnung denn an ihm.
¹³Der Faule spricht: Es ist ein junger Löwe auf dem Wege und ein Löwe auf den Gassen.
¹⁴Ein Fauler wendet sich im Bette wie die Tür in der Angel.
¹⁵Der Faule verbirgt seine Hand in dem Topf, und wird ihm sauer, daß er sie zum Munde bringe.
¹⁶Ein Fauler dünkt sich weiser denn sieben, die da Sitten lehren.
¹⁷Wer vorgeht und sich mengt in fremden Hader, der ist wie einer, der den Hund bei den Ohren zwackt.
¹⁸Wie ein Unsinniger mit Geschoß und Pfeilen schießt und tötet,
¹⁹also tut ein falscher Mensch mit seinem Nächsten und spricht danach: Ich habe gescherzt.
²⁰Wenn nimmer Holz da ist, so verlischt das Feuer; und wenn der Verleumder weg ist, so hört der Hader auf.
²¹Wie die Kohlen eine Glut und Holz ein Feuer, also facht ein zänkischer Mann Hader an.
²²Die Worte des Verleumders sind wie Schläge, und sie gehen durchs Herz.
²³Brünstige Lippen und ein böses Herz ist wie eine Scherbe, mit Silberschaum überzogen.
²⁴Der Feind verstellt sich mit seiner Rede, und im Herzen ist er falsch.
²⁵Wenn er seine Stimme holdselig macht, so glaube ihm nicht; denn es sind sieben Greuel in seinem Herzen.
²⁶Wer den Haß heimlich hält, Schaden zu tun, des Bosheit wird vor der Gemeinde offenbar werden.

²⁷Wer eine Grube macht, der wird hineinfallen; und wer einen Stein wälzt, auf den wird er zurückkommen.

²⁸Eine falsche Zunge haßt den, der sie straft; und ein Heuchelmaul richtet Verderben an.

Kapitel 27

¹Rühme dich nicht des morgenden Tages; denn du weißt nicht, was heute sich begeben mag.

²Laß dich einen andern loben, und nicht deinen Mund, einen Fremden, und nicht deine eigenen Lippen.

³Stein ist schwer und Sand ist Last; aber des Narren Zorn ist schwerer denn die beiden.

⁴Zorn ist ein wütig Ding, und Grimm ist ungestüm; aber wer kann vor dem Neid bestehen?

⁵Offene Strafe ist besser denn heimliche Liebe.

⁶Die Schläge des Liebhabers meinen's recht gut; aber die Küsse des Hassers sind gar zu reichlich.

⁷Eine satte Seele zertritt wohl Honigseim; aber einer hungrigen Seele ist alles Bittere süß.

⁸Wie ein Vogel, der aus seinem Nest weicht, also ist, wer von seiner Stätte weicht.

⁹Das Herz erfreut sich an Salbe und Räuchwerk; aber ein Freund ist lieblich um Rats willen der Seele.

¹⁰Deinen Freund und deines Vaters Freund verlaß nicht, und gehe nicht ins Haus deines Bruders, wenn dir's übel geht; denn dein Nachbar in der Nähe ist besser als dein Bruder in der Ferne.

¹¹Sei weise, mein Sohn, so freut sich mein Herz, so will ich antworten dem, der mich schmäht.

¹²Ein Kluger sieht das Unglück und verbirgt sich; aber die Unverständigen gehen hindurch und leiden Schaden.

¹³Nimm dem sein Kleid, der für einen andern Bürge wird, und pfände ihn um der Fremden willen.

¹⁴Wenn einer seinen Nächsten des Morgens früh mit lauter Stimme segnet, das wird ihm für einen Fluch gerechnet.

¹⁵Ein zänkisches Weib und stetiges Triefen, wenn's sehr regnet, werden wohl miteinander verglichen.

¹⁶Wer sie aufhält, der hält den Wind und will das Öl mit der Hand fassen.

¹⁷Ein Messer wetzt das andere und ein Mann den andern.

¹⁸Wer seinen Feigenbaum bewahrt, der ißt Früchte davon; und wer seinen Herrn bewahrt, wird geehrt.

¹⁹Wie das Spiegelbild im Wasser ist gegenüber dem Angesicht, also ist eines Menschen Herz gegenüber dem andern.

²⁰Hölle und Abgrund werden nimmer voll, und der Menschen Augen sind auch unersättlich.

²¹Ein Mann wird durch den Mund des, der ihn lobt, bewährt wie Silber im Tiegel und das Gold im Ofen.

²²Wenn du den Narren im Mörser zerstießest mit dem Stämpel wie Grütze, so ließe doch seine Narrheit nicht von ihm.

²³Auf deine Schafe habe acht und nimm dich deiner Herden an.

²⁴Denn Gut währt nicht ewiglich, und die Krone währt nicht für und für.

²⁵Das Heu ist weggeführt, und wiederum ist Gras da und wird Kraut auf den Bergen gesammelt.

²⁶Die Lämmer kleiden dich und die Böcke geben dir das Geld, einen Acker zu kaufen.

²⁷Du hast Ziegenmilch genug zu deiner Speise, zur Speise deines Hauses und zur Nahrung deiner Dirnen.

Kapitel 28

¹Der Gottlose flieht, und niemand jagt ihn; der Gerechte aber ist getrost wie ein junger Löwe.

²Um des Landes Sünde willen werden viel Änderungen der Fürstentümer; aber um der Leute willen, die verständig und vernünftig sind, bleiben sie lange.

³Ein armer Mann, der die Geringen bedrückt, ist wie ein Meltau, der die Frucht verdirbt.

⁴Die das Gesetz verlassen, loben den Gottlosen; die es aber bewahren, sind unwillig auf sie.

⁵Böse Leute merken nicht aufs Recht; die aber nach dem HERRN fragen, merken auf alles.

⁶Es ist besser ein Armer, der in seiner Frömmigkeit geht, denn ein Reicher, der in verkehrten Wegen geht.

⁷Wer das Gesetz bewahrt, ist ein verständiges Kind; wer aber der Schlemmer Geselle ist, schändet seinen Vater.

⁸Wer sein Gut mehrt mit Wucher und Zins, der sammelt es für den, der sich der Armen erbarmt.

⁹Wer sein Ohr abwendet, das Gesetz zu hören, des Gebet ist ein Greuel.

¹⁰Wer die Frommen verführt auf bösem Wege, der wird in seine Grube fallen; aber die Frommen werden Gutes ererben.

¹¹Ein Reicher dünkt sich, weise zu sein; aber ein verständiger Armer durchschaut ihn.

¹²Wenn die Gerechten Oberhand haben, so geht's sehr fein zu; wenn aber Gottlose aufkommen, wendet sich's unter den Leuten.

¹³Wer seine Missetat leugnet, dem wird's nicht gelingen; wer sie aber bekennt und läßt, der wird Barmherzigkeit erlangen.

¹⁴Wohl dem, der sich allewege fürchtet; wer aber sein Herz verhärtet, wird in Unglück fallen.

¹⁵Ein Gottloser, der über ein armes Volk regiert, das ist ein brüllender Löwe und gieriger Bär.

¹⁶Wenn ein Fürst ohne Verstand ist, so geschieht viel Unrecht; wer aber den Geiz haßt, der wird lange leben.

¹⁷Ein Mensch, der am Blut einer Seele schuldig ist, der wird flüchtig sein bis zur Grube, und niemand halte ihn auf.

¹⁸Wer fromm einhergeht, dem wird geholfen; wer aber verkehrtes Weges ist, wird auf einmal fallen.

¹⁹Wer seinen Acker baut, wird Brot genug haben; wer aber dem Müßiggang nachgeht, wird Armut genug haben.

²⁰Ein treuer Mann wird viel gesegnet; wer aber eilt, reich zu werden, wird nicht unschuldig bleiben.

²¹Person ansehen ist nicht gut; und mancher tut übel auch wohl um ein Stück Brot.

²²Wer eilt zum Reichtum und ist neidisch, der weiß nicht, daß Mangel ihm begegnen wird.

²³Wer einen Menschen straft, wird hernach Gunst finden, mehr denn der da heuchelt.

²⁴Wer seinem Vater oder seiner Mutter etwas nimmt und spricht, es sei nicht Sünde, der ist des Verderbers Geselle.

²⁵Ein Stolzer erweckt Zank; wer aber auf den HERRN sich verläßt, wird gelabt.

²⁶Wer sich auf sein Herz verläßt, ist ein Narr; wer aber mit Weisheit geht, wird entrinnen.

²⁷Wer dem Armen gibt, dem wird nichts mangeln; wer aber seine Augen abwendet, der wird viel verflucht.

²⁸Wenn die Gottlosen aufkommen, so verbergen sich die Leute; wenn sie aber umkommen, werden der Gerechten viel.

Kapitel 29

¹Wer wider die Strafe halsstarrig ist, der wird plötzlich verderben ohne alle Hilfe.

²Wenn der Gerechten viel sind, freut sich das Volk; wenn aber der Gottlose herrscht, seufzt das Volk.

³Wer Weisheit liebt, erfreut seinen Vater; wer aber mit Huren umgeht, kommt um sein Gut.

⁴Ein König richtet das Land auf durchs Recht; ein geiziger aber verderbt es.

⁵Wer mit seinem Nächsten heuchelt, der breitet ein Netz aus für seine Tritte.

⁶Wenn ein Böser sündigt, verstrickt er sich selbst; aber ein Gerechter freut sich und hat Wonne.

⁷Der Gerechte erkennt die Sache der Armen; der Gottlose achtet keine Vernunft.

⁸Die Spötter bringen frech eine Stadt in Aufruhr; aber die Weisen stillen den Zorn.

⁹Wenn ein Weiser mit einem Narren zu rechten kommt, er zürne oder lache, so hat er nicht Ruhe.

¹⁰Die Blutgierigen hassen den Frommen; aber die Gerechten suchen sein Heil.

¹¹Ein Narr schüttet seinen Geist ganz aus; aber ein Weiser hält an sich.

¹²Ein Herr, der zu Lügen Lust hat, des Diener sind alle gottlos.

¹³Arme und Reiche begegnen einander: beider Augen erleuchtet der HERR.

¹⁴Ein König, der die Armen treulich richtet, des Thron wird ewig bestehen.

¹⁵Rute und Strafe gibt Weisheit; aber ein Knabe, sich selbst überlassen, macht seiner Mutter Schande.

¹⁶Wo viele Gottlose sind, da sind viel Sünden; aber die Gerechten werden ihren Fall erleben.

¹⁷Züchtige deinen Sohn, so wird er dich ergötzen und wird deiner Seele sanft tun.

¹⁸Wo keine Weissagung ist, wird das Volk wild und wüst; wohl aber dem, der das Gesetz handhabt!

¹⁹Ein Knecht läßt sich mit Worten nicht züchtigen; denn ob er sie gleich versteht, nimmt er sich's doch nicht an.
²⁰Siehst du einen, der schnell ist zu reden, da ist am Narren mehr Hoffnung denn an ihm.
²¹Wenn ein Knecht von Jugend auf zärtlich gehalten wird, so will er darnach ein Junker sein.
²²Ein zorniger Mann richtet Hader an, und ein Grimmiger tut viel Sünde.
²³Die Hoffart des Menschen wird ihn stürzen; aber der Demütige wird Ehre empfangen.
²⁴Wer mit Dieben teilhat, den Fluch aussprechen hört, und sagt's nicht an, der haßt sein Leben.
²⁵Vor Menschen sich scheuen bringt zu Fall; wer sich aber auf den HERRN verläßt, wird beschützt.
²⁶Viele suchen das Angesicht eines Fürsten; aber eines jeglichen Gericht kommt vom HERRN.
²⁷Ein ungerechter Mann ist dem Gerechten ein Greuel; und wer rechtes Weges ist, der ist des Gottlosen Greuel.

Kapitel 30

¹Dies sind die Worte Agurs, des Sohnes Jakes. Lehre und Rede des Mannes: Ich habe mich gemüht, o Gott; ich habe mich gemüht, o Gott, und ablassen müssen.
²Denn ich bin der allernärrischste, und Menschenverstand ist nicht bei mir;
³ich habe Weisheit nicht gelernt, daß ich den Heiligen erkennete.
⁴Wer fährt hinauf gen Himmel und herab? Wer faßt den Wind in seine Hände? Wer bindet die Wasser in ein Kleid? Wer hat alle Enden der Welt gestellt? Wie heißt er? Und wie heißt sein Sohn? Weißt du das?
⁵Alle Worte Gottes sind durchläutert; er ist ein Schild denen, die auf ihn trauen.
⁶Tue nichts zu seinen Worten, daß er dich nicht strafe und werdest lügenhaft erfunden.
⁷Zweierlei bitte ich von dir; das wollest du mir nicht weigern, ehe ich denn sterbe:
⁸Abgötterei und Lüge laß ferne von mir sein; Armut und Reichtum gib mir nicht, laß mich aber mein bescheiden Teil Speise dahinnehmen.
⁹Ich möchte sonst, wo ich zu satt würde, verleugnen und sagen: Wer ist der HERR? Oder wo ich zu arm würde, möchte ich stehlen und mich an dem Namen meines Gottes vergreifen.
¹⁰Verleumde den Knecht nicht bei seinem Herrn, daß er dir nicht fluche und du die Schuld tragen müssest.
¹¹Es ist eine Art, die ihrem Vater flucht und ihre Mutter nicht segnet;
¹²eine Art, die sich rein dünkt, und ist doch von ihrem Kot nicht gewaschen;
¹³eine Art, die ihre Augen hoch trägt und ihre Augenlider emporhält;
¹⁴eine Art, die Schwerter für Zähne hat und Messer für Backenzähne und verzehrt die Elenden im Lande und die Armen unter den Leuten.
¹⁵Blutegel hat zwei Töchter: Bring her, bring her! Drei Dinge sind nicht zu sättigen, und das vierte spricht nicht: Es ist genug:
¹⁶die Hölle, der Frauen verschlossenen Mutter, die Erde wird nicht des Wassers satt, und das Feuer spricht nicht: Es ist genug.
¹⁷Ein Auge, das den Vater verspottet, und verachtet der Mutter zu gehorchen, das müssen die Raben am Bach aushacken und die jungen Adler fressen.
¹⁸Drei sind mir zu wunderbar, und das vierte verstehe ich nicht:
¹⁹des Adlers Weg am Himmel, der Schlange Weg auf einem Felsen, des Schiffes Weg mitten im Meer und eines Mannes Weg an einer Jungfrau.
²⁰Also ist auch der Weg der Ehebrecherin; die verschlingt und wischt ihr Maul und spricht: Ich habe kein Böses getan.
²¹Ein Land wird durch dreierlei unruhig, und das vierte kann es nicht ertragen:
²²ein Knecht, wenn er König wird; ein Narr, wenn er zu satt ist;
²³eine Verschmähte, wenn sie geehelicht wird; und eine Magd, wenn sie ihrer Frau Erbin wird.
²⁴Vier sind klein auf Erden und klüger denn die Weisen:
²⁵die Ameisen, ein schwaches Volk; dennoch schaffen sie im Sommer ihre Speise,
²⁶Kaninchen, ein schwaches Volk; dennoch legt es sein Haus in den Felsen,
²⁷Heuschrecken, haben keinen König; dennoch ziehen sie aus ganz in Haufen,
²⁸die Spinne, wirkt mit ihren Händen und ist in der Könige Schlössern.
²⁹Dreierlei haben einen feinen Gang, und das vierte geht wohl:
³⁰der Löwe, mächtig unter den Tieren und kehrt nicht um vor jemand;
³¹ein Windhund von guten Lenden, und ein Widder, und ein König, wider den sich niemand legen darf.
³²Bist du ein Narr gewesen und zu hoch gefahren und hast Böses vorgehabt, so lege die Hand aufs Maul.
³³Wenn man Milch stößt, so macht man Butter daraus; und wer die Nase hart schneuzt, zwingt Blut heraus; und wer den Zorn reizt, zwingt Hader heraus.

Kapitel 31

¹Dies sind die Worte des Königs Lamuel, die Lehre, die ihn seine Mutter lehrte.
²Ach mein Auserwählter, ach du Sohn meines Leibes, ach mein gewünschter Sohn,
³laß nicht den Weibern deine Kraft und gehe die Wege nicht, darin sich die Könige verderben!
⁴O, nicht den Königen, Lamuel, nicht den Königen ziemt es, Wein zu trinken, noch den Fürsten starkes Getränk!
⁵Sie möchten trinken und der Rechte vergessen und verändern die Sache aller elenden Leute.
⁶Gebt starkes Getränk denen, die am Umkommen sind, und den Wein den betrübten Seelen,
⁷daß sie trinken und ihres Elends vergessen und ihres Unglücks nicht mehr gedenken.
⁸Tue deinen Mund auf für die Stummen und für die Sache aller, die verlassen sind.
⁹Tue deinen Mund auf und richte recht und räche den Elenden und Armen.
¹⁰Wem ein tugendsam Weib beschert ist, die ist viel edler denn die köstlichsten Perlen.
¹¹Ihres Mannes Herz darf sich auf sie verlassen, und Nahrung wird ihm nicht mangeln.
¹²Sie tut ihm Liebes und kein Leides ihr Leben lang.
¹³Sie geht mit Wolle und Flachs um und arbeitet gern mit ihren Händen.
¹⁴Sie ist wie ein Kaufmannsschiff, das seine Nahrung von ferne bringt.
¹⁵Sie steht vor Tages auf und gibt Speise ihrem Hause und Essen ihren Dirnen.
¹⁶Sie denkt nach einem Acker und kauft ihn und pflanzt einen Weinberg von den Früchten ihrer Hände.
¹⁷Sie gürtet ihre Lenden mit Kraft und stärkt ihre Arme.
¹⁸Sie merkt, wie ihr Handel Frommen bringt; ihre Leuchte verlischt des Nachts nicht.
¹⁹Sie streckt ihre Hand nach dem Rocken, und ihre Finger fassen die Spindel.
²⁰Sie breitet ihre Hände aus zu dem Armen und reicht ihre Hand dem Dürftigen.
²¹Sie fürchtet für ihr Haus nicht den Schnee; denn ihr ganzes Haus hat zwiefache Kleider.
²²Sie macht sich selbst Decken; feine Leinwand und Purpur ist ihr Kleid.
²³Ihr Mann ist bekannt in den Toren, wenn er sitzt bei den Ältesten des Landes.
²⁴Sie macht einen Rock und verkauft ihn; einen Gürtel gibt sie dem Krämer.
²⁵Kraft und Schöne sind ihr Gewand, und sie lacht des kommenden Tages.
²⁶Sie tut ihren Mund auf mit Weisheit, und auf ihrer Zunge ist holdselige Lehre.
²⁷Sie schaut, wie es in ihrem Hause zugeht, und ißt ihr Brot nicht mit Faulheit.
²⁸Ihre Söhne stehen auf und preisen sie selig; ihr Mann lobt sie:
²⁹"Viele Töchter halten sich tugendsam; du aber übertriffst sie alle."
³⁰Lieblich und schön sein ist nichts; ein Weib, das den HERRN fürchtet, soll man loben.
³¹Sie wird gerühmt werden von den Früchten ihrer Hände, und ihre Werke werden sie loben in den Toren.

Prediger

Prediger

Kapitel 1

¹Dies sind die Reden des Predigers, des Sohnes Davids, des Königs zu Jerusalem.

²Es ist alles ganz eitel, sprach der Prediger, es ist alles ganz eitel.

³Was hat der Mensch für Gewinn von aller seiner Mühe, die er hat unter der Sonne?

⁴Ein Geschlecht vergeht, das andere kommt; die Erde aber bleibt ewiglich.

⁵Die Sonne geht auf und geht unter und läuft an ihren Ort, daß sie wieder daselbst aufgehe.

⁶Der Wind geht gen Mittag und kommt herum zur Mitternacht und wieder herum an den Ort, da er anfing.

⁷Alle Wasser laufen ins Meer, doch wird das Meer nicht voller; an den Ort, da sie her fließen, fließen sie wieder hin.

⁸Es sind alle Dinge so voll Mühe, daß es niemand ausreden kann. Das Auge sieht sich nimmer satt, und das Ohr hört sich nimmer satt.

⁹Was ist's, das geschehen ist? Eben das hernach geschehen wird. Was ist's, das man getan hat? Eben das man hernach tun wird; und geschieht nichts Neues unter der Sonne.

¹⁰Geschieht auch etwas, davon man sagen möchte: Siehe, das ist neu? Es ist zuvor auch geschehen in den langen Zeiten, die vor uns gewesen sind.

¹¹Man gedenkt nicht derer, die zuvor gewesen sind; also auch derer, so hernach kommen, wird man nicht gedenken bei denen, die darnach sein werden.

¹²Ich, der Prediger, war König zu Jerusalem

¹³und richtete mein Herz zu suchen und zu forschen weislich alles, was man unter dem Himmel tut. Solche unselige Mühe hat Gott den Menschenkindern gegeben, daß sie sich darin müssen quälen.

¹⁴Ich sah an alles Tun, das unter der Sonne geschieht; und siehe, es war alles eitel und Haschen nach dem Wind.

¹⁵Krumm kann nicht schlicht werden noch, was fehlt, gezählt werden.

¹⁶Ich sprach in meinem Herzen: Siehe, ich bin herrlich geworden und habe mehr Weisheit denn alle, die vor mir gewesen sind zu Jerusalem, und mein Herz hat viel gelernt und erfahren.

¹⁷Und richtete auch mein Herz darauf, daß ich erkennte Weisheit und erkennte Tollheit und Torheit. Ich ward aber gewahr, daß solches auch Mühe um Wind ist.

¹⁸Denn wo viel Weisheit ist, da ist viel Grämens; und wer viel lernt, der muß viel leiden.

Kapitel 2

¹Ich sprach in meinem Herzen: Wohlan, ich will wohl leben und gute Tage haben! Aber siehe, das war auch eitel.

²Ich sprach zum Lachen: Du bist toll! und zur Freude: Was machst du?

³Da dachte ich in meinem Herzen, meinen Leib mit Wein zu pflegen, doch also, daß mein Herz mich mit Weisheit leitete, und zu ergreifen, was Torheit ist, bis ich lernte, was dem Menschen gut wäre, daß sie tun sollten, solange sie unter dem Himmel leben.

⁴Ich tat große Dinge: ich baute Häuser, pflanzte Weinberge;

⁵ich machte mir Gärten und Lustgärten und pflanzte allerlei fruchtbare Bäume darein;

⁶ich machte mir Teiche, daraus zu wässern den Wald der grünenden Bäume;

⁷ich hatte Knechte und Mägde und auch Gesinde, im Hause geboren; ich hatte eine größere Habe an Rindern und Schafen denn alle, die vor mir zu Jerusalem gewesen waren;

⁸ich sammelte mir auch Silber und Gold und von den Königen und Ländern einen Schatz; ich schaffte mir Sänger und Sängerinnen und die Wonne der Menschen, allerlei Saitenspiel;

⁹und nahm zu über alle, die vor mir zu Jerusalem gewesen waren; auch blieb meine Weisheit bei mir;

¹⁰und alles, was meine Augen wünschten, das ließ ich ihnen und wehrte meinem Herzen keine Freude, daß es fröhlich war von aller meiner Arbeit; und das hielt ich für mein Teil von aller meiner Arbeit.

¹¹Da ich aber ansah alle meine Werke, die meine Hand gemacht hatte, und die Mühe, die ich gehabt hatte, siehe, da war es alles eitel und Haschen nach dem Wind und kein Gewinn unter der Sonne.

¹²Da wandte ich mich, zu sehen die Weisheit und die Tollheit und Torheit. Denn wer weiß, was der für ein Mensch werden wird nach dem König, den sie schon bereit gemacht haben?

¹³Da ich aber sah, daß die Weisheit die Torheit übertraf wie das Licht die Finsternis;

¹⁴daß dem Weisen seine Augen im Haupt stehen, aber die Narren in der Finsternis gehen; und merkte doch, daß es einem geht wie dem andern.

¹⁵Da dachte ich in meinem Herzen: Weil es denn mir geht wie dem Narren, warum habe ich denn nach Weisheit getrachtet? Da dachte ich in meinem Herzen, daß solches auch eitel sei.

¹⁶Denn man gedenkt des Weisen nicht immerdar, ebenso wenig wie des Narren, und die künftigen Tage vergessen alles; und wie der Narr stirbt, also auch der Weise.

¹⁷Darum verdroß mich zu leben; denn es gefiel mir übel, was unter der Sonne geschieht, daß alles eitel ist und Haschen nach dem Wind.

¹⁸Und mich verdroß alle meine Arbeit, die ich unter der Sonne hatte, daß ich dieselbe einem Menschen lassen müßte, der nach mir sein sollte.

¹⁹Denn wer weiß, ob er weise oder toll sein wird? und soll doch herrschen in aller meiner Arbeit, die ich weislich getan habe unter der Sonne. Das ist auch eitel.

²⁰Darum wandte ich mich, daß mein Herz abließe von aller Arbeit, die ich tat unter der Sonne.

²¹Denn es muß ein Mensch, der seine Arbeit mit Weisheit, Vernunft und Geschicklichkeit getan hat, sie einem andern zum Erbteil lassen, der nicht daran gearbeitet hat. Das ist auch eitel und ein großes Unglück.

²²Denn was kriegt der Mensch von aller seiner Arbeit und Mühe seines Herzens, die er hat unter der Sonne?

²³Denn alle seine Lebtage hat er Schmerzen mit Grämen und Leid, daß auch sein Herz des Nachts nicht ruht. Das ist auch eitel.

²⁴Ist's nun nicht besser dem Menschen, daß er esse und trinke und seine Seele guter Dinge sei in seiner Arbeit? Aber solches sah ich auch, daß es von Gottes Hand kommt.

²⁵Denn wer kann fröhlich essen und sich ergötzen ohne ihn?

²⁶Denn dem Menschen, der ihm gefällt, gibt er Weisheit, Vernunft und Freude; aber dem Sünder gibt er Mühe, daß er sammle und häufe, und es doch dem gegeben werde, der Gott gefällt. Darum ist das auch eitel und Haschen nach dem Wind.

Kapitel 3

¹Ein jegliches hat seine Zeit, und alles Vornehmen unter dem Himmel hat seine Stunde.

²Geboren werden und sterben, pflanzen und ausrotten, was gepflanzt ist,

³würgen und heilen, brechen und bauen,

⁴weinen und lachen, klagen und tanzen,

⁵Stein zerstreuen und Steine sammeln, herzen und ferne sein von Herzen,

⁶suchen und verlieren, behalten und wegwerfen,

⁷zerreißen und zunähen, schweigen und reden,

⁸lieben und hassen, Streit und Friede hat seine Zeit.

⁹Man arbeite, wie man will, so hat man doch keinen Gewinn davon.

¹⁰Ich sah die Mühe, die Gott den Menschen gegeben hat, daß sie darin geplagt werden.

¹¹Er aber tut alles fein zu seiner Zeit und läßt ihr Herz sich ängsten, wie es gehen solle in der Welt; denn der Mensch kann doch nicht treffen das Werk, das Gott tut, weder Anfang noch Ende.

¹²Darum merkte ich, daß nichts Besseres darin ist denn fröhlich sein und sich gütlich tun in seinem Leben.

¹³Denn ein jeglicher Mensch, der da ißt und trinkt und hat guten Mut in aller seiner Arbeit, das ist eine Gabe Gottes.

¹⁴Ich merkte, daß alles, was Gott tut, das besteht immer: man kann nichts dazutun noch abtun; und solches tut Gott, daß man sich vor ihm fürchten soll.

¹⁵Was geschieht, das ist zuvor geschehen, und was geschehen wird, ist auch zuvor geschehen; und Gott sucht wieder auf, was vergangen ist.

¹⁶Weiter sah ich unter der Sonne Stätten des Gerichts, da war ein gottlos Wesen, und Stätten der Gerechtigkeit, da waren Gottlose.

¹⁷Da dachte ich in meinem Herzen: Gott muß richten den Gerechten und den Gottlosen; denn es hat alles Vornehmen seine Zeit und alle Werke.

¹⁸Ich sprach in meinem Herzen: Es geschieht wegen der Menschenkinder, auf daß Gott sie prüfe und sie sehen, daß sie an sich selbst sind wie das Vieh.

¹⁹Denn es geht dem Menschen wie dem Vieh: wie dies stirbt, so stirbt er auch, und haben alle einerlei Odem, und der Mensch hat nichts mehr als das Vieh; denn es ist alles eitel.

²⁰Es fährt alles an einen Ort; es ist alles von Staub gemacht und wird wieder zu Staub.

²¹Wer weiß, ob der Odem der Menschen aufwärts fahre und der Odem des Viehes abwärts unter die Erde fahre?

²²So sah ich denn, daß nichts Besseres ist, als daß ein Mensch fröhlich sei in seiner Arbeit; denn das ist sein Teil. Denn wer will ihn dahin bringen, daß er sehe, was nach ihm geschehen wird?

Kapitel 4

¹Ich wandte mich um und sah an alles Unrecht, das geschah unter der Sonne; und siehe, da waren die Tränen derer, so Unrecht litten und hatten keinen Tröster; und die ihnen Unrecht taten, waren zu mächtig, daß sie keinen Tröster haben konnten.

²Da lobte ich die Toten, die schon gestorben waren, mehr denn die Lebendigen, die noch das Leben hatten;

³und besser als alle beide ist, der noch nicht ist und des Bösen nicht innewird, das unter der Sonne geschieht.

⁴Ich sah an Arbeit und Geschicklichkeit in allen Sachen; da neidet einer den andern. Das ist auch eitel und Haschen nach dem Wind.

⁵Ein Narr schlägt die Finger ineinander und verzehrt sich selbst.

⁶Es ist besser eine Handvoll mit Ruhe denn beide Fäuste voll mit Mühe und Haschen nach Wind.

⁷Ich wandte mich um und sah die Eitelkeit unter der Sonne.

⁸Es ist ein einzelner, und nicht selbander, und hat weder Kind noch Bruder; doch ist seines Arbeitens kein Ende, und seine Augen werden Reichtums nicht satt. Wem arbeite ich doch und breche meiner Seele ab? Das ist auch eitel und eine böse Mühe.

⁹So ist's ja besser zwei als eins; denn sie genießen doch ihrer Arbeit wohl.

¹⁰Fällt ihrer einer so hilft ihm sein Gesell auf. Weh dem, der allein ist! Wenn er fällt, so ist keiner da, der ihm aufhelfe.

¹¹Auch wenn zwei beieinander liegen, wärmen sie sich; wie kann ein einzelner warm werden?

¹²Einer mag überwältigt werden, aber zwei mögen widerstehen; und eine dreifältige Schnur reißt nicht leicht entzwei.

¹³Ein armes Kind, das weise ist, ist besser denn ein alter König, der ein Narr ist und weiß nicht sich zu hüten.

¹⁴Es kommt einer aus dem Gefängnis zum Königreich; und einer, der in seinem Königreich geboren ist, verarmt.

¹⁵Und ich sah, daß alle Lebendigen unter der Sonne wandelten bei dem andern, dem Kinde, das an jenes Statt sollte aufkommen.

¹⁶Und des Volks, das vor ihm ging, war kein Ende und des, das ihm nachging; und wurden sein doch nicht froh. Das ist auch eitel und Mühe um Wind.

Kapitel 5

¹Bewahre deinen Fuß, wenn du zum Hause Gottes gehst, und komme, daß du hörst. Das ist besser als der Narren Opfer; denn sie wissen nicht, was sie Böses tun.

²Sei nicht schnell mit deinem Munde und laß dein Herz nicht eilen, was zu reden vor Gott; denn Gott ist im Himmel, und du auf Erden; darum laß deiner Worte wenig sein.

³Denn wo viel Sorgen ist, da kommen Träume; und wo viel Worte sind, da hört man den Narren.

⁴Wenn du Gott ein Gelübde tust, so verzieh nicht, es zu halten; denn er hat kein Gefallen an den Narren. Was du gelobst, das halte.

⁵Es ist besser, du gelobst nichts, denn daß du nicht hältst, was du gelobst.

⁶Laß deinem Mund nicht zu, daß er dein Fleisch verführe; und sprich vor dem Engel nicht: Es ist ein Versehen. Gott möchte erzürnen über deine Stimme und verderben alle Werke deiner Hände.

⁷Wo viel Träume sind, da ist Eitelkeit und viel Worte; aber fürchte du Gott.

⁸Siehst du dem Armen Unrecht tun und Recht und Gerechtigkeit im Lande wegreißen, wundere dich des Vornehmens nicht; denn es ist ein hoher Hüter über den Hohen und sind noch Höhere über die beiden.

⁹Und immer ist's Gewinn für ein Land, wenn ein König da ist für das Feld, das man baut.

¹⁰Wer Geld liebt, wird Geldes nimmer satt; und wer Reichtum liebt, wird keinen Nutzen davon haben. Das ist auch eitel.

¹¹Denn wo viel Guts ist, da sind viele, die es essen; und was genießt davon, der es hat, außer daß er's mit Augen ansieht?

¹²Wer arbeitet, dem ist der Schaf süß, er habe wenig oder viel gegessen; aber die Fülle des Reichen läßt ihn nicht schlafen.

¹³Es ist ein böses Übel, das ich sah unter der Sonne: Reichtum, behalten zum Schaden dem, der ihn hat.

¹⁴Denn der Reiche kommt um mit großem Jammer; und so er einen Sohn gezeugt hat, dem bleibt nichts in der Hand.

¹⁵Wie er nackt ist von seine Mutter Leibe gekommen, so fährt er wieder hin, wie er gekommen ist, und nimmt nichts mit sich von seiner Arbeit in seiner Hand, wenn er hinfährt.

¹⁶Das ist ein böses Übel, daß er hinfährt, wie er gekommen ist. Was hilft's ihm denn, daß er in den Wind gearbeitet hat?

¹⁷Sein Leben lang hat er im Finstern gegessen und in großem Grämen und Krankheit und Verdruß.

¹⁸So sehe ich nun das für gut an, daß es fein sei, wenn man ißt und trinkt und gutes Muts ist in aller Arbeit, die einer tut unter der Sonne sein Leben lang, das Gott ihm gibt; denn das ist sein Teil.

¹⁹Denn welchem Menschen Gott Reichtum und Güter gibt und die Gewalt, daß er davon ißt und trinkt für sein Teil und fröhlich ist in seiner Arbeit, das ist eine Gottesgabe.

²⁰Denn er denkt nicht viel an die Tage seines Lebens, weil Gott sein Herz erfreut.

Kapitel 6

¹Es ist ein Unglück, das ich sah unter der Sonne, und ist gemein bei den Menschen:

²einer, dem Gott Reichtum, Güter und Ehre gegeben hat und mangelt ihm keins, das sein Herz begehrt; und Gott gibt doch ihm nicht Macht, es zu genießen, sondern ein anderer verzehrt es; das ist eitel und ein böses Übel.

³Wenn einer gleich hundert Kinder zeugte und hätte langes Leben, daß er viele Jahre überlebte, und seine Seele sättigte sich des Guten nicht und bliebe ohne Grab, von dem spreche ich, daß eine unzeitige Geburt besser sei denn er.

⁴Denn in Nichtigkeit kommt sie, und in Finsternis fährt sie dahin, und ihr Name bleibt in Finsternis bedeckt,

⁵auch hat sie die Sonne nicht gesehen noch gekannt; so hat sie mehr Ruhe denn jener.

⁶Ob er auch zweitausend Jahre lebte, und genösse keines Guten: kommt's nicht alles an einen Ort?

⁷Alle Arbeit des Menschen ist für seinen Mund; aber doch wird die Seele nicht davon satt.

⁸Denn was hat ein Weiser mehr als ein Narr? Was hilft's den Armen, daß er weiß zu wandeln vor den Lebendigen?

⁹Es ist besser, das gegenwärtige Gut gebrauchen, denn nach anderm gedenken. Das ist auch Eitelkeit und Haschen nach Wind.

¹⁰Was da ist, des Name ist zuvor genannt, und es ist bestimmt, was ein Mensch sein wird; und er kann nicht hadern mit dem, der ihm zu mächtig ist.

¹¹Denn es ist des eitlen Dinges zuviel; was hat ein Mensch davon?

¹²Denn wer weiß, was dem Menschen nütze ist im Leben, solange er lebt in seiner Eitelkeit, welches dahinfährt wie ein Schatten? Oder wer will dem Menschen sagen, was nach ihm kommen wird unter der Sonne?

Kapitel 7

¹Ein guter Ruf ist besser denn gute Salbe, und der Tag des Todes denn der Tag der Geburt.

²Es ist besser in das Klagehaus gehen, denn in ein Trinkhaus; in jenem ist das Ende aller Menschen, und der Lebendige nimmt's zu Herzen.

³Es ist Trauern besser als Lachen; denn durch Trauern wird das Herz gebessert.

⁴Das Herz der Weisen ist im Klagehause, und das Herz der Narren im Hause der Freude.

⁵Es ist besser hören das Schelten der Weisen, denn hören den Gesang der Narren.

⁶Denn das Lachen der Narren ist wie das Krachen der Dornen unter den Töpfen; und das ist auch eitel.

⁷Ein Widerspenstiger macht einen Weisen unwillig und verderbt ein mildtätiges Herz.

⁸Das Ende eines Dinges ist besser denn sein Anfang. Ein geduldiger Geist ist besser denn ein hoher Geist.

⁹Sei nicht schnellen Gemütes zu zürnen; denn Zorn ruht im Herzen eines Narren.

¹⁰Sprich nicht: Was ist's, daß die vorigen Tage besser waren als diese? denn du fragst solches nicht weislich.

¹¹Weisheit ist gut mit einem Erbgut und hilft, daß sich einer der Sonne freuen kann.

¹²Denn die Weisheit beschirmt, so beschirmt Geld auch; aber die

Prediger

Weisheit gibt das Leben dem, der sie hat.

¹³Siehe an die Werke Gottes; denn wer kann das schlicht machen, was er krümmt?

¹⁴Am guten Tage sei guter Dinge, und den bösen Tag nimm auch für gut; denn diesen schafft Gott neben jenem, daß der Mensch nicht wissen soll, was künftig ist.

¹⁵Allerlei habe ich gesehen in den Tagen meiner Eitelkeit. Da ist ein Gerechter, und geht unter mit seiner Gerechtigkeit; und ein Gottloser, der lange lebt in seiner Bosheit.

¹⁶Sei nicht allzu gerecht und nicht allzu weise, daß du dich nicht verderbest.

¹⁷Sei nicht allzu gottlos und narre nicht, daß du nicht sterbest zur Unzeit.

¹⁸Es ist gut, daß du dies fassest und jenes auch nicht aus deiner Hand lässest; denn wer Gott fürchtet, der entgeht dem allem.

¹⁹Die Weisheit stärkt den Weisen mehr denn zehn Gewaltige, die in der Stadt sind.

²⁰Denn es ist kein Mensch so gerecht auf Erden, daß er Gutes tue und nicht sündige.

²¹Gib auch nicht acht auf alles, was man sagt, daß du nicht hören müssest deinen Knecht dir fluchen.

²²Denn dein Herz weiß, daß du andern oftmals geflucht hast.

²³Solches alles habe ich versucht mit Weisheit. Ich gedachte, ich will weise sein; sie blieb aber ferne von mir.

²⁴Alles, was da ist, das ist ferne und sehr tief; wer will's finden?

²⁵Ich kehrte mein Herz, zu erfahren und erforschen und zu suchen Weisheit und Kunst, zu erfahren der Gottlosen Torheit und Irrtum der Tollen,

²⁶und fand, daß bitterer sei denn der Tod ein solches Weib, dessen Herz Netz und Strick ist und deren Hände Bande sind. Wer Gott gefällt, der wird ihr entrinnen; aber der Sünder wird durch sie gefangen.

²⁷Schau, das habe ich gefunden, spricht der Prediger, eins nach dem andern, daß ich Erkenntnis fände.

²⁸Und meine Seele sucht noch und hat's nicht gefunden: unter tausend habe ich einen Mann gefunden; aber ein Weib habe ich unter den allen nicht gefunden.

²⁹Allein schaue das: ich habe gefunden, daß Gott den Menschen hat aufrichtig gemacht; aber sie suchen viele Künste.

Kapitel 8

¹Wer ist wie der Weise, und wer kann die Dinge auslegen? Die Weisheit des Menschen erleuchtet sein Angesicht; aber ein freches Angesicht wird gehaßt.

²Halte das Wort des Königs und den Eid Gottes.

³Eile nicht zu gehen von seinem Angesicht, und bleibe nicht in böser Sache; denn er tut, was er will.

⁴In des Königs Wort ist Gewalt; und wer mag zu ihm sagen: Was machst du?

⁵Wer das Gebot hält, der wird nichts Böses erfahren; aber eines Weisen Herz weiß Zeit und Weise.

⁶Denn ein jeglich Vornehmen hat seine Zeit und Weise; denn des Unglücks des Menschen ist viel bei ihm.

⁷Denn er weiß nicht, was geschehen wird; und wer soll ihm sagen, wie es werden soll?

⁸Ein Mensch hat nicht Macht über den Geist, den Geist zurückzuhalten, und hat nicht Macht über den Tag des Todes, und keiner wird losgelassen im Streit; und das gottlose Wesen errettet den Gottlosen nicht.

⁹Das habe ich alles gesehen, und richtete mein Herz auf alle Werke, die unter der Sonne geschehen. Ein Mensch herrscht zuzeiten über den andern zu seinem Unglück.

¹⁰Und da sah ich Gottlose, die begraben wurden und zur Ruhe kamen; aber es wandelten hinweg von heiliger Stätte und wurden vergessen in der Stadt die, so recht getan hatten. Das ist auch eitel.

¹¹Weil nicht alsbald geschieht ein Urteil über die bösen Werke, dadurch wird das Herz der Menschen voll, Böses zu tun.

¹²Ob ein Sünder hundertmal Böses tut und lange lebt, so weiß ich doch, daß es wohl gehen wird denen, die Gott fürchten, die sein Angesicht scheuen.

¹³Aber dem Gottlosen wird es nicht wohl gehen; und wie ein Schatten werden nicht lange leben, die sich vor Gott nicht fürchten.

¹⁴Es ist eine Eitelkeit, die auf Erden geschieht: es sind Gerechte, denen geht es als hätten sie Werke der Gottlosen, und sind Gottlose, denen geht es als hätten sie Werke der Gerechten. Ich sprach: Das ist auch eitel.

¹⁵Darum lobte ich die Freude, daß der Mensch nichts Besseres hat unter der Sonne denn essen und trinken und fröhlich sein; und solches werde ihm von der Arbeit sein Leben lang, das ihm Gott gibt unter der Sonne.

¹⁶Ich gab mein Herz, zu wissen die Weisheit und zu schauen die Mühe, die auf Erden geschieht, daß auch einer weder Tag noch Nacht den Schlaf sieht mit seinen Augen.

¹⁷Und ich sah alle Werke Gottes, daß ein Mensch das Werk nicht finden kann, das unter der Sonne geschieht; und je mehr der Mensch arbeitet, zu suchen, je weniger er findet. Wenn er gleich spricht: "Ich bin weise und weiß es", so kann er's doch nicht finden.

Kapitel 9

¹Denn ich habe solches alles zu Herzen genommen, zu forschen das alles, daß Gerechte und Weise und ihre Werke sind in Gottes Hand; kein Mensch kennt weder die Liebe noch den Haß irgend eines, den er vor sich hat.

²Es begegnet dasselbe einem wie dem andern: dem Gerechten wie dem Gottlosen, dem Guten und Reinen wie dem Unreinen, dem, der opfert, wie dem, der nicht opfert; wie es dem Guten geht, so geht's auch dem Sünder; wie es dem, der schwört, geht, so geht's auch dem, der den Eid fürchtet.

³Das ist ein böses Ding unter allem, was unter der Sonne geschieht, daß es einem geht wie dem andern; daher auch das Herz der Menschen voll Arges wird, und Torheit ist in ihrem Herzen, dieweil sie leben; darnach müssen sie sterben.

⁴Denn bei allen Lebendigen ist, was man wünscht: Hoffnung; denn ein lebendiger Hund ist besser denn ein toter Löwe.

⁵Denn die Lebendigen wissen, daß sie sterben werden; die Toten aber wissen nichts, sie haben auch keinen Lohn mehr, denn ihr Gedächtnis ist vergessen,

⁶daß man sie nicht mehr liebt noch haßt noch neidet, und haben kein Teil mehr auf dieser Welt an allem, was unter der Sonne geschieht.

⁷So gehe hin und iß dein Brot mit Freuden, trink deinen Wein mit gutem Mut; denn dein Werk gefällt Gott.

⁸Laß deine Kleider immer weiß sein und laß deinem Haupt Salbe nicht mangeln.

⁹Brauche das Leben mit deinem Weibe, das du liebhast, solange du das eitle Leben hast, das dir Gott unter der Sonne gegeben hat, solange dein eitel Leben währt; denn das ist dein Teil im Leben und in deiner Arbeit, die du tust unter der Sonne.

¹⁰Alles, was dir vor Handen kommt, zu tun, das tue frisch; denn bei den Toten, dahin du fährst, ist weder Werk, Kunst, Vernunft noch Weisheit.

¹¹Ich wandte mich und sah, wie es unter der Sonne zugeht, daß zum Laufen nicht hilft schnell zu sein, zum Streit hilft nicht stark sein, zur Nahrung hilft nicht geschickt sein, zum Reichtum hilft nicht klug sein; daß einer angenehm sei, dazu hilft nicht, daß er ein Ding wohl kann; sondern alles liegt an Zeit und Glück.

¹²Auch weiß der Mensch seine Zeit nicht; sondern, wie die Fische gefangen werden mit einem verderblichen Haken, und wie die Vögel mit einem Strick gefangen werden, so werden auch die Menschen berückt zur bösen Zeit, wenn sie plötzlich über sie fällt.

¹³Ich habe auch diese Weisheit gesehen unter der Sonne, die mich groß deuchte:

¹⁴daß eine kleine Stadt war und wenig Leute darin, und kam ein großer König und belagerte sie und baute große Bollwerke darum,

¹⁵und ward darin gefunden ein armer, weiser Mann, der errettete dieselbe Stadt durch seine Weisheit; und kein Mensch gedachte desselben armen Mannes.

¹⁶Da sprach ich: "Weisheit ist ja besser den Stärke; doch wird des Armen Weisheit verachtet und seinen Worten nicht gehorcht."

¹⁷Der Weisen Worte, in Stille vernommen, sind besser denn der Herren Schreien unter den Narren.

¹⁸Weisheit ist besser denn Harnisch; aber eine einziger Bube verderbt viel Gutes.

Kapitel 10

¹Schädliche Fliegen verderben gute Salben; also wiegt ein wenig Torheit schwerer denn Weisheit und Ehre.

²Des Weisen Herz ist zu seiner Rechten; aber des Narren Herz ist zu seiner Linken.

³Auch ob der Narr selbst närrisch ist in seinem Tun, doch hält er jedermann für einen Narren.

⁴Wenn eines Gewaltigen Zorn wider dich ergeht, so laß dich nicht entrüsten; denn Nachlassen stillt großes Unglück.

⁵Es ist ein Unglück, das ich sah unter der Sonne, gleich einem Versehen, das vom Gewaltigen ausgeht:

⁶daß ein Narr sitzt in großer Würde, und die Reichen in

Niedrigkeit sitzen.

⁷Ich sah Knechte auf Rossen, und Fürsten zu Fuß gehen wie Knechte.

⁸Aber wer eine Grube macht, der wird selbst hineinfallen; und wer den Zaun zerreißt, den wird eine Schlange stechen.

⁹Wer Steine wegwälzt, der wird Mühe damit haben; und wer Holz spaltet, der wird davon verletzt werden.

¹⁰Wenn ein Eisen stumpf wird und an der Schneide ungeschliffen bleibt, muß man's mit Macht wieder schärfen; also folgt auch Weisheit dem Fleiß.

¹¹Ein Schwätzer ist nichts Besseres als eine Schlange, die ohne Beschwörung sticht.

¹²Die Worte aus dem Mund eines Weisen sind holdselig; aber des Narren Lippen verschlingen ihn selbst.

¹³Der Anfang seiner Worte ist Narrheit, und das Ende ist schädliche Torheit.

¹⁴Ein Narr macht viele Worte; aber der Mensch weiß nicht, was gewesen ist, und wer will ihm sagen, was nach ihm werden wird?

¹⁵Die Arbeit der Narren wird ihnen sauer, weil sie nicht wissen in die Stadt zu gehen.

¹⁶Weh dir, Land, dessen König ein Kind ist, und dessen Fürsten in der Frühe speisen!

¹⁷Wohl dir, Land, dessen König edel ist, und dessen Fürsten zu rechter Zeit speisen, zur Stärke und nicht zur Lust!

¹⁸Denn durch Faulheit sinken die Balken, und durch lässige Hände wird das Haus triefend.

¹⁹Das macht, sie halten Mahlzeiten, um zu lachen, und der Wein muß die Lebendigen erfreuen, und das Geld muß ihnen alles zuwege bringen.

²⁰Fluche dem König nicht in deinem Herzen und fluche dem Reichen nicht in deiner Schlafkammer; denn die Vögel des Himmels führen die Stimme fort, und die Fittiche haben, sagen's weiter.

Kapitel 11

¹Laß dein Brot über das Wasser fahren, so wirst du es finden nach langer Zeit.

²Teile aus unter sieben und unter acht; denn du weißt nicht, was für Unglück auf Erden kommen wird.

³Wenn die Wolken voll sind, so geben sie Regen auf die Erde; und wenn der Baum fällt, er falle gegen Mittag oder Mitternacht, auf welchen Ort er fällt, da wird er liegen.

⁴Wer auf den Wind achtet, der sät nicht; und wer auf die Wolken sieht, der erntet nicht.

⁵Gleichwie du nicht weißt den Weg des Windes und wie die Gebeine in Mutterleibe bereitet werden, also kannst du auch Gottes Werk nicht wissen, das er tut überall.

⁶Frühe säe deinen Samen und laß deine Hand des Abends nicht ab; denn du weißt nicht, ob dies oder das geraten wird; und ob beides geriete, so wäre es desto besser.

⁷Es ist das Licht süß, und den Augen lieblich, die Sonne zu sehen.

⁸Wenn ein Mensch viele Jahre lebt, so sei er fröhlich in ihnen allen und gedenke der finstern Tage, daß ihrer viel sein werden; denn alles, was kommt, ist eitel.

⁹So freue dich, Jüngling, in deiner Jugend und laß dein Herz guter Dinge sein in deiner Jugend. Tue, was dein Herz gelüstet und deinen Augen gefällt, und wisse, daß dich Gott um dies alles wird vor Gericht führen.

¹⁰Laß die Traurigkeit in deinem Herzen und tue das Übel von deinem Leibe; denn Kindheit und Jugend ist eitel.

Kapitel 12

¹Gedenke an deinen Schöpfer in deiner Jugend, ehe denn die bösen Tage kommen und die Jahre herzutreten, da du wirst sagen: Sie gefallen mir nicht;

²ehe denn die Sonne und das Licht, Mond und Sterne finster werden und Wolken wieder kommen nach dem Regen;

³zur Zeit, wenn die Hüter im Hause zittern, und sich krümmen die Starken, und müßig stehen die Müller, weil ihrer so wenig geworden sind, und finster werden, die durch die Fenster sehen,

⁴und die Türen an der Gasse geschlossen werden, daß die Stimme der Mühle leise wird, und man erwacht, wenn der Vogel singt, und gedämpft sind alle Töchter des Gesangs;

⁵wenn man auch vor Höhen sich fürchtet und sich scheut auf dem Wege; wenn der Mandelbaum blüht, und die Heuschrecke beladen wird, und alle Lust vergeht (denn der Mensch fährt hin, da er ewig bleibt, und die Klageleute gehen umher auf der Gasse);

⁶ehe denn der silberne Strick wegkomme, und die goldene Schale zerbreche, und der Eimer zerfalle an der Quelle, und das Rad zerbrochen werde am Born.

⁷Denn der Staub muß wieder zu der Erde kommen, wie er gewesen ist, und der Geist wieder zu Gott, der ihn gegeben hat.

⁸Es ist alles ganz eitel, sprach der Prediger, ganz eitel.

⁹Derselbe Prediger war nicht allein weise, sondern lehrte auch das Volk gute Lehre und merkte und forschte und stellte viel Sprüche.

¹⁰Er suchte, daß er fände angenehme Worte, und schrieb recht die Worte der Wahrheit.

¹¹Die Worte der Weisen sind Stacheln und Nägel; sie sind geschrieben durch die Meister der Versammlungen und von einem Hirten gegeben.

¹²Hüte dich, mein Sohn, vor andern mehr; denn viel Büchermachens ist kein Ende, und viel studieren macht den Leib müde.

¹³Laßt uns die Hauptsumme alle Lehre hören: Fürchte Gott und halte seine Gebote; denn das gehört allen Menschen zu.

¹⁴Denn Gott wird alle Werke vor Gericht bringen, alles, was verborgen ist, es sei gut oder böse.

Hohelied

Kapitel 1

¹Das Hohelied Salomos.

²Er küsse mich mit dem Kusse seines Mundes; denn deine Liebe ist lieblicher als Wein.

³Es riechen deine Salben köstlich; dein Name ist eine ausgeschüttete Salbe, darum lieben dich die Jungfrauen.

⁴Zieh mich dir nach, so laufen wir. Der König führte mich in seine Kammern. Wir freuen uns und sind fröhlich über dir; wir gedenken an deine Liebe mehr denn an den Wein. Die Frommen lieben dich.

⁵Ich bin schwarz, aber gar lieblich, ihr Töchter Jerusalems, wie die Hütten Kedars, wie die Teppiche Salomos.

⁶Seht mich nicht an, daß ich so schwarz bin; denn die Sonne hat mich so verbrannt. Meiner Mutter Kinder zürnen mit mir. Sie haben mich zur Hüterin der Weinberge gesetzt; aber meinen eigenen Weinberg habe ich nicht behütet.

⁷Sage mir an, du, den meine Seele liebt, wo du weidest, wo du ruhest im Mittage, daß ich nicht hin und her gehen müsse bei den Herden deiner Gesellen.

⁸Weiß du es nicht, du schönste unter den Weibern, so gehe hinaus auf die Fußtapfen der Schafe und weide deine Zicklein bei den Hirtenhäusern.

⁹Ich vergleiche dich, meine Freundin, meinem Gespann an den Wagen Pharaos.

¹⁰Deine Backen stehen lieblich in den Kettchen und dein Hals in den Schnüren.

¹¹Wir wollen dir goldene Kettchen machen mit silbernen Pünktlein.

¹²Da der König sich herwandte, gab meine Narde ihren Geruch.

¹³Mein Freund ist mir ein Büschel Myrrhen, das zwischen meinen Brüsten hanget.

¹⁴Mein Freund ist mir eine Traube von Zyperblumen in den Weinbergen zu Engedi.

¹⁵Siehe, meine Freundin, du bist schön; schön bist du, deine Augen wie Taubenaugen.

¹⁶Siehe, mein Freund, du bist schön und lieblich. Unser Bett grünt,

¹⁷unserer Häuser Balken sind Zedern, unser Getäfel Zypressen.

Kapitel 2

¹Ich bin eine Blume zu Saron und eine Rose im Tal.

²Wie eine Rose unter den Dornen, so ist meine Freundin unter den Töchtern.

³Wie ein Apfelbaum unter den wilden Bäumen, so ist mein Freund unter den Söhnen. Ich sitze unter dem Schatten, des ich begehre, und seine Frucht ist meiner Kehle süß.

⁴Er führt mich in den Weinkeller, und die Liebe ist sein Panier über mir.

⁵Er erquickt mich mit Blumen und labt mich mit Äpfeln; denn ich bin krank vor Liebe.

⁶Seine Linke liegt unter meinem Haupte, und seine Rechte herzt mich.

⁷Ich beschwöre euch, ihr Töchter Jerusalems, bei den Rehen oder bei den Hinden auf dem Felde, daß ihr meine Freundin nicht aufweckt noch regt, bis es ihr selbst gefällt.

⁸Da ist die Stimme meines Freundes! Siehe, er kommt und hüpft auf den Bergen und springt auf den Hügeln.

⁹Mein Freund ist gleich einem Reh oder jungen Hirsch. Siehe, er steht hinter unsrer Wand, sieht durchs Fenster und schaut durchs Gitter.

¹⁰Mein Freund antwortet und spricht zu mir: Stehe auf, meine Freundin, meine Schöne, und komm her!

¹¹Denn siehe, der Winter ist vergangen, der Regen ist weg und dahin;

¹²die Blumen sind hervorgekommen im Lande, der Lenz ist herbeigekommen, und die Turteltaube läßt sich hören in unserm Lande;

¹³der Feigenbaum hat Knoten gewonnen, die Weinstöcke haben Blüten gewonnen und geben ihren Geruch. Stehe auf, meine Freundin, und komm, meine Schöne, komm her!

¹⁴Meine Taube in den Felsklüften, in den Steinritzen, zeige mir deine Gestalt, laß mich hören deine Stimme; denn die Stimme ist süß, und deine Gestalt ist lieblich.

¹⁵Fanget uns die Füchse, die kleinen Füchse, die die Weinberge verderben; denn unsere Weinberge haben Blüten gewonnen.

¹⁶Mein Freund ist mein, und ich bin sein, der unter Rosen weidet.

¹⁷Bis der Tag kühl wird und die Schatten weichen, kehre um; werde wie ein Reh, mein Freund, oder wie ein junger Hirsch auf den Scheidebergen.

Kapitel 3

¹Des Nachts auf meinem Lager suchte ich, den meine Seele liebt. Ich suchte; aber ich fand ihn nicht.

²Ich will aufstehen und in der Stadt umgehen auf den Gassen und Straßen und suchen, den meine Seele liebt. Ich suchte; aber ich fand ihn nicht.

³Es fanden mich die Wächter, die in der Stadt umgehen: "Habt ihr nicht gesehen, den meine Seele liebt?"

⁴Da ich ein wenig an ihnen vorüber war, da fand ich, den meine Seele liebt. Ich halte ihn und will ihn nicht lassen, bis ich ihn bringe in meiner Mutter Haus, in die Kammer der, die mich geboren hat.

⁵Ich beschwöre euch, ihr Töchter Jerusalems, bei den Rehen oder Hinden auf dem Felde, daß ihr meine Freundin nicht aufweckt noch regt, bis es ihr selbst gefällt.

⁶Wer ist die, die heraufgeht aus der Wüste wie ein gerader Rauch, wie ein Geräuch von Myrrhe, Weihrauch und allerlei Gewürzstaub des Krämers?

⁷Siehe, um das Bett Salomos her stehen sechzig Starke aus den Starken in Israel.

⁸Sie halten alle Schwerter und sind geschickt, zu streiten. Ein jeglicher hat sein Schwert an seiner Hüfte um des Schreckens willen in der Nacht.

⁹Der König Salomo ließ sich eine Sänfte machen von Holz aus Libanon.

¹⁰Ihre Säulen sind silbern, die Decke golden, der Sitz purpurn, und inwendig ist sie lieblich ausgeziert um der Töchter Jerusalems willen.

¹¹Gehet heraus und schauet an, ihr Töchter Zions, den König Salomo in der Krone, damit ihn seine Mutter gekrönt hat am Tage seiner Hochzeit und am Tage der Freude seines Herzens.

Kapitel 4

¹Siehe, meine Freundin, du bist schön! siehe, schön bist du! Deine Augen sind wie Taubenaugen zwischen deinen Zöpfen. Dein Haar ist wie eine Herde Ziegen, die gelagert sind am Berge Gilead herab.

²Deine Zähne sind wie eine Herde Schafe mit beschnittener Wolle, die aus der Schwemme kommen, die allzumal Zwillinge haben, und es fehlt keiner unter ihnen.

³Deine Lippen sind wie eine scharlachfarbene Schnur und deine Rede lieblich. Deine Wangen sind wie der Ritz am Granatapfel zwischen deinen Zöpfen.

⁴Dein Hals ist wie der Turm Davids, mit Brustwehr gebaut, daran tausend Schilde hangen und allerlei Waffen der Starken.

⁵Deine zwei Brüste sind wie zwei junge Rehzwillinge, die unter den Rosen weiden.

⁶Bis der Tag kühl wird und die Schatten weichen, will ich zum Myrrhenberge gehen und zum Weihrauchhügel.

⁷Du bist allerdinge schön, meine Freundin, und ist kein Flecken an dir.

⁸Komm mit mir, meine Braut, vom Libanon, komm mit mir vom Libanon, tritt her von der Höhe Amana, von der Höhe Senir und Hermon, von den Wohnungen der Löwen, von den Bergen der Leoparden!

⁹Du hast mir das Herz genommen, meine Schwester, liebe Braut, mit deiner Augen einem und mit deiner Halsketten einer.

¹⁰Wie schön ist deine Liebe, meine Schwester, liebe Braut! Deine Liebe ist lieblicher denn Wein, und der Geruch deiner Salben übertrifft alle Würze.

¹¹Deine Lippen, meine Braut, sind wie triefender Honigseim; Honig und Milch ist unter deiner Zunge, und deiner Kleider Geruch ist wie der Geruch des Libanon.

¹²Meine Schwester, liebe Braut, du bist ein verschlossener Garten, eine verschlossene Quelle, ein versiegelter Born.

¹³Deine Gewächse sind wie ein Lustgarten von Granatäpfeln mit edlen Früchten, Zyperblumen mit Narden,

¹⁴Narde und Safran, Kalmus und Zimt, mit allerlei Bäumen des Weihrauchs, Myrrhen und Aloe mit allen besten Würzen.

¹⁵Ein Gartenbrunnen bist du, ein Born lebendiger Wasser, die vom Libanon fließen.

¹⁶Stehe auf, Nordwind, und komm, Südwind, und wehe durch meinen Garten, daß seine Würzen triefen! Mein Freund komme in seinen Garten und esse von seinen edlen Früchten.

Kapitel 5

¹Ich bin gekommen, meine Schwester, liebe Braut, in meinen Garten. Ich habe meine Myrrhe samt meinen Würzen abgebrochen; ich habe meinen Seim samt meinem Honig gegessen; ich habe meinen Wein samt meiner Milch getrunken. Eßt, meine Lieben, und trinkt, meine Freunde, und werdet trunken!

²Ich schlafe, aber mein Herz wacht. Da ist die Stimme meines Freundes, der anklopft: Tue mir auf, liebe Freundin, meine Schwester, meine Taube, meine Fromme! denn mein Haupt ist voll Tau und meine Locken voll Nachttropfen.

³Ich habe meinen Rock ausgezogen, wie soll ich ihn wieder anziehen? Ich habe meine Füße gewaschen, wie soll ich sie wieder besudeln?

⁴Aber mein Freund steckte seine Hand durchs Riegelloch, und mein Innerstes erzitterte davor.

⁵Da stand ich auf, daß ich meinem Freund auftäte; meine Hände troffen von Myrrhe und meine Finger von fließender Myrrhe an dem Riegel am Schloß.

⁶Und da ich meinem Freund aufgetan hatte, war er weg und hingegangen. Meine Seele war außer sich, als er redete. Ich suchte ihn, aber ich fand ihn nicht; ich rief, aber er antwortete mir nicht.

⁷Es fanden mich die Hüter, die in der Stadt umgehen; die schlugen mich wund; die Hüter auf der Mauer nahmen mir meinen Schleier.

⁸Ich beschwöre euch, ihr Töchter Jerusalems, findet ihr meinen Freund, so sagt ihm, daß ich vor Liebe krank liege.

⁹Was ist dein Freund vor andern Freunden, o du schönste unter den Weibern? Was ist dein Freund vor andern Freunden, daß du uns so beschworen hast?

¹⁰Mein Freund ist weiß und rot, auserkoren unter vielen Tausenden.

¹¹Sein Haupt ist das feinste Gold. Seine Locken sind kraus, schwarz wie ein Rabe.

¹²Seine Augen sind wie Augen der Tauben an den Wasserbächen, mit Milch gewaschen und stehen in Fülle.

¹³Seine Backen sind wie Würzgärtlein, da Balsamkräuter wachsen. Seine Lippen sind wie Rosen, die von fließender Myrrhe triefen.

¹⁴Seine Hände sind wie goldene Ringe, voll Türkise. Sein Leib ist wie reines Elfenbein, mit Saphiren geschmückt.

¹⁵Seine Beine sind wie Marmelsäulen, gegründet auf goldenen Füßen. Seine Gestalt ist wie Libanon, auserwählt wie Zedern.

¹⁶Seine Kehle ist süß, und er ist ganz lieblich. Ein solcher ist mein Freund; mein Freund ist ein solcher, ihr Töchter Jerusalems!

Kapitel 6

¹Wo ist denn dein Freund hin gegangen, o du schönste unter den Weibern? Wo hat sich dein Freund hin gewandt? So wollen wir mit dir ihn suchen.

²Mein Freund ist hinabgegangen in seinen Garten, zu den Würzgärtlein, daß er weide in den Gärten und Rosen breche.

³Mein Freund ist mein, und ich bin sein, der unter den Rosen weidet.

⁴Du bist schön, meine Freundin, wie Thirza, lieblich wie Jerusalem, schrecklich wie Heerscharen.

⁵Wende deine Augen von mir; denn sie verwirren mich. Deine Haare sind wie eine Herde Ziegen, die am Berge Gilead herab gelagert sind.

⁶Deine Zähne sind wie eine Herde Schafe, die aus der Schwemme kommen, die allzumal Zwillinge haben, und es fehlt keiner unter ihnen.

⁷Deine Wangen sind wie ein Ritz am Granatapfel zwischen deinen Zöpfen.

⁸Sechzig sind der Königinnen und achtzig der Kebsweiber, und der Jungfrauen ist keine Zahl.

⁹Aber eine ist meine Taube, meine Fromme, eine ist ihrer Mutter die Liebste und die Auserwählte ihrer Mutter. Da sie die Töchter sahen, priesen sie dieselbe selig; die Königinnen und Kebsweiber lobten sie.

¹⁰Wer ist, die hervorbricht wie die Morgenröte, schön wie der Mond, auserwählt wie die Sonne, schrecklich wie Heerscharen?

¹¹Ich bin hinab in den Nußgarten gegangen, zu schauen die Sträuchlein am Bach, zu schauen, ob die Granatbäume blühten.

¹²Ich wußte nicht, daß meine Seele mich gesetzt hatte zu den Wagen Ammi-Nadibs.

¹³Kehre wieder, kehre wieder, o Sulamith! kehre wieder, kehre wieder, daß wir dich schauen! Was sehet ihr an Sulamith? Den Reigen zu Mahanaim.

Kapitel 7

¹Wie schön ist dein Gang in den Schuhen, du Fürstentochter! Deine Lenden stehen gleich aneinander wie zwei Spangen, die des Meisters Hand gemacht hat.

²Dein Schoß ist wie ein runder Becher, dem nimmer Getränk mangelt. Dein Leib ist wie ein Weizenhaufen, umsteckt mit Rosen.

³Deine zwei Brüste sind wie zwei Rehzwillinge.

⁴Dein Hals ist wie ein elfenbeinerner Turm. Deine Augen sind wie die Teiche zu Hesbon am Tor Bathrabbims. Deine Nase ist wie der Turm auf dem Libanon, der gen Damaskus sieht.

⁵Dein Haupt steht auf dir wie der Karmel. Das Haar auf deinem Haupt ist wie der Purpur des Königs, in Falten gebunden.

⁶Wie schön und wie lieblich bist du, du Liebe voller Wonne!

⁷Dein Wuchs ist hoch wie ein Palmbaum und deine Brüste gleich den Weintrauben.

⁸Ich sprach: Ich muß auf dem Palmbaum steigen und seine Zweige ergreifen. Laß deine Brüste sein wie Trauben am Weinstock und deiner Nase Duft wie Äpfel

⁹und deinen Gaumen wie guter Wein, der meinem Freunde glatt eingeht und der Schläfer Lippen reden macht.

¹⁰Mein Freund ist mein, und nach mir steht sein Verlangen.

¹¹Komm, mein Freund, laß uns aufs Feld hinausgehen und auf den Dörfern bleiben,

¹²daß wir früh aufstehen zu den Weinbergen, daß wir sehen, ob der Weinstock sprosse und seine Blüten aufgehen, ob die Granatbäume blühen; da will ich dir meine Liebe geben.

¹³Die Lilien geben den Geruch, und über unsrer Tür sind allerlei edle Früchte. Mein Freund, ich habe dir beide, heurige und vorjährige, behalten.

Kapitel 8

¹O, daß du mir gleich einem Bruder wärest, der meiner Mutter Brüste gesogen! Fände ich dich draußen, so wollte ich dich küssen, und niemand dürfte mich höhnen!

²Ich wollte dich führen und in meiner Mutter Haus bringen, da du mich lehren solltest; da wollte ich dich tränken mit gewürztem Wein und mit dem Most meiner Granatäpfel.

³Seine Linke liegt unter meinem Haupt, und seine Rechte herzt mich.

⁴Ich beschwöre euch, Töchter Jerusalems, daß ihr meine Liebe nicht aufweckt noch regt, bis es ihr selbst gefällt.

⁵Wer ist die, die heraufsteigt von der Wüste und lehnt sich auf ihren Freund? Unter dem Apfelbaum weckte ich dich; da ist dein genesen deine Mutter, da ist dein genesen, die dich geboren hat.

⁶Setze mich wie ein Siegel auf dein Herz und wie ein Siegel auf deinen Arm. Denn Liebe ist stark wie der Tod, und ihr Eifer ist fest wie die Hölle. Ihre Glut ist feurig und eine Flamme des HERRN,

⁷daß auch viele Wasser nicht mögen die Liebe auslöschen noch die Ströme sie ertränken. Wenn einer alles Gut in seinem Hause um die Liebe geben wollte, so gölte es alles nichts.

⁸Unsere Schwester ist klein und hat keine Brüste. Was sollen wir unserer Schwester tun, wenn man nun um sie werben wird?

⁹Ist sie eine Mauer, so wollen wir ein silbernes Bollwerk darauf bauen. Ist sie eine Tür, so wollen wir sie festigen mit Zedernbohlen.

¹⁰Ich bin eine Mauer und meine Brüste sind wie Türme. Da bin ich geworden vor seinen Augen, als die Frieden findet.

¹¹Salomo hat einen Weinberg zu Baal-Hamon. Er gab den Weinberg den Hütern, daß ein jeglicher für seine Früchte brächte tausend Silberlinge.

¹²Mein eigener Weinberg ist vor mir. Dir, Salomo, gebühren tausend, aber zweihundert den Hütern seiner Früchte.

¹³Die du wohnst in den Gärten, laß mich deine Stimme hören; die Genossen merken darauf.

¹⁴Flieh, mein Freund, und sei gleich einem Reh oder jungen Hirsch auf den Würzbergen!

Jesaja

Kapitel 1

¹Dies ist die Geschichte Jesaja's, des Sohnes des Amoz, welches er sah von Juda und Jerusalem zur Zeit Usias, Jothams, des Ahas und Hiskia, der Könige Juda's.

²Höret, ihr Himmel! und Erde, nimm zu Ohren! denn der HERR redet: Ich habe Kinder auferzogen und erhöht, und sie sind von mir abgefallen.

³Ein Ochse kennt seinen Herrn und ein Esel die Krippe seines Herrn; aber Israel kennt's nicht, und mein Volk vernimmt's nicht.

⁴O weh des sündigen Volks, des Volks von großer Missetat, des boshaften Samens, der verderbten Kinder, die den HERRN verlassen, den Heiligen in Israel lästern, zurückweichen!

⁵Was soll man weiter euch schlagen, so ihr des Abweichens nur desto mehr macht? Das ganze Haupt ist krank, das ganze Herz ist matt.

⁶Von der Fußsohle bis aufs Haupt ist nichts Gesundes an ihm, sondern Wunden und Striemen und Eiterbeulen, die nicht geheftet noch verbunden noch mit Öl gelindert sind.

⁷Euer Land ist wüst, eure Städte sind mit Feuer verbrannt; Fremde verzehren eure Äcker vor euren Augen, und es ist wüst wie das, so durch Fremde verheert ist.

⁸Was noch übrig ist von der Tochter Zion, ist wie ein Häuslein im Weinberge, wie die Nachthütte in den Kürbisgärten, wie eine verheerte Stadt.

⁹Wenn uns der HERR Zebaoth nicht ein weniges ließe übrigbleiben, so wären wir wie Sodom und gleich wie Gomorra.

¹⁰Höret des HERRN Wort, ihr Fürsten von Sodom! Nimm zu Ohren unsers Gottes Gesetz, du Volk von Gomorra!

¹¹Was soll mir die Menge eurer Opfer? spricht der HERR. Ich bin satt der Brandopfer von Widdern und des Fetten von den Gemästeten und habe keine Lust zum Blut der Farren, der Lämmer und Böcke.

¹²Wenn ihr hereinkommt, zu erscheinen vor mir, wer fordert solches von euren Händen, daß ihr auf meinen Vorhof tretet?

¹³Bringt nicht mehr Speisopfer so vergeblich! das Räuchwerk ist mir ein Greuel! Neumonde und Sabbate, da ihr zusammenkommt, Frevel und Festfeier mag ich nicht!

¹⁴Meine Seele ist feind euren Neumonden und Jahrfesten; ich bin ihrer überdrüssig, ich bin's müde zu leiden.

¹⁵Und wenn ihr schon eure Hände ausbreitet, verberge ich doch meine Augen vor euch; und ob ihr schon viel betet, höre ich euch doch nicht; denn eure Hände sind voll Blut.

¹⁶Waschet, reinigt euch, tut euer böses Wesen von meinen Augen, laßt ab vom Bösen;

¹⁷lernet Gutes tun, trachtet nach Recht, helfet dem Unterdrückten, schaffet dem Waisen Recht, führet der Witwe Sache.

¹⁸So kommt denn und laßt uns miteinander rechten, spricht der HERR. Wenn eure Sünde gleich blutrot ist, soll sie doch schneeweiß werden; und wenn sie gleich ist wie Scharlach, soll sie doch wie Wolle werden.

¹⁹Wollt ihr mir gehorchen, so sollt ihr des Landes Gut genießen.

²⁰Weigert ihr euch aber und seid ungehorsam, so sollt ihr vom Schwert gefressen werden; denn der Mund des HERRN sagt es.

²¹Wie geht das zu, daß die fromme Stadt zur Hure geworden ist? Sie war voll Rechts, Gerechtigkeit wohnte darin, nun aber Mörder.

²²Dein Silber ist Schaum geworden und dein Getränk mit Wasser vermischt.

²³Deine Fürsten sind Abtrünnige und Diebsgesellen; sie nehmen alle gern Geschenke und trachten nach Gaben; dem Waisen schaffen sie nicht Recht, und der Witwe Sache kommt nicht vor sie.

²⁴Darum spricht der HERR HERR Zebaoth, der Mächtige in Israel: O weh! Ich werde mich trösten an meinen Feinden und mich rächen an meinen Widersachern;

²⁵und muß meine Hand gegen dich kehren und deinen Schaum aufs lauterste ausfegen und all dein Blei ausscheiden

²⁶und dir wieder Richter geben, wie zuvor waren, und Ratsherren wie im Anfang. Alsdann wirst du eine Stadt der Gerechtigkeit und eine fromme Stadt heißen.

²⁷Zion muß durch Recht erlöst werden und ihre Gefangenen durch Gerechtigkeit,

²⁸daß die Übertreter und Sünder miteinander zerbrochen werden, und die den HERRN verlassen, umkommen.

²⁹Denn sie müssen zu Schanden werden über den Eichen, daran ihr Lust habt, und schamrot werden über den Gärten, die ihr erwählt,

³⁰wenn ihr sein werdet wie eine Eiche mit dürren Blättern und wie ein Garten ohne Wasser,

³¹wenn der Gewaltige wird sein wie Werg und sein Tun wie ein Funke und beides miteinander angezündet wird, daß niemand lösche.

Kapitel 2

¹Dies ist's, das Jesaja, der Sohn des Amoz, sah von Juda und Jerusalem:

²Es wird zur letzten Zeit der Berg, da des HERRN Haus ist, fest stehen, höher denn alle Berge, und über alle Hügel erhaben werden, und werden alle Heiden dazu laufen

³und viele Völker hingehen und sagen: Kommt, laßt uns auf den Berg des HERRN gehen, zum Hause des Gottes Jakobs, daß er uns lehre seine Wege und wir wandeln auf seinen Steigen! Denn von Zion wird das Gesetz ausgehen, und des HERRN Wort von Jerusalem.

⁴Und er wird richten unter den Heiden und strafen viele Völker. Da werden sie ihre Schwerter zu Pflugscharen und ihre Spieße zu Sicheln machen. Denn es wird kein Volk gegen das andere ein Schwert aufheben, und werden hinfort nicht mehr kriegen lernen.

⁵Kommt nun, ihr vom Hause Jakob, laßt uns wandeln im Lichte des HERRN!

⁶Aber du hast dein Volk, das Haus Jakob, lassen fahren; denn sie treibens mehr als die gegen den Aufgang und sind Tagewähler wie die Philister und hängen sich an die Kinder der Fremden.

⁷Ihr Land ist voll Silber und Gold, und ihrer Schätze ist kein Ende; ihr Land ist voll Rosse, und ihrer Wagen ist kein Ende.

⁸Auch ist ihr Land voll Götzen; sie beten an ihrer Hände Werk, das ihre Finger gemacht haben.

⁹Da bückt sich der Pöbel, da demütigen sich die Herren. Das wirst du ihnen nicht vergeben.

¹⁰Gehe in den Felsen und verbirg dich in der Erde vor der Furcht des HERRN und vor seiner herrlichen Majestät.

¹¹Denn alle hohen Augen werden erniedrigt werden, und die hohe Männer sind, werden sich bücken müssen; der HERR aber wird allein hoch sein zu der Zeit.

¹²Denn der Tag des HERRN Zebaoth wird gehen über alles Hoffärtige und Hohe und über alles Erhabene, daß es erniedrigt werde;

¹³auch über alle hohen und erhabenen Zedern auf dem Libanon und über alle Eichen in Basan;

¹⁴über alle hohen Berge und über alle erhabenen Hügel;

¹⁵über alle hohen Türme und über alle festen Mauern;

¹⁶über alle Schiffe im Meer und über alle köstliche Arbeit:

¹⁷daß sich bücken muß alle Höhe der Menschen und sich demütigen müssen, die hohe Männer sind, und der HERR allein hoch sei zu der Zeit.

¹⁸Und mit den Götzen wird's ganz aus sein.

¹⁹Da wird man in der Felsen Höhlen gehen und in der Erde Klüfte vor der Furcht des HERRN und vor seiner herrlichen Majestät, wenn er sich aufmachen wird, zu schrecken die Erde.

²⁰Zu der Zeit wird jedermann wegwerfen seine silbernen und goldenen Götzen, die er sich hat machen lassen, anzubeten, in die Löcher der Maulwürfe und der Fledermäuse,

²¹auf daß er möge in die Steinritzen und Felsklüfte kriechen vor der Furcht des HERRN und vor seiner herrlichen Majestät, wenn er sich aufmachen wird, zu schrecken die Erde.

²²So lasset nun ab von dem Menschen, der Odem in der Nase hat; denn für was ist er zu achten?

Kapitel 3

¹Denn siehe, der HERR HERR Zebaoth wird Jerusalem und Juda nehmen allerlei Vorrat, allen Vorrat des Brots und allen Vorrat des Wassers,

²Starke und Kriegsleute, Richter, Propheten, Wahrsager und Älteste,

³Hauptleute über fünfzig und vornehme Leute, Räte und weise Werkleute und kluge Redner.

⁴Und ich will ihnen Jünglinge zu Fürsten geben, und Kindische sollen über sie herrschen.

⁵Und das Volk wird Schinderei treiben, einer an dem andern und ein jeglicher an seinem Nächsten; und der Jüngere wird stolz sein gegen den Alten und der geringe Mann wider den geehrten.

⁶Dann wird einer seinen Bruder aus seines Vaters Haus ergreifen: Du hast Kleider; sei unser Fürst, hilf du diesem Einsturz!

⁷Er aber wird zu der Zeit schwören und sagen: Ich bin kein Arzt; es ist weder Brot noch Kleid in meinem Hause; setzt mich nicht zum Fürsten im Volk!

⁸Denn Jerusalem fällt dahin, und Juda liegt da, weil ihre Zunge und ihr Tun gegen den HERRN ist, daß sie den Augen seiner Majestät widerstreben.

⁹Ihres Wesens haben sie kein Hehl und rühmen ihre Sünde wie die zu Sodom und verbergen sie nicht. Weh ihrer Seele! denn damit bringen sie sich selbst in alles Unglück.

¹⁰Predigt von den Gerechten, daß sie es gut haben; denn sie werden die Frucht ihrer Werke essen.

¹¹Weh aber den Gottlosen! denn sie haben es übel, und es wird ihnen vergolten werden, wie sie es verdienen.

¹²Kinder sind Gebieter meines Volkes, und Weiber herrschen über sie. Mein Volk, deine Leiter verführen dich und zerstören den Weg, da du gehen sollst.

¹³Aber der HERR steht da, zu rechten, und ist aufgetreten, die Völker zu richten.

¹⁴Und der HERR geht ins Gericht mit den Ältesten seines Volkes und mit seinen Fürsten: Denn ihr habt den Weinberg verderbt, und der Raub von den Armen ist in eurem Hause.

¹⁵Warum zertretet ihr mein Volk und zerschlaget die Person der Elenden? spricht der HERR HERR Zebaoth.

¹⁶Und der HERR spricht: Darum daß die Töchter Zions stolz sind und gehen mit aufgerichtetem Halse, mit geschminkten Angesichtern, treten einher und schwänzen und haben köstliche Schuhe an ihren Füßen,

¹⁷so wird der HERR den Scheitel der Töchter Zions kahl machen, und der HERR wird ihr Geschmeide wegnehmen.

¹⁸Zu der Zeit wird der HERR den Schmuck an den köstlichen Schuhen wegnehmen und die Heftel, die Spangen,

¹⁹die Kettlein, die Armspangen, die Hauben,

²⁰die Flitter, die Gebräme, die Schnürlein, die Bisamäpfel, die Ohrenspangen,

²¹die Ringe, die Haarbänder,

²²die Feierkleider, die Mäntel, die Schleier, die Beutel,

²³die Spiegel, die Koller, die Borten, die Überwürfe;

²⁴und es wird Gestank für guten Geruch sein, und ein Strick für einen Gürtel, und eine Glatze für krauses Haar, und für einen weiten Mantel ein enger Sack; solches alles anstatt deiner Schöne.

²⁵Die Mannschaft wird durchs Schwert fallen und deine Krieger im Streit.

²⁶Und ihre Tore werden trauern und klagen, und sie wird jämmerlich sitzen auf der Erde;

Kapitel 4

¹daß sieben Weiber werden zu der Zeit einen Mann ergreifen und sprechen: Wir wollen uns selbst nähren und kleiden; laß uns nur nach deinen Namen heißen, daß unsre Schmach von uns genommen werde.

²In der Zeit wird des HERRN Zweig lieb und wert sein und die Frucht der Erde herrlich und schön bei denen, die erhalten werden in Israel.

³Und wer da wird übrig sein zu Zion und übrigbleiben zu Jerusalem, der wird heilig heißen, ein jeglicher, der geschrieben ist unter den Lebendigen zu Jerusalem.

⁴Dann wird der HERR den Unflat der Töchter Zions waschen und die Blutschulden Jerusalems vertreiben von ihr durch den Geist, der richten und ein Feuer anzünden wird.

⁵Und der HERR wird schaffen über alle Wohnungen des Berges Zion, und wo man versammelt ist, Wolke und Rauch des Tages, und Feuerglanz, der da brenne, des Nachts. Denn es wird ein Schirm sein über alles, was herrlich ist,

⁶und wird eine Hütte sein zum Schatten des Tages vor der Hitze und eine Zuflucht und Verbergung vor dem Wetter und Regen.

Kapitel 5

¹Wohlan, ich will meinem Lieben singen, ein Lied meines Geliebten von seinem Weinberge: Mein Lieber hat einen Weinberg an einem fetten Ort.

²Und er hat ihn verzäunt und mit Steinhaufen verwahrt und edle Reben darin gesenkt. Er baute auch einen Turm darin und grub eine Kelter darein und wartete, daß er Trauben brächte; aber er brachte Herlinge.

³Nun richtet, ihr Bürger zu Jerusalem und ihr Männer Juda's, zwischen mir und meinem Weinberge.

⁴Was sollte man doch noch mehr tun an meinem Weinberge, das ich nicht getan habe an ihm? Warum hat er denn Herlinge gebracht, da ich erwartete, daß er Trauben brächte?

⁵Wohlan, ich will euch zeigen, was ich meinem Weinberge tun will. Seine Wand soll weggenommen werden, daß er verwüstet werde; sein Zaun soll zerrissen werden, daß er zertreten werde.

⁶Ich will ihn wüst liegen lassen, daß er nicht beschnitten noch gehackt werde, sondern Disteln und Dornen darauf wachsen, und will den Wolken gebieten, daß sie nicht darauf regnen.

⁷Des HERRN Zebaoth Weinberg aber ist das Haus Israel, und die Männer Juda's seine Pflanzung, daran er Lust hatte. Er wartete auf Recht, siehe, so ist's Schinderei, auf Gerechtigkeit, siehe, so ist's Klage.

⁸Weh denen, die ein Haus an das andere ziehen und einen Acker zum andern bringen, bis daß kein Raum mehr da sei, daß sie allein das Land besitzen!

⁹Es ist in meinen Ohren das Wort des HERRN Zebaoth: Was gilt's, wo nicht die vielen Häuser sollen wüst werden und die großen und feinen öde stehen?

¹⁰Denn zehn Acker Weinberg soll nur einen Eimer geben und ein Malter Samen soll nur einen Scheffel geben.

¹¹Weh denen, die des Morgens früh auf sind, des Saufens sich zu fleißigen, und sitzen bis in die Nacht, daß sie der Wein erhitzt,

¹²und haben Harfen, Psalter, Pauken, Pfeifen und Wein in ihrem Wohlleben und sehen nicht auf das Werk des HERRN und schauen nicht auf das Geschäft seiner Hände!

¹³Darum wird mein Volk müssen weggeführt werden unversehens, und werden seine Herrlichen Hunger leiden und sein Pöbel Durst leiden.

¹⁴Daher hat die Hölle den Schlund weit aufgesperrt und den Rachen aufgetan ohne Maß, daß hinunterfahren beide, ihre Herrlichen und der Pöbel, ihre Reichen und Fröhlichen;

¹⁵daß jedermann sich bücken müsse und jedermann gedemütigt werde und die Augen der Hoffärtigen gedemütigt werden,

¹⁶aber der HERR Zebaoth erhöht werde im Recht und Gott, der Heilige, geheiligt werde in Gerechtigkeit.

¹⁷Da werden die Lämmer sich weiden an jener Statt, und Fremdlinge werden sich nähren in den Wüstungen der Fetten.

¹⁸Weh denen, die am Unrecht ziehen mit Stricken der Lüge und an der Sünde mit Wagenseilen

¹⁹und sprechen: Laß eilend und bald kommen sein Werk, daß wir's sehen; laß herfahren und kommen den Anschlag des Heiligen in Israel, daß wir's innewerden.

²⁰Weh denen, die Böses gut und Gutes böse heißen, die aus Finsternis Licht und aus Licht Finsternis machen, die aus sauer süß und aus süß sauer machen!

²¹Weh denen, die bei sich selbst weise sind und halten sich selbst für klug!

²²Weh denen, die Helden sind, Wein zu saufen, und Krieger in Völlerei;

²³die den Gottlosen gerechtsprechen um Geschenke willen und das Recht der Gerechten von ihnen wenden!

²⁴Darum, wie des Feuers Flamme Stroh verzehrt und die Lohe Stoppeln hinnimmt, also wird ihre Wurzel verfaulen und ihre Blüte auffliegen wie Staub. Denn sie verachten das Gesetz des HERRN Zebaoth und lästern die Rede des Heiligen in Israel.

²⁵Darum ist der Zorn des HERRN ergrimmt über sein Volk, und er reckt seine Hand über sie und schlägt sie, daß die Berge beben und ihre Leichname wie Kot auf den Gassen sind. Und in dem allen läßt sein Zorn nicht ab, sondern seine Hand ist noch ausgereckt.

²⁶Denn er wird ein Panier aufwerfen fern unter den Heiden und dieselben locken vom Ende der Erde. Und siehe, eilend und schnell kommen sie daher,

²⁷und ist keiner unter ihnen müde oder schwach, keiner schlummert noch schläft; keinem geht der Gürtel auf von seinen Lenden, und keinem zerreißt ein Schuhriemen.

²⁸Ihre Pfeile sind scharf und alle ihre Bogen gespannt. Ihrer Rosse Hufe sind wie Felsen geachtet und ihre Wagenräder wie ein Sturmwind.

²⁹Ihr Brüllen ist wie das der Löwen, und sie brüllen wie junge Löwen; sie werden daherbrausen und den Raub erhaschen und davonbringen, daß niemand retten wird.

³⁰und werden über sie brausen zu der Zeit wie das Meer. Wenn man dann das Land ansehen wird, siehe, so ist's finster vor Angst, und das Licht scheint nicht mehr oben über ihnen.

Kapitel 6

¹Des Jahres, da der König Usia starb, sah ich den HERRN sitzen auf einem hohen und erhabenen Stuhl, und sein Saum füllte den Tempel.

²Seraphim standen über ihm; ein jeglicher hatte sechs Flügel: mit zweien deckten sie ihr Antlitz, mit zweien deckten sie ihre Füße, und mit zweien flogen sie.

³Und einer rief zum andern und sprach: Heilig, heilig, heilig ist der HERR Zebaoth; alle Lande sind seiner Ehre voll!

⁴daß die Überschwellen bebten von der Stimme ihres Rufens, und das Haus ward voll Rauch.

⁵Da sprach ich: Weh mir, ich vergehe! denn ich bin unreiner Lippen und wohne unter einem Volk von unreinen Lippen; denn ich habe den König, den HERRN Zebaoth, gesehen mit meinen Augen.

⁶Da flog der Seraphim einer zu mir und hatte eine glühende Kohle in der Hand, die er mit der Zange vom Altar nahm,

⁷und rührte meinen Mund an und sprach: Siehe, hiermit sind deine Lippen gerührt, daß deine Missetat von dir genommen werde und deine Sünde versöhnt sei.

⁸Und ich hörte die Stimme des HERRN, daß er sprach: Wen soll ich senden? Wer will unser Bote sein? Ich aber sprach: Hier bin ich; sende mich!

⁹Und er sprach: Gehe hin und sprich zu diesem Volk: Höret, und verstehet's nicht; sehet, und merket's nicht!

¹⁰Verstocke das Herz dieses Volkes und laß ihre Ohren hart sein und blende ihre Augen, daß sie nicht sehen mit ihren Augen noch hören mit ihren Ohren noch verstehen mit ihrem Herzen und sich bekehren und genesen.

¹¹Ich aber sprach: HERR, wie lange? Er sprach: Bis daß die Städte wüst werden ohne Einwohner und die Häuser ohne Leute und das Feld ganz wüst liege.

¹²Denn der HERR wird die Leute fern wegtun, daß das Land sehr verlassen wird.

¹³Und ob der zehnte Teil darin bleibt, so wird es abermals verheert werden, doch wie eine Eiche und Linde, von welchen beim Fällen noch ein Stamm bleibt. Ein heiliger Same wird solcher Stamm sein.

Kapitel 7

¹Es begab sich zur Zeit Ahas, des Sohnes Jothams, des Sohnes Usias, des Königs in Juda, zog herauf Rezin der König von Syrien, und Pekah, der Sohn Remaljas, der König Israels, gen Jerusalem, gegen dasselbe zu streiten, konnten es aber nicht gewinnen.

²Da ward dem Hause David angesagt: Die Syrer haben sich gelagert in Ephraim. Da bebte ihm das Herz und das Herz seines Volkes, wie die Bäume im Walde beben vom Winde.

³Aber der HERR sprach zu Jesaja: Gehe hinaus, Ahas entgegen, du und dein Sohn Sear-Jasub, an das Ende der Wasserleitung des oberen Teiches, am Wege beim Acker des Walkmüllers,

⁴und sprich zu ihm: Hüte dich und sei still; fürchte dich nicht, und dein Herz sei unverzagt vor diesen zwei rauchenden Löschbränden, vor dem Zorn Rezins und der Syrer und des Sohnes Remaljas,

⁵daß die Syrer wider dich einen bösen Ratschlag gemacht haben samt Ephraim und dem Sohn Remaljas und sagen:

⁶Wir wollen hinauf nach Juda und es erschrecken und hineinbrechen und einen König darin machen den Sohn Tabeels.

⁷Denn also spricht der HERR HERR: Es soll nicht bestehen noch also gehen;

⁸sondern wie Damaskus das Haupt ist in Syrien, so soll Rezin das Haupt zu Damaskus sein. Und über fünfundsechzig Jahre soll es mit Ephraim aus sein, daß sie nicht mehr ein Volk seien.

⁹Und wie Samaria das Haupt ist in Ephraim, so soll der Sohn Remaljas das Haupt zu Samaria sein. Glaubt ihr nicht so bleibt ihr nicht.

¹⁰Und der HERR redete abermals zu Ahas und sprach:

¹¹Fordere dir ein Zeichen vom HERRN, deinem Gott, es sei unten in der Hölle oder droben in der Höhe!

¹²Aber Ahas sprach: Ich will's nicht fordern, daß ich den HERRN nicht versuche.

¹³Da sprach er: Wohlan, so höret, ihr vom Hause David: Ist's euch zu wenig, daß ihr die Leute beleidigt, ihr müßt auch meinen Gott beleidigen?

¹⁴Darum so wird euch der HERR selbst ein Zeichen geben: Siehe, eine Jungfrau ist schwanger und wird einen Sohn gebären, den wird sie heißen Immanuel.

¹⁵Butter und Honig wird er essen, wann er weiß, Böses zu verwerfen und Gutes zu erwählen.

¹⁶Denn ehe der Knabe lernt Böses verwerfen und Gutes erwählen, wird das Land verödet sein, vor dessen zwei Königen dir graut.

¹⁷Aber der HERR wird über dich, über dein Volk und über deines Vaters Haus Tage kommen lassen, die nicht gekommen sind, seit der Zeit, da Ephraim von Juda geschieden ist, durch den König von Assyrien.

¹⁸Denn zu der Zeit wird der HERR zischen der Fliege am Ende der Wasser in Ägypten und der Biene im Lande Assur,

¹⁹daß sie kommen und alle sich legen an die trockenen Bäche und in die Steinklüfte und in alle Hecken und in alle Büsche.

²⁰Zu derselben Zeit wird der HERR das Haupt und die Haare an den Füßen abscheren und den Bart abnehmen durch ein gimietetes Schermesser, nämlich durch die, so jenseit des Stromes sind, durch den König von Assyrien.

²¹Zu derselben Zeit wird ein Mann eine junge Kuh und zwei Schafe ziehen

²²und wird so viel zu melken haben, daß er Butter essen wird; denn Butter und Honig wird essen, wer übrig im Lande bleiben wird.

²³Denn es wird jetzt zu der Zeit geschehen, daß wo jetzt tausend Weinstöcke stehen, tausend Silberlinge wert, da werden Dornen und Hecken sein,

²⁴daß man mit Pfeilen und Bogen dahingehen muß. Denn im ganzen Lande werden Dornen und Hecken sein.

²⁵daß man auch zu allen den Bergen, die man mit Hauen pflegt umzuhacken, nicht kann kommen vor Scheu der Dornen und Hecken; sondern man wird Ochsen daselbst gehen und Schafe darauf treten lassen.

Kapitel 8

¹Und der HERR sprach zu mir: Nimm vor dich eine große Tafel und schreib darauf mit Menschengriffel: Raubebald, Eilebeute!

²Und ich nahm mir zwei treue Zeugen, den Priester Uria und Sacharja, den Sohn des Jeberechjas.

³Und ich ging zu der Prophetin; die ward schwanger und gebar einen Sohn. Und der HERR sprach zu mir: Nenne ihn Raubebald, Eilebeute!

⁴Denn ehe der Knabe rufen kann: "Lieber Vater! liebe Mutter!", soll die Macht aus Damaskus und die Ausbeute Samarias weggenommen werden durch den König von Assyrien.

⁵Und der HERR redete weiter mit mir und sprach:

⁶Weil dieses Volk verachtet das Wasser zu Siloah, das stille geht, und tröstet sich des Rezin und des Sohnes Remaljas,

⁷siehe, so wird der HERR über sie kommen lassen starke und viele Wasser des Stromes, nämlich den König von Assyrien und alle seine Herrlichkeit, daß sie über alle ihre Bäche fahren und über alle Ufer gehen,

⁸und werden einreißen in Juda und schwemmen und überher laufen, bis daß sie an den Hals reichen, und werden ihre Flügel ausbreiten, daß sie dein Land, o Immanuel, füllen, soweit es ist.

⁹Seid böse, ihr Völker, und gebt doch die Flucht! Höret's alle, die ihr in fernen Landen seid! Rüstet euch, und gebt doch die Flucht; rüstet euch und gebt doch die Flucht!

¹⁰Beschließt einen Rat, und es werde nichts daraus; beredet euch, und es bestehe nicht; denn hier ist Immanuel.

¹¹Denn so sprach der HERR zu mir, da seine Hand über mich kam und unterwies mich, daß ich nicht sollte wandeln auf dem Wege dieses Volkes, und sprach:

¹²Ihr sollt nicht sagen: Bund. Dies Volk redet von nichts denn vom Bund. Fürchtet ihr euch nicht also, wie sie tun, und lasset euch nicht grauen;

¹³sondern heiliget den HERRN Zebaoth. Den lasset eure Furcht und Schrecken sein,

¹⁴so wird er ein Heiligtum sein, aber ein Stein des Anstoßes und ein Fels des Ärgernisses den beiden Häusern Israel, zum Strick und Fall den Bürgern zu Jerusalem,

¹⁵daß ihrer viele sich daran stoßen, fallen, zerbrechen, verstrickt und gefangen werden.

¹⁶Binde zu das Zeugnis, versiegle das Gesetz meinen Jüngern.

¹⁷Denn ich hoffe auf den HERRN, der sein Antlitz verborgen hat vor dem Hause Jakob; ich aber harre sein.

¹⁸Siehe, hier bin ich und die Kinder, die mir der HERR gegeben hat zum Zeichen und Wunder in Israel vom HERRN Zebaoth, der auf dem Berge Zion wohnt.

¹⁹Wenn sie aber zu euch sagen: Ihr müßt die Wahrsager und Zeichendeuter fragen, die da flüstern und murmeln so sprecht: Soll nicht ein Volk seinen Gott fragen, oder soll man die Toten für die Lebendigen fragen?

²⁰Ja, nach dem Gesetz und Zeugnis! Werden sie das nicht sagen, so werden sie die Morgenröte nicht haben,

²¹sondern werden im Lande umhergehen, hart geschlagen und hungrig. Wenn sie aber Hunger leiden, werden sie zürnen und fluchen ihrem König und ihrem Gott

²²und werden über sich gaffen und unter sich die Erde ansehen und nichts finden als Trübsal und Finsternis; denn sie sind im Dunkel der Angst und gehen irre im Finstern.

Kapitel 9

¹Doch es wird nicht dunkel bleiben über denen, die in Angst sind. Hat er zur vorigen Zeit gering gemacht das Land Sebulon und das Land Naphthali, so wird er es hernach zu Ehren bringen, den Weg am Meere, das Land jenseit des Jordans, der Heiden Galiläa.
²Das Volk das im Finstern wandelt, sieht ein großes Licht; und über die da wohnen im finstern Lande, scheint es hell.
³Du machst des Volkes viel; du machst groß seine Freude. Vor dir wird man sich freuen, wie man sich freut in der Ernte, wie man fröhlich ist, wenn man Beute austeilt.
⁴Denn du hast das Joch ihrer Last und die Rute ihrer Schulter und den Stecken ihres Treibers zerbrochen wie zur Zeit Midians.
⁵Denn alle Rüstung derer, die sich mit Ungestüm rüsten, und die blutigen Kleider werden verbrannt und mit Feuer verzehrt werden.
⁶Denn uns ist ein Kind geboren, ein Sohn ist uns gegeben, und die Herrschaft ist auf seiner Schulter; er heißt Wunderbar, Rat, Held, Ewig-Vater Friedefürst;
⁷auf daß seine Herrschaft groß werde und des Friedens kein Ende auf dem Stuhl Davids und in seinem Königreich, daß er's zurichte und stärke mit Gericht und Gerechtigkeit von nun an bis in Ewigkeit. Solches wird tun der Eifer des HERRN Zebaoth.
⁸Der HERR hat sein Wort gesandt in Jakob, und es ist in Israel gefallen,
⁹daß alles Volk es innewerde, Ephraim und die Bürger zu Samaria, die da sagen in Hochmut und stolzem Sinn:
¹⁰Ziegelsteine sind gefallen, aber wir wollen's mit Werkstücken wieder bauen; man hat Maulbeerbäume abgehauen, so wollen wir Zedern an die Stelle setzen.
¹¹Denn der HERR wird Rezins Kriegsvolk wider sie erhöhen und ihre Feinde zuhauf ausrotten:
¹²die Syrer vorneher und die Philister hintenzu, daß sie Israel fressen mit vollem Maul. In dem allem läßt sein Zorn noch nicht ab; seine Hand ist noch ausgereckt.
¹³So kehrt sich das Volk auch nicht zu dem, der es schlägt, und fragen nicht nach dem HERRN Zebaoth.
¹⁴Darum wird der HERR abhauen von Israel beide, Kopf und Schwanz, beide, Ast und Stumpf, auf einen Tag.
¹⁵Die alten und vornehmen Leute sind der Kopf; die Propheten aber, so falsch lehren, sind der Schwanz.
¹⁶Denn die Leiter dieses Volks sind Verführer; und die sich leiten lassen, sind verloren.
¹⁷Darum kann sich der HERR über die junge Mannschaft nicht freuen noch ihrer Waisen und Witwen erbarmen; denn sie sind allzumal Heuchler und böse, und aller Mund redet Torheit. In dem allem läßt sein Zorn noch nicht ab; seine Hand ist noch ausgereckt.
¹⁸Denn das gottlose Wesen ist angezündet wie Feuer und verzehrt Dornen und Hecken und brennt wie im dicken Wald und gibt hohen Rauch.
¹⁹Im Zorn des HERRN Zebaoth ist das Land verfinstert, daß das Volk ist wie Speise des Feuers; keiner schont des andern.
²⁰Rauben sie zur Rechten, so leiden sie Hunger; essen sie zur Linken, so werden sie nicht satt. Ein jeglicher frißt das Fleisch seines Arms:
²¹Manasse den Ephraim, Ephraim den Manasse, und sie beide miteinander wider Juda. In dem allem läßt sein Zorn noch nicht ab, seine Hand ist noch ausgereckt.

Kapitel 10

¹Weh den Schriftgelehrten, die ungerechte Gesetze machen und die unrechtes Urteil schreiben,
²auf daß sie die Sache der Armen beugen und Gewalt üben am Recht der Elenden unter meinem Volk, daß die Witwen ihr Raub und die Waisen ihre Beute sein müssen!
³Was wollt ihr tun am Tage der Heimsuchung und des Unglücks, das von fern kommt? Zu wem wollt ihr fliehen um Hilfe? Und wo wollt ihr eure Ehre lassen,
⁴daß sie nicht unter die Gefangenen gebeugt werde und unter die Erschlagenen falle? In dem allem läßt sein Zorn nicht ab, seine Hand ist noch ausgereckt.
⁵O weh Assur, der meines Zornes Rute und in dessen Hand meines Grimmes Stecken ist!
⁶Ich will ihn senden gegen ein Heuchelvolk und ihm Befehl tun gegen das Volk meines Zorns, daß er's beraube und austeile und zertrete es wie Kot auf der Gasse,
⁷wiewohl er's nicht so meint und sein Herz nicht so denkt; sondern sein Herz steht, zu vertilgen und auszurotten nicht wenig Völker.
⁸Denn er spricht: Sind meine Fürsten nicht allzumal Könige?
⁹Ist Kalno nicht wie Karchemis? ist Hamath nicht wie Arpad? ist nicht Samaria wie Damaskus?
¹⁰Wie meine Hand gefunden hat die Königreiche der Götzen, so doch ihre Götzen stärker waren, denn die zu Jerusalem und Samaria sind:
¹¹sollte ich nicht Jerusalem tun und ihren Götzen, wie ich Samaria und ihren Götzen getan habe?
¹²Wenn aber der HERR all sein Werk ausgerichtet hat auf dem Berge Zion und zu Jerusalem, will ich heimsuchen die Frucht des Hochmuts des Königs von Assyrien und die Pracht seiner Hoffärtigen Augen,
¹³darum daß er spricht: Ich habe es durch meiner Hände Kraft ausgerichtet und durch meine Weisheit, denn ich bin klug; ich habe die Länder anders geteilt und ihr Einkommen geraubt und wie ein Mächtiger die Einwohner zu Boden geworfen,
¹⁴und meine Hand hat gefunden die Völker wie ein Vogelnest, daß ich habe alle Lande zusammengerafft, wie man Eier aufrafft, die verlassen sind, da keines eine Feder regt oder den Schnabel aufsperrt oder zischt.
¹⁵Mag sich auch eine Axt rühmen gegen den, der damit haut? oder eine Säge trotzen gegen den, der sie zieht? Als ob die Rute schwänge den der sie hebt; als ob der Stecken höbe den, der kein Holz ist!
¹⁶Darum wird der HERR HERR Zebaoth unter die Fetten Assurs die Darre senden, und seine Herrlichkeit wird er anzünden, daß sie brennen wird wie ein Feuer.
¹⁷Und das Licht Israels wird ein Feuer sein, und sein Heiliger wird eine Flamme sein, und sie wird seine Dornen und Hecken anzünden und verzehren auf einen Tag.
¹⁸Und die Herrlichkeit seines Waldes und seines Baumgartens soll zunichte werden, von den Seelen bis aufs Fleisch, und wird zergehen und verschwinden,
¹⁹daß die übrigen Bäume seines Waldes können gezählt werden und ein Knabe sie kann aufschreiben.
²⁰Zu der Zeit werden die Übriggebliebenen in Israel und die errettet werden im Hause Jakob, sich nicht mehr verlassen auf den, der sie schlägt; sondern sie werden sich verlassen auf den HERRN, den Heiligen in Israel, in der Wahrheit.
²¹Die Übriggebliebenen werden sich bekehren, ja, die Übriggebliebenen in Jakob, zu Gott, dem Starken.
²²Denn ob dein Volk, o Israel, ist wie Sand am Meer, sollen doch nur seine Übriggebliebenen bekehrt werden. Denn Verderben ist beschlossen; und die Gerechtigkeit kommt überschwenglich.
²³Denn der HERR HERR Zebaoth wird ein Verderben gehen lassen, wie beschlossen ist, im ganzen Lande.
²⁴Darum spricht der HERR HERR Zebaoth: Fürchte dich nicht, mein Volk, das zu Zion wohnt, vor Assur. Er wird dich mit einem Stecken schlagen und seinen Stab wider dich aufheben, wie in Ägypten geschah.
²⁵Denn es ist noch gar um ein kleines zu tun, so wird die Ungnade und mein Zorn über ihre Untugend ein Ende haben.
²⁶Alsdann wird der HERR Zebaoth eine Geißel über ihn erwecken wie in der Schlacht Midians auf dem Fels Oreb und wird seinen Stab, den er am Meer brauchte, aufheben wie in Ägypten.
²⁷Zu der Zeit wird seine Last von deiner Schulter weichen müssen und sein Joch von deinem Halse; denn das Joch wird bersten vor dem Fett.
²⁸Er kommt gen Ajath; er zieht durch Migron; er mustert sein Gerät zu Michmas.
²⁹Sie ziehen durch den engen Weg, bleiben in Geba über Nacht. Rama erschrickt; Gibea Sauls flieht.
³⁰Du Tochter Gallim, schreie laut! merke auf, Laisa, du elendes Anathoth!
³¹Madmena weicht; die Bürger zu Gebim werden flüchtig.
³²Man bleibt vielleicht einen Tag zu Nob, so wird er seine Hand regen wider den Berg der Tochter Zion, wider den Hügel Jerusalems.
³³Aber siehe, der HERR HERR Zebaoth wird die Äste mit Macht verhauen, und was hoch aufgerichtet steht, verkürzen, daß die Hohen erniedrigt werden.
³⁴Und der Dicke Wald wird mit Eisen umgehauen werden, und der Libanon wird fallen durch den Mächtigen.

Kapitel 11

¹Und es wird eine Rute aufgehen von dem Stamm Isais und eine Zweig aus seiner Wurzel Frucht bringen,
²auf welchem wird ruhen der Geist des HERRN, der Geist der Weisheit und des Verstandes, der Geist des Rates und der Stärke, der Geist der Erkenntnis und der Furcht des HERRN.

³Und Wohlgeruch wird ihm sein die Furcht des HERRN. Er wird nicht richten, nach dem seine Augen sehen, noch Urteil sprechen, nach dem seine Ohren hören,

⁴sondern wird mit Gerechtigkeit richten die Armen und rechtes Urteil sprechen den Elenden im Lande und wird mit dem Stabe seines Mundes die Erde schlagen und mit dem Odem seiner Lippen den Gottlosen töten.

⁵Gerechtigkeit wird der Gurt seiner Lenden sein und der Glaube der Gurt seiner Hüften.

⁶Die Wölfe werden bei den Lämmern wohnen und die Parder bei den Böcken liegen. Ein kleiner Knabe wird Kälber und junge Löwen und Mastvieh miteinander treiben.

⁷Kühe und Bären werden auf der Weide gehen, daß ihre Jungen beieinander liegen; und Löwen werden Stroh essen wie die Ochsen.

⁸Und ein Säugling wird seine Lust haben am Loch der Otter, und ein Entwöhnter wird seine Hand stecken in die Höhle des Basilisken.

⁹Man wird niemand Schaden tun noch verderben auf meinem ganzen heiligen Berge; denn das Land ist voll Erkenntnis des HERRN, wie Wasser das Meer bedeckt.

¹⁰Und es wird geschehen zu der Zeit, daß die Wurzel Isai, die da steht zum Panier den Völkern, nach der werden die Heiden fragen; und seine Ruhe wird Ehre sein.

¹¹Und der HERR wird zu der Zeit zum andernmal seine Hand ausstrecken, daß er das übrige Volk erwerbe, so übriggeblieben von Assur, Ägypten, Pathros, Mohrenland, Elam, Sinear, Hamath und von den Inseln des Meeres,

¹²und wird ein Panier unter die Heiden aufwerfen und zusammenbringen die Verjagten Israels und die Zerstreuten aus Juda zuhauf führen von den vier Enden des Erdreichs;

¹³und der Neid gegen Ephraim wird aufhören, und die Feinde Juda's werden ausgerottet werden, daß Ephraim nicht neide den Juda und Juda nicht sei gegen Ephraim.

¹⁴Sie werden aber den Philistern auf dem Halse sein gegen Abend und berauben alle die, so gegen Morgen wohnen; Edom und Moab werden ihre Hände gegen sie falten; die Kinder Ammon werden gehorsam sein.

¹⁵Und der HERR wird verbannen die Zunge des Meeres in Ägypten und wird seine Hand lassen gehen über den Strom mit einem starken Winde und ihn in sieben Bäche zerschlagen, daß man mit Schuhen dadurchgehen kann.

¹⁶Und es wird eine Bahn sein dem übrigen seines Volkes, das übriggeblieben ist von Assur, wie Israel geschah zu der Zeit, da sie aus Ägyptenland zogen.

Kapitel 12

¹Zu derselben Zeit wirst du sagen: Ich danke dir, HERR, daß du zornig bist gewesen über mich und dein Zorn sich gewendet hat und tröstest mich.

²Siehe, Gott ist mein Heil, ich bin sicher und fürchte mich nicht; denn Gott der HERR ist meine Stärke und mein Psalm und ist mein Heil.

³Ihr werdet mit Freuden Wasser schöpfen aus den Heilsbrunnen

⁴und werdet sagen zu derselben Zeit: Danket dem HERRN, prediget seinen Namen; machet kund unter den Völkern sein Tun; verkündiget, wie sein Name so hoch ist.

⁵Lobsinget dem HERRN, denn er hat sich herrlich bewiesen; solches sei kund in allen Landen.

⁶Jauchze und rühme, du Einwohnerin zu Zion; denn der Heilige Israels ist groß bei dir.

Kapitel 13

¹Dies ist die Last über Babel, die Jesaja, der Sohn des Amoz, sah:

²Auf hohem Berge werfet Panier auf, rufet laut ihnen zu, winket mit der Hand, daß sie einziehen durch die Tore der Fürsten.

³Ich habe meine Geheiligten geboten und meine Starken gerufen zu meinem Zorn, die fröhlich sind in meiner Herrlichkeit.

⁴Es ist ein Geschrei einer Menge auf den Bergen wie eines großen Volks, ein Geschrei wie eines Getümmels der versammelten Königreiche der Heiden. Der HERR Zebaoth rüstet ein Heer zum Streit,

⁵sie kommen aus fernen Landen vom Ende des Himmels, ja, der HERR selbst samt den Werkzeugen seines Zorns, zu verderben das ganze Land.

⁶Heulet, denn des HERRN Tag ist nahe; er kommt wie eine Verwüstung vom Allmächtigen.

⁷Darum werden alle Hände laß und aller Menschen Herz wird feige sein.

⁸Schrecken, Angst und Schmerzen wird sie ankommen; es wird ihnen bange sein wie einer Gebärerin; einer wird sich vor dem andern entsetzen; feuerrot werden ihre Angesichter sein.

⁹Denn siehe, des HERRN Tag kommt grausam, zornig, grimmig, das Land zu verstören und die Sünder daraus zu vertilgen.

¹⁰Denn die Sterne am Himmel und sein Orion scheinen nicht hell; die Sonne geht finster auf, und der Mond scheint dunkel.

¹¹Ich will den Erdboden heimsuchen um seiner Bosheit willen und will dem Hochmut der Stolzen ein Ende machen und die Hoffart der Gewaltigen demütigen,

¹²daß ein Mann teurer sein soll denn feines Gold und ein Mensch werter denn Goldes Stücke aus Ophir.

¹³Darum will ich den Himmel bewegen, daß die Erde beben soll von ihrer Stätte durch den Grimm des HERRN Zebaoth und durch den Tag seines Zorns.

¹⁴Und sie sollen sein wie ein verscheuchtes Reh und wie eine Herde ohne Hirten, daß sich ein jeglicher zu seinem Volk kehren und ein jeglicher in sein Land fliehen wird,

¹⁵darum daß, wer sich da finden läßt, erstochen wird, und wer dabei ist, durchs Schwert fallen wird.

¹⁶Es sollen auch ihre Kinder vor ihren Augen zerschmettert werden, ihre Häuser geplündert und ihre Weiber geschändet werden.

¹⁷Denn siehe, ich will die Meder über sie erwecken, die nicht Silber suchen oder nach Gold fragen,

¹⁸sondern die Jünglinge mit Bogen erschießen und sich der Furcht des Leibes nicht erbarmen noch der Kinder schonen.

¹⁹Also soll Babel, das schönste unter den Königreichen, die herrliche Pracht der Chaldäer, umgekehrt werden vor Gott wie Sodom und Gomorra,

²⁰daß man hinfort nicht mehr da wohne noch jemand da bleibe für und für, daß auch die Araber keine Hütten daselbst machen und die Hirten keine Hürden da aufschlagen;

²¹sondern Wüstentiere werden sich da lagern, und ihre Häuser sollen voll Eulen sein, und Strauße werden da wohnen, und Feldgeister werden da hüpfen

²²und wilde Hunde in ihren Palästen heulen und Schakale in den lustigen Schlössern. Und ihre Zeit wird bald kommen, und ihre Tage werden nicht säumen.

Kapitel 14

¹Denn der HERR wird sich über Jakob erbarmen und Israel noch fürder erwählen und sie in ihr Land setzen. Und Fremdlinge werden sich zu ihnen tun und dem Hause Jakob anhangen.

²Und die Völker werden sie nehmen und bringen an ihren Ort, daß sie das Haus Israel besitzen wird im Lande des HERRN zu Knechten und Mägden, und sie werden gefangen halten die, von welchen sie gefangen waren, und werden herrschen über ihre Dränger.

³Und zu der Zeit, wenn dir der HERR Ruhe geben wird von deinem Jammer und Leid und von dem harten Dienst, darin du gewesen bist,

⁴so wirst du solch ein Lied anheben wider den König von Babel und sagen: Wie ist's mit dem Dränger so gar aus, und der Zins hat ein Ende!

⁵Der HERR hat die Rute der Gottlosen zerbrochen, die Rute der Herrscher,

⁶welche die Völker schlug mit Grimm ohne Aufhören und mit Wüten herrschte über die Heiden und verfolgte ohne Barmherzigkeit.

⁷Nun ruht doch alle Welt und ist still und jauchzt fröhlich.

⁸Auch freuen sich die Tannen über dich und die Zedern auf dem Libanon und sagen: "Weil du liegst, kommt niemand herauf, der uns abhaue."

⁹Die Hölle drunten erzittert vor dir, da du ihr entgegenkamst. Sie erweckt dir die Toten, alle Gewaltigen der Welt, und heißt alle Könige der Heiden von ihren Stühlen aufstehen,

¹⁰daß dieselben alle umeinander reden und sagen zu dir: "Du bist auch geschlagen gleichwie wir, und es geht dir wie uns."

¹¹Deine Pracht ist herunter in die Hölle gefahren samt dem Klange deiner Harfen. Maden werden dein Bett sein und Würmer deine Decke.

¹²Wie bist du vom Himmel gefallen, du schöner Morgenstern! Wie bist du zur Erde gefällt, der du die Heiden schwächtest!

¹³Gedachtest du doch in deinem Herzen: "Ich will in den Himmel steigen und meinen Stuhl über die Sterne Gottes erhöhen;

¹⁴ich will mich setzen auf den Berg der Versammlung in der fernsten Mitternacht; ich will über die hohen Wolken fahren und gleich sein dem Allerhöchsten."

¹⁵Ja, zur Hölle fährst du, zur tiefsten Grube.

¹⁶Wer dich sieht, wird dich schauen und betrachten und sagen: "Ist das der Mann, der die Erde zittern und die Königreiche beben machte?

¹⁷der den Erdboden zur Wüste machte und die Städte darin zerbrach und gab seine Gefangenen nicht los?"
¹⁸Alle Könige der Heiden miteinander liegen doch mit Ehren, ein jeglicher in seinem Hause;
¹⁹du aber bist verworfen fern von deinem Grabe wie ein verachteter Zweig, bedeckt von Erschlagenen, die mit dem Schwert erstochen sind, die hinunterfahren zu den Steinen der Grube, wie eine zertretene Leiche.
²⁰Du wirst nicht wie jene begraben werden, denn du hast dein Land verderbt und dein Volk erschlagen; denn man wird des Samens der Boshaften nimmermehr gedenken.
²¹Richtet zu, daß man seine Kinder schlachte um ihrer Väter Missetat willen, daß sie nicht aufkommen noch das Land erben noch den Erdboden voll Städte machen.
²²Und ich will über dich kommen, spricht der HERR Zebaoth, und zu Babel ausrotten ihr Gedächtnis, ihre Übriggebliebenen, Kind und Kindeskind, spricht der HERR,
²³und will Babel machen zum Erbe der Igel und zum Wassersumpf und will sie mit einem Besen des Verderbens kehren, spricht der HERR Zebaoth.
²⁴Der HERR Zebaoth hat geschworen und gesagt: Was gilt's? es soll gehen, wie ich denke, und soll bleiben, wie ich es im Sinn habe;
²⁵daß Assur zerschlagen werde in meinem Lande und ich ihn zertrete auf meinen Bergen, auf daß sein Joch von ihnen genommen werde und seine Bürde von ihrem Hals komme.
²⁶Das ist der Anschlag, den er hat über alle Lande, und das ist die ausgereckte Hand über alle Heiden.
²⁷Denn der HERR Zebaoth hat's beschlossen, wer will's wehren?, und seine Hand ist ausgereckt, wer will sie wenden?
²⁸Im Jahr, da der König Ahas starb, war dies die Last:
²⁹Freue dich nicht, du ganzes Philisterland, daß die Rute, die dich schlug, zerbrochen ist! Denn aus der Wurzel der Schlange wird ein Basilisk kommen, und ihre Frucht wird ein feuriger fliegender Drache sein.
³⁰Denn die Erstlinge der Dürftigen werden weiden, und die Armen sicher ruhen; aber deine Wurzel will ich mit Hunger töten, und deine Übriggebliebenen wird er erwürgen.
³¹Heule Tor! schreie Stadt! Ganz Philisterland ist feige; denn von Mitternacht kommt ein Rauch, und ist kein Einsamer in seinen Gezelten.
³²Und was werden die Boten der Heiden hin und wieder sagen? "Zion hat der HERR gegründet, und daselbst werden die Elenden seines Volkes Zuversicht haben."

Kapitel 15

¹Dies ist die Last über Moab: Des Nachts kommt Verstörung über Ar in Moab; sie ist dahin. Des Nachts kommt Verstörung über Kir in Moab; sie ist dahin.
²Sie gehen hinauf gen Baith und Dibon zu den Altären, daß sie weinen, und heulen über Nebo und Medeba in Moab. Aller Haupt ist kahl geschoren, aller Bart ist abgeschnitten.
³Auf ihren Gassen gehen sie mit Säcken umgürtet; auf ihren Dächern und Straßen heulen sie alle und gehen weinend herab.
⁴Hesbon und Eleale schreien, daß man's zu Jahza hört. Darum wehklagen die Gerüsteten in Moab; denn es geht ihrer Seele übel.
⁵Mein Herz schreit über Moab, seine Flüchtigen fliehen bis gen Zoar, bis zum dritten Eglath. Denn sie gehen gen Luhith hinan und weinen, und auf dem Wege nach Horonaim zu erhebt sich ein Jammergeschrei.
⁶Denn die Wasser zu Nimrim versiegen, daß das Gras verdorrt und das Kraut verwelkt und kein Grünes wächst.
⁷Denn das Gut, das sie gesammelt haben, und alles, was sie verwahrt haben, führt man über den Weidenbach.
⁸Geschrei geht um in den Grenzen Moabs; sie heulen bis gen Eglaim und heulen bei dem Born Elim.
⁹Denn die Wasser zu Dimon sind voll Blut. Dazu will ich über Dimon noch mehr kommen lassen, über die, so erhalten sind in Moab, einen Löwen, und über die übrigen im Lande.

Kapitel 16

¹Schickt dem Landesherrn Lämmer von Sela aus der Wüste zum Berge der Tochter Zion!
²Aber wie ein Vogel dahinfliegt, der aus dem Nest getrieben wird, so werden sein die Töchter Moabs in den Furten des Arnon.
³"Sammelt Rat, haltet Gericht, mache deinen Schatten des Mittags wie die Nacht; verbirg die Verjagten, und melde die Flüchtlinge nicht!
⁴Laß meine Verjagten bei dir herbergen; sei du für Moab ein Schirm vor dem Verstörer, so wird der Dränger ein Ende haben, der Verstörer aufhören und der Untertreter ablassen im Lande."
⁵Es wird aber ein Stuhl bereitet werden aus Gnaden, daß einer darauf sitze in der Wahrheit, in der Hütte Davids, und richte und trachte nach Recht und fördere Gerechtigkeit.
⁶Wir hören aber von dem Hochmut Moabs, daß er gar groß ist, daß auch ihr Hochmut, Stolz und Zorn größer ist denn ihre Macht.
⁷Darum wird ein Moabiter über den andern heulen; allesamt werden sie Heulen. Über die Grundfesten der Stadt Kir-Hareseth werden sie seufzen, ganz zerschlagen.
⁸Denn Hesbon ist ein wüstes Feld geworden; der Weinstock zu Sibma ist verderbt; die Herren unter den Heiden haben seine edlen Reben zerschlagen, die da reichten bis gen Jaser und sich zogen in die Wüste; ihre Schößlinge sind zerstreut und über das Meer geführt.
⁹Darum weine ich um Jaser und um den Weinstock zu Sibma und vergieße viel Tränen um Hesbon und Eleale. Denn es ist ein Gesang in deinen Sommer und in deine Ernte gefallen,
¹⁰daß Freude und Wonne im Felde aufhört, und in den Weinbergen jauchzt noch ruft man nicht. Man keltert keinen Wein in den Keltern; ich habe dem Gesang ein Ende gemacht.
¹¹Darum rauscht mein Herz über Moab wie eine Harfe und mein Inwendiges über Kir-Heres.
¹²Alsdann wird's offenbar werden, wie Moab müde ist bei den Altären und wie er zu seinem Heiligtum gegangen sei, zu beten, und doch nichts ausgerichtet habe.
¹³Das ist's, was der HERR dazumal gegen Moab geredet hat.
¹⁴Nun aber redet der HERR und spricht: In drei Jahren, wie eines Tagelöhners Jahre sind, wird die Herrlichkeit Moabs gering werden bei all seiner großen Menge, daß gar wenig übrigbleibe und nicht viel.

Kapitel 17

¹Dies ist die Last über Damaskus: Siehe, Damaskus wird keine Stadt mehr sein, sondern ein zerfallener Steinhaufe.
²Die Städte Aroer werden verlassen sein, daß Herden daselbst weiden, die niemand scheuche.
³Und es wird aus sein mit der Feste Ephraims; und das Königreich zu Damaskus und das übrige Syrien wird sein wie die Herrlichkeit der Kinder Israel, spricht der HERR Zebaoth.
⁴Zu der Zeit wird die Herrlichkeit Jakobs dünn sein, und sein fetter Leib wird mager sein.
⁵Denn sie wird sein, als wenn einer Getreide einsammelte in der Ernte, und als wenn einer mit seinem Arm die Ähren einerntete, und als wenn einer Ähren läse im Tal Rephaim
⁶und die Nacherntc darin bliebe; als wenn man einen Ölbaum schüttelte, daß zwei oder drei Beeren blieben oben in dem Wipfel, oder als wenn vier oder fünf Früchte an den Zweigen hangen, spricht der HERR, der Gott Israels.
⁷Zu der Zeit wird sich der Mensch halten zu dem, der ihn gemacht hat, und seine Augen werden auf den Heiligen in Israel schauen,
⁸und wird sich nicht halten zu den Altären, die seine Hände gemacht haben, und nicht schauen auf das, was seine Finger gemacht haben, weder auf Ascherabilder noch Sonnensäulen.
⁹Zu der Zeit werden die Städte ihrer Stärke sein wie verlassene Burgen im Wald und auf der Höhe, so verlassen wurden vor den Kindern Israel, und werden wüst sein.
¹⁰Denn du hast vergessen des Gottes deines Heils und nicht gedacht an den Felsen deiner Stärke. Darum setzest du lustige Pflanzen und legst ausländische Reben.
¹¹Zur Zeit des Pflanzens wirst du sein wohl warten, daß der Same zeitig wachse; aber in der Ernte, wenn du die Garben sollst erben, wirst du dafür Schmerzen eines Betrübten haben.
¹²O weh der Menge so großen Volks! Wie das Meer wird es brausen; und das Getümmel der Leute wird wüten, wie groß Wasser wüten.
¹³Ja, wie große Wasser wüten, so werden die Leute wüten. Aber er wird sie schelten, so werden sie ferne wegfliehen, und wird sie verfolgen, wie der Spreu auf den Bergen vom Winde geschieht und wie einem Staubwirbel vom Ungewitter geschieht.
¹⁴Um den Abend, siehe, so ist Schrecken da; und ehe es Morgen wird, sind sie nimmer da. Das ist der Lohn unsrer Räuber und das Erbe derer, die uns das Unsre nehmen.

Jesaja

Kapitel 18

¹Weh dem Lande, das unter den Segeln im Schatten fährt, jenseits der Wasser des Mohrenlandes,

²das Botschafter auf dem Meer sendet und in Rohrschiffen auf den Wassern fährt! Gehet hin, ihr schnellen Boten, zum Volk, das hochgewachsen und glatt ist, zum Volk, das schrecklicher ist denn sonst irgend eins, zum Volk, das gebeut und zertritt, welchem die Wasserströme sein Land einnehmen.

³Alle, die ihr auf Erden wohnet und im Lande sitzet, werden sehen, wie man das Panier auf den Bergen aufwerfen wird, und hören, wie man die Drommeten blasen wird.

⁴Denn so spricht der HERR zu mir: Ich will stillhalten und schauen in meinem Sitz wie bei heller Hitze im Sonnenschein, wie bei Taugewölk in der Hitze der Ernte.

⁵Denn vor der Ernte, wenn die Blüte vorüber ist und die Traube reift, wird man die Ranken mit Hippen abschneiden und die Reben wegnehmen und abhauen,

⁶daß man's miteinander läßt liegen den Vögeln auf den Bergen und den Tieren im Lande, daß des Sommers die Vögel darin nisten und des Winters allerlei Tiere im Lande darin liegen.

⁷Zu der Zeit wird das hochgewachsenen und glatte Volk, das schrecklicher ist denn sonst irgend eins, das gebeut und zertritt, welchem die Wasserströme sein Land einnehmen, Geschenke bringen dem HERRN Zebaoth an den Ort, da der Name des HERRN Zebaoth ist, zum Berge Zion.

Kapitel 19

¹Dies ist die Last über Ägypten: Siehe, der HERR wird auf einer schnellen Wolke fahren und über Ägypten kommen. Da werden die Götzen in Ägypten vor ihm beben, und den Ägyptern wird das Herz feige werden in ihrem Leibe.

²Und ich will die Ägypter aneinander hetzen, daß ein Bruder gegen den andern, ein Freund gegen den andern, eine Stadt gegen die andere, ein Reich gegen das andere streiten wird.

³Und der Mut soll den Ägyptern in ihrem Herzen vergehen, und ich will ihre Anschläge zunichte machen. Da werden sie dann fragen ihre Götzen und Pfaffen und Wahrsager und Zeichendeuter.

⁴Aber ich will die Ägypter übergeben in die Hände grausamer Herren, und ein harter König soll über sie herrschen, spricht der Herrscher, der HERR Zebaoth.

⁵Und das Wasser in den Seen wird vertrocknen; dazu der Strom wird versiegen und verschwinden.

⁶Und die Wasser werden verlaufen, daß die Flüsse Ägyptens werden gering und trocken werden, daß Rohr und Schilf verwelken,

⁷und das Gras an den Wassern wird verstieben, und alle Saat am Wasser wird verdorren und zunichte werden.

⁸Und die Fischer werden trauern; und alle die, so Angeln ins Wasser werfen, werden klagen; und die, so Netze auswerfen aufs Wasser, werden betrübt sein.

⁹Es werden mit Schanden bestehen, die da gute Garne wirken und Netze stricken.

¹⁰Und des Landes Pfeiler werden zerschlagen; und alle, die um Lohn arbeiten, werden bekümmert sein.

¹¹Die Fürsten zu Zoan sind Toren; die weisen Räte Pharaos sind im Rat zu Narren geworden. Was sagt ihr doch zu Pharao: Ich bin der Weisen Kind und komme von alten Königen her?

¹²Wo sind denn nun deine Weisen? Laß sie dir's verkündigen und anzeigen, was der HERR Zebaoth über Ägypten beschlossen hat.

¹³Aber die Fürsten zu Zoan sind zu Narren geworden, die Fürsten zu Noph sind betrogen; es verführen Ägypten die Ecksteine seiner Geschlechter.

¹⁴Denn der HERR hat einen Schwindelgeist unter sie ausgegossen, daß sie Ägypten verführen in allem ihrem Tun, wie ein Trunkenbold taumelt, wenn er speit.

¹⁵Und Ägypten wird kein Werk haben, das Haupt oder Schwanz, Ast oder Stumpf ausrichte.

¹⁶Zu der Zeit wird Ägypten sein wie Weiber und sich fürchten und erschrecken, wenn der HERR Zebaoth die Hand über sie schwingen wird.

¹⁷Und Ägypten wird sich fürchten vor dem Lande Juda, daß, wer desselben gedenkt, wird davor erschrecken über den Rat des HERRN Zebaoth, den er über sie beschlossen hat.

¹⁸Zu der Zeit werden fünf Städte in Ägyptenland reden nach der Sprache Kanaans und schwören bei dem HERRN Zebaoth. Eine wird heißen Ir-Heres.

¹⁹Zu derselben Zeit wird des HERRN Altar mitten in Ägyptenland sein und ein Malstein des HERRN an den Grenzen,

²⁰welcher wird ein Zeichen und Zeugnis sein dem HERR Zebaoth in Ägyptenland. Denn sie werden zum HERRN schreien vor den Drängern, so wird er ihnen senden einen Heiland und Meister, der sie errette.

²¹Denn der HERR wird den Ägyptern bekannt werden, und die Ägypter werden den HERRN kennen zu der Zeit und werden ihm dienen mit Opfer und Speisopfer und werden dem HERR geloben und halten.

²²Und der HERR wird die Ägypter plagen und heilen; denn sie werden sich bekehren zum HERRN, und er wird sich erbitten lassen und sie heilen.

²³Zu der Zeit wird eine Bahn sein von Ägypten nach Assyrien, daß die Assyrer nach Ägypten und die Ägypter nach Assyrien kommen und die Ägypter samt den Assyrern Gott dienen.

²⁴Zu der Zeit wird Israel selbdritt sein mit den Ägyptern und Assyrern, ein Segen mitten auf der Erden.

²⁵Denn der HERR Zebaoth wird sie segnen und sprechen: Gesegnet bist du, Ägypten, mein Volk, und du, Assur, meiner Hände Werk, und du, Israel, mein Erbe!

Kapitel 20

¹Im Jahr, da der Tharthan gen Asdod kam, als ihn gesandt hatte Sargon, der König von Assyrien, und stritt gegen Asdod und gewann es,

²zu derselben Zeit redete der HERR durch Jesaja, den Sohn des Amoz, und sprach: Gehe hin und zieh ab den Sack von deinen Lenden und zieh deine Schuhe aus von deinen Füßen. Und er tut also, ging nackt und barfuß.

³Da sprach der HERR: Gleichwie mein Knecht Jesaja nackt und barfuß geht, zum Zeichen und Wunder dreier Jahre über Ägypten und Mohrenland,

⁴also wird der König von Assyrien hintreiben das ganze gefangene Ägypten und vertriebene Mohrenland, beide, jung und alt, nackt und barfuß, in schmählicher Blöße, zu Schanden Ägyptens.

⁵Und sie werden erschrecken und mit Schanden bestehen über dem Mohrenland, darauf sie sich verließen, und über den Ägyptern, welcher sie sich rühmten.

⁶Und die Einwohner dieser Küste werden sagen zu derselben Zeit: Ist das unsre Zuversicht, dahin wir flohen um Hilfe, daß wir errettet würden von dem König von Assyrien? Wie könnten denn wir entrinnen?

Kapitel 21

¹Dies ist die Last über die Wüste am Meer: Wie ein Wetter vom Mittag kommt, das alles umkehrt, so kommt's aus der Wüste, aus einem schrecklichen Lande.

²Denn mir ist ein hartes Gesicht angezeigt: Der Räuber raubt, und der Verstörer verstört. Zieh herauf, Elam! belagere sie, Madai! Ich will allem Seufzen über sie ein Ende machen.

³Derhalben sind meine Lenden voll Schmerzen, und Angst hat mich ergriffen wie eine Gebärerin; ich krümme mich, wenn ich's höre, und erschrecke, wenn ich's ansehe.

⁴Mein Herz zittert, Grauen hat mich betäubt; ich habe in der lieben Nacht keine Ruhe davor.

⁵Ja, richte einen Tisch zu, laß wachen auf der Warte, esset, trinket. "Macht euch auf, ihr Fürsten, schmiert den Schild!"

⁶Denn der HERR sagte zu mir also: Gehe hin, stelle einen Wächter, der da schaue und ansage.

⁷Er sieht aber Reiter reiten auf Rossen, Eseln und Kamelen und hat mit großem Fleiß Achtung darauf.

⁸Und wie ein Löwe ruft er: Herr, ich stehe auf der Warte immerdar des Tages und stelle mich auf meine Hut alle Nacht.

⁹Und siehe, da kommt einer, der fährt auf einem Wagen; der antwortet und spricht: Babel ist gefallen, sie ist gefallen, und alle Bilder ihrer Götter sind zu Boden geschlagen.

¹⁰Meine liebe Tenne, darauf gedroschen wird! was ich gehört habe vom HERRN Zebaoth, dem Gott Israels, das verkündige ich euch.

¹¹Dies ist die Last über Duma: Man ruft zu mir aus Seir: Hüter, ist die Nacht schier hin? Hüter ist die Nacht schier hin?

¹²Der Hüter aber sprach: Wenn der Morgen schon kommt, so wird es doch Nacht sein. Wenn ihr schon fragt, so werdet ihr doch wieder kommen und wieder fragen.

¹³Dies ist die Last über Arabien: ihr werdet im Walde in Arabien herbergen, ihr Reisezüge der Dedaniter.

¹⁴Bringet den Durstigen Wasser entgegen, die ihr wohnet im Lande Thema; bietet Brot den Flüchtigen.

¹⁵Denn sie fliehen vor dem Schwert, ja, vor dem bloßen Schwert, vor dem gespannten Bogen, vor dem großen Streit.

¹⁶Denn also spricht der HERR zu mir: Noch in einem Jahr, wie des Tagelöhners Jahre sind, soll alle Herrlichkeit Kedars untergehen, ¹⁷und der übrigen Schützen der Helden zu Kedar soll wenig sein; denn der HERR, der Gott Israels, hat's geredet.

Kapitel 22

¹Dies ist die Last über das Schautal: Was ist denn euch, daß ihr alle so auf die Dächer lauft?

²Du warst voll Getönes, eine Stadt voll Volks, eine fröhliche Stadt. Deine Erschlagenen sind nicht mit dem Schwert erschlagen und nicht im Streit gestorben;

³alle deine Hauptleute sind vor dem Bogen gewichen und gefangen; alle, die man in dir gefunden hat, sind gefangen und fern geflohen.

⁴Darum sage ich: Hebt euch von mir, laßt mich bitterlich weinen; müht euch nicht, mich zu trösten über die Verstörung der Tochter meines Volks!

⁵Denn es ist ein Tag des Getümmels und der Zertretung und Verwirrung vom HERRN HERRN Zebaoth im Schautal um des Untergrabens willen der Mauer und des Geschreies am Berge.

⁶Denn Elam fährt daher mit Köcher, Wagen, Leuten und Reitern, und Kir glänzt daher mit Schilden.

⁷Und es wird geschehen, daß deine auserwählten Täler werden voll Wagen sein, und Reiter werden sich lagern vor die Tore.

⁸Da wird der Vorhang Juda's aufgedeckt werden, daß man schauen wird zu der Zeit nach Rüstungen im Hause des Waldes.

⁹Und ihr werdet die Risse an der Stadt Davids viel sehen und werdet das Wasser des untern Teiches sammeln;

¹⁰ihr werdet auch die Häuser zu Jerusalem zählen; ja, ihr werdet die Häuser abbrechen, die Mauer zu befestigen,

¹¹und werdet einen Graben machen zwischen beiden Mauern vom Wasser des alten Teiches. Doch sehet ihr nicht auf den, der solches tut, und schauet nicht auf den, der solches schafft von ferneher.

¹²Darum wird der HERR HERR Zebaoth zu der Zeit rufen lassen, daß man weine und klage und sich das Haar abschere und Säcke anziehe.

¹³Wiewohl jetzt, siehe, ist's eitel Freude und Wonne, Ochsen würgen, Schafe schlachten, Fleisch essen, Wein trinken und ihr sprecht: "Laßt uns essen und trinken, wir sterben doch morgen!"

¹⁴Aber meinen Ohren ist es vom HERRN Zebaoth offenbart: Was gilt's, ob euch diese Missetat soll vergeben werden, bis ihr sterbet? spricht der HERR HERR Zebaoth.

¹⁵So spricht der HERR HERR Zebaoth: Gehe hinein zum Schatzmeister Sebna, dem Hofmeister, und sprich zu ihm:

¹⁶Was hast du hier? wem gehörst du an, daß du dir ein Grab hier hauen lässest, als der sein Grab in der Höhe hauen läßt und als der seine Wohnung in den Felsen machen läßt?

¹⁷Siehe, der HERR wird dich wegwerfen, wie ein Starker einen wegwirft, und wird dich greifen,

¹⁸und dich umtreiben wie eine Kugel auf weitem Lande. Daselbst wirst du sterben, daselbst werden deine köstlichen Wagen bleiben, du Schmach des Hauses deines Herrn!

¹⁹Und ich will dich von deinem Stande stürzen, und von deinem Amt will ich dich setzen.

²⁰Und zu der Zeit will ich rufen meinen Knecht Eljakim, den Sohn Hilkias,

²¹und will ihm deinen Rock anziehen und ihn mit deinem Gürtel gürten und deine Gewalt in seine Hand geben, daß er Vater sei derer, die zu Jerusalem wohnen und des Hauses Juda.

²²Und ich will die Schlüssel zum Hause Davids auf seine Schulter legen, daß er auftue und niemand zuschließe, daß er zuschließe und niemand auftue.

²³Und will ihn zum Nagel stecken an einen festen Ort, und er soll haben den Stuhl der Ehre in seines Vaters Hause,

²⁴daß man an ihn hänge alle Herrlichkeit seines Vaterhauses, Kind und Kindeskinder, alle kleinen Geräte, beide, Trinkgefäße und allerlei Krüge.

²⁵Zu der Zeit, spricht der HERR Zebaoth, soll der Nagel weggenommen werden, der am festen Ort steckt, daß er zerbreche und falle und seine Last umkomme. Denn der HERR sagt's.

Kapitel 23

¹Dies ist die Last über Tyrus: Heulet, ihr Tharsisschiffe; denn sie ist zerstört, daß kein Haus da ist noch jemand dahin zieht. Aus dem Lande Chittim werden sie gewahr werden.

²Die Einwohner der Insel sind still geworden. Die Kaufleute zu Sidon, die durchs Meer zogen, füllten dich,

³und was von Früchten am Sihor und Getreide am Nil wuchs, brachte man zu ihr hinein durch große Wasser; und du warst der Heiden Markt geworden.

⁴Du magst wohl erschrecken, Sidon; denn das Meer, ja, die Feste am Meer spricht: Ich bin nicht mehr schwanger, ich gebäre nicht mehr; so ziehe ich keine Jünglinge mehr auf und erziehe keine Jungfrauen.

⁵Sobald es die Ägypter hören, erschrecken sie über die Kunde von Tyrus.

⁶Fahret hin gen Tharsis; heulet, ihr Einwohner der Insel!

⁷Ist das eure fröhliche Stadt, die sich ihres Alters rühmte? Ihre Füße werden sie wegführen, zu wallen.

⁸Wer hätte das gemeint, daß es Tyrus, der Krone, so gehen sollte, so doch ihre Kaufleute Fürsten sind und ihre Krämer die Herrlichsten im Lande?

⁹Der HERR Zebaoth hat's also gedacht, auf daß er schwächte alle Pracht der lustigen Stadt und verächtlich machte alle Herrlichen im Lande.

¹⁰Fahr hin durch dein Land wie ein Strom, du Tochter Tharsis! Da ist kein Gurt mehr.

¹¹Er reckt seine Hand über das Meer und erschreckt die Königreiche. Der HERR gebeut über Kanaan, zu vertilgen ihre Mächtigen,

¹²und spricht: Du sollst nicht mehr fröhlich sein, du geschändete Jungfrau, du Tochter Sidon! Nach Chittim mache dich auf und zieh fort; doch wirst du daselbst auch nicht Ruhe haben.

¹³Siehe, der Chaldäer Land, das nicht ein Volk war, sondern Assur hat es angerichtet, zu schiffen, die haben ihre Türme aufgerichtet und die Paläste niedergerissen; denn sie ist gesetzt, daß sie geschleift werden soll.

¹⁴Heulet, ihr Tharsisschiffe! denn eure Macht ist zerstört.

¹⁵Zu der Zeit wird Tyrus vergessen werden siebzig Jahre, solange ein König leben mag. Aber nach siebzig Jahren wird es mit Tyrus gehen, wie es im Hurenlied heißt:

¹⁶Nimm die Harfe, gehe in der Stadt um, du vergessene Hure; mache es gut auf dem Saitenspiel und singe getrost, auf daß dein wieder gedacht werde!

¹⁷Denn nach siebzig Jahren wird der HERR Tyrus heimsuchen, daß sie wiederkomme zu ihrem Hurenlohn und Hurerei treibe mit allen Königreichen auf Erden.

¹⁸Aber ihr Kaufhandel und Hurenlohn werden dem HERRN heilig sein. Man wird sie nicht wie Schätze sammeln noch verbergen; sondern die vor dem HERRN wohnen, werden ihr Kaufgut haben, daß sie essen und satt werden und wohl bekleidet seien.

Kapitel 24

¹Siehe, der HERR macht das Land leer und wüst und wirft um, was darin ist, und zerstreut seine Einwohner.

²Und es geht dem Priester wie dem Volk, dem Herrn wie dem Knecht, der Frau wie der Magd, dem Verkäufer wie dem Käufer, dem Leiher wie dem Borger, dem Mahnenden wie dem Schuldner.

³Denn das Land wird leer und beraubt sein; denn der HERR hat solches geredet.

⁴Das Land steht jämmerlich und verderbt; der Erdboden nimmt ab und verdirbt; die Höchsten des Volks im Lande nehmen ab.

⁵Das Land ist entheiligt von seinen Einwohnern; denn sie übertreten das Gesetz und ändern die Gebote und lassen fahren den ewigen Bund.

⁶Darum frißt der Fluch das Land; denn sie verschulden's, die darin wohnen. Darum verdorren die Einwohner des Landes, also daß wenig Leute übrigbleiben.

⁷Der Most verschwindet, der Weinstock verschmachtet; und alle, die von Herzen fröhlich waren, seufzen.

⁸Die Freude der Pauken feiert, das Jauchzen der Fröhlichen ist aus, und die Freude der Harfe hat ein Ende.

⁹Man singt nicht mehr beim Weintrinken, und gutes Getränk ist bitter denen, die es trinken.

¹⁰Die leere Stadt ist zerbrochen; alle Häuser sind zugeschlossen, daß niemand hineingeht.

¹¹Man klagt um den Wein auf den Gassen, daß alle Freude weg ist, alle Wonne des Landes dahin ist.

¹²Eitel Wüstung ist in der Stadt geblieben, und die Tore stehen öde.

¹³Denn es geht im Lande und im Volk eben, wie wenn ein Ölbaum abgepflückt ist, wie wenn man nachliest, so die Weinernte aus ist.

¹⁴Dieselben heben ihre Stimme auf und rühmen und jauchzen vom Meer her über der Herrlichkeit des HERRN.

¹⁵So preiset nun den HERRN in den Gründen, in den Inseln des

Meeres den Namen des HERRN, des Gottes Israels.

¹⁶Wir hören Lobgesänge vom Ende der Erde zu Ehren dem Gerechten. Und ich muß sagen: Wie bin ich aber so elend! wie bin ich aber so elend! Weh mir! denn es rauben die Räuber, ja immerfort rauben die Räuber.

¹⁷Darum kommt über euch, Bewohner der Erde, Schrecken, Grube und Strick.

¹⁸Und ob einer entflöhe vor dem Geschrei des Schreckens, so wird er doch in die Grube fallen; kommt er aus der Grube, so wird er doch im Strick gefangen werden. Denn die Fenster der Höhe sind aufgetan, und die Grundfesten der Erde beben.

¹⁹Es wird die Erde mit Krachen zerbrechen, zerbersten und zerfallen.

²⁰Die Erde wird taumelm wie ein Trunkener und wird hin und her geworfen wie ein Hängebett; denn ihre Missetat drückt sie, daß sie fallen muß und kann nicht stehenbleiben.

²¹Zu der Zeit wird der HERR heimsuchen das hohe Heer, das in der Höhe ist, und die Könige der Erde, die auf Erden sind,

²²daß sie versammelt werden als Gefangene in die Grube und verschlossen werden im Kerker und nach langer Zeit wieder heimgesucht werden.

²³Und der Mond wird sich schämen, und die Sonne mit Schanden bestehen, wenn der HERR Zebaoth König sein wird auf dem Berge Zion und zu Jerusalem und vor seinen Ältesten in der Herrlichkeit.

Kapitel 25

¹HERR, du bist mein Gott! dich preise ich; ich lobe deinen Namen, denn du tust Wunder; deine Ratschlüsse von alters her sind treu und wahrhaftig.

²Denn du machst die Stadt zum Steinhaufen, die feste Stadt, daß sie auf einem Haufen liegt, der Fremden Palast, daß sie nicht mehr eine Stadt sei und nimmermehr gebaut werde.

³Darum ehrt dich ein mächtiges Volk: die Städte gewaltiger Heiden fürchten dich.

⁴Denn du bist der Geringen Stärke, der Armen Stärke in der Trübsal, eine Zuflucht vor dem Ungewitter, ein Schatten vor der Hitze, wenn die Tyrannen wüten wie ein Ungewitter wider eine Wand.

⁵Du demütigst der Fremden Ungestüm wie die Hitze in einem dürren Ort; wie die Hitze durch der Wolken Schatten, so wird gedämpft der Tyrannen Siegesgesang.

⁶Und der HERR Zebaoth wird allen Völkern machen auf diesem Berge ein fettes Mahl, ein Mahl von reinem Wein, von Fett, von Mark, von Wein, darin keine Hefe ist.

⁷Und er wird auf diesem Berge die Hülle wegtun, damit alle Völker verhüllt sind, und die Decke, mit der alle Heiden zugedeckt sind.

⁸Er wird den Tod verschlingen ewiglich; und der HERR HERR wird die Tränen von allen Angesichtern abwischen und wird aufheben alle Schmach seines Volks in allen Landen; denn der HERR hat's gesagt.

⁹Zu der Zeit wird man sagen: Siehe, das ist unser Gott, auf den wir harren, und er wird uns helfen; das ist der HERR auf den wir harren, daß wir uns freuen und fröhlich seien in seinem Heil.

¹⁰Denn die Hand des HERRN ruht auf diesem Berge. Moab aber wird unter ihm zertreten werden, wie Stroh zertreten wird und wie Kot.

¹¹Und er wird seine Hände ausbreiten mitten unter sie, wie sie ein Schwimmer ausbreitet, zu schwimmen; und wird ihre Pracht erniedrigen mit den Armen seiner Hände

¹²und die hohen Festen eurer Mauern beugen, erniedrigen und in den Staub zu Boden werfen.

Kapitel 26

¹Zu der Zeit wird man ein solch Lied singen im Lande Juda: Wir haben eine feste Stadt, Mauern und Wehre sind Heil.

²Tut die Tore auf, daß hereingehe das gerechte Volk, das den Glauben bewahrt!

³Du erhältst stets Frieden nach gewisser Zusage; denn man verläßt sich auf dich.

⁴Verlasset euch auf den HERRN ewiglich; denn Gott der HERR ist ein Fels ewiglich.

⁵Und er bewegt die, so in der Höhe wohnen; die hohe Stadt erniedrigt er, ja er stößt sie zur Erde, daß sie im Staube liegt,

⁶daß sie mit Füßen zertreten wird, ja mit Füßen der Armen, mit Fersen der Geringen.

⁷Aber der Gerechten Weg ist schlicht; den Steig des Gerechten machst du richtig.

⁸Denn wir warten auf dich, HERR, im Wege deiner Rechte; des Herzens Lust steht zu deinem Namen und deinem Gedächtnis.

⁹Von Herzen begehre ich dein des Nachts; dazu mit meinem Geist in mir wache ich früh zu dir. Denn wo dein Recht im Lande geht, so lernen die Bewohner des Erdbodens Gerechtigkeit.

¹⁰Aber wenn den Gottlosen Gnade widerfährt, so lernen sie nicht Gerechtigkeit, sondern tun nur übel im richtigen Lande, denn sie sehen des HERRN Herrlichkeit nicht.

¹¹HERR, deine Hand ist erhöht; das sehen sie nicht. Wenn sie aber sehen werden den Eifer um dein Volk, so werden sie zu Schanden werden; dazu wirst du sie mit Feuer, damit du deine Feinde verzehrst, verzehren.

¹²Aber uns, HERR, wirst du Frieden schaffen; denn alles, was wir ausrichten, das hast du uns gegeben.

¹³HERR, unser Gott, es herrschen wohl andere Herren über uns denn du; aber wir gedenken doch allein dein und deines Namens.

¹⁴Die Toten werden nicht lebendig, die Verstorbenen stehen nicht auf; denn du hast sie heimgesucht und vertilgt, und zunichte gemacht all ihr Gedächtnis.

¹⁵Aber du, HERR, fährst fort unter den Heiden, du fährst immer fort unter den Heiden, beweisest deine Herrlichkeit und kommst ferne bis an der Welt Enden.

¹⁶HERR, wenn Trübsal da ist, so sucht man dich; wenn du sie züchtigst, so rufen sie ängstlich.

¹⁷Gleichwie eine Schwangere, wenn sie bald gebären soll, sich ängstet und schreit in ihren Schmerzen: so geht's auch, HERR, vor deinem Angesicht.

¹⁸Da sind wir auch schwanger und ist uns bange, daß wir kaum Odem holen; doch können wir dem Lande nicht helfen, und Einwohner auf dem Erdboden wollen nicht geboren werden.

¹⁹Aber deine Toten werden leben, meine Leichname werden auferstehen. Wachet auf und rühmet, die ihr liegt unter der Erde! Denn dein Tau ist ein Tau des grünen Feldes; aber das Land der Toten wirst du stürzen.

²⁰Gehe hin, mein Volk, in deine Kammer und schließ die Tür nach dir zu; verbirg dich einen kleinen Augenblick, bis der Zorn vorübergehe.

²¹Denn siehe, der HERR wird ausgehen von seinem Ort, heimzusuchen die Bosheit der Einwohner des Landes über sie, daß das Land wird offenbaren ihr Blut und nicht weiter verhehlen, die darin erwürgt sind.

Kapitel 27

¹Zu der Zeit wird der HERR heimsuchen mit seinem harten, großen und starken Schwert beide, den Leviathan, der eine flüchtige Schlange, und den Leviathan, der eine gewundene Schlange ist, und wird den Drachen im Meer erwürgen.

²Zu der Zeit wird man singen von dem Weinberge des besten Weins:

³Ich, der HERR, behüte ihn und feuchte ihn bald, daß man seine Blätter nicht vermisse; ich will ihn Tag und Nacht behüten.

⁴Gott zürnt nicht mit mir. Ach, daß ich möchte mit den Hecken und Dornen kriegen! so wollte ich unter sie fallen und sie auf einen Haufen anstecken.

⁵Er wird mich erhalten bei meiner Kraft und wird mir Frieden schaffen; Frieden wird er mir dennoch schaffen.

⁶Es wird dennoch dazu kommen, daß Jakob wurzeln und Israel blühen und grünen wird, daß sie den Erdboden mit Früchten erfüllen.

⁷Wird er doch nicht geschlagen, wie seine Feinde geschlagen werden, und wird nicht erwürgt, wie seine Feinde erwürgt werden;

⁸sondern mit Maßen richtest du sie und lässest sie los, wenn du sie betrübt hast mit deinem rauhen Sturm am Tage des Ostwinds.

⁹Darum wird dadurch die Sünde Jakobs versöhnt werden; und der Nutzen davon, daß seine Sünden weggenommen werden, ist der, daß er alle Altarsteine macht wie zerstoßene Kalksteine, daß keine Ascherabilder noch Sonnensäulen mehr bleiben.

¹⁰Denn die feste Stadt muß einsam werden, die schönen Häuser verödet und verlassen werden wie eine Wüste, daß Kälber daselbst weiden und ruhen und daselbst Reiser abfressen.

¹¹Ihre Zweige werden vor Dürre brechen, daß die Weiber kommen und Feuer damit machen werden; denn es ist ein unverständiges Volk. Darum wird sich auch ihrer nicht erbarmen, der sie gemacht hat; und der sie geschaffen hat, wird ihnen nicht gnädig sein.

¹²Zu der Zeit wird der HERR worfeln von dem Ufer des Stromes bis an den Bach Ägyptens; und ihr, Kinder Israel, werdet versammelt werden, einer nach dem andern.

¹³Zu der Zeit wird man mit einer großen Posaune blasen; so werden kommen die Verlorenen im Lande Assur und die Verstoßenen im Lande Ägypten und werden den HERRN anbeten auf dem heiligen

Berge zu Jerusalem.

Kapitel 28

¹Weh der prächtigen Krone der Trunkenen von Ephraim, der welken Blume ihrer lieblichen Herrlichkeit, welche steht oben über einem fetten Tal derer, die vom Wein taumeln!

²Siehe, ein Starker und Mächtiger vom HERRN wie ein Hagelsturm, wie ein schädliches Wetter, wie ein Wassersturm, der mächtig einreißt, wirft sie zu Boden mit Gewalt,

³daß die prächtige Krone der Trunkenen von Ephraim mit Füßen zertreten wird.

⁴Und die welke Blume ihrer lieblichen Herrlichkeit, welche steht oben über einem fetten Tal, wird sein gleichwie die Frühfeige vor dem Sommer, welche einer ersieht und flugs aus der Hand verschlingt.

⁵Zu der Zeit wird der HERR Zebaoth sein eine liebliche Krone und ein herrlicher Kranz den Übriggebliebenen seines Volks

⁶und ein Geist des Rechts dem, der zu Gericht sitzt, und eine Stärke denen, die den Streit zurücktreiben zum Tor.

⁷Aber auch diese sind vom Wein toll geworden und taumeln von starkem Getränk. Beide, Priester und Propheten, sind toll von starkem Getränk, sind in Wein ersoffen und taumeln von starkem Getränk; sie sind toll beim Weissagen und wanken beim Rechtsprechen.

⁸Denn alle Tische sind voll Speiens und Unflats an allen Orten.

⁹"Wen, sagen sie, will er denn lehren Erkenntnis? wem will er zu verstehen geben die Predigt? Den Entwöhnten von der Milch, denen, die von Brüsten abgesetzt sind?

¹⁰Gebeut hin, gebeut her; tue dies, tue das; harre hier, harre da; warte hier, warte da; hier ein wenig, da ein wenig!"

¹¹Wohlan, er wird einmal mit unverständlichen Lippen und mit einer andern Zunge reden zu diesem Volk, welchem jetzt dies gepredigt wird:

¹²"So hat man Ruhe, so erquickt man die Müden, so wird man still"; und sie wollen doch solche Predigt nicht.

¹³Darum soll ihnen auch des HERRN Wort eben also werden: Gebeut hin, gebeut her; tut dies, tut das; harre hier, harre da; warte hier, warte da; hier ein wenig, da ein wenig, daß sie hingehen und zurückfallen, zerbrechen, verstrickt und gefangen werden.

¹⁴So höret nun des HERRN Wort, ihr Spötter, die ihr herrschet über dies Volk, das zu Jerusalem ist.

¹⁵Denn ihr sprecht: Wir haben mit dem Tod einen Bund und mit der Hölle einen Vertag gemacht; wenn eine Flut dahergeht, wird sie uns nicht treffen; denn wir haben die Lüge zu unsrer Zuflucht und Heuchelei zu unserm Schirm gemacht.

¹⁶Darum spricht der HERR HERR: Siehe, ich lege in Zion einen Grundstein, einen bewährten Stein, einen köstlichen Eckstein, der wohl gegründet ist. Wer glaubt, der flieht nicht.

¹⁷Und ich will das Recht zur Richtschnur und die Gerechtigkeit zum Gericht machen; so wird der Hagel die falsche Zuflucht wegtreiben, und Wasser sollen den Schirm wegschwemmen,

¹⁸daß euer Bund mit dem Tode los werde und euer Vertrag mit der Hölle nicht bestehe. Und wenn eine Flut dahergeht, wird sie euch zertreten; sobald sie dahergeht, wird sie euch wegnehmen.

¹⁹Kommt sie des Morgens, so geschieht's des Morgens; also auch, sie komme des Tags oder des Nachts. Denn allein die Anfechtung lehrt aufs Wort merken.

²⁰Denn das Bett ist so eng, daß nichts übrig ist, und die Decke so kurz, daß man sich drein schmiegen muß.

²¹Denn der HERR wird sich aufmachen wie auf dem Berge Perazim und zürnen wie im Tal Gibeon, daß er sein Werk vollbringe auf eine fremde Weise und daß er seine Arbeit tue auf seltsame Weise.

²²So lasset nun euer Spotten, auf daß eure Bande nicht härter werden; denn ich habe ein Verderben gehört, das vom HERRN HERRN Zebaoth beschlossen ist über alle Welt.

²³Nehmet zu Ohren und höret meine Stimme; merket auf und höret meine Rede:

²⁴Pflügt zur Saat oder bracht oder eggt auch ein Ackermann seinen Acker immerdar?

²⁵Ist's nicht also: wenn er's gleich gemacht hat, so streut er Wicken und wirft Kümmel und sät Weizen und Gerste, jegliches, wohin er's haben will, und Spelt an seinen Ort?

²⁶Also unterwies ihn sein Gott zum Rechten und lehrte ihn.

²⁷Denn man drischt die Wicken nicht mit Dreschwagen, so läßt man auch nicht das Wagenrad über den Kümmel gehen; sondern die Wicken schlägt man aus mit einem Stabe und den Kümmel mit einem Stecken.

²⁸Man mahlt es, daß es Brot werde, und drischt es nicht gar zunichte, wenn man's mit Wagenrädern und Pferden ausdrischt.

²⁹Solches geschieht auch vom HERRN Zebaoth; denn sein Rat ist wunderbar, und er führt es herrlich hinaus.

Kapitel 29

¹Weh Ariel, Ariel, du Stadt des Lagers Davids! Füget Jahr zu Jahr und feiert die Feste;

²dann will ich den Ariel ängsten, daß er traurig und voll Jammers sei; und er soll mir ein rechter Ariel sein.

³Denn ich will dich belagern ringsumher und will dich ängsten mit Bollwerk und will Wälle um dich aufführen lassen.

⁴Alsdann sollst du erniedrigt werden und aus der Erde reden und aus dem Staube mit deiner Rede murmeln, daß deine Stimme sei wie eines Zauberers aus der Erde und deine Rede aus dem Staube wispele.

⁵Aber die Menge deiner Feinde soll werden wie dünner Staub und die Menge der Tyrannen wie wehende Spreu; und das soll plötzlich unversehens geschehen.

⁶Denn vom HERRN Zebaoth wird Heimsuchung geschehen mit Wetter und Erdbeben und großem Donner, mit Windwirbel und Ungewitter und mit Flammen des verzehrenden Feuers.

⁷Und wie ein Nachtgesicht im Traum, so soll sein die Menge aller Heiden, die wider Ariel streiten, samt allem Heer und Bollwerk, und die ihn ängsten.

⁸Denn gleichwie einem Hungrigen träumt, daß er esse, wenn er aber aufwacht, so ist seine Seele noch leer; und wie einem Durstigen träumt, daß er trinke, wenn er aber aufwacht, ist er matt und durstig: also soll sein die Menge aller Heiden, die wider den Berg Zion streiten.

⁹Erstarret und werdet bestürzt, verblendet euch und werdet blind! Werdet trunken, doch nicht vom Wein, taumelt, doch nicht von starkem Getränk!

¹⁰Denn der HERR hat euch einen Geist des harten Schlafs eingeschenkt und eure Augen zugetan; eure Propheten und Fürsten samt den Sehern hat er verhüllt,

¹¹daß euch aller Propheten Gesichte sein werden wie die Worte eines versiegelten Buches, welches man gäbe einem, der lesen kann, und spräche: Lies doch das! und er spräche: Ich kann nicht, denn es ist versiegelt;

¹²oder gleich als wenn man's gäbe dem, der nicht lesen kann, und spräche: Lies doch das! und er spräche: Ich kann nicht lesen.

¹³Und der HERR spricht: Darum daß dies Volk zu mir naht mit seinem Munde und mit seinen Lippen mich ehrt, aber ihr Herz fern von mir ist und sie mich fürchten nach Menschengeboten, die sie lehren:

¹⁴so will ich auch mit diesem Volk wunderlich umgehen, aufs wunderlichste und seltsamste, daß die Weisheit seiner Weisen untergehe und der Verstand seiner Klugen verblendet werde.

¹⁵Weh, die verborgen sein wollen vor dem HERRN, ihr Vornehmen zu verhehlen, und ihr Tun im Finstern halten und sprechen: Wer sieht uns, und wer kennt uns?

¹⁶Wie seid ihr so verkehrt! Gleich als wenn des Töpfers Ton gedächte und ein Werk spräche von seinem Meister: Er hat mich nicht gemacht! und ein Gemächte spräche von seinem Töpfer: Er kennt mich nicht!

¹⁷Wohlan, es ist noch um ein klein wenig zu tun, so soll der Libanon ein Feld werden, und das Feld soll wie ein Wald geachtet werden.

¹⁸Und zu derselben Zeit werden die Tauben hören die Worte des Buches, und die Augen der Blinden werden aus Dunkel und Finsternis sehen,

¹⁹und die Elenden werden wieder Freude haben am HERRN, und die Armen unter den Menschen werden fröhlich sein in dem Heiligen Israels,

²⁰wenn die Tyrannen ein Ende haben und es mit den Spöttern aus sein wird und vertilgt sein werden alle die, so wachen, Mühsal anzurichten,

²¹welche die Leute sündigen machen durchs Predigen und stellen dem nach, der sie straft im Tor, und stürzen durch Lügen den Gerechten.

²²Darum spricht der HERR, der Abraham erlöst hat, zum Hause Jakob also: Jakob soll nicht mehr zu Schanden werden, und sein Antlitz soll sich nicht mehr schämen.

²³Denn wenn sie sehen werden ihre Kinder, die Werke meiner Hände unter ihnen, werden sie meinen Namen heiligen und werden den Heiligen in Jakob heiligen und den Gott Israels fürchten.

²⁴Denn die, so irrigen Geist haben, werden Verstand annehmen, und die Schwätzer werden sich lehren lassen.

Jesaja
Kapitel 30
¹Weh den abtrünnigen Kindern, spricht der HERR, die ohne mich ratschlagen und ohne meinen Geist Schutz suchen, zu Häufen eine Sünde über die andere;

²die hinabziehen nach Ägypten und fragen meinen Mund nicht, daß sie sich stärken mit der Macht Pharaos und sich beschirmen unter dem Schatten Ägyptens!

³Denn es soll euch die Stärke Pharaos zur Schande geraten und der Schutz unter dem Schatten Ägyptens zum Hohn.

⁴Ihre Fürsten sind wohl zu Zoan gewesen und ihre Botschafter gen Hanes gekommen;

⁵aber sie müssen doch alle zu Schanden werden über dem Volk, das ihnen nicht nütze sein kann, weder zur Hilfe noch sonst zu Nutz, sondern nur zu Schande und Spott.

⁶Dies ist die Last über die Tiere, so gegen Mittag ziehen, da Löwen und Löwinnen sind, ja Ottern und feurige fliegende Drachen im Lande der Trübsal und Angst. Sie führen ihr Gut auf der Füllen Rücken und ihre Schätze auf der Kamele Höcker zu dem Volk, das ihnen nicht nütze sein kann.

⁷Denn Ägypten ist nichts, und ihr Helfen ist vergeblich. Darum sage ich von Ägypten also: Die Rahab wird still dazu sitzen.

⁸So gehe nun hin und schreib es ihnen vor auf eine Tafel und zeichne es in ein Buch, daß es bleibe für und für ewiglich.

⁹Denn es ist ein ungehorsames Volk und verlogene Kinder, die nicht hören wollen des HERRN Gesetz,

¹⁰sondern sagen zu den Sehern: Ihr sollt nichts sehen! und zu den Schauern: Ihr sollt uns nicht schauen die rechte Lehre; prediget uns aber sanft, schauet uns Täuscherei;

¹¹weichet vom Wege, gehet aus der Bahn; lasset den Heiligen Israels aufhören bei uns!

¹²Darum spricht der Heilige Israels also: Weil ihr dies Wort verwerft und verlaßt euch auf Frevel und Mutwillen und trotzt darauf,

¹³so soll euch solche Untugend sein wie ein Riß an einer hohen Mauer, wenn es beginnt zu rieseln, die plötzlich unversehens einfällt und zerschmettert,

¹⁴wie wenn ein Topf zerschmettert würde, den man zerstößt und nicht schont, also daß man von seinen Stücken nicht eine Scherbe findet, darin man Feuer hole vom Herd oder Wasser schöpfe aus einem Brunnen.

¹⁵Denn so spricht der HERR HERR, der Heilige in Israel: Wenn ihr umkehrtet und stillebliebet, so würde euch geholfen; durch Stillesein und Hoffen würdet ihr stark sein. Aber ihr wollt nicht

¹⁶und sprecht: "Nein, sondern auf Rossen wollen wir fliehen", darum werdet ihr flüchtig sein, "und auf Rennern wollen wir reiten", darum werden euch eure Verfolger übereilen.

¹⁷Denn euer tausend werden fliehen vor eines einzigen Schelten; ja vor fünfen werdet ihr alle fliehen, bis daß ihr übrigbleibet wie ein Mastbaum oben auf einem Berge und wie ein Panier oben auf einem Hügel.

¹⁸Darum harret der HERR, daß er euch gnädig sei, und hat sich aufgemacht, daß er sich euer erbarme; denn der HERR ist ein Gott des Gerichts. Wohl allen, die sein harren!

¹⁹Denn das Volk Zions wird zu Jerusalem wohnen. Du wirst nicht weinen: er wird dir gnädig sein, wenn du rufst; er wird dir antworten, sobald er's hört.

²⁰Und der HERR wird euch in Trübsal Brot und in Ängsten Wasser geben. Und deine Lehrer werden sich nicht mehr verbergen müssen; sondern deine Augen werden deine Lehrer sehen,

²¹und deine Ohren werden hören hinter dir her das Wort sagen also: dies ist der Weg; den gehet, sonst weder zur Rechten noch zur Linken!

²²Und ihr werdet entweihem eure übersilberten Götzen und die goldenen Kleider eurer Bilder und werdet sie wegwerfen wie einen Unflat und zu ihnen sagen: Hinaus!

²³So wird er deinen Samen, den du auf den Acker gesät hast, Regen geben und Brot von des Ackers Ertrag, und desselben volle Genüge. Und dein Vieh wird zu der Zeit weiden in einer weiten Aue.

²⁴Die Ochsen und Füllen, so den Acker bauen, werden gemengtes Futter essen, welches geworfelt ist mit der Wurfschaufel und Wanne.

²⁵Und es werden auf allen großen Bergen und auf allen großen Hügeln zerteilte Wasserströme gehen zur Zeit der großen Schlacht, wenn die Türme fallen werden.

²⁶Und des Mondes Schein wird sein wie der Sonne Schein, und der Sonne Schein wird siebenmal heller sein denn jetzt, zu der Zeit, wenn der HERR den Schaden seines Volks verbinden und seine Wunden heilen wird.

²⁷Siehe, des HERRN Name kommt von fern! Sein Zorn brennt und ist sehr schwer; seine Lippen sind voll Grimm und seine Zunge wie ein verzehrend Feuer.

²⁸und sein Odem wie eine Wasserflut, die bis an den Hals reicht: zu zerstreuen die Heiden, bis sie zunichte werden, und er wird die Völker mit einem Zaum in ihren Backen hin und her treiben.

²⁹Da werdet ihr singen wie in der Nacht eines heiligen Festes und euch von Herzen freuen, wie wenn man mit Flötenspiel geht zum Berge des HERRN, zum Hort Israels.

³⁰Und der HERR wird seine herrliche Stimme erschallen lassen, daß man sehe seinen ausgereckten Arm mit zornigem Dräuen und mit Flammen des verzehrenden Feuers, mit Wetterstrahlen, mit starkem Regen und mit Hagel.

³¹Denn Assur wird erschrecken vor der Stimme des HERRN, der ihn mit der Rute schlägt.

³²Und es wird die Rute ganz durchdringen und wohl treffen, wenn sie der HERR über ihn führen wird mit Pauken und Harfen, und allenthalben wider sie streiten.

³³Denn die Grube ist von gestern her zugerichtet; ja sie ist auch dem König bereitet, tief und weit genug; der Scheiterhaufen darin hat Feuer und Holz die Menge. Der Odem des HERRN wird ihn anzünden wie ein Schwefelstrom.

Kapitel 31
¹Weh denen, die hinabziehen nach Ägypten um Hilfe und verlassen sich auf Rosse und hoffen auf Wagen, daß ihrer viel sind, und auf Reiter, darum daß sie sehr stark sind, und halten sich nicht zum Heiligen in Israel und fragen nichts nach dem HERRN!

²Er aber ist weise und bringt Unglück herzu und wendet seine Worte nicht, sondern wird sich aufmachen wider das Haus der Bösen und wider die Hilfe der Übeltäter.

³Denn Ägypten ist Mensch und nicht Gott, und ihre Rosse sind Fleisch und nicht Geist. Und der HERR wird seine Hand ausrecken, daß der Helfer strauchle und der, dem geholfen wird, falle und alle miteinander umkommen.

⁴Denn so spricht der HERR zu mir: Gleichwie ein Löwe und ein junger Löwe brüllt über seinen Raub, wenn der Hirten Menge ihn anschreit, so erschrickt er vor ihrem Geschrei nicht und ist ihm auch nicht leid vor ihrer Menge: also wird der HERR Zebaoth herniederfahren, zu streiten auf dem Berge Zion und auf seinem Hügel.

⁵Und der HERR Zebaoth wird Jerusalem beschirmen, wie die Vögel tun mit Flügeln, schützen, erretten, darin umgehen und aushelfen.

⁶Kehret um, ihr Kinder Israel, zu dem, von welchem ihr sehr abgewichen seid!

⁷Denn zu der Zeit wird ein jeglicher seine silbernen und goldenen Götzen verwerfen, welche euch eure Hände gemacht hatten zur Sünde.

⁸Und Assur soll fallen, nicht durch Mannes-Schwert, und soll verzehrt werden, nicht durch Menschen-Schwert, und wird doch vor dem Schwert fliehen, und seine junge Mannschaft wird zinsbar werden.

⁹Und sein Fels wird vor Furcht wegziehen, und seine Fürsten werden vor dem Panier die Flucht geben, spricht der HERR, der zu Zion Feuer und zu Jerusalem einen Herd hat.

Kapitel 32
¹Siehe, es wird ein König regieren, Gerechtigkeit anzurichten, und Fürsten werden herrschen, das Recht zu handhaben,

²daß ein jeglicher unter ihnen sein wird wie eine Zuflucht vor dem Wind und wie ein Schirm vor dem Platzregen, wie die Wasserbäche am dürren Ort, wie der Schatten eines großen Felsen im trockenen Lande.

³Und der Sehenden Augen werden sich nicht blenden lassen, und die Ohren der Zuhörer werden aufmerken,

⁴und die Unvorsichtigen werden Klugheit lernen, und der Stammelnden Zunge wird fertig und reinlich reden.

⁵Es wird nicht mehr ein Narr Fürst heißen noch ein Geiziger Herr genannt werden.

⁶Denn ein Narr redet von Narrheit, und sein Herz geht mit Unglück um, daß er Heuchelei anrichte und predige vom HERRN Irrsal, damit er die hungrigen Seelen aushungere und den Durstigen das Trinken wehre.

⁷Und des Geizigen Regieren ist eitel Schaden; denn er erfindet Tücke, zu verderben die Elenden mit falschen Worten, wenn er des Armen Recht reden soll.

⁸Aber die Fürsten werden fürstliche Gedanken haben und darüber halten.

⁹Stehet auf, ihr stolzen Frauen, höret meine Stimme! ihr Töchter, die ihr so sicher seid, nehmt zu Ohren meine Rede!

¹⁰Es ist um Jahr und Tag zu tun, so werdet ihr Sicheren zittern; denn es wird keine Weinernte, so wird auch kein Lesen werden.

¹¹Erschreckt, ihr stolzen Frauen, zittert, ihr Sicheren! es ist vorhanden Ausziehen, Blößen und Gürten um die Lenden.

¹²Man wird klagen um die Äcker, ja um die lieblichen Äcker, um die fruchtbaren Weinstöcke.

¹³Denn es werden auf dem Acker meines Volkes Dornen und Hecken wachsen, dazu über allen Häusern der Freude in der fröhlichen Stadt.

¹⁴Denn die Paläste werden verlassen sein und die Stadt, die voll Getümmel war, einsam sein, daß die Türme und Festen ewige Höhlen werden und dem Wild zur Freude, den Herden zur Weide,

¹⁵bis so lange, daß über uns ausgegossen wird der Geist aus der Höhe. So wird dann die Wüste zum Acker werden und der Acker wie ein Wald geachtet werden.

¹⁶Und das Recht wird in der Wüste wohnen und Gerechtigkeit auf dem Acker hausen,

¹⁷und der Gerechtigkeit Frucht wird Friede sein, und der Gerechtigkeit Nutzen wird ewige Stille und Sicherheit sein,

¹⁸daß mein Volk in Häusern des Friedens wohnen wird, in sicheren Wohnungen und in stolzer Ruhe.

¹⁹Aber Hagel wird sein den Wald hinab, und die Stadt danieden wird niedrig sein.

²⁰Wohl euch, die ihr säet allenthalben an den Wassern und die Füße der Ochsen und Esel frei gehen lasset!

Kapitel 33

¹Weh aber dir, du Verstörer! Meinst du, du wirst nicht verstört werden? Und du Räuber? meinst du man werde dich nicht berauben? Wenn du das Verstören vollendet hast, so wirst du auch verstört werden; wenn du des Raubens ein Ende gemacht hast, so wird man dich wieder berauben.

²HERR, sei uns gnädig, denn auf dich harren wir; sei ihr Arm alle Morgen, dazu unser Heil zur Zeit der Trübsal!

³Laß fliehen die Völker vor dem großen Getümmel und die Heiden zerstreut werden, wenn du dich erhebst.

⁴Da wird man euch aufraffen wie einen Raub, wie man die Heuschrecken aufrafft und wie die Käfer zerscheucht werden, wenn man sie überfällt.

⁵Der HERR ist erhaben; denn er wohnt in der Höhe. Er hat Zion voll Gericht und Gerechtigkeit gemacht.

⁶Und es wird zu deiner Zeit Glaube sein, Reichtum an Heil, Weisheit und Klugheit; die Furcht des HERRN wird sein Schatz sein.

⁷Siehe, ihre Helden schreien draußen, die Boten des Friedens weinen bitterlich.

⁸Die Steige ist wüst; es geht niemand mehr auf der Straße. Er hält weder Treue noch Glauben; er verwirft die Städte und achtet der Leute nicht.

⁹Das Land liegt kläglich und jämmerlich, der Libanon steht schändlich zerhauen, und Saron ist wie eine Wüste, und Basan und Karmel ist öde.

¹⁰Nun will ich mich aufmachen, spricht der HERR; nun will ich mich emporrichten, nun will ich mich erheben.

¹¹Mit Stroh gehet ihr schwanger, Stoppeln gebäret ihr; Feuer wird euch mit eurem Mut verzehren.

¹²Und die Völker werden zu Kalk verbrannt werden, wie man abgehauene Dornen mit Feuer ansteckt.

¹³So höret nun ihr, die ihr ferne seid, was ich getan habe; und die ihr nahe seid, merket meine Stärke.

¹⁴Die Sünder zu Zion sind erschrocken, Zittern ist die Heuchler angekommen und sie sprechen: Wer ist unter uns, der bei einem verzehrenden Feuer wohnen möge? wer ist unter uns, der bei der ewigen Glut wohne?

¹⁵Wer in Gerechtigkeit wandelt und redet, was recht ist; wer Unrecht haßt samt dem Geiz und seine Hände abzieht, daß er nicht Geschenke nehme; wer seine Ohren zustopft, daß er nicht Blutschulden höre, und seine Augen zuhält, daß er nichts Arges sehe:

¹⁶der wird in der Höhe wohnen, und Felsen werden seine Feste und Schutz sein. Sein Brot wird ihm gegeben, sein Wasser hat er gewiß.

¹⁷Deine Augen werden den König sehen in seiner Schöne; du wirst das Land erweitert sehen,

¹⁸daß sich dein Herz sehr verwundern wird und sagen: Wo sind nun die Schreiber? Wo sind die Vögte? wo sind die, so die Türme zählten?

¹⁹Du wirst das starke Volk nicht mehr sehen, das Volk von tiefer Sprache, die man nicht vernehmen kann, und von undeutlicher Zunge, die man nicht verstehen kann.

²⁰Schaue Zion, die Stadt unsrer Feste! Deine Augen werden Jerusalem sehen, eine sichere Wohnung, eine Hütte, die nicht weggeführt wird; ihre Nägel sollen nimmermehr ausgezogen und ihrer Seile sollen nimmermehr zerrissen werden.

²¹Denn der HERR wird mächtig daselbst bei uns sein, gleich als wären da weite Wassergräben, darüber kein Schiff mit Rudern fahren noch Galeeren schiffen können.

²²Denn der HERR ist unser Richter, der HERR ist unser Meister, der HERR ist unser König; der hilft uns!

²³Laßt sie ihre Stricke spannen, sie werden doch nicht halten; also werden sie auch das Fähnlein nicht auf den Mastbaum ausstecken. Dann wird viel köstlicher Raub ausgeteilt werden, also daß auch die Lahmen rauben werden.

²⁴Und kein Einwohner wird sagen: Ich bin schwach. Denn das Volk, das darin wohnt, wird Vergebung der Sünde haben.

Kapitel 34

¹Kommt herzu, ihr Heiden, und höret, ihr Völker, merkt auf! Die Erde höre zu und was darinnen ist, der Weltkreis samt seinem Gewächs!

²Denn der HERR ist zornig über alle Heiden und grimmig über all ihr Heer. Er wird sie verbannen und zum Schlachten überantworten.

³Und ihre Erschlagenen werden hingeworfen werden, daß der Gestank von ihren Leichnamen aufgehen wird und die Berge von ihrem Blut fließen.

⁴Und wird alles Heer des Himmels verfaulen, und der Himmel wird zusammengerollt werden wie ein Buch, und all sein Heer wird verwelken, wie ein Blatt verwelkt am Weinstock und wie ein dürres Blatt am Feigenbaum.

⁵Denn mein Schwert ist trunken im Himmel; und siehe, es wird herniederfahren auf Edom und über das verbannte Volk zur Strafe.

⁶Des HERRN Schwert ist voll Blut und dick von Fett, vom Blut der Lämmer und Böcke, von der Nieren Fett aus den Widdern; denn der HERR hält ein Schlachten zu Bozra und ein großes Würgen im Lande Edom.

⁷Da werden die Einhörner samt ihnen herunter müssen und die Farren samt den gemästeten Ochsen. Denn ihr Land wird trunken werden von Blut und ihre Erde dick werden von Fett.

⁸Denn das ist der Tag der Rache des HERRN und das Jahr der Vergeltung, zu rächen Zion.

⁹Da werden Edoms Bäche zu Pech werden und seine Erde zu Schwefel; ja sein Land wird zu brennendem Pech werden,

¹⁰das weder Jahr noch Tag verlöschen wird, sondern ewiglich wird Rauch von ihm aufgehen; und es wird für und für wüst sein, daß niemand dadurchgehen wird in Ewigkeit;

¹¹sondern Rohrdommeln und Igel werden's innehaben, Nachteulen und Raben werden daselbst wohnen. Denn er wird eine Meßschnur darüber ziehen, daß es wüst werde, und ein Richtblei, daß es öde sei,

¹²daß seine Herren heißen müssen Herren ohne Land und alle seine Fürsten ein Ende haben;

¹³und werden Dornen wachsen in seinen Palästen, Nesseln und Disteln in seinen Schlössern; und es wird eine Behausung sein der Schakale und Weide für die Strauße.

¹⁴Da werden untereinander laufen Wüstentiere und wilde Hunde, und ein Feldteufel wird dem andern begegnen; der Kobold wird auch daselbst herbergen und seine Ruhe daselbst finden.

¹⁵Die Natter wird auch daselbst nisten und legen, brüten und aushecken unter seinem Schatten; auch werden die Weihen daselbst zusammenkommen.

¹⁶Suchet nun in dem Buch des HERRN und leset! es wird nicht an einem derselben fehlen; man vermißt auch nicht dies noch das. Denn er ist's, der durch meinen Mund gebeut, und sein Geist ist's, der es zusammenbringt.

¹⁷Er wirft das Los für sie, und seine Hand teilt das Maß aus unter sie, daß sie darin erben ewiglich und darin bleiben für und für.

Kapitel 35

¹Aber die Wüste und Einöde wird lustig sein, und das dürre Land wird fröhlich stehen und wird blühen wie die Lilien.

²Sie wird blühen und fröhlich stehen in aller Lust und Freude. Denn die Herrlichkeit des Libanon ist ihr gegeben, der Schmuck Karmels und Sarons. Sie sehen die Herrlichkeit des HERRN, den Schmuck unseres Gottes.

³Stärkt die müden Hände und erquickt die strauchelnden Kniee!

⁴Saget den verzagten Herzen: Seid getrost, fürchtet euch nicht! Sehet, euer Gott, der kommt zur Rache; Gott, der da vergilt, kommt und wird euch helfen.

⁵Alsdann werden der Blinden Augen aufgetan werden, und der Tauben Ohren geöffnet werden;

⁶alsdann werden die Lahmen springen wie ein Hirsch, und der

Stummen Zunge wird Lob sagen. Denn es werden Wasser in der Wüste hin und wieder fließen und Ströme im dürren Lande.

⁷Und wo es zuvor trocken gewesen ist, sollen Teiche stehen; und wo es dürr gewesen ist, sollen Brunnquellen sein. Da zuvor die Schakale gelegen haben, soll Gras und Rohr und Schilf stehen.

⁸Und es wird daselbst eine Bahn sein und ein Weg, welcher der heilige Weg heißen wird, daß kein Unreiner darauf gehen darf; und derselbe wird für sie sein, daß man darauf gehe, daß auch die Toren nicht irren mögen.

⁹Es wird da kein Löwe sein, und wird kein reißendes Tier darauf treten noch daselbst gefunden werden; sondern man wird frei sicher daselbst gehen.

¹⁰Die Erlösten des HERRN werden wiederkommen und gen Zion kommen mit Jauchzen; ewige Freude wird über ihrem Haupte sein; Freude und Wonne werden sie ergreifen, und Schmerz und Seufzen wird entfliehen.

Kapitel 36

¹Und es begab sich im vierzehnten Jahr des Königs Hiskia, zog der König von Assyrien, Sanherib, herauf wider alle festen Städte Juda's und gewann sie.

²Und der König von Assyrien sandte den Erzschenken von Lachis gen Jerusalem zu dem König Hiskia mit großer Macht. Und er trat an die Wasserleitung des oberen Teichs, am Wege bei dem Acker des Walkmüllers.

³Und es ging zu ihm heraus Eljakim, der Sohn Hilkias, der Hofmeister, und Sebna, der Schreiber, und Joah, der Sohn Asaphs, der Kanzler.

⁴Und der Erzschenke sprach zu ihnen: Sagt doch dem Hiskia: So spricht der große König, der König von Assyrien: Was ist das für ein Trotz, darauf du dich verlässest?

⁵Ich achte, du lässest dich bereden, daß du noch Rat und Macht weißt, zu streiten. Auf wen verläßt du dich denn, daß du mir bist abfällig geworden?

⁶Verläßt du dich auf den zerbrochenen Rohrstab Ägypten, welcher, so jemand sich darauf lehnt, geht er ihm in die Hand und durchbohrt sie? Also tut Pharao, der König von Ägypten, allen, die sich auf ihn verlassen.

⁷Willst du mir aber sagen: Wir verlassen uns auf den HERRN, unsern Gott! ist's nicht der, dessen Höhen und Altäre Hiskia hat abgetan und hat zu Juda und Jerusalem gesagt: Vor diesem Altar sollt ihr anbeten?

⁸Wohlan, so nimm's an mit meinem Herrn, dem König von Assyrien: ich will dir zweitausend Rosse geben; laß sehen, ob du bei dir könntest ausrichten, die darauf reiten.

⁹Wie willst du denn bleiben vor einem Hauptmann, der geringsten Diener einem meines Herrn? Und du verlässest dich auf Ägypten um der Wagen und Reiter willen.

¹⁰Dazu, meinst du, daß ich ohne den HERRN bin heraufgezogen in dies Land, es zu verderben? Ja, der HERR sprach zu mir: Zieh hinauf in dies Land und verderbe es!

¹¹Aber Eljakim und Sebna und Joah sprachen zum Erzschenken: Rede doch mit deinen Knechten auf syrisch, denn wir verstehen es wohl, und rede nicht auf jüdisch mit uns vor den Ohren des Volks, das auf der Mauer ist.

¹²Da sprach der Erzschenke: Meinst du, daß mein Herr mich zu deinem Herrn oder zu dir gesandt habe, solche Worte zu reden, und nicht vielmehr zu den Männern, die auf der Mauer sitzen, daß sie samt euch ihren eigenen Mist fressen und ihren Harn saufen?

¹³Und der Erzschenke stand und rief laut auf jüdisch und sprach: Höret die Worte des großen Königs, des Königs von Assyrien!

¹⁴So spricht der König: Laßt euch Hiskia nicht betrügen; denn er kann euch nicht erretten.

¹⁵Und laß euch Hiskia nicht vertrösten auf den HERRN, daß er sagt: Der HERR wird uns erretten, und diese Stadt wird nicht in die Hand des Königs von Assyrien gegeben werden.

¹⁶Gehorchet Hiskia nicht! Denn so spricht der König von Assyrien: Tut mir zu Dank und geht zu mir heraus, so sollt ihr ein jeglicher von seinem Feigenbaum essen und aus seinem Brunnen trinken,

¹⁷bis daß ich komme und hole euch in ein Land, wie euer Land ist, ein Land, darin Korn und Most ist, ein Land, darin Brot und Weinberge sind.

¹⁸Laßt euch Hiskia nicht bereden, daß er sagt: Der HERR wird uns erlösen. Haben auch der Heiden Götter ein jeglicher sein Land errettet von der Hand des Königs von Assyrien?

¹⁹Wo sind die Götter zu Hamath und Arpad? Wo sind die Götter Sepharvaims? Haben sie auch Samaria errettet von meiner Hand?

²⁰Welcher unter allen Göttern dieser Lande hat sein Land errettet von meiner Hand, daß der HERR sollte Jerusalem erretten von meiner Hand?

²¹Sie schwiegen aber still und antworteten ihm nichts; denn der König hatte geboten und gesagt: Antwortet ihm nichts.

²²Da kamen Eljakim, der Sohn Hilkias, der Hofmeister, und Sebna, der Schreiber, und Joah, der Sohn Asaphs, der Kanzler, mit zerrissenen Kleidern zu Hiskia und zeigten ihm an die Worte des Erzschenken.

Kapitel 37

¹Da aber der König Hiskia das hörte, zerriß er seine Kleider und hüllte einen Sack um sich und ging in das Haus des HERRN

²und sandte Eljakim, den Hofmeister, und Sebna, den Schreiber, samt den Ältesten der Priester, mit Säcken umhüllt, zu dem Propheten Jesaja, dem Sohn des Amoz,

³daß sie zu ihm sprächen: So spricht Hiskia: Das ist ein Tag der Trübsal, des Scheltens und Lästerns, und es geht, gleich als wenn die Kinder bis an die Geburt gekommen sind und ist keine Kraft da, zu gebären.

⁴Daß doch der HERR, dein Gott, hören wollte die Worte des Erzschenken, welchen sein Herr, der König von Assyrien, gesandt hat, zu lästern den lebendigen Gott und zu schelten mit solchen Worten, wie der HERR, dein Gott, gehört hat! Und du wollest ein Gebet erheben für die übrigen, die noch vorhanden sind.

⁵Und die Knechte des Königs Hiskia kamen zu Jesaja.

⁶Jesaja aber sprach: So saget eurem Herrn: Der HERR spricht also: Fürchte dich nicht vor den Worten, die du gehört hast, mit welchen mich die Knechte des Königs von Assyrien geschmäht haben.

⁷Siehe, ich will ihm einen anderen Mut machen, und er soll etwas hören, daß er wieder heimziehe in sein Land; und will ihn durchs Schwert fällen in seinem Lande.

⁸Da aber der Erzschenke wiederkam, fand er den König von Assyrien streiten wider Libna; denn er hatte gehört, daß er gen Lachis gezogen war.

⁹Und es kam ein Gerücht von Thirhaka, der Mohren König, sagend: Er ist ausgezogen, wider dich zu streiten.

¹⁰Da er nun solches hörte, sandte er Boten zu Hiskia und ließ ihm sagen: Sagt Hiskia, dem König Juda's, also: Laß dich deinen Gott nicht betrügen, auf den du dich verläßt und sprichst: Jerusalem wird nicht in die Hand des Königs von Assyrien gegeben werden.

¹¹Siehe, du hast gehört, was die Könige von Assyrien getan haben allen Landen und sie verbannt; und du solltest errettet werden?

¹²Haben auch die Götter der Heiden die Lande errettet, welche meine Väter verderbt haben, als Gosan, Haran, Rezeph und die Kinder Edens zu Thelassar?

¹³Wo ist der König zu Hamath und der König zu Arpad und der König der Stadt Sepharvaim, Hena und Iwa?

¹⁴Und da Hiskia den Brief von den Boten empfangen und gelesen hatte, ging er hinauf in das Haus des HERRN und breitete ihn aus vor dem HERRN.

¹⁵Und Hiskia betete zum HERR und sprach:

¹⁶HERR Zebaoth, du Gott Israels, der du allein über dem Cherubim sitzest, du bist allein Gott über alle Königreiche auf Erden, du hast Himmel und Erde gemacht.

¹⁷HERR neige deine Ohren und höre doch; HERR, tue deine Augen auf und siehe doch; höre doch alle die Worte Sanheribs, die er gesandt hat, zu schmähen den lebendigen Gott.

¹⁸Wahr ist es, HERR, die Könige von Assyrien haben wüst gemacht alle Königreiche samt ihren Landen

¹⁹und haben ihre Götter ins Feuer geworfen; denn sie waren nicht Götter, sondern Werk von Menschenhänden, Holz und Stein. Die sind vertilgt.

²⁰Nun aber, HERR, unser Gott, hilf uns von seiner Hand, auf daß alle Königreiche auf Erden erfahren, daß du der HERR seist allein.

²¹Das sandte Jesaja, der Sohn des Amoz, zu Hiskia und ließ ihm sagen: So spricht der HERR, der Gott Israels: Was du mich gebeten hast des Königs Sanherib halben von Assyrien,

²²so ist es das, was der HERR von ihm redet: Die Jungfrau Tochter Zion verachtet dich und spottet dein, und die Tochter Jerusalem schüttelt das Haupt dir nach.

²³Wen hast du geschmäht und gelästert? Über wen hast du die Stimme erhoben? Du hebst deine Augen empor wider den Heiligen in Israel.

²⁴Durch deine Knechte hast du den HERRN geschändet und sprichst: "Ich bin durch die Menge meiner Wagen heraufgezogen auf

die Höhe der Berge, den innersten Libanon, und habe seine hohen Zedern abgehauen samt seinen auserwählten Tannen und bin bis zu seiner äußersten Höhe gekommen, an den Wald seines Baumgartens.

²⁵Ich habe gegraben und getrunken die Wasser und werde mit meinen Fußsohlen austrocknen alle Flüsse Ägyptens."

²⁶Hast du aber nicht gehört, daß ich solches lange zuvor getan habe und von Anfang habe ich's bereitet? Jetzt aber habe ich's kommen lassen, daß feste Städte zerstört werden zu Steinhaufen

²⁷und ihre Einwohner schwach und zaghaft werden und mit Schanden bestehen und werden wie das Feldgras und wie das grüne Kraut, wie Gras auf den Dächern, welches verdorrt, ehe es denn reif wird.

²⁸Ich kenne aber deine Wohnung, deinen Auszug und Einzug und dein Toben wider mich.

²⁹Weil du denn wider mich tobst und dein Stolz herauf vor meine Ohren gekommen ist, will ich dir einen Ring an die Nase legen und ein Gebiß in dein Maul und will dich des Weges wieder heimführen, den du gekommen bist.

³⁰Das sei dir aber ein Zeichen: Iß dies Jahr, was von selber wächst; das andere Jahr, was noch aus den Wurzeln wächst; im dritten Jahr säet und erntet, pflanzt Weinberge und esset ihre Früchte.

³¹Denn die Erretteten vom Hause Juda und die übrigbleiben, werden noch wiederum unter sich wurzeln und über sich Frucht tragen.

³²Denn von Jerusalem werden noch ausgehen, die übriggeblieben sind, und die Erretteten von Berge Zion. Solches wird tun der Eifer des HERRN Zebaoth.

³³Darum spricht der HERR also vom König von Assyrien: Er soll nicht kommen in diese Stadt und soll auch keinen Pfeil dahin schießen und mit keinem Schilde davor kommen und soll keinen Wall um sie schütten;

³⁴sondern des Weges, den er gekommen ist, soll er wieder heimkehren, daß er in diese Stadt nicht komme, spricht der HERR.

³⁵Denn ich will diese Stadt schützen, daß ich ihr aushelfe um meinetwillen und um meines Dieners David willen.

³⁶Da fuhr aus der Engel des HERRN und schlug im assyrischen Lager hundertfünfundachtzigtausend Mann. Und da sie sich des Morgens früh aufmachten, siehe, da lag's alles eitel tote Leichname.

³⁷Und der König von Assyrien, Sanherib, brach auf zog weg und kehrte wieder heim und blieb zu Ninive.

³⁸Und es begab sich auch, da er anbetete im Hause Nisrochs, seines Gottes, erschlugen ihn seine Söhne Adrammelech und Sarezer mit dem Schwert, und sie flohen ins Land Ararat. Und sein Sohn Asar-Haddon ward König an seiner Statt.

Kapitel 38

¹Zu der Zeit ward Hiskia todkrank. Und der Prophet Jesaja, der Sohn des Amoz, kam zu ihm und sprach zu ihm: So spricht der HERR: Bestelle dein Haus; denn du wirst sterben und nicht lebendig bleiben!

²Da wandte Hiskia sein Angesicht zur Wand und betete zum HERRN

³und sprach: Gedenke doch, HERR, wie ich vor dir gewandelt habe in der Wahrheit, mit vollkommenem Herzen, und habe getan, was dir gefallen hat. Und Hiskia weinte sehr.

⁴Da geschah das Wort des HERRN zu Jesaja und sprach:

⁵Gehe hin und sage Hiskia: So spricht der HERR, der Gott deines Vaters David: Ich habe dein Gebet gehört und deine Tränen gesehen. Siehe, ich will deinen Tagen noch fünfzehn Jahre zulegen

⁶und will dich samt dieser Stadt erretten von der Hand des Königs von Assyrien; denn ich will diese Stadt wohl verteidigen.

⁷Und habe dir das zum Zeichen von dem HERRN, daß der HERR solches tun wird, was er geredet hat:

⁸Siehe ich will den Schatten am Sonnenzeiger des Ahas zehn Stufen zurückziehen, über welche er gelaufen ist. Und die Sonne lief zehn Stufen zurück am Zeiger, über welche sie gelaufen war.

⁹Dies ist die Schrift Hiskias, des Königs in Juda, da er krank gewesen und von der Krankheit geheilt worden war.

¹⁰Ich sprach: Nun muß ich zu der Höllen Pforten fahren in der Mitte meines Lebens, da ich gedachte, noch länger zu leben.

¹¹Ich sprach: Nun werde ich nicht mehr sehen den HERRN, ja, den HERRN im Lande der Lebendigen; nun werde ich nicht mehr schauen die Menschen bei denen, die ihre Zeit leben.

¹²Meine Zeit ist dahin und von mir weggetan wie eines Hirten Hütte. Ich reiße mein Leben ab wie ein Weber; er bricht mich ab wie einen dünnen Faden; du machst's mit mir ein Ende den Tag vor Abend.

¹³Ich dachte: Möchte ich bis morgen Leben! Aber er zerbrach mir alle meine Gebeine wie ein Löwe; denn du machst es mit mir aus den Tag vor Abend.

¹⁴Ich winselte wie ein Kranich und wie eine Schwalbe und girrte wie eine Taube; meine Augen wollten mir brechen: HERR, ich leide Not; lindere mir's!

¹⁵Was soll ich reden? Er hat mir's zugesagt und hat's auch getan! Ich werde in Demut wandeln all meine Lebtage nach solcher Betrübnis meiner Seele.

¹⁶HERR, davon lebt man, und das Leben meines Geistes steht ganz darin; denn du ließest mich wieder stark werden und machtest mich leben.

¹⁷Siehe, um Trost war mir sehr bange. Du aber hast dich meiner Seele herzlich angenommen, daß sie nicht verdürbe; denn du wirfst alle meine Sünden hinter dich zurück.

¹⁸Denn die Hölle lobt dich nicht; so rühmt dich der Tod nicht, und die in die Grube fahren, warten nicht auf deine Wahrheit;

¹⁹sondern allein, die da leben, loben dich, wie ich jetzt tue. Der Vater wird den Kindern deine Wahrheit kundtun.

²⁰HERR, hilf mir, so wollen wir meine Lieder singen, solange wir leben, im Hause des HERRN!

²¹Und Jesaja hieß, man sollte ein Pflaster von Feigen nehmen und auf seine Drüse legen, daß er gesund würde.

²²Hiskia aber sprach: Welch ein Zeichen ist das, daß ich hinauf zum Hause des HERRN soll gehen!

Kapitel 39

¹Zu der Zeit sandte Merodach-Baladan, der Sohn Baladans, König zu Babel, Briefe und Geschenke an Hiskia; denn er hatte gehört, daß er krank gewesen und wieder stark geworden wäre.

²Des freute sich Hiskia und zeigte ihnen das Schatzhaus, Silber und Gold und Spezerei, köstliche Salben und alle seine Zeughäuser und alle Schätze, die er hatte. Nichts war, das ihnen Hiskia nicht zeigte in seinem Hause und in seiner Herrschaft.

³Da kam der Prophet Jesaja zum König Hiskia und sprach zu ihm: Was sagen diese Männer, und woher kommen sie zu dir? Hiskia sprach: Sie kommen von fern zu mir, nämlich von Babel.

⁴Er aber sprach: Was haben sie in deinem Hause gesehen? Hiskia sprach: Alles, was in meinem Hause ist, haben sie gesehen und ist nichts, das ich ihnen nicht hätte gezeigt in meinen Schätzen.

⁵Und Jesaja sprach zu Hiskia: Höre das Wort des HERRN Zebaoth:

⁶Siehe es kommt die Zeit, daß alles, was in deinem Hause ist und was deine Väter gesammelt haben bis auf diesen Tag, wird gen Babel gebracht werden, daß nichts bleiben wird, spricht der HERR.

⁷Dazu werden sie von deinen Kindern, die von dir kommen werden und du zeugen wirst, nehmen, daß sie müssen Kämmerer sein am Hofe des Königs zu Babel.

⁸Und Hiskia sprach zu Jesaja: Das Wort des HERRN ist gut, das du sagst, und sprach: Es sei nur Friede und Treue, solange ich lebe.

Kapitel 40

¹Tröstet, tröstet mein Volk! spricht euer Gott;

²redet mit Jerusalem freundlich und predigt ihr, daß ihre Dienstbarkeit ein Ende hat, denn ihre Missetat ist vergeben; denn sie hat Zwiefältiges empfangen von der Hand des HERRN für alle ihre Sünden.

³Es ist eine Stimme eines Predigers in der Wüste: Bereitet dem HERRN den Weg, macht auf dem Gefilde eine ebene Bahn unserm Gott!

⁴Alle Täler sollen erhöht werden und alle Berge und Hügel sollen erniedrigt werden, und was ungleich ist, soll eben, und was höckericht ist, soll schlicht werden;

⁵denn die Herrlichkeit des HERRN soll offenbart werden, und alles Fleisch miteinander wird es sehen; denn des HERRN Mund hat es geredet.

⁶Es spricht eine Stimme: Predige! Und er sprach: Was soll ich predigen? Alles Fleisch ist Gras, und alle seine Güte ist wie eine Blume auf dem Felde.

⁷Das Gras verdorrt, die Blume verwelkt; denn des HERRN Geist bläst darein. Ja, das Volk ist das Gras.

⁸Das Gras verdorrt, die Blume verwelkt; aber das Wort unsres Gottes bleibt ewiglich.

⁹Zion, du Predigerin, steig auf deinen hohen Berg; Jerusalem, du Predigerin, hebe deine Stimme auf mit Macht, hebe auf und fürchte dich nicht; sage den Städten Juda's: Siehe, da ist euer Gott!

¹⁰Denn siehe, der HERR HERR kommt gewaltig, und sein Arm wird herrschen. Siehe, sein Lohn ist bei ihm und seine Vergeltung ist vor ihm.

¹¹Er wird seine Herde weiden wie ein Hirte; er wird die Lämmer in seine Arme sammeln und in seinem Busen tragen und die

Schafmütter führen.

¹²Wer mißt die Wasser mit der hohlen Hand und faßt den Himmel mit der Spanne und begreift den Staub der Erde mit einem Dreiling und wägt die Berge mit einem Gewicht und die Hügel mit einer Waage?

¹³Wer unterrichtet den Geist des HERRN, und welcher Ratgeber unterweist ihn?

¹⁴Wen fragt er um Rat, der ihm Verstand gebe und lehre ihn den Weg des Rechts und lehre ihn die Erkenntnis und unterweise ihn den Weg des Verstandes?

¹⁵Siehe, die Heiden sind geachtet wie ein Tropfen, so im Eimer bleibt, und wie ein Scherflein, so in der Waage bleibt. Siehe, die Inseln sind wie ein Stäublein.

¹⁶Der Libanon wäre zu gering zum Feuer und seine Tiere zu gering zum Brandopfer.

¹⁷Alle Heiden sind vor ihm nichts und wie ein Nichtiges und Eitles geachtet.

¹⁸Wem wollt ihr denn Gott nachbilden? Oder was für ein Gleichnis wollt ihr ihm zurichten?

¹⁹Der Meister gießt wohl ein Bild, und der Goldschmied übergoldet's und macht silberne Ketten daran.

²⁰Desgleichen wer nur eine arme Gabe vermag, der wählt ein Holz, das nicht fault, und sucht einen klugen Meister dazu, der ein Bild fertige, das beständig sei.

²¹Wisset ihr nicht? Hört ihr nicht? Ist's euch nicht vormals verkündigt? Habt ihr's nicht verstanden von Anbeginn der Erde?

²²Er sitzt auf dem Kreis der Erde, und die darauf wohnen, sind wie Heuschrecken; der den Himmel ausdehnt wie ein dünnes Fell und breitet ihn aus wie eine Hütte, darin man wohnt;

²³Der die Fürsten zunichte macht und die Richter auf Erden eitel macht,

²⁴als wären sie nicht gepflanzt noch gesät und als hätte ihr Stamm keine Wurzel in der Erde, daß sie, wo ein Wind unter sie weht, verdorren und sie ein Windwirbel wie Stoppeln wegführt.

²⁵Wem wollt ihr denn mich nachbilden, dem ich gleich sei? spricht der Heilige.

²⁶Hebet eure Augen in die Höhe und sehet! Wer hat solche Dinge geschaffen und führt ihr Heer bei der Zahl heraus? Er ruft sie alle mit Namen; sein Vermögen und seine Kraft ist so groß, daß es nicht an einem fehlen kann.

²⁷Warum sprichst du denn, Jakob, und du, Israel, sagst: Mein Weg ist dem HERRN verborgen, und mein Recht geht vor meinem Gott vorüber?

²⁸Weißt du nicht? hast du nicht gehört? Der HERR, der ewige Gott, der die Enden der Erde geschaffen hat, wird nicht müde noch matt; sein Verstand ist unausforschlich.

²⁹Er gibt den Müden Kraft, und Stärke genug dem Unvermögenden.

³⁰Die Knaben werden müde und matt, und die Jünglinge fallen;

³¹aber die auf den HERRN harren, kriegen neue Kraft, daß sie auffahren mit Flügeln wie Adler, daß sie laufen und nicht matt werden, daß sie wandeln und nicht müde werden.

Kapitel 41

¹Laß die Inseln vor mir schweigen und die Völker sich stärken! Laß sie herzutreten und nun reden; laßt uns miteinander rechten!

²Wer hat den Gerechten vom Aufgange erweckt? Wer rief ihn, daß er ging? Wer gab die Heiden und Könige vor ihm dahin, daß er ihrer mächtig ward, und gab sie seinem Schwert wie Staub und seinem Bogen wie zerstreute Stoppeln,

³daß er ihnen nachjagte und zog durch mit Frieden und ward des Wegs noch nie müde?

⁴Wer tut's und macht es und ruft alle Menschen nacheinander von Anfang her? Ich bin's, der HERR, der Erste und der Letzte.

⁵Da das die Inseln sahen, fürchteten sie sich, und die Enden der Erde erschraken; sie nahten und kamen herzu.

⁶Einer half dem andern und sprach zu seinem Nächsten: Sei getrost!

⁷Der Zimmermann nahm den Goldschmied zu sich und machten mit dem Hammer das Blech glatt auf dem Amboß und sprachen: Das wird fein stehen! und hefteten's mit Nägeln, daß es nicht sollte wackeln.

⁸Du aber, Israel, mein Knecht, Jakob, den ich erwählt habe, du Samen Abrahams, meines Geliebten,

⁹der ich dich gestärkt habe von der Welt Enden her und habe dich berufen von ihren Grenzen und sprach zu dir: Du sollst mein Knecht sein; denn ich erwähle dich, und verwerfe dich nicht,

¹⁰fürchte dich nicht, ich bin mit dir; weiche nicht, denn ich bin dein Gott; ich stärke dich, ich helfe dir auch, ich erhalte dich durch die rechte Hand meiner Gerechtigkeit.

¹¹Siehe, sie sollen zu Spott und zu Schanden werden alle, die dir gram sind; sie sollen werden wie nichts; und die Leute, die mit dir hadern, sollen umkommen,

¹²daß du nach ihnen fragen möchtest, und wirst sie nicht finden. Die Leute, die mit dir zanken, sollen werden wie nichts; und die Leute, die wider dich streiten, sollen ein Ende haben.

¹³Denn ich bin der HERR, dein Gott, der deine rechte Hand stärkt und zu dir spricht: Fürchte dich nicht, ich helfe dir!

¹⁴So fürchte dich nicht, du Würmlein Jakob, ihr armer Haufe Israel. Ich helfe dir, spricht der HERR, und dein Erlöser ist der Heilige in Israel.

¹⁵Siehe, ich habe dich zum scharfen, neuen Dreschwagen gemacht, der Zacken hat, daß du sollst Berge zerdreschen und zermalmen und die Hügel zu Spreu machen.

¹⁶Du sollst sie zerstreuen, daß sie der Wind wegführe und der Wirbel verwehe. Du aber wirst fröhlich sein über den HERRN und wirst dich rühmen des Heiligen in Israel.

¹⁷Die Elenden und Armen suchen Wasser, und ist nichts da; ihre Zunge verdorrt vor Durst. Aber ich, der HERR, will sie erhören; ich, der Gott Israels, will sie nicht verlassen.

¹⁸Sondern ich will Wasserflüsse auf den Höhen öffnen und Brunnen mitten auf den Feldern und will die Wüste zu Wasserseen machen und das dürre Land zu Wasserquellen;

¹⁹ich will in der Wüste geben Zedern, Akazien, Myrten und Kiefern; ich will dem Gefilde geben Tannen, Buchen und Buchsbaum miteinander,

²⁰auf daß man sehe und erkenne und merke und verstehe zumal, daß des HERRN Hand habe solches getan und der Heilige in Israel habe solches geschaffen.

²¹So lasset eure Sache herkommen, spricht der HERR; bringet her, worauf ihr stehet, spricht der König in Jakob.

²²Lasset sie herzutreten und uns verkündigen, was künftig ist. Saget an, was zuvor geweissagt ist, so wollen wir mit unserm Herzen darauf achten und merken, wie es gekommen ist; oder lasset uns doch hören, was zukünftig ist!

²³Verkündiget uns, was hernach kommen wird, so wollen wir merken, daß ihr Götter seid. Wohlan, tut Gutes oder Schaden, so wollen wir davon reden und miteinander schauen.

²⁴Siehe, ihr seid aus nichts, und euer Tun ist auch aus nichts; und euch wählen ist ein Greuel.

²⁵Ich aber erwecke einen von Mitternacht, und er kommt vom Aufgang der Sonne. Er wird meinen Namen anrufen und wird über die Gewaltigen gehen wie über Lehm und wird den Ton treten wie ein Töpfer.

²⁶Wer kann etwas verkündigen von Anfang? so wollen wir's vernehmen, oder weissagen zuvor? so wollen wir sagen: Du redest recht! Aber da ist kein Verkündiger, keiner, der etwas hören ließe, keiner, der von euch ein Wort hören möge.

²⁷Ich bin der erste, der zu Zion sagt: Siehe, da ist's! und Jerusalem gebe ich Prediger.

²⁸Dort aber schaue ich, aber da ist niemand; und sehe unter sie, aber da ist kein Ratgeber; ich fragte sie, aber da antworteten sie nichts.

²⁹Siehe, es ist alles eitel Mühe und nichts mit ihrem Tun; ihre Götzen sind Wind und eitel.

Kapitel 42

¹Siehe, das ist mein Knecht, ich erhalte ihn, und mein Auserwählter, an welchem meine Seele Wohlgefallen hat. Ich habe ihm meinen Geist gegeben; er wird das Recht unter die Heiden bringen.

²Er wird nicht schreien noch rufen, und seine Stimme wird man nicht hören auf den Gassen.

³Das zerstoßene Rohr wird er nicht zerbrechen, und den glimmenden Docht wird er nicht auslöschen. Er wird das Recht wahrhaftig halten lehren.

⁴Er wird nicht matt werden noch verzagen, bis daß er auf Erden das Recht anrichte; und die Inseln werden auf sein Gesetz warten.

⁵So spricht Gott, der HERR, der die Himmel schafft und ausbreitet, der die Erde macht und ihr Gewächs, der dem Volk, so darauf ist, den Odem gibt, und den Geist denen, die darauf gehen:

⁶Ich der HERR habe dich gerufen in Gerechtigkeit und habe dich bei deiner Hand gefaßt und habe dich behütet und habe dich zum Bund unter das Volk gegeben, zum Licht der Heiden,

⁷daß du sollst öffnen die Augen der Blinden und die Gefangenen aus dem Gefängnis führen, und die da sitzen in der Finsternis, aus dem Kerker.

⁸Ich, der HERR, das ist mein Name; und will meine Ehre keinem

andern geben noch meinen Ruhm den Götzen.

⁹Siehe, was ich zuvor habe verkündigt, ist gekommen; so verkündige ich auch Neues; ehe denn es aufgeht, lasse ich's euch hören.

¹⁰Singet dem HERRN ein neues Lied, seinen Ruhm an der Welt Ende, die auf dem Meer fahren und was darinnen ist, die Inseln und die darin wohnen!

¹¹Rufet laut, ihr Wüsten und die Städte darin samt den Dörfern, da Kedar wohnt; es sollen jauchzen, die in den Felsen wohnen, und rufen von den Höhen der Berge!

¹²Lasset sie dem HERRN die Ehre geben und seinen Ruhm in den Inseln verkündigen.

¹³Der HERR wird ausziehen wie ein Riese; er wird den Eifer aufwecken wie ein Kriegsmann; er wird jauchzen und tönen; er wird seinen Feinden obliegen.

¹⁴Ich schweige wohl eine Zeitlang und bin still und halte an mich; nun aber will wie eine Gebärerin schreien; ich will sie verwüsten und alle verschlingen.

¹⁵Ich will Berge und Hügel verwüsten und all ihr Gras verdorren und will die Wasserströme zu Inseln machen und die Seen austrocknen.

¹⁶Aber die Blinden will ich auf dem Wege leiten, den sie nicht wissen; ich will sie führen auf den Steigen, die sie nicht kennen; ich will die Finsternis vor ihnen her zum Licht machen und das Höckerichte zur Ebene. Solches will ich ihnen alles tun und sie nicht verlassen.

¹⁷Aber die sich auf Götzen verlassen und sprechen zum gegossenen Bilde: Ihr seid unsre Götter! die sollen zurückkehren und zu Schanden werden.

¹⁸Höret, ihr Tauben, und schauet her, ihr Blinden, daß ihr sehet!

¹⁹Wer ist so blind wie mein Knecht, und wer ist so taub wie mein Bote, den ich sende? Wer ist so blind wie der Vollkommene und so blind wie der Knecht des HERRN?

²⁰Man predigt wohl viel, aber sie halten's nicht; man sagt ihnen genug, aber sie wollen's nicht hören.

²¹Der HERR wollte ihnen wohl um seiner Gerechtigkeit willen, daß er das Gesetz herrlich und groß mache.

²²Aber es ist ein beraubtes und geplündertes Volk; sie sind allzumal verstrickt in Höhlen und versteckt in Kerkern; sie sind zum Raube geworden, und ist kein Erretter da; geplündert, und ist niemand, der da sage: Gib wieder her!

²³Wer ist unter euch, der solches zu Ohren nehme, der aufmerke und höre, was hernach kommt?

²⁴Wer hat Jakob übergeben zu plündern und Israel den Räubern? Hat's nicht der HERR getan, an dem wir gesündigt haben, und sie wollten auf seinen Wegen nicht wandeln und gehorchten seinem Gesetz nicht?

²⁵Darum hat er über sie ausgeschüttet den Grimm seines Zorns und eine Kriegsmacht; und hat sie umher angezündet, aber sie merken's nicht; und hat sie angebrannt, aber sie nehmen's nicht zu Herzen.

Kapitel 43

¹Und nun spricht der HERR, der dich geschaffen hat, Jakob, und dich gemacht hat, Israel: Fürchte dich nicht, denn ich habe dich erlöst; ich habe dich bei deinem Namen gerufen; du bist mein!

²Denn so du durch Wasser gehst, will ich bei dir sein, daß dich die Ströme nicht sollen ersäufen; und so du ins Feuer gehst, sollst du nicht brennen, und die Flamme soll dich nicht versengen.

³Denn ich bin der HERR, dein Gott, der Heilige in Israel, dein Heiland. Ich habe Ägypten für dich als Lösegeld gegeben, Mohren und Seba an deine Statt.

⁴Weil du so wert bist vor meinen Augen geachtet, mußt du auch herrlich sein, und ich habe dich lieb; darum gebe ich Menschen an deine Statt und Völker für deine Seele.

⁵So fürchte dich nun nicht; denn ich bin bei dir. Ich will vom Morgen deinen Samen bringen und will dich vom Abend sammeln

⁶und will sagen gegen Mitternacht: Gib her! und gegen Mittag: Wehre nicht! Bringe meine Söhne von ferneher und meine Töchter von der Welt Ende,

⁷alle, die mit meinem Namen genannt sind, die ich geschaffen habe zu meiner Herrlichkeit und zubereitet und gemacht.

⁸Laß hervortreten das blinde Volk, welches doch Augen hat, und die Tauben, die doch Ohren haben.

⁹Laßt alle Heiden zusammenkommen zuhauf und sich die Völker versammeln. Wer ist unter ihnen, der solches verkündigen möge und uns hören lasse, was zuvor geweissagt sei? Laßt sie ihre Zeugen darstellen und beweisen, so wird man's hören und sagen: Es ist die Wahrheit.

¹⁰Ihr aber seid meine Zeugen, spricht der HERR, und mein Knecht, den ich erwählt habe, auf daß ihr wisset und mir glaubt und versteht, das ich's bin. Vor mir ist kein Gott gemacht, so wird auch nach mir keiner sein.

¹¹Ich, ich bin der HERR, und ist außer mir kein Heiland.

¹²Ich habe es verkündigt und habe auch geholfen und habe es euch sagen lassen, und war kein fremder Gott unter euch. Ihr seid meine Zeugen, spricht der HERR; so bin ich euer Gott.

¹³Auch bin ich, ehe denn ein Tag war, und ist niemand, der aus meiner Hand erretten kann. Ich wirke; wer will's abwenden?

¹⁴So spricht der HERR, euer Erlöser, der Heilige in Israel: Um euretwillen habe ich gen Babel geschickt und habe alle Flüchtigen hinuntergetrieben und die klagenden Chaldäer in ihre Schiffe gejagt.

¹⁵Ich bin der HERR, euer Heiliger, der ich Israel geschaffen habe, euer König.

¹⁶So spricht der HERR, der im Meer Weg und in starken Wassern Bahn macht,

¹⁷der ausziehen läßt Wagen und Roß, Heer und Macht, daß sie auf einem Haufen daliegen und nicht aufstehen, daß sie verlöschen, wie ein Docht verlischt:

¹⁸Gedenkt nicht an das Alte und achtet nicht auf das Vorige!

¹⁹Denn siehe, ich will ein Neues machen; jetzt soll es aufwachsen, und ihr werdet's erfahren, daß ich Weg in der Wüste mache und Wasserströme in der Einöde,

²⁰daß mich das Tier auf dem Felde preise, die Schakale und Strauße. Denn ich will Wasser in der Wüste und Ströme in der Einöde geben, zu tränken mein Volk, meine Auserwählten.

²¹Dies Volk habe ich mir zugerichtet; es soll meinen Ruhm erzählen.

²²Nicht, daß du mich hättest gerufen, Jakob, oder daß du um mich gearbeitet hättest, Israel.

²³Mir hast du nicht gebracht Schafe deines Brandopfers noch mich geehrt mit deinen Opfern; mich hat deines Dienstes nicht gelüstet im Speisopfer, habe auch nicht Lust an deiner Arbeit im Weihrauch;

²⁴mir hast du nicht um Geld Kalmus gekauft; mich hast du mit dem Fett deiner Opfer nicht gesättigt. Ja, mir hast du Arbeit gemacht mit deinen Sünden und hast mir Mühe gemacht mit deinen Missetaten.

²⁵Ich, ich tilge deine Übertretungen um meinetwillen und gedenke deiner Sünden nicht.

²⁶Erinnere mich; laß uns miteinander rechten; sage an, wie du gerecht willst sein.

²⁷Deine Voreltern haben gesündigt, und deine Lehrer haben wider mich mißgehandelt.

²⁸Darum habe ich die Fürsten des Heiligtums entheiligt und habe Jakob zum Bann gemacht und Israel zum Hohn.

Kapitel 44

¹So höre nun, mein Knecht Jakob, und Israel, den ich erwählt habe!

²So spricht der HERR, der dich gemacht und bereitet hat und der dir beisteht von Mutterleibe an: Fürchte dich nicht, mein Knecht Jakob, und du, Jesurun, den ich erwählt habe!

³Denn ich will Wasser gießen auf das Durstige und Ströme auf das Dürre: ich will meinen Geist auf deinen Samen gießen und meinen Segen auf deine Nachkommen,

⁴daß sie wachsen sollen wie Gras, wie Weiden an den Wasserbächen.

⁵Dieser wird sagen: Ich bin des HERRN! und jener wird genannt werden mit dem Namen Jakob; und dieser wird sich mit seiner Hand dem HERRN zuschreiben und wird mit dem Namen Israel genannt werden.

⁶So spricht der HERR, der König Israels, und sein Erlöser, der HERR Zebaoth: Ich bin der Erste, und ich bin der Letzte, und außer mir ist kein Gott.

⁷Und wer ist mir gleich, der da rufe und verkündige und mir's zurichte, der ich von der Welt her die Völker setze? Lasset sie ihnen das Künftige und was kommen soll, verkündigen.

⁸Fürchtet euch nicht und erschrecket nicht. Habe ich's nicht vorlängst dich hören lassen und verkündigt? denn ihr seid meine Zeugen. Ist auch ein Gott außer mir? Es ist kein Hort, ich weiß ja keinen.

⁹Die Götzenmacher sind allzumal eitel, und ihr Köstliches ist nichts nütze. Sie sind ihre Zeugen und sehen nichts; darum müssen sie zu Schanden werden.

¹⁰Wer sind sie, die einen Gott machen und einen Götzen gießen, der nichts nütze ist?

¹¹Siehe, alle ihre Genossen werden zu Schanden; denn es sind Meister aus Menschen. Wenn sie gleich alle zusammentreten, müssen sie dennoch sich fürchten und zu Schanden werden.

¹²Es schmiedet einer das Eisen in der Zange, arbeitet in der Glut und bereitet's mit Hämmern und arbeitet daran mit ganzer Kraft seines Arms, leidet auch Hunger, bis er nimmer kann, trinkt auch nicht Wasser, bis er matt wird.

¹³Der andere zimmert Holz, und mißt es mit der Schnur und zeichnet's mit Rötelstein und behaut es und zirkelt's ab und macht's ein Mannsbild, wie einen schönen Menschen, der im Hause wohne.

¹⁴Er geht frisch daran unter den Bäumen im Walde, daß er Zedern abhaue und nehme Buchen und Eichen; ja, eine Zeder, die gepflanzt und die vom Regen erwachsen ist

¹⁵und die den Leuten Brennholz gibt, davon man nimmt, daß man sich dabei wärme, und die man anzündet und Brot dabei bäckt. Davon macht er einen Gott und betet's an; er macht einen Götzen daraus und kniet davor nieder.

¹⁶Die Hälfte verbrennt er im Feuer, über der Hälfte ißt er Fleisch; er brät einen Braten und sättigt sich, wärmt sich auch und spricht: Hoja! ich bin warm geworden, ich sehe meine Lust am Feuer.

¹⁷Aber das übrige macht er zum Gott, daß es ein Götze sei, davor er kniet und niederfällt und betet und spricht: Errette mich; denn du bist mein Gott!

¹⁸Sie wissen nichts und verstehen nichts; denn sie sind verblendet, daß ihre Augen nicht sehen und ihre Herzen nicht merken können,

¹⁹und gehen nicht in ihr Herz; keine Vernunft noch Witz ist da, daß sie doch dächten: Ich habe auf den Kohlen Brot gebacken und Fleisch gebraten und gegessen, und sollte das übrige zum Greuel machen und sollte knieen vor einem Klotz?

²⁰Er hat Lust an Asche, sein getäuschtes Herz verführt ihn; und er wird seine Seele nicht erretten, daß er dächte: Ist das nicht Trügerei, was meine rechte Hand treibt?

²¹Daran gedenke Jakob und Israel; denn du bist mein Knecht. Ich habe dich bereitet, daß du mein Knecht seist; Israel, vergiß mein nicht.

²²Ich vertilge deine Missetaten wie eine Wolke und deine Sünden wie den Nebel. Kehre dich zu mir; denn ich erlöse dich.

²³Jauchzet ihr Himmel, denn der HERR hat's getan; rufe, du Erde hier unten; ihr Berge, frohlocket mit Jauchzen, der Wald und alle Bäume darin! denn der HERR hat Jakob erlöst und ist in Israel herrlich.

²⁴So spricht der HERR, dein Erlöser, der dich von Mutterleibe hat bereitet: Ich bin der HERR, der alles tut, der den Himmel ausbreitet allein und die Erde weit macht ohne Gehilfen;

²⁵der die Zeichen der Wahrsager zunichte und die Weissager toll macht; der die Weisen zurückkehrt und ihre Kunst zur Torheit macht,

²⁶bestätigt aber das Wort seines Knechtes und vollführt den Rat seiner Boten; der zu Jerusalem spricht: Sei bewohnt! und zu den Städten Juda's: Seid gebaut! und ihre Verwüstung richte ich auf;

²⁷der ich spreche zu der Tiefe: Versiege! und zu den Strömen: Vertrocknet!

²⁸der ich spreche von Kores: Der ist mein Hirte und soll all meinen Willen vollenden, daß man sage zu Jerusalem: Sei gebaut! und zum Tempel: Sei gegründet!

Kapitel 45

¹So spricht der HERR zu seinem Gesalbten, dem Kores, den ich bei seiner rechten Hand ergreife, daß ich die Heiden vor ihm unterwerfe und den Königen das Schwert abgürte, auf daß vor ihm die Türen geöffnet werden und die Tore nicht verschlossen bleiben:

²Ich will vor dir her gehen und die Höcker eben machen; ich will die ehernen Türen zerschlagen und die eisernen Riegel zerbrechen

³und will dir geben die heimlichen Schätze und die verborgenen Kleinode, auf daß du erkennest, daß ich, der HERR, der Gott Israels, dich bei deinem Namen genannt habe,

⁴um Jakobs, meines Knechtes, willen und um Israels; meines Auserwählten, willen. Ja, ich rief dich bei deinem Namen und nannte dich, da du mich noch nicht kanntest.

⁵Ich bin der HERR, und sonst keiner mehr; kein Gott ist außer mir. Ich habe dich gerüstet, da du mich noch nicht kanntest,

⁶auf daß man erfahre, von der Sonne Aufgang und der Sonne Niedergang, daß außer mir keiner sei. Ich bin der HERR, und keiner mehr;

⁷der ich das Licht mache und schaffe die Finsternis, der ich Frieden gebe und schaffe das Übel. Ich bin der HERR, der solches alles tut.

⁸Träufelt, ihr Himmel, von oben und die Wolken regnen Gerechtigkeit. Die Erde tue sich auf und bringe Heil, und Gerechtigkeit wachse mit zu. Ich, der HERR, schaffe es.

⁹Weh dem, der mit seinem Schöpfer hadert, eine Scherbe wie andere irdene Scherben. Spricht der Ton auch zu seinem Töpfer: Was machst du? Du beweisest deine Hände nicht an deinem Werke.

¹⁰Weh dem, der zum Vater sagt: Warum hast du mich gezeugt? und zum Weibe: Warum gebierst du?

¹¹So spricht der HERR, der Heilige in Israel und ihr Meister: Fragt mich um das Zukünftige; weist meine Kinder und das Werk meiner Hände zu mir!

¹²Ich habe die Erde gemacht und den Menschen darauf geschaffen. Ich bin's, dessen Hände den Himmel ausgebreitet haben, und habe allem seinem Heer geboten.

¹³Ich habe ihn erweckt in Gerechtigkeit, und alle seine Wege will ich eben machen. Er soll meine Stadt bauen und meine Gefangenen loslassen, nicht um Geld noch um Geschenke, spricht der HERR Zebaoth.

¹⁴So spricht der HERR: Der Ägypter Handel und der Mohren und der langen Leute zu Seba Gewerbe werden sich dir ergeben und dein eigen sein; sie werden dir folgen, in Fesseln werden sie gehen und werden vor dir niederfallen und zu dir flehen; denn bei dir ist Gott, und ist sonst kein Gott mehr.

¹⁵Fürwahr, du bist ein verborgener Gott, du Gott Israels, der Heiland.

¹⁶Aber die Götzenmacher müssen allesamt mit Schanden und Hohn bestehen und miteinander schamrot hingehen.

¹⁷Israel aber wird erlöst durch den HERRN, durch eine ewige Erlösung, und wird nicht zu Schanden noch zu Spott immer und ewiglich.

¹⁸Denn so spricht der HERR, der den Himmel geschaffen hat, der Gott, der die Erde bereitet hat und hat sie gemacht und zugerichtet, und sie nicht gemacht hat, daß sie leer soll sein, sondern sie bereitet hat, daß man darauf wohnen solle: Ich bin der HERR, und ist keiner mehr.

¹⁹Ich habe nicht in Verborgenen geredet, im finstern Ort der Erde; ich habe nicht zum Samen Jakobs vergeblich gesagt: Suchet mich! Denn ich bin der HERR, der von Gerechtigkeit redet, und verkündigt, was da recht ist.

²⁰Laß sich versammeln und kommen miteinander herzu die Entronnenen der Heiden, die nichts wissen und tragen sich mit den Klötzen ihrer Götzen und flehen zu dem Gott, der nicht helfen kann.

²¹Verkündiget und machet euch herzu, ratschlaget miteinander. Wer hat dies lassen sagen von alters her und vorlängst verkündigt? Habe ich's nicht getan, der HERR? und ist sonst kein Gott außer mir, ein gerechter Gott und Heiland; und keiner ist außer mir.

²²Wendet euch zu mir, so werdet ihr selig, aller Welt Enden; denn ich bin Gott, und keiner mehr.

²³Ich schwöre bei mir selbst, und ein Wort der Gerechtigkeit geht aus meinem Munde, dabei soll es bleiben: Mir sollen sich alle Kniee beugen und alle Zungen schwören

²⁴und sagen: Im HERRN habe ich Gerechtigkeit und Stärke. Solche werden auch zu ihm kommen; aber alle, die ihm widerstehen, müssen zu Schanden werden.

²⁵Denn im Herrn wird gerecht aller Same Israels und wird sich sein rühmen.

Kapitel 46

¹Der Bel ist gebeugt, der Nebo ist gefallen, ihre Götzen sind den Tieren und dem Vieh zuteil geworden, daß sie sich müde tragen an eurer Last.

²Ja, sie fallen und beugen sich allesamt und können die Last nicht wegbringen; sondern ihre Seelen müssen ins Gefängnis gehen.

³Höret mir zu, ihr vom Hause Jakob und alle übrigen vom Hause Israel, die ihr von mir getragen werdet von Mutterleibe an und von der Mutter her auf mir liegt.

⁴Ja, ich will euch tragen bis ins Alter und bis ihr grau werdet. Ich will es tun, ich will heben und tragen und erretten.

⁵Nach wem bildet und wem vergleicht ihr mich denn? Gegen wen messet ihr mich, dem ich gleich sein solle?

⁶Sie schütten das Gold aus dem Beutel und wägen dar das Silber mit der Waage und lohnen dem Goldschmied, daß er einen Gott daraus mache, vor dem sie knieen und anbeten.

⁷Sie heben ihn auf die Achseln und tragen ihn und setzen ihn an seine Stätte. Da steht er und kommt von seinem Ort nicht. Schreit einer zu ihm, so antwortet er nicht und hilft ihm nicht aus seiner Not.

⁸An solches gedenket doch und seid fest; ihr Übertreter, gehet in euer Herz!

⁹Gedenket des Vorigen von alters her; denn ich bin Gott, und keiner mehr, ein Gott, desgleichen nirgend ist,

¹⁰der ich verkündige zuvor, was hernach kommen soll, und vorlängst, ehe denn es geschieht, und sage: Mein Anschlag besteht, und ich tue alles, was mir gefällt.

¹¹Ich rufe einen Adler vom Aufgang und einen Mann, der meinen

Anschlag tue, aus fernem Lande. Was ich sage, das lasse ich kommen; was ich denke, das tue ich auch.

¹²Höret mir zu, ihr stolzen Herzen, die ihr ferne seid von der Gerechtigkeit.

¹³Ich habe meine Gerechtigkeit nahe gebracht; sie ist nicht ferne und mein Heil säumt nicht; denn ich will zu Zion das Heil geben und in Israel meine Herrlichkeit.

Kapitel 47

¹Herunter, Jungfrau, du Tochter Babel, setze dich in den Staub! Setze dich auf die Erde; denn die Tochter der Chaldäer hat keinen Stuhl mehr. Man wird dich nicht mehr nennen: "Du Zarte und Üppige".

²Nimm die Mühle und mahle Mehl; flicht deine Zöpfe aus, hebe die Schleppe, entblöße den Schenkel, wate durchs Wasser,

³daß deine Blöße aufgedeckt und deine Schande gesehen werde. Ich will mich rächen, und soll mir kein Mensch abbitten.

⁴Solches tut der Erlöser, welcher heißt der HERR Zebaoth, der Heilige in Israel.

⁵Setze dich in das Stille, gehe in die Finsternis, du Tochter der Chaldäer; denn du sollst nicht mehr heißen "Herrin über Königreiche".

⁶Denn da ich über mein Volk zornig war und entweihte mein Erbe, übergab ich sie in deine Hand; aber du bewiesest ihnen keine Barmherzigkeit, auch über die Alten machtest du ein Joch allzu schwer,

⁷und dachtest: Ich bin eine Königin ewiglich. Du hast solches bisher noch nicht zu Herzen gefaßt noch daran gedacht, wie es damit hernach werden sollte.

⁸So höre nun dies, die du in Wollust lebst und so sicher sitzest und sprichst in deinem Herzen: Ich bin's, und keine mehr; ich werde keine Witwe werden noch ohne Kinder sein.

⁹Aber es wird dir solches beides kommen plötzlich auf einen Tag, daß du Witwe und ohne Kinder seist; ja, vollkommen wird es über dich kommen um der Menge willen deiner Zauberer und um deiner Beschwörer willen, deren ein großer Haufe bei dir ist.

¹⁰Denn du hast dich auf deine Bosheit verlassen, da du dachtest: Man sieht mich nicht! Deine Weisheit und Kunst hat dich verleitet, daß du sprachst in deinem Herzen: Ich bin's, und sonst keine!

¹¹Darum wird über dich ein Unglück kommen, daß du nicht weißt, wann es daherbricht; und wird ein Unfall auf dich fallen, den du nicht sühnen kannst; und es wird plötzlich ein Getümmel über dich kommen, dessen du dich nicht versiehst.

¹²So tritt nun auf mit deinen Beschwörern und der Menge deiner Zauberer, unter welchen du dich von deiner Jugend auf bemüht hast, ob du dir könntest raten, ob du dich könntest stärken.

¹³Denn du bist müde von der Menge deiner Anschläge. Laß hertreten und dir helfen die Meister des Himmelslaufs und die Sterngucker, die nach den Monaten rechnen, was über dich kommen werde.

¹⁴Siehe, sie sind wie Stoppeln, die das Feuer verbrennt; sie können ihr Leben nicht erretten vor der Flamme; denn es wird nicht eine Glut sein, dabei man sich wärme, oder ein Feuer, darum man sitzen möge.

¹⁵Also sind sie, unter welchen du dich bemüht hast, die mit dir Handel trieben von deiner Jugend auf; ein jeglicher wird seines Ganges hierher und daher gehen, und hast keinen Helfer.

Kapitel 48

¹Höret das, ihr vom Hause Jakob, die ihr heißet mit Namen Israel und aus dem Wasser Juda's geflossen seid; die ihr schwöret bei dem Namen des HERRN und gedenkt des Gottes in Israel, aber nicht in der Wahrheit noch Gerechtigkeit.

²Sie nennen sich aus der heiligen Stadt und trotzen auf den Gott Israels, der da heißt der HERR Zebaoth.

³Ich habe es zuvor verkündigt, dies Zukünftige; aus meinem Munde ist's gekommen, und ich habe es lassen sagen; ich tue es auch plötzlich, daß es kommt.

⁴Denn ich weiß, daß du hart bist, und dein Nacken ist eine eiserne Ader, und deine Stirn ist ehern;

⁵Darum habe ich dir's verkündigt zuvor und habe es dir lassen sagen, ehe denn es gekommen ist, auf daß du nicht sagen könntest: Mein Götze tut's, und mein Bild und Abgott hat's befohlen.

⁶Solches alles hast du gehört und siehst es, und verkündigst es doch nicht. Ich habe dir von nun an Neues sagen lassen und Verborgenes, das du nicht wußtest.

⁷Nun ist's geschaffen, und nicht vorlängst, und hast nicht einen Tag zuvor davon gehört, auf daß du nicht sagen könntest: Siehe, das wußte ich wohl.

⁸Denn du hörtest es nicht und wußtest es auch nicht, und dein Ohr war dazumal nicht geöffnet; ich aber wußte wohl, daß du verachten würdest und von Mutterleib an ein Übertreter genannt bist.

⁹Um meines Namens willen bin ich geduldig, und um meines Ruhms willen will ich mich dir zugut enthalten, daß du nicht ausgerottet werdest.

¹⁰Siehe ich will dich läutern, aber nicht wie Silber; sondern ich will dich auserwählt machen im Ofen des Elends.

¹¹Um meinetwillen, ja um meinetwillen will ich's tun, daß ich nicht gelästert werde; denn ich will meine Ehre keinem andern lassen.

¹²Höre mir zu, Jakob, und du, Israel, mein Berufener: Ich bin's, ich bin der Erste, dazu auch der Letzte.

¹³Meine Hand hat den Erdboden gegründet, und meine Rechte hat den Himmel ausgespannt; was ich rufe, das steht alles da.

¹⁴Sammelt euch alle und hört: Wer ist unter diesen, der solches verkündigt hat? Der HERR liebt ihn; darum wird er seinen Willen an Babel und seinen Arm an den Chaldäern beweisen.

¹⁵Ich, ja, ich habe es gesagt, ich habe ihn gerufen; ich will ihn auch kommen lassen, und sein Weg soll ihm gelingen.

¹⁶Tretet her zu mir und höret dies! Ich habe es nicht im Verborgenen zuvor geredet; von der Zeit an, da es ward, bin ich da. Und nun sendet mich der HERR HERR und sein Geist.

¹⁷So spricht der HERR, dein Erlöser, der Heilige in Israel: Ich bin der HERR, dein Gott, der dich lehrt, was nützlich ist, und leitet dich auf dem Wege, den du gehst.

¹⁸O daß du auf meine Gebote merktest, so würde dein Friede sein wie ein Wasserstrom, und deine Gerechtigkeit wie Meereswellen;

¹⁹und dein Same würde sein wie Sand, und die Sprossen deines Leibes wie Sandkörner; sein Name würde nicht ausgerottet noch vertilgt vor mir.

²⁰Gehet aus von Babel, fliehet von den Chaldäern mit fröhlichem Schall; verkündiget und lasset solches hören; bringt es aus bis an der Welt Ende; sprechet: Der HERR hat seinen Knecht Jakob erlöst.

²¹Sie hatten keinen Durst, da er sie leitete in der Wüste: er ließ ihnen Wasser aus dem Felsen fließen; er riß den Fels, das Wasser herausrann.

²²Aber die Gottlosen, spricht der HERR, haben keinen Frieden.

Kapitel 49

¹Höret mir zu, ihr Inseln, und ihr Völker in der Ferne, merket auf! Der HERR hat mich gerufen von Mutterleib an; er hat meines Namens gedacht, da ich noch im Schoß der Mutter war,

²und hat meinen Mund gemacht wie ein scharfes Schwert; mit dem Schatten seiner Hand hat er mich bedeckt; er hat mich zum glatten Pfeil gemacht und mich in seinen Köcher gesteckt

³und spricht zu mir: Du bist mein Knecht Israel, durch welchen ich will gepriesen werden.

⁴Ich aber dachte, ich arbeite vergeblich und brächte meine Kraft umsonst und unnütz zu, wiewohl meine Sache des Herrn und mein Amt meines Gottes ist.

⁵Und nun spricht der HERR, der mich von Mutterleib an zu seinem Knechte bereitet hat, daß ich soll Jakob zu ihm bekehren, auf daß Israel nicht weggerafft werde (darum bin ich dem HERRN herrlich, und mein Gott ist mein Stärke),

⁶und spricht: Es ist ein Geringes, daß du mein Knecht bist, die Stämme Jakobs aufzurichten und die Bewahrten Israels wiederzubringen; sondern ich habe dich auch zum Licht der Heiden gemacht, daß du seist mein Heil bis an der Welt Ende.

⁷So spricht der HERR, der Erlöser Israels, sein Heiliger, zu der verachteten Seele, zu dem Volk, das man verabscheut, zu dem Knecht, der unter den Tyrannen ist: Könige sollen sehen und aufstehen, und Fürsten sollen niederfallen um des HERRN willen, der treu ist, um des Heiligen in Israel willen, der dich erwählt hat.

⁸So spricht der HERR: Ich habe dich erhört zur gnädigen Zeit und habe dir am Tage des Heils geholfen und habe dich behütet und zum Bund unter das Volk gestellt, daß du das Land aufrichtest und die verstörten Erbe austeilest;

⁹zu sagen den Gefangenen: Geht heraus! und zu denen in der Finsternis: Kommt hervor! daß sie am Wege weiden und auf allen Hügeln ihr Weide haben.

¹⁰Sie werden weder hungern noch dürsten, sie wird keine Hitze noch Sonne stechen, denn ihr Erbarmer wird sie führen und wird sie an die Wasserquellen leiten.

¹¹Ich will alle meine Berge zum Wege machen, und meine Pfade sollen gebahnt sein.

¹²Siehe, diese werden von ferne kommen, und siehe, jene von Mitternacht und diese vom Meer und jene von Lande Sinim.

¹³Jauchzet, ihr Himmel, freue dich, Erde, lobet, ihr Berge, mit Jauchzen; denn der HERR hat sein Volk getröstet und erbarmt sich

Jesaja

seiner Elenden.

¹⁴Zion aber spricht: Der HERR hat mich verlassen, der HERR hat mein vergessen.

¹⁵Kann auch ein Weib ihres Kindleins vergessen, daß sie sich nicht erbarme über den Sohn ihres Leibes? Und ob sie desselben vergäße, so will ich doch dein nicht vergessen.

¹⁶Siehe, in die Hände habe ich dich gezeichnet; deine Mauern sind immerdar vor mir.

¹⁷Deine Baumeister werden eilen; aber deine Zerbrecher und Verstörer werden sich davonmachen.

¹⁸Hebe deine Augen auf umher und siehe: alle diese kommen versammelt zu dir. So wahr ich lebe, spricht der HERR, du sollst mit diesen allen wie mit einem Schmuck angetan werden und wirst sie um dich legen wie eine Braut.

¹⁹Denn dein wüstes, verstörtes und zerbrochenes Land wird dir alsdann zu eng werden, darin zu wohnen, wenn deine Verderber fern von dir weichen,

²⁰daß die Kinder deiner Unfruchtbarkeit werden noch sagen vor deinen Ohren: Der Raum ist mir zu eng; rücke hin, daß ich bei dir wohnen möge.

²¹Du aber wirst sagen in deinem Herzen: Wer hat mir diese geboren? Ich war unfruchtbar, einsam, vertrieben und verstoßen. Wer hat mir diese erzogen? Siehe, ich war allein gelassen; wo waren denn diese?

²²So spricht der HERR HERR: Siehe, ich will meine Hand zu den Heiden aufheben und zu den Völkern mein Panier aufwerfen; so werden sie deine Söhne in den Armen herzubringen und deine Töchter auf den Achseln hertragen.

²³Und Könige sollen deine Pfleger, und ihre Fürstinnen deine Säugammen sein; sie werden vor dir niederfallen zur Erde aufs Angesicht und deiner Füße Staub lecken. Da wirst du erfahren, daß ich der HERR bin, an welchem nicht zu Schanden werden, die auf mich harren.

²⁴Kann man auch einem Riesen den Raub nehmen? oder kann man dem Gerechten seine Gefangenen losmachen?

²⁵Denn so spricht der HERR: Nun sollen die Gefangenen dem Riesen genommen werden und der Raub des Starken los werden; und ich will mit deinen Haderern hadern und deinen Kindern helfen.

²⁶Und ich will deine Schinder speisen mit ihrem eigenen Fleisch, und sie sollen von ihrem eigenen Blut wie von süßem Wein trunken werden; und alles Fleisch soll erfahren, daß ich bin der HERR, dein Heiland, und dein Erlöser der Mächtige in Jakob.

Kapitel 50

¹So spricht der HERR: Wo ist der Scheidebrief eurer Mutter, mit dem ich sie entlassen hätte? Oder wer ist mein Gläubiger, dem ich euch verkauft hätte? Siehe, ihr seid um eurer Sünden willen verkauft, und eure Mutter ist um eures Übertretens willen entlassen.

²Warum kam ich, und war niemand da? ich rief, und niemand antwortete. Ist meine Hand nun so kurz geworden, daß ich sie nicht erlösen kann? oder ist bei mir keine Kraft, zu erretten? Siehe, mit meinem Schelten mache ich das Meer trocken und mache die Wasserströme zur Wüste, daß ihre Fische vor Wassermangel stinken und Durstes sterben.

³Ich kleide den Himmel mit Dunkel und mache seine Decke gleich einem Sack.

⁴Der HERR HERR hat mir eine gelehrte Zunge gegeben, daß ich wisse mit dem Müden zu rechter Zeit zu reden. Er weckt mich alle Morgen; er weckt mir das Ohr, daß ich höre wie ein Jünger.

⁵Der HERR HERR hat mir das Ohr geöffnet; und ich bin nicht ungehorsam und gehe nicht zurück.

⁶Ich hielt meinen Rücken dar denen, die mich schlugen, und meine Wangen denen, die mich rauften; mein Angesicht verbarg ich nicht vor Schmach und Speichel.

⁷Aber der HERR HERR hilft mir; darum werde ich nicht zu Schanden. Darum habe ich mein Angesicht dargeboten wie einen Kieselstein; denn ich weiß, daß ich nicht zu Schanden werde.

⁸Er ist nahe, der mich gerechtspricht; wer will mit mir hadern? Laßt uns zusammentreten; wer ist, der Recht zu mir hat? Der komme her zu mir!

⁹Siehe, der HERR HERR hilft mir; wer ist, der mich will verdammen? Siehe, sie werden allzumal wie ein Kleid veralten, Motten werden sie fressen.

¹⁰Wer ist unter euch, der den HERRN fürchtet, der seines Knechtes Stimme gehorche? Der im Finstern wandelt und scheint ihm kein Licht, der hoffe auf den HERRN und verlasse sich auf seinen Gott.

¹¹Siehe, ihr alle, die ihr ein Feuer anzündet, mit Flammen gerüstet, geht hin in das Licht eures Feuers und in die Flammen, die ihr angezündet habt! Solches widerfährt euch von meiner Hand; in Schmerzen müßt ihr liegen.

Kapitel 51

¹Höret mir zu, die ihr der Gerechtigkeit nachjagt, die ihr den HERRN sucht: Schauet den Fels an, davon ihr gehauen seid, und des Brunnens Gruft, daraus ihr gegraben seid.

²Schauet Abraham an, euren Vater, und Sara, von welcher ihr geboren seid. Denn ich rief ihn, da er noch einzeln war, und segnete ihn und mehrte ihn.

³Denn der HERR tröstet Zion, er tröstet alle ihre Wüsten und macht ihre Wüste wie Eden und ihr dürres Land wie den Garten des HERRN, daß man Wonne und Freude darin findet, Dank und Lobgesang.

⁴Merke auf mich, mein Volk, höret mich, meine Leute! denn von mir wird ein Gesetz ausgehen, und mein Recht will ich zum Licht der Völker gar bald stellen.

⁵Denn meine Gerechtigkeit ist nahe, mein Heil zieht aus, und meine Arme werden die Völker richten. Die Inseln harren auf mich und warten auf meinen Arm.

⁶Hebet eure Augen auf gen Himmel und schauet unten auf die Erde. Denn der Himmel wird wie ein Rauch vergehen und die Erde wie ein Kleid veralten, und die darauf wohnen, werden im Nu dahinsterben. Aber mein Heil bleibt ewiglich, und meine Gerechtigkeit wird kein Ende haben.

⁷Höret mir zu, die ihr die Gerechtigkeit kennt, du Volk, in dessen Herzen mein Gesetz ist! Fürchtet euch nicht, wenn euch die Leute schmähen, und wenn sie euch lästern, verzaget nicht!

⁸Denn die Motten werden sie fressen wie ein Kleid, und Würmer werden sie fressen wie wollenes Tuch; aber meine Gerechtigkeit bleibt ewiglich und mein Heil für und für.

⁹Wohlauf, wohlauf, ziehe Macht an, du Arm des HERRN! Wohlauf, wie vorzeiten, von alters her! Bist du es nicht, der die Stolzen zerhauen und den Drachen verwundet hat?

¹⁰Bist du es nicht, der das Meer, der großen Tiefe Wasser, austrocknete, der den Grund des Meeres zum Wege machte, daß die Erlösten dadurchgingen?

¹¹Also werden die Erlösten des HERRN wiederkehren und gen Zion kommen mit Jauchzen, und ewige Freude wird auf ihrem Haupte sein. Wonne und Freude werden sie ergreifen; aber Trauer und Seufzen wird von ihnen fliehen.

¹²Ich, ich bin euer Tröster. Wer bist du denn, daß du dich vor Menschen fürchtest, die doch sterben, und vor Menschenkindern, die wie Gras vergehen,

¹³und vergissest des HERRN, der dich gemacht hat, der den Himmel ausbreitet und die Erde gründet? Du aber fürchtest dich den ganzen Tag vor dem Grimm des Wüterichs, wenn er sich vornimmt zu verderben. Wo bleibt nun der Grimm des Wüterichs?

¹⁴Der Gefangene wird eilends losgegeben, daß er nicht hinsterbe zur Grube, auch keinen Mangel an Brot habe.

¹⁵Denn ich bin der HERR, dein Gott, der das Meer bewegt, daß seine Wellen wüten; sein Name heißt HERR Zebaoth.

¹⁶Ich lege mein Wort in deinen Mund und bedecke dich unter dem Schatten meiner Hände, auf daß ich den Himmel pflanze und die Erde gründe und zu Zion spreche: Du bist mein Volk.

¹⁷Wache auf, wache auf, stehe auf, Jerusalem, die du von der Hand des HERRN den Kelch seines Grimmes getrunken hast! Die Hefen des Taumelkelches hast du ausgetrunken und die Tropfen geleckt.

¹⁸Es war niemand aus allen Kindern, die sie geboren hat, der sie leitete; niemand aus allen Kindern, die sie erzogen hat, der sie bei der Hand nähme.

¹⁹Diese zwei sind dir begegnet; wer trug Leid mit dir? Da war Verstörung und Schaden, Hunger und Schwert; wer sollte dich trösten?

²⁰Deine Kinder waren verschmachtet; sie lagen auf allen Gassen wie ein Hirsch im Netze, voll des Zorns vom HERRN und des Scheltens von deinem Gott.

²¹Darum höre dies, du Elende und Trunkene, doch nicht von Wein!

²²So spricht dein Herrscher, der HERR, und dein Gott, der sein Volk rächt: Siehe, ich nehme den Taumelkelch von deiner Hand samt den Hefen des Kelchs meines Grimmes; du sollst ihn nicht mehr trinken,

²³sondern ich will ihn deinen Schindern in die Hand geben, die zu deiner Seele sprachen: Bücke dich, daß wir darüberhin gehen, und mache deinen Rücken zur Erde und wie die Gasse, daß man darüberhin

laufe.

Kapitel 52

¹Mache dich auf, mache dich auf, Zion! Zieh deine Stärke an, schmücke dich herrlich, du heilige Stadt Jerusalem! Denn es wird hinfort kein Unbeschnittener oder Unreiner zu dir eingehen.

²Schüttle den Staub ab, stehe auf, du gefangenes Jerusalem! Mache dich los von den Banden deines Halses, du gefangene Tochter Zion!

³Denn also spricht der HERR: Ihr seid umsonst verkauft; ihr sollt auch ohne Geld gelöst werden.

⁴Denn so spricht der HERR HERR: Mein Volk zog am ersten hinab nach Ägypten, daß es daselbst Gast wäre; und Assur hat ihm ohne Ursache Gewalt getan.

⁵Aber wie tut man mir jetzt allhier! spricht der HERR. Mein Volk wird umsonst hingerafft; seine Herrscher machen eitel Heulen, spricht der HERR, und mein Name wird immer täglich gelästert.

⁶Darum soll mein Volk meinen Namen kennen zu derselben Zeit; denn ich bin's, der da spricht: Hier bin ich!

⁷Wie lieblich sind auf den Bergen die Füße der Boten, die da Frieden verkündigen, Gutes predigen, Heil verkündigen, die da sagen zu Zion: Dein Gott ist König!

⁸Deine Wächter rufen laut mit ihrer Stimme und rühmen miteinander; denn man wird's mit Augen sehen, wenn der HERR Zion bekehrt.

⁹Laßt fröhlich sein und miteinander rühmen das Wüste zu Jerusalem; denn der HERR hat sein Volk getröstet und Jerusalem gelöst.

¹⁰Der HERR hat offenbart seinen heiligen Arm vor den Augen aller Heiden, daß aller Welt Enden sehen das Heil unsers Gottes.

¹¹Weicht, weicht, zieht aus von dannen und rührt kein Unreines an; geht aus von ihr, reinigt euch, die ihr des HERRN Geräte tragt!

¹²Denn ihr sollt nicht mit Eile ausziehen noch mit Flucht wandeln; denn der HERR wird vor euch her ziehen; und der Gott Israels wird euch sammeln.

¹³Siehe, mein Knecht wird weislich tun und wird erhöht und sehr hoch erhaben sein.

¹⁴Gleichwie sich viele an dir ärgern werden, weil seine Gestalt häßlicher ist denn anderer Leute und sein Ansehen denn der Menschenkinder,

¹⁵also wird er viele Heiden besprengen, daß auch Könige werden ihren Mund vor ihm zuhalten. Denn welchen nichts davon verkündigt ist, die werden's mit Lust sehen; und die nichts davon gehört haben, die werden's merken.

Kapitel 53

¹Aber wer glaubt unsrer Predigt, und wem wird der Arm des HERRN offenbart?

²Denn er schoß auf vor ihm wie ein Reis und wie eine Wurzel aus dürrem Erdreich. Er hatte keine Gestalt noch Schöne; wir sahen ihn, aber da war keine Gestalt, die uns gefallen hätte.

³Er war der Allerverachtetste und Unwerteste, voller Schmerzen und Krankheit. Er war so verachtet, daß man das Angesicht vor ihm verbarg; darum haben wir ihn für nichts geachtet.

⁴Fürwahr, er trug unsere Krankheit und lud auf sich unsre Schmerzen. Wir aber hielten ihn für den, der geplagt und von Gott geschlagen und gemartert wäre.

⁵Aber er ist um unsrer Missetat willen verwundet und um unsrer Sünde willen zerschlagen. Die Strafe liegt auf ihm, auf daß wir Frieden hätten, und durch seine Wunden sind wir geheilt.

⁶Wir gingen alle in der Irre wie Schafe, ein jeglicher sah auf seinen Weg; aber der HERR warf unser aller Sünde auf ihn.

⁷Da er gestraft und gemartert ward, tat er seinen Mund nicht auf wie ein Lamm, das zur Schlachtbank geführt wird, und wie ein Schaf, das verstummt vor seinem Scherer und seinen Mund nicht auftut.

⁸Er ist aus aus Angst und Gericht genommen; wer will seines Lebens Länge ausreden? Denn er ist aus dem Lande der Lebendigen weggerissen, da er um die Missetat meines Volkes geplagt war.

⁹Und man gab ihm bei Gottlosen sein Grab und bei Reichen, da er gestorben war, wiewohl er niemand Unrecht getan hat noch Betrug in seinem Munde gewesen ist.

¹⁰Aber der HERR wollte ihn also zerschlagen mit Krankheit. Wenn er sein Leben zum Schuldopfer gegeben hat, so wird er Samen haben und in die Länge leben, und des HERRN Vornehmen wird durch seine Hand fortgehen.

¹¹Darum, daß seine Seele gearbeitet hat, wird er seine Lust sehen und die Fülle haben. Und durch seine Erkenntnis wird er, mein Knecht, der Gerechte, viele gerecht machen; denn er trägt ihr Sünden.

¹²Darum will ich ihm große Menge zur Beute geben, und er soll die Starken zum Raube haben, darum daß er sein Leben in den Tod gegeben hat und den Übeltätern gleich gerechnet ist und er vieler Sünde getragen hat und für die Übeltäter gebeten.

Kapitel 54

¹Rühme, du Unfruchtbare, die du nicht gebierst! Freue dich mit Rühmen und jauchze, die du nicht schwanger bist! Denn die Einsame hat mehr Kinder, als die den Mann hat, spricht der HERR.

²Mache den Raum deiner Hütte weit, und breite aus die Teppiche deiner Wohnung; spare nicht! Dehne deine Seile lang und stecke deine Nägel fest!

³Denn du wirst ausbrechen zur Rechten und zur Linken, und dein Same wird die Heiden erben und in den verwüsteten Städten wohnen.

⁴Fürchte dich nicht, denn du sollst nicht zu Schanden werden; werde nicht blöde, denn du sollst nicht zum Spott werden; sondern du wirst die Schande deiner Jungfrauschaft vergessen und der Schmach deiner Witwenschaft nicht mehr gedenken.

⁵Denn der dich gemacht hat, ist dein Mann, der HERR Zebaoth heißt sein Name, und dein Erlöser, der Heilige in Israel, der aller Welt Gott genannt wird.

⁶Denn der HERR hat dich zu sich gerufen wie ein verlassenes und von Herzen betrübtes Weib und wie ein junges Weib, das verstoßen ist, spricht dein Gott.

⁷Ich habe dich einen kleinen Augenblick verlassen; aber mit großer Barmherzigkeit will ich dich sammeln.

⁸Ich habe mein Angesicht im Augenblick des Zorns ein wenig vor dir verborgen, aber mit ewiger Gnade will ich mich dein erbarmen, spricht der HERR, dein Erlöser.

⁹Denn solches soll mir sein wie das Wasser Noahs, da ich schwur, daß die Wasser Noahs sollten nicht mehr über den Erdboden gehen. Also habe ich geschworen, daß ich nicht über dich zürnen noch dich schelten will.

¹⁰Denn es sollen wohl Berge weichen und Hügel hinfallen; aber meine Gnade soll nicht von dir weichen, und der Bund meines Friedens soll nicht hinfallen, spricht der HERR, dein Erbarmer.

¹¹Du Elende, über die alle Wetter gehen, und du Trostlose, siehe, ich will deine Steine wie einen Schmuck legen und will deinen Grund mit Saphiren legen

¹²und deine Zinnen aus Kristallen machen und deine Tore von Rubinen und alle deine Grenzen von erwählten Steinen

¹³und alle deine Kinder gelehrt vom HERRN und großen Frieden deinen Kindern.

¹⁴Du sollst durch Gerechtigkeit bereitet werden. Du wirst ferne sein von Gewalt und Unrecht, daß du dich davor nicht darfst fürchten, und von Schrecken, denn es soll nicht zu dir nahen.

¹⁵Siehe, wer will sich wider dich rotten und dich überfallen, so sie sich ohne mich rotten?

¹⁶Siehe, ich schaffe es, daß der Schmied, der die Kohlen aufbläst, eine Waffe daraus mache nach seinem Handwerk; und ich schaffe es, daß der Verderber sie zunichte mache.

¹⁷Einer jeglichen Waffe, die wider dich zubereitet wird, soll es nicht gelingen; und alle Zunge, so sich wider dich setzt, sollst du im Gericht verdammen. Das ist das Erbe der Knechte des HERRN und ihre Gerechtigkeit von mir, spricht der HERR.

Kapitel 55

¹Wohlan, alle, die ihr durstig seid, kommet her zum Wasser! und die ihr nicht Geld habt, kommet her, kaufet und esset; kommt her und kauft ohne Geld und umsonst beides, Wein und Milch!

²Warum zählet ihr Geld dar, da kein Brot ist und tut Arbeit, davon ihr nicht satt werden könnt? Höret mir doch zu und esset das Gute, so wird eure Seele am Fetten ihre Lust haben.

³Neiget eure Ohren her und kommet her zu mir, höret, so wird eure Seele leben; denn ich will mit euch einen ewigen Bund machen, daß ich euch gebe die gewissen Gnaden Davids.

⁴Siehe, ich habe ihn den Leuten zum Zeugen gestellt, zum Fürsten und Gebieter den Völkern.

⁵Siehe, du wirst Heiden rufen, die du nicht kennst; und Heiden, die dich nicht kennen, werden zu dir laufen um des HERRN willen, deines Gottes, und des Heiligen in Israel, der dich herrlich gemacht hat.

⁶Suchet den HERRN, solange er zu finden ist; rufet ihn an, solange er nahe ist.

⁷Der Gottlose lasse von seinem Wege und der Übeltäter seine Gedanken und bekehre sich zum HERRN, so wird er sich sein erbarmen, und zu unserm Gott, denn bei ihm ist viel Vergebung.

⁸Denn meine Gedanken sind nicht eure Gedanken, und eure Wege sind nicht meine Wege, spricht der HERR;

⁹sondern soviel der Himmel höher ist denn die Erde, so sind auch meine Wege höher denn eure Wege und meine Gedanken denn eure Gedanken.

¹⁰Denn gleichwie der Regen und Schnee vom Himmel fällt und nicht wieder dahinkommt, sondern feuchtet die Erde und macht sie fruchtbar und wachsend, daß sie gibt Samen, zu säen, und Brot, zu essen:

¹¹also soll das Wort, so aus meinem Munde geht, auch sein. Es soll nicht wieder zu mir leer kommen, sondern tun, was mir gefällt, und soll ihm gelingen, dazu ich's sende.

¹²Denn ihr sollt in Freuden ausziehen und im Frieden geleitet werden. Berge und Hügel sollen vor euch her frohlocken mit Ruhm und alle Bäume auf dem Felde mit den Händen klatschen.

¹³Es sollen Tannen für Hecken wachsen und Myrten für Dornen; und dem HERRN soll ein Name und ewiges Zeichen sein, das nicht ausgerottet werde.

Kapitel 56

¹So spricht der HERR: Haltet das Recht und tut Gerechtigkeit; denn mein Heil ist nahe, daß es komme, und meine Gerechtigkeit, daß sie offenbart werde.

²Wohl dem Menschen, der solches tut, und dem Menschenkind, der es festhält, daß er den Sabbat halte und nicht entheilige und halte seine Hand, daß er kein Arges tue!

³Und der Fremde, der zum HERRN sich getan hat, soll nicht sagen: Der HERR wird mich scheiden von seinem Volk; und der Verschnittene soll nicht sagen: Siehe, ich bin ein dürrer Baum.

⁴Denn so spricht der HERR von den Verschnittenen, welche meine Sabbate halten und erwählen, was mir wohl gefällt, und meinen Bund fest fassen:

⁵Ich will ihnen in meinem Hause und in meinen Mauern einen Ort und einen Namen geben, besser denn Söhne und Töchter; einen ewigen Namen will ich ihnen geben, der nicht vergehen soll.

⁶Und die Fremden, die sich zum HERR getan haben, daß sie ihm dienen und seinen Namen lieben, auf daß sie seine Knechte seien, ein jeglicher, der den Sabbat hält, daß er ihn nicht entweihe, und meinen Bund festhält,

⁷die will ich zu meinem heiligen Berge bringen und will sie erfreuen in meinem Bethause, und ihre Opfer und Brandopfer sollen mir angenehm sein auf meinem Altar; denn mein Haus wird heißen ein Bethaus allen Völkern.

⁸Der HERR HERR, der die Verstoßenen aus Israel sammelt, spricht: Ich will noch mehr zu dem Haufen derer, die versammelt sind, sammeln.

⁹Alle Tiere auf dem Felde, kommet, und fresset, ja alle Tiere im Walde!

¹⁰Alle ihre Wächter sind blind, sie wissen nichts; stumme Hunde sind sie, die nicht strafen können, sind faul, liegen und schlafen gerne.

¹¹Es sind aber gierige Hunde, die nimmer satt werden können. Sie, die Hirten wissen keinen Verstand; ein jeglicher sieht auf seinen Weg, ein jeglicher geizt für sich in seinem Stande.

¹²"Kommt her, laßt uns Wein holen und uns vollsaufen, und soll morgen sein wie heute und noch viel mehr."

Kapitel 57

¹Aber der Gerechte kommt um, und niemand ist, der es zu Herzen nehme; und heilige Leute werden aufgerafft, und niemand achtet darauf. Denn die Gerechten werden weggerafft vor dem Unglück;

²und die richtig vor sich gewandelt haben, kommen zum Frieden und ruhen in ihren Kammern.

³Und ihr, kommt herzu, ihr Kinder der Tagewählerin, ihr Same des Ehebrechers und der Hure!

⁴An wem wollt ihr nun eure Lust haben? Über wen wollt ihr nun das Maul aufsperren und die Zunge herausrecken? Seid ihr nicht die Kinder der Übertretung und ein falscher Same,

⁵die ihr in der Brunst zu den Götzen lauft unter alle grünen Bäume und schlachtet die Kinder an den Bächen, unter den Felsklippen?

⁶Dein Wesen ist an den glatten Bachsteinen, die sind dein Teil; ihnen schüttest du dein Trankopfer, da du Speisopfer opferst. Sollte ich mich darüber trösten?

⁷Du machst dein Lager auf einem hohen, erhabenen Berg und gehst daselbst auch hinauf, zu opfern.

⁸Und hinter die Tür und den Pfosten setzest du dein Denkmal. Denn du wendest dich von mir und gehst hinauf und machst dein Lager weit und verbindest dich mit ihnen; du liebst ihr Lager, wo du sie ersiehst.

⁹Du ziehst mit Öl zum König und machst viel deiner Würze und sendest deine Botschaft in die Ferne und bist erniedrigt bis zur Hölle.

¹⁰Du zerarbeitest dich in der Menge deiner Wege und sprichst nicht: Ich lasse es; sondern weil du Leben findest in deiner Hand, wirst du nicht müde.

¹¹Vor wem bist du so in Sorge und fürchtest dich also, daß du mit Lügen umgehst und denkst an mich nicht und nimmst es nicht zu Herzen? Meinst du, ich werde allewege schweigen, daß du mich so gar nicht fürchtest?

¹²Ich will aber deine Gerechtigkeit anzeigen und deine Werke, daß sie dir nichts nütze sein sollen.

¹³Wenn du rufen wirst, so laß dir deine Götzenhaufen helfen; aber der Wind wird sie alle wegführen, und wie ein Hauch sie wegnehmen. Aber wer auf mich traut, wird das Land erben und meinen heiligen Berg besitzen

¹⁴und wird sagen: Machet Bahn, machet Bahn! räumet den Weg, hebet die Anstöße aus dem Wege meines Volkes!

¹⁵Denn also spricht der Hohe und Erhabene, der ewiglich wohnt, des Name heilig ist: Der ich in der Höhe und im Heiligtum wohne und bei denen, die zerschlagenen und demütigen Geistes sind, auf daß ich erquicke den Geist der Gedemütigten und das Herz der Zerschlagenen:

¹⁶Ich will nicht immerdar hadern und nicht ewiglich zürnen; sondern es soll von meinem Angesicht ein Geist wehen, und ich will Odem machen.

¹⁷Ich war zornig über die Untugend ihres Geizes und schlug sie, verbarg mich und zürnte; da gingen sie hin und her im Wege ihres Herzens.

¹⁸Aber da ich ihre Wege ansah, heilte ich sie und leitete sie und gab ihnen wieder Trost und denen, die über jene Leid trugen.

¹⁹Ich will Frucht der Lippen schaffen, die da predigen: Friede, Friede, denen in der Ferne und denen in der Nähe, spricht der HERR, und ich will sie heilen.

²⁰Aber die Gottlosen sind wie ein ungestümes Meer, das nicht still sein kann, und dessen Wellen Kot und Unflat auswerfen.

²¹Die Gottlosen haben nicht Frieden, spricht mein Gott.

Kapitel 58

¹Rufe getrost, schone nicht, erhebe deine Stimme wie eine Posaune und verkündige meinem Volk ihr Übertreten und dem Hause Jakob ihre Sünden.

²Sie suchen mich täglich und wollen meine Wege wissen wie ein Volk, das Gerechtigkeit schon getan und das Recht ihres Gottes nicht verlassen hätte. Sie fordern mich zu Recht und wollen mit ihrem Gott rechten.

³"Warum fasten wir, und du siehst es nicht an? Warum tun wir unserm Leibe wehe, und du willst's nicht wissen?" Siehe, wenn ihr fastet, so übt ihr doch euren Willen und treibt alle eure Arbeiter.

⁴Siehe, ihr fastet, daß ihr hadert und zanket und schlaget mit gottloser Faust. Wie ihr jetzt tut, fastet ihr nicht also, daß eure Stimme in der Höhe gehört würde.

⁵Sollte das ein Fasten sein, das ich erwählen soll, daß ein Mensch seinem Leibe des Tages übel tue oder seinen Kopf hänge wie ein Schilf oder auf einem Sack und in der Asche liege? Wollt ihr das ein Fasten nennen und einen Tag, dem HERRN angenehm?

⁶Das ist aber ein Fasten, das ich erwähle: Laß los, welche du mit Unrecht gebunden hast; laß ledig, welche du beschwerst; gib frei, welche du drängst; reiß weg allerlei Last;

⁷brich dem Hungrigen dein Brot, und die, so im Elend sind, führe ins Haus; so du einen nackt siehst, so kleide ihn, und entzieh dich nicht von deinem Fleisch.

⁸Alsdann wird dein Licht hervorbrechen wie die Morgenröte, und deine Besserung wird schnell wachsen, und deine Gerechtigkeit wird vor dir hergehen, und die Herrlichkeit des HERRN wird dich zu sich nehmen.

⁹Dann wirst du rufen, so wird dir der HERR antworten; wenn du wirst schreien, wird er sagen: Siehe, hier bin ich. So du niemand bei dir beschweren wirst noch mit dem Fingern zeigen noch übel reden

¹⁰und wirst den Hungrigen lassen finden dein Herz und die elende Seele sättigen: so wird dein Licht in der Finsternis aufgehen, und dein Dunkel wird sein wie der Mittag;

¹¹und der HERR wird dich immerdar führen und deine Seele sättigen in der Dürre und deine Gebeine stärken; und du wirst sein wie ein gewässerter Garten und wie eine Wasserquelle, welcher es nimmer an Wasser fehlt;

¹²und soll durch dich gebaut werden, was lange wüst gelegen ist; und wirst Grund legen, der für und für bleibe; und sollst heißen: Der die

Lücken verzäunt und die Wege bessert, daß man da wohnen möge.

¹³So du deinen Fuß von dem Sabbat kehrst, daß du nicht tust, was dir gefällt an meinem heiligen Tage, und den Sabbat eine Lust heißt und den Tag, der dem HERRN heilig ist, ehrest, so du ihn also ehrest, daß du nicht tust deine Wege, noch darin erfunden werde, was dir gefällt oder leeres Geschwätz;

¹⁴alsdann wirst du Lust haben am HERRN, und ich will dich über die Höhen auf Erden schweben lassen und will dich speisen mit dem Erbe deines Vaters Jakob; denn des HERRN Mund sagt's.

Kapitel 59

¹Siehe, des HERRN Hand ist nicht zu kurz, daß er nicht helfen könne, und seine Ohren sind nicht hart geworden, daß er nicht höre;

²sondern eure Untugenden scheiden euch und euren Gott voneinander, und eure Sünden verbergen das Angesicht vor euch, daß ihr nicht gehört werdet.

³Denn eure Hände sind mit Blut befleckt und eure Finger mit Untugend; eure Lippen reden Falsches, eure Zunge dichtet Unrechtes.

⁴Es ist niemand, der von Gerechtigkeit predige oder treulich richte. Man vertraut aufs Eitle und redet nichts Tüchtiges; mit Unglück sind sie schwanger und gebären Mühsal.

⁵Sie brüten Basiliskeneier und wirken Spinnwebe. Ißt man von ihren Eiern, so muß man sterben; zertritt man's aber, so fährt eine Otter heraus.

⁶Ihre Spinnwebe taugt nicht zu Kleidern, und ihr Gewirke taugt nicht zur Decke; denn ihr Werk ist Unrecht, und in ihren Händen ist Frevel.

⁷Ihre Füße laufen zum Bösen, und sie sind schnell, unschuldig Blut zu vergießen; ihre Gedanken sind Unrecht, ihr Weg ist eitel Verderben und Schaden;

⁸sie kennen den Weg des Friedens nicht, und ist kein Recht in ihren Gängen; sie sind verkehrt auf ihren Straßen; wer darauf geht, der hat nimmer Frieden.

⁹Darum ist das Recht fern von uns, und wir erlangen die Gerechtigkeit nicht. Wir harren aufs Licht, siehe, so wird's finster, auf den Schein, siehe, so wandeln wir im Dunkeln.

¹⁰Wir tappen nach der Wand wie die Blinden und tappen, wie die keine Augen haben. Wir stoßen uns im Mittag wie in der Dämmerung; wir sind im Düstern wie die Toten.

¹¹Wir brummen alle wie die Bären und ächzen wie die Tauben; denn wir harren aufs Recht, so ist's nicht da, aufs Heil, so ist's ferne von uns.

¹²Denn unsere Übertretungen vor dir sind zu viel, und unsre Sünden antworten wider uns. Denn unsre Übertretungen sind bei uns und wir fühlen unsere Sünden:

¹³mit Übertreten und Lügen wider den HERRN und Zurückkehren von unserm Gott und mit Reden von Frevel und Ungehorsam, mit Trachten und dichten falscher Worte aus dem Herzen.

¹⁴Und das Recht ist zurückgewichen und Gerechtigkeit fern getreten; denn die Wahrheit fällt auf der Gasse, und Recht kann nicht einhergehen.

¹⁵und die Wahrheit ist dahin; und wer vom Bösen weicht, der muß jedermanns Raub sein. Solches sieht der HERR, und es gefällt ihm übel, daß kein Recht da ist.

¹⁶Und er sieht, daß niemand da ist, und verwundert sich, daß niemand ins Mittel tritt. Darum hilft er sich selbst mit seinem Arm, und seine Gerechtigkeit steht ihm bei.

¹⁷Denn er zieht Gerechtigkeit an wie einen Panzer und setzt einen Helm des Heils auf sein Haupt und zieht sich an zur Rache und kleidet sich mit Eifer wie mit einem Rock,

¹⁸als der seinen Widersachern vergelten und seinen Feinden mit Grimm bezahlen will; ja, den Inseln will er bezahlen,

¹⁹daß der Name des HERRN gefürchtet werde vom Niedergang und seine Herrlichkeit vom Aufgang der Sonne, wenn er kommen wird wie ein aufgehaltener Strom, den der Wind des HERRN treibt.

²⁰Denn denen zu Zion wird ein Erlöser kommen und denen, die sich bekehren von den Sünden in Jakob, spricht der HERR.

²¹Und ich mache solchen Bund mit ihnen, spricht der HERR: mein Geist, der bei dir ist, und meine Worte, die ich in deinen Mund gelegt habe, sollen von deinem Munde nicht weichen noch von dem Munde deines Samens und Kindeskindes, spricht der HERR, von nun an bis in Ewigkeit.

Kapitel 60

¹Mache dich auf, werde licht! denn dein Licht kommt, und die Herrlichkeit des HERRN geht auf über dir.

²Denn siehe, Finsternis bedeckt das Erdreich und Dunkel die Völker; aber über dir geht auf der HERR, und seine Herrlichkeit erscheint über dir.

³Und die Heiden werden in deinem Lichte wandeln und die Könige im Glanz, der über dir aufgeht.

⁴Hebe deine Augen auf und siehe umher: diese alle versammelt kommen zu dir. Deine Söhne werden von ferne kommen und deine Töchter auf dem Arme hergetragen werden.

⁵Dann wirst du deine Lust sehen und ausbrechen, und dein Herz wird sich wundern und ausbreiten, wenn sich die Menge am Meer zu dir bekehrt und die Macht der Heiden zu dir kommt.

⁶Denn die Menge der Kamele wird dich bedecken, die jungen Kamele aus Midian und Epha. Sie werden aus Saba alle kommen, Gold und Weihrauch bringen und des HERRN Lob verkündigen.

⁷Alle Herden in Kedar sollen zu dir versammelt werden, und die Böcke Nebajoths sollen dir dienen. Sie sollen als ein angenehmes Opfer auf meinen Altar kommen; denn ich will das Haus meiner Herrlichkeit zieren.

⁸Wer sind die, welche fliegen wie die Wolken und wie die Tauben zu ihren Fenstern?

⁹Die Inseln harren auf mich und die Schiffe im Meer von längsther, daß sie deine Kinder von ferne herzubringen samt ihrem Silber und Gold, dem Namen des HERRN, deines Gottes, und dem Heiligen in Israel, der dich herrlich gemacht hat.

¹⁰Fremde werden deine Mauern bauen, und ihre Könige werden dir dienen. Denn in meinem Zorn habe ich dich geschlagen, und in meiner Gnade erbarme ich mich über dich.

¹¹Und deine Tore sollen stets offen stehen, weder Tag noch Nacht zugeschlossen werden, daß der Heiden Macht zu dir gebracht und ihre Könige herzugeführt werden.

¹²Denn welche Heiden oder Königreiche dir nicht dienen wollen, die sollen umkommen und die Heiden verwüstet werden.

¹³Die Herrlichkeit des Libanon soll an dich kommen, Tannen, Buchen und Buchsbaum miteinander, zu schmücken den Ort meines Heiligtums; denn ich will die Stätte meiner Füße herrlich machen.

¹⁴Es werden auch gebückt zu dir kommen, die dich unterdrückt haben; und alle; die dich gelästert haben, werden niederfallen zu deinen Füßen und werden dich nennen eine Stadt des HERRN, ein Zion des Heiligen in Israel.

¹⁵Denn darum, daß du bist die Verlassene und Gehaßte gewesen, da niemand hindurchging, will ich dich zur Pracht ewiglich machen und zur Freude für und für,

¹⁶daß du sollst Milch von den Heiden saugen, und der Könige Brust soll dich säugen, auf daß du erfährst, daß ich, der HERR, bin dein Heiland, und ich, der Mächtige in Jakob, bin dein Erlöser.

¹⁷Ich will Gold anstatt des Erzes und Silber anstatt des Eisens bringen und Erz anstatt des Holzes und Eisen anstatt der Steine; und will zu deiner Obrigkeit den Frieden machen und zu deinen Vögten die Gerechtigkeit.

¹⁸Man soll keinen Frevel mehr hören in deinem Lande noch Schaden oder Verderben in deinen Grenzen; sondern deine Mauern sollen Heil und deine Tore Lob heißen.

¹⁹Die Sonne soll nicht mehr des Tages dir scheinen, und der Glanz des Mondes soll dir nicht leuchten; sondern der HERR wird dein ewiges Licht und dein Gott wird dein Preis sein.

²⁰Deine Sonne wird nicht mehr untergehen noch dein Mond den Schein verlieren; denn der HERR wird dein ewiges Licht sein, und die Tage deines Leides sollen ein Ende haben.

²¹Und dein Volk sollen eitel Gerechte sein; sie werden das Erdreich ewiglich besitzen, als die der Zweig meiner Pflanzung und ein Werk meiner Hände sind zum Preise.

²²Aus dem Kleinsten sollen tausend werden und aus dem Geringsten eine Mächtiges Volk. Ich der HERR, will solches zu seiner Zeit eilend ausrichten.

Kapitel 61

¹Der Geist des HERRN HERRN ist über mir, darum daß mich der HERR gesalbt hat. Er hat mich gesandt, den Elenden zu predigen, die zerbrochenen Herzen zu verbinden, zu verkündigen den Gefangenen die Freiheit, den Gebundenen, daß ihnen geöffnet werde,

²zu verkündigen ein gnädiges Jahr des Herrn und einen Tag der Rache unsers Gottes, zu trösten alle Traurigen;

³zu schaffen den Traurigen zu Zion, daß ihnen Schmuck für Asche und Freudenöl für Traurigkeit und schöne Kleider für einen betrübten

Geist gegeben werden, daß sie genannt werden die Bäume der Gerechtigkeit, Pflanzen des HERRN zum Preise.

⁴Sie werden die alten Wüstungen bauen, und was vorzeiten zerstört ist, aufrichten; sie werden die verwüsteten Städte, so für und für zerstört gelegen sind, erneuen.

⁵Fremde werden stehen und eure Herde weiden, und Ausländer werden eure Ackerleute und Weingärtner sein.

⁶Ihr aber sollt Priester des HERRN heißen, und man wird euch Diener unsers Gottes nennen, und ihr werdet der Heiden Güter essen und in ihrer Herrlichkeit euch rühmen.

⁷Für eure Schmach soll Zwiefältiges kommen, und für die Schande sollen sie fröhlich sein auf ihren Äckern; denn sie sollen Zwiefältiges besitzen in ihrem Lande, sie sollen ewige Freude haben.

⁸Denn ich bin der HERR, der das Rechte liebt, und hasse räuberische Brandopfer; und will schaffen, daß ihr Lohn soll gewiß sein, und einen ewigen Bund will ich mit ihnen machen.

⁹Und man soll ihren Samen kennen unter den Heiden und ihre Nachkommen unter den Völkern, daß, wer sie sehen wird, soll sie kennen, daß sie sein Same sind, gesegnet vom HERRN.

¹⁰Ich freue mich im Herrn, und meine Seele ist fröhlich in meinem Gott; denn er hat mich angezogen mit Kleidern des Heils und mit dem Rock der Gerechtigkeit gekleidet, wie einen Bräutigam, mit priesterlichem Schmuck geziert, und wie eine Braut, die in ihrem Geschmeide prangt.

¹¹Denn gleichwie das Gewächs aus der Erde wächst und Same im Garten aufgeht, also wird Gerechtigkeit und Lob vor allen Heiden aufgehen aus dem HERRN HERRN.

Kapitel 62

¹Um Zions willen will ich nicht schweigen, und um Jerusalems willen will ich nicht innehalten, bis daß ihre Gerechtigkeit aufgehe wie ein Glanz und ihr Heil entbrenne wie eine Fackel,

²daß die Heiden sehen deine Gerechtigkeit und alle Könige deine Herrlichkeit; und du sollst mit einem neuen Namen genannt werden, welchen des HERRN Mund nennen wird.

³Und du wirst sein eine schöne Krone in der Hand des HERRN und ein königlicher Hut in der Hand deines Gottes.

⁴Man soll dich nicht mehr die Verlassene noch dein Land eine Verwüstung heißen; sondern du sollst "Meine Lust an ihr" und dein Land "Liebes Weib" heißen: denn der HERR hat Lust an dir und dein Land hat einen lieben Mann.

⁵Denn wie ein Mann ein Weib liebhat, so werden dich deine Kinder liebhaben; und wie sich ein Bräutigam freut über die Braut, so wird sich dein Gott über dich freuen.

⁶O Jerusalem, ich will Wächter auf deine Mauern bestellen, die den ganzen Tag und die ganze Nacht nimmer stillschweigen sollen und die des HERRN gedenken sollen, auf daß bei euch kein Schweigen sei.

⁷und ihr von ihm nicht schweiget, bis daß Jerusalem zugerichtet und gesetzt werde zum Lobe auf Erden.

⁸Der HERR hat geschworen bei seiner Rechten und bei dem Arm seiner Macht: Ich will dein Getreide nicht mehr deinen Feinden zu essen geben, noch deinen Most, daran du gearbeitet hast, die Fremden trinken lassen;

⁹sondern die, so es einsammeln, sollen's auch essen und den HERRN rühmen, und die ihn einbringen, sollen ihn trinken in den Vorhöfen meines Heiligtums.

¹⁰Gehet hin, gehet hin durch die Tore! bereitet dem Volk den Weg! machet Bahn, machet Bahn! räumet die Steine hinweg! werft ein Panier auf über die Völker!

¹¹Siehe, der HERR läßt sich hören bis an der Welt Ende: Saget der Tochter Zion: Siehe, dein Heil kommt! siehe, sein Lohn ist bei ihm, und seine Vergeltung ist vor ihm!

¹²Man wird sie nennen das heilige Volk, die Erlösten des HERRN, und dich wird man heißen die besuchte und unverlassene Stadt.

Kapitel 63

¹Wer ist der, so von Edom kommt, mit rötlichen Kleidern von Bozra? der so geschmückt ist in seinen Kleidern und einhertritt in seiner großen Kraft? "Ich bin's, der Gerechtigkeit lehrt und ein Meister ist zu helfen."

²Warum ist dein Gewand so rotfarben und dein Kleid wie eines Keltertreters?

³"Ich trete die Kelter allein, und ist niemand unter den Völkern mit mir. Ich habe sie gekeltert in meinem Zorn und zertreten in meinem Grimm. Daher ist ihr Blut auf meine Kleider gespritzt, und ich habe all mein Gewand besudelt.

⁴Denn ich habe einen Tag der Rache mir vorgenommen; das Jahr, die Meinen zu erlösen, ist gekommen.

⁵Und ich sah mich um, und da war kein Helfer; und ich verwunderte mich, und niemand stand mir bei; sondern mein Arm mußte mir helfen, und mein Zorn stand mir bei.

⁶Und ich habe die Völker zertreten in meinem Zorn und habe sie trunken gemacht in meinem Grimm und ihr Blut auf die Erde geschüttet."

⁷Ich will der Gnade des HERRN gedenken und des Lobes des HERRN in allem, was uns der HERR getan hat, und in der großen Güte an dem Hause Israel, die er ihnen erzeigt hat nach seiner Barmherzigkeit und großen Gnade.

⁸Denn er sprach: Sie sind ja mein Volk, Kinder, die nicht falsch sind. Darum war er ihr Heiland.

⁹Wer sie ängstete, der ängstete ihn auch; und der Engel seines Angesichts half ihnen. Er erlöste sie, darum daß er sie liebte und ihrer schonte. Er nahm sie auf und trug sie allezeit von alters her.

¹⁰Aber sie erbitterten und entrüsteten seinen heiligen Geist; darum ward er ihr Feind und stritt wider sie.

¹¹Und sein Volk gedachte wieder an die vorigen Zeiten, an Mose: "Wo ist denn nun, der sie aus dem Meer führte samt dem Hirten seiner Herde? Wo ist, der seinen heiligen Geist unter sie gab?

¹²der Mose bei der rechten Hand führte durch seinen herrlichen Arm? der die Wasser trennte vor ihnen her, auf daß er sich einen ewigen Namen machte?

¹³der sie führte durch die Tiefen wie die Rosse in der Wüste, die nicht straucheln?

¹⁴Wie das Vieh ins Feld hinabgeht, brachte der Geist des HERRN sie zur Ruhe; also hast du dein Volk geführt, auf daß du dir einen herrlichen Namen machtest."

¹⁵So schaue nun vom Himmel und siehe herab von deiner heiligen, herrlichen Wohnung. Wo ist nun dein Eifer, deine Macht? Deine große, herzliche Barmherzigkeit hält sich hart gegen mich.

¹⁶Bist du doch unser Vater; denn Abraham weiß von uns nicht, und Israel kennt uns nicht. Du aber, HERR, bist unser Vater und unser Erlöser; von alters her ist das dein Name.

¹⁷Warum lässest du uns, HERR, irren von deinen Wegen und unser Herz verstocken, daß wir dich nicht fürchten? Kehre wieder um deiner Knechte willen, um der Stämme willen deines Erbes.

¹⁸Sie besitzen dein heiliges Volk schier ganz; deine Widersacher zertreten dein Heiligtum.

¹⁹Wir sind geworden wie solche, über die du niemals herrschtest und die nicht nach deinem Namen genannt wurden.

Kapitel 64

¹Ach daß du den Himmel zerrissest und führest herab, daß die Berge vor dir zerflössen, wie ein heißes Wasser vom heftigen Feuer versiedet,

²(64-1b) daß dein Name kund würde unter deinen Feinden und die Heiden vor dir zittern müßten,

³durch die Wunder, die du tust, deren man sich nicht versieht, daß du herabführest und die Berge vor dir zerflössen!

⁴Wie denn von der Welt her nicht vernommen ist noch mit Ohren gehört, auch kein Auge gesehen hat einen Gott außer dir, der so wohltut denen, die auf ihn harren.

⁵Du begegnest dem Fröhlichen und denen, so Gerechtigkeit übten und auf deinen Wegen dein gedachten. Siehe, du zürntest wohl, da wir sündigten und lange darin blieben; uns ward aber dennoch geholfen.

⁶Aber nun sind wir allesamt wie die Unreinen, und alle unsre Gerechtigkeit ist wie ein unflätig Kleid. Wir sind alle verwelkt wie die Blätter, und unsre Sünden führen uns dahin wie Wind.

⁷Niemand ruft deinen Namen an oder macht sich auf, daß er sich an dich halte; denn du verbirgst dein Angesicht vor uns und lässest uns in unsern Sünden verschmachten.

⁸Aber nun, HERR, du bist unser Vater; wir sind der Ton, du bist der Töpfer; und wir alle sind deiner Hände Werk.

⁹HERR, zürne nicht zu sehr und denke nicht ewig der Sünde. Siehe doch das an, daß wir alle dein Volk sind.

¹⁰Die Städte deines Heiligtums sind zur Wüste geworden; Zion ist zur Wüste geworden, Jerusalem liegt zerstört.

¹¹Das Haus unsrer Heiligkeit und Herrlichkeit, darin dich unsre Väter gelobt haben, ist mit Feuer verbrannt; und alles, was wir Schönes hatten, ist zu Schanden gemacht.

¹²HERR, willst du so hart sein zu solchem und schweigen und uns so sehr niederschlagen?

Kapitel 65

¹Ich werde gesucht von denen, die nicht nach mir fragten; ich werde gefunden von denen, die mich nicht suchten; und zu den Heiden, die meinen Namen nicht anriefen, sage ich: Hier bin ich, hier bin ich!

²Ich recke meine Hand aus den ganzen Tag zu einem ungehorsamen Volk, das seinen Gedanken nachwandelt auf einem Wege, der nicht gut ist.

³Ein Volk, das mich entrüstet, ist immer vor meinem Angesicht, opfert in den Gärten und räuchert auf den Ziegelsteinen,

⁴sitzt unter den Gräbern und bleibt über Nacht in den Höhlen, fressen Schweinefleisch und haben Greuelsuppen in ihren Töpfen

⁵und sprechen: "Bleibe daheim und rühre mich nicht an; denn ich bin heilig." Solche sollen ein Rauch werden in meinem Zorn, ein Feuer, das den ganzen Tag brenne.

⁶Siehe, es steht vor mir geschrieben: Ich will nicht schweigen, sondern bezahlen; ja, ich will ihnen in ihren Busen bezahlen,

⁷beide, ihre Missetaten und ihrer Väter Missetaten miteinander, spricht der HERR, die auf den Bergen geräuchert und mich auf den Hügeln geschändet haben; ich will ihnen zumessen ihr voriges Tun in ihren Busen.

⁸So spricht der HERR: Gleich als wenn man Most in der Traube findet und spricht: "Verderbe es nicht, denn es ist ein Segen darin!", also will ich um meiner Knechte willen tun, daß ich es nicht alles verderbe,

⁹sondern will aus Jakob Samen wachsen lassen und aus Juda, der meinen Berg besitze; denn meine Auserwählten sollen ihn besitzen, und meine Knechte sollen daselbst wohnen.

¹⁰Und Saron soll eine Weide für die Herde und das Tal Achor soll zum Viehlager werden meinem Volk, das mich sucht.

¹¹Aber ihr, die ihr den HERRN verlasset und meines heiligen Berges vergesset und richtet dem Gad einen Tisch und schenkt vom Trankopfer voll ein der Meni,

¹²wohlan ich will euch zählen zum Schwert, daß ihr euch alle bücken müßt zur Schlachtung, darum daß ich rief, und ihr antwortetet nicht, daß ich redete, und ihr hörtet nicht, sonder tatet, was mir übel gefiel, und erwähltet, was mir nicht gefiel.

¹³Darum spricht der HERR HERR also: Siehe, meine Knechte sollen essen, ihr aber sollt hungern; siehe, meine Knechte sollen trinken, ihr aber sollt dürsten; siehe, meine Knechte sollen fröhlich sein, ihr aber sollt zu Schanden werden;

¹⁴siehe, meine Knechte sollen vor gutem Mut jauchzen, ihr aber sollt vor Herzeleid schreien und vor Jammer heulen

¹⁵und sollt euren Namen lassen meinen Auserwählten zum Schwur; und der HERR wird dich töten und seine Knechte mit einem andern Namen nennen,

¹⁶daß, welcher sie segnen wird auf Erden, der wird sich in dem wahrhaftigen Gott segnen, und welcher schwören wird auf Erden, der wird bei dem wahrhaftigen Gott schwören; denn der vorigen Ängste ist vergessen, und sie sind vor meinen Augen verborgen.

¹⁷Denn siehe, ich will einen neuen Himmel und eine neue Erde schaffen, daß man der vorigen nicht mehr gedenken wird noch sie zu Herzen nehmen;

¹⁸sondern sie werden sich ewiglich freuen und fröhlich sein über dem, was ich schaffe. Denn siehe, ich will Jerusalem schaffen zur Wonne und ihr Volk zur Freude.

¹⁹und ich will fröhlich sein über Jerusalem und mich freuen über mein Volk; und soll nicht mehr darin gehört werden die Stimme des Weinens noch die Stimme des Klagens.

²⁰Es sollen nicht mehr dasein Kinder, die nur etliche Tage leben, oder Alte, die ihre Jahre nicht erfüllen; sondern die Knaben sollen hundert Jahre alt sterben und die Sünder hundert Jahre alt verflucht werden.

²¹Sie werden Häuser bauen und bewohnen; sie werden Weinberge pflanzen und ihre Früchte essen.

²²Sie sollen nicht bauen, was ein andrer bewohne, und nicht pflanzen, was ein andrer esse. Denn die Tage meines Volke werden sein wie die Tage eines Baumes; und das Werk ihrer Hände wird alt werden bei meinen Auserwählten.

²³Sie sollen nicht umsonst arbeiten noch unzeitige Geburt gebären; denn sie sind der Same der Gesegneten des HERRN und ihre Nachkommen mit ihnen.

²⁴Und soll geschehen, ehe sie rufen, will ich antworten; wenn sie noch reden, will ich hören.

²⁵Wolf und Lamm sollen weiden zugleich, der Löwe wird Stroh essen wie ein Rind, und die Schlange soll Erde essen. Sie werden nicht schaden noch verderben auf meinem ganzen heiligen Berge, spricht der HERR.

Kapitel 66

¹So spricht der HERR: Der Himmel ist mein Stuhl und die Erde meine Fußbank; was ist's denn für ein Haus, daß ihr mir bauen wollt, oder welches ist die Stätte, da ich ruhen soll?

²Meine Hand hat alles gemacht, was da ist, spricht der HERR. Ich sehe aber an den Elenden und der zerbrochenen Geistes ist und der sich fürchtet vor meinem Wort.

³Wer einen Ochsen schlachtet, ist eben als der einen Mann erschlüge; wer ein Schaf opfert, ist als der einem Hund den Hals bräche; wer Speisopfer bringt, ist als der Saublut opfert, wer Weihrauch anzündet, ist als der das Unrecht lobt. Solches erwählen sie in ihren Wegen, und ihre Seele hat Gefallen an ihren Greueln.

⁴Darum will ich auch erwählen, was ihnen wehe tut; und was sie scheuen, will ich über sie kommen lassen, darum daß ich rief, und niemand antwortete, daß ich redete, und sie hörten nicht und taten, was mir übel gefiel, und erwählten, was mir nicht gefiel.

⁵Höret des HERRN Wort, die ihr euch fürchtet vor seinem Wort: Eure Brüder, die euch hassen und sondern euch ab um meines Namens willen, sprechen: "Laßt sehen, wie herrlich der HERR sei, laßt ihn erscheinen zu eurer Freude"; die sollen zu Schanden werden.

⁶Man wird hören eine Stimme des Getümmels in der Stadt, eine Stimme vom Tempel, eine Stimme des HERRN, der seinen Feinden bezahlt.

⁷Sie gebiert, ehe ihr wehe wird; sie ist genesen eines Knaben, ehe denn ihre Kindsnot kommt.

⁸Wer hat solches je gehört? wer hat solches je gesehen? Kann auch, ehe denn ein Land die Wehen kriegt, ein Volk auf einmal geboren werden? Nun hat doch ja Zion ihre Kinder ohne Wehen geboren.

⁹Sollte ich das Kind lassen die Mutter brechen und nicht auch lassen geboren werden? spricht der HERR. Sollte ich, der gebären läßt, verschließen? spricht dein Gott.

¹⁰Freuet euch mit Jerusalem und seid fröhlich über sie, alle, die ihr sie liebhabt; freuet euch mit ihr, alle, die ihr hier über sie traurig gewesen seid!

¹¹Denn dafür sollt ihr saugen und satt werden von den Brüsten ihres Trostes; ihr sollt dafür saugen und euch ergötzen an der Fülle ihrer Herrlichkeit.

¹²Denn also spricht der HERR: Siehe, ich breite aus den Frieden bei ihr wie einen Strom und die Herrlichkeit der Heiden wie einen ergossenen Bach; da werdet ihr saugen. Ihr sollt auf dem Arme getragen werden, und auf den Knieen wird man euch freundlich halten.

¹³Ich will euch trösten, wie einen seine Mutter tröstet; ja, ihr sollt an Jerusalem ergötzt werden.

¹⁴Ihr werdet's sehen, und euer Herz wird sich freuen, und euer Gebein soll grünen wie Gras. Da wird man erkennen die Hand des HERRN an seinen Knechten und den Zorn an seinen Feinden.

¹⁵Denn siehe, der HERR wird kommen mit Feuer und seine Wagen wie ein Wetter, daß er vergelte im Grimm seines Zorns und mit Schelten in Feuerflammen.

¹⁶Denn der HERR wird durchs Feuer richten und durch sein Schwert alles Fleisch; und der Getöteten des HERRN wird viel sein.

¹⁷Die sich heiligen und reinigen in den Gärten, einer hier, der andere da, und essen Schweinefleisch, Greuel und Mäuse, sollen weggerafft werden miteinander, spricht der HERR.

¹⁸Und ich kenne ihre Werke und Gedanken. Es kommt die Zeit, daß ich sammle alle Heiden und Zungen, daß sie kommen und sehen meine Herrlichkeit.

¹⁹Und ich will ein Zeichen unter sie geben und ihrer etliche, die errettet sind, senden zu den Heiden, gen Tharsis, gen Phul und Lud zu den Bogenschützen, gen Thubal und Javan und in die Ferne zu den Inseln, da man nichts von mir gehört hat und die meine Herrlichkeit nicht gesehen haben; und sollen meine Herrlichkeit unter den Heiden verkündigen.

²⁰Und sie werden alle eure Brüder aus allen Heiden herzubringen, dem HERR zum Speisopfer, auf Rossen und Wagen, auf Sänften, auf Maultieren und Dromedaren gen Jerusalem, zu meinem heiligen Berge, spricht der HERR, gleichwie die Kinder Israel Speisopfer in reinem Gefäß bringen zum Hause des HERRN.

Jesaja

²¹Und ich will auch aus ihnen nehmen Priester und Leviten, spricht der HERR.

²²Denn gleichwie der neue Himmel und die neue Erde, die ich mache, vor mir stehen, spricht der HERR, also soll auch euer Same und Name stehen.

²³Und alles Fleisch wird einen Neumond nach dem andern und einen Sabbat nach dem andern kommen, anzubeten vor mir, spricht der HERR.

²⁴Und sie werden hinausgehen und schauen die Leichname der Leute, die an mir übel gehandelt haben; denn ihr Wurm wird nicht sterben, und ihr Feuer nicht verlöschen, und werden allem Fleisch ein Greuel sein.

Jeremia

Kapitel 1

¹Dies sind die Reden Jeremia's, des Sohnes Hilkias, aus den Priestern zu Anathoth im Lande Benjamin,

²zu welchem geschah das Wort des HERRN zur Zeit Josias, des Sohnes Amons, des Königs in Juda, im dreizehnten Jahr seines Königreichs,

³und hernach zur Zeit des Königs in Juda, Jojakims, des Sohnes Josias, bis ans Ende des elften Jahres Zedekias, des Sohnes Josias, des Königs in Juda, bis auf die Gefangenschaft Jerusalems im fünften Monat.

⁴Und des HERRN Wort geschah zu mir und sprach:

⁵Ich kannte dich, ehe denn ich dich im Mutterleibe bereitete, und sonderte dich aus, ehe denn du von der Mutter geboren wurdest, und stellte dich zum Propheten unter die Völker.

⁶Ich aber sprach: Ach HERR HERR, ich tauge nicht, zu predigen; denn ich bin zu jung.

⁷Der HERR sprach aber zu mir: Sage nicht: "Ich bin zu jung"; sondern du sollst gehen, wohin ich dich sende, und predigen, was ich dich heiße.

⁸Fürchte dich nicht vor ihnen; denn ich bin bei dir und will dich erretten, spricht der HERR.

⁹Und der HERR reckte seine Hand aus und rührte meinen Mund an und sprach zu mir: Siehe, ich lege meine Worte in deinen Mund.

¹⁰Siehe, ich setze dich heute dieses Tages über Völker und Königreiche, daß du ausreißen, zerbrechen, verstören und verderben sollst und bauen und pflanzen.

¹¹Und es geschah des HERRN Wort zu mir und sprach: Jeremia, was siehst du? Ich sprach: Ich sehe einen erwachenden Zweig.

¹²Und der HERR sprach zu mir: Du hast recht gesehen; denn ich will wachen über mein Wort, daß ich's tue.

¹³Und es geschah des HERRN Wort zum andernmal zu mir und sprach: Was siehst du? Ich sprach: Ich sehe einen heißsiedenden Topf von Mitternacht her.

¹⁴Und der HERR sprach zu mir: Von Mitternacht wird das Unglück ausbrechen über alle, die im Lande wohnen.

¹⁵Denn siehe, ich will rufen alle Fürsten in den Königreichen gegen Mitternacht, spricht der HERR, daß sie kommen sollen und ihre Stühle setzen vor die Tore zu Jerusalem und rings um die Mauern her und vor alle Städte Juda's.

¹⁶Und ich will das Recht lassen über sie gehen um all ihrer Bosheit willen, daß sie mich verlassen und räuchern andern Göttern und beten an ihrer Hände Werk.

¹⁷So begürte nun deine Lenden und mache dich auf und predige ihnen alles, was ich dich heiße. Erschrick nicht vor ihnen, auf daß ich dich nicht erschrecke vor ihnen;

¹⁸denn ich will dich heute zur festen Stadt, zur eisernen Säule, zur ehernen Mauer machen im ganzen Lande, wider die Könige Juda's, wider ihre Fürsten, wider ihre Priester, wider das Volk im Lande,

¹⁹daß, wenn sie gleich wider dich streiten, sie dennoch nicht sollen wider dich siegen; denn ich bin bei dir, spricht der HERR, daß ich dich errette.

Kapitel 2

¹Und des HERRN Wort geschah zu mir und sprach:

²Gehe hin und predige öffentlich zu Jerusalem und sprich: So spricht der HERR: Ich gedenke, da du eine freundliche, junge Dirne und eine liebe Braut warst, da du mir folgtest in der Wüste, in dem Lande, da man nichts sät,

³da Israel des HERRN eigen war und seine erste Frucht. Wer sie fressen wollte, mußte Schuld haben, und Unglück mußte über ihn kommen, spricht der HERR.

⁴Hört des HERRN Wort, ihr vom Hause Jakob und alle Geschlechter vom Hause Israel.

⁵So spricht der HERR: Was haben doch eure Väter Unrechtes an mir gefunden, daß sie von mir wichen und hingen an den unnützen Götzen, da sie doch nichts erlangten?

⁶und dachten nie einmal: Wo ist der HERR, der uns aus Ägyptenland führte und leitete uns in der Wüste, im wilden, ungebahnten Lande, im dürren und finstern Lande, in dem Lande, da niemand wandelte noch ein Mensch wohnte?

⁷Und ich brachte euch in ein gutes Land, daß ihr äßet seine Früchte und Güter. Und da ihr hineinkamt, verunreinigtet ihr mein Land und machtet mir mein Erbe zum Greuel.

⁸Die Priester gedachten nicht: Wo ist der HERR? und die das Gesetz treiben, achteten mein nicht, und die Hirten führten die Leute von mir, und die Propheten weissagten durch Baal und hingen an den unnützen Götzen.

⁹Darum muß ich noch immer mit euch und mit euren Kindeskindern hadern, spricht der HERR.

¹⁰Gehet hin in die Inseln Chittim und schauet, und sendet nach Kedar und merket mit Fleiß und schauet, ob's daselbst so zugeht!

¹¹Ob die Heiden ihre Götter ändern, wiewohl sie doch nicht Götter sind! Und mein Volk hat doch seine Herrlichkeit verändert um einen unnützen Götzen.

¹²Sollte sich doch der Himmel davor entsetzen, erschrecken und sehr erbeben, spricht der HERR.

¹³Denn mein Volk tut eine zwiefache Sünde: mich, die lebendige Quelle, verlassen sie und machen sich hier und da ausgehauenen Brunnen, die doch löcherig sind und kein Wasser geben.

¹⁴Ist denn Israel ein Knecht oder Leibeigen, daß er jedermanns Raub sein muß?

¹⁵Denn Löwen brüllen über ihn und schreien und verwüsten sein Land, und seine Städte werden verbrannt, daß niemand darin wohnt.

¹⁶Dazu zerschlagen die von Noph und Thachpanhes dir den Kopf.

¹⁷Solches machst du dir selbst, weil du den HERRN, deinen Gott, verläßt, so oft er dich den rechten Weg leiten will.

¹⁸Was hilft's dir, daß du nach Ägypten ziehst und willst vom Wasser Sihor trinken? Und was hilft's dir, daß du nach Assyrien ziehst und willst vom Wasser des Euphrat trinken?

¹⁹Es ist deiner Bosheit Schuld, daß du so gestäupt wirst, und deines Ungehorsams, daß du so gestraft wirst. Also mußt du innewerden und erfahren, was es für Jammer und Herzeleid bringt, den HERRN, deinen Gott, verlassen und ihn nicht fürchten, spricht der HERR HERR Zebaoth.

²⁰Denn du hast immerdar dein Joch zerbrochen und deine Bande zerrissen und gesagt: Ich will nicht unterworfen sein! sondern auf allen hohen Hügeln und unter allen grünen Bäumen liefst du den Götzen nach.

²¹Ich aber hatte dich gepflanzt zu einem süßen Weinstock, einen ganz rechtschaffenen Samen. Wie bist du mir denn geraten zu einem bittern, wilden Weinstock?

²²Und wenn du dich gleich mit Lauge wüschest und nähmest viel Seife dazu, so gleißt doch deine Untugend desto mehr vor mir, spricht der HERR HERR.

²³Wie darfst du denn sagen: Ich bin nicht unrein, ich hänge nicht an den Baalim? Siehe an, wie du es treibst im Tal, und bedenke, wie du es ausgerichtet hast.

²⁴Du läufst umher wie eine Kamelstute in der Brunst, und wie ein Wild in der Wüste pflegt, wenn es vor großer Brunst lechzt und läuft, daß es niemand aufhalten kann. Wer's wissen will, darf nicht weit laufen; am Feiertage sieht man es wohl.

²⁵Schone doch deiner Füße, daß sie nicht bloß, und deines Halses das er nicht durstig werde. Aber du sprichst: Da wird nichts draus; ich muß mit den Fremden buhlen und ihnen nachlaufen.

²⁶Wie ein Dieb zu Schanden wird, wenn er ergriffen wird, also wird das Haus Israel zu Schanden werden samt ihren Königen, Fürsten, Priestern und Propheten,

²⁷die zum Holz sagen: Du bist mein Vater, und zum Stein: Du hast mich gezeugt. Denn sie kehren mir den Rücken zu und nicht das Angesicht. Aber wenn die Not hergeht, sprechen sie: Auf, und hilf uns!

²⁸Wo sind aber dann deine Götter, die du dir gemacht hast? Heiße sie aufstehen; laß sehen, ob sie dir helfen können in deiner Not! Denn so manche Stadt, so manchen Gott hast du, Juda.

²⁹Was wollt ihr noch recht haben wider mich? Ihr seid alle von mir abgefallen, spricht der HERR.

³⁰Alle Schläge sind verloren an euren Kindern; sie lassen sich doch nicht ziehen. Denn euer Schwert frißt eure Propheten wie ein wütiger Löwe.

³¹Du böse Art, merke auf des HERRN Wort! Bin ich denn für Israel eine Wüste oder ödes Land? Warum spricht denn mein Volk: Wir sind die Herren und müssen dir nicht nachlaufen?

³²Vergißt doch eine Jungfrau ihres Schmuckes nicht, noch eine Braut ihres Schleiers; aber mein Volk vergißt mein ewiglich.

³³Was beschönst du viel dein Tun, daß ich dir gnädig sein soll? Unter solchem Schein treibst du je mehr und mehr Bosheit.

³⁴Überdas findet man Blut der armen und unschuldigen Seelen bei dir an allen Orten, und das ist nicht heimlich, sondern offenbar an diesen Orten.

³⁵Doch sprichst du: Ich bin unschuldig; er wende seinen Zorn von

Jeremia

mir. Siehe, ich will mit dir rechten, daß du sprichst: Ich habe nicht gesündigt.

³⁶Wie weichst du doch so gern und läufst jetzt dahin, jetzt hierher! Aber du wirst an Ägypten zu Schanden werden, wie du an Assyrien zu Schanden geworden bist.

³⁷Denn du mußt von dort auch wegziehen und deine Hände über dem Haupt zusammenschlagen; denn der Herr wird deine Hoffnung trügen lassen, und nichts wird dir bei ihnen gelingen.

Kapitel 3

¹Und er spricht: Wenn sich ein Mann von seinem Weibe scheidet, und sie zieht von ihm und nimmt einen andern Mann, darf er sie auch wieder annehmen? Ist's nicht also, daß das Land verunreinigt würde? Du aber hast mit vielen Buhlen gehurt; doch komm wieder zu mir; spricht der HERR.

²Hebe deine Augen auf zu den Höhen und siehe, wie du allenthalben Hurerei treibst. An den Straßen sitzest du und lauerst auf sie wie ein Araber in der Wüste und verunreinigst das Land mit deiner Hurerei und Bosheit.

³Darum muß auch der Frühregen ausbleiben und kein Spätregen kommen. Du hast eine Hurenstirn, du willst dich nicht mehr schämen

⁴und schreist gleichwohl zu mir: "Lieber Vater, du Meister meiner Jugend!

⁵willst du denn ewiglich zürnen und nicht vom Grimm lassen?" Siehe, so redest du, und tust Böses und lässest dir nicht steuern.

⁶Und der HERR sprach zu mir zu der Zeit des Königs Josia: Hast du auch gesehen, was Israel, die Abtrünnige tat? Sie ging hin auf alle hohen Berge und unter alle grünen Bäume und trieb daselbst Hurerei.

⁷Und ich sprach, da sie solches alles getan hatte: Bekehre dich zu mir. Aber sie bekehrte sich nicht. Und obwohl ihre Schwester Juda, die Verstockte, gesehen hat,

⁸wie ich der Abtrünnigen Israel Ehebruch gestraft und sie verlassen und ihr einen Scheidebrief gegeben habe: dennoch fürchtet sich ihre Schwester, die verstockte Juda, nicht, sondern geht hin und treibt auch Hurerei.

⁹Und von dem Geschrei ihrer Hurerei ist das Land verunreinigt; denn sie treibt Ehebruch mit Stein und Holz.

¹⁰Und in diesem allem bekehrt sich die verstockte Juda, ihre Schwester, nicht zu mir von ganzem Herzen, sondern heuchelt also, spricht der HERR.

¹¹Und der HERR sprach zu mir: Die abtrünnige Israel ist fromm gegen die verstockte Juda.

¹²Gehe hin und rufe diese Worte gegen die Mitternacht und sprich: Kehre wieder, du abtrünnige Israel, spricht der HERR, so will ich mein Antlitz nicht gegen euch verstellen. Denn ich bin barmherzig, spricht der HERR, und ich will nicht ewiglich zürnen.

¹³Allein erkenne deine Missetat, daß du wider den HERRN, deinen Gott, gesündigt hast und bist hin und wieder gelaufen zu den fremden Göttern unter allen grünen Bäumen und habt meiner Stimme nicht gehorcht, spricht der HERR.

¹⁴Bekehret euch nun ihr abtrünnigen Kinder, spricht der HERR; denn ich will euch mir vertrauen und will euch holen, einen aus einer Stadt und zwei aus einem Geschlecht, und will euch bringen gen Zion

¹⁵und will euch Hirten geben nach meinem Herzen, die euch weiden sollen mit Lehre und Weisheit.

¹⁶Und es soll geschehen, wenn ihr gewachsen seid und euer viel geworden sind im Lande, so soll man, spricht der HERR, zur selben Zeit nicht mehr sagen von der Bundeslade des HERRN, auch ihrer nicht mehr gedenken noch davon predigen noch nach ihr fragen, und sie wird nicht wieder gemacht werden;

¹⁷sondern zur selben Zeit wird man Jerusalem heißen "Des HERRN Thron", und es werden sich dahin sammeln alle Heiden um des Namens des HERRN willen zu Jerusalem und werden nicht mehr wandeln nach den Gedanken ihres bösen Herzens.

¹⁸Zu der Zeit wird das Haus Juda gehen zum Hause Israel, und sie werden miteinander kommen von Mitternacht in das Land, das ich euren Vätern zum Erbe gegeben habe.

¹⁹Und ich sagte dir zu: Wie will ich dir so viel Kinder geben und das liebe Land, das allerschönste Erbe unter den Völkern! Und ich sagte dir zu: Du wirst alsdann mich nennen "Lieber Vater!" und nicht von mir weichen.

²⁰Aber das Haus Israel achtete mich nicht, gleichwie ein Weib ihren Buhlen nicht mehr achtet, spricht der HERR.

²¹Darum hört man ein klägliches Heulen und Weinen der Kinder Israel auf den Höhen, dafür daß sie übel getan und des HERRN, ihres Gottes, vergessen haben.

²²So kehret nun wieder, ihr abtrünnigen Kinder, so will ich euch heilen von eurem Ungehorsam. Siehe wir kommen zu dir; denn du bist der HERR, unser Gott.

²³Wahrlich, es ist eitel Betrug mit Hügeln und mit allen Bergen. Wahrlich, es hat Israel keine Hilfe denn am HERRN, unserm Gott.

²⁴Und die Schande hat gefressen unsrer Väter Arbeit von unsrer Jugend auf samt ihren Schafen, Rindern, Söhnen und Töchtern.

²⁵Denn worauf wir uns verließen, das ist uns jetzt eitel Schande, und wessen wir uns trösteten, des müssen wir uns jetzt schämen. Denn wir sündigten damit wider den HERRN, unsern Gott, beide, wir und unsre Väter, von unsrer Jugend auf, auch bis auf diesen heutigen Tag, und gehorchten nicht der Stimme des HERRN, unsers Gottes.

Kapitel 4

¹Willst du dich, Israel, bekehren, spricht der HERR, so bekehre dich zu mir. Und so du deine Greuel wegtust von meinem Angesicht, so sollst du nicht vertrieben werden.

²Alsdann wirst du ohne Heuchelei recht und heilig schwören: So wahr der HERR lebt! und die Heiden werden in ihm gesegnet werden und sich sein rühmen.

³Denn so spricht der HERR zu denen in Juda und zu Jerusalem: Pflügt ein Neues und säet nicht unter die Hecken.

⁴Beschneidet euch dem HERRN und tut weg die Vorhaut eures Herzens, ihr Männer in Juda und ihr Leute zu Jerusalem, auf daß nicht mein Grimm ausfahre wie Feuer und brenne, daß niemand löschen könne, um eurer Bosheit willen.

⁵Verkündiget in Juda und schreiet laut zu Jerusalem und sprecht: "Blaset die Drommete im Lande!" Ruft mit voller Stimme und sprecht: "Sammelt euch und laßt uns in die festen Städte ziehen!"

⁶Werft zu Zion ein Panier auf; flieht und säumt nicht! Denn ich bringe ein Unglück herzu von Mitternacht und einen großen Jammer.

⁷Es fährt daher der Löwe aus seiner Hecke, und der Verstörer der Heiden zieht einher aus seinem Ort, daß er dein Land verwüste und deine Städte ausbrenne, daß niemand darin wohne.

⁸Darum ziehet Säcke an, klaget und heulet; denn der grimmige Zorn des HERRN will sich nicht wenden von uns.

⁹Zu der Zeit, spricht der HERR, wird dem König und den Fürsten das Herz entfallen; die Priester werden bestürzt und die Propheten erschrocken sein.

¹⁰Ich aber sprach: Ach HERR HERR! du hast's diesem Volk und Jerusalem weit fehlgehen lassen, da sie sagten: "Es wird Friede mit euch sein", so doch das Schwert bis an die Seele reicht.

¹¹Zu derselben Zeit wird man diesem Volk und Jerusalem sagen: "Es kommt ein dürrer Wind über das Gebirge her aus der Wüste, des Weges zu der Tochter meines Volks, nicht zum Worfeln noch zu Schwingen."

¹²Ja, ein Wind kommt, der ihnen zu stark sein wird; da will ich denn auch mit ihnen rechten.

¹³Siehe, er fährt daher wie Wolken, und seine Wagen sind wie Sturmwind, seine Rosse sind schneller denn Adler. Weh uns! wir müssen verstört werden."

¹⁴So wasche nun, Jerusalem, dein Herz von der Bosheit, auf daß dir geholfen werde. Wie lange wollen bei dir bleiben deine leidigen Gedanken?

¹⁵Denn es kommt ein Geschrei von Dan her und eine böse Botschaft vom Gebirge Ephraim.

¹⁶Saget an den Heiden, verkündiget in Jerusalem, daß Hüter kommen aus fernen Landen und werden schreien wider die Städte Juda's.

¹⁷Sie werden sich um sie her lagern wie die Hüter auf dem Felde; denn sie haben mich erzürnt, spricht der HERR.

¹⁸Das hast du zum Lohn für dein Wesen und dein Tun. Dann wird dein Herz fühlen, wie deine Bosheit so groß ist.

¹⁹Wie ist mir so herzlich weh! Mein Herz pocht mir im Leibe, und habe keine Ruhe; denn meine Seele hört der Posaunen Hall und eine Feldschlacht

²⁰und einen Mordschrei über den andern; denn das ganze Land wird verheert, plötzlich werden meine Hütten und meine Gezelte verstört.

²¹Wie lange soll ich doch das Panier sehen und der Posaune Hall hören?

²²Aber mein Volk ist toll, und sie glauben mir nicht; töricht sind sie und achten's nicht. Weise sind sie genug, Übles zu tun; aber wohltun wollen sie nicht lernen.

²³Ich schaute das Land an, siehe, das war wüst und öde, und den Himmel, und er war finster.

²⁴Ich sah die Berge an, und siehe, die bebten, und alle Hügel zitterten.

²⁵Ich sah, und siehe, da war kein Mensch, und alle Vögel unter dem Himmel waren weggeflogen.

²⁶Ich sah, und siehe, das Gefilde war eine Wüste; und alle Städte darin waren zerbrochen vor dem HERRN und vor seinem grimmigen Zorn.

²⁷Denn so spricht der HERR: Das ganze Land soll wüst werden, und ich will's doch nicht gar aus machen.

²⁸Darum wird das Land betrübt und der Himmel droben traurig sein; denn ich habe es geredet, ich habe es beschlossen, und es soll mich nicht reuen, will auch nicht davon ablassen.

²⁹Aus allen Städten werden sie vor dem Geschrei der Reiter und Schützen fliehen und in die dicken Wälder laufen und in die Felsen kriechen; alle Städte werden verlassen stehen, daß niemand darin wohnt.

³⁰Was willst du alsdann tun, du Verstörte? Wenn du dich schon mit Purpur kleiden und mit goldenen Kleinoden schmücken und dein Angesicht schminken würdest, so schmückst du dich doch vergeblich; die Buhlen werden dich verachten, sie werden dir nach dem Leben trachten.

³¹Denn ich höre ein Geschrei als einer Gebärerin, eine Angst als einer, die in den ersten Kindesnöten ist, ein Geschrei der Tochter Zion, die da klagt und die Hände auswirft: "Ach, wehe mir! Ich muß fast vergehen vor den Würgern."

Kapitel 5

¹Gehet durch die Gassen zu Jerusalem und schauet und erfahret und suchet auf ihrer Straße, ob ihr jemand findet, der recht tue und nach dem Glauben frage, so will ich dir gnädig sein.

²Und wenn sie schon sprechen: "Bei dem lebendigen Gott!", so schwören sie doch falsch.

³HERR, deine Augen sehen nach dem Glauben. Du schlägst sie, aber sie fühlen's nicht; du machst es schier aus mit ihnen, aber sie bessern sich nicht. Sie haben ein härter Angesicht denn ein Fels und wollen sich nicht bekehren.

⁴Ich dachte aber: Wohlan, der arme Haufe ist unverständig, weiß nichts um des HERRN Weg und um ihres Gottes Recht.

⁵Ich will zu den Gewaltigen gehen und mit ihnen reden; die werden um des HERRN Weg und ihres Gottes Recht wissen. Aber sie allesamt hatten das Joch zerbrochen und die Seile zerrissen.

⁶Darum wird sie auch der Löwe, der aus dem Walde kommt, zerreißen, und der Wolf aus der Wüste wird sie verderben, und der Parder wird um ihre Städte lauern; alle, die daselbst herausgehen, wird er fressen. Denn ihrer Sünden sind zuviel, und sie bleiben verstockt in ihrem Ungehorsam.

⁷Wie soll ich dir denn gnädig sein, weil mich meine Kinder verlassen und schwören bei dem, der nicht Gott ist? und nun ich ihnen vollauf gegeben habe, treiben sie Ehebruch und laufen ins Hurenhaus.

⁸Ein jeglicher wiehert nach seines Nächsten Weib wie die vollen, müßigen Hengste.

⁹Und ich sollte sie um solches nicht heimsuchen? spricht der HERR, und meine Seele sollte sich nicht rächen an solchem Volk, wie dies ist?

¹⁰Stürmet ihre Mauern und werfet sie um, und macht's nicht gar aus! Führet ihre Reben weg, denn sie sind nicht des HERRN;

¹¹sondern sie verachten mich, beide, das Haus Israel und das Haus Juda, spricht der HERR.

¹²Sie verleugnen den HERRN und sprechen: "Das ist er nicht, und so übel wird es uns nicht gehen; Schwert und Hunger werden wir nicht sehen.

¹³Ja, die Propheten sind Schwätzer und haben auch Gottes Wort nicht; es gehe über sie selbst also!"

¹⁴Darum spricht der HERR, der Gott Zebaoth: Weil ihr solche Rede treibt, siehe, so will ich meine Worte in deinem Munde zu Feuer machen, und dies Volk zu Holz, und es soll sie verzehren.

¹⁵Siehe, ich will über euch vom Hause Israel, spricht der HERR, ein Volk von ferne bringen, ein mächtiges Volk, dessen Sprache du nicht verstehst, und kannst nicht vernehmen, was sie reden.

¹⁶Seine Köcher sind offene Gräber; es sind eitel Helden.

¹⁷Sie werden deine Ernte und dein Brot verzehren; sie werde deine Söhne und Töchter fressen; sie werden deine Schafe und Rinder verschlingen; sie werden deine Weinstöcke und Feigenbäume verzehren; deine festen Städte, darauf du dich verläßt, werden sie mit dem Schwert verderben.

¹⁸Doch will ich's, spricht der HERR, zur selben Zeit mit euch nicht gar aus machen.

¹⁹Und ob sie würden sagen: "Warum tut uns der HERR, unser Gott, solches alles?", sollst du ihnen antworten: Wie ihr mich verlaßt und den fremden Göttern dient in eurem eigenen Lande, also sollt ihr auch Fremden dienen in einem Lande, das nicht euer ist.

²⁰Solches sollt ihr verkündigen im Hause Jakob und predigen in Juda und sprechen:

²¹Höret zu, ihr tolles Volk, das keinen Verstand hat, die da Augen haben, und sehen nicht, Ohren haben, und hören nicht!

²²Wollt ihr mich nicht fürchten? spricht der HERR, und vor mir nicht erschrecken, der ich dem Meer den Sand zum Ufer setzte, darin es allezeit bleiben muß, darüber es nicht gehen darf? Und ob's schon wallet, so vermag's doch nichts; und ob seine Wellen schon toben, so dürfen sie doch nicht darüberfahren.

²³Aber dies Volk hat ein abtrünniges, ungehorsames Herz; sie bleiben abtrünnig und gehen immerfort weg

²⁴und sprechen nicht einmal in ihrem Herzen: Laßt uns doch den HERRN, unsern Gott, fürchten, der uns Frühregen und Spätregen zu rechter Zeit gibt und uns die Ernte treulich und jährlich behütet.

²⁵Aber eure Missetaten hindern solches, und eure Sünden wenden das Gute von euch.

²⁶Denn man findet unter meinem Volk Gottlose, die den Leuten nachstellen und Fallen zurichten, sie zu fangen, wie die Vogler tun.

²⁷Und ihre Häuser sind voller Tücke, wie ein Vogelbauer voller Lockvögel ist. Daher werden sie gewaltig und reich, fett und glatt.

²⁸Sie gehen mit bösen Stücken um; sie halten kein Recht, der Waisen Sache fördern sie nicht, daß auch sie Glück hätten, und helfen den Armen nicht zum Recht.

²⁹Sollte ich denn solches nicht heimsuchen, spricht der HERR, und meine Seele sollte sich nicht rächen an solchem Volk, wie dies ist?

³⁰Es steht greulich und schrecklich im Lande.

³¹Die Propheten weissagen falsch, und die Priester herrschen in ihrem Amt, und mein Volk hat's gern also. Wie will es euch zuletzt darob gehen?

Kapitel 6

¹Fliehet, ihr Kinder Benjamin, aus Jerusalem und blaset die Drommete auf der Warte Thekoa und werft auf ein Panier über der Warte Beth-Cherem! denn es geht daher ein Unglück von Mitternacht und ein großer Jammer.

²Die Tochter Zion ist wie eine schöne und lustige Aue.

³Aber es werden die Hirten über sie kommen mit ihren Herden, die werden Gezelte rings um sie her aufschlagen und weiden ein jeglicher an seinem Ort und sprechen:

⁴"Rüstet euch zum Krieg wider sie! Wohlauf, laßt uns hinaufziehen, weil es noch hoch Tag ist! Ei, es will Abend werden, und die Schatten werden groß!

⁵Wohlan, so laßt uns auf sein, und sollten wir bei Nacht hinaufziehen und ihre Paläste verderben!"

⁶Denn also spricht der HERR Zebaoth: Fällt die Bäume und werft einen Wall auf wider Jerusalem; denn sie ist eine Stadt, die heimgesucht werden soll. Ist doch eitel Unrecht darin.

⁷Denn gleichwie ein Born sein Wasser quillt, also quillt auch ihre Bosheit. Ihr Frevel und Gewalt schreit über sie, und ihr Morden und Schlagen treiben sie täglich vor mir.

⁸Bessere dich Jerusalem, ehe sich mein Herz von dir wendet und ich dich zum wüsten Lande mache, darin niemand wohne!

⁹So spricht der HERR Zebaoth: Was übriggeblieben ist von Israel, das muß nachgelesen werden wie am Weinstock. Der Weinleser wird eins nach dem andern in die Butten werfen.

¹⁰Ach, mit wem soll ich doch reden und zeugen? Daß doch jemand hören wollte! Aber ihre Ohren sind unbeschnitten; sie können's nicht hören. Siehe, sie halten des HERRN Wort für einen Spott und wollen es nicht.

¹¹Darum bin ich von des HERRN Drohen so voll, daß ich's nicht lassen kann. Schütte es aus über die Kinder auf der Gasse und über die Mannschaft im Rat miteinander; denn es sollen beide, Mann und Weib, Alte und der Wohlbetagte, gefangen werden.

¹²Ihre Häuser sollen den Fremden zuteil werden samt den Äckern und Weibern; denn ich will meine Hand ausstrecken, spricht der HERR, über des Landes Einwohner.

¹³Denn sie geizen allesamt, klein und groß; und beide, Propheten und Priester, gehen allesamt mit Lügen um

¹⁴und trösten mein Volk in seinem Unglück, daß sie es gering achten sollen, und sagen: "Friede! Friede!", und ist doch nicht Friede.

¹⁵Darum werden sie mit Schanden bestehen, daß sie solche Greuel treiben; wiewohl sie wollen ungeschändet sein und wollen sich nicht schämen. Darum müssen sie fallen auf einen Haufen; und wenn ich sie heimsuchen werde, sollen sie stürzen, spricht der HERR.

¹⁶So spricht der HERR: Tretet auf die Wege und schauet und

Jeremia

fraget nach den vorigen Wegen, welches der gute Weg sei, und wandelt darin, so werdet ihr Ruhe finden für eure Seele! Aber sie sprechen: Wir wollen's nicht tun!

¹⁷Ich habe Wächter über dich gesetzt: Merket auf die Stimme der Drommete! Aber sie sprechen: Wir wollen's nicht tun!

¹⁸Darum so höret, ihr Heiden, und merket samt euren Leuten!

¹⁹Du, Erde, höre zu! Siehe, ich will ein Unglück über dies Volk bringen, darum daß sie auf meine Worte nicht achten und mein Gesetz verwerfen.

²⁰Was frage ich nach Weihrauch aus Reicharabien und nach den guten Zimtrinden, die aus fernen Landen kommen? Eure Brandopfer sind mir nicht angenehm, und eure Opfer gefallen mir nicht.

²¹Darum spricht der HERR also: Siehe, ich will diesem Volk einen Anstoß in den Weg stellen, daran sich die Väter und Kinder miteinander stoßen und ein Nachbar mit dem andern umkommen sollen.

²²So spricht der HERR: Siehe, es wird ein Volk kommen von Mitternacht, und ein großes Volk wird sich erregen vom Ende der Erde,

²³die Bogen und Lanze führen. Es ist grausam und ohne Barmherzigkeit; sie brausen daher wie ein ungestümes Meer und reiten auf Rossen, gerüstet wie Kriegsleute, wider dich, du Tochter Zion.

²⁴Wenn wir von ihnen hören werden, so werden uns die Fäuste entsinken; es wird uns angst und weh werden wie einer Gebärerin.

²⁵Es gehe ja niemand hinaus auf den Acker, niemand gehe über Feld; denn es ist allenthalben unsicher vor dem Schwert des Feindes.

²⁶O Tochter meines Volks, zieh Säcke an und lege dich in Asche; trage Leid wie um einen einzigen Sohn und klage wie die, so hoch betrübt sind! denn der Verderber kommt über uns plötzlich.

²⁷Ich habe dich zum Schmelzer gesetzt unter mein Volk, das so hart ist, daß du ihr Wesen erfahren und prüfen sollst.

²⁸Sie sind allzumal Abtrünnige und wandeln verräterisch, sind Erz und Eisen; alle sind sie verderbt.

²⁹Der Blasebalg ist verbrannt, das Blei verschwindet; das Schmelzen ist umsonst, denn das Böse ist nicht davon geschieden.

³⁰Darum heißen sie auch ein verworfenes Silber; denn der HERR hat sie verworfen.

Kapitel 7

¹Dies ist das Wort, welches geschah zu Jeremia vom HERRN, und sprach:

²Tritt ins Tor im Hause des HERR und predige daselbst dies Wort und sprich: Höret des HERRN Wort, ihr alle von Juda, die ihr zu diesen Toren eingehet, den HERRN anzubeten!

³So spricht der HERR Zebaoth, der Gott Israels: Bessert euer Leben und Wesen, so will ich bei euch wohnen an diesem Ort.

⁴Verlaßt euch nicht auf die Lügen, wenn sie sagen: Hier ist des HERRN Tempel, hier ist des HERRN Tempel, hier ist des HERRN Tempel!

⁵sondern bessert euer Leben und Wesen, daß ihr recht tut einer gegen den andern

⁶und den Fremdlingen, Waisen und Witwen keine Gewalt tut und nicht unschuldiges Blut vergießt an diesem Ort, und folgt nicht nach andern Göttern zu eurem eigenen Schaden:

⁷so will ich immer und ewiglich bei euch wohnen an diesem Ort, in dem Lande, das ich euren Vätern gegeben habe.

⁸Aber nun verlasset ihr euch auf Lügen, die nichts nütze sind.

⁹Daneben seid ihr Diebe, Mörder, Ehebrecher und Meineidige und räuchert dem Baal und folgt fremden Göttern nach, die ihr nicht kennt.

¹⁰Darnach kommt ihr dann und tretet vor mich in diesem Hause, das nach meinem Namen genannt ist, und sprecht: Es hat keine Not mit uns, weil wir solche Greuel tun.

¹¹Haltet ihr denn dies Haus, das nach meinem Namen genannt ist, für eine Mördergrube? Siehe, ich sehe es wohl, spricht der HERR.

¹²Gehet hin an meinen Ort zu Silo, da vormals mein Name gewohnt hat, und schauet, was ich daselbst getan habe um der Bosheit willen meines Volkes Israel.

¹³Weil ihr denn alle solche Stücke treibt, spricht der HERR, und ich stets euch predigen lasse, und ihr wollt nicht hören, ich rufe euch, und ihr wollt nicht antworten:

¹⁴so will ich dem Hause, das nach meinem Namen genannt ist, darauf ihr euch verlaßt, und den Ort, den ich euren Vätern gegeben habe, eben tun, wie ich zu Silo getan habe,

¹⁵und will euch von meinem Angesicht wegwerfen, wie ich weggeworfen habe alle eure Brüder, den ganzen Samen Ephraims.

¹⁶Und du sollst für dies Volk nicht bitten und sollst für sie keine Klage noch Gebet vorbringen, auch nicht vertreten vor mir; denn ich will dich nicht hören.

¹⁷Denn siehst du nicht, was sie tun in den Städten Juda's und auf den Gassen zu Jerusalem?

¹⁸Die Kinder lesen Holz, so zünden die Väter das Feuer an, und die Weiber kneten den Teig, daß sie der Himmelskönigin Kuchen backen, und geben Trankopfer den fremden Göttern, daß sie mir Verdruß tun.

¹⁹Aber sie sollen nicht mir damit, spricht der HERR, sondern sich selbst Verdruß tun und müssen zu Schanden werden.

²⁰Darum spricht der HERR HERR: Siehe, mein Zorn und mein Grimm ist ausgeschüttet über diesen Ort, über Menschen und Vieh, über Bäume auf dem Felde und über die Früchte des Landes; und der soll brennen, daß niemand löschen kann.

²¹So spricht der HERR Zebaoth, der Gott Israels: Tut eure Brandopfer und anderen Opfer zuhauf und esset Fleisch.

²²Denn ich habe euren Vätern des Tages, da ich sie aus Ägyptenland führte, weder gesagt noch geboten von Brandopfer und anderen Opfern;

²³sondern dies gebot ich ihnen und sprach: Gehorchet meinem Wort, so will ich euer Gott sein, und ihr sollt mein Volk sein; und wandelt auf allen Wegen, die ich euch gebiete, auf daß es euch wohl gehe.

²⁴Aber sie wollen nicht hören noch ihre Ohren zuneigen, sondern wandelten nach ihrem eigenen Rat und nach ihres bösen Herzens Gedünken und gingen hinter sich und nicht vor sich.

²⁵Ja, von dem Tage an, da ich eure Väter aus Ägyptenland geführt habe, bis auf diesen Tag habe ich stets zu euch gesandt alle meine Knechte, die Propheten.

²⁶Aber sie wollen mich nicht hören noch ihre Ohren neigen, sondern waren halsstarrig und machten's ärger denn ihre Väter.

²⁷Und wenn du ihnen dies alles schon sagst, so werden sie dich doch nicht hören; rufst du ihnen, so werden sie dir nicht antworten.

²⁸Darum sprich zu ihnen: Dies ist das Volk, das den HERRN, seinen Gott, nicht hören noch sich bessern will. Der Glaube ist untergegangen und ausgerottet von ihrem Munde.

²⁹Schneide deine Haare ab und wirf sie von dir und wehklage auf den Höhen; denn der HERR hat dies Geschlecht, über das er zornig ist, verworfen und verstoßen.

³⁰Denn die Kinder Juda tun übel vor meinen Augen, spricht der HERR. Sie setzen ihre Greuel in das Haus, das nach meinem Namen genannt ist, daß sie es verunreinigen,

³¹und bauen die Altäre des Thopheth im Tal Ben-Hinnom, daß sie ihre Söhne und Töchter verbrennen, was ich nie geboten noch in den Sinn genommen habe.

³²Darum siehe, es kommt die Zeit, spricht der HERR, daß man's nicht mehr heißen soll Thopheth und das Tal Ben-Hinnom, sondern Würgetal; und man wird im Thopheth müssen begraben, weil sonst kein Raum mehr sein wird.

³³Und die Leichname dieses Volkes sollen den Vögeln des Himmels und den Tieren auf Erden zur Speise werden, davon sie niemand scheuchen wird.

³⁴Und ich will in den Städten Juda's und auf den Gassen zu Jerusalem wegnehmen das Geschrei der Freude und Wonne und die Stimme des Bräutigams und der Braut; denn das Land soll wüst sein.

Kapitel 8

¹Zu derselben Zeit, spricht der HERR, wird man die Gebeine der Könige Juda's, die Gebeine ihrer Fürsten, die Gebeine der Priester, die Gebeine der Propheten, die Gebeine der Bürger zu Jerusalem aus ihren Gräbern werfen;

²und wird sie hinstreuen unter Sonne, Mond und alles Heer des Himmels, welche sie geliebt und denen sie gedient haben, denen sie nachgefolgt sind und die sie gesucht und angebetet haben. Sie sollen nicht wieder aufgelesen und begraben werden, sondern Kot auf der Erde sein.

³Und alle übrigen von diesem bösen Volk, an welchen Ort sie sein werden, dahin ich sie verstoßen habe, werden lieber tot als lebendig sein wollen, spricht der HERR Zebaoth.

⁴Darum sprich zu ihnen: So spricht der HERR: Wo ist jemand, so er fällt, der nicht gerne wieder aufstünde? Wo ist jemand, so er irregeht, der nicht gerne wieder zurechtkäme?

⁵Dennoch will dies Volk zu Jerusalem irregehen für und für. Sie halten so hart an dem falschen Gottesdienst, daß sie sich nicht wollen abwenden lassen.

⁶Ich sehe und höre, daß sie nichts Rechtes reden. Keiner ist, dem seine Bosheit Leid wäre und der spräche: Was mache ich doch! Sie laufen alle ihren Lauf wie ein grimmiger Hengst im Streit.

⁷Ein Storch unter dem Himmel weiß seine Zeit, eine Turteltaube, Kranich und Schwalbe merken ihre Zeit, wann sie wiederkommen

sollen, aber mein Volk will das Recht des HERRN nicht wissen.

⁸Wie mögt ihr doch sagen: "Wir wissen, was recht ist, und haben die heilige Schrift vor uns"? Ist's doch eitel Lüge, was die Schriftgelehrten setzen.

⁹Darum müssen solche Lehrer zu Schanden, erschreckt und gefangen werden; denn was können sie Gutes lehren, weil sie des HERRN Wort verwerfen?

¹⁰Darum will ich ihre Weiber den Fremden geben und ihre Äcker denen, die sie verjagen werden. Denn sie geizen allesamt, beide, klein und groß; und beide, Priester und Propheten, gehen mit Lügen um

¹¹und trösten mein Volk in ihrem Unglück, daß sie es gering achten sollen, und sagen: "Friede! Friede!", und ist doch nicht Friede.

¹²Darum werden sie mit Schanden bestehen, daß sie solche Greuel treiben; wiewohl sie wollen ungeschändet sein und wollen sich nicht schämen. Darum müssen sie fallen auf einen Haufen; und wenn ich sie heimsuchen werde, sollen sie stürzen, spricht der HERR.

¹³Ich will sie also ablesen, spricht der HERR, daß keine Trauben am Weinstock und keine Feigen am Feigenbaum bleiben, ja auch die Blätter wegfallen sollen; und was ich ihnen gegeben habe, das soll ihnen genommen werden.

¹⁴Wo werden wir dann wohnen? Ja, sammelt euch dann und laßt uns in die festen Städte ziehen, daß wir daselbst umkommen. Denn der HERR, unser Gott, wird uns umkommen lassen und tränken mit einem bitteren Trunk, daß wir so gesündigt haben wider den HERRN.

¹⁵Wir hofften, es sollte Friede werden, so kommt nichts Gutes; wir hofften, wir sollten heil werden, aber siehe, so ist mehr Schaden da.

¹⁶Man hört ihre Rosse schnauben von Dan her; vom Wiehern ihrer Gäule erbebt das ganze Land. Und sie fahren daher und werden das Land auffressen mit allem, was darin ist, die Städte samt allen, die darin wohnen.

¹⁷Denn siehe, ich will Schlangen und Basilisken unter euch senden, die nicht zu beschwören sind; die sollen euch stechen, spricht der HERR.

¹⁸Was mag mich in meinem Jammer erquicken? Mein Herz ist krank.

¹⁹Siehe, die Tochter meines Volks wird schreien aus fernem Lande her: "Will denn er HERR nicht mehr Gott sein zu Zion, oder soll sie keinen König mehr haben?" Ja, warum haben sie mich so erzürnt durch ihre Bilder und fremde, unnütze Gottesdienste?

²⁰"Die Ernte ist vergangen, der Sommer ist dahin, und uns ist keine Hilfe gekommen."

²¹Mich jammert herzlich, daß mein Volk so verderbt ist; ich gräme mich und gehabe mich übel.

²²Ist denn keine Salbe in Gilead, oder ist kein Arzt da? Warum ist denn die Tochter meines Volks nicht geheilt?

Kapitel 9

¹Ach, daß ich Wasser genug hätte in meinem Haupte und meine Augen Tränenquellen wären, daß ich Tag und Nacht beweinen möchte die Erschlagenen in meinem Volk!

²Ach, daß ich eine Herberge hätte in der Wüste, so wollte ich mein Volk verlassen und von ihnen ziehen! Denn es sind eitel Ehebrecher und ein frecher Haufe.

³Sie schießen mit ihren Zungen eitel Lüge und keine Wahrheit und treiben's mit Gewalt im Lande und gehen von einer Bosheit zur andern und achten mich nicht, spricht der HERR.

⁴Ein jeglicher hüte sich vor seinem Freunde und traue auch seinem Bruder nicht; denn ein Bruder unterdrückt den andern, und ein Freund verrät den andern.

⁵Ein Freund täuscht den andern und reden kein wahres Wort; sie fleißigen sich darauf, wie einer den andern betrüge, und ist ihnen nicht leid, daß sie es ärger machen können.

⁶Es ist allenthalben eitel Trügerei unter ihnen, und vor Trügerei wollen sie mich nicht kennen, spricht der HERR.

⁷Darum spricht der HERR Zebaoth also: Siehe, ich will sie schmelzen und prüfen. Denn was soll ich sonst tun, wenn ich ansehe die Tochter meines Volks?

⁸Ihre falschen Zungen sind mörderische Pfeile; mit ihrem Munde reden sie freundlich gegen den Nächsten, aber im Herzen lauern sie auf ihn.

⁹Sollte ich nun solches nicht heimsuchen an ihnen, spricht der HERR, und meine Seele sollte sich nicht rächen an solchem Volk, wie dies ist?

¹⁰Ich muß auf den Bergen weinen und heulen und bei den Hürden in der Wüste klagen; denn sie sind so gar verheert, daß niemand da wandelt und man auch nicht ein Vieh schreien hört. Es ist beides, Vögel des Himmels und das Vieh, alles weg.

¹¹Und ich will Jerusalem zum Steinhaufen und zur Wohnung der Schakale machen und will die Städte Juda's wüst machen, daß niemand darin wohnen soll.

¹²Wer nun weise wäre und ließe es sich zu Herzen gehen und verkündigte, was des HERRN Mund zu ihm sagt, warum das Land verderbt und verheert wird wie eine Wüste, da niemand wandelt!

¹³Und der HERR sprach: Darum daß sie mein Gesetz verlassen, daß ich ihnen vorgelegt habe, und gehorchen meiner Rede nicht, leben auch nicht darnach,

¹⁴sondern folgen ihres Herzens Gedünken und den Baalim, wie sie ihre Väter gelehrt haben:

¹⁵darum spricht der HERR Zebaoth, der Gott Israels, also: Siehe, ich will dies Volk mit Wermut speisen und mit Galle tränken;

¹⁶ich will sie unter die Heiden zerstreuen, welche weder sie noch ihre Väter gekannt haben, und will das Schwert hinter sie schicken, bis daß es aus mit ihnen sei.

¹⁷So spricht der HERR Zebaoth: Schaffet und bestellt Klageweiber, daß sie kommen, und schickt nach denen, die es wohl können,

¹⁸daß sie eilend um uns klagen, daß unsre Augen von Tränen rinnen und unsre Augenlider von Wasser fließen.

¹⁹daß man ein klägliches Geschrei höre zu Zion: Ach, wie sind wir so gar verstört und zu Schanden geworden! Wir müssen das Land räumen; denn sie haben unsere Wohnungen geschleift.

²⁰So höret nun, ihr Weiber, des HERRN Wort und nehmet zu Ohren seines Mundes Rede; lehret eure Töchter weinen, und eine lehre die andere klagen:

²¹Der Tod ist zu unseren Fenstern eingefallen und in unsere Paläste gekommen, die Kinder zu würgen auf der Gasse und die Jünglinge auf der Straße.

²²So spricht der HERR: Sage: Der Menschen Leichname sollen liegen wie der Mist auf dem Felde und wie Garben hinter dem Schnitter, die niemand sammelt.

²³So spricht der HERR: Ein Weiser rühme sich nicht seiner Weisheit, ein Starker rühme sich nicht seiner Stärke, ein Reicher rühme sich nicht seines Reichtums;

²⁴sondern wer sich rühmen will, der rühme sich des, daß er mich wisse und kenne, daß ich der HERR bin, der Barmherzigkeit, Recht und Gerechtigkeit übt auf Erden; denn solches gefällt mir, spricht der HERR.

²⁵Siehe, es kommt die Zeit, spricht der HERR, daß ich heimsuchen werde alle, die Beschnittenen mit den Unbeschnittenen:

²⁶Ägypten, Juda, Edom, die Kinder Ammon, Moab und alle, die das Haar rundumher abschneiden, die in der Wüste wohnen. Denn alle Heiden haben unbeschnittenen Vorhaut; aber das ganze Israel hat ein unbeschnittenes Herz.

Kapitel 10

¹Höret, was der HERR zu euch vom Hause Israel redet.

²So spricht der HERR: Ihr sollt nicht nach der Heiden Weise lernen und sollt euch nicht fürchten vor den Zeichen des Himmels, wie die Heiden sich fürchten.

³Denn der Heiden Satzungen sind lauter Nichts. Denn sie hauen im Walde einen Baum, und der Werkmeister macht Götter mit dem Beil

⁴und schmückt sie mit Silber und Gold und heftet sie mit Nägeln und Hämmern, daß sie nicht umfallen.

⁵Es sind ja nichts als überzogene Säulen. Sie können nicht reden; so muß man sie auch tragen, denn sie können nicht gehen. Darum sollt ihr euch nicht vor ihnen fürchten: denn sie können weder helfen noch Schaden tun.

⁶Aber dir, HERR, ist niemand gleich; du bist groß, und dein Name ist groß, und kannst es mit der Tat beweisen.

⁷Wer sollte dich nicht fürchten, du König der Heiden? Dir sollte man gehorchen; denn es ist unter allen Weisen der Heiden und in allen Königreichen deinesgleichen nicht.

⁸Sie sind allzumal Narren und Toren; denn ein Holz muß ja ein nichtiger Gottesdienst sein.

⁹Silbernes Blech bringt man aus Tharsis, Gold aus Uphas, durch den Meister und Goldschmied zugerichtet; blauen und roten Purpur zieht man ihm an, und ist alles der Weisen Werk.

¹⁰Aber der HERR ist ein rechter Gott, ein lebendiger Gott, ein ewiger König. Vor seinem Zorn bebt die Erde, und die Heiden können sein Drohen nicht ertragen.

¹¹So sprecht nun zu ihnen also: Die Götter, die Himmel und Erde nicht gemacht haben, müssen vertilgt werden von der Erde und unter dem Himmel.

¹²Er hat aber die Erde durch seine Kraft gemacht und den

Weltkreis bereitet durch seine Weisheit und den Himmel ausgebreitet durch seinen Verstand.

¹³Wenn er donnert, so ist des Wassers die Menge unter dem Himmel, und er zieht die Nebel auf vom Ende der Erde; er macht die Blitze im Regen und läßt den Wind kommen aus seinen Vorratskammern.

¹⁴Alle Menschen sind Narren mit ihrer Kunst, und alle Goldschmiede bestehen mit Schanden mit ihren Bildern; denn ihre Götzen sind Trügerei und haben kein Leben.

¹⁵Es ist eitel Nichts und ein verführerisches Werk; sie müssen umkommen, wenn sie heimgesucht werden.

¹⁶Aber also ist der nicht, der Jakobs Schatz ist; sondern er ist's, der alles geschaffen hat, und Israel ist sein Erbteil. Er heißt HERR Zebaoth.

¹⁷Tue deinen Kram weg aus dem Lande, die du wohnest in der Feste.

¹⁸Denn so spricht der HERR: Siehe, ich will die Einwohner des Landes auf diesmal wegschleudern und will sie ängsten, daß sie es fühlen sollen.

¹⁹Ach mein Jammer und mein Herzeleid! Ich denke aber: Es ist meine Plage; ich muß sie leiden.

²⁰Meine Hütte ist zerstört, und alle meine Seile sind zerrissen. Meine Kinder sind von mir gegangen und nicht mehr da. Niemand ist, der meine Hütte wieder aufrichte und mein Gezelt aufschlage.

²¹Denn die Hirten sind zu Narren geworden und fragen nach dem HERRN nicht; darum können sie auch nichts Rechtes lehren, und ihre ganze Herde ist zerstreut.

²²Siehe, es kommt ein Geschrei daher und ein großes Beben aus dem Lande von Mitternacht, daß die Städte Juda's verwüstet und zur Wohnung der Schakale werden sollen.

²³Ich weiß, HERR, daß des Menschen Tun steht nicht in seiner Gewalt, und steht in niemands Macht, wie er wandle oder seinen Gang richte.

²⁴Züchtige mich, HERR, doch mit Maßen und nicht in deinem Grimm, auf daß du mich nicht aufreibest.

²⁵Schütte aber deinen Zorn über die Heiden, so dich nicht kennen, und über die Geschlechter, so deinen Namen nicht anrufen. Denn sie haben Jakob aufgefressen und verschlungen; sie haben ihn weggeräumt und seine Wohnung verwüstet.

Kapitel 11

¹Dies ist das Wort, das zu Jeremia geschah vom HERRN, und sprach:

²Höret die Worte dieses Bundes, daß ihr sie denen in Juda und den Bürgern zu Jerusalem saget.

³Und sprich zu ihnen: So spricht der HERR, der Gott Israels: Verflucht sei, wer nicht gehorcht den Worten dieses Bundes,

⁴den ich euren Vätern gebot des Tages, da ich sie aus Ägyptenland führte, aus einem eisernen Ofen, und sprach: Gehorchet meiner Stimme und tut, wie ich euch geboten habe, so sollt ihr mein Volk sein, und ich will euer Gott sein,

⁵auf daß ich den Eid halten möge, den ich euren Vätern geschworen habe, ihnen zu geben ein Land, darin Milch und Honig fließt, wie es denn heutigestages steht. Ich antwortete und sprach: HERR, ja, es sei also!

⁶Und der HERR sprach zu mir: Predige alle diese Worte in den Städten Juda's und auf allen Gassen zu Jerusalem und sprich: Höret die Worte dieses Bundes und tut darnach!

⁷Denn ich habe euren Vätern gezeugt von dem Tage an, da ich sie aus Ägyptenland führte, bis auf den heutigen Tag und zeugte stets und sprach: Gehorchet meiner Stimme!

⁸Aber sie gehorchten nicht, neigten auch ihre Ohren nicht; sondern ein jeglicher ging nach seines bösen Herzens Gedünken. Darum habe ich auch über sie kommen lassen alle Worte dieses Bundes, den ich geboten habe zu tun, und nach dem sie doch nicht getan haben.

⁹Und der HERR sprach zu mir: Ich weiß wohl, wie sie in Juda und zu Jerusalem sich rotten.

¹⁰Sie kehren sich eben zu den Sünden ihrer Väter, die vormals waren, welche auch nicht gehorchen wollten meinen Worten und folgten auch andern Göttern nach und dienten ihnen. Also hat das Haus Israel und das Haus Juda meinen Bund gebrochen, den ich mit ihren Vätern gemacht habe.

¹¹Darum siehe, spricht der HERR, ich will ein Unglück über sie gehen lassen, dem sie nicht sollen entgehen können; und wenn sie zu mir Schreien, will ich sie nicht hören.

¹²So laß denn die Städte Juda's und die Bürger zu Jerusalem hingehen und zu ihren Göttern schreien, denen sie geräuchert haben; aber sie werden ihnen nicht helfen in ihrer Not.

¹³Denn so manche Stadt, so manche Götter hast du, Juda; und so manche Gassen zu Jerusalem sind, so manchen Schandaltar habt ihr aufgerichtet, dem Baal zu räuchern.

¹⁴So bitte du nun nicht für dieses Volk und tue kein Flehen noch Gebet für sie; denn ich will sie nicht hören, wenn sie zu mir schreien in ihrer Not.

¹⁵Was haben meine Freunde in meinem Haus zu schaffen? Sie treiben alle Schalkheit und meinen, das heilige Fleisch soll es von ihnen nehmen; und wenn sie übeltun, sind sie guter Dinge darüber.

¹⁶Der HERR nannte dich einen grünen, schönen, fruchtbaren Ölbaum; aber nun hat er mit einem Mordgeschrei ein Feuer um ihn lassen anzünden, daß seine Äste verderben müssen.

¹⁷Denn der HERR Zebaoth, der dich gepflanzt hat, hat dir ein Unglück gedroht um der Bosheit willen des Hauses Israel und des Hauses Juda, welche sie treiben, daß sie mich erzürnen mit ihrem Räuchern, das sie dem Baal tun.

¹⁸Der HERR hat mir's offenbart, daß ich's weiß, und zeigte mir ihr Vornehmen,

¹⁹nämlich, daß sie mich wie ein armes Schaf zur Schlachtbank führen wollen. Denn ich wußte nicht, daß sie wider mich beratschlagt hatten und gesagt: Laßt uns den Baum mit seinen Früchten verderben und ihn aus dem Lande der Lebendigen ausrotten, daß seines Namen nimmermehr gedacht werde.

²⁰Aber du, HERR Zebaoth, du gerechter Richter, der du Nieren und Herzen prüfst, laß mich deine Rache über sie sehen; denn ich habe dir meine Sache befohlen.

²¹Darum spricht der HERR also wider die Männer zu Anathoth, die dir nach deinem Leben stehen und sprechen: Weissage uns nicht im Namen des HERRN, willst du anders nicht von unsern Händen sterben!

²²darum spricht der HERR Zebaoth also: Siehe, ich will sie heimsuchen; ihre junge Mannschaft soll mit dem Schwert getötet werden, und ihre Söhne und Töchter sollen Hungers sterben, daß nichts von ihnen übrigbleibe;

²³denn ich will über die Männer zu Anathtoth Unglück kommen lassen des Jahres, wann sie heimgesucht werden sollen.

Kapitel 12

¹HERR, wenn ich gleich mit dir rechten wollte, so behältst du doch recht; dennoch muß ich vom Recht mit dir reden. Warum geht's doch den Gottlosen so wohl und die Verächter haben alles die Fülle?

²Du pflanzt sie, daß sie wurzeln und wachsen und Frucht bringen. Nahe bist du in ihrem Munde, aber ferne von ihrem Herzen;

³mich aber, HERR, kennst du und siehst mich und prüfst mein Herz vor dir. Reiße sie weg wie Schafe, daß sie geschlachtet werden; sondere sie aus, daß sie gewürgt werden.

⁴Wie lange soll doch das Land so jämmerlich stehen und das Gras auf dem Felde allenthalben verdorren um der Einwohner Bosheit willen, daß beide, Vieh und Vögel, nimmer da sind? denn sie sprechen: Ja, er weiß viel, wie es uns gehen wird.

⁵Wenn dich die müde machen, die zu Fuße gehen, wie will dir's gehen wenn du mit den Reitern laufen sollst? Und so du in dem Lande, da es Friede ist, Sicherheit suchst, was will mit dir werden bei dem stolzen Jordan?

⁶Denn es verachten dich auch deine Brüder und deines Vaters Haus und schreien zeter! über dich. Darum vertraue du ihnen nicht, wenn sie gleich freundlich mit dir reden.

⁷Ich habe mein Haus verlassen müssen und mein Erbe meiden, und was meine Seele liebt, in der Feinde Hand geben.

⁸Mein Erbe ist mir geworden wie ein Löwe im Walde und brüllt wider mich; darum bin ich ihm gram geworden.

⁹Mein Erbe ist wie der sprenklige Vogel, um welchen sich die Vögel sammeln. Wohlauf, sammelt euch, alle Feldtiere, kommt und fresset.

¹⁰Es haben Hirten, und deren viel, meinen Weinberg verderbt und meinen Acker zertreten; sie haben meinen schönen Acker zur Wüste gemacht, sie haben's öde gemacht.

¹¹Ich sehe bereits wie es so jämmerlich verwüstet ist; ja das ganze Land ist wüst. Aber es will's niemand zu Herzen nehmen.

¹²Denn die Verstörer fahren daher über alle Hügel der Wüste, und das fressende Schwert des HERRN von einem Ende des Landes bis zum andern; und kein Fleisch wird Frieden haben.

¹³Sie säen Weizen, aber Disteln werden sie ernten; sie lassen's sich sauer werden, aber sie werden's nicht genießen; sie werden ihres Einkommens nicht froh werden vor dem grimmigen Zorn des HERRN.

¹⁴So spricht der HERR wider alle meine bösen Nachbarn, so das Erbteil antasten, das ich meinem Volk Israel ausgeteilt habe: Siehe, ich will sie aus ihrem Lande ausreißen und das Haus Juda aus ihrer Mitte

reißen. ¹⁵Und wenn ich sie nun ausgerissen habe, will ich mich wiederum über sie erbarmen und will einen jeglichen zu seinem Erbteil und in sein Land wiederbringen.

¹⁶Und soll geschehen, wo sie von meinem Volk lernen werden, daß sie schwören bei meinem Namen: "So wahr der HERR lebt!", wie sie zuvor mein Volk gelehrt haben schwören bei Baal, so sollen sie unter meinem Volk erbaut werden.

¹⁷Wo sie aber nicht hören wollen, so will ich solches Volk ausreißen und umbringen, spricht der HERR.

Kapitel 13

¹So spricht der HERR zu mir: Gehe hin und kaufe dir einen leinenen Gürtel und gürte damit deine Lenden und mache ihn nicht naß.

²Und ich kaufte einen Gürtel nach dem Befehl des HERRN und gürtete ihn um meine Lenden.

³Da geschah des HERRN Wort zum andernmal zu mir und sprach:

⁴Nimm den Gürtel, den du gekauft und um deine Lenden gegürtet hast, und mache dich auf und gehe hin an den Euphrat und verstecke ihn daselbst in einem Steinritz.

⁵Ich ging hin und versteckte ihn am Euphrat, wie mir der HERR geboten hatte.

⁶Nach langer Zeit aber sprach der HERR zu mir: Mache dich auf und hole den Gürtel wieder, den ich dich hieß daselbst verstecken.

⁷Ich ging hin an den Euphrat und grub auf und nahm den Gürtel von dem Ort, dahin ich ihn versteckt hatte; und siehe, der Gürtel war verdorben, daß er nichts mehr taugte.

⁸Da geschah des HERRN Wort zu mir und sprach:

⁹So spricht der HERR: Eben also will ich auch verderben die große Hoffart Juda's und Jerusalems.

¹⁰Das böse Volk, das meine Worte nicht hören will, sondern gehen hin nach Gedünken ihres Herzens und folgen andern Göttern, daß sie ihnen dienen und sie anbeten: sie sollen werden wie der Gürtel, der nichts mehr taugt.

¹¹Denn gleichwie ein Mann den Gürtel um seine Lenden bindet, also habe ich, spricht der HERR, das ganze Haus Israel und das ganze Haus Juda um mich gegürtet, daß sie mein Volk sein sollten, mir zu einem Namen, zu Lob und Ehren; aber sie wollen nicht hören.

¹²So sage ihnen nun dies Wort: So spricht der HERR, der Gott Israels: Es sollen alle Krüge mit Wein gefüllt werden. So werden sie zu dir sagen: Wer weiß das nicht, daß man alle Krüge mit Wein füllen soll?

¹³So sprich zu ihnen: So spricht der HERR: Siehe, ich will alle, die in diesem Lande wohnen, die Könige, die auf dem Stuhl Davids sitzen, die Priester und Propheten und alle Einwohner zu Jerusalem füllen, daß sie trunken werden sollen;

¹⁴und will einen mit dem andern, die Väter samt den Kindern, verstreuen, spricht der HERR; und will weder schonen noch übersehen noch barmherzig sein über ihrem Verderben.

¹⁵So höret nun und merket auf und trotzt nicht; denn der HERR hat's geredet.

¹⁶Gebet dem HERRN, eurem Gott, die Ehre, ehe denn es finster werde, und ehe eure Füße sich an den dunklen Bergen stoßen, daß ihr des Lichts wartet, so er's doch gar finster und dunkel machen wird.

¹⁷Wollt ihr aber solches nicht hören, so muß meine Seele heimlich weinen über solche Hoffart; meine Augen müssen von Tränen fließen, daß des HERRN Herde gefangen wird.

¹⁸Sage dem König und der Königin: Setzt euch herunter; denn die Krone der Herrlichkeit ist euch von eurem Haupt gefallen.

¹⁹Die Städte gegen Mittag sind verschlossen, und ist niemand, der sie auftue; das ganze Juda ist rein weggeführt.

²⁰Hebt eure Augen auf und sehet, wie sie von Mitternacht daherkommen. Wo ist nun die Herde, so dir befohlen war, deine herrliche Herde?

²¹Was willst du sagen, wenn er dich so heimsuchen wird? Denn du hast sie so gewöhnt wider dich, daß sie Fürsten und Häupter sein wollen. Was gilt's? es wird dich Angst ankommen wie ein Weib in Kindsnöten.

²²Und wenn du in deinem Herzen sagen willst: "Warum begegnet doch mir solches?" Um der Menge willen deiner Missetaten sind dir deine Säume aufgedeckt und ist deinen Fersen Gewalt geschehen.

²³Kann auch ein Mohr seine Haut wandeln oder ein Parder seine Flecken? So könnt ihr auch Gutes tun, die ihr des Bösen gewohnt seid.

²⁴Darum will ich sie zerstreuen wie Stoppeln, die vor dem Winde aus der Wüste verweht werden.

²⁵Das soll dein Lohn sein und dein Teil, den ich dir zugemessen habe, spricht der HERR. Darum daß du mein vergessen hast und verlässest dich auf Lügen,

²⁶so will ich auch deine Säume hoch aufdecken, daß man deine Schande sehen muß.

²⁷Denn ich habe gesehen deine Ehebrecherei, dein Geilheit, deine freche Hurerei, ja, deine Greuel auf Hügeln und auf Äckern. Weh dir, Jerusalem! Wann wirst du doch endlich rein werden?

Kapitel 14

¹Dies ist das Wort, das der HERR zu Jeremia sagte von der teuren Zeit:

²Juda liegt jämmerlich, ihre Tore stehen elend; es steht kläglich auf dem Lande, und ist zu Jerusalem ein großes Geschrei.

³Die Großen schicken die Kleinen nach Wasser; aber wenn sie zum Brunnen kommen, finden sie kein Wasser und bringen ihre Gefäße leer wieder; sie gehen traurig und betrübt und verhüllen ihre Häupter.

⁴Darum daß die Erde lechzt, weil es nicht regnet auf die Erde, gehen die Ackerleute traurig und verhüllen ihre Häupter.

⁵Denn auch die Hinden, die auf dem Felde werfen, verlassen ihre Jungen, weil kein Gras wächst.

⁶Das Wild steht auf den Hügeln und schnappt nach der Luft wie die Drachen und verschmachtet, weil kein Kraut wächst.

⁷Ach HERR, unsre Missetaten haben's ja verdient; aber hilf doch um deines Namens willen! denn unser Ungehorsam ist groß; damit wir wider dich gesündigt haben.

⁸Du bist der Trost Israels und sein Nothelfer; warum stellst du dich, als wärest du ein Gast im Lande und ein Fremder, der nur über Nacht darin bleibt?

⁹Warum stellst du dich wie ein Held, der verzagt ist, und wie ein Riese, der nicht helfen kann? Du bist ja doch unter uns, HERR, und wir heißen nach deinem Namen; verlaß uns nicht!

¹⁰So spricht der HERR von diesem Volk: Sie laufen gern hin und wieder und bleiben nicht gern daheim; darum will sie der HERR nicht, sondern er denkt nun an ihre Missetat und will ihre Sünden heimsuchen.

¹¹Und der HERR sprach zu mir: Du sollst nicht für dies Volk um Gnade bitten.

¹²Denn ob sie gleich fasten, so will ich doch ihr Flehen nicht hören; und ob sie Brandopfer und Speisopfer bringen, so gefallen sie mir doch nicht, sondern ich will sie mit Schwert, Hunger und Pestilenz aufreiben.

¹³Da sprach ich: Ach HERR HERR, siehe, die Propheten sagen ihnen: Ihr werdet kein Schwert sehen und keine Teuerung bei euch haben; sondern ich will euch guten Frieden geben an diesem Ort.

¹⁴Und der HERR sprach zu mir: Die Propheten weissagen falsch in meinem Namen; ich habe sie nicht gesandt und ihnen nichts befohlen und nichts mit ihnen geredet. Sie predigen euch falsche Gesichte, Deutungen, Abgötterei und ihres Herzens Trügerei.

¹⁵Darum so spricht der HERR von den Propheten, die in meinem Namen weissagen, so ich sie doch nicht gesandt habe, und die dennoch predigen, es werde kein Schwert und keine Teuerung in dies Land kommen: Solche Propheten sollen sterben durch Schwert und Hunger.

¹⁶Und die Leute, denen sie weissagen, sollen vom Schwert und Hunger auf den Gassen zu Jerusalem hin und her liegen, daß sie niemand begraben wird, also auch ihre Weiber, Söhne und Töchter; und ich will ihre Bosheit über sie schütten.

¹⁷Und du sollst zu ihnen sagen dies Wort: Meine Augen fließen von Tränen Tag und Nacht und hören nicht auf; denn die Jungfrau, die Tochter meines Volks, ist greulich zerplagt und jämmerlich geschlagen.

¹⁸Gehe ich hinaus aufs Feld, siehe, so liegen da Erschlagene mit dem Schwert; komme ich in die Stadt, so liegen da vor Hunger Verschmachtete. Denn es müssen auch die Propheten, dazu auch die Priester in ein Land ziehen, das sie nicht kennen.

¹⁹Hast du denn Juda verworfen, oder hat deine Seele einen Ekel an Zion? Warum hast du uns denn so geschlagen, daß es niemand heilen kann? Wir hofften, es sollte Friede werden; so kommt nichts Gutes. Wir hofften, wir sollten heil werden; aber siehe, so ist mehr Schaden da.

²⁰HERR, wir erkennen unser gottlos Wesen und unsrer Väter Missetat; denn wir haben wider dich gesündigt.

²¹Aber um deines Namens willen laß uns nicht geschändet werden; laß den Thron deiner Herrlichkeit nicht verspottet werden; gedenke doch und laß deinen Bund mit uns nicht aufhören.

²²Es ist doch ja unter der Heiden Götzen keiner, der Regen könnte geben; auch der Himmel kann nicht regnen. Du bist doch ja der HERR, unser Gott, auf den wir hoffen; denn du kannst solches alles tun.

Jeremia
Kapitel 15

¹Und der HERR sprach zu mir: Und wenngleich Mose und Samuel vor mir stünden, so habe ich doch kein Herz zu diesem Volk; treibe sie weg von mir und laß sie hinfahren!

²Und wenn sie zu dir sagen: Wo sollen wir hin? so sprich zu ihnen: So spricht der HERR: Wen der Tod trifft, den treffe er; wen das Schwert trifft, den treffe es; wen der Hunger trifft, den treffe er; wen das Gefängnis trifft, den treffe es.

³Denn ich will sie heimsuchen mit vielerlei Plagen, spricht der HERR: mit dem Schwert, daß sie erwürgt werden; mit Hunden, die sie schleifen sollen; mit den Vögeln des Himmels und mit Tieren auf Erden, daß sie gefressen und vertilgt werden sollen.

⁴Und ich will sie in allen Königreichen auf Erden hin und her treiben lassen um Manasses willen, des Sohnes Hiskias, des Königs in Juda, um deswillen, was er zu Jerusalem begangen hat.

⁵Wer will denn sich dein erbarmen, Jerusalem? Wer wird denn Mitleiden mit dir haben? Wer wird denn hingehen und dir Frieden wünschen?

⁶Du hast mich verlassen, spricht der HERR, und bist von mir abgefallen; darum habe ich meine Hand ausgestreckt wider dich, daß ich dich verderben will; ich bin des Erbarmens müde.

⁷Ich will sie mit der Wurfschaufel zum Lande hinauswerfeln und will mein Volk, so von seinem Wesen sich nicht bekehren will, zu eitel Waisen machen und umbringen.

⁸Es sollen mir mehr Witwen unter ihnen werden, denn Sand am Meer ist. Ich will über die Mutter der jungen Mannschaft kommen lassen einen offenbaren Verderber und die Stadt damit plötzlich und unversehens überfallen lassen,

⁹daß die, die sieben Kinder hat, soll elend sein und von Herzen seufzen. Denn ihre Sonne soll bei hohem Tage untergehen, daß ihr Ruhm und ihre Freude ein Ende haben soll. Und die übrigen will ich ins Schwert geben vor ihren Feinden, spricht der HERR.

¹⁰Ach, meine Mutter, daß du mich geboren hast, wider den jedermann hadert und zankt im ganzen Lande! Habe ich doch weder auf Wucher geliehen noch genommen; doch flucht mir jedermann.

¹¹Der HERR sprach: Wohlan, ich will euer etliche übrigbehalten, denen es soll wieder wohl gehen, und will euch zu Hilfe kommen in der Not und Angst unter den Feinden.

¹²Meinst du nicht, daß etwa ein Eisen sei, welches könnte das Eisen und Erz von Mitternacht zerschlagen?

¹³Ich will aber zuvor euer Gut und eure Schätze zum Raub geben, daß ihr nichts dafür kriegen sollt, und das um aller eurer Sünden willen, die ihr in allen euren Grenzen begangen habt.

¹⁴Und ich will euch zu euren Feinden bringen in ein Land, das ihr nicht kennt; denn es ist das Feuer in meinem Zorn über euch angegangen.

¹⁵Ach HERR, du weißt es; gedenke an mich und nimm dich meiner an und räche mich an meinen Verfolgern. Nimm mich auf und verzieh nicht deinem Zorn über sie; denn du weißt, daß ich um deinetwillen geschmäht werde.

¹⁶Dein Wort ward mir Speise, da ich's empfing; und dein Wort ist meines Herzens Freude und Trost; denn ich bin ja nach deinem Namen genannt; HERR, Gott Zebaoth.

¹⁷Ich habe mich nicht zu den Spöttern gesellt noch mich mit ihnen gefreut, sondern bin allein geblieben vor deiner Hand; denn du hattest mich gefüllt mit deinem Grimm.

¹⁸Warum währt doch mein Leiden so lange, und meine Wunden sind so gar böse, daß sie niemand heilen kann? Du bist mir geworden wie ein Born, der nicht mehr quellen will.

¹⁹Darum spricht der HERR also: Wo du dich zu mir hältst, so will ich mich zu dir halten, und du sollst mein Prediger bleiben. Und wo du die Frommen lehrst sich sondern von den bösen Leuten, so sollst du mein Mund sein. Und ehe du solltest zu ihnen fallen, so müssen sie eher zu dir fallen.

²⁰Denn ich habe dich wider dies Volk zur festen, ehernen Mauer gemacht; ob sie wider dich streiten, sollen sie dir doch nichts anhaben; denn ich bin bei dir, daß ich dir helfe und dich errette, spricht der HERR,

²¹und will dich erretten aus der Hand der Bösen und erlösen aus der Hand der Tyrannen.

Kapitel 16

¹Und des HERRN Wort geschah zu mir und sprach:

²Du sollst kein Weib nehmen und weder Söhne noch Töchter zeugen an diesem Ort.

³Denn so spricht der HERR von den Söhnen und Töchtern, die an diesem Ort geboren werden, dazu von ihren Müttern die sie gebären, und von ihren Vätern, die sie zeugen in diesem Lande:

⁴Sie sollen an Krankheiten sterben und weder beklagt noch begraben werden, sondern sollen Dung werden auf dem Lande, dazu durch Schwert und Hunger umkommen, und ihre Leichname sollen der Vögel des Himmels und der Tiere auf Erden Speise sein.

⁵Denn so spricht der HERR: Du sollst nicht zum Trauerhaus gehen und sollst auch nirgend hin zu Klagen gehen noch Mitleiden über sie haben; denn ich habe meinen Frieden von diesem Volk weggenommen, spricht der HERR, samt meiner Gnade und Barmherzigkeit,

⁶daß beide, groß und klein, sollen in diesem Lande sterben und nicht begraben noch beklagt werden, und niemand wird sich über sie zerritzen noch kahl scheren.

⁷Und man wird auch nicht unter sie Brot austeilen bei der Klage, sie zu trösten über die Leiche, und ihnen auch nicht aus dem Trostbecher zu trinken geben über Vater und Mutter.

⁸Du sollst auch in kein Trinkhaus gehen, bei ihnen zu sitzen, weder zu essen noch zu trinken.

⁹Denn so spricht der HERR Zebaoth, der Gott Israels: Siehe, ich will an diesem Ort wegnehmen vor euren Augen und bei eurem Leben die Stimme der Freude und Wonne, die Stimme des Bräutigams und der Braut.

¹⁰Und wenn du solches alles diesem Volk gesagt hast und sie zu dir sprechen werden: Warum redet der HERR über uns all dies Unglück? welches ist die Missetat und Sünde, damit wir wider den HERRN, unsern Gott, gesündigt haben?

¹¹sollst du ihnen sagen: Darum daß eure Väter mich verlassen haben, spricht der HERR, und andern Göttern gefolgt sind, ihnen gedient und sie angebetet, mich aber verlassen und mein Gesetz nicht gehalten haben

¹²und ihr noch ärger tut als eure Väter. Denn siehe, ein jeglicher lebt nach seines bösen Herzens Gedünken, daß er mir nicht gehorche.

¹³Darum will ich euch aus diesem Lande stoßen in ein Land, davon weder ihr noch eure Väter gewußt haben; daselbst sollt ihr andern Göttern dienen Tag und Nacht, dieweil ich euch keine Gnade erzeigen will.

¹⁴Darum siehe, es kommt die Zeit, spricht der HERR, daß man nicht mehr sagen wird: So wahr der HERR lebt, der die Kinder Israel aus Ägyptenland geführt hat!

¹⁵sondern: So wahr der HERR lebt, der die Kinder Israel geführt hat aus dem Lande der Mitternacht und aus allen Ländern, dahin er sie verstoßen hatte! Denn ich will sie wiederbringen in das Land, das ich ihren Vätern gegeben habe.

¹⁶Siehe, ich will viel Fischer aussenden, spricht der HERR, die sollen sie fischen; und darnach will ich viel Jäger aussenden, die sollen sie fangen auf allen Bergen und auf allen Hügeln und in allen Steinritzen.

¹⁷Denn meine Augen sehen auf ihre Wege, daß sie vor mir sich nicht verhehlen können; und ihre Missetat ist vor meinen Augen unverborgen.

¹⁸Aber zuvor will ich ihre Missetat und Sünde zwiefach bezahlen, darum daß sie mein Land mit den Leichen ihrer Abgötterei verunreinigt und mein Erbe mit Greueln angefüllt haben.

¹⁹HERR, du bist meine Stärke und Kraft und meine Zuflucht in der Not. Die Heiden werden zu mir kommen von der Welt Enden und sagen: Unsre Väter haben falsche und nichtige Götter gehabt, die nichts nützen können.

²⁰Wie kann ein Mensch Götter machen, die doch keine Götter sind?

²¹Darum siehe, nun will ich sie lehren und meine Hand und Gewalt ihnen kundtun, daß sie erfahren sollen, ich heiße der HERR.

Kapitel 17

¹Die Sünde Juda's ist geschrieben mit eisernen Griffeln, und spitzigen Demanten geschrieben, und auf die Tafel ihres Herzens gegraben und auf die Hörner an ihren Altären,

²daß die Kinder gedenken sollen derselben Altäre und Ascherabilder bei den grünen Bäumen, auf den hohen Bergen.

³Aber ich will deine Höhen, beide, auf den Bergen und Feldern, samt deiner Habe und allen deinen Schätzen zum Raube geben um der Sünde willen, in allen deinen Grenzen begangen.

⁴Und du sollst aus deinem Erbe verstoßen werden, das ich dir gegeben habe, und ich will dich zu Knechten deiner Feinde machen in einem Lande, das du nicht kennst; denn ihr habt ein Feuer meines Zorns angezündet, das ewiglich brennen wird.

⁵So spricht der HERR: Verflucht ist der Mann, der sich auf Menschen verläßt und hält Fleisch für seinen Arm, und mit seinem

Herzen vom HERRN weicht.

⁶Der wird sein wie die Heide in der Wüste und wird nicht sehen den zukünftigen Trost, sondern bleiben in der Dürre, in der Wüste, in einem unfruchtbaren Lande, da niemand wohnt.

⁷Gesegnet aber ist der Mann, der sich auf den HERRN verläßt und des Zuversicht der HERR ist.

⁸Der ist wie ein Baum, am Wasser gepflanzt und am Bach gewurzelt. Denn obgleich eine Hitze kommt, fürchtet er sich doch nicht, sondern seine Blätter bleiben grün, und sorgt nicht, wenn ein dürres Jahr kommt sondern er bringt ohne Aufhören Früchte.

⁹Es ist das Herz ein trotzig und verzagtes Ding; wer kann es ergründen?

¹⁰Ich, der HERR, kann das Herz ergründen und die Nieren prüfen und gebe einem jeglichen nach seinem Tun, nach den Früchten seiner Werke.

¹¹Denn gleichwie ein Vogel, der sich über Eier setzt und brütet sie nicht aus, also ist der, so unrecht Gut sammelt; denn er muß davon, wenn er's am wenigsten achtet, und muß zuletzt Spott dazu haben.

¹²Aber die Stätte unsers Heiligtums, der Thron göttlicher Ehre, ist allezeit fest geblieben.

¹³Denn, Herr, du bist die Hoffnung Israels. Alle, die dich verlassen, müssen zu Schanden werden, und die Abtrünnigen müssen in die Erde geschrieben werden; denn sie verlassen den HERRN, die Quelle des lebendigen Wassers.

¹⁴Heile du mich, HERR, so werde ich heil; hilf du mir, so ist mir geholfen; denn du bist mein Ruhm.

¹⁵Siehe, sie sprechen zu mir: Wo ist denn des HERRN Wort? Laß es doch kommen!

¹⁶Aber ich bin nicht von dir geflohen, daß ich nicht dein Hirte wäre; so habe ich den bösen Tag nicht begehrt, das weißt du; was ich gepredigt habe, das ist recht vor dir.

¹⁷Sei du nur nicht schrecklich, meine Zuversicht in der Not!

¹⁸Laß sie zu Schanden werden, die mich verfolgen, und mich nicht; laß sie erschrecken, und mich nicht; laß den Tag des Unglücks über sie kommen und zerschlage sie zwiefach!

¹⁹So spricht der HERR zu mir: Gehe hin und tritt unter das Tor des Volks, dadurch die Könige Juda's aus und ein gehen, und unter alle Tore zu Jerusalem

²⁰und sprich zu ihnen: Höret des HERRN Wort, ihr Könige Juda's und ganz Juda und alle Einwohner zu Jerusalem, so zu diesem Tor eingehen.

²¹So spricht der HERR: Hütet euch und tragt keine Last am Sabbattage durch die Tore hinein zu Jerusalem

²²und führt keine Last am Sabbattage aus euren Häusern und tut keine Arbeit, sondern heiliget den Sabbattag, wie ich euren Vätern geboten habe.

²³Aber sie hören nicht und neigen ihre Ohren nicht, sondern bleiben halsstarrig, daß sie mich ja nicht hören noch sich ziehen lassen.

²⁴So ihr mich hören werdet, spricht der HERR, daß ihr keine Last traget des Sabbattages durch dieser Stadt Tore ein, sondern ihn heiliget, daß ihr keine Arbeit an demselben Tage tut:

²⁵so sollen auch durch dieser Stadt Tore aus und ein gehen Könige und Fürsten, die auf dem Stuhl Davids sitzen, und reiten und fahren, auf Wagen und Rossen, sie und ihre Fürsten samt allen, die in Juda und Jerusalem wohnen; und soll diese Stadt ewiglich bewohnt werden;

²⁶und sollen kommen aus den Städten Juda's, und die um Jerusalem her liegen, und aus dem Lande Benjamin, aus den Gründen und von den Gebirgen und vom Mittag, die da bringen Brandopfer, Schlachtopfer, Speisopfer und Weihrauch zum Hause des HERRN.

²⁷Werdet ihr mich aber nicht hören, daß ihr den Sabbattag heiliget und keine Last tragt durch die Tore zu Jerusalem ein am Sabbattage, so will ich ein Feuer unter ihren Toren anzünden, das die Häuser zu Jerusalem verzehren und nicht gelöscht werden soll.

Kapitel 18

¹Dies ist das Wort, das geschah vom HERRN zu Jeremia, und sprach:

²Mache dich auf und gehe hinab in des Töpfers Haus; daselbst will ich dich meine Worte hören lassen.

³Und ich ging hinab in des Töpfers Haus, und siehe, er arbeitete eben auf der Scheibe.

⁴Und der Topf, den er aus dem Ton machte, mißriet ihm unter den Händen. Da machte er einen andern Topf daraus, wie es ihm gefiel.

⁵Da geschah des HERRN Wort zu mir und sprach:

⁶Kann ich nicht also mit euch umgehen, ihr vom Hause Israel, wie dieser Töpfer? spricht der HERR. Siehe, wie der Ton ist in des Töpfers Hand, also seid auch ihr vom Hause Israel in meiner Hand.

⁷Plötzlich rede ich wider ein Volk und Königreich, daß ich es ausrotten, zerbrechen und verderben wolle.

⁸Wo sich's aber bekehrt von seiner Bosheit, dawider ich rede, so soll mich auch reuen das Unglück, das ich ihm gedachte zu tun.

⁹Und plötzlich rede ich von einem Volk und Königreich, daß ich's bauen und pflanzen wolle.

¹⁰So es aber Böses tut vor meinen Augen, daß es meiner Stimme nicht gehorcht, so soll mich auch reuen das Gute, das ich ihm verheißen hatte zu tun.

¹¹So sprich nun zu denen in Juda und zu den Bürgern zu Jerusalem: So spricht der HERR: Siehe, ich bereite euch ein Unglück zu und habe Gedanken wider euch: darum kehre sich ein jeglicher von seinem bösen Wesen und bessert euer Wesen und Tun.

¹²Aber sie sprachen: Daraus wird nichts; wir wollen nach unsern Gedanken wandeln und ein jeglicher tun nach Gedünken seines bösen Herzens.

¹³Darum spricht der HERR: Fragt doch unter den Heiden. Wer hat je desgleichen gehört? Daß die Jungfrau Israel so gar greuliche Dinge tut!

¹⁴Bleibt doch der Schnee länger auf den Steinen im Felde, wenn's vom Libanon herab schneit, und das Regenwasser verschießt nicht so bald, wie mein Volk vergißt.

¹⁵Sie räuchern den Göttern und richten Ärgernis an auf ihren Wegen für und für und gehen auf ungebahnten Straßen,

¹⁶auf daß ihr Land zur Wüste werde, ihnen zur ewigen Schande, daß, wer vorübergeht, sich verwundere und den Kopf schüttle.

¹⁷Denn ich will sie wie durch einen Ostwind zerstreuen vor ihren Feinden; ich will ihnen den Rücken, und nicht das Antlitz zeigen, wenn sie verderben.

¹⁸Aber sie sprechen: Kommt und laßt uns wider Jeremia ratschlagen; denn die Priester können nicht irre gehen im Gesetz, und die Weisen können nicht fehlen mit Raten, und die Propheten können nicht unrecht lehren! Kommt her, laßt uns ihn mit der Zunge totschlagen und nichts geben auf alle seine Rede!

¹⁹HERR, habe acht auf mich und höre die Stimme meiner Widersacher!

²⁰Ist's recht, daß man Gutes mit Bösem vergilt? Denn sie haben meiner Seele eine Grube gegraben. Gedenke doch, wie ich vor dir gestanden bin, daß ich ihr Bestes redete und deinen Grimm von ihnen wendete.

²¹So strafe nun ihre Kinder mit Hunger und laß sie ins Schwert fallen, daß ihre Weiber ohne Kinder und Witwen seien und ihre Männer zu Tode geschlagen und ihre junge Mannschaft im Streit durchs Schwert erwürgt werde;

²²daß ein Geschrei aus ihren Häusern gehört werde, wie du plötzlich habest Kriegsvolk über sie kommen lassen. Denn sie haben eine Grube gegraben, mich zu fangen, und meinen Füßen Stricke gelegt.

²³Und weil du, HERR, weißt alle ihre Anschläge wider mich, daß sie mich töten wollen, so vergib ihnen ihre Missetat nicht und laß ihre Sünde vor dir nicht ausgetilgt werden. Laß sie vor dir gestürzt werden und handle mit ihnen nach deinem Zorn.

Kapitel 19

¹So spricht nun der HERR: Gehe hin und kaufe dir einen irdenen Krug vom Töpfer, samt etlichen von den Ältesten des Volks und von den Ältesten der Priester,

²und gehe hinaus ins Tal Ben-Hinnom, das vor dem Ziegeltor liegt, und predige daselbst die Worte, die ich dir sage,

³und sprich: Höret des HERRN Wort, ihr Könige Juda's und Bürger zu Jerusalem! So spricht der HERR Zebaoth, der Gott Israels: Siehe, ich will ein solch Unglück über diese Stätte gehen lassen, daß, wer es hören wird, dem die Ohren klingen sollen,

⁴darum daß sie mich verlassen und diese Stätte einem fremden Gott gegeben haben und andern Göttern darin geräuchert haben, die weder sie noch ihre Väter noch die Könige Juda's gekannt haben, und haben die Stätte voll unschuldigen Bluts gemacht.

⁵und haben dem Baal Höhen gebaut, ihre Kinder zu verbrennen, dem Baal zu Brandopfern, was ich ihnen weder geboten noch davon geredet habe, was auch in mein Herz nie gekommen ist.

⁶Darum siehe, es wird die Zeit kommen, spricht der HERR, daß man diese Stätte nicht mehr Thopheth noch das Tal Ben-Hinnom, sondern Würgetal heißen wird.

⁷Und ich will mit dem Gottesdienst Juda's und Jerusalems an diesem Ort zerstören und will sie durchs Schwert fallen lassen vor ihren Feinden, unter der Hand derer, die nach ihrem Leben stehen, und will ihre Leichname den Vögeln des Himmels und den Tieren auf Erden zu fressen geben

Jeremia

⁸und will diese Stadt wüst machen und zum Spott, daß alle, die vorübergehen, werden sich verwundern über alle ihre Plage und ihrer spotten.

⁹Ich will sie lassen ihrer Söhne und Töchter Fleisch fressen, und einer soll des andern Fleisch fressen in der Not und Angst, damit sie ihre Feinde und die, so nach ihrem Leben stehen, bedrängen werden.

¹⁰Und du sollst den Krug zerbrechen vor den Männern, die mit dir gegangen sind,

¹¹und sprich zu ihnen: So spricht der HERR Zebaoth: Eben wie man eines Töpfers Gefäß zerbricht, das nicht kann wieder ganz werden, so will ich dies Volk und diese Stadt auch zerbrechen; und sie sollen im Thopheth begraben werden, weil sonst kein Raum sein wird, zu begraben.

¹²So will ich mit dieser Stätte, spricht der HERR, und ihren Einwohnern umgehen, daß diese Stadt werden soll gleich wie das Thopheth.

¹³Dazu sollen ihre Häuser zu Jerusalem und die Häuser der Könige Juda's ebenso unrein werden wie die Stätte Thopheth, ja, alle Häuser, wo sie auf den Dächern geräuchert haben allem Heer des Himmels und andern Göttern Trankopfer geopfert haben.

¹⁴Und da Jeremia wieder vom Thopheth kam, dahin ihn der HERR gesandt hatte, zu weissagen, trat er in den Vorhof am Hause des HERRN und sprach zu allem Volk:

¹⁵So spricht der HERR Zebaoth, der Gott Israels: Siehe, ich will über diese Stadt und über alle ihre Städte all das Unglück kommen lassen, das ich wider sie geredet habe, darum daß sie halsstarrig sind und meine Worte nicht hören wollen.

Kapitel 20

¹Da aber Pashur, ein Sohn Immers, der Priester, der zum Obersten im Hause des HERRN gesetzt war, Jeremia hörte solche Worte weissagen,

²schlug er den Propheten Jeremia und legte ihn in den Stock unter dem Obertor Benjamin, welches am Hause des HERRN ist.

³Und da es Morgen ward, zog Pashur Jeremia aus dem Stock. Da sprach Jeremia zu ihm: Der HERR heißt dich nicht Pashur, sondern Schrecken um und um.

⁴Denn so spricht der HERR: Siehe, ich will dich zum Schrecken machen dir selbst und allen deinen Freunden, und sie sollen fallen durchs Schwert ihrer Feinde; das sollst du mit deinen Augen sehen. Und will das ganze Juda in die Hand des Königs zu Babel übergeben; der soll euch wegführen gen Babel und mit dem Schwert töten.

⁵Auch will ich alle Güter dieser Stadt samt allem, was sie gearbeitet und alle Kleinode und alle Schätze der Könige Juda's in ihrer Feinde Hand geben, daß sie dieselben rauben, nehmen und gen Babel bringen.

⁶Und du, Pashur, sollst mit allen deinen Hausgenossen gefangen gehen und gen Babel kommen; daselbst sollst du sterben und begraben werden samt allen deinen Freunden, welchen du Lügen predigst.

⁷HERR, du hast mich überredet, und ich habe mich überreden lassen; du bist mir zu stark gewesen und hast gewonnen; aber ich bin darüber zum Spott geworden täglich, und jedermann verlacht mich.

⁸Denn seit ich geredet, gerufen und gepredigt habe von der Plage und Verstörung, ist mir des HERRN Wort zum Hohn und Spott geworden täglich.

⁹Da dachte ich: Wohlan, ich will sein nicht mehr gedenken und nicht mehr in seinem Namen predigen. Aber es ward in meinem Herzen wie ein brennendes Feuer, in meinen Gebeinen verschlossen, daß ich's nicht leiden konnte und wäre fast vergangen.

¹⁰Denn ich höre, wie mich viele schelten und schrecken um und um. "Hui, verklagt ihn! Wir wollen ihn verklagen!" sprechen alle meine Freunde und Gesellen, "ob wir ihn übervorteilen und ihm beikommen mögen und uns an ihm rächen."

¹¹Aber der HERR ist bei mir wie ein starker Held; darum werden meine Verfolger fallen und nicht obliegen, sondern sollen zu Schanden werden, darum daß sie so töricht handeln; ewig wird die Schande sein, deren man nicht vergessen wird.

¹²Und nun, HERR Zebaoth, der du die Gerechten prüfst, Nieren und Herz siehst, laß mich deine Rache an ihnen sehen; denn ich habe dir meine Sache befohlen.

¹³Singet dem HERRN, rühmt den HERRN, der des Armen Leben aus der Boshaften Händen errettet!

¹⁴Verflucht sei der Tag, darin ich geboren bin; der Tag müsse ungesegnet sein, darin mich meine Mutter geboren hat!

¹⁵Verflucht sei der, so meinem Vater gute Botschaft brachte und sprach: "Du hast einen jungen Sohn", daß er ihn fröhlich machen wollte!

¹⁶Der Mann müsse sein wie die Städte, so der HERR hat umgekehrt, und ihn nicht gereut hat; und müsse des Morgens hören ein Geschrei und des Mittags ein Heulen!

¹⁷Daß du mich doch nicht getötet hast im Mutterleibe, daß meine Mutter mein Grab gewesen und ihr Leib ewig schwanger geblieben wäre!

¹⁸Warum bin ich doch aus Mutterleibe hervorgekommen, daß ich solchen Jammer und Herzeleid sehen muß und meine Tage mit Schanden zubringen!

Kapitel 21

¹Dies ist das Wort, so vom HERRN geschah zu Jeremia, da der König Zedekia zu ihm sandte Pashur, den Sohn Malchias, und Zephanja, den Sohn Maasejas, den Priester, und ließ ihm sagen:

²Frage doch den HERRN für uns. Denn Nebukadnezar, der König zu Babel, streitet wider uns; daß der HERR doch mit uns tun wolle nach allen seinen Wundern, damit er von uns abzöge.

³Jeremia sprach zu ihnen: So saget Zedekia:

⁴Das spricht der Herr, der Gott Israels: Siehe, ich will die Waffen zurückwenden, die ihr in euren Händen habt, womit ihr streitet wider den König zu Babel und wider die Chaldäer, welche euch draußen an der Mauer belagert haben; und will sie zuhauf sammeln mitten in dieser Stadt.

⁵Und ich will wider euch streiten mit ausgereckter Hand, mit starkem Arm, mit Zorn, Grimm und großer Ungnade.

⁶Und ich will die Bürger dieser Stadt schlagen, die Menschen und das Vieh, daß sie sterben sollen durch eine große Pestilenz.

⁷Und darnach, spricht der HERR, will ich Zedekia, den König Juda's, samt seinen Knechten und dem Volk, das in dieser Stadt vor der Pestilenz, vor Schwert und Hunger übrigbleiben wird, geben in die Hände Nebukadnezars, des Königs zu Babel, und in die Hände ihrer Feinde, und in die Hände derer, die ihnen nach dem Leben stehen, daß er sie mit der Schärfe des Schwerts also schlage, daß kein Schonen noch Gnade noch Barmherzigkeit da sei.

⁸Und sage diesem Volk: So spricht der HERR: Siehe, ich lege euch vor den Weg zum Leben und den Weg zum Tode.

⁹Wer in dieser Stadt bleibt, der wird sterben müssen durch Schwert, Hunger und Pestilenz; wer aber sich hinausbegibt zu den Chaldäern, die euch belagern, der soll lebendig bleiben und soll sein Leben als eine Ausbeute behalten.

¹⁰Denn ich habe mein Angesicht über diese Stadt gerichtet zum Unglück und zu keinem Guten, spricht der HERR. Sie soll dem König zu Babel übergeben werden, daß er sie mit Feuer verbrenne.

¹¹Und höret des HERRN Wort, ihr vom Hause des Königs in Juda!

¹²Du Haus David, so spricht der Herr: Haltet des Morgens Gericht und errettet die Beraubten aus des Frevlers Hand, auf daß mein Grimm nicht ausfahre wie ein Feuer und brenne also, das niemand löschen könne, um eures bösen Wesens willen.

¹³Siehe, spricht der HERR, ich will an dich, die du wohnst im Grunde, auf dem Felsen der Ebene und sprichst: Wer will uns überfallen oder in unsre Feste kommen?

¹⁴Ich will euch heimsuchen, spricht der HERR, nach der Frucht eures Tuns; ich will ein Feuer anzünden in ihrem Walde, das soll alles umher verzehren.

Kapitel 22

¹So spricht der HERR: Gehe hinab in das Haus des Königs in Juda und rede daselbst dies Wort

²und sprich: Höre des HERRN Wort, du König Juda's, der du auf dem Stuhl Davids sitzest, du und deine Knechte und dein Volk, die zu diesen Toren eingehen.

³So spricht der HERR: Haltet Recht und Gerechtigkeit, und errettet den Beraubten von des Frevlers Hand, und schindet nicht die Fremdlinge, Waisen und Witwen, und tut niemand Gewalt, und vergießt nicht unschuldig Blut an dieser Stätte.

⁴Werdet ihr solches tun, so sollen durch die Tore dieses Hauses einziehen Könige die auf Davids Stuhl sitzen, zu Wagen und zu Rosse, samt ihren Knechten und ihrem Volk.

⁵Werdet ihr aber solchem nicht gehorchen, so habe ich bei mir selbst geschworen, spricht der HERR, dies Haus soll zerstört werden.

⁶Denn so spricht der HERR von dem Hause des Königs in Juda: Ein Gilead bist du mir, ein Haupt im Libanon. Was gilt's? ich will dich zur Wüste und die Einwohner ohne Städte machen.

⁷Denn ich habe den Verderber über dich bestellt, einen jeglichen mit seinen Waffen; die sollen deine auserwählten Zedern umhauen und ins Feuer werfen.

⁸So werden viele Heiden vor dieser Stadt vorübergehen und untereinander sagen: Warum hat der HERR mit dieser großen Stadt also gehandelt?

⁹Und man wird antworten: Darum daß sie den Bund des HERRN, ihres Gottes, verlassen und andere Götter angebetet und ihnen gedient haben.

¹⁰Weinet nicht über die Toten und grämet euch nicht darum; weinet aber über den, der dahinzieht; denn er wird nimmer wiederkommen, daß er sein Vaterland sehen möchte.

¹¹Denn so spricht der HERR von Sallum, dem Sohn Josias, des Königs in Juda, welcher König ist anstatt seines Vaters Josia, der von dieser Stätte hinausgezogen ist: Er wird nicht wieder herkommen,

¹²sondern muß sterben an dem Ort, dahin er gefangen geführt ist, und wird dies Land nicht mehr sehen.

¹³Weh dem, der sein Haus mit Sünden baut und seine Gemächer mit Unrecht, der seinen Nächsten umsonst arbeiten läßt und gibt ihm seinen Lohn nicht

¹⁴und denkt: "Wohlan, ich will mir ein großes Haus bauen und weite Gemächer!" und läßt sich Fenster drein hauen und es mit Zedern täfeln und rot malen!

¹⁵Meinst du, du wollest König sein, weil du mit Zedern prangst? Hat dein Vater nicht auch gegessen und getrunken und hielt dennoch über Recht und Gerechtigkeit, und es ging ihm wohl?

¹⁶Er half dem Elenden und Armen zum Recht, und es ging ihm wohl. Ist's nicht also, daß solches heißt, mich recht erkennen? spricht der HERR.

¹⁷Aber deine Augen und dein Herz stehen nicht also, sondern auf deinen Geiz, auf unschuldig Blut zu vergießen, zu freveln und unterzustoßen.

¹⁸Darum spricht der HERR von Jojakim, dem Sohn Josias, dem König Juda's: Man wird ihn nicht beklagen: "Ach Bruder! ach Schwester!", man wird ihn auch nicht beklagen: "Ach Herr! ach Edler!"

¹⁹Er soll wie ein Esel begraben werden, zerschleift und hinausgeworfen vor die Tore Jerusalems.

²⁰Gehe hinauf auf den Libanon und schreie und laß dich hören zu Basan und schreie von Abarim; denn alle deine Liebhaber sind zunichte gemacht.

²¹Ich habe dir's vorhergesagt, da es noch wohl um dich stand; aber du sprachst: "Ich will nicht hören." Also hast du dein Lebtage getan, daß du meiner Stimme nicht gehorchtest.

²²Alle deine Hirten wird der Wind weiden, und deine Liebhaber ziehen gefangen dahin; da mußt du zum Spott und zu Schanden werden um aller deiner Bosheit willen.

²³Die du jetzt auf dem Libanon wohnest und in Zedern nistest, wie schön wirst du sehen, wenn dir Schmerzen und Wehen kommen werden wie einer in Kindsnöten!

²⁴So wahr ich lebe, spricht der HERR, wenn Chonja, der Sohn Jojakims, der König Juda's, ein Siegelring wäre an meiner rechten Hand, so wollte ich dich doch abreißen

²⁵und in die Hände geben derer, die nach deinem Leben stehen und vor welchen du dich fürchtest, in die Hände Nebukadnezars, des Königs zu Babel, und der Chaldäer.

²⁶Und ich will dich und deine Mutter, die dich geboren hat, in ein anderes Land treiben, das nicht euer Vaterland ist, und sollt daselbst sterben.

²⁷Und in das Land, da sie von Herzen gern wieder hin wären, sollen sie nicht wiederkommen.

²⁸Wie ein elender, verachteter, verstoßener Mann ist doch Chonja! ein unwertes Gefäß! Ach wie ist er doch samt seinem Samen so vertrieben und in ein unbekanntes Land geworfen!

²⁹O Land, Land, Land, höre des HERRN Wort!

³⁰So spricht der HERR: Schreibet an diesen Mann als einen, der ohne Kinder ist, einen Mann, dem es sein Lebtage nicht gelingt. Denn er wird das Glück nicht haben, daß jemand seines Samens auf dem Stuhl Davids sitze und fürder in Juda herrsche.

Kapitel 23

¹Weh euch Hirten, die ihr die Herde meiner Weide umbringet und zerstreuet! spricht der HERR.

²Darum spricht der HERR, der Gott Israels, von den Hirten, die mein Volk weiden: Ihr habt meine Herde zerstreut und verstoßen und nicht besucht. Siehe, ich will euch heimsuchen um eures bösen Wesens willen, spricht der HERR.

³Und ich will die übrigen meiner Herde sammeln aus allen Ländern, dahin ich sie verstoßen habe, und will sie wiederbringen zu ihren Hürden, daß sie sollen wachsen und ihrer viel werden.

⁴Und ich will Hirten über sie setzen, die sie weiden sollen, daß sie sich nicht mehr sollen fürchten noch erschrecken noch heimgesucht werden, spricht der HERR.

⁵Siehe, es kommt die Zeit, spricht der HERR, daß ich dem David ein gerechtes Gewächs erwecken will, und soll ein König sein, der wohl regieren wird und Recht und Gerechtigkeit auf Erden anrichten.

⁶Zu seiner Zeit soll Juda geholfen werden und Israel sicher wohnen. Und dies wird sein Name sein, daß man ihn nennen wird: Der HERR unsre Gerechtigkeit.

⁷Darum siehe, es wird die Zeit kommen, spricht der HERR, daß man nicht mehr sagen wird: So wahr der HERR lebt, der die Kinder Israel aus Ägyptenland geführt hat!

⁸sondern: So wahr der HERR lebt, der den Samen des Hauses Israel hat herausgeführt aus dem Lande der Mitternacht und aus allen Landen, dahin ich sie verstoßen hatte, daß sie in ihrem Lande wohnen sollen!

⁹Wider die Propheten. Mein Herz will mir im Leibe brechen, alle meine Gebeine zittern; mir ist wie einem trunkenen Mann und wie einem, der vom Wein taumelt, vor dem HERRN und vor seinen heiligen Worten;

¹⁰daß das Land so voll Ehebrecher ist, daß das Land so jämmerlich steht, daß es so verflucht ist und die Auen in der Wüste verdorren; und ihr Leben ist böse, und ihr Regiment taugt nicht.

¹¹Denn beide, Propheten und Priester, sind Schälke; und auch in meinem Hause finde ich ihre Bosheit, spricht der HERR.

¹²Darum ist ihr Weg wie ein glatter Weg im Finstern, darauf sie gleiten und fallen; denn ich will Unglück über sie kommen lassen, das Jahr ihrer Heimsuchung, spricht der HERR.

¹³Zwar bei den Propheten zu Samaria sah ich Torheit, daß sie weissagten durch Baal und verführten mein Volk Israel;

¹⁴aber bei den Propheten zu Jerusalem sehe ich Greuel, wie sie ehebrechen und gehen mit Lügen um und stärken die Boshaften, auf daß sich ja niemand bekehre von seiner Bosheit. Sie sind alle vor mir gleichwie Sodom, und die Bürger zu Jerusalem wie Gomorra.

¹⁵Darum spricht der HERR Zebaoth von den Propheten also: Siehe, ich will sie mit Wermut speisen und mit Galle tränken; denn von den Propheten zu Jerusalem kommt Heuchelei aus ins ganze Land.

¹⁶So spricht der HERR Zebaoth: Gehorcht nicht den Worten der Propheten, so euch weissagen. Sie betrügen euch; denn sie predigen ihres Herzens Gesicht und nicht aus des HERRN Munde.

¹⁷Sie sagen denen, die mich lästern: "Der HERR hat's gesagt, es wird euch wohl gehen"; und allen, die nach ihres Herzens Dünkel wandeln, sagen sie: "Es wird kein Unglück über euch kommen."

¹⁸Aber wer ist im Rat des HERRN gestanden, der sein Wort gesehen und gehört habe? Wer hat sein Wort vernommen und gehört?

¹⁹Siehe, es wird ein Wetter des HERRN mit Grimm kommen und ein schreckliches Ungewitter den Gottlosen auf den Kopf fallen.

²⁰Und des HERRN Zorn wird nicht nachlassen, bis er tue und ausrichte, was er im Sinn hat; zur letzten Zeit werdet ihr's wohl erfahren.

²¹Ich sandte die Propheten nicht, doch liefen sie; ich redete nicht zu ihnen, doch weissagten sie.

²²Denn wo sie bei meinem Rat geblieben wären und hätten meine Worte meinem Volk gepredigt, so hätten sie dasselbe von seinem bösen Wesen und von seinem bösen Leben bekehrt.

²³Bin ich nur ein Gott, der nahe ist, spricht der HERR, und nicht auch ein Gott von ferneher?

²⁴Meinst du, daß sich jemand so heimlich verbergen könne, daß ich ihn nicht sehe? spricht der HERR. Bin ich es nicht, der Himmel und Erde füllt? spricht der HERR.

²⁵Ich höre es wohl, was die Propheten predigen und falsch weissagen in meinem Namen und sprechen: Mir hat geträumt, mir hat geträumt.

²⁶Wann wollen doch die Propheten aufhören, die falsch weissagen und ihres Herzens Trügerei weissagen

²⁷und wollen, daß mein Volk meines Namens vergesse über ihren Träumen, die einer dem andern erzählt? gleichwie ihre Väter meines Namens vergaßen über dem Baal.

²⁸Ein Prophet, der Träume hat, der erzähle Träume; wer aber mein Wort hat, der predige mein Wort recht. Wie reimen sich Stroh und Weizen zusammen? spricht der HERR.

²⁹Ist mein Wort nicht wie Feuer, spricht der HERR, und wie ein Hammer, der Felsen zerschmeißt?

³⁰Darum siehe, ich will an die Propheten, spricht der HERR, die mein Wort stehlen einer dem andern.

³¹Siehe, ich will an die Propheten, spricht der HERR, die ihr eigenes Wort führen und sprechen: Er hat's gesagt.

³²Siehe, ich will an die, so falsche Träume weissagen, spricht der HERR, und erzählen dieselben und verführen mein Volk mit ihren

Lügen und losen Reden, so ich sie doch nicht gesandt und ihnen nichts befohlen habe und sie auch diesem Volk nichts nütze sind, spricht der HERR.

³³Wenn dich dies Volk oder ein Prophet oder ein Priester fragen wird und sagen: Welches ist die Last des HERRN? sollst du zu ihnen sagen, was die Last sei: Ich will euch hinwerfen, spricht der HERR.

³⁴Und wo ein Prophet oder Priester oder das Volk wird sagen: "Das ist die Last des HERRN", den will ich heimsuchen und sein Haus dazu.

³⁵Also sollt ihr aber einer mit dem andern reden und untereinander sagen: "Was antwortet der HERR, und was sagt der HERR?"

³⁶Und nennt's nicht mehr "Last des HERRN"; denn einem jeglichem wird sein eigenes Wort eine "Last" sein, weil ihr also die Worte des lebendigen Gottes, des HERRN Zebaoth, unsers Gottes, verkehrt.

³⁷Darum sollt ihr zum Propheten also sagen: Was antwortet dir der HERR, und was sagt der HERR?

³⁸Weil ihr aber sprecht: "Last des HERRN", darum spricht der HERR also: Nun ihr dieses Wort eine "Last des HERRN" nennt und ich zu euch gesandt habe und sagen lassen, ihr sollt's nicht nennen "Last des HERRN":

³⁹siehe, so will ich euch hinwegnehmen und euch samt der Stadt, die ich euch und euren Vätern gegeben habe, von meinem Angesicht wegwerfen

⁴⁰und will euch ewige Schande und ewige Schmach zufügen, der nimmer vergessen soll werden.

Kapitel 24

¹Siehe, der HERR zeigte mir zwei Feigenkörbe, gestellt vor den Tempel des HERRN, nachdem der König zu Babel, Nebukadnezar, hatte weggeführt Jechonja, den Sohn Jojakims, den König Juda's, samt den Fürsten Juda's und den Zimmerleuten und Schmieden von Jerusalem und gen Babel gebracht.

²In dem einen Korbe waren sehr gute Feigen, wie die ersten reifen Feigen sind; im andern Korb waren sehr schlechte Feigen, daß man sie nicht essen konnte, so schlecht waren sie.

³Und der HERR sprach zu mir: Jeremia, was siehst du? Ich sprach: Feigen; die guten Feigen sind sehr gut, und die schlechten sind sehr schlecht, daß man sie nicht essen kann, so schlecht sind sie.

⁴Da geschah des HERRN Wort zu mir und sprach:

⁵So spricht der HERR, der Gott Israels: Gleichwie diese Feigen gut sind, also will ich mich gnädig annehmen der Gefangenen aus Juda, welche ich habe aus dieser Stätte lassen ziehen in der Chaldäer Land,

⁶und will sie gnädig ansehen, und will sie wieder in dies Land bringen, und will sie bauen und nicht abbrechen; ich will sie pflanzen und nicht ausraufen,

⁷und will ihnen ein Herz geben, daß sie mich kennen sollen, daß ich der HERR sei. Und sie sollen mein Volk sein, so will ich ihr Gott sein; denn sie werden sich von ganzem Herzen zu mir bekehren.

⁸Aber wie die schlechten Feigen so schlecht sind, daß man sie nicht essen kann, spricht der HERR, also will ich dahingeben Zedekia, den König Juda's samt seinen Fürsten, und was übrig ist zu Jerusalem und übrig in diesem Lande und die in Ägyptenland wohnen.

⁹Und will ihnen Unglück zufügen und sie in keinem Königreich auf Erden bleiben lassen, daß sie sollen zu Schanden werden, zum Sprichwort, zur Fabel und zum Fluch an allen Orten, dahin ich sie verstoßen werde;

¹⁰und will Schwert, Hunger und Pestilenz unter sie schicken, bis sie umkommen von dem Lande, das ich ihnen und ihren Vätern gegeben habe.

Kapitel 25

¹Dies ist das Wort, welches zu Jeremia geschah über das ganze Volk Juda im vierten Jahr Jojakims, des Sohnes Josias, des Königs in Juda (welches ist das erste Jahr Nebukadnezars, des Königs zu Babel),

²welches auch der Prophet Jeremia redete zu dem ganzen Volk Juda und zu allen Bürgern zu Jerusalem und sprach:

³Es ist vom dreizehnten Jahr an Josias, des Sohnes Amons, des Königs Juda's, des HERRN Wort zu mir geschehen bis auf diesen Tag, und ich habe euch nun dreiundzwanzig Jahre mit Fleiß gepredigt; aber ihr habt nie hören wollen.

⁴So hat der HERR auch zu euch gesandt alle seine Knechte, die Propheten, fleißig; aber ihr habt nie hören wollen noch eure Ohren neigen, daß ihr gehorchtet.

⁵da er sprach: Bekehrt euch, ein jeglicher von seinem bösen Wesen, so sollt ihr in dem Lande, das der HERR euch und euren Vätern gegeben hat, immer und ewiglich bleiben.

⁶Folget nicht andern Göttern, daß ihr ihnen dienet und sie anbetet, auf daß ihr mich nicht erzürnt durch eurer Hände Werk und ich euch Unglück zufügen müsse.

⁷Aber ihr wolltet mir nicht gehorchen, spricht der HERR, auf daß ihr mich ja wohl erzürntet durch eurer Hände Werk zu eurem eigenen Unglück.

⁸Darum so spricht der HERR Zebaoth: Weil ihr denn meine Worte nicht hören wollt,

⁹siehe, so will ich ausschicken und kommen lassen alle Völker gegen Mitternacht, spricht der HERR, auch meinen Knecht Nebukadnezar, den König zu Babel, und will sie bringen über dies Land und über diese Völker, so umherliegen, und will sie verbannen und verstören und zum Spott und zur ewigen Wüste machen,

¹⁰und will herausnehmen allen fröhlichen Gesang, die Stimme des Bräutigams und der Braut, die Stimme der Mühle und das Licht der Lampe,

¹¹daß dies ganze Land wüst und zerstört liegen soll. Und sollen diese Völker dem König zu Babel dienen siebzig Jahre.

¹²Wenn aber die siebzig Jahre um sind, will ich den König zu Babel heimsuchen und dies Volk, spricht der HERR, um ihre Missetat, dazu das Land der Chaldäer, und will es zur ewigen Wüste machen.

¹³Also will ich über dies Land bringen alle meine Worte, die ich geredet habe wider sie (nämlich alles, was in diesem Buch geschrieben steht, das Jeremia geweissagt hat über alle Völker).

¹⁴Und sie sollen auch großen Völkern und großen Königen dienen. Also will ich ihnen vergelten nach ihrem Verdienst und nach den Werken ihrer Hände.

¹⁵Denn also spricht zu mir der HERR, der Gott Israels: Nimm diesen Becher Wein voll Zorns von meiner Hand und schenke daraus allen Völkern, zu denen ich dich sende,

¹⁶daß sie trinken, taumeln und toll werden vor dem Schwert, das ich unter sie schicken will.

¹⁷Und ich nahm den Becher von der Hand des HERRN und schenkte allen Völkern, zu denen mich der HERR sandte,

¹⁸nämlich Jerusalem, den Städten Juda's, ihren Königen und Fürsten, daß sie wüst und zerstört liegen und ein Spott und Fluch sein sollen, wie es denn heutigestages steht;

¹⁹auch Pharao, dem König in Ägypten, samt seinen Knechten, seinen Fürsten und seinem ganzen Volk;

²⁰allen Ländern gegen Abend, allen Königen im Lande Uz, allen Königen in der Philister Lande, samt Askalon, Gaza, Ekron und den übrigen zu Asdod;

²¹denen zu Edom, denen zu Moab, den Kindern Ammon;

²²allen Königen zu Tyrus, allen Königen zu Sidon, den Königen auf den Inseln jenseit des Meeres;

²³denen von Dedan, denen von Thema, denen von Bus und allen, die das Haar rundherum abschneiden;

²⁴allen Königen in Arabien, allen Königen gegen Abend, die in der Wüste wohnen;

²⁵allen Königen in Simri, allen Königen in Elam, allen Königen in Medien;

²⁶allen Königen gegen Mitternacht, in der Nähe und Ferne, einem mit dem andern, und allen Königen auf Erden, die auf dem Erdboden sind; und der König zu Sesach soll nach diesen trinken.

²⁷Und sprich zu ihnen: So spricht der HERR Zebaoth, der Gott Israels: Trinket, daß ihr trunken werdet, speiet und niederfallt und nicht aufstehen könnt vor dem Schwert, das ich unter euch schicken will.

²⁸Und wo sie den Becher nicht wollen von deiner Hand nehmen und trinken, so sprich zu ihnen: Also spricht der HERR Zebaoth: Nun sollt ihr trinken!

²⁹Denn siehe, in der Stadt, die nach meinem Namen genannt ist, fange ich an zu plagen; und ihr solltet ungestraft bleiben? Ihr sollt nicht ungestraft bleiben; denn ich rufe das Schwert herbei über alle, die auf Erden wohnen, spricht der HERR Zebaoth.

³⁰Und du sollst alle diese Wort ihnen weissagen und sprich zu ihnen: Der HERR wird brüllen aus der Höhe und seinen Donner hören lassen aus seiner heiligen Wohnung; er wird brüllen über seine Hürden; er wird singen ein Lied wie die Weintreter über alle Einwohner des Landes, des Hall erschallen wird bis an der Welt Ende.

³¹Der HERR hat zu rechten mit den Heiden und will mit allem Fleisch Gericht halten; die Gottlosen wird er dem Schwert übergeben, spricht der HERR.

³²So spricht der HERR Zebaoth: Siehe, es wird eine Plage kommen von einem Volk zum andern, und ein großes Wetter wird erweckt werden aus einem fernen Lande.

³³Da werden die Erschlagenen des HERRN zu derselben Zeit liegen von einem Ende der Erde bis an das andere Ende; die werden nicht beklagt noch aufgehoben noch begraben werden, sondern müssen

auf dem Felde liegen und zu Dung werden.

³⁴Heulet nun, ihr Hirten, und schreiet, wälzet euch in der Asche, ihr Gewaltigen über die Herde; denn die Zeit ist hier, daß ihr geschlachtet und zerstreut werdet und zerfallen müßt wie ein köstliches Gefäß.

³⁵Und die Hirten werden nicht fliehen können, und die Gewaltigen über die Herde werden nicht entrinnen können.

³⁶Da werden die Hirten schreien, und die Gewaltigen über die Herde werden heulen, daß der HERR ihre Weide so verwüstet hat

³⁷und ihre Auen, die so wohl standen, verderbt sind vor dem grimmigen Zorn des HERRN.

³⁸Er hat seine Hütte verlassen wie ein junger Löwe, und ist also ihr Land zerstört vor dem Zorn des Tyrannen und vor seinem grimmigen Zorn.

Kapitel 26

¹Im Anfang des Königreichs Jojakims, des Sohnes Josias, des Königs in Juda, geschah dies Wort vom HERRN und sprach:

²So spricht der HERR: Tritt in den Vorhof am Hause des HERRN und predige allen Städten Juda's, die da hereingehen, anzubeten im Hause des HERRN, alle Worte, die ich dir befohlen habe ihnen zu sagen, und tue nichts davon;

³ob sie vielleicht hören wollen und sich bekehren, ein jeglicher von seinem bösen Wesen, damit mich auch reuen möchte das Übel, das ich gedenke ihnen zu tun um ihres bösen Wandels willen.

⁴Und sprich zu ihnen: So spricht der HERR: Werdet ihr mir nicht gehorchen, daß ihr nach meinem Gesetz wandelt, das ich euch vorgelegt habe,

⁵daß ihr hört auf die Worte meiner Knechte, der Propheten, welche ich stets zu euch gesandt habe, und ihr doch nicht hören wolltet:

⁶so will ich's mit diesem Hause machen wie mit Silo und diese Stadt zum Fluch allen Heiden auf Erden machen.

⁷Da nun die Priester, Propheten und alles Volk hörten Jeremia, daß er solche Worte redete im Hause des HERRN,

⁸und Jeremia nun ausgeredet hatte alles, was ihm der HERR befohlen hatte, allem Volk zu sagen, griffen ihn die Priester, Propheten und das ganze Volk und sprachen: Du mußt sterben!

⁹Warum weissagst du im Namen des HERRN und sagst: Es wird diesem Hause gehen wie Silo, daß niemand mehr darin wohne? Und das ganze Volk sammelte sich im Hause des HERRN wider Jeremia.

¹⁰Da solches hörten die Fürsten Juda's gingen sie aus des Königs Hause hinauf ins Haus des HERRN und setzten sich vor das neue Tor des HERRN.

¹¹Und die Priester und Propheten sprachen vor den Fürsten und allem Volk: Dieser ist des Todes schuldig; denn er hat geweissagt wider diese Stadt, wie ihr mit euren Ohren gehört habt.

¹²Aber Jeremia sprach zu allen Fürsten und zu allem Volk: Der HERR hat mich gesandt, daß ich solches alles, was ihr gehört habt, sollte weissagen wider dies Haus und wider diese Stadt.

¹³So bessert nun euer Wesen und Wandel und gehorcht der Stimme des HERRN, eures Gottes, so wird den HERRN auch gereuen das Übel, das er wider euch geredet hat.

¹⁴Siehe, ich bin in euren Händen; ihr mögt es machen mit mir, wie es euch recht und gut dünkt.

¹⁵Doch sollt ihr wissen: wo ihr mich tötet, so werdet ihr unschuldig Blut laden auf euch selbst, auf diese Stadt und ihre Einwohner. Denn wahrlich, der HERR hat mich zu euch gesandt, daß ich solches alles vor euren Ohren reden soll.

¹⁶Da sprachen die Fürsten und das ganze Volk zu den Priestern und Propheten: Dieser ist des Todes nicht schuldig; denn er hat zu uns geredet im Namen des HERRN, unsers Gottes.

¹⁷Und es standen etliche der Ältesten im Lande und sprachen zum ganzen Haufen des Volks:

¹⁸Zur Zeit Hiskias, des Königs in Juda, war ein Prophet, Micha von Moreseth, und sprach zum ganzen Volk Juda: So spricht der HERR Zebaoth: Zion wird wie ein Acker gepflügt werden, und Jerusalem wird zum Steinhaufen werden und der Berg des Tempels zu einer wilden Höhe.

¹⁹Doch ließ ihn Hiskia, der König Juda's und das ganze Juda darum nicht töten; ja sie fürchteten vielmehr den HERRN und beteten vor dem HERRN. Da reute auch den HERRN das Übel, das er wider sie geredet hatte. Darum täten wir sehr übel wider unsre Seelen.

²⁰So war auch einer, der im Namen des HERRN weissagte, Uria, der Sohn Semajas, von Kirjath-Jearim. Derselbe weissagte wider diese Stadt und wider das Land gleichwie Jeremia.

²¹Da aber der König Jojakim und alle seine Gewaltigen und die Fürsten seine Worte hörten, wollte ihn der König töten lassen. Und Uria erfuhr das, fürchtete sich und floh und zog nach Ägypten.

²²Aber der König Jojakim schickte Leute nach Ägypten, Elnathan, den Sohn Achbors, und andere mit ihm;

²³die führten ihn aus Ägypten und brachten ihn zum König Jojakim; der ließ ihn mit dem Schwert töten und ließ seinen Leichnam unter dem gemeinen Pöbel begraben.

²⁴Aber mit Jeremia war die Hand Ahikams, des Sohnes Saphans, daß er nicht dem Volk in die Hände kam, daß sie ihn töteten.

Kapitel 27

¹Im Anfang des Königreichs Zedekia, des Sohnes Josias, des Königs in Juda, geschah dies Wort vom HERRN zu Jeremia und sprach:

²So spricht der HERR zu mir: Mache dir ein Joch und hänge es an deinen Hals

³und schicke es zum König in Edom, zum König in Moab, zum König der Kinder Ammon, zum König von Tyrus und zum König zu Sidon durch die Boten, so zu Zedekia, dem König Juda's, gen Jerusalem gekommen sind,

⁴und befiehl ihnen, daß sie ihren Herren sagen: So spricht der HERR Zebaoth, der Gott Israels: So sollt ihr euren Herren sagen:

⁵Ich habe die Erde gemacht und Menschen und Vieh, so auf Erden sind, durch meine große Kraft und meinen ausgestreckten Arm und gebe sie, wem ich will.

⁶Nun aber habe ich alle diese Lande gegeben in die Hand meines Knechtes Nebukadnezar, des Königs zu Babel, und habe ihm auch die wilden Tiere auf dem Felde gegeben, daß sie ihm dienen sollen.

⁷Und sollen alle Völker dienen ihm und seinem Sohn und seines Sohnes Sohn, bis daß die Zeit seines Landes auch komme und er vielen Völkern und großen Königen diene.

⁸Welches Volk aber und Königreich dem König zu Babel, Nebukadnezar, nicht dienen will, und wer seinen Hals nicht wird unter das Joch des Königs zu Babel geben, solch Volk will ich heimsuchen mit Schwert, Hunger und Pestilenz, spricht der HERR, bis daß ich sie durch seine Hand umbringe.

⁹Darum so gehorcht nicht euren Propheten, Weissagern, Traumdeutern, Tagewählern und Zauberern, die euch sagen: Ihr werdet nicht dienen müssen dem König zu Babel.

¹⁰Denn sie weissagen euch falsch, auf daß sie euch fern aus eurem Lande bringen und ich euch ausstoße und ihr umkommt.

¹¹Denn welches Volk seinen Hals ergibt unter das Joch des Königs zu Babel und dient ihm, das will ich in seinem Lande lassen, daß es dasselbe baue und bewohne, spricht der HERR.

¹²Und ich redete solches alles zu Zedekia, dem König Juda's, und sprach: Ergebt euren Hals unter das Joch des Königs zu Babel und dient ihm und seinem Volk, so sollt ihr lebendig bleiben.

¹³Warum wollt ihr sterben, du und dein Volk, durch Schwert, Hunger und Pestilenz, wie denn der HERR geredet hat über das Volk, so dem König zu Babel nicht dienen will?

¹⁴Darum gehorcht nicht den Worten der Propheten, die euch sagen: "Ihr werdet nicht dienen müssen dem König zu Babel!" Denn sie weissagen euch falsch,

¹⁵und ich habe sie nicht gesandt, spricht der HERR; sondern sie weissagen falsch in meinem Namen, auf daß ich euch ausstoße und ihr umkommt samt den Propheten, die euch weissagen.

¹⁶Und zu den Priestern und zu allem diesem Volk redete ich und sprach: So spricht der HERR: Gehorcht nicht den Worten eurer Propheten, die euch weissagen und sprechen: "Siehe, die Gefäße aus dem Hause des HERRN werden nun bald von Babel wieder herkommen!" Denn sie weissagen euch falsch.

¹⁷Gehorchet ihnen nicht, sondern dienet dem König zu Babel, so werdet ihr lebendig bleiben. Warum soll doch diese Stadt zur Wüste werden?

¹⁸Sind sie aber Propheten und haben des HERRN Wort, so laßt sie vom HERRN Zebaoth erbitten, daß die übrigen Gefäße im Hause des HERRN und im Hause des Königs in Juda und zu Jerusalem nicht auch gen Babel geführt werden.

¹⁹Denn also spricht der HERR Zebaoth von den Säulen und vom Meer und von dem Gestühl und von den Gefäßen, die noch übrig sind in dieser Stadt,

²⁰welche Nebukadnezar, der König zu Babel, nicht wegnahm, da er Jechonja, den Sohn Jojakims, den König Juda's, von Jerusalem wegführte gen Babel samt allen Fürsten in Juda und Jerusalem:

²¹denn so spricht der HERR Zebaoth, der Gott Israels, von den Gefäßen, die noch übrig sind im Hause des HERRN und im Hause des Königs in Juda und zu Jerusalem:

²²Sie sollen gen Babel geführt werden und daselbst bleiben bis auf den Tag, da ich sie heimsuche, spricht der HERR, und ich sie wiederum

Jeremia

herauf an diesen Ort bringen lasse.

Kapitel 28

¹Und in demselben Jahr, im Anfang des Königreiches Zedekias, des Königs in Juda, im fünften Monat des vierten Jahres, sprach Hananja, der Sohn Assurs, ein Prophet von Gibeon, zu mir im Hause des HERRN, in Gegenwart der Priester und alles Volks, und sagte:

²So spricht der HERR Zebaoth der Gott Israels: Ich habe das Joch des Königs zu Babel zerbrochen;

³und ehe zwei Jahre um sind, will ich alle Gefäße des Hauses des HERRN, welche Nebukadnezar, der Könige zu Babel, hat von diesem Ort weggenommen und gen Babel geführt, wiederum an diesen Ort bringen;

⁴Dazu Jechonja, den Sohn Jojakims, den König Juda's samt allen Gefangenen aus Juda, die gen Babel geführt sind, will ich auch wieder an diesen Ort bringen, spricht der HERR; denn ich will das Joch des Königs zu Babel zerbrechen.

⁵Da sprach der Prophet Jeremia zu dem Propheten Hananja in der Gegenwart der Priester und des ganzen Volks, die im Hause des HERRN standen,

⁶und sagte: Amen! Der HERR tue also; der HERR bestätige dein Wort, das du geweissagt hast, daß er die Gefäße aus dem Hause des HERRN von Babel wieder bringe an diesen Ort samt allen Gefangenen.

⁷Aber doch höre auch dies Wort, das ich vor deinen Ohren rede und vor den Ohren des ganzen Volks:

⁸Die Propheten, die vor mir und vor dir gewesen sind von alters her, die haben wider viel Länder und Königreiche geweissagt von Krieg, von Unglück und von Pestilenz;

⁹wenn aber ein Prophet von Frieden weissagt, den wird man kennen, ob ihn der HERR wahrhaftig gesandt hat, wenn sein Wort erfüllt wird.

¹⁰Da nahm Hananja das Joch vom Halse des Propheten Jeremia und zerbrach es.

¹¹Und Hananja sprach in Gegenwart des ganzen Volks: So spricht der HERR: Ebenso will ich zerbrechen das Joch Nebukadnezars, des Königs zu Babel, ehe zwei Jahre um kommen, vom Halse aller Völker. Und der Prophet Jeremia ging seines Weges.

¹²Aber des HERRN Wort geschah zu Jeremia, nachdem der Prophet Hananja das Joch zerbrochen hatte vom Halse des Propheten Jeremia und sprach:

¹³Geh hin und sage Hananja: So spricht der HERR: Du hast das hölzerne Joch zerbrochen und hast nun ein eisernes Joch an jenes Statt gemacht.

¹⁴Denn so spricht der HERR Zebaoth, der Gott Israels: Ein eisernes Joch habe ich allen diesen Völkern an den Hals gehängt, damit sie dienen sollen Nebukadnezar, dem König zu Babel, und müssen ihm dienen; denn ich habe ihm auch die wilden Tiere gegeben.

¹⁵Und der Prophet Jeremia sprach zum Propheten Hananja: Höre doch, Hananja! Der HERR hat dich nicht gesandt, und du hast gemacht, daß dies Volk auf Lügen sich verläßt.

¹⁶Darum spricht der HERR also: Siehe, ich will dich vom Erdboden nehmen; dies Jahr sollst du sterben; denn du hast sie mit deiner Rede vom HERRN abgewendet.

¹⁷Also starb der Prophet Hananja desselben Jahres im siebenten Monat.

Kapitel 29

¹Dies sind die Worte in dem Brief, den der Prophet Jeremia sandte von Jerusalem an die übrigen Ältesten, die weggeführt waren, und an die Priester und Propheten und an das ganze Volk, das Nebukadnezar von Jerusalem hatte weggeführt gen Babel

²(nachdem der König Jechonja und die Königin mit den Kämmerern und Fürsten in Juda und Jerusalem samt den Zimmerleuten und Schmieden zu Jerusalem weg waren),

³durch Eleasa, den Sohn Saphans, und Gemarja, den Sohn Hilkias, welche Zedekia, der König Juda's, sandte gen Babel zu Nebukadnezar, dem König zu Babel:

⁴So spricht der HERR Zebaoth, der Gott Israels, zu allen Gefangenen, die ich habe von Jerusalem wegführen lassen gen Babel:

⁵Bauet Häuser, darin ihr wohnen möget, pflanzet Gärten, daraus ihr Früchte essen möget;

⁶nehmet Weiber und zeuget Söhne und Töchter; nehmet euren Söhnen Weiber und gebet euren Töchtern Männern, daß sie Söhne und Töchter zeugen; mehret euch daselbst, daß euer nicht wenig sei.

⁷Suchet der Stadt Bestes, dahin ich euch habe lassen wegführen, und betet für sie zum HERRN; denn wenn's ihr wohl geht, so geht's auch euch wohl.

⁸Denn so spricht der HERR Zebaoth, der Gott Israels: Laßt euch die Propheten, die bei euch sind, und die Wahrsager nicht betrügen und gehorcht euren Träumen nicht, die euch träumen.

⁹Denn sie weissagen euch falsch in meinem Namen; ich habe sie nicht gesandt, spricht der HERR.

¹⁰Denn so spricht der HERR: Wenn zu Babel siebzig Jahre aus sind, so will ich euch besuchen und will mein gnädiges Wort über euch erwecken, daß ich euch wieder an diesen Ort bringe.

¹¹Denn ich weiß wohl, was ich für Gedanken über euch habe, spricht der HERR: Gedanken des Friedens und nicht des Leidens, daß ich euch gebe das Ende, des ihr wartet.

¹²Und ihr werdet mich anrufen und hingehen und mich bitten, und ich will euch erhören.

¹³Ihr werdet mich suchen und finden. Denn so ihr mich von ganzem Herzen suchen werdet,

¹⁴so will ich mich von euch finden lassen, spricht der HERR, und will euer Gefängnis wenden und euch sammeln aus allen Völkern und von allen Orten, dahin ich euch verstoßen habe, spricht der HERR, und will euch wiederum an diesen Ort bringen, von dem ich euch habe lassen wegführen.

¹⁵Zwar ihr meint, der HERR habe euch zu Babel Propheten erweckt.

¹⁶Aber also spricht der HERR vom König, der auf Davids Stuhl sitzt, und von euren Brüdern, die nicht mit euch gefangen hinausgezogen sind,

¹⁷ja, also spricht der HERR Zebaoth: Siehe, ich will Schwert, Hunger und Pestilenz unter sie schicken und will mit ihnen umgehen wie mit den schlechten Feigen, davor einen ekelt zu essen,

¹⁸und will hinter ihnen her sein mit Schwert, Hunger und Pestilenz und will sie in keinem Königreich auf Erden bleiben lassen, daß sie sollen zum Fluch, zum Wunder, zum Hohn und zum Spott unter allen Völkern werden, dahin ich sie verstoßen werde,

¹⁹darum daß sie meinen Worten nicht gehorchen, spricht der HERR, der ich meine Knechte, die Propheten, zu euch stets gesandt habe; aber ihr wolltet nicht hören, spricht der HERR.

²⁰Ihr aber alle, die ihr gefangen seid weggeführt, die ich von Jerusalem habe gen Babel ziehen lassen, hört des HERRN Wort!

²¹So spricht der HERR Zebaoth, der Gott Israels, wider Ahab, den Sohn Kolajas, und wider Zedekia, den Sohn Maasejas, die euch falsch weissagen in meinem Namen: Siehe, ich will sie geben in die Hände Nebukadnezars, des Königs zu Babel; der soll sie totschlagen lassen vor euren Augen,

²²daß man wird aus ihnen einen Fluch machen unter allen Gefangenen aus Juda, die zu Babel sind, und sagen: Der HERR tue dir wie Zedekia und Ahab, welche der König zu Babel auf Feuer braten ließ,

²³darum daß sie eine Torheit in Israel begingen und trieben Ehebruch mit ihrer Nächsten Weibern und predigten falsch in meinem Namen, was ich ihnen nicht befohlen hatte. Solches weiß ich und bezeuge es, spricht der HERR.

²⁴Und wider Semaja von Nehalam sollst du sagen:

²⁵So spricht der HERR Zebaoth, der Gott Israels: Darum daß du unter deinem Namen hast Briefe gesandt an alles Volk, das zu Jerusalem ist, und an den Priester Zephanja, den Sohn Maasejas, und an alle Priester und gesagt:

²⁶Der HERR hat dich zum Priester gesetzt anstatt des Priesters Jojada, daß ihr sollt Aufseher sein im Hause des HERRN über alle Wahnsinnigen und Weissager, daß du sie in den Kerker und Stock legst.

²⁷Nun, warum strafst du denn nicht Jeremia von Anathoth, der euch weissagt?

²⁸darum daß er uns gen Babel geschickt hat und lassen sagen: Es wird noch lange währen; baut Häuser, darin ihr wohnt, und pflanzt Gärten, daß ihr die Früchte davon eßt.

²⁹Denn Zephanja, der Priester hatte denselben Brief gelesen und den Propheten Jeremia lassen zuhören.

³⁰Darum geschah des HERRN Wort zu Jeremia und sprach:

³¹Sende hin zu allen Gefangenen und laß ihnen sagen: So spricht der HERR wider Semaja von Nehalam: Darum daß euch Semaja weissagt, und ich habe ihn doch nicht gesandt, und macht, daß ihr auf Lügen vertraut,

³²darum spricht der HERR also: Siehe, ich will Semaja von Nehalam heimsuchen samt seinem Samen, daß der Seinen keiner soll unter diesem Volk bleiben, und soll das Gute nicht sehen, das ich meinem Volk tun will, spricht der HERR; denn er hat sie mit seiner Rede vom HERRN abgewendet.

Kapitel 30

¹Dies ist das Wort, das vom HERRN geschah zu Jeremia:
²So spricht der HERR, der Gott Israels: Schreibe dir alle Worte in ein Buch, die ich zu dir rede.
³Denn siehe, es kommt die Zeit, spricht der HERR, daß ich das Gefängnis meines Volkes Israel und Juda wenden will, spricht der HERR, und will sie wiederbringen in das Land, das ich ihren Vätern gegeben habe, daß sie es besitzen sollen.
⁴Dies sind aber die Worte, welche der HERR redet von Israel und Juda:
⁵So spricht der HERR: Wir hören ein Geschrei des Schreckens; es ist eitel Furcht da und kein Friede.
⁶Forschet doch und sehet, ob ein Mann gebären könne? Wie geht es denn zu, daß ich alle Männer sehe ihre Hände auf ihren Hüften haben wie Weiber in Kindsnöten und alle Angesichter sind bleich?
⁷Es ist ja ein großer Tag, und seinesgleichen ist nicht gewesen, und ist eine Zeit der Angst in Jakob; doch soll ihm daraus geholfen werden.
⁸Es soll aber geschehen zu derselben Zeit, spricht der HERR Zebaoth, daß ich sein Joch von deinem Halse zerbrechen will und deine Bande zerreißen, daß er nicht mehr den Fremden dienen muß,
⁹sondern sie werden dem HERRN, ihrem Gott, dienen und ihrem König David, welchen ich ihnen erwecken will.
¹⁰Darum fürchte du dich nicht, mein Knecht Jakob, spricht der HERR, und entsetze dich nicht Israel. Denn siehe, ich will dir helfen aus fernen Landen und deinen Samen aus dem Lande des Gefängnisses, daß Jakob soll wiederkommen, in Frieden leben und Genüge haben, und niemand soll ihn schrecken.
¹¹Denn ich bin bei dir, spricht der HERR, daß ich dir helfe. Denn ich will mit allen Heiden ein Ende machen, dahin ich dich zerstreut habe; aber mit dir will ich nicht ein Ende machen; züchtigen aber will ich dich mit Maßen, daß du dich nicht für unschuldig hältst.
¹²Denn also spricht der HERR: Dein Schade ist verzweifelt böse, und deine Wunden sind unheilbar.
¹³Deine Sache behandelt niemand, daß er dich verbände; es kann dich niemand heilen.
¹⁴Alle deine Liebhaber vergessen dein, und fragen nichts darnach. Ich habe dich geschlagen, wie ich einen Feind schlüge, mit unbarmherziger Staupe um deiner großen Missetat und deiner starken Sünden willen.
¹⁵Was schreist du über deinen Schaden und über dein verzweifelt böses Leiden? Habe ich dir doch solches getan um deiner großen Missetat und um deiner starken Sünden willen.
¹⁶Darum alle, die dich gefressen haben, sollen gefressen werden, und alle, die dich geängstet haben, sollen alle gefangen werden; die dich beraubt haben sollen beraubt werden, und alle, die dich geplündert haben, sollen geplündert werden.
¹⁷Aber dich will ich wieder gesund machen und deine Wunden heilen, spricht der HERR, darum daß man dich nennt die Verstoßene und Zion, nach der niemand frage.
¹⁸So spricht der HERR: Siehe, ich will das Gefängnis der Hütten Jakobs wenden und mich über seine Wohnungen erbarmen, und die Stadt soll wieder auf ihre Hügel gebaut werden, und der Tempel soll stehen nach seiner Weise.
¹⁹Und soll von dannen herausgehen Lob-und Freudengesang; denn ich will sie mehren und nicht mindern, ich will sie herrlich machen und nicht geringer.
²⁰Ihre Söhne sollen sein gleichwie vormals und ihre Gemeinde vor mir gedeihen; denn ich will heimsuchen alle, die sie plagen.
²¹Und ihr Fürst soll aus ihnen herkommen und ihr Herrscher von ihnen ausgehen, und er soll zu mir nahen; denn wer ist der, so mit willigem Herzen zu mir naht? spricht der HERR.
²²Und ihr sollt mein Volk sein, und ich will euer Gott sein.
²³Siehe, es wird ein Wetter des HERRN mit Grimm kommen; ein schreckliches Ungewitter wird den Gottlosen auf den Kopf fallen.
²⁴Des HERRN grimmiger Zorn wird nicht nachlassen, bis er tue und ausrichte, was er im Sinn hat; zur letzten Zeit werdet ihr solches erfahren.

Kapitel 31

¹Zu derselben Zeit, spricht der HERR, will ich aller Geschlechter Israels Gott sein, und sie sollen mein Volk sein.
²So spricht der HERR: Das Volk, so übriggeblieben ist vom Schwert, hat Gnade gefunden in der Wüste; Israel zieht hin zu seiner Ruhe.
³Der HERR ist mir erschienen von ferne: Ich habe dich je und je geliebt; darum habe ich dich zu mir gezogen aus lauter Güte.
⁴Wohlan, ich will dich wiederum bauen, daß du sollst gebaut heißen, du Jungfrau Israel; du sollst noch fröhlich pauken und herausgehen an den Tanz.
⁵Du sollst wiederum Weinberge pflanzen an den Bergen Samarias; pflanzen wird man sie und ihre Früchte genießen.
⁶Denn es wird die Zeit noch kommen, daß die Hüter an dem Gebirge Ephraim werden rufen: Wohlauf, und laßt uns hinaufgehen gen Zion zu dem HERRN, unserm Gott!
⁷Denn also spricht der HERR: Rufet über Jakob mit Freuden und jauchzet über das Haupt unter den Heiden; rufet laut, rühmet und sprecht: HERR, hilf deinem Volk, den übrigen in Israel!
⁸Siehe, ich will sie aus dem Lande der Mitternacht bringen und will sie sammeln aus den Enden der Erde, Blinde und Lahme, Schwangere und Kindbetterinnen, daß sie in großen Haufen wieder hierher kommen sollen.
⁹Sie werden weinend kommen und betend, so will ich sie leiten; ich will sie leiten an den Wasserbächen auf schlichtem Wege, daß sie sich nicht stoßen; denn ich bin Israels Vater, so ist Ephraim mein erstgeborener Sohn.
¹⁰Höret ihr Heiden, des HERRN Wort und verkündigt es fern in die Inseln und sprecht: Der Israel zerstreut hat, der wird's auch wieder sammeln und wird sie hüten wie ein Hirte sein Herde.
¹¹Denn der HERR wird Jakob erlösen und von der Hand des Mächtigen erretten.
¹²Und sie werden kommen und auf der Höhe Zion jauchzen und werden zu den Gaben des HERRN laufen, zum Getreide, Most, Öl, und jungen Schafen und Ochsen, daß ihre Seele wird sein wie ein wasserreicher Garten und sie nicht mehr bekümmert sein sollen.
¹³Alsdann werden auch die Jungfrauen fröhlich am Reigen sein, dazu die junge Mannschaft und die Alten miteinander. Denn ich will ihr Trauern in Freude verkehren und sie trösten und sie erfreuen nach ihrer Betrübnis.
¹⁴Und ich will der Priester Herz voller Freude machen, und mein Volk soll meiner Gaben die Fülle haben, spricht der HERR.
¹⁵So spricht der HERR: Man hört eine klägliche Stimme und bitteres Weinen auf der Höhe; Rahel weint über ihre Kinder und will sich nicht trösten lassen über ihre Kinder, denn es ist aus mit ihnen.
¹⁶Aber der HERR spricht also: Laß dein Schreien und Weinen und die Tränen deiner Augen; denn deine Arbeit wird wohl belohnt werden, spricht der HERR. Sie sollen wiederkommen aus dem Lande des Feindes;
¹⁷und deine Nachkommen haben viel Gutes zu erwarten, spricht der HERR; denn deine Kinder sollen wieder in ihre Grenze kommen.
¹⁸Ich habe wohl gehört, wie Ephraim klagt: "Du hast mich gezüchtigt, und ich bin auch gezüchtigt wie ein ungebändigtes Kalb; bekehre mich du, so werde ich bekehrt; denn du, HERR, bist mein Gott.
¹⁹Da ich bekehrt ward, tat ich Buße; denn nachdem ich gewitzigt bin, schlage ich mich auf die Hüfte. Ich bin zu Schanden geworden und stehe schamrot; denn ich muß leiden den Hohn meiner Jugend."
²⁰Ist nicht Ephraim mein teurer Sohn und mein trautes Kind? Denn ich gedenke noch wohl daran, was ich ihm geredet habe; darum bricht mir mein Herz gegen ihn, daß ich mich sein erbarmen muß, spricht der HERR.
²¹Richte dir Denkmale auf, setze dir Zeichen und richte dein Herz auf die gebahnte Straße, darauf du gewandelt hast; kehre wieder, Jungfrau Israel, kehre dich wieder zu diesen deinen Städten!
²²Wie lange willst du in der Irre gehen, du abtrünnige Tochter? Denn der HERR wird ein Neues im Lande erschaffen: das Weib wird den Mann umgeben.
²³So spricht der HERR Zebaoth, der Gott Israels: Man wird noch dies Wort wieder reden im Lande Juda und in seinen Städten, wenn ich ihr Gefängnis wenden werde: Der HERR segne dich, du Wohnung der Gerechtigkeit, du heiliger Berg!
²⁴Und Juda samt allen seinen Städten sollen darin wohnen, dazu Ackerleute und die mit Herden umherziehen;
²⁵denn ich will die müden Seelen erquicken und die bekümmerten Seelen sättigen.
²⁶Darüber bin ich aufgewacht und sah auf und hatte so sanft geschlafen.
²⁷Siehe, es kommt die Zeit, spricht der HERR, daß ich das Haus Israel und das Haus Juda besäen will mit Menschen und mit Vieh.
²⁸Und gleichwie ich über sie gewacht habe, auszureuten, zu zerreißen, abzubrechen, zu verderben und zu plagen: also will ich über sie wachen, zu bauen und zu pflanzen, spricht der HERR.
²⁹Zu derselben Zeit wird man nicht mehr sagen: "Die Väter haben Herlinge gegessen, und der Kinder Zähne sind stumpf geworden":
³⁰sondern ein jeglicher soll um seiner Missetat willen sterben, und welcher Mensch Herlinge ißt, dem sollen seine Zähne stumpf werden.

³¹Siehe, es kommt die Zeit, spricht der HERR, da will ich mit dem Hause Israel und mit dem Hause Juda einen neuen Bund machen;

³²nicht wie der Bund gewesen ist, den ich mit ihren Vätern machte, da ich sie bei der Hand nahm, daß ich sie aus Ägyptenland führte, welchen Bund sie nicht gehalten haben, und ich sie zwingen mußte, spricht der HERR;

³³sondern das soll der Bund sein, den ich mit dem Hause Israel machen will nach dieser Zeit, spricht der HERR: Ich will mein Gesetz in ihr Herz geben und in ihren Sinn schreiben; und sie sollen mein Volk sein, so will ich ihr Gott sein;

³⁴und wird keiner den andern noch ein Bruder den andern lehren und sagen: "Erkenne den HERRN", sondern sie sollen mich alle kennen, beide, klein und groß, spricht der Herr. Denn ich will ihnen ihre Missetat vergeben und ihrer Sünden nimmermehr gedenken.

³⁵So spricht der HERR, der die Sonne dem Tage zum Licht gibt und den Mond und die Sterne nach ihrem Lauf der Nacht zum Licht; der das Meer bewegt, daß seine Wellen brausen, HERR Zebaoth ist sein Name:

³⁶Wenn solche Ordnungen vergehen vor mir, spricht der HERR, so soll auch aufhören der Same Israels, daß er nicht mehr ein Volk vor mir sei ewiglich.

³⁷So spricht der HERR: Wenn man den Himmel oben kann messen und den Grund der Erde erforschen, so will ich auch verwerfen den ganzen Samen Israels um alles, was sie tun, spricht der HERR.

³⁸Siehe, es kommt die Zeit, spricht der HERR, daß die Stadt des HERRN soll gebaut werden vom Turm Hananeel an bis ans Ecktor;

³⁹und die Richtschnur wird neben demselben weiter herausgehen bis an den Hügel Gareb und sich gen Goath wenden;

⁴⁰und das Tal der Leichen und Asche samt dem ganzen Acker bis an den Bach Kidron, bis zur Ecke am Roßtor gegen Morgen, wird dem Herrn heilig sein, daß es nimmermehr zerrissen noch abgebrochen soll werden.

Kapitel 32

¹Dies ist das Wort, das vom HERRN geschah zu Jeremia im zehnten Jahr Zedekias, des Königs in Juda, welches ist das achtzehnte Jahr Nebukadnezars.

²Dazumal belagerte das Heer des Königs zu Babel Jerusalem. Aber der Prophet Jeremia lag gefangen im Vorhof des Gefängnisses am Hause des Königs in Juda,

³dahin Zedekia, der König Juda's, ihn hatte lassen verschließen und gesagt: Warum weissagst du und sprichst: So spricht der HERR: Siehe, ich gebe diese Stadt in die Hände des Königs zu Babel, und er soll sie gewinnen;

⁴und Zedekia, der König Juda's, soll den Chaldäern nicht entrinnen, sondern ich will ihn dem König zu Babel in die Hände geben, daß er mündlich mit ihm reden und mit seinen Augen ihn sehen soll.

⁵Und er wird Zedekia gen Babel führen; da soll er auch bleiben, bis daß ich ihn heimsuche, spricht der HERR; denn ob ihr schon wider die Chaldäer streitet, soll euch doch nichts gelingen.

⁶Und Jeremia sprach: Es ist des HERRN Wort geschehen zu mir und spricht:

⁷Siehe, Hanameel, der Sohn Sallums, deines Oheims, kommt zu dir und wird sagen: Kaufe du meinen Acker zu Anathoth; denn du hast das nächste Freundrecht dazu, daß du ihn kaufen sollst.

⁸Also kam Hanameel, meines Oheims Sohn, wie der HERR gesagt hatte, zu mir in den Hof des Gefängnisses und sprach zu mir: Kaufe doch meinen Acker zu Anathoth, der im Lande Benjamin liegt; denn du hast Erbrecht dazu, und du bist der nächste; kaufe du ihn! Da merkte ich, daß es des Herrn Wort wäre,

⁹und kaufte den Acker von Hanameel, meines Oheims Sohn, zu Anathoth, und wog ihm das Geld dar, siebzehn Silberlinge.

¹⁰Und ich schrieb einen Brief und versiegelte ihn und nahm Zeugen dazu und wog das Geld dar auf einer Waage

¹¹und nahm zu mir den versiegelten Kaufbrief nach Recht und Gewohnheit und eine offene Abschrift.

¹²und gab den Kaufbrief Baruch, dem Sohn Nerias, des Sohnes Maasejas, in Gegenwart Hanameels, meines Vetters, und der Zeugen, die im Kaufbrief geschrieben standen, und aller Juden, die im Hofe des Gefängnisses saßen,

¹³und befahl Baruch vor ihren Augen und sprach:

¹⁴So spricht der HERR Zebaoth, der Gott Israels: Nimm diese Briefe, den versiegelten Kaufbrief samt dieser offenen Abschrift, und lege sie in ein irdenes Gefäß, daß sie lange bleiben mögen.

¹⁵Denn so spricht der HERR Zebaoth, der Gott Israels: Noch soll man Häuser, Äcker und Weinberge kaufen in diesem Lande.

¹⁶Und da ich den Kaufbrief hatte Baruch, dem Sohn Nerias, gegeben, betete ich zum HERRN und sprach:

¹⁷Ach HERR HERR, siehe, du hast Himmel und Erde gemacht durch deine große Kraft und durch deinen ausgestreckten Arm, und ist kein Ding vor dir unmöglich;

¹⁸der du wohltust vielen Tausenden und vergiltst die Missetat der Väter in den Busen ihrer Kinder nach ihnen, du großer und starker Gott; HERR Zebaoth ist dein Name;

¹⁹groß von Rat und mächtig von Tat, und deine Augen stehen offen über alle Wege der Menschenkinder, daß du einem jeglichen gibst nach seinem Wandel und nach der Frucht seines Wesens;

²⁰der du in Ägyptenland hast Zeichen und Wunder getan bis auf diesen Tag, an Israel und den Menschen, und hast dir einen Namen gemacht, wie er heutigestages ist;

²¹und hast dein Volk Israel aus Ägyptenland geführt durch Zeichen und Wunder, durch deine mächtige Hand, durch ausgestrecktem Arm und durch großen Schrecken;

²²und hast ihnen dies Land gegeben, welches du ihren Vätern geschworen hattest, daß du es ihnen geben wolltest, ein Land, darin Milch und Honig fließt:

²³und da sie hineinkamen und es besaßen, gehorchten sie deiner Stimme nicht, wandelten auch nicht nach deinem Gesetz; und alles, was du ihnen gebotest, daß sie es tun sollten, das ließen sie; darum du auch ihnen all dies Unglück ließest widerfahren;

²⁴siehe, diese Stadt ist belagert, daß sie gewonnen und vor Schwert, Hunger und Pestilenz in der Chaldäer Hände, welche wider sie streiten, gegeben werden muß; und wie du geredet hast, so geht es, das siehest du,

²⁵und du sprichst zu mir, HERR HERR: "Kaufe du einen Acker um Geld und nimm Zeugen dazu", so doch die Stadt in der Chaldäer Hände gegeben wird.

²⁶Und des HERRN Wort geschah zu Jeremia und sprach:

²⁷Siehe, ich, der HERR, bin ein Gott alles Fleisches; sollte mir etwas unmöglich sein?

²⁸Darum spricht der HERR also: Siehe, ich gebe diese Stadt in der Chaldäer Hände und in die Hand Nebukadnezars, des Königs zu Babel; und er soll sie gewinnen.

²⁹Und die Chaldäer, so wider diese Stadt streiten, werden hereinkommen und sie mit Feuer verbrennen samt den Häusern, wo sie auf den Dächern Baal geräuchert und andern Göttern Trankopfer geopfert haben, auf daß sie mich erzürnten.

³⁰Denn die Kinder Israel und die Kinder Juda haben von ihrer Jugend auf getan, was mir übel gefällt; und die Kinder Israel haben mich erzürnt durch ihrer Hände Werk, spricht der HERR.

³¹Denn seitdem diese Stadt gebaut ist, bis auf diesen Tag, hat sie mich zornig gemacht, daß ich sie muß von meinem Angesicht wegtun

³²um aller Bosheit willen der Kinder Israel und der Kinder Juda, die sie getan haben, daß sie mich erzürnten. Sie, ihre Könige, Fürsten, Priester und Propheten und die in Juda und Jerusalem wohnen,

³³haben mir den Rücken und nicht das Angesicht zugekehrt, wiewohl ich sie stets lehren ließ; aber sie wollten nicht hören noch sich bessern.

³⁴Dazu haben sie ihre Greuel in das Haus gesetzt, das von mir den Namen hat, daß sie es verunreinigten,

³⁵und haben die Höhen des Baal gebaut im Tal Ben-Hinnom, daß sie ihre Söhne und Töchter dem Moloch verbrennten, davon ich ihnen nichts befohlen habe und ist mir nie in den Sinn gekommen, daß sie solche Greuel tun sollten, damit sie Juda also zu Sünden brächten.

³⁶Und nun um deswillen spricht der HERR, der Gott Israels, also von dieser Stadt, davon ihr sagt, daß sie werde vor Schwert, Hunger und Pestilenz in die Hände des Königs zu Babel gegeben:

³⁷Siehe, ich will sie sammeln aus allen Landen, dahin ich sie verstoße durch meinen Zorn, Grimm und große Ungnade, und will sie wiederum an diesen Ort bringen, daß sie sollen sicher wohnen.

³⁸Und sie sollen mein Volk sein, so will ich ihr Gott sein;

³⁹und ich will ihnen einerlei Herz und Wesen geben, daß sie mich fürchten sollen ihr Leben lang, auf daß es ihnen und ihren Kindern nach ihnen wohl gehe;

⁴⁰und will einen ewigen Bund mit ihnen machen, daß ich nicht will ablassen, ihnen Gutes zu tun; und will ihnen meine Furcht ins Herz geben, daß sie nicht von mir weichen.

⁴¹Es soll meine Lust sein, daß ich ihnen Gutes tue; und ich will sie in diesem Lande pflanzen treulich, von ganzem Herzen und von ganzer Seele.

⁴²Denn so spricht der HERR: Gleichwie ich über dies Volk habe kommen lassen all dies große Unglück, also will ich auch alles Gute über sie kommen lassen, das ich ihnen verheißen habe.

⁴³Und sollen noch Äcker gekauft werden in diesem Lande, davon ihr sagt, es werde wüst liegen, daß weder Leute noch Vieh darin

bleiben, und es werde in der Chaldäer Hände gegeben.

⁴⁴Dennoch wird man Äcker um Geld kaufen und verbriefen, versiegeln und bezeugen im Lande Benjamin und um Jerusalem her und in den Städten Juda's, in Städten auf den Gebirgen, in Städten in den Gründen und in Städten gegen Mittag; denn ich will ihr Gefängnis wenden, spricht der HERR.

Kapitel 33

¹Und des HERRN Wort geschah zu Jeremia zum andernmal, da er noch im Vorhof des Gefängnisses verschlossen war, und sprach:

²So spricht der HERR, der solches macht, tut und ausrichtet, HERR ist sein Name:

³Rufe mich an, so will ich dir antworten und will dir anzeigen große und gewaltige Dinge, die du nicht weißt.

⁴Denn so spricht der HERR, der Gott Israels, von den Häusern dieser Stadt und von den Häusern der Könige Juda's, welche abgebrochen sind, Bollwerke zu machen zur Wehr.

⁵Und von denen, so hereingekommen sind, wider die Chaldäer zu streiten, daß sie diese füllen müssen mit Leichnamen der Menschen, welche ich in meinem Zorn und Grimm erschlagen will; denn ich habe mein Angesicht vor dieser Stadt verborgen um all ihrer Bosheit willen:

⁶Siehe, ich will sie heilen und gesund machen und will ihnen Frieden und Treue die Fülle gewähren.

⁷Denn ich will das Gefängnis Juda's und das Gefängnis Israels wenden und will sie bauen wie von Anfang

⁸und will sie reinigen von aller Missetat, damit sie wider mich gesündigt haben, und will ihnen vergeben alle Missetaten, damit sie wider mich gesündigt und übertreten haben.

⁹Und das soll mir ein fröhlicher Name, Ruhm und Preis sein unter allen Heiden auf Erden, wenn sie hören werden all das Gute, das ich ihnen tue. Und sie werden sich verwundern und entsetzen über all dem Guten und über all dem Frieden, den ich ihnen geben will.

¹⁰So spricht der HERR: An diesem Ort, davon ihr sagt: Er ist wüst, weil weder Leute noch Vieh in den Städten Juda's und auf den Gassen zu Jerusalem bleiben, die so verwüstet sind, daß weder Leute noch Vieh darin sind,

¹¹wird man dennoch wiederum hören Geschrei von Freude und Wonne, die Stimme des Bräutigams und der Braut und die Stimme derer, so da sagen: "Danket dem HERRN Zebaoth, denn er ist freundlich, und seine Güte währet ewiglich", wenn sie Dankopfer bringen zum Hause des HERRN. Denn ich will des Landes Gefängnis wenden wie von Anfang, spricht der HERR.

¹²So spricht der HERR Zebaoth: An diesem Ort, der so wüst ist, daß weder Leute noch Vieh darin sind, und in allen seinen Städten werden dennoch wiederum Wohnungen sein der Hirten, die da Herden weiden.

¹³In Städten auf den Gebirgen und in Städten in Gründen und in Städten gegen Mittag, im Lande Benjamin und um Jerusalem her und in Städten Juda's sollen dennoch wiederum die Herden gezählt aus und ein gehen, spricht der HERR.

¹⁴Siehe, es kommt die Zeit, spricht der HERR, daß ich das gnädige Wort erwecken will, welches ich dem Hause Israel und dem Hause Juda geredet habe.

¹⁵In denselben Tagen und zu derselben Zeit will ich dem David ein gerechtes Gewächs aufgehen lassen, und er soll Recht und Gerechtigkeit anrichten auf Erden.

¹⁶Zu derselben Zeit soll Juda geholfen werden und Jerusalem sicher wohnen, und man wird sie nennen: Der HERR unsre Gerechtigkeit.

¹⁷Denn so spricht der HERR: Es soll nimmermehr fehlen, es soll einer von David sitzen auf dem Stuhl des Hauses Israel.

¹⁸Desgleichen soll's nimmermehr fehlen, es sollen Priester und Leviten sein vor mir, die da Brandopfer tun und Speisopfer anzünden und Opfer schlachten ewiglich.

¹⁹Und des HERRN Wort geschah zu Jeremia und sprach:

²⁰So spricht der HERR: Wenn mein Bund aufhören wird mit Tag und Nacht, daß nicht Tag und Nacht sei zu seiner Zeit,

²¹so wird auch mein Bund aufhören mit meinem Knechte David, daß er nicht einen Sohn habe zum König auf seinem Stuhl, und mit den Leviten und Priestern, meinen Dienern.

²²Wie man des Himmels Heer nicht zählen noch den Sand am Meer messen kann, also will ich mehren den Samen Davids, meines Knechtes, und die Leviten, die mir dienen.

²³Und des HERRN Wort geschah zu Jeremia und sprach:

²⁴Hast du nicht gesehen, was dies Volk redet und spricht: "Hat doch der HERR auch die zwei Geschlechter verworfen, welche er auserwählt hatte"; und lästern mein Volk, als sollten sie nicht mehr mein Volk sein.

²⁵So spricht der HERR: Halte ich meinen Bund nicht Tag und Nacht noch die Ordnungen des Himmels und der Erde,

²⁶so will ich auch verwerfen den Samen Jakobs und Davids, meines Knechtes, daß ich nicht aus ihrem Samen nehme, die da herrschen über den Samen Abrahams, Isaaks und Jakobs. Denn ich will ihr Gefängnis wenden und mich über sie erbarmen.

Kapitel 34

¹Dies ist das Wort, das vom HERRN geschah zu Jeremia, da Nebukadnezar, der König zu Babel, samt seinem Heer und allen Königreichen auf Erden, so unter seiner Gewalt waren, und allen Völkern stritt wider Jerusalem und alle ihre Städte, und sprach:

²So spricht der HERR, der Gott Israels: Gehe hin und sage Zedekia, dem König Juda's, und sprich zu ihm: So spricht der HERR: Siehe, ich will diese Stadt in die Hände des Königs zu Babel geben, und er soll sie mit Feuer verbrennen.

³Und du sollst seiner Hand nicht entrinnen, sondern gegriffen und in seine Hand gegeben werden, daß du ihn mit Augen sehen und mündlich mit ihm reden wirst, und gen Babel kommen.

⁴Doch aber höre, Zedekia, du König Juda's, des HERRN Wort: So spricht der HERR von dir: Du sollst nicht durchs Schwert sterben,

⁵sondern du sollst im Frieden sterben. Und wie deinen Vätern, den vorigen Königen, die vor dir gewesen sind, so wird man auch dir einen Brand anzünden und dich beklagen: "Ach Herr!" denn ich habe es geredet, spricht der HERR.

⁶Und der Prophet Jeremia redete alle diese Worte zu Zedekia, dem König Juda's, zu Jerusalem,

⁷da das Heer des Königs zu Babel schon stritt wider Jerusalem und wider alle übrigen Städte Juda's, nämlich wider Lachis und Aseka; denn diese waren noch übriggeblieben von den festen Städten Juda's.

⁸Dies ist das Wort, so vom HERRN geschah zu Jeremia, nachdem der König Zedekia einen Bund gemacht hatte mit dem ganzen Volk zu Jerusalem, ein Freijahr auszurufen,

⁹daß ein jeglicher seinen Knecht und seine Magd, so Hebräer und Hebräerin wären, sollte freigeben, daß kein Jude den andern leibeigen hielte.

¹⁰Da gehorchten alle Fürsten und alles Volk, die solchen Bund eingegangen waren, daß ein jeglicher sollte seinen Knecht und seine Magd freigeben und sie nicht mehr leibeigen halten, und gaben sie los.

¹¹Aber darnach kehrten sie sich um und forderten die Knechte und Mägde wieder zu sich, die sie freigegeben hatten, und zwangen sie, daß sie Knechte und Mägde sein mußten.

¹²Da geschah des HERRN Wort zu Jeremia vom HERRN und sprach:

¹³So spricht der HERR, der Gott Israels: Ich habe einen Bund gemacht mit euren Vätern, da ich sie aus Ägyptenland, aus dem Diensthause, führte und sprach:

¹⁴Im siebenten Jahr soll ein jeglicher seinen Bruder, der ein Hebräer ist und sich ihm verkauft und sechs Jahre gedient hat, frei von sich lassen. Aber eure Väter gehorchten mir nicht und neigten ihre Ohren nicht.

¹⁵So habt ihr euch heute bekehrt und getan, was mir wohl gefiel, daß ihr ein Freijahr ließet ausrufen, ein jeglicher seinem Nächsten; und habt darüber einen Bund gemacht vor mir im Hause, das nach meinem Namen genannt ist.

¹⁶Aber ihr seid umgeschlagen und entheiligt meinen Namen; und ein jeglicher fordert seinen Knecht und seine Magd wieder, die ihr hattet freigegeben, daß sie selbst eigen wären, und zwingt sie nun, daß sie eure Knechte und Mägde sein müssen.

¹⁷Darum spricht der HERR also: Ihr gehorchtet mir nicht, daß ihr ein Freijahr ausriefet ein jeglicher seinem Bruder und seinem Nächsten; siehe, so rufe ich, spricht der HERR, euch ein Freijahr aus zum Schwert, zur Pestilenz, zum Hunger, und will euch in keinem Königreich auf Erden bleiben lassen.

¹⁸Und will die Leute, die meinen Bund übertreten und die Worte des Bundes, den sie vor mir gemacht haben, nicht halten, so machen wie das Kalb, das sie in zwei Stücke geteilt haben und sind zwischen den Teilen hingegangen,

¹⁹nämlich die Fürsten Juda's, die Fürsten Jerusalems, die Kämmerer, die Priester und das ganze Volk im Lande, so zwischen des Kalbes Stücken hingegangen sind.

²⁰Und will sie geben in ihrer Feinde Hand und derer, die ihnen nach dem Leben stehen, daß ihre Leichname sollen den Vögeln unter dem Himmel und den Tieren auf Erden zur Speise werden.

²¹Und Zedekia, den König Juda's, und seine Fürsten will ich geben in die Hände ihrer Feinde und derer, die ihnen nach dem Leben stehen,

und dem Heer des Königs zu Babel, die jetzt von euch abgezogen sind.

²²Denn siehe, ich will ihnen befehlen, spricht der HERR, und will sie wieder vor diese Stadt bringen, und sollen wider sie streiten und sie gewinnen und mit Feuer verbrennen; und ich will die Städte Juda's verwüsten, daß niemand mehr da wohnen soll.

Kapitel 35

¹Dies ist das Wort, das vom HERRN geschah zu Jeremia zur Zeit Jojakims, des Sohnes Josias, des Königs in Juda, und sprach:

²Gehe hin zum Hause der Rechabiter und rede mit ihnen und führe sie in des HERRN Haus, in der Kapellen eine, und schenke ihnen Wein.

³Da nahm ich Jaasanja, den Sohn Jeremia's, des Sohnes Habazinjas, samt seinen Brüdern und allen seinen Söhnen und das ganze Haus der Rechabiter

⁴und führte sie in des HERRN Haus, in die Kapelle der Kinder Hanans, des Sohnes Jigdaljas, des Mannes Gottes, welche neben der Fürstenkapelle ist, über der Kapelle Maasejas, des Sohnes Sallums, des Torhüters.

⁵Und ich setzte den Kindern von der Rechabiter Hause Becher voll Wein und Schalen und sprach zu ihnen: Trinkt Wein!

⁶Sie aber antworteten: Wir trinken nicht Wein; denn unser Vater Jonadab, der Sohn Rechabs, hat uns geboten und gesagt: Ihr und eure Kinder sollt nimmermehr Wein trinken

⁷und kein Haus bauen, keinen Samen säen, keinen Weinberg pflanzen noch haben, sondern sollt in Hütten wohnen euer Leben lang, auf daß ihr lange lebt in dem Lande, darin ihr wallt.

⁸Also gehorchen wir der Stimme unsers Vater Jonadab, des Sohnes Rechabs, in allem, was er uns geboten hat, daß wir keinen Wein trinken unser Leben lang, weder wir noch unsre Weiber noch Söhne noch Töchter,

⁹und bauen auch keine Häuser, darin wir wohnten, und haben weder Weinberge noch Äcker noch Samen,

¹⁰sondern wohnen in Hütten und gehorchen und tun alles, wie unser Vater Jonadab geboten hat.

¹¹Als aber Nebukadnezar, der König zu Babel, herauf ins Land zog, sprachen wir: "Kommt, laßt uns gen Jerusalem ziehen vor dem Heer der Chaldäer und der Syrer!" und sind also zu Jerusalem geblieben.

¹²Da geschah des HERRN Wort zu Jeremia und sprach:

¹³So spricht der HERR Zebaoth, der Gott Israels; gehe hin und sprich zu denen in Juda und zu den Bürgern zu Jerusalem: Wollt ihr euch denn nicht bessern, daß ihr meinem Wort gehorchet? spricht der HERR.

¹⁴Die Worte Jonadabs, des Sohnes Rechabs, die er den Kindern geboten hat, daß sie nicht sollen Wein trinken, werden gehalten, und sie trinken keinen Wein bis auf diesen Tag, darum daß sie ihres Vaters Gebot gehorchen. Ich aber habe stets euch predigen lassen; doch gehorchtet ihr mir nicht.

¹⁵So habe ich auch stets zu euch gesandt alle meine Knechte, die Propheten, und lasse sagen: Bekehrt euch ein jeglicher von seinem bösen Wesen, und bessert euren Wandel und folgt nicht andern Göttern nach, ihnen zu dienen, so sollt ihr in dem Lande bleiben, welches ich euch und euren Vätern gegeben habe. Aber ihr wolltet eure Ohren nicht neigen noch mir gehorchen,

¹⁶so doch die Kinder Jonadabs, des Sohnes Rechabs, haben ihres Vaters Gebot, das er ihnen geboten hat, gehalten. Aber dies Volk gehorchte mir nicht.

¹⁷Darum so spricht der HERR, der Gott Zebaoth und der Gott Israels: Siehe, ich will über Juda und über alle Bürger zu Jerusalem kommen lassen all das Unglück, das ich wider sie geredet habe, darum daß ich zu ihnen geredet habe und sie nicht wollen hören, daß ich gerufen habe und sie mir nicht wollen antworten.

¹⁸Und zum Hause der Rechabiter sprach Jeremia: So spricht der HERR Zebaoth, der Gott Israels: Darum daß ihr dem Gebot eures Vaters Jonadab habt gehorcht und alle seine Gebote gehalten und alles getan, was er euch geboten hat,

¹⁹darum spricht der HERR Zebaoth, der Gott Israels, also: Es soll dem Jonadab, dem Sohne Rechabs, nimmer fehlen, es soll jemand von den Seinen allezeit vor mir stehen.

Kapitel 36

¹Im vierten Jahr Jojakims, des Sohnes Josias, des Königs in Juda, geschah dies Wort zu Jeremia vom HERRN und sprach:

²Nimm ein Buch und schreibe darein alle Reden, die ich zu dir geredet habe über Israel, über Juda und alle Völker von der Zeit an, da ich zu dir geredet habe, nämlich von der Zeit Josias an bis auf diesen Tag;

³ob vielleicht die vom Hause Juda, wo sie hören all das Unglück, das ich ihnen gedenke zu tun, sich bekehren wollten, ein jeglicher von seinem bösen Wesen, damit ich ihnen ihre Missetat und Sünde vergeben könnte.

⁴Da rief Jeremia Baruch, den Sohn Nerias. Derselbe Baruch schrieb in ein Buch aus dem Munde Jeremia's alle Reden des HERRN, die er zu ihm geredet hatte.

⁵Und Jeremia gebot Baruch und sprach: Ich bin gefangen, daß ich nicht kann in des HERRN Haus gehen.

⁶Du aber gehe hinein und lies das Buch, darein du des HERRN Reden aus meinem Munde geschrieben hast, vor dem Volk im Hause des HERRN am Fasttage, und sollst sie auch lesen vor den Ohren des ganzen Juda, die aus ihren Städten hereinkommen;

⁷ob sie vielleicht sich mit Beten vor dem HERRN demütigen wollen und sich bekehren, ein jeglicher von seinem bösen Wesen; denn der Zorn und Grimm ist groß, davon der HERR wider dies Volk geredet hat.

⁸Und Baruch, der Sohn Nerias, tat alles, wie ihm der Prophet Jeremia befohlen hatte, daß er die Reden des HERRN aus dem Buche läse im Hause des HERRN.

⁹Es begab sich aber im fünften Jahr Jojakims, des Sohnes Josias, des Königs Juda's, im neunten Monat, daß man ein Fasten verkündigte vor dem HERRN allem Volk zu Jerusalem und allem Volk, das aus den Städten Juda's gen Jerusalem kommt.

¹⁰Und Baruch las aus dem Buche die Reden Jeremia's im Hause des HERRN, in der Kapelle Gemarjas, des Sohnes Saphans, des Kanzlers, im obern Vorhof, vor dem neuen Tor am Hause des HERRN, vor dem ganzen Volk.

¹¹Da nun Michaja, der Sohn Gemarjas, des Sohnes Saphans, alle Reden des HERRN gehört hatte aus dem Buche,

¹²ging er hinab in des Königs Haus, in die Kanzlei. Und siehe, daselbst saßen alle Fürsten: Elisama, der Kanzler, Delaja, der Sohn Semajas, Elnathan, der Sohn Achbors, Gemarja, der Sohn Saphans, und Zedekia, der Sohn Hananjas, samt allen Fürsten.

¹³Und Michaja zeigte ihnen an alle Reden, die er gehört hatte, da Baruch las aus dem Buche vor den Ohren des Volks.

¹⁴Da sandten alle Fürsten Judi, den Sohn Nethanjas, des Sohnes Selemjas, des Sohnes Chusis, nach Baruch und ließen ihm sagen: Nimm das Buch daraus du vor dem Volk gelesen hast, mit dir und komme! Und Baruch, der Sohn Nerias, nahm das Buch mit sich und kam zu ihnen.

¹⁵Und sie sprachen zu ihm: Setze dich und lies, daß wir es hören! Und Baruch las vor ihren Ohren.

¹⁶Und da sie alle die Reden hörten, entsetzten sie sich einer gegen den andern und sprachen zu Baruch: Wir wollen alle diese Reden dem König anzeigen.

¹⁷Und sie fragten Baruch: Sage uns, wie hast du alle diese Reden aus seinem Munde geschrieben?

¹⁸Baruch sprach zu ihnen: Er sagte vor mir alle diese Reden aus seinem Munde, und ich schrieb sie mit Tinte ins Buch.

¹⁹Da sprachen die Fürsten zu Baruch: Gehe hin und verbirg dich mit Jeremia, daß niemand wisse, wo ihr seid.

²⁰Sie aber gingen hin zum König in den Vorhof und ließen das Buch behalten in der Kammer Elisamas, des Kanzlers, und sagten vor dem König an alle diese Reden.

²¹Da sandte der König den Judi, das Buch zu holen. Der nahm es aus der Kammer Elisamas, des Kanzlers. Und Judi las vor dem König und allen Fürsten, die bei dem König standen.

²²Der König aber saß im Winterhause, im neunten Monat, vor dem Kamin.

²³Wenn aber Judi drei oder vier Blatt gelesen hatte, zerschnitt er es mit einem Schreibmesser und warf es ins Feuer, das im Kaminherde war, bis das Buch ganz verbrannte im Feuer,

²⁴und niemand entsetzte sich noch zerriß seine Kleider, weder der König noch seine Knechte, so doch alle diese Reden gehört hatten,

²⁵und wiewohl Elnathan, Delaja und Gemarja den König baten, er wolle das Buch nicht verbrennen, gehorchte er ihnen doch nicht.

²⁶Dazu gebot noch der König Jerahmeel, dem Königssohn, und Seraja, dem Sohn Asriels, und Selemja, dem Sohn Abdeels, sie sollten Baruch, den Schreiber, und Jeremia, den Propheten, greifen. Aber der HERR hatte sie verborgen.

²⁷Da geschah des HERRN Wort zu Jeremia, nachdem der König das Buch und die Reden, so Baruch geschrieben aus dem Munde Jeremia's, verbrannt hatte, und sprach:

²⁸Nimm dir wiederum ein anderes Buch und schreib alle vorigen Reden darein, die im ersten Buche standen, welches Jojakim, der König Juda's, verbrannt hat,

²⁹und sage von Jojakim, dem König Juda's: So spricht der HERR:

Du hast dies Buch verbrannt und gesagt: Warum hast du darein geschrieben, daß der König von Babel werde kommen und dies Land verderben und machen, daß weder Leute noch Vieh darin mehr sein werden?

³⁰Darum spricht der HERR von Jojakim, dem König Juda's: Es soll keiner von den Seinen auf dem Stuhl Davids sitzen, und sein Leichnam soll hingeworfen des Tages in der Hitze und des Nachts im Frost liegen;

³¹und ich will ihn und seinen Samen und seine Knechte heimsuchen um ihrer Missetat willen; und ich will über sie und über die Bürger zu Jerusalem und über die in Juda kommen lassen all das Unglück, davon ich ihnen geredet habe, und sie gehorchten doch nicht.

³²Da nahm Jeremia ein anderes Buch und gab's Baruch, dem Sohn Nerias, dem Schreiber. Der schrieb darein aus dem Munde Jeremia's alle die Reden, so in dem Buch standen, das Jojakim, der König Juda's, hatte mit Feuer verbrennen lassen; und zu denselben wurden dergleichen Reden noch viele hinzugetan.

Kapitel 37

¹Und da Zedekia, der Sohn Josias, ward König anstatt Jechonjas, des Sohnes Jojakims; denn Nebukadnezar, der König zu Babel machte ihn zum König im Lande Juda.

²Aber er und seine Knechte und das Volk im Lande gehorchten nicht des HERRN Worten, die er durch den Propheten Jeremia redete.

³Es sandte gleichwohl der König Zedekia Juchal, den Sohn Selemjas, und Zephanja, den Sohn Maasejas, den Priester, zum Propheten Jeremia und ließ ihm sagen: Bitte den HERRN, unsern Gott, für uns!

⁴Denn Jeremia ging unter dem Volk aus und ein, und niemand legte ihn ins Gefängnis.

⁵Es war aber das Heer Pharaos aus Ägypten gezogen: und die Chaldäer, so vor Jerusalem lagen, da sie solch Gerücht gehört hatten, waren von Jerusalem abgezogen.

⁶Und des HERRN Wort geschah zum Propheten Jeremia und sprach:

⁷So spricht der HERR, der Gott Israels: So sagt dem König Juda's, der euch zu mir gesandt hat, mich zu fragen: Siehe, das Heer Pharaos, das euch zu Hilfe ist ausgezogen, wird wiederum heim nach Ägypten ziehen;

⁸und die Chaldäer werden wiederkommen und wider diese Stadt streiten und sie gewinnen und mit Feuer verbrennen.

⁹Darum spricht der HERR also: Betrügt eure Seelen nicht, daß ihr denkt, die Chaldäer werden von uns abziehen; sie werden nicht abziehen.

¹⁰Und wenn ihr schon schlüget das ganze Heer der Chaldäer, so wider euch streiten, und blieben ihrer etliche verwundet übrig, so würden sie doch, ein jeglicher in seinem Gezelt, sich aufmachen und diese Stadt mit Feuer verbrennen.

¹¹Als nun der Chaldäer Heer von Jerusalem war abgezogen um des Heeres willen Pharaos,

¹²ging Jeremia aus Jerusalem und wollte ins Land Benjamin gehen, seinen Acker in Besitz zu nehmen unter dem Volk.

¹³Und da er unter das Tor Benjamin kam, da war einer bestellt zum Torhüter, mit Namen Jeria, der Sohn Selemjas, des Sohnes Hananjas; der griff den Propheten Jeremia und sprach: Du willst zu den Chaldäern fallen.

¹⁴Jeremia sprach: Das ist nicht wahr; ich will nicht zu den Chaldäern fallen. Aber Jeria wollte ihn nicht hören, sondern griff Jeremia und brachte ihn zu den Fürsten.

¹⁵Und die Fürsten wurden zornig über Jeremia und ließen ihn schlagen und warfen ihn ins Gefängnis im Hause Jonathans, des Schreibers; den setzten sie zum Kerkermeister.

¹⁶Also ging Jeremia in die Grube und den Kerker und lag lange Zeit daselbst.

¹⁷Und Zedekia, der König, sandte hin und ließ ihn holen und fragte ihn heimlich in seinem Hause und sprach: Ist auch ein Wort vom HERRN vorhanden? Jeremia sprach: Ja; denn du wirst dem König zu Babel in die Hände gegeben werden.

¹⁸Und Jeremia sprach zum König Zedekia: Was habe ich wider dich, wider deine Knechte und wider dein Volk gesündigt, daß sie mich in den Kerker geworfen haben?

¹⁹Wo sind nun eure Propheten, die euch weissagten und sprachen: Der König zu Babel wird nicht über euch noch über dies Land kommen?

²⁰Und nun, mein Herr König, höre mich und laß meine Bitte vor dir gelten und laß mich nicht wieder in Jonathans, des Schreibers, Haus bringen, daß ich nicht sterbe daselbst.

²¹Da befahl der König Zedekia, daß man Jeremia im Vorhof des Gefängnisses behalten sollte, und ließ ihm des Tages ein Laiblein Brot geben aus der Bäckergasse, bis daß alles Brot in der Stadt aufgezehrt war. Also blieb Jeremia im Vorhof des Gefängnisses.

Kapitel 38

¹Es hörten aber Sephatja, der Sohn Matthans, und Gedalja, der Sohn Pashurs, und Juchal, der Sohn Selemjas, und Pashur, der Sohn Malchias, die Reden, so Jeremia zu allem Volk redete und sprach:

²So spricht der HERR: Wer in dieser Stadt bleibt, der wird durch Schwert, Hunger und Pestilenz sterben müssen; wer aber hinausgeht zu den Chaldäern, der soll lebend bleiben und wird sein Leben wie eine Beute davonbringen.

³Denn also spricht der HERR: Diese Stadt soll übergeben werden dem Heer des Königs zu Babel, und sie sollen sie gewinnen.

⁴Da sprachen die Fürsten zum König: Laß doch diesen Mann töten; denn mit der Weise wendet er die Kriegsleute ab, so noch übrig sind in der Stadt, desgleichen das ganze Volk auch, weil er solche Worte zu ihnen sagt. Denn der Mann sucht nicht, was diesem Volk zum Frieden, sondern zum Unglück dient.

⁵Der König Zedekia sprach: Siehe, er ist in euren Händen; denn der König kann nichts wider euch.

⁶Da nahmen sie Jeremia und warfen ihn in die Grube Malchias, des Königssohnes, die am Vorhof des Gefängnisses war, da nicht Wasser, sondern Schlamm war, und Jeremia sank in den Schlamm.

⁷Als aber Ebed-Melech, der Mohr, ein Kämmerer in des Königs Hause, hörte, daß man Jeremia hatte in die Grube geworfen, und der König eben saß im Tor Benjamin,

⁸da ging Ebed-Melech aus des Königs Hause und redete mit dem König und sprach:

⁹Mein Herr König, die Männer handeln übel an dem Propheten Jeremia, daß sie ihn haben in die Grube geworfen, da er muß Hungers sterben; denn es ist kein Brot mehr in der Stadt.

¹⁰Da befahl der König Ebed-Melech, dem Mohren, und sprach: Nimm dreißig Männer mit dir von diesen und zieh den Propheten Jeremia aus der Grube, ehe denn er sterbe.

¹¹Und Ebed-Melech nahm die Männer mit sich und ging in des Königs Haus unter die Schatzkammer und nahm daselbst zerrissene und vertragene alte Lumpen und ließ sie an einem Seil hinab zu Jeremia in die Grube.

¹²Und Ebed-Melech, der Mohr, sprach zu Jeremia: Lege diese zerrissenen und vertragenen alten Lumpen unter deine Achseln um das Seil. Und Jeremia tat also.

¹³Und sie zogen Jeremia herauf aus der Grube an den Stricken; und blieb also Jeremia im Vorhof des Gefängnisses.

¹⁴Und der König Zedekia sandte hin und ließ den Propheten Jeremia zu sich holen unter den dritten Eingang am Hause des HERRN. Und der König sprach zu Jeremia: Ich will dich etwas fragen; verhalte mir nichts.

¹⁵Jeremia sprach zu Zedekia: Sage ich dir etwas, so tötest du mich doch; gebe ich dir aber einen Rat, so gehorchst du mir nicht.

¹⁶Da schwur der König Zedekia dem Jeremia heimlich und sprach: So wahr der HERR lebt, der uns dieses Leben gegeben hat, so will ich dich nicht töten noch den Männern in die Hände geben, die dir nach dem Leben stehen.

¹⁷Und Jeremia sprach zu Zedekia: So spricht der HERR, der Gott Zebaoth, der Gott Israels: Wirst du hinausgehen zu den Fürsten des Königs zu Babel, so sollst du leben bleiben, und diese Stadt soll nicht verbrannt werden, sondern du und dein Haus sollen am Leben bleiben;

¹⁸wirst du aber nicht hinausgehen zu den Fürsten des Königs zu Babel, so wird diese Stadt den Chaldäern in die Hände gegeben, und sie werden sie mit Feuer verbrennen, und du wirst auch nicht ihren Händen entrinnen.

¹⁹Der König Zedekia sprach zu Jeremia: Ich sorge mich aber, daß ich den Juden, so zu den Chaldäern gefallen sind, möchte übergeben werden, daß sie mein spotten.

²⁰Jeremia sprach: Man wird dich nicht übergeben. Gehorche doch der Stimme des HERRN, die ich dir sage, so wird dir's wohl gehen, und du wirst lebend bleiben.

²¹Wirst du aber nicht hinausgehen, so ist dies das Wort, das mir der HERR gezeigt hat:

²²Siehe, alle Weiber, die noch vorhanden sind in dem Hause des Königs in Juda, werden hinaus müssen zu den Fürsten des Königs zu Babel; diese werden dann sagen: Ach deine Tröster haben dich überredet und verführt und in Schlamm geführt und lassen dich nun stecken.

²³Also werden dann alle deine Weiber und Kinder hinaus müssen

Jeremia

zu den Chaldäern, und du selbst wirst ihren Händen nicht entgehen; sondern du wirst vom König von Babel gegriffen, und diese Stadt wird mit Feuer verbrannt werden.

²⁴Und Zedekia sprach zu Jeremia: Siehe zu, daß niemand diese Rede erfahre, so wirst du nicht sterben.

²⁵Und wenn's die Fürsten erführen, daß ich mit dir geredet habe, und kämen zu dir und sprächen: Sage an, was hast du mit dem König geredet, leugne es uns nicht, so wollen wir dich nicht töten, und was hat der König mit dir geredet?

²⁶so sprich: Ich habe den König gebeten, daß er mich nicht wiederum ließe in des Jonathan Haus führen; ich möchte daselbst sterben.

²⁷Da kämen alle Fürsten zu Jeremia und fragten ihn; und er sagte ihnen, wie ihm der König befohlen hatte. Da ließen sie von ihm, weil sie nichts erfahren konnten.

²⁸Und Jeremia blieb im Vorhof des Gefängnisses bis auf den Tag, da Jerusalem gewonnen ward.

Kapitel 39

¹Und es geschah, daß Jerusalem gewonnen ward. Denn im neunten Jahr Zedekias, des Königs in Juda, im zehnten Monat, kam Nebukadnezar, der König zu Babel, und all sein Heer vor Jerusalem und belagerten es.

²Und im elften Jahr Zedekias, am neunten Tage des vierten Monats, brach man in die Stadt;

³und zogen hinein alle Fürsten des Königs zu Babel und hielten unter dem Mitteltor, nämlich Nergal-Sarezer, Samgar-Nebo, Sarsechim, der oberste Kämmerer, Nergal-Sarezer, der Oberste der Weisen, und alle andern Fürsten des Königs zu Babel.

⁴Als sie nun Zedekia, der König Juda's, sah samt seinen Kriegsleuten, flohen sie bei Nacht zur Stadt hinaus bei des Königs Garten durchs Tor zwischen den zwei Mauern und zogen des Weges zum blachen Feld.

⁵Aber der Chaldäer Kriegsleute jagten ihnen nach und ergriffen Zedekia im Felde bei Jericho und fingen ihn und brachten ihn zu Nebukadnezar, dem König zu Babel, gen Ribla, das im Lande Hamath liegt; der sprach ein Urteil über ihn.

⁶Und der König zu Babel ließ die Söhne Zedekias vor seinen Augen töten zu Ribla und tötete alle Fürsten Juda's.

⁷Aber Zedekia ließ er die Augen ausstechen und ihn in Ketten binden, daß er ihn gen Babel führte.

⁸Und die Chaldäer verbrannten beide, des Königs Haus und der Bürger Häuser, und zerbrachen die Mauern zu Jerusalem.

⁹Was aber noch von Volk in der Stadt war, und was sonst zu ihnen gefallen war, die führte Nebusaradan, der Hauptmann der Trabanten, alle miteinander gen Babel gefangen.

¹⁰Aber von dem geringen Volk, das nichts hatte, ließ zu derselben Zeit Nebusaradan, der Hauptmann, etliche im Lande Juda und gab ihnen Weinberge und Felder.

¹¹Aber Nebukadnezar, der König zu Babel, hatte Nebusaradan, dem Hauptmann, befohlen von Jeremia und gesagt:

¹²Nimm ihn und laß ihn dir befohlen sein und tu ihm kein Leid; sondern wie er's von dir begehrt, so mache es mit ihm.

¹³Da sandten hin Nebusaradan, der Hauptmann, und Nebusasban, der oberste Kämmerer, Nergal-Sarezer, der Oberste der Weisen, und alle Fürsten des Königs zu Babel

¹⁴und ließen Jeremia holen aus dem Vorhof des Gefängnisses und befahlen ihn Gedalja, dem Sohn Ahikams, des Sohnes Saphans, daß er ihn hinaus in sein Haus führte. Und er blieb bei dem Volk.

¹⁵Es war auch des HERRN Wort geschehen zu Jeremia, als er noch im Vorhof des Gefängnisses gefangen lag, und hatte gesprochen:

¹⁶Gehe hin und sage Ebed-Melech, dem Mohren: So spricht der HERR Zebaoth, der Gott Israels: siehe, ich will meine Worte kommen lassen über diese Stadt zum Unglück und zu keinem Guten, und du sollst es sehen zur selben Zeit.

¹⁷Aber dich will ich erretten zur selben Zeit, spricht der HERR, und sollst den Leuten nicht zuteil werden, vor welchen du dich fürchtest.

¹⁸Denn ich will dir davonhelfen, daß du nicht durchs Schwert fällst, sondern sollst dein Leben wie eine Beute davonbringen, darum daß du mir vertraut hast, spricht der HERR.

Kapitel 40

¹Dies ist das Wort, so vom HERRN geschah zu Jeremia, da ihn Nebusaradan, der Hauptmann, losließ zu Rama; denn er war mit Ketten gebunden unter allen denen, die zu Jerusalem und in Juda gefangen waren, daß man sie gen Babel wegführen sollte.

²Da nun der Hauptmann Jeremia zu sich hatte lassen holen, sprach er zu ihm: Der HERR, dein Gott, hat dies Unglück über diese Stätte geredet.

³und hat's auch kommen lassen und getan, wie er geredet hat; denn ihr habt gesündigt wider den HERRN und seiner Stimme nicht gehorcht; darum ist euch solches widerfahren.

⁴Und nun siehe, ich habe dich heute losgemacht von den Ketten, womit deine Hände gebunden waren. Gefällt dir's, mit mir gen Babel zu ziehen, so komm du sollst mir befohlen sein; gefällt dir's aber nicht, mit mir gen Babel zu ziehen, so laß es anstehen. Siehe, da hast du das ganze Land vor dir; wo dich's gut dünkt und dir gefällt, da zieh hin.

⁵Denn weiter hinaus wird kein Wiederkehren sein. Darum magst du umkehren zu Gedalja, dem Sohn Ahikams, des Sohnes Saphans, welchen der König zu Babel gesetzt hat über die Städte in Juda, und bei ihm unter dem Volk bleiben; oder gehe, wohin dir's wohl gefällt. Und der Hauptmann gab ihm Zehrung und Geschenke und ließ ihn gehen.

⁶Also kam Jeremia zu Gedalja, dem Sohn Ahikams, gen Mizpa und blieb bei ihm unter dem Volk, das im Lande noch übrig war.

⁷Da nun die Hauptleute, so auf dem Felde sich hielten, samt ihren Leuten erfuhren, daß der König zu Babel hatte Gedalja, den Sohn Ahikams, über das Land gesetzt und über die Männer und Weiber, Kinder und die Geringen im Lande, welche nicht gen Babel geführt waren,

⁸kamen sie zu Gedalja gen Mizpa, nämlich Ismael, der Sohn Nethanjas, Johanan und Jonathan, die Söhne Kareahs, und Seraja, der Sohn Thanhumeths, und die Söhne Ephais von Netopha und Jesanja, der Sohn eines Maachathiters, samt ihren Männern.

⁹Und Gedalja, der Sohn Ahikams, des Sohnes Saphans, tat ihnen und ihren Männern einen Eid und sprach: Fürchtet euch nicht, daß ihr den Chaldäern untertan sein sollt; bleibt im Lande und seid dem König zu Babel untertan, so wird's euch wohl gehen.

¹⁰Siehe, ich wohne hier zu Mizpa, daß ich den Chaldäern diene, die zu uns kommen; darum sammelt ein Wein und Feigen und Öl und legt's in eure Gefäße und wohnt in euren Städten, die ihr bekommen habt.

¹¹Auch allen Juden, so im Lande Moab und der Kinder Ammon und in Edom und in allen Ländern waren, da sie hörten, daß der König zu Babel hätte lassen etliche in Juda übrigbleiben und über sie gesetzt Gedalja, den Sohn Ahikams, des Sohnes Saphans,

¹²kamen sie alle wieder von allen Orten dahin sie verstoßen waren, in das Land Juda zu Gedalja gen Mizpa und sammelten ein sehr viel Wein und Sommerfrüchte.

¹³Aber Johanan, der Sohn Kareahs, samt allen Hauptleuten, so auf dem Felde sich gehalten hatten, kamen zu Gedalja gen Mizpa

¹⁴und sprachen zu ihm: Weißt du auch, daß Baalis, der König der Kinder Ammon, gesandt hat Ismael, den Sohn Nethanjas, daß er dich soll erschlagen? Das wollte ihnen aber Gedalja, der Sohn Ahikams, nicht glauben.

¹⁵Da sprach Johanan, der Sohn Kareahs, zu Gedalja heimlich zu Mizpa: Ich will hingehen und Ismael, den Sohn Nethanjas, erschlagen, daß es niemand erfahren soll. Warum soll er dich erschlagen, daß alle Juden, so zu dir versammelt sind, zerstreut werden und die noch aus Juda übriggeblieben sind, umkommen?

¹⁶Aber Gedalja, der Sohn Ahikams, sprach zu Johanan, dem Sohn Kareahs: Du sollst das nicht tun; es ist nicht wahr, was du von Ismael sagst.

Kapitel 41

¹Aber im siebenten Monat kam Ismael, der Sohn Nethanjas, des Sohnes Elisamas, aus königlichem Stamm, einer von den Obersten des Königs, und zehn Männer mit ihm zu Gedalja, dem Sohn Ahikams, gen Mizpa und sie aßen daselbst zu Mizpa miteinander.

²Und Ismael, der Sohn Nethanjas, macht sich auf samt den zehn Männern, die bei ihm waren und schlugen Gedalja, den Sohn Ahikams, des Sohnes Saphans, mit dem Schwert zu Tode, darum daß ihn der König zu Babel über das Land gesetzt hatte;

³dazu alle Juden, die bei Gedalja waren zu Mizpa, und die Chaldäer, die sie daselbst fanden, alle Kriegsleute, schlug Ismael.

⁴Des andern Tages, nachdem Gedalja erschlagen war und es noch niemand wußte,

⁵kamen achtzig Männer von Sichem, von Silo und von Samaria und hatten die Bärte abgeschoren und ihre Kleider zerrissen und sich

zerritzt und trugen Speisopfer und Weihrauch mit sich, daß sie es brächten zum Hause des HERRN.

⁶Und Ismael, der Sohn Nethanjas, ging heraus von Mizpa ihnen entgegen, ging daher und weinte. Als er nun an sie kam, sprach er zu ihnen: Ihr sollt zu Gedalja, dem Sohn Ahikams, kommen.

⁷Da sie aber mitten in die Stadt kamen, ermordete sie Ismael, der Sohn Nethanjas, und die Männer, so bei ihm waren, und warf sie in den Brunnen.

⁸Aber es waren zehn Männer darunter, die sprachen zu Ismael: Töte uns nicht; wir haben Vorrat im Acker liegen von Weizen, Gerste, Öl und Honig. Also ließ er ab und tötete sie nicht mit den andern.

⁹Der Brunnen aber, darein Ismael die Leichname der Männer warf, welche er hatte erschlagen samt dem Gedalja, ist der, den der König Asa machen ließ wider Baesa, den König Israels; den füllte Ismael, der Sohn Nethanjas, mit den Erschlagenen.

¹⁰Und was übriges Volk war zu Mizpa, auch die Königstöchter, führte Ismael, der Sohn Nethanjas, gefangen weg samt allem übrigen Volk zu Mizpa, über welche Nebusaradan, der Hauptmann, hatte gesetzt Gedalja, den Sohn Ahikams, und zog hin und wollte hinüber zu den Kindern Ammon.

¹¹Da aber Johanan, der Sohn Kareahs, erfuhr und alle Hauptleute des Heeres, die bei ihm waren, all das Übel, das Ismael, der Sohn Nethanjas, begangen hatte,

¹²nahmen sie zu sich alle Männer und zogen hin, wider Ismael, den Sohn Nethanjas, zu streiten; und trafen ihn an dem großen Wasser bei Gibeon.

¹³Da nun alles Volk, so bei Ismael war, sah den Johanan, den Sohn Kareahs, und alle die Hauptleute des Heeres, die bei ihm waren, wurden sie froh.

¹⁴Und das ganze Volk, das Ismael hatte von Mizpa weggeführt, wandte sich um und kehrte wiederum zu Johanan, dem Sohne Kareahs.

¹⁵Aber Ismael, der Sohn Nethanjas, entrann dem Johanan mit acht Männern, und zog zu den Kindern Ammon.

¹⁶Und Johanan, der Sohn Kareahs, samt allen Hauptleuten des Heeres, so bei ihm waren, nahmen all das übrige Volk, so sie wiedergebracht hatten von Ismael, dem Sohn Nethanjas, aus Mizpa zu sich (weil Gedalja, der Sohn Ahikams, erschlagen war), nämlich die Kriegsmänner, Weiber und die Kinder und Kämmerer, so sie von Gibeon hatten wiedergebracht;

¹⁷und zogen hin und kehrten ein zur Herberge Chimhams, die bei Bethlehem war, und wollten nach Ägypten ziehen vor den Chaldäern.

¹⁸Denn sie fürchteten sich vor ihnen, weil Ismael, der Sohn Nethanjas, Gedalja, den Sohn Ahikams, erschlagen hatte, den der König zu Babel über das Land gesetzt hatte.

Kapitel 42

¹Da traten herzu alle Hauptleute des Heeres, Johanan, der Sohn Kareahs, Jesanja, der Sohn Hosajas, samt dem ganzen Volk, klein und groß,

²und sprachen zum Propheten Jeremia: Laß doch unser Gebet vor dir gelten und bitte für uns den HERRN, deinen Gott, für alle diese Übrigen (denn unser ist leider wenig geblieben von vielen, wie du uns selbst siehst mit deinen Augen),

³daß uns der HERR, dein Gott, wolle anzeigen, wohin wir ziehen und was wir tun sollen.

⁴Und der Prophet Jeremia sprach zu ihnen: Wohlan, ich will gehorchen; und siehe, ich will den HERRN, euren Gott, bitten, wie ihr gesagt habt; und alles, was euch der HERR antworten wird, das will ich euch anzeigen und will euch nichts verhalten.

⁵Und sie sprachen zu Jeremia: Der HERR sei ein gewisser und wahrhaftiger Zeuge zwischen uns, wo wir nicht tun werden alles, was dir der HERR, dein Gott, an uns befehlen wird.

⁶Es sei Gutes oder Böses, so wollen wir gehorchen der Stimme des HERRN, unsers Gottes, zu dem wir dich senden; auf daß es uns wohl gehe, so wir der Stimme des HERRN, unsers Gottes, gehorchen.

⁷Und nach zehn Tagen geschah des HERRN Wort zu Jeremia.

⁸Da rief er Johanan, den Sohn Kareahs, und alle Hauptleute des Heeres, die bei ihm waren, und alles Volk, klein und groß,

⁹und sprach zu ihnen: So spricht der HERR, der Gott Israels, zu dem ihr mich gesandt habt, daß ich euer Gebet vor ihn sollte bringen:

¹⁰Werdet ihr in diesem Lande bleiben, so will ich euch bauen und nicht zerbrechen; ich will euch pflanzen und nicht ausreuten; denn es hat mich schon gereut das Übel, das ich euch getan habe.

¹¹Ihr sollt euch nicht fürchten vor dem König zu Babel, vor dem ihr euch fürchtet, spricht der HERR; ihr sollt euch vor ihm nicht fürchten, denn ich will bei euch sein, daß ich euch helfe und von seiner Hand errette.

¹²Ich will euch Barmherzigkeit erzeigen und mich über euch erbarmen und euch wieder in euer Land bringen.

¹³Werdet ihr aber sagen: Wir wollen nicht in diesem Lande bleiben, damit ihr ja nicht gehorcht der Stimme des HERRN, eures Gottes,

¹⁴sondern sagen: Nein, wir wollen nach Ägyptenland ziehen, daß wir keinen Krieg sehen noch der Posaune Schall hören und nicht Hunger Brots halben leiden müssen; daselbst wollen wir bleiben:

¹⁵nun so hört des HERRN Wort, ihr übrigen aus Juda! So spricht der HERR Zebaoth, der Gott Israels: Werdet ihr euer Angesicht richten, nach Ägyptenland zu ziehen, daß ihr daselbst bleiben wollt,

¹⁶so soll euch das Schwert, vor dem ihr euch fürchtet, in Ägyptenland treffen, und der Hunger, des ihr euch besorgt, soll stets hinter euch her sein in Ägypten, und sollt daselbst sterben.

¹⁷Denn sie seien, wer sie wollen, die ihr Angesicht richten, daß sie nach Ägypten ziehen, daselbst zu bleiben, die sollen sterben durchs Schwert, Hunger und Pestilenz, und soll keiner übrigbleiben noch entrinnen dem Übel, das ich über sie will kommen lassen.

¹⁸Denn so spricht der HERR Zebaoth, der Gott Israels: Gleichwie mein Zorn und Grimm über die Einwohner zu Jerusalem ausgeschüttet ist, so soll er auch über euch ausgeschüttet werden, wo ihr nach Ägypten zieht, daß ihr zum Fluch, zum Wunder, Schwur und Schande werdet und diese Stätte nicht mehr sehen sollt.

¹⁹Das Wort des HERRN gilt euch, ihr übrigen aus Juda, daß ihr nicht nach Ägypten zieht. Darum so wisset, daß ich euch heute bezeuge;

²⁰ihr werdet sonst euer Leben verwahrlosen. Denn ihr habt mich gesandt zum HERRN, eurem Gott, und gesagt: Bitte den HERRN, unsern Gott, für uns; und alles, was der HERR, unser Gott, sagen wird, das zeige uns an, so wollen wir darnach tun.

²¹Das habe ich euch heute zu wissen getan; aber ihr wollt der Stimme des HERRN, eures Gottes, nicht gehorchen noch alle dem, das er mir befohlen hat.

²²So sollt ihr nun wissen, daß ihr durch Schwert, Hunger und Pestilenz sterben müßt an dem Ort, dahin ihr gedenkt zu ziehen, daß ihr daselbst wohnen wollt.

Kapitel 43

¹Da Jeremia alle Worte des HERRN, ihres Gottes, hatte ausgeredet zu allem Volk, wie ihm denn der HERR, ihr Gott, alle diese Worte an sie befohlen hatte,

²sprachen Asarja, der Sohn Hosajas, und Johanan, der Sohn Kareahs und alle frechen Männer zu Jeremia: Du lügst; der HERR, unser Gott, hat dich nicht zu uns gesandt noch gesagt: Ihr sollt nicht nach Ägypten ziehen, daselbst zu wohnen;

³sondern Baruch, der Sohn Nerias, beredet dich, uns zuwider, auf daß wir den Chaldäern übergeben werden, daß sie uns töten und gen Babel wegführen.

⁴Also gehorchten Johanan, der Sohn Kareahs, und alle Hauptleute des Heeres samt dem ganzen Volk der Stimme des HERRN nicht, daß sie im Lande Juda wären geblieben;

⁵sondern Johanan, der Sohn Kareahs, und alle Hauptleute des Heeres nahmen zu sich alle Übrigen aus Juda, so von allen Völkern, dahin sie geflohen, wiedergekommen waren, daß sie im Lande Juda wohnten,

⁶nämlich Männer, Weiber und Kinder, dazu die Königstöchter und alle Seelen, die Nebusaradan, der Hauptmann, bei Gedalja, dem Sohn Ahikams, des Sohnes Saphans, hatte gelassen, auch den Propheten Jeremia und Baruch, den Sohn Nerias,

⁷und zogen nach Ägyptenland, denn sie wollten der Stimme des HERRN nicht gehorchen, und kamen nach Thachpanhes.

⁸Und des HERRN Wort geschah zu Jeremia zu Thachpanhes und sprach:

⁹Nimm große Steine und verscharre sie im Ziegelofen, der vor der Tür am Hause Pharaos ist zu Thachpanhes, daß die Männer aus Juda zusehen;

¹⁰und sprich zu ihnen: So spricht der HERR Zebaoth, der Gott Israels: Siehe, ich will hinsenden und meinen Knecht Nebukadnezar, den König zu Babel, holen lassen und will seinen Stuhl oben auf diese Steine setzen, die ich verscharrt habe; und er soll sein Gezelt darüberschlagen.

¹¹Und er soll kommen und Ägyptenland schlagen, und töten, wen es trifft, gefangen führen, wen es trifft, mit dem Schwert schlagen, wen es trifft.

¹²Und ich will die Häuser der Götter in Ägypten mit Feuer anstecken, daß er sie verbrenne und wegführe. Und er soll sich Ägyptenland anziehen, wie ein Hirt sein Kleid anzieht, und mit Frieden von dannen ziehen.

¹³Er soll die Bildsäulen zu Beth-Semes in Ägyptenland zerbrechen und die Götzentempel in Ägypten mit Feuer verbrennen.

Kapitel 44

¹Dies ist das Wort, das zu Jeremia geschah an alle Juden, so in Ägyptenland wohnten, nämlich so zu Migdol, zu Thachpanhes, zu Noph und im Lande Pathros wohnten, und sprach:

²So spricht der HERR Zebaoth, der Gott Israels: Ihr habt gesehen all das Übel, das ich habe kommen lassen über Jerusalem und über alle Städte in Juda; und siehe, heutigestages sind sie wüst, und wohnt niemand darin;

³und das um ihrer Bosheit willen, die sie taten, daß sie mich erzürnten und hingingen und räucherten und dienten andern Göttern, welche weder sie noch ihr noch eure Väter kannten.

⁴Und ich sandte stets zu euch alle meine Knechte, die Propheten, und ließ euch sagen: Tut doch nicht solche Greuel, die ich hasse.

⁵Aber sie gehorchten nicht, neigten auch ihre Ohren nicht, daß sie von ihrer Bosheit sich bekehrt und andern Göttern nicht geräuchert hätten.

⁶Darum ging auch mein Zorn und Grimm an und entbrannte über die Städte Juda's und über die Gassen zu Jerusalem, daß sie zur Wüste und Öde geworden sind, wie es heutigestages steht.

⁷Nun, so spricht der HERR, der Gott Zebaoth, der Gott Israels: Warum tut ihr doch so großes Übel wider euer eigen Leben, damit unter euch ausgerottet werden Mann und Weib, Kind und Säugling aus Juda und nichts von euch übrigbleibe,

⁸und erzürnt mich so durch eurer Hände Werke und räuchert andern Göttern in Ägyptenland, dahin ihr gezogen seid, daselbst zu herbergen, auf daß ihr ausgerottet und zum Fluch und zur Schmach werdet unter allen Heiden auf Erden?

⁹Habt ihr vergessen das Unglück eurer Väter, das Unglück der Könige Juda's, das Unglück ihrer Weiber, dazu euer eigenes Unglück und eurer Weiber Unglück, das euch begegnet ist im Lande Juda und auf den Gassen zu Jerusalem?

¹⁰Noch sind sie bis auf diesen Tag nicht gedemütigt, fürchten sich auch nicht und wandeln nicht in meinem Gesetz und den Rechten, die ich euch und euren Vätern vorgestellt habe.

¹¹Darum spricht der HERR Zebaoth, der Gott Israels, also: Siehe, ich will mein Angesicht wider euch richten zum Unglück, und ganz Juda soll ausgerottet werden.

¹²Und ich will die übrigen aus Juda nehmen, so ihr Angesicht gerichtet haben, nach Ägyptenland zu ziehen, daß sie daselbst herbergen; es soll ein Ende mit ihnen allen werden in Ägyptenland. Durchs Schwert sollen sie fallen, und durch Hunger umkommen, beide, klein und groß; sie sollen durch Schwert und Hunger sterben und sollen ein Schwur, Wunder, Fluch und Schmach werden.

¹³Ich will auch die Einwohner in Ägyptenland mit Schwert, Hunger und Pestilenz heimsuchen, gleichwie ich zu Jerusalem getan habe,

¹⁴daß aus den übrigen Juda's keiner soll entrinnen noch übrigbleiben, die doch darum hierher gekommen sind nach Ägyptenland zur Herberge, daß sie wiederum ins Land Juda möchten, dahin sie gerne wiederkommen wollten und wohnen; aber es soll keiner wieder dahin kommen, außer, welche von hinnen fliehen.

¹⁵Da antworteten dem Jeremia alle Männer, die da wohl wußten, daß ihre Weiber andern Göttern räucherten, und alle Weiber, so in großem Haufen dastanden, samt allem Volk, die in Ägyptenland wohnten und in Pathros, und sprachen:

¹⁶Nach dem Wort, das du im Namen des HERRN uns sagst, wollen wir dir nicht gehorchen;

¹⁷sondern wir wollen tun nach allem dem Wort, das aus unserem Munde geht, und wollen der Himmelskönigin räuchern und ihr Trankopfer opfern, wie wir und unsre Väter, unsre Könige und Fürsten getan haben in den Städten Juda's und auf den Gassen zu Jerusalem. Da hatten wir auch Brot genug und ging uns wohl und sahen kein Unglück.

¹⁸Seit der Zeit aber, daß wir haben abgelassen, der Himmelskönigin zu räuchern und Trankopfer zu opfern, haben wir allen Mangel gelitten und sind durch Schwert und Hunger umgekommen.

¹⁹Auch wenn wir der Himmelskönigin räuchern und opfern, das tun wir ja nicht ohne unserer Männer Willen, daß wir ihr Kuchen backen und Trankopfer opfern, auf daß sie sich um uns bekümmere.

²⁰Da sprach Jeremia zum ganzen Volk, Männern und Weibern und allem Volk, die ihm so geantwortet hatten:

²¹Ich meine ja, der HERR habe gedacht an das Räuchern, so ihr in den Städten Juda's und auf den Gassen zu Jerusalem getrieben habt samt euren Vätern, Königen, Fürsten und allem Volk im Lande, und hat's zu Herzen genommen,

²²daß er nicht mehr leiden konnte euren bösen Wandel und die Greuel, die ihr tatet; daher auch euer Land zur Wüste, zum Wunder und zum Fluch geworden ist, daß niemand darin wohnt, wie es heutigestages steht.

²³Darum, daß ihr geräuchert habt und wider den HERRN gesündigt und der Stimme des HERRN nicht gehorchet und in seinem Gesetz, seinen Rechten und Zeugnissen nicht gewandelt habt, darum ist auch euch solches Unglück widerfahren, wie es heutigestages steht.

²⁴Und Jeremia sprach zu allem Volk und zu allen Weibern: Höret des HERRN Wort, alle ihr aus Juda, so in Ägyptenland sind.

²⁵So spricht der HERR Zebaoth, der Gott Israels: Ihr und eure Weiber habt mit einem Munde geredet und mit euren Händen vollbracht, was ihr sagt: Wir wollen unser Gelübde halten, die wir gelobt haben der Himmelskönigin, daß wir ihr räuchern und Trankopfer opfern. Wohlan, ihr habt eure Gelübde erfüllt und eure Gelübde gehalten.

²⁶So hört nun des HERRN Wort, ihr alle aus Juda, die ihr in Ägyptenland wohnt: Siehe, ich schwöre bei meinem großen Namen, spricht der HERR, daß mein Name nicht mehr soll durch irgend eines Menschen Mund aus Juda genannt werden in ganz Ägyptenland, der da sagt: "So wahr der HERR HERR lebt!"

²⁷Siehe, ich will über sie wachen zum Unglück und zu keinem Guten, daß, wer aus Juda in Ägyptenland ist, soll durch Schwert und Hunger umkommen, bis es ein Ende mit ihnen habe.

²⁸Welche aber dem Schwert entrinnen, die werden aus Ägyptenland ins Land Juda wiederkommen müssen als ein geringer Haufe. Und also werden dann alle die übrigen aus Juda, so nach Ägyptenland gezogen waren, daß sie sich daselbst herbergten, erfahren, wessen Wort wahr sei, meines oder ihres.

²⁹Und zum Zeichen, spricht der HERR, daß ich euch an diesem Ort heimsuchen will, damit ihr wißt, daß mein Wort soll wahr werden über euch zum Unglück,

³⁰so spricht der HERR also: Siehe, ich will Pharao Hophra, den König in Ägypten, übergeben in die Hände seiner Feinde und derer, die ihm nach dem Leben stehen, gleichwie ich Zedekia, den König Juda's, übergeben habe in die Hand Nebukadnezars, des Königs zu Babel, seines Feindes, und der ihm nach seinem Leben stand.

Kapitel 45

¹Dies ist das Wort, so der Prophet Jeremia redete zu Baruch, dem Sohn Nerias, da er diese Reden in ein Buch schrieb aus dem Munde Jeremia's im vierten Jahr Jojakims, des Sohnes Josias, des Königs in Juda, und sprach:

²So spricht der HERR Zebaoth, der Gott Israels, von dir Baruch:

³Du sprichst: Weh mir, wie hat mir der HERR Jammer zu meinem Schmerz hinzugefügt! Ich seufze mich müde und finde keine Ruhe.

⁴Sage ihm also: So spricht der HERR: Siehe, was ich gebaut habe, das breche ich ab; und was ich gepflanzt habe, das reute ich aus nämlich dies mein ganzes Land.

⁵Und du begehrst dir große Dinge? Begehre es nicht! Denn siehe, ich will Unglück kommen lassen über alles Fleisch, spricht der HERR; aber deine Seele will ich dir zur Beute geben, an welchen Ort du ziehst.

Kapitel 46

¹Dies ist das Wort des HERRN, das zu dem Propheten Jeremia geschehen ist wider alle Heiden.

²Wider Ägypten. Wider das Heer Pharao Nechos, des Königs in Ägypten, welches lag am Wasser Euphrat zu Karchemis, das der König zu Babel, Nebukadnezar, schlug im vierten Jahr Jojakims, des Sohnes Josias, des Königs in Juda:

³Rüstet Schild und Tartsche und ziehet in den Streit!

⁴Spannet Rosse an und lasset Reiter aufsitzen, setzt Helme auf und schärft die Spieße und ziehet den Panzer an!

⁵Wie kommt's aber, daß ich sehe, daß sie verzagt sind und die Flucht geben und ihre Helden erschlagen sind? Sie fliehen, daß sie sich auch nicht umsehen. Schrecken ist um und um, spricht der HERR.

⁶Der Schnelle kann nicht entfliehen noch der Starke entrinnen. Gegen Mitternacht am Wasser Euphrat sind sie gefallen und darniedergelegt.

⁷Wer ist der, so heraufzieht wie der Nil, und seine Wellen erheben sich wie Wasserwellen?

⁸Ägypten zieht herauf wie der Nil, und seine Wellen erheben sich wie Wasserwellen, und es spricht: Ich will hinaufziehen, das Land bedecken und die Stadt verderben samt denen, die darin wohnen.

⁹Wohlan, sitzt auf die Rosse, rennt mit den Wagen, laßt die Helden ausziehen, die Mohren, und aus Put, die den Schild führen, und die Schützen aus Lud!

¹⁰Denn dies ist der Tag des HERRN HERRN Zebaoth, ein Tag der Rache, daß er sich an seinen Feinden räche, da das Schwert fressen und von ihrem Blut voll und trunken werden wird. Denn sie müssen dem HERRN HERRN Zebaoth ein Schlachtopfer werden im Lande gegen Mitternacht am Wasser Euphrat.

¹¹Gehe hinauf gen Gilead und hole Salbe, Jungfrau, Tochter Ägyptens! Aber es ist umsonst, daß du viel arzneiest; du wirst doch nicht heil!

¹²Deine Schande ist unter die Heiden erschollen, deines Heulens ist das Land voll; denn ein Held fällt über den andern und liegen beide miteinander darnieder.

¹³Dies ist das Wort des HERRN, das er zu dem Propheten Jeremia redete, da Nebukadnezar, der König zu Babel, daherzog, Ägyptenland zu schlagen;

¹⁴Verkündiget in Ägypten und saget's an zu Migdol, saget's an zu Noph und Thachpanhes und sprecht: Stelle dich zur Wehr! denn das Schwert wird fressen, was um dich her ist.

¹⁵Wie geht's zu, daß deine Gewaltigen zu Boden fallen und können nicht bestehen? Der HERR hat sie so gestürzt.

¹⁶Er macht, daß ihrer viel fallen, daß einer mit dem andern darniederliegt. Da sprachen sie: Wohlauf, laßt uns wieder zu unserm Volk ziehen, in unser Vaterland vor dem Schwert des Tyrannen!

¹⁷Daselbst schrie man ihnen nach: Pharao, der König Ägyptens, liegt: er hat sein Gezelt gelassen!

¹⁸So wahr als ich lebe, spricht der König, der HERR Zebaoth heißt: Jener wird daherziehen so hoch, wie der Berg Thabor unter den Bergen ist und wie der Karmel am Meer ist.

¹⁹Nimm dein Wandergerät, du Einwohnerin, Tochter Ägyptens; denn Noph wird wüst und verbrannt werden, daß niemand darin wohnen wird.

²⁰Ägypten ist ein sehr schönes Kalb; aber es kommt von Mitternacht der Schlächter.

²¹Auch die, so darin um Sold dienen, sind wie gemästete Kälber; aber sie müssen sich dennoch wenden, flüchtig werden miteinander und werden nicht bestehen; denn der Tag ihres Unfalls wird über sie kommen, die Zeit ihrer Heimsuchung.

²²Man hört sie davonschleichen wie eine Schlange; denn jene kommen mit Heereskraft und bringen Äxte über sie wie die Holzhauer.

²³Die werden hauen also in ihrem Wald, spricht der HERR, daß es nicht zu zählen ist; denn ihrer sind mehr als Heuschrecken, die niemand zählen kann.

²⁴Die Tochter Ägyptens steht mit Schanden; denn sie ist dem Volk von Mitternacht in die Hände gegeben.

²⁵Der HERR Zebaoth, der Gott Israels, spricht: Siehe, ich will heimsuchen den Amon zu No und den Pharao und Ägypten samt seinen Göttern und Königen, ja, Pharao mit allen, die sich auf ihn verlassen,

²⁶daß ich sie gebe in die Hände denen, die ihnen nach ihrem Leben stehen, und in die Hände Nebukadnezars, des Königs zu Babel, und seiner Knechte. Und darnach sollst du bewohnt werden wie vor alters, spricht der HERR.

²⁷Aber du, mein Knecht Jakob, fürchte dich nicht, und du, Israel, verzage nicht! Denn siehe, ich will dir aus fernen Landen und deinem Samen aus dem Lande seines Gefängnisses helfen, daß Jakob soll wiederkommen und in Frieden sein und die Fülle haben, und niemand soll ihn schrecken.

²⁸Darum fürchte dich nicht, du, Jakob, mein Knecht, spricht der HERR; denn ich bin bei dir. Mit allen Heiden, dahin ich dich verstoßen habe, will ich ein Ende machen; aber mit dir will ich nicht ein Ende machen, sondern ich will dich züchtigen mit Maßen, auf daß ich dich nicht ungestraft lasse.

Kapitel 47

¹Dies ist das Wort des HERRN, das zum Propheten Jeremia geschah wider die Philister, ehe denn Pharao Gaza schlug.

²So spricht der HERR: Siehe, es kommen Wasser herauf von Mitternacht, die eine Flut machen werden und das Land und was darin ist, die Städte und die, so darin wohnen, wegreißen werden, daß die Leute werden schreien und alle Einwohner im Lande heulen

³vor dem Getümmel ihrer starken Rosse, so dahertraben, und vor dem Rasseln ihrer Wagen und Poltern ihrer Räder; daß sich die Väter nicht werden umsehen nach den Kindern, so verzagt werden sie sein

⁴vor dem Tage, so da kommt, zu verstören alle Philister und auszureuten Tyrus und Sidon samt ihren andern Gehilfen. Denn der HERR wird die Philister, die das übrige sind aus der Insel Kaphthor, verstören.

⁵Gaza wird kahl werden, und Askalon samt den übrigen in ihren Gründen wird verderbt. Wie lange ritzest du dich?

⁶O du Schwert des HERRN, wann willst du doch aufhören? Fahre doch in deine Scheide und ruhe und sei still!

⁷Aber wie kannst du aufhören, weil der HERR dir Befehl getan hat wider die Anfurt am Meer bestellt?

Kapitel 48

¹Wider Moab. So spricht der HERR Zebaoth, der Gott Israels: Weh der Stadt Nebo! denn sie ist zerstört und liegt elend; Kirjathaim ist gewonnen; die hohe Feste steht elend und ist zerrissen.

²Der Trotz Moabs ist aus, den sie an Hesbon hatten; denn man gedenkt Böses wider sie: "Kommt, wir wollen sie ausrotten, daß sie kein Volk mehr seien." Und du, Madmen, mußt auch verderbt werden; das Schwert wird hinter dich kommen.

³Man hört ein Geschrei zu Horonaim von Verstören und großem Jammer.

⁴Moab ist zerschlagen! man hört ihre Kleinen schreien;

⁵denn sie gehen mit Weinen den Weg hinauf gen Luhith, und die Feinde hören ein Jammergeschrei den Weg von Horonaim herab:

⁶"Hebt euch weg und errettet euer Leben!" Aber du wirst sein wie die Heide in der Wüste.

⁷Darum daß du dich auf deine Gebäude verläßt und auf deine Schätze, sollst du auch gewonnen werden; und Kamos muß hinaus gefangen wegziehen samt seinen Priestern und Fürsten.

⁸Denn der Verstörer wird über alle Städte kommen, daß nicht eine Stadt entrinnen wird. Es sollen beide, die Gründe verderbt und die Ebenen verstört werden; denn der HERR hat's gesagt.

⁹Gebt Moab Federn: er wird ausgehen, als flöge er; und seine Städte werden wüst liegen, daß niemand darin wohnen wird.

¹⁰Verflucht sei, der des HERRN Werk lässig tut; verflucht sei, der sein Schwert aufhält, daß es nicht Blut vergieße!

¹¹Moab ist von seiner Jugend auf sicher gewesen und auf seinen Hefen stillgelegen und ist nie aus einem Faß ins andere gegossen und nie ins Gefängnis gezogen; darum ist sein Geschmack ihm geblieben und sein Geruch nicht verändert worden.

¹²Darum siehe, spricht der HERR, es kommt die Zeit, daß ich ihnen will Schröter schicken, die sie ausschroten sollen und ihre Fässer ausleeren und ihre Krüge zerschmettern.

¹³Und Moab soll über dem Kamos zu Schanden werden, gleichwie das Haus Israel über Beth-El zu Schanden geworden ist, darauf sie sich doch verließen.

¹⁴Wie dürft ihr sagen: Wir sind die Helden und die rechten Kriegsleute?

¹⁵so doch Moab muß verstört und ihre Städte erstiegen werden und ihre beste Mannschaft zur Schlachtbank herabgehen muß, spricht der König, welcher heißt der HERR Zebaoth.

¹⁶Denn der Unfall Moabs wird bald kommen, und ihr Unglück eilt sehr.

¹⁷Habt doch Mitleid mit ihnen alle, die ihr um sie her wohnt und ihren Namen kennt, und sprecht: "Wie ist die starke Rute und der herrliche Stab so zerbrochen!"

¹⁸Herab von der Herrlichkeit, du Einwohnerin, Tochter Dibon, und sitze in der Dürre! Denn der Verstörer Moabs wird zu dir hinaufkommen und deine Festen zerreißen.

¹⁹Tritt auf die Straße und schaue, du Einwohnerin Aroers; frage die, so da fliehen und entrinnen, und sprich: "Wie geht's?"

²⁰Ach, Moab ist verwüstet und verderbt! Heult und schreit; sagt's am Arnon, daß Moab verstört sei!

²¹Die Strafe ist über das ebene Land gegangen, nämlich über Holon, Jahza, Mephaath,

²²Dibon, Nebo, Beth-Diblathaim,

²³Kirjathaim, Beth-Gamul, Beth-Meon,

²⁴Karioth, Bozra und über alle Städte im Lande Moab, sie liegen fern oder nahe.

²⁵Das Horn Moabs ist abgehauen, und sein Arm ist zerbrochen, spricht der HERR.

²⁶Macht es trunken (denn es hat sich wider den HERRN erhoben), daß es speien und die Hände ringen müsse, auf daß es auch zum Gespött werde.

²⁷Denn Israel hat dein Gespött sein müssen, als wäre es unter den Dieben gefunden; und weil du solches wider dasselbe redest, sollst du auch weg müssen.

²⁸O ihr Einwohner in Moab, verlaßt die Städte und wohnt in den Felsen und tut wie die Tauben, so da nisten in den hohlen Löchern!

²⁹Man hat immer gesagt von dem stolzen Moab, daß es sehr stolz sei, hoffärtig, hochmütig, trotzig und übermütig.

³⁰Aber der HERR spricht: Ich kenne seinen Zorn wohl, daß er nicht soviel vermag und untersteht sich, mehr zu tun, denn sein

Jeremia

Vermögen ist.

³¹Darum muß ich über Moab heulen und über das ganze Moab schreien und über die Leute zu Kir-Heres klagen.

³²Mehr als über Jaser muß ich über dich, du Weinstock zu Sibma, weinen, dessen Reben über das Meer reichten und bis an das Meer Jaser kamen. Der Verstörer ist in deine Ernte und Weinlese gefallen;

³³Freude und Wonne ist aus dem Felde weg und aus dem Lande Moab, und man wird keinen Wein mehr keltern; der Weintreter wird nicht mehr sein Lied singen

³⁴von des Geschreies wegen zu Hesbon bis gen Eleale, welches bis gen Jahza erschallt, von Zoar an bis gen Horonaim, bis zum dritten Eglath; denn auch die Wasser Nimrims sollen versiegen.

³⁵Und ich will, spricht der HERR, in Moab damit ein Ende machen, daß sie nicht mehr auf den Höhen opfern und ihren Göttern räuchern sollen.

³⁶Darum seufzt mein Herz über Moab wie Flöten, und über die Leute zu Kir-Heres seufzt mein Herz wie Flöten; denn das Gut, das sie gesammelt, ist zu Grunde gegangen.

³⁷Alle Köpfe werden kahl sein und alle Bärte abgeschoren, aller Hände zerritzt, und jedermann wird Säcke anziehen.

³⁸Auf allen Dächern und Gassen, allenthalben in Moab, wird man Klagen; denn ich habe Moab zerbrochen wie ein unwertes Gefäß, spricht der HERR.

³⁹O wie ist es verderbt, wie heulen sie! Wie schändlich hängen sie die Köpfe! Und Moab ist zum Spott und zum Schrecken geworden allen, so ringsumher wohnen.

⁴⁰Denn so spricht der HERR: Siehe, er fliegt daher wie ein Adler und breitet seine Flügel aus über Moab.

⁴¹Karioth ist gewonnen, und die festen Städte sind eingenommen; und das Herz der Helden in Moab wird zu derselben Zeit sein wie einer Frau Herz in Kindesnöten.

⁴²Denn Moab muß vertilgt werden, daß sie kein Volk mehr seien, darum daß es sich wider den HERR erhoben hat.

⁴³Schrecken, Grube und Strick kommt über dich, du Einwohner in Moab, spricht der HERR.

⁴⁴Wer dem Schrecken entflieht, der wird in die Grube fallen, und wer aus der Grube kommt, der wird im Strick gefangen werden; denn ich will über Moab kommen lassen ein Jahr ihrer Heimsuchung, spricht der HERR.

⁴⁵Die aus der Schlacht entrinnen, werden Zuflucht suchen zu Hesbon; aber es wird ein Feuer aus Hesbon und eine Flamme aus Sihon gehen, welche die Örter in Moab und die kriegerischen Leute verzehren wird.

⁴⁶Weh dir, Moab! verloren ist das Volk des Kamos; denn man hat deine Söhne und Töchter genommen und gefangen weggeführt.

⁴⁷Aber in der letzten Zeit will ich das Gefängnis Moabs wenden, spricht der HERR. Das sei gesagt von der Strafe über Moab.

Kapitel 49

¹Wider die Kinder Ammon spricht der HERR also: Hat denn Israel nicht Kinder, oder hat es keinen Erben? Warum besitzt denn Milkom das Land Gad, und sein Volk wohnt in jener Städten?

²Darum siehe, es kommt die Zeit, spricht der HERR, daß ich will ein Kriegsgeschrei erschallen lassen über Rabba der Kinder Ammon, daß sie soll auf einem Haufen wüst liegen und ihre Töchter mit Feuer angesteckt werden; aber Israel soll besitzen die, von denen sie besessen waren, spricht der HERR.

³Heule, o Hesbon! denn Ai ist verstört. Schreiet, ihr Töchter Rabbas, und ziehet Säcke an, klaget und lauft auf den Mauern herum! denn Milkom wird gefangen weggeführt samt seinen Priestern und Fürsten.

⁴Was trotzest du auf deine Auen? Deine Auen sind ersäuft, du ungehorsame Tochter, die du dich auf deine Schätze verlässest und sprichst in deinem Herzen: Wer darf sich an mich machen?

⁵Siehe, spricht der HERR HERR Zebaoth: Ich will Furcht über dich kommen lassen von allen, die um dich her wohnen, daß ein jeglicher seines Weges vor sich hinaus verstoßen werde und niemand sei, der die Flüchtigen sammle.

⁶Aber darnach will ich wieder wenden das Gefängnis der Kinder Ammon, spricht der HERR.

⁷Wider Edom. So spricht der HERR Zebaoth: Ist denn keine Weisheit mehr zu Theman? ist denn kein Rat mehr bei den Klugen? ist ihre Weisheit so leer geworden?

⁸Fliehet, wendet euch und verkriecht euch tief, ihr Bürger zu Dedan! denn ich lasse einen Unfall über Esau kommen, die Zeit seiner Heimsuchung.

⁹Es sollen Weinleser über dich kommen, die dir kein Nachlesen lassen; und die Diebe des Nachts sollen über dich kommen, die sollen ihnen genug verderben.

¹⁰Denn ich habe Esau entblößt und seine verborgenen Orte geöffnet, daß er sich nicht verstecken kann; sein Same, seine Brüder und seine Nachbarn sind verstört, daß ihrer keiner mehr da ist.

¹¹Doch was Übrigbleibt von deinen Waisen, denen will ich das Leben gönnen, und deine Witwen werden auf mich hoffen.

¹²Denn so spricht der HERR: Siehe, die, so es nicht verschuldet hatten, den Kelch zu trinken, müssen trinken; und du solltest ungestraft bleiben? Du sollst nicht ungestraft bleiben, sondern du mußt auch trinken.

¹³Denn ich habe bei mir selbst geschworen, spricht der HERR, daß Bozra soll ein Wunder, Schmach, Wüste und Fluch werden und alle ihre Städte eine ewige Wüste.

¹⁴Ich habe gehört vom HERRN, daß eine Botschaft unter die Heiden gesandt sei: Sammelt euch und kommt her wider sie, macht euch auf zum Streit!

¹⁵Denn siehe, ich habe dich gering gemacht unter den Heiden und verachtet unter den Menschen.

¹⁶Dein Trotz und dein Hochmut hat dich betrogen, weil du in Felsenklüften wohnst und hohe Gebirge innehast. Wenn du denn gleich dein Nest so hoch machtest wie der Adler, dennoch will ich dich von dort herunterstürzen, spricht der HERR.

¹⁷Also soll Edom wüst werden, daß alle die, so vorübergehen, sich wundern und pfeifen werden über alle ihre Plage;

¹⁸gleichwie Sodom und Gomorra samt ihren Nachbarn umgekehrt ist, spricht der HERR, daß niemand daselbst wohnen noch kein Mensch darin hausen soll.

¹⁹Denn siehe, er kommt herauf wie ein Löwe vom stolzen Jordan her wider die festen Hürden; denn ich will sie daraus eilends wegtreiben, und den, der erwählt ist, darübersetzen. Denn wer ist mir gleich, wer will mich meistern, und wer ist der Hirte, der mir widerstehen kann?

²⁰So hört nun den Ratschlag des HERRN, den er über Edom hat, und seine Gedanken, die er über die Einwohner in Theman hat. Was gilt's? ob nicht die Hirtenknaben sie fortschleifen werden und ihre Wohnung zerstören,

²¹daß die Erde beben wird, wenn's ineinander fällt, und ihr Geschrei wird man am Schilfmeer hören.

²²Siehe, er fliegt herauf wie ein Adler und wird seine Flügel ausbreiten über Bozra. Zur selben Zeit wird das Herz der Helden in Edom sein wie das Herz einer Frau in Kindsnöten.

²³Wider Damaskus. Hamath und Arpad stehen jämmerlich; sie sind verzagt, denn sie hören ein böses Geschrei; die am Meer wohnen, sind so erschrocken, daß sie nicht Ruhe haben können.

²⁴Damaskus ist verzagt und gibt die Flucht; sie zappelt und ist in Ängsten und Schmerzen wie eine Frau in Kindsnöten.

²⁵Wie? ist sie nun nicht verlassen, die berühmte und fröhliche Stadt?

²⁶Darum werden ihre junge Mannschaft auf ihren Gassen darniederliegen und alle ihre Kriegsleute untergehen zur selben Zeit, spricht der HERR Zebaoth.

²⁷Und ich will in den Mauern von Damaskus ein Feuer anzünden, daß es die Paläste Benhadads verzehren soll.

²⁸Wider Kedar und die Königreiche Hazors, welche Nebukadnezar, der König zu Babel, schlug. So spricht der HERR: Wohlauf, ziehet herauf gegen Kedar und verstört die gegen Morgen wohnen!

²⁹Man wird ihnen ihre Hütten und Herden nehmen; ihr Gezelt, alle Geräte und Kamele werden sie wegführen; und man wird über sie rufen: Schrecken um und um!

³⁰Fliehet, hebet euch eilends davon, verkriechet euch tief, ihr Einwohner in Hazor! spricht der HERR; denn Nebukadnezar, der König zu Babel, hat etwas im Sinn wider euch und meint euch.

³¹Wohlauf, ziehet herauf wider ein Volk, das genug hat und sicher wohnt, spricht der HERR; sie haben weder Tür noch Riegel und wohnen allein.

³²Ihre Kamele sollen geraubt und die Menge ihres Viehs genommen werden; und ich will sie zerstreuen in alle Winde, alle, die das Haar rundherum abschneiden; und von allen Orten her will ich ihr Unglück über sie kommen lassen, spricht der HERR.

³³daß Hazor soll eine Wohnung der Schakale und eine ewige Wüste werden, daß niemand daselbst wohne und kein Mensch darin hause.

³⁴Dies ist das Wort des HERRN, welches geschah zu Jeremia, dem Propheten, wider Elam im Anfang des Königreichs Zedekias, des Königs in Juda, und sprach:

³⁵So spricht der HERR Zebaoth: Siehe, ich will den Bogen Elams

zerbrechen, ihre vornehmste Gewalt,

³⁶und will die vier Winde aus den vier Enden des Himmels über sie kommen lassen und will sie in alle diese Winde zerstreuen, daß kein Volk sein soll, dahin nicht Vertriebene aus Elam kommen werden.

³⁷Und ich will Elam verzagt machen vor ihren Feinden und denen, die ihnen nach ihrem Leben stehen, und Unglück über sie kommen lassen mit meinem grimmigen Zorn, spricht der HERR; und will das Schwert hinter ihnen her schicken, bis es sie aufreibe.

³⁸Meinen Stuhl will ich in Elam aufrichten und will beide, den König und die Fürsten, daselbst umbringen, spricht der HERR.

³⁹Aber in der letzten Zeit will ich das Gefängnis Elams wieder wenden, spricht der HERR.

Kapitel 50

¹Dies ist das Wort, welches der HERR durch den Propheten Jeremia geredet hat wider Babel und das Land der Chaldäer:

²Verkündiget unter den Heiden und laßt erschallen, werfet ein Panier auf; laßt erschallen, und verberget's nicht und sprecht: Babel ist gewonnen, Bel steht mit Schanden, Merodach ist zerschmettert; ihre Götzen stehen mit Schanden, und ihre Götter sind zerschmettert!

³Denn es zieht von Mitternacht ein Volk herauf wider sie, welches wird ihr Land zur Wüste machen, daß niemand darin wohnen wird, sondern beide, Leute und Vieh, davonfliehen werden.

⁴In denselben Tagen und zur selben Zeit, spricht der HERR, werden kommen die Kinder Israel samt den Kindern Juda und weinend daherziehen und den HERRN, ihren Gott, suchen.

⁵Sie werden forschen nach dem Wege gen Zion, dahin sich kehren: Kommt, wir wollen uns zum HERRN fügen mit einem ewigen Bunde, des nimmermehr vergessen werden soll!

⁶Denn mein Volk ist wie eine verlorene Herde; ihre Hirten haben sie verführt und auf den Bergen in der Irre gehen lassen, daß sie von den Bergen auf die Hügel gegangen sind und ihre Hürden vergessen haben.

⁷Es fraßen sie alle, die sie antrafen; und ihre Feinde sprachen: Wir tun nicht unrecht! darum daß sie sich haben versündigt an dem HERRN in der Wohnung der Gerechtigkeit und an dem HERRN, der ihrer Väter Hoffnung ist.

⁸Fliehet aus Babel und ziehet aus der Chaldäer Lande und stellt euch als Böcke vor der Herde her.

⁹Denn siehe, ich will große Völker in Haufen aus dem Lande gegen Mitternacht erwecken und wider Babel heraufbringen, die sich wider sie sollen rüsten, welche sie sollen auch gewinnen; ihre Pfeile sind wie die eines guten Kriegers, der nicht fehlt.

¹⁰Und das Chaldäerland soll ein Raub werden, daß alle, die sie berauben, sollen genug davon haben, spricht der HERR;

¹¹darum daß ihr euch des freut und rühmt, daß ihr mein Erbteil geplündert habt, und hüpft wie die jungen Kälber und wiehert wie die starken Gäule.

¹²Eure Mutter besteht mit großer Schande, und die euch geboren hat, ist zum Spott geworden; siehe, unter den Heiden ist sie die geringste, wüst, dürr und öde.

¹³Denn vor dem Zorn des HERRN muß sie unbewohnt und ganz wüst bleiben, daß alle, so bei Babel vorübergehen, werden sich verwundern und pfeifen über all ihr Plage.

¹⁴Rüstet euch wider Babel umher, alle Schützen, schießt in sie, spart die Pfeile nicht; denn sie hat wider den HERRN gesündigt.

¹⁵Jauchzt über sie um und um! Sie muß sich ergeben, ihr Grundfesten sind zerfallen, ihre Mauern sind abgebrochen; denn das ist des HERRN Rache. Rächt euch an ihr, tut ihr, wie sie getan hat.

¹⁶Rottet aus von Babel beide, den Säemann und den Schnitter in der Ernte, daß ein jeglicher vor dem Schwert des Tyrannen sich kehre zu seinem Volk und ein jeglicher fliehe in sein Land.

¹⁷Israel hat müssen sein eine zerstreute Herde, die die Löwen verscheucht haben. Am ersten fraß sie der König von Assyrien; darnach überwältigte sie Nebukadnezar, der König zu Babel.

¹⁸Darum spricht der HERR Zebaoth, der Gott Israels, also: Siehe, ich will den König zu Babel heimsuchen und sein Land, gleichwie ich den König von Assyrien heimgesucht habe.

¹⁹Israel aber will ich wieder Heim zu seiner Wohnung bringen, daß sie auf Karmel und Basan weiden und ihre Seele auf dem Gebirge Ephraim und Gilead gesättigt werden soll.

²⁰Zur selben Zeit und in denselben Tagen wird man die Missetat Israels suchen, spricht der HERR, aber es wird keine da sein, und die Sünden Juda's, aber es wird keine gefunden werden; denn ich will sie vergeben denen, so ich übrigbleiben lasse.

²¹Zieh hinauf wider das Land, das alles verbittert hat; zieh hinauf wider die Einwohner der Heimsuchung; verheere und verbanne ihre Nachkommen, spricht der HERR, und tue alles, was ich dir befohlen habe!

²²Es ist ein Kriegsgeschrei im Lande und großer Jammer.

²³Wie geht's zu, daß der Hammer der ganzen Welt zerbrochen und zerschlagen ist? Wie geht's zu, daß Babel eine Wüste geworden ist unter allen Heiden?

²⁴Ich habe dir nachgestellt, Babel; darum bist du auch gefangen, ehe du dich's versahst; du bist getroffen und ergriffen, denn du hast dem HERRN getrotzt.

²⁵Der HERR hat seinen Schatz aufgetan und die Waffen seines Zorns hervorgebracht; denn der HERR HERR Zebaoth hat etwas auszurichten in der Chaldäer Lande.

²⁶Kommt her wider sie, ihr vom Ende, öffnet ihre Kornhäuser, werft sie in einen Haufen und verbannt sie, daß ihr nichts übrigbleibe!

²⁷Erwürgt alle ihre Rinder, führt sie hinab zu Schlachtbank! Weh ihnen! denn der Tag ist gekommen, die Zeit ihrer Heimsuchung.

²⁸Man hört ein Geschrei der Flüchtigen und derer, so entronnen sind aus dem Lande Babel, auf daß sie verkündigen zu Zion die Rache des HERRN, unsers Gottes, die Rache seines Tempels.

²⁹Ruft viel wider Babel, belagert sie um und um, alle Bogenschützen, und laßt keinen davonkommen! Vergeltet ihr, wie sie verdient hat; wie sie getan hat, so tut ihr wieder! denn sie hat stolz gehandelt wider den HERRN, den Heiligen in Israel.

³⁰Darum soll ihre junge Mannschaft fallen auf ihren Gassen, und alle Kriegsleute sollen untergehen zur selben Zeit, spricht der HERR.

³¹Siehe, du Stolzer, ich will an dich, spricht der HERR HERR Zebaoth; denn dein Tag ist gekommen, die Zeit deiner Heimsuchung.

³²Da soll der Stolze stürzen und fallen, daß ihn niemand aufrichte; ich will seine Städte mit Feuer anstecken, das soll alles, was um ihn her ist, verzehren.

³³So spricht der HERR Zebaoth: Siehe, die Kinder Israel samt den Kindern Juda müssen Gewalt und Unrecht leiden; alle, die sie gefangen weggeführt haben, halten sie und wollen sie nicht loslassen.

³⁴Aber ihr Erlöser ist stark, der heißt HERR Zebaoth; der wird ihre Sache so ausführen, daß er das Land bebend und die Einwohner zu Babel zitternd mache.

³⁵Schwert soll kommen, spricht der HERR, über die Chaldäer und über ihr Einwohner zu Babel und über ihre Fürsten und über ihre Weisen!

³⁶Schwert soll kommen über ihre Weissager, daß sie zu Narren werden; Schwert soll kommen über ihre Starken, daß sie verzagen!

³⁷Schwert soll kommen über ihre Rosse und Wagen und alles fremde Volk, so darin sind, daß sie zu Weibern werden! Schwert soll kommen über ihre Schätze, daß sie geplündert werden!

³⁸Trockenheit soll kommen über ihre Wasser, daß sie versiegen! denn es ist ein Götzenland, und sie trotzen auf ihre schrecklichen Götzen.

³⁹Darum sollen Wüstentiere und wilde Hunde darin wohnen und die jungen Strauße; und es soll nimmermehr bewohnt werden und niemand darin hausen für und für,

⁴⁰gleichwie Gott Sodom und Gomorra samt ihren Nachbarn umgekehrt hat, spricht der HERR, daß niemand darin wohne noch ein Mensch darin hause.

⁴¹Siehe, es kommt ein Volk von Mitternacht her; viele Heiden und viele Könige werden vom Ende der Erde sich aufmachen.

⁴²Die haben Bogen und Lanze; sie sind grausam und unbarmherzig; ihr Geschrei ist wie das Brausen des Meeres; sie reiten auf Rossen, gerüstet wie Kriegsmänner wider dich, du Tochter Babel.

⁴³Wenn der König zu Babel ihr Gerücht hören wird, so werden ihm die Fäuste entsinken; ihm wird so angst und bange werden wie einer Frau in Kindsnöten.

⁴⁴Siehe, er kommt herauf wie ein Löwe vom stolzen Jordan wider die festen Hürden; denn ich will sie daraus eilends wegtreiben, und den, der erwählt ist, darübersetzen. Denn wer ist mir gleich, wer will micht meistern, und wer ist der Hirte, der mir widerstehen kann?

⁴⁵So hört nun den Ratschlag des HERRN, den er über Babel hat, und seine Gedanken, die er hat über die Einwohner im Land der Chaldäer! Was gilt's? ob nicht die Hirtenknaben sie fortschleifen werden und ihre Wohnung zerstören.

⁴⁶Und die Erde wird beben von dem Geschrei, und es wird unter den Heiden erschallen, wenn Babel gewonnen wird.

Jeremia
Kapitel 51

¹So spricht der HERR: Siehe, ich will einen scharfen Wind erwecken wider Babel und wider ihre Einwohner, die sich wider mich gesetzt haben.

²Ich will auch Worfler gen Babel schicken, die sie worfeln sollen und ihr Land ausfegen, die allenthalben um sie sein werden am Tage ihres Unglücks;

³denn ihre Schützen werden nicht schießen, und ihre Geharnischten werden sich nicht wehren können. So verschont nun ihre junge Mannschaft nicht, verbannet all ihr Heer,

⁴daß die Erschlagenen daliegen im Lande der Chaldäer und die Erstochenen auf ihren Gassen!

⁵Denn Israel und Juda sollen nicht Witwen von ihrem Gott, dem HERRN Zebaoth, gelassen werden. Denn jener Land hat sich hoch verschuldet am Heiligen in Israel.

⁶Fliehet aus Babel, damit ein jeglicher seine Seele errette, daß ihr nicht untergeht in ihrer Missetat! Denn dies ist die Zeit der Rache des HERRN, der ein Vergelter ist und will ihnen bezahlen.

⁷Ein goldener Kelch, der alle Welt trunken gemacht hat, war Babel in der Hand des HERRN; alle Heiden haben von ihrem Wein getrunken, darum sind die Heiden so toll geworden.

⁸Wie plötzlich ist Babel gefallen und zerschmettert! Heulet über sie, nehmet auch Salbe zu ihren Wunden, ob sie vielleicht möchte heil werden!

⁹Wir heilen Babel; aber sie will nicht heil werden. So laßt sie fahren und laßt uns ein jeglicher in sein Land ziehen! Denn ihre Strafe reicht bis an den Himmel und langt hinauf bis an die Wolken.

¹⁰Der HERR hat unsre Gerechtigkeit hervorgebracht; kommt, laßt uns zu Zion erzählen die Werke des HERRN, unsers Gottes!

¹¹Ja, schärft nun die Pfeile wohl und rüstet die Schilde! Der HERR hat den Mut der Könige in Medien erweckt; denn seine Gedanken stehen wider Babel, daß er sie verderbe. Denn dies ist die Rache des HERRN, die Rache seines Tempels.

¹²Ja, steckt nun Panier auf die Mauern zu Babel, nehmt die Wache ein, setzt Wächter, bestellt die Hut! denn der HERR gedenkt etwas und wird auch tun, was er wider die Einwohner zu Babel geredet hat.

¹³Die du an großen Wassern wohnst und große Schätze hast, dein Ende ist gekommen, und dein Geiz ist aus!

¹⁴Der HERR Zebaoth hat bei seiner Seele geschworen: Ich will dich mit Menschen füllen, als wären's Käfer; die sollen dir ein Liedlein singen!

¹⁵Er hat die Erde durch seine Kraft gemacht und den Weltkreis durch seine Weisheit bereitet und den Himmel ausgebreitet durch seinen Verstand.

¹⁶Wenn er donnert, so ist da Wasser die Menge unter dem Himmel; er zieht die Nebel auf vom Ende der Erde; er macht die Blitze im Regen und läßt den Wind kommen aus seinen Vorratskammern.

¹⁷Alle Menschen sind Narren mit ihrer Kunst, und die Goldschmiede bestehen mit Schanden mit ihren Bildern; denn ihre Götzen sind Trügerei und haben kein Leben.

¹⁸Es ist eitel Nichts und verführerisches Werk; sie müssen umkommen, wenn sie heimgesucht werden.

¹⁹Aber also ist der nicht, der Jakobs Schatz ist; sondern der alle Dinge schafft, der ist's, und Israel ist sein Erbteil. Er heißt HERR Zebaoth.

²⁰Du bist mein Hammer, meine Kriegswaffe; durch dich zerschmettere ich die Heiden und zerstöre die Königreiche;

²¹durch dich zerschmettere ich Rosse und Reiter und zerschmettere Wagen und Fuhrmänner;

²²durch dich zerschmettere ich Männer und Weiber und zerschmettere Alte und Junge und zerschmettere Jünglinge und Jungfrauen;

²³durch dich zerschmettere ich Hirten und Herden und zerschmettere Bauern und Joche und zerschmettere Fürsten und Herren.

²⁴Und ich will Babel und allen Einwohnern in Chaldäa vergelten alle ihre Bosheit, die sie an Zion begangen haben, vor euren Augen, spricht der HERR.

²⁵Siehe, ich will an dich, du schädlicher Berg, der du alle Welt verderbest, spricht der HERR; ich will meine Hand über dich strecken und dich von den Felsen herabwälzen und will einen verbrannten Berg aus dir machen,

²⁶daß man weder Eckstein noch Grundstein aus dir nehmen könne, sondern eine ewige Wüste sollst du sein, spricht der HERR.

²⁷Werfet Panier auf im Lande, blaset die Posaune unter den Heiden, heiliget die Heiden wider sie; rufet wider sie die Königreiche Ararat, Minni und Askenas; bestellt Hauptleute wider sie; bringt Rosse herauf wie flatternde Käfer!

²⁸Heiligt die Heiden wider sie, die Könige aus Medien samt allen ihren Fürsten und Herren und das ganze Land ihrer Herrschaft,

²⁹daß das Land erbebe und erschrecke; denn die Gedanken des HERRN wollen erfüllt werden wider Babel, daß er das Land Babel zur Wüste mache, darin niemand wohne.

³⁰Die Helden zu Babel werden nicht zu Felde ziehen, sondern müssen in der Festung bleiben, ihre Stärke ist aus, sie sind Weiber geworden; ihre Wohnungen sind angesteckt und ihre Riegel zerbrochen.

³¹Es läuft hier einer und da einer dem andern entgegen, und eine Botschaft begegnet der andern, dem König zu Babel anzusagen, daß seine Stadt gewonnen sei bis ans Ende

³²und die Furten eingenommen und die Seen ausgebrannt sind und die Kriegsleute seien blöde geworden.

³³Denn also spricht der HERR Zebaoth, der Gott Israels: "Die Tochter Babel ist wie eine Tenne, wenn man darauf drischt; es wird ihre Ernte gar bald kommen."

³⁴Nebukadnezar, der König zu Babel, hat mich gefressen und umgebracht; er hat aus mir ein leeres Gefäß gemacht; er hat mich verschlungen wie ein Drache; er hat seinen Bauch gefüllt mit meinem Köstlichsten; er hat mich verstoßen.

³⁵Nun aber komme über Babel der Frevel, an mir begangen und an meinem Fleische, spricht die Einwohnerin zu Zion, und mein Blut über die Einwohner in Chaldäa, spricht Jerusalem.

³⁶Darum spricht der HERR also: Siehe, ich will dir deine Sache ausführen und dich rächen; ich will ihr Meer austrocknen und ihre Brunnen versiegen lassen.

³⁷Und Babel soll zum Steinhaufen und zur Wohnung der Schakale werden, zum Wunder und zum Anpfeifen, daß niemand darin wohne.

³⁸Sie sollen miteinander brüllen wie die Löwen und schreien wie die jungen Löwen.

³⁹Ich will sie mit ihrem Trinken in die Hitze setzen und will sie trunken machen, daß sie fröhlich werden und einen ewigen Schlaf schlafen, von dem sie nimmermehr aufwachen sollen, spricht der HERR.

⁴⁰Ich will sie herunterführen wie Lämmer zur Schlachtbank, wie die Widder mit den Böcken.

⁴¹Wie ist Sesach so gewonnen und die Berühmte in aller Welt so eingenommen! Wie ist Babel so zum Wunder geworden unter den Heiden!

⁴²Es ist ein Meer über Babel gegangen, und es ist mit seiner Wellen Menge bedeckt.

⁴³Ihre Städte sind zur Wüste und zu einem dürren, öden Lande geworden, zu einem Lande, darin niemand wohnt und darin kein Mensch wandelt.

⁴⁴Denn ich habe den Bel zu Babel heimgesucht und habe aus seinem Rachen gerissen, was er verschlungen hatte; und die Heiden sollen nicht mehr zu ihm laufen; denn es sind auch die Mauern zu Babel zerfallen.

⁴⁵Ziehet heraus, mein Volk, und errette ein jeglicher seine Seele vor dem grimmigen Zorn des HERRN!

⁴⁶Euer Herz möchte sonst weich werden und verzagen vor dem Geschrei, das man im Lande hören wird; denn es wird ein Geschrei übers Jahr gehen und darnach im andern Jahr auch ein Geschrei über Gewalt im Lande und ein Fürst wider den andern sein.

⁴⁷Darum siehe, es kommt die Zeit, daß ich die Götzen zu Babel heimsuchen will und ihr ganzes Land zu Schanden werden soll und ihre Erschlagenen darin liegen werden.

⁴⁸Himmel und Erde und alles was darinnen ist, werden jauchzen über Babel, daß ihre Verstörer von Mitternacht gekommen sind, spricht der HERR.

⁴⁹Und wie Babel in Israel die Erschlagenen gefällt hat, also sollen zu Babel die Erschlagenen fallen im ganzen Lande.

⁵⁰So ziehet nun hin, die ihr dem Schwert entronnen seid, und säumet euch nicht! Gedenket des HERRN im fernen Lande und lasset euch Jerusalem im Herzen sein!

⁵¹Wir waren zu Schanden geworden, da wir die Schmach hören mußten, und die Scham unser Angesicht bedeckte, da die Fremden über das Heiligtum des Hauses des HERRN kamen.

⁵²Darum siehe, die Zeit kommt, spricht der HERR, daß ich ihre Götzen heimsuchen will, und im ganzen Lande sollen die tödlich Verwundeten seufzen.

⁵³Und wenn Babel gen Himmel stiege und ihre Macht in der Höhe festmachte, so sollen doch Verstörer von mir über sie kommen, spricht der HERR.

⁵⁴Man hört ein Geschrei zu Babel und einen großen Jammer in der Chaldäer Lande;

⁵⁵denn der HERR verstört Babel und verderbt sie mit großem Getümmel; ihre Wellen brausen wie die großen Wasser, es erschallt ihr

lautes Toben.

⁵⁶Denn es ist über Babel der Verstörer gekommen, ihre Helden werden gefangen, ihre Bogen zerbrochen; denn der Gott der Rache, der HERR, bezahlt ihr.

⁵⁷Ich will ihre Fürsten, Weisen, Herren und Hauptleute und Krieger trunken machen, daß sie einen ewigen Schlaf sollen schlafen, davon sie nimmermehr aufwachen, spricht der König, der da heißt HERR Zebaoth.

⁵⁸So spricht der HERR Zebaoth: Die Mauern der großen Babel sollen untergraben und ihre hohen Tore mit Feuer angesteckt werden, daß der Heiden Arbeit verloren sei, und daß verbrannt werde, was die Völker mit Mühe erbaut haben.

⁵⁹Dies ist das Wort, das der Prophet Jeremia befahl Seraja dem Sohn Nerias, des Sohnes Maasejas, da er zog mit Zedekia, dem König in Juda, gen Babel im vierten Jahr seines Königreichs. Und Seraja war der Marschall für die Reise.

⁶⁰Und Jeremia schrieb all das Unglück, so über Babel kommen sollte, in ein Buch, nämlich alle diese Worte, die wider Babel geschrieben sind.

⁶¹Und Jeremia sprach zu Seraja: Wenn du gen Babel kommst, so schaue zu und lies alle diese Worte

⁶²und sprich: HERR, du hast geredet wider diese Stätte, daß du sie willst ausrotten, daß niemand darin wohne, weder Mensch noch Vieh, sondern daß sie ewiglich wüst sei.

⁶³Und wenn du das Buch hast ausgelesen, so binde einen Stein daran und wirf es in den Euphrat

⁶⁴und sprich: also soll Babel versenkt werden und nicht wieder aufkommen von dem Unglück, das ich über sie bringen will, sondern vergehen. So weit hat Jeremia geredet.

Kapitel 52

¹Zedekia war einundzwanzig Jahre alt, da er König ward und regierte elf Jahre zu Jerusalem. Seine Mutter hieß Hamutal, eine Tochter Jeremia's zu Libna.

²Und er tat was dem HERRN übel gefiel, gleich wie Jojakim getan hatte.

³Denn es ging des HERRN Zorn über Jerusalem und Juda, bis er sie von seinem Angesicht verwarf. Und Zedekia fiel ab vom König zu Babel.

⁴Aber im neunten Jahr seines Königreichs, am zehnten Tage des zehnten Monats, kam Nebukadnezar, der König zu Babel, samt all seinem Heer wider Jerusalem, und sie belagerten es und machten Bollwerke ringsumher.

⁵Und blieb also die Stadt belagert bis ins elfte Jahr des Königs Zedekia.

⁶Aber am neunten Tage des vierten Monats nahm der Hunger überhand in der Stadt, und hatte das Volk vom Lande nichts mehr zu essen.

⁷Da brach man in die Stadt; und alle Kriegsleute gaben die Flucht und zogen zur Stadt hinaus bei der Nacht auf dem Wege durch das Tor zwischen den zwei Mauern, der zum Garten des Königs geht. Aber die Chaldäer lagen um die Stadt her.

⁸Und da diese zogen des Weges zum blachen Feld, jagte der Chaldäer Heer dem König nach und ergriffen Zedekia in dem Felde bei Jericho; da zerstreute sich all sein Heer von ihm.

⁹Und sie fingen den König und brachten ihn hinauf zum König zu Babel gen Ribla, das im Lande Hamath liegt, der sprach ein Urteil über ihn.

¹⁰Alda ließ der König zu Babel die Söhne Zedekias vor seinen Augen erwürgen und erwürgte alle Fürsten Juda's zu Ribla.

¹¹Aber Zedekia ließ er die Augen ausstechen und ließ ihn mit zwei Ketten binden, und führte ihn also der König zu Babel gen Babel und legte ihn ins Gefängnis, bis daß er starb.

¹²Am zehnten Tage des fünften Monats, welches ist das neunzehnte Jahr Nebukadnezars, des Königs zu Babel, kam Nebusaradan, der Hauptmann der Trabanten, der stets um den König zu Babel war gen Jerusalem

¹³und verbrannte des HERRN Haus und des Königs Haus und alle Häuser zu Jerusalem; alle großen Häuser verbrannte er mit Feuer.

¹⁴Und das ganze Heer der Chaldäer, so bei dem Hauptmann war, riß um alle Mauern zu Jerusalem ringsumher.

¹⁵Aber das arme Volk und andere Volk so noch übrig war in der Stadt, und die zum König zu Babel fielen und das übrige Handwerksvolk führte Nebusaradan, der Hauptmann, gefangen weg.

¹⁶Und vom armen Volk auf dem Lande ließ Nebusaradan, der Hauptmann, bleiben Weingärtner und Ackerleute.

¹⁷Aber die ehernen Säulen am Hause des HERR und das Gestühl und das eherne Meer am Hause des HERRN zerbrachen die Chaldäer und führten all das Erz davon gen Babel.

¹⁸Und die Kessel, Schaufeln, Messer, Becken, Kellen und alle ehernen Gefäße, die man im Gottesdienst pflegte zu brauchen, nahmen sie weg.

¹⁹Dazu nahm der Hauptmann, was golden und silbern war an Bechern, Räuchtöpfen, Becken, Kesseln, Leuchtern, Löffeln und Schalen.

²⁰Die zwei Säulen, das Meer, die Zwölf ehernen Rinder darunter und die Gestühle, welche der König Salomo hatte lassen machen zum Hause des HERRN, alles dieses Gerätes aus Erz war unermeßlich viel.

²¹Der zwei Säulen aber war eine jegliche achtzehn Ellen hoch, und eine Schnur, zwölf Ellen lang, reichte um sie her, und war eine jegliche vier Finger dick und inwendig hohl;

²²und stand auf jeglicher ein eherner Knauf, fünf Ellen hoch, und ein Gitterwerk und Granatäpfel waren an jeglichem Knauf ringsumher, alles ehern; und war eine Säule wie die andere, die Granatäpfel auch.

²³Es waren der Granatäpfel sechsundneunzig daran, und aller Granatäpfel waren hundert an einem Gitterwerk rings umher.

²⁴Und der Hauptmann nahm den obersten Priester Seraja und den Priester Zephanja, den nächsten nach ihm, und die drei Torhüter

²⁵und einen Kämmerer aus der Stadt, welcher über die Kriegsleute gesetzt war, und sieben Männer, welche um den König sein mußten, die in der Stadt gefunden wurden, dazu den Schreiber des Feldhauptmanns, der das Volk im Lande zum Heer aufbot, dazu sechzig Mann Landvolks, so in der Stadt gefunden wurden:

²⁶diese nahm Nebusaradan, der Hauptmann, und brachte sie dem König zu Babel gen Ribla.

²⁷Und der König zu Babel schlug sie tot zu Ribla, das im Lande Hamath liegt. Also ward Juda aus seinem Lande weggeführt.

²⁸Dies ist das Volk, welches Nebukadnezar weggeführt hat: im siebenten Jahr dreitausend und dreiundzwanzig Juden;

²⁹Im achtzehnten Jahr aber des Nebukadnezars achthundert und zweiunddreißig Seelen aus Jerusalem;

³⁰und im dreiundzwanzigsten Jahr des Nebukadnezars führte Nebusaradan, der Hauptmann, siebenhundert und fünfundvierzig Seelen weg aus Juda. Alle Seelen sind viertausend und sechshundert.

³¹Aber im siebenunddreißigsten Jahr, nachdem Jojachin, der König zu Juda, weggeführt war, am fünfundzwanzigsten Tage des zwölften Monats, erhob Evil-Merodach, der König zu Babel, im Jahr, da er König ward, das Haupt Jojachins, des Königs in Juda, und ließ ihn aus dem Gefängnis

³²und redete freundlich mit ihm und setzte seinen Stuhl über der Könige Stühle, die bei ihm zu Babel waren,

³³und wandelte ihm seines Gefängnisses Kleider, daß er vor ihm aß stets sein Leben lang.

³⁴Und ihm ward stets sein Unterhalt vom König zu Babel gegeben, wie es ihm verordnet war, sein ganzes Leben lang bis an sein Ende.

Klagelieder

Kapitel 1

¹Wie liegt die Stadt so wüst, die voll Volks war! Sie ist wie eine Witwe, die Fürstin unter den Heiden; und die eine Königin in den Ländern war, muß nun dienen.

²Sie weint des Nachts, daß ihr die Tränen über die Wangen laufen; es ist niemand unter allen ihren Freunden, der sie tröstet; alle ihre Nächsten sind ihr untreu und ihre Feinde geworden.

³Juda ist gefangen in Elend und schwerem Dienst; sie wohnt unter den Heiden und findet keine Ruhe; alle ihre Verfolger halten sie übel.

⁴Die Straßen gen Zion liegen wüst; weil niemand auf ein Fest kommt; alle ihre Tore stehen öde, ihre Priester seufzen; ihre Jungfrauen sehen jämmerlich, und sie ist betrübt.

⁵Ihre Widersacher schweben empor, ihren Feinden geht's wohl; denn der HERR hat sie voll Jammers gemacht um ihrer großen Sünden willen, und ihre Kinder sind gefangen vor dem Feinde hin gezogen.

⁶Es ist von der Tochter Zion aller Schmuck dahin. Ihre Fürsten sind wie die Widder, die keine Weide finden und matt vor dem Treiber her gehen.

⁷Jerusalem denkt in dieser Zeit, wie elend und verlassen sie ist und wie viel Gutes sie von alters her gehabt hat, weil all ihr Volk darniederliegt unter dem Feinde und ihr niemand hilft; ihre Feinde sehen ihre Lust an ihr und spotten ihrer Sabbate.

⁸Jerusalem hat sich versündigt; darum muß sie sein wie ein unrein Weib. Alle die sie ehrten, verschmähen sie jetzt, weil sie ihre Blöße sehen; sie aber seufzt und hat sich abgewendet.

⁹Ihr Unflat klebt an ihrem Saum; sie hätte nicht gemeint, daß es ihr zuletzt so gehen würde. Sie ist ja zu greulich heruntergestoßen und hat dazu niemand, der sie tröstet. Ach HERR, siehe an mein Elend; denn der Feind prangt sehr!

¹⁰Der Feind hat seine Hand an alle ihre Kleinode gelegt; denn sie mußte zusehen, daß die Heiden in ihr Heiligtum gingen, von denen du geboten hast, sie sollen nicht in die Gemeinde kommen.

¹¹All ihr Volk seufzt und geht nach Brot; sie geben ihre Kleinode um Speise, daß sie die Seele laben. Ach HERR sieh doch und schaue, wie schnöde ich geworden bin!

¹²Euch sage ich allen, die ihr vorübergeht; Schauet doch und sehet, ob irgend ein Schmerz sei wie mein Schmerz, der mich getroffen hat; denn der HERR hat mich voll Jammers gemacht am Tage seines grimmigen Zorns.

¹³Er hat ein Feuer aus der Höhe in meine Gebeine gesandt und es lassen walten. Er hat meinen Füßen ein Netz gestellt und mich zurückgeprellt; er hat mich zur Wüste gemacht, daß ich täglich trauern muß.

¹⁴Meine schweren Sünden sind durch seine Strafe erwacht und in Haufen mir auf den Hals gekommen, daß mir alle meine Kraft vergeht. Der HERR hat mich also zugerichtet, daß ich nicht aufkommen kann.

¹⁵Der HERR hat zertreten alle meine Starken, die ich hatte; er hat über mich ein Fest ausrufen lassen, meine junge Mannschaft zu verderben. Der HERR hat der Jungfrau Tochter Juda die Kelter getreten.

¹⁶Darum weine ich so, und meine beiden Augen fließen mit Wasser, daß der Tröster, der meine Seele sollte erquicken, fern von mir ist. Meine Kinder sind dahin; denn der Feind hat die Oberhand gekriegt.

¹⁷Zion streckt ihre Hände aus, und ist doch niemand, der sie tröste; denn der HERR hat rings um Jakob her seinen Feinden geboten, daß Jerusalem muß zwischen ihnen sein wie ein unrein Weib.

¹⁸Der HERR ist gerecht; denn ich bin seinem Munde ungehorsam gewesen. Höret, alle Völker, schauet meinen Schmerz! Meine Jungfrauen und Jünglinge sind ins Gefängnis gegangen.

¹⁹Ich rief meine Freunde an, aber sie haben mich betrogen. Meine Priester und Ältesten in der Stadt sind verschmacht; denn sie gehen nach Brot, damit sie ihre Seele laben.

²⁰Ach Herr, siehe doch, wie bange ist mir, daß mir's im Leibe davon weh tut! Mein Herz wallt mir in meinem Leibe, weil ich so gar ungehorsam gewesen bin. Draußen hat mich das Schwert und im Hause hat mich der Tod zur Witwe gemacht.

²¹Man hört's wohl, daß ich seufze, und habe doch keinen Tröster; alle meine Feinde hören mein Unglück und freuen sich; das machst du. So laß doch den Tag kommen, den du ausrufest, daß es ihnen gehen soll wie mir.

²²Laß alle ihre Bosheit vor dich kommen und richte sie zu, wie du mich um aller meiner Missetat willen zugerichtet hast; denn meines Seufzens ist viel, und mein Herz ist betrübt.

Kapitel 2

¹Wie hat der HERR die Tochter Zion mit seinem Zorn überschüttet! Er hat die Herrlichkeit Israels vom Himmel auf die Erde geworfen; er hat nicht gedacht an seinen Fußschemel am Tage seines Zorns.

²Der HERR hat alle Wohnungen Jakobs ohne Barmherzigkeit vertilgt; er hat die Festen der Tochter Juda abgebrochen in seinem Grimm und geschleift; er hat entweiht beide, ihr Königreich und ihre Fürsten.

³Er hat alle Hörner Israels in seinem grimmigen Zorn zerbrochen; er hat seine rechte Hand hinter sich gezogen, da der Feind kam, und hat in Jakob ein Feuer angesteckt, das umher verzehrt.

⁴Er hat seinen Bogen gespannt wie ein Feind; seine rechte Hand hat er geführt wie ein Widersacher und hat erwürgt alles, was lieblich anzusehen war, und seinen Grimm wie ein Feuer ausgeschüttet in der Hütte der Tochter Zion.

⁵Der HERR ist gleich wie ein Feind; er hat vertilgt Israel; er hat vertilgt alle ihre Paläste und hat die Festen verderbt; er hat der Tochter Juda viel Klagens und Leides gemacht.

⁶Er hat sein Gezelt zerwühlt wie einen Garten und seine Wohnung verderbt; der HERR hat zu Zion Feiertag und Sabbat lassen vergessen und in seinem grimmigen Zorn König und Priester schänden lassen.

⁷Der HERR hat seinen Altar verworfen und sein Heiligtum entweiht; er hat die Mauern ihrer Paläste in des Feindes Hände gegeben, daß sie im Hause des Herrn geschrieen haben wie an einem Feiertag.

⁸Der HERR hat gedacht zu verderben die Mauer der Tochter Zion; er hat die Richtschnur darübergezogen und seine Hand nicht abgewendet, bis er sie vertilgte; die Zwinger stehen kläglich, und die Mauer liegt jämmerlich.

⁹Ihre Tore liegen tief in der Erde; er hat die Riegel zerbrochen und zunichte gemacht. Ihr König und ihre Fürsten sind unter den Heiden, wo sie das Gesetz nicht üben können und ihre Propheten kein Gesicht vom HERRN haben.

¹⁰Die Ältesten der Tochter Zion liegen auf der Erde und sind still; sie werfen Staub auf ihre Häupter und haben Säcke angezogen; die Jungfrauen von Jerusalem hängen ihr Häupter zur Erde.

¹¹Ich habe schier meine Augen ausgeweint, daß mir mein Leib davon wehe tut; meine Leber ist auf die Erde ausgeschüttet über den Jammer der Tochter meines Volkes, da die Säuglinge und Unmündigen auf den Gassen in der Stadt verschmachteten,

¹²da sie so zu ihren Müttern sprachen: Wo ist Brot und Wein? da sie auf den Gassen in der Stadt verschmachteten wie die tödlich Verwundeten und in den Armen ihrer Mütter den Geist aufgaben.

¹³Ach du Tochter Jerusalem, wem soll ich dich vergleichen, und wofür soll ich dich rechnen? Du Jungfrau Tochter Zion, wem soll ich dich vergleichen, damit ich dich trösten möchte? Denn dein Schaden ist groß wie ein Meer; wer kann dich heilen?

¹⁴Deine Propheten haben dir lose und törichte Gesichte gepredigt und dir deine Missetat nicht geoffenbart, damit sie dein Gefängnis abgewandt hätten, sondern haben dir gepredigt lose Predigt, damit sie dich zum Lande hinaus predigten.

¹⁵Alle, die vorübergehen, klatschen mit den Händen, pfeifen dich an und schütteln den Kopf über die Tochter Jerusalem; Ist das die Stadt, von der man sagt, sie sei die allerschönste, der sich das ganze Land freut?

¹⁶Alle deine Feinde sperren ihr Maul auf wider dich, pfeifen dich an, blecken die Zähne und sprechen: He! wir haben sie vertilgt; das ist der Tag, den wir begehrt haben; wir haben's erlangt, wir haben's erlebt.

¹⁷Der HERR hat getan, was er vorhatte; er hat sein Wort erfüllt, das er längst zuvor geboten hat; er hat ohne Barmherzigkeit zerstört; er hat den Feind über dich erfreut und deiner Widersacher Horn erhöht.

¹⁸Ihr Herz schrie zum HERRN. O du Mauer der Tochter Zion, laß Tag und Nacht Tränen herabfließen wie einen Bach; höre nicht auf, und dein Augapfel lasse nicht ab.

¹⁹Stehe des Nachts auf und schreie; schütte dein Herz aus in der ersten Wache gegen den HERRN wie Wasser; hebe deine Hände gegen ihn auf um der Seelen willen deiner jungen Kinder, die vor Hunger verschmachten vorn an allen Gassen!

²⁰HERR, schaue und siehe doch, wen du so verderbt hast! Sollen denn die Weiber ihres Leibes Frucht essen, die Kindlein, so man auf Händen trägt? Sollen denn Propheten und Priester in dem Heiligtum des HERRN erwürgt werden?

²¹Es lagen in den Gassen auf der Erde Knaben und Alte; meine Jungfrauen und Jünglinge sind durchs Schwert gefallen. Du hast

erwürgt am Tage deines Zorns; du hast ohne Barmherzigkeit geschlachtet.

²²Du hast meine Feinde umher gerufen wie auf einen Feiertag, daß niemand am Tage des Zorns des HERRN entronnen oder übriggeblieben ist. Die ich auf den Händen getragen und erzogen habe, die hat der Feind umgebracht.

Kapitel 3

¹Ich bin ein elender Mann, der die Rute seines Grimmes sehen muß.

²Er hat mich geführt und lassen gehen in die Finsternis und nicht in Licht.

³Er hat seine Hand gewendet wider mich und handelt gar anders mit mir für und für.

⁴Er hat mir Fleisch und Haut alt gemacht und mein Gebein zerschlagen.

⁵Er hat mich verbaut und mich mit Galle und Mühe umgeben.

⁶Er hat mich in Finsternis gelegt wie die, so längst tot sind.

⁷Er hat mich vermauert, daß ich nicht heraus kann, und mich in harte Fesseln gelegt.

⁸Und wenn ich gleich schreie und rufe, so stopft er die Ohren zu vor meinem Gebet.

⁹Er hat meinen Weg vermauert mit Werkstücken und meinen Steig umgekehrt.

¹⁰Er hat auf mich gelauert wie ein Bär, wie ein Löwe im Verborgenen.

¹¹Er läßt mich des Weges fehlen. Er hat mich zerstückt und zunichte gemacht.

¹²Er hat seinen Bogen gespannt und mich dem Pfeil zum Ziel gesteckt.

¹³Er hat aus dem Köcher in meine Nieren schießen lassen.

¹⁴Ich bin ein Spott allem meinem Volk und täglich ihr Liedlein.

¹⁵Er hat mich mit Bitterkeit gesättigt und mit Wermut getränkt.

¹⁶Er hat meine Zähne zu kleinen Stücken zerschlagen. Er wälzt mich in der Asche.

¹⁷Meine Seele ist aus dem Frieden vertrieben; ich muß des Guten vergessen.

¹⁸Ich sprach: Mein Vermögen ist dahin und meine Hoffnung auf den HERRN.

¹⁹Gedenke doch, wie ich so elend und verlassen, mit Wermut und Galle getränkt bin!

²⁰Du wirst ja daran gedenken; denn meine Seele sagt mir es.

²¹Das nehme ich zu Herzen, darum hoffe ich noch.

²²Die Güte des HERRN ist's, daß wir nicht gar aus sind; seine Barmherzigkeit hat noch kein Ende,

²³sondern sie ist alle Morgen neu, und deine Treue ist groß.

²⁴Der HERR ist mein Teil, spricht meine Seele; darum will ich auf ihn hoffen.

²⁵Denn der HERR ist freundlich dem, der auf ihn harrt, und der Seele, die nach ihm fragt.

²⁶Es ist ein köstlich Ding, geduldig sein und auf die Hilfe des HERRN hoffen.

²⁷Es ist ein köstlich Ding einem Mann, daß er das Joch in seiner Jugend trage;

²⁸daß ein Verlassener geduldig sei, wenn ihn etwas überfällt,

²⁹und seinen Mund in den Staub stecke und der Hoffnung warte

³⁰und lasse sich auf die Backen schlagen und viel Schmach anlegen.

³¹Denn der HERR verstößt nicht ewiglich;

³²sondern er betrübt wohl, und erbarmt sich wieder nach seiner Güte.

³³Denn er nicht von Herzen die Menschen plagt und betrübt,

³⁴als wollte er die Gefangenen auf Erden gar unter seine Füße zertreten

³⁵und eines Mannes Recht vor dem Allerhöchsten beugen lassen

³⁶und eines Menschen Sache verkehren lassen, gleich als sähe es der HERR nicht.

³⁷Wer darf denn sagen, daß solches geschehe ohne des HERRN Befehl

³⁸und daß nicht Böses und Gutes komme aus dem Munde des Allerhöchsten?

³⁹Wie murren denn die Leute im Leben also? Ein jeglicher murre wider seine Sünde!

⁴⁰Und laßt uns erforschen und prüfen unser Wesen und uns zum HERRN bekehren!

⁴¹Laßt uns unser Herz samt den Händen aufheben zu Gott im Himmel!

⁴²Wir, wir haben gesündigt und sind ungehorsam gewesen; darum hast du billig nicht verschont;

⁴³sondern du hast uns mit Zorn überschüttet und verfolgt und ohne Barmherzigkeit erwürgt.

⁴⁴Du hast dich mit einer Wolke verdeckt, daß kein Gebet hindurch konnte.

⁴⁵Du hast uns zu Kot und Unflat gemacht unter den Völkern.

⁴⁶Alle unsre Feinde sperren ihr Maul auf wider uns.

⁴⁷Wir werden gedrückt und geplagt mit Schrecken und Angst.

⁴⁸Meine Augen rinnen mit Wasserbächen über den Jammer der Tochter meines Volks.

⁴⁹Meine Augen fließen und können nicht ablassen; denn es ist kein Aufhören da,

⁵⁰bis der HERR vom Himmel herabschaue uns sehe darein.

⁵¹Mein Auge frißt mir das Leben weg um die Töchter meiner Stadt.

⁵²Meine Feinde haben mich gehetzt wie einen Vogel ohne Ursache;

⁵³sie haben mein Leben in einer Grube fast umgebracht und Steine auf mich geworfen;

⁵⁴sie haben mein Haupt mit Wasser überschüttet; da sprach ich: Nun bin ich gar dahin.

⁵⁵Ich rief aber deinen Namen an, HERR, unten aus der Grube,

⁵⁶und du erhörtest meine Stimme: Verbirg deine Ohren nicht vor meinem Seufzen und Schreien!

⁵⁷Du nahest dich zu mir, wenn ich dich anrufe, und sprichst: Fürchte dich nicht!

⁵⁸Du führest, HERR, die Sache meiner Seele und erlösest mein Leben.

⁵⁹Du siehst, HERR, wie mir so Unrecht geschieht; hilf mir zu meinem Recht!

⁶⁰Du siehst alle ihre Rache und alle ihre Gedanken wider mich.

⁶¹HERR, du hörest ihr Schmähen und alle ihre Gedanken über mich,

⁶²die Lippen meiner Widersacher und ihr dichten wider mich täglich.

⁶³Schaue doch, sie sitzen oder stehen auf, so singen sie von mir ein Liedlein.

⁶⁴Vergilt ihnen, HERR, wie sie verdient haben!

⁶⁵Laß ihnen das Herz erschrecken, laß sie deinen Fluch fühlen!

⁶⁶Verfolge sie mit deinem Grimm und vertilge sie unter dem Himmel des HERRN.

Kapitel 4

¹Wie ist das Gold so gar verdunkelt und das feine Gold so häßlich geworden und liegen Steine des Heiligtums vorn auf allen Gassen zerstreut!

²Die edlen Kinder Zions, dem Golde gleich geachtet, wie sind sie nun den irdenen Töpfen gleich, die ein Töpfer macht!

³Auch Schakale reichen die Brüste ihren Jungen und säugen sie; aber die Tochter meines Volks muß unbarmherzig sein wie ein Strauß in der Wüste.

⁴Dem Säugling klebt seine Zunge am Gaumen vor Durst; die jungen Kinder heischen Brot, und ist niemand, der es ihnen breche.

⁵Die zuvor leckere Speisen aßen, verschmachteten jetzt auf den Gassen; die zuvor in Scharlach erzogen sind, die müssen jetzt im Kot liegen.

⁶Die Missetat der Tochter meines Volks ist größer denn die Sünde Sodoms, die plötzlich umgekehrt ward, und kam keine Hand dazu.

⁷Ihre Fürsten waren reiner denn der Schnee und klarer denn Milch; ihre Gestalt war rötlicher denn Korallen; ihr Ansehen war wie Saphir.

⁸Nun aber ist ihre Gestalt so dunkel vor Schwärze, daß man sie auf den Gassen nicht kennt; ihre Haut hängt an den Gebeinen, und sind so dürr wie ein Scheit.

⁹Den Erwürgten durchs Schwert geschah besser als denen, so da Hungers starben, die verschmachteten und umgebracht wurden vom Mangel der Früchte des Ackers.

¹⁰Es haben die barmherzigsten Weiber ihre Kinder selbst müssen kochen, daß sie zu essen hätten im Jammer der Tochter meines Volks.

¹¹Der HERR hat seinen Grimm vollbracht; er hat seinen grimmigen Zorn ausgeschüttet; er hat zu Zion ein Feuer angesteckt, das auch ihre Grundfesten verzehrt hat.

¹²Es hätten's die Könige auf Erden nicht geglaubt noch alle Leute in der Welt, daß der Widersacher und Feind sollte zum Tor Jerusalems einziehen.

¹³Es ist aber geschehen um der Sünden willen ihrer Propheten und um der Missetaten willen ihrer Priester, die darin der Gerechten Blut

Klagelieder

vergossen.

¹⁴Sie gingen hin und her auf den Gassen wie die Blinden und waren mit Blut besudelt, daß man auch ihre Kleider nicht anrühren konnte;

¹⁵man rief sie an: Weicht, ihr Unreinen, weicht, weicht, rührt nichts an! Wenn sie flohen und umherirrten, so sagte man auch unter den Heiden: Sie sollten nicht länger dableiben.

¹⁶Des HERRN Zorn hat sie zerstreut; er will sie nicht mehr ansehen. Die Priester ehrte man nicht, und mit den Alten übte man keine Barmherzigkeit.

¹⁷Noch gafften unsre Augen auf die nichtige Hilfe, bis sie müde wurden, da wir warteten auf ein Volk, das uns doch nicht helfen konnte.

¹⁸Man jagte uns, daß wir auf unsern Gassen nicht gehen durften. Da kam auch unser Ende; unsre Tage sind aus, unser Ende ist gekommen.

¹⁹Unsre Verfolger waren schneller denn die Adler unter dem Himmel; auf den Bergen haben sie uns verfolgt und in der Wüste auf uns gelauert.

²⁰Der Gesalbte des HERRN, der unser Trost war, ist gefangen worden, da sie uns verstörten; des wir uns trösteten, wir wollten unter seinem Schatten leben unter den Heiden.

²¹Ja, freue dich und sei fröhlich, du Tochter Edom, die du wohnst im Lande Uz! denn der Kelch wird auch über dich kommen; du mußt auch trunken und entblößt werden.

²²Aber deine Missetat hat ein Ende, du Tochter Zion; er wird dich nicht mehr lassen wegführen. Aber deine Missetat, du Tochter Edom, wird er heimsuchen und deine Sünden aufdecken.

Kapitel 5

¹Gedenke, HERR, wie es uns geht; schaue und siehe an unsre Schmach!

²Unser Erbe ist den Fremden zuteil geworden und unsre Häuser den Ausländern.

³Wir sind Waisen und haben keinen Vater; unsre Mütter sind Witwen.

⁴Unser Wasser müssen wir um Geld trinken; unser Holz muß man bezahlt bringen lassen.

⁵Man treibt uns über Hals; und wenn wir schon müde sind, läßt man uns doch keine Ruhe.

⁶Wir haben uns müssen Ägypten und Assur ergeben, auf daß wir Brot satt zu essen haben.

⁷Unsre Väter haben gesündigt und sind nicht mehr vorhanden, und wir müssen ihre Missetaten entgelten.

⁸Knechte herrschen über uns, und ist niemand, der uns von ihrer Hand errette.

⁹Wir müssen unser Brot mit Gefahr unsers Lebens holen vor dem Schwert in der Wüste.

¹⁰Unsre Haut ist verbrannt wie in einem Ofen vor dem greulichen Hunger.

¹¹Sie haben die Weiber zu Zion geschwächt und die Jungfrauen in den Städten Juda's.

¹²Die Fürsten sind von ihnen gehenkt, und die Person der Alten hat man nicht geehrt.

¹³Die Jünglinge haben Mühlsteine müssen tragen und die Knaben über dem Holztragen straucheln.

¹⁴Es sitzen die Alten nicht mehr unter dem Tor, und die Jünglinge treiben kein Saitenspiel mehr.

¹⁵Unsers Herzens Freude hat ein Ende; unser Reigen ist in Wehklagen verkehrt.

¹⁶Die Krone unsers Hauptes ist abgefallen. O weh, daß wir so gesündigt haben!

¹⁷Darum ist auch unser Herz betrübt, und unsre Augen sind finster geworden

¹⁸um des Berges Zion willen, daß er so wüst liegt, daß die Füchse darüber laufen.

¹⁹Aber du, HERR, der du ewiglich bleibst und dein Thron für und für,

²⁰warum willst du unser so gar vergessen und uns lebenslang so gar verlassen?

²¹Bringe uns, HERR, wieder zu dir, daß wir wieder heimkommen; erneuere unsre Tage wie vor alters!

²²Denn du hast uns verworfen und bist allzusehr über uns erzürnt.

Hesekiel

Kapitel 1

¹Im dreißigsten Jahr, am fünften Tage des vierten Monats, da ich war unter den Gefangenen am Wasser Chebar, tat sich der Himmel auf, und Gott zeigte mir Gesichte.

²Derselbe fünfte Tag des Monats war eben im fünften Jahr, nachdem Jojachin, der König Juda's, war gefangen weggeführt.

³Da geschah das Wort des HERRN zu Hesekiel, dem Sohn Busis, dem Priester, im Lande der Chaldäer, am Wasser Chebar; daselbst kam die Hand des HERRN über ihn.

⁴Und ich sah, und siehe, es kam ein ungestümer Wind von Mitternacht her mit einer großen Wolke voll Feuer, das allenthalben umher glänzte; und mitten in dem Feuer war es lichthell.

⁵Und darin war es gestaltet wie vier Tiere, und dieselben waren anzusehen wie Menschen.

⁶Und ein jegliches hatte vier Angesichter und vier Flügel.

⁷Und ihre Beine standen gerade, und ihre Füße waren gleich wie Rinderfüße und glänzten wie helles glattes Erz.

⁸Und sie hatten Menschenhände unter ihren Flügeln an ihren vier Seiten; denn sie hatten alle vier ihre Angesichter und ihre Flügel.

⁹Und je einer der Flügel rührte an den andern; und wenn sie gingen, mußten sie nicht herumlenken, sondern wo sie hin gingen, gingen sie stracks vor sich.

¹⁰Ihre Angesichter waren vorn gleich einem Menschen, und zur rechten Seite gleich einem Löwen bei allen vieren, und zur linken Seite gleich einem Ochsen bei allen vieren, und hinten gleich einem Adler bei allen vieren.

¹¹Und ihre Angesichter und Flügel waren obenher zerteilt, daß je zwei Flügel zusammenschlugen, und mit zwei Flügeln bedeckten sie ihren Leib.

¹²Wo sie hin gingen, da gingen sie stracks vor sich, sie gingen aber, wo der sie hin trieb, und mußten nicht herumlenken, wenn sie gingen.

¹³Und die Tiere waren anzusehen wie feurige Kohlen, die da brennen, und wie Fackeln; und das Feuer fuhr hin zwischen den Tieren und gab einen Glanz von sich, und aus dem Feuer gingen Blitze.

¹⁴Die Tiere aber liefen hin und her wie der Blitz.

¹⁵Als ich die Tiere so sah, siehe, da stand ein Rad auf der Erde bei den vier Tieren und war anzusehen wie vier Räder.

¹⁶Und die Räder waren wie Türkis und waren alle vier eins wie das andere, und sie waren anzusehen, als wäre ein Rad im andern.

¹⁷Wenn sie gehen wollten, konnten sie nach allen ihren vier Seiten gehen und sie mußten nicht herumlenken, wenn sie gingen.

¹⁸Ihre Felgen und Höhe waren schrecklich; und ihre Felgen waren voller Augen um und um an allen vier Rädern.

¹⁹Auch wenn die vier Tiere gingen, so gingen die Räder auch neben ihnen; und wenn die Tiere sich von der Erde emporhoben, so hoben sich die Räder auch empor.

²⁰Wo der Geist sie hin trieb, da gingen sie hin, und die Räder hoben sich neben ihnen empor; denn es war der Geist der Tiere in den Rädern.

²¹Wenn sie gingen, so gingen diese auch; wenn sie standen, so standen diese auch; und wenn sie sich emporhoben von der Erde, so hoben sich auch die Räder neben ihnen empor; denn es war der Geist der Tiere in den Rädern.

²²Oben aber über den Tieren war es gestaltet wie ein Himmel, wie ein Kristall, schrecklich, gerade oben über ihnen ausgebreitet.

²³daß unter dem Himmel ihre Flügel einer stracks gegen den andern standen, und eines jeglichen Leib bedeckten zwei Flügel.

²⁴Und ich hörte die Flügel rauschen wie große Wasser und wie ein Getön des Allmächtigen, wenn sie gingen, und wie ein Getümmel in einem Heer. Wenn sie aber still standen, so ließen sie die Flügel nieder.

²⁵Und wenn sie stillstanden und die Flügel niederließen, so donnerte es in dem Himmel oben über ihnen.

²⁶Und über dem Himmel, so oben über ihnen war, war es gestaltet wie ein Saphir, gleichwie ein Stuhl; und auf dem Stuhl saß einer gleichwie ein Mensch gestaltet.

²⁷Und ich sah, und es war lichthell, und inwendig war es gestaltet wie ein Feuer um und um. Von seinen Lenden überwärts und unterwärts sah ich's wie Feuer glänzen um und um.

²⁸Gleichwie der Regenbogen sieht in den Wolken, wenn es geregnet hat, also glänzte es um und um. Dies war das Ansehen der Herrlichkeit des HERRN. Und da ich's gesehen hatte, fiel ich auf mein Angesicht und hörte einen reden.

Kapitel 2

¹Und er sprach zu mir: Du Menschenkind, tritt auf deine Füße, so will ich mit dir reden.

²Und da er so mit mir redete, ward ich erquickt und trat auf meine Füße und hörte dem zu, der mit mir redete.

³Und er sprach zu mir: Du Menschenkind, ich sende dich zu den Kindern Israel, zu dem abtrünnigen Volk, so von mir abtrünnig geworden sind. Sie samt ihren Vätern haben bis auf diesen heutigen Tag wider mich getan.

⁴Aber die Kinder, zu welchen ich dich sende, haben harte Köpfe und verstockte Herzen. Zu denen sollst du sagen: So spricht der HERR HERR!

⁵Sie gehorchen oder lassen's. Es ist wohl ein ungehorsames Haus; dennoch sollen sie wissen, daß ein Prophet unter ihnen ist.

⁶Und du Menschenkind, sollst dich vor ihnen nicht fürchten noch vor ihren Worten fürchten. Es sind wohl widerspenstige und stachlige Dornen bei dir, und du wohnst unter Skorpionen; aber du sollst dich nicht fürchten vor ihren Worten noch vor ihrem Angesicht dich entsetzen, ob sie wohl ein ungehorsames Haus sind,

⁷sondern du sollst ihnen meine Worte sagen, sie gehorchen oder lassen's; denn es ist ein ungehorsames Volk.

⁸Aber du, Menschenkind, höre du, was ich dir sage, und sei nicht ungehorsam, wie das ungehorsame Haus ist. Tue deinen Mund auf und iß, was ich dir geben werde.

⁹Und ich sah, und siehe, da war eine Hand gegen mich ausgestreckt, die hatte einen zusammengelegten Brief;

¹⁰den breitete sie aus vor mir, und er war beschrieben auswendig und inwendig, und stand darin geschrieben Klage, Ach und Wehe.

Kapitel 3

¹Und er sprach zu mir: Du Menschenkind, iß, was vor dir ist, iß diesen Brief, und gehe hin und predige dem Hause Israel!

²Da tat ich meinen Mund auf, und er gab mir den Brief zu essen.

³und sprach zu mir: Du Menschenkind, du mußt diesen Brief, den ich dir gebe, in deinen Leib essen und deinen Bauch damit füllen. Da aß ich ihn, und er war in meinem Munde so süß wie Honig.

⁴Und er sprach zu mir: Du Menschenkind, gehe hin zum Hause Israel und predige ihnen meine Worte.

⁵Denn ich sende dich ja nicht zu einem Volk, das eine fremde Rede und unbekannte Sprache hat, sondern zum Hause Israel;

⁶ja, freilich nicht zu großen Völkern, die fremde Rede und unbekannte Sprache haben, welcher Worte du nicht verstehen könntest. Und wenn ich dich gleich zu denselben sendete, würden sie dich doch gern hören.

⁷Aber das Haus Israel will dich nicht hören, denn sie wollen mich selbst nicht hören; denn das ganze Haus Israel hat harte Stirnen und verstockte Herzen.

⁸Siehe, ich habe dein Angesicht hart gemacht gegen ihr Angesicht und deine Stirn gegen ihre Stirn.

⁹Ja, ich habe deine Stirn so hart wie ein Demant, der härter ist denn ein Fels, gemacht. Darum fürchte dich nicht, entsetze dich auch nicht vor ihnen, daß sie so ein ungehorsames Haus sind.

¹⁰Und er sprach zu mir: Du Menschenkind, alle meine Worte, die ich dir sage, die fasse zu Herzen und nimm sie zu Ohren!

¹¹Und gehe hin zu den Gefangenen deines Volks und predige ihnen und sprich zu ihnen: So spricht der HERR HERR! sie hören's oder lassen's.

¹²Und ein Wind hob mich auf, und ich hörte hinter mir ein Getön wie eines großen Erdbebens: Gelobt sei die Herrlichkeit des HERRN an ihrem Ort!

¹³Und war ein Rauschen von den Flügeln der Tiere, die aneinander schlugen, und auch das Rasseln der Räder, so hart bei ihnen waren, und das Getön eines großen Erdbebens.

¹⁴Da hob mich der Wind auf und führte mich weg. Und ich fuhr dahin in bitterem Grimm, und des HERRN Hand hielt mich fest.

¹⁵Und ich kam zu den Gefangenen, die am Wasser Chebar wohnten, gen Thel-Abib, und setzte mich zu ihnen, die da saßen, und blieb daselbst unter ihnen sieben Tage ganz traurig.

¹⁶Und da die sieben Tage um waren, geschah des HERRN Wort zu mir und sprach:

¹⁷Du Menschenkind, ich habe dich zum Wächter gesetzt über das Haus Israel; du sollst aus meinem Munde das Wort hören und sie von meinetwegen warnen.

¹⁸Wenn ich dem Gottlosen sage: Du mußt des Todes sterben, und

Hesekiel

du warnst ihn nicht und sagst es ihm nicht, damit sich der Gottlose vor seinem gottlosen Wesen hüte, auf daß er lebendig bleibe: so wird der Gottlose um seiner Sünde willen sterben; aber sein Blut will ich von deiner Hand fordern.

19Wo du aber den Gottlosen warnst und er sich nicht bekehrt von seinem gottlosen Wesen und Wege, so wird er um seiner Sünde willen sterben; aber du hast deine Seele errettet.

20Und wenn sich ein Gerechter von seiner Gerechtigkeit wendet und tut Böses, so werde ich ihn lassen anlaufen, daß er muß sterben. Denn weil du ihn nicht gewarnt hast, wird er um seiner Sünde willen sterben müssen, und seine Gerechtigkeit, die er getan, wird nicht angesehen werden; aber sein Blut will ich von deiner Hand fordern.

21Wo du aber den Gerechten warnst, daß er nicht sündigen soll, und er sündigt auch nicht, so soll er leben, denn er hat sich warnen lassen; und du hast deine Seele errettet.

22Und daselbst kam des HERRN Hand über mich, und er sprach zu mir: Mache dich auf und gehe hinaus ins Feld; da will ich mit dir reden.

23Und ich machte mich auf und ging hinaus ins Feld; und siehe, da stand die Herrlichkeit des HERR daselbst, gleichwie ich sie am Wasser Chebar gesehen hatte; und ich fiel nieder auf mein Angesicht.

24Und ich ward erquickt und trat auf meine Füße. Und er redete mit mir und sprach zu mir: Gehe hin und verschließ dich in deinem Hause!

25Und du, Menschenkind, siehe, man wird dir Stricke anlegen und dich damit binden, daß du nicht ausgehen sollst unter sie.

26Und ich will dir die Zunge an deinem Gaumen kleben lassen, daß du verstummen sollst und nicht mehr sie Strafen könnest; denn es ist ein ungehorsames Haus.

27Wenn ich aber mit dir reden werde, will ich dir den Mund auftun, daß du zu ihnen sagen sollst: So spricht der HERR HERR! Wer's hört, der höre es; wer's läßt, der lasse es; denn es ist ein ungehorsames Haus.

Kapitel 4

1Und du, Menschenkind, nimm einen Ziegel; den lege vor dich und entwirf darauf die Stadt Jerusalem

2und mache eine Belagerung darum und baue ein Bollwerk darum und schütte einen Wall darum und mache ein Heerlager darum und stelle Sturmböcke rings um sie her.

3Vor dich aber nimm eine eiserne Pfanne; die laß eine eiserne Mauer sein zwischen dir und der Stadt, und richte dein Angesicht gegen sie und belagere sie. Das sei ein Zeichen dem Hause Israel.

4Du sollst dich auch auf deine linke Seite legen und die Missetat des Hauses Israel auf dieselbe legen; soviel Tage du darauf liegst, so lange sollst du auch ihre Missetat tragen.

5Ich will dir aber die Jahre ihrer Missetat zur Anzahl der Tage machen, nämlich dreihundertundneunzig Tage; so lange sollst du die Missetat des Hauses Israel tragen.

6Und wenn du solches ausgerichtet hast, sollst du darnach dich auf deine rechte Seite legen und sollst tragen die Missetat des Hauses Juda vierzig Tage lang; denn ich gebe dir hier auch je einen Tag für ein Jahr.

7Und richte dein Angesicht und deinen bloßen Arm wider das belagerte Jerusalem und weissage wider dasselbe.

8Und sieh, ich will dir Stricke anlegen, daß du dich nicht wenden könnest von einer Seite zur andern, bis du die Tage deiner Belagerung vollendet hast.

9So nimm nun zu dir Weizen, Gerste, Bohnen, Linsen, Hirse und Spelt und tue alles in ein Faß und mache dir Brot daraus, soviel Tage du auf deiner Seite liegst, daß du dreihundertundneunzig Tage daran zu essen hast,

10also daß deine Speise, die du täglich essen sollst, sei zwanzig Lot nach dem Gewicht. Solches sollst du von einer Zeit zur andern essen.

11Das Wasser sollst du auch nach dem Maß trinken, nämlich das sechste Teil vom Hin, und sollst solches auch von einer Zeit zur andern trinken.

12Gerstenkuchen sollst du essen, die du vor ihren Augen auf Menschenmist backen sollst.

13Und der HERR sprach: Also müssen die Kinder Israel ihr unreines Brot essen unter den Heiden, dahin ich sie verstoßen werde.

14Ich aber sprach: Ach HERR HERR! siehe, meine Seele ist noch nie unrein geworden; denn ich habe von meiner Jugend auf bis auf diese Zeit kein Aas oder Zerrissenes gegessen, und ist nie unreines Fleisch in meinen Mund gekommen.

15Er aber sprach zu mir: Siehe, ich will dir Kuhmist für Menschenmist zulassen, darauf du dein Brot machen sollst.

16Und sprach zu mir: Du Menschenkind, siehe, ich will den Vorrat des Brots zu Jerusalem wegnehmen, daß sie das Brot essen müssen nach dem Gewicht und mit Kummer, und das Wasser nach dem Maß mit Kummer trinken,

17darum daß es an Brot und Wasser mangeln und einer mit dem andern trauern wird und sie in ihrer Missetat verschmachten sollen.

Kapitel 5

1Und du, Menschenkind, nimm ein Schwert, scharf wie ein Schermesser, und fahr damit über dein Haupt und deinen Bart und nimm eine Waage und teile das Haar damit.

2Das eine dritte Teil sollst du mit Feuer verbrennen mitten in der Stadt, wenn die Tage der Belagerung um sind; das andere dritte Teil nimm und schlag's mit dem Schwert ringsumher; das letzte dritte Teil streue in den Wind, daß ich das Schwert hinter ihnen her ausziehe.

3Nimm aber ein klein wenig davon und binde es in deinen Mantelzipfel.

4Und nimm wiederum etliches davon und wirf's in ein Feuer und verbrenne es mit Feuer; von dem soll ein Feuer auskommen über das ganze Haus Israel.

5So spricht der HERR HERR: Das ist Jerusalem, das ich mitten unter die Heiden gesetzt habe und ringsherum Länder.

6Aber es hat mein Gesetz verwandelt in gottlose Lehre mehr denn die Länder, so ringsherum liegen. Denn sie verwerfen mein Gesetz und wollen nicht nach meinen Rechten leben.

7Darum spricht der HERR also: Weil ihr's mehr macht denn die Heiden, so um euch her sind, und nach meinen Geboten nicht lebt und nach meinen Rechten nicht tut, sondern nach der Heiden Weise tut, die um euch her sind,

8so spricht der HERR HERR also: Siehe, ich will auch an dich und will Recht über dich gehen lassen, daß die Heiden zusehen sollen;

9und will also mit dir umgehen, wie ich nie getan habe und hinfort nicht tun werde, um aller deiner Greuel willen:

10daß in dir die Väter ihre Kinder und die Kinder ihre Väter fressen sollen; und will solch Recht über dich gehen lassen, daß alle deine übrigen sollen in alle Winde zerstreut werden.

11Darum, so wahr als ich lebe, spricht der HERR HERR, weil du mein Heiligtum mit allen deinen Greueln und Götzen verunreinigt hast, will ich dich auch zerschlagen, und mein Auge soll dein nicht schonen, und ich will nicht gnädig sein.

12Es soll ein drittes Teil an der Pestilenz sterben und durch Hunger alle werden in dir, und das andere dritte Teil durchs Schwert fallen rings um dich her; und das letzte dritte Teil will ich in alle Winde zerstreuen und das Schwert hinter ihnen her ausziehen.

13Also soll mein Zorn vollendet und mein Grimm an ihnen ausgerichtet werden, daß ich meinen Mut kühle; und sie sollen erfahren, daß ich, der HERR, in meinem Eifer geredet habe, wenn ich meine Grimm an ihnen ausgerichtet habe.

14Ich will dich zur Wüste und zur Schmach setzen vor den Heiden, so um dich her sind, vor den Augen aller, die vorübergehen.

15Und sollst eine Schmach, Hohn, Beispiel und Wunder sein allen Heiden, die um dich her sind, wenn ich über dich das Recht gehen lasse mit Zorn, Grimm und zornigem Schelten (das sage ich, der HERR)

16und wenn ich böse Pfeile des Hungers unter sie schießen werde, die da schädlich sein sollen, und ich sie ausschießen werde, euch zu verderben, und den Hunger über euch immer größer werden lasse und den Vorrat des Brots wegnehme.

17Ja, Hunger und böse, wilde Tiere will ich unter euch schicken, die sollen euch kinderlos machen; und soll Pestilenz und Blut unter dir umgehen, und ich will das Schwert über dich bringen. Ich, der HERR, habe es gesagt.

Kapitel 6

1Und des HERRN Wort geschah zu mir und sprach:

2Du Menschenkind, kehre dein Angesicht wider die Berge Israels und weissage wider sie

3und sprich: Ihr Berge Israels, hört das Wort des HERRN HERRN! So spricht der HERR HERR zu den Bergen und Hügeln, zu den Bächen und Tälern: Siehe, ich will das Schwert über euch bringen und eure Höhen zerstören,

4daß eure Altäre verwüstet und euer Sonnensäulen zerbrochen werden, und will eure Erschlagenen vor eure Bilder werfen;

5ja, ich will die Leichname der Kinder Israel vor ihre Bilder hinwerfen und will ihre Gebeine um eure Altäre her zerstreuen.

6Wo ihr wohnet, da sollen die Städte wüst und die Höhen zur Einöde werden; denn man wird eure Altäre wüst und zur Einöde machen und eure Götzen zerbrechen und zunichte machen und eure

Sonnensäulen zerschlagen und eure Machwerke vertilgen.

⁷Und sollen Erschlagene unter euch daliegen, daß ihr erfahrt, ich sei der HERR.

⁸Ich will aber etliche von euch übrigbleiben lassen, die dem Schwert entgehen unter den Heiden, wenn ich euch in die Länder zerstreut habe.

⁹Diese eure Entronnenen werden dann an mich gedenken unter den Heiden, da sie gefangen sein müssen, wenn ich ihr abgöttisches Herz, so von mir gewichen, und ihre abgöttischen Augen, so nach ihren Götzen gesehen, zerschlagen habe; und es wird sie gereuen die Bosheit, die sie durch alle ihre Greuel begangen haben;

¹⁰und sie sollen erfahren, daß ich der HERR sei und nicht umsonst geredet habe, solches Unglück ihnen zu tun.

¹¹So spricht der HERR HERR: Schlage deine Hände zusammen und stampfe mit deinem Fuß und sprich: Weh über alle Greuel der Bosheit im Hause Israel, darum sie durch Schwert, Hunger und Pestilenz fallen müssen!

¹²Wer fern ist, wird an der Pestilenz sterben, und wer nahe ist, wird durchs Schwert fallen; wer aber übrigbleibt und davor behütet ist, wird Hungers sterben. Also will ich meinen Grimm unter ihnen vollenden,

¹³daß ihr erfahren sollt, ich sei der HERR, wenn ihre Erschlagenen unter ihren Götzen liegen werden um ihre Altäre her, oben auf allen Hügeln und oben auf allen Bergen und unter allen grünen Bäumen und unter allen dichten Eichen, an welchen Orten sie allerlei Götzen süßes Räuchopfer taten.

¹⁴Ich will meine Hand wider sie ausstrecken und das Land wüst und öde machen von der Wüste an bis gen Dibla, überall, wo sie wohnen; und sie sollen erfahren, daß ich der HERR sei.

Kapitel 7

¹Und des HERRN Wort geschah zu mir und sprach:

²Du Menschenkind, so spricht der HERR HERR vom Lande Israel: Das Ende kommt, das Ende über alle vier Örter des Landes.

³Nun kommt das Ende über dich; denn ich will meinen Grimm über dich senden und will dich richten, wie du es verdient hast, und will dir geben, was allen deinen Greueln gebührt.

⁴Mein Auge soll dein nicht schonen noch übersehen; sondern ich will dir geben, wie du verdient hast, und deine Greuel sollen unter dich kommen, daß ihr erfahren sollt, ich sei der HERR.

⁵So spricht der HERR HERR: Siehe, es kommt ein Unglück über das andere!

⁶Das Ende kommt, es kommt das Ende, es ist erwacht über dich; siehe, es kommt!

⁷Es geht schon auf und bricht daher über dich, du Einwohner des Landes; die Zeit kommt, der Tag des Jammers ist nahe, da kein Singen auf den Bergen sein wird.

⁸Nun will ich bald meinen Grimm über dich schütten und meinen Zorn an dir vollenden und will dich richten, wie du verdient hast, und dir geben, was deinen Greueln allen gebührt.

⁹Mein Auge soll dein nicht schonen, und ich will nicht gnädig sein; sondern will dir geben, wie du verdient hast, und deine Greuel sollen unter dich kommen, daß ihr erfahren sollt, ich sei der HERR, der euch schlägt.

¹⁰Siehe, der Tag, siehe, er kommt daher, er bricht an; die Rute blüht, und der Stolze grünt.

¹¹Der Tyrann hat sich aufgemacht zur Rute über die Gottlosen, daß nichts von ihnen noch von ihrem Volk noch von ihrem Haufen Trost haben wird.

¹²Es kommt die Zeit, der Tag naht herzu! Der Käufer freue sich nicht, und der Verkäufer trauere nicht; denn es kommt der Zorn über all ihren Haufen.

¹³Darum soll der Verkäufer nach seinem verkauften Gut nicht wieder trachten; denn wer da lebt, der wird's haben. Denn die Weissagung über all ihren Haufen wird nicht zurückkehren; keiner wird sein Leben erhalten, um seiner Missetat willen.

¹⁴Laßt sie die Posaune nur blasen und alles zurüsten, es wird doch niemand in den Krieg ziehen; denn mein Grimm geht über all ihren Haufen.

¹⁵Draußen geht das Schwert; drinnen geht Pestilenz und Hunger. Wer auf dem Felde ist, der wird vom Schwert sterben; wer aber in der Stadt ist, den wird Pestilenz und Hunger fressen.

¹⁶Und welche unter ihnen entrinnen, die müssen auf dem Gebirge sein, und wie die Tauben in den Gründen, die alle untereinander girren, ein jeglicher um seiner Missetat willen.

¹⁷Aller Hände werden dahinsinken, und aller Kniee werden so ungewiß stehen wie Wasser;

¹⁸und werden Säcke um sich gürten und mit Furcht überschüttet sein, und aller Angesichter werden jämmerlich sehen und aller Häupter kahl sein.

¹⁹Sie werden ihr Silber hinaus auf die Gassen werfen und ihr Gold wie Unflat achten; denn ihr Silber und Gold wird sie nicht erretten am Tage des Zorns des HERRN. Und sie werden ihre Seele davon nicht sättigen noch ihren Bauch davon füllen; denn es ist ihnen gewesen ein Anstoß zu ihrer Missetat.

²⁰Sie haben aus ihren edlen Kleinoden, damit sie Hoffart trieben, Bilder ihrer Greuel und Scheuel gemacht; darum will ich's ihnen zum Unflat machen

²¹und will's Fremden in die Hände geben, daß sie es rauben, und den Gottlosen auf Erden zur Ausbeute, daß sie es entheiligen sollen.

²²Ich will mein Angesicht davon kehren, daß sie meinen Schatz entheiligen; ja, Räuber sollen darüber kommen und es entheiligen.

²³Mache Ketten; denn das Land ist voll Blutschulden und die Stadt voll Frevels.

²⁴So will ich die Ärgsten unter den Heiden kommen lassen, daß sie sollen ihre Häuser einnehmen, und will der Hoffart der Gewaltigen ein Ende machen und ihre Heiligtümer entheiligen.

²⁵Der Ausrotter kommt; da werden sie Frieden suchen, und wird keiner dasein.

²⁶Ein Unfall wird über den andern kommen, ein Gerücht über das andere. So werden sie dann ein Gesicht bei den Propheten suchen; auch wird weder Gesetz bei den Priestern noch Rat bei den Alten mehr sein.

²⁷Der König wird betrübt sein, und die Fürsten werden in Entsetzen gekleidet sein, und die Hände des Volkes im Lande werden verzagt sein. Ich will mit ihnen umgehen, wie sie gelebt haben, und will sie richten, wie sie verdient haben, daß sie erfahren sollen, ich sei der HERR.

Kapitel 8

¹Und es begab sich im sechsten Jahr, am fünften Tage des Sechsten Monats, daß ich in meinem Hause und die Alten aus Juda saßen vor mir; daselbst fiel die Hand des HERRN HERRN auf mich.

²Und siehe, ich sah, daß es von seinen Lenden herunterwärts war gleichwie Feuer; aber oben über seinen Lenden war es lichthell;

³und er reckte aus gleichwie eine Hand und ergriff mich bei dem Haar meines Hauptes. Da führte mich ein Wind zwischen Himmel und Erde und brachte mich gen Jerusalem in einem göttlichen Gesichte zu dem Tor am inneren Vorhof, das gegen Mitternacht sieht, da stand ein Bild zu Verdruß dem HAUSHERRN.

⁴Und siehe, da war die Herrlichkeit des Gottes Israels, wie ich sie zuvor gesehen hatte im Felde.

⁵Und er sprach zu mir: du Menschenkind, hebe deine Augen auf gegen Mitternacht, siehe, da stand gegen Mitternacht das verdrießliche Bild am Tor des Altars, eben da man hineingeht.

⁶Und er sprach zu mir: Du Menschenkind, siehst du auch, was diese tun? Große Greuel, die das Haus Israel hier tut, daß sie mich ja fern von meinem Heiligtum treiben. Aber du wirst noch mehr große Greuel sehen.

⁷Und er führte mich zur Tür des Vorhofs; da sah ich, und siehe war ein Loch in der Wand.

⁸Und er sprach zu mir: Du Menschenkind, grabe durch die Wand. Und da ich durch die Wand grub, siehe, da war eine Tür.

⁹Und er sprach zu mir: Gehe hinein und schaue die bösen Greuel, die sie allhier tun.

¹⁰Und da ich hineinkam und sah, siehe, da waren allerlei Bildnisse der Würmer und Tiere, eitel Scheuel, und allerlei Götzen des Hauses Israel, allenthalben umher an der Wand gemacht;

¹¹vor welchen standen siebzig Männer aus den Ältesten des Hauses Israel, und Jaasanja, der Sohn Saphans, stand auch unter ihnen; und ein jeglicher hatte sein Räuchfaß in der Hand, und ging ein dicker Nebel auf vom Räuchwerk.

¹²Und er sprach zu mir: Du Menschenkind, siehst du, was die Ältesten des Hauses Israel tun in der Finsternis, ein jeglicher in seiner Bilderkammer? Denn sie sagen: Der HERR sieht uns nicht, sondern der HERR hat das Land verlassen.

¹³Und er sprach zu mir: Du sollst noch mehr Greuel sehen, die sie tun.

¹⁴Und er führte mich hinein zum Tor an des HERRN Hause, das gegen Mitternacht steht; und siehe, daselbst saßen Weiber, die weinten über den Thammus.

¹⁵Und er sprach zu: Menschenkind, siehst du das? Aber du sollst noch größere Greuel sehen, denn diese sind.

¹⁶Und er führte mich in den inneren Hof am Hause des HERRN; und siehe, vor der Tür am Tempel des HERRN, zwischen der Halle und

Hesekiel

dem Altar, da waren bei fünfundzwanzig Männer, die ihren Rücken gegen den Tempel des HERRN und ihr Angesicht gegen Morgen gekehrt hatten und beteten gegen der Sonne Aufgang.

[17]Und er sprach zu mir: Menschenkind, siehst du das? Ist's dem Hause Juda zu wenig, alle solche Greuel hier zu tun, daß sie auch sonst im ganzen Lande eitel Gewalt und Unrecht treiben und reizen mich immer wieder? Und siehe, sie halten die Weinrebe an die Nase.

[18]Darum will ich auch wider sie mit Grimm handeln, und mein Auge soll ihrer nicht verschonen, und ich will nicht gnädig sein; und wenn sie gleich mit lauter Stimme vor meinen Ohren schreien, will ich sie doch nicht hören.

Kapitel 9

[1]Und er rief mit lauter Stimme vor meinen Ohren und sprach: Laßt herzukommen die Heimsuchung der Stadt, und ein jeglicher habe eine Mordwaffe in seiner Hand.

[2]Und siehe, es kamen sechs Männer auf dem Wege vom Obertor her, das gegen Mitternacht steht; und ein jeglicher hatte eine schädliche Waffe in seiner Hand. Aber es war einer unter ihnen der hatte Leinwand an und ein Schreibzeug an seiner Seite. Und sie gingen hinein und traten neben den ehernen Altar.

[3]Und die Herrlichkeit des Gottes Israels erhob sich von dem Cherub, über dem sie war, zu der Schwelle am Hause und rief dem, der die Leinwand anhatte und das Schreibzeug an seiner Seite.

[4]Und der HERR sprach zu ihm: Gehe durch die Stadt Jerusalem und zeichne mit einem Zeichen an die Stirn die Leute, so da seufzen und jammern über die Greuel, so darin geschehen.

[5]Zu jenen aber sprach er, daß ich's hörte: Gehet diesem nach durch die Stadt und schlaget drein; eure Augen sollen nicht schonen noch übersehen.

[6]Erwürget Alte, Jünglinge, Jungfrauen, Kinder und Weiber, alles tot; aber die das Zeichen an sich haben, derer sollt ihr keinen anrühren. Fanget aber an an meinem Heiligtum! Und sie fingen an an den alten Leuten, so vor dem Hause waren.

[7]Und er sprach zu ihnen: Verunreinigt das Haus und macht die Vorhöfe voll Erschlagener; gehet heraus! Und sie gingen heraus und schlugen in der Stadt.

[8]Und da sie ausgeschlagen hatten, war ich noch übrig. Und ich fiel auf mein Angesicht, schrie und sprach: Ach HERR HERR, willst du denn alle übrigen in Israel verderben, daß du deinen Zorn so ausschüttest über Jerusalem?

[9]Und er sprach zu mir: Es ist die Missetat des Hauses Israel und Juda allzusehr groß; es ist eitel Blutschuld im Lande und Unrecht in der Stadt. Denn sie sprechen: Der HERR hat das Land verlassen, und der HERR sieht uns nicht.

[10]Darum soll mein Auge auch nicht schonen, ich will auch nicht gnädig sein, sondern ihr Tun auf ihren Kopf werfen.

[11]Und siehe, der Mann, der die Leinwand anhatte und das Schreibzeug an seiner Seite, antwortete und sprach: Ich habe getan, wie du mir geboten hast.

Kapitel 10

[1]Und ich sah, und siehe, an dem Himmel über dem Haupt der Cherubim war es gestaltet wie ein Saphir, und über ihnen war es gleich anzusehen wie ein Thron.

[2]Und er sprach zu dem Mann in der Leinwand: Gehe hin zwischen die Räder unter den Cherub und fasse die Hände voll glühender Kohlen, so zwischen den Cherubim sind, und streue sie über die Stadt. Und er ging hinein, daß ich's sah, da er hineinging.

[3]Die Cherubim aber standen zur Rechten am Hause, und die Wolke erfüllte den innern Vorhof.

[4]Und die Herrlichkeit des HERRN erhob sich von dem Cherub zur Schwelle am Hause; und das Haus ward erfüllt mit der Wolke und der Vorhof voll Glanzes von der Herrlichkeit des HERRN.

[5]Und man hörte die Flügel der Cherubim rauschen bis in den äußeren Vorhof wie eine mächtige Stimme des allmächtigen Gottes, wenn er redet.

[6]Und da er dem Mann in der Leinwand geboten hatte und gesagt: Nimm Feuer zwischen den Rädern unter den Cherubim! ging er hinein und trat neben das Rad.

[7]Und der Cherub streckte seine Hand heraus zwischen den Cherubim zum Feuer, das zwischen den Cherubim war, nahm davon und gab's dem Mann in der Leinwand in die Hände; der empfing's und ging hinaus.

[8]Und es erschien an den Cherubim gleichwie eines Menschen Hand unter ihren Flügeln.

[9]Und ich sah, und siehe, vier Räder standen bei den Cherubim, bei einem jeglichen Cherub ein Rad; und die Räder waren anzusehen gleichwie ein Türkis

[10]und waren alle vier eines wie das andere, als wäre ein Rad im andern.

[11]Wenn sie gehen sollten, so konnten sie nach allen vier Seiten gehen und mußten sich nicht herumlenken, wenn sie gingen; sondern wohin das erste ging, da gingen sie nach und mußten sich nicht herumlenken.

[12]Und ihr ganzer Leib, Rücken, Hände und Flügel und die Räder waren voll Augen um und um; alle vier hatten ihre Räder.

[13]Und die Räder wurden genannt "der Wirbel", daß ich's hörte.

[14]Ein jeglicher hatte vier Angesichter; das erste Angesicht war eines Cherubs, das andere eines Menschen, das dritte eines Löwen, das vierte eines Adlers.

[15]Und die Cherubim schwebten empor. Es ist eben das Tier, das ich sah am Wasser Chebar.

[16]Wenn die Cherubim gingen, so gingen die Räder auch neben ihnen; und wenn die Cherubim ihre Flügel schwangen, daß sie sich von der Erde erhoben, so lenkten sich die Räder auch nicht von Ihnen.

[17]Wenn jene standen, so standen diese auch; erhoben sie sich, so erhoben sich diese auch; denn es war der Geist der Tiere in ihnen.

[18]Und die Herrlichkeit des HERRN ging wieder aus von der Schwelle am Hause des HERRN und stellt sich über die Cherubim.

[19]Da schwangen die Cherubim ihre Flügel und erhoben sich von der Erde vor meinen Augen; und da sie ausgingen, gingen die Räder neben ihnen. Und sie traten zum Tor am Hause des HERRN, gegen Morgen, und die Herrlichkeit des Gottes Israels war oben über ihnen.

[20]Das ist das Tier, das ich unter dem Gott Israels sah am Wasser Chebar; und ich merkte, das es Cherubim wären,

[21]da ein jegliches vier Angesichter hatte und vier Flügel und unter den Flügeln gleichwie Menschenhände.

[22]Es waren ihre Angesichter gestaltet, wie ich sie am Wasser Chebar sah, und sie gingen stracks vor sich.

Kapitel 11

[1]Und mich hob ein Wind auf und brachte mich zum Tor am Hause des HERRN, das gegen Morgen sieht; und siehe, unter dem Tor waren fünfundzwanzig Männer; und ich sah unter ihnen Jaasanja, den Sohn Assurs, und Pelatja, den Sohn Benajas, die Fürsten im Volk.

[2]Und er sprach zu mir: Menschenkind, diese Leute haben unselige Gedanken und schädliche Ratschläge in dieser Stadt;

[3]denn sie sprechen: "Es ist nicht so nahe; laßt uns nur Häuser bauen! Sie ist der Topf, so sind wir das Fleisch."

[4]Darum sollst du, Menschenkind, wider sie weissagen.

[5]Und der Geist des HERRN fiel auf mich, und er sprach zu mir: Sprich: So sagt der HERR: Ich habe also geredet, ihr vom Hause Israel; und eures Geistes Gedanken kenne ich wohl.

[6]Ihr habt viele erschlagen in dieser Stadt, und ihre Gassen liegen voll Toter.

[7]Darum spricht der HERR HERR also: Die ihr darin getötet habt, die sind das Fleisch, und sie ist der Topf; aber ihr müßt hinaus.

[8]Das Schwert, das ihr fürchtet, das will ich über euch kommen lassen, spricht der HERR HERR.

[9]Ich will euch von dort herausstoßen und den Fremden in die Hand geben und will euch euer Recht tun.

[10]Ihr sollt durchs Schwert fallen; an der Grenze Israels will ich euch richten, und sollt erfahren, daß ich der HERR bin.

[11]Die Stadt aber soll nicht euer Topf sein noch ihr das Fleisch darin; sondern an der Grenze Israels will ich euch richten.

[12]Und ihr sollt erfahren, daß ich der HERR bin; denn ihr habt nach meinen Geboten nicht gewandelt und habt meine Rechte nicht gehalten, sondern getan nach der Heiden Weise, die um euch her sind.

[13]Und da ich so weissagte, starb Pelatja, der Sohn Benajas. Da fiel ich auf mein Angesicht und schrie mit lauter Stimme und sprach: Ach HERR HERR, du wirst's mit den übrigen Israels gar aus machen!

[14]Da geschah des HERRN Wort zu mir und sprach:

[15]Du Menschenkind, zu deinen Brüdern und nahen Freunden und dem ganzen Haus Israel sprechen wohl die, so noch zu Jerusalem wohnen: Ihr müsset fern vom HERRN sein, aber wir haben das Land inne.

[16]Darum sprich du: So spricht der HERR HERR: Ja, ich habe sie fern weg unter die Heiden lassen treiben und in die Länder zerstreut; doch will ich bald ihr Heiland sein in den Ländern, dahin sie gekommen sind.

[17]Darum sprich: So sagt der HERR HERR: Ich will euch sammeln aus den Völkern und will euch sammeln aus den Ländern, dahin ihr zerstreut seid, und will euch das Land Israel geben.

¹⁸Da sollen sie kommen und alle Scheuel und Greuel daraus wegtun.

¹⁹Und ich will euch ein einträchtiges Herz geben und einen neuen Geist in euch geben und will das steinerne Herz wegnehmen aus eurem Leibe und ein fleischernes Herz geben,

²⁰auf daß sie nach meinen Sitten wandeln und meine Rechte halten und darnach tun. Und sie sollen mein Volk sein, so will ich ihr Gott sein.

²¹Denen aber, so nach ihres Herzens Scheueln und Greueln wandeln, will ich ihr Tun auf ihren Kopf werfen, spricht der HERR HERR.

²²Da schwangen die Cherubim ihre Flügel, und die Räder gingen neben ihnen, und die Herrlichkeit des Gottes Israels war oben über ihnen.

²³Und die Herrlichkeit des HERRN erhob sich aus der Stadt und stellte sich auf den Berg, der gegen Morgen vor der Stadt liegt.

²⁴Und ein Wind hob mich auf und brachte mich im Gesicht und im Geist Gottes nach Chaldäa zu den Gefangenen. Und das Gesicht, so ich gesehen hatte, verschwand vor mir.

²⁵Und ich sagte den Gefangenen alle Worte des HERRN, die er mir gezeigt hatte.

Kapitel 12

¹Und des HERRN Wort geschah zu mir und sprach:

²Du Menschenkind, du wohnst unter einem ungehorsamen Haus, welches hat wohl Augen, daß sie sehen könnten, und wollen nicht sehen, Ohren, daß sie hören könnten, und wollen nicht hören, sondern es ist ein ungehorsames Haus.

³Darum, du Menschenkind, nimm dein Wandergerät und zieh am lichten Tage davon vor ihren Augen. Von deinem Ort sollst du ziehen an einen andern Ort vor ihren Augen, ob sie vielleicht merken wollten, daß sie ein ungehorsames Haus sind.

⁴Und sollst dein Gerät heraustun wie Wandergerät bei lichtem Tage vor ihren Augen; und du sollst ausziehen des Abends vor ihren Augen, gleichwie man auszieht, wenn man wandern will;

⁵und du sollst durch die Wand ausbrechen vor ihren Augen und durch dieselbe ziehen;

⁶und du sollst es auf deine Schulter nehmen vor ihren Augen und, wenn es dunkel geworden ist, hinaustragen; dein Angesicht sollst du verhüllen, daß du das Land nicht siehst. Denn ich habe dich dem Hause Israel zum Wunderzeichen gesetzt.

⁷Und ich tat wie mir befohlen war, und trug mein Gerät heraus wie Wandergerät bei lichtem Tage; und am Abend brach ich mit der Hand durch die Wand; und das es dunkel geworden war, nahm ich's auf die Schulter und trug's hinaus vor ihren Augen.

⁸Und frühmorgens geschah des HERRN Wort zu mir und sprach:

⁹Menschenkind, hat das Haus Israel, das ungehorsame Haus, nicht zu dir gesagt: Was machst du?

¹⁰So sprich zu ihnen: So spricht der HERR HERR: Diese Last betrifft den Fürsten zu Jerusalem und das ganze Haus Israel, das darin ist.

¹¹Sprich: Ich bin euer Wunderzeichen; wie ich getan habe, also soll ihnen geschehen, daß sie wandern müssen und gefangen geführt werden.

¹²Ihr Fürst wird seine Habe auf der Schulter tragen im Dunkel und muß ausziehen durch die Wand, die sie zerbrechen werden, daß sie dadurch ausziehen; sein Angesicht wird verhüllt werden, daß er mit keinem Auge das Land sehe.

¹³Ich will auch mein Netz über ihn werfen, daß er in meinem Garn gefangen werde, und will ihn gen Babel bringen in der Chaldäer Land, das er doch nicht sehen wird, und er soll daselbst sterben.

¹⁴Und alle, die um ihn her sind, seine Gehilfen und all sein Anhang, will ich unter alle Winde zerstreuen und das Schwert hinter ihnen her ausziehen.

¹⁵Also sollen sie erfahren, daß ich der HERR sei, wenn ich sie unter die Heiden verstoße und in die Länder zerstreue.

¹⁶Aber ich will ihrer etliche wenige übrigbleiben lassen vor dem Schwert, dem Hunger und der Pestilenz; die sollen jener Greuel erzählen unter den Heiden, dahin sie kommen werden, und sie sollen erfahren, daß ich der HERR sei.

¹⁷Und des HERRN Wort geschah zu mir und sprach:

¹⁸Du Menschenkind, du sollst dein Brot essen mit Beben und dein Wasser trinken mit Zittern und Sorgen.

¹⁹Und sprich zum Volk im Lande: So spricht der HERR HERR von den Einwohnern zu Jerusalem im Lande Israel: Sie müssen ihr Brot essen in Sorgen und ihr Wasser trinken in Elend; denn das Land soll wüst werden von allem, was darin ist, um des Frevels willen aller Einwohner.

²⁰Und die Städte, so wohl bewohnt sind, sollen verwüstet und das Land öde werden; also sollt ihr erfahren, daß ich der HERR sei.

²¹Und des HERRN Wort geschah zu mir und sprach:

²²Du Menschenkind, was habt ihr für ein Sprichwort im Lande Israel und sprecht: Weil sich's so lange verzieht, so wird nun hinfort nichts aus der Weissagung?

²³Darum sprich zu ihnen: So spricht der HERR HERR: Ich will das Sprichwort aufheben, daß man es nicht mehr führen soll in Israel. Und rede zu ihnen: Die Zeit ist nahe und alles, was geweissagt ist.

²⁴Denn es soll hinfort kein falsches Gesicht und keine Weissagung mit Schmeichelworten mehr sein im Hause Israel.

²⁵Denn ich bin der HERR; was ich rede, das soll geschehen und nicht länger verzogen werden; sondern bei eurer Zeit, ihr ungehorsames Haus, will ich tun, was ich rede, spricht der HERR HERR.

²⁶Und des HERRN Wort geschah zu mir und sprach:

²⁷Du Menschenkind, siehe, das Haus Israel spricht: Das Gesicht, das dieser sieht, da ist noch lange hin; und er weissagt auf die Zeit, die noch ferne ist.

²⁸Darum sprich zu ihnen: So spricht der HERR HERR: Was ich rede, soll nicht länger verzogen werden, sondern soll geschehen, spricht der HERR HERR.

Kapitel 13

¹Und des HERRN Wort geschah zu mir und sprach:

²Du Menschenkind, weissage wider die Propheten Israels und sprich zu denen, so aus ihrem eigenen Herzen weissagen: Höret des HERRN Wort!

³So spricht der HERR HERR: Weh den tollen Propheten, die ihrem eigenen Geist folgen und haben keine Gesichte!

⁴O Israel, deine Propheten sind wie die Füchse in den Wüsten!

⁵Sie treten nicht vor die Lücken und machen sich nicht zur Hürde um das Haus Israel und stehen nicht im Streit am Tage des HERRN.

⁶Ihr Gesicht ist nichts, und ihr Weissagen ist eitel Lügen. Sie sprechen: "Der HERR hat's gesagt", so sie doch der HERR nicht gesandt hat, und warten, daß ihr Wort bestehe.

⁷Ist's nicht also, daß euer Gesicht ist nichts und euer Weissagen ist eitel Lügen? und ihr sprecht doch: "Der HERR hat's geredet", so ich's doch nicht geredet habe.

⁸Darum spricht der HERR HERR also: Weil ihr das predigt, woraus nichts wird, und Lügen weissagt, so will ich an euch, spricht der HERR HERR.

⁹Und meine Hand soll kommen über die Propheten, so das predigen, woraus nichts wird, und Lügen weissagen. Sie sollen in der Versammlung meines Volkes nicht sein und in der Zahl des Hauses Israel nicht geschrieben werden noch ins Land Israels kommen; und ihr sollt erfahren, daß ich der HERR HERR bin.

¹⁰Darum daß sie mein Volk verführen und sagen: "Friede!", so doch kein Friede ist. Das Volk baut die Wand, so tünchen sie dieselbe mit losem Kalk.

¹¹Sprich zu den Tünchern, die mit losem Kalk tünchen, daß es abfallen wird; denn es wird ein Platzregen kommen und werden große Hagel fallen und ein Windwirbel wird es zerreißen.

¹²Siehe, so wird die Wand einfallen. Was gilt's? dann wird man zu euch sagen: Wo ist nun das getünchte, das ihr getüncht habt?

¹³So spricht der HERR HERR: Ich will einen Windwirbel reißen lassen in meinem Grimm und einen Platzregen in meinem Zorn und große Hagelsteine im Grimm, die sollen alles umstoßen.

¹⁴Also will ich die Wand umwerfen; die ihr mit losem Kalk getüncht habt, und will sie zu Boden stoßen, daß man ihren Grund sehen soll; so fällt sie, und ihr sollt darin auch umkommen und erfahren, daß ich der HERR sei.

¹⁵Also will ich meinen Grimm vollenden an der Wand und an denen, die sie mit losem Kalk tünchen, und will zu euch sagen: Hier ist weder Wand noch Tüncher.

¹⁶Das sind die Propheten Israels, die Jerusalem weissagen und predigen von Frieden, so doch kein Friede ist, spricht der HERR HERR.

¹⁷Und du, Menschenkind, richte dein Angesicht wider die Töchter in deinem Volk, welche weissagen aus ihrem Herzen, und weissage wider sie

¹⁸und sprich: So spricht der HERR HERR: Wehe euch, die ihr Kissen macht den Leuten unter die Arme und Pfühle zu den Häuptern, beide, Jungen und Alten, die Seelen zu fangen. Wenn ihr nun die Seelen gefangen habt unter meinem Volk, verheißt ihr ihnen das Leben

¹⁹und entheiligt mich in meinem Volk um eine Handvoll Gerste und einen Bissen Brot, damit daß ihr die Seelen zum Tode verurteilt, die doch nicht sollten sterben, und verurteilt zum Leben, die doch nicht

Hesekiel

leben sollten, durch eure Lügen unter meinem Volk, welches gerne Lügen hört.

²⁰Darum spricht der HERR HERR: Siehe, ich will an eure Kissen, womit ihr Seelen fangt und vertröstet, und will sie von euren Armen wegreißen und die Seelen, so ihr fangt und vertröstet, losmachen.

²¹Und ich will eure Pfühle zerreißen und mein Volk aus eurer Hand erretten, daß ihr sie nicht mehr fangen sollt; und ihr sollt erfahren, daß ich der HERR sei.

²²Darum daß ihr das Herz der Gerechten fälschlich betrübet, die ich nicht betrübt habe, und habt gestärkt die Hände der Gottlosen, daß sie sich von ihrem bösen Wesen nicht bekehren, damit sie lebendig möchten bleiben:

²³darum sollt ihr nicht mehr unnütze Lehre predigen noch weissagen; sondern ich will mein Volk aus ihren Händen erretten, und ihr sollt erfahren, daß ich der HERR bin.

Kapitel 14

¹Und es kamen etliche von den Ältesten Israels zu mir und setzten sich vor mir.

²Da geschah des HERRN Wort zu mir und sprach:

³Menschenkind, diese Leute hangen mit ihrem Herzen an ihren Götzen und halten an dem Anstoß zu ihrer Missetat; sollte ich denn ihnen antworten, wenn sie mich fragen?

⁴Darum rede mit ihnen und sage zu ihnen: So spricht der HERR HERR: Welcher Mensch vom Hause Israel mit dem Herzen an seinen Götzen hängt und hält an dem Anstoß zu seiner Missetat und kommt zum Propheten, dem will ich, der HERR, antworten, wie er verdient hat mit seiner großen Abgötterei.

⁵auf daß ich das Haus Israel fasse an ihrem Herzen, darum daß sie alle von mir gewichen sind durch ihre Abgötterei.

⁶Darum sollst du zum Hause Israel sagen: So spricht der HERR HERR: Kehret und wendet euch von eurer Abgötterei und wendet euer Angesicht von allen euren Greueln.

⁷Denn welcher Mensch vom Hause Israel oder welcher Fremdling, so in Israel wohnt, von mir weicht und mit seinem Herzen an seinen Götzen hängt und an dem Ärgernis seiner Abgötterei hält und zum Propheten kommt, daß er durch ihn mich frage: dem will ich, der HERR, selbst antworten;

⁸und will mein Angesicht wider ihn setzen, daß er soll wüst und zum Zeichen und Sprichwort werden, und ich will ihn aus meinem Volk ausrotten, daß ihr erfahren sollt, ich sei der HERR.

⁹Wo aber ein Prophet sich betören läßt, etwas zu reden, den habe ich, der HERR, betört, und will meine Hand über ihn ausstrecken und ihn aus meinem Volk Israel ausrotten.

¹⁰Also sollen sie beide ihre Missetat tragen; wie die Missetat des Fragers, also soll auch sein die Missetat des Propheten,

¹¹auf daß das Haus Israel nicht mehr irregehe von mir und sich nicht mehr verunreinige in aller seiner Übertretung; sondern sie sollen mein Volk sein, und ich will ihr Gott sein, spricht der HERR HERR.

¹²Und des HERRN Wort geschah zu mir und sprach:

¹³Du Menschenkind, wenn ein Land an mir sündigt und dazu mich verschmäht, so will ich meine Hand über dasselbe ausstrecken und den Vorrat des Brotes wegnehmen und will Teuerung hineinschicken, daß ich Menschen und Vieh darin ausrotte.

¹⁴Und wenn dann gleich die drei Männer Noah, Daniel und Hiob darin wären, so würden sie allein ihre eigene Seele erretten durch ihre Gerechtigkeit, spricht der HERR HERR.

¹⁵Und wenn ich böse Tiere in das Land bringen würde, die die Leute aufräumten und es verwüsteten, daß niemand darin wandeln könnte vor den Tieren,

¹⁶und diese drei Männer wären auch darin: so wahr ich lebe, spricht der HERR HERR, sie würden weder Söhne noch Töchter erretten, sondern allein sich selbst, und das Land müßte öde werden.

¹⁷Oder ob ich das Schwert kommen ließe über das Land und spräche: Schwert, fahre durch das Land! und würde also Menschen und Vieh ausrotten,

¹⁸und die drei Männer wären darin: so wahr ich lebe, spricht der HERR HERR, sie würden weder Söhne noch Töchter erretten, sondern sie allein würden errettet sein.

¹⁹Oder so ich Pestilenz in das Land schicken und meinen Grimm über dasselbe ausschütten würde mit Blutvergießen, also daß ich Menschen und Vieh ausrottete,

²⁰und Noah, Daniel und Hiob wären darin: so wahr ich lebe, spricht der HERR HERR, würden sie weder Söhne noch Töchter, sondern allein ihre eigene Seele durch ihre Gerechtigkeit erretten.

²¹Denn so spricht der HERR HERR: So ich meine vier bösen Strafen, als Schwert, Hunger, böse Tiere und Pestilenz, über Jerusalem schicken werde, daß ich darin ausrotte Menschen und Vieh,

²²siehe, so sollen etliche übrige darin davonkommen, die herausgebracht werden, Söhne und Töchter, und zu euch herkommen, daß ihr sehen werdet ihr Wesen und Tun und euch trösten über dem Unglück, das ich über Jerusalem habe kommen lassen samt allem andern, was ich über sie habe kommen lassen.

²³Sie werden euer Trost sein, wenn ihr sehen werdet ihr Wesen und Tun; und ihr werdet erfahren, daß ich nicht ohne Ursache getan habe, was ich darin getan habe, spricht der HERR HERR.

Kapitel 15

¹Und des HERRN Wort geschah zu mir und sprach:

²Du Menschenkind, was ist das Holz vom Weinstock vor anderm Holz oder eine Rebe vor anderm Holz im Walde?

³Nimmt man es auch und macht etwas daraus? Macht man auch nur einen Nagel daraus, daran man etwas hängen kann?

⁴Siehe, man wirft sie ins Feuer, daß es verzehrt wird, daß das Feuer seine beiden Enden verzehrt und sein Mittles versengt; wozu sollte es nun taugen?

⁵Siehe, da es noch ganz war, konnte man nichts daraus machen; wie viel weniger kann nun hinfort etwas daraus gemacht werden, so es das Feuer verzehrt und versengt hat!

⁶Darum spricht der HERR HERR: Gleichwie ich das Holz vom Weinstock vor anderm Holz im Walde dem Feuer zu verzehren gebe, also will ich mit den Einwohnern zu Jerusalem auch umgehen

⁷und will mein Angesicht wider sie setzen, daß das Feuer sie fressen soll, ob sie schon aus dem Feuer herausgekommen sind. Und ihr sollt's erfahren, daß ich der HERR bin, wenn ich mein Angesicht wider sie setze

⁸und das Land wüst mache, darum daß sie mich verschmähen, spricht der HERR HERR.

Kapitel 16

¹Und des HERRN Wort geschah zu mir und sprach:

²Du Menschenkind offenbare der Stadt Jerusalem ihre Greuel und sprich:

³So spricht der HERR HERR zu Jerusalem: Dein Geschlecht und deine Geburt ist aus der Kanaaniter Lande, dein Vater aus den Amoritern und deine Mutter aus den Hethitern.

⁴Deine Geburt ist also gewesen: Dein Nabel, da du geboren wurdest, ist nicht verschnitten; so hat man dich auch nicht in Wasser gebadet, daß du sauber würdest, noch mit Salz abgerieben noch in Windeln gewickelt.

⁵Denn niemand jammerte dein, daß er sich über dich hätte erbarmt und der Stücke eins dir erzeigt, sondern du wurdest aufs Feld geworfen. Also verachtet war deine Seele, da du geboren warst.

⁶Ich aber ging vor dir vorüber und sah dich in deinem Blut liegen und sprach zu dir, da du so in deinem Blut lagst: Du sollst leben!

⁷Und habe dich erzogen und lassen groß werden wie ein Gewächs auf dem Felde; und warst nun gewachsen und groß und schön geworden. Deine Brüste waren gewachsen und hattest schon lange Haare; aber du warst noch nackt und bloß.

⁸Und ich ging vor dir vorüber und sah dich an; und siehe, es war die Zeit, um dich zu werben. Da breitete ich meinen Mantel über dich und bedeckte deine Blöße. Und ich gelobte dir's und begab mich mit dir in einen Bund, spricht der HERR HERR, daß du solltest mein sein.

⁹Und ich badete dich im Wasser und wusch dich von all deinem Blut und salbte dich mit Balsam

¹⁰und kleidete dich mit gestickten Kleidern und zog dir Schuhe von feinem Leder an; ich gab dir köstliche leinene Kleider und seidene Schleier

¹¹und zierte dich mit Kleinoden und legte dir Geschmeide an deine Arme und Kettlein an deinen Hals

¹²und gab dir ein Haarband an deine Stirn und Ohrenringe an deine Ohren und eine schöne Krone auf dein Haupt.

¹³So warst du geziert mit eitel Gold und Silber und gekleidet mit eitel Leinwand, Seide und Gesticktem. Du aßest auch eitel Semmel, Honig und Öl und warst überaus schön und bekamst das Königreich.

¹⁴Und dein Ruhm erscholl unter die Heiden deiner Schöne halben, welche ganz vollkommen war durch den Schmuck, so ich an dich gehängt hatte, spricht der HERR HERR.

¹⁵Aber du verließest dich auf deine Schöne; und weil du so gerühmt warst, triebst du Hurerei, also daß du dich einem jeglichen, wer vorüberging, gemein machtest und tatest seinen Willen.

¹⁶Und nahmst von deinen Kleidern und machtest dir bunte Altäre daraus und triebst deine Hurerei darauf, wie nie geschehen ist noch geschehen wird.

¹⁷Du nahmst auch dein schönes Gerät, das ich dir von meinem Gold und Silber gegeben hatte, und machtest dir Mannsbilder daraus und triebst deine Hurerei mit ihnen.

¹⁸Und nahmst deine bestickten Kleider und bedecktest sie damit und mein Öl und Räuchwerk legtest du ihnen vor.

¹⁹Meine Speise, die ich dir zu essen gab, Semmel, Öl, Honig, legtest du ihnen vor zum süßen Geruch. Ja es kam dahin, spricht der HERR HERR,

²⁰daß du nahmst deine Söhne und Töchter, die du mir geboren hattest, und opfertest sie denselben zu fressen. Meinst du denn, daß es eine Geringes sei um deine Hurerei,

²¹daß du meine Kinder schlachtest und läßt sie denselben verbrennen?

²²Und in allen deinen Greueln und Hurerei hast du nie gedacht an die Zeit deiner Jugend, wie bloß und nackt du warst und in deinem Blut lagst.

²³Über alle diese deine Bosheit (ach weh dir, weh dir! spricht der HERR HERR)

²⁴bautest du dir Götzenkapellen und machtest dir Altäre auf allen Gassen;

²⁵und vornan auf allen Straßen bautest du deine Altäre und machtest deine Schöne zu eitel Greuel; du spreiztest deine Beine gegen alle, so vorübergingen, und triebst große Hurerei.

²⁶Erstlich triebst du Hurerei mit den Kindern Ägyptens, deinen Nachbarn, die großes Fleisch hatten, und triebst große Hurerei, mich zu reizen.

²⁷Ich aber streckte meine Hand aus wider dich und brach dir an deiner Nahrung ab und übergab dich in den Willen deiner Feinde, der Töchter der Philister, welche sich schämten vor deinem verruchten Wesen.

²⁸Darnach triebst du Hurerei mit den Kindern Assur und konntest des nicht satt werden; ja, da du mit ihnen Hurerei getrieben hattest und des nicht satt werden konntest,

²⁹machtest du der Hurerei noch mehr bis ins Krämerland Chaldäa; doch konntest du damit auch nicht satt werden.

³⁰Wie soll ich dir doch dein Herz beschneiden, spricht der HERR HERR, weil du solche Werke tust einer großen Erzhure,

³¹damit daß du deine Götzenkapellen bautest vornan auf allen Straßen und deine Altäre machtest auf allen Gassen? Dazu warst du nicht wie eine andere Hure, die man muß mit Geld kaufen.

³²Du Ehebrecherin, die anstatt ihres Mannes andere zuläßt!

³³Denn allen andern Huren gibt man Geld; du aber gibst allen deinen Buhlern Geld zu und schenkst ihnen, daß sie zu dir kommen allenthalben und mit dir Hurerei treiben.

³⁴Und findet sich an dir das Widerspiel vor andern Weibern mit deiner Hurerei, weil man dir nicht nachläuft, sondern du Geld zugibst, und man dir nicht Geld zugibt; also treibst du das Widerspiel.

³⁵Darum, du Hure, höre des HERRN Wort!

³⁶So spricht der HERR HERR: Weil du denn so milde Geld zugibst und deine Blöße durch deine Hurerei gegen deine Buhlen aufdeckst und gegen alle Götzen deiner Greuel und vergießt das Blut deiner Kinder, welche du ihnen opferst;

³⁷darum, siehe, will ich sammeln alle deine Buhlen, welchen du wohl gefielst, samt allen, die du für deine Freunde hältst, zu deinen Feinden und will sie beide wider dich sammeln allenthalben und will ihnen deine Blöße aufdecken, daß sie deine Blöße ganz sehen sollen.

³⁸Und will das Recht der Ehebrecherinnen und Blutvergießerinnen über dich gehen und dein Blut vergießen lassen mit Grimm und Eifer.

³⁹Und will dich in ihre Hände geben, daß sie deine Kapellen abbrechen und deine Altäre umreißen und dir deine Kleider ausziehen und dein schönes Gerät dir nehmen und dich nackt und bloß sitzen lassen.

⁴⁰Und sie sollen Haufen Leute über dich bringen, die dich steinigen und mit ihren Schwertern zerhauen

⁴¹und deine Häuser mit Feuer verbrennen und dir dein Recht tun vor den Augen vieler Weiber. Also will ich deiner Hurerei ein Ende machen, daß du nicht mehr sollst Geld noch zugeben,

⁴²und will meinen Mut an dir kühlen und meinen Eifer an dir sättigen, daß ich ruhe und nicht mehr zürnen müsse.

⁴³Darum daß du nicht gedacht hast an die Zeit deiner Jugend, sondern mich mit diesem allem gereizt, darum will ich auch dir all dein Tun auf den Kopf legen, spricht der HERR HERR, wiewohl ich damit nicht getan habe nach dem Laster in deinen Greueln.

⁴⁴Siehe, alle die, so Sprichwort pflegen zu üben, werden von dir dies Sprichwort sagen: "Die Tochter ist wie die Mutter."

⁴⁵Du bist deiner Mutter Tochter, welche Mann und Kinder von sich stößt, und bist eine Schwester deiner Schwestern, die ihre Männer und Kinder von sich stoßen. Eure Mutter ist eine von den Hethitern und euer Vater ein Amoriter.

⁴⁶Samaria ist dein große Schwester mit ihren Töchtern, die dir zur Linken wohnt; und Sodom ist deine kleine Schwester mit ihren Töchtern, die dir zur Rechten wohnt;

⁴⁷wiewohl du dennoch nicht gelebt hast nach ihrem Wesen noch getan nach ihren Greueln. Es fehlt nicht viel, daß du es ärger gemacht hast denn sie in allem deinem Wesen.

⁴⁸So wahr ich lebe, spricht der HERR HERR, Sodom, deine Schwester, samt ihren Töchtern hat nicht so getan wie du und deine Töchter.

⁴⁹Siehe, das war deiner Schwester Sodom Missetat: Hoffart und alles vollauf und guter Friede, den sie und ihre Töchter hatten; aber den Armen und Dürftigen halfen sie nicht,

⁵⁰sondern waren stolz und taten Greuel vor mir; darum ich sie auch weggetan habe, da ich begann dareinzusehen.

⁵¹So hat auch Samaria nicht die Hälfte deiner Sünden getan; sondern du hast deiner Greuel so viel mehr als sie getan, daß du deine Schwester fromm gemacht hast gegen alle deine Greuel die du getan hast.

⁵²So trage auch nun deine Schande, die du deiner Schwester zuerkannt hast. Durch deine Sünden, in welchen du größere Greuel denn sie getan hast, machst du sie frömmer, denn du bist. So sei nun auch du schamrot und trage deine Schande, daß du deine Schwester fromm gemacht hast.

⁵³Ich will aber ihr Gefängnis wenden, nämlich das Gefängnis dieser Sodom und ihrer Töchter und das Gefängnis dieser Samaria und ihrer Töchter und das Gefängnis deiner Gefangenen samt ihnen,

⁵⁴daß du tragen mußt deine Schande und dich schämst alles dessen, was du getan hast ihnen zum Troste.

⁵⁵Und deine Schwestern, diese Sodom und ihre Töchter, sollen wieder werden, wie sie zuvor gewesen sind, und Samaria und ihre Töchter sollen wieder werden, wie sie zuvor gewesen sind; dazu auch du und deine Töchter sollt wieder werden, wie ihr zuvor gewesen seid.

⁵⁶Und wirst nicht mehr die Sodom, deine Schwester rühmen wie zur Zeit deines Hochmuts,

⁵⁷da deine Bosheit noch nicht aufgedeckt war wie zur Zeit, da dich die Töchter Syriens und die Töchter der Philister allenthalben schändeten und verachteten dich um und um,

⁵⁸da ihr mußtet eure Laster tragen, spricht der HERR.

⁵⁹Denn also spricht der HERR HERR: Ich will dir tun wie du getan hast, daß du den Eid verachtest und brichst den Bund.

⁶⁰Ich will aber gedenken an meinen Bund, den ich mit dir gemacht habe zur Zeit deiner Jugend, und will mit dir einen ewigen Bund aufrichten.

⁶¹Da wirst du an deine Wege gedenken und dich schämen, wenn du deine großen und kleinen Schwestern zu dir nehmen wirst, die ich dir zu Töchtern geben werde, aber nicht aus deinem Bund.

⁶²Sondern ich will meinen Bund mit dir aufrichten, daß du erfahren sollst, daß ich der HERR sei,

⁶³auf daß du daran gedenkst und dich schämst und vor Schande nicht mehr deinen Mund auftun dürfest, wenn ich dir alles vergeben werde, was du getan hast, spricht der HERR HERR.

Kapitel 17

¹Und des HERRN Wort geschah zu mir und sprach:

²Du Menschenkind, lege doch dem Hause Israel ein Rätsel vor und ein Gleichnis

³und sprich: So spricht der HERR HERR: Ein großer Adler mit großen Flügeln und langen Fittichen und voll Federn, die bunt waren, kam auf den Libanon und nahm den Wipfel von der Zeder

⁴und brach das oberste Reis ab und führte es ins Krämerland und setzte es in die Kaufmannstadt.

⁵Er nahm auch vom Samen des Landes und pflanzte es in gutes Land, da viel Wasser war, und setzte es lose hin.

⁶Und es wuchs und ward ein ausgebreiteter Weinstock und niedrigen Stammes; denn seine Reben bogen sich zu ihm, und seine Wurzeln waren unter ihm; und er war also ein Weinstock, der Reben kriegte und Zweige.

⁷Und da war ein anderer großer Adler mit großen Flügeln und vielen Federn; und siehe, der Weinstock hatte verlangen an seinen Wurzeln zu diesem Adler und streckte seine Reben aus gegen ihn, daß er gewässert würde, vom Platz, da er gepflanzt war.

⁸Und war doch auf einen guten Boden an viel Wasser gepflanzt, da er wohl hätte können Zweige bringen, Früchte tragen und ein herrlicher Weinstock werden.

⁹So sprich nun: Also sagt der HERR HERR: Sollte der geraten? Ja, man wird seine Wurzeln ausrotten und seine Früchte abreißen, und

er wird verdorren, daß alle Blätter seines Gewächses verdorren werden; und es wird nicht geschehen durch großen Arm noch viel Volks, daß man ihn von seinen Wurzeln wegführe.

¹⁰Siehe, er ist zwar gepflanzt; aber sollte er geraten? Ja, sobald der Ostwind an ihn rühren wird, wird er verdorren auf dem Platz, da er gewachsen ist.

¹¹Und des HERR Wort geschah zu mir und sprach:

¹²Sprich doch zu diesem ungehorsamen Haus: Wißt ihr nicht, was das ist? Und sprich: Siehe, es kam ein König zu Babel gen Jerusalem und nahm ihren König und ihre Fürsten und führte sie weg zu sich gen Babel.

¹³Und nahm einen vom königlichen Geschlecht und machte einen Bund mit ihm und nahm einen Eid von ihm; aber die Gewaltigen im Lande nahm er weg,

¹⁴damit das Königreich demütig bliebe und sich nicht erhöbe, auf daß sein Bund gehalten würde und bestünde.

¹⁵Aber derselbe fiel von ihm ab und sandte seine Botschaft nach Ägypten, daß man ihm Rosse und viel Volks schicken sollte. Sollte es dem geraten? Sollte er davonkommen, der solches tut? und sollte der, so den Bund bricht davonkommen?

¹⁶So wahr ich lebe spricht der HERR HERR, an dem Ort des Königs, der ihn zum König gesetzt hat, dessen Eid er verachtet und dessen Bund er gebrochen hat, da soll er sterben, nämlich zu Babel.

¹⁷Auch wird ihm Pharao nicht beistehen im Kriege mit großem Heer und vielem Volk, wenn man den Wall aufwerfen wird und die Bollwerke bauen, daß viel Leute umgebracht werden.

¹⁸Denn weil er den Eid verachtet und den Bund gebrochen hat, darauf er seine Hand gegeben hat, und solches alles tut, wird er nicht davonkommen.

¹⁹Darum spricht der HERR HERR also; So wahr ich lebe, so will ich meinen Eid, den er verachtet hat, und meinen Bund, den er gebrochen hat, auf seinen Kopf bringen.

²⁰Denn ich will mein Netz über ihn werfen, und er muß in meinem Garn gefangen werden; und ich will ihn gen Babel bringen und will daselbst mit ihm rechten über dem, daß er sich also an mir vergriffen hat.

²¹Und alle seine Flüchtigen, die ihm anhingen, sollen durchs Schwert fallen, und ihre übrigen sollen in alle Winde zerstreut werden; und ihr sollt's erfahren, daß ich, der HERR, es geredet habe.

²²So spricht der HERR HERR: Ich will auch von dem Wipfel des hohen Zedernbaumes nehmen und oben auf seinen Zweigen ein zartes Reis brechen und will's auf einen hohen, erhabenen Berg pflanzen;

²³auf den hohen Berg Israels will ich's pflanzen, daß es Zweige gewinne und Früchte bringe und ein herrlicher Zedernbaum werde, also daß allerlei Vögel unter ihm wohnen und allerlei Fliegendes unter dem Schatten seiner Zweige bleiben möge.

²⁴Und sollen alle Feldbäume erfahren, daß ich, der HERR, den hohen Baum erniedrigt habe und den niedrigen Baum erhöht habe und den grünen Baum ausgedörrt und den dürren Baum grünend gemacht habe. Ich, der HERR, rede es und tue es auch.

Kapitel 18

¹Und des HERRN Wort geschah zu mir und sprach:

²Was treibt ihr unter euch im Lande Israel dies Sprichwort und sprecht: "Die Väter haben Herlinge gegessen, aber den Kindern sind die Zähne davon stumpf geworden"?

³So wahr als ich lebe, spricht der HERR HERR, solches Sprichwort soll nicht mehr unter euch gehen in Israel.

⁴Denn siehe, alle Seelen sind mein; des Vaters Seele ist sowohl mein als des Sohnes Seele. Welche Seele sündigt, die soll sterben.

⁵Wenn nun einer fromm ist, der recht und wohl tut,

⁶der auf den Bergen nicht isset, der seine Augen nicht aufhebt zu den Götzen des Hauses Israel und seines Nächsten Weib nicht befleckt und liegt nicht bei der Frau in ihrer Krankheit,

⁷der niemand beschädigt, der dem Schuldner sein Pfand wiedergibt, der niemand etwas mit Gewalt nimmt, der dem Hungrigen sein Brot mitteilt und den Nackten kleidet,

⁸der nicht wuchert, der nicht Zins nimmt, der seine Hand vom Unrechten kehrt, der zwischen den Leuten recht urteilt,

⁹der nach meinen Rechten wandelt und meine Gebote hält, daß er ernstlich darnach tue: das ist ein frommer Mann, der soll das leben haben, spricht der HERR HERR.

¹⁰Wenn er aber einen Sohn zeugt, und derselbe wird ein Mörder, der Blut vergießt oder dieser Stücke eins tut,

¹¹und der andern Stücke keins tut, sondern auf den Bergen isset und seines Nächsten Weib befleckt,

¹²die Armen und Elenden beschädigt, mit Gewalt etwas nimmt, das Pfand nicht wiedergibt, seine Augen zu den Götzen aufhebt und einen Greuel begeht,

¹³auf Wucher gibt, Zins nimmt: sollte der Leben? Er soll nicht leben, sondern weil er solche Greuel alle getan hat, soll er des Todes sterben; sein Blut soll auf ihm sein.

¹⁴Wo er aber einen Sohn zeugt, der solche Sünden sieht, so sein Vater tut, und sich fürchtet und nicht also tut,

¹⁵ißt nicht auf den Bergen, hebt seine Augen nicht auf zu den Götzen des Hauses Israel, befleckt nicht seines Nächsten Weib,

¹⁶beschädigt niemand, behält das Pfand nicht, nimmt nicht mit Gewalt etwas, teilt sein Brot mit dem Hungrigen und kleidet den Nackten,

¹⁷der seine Hand vom Unrechten kehrt, keinen Wucher noch Zins nimmt, sondern meine Gebote hält und nach meinen Rechten lebt: der soll nicht sterben um seines Vaters Missetat willen, sondern leben.

¹⁸Aber sein Vater, der Gewalt und Unrecht geübt hat und unter seinem Volk getan hat, was nicht taugt, siehe, der soll sterben um seiner Missetat willen.

¹⁹So sprecht ihr: Warum soll denn ein Sohn nicht tragen seines Vaters Missetat? Darum daß er recht und wohl getan und alle meine Rechte gehalten und getan hat, soll er leben.

²⁰Denn welche Seele sündigt, die soll sterben. Der Sohn soll nicht tragen die Missetat des Vaters, und der Vater soll nicht tragen die Missetat des Sohnes; sondern des Gerechten Gerechtigkeit soll über ihm sein.

²¹Wo sich aber der Gottlose bekehrt von allen seine Sünden, die er getan hat, und hält alle meine Rechte und tut recht und wohl, so soll er leben und nicht sterben.

²²Es soll aller seiner Übertretung, so er begangen hat, nicht gedacht werden; sondern er soll leben um der Gerechtigkeit willen, die er tut.

²³Meinest du, daß ich Gefallen habe am Tode des Gottlosen, spricht der HERR, und nicht vielmehr, daß er sich bekehre von seinem Wesen und lebe?

²⁴Und wo sich der Gerechte kehrt von seiner Gerechtigkeit und tut Böses und lebt nach all den Greueln, die ein Gottloser tut, sollte der leben? Ja, aller seiner Gerechtigkeit, die er getan hat, soll nicht gedacht werden; sondern in seiner Übertretung und Sünde, die er getan hat, soll er sterben.

²⁵Doch sprecht ihr: Der HERR handelt nicht recht. So hört nun, ihr vom Hause Israel: Ist's nicht also, daß ich recht habe und ihr unrecht habt?

²⁶Denn wenn der Gerechte sich kehrt von seiner Gerechtigkeit und tut Böses, so muß er sterben; er muß aber um seiner Bosheit willen, die er getan hat, sterben.

²⁷Wiederum, wenn der Gottlose kehrt von seiner Ungerechtigkeit, die er getan hat, und tut nun recht und wohl, der wird seine Seele lebendig erhalten.

²⁸Denn weil er sieht und bekehrt sich von aller Bosheit, die er getan hat, so soll er leben und nicht sterben.

²⁹Doch sprechen die vom Hause Israel: Der HERR handelt nicht recht. Sollte ich Unrecht haben? Ihr vom Hause Israel habt unrecht.

³⁰Darum will ich euch richten, ihr vom Hause Israel einen jeglichen nach seinem Wesen, spricht der HERR HERR. Darum so bekehrt euch von aller Übertretung, auf daß ihr nicht fallen müsset um der Missetat willen.

³¹Werfet von euch alle eure Übertretung, damit ihr übertreten habt, und machet euch ein neues Herz und einen neuen Geist. Denn warum willst du sterben, du Haus Israel?

³²Denn ich habe keinen Gefallen am Tode des Sterbenden, spricht der HERR HERR. Darum bekehrt euch, so werdet ihr leben.

Kapitel 19

¹Du aber mache eine Wehklage über die Fürsten Israels

²und sprich: Warum liegt deine Mutter, die Löwin, unter den Löwen und erzieht ihre Jungen unter den Löwen?

³Deren eines zog sie auf, und ward ein junger Löwe daraus, der gewöhnte sich, die Leute zu zerreißen und zu fressen.

⁴Da das die Heiden von ihm hörten, fingen sie ihn in ihren Gruben und führten ihn an Ketten nach Ägyptenland.

⁵Da nun die Mutter sah, daß ihre Hoffnung verloren war, da sie lange gehofft hatte, nahm sie ein anderes aus ihren Jungen heraus und machte einen jungen Löwen daraus.

⁶Da er unter den Löwen wandelte ward er ein junger Löwe; der gewöhnte sich auch, die Leute zu zerreißen und zu fressen.

⁷Er verderbte ihre Paläste und verwüstete ihre Städte, daß das Land und was darin ist, vor der Stimme seines Brüllens sich entsetzte.

⁸Da legten sich die Heiden aus allen Ländern ringsumher und warfen ein Netz über ihn und fingen ihn in ihren Gruben

⁹und stießen ihn gebunden in einen Käfig und führten ihn zum König zu Babel; und man ließ ihn verwahren, daß seine Stimme nicht mehr gehört würde auf den Bergen Israels.

¹⁰Deine Mutter war wie ein Weinstock, gleich wie du am Wasser gepflanzt; und seine Frucht und Reben wuchsen von dem großen Wasser,

¹¹daß seine Reben so stark wurden, daß sie zu Herrenzeptern gut waren, und er ward hoch unter den Reben. Und da man sah, daß er so hoch war und viel Reben hatte,

¹²ward er mit Grimm ausgerissen und zu Boden geworfen; der Ostwind verdorrte seine Frucht, und seine starken Reben wurden zerbrochen, daß sie verdorrten und verbrannt wurden.

¹³Nun aber ist er gepflanzt in der Wüste, in einem dürren, durstigen Lande,

¹⁴und ist ein Feuer ausgegangen von seinen starken Reben, das verzehrte seine Frucht, daß in ihm keine starke Rebe mehr ist zu einem Herrenzepter, das ist ein kläglich und jämmerlich Ding.

Kapitel 20

¹Und es begab sich im siebenten Jahr, am zehnten Tage des fünften Monats, kamen etliche aus den Ältesten Israels, den HERRN zu fragen, und setzten sich vor mir nieder.

²Da geschah des HERRN Wort zu mir und sprach:

³Du Menschenkind, sage den Ältesten Israels und sprich zu ihnen: So spricht der HERR HERR: Seid ihr gekommen, mich zu fragen? So wahr ich lebe, ich will von euch ungefragt sein, spricht der HERR HERR.

⁴Aber willst du sie strafen, du Menschenkind, so magst du sie also strafen: zeige ihnen an die Greuel ihrer Väter

⁵und sprich zu ihnen: So spricht der HERR HERR: Zu der Zeit, da ich Israel erwählte, erhob ich meine Hand zu dem Samen des Hauses Jakob und gab mich ihnen zu erkennen in Ägyptenland. Ja, ich erhob meine Hand zu ihnen und sprach: Ich bin der HERR, euer Gott.

⁶Ich erhob aber zur selben Zeit meine Hand, daß ich sie führte aus Ägyptenland in ein Land, das ich ihnen ersehen hatte, das mit Milch und Honig fließt, ein edles Land vor allen Ländern.

⁷und sprach zu ihnen: Ein jeglicher werfe weg die Greuel vor seinen Augen, und verunreinigt euch nicht an den Götzen Ägyptens! denn ich bin der HERR, euer Gott.

⁸Sie aber waren mir ungehorsam und wollten nicht gehorchen und warf ihrer keiner weg die Greuel vor seinen Augen und verließen die Götzen Ägyptens nicht. Da dachte ich meinem Grimm über sie auszuschütten und all mein Zorn über sie gehen zu lassen noch in Ägyptenland.

⁹Aber ich ließ es um meines Namens willen, daß er nicht entheiligt würde vor den Heiden, unter denen sie waren und vor denen ich mich ihnen hatte zu erkennen gegeben, daß ich sie aus Ägyptenland führen wollte.

¹⁰Und da ich sie aus Ägyptenland geführt hatte und in die Wüste gebracht,

¹¹gab ich ihnen meine Gebote und lehrte sie meine Rechte, durch welche lebt der Mensch, der sie hält.

¹²Ich gab ihnen auch meine Sabbate zum Zeichen zwischen mir und ihnen, damit sie lernten, daß ich der HERR sei, der sie heiligt.

¹³Aber das Haus Israel war mir ungehorsam auch in der Wüste und lebten nicht nach meinen Geboten und verachteten meine Rechte, durch welche der Mensch lebt, der sie hält, und entheiligten meine Sabbate sehr. Da gedachte ich meinem Grimm über sie auszuschütten in der Wüste und sie ganz umzubringen.

¹⁴Aber ich ließ es um meines Namens willen, auf daß er nicht entheiligt würde vor den Heiden, vor welchen ich sie hatte ausgeführt.

¹⁵Und ich hob auch meine Hand auf wider sie in der Wüste, daß ich sie nicht wollte bringen in das Land, so ich ihnen gegeben hatte, das mit Milch und Honig fließt, ein edles Land vor allen Ländern,

¹⁶darum daß sie meine Rechte verachtet und nach meinen Geboten nicht gelebt und meine Sabbate entheiligt hatten; denn sie wandelten nach den Götzen ihres Herzens.

¹⁷Aber mein Auge verschonte sie, daß ich sie nicht verderbte noch ganz umbrächte in der Wüste.

¹⁸Und ich sprach zu ihren Kindern in der Wüste: Ihr sollt nach eurer Väter Geboten nicht leben und ihre Rechte nicht halten und an ihren Götzen euch nicht verunreinigen.

¹⁹Denn ich bin der HERR, euer Gott; nach meinen Geboten sollt ihr leben, und meine Rechte sollt ihr halten und darnach tun;

²⁰und meine Sabbate sollt ihr heiligen, daß sie seien ein Zeichen zwischen mir und euch, damit ihr wisset, das ich der HERR, euer Gott bin.

²¹Aber die Kinder waren mir auch ungehorsam, lebten nach meinen Geboten nicht, hielten auch meine Rechte nicht, daß sie darnach täten, durch welche der Mensch lebt, der sie hält, und entheiligten meine Sabbate. Da gedachte ich, meinen Grimm über sie auszuschütten und allen meinen Zorn über sie gehen lassen in der Wüste.

²²Ich wandte aber meine Hand und ließ es um meines Namens willen, auf daß er nicht entheiligt würde vor den Heiden, vor welchen ich sie hatte ausgeführt.

²³Ich hob auch meine Hand auf wider sie in der Wüste, daß ich sie zerstreute unter die Heiden und zerstäubte in die Länder,

²⁴darum daß sie meine Geboten nicht gehalten und meine Rechte verachtet und meine Sabbate entheiligt hatten und nach den Götzen ihrer Väter sahen.

²⁵Darum übergab ich sie in die Lehre, die nicht gut ist, und in Rechte, darin sie kein Leben konnten haben,

²⁶und ließ sie unrein werden durch ihre Opfer, da sie alle Erstgeburt durchs Feuer gehen ließen, damit ich sie verstörte und sie lernen mußten, daß ich der HERR sei.

²⁷Darum rede, du Menschenkind, mit dem Hause Israel und sprich zu ihnen: So spricht der HERR HERR: Eure Väter haben mich noch weiter gelästert und mir getrotzt.

²⁸Denn da ich sie in das Land gebracht hatte, über welches ich meine Hand aufgehoben hatte, daß ich's ihnen gäbe: wo sie einen hohen Hügel oder dichten Baum ersahen, daselbst opferten sie ihre Opfer und brachten dahin ihre verdrießlichen Gaben und räucherten daselbst ihren süßen Geruch und gossen daselbst ihre Trankopfer.

²⁹Ich aber sprach zu ihnen: Was soll doch die Höhe, dahin ihr geht? Und also heißt sie bis auf diesen Tag "die Höhe".

³⁰Darum sprich zum Hause Israel: So spricht der HERR HERR: Ihr verunreinigt euch in dem Wesen eurer Väter und treibt Abgötterei mit ihren Greueln

³¹und verunreinigt euch an euren Götzen, welchen ihr eure Gaben opfert und eure Söhne und Töchter durchs Feuer gehen laßt, bis auf den heutigen Tag; und ich sollte mich von euch, Haus Israel, fragen lassen? So wahr ich lebe, spricht der HERR HERR, ich will von euch ungefragt sein.

³²Dazu, was ihr gedenkt: "Wir wollen tun wie die Heiden und wie andere Leute in den Ländern: Holz und Stein anbeten", das soll euch fehlschlagen.

³³So wahr ich lebe, spricht der HERR HERR, ich will über euch herrschen mit starker Hand und ausgestrecktem Arm und mit ausgeschüttetem Grimm

³⁴und will euch aus den Völkern führen und aus den Ländern, dahin ihr verstreut seid, sammeln mit starker Hand und mit ausgestrecktem Arm und mit ausgeschütteten Grimm,

³⁵und will euch bringen in die Wüste der Völker und daselbst mit euch rechten von Angesicht zu Angesicht.

³⁶Wie ich mit euren Vätern in der Wüste bei Ägypten gerechtet habe, ebenso will ich auch mit euch rechten, spricht der HERR HERR.

³⁷Ich will euch wohl unter die Rute bringen und euch in die Bande des Bundes zwingen

³⁸und will die Abtrünnigen und so wider mich übertreten, unter euch ausfegen; ja, aus dem Lande, da ihr jetzt wohnt, will ich sie führen und ins Land Israel nicht kommen lassen, daß ihr lernen sollt, ich sei der HERR.

³⁹Darum, ihr vom Hause Israel, so spricht der HERR HERR: Weil ihr denn mir ja nicht wollt gehorchen, so fahrt hin und diene ein jeglicher seinen Götzen; aber meinen heiligen Namen laßt hinfort ungeschändet mit euren Opfern und Götzen.

⁴⁰Denn so spricht der HERR HERR: Auf meinem heiligen Berge, auf dem hohen Berge Israel, daselbst wird mir das ganze Haus Israel, alle die im Lande sind, dienen; daselbst werden sie mir angenehm sein, und daselbst will ich eure Hebopfer und Erstlinge eurer Opfer fordern mit allem, was ihr mir heiligt.

⁴¹Ihr werdet mir angenehm sein mit dem süßen Geruch, wenn ich euch aus den Völkern bringen und aus den Ländern sammeln werde, dahin ihr verstreut seid, und werde in euch geheiligt werden vor den Heiden.

⁴²Und ihr werdet erfahren, daß ich der HERR bin, wenn ich euch ins Land Israel gebracht habe, in das Land, darüber ich meine Hand aufhob, daß ich's euren Vätern gäbe.

⁴³Daselbst werdet ihr gedenken an euer Wesen und an all euer Tun, darin ihr verunreinigt seid, und werdet Mißfallen haben über eure eigene Bosheit, die ihr getan habt.

⁴⁴Und werdet erfahren, daß ich der HERR bin, wenn ich mit euch tue um meines Namens willen und nicht nach eurem bösen Wesen und

Hesekiel

schädlichen Tun, du Haus Israel, spricht der HERR HERR.

⁴⁵Und des HERRN Wort geschah zu mir und sprach:

⁴⁶Du Menschenkind, richte dein Angesicht gegen den Südwind zu und predige gegen den Mittag und weissage wider den Wald im Felde gegen Mittag.

⁴⁷Und sprich zum Walde gegen Mittag: Höre des HERRN Wort! So spricht der HERR HERR: Siehe, ich will in dir ein Feuer anzünden, das soll beide, grüne und dürre Bäume, verzehren, daß man seine Flamme nicht wird löschen können; sondern es soll verbrannt werden alles, was vom Mittag gegen Mitternacht steht.

⁴⁸Und alles Fleisch soll sehen, daß ich, der HERR, es angezündet habe und niemand löschen kann.

⁴⁹Und ich sprach: Ach HERR HERR, sie sagen von mir: Dieser redet eitel Rätselworte.

Kapitel 21

¹Und des HERRN Wort geschah zu mir und sprach:

²Du Menschenkind, richte dein Angesicht wider Jerusalem und predige wider die Heiligtümer und weissage wider das Land Israel

³und sprich zum Lande Israel: So spricht der HERR HERR: Siehe, ich will an dich; ich will mein Schwert aus der Scheide ziehen und will in dir ausrotten beide, Gerechte und Ungerechte.

⁴Weil ich denn in dir Gerechte und Ungerechte ausrotte, so wird mein Schwert aus der Scheide fahren über alles Fleisch, von Mittag her bis gen Mitternacht.

⁵Und soll alles Fleisch erfahren, daß ich, der HERR, mein Schwert habe aus der Scheide gezogen; und es soll nicht wieder eingesteckt werden.

⁶Und du, Menschenkind, sollst seufzen, bis dir die Lenden weh tun, ja, bitterlich sollst du seufzen, daß sie es sehen.

⁷Und wenn sie zu dir sagen werden: Warum seufzest du? sollst du sagen: Um des Geschreis willen, das da kommt, vor welchem alle Herzen verzagen, und alle Hände sinken, aller Mut fallen und alle Kniee so ungewiß stehen werden wie Wasser. Siehe, es kommt und wird geschehen, spricht der HERR HERR.

⁸Und des HERRN Wort geschah zu mir und sprach:

⁹Du Menschenkind, weissage und sprich: So spricht der HERR: Sprich: Das Schwert, ja, das Schwert ist geschärft und gefegt.

¹⁰Es ist geschärft, daß es schlachten soll; es ist gefegt, daß es blinken soll. O wie froh wollten wir sein, wenn er gleich alle Bäume zu Ruten machte über die bösen Kinder!

¹¹Aber er hat ein Schwert zu fegen gegeben, daß man es fassen soll; es ist geschärft und gefegt, daß man's dem Totschläger in die Hand gebe.

¹²Schreie und heule, du Menschenkind; denn es geht über mein Volk und über alle Regenten in Israel, die dem Schwert samt meinem Volk verfallen sind. Darum schlage auf deine Lenden.

¹³Denn er hat sie oft gezüchtigt; was hat's geholfen? Es will der bösen Kinder Rute nicht helfen, spricht der HERR HERR.

¹⁴Und du, Menschenkind, weissage und schlage deine Hände zusammen. Denn das Schwert wird zweifach, ja dreifach kommen, ein Würgeschwert, ein Schwert großer Schlacht, das sie auch treffen wird in den Kammern, dahin sie fliehen.

¹⁵Ich will das Schwert lassen klingen, daß die Herzen verzagen und viele fallen sollen an allen ihren Toren. Ach, wie glänzt es und haut daher zur Schlacht!

¹⁶Haue drein, zur Rechten und Linken, was vor dir ist!

¹⁷Da will ich dann mit meinen Händen darob frohlocken und meinen Zorn gehen lassen. Ich, der HERR, habe es gesagt.

¹⁸Und des HERRN Wort geschah zu mir und sprach:

¹⁹Du Menschenkind, mache zwei Wege, durch welche kommen soll das Schwert des Königs zu Babel; sie sollen aber alle beide aus einem Lande gehen.

²⁰Und stelle ein Zeichen vorn an den Weg zur Stadt, dahin es weisen soll; und mache den Weg, daß das Schwert komme gen Rabba der Kinder Ammon und nach Juda, zu der festen Stadt Jerusalem.

²¹Denn der König zu Babel wird sich an die Wegscheide stellen, vorn an den zwei Wegen, daß er sich wahrsagen lasse, mit den Pfeilen das Los werfe, seinen Abgott frage und schaue die Leber an.

²²Und die Wahrsagung wird auf die rechte Seite gen Jerusalem deuten, daß er solle Sturmböcke hinanführen lassen und Löcher machen und mit großem Geschrei sie überfalle und morde, und daß er Böcke führen soll wider die Tore und da Wall aufschütte und Bollwerk baue.

²³Aber es wird sie solches Wahrsagen falsch dünken, er schwöre, wie teuer er will. Er aber wird denken an die Missetat, daß er sie gewinne.

²⁴Darum spricht der HERR HERR also: Darum daß euer gedacht wird um eure Missetat und euer Ungehorsam offenbart ist, daß man eure Sünden sieht in allem eurem Tun, ja, darum daß euer gedacht wird, werdet ihr mit Gewalt gefangen werden.

²⁵Und du, Fürst in Israel, der du verdammt und verurteilt bist, dessen Tag daherkommen wird, wenn die Missetat zum Ende gekommen ist,

²⁶so spricht der HERR HERR: Tue weg den Hut und hebe ab die Krone! Denn es wird weder Hut noch die Krone bleiben; sondern der sich erhöht hat, der soll erniedrigt werden, und der sich erniedrigt, soll erhöht werden.

²⁷Ich will die Krone zunichte, zunichte, zunichte machen, bis der komme, der sie haben soll; dem will ich sie geben.

²⁸Und du, Menschenkind, weissage und sprich: So spricht der HERR HERR von den Kindern Ammon und von ihrem Schmähen; und sprich: Das Schwert, das Schwert ist gezückt, daß es schlachten soll; es ist gefegt, daß es würgen soll und soll blinken,

²⁹darum daß du falsche Gesichte dir sagen läßt und Lügen weissagen, damit du auch hingegeben wirst unter die erschlagenen Gottlosen, welchen ihr Tag kam, da die Missetat zum Ende gekommen war.

³⁰Und ob's schon wieder in die Scheide gesteckt würde, so will ich dich doch richten an dem Ort, da du geschaffen, und in dem Lande, da du geboren bist,

³¹und will meinen Zorn über dich schütten; ich will das Feuer meines Grimmes über dich aufblasen und will dich Leuten, die brennen und verderben können, überantworten.

³²Du mußt dem Feuer zur Speise werden, und dein Blut muß im Lande vergossen werden, und man wird dein nicht mehr gedenken; denn ich, der HERR, habe es geredet.

Kapitel 22

¹Und des HERRN Wort geschah zu mir und sprach:

²Du Menschenkind, willst du nicht strafen die mörderische Stadt und ihr anzeigen alle ihre Greuel?

³Sprich: So spricht der HERR HERR: O Stadt, die du der Deinen Blut vergießest, auf daß deine Zeit komme, und die du Götzen bei dir machst, dadurch du dich verunreinigst!

⁴Du verschuldest dich an dem Blut, das du vergießt, und verunreinigst dich an den Götzen, die du machst; damit bringst du deine Tage herzu und machst, daß deine Jahre kommen müssen. Darum will ich dich zum Spott unter den Heiden und zum Hohn in allen Ländern machen.

⁵In der Nähe und in der Ferne sollen sie dein spotten, daß du ein schändlich Gerücht haben und großen Jammer leiden müssest.

⁶Siehe, die Fürsten in Israel, ein jeglicher ist mächtig bei dir, Blut zu vergießen.

⁷Vater und Mutter verachten sie, den Fremdlingen tun sie Gewalt und Unrecht, die Witwen und die Waisen schinden sie.

⁸Du verachtest meine Heiligtümer und entheiligst meine Sabbate.

⁹Verräter sind in dir, auf daß sie Blut vergießen. Sie essen auf den Bergen und handeln mutwillig in dir;

¹⁰sie decken auf die Blöße der Väter und nötigen die Weiber in ihrer Krankheit

¹¹und treiben untereinander, Freund mit Freundes Weibe, Greuel; sie schänden ihre eigene Schwiegertochter mit allem Mutwillen; sie notzüchtigen ihre eigene Schwestern, ihres Vaters Töchter;

¹²sie nehmen Geschenke, auf daß sie Blut vergießen; sie wuchern und nehmen Zins voneinander und treiben ihren Geiz wider ihren Nächsten und tun einander Gewalt und vergessen mein also, spricht der HERR HERR.

¹³Siehe, ich schlage meine Hände zusammen über den Geiz, den du treibst, und über das Blut, so in dir vergossen ist.

¹⁴Meinst du aber, dein Herz möge es erleiden, oder werden es deine Hände ertragen zu der Zeit, wann ich mit dir handeln werde? Ich, der HERR, habe es geredet, und will's auch tun

¹⁵und will dich zerstreuen unter die Heiden und dich verstoßen in die Länder und will deinem Unflat ein Ende machen,

¹⁶daß du bei den Heiden mußt verflucht geachtet werden und erfahren, daß ich der HERR sei.

¹⁷Und des HERRN Wort geschah zu mir und sprach:

¹⁸Du Menschenkind, das Haus Israel ist mir zu Schlacken geworden und sind alle Erz, Zinn, Eisen und Blei im Ofen; ja, zu Silberschlacken sind sie geworden.

¹⁹Darum spricht der HERR HERR also: Weil ihr denn alle Schlacken geworden seid, siehe, so will ich euch alle gen Jerusalem zusammentun.

²⁰Wie man Silber, Erz, Eisen, Blei und Zinn zusammentut im

Ofen, daß man ein Feuer darunter aufblase und zerschmelze es, also will ich euch auch in meinem Zorn und Grimm zusammentun, einlegen und schmelzen.

²¹Ja ich will euch sammeln und das Feuer meines Zorns unter euch aufblasen, daß ihr darin zerschmelzen müsset.

²²Wie das Silber zerschmilzt im Ofen, so sollt ihr auch darin zerschmelzen und erfahren, daß ich, der HERR, meinen Grimm über euch ausgeschüttet habe.

²³Und des HERRN Wort geschah zu mir und sprach:

²⁴Du Menschenkind, sprich zu ihnen: Du bist ein Land, das nicht zu reinigen ist, wie eines, das nicht beregnet wird zur Zeit des Zorns.

²⁵Die Propheten, so darin sind, haben sich gerottet, die Seelen zu fressen wie ein brüllender Löwe, wenn er raubt; sie reißen Gut und Geld an sich und machen der Witwen viel darin.

²⁶Ihre Priester verkehren mein Gesetz freventlich und entheiligen mein Heiligtum; sie halten unter dem Heiligen und Unheiligen keinen Unterschied und lehren nicht, was rein oder unrein sei, und warten meiner Sabbate nicht, und ich werde unter ihnen entheiligt.

²⁷Ihre Fürsten sind darin wie die reißenden Wölfe, Blut zu vergießen und Seelen umzubringen um ihres Geizes willen.

²⁸Und ihre Propheten tünchen ihnen mit losem Kalk, predigen loses Gerede und weissagen ihnen Lügen und sagen: "So spricht der HERR HERR", so es doch der HERR nicht geredet hat.

²⁹Das Volk im Lande übt Gewalt; sie rauben getrost und schinden die Armen und Elenden und tun den Fremdlingen Gewalt und Unrecht.

³⁰Ich suchte unter ihnen, ob jemand sich zur Mauer machte und wider den Riß stünde vor mir für das Land, daß ich's nicht verderbte; aber ich fand keinen.

³¹Darum schüttete ich meinen Zorn über sie, und mit dem Feuer meines Grimmes machte ich ihnen ein Ende und gab ihnen also ihren Verdienst auf ihren Kopf, spricht der HERR HERR.

Kapitel 23

¹Und des HERRN Wort geschah zu mir und sprach:

²Du Menschenkind, es waren zwei Weiber, einer Mutter Töchter.

³Die trieben Hurerei in Ägypten in ihrer Jugend; daselbst ließen sie ihre Brüste begreifen und den Busen ihrer Jungfrauschaft betasten.

⁴Die große heißt Ohola und ihre Schwester Oholiba. Und ich nahm sie zur Ehe, und sie gebaren mir Söhne und Töchter. Und Ohola heißt Samaria und Oholiba Jerusalem.

⁵Ohola trieb Hurerei, da ich sie genommen hatte, und brannte gegen ihre Buhlen, nämlich gegen die Assyrer, die zu ihr kamen,

⁶gegen die Fürsten und Herren, die mit Purpur gekleidet waren, und alle junge, liebliche Gesellen, Reisige, so auf Rossen ritten.

⁷Und sie buhlte mit allen schönen Gesellen in Assyrien und verunreinigte sich mit allen ihren Götzen, wo sie auf einen entbrannte.

⁸Dazu ließ sie auch nicht die Hurerei mit Ägypten, die bei ihr gelegen hatten von ihrer Jugend auf und die Brüste ihrer Jungfrauschaft betastet und große Hurerei mit ihr getrieben hatten.

⁹Da übergab ich sie in die Hand ihrer Buhlen, den Kindern Assur, gegen welche sie brannte vor Lust.

¹⁰Die deckten ihre Blöße auf und nahmen ihre Söhne und Töchter weg; sie aber töteten sie mit dem Schwert. Und es kam aus unter den Weibern, wie sie gestraft wäre.

¹¹Da es aber ihre Schwester Oholiba sah, entbrannte sie noch viel ärger denn jene und trieb die Hurerei mehr denn ihre Schwester;

¹²und entbrannte gegen die Kinder Assur, nämlich die Fürsten und Herren, die zu ihr kamen wohl gekleidet, Reisige, so auf Rossen ritten, und alle junge, liebliche Gesellen.

¹³Da sah ich, daß sie alle beide gleichermaßen verunreinigt waren.

¹⁴Aber diese trieb ihre Hurerei mehr. Denn da sie sah gemalte Männer an der Wand in roter Farbe, die Bilder der Chaldäer,

¹⁵um ihre Lenden gegürtet und bunte Mützen auf ihren Köpfen, und alle gleich anzusehen wie gewaltige Leute, wie denn die Kinder Babels, die Chaldäer, tragen in ihrem Vaterlande:

¹⁶entbrannte sie gegen sie, sobald sie ihrer gewahr ward, und schickte Botschaft zu ihnen nach Chaldäa.

¹⁷Als nun die Kinder Babels zu ihr kamen, bei ihr zu schlafen nach der Liebe, verunreinigten sie dieselbe mit ihrer Hurerei, und sie verunreinigte sich mit ihnen, bis sie ihrer müde ward.

¹⁸Und da ihre Hurerei und Schande so gar offenbar war, ward ich ihrer überdrüssig, wie ich ihrer Schwester auch war müde geworden.

¹⁹Sie aber trieb ihre Hurerei immer mehr und gedachte an die Zeit ihrer Jugend, da sie in Ägyptenland Hurerei getrieben hatte,

²⁰und entbrannte gegen ihre Buhlen, welcher Brunst war wie der Esel und der Hengste Brunst.

²¹Und du bestelltest deine Unzucht wie in deiner Jugend, da die in Ägypten deine Brüste begriffen und deinen Busen betasteten.

²²Darum, Oholiba, so spricht der HERR HERR: Siehe, ich will deine Buhlen, deren du müde bist geworden, wider dich erwecken und will sie ringsumher wider dich bringen,

²³nämlich die Kinder Babels und alle Chaldäer mit Hauptleuten, Fürsten und Herren und alle Assyrer mit ihnen, die schöne junge Mannschaft, alle Fürsten und Herren, Ritter und Edle, die alle auf Rossen reiten.

²⁴Und sie werden über dich kommen, gerüstet mit Wagen und Rädern und mit großem Haufen Volks, und werden dich belagern mit Tartschen, Schilden und Helmen um und um. Denen will ich das Recht befehlen, daß sie dich richten sollen nach ihrem Recht.

²⁵Ich will meinen Eifer über dich gehen lassen, daß sie unbarmherzig mit dir handeln sollen. Sie sollen dir Nase und Ohren abschneiden; und was übrigbleibt, soll durchs Schwert fallen. Sie sollen deine Söhne und Töchter wegnehmen und das übrige mit Feuer verbrennen.

²⁶Sie sollen dir deine Kleider ausziehen und deinen Schmuck wegnehmen.

²⁷Also will ich deiner Unzucht und deiner Hurerei mit Ägyptenland ein Ende machen, daß du deine Augen nicht mehr nach ihnen aufheben und Ägyptens nicht mehr gedenken sollst.

²⁸Denn so spricht der HERR HERR: Siehe, ich will dich überantworten, denen du feind geworden und deren du müde bist.

²⁹Die sollen wie Feinde mit dir umgehen und alles nehmen, was du erworben hast, und dich nackt und bloß lassen, daß die Schande deiner Unzucht und Hurerei offenbar werde.

³⁰Solches wird dir geschehen um deiner Hurerei willen, so du mit den Heiden getrieben, an deren Götzen du dich verunreinigt hast.

³¹Du bist auf dem Wege deiner Schwester gegangen; darum gebe ich dir auch deren Kelch in deine Hand.

³²So spricht der HERR HERR: Du mußt den Kelch deiner Schwester trinken, so tief und weit er ist: du sollst zu so großem Spott und Hohn werden, daß es unerträglich sein wird.

³³Du mußt dich des starken Tranks und Jammers vollsaufen; denn der Kelch deiner Schwester Samaria ist ein Kelch des Jammers und Trauerns.

³⁴Denselben mußt du rein austrinken, darnach die Scherben zerwerfen und deine Brüste zerreißen; denn ich habe es geredet, spricht der HERR HERR.

³⁵Darum so spricht der HERR HERR: Darum, daß du mein vergessen und mich hinter deinen Rücken geworfen hast, so trage auch nun deine Unzucht und deine Hurerei.

³⁶Und der HERR sprach zu mir; Du Menschenkind, willst du nicht Ohola und Oholiba strafen und ihnen zeigen ihre Greuel?

³⁷Wie sie Ehebrecherei getrieben und Blut vergossen und die Ehe gebrochen haben mit den Götzen; dazu ihre Kinder, die sie mir geboren hatten, verbrannten sie denselben zum Opfer.

³⁸Überdas haben sie mir das getan: sie haben meine Heiligtümer verunreinigt dazumal und meine Sabbate entheiligt.

³⁹Denn da sie ihre Kinder den Götzen geschlachtet hatten, gingen sie desselben Tages in mein Heiligtum, es zu entheiligen. Siehe, solches haben sie in meinem Hause begangen.

⁴⁰Sie haben auch Boten geschickt nach Leuten, die aus fernen Landen kommen sollten; und siehe, da sie kamen, badetest du dich und schminktest dich und schmücktest dich mit Geschmeide zu ihren Ehren,

⁴¹und saßest auf einem herrlichen Polster, vor welchem stand ein Tisch zugerichtet; darauf legtest du mein Räuchwerk und mein Öl.

⁴²Daselbst erhob sich ein großes Freudengeschrei; und es gaben ihnen die Leute, so allenthalben aus großem Volk und aus der Wüste gekommen waren, Geschmeide an ihre Arme und schöne Kronen auf ihre Häupter.

⁴³Ich aber gedachte: Sie ist der Ehebrecherei gewohnt von alters her; sie kann von der Hurerei nicht lassen.

⁴⁴Denn man geht zu ihr ein, wie man zu einer Hure eingeht; ebenso geht man zu Ohola und Oholiba, den unzüchtigen Weibern.

⁴⁵Darum werden sie die Männer strafen, die das Recht vollbringen, wie man die Ehebrecherinnen und Blutvergießerinnen strafen soll. Denn sie sind Ehebrecherinnen, und ihre Hände sind voll Blut.

⁴⁶Also spricht der HERR HERR: Führe einen großen Haufen über sie herauf und gib sie zu Raub und Beute,

⁴⁷daß die Leute sie steinigen und mit ihren Schwertern erstechen und ihre Söhne und Töchter erwürgen und ihre Häuser mit Feuer verbrennen.

⁴⁸Also will ich der Unzucht im Lande ein Ende machen, daß alle Weiber sich warnen lassen und nicht nach solcher Unzucht tun.

⁴⁹Und man soll eure Unzucht auf euch legen, und ihr sollt eurer

Hesekiel

Götzen Sünden tragen, auf daß ihr erfahret, daß ich der HERR HERR bin.

Kapitel 24

¹Und es geschah das Wort des HERRN zu mir im neunten Jahr, am zehnten Tage des zehnten Monats, und sprach:

²Du Menschenkind, schreib diesen Tag an, ja, eben diesen Tag; denn der König zu Babel hat sich eben an diesem Tage wider Jerusalem gelagert.

³Und gib dem ungehorsamen Volk ein Gleichnis und sprich zu ihnen: So spricht der HERR HERR: Setze einen Topf zu, setze zu und gieß Wasser hinein;

⁴tue die Stücke zusammen darein, die hinein sollen, alle besten Stücke, die Lenden und Schultern, und fülle ihn mit den besten Knochenstücken.

⁵nimm das Beste von der Herde und mache ein Feuer darunter, Knochenstücke zu kochen, und laß es getrost sieden und die Knochenstücke darin wohl kochen.

⁶Darum spricht der HERR HERR: O der mörderischen Stadt, die ein solcher Topf ist, da der Rost daran klebt und nicht abgehen will! Tue ein Stück nach dem andern heraus; und du darfst nicht darum losen, welches zuerst heraus soll.

⁷Denn ihr Blut ist darin, das sie auf einen bloßen Felsen und nicht auf die Erde verschüttet hat, da man's doch hätte mit Erde können zuscharren.

⁸Und ich habe auch darum sie lassen das Blut auf einen bloßen Felsen schütten, daß es nicht zugescharrt würde, auf daß der Grimm über sie käme und es gerächt würde.

⁹Darum spricht der HERR HERR also: O du mörderische Stadt, welche ich will zu einem großen Feuer machen!

¹⁰Trage nur viel Holz her, zünde das Feuer an, daß das Fleisch gar werde, und würze es wohl, und die Knochenstücke sollen anbrennen.

¹¹Lege auch den Topf leer auf die Glut, auf das er heiß werde und sein Erz entbrenne, ob seine Unreinigkeit zerschmelzen und sein Rost abgehen wolle.

¹²Aber wie sehr er brennt, will sein Rost doch nicht abgehen, denn es ist zuviel des Rosts; er muß im Feuer zerschmelzen.

¹³Deine Unreinigkeit ist so verhärtet, daß, ob ich dich gleich reinigen wollte, dennoch du nicht willst dich reinigen lassen von deiner Unreinigkeit. Darum kannst du hinfort nicht wieder rein werden, bis mein Grimm sich an dir gekühlt habe.

¹⁴Ich, der HERR, habe es geredet! Es soll kommen, ich will's tun und nicht säumen; ich will nicht schonen noch mich's reuen lassen; sondern sie sollen dich richten, wie du gelebt und getan hast, spricht der HERR HERR.

¹⁵Und des HERRN Wort geschah zu mir und sprach:

¹⁶Du Menschenkind, siehe, ich will dir deiner Augen Lust nehmen durch eine Plage, aber du sollst nicht klagen noch weinen noch eine Träne lassen.

¹⁷Heimlich magst du seufzen, aber keine Totenklage führen; sondern du sollst deinen Schmuck anlegen und deine Schuhe anziehen. Du sollst deinen Mund nicht verhüllen und nicht das Trauerbrot essen.

¹⁸Und da ich des Morgens früh zum Volk geredet hatte, starb mir am Abend mein Weib. Und ich tat des andern Morgens, wie mir befohlen war.

¹⁹Und das Volk sprach zu mir: Willst du uns nicht anzeigen, was uns das bedeutet, was du tust?

²⁰Und ich sprach zu ihnen: Der HERR hat mir geredet und gesagt:

²¹Sage dem Hause Israel, daß der HERR HERR spricht also: Siehe, ich will mein Heiligtum, euren höchsten Trost, die Lust eurer Augen und eures Herzens Wunsch entheiligen; und euer Söhne und Töchter, die ihr verlassen mußtet, werden durchs Schwert fallen.

²²Und müßt tun, wie ich getan habe: euren Mund sollt ihr nicht verhüllen und das Trauerbrot nicht essen,

²³sondern sollt euren Schmuck auf euer Haupt setzen und eure Schuhe anziehen. Ihr werdet nicht klagen noch weinen, sondern über eure Sünden verschmachten und untereinander seufzen.

²⁴Und soll also Hesekiel euch ein Wunderzeichen sein, daß ihr tun müßt, wie er getan hat, wenn es nun kommen wird, damit ihr erfahrt, daß ich der HERR HERR bin.

²⁵Und du, Menschenkind, zu der Zeit, wann ich wegnehmen werde von ihnen ihre Macht und ihren Trost, die Lust ihrer Augen und des Herzens Wunsch, ihre Söhne und Töchter,

²⁶ja, zur selben Zeit wird einer, so entronnen ist, zu dir kommen und dir's kundtun.

²⁷Zur selben Zeit wird dein Mund aufgetan werden samt dem, der entronnen ist, daß du reden sollst und nicht mehr schweigen; denn du mußt ihr Wunderzeichen sein, daß sie erfahren, ich sei der HERR.

Kapitel 25

¹Und des HERRN Wort geschah zu mir und sprach:

²Du Menschenkind, richte dein Angesicht gegen die Kinder Ammon und weissage wider sie

³und sprich zu den Kindern Ammon: Höret des HERRN HERRN Wort! So spricht der HERR HERR: Darum daß ihr über mein Heiligtum sprecht: "Ha! es ist entheiligt!" und über das Land Israel: "Es ist verwüstet!" und über das Haus Juda: "Es ist gefangen weggeführt!",

⁴darum siehe, ich will dich den Kindern des Morgenlandes übergeben, daß sie ihre Zeltdörfer in dir bauen und ihre Wohnungen in dir machen sollen; sie sollen deine Früchte essen und deine Milch trinken.

⁵Und will Rabba zum Kamelstall machen und das Land der Kinder Ammon zu Schafhürden machen; und ihr sollt erfahren, daß ich der HERR bin.

⁶Denn so spricht der HERR HERR: Darum daß du mit deinen Händen geklatscht und mit den Füßen gescharrt und über das Land Israel von ganzem Herzen so höhnisch dich gefreut hast,

⁷darum siehe, ich will meine Hand über dich ausstrecken und dich den Heiden zur Beute geben und dich aus den Völkern ausrotten und aus den Ländern umbringen und dich vertilgen; und sollst erfahren, daß ich der HERR bin.

⁸So spricht der HERR HERR: Darum daß Moab und Seir sprechen: Siehe das Haus Juda ist eben wie alle Heiden!

⁹siehe, so will ich Moab zur Seite öffnen in seinen Städten und in seinen Grenzen, das edle Land von Beth-Jesimoth, Baal-Meon und Kirjathaim,

¹⁰und will es den Kindern des Morgenlandes zum Erbe geben samt dem Lande der Kinder Ammon, daß man der Kinder Ammon nicht mehr gedenken soll unter den Heiden.

¹¹Und will das Recht gehen lassen über Moab; und sie sollen erfahren, daß ich der HERR bin.

¹²So spricht der HERR HERR: Darum daß sich Edom am Hause Juda gerächt hat und sich verschuldet mit seinem Rächen,

¹³darum spricht der HERR HERR also: Ich will meine Hand ausstrecken über Edom und will ausrotten von ihm Menschen und Vieh und will es wüst machen von Theman bis gen Dedan und durchs Schwert fällen.

¹⁴und will mich an Edom rächen durch mein Volk Israel, und sie sollen mit Edom umgehen nach meinem Zorn und Grimm, daß sie meine Rache erfahren sollen, spricht der HERR HERR.

¹⁵So spricht der HERR HERR: Darum daß die Philister sich gerächt haben und den alten Haß gebüßt nach allem ihrem Willen am Schaden meines Volkes,

¹⁶darum spricht der HERR HERR also: Siehe, ich will meine Hand ausstrecken über die Philister und die Krether ausrotten und will die übrigen am Ufer des Meeres umbringen;

¹⁷und will große Rache an ihnen üben und mit Grimm sie strafen, daß sie erfahren sollen, ich sei der HERR, wenn ich meine Rache an ihnen geübt habe.

Kapitel 26

¹Und es begab sich im elften Jahr, am ersten Tage des ersten Monats, geschah des HERRN Wort zu mir und sprach:

²Du Menschenkind, darum daß Tyrus spricht über Jerusalem: "Ha! die Pforte der Völker ist zerbrochen; es ist zu mir gewandt; ich werde nun voll werden, weil sie wüst ist!",

³darum spricht der HERR HERR also: Siehe, ich will an dich, Tyrus, und will viele Heiden über dich heraufbringen, gleich wie sich ein Meer erhebt mit seinen Wellen.

⁴Die sollen die Mauern zu Tyrus verderben und ihre Türme abbrechen; ja ich will auch ihren Staub von ihr wegfegen und will einen bloßen Fels aus ihr machen

⁵und einen Ort am Meer, darauf man die Fischgarne aufspannt; denn ich habe es geredet, spricht der HERR HERR, und sie soll den Heiden zum Raub werden.

⁶Und ihre Töchter, so auf dem Felde liegen, sollen durchs Schwert erwürgt werden und sollen erfahren, daß ich der HERR bin.

⁷Denn so spricht der HERR HERR: Siehe, ich will über Tyrus kommen lassen Nebukadnezar, den König zu Babel, von Mitternacht her, der ein König aller Könige ist, mit Rossen, Wagen, Reitern und mit großem Haufen Volks.

⁸Der soll deine Töchter, so auf dem Felde liegen, mit dem Schwert erwürgen; aber wider dich wird er Bollwerke aufschlagen und einen Wall aufschütten und Schilde wider dich rüsten.

⁹Er wird mit Sturmböcken deine Mauern zerstoßen und deine Türme mit seinen Werkzeugen umreißen.

¹⁰Der Staub von der Menge seiner Pferde wird dich bedecken; so werden auch deine Mauern erbeben vor dem Getümmel seiner Rosse, Räder und Reiter, wenn er zu deinen Toren einziehen wird, wie man pflegt in eine zerrissene Stadt einzuziehen.

¹¹Er wird mit den Füßen seiner Rosse alle deine Gassen zertreten. Dein Volk wird er mit dem Schwert erwürgen und deine starken Säulen zu Boden reißen.

¹²Sie werden dein Gut rauben und deinen Handel plündern. Deine Mauern werden sie abbrechen und deine feinen Häuser umreißen und werden deine Steine, Holz und Staub ins Wasser werfen.

¹³Also will ich mit dem Getön deines Gesanges ein Ende machen, daß man den Klang deiner Harfen nicht mehr hören soll.

¹⁴Und ich will einen bloßen Fels aus dir machen und einen Ort, darauf man Fischgarne aufspannt, daß du nicht mehr gebaut wirst; denn ich bin der HERR, der solches redet, spricht der HERR HERR.

¹⁵So spricht der HERR HERR wider Tyrus: was gilt's? die Inseln werden erbeben, wenn du so greulich zerfallen wirst und deine Verwundeten seufzen werden, so in dir sollen ermordet werden.

¹⁶Alle Fürsten am Meer werden herab von ihren Stühlen steigen und ihre Röcke von sich tun und ihre gestickten Kleider ausziehen und werden in Trauerkleidern gehen und auf der Erde sitzen und werden erschrecken und sich entsetzen über deinen plötzlichen Fall.

¹⁷Sie werden über dich wehklagen und von dir sagen: Ach, wie bist du so gar wüst geworden, du berühmte Stadt, die du am Meer lagst und so mächtig warst auf dem Meer samt deinen Einwohnern, daß sich das ganze Land vor dir fürchten mußte!

¹⁸Ach, wie entsetzen sich die Inseln über deinen Fall! ja die Inseln im Meer erschrecken über deinen Untergang.

¹⁹Denn so spricht der HERR HERR: Ich will dich zu einer wüsten Stadt machen wie andere Städte, darin niemand wohnt, und eine große Flut über dich kommen lassen, daß dich große Wasser bedecken,

²⁰und will dich hinunterstoßen zu denen, die in die Grube gefahren sind, zu dem Volk der Toten. Ich will dich unter die Erde hinabstoßen in die ewigen Wüsten zu denen, die in die Grube gefahren sind, auf daß niemand in dir wohne. Ich will dich, du Prächtige im Lande der Lebendigen,

²¹ja, zum Schrecken will ich dich machen, daß du nichts mehr seist; und wenn man nach dir fragt, daß man dich ewiglich nimmer finden könne, spricht der HERR HERR.

Kapitel 27

¹Und des HERRN Wort geschah zu mir und sprach:

²Du Menschenkind, mach eine Wehklage über Tyrus

³und sprich zu Tyrus, die da liegt vorn am Meer und mit vielen Inseln der Völker handelt: So spricht der HERR HERR: O Tyrus, du sprichst: Ich bin die Allerschönste.

⁴Deine Grenzen sind mitten im Meer und deine Bauleute haben dich aufs allerschönste zugerichtet.

⁵Sie haben all dein Tafelwerk aus Zypressenholz vom Senir gemacht und die Zedern vom Libanon führen lassen und deine Mastbäume daraus gemacht

⁶und deine Ruder von Eichen aus Basan und deine Bänke von Elfenbein, gefaßt in Buchsbaumholz aus den Inseln der Chittiter.

⁷Dein Segel war von gestickter, köstlicher Leinwand aus Ägypten, daß es dein Panier wäre, und deine Decken von blauem und rotem Purpur aus den Inseln Elisa.

⁸Die von Sidon und Arvad waren deine Ruderknechte, und hattest geschickte Leute zu Tyrus, zu schiffen.

⁹Die Ältesten und Klugen von Gebal mußten deine Risse bessern. Alle Schiffe im Meer und ihre Schiffsleute fand man bei dir; die hatten ihren Handel in dir.

¹⁰Die aus Persien, Lud und Lybien waren dein Kriegsvolk, die ihre Schilde und Helme in dir aufhingen und haben dich so schön geschmückt.

¹¹Die von Arvad waren unter deinem Heer rings um die Mauern und Wächter auf deinen Türmen; die haben ihre Schilde allenthalben von deinen Mauern herabgehängt und dich so schön geschmückt.

¹²Tharsis hat dir mit seinem Handel gehabt und allerlei Waren, Silber, Eisen, Zinn und Blei auf die Märkte gebracht.

¹³Javan, Thubal und Mesech haben mit dir gehandelt und haben dir leibeigene Leute und Geräte von Erz auf deine Märkte gebracht.

¹⁴Die von Thogarma haben dir Rosse und Wagenpferde und Maulesel auf deine Märkte gebracht.

¹⁵Die von Dedan sind deine Händler gewesen, und hast allenthalben in den Inseln gehandelt; die haben dir Elfenbein und Ebenholz verkauft.

¹⁶Die Syrer haben bei dir geholt deine Arbeit, was du gemacht hast, und Rubine, Purpur, Teppiche, feine Leinwand und Korallen und Kristalle auf deine Märkte gebracht.

¹⁷Juda und das Land Israel haben auch mit dir gehandelt und haben Weizen von Minnith und Balsam und Honig und Öl und Mastix auf deine Märkte gebracht.

¹⁸Dazu hat auch Damaskus bei dir geholt deine Arbeit und allerlei Ware um Wein von Helbon und köstliche Wolle.

¹⁹Dan und Javan und Mehusal haben auch auf deine Märkte gebracht Eisenwerk, Kassia und Kalmus, daß du damit handeltest.

²⁰Dedan hat mit dir gehandelt mit Decken zum Reiten.

²¹Arabien und alle Fürsten von Kedar haben mit dir gehandelt mit Schafen, Widdern und Böcken.

²²Die Kaufleute aus Saba und Ragma haben mit dir gehandelt und allerlei köstliche Spezerei und Edelsteine und Gold auf deine Märkte gebracht.

²³Haran und Kanne und Eden samt den Kaufleuten aus Seba, Assur und Kilmad sind auch deine Händler gewesen.

²⁴Die haben alle mit dir gehandelt mit köstlichem Gewand, mit purpurnen und gestickten Tüchern, welche sie in köstlichen Kasten, von Zedern gemacht und wohl verwahrt, auf deine Märkte geführt haben.

²⁵Aber die Tharsisschiffe sind die vornehmsten auf deinen Märkten gewesen. Also bist du sehr reich und prächtig geworden mitten im Meer.

²⁶Deine Ruderer haben dich oft auf große Wasser geführt; ein Ostwind wird dich mitten auf dem Meer zerbrechen,

²⁷also daß dein Reichtum, dein Kaufgut, deine Ware, deine Schiffsleute, deine Schiffsherren und die, so deine Risse bessern und die deinen Handel treiben und alle deine Kriegsleute und alles Volk in dir mitten auf dem Meer umkommen werden zur Zeit, wann du untergehst,

²⁸daß auch die Anfurten erbeben werden vor dem Geschrei deiner Schiffsherren.

²⁹Und alle, die an den Rudern ziehen, samt den Schiffsknechten und Meistern werden aus ihren Schiffen ans Land treten

³⁰und laut über dich schreien, bitterlich klagen und werden Staub auf ihre Häupter werfen und sich in der Asche wälzen.

³¹Sie werden sich kahl scheren über dir und Säcke um sich gürten und von Herzen bitterlich um dich weinen und trauern.

³²Es werden auch ihre Kinder über dich wehklagen: Ach! wer ist jemals auf dem Meer so still geworden wie du, Tyrus?

³³Da du deinen Handel auf dem Meer triebst, da machtest du viele Länder reich, ja, mit der Menge deiner Ware und deiner Kaufmannschaft machtest du reich die Könige auf Erden.

³⁴Nun aber bist du vom Meer in die rechten, tiefen Wasser gestürzt, daß dein Handel und all dein Volk in dir umgekommen ist.

³⁵Alle die auf den Inseln wohnen, erschrecken über dich, und ihre Könige entsetzen sich und sehen jämmerlich.

³⁶Die Kaufleute in den Ländern pfeifen dich an, daß du so plötzlich untergegangen bist und nicht mehr aufkommen kannst.

Kapitel 28

¹Und des HERRN Wort geschah zu mir und sprach:

²Du Menschenkind, sage dem Fürsten zu Tyrus: So spricht der HERR HERR: Darum daß sich dein Herz erhebt und spricht: "Ich bin Gott, ich sitze auf dem Thron Gottes mitten im Meer", so du doch ein Mensch und nicht Gott bist, doch erhebt sich dein Herz, als wäre es eines Gottes Herz:

³siehe, du hältst dich für klüger denn Daniel, daß dir nichts verborgen sei

⁴und habest durch deine Klugheit und deinen Verstand solche Macht zuwege gebracht und Schätze von Gold und Silber gesammelt

⁵und habest durch deine große Weisheit und Hantierung so große Macht überkommen; davon bist du so stolz geworden, daß du so mächtig bist;

⁶darum spricht der HERR HERR also: Weil sich denn dein Herz erhebt, als wäre es eines Gottes Herz,

⁷darum, siehe, ich will Fremde über dich schicken, nämlich die Tyrannen der Heiden; die sollen ihr Schwert zücken über deine schöne Weisheit und deine große Ehre zu Schanden machen.

⁸Sie sollen dich hinunter in die Grube stoßen, daß du mitten auf dem Meer stirbst wie die Erschlagenen.

⁹Was gilt's, ob du dann vor deinem Totschläger wirst sagen: "Ich bin Gott", so du doch nicht Gott, sondern ein Mensch und in deiner Totschläger Hand bist?

¹⁰Du sollst sterben wie die Unbeschnittenen von der Hand der Fremden; denn ich habe es geredet, spricht der HERR HERR.

Hesekiel

¹¹Und des HERRN Wort geschah zu mir und sprach:

¹²Du Menschenkind, mache eine Wehklage über den König zu Tyrus und sprich von ihm: So spricht der HERR HERR: Du bist ein reinliches Siegel, voller Weisheit und aus der Maßen schön.

¹³Du bist im Lustgarten Gottes und mit allerlei Edelsteinen geschmückt: mit Sarder, Topas, Demant, Türkis, Onyx, Jaspis, Saphir, Amethyst, Smaragd und Gold. Am Tage, da du geschaffen wurdest, mußten da bereitet sein bei dir deine Pauken und Pfeifen.

¹⁴Du bist wie ein Cherub, der sich weit ausbreitet und decket; und ich habe dich auf den heiligen Berg Gottes gesetzt, daß du unter den feurigen Steinen wandelst.

¹⁵Du warst ohne Tadel in deinem Tun von dem Tage an, da du geschaffen wurdest, bis sich deine Missetat gefunden hat.

¹⁶Denn du bist inwendig voll Frevels geworden vor deiner großen Hantierung und hast dich versündigt. Darum will ich dich entheiligen von dem Berge Gottes und will dich ausgebreiteten Cherub aus den feurigen Steinen verstoßen.

¹⁷Und weil sich dein Herz erhebt, daß du so schön bist, und hast dich deine Klugheit lassen betrügen in deiner Pracht, darum will ich dich zu Boden stürzen und ein Schauspiel aus dir machen vor den Königen.

¹⁸Denn du hast dein Heiligtum verderbt mit deiner großen Missetat und unrechtem Handel. Darum will ich ein Feuer aus dir angehen lassen, das dich soll verzehren, und will dich zu Asche machen auf der Erde, daß alle Welt zusehen soll.

¹⁹Alle, die dich kennen unter den Heiden, werden sich über dich entsetzen, daß du so plötzlich bist untergegangen und nimmermehr aufkommen kannst.

²⁰Und des HERRN Wort geschah zu mir und sprach:

²¹Du Menschenkind, richte dein Angesicht wider Sidon und weissage wider sie

²²und sprich: So spricht der HERR HERR: Siehe, ich will an dich, Sidon, und will an dir Ehre einlegen, daß man erfahren soll, daß ich der HERR bin, wenn ich das Recht über sie gehen lasse und an ihr erzeige, daß ich heilig sei.

²³Und ich will Pestilenz und Blutvergießen unter sie schicken auf ihren Gassen, und sie sollen tödlich verwundet drinnen fallen durchs Schwert, welches allenthalben über sie gehen wird; und sollen erfahren, daß ich der HERR bin.

²⁴Und forthin sollen allenthalben um das Haus Israel, da ihre Feinde sind, keine Dornen, die da stechen, noch Stacheln, die da wehe tun, bleiben, daß sie erfahren, daß ich der HERR HERR bin.

²⁵So spricht der HERR HERR: Wenn ich das Haus Israel wieder versammeln werde von den Völkern, dahin sie zerstreut sind, so will ich vor den Heiden an ihnen erzeigen, daß ich heilig bin. Und sie sollen wohnen in ihrem Lande, das ich meinem Knecht Jakob gegeben habe;

²⁶und sollen sicher darin wohnen und Häuser bauen und Weinberge pflanzen; ja, sicher sollen sie wohnen, wenn ich das Recht gehen lasse über alle ihre Feinde um und um; und sollen erfahren, daß ich, der HERR, ihr Gott bin.

Kapitel 29

¹Im zehnten Jahr, am zwölften Tage des zehnten Monats, geschah des HERRN Wort zu mir und sprach:

²Du Menschenkind, richte dein Angesicht wider Pharao, den König in Ägypten, und weissage wider ihn und wider ganz Ägyptenland.

³Predige und sprich: So spricht der HERR HERR: Siehe, ich will an dich, Pharao, du König in Ägypten, du großer Drache, der du in deinem Wasser liegst und sprichst: Der Strom ist mein, und ich habe ihn mir gemacht.

⁴Aber ich will dir ein Gebiß ins Maul legen, und die Fische in deinen Wassern an deine Schuppen hängen und will dich aus deinem Strom herausziehen samt allen Fischen in deinen Wassern, die an deinen Schuppen hangen.

⁵Ich will dich mit den Fischen aus deinen Wassern in die Wüste wegwerfen; du wirst aufs Land fallen und nicht wieder aufgelesen noch gesammelt werden, sondern den Tieren auf dem Lande und den Vögeln des Himmels zur Speise werden.

⁶Und alle, die in Ägypten wohnen, sollen erfahren, daß ich der HERR bin; darum daß sie dem Hause Israel ein Rohrstab gewesen sind.

⁷Wenn sie ihn in die Hand faßten, so brach er und stach sie in die Seite; wenn sie sich darauf lehnten, so zerbrach er und stach sie in die Lenden.

⁸Darum spricht der HERR HERR also: Siehe, ich will das Schwert über dich kommen lassen und Leute und Vieh in dir ausrotten.

⁹Und Ägyptenland soll zur Wüste und Öde werden, und sie sollen erfahren, daß ich der HERR sei, darum daß du sprichst: Der Wasserstrom ist mein, und ich bin's, der's tut.

¹⁰Darum, siehe, ich will an dich und an deine Wasserströme und will Ägyptenland wüst und öde machen von Migdol bis gen Syene und bis an die Grenze des Mohrenlandes,

¹¹daß weder Vieh noch Leute darin gehen oder da wohnen sollen vierzig Jahre lang.

¹²Denn ich will Ägyptenland wüst machen wie andere wüste Länder und ihre Städte wüst liegen lassen wie andere wüste Städte vierzig Jahre lang; und will die Ägypter zerstreuen unter die Heiden, und in die Länder will ich sie verjagen.

¹³Doch so spricht der HERR HERR: Wenn die vierzig Jahre aus sein werden, will ich die Ägypter wieder sammeln aus den Völkern, darunter sie zerstreut sollen werden,

¹⁴und will das Gefängnis Ägyptens wenden und sie wiederum ins Land Pathros bringen, welches ihr Vaterland ist; und sie sollen daselbst ein kleines Königreich sein.

¹⁵Denn sie sollen klein sein gegen andere Königreiche und nicht mehr sich erheben über die Heiden; und ich will sie gering machen, damit sie nicht über die Heiden herrschen sollen,

¹⁶daß sich das Haus Israel nicht mehr auf sie verlasse und sich damit versündige, wenn sie sich an sie hängen; und sie sollen erfahren, daß ich der HERR HERR bin.

¹⁷Und es begab sich im siebenundzwanzigsten Jahr, am ersten Tage des ersten Monats, geschah des HERRN Wort zu mir und sprach:

¹⁸Du Menschenkind, Nebukadnezar, der König zu Babel, hat sein Heer mit großer Mühe vor Tyrus arbeiten lassen, daß alle Häupter kahl und alle Schultern wund gerieben waren; und ist doch weder ihm noch seinem Heer seine Arbeit vor Tyrus belohnt worden.

¹⁹Darum spricht der HERR HERR also: Siehe, ich will Nebukadnezar, dem König zu Babel, Ägyptenland geben, daß er all ihr Gut wegnehmen und sie berauben und plündern soll, daß er seinem Heer den Sold gebe.

²⁰Zum Lohn für seine Arbeit, die er getan hat, will ich ihm das Land Ägypten geben; denn sie haben mir gedient, spricht der HERR HERR.

²¹Zur selben Zeit will ich das Horn des Hauses Israel wachsen lassen und will deinen Mund unter ihnen auftun, daß sie erfahren, daß ich der HERR bin.

Kapitel 30

¹Und des HERRN Wort geschah zu mir und sprach:

²Du Menschenkind, weissage und sprich: So spricht der HERR HERR: Heult: "O weh des Tages!"

³Denn der Tag ist nahe, ja, des HERRN Tag ist nahe, ein finsterer Tag; die Zeit der Heiden kommt.

⁴Und das Schwert soll über Ägypten kommen; und Mohrenland muß erschrecken, wenn die Erschlagenen in Ägypten fallen werden und sein Volk weggeführt und seine Grundfesten umgerissen werden.

⁵Mohrenland und Libyen und Lud mit allerlei Volk und Chub und die aus dem Lande des Bundes sind, sollen samt ihnen durchs Schwert fallen.

⁶So spricht der HERR: Die Schutzherren Ägyptens müssen fallen, und die Hoffart seiner Macht muß herunter; von Migdol bis gen Syene sollen sie durchs Schwert fallen, spricht der HERR HERR.

⁷Und sie sollen wie andere wüste Länder wüst werden, und ihre Städte unter andren wüsten Städten wüst liegen,

⁸daß sie erfahren, daß ich der HERR sei, wenn ich ein Feuer in Ägypten mache, daß alle, die ihnen helfen, verstört werden.

⁹Zur selben Zeit werden Boten von mir ausziehen in Schiffen, Mohrenland zu schrecken, das jetzt so sicher ist; und wird ein Schrecken unter ihnen sein, gleich wie es Ägypten ging, da seine Zeit kam; denn siehe, es kommt gewiß.

¹⁰So spricht der HERR HERR: Ich will die Menge in Ägypten wegräumen durch Nebukadnezar, den König zu Babel.

¹¹Denn er und sein Volk mit ihm, die Tyrannen der Heiden, sind herzugebracht, das Land zu verderben, und werden ihre Schwerter ausziehen wider Ägypten, daß das Land allenthalben voll Erschlagener liege.

¹²Und ich will die Wasserströme trocken machen und das Land bösen Leuten verkaufen, und will das Land und was darin ist, durch Fremde verwüsten. Ich, der HERR, habe es geredet.

¹³So spricht der HERR HERR: Ich will die Götzen zu Noph ausrotten und die Abgötter vertilgen, und Ägypten soll keinen Fürsten mehr haben, und ich will einen Schrecken in Ägyptenland schicken.

¹⁴Ich will Pathros wüst machen und ein Feuer zu Zoan anzünden und das Recht über No gehen lassen

¹⁵und will meinen Grimm ausschütten über Sin, die Festung Ägyptens, und will die Menge zu No ausrotten.

¹⁶Ich will ein Feuer in Ägypten anzünden, und Sin soll angst und bange werden, und No soll zerrissen und Noph täglich geängstet werden.

¹⁷Die junge Mannschaft zu On und Bubastus sollen durchs Schwert fallen und die Weiber gefangen weggeführt werden.

¹⁸Thachphanhes wird einen finstern Tag haben, wenn ich das Joch Ägyptens daselbst zerbrechen werde, daß die Hoffart seiner Macht darin ein Ende habe; sie wird mit Wolken bedeckt werden, und ihre Töchter werden gefangen weggeführt werden.

¹⁹Und ich will das Recht über Ägypten gehen lassen, daß sie erfahren, daß ich der HERR sei.

²⁰Und es begab sich im elften Jahr, am siebenten Tage des elften Monats, geschah des HERRN Wort zu mir und sprach:

²¹Du Menschenkind, ich habe den Arm Pharaos, des Königs von Ägypten, zerbrochen; und siehe, er soll nicht verbunden werden, daß er heilen möge, noch mit Binden zugebunden werden, daß er stark werde und ein Schwert fassen könne.

²²Darum spricht der HERR HERR also: Siehe, ich will an Pharao, den König von Ägypten, und will seine Arme zerbrechen, beide, den starken und den zerbrochenen, daß ihm das Schwert aus seiner Hand entfallen muß;

²³und ich will die Ägypter unter die Heiden zerstreuen und in die Länder verjagen.

²⁴Aber die Arme des Königs zu Babel will ich stärken und ihm mein Schwert in seine Hand geben, und will die Arme Pharaos zerbrechen, daß er vor ihm winseln soll wie ein tödlich Verwundeter.

²⁵Ja, ich will die Arme des Königs zu Babel stärken, daß die Arme Pharaos dahinfallen, auf daß sie erfahren, daß ich der HERR sei, wenn ich mein Schwert dem König zu Babel in die Hand gebe, daß er's über Ägyptenland zücke,

²⁶und ich die Ägypter unter die Heiden zerstreue und in die Länder verjage, daß sie erfahren, daß ich der HERR bin.

Kapitel 31

¹Und es begab sich im elften jahr, am ersten Tage des dritten Monats, geschah des HERRN Wort zu mir und sprach:

²Du Menschenkind, sage zu Pharao, dem König von Ägypten, und zu allem seinem Volk: Wem meinst du denn, daß du gleich seist in deiner Herrlichkeit?

³Siehe, Assur war wie ein Zedernbaum auf dem Libanon, von schönen Ästen und dick von Laub und sehr hoch, daß sein Wipfel hoch stand unter großen, dichten Zweigen.

⁴Die Wasser machten, daß er groß ward, und die Tiefe, daß er hoch wuchs. Ihre Ströme gingen rings um seinen Stamm her und ihre Bäche zu allen Bäumen im Felde.

⁵Darum ist er höher geworden als alle Bäume im Felde und kriegte viel Äste und lange Zweige; denn er hatte Wasser genug, sich auszubreiten.

⁶Alle Vögel des Himmels nisteten auf seinen Ästen, und alle Tiere im Felde hatten Junge unter seinen Zweigen; und unter seinem Schatten wohnten alle großen Völker.

⁷Er hatte schöne, große und lange Äste; denn seine Wurzeln hatten viel Wasser.

⁸Und war ihm kein Zedernbaum gleich in Gottes Garten, und die Tannenbäume waren seinen Ästen nicht zu vergleichen, und die Kastanienbäume waren nichts gegen seine Zweige. Ja, er war so schön wie kein Baum im Garten Gottes.

⁹Ich hatte ihn so schön gemacht, daß er so viel Äste kriegte, daß ihn alle lustigen Bäume im Garten Gottes neideten.

¹⁰Darum spricht der HERR HERR also: Weil er so hoch geworden ist, daß sein Wipfel stand unter großen, hohen, dichten Zweigen, und sein Herz sich erhob, daß er so hoch geworden war,

¹¹darum gab ich ihn dem Mächtigen unter den Heiden in die Hände, daß der mit ihm umginge und ihn vertriebe, wie er verdient hat mit seinem gottlosen Wesen,

¹²daß Fremde ihn ausrotten sollten, nämlich die Tyrannen der Heiden, und ihn zerstreuen, und seine Äste auf den Bergen und in allen Tälern liegen mußten und seine Zweige zerbrachen an allen Bächen im Lande; daß alle Völker auf Erden von seinem Schatten wegziehen mußten und ihn verlassen;

¹³und alle Vögel des Himmels auf seinem umgefallenen Stamm saßen und alle Tiere im Felde sich legten auf seine Äste,

¹⁴auf daß sich forthin kein Baum am Wasser seiner Höhe überhebe, daß sein Wipfel unter großen, dichten Zweigen stehe, und kein Baum am Wasser sich erhebe über die andern; denn sie müssen alle unter die Erde und dem Tod übergeben werden wie andere Menschen, die in die Grube fahren.

¹⁵So spricht der HERR HERR: Zu der Zeit, da er hinunter in die Hölle fuhr, da machte ich ein Trauern, daß ihn die Tiefe bedeckte und seine Ströme stillstehen mußten und die großen Wasser nicht laufen konnten; und machte, daß der Libanon um ihn trauerte und alle Feldbäume verdorrten über ihm.

¹⁶Ich erschreckte die Heiden, da sie ihn hörten fallen, da ich ihn hinunterließ zur Hölle, zu denen, so in die Grube gefahren sind. Und alle lustigen Bäume unter der Erde, die edelsten und besten auf dem Libanon, und alle, die am Wasser gestanden hatten, gönnten's ihm wohl.

¹⁷Denn sie mußten auch mit ihm hinunter zur Hölle, zu den Erschlagenen mit dem Schwert, weil sie unter dem Schatten seines Arms gewohnt hatten unter den Heiden.

¹⁸Wie groß meinst du denn, Pharao, daß du seist mit deiner Pracht und Herrlichkeit unter den lustigen Bäumen? Denn du mußt mit den lustigen Bäumen unter die Erde hinabfahren und unter den Unbeschnittenen liegen, so mit dem Schwert erschlagen sind. Also soll es Pharao gehen samt allem seinem Volk, spricht der HERR HERR.

Kapitel 32

¹Und es begab sich im zwölften Jahr, am ersten Tage des zwölften Monats, geschah des HERRN Wort zu mir und sprach:

²Du Menschenkind, mache eine Wehklage über Pharao, den König von Ägypten, und sprich zu ihm: Du bist gleich wie ein Löwe unter den Heiden und wie ein Meerdrache und springst in deinen Strömen und rührst das Wasser auf mit deinen Füßen und machst seine Ströme trüb.

³So spricht der HERR HERR: Ich will mein Netz über dich auswerfen durch einen großen Haufen Volks, die dich sollen in mein Garn jagen;

⁴und will dich aufs Land ziehen und aufs Feld werfen, daß alle Vögel des Himmels auf dir sitzen sollen und alle Tiere auf Erden von dir satt werden.

⁵Und will dein Aas auf die Berge werfen und mit deiner Höhe die Täler ausfüllen.

⁶Das Land, darin du schwimmst, will ich von deinem Blut rot machen bis an die Berge hinan, daß die Bäche von dir voll werden.

⁷Und wenn du nun ganz dahin bist, so will ich den Himmel verhüllen und seine Sterne verfinstern und die Sonne mit Wolken überziehen, und der Mond soll nicht scheinen.

⁸Alle Lichter am Himmel will ich über dir lassen dunkel werden, und will eine Finsternis in deinem Lande machen, spricht der HERR HERR.

⁹Dazu will ich vieler Völker Herz erschreckt machen, wenn ich die Heiden deine Plage erfahren lasse und viele Länder, die du nicht kennst.

¹⁰Viele Völker sollen sich über dich entsetzen, und ihren Königen soll vor dir grauen, wenn ich mein Schwert vor ihnen blinken lasse, und sollen plötzlich erschrecken, daß ihnen das Herz entfallen wird über deinen Fall.

¹¹Denn so spricht der HERR HERR: Das Schwert des Königs zu Babel soll dich treffen.

¹²Und ich will dein Volk fällen durch das Schwert der Helden, durch allerlei Tyrannen der Heiden; die sollen die Herrlichkeit Ägyptens verheeren, daß all ihr Volk vertilgt werde.

¹³Und ich will alle Tiere umbringen an den großen Wassern, daß sie keines Menschen Fuß und keines Tieres Klaue mehr trüb machen soll.

¹⁴Alsdann will ich ihre Wasser lauter machen, daß ihre Ströme fließen wie Öl, spricht der HERR HERR,

¹⁵wenn ich das Land Ägypten verwüstet und alles, was im Lande ist, öde gemacht und alle, so darin wohnen, erschlagen habe, daß sie erfahren, daß ich der HERR sei.

¹⁶Das wird der Jammer sein, den man wohl mag klagen; ja, die Töchter der Heiden werden solche Klage führen; über Ägypten und all ihr Volk wird man klagen, spricht der HERR HERR.

¹⁷Und im zwölften Jahr, am fünfzehnten Tage desselben Monats, geschah des HERRN Wort zu mir und sprach:

¹⁸Du Menschenkind, beweine das Volk in Ägypten und stoße es mit den Töchtern der starken Heiden hinab unter die Erde zu denen, die in die Grube gefahren sind.

¹⁹Wo ist nun deine Wollust? Hinunter, und lege dich zu den Unbeschnittenen!

²⁰Sie werden fallen unter denen, die mit dem Schwert erschlagen sind. Das Schwert ist schon gefaßt und gezückt über ihr ganzes Volk.

²¹Von ihm werden sagen in der Hölle die starken Helden mit ihren Gehilfen, die alle hinuntergefahren sind und liegen da unter den

Hesekiel

Unbeschnittenen und mit dem Schwert Erschlagenen.

²²Daselbst liegt Assur mit allem seinem Volk umher begraben, die alle erschlagen und durchs Schwert gefallen sind;

²³ihre Gräber sind tief in der Grube, und sein Volk liegt allenthalben umher begraben, die alle erschlagen und durchs Schwert gefallen sind, vor denen sich die ganze Welt fürchtete.

²⁴Da liegt auch Elam mit allem seinem Haufen umher begraben, die alle erschlagen und durchs Schwert gefallen sind und hintergefahren als die Unbeschnittenen unter die Erde, vor denen sich auch alle Welt fürchtete; und müssen ihre Schande tragen mit denen, die in die Grube gefahren sind.

²⁵Man hat sie unter die Erschlagenen gelegt samt allem ihrem Haufen, und liegen umher begraben; und sind alle, wie die Unbeschnittenen und mit dem Schwert Erschlagenen, vor denen sich auch alle Welt fürchten mußte; und müssen ihre Schande tragen mit denen, die in die Grube gefahren sind, und unter den Erschlagenen bleiben.

²⁶Da liegt Mesech und Thubal mit allem ihrem Haufen umher begraben, die alle unbeschnitten sind, vor denen sich auch die ganze Welt fürchten mußte;

²⁷und alle andern Helden, die unter den Unbeschnittenen gefallen und mit ihrer Kriegswehr zur Hölle gefahren sind und ihre Schwerter unter ihre Häupter haben müssen legen und deren Missetat über ihre Gebeine gekommen ist, die doch auch gefürchtete Helden waren in der ganzen Welt; also müssen sie liegen.

²⁸So mußt du freilich auch unter den Unbeschnittenen zerschmettert werden und unter denen, die mit dem Schwert erschlagen sind, liegen.

²⁹Da liegt Edom mit seinen Königen und alle seine Fürsten unter den Unbeschnittenen und mit dem Schwert Erschlagenen samt andern, so in die Grube gefahren sind, die doch mächtig waren.

³⁰Da sind alle Fürsten von Mitternacht und alle Sidonier, die mit den Erschlagenen hinabgefahren sind; und ihre schreckliche Gewalt ist zu Schanden geworden, und müssen liegen unter den Unbeschnittenen und denen, so mit dem Schwert erschlagen sind, und ihre Schande tragen samt denen, die in die Grube gefahren sind.

³¹Diese wird Pharao sehen und sich trösten über all sein Volk, die unter ihm mit dem Schwert erschlagen sind, und über sein ganzes Heer, spricht der HERR HERR.

³²Denn es soll sich auch einmal alle Welt vor mir fürchten, daß Pharao und alle seine Menge liegen unter den Unbeschnittenen und mit dem Schwert Erschlagenen, spricht der HERR HERR.

Kapitel 33

¹Und des HERRN Wort geschah zu mir und sprach:

²Du Menschenkind, predige den Kindern deines Volkes und sprich zu ihnen: Wenn ich ein Schwert über das Land führen würde, und das Volk im Lande nähme einen Mann unter ihnen und machten ihn zu ihrem Wächter,

³und er sähe das Schwert kommen über das Land und bliese die Drommete und warnte das Volk,

⁴wer nun der Drommete Hall hörte und wollte sich nicht warnen lassen, und das Schwert käme und nähme ihn weg: desselben Blut sei auf seinem Kopf;

⁵denn er hat der Drommete Hall gehört und hat sich dennoch nicht warnen lassen; darum sei sein Blut auf ihm. Wer sich aber warnen läßt, der wird sein Leben davonbringen.

⁶Wo aber der Wächter sähe das Schwert kommen und die Drommete nicht bliese noch sein Volk warnte, und das Schwert käme und nähme etliche weg: dieselben würden wohl um ihrer Sünden willen weggenommen; aber ihr Blut will ich von des Wächters Hand fordern.

⁷Und nun, du Menschenkind, ich habe dich zum Wächter gesetzt über das Haus Israel, wenn du etwas aus meinem Munde hörst, daß du sie von meinetwegen warnen sollst.

⁸Wenn ich nun zu dem Gottlosen sage: Du Gottloser mußt des Todes sterben! und du sagst ihm solches nicht, daß sich der Gottlose warnen lasse vor seinem Wesen, so wird wohl der Gottlose um seines gottlosen Wesens willen sterben; aber sein Blut will ich von deiner Hand fordern.

⁹Warnst du aber den Gottlosen vor seinem Wesen, daß er sich davon bekehre, und er will sich nicht von seinem Wesen bekehren, so wird er um seiner Sünde sterben, und du hast deine Seele errettet.

¹⁰Darum, du Menschenkind, sage dem Hause Israel: Ihr sprecht also: Unsre Sünden und Missetaten liegen auf uns, daß wir darunter vergehen; wie können wir denn leben?

¹¹So sprich zu ihnen: So wahr als ich lebe, spricht der HERR HERR, ich habe keinen Gefallen am Tode des Gottlosen, sondern daß sich der Gottlose bekehre von seinem Wesen und lebe. So bekehret euch doch nun von eurem bösen Wesen. Warum wollt ihr sterben, ihr vom Hause Israel?

¹²Und du, Menschenkind, sprich zu deinem Volk: Wenn ein Gerechter Böses tut, so wird's ihm nicht helfen, daß er fromm gewesen ist; und wenn ein Gottloser fromm wird, so soll's ihm nicht schaden, daß er gottlos gewesen ist. So kann auch der Gerechte nicht leben, wenn er sündigt.

¹³Denn wo ich zu dem Gerechten spreche, er soll leben, und er verläßt sich auf seine Gerechtigkeit und tut Böses, so soll aller seiner Frömmigkeit nicht gedacht werden; sondern er soll sterben in seiner Bosheit, die er tut.

¹⁴Und wenn ich zum Gottlosen spreche, er soll sterben und bekehrt sich von seiner Sünde und tut, was recht und gut ist,

¹⁵also daß der Gottlose das Pfand wiedergibt und bezahlt, was er geraubt hat, und nach dem Wort des Lebens wandelt, daß er kein Böses tut: so soll er leben und nicht sterben,

¹⁶und aller seiner Sünden, die er getan hat, soll nicht gedacht werden; denn er tut nun, was recht und gut ist; darum soll er leben.

¹⁷Aber dein Volk spricht: Der HERR urteilt nicht recht, so sie doch unrecht haben.

¹⁸Denn wo der Gerechte sich kehrt von seiner Gerechtigkeit und tut Böses, so stirbt er ja billig darum.

¹⁹Und wo sich der Gottlose bekehrt von seinem gottlosen Wesen und tut, was recht und gut ist, so soll er ja billig leben.

²⁰Doch sprecht ihr: Der HERR urteilt nicht recht, so ich doch euch vom Hause Israel einen jeglichen nach seinem Wesen richte.

²¹Und es begab sich im zwölften Jahr unserer Gefangenschaft, am fünften Tage des zehnten Monats, kam zu mir ein Entronnener von Jerusalem und sprach: Die Stadt ist geschlagen.

²²Und die Hand des HERRN war über mir des Abends, ehe der Entronnene kam, und tat mir meinen Mund auf, bis er zu mir kam des Morgens; und tat mir meinen Mund auf, also daß ich nicht mehr schweigen mußte.

²³Und des HERRN Wort geschah zu mir und sprach:

²⁴Du Menschenkind, die Einwohner dieser Wüsten im Lande Israel sprechen also: Abraham war ein einziger Mann und erbte dies Land; unser aber sind viele, desto billiger gehört das Land uns zu.

²⁵Darum sprich zu ihnen: So spricht der HERR HERR: Ihr habt Blutiges gegessen und eure Augen zu den Götzen aufgehoben und Blut vergossen: und ihr meint, ihr wollt das Land besitzen?

²⁶Ja, ihr fahret immer fort mit Morden und übet Greuel, und einer schändet dem andern sein Weib; und ihr meint, ihr wollt das Land besitzen?

²⁷So sprich zu ihnen: So spricht der HERR HERR: So wahr ich lebe, sollen alle, so in den Wüsten wohnen, durchs Schwert fallen; und die auf dem Felde sind, will ich den Tieren zu fressen geben; und die in den Festungen und Höhlen sind, sollen an der Pestilenz sterben.

²⁸Denn ich will das Land ganz verwüsten und seiner Hoffart und Macht ein Ende machen, daß das Gebirge Israel so wüst werde, daß niemand dadurchgehe.

²⁹Und sie sollen erfahren, daß ich der HERR bin, wenn ich das Land ganz verwüstet habe um aller ihrer Greuel willen, die sie üben.

³⁰Und du, Menschenkind, dein Volk redet über dich an den Wänden und unter den Haustüren, und einer spricht zum andern: Kommt doch und laßt uns hören, was der HERR sage!

³¹Und sie werden zu dir kommen in die Versammlung und vor dir sitzen als mein Volk und werden deine Worte hören, aber nicht darnach tun; sondern sie werden sie gern in ihrem Munde haben, und gleichwohl fortleben in ihrem Geiz.

³²Und siehe, du mußt ihnen sein wie ein liebliches Liedlein, wie einer, der eine schöne Stimme hat und wohl spielen kann. Also werden sie deine Worte hören und nicht darnach tun.

³³Wenn es aber kommt, was kommen soll, siehe, so werden sie erfahren, daß ein Prophet unter ihnen gewesen ist.

Kapitel 34

¹Und des HERRN Wort geschah zu mir und sprach:

²Du Menschenkind, weissage wider die Hirten Israels, weissage und sprich zu ihnen: So spricht der HERR HERR: Weh den Hirten Israels, die sich selbst weiden! Sollen nicht die Hirten die Herde weiden?

³Aber ihr fresset das Fette und kleidet euch mit der Wolle und schlachtet das Gemästete; aber die Schafe wollt ihr nicht weiden.

⁴Der Schwachen wartet ihr nicht, und die Kranken heilt ihr nicht, das Verwundete verbindet ihr nicht, das Verirrte holt ihr nicht und das Verlorene sucht ihr nicht; sondern streng und hart herrscht ihr über sie.

⁵Und meine Schafe sind zerstreut, als sie keinen Hirten haben, und allen wilden Tieren zur Speise geworden und gar zerstreut.

⁶Und gehen irre hin und wieder auf den Bergen und auf den hohen Hügeln und sind auf dem ganzen Lande zerstreut; und ist niemand, der nach ihnen frage oder ihrer achte.

⁷Darum höret, ihr Hirten, des HERRN Wort!

⁸So wahr ich lebe, spricht der HERR HERR, weil ihr meine Schafe lasset zum Raub und meine Herde allen wilden Tieren zur Speise werden, weil sie keinen Hirten haben und meine Hirten nach meiner Herde nicht fragen, sondern sind solche Hirten, die sich selbst weiden, aber meine Schafe wollen sie nicht weiden:

⁹darum, ihr Hirten, höret des HERRN Wort!

¹⁰So spricht der HERR HERR: Siehe, ich will an die Hirten und will meine Herde von ihren Händen fordern und will mit ihnen ein Ende machen, daß sie nicht mehr sollen Hirten sein und sollen sich nicht mehr selbst weiden. Ich will meine Schafe erretten aus ihrem Maul, daß sie sie forthin nicht mehr fressen sollen.

¹¹Denn so spricht der HERR HERR: Siehe, ich will mich meiner Herde selbst annehmen und sie suchen.

¹²Wie ein Hirte seine Schafe sucht, wenn sie von seiner Herde verirrt sind, also will ich meine Schafe suchen und will sie erretten von allen Örtern, dahin sie zerstreut waren zur Zeit, da es trüb und finster war.

¹³Ich will sie von allen Völkern ausführen und aus allen Ländern versammeln und will sie in ihr Land führen und will sie weiden auf den Berge Israels und in allen Auen und auf allen Angern des Landes.

¹⁴Ich will sie auf die beste Weide führen, und ihre Hürden werden auf den hohen Bergen in Israel stehen; daselbst werden sie in sanften Hürden liegen und fette Weide haben auf den Bergen Israels.

¹⁵Ich will selbst meine Schafe weiden, und ich will sie lagern, spricht der HERR HERR.

¹⁶Ich will das Verlorene wieder suchen und das Verirrte wiederbringen und das Verwundete verbinden und des Schwachen warten; aber was fett und stark ist, will ich vertilgen und will es weiden mit Gericht.

¹⁷Aber zu euch, meine Herde, spricht der HERR HERR also: Siehe, ich will richten zwischen Schaf und Schaf und zwischen Widdern und Böcken.

¹⁸Ist's euch nicht genug, so gute Weide zu haben, daß ihr das übrige mit Füßen tretet, und so schöne Borne zu trinken, daß ihr auch noch dareintretet und sie trüb macht,

¹⁹daß meine Schafe essen müssen, was ihr mit euren Füßen zertreten habt, und trinken, was ihr mit euren Füßen trüb gemacht habt?

²⁰Darum so spricht der HERR HERR zu ihnen: Siehe, ich will richten zwischen den fetten und mageren Schafen,

²¹darum daß ihr mit der Seite und Schulter drängt und die Schwachen von euch stoßt mit euren Hörnern, bis ihr sie alle von euch zerstreut.

²²Und ich will meiner Herde helfen, daß sie nicht mehr sollen zum Raub werden, und will richten zwischen Schaf und Schaf.

²³Und ich will ihnen einen einigen Hirten erwecken, der sie weiden soll, nämlich meinen Knecht David. Der wird sie weiden und soll ihr Hirte sein,

²⁴und ich, der HERR, will ihr Gott sein; aber mein Knecht David soll der Fürst unter ihnen sein, das sage ich, der HERR.

²⁵Und ich will einen Bund des Friedens mit ihnen machen und alle bösen Tiere aus dem Land ausrotten, daß sie in der Wüste sicher wohnen und in den Wäldern schlafen sollen.

²⁶Ich will sie und alles, was um meinen Hügel her ist, segnen und auf sie regnen lassen zu rechter Zeit; das sollen gnädige Regen sein,

²⁷daß die Bäume auf dem Felde ihre Früchte bringen und das Land sein Gewächs geben wird; und sie sollen sicher auf dem Lande wohnen und sollen erfahren, daß ich der HERR bin, wenn ich ihr Joch zerbrochen und sie errettet habe von der Hand derer, denen sie dienen mußten.

²⁸Und sie sollen nicht mehr den Heiden zum Raub werden, und kein Tier auf Erden soll sie mehr fressen, sondern sollen sicher wohnen ohne alle Furcht.

²⁹Und ich will ihnen eine herrliche Pflanzung aufgehen lassen, daß sie nicht mehr Hunger leiden im Lande und ihre Schmach unter den Heiden nicht mehr tragen sollen.

³⁰Und sie sollen erfahren, daß ich, der HERR, ihr Gott, bei ihnen bin und daß sie vom Haus Israel mein Volk seien, spricht der HERR HERR.

³¹Ja, ihr Menschen sollt die Herde meiner Weide sein, und ich will euer Gott sein, spricht der HERR HERR.

Kapitel 35

¹Und des HERRN Wort geschah zu mir und sprach:

²Du Menschenkind, richte dein Angesicht wider das Gebirge Seir und weissage dawider,

³und sprich zu ihm: So spricht der HERR HERR: Siehe, ich will an dich, du Berg Seir, und meine Hand wider dich ausstrecken und will dich gar wüst machen.

⁴Ich will deine Städte öde machen, daß du sollst zur Wüste werden und erfahren, daß ich der HERR bin.

⁵Darum daß ihr ewige Feindschaft tragt wider die Kinder Israel und triebet sie ins Schwert zur Zeit, da es ihnen übel ging und ihre Missetat zum Ende gekommen war,

⁶darum, so wahr ich lebe, spricht der HERR HERR, will ich dich auch blutend machen, und du sollst dem Bluten nicht entrinnen; weil du Lust zum Blut hast, sollst du dem Bluten nicht entrinnen.

⁷Und ich will den Berg Seir wüst und öde machen, daß niemand darauf wandeln noch gehen soll.

⁸Und will sein Gebirge und alle Hügel, Täler und alle Gründe voll Toter machen, die durchs Schwert sollen erschlagen daliegen.

⁹Ja, zu einer ewigen Wüste will ich dich machen, daß niemand in deinen Städten wohnen soll; und ihr sollt erfahren, daß ich der HERR bin.

¹⁰Und darum daß du sprichst: Diese beiden Völker mit beiden Ländern müssen mein werden, und wir wollen sie einnehmen, obgleich der HERR da wohnt,

¹¹darum, so wahr ich lebe, spricht der HERR HERR, will ich nach deinem Zorn und Haß mit dir umgehen, wie du mit ihnen umgegangen bist aus lauter Haß, und ich will bei ihnen bekannt werden, wenn ich dich gestraft habe.

¹²Und du sollst erfahren, daß ich, der HERR, all dein Lästern gehört habe, so du geredet hast wider die Berge Israels und gesagt: "Sie sind verwüstet und uns zu verderben gegeben."

¹³Und ihr habt euch wider mich gerühmt und heftig wider mich geredet; das habe ich gehört.

¹⁴So spricht nun der HERR HERR: Ich will dich zur Wüste machen, daß sich alles Land freuen soll.

¹⁵Und wie du dich gefreut hast über das Erbe des Hauses Israel, darum daß es wüst geworden, ebenso will ich mit dir tun, daß der Berg Seir wüst sein muß samt dem ganzen Edom; und sie sollen erfahren, daß ich der HERR bin.

Kapitel 36

¹Und du, Menschenkind, weissage den Bergen Israels und sprich: Höret des HERRN Wort ihr Berge Israels!

²So spricht der HERR HERR: Darum daß der Feind über euch rühmt: Ha! die ewigen Höhen sind nun unser Erbe geworden!

³darum weissage und sprich: So spricht der HERR HERR: Weil man euch allenthalben verwüstet und vertilgt, und ihr seid den übrigen Heiden zuteil geworden und seid den Leuten ins Maul gekommen und ein böses Geschrei geworden,

⁴darum hört, ihr Berge Israels, das Wort des HERRN HERRN! So spricht der HERR HERR zu den Bergen und Hügeln, zu den Bächen und Tälern, zu den öden Wüsten und verlassenen Städten, welche den übrigen Heiden ringsumher zum Raub und Spott geworden sind:

⁵ja, so spricht der HERR HERR: Ich habe in meinem feurigen Eifer geredet wider die Heiden und wider das ganze Edom, welche mein Land eingenommen haben mit Freuden von ganzem Herzen und mit Hohnlachen, es zu verheeren und zu plündern.

⁶Darum weissage von dem Lande Israel und sprich zu den Bergen und Hügeln, zu den Bächen und Tälern: So spricht der HERR HERR: Siehe, ich habe in meinem Eifer und Grimm geredet, weil ihr solche Schmach von den Heiden tragen müsset.

⁷Darum spricht der HERR HERR also: Ich hebe meine Hand auf, daß eure Nachbarn, die Heiden umher, ihre Schande tragen sollen.

⁸Aber ihr Berge Israels sollt wieder grünen und eure Frucht bringen meinem Volk Israel; und es soll in kurzem geschehen.

⁹Denn siehe, ich will mich wieder zu euch wenden und euch ansehen, daß ihr gebaut und besät werdet.

¹⁰und will bei euch der Leute viel machen, das ganze Israel allzumal; und die Städte sollen wieder bewohnt und die Wüsten erbaut werden.

¹¹Ja, ich will bei euch der Leute und des Viehs viel machen, daß sie sich mehren und wachsen sollen. Und ich will euch wieder bewohnt machen wie vorher und will euch mehr Gutes tun denn zuvor je; und ihr sollt erfahren, daß ich der HERR sei.

¹²Ich will euch Leute herzubringen, mein Volk Israel, die werden dich besitzen; und sollst ihr Erbteil sein und sollst sie nicht mehr ohne

Hesekiel

Erben machen.

¹³So spricht der HERR HERR: Weil man das von euch sagt: Du hast Leute gefressen und hast dein Volk ohne Erben gemacht,

¹⁴darum sollst du nun nicht mehr Leute fressen noch dein Volk ohne Erben machen, spricht der HERR HERR.

¹⁵Und ich will dich nicht mehr lassen hören die Schmähung der Heiden, und sollst den Spott der Heiden nicht mehr tragen und sollst dein Volk nicht mehr ohne Erben machen, spricht der HERR HERR.

¹⁶Und des HERRN Wort geschah weiter zu mir:

¹⁷Du Menschenkind, da das Haus Israel in seinem Lande wohnte und es verunreinigte mit seinem Wesen und Tun, daß ihr Wesen vor mir war wie die Unreinigkeit eines Weibes in ihrer Krankheit,

¹⁸da schüttete ich meinen Grimm über sie aus um des Blutes willen, das sie im Lande vergossen, und weil sie es verunreinigt hatten durch ihre Götzen.

¹⁹Und ich zerstreute sie unter die Heiden und zerstäubte sie in die Länder und richtete sie nach ihrem Wesen und Tun.

²⁰Und sie hielten sich wie die Heiden, zu denen sie kamen, und entheiligten meinen heiligen Namen, daß man von ihnen sagte: Ist das des HERRN Volk, das aus seinem Lande hat müssen ziehen?

²¹Aber ich schonte meines heiligen Namens, welchen das Haus Israel entheiligte unter den Heiden, dahin sie kamen.

²²Darum sollst du zum Hause Israel sagen: So spricht der HERR HERR: Ich tue es nicht um euretwillen, ihr vom Hause Israel, sondern um meines heiligen Namens willen, welchen ihr entheiligt habt unter den Heiden, zu welchen ihr gekommen seid.

²³Denn ich will meinen großen Namen, der vor den Heiden entheiligt ist, den ihr unter ihnen entheiligt habt, heilig machen. Und die Heiden sollen erfahren, daß ich der HERR sei, spricht der HERR HERR, wenn ich mich vor ihnen an euch zeige, daß ich heilig sei.

²⁴Denn ich will euch aus den Heiden holen und euch aus allen Landen versammeln und wieder in euer Land führen.

²⁵Und will reines Wasser über euch sprengen, daß ihr rein werdet; von all eurer Unreinigkeit und von allen euren Götzen will ich euch reinigen.

²⁶Und ich will euch ein neues Herz und einen neuen Geist in euch geben und will das steinerne Herz aus eurem Fleische wegnehmen und euch ein fleischernes Herz geben;

²⁷ich will meinen Geist in euch geben und will solche Leute aus euch machen, die in meinen Geboten wandeln und meine Rechte halten und darnach tun.

²⁸Und ihr sollt wohnen im Lande, das ich euren Vätern gegeben habe, und sollt mein Volk sein, und ich will euer Gott sein.

²⁹Ich will euch von aller Unreinigkeit losmachen und will dem Korn rufen und will es mehren und will euch keine Teuerung kommen lassen.

³⁰Ich will die Früchte auf den Bäumen und das Gewächs auf dem Felde mehren, daß euch die Heiden nicht mehr verspotten mit der Teuerung.

³¹Alsdann werdet ihr an euer böses Wesen gedenken und an euer Tun, das nicht gut war, und wird euch eure Sünde und Abgötterei gereuen.

³²Solches will ich tun, nicht um euretwillen, spricht der HERR HERR, daß ihr's wißt; sondern ihr werdet schamrot werden, ihr vom Hause Israel, über eurem Wesen.

³³So spricht der HERR HERR: Zu der Zeit, wann ich euch reinigen werde von allen euren Sünden, so will ich die Städte wieder besetzen, und die Wüsten sollen wieder gebaut werden.

³⁴Das verwüstete Land soll wieder gepflügt werden, dafür es verheert war; daß es sehen sollen alle, die dadurchgehen,

³⁵und sagen: Dies Land war verheert, und jetzt ist's wie der Garten Eden; und diese Städte waren zerstört, öde und zerrissen, und stehen nun fest gebaut.

³⁶Und die Heiden, so um euch her übrigbleiben werden, sollen erfahren, daß ich der HERR bin, der da baut, was zerrissen ist, und pflanzt, was verheert war. Ich, der HERR, sage es und tue es auch.

³⁷So spricht der HERR HERR: Auch darin will ich mich vom Hause Israel finden lassen, daß ich es ihnen erzeige: ich will die Menschen bei ihnen mehren wie eine Herde.

³⁸Wie eine heilige Herde, wie eine Herde zu Jerusalem auf ihren Festen, so sollen die verheerten Städte voll Menschenherden werden und sollen erfahren, daß ich der HERR bin.

Kapitel 37

¹Und des HERRN Wort kam über mich, und er führte mich hinaus im Geist des HERRN und stellte mich auf ein weites Feld, das voller Totengebeine lag.

²Und er führte mich allenthalben dadurch. Und siehe, des Gebeins lag sehr viel auf dem Feld; und siehe, sie waren sehr verdorrt.

³Und er sprach zu mir: Du Menschenkind, meinst du auch, daß diese Gebeine wieder lebendig werden? Und ich sprach: HERR HERR, das weißt du wohl.

⁴Und er sprach zu mir: Weissage von diesen Gebeinen und sprich zu ihnen: Ihr verdorrten Gebeine, höret des HERRN Wort!

⁵So spricht der HERR HERR von diesen Gebeinen: Siehe, ich will einen Odem in euch bringen, daß ihr sollt lebendig werden.

⁶Ich will euch Adern geben und Fleisch lassen über euch wachsen und euch mit Haut überziehen und will euch Odem geben, daß ihr wieder lebendig werdet, und ihr sollt erfahren, daß ich der HERR bin.

⁷Und ich weissagte, wie mir befohlen war; und siehe, da rauschte es, als ich weissagte, und siehe, es regte sich, und die Gebeine kamen wieder zusammen, ein jegliches zu seinem Gebein.

⁸Und ich sah, und siehe, es wuchsen Adern und Fleisch darauf, und sie wurden mit Haut überzogen; es war aber noch kein Odem in ihnen.

⁹Und er sprach zu mir: Weissage zum Winde; weissage, du Menschenkind, und sprich zum Wind: So spricht der HERR HERR: Wind komm herzu aus den vier Winden und blase diese Getöteten an, daß sie wieder lebendig werden!

¹⁰Und ich weissagte, wie er mir befohlen hatte. Da kam Odem in sie, und sie wurden wieder lebendig und richteten sich auf ihre Füße. Und ihrer war ein großes Heer.

¹¹Und er sprach zu mir: Du Menschenkind, diese Gebeine sind das ganze Haus Israel. Siehe, jetzt sprechen sie: Unsere Gebeine sind verdorrt, und unsere Hoffnung ist verloren, und es ist aus mit uns.

¹²Darum weissage und sprich zu ihnen: So spricht der HERR HERR: Siehe, ich will eure Gräber auftun und will euch, mein Volk, aus denselben herausholen und euch ins Land Israel bringen;

¹³und ihr sollt erfahren, daß ich der HERR bin, wenn ich eure Gräber geöffnet und euch, mein Volk, aus denselben gebracht habe.

¹⁴Und ich will meinen Geist in euch geben, daß ihr wieder leben sollt, und will euch in euer Land setzen, und sollt erfahren, daß ich der HERR bin. Ich rede es und tue es auch, spricht der HERR.

¹⁵Und des HERRN Wort geschah zu mir und sprach:

¹⁶Du Menschenkind, nimm dir ein Holz und schreibe darauf: Des Juda und der Kinder Israel, seiner Zugetanen. Und nimm noch ein Holz und schreibe darauf: Des Joseph, nämlich das Holz Ephraims, und des ganzen Hauses Israel, seiner Zugetanen.

¹⁷Und tue eins zum andern zusammen, daß es ein Holz werde in deiner Hand.

¹⁸So nun dein Volk zu dir wird sagen und sprechen: Willst du uns nicht zeigen, was du damit meinst?

¹⁹So sprich zu ihnen: So spricht der HERR HERR: Siehe, ich will das Holz Josephs, welches ist in Ephraims Hand, nehmen mit samt seinen Zugetanen, den Stämmen Israels, und will sie zu dem Holz Juda's tun und ein Holz daraus machen, und sollen eins in meiner Hand sein.

²⁰Und sollst also die Hölzer, darauf du geschrieben hast, in deiner Hand halten, daß sie zusehen,

²¹und sollst zu ihnen sagen: So spricht der HERR HERR: Siehe, ich will die Kinder Israel holen aus den Heiden, dahin sie gezogen sind, und will sie allenthalben sammeln und will sie wieder in ihr Land bringen

²²und will ein Volk aus ihnen machen im Lande auf den Bergen Israels, und sie sollen allesamt einen König haben und sollen nicht mehr zwei Völker noch in zwei Königreiche zerteilt sein;

²³sollen sich auch nicht mehr verunreinigen mit ihren Götzen und Greueln und allerlei Sünden. Ich will ihnen heraushelfen aus allen Örtern, da sie gesündigt haben, und will sie reinigen; und sie sollen mein Volk sein, und ich will ihr Gott sein.

²⁴Und mein Knecht David soll ihr König und ihrer aller einiger Hirte sein. Und sie sollen wandeln in meinen Rechten und meine Gebote halten und darnach tun.

²⁵Und sie sollen wieder in dem Lande wohnen, das ich meinem Knecht Jakob gegeben habe, darin ihre Väter gewohnt haben. Sie sollen darin wohnen ewiglich, und mein Knecht David soll ewiglich ihr Fürst sein.

²⁶Und ich will mit ihnen einen Bund des Friedens machen, das soll ein ewiger Bund sein mit ihnen; und will sie erhalten und mehren, und mein Heiligtum soll unter ihnen sein ewiglich.

²⁷Und ich will unter ihnen wohnen und will ihr Gott sein, und sie

sollen mein Volk sein,

²⁸daß auch die Heiden sollen erfahren, daß ich der HERR bin, der Israel heilig macht, wenn mein Heiligtum ewiglich unter ihnen sein wird.

Kapitel 38

¹Und des HERRN Wort geschah zu mir und sprach:

²Du Menschenkind, wende dich gegen Gog, der im Lande Magog ist und der oberste Fürst in Mesech und Thubal, und weissage von ihm

³und sprich: So spricht der HERR HERR: Siehe, ich will an dich Gog! der du der oberste Fürst bist in Mesech und Thubal.

⁴Siehe, ich will dich herumlenken und will dir einen Zaum ins Maul legen und will dich herausführen mit allem deinem Heer, Roß und Mann, die alle wohl gekleidet sind; und ihrer ist ein großer Haufe, die alle Tartsche und Schild und Schwert führen.

⁵Du führst mit dir Perser, Mohren und Libyer, die alle Schild und Helm führen,

⁶dazu Gomer und all sein Heer samt dem Hause Thogarma, so gegen Mitternacht liegt, mit all seinem Heer; ja, du führst ein großes Volk mit dir.

⁷Wohlan, rüste dich wohl, du und alle deine Haufen, so bei dir sind, und sei du ihr Hauptmann!

⁸Nach langer Zeit sollst du heimgesucht werden. Zur letzten Zeit wirst du kommen in das Land, das vom Schwert wiedergebracht und aus vielen Völkern zusammengekommen ist, nämlich auf die Berge Israels, welche lange Zeit wüst gewesen sind; und nun ist es ausgeführt aus den Völkern, und wohnen alle sicher.

⁹Du wirst heraufziehen und daherkommen mit großem Ungestüm; und wirst sein wie eine Wolke, das Land zu bedecken, du und all dein Heer und das große Volk mit dir.

¹⁰So spricht der HERR HERR: Zu der Zeit wirst du solches vornehmen und wirst Böses im Sinn haben

¹¹und gedenken: "Ich will das Land ohne Mauern überfallen und über sie kommen, so still und sicher wohnen, als die alle ohne Mauern dasitzen und haben weder Riegel noch Tore",

¹²auf daß du rauben und plündern mögest und dein Hand lassen gehen über die verstörten Örter, so wieder bewohnt sind, und über das Volk, so aus den Heiden zusammengerafft ist und sich in die Nahrung und Güter geschickt hat und mitten auf der Erde wohnt.

¹³Das reiche Arabien, Dedan und die Kaufleute von Tharsis und alle Gewaltigen, die daselbst sind, werden dir sagen: Ich meine ja, du seist recht gekommen, zu rauben, und hast deine Haufen versammelt, zu plündern, auf daß du wegnimmst Silber und Gold und sammelst Vieh und Güter, und großen Raub treibest.

¹⁴Darum so weissage, du Menschenkind, und sprich zu Gog: So spricht der HERR HERR: Ist's nicht also, daß du wirst merken, wenn mein Volk Israel sicher wohnen wird?

¹⁵So wirst du kommen aus deinem Ort, von den Enden gegen Mitternacht, du und großes Volk mit dir, alle zu Rosse, ein großer Haufe und ein mächtiges Heer,

¹⁶und wirst heraufziehen über mein Volk Israel wie eine Wolke, das Land zu bedecken. Solches wird zur letzten Zeit geschehen. Ich will dich aber darum in mein Land kommen lassen, auf daß die Heiden mich erkennen, wie ich an dir, o Gog, geheiligt werde vor ihren Augen.

¹⁷So spricht der HERR HERR: Du bist's, von dem ich vorzeiten gesagt habe durch meine Diener, die Propheten in Israel, die zur selben Zeit weissagten, daß ich dich über sie kommen lassen wollte.

¹⁸Und es wird geschehen zu der Zeit, wann Gog kommen wird über das Land Israel, spricht der HERR HERR, wird heraufziehen mein Zorn in meinem Grimm.

¹⁹Und ich rede solches in meinem Eifer und im Feuer meines Zorns. Denn zur selben Zeit wird großes Zittern sein im Lande Israel,

²⁰daß vor meinem Angesicht zittern sollen die Fische im Meer, die Vögel unter dem Himmel, die Tiere auf dem Felde und alles, was sich regt und bewegt auf dem Lande, und alle Menschen, so auf der Erde sind; und sollen die Berge umgekehrt werden und die Felswände und alle Mauern zu Boden fallen.

²¹Ich will aber wider ihn herbeirufen das Schwert auf allen meinen Bergen, spricht der HERR HERR, daß eines jeglichen Schwert soll wider den andern sein.

²²Und ich will ihn richten mit Pestilenz und Blut und will regnen lassen Platzregen mit Schloßen, Feuer und Schwefel über ihn und sein Heer und über das große Volk, das mit ihm ist.

²³Also will ich denn herrlich, heilig und bekannt werden vor vielen Heiden, daß sie erfahren sollen, daß ich der HERR bin.

Kapitel 39

¹Und du, Menschenkind, weissage wider Gog und sprich: Also spricht der HERR HERR: Siehe, ich will an dich, Gog, der du der oberste Fürst bist in Mesech und Thubal.

²Siehe, ich will dich herumlenken und locken und aus den Enden von Mitternacht bringen und auf die Berge Israels kommen lassen.

³Und ich will dir den Bogen aus deiner linken Hand schlagen und deine Pfeile aus deiner rechten Hand werfen.

⁴Auf den Bergen Israels sollst du niedergelegt werden, du mit allem deinem Heer und mit dem Volk, das bei dir ist. Ich will dich den Vögeln, woher sie fliegen, und den Tieren auf dem Felde zu fressen geben.

⁵Du sollst auf dem Felde darniederliegen; denn ich, der HERR HERR, habe es gesagt.

⁶Und ich will Feuer werfen über Magog und über die, so in den Inseln sicher wohnen; und sollen's erfahren, daß ich der HERR bin.

⁷Denn ich will meinen heiligen Namen kundmachen unter meinem Volk Israel und will meinen heiligen Namen nicht länger schänden lassen; sondern die Heiden sollen erfahren, daß ich der HERR bin, der Heilige in Israel.

⁸Siehe, es ist gekommen und ist geschehen, spricht der HERR HERR; das ist der Tag, davon ich geredet habe.

⁹Und die Bürger in den Städten Israels werden herausgehen und Feuer machen und verbrennen die Waffen, Schilde, Tartschen, Bogen, Pfeile, Keulen und langen Spieße; und sie werden sieben Jahre lang Feuer damit machen,

¹⁰daß sie nicht müssen Holz auf dem Felde holen noch im Walde hauen, sondern von den Waffen werden sie Feuer machen; und sollen die berauben, von denen sie beraubt sind, und plündern, von denen sie geplündert sind, spricht der HERR HERR.

¹¹Und soll zu der Zeit geschehen, da will ich Gog einen Ort geben zum Begräbnis in Israel, nämlich das Tal, da man geht am Meer gegen Morgen, also daß die, so vorübergehen, sich davor scheuen werden, weil man daselbst Gog mit seiner Menge begraben hat; und soll heißen "Gogs Haufental".

¹²Es wird sie aber das Haus Israel begraben sieben Monden lang, damit das Land gereinigt werde.

¹³Ja, alles Volk im Lande wird an ihnen zu begraben haben, und sie werden Ruhm davon haben des Tages, da ich meine Herrlichkeit erzeige, spricht der HERR HERR.

¹⁴Und sie werden Leute aussondern, die stets im Lande umhergehen und mit ihnen die Totengräber, zu begraben die übrigen auf dem Lande, damit es gereinigt werde; nach sieben Monden werden sie forschen.

¹⁵Und die, so im Lande umhergehen und eines Menschen Gebein sehen, werden dabei ein Mal aufrichten, bis es die Totengräber auch in Gogs Haufental begraben.

¹⁶So soll auch die Stadt heißen Hamona. Also werden sie das Land reinigen.

¹⁷Nun, du Menschenkind, so spricht der HERR HERR: Sage allen Vögeln, woher sie fliegen, und allen Tieren auf dem Felde: Sammelt euch und kommt her, findet euch allenthalben zuhauf zu meinem Schlachtopfer, das ich euch schlachte, ein großes Schlachtopfer auf den Bergen Israels, fresset Fleisch und saufet Blut!

¹⁸Fleisch der Starken sollt ihr fressen, und Blut der Fürsten auf Erden sollt ihr saufen, der Widder, der Hammel, der Böcke, der Ochsen, die allzumal feist und gemästet sind.

¹⁹Und sollt das Fett fressen, daß ihr voll werdet, und das Blut saufen, daß ihr trunken werdet, von dem Schlachtopfer, das ich euch schlachte.

²⁰Sättigt euch nun an meinem Tisch von Rossen und Reitern, von Starken und allerlei Kriegsleuten, spricht der HERR HERR.

²¹Und ich will meine Herrlichkeit unter die Heiden bringen, daß alle Heiden sehen sollen mein Urteil, das ich habe ergehen lassen, und meine Hand, die ich an sie gelegt habe,

²²und also das ganze Haus Israel erfahre, daß ich, der HERR, ihr Gott bin von dem Tage an und hinfürder,

²³und die Heiden erfahren, wie das Haus Israel um seiner Missetat willen sei weggeführt. Weil sie sich an mir versündigt hatten, darum habe ich mein Angesicht vor ihnen verborgen und habe sie übergeben in die Hände ihrer Widersacher, daß sie allzumal durchs Schwert fallen mußten.

²⁴Ich habe ihnen getan, wie ihre Sünde und Übertretung verdient haben, und also mein Angesicht vor ihnen verborgen.

²⁵Darum so spricht der HERR HERR: Nun will ich das Gefängnis Jakobs wenden und mich des ganzen Hauses Israel erbarmen und um meinen heiligen Namen eifern.

Hesekiel

²⁶Sie aber werden ihre Schmach und alle ihre Sünde, damit sie sich an mir versündigt haben, tragen, wenn sie nun sicher in ihrem Lande wohnen, daß sie niemand schrecke,

²⁷und ich sie wieder aus den Völkern gebracht und aus den Landen ihrer Feinde versammelt habe und ich an ihnen geheiligt worden bin vor den Augen vieler Heiden.

²⁸Also werden sie erfahren, daß ich, der HERR, ihr Gott bin, der ich sie habe lassen unter die Heiden wegführen und wiederum in ihr Land versammeln und nicht einen von ihnen dort gelassen habe.

²⁹Und ich will mein Angesicht nicht mehr vor ihnen verbergen; denn ich habe meinen Geist über das Haus Israel ausgegossen, spricht der HERR HERR.

Kapitel 40

¹Im fünfundzwanzigsten Jahr unserer Gefangenschaft, im Anfang des Jahres, am zehnten Tage des Monats, im vierzehnten Jahr, nachdem die Stadt geschlagen war, eben an diesem Tage kam des HERRN Hand über mich und führte mich dahin.

²Durch göttliche Gesichte führte er mich ins Land Israel und stellte mich auf einen hohen Berg, darauf war's wie eine gebaute Stadt gegen Mittag.

³Und da er mich hingebracht hatte, siehe, da war ein Mann, des Ansehen war wie Erz; der hatte eine lange leinene Schnur und eine Meßrute in seiner Hand und stand unter dem Tor.

⁴Und er sprach zu mir: Du Menschenkind, siehe und höre fleißig zu und merke auf alles, was ich dir zeigen will. Denn darum bist du hergebracht, daß ich dir solches zeige, auf daß du solches alles, was du hier siehst, verkündigst dem Hause Israel.

⁵Und siehe, es ging eine Mauer auswendig um das Haus ringsumher. Und der Mann hatte die Meßrute in der Hand, die war sechs Ellen lang; eine jegliche Elle war eine Handbreit länger denn eine gemeine Elle. Und er maß das Gebäude in die Breite eine Rute und in die Höhe auch eine Rute.

⁶Und er ging ein zum Tor, das gegen Morgen lag, und ging hinauf auf seinen Stufen und maß die Schwelle, eine Rute breit.

⁷Und die Gemächer, so beiderseits neben dem Tor waren, maß er auch nach der Länge eine Rute und nach der Breite eine Rute; und der Raum zwischen den Gemächern war fünf Ellen weit. Und er maß auch die Schwelle am Tor neben der Halle, die nach dem Hause zu war, eine Rute.

⁸Und er maß die Halle am Tor, die nach dem Hause zu war, eine Rute.

⁹Und maß die Halle am Tor acht Ellen und ihre Pfeiler zwei Ellen, und die Halle am Tor war nach dem Hause zu.

¹⁰Und der Gemächer waren auf jeglicher Seite drei am Tor gegen Morgen, je eins so weit wie das andere, und die Pfeiler auf beiden Seiten waren gleich groß.

¹¹Darnach maß er die Weite der Tür im Tor zehn Ellen und die Länge des Tors dreizehn Ellen.

¹²Und vorn an den Gemächern war Raum abgegrenzt auf beiden Seiten, je eine Elle; aber die Gemächer waren je sechs Ellen auf beiden Seiten.

¹³Dazu maß er das Tor vom Dach der Gemächer auf der einen Seite bis zum Dach der Gemächer auf der andern Seite fünfundzwanzig Ellen; und eine Tür stand gegenüber der andern.

¹⁴Und machte die Pfeiler sechzig Ellen, und an den Pfeilern war der Vorhof, am Tor ringsherum.

¹⁵Und vom Tor, da man hineingeht, bis außen an die Halle an der innern Seite des Tors waren fünfzig Ellen.

¹⁶Und es waren enge Fensterlein an den Gemächern und an den Pfeilern hineinwärts am Tor ringsumher. Also waren auch Fenster inwendig an der Halle herum, und an den Pfeilern war Palmlaubwerk.

¹⁷Und er führte mich weiter zum äußern Vorhof, und siehe, da waren Kammern und ein Pflaster gemacht am Vorhofe herum; dreißig Kammern waren auf dem Pflaster.

¹⁸Und es war das Pflaster zur Seite der Tore, solang die Tore waren, nämlich das untere Pflaster.

¹⁹Und er maß die Breite von dem untern Tor an bis vor den innern Hof auswendig hundert Ellen, gegen Morgen und gegen Mitternacht.

²⁰Er maß auch das Tor, so gegen Mitternacht lag, am äußern Vorhof, nach der Länge und Breite.

²¹Das hatte auch auf jeder Seite drei Gemächer und hatte auch seine Pfeiler und Halle, gleich so groß wie am vorigen Tor, fünfzig Ellen die Länge und fünfundzwanzig Ellen die Breite.

²²Und hatte auch seine Fenster und seine Halle und sein Palmlaubwerk, gleich wie das Tor gegen Morgen; und hatte seine Halle davor.

²³Und es waren Tore am innern Vorhof gegenüber den Toren, so gegen Mitternacht und Morgen standen; und er maß hundert Ellen von einem Tor zum andern.

²⁴Darnach führte er mich gegen Mittag, und siehe, da war auch ein Tor gegen Mittag; und er maß seine Pfeiler und Halle gleich wie die andern.

²⁵Und es waren auch Fenster an ihm und an seiner Halle umher, gleich wie jene Fenster; und es war fünfzig Ellen lang und fünfundzwanzig Ellen breit.

²⁶Und waren auch sieben Stufen hinauf und eine Halle davor und Palmlaubwerk an ihren Pfeilern auf jeglicher Seite.

²⁷Und es war auch ein Tor am innern Vorhof gegen Mittag, und er maß hundert Ellen von dem einen Mittagstor zum andern.

²⁸Und er führte mich weiter durchs Mittagstor in den innern Vorhof und maß dasselbe Tor gleich so groß wie die andern,

²⁹mit seinen Gemächern, Pfeilern und Halle und mit Fenstern an ihm und an seiner Halle, ebenso groß wie jene, ringsumher; und es waren fünfzig Ellen lang und fünfundzwanzig Ellen breit.

³⁰Und es ging eine Halle herum, fünfundzwanzig Ellen lang und fünf Ellen breit.

³¹Und die Halle, so gegen den äußeren Vorhof stand, hatte auch Palmlaubwerk an den Pfeilern; es waren aber acht Stufen hinaufzugehen.

³²Darnach führte er mich zum innern Vorhof gegen Morgen und maß das Tor gleich so groß wie die andern,

³³mit seinen Gemächern, Pfeilern und Halle, gleich so groß wie die andern, und mit Fenstern an ihm und an seiner Halle ringsumher; und es war fünfzig Ellen lang und fünfundzwanzig Ellen breit.

³⁴Und seine Halle stand auch gegen den äußern Vorhof und Palmlaubwerk an ihren Pfeilern zu beiden Seiten und acht Stufen hinauf.

³⁵Darnach führte er mich zum Tor gegen Mitternacht; das maß er gleich so groß wie die andern,

³⁶mit seinen Gemächern, Pfeilern und Halle und ihren Fenstern ringsumher, fünfzig Ellen lang und fünfundzwanzig Ellen breit.

³⁷Und seine Halle stand auch gegen den äußern Vorhof und Palmlaubwerk an den Pfeilern zu beiden Seiten und acht Stufen hinauf.

³⁸Und unten an den Pfeilern an jedem Tor war eine Kammer mit einer Tür, darin man das Brandopfer wusch.

³⁹Aber in der Halle des Tors standen auf jeglicher Seite zwei Tische, darauf man die Brandopfer, Sündopfer und Schuldopfer schlachten sollte.

⁴⁰Und herauswärts zur Seite, da man hinaufgeht zum Tor gegen Mitternacht, standen auch zwei Tische und an der andern Seite unter der Halle des Tors auch zwei Tische.

⁴¹Also standen auf jeder Seite des Tors vier Tische; das sind zusammen acht Tische, darauf man schlachtete.

⁴²Und noch vier Tische, zum Brandopfer gemacht, die waren aus gehauenen Steinen, je anderthalb Ellen lang und breit und eine Elle hoch, darauf man legte allerlei Geräte, womit man Brandopfer und andere Opfer schlachtete.

⁴³Und es gingen Leisten herum, hineinwärts gebogen, eine quere Hand hoch. Und auf die Tische sollte man das Opferfleisch legen.

⁴⁴Und außen vor dem innern Tor waren zwei Kammern im innern Vorhofe: eine an der Seite neben dem Tor zur Mitternacht, die sah gegen Mittag; die andere zur Seite des Tors gegen Mittag, die sah gegen Mitternacht.

⁴⁵Und er sprach zu mir: Die Kammer gegen Mittag gehört den Priestern, die im Hause dienen sollen;

⁴⁶aber die Kammer gegen Mitternacht gehört den Priestern, die auf dem Altar dienen. Dies sind die Kinder Zadok, welche allein unter den Kindern Levi vor den HERRN treten sollen, ihm zu dienen.

⁴⁷Und er maß den Vorhof, nämlich hundert Ellen lang und hundert Ellen breit ins Gevierte; und der Altar stand vorn vor dem Tempel.

⁴⁸Und er führte mich hinein zur Halle des Tempels und maß die Pfeiler der Halle fünf Ellen auf jeder Seite und das Tor vierzehn Ellen, und die Wände zu beiden Seiten an der Tür drei Ellen auf jeder Seite.

⁴⁹Aber die Halle war zwanzig Ellen lang und elf Ellen weit und hatte Stufen, da man hinaufging; und Säulen standen an den Pfeilern, auf jeder Seite eine.

Kapitel 41

¹Und er führte mich hinein in den Tempel und maß die Pfeiler an den Wänden; die waren zu jeder Seite sechs Ellen breit, soweit das Haus war.

²Und die Tür war zehn Ellen weit; aber die Wände zu beiden Seiten an der Tür waren jede fünf Ellen breit. Und er maß den Raum im

Tempel; der hatte vierzig Ellen in die Länge und zwanzig Ellen in die Breite.

³Und er ging inwendig hinein und maß die Pfeiler der Tür zwei Ellen; und die Tür hatte sechs Ellen, und die Breite zu beiden Seiten an der Tür je sieben Ellen.

⁴Und er maß zwanzig Ellen in die Breite am Tempel. Und er sprach zu mir: Dies ist das Allerheiligste.

⁵Und er maß die Wand des Hauses sechs Ellen dick. Daran waren Gänge allenthalben herum, geteilt in Gemächer, die waren allenthalben vier Ellen weit.

⁶Und derselben Gemächer waren je dreißig, dreimal übereinander, und reichten bis auf die Wand des Hauses, an der die Gänge waren allenthalben herum, und wurden also festgehalten, daß sie in des Hauses Wand nicht eingriffen.

⁷Und die Gänge rings um das Haus her mit ihren Gemächern waren umso weiter, je höher sie lagen; und aus dem untern ging man in den mittleren und aus dem mittleren in den obersten.

⁸Und ich sah am Hause eine Erhöhung ringsumher als Grundlage der Gänge, die hatte eine volle Rute von sechs Ellen bis an den Rand.

⁹Und die Breite der Wand außen an den Gängen war fünf Ellen; und es war ein freigelassener Raum an den Gemächern am Hause.

¹⁰Und die Breite bis zu den Kammern war zwanzig Ellen um das Haus herum.

¹¹Und es waren zwei Türen an den Gängen nach dem freigelassenen Raum, eine gegen Mitternacht, die andere gegen Mittag; und der freigelassene Raum war fünf Ellen weit ringsumher.

¹²Und das Gebäude am Hofraum gegen Abend war siebzig Ellen weit und die Mauer des Gebäudes war fünf Ellen breit allenthalben umher, und es war neunzig Ellen lang.

¹³Und er maß die Länge des Hauses, die hatte hundert Ellen; und der Hofraum samt dem Gebäude und seinen Mauern war auch hundert Ellen lang.

¹⁴Und die Weite der vordern Seite des Hauses samt dem Hofraum gegen Morgen war auch hundert Ellen.

¹⁵Und er maß die Länge des Gebäudes am Hofraum, welches hinter ihm liegt, mit seinen Umgängen von der Seite bis zur andern hundert Ellen, und den innern Tempel und die Hallen im Vorhofe

¹⁶samt den Schwellen, den engen Fenstern und den drei Umgängen ringsumher; und es war Tafelwerk allenthalben herum.

¹⁷Er maß auch, wie hoch von der Erde bis zu den Fenstern war und wie breit die Fenster sein sollten; und maß vom Tor bis zum Allerheiligsten auswendig und inwendig herum.

¹⁸Und am ganzen Hause herum waren Cherubim und Palmlaubwerk zwischen die Cherubim gemacht.

¹⁹Und ein jeder Cherub hatte zwei Angesichter: auf einer Seite wie ein Menschenkopf, auf der andern Seite wie ein Löwenkopf.

²⁰Vom Boden an bis hinauf über die Tür waren die Cherubim und die Palmen geschnitzt, desgleichen an der Wand des Tempels.

²¹Und die Türpfosten im Tempel waren viereckig, und war alles artig aneinander gefügt.

²²Und der hölzerne Altar war drei Ellen hoch und zwei Ellen lang und breit, und seine Ecken und alle seine Seiten waren hölzern. und er sprach zu mir: Das ist der Tisch, der vor dem HERRN stehen soll.

²³Und die Türen am Tempel und am Allerheiligsten

²⁴hatten zwei Türflügel, und ein jeder derselben hatte zwei Blätter, die man auf und zu tat.

²⁵Und waren auch Cherubim und Palmlaubwerk daran wie an den Wänden. Und ein hölzerner Aufgang war außen vor der Halle.

²⁶Und es waren enge Fenster und viel Palmlaubwerk herum an der Halle und an den Wänden.

Kapitel 42

¹Und er führte mich hinaus zum äußeren Vorhof gegen Mitternacht und brachte mich zu den Kammern, so gegenüber dem Hofraum und gegenüber dem Gebäude nach Mitternacht zu lagen,

²entlang den hundert Ellen an der Tür gegen Mitternacht; und ihre Breite war fünfzig Ellen.

³Gegenüber den zwanzig Ellen des innern Vorhofs und gegenüber dem Pflaster im äußern Vorhof war Umgang an Umgang dreifach.

⁴Und inwendig vor den Kammern war ein Weg zehn Ellen breit vor den Türen der Kammern; die lagen alle gegen Mitternacht.

⁵Und die obern Kammern waren enger als die untern Kammern; denn die die Umgänge nahmen Raum von ihnen weg.

⁶Denn es waren drei Gemächer hoch, und sie hatten keine Säulen, wie die Vorhöfe Säulen hatten. Darum war von den untern und mittleren Kammern Raum weggenommen von untenan.

⁷Und die Mauer außen vor den Kammern nach dem äußeren Vorhof war fünfzig Ellen lang.

⁸Denn die Länge der Kammern nach dem äußeren Vorhof zu war fünfzig Ellen; aber gegen den Tempel waren es hundert Ellen.

⁹Und unten an diesen Kammern war ein Eingang gegen Morgen, da man aus dem äußeren Vorhof zu ihnen hineinging.

¹⁰Und an der Mauer gegen Mittag waren auch Kammern gegenüber dem Hofraum und gegenüber dem Gebäude.

¹¹Und war auch ein Weg davor wie vor jenen Kammern, so gegen Mitternacht lagen; und war alles gleich mit der Länge, Breite und allem, was daran war, wie droben an jenen.

¹²Und wie die Türen jener, also waren auch die Türen der Kammern gegen Mittag; und am Anfang des Weges war eine Tür, dazu man kommt von der Mauer, die gegen Morgen liegt.

¹³Und er sprach zu mir: Die Kammern gegen Mittag gegenüber dem Hofraum, das sind die heiligen Kammern, darin die Priester, welche dem HERRN nahen, die hochheiligen Opfer, nämlich Speisopfer, Sündopfer und Schuldopfer, da hineinlegen; denn es ist eine heilige Stätte.

¹⁴Und wenn die Priester hineingehen, sollen sie nicht wieder aus dem Heiligtum gehen in den äußeren Vorhof, sonder sollen zuvor ihre Kleider, darin sie gedient haben, in den Kammern weglegen, denn sie sind heilig; und sollen ihre anderen Kleider anlegen und alsdann heraus unters Volk gehen.

¹⁵Und da er das Haus inwendig ganz gemessen hatte, führte er mich heraus zum Tor gegen Morgen und maß von demselben allenthalben herum.

¹⁶Gegen Morgen maß er fünfhundert Ruten lang;

¹⁷und gegen Mitternacht maß er auch fünfhundert Ruten lang;

¹⁸desgleichen gegen Mittag auch fünfhundert Ruten;

¹⁹und da er kam gegen Abend, maß er auch fünfhundert Ruten lang.

²⁰Also hatte die Mauer, die er gemessen, ins Gevierte auf jeder Seite herum fünfhundert Ruten, damit das Heilige von dem Unheiligen unterschieden wäre.

Kapitel 43

¹Und er führte mich wieder zum Tor gegen Morgen.

²Und siehe, die Herrlichkeit des Gottes Israels kam von Morgen und brauste, wie ein großes Wasser braust; und es ward sehr licht auf der Erde von seiner Herrlichkeit.

³Und es war eben wie das Gesicht, das ich sah, da ich kam, daß die Stadt sollte zerstört werden, und wie das Gesicht, das ich gesehen hatte am Wasser Chebar. Da fiel ich nieder auf mein Angesicht.

⁴Und die Herrlichkeit des HERRN kam hinein zum Hause durchs Tor gegen Morgen.

⁵Da hob mich ein Wind auf und brachte mich in den innern Vorhof; und siehe, die Herrlichkeit des HERRN erfüllte das Haus.

⁶Und ich hörte einen mit mir reden vom Hause heraus, und ein Mann stand neben mir.

⁷Der sprach zu mir: Du Menschenkind, das ist der Ort meines Throns und die Stätte meiner Fußsohlen, darin ich ewiglich will wohnen unter den Kindern Israel. Und das Haus Israel soll nicht mehr meinen heiligen Namen verunreinigen, weder sie noch ihre Könige, durch ihre Abgötterei und durch die Leichen ihrer Könige in ihren Höhen,

⁸welche ihre Schwelle an meine Schwelle und ihre Pfoste an meine Pfoste gesetzt haben, daß nur eine Wand zwischen mir und ihnen war; und haben also meinen heiligen Namen verunreinigt durch ihre Greuel, die sie taten, darum ich sie auch in meinem Zorn verzehrt habe.

⁹Nun aber sollen sie ihre Abgötterei und die Leichen ihrer Könige fern von mir wegtun; und ich will ewiglich unter ihnen wohnen.

¹⁰Und du, Menschenkind, zeige dem Haus Israel den Tempel an, daß sie sich schämen ihrer Missetaten, und laß sie ein reinliches Muster davon nehmen.

¹¹Und wenn sie sich nun alles ihres Tuns schämen, so zeige ihnen die Gestalt und das Muster des Hauses und seine Ausgänge und Eingänge und alle seine Weise und alle seine Sitten und alle seine Weise und alle seine Gesetze; und schreibe es ihnen vor, daß sie alle seine Weise und alle seine Sitten halten und darnach tun.

¹²Das soll aber das Gesetz des Hauses sein: Auf der Höhe des Berges, soweit ihr Umfang ist, soll das Allerheiligste sein; das ist das Gesetz des Hauses.

¹³Das aber ist das Maß des Altars nach der Elle, welche eine handbreit länger ist den die gemeine Elle: sein Fuß ist eine Elle hoch und eine Elle breit; und die Leiste an seinem Rand ist eine Spanne breit umher.

¹⁴Und das ist die Höhe: Von dem Fuße auf der Erde bis an den untern Absatz sind zwei Ellen hoch und eine Elle breit; aber von

Hesekiel

demselben kleineren Absatz sind's vier Ellen hoch und eine Elle breit.

¹⁵Und der Harel (der Gottesberg) vier Ellen hoch, und vom Ariel (dem Gottesherd) überwärts die vier Hörner.

¹⁶Der Ariel aber war zwölf Ellen lang und zwölf Ellen breit ins Geviert.

¹⁷Und der oberste Absatz war vierzehn Ellen lang und vierzehn Ellen breit ins Geviert; und eine Leiste ging allenthalben umher, eine halbe Elle breit, und sein Fuß war eine Elle hoch, und seine Stufen waren gegen Morgen.

¹⁸Und er sprach zu mir: Du Menschenkind, so spricht der HERR HERR: Dies sollen die Sitten des Altars sein des Tages, da er gemacht ist, daß man Brandopfer darauf lege und Blut darauf sprenge.

¹⁹Und den Priestern von Levi aus dem Samen Zadoks, die da vor mich treten, daß sie mir dienen, spricht der HERR HERR, sollst du geben einen jungen Farren zum Sündopfer.

²⁰Und von desselben Blut sollst du nehmen und seine vier Hörner damit besprengen und die vier Ecken an dem obersten Absatz und um die Leiste herum; damit sollst du ihn entsündigen und versöhnen.

²¹Und sollst den Farren des Sündopfers nehmen und ihn verbrennen an einem Ort am Hause, der dazu verordnet ist außerhalb des Heiligtums.

²²Aber am andern Tage sollst du einen Ziegenbock opfern, der ohne Fehl sei, zu einem Sündopfer und den Altar damit entsündigen, wie er mit dem Farren entsündigt ist.

²³Und wenn das Entsündigen vollendet ist, sollst du einen jungen Farren opfern, der ohne Fehl sei, und einen Widder von der Herde ohne Fehl.

²⁴Und sollst sie beide vor dem HERRN opfern; und die Priester sollen Salz darauf streuen und sollen sie also opfern dem HERRN zum Brandopfer.

²⁵Also sollst du sieben Tage nacheinander täglich einen Bock zum Sündopfer opfern; und sie sollen einen jungen Farren und einen Widder von der Herde, die beide ohne Fehl sind, opfern.

²⁶Und sollen also sieben Tage lang den Altar versöhnen und ihn reinigen und ihre Hände füllen.

²⁷Und nach denselben Tagen sollen die Priester am achten Tag und hernach für und für auf dem Altar opfern eure Brandopfer und eure Dankopfer, so will ich euch gnädig sein, spricht der HERR HERR.

Kapitel 44

¹Und er führte mich wiederum zu dem äußern Tor des Heiligtums gegen Morgen; es war aber verschlossen.

²Und der HERR sprach zu mir: Dies Tor soll zugeschlossen bleiben und nicht aufgetan werden, und soll niemand dadurchgehen; denn der HERR, der Gott Israels, ist dadurch eingegangen, darum soll es zugeschlossen bleiben.

³Doch den Fürsten ausgenommen; denn der Fürst soll daruntersitzen, das Brot zu essen vor dem HERRN. Durch die Halle des Tors soll er hineingehen und durch dieselbe wieder herausgehen.

⁴Darnach führte er mich zum Tor gegen Mitternacht vor das Haus. Und ich sah, und siehe, des HERRN Haus war voll der Herrlichkeit des HERRN; und ich fiel auf mein Angesicht.

⁵Und der HERR sprach zu mir: Du Menschenkind, merke darauf und siehe und höre fleißig auf alles, was ich dir sagen will von den Sitten und Gesetzen im Haus des HERRN; und merke, wie man hineingehen soll, und auf alle Ausgänge des Heiligtums.

⁶Und sage dem ungehorsamen Hause Israel: So spricht der HERR HERR: Ihr macht es zuviel, ihr vom Hause Israel, mit allen euren Greueln,

⁷denn ihr führt fremde Leute eines unbeschnittenen Herzens und unbeschnittenen Fleisches in mein Heiligtum, dadurch ihr mein Haus entheiligt, wenn ihr mein Brot, Fettes und Blut opfert, und brecht also meinen Bund mit allen euren Greueln;

⁸und haltet die Sitten meines Heiligtums nicht, sondern macht euch selbst neue Sitten in meinem Heiligtum.

⁹Darum spricht der HERR HERR also: Es soll kein Fremder eines unbeschnittenen Herzens und unbeschnittenen Fleisches in mein Heiligtum kommen aus allen Fremdlingen, so unter den Kindern Israel sind;

¹⁰sondern die Leviten, die von mir gewichen sind und samt Israel von mir irregegangen nach ihren Götzen, die sollen ihre Sünde tragen,

¹¹und sollen in meinem Heiligtum dienen als Hüter an den Türen des Hauses und als Diener des Hauses; und sollen nur das Brandopfer und andere Opfer, so das Volk herzubringt, schlachten und vor den Leuten stehen, daß sie ihnen dienen.

¹²Darum daß sie ihnen gedient vor ihren Götzen und dem Haus Israel einen Anstoß zur Sünde gegeben haben, darum habe ich meine Hand über sie ausgestreckt, spricht der HERR HERR, daß sie müssen ihre Sünde tragen.

¹³Und sie sollen nicht zu mir nahen, Priesteramt zu führen, noch kommen zu allen meinen Heiligtümern, zu den hochheiligen Opfern, sondern sie sollen ihre Schande tragen und ihre Greuel, die sie geübt haben.

¹⁴Darum habe ich sie zu Hütern gemacht an allem Dienst des Hauses und zu allem, was man darin tun soll.

¹⁵Aber die Priester aus den Leviten, die Kinder Zadok, so die Sitten meines Heiligtums gehalten haben, da die Kinder Israel von mir abfielen, die sollen vor mich treten und mir dienen und vor mir stehen, daß sie mir das Fett und Blut opfern, spricht der HERR HERR.

¹⁶Und sie sollen hineingehen in mein Heiligtum und vor meinen Tisch treten, mir zu dienen und meine Sitten zu halten.

¹⁷Und wenn sie durch die Tore des innern Vorhofs gehen wollen, sollen sie leinene Kleider anziehen und nichts Wollenes anhaben, wenn sie in den Toren im innern Vorhofe und im Hause dienen.

¹⁸Und sollen leinenen Schmuck auf ihrem Haupt haben und leinene Beinkleider um ihre Lenden, und sollen sich nicht im Schweiß gürten.

¹⁹Und wenn sie in den äußern Vorhof zum Volk herausgehen, sollen sie die Kleider, darin sie gedient haben, ausziehen und dieselben in die Kammern des Heiligtums legen und andere Kleider anziehen und das Volk nicht heiligen in ihren eigenen Kleidern.

²⁰Ihr Haupt sollen sie nicht kahl scheren, und sollen auch nicht die Haare frei wachsen lassen, sondern sollen die Haare umher verschneiden.

²¹Und soll auch kein Priester Wein trinken, wenn sie in den innern Vorhof gehen sollen.

²²Und sollen keine Witwe noch Verstoßene zur Ehe nehmen, sondern Jungfrauen vom Samen des Hauses Israel oder eines Priesters nachgelassene Witwe.

²³Und sie sollen mein Volk lehren, daß sie wissen Unterschied zu halten zwischen Heiligem und Unheiligem und zwischen Reinem und Unreinem.

²⁴Und wo eine Sache vor sie kommt, sollen sie stehen und richten und nach meinen Rechten sprechen und sollen meine Gebote und Sitten halten und alle meine Feste halten und meine Sabbate heiligen.

²⁵Und sollen zu keinem Toten gehen und sich verunreinigen, nur allein zu Vater und Mutter, Sohn oder Tochter, Bruder oder Schwester, die noch keinen Mann gehabt hat; über denen mögen sie sich verunreinigen.

²⁶Und nach seiner Reinigung soll man zählen sieben Tage.

²⁷Und wenn er wieder hinein zum Heiligtum geht in den innern Vorhof, daß er im Heiligtum diene, so soll er sein Sündopfer opfern, spricht der HERR HERR.

²⁸Aber das Erbteil, das sie haben sollen, das will ich selbst sein. Darum sollt ihr ihnen kein eigen Land geben in Israel; denn ich bin ihr Erbteil.

²⁹Sie sollen ihre Nahrung haben vom Speisopfer, Sündopfer und Schuldopfer, und alles Verbannte in Israel soll ihnen gehören.

³⁰Und alle ersten Früchte und alle Hebopfer von allem, davon ihr Hebopfer bringt, sollen den Priestern gehören. Ihr sollt auch den Priestern die Erstlinge eures Teiges geben, damit der Segen in deinem Hause bleibe.

³¹Was aber ein Aas oder zerrissen ist, es sei von Vögeln oder Tieren, das sollen die Priester nicht essen.

Kapitel 45

¹Wenn ihr nun das Land durchs Los austeilt, so sollt ihr ein Hebopfer vom Lande absondern, das dem HERRN heilig sein soll, fünfundzwanzigtausend Ruten lang und zehntausend breit; der Platz soll heilig sein, soweit er reicht.

²Und von diesem sollen zum Heiligtum kommen je fünfhundert Ruten ins Gevierte und dazu ein freier Raum umher fünfzig Ellen.

³Und auf dem Platz, der fünfundzwanzigtausend Ruten lang und zehntausend breit ist, soll das Heiligtum stehen, das Allerheiligste.

⁴Das übrige aber vom geheiligten Lande soll den Priestern gehören, die im Heiligtum dienen und vor dem HERRN treten, ihm zu dienen, daß sie Raum zu Häusern haben, und soll auch heilig sein.

⁵Aber die Leviten, so vor dem Hause dienen, sollen auch fünfundzwanzigtausend Ruten lang und zehntausend breit haben zu ihrem Teil, daß sie da wohnen.

⁶Und der Stadt sollt ihr auch einen Platz lassen für das ganze Haus Israel, fünftausend Ruten breit und fünfundzwanzigtausend lang, neben dem geheiligten Lande.

⁷Dem Fürsten aber sollt ihr auch einen Platz geben zu beiden

Seiten, neben dem geheiligten Lande und neben dem Platz der Stadt, und soll der Platz gegen Abend und gegen Morgen so weit reichen als die Teile der Stämme.

⁸Das soll sein eigen Teil sein in Israel, damit meine Fürsten nicht mehr meinem Volk das Ihre nehmen, sondern sollen das Land dem Haus Israel lassen für ihre Stämme.

⁹Denn so spricht der HERR HERR: Ihr habt's lange genug gemacht, ihr Fürsten Israels; lasset ab von Frevel und Gewalt und tut, was recht und gut ist, und tut ab von meinem Volk euer Austreiben, spricht der HERR HERR.

¹⁰Ihr sollt rechtes Gewicht und rechte Scheffel und rechtes Maß haben.

¹¹Epha und Bath sollen gleich sein, daß ein Bath den zehnten Teil vom Homer habe und das Epha den zehnten Teil vom Homer; denn nach dem Homer soll man sie beide messen.

¹²Aber ein Lot soll zwanzig Gera haben; und eine Mina macht zwanzig Lot, fünfundzwanzig Lot und fünfzehn Lot.

¹³Das soll nun das Hebopfer sein, das ihr heben sollt, nämlich den sechsten Teil eines Epha von einem Homer Weizen und den sechsten Teil eines Epha von einem Homer Gerste.

¹⁴Und vom Öl sollt ihr geben je den zehnten Teil eines Bath vom Kor, welches zehn Bath oder ein Homer ist; denn zehn Bath machen einen Homer.

¹⁵Und je ein Lamm von zweihundert Schafen aus der Herde auf der Weide Israels zum Speisopfer und Brandopfer und Dankopfer, zur Versöhnung für sie, spricht der HERR HERR.

¹⁶Alles Volk im Lande soll solches Hebopfer zum Fürsten in Israel bringen.

¹⁷Und der Fürst soll die Brandopfer, Speisopfer und Trankopfer ausrichten auf die Feste, Neumonde und Sabbate, auf alle Feiertage des Hauses Israel; er soll die Sündopfer und Speisopfer, Brandopfer und Dankopfer tun zur Versöhnung für das Haus Israel.

¹⁸So spricht der HERR HERR: Am ersten Tage des ersten Monats sollst du nehmen einen jungen Farren, der ohne Fehl sei, und das Heiligtum entsündigen.

¹⁹Und der Priester soll von dem Blut des Sündopfers nehmen und die Pfosten am Hause damit besprengen und die vier Ecken des Absatzes am Altar samt den Pfosten am Tor des Innern Vorhofs.

²⁰Also sollst du auch tun am siebenten Tage des Monats wegen derer, die geirrt haben oder weggeführt worden sind, daß ihr das Haus entsündigt.

²¹Am vierzehnten Tage des ersten Monats sollt ihr das Passah halten und sieben Tage feiern und ungesäuertes Brot essen.

²²Und am selben Tage soll der Fürst für sich und für alles Volk im Lande einen Farren zum Sündopfer opfern.

²³Aber die sieben Tage des Festes soll er dem HERRN täglich ein Brandopfer tun: je sieben Farren und sieben Widder, die ohne Fehl seien; und je einen Ziegenbock zum Sündopfer.

²⁴Zum Speisopfer aber soll er je ein Epha zu einem Farren und ein Epha zu einem Widder opfern und je ein Hin Öl zu einem Epha.

²⁵Am fünfzehnten Tage des siebenten Monats soll er sieben Tage nacheinander feiern, gleichwie jene sieben Tage, und es ebenso halten mit Sündopfer, Brandopfer, Speisopfer samt dem Öl.

Kapitel 46

¹So spricht der HERR HERR: Das Tor am innern Vorhof morgenwärts soll die sechs Werktage zugeschlossen sein; aber am Sabbat und am Neumonde soll man's auftun.

²Und der Fürst soll von draußen unter die Halle des Tors treten und bei dem Pfosten am Tor stehenbleiben. Und die Priester sollen sein Brandopfer und Dankopfer opfern; er aber soll auf der Schwelle des Tors anbeten und darnach wieder hinausgehen; das Tor aber soll offen bleiben bis an den Abend.

³Desgleichen das Volk im Lande soll an der Tür desselben Tors anbeten vor dem HERRN an den Sabbaten und Neumonden.

⁴Das Brandopfer aber, so der Fürst vor dem HERRN opfern soll am Sabbattage, soll sein sechs Lämmer, die ohne Fehl seien, und ein Widder ohne Fehl;

⁵und je ein Epha zu einem Widder zum Speisopfer, zu den Lämmern aber, soviel seine Hand gibt, zum Speisopfer, und je ein Hin Öl zu einem Epha.

⁶Am Neumonde aber soll er einen jungen Farren opfern, der ohne Fehl sei, und sechs Lämmer und einen Widder auch ohne Fehl;

⁷und je ein Epha zum Farren und je ein Epha zum Widder zum Speisopfer, aber zu den Lämmern soviel, als er geben mag, und je ein Hin Öl zu einem Epha.

⁸Und wenn der Fürst hineingeht, soll er durch die Halle des Tors hineingehen und desselben Weges wieder herausgehen.

⁹Aber das Volk im Lande, so vor den HERRN kommt auf die hohen Feste und zum Tor gegen Mitternacht hineingeht, anzubeten, das soll durch das Tor gegen Mittag wieder herausgehen; und welche zum Tor gegen Mittag hineingehen, die sollen zum Tor gegen Mitternacht wieder herausgehen; und sollen nicht wieder zu dem Tor hinausgehen, dadurch sie hinein sind gegangen, sondern stracks vor sich hinausgehen.

¹⁰Der Fürst aber soll mit ihnen hinein und heraus gehen.

¹¹Aber an den Feiertagen und hohen Festen soll man zum Speisopfer je zu einem Farren ein Epha und je zu einem Widder ein Epha opfern und zu den Lämmern, soviel seine Hand gibt, und je ein Hin Öl zu einem Epha.

¹²Wenn aber der Fürst ein freiwilliges Brandopfer oder Dankopfer dem HERRN tun wollte, so soll man ihm das Tor gegen Morgen auftun, daß er sein Brandopfer und Dankopfer opfere, wie er's sonst am Sabbat pflegt zu opfern; und wenn er wieder herausgeht, soll man das Tor nach ihm zuschließen.

¹³Und er soll dem HERRN täglich ein Brandopfer tun, nämlich ein jähriges Lamm ohne Fehl; dasselbe soll er alle Morgen opfern.

¹⁴Und soll alle Morgen den sechsten Teil von einem Epha zum Speisopfer daraufton und den dritten Teil von einem Hin Öl auf das Semmelmehl zu träufen, dem HERRN zum Speisopfer; das soll ein ewiges Recht sein vom täglichem Opfer.

¹⁵Und also sollen sie das Lamm samt dem Speisopfer und Öl alle Morgen opfern zum täglichen Brandopfer.

¹⁶So spricht der HERR HERR: Wenn der Fürst seiner Söhne einem ein Geschenk gibt von seinem Erbe, dasselbe soll seinen Söhnen bleiben, und sie sollen es erblich besitzen.

¹⁷Wo er aber seiner Knechte einem von seinem Erbteil etwas schenkt, das sollen sie besitzen bis aufs Freijahr und soll alsdann dem Fürsten wieder heimfallen; denn sein Teil soll allein auf seine Söhne erben.

¹⁸Es soll auch der Fürst dem Volk nichts nehmen von seinem Erbteil noch sie aus ihren Gütern stoßen, sondern soll sein eigenes Gut auf seine Kinder vererben, auf daß meines Volks nicht jemand von seinem Eigentum zerstreut werde.

¹⁹Und er führte mich durch den Eingang an der Seite des Tors gegen Mitternacht zu den Kammern des Heiligtums, so den Priestern gehörten; und siehe, daselbst war ein Raum in der Ecke gegen Abend.

²⁰Und er sprach zu mir: Dies ist der Ort, da die Priester kochen sollen das Schuldopfer und Sündopfer und das Speisopfer backen, daß sie es nicht hinaus in den äußeren Vorhof tragen müssen, das Volk zu heiligen.

²¹Darnach führte er mich hinaus in den äußeren Vorhof und hieß mich gehen in die vier Ecken des Vorhofs.

²²Und siehe, da war in jeglicher der vier Ecken ein anderes Vorhöflein, vierzig Ellen lang und dreißig Ellen breit, alle vier einerlei Maßes.

²³Und es ging ein Mäuerlein um ein jegliches der vier; da waren Herde herum gemacht unten an den Mauern.

²⁴Und er sprach zu mir: Dies sind die Küchen, darin die Diener des Hauses kochen sollen, was das Volk opfert.

Kapitel 47

¹Und er führte mich wieder zu der Tür des Tempels. Und siehe, da floß ein Wasser heraus unter der Schwelle des Tempels gegen Morgen; denn die vordere Seite des Tempels war gegen Morgen. Und des Tempels Wasser lief an der rechten Seite des Tempels neben dem Altar hin gegen Mittag.

²Und er führte mich hinaus zum Tor gegen Mitternacht und brachte mich auswendig herum zum äußern Tor gegen Morgen; und siehe, das Wasser sprang heraus von der rechten Seite.

³Und der Mann ging heraus gegen Morgen und hatte die Meßschnur in der Hand; und er maß tausend Ellen und führte mich durchs Wasser, das mir's an die Knöchel ging.

⁴Und maß abermals tausend Ellen und führte mich durchs Wasser, daß mir's an die Kniee ging. Und maß noch tausend Ellen und ließ mich dadurchgehen, daß es mir an die Lenden ging.

⁵Da maß er noch tausend Ellen, und es ward so tief, daß ich nicht mehr Grund hatte; denn das Wasser war zu hoch, daß man darüber schwimmen mußte und keinen Grund hatte.

⁶Und er sprach zu mir: Du Menschenkind, das hast du ja gesehen. Und er führte mich wieder zurück am Ufer des Bachs.

⁷Und siehe, da standen sehr viel Bäume am Ufer auf beiden Seiten.

⁸Und er sprach zu mir: Dies Wasser, das da gegen Morgen herausfließt, wird durchs Blachfeld fließen ins Meer, da sollen

desselben Wasser gesund werden.

⁹Ja, alles, was darin lebt und webt, dahin diese Ströme kommen, das soll leben; und es soll sehr viel Fische haben; und soll alles gesund werden und leben, wo dieser Strom hin kommt.

¹⁰Und es werden die Fischer an demselben stehen; von Engedi bis zu En-Eglaim wird man die Fischgarne aufspannen; denn es werden daselbst sehr viel Fische von allerlei Art sein, gleichwie im großen Meer.

¹¹Aber die Teiche und Lachen daneben werden nicht gesund werden, sondern gesalzen bleiben.

¹²Und an demselben Strom, am Ufer auf beiden Seiten, werden allerlei fruchtbare Bäume wachsen, und ihre Blätter werden nicht verwelken noch ihre Früchte ausgehen; und sie werden alle Monate neue Früchte bringen, denn ihr Wasser fließt aus dem Heiligtum. Ihre Frucht wird zur Speise dienen und ihre Blätter zur Arznei.

¹³So spricht der HERR HERR: Dies sind die Grenzen, nach denen ihr das Land sollt austeilen den zwölf Stämmen Israels; denn zwei Teile gehören dem Stamm Joseph.

¹⁴Und ihr sollt's gleich austeilen, einem wie dem andern; denn ich habe meine Hand aufgehoben, das Land euren Vätern und euch zum Erbteil zu geben.

¹⁵Dies ist nun die Grenze des Landes gegen Mitternacht: von dem großen Meer an des Weges nach Hethlon gen Zedad,

¹⁶Hamath, Berotha, Sibraim, das an Damaskus und Hamath grenzt, und Hazar-Thichon, das an Hauran grenzt.

¹⁷Das soll die Grenze sein vom Meer an bis gen Hazar-Enon, und Damaskus und Hamath sollen das Ende sein. Das sei die Grenze gegen Mitternacht.

¹⁸Aber die Grenze gegen Morgen sollt ihr messen zwischen Hauran und Damaskus und zwischen Gilead und dem Lande Israel, am Jordan hinab bis an das Meer gegen Morgen. Das soll die Grenze gegen Morgen sein.

¹⁹Aber die Grenze gegen Mittag ist von Thamar bis ans Haderwasser zu Kades und den Bach hinab bis an das große Meer. Das soll die Grenze gegen Mittag sein.

²⁰Und an der Seite gegen Abend ist das große Meer von der Grenze an bis gegenüber Hamath. Das sei die Grenze gegen Abend.

²¹Also sollt ihr das Land austeilen unter die Stämme Israels.

²²Und wenn ihr das Los werft, das Land unter euch zu teilen, so sollt ihr die Fremdlinge, die bei euch wohnen und Kinder unter euch zeugen, halten gleich wie die Einheimischen unter den Kindern Israel;

²³und sie sollen auch ihr Teil im Lande haben, ein jeglicher unter seinem Stamm, dabei er wohnt, spricht der HERR HERR.

Kapitel 48

¹Dies sind die Namen der Stämme: von Mitternacht, an dem Wege nach Hethlon, gen Hamath und Hazar-Enon und von Damaskus gegen Hamath, das soll Dan für seinen Teil haben von Morgen bis gen Abend.

²Neben Dan soll Asser seinen Teil haben, von Morgen bis gen Abend.

³Neben Asser soll Naphthali seinen Teil haben, von Morgen bis gen Abend.

⁴Neben Naphthali soll Manasse seinen Teil haben, von Morgen bis gen Abend.

⁵Neben Manasse soll Ephraim seinen Teil haben, von Morgen bis gen Abend.

⁶Neben Ephraim soll Ruben seinen Teil haben, von Morgen bis gen Abend.

⁷Neben Ruben soll Juda seinen Teil haben, von Morgen bis gen Abend.

⁸Neben Juda aber sollt ihr einen Teil absondern, von Morgen bis gen Abend, der fünfundzwanzigtausend Ruten breit und so lang sei, wie sonst ein Teil ist von Morgen bis gen Abend; darin soll das Heiligtum stehen.

⁹Und davon sollt ihr dem HERRN einen Teil absondern, fünfundzwanzigtausend Ruten lang und zehntausend Ruten breit.

¹⁰Und dieser heilige Teil soll den Priestern gehören, nämlich fünfundzwanzigtausend Ruten lang gegen Mitternacht und gegen Mittag und zehntausend breit gegen Morgen und gegen Abend. Und das Heiligtum des HERRN soll mittendarin stehen.

¹¹Das soll geheiligt sein den Priestern, den Kindern Zadok, welche meine Sitten gehalten haben und sind nicht abgefallen mit den Kindern Israel, wie die Leviten abgefallen sind.

¹²Und soll also dieser abgesonderte Teil des geheiligten Landes ihr eigen sein als Hochheiliges neben der Leviten Grenze.

¹³Die Leviten aber sollen neben der Priester Grenze auch fünfundzwanzigtausend Ruten in die Länge und zehntausend Ruten in die Breite haben; denn alle Länge soll fünfundzwanzigtausend und die Breite zehntausend Ruten haben.

¹⁴Und sollen nichts davon verkaufen noch verändern, damit des Landes Erstling nicht wegkomme; denn es ist dem HERRN geheiligt.

¹⁵Aber die übrigen fünftausend Ruten in die Breite gegen fünfundzwanzigtausend Ruten in die Länge, das soll gemeines Land sein zur Stadt, darin zu wohnen, und zu Vorstädten; und die Stadt soll mittendarin stehen.

¹⁶Und das soll ihr Maß sein: viertausend und fünfhundert Ruten gegen Mitternacht und gegen Mittag, desgleichen gegen Morgen und gegen Abend auch viertausend und fünfhundert.

¹⁷Die Vorstadt aber soll haben zweihundertundfünfzig Ruten gegen Mitternacht und gegen Mittag, desgleichen auch gegen Morgen und gegen Abend zweihundertundfünfzig Ruten.

¹⁸Aber das übrige an der Länge neben dem Abgesonderten und Geheiligten, nämlich zehntausend Ruten gegen Morgen und zehntausend Ruten gegen Abend, das gehört zum Unterhalt derer, die in der Stadt arbeiten.

¹⁹Und die Arbeiter aus allen Stämmen Israels sollen in der Stadt arbeiten.

²⁰Also soll die ganze Absonderung fünfundzwanzigtausend Ruten ins Gevierte sein; ein Vierteil der geheiligten Absonderung sei zu eigen der Stadt.

²¹Was aber noch übrig ist auf beiden Seiten neben dem abgesonderten heiligen Teil und neben der Stadt Teil, nämlich fünfundzwanzigtausend Ruten gegen Morgen und gegen Abend neben den Teilen der Stämme, das soll alles dem Fürsten gehören. Aber der abgesonderte Teil und das Haus des Heiligtums soll mitteninnen sein.

²²Was aber neben der Leviten Teil und neben der Stadt Teil zwischen der Grenze Juda's und der Grenze Benjamins liegt, das soll dem Fürsten gehören.

²³Darnach sollen die andern Stämme sein: Benjamin soll seinen Teil haben, von Morgen bis gen Abend.

²⁴Aber neben der Grenze Benjamin soll Simeon seinen Teil haben, von Morgen bis gen Abend.

²⁵Neben der Grenze Simeons soll Isaschar seinen Teil haben, von Morgen bis gen Abend.

²⁶Neben der Grenze Isaschars soll Sebulon seinen Teil haben, von Morgen bis gen Abend.

²⁷Neben der Grenze Sebulons soll Gad seinen Teil haben, von Morgen bis gen Abend.

²⁸Aber neben Gad ist die Grenze gegen Mittag von Thamar bis ans Haderwasser zu Kades und an den Bach hinab bis an das große Meer.

²⁹Das ist das Land, das ihr austeilen sollt zum Erbteil unter die Stämme Israels; und das sollen ihre Erbteile sein, spricht der HERR HERR.

³⁰Und so weit soll die Stadt sein: viertausend und fünfhundert Ruten gegen Mitternacht.

³¹Und die Tore der Stadt sollen nach den Namen der Stämme Israels genannt werden, drei Toren gegen Mitternacht: das erste Tor Ruben, das zweite Juda, das dritte Levi.

³²Also auch gegen Morgen viertausend und fünfhundert Ruten und auch drei Tore: nämlich das erste Tor Joseph, das zweite Benjamin, das dritte Dan.

³³Gegen Mittag auch also viertausend und fünfhundert Ruten und auch drei Tore: das erste Tor Simeon, das zweite Isaschar, das dritte Sebulon.

³⁴Also auch gegen Abend viertausend und fünfhundert Ruten und drei Tore: ein Tor Gad, das zweite Asser, das dritte Naphthali.

³⁵Also sollen es um und um achtzehntausend Ruten sein. Und alsdann soll die Stadt genannt werden: "Hier ist der HERR".

Daniel

Kapitel 1

¹Im dritten Jahr des Reiches Jojakims, des Königs in Juda, kam Nebukadnezar, der König zu Babel, vor Jerusalem und belagerte es.

²Und der HERR übergab ihm Jojakim, den König Juda's, und etliche Gefäße aus dem Hause Gottes; die ließ er führen ins Land Sinear in seines Gottes Haus und tat die Gefäße in seines Gottes Schatzkammer.

³Und der König sprach zu Aspenas, seinem obersten Kämmerer, er sollte aus den Kindern Israel vom königlichen Stamm und Herrenkinder wählen

⁴Knaben, die nicht gebrechlich wären, sondern schöne, vernünftige, weise, kluge und verständige, die da geschickt wären, zu dienen an des Königs Hofe und zu lernen chaldäische Schrift und Sprache.

⁵Solchen bestimmte der König, was man ihnen täglich geben sollte von seiner Speise und vom Wein, den er selbst trank, daß sie also drei Jahre aufgezogen würden und darnach dem König dienen sollten.

⁶Unter diesen war Daniel, Hananja, Misael und Asarja von den Kindern Juda.

⁷Und der oberste Kämmerer gab ihnen Namen und nannte Daniel Beltsazar und Hananja Sadrach und Misael Mesach und Asarja Abed-Nego.

⁸Aber Daniel setzte sich vor in seinem Herzen, daß er sich mit des Königs Speise und mit dem Wein, den er selbst trank, nicht verunreinigen wollte, und bat den obersten Kämmerer, daß er sich nicht müßte verunreinigen.

⁹Und Gott gab Daniel, daß ihm der oberste Kämmerer günstig und gnädig ward.

¹⁰Derselbe sprach zu ihm: Ich fürchte mich vor meinem Herrn, dem König, der euch eure Speise und Trank bestimmt hat; wo er würde sehen, daß eure Angesichter jämmerlicher wären denn der andern Knaben eures Alters, so brächtet ihr mich bei dem König um mein Leben.

¹¹Da sprach Daniel zu dem Aufseher, welchem der oberste Kämmerer Daniel, Hananja, Misael und Asarja befohlen hatte:

¹²Versuche es doch mit deinen Knechten zehn Tage und laß uns geben Gemüse zu essen und Wasser zu trinken.

¹³Und laß dann vor dir unsre Gestalt und der Knaben, so von des Königs Speise essen, besehen; und darnach du sehen wirst, darnach schaffe mit deinen Knechten.

¹⁴Und er gehorchte ihnen darin und versuchte es mit ihnen zehn Tage.

¹⁵Und nach den zehn Tagen waren sie schöner und besser bei Leibe denn alle Knaben, so von des Königs Speise aßen.

¹⁶Da tat der Aufseher ihre verordnete Speise und Trank weg und gab ihnen Gemüse.

¹⁷Aber diesen vier Knaben gab Gott Kunst und Verstand in allerlei Schrift und Weisheit; Daniel aber gab er Verstand in allen Gesichten und Träumen.

¹⁸Und da die Zeit um war, die der König bestimmt hatte, daß sie sollten hineingebracht werden, brachte sie der oberste Kämmerer hinein vor Nebukadnezar.

¹⁹Und der König redete mit ihnen, und ward unter allen niemand gefunden, der Daniel, Hananja, Misael und Asarja gleich wäre; und sie wurden des Königs Diener.

²⁰Und der König fand sie in allen Sachen, die er sie fragte zehnmal klüger und verständiger denn alle Sternseher und Weisen in seinem ganzen Reich.

²¹Und Daniel erlebte das erste Jahr des König Kores.

Kapitel 2

¹Im zweiten Jahr des Reiches Nebukadnezars hatte Nebukadnezar einen Traum, davon er erschrak, daß er aufwachte.

²Und er hieß alle Seher und Weisen und Zauberer und Chaldäer zusammenfordern, daß sie dem König seinen Traum sagen sollten. Und sie kamen und traten vor den König.

³Und der König sprach zu ihnen: Ich habe einen Traum gehabt, der hat mich erschreckt; und ich wollte gern wissen, was es für ein Traum gewesen sei.

⁴Da sprachen die Chaldäer zum König auf chaldäisch: Der König lebe ewiglich! Sage deinen Knechten den Traum, so wollen wir ihn deuten.

⁵Der König antwortete und sprach zu den Chaldäern: Es ist mir entfallen. Werdet ihr mir den Traum nicht anzeigen und ihn deuten, so sollt ihr in Stücke zerhauen und eure Häuser schändlich zerstört werden.

⁶Werdet ihr mir aber den Traum anzeigen und deuten, so sollt ihr Geschenke, Gaben und große Ehre von mir haben. Darum so sagt mir den Traum und seine Deutung.

⁷Sie antworteten wiederum und sprachen: Der König sage seinen Knechten den Traum, so wollen wir ihn deuten.

⁸Der König antwortete und sprach: Wahrlich, ich merke es, daß ihr Frist sucht, weil ihr seht, daß mir's entfallen ist.

⁹Aber werdet ihr mir nicht den Traum sagen, so geht das Recht über euch, als die ihr Lügen und Gedichte vor mir zu reden euch vorgenommen habt, bis die Zeit vorübergehe. Darum so sagt mir den Traum, so kann ich merken, daß ihr auch die Deutung trefft.

¹⁰Da antworteten die Chaldäer vor dem König und sprachen zu ihm: Es ist kein Mensch auf Erden, der sagen könne, was der König fordert. So ist auch kein König, wie groß oder mächtig er sei, der solches von irgend einem Sternseher, Weisen oder Chaldäer fordere.

¹¹Denn was der König fordert, ist zu hoch, und ist auch sonst niemand, der es vor dem König sagen könne, ausgenommen die Götter, die bei den Menschen nicht wohnen.

¹²Da ward der König sehr zornig und befahl, alle Weisen zu Babel umzubringen.

¹³Und das Urteil ging aus, daß man die Weisen töten sollte; und Daniel samt seinen Gesellen ward auch gesucht, daß man sie tötete.

¹⁴Da erwiderte Daniel klug und verständig dem Arioch, dem obersten Richter des Königs, welcher auszog, zu töten die Weisen zu Babel.

¹⁵Und er fing an und sprach zu des Königs Vogt, Arioch: Warum ist ein so strenges Urteil vom König ausgegangen? Und Arioch zeigte es dem Daniel an.

¹⁶Da ging Daniel hinein und bat den König, daß er ihm Frist gäbe, damit er die Deutung dem König sagen möchte.

¹⁷Und Daniel ging heim und zeigte solches an seinen Gesellen, Hananja, Misael und Asarja,

¹⁸daß sie den Gott des Himmels um Gnade bäten solches verborgenen Dinges halben, damit Daniel und seine Gesellen nicht samt den andern Weisen zu Babel umkämen.

¹⁹Da ward Daniel solch verborgenes Ding durch ein Gesicht des Nachts offenbart.

²⁰Darüber lobte Daniel den Gott des Himmels, fing an und sprach: Gelobt sei der Name Gottes von Ewigkeit zu Ewigkeit! denn sein ist beides, Weisheit und Stärke.

²¹Er ändert Zeit und Stunde; er setzt Könige ab und setzt Könige ein; er gibt den Weisen ihre Weisheit und den Verständigen ihren Verstand;

²²er offenbart, was tief und verborgen ist; er weiß, was in der Finsternis liegt, denn bei ihm ist eitel Licht.

²³Ich danke dir und lobe dich, Gott meiner Väter, der du mir Weisheit und Stärke verleihst und jetzt offenbart hast, darum wir dich gebeten haben; denn du hast uns des Königs Sache offenbart.

²⁴Da ging Daniel hinein zu Arioch, der vom König Befehl hatte, die Weisen zu Babel umzubringen, und sprach zu ihm also: Du sollst die Weisen zu Babel nicht umbringen, sondern führe mich hinein zum König, ich will dem König die Deutung sagen.

²⁵Arioch brachte Daniel eilends hinein vor den König und sprach zu ihm also: Es ist einer gefunden unter den Gefangenen aus Juda, der dem König die Deutung sagen kann.

²⁶Der König antwortete und sprach zu Daniel, den sie Beltsazar hießen: Bist du, der mir den Traum, den ich gesehen habe, und seine Deutung anzeigen kann?

²⁷Daniel fing an vor dem König und sprach: Das verborgene Ding, das der König fordert von den Weisen, Gelehrten, Sterndeutern und Wahrsagern, steht in ihrem Vermögen nicht, dem König zu sagen.

²⁸Aber es ist ein Gott im Himmel, der kann verborgene Dinge offenbaren; der hat dem König Nebukadnezar angezeigt, was in künftigen Zeiten geschehen soll.

²⁹Mit deinem Traum und deinem Gesichten, da du schliefest, verhielt sich's also: Du, König, dachtest auf deinem Bette, wie es doch hernach zugehen würde; und der, so verborgene Dinge offenbart, hat dir angezeigt, wie es gehen werde.

³⁰So ist mir solch verborgenes Ding offenbart, nicht durch meine Weisheit, als wäre sie größer denn aller, die da leben; sondern darum, daß dem König die Deutung angezeigt würde und du deines Herzens Gedanken erführest.

³¹Du, König, sahst, und siehe, ein großes und hohes und sehr glänzendes Bild stand vor dir, das war schrecklich anzusehen.

Daniel

³²Des Bildes Haupt war von feinem Golde, seine Brust und Arme waren von Silber, sein Bauch und seine Lenden waren von Erz,

³³seine Schenkel waren Eisen, seine Füße waren eines Teils Eisen und eines Teils Ton.

³⁴Solches sahst du, bis daß ein Stein herabgerissen ward ohne Hände; der schlug das Bild an seine Füße, die Eisen und Ton waren, und zermalmte sie.

³⁵Da wurden miteinander zermalmt das Eisen, Ton, Erz, Silber und Gold und wurden wie eine Spreu auf der Sommertenne, und der Wind verwehte sie, daß man sie nirgends mehr finden konnte. Der Stein aber, der das Bild zerschlug, ward ein großer Berg, daß er die ganze Welt füllte.

³⁶Das ist der Traum. Nun wollen wir die Deutung vor dem König sagen.

³⁷Du, König, bist ein König aller Könige, dem der Gott des Himmels Königreich, Macht, Stärke und Ehre gegeben hat

³⁸und alles, da Leute wohnen, dazu die Tiere auf dem Felde und die Vögel unter dem Himmel in deine Hände gegeben und dir über alles Gewalt verliehen hat. Du bist das goldene Haupt.

³⁹Nach dir wird ein anderes Königreich aufkommen, geringer denn deins. Darnach das dritte Königreich, das ehern ist, welches wird über alle Lande herrschen.

⁴⁰Und das vierte wird hart sein wie Eisen; denn gleichwie Eisen alles zermalmt und zerschlägt, ja, wie Eisen alles zerbricht, also wird es auch diese alle zermalmen und zerbrechen.

⁴¹Daß du aber gesehen hast die Füße und Zehen eines Teils Ton und eines Teils Eisen: das wird ein zerteiltes Königreich sein; doch wird von des Eisens Art darin bleiben, wie du es denn gesehen hast Eisen mit Ton vermengt.

⁴²Und daß die Zehen an seinen Füßen eines Teils Eisen und eines Teils Ton sind: wird's zum Teil ein starkes und zum Teil ein schwaches Reich sein.

⁴³Und daß du gesehen hast Eisen und Ton vermengt: werden sie sich wohl nach Menschengeblüt untereinander mengen, aber sie werden doch nicht aneinander halten, gleichwie sich Eisen und Ton nicht mengen läßt.

⁴⁴Aber zur Zeit solcher Königreiche wird der Gott des Himmels ein Königreich aufrichten, das nimmermehr zerstört wird; und sein Königreich wird auf kein ander Volk kommen. Es wird alle diese Königreiche zermalmen und verstören; aber es selbst wird ewiglich bleiben;

⁴⁵wie du denn gesehen hast einen Stein, ohne Hände vom Berge herabgerissen, der das Eisen, Erz, Ton, Silber und Gold zermalmte. Also hat der große Gott dem König gezeigt, wie es hernach gehen werde; und der Traum ist gewiß, und die Deutung ist recht.

⁴⁶Da fiel der König Nebukadnezar auf sein Angesicht und betete an vor dem Daniel und befahl, man sollt ihm Speisopfer und Räuchopfer tun.

⁴⁷Und der König antwortete Daniel und sprach: Es ist kein Zweifel, euer Gott ist ein Gott über alle Götter und ein HERR über alle Könige, der da kann verborgene Dinge offenbaren, weil du dies verborgene Ding hast können offenbaren.

⁴⁸Und der König erhöhte Daniel und gab ihm große und viele Geschenke und machte ihn zum Fürsten über die ganze Landschaft Babel und setzte ihn zum Obersten über alle Weisen zu Babel.

⁴⁹Und Daniel bat vom König, daß er über die Ämter der Landschaft Babel setzen möchte Sadrach, Mesach und Abed-Nego; und er, Daniel blieb bei dem König am Hofe.

Kapitel 3

¹Der König Nebukadnezar ließ ein goldenes Bild machen, sechzig Ellen hoch und sechs Ellen breit, und ließ es setzen ins Tal Dura in der Landschaft Babel.

²Und der König Nebukadnezar sandte nach den Fürsten, Herren, Landpflegern, Richtern, Vögten, Räten, Amtleuten und allen Gewaltigen im Lande, daß sie zusammenkommen sollten, das Bild zu weihen, daß der König Nebukadnezar hatte setzen lassen.

³Da kamen zusammen die Fürsten, Herren, Landpfleger, Richter, Vögte, Räte, Amtleute und alle Gewaltigen im lande, das Bild zu weihen, das der König Nebukadnezar hatte setzen lassen. Und sie mußten dem Bilde gegenübertreten, das Nebukadnezar hatte setzen lassen.

⁴Und der Herold rief überlaut: Das laßt euch gesagt sein, ihr Völker, Leute und Zungen!

⁵Wenn ihr hören werdet den Schall der Posaunen, Drommeten, Harfen, Geigen, Psalter, Lauten und allerlei Saitenspiel, so sollt ihr niederfallen und das goldene Bild anbeten, das der König Nebukadnezar hat setzen lassen.

⁶Wer aber alsdann nicht niederfällt und anbetet, der soll von Stund an in den glühenden Ofen geworfen werden.

⁷Da sie nun hörten den Schall der Posaunen, Drommeten, Harfen, Geigen, Psalter und allerlei Saitenspiel, fielen nieder alle Völker, Leute und Zungen und beteten an das goldene Bild, das der König Nebukadnezar hatte setzen lassen.

⁸Von Stund an traten hinzu etliche chaldäische Männer und verklagten die Juden,

⁹fingen an und sprachen zum König Nebukadnezar: Der König lebe ewiglich!

¹⁰Du hast ein Gebot lassen ausgehen, daß alle Menschen, wenn sie hören würden den Schall der Posaunen, Drommeten, Harfen, Geigen, Psalter, Lauten und allerlei Saitenspiel, sollten sie niederfallen und das goldene Bild anbeten;

¹¹wer aber nicht niederfiele und anbetete, sollte in den glühenden Ofen geworfen werden.

¹²Nun sind da jüdische Männer, welche du über die Ämter der Landschaft Babel gesetzt hast: Sadrach, Mesach und Abed-Nego; die verachten dein Gebot und ehren deine Götter nicht und beten nicht an das goldene Bild, das du hast setzen lassen.

¹³Da befahl Nebukadnezar mit Grimm und Zorn, daß man vor ihn stellte Sadrach, Mesach und Abed-Nego. Und die Männer wurden vor den König gestellt.

¹⁴Da fing Nebukadnezar an und sprach zu ihnen: Wie? wollt ihr Sadrach, Mesach, Abed-Nego, meinen Gott nicht ehren und das goldenen Bild nicht anbeten, das ich habe setzen lassen?

¹⁵Wohlan schickt euch! Sobald ihr hören werdet den Schall der Posaunen, Drommeten, Harfen, Geigen, Psalter, Lauten und allerlei Saitenspiel, so fallt nieder und betet das Bild an, das ich habe machen lassen! Werdet ihr's nicht anbeten, so sollt ihr von Stund an in den glühenden Ofen geworfen werden. Laßt sehen, wer der Gott sei, der euch aus meiner Hand erretten werde!

¹⁶Da fingen an Sadrach, Mesach, Abed-Nego und sprachen zum König Nebukadnezar: Es ist nicht not, daß wir darauf antworten.

¹⁷Siehe, unser Gott, den wir ehren, kann uns wohl erretten aus dem glühenden Ofen, dazu auch von deiner Hand erretten.

¹⁸Und wo er's nicht tun will, so sollst du dennoch wissen, daß wir deine Götter nicht ehren noch das goldene Bild, das du hast setzen lassen, anbeten wollen.

¹⁹Da ward Nebukadnezar voll Grimms, und sein Angesicht verstellte sich wider Sadrach, Mesach und Abed-Nego, und er befahl man sollte den Ofen siebenmal heißer machen, denn man sonst zu tun pflegte.

²⁰Und er befahl den besten Kriegsleuten, die in seinem Heer waren, daß sie Sadrach, Mesach und Abed-Nego bänden und in den glühenden Ofen würfen.

²¹Also wurden diese Männer in ihren Mänteln, Schuhen, Hüten und andern Kleidern gebunden und in den glühenden Ofen geworfen;

²²denn des Königs Gebot mußte man eilends tun. Und man schürte das Feuer im Ofen so sehr, daß die Männer, so den Sadrach, Mesach und Abed-Nego hinaufbrachten, verdarben von des Feuers Flammen.

²³Aber die drei Männer, Sadrach, Mesach und Abed-Nego fielen hinab in den glühenden Ofen, wie sie gebunden waren.

²⁴Da entsetzte sich der König Nebukadnezar und fuhr auf und sprach zu seinen Räten: Haben wir nicht drei Männer gebunden in das Feuer lassen werfen? Sie antworteten und sprachen zum König: Ja, Herr König.

²⁵Er antwortete und sprach: Sehe ich doch vier Männer frei im Feuer gehen, und sie sind unversehrt; und der vierte ist gleich, als wäre er ein Sohn der Götter.

²⁶Und Nebukadnezar trat hinzu vor das Loch des glühenden Ofens und sprach: Sadrach, Mesach, Abed-Nego, ihr Knechte Gottes des Höchsten, geht heraus und kommt her! Da gingen Sadrach, Mesach und Abed-Nego heraus aus dem Feuer.

²⁷Und die Fürsten, Herren, Vögte und Räte kamen zusammen und sahen, daß das Feuer keine Macht am Leibe dieser Männer bewiesen hatte und ihr Haupthaar nicht versengt und ihre Mäntel nicht versehrt waren; ja man konnte keinen Brand an ihnen riechen.

²⁸Da fing Nebukadnezar an und sprach: Gelobt sei der Gott Sadrachs, Mesachs und Abed-Negos, der seinen Engel gesandt und seine Knechte errettet hat, die ihm vertraut und des Königs Gebot nicht gehalten, sondern ihren Leib dargegeben haben, daß sie keinen Gott ehren noch anbeten wollten als allein ihren Gott!

²⁹So sei nun dies mein Gebot: Welcher unter allen Völkern, Leuten und Zungen den Gott Sadrachs, Mesachs und Abed-Negos lästert, der soll in Stücke zerhauen und sein Haus schändlich verstört werden. Denn es ist kein andrer Gott, der also erretten kann, als dieser.

³⁰Und der König gab Sadrach, Mesach und Abed-Nego große Gewalt in der Landschaft Babel.

Kapitel 4

¹König Nebukadnezar allen Völkern, Leuten und Zungen auf der ganzen Erde: Viel Friede zuvor!

²Ich sehe es für gut an, daß ich verkündige die Zeichen und Wunder, so Gott der Höchste an mir getan hat.

³Denn seine Zeichen sind groß, und seine Wunder mächtig, und sein Reich ist ein ewiges Reich, und seine Herrschaft währt für und für.

⁴Ich, Nebukadnezar, da ich gute Ruhe hatte in meinem Hause und es wohl stand auf meiner Burg,

⁵sah einen Traum und erschrak, und die Gedanken, die ich auf meinem Bett hatte, und das Gesicht, so ich gesehen hatte, betrübten mich.

⁶Und ich befahl, daß alle Weisen zu Babel vor mich hereingebracht würden, daß sie mir sagten, was der Traum bedeutet.

⁷Da brachte man herein die Sternseher, Weisen, Chaldäer und Wahrsager, und ich erzählte den Traum vor ihnen; aber sie konnten mir nicht sagen, was er bedeutete,

⁸bis zuletzt Daniel vor mich kam, welcher Beltsazar heißt nach dem Namen meines Gottes, der den Geist der heiligen Götter hat. Und ich erzählte vor ihm meinen Traum:

⁹Beltsazar, du Oberster unter den Sternsehern, von dem ich weiß, daß du den Geist der heiligen Götter hast und dir nichts verborgen ist, sage, was das Gesicht meines Traumes, das ich gesehen habe, bedeutet.

¹⁰Dies aber ist das Gesicht, das ich gesehen habe auf meinem Bette: Siehe, es stand ein Baum mitten im Lande, der war sehr hoch.

¹¹Und er wurde groß und mächtig, und seine Höhe reichte bis an den Himmel, und er breitete sich aus bis ans Ende der ganzen Erde.

¹²Seine Äste waren schön und trugen viel Früchte, davon alles zu essen hatte; alle Tiere auf dem Felde fanden Schatten unter ihm, und die Vögel unter dem Himmel saßen auf seinen Ästen, und alles Fleisch nährte sich von ihm.

¹³Und ich sah ein Gesicht auf meinem Bette, und siehe, ein heiliger Wächter fuhr vom Himmel herab;

¹⁴der rief überlaut und sprach also: Haut den Baum um und behaut ihm die Äste und streift ihm das Laub ab und zerstreut seine Früchte, daß die Tiere, so unter ihm liegen, weglaufen und die Vögel von seinen Zweigen fliehen.

¹⁵Doch laßt den Stock mit seinen Wurzeln in der Erde bleiben; er aber soll in eisernen und ehernen Ketten auf dem Felde im Grase und unter dem Tau des Himmels liegen und naß werden und soll sich weiden mit den Tieren von den Kräutern der Erde.

¹⁶Und das menschliche Herz soll von ihm genommen und ein viehisches Herz ihm gegeben werden, bis daß sieben Zeiten über ihn um sind.

¹⁷Solches ist im Rat der Wächter beschlossen und im Gespräch der Heiligen beratschlagt, auf daß die Lebendigen erkennen, daß der Höchste Gewalt hat über der Menschen Königreiche und gibt sie, wem er will, und erhöht die Niedrigen zu denselben.

¹⁸Solchen Traum habe ich, König Nebukadnezar, gesehen; du aber Beltsazar, sage mir was er bedeutet. Denn alle Weisen in meinem Königreiche können mir nicht anzeigen, was er bedeute; du aber kannst es wohl, denn der Geist der heiligen Götter ist bei dir.

¹⁹Da entsetzte sich Daniel, der sonst Beltsazar heißt, bei einer Stunde lang und seine Gedanken betrübten ihn. Aber der König sprach: Beltsazar, laß dich den Traum und seine Deutung nicht betrüben. Beltsazar fing an und sprach: Ach mein Herr, daß der Traum deinen Feinden und seine Deutung deinen Widersachern gälte!

²⁰Der Baum, den du gesehen hast, daß er groß und mächtig ward und seine Höhe an den Himmel reichte und daß er sich über die Erde breitete

²¹und seine Äste schön waren und seiner Früchte viel, davon alles zu essen hatte, und die Tiere auf dem Felde unter ihm wohnten und die Vögel des Himmels auf seinen Ästen saßen:

²²das bist du, König, der du so groß und mächtig geworden; denn deine Macht ist groß und reicht an den Himmel, und deine Gewalt langt bis an der Welt Ende.

²³Daß aber der König einen heiligen Wächter gesehen hat vom Himmel herabfahren und sagen: Haut den Baum um und verderbt ihn; doch den Stock mit seinen Wurzeln laßt in der Erde bleiben; er aber soll in eisernen und ehernen Ketten auf dem Felde liegen und unter dem Tau des Himmels liegen und naß werden und sich mit den Tieren auf dem Felde weiden, bis über ihn sieben Zeiten um sind,

²⁴das ist die Deutung, Herr König, und solcher Rat des Höchsten geht über meinen Herrn König:

²⁵Man wird dich von den Leuten stoßen, und du mußt bei den Tieren auf dem Felde bleiben, und man wird dich Gras essen lassen wie die Ochsen, und wirst unter dem Tau des Himmels liegen und naß werden, bis über dir sieben Zeiten um sind, auf daß du erkennest, daß der Höchste Gewalt hat über der Menschen Königreiche und gibt sie, wem er will.

²⁶Daß aber gesagt ist, man solle dennoch den Stock des Baumes mit seinen Wurzeln bleiben lassen: dein Königreich soll dir bleiben, wenn du erkannt hast die Gewalt im Himmel.

²⁷Darum, Herr König, laß dir meinen Rat gefallen und mache dich los von deinen Sünden durch Gerechtigkeit und ledig von deiner Missetat durch Wohltat an den Armen, so wird dein Glück lange währen.

²⁸Dies alles widerfuhr dem König Nebukadnezar.

²⁹Denn nach zwölf Monaten, da der König auf der königlichen Burg zu Babel ging,

³⁰hob er an und sprach: Das ist die große Babel, die ich erbaut habe zum königlichen Hause durch meine große Macht, zu Ehren meiner Herrlichkeit.

³¹Ehe der König diese Worte ausgeredet hatte, fiel eine Stimme von Himmel: Dir, König Nebukadnezar, wird gesagt: dein Königreich soll dir genommen werden;

³²und man wird dich von den Leuten verstoßen, und sollst bei den Tieren, so auf dem Felde gehen, bleiben; Gras wird man dich essen lassen wie Ochsen, bis über dir sieben Zeiten um sind, auf daß du erkennst, daß der Höchste Gewalt hat über der Menschen Königreiche und gibt sie, wem er will.

³³Von Stund an ward das Wort vollbracht über Nebukadnezar, und er ward verstoßen von den Leuten hinweg, und er aß Gras wie Ochsen, und sein Leib lag unter dem Tau des Himmels, und er ward naß, bis sein Haar wuchs so groß wie Adlersfedern und seine Nägel wie Vogelsklauen wurden.

³⁴Nach dieser Zeit hob ich, Nebukadnezar, meine Augen auf gen Himmel und kam wieder zur Vernunft und lobte den Höchsten. Ich pries und ehrte den, der ewiglich lebt, des Gewalt ewig ist und des Reich für und für währt,

³⁵gegen welchen alle, so auf Erden wohnen, als nichts zu rechnen sind. Er macht's, wie er will, mit den Kräften im Himmel und mit denen, so auf Erden wohnen; und niemand kann seiner Hand wehren noch zu ihm sagen: Was machst du?

³⁶Zur selben Zeit kam ich wieder zur Vernunft, auch zu meinen königlichen Ehren, zu meiner Herrlichkeit und zu meiner Gestalt. Und meine Räte und Gewaltigen suchten mich, und ich ward wieder in mein Königreich gesetzt; und ich überkam noch größere Herrlichkeit.

³⁷Darum lobe ich, Nebukadnezar, und ehre und preise den König des Himmels; denn all sein Tun ist Wahrheit, und seine Wege sind recht, und wer stolz ist, den kann er demütigen.

Kapitel 5

¹König Belsazer machte ein herrliches Mahl seinen tausend Gewaltigen und soff sich voll mit ihnen.

²Und da er trunken war, hieß er die goldenen und silbernen Gefäße herbringen, die sein Vater Nebukadnezar aus dem Tempel zu Jerusalem weggenommen hatte, daß der König mit seinen Gewaltigen, mit seinen Weibern und mit seinen Kebsweibern daraus tränken.

³Also wurden hergebracht die goldenen Gefäße, die aus dem Tempel, aus dem Hause Gottes zu Jerusalem, genommen waren; und der König, seine Gewaltigen, seine Weiber und Kebsweiber tranken daraus.

⁴Und da sie so soffen, lobten sie die goldenen, silbernen, ehernen, eisernen, hölzernen und steinernen Götter.

⁵Eben zu derselben Stunde gingen hervor Finger wie einer Menschenhand, die schrieben, gegenüber dem Leuchter, auf die getünchte Wand in dem königlichen Saal; und der König ward gewahr der Hand, die da schrieb.

⁶Da entfärbte sich der König, und seine Gedanken erschreckten ihn, daß ihm die Lenden schütterten und die Beine zitterten.

⁷Und der König rief überlaut, daß man die Weisen, Chaldäer und Wahrsager hereinbringen sollte. Und er ließ den Weisen zu Babel sagen: Welcher Mensch diese Schrift liest und sagen kann, was sie bedeute, der soll in Purpur gekleidet werden und eine goldene Kette am Halse tragen und der dritte Herr sein in meinem Königreiche.

⁸Da wurden alle Weisen des Königs hereingebracht; aber sie konnten weder die Schrift lesen noch die Deutung dem König anzeigen.

⁹Darüber erschrak der König Belsazer noch härter und verlor ganz seine Farbe; und seinen Gewaltigen ward bange.

¹⁰Da ging die Königin um solcher Sache des Königs und seiner

Daniel

Gewaltigen willen hinein in den Saal und sprach: Der König lebe ewiglich! Laß dich deine Gedanken nicht so erschrecken und entfärbe dich nicht also!

¹¹Es ist ein Mann in deinem Königreich, der den Geist der heiligen Götter hat. Denn zu deines Vaters Zeit ward bei ihm Erleuchtung gefunden, Klugheit und Weisheit, wie der Götter Weisheit ist; und dein Vater, König Nebukadnezar, setzte ihn über die Sternseher, Weisen, Chaldäer und Wahrsager,

¹²darum daß ein hoher Geist bei ihm gefunden ward, dazu Verstand und Klugheit, Träume zu deuten, dunkle Sprüche zu erraten und verborgene Sachen zu offenbaren: nämlich Daniel, den der König ließ Beltsazar nennen. So rufe man nun Daniel; der wird sagen, was es bedeutet.

¹³Da ward Daniel hinein vor den König gebracht. Und der König sprach zu Daniel: Bist du der Daniel, der Gefangenen einer aus Juda, die der König, mein Vater aus Juda hergebracht hat?

¹⁴Ich habe von dir hören sagen, daß du den Geist der Götter hast und Erleuchtung, Verstand und hohe Weisheit bei dir gefunden sei.

¹⁵Nun habe ich vor mich fordern lassen die Klugen und Weisen, daß sie mir diese Schrift lesen und anzeigen sollen, was sie bedeutet: und sie können mir nicht sagen, was solches bedeutet.

¹⁶Von dir aber höre ich, daß du könnest Deutungen geben und das Verborgene offenbaren. Kannst du nun die Schrift lesen und mir anzeigen, was sie bedeutet, so sollst du mit Purpur gekleidet werden und eine golden Kette an deinem Halse tragen und der dritte Herr sein in meinem Königreiche.

¹⁷Da fing Daniel an und redete vor dem König: Behalte deine Gaben selbst und gib dein Geschenk einem andern; ich will dennoch die Schrift dem König lesen und anzeigen, was sie bedeutet.

¹⁸Herr König, Gott der Höchste hat deinem Vater, Nebukadnezar, Königreich, Macht, Ehre und Herrlichkeit gegeben.

¹⁹Und vor solcher Macht, die ihm gegeben war, fürchteten sich vor ihm alle Völker, Leute und Zungen. Er tötete wen er wollte; er ließ leben, wen er wollte; er erhöhte, wen er wollte; er demütigt, wen er wollte.

²⁰Da sich aber sein Herz erhob und er stolz und hochmütig ward, ward er vom königlichen Stuhl gestoßen und verlor seine Ehre

²¹und ward verstoßen von den Leuten hinweg, und sein Herz ward gleich den Tieren, und er mußte bei dem Wild laufen und fraß Gras wie Ochsen, und sein Leib lag unterm Tau des Himmels, und er ward naß, bis daß er lernte, daß Gott der Höchste Gewalt hat über der Menschen Königreiche und gibt sie, wem er will.

²²Und du, Belsazer, sein Sohn, hast dein Herz nicht gedemütigt, ob du wohl solches alles weißt,

²³sondern hast dich wider den HERRN des Himmels erhoben, und die Gefäße seines Hauses hat man vor dich bringen müssen, und du, deine Gewaltigen, deine Weiber und deine Kebsweiber habt daraus getrunken, dazu die silbernen, goldenen, ehernen, eisernen, hölzernen und steinernen Götter gelobt, die weder sehen noch hören noch fühlen; den Gott aber, der deinen Odem und alle deine Wege in seiner Hand hat, hast du nicht geehrt.

²⁴Darum ist von ihm gesandt diese Hand und diese Schrift, die da verzeichnet steht.

²⁵Das aber ist die Schrift, allda verzeichnet: Mene, mene, Tekel, U-pharsin.

²⁶Und sie bedeutet dies: Mene, das ist Gott hat dein Königreich gezählt und vollendet.

²⁷Tekel, das ist: man hat dich in einer Waage gewogen und zu leicht gefunden.

²⁸Peres, das ist: dein Königreich ist zerteilt und den Medern und Persern gegeben.

²⁹Da befahl Belsazer, daß man Daniel mit Purpur kleiden sollte und ihm eine goldene Kette an den Hals geben, und ließ ihm verkündigen, daß er der dritte Herr sei im Königreich.

³⁰Aber in derselben Nacht ward der Chaldäer König Belsazer getötet.

³¹Und Darius aus Medien nahm das Reich ein, da er zweiundsechzig Jahre alt war.

Kapitel 6

¹Und Darius sah es für gut an, daß er über das ganze Königreich setzte hundertzwanzig Landvögte.

²Über diese setzte er drei Fürsten, deren einer Daniel war, welchen die Landvögte sollten Rechnung tun, daß der König keinen Schaden litte.

³Daniel aber übertraf die Fürsten und Landvögte alle, denn es war ein hoher Geist in ihm; darum gedachte der König, ihn über das ganze Königreich zu setzen.

⁴Derhalben trachteten die Fürsten und Landvögte danach, wie sie eine Sache an Daniel fänden, die wider das Königreich wäre. Aber sie konnten keine Sache noch Übeltat finden; denn er war treu, daß man ihm keine Schuld noch Übeltat an ihm finden mochte.

⁵Da sprachen die Männer: Wir werden keine Sache an Daniel finden außer seinem Gottesdienst.

⁶Da kamen die Fürsten und Landvögte zuhauf vor den König und sprachen zu ihm also: Der König Darius lebe ewiglich!

⁷Es haben die Fürsten des Königreichs, die Herren, die Landvögte, die Räte und Hauptleute alle Gedacht, daß man einen königlichen Befehl soll ausgehen lassen und ein strenges Gebot stellen, daß, wer in dreißig Tagen etwas bitten wird von irgend einem Gott oder Menschen außer dir, König, allein, solle zu den Löwen in den Graben geworfen werden.

⁸Darum, lieber König, sollst du solch Gebot bestätigen und dich unterschreiben, auf daß es nicht geändert werde, nach dem Rechte der Meder und Perser, welches niemand aufheben darf.

⁹Also unterschrieb sich der König Darius.

¹⁰Als nun Daniel erfuhr, daß solch Gebot unterschrieben wäre, ging er hinein in sein Haus (er hatte aber an seinem Söller offene Fenster gegen Jerusalem); und er fiel des Tages dreimal auf seine Kniee, betete, lobte und dankte seinem Gott, wie er denn bisher zu tun pflegte.

¹¹Da kamen diese Männer zuhauf und fanden Daniel beten und flehen vor seinem Gott.

¹²Und traten hinzu und redeten mit dem König von dem königlichen Gebot: Herr König, hast du nicht ein Gebot unterschrieben, daß, wer in dreißig Tagen etwas bitten würde von irgend einem Gott oder Menschen außer dir, König, allein, solle zu den Löwen in den Graben geworfen werden? Der König antwortete und sprach: Es ist wahr, und das Recht der Meder und Perser soll niemand aufheben.

¹³Sie antworteten und sprachen vor dem König: Daniel, der Gefangenen aus Juda einer, der achtet weder dich noch dein Gebot, das du verzeichnet hast; denn er betet des Tages dreimal.

¹⁴Da der König solches hörte, ward er sehr betrübt und tat großen Fleiß, daß er Daniel erlöste, und mühte sich bis die Sonne unterging, daß er ihn errettete.

¹⁵Aber die Männer kamen zuhauf zu dem König und sprachen zu ihm: Du weißt, Herr König, daß der Meder und Perser Recht ist, daß alle Gebote und Befehle, so der König beschlossen hat, sollen unverändert bleiben.

¹⁶Da befahl der König, daß man Daniel herbrächte; und sie warfen ihn zu den Löwen in den Graben. Der König aber sprach zu Daniel: Dein Gott, dem du ohne Unterlaß dienst, der helfe dir!

¹⁷Und sie brachten einen Stein, den legten sie vor die Tür am Graben; den versiegelte der König mit seinem eigenen Ring und mit dem Ring der Gewaltigen, auf daß nichts anderes mit Daniel geschähe.

¹⁸Und der König ging weg in seine Burg und blieb ungegessen und ließ auch kein Essen vor sich bringen, konnte auch nicht schlafen.

¹⁹Des Morgens früh, da der Tag anbrach, stand der König auf und ging eilend zum Graben, da die Löwen waren.

²⁰Und als er zum Graben kam rief er Daniel mit kläglicher Stimme. Und der König sprach zu Daniel: Daniel, du Knecht des lebendigen Gottes, hat dich auch dein Gott, dem du ohne Unterlaß dienst, können vor den Löwen erlösen?

²¹Daniel aber redete mit dem König: Der König lebe ewiglich!

²²Mein Gott hat seinen Engel gesandt, der den Löwen den Rachen zugehalten hat, daß sie mir kein Leid getan haben; denn vor ihm bin ich unschuldig erfunden; so habe ich auch wider dich, Herr König, nichts getan.

²³Da ward der König sehr froh und hieß Daniel aus dem Graben ziehen. Und sie zogen Daniel aus dem Graben, und man spürte keinen Schaden an ihm; denn er hatte seinem Gott vertraut.

²⁴Da hieß er die Männer, so Daniel verklagt hatten, herbringen und zu den Löwen in den Graben werfen samt ihren Weibern und Kindern. Und ehe sie auf den Boden hinabkamen, ergriffen sie die Löwen und zermalmten alle ihre Gebeine.

²⁵Da ließ der König Darius schreiben allen Völkern, Leuten und Zungen auf der ganzen Erde: "Viel Friede zuvor!

²⁶Das ist mein Befehl, daß in der ganzen Herrschaft meines Königreiches den Gott Daniels fürchten und scheuen soll. Denn er ist der lebendige Gott, der ewiglich bleibt, und sein Königreich ist unvergänglich, und seine Herrschaft hat kein Ende.

²⁷Er ist ein Erlöser und Nothelfer, und er tut Zeichen und Wunder im Himmel und auf Erden. Der hat Daniel von den Löwen erlöst."

²⁸Und Daniel ward gewaltig im Königreich des Darius und auch im Königreich des Kores, des Persers.

Kapitel 7

¹Im ersten Jahr Belsazers, des Königs zu Babel, hatte Daniel einen Traum und Gesichte auf seinem Bett; und er schrieb den Traum auf und verfaßte ihn also:

²Ich, Daniel, sah ein Gesicht in der Nacht, und siehe, die vier Winde unter dem Himmel stürmten widereinander auf dem großen Meer.

³Und vier große Tiere stiegen heraus aus dem Meer, ein jedes anders denn das andere.

⁴Das erste wie ein Löwe und hatte Flügel wie ein Adler. Ich sah zu, bis daß ihm die Flügel ausgerauft wurden; und es ward von der Erde aufgehoben, und es stand auf zwei Füßen wie ein Mensch, und ihm ward ein menschlich Herz gegeben.

⁵Und siehe, das andere Tier hernach war gleich einem Bären und stand auf der einen Seite und hatte in seinem Maul unter seinen Zähnen drei große, lange Zähne. Und man sprach zu ihm: Stehe auf und friß viel Fleisch!

⁶Nach diesem sah ich, und siehe, ein anderes Tier, gleich einem Parder, das hatte vier Flügel wie ein Vogel auf seinem Rücken, und das Tier hatte vier Köpfe; und ihm ward Gewalt gegeben.

⁷Nach diesem sah ich in diesem Gesicht in der Nacht, und siehe, das vierte Tier war greulich und schrecklich und sehr stark und hatte große eiserne Zähne, fraß um sich und zermalmte, und das übrige zertrat's mit seinen Füßen; es war auch viel anders denn die vorigen und hatte zehn Hörner.

⁸Da ich aber die Hörner schaute, siehe, da brach hervor zwischen ihnen ein anderes kleines Horn, vor welchen der vorigen Hörner drei ausgerissen wurden; und siehe, dasselbe Horn hatte Augen wie Menschenaugen und ein Maul, das redete große Dinge.

⁹Solches sah ich, bis daß Stühle gesetzt wurden; und der Alte setzte sich. Des Kleid war schneeweiß, und das Haar auf seinem Haupt wie reine Wolle; sein Stuhl war eitel Feuerflammen, und dessen Räder brannten mit Feuer.

¹⁰Und von ihm her ging ein langer feuriger Strahl. Tausend mal tausend dienten ihm, und zehntausend mal zehntausend standen vor ihm. Das Gericht ward gehalten, und die Bücher wurden aufgetan.

¹¹Ich sah zu um der großen Reden willen, so das Horn redete; ich sah zu bis das Tier getötet ward und sein Leib umkam und ins Feuer geworfen ward

¹²und der anderen Tiere Gewalt auch aus war; denn es war ihnen Zeit und Stunde bestimmt, wie lange ein jegliches währen sollte.

¹³Ich sah in diesem Gesicht des Nachts, und siehe, es kam einer in des Himmels Wolken wie eines Menschen Sohn bis zu dem Alten und ward vor ihn gebracht.

¹⁴Der gab ihm Gewalt, Ehre und Reich, daß ihm alle Völker, Leute und Zungen dienen sollten. Seine Gewalt ist ewig, die nicht vergeht, und sein Königreich hat kein Ende.

¹⁵Ich, Daniel, entsetzte mich davor, und solches Gesicht erschreckte mich.

¹⁶Und ich ging zu der einem, die dastanden, und bat ihn, daß er mir von dem allem gewissen Bericht gäbe. Und er redete mit mir und zeigte mir, was es bedeutete.

¹⁷Diese vier großen Tiere sind vier Reiche, so auf Erden kommen werden.

¹⁸Aber die Heiligen des Höchsten werden das Reich einnehmen und werden's immer und ewiglich besitzen.

¹⁹Darnach hätte ich gern gewußt gewissen Bericht von dem vierten Tier, welches gar anders war denn die anderen alle, sehr greulich, das eiserne Zähne und eherne Klauen hatte, das um sich fraß und zermalmte und das übrige mit seinen Füßen zertrat;

²⁰und von den zehn Hörnern auf seinem Haupt und von dem andern, das hervorbrach, vor welchem drei abfielen; und das Horn hatte Augen und ein Maul, das große Dinge redete, und war größer, denn die neben ihm waren.

²¹Und ich sah das Horn streiten wider die Heiligen, und es behielt den Sieg wider sie,

²²bis der Alte kam und Gericht hielt für die Heiligen des Höchsten, und die Zeit kam, daß die Heiligen das Reich einnahmen.

²³Er sprach also: Das vierte Tier wird das vierte Reich auf Erden sein, welches wird gar anders sein denn alle Reiche; es wird alle Lande fressen, zertreten und zermalmen.

²⁴Die Zehn Hörner bedeuten zehn Könige, so aus dem Reich entstehen werden. Nach ihnen aber wird ein anderer aufkommen, der wird gar anders sein denn die vorigen und wird drei Könige demütigen.

²⁵Er wird den Höchsten lästern und die Heiligen des Höchsten verstören und wird sich unterstehen, Zeit und Gesetz zu ändern. Sie werden aber in sein Hand gegeben werden eine Zeit und zwei Zeiten und eine halbe Zeit.

²⁶Darnach wird das Gericht gehalten werden; da wird dann seine Gewalt weggenommen werden, daß er zu Grund vertilgt und umgebracht werde.

²⁷Aber das Reich, Gewalt und Macht unter dem ganzen Himmel wird dem heiligen Volk des Höchsten gegeben werden, des Reich ewig ist, und alle Gewalt wird ihm dienen und gehorchen.

²⁸Das war der Rede Ende. Aber ich, Daniel, ward sehr betrübt in meinen Gedanken, und meine Gestalt verfiel; doch behielt ich die Rede in meinem Herzen.

Kapitel 8

¹Im dritten Jahr des Königreichs des Königs Belsazer erschien mir, Daniel, ein Gesicht nach dem, so mir zuerst erschienen war.

²Ich war aber in solchem Gesicht zu Schloß Susan im Lande Elam, am Wasser Ulai.

³Und ich hob meine Augen auf und sah, und siehe, ein Widder stand vor dem Wasser, der hatte zwei hohe Hörner, doch eins höher denn das andere, und das höchste wuchs am letzten.

⁴Ich sah, daß der Widder mit den Hörnern stieß gegen Abend, gegen Mitternacht und gegen Mittag; und kein Tier konnte vor ihm bestehen noch von seiner Hand errettet werden, sondern er tat, was er wollte, und ward groß.

⁵Und indem ich darauf merkte, siehe, da kommt ein Ziegenbock vom Abend her über die ganze Erde, daß er die Erde nicht berührte; und der Bock hatte ein ansehnliches Horn zwischen seinen Augen.

⁶Und er kam bis zu dem Widder der zwei Hörner hatte, den ich stehen sah vor dem Wasser, und er lief in seinem Zorn gewaltig auf ihn zu.

⁷Und ich sah ihm zu, daß er hart an den Widder kam, und er ergrimmte über ihn und stieß den Widder und zerbrach ihm seine zwei Hörner. Und der Widder hatte keine Kraft, daß er vor ihm hätte können bestehen; sondern er warf ihn zu Boden und zertrat ihn und niemand konnte den Widder von seiner Hand erretten.

⁸Und der Ziegenbock ward sehr groß. Und da er am stärksten geworden war, zerbrach das große Horn, und wuchsen ihm an seiner Statt vier ansehnliche gegen die vier Winde des Himmels.

⁹Und aus einem wuchs ein kleines Horn; das ward sehr groß gegen Mittag, gegen Morgen und gegen das werte Land.

¹⁰Und es wuchs bis an des Himmels Heer und warf etliche davon und von den Sternen zur Erde und zertrat sie.

¹¹Ja es wuchs bis an den Fürsten des Heeres und nahm von ihm weg das tägliche Opfer und verwüstete die Wohnung seines Heiligtums.

¹²Es ward ihm aber solche Macht gegeben wider das tägliche Opfer um der Sünde willen, daß es die Wahrheit zu Boden schlüge und, was es tat, ihm gelingen mußte.

¹³Ich hörte aber einen Heiligen reden; und ein Heiliger sprach zu dem, der da redete: Wie lange soll doch währen solch Gesicht vom täglichen Opfer und von der Sünde, um welcher willen diese Verwüstung geschieht, daß beide, das Heiligtum und das Heer zertreten werden?

¹⁴Und er antwortete mir: Bis zweitausend dreihundert Abende und Morgen um sind; dann wird das Heiligtum wieder geweiht werden.

¹⁵Und da ich, Daniel, solch Gesicht sah und hätte es gern verstanden, siehe, da stand's vor mir wie ein Mann.

¹⁶Und ich hörte mitten vom Ulai her einen mit Menschenstimme rufen und sprechen: Gabriel, lege diesem das Gesicht aus, daß er's verstehe!

¹⁷Und er trat nahe zu mir. Ich erschrak aber, da er kam, und fiel auf mein Angesicht. Er aber sprach zu mir: Merke auf, du Menschenkind! denn dies Gesicht gehört in die Zeit des Endes.

¹⁸Und da er mit mir redete, sank ich in eine Ohnmacht zur Erde auf mein Angesicht. Er aber rührte mich an und richtete mich auf, daß ich stand.

¹⁹Und er sprach: Siehe, ich will dir zeigen, wie es gehen wird zur Zeit des letzten Zorns; denn das Ende hat seine bestimmte Zeit.

²⁰Der Widder mit den zwei Hörnern, den du gesehen hast, sind die Könige in Medien und Persien.

²¹Der Ziegenbock aber ist der König in Griechenland. Das Horn zwischen seinen Augen ist der erste König.

²²Daß aber vier an seiner Statt standen, da es zerbrochen war, bedeutet, daß vier Königreiche aus dem Volk entstehen werden, aber nicht so mächtig, wie er war.

²³In der letzten Zeit ihres Königreiches, wenn die Übertreter überhandnehmen, wird aufkommen ein frecher und tückischer König.

²⁴Der wird mächtig sein, doch nicht durch seine Kraft; er wird greulich verwüsten, und es wird ihm gelingen, daß er's ausrichte. Er

wird die Starken samt dem heiligen Volk verstören.

25Und durch seine Klugheit wird ihm der Betrug geraten, und er wird sich in seinem Herzen erheben, und mitten im Frieden wird er viele verderben und wird sich auflehnen wider den Fürsten aller Fürsten; aber er wird ohne Hand zerbrochen werden.

26Dies Gesicht vom Abend und Morgen das dir gesagt ist, das ist wahr; aber du sollst das Gesicht heimlich halten, denn es ist noch eine lange Zeit dahin.

27Und ich, Daniel, ward schwach und lag etliche Tage krank. Darnach stand ich auf und richtete aus des Königs Geschäft. Und verwunderte mich des Gesichts; und war niemand da, der mir's auslegte.

Kapitel 9

1Im ersten Jahr des Darius, des Sohnes Ahasveros, aus der Meder Stamm, der über das Königreich der Chaldäer König ward,

2in diesem ersten Jahr seines Königreiches merkte ich, Daniel, in den Büchern auf die Zahl der Jahre, davon der HERR geredet hatte zum Propheten Jeremia, daß Jerusalem sollte siebzig Jahre wüst liegen.

3Und ich kehrte mich zu Gott dem HERRN, zu beten und zu flehen mit Fasten im Sack und in der Asche.

4Ich betete aber zu dem HERRN, meinem Gott, bekannte und sprach: Ach lieber HERR, du großer und schrecklicher Gott, der du Bund und Gnade hältst denen, die dich lieben und deine Gebote halten:

5wir haben gesündigt, unrecht getan, sind gottlos gewesen und abtrünnig geworden; wir sind von deinen Geboten und Rechten gewichen.

6Wir gehorchten nicht deinen Knechten, den Propheten, die in deinem Namen unsern Königen, Fürsten, Vätern und allem Volk im Lande predigten.

7Du, HERR, bist gerecht, wir aber müssen uns schämen; wie es denn jetzt geht denen von Juda und denen von Jerusalem und dem ganzen Israel, denen, die nahe und fern sind in allen Landen, dahin du sie verstoßen hast um ihrer Missetat willen, die sie an dir begangen haben.

8Ja, HERR, wir, unsre Könige, unsre Fürsten und unsre Väter müssen uns schämen, daß wir uns an dir versündigt haben.

9Dein aber, HERR, unser Gott, ist die Barmherzigkeit und Vergebung. Denn wir sind abtrünnig geworden

10und gehorchten nicht der Stimme des HERRN, unsers Gottes, daß wir gewandelt hätten in seinem Gesetz, welches er uns vorlegte durch seine Knechte, die Propheten;

11sondern das ganze Israel übertrat dein Gesetz, und sie wichen ab, daß sie deiner Stimme nicht gehorchten. Darum trifft uns auch der Fluch und Schwur, der geschrieben steht im Gesetz Moses, des Knechtes Gottes, weil wir an ihm gesündigt haben.

12Und er hat seine Worte gehalten, die er geredet hat wider uns und unsre Richter, die uns richten sollten, daß er so großes Unglück über uns hat gehen lassen, daß desgleichen unter dem ganzen Himmel nicht geschehen ist, wie über Jerusalem geschehen ist.

13Gleichwie es geschrieben steht im Gesetz Mose's, so ist all dies große Unglück über uns gegangen. So beteten wir auch nicht vor dem HERRN, unserm Gott, daß wir uns von den Sünden bekehrten und auf deine Wahrheit achteten.

14Darum ist der HERR auch wach gewesen mit diesem Unglück und hat's über uns gehen lassen. Denn der HERR, unser Gott, ist gerecht in allen seinen Werken, die er tut; denn wir gehorchten seiner Stimme nicht.

15Und nun, HERR, unser Gott, der du dein Volk aus Ägyptenland geführt hast mit starker Hand und hast dir einen Namen gemacht, wie er jetzt ist: wir haben ja gesündigt und sind leider gottlos gewesen.

16Ach HERR, um aller deiner Gerechtigkeit willen wende ab deinen Zorn und Grimm von deiner Stadt Jerusalem und deinem heiligen Berge. Denn um unsrer Sünden willen und um unsrer Väter Missetat willen trägt Jerusalem und dein Volk Schmach bei allen, die um uns her sind.

17Und nun, unser Gott, höre das Gebet deines Knechtes und sein Flehen, und siehe gnädig an dein Heiligtum, das verstört ist, um des HERRN willen.

18Neige dein Ohr, mein Gott, und höre, tue deine Augen auf und sieh, wie wir verstört sind und die ganze Stadt, die nach deinem Namen genannt ist. Denn wir liegen vor dir mit unserm Gebet, nicht auf unsre Gerechtigkeit, sondern auf deine große Barmherzigkeit.

19Ach HERR, höre, ach HERR, sei gnädig, ach HERR, merke auf und tue es, und verzieh nicht um deiner selbst willen, mein Gott! denn deine Stadt und dein Volk ist nach deinem Namen genannt.

20Als ich noch so redete und betete und meine und meines Volks Israel Sünde bekannte und lag mit meinem Gebet vor dem HERRN, meinem Gott, um den heiligen Berg meines Gottes,

21eben da ich so redete in meinem Gebet, flog daher der Mann Gabriel, den ich zuvor gesehen hatte im Gesicht, und rührte mich an um die Zeit des Abendopfers.

22Und er unterrichtete mich und redete mit mir und sprach: Daniel, jetzt bin ich ausgegangen, dich zu unterrichten.

23Den da du anfingst zu beten, ging dieser Befehl aus, und ich komme darum, daß ich dir's anzeige; denn du bist lieb und wert. So merke nun darauf, daß du das Gesicht verstehest.

24Siebzig Wochen sind bestimmt über dein Volk und über die heilige Stadt, so wird dem Übertreten gewehrt und die Sünde abgetan und die Missetat versöhnt und die ewige Gerechtigkeit gebracht und die Gesichte und Weissagung versiegelt und ein Hochheiliges gesalbt werden.

25So wisse nun und merke: von der Zeit an, da ausgeht der Befehl, daß Jerusalem soll wieder gebaut werden, bis auf den Gesalbten, den Fürsten, sind sieben Wochen; und zweiundsechzig Wochen, so werden die Gassen und Mauern wieder gebaut werden, wiewohl in kümmerlicher Zeit.

26Und nach den zweiundsechzig Wochen wird der Gesalbte ausgerottet werden und nichts mehr sein. Und das Volk eines Fürsten wird kommen und die Stadt und das Heiligtum verstören, daß es ein Ende nehmen wird wie durch eine Flut; und bis zum Ende des Streits wird's wüst bleiben.

27Er wird aber vielen den Bund stärken eine Woche lang. Und mitten in der Woche wird das Opfer und Speisopfer aufhören. Und bei den Flügeln werden stehen Greuel der Verwüstung, bis das Verderben, welches beschlossen ist, sich über die Verwüstung ergießen wird.

Kapitel 10

1Im dritten Jahr des Königs Kores aus Persien ward dem Daniel, der Beltsazar heißt, etwas offenbart, das gewiß ist und von großen Sachen; und er merkte darauf und verstand das Gesicht wohl.

2Zur selben Zeit war ich, Daniel, traurig drei Wochen lang.

3Ich aß keine leckere Speise, Fleisch und Wein kam nicht in meinen Mund, und salbte mich auch nie, bis die drei Wochen um waren.

4Und am vierundzwanzigsten Tage des Monats war ich bei dem großen Wasser Hiddekel

5und hob meine Augen auf und sah, und siehe, da stand ein Mann in Leinwand und hatte einen goldenen Gürtel um seine Lenden.

6Sein Leib war wie Türkis, sein Antlitz wie ein Blitz, seine Augen wie feurige Fackeln, seine Arme und Füße wie helles, glattes Erz, und seine Rede war wie ein großes Getön.

7Ich, Daniel, aber sah solch Gesicht allein, und die Männer, so bei mir waren, sahen's nicht; doch fiel ein großer Schrecken über sie, daß sie flohen und sich verkrochen.

8Und ich blieb allein und sah dies große Gesicht. Es blieb aber keine Kraft in mir, und ich ward sehr entstellt und hatte keine Kraft mehr.

9Und ich hörte seine Rede; und in dem ich sie hörte, sank ich ohnmächtig auf mein Angesicht zur Erde.

10Und siehe, eine Hand rührte mich an und half mir auf die Kniee und auf die Hände,

11und er sprach zu mir: Du, lieber Daniel, merke auf die Worte, die ich mit dir rede, und richte dich auf; denn ich bin jetzt zu dir gesandt. Und da er solches mit mir redete, richtete ich mich auf und zitterte.

12Und er sprach zu mir: Fürchte dich nicht, Daniel; denn von dem ersten Tage an, da du von Herzen begehrtest zu verstehen und dich kasteitest vor deinem Gott, sind deine Worte erhört; und ich bin gekommen um deinetwillen.

13Aber der Fürst des Königreiches im Perserland hat mir einundzwanzig Tage widerstanden; und siehe, Michael, der vornehmsten Fürsten einer, kam mir zu Hilfe; da behielt ich den Sieg bei den Königen in Persien.

14Nun aber komme ich, daß ich dich unterrichte, wie es deinem Volk hernach gehen wird; denn das Gesicht wird erst nach etlicher Zeit geschehen.

15Und als er solches mit mir redete, schlug ich mein Angesicht nieder zur Erde und schwieg still.

16Und siehe, einer, gleich einem Menschen, rührte meine Lippen an. Da tat ich meinen Mund auf und redete und sprach zu dem, der vor mir stand: Mein HERR, meine Gelenke beben mir über dem Gesicht, und ich habe keine Kraft mehr;

17und wie kann der Knecht meines HERRN mit meinem HERRN reden, weil nun keine Kraft mehr in mir ist und ich auch keinen Odem mehr habe?

¹⁸Da rührte einer, gleich wie ein Mensch gestaltet, mich abermals an und stärkte mich

¹⁹und sprach: Fürchte dich nicht, du lieber Mann! Friede sei mit dir! Und sei getrost, sei getrost! Und als er mit mir redete, ermannte ich mich und sprach: Mein HERR rede! denn du hast mich gestärkt.

²⁰Und er sprach: Weißt du auch, warum ich zu dir gekommen bin? Jetzt will ich wieder hin und mit dem Fürsten in Perserland streiten; aber wenn ich wegziehe, siehe, so wird der Fürst von Griechenland kommen.

²¹Doch ich will dir anzeigen, was geschrieben ist, was gewiß geschehen wird. Und es ist keiner, der mir hilft wider jene, denn euer Fürst Michael,

Kapitel 11

¹Denn ich stand ihm bei im ersten Jahr des Darius, des Meders, daß ich ihm hülfe und ihn stärkte.

²Und nun will ich dir anzeigen, was gewiß geschehen soll. Siehe, es werden drei Könige in Persien aufstehen; der vierte aber wird den größern Reichtum haben denn alle andern; und wenn er in seinem Reichtum am mächtigsten ist, wird er alles wider das Königreich in Griechenland erregen.

³Darnach wird ein mächtiger König aufstehen und mit großer Macht herrschen, und was er will, wir er ausrichten.

⁴Und wenn er aufs Höchste gekommen ist, wird sein Reich zerbrechen und sich in alle vier Winde des Himmels zerteilen, nicht auf seine Nachkommen, auch nicht mit solcher Macht, wie sie gewesen ist; denn sein Reich wird ausgerottet und Fremden zuteil werden.

⁵Und der König gegen Mittag, welcher ist seiner Fürsten einer, wird mächtig werden; aber gegen ihn wird einer auch mächtig sein und herrschen, dessen Herrschaft wird groß sein.

⁶Nach etlichen Jahren aber werden sie sich miteinander befreunden; die Tochter des Königs gegen Mittag wird kommen zum König gegen Mitternacht, Einigkeit zu machen. Aber ihr wird die Macht des Arms nicht bleiben, dazu wird er und sein Arm nicht bestehen bleiben; sondern sie wird übergeben werden samt denen, die sie gebracht haben, und dem, der sie erzeugt hat, und dem, der sie eine Weile mächtig gemacht hat.

⁷Es wird aber der Zweige einer von ihrem Stamm aufkommen; der wird kommen mit Heereskraft und dem König gegen Mitternacht in seine Feste fallen und wird's ausrichten und siegen.

⁸Auch wird er ihre Götter und Bilder samt den köstlichen Kleinoden, silbernen und goldenen, wegführen nach Ägypten und etliche Jahre vor dem König gegen Mitternacht wohl stehen bleiben.

⁹Und dieser wird ziehen in das Reich des Königs gegen Mittag, aber wieder in sein Land umkehren.

¹⁰Aber seine Söhne werden zornig werden und große Heere zusammenbringen; und der eine wird kommen und wie eine Flut daherfahren und wiederum Krieg führen bis vor seine Feste.

¹¹Da wird der König gegen Mittag ergrimmen und ausziehen und mit dem König gegen Mitternacht streiten und wird einen solchen großen Haufen zusammenbringen, daß ihm jener Haufe wird in seine Hand gegeben,

¹²Und wird den Haufen wegführen. Des wird sich sein Herz überheben, daß er so viele Tausende darniedergelegt hat; aber damit wird er sein nicht mächtig werden.

¹³Denn der König gegen Mitternacht wird wiederum einen größeren Haufen zusammenbringen, als der vorige war; und nach etlichen Jahren wird er daherziehen mit großer Heereskraft und mit großem Gut.

¹⁴Und zur selben Zeit werden sich viele wider den König gegen Mittag setzen; auch werden sich Abtrünnige aus deinem Volk erheben und die Weissagung erfüllen, und werden fallen.

¹⁵Also wird der König gegen Mitternacht daherziehen und einen Wall aufschütten und eine feste Stadt gewinnen; und die Mittagsheere werden's nicht können wehren, und sein bestes Volk wird nicht können widerstehen;

¹⁶sondern der an ihn kommt, wird seinen Willen schaffen, und niemand wird ihm widerstehen können. Er wird auch in das werte Land kommen und wird's vollenden durch seine Hand.

¹⁷Und wird sein Angesicht richten, daß er mit der Macht seines ganzen Königreichs komme. Aber er wird sich mit ihm vertragen und wird ihm seine Tochter zum Weibe geben, daß er ihn verderbe; aber es wird ihm nicht geraten und wird nichts daraus werden.

¹⁸Darnach wird er sich kehren wider die Inseln und deren viele gewinnen. Aber ein Fürst wird ihn lehren aufhören mit Schmähen, daß er nicht mehr schmähe.

¹⁹Also wird er sich wiederum kehren zu den Festen seines Landes und wird sich stoßen und fallen, daß ihn niemand finden wird.

²⁰Und an seiner Statt wird einer aufkommen, der wird einen Schergen sein herrliches Reich durchziehen lassen; aber nach wenigen Tagen wird er zerbrochen werden, doch weder durch Zorn noch durch Streit.

²¹An des Statt wird aufkommen ein Ungeachteter, welchem die Ehre des Königreichs nicht zugedacht war; der wird mitten im Frieden kommen und das Königreich mit süßen Worten einnehmen.

²²Und die Heere, die wie eine Flut daherfahren, werden von ihm wie mit einer Flut überfallen und zerbrochen werden, dazu auch der Fürst, mit dem der Bund gemacht war.

²³Denn nachdem er mit ihm befreundet ist, wird er listig gegen ihn handeln und wird heraufziehen und mit geringem Volk ihn überwältigen,

²⁴und es wird ihm gelingen, daß er in die besten Städte des Landes kommen wird; und wird's also ausrichten, wie es weder seine Väter noch seine Voreltern tun konnten, mit Rauben, Plündern und Ausbeuten; und wird nach den allerfestesten Städten trachten, und das eine Zeitlang.

²⁵Und er wird seine Macht und sein Herz wider den König gegen Mittag erregen mit großer Heereskraft; Da wird der König gegen Mittag gereizt werden zum Streit mit einer großen, mächtigen Heereskraft; aber er wird nicht bestehen, denn es werden Verrätereien wider ihn gemacht.

²⁶Und eben die sein Brot essen, die werden ihn helfen verderben und sein Heer unterdrücken, daß gar viele erschlagen werden.

²⁷Und beider Könige Herz wird denken, wie sie einander Schaden tun, und werden an einem Tische fälschlich miteinander reden. Es wird ihnen aber nicht gelingen; denn das Ende ist noch auf eine andere Zeit bestimmt.

²⁸Darnach wird er wiederum heimziehen mit großem Gut und sein Herz richten wider den heiligen Bund; da wird er es ausrichten und also heim in sein Land ziehen.

²⁹Darnach wird er zu gelegener Zeit wieder gegen Mittag ziehen; aber es wird ihm zum andernmal nicht geraten wie zum erstenmal.

³⁰Denn es werden Schiffe aus Chittim wider ihn kommen, daß er verzagen wird und umkehren muß. Da wird er wider den heiligen Bund ergrimmen und wird's nicht ausrichten; und wird sich umsehen und an sich ziehen, die den heiligen Bund verlassen.

³¹Und es werden seine Heere daselbst stehen; die werden das Heiligtum in der Feste entweihen und das tägliche Opfer abtun und einen Greuel der Verwüstung aufrichten.

³²Und er wird heucheln und gute Worte geben den Gottlosen, so den Bund übertreten. Aber die vom Volk, so ihren Gott kennen, werden sich ermannen und es ausrichten.

³³Und die Verständigen im Volk werden viele andere lehren; darüber werden sie fallen durch Schwert, Feuer, Gefängnis und Raub eine Zeitlang.

³⁴Und wenn sie so fallen, wird ihnen eine kleine Hilfe geschehen; aber viele werden sich zu ihnen tun betrüglich.

³⁵Und der Verständigen werden etliche fallen, auf daß sie bewährt, rein und lauter werden, bis daß es ein Ende habe; denn es ist noch eine andere Zeit vorhanden.

³⁶Und der König wird tun, was er will, und wird sich erheben und aufwerfen wider alles, was Gott ist; und wider den Gott aller Götter wird er greulich reden; und es wird ihm gelingen, bis der Zorn aus sei; denn es muß geschehen, was beschlossen ist.

³⁷Und die Götter seiner Väter wird er nicht achten, er wird weder Frauenliebe noch irgend eines Gottes achten; denn er wird sich wider alles aufwerfen.

³⁸Aber anstatt dessen wird er den Gott der Festungen ehren; denn er wird einen Gott, davon seine Väter nichts gewußt haben, ehren mit Gold, Silber, Edelsteinen und Kleinoden

³⁹und wird denen, so ihm helfen die Festungen stärken mit dem fremden Gott, den er erwählt hat, große Ehre tun und sie zu Herren machen über große Güter und ihnen das Land zum Lohn austeilen.

⁴⁰Und am Ende wird sich der König gegen Mittag mit ihm messen; und der König gegen Mitternacht wird gegen ihn stürmen mit Wagen, Reitern und vielen Schiffen und wird in die Länder fallen und verderben und durchziehen

⁴¹und wird in das werte Land fallen, und viele werden umkommen. Diese aber werden seiner Hand entrinnen: Edom, Moab und die Vornehmsten der Kinder Ammon.

⁴²Und er wird seine Hand ausstrecken nach den Ländern, und Ägypten wird ihm nicht entrinnen;

⁴³sondern er wird herrschen über die goldenen und silbernen Schätze und über alle Kleinode Ägyptens; Libyer und Mohren werden in seinem Zuge sein.

⁴⁴Es wird ihn aber ein Geschrei erschrecken von Morgen und

Daniel

Mitternacht; und er wird mit großem Grimm ausziehen, willens, viele zu vertilgen und zu verderben.

⁴⁵Und er wird den Palast seines Gezeltes aufschlagen zwischen zwei Meeren um den werten heiligen Berg, bis es mit ihm ein Ende werde; und niemand wird ihm helfen.

Kapitel 12

¹Zur selben Zeit wird der große Fürst Michael, der für die Kinder deines Volkes steht, sich aufmachen. Denn es wird eine solche trübselige Zeit sein, wie sie nicht gewesen ist, seitdem Leute gewesen sind bis auf diese Zeit. Zur selben Zeit wird dein Volk errettet werden, alle, die im Buch geschrieben stehen.

²Und viele, so unter der Erde schlafen liegen, werden aufwachen: etliche zum ewigen Leben, etliche zu ewiger Schmach und Schande.

³Die Lehrer aber werden leuchten wie des Himmels Glanz, und die, so viele zur Gerechtigkeit weisen, wie die Sterne immer und ewiglich.

⁴Und du, Daniel, verbirg diese Worte und versiegle diese Schrift bis auf die Letzte Zeit; so werden viele darüberkommen und großen Verstand finden.

⁵Und ich, Daniel, sah, und siehe, es standen zwei andere da, einer an diesem Ufer des Wassers, der andere an jenem Ufer.

⁶Und er sprach zu dem in leinenen Kleidern, der über den Wassern des Flusses stand: Wann will's denn ein Ende sein mit solchen Wundern?

⁷Und ich hörte zu dem in leinenen Kleidern, der über den Wassern des Flusses stand; und er hob seine rechte und linke Hand auf gen Himmel und schwur bei dem, der ewiglich lebt, daß es eine Zeit und zwei Zeiten und eine halbe Zeit währen soll; und wenn die Zerstreuung des heiligen Volkes ein Ende hat, soll solches alles geschehen.

⁸Und ich hörte es; aber ich verstand's nicht und sprach: Mein Herr, was wird darnach werden?

⁹Er aber sprach: Gehe hin, Daniel; denn es ist verborgen und versiegelt bis auf die letzte Zeit.

¹⁰Viele werden gereinigt, geläutert und bewährt werden; und die Gottlosen werden gottlos Wesen führen, und die Gottlosen alle werden's nicht achten; aber die Verständigen werden's achten.

¹¹Und von der Zeit an, wenn das tägliche Opfer abgetan und ein Greuel; der Verwüstung aufgerichtet wird, sind tausend zweihundertundneunzig Tage.

¹²Wohl dem, der da wartet und erreicht tausend dreihundert und fünfunddreißig Tage!

¹³Du aber, Daniel, gehe hin, bis das Ende komme; und ruhe, daß du aufstehst zu deinem Erbteil am Ende der Tage!

Hosea

Kapitel 1

¹Dies ist das Wort des HERRN, das geschehen ist zu Hosea, dem Sohn Beeris, zu der Zeit des Usia, Jotham, Ahas und Hiskia, der Könige Juda's, und zur Zeit Jerobeams, des Sohnes Joas, des Königs in Israel.

²Da der HERR anfing zu reden durch Hosea, sprach er zu ihm: Gehe hin und nimm ein Hurenweib und Hurenkinder; denn das Land läuft vom HERRN der Hurerei nach.

³Und er ging hin und nahm Gomer, die Tochter Diblaims, die ward schwanger und gebar ihm einen Sohn.

⁴Und der HERR sprach zu ihm: Heiße ihn Jesreel; denn es ist noch um eine kleine Zeit, so will ich die Blutschulden in Jesreel heimsuchen über das Haus Jehu und will mit dem Königreich des Hauses Israel ein Ende machen.

⁵Zur selben Zeit will ich den Bogen Israels zerbrechen im Tal Jesreel.

⁶Und sie ward abermals schwanger und gebar eine Tochter. Und er sprach zu ihm: Heiße sie Lo-Ruhama; denn ich will mich nicht mehr über das Haus Israel erbarmen, daß ich ihnen vergäbe.

⁷Doch will ich mich erbarmen über das Haus Juda und will ihnen helfen durch den HERRN, ihren Gott; ich will ihnen aber nicht helfen durch Bogen, Schwert, Streit, Rosse oder Reiter.

⁸Und da sie hatte Lo-Ruhama entwöhnt, ward sie wieder schwanger und gebar einen Sohn.

⁹Und er sprach: Heiße ihn Lo-Ammi; denn ihr seid nicht mein Volk, so will ich auch nicht der Eure sein.

¹⁰Es wird aber die Zahl der Kinder in Israel sein wie der Sand am Meer, den man weder messen noch zählen kann. Und es soll geschehen an dem Ort, da man zu ihnen gesagt hat: "Ihr seid nicht mein Volk", wird man zu ihnen sagen: "O ihr Kinder des lebendigen Gottes!"

¹¹Denn es werden die Kinder Juda und die Kinder Israel zuhauf kommen und werden sich miteinander an ein Haupt halten und aus dem Lande heraufziehen; denn der Tag Jesreels wird ein großer Tag sein.

Kapitel 2

¹Sagt euren Brüdern, sie seien mein Volk, und zu eurer Schwester, sie sei in Gnaden.

²Sprecht das Urteil über eure Mutter-sie sei nicht mein Weib, und ich will sie nicht haben! -,heißt sie ihre Hurerei von ihrem Angesichte wegtun und ihre Ehebrecherei von ihren Brüsten,

³auf daß ich sie nicht nackt ausziehe und darstelle, wie sie war, da sie geboren ward, und ich sie nicht mache wie ein dürres Land, daß ich sie nicht Durstes sterben lasse

⁴und mich ihrer Kinder nicht erbarme, denn sie sind Hurenkinder;

⁵denn ihre Mutter ist eine Hure, und die sie getragen hat, hält sich schändlich und spricht: Ich will meinen Buhlen nachlaufen, die mir geben Brot, Wasser, Wolle, Flachs, Öl und Trinken.

⁶Darum siehe, ich will deinen Weg mit Dornen vermachen und eine Wand davorziehen, daß sie ihren Steig nicht finden soll;

⁷und wenn sie ihren Buhlen nachläuft, daß sie dich nicht ergreifen, und wenn sie dich sucht, sie nicht finden könne und sagen müsse: Ich will wiederum zu meinem vorigen Mann gehen, da mir besser war, denn mir jetzt ist.

⁸Denn sie will nicht wissen, daß ich es sei, der ihr gibt Korn, Most und Öl und ihr viel Silber und Gold gegeben hat, das sie haben Baal zu Ehren gebraucht.

⁹Darum will ich mein Korn und meinen Most wieder nehmen zu seiner Zeit und ihr meine Wolle und meinen Flachs entziehen, damit sie ihre Blöße bedeckt.

¹⁰Nun will ich ihre Schande aufdecken vor den Augen ihrer Buhlen, und niemand soll sie von meiner Hand erretten.

¹¹Und ich will ein Ende machen mit allen ihren Freuden, Festen, Neumonden, Sabbaten und allen ihren Feiertagen.

¹²Ich will ihre Weinstöcke und Feigenbäume wüst machen, weil sie sagt: "Das ist mein Lohn, den mir meine Buhlen gegeben." Ich will einen Wald daraus machen, daß es die wilden Tiere fressen sollen.

¹³Also will ich heimsuchen über sie die Tage der Baalim, denen sie Räuchopfer tut und schmückt sich mit Stirnspangen und Halsbändern und läuft ihren Buhlen nach und vergißt mein, spricht der HERR.

¹⁴Darum siehe, ich will sie locken und will sie in die Wüste führen und freundlich mit ihr reden.

¹⁵Da will ich ihr geben ihre Weinberge aus demselben Ort und das Tal Achor zum Tor der Hoffnung. Und daselbst wird sie singen wie zur Zeit ihrer Jugend, da sie aus Ägyptenland zog.

¹⁶Alsdann spricht der HERR, wirst du mich heißen "mein Mann" und mich nicht mehr "mein Baal" heißen.

¹⁷Denn ich will die Namen der Baalim von ihrem Munde wegtun, daß man ihrer Namen nicht mehr gedenken soll.

¹⁸Und ich will zur selben Zeit ihnen einen Bund machen mit den Tieren auf dem Felde, mit den Vögeln unter dem Himmel und mit dem Gewürm auf Erden und will Bogen, Schwert und Krieg vom Lande zerbrechen und will sie sicher wohnen lassen.

¹⁹Ich will mich mit dir verloben in Ewigkeit; ich will mich mit dir vertrauen in Gerechtigkeit und Gericht, in Gnade und Barmherzigkeit.

²⁰Ja, im Glauben will ich mich mit dir verloben und du wirst den HERRN erkennen.

²¹Zur selben Zeit, spricht der HERR, will ich erhören, ich will den Himmel erhören und der Himmel soll die Erde erhören,

²²und die Erde soll Korn, Most und Öl erhören, und diese sollen Jesreel erhören.

²³Und ich will sie mir auf Erden zum Samen behalten und mich erbarmen über die, so in Ungnaden war, und sagen zu dem, das nicht mein Volk war: Du bist mein Volk; und es wird sagen: Du bist mein Gott.

Kapitel 3

¹Und der HERR sprach zu mir: Gehe noch einmal hin und buhle um ein buhlerisches und ehebrecherisches Weib, wie denn der HERR um die Kinder Israel buhlt, und sie sich doch zu fremden Göttern kehren und buhlen um eine Kanne Wein.

²Und ich ward mit ihr eins um fünfzehn Silberlinge und anderthalb Scheffel Gerste

³und sprach zu ihr: Halt dich als die Meine eine lange Zeit und hure nicht und gehöre keinem andern an; denn ich will mich auch als den Deinen halten.

⁴Denn die Kinder Israel werden lange Zeit ohne König, ohne Fürsten, ohne Opfer, ohne Altar, ohne Leibrock und ohne Heiligtum bleiben.

⁵Darnach werden sich die Kinder Israel bekehren und den HERRN, ihren Gott, und ihren König David suchen und werden mit Zittern zu dem HERRN und seiner Gnade kommen in der letzten Zeit.

Kapitel 4

¹Höret, ihr Kinder Israel, des HERRN Wort! denn der HERR hat Ursache, zu schelten, die im Lande wohnen; denn es ist keine Treue, keine Liebe, keine Erkenntnis Gottes im Lande.

²sondern Gotteslästern, Lügen, Morden, Stehlen und Ehebrechen hat überhandgenommen und eine Blutschuld kommt nach der andern.

³Darum wird das Land jämmerlich stehen, und allen Einwohnern wird's übel gehen; denn es werden auch die Tiere auf dem Felde und die Vögel unter dem Himmel und die Fische im Meer weggerafft werden.

⁴Doch man darf nicht schelten noch jemand strafen; denn dein Volk ist wie die, so den Priester schelten.

⁵Darum sollst du bei Tage fallen und der Prophet des Nachts neben dir fallen; also will ich deine Mutter zu Grunde richten.

⁶Mein Volk ist dahin, darum daß es nicht lernen will. Denn du verwirfst Gottes Wort; darum will ich dich auch verwerfen, daß du nicht mein Priester sein sollst. Du vergißt das Gesetz deines Gottes; darum will ich auch deine Kinder vergessen.

⁷Je mehr ihrer wird, je mehr sie wider mich sündigen; darum will ich ihre Ehre zu Schanden machen.

⁸Sie fressen die Sündopfer meines Volks und sind begierig nach ihren Sünden.

⁹Darum soll es dem Volk gleich wie dem Priester gehen; denn ich will ihr Tun heimsuchen und ihnen vergelten, wie sie verdienen,

¹⁰daß sie werden essen, und nicht satt werden, Hurerei treiben und sich nicht ausbreiten, darum daß sie den HERRN verlassen haben und ihn nicht achten.

¹¹Hurerei, Wein und Most machen toll.

¹²Mein Volk fragt sein Holz, und sein Stab soll ihm predigen; denn der Hurerei-Geist verführt sie, daß sie wider ihren Gott Hurerei treiben.

¹³Oben auf den Bergen opfern sie, und auf den Hügeln räuchern sie, unter den Eichen, Linden und Buchen; denn die haben feinen Schatten. Darum werden eure Töchter auch zu Huren und eure Bräute zu Ehebrechrinnen werden.

¹⁴Und ich will's auch nicht wehren, wenn eure Töchter und Bräute geschändet werden, weil ihr einen andern Gottesdienst anrichtet mit den

Hosea

Huren und opfert mit den Bübinnen. Denn das törichte Volk will geschlagen sein.

¹⁵Willst du, Israel, ja huren, daß sich doch nur Juda nicht auch verschulde. Geht nicht hin gen Gilgal und kommt nicht hinauf gen Beth-Aven und schwört nicht: So wahr der HERR lebt!

¹⁶Denn Israel läuft wie eine tolle Kuh; so wird sie auch der HERR weiden lassen wie ein Lamm in der Irre.

¹⁷Denn Ephraim hat sich zu den Götzen gesellt; so laß ihn hinfahren.

¹⁸Sie haben sich in die Schwelgerei und Hurerei gegeben; ihre Herren haben Lust dazu, daß sie Schande anrichten.

¹⁹Der Wind mit seinen Flügeln wird sie zusammen wegtreiben; sie müssen über ihrem Opfer zu Schanden werden.

Kapitel 5

¹So hört nun dies, ihr Priester, und merke auf, du Haus Israel, und nimm zu Ohren, du Haus des Königs! denn es wird eine Strafe über euch gehen, die ihr ein Strick zu Mizpa und ein ausgespanntes Netz zu Thabor geworden seid.

²Mit ihrem Schlachten vertiefen sie sich in ihrem Verlaufen; darum muß ich sie allesamt strafen.

³Ich kenne Ephraim wohl, und Israel ist vor mir nicht verborgen, daß Ephraim nun eine Hure und Israel unrein ist.

⁴Sie denken nicht daran, daß sie sich kehren zu ihrem Gott; denn sie haben einen Hurengeist in ihrem Herzen, und den HERRN kennen sie nicht.

⁵Und die Hoffart Israels zeugt wider sie ins Angesicht. Darum sollen beide, Israel und Ephraim, fallen um ihrer Missetat willen; auch soll Juda samt ihnen fallen.

⁶Alsdann werden sie kommen mit ihren Schafen und Rindern, den HERRN zu suchen, aber ihn nicht finden; denn er hat sich von ihnen gewandt.

⁷Sie verachten den HERRN und zeugen fremde Kinder; darum wird sie auch der Neumond fressen mit ihrem Erbteil.

⁸Ja, blaset Posaunen zu Gibea, ja, drommetet zu Rama, ja, ruft zu Beth-Aven: "Hinter dir, Benjamin!"

⁹Denn Ephraim soll zur Wüste werden zu der Zeit, wann ich sie strafen werde. Davor habe ich die Stämme Israels treulich gewarnt.

¹⁰Die Fürsten Juda's sind gleich denen, so die Grenze verrücken; darum will ich meinen Zorn über sie ausschütten wie Wasser.

¹¹Ephraim leidet Gewalt und wird geplagt; daran geschieht ihm recht, denn er hat sich gegeben auf Menschengebot.

¹²Ich bin dem Ephraim wie eine Motte und dem Hause Juda wie eine Made.

¹³Und da Ephraim seine Krankheit und Juda seine Wunde fühlte, zog Ephraim hin zu Assur und schickte den König Jareb; aber er kann euch nicht helfen noch eure Wunde heilen.

¹⁴Denn ich bin dem Ephraim wie ein Löwe und dem Hause Juda wie ein junger Löwe. Ich, ich zerreiße sie und gehe davon; ich führe sie weg, und niemand kann sie retten.

¹⁵Ich will wiederum an meinen Ort gehen, bis sie ihre Schuld erkennen und mein Angesicht suchen; wenn's ihnen übel geht, so werden sie mich suchen und sagen:

Kapitel 6

¹Kommt, wir wollen wieder zum HERRN; denn er hat uns zerrissen, er wird uns auch heilen; er hat uns geschlagen, er wird uns auch verbinden.

²Er macht uns lebendig nach zwei Tagen; er wird uns am dritten Tag aufrichten, daß wir vor ihm leben werden.

³Dann werden wir acht darauf haben und fleißig sein, daß wir den HERRN erkennen. Denn er wird hervorbrechen wie die schöne Morgenröte und wird zu uns kommen wie ein Regen, wie ein Spätregen, der das Land feuchtet.

⁴Was soll ich dir tun, Ephraim? was soll ich dir tun, Juda? Denn eure Liebe ist wie eine Morgenwolke und wie ein Tau, der frühmorgens vergeht.

⁵Darum schlage ich sie durch die Propheten und töte sie durch meines Mundes Rede, daß mein Recht wie das Licht hervorkomme.

⁶Denn ich habe Lust an der Liebe, und nicht am Opfer, und an der Erkenntnis Gottes, und nicht am Brandopfer.

⁷Aber sie übertreten den Bund wie Adam; darin verachten sie mich.

⁸Denn Gilead ist eine Stadt voll Abgötterei und Blutschulden.

⁹Und die Priester samt ihrem Haufen sind wie die Räuber, so da lauern auf die Leute und würgen auf dem Wege, der gen Sichem geht; denn sie tun, was sie wollen.

¹⁰Ich sehe im Hause Israel, davor mir graut; denn da hurt Ephraim und verunreinigt sich Israel.

¹¹Aber auch Juda wird noch eine Ernte vor sich haben, wenn ich meines Volks Gefängnis wenden werde.

Kapitel 7

¹Wenn ich Israel heilen will, so findet sich erst die Sünde Ephraims und die Bosheit Samarias, wie sie Lügen treiben und Diebe einsteigen und Räuber draußen plündern;

²dennoch wollen sie nicht merken, daß ich alle ihre Bosheit merke. Ich sehe aber ihr Wesen wohl, das sie allenthalben treiben.

³Sie vertrösten den König durch ihre Bosheit und die Fürsten durch ihre Lügen;

⁴und sind allesamt Ehebrecher gleichwie ein Backofen, den der Bäcker heizt, wenn er hat ausgeknetet und läßt den Teig durchsäuern und aufgehen.

⁵Heute ist unsers Königs Fest sprechen sie, da fangen die Fürsten an, vom Wein toll zu werden; so zieht er die Spötter zu sich.

⁶Denn ihr Herz ist in heißer Andacht wie ein Backofen, wenn sie opfern und die Leute betrügen; ihr Bäcker schläft die ganze Nacht, und des Morgens brennt er lichterloh.

⁷Allesamt sind sie so heißer Andacht wie ein Backofen, also daß ihre Richter aufgefressen werden und alle ihre Könige fallen; und ist keiner unter ihnen, der mich anrufe.

⁸Ephraim mengt sich unter die Völker; Ephraim ist wie ein Kuchen, den niemand umwendet.

⁹Fremde fressen seine Kraft, doch will er's nicht merken; er hat auch graue Haare gekriegt, doch will er's nicht merken.

¹⁰Und die Hoffart Israels zeugt wider sie ins Angesicht; dennoch bekehren sie sich nicht zum HERRN, ihrem Gott, fragen auch nicht nach ihm in diesem allem.

¹¹Denn Ephraim ist wie eine verlockte Taube, die nichts merken will. Jetzt rufen sie Ägypten an, dann laufen sie zu Assur.

¹²Aber indem sie hin und her laufen, will ich mein Netz über sie werfen und sie herunterholen wie die Vögel unter dem Himmel; ich will sie strafen, wie man predigt in ihrer Versammlung.

¹³Weh ihnen, daß sie von mir weichen! Sie müssen verstört werden; denn sie sind von mir abtrünnig geworden! Ich wollte sie wohl erlösen, wenn sie nicht wider mich Lügen lehrten.

¹⁴So rufen sie mich auch nicht an von Herzen, sondern Heulen auf ihren Lagern. Sie sammeln sich um Korn und Mosts willen und sind mir ungehorsam.

¹⁵Ich lehre sie und stärke ihren Arm; aber sie denken Böses von mir.

¹⁶Sie bekehren sich, aber nicht recht, sondern sind wie ein falscher Bogen. Darum werden ihre Fürsten durchs Schwert fallen; ihr Drohen soll in Ägyptenland zum Spott werden.

Kapitel 8

¹Rufe laut wie eine Posaune: Er kommt über das Haus des HERRN wie ein Adler, darum daß sie meinen Bund übertreten und von meinem Gesetz abtrünnig werden.

²Dann werden sie zu mir schreien: Du bist mein Gott; wir, Israel, kennen dich!

³Israel verwirft das Gute; darum muß sie der Feind verfolgen.

⁴Sie machen Könige, aber ohne mich; sie setzen Fürsten, und ich darf es nicht wissen. Aus ihrem Silber und Gold machen sie Götzen, daß sie ja bald ausgerottet werden.

⁵Dein Kalb, Samaria, verwirft er; mein Zorn ist über sie ergrimmt. Es kann nicht lange anstehen, sie müssen gestraft werden.

⁶Denn das Kalb ist aus Israel hergekommen, und ein Werkmann hat's gemacht, und es kann ja kein Gott sein; darum soll das Kalb Samarias zerpulvert werden.

⁷Denn sie säen Wind und werden Ungewitter einernten; ihre Saat soll nicht aufkommen und ihr Gewächs kein Mehl geben; und ob's geben würde, sollen's doch Fremde fressen.

⁸Israel wird aufgefressen; die Heiden gehen mit ihnen um wie mit einem unwerten Gefäß,

⁹darum daß sie hinauf zum Assur laufen wie ein Wild in der Irre. Ephraim schenkt den Buhlern und gibt den Heiden Tribut.

¹⁰Dieselben Heiden will ich nun über sie sammeln; sie sollen der Last des Königs der Fürsten bald müde werden.

¹¹Denn Ephraim hat der Altäre viel gemacht zu sündigen; so sollen auch die Altäre ihm zur Sünde geraten.

¹²Wenn ich ihm gleich viel tausend Gebote meines Gesetzes schreibe, so wird's geachtet wie eine Fremde Lehre.

¹³Ob sie schon viel opfern und Fleisch herbringen und essen's, so

hat doch der HERR kein Gefallen an ihnen; sondern er will ihrer Missetat gedenken und ihre Sünden heimsuchen; sie sollen wieder nach Ägypten kommen!

¹⁴Israel vergißt seines Schöpfers und baut Paläste; so macht Juda viel feste Städte; aber ich will Feuer in seine Städte schicken, welches soll seine Häuser verzehren.

Kapitel 9

¹Du darfst dich nicht freuen, Israel, noch rühmen wie die Völker; denn du hurst wider deinen Gott und suchst damit Hurenlohn, daß alle Tennen voll Getreide werden.

²Darum sollen dich Tenne und Kelter nicht nähren, und der Most soll dir fehlen.

³Sie sollen nicht bleiben im Lande des HERRN, sondern Ephraim muß wieder nach Ägypten und muß in Assyrien Unreines essen,

⁴wo sie dem HERRN kein Trankopfer vom Wein noch etwas zu Gefallen tun können. Ihr Opfer soll sein wie der Betrübten Brot, an welchem unrein werden alle, die davon essen; denn ihr Brot müssen sie für sich selbst essen, und es soll nicht in des HERRN Haus gebracht werden.

⁵Was wollt ihr alsdann an den Jahrfesten und an den Feiertagen des HERRN tun?

⁶Siehe, sie müssen weg vor dem Verstörer. Ägypten wird sie sammeln, und Moph wird sie begraben. Nesseln werden wachsen, da jetzt ihr liebes Götzensilber steht, und Dornen in ihren Hütten.

⁷Die Zeit der Heimsuchung ist gekommen, die Zeit der Vergeltung; des wird Israel innewerden. Die Propheten sind Narren, und die Rottengeister sind wahnsinnig um deiner großen Missetat und um der großen feindseligen Abgötterei willen.

⁸Die Wächter in Ephraim hielten sich vormals an meinen Gott; aber nun sind sie Propheten, die Stricke legen auf allen ihren Wegen durch die feindselige Abgötterei im Hause ihres Gottes.

⁹Sie verderben's zu tief wie zur Zeit Gibeas; darum wird er ihrer Missetat gedenken und ihre Sünden heimsuchen.

¹⁰Ich fand Israel in der Wüste wie Trauben und sah eure Väter wie die ersten Feigen am Feigenbaum; aber hernach gingen sie zu Baal-Peor und gelobten sich dem schändlichen Abgott und wurden ja so greulich wie ihre Buhlen.

¹¹Darum muß die Herrlichkeit Ephraims wie ein Vogel wegfliegen, daß sie weder gebären noch tragen noch schwanger werden sollen.

¹²Und ob sie ihre Kinder gleich erzögen, will ich sie doch ohne Kinder machen, daß keine Leute mehr sein sollen. Auch weh ihnen, wenn ich von ihnen gewichen bin!

¹³Ephraim, wie ich es ansehe, ist gepflanzt und hübsch wie Tyrus, muß aber nun seine Kinder herauslassen dem Totschläger.

¹⁴HERR, gib ihnen-was willst du ihnen aber geben-, gib ihnen unfruchtbare Leiber und versiegte Brüste!

¹⁵Alle ihre Bosheit geschieht zu Gilgal, daselbst bin ich ihnen feind; und ich will sie auch um ihres bösen Wesens willen aus meinem Hause stoßen und ihnen nicht mehr Liebe erzeigen; denn alle Ihre Fürsten sind Abtrünnige.

¹⁶Ephraim ist geschlagen; ihre Wurzel ist verdorrt, daß sie keine Frucht mehr bringen können. Und ob sie gebären würden, will ich doch die liebe Frucht ihres Leibes töten.

¹⁷Mein Gott wird sie verwerfen, darum daß sie ihn nicht hören wollen; und sie müssen unter den Heiden in der Irre gehen.

Kapitel 10

¹Israel ist ein ausgebreiteter Weinstock, der seine Frucht trägt. Aber soviel Früchte er hatte, so viel Altäre hatte er gemacht; wo das Land am besten war, da stifteten sie die schönsten Bildsäulen.

²Ihr Herz ist zertrennt; nun wird sie ihre Schuld finden. Ihre Altäre sollen zerbrochen und ihre Bildsäulen sollen zerstört werden.

³Alsdann müssen sie sagen: Wir haben keinen König, denn wir fürchteten den HERRN nicht; was kann uns der König nun helfen?

⁴Sie reden und schwören vergeblich und machen einen Bund, und solcher Rat grünt auf allen Furchen im Felde wie giftiges Kraut.

⁵Die Einwohner zu Samaria sorgen um das Kalb zu Beth-Aven; denn sein Volk trauert darum, und seine Götzenpfaffen zittern seiner Herrlichkeit halben; denn sie wird von ihnen weggeführt.

⁶Ja, das Kalb wird nach Assyrien gebracht zum Geschenke dem König Jareb. Also muß Ephraim mit Schanden stehen und Israel schändlich gehen mit seinen Vornehmen.

⁷Denn der König zu Samaria ist dahin wie ein Schaum auf dem Wasser.

⁸Die Höhen zu Aven sind vertilgt, durch die sich Israel versündigte; Disteln und Dornen wachsen auf ihren Altären. Und sie werden sagen: Ihr Berge bedecket uns! und: Ihr Hügel, fallt über uns!

⁹Israel, du hast seit der Zeit Gibeas gesündigt; dabei sind sie auch geblieben. Aber es soll sie ein Streit, nicht gleich dem zu Gibea, ergreifen, so wider die bösen Leute geschah;

¹⁰sondern ich will sie züchtigen nach meinem Wunsch, daß alle Völker sollen über sie versammelt kommen, wenn ich sie werde strafen um ihre zwei Sünden.

¹¹Ephraim ist ein Kalb, gewöhnt, daß man es gern drischt. Ich will ihm über seinen schönen Hals fahren; ich will Ephraim retten, Juda soll pflügen und Jakob eggen.

¹²Darum säet euch Gerechtigkeit und erntet Liebe; pflüget ein Neues, weil es Zeit ist, den HERRN zu suchen, bis daß er komme und lasse regnen über euch Gerechtigkeit.

¹³Denn ihr pflüget Böses und erntet Übeltat und esset Lügenfrüchte.

¹⁴Weil du dich denn verläßt auf dein Wesen und auf die Menge deiner Helden, so soll sich ein Getümmel erheben in deinem Volk, daß alle deine Festen verstört werden, gleichwie Salman verstörte das Haus Arbeels zur Zeit des Streits, da die Mutter samt den Kindern zu Trümmern ging.

¹⁵Ebenso soll's euch zu Beth-El auch gehen um eurer großen Bosheit willen, daß der König Israels frühmorgens untergehe.

Kapitel 11

¹Da Israel jung war, hatte ich ihn lieb und rief ihn, meinen Sohn, aus Ägypten.

²Aber wenn man sie jetzt ruft, so wenden sie sich davon und opfern den Baalim und räuchern den Bildern.

³Ich nahm Ephraim bei seinen Armen und leitete ihn; aber sie merkten es nicht, wie ich ihnen half.

⁴Ich ließ sie ein menschlich Joch ziehen und in Seilen der Liebe gehen und half ihnen das Joch an ihrem Hals tragen und gab ihnen Futter.

⁵Sie sollen nicht wieder nach Ägyptenland kommen, sondern Assur soll nun ihr König sein; denn sie wollen sich nicht bekehren.

⁶Darum soll das Schwert über ihre Städte kommen und soll ihre Riegel aufreiben und fressen um ihres Vornehmens willen.

⁷Mein Volk ist müde, sich zu mir zu kehren; und wenn man ihnen predigt, so richtet sich keiner auf.

⁸Was soll ich aus dir machen, Ephraim? Soll ich dich schützen, Israel? Soll ich nicht billig ein Adama aus dir machen und dich wie Zeboim zurichten? Aber mein Herz ist andern Sinnes, meine Barmherzigkeit ist zu brünstig,

⁹daß ich nicht tun will nach meinem grimmigen Zorn, noch mich kehren, Ephraim gar zu verderben. Denn ich bin Gott und nicht ein Mensch und bin der Heilige unter dir; ich will aber nicht in die Stadt kommen.

¹⁰Alsdann wird man dem HERRN nachfolgen, und er wird brüllen wie ein Löwe; und wenn er wird brüllen, so werden erschrocken kommen die Kinder, so gegen Abend sind.

¹¹Und die in Ägypten werden auch erschrocken kommen wie die Vögel, und die im Lande Assur wie Tauben; und ich will sie in ihre Häuser setzen, spricht der HERR.

¹²In Ephraim ist allenthalben Lügen wider mich und im Hause Israel falscher Gottesdienst. Aber auch Juda hält nicht fest an Gott und an dem Heiligen, der treu ist.

Kapitel 12

¹Ephraim weidet sich am Winde und läuft dem Ostwind nach und macht täglich der Abgötterei und des Schadens mehr; sie machen mit Assur einen Bund und bringen Balsam nach Ägypten.

²Darum wird der HERR mit Juda rechten und Jakob heimsuchen nach seinem Wesen und ihm vergelten nach seinem Verdienst.

³Er hat in Mutterleibe seinen Bruder an der Ferse gehalten, und in seiner Kraft hat er mit Gott gekämpft.

⁴Er kämpfte mit dem Engel und siegte, denn er weinte und bat ihn; auch hat er ihn ja zu Beth-El gefunden, und daselbst hat er mit uns geredet.

⁵Aber der HERR ist der Gott Zebaoth; HERR ist sein Name.

⁶So bekehre dich nun zu deinem Gott, und halte Barmherzigkeit und Recht und hoffe stets auf deinen Gott.

⁷Aber Kanaan hat eine falsche Waage in seiner Hand und betrügt gern.

⁸Und Ephraim spricht: Ich bin reich, ich habe genug; man wird in aller meiner Arbeit keine Missetat finden, die Sünde sei.

⁹Ich aber, der HERR, bin dein Gott aus Ägyptenland her, und der

Hosea

dich noch in den Hütten wohnen läßt, wie man zur Festzeit pflegt,

¹⁰und rede zu den Propheten; und ich bin's, der so viel Weissagung gibt und durch die Propheten sich anzeigt.

¹¹In Gilead ist Abgötterei, darum werden sie zunichte; und in Gilgal opfern sie Ochsen, darum sollen ihre Altäre werden wie die Steinhaufen an den Furchen im Felde.

¹²Jakob mußte fliehen in das Land Syrien, und Israel mußte um ein Weib dienen, und um ein Weib mußte er hüten.

¹³Aber hernach führte der HERR Israel aus Ägypten durch einen Propheten und ließ ihn hüten durch einen Propheten.

¹⁴Nun aber erzürnt ihn Ephraim durch seine Götzen; darum wird ihr Blut über sie kommen, und ihr HERR wird ihnen vergelten ihre Schmach, die sie ihm antun.

Kapitel 13

¹Da Ephraim Schreckliches redete, ward er in Israel erhoben, darnach versündigten sie sich durch Baal und wurden darüber getötet.

²Aber nun machen sie der Sünden viel mehr und aus ihrem Silber Bilder, wie sie es erdenken können, nämlich Götzen, welche doch eitel Schmiedewerk sind. Dennoch predigen sie von denselben: Wer die Kälber küssen will, der soll Menschen opfern.

³Darum werden sie sein wie die Morgenwolke und wie der Tau, der frühmorgens vergeht; ja, wie die Spreu, die von der Tenne verweht wird, und wie der Rauch von dem Schornstein.

⁴Ich bin aber der HERR, dein Gott, aus Ägyptenland her; und du solltest ja keinen andern Gott kennen denn mich und keinen Heiland als allein mich.

⁵Ich nahm mich ja deiner an in der Wüste, im dürren Lande.

⁶Aber weil sie geweidet sind, daß sie satt geworden sind und genug haben, erhebt sich ihr Herz; darum vergessen sie mein.

⁷So will ich auch werden gegen sie wie ein Löwe, und wie ein Parder auf dem Wege will ich auf sie lauern.

⁸Ich will ihnen begegnen wie ein Bär, dem seine Jungen genommen sind, und will ihr verstocktes Herz zerreißen und will sie daselbst wie ein Löwe fressen; die wilden Tiere sollen sie zerreißen.

⁹Israel, du bringst dich in Unglück; denn dein Heil steht allein bei mir.

¹⁰Wo ist dein König hin, der dir helfen möge in allen deinen Städten? und deine Richter, von denen du sagtest: Gib mir Könige und Fürsten?

¹¹Wohlan, ich gab dir einen König in meinem Zorn, und will ihn dir in meinem Grimm wegnehmen.

¹²Die Missetat Ephraims ist zusammengebunden, und seine Sünde ist behalten.

¹³Denn es soll ihm wehe werden wie einer Gebärerin. Er ist ein unverständig Kind; denn wenn die Zeit gekommen ist, so will er die Mutter nicht brechen.

¹⁴Aber ich will sie erlösen aus der Hölle und vom Tod erretten. Tod, ich will dir ein Gift sein; Hölle ich will dir eine Pestilenz sein. Doch ist der Trost vor meinen Augen verborgen.

¹⁵Denn wenn er auch zwischen Brüdern Frucht bringt, so wird doch ein Ostwind des HERRN aus der Wüste heraufffahren, daß sein Brunnen vertrocknet und seine Quelle versiegt; und er wird rauben den Schatz alles köstlichen Gerätes.

¹⁶Samaria wird wüst werden, denn sie sind ihrem Gott ungehorsam; sie sollen durchs Schwert fallen, und ihre jungen Kinder zerschmettert und ihre schwangeren Weiber zerrissen werden.

Kapitel 14

¹Bekehre dich, Israel, zu dem HERR, deinem Gott; denn du bist gefallen um deiner Missetat willen.

²Nehmt diese Worte mit euch und bekehrt euch zum HERRN und sprecht zu ihm: Vergib uns alle Sünde und tue uns wohl; so wollen wir opfern die Farren unsrer Lippen.

³Assur soll uns nicht helfen; wir wollen nicht mehr auf Rossen reiten, auch nicht mehr sagen zu den Werken unsrer Hände: "Ihr seid unser Gott"; sondern laß die Waisen bei dir Gnade finden.

⁴So will ich ihr Abtreten wieder heilen; gerne will ich sie lieben; denn mein Zorn soll sich von ihnen wenden.

⁵Ich will Israel wie ein Tau sein, daß er soll blühen wie eine Rose, und seine Wurzeln sollen ausschlagen wie der Libanon

⁶und seine Zweige sich ausbreiten, daß er sei schön wie ein Ölbaum, und soll so guten Geruch geben wie der Libanon.

⁷Und sie sollen wieder unter einem Schatten sitzen; von Korn sollen sie sich nähren und blühen wie der Weinstock; sein Gedächtnis soll sein wie der Wein am Libanon.

⁸Ephraim, was sollen mir weiter die Götzen? Ich will ihn erhören und führen; ich will sein wie eine grünende Tanne; an mir soll man deine Frucht finden.

⁹Wer ist weise, der dies verstehe, und klug, der dies merke? Denn die Wege des HERRN sind richtig, und die Gerechten wandeln darin; aber die Übertreter fallen darin.

Joel

Kapitel 1

¹Dies ist das Wort des HERRN, das geschehen ist zu Joel, dem Sohn Pethuels.

²Höret dies, ihr Ältesten, und merket auf alle Einwohner im Lande, ob solches geschehen sei zu euren Zeiten oder zu eurer Väter Zeiten!

³Saget euren Kindern davon und lasset's eure Kinder ihren Kindern sagen und diese Kinder ihren Nachkommen!

⁴Was die Raupen lassen, das fressen die Heuschrecken; und was die Heuschrecken lassen, das fressen die Käfer; und was die Käfer lassen, das frißt das Geschmeiß.

⁵Wachet auf, ihr Trunkenen, und weinet, und heulet, alle Weinsäufer, um den Most; denn er ist euch vor eurem Maul weggenommen.

⁶Denn es zieht herauf in mein Land ein mächtiges Volk und ohne Zahl; das hat Zähne wie Löwen und Backenzähne wie Löwinnen.

⁷Das verwüstet meinen Weinberg und streift meinen Feigenbaum ab, schält ihn und verwirft ihn, daß seine Zweige weiß dastehen.

⁸Heule wie eine Jungfrau die einen Sack anlegt um ihren Bräutigam!

⁹Denn das Speisopfer und Trankopfer ist vom Hause des HERRN weg, und die Priester, des HERRN Diener, trauern.

¹⁰Das Feld ist verwüstet, und der Acker steht jämmerlich; das Getreide ist verdorben, der Wein steht jämmerlich und das Öl kläglich.

¹¹Die Ackerleute sehen jämmerlich, und die Weingärtner heulen um den Weizen und die Gerste, daß aus der Ernte auf dem Felde nichts werden kann.

¹²So steht der Weinstock auch jämmerlich und der Feigenbaum kläglich; dazu die Granatbäume, Palmbäume, Apfelbäume und alle Bäume auf dem Felde sind verdorrt; denn die Freude der Menschen ist zu Jammer geworden.

¹³Begürtet euch nun und klaget, ihr Priester; heulet, ihr Diener des Altars; gehet hinein und lieget in Säcken, ihr Diener meines Gottes! denn es ist Speisopfer und Trankopfer vom Hause eures Gottes weg.

¹⁴Heiliget ein Fasten, rufet die Gemeinde zusammen; versammelt die Ältesten und alle Einwohner des Landes zum Hause des HERRN, eures Gottes, und schreit zum HERRN!

¹⁵O weh des Tages! denn der Tag des HERRN ist nahe und kommt wie ein Verderben vom Allmächtigen.

¹⁶Ist nicht die Speise vor unsern Augen weggenommen und vom Hause unsers Gottes Freude und Wonne?

¹⁷Der Same ist unter der Erde verfault, die Kornhäuser stehen wüst, die Scheunen zerfallen; denn das Getreide ist verdorben.

¹⁸O wie seufzt das Vieh! Die Rinder sehen kläglich, denn sie haben keine Weide, und die Schafe verschmachten.

¹⁹HERR, dich rufe ich an; denn das Feuer hat die Auen in der Wüste verbrannt, und die Flamme hat alle Bäume auf dem Acker angezündet.

²⁰Es schrieen auch die wilden Tiere zu dir; denn die Wasserbäche sind ausgetrocknet, und das Feuer hat die Auen in der Wüste verbrannt.

Kapitel 2

¹Blaset mit der Posaune zu Zion, rufet auf meinem heiligen Berge; erzittert, alle Einwohner im Lande! denn der Tag des HERRN kommt und ist nahe:

²Ein finstrer Tag, ein dunkler Tag, ein wolkiger Tag, ein nebliger Tag; gleichwie sich die Morgenröte ausbreitet über die Berge, kommt ein großes und mächtiges Volk, desgleichen vormals nicht gewesen ist und hinfort nicht sein wird zu ewigen Zeiten für und für.

³Vor ihm her geht ein verzehrend Feuer und nach ihm eine brennende Flamme. Das Land ist vor ihm wie ein Lustgarten, aber nach ihm wie eine wüste Einöde, und niemand wird ihm entgehen.

⁴Sie sind gestaltet wie Rosse und rennen wie die Reiter.

⁵Sie sprengen daher oben auf den Bergen, wie die Wagen rasseln, und wie eine Flamme lodert im Stroh, wie ein mächtiges Volk, das zum Streit gerüstet ist.

⁶Die Völker werden sich vor ihm entsetzen, aller Angesichter werden bleich.

⁷Sie werden laufen wie die Riesen und die Mauern ersteigen wie die Krieger; ein jeglicher wird stracks vor sich daherziehen und sich nicht säumen.

⁸Keiner wird den andern irren; sondern ein jeglicher wird in seiner Ordnung daherfahren und werden durch die Waffen brechen und nicht verwundet werden.

⁹Sie werden in der Stadt umherrennen, auf der Mauer laufen und in die Häuser steigen und wie ein Dieb durch die Fenster hineinkommen.

¹⁰Vor ihm zittert das ganze Land und bebt der Himmel; Sonne und Mond werden finster, und die Sterne verhalten ihren Schein.

¹¹Denn der HERR wird seinen Donner vor seinem Heer lassen her gehen; denn sein Heer ist sehr groß und mächtig, das seinen Befehl wird ausrichten; denn der Tag des HERRN ist groß und sehr erschrecklich: wer kann ihn leiden?

¹²Doch spricht auch jetzt der HERR: Bekehret euch zu mir von ganzem Herzen mit Fasten, mit Weinen, mit Klagen!

¹³Zerreißet eure Herzen und nicht eure Kleider, und bekehret euch zu dem HERRN, eurem Gott! denn er ist gnädig, barmherzig, geduldig und von großer Güte, und ihn reut bald der Strafe.

¹⁴Wer weiß, es mag ihn wiederum gereuen, und er mag einen Segen hinter sich lassen, zu opfern Speisopfer und Trankopfer dem HERRN, eurem Gott.

¹⁵Blaset mit Posaunen zu Zion, heiliget ein Fasten, rufet die Gemeinde zusammen!

¹⁶Versammelt das Volk, heiliget die Gemeinde, sammelt die Ältesten, bringt zuhauf die jungen Kinder und die Säuglinge! Der Bräutigam gehe aus seiner Kammer und die Braut aus ihrem Gemach.

¹⁷Lasset die Priester, des Hauses Diener, weinen zwischen Halle und Altar und sagen: HERR, schone deines Volkes und laß dein Erbteil nicht zu Schanden werden, daß Heiden über sie herrschen! Warum willst du lassen unter den Völkern sagen: Wo ist nun ihr Gott?

¹⁸So wird der HERR um sein Land eifern und sein Volk verschonen.

¹⁹Und der HERR wird antworten und sagen zu seinem Volk: Siehe, ich will euch Getreide, Most und Öl die Fülle schicken, daß ihr genug daran haben sollt, und will euch nicht mehr lassen unter den Heiden zu Schanden werden,

²⁰und will den von Mitternacht fern von euch treiben und ihn in ein dürres und wüstes Land verstoßen, sein Angesicht hin zum Meer gegen Morgen und sein Ende hin zum Meer gegen Abend. Er soll verfaulen und stinken; denn er hat große Dinge getan.

²¹Fürchte dich nicht, liebes Land, sondern sei fröhlich und getrost; denn der HERR kann auch große Dinge tun.

²²Fürchtet euch nicht, ihr Tiere auf dem Felde; denn die Auen in der Wüste sollen grünen und die Bäume ihre Früchte bringen, und die Feigenbäume und Weinstöcke sollen wohl tragen.

²³Und ihr, Kinder Zions, freut euch und seid fröhlich im HERRN, eurem Gott, der euch Lehrer zur Gerechtigkeit gibt und euch herabsendet Frühregen und Spätregen wie zuvor.

²⁴daß die Tenne voll Korn werden und die Keltern Überfluß von Most und Öl haben sollen.

²⁵Und ich will euch die Jahre erstatten, welche die Heuschrecken, Käfer, Geschmeiß und Raupen, mein großes Heer, so ich unter euch schickte, gefressen haben;

²⁶daß ihr zu essen genug haben sollt und den Namen des HERRN, eures Gottes, preisen, der Wunder unter euch getan hat; und mein Volk soll nicht mehr zu Schanden werden.

²⁷Und ihr sollt erfahren, daß ich mitten unter Israel sei und daß ich, der HERR, euer Gott sei und keiner mehr; und mein Volk soll nicht mehr zu Schanden werden.

²⁸Und nach diesem will ich meinen Geist ausgießen über alles Fleisch, und eure Söhne und Töchter sollen weissagen; eure Ältesten sollen Träume haben, und eure Jünglinge sollen Gesichte sehen;

²⁹auch will ich mich zur selben Zeit über Knechte und Mägde meinen Geist ausgießen.

³⁰Und ich will Wunderzeichen geben am Himmel und auf Erden: Blut, Feuer und Rauchdampf;

³¹die Sonne soll in Finsternis und der Mond in Blut verwandelt werden, ehe denn der große und schreckliche Tag des HERRN kommt.

³²Und es soll geschehen, wer des HERRN Namen anrufen wird, der soll errettet werden. Denn auf dem Berge Zion und zu Jerusalem wird eine Errettung sein, wie der HERR verheißen hat, auch bei den andern übrigen, die der HERR berufen wird.

Joel
Kapitel 3

¹Denn siehe, in den Tagen und zur selben Zeit, wann ich das Gefängnis Juda's und Jerusalems wenden werde,

²will ich alle Heiden zusammenbringen und will sie in das Tal Josaphat hinabführen und will mit ihnen daselbst rechten wegen meines Volks und meines Erbteils Israel, weil sie es unter die Heiden zerstreut und sich mein Land geteilt

³und das Los um mein Volk geworfen haben; und haben die Knaben um Speise gegeben und die Mägdlein um Wein verkauft und vertrunken.

⁴Und ihr von Tyrus und Sidon und alle Kreise der Philister, was habt ihr mit mir zu tun? Wollt ihr mir trotzen? Wohlan, trotzet ihr mir, so will ich's euch eilend und bald wiedervergelten auf euren Kopf.

⁵Die ihr mein Silber und Gold und meine schönen Kleinode genommen und in eure Tempel gebracht habt,

⁶dazu auch die Kinder Juda und die Kinder Jerusalems verkauft habt den Griechen, auf daß ihr sie ja fern von ihren Grenzen brächtet.

⁷Siehe, ich will sie erwecken aus dem Ort, dahin ihr sie verkauft habt, und will's euch vergelten auf euren Kopf.

⁸Und will eure Söhne und Töchter wiederum verkaufen durch die Kinder Juda; die sollen sie denen in Reicharabien, einem Volk in fernen Landen, verkaufen; denn der HERR hat's geredet.

⁹Rufet dies aus unter den Heiden! Heiliget einen Streit! Erwecket die Starken! Lasset herzukommen und hinaufziehen alle Kriegsleute!

¹⁰Macht aus euren Pflugscharen Schwerter und aus euren Sicheln Spieße! der Schwache spreche: Ich bin stark!

¹¹Rottet euch und kommt her, alle Heiden um und um, und versammelt euch! Daselbst führe du hernieder, HERR, deine Starken!

¹²Die Heiden werden sich aufmachen und heraufkommen zum Tal Josaphat; denn daselbst will ich sitzen, zu richten alle Heiden um und um.

¹³Schlagt die Sichel an, denn die Ernte ist reif; kommt herab, denn die Kelter ist voll, und die Kufen laufen über; denn ihre Bosheit ist groß.

¹⁴Es werden Haufen über Haufen Volks sein im Tal des Urteils; denn des HERRN Tag ist nahe im Tal des Urteils.

¹⁵Sonne und Mond werden sich verfinstern, und die Sterne werden ihren Schein verhalten.

¹⁶Und der HERR wird aus Zion brüllen und aus Jerusalem seine Stimme lassen hören, daß Himmel und Erde beben wird. Aber der HERR wird seinem Volk eine Zuflucht sein und eine Feste den Kindern Israel.

¹⁷Und ihr sollt es erfahren, daß ich, der HERR, euer Gott, zu Zion auf meinem heiligen Berge wohne. Alsdann wird Jerusalem heilig sein und kein Fremder mehr durch sie wandeln.

¹⁸Zur selben Zeit werden die Berge von süßem Wein triefen und die Hügel von Milch fließen, und alle Bäche in Juda werden voll Wasser gehen; und wird eine Quelle vom Hause des HERRN herausgehen, die wird das Tal Sittim wässern.

¹⁹Aber Ägypten soll wüst werden und Edom eine wüste Einöde um den Frevel, an den Kindern Juda begangen, daß sie unschuldig Blut in ihrem Lande vergossen haben.

²⁰Aber Juda soll ewiglich bewohnt werden und Jerusalem für und für.

²¹Und ich will ihr Blut nicht ungerächt lassen. Und der HERR wird wohnen zu Zion.

Amos

Kapitel 1

¹Dies ist's, was Amos, der unter den Hirten zu Thekoa war, gesehen hat über Israel zur Zeit Usias, des Königs in Juda, und Jerobeams, des Sohnes Joas, des Königs Israels, zwei Jahre vor dem Erdbeben.

²Und er sprach: Der HERR wird aus Zion brüllen und seine Stimme aus Jerusalem hören lassen, daß die Auen der Hirten jämmerlich stehen werden und der Karmel oben verdorren wird.

³So spricht der HERR: Um drei und vier Frevel willen der Damasker will ich ihrer nicht schonen, darum daß sie Gilead mit eisernen Zacken gedroschen haben;

⁴sondern ich will ein Feuer schicken in das Haus Hasaels, das soll die Paläste Benhadads verzehren.

⁵Und ich will die Riegel zu Damaskus zerbrechen und die Einwohner auf dem Felde Aven samt dem, der das Zepter hält, aus dem Lusthause ausrotten, daß das Volk in Syrien soll gen Kir weggeführt werden, spricht der HERR.

⁶So spricht der HERR: Um drei und vier Frevels willen Gazas will ich ihrer nicht schonen, darum daß sie die Gefangenen alle weggeführt und an Edom überantwortet haben;

⁷sondern ich will ein Feuer in die Mauern zu Gaza schicken, das soll ihre Paläste verzehren.

⁸Und ich will die Einwohner aus Asdod und den, der das Zepter hält, aus Askalon ausrotten und meine Hand wider Ekron kehren, daß umkommen soll, was von den Philistern noch übrig ist, spricht der HERR HERR.

⁹So spricht der HERR: Um drei und vier Frevel willen der Stadt Tyrus will ich ihrer nicht schonen, darum daß sie die Gefangenen alle an Edom überantwortet haben und nicht gedacht an den Bund der Brüder;

¹⁰sondern ich will ein Feuer in die Mauern zu Tyrus schicken, das soll ihre Paläste verzehren.

¹¹So spricht der HERR: Um drei und vier Frevel willen Edoms will ich sein nicht schonen, darum daß er seinen Bruder mit dem Schwert verfolgt hat und daß er alles Erbarmen von sich getan und immer wütet in seinem Zorn und seinem Grimm ewig hält;

¹²sondern ich will ein Feuer schicken gen Theman, das soll die Paläste zu Bozra verzehren.

¹³So spricht der HERR: Um drei und vier Frevel willen der Kinder Ammon will ich ihrer nicht schonen, darum daß sie die Schwangeren in Gilead zerrissen haben, damit sie ihre Grenze weiter machten;

¹⁴sondern ich will ein Feuer anzünden in den Mauern Rabbas, das soll ihre Paläste verzehren, wenn man rufen wird zur Zeit des Streits und wenn das Wetter kommen wird zur Zeit des Sturms.

¹⁵Da wird dann ihr König samt seinen Fürsten gefangen weggeführt werden, spricht der HERR.

Kapitel 2

¹So spricht der HERR: Um drei und vier Frevel willen Moabs will ich ihrer nicht schonen, darum daß sie die Gebeine des Königs zu Edom haben zu Asche verbrannt;

²sondern ich will ein Feuer schicken nach Moab, das soll die Paläste zu Karioth verzehren; und Moab soll sterben im Getümmel und Geschrei und Posaunenhall.

³Und ich will den Richter unter ihnen ausrotten und alle ihre Fürsten samt ihm erwürgen, spricht der HERR.

⁴So spricht der HERR: Um drei und vier Frevel willen Juda's will ich sein nicht schonen, darum daß sie des HERRN Gesetz verachten und seine Rechte nicht halten und lassen sich ihre Lügen verführen, welchen ihre Väter nachgefolgt sind;

⁵sondern ich will ein Feuer nach Juda schicken, das soll die Paläste zu Jerusalem verzehren.

⁶So spricht der HERR: Um drei und vier Frevel willen Israels will ich ihrer nicht schonen, darum daß sie die Gerechten um Geld und die Armen um ein Paar Schuhe verkaufen.

⁷Sie treten den Kopf der Armen in den Kot und hindern den Weg der Elenden. Es geht Sohn und Vater zur Dirne, daß sie meinen heiligen Namen entheiligen.

⁸Und bei allen Altären schlemmen sie auf den verpfändeten Kleidern und trinken Wein in ihrer Götter Hause von den Gebüßten.

⁹Und ich habe doch den Amoriter vor ihnen her vertilgt, der so hoch war wie die Zedern und seine Macht wie die Eichen; und ich vertilgte oben seine Frucht und unten seine Wurzel.

¹⁰Auch habe ich euch aus Ägyptenland geführt und vierzig Jahre in der Wüste geleitet, daß ihr der Amoriter Land besäßet.

¹¹Und habe aus euren Kindern Propheten auferweckt und Gottgeweihte aus euren Jünglingen. Ist's nicht also, ihr Kinder Israel? spricht der HERR.

¹²So gebt ihr den Geweihten Wein zu trinken und gebietet den Propheten und sprecht: Ihr sollt nicht weissagen!

¹³Siehe, ich will's unter euch knarren machen, wie ein Wagen voll Garben knarrt,

¹⁴daß der, so schnell ist, soll nicht entfliehen noch der Starke etwas vermögen und der Mächtige nicht soll sein Leben retten können;

¹⁵und die Bogenschützen sollen nicht bestehen, und der schnell laufen kann, soll nicht entlaufen, und der da reitet, soll sein Leben nicht erretten;

¹⁶und der unter den Starken der mannhafteste ist, soll nackt entfliehen müssen zu der Zeit, spricht der HERR.

Kapitel 3

¹Höret, was der HERR mit euch redet, ihr Kinder Israel, mit allen Geschlechtern, die ich aus Ägyptenland geführt habe:

²Aus allen Geschlechtern auf Erden habe ich euch allein euch erkannt; darum will ich auch euch heimsuchen in all eurer Missetat.

³Mögen auch zwei miteinander wandeln, sie seien denn eins untereinander?

⁴Brüllt auch ein Löwe im Walde, wenn er keinen Raub hat? Schreit auch ein junger Löwe aus seiner Höhle, er habe denn etwas gefangen?

⁵Fällt auch ein Vogel in den Strick auf der Erde, da kein Vogler ist? Hebt man auch den Strick auf von der Erde, der noch nichts gefangen hat?

⁶Bläst man auch die Posaune in einer Stadt, daß sich das Volk davor nicht entsetze? Ist auch ein Unglück in der Stadt, daß der HERR nicht tue?

⁷Denn der HERR HERR tut nichts, er offenbare denn sein Geheimnis den Propheten, seinen Knechten.

⁸Der Löwe brüllt; wer sollte sich nicht fürchten? Der HERR HERR redet; wer sollte nicht weissagen?

⁹Verkündigt in den Palästen zu Asdod und in den Palästen im Lande Ägypten und sprecht: Sammelt euch auf die Berge Samarias und sehet, welch ein großes Zetergeschrei und Unrecht darin ist!

¹⁰Sie achten keines Rechts, spricht der HERR, sammeln Schätze von Frevel und Raub in ihren Palästen.

¹¹Darum spricht der HERR HERR also: man wird dies Land ringsumher bedrängen und dich von deiner Macht herunterreißen und deine Häuser plündern.

¹²So spricht der HERR: Gleichwie ein Hirte dem Löwen zwei Kniee oder ein Ohrläpplein aus dem Maul reißt, also sollen die Kinder Israel herausgerissen werden, die zu Samaria sitzen in der Ecke des Ruhebettes und auf dem Lager von Damast.

¹³Höret und zeuget im Hause Jakob, spricht der HERR HERR, der Gott Zebaoth.

¹⁴Denn zu der Zeit, wann ich die Sünden Israels heimsuchen werde, will ich die Altäre zu Beth-El heimsuchen und die Hörner des Altars abbrechen, daß sie zu Boden fallen sollen,

¹⁵und will beide, Winterhaus und Sommerhaus, schlagen, und die elfenbeinernen Häuser sollen untergehen und viele Häuser verderbt werden, spricht der HERR.

Kapitel 4

¹Höret dies Wort, ihr fetten Kühe, die ihr auf dem Berge Samarias seid und den Dürftigen Unrecht tut und untertretet die Armen und sprecht zu euren Herren: Bringe her, laß uns saufen!

²Der HERR HERR hat geschworen bei seiner Heiligkeit: Siehe, es kommt die Zeit über euch, daß man euch wird herausziehen mit Angeln und eure Nachkommen mit Fischhaken.

³Und ihr werdet zu den Lücken hinausgehen, eine jegliche vor sich hin, und gen Harmon weggeworfen werden, spricht der HERR.

⁴Ja, kommt her gen Beth-El und treibt Sünde, und gen Gilgal, daß ihr der Sünden viel macht, und bringt eure Opfer des Morgens und eure Zehnten des dritten Tages,

⁵und räuchert vom Sauerteig zum Dankopfer und ruft aus freiwillige Opfer und verkündigt es; denn so habt ihr's gern, ihr Kinder Israel, spricht der HERR HERR.

⁶Darum habe ich euch auch in allen euren Städten müßige Zähne gegeben und Mangel am Brot an allen euren Orten; doch bekehrtet ihr

euch nicht zu mir, spricht der HERR.

⁷Auch habe ich den Regen über euch verhalten, da noch drei Monate waren bis zur Ernte; und ließ regnen über eine Stadt und auf die andere Stadt ließ ich nicht regnen; ein Acker ward beregnet, und der andere Acker, der nicht beregnet ward, verdorrte.

⁸Und es zogen zwei, drei Städte zu einer Stadt, daß sie Wasser trinken möchten, und konnten nicht genug finden; doch bekehrtet ihr euch nicht zu mir, spricht der HERR.

⁹Ich plagte euch mit dürrer Zeit und mit Brandkorn; so fraßen auch die Raupen alles, was in euren Gärten und Weinbergen, auf euren Feigenbäumen und Ölbäumen wuchs; doch bekehrtet ihr euch nicht zu mir, spricht der HERR.

¹⁰Ich schickte Pestilenz unter euch gleicherweise wie in Ägypten; ich tötete eure junge Mannschaft durchs Schwert und ließ eure Pferde gefangen wegführen und ließ den Gestank von eurem Heerlager in eure Nasen gehen; doch bekehrtet ihr euch nicht zu mir, spricht der HERR.

¹¹Ich kehrte unter euch um, wie Gott Sodom und Gomorra umkehrte, daß ihr waret wie ein Brand, der aus dem Feuer gerissen wird; doch bekehrtet ihr euch nicht zu mir, spricht der HERR.

¹²Darum will ich dir weiter also tun, Israel. Weil ich denn dir also tun will, so schicke dich, Israel, und begegne deinem Gott.

¹³Denn siehe, er ist's, der die Berge macht, den Wind schafft und zeigt dem Menschen, was er im Sinn hat. Er macht die Morgenröte und die Finsternis; er tritt einher auf den Höhen der Erde, er heißt HERR, Gott Zebaoth.

Kapitel 5

¹Höret, ihr vom Hause Israel, dies Wort! denn ich muß dies Klagelied über euch machen:

²Die Jungfrau Israel ist gefallen, daß sie nicht wieder aufstehen wird; sie ist zu Boden gestoßen, und ist niemand, der ihr aufhelfe.

³Denn so spricht der HERR HERR: Die Stadt, da tausend ausgehen, soll nur hundert übrig behalten; und da hundert ausgehen, die soll nur zehn übrig behalten im Hause Israel.

⁴Darum so spricht der HERR zum Hause Israel: Suchet mich, so werdet ihr leben.

⁵Suchet nicht Beth-El und kommet nicht gen Gilgal und gehet nicht gen Beer-Seba; den Gilgal wird gefangen weggeführt werden, und Beth-El wird Beth-Aven werden.

⁶Suchet den HERRN, so werdet ihr leben! daß nicht ein Feuer im Hause Joseph überhand nehme, das da verzehre und das niemand löschen könne zu Beth-El;

⁷die ihr das Recht in Wermut verkehrt und die Gerechtigkeit zu Boden stoßt.

⁸Er machte die Plejaden und den Orion; der aus der Finsternis den Morgen und aus dem Tag die finstere Nacht macht; der dem Wasser im Meer ruft und schüttet es auf den Erdboden: er heißt HERR;

⁹der über den Starken eine Verstörung anrichtet und bringt eine Verstörung über die feste Stadt.

¹⁰Aber sie sind dem gram, der sie im Tor straft, und halten den für einen Greuel, der heilsam lehrt.

¹¹Darum, weil ihr die Armen unterdrückt und nehmt das Korn mit großen Lasten von ihnen, so sollt ihr in den Häusern nicht wohnen, die ihr von Werkstücken gebaut habt, und den Wein nicht trinken, den ihr in den feinen Weinbergen gepflanzt habt.

¹²Denn ich weiß euer Übertreten, des viel ist, und eure Sünden, die stark sind, wie ihr die Gerechten drängt und Blutgeld nehmt und die Armen im Tor unterdrückt.

¹³Darum muß der Kluge zur selben Zeit schweigen; denn es ist eine böse Zeit.

¹⁴Suchet das Gute und nicht das Böse, auf daß ihr leben möget, so wird der HERR, der Gott Zebaoth, bei euch sein, wie ihr rühmet.

¹⁵Hasset das Böse und liebet das Gute; bestellt das Recht im Tor, so wird der HERR, der Gott Zebaoth, den übrigen in Joseph gnädig sein.

¹⁶Darum so spricht der HERR, der Gott Zebaoth, der HERR: Es wird in allen Gassen Wehklagen sein, und auf allen Straßen wird man sagen: "Weh! weh!", und man wird den Ackermann zum Trauern rufen, und zum Wehklagen, wer da weinen kann.

¹⁷In allen Weinbergen wird Wehklagen sein; denn ich will unter euch fahren, spricht der HERR.

¹⁸Weh denen, die des HERRN Tag begehren! Was soll er euch? Denn des HERRN Tag ist Finsternis und nicht Licht.

¹⁹Gleich als wenn jemand vor dem Löwen flöhe, und ein Bär begegnete ihm; und er käme in ein Haus und lehnte sich mit der Hand an die Wand, und eine Schlange stäche ihn.

²⁰Denn des HERRN Tag wird ja finster und nicht licht sein, dunkel und nicht hell.

²¹Ich bin euren Feiertagen gram und verachte sie und mag eure Versammlungen nicht riechen.

²²Und ob ihr mir gleich Brandopfer und Speisopfer opfert so habe ich keinen Gefallen daran; so mag ich auch eure feisten Dankopfer nicht ansehen.

²³Tue nur weg von mir das Geplärr deiner Lieder; denn ich mag dein Psalterspiel nicht hören!

²⁴Es soll aber das Recht offenbart werden wie Wasser und die Gerechtigkeit wie ein starker Strom.

²⁵Habt ihr vom Hause Israel mir in der Wüste die vierzig Jahre lang Schlachtopfer und Speisopfer geopfert?

²⁶Ihr truget den Sikkuth, euren König, und Chiun, euer Bild, den Stern eurer Götter, welche ihr euch selbst gemacht hattet.

²⁷So will ich euch wegführen lassen jenseit Damaskus, spricht der HERR, der Gott Zebaoth heißt.

Kapitel 6

¹Weh den Stolzen zu Zion und denen, die sich auf den Berg Samarias verlassen, den Vornehmsten des Erstlings unter den Völkern, und zu denen das Haus Israel kommt!

²Gehet hin gen Kalne und schauet, und von da gen Hamath, die große Stadt, und ziehet hinab gen Gath der Philister, welche bessere Königreiche gewesen sind denn diese und ihre Grenze weiter denn eure Grenze.

³Die ihr euch weit vom bösen Tag achtet und trachtet immer nach Frevelregiment,

⁴und schlaft auf elfenbeinernen Lagern und prangt auf euren Ruhebetten; ihr eßt die Lämmer aus der Herde und die gemästeten Kälber,

⁵und spielt auf dem Psalter und erdichtet euch Lieder wie David,

⁶und trinkt Wein aus den Schalen und salbt euch mit Balsam und bekümmert euch nicht um den Schaden Josephs.

⁷Darum sollen sie nun vornan gehen unter denen, die gefangen weggeführt werden, und soll das Schlemmen der Pranger aufhören.

⁸Denn der HERR HERR hat geschworen bei seiner Seele, spricht der HERR, der Gott Zebaoth: Mich verdrießt die Hoffart Jakobs, und ich bin ihren Palästen gram; und ich will auch die Stadt übergeben mit allem, was darin ist.

⁹Und wenngleich zehn Männer in einem Hause übrigbleiben, sollen sie doch sterben,

¹⁰daß einen jeglichen sein Vetter und der ihn verbrennen will, nehmen und die Gebeine aus dem Hause tragen muß und sagen zu dem, der in den Gemächern des Hauses ist: Sind ihrer auch noch mehr da? und der wird antworten: Sie sind alle dahin! Und er wird sagen: Sei still! denn man darf des Namens des HERRN nicht gedenken.

¹¹Denn siehe, der HERR hat geboten, daß man die großen Häuser schlagen soll, daß sie Risse gewinnen, und die kleinen Häuser, daß sie Lücken gewinnen.

¹²Wer kann mit Rossen rennen oder mit Ochsen pflügen auf Felsen? Denn ihr wandelt das Recht in Galle und die Frucht der Gerechtigkeit in Wermut

¹³und tröstet euch des, das so gar nichts ist, und sprecht: Sind wir denn nicht stark genug mit unsern Hörnern?

¹⁴Darum siehe, ich will über euch vom Hause Israel ein Volk erwecken, spricht der HERR, der Gott Zebaoth, das soll euch ängsten von dem Ort an, da man gen Hamath geht, bis an den Bach in der Wüste.

Kapitel 7

¹Der HERR HERR zeigte mir ein Gesicht, und siehe, da stand einer, der machte Heuschrecken im Anfang, da das Grummet aufging; und siehe, das Grummet stand, nachdem der König hatte mähen lassen.

²Als sie nun das Kraut im Lande gar abgefressen hatten, sprach ich: Ach HERR HERR, sei gnädig! Wer will Jakob wieder aufhelfen? denn er ist ja gering.

³Da reute es den HERRN und er sprach: Wohlan, es soll nicht geschehen.

⁴Der HERR HERR zeigte mir ein Gesicht, und siehe, der HERR HERR rief dem Feuer, damit zu strafen; das verzehrte die große Tiefe und fraß das Ackerland.

⁵Da sprach ich: Ach HERR HERR, laß ab! Wer will Jakob wieder aufhelfen? denn er ist ja gering.

⁶Da reute den HERRN das auch, und der HERR HERR sprach: Es soll auch nicht geschehen.

⁷Er zeigte mir abermals ein Gesicht, und siehe, der HERR stand auf einer Mauer, mit einer Bleischnur gemessen; und er hatte die

Bleischnur in seiner Hand.

⁸Und der HERR sprach zu mir: Was siehst du, Amos? Ich sprach: Eine Bleischnur. Da sprach der HERR zu mir: Siehe, ich will eine Bleischnur ziehen mitten durch mein Volk Israel und ihm nichts mehr übersehen;

⁹sondern die Höhen Isaaks sollen verwüstet und die Heiligtümer Israels zerstört werden, und ich will mit dem Schwert mich über das Haus Jerobeam machen.

¹⁰Da sandte Amazja, der Priester zu Beth-El, zu Jerobeam, dem König Israels, und ließ ihm sagen: Der Amos macht einen Aufruhr wider dich im Hause Israel; das Land kann seine Worte nicht ertragen.

¹¹Denn so spricht Amos: Jerobeam wird durchs Schwert sterben, und Israel wird aus diesem Lande gefangen weggeführt werden.

¹²Und Amazja sprach zu Amos: Du Seher, gehe weg und flieh ins Land Juda und iß Brot daselbst und weissage daselbst.

¹³Und weissage nicht mehr zu Beth-El; denn es ist des Königs Heiligtum und des Königreichs Haus.

¹⁴Amos antwortete und sprach zu Amazja: Ich bin kein Prophet, auch keines Propheten Sohn, sondern ich bin ein Hirt, der Maulbeeren abliest;

¹⁵aber der HERR nahm mich von der Herde und sprach zu mir: Geh hin und weissage meinem Volk Israel!

¹⁶So höre nun des Herrn Wort. Du sprichst: Weissage nicht wider Israel und predige nicht wider das Haus Isaak!

¹⁷Darum spricht der HERR also: Dein Weib wird in der Stadt zur Hure werden, und deine Söhne und Töchter sollen durchs Schwert fallen, und dein Acker soll durch die Schnur ausgeteilt werden; du aber sollst in einem unreinen Lande sterben, und Israel soll aus seinem Lande vertrieben werden.

Kapitel 8

¹Der HERR HERR zeigte mir ein Gesicht, und siehe, da stand ein Korb mit reifem Obst.

²Und er sprach: Was siehst du, Amos? Ich aber antwortete: Einen Korb mit reifem Obst. Da sprach der HERR zu mir: Das Ende ist gekommen über mein Volk Israel; ich will ihm nichts mehr übersehen.

³Und die Lieder in dem Palaste sollen in ein Heulen verkehrt werden zur selben Zeit, spricht der HERR HERR; es werden viele Leichname liegen an allen Orten, die man in der Stille hinwerfen wird.

⁴Hört dies, die ihr den Armen unterdrückt und die Elenden im Lande verderbt

⁵und sprecht: "Wann will denn der Neumond ein Ende haben, daß wir Getreide verkaufen, und der Sabbat, daß wir Korn feilhaben mögen und das Maß verringern und den Preis steigern und die Waage fälschen,

⁶auf daß wir die Armen um Geld und die Dürftigen um ein Paar Schuhe unter uns bringen und Spreu für Korn verkaufen?"

⁷Der HERR hat geschworen wider die Hoffart Jakobs: Was gilt's, ob ich solcher ihrer Werke ewig vergessen werde?

⁸Sollte nicht um solches willen das ganze Land erbeben müssen und alle Einwohner trauern? Ja, es soll ganz wie mit einem Wasser überlaufen werden und weggeführt und überschwemmt werden wie mit dem Fluß Ägyptens.

⁹Zur selben Zeit, spricht der HERR HERR, will ich die Sonne am Mittag untergehen lassen und das Land am hellen Tage lassen finster werden.

¹⁰Ich will eure Feiertage in Trauern und alle eure Lieder in Wehklagen verwandeln; ich will über alle Lenden den Sack binden und alle Köpfe kahl machen, und will ihnen ein Trauern schaffen, wie man über einen einzigen Sohn hat; und sie sollen ein jämmerlich Ende nehmen.

¹¹Siehe, es kommt die Zeit, spricht der HERR HERR, daß ich einen Hunger ins Land schicken werde, nicht einen Hunger nach Brot oder Durst nach Wasser, sondern nach dem Wort des HERRN, zu hören;

¹²daß sie hin und her von einem Meer zum andern, von Mitternacht gegen Morgen umlaufen und des HERRN Wort suchen, und doch nicht finden werden.

¹³Zu der Zeit werden die schönen Jungfrauen und die Jünglinge verschmachten vor Durst,

¹⁴die jetzt schwören bei dem Fluch Samarias und sprechen: "So wahr dein Gott zu Dan lebt! so wahr die Weise zu Beer-Seba lebt!" Denn sie sollen also fallen, daß sie nicht wieder aufstehen.

Kapitel 9

¹Ich sah den HERRN auf dem Altar stehen, und er sprach: Schlage an den Knauf, daß die Pfosten beben und die Stücke ihnen allen auf den Kopf fallen; und ihre Nachkommen will ich mit dem Schwert erwürgen, daß keiner entfliehen noch irgend einer entgehen soll.

²Und wenn sie sich gleich in die Hölle vergrüben, soll sie doch meine Hand von dort holen; und wenn sie gen Himmel führen, will ich sie doch herunterstoßen;

³und wenn sie sich gleich versteckten oben auf dem Berge Karmel, will ich sie doch daselbst suchen und herabholen; und wenn sie sich vor meinen Augen verbürgen im Grunde des Meeres, so will ich doch den Schlangen befehlen, die sie daselbst stechen sollen;

⁴und wenn sie vor ihren Feinde hin gefangen gingen, so will ich doch dem Schwert befehlen, daß es sie daselbst erwürgen soll. Denn ich will meine Augen über sie halten zum Unglück und nicht zum Guten.

⁵Denn der HERR, HERR Zebaoth ist ein solcher: Wenn er ein Land anrührt, so zerschmilzt es, daß alle Einwohner trauern müssen; daß es soll ganz überlaufen werden wie mit einem Wasser und überschwemmt werden wie mit dem Fluß Ägyptens.

⁶Er ist's, der seinen Saal in den Himmel baut und seine Hütte auf Erden gründet; er ruft dem Wasser im Meer und schüttet's auf das Erdreich, er heißt HERR.

⁷Seid ihr Kinder Israel mir nicht gleichwie Mohren? spricht der HERR. Habe ich nicht Israel aus Ägyptenland geführt und die Philister aus Kaphthor und die Syrer aus Kir?

⁸Siehe, die Augen des HERRN HERRN sehen auf das sündige Königreich, daß ich's vom Erdboden vertilge; wiewohl ich das Haus Jakob nicht ganz und gar vertilgen will, spricht der HERR.

⁹Denn siehe, ich will befehlen und das Haus Israel unter alle Heiden sichten lassen, gleichwie man mit einem Sieb sichtet, und kein Körnlein soll auf die Erde fallen.

¹⁰Alle Sünder in meinem Volk sollen durchs Schwert sterben, die da sagen: Es wird das Unglück nicht so nahe sein noch uns begegnen.

¹¹Zur selben Zeit will ich die zerfallene Hütte Davids wieder aufrichten und ihre Lücken verzäunen, und was abgebrochen ist, wieder aufrichten und will sie bauen wie sie vorzeiten gewesen ist,

¹²auf daß sie besitzen die übrigen zu Edom und alle Heiden, über welche mein Namen genannt ist, spricht der HERR, der solches tut.

¹³Siehe, es kommt die Zeit, spricht der HERR, daß man zugleich ackern und ernten und zugleich keltern und säen wird; und die Berge werden von süßem Wein triefen, und alle Hügel werden fruchtbar sein.

¹⁴Denn ich will das Gefängnis meines Volkes Israel wenden, daß sie sollen die wüsten Städte bauen und bewohnen, Weinberge pflanzen und Wein davon trinken, Gärten machen und Früchte daraus essen.

¹⁵Denn ich will sie in ihr Land pflanzen, daß sie nicht mehr aus ihrem Lande ausgerottet werden, das ich ihnen gegeben habe, spricht der HERR, dein Gott.

Obadja

¹Dies ist das Gesicht Obadjas. So spricht der HERR HERR von Edom: Wir haben vom HERRN gehört, daß eine Botschaft unter die Heiden gesandt sei: Wohlauf, und laßt uns wider sie streiten.

²Siehe, ich habe dich gering gemacht unter den Heiden und sehr verachtet.

³Der Hochmut deines Herzens hat dich betrogen, weil du in der Felsen Klüften wohnst, in deinen hohen Schlössern, und sprichst in deinem Herzen: Wer will mich zu Boden stoßen?

⁴Wenn du gleich in die Höhe führest wie ein Adler und machtest dein Nest zwischen den Sternen, dennoch will ich dich von dort herunterstürzen, spricht der HERR.

⁵Wenn Diebe oder Räuber zu Nacht über dich kommen werden, wie sollst du so zunichte werden! Ja, sie sollen genug stehlen; und wenn die Weinleser über dich kommen, so sollen sie dir kein Nachlesen übriglassen.

⁶Wie sollen sie dann Esau ausforschen und seine Schätze suchen!

⁷Alle deine eigenen Bundesgenossen werden dich zum Lande hinausstoßen; die Leute, auf die du deinen Trost setztest, werden dich betrügen und überwältigen; die dein Brot essen, werden dich verraten, ehe du es merken wirst.

⁸Was gilt's? spricht der HERR, ich will zur selben Zeit die Weisen zu Edom zunichte machen und die Klugheit auf dem Gebirge Esau.

⁹Und deine Starken zu Theman sollen zagen, auf daß alle auf dem Gebirge Esau ausgerottet werden durch Morden.

¹⁰Um des Frevels willen, an deinem Bruder Jakob begangen, sollst du zu Schanden werden und ewiglich ausgerottet sein.

¹¹Zu der Zeit, da du wider ihn standest, da die Fremden sein Heer gefangen wegführten und Ausländer zu seinen Toren einzogen und über Jerusalem das Los warfen, da warst du gleich wie deren einer.

¹²Du sollst nicht mehr so deine Lust sehen an deinem Bruder zur Zeit seines Elends und sollst dich nicht freuen über die Kinder Juda zur Zeit ihres Jammers und sollst mit deinem Maul nicht so stolz reden zur Zeit Ihrer Angst;

¹³du sollst nicht zum Tor meines Volkes einziehen zur Zeit ihres Jammers; du sollst nicht deine Lust sehen an ihrem Unglück zur Zeit ihres Jammers; du sollst nicht nach seinem Gut greifen zur Zeit seines Jammers;

¹⁴du sollst nicht stehen an den Wegscheiden, seine Entronnenen zu morden; du sollst seine übrigen nicht verraten zur Zeit der Angst.

¹⁵Denn der Tag des HERRN ist nahe über alle Heiden. Wie du getan hast, soll dir wieder geschehen; und wie du verdient hast, so soll dir's wieder auf deinen Kopf kommen.

¹⁶Denn wie ihr auf meinem heiligen Berge getrunken habt, so sollen alle Heiden täglich trinken; ja, sie sollen's aussaufen und verschlingen und sollen sein, als wären sie nie gewesen.

¹⁷Aber auf dem Berge Zion wird eine Errettung sein, und er soll heilig sein, und das Haus Jakob soll seine Besitzer besitzen.

¹⁸Und das Haus Jakob soll ein Feuer werden und das Haus Joseph eine Flamme, aber das Haus Esau Stroh; das werden sie anzünden und verzehren, daß dem Hause Esau nichts übrigbleibe; denn der HERR hat's geredet.

¹⁹Und die gegen Mittag werden das Gebirge Esau, und die in den Gründen werden die Philister besitzen; ja sie werden das Feld Ephraims und das Feld Samarias besitzen, und Benjamin das Gebirge Gilead.

²⁰Und die Vertriebenen dieses Heeres der Kinder Israel, so unter den Kanaanitern bis gen Zarpath sind, und die Vertriebenen der Stadt Jerusalem, die zu Sepharad sind, werden die Städte gegen Mittag besitzen.

²¹Und es werden Heilande heraufkommen auf den Berg Zion, das Gebirge Esau zu richten; und das Königreich wird des HERRN sein.

Jona

Kapitel 1

¹Es geschah das Wort des HERRN zu Jona, dem Sohn Amitthais, und sprach:

²Mache dich auf und gehe in die große Stadt Ninive und predige wider sie! denn ihre Bosheit ist heraufgekommen vor mich.

³Aber Jona machte sich auf und floh vor dem HERRN und wollte gen Tharsis und kam hinab gen Japho. Und da er ein Schiff fand, das gen Tharsis wollte fahren, gab er Fährgeld und trat hinein, daß er mit ihnen gen Tharsis führe vor dem HERRN.

⁴Da ließ der HERR einen großen Wind aufs Meer kommen, und es erhob sich ein großes Ungewitter auf dem Meer, daß man meinte, das Schiff würde zerbrechen.

⁵Und die Schiffsleute fürchteten sich und schrieen, ein jeglicher zu seinem Gott, und warfen das Gerät, das im Schiff war, ins Meer, daß es leichter würde. Aber Jona war hinunter in das Schiff gestiegen, lag und schlief.

⁶Da trat zu ihm der Schiffsherr und sprach zu ihm: Was schläfst du? Stehe auf, rufe deinen Gott an! ob vielleicht Gott an uns gedenken wollte, daß wir nicht verdürben.

⁷Und einer sprach zum andern: Kommt, wir wollen losen, daß wir erfahren, um welches willen es uns so übel gehe. Und da sie losten traf's Jona.

⁸Da sprachen sie zu ihm: Sage uns, warum geht es uns so übel? was ist dein Gewerbe, und wo kommst du her? Aus welchem Lande bist du, und von welchem Volk bist du?

⁹Er sprach zu ihnen: Ich bin ein Hebräer und fürchte den HERRN, den Gott des Himmels, welcher gemacht hat das Meer und das Trockene.

¹⁰Da fürchteten sich die Leute sehr und sprachen zu ihm: Warum hast du denn solches getan? denn sie wußten, daß er vor dem HERRN floh; denn er hatte es ihnen gesagt.

¹¹Da sprachen sie zu ihm: Was sollen wir denn mit dir tun, daß uns das Meer still werde? Denn das Meer fuhr ungestüm.

¹²Er sprach zu ihnen: Nehmt mich und werft mich ins Meer, so wird euch das Meer still werden. Denn ich weiß, daß solch groß Ungewitter über euch kommt um meinetwillen.

¹³Und die Leute trieben, daß sie wieder zu Lande kämen; aber sie konnten nicht, denn das Meer fuhr ungestüm wider sie.

¹⁴Da riefen sie zu dem HERRN und sprachen: Ach HERR, laß uns nicht verderben um dieses Mannes Seele willen und rechne uns nicht zu unschuldig Blut! denn du, HERR, tust, wie dir's gefällt.

¹⁵Und sie nahmen Jona und warfen ihn ins Meer; das stand das Meer still von seinem Wüten.

¹⁶Und die Leute fürchteten den HERR sehr und taten dem HERRN Opfer und Gelübde.

¹⁷Aber der HERR verschaffte einen großen Fisch, Jona zu verschlingen. Und Jona war im Leibe des Fisches drei Tage und drei Nächte.

Kapitel 2

¹Und Jona betete zu dem HERRN, seinem Gott, im Leibe des Fisches.

²Und sprach: Ich rief zu dem HERRN in meiner Angst, und er antwortete mir; ich schrie aus dem Bauche der Hölle, und du hörtest meine Stimme.

³Du warfest mich in die Tiefe mitten im Meer, daß die Fluten mich umgaben; alle deine Wogen und Wellen gingen über mich,

⁴daß ich gedachte, ich wäre von deinen Augen verstoßen, ich würde deinen heiligen Tempel nicht mehr sehen.

⁵Wasser umgaben mich bis an mein Leben, die Tiefe umringte mich; Schilf bedeckte mein Haupt.

⁶Ich sank hinunter zu der Berge Gründen, die Erde hatte mich verriegelt ewiglich; aber du hast mein Leben aus dem Verderben geführt, HERR, mein Gott.

⁷Da meine Seele bei mir verzagte, gedachte ich an den HERRN; und mein Gebet kam zu dir in deinen heiligen Tempel.

⁸Die da halten an dem Nichtigen, verlassen ihre Gnade.

⁹Ich aber will mit Dank dir opfern, mein Gelübde will ich bezahlen; denn die Hilfe ist des HERRN.

¹⁰Und der HERR sprach zum Fisch, und der spie Jona aus ans Land.

Kapitel 3

¹Und es geschah das Wort des HERRN zum andernmal zu Jona und sprach:

²Mache dich auf, gehe in die große Stadt Ninive und predige ihr die Predigt, die ich dir sage!

³Da machte sich Jona auf und ging hin gen Ninive, wie der HERR gesagt hatte. Ninive aber war eine große Stadt vor Gott, drei Tagereisen groß.

⁴Und da Jona anfing hineinzugehen eine Tagereise in die Stadt, predigte er und sprach: Es sind noch vierzig Tage, so wird Ninive untergehen.

⁵Da glaubten die Leute zu Ninive an Gott und ließen predigen, man sollte fasten, und zogen Säcke an, beide, groß und klein.

⁶Und da das vor den König zu Ninive kam, stand er auf von seinem Thron und legte seinen Purpur ab und hüllte einen Sack um sich und setzte sich in die Asche

⁷und ließ ausrufen und sagen zu Ninive nach Befehl des Königs und seiner Gewaltigen also: Es sollen weder Mensch noch Vieh, weder Ochsen noch Schafe Nahrung nehmen, und man soll sie nicht weiden noch sie Wasser trinken lassen;

⁸und sollen Säcke um sich hüllen, beide, Menschen und Vieh, und zu Gott rufen heftig; und ein jeglicher bekehre sich von seinem bösen Wege und vom Frevel seiner Hände.

⁹Wer weiß? Es möchte Gott wiederum gereuen und er sich wenden von seinem grimmigen Zorn, daß wir nicht verderben.

¹⁰Da aber Gott sah ihre Werke, daß sie sich bekehrten von ihrem bösen Wege, reute ihn des Übels, das er geredet hatte ihnen zu tun, und tat's nicht.

Kapitel 4

¹Das verdroß Jona gar sehr, und er ward zornig

²und betete zum HERRN und sprach: Ach HERR, das ist's, was ich sagte, da ich noch in meinem Lande war; darum ich auch wollte zuvorkommen, zu fliehen gen Tharsis; denn ich weiß, daß du gnädig, barmherzig, langmütig und von großer Güte bist und läßt dich des Übels reuen.

³So nimm doch nun, HERR, meine Seele von mir; denn ich wollte lieber tot sein als leben.

⁴Aber der HERR sprach: Meinst du, daß du billig zürnst?

⁵Und Jona ging zur Stadt hinaus und setzte sich morgenwärts von der Stadt und machte sich daselbst eine Hütte; darunter setzte er sich in den Schatten, bis er sähe, was der Stadt widerfahren würde.

⁶Gott der HERR aber verschaffte einen Rizinus, der wuchs über Jona, daß er Schatten gäbe über sein Haupt und errettete ihn von seinem Übel; und Jona freute sich sehr über den Rizinus.

⁷Aber Gott verschaffte einen Wurm des Morgens, da die Morgenröte anbrach; der stach den Rizinus, daß er verdorrte.

⁸Als aber die Sonne aufgegangen war, verschaffte Gott einen dürren Ostwind; und die Sonne stach Jona auf den Kopf, daß er matt ward. Da wünschte er seiner Seele den Tod und sprach: Ich wollte lieber tot sein als leben.

⁹Da sprach Gott zu Jona: Meinst du, daß du billig zürnst um den Rizinus? Und er sprach: Billig zürne ich bis an den Tod.

¹⁰Und der HERR sprach: Dich jammert des Rizinus, daran du nicht gearbeitet hast, hast ihn auch nicht aufgezogen, welcher in einer Nacht ward und in einer Nacht verdarb;

¹¹und mich sollte nicht jammern Ninives, solcher großen Stadt, in welcher sind mehr denn hundert und zwanzigtausend Menschen, die nicht wissen Unterschied, was rechts oder links ist, dazu auch viele Tiere?

Mica

Kapitel 1

¹Dies ist das Wort des HERRN, welches geschah zu Micha von Moreseth zur Zeit des Jotham, Ahas und Hiskia, der Könige Juda's, das er gesehen hat über Samaria und Jerusalem.

²Hört, alle Völker! merke auf, Land, und alles, was darinnen ist! denn Gott der HERR hat mit euch zu reden, ja, der HERR aus seinem heiligen Tempel.

³Denn siehe, der HERR wird ausgehen aus seinem Ort und herabfahren und treten auf die Höhen im Lande,

⁴daß die Berge unter ihm schmelzen und die Täler reißend werden, gleichwie Wachs vor dem Feuer zerschmilzt, wie die Wasser, so niederwärts fließen.

⁵Das alles um der Übertretung willen Jakobs und um der Sünden willen des Hauses Israel. Welches ist aber die Übertretung Jakobs? Ist's nicht Samaria? Welches sind aber die Höhen Juda's? Ist's nicht Jerusalem?

⁶Und ich will Samaria zum Steinhaufen im Felde machen, daß man ihre Steine um die Weinberge legt, und will ihre Steine ins Tal schleifen und sie bis zum Grund einbrechen.

⁷Alle ihre Götzen sollen zerbrochen und all ihr Hurenlohn soll mit Feuer verbrannt werden; und ich will ihre Bilder verwüsten, denn sie sind von Hurenlohn zusammengebracht und sollen auch wieder Hurenlohn werden.

⁸Darüber muß ich klagen und heulen, ich muß beraubt und bloß dahergehen; ich muß klagen wie die Schakale und trauern wie die Strauße.

⁹Denn es ist kein Rat für ihre Plage, die bis gen Juda kommen und bis an meines Volkes Tor, bis Jerusalem hinanreichen wird.

¹⁰Verkündigt's ja nicht zu Gath; laßt euer Weinen nicht hören zu Akko; in Beth-Leaphra setzt euch in die Asche.

¹¹Du Einwohnerin Saphirs mußt dahin mit allen Schanden; die Einwohnerin Zaenans wird nicht ausziehen; das Leid Beth-Haezels wird euch wehren, daß ihr da euch lagert.

¹²Die Einwohnerin Maroths vermag sich nicht zu trösten; denn es wird das Unglück vom Herrn kommen auch bis an das Tor Jerusalems.

¹³Du Stadt Lachis, spanne Renner an und fahre davon! denn du bist der Tochter Zion der Anfang zur Sünde, und in dir sind gefunden die Übertretungen Israels.

¹⁴Du wirst dich müssen scheiden von Moreseth-Gath. Mit der Stadt Achsib wird's den Königen Israels fehlgehen.

¹⁵Ich will dir, Maresa, den rechten Erben bringen und die Herrlichkeit Israels soll kommen bis gen Adullam.

¹⁶Laß die Haare abscheren und gehe kahl um deiner zarten Kinder willen; mache dich ganz kahl wie ein Adler, denn sie sind von dir gefangen weggeführt.

Kapitel 2

¹Weh denen, die Schaden zu tun trachten und gehen mit bösen Tücken um auf ihrem Lager, daß sie es früh, wenn's licht wird, vollbringen, weil sie die Macht haben.

²Sie reißen Äcker an sich und nehmen Häuser, welche sie gelüstet; also treiben sie Gewalt mit eines jeden Hause und mit eines jeden Erbe.

³Darum spricht der HERR also: Siehe, ich gedenke über dies Geschlecht Böses, daß ihr euren Hals nicht daraus ziehen und ihr nicht so stolz dahergehen sollt; denn es soll eine böse Zeit sein.

⁴Zur selben Zeit wird man einen Spruch von euch machen und klagen: Es ist aus (wird man sagen), wir sind verstört. Meines Volkes Land wird eines fremden Herrn. Wann wird er uns die Äcker wieder zuteilen, die er uns genommen hat?

⁵Jawohl, ihr werdet keinen Teil behalten in der Gemeinde des HERRN.

⁶Predigt nicht! predigen sie, denn solche Predigt trifft uns nicht; wir werden nicht so zu Schanden werden.

⁷Das Haus Jakob tröstet sich also: Meinst du, der HERR sei schnell zum Zorn? Sollte er solches tun wollen? Es ist wahr, meine Reden sind freundlich den Frommen.

⁸Aber mein Volk hat sich aufgemacht wie ein Feind, denn sie rauben beides, Rock und Mantel, denen, so sicher dahergehen, gleich wie die, so aus dem Kriege kommen.

⁹Ihr treibt die Weiber meines Volkes aus ihren lieben Häusern und nehmt von ihren jungen Kindern meinen Schmuck auf immer.

¹⁰Darum macht euch auf! Ihr müßt davon, ihr sollt hier nicht bleiben; um ihrer Unreinigkeit willen müssen sie unsanft zerstört werden.

¹¹Wenn ich ein Irrgeist wäre und ein Lügenprediger und predigte, wie sie saufen und schwelgen sollten, das wäre eine Predigt für dies Volk.

¹²Ich will aber dich, Jakob, versammeln ganz und die übrigen in Israel zuhauf bringen; ich will sie wie Schafe miteinander in einen festen Stall tun und wie eine Herde in ihre Hürden, daß es von Menschen tönen soll.

¹³Es wird ein Durchbrecher vor ihnen herauffahren; sie werden durchbrechen und zum Tor ausziehen; und ihr König wird vor ihnen her gehen und der HERR vornean.

Kapitel 3

¹Und ich sprach: Höret doch, ihr Häupter im Hause Jakob und ihr Fürsten im Hause Israel! Ihr solltet's billig sein, die das Recht wüßten.

²Aber ihr hasset das Gute und liebet das Arge; ihr schindet ihnen die Haut ab und das Fleisch von ihren Gebeinen

³und fresset das Fleisch meines Volkes; und wenn ihr ihnen die Haut abgezogen habt, zerbrecht ihr ihnen auch die Gebeine und zerlegt's wie in einen Topf und wie Fleisch in einen Kessel.

⁴Darum, wenn ihr nun zum HERRN schreien werdet, wird er euch nicht erhören, sondern wird sein Angesicht vor euch verbergen zur selben Zeit, wie ihr mit euren bösen Wesen verdient habt.

⁵So spricht der HERR wider die Propheten, so mein Volk verführen: Sie predigen es solle wohl gehen, wo man ihnen zu fressen gibt; wo man aber ihnen nichts ins Maul gibt, da predigen sie, es müsse Krieg kommen.

⁶Darum soll euer Gesicht zur Nacht und euer Wahrsagen zur Finsternis werden. Die Sonne soll über den Propheten untergehen und der Tag über ihnen finster werden.

⁷Und die Seher sollen zu Schanden und die Wahrsager zu Spott werden und müssen alle ihren Mund verhüllen, weil da kein Gotteswort sein wird.

⁸Ich aber bin voll Kraft und Geistes des HERRN, voll Rechts und Stärke, daß ich Jakob sein Übertreten und Israel seine Sünden anzeigen darf.

⁹So hört doch dies, ihr Häupter im Hause Jakob und ihr Fürsten im Hause Israel, die ihr das Recht verschmäht und alles, was aufrichtig ist, verkehrt;

¹⁰die ihr Zion mit Blut baut und Jerusalem mit Unrecht:

¹¹Ihre Häupter richten um Geschenke, ihre Priester lehren um Lohn, und ihre Propheten wahrsagen um Geld, verlassen sich auf den HERRN und sprechen: Ist nicht der HERR unter uns? Es kann kein Unglück über uns kommen.

¹²Darum wird Zion um euretwillen wie ein Acker gepflügt werden, und Jerusalem wird zum Steinhaufen werden und der Berg des Tempels zu einer wilden Höhe.

Kapitel 4

¹In den letzten Tagen aber wird der Berg, darauf des HERRN Haus ist, fest stehen, höher denn alle Berge, und über die Hügel erhaben sein, und die Völker werden dazu laufen,

²und viele Heiden werden gehen und sagen: Kommt, laßt uns hinauf zum Berge des HERRN gehen und zum Hause des Gottes Jakobs, daß er uns lehre seine Wege und wir auf seiner Straße wandeln! Denn aus Zion wird das Gesetz ausgehen und des HERRN Wort aus Jerusalem.

³Er wird unter großen Völkern richten und viele Heiden strafen in fernen Landen. Sie werden ihre Schwerter zu Pflugscharen und ihre Spieße zu Sicheln machen. Es wird kein Volk wider das andere ein Schwert aufheben und werden nicht mehr kriegen lernen.

⁴Ein jeglicher wird unter seinem Weinstock und Feigenbaum wohnen ohne Scheu; denn der Mund des HERRN Zebaoth hat's geredet.

⁵Denn ein jegliches Volk wandelt im Namen seines Gottes; aber wir wandeln im Namen des HERRN, unsers Gottes, immer und ewiglich.

⁶Zur selben Zeit, spricht der HERR, will ich die Lahmen versammeln und die Verstoßenen zuhauf bringen und die ich geplagt habe.

⁷Und will die Lahmen machen, daß sie Erben haben sollen, und die Verstoßenen zum großen Volk machen; und der HERR wird König über sie sein auf dem Berge Zion von nun an bis in Ewigkeit.

⁸Und du, Turm Eder, du Feste der Tochter Zion, zu dir wird kommen und einkehren die vorige Herrschaft, das Königreich der Tochter Jerusalem.

⁹Warum schreist du denn jetzt so laut? Ist der König nicht bei dir? oder sind deine Ratgeber alle hinweg, daß dich also das Weh angekommen ist wie eine in Kindsnöten?

¹⁰Leide doch solch Weh und kreiße, du Tochter Zion, wie eine in Kindsnöten. Denn du mußt nun zur Stadt hinaus und auf dem Felde wohnen und gen Babel kommen; aber daselbst wirst du errettet werden, daselbst wird dich der HERR erlösen von deinen Feinden.

¹¹Nun aber werden sich viele Heiden wider dich rotten und sprechen: Sie soll entweiht werden; wir wollen unsere Lust an Zion sehen.

¹²Aber sie wissen des HERRN Gedanken nicht und merken seinen Ratschlag nicht, daß er sie zuhauf gebracht hat wie Garben auf der Tenne.

¹³Darum mache dich auf und drisch, du Tochter Zion! Denn ich will dir eiserne Hörner und eherne Klauen machen, und sollst viel Völker zermalmen; so will ich ihr Gut dem HERRN verbannen und ihre Habe dem Herrscher der ganzen Welt.

Kapitel 5

¹Aber nun, du Kriegerin, rüste dich! denn man wird uns belagern und den Richter Israels mit der Rute auf den Backen schlagen.

²Und du Bethlehem Ephrata, die du klein bist unter den Städten in Juda, aus dir soll mir kommen, der in Israel HERR sei, welches Ausgang von Anfang und von Ewigkeit her gewesen ist.

³Indes läßt er sie plagen bis auf die Zeit, daß die, so gebären soll, geboren habe; da werden dann die übrigen seiner Brüder wiederkommen zu den Kindern Israel.

⁴Er wird aber auftreten und weiden in der Kraft des HERRN und im Sieg des Namens des HERRN, seines Gottes. Und sie werden wohnen; denn er wird zur selben Zeit herrlich werden, soweit die Welt ist.

⁵Und er wird unser Friede sein. Wenn Assur in unser Land fällt und in unsre Häuser bricht, so werden wir sieben Hirten und acht Fürsten wider ihn bestellen,

⁶die das Land Assur verderben mit dem Schwert und das Land Nimrods mit ihren bloßen Waffen. Also wird er uns von Assur erretten, wenn er in unser Land fallen und in unsre Grenzen brechen wird.

⁷Und es werden die übrigen aus Jakob unter vielen Völkern sein, wie ein Tau vom HERRN und wie die Tröpflein aufs Gras, das auf niemand harrt noch auf Menschen wartet.

⁸Ja, die übrigen aus Jakob werden unter den Heiden bei vielen Völkern sein wie ein Löwe unter den Tieren im Walde, wie ein junger Löwe unter einer Herde Schafe, welchem niemand wehren kann, wenn er dadurch geht, zertritt und zerreißt.

⁹Denn deine Hand wird siegen wider alle deine Widersacher, daß alle deine Feinde müssen ausgerottet werden.

¹⁰Zur selben Zeit, spricht der HERR, will ich deine Rosse von dir tun und deine Wagen zunichte machen;

¹¹und will die Städte deines Landes ausrotten und alle deine Festen zerbrechen.

¹²Und will die Zauberer bei dir ausrotten, daß keine Zeichendeuter bei dir bleiben sollen.

¹³Ich will deine Bilder und Götzen von dir ausrotten, daß du nicht mehr sollst anbeten deiner Hände Werk.

¹⁴Und will deine Ascherabilder zerbrechen und deine Städte vertilgen.

¹⁵Und will Rache üben mit Grimm und Zorn an allen Heiden, so nicht gehorchen wollen.

Kapitel 6

¹Höret doch, was der HERR sagt: Mache dich auf und rechte vor den Bergen und laß die Hügel deine Stimme hören!

²Höret, ihr Berge, wie der HERR rechten will, und ihr starken Grundfesten der Erde; denn der HERR will mit seinem Volk rechten und will Israel strafen.

³Was habe ich dir getan, mein Volk, und womit habe ich dich beleidigt? Das sage mir!

⁴Habe ich dich doch aus Ägyptenland geführt und aus dem Diensthause erlöst und vor dir her gesandt Mose, Aaron und Mirjam.

⁵Mein Volk, denke doch daran, was Balak, der König in Moab, vorhatte und was ihm Bileam, der Sohn Beors, antwortete, von Sittim an bis gen Gilgal; daran ihr ja merken solltet, wie der HERR euch alles Gute getan hat.

⁶Womit soll ich den HERRN versöhnen, mich bücken vor dem hohen Gott? Soll ich mit Brandopfern und jährigen Kälbern ihn versöhnen?

⁷Wird wohl der HERR Gefallen haben an viel tausend Widdern, an unzähligen Strömen Öl? Oder soll ich meinen ersten Sohn für meine Übertretung geben, meines Leibes Frucht für die Sünde meiner Seele?

⁸Es ist dir gesagt, Mensch, was gut ist und was der HERR von dir fordert, nämlich Gottes Wort halten und Liebe üben und demütig sein vor deinem Gott.

⁹Es wird des HERRN Stimme über die Stadt rufen; aber wer deinen Namen fürchtet, dem wird's gelingen. Höret, ihr Stämme, was geprediget wird!

¹⁰Noch bleibt Unrecht Gut in des Gottlosen Hause und das heillose geringe Maß.

¹¹Oder sollte ich die unrechte Waage und falsche Gewichte im Beutel billigen,

¹²durch welche ihre Reichen viel Unrecht tun? Und ihre Einwohner gehen mit Lügen um und haben falsche Zungen in ihrem Halse.

¹³Darum will ich dich auch übel plagen und dich um deiner Sünden willen wüst machen.

¹⁴Du sollst nicht genug zu essen haben und sollst verschmachten. Und was du beiseite schaffst, soll doch nicht davonkommen; und was davonkommt, will ich doch dem Schwert überantworten.

¹⁵Du sollst säen, und nicht ernten; du sollst Öl keltern, und dich damit nicht salben, und Most keltern, und nicht Wein trinken.

¹⁶Denn man hält die Weise Omris und alle Werke des Hauses Ahab und folgt ihrem Rat. Darum will ich dich zur Wüste machen und ihre Einwohner, daß man sie anpfeifen soll; und ihr sollt meines Volkes Schmach tragen.

Kapitel 7

¹Ach, es geht mir wie einem, der im Weinberge nachliest, da man keine Trauben findet zu essen, und wollte doch gerne die besten Früchte haben.

²Die frommen Leute sind weg in diesem Lande, und die Gerechten sind nicht mehr unter den Leuten. Sie lauern alle auf Blut; ein jeglicher jagt den andern, daß er ihn verderbe,

³und meinen, sie tun wohl daran, wenn sie Böses tun. Was der Fürst will, das spricht der Richter, daß er ihm wieder einen Dienst tun soll. Die Gewaltigen raten nach ihrem Mutwillen, Schaden zu tun, und drehen's wie sie wollen.

⁴Der Beste unter ihnen ist wie ein Dorn und der Redlichste wie eine Hecke. Aber wenn der Tag deiner Prediger kommen wird, wenn du heimgesucht sollst werden, da werden sie dann nicht wissen, wo aus.

⁵Niemand glaube seinem Nächsten, niemand verlasse sich auf einen Freund; bewahre die Tür deines Mundes vor der, die in deinen Armen schläft.

⁶Denn der Sohn verachtet den Vater, die Tochter setzt sich wider die Mutter, die Schwiegertochter ist wider die Schwiegermutter; und des Menschen Feinde sind sein eigenes Hausgesinde.

⁷Ich aber will auf den HERRN schauen und des Gottes meines Heils warten; mein Gott wird mich hören.

⁸Freue dich nicht, meine Feindin, daß ich darniederliege! Ich werde wieder aufkommen; und so ich im Finstern sitze, so ist doch der HERR mein Licht.

⁹Ich will des HERRN Zorn tragen, denn ich habe wider ihn gesündigt, bis er meine Sache ausführe und mir Recht schaffe; er wird mich ans Licht bringen, daß ich meine Lust an seiner Gnade sehe.

¹⁰Meine Feindin wird's sehen müssen und mit aller Schande bestehen, die jetzt zu mir sagt: Wo ist der HERR, dein Gott? Meine Augen werden's sehen, daß sie dann wie Kot auf der Gasse zertreten wird.

¹¹Zu der Zeit werden deine Mauern gebaut werden, und Gottes Wort wird weit auskommen.

¹²Und zur selben Zeit werden sie von Assur und von den Städten Ägyptens zu dir kommen, von Ägypten bis an den Strom, von einem Meer zum andern, von einem Gebirge zum andern.

¹³Denn das Land wird wüst sein seiner Einwohner halben, um der Frucht willen ihrer Werke.

¹⁴Du aber weide dein Volk mit deinem Stabe, die Herde deines Erbteils, die da besonders wohnt im Walde, mitten auf dem Karmel; laß sie zu Basan und Gilead weiden wie vor alters.

Mica

¹⁵Ich will sie Wunder sehen lassen gleichwie zur Zeit, da sie aus Ägyptenland zogen,

¹⁶daß es die Heiden sehen und alle ihre Gewaltigen sich schämen sollen und ihre Hand auf ihren Mund legen und ihre Ohren zuhalten.

¹⁷Sie sollen Staub lecken wie die Schlangen und wie das Gewürm auf Erden zitternd hervorkommen aus ihren Burgen; sie werden sich fürchten vor dem HERRN, unserm Gott, und vor dir sich entsetzen.

¹⁸Wo ist solch ein Gott, wie du bist, der die Sünde vergibt und erläßt die Missetat den übrigen seines Erbteils, der seinen Zorn nicht ewiglich behält! denn er ist barmherzig.

¹⁹Er wird sich unser wieder erbarmen, unsere Missetaten dämpfen und alle unsre Sünden in die Tiefen des Meeres werfen.

²⁰Du wirst dem Jakob die Treue und Abraham die Gnade halten, wie du unsern Vätern vorlängst geschworen hast.

Nahum

Kapitel 1

¹Dies ist die Last über Ninive und das Buch der Weissagung Nahums von Elkos.

²Der HERR ist ein eifriger Gott und ein Rächer, ja, ein Rächer ist der HERR und zornig; der HERR ist ein Rächer wider seine Widersacher und der es seinen Feinden nicht vergessen wird.

³Der HERR ist geduldig und von großer Kraft, vor welchem niemand unschuldig ist; er ist der HERR, des Weg in Wetter und Sturm ist und Gewölke der Staub unter seinen Füßen,

⁴der das Meer schilt und trocken macht und alle Wasser vertrocknet. Basan und Karmel verschmachten; und was auf dem Berge Libanon blüht, verschmachtet.

⁵Die Berge zittern vor ihm, und die Hügel zergehen; das Erdreich bebt vor ihm, der Weltkreis und alle, die darauf wohnen.

⁶Wer kann vor seinem Zorn stehen, und wer kann seinen Grimm bleiben? Sein Zorn brennt wie Feuer, und die Felsen zerspringen vor ihm.

⁷Der HERR ist gütig und eine Feste zur Zeit der Not und kennt die, die auf ihn trauen.

⁸Er läßt die Flut überher laufen und macht derselben Stätte ein Ende, und seine Feinde verfolgt er mit Finsternis.

⁹Was gedenkt ihr wider den HERRN? Er wird doch ein Ende machen; es wird das Unglück nicht zweimal kommen.

¹⁰Denn wenn sie gleich sind wie die Dornen, die noch ineinanderwachsen und im besten Saft sind, so sollen sie doch verbrannt werden wie dürres Stroh.

¹¹Denn von dir ist gekommen der Schalksrat, der Böses wider den HERRN gedachte.

¹²So spricht der HERR: Sie kommen so gerüstet und mächtig, wie sie wollen, so sollen sie doch umgehauen werden und dahinfahren. Ich habe dich gedemütigt; aber ich will dich nicht wiederum demütigen.

¹³Alsdann will ich sein Joch, das du trägst, zerbrechen und deine Bande zerreißen.

¹⁴Aber wider dich hat der HERR geboten, daß deines Namens kein Same mehr soll bleiben. Vom Hause deines Gottes will ich dich ausrotten, die Götzen und Bilder will ich dir zum Grab machen; denn du bist zunichte geworden.

¹⁵Siehe, auf den Bergen kommen Füße eines guten Boten, der da Frieden verkündigt! Halte deine Feiertage, Juda, und bezahle deine Gelübde! denn es wird der Arge nicht mehr über dich kommen; er ist ganz ausgerottet.

Kapitel 2

¹Es wird der Zerstreuer wider dich heraufziehen und die Feste belagern. Siehe wohl auf die Straße, rüste dich aufs beste und stärke dich aufs gewaltigste!

²Denn der HERR wird die Pracht Jakobs wiederbringen wie die Pracht Israels; denn die Ableser haben sie abgelesen und ihre Reben verderbt.

³Die Schilde seiner Starken sind rot, sein Heervolk glänzt wie Purpur, seine Wagen leuchten wie Feuer, wenn er sich rüstet; ihre Spieße beben.

⁴Die Wagen rollen auf den Gassen und rasseln auf den Straßen; sie glänzen wie Fackeln und fahren einher wie die Blitze.

⁵Er aber wird an seine Gewaltigen gedenken; doch werden sie fallen, wo sie hinaus wollen, und werden eilen zur Mauer und zu dem Schirm, da sie sicher seien.

⁶Aber die Tore an den Wassern werden doch geöffnet, und der Palast wird untergehen.

⁷Die Königin wird gefangen weggeführt werden, und ihre Jungfrauen werden seufzen wie die Tauben und an ihre Brust schlagen.

⁸Denn Ninive ist wie ein Teich voll Wasser von jeher; aber dasselbe wird verfließen müssen. "Stehet, stehet!" werden sie rufen; aber da wird sich niemand umwenden.

⁹So raubet nun Silber! raubet Gold! denn hier ist der Schätze kein Ende und die Menge aller köstlichen Kleinode.

¹⁰Nun muß sie rein abgelesen und geplündert werden, daß ihr Herz muß verzagen, die Kniee schlottern, alle Lenden zittern und alle Angesichter bleich werden.

¹¹Wo ist nun die Wohnung der Löwen und die Weide der jungen Löwen, da der Löwe und die Löwin mit den jungen Löwen wandelten, und niemand durfte sie scheuchen?

¹²Der Löwe raubte genug für seine Jungen und würgte es für seine Löwinnen; seine Höhlen füllte er mit Raub und seine Wohnung mit dem, was er zerrissen hatte.

¹³Siehe, ich will an dich, spricht der HERR Zebaoth, und deine Wagen im Rauch anzünden, und das Schwert soll deine jungen Löwen fressen; und will deines Raubens ein Ende machen auf Erden, daß man deiner Boten Stimme nicht mehr hören soll.

Kapitel 3

¹Weh der mörderischen Stadt, die voll Lügen und Räuberei ist und von ihrem Rauben nicht lassen will!

²Denn da wird man hören die Geißeln klappen und die Räder rasseln und die Rosse jagen und die Wagen rollen.

³Reiter rücken herauf mit glänzenden Schwertern und blitzenden Spießen. Da liegen viel Erschlagene und große Haufen Leichname, daß ihrer keine Zahl ist und man über die Leichname fallen muß.

⁴Das alles um der Hurerei willen der schönen, lieben Hure, die mit Zauberei umgeht, die mit ihrer Hurerei die Heiden und mit ihrer Zauberei Land und Leute zu Knechten gemacht hat.

⁵Siehe, ich will an dich, spricht der HERR Zebaoth; ich will dir deine Säume aufdecken unter dein Angesicht und will den Heiden deine Blöße und den Königreichen deine Schande zeigen.

⁶Ich will dich ganz greulich machen und dich schänden und ein Schauspiel aus dir machen,

⁷daß alle, die dich sehen, vor dir fliehen und sagen sollen: Ninive ist zerstört; wer will Mitleid mit ihr haben? Und wo soll ich dir Tröster suchen?

⁸Meinst du, du seist besser denn die Stadt No-Amon, die da lag an den Wassern und ringsumher Wasser hatte, deren Mauern und Feste war das Meer?

⁹Mohren und Ägypten war ihre unzählige Macht, Put und Libyen waren ihre Hilfe.

¹⁰Doch hat sie müssen vertrieben werden und gefangen wegziehen; und sind ihre Kinder auf allen Gassen zerschmettert worden, und um ihre Edlen warf man das Los, und alle ihre Gewaltigen wurden in Ketten und Fesseln gelegt.

¹¹Also mußt du auch trunken werden und dich verbergen und eine Feste suchen vor dem Feinde.

¹²Alle deine festen Städte sind wie Feigenbäume mit reifen Feigen, die, wenn man sie schüttelt, dem ins Maul fallen, der sie essen will.

¹³Siehe, dein Volk soll zu Weibern werden in dir, und die Tore deines Landes sollen deinen Feinden geöffnet werden, und das Feuer soll deine Riegel verzehren.

¹⁴Schöpfe dir Wasser, denn du wirst belagert werden! Bessere deine Festen! Gehe in den Ton und tritt den Lehm und mache starke Ziegel!

¹⁵Aber das Feuer wir dich fressen und das Schwert töten; es wird dich abfressen wie ein Käfer, ob deines Volkes schon viel ist wie Käfer, ob deines Volkes schon viel ist wie Heuschrecken.

¹⁶Du hast mehr Händler, denn Sterne am Himmel sind; aber nun werden sie sich ausbreiten wie Käfer und davonfliegen.

¹⁷Deiner Herden sind so viel wie Heuschrecken und deiner Hauptleute wie Käfer, die sich an die Zäune lagern in den kalten Tagen; wenn aber die Sonne aufgeht, heben sie sich davon, daß man nicht weiß, wo sie bleiben.

¹⁸Deine Hirten werden schlafen, o König zu Assur, deine Mächtigen werden sich legen; und dein Volk wird auf den Bergen zerstreut sein, und niemand wird sie versammeln.

¹⁹Niemand wird deinen Schaden lindern, und deine Wunde wird unheilbar sein. Alle, die solches von dir hören, werden mit ihren Händen über dich klatschen; denn über wen ist nicht deine Bosheit ohne Unterlaß gegangen?

Habakuk

Kapitel 1

¹Dies ist die Last, welche der Prophet Habakuk gesehen hat.

²HERR, wie lange soll ich schreien, und du willst mich nicht hören? Wie lange soll ich zu dir rufen über Frevel, und du willst nicht helfen?

³Warum lässest du mich Mühsal sehen und siehest dem Jammer zu? Raub und Frevel sind vor mir. Es geht Gewalt über Recht.

⁴Darum ist das Gesetz ohnmächtig, und keine rechte Sache kann gewinnen. Denn der Gottlose übervorteilt den Gerechten; darum ergehen verkehrte Urteile.

⁵Schaut unter den Heiden, seht und verwundert euch! denn ich will etwas tun zu euren Zeiten, welches ihr nicht glauben werdet, wenn man davon sagen wird.

⁶Denn siehe, ich will die Chaldäer erwecken, ein bitteres und schnelles Volk, welches ziehen wird, soweit die Erde ist, Wohnungen einzunehmen, die nicht sein sind,

⁷und wird grausam und schrecklich sein; das da gebeut und zwingt, wie es will.

⁸Ihre Rosse sind schneller denn die Parder und behender denn die Wölfe des Abends. Ihre Reiter ziehen in großen Haufen von ferne daher, als flögen sie, wie die Adler eilen zum Aas.

⁹Sie kommen allesamt, daß sie Schaden tun; wo sie hin wollen, reißen sie hindurch wie ein Ostwind und werden Gefangene zusammenraffen wie Sand.

¹⁰Sie werden der Könige spotten, und der Fürsten werden sie lachen. Alle Festungen werden ihnen ein Scherz sein; denn sie werden Erde aufschütten und sie gewinnen.

¹¹Alsdann werden sie einen neuen Mut nehmen, werden fortfahren und sich versündigen; also muß ihre Macht ihr Gott sein.

¹²Aber du, HERR, mein Gott, mein Heiliger, der du von Ewigkeit her bist, laß uns nicht sterben; sondern laß sie uns, o HERR, nur eine Strafe sein und laß sie, o unser Hort, uns nur züchtigen!

¹³Deine Augen sind rein, daß du Übles nicht sehen magst, und dem Jammer kannst du nicht zusehen. Warum siehst du denn den Räubern zu und schweigst, daß der Gottlose verschlingt den, der frömmer als er ist,

¹⁴und lässest die Menschen gehen wie Fische im Meer, wie Gewürm, das keinen HERRN hat?

¹⁵Sie ziehen alles mit dem Haken und fangen's mit ihrem Netz und sammeln's mit ihrem Garn; des freuen sie sich und sind fröhlich.

¹⁶Darum opfern sie ihrem Netz und räuchern ihrem Garn, weil durch diese ihr Teil so fett und ihre Speise so völlig geworden ist.

¹⁷Sollen sie derhalben ihr Netz immerdar auswerfen und nicht aufhören, Völker zu erwürgen?

Kapitel 2

¹Hier stehe ich auf meiner Hut und trete auf meine Feste und schaue und sehe zu, was mir gesagt werde, und was meine Antwort sein sollte auf mein Rechten.

²Der HERR aber antwortet mir und spricht: Schreib das Gesicht und male es auf eine Tafel, daß es lesen könne, wer vorüberläuft!

³Die Weissagung wird ja noch erfüllt werden zu seiner Zeit und endlich frei an den Tag kommen und nicht ausbleiben. Ob sie aber verzieht, so harre ihrer: sie wird gewiß kommen und nicht verziehen.

⁴Siehe, wer halsstarrig ist, der wird keine Ruhe in seinem Herzen haben; der Gerechte aber wird seines Glaubens leben.

⁵Aber der Wein betrügt den stolzen Mann, daß er nicht rasten kann, welcher seine Seele aufsperrt wie die Hölle und ist gerade wie der Tod, der nicht zu sättigen ist, sondern rafft zu sich alle Heiden und sammelt zu sich alle Völker.

⁶Was gilt's aber? diese alle werden einen Spruch von ihm machen und eine Sage und Sprichwort und werden sagen: Weh dem, der sein Gut mehrt mit fremdem Gut! Wie lange wird's währen, und ladet nur viel Schulden auf sich?

⁷O wie plötzlich werden aufstehen die dich beißen, und erwachen, die dich wegstoßen! und du mußt ihnen zuteil werden.

⁸Denn du hast viele Heiden beraubt; so werden dich wieder berauben alle übrigen von den Völkern um des Menschenbluts willen und um des Frevels willen, im Lande und in der Stadt und an allen, die darin wohnen, begangen.

⁹Weh dem, der da geizt zum Unglück seines Hauses, auf daß er sein Nest in die Höhe lege, daß er dem Unfall entrinne!

¹⁰Aber dein Ratschlag wird zur Schande deines Hauses geraten; denn du hast zu viele Völker zerschlagen und hast mit allem Mutwillen gesündigt.

¹¹Denn auch die Steine in der Mauer werden schreien, und die Sparren am Balkenwerk werden ihnen antworten.

¹²Weh dem, der die Stadt mit Blut baut und richtet die Stadt mit Unrecht zu!

¹³Wird's nicht also vom HERRN Zebaoth geschehen: was die Völker gearbeitet haben, muß mit Feuer verbrennen, und daran die Leute müde geworden sind, das muß verloren sein?

¹⁴Denn die Erde wird voll werden von Erkenntnis der Ehre des HERRN, wie Wasser das Meer bedeckt.

¹⁵Weh dir, der du deinem Nächsten einschenkst und mischest deinen Grimm darunter und ihn trunken machst, daß du sein Blöße sehest!

¹⁶Du hast dich gesättigt mit Schande und nicht mit Ehre. So saufe du nun auch, daß du taumelst! denn zu dir wird umgehen der Kelch in der Rechten des HERRN, und mußt eitel Schande haben für deine Herrlichkeit.

¹⁷Denn der Frevel, am Libanon begangen, wird dich überfallen, und die verstörten Tiere werden dich schrecken um des Menschenbluts willen und um des Frevels willen, im Lande und in der Stadt und an allen, die darin wohnen, begangen.

¹⁸Was wird dann helfen das Bild, das sein Meister gebildet hat, und das falsche gegossene Bild, darauf sich verläßt sein Meister, daß er stumme Götzen machte?

¹⁹Weh dem, der zum Holz spricht: Wache auf! und zum stummen Steine: Stehe auf! Wie sollte es lehren? Siehe, es ist mit Gold und Silber überzogen und ist kein Odem in ihm.

²⁰Aber der HERR ist in seinem heiligen Tempel. Es sei vor ihm still alle Welt!

Kapitel 3

¹Dies ist das Gebet des Propheten Habakuk für die Unschuldigen:

²HERR, ich habe dein Gerücht gehört, daß ich mich entsetze. HERR, mache dein Werk lebendig mitten in den Jahren und laß es kund werden mitten in den Jahren. Wenn Trübsal da ist, so denke der Barmherzigkeit.

³Gott kam vom Mittag und der Heilige vom Gebirge Pharan. (Sela.) Seines Lobes war der Himmel voll, und seiner Ehre war die Erde voll.

⁴Sein Glanz war wie ein Licht; Strahlen gingen von seinen Händen; darin war verborgen seine Macht.

⁵Vor ihm her ging Pestilenz, und Plage ging aus, wo er hin trat.

⁶Er stand und maß die Erde, er schaute und machte beben die Heiden, daß zerschmettert wurden die Berge, die von alters her sind, und sich bücken mußten die ewigen Hügel, da er wie vor alters einherzog.

⁷Ich sah der Mohren Hütten in Not und der Midianiter Gezelte betrübt.

⁸Warst du nicht zornig, HERR, in der Flut und dein Grimm in den Wassern und dein Zorn im Meer, da du auf deinen Rossen rittest und deine Wagen den Sieg behielten?

⁹Du zogst den Bogen hervor, wie du geschworen hattest den Stämmen (sela!), und verteiltest die Ströme ins Land.

¹⁰Die Berge sahen dich, und ihnen ward bange; der Wasserstrom fuhr dahin, die Tiefe ließ sich hören, die Höhe hob die Hände auf.

¹¹Sonne und Mond standen still. Deine Pfeile fuhren mit Glänzen dahin und dein Speere mit Leuchten des Blitzes.

¹²Du zertratest das Land im Zorn und zerdroschest die Heiden im Grimm.

¹³Du zogst aus, deinem Volk zu helfen, zu helfen deinem Gesalbten; du zerschmettertest das Haupt im Hause des Gottlosen und entblößtest die Grundfeste bis an den Hals. (Sela.)

¹⁴Du durchbohrtest mit seinen Speeren das Haupt seiner Scharen, die wie ein Wetter kamen, mich zu zerstreuen, und freuten sich, als fräßen sie die Elenden im Verborgenen.

¹⁵Deine Rosse gingen im Meer, im Schlamm großer Wasser.

¹⁶Weil ich solches hörte, bebt mein Leib, meine Lippen zittern von dem Geschrei; Eiter geht in meine Gebeine, und meine Kniee beben, dieweil ich ruhig harren muß bis auf die Zeit der Trübsal, da wir hinaufziehen zum Volk, das uns bestreitet.

¹⁷Denn der Feigenbaum wird nicht grünen, und wird kein Gewächs sein an den Weinstöcken; die Arbeit am Ölbaum ist vergeblich, und die Äcker bringen keine Nahrung; und Schafe werden aus den Hürden gerissen, und werden keine Rinder in den Ställen sein.

¹⁸Aber ich will mich freuen des HERRN und fröhlich sein in Gott, meinem Heil.

¹⁹Denn der HERR ist meine Kraft und wird meine Füße machen wie Hirschfüße und wird mich auf meine Höhen führen. Vorzusingen auf meinem Saitenspiel.

Zephanja

Kapitel 1

¹Dies ist das Wort des HERRN, welches geschah zu Zephanja, dem Sohn Chusis, des Sohnes Gedaljas, des Sohnes Amarjas, des Sohnes Hiskias, zur Zeit Josias, des Sohnes Amons, des Königs in Juda.

²Ich will alles aus dem Lande wegnehmen, spricht der HERR.

³Ich will Menschen und Vieh, Vögel des Himmels und Fische im Meer wegnehmen samt den Ärgernissen und den Gottlosen; ja, ich will die Menschen ausreuten aus dem Lande, spricht der HERR.

⁴Ich will meine Hand ausstrecken über Juda und über alle, die zu Jerusalem wohnen; also will ich das übrige von Baal ausreuten, dazu den Namen der Götzenpfaffen und Priester aus diesem Ort;

⁵und die, so auf den Dächern des Himmels Heer anbeten; die es anbeten und schwören doch bei dem HERRN und zugleich bei Milkom;

⁶und die vom HERRN abfallen, und die nach dem HERRN nichts fragen und ihn nicht achten.

⁷Seid still vor dem HERRN HERRN, denn des HERRN Tag ist nahe; denn der HERR hat ein Schlachtopfer zubereitet und seine Gäste dazu geladen.

⁸Und am Tage des Schlachtopfers des HERRN will ich heimsuchen die Fürsten und des Königs Kinder und alle, die ein fremdes Kleid tragen.

⁹Auch will ich zur selben Zeit die heimsuchen, so über die Schwelle springen, die ihres HERRN Haus füllen mit Rauben und Trügen.

¹⁰Zur selben Zeit, spricht der HERR, wird sich ein lautes Geschrei erheben von dem Fischtor her und ein Geheul von dem andern Teil der Stadt und ein großer Jammer von den Hügeln.

¹¹Heulet, die ihr in der Mühle wohnt; denn das ganze Krämervolk ist dahin, und alle, die Geld sammeln, sind ausgerottet.

¹²Zur selben Zeit will ich Jerusalem mit Leuchten durchsuchen und will heimsuchen die Leute, die auf ihren Hefen liegen und sprechen in ihrem Herzen: Der HERR wird weder Gutes noch Böses tun.

¹³Und ihre Güter sollen zum Raub werden und ihre Häuser zur Wüste. Sie werden Häuser bauen, und nicht darin wohnen; sie werden Weinberge pflanzen, und keinen Wein davon trinken.

¹⁴Des HERRN großer Tag ist nahe; er ist nahe und eilt sehr. Wenn das Geschrei vom Tage des HERRN kommen wird, so werden die Starken alsdann bitterlich schreien.

¹⁵Denn dieser Tag ist ein Tag des Grimmes, ein Tag der Trübsal und Angst, ein Tag des Wetters und Ungestüms, ein Tag der Finsternis und Dunkels, ein Tag der Wolken und Nebel,

¹⁶ein Tag der Posaune und Drommete wider die festen Städte und hohen Schlösser.

¹⁷Ich will den Leuten bange machen, daß sie umhergehen sollen wie die Blinden, darum daß sie wider den HERRN gesündigt haben. Ihr Blut soll ausgeschüttet werden, als wäre es Staub, und ihr Leib als wäre es Kot.

¹⁸Es wird sie ihr Silber und Gold nicht erretten können am Tage des Zorns des HERRN, sondern das ganze Land soll durch das Feuer seines Eifers verzehrt werden; denn er wird plötzlich ein Ende machen mit allen, die im Lande wohnen.

Kapitel 2

¹Sammelt euch und kommt her, ihr feindseliges Volk,

²ehe denn das Urteil ausgehe, daß ihr wie die Spreu bei Tage dahin fahrt; ehe denn des HERRN grimmiger Zorn über euch komme; ehe der Tag des Zornes des HERRN über euch komme.

³Suchet den HERR, alle ihr Elenden im Lande, die ihr seine Rechte haltet; suchet Gerechtigkeit, suchet Demut, auf daß ihr am Tage des Zornes des HERRN möget verborgen werden.

⁴Denn Gaza muß verlassen und Askalon wüst werden; Asdod soll am Mittag vertrieben und Ekron ausgewurzelt werden.

⁵Weh denen, so am Meer hinab wohnen, dem Volk der Krether! Des HERRN Wort wird über euch kommen, du Kanaan, der Philister Land; ich will dich umbringen, daß niemand mehr da wohnen soll.

⁶Es sollen am Meer hinab eitel Hirtenhäuser und Schafhürden sein.

⁷Und dasselbe soll den übrigen vom Hause Juda zuteil werden, daß sie darauf weiden sollen. Des Abends sollen sie sich in den Häusern Askalons lagern, wenn sie nun der HERR, ihr Gott, wiederum heimgesucht und ihr Gefängnis gewendet hat.

⁸Ich habe das Schmähen Moabs und das Lästern der Kinder Ammon gehört, womit sie mein Volk geschmäht und auf seinen Grenzen sich gerühmt haben.

⁹Wohlan, so wahr ich lebe! spricht der HERR Zebaoth, der Gott Israels, Moab soll wie Sodom und die Kinder Ammon wie Gomorra werden, ja wie ein Nesselstrauch und eine Salzgrube und eine ewige Wüste. Die übrigen meines Volkes sollen sie berauben, und die Übriggebliebenen meines Volkes sollen sie erben.

¹⁰Das soll ihnen aber begegnen für ihre Hoffart, daß sie des HERRN Zebaoth Volk geschmäht und sich gerühmt haben.

¹¹Schrecklich wird der HERR über sie sein, denn er wird alle Götter auf Erden vertilgen; und sollen ihn anbeten alle Inseln der Heiden, ein jeglicher an seinem Ort.

¹²Auch sollt ihr Mohren durch mein Schwert erschlagen werden.

¹³Und er wird seine Hand strecken gen Mitternacht und Assur umbringen. Ninive wird er öde machen, dürr wie eine Wüste,

¹⁴daß darin sich lagern werden allerlei Tiere bei Haufen; auch Rohrdommeln und Igel werden wohnen in ihren Säulenknäufen, und Vögel werden in den Fenstern singen, und auf der Schwelle wird Verwüstung sein; denn die Zedernbretter sollen abgerissen werden.

¹⁵Das ist die fröhliche Stadt, die so sicher wohnte und sprach in ihrem Herzen: Ich bin's, und keine mehr. Wie ist sie so wüst geworden, daß die Tiere darin wohnen! Und wer vorübergeht, pfeift sie an und klatscht mit der Hand über sie.

Kapitel 3

¹Weh der greulichen, unflätigen, tyrannischen Stadt!

²Sie will nicht gehorchen noch sich züchtigen lassen; sie will auf den HERRN nicht trauen noch sich zu ihrem Gott halten.

³Ihre Fürsten sind unter ihnen brüllende Löwen und ihre Richter Wölfe am Abend, die nichts bis auf den Morgen übriglassen.

⁴Ihre Propheten sind leichtfertig und Verächter; ihre Priester entweihen das Heiligtum und deuten das Gesetz freventlich.

⁵Der HERR, der unter ihnen ist, ist gerecht und tut kein Arges. Er läßt alle Morgen seine Rechte öffentlich lehren und läßt nicht ab; aber die bösen Leute wollen sich nicht schämen lernen.

⁶Ich habe Völker ausgerottet, ihre Schlösser verwüstet und ihre Gassen so leer gemacht, daß niemand darauf geht; ihre Städte sind zerstört, daß niemand mehr da wohnt.

⁷Ich ließ dir sagen: Mich sollst du fürchten und dich lassen züchtigen! so würde ihre Wohnung nicht ausgerottet und der keines kommen, womit ich sie heimsuchen werde. Aber sie sind fleißig, allerlei Bosheit zu üben.

⁸Darum, spricht der HERR, müsset ihr mein auch harren, bis ich mich aufmache zu seiner Zeit, da ich auch rechten werde und die Heiden versammeln und die Königreiche zuhauf bringen, meinen Zorn über sie zu schütten, ja, allen Zorn meines Grimmes; denn alle Welt soll durch meines Eifers Feuer verzehrt werden.

⁹Alsdann will ich den Völkern reine Lippen geben, daß sie alle sollen des HERRN Namen anrufen und ihm einträchtig dienen.

¹⁰Man wird mir meine Anbeter, mein zerstreutes Volk, von jenseit des Wassers im Mohrenlande herbeibringen zum Geschenk.

¹¹Zur selben Zeit wirst du dich nicht mehr schämen alles deines Tuns, womit du wider mich übertreten hast; denn ich will die stolzen Heiligen von dir tun, daß du nicht mehr sollst dich überheben auf meinem heiligen Berge.

¹²Ich will in dir lassen übrigbleiben ein armes, geringes Volk; die werden auf des HERRN Namen trauen.

¹³Die übrigen in Israel werden kein Böses tun noch Falsches reden, und man wird in ihrem Munde keine betrügliche Zunge finden; sondern sie sollen weiden und ruhen ohne alle Furcht.

¹⁴Jauchze, du Tochter Zion! Rufe, Israel! Freue dich und sei fröhlich von ganzem Herzen, du Tochter Jerusalem!

¹⁵denn der HERR hat deine Strafe weggenommen und deine Feinde abgewendet. Der HERR, der König Israels, ist bei dir, daß du vor keinem Unglück mehr fürchten darfst.

¹⁶Zur selben Zeit wird man sprechen zu Jerusalem: Fürchte dich nicht! und zu Zion: Laß deine Hände nicht laß werden!

¹⁷denn der HERR, dein Gott, ist bei dir, ein starker Heiland; er wird sich über dich freuen und dir freundlich sein und vergeben und wird über dir mit Schall fröhlich sein.

¹⁸Die Geängsteten, so auf kein Fest kommen, will ich zusammenbringen; denn sie gehören dir zu und müssen Schmach tragen.

¹⁹Siehe, ich will's mit allen denen aus machen zur selben Zeit, die dich bedrängen, und will den Hinkenden helfen und die Verstoßenen sammeln und will sie zu Lob und Ehren machen in allen Landen, darin man sie verachtet.

²⁰Zu der Zeit will ich euch hereinbringen und euch zu der Zeit versammeln. Denn ich will euch zu Lob und Ehren machen unter allen Völkern auf Erden, wenn ich euer Gefängnis wenden werde vor euren Augen, spricht der HERR.

Haggai

Kapitel 1

¹Im zweiten Jahr des Königs Darius, im sechsten Monat, am ersten Tage des Monats, geschah des HERRN Wort durch den Propheten Haggai zu Serubabel, dem Sohn Sealthiels, dem Fürsten Juda's, und zu Josua, dem Sohn Jozadaks, dem Hohenpriester, und sprach:

²So spricht der HERR Zebaoth: Dies Volk spricht: Die Zeit ist noch nicht da, daß man des HERRN Haus baue.

³Und des HERRN Wort geschah durch den Propheten Haggai:

⁴Aber eure Zeit ist da, daß ihr in getäfelten Häusern wohnt, und dies Haus muß wüst stehen?

⁵Nun, so spricht der HERR Zebaoth: Schauet, wie es euch geht!

⁶Ihr säet viel, und bringet wenig ein; ihr esset, und werdet doch nicht satt; ihr trinket, und werdet doch nicht trunken; ihr kleidet euch, und könnt euch doch nicht erwärmen; und wer Geld verdient, der legt's in einen löchrigen Beutel.

⁷So spricht der HERR Zebaoth: Schauet, wie es euch geht!

⁸Gehet hin auf das Gebirge und holet Holz und bauet das Haus; das soll mir angenehm sein, und ich will meine Ehre erzeigen, spricht der HERR.

⁹Denn ihr wartet wohl auf viel, und siehe, es wird wenig; und ob ihr's schon heimbringt, so zerstäube ich's doch. Warum das? spricht der HERR Zebaoth. Darum daß mein Haus so wüst steht und ein jeglicher eilt auf sein Haus.

¹⁰Darum hat der Himmel über euch den Tau verhalten und das Erdreich sein Gewächs.

¹¹Und ich habe die Dürre gerufen über Land und Berge, über Korn, Most, Öl und über alles, was aus der Erde kommt, auch über Leute und Vieh und über alle Arbeit der Hände.

¹²Da gehorchte Serubabel, der Sohn Sealthiels, und Josua, der Sohn Jozadaks, der Hohepriester, und alle übrigen des Volkes solcher Stimme des HERRN, ihres Gottes, und den Worten des Propheten Haggai, wie ihn der HERR, ihr Gott, gesandt hatte; und das Volk fürchtete sich vor dem HERRN.

¹³Da sprach Haggai, der Engel des HERRN, der die Botschaft des HERRN hatte an das Volk: Ich bin mit euch, spricht der HERR.

¹⁴Und der HERR erweckte den Geist Serubabels, des Sohnes Sealthiels, des Fürsten Juda's, und den Geist Josuas, des Sohnes Jozadaks, des Hohenpriesters, und den Geist des ganzen übrigen Volkes, daß sie kamen und arbeiteten am Hause des HERRN Zebaoth, ihres Gottes,

¹⁵am vierundzwanzigsten Tage des sechsten Monats, im zweiten Jahr des Königs Darius.

Kapitel 2

¹Am einundzwanzigsten Tage des siebenten Monats geschah des HERRN Wort durch den Propheten Haggai und sprach:

²Sage zu Serubabel, dem Sohn Sealthiels, dem Fürsten Juda's, und zu Josua, dem Sohn Jozadaks, dem Hohenpriester, und zum übrigen Volk und sprich:

³Wer ist unter euch übriggeblieben, der dies Haus in seiner vorigen Herrlichkeit gesehen hat? und wie seht ihr's nun an? Ist's nicht also, es dünkt euch nichts zu sein?

⁴Und nun Serubabel, sei getrost! spricht der HERR; sei getrost, Josua, du Sohn Jozadaks, du Hoherpriester! sei getrost alles Volk im Lande! spricht der HERR, und arbeitet! denn ich bin mit euch, spricht der HERR Zebaoth.

⁵Nach dem Wort, da ich mit euch einen Bund machte, da ihr aus Ägypten zogt, soll mein Geist unter euch bleiben. Fürchtet euch nicht!

⁶Denn so spricht der HERR Zebaoth: Es ist noch ein kleines dahin, daß ich Himmel und Erde, das Meer und das Trockene bewegen werde.

⁷Ja, alle Heiden will ich bewegen. Da soll dann kommen aller Heiden Bestes; und ich will dies Haus voll Herrlichkeit machen, spricht der HERR Zebaoth.

⁸Denn mein ist Silber und Gold, spricht der HERR Zebaoth.

⁹Es soll die Herrlichkeit dieses letzten Hauses größer werden, denn des ersten gewesen ist, spricht der HERR Zebaoth; und ich will Frieden geben an diesem Ort, spricht der HERR Zebaoth.

¹⁰Am vierundzwanzigsten Tage des neunten Monats, im zweiten Jahr des Darius, geschah des HERRN Wort zu dem Propheten Haggai und sprach:

¹¹So spricht der HERR Zebaoth: Frage die Priester um das Gesetz und sprich:

¹²Wenn jemand heiliges Fleisch trüge in seines Kleides Zipfel und rührte darnach an mit seinem Zipfel Brot, Gemüse, Wein, Öl oder was es für Speise wäre: würde es auch heilig? und die Priester antworteten und sprachen: Nein.

¹³Haggai sprach: Wo aber jemand von einem Toten unrein wäre und deren eines anrührte, würde es auch unrein? Die Priester antworteten und sprachen: Es würde unrein.

¹⁴Da antwortete Haggai und sprach: Ebenalso sind dies Volk und diese Leute vor mir auch, spricht der HERR; und all ihrer Hände Werk und was sie opfern ist unrein.

¹⁵Und nun schauet, wie es euch gegangen ist von diesem Tage an und zuvor, ehe denn ein Stein auf den andern gelegt ward am Tempel des HERRN:

¹⁶daß, wenn einer zum Kornhaufen kam, der zwanzig Maß haben sollte, so waren kaum zehn da; kam er zur Kelter und meinte fünfzig Eimer zu schöpfen, so waren kaum zwanzig da.

¹⁷Denn ich plagte euch mit Dürre, Brandkorn und Hagel in all eurer Arbeit; dennoch kehrtet ihr euch nicht zu mir, spricht der HERR.

¹⁸So schauet nun darauf von diesem Tage an und zuvor, nämlich von dem vierundzwanzigsten Tage des neunten Monats bis an den Tag, da der Tempel gegründet ist; schauet darauf!

¹⁹Denn kein Same liegt mehr in der Scheuer, so hat auch weder Weinstock, Feigenbaum, Granatbaum noch Ölbaum getragen; aber von diesem Tage an will ich Segen geben.

²⁰Und des HERRN Wort geschah zum andernmal zu Haggai am vierundzwanzigsten Tage des Monats und sprach:

²¹Sage Serubabel, dem Fürsten Juda's, und sprich: Ich will Himmel und Erde bewegen

²²und will die Stühle der Königreiche umkehren und die mächtigen Königreiche der Heiden vertilgen und will die Wagen mit ihren Reitern umkehren, daß Roß und Mann fallen sollen, ein jeglicher durch des andern Schwert.

²³Zur selben Zeit, spricht der HERR Zebaoth, will ich dich, Serubabel, du Sohn Sealthiels, meinen Knecht, nehmen, spricht der HERR, und will dich wie einen Siegelring halten; denn ich habe dich erwählt, spricht der HERR Zebaoth.

Sacharja

Kapitel 1

¹Im achten Monat des zweiten Jahres des Königs Darius geschah das Wort des HERR zu Sacharja, dem Sohn Berechjas, des Sohnes Iddos, dem Propheten, und sprach:

²Der HERR ist zornig gewesen über eure Väter.

³Und sprich zu ihnen: So spricht der HERR Zebaoth: Kehret euch zu mir, spricht der HERR Zebaoth, so will ich mich zu euch kehren, spricht der HERR Zebaoth.

⁴Seid nicht wie eure Väter, welchen die vorigen Propheten predigten und sprachen: So spricht der HERR Zebaoth: Kehret euch von euren bösen Wegen und von eurem bösen Tun! aber sie gehorchten nicht und achteten nicht auf mich, spricht der HERR.

⁵Wo sind nun eure Väter? Und die Propheten, leben sie auch noch?

⁶Ist's aber nicht also, daß meine Worte und meine Rechte, die ich durch meine Knechte, die Propheten, gebot, haben eure Väter getroffen, daß sie haben müssen umkehren und sagen: Gleichwie der HERR Zebaoth vorhatte uns zu tun, wie wir gingen und taten, also hat er uns auch getan?

⁷Am vierundzwanzigsten Tage des elften Monats, welcher ist der Monat Sebat, im zweiten Jahr des Königs Darius, geschah das Wort des HERRN zu Sacharja, dem Sohn Berechjas, des Sohnes Iddos dem Propheten, und sprach:

⁸Ich sah bei der Nacht, und siehe, ein Mann saß auf einem roten Pferde, und er hielt unter den Myrten in der Aue, und hinter ihm waren rote, braune und weiße Pferde.

⁹Und ich sprach: Mein HERR, wer sind diese? Und der Engel, der mit mir redete, sprach zu mir: Ich will dir zeigen, wer diese sind.

¹⁰Und der Mann, der unter den Myrten hielt, antwortete und sprach: Diese sind es, die der HERR ausgesandt hat, die Erde zu durchziehen.

¹¹Sie aber antworteten dem Engel des HERRN, der unter den Myrten hielt, und sprachen: Wir haben die Erde durchzogen, und siehe, alle Länder sitzen still.

¹²Da antwortete der Engel des HERRN und sprach: HERR Zebaoth, wie lange willst du denn dich nicht erbarmen über Jerusalem und über die Städte Juda's, über welche du zornig bist gewesen diese siebzig Jahre?

¹³Und der HERR antwortete dem Engel, der mit mir redete, freundliche Worte und tröstliche Worte.

¹⁴Und der Engel, der mit mir redete, sprach zu mir: Predige und sprich: So spricht der HERR Zebaoth: Ich eifere um Jerusalem und Zion mit großem Eifer

¹⁵und bin sehr zornig über die stolzen Heiden; denn ich war nur ein wenig zornig, sie aber halfen zum Verderben.

¹⁶Darum so spricht der HERR: Ich will mich wieder zu Jerusalem kehren mit Barmherzigkeit, und mein Haus soll darin gebaut werden, spricht der HERR Zebaoth; dazu soll die Zimmerschnur in Jerusalem gezogen werde.

¹⁷Und predige weiter und sprich: So spricht der HERR Zebaoth: Es soll meinen Städten wieder wohl gehen, und der HERR wird Zion wieder trösten und wird Jerusalem wieder erwählen.

¹⁸Und ich hob meine Augen auf und sah, und siehe, da waren vier Hörner.

¹⁹Und ich sprach zu dem Engel, der mit mir redete: Wer sind diese? Er sprach zu mir: Es sind Hörner, die Juda samt Israel und Jerusalem zerstreut haben.

²⁰Und der HERR zeigte mir vier Schmiede.

²¹Da sprach ich: Was sollen die machen? Er sprach: Die Hörner, die Juda so zerstreut haben, daß niemand sein Haupt hat mögen aufheben, sie abzuschrecken sind diese gekommen, daß sie die Hörner der Heiden abstoßen, welche das Horn haben über das Land Juda gehoben, es zu zerstreuen.

Kapitel 2

¹Und ich hob meine Augen auf und sah, und siehe, ein Mann hatte eine Meßschnur in der Hand.

²Und ich sprach: Wo gehst du hin? Er aber sprach zu mir: Daß ich Jerusalem messe und sehe, wie lang und weit es sein soll.

³Und siehe, der Engel, der mit mir redete, ging heraus; und ein anderer Engel ging heraus ihm entgegen

⁴und sprach zu ihm: Lauf hin und sage diesem Jüngling und sprich: Jerusalem wird bewohnt werden ohne Mauern vor großer Menge der Menschen und Viehs, die darin sein werden.

⁵Und ich will, spricht der HERR, eine feurige Mauer umher sein und will mich herrlich darin erzeigen.

⁶Hui, hui! Fliehet aus dem Mitternachtlande! spricht der HERR; denn ich habe euch in die vier Winde unter dem Himmel zerstreut, spricht der HERR.

⁷Hui, Zion, die du wohnst bei der Tochter Babel, entrinne!

⁸Denn so spricht der HERR Zebaoth: Er hat mich gesandt nach Ehre zu den Heiden, die euch beraubt haben; denn wer euch antastet, der tastet seinen Augapfel an.

⁹Denn siehe, ich will meine Hand über sie schwingen, daß sie sollen ein Raub werden denen, die ihnen gedient haben; und ihr sollt erfahren, daß mich der HERR Zebaoth gesandt hat.

¹⁰Freue dich und sei fröhlich, du Tochter Zion! denn siehe, ich komme und will bei dir wohnen, spricht der HERR.

¹¹Und sollen zu der Zeit viel Heiden zum HERRN getan werden und sollen mein Volk sein; und ich will bei dir wohnen, und sollst erfahren, daß mich der HERR Zebaoth zu dir gesandt hat.

¹²Und der HERR wird Juda erben als sein Teil in dem heiligen Lande und wird Jerusalem wieder erwählen.

¹³Alles Fleisch sei still vor dem HERRN; denn er hat sich aufgemacht aus seiner heiligen Stätte.

Kapitel 3

¹Und mir ward gezeigt der Hohepriester Josua, stehend vor dem Engel des HERRN; und der Satan stand zu seiner Rechten, daß er ihm widerstünde.

²Und der HERR sprach zu dem Satan: Der HERR schelte dich du Satan! ja, der HERR schelte dich, der Jerusalem erwählt hat! Ist dieser nicht ein Brand, der aus dem Feuer errettet ist?

³Und Josua hatte unreine Kleider an und stand vor dem Engel,

⁴welcher antwortete und sprach zu denen, die vor ihm standen: Tut die unreinen Kleider von ihm! Und er sprach zu ihm: Siehe, ich habe deine Sünde von dir genommen und habe dich mit Feierkleidern angezogen.

⁵Da er sprach: Setzt einen reinen Hut auf sein Haupt! Und sie setzten einen reinen Hut auf sein Haupt und zogen ihm Kleider an, und der Engel des HERRN stand da.

⁶Und der Engel des HERRN bezeugte Josua und sprach:

⁷So spricht der HERR Zebaoth: Wirst du in meinen Wegen wandeln und meines Dienstes warten, so sollst du regieren mein Haus und meine Höfe bewahren; und ich will dir geben von diesen, die hier stehen, daß sie dich geleiten sollen.

⁸Höre zu, Josua, du Hoherpriester, du und deine Freunde, die vor dir sitzen; denn sie sind miteinander ein Wahrzeichen. Denn siehe, ich will meinen Knecht Zemach kommen lassen.

⁹Denn siehe, auf dem einen Stein, den ich vor Josua gelegt habe, sollen sieben Augen sein. Siehe, ich will ihn aushauen, spricht der HERR Zebaoth, und will die Sünde des Landes wegnehmen auf einen Tag.

¹⁰Zu derselben Zeit, spricht der HERR Zebaoth, wird einer den andern laden unter den Weinstock und unter den Feigenbaum.

Kapitel 4

¹Und der Engel, der mit mir redete, kam wieder und weckte mich auf, wie einer vom Schlaf erweckt wird,

²und sprach zu mir: Was siehst du? Ich aber sprach: Ich sehe; und siehe, da stand ein Leuchter, ganz golden, mit einer Schale obendarauf, daran sieben Lampen waren, und je sieben Röhren an einer Lampe;

³und zwei Ölbäume dabei, einer zur Rechten der Schale, der andere zur Linken.

⁴Und ich antwortete und sprach zu dem Engel, der mit mir redete: Mein Herr, was ist das?

⁵Und der Engel, der mit mir redete, antwortete und sprach zu mir: Weißt du nicht, was das ist? Ich aber sprach: Nein, mein Herr.

⁶Und er antwortete und sprach zu mir: Das ist das Wort des HERRN von Serubabel: Es soll nicht durch Heer oder Kraft, sondern durch meinen Geist geschehen, spricht der HERR Zebaoth.

⁷Wer bist du, du großer Berg, der doch vor Serubabel eine Ebene sein muß? Und er soll aufführen den ersten Stein, daß man rufen wird: Glück zu! Glück zu!

⁸Und es geschah zu mir das Wort des HERRN und sprach:

⁹Die Hände Serubabels haben dies Haus gegründet; seine Hände sollen's auch vollenden, daß ihr erfahret, daß mich der HERR zu euch gesandt hat.

Sacharja

¹⁰Denn wer ist, der diese geringen Tage verachte? Es werden mit Freuden sehen das Richtblei in Serubabels Hand jene sieben, welche sind des HERRN Augen, die alle Lande durchziehen.

¹¹Und ich antwortete und sprach zu ihm: Was sind die zwei Ölbäume zur Rechten und zur Linken des Leuchters?

¹²Und ich antwortete zum andernmal und sprach zu ihm: Was sind die zwei Zweige der Ölbäume, welche stehen bei den zwei goldenen Rinnen, daraus das goldene Öl herabfließt?

¹³Und er sprach zu mir: Weißt du nicht, was diese sind? ich aber sprach: Nein, mein Herr.

¹⁴Und er sprach: Es sind die zwei Gesalbten, welche stehen bei dem Herrscher aller Lande.

Kapitel 5

¹Und ich hob meine Augen abermals auf und sah, und siehe, da war ein fliegender Brief.

²Und er sprach zu mir: Was siehst du? Ich aber sprach: Ich sehe einen fliegenden Brief, der ist zwanzig ellen lang und zehn Ellen breit.

³Und er sprach zu mir: das ist der Fluch, welcher ausgeht über das ganze Land; denn alle Diebe werden nach diesem Briefe ausgefegt, und alle Meineidigen werden nach diesem Briefe ausgefegt.

⁴Ich will ihn ausgehen lassen, spricht der HERR Zebaoth, daß er soll kommen über das Haus des Diebes und über das Haus derer, die bei meinem Namen fälschlich schwören; er soll bleiben in ihrem Hause und soll's verzehren samt seinem Holz und Steinen.

⁵Und der Engel, der mit mir redete, ging heraus und sprach zu mir: Hebe deine Augen auf und siehe! Was geht da heraus?

⁶Und ich sprach: Was ist's? Er aber sprach: Ein Epha geht heraus, und sprach: Das ist ihre Gestalt im ganzen Lande.

⁷Und siehe, es hob sich ein Zentner Blei; und da war ein Weib, das saß im Epha.

⁸Er aber sprach: Das ist die Gottlosigkeit. Und er warf sie in das Epha und warf den Klumpen Blei oben aufs Loch.

⁹Und ich hob meine Augen auf und sah, und siehe, zwei Weiber gingen heraus und hatten Flügel, die der Wind trieb, es waren aber Flügel wie Storchflügel; und sie führten das Epha zwischen Erde und Himmel.

¹⁰Und ich sprach zu dem Engel, der mit mir redete: Wo führen die das Epha hin?

¹¹Er aber sprach zu mir: Daß ihm ein Haus gebaut werde im Lande Sinear und bereitet und es daselbst gesetzt werde auf seinen Boden.

Kapitel 6

¹Und ich hob meine Augen abermals auf und sah, und siehe, da waren vier Wagen, die gingen zwischen zwei Bergen hervor; die Berge aber waren ehern.

²Am ersten Wagen waren rote Rosse, am andern Wagen waren schwarze Rosse,

³am dritten Wagen waren weiße Rosse, am vierten Wagen waren scheckige, starke Rosse.

⁴Und ich antwortete und sprach zu dem Engel, der mit mir redete: Mein Herr, wer sind diese?

⁵Der Engel antwortete und sprach zu mir: Es sind die vier Winde unter dem Himmel, die hervorkommen, nachdem sie gestanden haben vor dem Herrscher aller Lande.

⁶An dem die schwarzen Rosse waren, die gingen gegen Mitternacht, und die weißen gingen ihnen nach; aber die scheckigen gingen gegen Mittag.

⁷Die starken gingen und zogen um, daß sie alle Lande durchzögen. Und er sprach: Gehet hin und durchziehet die Erde! Und sie durchzogen die Erde.

⁸Und er rief mich und redete mit mir und sprach: Siehe, die gegen Mitternacht ziehen, machen meinen Geist ruhen im Lande gegen Mitternacht.

⁹Und des HERRN Wort geschah zu mir und sprach:

¹⁰Nimm von den Gefangenen, von Heldai und von Tobia und von Jedaja, und komm du dieses selben Tages und gehe in Josias, des Sohnes Zephanjas, Haus, wohin sie von Babel gekommen sind,

¹¹und nimm Silber und Gold und mach Kronen und setze sie aufs Haupt Josuas, des Hohenpriesters, des Sohnes Jozadaks,

¹²und sprich zu ihm: So spricht der HERR Zebaoth: Siehe, es ist ein Mann, der heißt Zemach; denn unter ihm wird's wachsen und er wird bauen des HERRN Tempel.

¹³Ja, den Tempel des HERRN wird er bauen und wird den Schmuck tragen und wird sitzen und herrschen auf seinem Thron, wird auch Priester sein auf seinem Thron, und es wird Friede sein zwischen den beiden.

¹⁴Und die Kronen sollen dem Helem, Tobia, Jedaja und der Freundlichkeit des Sohnes Zephanjas zum Gedächtnis sein im Tempel des HERRN.

¹⁵Und es werden kommen von fern, die am Tempel des HERRN bauen werden. Da werdet ihr erfahren, daß mich der HERR Zebaoth zu euch gesandt hat. Und das soll geschehen, so ihr gehorchen werdet der Stimme des HERRN, eures Gottes.

Kapitel 7

¹Und es geschah im vierten Jahr des Königs Darius, daß des HERRN Wort geschah zu Sacharja am vierten Tage des neunten Monats, welcher heißt Chislev,

²da die zu Beth-El, nämlich Sarezer und Regem-Melech samt ihren Leuten, sandten, zu bitten vor dem HERRN,

³und ließen sagen den Priestern, die da waren um das Haus des HERRN Zebaoth, und den Propheten: Muß ich auch noch weinen im fünften Monat und mich enthalten, wie ich solches getan habe nun so viele Jahre?

⁴Und des HERRN Zebaoth Wort geschah zu mir und sprach:

⁵Sage allem Volk im Lande und den Priestern und sprich: Da ihr fastetet und Leid truget im fünften Monat und siebenten Monat diese siebzig Jahre lang, habt ihr mir so gefastet?

⁶Oder da ihr aßet und trankt, habt ihr nicht für euch selbst gegessen und getrunken?

⁷Ist's nicht das, was der HERR predigen ließ durch die vorigen Propheten, da Jerusalem bewohnt war und hatte die Fülle samt ihren Städten umher und Leute wohnen gegen Mittag und in den Gründen?

⁸Und des HERRN Wort geschah zu Sacharja und sprach:

⁹Also sprach der HERR Zebaoth: Richtet recht, und ein jeglicher beweise an seinem Bruder Güte und Barmherzigkeit;

¹⁰und tut nicht unrecht den Witwen, Fremdlingen und Armen; und denke keiner wider seinen Bruder etwas Arges in seinem Herzen!

¹¹Aber sie wollten nicht aufmerken und kehrten mir den Rücken zu und verstockten ihre Ohren, daß sie nicht hörten,

¹²und machten ihre Herzen wie ein Demant, daß sie nicht hörten das Gesetz und die Worte, welche der HERR Zebaoth sandte in seinem Geiste durch die vorigen Propheten. Daher so großer Zorn vom HERRN Zebaoth gekommen ist;

¹³und es ist also ergangen; gleichwie geprediget ward, und sie nicht hörten, so wollte ich auch nicht hören, da sie riefen, spricht der HERR Zebaoth.

¹⁴Also habe ich sie zerstreut unter alle Heiden, die sie nicht kannten, und ist das Land hinter ihnen Wüst geblieben, daß niemand darin wandelt noch wohnt, und ist das edle Land zur Wüstung gemacht.

Kapitel 8

¹Und des HERRN Wort geschah zu mir und sprach:

²So spricht der HERR Zebaoth: Ich eifere um Zion mit großem Eifer und eifere um sie in großem Zorn.

³So spricht der HERR: Ich kehre mich wieder zu Zion und will zu Jerusalem wohnen, daß Jerusalem soll eine Stadt der Wahrheit heißen und der Berg des HERRN Zebaoth ein Berg der Heiligkeit.

⁴So spricht der HERR Zebaoth: Es sollen noch fürder wohnen in den Gassen zu Jerusalem alte Männer und Weiber und die an Stecken gehen vor großem Alter;

⁵und der Stadt Gassen soll sein voll Knaben und Mädchen, die auf ihren Gassen spielen.

⁶So spricht der HERR Zebaoth: Ist solches unmöglich vor den Augen dieses übrigen Volkes zu dieser Zeit, sollte es darum auch unmöglich sein vor meinen Augen? spricht der HERR Zebaoth.

⁷So spricht der HERR Zebaoth: Siehe, ich will mein Volk erlösen vom Lande gegen Aufgang und vom Lande gegen Niedergang der Sonne;

⁸und will sie herzubringen, daß sie zu Jerusalem wohnen; und sie sollen mein Volk sein, und ich will ihr Gott sein in Wahrheit und Gerechtigkeit.

⁹So spricht der HERR Zebaoth: Stärket eure Hände, die ihr höret diese Worte zu dieser Zeit durch der Propheten Mund, des Tages, da der Grund gelegt ist an des HERRN Zebaoth Hause, daß der Tempel gebaut würde.

¹⁰Denn vor diesen Tagen war der Menschen Arbeit vergebens, und der Tiere Arbeit war nichts, und war kein Friede vor Trübsal denen, die aus und ein zogen; sondern ich ließ alle Menschen gehen, einen jeglichen wider seinen Nächsten.

¹¹Aber nun will ich nicht wie in den vorigen Tagen mit den übrigen dieses Volkes fahren, spricht der HERR Zebaoth;

¹²sondern sie sollen Same des Friedens sein. Der Weinstock soll

seine Frucht geben und das Land sein Gewächs geben, und der Himmel soll seinen Tau geben; und ich will die übrigen dieses Volkes solches alles besitzen lassen.

¹³Und soll geschehen, wie ihr vom Hause Juda und vom Hause Israel seid ein Fluch gewesen unter den Heiden, so will ich euch erlösen, daß ihr sollt ein Segen sein. Fürchtet euch nur nicht und stärket eure Hände.

¹⁴So spricht der HERR Zebaoth: Gleichwie ich euch gedachte zu plagen, da mich eure Väter erzürnten, spricht der HERR Zebaoth, und es reute mich nicht,

¹⁵also gedenke ich nun wiederum in diesen Tagen, wohlzutun Jerusalem und dem Hause Juda. Fürchtet euch nur nicht.

¹⁶Das ist's aber, was ihr tun sollt: Rede einer mit dem andern Wahrheit, und richtet recht, und schafft Frieden in euren Toren;

¹⁷und denke keiner Arges in seinem Herzen wider seinen Nächsten, und liebt nicht falsche Eide! denn solches alles hasse ich, spricht der HERR.

¹⁸Und es geschah des HERRN Zebaoth Wort zu mir und sprach:

¹⁹So spricht der HERR Zebaoth: Die Fasten des vierten, fünften, siebenten und zehnten Monats sollen dem Hause Juda zur Freude und Wonne und zu fröhlichen Jahrfesten werden; allein liebet die Wahrheit und Frieden.

²⁰So spricht der HERR Zebaoth: Weiter werden noch kommen viele Völker und vieler Städte Bürger;

²¹und werden die Bürger einer Stadt gehen zur andern und sagen: Laßt uns gehen, zu bitten vor dem HERRN und zu suchen den HERRN Zebaoth; wir wollen auch mit euch gehen.

²²Also werden viele Völker und die Heiden in Haufen kommen, zu suchen den HERRN Zebaoth zu Jerusalem, zu bitten vor dem HERRN.

²³So spricht der HERR Zebaoth: Zu der Zeit werden zehn Männer aus allerlei Sprachen der Heiden einen jüdischen Mann bei dem Zipfel ergreifen und sagen: Wir wollen mit euch gehe; denn wir hören, daß Gott mit euch ist.

Kapitel 9

¹Dies ist die Last, davon der HERR redet über das Land Hadrach und die sich niederläßt auf Damaskus (denn der HERR schaut auf die Menschen und auf alle Stämme Israels);

²dazu über Hamath, die daran grenzt; über Tyrus und Sidon auch, die sehr weise sind.

³Denn Tyrus baute sich eine Feste und sammelte Silber wie Sand und Gold wie Kot auf der Gasse.

⁴Aber siehe, der HERR wird sie verderben und wird ihre Macht, die sie auf dem Meer hat, schlagen, und sie wird mit Feuer verbrannt werden.

⁵Wenn das Askalon sehen wird, wird sie erschrecken, und Gaza wird sehr Angst werden, dazu Ekron; denn ihre Zuversicht wird zu Schanden, und es wird aus sein mit dem König zu Gaza, und zu Askalon wird man nicht wohnen.

⁶Zu Asdod werden Fremde wohnen; und ich will der Philister Pracht ausrotten.

⁷Und ich will ihr Blut von ihrem Munde tun und ihre Greuel von ihren Zähnen, daß sie auch sollen unserm Gott übrigbleiben, daß sie werden wie Fürsten in Juda und Ekron wie die Jebusiter.

⁸Und ich will selbst um mein Haus das Lager sein wider das Kriegsvolk, daß es nicht dürfe hin und her ziehen, daß nicht mehr über sie fahre der Treiber; denn ich habe es nun angesehen mit meinen Augen.

⁹Aber du, Tochter Zion, freue dich sehr, und du, Tochter Jerusalem, jauchze! Siehe, dein König kommt zu dir, ein Gerechter und ein Helfer, arm, und reitet auf einem Esel und auf einem jungen Füllen der Eselin.

¹⁰Denn ich will die Wagen abtun von Ephraim und die Rosse von Jerusalem, und der Streitbogen soll zerbrochen werden; denn er wird Frieden lehren unter den Heiden; und seine Herrschaft wird sein von einem Meer bis ans andere und vom Strom bis an der Welt Ende.

¹¹Auch lasse ich durchs Blut deines Bundes los deine Gefangenen aus der Grube, darin kein Wasser ist.

¹²So kehrt euch nun zu der Festung, ihr, die ihr auf Hoffnung gefangen liegt; denn auch heute verkündige ich, daß ich dir Zwiefältiges vergelten will.

¹³Denn ich habe mir Juda gespannt zum Bogen und Ephraim gerüstet und will deine Kinder, Zion, erwecken über deine Kinder, Griechenland, und will dich machen zu einem Schwert der Riesen.

¹⁴Und der HERR wird über ihnen erscheinen, und seine Pfeile werden ausfahren wie der Blitz; und der HERR HERR wird die Posaune blasen und wird einhertreten wie die Wetter vom Mittag.

¹⁵Der HERR Zebaoth wird sie schützen, daß sie um sich fressen und unter sich treten die Schleudersteine, daß sie trinken und lärmen wie vom Wein und voll werden wie das Becken und wie die Ecken des Altars.

¹⁶Und der HERR, ihr Gott, wird ihnen zu der Zeit helfen als der Herde seines Volks; denn wie edle Steine werden sie in seinem Lande glänzen.

¹⁷Denn was haben sie doch Gutes, und was haben sie doch Schönes! Korn macht Jünglinge und Most macht Jungfrauen blühen.

Kapitel 10

¹So bittet nun vom HERRN Spätregen, so wird der HERR Gewölk machen und euch Regen genug geben zu allem Gewächs auf dem Felde.

²Denn die Götzen reden, was eitel ist; und die Wahrsager sehen Lüge und reden vergebliche Träume, und ihr Trösten ist nichts; darum gehen sie in der Irre wie eine Herde und sind verschmachtet, weil kein Hirte da ist.

³Mein Zorn ist ergrimmt über die Hirten, und die Böcke will ich heimsuchen; denn der HERR Zebaoth wird seine Herde heimsuchen, das Haus Juda, und wird sie zurichten wie ein Roß, das zum Streit geschmückt ist.

⁴Die Ecksteine, Nägel, Streitbogen, alle Herrscher sollen aus ihnen selbst herkommen;

⁵und sie sollen sein wie die Riesen, die den Kot auf der Gasse treten im Streit, und sollen streiten; denn der HERR wird mit ihnen sein, daß die Reiter zu Schanden werden.

⁶Und ich will das Haus Juda stärken und das Haus Joseph erretten und will sie wieder einsetzen; denn ich erbarme mich ihrer; und sie sollen sein, wie sie waren, da ich sie nicht verstoßen hatte. Denn ich, der HERR, ihr Gott, will sie erhören.

⁷Und Ephraim soll sein wie ein Riese, und ihr Herz soll fröhlich werden wie vom Wein; dazu ihre Kinder sollen's sehen und sich freuen, daß ihr Herz am HERRN fröhlich sei.

⁸Ich will ihnen zischen und sie sammeln, denn ich will sie erlösen; und sie sollen sich mehren, wie sie sich zuvor gemehrt haben.

⁹Und ich will sie unter die Völker säen, daß sie mein gedenken in fernen Landen; und sie sollen mit ihren Kindern leben und wiederkommen.

¹⁰Denn ich will sie wiederbringen aus Ägyptenland und will sie sammeln aus Assyrien und will sie ins Land Gilead und Libanon bringen, daß man nicht Raum für sie finden wird.

¹¹Und er wird durchs Meer der Angst gehen und die Wellen im Meer schlagen, daß alle Tiefen des Wassers vertrocknen werden. Da soll denn erniedrigt werden die Pracht von Assyrien, und das Zepter in Ägypten soll aufhören.

¹²Ich will sie stärken in dem HERRN, daß sie sollen wandeln in seinem Namen, spricht der HERR.

Kapitel 11

¹Tue deine Türen auf, Libanon, daß das Feuer deine Zedern verzehre!

²Heulet ihr Tannen! denn die Zedern sind gefallen, und die Herrlichen sind verstört. Heulet, ihr Eichen Basans! denn der feste Wald ist umgehauen.

³Man hört die Hirten heulen, denn ihre Herrlichkeit ist verstört; man hört die jungen Löwen brüllen, denn die Pracht des Jordans ist verstört.

⁴So spricht der HERR, mein Gott: Hüte die Schlachtschafe!

⁵Denn ihre Herren schlachten sie und halten's für keine Sünde, verkaufen sie und sprechen: Gelobt sei der HERR, ich bin nun reich! und ihre Hirten schonen ihrer nicht.

⁶Darum will ich auch nicht mehr schonen der Einwohner im Lande, spricht der HERR. Und siehe, ich will die Leute lassen einen jeglichen in der Hand des andern und in der Hand seines Königs, daß sie das Land zerschlagen, und will sie nicht erretten von ihrer Hand.

⁷Und ich hütete die Schlachtschafe, ja, die elenden unter den Schafen, und nahm zu mir zwei Stäbe: einen hieß ich Huld, den andern hieß ich Eintracht; und hütete die Schafe.

⁸Und ich vertilgte drei Hirten in einem Monat. Und ich mochte sie nicht mehr; so wollten sie mich auch nicht.

⁹Und ich sprach: Ich will euch nicht hüten; was da stirbt, das sterbe; was verschmachtet, das verschmachte; und die übrigen fresse ein jegliches des andern Fleisch!

¹⁰Und ich nahm meinen Stab Huld und zerbrach ihn, daß ich aufhöre meinen Bund, den ich mit allen Völkern gemacht hatte.

¹¹Und er ward aufgehoben des Tages. Und die elenden Schafe, die

auf mich achteten, merkten dabei, daß es des HERRN Wort wäre.

¹²Und ich sprach zu ihnen: Gefällt's euch, so bringet her, wieviel ich gelte; wo nicht, so laßt's anstehen. Und sie wogen dar, wieviel ich galt: dreißig Silberlinge.

¹³Und der HERR sprach zu mir: Wirf's hin, daß es dem Töpfer gegeben werde! Ei, eine treffliche Summe, der ich wert geachtet bin von ihnen! Und ich nahm die dreißig Silberlinge und warf sie ins Haus des HERRN, daß es dem Töpfer gegeben würde.

¹⁴Und ich zerbrach meinen andern Stab, Eintracht, daß ich aufhöbe die Bruderschaft zwischen Juda und Israel.

¹⁵Und der HERR sprach zu mir: Nimm abermals das Gerät eines törichten Hirten.

¹⁶Denn siehe, ich werde Hirten im Lande aufwecken, die das Verschmachtete nicht besuchen, das Zerschlagene nicht suchen und das Zerbrochene nicht heilen und das Gesunde nicht versorgen werden; aber das Fleisch der Fetten werden sie fressen und ihre Klauen zerreißen.

¹⁷O unnütze Hirten, die die Herde verlassen! Das Schwert komme auf ihren Arm und auf ihr rechtes Auge! Ihr Arm müsse verdorren und ihr rechtes Auge dunkel werden!

Kapitel 12

¹Dies ist die Last des Wortes vom HERRN über Israel, spricht der HERR, der den Himmel ausbreitet und die Erde gründet und den Odem des Menschen in ihm macht.

²Siehe, ich will Jerusalem zum Taumelbecher zurichten allen Völkern, die umher sind; auch Juda wird's gelten, wenn Jerusalem belagert wird.

³Zur selben Zeit will ich Jerusalem machen zum Laststein allen Völkern; alle, die ihn wegheben wollen, sollen sich daran zerschneiden; denn es werden sich alle Heiden auf Erden wider sie versammeln.

⁴Zu der Zeit, spricht der HERR, will ich alle Rosse scheu und ihren Reitern bange machen; aber über das Haus Juda will ich meine Augen offen haben und alle Rosse der Völker mit Blindheit plagen.

⁵Und die Fürsten in Juda werden sagen in ihrem Herzen: Es seien mir nur die Bürger zu Jerusalem getrost in dem HERRN Zebaoth, ihrem Gott.

⁶Zu der Zeit will ich die Fürsten Juda's machen zur Feuerpfanne im Holz und zur Fackel im Stroh, daß sie verzehren zur Rechten und zur Linken alle Völker um und um. Und Jerusalem soll auch fürder bleiben an ihrem Ort zu Jerusalem.

⁷Und der HERR wird zuerst die Hütten Juda's erretten, auf daß sich nicht hoch rühme das Haus David noch die Bürger zu Jerusalem wider Juda.

⁸Zu der Zeit wird der HERR beschirmen die Bürger zu Jerusalem, und es wird geschehen, daß, welcher schwach sein wird unter ihnen zu der Zeit, wird sein wie David; und das Haus David wird sein wie Gott, wie des HERRN Engel vor ihnen.

⁹Und zu der Zeit werde ich gedenken, zu vertilgen alle Heiden, die wider Jerusalem gezogen sind.

¹⁰Aber über das Haus David und über die Bürger zu Jerusalem will ich ausgießen den Geist der Gnade und des Gebets; und sie werden mich ansehen, welchen sie zerstochen haben, und werden um ihn klagen, wie man klagt um ein einziges Kind, und werden sich um ihn betrüben, wie man sich betrübt um ein erstes Kind.

¹¹Zu der Zeit wird große Klage sein zu Jerusalem, wie die war bei Hadad-Rimmon im Felde Megiddos.

¹²Und das Land wird klagen, ein jegliches Geschlecht besonders: das Geschlecht des Hauses David besonders und ihre Weiber besonders; das Geschlecht des Hauses Nathan besonders und ihre Weiber besonders;

¹³das Geschlecht des Hauses Levi besonders und ihre Weiber besonders; das Geschlecht Simeis besonders und ihre Weiber besonders;

¹⁴also alle übrigen Geschlechter, ein jegliches besonders und ihre Weiber auch besonders.

Kapitel 13

¹Zu der Zeit wird das Haus David und die Bürger zu Jerusalem einen freien, offenen Born haben wider die Sünde und Unreinigkeit.

²Zu der Zeit, spricht der HERR Zebaoth, will ich der Götzen Namen ausrotten aus dem Lande, daß man ihrer nicht mehr gedenken soll; dazu will ich auch die Propheten und unreinen Geister aus dem Lande treiben;

³daß es also gehen soll: wenn jemand weiter weissagt, sollen sein Vater und seine Mutter, die ihn gezeugt haben, zu ihm sagen: Du sollst nicht leben, denn du redest Falsches im Namen des HERRN; und werden also Vater und Mutter, die ihn gezeugt haben, ihn zerstechen, wenn er weissagt.

⁴Denn es soll zu der Zeit geschehen, daß die Propheten mit Schanden bestehen mit ihren Gesichten, wenn sie weissagen; und sollen nicht mehr einen härenen Mantel anziehen, damit sie betrügen;

⁵sondern er wird müssen sagen: Ich bin kein Prophet, sondern ein Ackermann; denn ich habe Menschen gedient von meiner Jugend auf.

⁶So man aber sagen wird zu ihm: Was sind das für Wunden in deinen Händen? wird er sagen: So bin ich geschlagen im Hause derer, die mich lieben.

⁷Schwert, mache dich auf über meinen Hirten und über den Mann, der mir der Nächste ist! spricht der HERR Zebaoth. Schlage den Hirten, so wird die Herde sich zerstreuen, so will ich meine Hand kehren zu den Kleinen.

⁸Und soll geschehen im ganzen Lande, spricht der HERR, daß zwei Teile darin sollen ausgerottet werden und untergehen, und der dritte Teil soll darin übrigbleiben.

⁹Und ich will den dritten Teil durchs Feuer führen und läutern, wie man Silber läutert, und prüfen, wie man Gold prüft. Die werden dann meinen Namen anrufen, und ich will sie erhören. Ich will sagen: Es ist mein Volk; und sie werden sagen HERR, mein Gott!

Kapitel 14

¹Siehe, es kommt dem HERRN die Zeit, daß man deinen Raub austeilen wird in dir.

²Denn ich werde alle Heiden wider Jerusalem sammeln zum Streit. Und die Stadt wird gewonnen, die Häuser geplündert und die Weiber geschändet werden; und die Hälfte der Stadt wird gefangen weggeführt werden, und das übrige Volk wird nicht aus der Stadt ausgerottet werden.

³Aber der HERR wird ausziehen und streiten wider diese Heiden, gleichwie er zu streiten pflegt zur Zeit des Streites.

⁴Und seine Füße werden stehen zu der Zeit auf dem Ölberge, der vor Jerusalem liegt gegen Morgen. Und der Ölberg wird sich mitten entzwei spalten, vom Aufgang bis zum Niedergang, sehr weit voneinander, daß sich eine Hälfte des Berges gegen Mitternacht und die andere gegen Mittag geben wird.

⁵Und ihr werdet fliehen in solchem Tal zwischen meinen Bergen, denn das Tal zwischen den Bergen wird nahe heranreichen an Azel, und werdet fliehen, wie ihr vorzeiten flohet vor dem Erdbeben zur Zeit Usias, des Königs Juda's. Da wird dann kommen der HERR, mein Gott, und alle Heiligen mit dir.

⁶Zu der Zeit wird kein Licht sein, sondern Kälte und Frost.

⁷Und wird ein Tag sein, der dem HERRN bekannt ist, weder Tag noch Nacht; und um den Abend wird es licht sein.

⁸Zu der Zeit werden lebendige Wasser aus Jerusalem fließen, die Hälfte zum Meer gegen Morgen und die andere Hälfte zum Meer gegen Abend; und es wird währen des Sommers und des Winters.

⁹Und der HERR wird König sein über alle Lande. Zu der Zeit wird der HERR nur einer sein und sein Name nur einer.

¹⁰Und man wird gehen im ganzen Lande umher wie auf einem Gefilde, von Geba nach Rimmon zu, gegen Mittag von Jerusalem. Und sie wird erhaben sein und wird bleiben an ihrem Ort, vom Tor Benjamin bis an den Ort des ersten Tores, bis an das Ecktor, und vom Turm Hananeel bis an des Königs Kelter.

¹¹Und man wird darin wohnen, und wird kein Bann mehr sein; denn Jerusalem wird ganz sicher wohnen.

¹²Und das wird die Plage sein, womit der HERR plagen wird alle Völker, so wider Jerusalem gestritten haben; ihr Fleisch wird verwesen, dieweil sie noch auf ihren Füßen stehen, und ihre Augen werden in den Löchern verwesen und ihre Zunge im Munde verwesen.

¹³Zu der Zeit wird der HERR ein großes Getümmel unter ihnen anrichten, daß einer wird den andern bei der Hand fassen und seine Hand wider des andern Hand erheben.

¹⁴Denn auch Juda wird wider Jerusalem streiten, und es werden versammelt werden die Güter aller Heiden, die umher sind, Gold, Silber, Kleider über die Maßen viel.

¹⁵Und da wird dann diese Plage gehen über Rosse, Maultiere, Kamele, Esel und allerlei Tiere, die in demselben Heer sind, gleichwie jene geplagt sind.

¹⁶Und alle übrigen unter allen Heiden, die wider Jerusalem zogen, werden jährlich heraufkommen, anzubeten den König, den HERRN Zebaoth, und zu halten das Laubhüttenfest.

¹⁷Welches Geschlecht aber auf Erden nicht heraufkommen wird gen Jerusalem, anzubeten den König, den HERRN Zebaoth, über die wird's nicht regnen.

¹⁸Und wo das Geschlecht der Ägypter nicht heraufzöge und käme, so wird's über sie auch nicht regnen. Das wird die Plage sein, womit der HERR plagen wird alle Heiden, die nicht heraufkommen, zu halten das

Laubhüttenfest.

¹⁹Denn das wird eine Sünde sein der Ägypter und aller Heiden, die nicht heraufkommen, zu halten das Laubhüttenfest.

²⁰Zu der Zeit wird auf den Schellen der Rosse stehen: Heilig dem HERRN! und werden Kessel im Hause des HERRN gleich sein wie die Becken vor dem Altar.

²¹Und es werden alle Kessel in Jerusalem und Juda dem HERRN Zebaoth heilig sein, also daß alle, die da opfern wollen, werden kommen und sie nehmen und darin kochen. Und wird kein Kanaaniter mehr sein im Hause des HERRN Zebaoth zu der Zeit.

Maleachi

Kapitel 1

¹Dies ist die Last, die der HERR redet wider Israel durch Maleachi.

²Ich habe euch lieb, spricht der HERR. So sprecht ihr: "Womit hast du uns lieb?" Ist nicht Esau Jakobs Bruder? spricht der HERR; und doch habe ich Jakob lieb

³und hasse Esau und habe sein Gebirge öde gemacht und sein Erbe den Schakalen zur Wüste.

⁴Und ob Edom sprechen würde: Wir sind verderbt, aber wir wollen das Wüste wieder erbauen! so spricht der HERR Zebaoth also: Werden sie bauen, so will ich abbrechen, und es soll heißen die verdammte Grenze und ein Volk, über das der HERR zürnt ewiglich.

⁵Das sollen eure Augen sehen, und ihr werdet sagen: Der HERR ist herrlich in den Grenzen Israels.

⁶Ein Sohn soll seinen Vater ehren und ein Knecht seinen Herrn. Bin ich nun Vater, wo ist meine Ehre? bin ich HERR, wo fürchtet man mich? spricht der HERR Zebaoth zu euch Priestern, die meinen Namen verachten. So sprecht ihr: "Womit verachten wir deinen Namen?"

⁷Damit daß ihr opfert auf meinem Altar unreines Brot. So sprecht ihr: "Womit opfern wir dir Unreines?" damit daß ihr sagt: "Des HERRN Tisch ist verachtet."

⁸Und wenn ihr ein blindes opfert, so muß es nicht böse heißen; und wenn ihr ein Lahmes oder Krankes opfert, so muß es auch nicht böse heißen. Bringe es deinem Fürsten! was gilt's, ob du ihm gefallen werdest, oder ob er deine Person ansehen werde? spricht der HERR Zebaoth.

⁹So bittet nun Gott, daß er uns gnädig sei! denn solches ist geschehen von euch. Meint ihr, er werde eure Person ansehen? spricht der HERR Zebaoth.

¹⁰Daß doch einer unter euch die Türen zuschlösse, damit ihr nicht umsonst auf meinem Altar Feuer anzündet! Ich habe kein Gefallen an euch, spricht der HERR Zebaoth, und das Speisopfer von euren Händen ist mir nicht angenehm.

¹¹Aber von Aufgang der Sonne bis zum Niedergang soll mein Name herrlich werden unter den Heiden, und an allen Orten soll meinem Namen geräuchert werden und ein reines Speisopfer geopfert werden; denn mein Name soll herrlich werden unter den Heiden, spricht der HERR Zebaoth.

¹²Ihr aber entheiligt ihn damit, daß ihr sagt: "Des HERR Tisch ist unheilig, und sein Opfer ist verachtet samt seiner Speise."

¹³Und ihr sprecht: "Siehe, es ist nur Mühe!" und schlagt es in den Wind, spricht der HERR Zebaoth. Und ihr bringt her, was geraubt, lahm und krank ist, und opfert dann Speisopfer. Sollte mir solches gefallen von eurer Hand? spricht der HERR.

¹⁴Verflucht sei der Betrüger, der in seiner Herde ein Männlein hat, und wenn er ein Gelübde tut, opfert er dem HERR ein untüchtiges. Denn ich bin ein großer König, spricht der HERR Zebaoth, und mein Name ist schrecklich unter den Heiden.

Kapitel 2

¹Und nun, ihr Priester, dies Gebot gilt euch.

²Wo ihr's nicht hört noch zu Herzen nehmen werdet, daß ihr meinem Namen die Ehre gebt, spricht der HERR Zebaoth, so werde ich den Fluch unter euch schicken und euren Segen verfluchen, ja verfluchen werde ich ihn, weil ihr's nicht wolltet zu Herzen nehmen.

³Siehe, ich will schelten euch samt der Saat und den Kot eurer Festopfer euch ins Angesicht werfen, und er soll an euch kleben bleiben.

⁴So werdet ihr dann erfahren, daß ich solches Gebot zu euch gesandt habe, daß es mein Bund sein sollte mit Levi, spricht der HERR Zebaoth.

⁵Denn mein Bund war mit ihm zum Leben und Frieden, und ich gab ihm die Furcht, daß er mich fürchtete und meinen Namen scheute.

⁶Das Gesetz der Wahrheit war in seinem Munde, und ward kein Böses in seinen Lippen gefunden. Er wandelte vor mir friedsam und aufrichtig und bekehrte viele von Sünden.

⁷Denn des Priesters Lippen sollen die Lehre bewahren, daß man aus seinem Munde das Gesetz suche; denn er ist ein Engel des HERRN Zebaoth.

⁸Ihr aber seid von dem Wege abgetreten und ärgert viele im Gesetz und habt den Bund Levis gebrochen, spricht der HERR Zebaoth.

⁹Darum habe ich auch euch gemacht, daß ihr verachtet und unwert seid vor dem ganzen Volk, weil ihr meine Wege nicht haltet und seht Personen an im Gesetz.

¹⁰Haben nicht alle einen Vater? Hat uns nicht ein Gott geschaffen? Warum verachten wir denn einer den andern und entheilgen den Bund, mit unsern Vätern gemacht?

¹¹Denn Juda ist ein Verräter geworden, und in Israel und zu Jerusalem geschehen Greuel. Denn Juda entheiligt, was dem HERRN heilig ist und was er liebhat, und buhlt mit eines fremden Gottes Tochter.

¹²Aber der HERR wird den, so solches tut, ausrotten aus der Hütte Jakobs, beide, Meister und Schüler, samt dem, der dem HERRN Zebaoth Speisopfer bringt.

¹³Weiter tut ihr auch das: ihr bedeckt den Altar des HERRN mit Tränen und Weinen und Seufzen, daß ich nicht mehr mag das Speisopfer ansehen noch etwas Angenehmes von euren Händen empfangen.

¹⁴Und so sprecht ihr: "Warum das?" Darum daß der HERR zwischen dir und dem Weibe deiner Jugend Zeuge war, die du verachtest, so sie doch deine Gesellin und ein Weib deines Bundes ist.

¹⁵Also tat der Eine nicht, und war doch großen Geistes. Was tat aber der Eine? Er suchte den Samen, von Gott verheißen. Darum so sehet euch vor vor eurem Geist und verachte keiner das Weib seiner Jugend.

¹⁶Wer ihr aber gram ist und verstößt sie, spricht der HERR, der Gott Israels, der bedeckt mit Frevel sein Kleid, spricht der HERR Zebaoth. Darum so seht euch vor vor eurem Geist und verachtet sie nicht.

¹⁷Ihr macht den HERRN unwillig durch eure Reden. So sprecht ihr: "Womit machen wir ihn unwillig?" damit daß ihr sprecht: "Wer Böses tut, der gefällt dem HERRN, und zu solchen hat er Lust", oder: "Wo ist der Gott, der da strafe?"

Kapitel 3

¹Siehe, ich will meinen Engel senden, der vor mir her den Weg bereiten soll. Und bald wird kommen zu seinem Tempel der HERR, den ihr suchet; der Engel des Bundes, des ihr begehret, siehe, er kommt! spricht der HERR Zebaoth.

²Wer wird aber den Tag seiner Zukunft erleiden können, und wer wird bestehen, wenn er wird erscheinen? Denn er ist wie das Feuer eines Goldschmieds und wie die Seifen der Wäscher.

³Er wird sitzen und schmelzen und das Silber reinigen; er wird die Kinder Levi reinigen und läutern wie Gold und Silber. Dann werden sie dem HERRN Speisopfer bringen in Gerechtigkeit,

⁴und wird dem HERRN wohl gefallen das Speisopfer Juda's und Jerusalems wie vormals und vor langen Jahren.

⁵Und ich will zu euch kommen und euch strafen und will ein schneller Zeuge sein wider die Zauberer, Ehebrecher und Meineidigen und wider die, so Gewalt und Unrecht tun den Tagelöhnern, Witwen und Waisen und den Fremdling drücken und mich nicht fürchten, spricht der HERR Zebaoth.

⁶Denn ich bin der HERR und wandle mich nicht; und es soll mit euch Kindern Jakobs nicht gar aus sein.

⁷Ihr seid von eurer Väter Zeit immerdar abgewichen von meinen Geboten und habt sie nicht gehalten. So bekehrt euch nun zu mir, so will ich mich zu euch auch kehren, spricht der HERR Zebaoth. So sprecht ihr: "Worin sollen wir uns bekehren?"

⁸Ist's recht, daß ein Mensch Gott täuscht, wie ihr mich den täuschet? So sprecht ihr: "Womit täuschen wir dich?" Am Zehnten und Hebopfer.

⁹Darum seid ihr auch verflucht, daß euch alles unter den Händen zerrinnt; denn ihr täuscht mich allesamt.

¹⁰Bringt mir den Zehnten ganz in mein Kornhaus, auf daß in meinem Hause Speise sei, und prüft mich hierin, spricht der HERR Zebaoth, ob ich euch nicht des Himmels Fenster auftun werde und Segen herabschütten die Fülle.

¹¹Und ich will für euch den Fresser schelten, daß er euch die Frucht auf dem Felde nicht verderben soll und der Weinstock im Acker euch nicht unfruchtbar sei, spricht der HERR Zebaoth;

¹²daß euch alle Heiden sollen selig preisen, denn ihr sollt ein wertes Land sein, spricht der HERR Zebaoth.

¹³Ihr redet hart wider mich, spricht der HERR. So sprecht ihr: "Was reden wir wider dich?"

¹⁴Damit daß ihr sagt: Es ist umsonst, daß man Gott dient; und was nützt es, daß wir sein Gebot halten und ein hartes Leben vor dem HERR Zebaoth führen?

¹⁵Darum preisen wir die Verächter; denn die Gottlosen nehmen

zu; sie versuchen Gott, und alles geht ihnen wohl aus.

¹⁶Aber die Gottesfürchtigen trösten sich untereinander also: Der HERR merkt und hört es, und vor ihm ist ein Denkzettel geschrieben für die, so den HERRN fürchten und an seinen Namen gedenken.

¹⁷Sie sollen spricht der HERR Zebaoth, des Tages, den ich machen will, mein Eigentum sein; und ich will ihrer schonen, wie ein Mann seines Sohnes schont, der ihm dient.

¹⁸Und ihr sollt dagegen wiederum den Unterschied sehen, was für ein Unterschied sei zwischen dem Gerechten und dem Gottlosen, und zwischen dem, der Gott dient, und dem, der ihm nicht dient.

Kapitel 4

¹Denn siehe, es kommt ein Tag, der brennen soll wie ein Ofen; da werden alle Verächter und Gottlosen Stroh sein, und der künftige Tag wird sie anzünden, spricht der HERR Zebaoth, und wird ihnen weder Wurzel noch Zweige lassen.

²Euch aber, die ihr meinen Namen fürchtet, soll aufgehen die Sonne der Gerechtigkeit und Heil unter ihren Flügeln; und ihr sollt aus und eingehen und hüpfen wie die Mastkälber.

³Ihr werdet die Gottlosen zertreten; denn sie sollen Asche unter euren Füßen werden des Tages, den ich machen will, spricht der HERR Zebaoth.

⁴Gedenkt des Gesetzes Mose's, meines Knechtes, das ich ihm befohlen habe auf dem Berge Horeb an das ganze Israel samt den Geboten und Rechten.

⁵Siehe, ich will euch senden den Propheten Elia, ehe denn da komme der große und schreckliche Tag des HERRN.

⁶Der soll das Herz der Väter bekehren zu den Kindern und das Herz der Kinder zu ihren Vätern, daß ich nicht komme und das Erdreich mit dem Bann schlage.

Matthäus

Neues Testament

Matthäus

Kapitel 1

¹Dies ist das Buch von der Geburt Jesu Christi, der da ist ein Sohn Davids, des Sohnes Abrahams.

²Abraham zeugte Isaak. Isaak zeugte Jakob. Jakob zeugte Juda und seine Brüder.

³Juda zeugte Perez und Serah von Thamar. Perez zeugte Hezron. Hezron zeugte Ram.

⁴Ram zeugte Amminadab. Amminadab zeugte Nahesson. Nahesson zeugte Salma.

⁵Salma zeugte Boas von der Rahab. Boas zeugte Obed von der Ruth. Obed zeugte Jesse.

⁶Jesse zeugte den König David. Der König David zeugte Salomo von dem Weib des Uria.

⁷Salomo zeugte Rehabeam. Rehabeam zeugte Abia. Abia zeugte Asa.

⁸Asa zeugte Josaphat. Josaphat zeugte Joram. Joram zeugte Usia.

⁹Usia zeugte Jotham. Jotham zeugte Ahas. Ahas zeugte Hiskia.

¹⁰Hiskia zeugte Manasse. Manasse zeugte Amon. Amon zeugte Josia.

¹¹Josia zeugte Jechonja und seine Brüder um die Zeit der babylonischen Gefangenschaft.

¹²Nach der babylonischen Gefangenschaft zeugte Jechonja Sealthiel. Sealthiel zeugte Serubabel.

¹³Serubabel zeugte Abiud. Abiud zeugte Eliakim. Eliakim zeugte Asor.

¹⁴Asor zeugte Zadok. Zadok zeugte Achim. Achim zeugte Eliud.

¹⁵Eliud zeugte Eleasar. Eleasar zeugte Matthan. Matthan zeugte Jakob.

¹⁶Jakob zeugte Joseph, den Mann Marias, von welcher ist geboren Jesus, der da heißt Christus.

¹⁷Alle Glieder von Abraham bis auf David sind vierzehn Glieder. Von David bis auf die Gefangenschaft sind vierzehn Glieder. Von der babylonischen Gefangenschaft bis auf Christus sind vierzehn Glieder.

¹⁸Die Geburt Christi war aber also getan. Als Maria, seine Mutter, dem Joseph vertraut war, fand sich's ehe er sie heimholte, daß sie schwanger war von dem heiligen Geist.

¹⁹Joseph aber, ihr Mann, war fromm und wollte sie nicht in Schande bringen, gedachte aber, sie heimlich zu verlassen.

²⁰Indem er aber also gedachte, siehe, da erschien ihm ein Engel des HERRN im Traum und sprach: Joseph, du Sohn Davids, fürchte dich nicht, Maria, dein Gemahl, zu dir zu nehmen; denn das in ihr geboren ist, das ist von dem heiligen Geist.

²¹Und sie wird einen Sohn gebären, des Namen sollst du Jesus heißen; denn er wird sein Volk selig machen von ihren Sünden.

²²Das ist aber alles geschehen, auf daß erfüllt würde, was der HERR durch den Propheten gesagt hat, der da spricht:

²³"Siehe, eine Jungfrau wird schwanger sein und einen Sohn gebären, und sie werden seinen Namen Immanuel heißen", das ist verdolmetscht: Gott mit uns.

²⁴Da nun Joseph vom Schlaf erwachte, tat er, wie ihm des HERRN Engel befohlen hatte, und nahm sein Gemahl zu sich.

²⁵Und er erkannte sie nicht, bis sie ihren ersten Sohn gebar; und hieß seinen Namen Jesus.

Kapitel 2

¹Da Jesus geboren war zu Bethlehem im jüdischen Lande, zur Zeit des Königs Herodes, siehe, da kamen die Weisen vom Morgenland nach Jerusalem und sprachen:

²Wo ist der neugeborene König der Juden? Wir haben seinen Stern gesehen im Morgenland und sind gekommen, ihn anzubeten.

³Da das der König Herodes hörte, erschrak er und mit ihm das ganze Jerusalem.

⁴Und ließ versammeln alle Hohenpriester und Schriftgelehrten unter dem Volk und erforschte von ihnen, wo Christus sollte geboren werden.

⁵Und sie sagten ihm: Zu Bethlehem im jüdischen Lande; denn also steht geschrieben durch den Propheten:

⁶"Und du Bethlehem im jüdischen Lande bist mitnichten die kleinste unter den Fürsten Juda's; denn aus dir soll mir kommen der Herzog, der über mein Volk Israel ein HERR sei."

⁷Da berief Herodes die Weisen heimlich und erlernte mit Fleiß von ihnen, wann der Stern erschienen wäre,

⁸und wies sie gen Bethlehem und sprach: Ziehet hin und forschet fleißig nach dem Kindlein; wenn ihr's findet, so sagt mir's wieder, daß ich auch komme und es anbete.

⁹Als sie nun den König gehört hatten, zogen sie hin. Und siehe, der Stern, den sie im Morgenland gesehen hatten, ging vor ihnen hin, bis daß er kam und stand oben über, da das Kindlein war.

¹⁰Da sie den Stern sahen, wurden sie hoch erfreut

¹¹und gingen in das Haus und fanden das Kindlein mit Maria, seiner Mutter, und fielen nieder und beteten es an und taten ihre Schätze auf und schenkten ihm Gold, Weihrauch und Myrrhe.

¹²Und Gott befahl ihnen im Traum, daß sie sich nicht sollten wieder zu Herodes lenken; und sie zogen durch einen anderen Weg wieder in ihr Land.

¹³Da sie aber hinweggezogen waren, siehe, da erschien der Engel des HERRN dem Joseph im Traum und sprach: Stehe auf und nimm das Kindlein und seine Mutter zu dir und flieh nach Ägyptenland und bleib allda, bis ich dir sage; denn es ist vorhanden, daß Herodes das Kindlein suche, dasselbe umzubringen.

¹⁴Und er stand auf und nahm das Kindlein und seine Mutter zu sich bei der Nacht und entwich nach Ägyptenland.

¹⁵Und blieb allda bis nach dem Tod des Herodes, auf daß erfüllt würde, was der HERR durch den Propheten gesagt hat, der da spricht: "Aus Ägypten habe ich meinen Sohn gerufen."

¹⁶Da Herodes nun sah, daß er von den Weisen betrogen war, ward er sehr zornig und schickte aus und ließ alle Kinder zu Bethlehem töten und an seinen ganzen Grenzen, die da zweijährig und darunter waren, nach der Zeit, die er mit Fleiß von den Weisen erlernt hatte.

¹⁷Da ist erfüllt, was gesagt ist von dem Propheten Jeremia, der da spricht:

¹⁸"Auf dem Gebirge hat man ein Geschrei gehört, viel Klagens, Weinens und Heulens; Rahel beweinte ihre Kinder und wollte sich nicht trösten lassen, denn es war aus mit ihnen."

¹⁹Da aber Herodes gestorben war, siehe, da erschien der Engel des HERRN dem Joseph im Traum in Ägyptenland

²⁰und sprach: Stehe auf und nimm das Kindlein und seine Mutter zu dir und zieh hin in das Land Israel; sie sind gestorben, die dem Kinde nach dem Leben standen.

²¹Und er stand auf und nahm das Kindlein und sein Mutter zu sich und kam in das Land Israel.

²²Da er aber hörte, daß Archelaus im jüdischen Lande König war anstatt seines Vaters Herodes, fürchtete er sich, dahin zu kommen. Und im Traum empfing er Befehl von Gott und zog in die Örter des galiläischen Landes.

²³und kam und wohnte in der Stadt die da heißt Nazareth; auf das erfüllet würde, was da gesagt ist durch die Propheten: Er soll Nazarenus heißen.

Kapitel 3

¹Zu der Zeit kam Johannes der Täufer und predigte in der Wüste des jüdischen Landes

²und sprach: Tut Buße, das Himmelreich ist nahe herbeigekommen!

³Und er ist der, von dem der Prophet Jesaja gesagt hat und gesprochen: "Es ist eine Stimme eines Predigers in der Wüste: Bereitet dem HERRN den Weg und macht richtig seine Steige!"

⁴Er aber, Johannes, hatte ein Kleid von Kamelhaaren und einen ledernen Gürtel um seine Lenden; seine Speise aber war Heuschrecken und wilder Honig.

⁵Da ging zu ihm hinaus die Stadt Jerusalem und das ganze jüdische Land und alle Länder an dem Jordan

⁶und ließen sich taufen von ihm im Jordan und bekannten ihre Sünden.

⁷Als er nun viele Pharisäer und Sadduzäer sah zu seiner Taufe kommen, sprach er zu ihnen: Ihr Otterngezüchte, wer hat denn euch gewiesen, daß ihr dem künftigen Zorn entrinnen werdet?

⁸Sehet zu, tut rechtschaffene Frucht der Buße!

⁹Denket nur nicht, daß ihr bei euch wollt sagen: Wir haben Abraham zum Vater. Ich sage euch: Gott vermag dem Abraham aus diesen Steinen Kinder zu erwecken.

¹⁰Es ist schon die Axt den Bäumen an die Wurzel gelegt. Darum,

welcher Baum nicht gute Frucht bringt, wird abgehauen und ins Feuer geworfen.

¹¹Ich taufe euch mit Wasser zur Buße; der aber nach mir kommt, ist stärker denn ich, dem ich nicht genugsam bin, seine Schuhe zu tragen; der wird euch mit dem Heiligen Geist und mit Feuer taufen.

¹²Und er hat seine Wurfschaufel in der Hand: er wird seine Tenne fegen und den Weizen in seine Scheune sammeln; aber die Spreu wird er verbrennen mit ewigem Feuer.

¹³Zu der Zeit kam Jesus aus Galiläa an den Jordan zu Johannes, daß er sich von ihm taufen ließe.

¹⁴Aber Johannes wehrte ihm und sprach: Ich bedarf wohl, daß ich von dir getauft werde, und du kommst zu mir?

¹⁵Jesus aber antwortete und sprach zu ihm: Laß es jetzt also sein! also gebührt es uns, alle Gerechtigkeit zu erfüllen. Da ließ er's ihm zu.

¹⁶Und da Jesus getauft war, stieg er alsbald herauf aus dem Wasser; und siehe, da tat sich der Himmel auf Über ihm. Und er sah den Geist Gottes gleich als eine Taube herabfahren und über ihn kommen.

¹⁷Und siehe, eine Stimme vom Himmel herab sprach: Dies ist mein lieber Sohn, an welchem ich Wohlgefallen habe.

Kapitel 4

¹Da ward Jesus vom Geist in die Wüste geführt, auf daß er von dem Teufel versucht würde.

²Und da er vierzig Tage und vierzig Nächte gefastet hatte, hungerte ihn.

³Und der Versucher trat zu ihm und sprach: Bist du Gottes Sohn, so sprich, daß diese Steine Brot werden.

⁴Und er antwortete und sprach: Es steht geschrieben: "Der Mensch lebt nicht vom Brot allein, sondern von einem jeglichen Wort, das durch den Mund Gottes geht."

⁵Da führte ihn der Teufel mit sich in die Heilige Stadt und stellte ihn auf die Zinne des Tempels

⁶und sprach zu ihm: Bist du Gottes Sohn, so laß dich hinab; denn es steht geschrieben: Er wird seinen Engeln über dir Befehl tun, und sie werden dich auf Händen tragen, auf daß du deinen Fuß nicht an einen Stein stoßest.

⁷Da sprach Jesus zu ihm: Wiederum steht auch geschrieben: "Du sollst Gott, deinen HERRN, nicht versuchen."

⁸Wiederum führte ihn der Teufel mit sich auf einen sehr hohen Berg und zeigte ihm alle Reiche der Welt und ihre Herrlichkeit

⁹und sprach zu ihm: Das alles will ich dir geben, so du niederfällst und mich anbetest.

¹⁰Da sprach Jesus zu ihm: Hebe dich weg von mir Satan! denn es steht geschrieben: "Du sollst anbeten Gott, deinen HERRN, und ihm allein dienen."

¹¹Da verließ ihn der Teufel; und siehe, da traten die Engel zu ihm und dienten ihm.

¹²Da nun Jesus hörte, daß Johannes überantwortet war, zog er in das galiläische Land.

¹³Und verließ die Stadt Nazareth, kam und wohnte zu Kapernaum, das da liegt am Meer, im Lande Sebulon und Naphthali,

¹⁴auf das erfüllet würde, was da gesagt ist durch den Propheten Jesaja, der da spricht:

¹⁵"Das Land Sebulon und das Land Naphthali, am Wege des Meeres, jenseit des Jordans, und das heidnische Galiläa,

¹⁶das Volk, das in Finsternis saß, hat ein großes Licht gesehen; und die da saßen am Ort und Schatten des Todes, denen ist ein Licht aufgegangen."

¹⁷Von der Zeit an fing Jesus an, zu predigen und zu sagen: Tut Buße, das Himmelreich ist nahe herbeigekommen!

¹⁸Als nun Jesus an dem Galiläischen Meer ging, sah er zwei Brüder, Simon, der da heißt Petrus, und Andreas, seinen Bruder, die warfen ihre Netze ins Meer; denn sie waren Fischer.

¹⁹Und er sprach zu ihnen: Folget mir nach; ich will euch zu Menschenfischern machen!

²⁰Alsbald verließen sie ihre Netze und folgten ihm nach.

²¹Und da er von da weiterging, sah er zwei andere Brüder, Jakobus, den Sohn des Zebedäus, und Johannes, seinen Bruder, im Schiff mit ihrem Vater Zebedäus, daß sie ihre Netze flickten; und er rief sie.

²²Alsbald verließen sie das Schiff und ihren Vater und folgten ihm nach.

²³Und Jesus ging umher im ganzen galiläischen Lande, lehrte sie in ihren Schulen und predigte das Evangelium von dem Reich und heilte allerlei Seuche und Krankheit im Volk.

²⁴Und sein Gerücht erscholl in das ganze Syrienland. Und sie brachten zu ihm allerlei Kranke, mit mancherlei Seuchen und Qual behaftet, die Besessenen, die Mondsüchtigen und Gichtbrüchigen; und er machte sie alle gesund.

²⁵Und es folgte ihm nach viel Volks aus Galiläa, aus den Zehn-Städten, von Jerusalem, aus dem jüdischen Lande und von jenseits des Jordans.

Kapitel 5

¹Da er aber das Volk sah, ging er auf einen Berg und setzte sich; und seine Jünger traten zu ihm,

²Und er tat seinen Mund auf, lehrte sie und sprach:

³Selig sind, die da geistlich arm sind; denn das Himmelreich ist ihr.

⁴Selig sind, die da Leid tragen; denn sie sollen getröstet werden.

⁵Selig sind die Sanftmütigen; denn sie werden das Erdreich besitzen.

⁶Selig sind, die da hungert und dürstet nach der Gerechtigkeit; denn sie sollen satt werden.

⁷Selig sind die Barmherzigen; denn sie werden Barmherzigkeit erlangen.

⁸Selig sind, die reines Herzens sind; denn sie werden Gott schauen.

⁹Selig sind die Friedfertigen; denn sie werden Gottes Kinder heißen.

¹⁰Selig sind, die um Gerechtigkeit willen verfolgt werden; denn das Himmelreich ist ihr.

¹¹Selig seid ihr, wenn euch die Menschen um meinetwillen schmähen und verfolgen und reden allerlei Übles gegen euch, so sie daran lügen.

¹²Seid fröhlich und getrost; es wird euch im Himmel wohl belohnt werden. Denn also haben sie verfolgt die Propheten, die vor euch gewesen sind.

¹³Ihr seid das Salz der Erde. Wo nun das Salz dumm wird, womit soll man's salzen? Es ist hinfort zu nichts nütze, denn das man es hinausschütte und lasse es die Leute zertreten.

¹⁴Ihr seid das Licht der Welt. Es kann die Stadt, die auf einem Berge liegt, nicht verborgen sein.

¹⁵Man zündet auch nicht ein Licht an und setzt es unter einen Scheffel, sondern auf einen Leuchter; so leuchtet es denn allen, die im Hause sind.

¹⁶Also laßt euer Licht leuchten vor den Leuten, daß sie eure guten Werke sehen und euren Vater im Himmel preisen.

¹⁷Ihr sollt nicht wähnen, daß ich gekommen bin, das Gesetz oder die Propheten aufzulösen; ich bin nicht gekommen, aufzulösen, sondern zu erfüllen.

¹⁸Denn ich sage euch wahrlich: Bis daß Himmel und Erde zergehe, wird nicht zergehen der kleinste Buchstabe noch ein Tüttel vom Gesetz, bis daß es alles geschehe.

¹⁹Wer nun eines von diesen kleinsten Geboten auflöst und lehrt die Leute also, der wird der Kleinste heißen im Himmelreich; wer es aber tut und lehrt, der wird groß heißen im Himmelreich.

²⁰Denn ich sage euch: Es sei denn eure Gerechtigkeit besser als der Schriftgelehrten und Pharisäer, so werdet ihr nicht in das Himmelreich kommen.

²¹Ihr habt gehört, daß zu den Alten gesagt ist: "Du sollst nicht töten; wer aber tötet, der soll des Gerichts schuldig sein."

²²Ich aber sage euch: Wer mit seinem Bruder zürnet, der ist des Gerichts schuldig; wer aber zu seinem Bruder sagt: Racha! der ist des Rats schuldig; wer aber sagt: Du Narr! der ist des höllischen Feuers schuldig.

²³Darum, wenn du deine Gabe auf dem Altar opferst und wirst allda eingedenk, daß dein Bruder etwas wider dich habe,

²⁴so laß allda vor dem Altar deine Gabe und gehe zuvor hin und versöhne dich mit deinem Bruder, und alsdann komm und opfere deine Gabe.

²⁵Sei willfährig deinem Widersacher bald, dieweil du noch bei ihm auf dem Wege bist, auf daß dich der Widersacher dermaleinst überantworte dem Richter, und der Richter überantworte dich dem Diener, und wirst in den Kerker geworfen.

²⁶Ich sage dir wahrlich: Du wirst nicht von dannen herauskommen, bis du auch den letzten Heller bezahlest.

²⁷Ihr habt gehört, daß zu den Alten gesagt ist: "Du sollst nicht ehebrechen."

²⁸Ich aber sage euch: Wer ein Weib ansieht, ihrer zu begehren, der hat schon mit ihr die Ehe gebrochen in seinem Herzen.

²⁹Ärgert dich aber dein rechtes Auge, so reiß es aus und wirf's von dir. Es ist dir besser, daß eins deiner Glieder verderbe, und nicht der ganze Leib in die Hölle geworfen werde.

Matthäus

³⁰Ärgert dich deine rechte Hand, so haue sie ab und wirf sie von dir. Es ist dir besser, daß eins deiner Glieder verderbe, und nicht der ganze Leib in die Hölle geworfen werde.

³¹Es ist auch gesagt: "Wer sich von seinem Weibe scheidet, der soll ihr geben einen Scheidebrief."

³²Ich aber sage euch: Wer sich von seinem Weibe scheidet (es sei denn um Ehebruch), der macht, daß sie die Ehe bricht; und wer eine Abgeschiedene freit, der bricht die Ehe.

³³Ihr habt weiter gehört, daß zu den Alten gesagt ist: "Du sollst keinen falschen Eid tun und sollst Gott deinen Eid halten."

³⁴Ich aber sage euch, daß ihr überhaupt nicht schwören sollt, weder bei dem Himmel, denn er ist Gottes Stuhl,

³⁵noch bei der Erde, denn sie ist seiner Füße Schemel, noch bei Jerusalem, denn sie ist des großen Königs Stadt.

³⁶Auch sollst du nicht bei deinem Haupt schwören, denn du vermagst nicht ein einziges Haar schwarz oder weiß zu machen.

³⁷Eure Rede aber sei: Ja, ja; nein, nein. Was darüber ist, das ist vom Übel.

³⁸Ihr habt gehört, daß da gesagt ist: "Auge um Auge, Zahn um Zahn."

³⁹Ich aber sage euch, daß ihr nicht widerstreben sollt dem Übel; sondern, so dir jemand einen Streich gibt auf deinen rechten Backen, dem biete den andern auch dar.

⁴⁰Und so jemand mit dir rechten will und deinen Rock nehmen, dem laß auch den Mantel.

⁴¹Und so dich jemand nötigt eine Meile, so gehe mit ihm zwei.

⁴²Gib dem, der dich bittet, und wende dich nicht von dem, der dir abborgen will.

⁴³Ihr habt gehört, daß gesagt ist: "Du sollst deinen Nächsten lieben und deinen Feind hassen."

⁴⁴Ich aber sage euch: Liebet eure Feinde; segnet, die euch fluchen; tut wohl denen, die euch hassen; bittet für die, so euch beleidigen und verfolgen,

⁴⁵auf daß ihr Kinder seid eures Vater im Himmel; denn er läßt seine Sonne aufgehen über die Bösen und über die Guten und läßt regnen über Gerechte und Ungerechte.

⁴⁶Denn so ihr liebet, die euch lieben, was werdet ihr für Lohn haben? Tun nicht dasselbe auch die Zöllner?

⁴⁷Und so ihr euch nur zu euren Brüdern freundlich tut, was tut Sonderliches? Tun nicht die Zöllner auch also?

⁴⁸Darum sollt ihr vollkommen sein, gleichwie euer Vater im Himmel vollkommen ist.

Kapitel 6

¹Habt acht auf eure Almosen, daß ihr die nicht gebet vor den Leuten, daß ihr von ihnen gesehen werdet; ihr habt anders keinen Lohn bei eurem Vater im Himmel.

²Wenn du Almosen gibst, sollst du nicht lassen vor dir posaunen, wie die Heuchler tun in den Schulen und auf den Gassen, auf daß sie von den Leuten gepriesen werden. Wahrlich ich sage euch: Sie haben ihren Lohn dahin.

³Wenn du aber Almosen gibst, so laß deine linke Hand nicht wissen, was die rechte tut,

⁴auf daß dein Almosen verborgen sei; und dein Vater, der in das Verborgene sieht, wird dir's vergelten öffentlich.

⁵Und wenn du betest, sollst du nicht sein wie die Heuchler, die da gerne stehen und beten in den Schulen und an den Ecken auf den Gassen, auf daß sie von den Leuten gesehen werden. Wahrlich ich sage euch: Sie haben ihren Lohn dahin.

⁶Wenn aber du betest, so gehe in dein Kämmerlein und schließ die Tür zu und bete zu deinem Vater im Verborgenen; und dein Vater, der in das Verborgene sieht, wird dir's vergelten öffentlich.

⁷Und wenn ihr betet, sollt ihr nicht viel plappern wie die Heiden; denn sie meinen, sie werden erhört, wenn sie viel Worte machen.

⁸Darum sollt ihr euch ihnen nicht gleichstellen. Euer Vater weiß, was ihr bedürfet, ehe ihr ihn bittet.

⁹Darum sollt ihr also beten: Unser Vater in dem Himmel! Dein Name werde geheiligt.

¹⁰Dein Reich komme. Dein Wille geschehe auf Erden wie im Himmel.

¹¹Unser täglich Brot gib uns heute.

¹²Und vergib uns unsere Schuld, wie wir unseren Schuldigern vergeben.

¹³Und führe uns nicht in Versuchung, sondern erlöse uns von dem Übel. Denn dein ist das Reich und die Kraft und die Herrlichkeit in Ewigkeit. Amen.

¹⁴Denn so ihr den Menschen ihre Fehler vergebet, so wird euch euer himmlischer Vater auch vergeben,

¹⁵Wo ihr aber den Menschen ihre Fehler nicht vergebet, so wird euch euer Vater eure Fehler auch nicht vergeben.

¹⁶Wenn ihr fastet, sollt ihr nicht sauer sehen wie die Heuchler; denn sie verstellen ihr Angesicht, auf daß sie vor den Leuten scheinen mit ihrem Fasten. Wahrlich ich sage euch: Sie haben ihren Lohn dahin.

¹⁷Wenn du aber fastest, so salbe dein Haupt und wasche dein Angesicht,

¹⁸auf daß du nicht scheinest vor den Leuten mit deinem Fasten, sondern vor deinem Vater, welcher verborgen ist; und dein Vater, der in das Verborgene sieht, wird dir's vergelten öffentlich.

¹⁹Ihr sollt euch nicht Schätze sammeln auf Erden, da sie die Motten und der Rost fressen und da die Diebe nachgraben und stehlen.

²⁰Sammelt euch aber Schätze im Himmel, da sie weder Motten noch Rost fressen und da die Diebe nicht nachgraben noch stehlen.

²¹Denn wo euer Schatz ist, da ist auch euer Herz.

²²Das Auge ist des Leibes Licht. Wenn dein Auge einfältig ist, so wird dein ganzer Leib licht sein;

²³ist aber dein Auge ein Schalk, so wird dein ganzer Leib finster sein. Wenn nun das Licht, das in dir ist, Finsternis ist, wie groß wird dann die Finsternis sein!

²⁴Niemand kann zwei Herren dienen: entweder er wird den einen hassen und den andern lieben, oder er wird dem einen anhangen und den andern verachten. Ihr könnt nicht Gott dienen und dem Mammon.

²⁵Darum sage ich euch: Sorget nicht für euer Leben, was ihr essen und trinken werdet, auch nicht für euren Leib, was ihr anziehen werdet. Ist nicht das Leben mehr denn Speise? und der Leib mehr denn die Kleidung?

²⁶Sehet die Vögel unter dem Himmel an: sie säen nicht, sie ernten nicht, sie sammeln nicht in die Scheunen; und euer himmlischer Vater nährt sie doch. Seid ihr denn nicht viel mehr denn sie?

²⁷Wer ist aber unter euch, der seiner Länge eine Elle zusetzen möge, ob er gleich darum sorget?

²⁸Und warum sorget ihr für die Kleidung? Schaut die Lilien auf dem Felde, wie sie wachsen: sie arbeiten nicht, auch spinnen sie nicht.

²⁹Ich sage euch, daß auch Salomo in aller seiner Herrlichkeit nicht bekleidet gewesen ist wie derselben eins.

³⁰So denn Gott das Gras auf dem Felde also kleidet, das doch heute steht und morgen in den Ofen geworfen wird: sollte er das nicht viel mehr euch tun, o ihr Kleingläubigen?

³¹Darum sollt ihr nicht sorgen und sagen: Was werden wir essen, was werden wir trinken, womit werden wir uns kleiden?

³²Nach solchem allem trachten die Heiden. Denn euer himmlischer Vater weiß, daß ihr des alles bedürfet.

³³Trachtet am ersten nach dem Reich Gottes und nach seiner Gerechtigkeit, so wird euch solches alles zufallen.

³⁴Darum sorgt nicht für den andern Morgen; denn der morgende Tag wird für das Seine sorgen. Es ist genug, daß ein jeglicher Tag seine eigene Plage habe.

Kapitel 7

¹Richtet nicht, auf daß ihr nicht gerichtet werdet.

²Denn mit welcherlei Gericht ihr richtet, werdet ihr gerichtet werden; und mit welcherlei Maß ihr messet, wird euch gemessen werden.

³Was siehst du aber den Splitter in deines Bruders Auge, und wirst nicht gewahr des Balkens in deinem Auge?

⁴Oder wie darfst du sagen zu deinem Bruder: Halt, ich will dir den Splitter aus deinem Auge ziehen, und siehe, ein Balken ist in deinem Auge?

⁵Du Heuchler, zieh am ersten den Balken aus deinem Auge; darnach siehe zu, wie du den Splitter aus deines Bruders Auge ziehst!

⁶Ihr sollt das Heiligtum nicht den Hunden geben, und eure Perlen nicht vor die Säue werfen, auf daß sie dieselben nicht zertreten mit ihren Füßen und sich wenden und euch zerreißen.

⁷Bittet, so wird euch gegeben; suchet, so werdet ihr finden; klopfet an, so wird euch aufgetan.

⁸Denn wer da bittet, der empfängt; und wer da sucht, der findet; und wer da anklopft, dem wird aufgetan.

⁹Welcher ist unter euch Menschen, so ihn sein Sohn bittet ums Brot, der ihm einen Stein biete?

¹⁰oder, so er ihn bittet um einen Fisch, der ihm eine Schlange biete?

¹¹So denn ihr, die ihr doch arg seid, könnt dennoch euren Kindern gute Gaben geben, wie viel mehr wird euer Vater im Himmel Gutes geben denen, die ihn bitten!

¹²Alles nun, was ihr wollt, daß euch die Leute tun sollen, das tut

ihr ihnen auch. Das ist das Gesetz und die Propheten.

¹³Gehet ein durch die enge Pforte. Denn die Pforte ist weit, und der Weg ist breit, der zur Verdammnis abführt; und ihrer sind viele, die darauf wandeln.

¹⁴Und die Pforte ist eng, und der Weg ist schmal, der zum Leben führt; und wenige sind ihrer, die ihn finden.

¹⁵Seht euch vor vor den falschen Propheten, die in Schafskleidern zu euch kommen, inwendig aber sind sie reißende Wölfe.

¹⁶An ihren Früchten sollt ihr sie erkennen. Kann man auch Trauben lesen von den Dornen oder Feigen von den Disteln?

¹⁷Also ein jeglicher guter Baum bringt gute Früchte; aber ein fauler Baum bringt arge Früchte.

¹⁸Ein guter Baum kann nicht arge Früchte bringen, und ein fauler Baum kann nicht gute Früchte bringen.

¹⁹Ein jeglicher Baum, der nicht gute Früchte bringt, wird abgehauen und ins Feuer geworfen.

²⁰Darum an ihren Früchten sollt ihr sie erkennen.

²¹Es werden nicht alle, die zu mir sagen: HERR, HERR! ins Himmelreich kommen, sondern die den Willen tun meines Vaters im Himmel.

²²Es werden viele zu mir sagen an jenem Tage: HERR, HERR! haben wir nicht in deinem Namen geweissagt, haben wir nicht in deinem Namen Teufel ausgetrieben, und haben wir nicht in deinem Namen viele Taten getan?

²³Dann werde ich ihnen bekennen: Ich habe euch noch nie erkannt; weichet alle von mir, ihr Übeltäter!

²⁴Darum, wer diese meine Rede hört und tut sie, den vergleiche ich einem klugen Mann, der sein Haus auf einen Felsen baute.

²⁵Da nun ein Platzregen fiel und ein Gewässer kam und wehten die Winde und stießen an das Haus, fiel es doch nicht; denn es war auf einen Felsen gegründet.

²⁶Und wer diese meine Rede hört und tut sie nicht, der ist einem törichten Manne gleich, der sein Haus auf den Sand baute.

²⁷Da nun ein Platzregen fiel und kam ein Gewässer und wehten die Winde und stießen an das Haus, da fiel es und tat einen großen Fall.

²⁸Und es begab sich, da Jesus diese Rede vollendet hatte, entsetzte sich das Volk über seine Lehre.

²⁹Denn er predigte gewaltig und nicht wie die Schriftgelehrten.

Kapitel 8

¹Da er aber vom Berg herabging, folgte ihm viel Volks nach.

²Und siehe, ein Aussätziger kam und betete ihn an und sprach: HERR, so du willst, kannst du mich wohl reinigen.

³Und Jesus streckte seine Hand aus, rührte ihn an und sprach: Ich will's tun; sei gereinigt! Und alsbald ward er vom Aussatz rein.

⁴Und Jesus sprach zu ihm: Siehe zu, sage es niemand; sondern gehe hin und zeige dich dem Priester und opfere die Gabe, die Mose befohlen hat, zu einem Zeugnis über sie.

⁵Da aber Jesus einging zu Kapernaum, trat ein Hauptmann zu ihm, der bat ihn

⁶und sprach: HERR, mein Knecht liegt zu Hause und ist gichtbrüchig und hat große Qual.

⁷Jesus sprach zu ihm: Ich will kommen und ihn gesund machen.

⁸Der Hauptmann antwortete und sprach: HERR, ich bin nicht wert, daß du unter mein Dach gehest; sondern sprich nur ein Wort, so wird mein Knecht gesund.

⁹Denn ich bin ein Mensch, der Obrigkeit untertan, und habe unter mir Kriegsknechte; und wenn ich sage zu einem: Gehe hin! so geht er; und zum andern: Komm her! so kommt er; und zu meinem Knecht: Tu das! so tut er's.

¹⁰Da das Jesus hörte, verwunderte er sich und sprach zu denen, die ihm nachfolgten: Wahrlich ich sage euch: Solchen Glauben habe ich in Israel nicht gefunden!

¹¹Aber ich sage euch viele werden kommen vom Morgen und vom Abend und mit Abraham und Isaak und Jakob im Himmelreich sitzen;

¹²aber die Kinder des Reiches werden ausgestoßen in die Finsternis hinaus; da wird sein Heulen und Zähneklappen.

¹³Und Jesus sprach zu dem Hauptmann: Gehe hin; dir geschehe, wie du geglaubt hast. Und sein Knecht ward gesund zu derselben Stunde.

¹⁴Und Jesus kam in des Petrus Haus und sah, daß seine Schwiegermutter lag und hatte das Fieber.

¹⁵Da griff er ihre Hand an, und das Fieber verließ sie. Und sie stand auf und diente ihnen.

¹⁶Am Abend aber brachten sie viele Besessene zu ihm; und er trieb die Geister aus mit Worten und machte allerlei Kranke gesund,

¹⁷auf das erfüllt würde, was gesagt ist durch den Propheten Jesaja, der da spricht: "Er hat unsere Schwachheiten auf sich genommen, und unsere Seuchen hat er getragen."

¹⁸Und da Jesus viel Volks um sich sah, hieß er hinüber jenseit des Meeres fahren.

¹⁹Und es trat zu ihm ein Schriftgelehrter, der sprach zu ihm: Meister, ich will dir folgen, wo du hin gehst.

²⁰Jesus sagt zu ihm: Die Füchse haben Gruben, und die Vögel unter dem Himmel haben Nester; aber des Menschen Sohn hat nicht, da er sein Haupt hin lege.

²¹Und ein anderer unter seinen Jüngern sprach zu ihm: HERR, erlaube mir, daß hingehe und zuvor meinen Vater begrabe.

²²Aber Jesus sprach zu ihm: Folge du mir und laß die Toten ihre Toten begraben!

²³Und er trat in das Schiff, und seine Jünger folgten ihm.

²⁴Und siehe, da erhob sich ein großes Ungestüm im Meer, also daß auch das Schifflein mit Wellen bedeckt ward; und er schlief.

²⁵Und die Jünger traten zu ihm und weckten ihn auf und sprachen: HERR, hilf uns, wir verderben!

²⁶Da sagte er zu ihnen: Ihr Kleingläubigen, warum seid ihr so furchtsam? Und stand auf und bedrohte den Wind und das Meer; da ward es ganz stille.

²⁷Die Menschen aber verwunderten sich und sprachen: Was ist das für ein Mann, daß ihm Wind und Meer gehorsam ist?

²⁸Und er kam jenseit des Meeres in die Gegend der Gergesener. Da liefen ihm entgegen zwei Besessene, die kamen aus den Totengräbern und waren sehr grimmig, also daß niemand diese Straße wandeln konnte.

²⁹Und siehe, sie schrieen und sprachen: Ach Jesu, du Sohn Gottes, was haben wir mit dir zu tun? Bist du hergekommen, uns zu quälen, ehe denn es Zeit ist?

³⁰Es war aber ferne von ihnen ein große Herde Säue auf der Weide.

³¹Da baten ihn die Teufel und sprachen: Willst du uns austreiben, so erlaube uns, in die Herde Säue zu fahren.

³²Und er sprach: Fahret hin! Da fuhren sie aus und in die Herde Säue. Und siehe, die ganze Herde Säue stürzte sich von dem Abhang ins Meer und ersoffen im Wasser.

³³Und die Hirten flohen und gingen hin in die Stadt und sagten das alles und wie es mit den Besessenen ergangen war.

³⁴Und siehe, da ging die ganze Stadt heraus Jesu entgegen. Und da sie ihn sahen, baten sie ihn, daß er aus ihrer Gegend weichen wollte.

Kapitel 9

¹Da trat er in das Schiff und fuhr wieder herüber und kam in seine Stadt.

²Und siehe, da brachten sie zu ihm einen Gichtbrüchigen, der lag auf einem Bett. Da nun Jesus ihren Glauben sah, sprach er zu dem Gichtbrüchigen: Sei getrost, mein Sohn; deine Sünden sind dir vergeben.

³Und siehe, etliche unter den Schriftgelehrten sprachen bei sich selbst: Dieser lästert Gott.

⁴Da aber Jesus ihre Gedanken sah, sprach er: Warum denkt ihr so arges in euren Herzen?

⁵Welches ist leichter: zu sagen: Dir sind deine Sünden vergeben, oder zu sagen: Stehe auf und wandle?

⁶Auf das ihr aber wisset, daß des Menschen Sohn Macht habe, auf Erden die Sünden zu vergeben (sprach er zu dem Gichtbrüchigen): Stehe auf, hebe dein Bett auf und gehe heim!

⁷Und er stand auf und ging heim.

⁸Da das Volk das sah, verwunderte es sich und pries Gott, der solche Macht den Menschen gegeben hat.

⁹Und da Jesus von dannen ging, sah er einen Menschen am Zoll sitzen, der hieß Matthäus; und er sprach zu ihm: Folge mir! Und er stand auf und folgte ihm.

¹⁰Und es begab sich, da er zu Tische saß im Hause, siehe, da kamen viele Zöllner und Sünder und saßen zu Tische mit Jesu und seinen Jüngern.

¹¹Da das die Pharisäer sahen, sprachen sie zu seinen Jüngern: Warum isset euer Meister mit den Zöllnern und Sündern?

¹²Da das Jesus hörte, sprach er zu ihnen: Die Starken bedürfen des Arztes nicht, sondern die Kranken.

¹³Gehet aber hin und lernet, was das sei: "Ich habe Wohlgefallen an Barmherzigkeit und nicht am Opfer." Ich bin gekommen die Sünder zur Buße zu rufen, und nicht die Gerechten.

¹⁴Indes kamen die Jünger des Johannes zu ihm und sprachen: Warum fasten wir und die Pharisäer so viel, und deine Jünger fasten nicht?

¹⁵Jesus sprach zu ihnen: Wie können die Hochzeitleute Leid tragen, solange der Bräutigam bei ihnen ist? Es wird aber die Zeit kommen, daß der Bräutigam von ihnen genommen wird; alsdann werden sie fasten.

¹⁶Niemand flickt ein altes Kleid mit einem Lappen von neuem Tuch; denn der Lappen reißt doch wieder vom Kleid, und der Riß wird ärger.

¹⁷Man faßt auch nicht Most in alte Schläuche; sonst zerreißen die Schläuche und der Most wird verschüttet, und die Schläuche kommen um. Sondern man faßt Most in neue Schläuche, so werden sie beide miteinander erhalten.

¹⁸Da er solches mit ihnen redete, siehe, da kam der Obersten einer und fiel vor ihm nieder und sprach: HERR, meine Tochter ist jetzt gestorben; aber komm und lege deine Hand auf sie, so wird sie lebendig.

¹⁹Und Jesus stand auf und folgte ihm nach und seine Jünger.

²⁰Und siehe, ein Weib, das zwölf Jahre den Blutgang gehabt, trat von hinten zu ihm und rührte seines Kleides Saum an.

²¹Denn sie sprach bei sich selbst: Möchte ich nur sein Kleid anrühren, so würde ich gesund.

²²Da wandte sich Jesus um und sah sie und sprach: Sei getrost, meine Tochter; dein Glaube hat dir geholfen. Und das Weib ward gesund zu derselben Stunde.

²³Und als er in des Obersten Haus kam und sah die Pfeifer und das Getümmel des Volks,

²⁴sprach er zu ihnen: Weichet! denn das Mägdlein ist nicht tot, sondern es schläft. Und sie verlachten ihn.

²⁵Als aber das Volk hinausgetrieben war, ging er hinein und ergriff es bei der Hand; da stand das Mägdlein auf.

²⁶Und dies Gerücht erscholl in dasselbe ganze Land.

²⁷Und da Jesus von da weiterging, folgten ihm zwei Blinde nach, die schrieen und sprachen: Ach, du Sohn Davids, erbarme dich unser!

²⁸Und da er heimkam, traten die Blinden zu ihm. Und Jesus sprach zu ihnen: Glaubt ihr, daß ich euch solches tun kann? Da sprachen sie zu ihm: HERR, ja.

²⁹Da rührte er ihre Augen an und sprach: Euch geschehe nach eurem Glauben.

³⁰Und ihre Augen wurden geöffnet. Und Jesus bedrohte sie und sprach: Seht zu, daß es niemand erfahre!

³¹Aber sie gingen aus und machten ihn ruchbar im selben ganzen Lande.

³²Da nun diese waren hinausgekommen, siehe, da brachten sie zu ihm einen Menschen, der war stumm und besessen.

³³Und da der Teufel war ausgetrieben, redete der Stumme. Und das Volk verwunderte sich und sprach: Solches ist noch nie in Israel gesehen worden.

³⁴Aber die Pharisäer sprachen: Er treibt die Teufel aus durch der Teufel Obersten.

³⁵Und Jesus ging umher in alle Städte und Märkte, lehrte in ihren Schulen und predigte das Evangelium von dem Reich und heilte allerlei Seuche und allerlei Krankheit im Volke.

³⁶Und da er das Volk sah, jammerte ihn desselben; denn sie waren verschmachtet und zerstreut wie die Schafe, die keinen Hirten haben.

³⁷Da sprach er zu seinen Jüngern: Die Ernte ist groß, aber wenige sind der Arbeiter.

³⁸Darum bittet den HERRN der Ernte, daß er Arbeiter in seine Ernte sende.

Kapitel 10

¹Und er rief seine zwölf Jünger zu sich und gab ihnen Macht über die unsauberen Geister, daß sie sie austrieben und heilten allerlei Seuche und allerlei Krankheit.

²Die Namen aber der zwölf Apostel sind diese: der erste Simon, genannt Petrus, und Andreas, sein Bruder; Jakobus, des Zebedäus Sohn, und Johannes, sein Bruder;

³Philippus und Bartholomäus; Thomas und Matthäus, der Zöllner; Jakobus, des Alphäus Sohn, Lebbäus, mit dem Zunamen Thaddäus;

⁴Simon von Kana und Judas Ischariot, welcher ihn verriet.

⁵Diese zwölf sandte Jesus, gebot ihnen und sprach: Gehet nicht auf der Heiden Straße und ziehet nicht in der Samariter Städte,

⁶sondern gehet hin zu den verlorenen Schafen aus dem Hause Israel.

⁷Geht aber und predigt und sprecht: Das Himmelreich ist nahe herbeigekommen.

⁸Macht die Kranken gesund, reinigt die Aussätzigen, weckt die Toten auf, treibt die Teufel aus. Umsonst habt ihr's empfangen, umsonst gebt es auch.

⁹Ihr sollt nicht Gold noch Silber noch Erz in euren Gürteln haben,

¹⁰auch keine Tasche zur Wegfahrt, auch nicht zwei Röcke, keine Schuhe, auch keinen Stecken. Denn ein Arbeiter ist seiner Speise wert.

¹¹Wo ihr aber in eine Stadt oder einen Markt geht, da erkundigt euch, ob jemand darin sei, der es wert ist; und bei demselben bleibet, bis ihr von dannen ziehet.

¹²Wo ihr aber in ein Haus geht, so grüßt es;

¹³und so es das Haus wert ist, wird euer Friede auf sie kommen. Ist es aber nicht wert, so wird sich euer Friede wieder zu euch wenden.

¹⁴Und wo euch jemand nicht annehmen wird noch eure Rede hören, so geht heraus von demselben Haus oder der Stadt und schüttelt den Staub von euren Füßen.

¹⁵Wahrlich ich sage euch: Dem Lande der Sodomer und Gomorrer wird es erträglicher gehen am Jüngsten Gericht denn solcher Stadt.

¹⁶Siehe, ich sende euch wie Schafe mitten unter die Wölfe; darum seid klug wie die Schlangen und ohne Falsch wie die Tauben.

¹⁷Hütet euch vor den Menschen; denn sie werden euch überantworten vor ihre Rathäuser und werden euch geißeln in ihren Schulen.

¹⁸Und man wird euch vor Fürsten und Könige führen um meinetwillen, zum Zeugnis über sie und über die Heiden.

¹⁹Wenn sie euch nun überantworten werden, so sorget nicht, wie oder was ihr reden sollt; denn es soll euch zu der Stunde gegeben werden, was ihr reden sollt.

²⁰Denn ihr seid es nicht, die da reden, sondern eures Vaters Geist ist es, der durch euch redet.

²¹Es wird aber ein Bruder den andern zum Tod überantworten und der Vater den Sohn, und die Kinder werden sich empören wider die Eltern und ihnen zum Tode helfen.

²²Und ihr müsset gehaßt werden von jedermann um meines Namens willen. Wer aber bis an das Ende beharrt, der wird selig.

²³Wenn sie euch aber in einer Stadt verfolgen, so fliehet in eine andere. Wahrlich ich sage euch: Ihr werdet mit den Städten Israels nicht zu Ende kommen, bis des Menschen Sohn kommt.

²⁴Der Jünger ist nicht über seinen Meister noch der Knecht über den Herrn.

²⁵Es ist dem Jünger genug, daß er sei wie sein Meister und der Knecht wie sein Herr. Haben sie den Hausvater Beelzebub geheißen, wie viel mehr werden sie seine Hausgenossen also heißen!

²⁶So fürchtet euch denn nicht vor ihnen. Es ist nichts verborgen, das es nicht offenbar werde, und ist nichts heimlich, das man nicht wissen werde.

²⁷Was ich euch sage in der Finsternis, das redet im Licht; und was ihr hört in das Ohr, das predigt auf den Dächern.

²⁸Und fürchtet euch nicht vor denen, die den Leib töten, und die Seele nicht können töten; fürchtet euch aber vielmehr vor dem, der Leib und Seele verderben kann in der Hölle.

²⁹Kauft man nicht zwei Sperlinge um einen Pfennig? Dennoch fällt deren keiner auf die Erde ohne euren Vater.

³⁰Nun aber sind auch eure Haare auf dem Haupte alle gezählt.

³¹So fürchtet euch denn nicht; ihr seid besser als viele Sperlinge.

³²Wer nun mich bekennet vor den Menschen, den will ich bekennen vor meinem himmlischen Vater.

³³Wer mich aber verleugnet vor den Menschen, den will ich auch verleugnen vor meinem himmlischen Vater.

³⁴Ihr sollt nicht wähnen, daß ich gekommen sei, Frieden zu senden auf die Erde. Ich bin nicht gekommen, Frieden zu senden, sondern das Schwert.

³⁵Denn ich bin gekommen, den Menschen zu erregen gegen seinen Vater und die Tochter gegen ihre Mutter und die Schwiegertochter gegen ihre Schwiegermutter.

³⁶Und des Menschen Feinde werden seine eigenen Hausgenossen sein.

³⁷Wer Vater oder Mutter mehr liebt denn mich, der ist mein nicht wert; und wer Sohn oder Tochter mehr liebt denn mich, der ist mein nicht wert.

³⁸Und wer nicht sein Kreuz auf sich nimmt und folgt mir nach, der ist mein nicht wert.

³⁹Wer sein Leben findet, der wird's verlieren; und wer sein Leben verliert um meinetwillen, der wird's finden.

⁴⁰Wer euch aufnimmt, der nimmt mich auf; und wer mich aufnimmt, der nimmt den auf, der mich gesandt hat.

⁴¹Wer einen Propheten aufnimmt in eines Propheten Namen, der wird eines Propheten Lohn empfangen. Wer einen Gerechten aufnimmt in eines Gerechten Namen, der wird eines Gerechten Lohn empfangen.

⁴²Und wer dieser Geringsten einen nur mit einem Becher kalten Wassers tränkt in eines Jüngers Namen, wahrlich ich sage euch: es wird ihm nicht unbelohnt bleiben.

Kapitel 11

¹Und es begab sich, da Jesus solch Gebot an seine zwölf Jünger vollendet hatte, ging er von da weiter, zu lehren und zu predigen in ihren Städten.

²Da aber Johannes im Gefängnis die Werke Christi hörte, sandte er seiner Jünger zwei

³und ließ ihm sagen: Bist du, der da kommen soll, oder sollen wir eines anderen warten?

⁴Jesus antwortete und sprach zu ihnen: Gehet hin und saget Johannes wieder, was ihr sehet und höret:

⁵die Blinden sehen und die Lahmen gehen, die Aussätzigen werden rein und die Tauben hören, die Toten stehen auf und den Armen wird das Evangelium gepredigt;

⁶und selig ist, der sich nicht an mir ärgert.

⁷Da die hingingen, fing Jesus an, zu reden zu dem Volk von Johannes: Was seid ihr hinausgegangen in die Wüste zu sehen? Wolltet ihr ein Rohr sehen, das der Wind hin und her bewegt?

⁸Oder was seid ihr hinausgegangen zu sehen? Wolltet ihr einen Menschen in weichen Kleidern sehen? Siehe, die da weiche Kleider tragen, sind in der Könige Häusern.

⁹Oder was seid ihr hinausgegangen zu sehen? Wolltet ihr einen Propheten sehen? Ja, ich sage euch, der auch mehr ist denn ein Prophet.

¹⁰Denn dieser ist's, von dem geschrieben steht: "Siehe, ich sende meinen Engel vor dir her, der deinen Weg vor dir bereiten soll."

¹¹Wahrlich ich sage euch: Unter allen, die von Weibern geboren sind, ist nicht aufgekommen, der größer sei denn Johannes der Täufer; der aber der Kleinste ist im Himmelreich, ist größer denn er.

¹²Aber von den Tagen Johannes des Täufers bis hierher leidet das Himmelreich Gewalt, und die Gewalt tun, die reißen es an sich.

¹³Denn alle Propheten und das Gesetz haben geweissagt bis auf Johannes.

¹⁴Und (so ihr's wollt annehmen) er ist Elia, der da soll zukünftig sein.

¹⁵Wer Ohren hat, zu hören, der höre!

¹⁶Wem soll ich aber dies Geschlecht vergleichen? Es ist den Kindlein gleich, die an dem Markt sitzen und rufen gegen ihre Gesellen

¹⁷und sprechen: Wir haben euch gepfiffen, und ihr wolltet nicht tanzen; wir haben euch geklagt, und ihr wolltet nicht weinen.

¹⁸Johannes ist gekommen, aß nicht und trank nicht; so sagen sie: Er hat den Teufel.

¹⁹Des Menschen Sohn ist gekommen, ißt und trinkt; so sagen sie: Siehe, wie ist der Mensch ein Fresser und ein Weinsäufer, der Zöllner und der Sünder Geselle! Und die Weisheit muß sich rechtfertigen lassen von ihren Kindern.

²⁰Da fing er an, die Städte zu schelten, in welchen am meisten seiner Taten geschehen waren, und hatten sich doch nicht gebessert:

²¹Wehe dir Chorazin! Weh dir, Bethsaida! Wären solche Taten zu Tyrus und Sidon geschehen, wie bei euch geschehen sind, sie hätten vorzeiten im Sack und in der Asche Buße getan.

²²Doch ich sage euch: Es wird Tyrus und Sidon erträglicher gehen am Jüngsten Gericht als euch.

²³Und du, Kapernaum, die du bist erhoben bis an den Himmel, du wirst bis in die Hölle hinuntergestoßen werden. Denn so zu Sodom die Taten geschehen wären, die bei euch geschehen sind, sie stände noch heutigestages.

²⁴Doch ich sage euch, es wird dem Sodomer Lande erträglicher gehen am Jüngsten Gericht als dir.

²⁵Zu der Zeit antwortete Jesus und sprach: Ich preise dich, Vater und HERR Himmels und der Erde, daß du solches den Weisen und Klugen verborgen hast und hast es den Unmündigen offenbart.

²⁶Ja, Vater; denn es ist also wohlgefällig gewesen vor dir.

²⁷Alle Dinge sind mir übergeben von meinem Vater. Und niemand kennet den Sohn denn nur der Vater; und niemand kennet den Vater denn nur der Sohn und wem es der Sohn will offenbaren.

²⁸Kommet her zu mir alle, die ihr mühselig und beladen seid; ich will euch erquicken.

²⁹Nehmet auf euch mein Joch und lernet von mir; denn ich bin sanftmütig und von Herzen demütig; so werdet ihr Ruhe finden für eure Seelen.

³⁰Denn mein Joch ist sanft, und meine Last ist leicht.

Kapitel 12

¹Zu der Zeit ging Jesus durch die Saat am Sabbat; und seine Jünger waren hungrig, fingen an, Ähren auszuraufen, und aßen.

²Da das die Pharisäer sahen, sprachen sie zu ihm: Siehe, deine Jünger tun, was sich nicht ziemt am Sabbat zu tun.

³Er aber sprach zu ihnen: Habt ihr nicht gelesen, was David tat, da ihn und die mit ihm waren, hungerte?

⁴wie er in das Gotteshaus ging und aß die Schaubrote, die ihm doch nicht ziemte zu essen noch denen, die mit ihm waren, sondern allein den Priestern?

⁵Oder habt ihr nicht gelesen im Gesetz, wie die Priester am Sabbat im Tempel den Sabbat brechen und sind doch ohne Schuld?

⁶Ich sage aber euch, daß hier der ist, der auch größer ist denn der Tempel.

⁷Wenn ihr aber wüßtet, was das sei: "Ich habe Wohlgefallen an der Barmherzigkeit und nicht am Opfer", hättet ihr die Unschuldigen nicht verdammt.

⁸Des Menschen Sohn ist ein HERR auch über den Sabbat.

⁹Und er ging von da weiter und kam in ihre Schule.

¹⁰Und siehe, da war ein Mensch, der hatte eine verdorrte Hand. Und sie fragten ihn und sprachen: Ist's auch recht, am Sabbat heilen? auf daß sie eine Sache gegen ihn hätten.

¹¹Aber er sprach zu ihnen: Wer ist unter euch, so er ein Schaf hat, das ihm am Sabbat in eine Grube fällt, der es nicht ergreife und aufhebe?

¹²Wie viel besser ist nun ein Mensch denn ein Schaf! Darum mag man wohl am Sabbat Gutes tun.

¹³Da sprach er zu dem Menschen: Strecke deine Hand aus! Und er streckte sie aus; und sie ward ihm wieder gesund gleichwie die andere.

¹⁴Da gingen die Pharisäer hinaus und hielten einen Rat über ihn, wie sie ihn umbrächten.

¹⁵Aber da Jesus das erfuhr, wich er von dannen. Und ihm folgte viel Volks nach, und er heilte sie alle

¹⁶und bedrohte sie, daß sie ihn nicht meldeten,

¹⁷auf das erfüllet würde, was gesagt ist von dem Propheten Jesaja, der da spricht:

¹⁸"Siehe, das ist mein Knecht, den ich erwählt habe, und mein Liebster, an dem meine Seele Wohlgefallen hat; Ich will meinen Geist auf ihn legen, und er soll den Heiden das Gericht verkünden.

¹⁹Er wird nicht zanken noch schreien, und man wird sein Geschrei nicht hören auf den Gassen;

²⁰das zerstoßene Rohr wird er nicht zerbrechen, und den glimmenden Docht wird er nicht auslöschen, bis daß er ausführe das Gericht zum Sieg;

²¹und die Heiden werden auf seinen Namen hoffen."

²²Da ward ein Besessener zu ihm gebracht, der ward blind und stumm; und er heilte ihn, also daß der Blinde und Stumme redete und sah.

²³Und alles Volk entsetzte sich und sprach: Ist dieser nicht Davids Sohn?

²⁴Aber die Pharisäer, da sie es hörten, sprachen sie: Er treibt die Teufel nicht anders aus denn durch Beelzebub, der Teufel Obersten.

²⁵Jesus kannte aber ihre Gedanken und sprach zu ihnen: Ein jegliches Reich, so es mit sich selbst uneins wird, das wird wüst; und eine jegliche Stadt oder Haus, so es mit sich selbst uneins wird, kann's nicht bestehen.

²⁶So denn ein Satan den andern austreibt, so muß er mit sich selbst uneins sein; wie kann denn sein Reich bestehen?

²⁷So ich aber die Teufel durch Beelzebub austreibe, durch wen treiben sie eure Kinder aus? Darum werden sie eure Richter sein.

²⁸So ich aber die Teufel durch den Geist Gottes austreibe, so ist ja das Reich Gottes zu euch gekommen.

²⁹Oder wie kann jemand in eines Starken Haus gehen und ihm seinen Hausrat rauben, es sei denn, daß er zuvor den Starken binde und alsdann ihm sein Haus beraube?

³⁰Wer nicht mit mir ist, der ist wider mich; und wer nicht mit mir sammelt, der zerstreut.

³¹Darum sage ich euch: Alle Sünde und Lästerung wird den Menschen vergeben; aber die Lästerung wider den Geist wird den Menschen nicht vergeben.

³²Und wer etwas redet wider des Menschen Sohn, dem wird es vergeben; aber wer etwas redet wider den Heiligen Geist, dem wird's nicht vergeben, weder in dieser noch in jener Welt.

³³Setzt entweder einen guten Baum, so wird die Frucht gut; oder setzt einen faulen Baum, so wird die Frucht faul. Denn an der Frucht erkennt man den Baum.

³⁴Ihr Otterngezüchte, wie könnt ihr Gutes reden, dieweil ihr böse seid? Wes das Herz voll ist, des geht der Mund über.

³⁵Ein guter Mensch bringt Gutes hervor aus seinem guten Schatz des Herzens; und ein böser Mensch bringt Böses hervor aus seinem bösen Schatz.

³⁶Ich sage euch aber, daß die Menschen müssen Rechenschaft geben am Jüngsten Gericht von einem jeglichen unnützen Wort, das sie geredet haben.

Matthäus

³⁷Aus deinen Worten wirst du gerechtfertigt werden, und aus deinen Worten wirst du verdammt werden.

³⁸Da antworteten etliche unter den Schriftgelehrten und Pharisäern und sprachen: Meister, wir wollten gern ein Zeichen von dir sehen.

³⁹Und er antwortete und sprach zu ihnen: Die böse und ehebrecherische Art sucht ein Zeichen; und es wird ihr kein Zeichen gegeben werden denn das Zeichen des Propheten Jona.

⁴⁰Denn gleichwie Jona war drei Tage und drei Nächte in des Walfisches Bauch, also wird des Menschen Sohn drei Tage und drei Nächte mitten in der Erde sein.

⁴¹Die Leute von Ninive werden auftreten am Jüngsten Gericht mit diesem Geschlecht und werden es verdammen; denn sie taten Buße nach der Predigt des Jona. Und siehe, hier ist mehr denn Jona.

⁴²Die Königin von Mittag wird auftreten am Jüngsten Gericht mit diesem Geschlecht und wird es verdammen; denn sie kam vom Ende der Erde, Salomons Weisheit zu hören. Und siehe, hier ist mehr denn Salomo.

⁴³Wenn der unsaubere Geist von dem Menschen ausgefahren ist, so durchwandelt er dürre Stätten, sucht Ruhe, und findet sie nicht.

⁴⁴Da spricht er denn: Ich will wieder umkehren in mein Haus, daraus ich gegangen bin. Und wenn er kommt, so findet er's leer, gekehrt und geschmückt.

⁴⁵So geht er hin und nimmt zu sich sieben andere Geister, die ärger sind denn er selbst; und wenn sie hineinkommen, wohnen sie allda; und es wird mit demselben Menschen hernach ärger, denn es zuvor war. Also wird's auch diesem argen Geschlecht gehen.

⁴⁶Da er noch also zu dem Volk redete, siehe, da standen seine Mutter und seine Brüder draußen, die wollten mit ihm reden.

⁴⁷Da sprach einer zu ihm: Siehe, deine Mutter und deine Brüder stehen draußen und wollen mit dir reden.

⁴⁸Er antwortete aber und sprach zu dem, der es ihm ansagte: Wer ist meine Mutter, und wer sind meine Brüder?

⁴⁹Und er reckte die Hand aus über seine Jünger und sprach: Siehe da, das ist meine Mutter und meine Brüder!

⁵⁰Denn wer den Willen tut meines Vaters im Himmel, der ist mein Bruder, Schwester und Mutter.

Kapitel 13

¹An demselben Tage ging Jesus aus dem Hause und setzte sich an das Meer.

²Und es versammelte sich viel Volks zu ihm, also daß er in das Schiff trat und saß, und alles Volk stand am Ufer.

³Und er redete zu ihnen mancherlei durch Gleichnisse und sprach: Siehe, es ging ein Sämann aus, zu säen.

⁴Und indem er säte, fiel etliches an den Weg; da kamen die Vögel und fraßen's auf.

⁵Etliches fiel in das Steinige, wo es nicht viel Erde hatte; und ging bald auf, darum daß es nicht tiefe Erde hatte.

⁶Als aber die Sonne aufging, verwelkte es, und dieweil es nicht Wurzel hatte, ward es dürre.

⁷Etliches fiel unter die Dornen; und die Dornen wuchsen auf und erstickten's.

⁸Etliches fiel auf gutes Land und trug Frucht, etliches hundertfältig, etliches sechzigfältig, etliches dreißigfältig.

⁹Wer Ohren hat zu hören, der höre!

¹⁰Und die Jünger traten zu ihm und sprachen: Warum redest du zu ihnen durch Gleichnisse?

¹¹Er antwortete und sprach: Euch ist es gegeben, daß ihr das Geheimnis des Himmelreichs verstehet; diesen aber ist es nicht gegeben.

¹²Denn wer da hat, dem wird gegeben, daß er die Fülle habe; wer aber nicht hat, von dem wird auch das genommen was er hat.

¹³Darum rede ich zu ihnen durch Gleichnisse. Denn mit sehenden Augen sehen sie nicht, und mit hörenden Ohren hören sie nicht; denn sie verstehen es nicht.

¹⁴Und über ihnen wird die Weissagung Jesaja's erfüllt, die da sagt: "Mit den Ohren werdet ihr hören, und werdet es nicht verstehen; und mit sehenden Augen werdet ihr sehen, und werdet es nicht verstehen.

¹⁵Denn dieses Volkes Herz ist verstockt, und ihre Ohren hören übel, und ihre Augen schlummern, auf daß sie nicht dermaleinst mit den Augen sehen und mit den Ohren hören und mit dem Herzen verstehen und sich bekehren, daß ich ihnen hülfe."

¹⁶Aber selig sind eure Augen, daß sie sehen, und eure Ohren, daß sie hören.

¹⁷Wahrlich ich sage euch: Viele Propheten und Gerechte haben begehrt zu sehen, was ihr sehet, und haben's nicht gesehen, und zu hören, was ihr höret, und haben's nicht gehört.

¹⁸So hört nun ihr dieses Gleichnis von dem Sämann:

¹⁹Wenn jemand das Wort von dem Reich hört und nicht versteht, so kommt der Arge und reißt hinweg, was da gesät ist in sein Herz; und das ist der, bei welchem an dem Wege gesät ist.

²⁰Das aber auf das Steinige gesät ist, das ist, wenn jemand das Wort hört und es alsbald aufnimmt mit Freuden;

²¹aber er hat nicht Wurzel in sich, sondern ist wetterwendisch; wenn sich Trübsal und Verfolgung erhebt um des Wortes willen, so ärgert er sich alsbald.

²²Das aber unter die Dornen gesät ist, das ist, wenn jemand das Wort hört, und die Sorge dieser Welt und der Betrug des Reichtums erstickt das Wort, und er bringt nicht Frucht.

²³Das aber in das gute Land gesät ist, das ist, wenn jemand das Wort hört und versteht es und dann auch Frucht bringt; und etlicher trägt hundertfältig, etlicher aber sechzigfältig, etlicher dreißigfältig.

²⁴Er legte ihnen ein anderes Gleichnis vor und sprach: Das Himmelreich ist gleich einem Menschen, der guten Samen auf seinen Acker säte.

²⁵Da aber die Leute schliefen, kam sein Feind und säte Unkraut zwischen den Weizen und ging davon.

²⁶Da nun das Kraut wuchs und Frucht brachte, da fand sich auch das Unkraut.

²⁷Da traten die Knechte zu dem Hausvater und sprachen: Herr, hast du nicht guten Samen auf deinen Acker gesät? Woher hat er denn das Unkraut?

²⁸Er sprach zu ihnen: Das hat der Feind getan. Da sagten die Knechte: Willst du das wir hingehen und es ausjäten?

²⁹Er sprach: Nein! auf daß ihr nicht zugleich den Weizen mit ausraufet, so ihr das Unkraut ausjätet.

³⁰Lasset beides miteinander wachsen bis zur Ernte; und um der Ernte Zeit will ich zu den Schnittern sagen: Sammelt zuvor das Unkraut und bindet es in Bündlein, daß man es verbrenne; aber den Weizen sammelt mir in meine Scheuer.

³¹Ein anderes Gleichnis legte er ihnen vor und sprach: Das Himmelreich ist gleich einem Senfkorn, das ein Mensch nahm und säte es auf seinen Acker;

³²welches ist das kleinste unter allem Samen; wenn er erwächst, so ist es das größte unter dem Kohl und wird ein Baum, daß die Vögel unter dem Himmel kommen und wohnen unter seinen Zweigen.

³³Ein anderes Gleichnis redete er zu ihnen: Das Himmelreich ist gleich einem Sauerteig, den ein Weib nahm und unter drei Scheffel Mehl vermengte, bis es ganz durchsäuert ward.

³⁴Solches alles redete Jesus durch Gleichnisse zu dem Volk, und ohne Gleichnis redete er nicht zu ihnen,

³⁵auf das erfüllet würde, was gesagt ist durch den Propheten, der da spricht: Ich will meinen Mund auftun in Gleichnissen und will aussprechen die Heimlichkeiten von Anfang der Welt.

³⁶Da ließ Jesus das Volk von sich und kam heim. Und seine Jünger traten zu ihm und sprachen: Deute uns das Geheimnis vom Unkraut auf dem Acker.

³⁷Er antwortete und sprach zu ihnen: Des Menschen Sohn ist's, der da Guten Samen sät.

³⁸Der Acker ist die Welt. Der gute Same sind die Kinder des Reiches. Das Unkraut sind die Kinder der Bosheit.

³⁹Der Feind, der sie sät, ist der Teufel. Die Ernte ist das Ende der Welt. Die Schnitter sind die Engel.

⁴⁰Gleichwie man nun das Unkraut ausjätet und mit Feuer verbrennt, so wird's auch am Ende dieser Welt gehen:

⁴¹des Menschen Sohn wird seine Engel senden; und sie werden sammeln aus seinem Reich alle Ärgernisse und die da unrecht tun,

⁴²und werden sie in den Feuerofen werfen; da wird sein Heulen und Zähneklappen.

⁴³Dann werden die Gerechten leuchten wie die Sonne in ihres Vaters Reich. Wer Ohren hat zu hören, der höre!

⁴⁴Abermals ist gleich das Himmelreich einem verborgenem Schatz im Acker, welchen ein Mensch fand und verbarg ihn und ging hin vor Freuden über denselben und verkaufte alles, was er hatte, und kaufte den Acker.

⁴⁵Abermals ist gleich das Himmelreich einem Kaufmann, der gute Perlen suchte.

⁴⁶Und da er eine köstliche Perle fand, ging er hin und verkaufte alles, was er hatte, und kaufte sie.

⁴⁷Abermals ist gleich das Himmelreich einem Netze, das ins Meer geworfen ist, womit man allerlei Gattung fängt.

⁴⁸Wenn es aber voll ist, so ziehen sie es heraus an das Ufer, sitzen und lesen die guten in ein Gefäß zusammen; aber die faulen werfen sie weg.

⁴⁹Also wird es auch am Ende der Welt gehen: die Engel werden

ausgehen und die Bösen von den Gerechten scheiden

⁵⁰und werden sie in den Feuerofen werfen; da wird Heulen und Zähneklappen sein.

⁵¹Und Jesus sprach zu ihnen: Habt ihr das alles verstanden? Sie sprachen: Ja, HERR.

⁵²Da sprach er: Darum ein jeglicher Schriftgelehrter, zum Himmelreich gelehrt, ist gleich einem Hausvater, der aus seinem Schatz Neues und Altes hervorträgt.

⁵³Und es begab sich, da Jesus diese Gleichnisse vollendet hatte, ging er von dannen

⁵⁴und kam in seine Vaterstadt und lehrte sie in ihrer Schule, also auch, daß sie sich entsetzten und sprachen: Woher kommt diesem solche Weisheit und Taten?

⁵⁵Ist er nicht eines Zimmermann's Sohn? Heißt nicht seine Mutter Maria? und seine Brüder Jakob und Joses und Simon und Judas?

⁵⁶Und seine Schwestern, sind sie nicht alle bei uns? Woher kommt ihm denn das alles?

⁵⁷Und sie ärgerten sich an ihm. Jesus aber sprach zu ihnen: Ein Prophet gilt nirgend weniger denn in seinem Vaterland und in seinem Hause.

⁵⁸Und er tat daselbst nicht viel Zeichen um ihres Unglaubens willen.

Kapitel 14

¹Zu der Zeit kam das Gerücht von Jesu vor den Vierfürsten Herodes.

²Und er sprach zu seinen Knechten: Dieser ist Johannes der Täufer; er ist von den Toten auferstanden, darum tut er solche Taten.

³Denn Herodes hatte Johannes gegriffen und in das Gefängnis gelegt wegen der Herodias, seines Bruders Philippus Weib.

⁴Denn Johannes hatte zu ihm gesagt: Es ist nicht recht, daß du sie habest.

⁵Und er hätte ihn gern getötet, fürchtete sich aber vor dem Volk; denn sie hielten ihn für einen Propheten.

⁶Da aber Herodes seinen Jahrestag beging, da tanzte die Tochter der Herodias vor ihnen. Das gefiel Herodes wohl.

⁷Darum verhieß er ihr mit einem Eide, er wollte ihr geben, was sie fordern würde.

⁸Und wie sie zuvor von ihrer Mutter angestiftet war, sprach sie: Gib mir her auf einer Schüssel das Haupt Johannes des Täufers!

⁹Und der König ward traurig; doch um des Eides willen und derer, die mit ihm zu Tische saßen, befahl er's ihr zu geben.

¹⁰Und schickte hin und enthauptete Johannes im Gefängnis.

¹¹Und sein Haupt ward hergetragen in einer Schüssel und dem Mägdlein gegeben; und sie brachte es ihrer Mutter.

¹²Da kamen seine Jünger und nahmen seinen Leib und begruben ihn; und kamen und verkündigten das Jesus.

¹³Da das Jesus hörte, wich er von dannen auf einem Schiff in eine Wüste allein. Und da das Volk das hörte, folgte es ihm nach zu Fuß aus den Städten.

¹⁴Und Jesus ging hervor und sah das große Volk; und es jammerte ihn derselben, und er heilte ihre Kranken.

¹⁵Am Abend aber traten seine Jünger zu ihm und sprachen: Dies ist eine Wüste, und die Nacht fällt herein; Laß das Volk von dir, daß sie hin in die Märkte gehen und sich Speise kaufen.

¹⁶Aber Jesus sprach zu ihnen: Es ist nicht not, daß sie hingehen; gebt ihr ihnen zu essen.

¹⁷Sie sprachen: Wir haben hier nichts denn fünf Brote und zwei Fische.

¹⁸Und er sprach: Bringet sie mir her.

¹⁹Und er hieß das Volk sich lagern auf das Gras und nahm die fünf Brote und die zwei Fische, sah auf zum Himmel und dankte und brach's und gab die Brote den Jüngern, und die Jünger gaben sie dem Volk.

²⁰Und sie aßen alle und wurden satt und hoben auf, was übrigblieb von Brocken, zwölf Körbe voll.

²¹Die aber gegessen hatten waren, waren bei fünftausend Mann, ohne Weiber und Kinder.

²²Und alsbald trieb Jesus seine Jünger, daß sie in das Schiff traten und vor ihm herüberfuhren, bis er das Volk von sich ließe.

²³Und da er das Volk von sich gelassen hatte, stieg er auf einen Berg allein, daß er betete. Und am Abend war er allein daselbst.

²⁴Und das Schiff war schon mitten auf dem Meer und litt Not von den Wellen; denn der Wind war ihnen zuwider.

²⁵Aber in der vierten Nachtwache kam Jesus zu ihnen und ging auf dem Meer.

²⁶Und da ihn die Jünger sahen auf dem Meer gehen, erschraken sie und sprachen: Es ist ein Gespenst! und schrieen vor Furcht.

²⁷Aber alsbald redete Jesus mit ihnen und sprach: Seid getrost, Ich bin's; fürchtet euch nicht!

²⁸Petrus aber antwortete ihm und sprach: HERR, bist du es, so heiß mich zu dir kommen auf dem Wasser.

²⁹Und er sprach: Komm her! Und Petrus trat aus dem Schiff und ging auf dem Wasser, daß er zu Jesu käme.

³⁰Er sah aber einen starken Wind; da erschrak er und hob an zu sinken, schrie und sprach: HERR, hilf mir!

³¹Jesus reckte alsbald die Hand aus und ergriff ihn und sprach zu ihm: O du Kleingläubiger, warum zweifeltest du?

³²Und sie traten in das Schiff, und der Wind legte sich.

³³Die aber im Schiff waren, kamen und fielen vor ihm nieder und sprachen: Du bist wahrlich Gottes Sohn!

³⁴Und sie schifften hinüber und kamen in das Land Genezareth.

³⁵Und da die Leute am selbigen Ort sein gewahr wurden, schickten sie aus in das ganze Land umher und brachten allerlei Ungesunde zu ihm

³⁶und baten ihn, daß sie nur seines Kleides Saum anrührten. Und alle, die ihn anrührten, wurden gesund.

Kapitel 15

¹Da kamen zu ihm die Schriftgelehrten und Pharisäer von Jerusalem und sprachen:

²Warum übertreten deine Jünger der Ältesten Aufsätze? Sie waschen ihre Hände nicht, wenn sie Brot essen.

³Er antwortete und sprach zu ihnen: Warum übertretet denn ihr Gottes Gebot um eurer Aufsätze willen?

⁴Gott hat geboten: "Du sollst Vater und Mutter ehren; wer Vater und Mutter flucht, der soll des Todes sterben."

⁵Ihr aber lehret: Wer zum Vater oder Mutter spricht: "Es ist Gott gegeben, was du sollte von mir zu Nutz kommen", der tut wohl.

⁶Damit geschieht es, daß niemand hinfort seinen Vater oder seine Mutter ehrt, und also habt ihr Gottes Gebot aufgehoben um eurer Aufsätze willen.

⁷Ihr Heuchler, wohl fein hat Jesaja von euch geweissagt und gesprochen:

⁸"Dies Volk naht sich zu mir mit seinem Munde und ehrt mich mit seinen Lippen, aber ihr Herz ist fern von mir;

⁹aber vergeblich dienen sie mir, dieweil sie lehren solche Lehren, die nichts denn Menschengebote sind."

¹⁰Und er rief das Volk zu sich und sprach zu ihm: Höret zu und fasset es!

¹¹Was zum Munde eingeht, das verunreinigt den Menschen nicht; sondern was zum Munde ausgeht, das verunreinigt den Menschen.

¹²Da traten seine Jünger zu ihm und sprachen: Weißt du auch, daß sich die Pharisäer ärgerten, da sie das Wort hörten?

¹³Aber er antwortete und sprach: Alle Pflanzen, die mein himmlischer Vater nicht pflanzte, die werden ausgereutet.

¹⁴Lasset sie fahren! Sie sind blinde Blindenleiter. Wenn aber ein Blinder den andern leitet, so fallen sie beide in die Grube.

¹⁵Da antwortete Petrus und sprach zu ihm: Deute uns dieses Gleichnis.

¹⁶Und Jesus sprach zu ihnen: Seid ihr denn auch noch unverständig?

¹⁷Merket ihr noch nicht, daß alles, was zum Munde eingeht, das geht in den Bauch und wird durch den natürlichen Gang ausgeworfen?

¹⁸Was aber zum Munde herausgeht, das kommt aus dem Herzen, und das verunreinigt den Menschen.

¹⁹Denn aus dem Herzen kommen arge Gedanken: Mord, Ehebruch, Hurerei, Dieberei, falsch Zeugnis, Lästerung.

²⁰Das sind Stücke, die den Menschen verunreinigen. Aber mit ungewaschenen Händen essen verunreinigt den Menschen nicht.

²¹Und Jesus ging aus von dannen und entwich in die Gegend von Tyrus und Sidon.

²²Und siehe, ein kanaanäisches Weib kam aus derselben Gegend und schrie ihm nach und sprach: Ach HERR, du Sohn Davids, erbarme dich mein! Meine Tochter wird vom Teufel übel geplagt.

²³Und er antwortete ihr kein Wort. Da traten zu ihm seine Jünger, baten ihn und sprachen: Laß sie doch von dir, denn sie schreit uns nach.

²⁴Er antwortete aber und sprach: Ich bin nicht gesandt denn nur zu den verlorenen Schafen von dem Hause Israel.

²⁵Sie kam aber und fiel vor ihm nieder und sprach: HERR, hilf mir!

²⁶Aber er antwortete und sprach: Es ist nicht fein, daß man den Kindern ihr Brot nehme und werfe es vor die Hunde.

²⁷Sie sprach: Ja, HERR; aber doch essen die Hündlein von den Brosamlein, die von ihrer Herren Tisch fallen.

²⁸Da antwortete Jesus und sprach zu ihr: O Weib, dein Glaube ist groß! Dir geschehe, wie du willst. Und ihre Tochter ward gesund zu derselben Stunde.

²⁹Und Jesus ging von da weiter und kam an das Galiläische Meer und ging auf einen Berg und setzte sich allda.

³⁰Und es kam zu ihm viel Volks, die hatten mit sich Lahme, Blinde, Stumme, Krüppel und viele andere und warfen sie Jesu vor die Füße, und er heilte sie,

³¹daß sich das Volk verwunderte, da sie sahen, daß die Stummen redeten, die Krüppel gesund waren, die Lahmen gingen, die Blinden sahen; und sie priesen den Gott Israels.

³²Und Jesus rief seine Jünger zu sich und sprach: Es jammert mich des Volks; denn sie beharren nun wohl drei Tage bei mir und haben nichts zu essen; und ich will sie nicht ungegessen von mir lassen, auf daß sie nicht verschmachten auf dem Wege.

³³Da sprachen seine Jünger zu ihm: Woher mögen wir so viel Brot nehmen in der Wüste, daß wir so viel Volks sättigen?

³⁴Und Jesus sprach zu ihnen: Wie viel Brote habt ihr? Sie sprachen: Sieben und ein wenig Fischlein.

³⁵Und er hieß das Volk sich lagern auf die Erde

³⁶und nahm die sieben Brote und die Fische, dankte, brach sie und gab sie seinen Jüngern; und die Jünger gaben sie dem Volk.

³⁷Und sie aßen alle und wurden satt; und hoben auf, was übrig blieb von Brocken, sieben Körbe voll.

³⁸Und die da gegessen hatten, derer waren viertausend Mann, ausgenommen Weiber und Kinder.

³⁹Und da er das Volk hatte von sich gelassen, trat er in ein Schiff und kam in das Gebiet Magdalas.

Kapitel 16

¹Da traten die Pharisäer und Sadduzäer zu ihm; die versuchten ihn und forderten, daß er sie ein Zeichen vom Himmel sehen ließe.

²Aber er antwortete und sprach: Des Abends sprecht ihr: Es wird ein schöner Tag werden, denn der Himmel ist rot;

³und des Morgens sprecht ihr: Es wird heute Ungewitter sein, denn der Himmel ist rot und trübe. Ihr Heuchler! über des Himmels Gestalt könnt ihr urteilen; könnt ihr denn nicht auch über die Zeichen dieser Zeit urteilen?

⁴Diese böse und ehebrecherische Art sucht ein Zeichen; und soll ihr kein Zeichen gegeben werden denn das Zeichen des Propheten Jona. Und er ließ sie und ging davon.

⁵Und da seine Jünger waren hinübergefahren, hatten sie vergessen, Brot mit sich zu nehmen.

⁶Jesus aber sprach zu ihnen: Sehet zu und hütet euch vor dem Sauerteig der Pharisäer und Sadduzäer!

⁷Da dachten sie bei sich selbst und sprachen: Das wird's sein, daß wir nicht haben Brot mit uns genommen.

⁸Da das Jesus merkte, sprach er zu ihnen: Ihr Kleingläubigen, was bekümmert ihr euch doch, daß ihr nicht habt Brot mit euch genommen?

⁹Vernehmet ihr noch nichts? Gedenket ihr nicht an die fünf Brote unter die fünftausend und wie viel Körbe ihr da aufhobt?

¹⁰auch nicht an die sieben Brote unter die viertausend und wie viel Körbe ihr da aufhobt?

¹¹Wie, versteht ihr denn nicht, daß ich euch nicht sage vom Brot, wenn ich sage: Hütet euch vor dem Sauerteig der Pharisäer und Sadduzäer!

¹²Da verstanden sie, daß er nicht gesagt hatte, daß sie sich hüten sollten vor dem Sauerteig des Brots, sondern vor der Lehre der Pharisäer und Sadduzäer.

¹³Da kam Jesus in die Gegend der Stadt Cäsarea Philippi und fragte seine Jünger und sprach: Wer sagen die Leute, daß des Menschen Sohn sei?

¹⁴Sie sprachen: Etliche sagen, du seist Johannes der Täufer; die andern, du seist Elia; etliche du seist Jeremia oder der Propheten einer.

¹⁵Er sprach zu ihnen: Wer sagt denn ihr, daß ich sei?

¹⁶Da antwortete Simon Petrus und sprach: Du bist Christus, des lebendigen Gottes Sohn!

¹⁷Und Jesus antwortete und sprach zu ihm: Selig bist du, Simon, Jona's Sohn; denn Fleisch und Blut hat dir das nicht offenbart, sondern mein Vater im Himmel.

¹⁸Und ich sage dir auch: Du bist Petrus, und auf diesen Felsen will ich bauen meine Gemeinde, und die Pforten der Hölle sollen sie nicht überwältigen.

¹⁹Und ich will dir des Himmelsreichs Schlüssel geben: alles, was du auf Erden binden wirst, soll auch im Himmel gebunden sein, und alles, was du auf Erden lösen wirst, soll auch im Himmel los sein.

²⁰Da verbot er seinen Jüngern, daß sie niemand sagen sollten, daß er, Jesus, der Christus wäre.

²¹Von der Zeit an fing Jesus an und zeigte seinen Jüngern, wie er müßte hin gen Jerusalem gehen und viel leiden von den Ältesten und Hohenpriestern und Schriftgelehrten und getötet werden und am dritten Tage auferstehen.

²²Und Petrus nahm ihn zu sich, fuhr ihn an und sprach: HERR, schone dein selbst; das widerfahre dir nur nicht!

²³Aber er wandte sich um und sprach zu Petrus: Hebe dich, Satan, von mir! du bist mir ärgerlich; denn du meinst nicht was göttlich, sondern was menschlich ist.

²⁴Da sprach Jesus zu seinen Jüngern: Will mir jemand nachfolgen, der verleugne sich selbst und nehme sein Kreuz auf sich und folge mir.

²⁵Denn wer sein Leben erhalten will, der wird's verlieren; wer aber sein Leben verliert um meinetwillen, der wird's finden.

²⁶Was hülfe es dem Menschen, so er die ganze Welt gewönne und nähme Schaden an seiner Seele? Oder was kann der Mensch geben, damit er seine Seele wieder löse?

²⁷Denn es wird geschehen, daß des Menschen Sohn komme in der Herrlichkeit seines Vaters mit seinen Engeln; und alsdann wird er einem jeglichen vergelten nach seinen Werken.

²⁸Wahrlich ich sage euch: Es stehen etliche hier, die nicht schmecken werden den Tod, bis daß sie des Menschen Sohn kommen sehen in seinem Reich.

Kapitel 17

¹Und nach sechs Tagen nahm Jesus zu sich Petrus und Jakobus und Johannes, seinen Bruder, und führte sie beiseits auf einen hohen Berg.

²Und er ward verklärt vor ihnen, und sein Angesicht leuchtete wie die Sonne, und seine Kleider wurden weiß wie ein Licht.

³Und siehe, da erschienen ihnen Mose und Elia; die redeten mit ihm.

⁴Petrus aber antwortete und sprach zu Jesu: HERR, hier ist gut sein! Willst du, so wollen wir hier drei Hütten machen: dir eine, Mose eine und Elia eine.

⁵Da er noch also redete, siehe, da überschattete sie eine lichte Wolke. Und siehe, eine Stimme aus der Wolke sprach: Dies ist mein lieber Sohn, an welchem ich Wohlgefallen habe, den sollt ihr hören!

⁶Da das die Jünger hörten, fielen sie auf ihr Angesicht und erschraken sehr.

⁷Jesus aber trat zu ihnen, rührte sie an und sprach: Stehet auf und fürchtet euch nicht!

⁸Da sie aber ihre Augen aufhoben, sahen sie niemand denn Jesum allein.

⁹Und da sie vom Berge herabgingen, gebot ihnen Jesus und sprach: Ihr sollt dies Gesicht niemand sagen, bis das des Menschen Sohn von den Toten auferstanden ist.

¹⁰Und seine Jünger fragten ihn und sprachen: Was sagen denn die Schriftgelehrten, Elia müsse zuvor kommen?

¹¹Jesus antwortete und sprach zu ihnen: Elia soll ja zuvor kommen und alles zurechtbringen.

¹²Doch ich sage euch: Es ist Elia schon gekommen, und sie haben ihn nicht erkannt, sondern haben an ihm getan, was sie wollten. Also wird auch des Menschen Sohn leiden müssen von ihnen.

¹³Da verstanden die Jünger, daß er von Johannes dem Täufer zu ihnen geredet hatte.

¹⁴Und da sie zu dem Volk kamen, trat zu ihm ein Mensch und fiel ihm zu Füßen

¹⁵und sprach: HERR, erbarme dich über meinen Sohn! denn er ist mondsüchtig und hat ein schweres Leiden: er fällt oft ins Feuer und oft ins Wasser;

¹⁶und ich habe ihn zu deinen Jüngern gebracht, und sie konnten ihm nicht helfen.

¹⁷Jesus aber antwortete und sprach: O du ungläubige und verkehrte Art, wie lange soll ich bei euch sein? wie lange soll ich euch dulden? Bringt ihn hierher!

¹⁸Und Jesus bedrohte ihn; und der Teufel fuhr aus von ihm, und der Knabe ward gesund zu derselben Stunde.

¹⁹Da traten zu ihm seine Jünger besonders und sprachen: Warum konnten wir ihn nicht austreiben?

²⁰Jesus aber antwortete und sprach zu ihnen: Um eures Unglaubens willen. Denn wahrlich ich sage euch: So ihr Glauben habt wie ein Senfkorn, so mögt ihr sagen zu diesem Berge: Hebe dich von hinnen dorthin! so wird er sich heben; und euch wird nichts unmöglich sein.

²¹Aber diese Art fährt nicht aus denn durch Beten und Fasten.

²²Da sie aber ihr Wesen hatten in Galiläa, sprach Jesus zu ihnen:

Es wird geschehen, daß des Menschen Sohn überantwortet wird in der Menschen Hände;

²³und sie werden ihn töten, und am dritten Tage wird er auferstehen. Und sie wurden sehr betrübt.

²⁴Da sie nun gen Kapernaum kamen, gingen zu Petrus, die den Zinsgroschen einnahmen, und sprachen: Pflegt euer Meister nicht den Zinsgroschen zu geben?

²⁵Er sprach: Ja. Und als er heimkam, kam ihm Jesus zuvor und sprach: Was dünkt dich, Simon? Von wem nehmen die Könige auf Erden den Zoll oder Zins? Von Ihren Kindern oder von den Fremden?

²⁶Da sprach zu ihm Petrus: Von den Fremden. Jesus sprach zu ihm: So sind die Kinder frei.

²⁷Auf daß aber wir sie nicht ärgern, so gehe hin an das Meer und wirf die Angel, und den ersten Fisch, der heraufführt, den nimm; und wenn du seinen Mund auftust, wirst du einen Stater finden; den nimm und gib ihnen für mich und dich.

Kapitel 18

¹Zu derselben Stunde traten die Jünger zu Jesu und sprachen: Wer ist doch der Größte im Himmelreich?

²Jesus rief ein Kind zu sich und stellte das mitten unter sie

³und sprach: Wahrlich ich sage euch: Es sei denn, daß ihr umkehret und werdet wie die Kinder, so werdet ihr nicht ins Himmelreich kommen.

⁴Wer nun sich selbst erniedrigt wie dies Kind, der ist der Größte im Himmelreich.

⁵Und wer ein solches Kind aufnimmt in meinem Namen, der nimmt mich auf.

⁶Wer aber ärgert dieser Geringsten einen, die an mich glauben, dem wäre es besser, daß ein Mühlstein an seinen Hals gehängt und er ersäuft werde im Meer, da es am tiefsten ist.

⁷Weh der Welt der Ärgernisse halben! Es muß ja Ärgernis kommen; doch weh dem Menschen, durch welchen Ärgernis kommt!

⁸So aber deine Hand oder dein Fuß dich ärgert, so haue ihn ab und wirf ihn von dir. Es ist besser, daß du zum Leben lahm oder als Krüppel eingehst, denn daß du zwei Hände oder zwei Füße hast und wirst in das höllische Feuer geworfen.

⁹Und so dich dein Auge ärgert, reiß es aus und wirf's von dir. Es ist dir besser, daß du einäugig zum Leben eingehest, denn daß du zwei Augen habest und wirst in das höllische Feuer geworfen.

¹⁰Sehet zu, daß ihr nicht jemand von diesen Kleinen verachtet. Denn ich sage euch: Ihre Engel im Himmel sehen allezeit in das Angesicht meines Vaters im Himmel.

¹¹Denn des Menschen Sohn ist gekommen, selig zu machen, das verloren ist.

¹²Was dünkt euch? Wenn irgend ein Mensch hundert Schafe hätte und eins unter ihnen sich verirrte: läßt er nicht die neunundneunzig auf den Bergen, geht hin und sucht das verirrte?

¹³Und so sich's begibt, daß er's findet, wahrlich ich sage euch, er freut sich darüber mehr denn über die neunundneunzig, die nicht verirrt sind.

¹⁴Also auch ist's vor eurem Vater im Himmel nicht der Wille, daß jemand von diesen Kleinen verloren werde.

¹⁵Sündigt aber dein Bruder an dir, so gehe hin und strafe ihn zwischen dir und ihm allein. Hört er dich, so hast du deinen Bruder gewonnen.

¹⁶Hört er dich nicht, so nimm noch einen oder zwei zu dir, auf daß alle Sache bestehe auf zweier oder dreier Zeugen Mund.

¹⁷Hört er die nicht, so sage es der Gemeinde. Hört er die Gemeinde nicht, so halt ihn als einen Zöllner oder Heiden.

¹⁸Wahrlich ich sage euch: Was ihr auf Erden binden werdet, soll auch im Himmel gebunden sein, und was ihr auf Erden lösen werdet, soll auch im Himmel los sein.

¹⁹Weiter sage ich euch: wo zwei unter euch eins werden, warum es ist, daß sie bitten wollen, das soll ihnen widerfahren von meinem Vater im Himmel.

²⁰Denn wo zwei oder drei versammelt sind in meinem Namen, da bin ich mitten unter ihnen.

²¹Da trat Petrus zu ihm und sprach: HERR, wie oft muß ich denn meinem Bruder, der an mir sündigt, vergeben? Ist's genug siebenmal?

²²Jesus sprach zu ihm: Ich sage dir: Nicht siebenmal, sondern siebzigmal siebenmal.

²³Darum ist das Himmelreich gleich einem König, der mit seinen Knechten rechnen wollte.

²⁴Und als er anfing zu rechnen, kam ihm einer vor, der war ihm zehntausend Pfund schuldig.

²⁵Da er's nun nicht hatte, zu bezahlen, hieß der Herr verkaufen ihn und sein Weib und seine Kinder und alles, was er hatte, und bezahlen.

²⁶Da fiel der Knecht nieder und betete ihn an und sprach: Herr, habe Geduld mit mir, ich will dir's alles bezahlen.

²⁷Da jammerte den Herrn des Knechtes, und er ließ ihn los, und die Schuld erließ er ihm auch.

²⁸Da ging derselbe Knecht hinaus und fand einen seiner Mitknechte, der war ihm hundert Groschen schuldig; und er griff ihn an und würgte ihn und sprach: Bezahle mir, was du mir schuldig bist!

²⁹Da fiel sein Mitknecht nieder und bat ihn und sprach: Habe Geduld mit mir; ich will dir's alles bezahlen.

³⁰Er wollte aber nicht, sondern ging hin und warf ihn ins Gefängnis, bis daß er bezahlte, was er schuldig war.

³¹Da aber seine Mitknechte solches sahen, wurden sie sehr betrübt und kamen und brachten vor ihren Herrn alles, was sich begeben hatte.

³²Da forderte ihn sein Herr vor sich und sprach zu ihm: Du Schalksknecht, alle diese Schuld habe ich dir erlassen, dieweil du mich batest;

³³solltest du denn dich nicht auch erbarmen über deinen Mitknecht, wie ich mich über dich erbarmt habe?

³⁴Und sein Herr ward sehr zornig und überantwortete ihn den Peinigern, bis daß er bezahlte alles, was er ihm schuldig war.

³⁵Also wird euch mein himmlischer Vater auch tun, so ihr nicht vergebt von eurem Herzen, ein jeglicher seinem Bruder seine Fehler.

Kapitel 19

¹Und es begab sich, da Jesus diese Reden vollendet hatte, erhob er sich aus Galiläa und kam in das Gebiet des jüdischen Landes jenseit des Jordans;

²und es folgte ihm viel Volks nach, und er heilte sie daselbst.

³Da traten zu ihm die Pharisäer, versuchten ihn und sprachen zu ihm: Ist's auch recht, daß sich ein Mann scheide von seinem Weibe um irgendeine Ursache?

⁴Er antwortete aber und sprach zu ihnen: Habt ihr nicht gelesen, daß, der im Anfang den Menschen gemacht hat, der machte, daß ein Mann und ein Weib sein sollte,

⁵und sprach: "Darum wird ein Mensch Vater und Mutter verlassen und an seinem Weibe hangen, und werden die zwei ein Fleisch sein"?

⁶So sind sie nun nicht zwei, sondern ein Fleisch. Was nun Gott zusammengefügt hat, das soll der Mensch nicht scheiden.

⁷Da sprachen sie: Warum hat denn Mose geboten, einen Scheidebrief zu geben und sich von ihr zu scheiden?

⁸Er sprach zu ihnen: Mose hat euch erlaubt zu scheiden von euren Weibern wegen eures Herzens Härtigkeit; von Anbeginn aber ist's nicht also gewesen.

⁹Ich sage aber euch: Wer sich von seinem Weibe scheidet (es sei denn um der Hurerei willen) und freit eine andere, der bricht die Ehe; und wer die Abgeschiedene freit, der bricht auch die Ehe.

¹⁰Da sprachen die Jünger zu ihm: Steht die Sache eines Mannes mit seinem Weibe also, so ist's nicht gut, ehelich werden.

¹¹Er sprach zu ihnen: Das Wort faßt nicht jedermann, sondern denen es gegeben ist.

¹²Denn es sind etliche verschnitten, die sind aus Mutterleibe also geboren; und sind etliche verschnitten, die von Menschen verschnitten sind; und sind etliche verschnitten, die sich selbst verschnitten haben um des Himmelreiches willen. Wer es fassen kann, der fasse es!

¹³Da wurden Kindlein zu ihm gebracht, daß er die Hände auf sie legte und betete. Die Jünger aber fuhren sie an.

¹⁴Aber Jesus sprach: Lasset die Kindlein zu mir kommen und wehret ihnen nicht, denn solcher ist das Reich Gottes.

¹⁵Und legte die Hände auf sie und zog von dannen.

¹⁶Und siehe, einer trat zu ihm und sprach: Guter Meister, was soll ich Gutes tun, daß ich das ewige Leben möge haben?

¹⁷Er aber sprach zu ihm: Was heißest du mich gut? Niemand ist gut denn der einige Gott. Willst du aber zum Leben eingehen, so halte die Gebote.

¹⁸Da sprach er zu ihm: Welche? Jesus aber sprach: "Du sollst nicht töten; du sollst nicht ehebrechen; du sollst nicht stehlen; du sollst nicht falsch Zeugnis geben;

¹⁹ehre Vater und Mutter;" und: "Du sollst deinen Nächsten lieben wie dich selbst."

²⁰Da sprach der Jüngling zu ihm: Das habe ich alles gehalten von meiner Jugend auf; was fehlt mir noch?

²¹Jesus sprach zu ihm: Willst du vollkommen sein, so gehe hin, verkaufe, was du hast, und gib's den Armen, so wirst du einen Schatz im Himmel haben; und komm und folge mir nach!

²²Da der Jüngling das Wort hörte, ging er betrübt von ihm, denn er hatte viele Güter.

Matthäus

²³Jesus aber sprach zu seinen Jüngern: Wahrlich, ich sage euch: Ein Reicher wird schwer ins Himmelreich kommen.

²⁴Und weiter sage ich euch: Es ist leichter, daß ein Kamel durch ein Nadelöhr gehe, denn daß ein Reicher ins Reich Gottes komme.

²⁵Da das seine Jünger hörten, entsetzten sie sich sehr und sprachen: Ja, wer kann denn selig werden?

²⁶Jesus aber sah sie an und sprach zu ihnen: Bei den Menschen ist es unmöglich; aber bei Gott sind alle Dinge möglich.

²⁷Da antwortete Petrus und sprach zu ihm: Siehe, wir haben alles verlassen und sind dir nachgefolgt; was wird uns dafür?

²⁸Jesus aber sprach zu ihnen: Wahrlich ich sage euch: Ihr, die ihr mir seid nachgefolgt, werdet in der Wiedergeburt, da des Menschen Sohn wird sitzen auf dem Stuhl seiner Herrlichkeit, auch sitzen auf zwölf Stühlen und richten die zwölf Geschlechter Israels.

²⁹Und wer verläßt Häuser oder Brüder oder Schwestern oder Vater oder Mutter oder Weib oder Kinder oder Äcker um meines Namens willen, der wird's hundertfältig nehmen und das ewige Leben ererben.

³⁰Aber viele, die da sind die Ersten, werden die Letzten, und die Letzten werden die Ersten sein.

Kapitel 20

¹Das Himmelreich ist gleich einem Hausvater, der am Morgen ausging, Arbeiter zu mieten in seinen Weinberg.

²Und da er mit den Arbeitern eins ward um einen Groschen zum Tagelohn, sandte er sie in seinen Weinberg.

³Und ging aus um die dritte Stunde und sah andere an dem Markte müßig stehen

⁴und sprach zu ihnen: Gehet ihr auch hin in den Weinberg; ich will euch geben, was recht ist.

⁵Und sie gingen hin. Abermals ging er aus um die sechste und die neunte Stunde und tat gleichalso.

⁶Um die elfte Stunde aber ging er aus und fand andere müßig stehen und sprach zu ihnen: Was steht ihr hier den ganzen Tag müßig?

⁷Sie sprachen zu ihm: Es hat uns niemand gedingt. Er sprach zu ihnen: Gehet ihr auch hin in den Weinberg, und was recht sein wird, soll euch werden.

⁸Da es nun Abend ward, sprach der Herr des Weinberges zu seinem Schaffner: Rufe die Arbeiter und gib ihnen den Lohn und heb an an den Letzten bis zu den Ersten.

⁹Da kamen, die um die elfte Stunde gedingt waren, und empfing ein jeglicher seinen Groschen.

¹⁰Da aber die ersten kamen, meinten sie, sie würden mehr empfangen; und sie empfingen auch ein jeglicher seinen Groschen.

¹¹Und da sie den empfingen, murrten sie wider den Hausvater

¹²und sprachen: Diese haben nur eine Stunde gearbeitet, und du hast sie uns gleich gemacht, die wir des Tages Last und die Hitze getragen haben.

¹³Er antwortete aber und sagte zu einem unter ihnen: Mein Freund, ich tue dir nicht Unrecht. Bist du nicht mit mir eins geworden für einen Groschen?

¹⁴Nimm, was dein ist, und gehe hin! Ich will aber diesem letzten geben gleich wie dir.

¹⁵Oder habe ich nicht Macht, zu tun, was ich will, mit dem Meinen? Siehst du darum so scheel, daß ich so gütig bin?

¹⁶Also werden die Letzten die Ersten und die Ersten die Letzten sein. Denn viele sind berufen, aber wenige auserwählt.

¹⁷Und er zog hinauf gen Jerusalem und nahm zu sich die zwölf Jünger besonders auf dem Wege und sprach zu ihnen:

¹⁸Siehe, wir ziehen hinauf gen Jerusalem, und des Menschen Sohn wird den Hohenpriestern und Schriftgelehrten überantwortet werden; sie werden ihn verdammen zum Tode

¹⁹und werden ihn überantworten den Heiden, zu verspotten und zu geißeln und zu kreuzigen; und am dritten Tage wird er wieder auferstehen.

²⁰Da trat zu ihm die Mutter der Kinder des Zebedäus mit ihren Söhnen, fiel vor ihm nieder und bat etwas von ihm.

²¹Und er sprach zu ihr: Was willst du? Sie sprach zu ihm: Laß diese meine zwei Söhne sitzen in deinem Reich, einen zu deiner Rechten und den andern zu deiner Linken.

²²Aber Jesus antwortete und sprach: Ihr wisset nicht, was ihr bittet. Könnt ihr den Kelch trinken, den ich trinken werde, und euch taufen lassen mit der Taufe, mit der ich getauft werde? Sie sprachen zu ihm: Jawohl.

²³Und er sprach zu ihnen: Meinen Kelch sollt ihr zwar trinken, und mit der Taufe, mit der ich getauft werde, sollt ihr getauft werden; aber das sitzen zu meiner Rechten und Linken zu geben steht mir nicht zu, sondern denen es bereitet ist von meinem Vater.

²⁴Da das die zehn hörten, wurden sie unwillig über die zwei Brüder.

²⁵Aber Jesus rief sie zu sich und sprach: Ihr wisset, daß die weltlichen Fürsten herrschen und die Obersten haben Gewalt.

²⁶So soll es nicht sein unter euch. Sondern, so jemand will unter euch gewaltig sein, der sei euer Diener;

²⁷und wer da will der Vornehmste sein, der sei euer Knecht,

²⁸gleichwie des Menschen Sohn ist nicht gekommen, daß er sich dienen lasse, sondern daß er diene und gebe sein Leben zu einer Erlösung für viele.

²⁹Und da sie von Jericho auszogen, folgte ihm viel Volks nach.

³⁰Und siehe, zwei Blinde saßen am Wege; und da sie hörten, daß Jesus vorüberging, schrieen sie und sprachen: Ach HERR, du Sohn Davids, erbarme dich unser!

³¹Aber das Volk bedrohte sie, daß sie schweigen sollten. Aber sie schrieen viel mehr und sprachen: Ach HERR, du Sohn Davids, erbarme dich unser!

³²Jesus aber stand still und rief sie und sprach: Was wollt ihr, daß ich euch tun soll?

³³Sie sprachen zu ihm: HERR, daß unsere Augen aufgetan werden.

³⁴Und es jammerte Jesum, und er rührte ihre Augen an; und alsbald wurden ihre Augen wieder sehend, und sie folgten ihm nach.

Kapitel 21

¹Da sie nun nahe an Jerusalem kamen, gen Bethphage an den Ölberg, sandte Jesus seiner Jünger zwei

²und sprach zu ihnen: Gehet hin in den Flecken, der vor euch liegt, und alsbald werdet ihr eine Eselin finden angebunden und ihr Füllen bei ihr; löset sie auf und führet sie zu mir!

³Und so euch jemand etwas wird sagen, so sprecht: Der HERR bedarf ihrer; sobald wird er sie euch lassen.

⁴Das geschah aber alles, auf daß erfüllt würde, was gesagt ist durch den Propheten, der da spricht:

⁵"Saget der Tochter Zion: Siehe, dein König kommt zu dir sanftmütig und reitet auf einem Esel und auf einem Füllen der lastbaren Eselin."

⁶Die Jünger gingen hin und taten, wie ihnen Jesus befohlen hatte,

⁷und brachten die Eselin und das Füllen und legten ihre Kleider darauf und setzten ihn darauf.

⁸Aber viel Volks breitete die Kleider auf den Weg; die andern hieben Zweige von den Bäumen und streuten sie auf den Weg.

⁹Das Volk aber, das vorging und nachfolgte, schrie und sprach: Hosianna dem Sohn Davids! Gelobt sei, der da kommt in dem Namen des HERRN! Hosianna in der Höhe!

¹⁰Und als er zu Jerusalem einzog, erregte sich die ganze Stadt und sprach: Wer ist der?

¹¹Das Volk aber sprach: Das ist der Jesus, der Prophet von Nazareth aus Galiläa.

¹²Und Jesus ging zum Tempel Gottes hinein und trieb heraus alle Verkäufer und Käufer im Tempel und stieß um der Wechsler Tische und die Stühle der Taubenkrämer

¹³und sprach zu ihnen: Es steht geschrieben: "Mein Haus soll ein Bethaus heißen"; ihr aber habt eine Mördergrube daraus gemacht.

¹⁴Und es gingen zu ihm Blinde und Lahme im Tempel, und er heilte sie.

¹⁵Da aber die Hohenpriester und Schriftgelehrten sahen die Wunder, die er tat, und die Kinder, die im Tempel schrieen und sagten: Hosianna dem Sohn Davids! wurden sie entrüstet

¹⁶und sprachen zu ihm: Hörst du auch, was diese sagen? Jesus sprach zu ihnen: Ja! Habt ihr nie gelesen: "Aus dem Munde der Unmündigen und Säuglinge hast du Lob zugerichtet"?

¹⁷Und er ließ sie da und ging zur Stadt hinaus gen Bethanien und blieb daselbst.

¹⁸Als er aber des Morgens wieder in die Stadt ging, hungerte ihn;

¹⁹und er sah einen Feigenbaum am Wege und ging hinzu und fand nichts daran denn allein Blätter und sprach zu ihm: Nun wachse auf dir hinfort nimmermehr eine Frucht! Und der Feigenbaum verdorrte alsbald.

²⁰Und da das die Jünger sahen, verwunderten sie sich und sprachen: Wie ist der Feigenbaum so bald verdorrt?

²¹Jesus aber antwortete und sprach zu ihnen: Wahrlich ich sage euch: So ihr Glauben habt und nicht zweifelt, so werdet ihr nicht allein solches mit dem Feigenbaum tun, sondern, so ihr werdet sagen zu diesem Berge: Hebe dich auf und wirf dich ins Meer! so wird's geschehen.

²²Und alles, was ihr bittet im Gebet, so ihr glaubet, werdet ihr's

empfangen.

²³Und als er in den Tempel kam, traten zu ihm, als er lehrte, die Hohenpriester und die Ältesten im Volk und sprachen: Aus was für Macht tust du das? und wer hat dir die Macht gegeben?

²⁴Jesus aber antwortete und sprach zu ihnen: Ich will euch auch ein Wort fragen; so ihr mir das sagt, will ich euch auch sagen aus was für Macht ich das tue.

²⁵Woher war die Taufe des Johannes? War sie vom Himmel oder von den Menschen? Da dachten sie bei sich selbst und sprachen: Sagen wir, sie sei vom Himmel gewesen, so wird er zu uns sagen: Warum glaubtet ihr ihm denn nicht?

²⁶Sagen wir aber, sie sei von Menschen gewesen, so müssen wir uns vor dem Volk fürchten; denn sie halten alle Johannes für einen Propheten.

²⁷Und sie antworteten Jesu und sprachen: Wir wissen's nicht. Da sprach er zu ihnen: So sage ich euch auch nicht, aus was für Macht ich das tue.

²⁸Was dünkt euch aber? Es hatte ein Mann zwei Söhne und ging zu dem ersten und sprach: Mein Sohn, gehe hin und arbeite heute in meinem Weinberg.

²⁹Er antwortete aber und sprach: Ich will's nicht tun. Darnach reute es ihn und er ging hin.

³⁰Und er ging zum andern und sprach gleichalso. Er antwortete aber und sprach: Herr, ja! -und ging nicht hin.

³¹Welcher unter den zweien hat des Vaters Willen getan? Sie sprachen zu ihm: Der erste. Jesus sprach zu ihnen: Wahrlich ich sage euch: Die Zöllner und Huren mögen wohl eher ins Himmelreich kommen denn ihr.

³²Johannes kam zu euch und lehrte euch den rechten Weg, und ihr glaubtet ihm nicht; aber die Zöllner und Huren glaubten ihm. Und ob ihr's wohl sahet, tatet ihr dennoch nicht Buße, daß ihr ihm darnach auch geglaubt hättet.

³³Höret ein anderes Gleichnis: Es war ein Hausvater, der pflanzte einen Weinberg und führte einen Zaun darum und grub eine Kelter darin und baute einen Turm und tat ihn den Weingärtnern aus und zog über Land.

³⁴Da nun herbeikam die Zeit der Früchte, sandte er seine Knechte zu den Weingärtnern, daß sie seine Früchte empfingen.

³⁵Da nahmen die Weingärtner seine Knechte; einen stäupten sie, den andern töteten sie, den dritten steinigten sie.

³⁶Abermals sandte er andere Knechte, mehr denn der ersten waren; und sie taten ihnen gleichalso.

³⁷Darnach sandte er seinen Sohn zu ihnen und sprach: Sie werden sich vor meinem Sohn scheuen.

³⁸Da aber die Weingärtner den Sohn sahen, sprachen sie untereinander: Das ist der Erbe; kommt laßt uns ihn töten und sein Erbgut an uns bringen!

³⁹Und sie nahmen ihn und stießen ihn zum Weinberg hinaus und töteten ihn.

⁴⁰Wenn nun der Herr des Weinberges kommen wird, was wird er diesen Weingärtnern tun?

⁴¹Sie sprachen zu ihm: Er wird die Bösewichte übel umbringen und seinen Weinberg anderen Weingärtnern austun, die ihm die Früchte zur rechten Zeit geben.

⁴²Jesus sprach zu ihnen: Habt ihr nie gelesen in der Schrift: "Der Stein, den die Bauleute verworfen haben, der ist zum Eckstein geworden. Von dem HERRN ist das geschehen, und es ist wunderbar vor unseren Augen"?

⁴³Darum sage ich euch: Das Reich Gottes wird von euch genommen und einem Volke gegeben werden, das seine Früchte bringt.

⁴⁴Und wer auf diesen Stein fällt, der wird zerschellen; auf wen aber er fällt, den wird er zermalmen.

⁴⁵Und da die Hohenpriester und Pharisäer seine Gleichnisse hörten, verstanden sie, daß er von ihnen redete.

⁴⁶Und sie trachteten darnach, wie sie ihn griffen; aber sie fürchteten sich vor dem Volk, denn es hielt ihn für einen Propheten.

Kapitel 22

¹Und Jesus antwortete und redete abermals durch Gleichnisse zu ihnen und sprach:

²Das Himmelreich ist gleich einem Könige, der seinem Sohn Hochzeit machte.

³Und sandte seine Knechte aus, daß sie die Gäste zur Hochzeit riefen; und sie wollten nicht kommen.

⁴Abermals sandte er andere Knechte aus und sprach: Sagt den Gästen: Siehe, meine Mahlzeit habe ich bereitet, meine Ochsen und mein Mastvieh ist geschlachtet und alles ist bereit; kommt zur Hochzeit!

⁵Aber sie verachteten das und gingen hin, einer auf seinen Acker, der andere zu seiner Hantierung;

⁶etliche griffen seine Knechte, höhnten sie und töteten sie.

⁷Da das der König hörte, ward er zornig und schickte seine Heere aus und brachte diese Mörder um und zündete ihre Stadt an.

⁸Da sprach er zu seinen Knechten: Die Hochzeit ist zwar bereit, aber die Gäste waren's nicht wert.

⁹Darum gehet hin auf die Straßen und ladet zur Hochzeit, wen ihr findet.

¹⁰Und die Knechte gingen aus auf die Straßen und brachten zusammen, wen sie fanden, Böse und Gute; und die Tische wurden alle voll.

¹¹Da ging der König hinein, die Gäste zu besehen, und sah allda einen Menschen, der hatte kein hochzeitlich Kleid an;

¹²und er sprach zu ihm: Freund, wie bist du hereingekommen und hast doch kein hochzeitlich Kleid an? Er aber verstummte.

¹³Da sprach der König zu seinen Dienern: Bindet ihm Hände und Füße und werfet ihn in die Finsternis hinaus! da wird sein Heulen und Zähneklappen.

¹⁴Denn viele sind berufen, aber wenige sind auserwählt.

¹⁵Da gingen die Pharisäer hin und hielten einen Rat, wie sie ihn fingen in seiner Rede.

¹⁶Und sandten zu ihm ihre Jünger samt des Herodes Dienern. Und sie sprachen: Meister, wir wissen, daß du wahrhaftig bist und lehrst den Weg Gottes recht und du fragst nach niemand; denn du achtest nicht das Ansehen der Menschen.

¹⁷Darum sage uns, was dünkt dich: Ist's recht, daß man dem Kaiser den Zins gebe, oder nicht?

¹⁸Da nun Jesus merkte ihre Schalkheit, sprach er: Ihr Heuchler, was versucht ihr mich?

¹⁹Weiset mir die Zinsmünze! Und sie reichten ihm einen Groschen dar.

²⁰Und er sprach zu ihnen: Wes ist das Bild und die Überschrift?

²¹Sie sprachen zu ihm: Des Kaisers. Da sprach er zu ihnen: So gebet dem Kaiser, was des Kaisers ist, und Gott, was Gottes ist!

²²Da sie das hörten, verwunderten sie sich und ließen ihn und gingen davon.

²³An dem Tage traten zu ihm die Sadduzäer, die da halten, es sei kein Auferstehen, und fragten ihn

²⁴und sprachen: Meister, Mose hat gesagt: So einer stirbt und hat nicht Kinder, so soll sein Bruder sein Weib freien und seinem Bruder Samen erwecken.

²⁵Nun sind bei uns gewesen sieben Brüder. Der erste freite und starb; und dieweil er nicht Samen hatte, ließ er sein Weib seinem Bruder;

²⁶desgleichen der andere und der dritte bis an den siebenten.

²⁷Zuletzt nach allen starb auch das Weib.

²⁸Nun in der Auferstehung, wes Weib wird sie sein unter den sieben? Sie haben sie ja alle gehabt.

²⁹Jesus aber antwortete und sprach zu ihnen: Ihr irrt und wisset die Schrift nicht, noch die Kraft Gottes.

³⁰In der Auferstehung werden sie weder freien noch sich freien lassen, sondern sie sind gleichwie die Engel Gottes im Himmel.

³¹Habt ihr nicht gelesen von der Toten Auferstehung, was euch gesagt ist von Gott, der da spricht:

³²"Ich bin der Gott Abrahams und der Gott Isaaks und der Gott Jakobs"? Gott aber ist nicht ein Gott der Toten, sondern der Lebendigen.

³³Und da solches das Volk hörte, entsetzten sie sich über seine Lehre.

³⁴Da aber die Pharisäer hörten, wie er den Sadduzäern das Maul gestopft hatte, versammelten sie sich.

³⁵Und einer unter ihnen, ein Schriftgelehrter, versuchte ihn und sprach:

³⁶Meister, welches ist das vornehmste Gebot im Gesetz?

³⁷Jesus aber sprach zu ihm: "Du sollst lieben Gott, deinen HERRN, von ganzem Herzen, von ganzer Seele und von ganzem Gemüte."

³⁸Dies ist das vornehmste und größte Gebot.

³⁹Das andere aber ist ihm gleich; Du sollst deinen Nächsten lieben wie dich selbst.

⁴⁰In diesen zwei Geboten hängt das ganze Gesetz und die Propheten.

⁴¹Da nun die Pharisäer beieinander waren, fragte sie Jesus

⁴²und sprach: Wie dünkt euch um Christus? wes Sohn ist er? Sie sprachen: Davids.

⁴³Er sprach zu ihnen: Wie nennt ihn denn David im Geist einen Herrn, da er sagt:

⁴⁴"Der HERR hat gesagt zu meinem Herrn: Setze dich zu meiner Rechten, bis daß ich lege deine Feinde zum Schemel deiner Füße"?

⁴⁵So nun David ihn einen Herrn nennt, wie ist er denn sein Sohn?

⁴⁶Und niemand konnte ihm ein Wort antworten, und wagte auch niemand von dem Tage an hinfort, ihn zu fragen.

Kapitel 23

¹Da redete Jesus zu dem Volk und zu seinen Jüngern

²und sprach: Auf Mose's Stuhl sitzen die Schriftgelehrten und Pharisäer.

³Alles nun, was sie euch sagen, daß ihr halten sollt, das haltet und tut's; aber nach ihren Werken sollt ihr nicht tun: sie sagen's wohl, und tun's nicht.

⁴Sie binden aber schwere und unerträgliche Bürden und legen sie den Menschen auf den Hals; aber sie selbst wollen dieselben nicht mit einem Finger regen.

⁵Alle ihre Werke aber tun sie, daß sie von den Leuten gesehen werden. Sie machen ihre Denkzettel breit und die Säume an ihren Kleidern groß.

⁶Sie sitzen gern obenan über Tisch und in den Schulen

⁷und haben's gern, daß sie gegrüßt werden auf dem Markt und von den Menschen Rabbi genannt werden.

⁸Aber ihr sollt euch nicht Rabbi nennen lassen; denn einer ist euer Meister, Christus; ihr aber seid alle Brüder.

⁹Und sollt niemand Vater heißen auf Erden, denn einer ist euer Vater, der im Himmel ist.

¹⁰Und ihr sollt euch nicht lassen Meister nennen; denn einer ist euer Meister, Christus.

¹¹Der Größte unter euch soll euer Diener sein.

¹²Denn wer sich selbst erhöht, der wird erniedrigt; und wer sich selbst erniedrigt, der wird erhöht.

¹³Weh euch, Schriftgelehrte und Pharisäer, ihr Heuchler, die ihr das Himmelreich zuschließet vor den Menschen! Ihr kommt nicht hinein, und die hinein wollen, laßt ihr nicht hineingehen.

¹⁴Weh euch, Schriftgelehrte und Pharisäer, ihr Heuchler, die ihr der Witwen Häuser fresset und wendet lange Gebete vor! Darum werdet ihr desto mehr Verdammnis empfangen.

¹⁵Weh euch, Schriftgelehrte und Pharisäer, ihr Heuchler, die ihr Land und Wasser umziehet, daß ihr einen Judengenossen macht; und wenn er's geworden ist, macht ihr aus ihm ein Kind der Hölle, zwiefältig mehr denn ihr seid!

¹⁶Weh euch, verblendete Leiter, die ihr sagt: "Wer da schwört bei dem Tempel, das ist nichts; wer aber schwört bei dem Gold am Tempel, der ist's schuldig."

¹⁷Ihr Narren und Blinden! Was ist größer: das Gold oder der Tempel, der das Gold heiligt?

¹⁸"Wer da schwört bei dem Altar, das ist nichts; wer aber schwört bei dem Opfer, das darauf ist, der ist's schuldig."

¹⁹Ihr Narren und Blinden! Was ist größer: das Opfer oder der Altar, der das Opfer heiligt?

²⁰Darum, wer da schwört bei dem Altar, der schwört bei demselben und bei allem, was darauf ist.

²¹Und wer da schwört bei dem Tempel, der schwört bei demselben und bei dem, der darin wohnt.

²²Und wer da schwört bei dem Himmel, der schwört bei dem Stuhl Gottes und bei dem, der darauf sitzt.

²³Weh euch, Schriftgelehrte und Pharisäer, ihr Heuchler, die ihr verzehntet die Minze, Dill und Kümmel, und laßt dahinten das Schwerste im Gesetz, nämlich das Gericht, die Barmherzigkeit und den Glauben! Dies soll man tun und jenes nicht lassen.

²⁴Ihr verblendeten Leiter, die ihr Mücken seihet und Kamele verschluckt!

²⁵Weh euch, Schriftgelehrte und Pharisäer, ihr Heuchler, die ihr die Becher und Schüsseln auswendig reinlich haltet, inwendig aber ist's voll Raubes und Fraßes!

²⁶Du blinder Pharisäer, reinige zum ersten das Inwendige an Becher und Schüssel, auf das auch das Auswendige rein werde!

²⁷Weh euch, Schriftgelehrte und Pharisäer, ihr Heuchler, die ihr gleich seid wie die übertünchten Gräber, welche auswendig hübsch scheinen, aber inwendig sind sie voller Totengebeine und alles Unflats!

²⁸Also auch ihr: von außen scheint ihr den Menschen fromm, aber in wendig seid ihr voller Heuchelei und Untugend.

²⁹Weh euch, Schriftgelehrte und Pharisäer, ihr Heuchler, die ihr der Propheten Gräber bauet und schmücket der Gerechten Gräber

³⁰und sprecht: Wären wir zu unsrer Väter Zeiten gewesen, so wollten wir nicht teilhaftig sein mit ihnen an der Propheten Blut!

³¹So gebt ihr über euch selbst Zeugnis, daß ihr Kinder seid derer, die die Propheten getötet haben.

³²Wohlan, erfüllet auch ihr das Maß eurer Väter!

³³Ihr Schlangen und Otterngezücht! wie wollt ihr der höllischen Verdammnis entrinnen?

³⁴Darum siehe, ich sende zu euch Propheten und Weise und Schriftgelehrte; und deren werdet ihr etliche töten und kreuzigen, und etliche werdet ihr geißeln in ihren Schulen und werdet sie verfolgen von einer Stadt zu der anderen;

³⁵auf daß über euch komme all das gerechte Blut, das vergossen ist auf Erden, von dem Blut des gerechten Abel an bis auf das Blut des Zacharias, des Sohnes Berechja's, welchen ihr getötet habt zwischen dem Tempel und dem Altar.

³⁶Wahrlich ich sage euch, daß solches alles wird über dies Geschlecht kommen.

³⁷Jerusalem, Jerusalem, die du tötest die Propheten und steinigst, die zu dir gesandt sind! wie oft habe ich deine Kinder versammeln wollen, wie eine Henne versammelt ihre Küchlein unter ihre Flügel; und ihr habt nicht gewollt!

³⁸Siehe, euer Haus soll euch wüst gelassen werden.

³⁹Denn ich sage euch: Ihr werdet mich von jetzt an nicht sehen, bis ihr sprecht: Gelobt sei, der da kommt im Namen des HERRN!

Kapitel 24

¹Und Jesus ging hinweg von dem Tempel, und seine Jünger traten zu ihm, daß sie ihm zeigten des Tempels Gebäude.

²Jesus aber sprach zu ihnen: Sehet ihr nicht das alles? Wahrlich, ich sage euch: Es wird hier nicht ein Stein auf dem anderen bleiben, der nicht zerbrochen werde.

³Und als er auf dem Ölberge saß, traten zu ihm seine Jünger besonders und sprachen: Sage uns, wann wird das alles geschehen? Und welches wird das Zeichen sein deiner Zukunft und des Endes der Welt?

⁴Jesus aber antwortete und sprach zu ihnen: Sehet zu, daß euch nicht jemand verführe.

⁵Denn es werden viele kommen unter meinem Namen, und sagen: "Ich bin Christus" und werden viele verführen.

⁶Ihr werdet hören Kriege und Geschrei von Kriegen; sehet zu und erschreckt euch nicht. Das muß zum ersten alles geschehen; aber es ist noch nicht das Ende da.

⁷Denn es wird sich empören ein Volk wider das andere und ein Königreich gegen das andere, und werden sein Pestilenz und teure Zeit und Erdbeben hin und wieder.

⁸Da wird sich allererst die Not anheben.

⁹Alsdann werden sie euch überantworten in Trübsal und werden euch töten. Und ihr müßt gehaßt werden um meines Namens willen von allen Völkern.

¹⁰Dann werden sich viele ärgern und werden untereinander verraten und werden sich untereinander hassen.

¹¹Und es werden sich viel falsche Propheten erheben und werden viele verführen.

¹²und dieweil die Ungerechtigkeit wird überhandnehmen, wird die Liebe in vielen erkalten.

¹³Wer aber beharret bis ans Ende, der wird selig.

¹⁴Und es wird gepredigt werden das Evangelium vom Reich in der ganzen Welt zu einem Zeugnis über alle Völker, und dann wird das Ende kommen.

¹⁵Wenn ihr nun sehen werdet den Greuel der Verwüstung (davon gesagt ist durch den Propheten Daniel), daß er steht an der heiligen Stätte (wer das liest, der merke darauf!),

¹⁶alsdann fliehe auf die Berge, wer im jüdischen Lande ist;

¹⁷und wer auf dem Dach ist, der steige nicht hernieder, etwas aus seinem Hause zu holen;

¹⁸und wer auf dem Felde ist, der kehre nicht um, seine Kleider zu holen.

¹⁹Weh aber den Schwangeren und Säugerinnen zu der Zeit!

²⁰Bittet aber, daß eure Flucht nicht geschehe im Winter oder am Sabbat.

²¹Denn es wird alsbald eine große Trübsal sein, wie nicht gewesen ist von Anfang der Welt bisher und wie auch nicht werden wird.

²²Und wo diese Tage nicht verkürzt würden, so würde kein Mensch selig; aber um der Auserwählten willen werden die Tage verkürzt.

²³So alsdann jemand zu euch wird sagen: Siehe, hier ist Christus! oder: da! so sollt ihr's nicht glauben.

²⁴Denn es werden falsche Christi und falsche Propheten aufstehen und große Zeichen und Wunder tun, daß verführt werden in dem Irrtum (wo es möglich wäre) auch die Auserwählten.

²⁵Siehe, ich habe es euch zuvor gesagt.

²⁶Darum, wenn sie zu euch sagen werden: Siehe, er ist in der Wüste! so gehet nicht hinaus, -siehe, er ist in der Kammer! so glaubt nicht.

²⁷Denn gleichwie ein Blitz ausgeht vom Aufgang und scheint bis zum Niedergang, also wird auch sein die Zukunft des Menschensohnes.

²⁸Wo aber ein Aas ist, da sammeln sich die Adler.

²⁹Bald aber nach der Trübsal derselben Zeit werden Sonne und Mond den Schein verlieren, und Sterne werden vom Himmel fallen, und die Kräfte der Himmel werden sich bewegen.

³⁰Und alsdann wird erscheinen das Zeichen des Menschensohnes am Himmel. Und alsdann werden heulen alle Geschlechter auf Erden und werden sehen kommen des Menschen Sohn in den Wolken des Himmels mit großer Kraft und Herrlichkeit.

³¹Und er wird senden seine Engel mit hellen Posaunen, und sie werden sammeln seine Auserwählten von den vier Winden, von einem Ende des Himmels zu dem anderen.

³²An dem Feigenbaum lernet ein Gleichnis: wenn sein Zweig jetzt saftig wird und Blätter gewinnt, so wißt ihr, daß der Sommer nahe ist.

³³Also auch wenn ihr das alles sehet, so wisset, daß es nahe vor der Tür ist.

³⁴Wahrlich ich sage euch: Dies Geschlecht wird nicht vergehen, bis daß dieses alles geschehe.

³⁵Himmel und Erde werden vergehen; aber meine Worte werden nicht vergehen.

³⁶Von dem Tage aber und von der Stunde weiß niemand, auch die Engel nicht im Himmel, sondern allein mein Vater.

³⁷Aber gleichwie es zur Zeit Noah's war, also wird auch sein die Zukunft des Menschensohnes.

³⁸Denn gleichwie sie waren in den Tagen vor der Sintflut, sie aßen, sie tranken, sie freiten und ließen sich freien, bis an den Tag, da Noah zu der Arche einging.

³⁹und achteten's nicht, bis die Sintflut kam und nahm sie alle dahin, also wird auch sein die Zukunft des Menschensohnes.

⁴⁰Dann werden zwei auf dem Felde sein; einer wird angenommen, und der andere wird verlassen werden.

⁴¹Zwei werden mahlen auf der Mühle; eine wird angenommen, und die andere wird verlassen werden.

⁴²Darum wachet, denn ihr wisset nicht, welche Stunde euer HERR kommen wird.

⁴³Das sollt ihr aber wissen: Wenn der Hausvater wüßte, welche Stunde der Dieb kommen wollte, so würde er ja wachen und nicht in sein Haus brechen lassen.

⁴⁴Darum seid ihr auch bereit; denn des Menschen Sohn wird kommen zu einer Stunde, da ihr's nicht meinet.

⁴⁵Welcher ist aber nun ein treuer und kluger Knecht, den der Herr gesetzt hat über sein Gesinde, daß er ihnen zu rechter Zeit Speise gebe?

⁴⁶Selig ist der Knecht, wenn sein Herr kommt und findet ihn also tun.

⁴⁷Wahrlich ich sage euch: Er wird ihn über alle seine Güter setzen.

⁴⁸So aber jener, der böse Knecht, wird in seinem Herzen sagen: Mein Herr kommt noch lange nicht,

⁴⁹und fängt an zu schlagen seine Mitknechte, ißt und trinkt mit den Trunkenen:

⁵⁰so wird der Herr des Knechtes kommen an dem Tage, des er sich nicht versieht, und zu einer Stunde, die er nicht meint,

⁵¹und wird ihn zerscheitern und wird ihm den Lohn geben mit den Heuchlern: da wird sein Heulen und Zähneklappen.

Kapitel 25

¹Dann wird das Himmelreich gleich sein zehn Jungfrauen, die ihre Lampen nahmen und gingen aus, dem Bräutigam entgegen.

²Aber fünf unter ihnen waren töricht, und fünf waren klug.

³Die törichten nahmen Öl in ihren Lampen; aber sie nahmen nicht Öl mit sich.

⁴Die klugen aber nahmen Öl in ihren Gefäßen samt ihren Lampen.

⁵Da nun der Bräutigam verzog, wurden sie alle schläfrig und schliefen ein.

⁶Zur Mitternacht aber ward ein Geschrei: Siehe, der Bräutigam kommt; geht aus ihm entgegen!

⁷Da standen diese Jungfrauen alle auf und schmückten ihre Lampen.

⁸Die törichten aber sprachen zu den klugen: Gebt uns von eurem Öl, denn unsere Lampen verlöschen.

⁹Da antworteten die klugen und sprachen: Nicht also, auf daß nicht euch und uns gebreche; geht aber hin zu den Krämern und kauft für euch selbst.

¹⁰Und da sie hingingen, zu kaufen, kam der Bräutigam; und die bereit waren, gingen mit ihm hinein zur Hochzeit, und die Tür ward verschlossen.

¹¹Zuletzt kamen auch die anderen Jungfrauen und sprachen: Herr, Herr, tu uns auf!

¹²Er antwortete aber und sprach: Wahrlich ich sage euch: Ich kenne euch nicht.

¹³Darum wachet; denn ihr wisset weder Tag noch Stunde, in welcher des Menschen Sohn kommen wird.

¹⁴Gleichwie ein Mensch, der über Land zog, rief seine Knechte und tat ihnen seine Güter aus;

¹⁵und einem gab er fünf Zentner, dem andern zwei, dem dritten einen, einem jedem nach seinem Vermögen, und zog bald hinweg.

¹⁶Da ging der hin, der fünf Zentner empfangen hatte, und handelte mit ihnen und gewann andere fünf Zentner.

¹⁷Desgleichen, der zwei Zentner empfangen hatte, gewann auch zwei andere.

¹⁸Der aber einen empfangen hatte, ging hin und machte eine Grube in die Erde und verbarg seines Herrn Geld.

¹⁹Über eine lange Zeit kam der Herr dieser Knechte und hielt Rechenschaft mit ihnen.

²⁰Da trat herzu, der fünf Zentner empfangen hatte, und legte andere fünf Zentner dar und sprach: Herr, du hast mir fünf Zentner ausgetan; siehe da, ich habe damit andere fünf Zentner gewonnen.

²¹Da sprach sein Herr zu ihm: Ei, du frommer und getreuer Knecht, du bist über wenigem getreu gewesen, ich will dich über viel setzen; gehe ein zu deines Herrn Freude!

²²Da trat auch herzu, der zwei Zentner erhalten hatte, und sprach: Herr, du hast mir zwei Zentner gegeben; siehe da, ich habe mit ihnen zwei andere gewonnen.

²³Sein Herr sprach zu ihm: Ei du frommer und getreuer Knecht, du bist über wenigem getreu gewesen, ich will dich über viel setzen; gehe ein zu deines Herrn Freude!

²⁴Da trat auch herzu, der einen Zentner empfangen hatte, und sprach: Herr, ich wußte, das du ein harter Mann bist: du schneidest, wo du nicht gesät hast, und sammelst, wo du nicht gestreut hast;

²⁵und fürchtete mich, ging hin und verbarg deinen Zentner in die Erde. Siehe, da hast du das Deine.

²⁶Sein Herr aber antwortete und sprach zu ihm: Du Schalk und fauler Knecht! wußtest du, daß ich schneide, da ich nicht gesät habe, und sammle, da ich nicht gestreut habe?

²⁷So solltest du mein Geld zu den Wechslern getan haben, und wenn ich gekommen wäre, hätte ich das Meine zu mir genommen mit Zinsen.

²⁸Darum nehmt von ihm den Zentner und gebt es dem, der zehn Zentner hat.

²⁹Denn wer da hat, dem wird gegeben werden, und er wird die Fülle haben; wer aber nicht hat, dem wird auch, was er hat, genommen werden.

³⁰Und den unnützen Knecht werft hinaus in die Finsternis; da wird sein Heulen und Zähneklappen.

³¹Wenn aber des Menschen Sohn kommen wird in seiner Herrlichkeit und alle heiligen Engel mit ihm, dann wird er sitzen auf dem Stuhl seiner Herrlichkeit,

³²und werden vor ihm alle Völker versammelt werden. Und er wird sie voneinander scheiden, gleich als ein Hirte die Schafe von den Böcken scheidet,

³³und wird die Schafe zu seiner Rechten stellen und die Böcke zu seiner Linken.

³⁴Da wird dann der König sagen zu denen zu seiner Rechten: Kommt her, ihr Gesegneten meines Vaters ererbt das Reich, das euch bereitet ist von Anbeginn der Welt!

³⁵Denn ich bin hungrig gewesen, und ihr habt mich gespeist. Ich bin durstig gewesen, und ihr habt mich getränkt. Ich bin Gast gewesen, und ihr habt mich beherbergt.

³⁶Ich bin nackt gewesen und ihr habt mich bekleidet. Ich bin krank gewesen, und ihr habt mich besucht. Ich bin gefangen gewesen, und ihr seid zu mir gekommen.

³⁷Dann werden ihm die Gerechten antworten und sagen: Wann haben wir dich hungrig gesehen und haben dich gespeist? oder durstig und haben dich getränkt?

³⁸Wann haben wir dich als einen Gast gesehen und beherbergt? oder nackt und dich bekleidet?

³⁹Wann haben wir dich krank oder gefangen gesehen und sind zu dir gekommen?

⁴⁰Und der König wird antworten und sagen zu ihnen: Wahrlich ich sage euch: Was ihr getan habt einem unter diesen meinen geringsten Brüdern, das habt ihr mir getan.

⁴¹Dann wird er auch sagen zu denen zur Linken: Gehet hin von

mir, ihr Verfluchten, in das ewige Feuer, das bereitet ist dem Teufel und seinen Engeln!

⁴²Ich bin hungrig gewesen, und ihr habt mich nicht gespeist. Ich bin durstig gewesen, und ihr habt mich nicht getränkt.

⁴³Ich bin ein Gast gewesen, und ihr habt mich nicht beherbergt. Ich bin nackt gewesen, und ihr habt mich nicht bekleidet. Ich bin krank und gefangen gewesen, und ihr habt mich nicht besucht.

⁴⁴Da werden sie ihm antworten und sagen: HERR, wann haben wir dich gesehen hungrig oder durstig oder als einen Gast oder nackt oder krank oder gefangen und haben dir nicht gedient?

⁴⁵Dann wird er ihnen antworten und sagen: Wahrlich ich sage euch: Was ihr nicht getan habt einem unter diesen Geringsten, das habt ihr mir auch nicht getan.

⁴⁶Und sie werden in die ewige Pein gehen, aber die Gerechten in das ewige Leben.

Kapitel 26

¹Und es begab sich, da Jesus alle diese Reden vollendet hatte, sprach er zu seinen Jüngern:

²Ihr wisset, daß nach zwei Tagen Ostern wird; und des Menschen Sohn wird überantwortet werden, daß er gekreuzigt werde.

³Da versammelten sich die Hohenpriester und Schriftgelehrten und die Ältesten im Volk in den Palast des Hohenpriesters, der da hieß Kaiphas,

⁴und hielten Rat, wie sie Jesus mit List griffen und töteten.

⁵Sie sprachen aber: Ja nicht auf das Fest, auf daß nicht ein Aufruhr werde im Volk!

⁶Da nun Jesus war zu Bethanien im Hause Simons, des Aussätzigen,

⁷da trat zu ihm ein Weib, das hatte ein Glas mit köstlichem Wasser und goß es auf sein Haupt, da er zu Tische saß.

⁸Da das seine Jünger sahen, wurden sie unwillig und sprachen: Wozu diese Vergeudung?

⁹Dieses Wasser hätte mögen teuer verkauft und den Armen gegeben werden.

¹⁰Da das Jesus merkte, sprach er zu ihnen: Was bekümmert ihr das Weib? Sie hat ein gutes Werk an mir getan.

¹¹Ihr habt allezeit Arme bei euch; mich aber habt ihr nicht allezeit.

¹²Daß sie dies Wasser hat auf meinen Leib gegossen, hat sie getan, daß sie mich zum Grabe bereite.

¹³Wahrlich ich sage euch: Wo dies Evangelium gepredigt wird in der ganzen Welt, da wird man auch sagen zu ihrem Gedächtnis, was sie getan hat.

¹⁴Da ging hin der Zwölf einer, mit Namen Judas Ischariot, zu den Hohenpriestern

¹⁵und sprach: Was wollt ihr mir geben? Ich will ihn euch verraten. Und sie boten ihm dreißig Silberlinge.

¹⁶Und von dem an suchte er Gelegenheit, daß er ihn verriete.

¹⁷Aber am ersten Tag der süßen Brote traten die Jünger zu Jesus und sprachen zu ihm: Wo willst du, daß wir dir bereiten das Osterlamm zu essen?

¹⁸Er sprach: Gehet hin in die Stadt zu einem und sprecht der Meister läßt dir sagen: Meine Zeit ist nahe; ich will bei dir Ostern halten mit meinen Jüngern.

¹⁹Und die Jünger taten wie ihnen Jesus befohlen hatte, und bereiteten das Osterlamm.

²⁰Und am Abend setzte er sich zu Tische mit den Zwölfen.

²¹Und da sie aßen, sprach er: Wahrlich ich sage euch: Einer unter euch wird mich verraten.

²²Und sie wurden sehr betrübt und hoben an, ein jeglicher unter ihnen, und sagten zu ihm: HERR, bin ich's?

²³Er antwortete und sprach: Der mit der Hand mit mir in die Schüssel tauchte, der wird mich verraten.

²⁴Des Menschen Sohn geht zwar dahin, wie von ihm geschrieben steht; doch weh dem Menschen, durch welchen des Menschen Sohn verraten wird! Es wäre ihm besser, daß er nie geboren wäre.

²⁵Da antwortete Judas, der ihn verriet, und sprach: Bin ich's Rabbi? Er sprach zu ihm: Du sagst es.

²⁶Da sie aber aßen, nahm Jesus das Brot, dankte und brach's und gab's den Jüngern und sprach: Nehmet, esset; das ist mein Leib.

²⁷Und er nahm den Kelch und dankte, gab ihnen den und sprach: Trinket alle daraus;

²⁸das ist mein Blut des neuen Testaments, welches vergossen wird für viele zur Vergebung der Sünden.

²⁹Ich sage euch: Ich werde von nun an nicht mehr von diesen Gewächs des Weinstocks trinken bis an den Tag, da ich's neu trinken werde mit euch in meines Vaters Reich.

³⁰Und da sie den Lobgesang gesprochen hatte, gingen sie hinaus an den Ölberg.

³¹Da sprach Jesus zu ihnen: In dieser Nacht werdet ihr euch alle ärgern an mir. Denn es steht geschrieben: "Ich werde den Hirten schlagen, und die Schafe der Herde werden sich zerstreuen."

³²Wenn ich aber auferstehe, will ich vor euch hingehen nach Galiläa.

³³Petrus aber antwortete und sprach zu ihm: Wenn sich auch alle an dir ärgerten, so will ich doch mich nimmermehr ärgern.

³⁴Jesus sprach zu ihm: Wahrlich ich sage dir: In dieser Nacht, ehe der Hahn kräht, wirst du mich dreimal verleugnen.

³⁵Petrus sprach zu ihm: Und wenn ich mit dir sterben müßte, so will ich dich nicht verleugnen. Desgleichen sagten auch alle Jünger.

³⁶Da kam Jesus mit ihnen zu einem Hofe, der hieß Gethsemane, und sprach zu seinen Jüngern: Setzet euch hier, bis daß ich dorthin gehe und bete.

³⁷Und nahm zu sich Petrus und die zwei Söhne des Zebedäus und fing an zu trauern und zu zagen.

³⁸Da sprach Jesus zu ihnen: Meine Seele ist betrübt bis an den Tod; bleibet hier und wachet mit mir!

³⁹Und ging hin ein wenig, fiel nieder auf sein Angesicht und betete und sprach: Mein Vater, ist's möglich, so gehe dieser Kelch von mir; doch nicht, wie ich will, sondern wie du willst!

⁴⁰Und er kam zu seinen Jüngern und fand sie schlafend und sprach zu Petrus: Könnet ihr denn nicht eine Stunde mit mir wachen?

⁴¹Wachet und betet, daß ihr nicht in Anfechtung fallet! Der Geist ist willig; aber das Fleisch ist schwach.

⁴²Zum andernmal ging er wieder hin, betete und sprach: Mein Vater, ist's nicht möglich, daß dieser Kelch von mir gehe, ich trinke ihn denn, so geschehe dein Wille!

⁴³Und er kam und fand sie abermals schlafend, und ihre Augen waren voll Schlafs.

⁴⁴Und er ließ sie und ging abermals hin und betete zum drittenmal und redete dieselben Worte.

⁴⁵Da kam er zu seinen Jüngern und sprach zu ihnen: Ach wollt ihr nur schlafen und ruhen? Siehe, die Stunde ist hier, daß des Menschen Sohn in der Sünder Hände überantwortet wird.

⁴⁶Stehet auf, laßt uns gehen! Siehe, er ist da, der mich verrät!

⁴⁷Und als er noch redete, siehe, da kam Judas, der Zwölf einer, und mit ihm eine große Schar, mit Schwertern und mit Stangen, von den Hohenpriestern und Ältesten des Volks.

⁴⁸Und der Verräter hatte ihnen ein Zeichen gegeben und gesagt: Welchen ich küssen werde, der ist's; den greifet.

⁴⁹Und alsbald trat er zu Jesus und sprach: Gegrüßet seist du, Rabbi! und küßte ihn.

⁵⁰Jesus aber sprach zu ihm: Mein Freund, warum bist du gekommen? Da traten sie hinzu und legten die Hände an Jesus und griffen ihn.

⁵¹Und siehe, einer aus denen, die mit Jesus waren, reckte die Hand aus und zog sein Schwert aus und schlug des Hohenpriesters Knecht und hieb ihm ein Ohr ab.

⁵²Da sprach Jesus zu ihm; Stecke dein Schwert an seinen Ort! denn wer das Schwert nimmt, der soll durchs Schwert umkommen.

⁵³Oder meinst du, daß ich nicht könnte meinen Vater bitten, daß er mir zuschickte mehr denn zwölf Legionen Engel?

⁵⁴Wie würde aber die Schrift erfüllet? Es muß also gehen.

⁵⁵Zu der Stunde sprach Jesus zu den Scharen: Ihr seid ausgegangen wie zu einem Mörder, mit Schwertern und Stangen, mich zu fangen. Bin ich doch täglich gesessen bei euch und habe gelehrt im Tempel, und ihr habt mich nicht gegriffen.

⁵⁶Aber das ist alles geschehen, daß erfüllet würden die Schriften der Propheten. Da verließen ihn die Jünger und flohen.

⁵⁷Die aber Jesus gegriffen hatten, führten ihn zu dem Hohenpriester Kaiphas, dahin die Schriftgelehrten und Ältesten sich versammelt hatten.

⁵⁸Petrus aber folgte ihm nach von ferne bis in den Palast des Hohenpriesters und ging hinein und setzte sich zu den Knechten, auf daß er sähe, wo es hinaus wollte.

⁵⁹Die Hohenpriester aber und die Ältesten und der ganze Rat suchten falsch Zeugnis gegen Jesus, auf daß sie ihn töteten,

⁶⁰und fanden keins. Und wiewohl viel falsche Zeugen herzutraten, fanden sie doch keins. Zuletzt träten herzu zwei falsche Zeugen

⁶¹und sprachen: Er hat gesagt: Ich kann den Tempel Gottes abbrechen und in drei Tagen ihn bauen.

⁶²Und der Hohepriester stand auf und sprach zu ihm: Antwortest du nichts zu dem, was diese wider dich zeugen?

⁶³Aber Jesus schwieg still. Und der Hohepriester antwortete und sprach zu ihm: Ich beschwöre dich bei dem lebendigen Gott, daß du uns

sagest, ob du seist Christus, der Sohn Gottes.

⁶⁴Jesus sprach zu ihm: Du sagst es. Doch ich sage euch: Von nun an wird's geschehen, daß ihr werdet sehen des Menschen Sohn sitzen zur Rechten der Kraft und kommen in den Wolken des Himmels.

⁶⁵Da zerriß der Hohepriester seine Kleider und sprach: Er hat Gott gelästert! Was bedürfen wir weiteres Zeugnis? Siehe, jetzt habt ihr seine Gotteslästerung gehört.

⁶⁶Was dünkt euch? Sie antworteten und sprachen: Er ist des Todes schuldig!

⁶⁷Da spieen sie aus in sein Angesicht und schlugen ihn mit Fäusten. Etliche aber schlugen ihn ins Angesicht

⁶⁸und sprachen: Weissage uns, Christe, wer ist's, der dich schlug?

⁶⁹Petrus aber saß draußen im Hof; und es trat zu ihm eine Magd und sprach: Und du warst auch mit dem Jesus aus Galiläa.

⁷⁰Er leugnete aber vor ihnen allen und sprach: Ich weiß nicht, was du sagst.

⁷¹Als er aber zur Tür hinausging, sah ihn eine andere und sprach zu denen, die da waren: Dieser war auch mit dem Jesus von Nazareth.

⁷²Und er leugnete abermals und schwur dazu: Ich kenne den Menschen nicht.

⁷³Und über eine kleine Weile traten die hinzu, die dastanden, und sprachen zu Petrus: Wahrlich du bist auch einer von denen; denn deine Sprache verrät dich.

⁷⁴Da hob er an sich zu verfluchen und zu schwören: Ich kenne diesen Menschen nicht. Uns alsbald krähte der Hahn.

⁷⁵Da dachte Petrus an die Worte Jesu, da er zu ihm sagte: "Ehe der Hahn krähen wird, wirst du mich dreimal verleugnen", und ging hinaus und weinte bitterlich.

Kapitel 27

¹Des Morgens aber hielten alle Hohenpriester und die Ältesten des Volks einen Rat über Jesus, daß sie ihn töteten.

²Und banden ihn, führten ihn hin und überantworteten ihn dem Landpfleger Pontius Pilatus.

³Da das sah Judas, der ihn verraten hatte, daß er verdammt war zum Tode, gereute es ihn, und brachte wieder die dreißig Silberlinge den Hohenpriestern und den Ältesten

⁴und sprach: Ich habe übel getan, daß ich unschuldig Blut verraten habe.

⁵Sie sprachen: Was geht uns das an? Da siehe du zu! Und er warf die Silberlinge in den Tempel, hob sich davon, ging hin und erhängte sich selbst.

⁶Aber die Hohenpriester nahmen die Silberlinge und sprachen: Es taugt nicht, daß wir sie in den Gotteskasten legen, denn es ist Blutgeld.

⁷Sie hielten aber einen Rat und kauften den Töpfersacker darum zum Begräbnis der Pilger.

⁸Daher ist dieser Acker genannt der Blutacker bis auf den heutigen Tag.

⁹Da ist erfüllt, was gesagt ist durch den Propheten Jeremia, da er spricht: "Sie haben genommen dreißig Silberlinge, damit bezahlt war der Verkaufte, welchen sie kauften von den Kindern Israel,

¹⁰und haben sie gegeben um den Töpfersacker, wie mir der HERR befohlen hat."

¹¹Jesus aber stand vor dem Landpfleger; und der Landpfleger fragte ihn und sprach: Bist du der Juden König? Jesus aber sprach zu ihm: Du sagst es.

¹²Und da er verklagt ward von den Hohenpriestern und Ältesten, antwortete er nicht.

¹³Da sprach Pilatus zu ihm: Hörst du nicht, wie hart sie dich verklagen?

¹⁴Und er antwortete ihm nicht auf ein Wort, also daß der Landpfleger sich verwunderte.

¹⁵Auf das Fest aber hatte der Landpfleger die Gewohnheit, dem Volk einen Gefangenen loszugeben, welchen sie wollten.

¹⁶Er hatte aber zu der Zeit einen Gefangenen, einen sonderlichen vor anderen, der hieß Barabbas.

¹⁷Und da sie versammelt waren, sprach Pilatus zu ihnen: Welchen wollt ihr, daß ich euch losgebe? Barabbas oder Jesus, von dem gesagt wird, er sei Christus?

¹⁸Denn er wußte wohl, daß sie ihn aus Neid überantwortet hatten.

¹⁹Und da er auf dem Richtstuhl saß, schickte sein Weib zu ihm und ließ ihm sagen: Habe du nichts zu schaffen mit diesem Gerechten; ich habe heute viel erlitten im Traum seinetwegen.

²⁰Aber die Hohenpriester und die Ältesten überredeten das Volk, daß sie um Barabbas bitten sollten und Jesus umbrächten.

²¹Da antwortete nun der Landpfleger und sprach zu ihnen: Welchen wollt ihr unter diesen zweien, den ich euch soll losgeben? Sie sprachen: Barabbas.

²²Pilatus sprach zu ihnen: Was soll ich denn machen mit Jesus, von dem gesagt wird er sei Christus? Sie sprachen alle: Laß ihn kreuzigen!

²³Der Landpfleger sagte: Was hat er denn Übles getan? Sie schrieen aber noch mehr und sprachen: Laß ihn kreuzigen!

²⁴Da aber Pilatus sah, daß er nichts schaffte, sondern daß ein viel größer Getümmel ward, nahm er Wasser und wusch die Hände vor dem Volk und sprach: Ich bin unschuldig an dem Blut dieses Gerechten, sehet ihr zu!

²⁵Da antwortete das ganze Volk und sprach: Sein Blut komme über uns und unsere Kinder.

²⁶Da gab er ihnen Barabbas los; aber Jesus ließ er geißeln und überantwortete ihn, daß er gekreuzigt würde.

²⁷Da nahmen die Kriegsknechte des Landpflegers Jesus zu sich in das Richthaus und sammelten über ihn die ganze Schar

²⁸und zogen ihn aus und legten ihm einen Purpurmantel an

²⁹und flochten eine Dornenkrone und setzten sie auf sein Haupt und ein Rohr in seine rechte Hand und beugten die Kniee vor ihm und verspotteten ihn und sprachen: Gegrüßet seist du, der Juden König!

³⁰und spieen ihn an und nahmen das Rohr und schlugen damit sein Haupt.

³¹Und da sie ihn verspottet hatten, zogen sie ihm seine Kleider an und führten ihn hin, daß sie ihn kreuzigten.

³²Und indem sie hinausgingen, fanden sie einen Menschen von Kyrene mit Namen Simon; den zwangen sie, daß er ihm sein Kreuz trug.

³³Und da sie an die Stätte kamen mit Namen Golgatha, das ist verdeutscht Schädelstätte,

³⁴gaben sie ihm Essig zu trinken mit Galle vermischt; und da er's schmeckte, wollte er nicht trinken.

³⁵Da sie ihn aber gekreuzigt hatten, teilten sie seine Kleider und warfen das Los darum, auf daß erfüllt würde, was gesagt ist durch den Propheten: "Sie haben meine Kleider unter sich geteilt, und über mein Gewand haben sie das Los geworfen."

³⁶Und sie saßen allda und hüteten sein.

³⁷Und oben zu seinen Häupten setzten sie die Ursache seines Todes, und war geschrieben: Dies ist Jesus, der Juden König.

³⁸Und da wurden zwei Mörder mit ihm gekreuzigt, einer zur Rechten und einer zur Linken.

³⁹Die aber vorübergingen, lästerten ihn und schüttelten ihre Köpfe

⁴⁰und sprachen: Der du den Tempel Gottes zerbrichst und baust ihn in drei Tagen, hilf dir selber! Bist du Gottes Sohn, so steig herab von Kreuz.

⁴¹Desgleichen auch die Hohenpriester spotteten sein samt den Schriftgelehrten und Ältesten und sprachen:

⁴²Andern hat er geholfen, und kann sich selber nicht helfen. Ist er der König Israels, so steige er nun vom Kreuz, so wollen wir ihm glauben.

⁴³Er hat Gott vertraut; der erlöse ihn nun, hat er Lust zu ihm; denn er hat gesagt: Ich bin Gottes Sohn.

⁴⁴Desgleichen schmähten ihn auch die Mörder, die mit ihm gekreuzigt waren.

⁴⁵Und von der sechsten Stunde an ward eine Finsternis über das ganze Land bis zu der neunten Stunde.

⁴⁶Und um die neunte Stunde schrie Jesus laut und sprach: Eli, Eli, lama asabthani? das heißt: Mein Gott, mein Gott, warum hast du mich verlassen?

⁴⁷Etliche aber, die dastanden, da sie das hörten, sprachen sie: Der ruft den Elia.

⁴⁸Und alsbald lief einer unter ihnen, nahm einen Schwamm und füllte ihn mit Essig und steckte ihn an ein Rohr und tränkte ihn.

⁴⁹Die andern aber sprachen: Halt, laß sehen, ob Elia komme und ihm helfe.

⁵⁰Aber Jesus schrie abermals laut und verschied.

⁵¹Und siehe da, der Vorhang im Tempel zerriß in zwei Stücke von obenan bis untenaus.

⁵²Und die Erde erbebte, und die Felsen zerrissen, die Gräber taten sich auf, und standen auf viele Leiber der Heiligen, die da schliefen,

⁵³und gingen aus den Gräbern nach seiner Auferstehung und kamen in die heilige Stadt und erschienen vielen.

⁵⁴Aber der Hauptmann und die bei ihm waren und bewahrten Jesus, da sie sahen das Erdbeben und was da geschah, erschraken sie sehr und sprachen: Wahrlich dieser ist Gottes Sohn gewesen!

⁵⁵Und es waren viele Weiber da, die von ferne zusahen, die da Jesus waren nachgefolgt aus Galiläa und hatten ihm gedient;

⁵⁶unter welchen war Maria Magdalena und Maria, die Mutter der

Kinder des Zebedäus.

⁵⁷Am Abend aber kam ein reicher Mann von Arimathia, der hieß Joseph, welcher auch ein Jünger Jesu war.

⁵⁸Der ging zu Pilatus und bat ihn um den Leib Jesus. Da befahl Pilatus man sollte ihm ihn geben.

⁵⁹Und Joseph nahm den Leib und wickelte ihn in eine reine Leinwand

⁶⁰und legte ihn in sein eigenes Grab, welches er hatte lassen in einen Fels hauen, und wälzte einen großen Stein vor die Tür des Grabes und ging davon.

⁶¹Es war aber allda Maria Magdalena und die andere Maria, die setzten sich gegen das Grab.

⁶²Des ändern Tages, der da folgt nach dem Rüsttage, kamen die Hohenpriester und Pharisäer sämtlich zu Pilatus

⁶³und sprachen: Herr, wir haben gedacht, daß dieser Verführer sprach, da er noch lebte: Ich will nach drei Tagen auferstehen.

⁶⁴Darum befiehl, daß man das Grab verwahre bis an den dritten Tag, auf daß nicht seine Jünger kommen und stehlen ihn und sagen dem Volk: Er ist auferstanden von den Toten, und werde der letzte Betrug ärger denn der erste.

⁶⁵Pilatus sprach zu ihnen: Da habt ihr die Hüter; gehet hin und verwahret, wie ihr wisset.

⁶⁶Sie gingen hin und verwahrten das Grab mit Hütern und versiegelten den Stein.

Kapitel 28

¹Als aber der Sabbat um war und der erste Tag der Woche anbrach, kam Maria Magdalena und die andere Maria, das Grab zu besehen.

²Und siehe, es geschah ein großes Erdbeben. Denn der Engel des HERRN kam vom Himmel herab, trat hinzu und wälzte den Stein von der Tür und setzte sich darauf.

³Und seine Gestalt war wie der Blitz und sein Kleid weiß wie Schnee.

⁴Die Hüter aber erschraken vor Furcht und wurden, als wären sie tot.

⁵Aber der Engel antwortete und sprach zu den Weibern: Fürchtet euch nicht! Ich weiß, daß ihr Jesus, den Gekreuzigten, sucht.

⁶Er ist nicht hier; er ist auferstanden, wie er gesagt hat. Kommt her und seht die Stätte, da der HERR gelegen hat.

⁷Und gehet eilend hin und sagt es seinen Jüngern, daß er auferstanden sei von den Toten. Und siehe, er wird vor euch hingehen nach Galiläa; da werdet ihr ihn sehen. Siehe, ich habe es euch gesagt.

⁸Und sie gingen eilend zum Grabe hinaus mit Furcht und großer Freude und liefen, daß sie es seinen Jüngern verkündigten. Und da sie gingen seinen Jüngern zu verkündigen,

⁹siehe, da begegnete ihnen Jesus und sprach: Seid gegrüßet! Und sie traten zu ihm und griffen an seine Füße und fielen vor ihm nieder.

¹⁰Da sprach Jesus zu ihnen: Fürchtet euch nicht! Geht hin und verkündigt es meinen Brüdern, daß sie gehen nach Galiläa; daselbst werden sie mich sehen.

¹¹Da sie aber hingingen, siehe, da kamen etliche von den Hütern in die Stadt und verkündigten den Hohenpriestern alles, was geschehen war.

¹²Und sie kamen zusammen mit den Ältesten und hielten einen Rat und gaben den Kriegsknechten Geld genug

¹³und sprachen: Saget: Seine Jünger kamen des Nachts und stahlen ihn, dieweil wir schliefen.

¹⁴Und wo es würde auskommen bei dem Landpfleger, wollen wir ihn stillen und schaffen, daß ihr sicher seid.

¹⁵Und sie nahmen das Geld und taten, wie sie gelehrt waren. Solches ist eine gemeine Rede geworden bei den Juden bis auf den heutigen Tag.

¹⁶Aber die elf Jünger gingen nach Galiläa auf einen Berg, dahin Jesus sie beschieden hatte.

¹⁷Und da sie ihn sahen, fielen sie vor ihm nieder; etliche aber zweifelten.

¹⁸Und Jesus trat zu ihnen, redete mit ihnen und sprach: Mir ist gegeben alle Gewalt im Himmel und auf Erden.

¹⁹Darum gehet hin und lehret alle Völker und taufet sie im Namen des Vaters und des Sohnes und des heiligen Geistes,

²⁰und lehret sie halten alles, was ich euch befohlen habe. Und siehe, ich bin bei euch alle Tage bis an der Welt Ende.

Markus

Kapitel 1

¹Dies ist der Anfang des Evangeliums von Jesus Christus, dem Sohn Gottes,

²wie geschrieben steht in den Propheten: "Siehe, ich sende meinen Engel vor dir her, der da bereite deinen Weg vor dir."

³"Es ist eine Stimme eines Predigers in der Wüste: Bereitet den Weg des HERRN, macht seine Steige richtig!"

⁴Johannes, der war in der Wüste, taufte und predigte von der Taufe der Buße zur Vergebung der Sünden.

⁵Und es ging zu ihm hinaus das ganze jüdische Land und die von Jerusalem und ließen sich alle von ihm taufen im Jordan und bekannten ihre Sünden.

⁶Johannes aber war bekleidet mit Kamelhaaren und mit einem ledernen Gürtel um seine Lenden, und aß Heuschrecken und wilden Honig;

⁷und er predigte und sprach: Es kommt einer nach mir, der ist stärker denn ich, dem ich nicht genugsam bin, daß ich mich vor ihm bücke und die Riemen seiner Schuhe auflöse.

⁸Ich taufe euch mit Wasser; aber er wird euch mit dem Heiligen Geist taufen.

⁹Und es begab sich zu der Zeit, daß Jesus aus Galiläa von Nazareth kam und ließ sich taufen von Johannes im Jordan.

¹⁰Und alsbald stieg er aus dem Wasser und sah, daß sich der Himmel auftat, und den Geist gleich wie eine Taube herabkommen auf ihn.

¹¹Und da geschah eine Stimme vom Himmel: Du bist mein lieber Sohn, an dem ich Wohlgefallen habe.

¹²Und alsbald trieb ihn der Geist in die Wüste,

¹³und er war allda in der Wüste Tage und ward versucht von dem Satan und war bei den Tieren, und die Engel dienten ihm.

¹⁴Nachdem aber Johannes überantwortet war, kam Jesus nach Galiläa und predigte das Evangelium vom Reich Gottes

¹⁵und sprach: Die Zeit ist erfüllet, und das Reich Gottes ist herbeigekommen. Tut Buße und glaubt an das Evangelium!

¹⁶Da er aber am Galiläischen Meer ging, sah er Simon und Andreas, seinen Bruder, daß sie ihre Netze ins Meer warfen; denn sie waren Fischer.

¹⁷Und Jesus sprach zu ihnen: Folget mir nach; ich will euch zu Menschenfischern machen!

¹⁸Alsobald verließen sie ihre Netze und folgten ihm nach.

¹⁹Und da er von da ein wenig weiterging, sah er Jakobus, den Sohn des Zebedäus, und Johannes, seinen Bruder, daß sie die Netze im Schiff flickten; und alsbald rief er sie.

²⁰Und sie ließen ihren Vater Zebedäus im Schiff mit den Tagelöhnern und folgten ihm nach.

²¹Und sie gingen gen Kapernaum; und alsbald am Sabbat ging er in die Schule und lehrte.

²²Und sie entsetzten sich über seine Lehre; denn er lehrte gewaltig und nicht wie die Schriftgelehrten.

²³Und es war in ihrer Schule ein Mensch, besessen von einem unsauberen Geist, der schrie

²⁴und sprach: Halt, was haben wir mit dir zu schaffen, Jesus von Nazareth? Du bist gekommen, uns zu verderben. Ich weiß wer du bist: der Heilige Gottes.

²⁵Und Jesus bedrohte ihn und sprach: Verstumme und fahre aus von ihm!

²⁶Und der unsaubere Geist riß ihn und schrie laut und fuhr aus von ihm.

²⁷Und sie entsetzten sich alle, also daß sie untereinander sich befragten und sprachen: Was ist das? Was ist das für eine neue Lehre? Er gebietet mit Gewalt den unsauberen Geistern, und sie gehorchen ihm.

²⁸Und sein Gerücht erscholl alsbald umher in das galiläische Land.

²⁹Und sie gingen alsbald aus der Schule und kamen in das Haus des Simon und Andreas mit Jakobus und Johannes.

³⁰Und die Schwiegermutter Simons lag und hatte das Fieber; und alsbald sagten sie ihm von ihr.

³¹Und er trat zu ihr und richtete sie auf und hielt sie bei der Hand; und das Fieber verließ sie, und sie diente ihnen.

³²Am Abend aber, da die Sonne untergegangen war, brachten sie zu ihm allerlei Kranke und Besessene.

³³Und die ganze Stadt versammelte sich vor der Tür.

³⁴Und er half vielen Kranken, die mit mancherlei Seuchen beladen waren, und trieb viele Teufel aus und ließ die Teufel nicht reden, denn sie kannten ihn.

³⁵Und des Morgens vor Tage stand er auf und ging hinaus. Und Jesus ging in eine wüste Stätte und betete daselbst.

³⁶Und Petrus mit denen, die bei ihm waren, eilten ihm nach.

³⁷Und da sie ihn fanden, sprachen sie zu ihm: Jedermann sucht dich.

³⁸Und er sprach zu ihnen: Laßt uns in die nächsten Städte gehen, daß ich daselbst auch predige; denn dazu bin ich gekommen.

³⁹Und er predigte in ihren Schulen in ganz Galiläa und trieb die Teufel aus.

⁴⁰Und es kam zu ihm ein Aussätziger, der bat ihn, kniete vor ihm und sprach: Willst du, so kannst du mich wohl reinigen.

⁴¹Und es jammerte Jesum, und er reckte die Hand aus, rührte ihn an und sprach: Ich will's tun; sei gereinigt!

⁴²Und als er so sprach, ging der Aussatz alsbald von ihm, und er ward rein.

⁴³Und Jesus bedrohte ihn und trieb ihn alsbald von sich

⁴⁴und sprach zu ihm: Siehe zu, daß du niemand davon sagest; sondern gehe hin und zeige dich dem Priester und opfere für deine Reinigung, was Mose geboten hat, zum Zeugnis über sie.

⁴⁵Er aber, da er hinauskam, hob er an und sagte viel davon und machte die Geschichte ruchbar, also daß er hinfort nicht mehr konnte öffentlich in die Stadt gehen; sondern er war draußen in den wüsten Örtern, und sie kamen zu ihm von allen Enden.

Kapitel 2

¹Und über etliche Tage ging er wiederum gen Kapernaum; und es ward ruchbar, daß er im Hause war.

²Und alsbald versammelten sich viele, also daß sie nicht Raum hatten auch draußen vor der Tür; und er sagte ihnen das Wort.

³Und es kamen etliche zu ihm, die brachten einen Gichtbrüchigen, von vieren getragen.

⁴Und da sie nicht konnten zu ihm kommen vor dem Volk, deckten sie das Dach auf, da er war, und gruben's auf und ließen das Bett hernieder, darin der Gichtbrüchige lag.

⁵Da aber Jesus ihren Glauben sah, sprach er zu dem Gichtbrüchigen: Mein Sohn, deine Sünden sind dir vergeben.

⁶Es waren aber etliche Schriftgelehrte, die saßen allda und gedachten in ihrem Herzen:

⁷Wie redet dieser solche Gotteslästerung? Wer kann Sünden vergeben denn allein Gott?

⁸Und Jesus erkannte alsbald in seinem Geist, daß sie also gedachten bei sich selbst, und sprach zu ihnen: Was denkt ihr solches in eurem Herzen?

⁹Welches ist leichter: zu dem Gichtbrüchigen zu sagen: Dir sind deine Sünden vergeben, oder: Stehe auf, nimm dein Bett und wandle?

¹⁰Auf das ihr aber wisset, daß des Menschen Sohn Macht hat, zu vergeben die Sünden auf Erden, (sprach er zu dem Gichtbrüchigen):

¹¹Ich sage dir, stehe auf, nimm dein Bett und gehe heim!

¹²Und alsbald stand er auf, nahm sein Bett und ging hinaus vor allen, also daß sie sich entsetzten und priesen Gott und sprachen: Wir haben solches noch nie gesehen.

¹³Und er ging wiederum hinaus an das Meer; und alles Volk kam zu ihm, und er lehrte sie.

¹⁴Und da Jesus vorüberging, sah er Levi, den Sohn des Alphäus, am Zoll sitzen und sprach zu ihm: Folge mir nach! Und er stand auf und folgte ihm nach.

¹⁵Und es begab sich, da er zu Tische saß in seinem Hause, setzten sich viele Zöllner und Sünder zu Tische mit Jesu und seinen Jüngern; denn ihrer waren viele, die ihm nachfolgten.

¹⁶Und die Schriftgelehrten und Pharisäer, da sie sahen, daß er mit den Zöllnern und Sündern aß, sprachen sie zu seinen Jüngern: Warum ißt und trinkt er mit den Zöllnern und Sündern?

¹⁷Da das Jesus hörte, sprach er zu ihnen: Die Starken bedürfen keines Arztes, sondern die Kranken. Ich bin gekommen, zu rufen die Sünder zur Buße, und nicht die Gerechten.

¹⁸Und die Jünger des Johannes und der Pharisäer fasteten viel; und es kamen etliche, die sprachen zu ihm: Warum fasten die Jünger des Johannes und der Pharisäer, und deine Jünger fasten nicht?

¹⁹Und Jesus sprach zu ihnen: Wie können die Hochzeitsleute fasten, dieweil der Bräutigam bei ihnen ist? Solange der Bräutigam bei ihnen ist, können sie nicht fasten.

²⁰Es wird aber die Zeit kommen, daß der Bräutigam von ihnen genommen wird; dann werden sie fasten.

²¹Niemand flickt einen Lappen von neuem Tuch an ein altes

Markus

Kleid; denn der neue Lappen reißt doch vom alten, und der Riß wird ärger.

²²Und niemand faßt Most in alte Schläuche; sonst zerreißt der Most die Schläuche, und der Wein wird verschüttet, und die Schläuche kommen um. Sondern man soll Most in neue Schläuche fassen.

²³Und es begab sich, daß er wandelte am Sabbat durch die Saat; und seine Jünger fingen an, indem sie gingen, Ähren auszuraufen.

²⁴Und die Pharisäer sprachen zu ihm: Siehe zu, was tun deine Jünger am Sabbat, das nicht recht ist?

²⁵Und er sprach zu ihnen: Habt ihr nie gelesen was David tat, da es ihm not war und ihn hungerte samt denen, die bei ihm waren?

²⁶Wie er ging in das Haus Gottes zur Zeit Abjathars, des Hohenpriesters, und aß die Schaubrote, die niemand durfte essen, denn die Priester, und er gab sie auch denen, die bei ihm waren?

²⁷Und er sprach zu ihnen: Der Sabbat ist um des Menschen willen gemacht, und nicht der Mensch um des Sabbat willen.

²⁸So ist des Menschen Sohn ein HERR auch des Sabbats.

Kapitel 3

¹Und er ging abermals in die Schule. Und es war da ein Mensch, der hatte eine verdorrte Hand.

²Und sie lauerten darauf, ob er auch am Sabbat ihn heilen würde, auf daß sie eine Sache wider ihn hätten.

³Und er sprach zu dem Menschen mit der verdorrten Hand: Tritt hervor!

⁴Und er sprach zu ihnen: Soll man am Sabbat Gutes tun oder Böses tun, das Leben erhalten oder töten? Sie aber schwiegen still.

⁵Und er sah sie umher an mit Zorn und ward betrübt über ihr verstocktes Herz und sprach zu dem Menschen: Strecke deine Hand aus! Und er streckte sie aus; und die Hand ward ihm gesund wie die andere.

⁶Und die Pharisäer gingen hinaus und hielten alsbald einen Rat mit des Herodes Dienern über ihn, wie sie ihn umbrächten.

⁷Aber Jesus entwich mit seinen Jüngern an das Meer; und viel Volks folgte ihm nach aus Galiläa und aus Judäa

⁸und von Jerusalem und aus Idumäa und von jenseits des Jordans, und die um Tyrus und Sidon wohnen, eine große Menge, die seine Taten hörten, und kamen zu ihm.

⁹Und er sprach zu seinen Jüngern, daß sie ihm ein Schifflein bereit hielten um des Volkes willen, daß sie ihn nicht drängten.

¹⁰Denn er heilte ihrer viele, also daß ihn überfielen alle, die geplagt waren, auf daß sie ihn anrührten.

¹¹Und wenn ihn die unsauberen Geister sahen, fielen sie vor ihm nieder, schrieen und sprachen: Du bist Gottes Sohn!

¹²Und er bedrohte sie hart, daß sie ihn nicht offenbar machten.

¹³Und er ging auf einen Berg und rief zu sich, welche er wollte, und die gingen hin zu ihm.

¹⁴Und er ordnete die Zwölf, daß sie bei ihm sein sollten und daß er sie aussendete, zu predigen,

¹⁵und daß sie Macht hätten, die Seuchen zu heilen und die Teufel auszutreiben.

¹⁶Und gab Simon den Namen Petrus;

¹⁷und Jakobus, den Sohn des Zebedäus, und Johannes, den Bruder des Jakobus, und gab ihnen den Namen Bnehargem, das ist gesagt: Donnerskinder;

¹⁸und Andreas und Philippus und Bartholomäus und Matthäus und Thomas und Jakobus, des Alphäus Sohn, und Thaddäus und Simon von Kana

¹⁹und Judas Ischariot, der ihn verriet.

²⁰Und sie kamen nach Hause, und da kam abermals das Volk zusammen, also daß sie nicht Raum hatten, zu essen.

²¹Und da es die Seinen hörten, gingen sie aus und wollten ihn halten; denn sie sprachen: Er ist von Sinnen.

²²Die Schriftgelehrten aber, die von Jerusalem herabgekommen waren, sprachen: Er hat den Beelzebub, und durch den obersten Teufel treibt er die Teufel aus.

²³Und er rief sie zusammen und sprach zu ihnen in Gleichnissen: Wie kann ein Satan den anderen austreiben?

²⁴Wenn ein Reich mit sich selbst uneins wird, kann es nicht bestehen.

²⁵Und wenn ein Haus mit sich selbst uneins wird, kann es nicht bestehen.

²⁶Setzt sich nun der Satan wider sich selbst und ist mit sich selbst uneins, so kann er nicht bestehen, sondern es ist aus mit ihm.

²⁷Es kann niemand einem Starken in sein Haus fallen und seinen Hausrat rauben, es sei denn, daß er zuvor den Starken binde und alsdann sein Haus beraube.

²⁸Wahrlich, ich sage euch: Alle Sünden werden vergeben den Menschenkindern, auch die Gotteslästerungen, womit sie Gott lästern;

²⁹wer aber den Heiligen Geist lästert, der hat keine Vergebung ewiglich, sondern ist schuldig des ewigen Gerichts.

³⁰Denn sie sagten: Er hat einen unsauberen Geist.

³¹Und es kam seine Mutter und seine Brüder und standen draußen, schickten zu ihm und ließen ihn rufen.

³²Und das Volk saß um ihn. Und sie sprachen zu ihm: Siehe, deine Mutter und deine Brüder draußen fragen nach dir.

³³Und er antwortete ihnen und sprach: Wer ist meine Mutter und meine Brüder?

³⁴Und er sah rings um sich auf die Jünger, die im Kreise saßen, und sprach: Siehe, das ist meine Mutter und meine Brüder!

³⁵Denn wer Gottes Willen tut, der ist mein Bruder und meine Schwester und meine Mutter.

Kapitel 4

¹Und er fing abermals an, zu lehren am Meer. Und es versammelte sich viel Volks zu ihm, also daß er mußte in ein Schiff treten und auf dem Wasser sitzen; und alles Volk stand auf dem Lande am Meer.

²Und er predigte ihnen lange durch Gleichnisse; und in seiner Predigt sprach er zu ihnen:

³Höret zu! Siehe, es ging ein Sämann aus, zu säen.

⁴Und es begab sich, indem er säte, fiel etliches an den Weg; da kamen die Vögel unter dem Himmel und fraßen's auf.

⁵Etliches fiel in das Steinige, wo es nicht viel Erde hatte; und ging bald auf, darum daß es nicht tiefe Erde hatte.

⁶Da nun die Sonne aufging, verwelkte es, und dieweil es nicht Wurzel hatte verdorrte es.

⁷Und etliches fiel unter die Dornen; und die Dornen wuchsen empor und erstickten's, und es brachte keine Frucht.

⁸Und etliches fiel auf ein gutes Land und brachte Frucht, die da zunahm und wuchs; etliches trug dreißigfältig und etliches sechzigfältig und etliches hundertfältig.

⁹Und er sprach zu ihnen: Wer Ohren hat, zu hören, der höre!

¹⁰Und da er allein war, fragten ihn um dies Gleichnis, die um ihn waren, mitsamt den Zwölfen.

¹¹Und er sprach zu ihnen: Euch ist's gegeben, das Geheimnis des Reiches Gottes zu wissen; denen aber draußen widerfährt es alles nur durch Gleichnisse,

¹²auf daß sie es mit sehenden Augen sehen, und doch nicht erkennen, und mit hörenden Ohren hören, und doch nicht verstehen, auf daß sie sich nicht dermaleinst bekehren und ihre Sünden ihnen vergeben werden.

¹³Und er sprach zu ihnen: Verstehet ihr dies Gleichnis nicht, wie wollt ihr denn die andern alle verstehen?

¹⁴Der Sämann sät das Wort.

¹⁵Diese sind's aber, die an dem Wege sind: Wo das Wort gesät wird und sie es gehört haben, so kommt alsbald der Satan und nimmt weg das Wort, das in ihr Herz gesät war.

¹⁶Also auch die sind's, bei welchen aufs Steinige gesät ist: wenn sie das Wort gehört haben, nehmen sie es alsbald mit Freuden auf,

¹⁷und haben keine Wurzel in sich, sondern sind wetterwendisch; wenn sich Trübsal oder Verfolgung um des Wortes willen erhebt, so ärgern sie sich alsbald.

¹⁸Und diese sind's, bei welchen unter die Dornen gesät ist: die das Wort hören,

¹⁹und die Sorgen dieser Welt und der betrügerische Reichtum und viele andere Lüste gehen hinein und ersticken das Wort, und es bleibt ohne Frucht.

²⁰Und diese sind's, bei welchen auf ein gutes Land gesät ist: die das Wort hören und nehmen's an und bringen Frucht, etliche dreißigfältig und etliche sechzigfältig und etliche hundertfältig.

²¹Und er sprach zu ihnen: Zündet man auch ein Licht an, daß man es unter einen Scheffel oder unter einen Tisch setze? Mitnichten, sondern daß man's auf einen Leuchter setze.

²²Denn es ist nichts verborgen, das nicht offenbar werde, und ist nichts Heimliches, das nicht hervorkomme.

²³Wer Ohren hat, zu hören, der höre!

²⁴Und er sprach zu ihnen: Sehet zu, was ihr höret! Mit welcherlei Maß ihr messet, wird man euch wieder messen, und man wird noch zugeben euch, die ihr dies hört.

²⁵Denn wer da hat, dem wird gegeben; und wer nicht hat, von dem wird man nehmen, auch was er hat.

²⁶Und er sprach: Das Reich Gottes hat sich also, als wenn ein Mensch Samen aufs Land wirft

²⁷und schläft und steht auf Nacht und Tag; und der Same geht auf

und wächst, daß er's nicht weiß.

²⁸Denn die Erde bringt von selbst zum ersten das Gras, darnach die Ähren, darnach den vollen Weizen in den Ähren.

²⁹Wenn sie aber die Frucht gebracht hat, so schickt er bald die Sichel hin; denn die Ernte ist da.

³⁰Und er sprach: Wem wollen wir das Reich Gottes vergleichen, und durch welch Gleichnis wollen wir es vorbilden?

³¹Gleichwie ein Senfkorn, wenn das gesät wird aufs Land, so ist's das kleinste unter allen Samen auf Erden;

³²und wenn es gesät ist, so nimmt es zu und wird größer denn alle Kohlkräuter und gewinnt große Zweige, also daß die Vögel unter dem Himmel unter seinem Schatten wohnen können.

³³Und durch viele solche Gleichnisse sagte er ihnen das Wort, nach dem sie es hören konnten.

³⁴Und ohne Gleichnis redete er nichts zu ihnen; aber insonderheit legte er's seinen Jüngern alles aus.

³⁵Und an demselben Tage des Abends sprach er zu ihnen: Laßt uns hinüberfahren.

³⁶Und sie ließen das Volk gehen und nahmen ihn, wie er im Schiff war; und es waren mehr Schiffe bei ihm.

³⁷Und es erhob sich ein großer Windwirbel und warf Wellen in das Schiff, also daß das Schiff voll ward.

³⁸Und er war hinten auf dem Schiff und schlief auf einem Kissen. Und sie weckten ihn auf und sprachen zu ihm: Meister, fragst du nichts darnach, daß wir verderben?

³⁹Und er stand auf und bedrohte den Wind und sprach zu dem Meer: Schweig und verstumme! Und der Wind legte sich, und es ward eine große Stille.

⁴⁰Und er sprach zu ihnen: Wie seid ihr so furchtsam? Wie, daß ihr keinen Glauben habt?

⁴¹Und sie fürchteten sich sehr und sprachen untereinander: Wer ist der? denn Wind und Meer sind ihm gehorsam.

Kapitel 5

¹Und sie kamen jenseits des Meers in die Gegend der Gadarener.

²Und als er aus dem Schiff trat, lief ihm alsbald entgegen aus den Gräbern ein besessener Mensch mit einem unsaubern Geist,

³der seine Wohnung in den Gräbern hatte; und niemand konnte ihn binden, auch nicht mit Ketten.

⁴Denn er war oft mit Fesseln und Ketten gebunden gewesen, und hatte die Ketten abgerissen und die Fesseln zerrieben; und niemand konnte ihn zähmen.

⁵Und er war allezeit, Tag und Nacht, auf den Bergen und in den Gräbern, schrie und schlug sich mit Steinen.

⁶Da er aber Jesum sah von ferne, lief er zu und fiel vor ihm nieder, schrie laut und sprach:

⁷Was habe ich mit dir zu tun, o Jesu, du Sohn Gottes, des Allerhöchsten? Ich beschwöre dich bei Gott, daß du mich nicht quälest!

⁸Denn er sprach zu ihm: Fahre aus, du unsauberer Geist, von dem Menschen!

⁹Und er fragte ihn: Wie heißt du? Und er antwortete und sprach: Legion heiße ich; denn wir sind unser viele.

¹⁰Und er bat ihn sehr, daß er sie nicht aus der Gegend triebe.

¹¹Und es war daselbst an den Bergen eine große Herde Säue auf der Weide.

¹²Und die Teufel baten ihn alle und sprachen: Laß uns in die Säue fahren!

¹³Und alsbald erlaubte es ihnen Jesus. Da fuhren die unsauberen Geister aus und fuhren in die Säue; und die Herde stürzte sich von dem Abhang ins Meer (ihrer waren aber bei zweitausend) und ersoffen im Meer.

¹⁴Und die Sauhirten flohen und verkündigten das in der Stadt und auf dem Lande. Und sie gingen hinaus, zu sehen, was da geschehen war,

¹⁵und kamen zu Jesu und sahen den, der von den Teufeln besessen war, daß er saß und war bekleidet und vernünftig, und fürchteten sich.

¹⁶Und die es gesehen hatten, sagten ihnen, was dem Besessenen widerfahren war, und von den Säuen.

¹⁷Und sie fingen an und baten ihn, daß er aus ihrer Gegend zöge.

¹⁸Und da er in das Schiff trat, bat ihn der Besessene, daß er möchte bei ihm sein.

¹⁹Aber Jesus ließ es nicht zu, sondern sprach zu ihm: Gehe hin in dein Haus und zu den Deinen und verkündige ihnen, wie große Wohltat dir der HERR getan und sich deiner erbarmt hat.

²⁰Und er ging hin und fing an, auszurufen in den zehn Städten, wie große Wohltat ihm Jesus getan hatte; und jedermann verwunderte sich.

²¹Und da Jesus wieder herüberfuhr im Schiff, versammelte sich viel Volks zu ihm, und er war an dem Meer.

²²Und siehe, da kam der Obersten einer von der Schule, mit Namen Jairus; und da er ihn sah, fiel er ihm zu Füßen

²³und bat ihn sehr und sprach: Meine Tochter ist in den letzten Zügen; Du wollest kommen und deine Hand auf sie legen, daß sie gesund werde und lebe.

²⁴Und er ging hin mit ihm; und es folgte ihm viel Volks nach, und sie drängten ihn.

²⁵Und da war ein Weib, das hatte den Blutgang zwölf Jahre gehabt

²⁶und viel erlitten von vielen Ärzten und hatte all ihr Gut darob verzehrt, und half ihr nichts, sondern vielmehr ward es ärger mit ihr.

²⁷Da die von Jesu hörte, kam sie im Volk von hintenzu und rührte sein Kleid an.

²⁸Denn sie sprach: Wenn ich nur sein Kleid möchte anrühren, so würde ich gesund.

²⁹Und alsbald vertrocknete der Brunnen ihres Bluts; und sie fühlte es am Leibe, daß sie von ihrer Plage war gesund geworden.

³⁰Und Jesus fühlte alsbald an sich selbst die Kraft, die von ihm ausgegangen war, und wandte sich um zum Volk und sprach: Wer hat meine Kleider angerührt?

³¹Und die Jünger sprachen zu ihm: Du siehst, daß dich das Volk drängt, und sprichst: Wer hat mich angerührt?

³²Und er sah sich um nach der, die das getan hatte.

³³Das Weib aber fürchtete sich und zitterte (denn sie wußte, was an ihr geschehen war), kam und fiel vor ihm nieder und sagte die ganze Wahrheit.

³⁴Er sprach aber zu ihr; Meine Tochter, Dein Glaube hat dich gesund gemacht; gehe hin mit Frieden und sei gesund von deiner Plage!

³⁵Da er noch also redete, kamen etliche vom Gesinde des Obersten der Schule und sprachen: Deine Tochter ist gestorben; was bemühst du weiter den Meister?

³⁶Jesus aber hörte alsbald die Rede, die da gesagt ward, und sprach zu dem Obersten der Schule: Fürchte dich nicht, glaube nur!

³⁷Und ließ niemand ihm nachfolgen denn Petrus und Jakobus und Johannes, den Bruder des Jakobus.

³⁸Und er kam in das Haus des Obersten der Schule und sah das Getümmel und die da weinten und heulten.

³⁹Und er ging hinein und sprach zu ihnen: Was tummelt und weinet ihr? Das Kind ist nicht gestorben, sondern es schläft. Und sie verlachten ihn.

⁴⁰Und er trieb sie alle aus und nahm mit sich den Vater des Kindes und die Mutter die bei ihm waren, und ging hinein, da das Kind lag,

⁴¹und ergriff das Kind bei der Hand und sprach zu ihr: Talitha kumi! das ist verdolmetscht: Mägdlein, ich sage dir stehe auf!

⁴²Und alsbald stand das Mägdlein auf und wandelte; es war aber zwölf Jahre alt. Und sie entsetzten sich über die Maßen.

⁴³Und er verbot ihnen hart, daß es niemand wissen sollte, und sagte, sie sollten ihr zu essen geben.

Kapitel 6

¹Und er ging aus von da und kam in seine Vaterstadt; und seine Jünger folgten ihm nach.

²Und da der Sabbat kam, hob er an zu lehren in ihrer Schule. Und viele, die es hörten, verwunderten sich seiner Lehre und sprachen: Woher kommt dem solches? Und was für Weisheit ist's, die ihm gegeben ist, und solche Taten, die durch seine Hände geschehen?

³Ist er nicht der Zimmermann, Marias Sohn, und der Bruder des Jakobus und Joses und Judas und Simon? Sind nicht auch seine Schwestern allhier bei uns? Und sie ärgerten sich an ihm.

⁴Jesus aber sprach zu ihnen: Ein Prophet gilt nirgend weniger denn im Vaterland und daheim bei den Seinen.

⁵Und er konnte allda nicht eine einzige Tat tun; außer wenig Siechen legte er die Hände auf und heilte sie.

⁶Und er verwunderte sich ihres Unglaubens. Und er ging umher in die Flecken im Kreis und lehrte sie.

⁷Und er berief die Zwölf und hob an und sandte sie je zwei und zwei und gab ihnen Macht über die unsauberen Geister,

⁸und gebot ihnen, daß sie nichts bei sich trügen auf dem Wege denn allein einen Stab, keine Tasche, kein Brot, kein Geld im Gürtel,

⁹aber wären geschuht, und daß sie nicht zwei Röcke anzögen.

¹⁰Und sprach zu ihnen: Wo ihr in ein Haus gehen werdet, da bleibet bis ihr von dannen zieht.

¹¹Und welche euch nicht aufnehmen noch hören, da gehet von dannen heraus und schüttelt den Staub ab von euren Füßen zu einem Zeugnis über sie. Ich sage euch wahrlich: Es wird Sodom und Gomorrha am Jüngsten Gericht erträglicher gehen denn solcher Stadt.

¹²Und sie gingen aus und predigten, man sollte Buße tun,

¹³und trieben viele Teufel aus und salbten viele Sieche mit Öl und

Markus

machten sie gesund.

¹⁴Und es kam vor den König Herodes (denn sein Name war nun bekannt) und er sprach: Johannes der Täufer ist von den Toten auferstanden, darum tut er solche Taten.

¹⁵Etliche aber sprachen: Er ist Elia; etliche aber: Er ist ein Prophet oder einer von den Propheten.

¹⁶Da es aber Herodes hörte, sprach er: Es ist Johannes, den ich enthauptet habe; der ist von den Toten auferstanden.

¹⁷Er aber, Herodes, hatte ausgesandt und Johannes gegriffen und ins Gefängnis gelegt um der Herodias willen, seines Bruders Philippus Weib; denn er hatte sie gefreit.

¹⁸Johannes aber sprach zu Herodes: Es ist nicht recht, daß du deines Bruders Weib habest.

¹⁹Herodias aber stellte ihm nach und wollte ihn töten, und konnte nicht.

²⁰Herodes aber fürchtete Johannes; denn er wußte, daß er ein frommer und heiliger Mann war; und verwahrte ihn und gehorchte ihm in vielen Sachen und hörte ihn gern.

²¹Und es kam ein gelegener Tag, daß Herodes auf seinen Jahrestag ein Abendmahl gab den Obersten und Hauptleuten und Vornehmsten in Galiläa.

²²Da trat hinein die Tochter der Herodias und tanzte, und gefiel wohl dem Herodes und denen die am Tisch saßen. Da sprach der König zu dem Mägdlein: Bitte von mir, was du willst, ich will dir's geben.

²³Und er schwur ihr einen Eid: Was du wirst von mir bitten, will ich dir geben, bis an die Hälfte meines Königreiches.

²⁴Sie ging hinaus und sprach zu ihrer Mutter: Was soll ich bitten? Die sprach: Das Haupt Johannes des Täufers.

²⁵Und sie ging alsbald hinein mit Eile zum König, bat und sprach: Ich will, daß du mir gebest jetzt zur Stunde auf einer Schüssel das Haupt Johannes des Täufers.

²⁶Der König war betrübt; doch um des Eides willen und derer, die am Tisch saßen, wollte er sie nicht lassen eine Fehlbitte tun.

²⁷Und alsbald schickte hin der König den Henker und hieß sein Haupt herbringen. Der ging hin und enthauptete ihn im Gefängnis

²⁸und trug her sein Haupt auf einer Schüssel und gab's dem Mägdlein, und das Mägdlein gab's ihrer Mutter.

²⁹Und da das seine Jünger hörten, kamen sie und nahmen seinen Leib, und legten ihn in ein Grab.

³⁰Und die Apostel kamen zu Jesu zusammen und verkündigten ihm das alles und was sie getan und gelehrt hatten.

³¹Und er sprach zu ihnen: Lasset uns besonders an eine wüste Stätte gehen und ruht ein wenig. Denn ihr waren viele, die ab und zu gingen; und sie hatten nicht Zeit genug, zu essen.

³²Und er fuhr da in einem Schiff zu einer wüsten Stätte besonders.

³³Und das Volk sah sie wegfahren; und viele kannten ihn und liefen dahin miteinander zu Fuß aus allen Städten und kamen ihnen zuvor und kamen zu ihm.

³⁴Und Jesus ging heraus und sah das große Volk; und es jammerte ihn derselben; denn sie waren wie die Schafe, die keinen Hirten haben; und er fing an eine lange Predigt.

³⁵Da nun der Tag fast dahin war, traten seine Jünger zu ihm und sprachen: Es ist wüst hier, und der Tag ist nun dahin;

³⁶laß von dir, daß sie hingehen umher in die Dörfer und Märkte und kaufen sich Brot, denn sie haben nichts zu essen.

³⁷Jesus aber antwortete und sprach zu ihnen: Gebt ihr ihnen zu essen. Und sie sprachen zu ihm: Sollen wir denn hingehen und für zweihundert Groschen Brot kaufen und ihnen zu essen geben?

³⁸Er aber sprach zu ihnen: Wieviel Brot habt ihr? Gehet hin und sehet! Und da sie es erkundet hatten, sprachen sie: Fünf, und zwei Fische.

³⁹Und er gebot ihnen, daß sie sich alle lagerten, tischweise, auf das grüne Gras.

⁴⁰Und sie setzten sich nach Schichten, je hundert und hundert, fünfzig und fünfzig.

⁴¹Und er nahm die fünf Brote und zwei Fische, sah zum Himmel auf und dankte und brach die Brote und gab sie den Jüngern, daß sie ihnen vorlegten; und die zwei Fische teilte er unter sie alle.

⁴²Und sie aßen alle und wurden satt.

⁴³Und sie hoben auf die Brocken, zwölf Körbe voll, und von den Fischen.

⁴⁴Und die da gegessen hatten, waren fünftausend Mann.

⁴⁵Und alsbald trieb er seine Jünger, daß sie in das Schiff träten und vor ihm hinüberführen gen Bethsaida, bis daß er das Volk von sich ließe.

⁴⁶Und da er sie von sich geschafft hatte, ging er hin auf einen Berg, zu beten.

⁴⁷Und am Abend war das Schiff mitten auf dem Meer und er auf dem Lande allein.

⁴⁸Und er sah, daß sie Not litten im Rudern; denn der Wind war ihnen entgegen. Und um die vierte Wache der Nacht kam er zu ihnen und wandelte auf dem Meer,

⁴⁹und er wollte an ihnen vorübergehen. Und da sie ihn sahen auf dem Meer wandeln, meinten sie, es wäre ein Gespenst, und schrieen;

⁵⁰denn sie sahen ihn alle und erschraken. Aber alsbald redete er mit ihnen und sprach zu ihnen: Seid getrost, ich bin's, fürchtet euch nicht!

⁵¹Und er trat zu ihnen ins Schiff, und der Wind legte sich. Und sie entsetzten und verwunderten sich über die Maßen,

⁵²denn sie waren nichts verständiger geworden über den Broten, und ihr Herz war erstarrt.

⁵³Und da sie hinübergefahren waren, kamen sie in das Land Genezareth und fuhren an.

⁵⁴Und da sie aus dem Schiff traten alsbald kannten sie ihn

⁵⁵und liefen in alle die umliegenden Länder und hoben an, die Kranken umherzuführen auf Betten, wo sie hörten, daß er war.

⁵⁶Und wo er in die Märkte oder Städte oder Dörfer einging, da legten sie die Kranken auf den Markt und baten ihn, daß sie nur den Saum seines Kleides anrühren möchten; und alle, die ihn anrührten, wurden gesund.

Kapitel 7

¹Und es kamen zu ihm die Pharisäer und etliche von den Schriftgelehrten, die von Jerusalem gekommen waren.

²Und da sie sahen etliche seiner Jünger mit gemeinen (das ist ungewaschenen) Händen das Brot essen, tadelten sie es.

³(Denn die Pharisäer und alle Juden essen nicht, sie waschen denn die Hände manchmal, und halten also die Aufsätze der Ältesten;

⁴und wenn sie vom Markt kommen, essen sie nicht, sie waschen sich denn. Und des Dinges ist viel, das sie zu halten haben angenommen, von Trinkgefäßen und Krügen und ehernen Gefäßen und Tischen zu waschen.)

⁵Da fragten ihn nun die Pharisäer und Schriftgelehrten: Warum wandeln deine Jünger nicht nach den Aufsätzen der Ältesten, sondern essen das Brot mit ungewaschenen Händen?

⁶Er aber antwortete und sprach zu ihnen: Wohl fein hat von euch Heuchlern Jesaja geweissagt, wie geschrieben steht: "Dies Volk ehrt mich mit den Lippen, aber ihr Herz ist ferne von mir.

⁷Vergeblich aber ist's, daß sie mir dienen, dieweil sie lehren solche Lehre die nichts ist denn Menschengebot.

⁸Ihr verlasset Gottes Gebot, und haltet der Menschen Aufsätze von Krügen und Trinkgefäßen zu waschen; und desgleichen tut ihr viel.

⁹Und er sprach zu ihnen: Wohl fein habt ihr Gottes Gebote aufgehoben, auf daß ihr eure Aufsätze haltet.

¹⁰Denn Mose hat gesagt: "Du sollst deinen Vater und deine Mutter ehren," und "Wer Vater oder Mutter flucht, soll des Todes sterben."

¹¹Ihr aber lehret: Wenn einer spricht zu Vater oder Mutter "Korban," das ist, "es ist Gott gegeben," was dir sollte von mir zu Nutz kommen, der tut wohl.

¹²Und so laßt ihr hinfort ihn nichts tun seinem Vater oder seiner Mutter

¹³und hebt auf Gottes Wort durch eure Aufsätze, die ihr aufgesetzt habt; und desgleichen tut ihr viel.

¹⁴Und er rief zu sich das ganze Volk und sprach zu ihnen: Höret mir alle zu und fasset es!

¹⁵Es ist nichts außerhalb des Menschen, das ihn könnte gemein machen, so es in ihn geht; sondern was von ihm ausgeht, das ist's, was den Menschen gemein macht.

¹⁶Hat jemand Ohren, zu hören, der höre!

¹⁷Und da er von dem Volk ins Haus kam, fragten ihn seine Jünger um dies Gleichnis.

¹⁸Und er sprach zu ihnen: Seid ihr denn auch so unverständig? Vernehmet ihr noch nicht, daß alles, was außen ist und in den Menschen geht, das kann ihn nicht gemein machen?

¹⁹Denn es geht nicht in sein Herz, sondern in den Bauch, und geht aus durch den natürlichen Gang, der alle Speise ausfegt.

²⁰Und er sprach: Was aus dem Menschen geht, das macht den Menschen gemein;

²¹denn von innen, aus dem Herzen der Menschen, gehen heraus böse Gedanken; Ehebruch, Hurerei, Mord,

²²Dieberei, Geiz, Schalkheit, List, Unzucht, Schalksauge, Gotteslästerung, Hoffart, Unvernunft.

²³Alle diese bösen Stücke gehen von innen heraus und machen den Menschen gemein.

²⁴Und er stand auf und ging von dannen in die Gegend von Tyrus

und Sidon; und ging da in ein Haus und wollte es niemand wissen lassen, und konnte doch nicht verborgen sein.

²⁵Denn ein Weib hatte von ihm gehört, deren Töchterlein einen unsauberen Geist hatte, und sie kam und fiel nieder zu seinen Füßen

²⁶(und es war ein griechisches Weib aus Syrophönizien), und sie bat ihn, daß er den Teufel von ihrer Tochter austriebe.

²⁷Jesus aber sprach zu ihr: Laß zuvor die Kinder satt werden; es ist nicht fein, daß man der Kinder Brot nehme und werfe es vor die Hunde.

²⁸Sie antwortete aber und sprach zu ihm: Ja, HERR; aber doch essen die Hündlein unter dem Tisch von den Brosamen der Kinder.

²⁹Und er sprach zu ihr: Um des Wortes willen so gehe hin; der Teufel ist von deiner Tochter ausgefahren.

³⁰Und sie ging hin in ihr Haus und fand, daß der Teufel war ausgefahren und die Tochter auf dem Bette liegend.

³¹Und da er wieder ausging aus der Gegend von Tyrus und Sidon, kam er an das Galiläische Meer, mitten in das Gebiet der zehn Städte.

³²Und sie brachten zu ihm einen Tauben, der stumm war, und sie baten ihn, daß er die Hand auf ihn legte.

³³Und er nahm ihn von dem Volk besonders und legte ihm die Finger in die Ohren und spützte und rührte seine Zunge

³⁴und sah auf gen Himmel, seufzte und sprach zu ihm: Hephatha! das ist: Tu dich auf!

³⁵Und alsbald taten sich seine Ohren auf, und das Band seiner Zunge war los, und er redete recht.

³⁶Und er verbot ihnen, sie sollten's niemand sagen. Je mehr er aber verbot, je mehr sie es ausbreiteten.

³⁷Und sie wunderten sich über die Maßen und sprachen: Er hat alles wohl gemacht; die Tauben macht er hörend und die Sprachlosen redend.

Kapitel 8

¹Zu der Zeit, da viel Volks da war, und hatten nichts zu essen, rief Jesus seine Jünger zu sich und sprach zu ihnen:

²Mich jammert des Volks; denn sie haben nun drei Tage bei mir beharrt und haben nichts zu essen;

³und wenn ich sie ungegessen von mir heim ließe gehen, würden sie auf dem Wege verschmachten; denn etliche sind von ferne gekommen.

⁴Seine Jünger antworteten ihm: Woher nehmen wir Brot hier in der Wüste, daß wir sie sättigen?

⁵Und er fragte sie: Wieviel habt ihr Brote? Sie sprachen: Sieben.

⁶Und er gebot dem Volk, daß sie sich auf der Erde lagerten. Und er nahm die sieben Brote und dankte und brach sie und gab sie seinen Jüngern, daß sie dieselben vorlegten; und sie legten dem Volk vor.

⁷Und hatten ein wenig Fischlein; und er dankte und hieß die auch vortragen.

⁸Sie aßen aber und wurden satt; und hoben die übrigen Brocken auf, sieben Körbe.

⁹Und ihrer waren bei viertausend, die da gegessen hatten; und er ließ sie von sich.

¹⁰Und alsbald trat er in ein Schiff mit seinen Jüngern und kam in die Gegend von Dalmanutha.

¹¹Und die Pharisäer gingen heraus und fingen an, sich mit ihm zu befragen, versuchten ihn und begehrten von ihm ein Zeichen vom Himmel.

¹²Und er seufzte in seinem Geist und sprach: Was sucht doch dies Geschlecht Zeichen? Wahrlich, ich sage euch: Es wird diesem Geschlecht kein Zeichen gegeben.

¹³Und er ließ sie und trat wiederum in das Schiff und fuhr herüber.

¹⁴Und sie hatten vergessen, Brot mit sich zu nehmen, und hatten nicht mehr mit sich im Schiff denn ein Brot.

¹⁵Und er gebot ihnen und sprach: Schauet zu und sehet euch vor vor dem Sauerteig der Pharisäer und vor dem Sauerteig des Herodes.

¹⁶Und sie gedachten hin und her und sprachen untereinander: Das ist's, daß wir nicht Brot haben.

¹⁷Und Jesus merkte das und sprach zu ihnen: Was bekümmert ihr euch doch, daß ihr nicht Brot habt? Vernehmet ihr noch nichts und seid noch nicht verständig? Habt ihr noch ein erstarrtes Herz in euch?

¹⁸Ihr habt Augen, und sehet nicht, und habt Ohren, und höret nicht, und denket nicht daran,

¹⁹da ich fünf Brote brach unter fünftausend: wie viel Körbe voll Brocken hobt ihr da auf? Sie sprachen: Zwölf.

²⁰Da ich aber sieben brach unter die viertausend, wieviel Körbe voll Brocken hobt ihr da auf? Sie sprachen: Sieben.

²¹Und er sprach zu ihnen: Wie vernehmet ihr denn nichts?

²²Und er kam gen Bethsaida. Und sie brachten zu ihm einen Blinden und baten ihn, daß er ihn anrührte.

²³Und er nahm den Blinden bei der Hand und führte ihn hinaus vor den Flecken; spützte in seine Augen und legte seine Hände auf ihn und fragte ihn, ob er etwas sähe?

²⁴Und er sah auf und sprach: Ich sehe Menschen gehen, als sähe ich Bäume.

²⁵Darnach legte er abermals die Hände auf seine Augen und hieß ihn abermals sehen; und er ward wieder zurechtgebracht, daß er alles scharf sehen konnte.

²⁶Und er schickte ihn heim und sprach: Gehe nicht hinein in den Flecken und sage es auch niemand drinnen.

²⁷Und Jesus ging aus mit seinen Jüngern in die Märkte der Stadt Cäsarea Philippi. Und auf dem Wege fragte er seine Jünger und sprach zu ihnen: Wer sagen die Leute, daß ich sei?

²⁸Sie antworteten: Sie sagen du seiest Johannes der Täufer; etliche sagen, du seiest Elia; etliche, du seiest der Propheten einer.

²⁹Und er sprach zu ihnen: Ihr aber, wer sagt ihr, daß ich sei? Da antwortete Petrus und sprach zu ihm: Du bist Christus!

³⁰Und er bedrohte sie, daß sie niemand von ihm sagen sollten.

³¹Und er hob an sie zu lehren: Des Menschen Sohn muß viel leiden und verworfen werden von den Ältesten und Hohenpriestern und Schriftgelehrten und getötet werden und über drei Tage auferstehen.

³²Und er redete das Wort frei offenbar. Und Petrus nahm ihn zu sich, fing an, ihm zu wehren.

³³Er aber wandte sich um und sah seine Jünger an und bedrohte Petrus und sprach: Gehe hinter mich, du Satan! denn du meinst nicht, was göttlich, sondern was menschlich ist.

³⁴Und er rief zu sich das Volk samt seinen Jüngern und sprach zu ihnen: Wer mir will nachfolgen, der verleugne sich selbst und nehme sein Kreuz auf sich und folge mir nach.

³⁵Denn wer sein Leben will behalten, der wird's verlieren; und wer sein Leben verliert um meinet-und des Evangeliums willen, der wird's behalten.

³⁶Was hülfe es dem Menschen, wenn er die ganze Welt gewönne, und nähme an seiner Seele Schaden?

³⁷Oder was kann der Mensch geben, damit er seine Seele löse.

³⁸Wer sich aber mein und meiner Worte schämt unter diesem ehebrecherischen und sündigen Geschlecht, des wird sich auch des Menschen Sohn schämen, wenn er kommen wird in der Herrlichkeit seines Vaters mit den heiligen Engeln.

Kapitel 9

¹Und er sprach zu ihnen: Wahrlich ich sage euch: Es stehen etliche hier, die werden den Tod nicht schmecken, bis daß sie sehen das Reich Gottes mit seiner Kraft kommen.

²Und nach sechs Tagen nahm Jesus zu sich Petrus, Jakobus und Johannes und führte sie auf einen hohen Berg besonders allein und verklärte sich vor ihnen.

³Und seine Kleider wurden hell und sehr weiß wie der Schnee, daß sie kein Färber auf Erden kann so weiß machen.

⁴Und es erschien ihnen Elia mit Mose und hatten eine Rede mit Jesu.

⁵Und Petrus antwortete und sprach zu Jesu: Rabbi, hier ist gut sein. Lasset uns drei Hütten machen: dir eine, Mose eine und Elia eine.

⁶Er wußte aber nicht, was er redete; denn sie waren bestürzt.

⁷Und es kam eine Wolke, die überschattete sie. Und eine Stimme fiel aus der Wolke und sprach: Das ist mein lieber Sohn; den sollt ihr hören!

⁸Und bald darnach sahen sie um sich und sahen niemand mehr denn allein Jesum bei ihnen.

⁹Da sie aber vom Berge herabgingen, verbot ihnen Jesus, daß sie niemand sagen sollten, was sie gesehen hatten, bis des Menschen Sohn auferstünde von den Toten.

¹⁰Und sie behielten das Wort bei sich und befragten sich untereinander: Was ist doch das Auferstehen von den Toten?

¹¹Und sie fragten ihn und sprachen: Sagen doch die Schriftgelehrten, daß Elia muß zuvor kommen.

¹²Er antwortete aber und sprach zu ihnen: Elia soll ja zuvor kommen und alles wieder zurechtbringen; dazu soll des Menschen Sohn viel leiden und verachtet werden, wie denn geschrieben steht.

¹³Aber ich sage euch: Elia ist gekommen, und sie haben an ihm getan, was sie wollten, nach dem von ihm geschrieben steht.

¹⁴Und er kam zu seinen Jüngern und sah viel Volks um sie und Schriftgelehrte, die sich mit ihnen befragten.

¹⁵Und alsbald, da alles Volk ihn sah, entsetzten sie sich, liefen zu und grüßten ihn.

¹⁶Und er fragte die Schriftgelehrten: Was befragt ihr euch mit ihnen?

Markus

¹⁷Einer aber aus dem Volk antwortete und sprach: Meister, ich habe meinen Sohn hergebracht zu dir, der hat einen sprachlosen Geist.

¹⁸Und wo er ihn erwischt, da reißt er ihn; und er schäumt und knirscht mit den Zähnen und verdorrt. Ich habe mit deinen Jüngern geredet, daß sie ihn austrieben, und sie können's nicht.

¹⁹Er antwortete ihm aber und sprach: O du ungläubiges Geschlecht, wie lange soll ich bei euch sein? wie lange soll ich euch tragen? Bringet ihn her zu mir!

²⁰Und sie brachten ihn her zu ihm. Und alsbald, da ihn der Geist sah, riß er ihn; und er fiel auf die Erde und wälzte sich und schäumte.

²¹Und er fragte seinen Vater: Wie lange ist's, daß es ihm widerfahren ist? Er sprach: Von Kind auf.

²²Und oft hat er ihn in Feuer und Wasser geworfen, daß er ihn umbrächte. Kannst du aber was, so erbarme dich unser und hilf uns!

²³Jesus aber sprach zu ihm: Wenn du könntest Glauben! Alle Dinge sind möglich dem, der da glaubt.

²⁴Und alsbald schrie des Kindes Vater mit Tränen und sprach: Ich glaube, lieber HERR, hilf meinem Unglauben!

²⁵Da nun Jesus sah, daß das Volk zulief, bedrohte er den unsauberen Geist und sprach zu ihm: Du sprachloser und tauber Geist, ich gebiete dir, daß du von ihm ausfahrest und fahrest hinfort nicht in ihn!

²⁶Da schrie er und riß ihn sehr und fuhr aus. Und er ward, als wäre er tot, daß auch viele sagten: Er ist tot.

²⁷Jesus aber ergriff ihn bei der Hand und richtete ihn auf; und er stand auf.

²⁸Und da er heimkam, fragten ihn seine Jünger besonders: Warum konnten wir ihn nicht austreiben?

²⁹Und er sprach: Diese Art kann mit nichts ausfahren denn durch Beten und Fasten.

³⁰Und sie gingen von da hinweg und wandelten durch Galiläa; und er wollte nicht, daß es jemand wissen sollte.

³¹Er lehrte aber seine Jünger und sprach zu ihnen: Des Menschen Sohn wird überantwortet werden in der Menschen Hände, und sie werden ihn töten; und wenn er getötet ist, so wird er am dritten Tage auferstehen.

³²Sie aber verstanden das Wort nicht, und fürchteten sich, ihn zu fragen.

³³Und er kam gen Kapernaum. Und da er daheim war, fragten er sie: Was handeltet ihr miteinander auf dem Wege?

³⁴Sie aber schwiegen; denn sie hatten miteinander auf dem Wege gehandelt, welcher der Größte wäre.

³⁵Und er setzte sich und rief die Zwölf und sprach zu ihnen: So jemand will der Erste sein, der soll der Letzte sein vor allen und aller Knecht.

³⁶Und er nahm ein Kindlein und stellte es mitten unter sie und herzte es und sprach zu ihnen:

³⁷Wer ein solches Kindlein in meinem Namen aufnimmt, der nimmt mich auf; und wer mich aufnimmt, der nimmt nicht mich auf, sondern den, der mich gesandt hat.

³⁸Johannes aber antwortete ihn und sprach: Meister, wir sahen einen, der trieb Teufel in deinem Namen aus, welcher uns nicht nachfolgt; und wir verboten's ihm, darum daß er uns nicht nachfolgt.

³⁹Jesus aber sprach: Ihr sollt's ihm nicht verbieten. Denn es ist niemand, der eine Tat tue in meinem Namen, und möge bald übel von mir reden.

⁴⁰Wer nicht wider uns ist, der ist für uns.

⁴¹Wer aber euch tränkt mit einem Becher Wassers in meinem Namen, darum daß ihr Christo angehöret, wahrlich, ich sage euch, es wird ihm nicht unvergolten bleiben.

⁴²Und wer der Kleinen einen ärgert, die an mich glauben, dem wäre es besser, daß ihm ein Mühlstein an seinen Hals gehängt und er ins Meer geworfen würde.

⁴³So dich aber deine Hand ärgert, so haue sie ab! Es ist dir besser, daß du als ein Krüppel zum Leben eingehest, denn daß du zwei Hände habest und fahrest in die Hölle, in das ewige Feuer,

⁴⁴da ihr Wurm nicht stirbt und ihr Feuer nicht verlöscht.

⁴⁵Ärgert dich dein Fuß, so haue ihn ab. Es ist dir besser, daß du lahm zum Leben eingehest, denn daß du zwei Füße habest und werdest in die Hölle geworfen, in das ewige Feuer,

⁴⁶da ihr Wurm nicht stirbt und ihr Feuer nicht verlöscht.

⁴⁷Ärgert dich dein Auge, so wirf's von dir! Es ist dir besser, daß du einäugig in das Reich Gottes gehest, denn daß du zwei Augen habest und werdest in das höllische Feuer geworfen,

⁴⁸da ihr Wurm nicht stirbt ihr Feuer nicht verlöscht.

⁴⁹Es muß ein jeglicher mit Feuer gesalzen werden, und alles Opfer wird mit Salz gesalzen.

⁵⁰Das Salz ist gut; so aber das Salz dumm wird, womit wird man's würzen? Habt Salz bei euch und habt Frieden untereinander.

Kapitel 10

¹Und er machte sich auf und kam von dannen an die Örter des jüdischen Landes jenseit des Jordans. Und das Volk ging abermals in Haufen zu ihm, und wie seine Gewohnheit war, lehrte er sie abermals.

²Und die Pharisäer traten zu ihm und fragten ihn, ob ein Mann sich scheiden möge von seinem Weibe; und versuchten ihn damit.

³Er antwortete aber und sprach: Was hat euch Mose geboten?

⁴Sie sprachen; Mose hat zugelassen, einen Scheidebrief zu schreiben und sich zu scheiden.

⁵Jesus antwortete und sprach zu ihnen: Um eures Herzens Härtigkeit willen hat er euch solches Gebot geschrieben;

⁶aber von Anfang der Kreatur hat sie Gott geschaffen einen Mann und ein Weib.

⁷Darum wird der Mensch Vater und Mutter verlassen und wird seinem Weibe anhangen,

⁸und werden die zwei ein Fleisch sein. So sind sie nun nicht zwei, sondern ein Fleisch.

⁹Was denn Gott zusammengefügt hat, soll der Mensch nicht scheiden.

¹⁰Und daheim fragten ihn abermals seine Jünger darum.

¹¹Und er sprach zu ihnen: Wer sich scheidet von seinem Weibe und freit eine andere, der bricht die Ehe an ihr;

¹²und so sich ein Weib scheidet von ihrem Manne und freit einen anderen, die bricht ihre Ehe.

¹³Und sie brachten Kindlein zu ihm, daß er sie anrührte. Die Jünger aber fuhren die an, die sie trugen.

¹⁴Da es aber Jesus sah, ward er unwillig und sprach zu ihnen: Lasset die Kindlein zu mir kommen und wehret ihnen nicht; denn solcher ist das Reich Gottes.

¹⁵Wahrlich ich sage euch: Wer das Reich Gottes nicht empfängt wie ein Kindlein, der wird nicht hineinkommen.

¹⁶Und er herzte sie und legte die Hände auf sie und segnete sie.

¹⁷Und da er hinausgegangen war auf den Weg, lief einer herzu, kniete, vor ihn und fragte ihn: Guter Meister, was soll ich tun, daß ich das ewige Leben ererbe?

¹⁸Aber Jesus sprach zu ihm: Was heißest du mich gut? Niemand ist gut denn der einige Gott.

¹⁹Du weißt ja die Gebote wohl: "Du sollst nicht ehebrechen; du sollst nicht töten; du sollst nicht stehlen; du sollst nicht falsch Zeugnis reden; du sollst niemand täuschen; ehre Vater und Mutter."

²⁰Er aber antwortete und sprach zu ihm: Meister, das habe ich alles gehalten von meiner Jugend auf.

²¹Und Jesus sah ihn an und liebte ihn und sprach zu ihm: Eines fehlt dir. Gehe hin, verkaufe alles, was du hast, und gib's den Armen, so wirst du einen Schatz im Himmel haben, und komm, folge mir nach und nimm das Kreuz auf dich.

²²Er aber ward unmutig über die Rede und ging traurig davon; denn er hatte viele Güter.

²³Und Jesus sah um sich und sprach zu seinen Jüngern: Wie schwer werden die Reichen in das Reich Gottes kommen!

²⁴Die Jünger aber entsetzten sich über seine Rede. Aber Jesus antwortete wiederum und sprach zu ihnen: Liebe Kinder, wie schwer ist's, daß die, so ihr Vertrauen auf Reichtum setzen, ins Reich Gottes kommen!

²⁵Es ist leichter, daß ein Kamel durch ein Nadelöhr gehe, denn daß ein Reicher ins Reich Gottes komme.

²⁶Sie entsetzten sich aber noch viel mehr und sprachen untereinander: Wer kann denn selig werden?

²⁷Jesus aber sah sie an und sprach: Bei den Menschen ist's unmöglich, aber nicht bei Gott; denn alle Dinge sind möglich bei Gott.

²⁸Da sagte Petrus zu ihm: Siehe, wir haben alles verlassen und sind dir nachgefolgt.

²⁹Jesus antwortete und sprach: Wahrlich, ich sage euch: Es ist niemand, so er verläßt Haus oder Brüder oder Schwestern oder Vater oder Mutter oder Weib oder Kind oder Äcker um meinetwillen und um des Evangeliums willen,

³⁰der nicht hundertfältig empfange: jetzt in dieser Zeit Häuser und Brüder und Schwestern und Mütter und Kinder und Äcker mitten unter Verfolgungen, und in der zukünftigen Welt das ewige Leben.

³¹Viele aber werden die Letzten sein, die die Ersten sind, und die Ersten sein, die die Letzten sind.

³²Sie waren aber auf dem Wege und gingen hinauf gen Jerusalem; und Jesus ging vor ihnen, und sie entsetzten sich, folgten ihm nach und fürchteten sich. Und Jesus nahm abermals zu sich die Zwölf und sagte ihnen, was ihm widerfahren würde:

³³Siehe, wir gehen hinauf gen Jerusalem, und des Menschen Sohn wird überantwortet werden den Hohenpriestern und Schriftgelehrten; und sie werden ihn verdammen zum Tode und überantworten den Heiden.

³⁴Die werden ihn verspotten und geißeln und verspeien und töten; und am dritten Tag wird er auferstehen.

³⁵Da gingen zu ihm Jakobus und Johannes, die Söhne des Zebedäus, und sprachen: Meister, wir wollen, daß du uns tuest, was wir dich bitten werden.

³⁶Er sprach zu ihnen: Was wollt ihr, daß ich euch tue?

³⁷Sie sprachen zu ihm: Gib uns, daß wir sitzen einer zu deiner Rechten und einer zu deiner Linken in deiner Herrlichkeit.

³⁸Jesus aber sprach zu ihnen: Ihr wisset nicht, was ihr bittet. Könnt ihr den Kelch trinken, den ich trinke, und euch taufen lassen mit der Taufe, mit der ich getauft werde?

³⁹Sie sprachen zu ihm: Ja, wir können es wohl. Jesus aber sprach zu ihnen: Ihr werdet zwar den Kelch trinken, den ich trinke, und getauft werden mit der Taufe, mit der ich getauft werde;

⁴⁰zu sitzen aber zu meiner Rechten und zu meiner Linken stehet mir nicht zu, euch zu geben, sondern welchen es bereitet ist.

⁴¹Und da das die Zehn hörten, wurden sie unwillig über Jakobus und Johannes.

⁴²Aber Jesus rief sie zu sich und sprach zu ihnen: Ihr wisset, daß die weltlichen Fürsten herrschen und die Mächtigen unter ihnen haben Gewalt.

⁴³Aber also soll es unter euch nicht sein. Sondern welcher will groß werden unter euch, der soll euer Diener sein;

⁴⁴und welcher unter euch will der Vornehmste werden, der soll aller Knecht sein.

⁴⁵Denn auch des Menschen Sohn ist nicht gekommen, daß er sich dienen lasse, sondern daß er diene und gebe sein Leben zur Bezahlung für viele.

⁴⁶Und sie kamen gen Jericho. Und da er aus Jericho ging, er und seine Jünger und ein großes Volk, da saß ein Blinder, Bartimäus, des Timäus Sohn, am Wege und bettelte.

⁴⁷Und da er hörte, daß es Jesus von Nazareth war, fing er an, zu schreien und zu sagen: Jesu, du Sohn Davids, erbarme dich mein!

⁴⁸Und viele bedrohten ihn, er sollte stillschweigen. Er aber schrie viel mehr: Du Sohn Davids, erbarme dich mein!

⁴⁹Und Jesus stand still und ließ ihn rufen. Und sie riefen den Blinden und sprachen zu ihm: Sei getrost! stehe auf, er ruft dich!

⁵⁰Und er warf sein Kleid von sich, stand auf und kam zu Jesu.

⁵¹Und Jesus antwortete und sprach zu ihm: Was willst du, daß ich dir tun soll? Der Blinde sprach zu ihm: Rabbuni, daß ich sehend werde.

⁵²Jesus aber sprach zu ihm: Gehe hin; dein Glaube hat dir geholfen. Und alsbald ward er sehend und folgte ihm nach auf dem Wege.

Kapitel 11

¹Und da sie nahe an Jerusalem kamen, gen Bethphage und Bethanien an den Ölberg, sandte er seiner Jünger zwei

²und sprach zu ihnen: Gehet hin in den Flecken, der vor euch liegt; und alsbald, wenn ihr hineinkommt, werdet ihr finden ein Füllen angebunden, auf welchem nie ein Mensch gesessen hat; löset es ab und führet es her!

³Und so jemand zu euch sagen wird: Warum tut ihr das? so sprechet: Der HERR bedarf sein; so wird er's alsbald hersenden.

⁴Sie gingen hin und fanden das Füllen gebunden an die Tür, außen auf der Wegscheide, und lösten es ab.

⁵Und etliche, die dastanden, sprachen zu ihnen: Was macht ihr, daß ihr das Füllen ablöset?

⁶Sie sagten aber zu ihnen, wie ihnen Jesus geboten hatte, und die ließen's zu.

⁷Und sie führten das Füllen zu Jesu und legten ihre Kleider darauf, und er setzte sich darauf.

⁸Viele aber breiteten ihre Kleider auf den Weg; etliche hieben Maien von den Bäumen und streuten sie auf den Weg.

⁹Und die vorne vorgingen und die hernach folgten, schrieen und sprachen: Hosianna! Gelobt sei, der da kommt im Namen des HERRN!

¹⁰Gelobt sei das Reich unsers Vaters David, das da kommt in dem Namen des HERRN! Hosianna in der Höhe!

¹¹Und der HERR ging ein zu Jerusalem und in den Tempel, und er besah alles; und am Abend ging er hinaus gen Bethanien mit den Zwölfen.

¹²Und des anderen Tages, da sie von Bethanien gingen, hungerte ihn.

¹³Und er sah einen Feigenbaum von ferne, der Blätter hatte; da trat er hinzu, ob er etwas darauf fände, und da er hinzukam, fand er nichts denn nur Blätter, denn es war noch nicht Zeit, daß Feigen sein sollten.

¹⁴Und Jesus antwortete und sprach zu ihm: Nun esse von dir niemand ewiglich! Und seine Jünger hörten das.

¹⁵Und sie kamen gen Jerusalem. Und Jesus ging in den Tempel, fing an und trieb aus die Verkäufer und Käufer in dem Tempel; und die Tische der Wechsler und die Stühle der Taubenkrämer stieß er um,

¹⁶und ließ nicht zu, das jemand etwas durch den Tempel trüge.

¹⁷Und er lehrte und sprach zu ihnen: Steht nicht geschrieben: "Mein Haus soll heißen ein Bethaus allen Völkern"? Ihr aber habt eine Mördergrube daraus gemacht.

¹⁸Und es kam vor die Schriftgelehrten und Hohenpriester; und sie trachteten, wie sie ihn umbrächten. Sie fürchteten sich aber vor ihm; denn alles Volk verwunderte sich über seine Lehre.

¹⁹Und des Abends ging er hinaus vor die Stadt.

²⁰Und am Morgen gingen sie vorüber und sahen den Feigenbaum, daß er verdorrt war bis auf die Wurzel.

²¹Und Petrus gedachte daran und sprach zu ihm: Rabbi, siehe, der Feigenbaum, den du verflucht hast, ist verdorrt.

²²Jesus antwortete und sprach zu ihnen: Habt Glauben an Gott.

²³Wahrlich, ich sage euch: Wer zu diesem Berge spräche: Hebe dich und wirf dich ins Meer! und zweifelte nicht in seinem Herzen, sondern glaubte, daß es geschehen würde, was er sagt, so wird's ihm geschehen, was er sagt.

²⁴Darum sage ich euch: Alles, was ihr bittet in eurem Gebet, glaubet nur, daß ihr's empfangen werdet, so wird's euch werden.

²⁵Und wenn ihr stehet und betet, so vergebet, wo ihr etwas wider jemand habt, auf daß auch euer Vater im Himmel euch vergebe eure Fehler.

²⁶Wenn ihr aber nicht vergeben werdet, so wird euch euer Vater, der im Himmel ist, eure Fehler nicht vergeben.

²⁷Und sie kamen abermals gen Jerusalem. Und da er im Tempel wandelte, kamen zu ihm die Hohenpriester und Schriftgelehrten und die Ältesten

²⁸und sprachen zu ihm: Aus was für Macht tust du das? und wer hat dir die Macht gegeben, daß du solches tust?

²⁹Jesus aber antwortete und sprach zu ihnen: Ich will euch auch ein Wort fragen; antwortet mir, so will ich euch sagen, aus was für Macht ich das tue.

³⁰Die Taufe des Johannes, war sie vom Himmel oder von den Menschen? Antwortet mir!

³¹Und sie gedachten bei sich selbst und sprachen: Sagen wir sie war vom Himmel, so wird er sagen: Warum habt ihr denn ihm nicht geglaubt?

³²Sagen wir aber, sie war von Menschen, so fürchten wir uns vor dem Volk. Denn sie hielten alle, daß Johannes ein rechter Prophet wäre.

³³Und sie antworteten und sprachen zu Jesu: Wir wissen's nicht. Und Jesus antwortete und sprach zu ihnen: So sage ich euch auch nicht, aus was für Macht ich solches tue.

Kapitel 12

¹Und er fing an, zu ihnen durch Gleichnisse zu reden: Ein Mensch pflanzte einen Weinberg und führte einen Zaun darum und grub eine Kelter und baute einen Turm und tat ihn aus den Weingärtnern und zog über Land.

²Und sandte einen Knecht, da die Zeit kam, zu den Weingärtnern, daß er von den Weingärtnern nähme von der Frucht des Weinbergs.

³Sie nahmen ihn aber und stäupten ihn, und ließen ihn leer von sich.

⁴Abermals sandte er ihnen einen anderen Knecht; dem zerwarfen sie den Kopf mit Steinen und ließen ihn geschmäht von sich.

⁵Abermals sandte er einen andern: den töteten sie. Und viele andere, etliche stäupten sie, etliche töteten sie.

⁶Da hatte er noch einen einzigen Sohn, der war ihm lieb; den sandte er zum letzten auch zu ihnen und sprach: Sie werden sich vor meinem Sohn scheuen.

⁷Aber die Weingärtner sprachen untereinander: Dies ist der Erbe; kommt, laßt uns ihn töten, so wird das Erbe unser sein!

⁸Und sie nahmen ihn und töteten ihn und warfen ihn hinaus vor den Weinberg.

⁹Was wird nun der Herr des Weinbergs tun? Er wird kommen und die Weingärtner umbringen und den Weinberg andern geben.

¹⁰Habt ihr auch nicht gelesen diese Schrift: "Der Stein, den die Bauleute verworfen haben, der ist zum Eckstein geworden.

¹¹Von dem HERRN ist das geschehen, und es ist wunderbarlich vor unseren Augen"?

¹²Und sie trachteten darnach, wie sie ihn griffen, und fürchteten

sich doch vor dem Volk; denn sie verstanden, daß er auf sie dies Gleichnis geredet hatte. Und sie ließen ihn und gingen davon.

¹³Und sie sandten zu ihm etliche von den Pharisäern und des Herodes Dienern, daß sie ihn fingen in Worten.

¹⁴Und sie kamen und sprachen zu ihm: Meister, wir wissen, daß du wahrhaftig bist und fragst nach niemand; denn du achtest nicht das Ansehen der Menschen, sondern du lehrst den Weg Gottes recht. Ist's recht, daß man dem Kaiser Zins gebe, oder nicht? Sollen wir ihn geben oder nicht geben?

¹⁵Er aber merkte ihre Heuchelei und sprach zu ihnen: Was versucht ihr mich? Bringet mir einen Groschen, daß ich ihn sehe.

¹⁶Und sie brachten ihm. Da sprach er: Wes ist das Bild und die Überschrift? Sie sprachen zu ihm: Des Kaisers!

¹⁷Da antwortete Jesus und sprach zu ihnen: So gebet dem Kaiser, was des Kaisers ist, und Gott, was Gottes ist! Und sie verwunderten sich über ihn.

¹⁸Da traten die Sadduzäer zu ihm, die da halten, es sei keine Auferstehung; die fragten ihn und sprachen:

¹⁹Meister, Mose hat uns geschrieben: Wenn jemands Bruder stirbt und hinterläßt ein Weib, und hinterläßt keine Kinder, so soll sein Bruder sein Weib nehmen und seinem Bruder Samen erwecken.

²⁰Nun sind sieben Brüder gewesen. Der erste nahm ein Weib; der starb und hinterließ keinen Samen.

²¹Und der andere nahm sie und starb und hinterließ auch nicht Samen. Der Dritte desgleichen.

²²Und es nahmen sie alle sieben und hinterließen nicht Samen. Zuletzt nach allen starb das Weib auch.

²³Nun in der Auferstehung, wenn sie auferstehen, wes Weib wird sie sein unter ihnen? Denn sieben haben sie zum Weibe gehabt.

²⁴Da antwortete Jesus und sprach zu ihnen: Ist's nicht also? Ihr irrt darum, daß ihr nichts wisset von der Schrift noch von der Kraft Gottes.

²⁵Wenn sie von den Toten auferstehen werden, so werden sie nicht freien noch sich freien lassen, sondern sie sind wie die Engel im Himmel.

²⁶Aber von den Toten, daß sie auferstehen werden, habt ihr nicht gelesen im Buch Mose's bei dem Busch, wie Gott zu ihm sagte und sprach: "Ich bin der Gott Abrahams und der Gott Isaaks und der Gott Jakobs"?

²⁷Gott aber ist nicht der Toten, sondern der Lebendigen Gott. Darum irrt ihr sehr.

²⁸Und es trat zu ihm der Schriftgelehrten einer, der ihnen zugehört hatte, wie sie sich miteinander befragten, und sah, daß er ihnen fein geantwortet hatte, und fragte ihn: Welches ist das vornehmste Gebot vor allen?

²⁹Jesus aber antwortete ihm: Das vornehmste Gebot vor allen Geboten ist das: "Höre Israel, der HERR, unser Gott, ist ein einiger Gott;

³⁰und du sollst Gott, deinen HERRN, lieben von ganzem Herzen, von ganzer Seele, von ganzem Gemüte und von allen deinen Kräften." Das ist das vornehmste Gebot.

³¹Und das andere ist ihm gleich: "Du sollst deinen Nächsten lieben wie dich selbst." Es ist kein anderes Gebot größer denn diese.

³²Und der Schriftgelehrte sprach zu ihm: Meister, du hast wahrlich recht geredet; denn es ist ein Gott und ist kein anderer außer ihm.

³³Und ihn lieben von ganzem Herzen, von ganzem Gemüte, von ganzer Seele, und von allen Kräften, und lieben seinen Nächsten wie sich selbst, das ist mehr denn Brandopfer und alle Opfer.

³⁴Da Jesus aber sah, daß er vernünftig antwortete, sprach er zu ihm: "Du bist nicht ferne von dem Reich Gottes." Und es wagte ihn niemand weiter zu fragen.

³⁵Und Jesus antwortete und sprach, da er lehrte im Tempel: Wie sagen die Schriftgelehrten, Christus sei Davids Sohn?

³⁶Er aber, David, spricht durch den heiligen Geist: "Der HERR hat gesagt zu meinem Herrn: Setze dich zu meiner Rechten, bis daß ich lege deine Feinde zum Schemel deiner Füße."

³⁷Da heißt ihn ja David seinen Herrn; woher ist er denn sein Sohn? Und viel Volks hörte ihn gern.

³⁸Und er lehrte sie und sprach zu ihnen: Sehet euch vor vor den Schriftgelehrten, die in langen Kleidern gehen und lassen sich gern auf dem Markte grüßen

³⁹und sitzen gern obenan in den Schulen und über Tisch beim Gastmahl;

⁴⁰sie fressen der Witwen Häuser und wenden langes Gebet vor. Diese werden desto mehr Verdammnis empfangen.

⁴¹Und Jesus setzte sich gegen den Gotteskasten und schaute, wie das Volk Geld einlegte in den Gotteskasten; und viele Reiche legten viel ein.

⁴²Und es kam eine arme Witwe und legte zwei Scherflein ein; die machen einen Heller.

⁴³Und er rief seine Jünger zu sich und sprach zu ihnen: Diese arme Witwe hat mehr in den Gotteskasten gelegt denn alle, die eingelegt haben.

⁴⁴Denn sie haben alle von ihrem Überfluß eingelegt; diese aber hat von ihrer Armut alles, was sie hatte, ihre ganze Nahrung, eingelegt.

Kapitel 13

¹Und da er aus dem Tempel ging, sprach zu ihm seiner Jünger einer: Meister, siehe, welche Steine und welch ein Bau ist das!

²Und Jesus antwortete und sprach zu ihm: Siehst du wohl allen diesen großen Bau? Nicht ein Stein wird auf dem anderen bleiben, der nicht zerbrochen werde.

³Und da er auf dem Ölberge saß gegenüber dem Tempel, fragten ihn Petrus, Jakobus und Johannes und Andreas besonders:

⁴Sage uns, wann wird das alles geschehen? Und was wird das Zeichen sein, wann das alles soll vollendet werden?

⁵Jesus antwortete ihnen und fing an, zu sagen: Sehet zu das euch nicht jemand verführe!

⁶Denn es werden viele kommen unter meinem Namen und sagen: "Ich bin Christus!" und werden viele verführen.

⁷Wenn ihr aber hören werdet von Kriegen und Kriegsgeschrei, so fürchtet euch nicht. Denn es muß also geschehen; aber das Ende ist noch nicht da.

⁸Es wird sich ein Volk wider das andere empören und ein Königreich wider das andere, und werden Erdbeben geschehen hin und wieder, und wird teure Zeit und Schrecken sein. Das ist der Not Anfang.

⁹Ihr aber, sehet euch vor! Denn sie werden euch überantworten vor die Rathäuser und Schulen; und ihr müßt gestäupt werden, und vor Fürsten und Könige geführt werden um meinetwillen, zu einem Zeugnis über sie.

¹⁰Und das Evangelium muß zuvor verkündigt werden unter alle Völker.

¹¹Wenn sie euch nun führen und überantworten werden, so sorget nicht, was ihr reden sollt, und bedenket auch nicht zuvor; sondern was euch zu der Stunde gegeben wird, das redet. Denn ihr seid's nicht, die da reden, sondern der Heilige Geist.

¹²Es wird aber überantworten ein Bruder den andern zum Tode und der Vater den Sohn, und die Kinder werden sich empören gegen die Eltern und werden sie helfen töten.

¹³Und ihr werdet gehaßt sein von jedermann um meines Namens willen. Wer aber beharrt bis an das Ende, der wird selig.

¹⁴Wenn ihr aber sehen werdet den Greuel der Verwüstung (von dem der Prophet Daniel gesagt hat), daß er steht, wo er nicht soll (wer es liest, der merke darauf!), alsdann, wer in Judäa ist, der fliehe auf die Berge;

¹⁵und wer auf dem Dache ist, der steige nicht hernieder ins Haus und komme nicht hinein, etwas zu holen aus seinem Hause;

¹⁶und wer auf dem Felde ist, der wende sich nicht um, seine Kleider zu holen.

¹⁷Weh aber den Schwangeren und Säugerinnen zu der Zeit!

¹⁸Bittet aber, daß eure Flucht nicht geschehe im Winter.

¹⁹Denn in diesen Tagen werden solche Trübsale sein, wie sie nie gewesen sind bisher, vom Anfang der Kreatur, die Gott geschaffen hat, und wie auch nicht werden wird.

²⁰Und so der HERR diese Tage nicht verkürzt hätte, würde kein Mensch selig: aber um der Auserwählten willen, die er auserwählt hat, hat er auch diese Tage verkürzt.

²¹Wenn nun jemand zu der Zeit wird zu euch sagen: Siehe, hier ist Christus! siehe, da ist er! so glaubet nicht.

²²Denn es werden sich erheben falsche Christi und falsche Propheten, die Zeichen und Wunder tun, daß sie auch die Auserwählten verführen, so es möglich wäre.

²³Ihr aber sehet euch vor! Siehe, ich habe es euch alles zuvor gesagt.

²⁴Aber zu der Zeit, nach dieser Trübsal, werden Sonne und Mond ihren Schein verlieren,

²⁵und die Sterne werden vom Himmel fallen, und die Kräfte der Himmel werden sich bewegen.

²⁶Und dann werden sie sehen des Menschen Sohn kommen in den Wolken mit großer Kraft und Herrlichkeit.

²⁷Und dann wird er seine Engel senden und wird versammeln seine Auserwählten von den vier Winden, von dem Ende der Erde bis zum Ende des Himmels.

²⁸An dem Feigenbaum lernet ein Gleichnis: wenn jetzt seine Zweige saftig werden und Blätter gewinnen, so wißt ihr, daß der Sommer nahe ist.

²⁹Also auch, wenn ihr sehet, daß solches geschieht, so wisset, daß es nahe vor der Tür ist.

³⁰Wahrlich, ich sage euch: Dies Geschlecht wird nicht vergehen, bis daß dies alles geschehe.

³¹Himmel und Erde werden vergehen; meine Worte aber werden nicht vergehen.

³²Von dem Tage aber und der Stunde weiß niemand, auch die Engel im Himmel nicht, auch der Sohn nicht, sondern allein der Vater.

³³Sehet zu, wachet und betet; denn ihr wisset nicht, wann es Zeit ist.

³⁴Gleich als ein Mensch, der über Land zog und verließ sein Haus und gab seinem Knecht Macht, einem jeglichen sein Werk, und gebot dem Türhüter, er sollte wachen.

³⁵So wachet nun (denn ihr wißt nicht, wann der Herr des Hauses kommt, ob er kommt am Abend oder zu Mitternacht oder um den Hahnenschrei oder des Morgens),

³⁶auf daß er nicht schnell komme und finde euch schlafend.

³⁷Was ich aber euch sage, das sage ich allen: Wachet!

Kapitel 14

¹Und nach zwei Tagen war Ostern und die Tage der süßen Brote. Und die Hohenpriester und Schriftgelehrten suchten, wie sie ihn mit List griffen und töteten.

²Sie sprachen aber: Ja nicht auf das Fest, daß nicht ein Aufruhr im Volk werde!

³Und da er zu Bethanien war in Simons, des Aussätzigen, Hause und saß zu Tische, da kam ein Weib, die hatte ein Glas mit ungefälschtem und köstlichem Nardenwasser, und sie zerbrach das Glas und goß es auf sein Haupt.

⁴Da waren etliche, die wurden unwillig und sprachen: Was soll doch diese Vergeudung?

⁵Man könnte das Wasser um mehr denn dreihundert Groschen verkauft haben und es den Armen geben. Und murrten über sie.

⁶Jesus aber sprach: Laßt sie mit Frieden! Was bekümmert ihr sie? Sie hat ein gutes Werk an mir getan.

⁷Ihr habt allezeit Arme bei euch, und wenn ihr wollt, könnt ihr ihnen Gutes tun; mich aber habt ihr nicht allezeit.

⁸Sie hat getan, was sie konnte; sie ist zuvorgekommen, meinen Leib zu salben zu meinem Begräbnis.

⁹Wahrlich, ich sage euch: Wo dies Evangelium gepredigt wird in aller Welt, da wird man auch das sagen zu ihrem Gedächtnis, was sie jetzt getan hat.

¹⁰Und Judas Ischariot, einer von den Zwölfen, ging hin zu den Hohenpriestern, daß er ihn verriete.

¹¹Da sie das hörten, wurden sie froh und verhießen, ihm Geld zu geben. Und er suchte, wie er ihn füglich verriete.

¹²Und am ersten Tage der süßen Brote, da man das Osterlamm opferte, sprachen seine Jünger zu ihm: Wo willst du, daß wir hingehen und bereiten, daß du das Osterlamm essest?

¹³Und er sandte seiner Jünger zwei und sprach zu ihnen: Gehet hin in die Stadt, und es wird euch ein Mensch begegnen, der trägt einen Krug mit Wasser; folget ihm nach,

¹⁴und wo er eingeht, da sprechet zu dem Hauswirt: Der Meister läßt dir sagen: Wo ist das Gasthaus, darin ich das Osterlamm esse mit meinen Jüngern?

¹⁵Und er wird euch einen großen Saal zeigen, der mit Polstern versehen und bereit ist; daselbst richtet für uns zu.

¹⁶Und die Jünger gingen aus und kamen in die Stadt und fanden's, wie er ihnen gesagt hatte, und bereiteten das Osterlamm.

¹⁷Am Abend aber kam er mit den Zwölfen.

¹⁸Und als sie zu Tische saßen und aßen, sprach Jesus: Wahrlich, ich sage euch: Einer unter euch, der mit mir isset, wird mich verraten.

¹⁹Und sie wurden traurig und sagten zu ihm, einer nach dem anderen: Bin ich's? und der andere: Bin ich's?

²⁰Er antwortete und sprach zu ihnen: Einer aus den Zwölfen, der mit mir in die Schüssel taucht.

²¹Zwar des Menschen Sohn geht hin, wie von ihm geschrieben steht; weh aber dem Menschen, durch welchen des Menschen Sohn verraten wird. Es wäre demselben Menschen besser, daß er nie geboren wäre.

²²Und indem sie aßen, nahm Jesus das Brot, dankte und brach's und gab's ihnen und sprach: Nehmet, esset; das ist mein Leib.

²³Und nahm den Kelch, dankte und gab ihnen den; und sie tranken alle daraus.

²⁴Und er sprach zu ihnen: Das ist mein Blut des neuen Testamentes, das für viele vergossen wird.

²⁵Wahrlich, ich sage euch, daß ich hinfort nicht trinken werde vom Gewächs des Weinstocks bis auf den Tag, da ich's neu trinke in dem Reich Gottes.

²⁶Und da sie den Lobgesang gesprochen hatten, gingen sie hinaus an den Ölberg.

²⁷Und Jesus sprach zu ihnen: Ihr werdet euch in dieser Nacht alle an mir ärgern; denn es steht geschrieben: "Ich werde den Hirten schlagen, und die Schafe werden sich zerstreuen."

²⁸Wenn ich aber auferstehe, will ich vor euch hingehen nach Galiläa.

²⁹Petrus aber sagte zu ihm: Und wenn sie sich alle ärgerten, so wollte doch ich mich nicht ärgern.

³⁰Und Jesus sprach zu ihm: Wahrlich, ich sage dir: Heute, in dieser Nacht, ehe denn der Hahn zweimal kräht, wirst du mich dreimal verleugnen.

³¹Er aber redete noch weiter: Ja, wenn ich mit dir auch sterben müßte, wollte ich dich doch nicht verleugnen. Desgleichen sagten sie alle.

³²Und sie kamen zu einem Hofe mit Namen Gethsemane. Und er sprach zu seinen Jüngern: Setzet euch hier, bis ich hingehe und bete.

³³Und nahm Petrus und Jakobus und Johannes und fing an, zu zittern und zu zagen.

³⁴Und sprach zu ihnen: Meine Seele ist betrübt bis an den Tod; bleibet hier und wachet!

³⁵Und ging ein wenig weiter, fiel auf die Erde und betete, daß, wenn es möglich wäre, die Stunde vorüberginge,

³⁶und sprach: Abba, mein Vater, es ist dir alles möglich; überhebe mich dieses Kelchs; doch nicht, was ich will, sondern was du willst!

³⁷Und kam und fand sie schlafend und sprach zu Petrus: Simon, schläfst du? Vermochtest du nicht eine Stunde zu wachen?

³⁸Wachet und betet, daß ihr nicht in Versuchung fallet! Der Geist ist willig; aber das Fleisch ist schwach.

³⁹Und ging wieder hin und betete und sprach dieselben Worte.

⁴⁰Und kam wieder und fand sie abermals schlafend; denn ihre Augen waren voll Schlafs, und sie wußten nicht, was sie ihm antworteten.

⁴¹Und er kam zum drittenmal und sprach zu ihnen: Ach, wollt ihr nun schlafen und ruhen? Es ist genug; die Stunde ist gekommen. Siehe, des Menschen Sohn wird überantwortet in der Sünder Hände.

⁴²Stehet auf, laßt uns gehen. Siehe, der mich verrät, ist nahe!

⁴³Und alsbald, da er noch redete, kam herzu Judas, der Zwölf einer, und eine große Schar mit ihm, mit Schwertern und mit Stangen von den Hohenpriestern und Schriftgelehrten und Ältesten.

⁴⁴Und der Verräter hatte ihnen ein Zeichen gegeben und gesagt: Welchen ich küssen werde, der ist's; den greifet und führet ihn sicher.

⁴⁵Und da er kam, trat er alsbald zu ihm und sprach zu ihm: Rabbi, Rabbi! und küßte ihn.

⁴⁶Die aber legten ihre Hände an ihn und griffen ihn.

⁴⁷Einer aber von denen, die dabeistanden, zog sein Schwert aus und schlug des Hohenpriesters Knecht und hieb ihm ein Ohr ab.

⁴⁸Und Jesus antwortete und sprach zu ihnen: Ihr seid ausgegangen wie zu einem Mörder mit Schwertern und Stangen, mich zu fangen.

⁴⁹Ich bin täglich bei euch im Tempel gewesen und habe gelehrt, und ihr habt mich nicht gegriffen, aber auf daß die Schrift erfüllt werde.

⁵⁰Und die Jünger verließen ihn alle und flohen.

⁵¹Und es war ein Jüngling, der folgte ihm nach, der war mit Leinwand bekleidet auf der bloßen Haut; und die Jünglinge griffen ihn.

⁵²Er aber ließ die Leinwand fahren und floh bloß von ihnen.

⁵³Und sie führten Jesus zu dem Hohenpriester, dahin zusammengekommen waren alle Hohenpriester und Ältesten und Schriftgelehrten.

⁵⁴Petrus aber folgte ihm nach von ferne bis hinein in des Hohenpriesters Palast; und er war da und saß bei den Knechten und wärmte sich bei dem Licht.

⁵⁵Aber die Hohenpriester und der ganze Rat suchten Zeugnis wider Jesum, auf daß sie ihn zum Tode brächten, und fanden nichts.

⁵⁶Viele gaben falsch Zeugnis wider ihn; aber ihr Zeugnis stimmte nicht überein.

⁵⁷Und etliche standen auf und gaben falsch Zeugnis wider ihn und sprachen:

⁵⁸Wir haben gehört, daß er sagte: Ich will den Tempel, der mit Händen gemacht ist, abbrechen und in drei Tagen einen anderen bauen, der nicht mit Händen gemacht sei.

⁵⁹Aber ihr Zeugnis stimmte noch nicht überein.

⁶⁰Und der Hohepriester stand auf, trat mitten unter sie und fragte Jesum und sprach: Antwortest du nichts zu dem, was diese wider dich zeugen?

⁶¹Er aber schwieg still und antwortete nichts. Da fragte ihn der

Hohepriester abermals und sprach zu ihm: Bist du Christus, der Sohn des Hochgelobten?

⁶²Jesus aber sprach: Ich bin's; und ihr werdet sehen des Menschen Sohn sitzen zur rechten Hand der Kraft und kommen mit des Himmels Wolken.

⁶³Da zerriß der Hohepriester seinen Rock und sprach: Was bedürfen wir weiter Zeugen?

⁶⁴Ihr habt gehört die Gotteslästerung. Was dünkt euch? Sie aber verdammten ihn alle, daß er des Todes schuldig wäre.

⁶⁵Da fingen an etliche, ihn zu verspeien und zu verdecken sein Angesicht und ihn mit Fäusten zu schlagen und zu ihm zu sagen: Weissage uns! Und die Knechte schlugen ihn ins Angesicht.

⁶⁶Und Petrus war unten im Hof. Da kam eine von des Hohenpriesters Mägden,

⁶⁷und da sie sah Petrus sich wärmen, schaute sie ihn an und sprach: Und du warst auch mit Jesus von Nazareth.

⁶⁸Er leugnete aber und sprach: Ich kenne ihn nicht, weiß auch nicht, was du sagst. Und er ging hinaus in den Vorhof; und der Hahn krähte.

⁶⁹Und die Magd sah ihn und hob abermals an, zu sagen denen, die dabeistanden: Dieser ist deren einer.

⁷⁰Und er leugnete abermals. Und nach einer kleinen Weile sprachen abermals zu Petrus, die dabeistanden: Wahrlich, du bist deren einer; denn du bist ein Galiläer, und deine Sprache lautet gleich also.

⁷¹Er aber fing an, sich zu verfluchen und zu schwören: Ich kenne den Menschen nicht, von dem ihr sagt.

⁷²Und der Hahn krähte zum andernmal. Da gedachte Petrus an das Wort, das Jesus zu ihm sagte: Ehe der Hahn zweimal kräht, wirst du mich dreimal verleugnen. Und er hob an, zu weinen.

Kapitel 15

¹Und bald am Morgen hielten die Hohenpriester einen Rat mit den Ältesten und Schriftgelehrten, dazu der ganze Rat, und banden Jesum und führten ihn hin und überantworteten ihn dem Pilatus.

²Und Pilatus fragte ihn: Bist du der König der Juden? Er antwortete aber und sprach zu ihm: Du sagst es.

³Und die Hohenpriester beschuldigten ihn hart.

⁴Pilatus aber fragte ihn abermals und sprach: Antwortest du nichts? Siehe, wie hart sie dich verklagen!

⁵Jesus aber antwortete nichts mehr, also daß sich auch Pilatus verwunderte.

⁶Er pflegte aber ihnen auf das Osterfest einen Gefangenen loszugeben, welchen sie begehrten.

⁷Es war aber einer, genannt Barabbas, gefangen mit den Aufrührern, die im Aufruhr einen Mord begangen hatten.

⁸Und das Volk ging hinauf und bat, daß er täte, wie er pflegte.

⁹Pilatus aber antwortete ihnen: Wollt ihr, daß ich euch den König der Juden losgebe?

¹⁰Denn er wußte, daß ihn die Hohenpriester aus Neid überantwortet hatten.

¹¹Aber die Hohenpriester reizten das Volk, das er ihnen viel lieber den Barabbas losgäbe.

¹²Pilatus aber antwortete wiederum und sprach zu ihnen: Was wollt ihr denn, daß ich tue dem, den ihr beschuldigt, er sei der König der Juden?

¹³Sie schrieen abermals: Kreuzige ihn!

¹⁴Pilatus aber sprach zu ihnen: Was hat er Übles getan? Aber sie schrieen noch viel mehr: Kreuzige ihn!

¹⁵Pilatus aber gedachte, dem Volk genugzutun, und gab ihnen Barabbas los, und geißelte Jesum und überantwortete ihn, daß er gekreuzigt würde.

¹⁶Die Kriegsknechte aber führten ihn hinein in das Richthaus und riefen zusammen die ganze Schar

¹⁷und zogen ihm einen Purpur an und flochten eine dornene Krone und setzten sie ihm auf,

¹⁸und fingen an, ihn zu grüßen: Gegrüßet seist du, der Juden König!

¹⁹Und schlugen ihm das Haupt mit dem Rohr und verspeiten ihn und fielen auf die Kniee und beteten ihn an.

²⁰Und da sie ihn verspottet hatten, zogen sie ihm den Purpur aus und zogen seine eigenen Kleider an und führten ihn aus, daß sie ihn kreuzigten.

²¹Und zwangen einen, mit Namen Simon von Kyrene, der vom Felde kam (der ein Vater war des Alexander und Rufus), daß er sein Kreuz trüge.

²²Und sie brachten ihn an die Stätte Golgatha, das ist verdolmetscht: Schädelstätte.

²³Und sie gaben ihm Myrrhe im Wein zu trinken; und er nahm's nicht zu sich.

²⁴Und da sie ihn gekreuzigt hatten, teilten sie seine Kleider und warfen das Los darum, wer etwas bekäme.

²⁵Und es war um die dritte Stunde, da sie ihn kreuzigten.

²⁶Und es war oben über ihm geschrieben was man ihm schuld gab, nämlich: Der König der Juden.

²⁷Und sie kreuzigten mit ihm zwei Mörder, einen zu seiner Rechten und einen zur Linken.

²⁸Da ward die Schrift erfüllet, die da sagt: "Er ist unter die Übeltäter gerechnet."

²⁹Und die vorübergingen, lästerten ihn und schüttelten ihre Häupter und sprachen: Pfui dich, wie fein zerbrichst du den Tempel und baust ihn in drei Tagen!

³⁰Hilf dir nun selber und steig herab vom Kreuz!

³¹Desgleichen die Hohenpriester verspotteten ihn untereinander samt den Schriftgelehrten und sprachen: Er hat anderen geholfen, und kann sich selber nicht helfen.

³²Ist er Christus und König in Israel, so steige er nun vom Kreuz, daß wir sehen und glauben. Und die mit ihm gekreuzigt waren, schmähten ihn auch.

³³Und nach der sechsten Stunde ward eine Finsternis über das ganze Land bis um die neunte Stunde.

³⁴Und um die neunte Stunde rief Jesus laut und sprach: "Eli, Eli lama asabthani? das ist verdolmetscht: Mein Gott, mein Gott, warum hast du mich verlassen?

³⁵Und etliche, die dabeistanden, da sie es hörten, sprachen sie: Siehe er ruft den Elia.

³⁶Da lief einer und füllte einen Schwamm mit Essig und steckte ihn auf ein Rohr und tränkte ihn und sprach: Halt, laßt sehen, ob Elia komme und ihn herabnehme.

³⁷Aber Jesus schrie laut und verschied.

³⁸Und der Vorhang im Tempel zerriß in zwei Stücke von obenan bis untenaus.

³⁹Der Hauptmann aber, der dabeistand ihm gegenüber und sah, daß er mit solchem Geschrei verschied, sprach: Wahrlich, dieser Mensch ist Gottes Sohn gewesen!

⁴⁰Und es waren auch Weiber da, die von ferne solches sahen; unter welchen war Maria Magdalena und Maria, Jakobus des Kleinen und des Joses Mutter, und Salome,

⁴¹die ihm auch nachgefolgt waren, da er in Galiläa war, und gedient hatten, und viele andere, die mit ihm hinauf gen Jerusalem gegangen waren.

⁴²Und am Abend, dieweil es der Rüsttag war, welcher ist der Vorsabbat,

⁴³kam Joseph von Arimathia, ein ehrbarer Ratsherr, welcher auch auf das Reich Gottes wartete. Der wagte es und ging hinein zu Pilatus und bat um den Leichnam Jesu.

⁴⁴Pilatus aber verwunderte sich, daß er schon tot war, und rief den Hauptmann und fragte ihn, ob er schon lange gestorben wäre.

⁴⁵Und als er's erkundet von dem Hauptmann, gab er Joseph den Leichnam.

⁴⁶Und er kaufte eine Leinwand und nahm ihn ab und wickelte ihn in die Leinwand und legte ihn in ein Grab, das war in einen Felsen gehauen, und wälzte einen Stein vor des Grabes Tür.

⁴⁷Aber Maria Magdalena und Maria, des Joses Mutter, schauten zu, wo er hingelegt ward.

Kapitel 16

¹Und da der Sabbat vergangen war, kauften Maria Magdalena und Maria, des Jakobus Mutter, und Salome Spezerei, auf daß sie kämen und salbten ihn.

²Und sie kamen zum Grabe am ersten Tag der Woche sehr früh, da die Sonne aufging.

³Und sie sprachen untereinander: Wer wälzt uns den Stein von des Grabes Tür?

⁴Und sie sahen dahin und wurden gewahr, daß der Stein abgewälzt war; denn er war sehr groß.

⁵Und sie gingen hinein in das Grab und sahen einen Jüngling zur rechten Hand sitzen, der hatte ein langes weißes Kleid an; und sie entsetzten sich.

⁶Er aber sprach zu ihnen: Entsetzt euch nicht! Ihr sucht Jesus von Nazareth, den Gekreuzigten; er ist nicht hier. Siehe da die Stätte, da sie ihn hinlegten!

⁷Gehet aber hin und sagt's seinen Jüngern und Petrus, daß er vor euch hingehen wird nach Galiläa, da werdet ihr ihn sehen, wie er gesagt hat.

⁸Und sie gingen schnell heraus und flohen von dem Grabe; denn es war sie Zittern und Entsetzen angekommen. Und sie sagten niemand etwas, denn sie fürchteten sich.

⁹Jesus aber, da er auferstanden war früh am ersten Tag der Woche, erschien er am ersten der Maria Magdalena, von welcher er sieben Teufel ausgetrieben hatte.

¹⁰Und sie ging hin und verkündigte es denen, die mit ihm gewesen waren, die da Leid trugen und weinten.

¹¹Und diese, da sie es hörten, daß er lebte und wäre ihr erschienen, glaubten sie nicht.

¹²Darnach, da zwei aus ihnen wandelten, offenbarte er sich unter einer anderen Gestalt, da sie aufs Feld gingen.

¹³Und die gingen auch hin und verkündigten das den anderen; denen glaubten sie auch nicht.

¹⁴Zuletzt, da die Elf zu Tische saßen, offenbarte er sich und schalt ihren Unglauben und ihres Herzens Härtigkeit, daß sie nicht geglaubt hatten denen, die ihn gesehen hatten auferstanden.

¹⁵Und er sprach zu ihnen: Gehet hin in alle Welt und prediget das Evangelium aller Kreatur.

¹⁶Wer da glaubet und getauft wird, der wird selig werden; wer aber nicht glaubt, der wird verdammt werden.

¹⁷Die Zeichen aber, die da folgen werden denen, die da glauben, sind die: in meinem Namen werden sie Teufel austreiben, mit neuen Zungen reden.

¹⁸Schlangen vertreiben; und so sie etwas Tödliches trinken, wird's ihnen nicht schaden; auf die Kranken werden sie die Hände legen, so wird es besser mit ihnen werden.

¹⁹Und der HERR, nachdem er mit ihnen geredet hatte, ward er aufgehoben gen Himmel und sitzt zur rechten Hand Gottes.

²⁰Sie aber gingen aus und predigten an allen Orten; und der HERR wirkte mit ihnen und bekräftigte das Wort durch mitfolgende Zeichen.

Lukas

Kapitel 1

¹Sintemal sich's viele unterwunden haben, Bericht zu geben von den Geschichten, so unter uns ergangen sind,

²wie uns das gegeben haben, die es von Anfang selbst gesehen und Diener des Worts gewesen sind:

³habe ich's auch für gut angesehen, nachdem ich's alles von Anbeginn mit Fleiß erkundet habe, daß ich's dir, mein guter Theophilus, in Ordnung schriebe,

⁴auf das du gewissen Grund erfahrest der Lehre, in welcher du unterrichtet bist.

⁵Zu der Zeit des Herodes, des Königs von Judäa, war ein Priester von der Ordnung Abia, mit Namen Zacharias, und sein Weib war von den Töchtern Aarons, welche hieß Elisabeth.

⁶Sie waren aber alle beide fromm vor Gott und wandelten in allen Geboten und Satzungen des HERRN untadelig.

⁷Und sie hatten kein Kind; denn Elisabeth war unfruchtbar, und waren beide wohl betagt.

⁸Und es begab sich, da er des Priesteramtes pflegte vor Gott zur Zeit seiner Ordnung,

⁹nach Gewohnheit des Priestertums, und an ihm war, daß er räuchern sollte, ging er in den Tempel des HERRN.

¹⁰Und die ganze Menge des Volks war draußen und betete unter der Stunde des Räucherns.

¹¹Es erschien ihm aber der Engel des HERRN und stand zur rechten Hand am Räucheraltar.

¹²Und als Zacharias ihn sah, erschrak er, und es kam ihn eine Furcht an.

¹³Aber der Engel sprach zu ihm: Fürchte dich nicht, Zacharias! denn dein Gebet ist erhört, und dein Weib Elisabeth wird dir einen Sohn gebären, des Namen sollst du Johannes heißen.

¹⁴Und du wirst des Freude und Wonne haben, und viele werden sich seiner Geburt freuen.

¹⁵Denn er wird groß sein vor dem HERRN; Wein und starkes Getränk wird er nicht trinken und wird noch im Mutterleibe erfüllt werden mit dem heiligen Geist.

¹⁶Und er wird der Kinder Israel viele zu Gott, ihrem HERRN, bekehren.

¹⁷Und er wird vor ihm her gehen im Geist und Kraft des Elia, zu bekehren die Herzen der Väter zu den Kindern und die Ungläubigen zu der Klugheit der Gerechten, zuzurichten dem HERRN ein bereitet Volk.

¹⁸Und Zacharias sprach zu dem Engel: Wobei soll ich das erkennen? Denn ich bin alt und mein Weib ist betagt.

¹⁹Der Engel antwortete und sprach zu ihm: Ich bin Gabriel, der vor Gott steht, und bin gesandt, mit dir zu reden, daß ich dir solches verkündigte.

²⁰Und siehe, du wirst verstummen und nicht reden können bis auf den Tag, da dies geschehen wird, darum daß du meinen Worten nicht geglaubt hast, welche sollen erfüllt werden zu ihrer Zeit.

²¹Und das Volk wartete auf Zacharias und verwunderte sich, daß er so lange im Tempel verzog.

²²Und da er herausging, konnte er nicht mit ihnen reden; und sie merkten, daß er ein Gesicht gesehen hatte im Tempel. Und er winkte ihnen und blieb stumm.

²³Und es begab sich, da die Zeit seines Amts aus war, ging er heim in sein Haus.

²⁴Und nach den Tagen ward sein Weib Elisabeth schwanger und verbarg sich fünf Monate und sprach:

²⁵Also hat mir der HERR getan in den Tagen, da er mich angesehen hat, daß er meine Schmach unter den Menschen von mir nähme.

²⁶Und im sechsten Monat ward der Engel Gabriel gesandt von Gott in eine Stadt in Galiläa, die heißt Nazareth,

²⁷zu einer Jungfrau, die vertraut war einem Manne mit Namen Joseph, vom Hause David: und die Jungfrau hieß Maria.

²⁸Und der Engel kam zu ihr hinein und sprach: Gegrüßet seist du, Holdselige! Der HERR ist mit dir, du Gebenedeite unter den Weibern!

²⁹Da sie aber ihn sah, erschrak sie über seine Rede und gedachte: Welch ein Gruß ist das?

³⁰Und der Engel sprach zu ihr: Fürchte dich nicht, Maria! du hast Gnade bei Gott gefunden.

³¹Siehe, du wirst schwanger werden und einen Sohn gebären, des Namen sollst du Jesus heißen.

³²Der wird groß sein und ein Sohn des Höchsten genannt werden; und Gott der HERR wird ihm den Stuhl seines Vaters David geben;

³³und er wird ein König sein über das Haus Jakob ewiglich, und seines Königreiches wird kein Ende sein.

³⁴Da sprach Maria zu dem Engel: Wie soll das zugehen, da ich von keinem Manne weiß?

³⁵Der Engel antwortete und sprach zu ihr: Der heilige Geist wird über dich kommen, und die Kraft des Höchsten wird dich überschatten; darum wird auch das Heilige, das von dir geboren wird, Gottes Sohn genannt werden.

³⁶Und siehe, Elisabeth, deine Gefreunde, ist auch schwanger mit einem Sohn in ihrem Alter und geht jetzt im sechsten Monat, von der man sagt, daß sie unfruchtbar sei.

³⁷Denn bei Gott ist kein Ding unmöglich.

³⁸Maria aber sprach: Siehe ich bin des HERRN Magd; mir geschehe, wie du gesagt hast. Und der Engel schied von ihr.

³⁹Maria aber stand auf in den Tagen und ging auf das Gebirge eilends zu der Stadt Juda's

⁴⁰und kam in das Haus des Zacharias und grüßte Elisabeth.

⁴¹Und es begab sich, als Elisabeth den Gruß Marias hörte, hüpfte das Kind in ihrem Leibe. Und Elisabeth ward des heiligen Geistes voll

⁴²und rief laut und sprach: Gebenedeit bist du unter den Weibern, und gebenedeit ist die Frucht deines Leibes!

⁴³Und woher kommt mir das, daß die Mutter meines HERRN zu mir kommt?

⁴⁴Siehe, da ich die Stimme deines Grußes hörte, hüpfte mit Freuden das Kind in meinem Leibe.

⁴⁵Und o selig bist du, die du geglaubt hast! denn es wird vollendet werden, was dir gesagt ist von dem HERRN.

⁴⁶Und Maria sprach: Meine Seele erhebt den HERRN,

⁴⁷und mein Geist freuet sich Gottes, meines Heilands;

⁴⁸denn er hat die Niedrigkeit seiner Magd angesehen. Siehe, von nun an werden mich selig preisen alle Kindeskinder;

⁴⁹denn er hat große Dinge an mir getan, der da mächtig ist und des Name heilig ist.

⁵⁰Und seine Barmherzigkeit währet immer für und für bei denen, die ihn fürchten.

⁵¹Er übet Gewalt mit seinem Arm und zerstreut, die hoffärtig sind in ihres Herzens Sinn.

⁵²Er stößt die Gewaltigen vom Stuhl und erhebt die Niedrigen.

⁵³Die Hungrigen füllt er mit Gütern und läßt die Reichen leer.

⁵⁴Er denkt der Barmherzigkeit und hilft seinem Diener Israel wieder auf,

⁵⁵wie er geredet hat unsern Vätern, Abraham und seinem Samen ewiglich.

⁵⁶Und Maria blieb bei ihr bei drei Monaten; darnach kehrte sie wiederum heim.

⁵⁷Und Elisabeth kam ihre Zeit, daß sie gebären sollte; und sie gebar einen Sohn.

⁵⁸Und ihre Nachbarn und Gefreunde hörten, daß der HERR große Barmherzigkeit an ihr getan hatte, und freuten sich mit ihr.

⁵⁹Und es begab sich am achten Tage, da kamen sie, zu beschneiden das Kindlein, und hießen ihn nach seinem Vater Zacharias.

⁶⁰Aber seine Mutter antwortete und sprach: Mitnichten, sondern er soll Johannes heißen.

⁶¹Und sie sprachen zu ihr: Ist doch niemand in deiner Freundschaft, der also heiße.

⁶²Und sie winkten seinem Vater, wie er ihn wollte heißen lassen.

⁶³Und er forderte ein Täfelein und schrieb also: Er heißt Johannes. Und sie verwunderten sich alle.

⁶⁴Und alsbald ward sein Mund und seine Zunge aufgetan, und er redete und lobte Gott.

⁶⁵Und es kam eine Furcht über alle Nachbarn; und die ganze Geschichte ward ruchbar auf dem ganzen jüdischen Gebirge.

⁶⁶Und alle, die es hörten, nahmen's zu Herzen und sprachen: Was, meinst du, will aus dem Kindlein werden? Denn die Hand des HERRN war mit ihm.

⁶⁷Und sein Vater Zacharias ward des heiligen Geistes voll, weissagte und sprach:

⁶⁸Gelobet sei der HERR, der Gott Israels! denn er hat besucht und erlöst sein Volk

⁶⁹und hat uns aufgerichtet ein Horn des Heils in dem Hause seines Dieners David,

⁷⁰wie er vorzeiten geredet hat durch den Mund des Propheten:

⁷¹daß er uns errettete von unseren Feinden und von der Hand aller, die uns hassen,

⁷²und Barmherzigkeit erzeigte unsern Vätern und gedächte an seinen heiligen Bund

⁷³und an den Eid, den er geschworen hat unserm Vater Abraham, uns zu geben,

⁷⁴daß wir, erlöst aus der Hand unserer Feinde, ihm dienten ohne Furcht unser Leben lang

⁷⁵in Heiligkeit und Gerechtigkeit, die ihm gefällig ist.

⁷⁶Und du, Kindlein, wirst ein Prophet des Höchsten heißen. Du wirst vor dem HERRN her gehen, daß du seinen Weg bereitest

⁷⁷und Erkenntnis des Heils gebest seinem Volk, das da ist in Vergebung ihrer Sünden;

⁷⁸durch die herzliche Barmherzigkeit unsers Gottes, durch welche uns besucht hat der Aufgang aus der Höhe,

⁷⁹auf daß er erscheine denen, die da sitzen in Finsternis und Schatten des Todes, und richte unsere Füße auf den Weg des Friedens.

⁸⁰Und das Kindlein wuchs und ward stark im Geist; und er war in der Wüste, bis daß er sollte hervortreten vor das Volk Israel.

Kapitel 2

¹Es begab sich aber zu der Zeit, daß ein Gebot von dem Kaiser Augustus ausging, daß alle Welt geschätzt würde.

²Und diese Schätzung war die allererste und geschah zu der Zeit, da Cyrenius Landpfleger von Syrien war.

³Und jedermann ging, daß er sich schätzen ließe, ein jeglicher in seine Stadt.

⁴Da machte sich auch auf Joseph aus Galiläa, aus der Stadt Nazareth, in das jüdische Land zur Stadt Davids, die da heißt Bethlehem, darum daß er von dem Hause und Geschlechte Davids war,

⁵auf daß er sich schätzen ließe mit Maria, seinem vertrauten Weibe, die ward schwanger.

⁶Und als sie daselbst waren, kam die Zeit, da sie gebären sollte.

⁷Und sie gebar ihren ersten Sohn und wickelte ihn in Windeln und legte ihn in eine Krippe; denn sie hatten sonst keinen Raum in der Herberge.

⁸Und es waren Hirten in derselben Gegend auf dem Felde bei den Hürden, die hüteten des Nachts ihre Herde.

⁹Und siehe, des HERRN Engel trat zu ihnen, und die Klarheit des HERRN leuchtete um sie; und sie fürchteten sich sehr.

¹⁰Und der Engel sprach zu ihnen: Fürchtet euch nicht! siehe, ich verkündige euch große Freude, die allem Volk widerfahren wird;

¹¹denn euch ist heute der Heiland geboren, welcher ist Christus, der HERR, in der Stadt Davids.

¹²Und das habt zum Zeichen: ihr werdet finden das Kind in Windeln gewickelt und in einer Krippe liegen.

¹³Und alsbald war da bei dem Engel die Menge der himmlischen Heerscharen, die lobten Gott und sprachen:

¹⁴Ehre sei Gott in der Höhe und Frieden auf Erden und den Menschen ein Wohlgefallen.

¹⁵Und da die Engel von ihnen gen Himmel fuhren, sprachen die Hirten untereinander: Laßt uns nun gehen gen Bethlehem und die Geschichte sehen, die da geschehen ist, die uns der HERR kundgetan hat.

¹⁶Und sie kamen eilend und fanden beide, Maria und Joseph, dazu das Kind in der Krippe liegen.

¹⁷Da sie es aber gesehen hatten, breiteten sie das Wort aus, welches zu ihnen von diesem Kinde gesagt war.

¹⁸Und alle, vor die es kam, wunderten sich der Rede, die ihnen die Hirten gesagt hatten.

¹⁹Maria aber behielt alle diese Worte und bewegte sie in ihrem Herzen.

²⁰Und die Hirten kehrten wieder um, priesen und lobten Gott um alles, was sie gehört und gesehen hatten, wie denn zu ihnen gesagt war.

²¹Und da acht Tage um waren, daß das Kind beschnitten würde, da ward sein Name genannt Jesus, welcher genannt war von dem Engel, ehe denn er in Mutterleibe empfangen ward.

²²Und da die Tage ihrer Reinigung nach dem Gesetz Mose's kamen, brachten sie ihn gen Jerusalem, auf daß sie ihn darstellten dem HERRN

²³(wie denn geschrieben steht in dem Gesetz des HERRN: "Allerlei männliches, das zum ersten die Mutter bricht, soll dem HERRN geheiligt heißen")

²⁴und das sie gäben das Opfer, wie es gesagt ist im Gesetz des HERRN: "Ein Paar Turteltauben oder zwei junge Tauben."

²⁵Und siehe, ein Mensch war zu Jerusalem, mit Namen Simeon; und derselbe Mensch war fromm und gottesfürchtig und wartete auf den Trost Israels, und der heilige Geist war in ihm.

²⁶Und ihm war eine Antwort geworden von dem heiligen Geist, er sollte den Tod nicht sehen, er hätte denn zuvor den Christus des HERRN gesehen.

²⁷Und er kam aus Anregen des Geistes in den Tempel. Und da die Eltern das Kind Jesus in den Tempel brachten, daß sie für ihn täten, wie man pflegt nach dem Gesetz,

²⁸da nahm er ihn auf seine Arme und lobte Gott und sprach:

²⁹HERR, nun läßt du deinen Diener in Frieden fahren, wie du gesagt hast;

³⁰denn meine Augen haben deinen Heiland gesehen,

³¹welchen du bereitet hast vor allen Völkern,

³²ein Licht, zu erleuchten die Heiden, und zum Preis deines Volkes Israel.

³³Und sein Vater und seine Mutter wunderten sich des, das von ihm geredet ward.

³⁴Und Simeon segnete sie und sprach zu Maria, seiner Mutter: Siehe, dieser wird gesetzt zu einem Fall und Auferstehen vieler in Israel und zu einem Zeichen, dem widersprochen wird

³⁵(und es wird ein Schwert durch deine Seele dringen), auf daß vieler Herzen Gedanken offenbar werden.

³⁶Und es war eine Prophetin, Hanna, eine Tochter Phanuels, vom Geschlecht Asser; die war wohl betagt und hatte gelebt sieben Jahre mit ihrem Manne nach ihrer Jungfrauschaft

³⁷und war nun eine Witwe bei vierundachtzig Jahren; die kam nimmer vom Tempel, diente Gott mit Fasten und Beten Tag und Nacht.

³⁸Die trat auch hinzu zu derselben Stunde und pries den HERRN und redete von ihm zu allen, die da auf die Erlösung zu Jerusalem warteten.

³⁹Und da sie alles vollendet hatten nach dem Gesetz des HERRN, kehrten sie wieder nach Galiläa zu ihrer Stadt Nazareth.

⁴⁰Aber das Kind wuchs und ward stark im Geist, voller Weisheit, und Gottes Gnade war bei ihm.

⁴¹Und seine Eltern gingen alle Jahre gen Jerusalem auf das Osterfest.

⁴²Und da er zwölf Jahre alt war, gingen sie hinauf gen Jerusalem nach der Gewohnheit des Festes.

⁴³Und da die Tage vollendet waren und sie wieder nach Hause gingen, blieb das Kind Jesus zu Jerusalem, und seine Eltern wußten's nicht.

⁴⁴Sie meinten aber, er wäre unter den Gefährten, und kamen eine Tagereise weit und suchten ihn unter den Gefreunden und Bekannten.

⁴⁵Und da sie ihn nicht fanden, gingen sie wiederum gen Jerusalem und suchten ihn.

⁴⁶Und es begab sich, nach drei Tagen fanden sie ihn im Tempel sitzen mitten unter den Lehrern, wie er ihnen zuhörte und sie fragte.

⁴⁷Und alle, die ihm zuhörten, verwunderten sich seines Verstandes und seiner Antworten.

⁴⁸Und da sie ihn sahen, entsetzten sie sich. Seine Mutter aber sprach zu ihm: Mein Sohn, warum hast du uns das getan? Siehe, dein Vater und ich haben dich mit Schmerzen gesucht.

⁴⁹Und er sprach zu ihnen: Was ist's, daß ihr mich gesucht habt? Wisset ihr nicht, daß ich sein muß in dem, das meines Vaters ist?

⁵⁰Und sie verstanden das Wort nicht, das er mit ihnen redete.

⁵¹Und er ging mit ihnen hinab und kam gen Nazareth und war ihnen untertan. Und seine Mutter behielt alle diese Worte in ihrem Herzen.

⁵²Und Jesus nahm zu an Weisheit, Alter und Gnade bei Gott und den Menschen.

Kapitel 3

¹In dem fünfzehnten Jahr des Kaisertums Kaisers Tiberius, da Pontius Pilatus Landpfleger in Judäa war und Herodes ein Vierfürst in Galiläa und sein Bruder Philippus ein Vierfürst in Ituräa und in der Gegend Trachonitis und Lysanias ein Vierfürst zu Abilene,

²da Hannas und Kaiphas Hohepriester waren: da geschah der Befehl Gottes zu Johannes, des Zacharias Sohn, in der Wüste.

³Und er kam in alle Gegend um den Jordan und predigte die Taufe der Buße zur Vergebung Sünden,

⁴wie geschrieben steht in dem Buch der Reden Jesaja's, des Propheten, der da sagt: "Es ist eine Stimme eines Predigers in der Wüste: Bereitet den Weg des HERRN und macht seine Steige richtig!

⁵Alle Täler sollen voll werden, und alle Berge und Hügel erniedrigt werden; und was krumm ist, soll richtig werden, und was uneben ist, soll schlichter Weg werden.

⁶Und alles Fleisch wird den Heiland Gottes sehen."

⁷Da sprach er zu dem Volk, das hinausging, daß sich von ihm Taufen ließe: Ihr Otterngezüchte, wer hat denn euch gewiesen, daß ihr dem zukünftigen Zorn entrinnen werdet?

⁸Sehet zu, tut rechtschaffene Früchte der Buße und nehmt euch nicht vor, zu sagen: Wir haben Abraham zum Vater. Denn ich sage euch: Gott kann dem Abraham aus diesen Steinen Kinder erwecken.

⁹Es ist schon die Axt den Bäumen an die Wurzel gelegt; welcher Baum nicht gute Frucht bringt, wird abgehauen und in das Feuer geworfen.

¹⁰Und das Volk fragte ihn und sprach: Was sollen wir denn tun?

¹¹Er antwortete aber und sprach zu ihnen: Wer zwei Röcke hat, der gebe dem, der keinen hat; und wer Speise hat, der tue auch also.

¹²Es kamen auch die Zöllner, daß sie sich taufen ließen, und sprachen zu ihm: Meister, was sollen denn wir tun?

¹³Er sprach zu ihnen: Fordert nicht mehr, denn gesetzt ist.

¹⁴Da fragten ihn auch die Kriegsleute und sprachen: Was sollen denn wir tun? Und er sprach zu ihnen: Tut niemand Gewalt noch Unrecht und laßt euch genügen an eurem Solde.

¹⁵Als aber das Volk im Wahn war und dachten in ihren Herzen von Johannes, ob er vielleicht Christus wäre,

¹⁶antwortete Johannes und sprach zu allen: Ich taufe euch mit Wasser; es kommt aber ein Stärkerer nach mir, dem ich nicht genugsam bin, daß ich die Riemen seiner Schuhe auflöse; der wird euch mit dem heiligen Geist und mit Feuer taufen.

¹⁷In seiner Hand ist die Wurfschaufel, und er wird seine Tenne fegen und wird den Weizen in seine Scheuer sammeln, und die Spreu wird er mit dem ewigen Feuer verbrennen.

¹⁸Und viel anderes mehr ermahnte er das Volk und verkündigte ihnen das Heil.

¹⁹Herodes aber, der Vierfürst, da er von ihm gestraft ward um der Herodias willen, seines Bruders Weib, und um alles Übels willen, das Herodes tat,

²⁰legte er über das alles Johannes gefangen.

²¹Und es begab sich, da sich alles Volk taufen ließ und Jesus auch getauft war und betete, daß sich der Himmel auftat

²²und der heilige Geist fuhr hernieder in leiblicher Gestalt auf ihn wie eine Taube und eine Stimme kam aus dem Himmel, die sprach: Du bist mein lieber Sohn, an dem ich Wohlgefallen habe.

²³Und Jesus war, da er anfing, ungefähr dreißig Jahre alt, und ward gehalten für einen Sohn Josephs, welcher war ein Sohn Eli's,

²⁴der war ein Sohn Matthats, der war ein Sohn Levis, der war ein Sohn Melchis, der war ein Sohn Jannas, der war ein Sohn Josephs,

²⁵der war ein Sohn des Mattathias, der war ein Sohn des Amos, der war ein Sohn Nahums, der war ein Sohn Eslis, der war ein Sohn Nangais,

²⁶der war ein Sohn Maaths, der war ein Sohn des Mattathias, der war ein Sohn Simeis, der war ein Sohn Josechs, der war ein Sohn Juda's,

²⁷der war ein Sohn Johanans, der war ein Sohn Resas, der war ein Sohn Serubabels, der war ein Sohn Sealthiels, der war ein Sohn Neris,

²⁸der war ein Sohn Melchis, der war ein Sohn Addis, der war ein Sohn Kosams, der war ein Sohn Elmadams, der war ein Sohn Hers,

²⁹der war ein Sohn des Jesus, der war ein Sohn Eliesers, der war ein Sohn Jorems, der war ein Sohn Matthats, der war ein Sohn Levis,

³⁰der war ein Sohn Simeons, der war ein Sohn Judas, der war ein Sohn Josephs, der war ein Sohn Jonams, der war ein Sohn Eliakims,

³¹der war ein Sohn Meleas, der war ein Sohn Menams, der war ein Sohn Mattathans, der war ein Sohn Nathans, der war ein Sohn Davids,

³²der war ein Sohn Jesses, der war ein Sohn Obeds, der war ein Sohn des Boas, der war ein Sohn Salmas, der war ein Sohn Nahessons,

³³der war ein Sohn Amminadabs, der war ein Sohn Rams, der war ein Sohn Hezrons, der war ein Sohn des Perez, der war ein Sohn Juda's,

³⁴der war ein Sohn Jakobs, der war ein Sohn Isaaks, der war ein Sohn Abrahams, der war ein Sohn Tharahs, der war ein Sohn Nahors,

³⁵der war ein Sohn Serugs, der war ein Sohn Regus, der war ein Sohn Pelegs, der war ein Sohn Ebers, der war ein Sohn Salahs,

³⁶der war ein Sohn Kenans, der war ein Sohn Arphachsads, der war ein Sohn Sems, der war ein Sohn Noahs, der war ein Sohn Lamechs,

³⁷der war ein Sohn Methusalahs, der war ein Sohn Henochs, der war ein Sohn Jareds, der war ein Sohn Mahalaleels, der war ein Sohn Kenans,

³⁸der war ein Sohn des Enos, der war ein Sohn Seths, der war ein Sohn Adams, der war Gottes.

Kapitel 4

¹Jesus aber, voll des heiligen Geistes, kam wieder von dem Jordan und ward vom Geist in die Wüste geführt

²und ward vierzig Tage lang vom Teufel versucht. Und er aß nichts in diesen Tagen; und da sie ein Ende hatten, hungerte ihn darnach.

³Der Teufel aber sprach zu ihm: Bist du Gottes Sohn, so sprich zu dem Stein, daß er Brot werde.

⁴Und Jesus antwortete und sprach zu ihm: Es steht geschrieben: "Der Mensch lebt nicht allein vom Brot, sondern von einem jeglichen Wort Gottes."

⁵Und der Teufel führte ihn auf einen hohen Berg und zeigte ihm alle Reiche der ganzen Welt in einem Augenblick

⁶und sprach zu ihm: Alle diese Macht will ich dir geben und ihre Herrlichkeit; denn sie ist mir übergeben, und ich gebe sie, welchem ich will.

⁷So du nun mich willst anbeten, so soll es alles dein sein.

⁸Jesus antwortete ihm und sprach: Es steht geschrieben: "Du sollst Gott, deinen HERRN, anbeten und ihm allein dienen."

⁹Und er führte ihn gen Jerusalem und stellte ihn auf des Tempels Zinne und sprach zu ihm: Bist du Gottes Sohn, so laß dich von hinnen hinunter

¹⁰denn es steht geschrieben: "Er wird befehlen seinen Engeln von dir, daß sie dich bewahren

¹¹und auf den Händen tragen, auf daß du nicht etwa deinen Fuß an einen Stein stößt."

¹²Jesus antwortete und sprach zu ihm: Es ist gesagt: "Du sollst Gott, deinen HERRN, nicht versuchen."

¹³Und da der Teufel alle Versuchung vollendet hatte, wich er von ihm eine Zeitlang.

¹⁴Und Jesus kam wieder in des Geistes Kraft nach Galiläa; und das Gerücht erscholl von ihm durch alle umliegenden Orte.

¹⁵Und er lehrte in ihren Schulen und ward von jedermann gepriesen.

¹⁶Und er kam gen Nazareth, da er erzogen war, und ging in die Schule nach seiner Gewohnheit am Sabbattage und stand auf und wollte lesen.

¹⁷Da ward ihm das Buch des Propheten Jesaja gereicht. Und da er das Buch auftat, fand er den Ort, da geschrieben steht:

¹⁸"Der Geist des HERRN ist bei mir, darum, daß er mich gesalbt hat; er hat mich gesandt, zu verkündigen das Evangelium den Armen, zu heilen die zerstoßenen Herzen, zu predigen den Gefangenen, daß sie los sein sollten, und den Blinden das Gesicht und den Zerschlagenen, daß sie frei und ledig sein sollen,

¹⁹und zu verkündigen das angenehme Jahr des HERRN."

²⁰Und als er das Buch zutat, gab er's dem Diener und setzte sich. Und aller Augen, die in der Schule waren, sahen auf ihn.

²¹Und er fing an, zu sagen zu ihnen: Heute ist diese Schrift erfüllt vor euren Ohren.

²²Und sie gaben alle Zeugnis von ihm und wunderten sich der holdseligen Worte, die aus seinem Munde gingen, und sprachen: "Ist das nicht Josephs Sohn?"

²³Und er sprach zu ihnen: Ihr werdet freilich zu mir sagen dies Sprichwort: Arzt, hilf dir selber! Denn wie große Dinge haben wir gehört, zu Kapernaum geschehen! Tue also auch hier, in deiner Vaterstadt.

²⁴Er sprach aber: Wahrlich, ich sage euch: "Kein Prophet ist angenehm in seinem Vaterlande.

²⁵Aber in der Wahrheit sage ich euch: Es waren viele Witwen in Israel zu Elia's Zeiten, da der Himmel verschlossen war drei Jahre und sechs Monate, da eine große Teuerung war im ganzen Lande

²⁶und zu deren keiner ward Elia gesandt denn allein gen Sarepta der Sidonier zu einer Witwe.

²⁷Und viele Aussätzige waren in Israel zu des Propheten Elisa Zeiten; und deren keiner wurde gereinigt denn allein Naeman aus Syrien.

²⁸Und sie wurden voll Zorns alle, die in der Schule waren, da sie das hörten,

²⁹und standen auf und stießen ihn zur Stadt hinaus und führten ihn auf einen Hügel des Berges, darauf ihre Stadt gebaut war, daß sie ihn hinabstürzten.

³⁰Aber er ging mitten durch sie hinweg.

³¹Und er kam gen Kapernaum, in die Stadt Galiläas, und lehrte sie am Sabbat.

³²Und sie verwunderten sich seiner Lehre; denn seine Rede war gewaltig.

³³Und es war ein Mensch in der Schule, besessen mit einem

unsauberen Teufel; der schrie laut

³⁴und sprach: Halt, was haben wir mit dir zu schaffen, Jesus von Nazareth? Du bist gekommen uns zu verderben. Ich weiß wer du bist: der heilige Gottes.

³⁵Und Jesus bedrohte ihn und sprach: Verstumme und fahre aus von ihm! Und der Teufel warf ihn mitten unter sie und fuhr von ihm aus und tat ihm keinen Schaden.

³⁶Und es kam eine Furcht über sie alle, und redeten miteinander und sprachen: Was ist das für ein Ding? Er gebietet mit Macht und Gewalt den unsauberen Geistern, und sie fahren aus.

³⁷Und es erscholl sein Gerücht in alle Örter des umliegenden Landes.

³⁸Und er stand auf aus der Schule und kam in Simons Haus. Und Simons Schwiegermutter war mit einem harten Fieber behaftet; und sie baten ihn für sie.

³⁹Und er trat zu ihr und gebot dem Fieber, und es verließ sie. Und alsbald stand sie auf und diente ihnen.

⁴⁰Und da die Sonne untergegangen war, brachten alle, die Kranke hatten mit mancherlei Seuchen, sie zu ihm. Und er legte auf einen jeglichen die Hände und machte sie gesund.

⁴¹Es fuhren auch die Teufel aus von vielen, schrieen und sprachen: Du bist Christus, der Sohn Gottes! Und er bedrohte sie und ließ sie nicht reden; denn sie wußten, daß er Christus war.

⁴²Da es aber Tag ward, ging er hinaus an eine wüste Stätte; und das Volk suchte ihn, und sie kamen zu ihm und hielten ihn auf, daß er nicht von ihnen ginge.

⁴³Er sprach aber zu ihnen: Ich muß auch andern Städten das Evangelium verkündigen vom Reiche Gottes; denn dazu bin ich gesandt.

⁴⁴Und er predigte in den Schulen Galiläas.

Kapitel 5

¹Es begab sich aber, da sich das Volk zu ihm drängte, zu hören das Wort Gottes, daß er stand am See Genezareth

²und sah zwei Schiffe am See stehen, die Fischer aber waren ausgetreten und wuschen ihre Netze.

³Da trat er in der Schiffe eines, welches Simons war, und bat ihn, daß er's ein wenig vom Lande führte. Und er setzte sich und lehrte das Volk aus dem Schiff.

⁴Und als er hatte aufgehört zu reden, sprach er zu Simon: Fahre auf die Höhe und werfet eure Netze aus, daß ihr einen Zug tut.

⁵Und Simon antwortete und sprach zu ihm: Meister, wir haben die ganze Nacht gearbeitet und nichts gefangen, aber auf dein Wort will ich das Netz auswerfen.

⁶Und da sie das taten, beschlossen sie eine große Menge Fische, und ihr Netz zerriß.

⁷Und sie winkten ihren Gesellen, die im andern Schiff waren, daß sie kämen und hülfen ihnen ziehen. Und sie kamen und füllten beide Schiffe voll, also daß sie sanken.

⁸Da das Simon Petrus sah, fiel er Jesu zu den Knieen und sprach: HERR, gehe von mir hinaus! ich bin ein sündiger Mensch.

⁹Denn es war ihn ein Schrecken angekommen, ihn und alle, die mit ihm waren, über diesen Fischzug, den sie miteinander getan hatten;

¹⁰desgleichen auch Jakobus und Johannes, die Söhne des Zebedäus, Simons Gesellen. Und Jesus sprach zu Simon: Fürchte dich nicht; denn von nun an wirst du Menschen fangen.

¹¹Und sie führten die Schiffe zu Lande und verließen alles und folgten ihm nach.

¹²Und es begab sich, da er in einer Stadt war, siehe, da war ein Mann voll Aussatz. Da der Jesum sah, fiel er auf sein Angesicht und bat ihn und sprach: HERR, willst du, so kannst du mich reinigen.

¹³Und er streckte die Hand aus und rührte ihn an und sprach: Ich will's tun; sei gereinigt! Und alsobald ging der Aussatz von ihm.

¹⁴Und er gebot ihm, daß er's niemand sagen sollte; sondern "gehe hin und zeige dich dem Priester und opfere für deine Reinigung, wie Mose geboten, ihnen zum Zeugnis".

¹⁵Es kam aber die Sage von ihm immer weiter aus, und kam viel Volks zusammen, daß sie ihn hörten und durch ihn gesund würden von ihren Krankheiten.

¹⁶Er aber entwich in die Wüste und betete.

¹⁷Und es begab sich auf einen Tag, daß er lehrte; und es saßen da die Pharisäer und Schriftgelehrten, die da gekommen waren aus allen Märkten in Galiläa und Judäa und von Jerusalem. Und die Kraft des HERRN ging von ihm, und er half jedermann.

¹⁸Und, siehe, etliche Männer brachten einen Menschen auf seinem Bette, der war gichtbrüchig; und sie suchten, wie sie ihn hineinbrächten und vor ihn legten.

¹⁹Und da sie vor dem Volk nicht fanden, an welchen Ort sie ihn hineinbrächten, stiegen sie auf das Dach und ließen ihn durch die Ziegel hernieder mit dem Bettlein mitten unter sie, vor Jesum.

²⁰Und da er ihren Glauben sah, sprach er zu ihm: Mensch, deine Sünden sind dir vergeben.

²¹Und die Schriftgelehrten und Pharisäer fingen an, zu denken und sprachen: Wer ist der, daß er Gotteslästerungen redet? Wer kann Sünden vergeben denn allein Gott?

²²Da aber Jesus ihre Gedanken merkte, antwortete er und sprach zu ihnen: Was denket ihr in euren Herzen?

²³Welches ist leichter: zu sagen: Dir sind deine Sünden vergeben, oder zu sagen: Stehe auf und wandle?

²⁴Auf das ihr aber wisset, daß des Menschen Sohn Macht hat, auf Erden Sünden zu vergeben, (sprach er zu dem Gichtbrüchigen): Ich sage dir stehe auf und hebe dein Bettlein auf und gehe heim!

²⁵Und alsbald stand er auf vor ihren Augen und hob das Bettlein auf, darauf er gelegen hatte, und ging heim und pries Gott.

²⁶Und sie entsetzten sich alle und priesen Gott und wurden voll Furcht und sprachen: Wir haben heute seltsame Dinge gesehen.

²⁷Und darnach ging er aus und sah einen Zöllner mit Namen Levi am Zoll sitzen und sprach zu ihm: Folge mir nach!

²⁸Und er verließ alles, stand auf und folgte ihm nach.

²⁹Und Levi richtete ihm ein großes Mahl zu in seinem Hause, und viele Zöllner und andere saßen mit ihm zu Tisch.

³⁰Und die Schriftgelehrten und Pharisäer murrten wider seine Jünger und sprachen: Warum esset und trinket ihr mit den Zöllnern und Sündern?

³¹Und Jesus antwortete und sprach zu ihnen: Die Gesunden bedürfen des Arztes nicht, sondern die Kranken.

³²Ich bin gekommen zu rufen die Sünder zur Buße, und nicht die Gerechten.

³³Und sie sprachen zu ihm: Warum fasten des Johannes Jünger so oft und beten so viel, desgleichen der Pharisäer Jünger; aber deine Jünger essen und trinken?

³⁴Er sprach aber zu ihnen: Ihr könnt die Hochzeitleute nicht zu fasten treiben, solange der Bräutigam bei ihnen ist.

³⁵Es wird aber die Zeit kommen, daß der Bräutigam von ihnen genommen wird; dann werden sie fasten.

³⁶Und er sagte zu ihnen ein Gleichnis: Niemand flickt einen Lappen von einem neuen Kleid auf ein altes Kleid; sonst zerreißt er das neue, und der Lappen vom neuen reimt sich nicht auf das alte.

³⁷Und niemand faßt Most in alte Schläuche; sonst zerreißt der Most die Schläuche und wird verschüttet, und die Schläuche kommen um.

³⁸Sondern den Most soll man in neue Schläuche fassen, so werden sie beide erhalten.

³⁹Und niemand ist, der vom alten trinkt und wolle bald den neuen; denn er spricht: Der alte ist milder.

Kapitel 6

¹Und es begab sich an einem Sabbat, daß er durchs Getreide ging; und seine Jünger rauften Ähren aus und aßen und rieben sie mit den Händen.

²Etliche aber der Pharisäer sprachen zu ihnen: Warum tut ihr, was sich nicht ziemt zu tun an den Sabbaten?

³Und Jesus antwortete und sprach zu ihnen: Habt ihr nicht das gelesen, was David tat, da ihn hungerte und die mit ihm waren?

⁴wie er zum Hause Gottes einging und nahm die Schaubrote und aß und gab auch denen, die mit ihm waren; die doch niemand durfte essen als die Priester allein?

⁵Und er sprach zu ihnen: Des Menschen Sohn ist ein HERR auch des Sabbats.

⁶Es geschah aber an einem andern Sabbat, daß er ging in die Schule und lehrte. Und da war ein Mensch, des rechte Hand war verdorrt.

⁷Aber die Schriftgelehrten und Pharisäer lauerten darauf, ob er auch heilen würde am Sabbat, auf daß sie eine Sache wider ihn fänden.

⁸Er aber merkte ihre Gedanken und sprach zu dem Menschen mit der dürren Hand: Stehe auf und tritt hervor! Und er stand auf und trat dahin.

⁹Da sprach Jesus zu ihnen: Ich frage euch: Was ziemt sich zu tun an den Sabbaten, Gutes oder Böses? das Leben erhalten oder verderben?

¹⁰Und er sah sie alle umher an und sprach zu dem Menschen: Strecke deine Hand aus! und er tat's; da ward ihm seine Hand wieder zurechtgebracht, gesund wie die andere.

¹¹Sie aber wurden ganz unsinnig und beredeten sich miteinander, was sie ihm tun wollten.

¹²Es begab sich aber zu der Zeit, daß er ging auf einen Berg zu beten; und er blieb über Nacht in dem Gebet zu Gott.

¹³Und da es Tag ward, rief er seine Jünger und erwählte ihrer zwölf, welche er auch Apostel nannte:

¹⁴Simon, welchen er Petrus nannte, und Andreas, seinen Bruder, Jakobus und Johannes, Philippus und Bartholomäus,

¹⁵Matthäus und Thomas, Jakobus, des Alphäus Sohn, Simon genannt Zelotes,

¹⁶Judas, des Jakobus Sohn und Judas Ischariot, den Verräter.

¹⁷Und er ging hernieder mit ihnen und trat auf einen Platz im Felde und der Haufe seiner Jünger und eine große Menge des Volks von allem jüdischen Lande und Jerusalem und Tyrus und Sidon, am Meer gelegen,

¹⁸die da gekommen waren, ihn zu hören und daß sie geheilt würden von ihren Seuchen; und die von unsauberen Geistern umgetrieben wurden, die wurden gesund.

¹⁹Und alles Volk begehrte ihn anzurühren; denn es ging Kraft von ihm und er heilte sie alle.

²⁰Und er hob seine Augen auf über seine Jünger und sprach: Selig seid ihr Armen; denn das Reich Gottes ist euer.

²¹Selig seid ihr, die ihr hier hungert; denn ihr sollt satt werden. Selig seid ihr, die ihr hier weint; denn ihr werdet lachen.

²²Selig seid ihr, so euch die Menschen hassen und euch absondern und schelten euch und verwerfen euren Namen als einen bösen um des Menschensohns willen.

²³Freut euch alsdann und hupfet; denn siehe, euer Lohn ist groß im Himmel. Desgleichen taten ihre Väter den Propheten auch.

²⁴Aber dagegen weh euch Reichen! denn ihr habt euren Trost dahin.

²⁵Weh euch, die ihr voll seid! denn euch wird hungern. Weh euch, die ihr hier lachet! denn ihr werdet weinen und heulen.

²⁶Weh euch, wenn euch jedermann wohlredet! Desgleichen taten eure Väter den falschen Propheten auch.

²⁷Aber ich sage euch, die ihr zuhört: Liebet eure Feinde; tut denen wohl, die euch hassen;

²⁸segnet die, so euch verfluchen und bittet für die, so euch beleidigen.

²⁹Und wer dich schlägt auf einen Backen, dem biete den anderen auch dar; und wer dir den Mantel nimmt, dem wehre nicht auch den Rock.

³⁰Wer dich bittet, dem gib; und wer dir das deine nimmt, da fordere es nicht wieder.

³¹Und wie ihr wollt, daß euch die Leute tun sollen, also tut ihnen gleich auch ihr.

³²Und so ihr liebet, die euch lieben, was für Dank habt ihr davon? Denn die Sünder lieben auch ihre Liebhaber.

³³Und wenn ihr euren Wohltätern wohltut, was für Dank habt ihr davon? Denn die Sünder tun das auch.

³⁴Und wenn ihr leihet, von denen ihr hoffet zu nehmen, was für Dank habt ihr davon? Denn die Sünder leihen den Sündern auch, auf daß sie Gleiches wiedernehmen.

³⁵Vielmehr liebet eure Feinde; tut wohl und leihet, daß ihr nichts dafür hoffet, so wird euer Lohn groß sein, und ihr werdet Kinder des Allerhöchsten sein; denn er ist gütig über die Undankbaren und Bösen.

³⁶Darum seid barmherzig, wie auch euer Vater barmherzig ist.

³⁷Richtet nicht, so werdet ihr auch nicht gerichtet. Verdammet nicht, so werdet ihr nicht verdammt. Vergebet, so wird euch vergeben.

³⁸Gebt, so wird euch gegeben. Ein voll, gedrückt, gerüttelt und überfließend Maß wird man in euren Schoß geben; denn eben mit dem Maß, mit dem ihr messet, wird man euch wieder messen.

³⁹Und er sagte ihnen ein Gleichnis: Kann auch ein Blinder einem Blinden den Weg weisen? Werden sie nicht alle beide in die Grube fallen?

⁴⁰Der Jünger ist nicht über seinen Meister; wenn der Jünger ist wie sein Meister, so ist er vollkommen.

⁴¹Was siehst du aber einen Splitter in deines Bruders Auge, und des Balkens in deinem Auge wirst du nicht gewahr?

⁴²Oder wie kannst du sagen zu deinem Bruder: Halt stille, Bruder, ich will den Splitter aus deinem Auge ziehen, und du siehst selbst nicht den Balken in deinem Auge? Du Heuchler, zieh zuvor den Balken aus deinem Auge und siehe dann zu, daß du den Splitter aus deines Bruders Auge ziehest!

⁴³Denn es ist kein guter Baum, der faule Frucht trage, und kein fauler Baum, der gute Frucht trage.

⁴⁴Ein jeglicher Baum wird an seiner eigenen Frucht erkannt. Denn man liest nicht Feigen von den Dornen, auch liest man nicht Trauben von den Hecken.

⁴⁵Ein guter Mensch bringt Gutes hervor aus dem guten Schatz seines Herzens; und ein böser Mensch bringt Böses hervor aus dem bösen Schatz seines Herzens. Denn wes das Herz voll ist, des geht der Mund über.

⁴⁶Was heißet ihr mich aber HERR, HERR, und tut nicht, was ich euch sage?

⁴⁷Wer zu mir kommt und hört meine Rede und tut sie, den will ich euch zeigen, wem er gleich ist.

⁴⁸Er ist gleich einem Menschen, der ein Haus baute und grub tief und legte den Grund auf den Fels. Da aber Gewässer kam, da riß der Strom zum Hause zu, und konnte es nicht bewegen; denn es war auf den Fels gegründet.

⁴⁹Wer aber hört und nicht tut, der ist gleich einem Menschen, der ein Haus baute auf die Erde ohne Grund; und der Strom riß zu ihm zu, und es fiel alsbald, und das Haus gewann einen großen Riß.

Kapitel 7

¹Nachdem er aber vor dem Volk ausgeredet hatte, ging er gen Kapernaum.

²Und eines Hauptmanns Knecht lag todkrank, den er wert hielt.

³Da er aber von Jesu hörte, sandte er die Ältesten der Juden zu ihm und bat ihn, daß er käme und seinen Knecht gesund machte.

⁴Da sie aber zu Jesu kamen, baten sie ihn mit Fleiß und sprachen: Er ist es wert, daß du ihm das erzeigest;

⁵denn er hat unser Volk lieb, und die Schule hat er uns erbaut.

⁶Jesus aber ging mit ihnen hin. Da sie aber nun nicht ferne von dem Hause waren, sandte der Hauptmann Freunde zu ihm und ließ ihm sagen: Ach HERR, bemühe dich nicht; ich bin nicht wert, daß du unter mein Dach gehest;

⁷darum habe ich auch mich selbst nicht würdig geachtet, daß ich zu dir käme; sondern sprich ein Wort, so wird mein Knecht gesund.

⁸Denn auch ich bin ein Mensch, der Obrigkeit untertan, und habe Kriegsknechte unter mir und spreche zu einem: Gehe hin! so geht er hin; und zum andern: Komm her! so kommt er; und zu meinem Knecht: Tu das! so tut er's.

⁹Da aber Jesus das hörte, verwunderte er sich über ihn und wandte sich um und sprach zu dem Volk, das ihm nachfolgte: Ich sage euch: Solchen Glauben habe ich in Israel nicht gefunden!

¹⁰Und da die Gesandten wiederum nach Hause kamen, fanden sie den kranken Knecht gesund.

¹¹Und es begab sich darnach, daß er in eine Stadt mit Namen Nain ging; und seiner Jünger gingen viele mit ihm und viel Volks.

¹²Als er aber nahe an das Stadttor kam, siehe, da trug man einen Toten heraus, der ein einziger Sohn war seiner Mutter, und sie war eine Witwe; und viel Volks aus der Stadt ging mit ihr.

¹³Und da sie der HERR sah, jammerte ihn derselben, und er sprach zu ihr: Weine nicht!

¹⁴Und er trat hinzu und rührte den Sarg an; und die Träger standen. Und er sprach: Jüngling, ich sage dir, stehe auf!

¹⁵Und der Tote richtete sich auf und fing an zu reden; und er gab ihn seiner Mutter.

¹⁶Und es kam sie alle eine Furcht an und sie priesen Gott und sprachen: Es ist ein großer Prophet unter uns aufgestanden, und Gott hat sein Volk heimgesucht.

¹⁷Und diese Rede von ihm erscholl in das ganze jüdische Land und in alle umliegenden Länder.

¹⁸Und es verkündigten Johannes seine Jünger das alles. Und er rief zu sich seiner Jünger zwei

¹⁹und sandte sie zu Jesu und ließ ihm sagen: Bist du, der da kommen soll, oder sollen wir eines andern warten?

²⁰Da aber die Männer zu ihm kamen, sprachen sie: Johannes der Täufer hat uns zu dir gesandt und läßt dir sagen: Bist du, der da kommen soll, oder sollen wir eines anderen warten?

²¹Zu derselben Stunde aber machte er viele gesund von Seuchen und Plagen und bösen Geistern, und vielen Blinden schenkte er das Gesicht.

²²Und Jesus antwortete und sprach zu ihnen: Gehet hin und verkündiget Johannes, was ihr gesehen und gehört habt: die Blinden sehen, die Lahmen gehen, die Aussätzigen werden rein, die Tauben hören, die Toten stehen auf, den Armen wird das Evangelium gepredigt;

²³und selig ist, wer sich nicht ärgert an mir.

²⁴Da aber die Boten des Johannes hingingen, fing Jesus an, zu reden zu dem Volk von Johannes: Was seid ihr hinausgegangen in die Wüste zu sehen? Wolltet ihr ein Rohr sehen, das vom Winde bewegt wird?

²⁵Oder was seid ihr hinausgegangen zu sehen? Wolltet ihr einen Menschen sehen in weichen Kleidern? Sehet, die in herrlichen Kleidern und Lüsten leben, die sind an den königlichen Höfen.

²⁶Oder was seid ihr hinausgegangen zu sehen? Wolltet ihr einen Propheten sehen? Ja, ich sage euch, der da mehr ist denn ein Prophet.

²⁷Er ist's, von dem geschrieben steht: "Siehe, ich sende meinen Engel vor deinem Angesicht her, der da bereiten soll deinen Weg vor dir".

²⁸Denn ich sage euch, daß unter denen, die von Weibern geboren sind, ist kein größerer Prophet denn Johannes der Täufer; der aber kleiner ist im Reiche Gottes, der ist größer denn er.

²⁹Und alles Volk, das ihn hörte, und die Zöllner gaben Gott recht und ließen sich taufen mit der Taufe des Johannes.

³⁰Aber die Pharisäer und Schriftgelehrten verachteten Gottes Rat wider sich selbst und ließen sich nicht von ihm taufen.

³¹Aber der HERR sprach: Wem soll ich die Menschen dieses Geschlechts vergleichen, und wem sind sie gleich?

³²Sie sind gleich den Kindern, die auf dem Markte sitzen und rufen gegeneinander und sprechen: Wir haben euch gepfiffen, und ihr habt nicht getanzt; wir haben euch geklagt, und ihr habt nicht geweint.

³³Denn Johannes der Täufer ist gekommen und aß nicht Brot und trank keinen Wein; so sagt ihr: Er hat den Teufel.

³⁴Des Menschen Sohn ist gekommen, ißt und trinkt; so sagt ihr: Siehe, der Mensch ist ein Fresser und Weinsäufer, der Zöllner und Sünder Freund!

³⁵Und die Weisheit muß sich rechtfertigen lassen von allen ihren Kindern.

³⁶Es bat ihn aber der Pharisäer einer, daß er mit ihm äße. Und er ging hinein in des Pharisäers Haus und setzte sich zu Tisch.

³⁷Und siehe, ein Weib war in der Stadt, die war eine Sünderin. Da die vernahm, daß er zu Tische saß in des Pharisäers Hause, brachte sie ein Glas mit Salbe

³⁸und trat hinten zu seinen Füßen und weinte und fing an, seine Füße zu netzen mit Tränen und mit den Haaren ihres Hauptes zu trocknen, und küßte seine Füße und salbte sie mit Salbe.

³⁹Da aber das der Pharisäer sah, der ihn geladen hatte, sprach er bei sich selbst und sagte: Wenn dieser ein Prophet wäre, so wüßte er, wer und welch ein Weib das ist, die ihn anrührt; denn sie ist eine Sünderin.

⁴⁰Jesus antwortete und sprach zu ihm: Simon, ich habe dir etwas zu sagen. Er aber sprach: Meister, sage an.

⁴¹Es hatte ein Gläubiger zwei Schuldner. Einer war schuldig fünfhundert Groschen, der andere fünfzig.

⁴²Da sie aber nicht hatten, zu bezahlen, schenkte er's beiden. Sage an, welcher unter denen wird ihn am meisten lieben?

⁴³Simon antwortete und sprach: Ich achte, dem er am meisten geschenkt hat. Er aber sprach zu ihm: Du hast recht gerichtet.

⁴⁴Und er wandte sich zu dem Weibe und sprach zu Simon: Siehest du dies Weib? Ich bin gekommen in dein Haus; du hast mir nicht Wasser gegeben zu meinen Füßen; diese aber hat meine Füße mit Tränen genetzt und mit den Haaren ihres Hauptes getrocknet.

⁴⁵Du hast mir keinen Kuß gegeben; diese aber, nachdem sie hereingekommen ist, hat sie nicht abgelassen, meine Füße zu küssen.

⁴⁶Du hast mein Haupt nicht mit Öl gesalbt; sie aber hat meine Füße mit Salbe gesalbt.

⁴⁷Derhalben sage ich dir: Ihr sind viele Sünden vergeben, denn sie hat viel geliebt; welchem aber wenig vergeben wird, der liebt wenig.

⁴⁸Und er sprach zu ihr: Dir sind deine Sünden vergeben.

⁴⁹Da fingen die an, die mit zu Tische saßen, und sprachen bei sich selbst: Wer ist dieser, der auch Sünden vergibt?

⁵⁰Er aber sprach zu dem Weibe: Dein Glaube hat dir geholfen; gehe hin mit Frieden!

Kapitel 8

¹Und es begab sich darnach, daß er reiste durch Städte und Dörfer und predigte und verkündigte das Evangelium vom Reich Gottes; und die zwölf mit ihm,

²dazu etliche Weiber, die er gesund hatte gemacht von den bösen Geistern und Krankheiten, nämlich Maria, die da Magdalena heißt, von welcher waren sieben Teufel ausgefahren,

³und Johanna, das Weib Chusas, des Pflegers des Herodes, und Susanna und viele andere, die ihm Handreichung taten von ihrer Habe.

⁴Da nun viel Volks beieinander war und sie aus den Städten zu ihm eilten, sprach er durch ein Gleichnis:

⁵Es ging ein Säemann aus, zu säen seinen Samen. Und indem er säte, fiel etliches an den Weg und ward zertreten und die Vögel unter dem Himmel fraßen's auf.

⁶Und etliches fiel auf den Fels; und da es aufging, verdorrte es, darum daß es nicht Saft hatte.

⁷Und etliches fiel mitten unter die Dornen; und die Dornen gingen mit auf und erstickten's.

⁸Und etliches fiel auf ein gutes Land; und es ging auf und trug hundertfältige Frucht. Da er das sagte, rief er: Wer Ohren hat, zu hören, der höre!

⁹Es fragten ihn aber seine Jünger und sprachen, was dies Gleichnis wäre?

¹⁰Er aber sprach: Euch ist es gegeben, zu wissen das Geheimnis des Reiches Gottes; den andern aber in Gleichnissen, daß sie es nicht sehen, ob sie es schon sehen, und nicht verstehen, ob sie es schon hören.

¹¹Das ist aber das Gleichnis: Der Same ist das Wort Gottes.

¹²Die aber an dem Wege sind, das sind, die es hören; darnach kommt der Teufel und nimmt das Wort von ihrem Herzen, auf daß sie nicht glauben und selig werden.

¹³Die aber auf dem Fels sind die: wenn sie es hören, nehmen sie das Wort mit Freuden an; und die haben nicht Wurzel; eine Zeitlang glauben sie, und zur Zeit der Anfechtung fallen sie ab.

¹⁴Das aber unter die Dornen fiel, sind die, so es hören und gehen hin unter den Sorgen, Reichtum und Wollust dieses Lebens und ersticken und bringen keine Frucht.

¹⁵Das aber auf dem guten Land sind, die das Wort hören und behalten in einem feinen, guten Herzen und bringen Frucht in Geduld.

¹⁶Niemand aber zündet ein Licht an und bedeckt's mit einem Gefäß oder setzt es unter eine Bank; sondern er setzt es auf einen Leuchter, auf daß, wer hineingeht, das Licht sehe.

¹⁷Denn nichts ist verborgen, das nicht offenbar werde, auch nichts Heimliches, das nicht kund werde und an den Tag komme.

¹⁸So sehet nun darauf wie ihr zuhöret. Denn wer da hat, dem wird gegeben; wer aber nicht hat, von dem wird genommen, auch was er meint zu haben.

¹⁹Es gingen aber hinzu seine Mutter und Brüder und konnten vor dem Volk nicht zu ihm kommen.

²⁰Und es ward ihm angesagt: Deine Mutter und deine Brüder stehen draußen und wollen dich sehen.

²¹Er aber antwortete und sprach zu ihnen: Meine Mutter und meine Brüder sind diese, die Gottes Wort hören und tun.

²²Und es begab sich an der Tage einem, daß er in ein Schiff trat samt seinen Jüngern; und er sprach zu ihnen: Laßt uns über den See fahren. Und sie stießen vom Lande.

²³Und da sie schifften, schlief er ein. Und es kam ein Windwirbel auf den See, und die Wellen überfielen sie, und sie standen in großer Gefahr.

²⁴Da traten sie zu ihm und weckten ihn auf und sprachen: Meister, Meister, wir verderben! Da stand er auf und bedrohte den Wind und die Woge des Wassers; und es ließ ab, und ward eine Stille.

²⁵Er aber sprach zu ihnen: Wo ist euer Glaube? Sie fürchteten sich aber und verwunderten sich und sprachen untereinander: Wer ist dieser? denn er gebietet dem Winde und dem Wasser, und sie sind ihm gehorsam.

²⁶Und sie schifften fort in die Gegend der Gadarener, welche ist Galiläa gegenüber.

²⁷Und als er austrat auf das Land, begegnete ihm ein Mann aus der Stadt, der hatte Teufel von langer Zeit her und tat keine Kleider an und blieb in keinem Hause, sondern in den Gräbern.

²⁸Da er aber Jesum sah, schrie er und fiel vor ihm nieder und rief laut und sprach: Was habe ich mit dir zu schaffen, Jesu, du Sohn Gottes, des Allerhöchsten? Ich bitte dich, du wollest mich nicht quälen.

²⁹Denn er gebot dem unsauberen Geist, daß er von dem Menschen ausführe. Denn er hatte ihn lange Zeit geplagt, und er ward mit Ketten gebunden und mit Fesseln gefangen, und zerriß die Bande und ward getrieben von dem Teufel in die Wüsten.

³⁰Und Jesus fragte ihn und sprach: Wie heißest du? Er sprach: Legion; denn es waren viel Teufel in ihn gefahren.

³¹Und sie baten ihn, daß er sie nicht hieße in die Tiefe fahren.

³²Es war aber daselbst eine große Herde Säue auf der Weide auf dem Berge. Und sie baten ihn, daß er ihnen erlaubte in sie zu fahren. Und er erlaubte es ihnen.

³³Da fuhren die Teufel aus von dem Menschen und fuhren in die Säue; und die Herde stürzte sich von dem Abhange in den See und ersoff.

³⁴Da aber die Hirten sahen, was da geschah, flohen sie und verkündigten es in der Stadt und in den Dörfern.

³⁵Da gingen sie hinaus, zu sehen, was da geschehen war, und kamen zu Jesu und fanden den Menschen, von welchem die Teufel ausgefahren waren, sitzend zu den Füßen Jesu, bekleidet und vernünftig, und erschraken.

³⁶Und die es gesehen hatten, verkündigten's ihnen, wie der Besessene war gesund geworden.

³⁷Und es bat ihn die ganze Menge des umliegenden Landes der

Lukas

Gadarener, daß er von ihnen ginge; denn es war sie eine große Furcht angekommen. Und er trat in das Schiff und wandte wieder um.

³⁸Es bat ihn aber der Mann, von dem die Teufel ausgefahren waren, daß er bei ihm möchte sein. Aber Jesus ließ ihn von sich und sprach:

³⁹Gehe wieder heim und sage, wie große Dinge dir Gott getan hat. Und er ging hin und verkündigte durch die ganze Stadt, wie große Dinge ihm Jesus getan hatte.

⁴⁰Und es begab sich, da Jesus wiederkam, nahm ihn das Volk auf; denn sie warteten alle auf ihn.

⁴¹Und siehe, da kam ein Mann mit Namen Jairus, der ein Oberster der Schule war, und fiel Jesu zu den Füßen und bat ihn, daß er wollte in sein Haus kommen;

⁴²denn er hatte eine einzige Tochter bei zwölf Jahren, die lag in den letzten Zügen. Und da er hinging, drängte ihn das Volk.

⁴³Und ein Weib hatte den Blutgang zwölf Jahre gehabt; die hatte alle ihre Nahrung an die Ärzte gewandt, und konnte von niemand geheilt werden;

⁴⁴die trat hinzu von hinten und rührte seines Kleides Saum an; und alsobald stand ihr der Blutgang.

⁴⁵Und Jesus sprach: Wer hat mich angerührt? Da sie aber alle leugneten, sprach Petrus und die mit ihm waren: Meister, das Volk drängt und drückt dich, und du sprichst: Wer hat mich angerührt?

⁴⁶Jesus aber sprach: Es hat mich jemand angerührt; denn ich fühle, daß eine Kraft von mir gegangen ist.

⁴⁷Da aber das Weib sah, daß es nicht verborgen war, kam sie mit Zittern und fiel vor ihm nieder und verkündigte vor allem Volk, aus welcher Ursache sie ihn hätte angerührt und wie sie wäre alsbald gesund geworden.

⁴⁸Er aber sprach zu ihr: Sei getrost, meine Tochter, dein Glaube hat dir geholfen. Gehe hin mit Frieden!

⁴⁹Da er noch redete, kam einer vom Gesinde des Obersten der Schule und sprach zu ihm: Deine Tochter ist gestorben; bemühe den Meister nicht.

⁵⁰Da aber Jesus das hörte, antwortete er ihm und sprach: Fürchte dich nicht, glaube nur, so wird sie gesund!

⁵¹Da er aber in das Haus kam, ließ er niemand hineingehen denn Petrus und Jakobus und Johannes und des Kindes Vater und Mutter.

⁵²Sie weinten aber alle und klagten um sie. Er aber: Weinet nicht, sie ist nicht gestorben, sondern sie schläft.

⁵³Und sie verlachten ihn, wußten wohl, daß sie gestorben war.

⁵⁴Er aber trieb sie alle hinaus, nahm sie bei der Hand und rief und sprach: Kind, stehe auf!

⁵⁵Und ihr Geist kam wieder, und sie stand alsobald auf. Und er befahl, man sollte ihr zu essen geben.

⁵⁶Und ihre Eltern entsetzten sich. Er aber gebot ihnen, daß sie niemand sagten, was geschehen war.

Kapitel 9

¹Er forderte aber die Zwölf zusammen und gab ihnen Gewalt und Macht über alle Teufel und daß sie Seuchen heilen konnten,

²und sandte sie aus, zu predigen das Reich Gottes und zu heilen die Kranken.

³Und sprach zu ihnen: Ihr sollt nichts mit euch nehmen auf den Weg, weder Stab noch Tasche noch Brot noch Geld; es soll auch einer nicht zwei Röcke haben.

⁴Und wo ihr in ein Haus geht, da bleibet, bis ihr von dannen zieht.

⁵Und welche euch nicht aufnehmen, da gehet aus von derselben Stadt und schüttelt auch den Staub ab von euren Füßen zu einem Zeugnis über sie.

⁶Und sie gingen hinaus und durchzogen die Märkte, predigten das Evangelium und machten gesund an allen Enden.

⁷Es kam aber vor Herodes, den Vierfürsten, alles, was durch ihn geschah; und er ward betreten, dieweil von etlichen gesagt ward; Johannes ist von den Toten auferstanden,

⁸von etlichen aber: Elia ist erschienen; von etlichen aber: Es ist der alten Propheten einer auferstanden.

⁹Und Herodes sprach: Johannes, den habe ich enthauptet; wer ist aber dieser, von dem ich solches höre? und begehrte ihn zu sehen.

¹⁰Und die Apostel kamen wieder und erzählten ihm, wie große Dinge sie getan hatten. Und er nahm sie zu sich und entwich besonders in eine Wüste bei der Stadt, die da heißt Bethsaida.

¹¹Da das Volk des innewart, zog es ihm nach. Und er ließ sie zu sich und sagte ihnen vom Reich Gottes und machte gesund, die es bedurften. Aber der Tag fing an, sich zu neigen.

¹²Da traten zu ihm die Zwölf und sprachen zu ihm: Laß das Volk von dir, daß sie hingehen in die Märkte umher und in die Dörfer, daß sie Herberge und Speise finden, denn wir sind hier in der Wüste.

¹³Er aber sprach zu ihnen: Gebt ihr ihnen zu essen. Sie sprachen, wir haben nicht mehr denn fünf Brote und zwei Fische; es sei denn, daß wir hingehen sollen und Speise kaufen für so großes Volk.

¹⁴(Denn es waren bei fünftausend Mann.) Er sprach aber zu seinen Jüngern: Lasset sie sich setzen in Schichten, je fünfzig und fünfzig.

¹⁵Und sie taten also, und es setzten sich alle.

¹⁶Da nahm er die fünf Brote und zwei Fische und sah auf gen Himmel und dankte darüber, brach sie und gab sie den Jüngern, daß sie dem Volk vorlegten.

¹⁷Und sie aßen und wurden alle satt; und wurden aufgehoben, was ihnen übrigblieb von Brocken, zwölf Körbe.

¹⁸Und es begab sich, da er allein war und betete und seine Jünger zu ihm traten, fragte er sie und sprach: Wer sagen die Leute, daß ich sei?

¹⁹Sie antworteten und sprachen: Sie sagen, du seist Johannes der Täufer; etliche aber, du seist Elia; etliche aber, es sei der alten Propheten einer auferstanden.

²⁰Er aber sprach zu ihnen: Wer saget ihr aber, daß ich sei? Da antwortete Petrus und sprach: Du bist der Christus Gottes!

²¹Und er bedrohte sie und gebot, daß sie das niemand sagten,

²²und sprach: Des Menschen Sohn muß noch viel leiden und verworfen werden von den Ältesten und Hohenpriestern und Schriftgelehrten und getötet werden und am dritten Tage auferstehen.

²³Da sprach er zu ihnen allen: Wer mir folgen will, der verleugne sich selbst und nehme sein Kreuz auf sich täglich und folge mir nach.

²⁴Denn wer sein Leben erhalten will, der wird es verlieren; wer aber sein Leben verliert um meinetwillen, der wird's erhalten.

²⁵Und welchen Nutzen hätte der Mensch, ob er die ganze Welt gewönne, und verlöre sich selbst oder beschädigte sich selbst?

²⁶Wer sich aber mein und meiner Worte schämt, des wird sich des Menschen Sohn auch schämen, wenn er kommen wird in seiner Herrlichkeit und seines Vaters und der heiligen Engel.

²⁷Ich sage euch aber wahrlich, daß etliche sind von denen, die hier stehen, die den Tod nicht schmecken werden, bis daß sie das Reich Gottes sehen.

²⁸Und es begab sich nach diesen Reden bei acht Tagen, daß er zu sich nahm Petrus, Johannes und Jakobus und ging auf einen Berg, zu beten.

²⁹Und da er betete, ward die Gestalt seines Angesichts anders, und sein Kleid ward weiß und glänzte.

³⁰Und siehe, zwei Männer redeten mit ihm, welche waren Mose und Elia;

³¹die erschienen in Klarheit und redeten von dem Ausgang, welchen er sollte erfüllen zu Jerusalem.

³²Petrus aber, und die mit ihm waren, waren voll Schlafs. Da sie aber aufwachten, sahen sie seine Klarheit und die zwei Männer bei ihm stehen.

³³Und es begab sich, da die von ihm wichen, sprach Petrus zu Jesu: Meister, hier ist gut sein. Lasset uns drei Hütten machen: dir eine, Mose eine und Elia eine. Und er wußte nicht, was er redete.

³⁴Da er aber solches redete, kam eine Wolke und überschattete sie; und sie erschraken, da sie die Wolke überzog.

³⁵Und es fiel eine Stimme aus der Wolke, die sprach: Dieser ist mein lieber Sohn; den sollt ihr hören!

³⁶Und indem solche Stimme geschah, fanden sie Jesum allein. Und sie verschwiegen es und verkündigten niemand in jenen Tagen, was sie gesehen hatten.

³⁷Es begab sich aber den Tag hernach, da sie von dem Berge kamen, kam ihnen entgegen viel Volks.

³⁸Und siehe, ein Mann unter dem Volk rief und sprach: Meister, ich bitte dich, besiehe doch meinen Sohn, denn er ist mein einziger Sohn.

³⁹Siehe, der Geist ergreift ihn, so schreit er alsbald, und reißt ihn, daß er schäumt, und mit Not weicht er von ihm, wenn er ihn gerissen hat.

⁴⁰Und ich habe deine Jünger gebeten, daß sie ihn austrieben, und sie konnten nicht.

⁴¹Da antwortete Jesus und sprach: O du ungläubige und verkehrte Art, wie lange soll ich bei euch sein und euch dulden? Bringe deinen Sohn her!

⁴²Und da er zu ihm kam, riß ihn der Teufel und zerrte ihn. Jesus aber bedrohte den unsaubern Geist und machte den Knaben gesund und gab ihn seinem Vater wieder.

⁴³Und sie entsetzten sich alle über die Herrlichkeit Gottes. Da sie sich aber alle verwunderten über alles, was er tat, sprach er zu seinen Jüngern:

⁴⁴Fasset ihr zu euren Ohren diese Rede: Des Menschen Sohn muß

überantwortet werden in der Menschen Hände.

⁴⁵Aber das Wort verstanden sie nicht, und es ward vor ihnen verborgen, daß sie es nicht begriffen. Und sie fürchteten sich, ihn zu fragen um dieses Wort.

⁴⁶Es kam auch ein Gedanke unter sie, welcher unter ihnen der Größte wäre.

⁴⁷Da aber Jesus den Gedanken ihres Herzens sah, ergriff er ein Kind und stellte es neben sich

⁴⁸und sprach zu ihnen: Wer dies Kind aufnimmt in meinem Namen, der nimmt mich auf; und wer mich aufnimmt, der nimmt den auf, der mich gesandt hat. Welcher aber der Kleinste ist unter euch allen, der wird groß sein.

⁴⁹Da antwortete Johannes und sprach: Meister, wir sahen einen, der trieb die Teufel aus in deinem Namen; und wir wehrten ihm, denn er folgt dir nicht mit uns.

⁵⁰Und Jesus sprach zu ihm: Wehret ihm nicht; denn wer nicht wider uns ist, der ist für uns.

⁵¹Es begab sich aber, da die Zeit erfüllet war, daß er sollte von hinnen genommen werden, wendete er sein Angesicht, stracks gen Jerusalem zu wandeln.

⁵²Und er sandte Boten vor sich hin; die gingen hin und kamen in einen Markt der Samariter, daß sie ihm Herberge bestellten.

⁵³Und sie nahmen ihn nicht an, darum daß er sein Angesicht gewendet hatte, zu wandeln gen Jerusalem.

⁵⁴Da aber das seine Jünger Jakobus und Johannes sahen, sprachen sie: HERR, willst du, so wollen wir sagen, daß Feuer vom Himmel falle und verzehre sie, wie Elia tat.

⁵⁵Jesus aber wandte sich um und bedrohte sie und sprach: Wisset ihr nicht, welches Geistes Kinder ihr seid?

⁵⁶Des Menschen Sohn ist nicht gekommen, der Menschen Seelen zu verderben, sondern zu erhalten.

⁵⁷Und sie gingen in einen anderen Markt. Es begab sich aber, da sie auf dem Wege waren, sprach einer zu ihm: Ich will dir folgen, wo du hin gehst.

⁵⁸Und Jesus sprach zu ihm: Die Füchse haben Gruben, und die Vögel unter dem Himmel haben Nester; aber des Menschen Sohn hat nicht, da er sein Haupt hin lege.

⁵⁹Und er sprach zu einem andern: Folge mir nach! Der sprach aber: HERR, erlaube mir, daß ich zuvor hingehe und meinen Vater begrabe.

⁶⁰Aber Jesus sprach zu ihm: Laß die Toten ihre Toten begraben; gehe du aber hin und verkündige das Reich Gottes!

⁶¹Und ein anderer sprach: HERR, ich will dir nachfolgen; aber erlaube mir zuvor, daß ich einen Abschied mache mit denen, die in meinem Hause sind.

⁶²Jesus aber sprach zu ihm: Wer seine Hand an den Pflug legt und sieht zurück, der ist nicht geschickt zum Reich Gottes.

Kapitel 10

¹Darnach sonderte der HERR andere siebzig aus und sandte sie je zwei und zwei vor ihm her in alle Städte und Orte, da er wollte hinkommen,

²und sprach zu ihnen: Die Ernte ist groß, der Arbeiter aber sind wenige. Bittet den HERRN der Ernte, daß er Arbeiter aussende in seine Ernte.

³Gehet hin; siehe, ich sende euch als die Lämmer mitten unter die Wölfe.

⁴Tragt keinen Beutel noch Tasche noch Schuhe und grüßet niemand auf der Straße.

⁵Wo ihr in ein Haus kommt, da sprecht zuerst: Friede sei in diesem Hause!

⁶Und so daselbst wird ein Kind des Friedens sein, so wird euer Friede auf ihm beruhen; wo aber nicht, so wird sich euer Friede wieder zu euch wenden.

⁷In dem Hause aber bleibet, esset und trinket, was sie haben; denn ein Arbeiter ist seines Lohnes wert. Ihr sollt nicht von einem Hause zum anderen gehen.

⁸Und wo ihr in eine Stadt kommt und sie euch aufnehmen, da esset, was euch wird vorgetragen;

⁹und heilet die Kranken, die daselbst sind, und saget ihnen: Das Reich Gottes ist nahe zu euch gekommen.

¹⁰Wo ihr aber in eine Stadt kommt, da sie euch nicht aufnehmen, da geht heraus auf ihre Gassen und sprecht:

¹¹Auch den Staub, der sich an uns gehängt hat von eurer Stadt, schlagen wir ab auf euch; doch sollt ihr wissen, daß euch das Reich Gottes nahe gewesen ist.

¹²Ich sage euch: Es wird Sodom erträglicher gehen an jenem Tage denn solcher Stadt.

¹³Weh dir Chorazin! Weh dir Bethsaida! Denn wären solche Taten zu Tyrus oder Sidon geschehen, die bei euch geschehen sind, sie hätten vorzeiten im Sack und in der Asche gesessen und Buße getan.

¹⁴Doch es wird Tyrus und Sidon erträglicher gehen im Gericht als euch.

¹⁵Und du, Kapernaum, die du bis an den Himmel erhoben bist, du wirst in die Hölle hinunter gestoßen werden.

¹⁶Wer euch hört, der hört mich; und wer euch verachtet, der verachtet mich; wer aber mich verachtet, der verachtet den, der mich gesandt hat.

¹⁷Die Siebzig aber kamen wieder mit Freuden und sprachen: HERR, es sind uns auch die Teufel untertan in deinem Namen.

¹⁸Er sprach aber zu ihnen: Ich sah wohl den Satanas vom Himmel fallen als einen Blitz.

¹⁹Sehet, ich habe euch Macht gegeben, zu treten auf Schlangen und Skorpione, und über alle Gewalt des Feindes; und nichts wird euch beschädigen.

²⁰Doch darin freuet euch nicht, daß euch die Geister untertan sind. Freuet euch aber, daß eure Namen im Himmel geschrieben sind.

²¹Zu der Stunde freute sich Jesus im Geist und sprach: Ich preise dich, Vater und HERR des Himmels und der Erde, daß du solches verborgen hast den Weisen und Klugen, und hast es offenbart den Unmündigen. Ja, Vater, also war es wohlgefällig vor dir.

²²Es ist mir alles übergeben von meinem Vater. Und niemand weiß, wer der Sohn sei, denn nur der Vater; noch wer der Vater sei, denn nur der Sohn und welchem es der Sohn will offenbaren.

²³Und er wandte sich zu seinen Jüngern und sprach insonderheit: Selig sind die Augen, die da sehen, was ihr sehet.

²⁴Denn ich sage euch: Viele Propheten und Könige wollten sehen, was ihr sehet, und haben's nicht gesehen, und hören, was ihr höret, und haben's nicht gehört.

²⁵Und siehe, da stand ein Schriftgelehrter auf, versuchte ihn und sprach: Meister, was muß ich tun, daß ich das ewige Leben ererbe?

²⁶Er aber sprach zu ihm: Wie steht im Gesetz geschrieben? Wie lieset du?

²⁷Er antwortete und sprach: "Du sollst Gott, deinen HERRN, lieben von ganzem Herzen, von ganzer Seele, von allen Kräften und von ganzem Gemüte und deinen Nächsten als dich selbst."

²⁸Er aber sprach zu ihm: Du hast recht geantwortet; tue das, so wirst du leben.

²⁹Er aber wollte sich selbst rechtfertigen und sprach zu Jesus: "Wer ist denn mein Nächster?"

³⁰Da antwortete Jesus und sprach: Es war ein Mensch, der ging von Jerusalem hinab gen Jericho und fiel unter die Mörder; die zogen ihn aus und schlugen ihn und gingen davon und ließen ihn halbtot liegen.

³¹Es begab sich aber ungefähr, daß ein Priester dieselbe Straße hinabzog; und da er ihn sah, ging er vorüber.

³²Desgleichen auch ein Levit; da er kam zu der Stätte und sah ihn, ging er vorüber.

³³Ein Samariter aber reiste und kam dahin; und da er ihn sah, jammerte ihn sein,

³⁴ging zu ihm, verband ihm seine Wunden und goß darein Öl und Wein und hob ihn auf sein Tier und führte ihn in die Herberge und pflegte sein.

³⁵Des anderen Tages reiste er und zog heraus zwei Groschen und gab sie dem Wirte und sprach zu ihm: Pflege sein; und so du was mehr wirst dartun, will ich dir's bezahlen, wenn ich wiederkomme.

³⁶Welcher dünkt dich, der unter diesen Dreien der Nächste sei gewesen dem, der unter die Mörder gefallen war?

³⁷Er sprach: Der die Barmherzigkeit an ihn tat. Da sprach Jesus zu ihm: So gehe hin und tue desgleichen!

³⁸Es begab sich aber, da sie wandelten, ging er in einen Markt. Da war ein Weib mit Namen Martha, die nahm ihn auf in ihr Haus.

³⁹Und sie hatte eine Schwester, die hieß Maria; die setzte sich zu Jesu Füßen und hörte seiner Rede zu.

⁴⁰Martha aber machte sich viel zu schaffen, ihm zu dienen. Und sie trat hinzu und sprach: HERR, fragst du nicht darnach, daß mich meine Schwester läßt allein dienen? Sage ihr doch, daß sie es auch angreife!

⁴¹Jesus aber antwortete und sprach zu ihr: Martha, Martha, du hast viel Sorge und Mühe;

⁴²eins aber ist not. Maria hat das gute Teil erwählt; das soll nicht von ihr genommen werden.

Lukas
Kapitel 11

¹Und es begab sich, daß er war an einem Ort und betete. Und da er aufgehört hatte, sprach seiner Jünger einer zu ihm: HERR, lehre uns beten, wie auch Johannes seine Jünger lehrte.

²Und er sprach zu ihnen: Wenn ihr betet, so sprecht: Unser Vater im Himmel, dein Name werde geheiligt. Dein Reich komme. Dein Wille geschehe auf Erden wie im Himmel.

³Gib uns unser täglich Brot immerdar.

⁴Und vergib uns unsre Sünden, denn auch wir vergeben allen, die uns schuldig sind. Und führe uns nicht in Versuchung, sondern erlöse uns von dem Übel.

⁵Und er sprach zu ihnen: Welcher ist unter euch, der einen Freund hat und ginge zu ihm zu Mitternacht und spräche zu ihm: Lieber Freund, leihe mir drei Brote;

⁶denn es ist mein Freund zu mir gekommen von der Straße, und ich habe nicht, was ich ihm vorlege;

⁷und er drinnen würde antworten und sprechen: Mache mir keine Unruhe! die Tür ist schon zugeschlossen, und meine Kindlein sind bei mir in der Kammer; ich kann nicht aufstehen und dir geben.

⁸Ich sage euch: Und ob er nicht aufsteht und gibt ihm, darum daß er sein Freund ist, so wird er doch um seines unverschämten Geilens willen aufstehen und ihm geben, wieviel er bedarf.

⁹Und ich sage euch auch: Bittet, so wird euch gegeben; suchet, so werdet ihr finden; klopfet an, so wird euch aufgetan.

¹⁰Denn wer da bittet, der nimmt; und wer da sucht, der findet; und wer da anklopft, dem wird aufgetan.

¹¹Wo bittet unter euch ein Sohn den Vater ums Brot, der ihm einen Stein dafür biete? und, so er um einen Fisch bittet, der ihm eine Schlange für den Fisch biete?

¹²oder, so er um ein Ei bittet, der ihm einen Skorpion dafür biete?

¹³So denn ihr, die ihr arg seid, könnet euren Kindern gute Gaben geben, wie viel mehr wird der Vater im Himmel den heiligen Geist geben denen, die ihn bitten!

¹⁴Und er trieb einen Teufel aus, der war stumm. Und es geschah, da der Teufel ausfuhr, da redete der Stumme. Und das Volk verwunderte sich.

¹⁵Etliche aber unter ihnen sprachen: Er treibt die Teufel aus durch Beelzebub, den Obersten der Teufel.

¹⁶Die andern aber versuchten ihn und begehrten ein Zeichen von ihm vom Himmel.

¹⁷Er aber erkannte ihre Gedanken und sprach zu ihnen: Ein jeglich Reich, so es mit sich selbst uneins wird, das wird wüst; und ein Haus fällt über das andere.

¹⁸Ist denn der Satanas auch mit sich selbst uneins, wie will sein Reich bestehen? dieweil ihr sagt, ich treibe die Teufel aus durch Beelzebub.

¹⁹So aber ich die Teufel durch Beelzebub austreibe, durch wen treiben sie eure Kinder aus? Darum werden sie eure Richter sein.

²⁰So ich aber durch Gottes Finger die Teufel austreibe, so kommt ja das Reich Gottes zu euch.

²¹Wenn ein starker Gewappneter seinen Palast bewahrt, so bleibt das seine mit Frieden.

²²Wenn aber ein Stärkerer über ihn kommt und überwindet ihn, so nimmt er ihm seinen Harnisch, darauf er sich verließ, und teilt den Raub aus.

²³Wer nicht mit mir ist, der ist wider mich; und wer nicht mit mir sammelt, der zerstreut.

²⁴Wenn der unsaubere Geist von dem Menschen ausfährt, so durchwandelt er dürre Stätten, sucht Ruhe und findet sie nicht, so spricht er: Ich will wieder umkehren in mein Haus, daraus ich gegangen bin.

²⁵Und wenn er kommt, so findet er's gekehrt und geschmückt.

²⁶Dann geht er hin und nimmt sieben Geister zu sich, die ärger sind denn er selbst; und wenn sie hineinkommen, wohnen sie da, und es wird hernach mit demselben Menschen ärger denn zuvor.

²⁷Und es begab sich, da er solches redete, erhob ein Weib im Volk die Stimme und sprach zu ihm: Selig ist der Leib, der dich getragen hat, und die Brüste, die du gesogen hast.

²⁸Er aber sprach: Ja, selig sind, die das Wort Gottes hören und bewahren.

²⁹Das Volk aber drang hinzu. Da fing er an und sagte: Dies ist eine arge Art; sie begehrt ein Zeichen, und es wird ihr kein Zeichen gegeben denn nur das Zeichen des Propheten Jona.

³⁰Denn wie Jona ein Zeichen war den Niniviten, also wird des Menschen Sohn sein diesem Geschlecht.

³¹Die Königin von Mittag wird auftreten vor dem Gericht mit den Leuten dieses Geschlechts und wird sie verdammen; denn sie kam von der Welt Ende, zu hören die Weisheit Salomos. Und siehe, hier ist mehr denn Salomo.

³²Die Leute von Ninive werden auftreten vor dem Gericht mit diesem Geschlecht und werden's verdammen; denn sie taten Buße nach der Predigt des Jona. Und siehe, hier ist mehr denn Jona.

³³Niemand zündet ein Licht an und setzt es an einen heimlichen Ort, auch nicht unter einen Scheffel, sondern auf den Leuchter, auf daß, wer hineingeht, das Licht sehe.

³⁴Das Auge ist des Leibes Licht. Wenn nun dein Auge einfältig ist, so ist dein ganzer Leib licht; so aber dein Auge ein Schalk ist, so ist auch dein Leib finster.

³⁵So schaue darauf, daß nicht das Licht in dir Finsternis sei.

³⁶Wenn nun dein Leib ganz licht ist, daß er kein Stück von Finsternis hat, so wird er ganz licht sein, wie wenn ein Licht mit hellem Blitz dich erleuchtet.

³⁷Da er aber in der Rede war, bat ihn ein Pharisäer, daß er mit ihm das Mittagsmahl äße. Und er ging hinein und setzte sich zu Tische.

³⁸Da das der Pharisäer sah, verwunderte er sich, daß er sich nicht vor dem Essen gewaschen hätte.

³⁹Der HERR aber sprach zu ihm: Ihr Pharisäer haltet die Becher und Schüsseln auswendig reinlich, aber euer Inwendiges ist voll Raubes und Bosheit.

⁴⁰Ihr Narren, meinet ihr, daß es inwendig rein sei, wenn's auswendig rein ist?

⁴¹Doch gebt Almosen von dem, was da ist, siehe, so ist's euch alles rein.

⁴²Aber weh euch Pharisäern, daß ihr verzehnt die Minze und Raute und allerlei Kohl, und geht vorbei an dem Gericht und an der Liebe Gottes! Dies sollte man tun und jenes nicht lassen.

⁴³Weh euch Pharisäern, daß ihr gerne obenan sitzt in den Schulen und wollt gegrüßt sein auf dem Markte.

⁴⁴Weh euch, Schriftgelehrte und Pharisäer, ihr Heuchler, daß ihr seid wie die verdeckten Totengräber, darüber die Leute laufen, und kennen sie nicht!

⁴⁵Da antwortete einer von den Schriftgelehrten und sprach zu ihm: Meister, mit den Worten schmähst du uns auch.

⁴⁶Er aber sprach: Und weh auch euch Schriftgelehrten! denn ihr beladet die Menschen mit unerträglichen Lasten, und ihr rührt sie nicht mit einem Finger an.

⁴⁷Weh euch! denn ihr baut der Propheten Gräber; eure Väter aber haben sie getötet.

⁴⁸So bezeugt ihr und willigt in eurer Väter Werke; denn sie töteten sie, so baut ihr ihre Gräber.

⁴⁹Darum spricht die Weisheit Gottes: Ich will Propheten und Apostel zu ihnen senden, und derselben werden sie etliche töten und verfolgen;

⁵⁰auf daß gefordert werde von diesem Geschlecht aller Propheten Blut, das vergossen ist, seit der Welt Grund gelegt ist,

⁵¹von Abels Blut an bis auf das Blut des Zacharias, der umkam zwischen dem Altar und Tempel. Ja, ich sage euch: Es wird gefordert werden von diesem Geschlecht.

⁵²Weh euch Schriftgelehrten! denn ihr habt den Schlüssel der Erkenntnis weggenommen. Ihr kommt nicht hinein und wehret denen, die hinein wollen.

⁵³Da er aber solches zu ihnen sagte, fingen an die Schriftgelehrten und Pharisäer, hart auf ihn zu dringen und ihm mit mancherlei Fragen zuzusetzen,

⁵⁴und lauerten auf ihn und suchten, ob sie etwas erjagen könnten aus seinem Munde, daß sie eine Sache wider ihn hätten.

Kapitel 12

¹Es lief das Volk zu und kamen etliche Tausend zusammen, also daß sie sich untereinander traten. Da fing er an und sagte zu seinen Jüngern: Zum ersten hütet euch vor dem Sauerteig der Pharisäer, welches ist die Heuchelei.

²Es ist aber nichts verborgen, das nicht offenbar werde, noch heimlich, das man nicht wissen werde.

³Darum, was ihr in der Finsternis saget, das wird man im Licht hören; was ihr redet ins Ohr in den Kammern, das wird man auf den Dächern predigen.

⁴Ich sage euch aber, meinen Freunden: Fürchtet euch nicht vor denen die den Leib töten, und darnach nichts mehr tun können.

⁵Ich will euch aber zeigen, vor welchem ihr euch fürchten sollt: Fürchtet euch vor dem, der, nachdem er getötet hat, auch Macht hat, zu werfen in die Hölle. Ja, ich sage euch, vor dem fürchtet euch.

⁶Verkauft man nicht fünf Sperlinge um zwei Pfennige? Dennoch ist vor Gott deren nicht eines vergessen.

⁷Aber auch die Haare auf eurem Haupt sind alle gezählt. Darum fürchtet euch nicht; ihr seid besser denn viele Sperlinge.

⁸Ich aber sage euch: Wer mich bekennet vor den Menschen, den wird auch des Menschen Sohn bekennen vor den Engeln Gottes.

⁹Wer mich aber verleugnet vor den Menschen, der wird verleugnet werden vor den Engeln Gottes.

¹⁰Und wer da redet ein Wort wider des Menschen Sohn, dem soll es vergeben werden; wer aber lästert den heiligen Geist, dem soll es nicht vergeben werden.

¹¹Wenn sie euch aber führen werden in ihre Schulen und vor die Obrigkeit und vor die Gewaltigen, so sorget nicht, wie oder was ihr antworten oder was ihr sagen sollt;

¹²denn der heilige Geist wird euch zu derselben Stunde lehren, was ihr sagen sollt.

¹³Es sprach aber einer aus dem Volk zu ihm: Meister, sage meinem Bruder, daß er mit mir das Erbe teile.

¹⁴Er aber sprach zu ihm: Mensch, wer hat mich zum Richter oder Erbschichter über euch gesetzt?

¹⁵Und er sprach zu ihnen: Sehet zu und hütet euch vor dem Geiz; denn niemand lebt davon, daß er viele Güter hat.

¹⁶Und er sagte ihnen ein Gleichnis und sprach: Es war ein reicher Mensch, das Feld hatte wohl getragen.

¹⁷Und er gedachte bei sich selbst und sprach: Was soll ich tun? Ich habe nicht, da ich meine Früchte hin sammle.

¹⁸Und sprach: Das will ich tun: ich will meine Scheunen abbrechen und größere bauen und will drein sammeln alles, was mir gewachsen ist, und meine Güter;

¹⁹und will sagen zu meiner Seele: Liebe Seele, du hast einen großen Vorrat auf viele Jahre; habe nun Ruhe, iß, trink und habe guten Mut!

²⁰Aber Gott sprach zu ihm: Du Narr! diese Nacht wird man deine Seele von dir fordern; und wes wird's sein, das du bereitet hast?

²¹Also geht es, wer sich Schätze sammelt und ist nicht reich in Gott.

²²Er sprach aber zu seinen Jüngern: Darum sage ich euch: Sorget nicht für euer Leben, was ihr essen sollt, auch nicht für euren Leib, was ihr antun sollt.

²³Das Leben ist mehr denn die Speise, und der Leib mehr denn die Kleidung.

²⁴Nehmet wahr der Raben: die sähen nicht, sie ernten auch nicht, sie haben auch keinen Keller noch Scheune; und Gott nährt sie doch. Wie viel aber seid ihr besser denn die Vögel!

²⁵Welcher ist unter euch, ob er schon darum sorget, der da könnte eine Elle seiner Länge zusetzen?

²⁶So ihr denn das Geringste nicht vermöget, warum sorgt ihr für das andere?

²⁷Nehmet wahr der Lilien auf dem Felde, wie sie wachsen: sie arbeiten nicht, auch spinnen sie nicht. Ich sage euch aber, daß auch Salomo in aller seiner Herrlichkeit nicht ist bekleidet gewesen als deren eines.

²⁸So denn das Gras, das heute auf dem Felde steht und morgen in den Ofen geworfen wird, Gott also kleidet, wie viel mehr wird er euch kleiden, ihr Kleingläubigen!

²⁹Darum auch ihr, fraget nicht darnach, was ihr essen oder was ihr trinken sollt, und fahret nicht hoch her.

³⁰Nach solchem allen trachten die Heiden in der Welt; aber euer Vater weiß wohl, das ihr des bedürfet.

³¹Doch trachtet nach dem Reich Gottes, so wird euch das alles zufallen.

³²Fürchte dich nicht, du kleine Herde! denn es ist eures Vaters Wohlgefallen, euch das Reich zu geben.

³³Verkaufet, was ihr habt, und gebt Almosen. Machet euch Beutel, die nicht veralten, einen Schatz, der nimmer abnimmt, im Himmel, da kein Dieb zukommt, und keine Motten fressen.

³⁴Denn wo euer Schatz ist, da wird auch euer Herz sein.

³⁵Lasset eure Lenden umgürtet sein und eure Lichter brennen

³⁶und seid gleich den Menschen, die auf ihren Herrn warten, wann er aufbrechen wird von der Hochzeit, auf daß, wenn er kommt und anklopft, sie ihm alsbald auftun.

³⁷Selig sind die Knechte, die der Herr, so er kommt, wachend findet. Wahrlich, ich sage euch: Er wird sich aufschürzen und wird sie zu Tische setzen und vor ihnen umgehen und ihnen dienen.

³⁸Und so er kommt in der anderen Wache und in der dritten Wache und wird's also finden: selig sind diese Knechte.

³⁹Das sollt ihr aber wissen: Wenn ein Hausherr wüßte, zu welcher Stunde der Dieb käme, so wachte er und ließe nicht in sein Haus brechen.

⁴⁰Darum seid auch ihr bereit; denn des Menschen Sohn wird kommen zu der Stunde, da ihr's nicht meinet.

⁴¹Petrus aber sprach zu ihm: HERR, sagst du dies Gleichnis zu uns oder auch zu allen?

⁴²Der HERR aber sprach: Wie ein großes Ding ist's um einen treuen und klugen Haushalter, welchen der Herr setzt über sein Gesinde, daß er ihnen zur rechten Zeit ihre Gebühr gebe!

⁴³Selig ist der Knecht, welchen sein Herr findet tun also, wenn er kommt.

⁴⁴Wahrlich, ich sage euch: Er wird ihn über alle seine Güter setzen.

⁴⁵So aber der Knecht in seinem Herzen sagen wird: Mein Herr verzieht zu kommen, und fängt an, zu schlagen die Knechte und Mägde, auch zu essen und zu trinken und sich vollzusaufen:

⁴⁶so wird des Knechtes Herr kommen an dem Tage, da er sich's nicht versieht, und zu der Stunde, die er nicht weiß, und wird ihn zerscheitern und wird ihm seinen Lohn geben mit den Ungläubigen.

⁴⁷Der Knecht aber, der seines Herrn Willen weiß, und hat sich nicht bereitet, auch nicht nach seinem Willen getan, der wird viel Streiche leiden müssen.

⁴⁸Der es aber nicht weiß, hat aber getan, was der Streiche wert ist, wird wenig Streiche leiden. Denn welchem viel gegeben ist, bei dem wird man viel suchen; und welchem viel befohlen ist, von dem wird man viel fordern.

⁴⁹Ich bin gekommen, daß ich ein Feuer anzünde auf Erden; was wollte ich lieber, denn es brennete schon!

⁵⁰Aber ich muß mich zuvor taufen lassen mit einer Taufe; wie ist mir so bange, bis sie vollendet werde!

⁵¹Meinet ihr, daß ich hergekommen bin, Frieden zu bringen auf Erden? Ich sage: Nein, sondern Zwietracht.

⁵²Denn von nun an werden fünf in einem Hause uneins sein, drei wider zwei, und zwei wider drei.

⁵³Es wird sein der Vater wider den Sohn, und der Sohn wider den Vater; die Mutter wider die Tochter, und die Tochter wider die Mutter; die Schwiegermutter wider die Schwiegertochter, und die Schwiegertochter wider die Schwiegermutter.

⁵⁴Er sprach aber zu dem Volk: Wenn ihr eine Wolke sehet aufgehen am Abend, so sprecht ihr alsbald: Es kommt ein Regen, und es geschieht also.

⁵⁵Und wenn ihr sehet den Südwind wehen, so sprecht ihr: Es wird heiß werden, und es geschieht also.

⁵⁶Ihr Heuchler! die Gestalt der Erde und des Himmels könnt ihr prüfen; wie prüft ihr aber diese Zeit nicht?

⁵⁷Warum richtet ihr aber nicht von euch selber, was recht ist?

⁵⁸So du aber mit deinem Widersacher vor den Fürsten gehst, so tu Fleiß auf dem Wege, das du ihn los werdest, auf daß er nicht etwa dich vor den Richter ziehe, und der Richter überantworte dich dem Stockmeister, und der Stockmeister werfe dich ins Gefängnis.

⁵⁹Ich sage dir: Du wirst von dannen nicht herauskommen, bis du den allerletzten Heller bezahlest.

Kapitel 13

¹Es waren aber zu der Zeit etliche dabei, die verkündigten ihm von den Galiläern, deren Blut Pilatus mit ihrem Opfer vermischt hatte.

²Und Jesus antwortete und sprach zu ihnen: Meinet ihr, daß diese Galiläer vor allen Galiläern Sünder gewesen sind, dieweil sie das erlitten haben?

³Ich sage: Nein; sondern so ihr euch nicht bessert, werdet ihr alle auch also umkommen.

⁴Oder meinet ihr, daß die achtzehn, auf die der Turm von Siloah fiel und erschlug sie, seien schuldig gewesen vor allen Menschen, die zu Jerusalem wohnen?

⁵Ich sage: Nein; sondern so ihr euch nicht bessert, werdet ihr alle auch also umkommen.

⁶Er sagte ihnen aber dies Gleichnis: Es hatte einer einen Feigenbaum, der war gepflanzt in seinem Weinberge; und er kam und suchte Frucht darauf, und fand sie nicht.

⁷Da sprach er zu dem Weingärtner: Siehe, ich bin nun drei Jahre lang alle Jahre gekommen und habe Frucht gesucht auf diesem Feigenbaum, und finde sie nicht. Haue ihn ab! was hindert er das Land?

⁸Er aber antwortete und sprach zu ihm: Herr, laß ihn noch dies Jahr, bis daß ich um ihn grabe und bedünge ihn,

⁹ob er wolle Frucht bringen, wo nicht so haue ihn darnach ab.

¹⁰Und er lehrte in einer Schule am Sabbat.

¹¹Und siehe, ein Weib war da, das hatte einen Geist der Krankheit achtzehn Jahre; und sie war krumm und konnte nicht wohl aufsehen.

¹²Da sie aber Jesus sah, rief er sie zu sich und sprach zu ihr: Weib, sei los von deiner Krankheit!

¹³Und legte die Hände auf sie; und alsobald richtete sie sich auf und pries Gott.

¹⁴Da antwortete der Oberste der Schule und war unwillig, daß Jesus am Sabbat heilte, und sprach zu dem Volk: Es sind sechs Tage, an denen man arbeiten soll; an ihnen kommt und laßt euch heilen, und nicht am Sabbattage.

¹⁵Da antwortete ihm der HERR und sprach: Du Heuchler! löst nicht ein jeglicher unter euch seinen Ochsen oder Esel von der Krippe am Sabbat und führt ihn zur Tränke?

¹⁶Sollte aber nicht gelöst werden am Sabbat diese, die doch Abrahams Tochter ist, von diesem Bande, welche Satanas gebunden hatte nun wohl achtzehn Jahre?

¹⁷Und als er solches sagte, mußten sich schämen alle, die ihm zuwider gewesen waren; und alles Volk freute sich über alle herrlichen Taten, die von ihm geschahen.

¹⁸Er sprach aber: Wem ist das Reich Gottes gleich, und wem soll ich's vergleichen?

¹⁹Es ist einem Senfkorn gleich, welches ein Mensch nahm und warf's in seinen Garten; und es wuchs und ward ein großer Baum, und die Vögel des Himmels wohnten unter seinen Zweigen.

²⁰Und abermals sprach er: Wem soll ich das Reich Gottes vergleichen?

²¹Es ist einem Sauerteige gleich, welchen ein Weib nahm und verbarg ihn unter drei Scheffel Mehl, bis daß es ganz sauer ward.

²²Und er ging durch Städte und Märkte und lehrte und nahm seinen Weg gen Jerusalem.

²³Es sprach aber einer zu ihm: HERR, meinst du, daß wenige selig werden? Er aber sprach zu ihnen:

²⁴Ringet darnach, daß ihr durch die enge Pforte eingehet; denn viele werden, das sage ich euch, darnach trachten, wie sie hineinkommen, und werden's nicht tun können.

²⁵Von dem an, wenn der Hauswirt aufgestanden ist und die Tür verschlossen hat, da werdet ihr dann anfangen draußen zu stehen und an die Tür klopfen und sagen: HERR, HERR, tu uns auf! Und er wird antworten und zu euch sagen: Ich kenne euch nicht, wo ihr her seid?

²⁶So werdet ihr dann anfangen zu sagen: Wir haben vor dir gegessen und getrunken, und auf den Gassen hast du uns gelehrt.

²⁷Und er wird sagen: Ich sage euch: Ich kenne euch nicht, wo ihr her seid; weichet alle von mir, ihr Übeltäter.

²⁸Da wird sein Heulen und Zähneklappen, wenn ihr sehen werdet Abraham und Isaak und Jakob und alle Propheten im Reich Gottes, euch aber hinausgestoßen.

²⁹Und es werden kommen vom Morgen und vom Abend, von Mitternacht und vom Mittage, die zu Tische sitzen werden im Reich Gottes.

³⁰Und siehe, es sind Letzte, die werden die Ersten sein, und sind Erste, die werden die Letzten sein.

³¹An demselben Tage kamen etliche Pharisäer und sprachen zu ihm: Hebe dich hinaus und gehe von hinnen; denn Herodes will dich töten!

³²Und er sprach zu ihnen: Gehet hin und saget diesem Fuchs: Siehe, ich treibe Teufel aus und mache gesund heut und morgen, und am dritten Tage werde ich ein Ende nehmen.

³³Doch muß ich heute und morgen und am Tage darnach wandeln; denn es tut's nicht, daß ein Prophet umkomme außer Jerusalem.

³⁴Jerusalem, Jerusalem, die du tötest die Propheten und steinigest, die zu dir gesandt werden, wie oft habe ich wollen deine Kinder versammeln, wie eine Henne ihr Nest unter ihre Flügel, und ihr habt nicht gewollt!

³⁵Sehet, euer Haus soll euch wüst gelassen werden. Denn ich sage euch: Ihr werdet mich nicht sehen, bis daß es komme, daß ihr sagen werdet: Gelobt ist, der da kommt im Namen des HERRN!

Kapitel 14

¹Und es begab sich, daß er kam in ein Haus eines Obersten der Pharisäer an einem Sabbat, das Brot zu essen; und sie hatten acht auf ihn.

²Und siehe, da war ein Mensch vor ihm, der war wassersüchtig.

³Und Jesus antwortete und sagte zu den Schriftgelehrten und Pharisäern und sprach: Ist's auch recht, am Sabbat zu heilen?

⁴Sie aber schwiegen still. Und er griff ihn an und heilte ihn und ließ ihn gehen.

⁵Und antwortete und sprach zu ihnen: Welcher ist unter euch, dem sein Ochse oder Esel in den Brunnen fällt, und der nicht alsbald ihn herauszieht am Sabbattage?

⁶Und sie konnten ihm darauf nicht wieder Antwort geben.

⁷Er sagte aber ein Gleichnis zu den Gästen, da er merkte, wie sie erwählten obenan zu sitzen, und sprach zu ihnen:

⁸Wenn du von jemand geladen wirst zur Hochzeit, so setze dich nicht obenan, daß nicht etwa ein Vornehmerer denn du von ihm geladen sei,

⁹und dann komme, der dich und ihn geladen hat, und spreche zu dir: Weiche diesem! und du müssest dann mit Scham untenan sitzen.

¹⁰Sondern wenn du geladen wirst, so gehe hin und setze dich untenan, auf daß, wenn da kommt, der dich geladen hat, er spreche zu dir: Freund, rücke hinauf! Dann wirst du Ehre haben vor denen, die mit dir am Tische sitzen.

¹¹Denn wer sich selbst erhöht, der soll erniedrigt werden; und wer sich selbst erniedrigt, der soll erhöht werden.

¹²Er sprach auch zu dem, der ihn geladen hatte: Wenn du ein Mittags-oder Abendmahl machst, so lade nicht deine Freunde noch deine Brüder noch deine Gefreunden noch deine Nachbarn, die da reich sind, auf daß sie dich nicht etwa wieder laden und dir vergolten werde.

¹³Sondern wenn du ein Mahl machst, so lade die Armen, die Krüppel, die Lahmen, die Blinden,

¹⁴so bist du selig; denn sie haben's dir nicht zu vergelten, es wird dir aber vergolten werden in der Auferstehung der Gerechten.

¹⁵Da aber solches hörte einer, der mit zu Tische saß, sprach er zu ihm: Selig ist, der das Brot ißt im Reiche Gottes.

¹⁶Er aber sprach zu ihm: Es war ein Mensch, der machte ein großes Abendmahl und lud viele dazu.

¹⁷Und sandte seinen Knecht aus zur Stunde des Abendmahls, zu sagen den Geladenen: Kommt, denn es ist alles bereit!

¹⁸Und sie fingen an, alle nacheinander, sich zu entschuldigen. Der erste sprach zu ihm: Ich habe einen Acker gekauft und muß hinausgehen und ihn besehen; ich bitte dich, entschuldige mich.

¹⁹Und der andere sprach: Ich habe fünf Joch Ochsen gekauft, und ich gehe jetzt hin, sie zu besehen; ich bitte dich, entschuldige mich.

²⁰Und der dritte sprach: Ich habe ein Weib genommen, darum kann ich nicht kommen.

²¹Und der Knecht kam und sagte das seinem Herrn wieder. Da ward der Hausherr zornig und sprach zu seinem Knechte: Gehe aus schnell auf die Straßen und Gassen der Stadt und führe die Armen und Krüppel und Lahmen und Blinden herein.

²²Und der Knecht sprach: Herr, es ist geschehen, was du befohlen hast; es ist aber noch Raum da.

²³Und der Herr sprach zu dem Knechte: Gehe aus auf die Landstraßen und an die Zäune und nötige sie hereinzukommen, auf das mein Haus voll werde.

²⁴Ich sage euch aber, daß der Männer keiner, die geladen waren mein Abendmahl schmecken wird.

²⁵Es ging aber viel Volks mit ihm; und er wandte sich und sprach zu ihnen:

²⁶So jemand zu mir kommt und haßt nicht seinen Vater, Mutter, Weib, Kinder, Brüder, Schwestern, auch dazu sein eigen Leben, der kann nicht mein Jünger sein.

²⁷Und wer nicht sein Kreuz trägt und mir nachfolgt, der kann nicht mein Jünger sein.

²⁸Wer ist aber unter euch, der einen Turm bauen will, und sitzt nicht zuvor und überschlägt die Kosten, ob er's habe, hinauszuführen?

²⁹auf daß nicht, wo er Grund gelegt hat und kann's nicht hinausführen, alle, die es sehen, fangen an, sein zu spotten,

³⁰und sagen: Dieser Mensch hob an zu bauen, und kann's nicht hinausführen.

³¹Oder welcher König will sich begeben in einen Streit wider einen andern König und sitzt nicht zuvor und ratschlagt, ob er könne mit zehntausend begegnen dem, der über ihn kommt mit zwanzigtausend?

³²Wo nicht, so schickt er Botschaft, wenn jener noch ferne ist, und bittet um Frieden.

³³Also muß auch ein jeglicher unter euch, der nicht absagt allem, was er hat, kann nicht mein Jünger sein.

³⁴Das Salz ist ein gutes Ding; wo aber das Salz dumm wird, womit wird man's würzen?

³⁵Es ist weder auf das Land noch in den Mist nütze, sondern man wird's wegwerfen. Wer Ohren hat, zu hören, der höre!

Kapitel 15

¹Es nahten aber zu ihm allerlei Zöllner und Sünder, daß sie ihn hörten.

²Und die Pharisäer und Schriftgelehrten murrten und sprachen: Dieser nimmt die Sünder an und isset mit ihnen.

³Er sagte aber zu ihnen dies Gleichnis und sprach:

⁴Welcher Mensch ist unter euch, der hundert Schafe hat und, so der eines verliert, der nicht lasse die neunundneunzig in der Wüste und

hingehe nach dem verlorenen, bis daß er's finde?

⁵Und wenn er's gefunden hat, so legt er's auf seine Achseln mit Freuden.

⁶Und wenn er heimkommt, ruft er seine Freunde und Nachbarn und spricht zu ihnen: Freuet euch mit mir; denn ich habe mein Schaf gefunden, das verloren war.

⁷Ich sage euch: Also wird auch Freude im Himmel sein über einen Sünder, der Buße tut, vor neunundneunzig Gerechten, die der Buße nicht bedürfen.

⁸Oder welches Weib ist, die zehn Groschen hat, so sie der einen verliert, die nicht ein Licht anzünde und kehre das Haus und suche mit Fleiß, bis daß sie ihn finde?

⁹Und wenn sie ihn gefunden hat, ruft sie ihre Freundinnen und Nachbarinnen und spricht: Freuet euch mit mir; denn ich habe meinen Groschen gefunden, den ich verloren hatte.

¹⁰Also auch, sage ich euch, wird Freude sein vor den Engeln Gottes über einen Sünder, der Buße tut.

¹¹Und er sprach: Ein Mensch hatte zwei Söhne.

¹²Und der jüngste unter ihnen sprach zu dem Vater: Gib mir, Vater, das Teil der Güter, das mir gehört. Und er teilte ihnen das Gut.

¹³Und nicht lange darnach sammelte der jüngste Sohn alles zusammen und zog ferne über Land; und daselbst brachte er sein Gut um mit Prassen.

¹⁴Da er nun all das Seine verzehrt hatte, ward eine große Teuerung durch dasselbe ganze Land, und er fing an zu darben.

¹⁵Und ging hin und hängte sich an einen Bürger des Landes; der schickte ihn auf seinen Acker, die Säue zu hüten.

¹⁶Und er begehrte seinen Bauch zu füllen mit Trebern, die die Säue aßen; und niemand gab sie ihm.

¹⁷Da schlug er in sich und sprach: Wie viel Tagelöhner hat mein Vater, die Brot die Fülle haben, und ich verderbe im Hunger!

¹⁸Ich will mich aufmachen und zu meinem Vater gehen und zu ihm sagen: Vater, ich habe gesündigt gegen den Himmel und vor dir

¹⁹und bin hinfort nicht mehr wert, daß ich dein Sohn heiße; mache mich zu einem deiner Tagelöhner!

²⁰Und er machte sich auf und kam zu seinem Vater. Da er aber noch ferne von dannen war, sah ihn sein Vater, und es jammerte ihn, lief und fiel ihm um seinen Hals und küßte ihn.

²¹Der Sohn aber sprach zu ihm: Vater, ich habe gesündigt gegen den Himmel und vor dir; ich bin hinfort nicht mehr wert, daß ich dein Sohn heiße.

²²Aber der Vater sprach zu seinen Knechten: Bringet das beste Kleid hervor und tut es ihm an, und gebet ihm einen Fingerreif an seine Hand und Schuhe an seine Füße,

²³und bringet ein gemästet Kalb her und schlachtet's; lasset uns essen und fröhlich sein!

²⁴denn dieser mein Sohn war tot und ist wieder lebendig geworden; er war verloren und ist gefunden worden. Und sie fingen an fröhlich zu sein.

²⁵Aber der älteste Sohn war auf dem Felde. Und als er nahe zum Hause kam, hörte er das Gesänge und den Reigen;

²⁶und er rief zu sich der Knechte einen und fragte, was das wäre.

²⁷Der aber sagte ihm: Dein Bruder ist gekommen, und dein Vater hat ein gemästet Kalb geschlachtet, daß er ihn gesund wieder hat.

²⁸Da ward er zornig und wollte nicht hineingehen. Da ging sein Vater heraus und bat ihn.

²⁹Er aber antwortete und sprach zum Vater: Siehe, so viel Jahre diene ich dir und habe dein Gebot noch nie übertreten; und du hast mir nie einen Bock gegeben, daß ich mit meinen Freunden fröhlich wäre.

³⁰Nun aber dieser dein Sohn gekommen ist, der sein Gut mit Huren verschlungen hat, hast du ihm ein gemästet Kalb geschlachtet.

³¹Er aber sprach zu ihm: Mein Sohn, du bist allezeit bei mir, und alles, was mein ist, das ist dein.

³²Du solltest aber fröhlich und gutes Muts sein; denn dieser dein Bruder war tot und ist wieder lebendig geworden; er war verloren und ist wieder gefunden.

Kapitel 16

¹Er aber sprach zu seinen Jüngern: Es war ein reicher Mann, der hatte einen Haushalter; der ward von ihm berüchtigt, als hätte er ihm seine Güter umgebracht.

²Und er forderte ihn und sprach zu ihm: Wie höre ich das von dir? Tu Rechnung von deinem Haushalten; denn du kannst hinfort nicht Haushalter sein!

³Der Haushalter sprach bei sich selbst: Was soll ich tun? Mein Herr nimmt das Amt von mir; graben kann ich nicht, so schäme ich mich zu betteln.

⁴Ich weiß wohl, was ich tun will, wenn ich nun von dem Amt gesetzt werde, daß sie mich in ihre Häuser nehmen.

⁵Und er rief zu sich alle Schuldner seines Herrn und sprach zu dem ersten: Wie viel bist du meinem Herrn schuldig?

⁶Er sprach: Hundert Tonnen Öl. Und er sprach zu ihm: Nimm deinen Brief, setze dich und schreib flugs fünfzig.

⁷Darnach sprach er zu dem andern: Du aber, wie viel bist du schuldig? Er sprach: Hundert Malter Weizen. Und er sprach zu ihm: Nimm deinen Brief und schreib achtzig.

⁸Und der HERR lobte den ungerechten Haushalter, daß er klüglich gehandelt hatte; denn die Kinder dieser Welt sind klüger als die Kinder des Lichtes in ihrem Geschlecht.

⁹Und ich sage euch auch: Machet euch Freunde mit dem ungerechten Mammon, auf daß, wenn ihr nun darbet, sie euch aufnehmen in die ewigen Hütten.

¹⁰Wer im geringsten treu ist, der ist auch im Großen treu; und wer im Geringsten unrecht ist, der ist auch im Großen unrecht.

¹¹So ihr nun in dem ungerechten Mammon nicht treu seid, wer will euch das Wahrhaftige vertrauen?

¹²Und so ihr in dem Fremden nicht treu seid, wer wird euch geben, was euer ist?

¹³Kein Knecht kann zwei Herren dienen: entweder er wird den einen hassen und den andern lieben, oder er wird dem einen anhangen und den andern verachten. Ihr könnt nicht Gott samt dem Mammon dienen.

¹⁴Das alles hörten die Pharisäer auch, und waren geizig, und spotteten sein.

¹⁵Und er sprach zu ihnen: Ihr seid's, die ihr euch selbst rechtfertigt vor den Menschen; aber Gott kennt eure Herzen; denn was hoch ist unter den Menschen, das ist ein Greuel vor Gott.

¹⁶Das Gesetz und die Propheten weissagen bis auf Johannes; und von der Zeit wird das Reich Gottes durchs Evangelium gepredigt, und jedermann dringt mit Gewalt hinein.

¹⁷Es ist aber leichter, daß Himmel und Erde vergehen, denn daß ein Tüttel am Gesetz falle.

¹⁸Wer sich scheidet von seinem Weibe und freit eine andere, der bricht die Ehe; und wer die von dem Manne Geschiedene freit, der bricht auch die Ehe.

¹⁹Es war aber ein reicher Mann, der kleidete sich mit Purpur und köstlicher Leinwand und lebte alle Tage herrlich und in Freuden.

²⁰Es war aber ein armer Mann mit Namen Lazarus, der lag vor seiner Tür voller Schwären

²¹und begehrte sich zu sättigen von den Brosamen, die von des Reichen Tische fielen; doch kamen die Hunde und leckten ihm seine Schwären.

²²Es begab sich aber, daß der Arme starb und ward getragen von den Engeln in Abrahams Schoß. Der Reiche aber starb auch und ward begraben.

²³Als er nun in der Hölle und in der Qual war, hob er seine Augen auf und sah Abraham von ferne und Lazarus in seinem Schoß.

²⁴Und er rief und sprach: Vater Abraham, erbarme dich mein und sende Lazarus, daß er die Spitze seines Fingers ins Wasser tauche und kühle meine Zunge; denn ich leide Pein in dieser Flamme.

²⁵Abraham aber sprach: Gedenke, Sohn, daß du dein Gutes empfangen hast in deinem Leben, und Lazarus dagegen hat Böses empfangen; nun aber wird er getröstet, und du wirst gepeinigt.

²⁶Und über das alles ist zwischen uns und euch eine große Kluft befestigt, daß die wollten von hinnen hinabfahren zu euch, könnten nicht, und auch nicht von dannen zu uns herüberfahren.

²⁷Da sprach er: So bitte ich dich, Vater, daß du ihn sendest in meines Vaters Haus;

²⁸denn ich habe noch fünf Brüder, daß er ihnen bezeuge, auf daß sie nicht auch kommen an diesen Ort der Qual.

²⁹Abraham sprach zu ihm: Sie haben Mose und die Propheten; laß sie dieselben hören.

³⁰Er aber sprach: Nein, Vater Abraham! sondern wenn einer von den Toten zu ihnen ginge, so würden sie Buße tun.

³¹Er sprach zu ihm: Hören sie Mose und die Propheten nicht, so werden sie auch nicht glauben, wenn jemand von den Toten aufstünde.

Kapitel 17

¹Er sprach aber zu seinen Jüngern: Es ist unmöglich, daß nicht Ärgernisse kommen; weh aber dem, durch welchen sie kommen!

²Es wäre ihm besser, daß man einen Mühlstein an seinen Hals hängte und würfe ihm ins Meer, denn daß er dieser Kleinen einen ärgert.

³Hütet euch! So dein Bruder an dir sündigt, so strafe ihn; und so es ihn reut, vergib ihm.

Lukas

⁴Und wenn er siebenmal des Tages an dir sündigen würde und siebenmal des Tages wiederkäme zu dir und spräche: Es reut mich! so sollst du ihm vergeben.

⁵Und die Apostel sprachen zum HERRN: Stärke uns den Glauben!

⁶Der HERR aber sprach: Wenn ihr Glauben habt wie ein Senfkorn und sagt zu diesem Maulbeerbaum: Reiß dich aus und versetze dich ins Meer! so wird er euch gehorsam sein.

⁷Welcher ist unter euch, der einen Knecht hat, der ihm pflügt oder das Vieh weidet, wenn er heimkommt vom Felde, daß er ihm alsbald sage: Gehe alsbald hin und setze dich zu Tische?

⁸Ist's nicht also, daß er zu ihm sagt: Richte zu, was ich zum Abend esse, schürze dich und diene mir, bis ich esse und trinke; darnach sollst du auch essen und trinken?

⁹Dankt er auch dem Knechte, daß er getan hat, was ihm befohlen war? Ich meine es nicht.

¹⁰Also auch ihr; wenn ihr alles getan habt, was euch befohlen ist, so sprechet: Wir sind unnütze Knechte; wir haben getan, was wir zu tun schuldig waren.

¹¹Und es begab sich, da er reiste gen Jerusalem, zog er mitten durch Samarien und Galiläa.

¹²Und als er in einen Markt kam, begegneten ihm zehn aussätzige Männer, die standen von ferne

¹³und erhoben ihre Stimme und sprachen: Jesu, lieber Meister, erbarme dich unser!

¹⁴Und da er sie sah, sprach er zu ihnen: Gehet hin und zeiget euch den Priestern! Und es geschah, da sie hingingen, wurden sie rein.

¹⁵Einer aber unter ihnen, da er sah, daß er geheilt war, kehrte um und pries Gott mit lauter Stimme

¹⁶und fiel auf sein Angesicht zu seinen Füßen und dankte ihm. Und das war ein Samariter.

¹⁷Jesus aber antwortete und sprach: Sind ihrer nicht zehn rein geworden? Wo sind aber die neun?

¹⁸Hat sich sonst keiner gefunden, der wieder umkehrte und gäbe Gott die Ehre, denn dieser Fremdling?

¹⁹Und er sprach zu ihm: Stehe auf, gehe hin; dein Glaube hat dir geholfen.

²⁰Da er aber gefragt ward von den Pharisäern: Wann kommt das Reich Gottes? antwortete er ihnen und sprach: Das Reich Gottes kommt nicht mit äußerlichen Gebärden;

²¹man wird auch nicht sagen: Siehe hier! oder: da ist es! Denn sehet, das Reich Gottes ist inwendig in euch.

²²Er sprach aber zu den Jüngern: Es wird die Zeit kommen, daß ihr werdet begehren zu sehen einen Tag des Menschensohnes, und werdet ihn nicht sehen.

²³Und sie werden zu euch sagen: Siehe hier! siehe da! Gehet nicht hin und folget auch nicht.

²⁴Denn wie der Blitz oben vom Himmel blitzt und leuchtet über alles, was unter dem Himmel ist, also wird des Menschen Sohn an seinem Tage sein.

²⁵Zuvor aber muß er viel leiden und verworfen werden von diesem Geschlecht.

²⁶Und wie es geschah zu den Zeiten Noahs, so wird's auch geschehen in den Tagen des Menschensohnes:

²⁷sie aßen, sie tranken, sie freiten, sie ließen freien bis auf den Tag, da Noah in die Arche ging und die Sintflut kam und brachte sie alle um.

²⁸Desgleichen wie es geschah zu den Zeiten Lots: sie aßen, sie tranken, sie kauften, sie verkauften, sie pflanzten, sie bauten;

²⁹an dem Tage aber, da Lot aus Sodom ging, da regnete es Feuer und Schwefel vom Himmel und brachte sie alle um.

³⁰Auf diese Weise wird's auch gehen an dem Tage, wenn des Menschen Sohn soll offenbart werden.

³¹An dem Tage, wer auf dem Dach ist und sein Hausrat in dem Hause, der steige nicht hernieder, ihn zu holen. Desgleichen wer auf dem Felde ist, der wende nicht um nach dem was hinter ihm ist.

³²Gedenket an des Lot Weib!

³³Wer da sucht, seine Seele zu erhalten, der wird sie verlieren; und wer sie verlieren wird, der wird ihr zum Leben helfen.

³⁴Ich sage euch: In derselben Nacht werden zwei auf einem Bette liegen; einer wird angenommen, der andere wird verlassen werden.

³⁵Zwei werden mahlen miteinander; eine wird angenommen, die andere wird verlassen werden.

³⁶Zwei werden auf dem Felde sein; einer wird angenommen, der andere wird verlassen werden.

³⁷Und sie antworteten und sprachen zu ihm: HERR wo? Er aber sprach zu ihnen: Wo das Aas ist, da sammeln sich auch die Adler.

Kapitel 18

¹Er sagte ihnen aber ein Gleichnis davon, daß man allezeit beten und nicht laß werden solle,

²und sprach: Es war ein Richter in einer Stadt, der fürchtete sich nicht vor Gott und scheute sich vor keinem Menschen.

³Es war aber eine Witwe in dieser Stadt, die kam zu ihm und sprach: Rette mich von meinem Widersacher!

⁴Und er wollte lange nicht. Darnach aber dachte er bei sich selbst: Ob ich mich schon vor Gott nicht fürchte noch vor keinem Menschen scheue,

⁵dieweil aber mir diese Witwe so viel Mühe macht, will ich sie retten, auf daß sie nicht zuletzt komme und betäube mich.

⁶Da sprach der HERR: Höret hier, was der ungerechte Richter sagt!

⁷Sollte aber Gott nicht auch retten seine Auserwählten, die zu ihm Tag und Nacht rufen, und sollte er's mit ihnen verziehen?

⁸Ich sage euch: Er wird sie erretten in einer Kürze. Doch wenn des Menschen Sohn kommen wird, meinst du, daß er auch werde Glauben finden auf Erden?

⁹Er sagte aber zu etlichen, die sich selbst vermaßen, daß sie fromm wären, und verachteten die andern, ein solch Gleichnis:

¹⁰Es gingen zwei Menschen hinauf in den Tempel, zu beten, einer ein Pharisäer, der andere ein Zöllner.

¹¹Der Pharisäer stand und betete bei sich selbst also: Ich danke dir, Gott, daß ich nicht bin wie die anderen Leute, Räuber, Ungerechte, Ehebrecher, oder auch wie dieser Zöllner.

¹²Ich faste zweimal in der Woche und gebe den Zehnten von allem, was ich habe.

¹³Und der Zöllner stand von ferne, wollte auch seine Augen nicht aufheben gen Himmel, sondern schlug an seine Brust und sprach: Gott, sei mir Sünder gnädig!

¹⁴Ich sage euch: Dieser ging hinab gerechtfertigt in sein Haus vor jenem. Denn wer sich selbst erhöht, der wird erniedrigt werden; und wer sich selbst erniedrigt, der wird erhöht werden.

¹⁵Sie brachten auch junge Kindlein zu ihm, daß er sie anrühren sollte. Da es aber die Jünger sahen, bedrohten sie die.

¹⁶Aber Jesus rief sie zu sich und sprach: Lasset die Kindlein zu mir kommen und wehret ihnen nicht; denn solcher ist das Reich Gottes.

¹⁷Wahrlich ich sage euch: Wer nicht das Reich Gottes annimmt wie ein Kind, der wird nicht hineinkommen.

¹⁸Und es fragte ihn ein Oberster und sprach: Guter Meister, was muß ich tun, daß ich das ewige Leben ererbe?

¹⁹Jesus aber sprach zu ihm: Was heißest du mich gut? Niemand ist gut denn der einige Gott.

²⁰Du weißt die Gebote wohl: "Du sollst nicht ehebrechen; du sollst nicht töten; du sollst nicht stehlen; du sollst nicht falsch Zeugnis reden; du sollst deinen Vater und deine Mutter ehren."

²¹Er aber sprach: Das habe ich alles gehalten von meiner Jugend auf.

²²Da Jesus das hörte, sprach er zu ihm: Es fehlt dir noch eins. Verkaufe alles, was du hast, und gib's den Armen, so wirst du einen Schatz im Himmel haben; und komm, folge mir nach!

²³Da er aber das hörte, ward er traurig; denn er war sehr reich.

²⁴Da aber Jesus sah, daß er traurig war geworden, sprach er: Wie schwer werden die Reichen in das Reich Gottes kommen!

²⁵Es ist leichter, daß ein Kamel gehe durch ein Nadelöhr, denn daß ein Reicher in das Reich Gottes komme.

²⁶Da sprachen, die das hörten: Wer kann denn selig werden?

²⁷Er aber sprach: Was bei den Menschen unmöglich ist, das ist bei Gott möglich.

²⁸Da sprach Petrus: Siehe, wir haben alles verlassen und sind dir nachgefolgt.

²⁹Er aber sprach zu ihnen: Wahrlich ich sage euch: Es ist niemand, der ein Haus verläßt oder Eltern oder Brüder oder Weib oder Kinder um des Reiches Gottes willen,

³⁰der es nicht vielfältig wieder empfange in dieser Zeit, und in der zukünftigen Welt das ewige Leben.

³¹Er nahm aber zu sich die Zwölf und sprach zu ihnen: Sehet, wir gehen hinauf gen Jerusalem, und es wird alles vollendet werden, was geschrieben ist durch die Propheten von des Menschen Sohn.

³²Denn er wird überantwortet werden den Heiden; und er wird verspottet und geschmäht und verspeit werden,

³³und sie werden ihn geißeln und töten; und am dritten Tage wird er wieder auferstehen.

³⁴Sie aber verstanden der keines, und die Rede war ihnen verborgen, und wußten nicht, was das Gesagte war.

³⁵Es geschah aber, da er nahe an Jericho kam, saß ein Blinder am

Wege und bettelte.

³⁶Da er aber hörte das Volk, das hindurchging, forschte er, was das wäre.

³⁷Da verkündigten sie ihm, Jesus von Nazareth ginge vorüber.

³⁸Und er rief und sprach: Jesu, du Sohn Davids, erbarme dich mein!

³⁹Die aber vornean gingen, bedrohten ihn, er sollte schweigen. Er aber schrie viel mehr: Du Sohn Davids, erbarme dich mein!

⁴⁰Jesus aber stand still und hieß ihn zu sich führen. Da sie ihn aber nahe zu ihm brachten, fragte er ihn

⁴¹und sprach: Was willst du, daß ich dir tun soll? Er sprach: HERR, daß ich sehen möge.

⁴²Und Jesus sprach zu ihm: Sei sehend! dein Glaube hat dir geholfen.

⁴³Und alsobald ward er sehend und folgte ihm nach und pries Gott. Und alles Volk, das solches sah, lobte Gott.

Kapitel 19

¹Und er zog hinein und ging durch Jericho.

²Und siehe, da war ein Mann, genannt Zachäus, der war ein Oberster der Zöllner und war reich.

³Und er begehrte Jesum zu sehen, wer er wäre, und konnte nicht vor dem Volk; denn er war klein von Person.

⁴Und er lief voraus und stieg auf einen Maulbeerbaum, auf daß er ihn sähe: denn allda sollte er durchkommen.

⁵Und als Jesus kam an die Stätte, sah er auf und ward sein gewahr und sprach zu ihm: Zachäus, steig eilend hernieder; denn ich muß heute in deinem Hause einkehren!

⁶Und er stieg eilend hernieder und nahm ihn auf mit Freuden.

⁷Da sie das sahen, murrten sie alle, daß er bei einem Sünder einkehrte.

⁸Zachäus aber trat dar und sprach zu dem HERRN: Siehe, HERR, die Hälfte meiner Güter gebe ich den Armen, und so ich jemand betrogen habe, das gebe ich vierfältig wieder.

⁹Jesus aber sprach zu ihm: Heute ist diesem Hause Heil widerfahren, sintemal er auch Abrahams Sohn ist.

¹⁰Denn des Menschen Sohn ist gekommen, zu suchen und selig zu machen, das verloren ist.

¹¹Da sie nun zuhörten, sagte er weiter ein Gleichnis, darum daß er nahe bei Jerusalem war und sie meinten, das Reich Gottes sollte alsbald offenbart werden,

¹²und sprach: Ein Edler zog ferne in ein Land, daß er ein Reich einnähme und dann wiederkäme.

¹³Dieser forderte zehn seiner Knechte und gab ihnen zehn Pfund und sprach zu ihnen: Handelt, bis daß ich wiederkomme!

¹⁴Seine Bürger aber waren ihm feind und schickten Botschaft ihm nach und ließen sagen: Wir wollen nicht, daß dieser über uns herrsche.

¹⁵Und es begab sich, da er wiederkam, nachdem er das Reich eingenommen hatte, hieß dieselben Knechte fordern, welchen er das Geld gegeben hatte, daß er wüßte, was ein jeglicher gehandelt hätte.

¹⁶Da trat herzu der erste und sprach: Herr, dein Pfund hat zehn Pfund erworben.

¹⁷Und er sprach zu ihm: Ei, du frommer Knecht, dieweil du bist im Geringsten treu gewesen, sollst du Macht haben über zehn Städte.

¹⁸Der andere kam und sprach: Herr dein Pfund hat fünf Pfund getragen.

¹⁹Zu dem sprach er auch: Du sollst sein über fünf Städte.

²⁰Und der dritte kam und sprach: Herr, siehe da, hier ist dein Pfund, welches ich habe im Schweißtuch behalten;

²¹ich fürchtete mich vor dir, denn du bist ein harter Mann: du nimmst, was du nicht hingelegt hast, und erntest, was du nicht gesät hast.

²²Er sprach zu ihm: Aus deinem Munde richte ich dich, du Schalk. Wußtest Du, daß ich ein harter Mann bin, nehme, was ich nicht hingelegt habe, und ernte, was ich nicht gesät habe?

²³Warum hast du denn mein Geld nicht in die Wechselbank gegeben? Und wenn ich gekommen wäre, hätte ich's mit Zinsen erfordert.

²⁴Und er sprach zu denen, die dabeistanden: Nehmt das Pfund von ihm und gebt es dem, der zehn Pfund hat.

²⁵Und sie sprachen zu ihm: Herr, hat er doch zehn Pfund.

²⁶Ich sage euch aber: Wer da hat, dem wird gegeben werden; von dem aber, der nicht hat, wird auch das genommen werden, was er hat.

²⁷Doch jene meine Feinde, die nicht wollten, daß ich über sie herrschen sollte, bringet her und erwürget sie vor mir.

²⁸Und als er solches sagte, zog er fort und reiste hinauf gen Jerusalem.

²⁹Uns es begab sich, als er nahte gen Bethphage und Bethanien und kam an den Ölberg, sandte er seiner Jünger zwei

³⁰und sprach: Gehet hin in den Markt, der gegenüberliegt. Und wenn ihr hineinkommt, werdet ihr ein Füllen angebunden finden, auf welchem noch nie ein Mensch gesessen hat; löset es ab und bringet es!

³¹Und so euch jemand fragt, warum ihr's ablöset, so sagt also zu ihm: Der HERR bedarf sein.

³²Und die Gesandten gingen hin und fanden, wie er ihnen gesagt hatte.

³³Da sie aber das Füllen ablösten, sprachen seine Herren zu ihnen: Warum löst ihr das Füllen ab?

³⁴Sie aber sprachen: Der HERR bedarf sein.

³⁵Und sie brachten's zu Jesu und warfen ihre Kleider auf das Füllen und setzten Jesum darauf.

³⁶Da er nun hinzog, breiteten sie ihre Kleider auf den Weg.

³⁷Und da er nahe hinzukam und zog den Ölberg herab, fing an der ganze Haufe seiner Jünger, fröhlich Gott zu loben mit lauter Stimme über alle Taten, die sie gesehen hatten,

³⁸und sprachen: Gelobt sei, der da kommt, ein König, in dem Namen des HERRN! Friede sei im Himmel und Ehre in der Höhe!

³⁹Und etliche der Pharisäer im Volk sprachen zu ihm: Meister, strafe doch deine Jünger!

⁴⁰Er antwortete und sprach zu ihnen: Ich sage euch: Wo diese werden schweigen, so werden die Steine schreien.

⁴¹Und als er nahe hinzukam, sah er die Stadt an und weinte über sie

⁴²und sprach: Wenn doch auch du erkenntest zu dieser deiner Zeit, was zu deinem Frieden dient! Aber nun ist's vor deinen Augen verborgen.

⁴³Denn es wird die Zeit über dich kommen, daß deine Feinde werden um dich und deine Kinder mit dir eine Wagenburg schlagen, dich belagern und an allen Orten ängsten;

⁴⁴und werden dich schleifen und keinen Stein auf dem andern lassen, darum daß du nicht erkannt hast die Zeit, darin du heimgesucht bist.

⁴⁵Und er ging in den Tempel und fing an auszutreiben, die darin verkauften und kauften,

⁴⁶und sprach zu ihnen: Es steht geschrieben: "Mein Haus ist ein Bethaus"; ihr aber habt's gemacht zur Mördergrube.

⁴⁷Und er lehrte täglich im Tempel. Aber die Hohenpriester und Schriftgelehrten und die Vornehmsten im Volk trachteten ihm nach, wie sie ihn umbrächten;

⁴⁸und fanden nicht, wie sie ihm tun sollten, denn das Volk hing ihm an und hörte ihn.

Kapitel 20

¹Und es begab sich an der Tage einem, da er das Volk lehrte im Tempel und predigte das Evangelium, da traten zu ihm die Hohenpriester und Schriftgelehrten mit den Ältesten

²und sagten zu ihm und sprachen: Sage uns, aus was für Macht tust du das? oder wer hat dir die Macht gegeben?

³Er aber antwortete und sprach zu ihnen: Ich will euch auch ein Wort fragen; saget mir's:

⁴Die Taufe des Johannes, war sie vom Himmel oder von Menschen?

⁵Sie aber gedachten bei sich selbst und sprachen: Sagen wir: Vom Himmel, so wird er sagen: Warum habt ihr ihm denn das nicht geglaubt?

⁶Sagen wir aber: Von Menschen, so wird uns das Volk steinigen; denn sie stehen darauf, daß Johannes ein Prophet sei.

⁷Und sie antworteten, sie wüßten's nicht, wo sie her wäre.

⁸Und Jesus sprach zu ihnen: So sage ich euch auch nicht, aus was für Macht ich das tue.

⁹Er fing aber an, zu sagen dem Volk dies Gleichnis: Ein Mensch pflanzte einen Weinberg und tat ihn den Weingärtnern aus und zog über Land eine gute Zeit.

¹⁰Und zu seiner Zeit sandte er einen Knecht zu den Weingärtnern, daß sie ihm gäben von der Frucht des Weinberges. Aber die Weingärtner stäupten ihn und ließen ihn leer von sich.

¹¹Und über das sandte er noch einen anderen Knecht; sie aber stäupten den auch und höhnten ihn und ließen ihn leer von sich.

¹²Und über das sandte er den dritten; sie aber verwundeten den auch und stießen ihn hinaus.

¹³Da sprach der Herr des Weinberges: Was soll ich tun? Ich will meinen lieben Sohn senden; vielleicht, wenn sie den sehen, werden sich scheuen.

¹⁴Da aber die Weingärtner den Sohn sahen, dachten sie bei sich selbst und sprachen: Das ist der Erbe; kommt, laßt uns ihn töten, daß

Lukas

das Erbe unser sei!

¹⁵Und sie stießen ihn hinaus vor den Weinberg und töteten ihn. Was wird nun der Herr des Weinberges ihnen tun?

¹⁶Er wird kommen und diese Weingärtner umbringen und seinen Weinberg andern austun. Da sie das hörten, sprachen sie: Das sei ferne!

¹⁷Er aber sah sie an und sprach: Was ist denn das, was geschrieben steht: "Der Stein, den die Bauleute verworfen haben, ist zum Eckstein geworden"?

¹⁸Wer auf diesen Stein fällt, der wird zerschellen; auf wen aber er fällt, den wird er zermalmen.

¹⁹Und die Hohenpriester und Schriftgelehrten trachteten darnach, wie sie die Hände an ihn legten zu derselben Stunde; und fürchteten sich vor dem Volk, denn sie verstanden, daß er auf sie dies Gleichnis gesagt hatte.

²⁰Und sie stellten ihm nach und sandten Laurer aus, die sich stellen sollten, als wären sie fromm, auf daß sie ihn in der Rede fingen, damit sie ihn überantworten könnten der Obrigkeit und Gewalt des Landpflegers.

²¹Und sie fragten ihn und sprachen: Meister, wir wissen, daß du aufrichtig redest und lehrest und achtest keines Menschen Ansehen, sondern du lehrest den Weg Gottes recht.

²²Ist's recht, daß wir dem Kaiser den Schoß geben, oder nicht?

²³Er aber merkte ihre List und sprach zu ihnen: Was versuchet ihr mich?

²⁴Zeiget mir den Groschen! Wes Bild und Überschrift hat er? Sie antworteten und sprachen: Des Kaisers.

²⁵Er aber sprach: So gebet dem Kaiser, was des Kaisers ist, und Gott, was Gottes ist!

²⁶Und sie konnten sein Wort nicht tadeln vor dem Volk und verwunderten sich seiner Antwort und schwiegen still.

²⁷Da traten zu ihm etliche der Sadduzäer, welche da halten, es sei kein Auferstehen, und fragten ihn

²⁸und sprachen: Meister, Mose hat uns geschrieben: So jemandes Bruder stirbt, der ein Weib hat, und stirbt kinderlos, so soll sein Bruder das Weib nehmen und seinem Bruder einen Samen erwecken.

²⁹Nun waren sieben Brüder. Der erste nahm ein Weib und starb kinderlos.

³⁰Und der andere nahm das Weib und starb auch kinderlos.

³¹Und der dritte nahm sie. Desgleichen alle sieben und hinterließen keine Kinder und starben.

³²Zuletzt nach allen starb auch das Weib.

³³Nun in der Auferstehung, wes Weib wird sie sein unter denen? Denn alle sieben haben sie zum Weibe gehabt.

³⁴Und Jesus antwortete und sprach zu ihnen: Die Kinder dieser Welt freien und lassen sich freien;

³⁵welche aber würdig sein werden, jene Welt zu erlangen und die Auferstehung von den Toten, die werden weder freien noch sich freien lassen.

³⁶Denn sie können hinfort nicht sterben; denn sie sind den Engeln gleich und Gottes Kinder, dieweil sie Kinder sind der Auferstehung.

³⁷Daß aber die Toten auferstehen, hat auch Mose gedeutet bei dem Busch, da er den HERRN heißt Gott Abrahams und Gott Isaaks und Gott Jakobs.

³⁸Gott aber ist nicht der Toten, sondern der Lebendigen Gott; denn sie leben ihm alle.

³⁹Da antworteten etliche der Schriftgelehrten und sprachen: Meister, du hast recht gesagt.

⁴⁰Und sie wagten ihn fürder nichts mehr zu fragen.

⁴¹Er sprach aber zu ihnen: Wie sagen sie, Christus sei Davids Sohn?

⁴²Und er selbst, David, spricht im Psalmbuch: "Der HERR hat gesagt zu meinem HERRN: Setze dich zu meiner Rechten,

⁴³bis daß ich lege deine Feinde zum Schemel deiner Füße."

⁴⁴David nennt ihn einen HERRN; wie ist er denn sein Sohn?

⁴⁵Da aber alles Volk zuhörte, sprach er zu seinen Jüngern:

⁴⁶Hütet euch vor den Schriftgelehrten, die da wollen einhertreten in langen Kleidern und lassen sich gerne grüßen auf dem Markte und sitzen gern obenan in den Schulen und über Tisch;

⁴⁷sie fressen der Witwen Häuser und wenden lange Gebete vor. Die werden desto schwerere Verdammnis empfangen.

Kapitel 21

¹Er sah aber auf und schaute die Reichen, wie sie ihre Opfer einlegten in den Gotteskasten.

²Er sah aber auch eine arme Witwe, die legte zwei Scherflein ein.

³Und er sprach: Wahrlich ich sage euch: Diese arme Witwe hat mehr denn sie alle eingelegt.

⁴Denn diese alle haben aus ihrem Überfluß eingelegt zu dem Opfer Gottes; sie aber hat von ihrer Armut alle ihre Nahrung, die sie hatte, eingelegt.

⁵Und da etliche sagten von dem Tempel, daß er geschmückt wäre mit feinen Steinen und Kleinoden, sprach er:

⁶Es wird die Zeit kommen, in welcher von dem allem, was ihr sehet, nicht ein Stein auf dem andern gelassen wird, der nicht zerbrochen werde.

⁷Sie fragten ihn aber und sprachen: Meister, wann soll das werden? und welches ist das Zeichen, wann das geschehen wird?

⁸Er aber sprach: Sehet zu, lasset euch nicht verführen. Denn viele werden kommen in meinem Namen und sagen, ich sei es, und: "Die Zeit ist herbeigekommen." Folget ihnen nicht nach!

⁹Wenn ihr aber hören werdet von Kriegen und Empörungen, so entsetzet euch nicht. Denn solches muß zuvor geschehen; aber das Ende ist noch nicht so bald da.

¹⁰Da sprach er zu ihnen: Ein Volk wird sich erheben wider das andere und ein Reich wider das andere,

¹¹und es werden geschehen große Erdbeben hin und wieder, teure Zeit und Pestilenz; auch werden Schrecknisse und große Zeichen am Himmel geschehen.

¹²Aber vor diesem allem werden sie die Hände an euch legen und euch verfolgen und werden euch überantworten in ihre Schulen und Gefängnisse und vor Könige und Fürsten ziehen um meines Namens willen.

¹³Das wird euch aber widerfahren zu einem Zeugnis.

¹⁴So nehmet nun zu Herzen, daß ihr nicht sorget, wie ihr euch verantworten sollt.

¹⁵Denn ich will euch Mund und Weisheit geben, welcher nicht sollen widersprechen können noch widerstehen alle eure Widersacher.

¹⁶Ihr werdet aber überantwortet werden von den Eltern, Brüdern, Gefreunden und Freunden; und sie werden euer etliche töten.

¹⁷Und ihr werdet gehaßt sein von jedermann um meines Namens willen.

¹⁸Und ein Haar von eurem Haupte soll nicht umkommen.

¹⁹Fasset eure Seelen mit Geduld.

²⁰Wenn ihr aber sehen werdet Jerusalem belagert mit einem Heer, so merket daß herbeigekommen ist seine Verwüstung.

²¹Alsdann, wer in Judäa ist, der fliehe auf das Gebirge, und wer drinnen ist, der weiche heraus, und wer auf dem Lande ist, der komme nicht hinein.

²²Denn das sind die Tage der Rache, daß erfüllet werde alles, was geschrieben ist.

²³Weh aber den Schwangern und Säugerinnen in jenen Tagen! Denn es wird große Not auf Erden sein und ein Zorn über dies Volk,

²⁴und sie werden fallen durch des Schwertes Schärfe und gefangen geführt werden unter alle Völker; und Jerusalem wird zertreten werden von den Heiden, bis daß der Heiden Zeit erfüllt wird.

²⁵Und es werden Zeichen geschehen an Sonne und Mond und Sternen; und auf Erden wird den Leuten bange sein, und sie werden zagen, und das Meer und die Wassermengen werden brausen,

²⁶und Menschen werden verschmachten vor Furcht und vor Warten der Dinge, die kommen sollen auf Erden; denn auch der Himmel Kräfte werden sich bewegen.

²⁷Und alsdann werden sie sehen des Menschen Sohn kommen in der Wolke mit großer Kraft und Herrlichkeit.

²⁸Wenn aber dieses anfängt zu geschehen, so sehet auf und erhebet eure Häupter, darum daß sich eure Erlösung naht.

²⁹Und er sagte ihnen ein Gleichnis: Sehet an den Feigenbaum und alle Bäume:

³⁰wenn sie jetzt ausschlagen, so sehet ihr's an ihnen und merket, daß jetzt der Sommer nahe ist.

³¹Also auch ihr: wenn ihr dies alles sehet angehen, so wisset, daß das Reich Gottes nahe ist.

³²Wahrlich ich sage euch: Dies Geschlecht wird nicht vergehen, bis daß es alles geschehe.

³³Himmel und Erde werden vergehen; aber meine Worte vergehen nicht.

³⁴Hütet euch aber, daß eure Herzen nicht beschwert werden mit Fressen und Saufen und mit Sorgen der Nahrung und komme dieser Tag schnell über euch;

³⁵denn wie ein Fallstrick wird er kommen über alle, die auf Erden wohnen.

³⁶So seid nun wach allezeit und betet, daß ihr würdig werden möget, zu entfliehen diesem allem, das geschehen soll, und zu stehen vor des Menschen Sohn.

³⁷Und er lehrte des Tages im Tempel; des Nachts aber ging er hinaus und blieb über Nacht am Ölberge.

³⁸Und alles Volk machte sich früh auf zu ihm, im Tempel ihn zu hören.

Kapitel 22

¹Es war aber nahe das Fest der süßen Brote, das da Ostern heißt.
²Und die Hohenpriester und Schriftgelehrten trachteten, wie sie ihn töteten; und fürchteten sich vor dem Volk.
³Es war aber der Satanas gefahren in den Judas, genannt Ischariot, der da war aus der Zahl der Zwölf.
⁴Und er ging hin und redete mit den Hohenpriestern und Hauptleuten, wie er ihn wollte ihnen überantworten.
⁵Und sie wurden froh und gelobten ihm Geld zu geben.
⁶Und er versprach es und suchte Gelegenheit, daß er ihn überantwortete ohne Lärmen.
⁷Es kam nun der Tag der süßen Brote, an welchem man mußte opfern das Osterlamm.
⁸Und er sandte Petrus und Johannes und sprach: Gehet hin, bereitet uns das Osterlamm, auf daß wir's essen.
⁹Sie aber sprachen zu ihm: Wo willst du, daß wir's bereiten?
¹⁰Er sprach zu ihnen: Siehe, wenn ihr hineinkommt in die Stadt, wird euch ein Mensch begegnen, der trägt einen Wasserkrug; folget ihm nach in das Haus, da er hineingeht,
¹¹und saget zu dem Hausherrn: Der Meister läßt dir sagen: Wo ist die Herberge, darin ich das Osterlamm essen möge mit meinen Jüngern?
¹²Und er wird euch einen großen Saal zeigen, der mit Polstern versehen ist; daselbst bereitet es.
¹³Sie gingen hin und fanden, wie er ihnen gesagt hatte, und bereiteten das Osterlamm.
¹⁴Und da die Stunde kam, setzte er sich nieder und die zwölf Apostel mit ihm.
¹⁵Und er sprach zu ihnen: Mich hat herzlich verlangt, dies Osterlamm mit euch zu essen, ehe denn ich leide.
¹⁶Denn ich sage euch, daß ich hinfort nicht mehr davon essen werde, bis daß es erfüllet werde im Reich Gottes.
¹⁷Und er nahm den Kelch, dankte und sprach: Nehmet ihn und teilet ihn unter euch;
¹⁸denn ich sage euch: Ich werde nicht trinken von dem Gewächs des Weinstocks, bis das Reich Gottes komme.
¹⁹Und nahm das Brot, dankte und brach's und gab's ihnen und sprach: Das ist mein Leib, der für euch gegeben wird; das tut zu meinem Gedächtnis.
²⁰Desgleichen auch den Kelch, nach dem Abendmahl, und sprach: Das ist der Kelch, das neue Testament in meinem Blut, das für euch vergossen wird.
²¹Doch siehe, die Hand meines Verräters ist mit mir über Tische.
²²Denn des Menschen Sohn geht zwar hin, wie es beschlossen ist; doch weh dem Menschen, durch welchen er verraten wird!
²³Und sie fingen an, zu fragen unter sich selbst, welcher es doch wäre unter ihnen, der das tun würde.
²⁴Es erhob sich auch ein Zank unter ihnen, welcher unter ihnen sollte für den Größten gehalten werden.
²⁵Er aber sprach zu ihnen: Die weltlichen Könige herrschen, und die Gewaltigen heißt man gnädige Herren.
²⁶Ihr aber nicht also! Sondern der Größte unter euch soll sein wie der Jüngste, und der Vornehmste wie ein Diener.
²⁷Denn welcher ist größer: Der zu Tische sitzt oder der da dient? Ist's nicht also, daß der zu Tische sitzt! Ich aber bin unter euch wie ein Diener.
²⁸Ihr aber seid's, die ihr beharrt habt bei mir in meinen Anfechtungen.
²⁹Und ich will euch das Reich bescheiden, wie mir's mein Vater beschieden hat,
³⁰daß ihr essen und trinken sollt an meinem Tische in meinem Reich und sitzen auf Stühlen und richten die zwölf Geschlechter Israels.
³¹Der HERR aber sprach: Simon, Simon, siehe, der Satanas hat euer begehrt, daß er euch möchte sichten wie den Weizen;
³²ich aber habe für dich gebeten, daß dein Glaube nicht aufhöre. Und wenn du dermaleinst dich bekehrst, so stärke deine Brüder.
³³Er sprach aber zu ihm: HERR, ich bin bereit, mit dir ins Gefängnis und in den Tod zu gehen.
³⁴Er aber sprach: Petrus, ich sage dir: Der Hahn wird heute nicht krähen, ehe denn du dreimal verleugnet hast, daß du mich kennest.
³⁵Und er sprach zu ihnen: So oft ich euch ausgesandt habe ohne Beutel, ohne Tasche und ohne Schuhe, habt ihr auch je Mangel gehabt? Sie sprachen: Niemals.
³⁶Da sprach er zu ihnen: Aber nun, wer einen Beutel hat, der nehme ihn, desgleichen auch die Tasche; wer aber nichts hat, verkaufe sein Kleid und kaufe ein Schwert.
³⁷Denn ich sage euch: Es muß noch das auch vollendet werden an mir, was geschrieben steht: "Er ist unter die Übeltäter gerechnet." Denn was von mir geschrieben ist, das hat ein Ende.
³⁸Sie sprachen aber: HERR, siehe, hier sind zwei Schwerter. Er aber sprach zu ihnen: Es ist genug.
³⁹Und er ging hinaus nach seiner Gewohnheit an den Ölberg. Es folgten ihm aber seine Jünger nach an den Ort.
⁴⁰Und als er dahin kam, sprach er zu ihnen: Betet, auf daß ihr nicht in Anfechtung fallet!
⁴¹Und er riß sich von ihnen einen Steinwurf weit und kniete nieder, betete
⁴²und sprach: Vater, willst du, so nehme diesen Kelch von mir, doch nicht mein, sondern dein Wille geschehe!
⁴³Es erschien ihm aber ein Engel vom Himmel und stärkte ihn.
⁴⁴Und es kam, daß er mit dem Tode rang und betete heftiger. Es ward aber sein Schweiß wie Blutstropfen, die fielen auf die Erde.
⁴⁵Und er stand auf von dem Gebet und kam zu seinen Jüngern und fand sie schlafen vor Traurigkeit
⁴⁶und sprach zu ihnen: Was schlafet ihr? Stehet auf und betet, auf das ihr nicht in Anfechtung fallet!
⁴⁷Da er aber noch redete, siehe, da kam die Schar; und einer von den Zwölfen, genannt Judas, ging vor ihnen her und nahte sich zu Jesu, ihn zu küssen.
⁴⁸Jesus aber sprach zu ihm: Judas, verrätst du des Menschen Sohn mit einem Kuß?
⁴⁹Da aber sahen, die um ihn waren, was da werden wollte, sprachen sie zu ihm: HERR, sollen wir mit dem Schwert drein schlagen?
⁵⁰Und einer aus ihnen schlug des Hohenpriesters Knecht und hieb ihm sein rechtes Ohr ab.
⁵¹Jesus aber antwortete und sprach: Lasset sie doch so machen! Und er rührte sein Ohr an und heilte ihn.
⁵²Jesus aber sprach zu den Hohenpriestern und Hauptleuten des Tempels und den Ältesten, die über ihn gekommen waren: Ihr seid, wie zu einem Mörder, mit Schwertern und mit Stangen ausgegangen.
⁵³Ich bin täglich bei euch im Tempel gewesen, und ihr habt keine Hand an mich gelegt; aber dies ist eure Stunde und die Macht der Finsternis.
⁵⁴Sie griffen ihn aber und führten ihn hin und brachten ihn in des Hohenpriesters Haus. Petrus aber folgte von ferne.
⁵⁵Da zündeten sie ein Feuer an mitten im Hof und setzten sich zusammen; und Petrus setzte sich unter sie.
⁵⁶Da sah ihn eine Magd sitzen bei dem Licht und sah genau auf ihn und sprach: Dieser war auch mit ihm.
⁵⁷Er aber verleugnete ihn und sprach: Weib, ich kenne ihn nicht.
⁵⁸Und über eine kleine Weile sah ihn ein anderer und sprach: Du bist auch deren einer. Petrus aber sprach: Mensch ich bin's nicht.
⁵⁹Und über eine Weile, bei einer Stunde, bekräftigte es ein anderer und sprach: Wahrlich dieser war auch mit ihm; denn er ist ein Galiläer.
⁶⁰Petrus aber sprach: Mensch, ich weiß nicht, was du sagst. Und alsbald, als er noch redete, krähte der Hahn.
⁶¹Und der HERR wandte sich um und sah Petrus an. Und Petrus gedachte an des HERRN Wort, wie er zu ihm gesagt hatte: Ehe denn der Hahn kräht, wirst du mich dreimal verleugnen.
⁶²Und Petrus ging hinaus und weinte bitterlich.
⁶³Die Männer aber, die Jesum hielten, verspotteten ihn und schlugen ihn,
⁶⁴verdeckten ihn und schlugen ihn ins Angesicht und fragten ihn und sprachen: Weissage, wer ist's, der dich schlug?
⁶⁵Und viele andere Lästerungen sagten sie wider ihn.
⁶⁶Und als es Tag ward, sammelten sich die Ältesten des Volks, die Hohenpriester und Schriftgelehrten und führten ihn hinauf vor ihren Rat
⁶⁷und sprachen: Bist du Christus, sage es uns! Er aber sprach zu ihnen: Sage ich's euch, so glaubt ihr's nicht;
⁶⁸frage ich aber, so antwortet ihr nicht und laßt mich doch nicht los.
⁶⁹Darum von nun an wird des Menschen Sohn sitzen zur rechten Hand der Kraft Gottes.
⁷⁰Da sprachen sie alle: Bist du denn Gottes Sohn? Er aber sprach zu ihnen: Ihr sagt es, denn ich bin's.
⁷¹Sie aber sprachen: Was bedürfen wir weiteres Zeugnis? Wir haben's selbst gehört aus seinem Munde.

Lukas
Kapitel 23

¹Und der ganze Haufe stand auf, und sie führten ihn vor Pilatus

²und fingen an, ihn zu verklagen, und sprachen: Diesen finden wir, daß er das Volk abwendet und verbietet, den Schoß dem Kaiser zu geben, und spricht, er sei ein König.

³Pilatus aber fragte ihn und sprach: Bist du der Juden König? Er antwortete und sprach: Du sagst es.

⁴Pilatus sprach zu den Hohenpriestern und zum Volk: Ich finde keine Ursache an diesem Menschen.

⁵Sie aber hielten an und sprachen: Er hat das Volk erregt damit, daß er gelehrt hat hin und her im ganzen jüdischen Lande und hat in Galiläa angefangen bis hierher.

⁶Da aber Pilatus Galiläa hörte, fragte er, ob er aus Galiläa wäre.

⁷Und als er vernahm, daß er unter des Herodes Obrigkeit gehörte, übersandte er ihn zu Herodes, welcher in den Tagen auch zu Jerusalem war.

⁸Da aber Herodes Jesum sah, ward er sehr froh; denn er hätte ihn längst gern gesehen, denn er hatte viel von ihm gehört, und hoffte, er würde ein Zeichen von ihm sehen.

⁹Und er fragte ihn mancherlei; er antwortete ihm aber nichts.

¹⁰Die Hohenpriester aber und Schriftgelehrten standen und verklagten ihn hart.

¹¹Aber Herodes mit seinem Hofgesinde verachtete und verspottete ihn, legte ihm ein weißes Kleid an und sandte ihn wieder zu Pilatus.

¹²Auf den Tag wurden Pilatus und Herodes Freunde miteinander; denn zuvor waren sie einander feind.

¹³Pilatus aber rief die Hohenpriester und die Obersten und das Volk zusammen

¹⁴und sprach zu ihnen: Ihr habt diesen Menschen zu mir gebracht, als der das Volk abwende, und siehe, ich habe ihn vor euch verhört und finde an dem Menschen der Sache keine, deren ihr ihn beschuldiget;

¹⁵Herodes auch nicht, denn ich habe euch zu ihm gesandt, und siehe, man hat nichts auf ihn gebracht, das des Todes wert sei.

¹⁶Darum will ich ihn züchtigen und loslassen.

¹⁷(Denn er mußte ihnen einen nach der Gewohnheit des Festes losgeben.)

¹⁸Da schrie der ganze Haufe und sprach: Hinweg mit diesem und gib uns Barabbas los!

¹⁹(welcher war um eines Aufruhrs, so in der Stadt geschehen war, und um eines Mordes willen ins Gefängnis geworfen.)

²⁰Da rief Pilatus abermals ihnen zu und wollte Jesum loslassen.

²¹Sie riefen aber und sprachen: Kreuzige, kreuzige ihn!

²²Er aber sprach zum drittenmal zu ihnen: Was hat denn dieser Übles getan? Ich finde keine Ursache des Todes an ihm; darum will ich ihn züchtigen und loslassen.

²³Aber sie lagen ihm an mit großem Geschrei und forderten, daß er gekreuzigt würde. Und ihr und der Hohenpriester Geschrei nahm überhand.

²⁴Pilatus aber urteilte, daß ihr Bitte geschähe,

²⁵und ließ den los, der um Aufruhrs und Mordes willen war ins Gefängnis geworfen, um welchen sie baten; aber Jesum übergab er ihrem Willen.

²⁶Und als sie ihn hinführten, ergriffen sie einen, Simon von Kyrene, der kam vom Felde, und legten das Kreuz auf ihn, daß er's Jesu nachtrüge.

²⁷Es folgte ihm aber nach ein großer Haufe Volks und Weiber, die beklagten und beweinten ihn.

²⁸Jesus aber wandte sich um zu ihnen und sprach: Ihr Töchter von Jerusalem, weinet nicht über mich, sondern weinet über euch selbst und über eure Kinder.

²⁹Denn siehe, es wird die Zeit kommen, in welcher man sagen wird: Selig sind die Unfruchtbaren und die Leiber, die nicht geboren haben, und die Brüste, die nicht gesäugt haben!

³⁰Dann werden sie anfangen, zu sagen zu den Bergen: Fallet über uns! und zu den Hügeln: Decket uns!

³¹Denn so man das tut am grünen Holz, was will am dürren werden?

³²Es wurden aber auch hingeführt zwei andere, Übeltäter, daß sie mit ihm abgetan würden.

³³Und als sie kamen an die Stätte, die da heißt Schädelstätte, kreuzigten sie ihn daselbst und die Übeltäter mit ihm, einen zur Rechten und einen zur Linken.

³⁴Jesus aber sprach: Vater, vergib ihnen sie wissen nicht, was sie tun! Und sie teilten seine Kleider und warfen das Los darum.

³⁵Und das Volk stand und sah zu. Und die Obersten samt ihnen spotteten sein und sprachen: Er hat anderen geholfen; er helfe sich selber, ist er Christus, der Auserwählte Gottes.

³⁶Es verspotteten ihn auch die Kriegsknechte, traten zu ihm und brachten ihm Essig

³⁷und sprachen: Bist du der Juden König, so helf dir selber!

³⁸Es war aber auch oben über ihm geschrieben die Überschrift mit griechischen und lateinische und hebräischen Buchstaben: Dies ist der Juden König.

³⁹Aber der Übeltäter einer, die da gehenkt waren, lästerte ihn und sprach: Bist du Christus, so hilf dir selber und uns!

⁴⁰Da antwortete der andere, strafte ihn und sprach: Und du fürchtest dich auch nicht vor Gott, der du doch in gleicher Verdammnis bist?

⁴¹Und wir zwar sind billig darin, denn wir empfangen, was unsere Taten wert sind; dieser aber hat nichts Ungeschicktes getan.

⁴²Und er sprach zu Jesu: HERR, gedenke an mich, wenn du in dein Reich kommst!

⁴³Und Jesus sprach zu ihm: Wahrlich ich sage dir: Heute wirst du mit mir im Paradiese sein.

⁴⁴Und es war um die sechste Stunde, und es ward eine Finsternis über das ganze Land bis an die neunte Stunde,

⁴⁵und die Sonne verlor ihren Schein, und der Vorhang des Tempels zerriß mitten entzwei.

⁴⁶Und Jesus rief laut und sprach: Vater, ich befehle meinen Geist in deine Hände! Und als er das gesagt, verschied er.

⁴⁷Da aber der Hauptmann sah, was da geschah, pries er Gott und sprach: Fürwahr, dieser ist ein frommer Mensch gewesen!

⁴⁸Und alles Volk, das dabei war und zusah, da sie sahen, was da geschah, schlugen sich an ihre Brust und wandten wieder um.

⁴⁹Es standen aber alle seine Bekannten von ferne und die Weiber, die ihm aus Galiläa waren nachgefolgt, und sahen das alles.

⁵⁰Und siehe, ein Mann mit Namen Joseph, ein Ratsherr, der war ein guter, frommer Mann

⁵¹und hatte nicht gewilligt in ihren Rat und Handel. Er war von Arimathia, der Stadt der Juden, einer, der auch auf das Reich Gottes wartete.

⁵²Der ging zu Pilatus und bat um den Leib Jesu;

⁵³und nahm ihn ab, wickelte ihn in Leinwand und legte ihn in ein gehauenes Grab, darin niemand je gelegen hatte.

⁵⁴Und es war der Rüsttag, und der Sabbat brach an.

⁵⁵Es folgten aber die Weiber nach, die mit ihm gekommen waren aus Galiläa, und beschauten das Grab und wie sein Leib gelegt ward.

⁵⁶Sie kehrten aber um und bereiteten Spezerei und Salben. Und den Sabbat über waren sie still nach dem Gesetz.

Kapitel 24

¹Aber am ersten Tage der Woche sehr früh kamen sie zum Grabe und trugen die Spezerei, die sie bereitet hatten, und etliche mit ihnen.

²Sie fanden aber den Stein abgewälzt von dem Grabe

³und gingen hinein und fanden den Leib des HERRN Jesu nicht.

⁴Und da sie darum bekümmert waren, siehe, da traten zu ihnen zwei Männer mit glänzenden Kleidern.

⁵Und sie erschraken und schlugen ihre Angesichter nieder zur Erde. Da sprachen die zu ihnen: Was suchet ihr den Lebendigen bei den Toten?

⁶Er ist nicht hier; er ist auferstanden. Gedenket daran, wie er euch sagte, da er noch in Galiläa war

⁷und sprach: Des Menschen Sohn muß überantwortet werden in die Hände der Sünder und gekreuzigt werden und am dritten Tage auferstehen.

⁸Und sie gedachten an seine Worte.

⁹Und sie gingen wieder vom Grabe und verkündigten das alles den Elfen und den andern allen.

¹⁰Es war aber Maria Magdalena und Johanna und Maria, des Jakobus Mutter, und andere mit ihnen, die solches den Aposteln sagten.

¹¹Und es deuchten sie ihre Worte eben, als wären's Märlein, und sie glaubten ihnen nicht.

¹²Petrus aber stand auf und lief zum Grabe und bückte sich hinein und sah die leinenen Tücher allein liegen; und ging davon, und es nahm ihn wunder, wie es zuginge.

¹³Und siehe, zwei aus ihnen gingen an demselben Tage in einen Flecken, der war von Jerusalem sechzig Feld Wegs weit; des Name heißt Emmaus.

¹⁴Und sie redeten miteinander von allen diesen Geschichten.

¹⁵Und es geschah, da sie so redeten und befragten sich miteinander, nahte sich Jesus zu ihnen und wandelte mit ihnen.

¹⁶Aber ihre Augen wurden gehalten, daß sie ihn nicht kannten.

¹⁷Er sprach aber zu ihnen: Was sind das für Reden, die ihr zwischen euch handelt unterwegs, und seid traurig?

¹⁸Da antwortete einer mit Namen Kleophas und sprach zu ihm: Bist du allein unter den Fremdlingen zu Jerusalem, der nicht wisse, was in diesen Tagen darin geschehen ist?

¹⁹Und er sprach zu ihnen: Welches? Sie aber sprachen zu ihm: Das von Jesus von Nazareth, welcher war ein Prophet mächtig von Taten und Worten vor Gott und allem Volk;

²⁰wie ihn unsre Hohenpriester und Obersten überantwortet haben zur Verdammnis des Todes und gekreuzigt.

²¹Wir aber hofften, er sollte Israel erlösen. Und über das alles ist heute der dritte Tag, daß solches geschehen ist.

²²Auch haben uns erschreckt etliche Weiber der Unsern; die sind früh bei dem Grabe gewesen,

²³haben seinen Leib nicht gefunden, kommen und sagen, sie haben ein Gesicht der Engel gesehen, welche sagen, er lebe.

²⁴Und etliche unter uns gingen hin zum Grabe und fanden's also, wie die Weiber sagten; aber ihn sahen sie nicht.

²⁵Und er sprach zu ihnen: O ihr Toren und träges Herzens, zu glauben alle dem, was die Propheten geredet haben!

²⁶Mußte nicht Christus solches leiden und zu seiner Herrlichkeit eingehen?

²⁷Und fing an von Mose und allen Propheten und legte ihnen alle Schriften aus, die von ihm gesagt waren.

²⁸Und sie kamen nahe zum Flecken, da sie hineingingen; und er stellte sich, als wollte er weiter gehen.

²⁹Und sie nötigten ihn und sprachen: Bleibe bei uns; denn es will Abend werden, und der Tag hat sich geneigt. Und er ging hinein, bei ihnen zu bleiben.

³⁰Und es geschah, da er mit ihnen zu Tische saß, nahm er das Brot, dankte, brach's und gab's ihnen.

³¹Da wurden ihre Augen geöffnet, und sie erkannten ihn. Und er verschwand vor ihnen.

³²Und sie sprachen untereinander: Brannte nicht unser Herz in uns, da er mit uns redete auf dem Wege, als er uns die Schrift öffnete?

³³Und sie standen auf zu derselben Stunde, kehrten wieder gen Jerusalem und fanden die Elf versammelt und die bei ihnen waren,

³⁴welche sprachen: Der HERR ist wahrhaftig auferstanden und Simon erschienen.

³⁵Und sie erzählten ihnen, was auf dem Wege geschehen war und wie er von ihnen erkannt wäre an dem, da er das Brot brach.

³⁶Da sie aber davon redeten, trat er selbst, Jesus, mitten unter sie und sprach: Friede sei mit euch!

³⁷Sie erschraken aber und fürchteten sich, meinten, sie sähen einen Geist.

³⁸Und er sprach zu ihnen: Was seid ihr so erschrocken, und warum kommen solche Gedanken in euer Herz?

³⁹Sehet meine Hände und meine Füße: ich bin's selber. Fühlet mich an und sehet; denn ein Geist hat nicht Fleisch und Bein, wie ihr sehet, daß ich habe.

⁴⁰Und da er das sagte, zeigte er ihnen Hände und Füße.

⁴¹Da sie aber noch nicht glaubten, vor Freuden und sich verwunderten, sprach er zu ihnen: Habt ihr etwas zu essen?

⁴²Und sie legten ihm vor ein Stück von gebratenem Fisch und Honigseim.

⁴³Und er nahm's und aß vor ihnen.

⁴⁴Er sprach aber zu ihnen: Das sind die Reden, die ich zu euch sagte, da ich noch bei euch war; denn es muß alles erfüllet werden, was von mir geschrieben ist im Gesetz Mose's, in den Propheten und in den Psalmen.

⁴⁵Da öffnete er ihnen das Verständnis, daß sie die Schrift verstanden,

⁴⁶und er sprach zu ihnen: Also ist's geschrieben, und also mußte Christus leiden und auferstehen von den Toten am dritten Tage

⁴⁷und predigen lassen in seinem Namen Buße und Vergebung der Sünden unter allen Völkern und anheben zu Jerusalem.

⁴⁸Ihr aber seid des alles Zeugen.

⁴⁹Und siehe, ich will auf euch senden die Verheißung meines Vaters. Ihr aber sollt in der Stadt Jerusalem bleiben, bis ihr angetan werdet mit der Kraft aus der Höhe.

⁵⁰Er führte sie aber hinaus bis gen Bethanien und hob die Hände auf und segnete sie.

⁵¹Und es geschah, da er sie segnete, schied er von ihnen und fuhr auf gen Himmel.

⁵²Sie aber beteten ihn an und kehrten wieder gen Jerusalem mit großer Freude

⁵³und waren allewege im Tempel, priesen und lobten Gott.

Johannes

Kapitel 1

¹Im Anfang war das Wort, und das Wort war bei Gott, und Gott war das Wort.

²Dasselbe war im Anfang bei Gott.

³Alle Dinge sind durch dasselbe gemacht, und ohne dasselbe ist nichts gemacht, was gemacht ist.

⁴In ihm war das Leben, und das Leben war das Licht der Menschen.

⁵Und das Licht scheint in der Finsternis, und die Finsternis hat's nicht begriffen.

⁶Es ward ein Mensch von Gott gesandt, der hieß Johannes.

⁷Dieser kam zum Zeugnis, daß er von dem Licht zeugte, auf daß sie alle durch ihn glaubten.

⁸Er war nicht das Licht, sondern daß er zeugte von dem Licht.

⁹Das war das wahrhaftige Licht, welches alle Menschen erleuchtet, die in diese Welt kommen.

¹⁰Es war in der Welt, und die Welt ist durch dasselbe gemacht; und die Welt kannte es nicht.

¹¹Er kam in sein Eigentum; und die Seinen nahmen ihn nicht auf.

¹²Wie viele ihn aber aufnahmen, denen gab er Macht, Kinder Gottes zu werden, die an seinen Namen glauben;

¹³welche nicht von dem Geblüt noch von dem Willen des Fleisches noch von dem Willen eines Mannes, sondern von Gott geboren sind.

¹⁴Und das Wort ward Fleisch und wohnte unter uns, und wir sahen seine Herrlichkeit, eine Herrlichkeit als des eingeborenen Sohnes vom Vater, voller Gnade und Wahrheit.

¹⁵Johannes zeugt von ihm, ruft und spricht: Dieser war es, von dem ich gesagt habe: Nach mir wird kommen, der vor mir gewesen ist; denn er war eher als ich.

¹⁶Und von seiner Fülle haben wir alle genommen Gnade um Gnade.

¹⁷Denn das Gesetz ist durch Moses gegeben; die Gnade und Wahrheit ist durch Jesum Christum geworden.

¹⁸Niemand hat Gott je gesehen; der eingeborene Sohn, der in des Vaters Schoß ist, der hat es uns verkündigt.

¹⁹Und dies ist das Zeugnis des Johannes, da die Juden sandten von Jerusalem Priester und Leviten, daß sie ihn fragten: Wer bist du?

²⁰Und er bekannte und leugnete nicht; und er bekannte: Ich bin nicht Christus.

²¹Und sie fragten ihn: Was denn? Bist du Elia? Er sprach: Ich bin's nicht. Bist du der Prophet? Und er antwortete: Nein!

²²Da sprachen sie zu ihm: Was bist du denn? Daß wir Antwort geben denen, die uns gesandt haben. Was sagst du von dir selbst?

²³Er sprach: Ich bin eine Stimme eines Predigers in der Wüste: Richtet den Weg des HERRN! wie der Prophet Jesaja gesagt hat.

²⁴Und die gesandt waren, die waren von den Pharisäern.

²⁵Und sie fragten ihn und sprachen zu ihm: Warum taufst du denn, so du nicht Christus bist noch Elia noch der Prophet?

²⁶Johannes antwortete ihnen und sprach: Ich taufe mit Wasser; aber er ist mitten unter euch getreten, den ihr nicht kennt.

²⁷Der ist's, der nach mir kommen wird, welcher vor mir gewesen ist, des ich nicht wert bin, daß ich seine Schuhriemen auflöse.

²⁸Dies geschah zu Bethabara jenseit des Jordans, wo Johannes taufte.

²⁹Des andern Tages sieht Johannes Jesum zu ihm kommen und spricht: Siehe, das ist Gottes Lamm, welches der Welt Sünde trägt!

³⁰Dieser ist's, von dem ich gesagt habe: Nach mir kommt ein Mann, welcher vor mir gewesen ist; denn er war eher denn ich.

³¹Und ich kannte ihn nicht; sondern auf daß er offenbar würde in Israel, darum bin ich gekommen, zu taufen mit Wasser.

³²Und Johannes zeugte und sprach: Ich sah, daß der Geist herabfuhr wie eine Taube vom Himmel und blieb auf ihm.

³³Und ich kannte ihn nicht; aber der mich sandte, zu taufen mit Wasser, der sprach zu mir: Auf welchen du sehen wirst den Geist herabfahren und auf ihm bleiben, der ist's, der mit dem heiligen Geist tauft.

³⁴Und ich sah es und zeugte, daß dieser ist Gottes Sohn.

³⁵Des andern Tages stand abermals Johannes und zwei seiner Jünger.

³⁶Und als er Jesum sah wandeln, sprach er: Siehe, das ist Gottes Lamm!

³⁷Und die zwei Jünger hörten ihn reden und folgten Jesu nach.

³⁸Jesus aber wandte sich um und sah sie nachfolgen und sprach zu ihnen: Was suchet ihr? Sie aber sprachen zu ihm: Meister, wo bist du zur Herberge?

³⁹Er sprach zu ihnen: Kommt und sehet's! Sie kamen und sahen's und blieben den Tag bei ihm. Es war aber um die zehnte Stunde.

⁴⁰Einer aus den zweien, die von Johannes hörten und Jesus nachfolgten, war Andreas, der Bruder des Simon Petrus.

⁴¹Der findet am ersten seinen Bruder Simon und spricht zu ihm: Wir haben den Messias gefunden (welches ist verdolmetscht: der Gesalbte),

⁴²und führte ihn zu Jesu. Da ihn Jesus sah, sprach er: Du bist Simon, Jona's Sohn; du sollst Kephas (Fels) heißen.

⁴³Des andern Tages wollte Jesus wieder nach Galiläa ziehen und findet Philippus und spricht zu ihm: Folge mir nach!

⁴⁴Philippus aber war von Bethsaida, aus der Stadt des Andreas und Petrus.

⁴⁵Philippus findet Nathanael und spricht zu ihm: Wir haben den gefunden, von welchem Moses im Gesetz und die Propheten geschrieben haben, Jesum, Joseph's Sohn von Nazareth.

⁴⁶Und Nathanael sprach zu ihm: Was kann von Nazareth Gutes kommen? Philippus spricht zu ihm: Komm und sieh es!

⁴⁷Jesus sah Nathanael zu sich kommen und spricht von ihm: Siehe, ein rechter Israeliter, in welchem kein Falsch ist.

⁴⁸Nathanael spricht zu ihm: Woher kennst du mich? Jesus antwortete und sprach zu ihm: Ehe denn dich Philippus rief, da du unter dem Feigenbaum warst, sah ich dich.

⁴⁹Nathanael antwortete und spricht zu ihm: Rabbi, du bist Gottes Sohn, du bist der König von Israel!

⁵⁰Jesus antwortete und sprach zu ihm: Du glaubst, weil ich dir gesagt habe, daß ich dich gesehen habe unter dem Feigenbaum; du wirst noch Größeres denn das sehen.

⁵¹Und spricht zu ihm: Wahrlich, wahrlich ich sage euch: Von nun an werdet ihr den Himmel offen sehen und die Engel Gottes hinauf und herab fahren auf des Menschen Sohn.

Kapitel 2

¹Und am dritten Tag ward eine Hochzeit zu Kana in Galiläa; und die Mutter Jesu war da.

²Jesus aber und seine Jünger wurden auch auf die Hochzeit geladen.

³Und da es an Wein gebrach, spricht die Mutter Jesu zu ihm: Sie haben nicht Wein.

⁴Jesus spricht zu ihr: Weib, was habe ich mit dir zu schaffen? Meine Stunde ist noch nicht gekommen.

⁵Seine Mutter spricht zu den Dienern: Was er euch sagt, das tut.

⁶Es waren aber allda sechs steinerne Wasserkrüge gesetzt nach der Weise der jüdischen Reinigung, und ging in je einen zwei oder drei Maß.

⁷Jesus spricht zu ihnen: Füllet die Wasserkrüge mit Wasser! Und sie füllten sie bis obenan.

⁸Und er spricht zu ihnen: Schöpfet nun und bringet's dem Speisemeister! Und sie brachten's.

⁹Als aber der Speisemeister kostete den Wein, der Wasser gewesen war, und wußte nicht, woher er kam (die Diener aber wußten's, die das Wasser geschöpft hatten), ruft der Speisemeister den Bräutigam

¹⁰und spricht zu ihm: Jedermann gibt zum ersten guten Wein, und wenn sie trunken geworden sind, alsdann den geringeren; du hast den guten Wein bisher behalten.

¹¹Das ist das erste Zeichen, das Jesus tat, geschehen zu Kana in Galiläa, und offenbarte seine Herrlichkeit. Und seine Jünger glaubten an ihn.

¹²Darnach zog er hinab gen Kapernaum, er, seine Mutter, seine Brüder und seine Jünger; und sie blieben nicht lange daselbst.

¹³Und der Juden Ostern war nahe, und Jesus zog hinauf gen Jerusalem.

¹⁴Und er fand im Tempel sitzen, die da Ochsen, Schafe und Tauben feil hatten, und die Wechsler.

¹⁵Und er machte eine Geißel aus Stricken und trieb sie alle zum Tempel hinaus samt den Schafen und Ochsen und verschüttete den Wechslern das Geld und stieß die Tische um

¹⁶und sprach zu denen, die die Tauben feil hatten: tragt das von dannen und macht nicht meines Vaters Haus zum Kaufhause!

¹⁷Seine Jünger aber gedachten daran, daß geschrieben steht: Der Eifer um dein Haus hat mich gefressen.

¹⁸Da antworteten nun die Juden und sprachen zu ihm: Was zeigst

du uns für ein Zeichen, daß du solches tun mögest?

¹⁹Jesus antwortete und sprach zu ihnen: Brechet diesen Tempel, und am dritten Tage will ich ihn aufrichten.

²⁰Da sprachen die Juden: Dieser Tempel ist in Jahren erbaut; und du willst ihn in drei Tagen aufrichten?

²¹(Er aber redete von dem Tempel seines Leibes.

²²Da er nun auferstanden war von den Toten, gedachten seine Jünger daran, daß er dies gesagt hatte, und glaubten der Schrift und der Rede, die Jesus gesagt hatte.)

²³Als er aber zu Jerusalem war am Osterfest, glaubten viele an seinen Namen, da sie die Zeichen sahen, die er tat.

²⁴Aber Jesus vertraute sich ihnen nicht; denn er kannte sie alle

²⁵und bedurfte nicht, daß jemand Zeugnis gäbe von einem Menschen; denn er wußte wohl, was im Menschen war.

Kapitel 3

¹Es war aber ein Mensch unter den Pharisäern mit Namen Nikodemus, ein Oberster unter den Juden.

²Der kam zu Jesu bei der Nacht und sprach zu ihm: Meister, wir wissen, daß du bist ein Lehrer von Gott gekommen; denn niemand kann die Zeichen tun, die du tust, es sei denn Gott mit ihm.

³Jesus antwortete und sprach zu ihm: Wahrlich, wahrlich, ich sage dir: Es sei denn, daß jemand von neuem geboren werde, so kann er das Reich Gottes nicht sehen.

⁴Nikodemus spricht zu ihm: Wie kann ein Mensch geboren werden wenn er alt ist? Kann er auch wiederum in seiner Mutter Leib gehen und geboren werden?

⁵Jesus antwortete: Wahrlich, wahrlich ich sage dir: Es sei denn daß jemand geboren werde aus Wasser und Geist, so kann er nicht in das Reich Gottes kommen.

⁶Was vom Fleisch geboren wird, das ist Fleisch; und was vom Geist geboren wird, das ist Geist.

⁷Laß dich's nicht wundern, daß ich dir gesagt habe: Ihr müsset von neuem geboren werden.

⁸Der Wind bläst, wo er will, und du hörst sein Sausen wohl; aber du weißt nicht, woher er kommt und wohin er fährt. Also ist ein jeglicher, der aus dem Geist geboren ist.

⁹Nikodemus antwortete und sprach zu ihm: Wie mag solches zugehen?

¹⁰Jesus antwortete und sprach zu ihm: Bist du ein Meister in Israel und weißt das nicht?

¹¹Wahrlich, wahrlich ich sage dir: Wir reden, was wir wissen, und zeugen, was wir gesehen haben; und ihr nehmt unser Zeugnis nicht an.

¹²Glaubet ihr nicht, wenn ich euch von irdischen Dingen sage, wie würdet ihr glauben, wenn ich euch von himmlischen Dingen sagen würde?

¹³Und niemand fährt gen Himmel, denn der vom Himmel herniedergekommen ist, nämlich des Menschen Sohn, der im Himmel ist.

¹⁴Und wie Mose in der Wüste eine Schlange erhöht hat, also muß des Menschen Sohn erhöht werden,

¹⁵auf das alle, die an ihn glauben, nicht verloren werden, sondern das ewige Leben haben.

¹⁶Also hat Gott die Welt geliebt, daß er seinen eingeborenen Sohn gab, auf daß alle, die an ihn glauben, nicht verloren werden, sondern das ewige Leben haben.

¹⁷Denn Gott hat seinen Sohn nicht gesandt in die Welt, daß er die Welt richte, sondern daß die Welt durch ihn selig werde.

¹⁸Wer an ihn glaubt, der wird nicht gerichtet; wer aber nicht glaubt, der ist schon gerichtet, denn er glaubt nicht an den Namen des eingeborenen Sohnes Gottes.

¹⁹Das ist aber das Gericht, daß das Licht in die Welt gekommen ist, und die Menschen liebten die Finsternis mehr als das Licht; denn ihre Werke waren böse.

²⁰Wer arges tut, der haßt das Licht und kommt nicht an das Licht, auf daß seine Werke nicht gestraft werden.

²¹Wer aber die Wahrheit tut, der kommt an das Licht, daß seine Werke offenbar werden; denn sie sind in Gott getan.

²²Darnach kam Jesus und seine Jünger in das jüdische Land und hatte daselbst sein Wesen mit ihnen und taufte.

²³Johannes aber taufte auch noch zu Enon, nahe bei Salim, denn es war viel Wasser daselbst; und sie kamen dahin und ließen sich taufen.

²⁴Denn Johannes war noch nicht ins Gefängnis gelegt.

²⁵Da erhob sich eine Frage unter den Jüngern des Johannes mit den Juden über die Reinigung.

²⁶Und sie kamen zu Johannes und sprachen zu ihm: Meister, der bei dir war jenseit des Jordans, von dem du zeugtest, siehe, der tauft, und jedermann kommt zu ihm.

²⁷Johannes antwortete und sprach: Ein Mensch kann nichts nehmen, es werde ihm denn gegeben vom Himmel.

²⁸Ihr selbst seid meine Zeugen, daß ich gesagt habe, ich sei nicht Christus, sondern vor ihm her gesandt.

²⁹Wer die Braut hat, der ist der Bräutigam; der Freund aber des Bräutigams steht und hört ihm zu und freut sich hoch über des Bräutigams Stimme. Diese meine Freude ist nun erfüllt.

³⁰Er muß wachsen, ich aber muß abnehmen.

³¹Der von obenher kommt, ist über alle. Wer von der Erde ist, der ist von der Erde und redet von der Erde. Der vom Himmel kommt, der ist über alle

³²und zeugt, was er gesehen und gehört hat; und sein Zeugnis nimmt niemand an.

³³Wer es aber annimmt, der besiegelt's, daß Gott wahrhaftig sei.

³⁴Denn welchen Gott gesandt hat, der redet Gottes Worte; denn Gott gibt den Geist nicht nach dem Maß.

³⁵Der Vater hat den Sohn lieb und hat ihm alles in seine Hand gegeben.

³⁶Wer an den Sohn glaubt, der hat das ewige Leben. Wer dem Sohn nicht glaubt, der wird das Leben nicht sehen, sondern der Zorn Gottes bleibt über ihm.

Kapitel 4

¹Da nun der HERR innerward, daß vor die Pharisäer gekommen war, wie Jesus mehr Jünger machte und taufte denn Johannes

²(wiewohl Jesus selber nicht taufte, sondern seine Jünger),

³verließ er das Land Judäa und zog wieder nach Galiläa.

⁴Er mußte aber durch Samaria reisen.

⁵Da kam er in eine Stadt Samarias, die heißt Sichar, nahe bei dem Feld, das Jakob seinem Sohn Joseph gab.

⁶Es war aber daselbst Jakobs Brunnen. Da nun Jesus müde war von der Reise, setzte er sich also auf den Brunnen; und es war um die sechste Stunde.

⁷Da kommt ein Weib aus Samaria, Wasser zu schöpfen. Jesus spricht zu ihr: Gib mir zu trinken!

⁸(Denn seine Jünger waren in die Stadt gegangen, daß sie Speise kauften.)

⁹Spricht nun das samaritische Weib zu ihm: Wie bittest du von mir zu trinken, so du ein Jude bist, und ich ein samaritisch Weib? (Denn die Juden haben keine Gemeinschaft mit den Samaritern.)

¹⁰Jesus antwortete und sprach zu ihr: Wenn du erkenntest die Gabe Gottes und wer der ist, der zu dir sagt: "Gib mir zu trinken!", du bätest ihn, und er gäbe dir lebendiges Wasser.

¹¹Spricht zu ihm das Weib: HERR, hast du doch nichts, womit du schöpfest, und der Brunnen ist tief; woher hast du denn lebendiges Wasser?

¹²Bist du mehr denn unser Vater Jakob, der uns diesen Brunnen gegeben hat? Und er hat daraus getrunken und seine Kinder und sein Vieh.

¹³Jesus antwortete und sprach zu ihr: Wer von diesem Wasser trinkt, den wir wieder dürsten;

¹⁴wer aber von dem Wasser trinken wird, das ich ihm gebe, den wird ewiglich nicht dürsten; sondern das Wasser, das ich ihm geben werde, das wird in ihm ein Brunnen des Wassers werden, das in das ewige Leben quillt.

¹⁵Spricht das Weib zu ihm: HERR, gib mir dieses Wasser, auf daß mich nicht dürste und ich nicht herkommen müsse, zu schöpfen!

¹⁶Jesus spricht zu ihr: Gehe hin, rufe deinen Mann und komm her!

¹⁷Das Weib antwortete und sprach zu ihm: Ich habe keinen Mann. Jesus spricht zu ihr: Du hast recht gesagt: Ich habe keinen Mann.

¹⁸Fünf Männer hast du gehabt, und den du nun hast, der ist nicht dein Mann; da hast du recht gesagt.

¹⁹Das Weib spricht zu ihm: HERR, ich sehe, daß du ein Prophet bist.

²⁰Unsere Väter haben auf diesem Berge angebetet, und ihr sagt, zu Jerusalem sei die Stätte, da man anbeten solle.

²¹Jesus spricht zu ihr: Weib, glaube mir, es kommt die Zeit, daß ihr weder auf diesem Berge noch zu Jerusalem werdet den Vater anbeten.

²²Ihr wisset nicht, was ihr anbetet; wir wissen aber, was wir anbeten, denn das Heil kommt von den Juden.

²³Aber es kommt die Zeit und ist schon jetzt, daß die wahrhaftigen Anbeter werden den Vater anbeten im Geist und in der Wahrheit; denn der Vater will haben, die ihn also anbeten.

²⁴Gott ist Geist, und die ihn anbeten, die müssen ihn im Geist und in der Wahrheit anbeten.

Johannes

²⁵Spricht das Weib zu ihm: Ich weiß, daß der Messias kommt, der da Christus heißt. Wenn derselbe kommen wird, so wird er's uns alles verkündigen.

²⁶Jesus spricht zu ihr: Ich bin's, der mit dir redet.

²⁷Und über dem kamen seine Jünger, und es nahm sie wunder, daß er mit dem Weib redete. Doch sprach niemand: Was fragst du? oder: Was redest du mit ihr?

²⁸Da ließ das Weib ihren Krug stehen und ging hin in die Stadt und spricht zu den Leuten:

²⁹Kommt, seht einen Menschen, der mir gesagt hat alles, was ich getan habe, ob er nicht Christus sei!

³⁰Da gingen sie aus der Stadt und kamen zu ihm.

³¹Indes aber ermahnten ihn die Jünger und sprachen: Rabbi, iß!

³²Er aber sprach zu ihnen: Ich habe eine Speise zu essen, von der ihr nicht wisset.

³³Da sprachen die Jünger untereinander: Hat ihm jemand zu essen gebracht?

³⁴Jesus spricht zu ihnen: Meine Speise ist die, daß ich tue den Willen des, der mich gesandt hat, und vollende sein Werk.

³⁵Saget ihr nicht: Es sind noch vier Monate, so kommt die Ernte? Siehe, ich sage euch: Hebet eure Augen auf und sehet in das Feld; denn es ist schon weiß zur Ernte.

³⁶Und wer da schneidet, der empfängt Lohn und sammelt Frucht zum ewigen Leben, auf daß sich miteinander freuen, der da sät und der da schneidet.

³⁷Denn hier ist der Spruch wahr: Dieser sät, der andere schneidet.

³⁸Ich habe euch gesandt, zu schneiden, was ihr nicht gearbeitet habt; andere haben gearbeitet und ihr seid in ihre Arbeit gekommen.

³⁹Es glaubten aber an ihn viele der Samariter aus der Stadt um des Weibes Rede willen, welches da zeugte: Er hat mir gesagt alles, was ich getan habe.

⁴⁰Als nun die Samariter zu ihm kamen, baten sie ihn, daß er bei ihnen bliebe; und er blieb zwei Tage da.

⁴¹Und viel mehr glaubten um seines Wortes willen

⁴²und sprachen zum Weibe: Wir glauben nun hinfort nicht um deiner Rede willen; wir haben selber gehört und erkannt, daß dieser ist wahrlich Christus, der Welt Heiland.

⁴³Aber nach zwei Tagen zog er aus von dannen und zog nach Galiläa.

⁴⁴Denn er selber, Jesus, zeugte, daß ein Prophet daheim nichts gilt.

⁴⁵Da er nun nach Galiläa kam, nahmen ihn die Galiläer auf, die gesehen hatten alles, was er zu Jerusalem auf dem Fest getan hatte; denn sie waren auch zum Fest gekommen.

⁴⁶Und Jesus kam abermals gen Kana in Galiläa, da er das Wasser hatte zu Wein gemacht.

⁴⁷Und es war ein Königischer, des Sohn lag krank zu Kapernaum. Dieser hörte, daß Jesus kam aus Judäa nach Galiläa, und ging hin zu ihm und bat ihn, daß er hinabkäme und hülfe seinem Sohn; denn er war todkrank.

⁴⁸Und Jesus sprach zu ihm: Wenn ihr nicht Zeichen und Wunder seht, so glaubet ihr nicht.

⁴⁹Der Königische sprach zu ihm: HERR, komm hinab, ehe denn mein Kind stirbt!

⁵⁰Jesus spricht zu ihm: Gehe hin, dein Sohn lebt! der Mensch glaubte dem Wort, das Jesus zu ihm sagte, und ging hin.

⁵¹Und indem er hinabging, begegneten ihm seine Knechte, verkündigten ihm und sprachen: Dein Kind lebt.

⁵²Da forschte er von ihnen die Stunde, in welcher es besser mit ihm geworden war. Und sie sprachen zu ihm: Gestern um die siebente Stunde verließ ihn das Fieber.

⁵³Da merkte der Vater, daß es um die Stunde wäre, in welcher Jesus zu ihm gesagt hatte: Dein Sohn lebt. Und er glaubte mit seinem ganzen Hause.

⁵⁴Das ist nun das andere Zeichen, das Jesus tat, da er aus Judäa nach Galiläa kam.

Kapitel 5

¹Darnach war ein Fest der Juden, und Jesus zog hinauf gen Jerusalem.

²Es ist aber zu Jerusalem bei dem Schaftor ein Teich, der heißt auf hebräisch Bethesda und hat fünf Hallen,

³in welchem lagen viele Kranke, Blinde, Lahme, Verdorrte, die warteten, wann sich das Wasser bewegte.

⁴(Denn ein Engel fuhr herab zu seiner Zeit in den Teich und bewegte das Wasser.) Welcher nun zuerst, nachdem das Wasser bewegt war, hineinstieg, der ward gesund, mit welcherlei Seuche er behaftet war.

⁵Es war aber ein Mensch daselbst, achtunddreißig Jahre lang krank gelegen.

⁶Da Jesus ihn sah liegen und vernahm, daß er so lange gelegen hatte, spricht er zu ihm: Willst du gesund werden?

⁷Der Kranke antwortete ihm: HERR, ich habe keinen Menschen, wenn das Wasser sich bewegt, der mich in den Teich lasse; und wenn ich komme, so steigt ein anderer vor mir hinein.

⁸Jesus spricht zu ihm: Stehe auf, nimm dein Bett und gehe hin!

⁹Und alsbald ward der Mensch gesund und nahm sein Bett und ging hin. Es war aber desselben Tages der Sabbat.

¹⁰Da sprachen die Juden zu dem, der geheilt worden war: Es ist heute Sabbat; es ziemt dir nicht, das Bett zu tragen.

¹¹Er antwortete ihnen: Der mich gesund machte, der sprach zu mir: "Nimm dein Bett und gehe hin!"

¹²Da fragten sie ihn: Wer ist der Mensch, der zu dir gesagt hat: "Nimm dein Bett und gehe hin!"?

¹³Der aber geheilt worden war, wußte nicht, wer es war; denn Jesus war gewichen, da so viel Volks an dem Ort war.

¹⁴Darnach fand ihn Jesus im Tempel und sprach zu ihm: Siehe zu, du bist gesund geworden; sündige hinfort nicht mehr, daß dir nicht etwas Ärgeres widerfahre.

¹⁵Der Mensch ging hin und verkündete es den Juden, es sei Jesus, der ihn gesund gemacht habe.

¹⁶Darum verfolgten die Juden Jesum und suchten ihn zu töten, daß er solches getan hatte am Sabbat.

¹⁷Jesus aber antwortete Ihnen: Mein Vater wirkt bisher, und ich wirke auch.

¹⁸Darum trachteten ihm die Juden viel mehr nach, daß sie ihn töteten, daß er nicht allein den Sabbat brach, sondern sagte auch, Gott sei sein Vater, und machte sich selbst Gott gleich.

¹⁹Da antwortete Jesus und sprach zu ihnen: Wahrlich, wahrlich, ich sage euch: Der Sohn kann nichts von sich selber tun, sondern was er sieht den Vater tun; denn was dieser tut, das tut gleicherweise auch der Sohn.

²⁰Der Vater aber hat den Sohn lieb und zeigt ihm alles, was er tut, und wird ihm noch größere Werke zeigen, daß ihr euch verwundern werdet.

²¹Denn wie der Vater die Toten auferweckt und macht sie lebendig, also auch der Sohn macht lebendig, welche er will.

²²Denn der Vater richtet niemand; sondern alles Gericht hat er dem Sohn gegeben,

²³auf daß sie alle den Sohn ehren, wie sie den Vater ehren. Wer den Sohn nicht ehrt, der ehrt den Vater nicht, der ihn gesandt hat.

²⁴Wahrlich, wahrlich, ich sage euch: Wer mein Wort hört und glaubt dem, der mich gesandt hat, der hat das ewige Leben und kommt nicht in das Gericht, sondern er ist vom Tode zum Leben hindurchgedrungen.

²⁵Wahrlich, wahrlich, ich sage euch: Es kommt die Stunde und ist schon jetzt, daß die Toten werden die Stimme des Sohnes Gottes hören; und die sie hören werden, die werden leben.

²⁶Denn wie der Vater hat das Leben in ihm selber, also hat er dem Sohn gegeben, das Leben zu haben in ihm selber,

²⁷und hat ihm Macht gegeben, auch das Gericht zu halten, darum daß er des Menschen Sohn ist.

²⁸Verwundert euch des nicht, denn es kommt die Stunde, in welcher alle, die in den Gräbern sind, werden seine Stimme hören,

²⁹und werden hervorgehen, die da Gutes getan haben, zur Auferstehung des Lebens, die aber Übles getan haben, zur Auferstehung des Gerichts.

³⁰Ich kann nichts von mir selber tun. Wie ich höre, so richte ich, und mein Gericht ist recht; denn ich suche nicht meinen Willen, sondern des Vaters Willen, der mich gesandt hat.

³¹So ich von mir selbst zeuge, so ist mein Zeugnis nicht wahr.

³²Ein anderer ist's, der von mir zeugt; und ich weiß, daß das Zeugnis wahr ist, das er von mir zeugt.

³³Ihr schicktet zu Johannes, und er zeugte von der Wahrheit.

³⁴Ich aber nehme nicht Zeugnis von Menschen; sondern solches sage ich, auf daß ihr selig werdet.

³⁵Er war ein brennend und scheinend Licht; ihr aber wolltet eine kleine Weile fröhlich sein in seinem Lichte.

³⁶Ich aber habe ein größeres Zeugnis; denn des Johannes Zeugnis; denn die Werke, die mir der Vater gegeben hat, daß ich sie vollende, eben diese Werke, die ich tue, zeugen von mir, daß mich der Vater gesandt habe.

³⁷Und der Vater, der mich gesandt hat, derselbe hat von mir gezeugt. Ihr habt nie weder seine Stimme gehört noch seine Gestalt gesehen,

³⁸und sein Wort habt ihr nicht in euch wohnend; denn ihr glaubt

dem nicht, den er gesandt hat.

³⁹Suchet in der Schrift; denn ihr meinet, ihr habet das ewige Leben darin; und sie ist's, die von mir zeuget;

⁴⁰und ihr wollt nicht zu mir kommen, daß ihr das Leben haben möchtet.

⁴¹Ich nehme nicht Ehre von Menschen;

⁴²aber ich kenne euch, daß ihr nicht Gottes Liebe in euch habt.

⁴³Ich bin gekommen in meines Vaters Namen, und ihr nehmet mich nicht an. So ein anderer wird in seinem eigenen Namen kommen, den werdet ihr annehmen.

⁴⁴Wie könnet ihr glauben, die ihr Ehre voneinander nehmet? und die Ehre, die von Gott allein ist, suchet ihr nicht.

⁴⁵Ihr sollt nicht meinen, daß ich euch vor dem Vater verklagen werde; es ist einer, der euch verklagt, der Mose, auf welchen ihr hofft.

⁴⁶Wenn ihr Mose glaubtet, so glaubtet ihr auch mir; denn er hat von mir geschrieben.

⁴⁷So ihr aber seinen Schriften nicht glaubt, wie werdet ihr meinen Worten glauben?

Kapitel 6

¹Darnach fuhr Jesus weg über das Meer an der Stadt Tiberias in Galiläa.

²Und es zog ihm viel Volks nach, darum daß sie die Zeichen sahen, die er an den Kranken tat.

³Jesus aber ging hinauf auf einen Berg und setzte sich daselbst mit seinen Jüngern.

⁴Es war aber nahe Ostern, der Juden Fest.

⁵Da hob Jesus seine Augen auf und sieht, daß viel Volks zu ihm kommt, und spricht zu Philippus: Wo kaufen wir Brot, daß diese essen?

⁶(Das sagte er aber, ihn zu versuchen; denn er wußte wohl, was er tun wollte.)

⁷Philippus antwortete ihm: Für zweihundert Groschen Brot ist nicht genug unter sie, daß ein jeglicher unter ihnen ein wenig nehme.

⁸Spricht zu ihm einer seiner Jünger, Andreas, der Bruder des Simon Petrus:

⁹Es ist ein Knabe hier, der hat fünf Gerstenbrote und zwei Fische; aber was ist das unter so viele?

¹⁰Jesus aber sprach: Schaffet, daß sich das Volk lagert. Es war aber viel Gras an dem Ort. Da lagerten sich bei fünftausend Mann.

¹¹Jesus aber nahm die Brote, dankte und gab sie den Jüngern, die Jünger aber denen, die sich gelagert hatten; desgleichen auch von den Fischen, wieviel sie wollten.

¹²Da sie aber satt waren, sprach er zu seinen Jüngern: Sammelt die übrigen Brocken, daß nichts umkommt.

¹³Da sammelten sie und füllten zwölf Körbe mit Brocken von den fünf Gerstenbroten, die übrig blieben denen, die gespeist worden.

¹⁴Da nun die Menschen das Zeichen sahen, das Jesus tat, sprachen sie: Das ist wahrlich der Prophet, der in die Welt kommen soll.

¹⁵Da Jesus nun merkte, daß sie kommen würden und ihn haschen, daß sie ihn zum König machten, entwich er abermals auf den Berg, er selbst allein.

¹⁶Am Abend aber gingen die Jünger hinab an das Meer

¹⁷und traten in das Schiff und kamen über das Meer gen Kapernaum. Und es war schon finster geworden, und Jesus war nicht zu ihnen gekommen.

¹⁸Und das Meer erhob sich von einem großen Winde.

¹⁹Da sie nun gerudert hatten bei fünfundzwanzig oder dreißig Feld Wegs, sahen sie Jesum auf dem Meere dahergehen und nahe zum Schiff kommen; und sie fürchteten sich.

²⁰Er aber sprach zu ihnen: Ich bin's; fürchtet euch nicht!

²¹Da wollten sie ihn in das Schiff nehmen; und alsbald war das Schiff am Lande, da sie hin fuhren.

²²Des anderen Tages sah das Volk, das diesseit des Meeres stand, daß kein anderes Schiff daselbst war denn das eine, darin seine Jünger getreten waren, und daß Jesus nicht mit seinen Jüngern in das Schiff getreten war, sondern allein seine Jünger waren weggefahren.

²³Es kamen aber andere Schiffe von Tiberias nahe zur Stätte, da sie das Brot gegessen hatten durch des HERRN Danksagung.

²⁴Da nun das Volk sah, daß Jesus nicht da war noch seine Jünger, traten sie auch in Schiffe und kamen gen Kapernaum und suchten Jesum.

²⁵Und da sie ihn fanden jenseit des Meeres, sprachen sie zu ihm: Rabbi, wann bist du hergekommen?

²⁶Jesus antwortete ihnen und sprach: Wahrlich, wahrlich ich sage euch: Ihr suchet mich nicht darum, daß ihr Zeichen gesehen habt, sondern daß ihr von dem Brot gegessen habt und seid satt geworden.

²⁷Wirket Speise, nicht, die vergänglich ist, sondern die da bleibt in das ewige Leben, welche euch des Menschen Sohn geben wird; denn den hat Gott der Vater versiegelt.

²⁸Da sprachen sie zu ihm: Was sollen wir tun, daß wir Gottes Werke wirken?

²⁹Jesus antwortete und sprach zu ihnen: Das ist Gottes Werk, daß ihr an den glaubt, den er gesandt hat.

³⁰Da sprachen sie zu ihm: Was tust du denn für ein Zeichen, auf daß wir sehen und glauben dir? Was wirkst du?

³¹Unsere Väter haben Manna gegessen in der Wüste, wie geschrieben steht: "Er gab ihnen Brot vom Himmel zu essen."

³²Da sprach Jesus zu ihnen: Wahrlich, wahrlich ich sage euch: Mose hat euch nicht das Brot vom Himmel gegeben, sondern mein Vater gibt euch das rechte Brot vom Himmel.

³³Denn dies ist das Brot Gottes, das vom Himmel kommt und gibt der Welt das Leben.

³⁴Da sprachen sie zu ihm: HERR, gib uns allewege solch Brot.

³⁵Jesus aber sprach zu ihnen: Ich bin das Brot des Lebens. Wer zu mir kommt, den wird nicht hungern; und wer an mich glaubt, den wird nimmermehr dürsten.

³⁶Aber ich habe es euch gesagt, daß ihr mich gesehen habt, und glaubet doch nicht.

³⁷Alles, was mir mein Vater gibt, das kommt zu mir; und wer zu mir kommt, den werde ich nicht hinausstoßen.

³⁸Denn ich bin vom Himmel gekommen, nicht daß ich meinen Willen tue, sondern den Willen des, der mich gesandt hat.

³⁹Das ist aber der Wille des Vaters, der mich gesandt hat, daß ich nichts verliere von allem, was er mir gegeben hat, sondern daß ich's auferwecke am Jüngsten Tage.

⁴⁰Denn das ist der Wille des, der mich gesandt hat, daß, wer den Sohn sieht und glaubt an ihn, habe das ewige Leben; und ich werde ihn auferwecken am Jüngsten Tage.

⁴¹Da murrten die Juden darüber, daß er sagte: Ich bin das Brot, daß vom Himmel gekommen ist,

⁴²und sprachen: Ist dieser nicht Jesus, Josephs Sohn, des Vater und Mutter wir kennen? Wie spricht er denn: Ich bin vom Himmel gekommen?

⁴³Jesus antwortete und sprach zu ihnen: Murret nicht untereinander.

⁴⁴Es kann niemand zu mir kommen, es sei denn, daß ihn ziehe der Vater, der mich gesandt hat; und ich werde ihn auferwecken am Jüngsten Tage.

⁴⁵Es steht geschrieben in den Propheten: "Sie werden alle von Gott gelehrt sein." Wer es nun hört vom Vater und lernt es, der kommt zu mir.

⁴⁶Nicht daß jemand den Vater habe gesehen, außer dem, der vom Vater ist; der hat den Vater gesehen.

⁴⁷Wahrlich, wahrlich ich sage euch: Wer an mich glaubt, der hat das ewige Leben.

⁴⁸Ich bin das Brot des Lebens.

⁴⁹Eure Väter haben Manna gegessen in der Wüste und sind gestorben.

⁵⁰Dies ist das Brot, das vom Himmel kommt, auf daß, wer davon isset, nicht sterbe.

⁵¹Ich bin das lebendige Brot, vom Himmel gekommen. Wer von diesem Brot essen wird, der wird leben in Ewigkeit. Und das Brot, daß ich geben werde, ist mein Fleisch, welches ich geben werde für das Leben der Welt.

⁵²Da zankten die Juden untereinander und sprachen: Wie kann dieser uns sein Fleisch zu essen geben?

⁵³Jesus sprach zu ihnen: Wahrlich, wahrlich ich sage euch: Werdet ihr nicht essen das Fleisch des Menschensohnes und trinken sein Blut, so habt ihr kein Leben in euch.

⁵⁴Wer mein Fleisch isset und trinket mein Blut, der hat das ewige Leben, und ich werde ihn am Jüngsten Tage auferwecken.

⁵⁵Denn mein Fleisch ist die rechte Speise, und mein Blut ist der rechte Trank.

⁵⁶Wer mein Fleisch isset und trinket mein Blut, der bleibt in mir und ich in ihm.

⁵⁷Wie mich gesandt hat der lebendige Vater und ich lebe um des Vaters willen, also, wer mich isset, der wird auch leben um meinetwillen.

⁵⁸Dies ist das Brot, das vom Himmel gekommen ist; nicht, wie eure Väter haben Manna gegessen und sind gestorben: wer dies Brot isset, der wird leben in Ewigkeit.

⁵⁹Solches sagte er in der Schule, da er lehrte zu Kapernaum.

⁶⁰Viele nun seine Jünger, die das hörten, sprachen: Das ist eine harte Rede; wer kann sie hören?

⁶¹Da Jesus aber bei sich selbst merkte, daß seine Jünger darüber

Johannes

murrten, sprach er zu ihnen: Ärgert euch das?

⁶²Wie, wenn ihr denn sehen werdet des Menschen Sohn auffahren dahin, da er zuvor war?

⁶³Der Geist ist's, der da lebendig macht; das Fleisch ist nichts nütze. Die Worte, die ich rede, die sind Geist und sind Leben.

⁶⁴Aber es sind etliche unter euch, die glauben nicht. (Denn Jesus wußte von Anfang wohl, welche nicht glaubend waren und welcher ihn verraten würde.)

⁶⁵Und er sprach: Darum habe ich euch gesagt: Niemand kann zu mir kommen, es sei ihm denn von meinem Vater gegeben.

⁶⁶Von dem an gingen seiner Jünger viele hinter sich und wandelten hinfort nicht mehr mit ihm.

⁶⁷Da sprach Jesus zu den Zwölfen: Wollt ihr auch weggehen?

⁶⁸Da antwortete ihm Simon Petrus: HERR, wohin sollen wir gehen? Du hast Worte des ewigen Lebens;

⁶⁹und wir haben geglaubt und erkannt, daß du bist Christus, der Sohn des lebendigen Gottes.

⁷⁰Jesus antwortete ihnen: Habe ich nicht euch Zwölf erwählt? und euer einer ist ein Teufel!

⁷¹Er redete aber von dem Judas, Simons Sohn, Ischariot; der verriet ihn hernach, und war der Zwölfe einer.

Kapitel 7

¹Darnach zog Jesus umher in Galiläa; denn er wollte nicht in Judäa umherziehen, darum daß ihm die Juden nach dem Leben stellten.

²Es war aber nahe der Juden Fest, die Laubhütten.

³Da sprachen seine Brüder zu ihm: Mache dich auf von dannen und gehe nach Judäa, auf daß auch deine Jünger sehen, die Werke die du tust.

⁴Niemand tut etwas im Verborgenen und will doch frei offenbar sein. Tust du solches, so offenbare dich vor der Welt.

⁵Denn auch seine Brüder glaubten nicht an ihn.

⁶Da spricht Jesus zu ihnen: Meine Zeit ist noch nicht hier; eure Zeit aber ist allewege.

⁷Die Welt kann euch nicht hassen; mich aber haßt sie, denn ich zeuge von ihr, daß ihre Werke böse sind.

⁸Gehet ihr hinauf auf dieses Fest; ich will noch nicht hinaufgehen auf dieses Fest, den meine Zeit ist noch nicht erfüllt.

⁹Da er aber das zu ihnen gesagt, blieb er in Galiläa.

¹⁰Als aber seine Brüder waren hinaufgegangen, da ging er auch hinauf zu dem Fest, nicht offenbar, sondern wie heimlich.

¹¹Da suchten ihn die Juden am Fest und sprachen: Wo ist der?

¹²Und es war ein großes Gemurmel unter dem Volk. Etliche sprachen: Er ist fromm; die andern aber sprachen: Nein, er verführt das Volk.

¹³Niemand aber redete frei von ihm um der Furcht willen vor den Juden.

¹⁴Aber mitten im Fest ging Jesus hinauf in den Tempel und lehrte.

¹⁵Und die Juden verwunderten sich und sprachen: Wie kann dieser die Schrift, so er sie doch nicht gelernt hat?

¹⁶Jesus antwortete ihnen und sprach: Meine Lehre ist nicht mein, sondern des, der mich gesandt hat.

¹⁷So jemand will des Willen tun, der wird innewerden, ob diese Lehre von Gott sei, oder ob ich von mir selbst rede.

¹⁸Wer von sich selbst redet, der sucht seine eigene Ehre; wer aber sucht die Ehre des, der ihn gesandt hat, der ist wahrhaftig, und ist keine Ungerechtigkeit an ihm.

¹⁹Hat euch nicht Mose das Gesetz gegeben? und niemand unter euch tut das Gesetz. Warum sucht ihr mich zu töten?

²⁰Das Volk antwortete und sprach: Du hast den Teufel; wer versucht dich zu töten?

²¹Jesus antwortete und sprach: Ein einziges Werk habe ich getan, und es wundert euch alle.

²²Mose hat euch darum gegeben die Beschneidung, nicht daß sie von Mose kommt, sondern von den Vätern, und ihr beschneidet den Menschen am Sabbat.

²³So ein Mensch die Beschneidung annimmt am Sabbat, auf daß nicht das Gesetz Mose's gebrochen werde, zürnet ihr denn über mich, daß ich den ganzen Menschen habe am Sabbat gesund gemacht?

²⁴Richtet nicht nach dem Ansehen, sondern richtet ein rechtes Gericht.

²⁵Da sprachen etliche aus Jerusalem: Ist das nicht der, den sie suchten zu töten?

²⁶Und siehe zu, er redet frei, und sie sagen nichts. Erkennen unsere Obersten nun gewiß, daß er gewiß Christus sei?

²⁷Doch wir wissen, woher dieser ist; wenn aber Christus kommen wird, so wird niemand wissen, woher er ist.

²⁸Da rief Jesus im Tempel und sprach: Ja, ihr kennet mich und wisset, woher ich bin; und von mir selbst bin ich nicht gekommen, sondern es ist ein Wahrhaftiger, der mich gesandt hat, welchen ihr nicht kennet.

²⁹Ich kenne ihn aber; denn ich bin von ihm, und er hat mich gesandt.

³⁰Da suchten sie ihn zu greifen; aber niemand legte die Hand an ihn, denn seine Stunde war noch nicht gekommen.

³¹Aber viele vom Volk glaubten an ihn und sprachen: Wenn Christus kommen wird, wird er auch mehr Zeichen tun, denn dieser tut?

³²Und es kam vor die Pharisäer, daß das Volk solches von ihm murmelte. Da sandten die Pharisäer und Hohenpriester Knechte aus, das sie ihn griffen.

³³Da sprach Jesus zu ihnen: Ich bin noch eine kleine Zeit bei euch, und dann gehe ich hin zu dem, der mich gesandt hat.

³⁴Ihr werdet mich suchen, und nicht finden; und wo ich bin, könnet ihr nicht hin kommen.

³⁵Da sprachen die Juden untereinander: Wo soll dieser hin gehen, daß wir ihn nicht finden sollen? Will er zu den Zerstreuten unter den Griechen gehen und die Griechen lehren?

³⁶Was ist das für eine Rede, daß er sagte: "Ihr werdet mich suchen, und nicht finden; und wo ich bin, da könnet ihr nicht hin kommen"?

³⁷Aber am letzten Tage des Festes, der am herrlichsten war, trat Jesus auf, rief und sprach: Wen da dürstet, der komme zu mir und trinke!

³⁸Wer an mich glaubt, wie die Schrift sagt, von des Leibe werden Ströme des lebendigen Wassers fließen.

³⁹Das sagte er aber von dem Geist, welchen empfangen sollten, die an ihn glaubten; denn der Heilige Geist war noch nicht da, denn Jesus war noch nicht verklärt.

⁴⁰Viele nun vom Volk, die diese Rede hörten, sprachen: Dieser ist wahrlich der Prophet.

⁴¹Andere sprachen: Er ist Christus. Etliche aber sprachen: Soll Christus aus Galiläa kommen?

⁴²Spricht nicht die Schrift: von dem Samen Davids und aus dem Flecken Bethlehem, da David war, soll Christus kommen?

⁴³Also ward eine Zwietracht unter dem Volk über ihn.

⁴⁴Es wollten aber etliche ihn greifen; aber niemand legte die Hand an ihn.

⁴⁵Die Knechte kamen zu den Hohenpriestern und Pharisäern; und sie sprachen zu ihnen: Warum habt ihr ihn nicht gebracht?

⁴⁶Die Knechte antworteten: Es hat nie ein Mensch also geredet wie dieser Mensch.

⁴⁷Da antworteten ihnen die Pharisäer: Seid ihr auch verführt?

⁴⁸Glaubt auch irgendein Oberster oder Pharisäer an ihn?

⁴⁹sondern das Volk, das nichts vom Gesetz weiß, ist verflucht.

⁵⁰Spricht zu ihnen Nikodemus, der bei der Nacht zu ihm kam, welcher einer unter ihnen war:

⁵¹Richtet unser Gesetz auch einen Menschen, ehe man ihn verhört und erkennt, was er tut?

⁵²Sie antworteten und sprachen zu ihm: Bist du auch ein Galiläer? Forsche und siehe, aus Galiläa steht kein Prophet auf.

⁵³Und ein jeglicher ging also heim.

Kapitel 8

¹Jesus aber ging an den Ölberg.

²Und frühmorgens kam er wieder in den Tempel, und alles Volk kam zu ihm; und er setzte sich und lehrte sie.

³Aber die Schriftgelehrten und Pharisäer brachten ein Weib zu ihm, im Ehebruch ergriffen, und stellten sie in die Mitte dar

⁴und sprachen zu ihm: Meister, dies Weib ist ergriffen auf frischer Tat im Ehebruch.

⁵Mose aber hat uns im Gesetz geboten, solche zu steinigen; was sagst du?

⁶Das sprachen sie aber, ihn zu versuchen, auf daß sie eine Sache wider ihn hätten. Aber Jesus bückte sich nieder und schrieb mit dem Finger auf die Erde.

⁷Als sie nun anhielten, ihn zu fragen, richtete er sich auf und sprach zu ihnen: Wer unter euch ohne Sünde ist, der werfe den ersten Stein auf sie.

⁸Und bückte sich wieder nieder und schrieb auf die Erde.

⁹Da sie aber das hörten, gingen sie hinaus (von ihrem Gewissen überführt), einer nach dem andern, von den Ältesten bis zu den Geringsten; und Jesus ward gelassen allein und das Weib in der Mitte stehend.

¹⁰Jesus aber richtete sich auf; und da er niemand sah denn das

Weib, sprach er zu ihr: Weib, wo sind sie, deine Verkläger? Hat dich niemand verdammt?

¹¹Sie aber sprach: HERR, niemand. Jesus aber sprach: So verdamme ich dich auch nicht; gehe hin und sündige hinfort nicht mehr!

¹²Da redete Jesus abermals zu ihnen und sprach: Ich bin das Licht der Welt; wer mir nachfolgt, der wird nicht wandeln in der Finsternis, sondern wir das Licht des Lebens haben.

¹³Da sprachen die Pharisäer zu ihm: Du zeugst von dir selbst; dein Zeugnis ist nicht wahr.

¹⁴Jesus antwortete und sprach zu ihnen: So ich von mir selbst zeugen würde, so ist mein Zeugnis wahr; denn ich weiß, woher ich gekommen bin und wohin ich gehe; ihr aber wißt nicht, woher ich komme und wohin ich gehe.

¹⁵Ihr richtet nach dem Fleisch; ich richte niemand.

¹⁶So ich aber richte, so ist mein Gericht recht; denn ich bin nicht allein, sondern ich und der Vater, der mich gesandt hat.

¹⁷Auch steht in eurem Gesetz geschrieben, daß zweier Menschen Zeugnis wahr sei.

¹⁸Ich bin's, der ich von mir selbst zeuge; und der Vater, der mich gesandt hat, zeugt auch von mir.

¹⁹Da sprachen sie zu ihm: Wo ist dein Vater? Jesus antwortete: Ihr kennt weder mich noch meinen Vater; wenn ihr mich kenntet, so kennetet ihr auch meinen Vater.

²⁰Diese Worte redete Jesus an dem Gotteskasten, da er lehrte im Tempel; und niemand griff ihn, denn seine Stunde war noch nicht gekommen.

²¹Da sprach Jesus abermals zu ihnen: Ich gehe hinweg, und ihr werdet mich suchen und in eurer Sünde sterben. Wo ich hin gehe, da könnet ihr nicht hin kommen.

²²Da sprachen die Juden: Will er sich denn selbst töten, daß er spricht: "Wohin ich gehe, da könnet ihr nicht hin kommen"?

²³Und er sprach zu ihnen: Ihr seid von untenher, ich bin von obenher; ihr seid von dieser Welt, ich bin nicht von dieser Welt.

²⁴So habe ich euch gesagt, daß ihr sterben werdet in euren Sünden; denn so ihr nicht glaubt, daß ich es sei, so werdet ihr sterben in euren Sünden.

²⁵Da sprachen sie zu ihm: Wer bist du denn? Und Jesus sprach zu ihnen: Erstlich der, der ich mit euch rede.

²⁶Ich habe viel von euch zu reden und zu richten; aber der mich gesandt hat, ist wahrhaftig, und was ich von ihm gehört habe, das rede ich vor der Welt.

²⁷Sie verstanden aber nicht, daß er ihnen von dem Vater sagte.

²⁸Da sprach Jesus zu ihnen: Wenn ihr des Menschen Sohn erhöhen werdet, dann werdet ihr erkennen, daß ich es sei und nichts von mir selber tue, sondern wie mich mein Vater gelehrt hat, so rede ich.

²⁹Und der mich gesandt hat, ist mit mir. Der Vater läßt mich nicht allein; denn ich tue allezeit, was ihm gefällt.

³⁰Da er solches redete, glaubten viele an ihn.

³¹Da sprach nun Jesus zu den Juden, die an ihn glaubten: So ihr bleiben werdet an meiner Rede, so seid ihr meine rechten Jünger

³²und werdet die Wahrheit erkennen, und die Wahrheit wird euch frei machen.

³³Da antworteten sie ihm: Wir sind Abrahams Samen, sind niemals jemandes Knecht gewesen; wie sprichst du denn: "Ihr sollt frei werden"?

³⁴Jesus antwortete ihnen und sprach: Wahrlich, wahrlich ich sage euch: Wer Sünde tut, der ist der Sünde Knecht.

³⁵Der Knecht aber bleibt nicht ewiglich im Hause; der Sohn bleibt ewiglich.

³⁶So euch nun der Sohn frei macht, so seid ihr recht frei.

³⁷Ich weiß wohl, daß ihr Abrahams Samen seid; aber ihr sucht mich zu töten, denn meine Rede fängt nicht bei euch.

³⁸Ich rede, was ich von meinem Vater gesehen habe; so tut ihr, was ihr von eurem Vater gesehen habt.

³⁹Sie antworteten und sprachen zu ihm: Abraham ist unser Vater. Spricht Jesus zu ihnen: Wenn ihr Abrahams Kinder wärt, so tätet ihr Abrahams Werke.

⁴⁰Nun aber sucht ihr mich zu töten, einen solchen Menschen, der ich euch die Wahrheit gesagt habe, die ich von Gott gehört habe. Das hat Abraham nicht getan.

⁴¹Ihr tut eures Vaters Werke. Da sprachen sie zu ihm: Wir sind nicht unehelich geboren, wir haben einen Vater, Gott.

⁴²Jesus sprach zu ihnen: Wäre Gott euer Vater, so liebtet ihr mich; denn ich bin ausgegangen und komme von Gott; denn ich bin nicht von mir selber gekommen, sondern er hat mich gesandt.

⁴³Warum kennet ihr denn meine Sprache nicht? Denn ihr könnt ja mein Wort nicht hören.

⁴⁴Ihr seid von dem Vater, dem Teufel, und nach eures Vaters Lust wollt ihr tun. Der ist ein Mörder von Anfang und ist nicht bestanden in der Wahrheit; denn die Wahrheit ist nicht in ihm. Wenn er die Lüge redet, so redet er von seinem Eigenen; denn er ist ein Lügner und ein Vater derselben.

⁴⁵Ich aber, weil ich die Wahrheit sage, so glaubet ihr mir nicht.

⁴⁶Welcher unter euch kann mich einer Sünde zeihen? So ich aber die Wahrheit sage, warum glaubet ihr mir nicht?

⁴⁷Wer von Gott ist, der hört Gottes Worte; darum hört ihr nicht, denn ihr seid nicht von Gott.

⁴⁸Da antworteten die Juden und sprachen zu ihm: Sagen wir nicht recht, daß du ein Samariter bist und hast den Teufel?

⁴⁹Jesus antwortete: Ich habe keinen Teufel, sondern ich ehre meinen Vater, und ihr unehret mich.

⁵⁰Ich suche nicht meine Ehre; es ist aber einer, der sie sucht, und richtet.

⁵¹Wahrlich, wahrlich ich sage euch: So jemand mein Wort wird halten, der wird den Tod nicht sehen ewiglich.

⁵²Da sprachen die Juden zu ihm: Nun erkennen wir, daß du den Teufel hast. Abraham ist gestorben und die Propheten, und du sprichst: "So jemand mein Wort hält, der wird den Tod nicht schmecken ewiglich."

⁵³Bist du denn mehr als unser Vater Abraham, welcher gestorben ist? Und die Propheten sind gestorben. Was machst du aus dir selbst?

⁵⁴Jesus antwortete: So ich mich selber ehre, so ist meine Ehre nichts. Es ist aber mein Vater, der mich ehrt, von welchem ihr sprecht, er sei euer Gott;

⁵⁵und kennet ihn nicht, ich aber kenne ihn. Und so ich würde sagen: Ich kenne ihn nicht, so würde ich ein Lügner, gleichwie ihr seid. Aber ich kenne ihn und halte sein Wort.

⁵⁶Abraham, euer Vater, ward froh, daß er meinen Tag sehen sollte; und er sah ihn und freute sich.

⁵⁷Da sprachen die Juden zu ihm: Du bist noch nicht fünfzig Jahre alt und hast Abraham gesehen?

⁵⁸Jesus sprach zu ihnen: Wahrlich, wahrlich ich sage euch: Ehe denn Abraham ward, bin ich.

⁵⁹Da hoben sie Steine auf, daß sie auf ihn würfen. Aber Jesus verbarg sich und ging zum Tempel hinaus.

Kapitel 9

¹Und Jesus ging vorüber und sah einen, der blind geboren war.

²Und seine Jünger fragten ihn und sprachen: Meister, wer hat gesündigt, dieser oder seine Eltern, daß er ist blind geboren?

³Jesus antwortete: Es hat weder dieser gesündigt noch seine Eltern, sondern daß die Werke Gottes offenbar würden an ihm.

⁴Ich muß wirken die Werke des, der mich gesandt hat, solange es Tag ist; es kommt die Nacht, da niemand wirken kann.

⁵Dieweil ich bin in der Welt, bin ich das Licht der Welt.

⁶Da er solches gesagt, spützte er auf die Erde und machte einen Kot aus dem Speichel und schmierte den Kot auf des Blinden Augen

⁷und sprach zu ihm: Gehe hin zu dem Teich Siloah (das ist verdolmetscht: gesandt) und wasche dich! Da ging er hin und wusch sich und kam sehend.

⁸Die Nachbarn und die ihn zuvor gesehen hatten, daß er ein Bettler war, sprachen: Ist dieser nicht, der dasaß und bettelte?

⁹Etliche sprachen: Er ist's, etliche aber: er ist ihm ähnlich. Er selbst aber sprach: Ich bin's.

¹⁰Da sprachen sie zu ihm: Wie sind deine Augen aufgetan worden?

¹¹Er antwortete und sprach: Der Mensch, der Jesus heißt, machte einen Kot und schmierte meine Augen und sprach: "Gehe hin zu dem Teich Siloah und wasche dich!" Ich ging hin und wusch mich und ward sehend.

¹²Da sprachen sie zu ihm: Wo ist er? Er sprach: Ich weiß nicht.

¹³Da führten sie ihn zu den Pharisäern, der weiland blind war.

¹⁴(Es war aber Sabbat, da Jesus den Kot machte und seine Augen öffnete.)

¹⁵Da fragten ihn abermals auch die Pharisäer, wie er wäre sehend geworden. Er aber sprach zu ihnen: Kot legte er mir auf die Augen, und ich wusch mich und bin nun sehend.

¹⁶Da sprachen etliche der Pharisäer: Der Mensch ist nicht von Gott, dieweil er den Sabbat nicht hält. Die andern aber sprachen: Wie kann ein sündiger Mensch solche Zeichen tun? Und es ward eine Zwietracht unter ihnen.

¹⁷Sie sprachen wieder zu dem Blinden: Was sagst du von ihm, daß er hat deine Augen aufgetan? Er aber sprach: Er ist ein Prophet.

¹⁸Die Juden glaubten nicht von ihm, daß er blind gewesen und sehend geworden wäre, bis daß sie riefen die Eltern des, der sehend war

Johannes

geworden,

¹⁹fragten sie und sprachen: Ist das euer Sohn, von welchem ihr sagt, er sei blind geboren? Wie ist er denn nun sehend?

²⁰Seine Eltern antworteten ihnen und sprachen: Wir wissen, daß dieser unser Sohn ist und daß er blind geboren ist;

²¹wie er aber nun sehend ist, wissen wir nicht; oder wer ihm hat seine Augen aufgetan, wissen wir auch nicht. Er ist alt genug, fraget ihn, laßt ihn selbst für sich reden.

²²Solches sagten seine Eltern; denn sie fürchteten sich vor den Juden. Denn die Juden hatten sich schon vereinigt, so jemand ihn für Christus bekennte, daß er in den Bann getan würde.

²³Darum sprachen seine Eltern: er ist alt genug, fraget ihn selbst.

²⁴Da riefen sie zum andernmal den Menschen, der blind gewesen war, und sprachen zu ihm: Gib Gott die Ehre! wir wissen, daß dieser Mensch ein Sünder ist.

²⁵Er antwortete und sprach: Ist er ein Sünder, das weiß ich nicht; eines weiß ich wohl, daß ich blind war und bin nun sehend.

²⁶Da sprachen sie wieder zu ihm: Was tat er dir? Wie tat er deine Augen auf?

²⁷Er antwortete ihnen: Ich habe es euch jetzt gesagt; habt ihr's nicht gehört? Was wollt ihr's abermals hören? Wollt ihr auch seine Jünger werden?

²⁸Da schalten sie ihn und sprachen: Du bist sein Jünger; wir aber sind Mose's Jünger.

²⁹Wir wissen, daß Gott mit Mose geredet hat; woher aber dieser ist, wissen wir nicht.

³⁰Der Mensch antwortete und sprach zu ihnen: Das ist ein wunderlich Ding, daß ihr nicht wisset, woher er sei, und er hat meine Augen aufgetan.

³¹Wir wissen aber, daß Gott die Sünder nicht hört; sondern so jemand gottesfürchtig ist und tut seinen Willen, den hört er.

³²Von der Welt an ist's nicht erhört, daß jemand einem geborenen Blinden die Augen aufgetan habe.

³³Wäre dieser nicht von Gott, er könnte nichts tun.

³⁴Sie antworteten und sprachen zu ihm: Du bist ganz in Sünde geboren, und lehrst uns? Und stießen ihn hinaus.

³⁵Es kam vor Jesus, daß sie ihn ausgestoßen hatten. Und da er ihn fand, sprach er zu ihm: Glaubst du an den Sohn Gottes?

³⁶Er antwortete und sprach: Herr, welcher ist's? auf daß ich an ihn glaube.

³⁷Jesus sprach zu ihm: Du hast ihn gesehen, und der mit dir redet, der ist's.

³⁸Er aber sprach: HERR, ich glaube, und betete ihn an.

³⁹Und Jesus sprach: Ich bin zum Gericht auf diese Welt gekommen, auf daß, die da nicht sehen, sehend werden, und die da sehen, blind werden.

⁴⁰Und solches hörten etliche der Pharisäer, die bei ihm waren, und sprachen zu ihm: Sind wir denn auch blind?

⁴¹Jesus sprach zu ihnen: Wärt ihr blind, so hättet ihr keine Sünde; nun ihr aber sprecht: "Wir sind sehend", bleibt eure Sünde.

Kapitel 10

¹Wahrlich, wahrlich ich sage euch: Wer nicht zur Tür eingeht in den Schafstall, sondern steigt anderswo hinein, der ist ein Dieb und ein Mörder.

²Der aber zur Tür hineingeht, der ist ein Hirte der Schafe.

³Dem tut der Türhüter auf, und die Schafe hören seine Stimme; und er ruft seine Schafe mit Namen und führt sie aus.

⁴Und wenn er seine Schafe hat ausgelassen, geht er vor ihnen hin, und die Schafe folgen ihm nach; denn sie kennen seine Stimme.

⁵Einem Fremden aber folgen sie nicht nach, sondern fliehen von ihm; denn sie kennen der Fremden Stimme nicht.

⁶Diesen Spruch sagte Jesus zu ihnen; sie verstanden aber nicht, was es war, das er zu ihnen sagte.

⁷Da sprach Jesus wieder zu ihnen: Wahrlich, wahrlich ich sage euch: Ich bin die Tür zu den Schafen.

⁸Alle, die vor mir gekommen sind, die sind Diebe und Mörder; aber die Schafe haben ihnen nicht gehorcht.

⁹Ich bin die Tür; so jemand durch mich eingeht, der wird selig werden und wird ein und aus gehen und Weide finden.

¹⁰Ein Dieb kommt nur, daß er stehle, würge und umbringe.

¹¹Ich bin gekommen, daß sie das Leben und volle Genüge haben sollen.

¹²Ich bin der gute Hirte. Der gute Hirte läßt sein Leben für seine Schafe. Der Mietling aber, der nicht Hirte ist, des die Schafe nicht eigen sind, sieht den Wolf kommen und verläßt die Schafe und flieht; und der Wolf erhascht und zerstreut die Schafe.

¹³Der Mietling aber flieht; denn er ist ein Mietling und achtet der Schafe nicht.

¹⁴Ich bin der gute Hirte und erkenne die Meinen und bin bekannt den Meinen,

¹⁵wie mich mein Vater kennt und ich kenne den Vater. Und ich lasse mein Leben für die Schafe.

¹⁶Und ich habe noch andere Schafe, die sind nicht aus diesem Stalle; und dieselben muß ich herführen, und sie werden meine Stimme hören, und wird eine Herde und ein Hirte werden.

¹⁷Darum liebt mich mein Vater, daß ich mein Leben lasse, auf daß ich's wiedernehme.

¹⁸Niemand nimmt es von mir, sondern ich lasse es von mir selber. Ich habe Macht, es zu lassen, und habe Macht, es wiederzunehmen. Solch Gebot habe ich empfangen von meinem Vater.

¹⁹Da ward abermals eine Zwietracht unter den Juden über diese Worte.

²⁰Viele unter ihnen sprachen: Er hat den Teufel und ist unsinnig; was höret ihr ihm zu?

²¹Die andern sprachen: Das sind nicht Worte eines Besessenen; kann der Teufel auch der Blinden Augen auftun?

²²Es ward aber Kirchweihe zu Jerusalem und war Winter.

²³Und Jesus wandelte im Tempel in der Halle Salomos.

²⁴Da umringten ihn die Juden und sprachen zu ihm: Wie lange hältst du unsere Seele auf? Bist du Christus, so sage es uns frei heraus.

²⁵Jesus antwortete ihnen: Ich habe es euch gesagt, und ihr glaubet nicht. Die Werke, die ich tue in meines Vaters Namen, die zeugen von mir.

²⁶Aber ihr glaubet nicht; denn ihr seid von meinen Schafen nicht, wie ich euch gesagt habe.

²⁷Denn meine Schafe hören meine Stimme, und ich kenne sie; und sie folgen mir,

²⁸und ich gebe ihnen das ewige Leben; und sie werden nimmermehr umkommen, und niemand wird sie mir aus meiner Hand reißen.

²⁹Der Vater, der sie mir gegeben hat, ist größer denn alles; und niemand kann sie aus meines Vaters Hand reißen.

³⁰Ich und der Vater sind eins.

³¹Da hoben die Juden abermals Steine auf, daß sie ihn steinigten.

³²Jesus antwortete ihnen: Viel gute Werke habe ich euch erzeigt von meinem Vater; um welches Werk unter ihnen steinigt ihr mich?

³³Die Juden antworteten ihm und sprachen: Um des guten Werks willen steinigen wir dich nicht, sondern um der Gotteslästerung willen und daß du ein Mensch bist und machst dich selbst zu Gott.

³⁴Jesus antwortete ihnen: Steht nicht geschrieben in eurem Gesetz: "Ich habe gesagt: Ihr seid Götter"?

³⁵So er die Götter nennt, zu welchen das Wort geschah, und die Schrift kann doch nicht gebrochen werden,

³⁶sprecht ihr denn zu dem, den der Vater geheiligt und in die Welt gesandt hat: "Du lästerst Gott", darum daß ich sage: Ich bin Gottes Sohn?

³⁷Tue ich nicht die Werke meines Vaters, so glaubet mir nicht;

³⁸tue ich sie aber, glaubet doch den Werken, wollt ihr mir nicht glauben, auf daß ihr erkennet und glaubet, daß der Vater in mir ist und ich in ihm.

³⁹Sie suchten abermals ihn zu greifen; aber er entging ihnen aus ihren Händen

⁴⁰und zog hin wieder jenseit des Jordans an den Ort, da Johannes zuvor getauft hatte, und blieb allda.

⁴¹Und viele kamen zu ihm und sprachen: Johannes tat kein Zeichen; aber alles, was Johannes von diesem gesagt hat, das ist wahr.

⁴²Und glaubten allda viele an ihn.

Kapitel 11

¹Es lag aber einer krank mit Namen Lazarus, von Bethanien, in dem Flecken Marias und ihrer Schwester Martha.

²(Maria aber war, die den HERRN gesalbt hat mit Salbe und seine Füße getrocknet mit ihrem Haar; deren Bruder, Lazarus, war krank.)

³Da sandten seine Schwestern zu ihm und ließen ihm sagen: HERR, siehe, den du liebhast, der liegt krank.

⁴Da Jesus das hörte, sprach er: Die Krankheit ist nicht zum Tode, sondern zur Ehre Gottes, daß der Sohn Gottes dadurch geehrt werde.

⁵Jesus aber hatte Martha lieb und ihre Schwester und Lazarus.

⁶Als er nun hörte, daß er krank war, blieb er zwei Tage an dem Ort, da er war.

⁷Darnach spricht er zu seinen Jüngern: Laßt uns wieder nach Judäa ziehen!

⁸Seine Jünger sprachen zu ihm: Meister, jenes Mal wollten die

Juden dich steinigen, und du willst wieder dahin ziehen?

⁹Jesus antwortete: Sind nicht des Tages zwölf Stunden? Wer des Tages wandelt, der stößt sich nicht; denn er sieht das Licht dieser Welt.

¹⁰Wer aber des Nachts wandelt, der stößt sich; denn es ist kein Licht in ihm.

¹¹Solches sagte er, und darnach spricht er zu ihnen: Lazarus, unser Freund, schläft; aber ich gehe hin, daß ich ihn auferwecke.

¹²Da sprachen seine Jünger: HERR, schläft er, so wird's besser mit ihm.

¹³Jesus aber sagte von seinem Tode; sie meinten aber, er redete vom leiblichen Schlaf.

¹⁴Da sagte es ihnen Jesus frei heraus: Lazarus ist gestorben;

¹⁵und ich bin froh um euretwillen, daß ich nicht dagewesen bin, auf daß ihr glaubt. Aber laßt uns zu ihm ziehen!

¹⁶Da sprach Thomas, der genannt ist Zwilling, zu den Jüngern: Laßt uns mitziehen, daß wir mit ihm sterben!

¹⁷Da kam Jesus und fand ihn, daß er schon vier Tage im Grabe gelegen hatte.

¹⁸Bethanien aber war nahe bei Jerusalem, bei fünfzehn Feld Weges;

¹⁹und viele Juden waren zu Martha und Maria gekommen, sie zu trösten über ihren Bruder.

²⁰Als Martha nun hörte, daß Jesus kommt, geht sie ihm entgegen; Maria aber blieb daheim sitzen.

²¹Da sprach Martha zu Jesus: HERR, wärest du hier gewesen, mein Bruder wäre nicht gestorben!

²²Aber ich weiß auch noch, daß, was du bittest von Gott, das wird dir Gott geben.

²³Jesus spricht zu ihr: Dein Bruder soll auferstehen.

²⁴Martha spricht zu ihm: Ich weiß wohl, daß er auferstehen wird in der Auferstehung am Jüngsten Tage.

²⁵Jesus spricht zu ihr: Ich bin die Auferstehung und das Leben. Wer an mich glaubt, der wird leben, ob er gleich stürbe;

²⁶und wer da lebet und glaubet an mich, der wird nimmermehr sterben. Glaubst du das?

²⁷Sie spricht zu ihm: HERR, ja, ich glaube, daß du bist Christus, der Sohn Gottes, der in die Welt gekommen ist.

²⁸Und da sie das gesagt hatte, ging sie hin und rief ihre Schwester Maria heimlich und sprach: Der Meister ist da und ruft dich.

²⁹Dieselbe, als sie das hörte, stand sie eilend auf und kam zu ihm.

³⁰(Denn Jesus war noch nicht in den Flecken gekommen, sondern war noch an dem Ort, da ihm Martha war entgegengekommen.)

³¹Die Juden, die bei ihr im Haus waren und sie trösteten, da sie sahen Maria, daß sie eilend aufstand und hinausging, folgten sie ihr nach und sprachen: Sie geht hin zum Grabe, daß sie daselbst weine.

³²Als nun Maria kam, da Jesus war, und sah ihn, fiel sie zu seinen Füßen und sprach zu ihm: HERR, wärest du hier gewesen, mein Bruder wäre nicht gestorben!

³³Als Jesus sie sah weinen und die Juden auch weinen, die mit ihr kamen, ergrimmte er im Geist und betrübte sich selbst

³⁴und sprach: Wo habt ihr ihn hingelegt? Sie sprachen zu ihm: HERR, komm und sieh es!

³⁵Und Jesus gingen die Augen über.

³⁶Da sprachen die Juden: Siehe, wie hat er ihn so liebgehabt!

³⁷Etliche aber unter ihnen sprachen: Konnte, der den Blinden die Augen aufgetan hat, nicht verschaffen, daß auch dieser nicht stürbe?

³⁸Da ergrimmte Jesus abermals in sich selbst und kam zum Grabe. Es war aber eine Kluft, und ein Stein daraufgelegt.

³⁹Jesus sprach: Hebt den Stein ab! Spricht zu ihm Martha, die Schwester des Verstorbenen: HERR, er stinkt schon; denn er ist vier Tage gelegen.

⁴⁰Jesus spricht zu ihr: Habe ich dir nicht gesagt, so du glauben würdest, du würdest die Herrlichkeit Gottes sehen?

⁴¹Da hoben sie den Stein ab, da der Verstorbene lag. Jesus aber hob seine Augen empor und sprach: Vater, ich danke dir, daß du mich erhört hast.

⁴²Doch ich weiß, daß du mich allezeit hörst; aber um des Volkes willen, das umhersteht, sage ich's, daß sie glauben, du habest mich gesandt.

⁴³Da er das gesagt hatte, rief er mit lauter Stimme: Lazarus, komm heraus!

⁴⁴Und der Verstorbene kam heraus, gebunden mit Grabtüchern an Füßen und Händen und sein Angesicht verhüllt mit dem Schweißtuch. Jesus spricht zu ihnen: Löset ihn auf und lasset ihn gehen!

⁴⁵Viele nun der Juden, die zu Maria gekommen waren und sahen, was Jesus tat, glaubten an ihn.

⁴⁶Etliche aber von ihnen gingen hin zu den Pharisäern und sagten ihnen, was Jesus getan hatte.

⁴⁷Da versammelten die Hohenpriester und die Pharisäer einen Rat und sprachen: Was tun wir? Dieser Mensch tut viele Zeichen.

⁴⁸Lassen wir ihn also, so werden sie alle an ihn glauben; so kommen dann die Römer und nehmen uns Land und Leute.

⁴⁹Einer aber unter ihnen, Kaiphas, der desselben Jahres Hoherpriester war, sprach zu ihnen: Ihr wisset nichts,

⁵⁰bedenket auch nichts; es ist uns besser ein Mensch sterbe für das Volk, denn daß das ganze Volk verderbe.

⁵¹(Solches aber redete er nicht von sich selbst, sondern weil er desselben Jahres Hoherpriester war, weissagte er. Denn Jesus sollte sterben für das Volk,

⁵²und nicht für das Volk allein, sondern daß er auch die Kinder Gottes, die zerstreut waren, zusammenbrächte.)

⁵³Von dem Tage an ratschlagten sie, wie sie ihn töteten.

⁵⁴Jesus aber wandelte nicht mehr frei unter den Juden, sondern ging von dannen in eine Gegend nahe bei der Wüste, in eine Stadt, genannt Ephrem, und hatte sein Wesen daselbst mit seinen Jüngern.

⁵⁵Es war aber nahe das Ostern der Juden; und es gingen viele aus der Gegend hinauf gen Jerusalem vor Ostern, daß sie sich reinigten.

⁵⁶Da standen sie und fragten nach Jesus und redeten miteinander im Tempel: Was dünkt euch, daß er nicht kommt auf das Fest?

⁵⁷Es hatten aber die Hohenpriester und Pharisäer lassen ein Gebot ausgehen: so jemand wüßte, wo er wäre, daß er's anzeige, daß sie ihn griffen.

Kapitel 12

¹Sechs Tage vor Ostern kam Jesus gen Bethanien, da Lazarus war, der Verstorbene, welchen Jesus auferweckt hatte von den Toten.

²Daselbst machten sie ihm ein Abendmahl, und Martha diente; Lazarus aber war deren einer, die mit ihm zu Tische saßen.

³Da nahm Maria ein Pfund Salbe von ungefälschter, köstlicher Narde und salbte die Füße Jesu und trocknete mit ihrem Haar seine Füße; das Haus aber ward voll vom Geruch der Salbe.

⁴Da sprach seiner Jünger einer, Judas, Simons Sohn, Ischariot, der ihn hernach verriet:

⁵Warum ist diese Salbe nicht verkauft um dreihundert Groschen und den Armen gegeben?

⁶Das sagte er aber nicht, daß er nach den Armen fragte; sondern er war ein Dieb und hatte den Beutel und trug, was gegeben ward.

⁷Da sprach Jesus: Laß sie in Frieden! Solches hat sie behalten zum Tage meines Begräbnisses.

⁸Denn Arme habt ihr allezeit bei euch; mich aber habt ihr nicht allezeit.

⁹Da erfuhr viel Volks der Juden, daß er daselbst war; und sie kamen nicht um Jesu willen allein, sondern daß sie auch Lazarus sähen, welchen er von den Toten auferweckt hatte.

¹⁰Aber die Hohenpriester trachteten darnach, daß sie auch Lazarus töteten;

¹¹denn um seinetwillen gingen viele Juden hin und glaubten an Jesus.

¹²Des andern Tages, da viel Volks, das aufs Fest gekommen war, hörte, daß Jesus käme gen Jerusalem,

¹³nahmen sie Palmenzweige und gingen hinaus ihm entgegen und schrieen: Hosianna! Gelobt sei, der da kommt in dem Namen des HERRN, der König von Israel!

¹⁴Jesus aber fand ein Eselein und ritt darauf; wie denn geschrieben steht:

¹⁵"Fürchte dich nicht du Tochter Zion! Siehe, dein König kommt, reitend auf einem Eselsfüllen."

¹⁶Solches verstanden seine Jünger zuvor nicht; sondern da Jesus verklärt ward, da dachten sie daran, daß solches von ihm geschrieben war und sie solches ihm getan hatten.

¹⁷Das Volk aber, das mit ihm war, da er Lazarus aus dem Grabe rief und von den Toten auferweckte, rühmte die Tat.

¹⁸Darum ging ihm auch das Volk entgegen, da sie hörten, er hätte solches Zeichen getan.

¹⁹Die Pharisäer aber sprachen untereinander: Ihr sehet, daß ihr nichts ausrichtet; siehe, alle Welt läuft ihm nach!

²⁰Es waren aber etliche Griechen unter denen, die hinaufgekommen waren, daß sie anbeten auf dem Fest.

²¹Die traten zu Philippus, der von Bethsaida aus Galiläa war, baten ihn und sprachen: Herr, wir wollten Jesum gerne sehen.

²²Philippus kommt und sagt es Andreas, und Philippus und Andreas sagten's weiter Jesus.

²³Jesus aber antwortete ihnen und sprach: Die Zeit ist gekommen, daß des Menschen Sohn verklärt werde.

²⁴Wahrlich, wahrlich ich sage euch: Es sei denn, daß das Weizenkorn in die Erde falle und ersterbe, so bleibt's allein; wo es aber erstirbt, so bringt es viele Früchte.

²⁵Wer sein Leben liebhat, der wird's verlieren; und wer sein Leben auf dieser Welt haßt, der wird's erhalten zum ewigen Leben.

²⁶Wer mir dienen will, der folge mir nach; und wo ich bin, da soll mein Diener auch sein. Und wer mir dienen wird, den wird mein Vater ehren.

²⁷Jetzt ist meine Seele betrübt. Und was soll ich sagen? Vater, hilf mir aus dieser Stunde! Doch darum bin ich in die Welt gekommen.

²⁸Vater verkläre deinen Namen! Da kam eine Stimme vom Himmel: Ich habe ihn verklärt und will ihn abermals verklären.

²⁹Da sprach das Volk, das dabeistand und zuhörte: Es donnerte. Die andern sprachen: Es redete ein Engel mit ihm.

³⁰Jesus antwortete und sprach: Diese Stimme ist nicht um meinetwillen geschehen, sondern um euretwillen.

³¹Jetzt geht das Gericht über die Welt; nun wird der Fürst dieser Welt ausgestoßen werden.

³²Und ich, wenn ich erhöht werde von der Erde, so will ich sie alle zu mir ziehen.

³³(Das sagte er aber, zu deuten, welches Todes er sterben würde.)

³⁴Da antwortete ihm das Volk: Wir haben gehört im Gesetz, daß Christus ewiglich bleibe; und wie sagst du denn: "Des Menschen Sohn muß erhöht werden"? Wer ist dieser Menschensohn?

³⁵Da sprach Jesus zu ihnen: Es ist das Licht noch eine kleine Zeit bei euch. Wandelt, dieweil ihr das Licht habt, daß euch die Finsternis nicht überfalle. Wer in der Finsternis wandelt, der weiß nicht, wo er hingeht.

³⁶Glaubet an das Licht, dieweil ihr es habt, auf daß ihr des Lichtes Kinder seid.

³⁷Solches redete Jesus und ging weg und verbarg sich vor ihnen. Und ob er wohl solche Zeichen vor ihnen getan hatte, glaubten sie doch nicht an ihn,

³⁸auf daß erfüllet werde der Spruch des Propheten Jesaja, den er sagte: "HERR, wer glaubt unserm Predigen? Und wem ist der Arm des HERRN offenbart?"

³⁹Darum konnten sie nicht glauben, denn Jesaja sagte abermals:

⁴⁰"Er hat ihre Augen verblendet und ihr Herz verstockt, daß sie mit den Augen nicht sehen noch mit dem Herzen vernehmen und sich bekehren und ich ihnen hülfe."

⁴¹Solches sagte Jesaja, da er seine Herrlichkeit sah und redete von ihm.

⁴²Doch auch der Obersten glaubten viele an ihn; aber um der Pharisäer willen bekannten sie's nicht, daß sie nicht in den Bann getan würden.

⁴³Denn sie hatten lieber die Ehre bei den Menschen als die Ehre bei Gott.

⁴⁴Jesus aber rief und sprach: Wer an mich glaubt, der glaubt nicht an mich, sondern an den, der mich gesandt hat.

⁴⁵Und wer mich sieht, der sieht den, der mich gesandt hat.

⁴⁶Ich bin gekommen in die Welt ein Licht, auf daß, wer an mich glaubt, nicht in der Finsternis bleibe.

⁴⁷Und wer meine Worte hört, und glaubt nicht, den werde ich nicht richten; denn ich bin nicht gekommen, daß ich die Welt richte, sondern daß ich die Welt selig mache.

⁴⁸Wer mich verachtet und nimmt meine Worte nicht auf, der hat schon seinen Richter; das Wort, welches ich geredet habe, das wird ihn richten am Jüngsten Tage.

⁴⁹Denn ich habe nicht von mir selber geredet; sondern der Vater, der mich gesandt hat, der hat mir ein Gebot gegeben, was ich tun und reden soll.

⁵⁰Und ich weiß, daß sein Gebot ist das ewige Leben. Darum, was ich rede, das rede ich also, wie mir der Vater gesagt hat.

Kapitel 13

¹Vor dem Fest aber der Ostern, da Jesus erkannte, daß seine Zeit gekommen war, daß er aus dieser Welt ginge zum Vater: wie hatte er geliebt die Seinen, die in der Welt waren, so liebte er sie bis ans Ende.

²Und beim Abendessen, da schon der Teufel hatte dem Judas, Simons Sohn, dem Ischariot, ins Herz gegeben, daß er ihn verriete,

³und Jesus wußte, daß ihm der Vater alles in seine Hände gegeben und daß er von Gott gekommen war und zu Gott ging:

⁴stand er von Abendmahl auf, legte seine Kleider ab und nahm einen Schurz und umgürtete sich.

⁵Darnach goß er Wasser in ein Becken, hob an, den Jüngern die Füße zu waschen, und trocknete sie mit dem Schurz, damit er umgürtet war.

⁶Da kam er zu Simon Petrus; und der sprach zu ihm: HERR, sollst du mir meine Füße waschen?

⁷Jesus antwortete und sprach zu ihm: Was ich tue, das weißt du jetzt nicht; du wirst es aber hernach erfahren.

⁸Da sprach Petrus zu ihm: Nimmermehr sollst du meine Füße waschen! Jesus antwortete ihm: Werde ich dich nicht waschen, so hast du kein Teil mit mir.

⁹So spricht zu ihm Simon Petrus: HERR, nicht die Füße allein, sondern auch die Hände und das Haupt!

¹⁰Spricht Jesus zu ihm: Wer gewaschen ist, bedarf nichts denn die Füße waschen, sondern er ist ganz rein. Und ihr seid rein, aber nicht alle.

¹¹(Denn er wußte seinen Verräter wohl; darum sprach er: Ihr seid nicht alle rein.)

¹²Da er nun ihre Füße gewaschen hatte, nahm er wieder seine Kleider und setzte sich wieder nieder und sprach abermals zu ihnen: Wisset ihr, was ich euch getan habe?

¹³Ihr heißet mich Meister und HERR und saget recht daran, denn ich bin es auch.

¹⁴So nun ich, euer HERR und Meister, euch die Füße gewaschen habe, so sollt ihr auch euch untereinander die Füße waschen.

¹⁵Ein Beispiel habe ich euch gegeben, daß ihr tut, wie ich euch getan habe.

¹⁶Wahrlich, wahrlich ich sage euch: Der Knecht ist nicht größer denn sein Herr, noch der Apostel größer denn der ihn gesandt hat.

¹⁷So ihr solches wisset, selig seid ihr, so ihr's tut.

¹⁸Nicht sage ich von euch allen; ich weiß, welche ich erwählt habe. Aber es muß die Schrift erfüllt werden: "Der mein Brot isset, der tritt mich mit Füßen."

¹⁹Jetzt sage ich's euch, ehe denn es geschieht, auf daß, wenn es geschehen ist, ihr glaubt, daß ich es bin.

²⁰Wahrlich, wahrlich ich sage euch: Wer aufnimmt, so ich jemand senden werde, der nimmt mich auf; wer aber mich aufnimmt, der nimmt den auf, der mich gesandt hat.

²¹Da Jesus solches gesagt hatte, ward er betrübt im Geist und zeugte und sprach: Wahrlich, wahrlich ich sage euch: Einer unter euch wird mich verraten.

²²Da sahen sich die Jünger untereinander an, und ward ihnen bange, von welchem er redete.

²³Es war aber einer unter seinen Jüngern, der zu Tische saß an der Brust Jesu, welchen Jesus liebhatte.

²⁴Dem winkte Simon Petrus, daß er forschen sollte, wer es wäre, von dem er sagte.

²⁵Denn derselbe lag an der Brust Jesu, und er sprach zu ihm: HERR, wer ist's?

²⁶Jesus antwortete: Der ist's, dem ich den Bissen eintauche und gebe. Und er tauchte den Bissen ein und gab ihn Judas, Simons Sohn, dem Ischariot.

²⁷Und nach dem Bissen fuhr der Satan in ihn. Da sprach Jesus zu ihm: Was du tust, das tue bald!

²⁸Das aber wußte niemand am Tische, wozu er's ihm sagte.

²⁹Etliche meinten, dieweil Judas den Beutel hatte, Jesus spräche zu ihm: Kaufe was uns not ist auf das Fest! oder daß er den Armen etwas gäbe.

³⁰Da er nun den Bissen genommen hatte, ging er alsbald hinaus. Und es war Nacht.

³¹Da er aber hinausgegangen war, spricht Jesus: Nun ist des Menschen Sohn verklärt, und Gott ist verklärt in ihm.

³²Ist Gott verklärt in ihm, so wird ihn auch Gott verklären in sich selbst und wird ihn bald verklären.

³³Liebe Kindlein, ich bin noch eine kleine Weile bei euch. Ihr werdet mich suchen; und wie ich zu den Juden sagte: "Wo ich hin gehe, da könnet ihr nicht hin kommen", sage ich jetzt auch euch.

³⁴Ein neu Gebot gebe ich euch, daß ihr euch untereinander liebet, wie ich euch geliebt habe, auf daß auch ihr einander liebhabet.

³⁵Dabei wird jedermann erkennen, daß ihr meine Jünger seid, so ihr Liebe untereinander habt.

³⁶Spricht Simon Petrus zu ihm: HERR, wo gehst du hin? Jesus antwortete ihm: Wo ich hin gehe, kannst du mir diesmal nicht folgen; aber du wirst mir nachmals folgen.

³⁷Petrus spricht zu ihm: HERR, warum kann ich dir diesmal nicht folgen? Ich will mein Leben für dich lassen.

³⁸Jesus antwortete ihm: Solltest du dein Leben für mich lassen? Wahrlich, wahrlich ich sage dir: Der Hahn wird nicht krähen, bis du mich dreimal habest verleugnet.

Kapitel 14

¹Und er sprach zu seinen Jüngern: Euer Herz erschrecke nicht! Glaubet an Gott und glaubet an mich!

²In meines Vaters Hause sind viele Wohnungen. Wenn es nicht so wäre, so wollte ich zu euch sagen: Ich gehe hin euch die Stätte zu bereiten.

³Und wenn ich hingehe euch die Stätte zu bereiten, so will ich wiederkommen und euch zu mir nehmen, auf daß ihr seid, wo ich bin.

⁴Und wo ich hin gehe, das wißt ihr, und den Weg wißt ihr auch.

⁵Spricht zu ihm Thomas: HERR, wir wissen nicht, wo du hin gehst; und wie können wir den Weg wissen?

⁶Jesus spricht zu ihm: Ich bin der Weg und die Wahrheit und das Leben; niemand kommt zum Vater denn durch mich.

⁷Wenn ihr mich kenntet, so kenntet ihr auch meinen Vater. Und von nun an kennt ihr ihn und habt ihn gesehen.

⁸Spricht zu ihm Philippus: HERR, zeige uns den Vater, so genügt uns.

⁹Jesus spricht zu ihm: So lange bin ich bei euch, und du kennst mich nicht, Philippus? Wer mich sieht, der sieht den Vater; wie sprichst du denn: Zeige uns den Vater?

¹⁰Glaubst du nicht, daß ich im Vater bin und der Vater in mir? Die Worte, die ich zu euch rede, die rede ich nicht von mir selbst. Der Vater aber, der in mir wohnt, der tut die Werke.

¹¹Glaubet mir, daß ich im Vater und der Vater in mir ist; wo nicht, so glaubet mir doch um der Werke willen.

¹²Wahrlich, wahrlich ich sage euch: Wer an mich glaubt, der wird die Werke auch tun, die ich tue, und wird größere als diese tun; denn ich gehe zum Vater.

¹³Und was ihr bitten werdet in meinem Namen, das will ich tun, auf daß der Vater geehrt werde in dem Sohne.

¹⁴Was ihr bitten werdet in meinem Namen, das will ich tun.

¹⁵Liebet ihr mich, so haltet ihr meine Gebote.

¹⁶Und ich will den Vater bitten, und er soll euch einen andern Tröster geben, daß er bei euch bleibe ewiglich:

¹⁷den Geist der Wahrheit, welchen die Welt nicht kann empfangen; denn sie sieht ihn nicht und kennt ihn nicht. Ihr aber kennet ihn; denn er bleibt bei euch und wird in euch sein.

¹⁸Ich will euch nicht Waisen lassen; ich komme zu euch.

¹⁹Es ist noch um ein kleines, so wird mich die Welt nicht mehr sehen; ihr aber sollt mich sehen; denn ich lebe, und ihr sollt auch leben.

²⁰An dem Tage werdet ihr erkennen, daß ich in meinem Vater bin und ihr in mir und ich in euch.

²¹Wer meine Gebote hat und hält sie, der ist es, der mich liebt. Wer mich aber liebt, der wird von meinem Vater geliebt werden, und ich werde ihn lieben und mich ihm offenbaren.

²²Spricht zu ihm Judas, nicht der Ischariot: HERR, was ist's, daß du dich uns willst offenbaren und nicht der Welt?

²³Jesus antwortete und sprach zu ihm: Wer mich liebt, der wird mein Wort halten; und mein Vater wird ihn lieben, und wir werden zu ihm kommen und Wohnung bei ihm machen.

²⁴Wer mich aber nicht liebt, der hält meine Worte nicht. Und das Wort, das ihr hört, ist nicht mein, sondern des Vaters, der mich gesandt hat.

²⁵Solches habe ich zu euch geredet, solange ich bei euch gewesen bin.

²⁶Aber der Tröster, der Heilige Geist, welchen mein Vater senden wird in meinem Namen, der wird euch alles lehren und euch erinnern alles des, das ich euch gesagt habe.

²⁷Den Frieden lasse ich euch, meinen Frieden gebe ich euch. Nicht gebe ich euch, wie die Welt gibt. Euer Herz erschrecke nicht und fürchte sich nicht.

²⁸Ihr habt gehört, daß ich euch gesagt habe: Ich gehe hin und komme wieder zu euch. Hättet ihr mich lieb, so würdet ihr euch freuen, daß ich gesagt habe: "Ich gehe zum Vater"; denn der Vater ist größer als ich.

²⁹Und nun ich es euch gesagt habe, ehe denn es geschieht, auf daß, wenn es nun geschehen wird, ihr glaubet.

³⁰Ich werde nicht mehr viel mit euch reden; denn es kommt der Fürst dieser Welt, und hat nichts an mir.

³¹Aber auf daß die Welt erkenne, daß ich den Vater liebe und ich also tue, wie mir der Vater geboten hat: stehet auf und lasset uns von hinnen gehen.

Kapitel 15

¹Ich bin der rechte Weinstock, und mein Vater der Weingärtner.

²Eine jeglich Rebe an mir, die nicht Frucht bringt, wird er wegnehmen; und eine jegliche, die da Frucht bringt, wird er reinigen, daß sie mehr Frucht bringe.

³Ihr seid schon rein um des Wortes willen, das ich zu euch geredet habe.

⁴Bleibet in mir und ich in euch. Gleichwie die Rebe kann keine Frucht bringen von ihr selber, sie bleibe denn am Weinstock, also auch ihr nicht, ihr bleibet denn in mir.

⁵Ich bin der Weinstock, ihr seid die Reben. Wer in mir bleibt und ich in ihm, der bringt viele Frucht, denn ohne mich könnt ihr nichts tun.

⁶Wer nicht in mir bleibt, der wird weggeworfen wie eine Rebe und verdorrt, und man sammelt sie und wirft sie ins Feuer, und müssen brennen.

⁷So ihr in mir bleibet und meine Worte in euch bleiben, so werdet ihr bitten, was ihr wollt, und es wird euch widerfahren.

⁸Darin wird mein Vater geehrt, daß ihr viel Frucht bringet und werdet meine Jünger.

⁹Gleichwie mich mein Vater liebt, also liebe ich euch auch. Bleibet in meiner Liebe!

¹⁰So ihr meine Gebote haltet, so bleibet ihr in meiner Liebe, gleichwie ich meines Vaters Gebote halte und bleibe in seiner Liebe.

¹¹Solches rede ich zu euch, auf daß meine Freude in euch bleibe und eure Freude vollkommen werde.

¹²Das ist mein Gebot, daß ihr euch untereinander liebet, gleichwie ich euch liebe.

¹³Niemand hat größere Liebe denn die, daß er sein Leben läßt für seine Freunde.

¹⁴Ihr seid meine Freunde, so ihr tut, was ich euch gebiete.

¹⁵Ich sage hinfort nicht, daß ihr Knechte seid; denn ein Knecht weiß nicht, was sein Herr tut. Euch aber habe ich gesagt, daß ihr Freunde seid; denn alles, was ich habe von meinem Vater gehört, habe ich euch kundgetan.

¹⁶Ihr habt mich nicht erwählt; sondern ich habe euch erwählt und gesetzt, daß ihr hingeht und Frucht bringt und eure Frucht bleibe, auf daß, so ihr den Vater bittet in meinem Namen, er's euch gebe.

¹⁷Das gebiete ich euch, daß ihr euch untereinander liebet.

¹⁸So euch die Welt haßt, so wisset, daß sie mich vor euch gehaßt hat.

¹⁹Wäret ihr von der Welt, so hätte die Welt das Ihre lieb; weil ihr aber nicht von der Welt seid, sondern ich habe euch von der Welt erwählt, darum haßt euch die Welt.

²⁰Gedenket an mein Wort, das ich euch gesagt habe: "Der Knecht ist nicht größer denn sein Herr." Haben sie mich verfolgt, sie werden euch auch verfolgen; haben sie mein Wort gehalten, so werden sie eures auch halten.

²¹Aber das alles werden sie euch tun um meines Namens willen; denn sie kennen den nicht, der mich gesandt hat.

²²Wenn ich nicht gekommen wäre und hätte es ihnen gesagt, so hätten sie keine Sünde; nun aber können sie nichts vorwenden, ihre Sünde zu entschuldigen.

²³Wer mich haßt, der haßt auch meinen Vater.

²⁴Hätte ich nicht die Werke getan unter ihnen, die kein anderer getan hat, so hätten sie keine Sünde; nun aber haben sie es gesehen und hassen doch beide, mich und den Vater.

²⁵Doch daß erfüllet werde der Spruch, in ihrem Gesetz geschrieben: "Sie hassen mich ohne Ursache."

²⁶Wenn aber der Tröster kommen wird, welchen ich euch senden werde vom Vater, der Geist der Wahrheit, der vom Vater ausgeht, der wird zeugen von mir.

²⁷Und ihr werdet auch zeugen; denn ihr seid von Anfang bei mir gewesen.

Kapitel 16

¹Solches habe ich zu euch geredet, daß ihr euch nicht ärgert.

²Sie werden euch in den Bann tun. Es kommt aber die Zeit, daß wer euch tötet, wird meinen, er tue Gott einen Dienst daran.

³Und solches werden sie euch darum tun, daß sie weder meinen Vater noch mich erkennen.

⁴Aber solches habe ich zu euch geredet, auf das, wenn die Zeit kommen wird, ihr daran gedenket, daß ich's euch gesagt habe. Solches aber habe ich von Anfang nicht gesagt; denn ich war bei euch.

⁵Nun aber gehe ich hin zu dem, der mich gesandt hat; und niemand unter euch fragt mich: Wo gehst du hin?

⁶Sondern weil ich solches geredet habe, ist euer Herz voll Trauerns geworden.

⁷Aber ich sage euch die Wahrheit: es ist euch gut, daß ich hingehe. Denn so ich nicht hingehe, so kommt der Tröster nicht zu euch; so ich aber gehe, will ich ihn zu euch senden.

⁸Und wenn derselbe kommt, wird er die Welt strafen um die Sünde und um die Gerechtigkeit und um das Gericht:

⁹um die Sünde, daß sie nicht glauben an mich;

¹⁰um die Gerechtigkeit aber, daß ich zum Vater gehe und ihr mich hinfort nicht sehet;

¹¹um das Gericht, daß der Fürst dieser Welt gerichtet ist.

¹²Ich habe euch noch viel zu sagen; aber ihr könnt es jetzt nicht tragen.

¹³Wenn aber jener, der Geist der Wahrheit, kommen wird, der wird euch in alle Wahrheit leiten. Denn er wird nicht von sich selber reden; sondern was er hören wird, das wird er reden, und was zukünftig ist, wird er euch verkünden.

¹⁴Derselbe wird mich verklären; denn von dem Meinen wird er's nehmen und euch verkündigen.

¹⁵Alles, was der Vater hat, das ist mein. Darum habe ich euch gesagt: Er wird's von dem Meinen nehmen und euch verkündigen.

¹⁶Über ein kleines, so werdet ihr mich nicht sehen; und aber über ein kleines, so werdet ihr mich sehen, denn ich gehe zum Vater.

¹⁷Da sprachen etliche unter seinen Jüngern untereinander: Was ist das, was er sagt zu uns: Über ein kleines, so werdet ihr mich nicht sehen; und aber über ein kleines, so werdet ihr mich sehen, und: Ich gehe zum Vater?

¹⁸Da sprachen sie: Was ist das, was er sagt: Über ein kleines? Wir wissen nicht, was er redet.

¹⁹Da merkte Jesus, daß sie ihn fragen wollten, und sprach zu ihnen: Davon fragt ihr untereinander, daß ich gesagt habe: Über ein kleines, so werdet ihr mich nicht sehen, und aber über ein kleines, so werdet ihr mich sehen.

²⁰Wahrlich, wahrlich ich sage euch: Ihr werdet weinen und heulen, aber die Welt wird sich freuen; ihr werdet traurig sein; doch eure Traurigkeit soll in Freude verkehrt werden.

²¹Ein Weib, wenn sie gebiert, so hat sie Traurigkeit; denn ihre Stunde ist gekommen. Wenn sie aber das Kind geboren hat, denkt sie nicht mehr an die Angst um der Freude willen, daß der Mensch zur Welt geboren ist.

²²Und ihr habt auch nun Traurigkeit; aber ich will euch wiedersehen, und euer Herz soll sich freuen, und eure Freude soll niemand von euch nehmen.

²³Und an dem Tage werdet ihr mich nichts fragen. Wahrlich, wahrlich ich sage euch: So ihr den Vater etwas bitten werdet in meinem Namen, so wird er's euch geben.

²⁴Bisher habt ihr nichts gebeten in meinem Namen. Bittet, so werdet ihr nehmen, daß eure Freude vollkommen sei.

²⁵Solches habe ich zu euch durch Sprichwörter geredet. Es kommt aber die Zeit, daß ich nicht mehr durch Sprichwörter mit euch reden werde, sondern euch frei heraus verkündigen von meinem Vater.

²⁶An dem Tage werdet ihr bitten in meinem Namen. Und ich sage euch nicht, daß ich den Vater für euch bitten will;

²⁷denn er selbst, der Vater, hat euch lieb, darum daß ihr mich liebet und glaubet, daß ich von Gott ausgegangen bin.

²⁸Ich bin vom Vater ausgegangen und gekommen in die Welt; wiederum verlasse ich die Welt und gehe zum Vater.

²⁹Sprechen zu ihm seine Jünger: Siehe, nun redest du frei heraus und sagst kein Sprichwort.

³⁰Nun wissen wir, daß du alle Dinge weißt und bedarfst nicht, daß dich jemand frage; darum glauben wir, daß du von Gott ausgegangen bist.

³¹Jesus antwortete ihnen: Jetzt glaubet ihr?

³²Siehe, es kommt die Stunde und ist schon gekommen, daß ihr zerstreut werdet, ein jeglicher in das Seine, und mich allein lasset. Aber ich bin nicht allein, denn der Vater ist bei mir.

³³Solches habe ich mit euch geredet, daß ihr in mir Frieden habt. In der Welt habt ihr Angst; aber seid getrost, ich habe die Welt überwunden.

Kapitel 17

¹Solches redete Jesus, und hob seine Augen auf gen Himmel und sprach: Vater, die Stunde ist da, daß du deinen Sohn verklärest, auf daß dich dein Sohn auch verkläre;

²Gleichwie du ihm Macht hast gegeben über alles Fleisch, auf daß er das ewige Leben gebe allen, die du ihm gegeben hast.

³Das ist aber das ewige Leben, daß sie dich, der du allein wahrer Gott bist, und den du gesandt hast, Jesum Christum, erkennen.

⁴Ich habe dich verklärt auf Erden und vollendet das Werk, das du mir gegeben hast, daß ich es tun sollte.

⁵Und nun verkläre mich du, Vater, bei dir selbst mit der Klarheit, die ich bei dir hatte, ehe die Welt war.

⁶Ich habe deinen Namen offenbart den Menschen, die du mir von der Welt gegeben hast. Sie waren dein, und du hast sie mir gegeben, und sie haben dein Wort behalten.

⁷Nun wissen sie, daß alles, was du mir gegeben hast, sei von dir.

⁸Denn die Worte, die du mir gegeben hast, habe ich ihnen gegeben; und sie haben's angenommen und erkannt wahrhaftig, daß sie glauben, daß du mich gesandt hast.

⁹Ich bitte für sie und bitte nicht für die Welt, sondern für die, die du mir gegeben hast; denn sie sind dein.

¹⁰Und alles, was mein ist, das ist dein, und was dein ist, das ist mein; und ich bin in ihnen verklärt.

¹¹Und ich bin nicht mehr in der Welt; sie aber sind in der Welt, und ich komme zu dir. Heiliger Vater, erhalte sie in deinem Namen, die du mir gegeben hast, daß sie eins seien gleichwie wir.

¹²Dieweil ich bei ihnen war in der Welt, erhielt ich sie in deinem Namen. Die du mir gegeben hast, die habe ich bewahrt, und ist keiner von ihnen verloren, als das verlorene Kind, daß die Schrift erfüllet würde.

¹³Nun aber komme ich zu dir und rede solches in der Welt, auf daß sie in ihnen haben meine Freude vollkommen.

¹⁴Ich habe ihnen gegeben dein Wort, und die Welt haßte sie; denn sie sind nicht von der Welt, wie ich denn auch nicht von der Welt bin.

¹⁵Ich bitte nicht, daß du sie von der Welt nehmest, sondern daß du sie bewahrst vor dem Übel.

¹⁶Sie sind nicht von der Welt, gleichwie ich auch nicht von der Welt bin.

¹⁷Heilige sie in deiner Wahrheit; dein Wort ist die Wahrheit.

¹⁸Gleichwie du mich gesandt hast in die Welt, so sende ich sie auch in die Welt.

¹⁹Ich heilige mich selbst für sie, auf daß auch sie geheiligt seien in der Wahrheit.

²⁰Ich bitte aber nicht allein für sie, sondern auch für die, so durch ihr Wort an mich glauben werden,

²¹auf daß sie alle eins seien, gleichwie du, Vater, in mir und ich in dir; daß auch sie in uns eins seien, auf daß die Welt glaube, du habest mich gesandt.

²²Und ich habe ihnen gegeben die Herrlichkeit, die du mir gegeben hast, daß sie eins seien, gleichwie wir eins sind,

²³ich in ihnen und du in mir, auf daß sie vollkommen seien in eins und die Welt erkenne, daß du mich gesandt hast und liebest sie, gleichwie du mich liebst.

²⁴Vater, ich will, daß, wo ich bin, auch die bei mir seien, die du mir gegeben hast, daß sie meine Herrlichkeit sehen, die du mir gegeben hast; denn du hast mich geliebt, ehe denn die Welt gegründet ward.

²⁵Gerechter Vater, die Welt kennt dich nicht; ich aber kenne dich, und diese erkennen, daß du mich gesandt hast.

²⁶Und ich habe ihnen deinen Namen kundgetan und will ihn kundtun, auf daß die Liebe, damit du mich liebst, sei in ihnen und ich in ihnen.

Kapitel 18

¹Da Jesus solches geredet hatte, ging er hinaus mit seinen Jüngern über den Bach Kidron; da war ein Garten, darein ging Jesus und seine Jünger.

²Judas aber, der ihn verriet, wußte den Ort auch; denn Jesus versammelte sich oft daselbst mit seinen Jüngern.

³Da nun Judas zu sich hatte genommen die Schar und der Hohenpriester und Pharisäer Diener, kommt er dahin mit Fackeln, Lampen und mit Waffen.

⁴Wie nun Jesus wußte alles, was ihm begegnen sollte, ging er hinaus und sprach zu ihnen: Wen suchet ihr?

⁵Sie antworteten ihm: Jesum von Nazareth. Jesus spricht zu ihnen: Ich bin's! Judas aber, der ihn verriet, stand auch bei ihnen.

⁶Als nun Jesus zu ihnen sprach: Ich bin's! wichen sie zurück und fielen zu Boden.

⁷Da fragte er sie abermals: Wen suchet ihr? Sie sprachen: Jesum von Nazareth.

⁸Jesus antwortete: Ich habe euch gesagt, daß ich es sei. Suchet ihr denn mich, so lasset diese gehen!

⁹(Auf daß das Wort erfüllet würde, welches er sagte: Ich habe der keinen verloren, die du mir gegeben hast.)

¹⁰Da hatte Simon Petrus ein Schwert und zog es aus und schlug nach des Hohenpriesters Knecht und hieb ihm sein rechtes Ohr ab. Und der Knecht hieß Malchus.

¹¹Da sprach Jesus zu Petrus: Stecke dein Schwert in die Scheide! Soll ich den Kelch nicht trinken, den mir mein Vater gegeben hat?

¹²Die Schar aber und der Oberhauptmann und die Diener der Juden nahmen Jesum und banden ihn

¹³und führten ihn zuerst zu Hannas; der war des Kaiphas Schwiegervater, welcher des Jahres Hoherpriester war.

¹⁴Es war aber Kaiphas, der den Juden riet, es wäre gut, daß EIN Mensch würde umgebracht für das Volk.

¹⁵Simon Petrus aber folgte Jesu nach und ein anderer Jünger. Dieser Jünger war den Hohenpriestern bekannt und ging mit Jesu hinein in des Hohenpriesters Palast.

¹⁶Petrus aber stand draußen vor der Tür. Da ging der andere Jünger, der dem Hohenpriester bekannt war, hinaus und redete mit der Türhüterin und führte Petrus hinein.

¹⁷Da sprach die Magd, die Türhüterin, zu Petrus: Bist du nicht auch dieses Menschen Jünger einer? Er sprach: Ich bin's nicht.

¹⁸Es standen aber die Knechte und Diener und hatten ein Kohlenfeuer gemacht, denn es war kalt, und wärmten sich. Petrus aber stand bei ihnen und wärmte sich.

¹⁹Aber der Hohepriester fragte Jesum um seine Jünger und um seine Lehre.

²⁰Jesus antwortete ihm: Ich habe frei öffentlich geredet vor der Welt; ich habe allezeit gelehrt in der Schule und in dem Tempel, da alle Juden zusammenkommen, und habe nichts im Verborgenen geredet.

²¹Was fragst du mich darum? Frage die darum, die gehört haben, was ich zu ihnen geredet habe; siehe, diese wissen, was ich gesagt habe.

²²Als er aber solches redete, gab der Diener einer, die dabeistanden, Jesu einen Backenstreich und sprach: Sollst du dem Hohenpriester also antworten?

²³Jesus antwortete: Habe ich übel geredet, so beweise es, daß es böse sei; habe ich aber recht geredet, was schlägst du mich?

²⁴Und Hannas sandte ihn gebunden zu dem Hohenpriester Kaiphas.

²⁵Simon Petrus aber stand und wärmte sich. Da sprachen sie zu ihm: Bist du nicht seiner Jünger einer? Er leugnete aber und sprach: Ich bin's nicht!

²⁶Spricht einer von des Hohenpriesters Knechten, ein Gefreunder des, dem Petrus ein Ohr abgehauen hatte: Sah ich dich nicht im Garten bei Ihm?

²⁷Da leugnete Petrus abermals, und alsbald krähte der Hahn.

²⁸Da führten sie Jesum von Kaiphas vor das Richthaus. Und es war früh; und sie gingen nicht in das Richthaus, auf das sie nicht unrein würden, sondern Ostern essen möchten.

²⁹Da ging Pilatus zu ihnen heraus und sprach: Was bringet ihr für Klage wider diesen Menschen?

³⁰Sie antworteten und sprachen zu ihm: Wäre dieser nicht ein Übeltäter, wir hätten dir ihn nicht überantwortet.

³¹Da sprach Pilatus zu ihnen: So nehmet ihr ihn hin und richtet ihn nach eurem Gesetz. Da sprachen die Juden zu ihm: Wir dürfen niemand töten.

³²(Auf das erfüllet würde das Wort Jesu, welches er sagte, da er deutete, welches Todes er sterben würde.)

³³Da ging Pilatus wieder hinein ins Richthaus und rief Jesus und sprach zu ihm: Bist du der Juden König?

³⁴Jesus antwortete: Redest du das von dir selbst, oder haben's dir andere von mir gesagt?

³⁵Pilatus antwortete: Bin ich ein Jude? Dein Volk und die Hohenpriester haben dich mir überantwortet. Was hast du getan?

³⁶Jesus antwortete: Mein Reich ist nicht von dieser Welt. Wäre mein Reich von dieser Welt, meine Diener würden kämpfen, daß ich den Juden nicht überantwortet würde; aber nun ist mein Reich nicht von dannen.

³⁷Da sprach Pilatus zu ihm: So bist du dennoch ein König? Jesus antwortete: Du sagst es, ich bin ein König. Ich bin dazu geboren und in die Welt gekommen, daß ich für die Wahrheit zeugen soll. Wer aus der Wahrheit ist, der höret meine Stimme.

³⁸Spricht Pilatus zu ihm: Was ist Wahrheit? Und da er das gesagt, ging er wieder hinaus zu den Juden und spricht zu ihnen: Ich finde keine Schuld an ihm.

³⁹Ihr habt aber eine Gewohnheit, daß ich euch einen auf Ostern losgebe; wollt ihr nun, daß ich euch der Juden König losgebe?

⁴⁰Da schrieen sie wieder allesamt und sprachen: Nicht diesen, sondern Barabbas! Barabbas aber war ein Mörder.

Kapitel 19

¹Da nahm Pilatus Jesum und geißelte ihn.

²Und die Kriegsknechte flochten eine Krone von Dornen und setzten sie auf sein Haupt und legten ihm ein Purpurkleid an

³und sprachen: Sei gegrüßt, lieber Judenkönig! und gaben ihm Backenstreiche.

⁴Da ging Pilatus wieder heraus und sprach zu ihnen: Sehet, ich führe ihn heraus zu euch, daß ihr erkennt, daß ich keine Schuld an ihm finde.

⁵Also ging Jesus heraus und trug eine Dornenkrone und ein Purpurkleid. Und er spricht zu ihnen: Sehet, welch ein Mensch!

⁶Da ihn die Hohenpriester und die Diener sahen, schrieen sie und sprachen: Kreuzige! Kreuzige! Pilatus spricht zu ihnen: Nehmt ihr ihn hin und kreuzigt ihn; denn ich finde keine Schuld an ihm.

⁷Die Juden antworteten ihm: Wir haben ein Gesetz, und nach dem Gesetz soll er sterben; denn er hat sich selbst zu Gottes Sohn gemacht.

⁸Da Pilatus das Wort hörte, fürchtete er sich noch mehr

⁹und ging wieder hinein in das Richthaus und spricht zu Jesus: Woher bist du? Aber Jesus gab ihm keine Antwort.

¹⁰Da sprach Pilatus zu ihm: Redest du nicht mit mir? Weißt du nicht, daß ich Macht habe, dich zu kreuzigen, und Macht habe, dich loszugeben?

¹¹Jesus antwortete: Du hättest keine Macht über mich, wenn sie dir nicht wäre von obenherab gegeben; darum, der mich dir überantwortet hat, der hat größere Sünde.

¹²Von da an trachtete Pilatus, wie er ihn losließe. Die Juden aber schrieen und sprachen: Läßt du diesen los, so bist du des Kaisers Freund nicht; denn wer sich zum König macht, der ist wider den Kaiser.

¹³Da Pilatus das Wort hörte, führte er Jesum heraus und setzte sich auf den Richtstuhl an der Stätte, die da heißt Hochpflaster, auf hebräisch aber Gabbatha.

¹⁴Es war aber der Rüsttag auf Ostern, um die sechste Stunde. Und er spricht zu den Juden: Sehet, das ist euer König!

¹⁵Sie schrieen aber: Weg, weg mit dem! kreuzige ihn! Spricht Pilatus zu ihnen: Soll ich euren König kreuzigen? Die Hohenpriester antworteten: Wir haben keinen König denn den Kaiser.

¹⁶Da überantwortete er ihn, daß er gekreuzigt würde. Sie nahmen aber Jesum und führten ihn ab.

¹⁷Und er trug sein Kreuz und ging hinaus zur Stätte, die da heißt Schädelstätte, welche heißt auf hebräisch Golgatha.

¹⁸Allda kreuzigten sie ihn und mit ihm zwei andere zu beiden Seiten, Jesum aber mitteninne.

¹⁹Pilatus aber schrieb eine Überschrift und setzte sie auf das Kreuz; und war geschrieben: Jesus von Nazareth, der Juden König.

²⁰Diese Überschrift lasen viele Juden; denn die Stätte war nahe bei der Stadt, da Jesus gekreuzigt ward. Und es war geschrieben in hebräischer, griechischer und lateinischer Sprache.

²¹Da sprachen die Hohenpriester der Juden zu Pilatus: Schreibe nicht: "Der Juden König", sondern daß er gesagt habe: Ich bin der Juden König.

²²Pilatus antwortete: Was ich geschrieben habe, das habe ich geschrieben.

²³Die Kriegsknechte aber, da sie Jesus gekreuzigt hatten, nahmen sie seine Kleider und machten vier Teile, einem jeglichen Kriegsknecht ein Teil, dazu auch den Rock. Der Rock aber war ungenäht, von obenan gewirkt durch und durch.

²⁴Da sprachen sie untereinander: Laßt uns den nicht zerteilen, sondern darum losen, wes er sein soll. (Auf daß erfüllet würde die Schrift, die da sagt: "Sie haben meine Kleider unter sich geteilt und haben über meinen Rock das Los geworfen.") Solches taten die Kriegsknechte.

²⁵Es stand aber bei dem Kreuze Jesu seine Mutter und seiner Mutter Schwester, Maria, des Kleophas Weib, und Maria Magdalena.

²⁶Da nun Jesus seine Mutter sah und den Jünger dabeistehen, den er liebhatte, spricht er zu seiner Mutter: Weib, siehe, das ist dein Sohn!

²⁷Darnach spricht er zu dem Jünger: Siehe, das ist deine Mutter! Und von der Stunde an nahm sie der Jünger zu sich.

²⁸Darnach, da Jesus wußte, daß schon alles vollbracht war, daß die Schrift erfüllet würde, spricht er: Mich dürstet!

²⁹Da stand ein Gefäß voll Essig. Sie aber füllten einen Schwamm mit Essig und legten ihn um einen Isop und hielten es ihm dar zum Munde.

³⁰Da nun Jesus den Essig genommen hatte, sprach er: Es ist vollbracht! und neigte das Haupt und verschied.

³¹Die Juden aber, dieweil es der Rüsttag war, daß nicht die Leichname am Kreuze blieben den Sabbat über (denn desselben Sabbats Tag war groß), baten sie Pilatus, daß ihre Beine gebrochen und sie

Johannes

abgenommen würden.

³²Da kamen die Kriegsknechte und brachen dem ersten die Beine und dem andern, der mit ihm gekreuzigt war.

³³Als sie aber zu Jesus kamen und sahen, daß er schon gestorben war, brachen sie ihm die Beine nicht;

³⁴sondern der Kriegsknechte einer öffnete seine Seite mit einem Speer, und alsbald ging Blut und Wasser heraus.

³⁵Und der das gesehen hat, der hat es bezeugt, und sein Zeugnis ist wahr; und dieser weiß, daß er die Wahrheit sagt, auf daß auch ihr glaubet.

³⁶Denn solches ist geschehen, daß die Schrift erfüllet würde: "Ihr sollt ihm kein Bein zerbrechen."

³⁷Und abermals spricht eine andere Schrift: "Sie werden sehen, in welchen sie gestochen haben."

³⁸Darnach bat den Pilatus Joseph von Arimathia, der ein Jünger Jesu war, doch heimlich aus Furcht vor den Juden, daß er möchte abnehmen den Leichnam Jesu. Und Pilatus erlaubte es. Da kam er und nahm den Leichnam Jesu herab.

³⁹Es kam aber auch Nikodemus, der vormals in der Nacht zu Jesus gekommen war, und brachte Myrrhe und Aloe untereinander bei hundert Pfunden.

⁴⁰Da nahmen sie den Leichnam Jesu und banden ihn in leinene Tücher mit den Spezereien, wie die Juden pflegen zu begraben.

⁴¹Es war aber an der Stätte, da er gekreuzigt ward, ein Garten, und im Garten ein neues Grab, in welches niemand je gelegt war.

⁴²Dahin legten sie Jesum um des Rüsttages willen der Juden, dieweil das Grab nahe war.

Kapitel 20

¹Am ersten Tag der Woche kommt Maria Magdalena früh, da es noch finster war, zum Grabe und sieht, daß der Stein vom Grabe hinweg war.

²Da läuft sie und kommt zu Simon Petrus und zu dem andern Jünger, welchen Jesus liebhatte, und spricht zu ihnen: Sie haben den HERRN weggenommen aus dem Grabe, und wir wissen nicht, wo sie ihn hin gelegt haben.

³Da ging Petrus und der andere Jünger hinaus zum Grabe.

⁴Es liefen aber die zwei miteinander, und der andere Jünger lief zuvor, schneller denn Petrus, und kam am ersten zum Grabe,

⁵guckt hinein und sieht die Leinen gelegt; er ging aber nicht hinein.

⁶Da kam Simon Petrus ihm nach und ging hinein in das Grab und sieht die Leinen gelegt,

⁷und das Schweißtuch, das Jesus um das Haupt gebunden war, nicht zu den Leinen gelegt, sondern beiseits, zusammengewickelt, an einen besonderen Ort.

⁸Da ging auch der andere Jünger hinein, der am ersten zum Grabe kam, und er sah und glaubte es.

⁹Denn sie wußten die Schrift noch nicht, daß er von den Toten auferstehen müßte.

¹⁰Da gingen die Jünger wieder heim.

¹¹Maria aber stand vor dem Grabe und weinte draußen. Als sie nun weinte, guckte sie ins Grab

¹²und sieht zwei Engel in weißen Kleidern sitzen, einen zu den Häupten und eine zu den Füßen, da sie den Leichnam hin gelegt hatten.

¹³Und diese sprachen zu ihr: Weib, was weinest du? Sie spricht zu ihnen: Sie haben meinen HERRN weggenommen, und ich weiß nicht, wo sie ihn hin gelegt haben.

¹⁴Und als sie das sagte, wandte sie sich zurück und sieht Jesus stehen und weiß nicht, daß es Jesus ist.

¹⁵Spricht er zu ihr: Weib, was weinest du? Wen suchest du? Sie meint es sei der Gärtner, und spricht zu ihm: Herr, hast du ihn weggetragen, so sage mir, wo hast du ihn hin gelegt, so will ich ihn holen.

¹⁶Spricht Jesus zu ihr: Maria! Da wandte sie sich um und spricht zu ihm: Rabbuni (das heißt: Meister)!

¹⁷Spricht Jesus zu ihr: Rühre mich nicht an! denn ich bin noch nicht aufgefahren zu meinem Vater. Gehe aber hin zu meinen Brüdern und sage ihnen: Ich fahre auf zu meinem Vater und zu eurem Vater, zu meinem Gott und zu eurem Gott.

¹⁸Maria Magdalena kommt und verkündigt den Jüngern: Ich habe den HERRN gesehen, und solches hat er zu mir gesagt.

¹⁹Am Abend aber desselben ersten Tages der Woche, da die Jünger versammelt und die Türen verschlossen waren aus Furcht vor den Juden, kam Jesus und trat mitten ein und spricht zu ihnen: Friede sei mit euch!

²⁰Und als er das gesagt hatte, zeigte er ihnen die Hände und seine Seite. Da wurden die Jünger froh, daß sie den HERRN sahen.

²¹Da sprach Jesus abermals zu ihnen: Friede sei mit euch! Gleichwie mich der Vater gesandt hat, so sende ich euch.

²²Und da er das gesagt hatte, blies er sie an und spricht zu ihnen: Nehmet hin den Heiligen Geist!

²³Welchen ihr die Sünden erlasset, denen sind sie erlassen; und welchen ihr sie behaltet, denen sind sie behalten.

²⁴Thomas aber, der Zwölf einer, der da heißt Zwilling, war nicht bei ihnen, da Jesus kam.

²⁵Da sagten die andern Jünger zu ihm: Wir haben den HERRN gesehen. Er aber sprach zu ihnen: Es sei denn, daß ich in seinen Händen sehe die Nägelmale und lege meinen Finger in die Nägelmale und lege meine Hand in seine Seite, will ich's nicht glauben.

²⁶Und über acht Tage waren abermals seine Jünger drinnen und Thomas mit ihnen. Kommt Jesus, da die Türen verschlossen waren, und tritt mitten ein und spricht: Friede sei mit euch!

²⁷Darnach spricht er zu Thomas: Reiche deinen Finger her und siehe meine Hände, und reiche dein Hand her und lege sie in meine Seite, und sei nicht ungläubig, sondern gläubig!

²⁸Thomas antwortete und sprach zu ihm: Mein HERR und mein Gott!

²⁹Spricht Jesus zu ihm: Dieweil du mich gesehen hast, Thomas, glaubest du. Selig sind, die nicht sehen und doch glauben!

³⁰Auch viele andere Zeichen tat Jesus vor seinen Jüngern, die nicht geschrieben sind in diesem Buch.

³¹Diese aber sind geschrieben, daß ihr glaubet, Jesus sei Christus, der Sohn Gottes, und daß ihr durch den Glauben das Leben habet in seinem Namen.

Kapitel 21

¹Darnach offenbarte sich Jesus abermals den Jüngern an den Meer bei Tiberias. Er offenbarte sich aber also:

²Es waren beieinander Simon Petrus und Thomas, der da heißt Zwilling, und Nathanael von Kana in Galiläa und die Söhne des Zebedäus und andere zwei seiner Jünger.

³Spricht Simon Petrus zu ihnen: Ich will hin fischen gehen. Sie sprechen zu ihm: So wollen wir mit dir gehen. Sie gingen hinaus und traten in das Schiff alsobald; und in derselben Nacht fingen sie nichts.

⁴Da aber jetzt Morgen war, stand Jesus am Ufer; aber die Jünger wußten nicht, daß es Jesus war.

⁵Spricht Jesus zu ihnen: Kinder, habt ihr nichts zu essen? Sie antworteten ihm: Nein.

⁶Er aber sprach zu ihnen: Werfet das Netz zur Rechten des Schiffs, so werdet ihr finden. Da warfen sie, und konnten's nicht mehr ziehen vor der Menge der Fische.

⁷Da spricht der Jünger, welchen Jesus liebhatte, zu Petrus: Es ist der HERR! Da Simon Petrus hörte, daß es der HERR war, gürtete er das Hemd um sich (denn er war nackt) und warf sich ins Meer.

⁸Die andern Jünger aber kamen auf dem Schiff (denn sie waren nicht ferne vom Lande, sondern bei zweihundert Ellen) und zogen das Netz mit den Fischen.

⁹Als sie nun austraten auf das Land, sahen sie Kohlen gelegt und Fische darauf und Brot.

¹⁰Spricht Jesus zu ihnen: Bringt her von den Fischen, die ihr jetzt gefangen habt!

¹¹Simon Petrus stieg hinein und zog das Netz auf das Land voll großer Fische, hundert und dreiundfünfzig. Und wiewohl ihrer so viel waren, zerriß das Netz nicht.

¹²Spricht Jesus zu ihnen: Kommt und haltet das Mahl! Niemand aber unter den Jüngern wagte, ihn zu fragen: Wer bist du? denn sie wußten, daß es der HERR war.

¹³Da kommt Jesus und nimmt das Brot und gibt es ihnen, desgleichen auch die Fische.

¹⁴Das ist nun das drittemal, daß Jesus offenbart war seinen Jüngern, nachdem er von den Toten auferstanden war.

¹⁵Da sie nun das Mahl gehalten hatten, spricht Jesus zu Simon Petrus: Simon Jona, hast du mich lieber, denn mich diese haben? Er spricht zu ihm: Ja, HERR, du weißt, daß ich dich liebhabe. Spricht er zu ihm: Weide meine Lämmer!

¹⁶Spricht er wider zum andernmal zu ihm: Simon Jona, hast du mich lieb? Er spricht zu ihm: Ja, HERR, du weißt, daß ich dich liebhabe. Spricht Jesus zu ihm: Weide meine Schafe!

¹⁷Spricht er zum drittenmal zu ihm: Simon Jona, hast du mich lieb? Petrus ward traurig, daß er zum drittenmal zu ihm sagte: Hast du mich lieb? und sprach zu ihm: HERR, du weißt alle Dinge, du weißt, daß ich dich liebhabe. Spricht Jesus zu ihm: Weide meine Schafe!

¹⁸Wahrlich, wahrlich ich sage dir: Da du jünger warst, gürtetest du

dich selbst und wandeltest, wohin du wolltest; wenn du aber alt wirst, wirst du deine Hände ausstrecken, und ein anderer wird dich gürten und führen, wohin du nicht willst.

¹⁹Das sagte er aber, zu deuten, mit welchem Tode er Gott preisen würde. Und da er das gesagt, spricht er zu ihm: Folge mir nach!

²⁰Petrus aber wandte sich um und sah den Jünger folgen, welchen Jesus liebhatte, der auch an seiner Brust beim Abendessen gelegen war und gesagt hatte: HERR, wer ist's, der dich verrät?

²¹Da Petrus diesen sah, spricht er zu Jesus: HERR, was soll aber dieser?

²²Jesus spricht zu ihm: So ich will, daß er bleibe, bis ich komme, was geht es dich an? Folge du mir nach!

²³Da ging eine Rede aus unter den Brüdern: Dieser Jünger stirbt nicht. Und Jesus sprach nicht zu ihm: "Er stirbt nicht", sondern: "So ich will, daß er bleibe, bis ich komme, was geht es dich an?"

²⁴Dies ist der Jünger, der von diesen Dingen zeugt und dies geschrieben hat; und wir wissen, daß sein Zeugnis wahrhaftig ist.

²⁵Es sind auch viele andere Dinge, die Jesus getan hat; so sie aber sollten eins nach dem andern geschrieben werden, achte ich, die Welt würde die Bücher nicht fassen, die zu schreiben wären.

Apostelgeschichte

Kapitel 1

¹Die erste Rede habe ich getan, lieber Theophilus, von alle dem, das Jesus anfing, beides, zu tun und zu lehren,

²bis an den Tag, da er aufgenommen ward, nachdem er den Aposteln, welche er hatte erwählt, durch den Heiligen Geist Befehl getan hatte,

³welchen er sich nach seinem Leiden lebendig erzeigt hatte durch mancherlei Erweisungen, und ließ sich sehen unter ihnen vierzig Tage lang und redete mit ihnen vom Reich Gottes.

⁴Und als er sie versammelt hatte, befahl er ihnen, daß sie nicht von Jerusalem wichen, sondern warteten auf die Verheißung des Vaters, welche ihr habt gehört (sprach er) von mir;

⁵denn Johannes hat mit Wasser getauft, ihr aber sollt mit dem Heiligen Geist getauft werden nicht lange nach diesen Tagen.

⁶Die aber, so zusammengekommen waren, fragten ihn und sprachen: HERR, wirst du auf diese Zeit wieder aufrichten das Reich Israel?

⁷Er aber sprach zu ihnen: Es gebührt euch nicht, zu wissen Zeit oder Stunde, welche der Vater seiner Macht vorbehalten hat;

⁸sondern ihr werdet die Kraft des Heiligen Geistes empfangen, welcher auf euch kommen wird, und werdet meine Zeugen sein zu Jerusalem und in ganz Judäa und Samarien und bis an das Ende der Erde.

⁹Und da er solches gesagt, ward er aufgehoben zusehends, und eine Wolke nahm ihn auf vor ihren Augen weg.

¹⁰Und als sie ihm nachsahen, wie er gen Himmel fuhr, siehe, da standen bei ihnen zwei Männer in weißen Kleidern,

¹¹welche auch sagten: Ihr Männer von Galiläa, was stehet ihr und sehet gen Himmel? Dieser Jesus, welcher von euch ist aufgenommen gen Himmel, wird kommen, wie ihr ihn gesehen habt gen Himmel fahren.

¹²Da wandten sie um gen Jerusalem von dem Berge, der da heißt Ölberg, welcher ist nahe bei Jerusalem und liegt einen Sabbatweg davon.

¹³Und als sie hineinkamen, stiegen sie auf den Söller, da denn sich aufhielten Petrus und Jakobus, Johannes und Andreas, Philippus und Thomas, Bartholomäus und Matthäus, Jakobus, des Alphäus Sohn, und Simon Zelotes und Judas, des Jakobus Sohn.

¹⁴Diese alle waren stets beieinander einmütig mit Beten und Flehen samt den Weibern und Maria, der Mutter Jesus, und seinen Brüdern.

¹⁵Und in den Tagen trat auf Petrus unter die Jünger und sprach (es war aber eine Schar zuhauf bei hundertundzwanzig Namen):

¹⁶Ihr Männer und Brüder, es mußte die Schrift erfüllet werden, welche zuvor gesagt hat der Heilige Geist durch den Mund Davids von Judas, der ein Führer war derer, die Jesus fingen;

¹⁷denn er war zu uns gezählt und hatte dies Amt mit uns überkommen.

¹⁸Dieser hat erworben den Acker um den ungerechten Lohn und ist abgestürzt und mitten entzweigeborsten, und all sein Eingeweide ausgeschüttet.

¹⁹Und es ist kund geworden allen, die zu Jerusalem wohnen, also daß dieser Acker genannt wird auf ihrer Sprache: Hakeldama (das ist: ein Blutacker).

²⁰Denn es steht geschrieben im Psalmbuch: "Seine Behausung müsse wüst werden, und sei niemand, der darin wohne", und: "Sein Bistum empfange ein anderer."

²¹So muß nun einer unter diesen Männern, die bei uns gewesen sind die ganze Zeit über, welche der HERR Jesus unter uns ist aus und ein gegangen,

²²von der Taufe des Johannes an bis auf den Tag, da er von uns genommen ist, ein Zeuge seiner Auferstehung mit uns werden.

²³Und sie stellten zwei, Joseph, genannt Barsabas, mit dem Zunahmen Just, und Matthias,

²⁴beteten und sprachen: HERR, aller Herzen Kündiger, zeige an, welchen du erwählt hast unter diesen zweien,

²⁵daß einer empfange diesen Dienst und Apostelamt, davon Judas abgewichen ist, daß er hinginge an seinen Ort.

²⁶Und sie warfen das Los über sie, und das Los fiel auf Matthias; und er ward zugeordnet zu den elf Aposteln.

Kapitel 2

¹Und als der Tag der Pfingsten erfüllt war, waren sie alle einmütig beieinander.

²Und es geschah schnell ein Brausen vom Himmel wie eines gewaltigen Windes und erfüllte das ganze Haus, da sie saßen.

³Und es erschienen ihnen Zungen, zerteilt, wie von Feuer; und er setzte sich auf einen jeglichen unter ihnen;

⁴und sie wurden alle voll des Heiligen Geistes und fingen an, zu predigen mit anderen Zungen, nach dem der Geist ihnen gab auszusprechen.

⁵Es waren aber Juden zu Jerusalem wohnend, die waren gottesfürchtige Männer aus allerlei Volk, das unter dem Himmel ist.

⁶Da nun diese Stimme geschah, kam die Menge zusammen und wurden bestürzt; denn es hörte ein jeglicher, daß sie mit seiner Sprache redeten.

⁷Sie entsetzten sich aber alle, verwunderten sich und sprachen untereinander: Siehe, sind nicht diese alle, die da reden, aus Galiläa?

⁸Wie hören wir denn ein jeglicher seine Sprache, darin wir geboren sind?

⁹Parther und Meder und Elamiter, und die wir wohnen in Mesopotamien und in Judäa und Kappadozien, Pontus und Asien,

¹⁰Phrygien und Pamphylien, Ägypten und an den Enden von Lybien bei Kyrene und Ausländer von Rom,

¹¹Juden und Judengenossen, Kreter und Araber: wir hören sie mit unsern Zungen die großen Taten Gottes reden.

¹²Sie entsetzten sich aber alle und wurden irre und sprachen einer zu dem andern: Was will das werden?

¹³Die andern aber hatten's ihren Spott und sprachen: Sie sind voll süßen Weins.

¹⁴Da trat Petrus auf mit den Elfen, erhob seine Stimme und redete zu ihnen: Ihr Juden, liebe Männer, und alle, die ihr zu Jerusalem wohnet, das sei euch kundgetan, und lasset meine Worte zu euren Ohren eingehen.

¹⁵Denn diese sind nicht trunken, wie ihr wähnet, sintemal es ist die dritte Stunde am Tage;

¹⁶sondern das ist's, was durch den Propheten Joel zuvor gesagt ist:

¹⁷"Und es soll geschehen in den letzten Tagen, spricht Gott, ich will ausgießen von meinem Geist auf alles Fleisch; und eure Söhne und eure Töchter sollen weissagen, und eure Jünglinge sollen Gesichte sehen, und eure Ältesten sollen Träume haben;

¹⁸und auf meine Knechte und auf meine Mägde will ich in denselben Tagen von meinem Geist ausgießen, und sie sollen weissagen.

¹⁹Und ich will Wunder tun oben im Himmel und Zeichen unten auf Erden: Blut und Feuer und Rauchdampf;

²⁰die Sonne soll sich verkehren in Finsternis und der Mond in Blut, ehe denn der große und offenbare Tag des HERRN kommt.

²¹Und soll geschehen, wer den Namen des HERRN anrufen wird, der soll selig werden."

²²Ihr Männer von Israel, höret diese Worte: Jesum von Nazareth, den Mann, von Gott unter euch mit Taten und Wundern und Zeichen erwiesen, welche Gott durch ihn tat unter euch (wie denn auch ihr selbst wisset),

²³denselben (nachdem er aus bedachtem Rat und Vorsehung Gottes übergeben war) habt ihr genommen durch die Hände der Ungerechten und ihn angeheftet und erwürgt.

²⁴Den hat Gott auferweckt, und aufgelöst die Schmerzen des Todes, wie es denn unmöglich war, daß er sollte von ihm gehalten werden.

²⁵Denn David spricht von ihm: "Ich habe den HERRN allezeit vorgesetzt vor mein Angesicht; denn er ist an meiner Rechten, auf daß ich nicht bewegt werde.

²⁶Darum ist mein Herz fröhlich, und meine Zunge freuet sich; denn auch mein Fleisch wird ruhen in der Hoffnung.

²⁷Denn du wirst meine Seele nicht dem Tode lassen, auch nicht zugeben, daß dein Heiliger die Verwesung sehe.

²⁸Du hast mir kundgetan die Wege des Lebens; du wirst mich erfüllen mit Freuden vor deinem Angesicht."

²⁹Ihr Männer, liebe Brüder, lasset mich frei reden zu euch von dem Erzvater David. Er ist gestorben und begraben, und sein Grab ist bei uns bis auf diesen Tag.

³⁰Da er nun ein Prophet war und wußte, daß ihm Gott verheißen hatte mit einem Eide, daß die Frucht seiner Lenden sollte auf seinem Stuhl sitzen,

³¹hat er's zuvor gesehen und geredet von der Auferstehung Christi, daß seine Seele nicht dem Tode gelassen ist und sein Fleisch die Verwesung nicht gesehen hat.

³²Diesen Jesus hat Gott auferweckt; des sind wir alle Zeugen.

³³Nun er durch die Rechte Gottes erhöht ist und empfangen hat die Verheißung des Heiligen Geistes vom Vater, hat er ausgegossen dies, das ihr sehet und höret.

³⁴Denn David ist nicht gen Himmel gefahren. Er spricht aber: "Der HERR hat gesagt zu meinem HERRN: Setze dich zu meiner Rechten,

³⁵bis daß ich deine Feinde lege zum Schemel deiner Füße."

³⁶So wisse nun das ganze Haus Israel gewiß, daß Gott diesen Jesus, den ihr gekreuzigt habt, zu einem HERRN und Christus gemacht hat.

³⁷Da sie aber das hörten, ging's ihnen durchs Herz, und fragten Petrus und die andern Apostel: Ihr Männer, was sollen wir tun?

³⁸Petrus sprach zu ihnen: Tut Buße und lasse sich ein jeglicher taufen auf den Namen Jesu Christi zur Vergebung der Sünden, so werdet ihr empfangen die Gabe des Heiligen Geistes.

³⁹Denn euer und eurer Kinder ist diese Verheißung und aller, die ferne sind, welche Gott, unser HERR, herzurufen wird.

⁴⁰Auch mit vielen anderen Worten bezeugte und ermahnte er: Lasset euch erretten aus diesem verkehrten Geschlecht!

⁴¹Die nun sein Wort gern annahmen, ließen sich taufen; und wurden hinzugetan an dem Tage bei dreitausend Seelen.

⁴²Sie blieben aber beständig in der Apostel Lehre und in der Gemeinschaft und im Brotbrechen und im Gebet.

⁴³Es kam auch alle Seelen Furcht an, und geschahen viel Wunder und Zeichen durch die Apostel.

⁴⁴Alle aber, die gläubig waren geworden, waren beieinander und hielten alle Dinge gemein.

⁴⁵Ihre Güter und Habe verkauften sie und teilten sie aus unter alle, nach dem jedermann not war.

⁴⁶Und sie waren täglich und stets beieinander einmütig im Tempel und brachen das Brot hin und her in Häusern,

⁴⁷nahmen die Speise und lobten Gott mit Freuden und einfältigem Herzen und hatten Gnade beim ganzen Volk. Der HERR aber tat hinzu täglich, die da selig wurden, zu der Gemeinde.

Kapitel 3

¹Petrus aber und Johannes gingen miteinander hinauf in den Tempel um die neunte Stunde, da man pflegt zu beten.

²Und es war ein Mann, lahm von Mutterleibe, der ließ sich tragen; und sie setzten ihn täglich vor des Tempels Tür, die da heißt "die schöne", daß er bettelte das Almosen von denen, die in den Tempel gingen.

³Da er nun sah Petrus und Johannes, daß sie wollten zum Tempel hineingehen, bat er um ein Almosen.

⁴Petrus aber sah ihn an mit Johannes und sprach: Sieh uns an!

⁵Und er sah sie an, wartete, daß er etwas von ihnen empfinge.

⁶Petrus aber sprach: Gold und Silber habe ich nicht; was ich aber habe, das gebe ich dir: Im Namen Jesu Christi von Nazareth stehe auf und wandle!

⁷Und griff ihn bei der rechten Hand und richtete ihn auf. Alsobald standen seine Schenkel und Knöchel fest;

⁸sprang auf, konnte gehen und stehen und ging mit ihnen in den Tempel, wandelte und sprang und lobte Gott.

⁹Und es sah ihn alles Volk wandeln und Gott loben.

¹⁰Sie kannten ihn auch, daß er's war, der um Almosen gesessen hatte vor der schönen Tür des Tempels; und sie wurden voll Wunderns und Entsetzens über das, was ihm widerfahren war.

¹¹Als aber dieser Lahme, der nun gesund war, sich zu Petrus und Johannes hielt, lief alles Volk zu ihnen in die Halle, die da heißt Salomos, und wunderten sich.

¹²Als Petrus das sah, antwortete er dem Volk: Ihr Männer von Israel, was wundert ihr euch darüber, oder was sehet ihr auf uns, als hätten wir diesen wandeln gemacht durch unsere eigene Kraft oder Verdienst?

¹³Der Gott Abrahams und Isaaks und Jakobs, der Gott unserer Väter, hat seinen Knecht Jesus verklärt, welchen ihr überantwortet und verleugnet habt vor Pilatus, da der urteilte, ihn loszulassen.

¹⁴Ihr aber verleugnetet den Heiligen und Gerechten und batet, daß man euch den Mörder schenkte;

¹⁵aber den Fürsten des Lebens habt ihr getötet. Den hat Gott auferweckt von den Toten; des sind wir Zeugen.

¹⁶Und durch den Glauben an seinen Namen hat diesen, den ihr sehet und kennet, sein Name stark gemacht; und der Glaube durch ihn hat diesem gegeben diese Gesundheit vor euren Augen.

¹⁷Nun, liebe Brüder, ich weiß, daß ihr's durch Unwissenheit getan habt wie auch eure Obersten.

¹⁸Gott aber, was er durch den Mund aller seiner Propheten zuvor verkündigt hat, wie Christus leiden sollte, hat's also erfüllt.

¹⁹So tut nun Buße und bekehrt euch, daß eure Sünden vertilgt werden;

²⁰auf daß da komme die Zeit der Erquickung von dem Angesichte des HERRN, wenn er senden wird den, der euch jetzt zuvor gepredigt wird, Jesus Christus,

²¹welcher muß den Himmel einnehmen bis auf die Zeit, da herwiedergebracht werde alles, was Gott geredet hat durch den Mund aller seiner heiligen Propheten von der Welt an.

²²Denn Moses hat gesagt zu den Vätern: "Einen Propheten wird euch der HERR, euer Gott, erwecken aus euren Brüdern gleich wie mich; den sollt ihr hören in allem, was er zu euch sagen wird.

²³Und es wird geschehen, welche Seele denselben Propheten nicht hören wird, die soll vertilgt werden aus dem Volk."

²⁴Und alle Propheten von Samuel an und hernach, wieviel ihrer geredet haben, die haben von diesen Tagen verkündigt.

²⁵Ihr seid der Propheten und des Bundes Kinder, welchen Gott gemacht hat mit euren Vätern, da er sprach zu Abraham: "Durch deinen Samen sollen gesegnet werden alle Völker auf Erden."

²⁶Euch zuvörderst hat Gott auferweckt seinen Knecht Jesus und hat ihn zu euch gesandt, euch zu segnen, daß ein jeglicher sich bekehre von seiner Bosheit.

Kapitel 4

¹Als sie aber zum Volk redeten, traten zu ihnen die Priester und der Hauptmann des Tempels und die Sadduzäer

²(sie verdroß, daß sie das Volk lehrten und verkündigten an Jesu die Auferstehung von den Toten)

³und legten die Hände an sie und setzten sie ein bis auf morgen; denn es war jetzt Abend.

⁴Aber viele unter denen, die dem Wort zuhörten, wurden gläubig; und ward die Zahl der Männer bei fünftausend.

⁵Als es nun kam auf den Morgen, versammelten sich ihre Obersten und Ältesten und Schriftgelehrten gen Jerusalem,

⁶Hannas, der Hohepriester, und Kaiphas und Johannes und Alexander und wie viel ihrer waren vom Hohenpriestergeschlecht;

⁷und stellten sie vor sich und fragten sie: Aus welcher Gewalt oder in welchem Namen habt ihr das getan?

⁸Petrus, voll des Heiligen Geistes, sprach zu ihnen: Ihr Obersten des Volkes und ihr Ältesten von Israel,

⁹so wir heute werden gerichtet über dieser Wohltat an dem kranken Menschen, durch welche er ist geheilt worden,

¹⁰so sei euch und allem Volk von Israel kundgetan, daß in dem Namen Jesu Christi von Nazareth, welchen ihr gekreuzigt habt, den Gott von den Toten auferweckt hat, steht dieser allhier vor euch gesund.

¹¹Das ist der Stein, von euch Bauleuten verworfen, der zum Eckstein geworden ist.

¹²Und ist in keinem andern-Heil, ist auch kein andrer Name unter dem Himmel den Menschen gegeben, darin wir sollen selig werden.

¹³Sie sahen aber an die Freudigkeit des Petrus und Johannes und verwunderten sich; denn sie waren gewiß, daß es ungelehrte Leute und Laien waren, kannten sie auch wohl, daß sie mit Jesu gewesen waren.

¹⁴Sie sahen aber den Menschen, der geheilt worden war, bei ihnen stehen und hatten nichts dawider zu reden.

¹⁵Da hießen sie sie hinausgehen aus dem Rat und handelten miteinander und sprachen:

¹⁶Was wollen wir diesen Menschen tun? Denn das offenbare Zeichen, durch sie geschehen, ist allen kund, die zu Jerusalem wohnen, und wir können's nicht leugnen.

¹⁷Aber auf daß es nicht weiter einreiße unter das Volk, lasset uns ernstlich sie bedrohen, daß sie hinfort keinem Menschen von diesem Namen sagen.

¹⁸Und sie riefen sie und geboten ihnen, daß sie sich allerdinge nicht hören ließen noch lehrten in dem Namen Jesu.

¹⁹Petrus aber und Johannes antworteten und sprachen zu ihnen: Richtet ihr selbst, ob es vor Gott recht sei, daß wir euch mehr gehorchen denn Gott.

²⁰Wir können's ja nicht lassen, daß wir nicht reden sollten, was wir gesehen und gehört haben.

²¹Aber sie drohten ihnen und ließen sie gehen und fanden nicht, wie sie sie peinigten, um des Volkes willen; denn sie lobten alle Gott über das, was geschehen war.

²²Denn der Mensch war über vierzig Jahre alt, an welchem dies

Apostelgeschichte

Zeichen der Gesundheit geschehen war.

²³Und als man sie hatte gehen lassen, kamen sie zu den Ihren und verkündigten ihnen, was die Hohenpriester und Ältesten zu ihnen gesagt hatten.

²⁴Da sie das hörten, hoben sie ihre Stimme auf einmütig zu Gott und sprachen: HERR, der du bist der Gott, der Himmel und Erde und das Meer und alles, was darinnen ist, gemacht hat;

²⁵der du durch den Mund Davids, deines Knechtes, gesagt hast: "Warum empören sich die Heiden, und die Völker nehmen vor, was umsonst ist?

²⁶Die Könige der Erde treten zusammen, und die Fürsten versammeln sich zuhauf wider den HERRN und wider seinen Christus":

²⁷wahrlich ja, sie haben sich versammelt über deinen heiligen Knecht Jesus, welchen du gesalbt hast, Herodes und Pontius Pilatus mit den Heiden und dem Volk Israel,

²⁸zu tun, was deine Hand und dein Rat zuvor bedacht hat, daß es geschehen sollte.

²⁹Und nun, HERR, siehe an ihr Drohen und gib deinen Knechten, mit aller Freudigkeit zu reden dein Wort,

³⁰und strecke deine Hand aus, daß Gesundheit und Zeichen und Wunder geschehen durch den Namen deines heiligen Knechtes Jesus.

³¹Und da sie gebetet hatten, bewegte sich die Stätte, da sie versammelt waren; und sie wurden alle voll des Heiligen Geistes und redeten das Wort Gottes mit Freudigkeit.

³²Die Menge aber der Gläubigen war ein Herz und eine Seele; auch keiner sagte von seinen Gütern, daß sie sein wären, sondern es war ihnen alles gemein.

³³Und mit großer Kraft gaben die Apostel Zeugnis von der Auferstehung des HERRN Jesu, und war große Gnade bei ihnen allen.

³⁴Es war auch keiner unter ihnen, der Mangel hatte; denn wie viel ihrer waren, die da Äcker oder Häuser hatten, die verkauften sie und brachten das Geld des verkauften Guts

³⁵und legten es zu der Apostel Füßen; und man gab einem jeglichen, was ihm not war.

³⁶Joses aber, mit dem Zunamen Barnabas (das heißt: ein Sohn des Trostes), von Geschlecht ein Levit aus Zypern,

³⁷der hatte einen Acker und verkaufte ihn und brachte das Geld und legte es zu der Apostel Füßen.

Kapitel 5

¹Ein Mann aber, mit Namen Ananias samt seinem Weibe Saphira verkaufte sein Gut

²und entwandte etwas vom Gelde mit Wissen seines Weibes und brachte einen Teil und legte ihn zu der Apostel Füßen.

³Petrus aber sprach: Ananias, warum hat der Satan dein Herz erfüllt, daß du dem heiligen Geist lögest und entwendetest etwas vom Gelde des Ackers?

⁴Hättest du ihn doch wohl mögen behalten, da du ihn hattest; und da er verkauft war, war es auch in deiner Gewalt. Warum hast du denn solches in deinem Herzen vorgenommen? Du hast nicht Menschen, sondern Gott gelogen.

⁵Da Ananias aber diese Worte hörte, fiel er nieder und gab den Geist auf. Und es kam eine große Furcht über alle, die dies hörten.

⁶Es standen aber die Jünglinge auf und taten ihn beiseite und trugen ihn hinaus und begruben ihn.

⁷Und es begab sich über eine Weile, bei drei Stunden, daß sein Weib hineinkam und wußte nicht, was geschehen war.

⁸Aber Petrus antwortete ihr: Sage mir: Habt ihr den Acker so teuer verkauft? Sie sprach: Ja, so teuer.

⁹Petrus aber sprach zu ihr: Warum seid ihr denn eins geworden, zu versuchen den Geist des HERRN? Siehe, die Füße derer, die deinen Mann begraben haben, sind vor der Tür und werden dich hinaustragen.

¹⁰Und alsbald fiel sie zu seinen Füßen und gab den Geist auf. Da kamen die Jünglinge und fanden sie tot, trugen sie hinaus und begruben sie neben ihren Mann.

¹¹Und es kam eine große Furcht über die ganze Gemeinde und über alle, die solches hörten.

¹²Es geschahen aber viel Zeichen und Wunder im Volk durch der Apostel Hände; und sie waren alle in der Halle Salomos einmütig.

¹³Der andern aber wagte keiner, sich zu ihnen zu tun, sondern das Volk hielt groß von ihnen.

¹⁴Es wurden aber immer mehr hinzugetan, die da glaubten an den HERRN, eine Menge Männer und Weiber,

¹⁵also daß sie die Kranken auf die Gassen heraustrugen und legten sie auf Betten und Bahren, auf daß, wenn Petrus käme, sein Schatten ihrer etliche überschattete.

¹⁶Es kamen auch herzu viele von den umliegenden Städten gen Jerusalem und brachten die Kranken und die von unsauberen Geistern gepeinigt waren; und wurden alle gesund.

¹⁷Es stand aber auf der Hohepriester und alle, die mit ihm waren, welches ist die Sekte der Sadduzäer, und wurden voll Eifers

¹⁸und legten die Hände an die Apostel und warfen sie in das gemeine Gefängnis.

¹⁹Aber der Engel des HERRN tat in der Nacht die Türen des Gefängnisses auf und führte sie heraus und sprach:

²⁰Gehet hin und tretet auf und redet im Tempel zum Volk alle Worte dieses Lebens.

²¹Da sie das gehört hatten, gingen sie früh in den Tempel und lehrten. Der Hohepriester aber kam und die mit ihm waren und riefen zusammen den Rat und alle Ältesten der Kinder Israel und sandten hin zum Gefängnis, sie zu holen.

²²Die Diener aber kamen hin und fanden sie nicht im Gefängnis, kamen wieder und verkündigten

²³und sprachen: Das Gefängnis fanden wir verschlossen mit allem Fleiß und die Hüter außen stehen vor den Türen; aber da wir auftaten, fanden wir niemand darin.

²⁴Da diese Rede hörten der Hohepriester und der Hauptmann des Tempels und andere Hohepriester, wurden sie darüber betreten, was doch das werden wollte.

²⁵Da kam einer, der verkündigte ihnen: Siehe, die Männer, die ihr ins Gefängnis geworfen habt, sind im Tempel, stehen und lehren das Volk.

²⁶Da ging hin der Hauptmann mit den Dienern und holten sie, nicht mit Gewalt; denn sie fürchteten sich vor dem Volk, daß sie gesteinigt würden.

²⁷Und als sie sie brachten, stellten sie sie vor den Rat. Und der Hohepriester fragte sie

²⁸und sprach: Haben wir euch nicht mit Ernst geboten, daß ihr nicht solltet lehren in diesem Namen? Und sehet, ihr habt Jerusalem erfüllt mit eurer Lehre und wollt dieses Menschen Blut über uns führen.

²⁹Petrus aber antwortete und die Apostel und sprachen: Man muß Gott mehr gehorchen denn den Menschen.

³⁰Der Gott unserer Väter hat Jesus auferweckt, welchen ihr erwürgt habt und an das Holz gehängt.

³¹Den hat Gott durch seine rechte Hand erhöht zu einem Fürsten und Heiland, zu geben Israel Buße und Vergebung der Sünden.

³²Und wir sind seine Zeugen über diese Worte und der Heilige Geist, welchen Gott gegeben hat denen, die ihm gehorchen.

³³Da sie das hörten, ging's ihnen durchs Herz, und dachten, sie zu töten.

³⁴Da stand aber auf im Rat ein Pharisäer mit Namen Gamaliel, ein Schriftgelehrter, in Ehren gehalten vor allem Volk, und hieß die Apostel ein wenig hinaustun

³⁵und sprach zu ihnen: Ihr Männer von Israel, nehmet euer selbst wahr an diesen Menschen, was ihr tun sollt.

³⁶Vor diesen Tagen stand auf Theudas und gab vor, er wäre etwas, und hingen an ihm eine Zahl Männer, bei vierhundert; der ist erschlagen, und alle, die ihm zufielen, sind zerstreut und zunichte geworden.

³⁷Darnach stand auf Judas aus Galiläa in den Tagen der Schätzung und machte viel Volks abfällig ihm nach; und der ist auch umgekommen, und alle, die ihm zufielen sind zerstreut.

³⁸Und nun sage ich euch: Lasset ab von diesen Menschen und lasset sie fahren! Ist der Rat oder das Werk aus den Menschen, so wird's untergehen;

³⁹ist's aber aus Gott, so könnet ihr's nicht dämpfen; auf daß ihr nicht erfunden werdet als die wider Gott streiten wollen.

⁴⁰Da fielen sie ihm zu und riefen die Apostel, stäupten sie und geboten ihnen, sie sollten nicht Reden in dem Namen Jesu, und ließen sie gehen.

⁴¹Sie gingen aber fröhlich von des Rats Angesicht, daß sie würdig gewesen waren, um seines Namens willen Schmach zu leiden,

⁴²und hörten nicht auf, alle Tage im Tempel und hin und her in Häusern zu lehren und zu predigen das Evangelium von Jesu Christo.

Kapitel 6

¹In den Tagen aber, da der Jünger viele wurden, erhob sich ein Murmeln unter den Griechen wider die Hebräer, darum daß ihre Witwen übersehen wurden in der täglichen Handreichung.

²Da riefen die Zwölf die Menge der Jünger zusammen und sprachen: Es taugt nicht, daß wir das Wort Gottes unterlassen und zu Tische dienen.

³Darum, ihr lieben Brüder, sehet unter euch nach sieben Männern, die ein gut Gerücht haben und voll heiligen Geistes und Weisheit sind,

welche wir bestellen mögen zu dieser Notdurft.

⁴Wir aber wollen anhalten am Gebet und am Amt des Wortes.

⁵Und die Rede gefiel der ganzen Menge wohl; und sie erwählten Stephanus, einen Mann voll Glaubens und heiligen Geistes, und Philippus und Prochorus und Nikanor und Timon und Parmenas und Nikolaus, den Judengenossen von Antiochien.

⁶Diese stellten sie vor die Apostel und beteten und legten die Hände auf sie.

⁷Und das Wort Gottes nahm zu, und die Zahl der Jünger ward sehr groß zu Jerusalem. Es wurden auch viele Priester dem Glauben gehorsam.

⁸Stephanus aber, voll Glaubens und Kräfte, tat Wunder und große Zeichen unter dem Volk.

⁹Da standen etliche auf von der Schule, die da heißt der Libertiner und der Kyrener und der Alexanderer, und derer, die aus Zilizien und Asien waren, und befragten sich mit Stephanus.

¹⁰Und sie vermochten nicht, zu widerstehen der Weisheit und dem Geiste, aus welchem er redete.

¹¹Da richteten sie zu etliche Männer, die sprachen: Wir haben ihn gehört Lästerworte reden wider Mose und wider Gott.

¹²Also bewegten sie das Volk und die Ältesten und die Schriftgelehrten und traten herzu und rissen ihn hin und führten ihn vor den Rat

¹³und stellten falsche Zeugen dar, die sprachen: Dieser Mensch hört nicht auf, zu reden Lästerworte wider diese heilige Stätte und das Gesetz.

¹⁴Denn wir haben ihn hören sagen: Jesus von Nazareth wird diese Stätte zerstören und ändern die Sitten, die uns Mose gegeben hat.

¹⁵Und sie sahen auf ihn alle, die im Rat saßen, und sahen sein Angesicht wie eines Engels Angesicht.

Kapitel 7

¹Da sprach der Hohepriester: Ist dem also?

²Er aber sprach: Liebe Brüder und Väter, höret zu. Der Gott der Herrlichkeit erschien unserm Vater Abraham, da er noch in Mesopotamien war, ehe er wohnte in Haran,

³und sprach zu ihm: Gehe aus deinem Lande und von deiner Freundschaft und zieh in ein Land, das ich dir zeigen will.

⁴Da ging er aus der Chaldäer Lande und wohnte in Haran. Und von dort, da sein Vater gestorben war, brachte er ihn herüber in dies Land, darin ihr nun wohnet,

⁵und gab ihm kein Erbteil darin, auch nicht einen Fuß breit, und verhieß ihm, er wollte es geben ihm zu besitzen und seinem Samen nach ihm, da er noch kein Kind hatte.

⁶Aber Gott sprach also: Dein Same wird ein Fremdling sein in einem fremden Lande, und sie werden ihn dienstbar machen und übel behandeln vierhundert Jahre;

⁷und das Volk, dem sie dienen werden, will ich richten, sprach Gott; und darnach werden sie ausziehen und mir dienen an dieser Stätte.

⁸Und gab ihm den Bund der Beschneidung. Und er zeugte Isaak und beschnitt ihn am achten Tage, und Isaak den Jakob, und Jakob die zwölf Erzväter.

⁹Und die Erzväter neideten Joseph und verkauften ihn nach Ägypten; aber Gott war mit ihm

¹⁰und errettete ihn aus aller seiner Trübsal und gab ihm Gnade und Weisheit vor Pharao, dem König in Ägypten; der setzte ihn zum Fürsten über Ägypten über sein ganzes Haus.

¹¹Es kam aber eine teure Zeit über das ganze Land Ägypten und Kanaan und große Trübsal, und unsere Väter fanden nicht Nahrung.

¹²Jakob aber hörte, daß in Ägypten Getreide wäre, und sandte unsere Väter aus aufs erstemal.

¹³Und zum andernmal ward Joseph erkannt von seinen Brüdern, und ward dem Pharao Josephs Geschlecht offenbar.

¹⁴Joseph aber sandte aus und ließ holen seinen Vater Jakob und seine ganze Freundschaft, fünfundsiebzig Seelen.

¹⁵Und Jakob zog hinab nach Ägypten und starb, er und unsere Väter.

¹⁶Und sie sind herübergebracht nach Sichem und gelegt in das Grab, das Abraham gekauft hatte ums Geld von den Kindern Hemor zu Sichem.

¹⁷Da nun die Zeit der Verheißung nahte, die Gott Abraham geschworen hatte, wuchs das Volk und mehrte sich in Ägypten,

¹⁸bis daß ein anderer König aufkam, der nichts wußte von Joseph.

¹⁹Dieser trieb Hinterlist mit unserm Geschlecht und behandelte unsre Väter übel und schaffte, daß man die jungen Kindlein aussetzen mußte, daß sie nicht lebendig blieben.

²⁰Zu der Zeit war Moses geboren, und war ein feines Kind vor Gott und ward drei Monate ernährt in seines Vaters Hause.

²¹Als er aber ausgesetzt ward, nahm ihn die Tochter Pharaos auf und zog ihn auf, ihr selbst zu einem Sohn.

²²Und Moses ward gelehrt in aller Weisheit der Ägypter und war mächtig in Werken und Worten.

²³Da er aber vierzig Jahre alt ward, gedachte er zu sehen nach seinen Brüdern, den Kindern von Israel.

²⁴Und sah einen Unrecht leiden; da stand er bei und rächte den, dem Leid geschah, und erschlug den Ägypter.

²⁵Er meinte aber, seine Brüder sollten's verstehen, daß Gott durch seine Hand ihnen Heil gäbe; aber sie verstanden's nicht.

²⁶Und an andern Tage kam er zu ihnen, da sie miteinander haderten, und handelte mit ihnen, daß sie Frieden hätten, und sprach: Liebe Männer, ihr seid Brüder, warum tut einer dem andern Unrecht?

²⁷Der aber seinem Nächsten Unrecht tat, stieß in von sich und sprach: Wer hat dich über uns gesetzt zum Obersten und Richter?

²⁸Willst du mich auch töten, wie du gestern den Ägypter getötet hast?

²⁹Mose aber floh wegen dieser Rede und ward ein Fremdling im Lande Midian; daselbst zeugte er zwei Söhne.

³⁰Und über vierzig Jahre erschien ihm in der Wüste an dem Berge Sinai der Engel des HERRN in einer Feuerflamme im Busch.

³¹Da es aber Mose sah, wunderte er sich des Gesichtes. Als er aber hinzuging zu schauen, geschah die Stimme des HERRN zu ihm:

³²Ich bin der Gott deiner Väter, der Gott Abrahams und der Gott Isaaks und der Gott Jakobs. Mose aber ward zitternd und wagte nicht anzuschauen.

³³Aber der HERR sprach zu ihm: Zieh die Schuhe aus von deinen Füßen; denn die Stätte, da du stehest, ist heilig Land!

³⁴Ich habe wohl gesehen das Leiden meines Volkes, das in Ägypten ist, und habe ihr Seufzen gehört und bin herabgekommen, sie zu erretten. Und nun komm her, ich will dich nach Ägypten senden.

³⁵Diesen Mose, welchen sie verleugneten, da sie sprachen: Wer hat dich zum Obersten und Richter gesetzt? den sandte Gott zu einem Obersten und Erlöser durch die Hand des Engels, der ihm erschien im Busch.

³⁶Dieser führte sie aus und tat Wunder und Zeichen in Ägypten, im Roten Meer und in der Wüste vierzig Jahre.

³⁷Dies ist der Mose, der zu den Kindern Israel gesagt hat: "Einen Propheten wird euch der HERR, euer Gott, erwecken aus euren Brüdern gleichwie mich; den sollt ihr hören."

³⁸Dieser ist's, der in der Gemeinde in der Wüste mit dem Engel war, der ihm redete auf dem Berge Sinai und mit unsern Vätern; dieser empfing lebendige Worte, uns zu geben;

³⁹welchem nicht wollten gehorsam werden eure Väter, sondern stießen ihn von sich und wandten sich um mit ihren Herzen nach Ägypten

⁴⁰und sprachen zu Aaron: Mache uns Götter, die vor uns hin gehen; denn wir wissen nicht, was diesem Mose, der uns aus dem Lande Ägypten geführt hat, widerfahren ist.

⁴¹Und sie machten ein Kalb zu der Zeit und brachten dem Götzen Opfer und freuten sich der Werke ihrer Hände.

⁴²Aber Gott wandte sich und gab sie dahin, das sie dienten des Himmels Heer; wie denn geschrieben steht in dem Buch der Propheten: "Habt ihr vom Hause Israel die vierzig Jahre in der Wüste mir auch je Opfer und Vieh geopfert?

⁴³Und ihr nahmet die Hütte Molochs an und das Gestirn eures Gottes Remphan, die Bilder, die ihr gemacht hattet, sie anzubeten. Und ich will euch wegwerfen jenseit Babylon."

⁴⁴Es hatten unsre Väter die Hütte des Zeugnisses in der Wüste, wie ihnen das verordnet hatte, der zu Mose redete, daß er sie machen sollte nach dem Vorbilde, das er gesehen hatte;

⁴⁵welche unsre Väter auch annahmen und mit Josua in das Land brachten, das die Heiden innehatten, welche Gott ausstieß vor dem Angesicht unsrer Väter bis zur Zeit Davids.

⁴⁶Der fand Gnade bei Gott und bat, daß er eine Wohnung finden möchte für den Gott Jakobs.

⁴⁷Salomo aber baute ihm ein Haus.

⁴⁸Aber der Allerhöchste wohnt nicht in Tempeln, die mit Händen gemacht sind, wie der Prophet spricht:

⁴⁹Der Himmel ist mein Stuhl und die Erde meiner Füße Schemel; was wollt ihr mir denn für ein Haus bauen? spricht der HERR, oder welches ist die Stätte meiner Ruhe?

⁵⁰Hat nicht meine Hand das alles gemacht?"

⁵¹Ihr Halsstarrigen und Unbeschnittenen an Herzen und Ohren, ihr widerstrebt allezeit dem Heiligen Geist, wie eure Väter also auch ihr.

⁵²Welchen Propheten haben eure Väter nicht verfolgt? Und sie haben getötet, die da zuvor verkündigten die Zukunft dieses Gerechten,

dessen Verräter und Mörder ihr nun geworden seid.

⁵³Ihr habt das Gesetz empfangen durch der Engel Geschäfte, und habt's nicht gehalten.

⁵⁴Da sie solches hörten, ging's ihnen durchs Herz, und sie bissen die Zähne zusammen über ihn.

⁵⁵Wie er aber voll heiligen Geistes war, sah er auf gen Himmel und sah die Herrlichkeit Gottes und Jesum stehen zur Rechten Gottes

⁵⁶und sprach: Siehe, ich sehe den Himmel offen und des Menschen Sohn zur Rechten Gottes stehen.

⁵⁷Sie schrieen aber laut und hielten ihre Ohren zu und stürmten einmütig auf ihn ein, stießen ihn zur Stadt hinaus und steinigten ihn.

⁵⁸Und die Zeugen legten ihre Kleider ab zu den Füßen eines Jünglings, der hieß Saulus,

⁵⁹und steinigten Stephanus, der anrief und sprach: HERR Jesu, nimm meinen Geist auf!

⁶⁰Er kniete aber nieder und schrie laut: HERR, behalte ihnen diese Sünde nicht! Und als er das gesagt, entschlief er.

Kapitel 8

¹Saulus aber hatte Wohlgefallen an seinem Tode. Es erhob sich aber zu der Zeit eine große Verfolgung über die Gemeinde zu Jerusalem; und sie zerstreuten sich alle in die Länder Judäa und Samarien, außer den Aposteln.

²Es bestatteten aber Stephanus gottesfürchtige Männer und hielten eine große Klage über ihn.

³Saulus aber verstörte die Gemeinde, ging hin und her in die Häuser und zog hervor Männer und Weiber und überantwortete sie ins Gefängnis.

⁴Die nun zerstreut waren, gingen um und predigten das Wort.

⁵Philippus aber kam hinab in eine Stadt in Samarien und predigte ihnen von Christo.

⁶Das Volk aber hörte einmütig und fleißig zu, was Philippus sagte, und sah die Zeichen, die er tat.

⁷Denn die unsauberen Geister fuhren aus vielen Besessenen mit großem Geschrei; auch viele Gichtbrüchige und Lahme wurden gesund gemacht.

⁸Und es ward eine große Freude in derselben Stadt.

⁹Es war aber ein Mann, mit Namen Simon, der zuvor in der Stadt Zauberei trieb und bezauberte das samaritische Volk und gab vor, er wäre etwas Großes.

¹⁰Und sie sahen alle auf ihn, beide, klein und groß, und sprachen: Der ist die Kraft Gottes, die da groß ist.

¹¹Sie sahen aber darum auf ihn, daß er sie lange Zeit mit seiner Zauberei bezaubert hatte.

¹²Da sie aber den Predigten des Philippus glaubten vom Reich Gottes und von dem Namen Jesu Christi, ließen sich taufen Männer und Weiber.

¹³Da ward auch Simon gläubig und ließ sich taufen und hielt sich zu Philippus. Und als er sah die Zeichen und Taten, die da geschahen, verwunderte er sich.

¹⁴Da aber die Apostel hörten zu Jerusalem, daß Samarien das Wort Gottes angenommen hatte, sandten sie zu ihnen Petrus und Johannes,

¹⁵welche, da sie hinabkamen, beteten sie über sie, daß sie den Heiligen Geist empfingen.

¹⁶(Denn er war noch auf keinen gefallen, sondern sie waren allein getauft auf den Namen Christi Jesu.)

¹⁷Da legten sie die Hände auf sie, und sie empfingen den Heiligen Geist.

¹⁸Da aber Simon sah, daß der Heilige Geist gegeben ward, wenn die Apostel die Hände auflegten, bot er ihnen Geld an

¹⁹und sprach: Gebt mir auch die Macht, daß, so ich jemand die Hände auflege, derselbe den Heiligen Geist empfange.

²⁰Petrus aber sprach zu ihm: Daß du verdammt werdest mit deinem Gelde, darum daß du meinst, Gottes Gabe werde durch Geld erlangt!

²¹Du wirst weder Teil noch Anfall haben an diesem Wort; denn dein Herz ist nicht rechtschaffen vor Gott.

²²Darum tue Buße für diese deine Bosheit und bitte Gott, ob dir vergeben werden möchte die Tücke deines Herzens.

²³Denn ich sehe, du bist voll bitterer Galle und verknüpft mit Ungerechtigkeit.

²⁴Da antwortete Simon und sprach: Bittet ihr den HERRN für mich, daß der keines über mich komme, davon ihr gesagt habt.

²⁵Sie aber, da sie bezeugt und geredet hatten das Wort des HERRN, wandten sich wieder um gen Jerusalem und predigten das Evangelium vielen samaritischen Flecken.

²⁶Aber der Engel des HERRN redete zu Philippus und sprach: Stehe auf und gehe gegen Mittag auf die Straße, die von Jerusalem geht hinab gen Gaza, die da wüst ist.

²⁷Und er stand auf und ging hin. Und siehe, ein Mann aus Mohrenland, ein Kämmerer und Gewaltiger der Königin Kandaze in Mohrenland, welcher war über ihre ganze Schatzkammer, der war gekommen gen Jerusalem, anzubeten,

²⁸und zog wieder heim und saß auf seinem Wagen und las den Propheten Jesaja.

²⁹Der Geist aber sprach zu Philippus: Gehe hinzu und halte dich zu diesem Wagen!

³⁰Da lief Philippus hinzu und hörte, daß er den Propheten Jesaja las, und sprach: Verstehst du auch, was du liesest?

³¹Er aber sprach: Wie kann ich, so mich nicht jemand anleitet? Und ermahnte Philippus, daß er aufträte und setzte sich zu ihm.

³²Der Inhalt aber der Schrift, die er las, war dieser: "Er ist wie ein Schaf zur Schlachtung geführt; und still wie ein Lamm vor seinem Scherer, also hat er nicht aufgetan seinen Mund.

³³In seiner Niedrigkeit ist sein Gericht aufgehoben. Wer wird aber seines Lebens Länge ausreden? denn sein Leben ist von der Erde weggenommen."

³⁴Da antwortete der Kämmerer dem Philippus und sprach: Ich bitte dich, von wem redet der Prophet solches? von sich selber oder von jemand anders?

³⁵Philippus aber tat seinen Mund auf und fing von dieser Schrift an und predigte ihm das Evangelium von Jesu.

³⁶Und als sie zogen der Straße nach, kamen sie an ein Wasser. Und der Kämmerer sprach: Siehe, da ist Wasser; was hindert's, daß ich mich taufen lasse?

³⁷Philippus aber sprach: Glaubst du von ganzem Herzen, so mag's wohl sein. Er antwortete und sprach: Ich glaube, daß Jesus Christus Gottes Sohn ist.

³⁸Und er hieß den Wagen halten, und stiegen hinab in das Wasser beide, Philippus und der Kämmerer, und er taufte ihn.

³⁹Da sie aber heraufstiegen aus dem Wasser, rückte der Geist des HERRN Philippus hinweg, und der Kämmerer sah ihn nicht mehr; er zog aber seine Straße fröhlich.

⁴⁰Philippus aber ward gefunden zu Asdod und wandelte umher und predigte allen Städten das Evangelium, bis daß er kam gen Cäsarea.

Kapitel 9

¹Saulus aber schnaubte noch mit Drohen und Morden wider die Jünger des HERRN und ging zum Hohenpriester

²und bat ihn um Briefe gen Damaskus an die Schulen, auf daß, so er etliche dieses Weges fände, Männer und Weiber, er sie gebunden führte gen Jerusalem.

³Und da er auf dem Wege war und nahe an Damaskus kam, umleuchtete ihn plötzlich ein Licht vom Himmel;

⁴und er fiel auf die Erde und hörte eine Stimme, die sprach zu ihm: Saul, Saul, was verfolgst du mich?

⁵Er aber sprach: HERR, wer bist du? Der HERR sprach: Ich bin Jesus, den du verfolgst. Es wird dir schwer werden, wider den Stachel zu lecken.

⁶Und er sprach mit Zittern und Zagen: HERR, was willst du, daß ich tun soll? Der HERR sprach zu ihm: Stehe auf und gehe in die Stadt; da wird man dir sagen, was du tun sollst.

⁷Die Männer aber, die seine Gefährten waren, standen und waren erstarrt; denn sie hörten die Stimme, und sahen niemand.

⁸Saulus aber richtete sich auf von der Erde; und als er seine Augen auftat, sah er niemand. Sie nahmen ihn bei der Hand und führten ihn gen Damaskus;

⁹und er war drei Tage nicht sehend und aß nicht und trank nicht.

¹⁰Es war aber ein Jünger zu Damaskus mit Namen Ananias; zu dem sprach der HERR im Gesicht: Ananias! Und er sprach: Hier bin ich, HERR.

¹¹Der HERR sprach zu ihm: Stehe auf und gehe in die Gasse, die da heißt "die gerade", und frage im Hause des Judas nach einem namens Saul von Tarsus; denn siehe, er betet,

¹²und hat gesehen im Gesicht einen Mann mit Namen Ananias zu ihm hineinkommen und die Hand auf ihn legen, daß er wieder sehend werde.

¹³Ananias aber antwortete: HERR, ich habe von vielen gehört von diesem Manne, wieviel Übles er deinen Heiligen getan hat zu Jerusalem;

¹⁴und er hat allhier Macht von den Hohenpriestern, zu binden alle, die deinen Namen anrufen.

¹⁵Der HERR sprach zu ihm: Gehe hin; denn dieser ist mir ein

auserwähltes Rüstzeug, daß er meinen Namen trage vor den Heiden und vor den Königen und vor den Kindern von Israel.

¹⁶Ich will ihm zeigen wieviel er leiden muß um meines Namens willen.

¹⁷Und Ananias ging hin und kam in das Haus und legte die Hände auf ihn und sprach: Lieber Bruder Saul, der HERR hat mich gesandt (der dir erschienen ist auf dem Wege, da du her kamst), daß du wieder sehend und mit dem heiligen Geist erfüllt werdest.

¹⁸Und alsobald fiel es von seinen Augen wie Schuppen, und er ward wieder sehend

¹⁹und stand auf, ließ sich taufen und nahm Speise zu sich und stärkte sich. Saulus aber war eine Zeitlang bei den Jüngern zu Damaskus.

²⁰Und alsbald predigte er Christus in den Schulen, daß derselbe Gottes Sohn sei.

²¹Sie entsetzten sich aber alle, die es hörten, und sprachen: Ist das nicht, der zu Jerusalem verstörte alle, die diesen Namen anrufen, und darum hergekommen, daß er sie gebunden führe zu den Hohenpriestern?

²²Saulus aber ward immer kräftiger und trieb die Juden in die Enge, die zu Damaskus wohnten, und bewährte es, daß dieser ist der Christus.

²³Und nach vielen Tagen hielten die Juden einen Rat zusammen, daß sie ihn töteten.

²⁴Aber es ward Saulus kundgetan, daß sie ihm nachstellten. Sie hüteten aber Tag und Nacht an den Toren, daß sie ihn töteten.

²⁵Da nahmen ihn die Jünger bei der Nacht und taten ihn durch die Mauer und ließen ihn in einem Korbe hinab.

²⁶Da aber Saulus gen Jerusalem kam, versuchte er, sich zu den Jüngern zu tun; und sie fürchteten sich alle vor ihm und glaubten nicht, daß er ein Jünger wäre.

²⁷Barnabas aber nahm ihn zu sich und führte ihn zu den Aposteln und erzählte ihnen, wie er auf der Straße den HERRN gesehen und er mit ihm geredet und wie er zu Damaskus den Namen Jesus frei gepredigt hätte.

²⁸Und er war bei ihnen und ging aus und ein zu Jerusalem und predigte den Namen des HERRN Jesu frei.

²⁹Er redete auch und befragte sich mit den Griechen; aber sie stellten ihm nach, daß sie ihn töteten.

³⁰Da das die Brüder erfuhren, geleiteten sie ihn gen Cäsarea und schickten ihn gen Tarsus.

³¹So hatte nun die ganze Gemeinde Frieden durch ganz Judäa und Galiläa und Samarien und baute sich und wandelte in der Furcht des HERRN und ward erfüllt mit Trost des Heiligen Geistes.

³²Es geschah aber, da Petrus durchzog allenthalben, daß er auch zu den Heiligen kam, die zu Lydda wohnten.

³³Daselbst fand er einen Mann mit Namen Äneas, acht Jahre lang auf dem Bette gelegen, der war gichtbrüchig.

³⁴Und Petrus sprach zu ihm: Äneas, Jesus Christus macht dich gesund; stehe auf und bette dir selber! Und alsobald stand er auf.

³⁵Und es sahen ihn alle, die zu Lydda und in Saron wohnten; die bekehrten sich zu dem HERRN.

³⁶Zu Joppe aber war eine Jüngerin mit Namen Tabea (welches verdolmetscht heißt: Rehe), die war voll guter Werke und Almosen, die sie tat.

³⁷Es begab sich aber zu der Zeit, daß sie krank ward und starb. Da wuschen sie dieselbe und legten sie auf den Söller.

³⁸Nun aber Lydda nahe bei Joppe ist, da die Jünger hörten, daß Petrus daselbst war, sandten sie zwei Männer zu ihm und ermahnten ihn, daß er sich's nicht ließe verdrießen, zu ihnen zu kommen.

³⁹Petrus aber stand auf und kam mit ihnen. Und als er hingekommen war, führten sie ihn hinauf auf den Söller, und traten um ihn alle Witwen, weinten und zeigten ihm die Röcke und Kleider, welche die Rehe machte, als sie noch bei ihnen war.

⁴⁰Und da Petrus sie alle hinausgetrieben hatte, kniete er nieder, betete und wandte sich zu dem Leichnam und sprach: Tabea, stehe auf! Und sie tat ihre Augen auf; und da sie Petrus sah, setzte sie sich wieder.

⁴¹Er aber gab ihr die Hand und richtete sie auf und rief die Heiligen und die Witwen und stellte sie lebendig dar.

⁴²Und es ward kund durch ganz Joppe, und viele wurden gläubig an den HERRN.

⁴³Und es geschah, daß er lange Zeit zu Joppe blieb bei einem Simon, der ein Gerber war.

Kapitel 10

¹Es war aber ein Mann zu Cäsarea, mit Namen Kornelius, ein Hauptmann von der Schar, die da heißt die italische,

²gottselig und gottesfürchtig samt seinem ganzen Hause, und gab dem Volk viel Almosen und betete immer zu Gott.

³Der sah in einem Gesicht offenbarlich um die neunte Stunde am Tage einen Engel Gottes zu sich eingehen, der sprach zu ihm: Kornelius!

⁴Er aber sah ihn an, erschrak und sprach: HERR, was ist's? Er aber sprach zu ihm: Deine Gebete und deine Almosen sind hinaufgekommen ins Gedächtnis vor Gott.

⁵Und nun sende Männer gen Joppe und laß fordern Simon, mit dem Zunamen Petrus,

⁶welcher ist zur Herberge bei einem Gerber Simon, des Haus am Meer liegt; der wird dir sagen, was du tun sollst.

⁷Und da der Engel, der mit Kornelius redete, hinweggegangen war, rief er zwei seiner Hausknechte und einen gottesfürchtigen Kriegsknecht von denen, die ihm aufwarteten,

⁸und erzählte es ihnen alles und sandte sie gen Joppe.

⁹Des anderen Tages, da diese auf dem Wege waren, und nahe zur Stadt kamen, stieg Petrus hinauf auf den Söller, zu beten, um die sechste Stunde.

¹⁰Und als er hungrig ward, wollte er essen. Da sie ihm aber zubereiteten, ward er entzückt

¹¹und sah den Himmel aufgetan und herniederfahren zu ihm ein Gefäß wie ein großes leinenes Tuch, an vier Zipfeln gebunden, und es ward niedergelassen auf die Erde.

¹²Darin waren allerlei vierfüßige Tiere der Erde und wilde Tiere und Gewürm und Vögel des Himmels.

¹³Und es geschah eine Stimme zu ihm: Stehe auf, Petrus, schlachte und iß!

¹⁴Petrus aber sprach: O nein, HERR; denn ich habe noch nie etwas Gemeines oder Unreines gegessen.

¹⁵Und die Stimme sprach zum andernmal zu ihm: Was Gott gereinigt hat, das mache du nicht gemein.

¹⁶Und das geschah zu drei Malen; und das Gefäß ward wieder aufgenommen gen Himmel.

¹⁷Als aber Petrus sich in sich selbst bekümmerte, was das Gesicht wäre, das er gesehen hatte, siehe, da fragten die Männer, von Kornelius gesandt, nach dem Hause Simons und standen an der Tür,

¹⁸riefen und forschten, ob Simon, mit dem Zunamen Petrus, allda zur Herberge wäre.

¹⁹Indem aber Petrus nachsann über das Gesicht, sprach der Geist zu ihm: Siehe, drei Männer suchen dich;

²⁰aber stehe auf, steig hinab und zieh mit ihnen und zweifle nicht; denn ich habe sie gesandt.

²¹Da stieg Petrus hinab zu den Männern, die von Kornelius zu ihm gesandt waren, und sprach: Siehe, ich bin's, den ihr sucht; was ist die Sache, darum ihr hier seid?

²²Sie aber sprachen: Kornelius, der Hauptmann, ein frommer und gottesfürchtiger Mann und gutes Gerüchts bei dem ganzen Volk der Juden, hat Befehl empfangen von einem heiligen Engel, daß er dich sollte fordern lassen in sein Haus und Worte von dir hören.

²³Da rief er sie hinein und beherbergte sie. Des anderen Tages zog Petrus aus mit ihnen, und etliche Brüder von Joppe gingen mit ihm.

²⁴Und des andern Tages kamen sie gen Cäsarea. Kornelius aber wartete auf sie und hatte zusammengerufen seine Verwandten und Freunde.

²⁵Und als Petrus hineinkam, ging ihm Kornelius entgegen und fiel zu seinen Füßen und betete ihn an.

²⁶Petrus aber richtete ihn auf und sprach: Stehe auf, ich bin auch ein Mensch.

²⁷Und als er sich mit ihm besprochen hatte, ging er hinein und fand ihrer viele, die zusammengekommen waren.

²⁸Und er sprach zu ihnen: Ihr wisset, wie es ein unerlaubtes Ding ist einem jüdischen Mann, sich zu tun oder zu kommen zu einem Fremdling; aber Gott hat mir gezeigt, keinen Menschen gemein oder unrein zu heißen.

²⁹Darum habe ich mich nicht geweigert zu kommen, als ich ward hergefordert. So frage ich euch nun, warum ihr mich habt lassen fordern?

³⁰Kornelius sprach: Ich habe vier Tage gefastet, bis an diese Stunde, und um die neunte Stunde betete ich in meinem Hause. Und siehe, da stand ein Mann vor mir in einem hellen Kleid

³¹und sprach: Kornelius, dein Gebet ist erhört, und deiner Almosen ist gedacht worden vor Gott.

³²So sende nun gen Joppe und laß herrufen einen Simon, mit dem

Apostelgeschichte

Zunamen Petrus, welcher ist zur Herberge in dem Hause des Gerbers Simon an dem Meer; der wird, wenn er kommt, mit dir reden.

³³Da sandte ich von Stund an zu dir; und du hast wohl getan, daß du gekommen bist. Nun sind wir alle hier gegenwärtig vor Gott, zu hören alles, was dir von Gott befohlen ist.

³⁴Petrus aber tat seinen Mund auf und sprach: Nun erfahr ich mit der Wahrheit, daß Gott die Person nicht ansieht;

³⁵sondern in allerlei Volk, wer ihn fürchtet und recht tut, der ist ihm angenehm.

³⁶Ihr wißt wohl von der Predigt, die Gott zu den Kindern Israel gesandt hat, und daß er hat den Frieden verkündigen lassen durch Jesum Christum (welcher ist ein HERR über alles),

³⁷die durchs ganze jüdische Land geschehen ist und angegangen in Galiläa nach der Taufe, die Johannes predigte:

³⁸wie Gott diesen Jesus von Nazareth gesalbt hat mit dem heiligen Geist und Kraft; der umhergezogen ist und hat wohlgetan und gesund gemacht alle, die vom Teufel überwältigt waren; denn Gott war mit ihm.

³⁹Und wir sind Zeugen alles des, das er getan hat im jüdischen Lande und zu Jerusalem. Den haben sie getötet und an ein Holz gehängt.

⁴⁰Den hat Gott auferweckt am dritten Tage und ihn lassen offenbar werden,

⁴¹nicht allem Volk, sondern uns, den vorerwählten Zeugen von Gott, die wir mit ihm gegessen und getrunken haben, nachdem er auferstanden war von den Toten.

⁴²Und hat uns geboten, zu predigen dem Volk und zu zeugen, daß er ist verordnet von Gott zum Richter der Lebendigen und der Toten.

⁴³Von diesem zeugen alle Propheten, daß durch seinen Namen alle, die an ihn glauben, Vergebung der Sünden empfangen sollen.

⁴⁴Da Petrus noch diese Worte redete, fiel der heilige Geist auf alle, die dem Wort zuhörten.

⁴⁵Und die Gläubigen aus den Juden, die mit Petrus gekommen waren, entsetzten sich, daß auch auf die Heiden die Gabe des heiligen Geistes ausgegossen ward;

⁴⁶denn sie hörten, daß sie mit Zungen redeten und Gott hoch priesen. Da antwortete Petrus:

⁴⁷Mag auch jemand das Wasser wehren, daß diese nicht getauft werden, die den heiligen Geist empfangen haben gleichwie auch wir?

⁴⁸Und befahl, sie zu taufen in dem Namen des HERRN. Da baten sie ihn, daß er etliche Tage dabliebe.

Kapitel 11

¹Es kam aber vor die Apostel und Brüder, die in dem jüdischen Lande waren, daß auch die Heiden hätten Gottes Wort angenommen.

²Und da Petrus hinaufkam gen Jerusalem, zankten mit ihm, die aus den Juden waren,

³und sprachen: Du bist eingegangen zu den Männern, die unbeschnitten sind, und hast mit ihnen gegessen.

⁴Petrus aber hob an und erzählte es ihnen nacheinander her und sprach:

⁵Ich war in der Stadt Joppe im Gebete und war entzückt und sah ein Gesicht, nämlich ein Gefäß herniederfahren, wie ein großes leinenes Tuch mit vier Zipfeln, und niedergelassen vom Himmel, das kam bis zu mir.

⁶Darein sah ich und ward gewahr und sah vierfüßige Tiere der Erde und wilde Tiere und Gewürm und Vögel des Himmels.

⁷Ich hörte aber eine Stimme, die sprach zu mir: Stehe auf, Petrus, schlachte und iß!

⁸Ich aber sprach: O nein, HERR; denn es ist nie etwas Gemeines oder Unreines in meinen Mund gegangen.

⁹Aber die Stimme antwortete mir zum andernmal vom Himmel: Was Gott gereinigt hat, das mache du nicht gemein.

¹⁰Das geschah aber dreimal; und alles ward wieder hinauf gen Himmel gezogen.

¹¹Und siehe von Stund an standen drei Männer vor dem Hause, darin ich war, gesandt von Cäsarea zu mir.

¹²Der Geist aber sprach zu mir, ich sollte mit ihnen gehen und nicht zweifeln. Es kamen aber mit mir diese sechs Brüder, und wir gingen in des Mannes Haus.

¹³Und er verkündigte uns, wie er gesehen hätte einen Engel in seinem Hause stehen, der zu ihm gesprochen hätte: Sende Männer gen Joppe und laß fordern den Simon, mit dem Zunamen Petrus;

¹⁴der wird dir Worte sagen, dadurch du selig werdest und dein ganzes Haus.

¹⁵Indem aber ich anfing zu reden, fiel der heilige Geist auf sie gleichwie auf uns am ersten Anfang.

¹⁶Da dachte ich an das Wort des HERRN, als er sagte: "Johannes hat mit Wasser getauft; ihr aber sollt mit dem heiligen Geist getauft werden."

¹⁷So nun Gott ihnen die gleiche Gabe gegeben hat wie auch uns, die da glauben an den HERRN Jesus Christus: wer war ich, daß ich konnte Gott wehren?

¹⁸Da sie das hörten schwiegen sie still und lobten Gott und sprachen: So hat Gott auch den Heiden Buße gegeben zum Leben!

¹⁹Die aber zerstreut waren in der Trübsal, so sich über Stephanus erhob, gingen umher bis gen Phönizien und Zypern und Antiochien und redeten das Wort zu niemand denn allein zu den Juden.

²⁰Es waren aber etliche unter ihnen, Männer von Zypern und Kyrene, die kamen gen Antiochien und redeten auch zu den Griechen und predigten das Evangelium vom HERRN Jesus.

²¹Und die Hand des HERRN war mit ihnen, und eine große Zahl ward gläubig und bekehrte sich zu dem HERRN.

²²Es kam aber diese Rede von ihnen vor die Ohren der Gemeinde zu Jerusalem; und sie sandten Barnabas, daß er hinginge bis gen Antiochien.

²³Dieser, da er hingekommen war und sah die Gnade Gottes, ward er froh und ermahnte sie alle, daß sie mit festem Herzen an dem HERRN bleiben wollten.

²⁴Denn er war ein frommer Mann, voll heiligen Geistes und Glaubens. Und es ward ein großes Volk dem HERRN zugetan.

²⁵Barnabas aber zog aus gen Tarsus, Saulus wieder zu suchen;

²⁶und da er ihn fand, führte er ihn gen Antiochien. Und sie blieben bei der Gemeinde ein ganzes Jahr und lehrten viel Volks; daher die Jünger am ersten zu Antiochien Christen genannt wurden.

²⁷In diesen Tagen kamen Propheten von Jerusalem gen Antiochien.

²⁸Und einer unter ihnen mit Namen Agabus stand auf und deutete durch den Geist eine große Teuerung, die da kommen sollte über den ganzen Kreis der Erde; welche geschah unter dem Kaiser Klaudius.

²⁹Aber unter den Jüngern beschloß ein jeglicher, nach dem er vermochte, zu senden eine Handreichung den Brüdern, die in Judäa wohnten;

³⁰wie sie denn auch taten, und schickten's zu den Ältesten durch die Hand Barnabas und Saulus.

Kapitel 12

¹Um diese Zeit legte der König Herodes die Hände an etliche von der Gemeinde, sie zu peinigen.

²Er tötete aber Jakobus, den Bruder des Johannes, mit dem Schwert.

³Und da er sah, daß es den Juden gefiel, fuhr er fort und fing Petrus auch. Es waren aber eben die Tage der süßen Brote.

⁴Da er ihn nun griff, legte er ihn ins Gefängnis und überantwortete ihn vier Rotten, je von vier Kriegsknechten, ihn zu bewahren, und gedachte, ihn nach Ostern dem Volk vorzustellen.

⁵Und Petrus ward zwar im Gefängnis gehalten; aber die Gemeinde betete ohne Aufhören für ihn zu Gott.

⁶Und da ihn Herodes wollte vorstellen, in derselben Nacht schlief Petrus zwischen zwei Kriegsknechten, gebunden mit zwei Ketten, und die Hüter vor der Tür hüteten das Gefängnis.

⁷Und siehe, der Engel des HERRN kam daher, und ein Licht schien in dem Gemach; und er schlug Petrus an die Seite und weckte ihn und sprach: Stehe behende auf! Und die Ketten fielen ihm von seinen Händen.

⁸Und der Engel sprach zu ihm: Gürte dich und tu deine Schuhe an! Und er tat also. Und er sprach zu ihm: Wirf deinen Mantel um dich und folge mir nach!

⁹Und er ging hinaus und folgte ihm und wußte nicht, daß ihm wahrhaftig solches geschähe durch den Engel; sondern es deuchte ihn, er sähe ein Gesicht.

¹⁰Sie gingen aber durch die erste und andere Hut und kamen zu der eisernen Tür, welche zur Stadt führt; die tat sich ihnen von selber auf. Und sie traten hinaus und gingen hin eine Gasse lang; und alsobald schied der Engel von ihm.

¹¹Und da Petrus zu sich selber kam, sprach er: Nun weiß ich wahrhaftig, daß der HERR seinen Engel gesandt hat und mich errettet aus der Hand des Herodes und von allen Warten des jüdischen Volkes.

¹²Und als er sich besann, kam er vor das Haus Marias, der Mutter des Johannes, der mit dem Zunamen Markus hieß, da viele beieinander waren und beteten.

¹³Als aber Petrus an die Tür des Tores klopfte, trat hervor eine Magd, zu horchen, mit Namen Rhode.

¹⁴Und als sie des Petrus Stimme erkannte, tat sie das Tor nicht auf

vor Freuden, lief aber hinein und verkündigte es ihnen, Petrus stünde vor dem Tor.

¹⁵Sie aber sprachen zu ihr: Du bist unsinnig. Sie aber bestand darauf, es wäre also. Sie sprachen: Es ist sein Engel.

¹⁶Petrus klopfte weiter an. Da sie aber auftaten, sahen sie ihn und entsetzten sich.

¹⁷Er aber winkte ihnen mit der Hand, zu schweigen, und erzählte ihnen, wie ihn der HERR hatte aus dem Gefängnis geführt, und sprach: Verkündiget dies Jakobus und den Brüdern. Und ging hinaus und zog an einen andern Ort.

¹⁸Da es aber Tag ward, war eine nicht kleine Bekümmernis unter den Kriegsknechten, wie es doch mit Petrus gegangen wäre.

¹⁹Herodes aber, da er ihn forderte und nicht fand, ließ die Hüter verhören und hieß sie wegführen; und zog von Judäa hinab gen Cäsarea und hielt allda sein Wesen.

²⁰Denn er gedachte, wider die von Tyrus und Sidon zu kriegen. Sie aber kamen einmütig zu ihm und überredeten des Königs Kämmerer, Blastus, und baten um Frieden, darum daß ihre Lande sich nähren mußten von des Königs Land.

²¹Aber auf einen bestimmten Tag tat Herodes das königliche Kleid an, setzte sich auf den Richtstuhl und tat eine Rede zu ihnen.

²²Das Volk aber rief zu: Das ist Gottes Stimme und nicht eines Menschen!

²³Alsbald schlug ihn der Engel des HERRN, darum daß er die Ehre nicht Gott gab; und ward gefressen von den Würmern und gab den Geist auf.

²⁴Das Wort Gottes aber wuchs und mehrte sich.

²⁵Barnabas aber und Saulus kehrten wieder von Jerusalem, nachdem sie überantwortet hatten die Handreichung, und nahmen mit sich Johannes, mit dem Zunamen Markus.

Kapitel 13

¹Es waren aber zu Antiochien in der Gemeinde Propheten und Lehrer, nämlich Barnabas und Simon, genannt Niger, und Luzius von Kyrene und Manahen, der mit Herodes dem Vierfürsten erzogen war, und Saulus.

²Da sie aber dem HERRN dienten und fasteten, sprach der heilige Geist: Sondert mir aus Barnabas und Saulus zu dem Werk, dazu ich sie berufen habe.

³Da fasteten sie und beteten und legten die Hände auf sie und ließen sie gehen.

⁴Diese nun, wie sie ausgesandt waren vom heiligen Geist, kamen sie gen Seleucia, und von da schifften sie gen Zypern.

⁵Und da sie in die Stadt Salamis kamen, verkündigten sie das Wort Gottes in der Juden Schulen; sie hatten aber auch Johannes zum Diener.

⁶Und da sie die Insel durchzogen bis zu der Stadt Paphos, fanden sie einen Zauberer und falschen Propheten, einen Juden, der hieß Bar-Jesus;

⁷der war bei Sergius Paulus, dem Landvogt, einem verständigen Mann. Der rief zu sich Barnabas und Saulus und begehrte, das Wort Gottes zu hören.

⁸Da widerstand ihnen der Zauberer Elymas (denn also wird sein Name gedeutet) und trachtete, daß er den Landvogt vom Glauben wendete.

⁹Saulus aber, der auch Paulus heißt, voll heiligen Geistes, sah ihn an

¹⁰und sprach: O du Kind des Teufels, voll aller List und aller Schalkheit, und Feind aller Gerechtigkeit, du hörst nicht auf, abzuwenden die rechten Wege des HERRN;

¹¹und nun siehe, die Hand des HERRN kommt über dich, und du sollst blind sein und die Sonne eine Zeitlang nicht sehen! Und von Stund an fiel auf ihn Dunkelheit und Finsternis, und er ging umher und suchte Handleiter.

¹²Als der Landvogt die Geschichte sah, glaubte er und verwunderte sich der Lehre des HERRN.

¹³Da aber Paulus und die um ihn waren, von Paphos schifften, kamen sie gen Perge im Lande Pamphylien. Johannes aber wich von ihnen und zog wieder gen Jerusalem.

¹⁴Sie aber zogen weiter von Perge und kamen gen Antiochien im Lande Pisidien und gingen in die Schule am Sabbattage und setzten sich.

¹⁵Nach der Lektion aber des Gesetzes und der Propheten sandten die Obersten der Schule zu ihnen und ließen ihnen sagen: Liebe Brüder, wollt ihr etwas reden und das Volk ermahnen, so sagt an.

¹⁶Da stand Paulus auf und winkte mit der Hand und sprach: Ihr Männer von Israel und die ihr Gott fürchtet, höret zu!

¹⁷Der Gott dieses Volkes hat erwählt unsre Väter und erhöht das Volk, da sie Fremdlinge waren im Lande Ägypten, und mit einem hohen Arm führte er sie aus demselben.

¹⁸Und vierzig Jahre lang duldete er ihre Weise in der Wüste,

¹⁹und vertilgte sieben Völker in dem Lande Kanaan und teilte unter sie nach dem Los deren Lande.

²⁰Darnach gab er ihnen Richter vierhundert und fünfzig Jahre lang bis auf den Propheten Samuel.

²¹Und von da an baten sie um einen König; und Gott gab ihnen Saul, den Sohn des Kis, einen Mann aus dem Geschlechte Benjamin, vierzig Jahre lang.

²²Und da er denselben wegtat, richtete er auf über sie David zum König, von welchem er zeugte: "Ich habe gefunden David, den Sohn Jesse's, einen Mann nach meinem Herzen, der soll tun allen meinen Willen."

²³Aus dieses Samen hat Gott, wie er verheißen hat, kommen lassen Jesum, dem Volk Israel zum Heiland;

²⁴wie denn Johannes zuvor dem Volk Israel predigte die Taufe der Buße, ehe denn er anfing.

²⁵Da aber Johannes seinen Lauf erfüllte, sprach er: "Ich bin nicht der, für den ihr mich haltet; aber siehe, er kommt nach mir, des ich nicht wert bin, daß ich ihm die Schuhe seiner Füße auflöse."

²⁶Ihr Männer, liebe Brüder, ihr Kinder des Geschlechts Abraham und die unter euch Gott fürchten, euch ist das Wort dieses Heils gesandt.

²⁷Denn die zu Jerusalem wohnen und ihre Obersten, dieweil sie diesen nicht kannten noch die Stimme der Propheten (die alle Sabbate gelesen werden), haben sie dieselben mit ihrem Urteil erfüllt.

²⁸Und wiewohl sie keine Ursache des Todes an ihm fanden, baten sie doch Pilatus, ihn zu töten.

²⁹Und als sie alles vollendet hatten, was von ihm geschrieben ist, nahmen sie ihn von dem Holz und legten ihn in ein Grab.

³⁰Aber Gott hat ihn auferweckt von den Toten;

³¹und er ist erschienen viele Tage denen, die mit ihm hinauf von Galiläa gen Jerusalem gegangen waren, welche sind seine Zeugen an das Volk.

³²Und wir verkündigen euch die Verheißung, die zu unseren Vätern geschehen ist,

³³daß sie Gott uns, ihren Kindern, erfüllt hat in dem, daß er Jesum auferweckte; wie denn im zweiten Psalm geschrieben steht: "Du bist mein Sohn, heute habe ich dich gezeuget."

³⁴Daß er ihn aber hat von den Toten auferweckt, daß er hinfort nicht soll verwesen, spricht er also: "Ich will euch die Gnade, David verheißen, treulich halten."

³⁵Darum spricht er auch an einem andern Ort: "Du wirst es nicht zugeben, daß dein Heiliger die Verwesung sehe."

³⁶Denn David, da er zu seiner Zeit gedient hatte dem Willen Gottes, ist entschlafen und zu seinen Vätern getan und hat die Verwesung gesehen.

³⁷Den aber Gott auferweckt hat, der hat die Verwesung nicht gesehen.

³⁸So sei es nun euch kund, liebe Brüder, daß euch verkündigt wird Vergebung der Sünden durch diesen und von dem allem, wovon ihr nicht konntet im Gesetz Mose's gerecht werden.

³⁹Wer aber an diesen glaubt, der ist gerecht.

⁴⁰Seht nun zu, daß nicht über euch komme, was in den Propheten gesagt ist:

⁴¹"Seht, ihr Verächter, und verwundert euch und werdet zunichte! denn ich tue ein Werk zu euren Zeiten, welches ihr nicht glauben werdet, so es euch jemand erzählen wird."

⁴²Da aber die Juden aus der Schule gingen, baten die Heiden, daß sie am nächsten Sabbat ihnen die Worte sagten.

⁴³Und als die Gemeinde der Schule voneinander ging, folgten Paulus und Barnabas nach viele Juden und gottesfürchtige Judengenossen. Sie aber sagten ihnen und ermahnten sie, daß sie bleiben sollten in der Gnade Gottes.

⁴⁴Am folgenden Sabbat aber kam zusammen fast die ganze Stadt, das Wort Gottes zu hören.

⁴⁵Da aber die Juden das Volk sahen, wurden sie voll Neides und widersprachen dem, was von Paulus gesagt ward, widersprachen und lästerten.

⁴⁶Paulus aber und Barnabas sprachen frei und öffentlich: Euch mußte zuerst das Wort Gottes gesagt werden; nun ihr es aber von euch stoßet und achtet euch selbst nicht wert des ewigen Lebens, siehe, so wenden wir uns zu den Heiden.

⁴⁷Denn also hat uns der HERR geboten: "Ich habe dich den Heiden zum Licht gesetzt, daß du das Heil seist bis an das Ende der Erde."

⁴⁸Da es aber die Heiden hörten, wurden sie froh und priesen das Wort des HERRN und wurden gläubig, wie viele ihrer zum ewigen Leben verordnet waren.

⁴⁹Und das Wort des HERRN ward ausgebreitet durch die ganze Gegend.

⁵⁰Aber die Juden bewegten die andächtigen und ehrbaren Weiber und der Stadt Oberste und erweckten eine Verfolgung über Paulus und Barnabas und stießen sie zu ihren Grenzen hinaus.

⁵¹Sie aber schüttelten den Staub von ihren Füßen über sie und kamen gen Ikonion.

⁵²Die Jünger aber wurden voll Freude und heiligen Geistes.

Kapitel 14

¹Es geschah aber zu Ikonion, daß sie zusammenkamen und predigten in der Juden Schule, also daß eine große Menge der Juden und Griechen gläubig ward.

²Die ungläubigen Juden aber erweckten und entrüsteten die Seelen der Heiden wider die Brüder.

³So hatten sie nun ihr Wesen daselbst eine lange Zeit und lehrten frei im HERRN, welcher bezeugte das Wort seiner Gnade und ließ Zeichen und Wunder geschehen durch ihre Hände.

⁴Die Menge aber der Stadt spaltete sich; etliche hielten's mit den Juden und etliche mit den Aposteln.

⁵Da sich aber ein Sturm erhob der Heiden und der Juden und ihrer Obersten, sie zu schmähen und zu steinigen,

⁶wurden sie des inne und entflohen in die Städte des Landes Lykaonien, gen Lystra und Derbe, und in die Gegend umher

⁷und predigten daselbst das Evangelium.

⁸Und es war ein Mann zu Lystra, der mußte sitzen; denn er hatte schwache Füße und war lahm von Mutterleibe, der noch nie gewandelt hatte.

⁹Der hörte Paulus reden. Und als dieser ihn ansah und merkte, daß er glaubte, ihm möchte geholfen werden,

¹⁰sprach er mit lauter Stimme: Stehe aufrecht auf deine Füße! Und er sprang auf und wandelte.

¹¹Da aber das Volk sah, was Paulus getan hatte, hoben sie ihre Stimme auf und sprachen auf lykaonisch: Die Götter sind den Menschen gleich geworden und zu uns herniedergekommen.

¹²Und nannten Barnabas Jupiter und Paulus Merkurius, dieweil er das Wort führte.

¹³Der Priester aber Jupiters aus dem Tempel vor ihrer Stadt brachte Ochsen und Kränze vor das Tor und wollte opfern samt dem Volk.

¹⁴Da das die Apostel Barnabas und Paulus hörten, zerrissen sie ihre Kleider und sprangen unter das Volk, schrieen

¹⁵und sprachen: Ihr Männer, was macht ihr da? Wir sind auch sterbliche Menschen gleichwie ihr und predigen euch das Evangelium, daß ihr euch bekehren sollt von diesen falschen zu dem lebendigen Gott, welcher gemacht hat Himmel und Erde und das Meer und alles, was darinnen ist;

¹⁶der in den vergangenen Zeiten hat lassen alle Heiden wandeln ihre eigenen Wege;

¹⁷und doch hat er sich selbst nicht unbezeugt gelassen, hat uns viel Gutes getan und vom Himmel Regen und fruchtbare Zeiten gegeben, unsere Herzen erfüllt mit Speise und Freude.

¹⁸Und da sie das sagten, stillten sie kaum das Volk, daß sie ihnen nicht opferten.

¹⁹Es kamen aber dahin Juden von Antiochien und Ikonion und überredeten das Volk und steinigten Paulus und schleiften ihn zur Stadt hinaus, meinten, er wäre gestorben.

²⁰Da ihn aber die Jünger umringten, stand er auf und ging in die Stadt. Und den andern Tag ging er aus mit Barnabas gen Derbe;

²¹und sie predigten der Stadt das Evangelium und unterwiesen ihrer viele und zogen wieder gen Lystra und Ikonion und Antiochien,

²²stärkten die Seelen der Jünger und ermahnten sie, daß sie im Glauben blieben, und daß wir durch viel Trübsale müssen in das Reich Gottes gehen.

²³Und sie ordneten ihnen hin und her Älteste in den Gemeinden, beteten und fasteten und befahlen sie dem HERRN, an den sie gläubig geworden waren.

²⁴Und zogen durch Pisidien und kamen nach Pamphylien

²⁵und redeten das Wort zu Perge und zogen hinab gen Attalien.

²⁶Und von da schifften sie gen Antiochien, woher sie verordnet waren durch die Gnade Gottes zu dem Werk, das sie hatten ausgerichtet.

²⁷Da sie aber hinkamen, versammelten sie die Gemeinde und verkündigten, wieviel Gott mit ihnen getan hatte und wie er den Heiden hätte die Tür des Glaubens aufgetan.

²⁸Sie hatten aber ihr Wesen allda eine nicht kleine Zeit bei den Jüngern.

Kapitel 15

¹Und etliche kamen herab von Judäa und lehrten die Brüder: Wo ihr euch nicht beschneiden lasset nach der Weise Mose's, so könnt ihr nicht selig werden.

²Da sich nun ein Aufruhr erhob und Paulus und Barnabas einen nicht geringen Streit mit ihnen hatten, ordneten sie, daß Paulus und Barnabas und etliche andere aus ihnen hinaufzögen gen Jerusalem zu den Aposteln und Ältesten um dieser Frage willen.

³Und sie wurden von der Gemeinde geleitet und zogen durch Phönizien und Samarien und erzählten die Bekehrung der Heiden und machten große Freude allen Brüdern.

⁴Da sie aber hinkamen gen Jerusalem, wurden sie empfangen von der Gemeinde und von den Aposteln und von den Ältesten. Und sie verkündigten, wieviel Gott mit ihnen getan hatte.

⁵Da traten auf etliche von der Pharisäer Sekte, die gläubig geworden waren, und sprachen: Man muß sie beschneiden und ihnen gebieten zu halten das Gesetz Mose's.

⁶Aber die Apostel und die Ältesten kamen zusammen, über diese Rede sich zu beraten.

⁷Da man sich aber lange gestritten hatte, stand Petrus auf und sprach zu ihnen: Ihr Männer, liebe Brüder, ihr wisset, das Gott lange vor dieser Zeit unter uns erwählt hat, daß durch meinen Mund die Heiden das Wort des Evangeliums hörten und glaubten.

⁸Und Gott, der Herzenskündiger, zeugte über sie und gab ihnen den heiligen Geist gleichwie auch uns

⁹und machte keinen Unterschied zwischen uns und ihnen und reinigte ihre Herzen durch den Glauben.

¹⁰Was versucht ihr denn nun Gott mit Auflegen des Jochs auf der Jünger Hälse, welches weder unsre Väter noch wir haben können tragen?

¹¹Sondern wir glauben, durch die Gnade des HERRN Jesu Christi selig zu werden, gleicherweise wie auch sie.

¹²Da schwieg die ganze Menge still und hörte zu Paulus und Barnabas, die da erzählten, wie große Zeichen und Wunder Gott durch sie getan hatte unter den Heiden.

¹³Darnach, als sie geschwiegen hatten, antwortete Jakobus und sprach: Ihr Männer, liebe Brüder, höret mir zu!

¹⁴Simon hat erzählt, wie aufs erste Gott heimgesucht hat und angenommen ein Volk aus den Heiden zu seinem Namen.

¹⁵Und damit stimmen der Propheten Reden, wie geschrieben steht:

¹⁶"Darnach will ich wiederkommen und will wieder bauen die Hütte Davids, die zerfallen ist, und ihre Lücken will ich wieder bauen und will sie aufrichten,

¹⁷auf daß, was übrig ist von Menschen, nach dem HERRN frage, dazu alle Heiden, über welche mein Name genannt ist, spricht der HERR, der das alles tut."

¹⁸Gott sind alle seine Werke bewußt von der Welt her.

¹⁹Darum urteile ich, daß man denen, so aus den Heiden zu Gott sich bekehren, nicht Unruhe mache,

²⁰sondern schreibe ihnen, daß sie sich enthalten von Unsauberkeit der Abgötter und von Hurerei und vom Erstickten und vom Blut.

²¹Denn Mose hat von langen Zeiten her in allen Städten, die ihn predigen, und wird alle Sabbattage in den Schulen gelesen.

²²Und es deuchte gut die Apostel und Ältesten samt der ganzen Gemeinde, aus ihnen Männer zu erwählen und zu senden gen Antiochien mit Paulus und Barnabas, nämlich Judas, mit dem Zunamen Barsabas, und Silas, welche Männer Lehrer waren unter den Brüdern.

²³Und sie gaben Schrift in ihre Hand, also: Wir, die Apostel und Ältesten und Brüder, wünschen Heil den Brüdern aus den Heiden, die zu Antiochien und Syrien und Zilizien sind.

²⁴Dieweil wir gehört haben, daß etliche von den Unsern sind ausgegangen und haben euch mit Lehren irregemacht und eure Seelen zerrüttet und sagen, ihr sollt euch beschneiden lassen und das Gesetz halten, welchen wir nichts befohlen haben,

²⁵hat es uns gut gedeucht, einmütig versammelt, Männer zu erwählen und zu euch zu senden mit unsern liebsten Barnabas und Paulus,

²⁶welche Menschen ihre Seele dargegeben haben für den Namen unsers HERRN Jesu Christi.

²⁷So haben wir gesandt Judas und Silas, welche auch mit Worten dasselbe verkündigen werden.

²⁸Denn es gefällt dem heiligen Geiste und uns, euch keine Beschwerung mehr aufzulegen als nur diese nötigen Stücke:

²⁹daß ihr euch enthaltet vom Götzenopfer und vom Blut und vom

Erstickten und von der Hurerei; so ihr euch vor diesen bewahrt, tut ihr recht. Gehabt euch wohl!

³⁰Da diese abgefertigt waren, kamen sie gen Antiochien und versammelten die Menge und überantworteten den Brief.

³¹Da sie den lasen, wurden sie des Trostes froh.

³²Judas aber und Silas, die auch Propheten waren, ermahnten die Brüder mit vielen Reden und stärkten sie.

³³Und da sie verzogen hatten eine Zeitlang, wurden sie von den Brüdern mit Frieden abgefertigt zu den Aposteln.

³⁴Es gefiel aber Silas, daß er dabliebe.

³⁵Paulus aber und Barnabas hatten ihr Wesen zu Antiochien, lehrten und predigten des HERRN Wort samt vielen andern.

³⁶Nach etlichen Tagen aber sprach Paulus zu Barnabas: Laß uns wiederum ziehen und nach unsern Brüdern sehen durch alle Städte, in welchen wir des HERRN Wort verkündigt haben, wie sie sich halten.

³⁷Barnabas aber gab Rat, daß sie mit sich nähmen Johannes, mit dem Zunamen Markus.

³⁸Paulus aber achtete es billig, daß sie nicht mit sich nähmen einen solchen, der von ihnen gewichen war in Pamphylien und war nicht mit ihnen gezogen zu dem Werk.

³⁹Und sie kamen scharf aneinander, also daß sie voneinander zogen und Barnabas zu sich nahm Markus und schiffte nach Zypern.

⁴⁰Paulus aber wählte Silas und zog hin, der Gnade Gottes befohlen von den Brüdern.

⁴¹Er zog aber durch Syrien und Zilizien und stärkte die Gemeinden.

Kapitel 16

¹Er kam aber gen Derbe und Lystra; und siehe, ein Jünger war daselbst mit Namen Timotheus, eines jüdischen Weibes Sohn, die war gläubig, aber eines griechischen Vaters.

²Der hatte ein gut Gerücht bei den Brüdern unter den Lystranern und zu Ikonion.

³Diesen wollte Paulus mit sich ziehen lassen und nahm und beschnitt ihn um der Juden willen, die an den Orten waren; denn sie wußten alle, daß sein Vater war ein Grieche gewesen.

⁴Wie sie aber durch die Städte zogen, überantworteten sie ihnen, zu halten den Spruch, welcher von den Aposteln und den Ältesten beschlossen war.

⁵Da wurden die Gemeinden im Glauben befestigt und nahmen zu an der Zahl täglich.

⁶Da sie aber durch Phrygien und das Land Galatien zogen, ward ihnen gewehrt von dem heiligen Geiste, zu reden das Wort in Asien.

⁷Als sie aber kamen an Mysien, versuchten sie, durch Bithynien zu reisen; und der Geist ließ es ihnen nicht zu.

⁸Sie zogen aber an Mysien vorüber und kamen hinab gen Troas.

⁹Und Paulus erschien ein Gesicht bei der Nacht; das war ein Mann aus Mazedonien, der stand und bat ihn und sprach: Komm herüber nach Mazedonien und hilf uns!

¹⁰Als er aber das Gesicht gesehen hatte, da trachteten wir alsobald, zu reisen nach Mazedonien, gewiß, daß uns der HERR dahin berufen hätte, ihnen das Evangelium zu predigen.

¹¹Da fuhren wir aus von Troas; und geradewegs kamen wir gen Samothrazien, des andern Tages gen Neapolis

¹²und von da gen Philippi, welches ist die Hauptstadt des Landes Mazedonien und eine Freistadt. Wir hatten aber in dieser Stadt unser Wesen etliche Tage.

¹³Am Tage des Sabbats gingen wir hinaus vor die Stadt an das Wasser, da man pflegte zu beten, und setzten uns und redeten zu den Weibern, die da zusammenkamen.

¹⁴Und ein gottesfürchtiges Weib mit Namen Lydia, eine Purpurkrämerin aus der Stadt der Thyathirer, hörte zu; dieser tat der HERR das Herz auf, daß sie darauf achthatte, was von Paulus geredet ward.

¹⁵Als sie aber und ihr Haus getauft ward, ermahnte sie uns und sprach: So ihr mich achtet, daß ich gläubig bin an den HERRN, so kommt in mein Haus und bleibt allda. Und sie nötigte uns.

¹⁶Es geschah aber, da wir zu dem Gebet gingen, daß eine Magd uns begegnete, die hatte einen Wahrsagergeist und trug ihren Herren viel Gewinnst zu mit Wahrsagen.

¹⁷Die folgte allenthalben Paulus und uns nach, schrie und sprach: Diese Menschen sind die Knechte Gottes des Allerhöchsten, die euch den Weg der Seligkeit verkündigen.

¹⁸Solches tat sie manchen Tag. Paulus aber tat das wehe, und er wandte sich um und sprach zu dem Geiste: Ich gebiete dir in dem Namen Jesu Christi, daß du von ihr ausfahrest. Und er fuhr aus zu derselben Stunde.

¹⁹Da aber die Herren sahen, daß die Hoffnung ihres Gewinnstes war ausgefahren, nahmen sie Paulus und Silas, zogen sie auf den Markt vor die Obersten

²⁰und führten sie zu den Hauptleuten und sprachen: Diese Menschen machen unsere Stadt irre; sie sind Juden

²¹und verkündigen eine Weise, welche uns nicht ziemt anzunehmen noch zu tun, weil wir Römer sind.

²²Und das Volk ward erregt wider sie; und die Hauptleute ließen ihnen die Kleider abreißen und hießen sie stäupen.

²³Und da sie sie wohl gestäupt hatten, warfen sie sie ins Gefängnis und geboten dem Kerkermeister, daß er sie wohl verwahrte.

²⁴Der, da er solches Gebot empfangen hatte, warf sie in das innerste Gefängnis und legte ihre Füße in den Stock.

²⁵Um Mitternacht aber beteten Paulus und Silas und lobten Gott. Und es hörten sie die Gefangenen.

²⁶Schnell aber ward ein großes Erdbeben, also daß sich bewegten die Grundfesten des Gefängnisses. Und von Stund an wurden alle Türen aufgetan und aller Bande los.

²⁷Als aber der Kerkermeister aus dem Schlafe fuhr und sah die Türen des Gefängnisses aufgetan, zog er das Schwert aus und wollte sich selbst erwürgen; denn er meinte die Gefangenen wären entflohen.

²⁸Paulus rief aber laut und sprach: Tu dir nichts Übles; denn wir sind alle hier!

²⁹Er forderte aber ein Licht und sprang hinein und ward zitternd und fiel Paulus und Silas zu den Füßen

³⁰und führte sie heraus und sprach: Liebe Herren, was soll ich tun, daß ich selig werde?

³¹Sie sprachen: Glaube an den HERRN Jesus Christus, so wirst du und dein Haus selig!

³²Und sie sagten ihm das Wort des HERRN und allen, die in seinem Hause waren.

³³Und er nahm sie zu sich in derselben Stunde der Nacht und wusch ihnen die Striemen ab; und er ließ sich taufen und alle die Seinen alsobald.

³⁴Und führte sie in sein Haus und setzte ihnen einen Tisch und freute sich mit seinem ganzen Hause, daß er an Gott gläubig geworden war.

³⁵Und da es Tag ward, sandten die Hauptleute Stadtdiener und sprachen: Laß die Menschen gehen!

³⁶Und der Kerkermeister verkündigte diese Rede Paulus: Die Hauptleute haben hergesandt, daß ihr los sein sollt. Nun ziehet aus und gehet hin mit Frieden!

³⁷Paulus aber sprach zu ihnen: Sie haben uns ohne Recht und Urteil öffentlich gestäupt, die wir doch Römer sind, und uns ins Gefängnis geworfen, und sollten uns nun heimlich ausstoßen? Nicht also; sondern lasset sie selbst kommen und uns hinausführen!

³⁸Die Stadtdiener verkündigten diese Worte den Hauptleuten. Und sie fürchteten sich, da sie hörten, daß sie Römer wären,

³⁹und kamen und redeten ihnen zu, führten sie heraus und baten sie, daß sie auszögen aus der Stadt.

⁴⁰Da gingen sie aus dem Gefängnis und gingen zu der Lydia. Und da sie die Brüder gesehen hatten und getröstet, zogen sie aus.

Kapitel 17

¹Nachdem sie aber durch Amphipolis und Apollonia gereist waren, kamen sie gen Thessalonich; da war eine Judenschule.

²Wie nun Paulus gewohnt war, ging er zu ihnen hinein und redete mit ihnen an drei Sabbaten aus der Schrift,

³tat sie ihnen auf und legte es ihnen vor, daß Christus mußte leiden und auferstehen von den Toten und daß dieser Jesus, den ich (sprach er) euch verkündige, ist der Christus.

⁴Und etliche unter ihnen fielen ihm zu und gesellten sich zu Paulus und Silas, auch der gottesfürchtigen Griechen eine große Menge, dazu der vornehmsten Weiber nicht wenige.

⁵Aber die halsstarrigen Juden neideten und nahmen zu sich etliche boshafte Männer Pöbelvolks, machten eine Rotte und richteten einen Aufruhr in der Stadt an und traten vor das Haus Jasons und suchten sie zu führen vor das Volk.

⁶Da sie aber sie nicht fanden, schleiften sie den Jason und etliche Brüder vor die Obersten der Stadt und schrieen: Diese, die den ganzen Weltkreis erregen, sind auch hergekommen;

⁷die herbergt Jason. Und diese alle handeln gegen des Kaisers Gebote, sagen, ein anderer sei der König, nämlich Jesus.

⁸Sie bewegten aber das Volk und die Obersten der Stadt, die solches hörten.

⁹Und da ihnen Genüge von Jason und andern geleistet war, ließen sie sie los.

¹⁰Die Brüder aber fertigten alsobald ab bei der Nacht Paulus und Silas gen Beröa. Da sie dahin kamen, gingen sie in die Judenschule.

¹¹Diese aber waren edler denn die zu Thessalonich; die nahmen das Wort auf ganz willig und forschten täglich in der Schrift, ob sich's also verhielte.

¹²So glaubten nun viele aus ihnen, auch der griechischen ehrbaren Weiber und Männer nicht wenige.

¹³Als aber die Juden von Thessalonich erfuhren, daß auch zu Beröa das Wort Gottes von Paulus verkündigt würde, kamen sie und bewegten auch allda das Volk.

¹⁴Aber da fertigten die Brüder Paulus alsobald ab, daß er ginge bis an das Meer; Silas aber und Timotheus blieben da.

¹⁵Die aber Paulus geleiteten, führten ihn bis gen Athen. Und nachdem sie Befehl empfangen an den Silas und Timotheus, daß sie aufs schnellste zu ihm kämen, zogen sie hin.

¹⁶Da aber Paulus ihrer zu Athen wartete, ergrimmte sein Geist in ihm, da er sah die Stadt so gar abgöttisch.

¹⁷Und er redete zu den Juden und Gottesfürchtigen in der Schule, auch auf dem Markte alle Tage zu denen, die sich herzufanden.

¹⁸Etliche aber der Epikurer und Stoiker Philosophen stritten mit ihm. Und etliche sprachen: Was will dieser Lotterbube sagen? Etliche aber: Es sieht, als wolle er neue Götter verkündigen. (Das machte, er hatte das Evangelium von Jesu und von der Auferstehung ihnen verkündigt.)

¹⁹Sie nahmen ihn aber und führten ihn auf den Gerichtsplatz und sprachen: Können wir auch erfahren, was das für eine neue Lehre sei, die du lehrst?

²⁰Denn du bringst etwas Neues vor unsere Ohren; so wollten wir gern wissen, was das sei.

²¹(Die Athener aber alle, auch die Ausländer und Gäste, waren gerichtet auf nichts anderes, denn etwas Neues zu sagen oder zu hören.)

²²Paulus aber stand mitten auf dem Gerichtsplatz und sprach: Ihr Männer von Athen, ich sehe, daß ihr in allen Stücken gar sehr die Götter fürchtet.

²³Ich bin herdurchgegangen und habe gesehen eure Gottesdienste und fand einen Altar, darauf war geschrieben: Dem unbekannten Gott. Nun verkündige ich euch denselben, dem ihr unwissend Gottesdienst tut.

²⁴Gott, der die Welt gemacht hat und alles, was darinnen ist, er, der ein HERR ist Himmels und der Erde, wohnt nicht in Tempeln mit Händen gemacht;

²⁵sein wird auch nicht von Menschenhänden gepflegt, als der jemandes bedürfe, so er selber jedermann Leben und Odem allenthalben gibt.

²⁶Und er hat gemacht, daß von einem Blut aller Menschen Geschlechter auf dem ganzen Erdboden wohnen, und hat Ziel gesetzt und vorgesehen, wie lange und wie weit sie wohnen sollen;

²⁷daß sie den HERRN suchen sollten, ob sie doch ihn fühlen und finden möchten; und fürwahr, er ist nicht ferne von einem jeglichen unter uns.

²⁸Denn in ihm leben, weben und sind wir; wie auch etliche Poeten bei euch gesagt haben: "Wir sind seines Geschlechts."

²⁹So wir denn göttlichen Geschlechts sind, sollen wir nicht meinen, die Gottheit sei gleich den goldenen, silbernen und steinernen Bildern, durch menschliche Kunst und Gedanken gemacht.

³⁰Und zwar hat Gott die Zeit der Unwissenheit übersehen; nun aber gebietet er allen Menschen an allen Enden, Buße zu tun,

³¹darum daß er einen Tag gesetzt hat, an welchem er richten will den Kreis des Erdbodens mit Gerechtigkeit durch einen Mann, in welchem er's beschlossen hat und jedermann vorhält den Glauben, nachdem er ihn hat von den Toten auferweckt.

³²Da sie hörten die Auferstehung der Toten, da hatten's etliche ihren Spott; etliche aber sprachen: Wir wollen dich davon weiter hören.

³³Also ging Paulus von ihnen.

³⁴Etliche Männer aber hingen ihm an und wurden gläubig, unter welchen war Dionysius, einer aus dem Rat, und ein Weib mit Namen Damaris und andere mit ihnen.

Kapitel 18

¹Darnach schied Paulus von Athen und kam gen Korinth

²und fand einen Juden mit Namen Aquila, von Geburt aus Pontus, welcher war neulich aus Italien gekommen samt seinem Weibe Priscilla (darum daß der Kaiser Klaudius geboten hatte allen Juden, zu weichen aus Rom).

³Zu denen ging er ein; und dieweil er gleiches Handwerks war, blieb er bei ihnen und arbeitete. (Sie waren aber des Handwerks Teppichmacher).

⁴Und er lehrte in der Schule an allen Sabbaten und beredete beide, Juden und Griechen.

⁵Da aber Silas und Timotheus aus Mazedonien kamen, drang Paulus der Geist, zu bezeugen den Juden Jesum, daß er der Christus sei.

⁶Da sie aber widerstrebten und lästerten, schüttelte er die Kleider aus und sprach: Euer Blut sei über euer Haupt! Rein gehe ich von nun an zu den Heiden.

⁷Und machte sich von dannen und kam in ein Haus eines mit Namen Just, der gottesfürchtig war; dessen Haus war zunächst an der Schule.

⁸Krispus aber, der Oberste der Schule, glaubte an den HERRN mit seinem ganzen Hause; und viele Korinther, die zuhörten, wurden gläubig und ließen sich taufen.

⁹Es sprach aber der HERR durch ein Gesicht in der Nacht zu Paulus: Fürchte dich nicht, sondern rede, und schweige nicht!

¹⁰denn ich bin mit dir, und niemand soll sich unterstehen, dir zu schaden; denn ich habe ein großes Volk in dieser Stadt.

¹¹Er saß aber daselbst ein Jahr und sechs Monate und lehrte das Wort Gottes.

¹²Da aber Gallion Landvogt war in Achaja, empörten sich die Juden einmütig wider Paulus und führten ihn vor den Richtstuhl

¹³und sprachen: Dieser überredet die Leute, Gott zu dienen dem Gesetz zuwider.

¹⁴Da aber Paulus wollte den Mund auftun, sprach Gallion zu den Juden: Wenn es ein Frevel oder eine Schalkheit wäre, liebe Juden, so höre ich euch billig;

¹⁵weil es aber eine Frage ist von der Lehre und von den Worten und von dem Gesetz unter euch, so seht ihr selber zu; ich denke darüber nicht Richter zu sein.

¹⁶Und trieb sie von dem Richtstuhl.

¹⁷Da ergriffen alle Griechen Sosthenes, den Obersten der Schule, und schlugen ihn vor dem Richtstuhl; und Gallion nahm sich's nicht an.

¹⁸Paulus aber blieb noch lange daselbst; darnach machte er einen Abschied mit den Brüdern und wollte nach Syrien schiffen und mit ihm Priscilla und Aquila. Und er schor sein Haupt zu Kenchreä, denn er hatte ein Gelübde.

¹⁹Und er kam gen Ephesus und ließ sie daselbst; er aber ging in die Schule und redete mit den Juden.

²⁰Sie baten ihn aber, daß er längere Zeit bei ihnen bliebe. Und er willigte nicht ein,

²¹sondern machte seinen Abschied mit ihnen und sprach: Ich muß allerdinge das künftige Fest in Jerusalem halten; will's Gott, so will ich wieder zu euch kommen. Und fuhr weg von Ephesus

²²und kam gen Cäsarea und ging hinauf (nach Jerusalem) und grüßte die Gemeinde und zog hinab gen Antiochien.

²³Und verzog etliche Zeit und reiste weiter und durchwandelte nacheinander das galatische Land und Phrygien und stärkte alle Jünger.

²⁴Es kam aber gen Ephesus ein Jude mit namen Apollos, von Geburt aus Alexandrien, ein beredter Mann und mächtig in der Schrift.

²⁵Dieser war unterwiesen im Weg des HERRN und redete mit brünstigem Geist und lehrte mit Fleiß von dem HERRN, wußte aber allein von der Taufe des Johannes.

²⁶Dieser fing an, frei zu predigen in der Schule. Da ihn aber Aquila und Priscilla hörten, nahmen sie ihn zu sich und legten ihm den Weg Gottes noch fleißiger aus.

²⁷Da er aber wollte nach Achaja reisen, schrieben die Brüder und vermahnten die Jünger, daß sie ihn aufnähmen. Und als er dahingekommen war, half er denen, die gläubig waren geworden durch die Gnade.

²⁸Denn er überwand die Juden beständig und erwies öffentlich durch die Schrift, daß Jesus Christus sei.

Kapitel 19

¹Es geschah aber, da Apollos zu Korinth war, daß Paulus durchwandelte die oberen Länder und kam gen Ephesus und fand etliche Jünger;

²zu denen sprach er: Habt ihr den heiligen Geist empfangen, da ihr gläubig wurdet? Sie sprachen zu ihm: Wir haben auch nie gehört, ob ein heiliger Geist sei.

³Und er sprach zu ihnen: Worauf seid ihr getauft? Sie sprachen: Auf die Taufe des Johannes.

⁴Paulus aber sprach: Johannes hat getauft mit der Taufe der Buße und sagte dem Volk, daß sie glauben sollten an den, der nach ihm kommen sollte, das ist an Jesum, daß er der Christus sei.

⁵Da sie das hörten, ließen sie sich taufen auf den Namen des HERRN Jesu.

⁶Und da Paulus die Hände auf sie legte, kam der heilige Geist auf

sie, und sie redeten mit Zungen und weissagten.

⁷Und aller der Männer waren bei zwölf.

⁸Er ging aber in die Schule und predigte frei drei Monate lang, lehrte und beredete sie vom Reich Gottes.

⁹Da aber etliche verstockt waren und nicht glaubten und übel redeten von dem Wege vor der Menge, wich er von ihnen und sonderte ab die Jünger und redete täglich in der Schule eines, der hieß Tyrannus.

¹⁰Und das geschah zwei Jahre lang, also daß alle, die in Asien wohnten, das Wort des HERRN Jesus hörten, beide, Juden und Griechen.

¹¹und Gott wirkte nicht geringe Taten durch die Hände Paulus,

¹²also daß sie auch von seiner Haut die Schweißtüchlein und Binden über die Kranken hielten und die Seuchen von ihnen wichen und die bösen Geister von ihnen ausfuhren.

¹³Es unterwanden sich aber etliche der umherziehenden Juden, die da Beschwörer waren, den namen des HERRN Jesus zu nennen über die da böse Geister hatten, und sprachen: Wir beschwören euch bei dem Jesus den Paulus predigt.

¹⁴Es waren aber sieben Söhne eines Juden Skevas, des Hohenpriesters, die solches taten.

¹⁵Aber der böse Geist antwortete und sprach: Jesus kenne ich wohl, und von Paulus weiß ich wohl; wer seid ihr aber?

¹⁶Und der Mensch, in dem der böse Geist war, sprang auf sie und ward ihrer mächtig und warf sie unter sich, also daß sie nackt und verwundet aus demselben Hause entflohen.

¹⁷Das aber ward kund allen, die zu Ephesus wohnten, sowohl Juden als Griechen; und es fiel eine Furcht über sie alle, und der Name des HERRN Jesus ward hochgelobt.

¹⁸Es kamen auch viele derer, die gläubig waren geworden, und bekannten und verkündigten, was sie getrieben hatten.

¹⁹Viele aber, die da vorwitzige Kunst getrieben hatten, brachten die Bücher zusammen und verbrannten sie öffentlich und überrechneten, was sie wert waren, und fanden des Geldes fünfzigtausend Groschen.

²⁰Also mächtig wuchs das Wort des HERRN und nahm überhand.

²¹Da das ausgerichtet war, setzte sich Paulus vor im Geiste, durch Mazedonien und Achaja zu ziehen und gen Jerusalem zu reisen, und sprach: Nach dem, wenn ich daselbst gewesen bin, muß ich auch nach Rom sehen.

²²Und sandte zwei, die ihm dienten, Timotheus und Erastus, nach Mazedonien; er aber verzog eine Weile in Asien.

²³Es erhob sich aber um diese Zeit eine nicht kleine Bewegung über diesem Wege.

²⁴Denn einer mit Namen Demetrius, ein Goldschmied, der machte silberne Tempel der Diana und wandte denen vom Handwerk nicht geringen Gewinnst zu.

²⁵Dieselben und die Beiarbeiter des Handwerks versammelte er und sprach: Liebe Männer, ihr wisset, daß wir großen Gewinn von diesem Gewerbe haben;

²⁶und ihr sehet und höret, daß nicht allein zu Ephesus sondern auch fast in ganz Asien dieser Paulus viel Volks abfällig macht, überredet und spricht: Es sind nicht Götter, welche von Händen gemacht sind.

²⁷Aber es will nicht allein unserm Handel dahin geraten, daß er nichts gelte, sondern auch der Tempel der großen Göttin Diana wird für nichts geachtet werden, und wird dazu ihre Majestät untergehen, welcher doch ganz Asien und der Weltkreis Gottesdienst erzeigt.

²⁸Als sie das hörten, wurden sie voll Zorns, schrieen und sprachen: Groß ist die Diana der Epheser!

²⁹Und die ganze Stadt war voll Getümmels; sie stürmten aber einmütig zu dem Schauplatz und ergriffen Gajus und Aristarchus aus Mazedonien, des Paulus Gefährten.

³⁰Da aber Paulus wollte unter das Volk gehen, ließen's ihm die Jünger nicht zu.

³¹Auch etliche der Obersten in Asien, die des Paulus gute Freunde waren, sandten zu ihm und ermahnten ihn, daß er sich nicht begäbe auf den Schauplatz.

³²Etliche schrieen so, etliche ein anderes, und die Gemeinde war irre, und die meisten wußten nicht, warum sie zusammengekommen waren.

³³Etliche vom Volk zogen Alexander hervor, da ihn die Juden hervorstießen. Alexander aber winkte mit der Hand und wollte sich vor dem Volk verantworten.

³⁴Da sie aber innewurden, daß er ein Jude war, erhob sich eine Stimme von allen, und schrieen bei zwei Stunden: Groß ist die Diana der Epheser!

³⁵Da aber der Kanzler das Volk gestillt hatte, sprach er: Ihr Männer von Ephesus, welcher Mensch ist, der nicht wisse, daß die Stadt Ephesus sei eine Pflegerin der großen Göttin Diana und des himmlischen Bildes?

³⁶Weil das nun unwidersprechlich ist, so sollt ihr ja stille sein und nichts Unbedächtiges handeln.

³⁷Ihr habt diese Menschen hergeführt, die weder Tempelräuber noch Lästerer eurer Göttin sind.

³⁸Hat aber Demetrius und die mit ihm sind vom Handwerk, an jemand einen Anspruch, so hält man Gericht und sind Landvögte da; lasset sie sich untereinander verklagen.

³⁹Wollt ihr aber etwas anderes handeln, so mag man es ausrichten in einer ordentlichen Gemeinde.

⁴⁰Denn wir stehen in der Gefahr, daß wir um diese heutige Empörung verklagt möchten werden, da doch keine Sache vorhanden ist, womit wir uns solches Aufruhrs entschuldigen könnten.

⁴¹Und da er solches gesagt, ließ er die Gemeinde gehen.

Kapitel 20

¹Da nun die Empörung aufgehört, rief Paulus die Jünger zu sich und segnete sie und ging aus, zu reisen nach Mazedonien.

²Und da er diese Länder durchzogen und sie ermahnt hatte mit vielen Worten, kam er nach Griechenland und verzog allda drei Monate.

³Da aber ihm die Juden nachstellten, als er nach Syrien wollte fahren, beschloß er wieder umzuwenden durch Mazedonien.

⁴Es zogen aber mit ihm bis nach Asien Sopater von Beröa, von Thessalonich aber Aristarchus und Sekundus, und Gajus von Derbe und Timotheus, aus Asien aber Tychikus und Trophimus.

⁵Diese gingen voran und harrten unser zu Troas.

⁶Wir aber schifften nach den Ostertagen von Philippi bis an den fünften Tag und kamen zu ihnen gen Troas und hatten da unser Wesen sieben Tage.

⁷Am ersten Tage der Woche aber, da die Jünger zusammenkamen, das Brot zu brechen, predigte ihnen Paulus, und wollte des andern Tages weiterreisen und zog die Rede hin bis zu Mitternacht.

⁸Und es waren viel Lampen auf dem Söller, da sie versammelt waren.

⁹Es saß aber ein Jüngling mit namen Eutychus in einem Fenster und sank in tiefen Schlaf, dieweil Paulus so lange redete, und ward vom Schlaf überwältigt und fiel hinunter vom dritten Söller und ward tot aufgehoben.

¹⁰Paulus aber ging hinab und legte sich auf ihn, umfing ihn und sprach: Machet kein Getümmel; denn seine Seele ist in ihm.

¹¹Da ging er hinauf und brach das Brot und aß und redete viel mit ihnen, bis der Tag anbrach; und also zog er aus.

¹²Sie brachten aber den Knaben lebendig und wurden nicht wenig getröstet.

¹³Wir aber zogen voran auf dem Schiff und fuhren gen Assos und wollten daselbst Paulus zu uns nehmen; denn er hatte es also befohlen, und er wollte zu Fuße gehen.

¹⁴Als er nun zu uns traf zu Assos, nahmen wir ihn zu uns und kamen gen Mitylene.

¹⁵Und von da schifften wir und kamen des andern Tages hin gegen Chios; und des folgenden Tages stießen wir an Samos und blieben in Trogyllion; und des nächsten Tages kamen wir gen Milet.

¹⁶Denn Paulus hatte beschlossen, an Ephesus vorüberzuschiffen, daß er nicht müßte in Asien Zeit zubringen; denn er eilte, auf den Pfingsttag zu Jerusalem zu sein, so es ihm möglich wäre.

¹⁷Aber von Milet sandte er gen Ephesus und ließ fordern die Ältesten von der Gemeinde.

¹⁸Als aber die zu ihm kamen, sprach er zu ihnen: Ihr wisset, von dem Tage an, da ich bin nach Asien gekommen, wie ich allezeit bin bei euch gewesen

¹⁹und dem HERRN gedient habe mit aller Demut und mit viel Tränen und Anfechtung, die mir sind widerfahren von den Juden, so mir nachstellten;

²⁰wie ich nichts verhalten habe, das da nützlich ist, daß ich's euch nicht verkündigt hätte und euch gelehrt, öffentlich und sonderlich;

²¹und habe bezeugt, beiden, den Juden und Griechen, die Buße zu Gott und den Glauben an unsern HERRN Jesus Christus.

²²Und nun siehe, ich, im Geiste gebunden, fahre hin gen Jerusalem, weiß nicht, was mir daselbst begegnen wird,

²³nur daß der heilige Geist in allen Städten bezeugt und spricht, Bande und Trübsal warten mein daselbst.

²⁴Aber ich achte der keines, ich halte mein Leben auch nicht selbst teuer, auf daß ich vollende meinen Lauf mit Freuden und das Amt, das ich empfangen habe von dem HERRN Jesus, zu bezeugen das Evangelium von der Gnade Gottes.

²⁵Und nun siehe, ich weiß, daß ihr mein Angesicht nicht mehr

sehen werdet, alle die, bei welchen ich durchgekommen bin und gepredigt habe das Reich Gottes.

²⁶Darum bezeuge ich euch an diesem heutigen Tage, daß ich rein bin von aller Blut;

²⁷denn ich habe euch nichts verhalten, daß ich nicht verkündigt hätte all den Rat Gottes.

²⁸So habt nun acht auf euch selbst und auf die ganze Herde, unter welche euch der heilige Geist gesetzt hat zu Bischöfen, zu weiden die Gemeinde Gottes, welche er durch sein eigen Blut erworben hat.

²⁹Denn das weiß ich, daß nach meinem Abschied werden unter euch kommen greuliche Wölfe, die die Herde nicht verschonen werden.

³⁰Auch aus euch selbst werden aufstehen Männer, die da verkehrte Lehren reden, die Jünger an sich zu ziehen.

³¹Darum seid wach und denket daran, daß ich nicht abgelassen habe drei Jahre, Tag und Nacht, einen jeglichen mit Tränen zu vermahnen.

³²Und nun, liebe Brüder, ich befehle euch Gott und dem Wort seiner Gnade, der da mächtig ist, euch zu erbauen und zu geben das Erbe unter allen, die geheiligt werden.

³³Ich habe euer keines Silber noch Gold noch Kleid begehrt.

³⁴Denn ihr wisset selber, daß mir diese Hände zu meiner Notdurft und derer, die mit mir gewesen sind, gedient haben.

³⁵Ich habe es euch alles gezeigt, daß man also arbeiten müsse und die Schwachen aufnehmen und gedenken an das Wort des HERRN Jesus, daß er gesagt hat: "Geben ist seliger denn Nehmen!"

³⁶Und als er solches gesagt, kniete er nieder und betete mit ihnen allen.

³⁷Es war aber viel Weinen unter ihnen allen, und sie fielen Paulus um den Hals und küßten ihn,

³⁸am allermeisten betrübt über das Wort, das er sagte, sie würden sein Angesicht nicht mehr sehen; und geleiteten ihn in das Schiff.

Kapitel 21

¹Als nun geschah, daß wir, von ihnen gewandt, dahinfuhren, kamen wir geradewegs gen Kos und am folgenden Tage gen Rhodus und von da nach Patara.

²Und da wir ein Schiff fanden, das nach Phönizien fuhr, traten wir hinein und führen hin.

³Als wir aber Zypern ansichtig wurden, ließen wir es zur linken Hand und schifften nach Syrien und kamen an zu Tyrus; denn daselbst sollte das Schiff die Ware niederlegen.

⁴Und als wir Jünger fanden, blieben wir daselbst sieben Tage. Die sagten Paulus durch den Geist, er sollte nicht hinauf gen Jerusalem ziehen.

⁵Und es geschah, da wir die Tage zugebracht hatten, zogen wir aus und reisten weiter. Und sie geleiteten uns alle mit Weib und Kindern bis hinaus vor die Stadt, und wir knieten nieder am Ufer und beteten.

⁶Und als wir einander gesegnet, traten wir ins Schiff; jene aber wandten sich wieder zu dem Ihren.

⁷Wir aber vollzogen die Schiffahrt von Tyrus und kamen gen Ptolemais und grüßten die Brüder und blieben einen Tag bei ihnen.

⁸Des andern Tages zogen wir aus, die wir um Paulus waren, und kamen gen Cäsarea und gingen in das Haus Philippus des Evangelisten, der einer der sieben war, und blieben bei ihm.

⁹Der hatte vier Töchter, die waren Jungfrauen und weissagten.

¹⁰Und als wir mehrere Tage dablieben, reiste herab ein Prophet aus Judäa, mit Namen Agabus, und kam zu uns.

¹¹Der nahm den Gürtel des Paulus und band sich die Hände und Füße und sprach: Das sagt der heilige Geist: Den Mann, des der Gürtel ist, werden die Juden also binden zu Jerusalem und überantworten in der Heiden Hände.

¹²Als wir aber solches hörten, baten wir und die desselben Ortes waren, daß er nicht hinauf gen Jerusalem zöge.

¹³Paulus aber antwortete: Was macht ihr, daß ihr weinet und brechet mir mein Herz? Denn ich bin bereit, nicht allein mich binden zu lassen, sondern auch zu sterben zu Jerusalem um des Namens willen des HERRN Jesu.

¹⁴Da er aber sich nicht überreden ließ, schwiegen wir und sprachen: Des HERRN Wille geschehe.

¹⁵Und nach diesen Tagen machten wir uns fertig und zogen hinauf gen Jerusalem.

¹⁶Es kamen aber mit uns auch etliche Jünger von Cäsarea und führten uns zu einem mit Namen Mnason aus Zypern, der ein alter Jünger war, bei dem wir herbergen sollten.

¹⁷Da wir nun gen Jerusalem kamen, nahmen uns die Brüder gern auf.

¹⁸Des andern Tages aber ging Paulus mit uns ein zu Jakobus, und es kamen die Ältesten alle dahin.

¹⁹Und als er sie gegrüßt hatte, erzählte er nach dem andern, was Gott getan hatte unter den Heiden durch sein Amt.

²⁰Da sie aber das hörten, lobten sie den HERRN und sprachen zu ihm: Bruder, du siehst, wieviel tausend Juden sind, die gläubig geworden sind, und alle sind Eiferer für das Gesetz;

²¹sie sind aber berichtet worden wider dich, daß du lehrest von Moses abfallen alle Juden, die unter den Heiden sind, und sagest, sie sollen ihre Kinder nicht beschneiden, auch nicht nach desselben Weise wandeln.

²²Was denn nun? Allerdinge muß die Menge zusammenkommen; denn sie werden's hören, daß du gekommen bist.

²³So tue nun dies, was wir dir sagen.

²⁴Wir haben hier vier Männer, die haben ein Gelübde auf sich; die nimm zu dir und heilige dich mit ihnen und wage die Kosten an sie, daß sie ihr Haupt scheren, so werden alle vernehmen, daß es nicht so sei, wie sie wider dich berichtet sind, sondern daß du auch einhergehest und hältst das Gesetz.

²⁵Denn allen Gläubigen aus den Heiden haben wir geschrieben und beschlossen, daß sie der keines halten sollen, sondern nur sich bewahren vor Götzenopfer, vor Blut, vor Ersticktem und vor Hurerei.

²⁶Da nahm Paulus die Männer zu sich und heiligte sich des andern Tages mit ihnen und ging in den Tempel und ließ sich sehen, wie er aushielte die Tage, auf welche er sich heiligte, bis daß für einen jeglichen unter ihnen das Opfer gebracht ward.

²⁷Als aber die sieben Tage sollten vollendet werden, sahen ihn die Juden aus Asien im Tempel und erregten das ganze Volk, legten die Hände an ihn und schrieen:

²⁸Ihr Männer von Israel, helft! Dies ist der Mensch, der alle Menschen an allen Enden lehrt wider dies Volk, wider das Gesetz und wider diese Stätte; dazu hat er auch Griechen in den Tempel geführt und diese heilige Stätte gemein gemacht.

²⁹(Denn sie hatten mit ihm in der Stadt Trophimus, den Epheser gesehen; den, meinten sie, hätte Paulus in den Tempel geführt.)

³⁰Und die ganze Stadt ward bewegt, und ward ein Zulauf des Volks. Sie griffen aber Paulus und zogen ihn zum Tempel hinaus; und alsbald wurden die Türen zugeschlossen.

³¹Da sie ihn aber töten wollten, kam das Geschrei hinauf vor den obersten Hauptmann der Schar, wie das ganze Jerusalem sich empörte.

³²Der nahm von Stund an die Kriegsknechte und Hauptleute zu sich und lief unter sie. Da sie aber den Hauptmann und die Kriegsknechte sahen, hörten sie auf, Paulus zu schlagen.

³³Als aber der Hauptmann nahe herzukam, nahm er ihn an sich und hieß ihn binden mit zwei Ketten und fragte, wer er wäre und was er getan hätte.

³⁴Einer aber rief dies, der andere das im Volk. Da er aber nichts Gewisses erfahren konnte um des Getümmels willen, hieß er ihn in das Lager führen.

³⁵Und als er an die Stufen kam, mußten ihn die Kriegsknechte tragen vor Gewalt des Volks;

³⁶denn es folgte viel Volks nach und schrie: Weg mit ihm!

³⁷Als aber Paulus jetzt zum Lager eingeführt ward, sprach er zu dem Hauptmann: Darf ich mit dir reden? Er aber sprach: Kannst du Griechisch?

³⁸Bist du nicht der Ägypter, der vor diesen Tagen einen Aufruhr gemacht hat und führte in die Wüste hinaus viertausend Meuchelmörder?

³⁹Paulus aber sprach: Ich bin ein jüdischer Mann von Tarsus, ein Bürger einer namhaften Stadt in Zilizien. Ich bitte dich, erlaube mir, zu reden zu dem Volk.

⁴⁰Als er aber es ihm erlaubte, trat Paulus auf die Stufen und winkte dem Volk mit der Hand. Da nun eine große Stille ward, redete er zu ihnen auf hebräisch und sprach:

Kapitel 22

¹Ihr Männer, liebe Brüder und Väter, hört mein Verantworten an euch.

²Da sie aber hörten, daß er auf hebräisch zu ihnen redete, wurden sie noch stiller. Und er sprach:

³Ich bin ein jüdischer Mann, geboren zu Tarsus in Zilizien und erzogen in dieser Stadt zu den Füßen Gamaliels, gelehrt mit allem Fleiß im väterlichen Gesetz, und war ein Eiferer um Gott, gleichwie ihr heute alle seid,

⁴und habe diesen Weg verfolgt bis an den Tod. Ich band sie und überantwortete sie ins Gefängnis, Männer und Weiber;

⁵wie mir auch der Hohepriester und der ganze Haufe der Ältesten Zeugnis gibt, von welchen ich Briefe nahm an die Brüder und reiste gen

Damaskus; daß ich, die daselbst waren, gebunden führte gen Jerusalem, daß sie bestraft würden.

⁶Es geschah aber, da ich hinzog und nahe Damaskus kam, um den Mittag, umleuchtete mich schnell ein großes Licht vom Himmel.

⁷Und ich fiel zum Erdboden und hörte eine Stimme, die sprach: Saul, Saul, was verfolgst du mich?

⁸Ich antwortete aber: HERR, wer bist du? Und er sprach zu mir: Ich bin Jesus von Nazareth, den du verfolgst.

⁹Die aber mit mir waren, sahen das Licht und erschraken; die Stimme aber des, der mit mir redete, hörten sie nicht.

¹⁰Ich sprach aber: HERR, was soll ich tun? Der HERR aber sprach zu mir: Stehe auf und gehe gen Damaskus; da wird man dir sagen von allem, was dir zu tun verordnet ist.

¹¹Als ich aber von der Klarheit dieses Lichtes nicht sehen konnte, ward ich bei der Hand geleitet von denen, die mit mir waren, und kam gen Damaskus.

¹²Es war aber ein gottesfürchtiger Mann nach dem Gesetz, Ananias, der ein gut Gerücht hatte bei allen Juden, die daselbst wohnten;

¹³der kam zu mir und trat her und sprach zu mir: Saul, lieber Bruder, siehe auf! Und ich sah ihn an zu derselben Stunde.

¹⁴Er aber sprach: Der Gott unsrer Väter hat dich verordnet, daß du seinen Willen erkennen solltest und sehen den Gerechten und hören die Stimme aus seinem Munde;

¹⁵denn du wirst Zeuge zu allen Menschen sein von dem, das du gesehen und gehört hast.

¹⁶Und nun, was verziehst du? Stehe auf und laß dich taufen und abwaschen deine Sünden und rufe an den Namen des HERRN!

¹⁷Es geschah aber, da ich wieder gen Jerusalem kam und betete im Tempel, daß ich entzückt ward und sah ihn.

¹⁸Da sprach er zu mir: Eile und mache dich behend von Jerusalem hinaus; denn sie werden nicht aufnehmen dein Zeugnis von mir.

¹⁹Und ich sprach: HERR, sie wissen selbst, daß ich gefangen legte und stäupte die, so an dich glaubten, in den Schulen hin und her;

²⁰und da das Blut des Stephanus, deines Zeugen, vergossen ward, stand ich auch dabei und hatte Wohlgefallen an seinem Tode und verwahrte denen die Kleider, die ihn töteten.

²¹Und er sprach zu mir: Gehe hin; denn ich will dich ferne unter die Heiden senden!

²²Sie hörten aber ihm zu bis auf dies Wort und hoben ihre Stimme auf und sprachen: Hinweg mit solchem von der Erde! denn es ist nicht billig, daß er leben soll.

²³Da sie aber schrieen und ihre Kleider abwarfen und den Staub in die Luft warfen,

²⁴hieß ihn der Hauptmann ins Lager führen und sagte, daß man ihn stäupen und befragen sollte, daß er erführe, um welcher Ursache willen sie also über ihn riefen.

²⁵Als man ihn aber mit Riemen anband, sprach Paulus zu dem Hauptmann der dabeistand: Ist's auch recht bei euch, einen römischen Menschen ohne Urteil und Recht zu geißeln?

²⁶Da das der Unterhauptmann hörte, ging er zum Oberhauptmann und verkündigte ihm und sprach: Was willst du machen? Dieser Mensch ist römisch.

²⁷Da kam zu ihm der Oberhauptmann und sprach zu ihm: Sage mir, bist du römisch? Er aber sprach: Ja.

²⁸Und der Oberhauptmann antwortete: Ich habe dies Bürgerrecht mit großer Summe zuwege gebracht. Paulus aber sprach: Ich bin aber auch römisch geboren.

²⁹Da traten sie alsobald von ihm ab, die ihn befragen sollten. Und der Oberhauptmann fürchtete sich, da er vernahm, daß er römisch war, und er ihn gebunden hatte.

³⁰Des andern Tages wollte er gewiß erkunden, warum er verklagt würde von den Juden, und löste ihn von den Banden und hieß die Hohenpriester und ihren ganzen Rat kommen und führte Paulus hervor und stellte ihn unter sie.

Kapitel 23

¹Paulus aber sah den Rat an und sprach: Ihr Männer, liebe Brüder, ich habe mit allem guten Gewissen gewandelt vor Gott bis auf diesen Tag.

²Der Hohepriester aber, Ananias, befahl denen, die um ihn standen, daß sie ihm aufs Maul schlügen.

³Da sprach Paulus zu ihm: Gott wird dich schlagen, du getünchte Wand! Sitzt du, mich zu richten nach dem Gesetz, und heißt mich schlagen wider das Gesetz?

⁴Die aber umherstanden sprachen: Schiltst du den Hohenpriester Gottes?

⁵Und Paulus sprach: Liebe Brüder, ich wußte nicht, daß er der Hohepriester ist. Denn es steht geschrieben: "Dem Obersten deines Volkes sollst du nicht fluchen."

⁶Da aber Paulus wußte, daß ein Teil Sadduzäer war und der andere Teil Pharisäer, rief er im Rat: Ihr Männer, liebe Brüder, ich bin ein Pharisäer und eines Pharisäers Sohn; ich werde angeklagt um der Hoffnung und Auferstehung willen der Toten.

⁷Da er aber das sagte, ward ein Aufruhr unter den Pharisäern und Sadduzäern, und die Menge zerspaltete sich.

⁸(Denn die Sadduzäer sagen: Es sei keine Auferstehung noch Engel noch Geist; die Pharisäer aber bekennen beides.)

⁹Es ward aber ein großes Geschrei; und die Schriftgelehrten von der Pharisäer Teil standen auf, stritten und sprachen: Wir finden nichts Arges an diesem Menschen; hat aber ein Geist oder ein Engel mit ihm geredet, so können wir mit Gott nicht streiten.

¹⁰Da aber der Aufruhr groß ward, besorgte sich der oberste Hauptmann, sie möchten Paulus zerreißen, und hieß das Kriegsvolk hinabgehen und ihn von ihnen reißen und in das Lager führen.

¹¹Des andern Tages aber in der Nacht stand der HERR bei ihm und sprach: Sei getrost, Paulus! denn wie du von mir zu Jerusalem gezeugt hast, also mußt du auch zu Rom zeugen.

¹²Da es aber Tag ward, schlugen sich etliche Juden zusammen und verschworen sich, weder zu essen noch zu trinken, bis daß sie Paulus getötet hätten.

¹³Ihrer aber waren mehr denn vierzig, die solchen Bund machten.

¹⁴Die traten zu den Hohenpriestern und Ältesten und sprachen: Wir haben uns hart verschworen, nichts zu essen, bis wir Paulus getötet haben.

¹⁵So tut nun kund dem Oberhauptmann und dem Rat, daß er ihn morgen zu euch führe, als wolltet ihr ihn besser verhören; wir aber sind bereit, ihn zu töten, ehe er denn vor euch kommt.

¹⁶Da aber des Paulus Schwestersohn den Anschlag hörte, ging er hin und kam in das Lager und verkündete es Paulus.

¹⁷Paulus aber rief zu sich einen von den Unterhauptleuten und sprach: Diesen Jüngling führe hin zu dem Oberhauptmann; denn er hat ihm etwas zu sagen.

¹⁸Der nahm ihn und führte ihn zum Oberhauptmann und sprach: der gebundene Paulus rief mich zu sich und bat mich, diesen Jüngling zu dir zu führen, der dir etwas zu sagen habe.

¹⁹Da nahm ihn der Oberhauptmann bei der Hand und wich an einen besonderen Ort und fragte ihn: Was ist's, das du mir zu sagen hast?

²⁰Er aber sprach: Die Juden sind eins geworden, dich zu bitten, daß du morgen Paulus vor den Hohen Rat bringen lassest, als wollten sie ihn besser verhören.

²¹Du aber traue ihnen nicht; denn es lauern auf ihn mehr als vierzig Männer unter ihnen, die haben sich verschworen, weder zu essen noch zu trinken, bis sie Paulus töten; und sind jetzt bereit und warten auf deine Verheißung.

²²Da ließ der Oberhauptmann den Jüngling von sich und gebot ihm, daß niemand sagte, daß er ihm solches eröffnet hätte,

²³und rief zu sich zwei Unterhauptleute und sprach: Rüstet zweihundert Kriegsknechte, daß sie gen Cäsarea ziehen, und siebzig Reiter und zweihundert Schützen auf die dritte Stunde der Nacht;

²⁴und die Tiere richtet zu, daß sie Paulus draufsetzen und bringen ihn bewahrt zu Felix, dem Landpfleger.

²⁵Und schrieb einen Brief, der lautete also:

²⁶Klaudius Lysias dem teuren Landpfleger Felix Freude zuvor!

²⁷Diesen Mann hatten die Juden gegriffen und wollten ihn getötet haben. Da kam ich mit dem Kriegsvolk dazu und riß ihn von ihnen und erfuhr, daß er ein Römer ist.

²⁸Da ich aber erkunden wollte die Ursache, darum sie ihn beschuldigten, führte ich ihn in ihren Rat.

²⁹Da befand ich, daß er beschuldigt ward von wegen Fragen ihres Gesetzes, aber keine Anklage hatte, des Todes oder der Bande wert.

³⁰Und da vor mich kam, daß etliche Juden auf ihn lauerten, sandte ich ihn von Stund an zu dir und entbot den Klägern auch, daß sie vor Dir sagten, was sie wider ihn hätten. Gehab dich wohl!

³¹Die Kriegsknechte, wie ihnen befohlen war, nahmen Paulus und führten ihn bei der Nacht gen Antipatris.

³²Des andern Tages aber ließen sie die Reiter mit ihm ziehen und wandten wieder um zum Lager.

³³Da die gen Cäsarea kamen, überantworteten sie den Brief dem Landpfleger und stellten ihm Paulus auch dar.

³⁴Da der Landpfleger den Brief las, fragte er, aus welchem Lande er wäre. Und da er erkundet, daß er aus Zilizien wäre sprach er:

³⁵Ich will dich verhören, wenn deine Verkläger auch da sind. Und hieß ihn verwahren in dem Richthause des Herodes.

Apostelgeschichte

Kapitel 24

¹Über fünf Tage zog hinab der Hohepriester Ananias mit den Ältesten und mit dem Redner Tertullus; die erschienen vor dem Landpfleger wider Paulus.

²Da er aber berufen ward, fing an Tertullus zu verklagen und sprach:

³Daß wir im großen Frieden leben unter dir und viel Wohltaten diesem Volk widerfahren durch dein Fürsichtigkeit, allerteuerster Felix, das nehmen wir an allewege und allenthalben mit aller Dankbarkeit.

⁴Auf daß ich aber dich nicht zu lange aufhalte, bitte ich dich, du wolltest uns kürzlich hören nach deiner Gelindigkeit.

⁵Wir haben diesen Mann gefunden schädlich, und der Aufruhr erregt allen Juden auf dem ganzen Erdboden, und einen vornehmsten der Sekte der Nazarener,

⁶der auch versucht hat, den Tempel zu entweihen; welchen wir auch griffen und wollten ihn gerichtet haben nach unserem Gesetz.

⁷Aber Lysias, der Hauptmann, kam dazu und führte ihn mit großer Gewalt aus unseren Händen

⁸und hieß seine Verkläger zu dir kommen; von welchem du kannst, so du es erforschen willst, das alles erkunden, um was wir ihn verklagen.

⁹Die Juden aber redeten auch dazu und sprachen, es verhielte sich also.

¹⁰Paulus aber, da ihm der Landpfleger winkte zu reden, antwortete: Dieweil ich weiß, daß du in diesem Volk nun viele Jahre ein Richter bist, will ich unerschrocken mich verantworten;

¹¹denn du kannst erkennen, daß es nicht mehr als zwölf Tage sind, daß ich bin hinauf gen Jerusalem gekommen, anzubeten.

¹²Auch haben sie mich nicht gefunden im Tempel mit jemanden reden oder einen Aufruhr machen im Volk noch in den Schulen noch in der Stadt.

¹³Sie können mir auch der keines beweisen, dessen sie mich verklagen.

¹⁴Das bekenne ich aber dir, daß ich nach diesem Wege, den sie eine Sekte heißen, diene also dem Gott meiner Väter, daß ich glaube allem, was geschrieben steht im Gesetz und in den Propheten,

¹⁵und habe die Hoffnung zu Gott, auf welche auch sie selbst warten, nämlich, daß zukünftig sei die Auferstehung der Toten, der Gerechten und der Ungerechten.

¹⁶Dabei aber übe ich mich, zu haben ein unverletzt Gewissen allenthalben, gegen Gott und die Menschen.

¹⁷Aber nach vielen Jahren bin ich gekommen und habe ein Almosen gebracht meinem Volk, und Opfer.

¹⁸Darüber fanden sie mich, daß ich mich geheiligt hatte im Tempel, ohne allen Lärm und Getümmel.

¹⁹Das waren aber etliche Juden aus Asien, welche sollten hier sein vor dir und mich verklagen, so sie etwas wider mich hätten.

²⁰Oder laß diese selbst sagen, ob sie etwas Unrechtes an mir gefunden haben, dieweil ich stand vor dem Rat,

²¹außer um des einzigen Wortes willen, da ich unter ihnen stand und rief: Über die Auferstehung der Toten werde ich von euch heute angeklagt.

²²Da aber Felix solches hörte, zog er sie hin; denn er wußte gar wohl um diesen Weg und sprach: Wenn Lysias, der Hauptmann, herabkommt, so will ich eure Sache erkunden.

²³Er befahl aber dem Unterhauptmann, Paulus zu behalten und lassen Ruhe haben und daß er niemand von den Seinen wehrte, ihm zu dienen oder zu ihm zu kommen.

²⁴Nach etlichen Tagen aber kam Felix mit seinem Weibe Drusilla, die eine Jüdin war, und forderte Paulus und hörte ihn von dem Glauben an Christus.

²⁵Da aber Paulus redete von der Gerechtigkeit und von der Keuschheit und von dem Zukünftigen Gericht, erschrak Felix und antwortete: Gehe hin auf diesmal; wenn ich gelegene Zeit habe, will ich dich herrufen lassen.

²⁶Er hoffte aber daneben, daß ihm von Paulus sollte Geld gegeben werden, daß er ihn losgäbe; darum er ihn auch oft fordern ließ und besprach sich mit ihm.

²⁷Da aber zwei Jahre um waren, kam Porcius Festus an Felix Statt. Felix aber wollte den Juden eine Gunst erzeigen und ließ Paulus hinter sich gefangen.

Kapitel 25

¹Da nun Festus ins Land gekommen war, zog er über drei Tage hinauf von Cäsarea gen Jerusalem.

²Da erschienen vor ihm die Vornehmsten der Juden wider Paulus und ermahnten ihn

³und baten um Gunst wider ihn, daß er ihn fordern ließe gen Jerusalem, und stellten ihm nach, daß sie ihn unterwegs umbrächten.

⁴Da antwortete Festus, Paulus würde ja behalten zu Cäsarea; aber er würde in kurzem wieder dahin ziehen.

⁵Welche nun unter euch (sprach er) können, die laßt mit hinabziehen und den Mann verklagen, so etwas an ihm ist.

⁶Da er aber bei ihnen mehr denn zehn Tage gewesen war, zog er hinab gen Cäsarea; und des andern Tages setzte er sich auf den Richtstuhl und hieß Paulus holen.

⁷Da der aber vor ihn kam, traten umher die Juden, die von Jerusalem herabgekommen waren, und brachten auf viele und schwere Klagen wider Paulus, welche sie nicht konnten beweisen,

⁸dieweil er sich verantwortete: Ich habe weder an der Juden Gesetz noch an dem Tempel noch am Kaiser mich versündigt.

⁹Festus aber wollte den Juden eine Gunst erzeigen und antwortete Paulus und sprach: Willst du hinauf gen Jerusalem und daselbst über dieses dich vor mir richten lassen?

¹⁰Paulus aber sprach: Ich stehe vor des Kaisers Gericht, da soll ich mich lassen richten; den Juden habe ich kein Leid getan, wie auch du aufs beste weißt.

¹¹Habe ich aber jemand Leid getan und des Todes wert gehandelt, so weigere ich mich nicht, zu sterben; ist aber der keines nicht, dessen sie mich verklagen, so kann mich ihnen niemand übergeben. Ich berufe mich auf den Kaiser!

¹²Da besprach sich Festus mit dem Rat und antwortete: Auf den Kaiser hast du dich berufen, zum Kaiser sollst du ziehen.

¹³Aber nach etlichen Tagen kamen der König Agrippa und Bernice gen Cäsarea, Festus zu begrüßen.

¹⁴Und da sie viele Tage daselbst gewesen waren, legte Festus dem König den Handel von Paulus vor und sprach: Es ist ein Mann von Felix hinterlassen gefangen,

¹⁵um welches willen die Hohenpriester und Ältesten vor mir erschienen, da ich zu Jerusalem war, und baten, ich sollte ihn richten lassen;

¹⁶Denen antwortete ich: Es ist der Römer Weise nicht, daß ein Mensch übergeben werde, ihn umzubringen, ehe denn der Verklagte seine Kläger gegenwärtig habe und Raum empfange, sich auf die Anklage zu verantworten.

¹⁷Da sie aber her zusammenkamen, machte ich keinen Aufschub und hielt des andern Tages Gericht und hieß den Mann vorbringen;

¹⁸und da seine Verkläger auftraten, brachten sie der Ursachen keine auf, deren ich mich versah.

¹⁹Sie hatten aber etliche Fragen wider ihn von ihrem Aberglauben und von einem verstorbenen Jesus, von welchem Paulus sagte, er lebe.

²⁰Da ich aber mich auf die Frage nicht verstand, sprach ich, ob er wollte gen Jerusalem reisen und daselbst sich darüber lassen richten.

²¹Da aber Paulus sich berief, daß er für des Kaisers Erkenntnis aufbehalten würde, hieß ich ihn behalten, bis daß ich ihn zum Kaiser sende.

²²Agrippa aber sprach zu Festus: Ich möchte den Menschen auch gerne hören. Er aber sprach: Morgen sollst du ihn hören.

²³Und am andern Tage, da Agrippa und Bernice kamen mit großem Gepränge und gingen in das Richthaus mit den Hauptleuten und vornehmsten Männern der Stadt, und da es Festus hieß, ward Paulus gebracht.

²⁴Und Festus sprach: Lieber König Agrippa und alle ihr Männer, die ihr mit uns hier seid, da seht ihr den, um welchen mich die ganze Menge der Juden angegangen hat, zu Jerusalem und auch hier, und schrieen, er solle nicht länger leben.

²⁵Aber, da ich vernahm, daß er nichts getan hatte, das des Todes wert sei, und er sich selber auf den Kaiser berief, habe ich beschlossen, ihn zu senden.

²⁶Etwas Gewisses aber habe ich von ihm nicht, das ich dem Herrn schreibe. Darum habe ich ihn lassen hervorbringen vor euch, allermeist aber vor dir, König Agrippa, auf daß ich nach geschehener Erforschung haben möge, was ich schreibe.

²⁷Denn es dünkt mich ein ungeschicktes Ding zu sein, einen Gefangenen schicken und keine Ursachen wider ihn anzuzeigen.

Kapitel 26

¹Agrippa aber sprach zu Paulus: es ist dir erlaubt, für dich zu reden. Da reckte Paulus die Hand aus und verantwortete sich:

²Es ist mir sehr lieb, König Agrippa, daß ich mich heute vor dir verantworten soll über alles, dessen ich von den Juden beschuldigt werde;

³allermeist weil du weißt alle Sitten und Fragen der Juden. Darum bitte ich dich, du wollest mich geduldig hören.

⁴Zwar mein Leben von Jugend auf, wie das von Anfang unter diesem Volk zu Jerusalem zugebracht ist, wissen alle Juden,

⁵die mich von Anbeginn gekannt haben, wenn sie es wollten bezeugen. Denn ich bin ein Pharisäer gewesen, welches ist die strengste Sekte unseres Gottesdienstes.

⁶Und nun stehe ich und werde angeklagt über die Hoffnung auf die Verheißung, so geschehen ist von Gott zu unsern Vätern,

⁷zu welcher hoffen die zwölf Geschlechter der Unsern zu kommen mit Gottesdienst emsig Tag und Nacht. Dieser Hoffnung halben werde ich, König Agrippa, von den Juden beschuldigt.

⁸Warum wird das für unglaublich bei euch geachtet, das Gott Tote auferweckt?

⁹Zwar meinte ich auch bei mir selbst, ich müßte viel zuwider tun dem Namen Jesu von Nazareth,

¹⁰wie ich denn auch zu Jerusalem getan habe, da ich viele Heilige in das Gefängnis verschloß, darüber ich Macht von den Hohenpriestern empfing; und wenn sie erwürgt wurden, half ich das Urteil sprechen.

¹¹Und durch alle Schulen peinigte ich sie oft und zwang sie zu lästern; und war überaus unsinnig auf sie, verfolgte sie auch bis in die fremden Städte.

¹²Über dem, da ich auch gen Damaskus reiste mit Macht und Befehl von den Hohenpriestern,

¹³sah ich mitten am Tage, o König, auf dem Wege ein Licht vom Himmel, heller denn der Sonne Glanz, das mich und die mit mir reisten, umleuchtete.

¹⁴Da wir aber alle zur Erde niederfielen, hörte ich eine Stimme reden zu mir, die sprach auf hebräisch: Saul, Saul, was verfolgst du mich? Es wird dir schwer sein, wider den Stachel zu lecken.

¹⁵Ich aber sprach: HERR, wer bist du? Er sprach: Ich bin Jesus, den du verfolgst; aber stehe auf und tritt auf deine Füße.

¹⁶Denn dazu bin ich dir erschienen, daß ich dich ordne zum Diener und Zeugen des, das du gesehen hast und das ich dir noch will erscheinen lassen;

¹⁷und ich will dich erretten von dem Volk und von den Heiden, unter welche ich dich jetzt sende,

¹⁸aufzutun ihre Augen, daß sie sich bekehren von der Finsternis zu dem Licht und von der Gewalt des Satans zu Gott, zu empfangen Vergebung der Sünden und das Erbe samt denen, die geheiligt werden durch den Glauben an mich.

¹⁹Daher, König Agrippa, war ich der himmlischen Erscheinung nicht ungläubig,

²⁰sondern verkündigte zuerst denen zu Damaskus und Jerusalem und in alle Gegend des jüdischen Landes und auch der Heiden, daß sie Buße täten und sich bekehrten zu Gott und täten rechtschaffene Werke der Buße.

²¹Um deswillen haben mich die Juden im Tempel gegriffen und versuchten, mich zu töten.

²²Aber durch Hilfe Gottes ist es mir gelungen und stehe ich bis auf diesen Tag und zeuge beiden, dem Kleinen und Großen, und sage nichts außer dem, was die Propheten gesagt haben, daß es geschehen sollte, und Mose:

²³daß Christus sollte leiden und der erste sein aus der Auferstehung von den Toten und verkündigen ein Licht dem Volk und den Heiden.

²⁴Da er aber solches zur Verantwortung gab, sprach Festus mit lauter Stimme: Paulus, du rasest! Die große Kunst macht dich rasend.

²⁵Er aber sprach: Mein teurer Festus, ich rase nicht, sondern rede wahre und vernünftige Worte.

²⁶Denn der König weiß solches wohl, zu welchem ich freudig rede. Denn ich achte, ihm sei der keines verborgen; denn solches ist nicht im Winkel geschehen.

²⁷Glaubst du, König Agrippa, den Propheten? Ich weiß, daß du glaubst.

²⁸Agrippa aber sprach zu Paulus: Es fehlt nicht viel, du überredest mich, daß ich ein Christ würde.

²⁹Paulus aber sprach: Ich wünschte vor Gott, es fehle nun an viel oder an wenig, daß nicht allein du, sondern alle, die mich heute hören, solche würden, wie ich bin, ausgenommen diese Bande.

³⁰Und da er das gesagt, stand der König auf und der Landpfleger und Bernice und die die mit ihnen saßen,

³¹und wichen beiseits, redeten miteinander und sprachen: Dieser Mensch hat nichts getan, das des Todes oder der Bande wert sei.

³²Agrippa aber sprach zu Festus: Dieser Mensch hätte können losgegeben werden, wenn er sich nicht auf den Kaiser berufen hätte.

Kapitel 27

¹Da es aber beschlossen war, daß wir nach Italien schiffen sollten, übergaben sie Paulus und etliche andere Gefangene dem Unterhauptmann mit Namen Julius, von der "kaiserlichen" Schar.

²Da wir aber in ein adramyttisches Schiff traten, daß wir an Asien hin schiffen sollten, fuhren wir vom Lande; und mit uns war Aristarchus aus Mazedonien, von Thessalonich.

³Und des andern Tages kamen wir an zu Sidon; und Julius hielt sich freundlich gegen Paulus, erlaubte ihm, zu seinen guten Freunden zu gehen und sich zu pflegen.

⁴Und von da stießen wir ab und schifften unter Zypern hin, darum daß uns die Winde entgegen waren,

⁵und schifften durch das Meer bei Zilizien und Pamphylien und kamen gen Myra in Lyzien.

⁶Und daselbst fand der Unterhauptmann ein Schiff von Alexandrien, das schiffte nach Italien, und ließ uns darauf übersteigen.

⁷Da wir aber langsam schifften und in vielen Tagen kaum gegen Knidus kamen (denn der Wind wehrte uns), schifften wir unter Kreta hin bei Salmone

⁸und zogen mit Mühe vorüber; da kamen wir an eine Stätte, die heißt Gutfurt, dabei war nahe die Stadt Lasäa.

⁹Da nun viel Zeit vergangen war und nunmehr gefährlich war zu schiffen, darum daß auch das Fasten schon vorüber war, vermahnte sie Paulus

¹⁰und sprach zu ihnen: Liebe Männer, ich sehe, daß die Schiffahrt will mit Leid und großem Schaden ergehen, nicht allein der Last und des Schiffes sondern auch unsers Lebens.

¹¹Aber der Unterhauptmann glaubte dem Steuermann und dem Schiffsherrn mehr denn dem, was Paulus sagte.

¹²Und da die Anfurt ungelegen war, zu überwintern, bestanden ihrer das mehrere Teil auf dem Rat, von dannen zu fahren, ob sie könnten kommen gen Phönix, zu überwintern, welches ist eine Anfurt an Kreta gegen Südwest und Nordwest.

¹³Da aber der Südwind wehte und sie meinten, sie hätten nun ihr Vornehmen, erhoben sie sich und fuhren näher an Kreta hin.

¹⁴Nicht lange aber darnach erhob sich wider ihr Vornehmen eine Windsbraut, die man nennt Nordost.

¹⁵Und da das Schiff ergriffen ward und konnte sich nicht wider den Wind richten, gaben wir's dahin und schwebten also.

¹⁶Wir kamen aber an eine Insel, die heißt Klauda; da konnten wir kaum den Kahn ergreifen.

¹⁷Den hoben wir auf und brauchten die Hilfe und unterbanden das Schiff; denn wir fürchteten, es möchte in die Syrte fallen, und ließen die Segel herunter und fuhren also.

¹⁸Und da wir großes Ungewitter erlitten, taten sie des nächsten Tages einen Auswurf.

¹⁹Und am dritten Tage warfen wir mit unseren Händen aus die Gerätschaft im Schiffe.

²⁰Da aber an vielen Tagen weder Sonne noch Gestirn erschien und ein nicht kleines Ungewitter uns drängte, war alle Hoffnung unsres Lebens dahin.

²¹Und da man lange nicht gegessen hatte, trat Paulus mitten unter sie und sprach: Liebe Männer, man sollet mir gehorcht haben und nicht von Kreta aufgebrochen sein, und uns dieses Leides und Schadens überhoben haben.

²²Und nun ermahne ich euch, daß ihr unverzagt seid; denn keines Leben aus uns wird umkommen, nur das Schiff.

²³Denn diese Nacht ist bei mir gestanden der Engel Gottes, des ich bin und dem ich diene,

²⁴und sprach: Fürchte dich nicht, Paulus! du mußt vor den Kaiser gestellt werden; und siehe, Gott hat dir geschenkt alle, die mit dir schiffen.

²⁵Darum, liebe Männer, seid unverzagt; denn ich glaube Gott, es wird also geschehen, wie mir gesagt ist.

²⁶Wir müssen aber anfahren an eine Insel.

²⁷Da aber die vierzehnte Nacht kam, daß wir im Adria-Meer fuhren, um die Mitternacht, wähnten die Schiffsleute, sie kämen etwa an ein Land.

²⁸Und sie senkten den Bleiwurf ein und fanden zwanzig Klafter tief; und über ein wenig davon senkten sie abermals und fanden fünfzehn Klafter.

²⁹Da fürchteten sie sich, sie würden an harte Orte anstoßen, und warfen hinten vom Schiffe vier Anker und wünschten, daß es Tag würde.

³⁰Da aber die Schiffsleute die Flucht suchten aus dem Schiffe und den Kahn niederließen in das Meer und gaben vor, sie wollten die Anker vorn aus dem Schiffe lassen,

³¹sprach Paulus zu dem Unterhauptmann und zu den Kriegsknechten: Wenn diese nicht im Schiffe bleiben, so könnt ihr nicht am Leben bleiben.

³²Da hieben die Kriegsknechte die Stricke ab von dem Kahn und ließen ihn fallen.

³³Und da es anfing licht zu werden, ermahnte sie Paulus alle, daß sie Speise nähmen, und sprach: Es ist heute der vierzehnte Tag, daß ihr wartet und ungegessen geblieben seid und habt nichts zu euch genommen.

³⁴Darum ermahne ich euch, Speise zu nehmen, euch zu laben; denn es wird euer keinem ein Haar von dem Haupt entfallen.

³⁵Und da er das gesagt, nahm er das Brot, dankte Gott vor ihnen allen und brach's und fing an zu essen.

³⁶Da wurden sie alle gutes Muts und nahmen auch Speise.

³⁷Unser waren aber alle zusammen im Schiff zweihundert und sechsundsiebzig Seelen.

³⁸Und da sie satt geworden, erleichterten sie das Schiff und warfen das Getreide in das Meer.

³⁹Da es aber Tag ward, kannten sie das Land nicht; einer Anfurt aber wurden sie gewahr, die hatte ein Ufer; dahinan wollten sie das Schiff treiben, wo es möglich wäre.

⁴⁰Und sie hieben die Anker ab und ließen sie dem Meer, lösten zugleich die Bande der Steuerruder auf und richteten das Segel nach dem Winde und trachteten nach dem Ufer.

⁴¹Und da wir fuhren an einen Ort, der auf beiden Seiten Meer hatte, stieß sich das Schiff an, und das Vorderteil blieb feststehen unbeweglich; aber das Hinterteil zerbrach von der Gewalt der Wellen.

⁴²Die Kriegsknechte aber hatten einen Rat, die Gefangenen zu töten, daß nicht jemand, so er ausschwömme, entflöhe.

⁴³Aber der Unterhauptmann wollte Paulus erhalten und wehrte ihrem Vornehmen und hieß, die da schwimmen könnten, sich zuerst in das Meer lassen und entrinnen an das Land,

⁴⁴die andern aber etliche auf Brettern, etliche auf dem, das vom Schiff war. Und also geschah es, daß sie alle gerettet zu Lande kamen.

Kapitel 28

¹Und da wir gerettet waren, erfuhren wir, daß die Insel Melite hieß.

²Die Leutlein aber erzeigten uns nicht geringe Freundschaft, zündeten ein Feuer an und nahmen uns alle auf um des Regens, der über uns gekommen war, und um der Kälte willen.

³Da aber Paulus einen Haufen Reiser zusammenraffte, und legte sie aufs Feuer, kam eine Otter von der Hitze hervor und fuhr Paulus an seine Hand.

⁴Da aber die Leutlein sahen das Tier an seiner Hand hangen, sprachen sie untereinander: Dieser Mensch muß ein Mörder sein, den die Rache nicht leben läßt, ob er gleich dem Meer entgangen ist.

⁵Er aber schlenkerte das Tier ins Feuer, und ihm widerfuhr nicht Übles.

⁶Sie aber warteten, wenn er schwellen würde oder tot niederfallen. Da sie aber lange warteten und sahen, daß ihm nichts Ungeheures widerfuhr, wurden sie anderes Sinnes und sprachen, er wäre ein Gott.

⁷An diesen Örtern aber hatte der Oberste der Insel, mit Namen Publius, ein Vorwerk; der nahm uns auf und herbergte uns drei Tage freundlich.

⁸Es geschah aber, daß der Vater des Publius am Fieber und an der Ruhr lag. Zu dem ging Paulus hinein und betete und legte die Hand auf ihn und machte ihn gesund.

⁹Da das geschah, kamen auch die andern auf der Insel herzu, die Krankheiten hatten, und ließen sich gesund machen.

¹⁰Und sie taten uns große Ehre; und da wir auszogen, luden sie auf, was uns not war.

¹¹Nach drei Monaten aber fuhren wir aus in einem Schiffe von Alexandrien, welches bei der Insel überwintert hatte und hatte ein Panier der Zwillinge.

¹²Und da wir gen Syrakus kamen, blieben wir drei Tage da.

¹³Und da wir umschifften, kamen wir gen Rhegion; und nach einem Tage, da der Südwind sich erhob, kamen wir des andern Tages gen Puteoli.

¹⁴Da fanden wir Brüder und wurden von ihnen gebeten, daß wir sieben Tage dablieben. Und also kamen wir gen Rom.

¹⁵Und von dort, da die Brüder von uns hörten, gingen sie aus, uns entgegen, bis gen Appifor und Tretabern. Da die Paulus sah, dankte er Gott und gewann eine Zuversicht.

¹⁶Da wir aber gen Rom kamen, überantwortete der Unterhauptmann die Gefangenen dem obersten Hauptmann. Aber Paulus ward erlaubt zu bleiben, wo er wollte, mit einem Kriegsknechte, der ihn hütete.

¹⁷Es geschah aber nach drei Tagen, daß Paulus zusammenrief die Vornehmsten der Juden. Da sie zusammenkamen, sprach er zu ihnen: Ihr Männer, liebe Brüder, ich habe nichts getan wider unser Volk noch wider väterliche Sitten, und bin doch gefangen aus Jerusalem übergeben in der Römer Hände.

¹⁸Diese, da sie mich verhört hatten, wollten mich losgeben, dieweil keine Ursache des Todes an mir war.

¹⁹Da aber die Juden dawider redeten, ward ich genötigt, mich auf den Kaiser zu berufen; nicht, als hätte ich mein Volk um etwas zu verklagen.

²⁰Um der Ursache willen habe ich euch gebeten, daß ich euch sehen und ansprechen möchte; denn um der Hoffnung willen Israels bin ich mit dieser Kette umgeben.

²¹Sie aber sprachen zu ihm: Wir haben weder Schrift empfangen aus Judäa deinethalben, noch ist ein Bruder gekommen, der von dir etwas Arges verkündigt oder gesagt habe.

²²Doch wollen wir von dir hören, was du hältst; denn von dieser Sekte ist uns kund, daß ihr wird an allen Enden widersprochen.

²³Und da sie ihm einen Tag bestimmt hatten, kamen viele zu ihm in die Herberge, welchen er auslegte und bezeugte das Reich Gottes; und er predigte ihnen von Jesus aus dem Gesetz Mose's und aus den Propheten von frühmorgens an bis an den Abend.

²⁴Und etliche fielen dem zu, was er sagte; etliche aber glaubten nicht.

²⁵Da sie aber untereinander mißhellig waren, gingen sie weg, als Paulus das eine Wort redete: Wohl hat der heilige Geist gesagt durch den Propheten Jesaja zu unsern Vätern

²⁶und gesprochen: "Gehe hin zu diesem Volk und sprich: Mit den Ohren werdet ihr's hören, und nicht verstehen; und mit den Augen werdet ihr's sehen, und nicht erkennen.

²⁷Denn das Herz dieses Volks ist verstockt, und sie hören schwer mit den Ohren und schlummern mit ihren Augen, auf daß sie nicht dermaleinst sehen und mit den Augen und hören mit den Ohren und verständig werden im Herzen und sich bekehren, daß ich ihnen hülfe."

²⁸So sei es euch kundgetan, daß den Heiden gesandt ist dies Heil Gottes; und sie werden's hören.

²⁹Und da er solches redete, gingen die Juden hin und hatten viel Fragens unter sich selbst.

³⁰Paulus aber blieb zwei Jahre in seinem eigenen Gedinge und nahm auf alle, die zu ihm kamen,

³¹predigte das Reich Gottes und lehrte von dem HERRN Jesus mit aller Freudigkeit unverboten.

Römer

Kapitel 1

¹Paulus, ein Knecht Jesu Christi, berufen zum Apostel, ausgesondert, zu predigen das Evangelium Gottes,

²welches er zuvor verheißen hat durch seine Propheten in der heiligen Schrift,

³von seinem Sohn, der geboren ist von dem Samen Davids nach dem Fleisch

⁴und kräftig erwiesen als ein Sohn Gottes nach dem Geist, der da heiligt, seit der Zeit, da er auferstanden ist von den Toten, Jesus Christus, unser HERR,

⁵durch welchen wir haben empfangen Gnade und Apostelamt, unter allen Heiden den Gehorsam des Glaubens aufzurichten unter seinem Namen,

⁶unter welchen ihr auch seid, die da berufen sind von Jesu Christo,

⁷allen, die zu Rom sind, den Liebsten Gottes und berufenen Heiligen: Gnade sei mit euch und Friede von Gott, unserm Vater, und dem HERRN Jesus Christus!

⁸Aufs erste danke ich meinem Gott durch Jesum Christum euer aller halben, daß man von eurem Glauben in aller Welt sagt.

⁹Denn Gott ist mein Zeuge, welchem ich diene in meinem Geist am Evangelium von seinem Sohn, daß ich ohne Unterlaß euer gedenke

¹⁰und allezeit in meinem Gebet flehe, ob sich's einmal zutragen wollte, daß ich zu euch käme durch Gottes Willen.

¹¹Denn mich verlangt, euch zu sehen, auf daß ich euch mitteile etwas geistlicher Gabe, euch zu stärken;

¹²das ist, daß ich samt euch getröstet würde durch euren und meinen Glauben, den wir untereinander haben.

¹³Ich will euch aber nicht verhalten, liebe Brüder, daß ich mir oft habe vorgesetzt, zu euch zu kommen (bin aber verhindert bisher), daß ich auch unter euch Frucht schaffte gleichwie unter andern Heiden.

¹⁴Ich bin ein Schuldner der Griechen und der Ungriechen, der Weisen und der Unweisen.

¹⁵Darum, soviel an mir ist, bin ich geneigt, auch euch zu Rom das Evangelium zu predigen.

¹⁶Denn ich schäme mich des Evangeliums von Christo nicht; denn es ist eine Kraft Gottes, die da selig macht alle, die daran glauben, die Juden vornehmlich und auch die Griechen.

¹⁷Sintemal darin offenbart wird die Gerechtigkeit, die vor Gott gilt, welche kommt aus Glauben in Glauben; wie denn geschrieben steht: "Der Gerechte wird seines Glaubens leben."

¹⁸Denn Gottes Zorn vom Himmel wird offenbart über alles gottlose Wesen und Ungerechtigkeit der Menschen, die die Wahrheit in Ungerechtigkeit aufhalten.

¹⁹Denn was man von Gott weiß, ist ihnen offenbar; denn Gott hat es ihnen offenbart,

²⁰damit daß Gottes unsichtbares Wesen, das ist seine ewige Kraft und Gottheit, wird ersehen, so man des wahrnimmt, an den Werken, nämlich an der Schöpfung der Welt; also daß sie keine Entschuldigung haben,

²¹dieweil sie wußten, daß ein Gott ist, und haben ihn nicht gepriesen als einen Gott noch ihm gedankt, sondern sind in ihrem Dichten eitel geworden, und ihr unverständiges Herz ist verfinstert.

²²Da sie sich für Weise hielten, sind sie zu Narren geworden

²³und haben verwandelt die Herrlichkeit des unvergänglichen Gottes in ein Bild gleich dem vergänglichen Menschen und der Vögel und der vierfüßigen und der kriechenden Tiere.

²⁴Darum hat sie auch Gott dahingegeben in ihrer Herzen Gelüste, in Unreinigkeit, zu schänden ihre eigenen Leiber an sich selbst,

²⁵sie, die Gottes Wahrheit haben verwandelt in die Lüge und haben geehrt und gedient dem Geschöpfe mehr denn dem Schöpfer, der da gelobt ist in Ewigkeit. Amen.

²⁶Darum hat sie auch Gott dahingegeben in schändliche Lüste: denn ihre Weiber haben verwandelt den natürlichen Brauch in den unnatürlichen;

²⁷desgleichen auch die Männer haben verlassen den natürlichen Brauch des Weibes und sind aneinander erhitzt in ihren Lüsten und haben Mann mit Mann Schande getrieben und den Lohn ihres Irrtums (wie es denn sein sollte) an sich selbst empfangen.

²⁸Und gleichwie sie nicht geachtet haben, daß sie Gott erkenneten, hat sie Gott auch dahingegeben in verkehrten Sinn, zu tun, was nicht taugt,

²⁹voll alles Ungerechten, Hurerei, Schalkheit, Geizes, Bosheit, voll Neides, Mordes, Haders, List, giftig, Ohrenbläser,

³⁰Verleumder, Gottesverächter, Frevler, hoffärtig, ruhmredig, Schädliche, den Eltern ungehorsam,

³¹Unvernünftige, Treulose, Lieblose, unversöhnlich, unbarmherzig.

³²Sie wissen Gottes Gerechtigkeit, daß, die solches tun, des Todes würdig sind, und tun es nicht allein, sondern haben auch Gefallen an denen, die es tun.

Kapitel 2

¹Darum, o Mensch, kannst du dich nicht entschuldigen, wer du auch bist, der da richtet. Denn worin du einen andern richtest, verdammst du dich selbst; sintemal du eben dasselbe tust, was du richtest.

²Denn wir wissen, daß Gottes Urteil ist recht über die, so solches tun.

³Denkst du aber, o Mensch, der du richtest die, die solches tun, und tust auch dasselbe, daß du dem Urteil Gottes entrinnen werdest?

⁴Oder verachtest du den Reichtum seiner Güte, Geduld und Langmütigkeit? Weißt du nicht, daß dich Gottes Güte zur Buße leitet?

⁵Du aber nach deinem verstockten und unbußfertigen Herzen häufest dir selbst den Zorn auf den Tag des Zornes und der Offenbarung des gerechten Gerichtes Gottes,

⁶welcher geben wird einem jeglichen nach seinen Werken:

⁷Preis und Ehre und unvergängliches Wesen denen, die mit Geduld in guten Werken trachten nach dem ewigen Leben;

⁸aber denen, die da zänkisch sind und der Wahrheit nicht gehorchen, gehorchen aber der Ungerechtigkeit, Ungnade, und Zorn;

⁹Trübsal und Angst über alle Seelen der Menschen, die da Böses tun, vornehmlich der Juden und auch der Griechen;

¹⁰Preis aber und Ehre und Friede allen denen, die da Gutes tun, vornehmlich den Juden und auch den Griechen.

¹¹Denn es ist kein Ansehen der Person vor Gott.

¹²Welche ohne Gesetz gesündigt haben, die werden auch ohne Gesetz verloren werden; und welche unter dem Gesetz gesündigt haben, die werden durchs Gesetz verurteilt werden

¹³(sintemal vor Gott nicht, die das Gesetz hören, gerecht sind, sondern die das Gesetz tun, werden gerecht sein.

¹⁴Denn so die Heiden, die das Gesetz nicht haben, doch von Natur tun des Gesetzes Werk, sind dieselben, dieweil sie das Gesetz nicht haben, sich selbst ein Gesetz,

¹⁵als die da beweisen, des Gesetzes Werk sei geschrieben in ihren Herzen, sintemal ihr Gewissen ihnen zeugt, dazu auch die Gedanken, die sich untereinander verklagen oder entschuldigen),

¹⁶auf den Tag, da Gott das Verborgene der Menschen durch Jesus Christus richten wird laut meines Evangeliums.

¹⁷Siehe aber zu: du heißest ein Jude und verlässest dich aufs Gesetz und rühmest dich Gottes

¹⁸und weißt seinen Willen; und weil du aus dem Gesetz unterrichtet bist, prüfest du, was das Beste zu tun sei,

¹⁹und vermissest dich, zu sein ein Leiter der Blinden, ein Licht derer, die in Finsternis sind,

²⁰ein Züchtiger der Törichten, ein Lehrer der Einfältigen, hast die Form, was zu wissen und recht ist, im Gesetz.

²¹Nun lehrst du andere, und lehrst dich selber nicht; du predigst, man solle nicht stehlen, und du stiehlst;

²²du sprichst man solle nicht ehebrechen, und du brichst die Ehe; dir greuelt vor den Götzen, und du raubest Gott, was sein ist;

²³du rühmst dich des Gesetzes, und schändest Gott durch Übertretung des Gesetzes;

²⁴denn "eurethalben wird Gottes Name gelästert unter den Heiden", wie geschrieben steht.

²⁵Die Beschneidung ist wohl nütz, wenn du das Gesetz hältst; hältst du das Gesetz aber nicht, so bist du aus einem Beschnittenen schon ein Unbeschnittener geworden.

²⁶So nun der Unbeschnittene das Gesetz hält, meinst du nicht, daß da der Unbeschnittene werde für einen Beschnittenen gerechnet?

²⁷Und wird also, der von Natur unbeschnitten ist und das Gesetz vollbringt, dich richten, der du unter dem Buchstaben und der Beschneidung bist und das Gesetz übertrittst.

²⁸Denn das ist nicht ein Jude, der auswendig ein Jude ist, auch ist das nicht eine Beschneidung, die auswendig am Fleisch geschieht;

²⁹sondern das ist ein Jude, der's inwendig verborgen ist, und die Beschneidung des Herzens ist eine Beschneidung, die im Geist und nicht im Buchstaben geschieht. Eines solchen Lob ist nicht aus Menschen, sondern aus Gott.

Kapitel 3

¹Was haben denn die Juden für Vorteil, oder was nützt die Beschneidung?

²Fürwahr sehr viel. Zum ersten: ihnen ist vertraut, was Gott geredet hat.

³Daß aber etliche nicht daran glauben, was liegt daran? Sollte ihr Unglaube Gottes Glauben aufheben?

⁴Das sei ferne! Es bleibe vielmehr also, daß Gott sei wahrhaftig und alle Menschen Lügner; wie geschrieben steht: "Auf daß du gerecht seist in deinen Worten und überwindest, wenn du gerichtet wirst."

⁵Ist's aber also, daß unsere Ungerechtigkeit Gottes Gerechtigkeit preist, was wollen wir sagen? Ist denn Gott auch ungerecht, wenn er darüber zürnt? (Ich rede also auf Menschenweise.)

⁶Das sei ferne! Wie könnte sonst Gott die Welt richten?

⁷Denn so die Wahrheit Gottes durch meine Lüge herrlicher wird zu seinem Preis, warum sollte ich denn noch als Sünder gerichtet werden

⁸und nicht vielmehr also tun, wie wir gelästert werden und wie etliche sprechen, daß wir sagen: "Lasset uns Übles tun, auf das Gutes daraus komme"? welcher Verdammnis ist ganz recht.

⁹Was sagen wir denn nun? Haben wir einen Vorteil? Gar keinen. Denn wir haben droben bewiesen, daß beide, Juden und Griechen, alle unter der Sünde sind,

¹⁰wie denn geschrieben steht: "Da ist nicht, der gerecht sei, auch nicht einer.

¹¹Da ist nicht, der verständig sei; da ist nicht, der nach Gott frage.

¹²Sie sind alle abgewichen und allesamt untüchtig geworden. Da ist nicht, der Gutes tue, auch nicht einer.

¹³Ihr Schlund ist ein offenes Grab; mit ihren Zungen handeln sie trüglich. Otterngift ist unter den Lippen;

¹⁴ihr Mund ist voll Fluchens und Bitterkeit.

¹⁵Ihre Füße sind eilend, Blut zu vergießen;

¹⁶auf ihren Wegen ist eitel Schaden und Herzeleid,

¹⁷und den Weg des Friedens wissen sie nicht.

¹⁸Es ist keine Furcht Gottes vor ihren Augen."

¹⁹Wir wissen aber, daß, was das Gesetz sagt, das sagt es denen, die unter dem Gesetz sind, auf daß aller Mund verstopft werde und alle Welt Gott schuldig sei;

²⁰darum daß kein Fleisch durch des Gesetzes Werke vor ihm gerecht sein kann; denn durch das Gesetz kommt Erkenntnis der Sünde.

²¹Nun aber ist ohne Zutun des Gesetzes die Gerechtigkeit, die vor Gott gilt, offenbart und bezeugt durch das Gesetz und die Propheten.

²²Ich sage aber von solcher Gerechtigkeit vor Gott, die da kommt durch den Glauben an Jesum Christum zu allen und auf alle, die da glauben.

²³Denn es ist hier kein Unterschied: sie sind allzumal Sünder und mangeln des Ruhmes, den sie bei Gott haben sollten,

²⁴und werden ohne Verdienst gerecht aus seiner Gnade durch die Erlösung, so durch Jesum Christum geschehen ist,

²⁵welchen Gott hat vorgestellt zu einem Gnadenstuhl durch den Glauben in seinem Blut, damit er die Gerechtigkeit, die vor ihm gilt, darbiete in dem, daß er Sünde vergibt, welche bisher geblieben war unter göttlicher Geduld;

²⁶auf daß er zu diesen Zeiten darböte die Gerechtigkeit, die vor ihm gilt; auf daß er allein gerecht sei und gerecht mache den, der da ist des Glaubens an Jesum.

²⁷Wo bleibt nun der Ruhm? Er ist ausgeschlossen. Durch das Gesetz? Durch der Werke Gesetz? Nicht also, sondern durch des Glaubens Gesetz.

²⁸So halten wir nun dafür, daß der Mensch gerecht werde ohne des Gesetzes Werke, allein durch den Glauben.

²⁹Oder ist Gott allein der Juden Gott? Ist er nicht auch der Heiden Gott? Ja freilich, auch der Heiden Gott.

³⁰Sintemal es ist ein einiger Gott, der da gerecht macht die Beschnittenen aus dem Glauben und die Unbeschnittenen durch den Glauben.

³¹Wie? Heben wir denn das Gesetz auf durch den Glauben? Das sei ferne! sondern wir richten das Gesetz auf.

Kapitel 4

¹Was sagen wir denn von unserm Vater Abraham, daß er gefunden habe nach dem Fleisch?

²Das sagen wir: Ist Abraham durch die Werke gerecht, so hat er wohl Ruhm, aber nicht vor Gott.

³Was sagt denn die Schrift? "Abraham hat Gott geglaubt, und das ist ihm zur Gerechtigkeit gerechnet."

⁴Dem aber, der mit Werken umgeht, wird der Lohn nicht aus Gnade zugerechnet, sondern aus Pflicht.

⁵Dem aber, der nicht mit Werken umgeht, glaubt aber an den, der die Gottlosen gerecht macht, dem wird sein Glaube gerechnet zur Gerechtigkeit.

⁶Nach welcher Weise auch David sagt, daß die Seligkeit sei allein des Menschen, welchem Gott zurechnet die Gerechtigkeit ohne Zutun der Werke, da er spricht:

⁷"Selig sind die, welchen ihre Ungerechtigkeiten vergeben sind und welchen ihre Sünden bedeckt sind!

⁸Selig ist der Mann, welchem Gott die Sünde nicht zurechnet!"

⁹Nun diese Seligkeit, geht sie über die Beschnittenen oder auch über die Unbeschnittenen? Wir müssen ja sagen, daß Abraham sei sein Glaube zur Gerechtigkeit gerechnet.

¹⁰Wie ist er ihm denn zugerechnet? Als er beschnitten oder als er unbeschnitten war? Nicht, als er beschnitten, sondern als er unbeschnitten war.

¹¹Das Zeichen der Beschneidung empfing er zum Siegel der Gerechtigkeit des Glaubens, welchen er hatte, als er noch nicht beschnitten war, auf daß er würde ein Vater aller, die da glauben und nicht beschnitten sind, daß ihnen solches auch gerechnet werde zur Gerechtigkeit;

¹²und würde auch ein Vater der Beschneidung, derer, die nicht allein beschnitten sind, sondern auch wandeln in den Fußtapfen des Glaubens, welcher war in unserm Vater Abraham, als er noch unbeschnitten war.

¹³Denn die Verheißung, daß er sollte sein der Welt Erbe, ist nicht geschehen Abraham oder seinem Samen durchs Gesetz, sondern durch die Gerechtigkeit des Glaubens.

¹⁴Denn wo die vom Gesetz Erben sind, so ist der Glaube nichts, und die Verheißung ist abgetan.

¹⁵Sintemal das Gesetz nur Zorn anrichtet; denn wo das Gesetz nicht ist, da ist auch keine Übertretung.

¹⁶Derhalben muß die Gerechtigkeit durch den Glauben kommen, auf daß sie sei aus Gnaden und die Verheißung fest bleibe allem Samen, nicht dem allein, der unter dem Gesetz ist, sondern auch dem, der des Glaubens Abrahams ist, welcher ist unser aller Vater

¹⁷(wie geschrieben steht: "Ich habe dich gesetzt zum Vater vieler Völker") vor Gott, dem er geglaubt hat, der da lebendig macht die Toten und ruft dem, was nicht ist, daß es sei.

¹⁸Und er hat geglaubt auf Hoffnung, da nichts zu hoffen war, auf daß er würde ein Vater vieler Völker, wie denn zu ihm gesagt ist: "Also soll dein Same sein."

¹⁹Und er ward nicht schwach im Glauben, sah auch nicht an seinem eigenen Leib, welcher schon erstorben war (weil er schon fast hundertjährig war), auch nicht den erstorbenen Leib der Sara;

²⁰denn er zweifelte nicht an der Verheißung Gottes durch Unglauben, sondern ward stark im Glauben und gab Gott die Ehre

²¹und wußte aufs allergewisseste, daß, was Gott verheißt, das kann er auch tun.

²²Darum ist's ihm auch zur Gerechtigkeit gerechnet.

²³Das ist aber nicht geschrieben allein um seinetwillen, daß es ihm zugerechnet ist,

²⁴sondern auch um unsertwillen, welchen es zugerechnet werden soll, so wir glauben an den, der unsern HERRN Jesus auferweckt hat von den Toten,

²⁵welcher ist um unsrer Sünden willen dahingegeben und um unsrer Gerechtigkeit willen auferweckt.

Kapitel 5

¹Nun wir denn sind gerecht geworden durch den Glauben, so haben wir Frieden mit Gott durch unsern HERRN Jesus Christus,

²durch welchen wir auch den Zugang haben im Glauben zu dieser Gnade, darin wir stehen, und rühmen uns der Hoffnung der zukünftigen Herrlichkeit, die Gott geben soll.

³Nicht allein aber das, sondern wir rühmen uns auch der Trübsale, dieweil wir wissen, daß Trübsal Geduld bringt;

⁴Geduld aber bringt Erfahrung; Erfahrung aber bringt Hoffnung;

⁵Hoffnung aber läßt nicht zu Schanden werden. Denn die Liebe Gottes ist ausgegossen in unser Herz durch den heiligen Geist, welcher uns gegeben ist.

⁶Denn auch Christus, da wir noch schwach waren nach der Zeit, ist für uns Gottlose gestorben.

⁷Nun stirbt kaum jemand um eines Gerechten willen; um des Guten willen dürfte vielleicht jemand sterben.

⁸Darum preiset Gott seine Liebe gegen uns, daß Christus für uns gestorben ist, da wir noch Sünder waren.

⁹So werden wir ja viel mehr durch ihn bewahrt werden vor dem

Zorn, nachdem wir durch sein Blut gerecht geworden sind.

¹⁰Denn so wir Gott versöhnt sind durch den Tod seines Sohnes, da wir noch Feinde waren, viel mehr werden wir selig werden durch sein Leben, so wir nun versöhnt sind.

¹¹Nicht allein aber das, sondern wir rühmen uns auch Gottes durch unsern HERRN Jesus Christus, durch welchen wir nun die Versöhnung empfangen haben.

¹²Derhalben, wie durch einen Menschen die Sünde ist gekommen in die Welt und der Tod durch die Sünde, und ist also der Tod zu allen Menschen durchgedrungen, dieweil sie alle gesündigt haben;

¹³denn die Sünde war wohl in der Welt bis auf das Gesetz; aber wo kein Gesetz ist, da achtet man der Sünde nicht.

¹⁴Doch herrschte der Tod von Adam an bis auf Moses auch über die, die nicht gesündigt haben mit gleicher Übertretung wie Adam, welcher ist ein Bild des, der zukünftig war.

¹⁵Aber nicht verhält sich's mit der Gabe wie mit der Sünde. Denn so an eines Sünde viele gestorben sind, so ist viel mehr Gottes Gnade und Gabe vielen reichlich widerfahren durch die Gnade des einen Menschen Jesus Christus.

¹⁶Und nicht ist die Gabe allein über eine Sünde, wie durch des einen Sünders eine Sünde alles Verderben. Denn das Urteil ist gekommen aus einer Sünde zur Verdammnis; die Gabe aber hilft auch aus vielen Sünden zur Gerechtigkeit.

¹⁷Denn so um des einen Sünde willen der Tod geherrscht hat durch den einen, viel mehr werden die, so da empfangen die Fülle der Gnade und der Gabe zur Gerechtigkeit, herrschen im Leben durch einen, Jesum Christum.

¹⁸Wie nun durch eines Sünde die Verdammnis über alle Menschen gekommen ist, so ist auch durch eines Gerechtigkeit die Rechtfertigung des Lebens über alle Menschen gekommen.

¹⁹Denn gleichwie durch eines Menschen Ungehorsam viele Sünder geworden sind, also auch durch eines Gehorsam werden viele Gerechte.

²⁰Das Gesetz aber ist neben eingekommen, auf daß die Sünde mächtiger würde. Wo aber die Sünde mächtig geworden ist, da ist doch die Gnade viel mächtiger geworden,

²¹auf daß, gleichwie die Sünde geherrscht hat zum Tode, also auch herrsche die Gnade durch die Gerechtigkeit zum ewigen Leben durch Jesum Christum, unsern HERRN.

Kapitel 6

¹Was wollen wir hierzu sagen? Sollen wir denn in der Sünde beharren, auf daß die Gnade desto mächtiger werde?

²Das sei ferne! Wie sollten wir in der Sünde wollen leben, der wir abgestorben sind?

³Wisset ihr nicht, daß alle, die wir in Jesus Christus getauft sind, die sind in seinen Tod getauft?

⁴So sind wir ja mit ihm begraben durch die Taufe in den Tod, auf daß, gleichwie Christus ist auferweckt von den Toten durch die Herrlichkeit des Vaters, also sollen auch wir in einem neuen Leben wandeln.

⁵So wir aber samt ihm gepflanzt werden zu gleichem Tode, so werden wir auch seiner Auferstehung gleich sein,

⁶dieweil wir wissen, daß unser alter Mensch samt ihm gekreuzigt ist, auf daß der sündliche Leib aufhöre, daß wir hinfort der Sünde nicht mehr dienen.

⁷Denn wer gestorben ist, der ist gerechtfertigt von der Sünde.

⁸Sind wir aber mit Christo gestorben, so glauben wir, daß wir auch mit ihm leben werden,

⁹und wissen, daß Christus, von den Toten auferweckt, hinfort nicht stirbt; der Tod wird hinfort nicht mehr über ihn herrschen.

¹⁰Denn was er gestorben ist, das ist er der Sünde gestorben zu einem Mal; was er aber lebt, das lebt er Gott.

¹¹Also auch ihr, haltet euch dafür, daß ihr der Sünde gestorben seid und lebt Gott in Christo Jesus, unserm HERRN.

¹²So lasset nun die Sünde nicht herrschen in eurem sterblichen Leibe, ihr Gehorsam zu leisten in seinen Lüsten.

¹³Auch begebet nicht der Sünde eure Glieder zu Waffen der Ungerechtigkeit, sondern begebet euch selbst Gott, als die da aus den Toten lebendig sind, und eure Glieder Gott zu Waffen der Gerechtigkeit.

¹⁴Denn die Sünde wird nicht herrschen können über euch, sintemal ihr nicht unter dem Gesetz seid, sondern unter der Gnade.

¹⁵Wie nun? Sollen wir sündigen, dieweil wir nicht unter dem Gesetz, sondern unter der Gnade sind? Das sei ferne!

¹⁶Wisset ihr nicht: welchem ihr euch begebet zu Knechten in Gehorsam, des Knechte seid ihr, dem ihr gehorsam seid, es sei der Sünde zum Tode oder dem Gehorsam zur Gerechtigkeit?

¹⁷Gott sei aber gedankt, daß ihr Knechte der Sünde gewesen seid, aber nun gehorsam geworden von Herzen dem Vorbilde der Lehre, welchem ihr ergeben seid.

¹⁸Denn nun ihr frei geworden seid von der Sünde, seid ihr Knechte der Gerechtigkeit geworden.

¹⁹Ich muß menschlich davon reden um der Schwachheit willen eures Fleisches. Gleichwie ihr eure Glieder begeben habet zum Dienst der Unreinigkeit und von einer Ungerechtigkeit zur andern, also begebet auch nun eure Glieder zum Dienst der Gerechtigkeit, daß sie heilig werden.

²⁰Denn da ihr der Sünde Knechte wart, da wart ihr frei von der Gerechtigkeit.

²¹Was hattet ihr nun zu der Zeit für Frucht? Welcher ihr euch jetzt schämet; denn ihr Ende ist der Tod.

²²Nun ihr aber seid von der Sünde frei und Gottes Knechte geworden, habt ihr eure Frucht, daß ihr heilig werdet, das Ende aber ist das ewige Leben.

²³Denn der Tod ist der Sünde Sold; aber die Gabe Gottes ist das ewige Leben in Christo Jesu, unserm HERRN.

Kapitel 7

¹Wisset ihr nicht, liebe Brüder (denn ich rede mit solchen, die das Gesetz wissen), daß das Gesetz herrscht über den Menschen solange er lebt?

²Denn ein Weib, das unter dem Manne ist, ist an ihn gebunden durch das Gesetz, solange der Mann lebt; so aber der Mann stirbt, so ist sie los vom Gesetz, das den Mann betrifft.

³Wo sie nun eines andern Mannes wird, solange der Mann lebt, wird sie eine Ehebrecherin geheißen; so aber der Mann stirbt, ist sie frei vom Gesetz, daß sie nicht eine Ehebrecherin ist, wo sie eines andern Mannes wird.

⁴Also seid auch ihr, meine Brüder, getötet dem Gesetz durch den Leib Christi, daß ihr eines andern seid, nämlich des, der von den Toten auferweckt ist, auf daß wir Gott Frucht bringen.

⁵Denn da wir im Fleisch waren, da waren die sündigen Lüste, welche durchs Gesetz sich erregten, kräftig in unsern Gliedern, dem Tode Frucht zu bringen.

⁶Nun aber sind wir vom Gesetz los und ihm abgestorben, das uns gefangenhielt, also daß wir dienen sollen im neuen Wesen des Geistes und nicht im alten Wesen des Buchstabens.

⁷Was wollen wir denn nun sagen? Ist das Gesetz Sünde? Das sei ferne! Aber die Sünde erkannte ich nicht, außer durchs Gesetz. Denn ich wußte nichts von der Lust, wo das Gesetz nicht hätte gesagt: "Laß dich nicht gelüsten!"

⁸Da nahm aber die Sünde Ursache am Gebot und erregte in mir allerlei Lust; denn ohne das Gesetz war die Sünde tot.

⁹Ich aber lebte weiland ohne Gesetz; da aber das Gebot kam, ward die Sünde wieder lebendig,

¹⁰ich aber starb; und es fand sich, daß das Gebot mir zum Tode gereichte, das mir doch zum Leben gegeben war.

¹¹Denn die Sünde nahm Ursache am Gebot und betrog mich und tötete mich durch dasselbe Gebot.

¹²Das Gesetz ist ja heilig, und das Gebot ist heilig, recht und gut.

¹³Ist denn, das da gut ist, mir zum Tod geworden? Das sei ferne! Aber die Sünde, auf daß sie erscheine, wie sie Sünde ist, hat sie mir durch das Gute den Tod gewirkt, auf daß die Sünde würde überaus sündig durchs Gebot.

¹⁴Denn wir wissen, daß das Gesetz geistlich ist; ich bin aber fleischlich, unter die Sünde verkauft.

¹⁵Denn ich weiß nicht, was ich tue. Denn ich tue nicht, was ich will; sondern, was ich hasse, das tue ich.

¹⁶So ich aber das tue, was ich nicht will, so gebe ich zu, daß das Gesetz gut sei.

¹⁷So tue ich nun dasselbe nicht, sondern die Sünde, die in mir wohnt.

¹⁸Denn ich weiß, daß in mir, das ist in meinem Fleische, wohnt nichts Gutes. Wollen habe ich wohl, aber vollbringen das Gute finde ich nicht.

¹⁹Denn das Gute, das ich will, das tue ich nicht; sondern das Böse, das ich nicht will, das tue ich.

²⁰So ich aber tue, was ich nicht will, so tue ich dasselbe nicht; sondern die Sünde, die in mir wohnt.

²¹So finde ich mir nun ein Gesetz, der ich will das Gute tun, daß mir das Böse anhangt.

²²Denn ich habe Lust an Gottes Gesetz nach dem inwendigen Menschen.

²³Ich sehe aber ein ander Gesetz in meinen Gliedern, das da widerstreitet dem Gesetz in meinem Gemüte und nimmt mich gefangen in der Sünde Gesetz, welches ist in meinen Gliedern.

²⁴Ich elender Mensch! wer wird mich erlösen von dem Leibe dieses Todes?

²⁵Ich danke Gott durch Jesum Christum, unserm HERRN. So diene ich nun mit dem Gemüte dem Gesetz Gottes, aber mit dem Fleische dem Gesetz der Sünde.

Kapitel 8

¹So ist nun nichts Verdammliches an denen, die in Christo Jesu sind, die nicht nach dem Fleisch wandeln, sondern nach dem Geist.

²Denn das Gesetz des Geistes, der da lebendig macht in Christo Jesu, hat mich frei gemacht von dem Gesetz der Sünde und des Todes.

³Denn was dem Gesetz unmöglich war (sintemal es durch das Fleisch geschwächt ward), das tat Gott und sandte seinen Sohn in der Gestalt des sündlichen Fleisches und der Sünde halben und verdammte die Sünde im Fleisch,

⁴auf daß die Gerechtigkeit, vom Gesetz erfordert, in uns erfüllt würde, die wir nun nicht nach dem Fleische wandeln, sondern nach dem Geist.

⁵Denn die da fleischlich sind, die sind fleischlich gesinnt; die aber geistlich sind, die sind geistlich gesinnt.

⁶Aber fleischlich gesinnt sein ist der Tod, und geistlich gesinnt sein ist Leben und Friede.

⁷Denn fleischlich gesinnt sein ist wie eine Feindschaft wider Gott, sintemal das Fleisch dem Gesetz Gottes nicht untertan ist; denn es vermag's auch nicht.

⁸Die aber fleischlich sind, können Gott nicht gefallen.

⁹Ihr aber seid nicht fleischlich, sondern geistlich, so anders Gottes Geist in euch wohnt. Wer aber Christi Geist nicht hat, der ist nicht sein.

¹⁰So nun aber Christus in euch ist, so ist der Leib zwar tot um der Sünde willen, der Geist aber ist Leben um der Gerechtigkeit willen.

¹¹So nun der Geist des, der Jesum von den Toten auferweckt hat, in euch wohnt, so wird auch derselbe, der Christum von den Toten auferweckt hat, eure sterblichen Leiber lebendig machen um deswillen, daß sein Geist in euch wohnt.

¹²So sind wir nun, liebe Brüder, Schuldner nicht dem Fleisch, daß wir nach dem Fleisch leben.

¹³Denn wo ihr nach dem Fleisch lebet, so werdet ihr sterben müssen; wo ihr aber durch den Geist des Fleisches Geschäfte tötet, so werdet ihr leben.

¹⁴Denn welche der Geist Gottes treibt, die sind Gottes Kinder.

¹⁵Denn ihr habt nicht einen knechtischen Geist empfangen, daß ihr euch abermals fürchten müßtet; sondern ihr habt einen kindlichen Geist empfangen, durch welchen wir rufen: Abba, lieber Vater!

¹⁶Derselbe Geist gibt Zeugnis unserem Geist, daß wir Kinder Gottes sind.

¹⁷Sind wir denn Kinder, so sind wir auch Erben, nämlich Gottes Erben und Miterben Christi, so wir anders mit leiden, auf daß wir auch mit zur Herrlichkeit erhoben werden.

¹⁸Denn ich halte es dafür, daß dieser Zeit Leiden der Herrlichkeit nicht wert sei, die an uns soll offenbart werden.

¹⁹Denn das ängstliche Harren der Kreatur wartet auf die Offenbarung der Kinder Gottes.

²⁰Sintemal die Kreatur unterworfen ist der Eitelkeit ohne ihren Willen, sondern um deswillen, der sie unterworfen hat, auf Hoffnung.

²¹Denn auch die Kreatur wird frei werden vom Dienst des vergänglichen Wesens zu der herrlichen Freiheit der Kinder Gottes.

²²Denn wir wissen, daß alle Kreatur sehnt sich mit uns und ängstet sich noch immerdar.

²³Nicht allein aber sie, sondern auch wir selbst, die wir haben des Geistes Erstlinge, sehnen uns auch bei uns selbst nach der Kindschaft und warten auf unsers Leibes Erlösung.

²⁴Denn wir sind wohl selig, doch in der Hoffnung. Die Hoffnung aber, die man sieht, ist nicht Hoffnung; denn wie kann man des hoffen, das man sieht?

²⁵So wir aber des hoffen, das wir nicht sehen, so warten wir sein durch Geduld.

²⁶Desgleichen auch der Geist hilft unsrer Schwachheit auf. Denn wir wissen nicht, was wir beten sollen, wie sich's gebührt; sondern der Geist selbst vertritt uns aufs beste mit unaussprechlichem Seufzen.

²⁷Der aber die Herzen erforscht, der weiß, was des Geistes Sinn sei; denn er vertritt die Heiligen nach dem, das Gott gefällt.

²⁸Wir wissen aber, daß denen, die Gott lieben, alle Dinge zum Besten dienen, denen, die nach dem Vorsatz berufen sind.

²⁹Denn welche er zuvor ersehen hat, die hat er auch verordnet, daß sie gleich sein sollten dem Ebenbilde seines Sohnes, auf daß derselbe der Erstgeborene sei unter vielen Brüdern.

³⁰Welche er aber verordnet hat, die hat er auch berufen; welche er aber berufen hat, die hat er auch gerecht gemacht, welche er aber hat gerecht gemacht, die hat er auch herrlich gemacht.

³¹Was wollen wir nun hierzu sagen? Ist Gott für uns, wer mag wider uns sein?

³²welcher auch seines eigenen Sohnes nicht hat verschont, sondern hat ihn für uns alle dahingegeben; wie sollte er uns mit ihm nicht alles schenken?

³³Wer will die Auserwählten Gottes beschuldigen? Gott ist hier, der da gerecht macht.

³⁴Wer will verdammen? Christus ist hier, der gestorben ist, ja vielmehr, der auch auferweckt ist, welcher ist zur Rechten Gottes und vertritt uns.

³⁵Wer will uns scheiden von der Liebe Gottes? Trübsal oder Angst oder Verfolgung oder Hunger oder Blöße oder Fährlichkeit oder Schwert?

³⁶wie geschrieben steht: "Um deinetwillen werden wir getötet den ganzen Tag; wir sind geachtet wie Schlachtschafe."

³⁷Aber in dem allem überwinden wir weit um deswillen, der uns geliebt hat.

³⁸Denn ich bin gewiß, daß weder Tod noch Leben, weder Engel noch Fürstentümer noch Gewalten, weder Gegenwärtiges noch Zukünftiges,

³⁹weder Hohes noch Tiefes noch keine andere Kreatur mag uns scheiden von der Liebe Gottes, die in Christo Jesu ist, unserm HERRN.

Kapitel 9

¹Ich sage die Wahrheit in Christus und lüge nicht, wie mir Zeugnis gibt mein Gewissen in dem Heiligen Geist,

²daß ich große Traurigkeit und Schmerzen ohne Unterlaß in meinem Herzen habe.

³Ich habe gewünscht, verbannt zu sein von Christo für meine Brüder, die meine Gefreundeten sind nach dem Fleisch;

⁴die da sind von Israel, welchen gehört die Kindschaft und die Herrlichkeit und der Bund und das Gesetz und der Gottesdienst und die Verheißungen;

⁵welcher auch sind die Väter, und aus welchen Christus herkommt nach dem Fleische, der da ist Gott über alles, gelobt in Ewigkeit. Amen.

⁶Aber nicht sage ich solches, als ob Gottes Wort darum aus sei. Denn es sind nicht alle Israeliter, die von Israel sind;

⁷auch nicht alle, die Abrahams Same sind, sind darum auch Kinder. Sondern "in Isaak soll dir der Same genannt sein".

⁸Das ist: nicht sind das Gottes Kinder, die nach dem Fleisch Kinder sind; sondern die Kinder der Verheißung werden für Samen gerechnet.

⁹Denn dies ist ein Wort der Verheißung, da er spricht: "Um diese Zeit will ich kommen, und Sara soll einen Sohn haben."

¹⁰Nicht allein aber ist's mit dem also, sondern auch, da Rebekka von dem einen, unserm Vater Isaak, schwanger ward:

¹¹ehe die Kinder geboren waren und weder Gutes noch Böses getan hatten, auf daß der Vorsatz Gottes bestünde nach der Wahl,

¹²nicht aus Verdienst der Werke, sondern aus Gnade des Berufers, ward zu ihr gesagt: "Der Ältere soll dienstbar werden dem Jüngeren",

¹³wie denn geschrieben steht: "Jakob habe ich geliebt, aber Esau habe ich gehaßt."

¹⁴Was wollen wir denn hier sagen? Ist denn Gott ungerecht? Das sei ferne!

¹⁵Denn er spricht zu Mose: "Welchem ich gnädig bin, dem bin ich gnädig; und welches ich mich erbarme, des erbarme ich mich."

¹⁶So liegt es nun nicht an jemandes Wollen oder Laufen, sondern an Gottes Erbarmen.

¹⁷Denn die Schrift sagt zum Pharao: "Ebendarum habe ich dich erweckt, daß ich an dir meine Macht erzeige, auf daß mein Name verkündigt werde in allen Landen."

¹⁸So erbarmt er sich nun, welches er will, und verstockt, welchen er will.

¹⁹So sagst du zu mir: Was beschuldigt er uns denn? Wer kann seinem Willen widerstehen?

²⁰Ja, lieber Mensch, wer bist du denn, daß du mit Gott rechten willst? Spricht auch ein Werk zu seinem Meister: Warum machst du mich also?

²¹Hat nicht ein Töpfer Macht, aus einem Klumpen zu machen ein Gefäß zu Ehren und das andere zu Unehren?

²²Derhalben, da Gott wollte Zorn erzeigen und kundtun seine Macht, hat er mit großer Geduld getragen die Gefäße des Zorns, die da

zugerichtet sind zur Verdammnis;

²³auf daß er kundtäte den Reichtum seiner Herrlichkeit an den Gefäßen der Barmherzigkeit, die er bereitet hat zur Herrlichkeit,

²⁴welche er berufen hat, nämlich uns, nicht allein aus den Juden sondern auch aus den Heiden.

²⁵Wie er denn auch durch Hosea spricht: "Ich will das mein Volk heißen, daß nicht mein Volk war, und meine Liebe, die nicht meine Liebe war."

²⁶"Und soll geschehen: An dem Ort, da zu ihnen gesagt ward: 'Ihr seid nicht mein Volk', sollen sie Kinder des lebendigen Gottes genannt werden."

²⁷Jesaja aber schreit für Israel: "Wenn die Zahl der Kinder Israel würde sein wie der Sand am Meer, so wird doch nur der Überrest selig werden;

²⁸denn es wird ein Verderben und Steuern geschehen zur Gerechtigkeit, und der HERR wird das Steuern tun auf Erden."

²⁹Und wie Jesaja zuvorsagte: "Wenn uns nicht der HERR Zebaoth hätte lassen Samen übrig bleiben, so wären wir wie Sodom und Gomorra.

³⁰Was wollen wir nun hier sagen? Das wollen wir sagen: Die Heiden, die nicht haben nach der Gerechtigkeit getrachtet, haben Gerechtigkeit erlangt; ich sage aber von der Gerechtigkeit, die aus dem Glauben kommt.

³¹Israel aber hat dem Gesetz der Gerechtigkeit nachgetrachtet, und hat das Gesetz der Gerechtigkeit nicht erreicht.

³²Warum das? Darum daß sie es nicht aus dem Glauben, sondern aus den Werken des Gesetzes suchen. Denn sie haben sich gestoßen an den Stein des Anlaufens,

³³wie geschrieben steht: "Siehe da, ich lege in Zion einen Stein des Anlaufens und einen Fels des Ärgernisses; und wer an ihn glaubt, der soll nicht zu Schanden werden."

Kapitel 10

¹Liebe Brüder, meines Herzens Wunsch ist, und ich flehe auch zu Gott für Israel, daß sie selig werden.

²Denn ich gebe ihnen das Zeugnis, daß sie eifern um Gott, aber mit Unverstand.

³Denn sie erkennen die Gerechtigkeit nicht, die vor Gott gilt, und trachten, ihre eigene Gerechtigkeit aufzurichten, und sind also der Gerechtigkeit, die vor Gott gilt, nicht untertan.

⁴Denn Christus ist des Gesetzes Ende; wer an den glaubt, der ist gerecht.

⁵Mose schreibt wohl von der Gerechtigkeit, die aus dem Gesetz kommt: "Welcher Mensch dies tut, der wird dadurch leben."

⁶Aber die Gerechtigkeit aus dem Glauben spricht also: "Sprich nicht in deinem Herzen: Wer will hinauf gen Himmel fahren?" (Das ist nichts anderes denn Christum herabholen.)

⁷Oder: "Wer will hinab in die Tiefe fahren?" (Das ist nichts anderes denn Christum von den Toten holen.)

⁸Aber was sagt sie? "Das Wort ist dir nahe, in deinem Munde und in deinem Herzen." Dies ist das Wort vom Glauben, das wir predigen.

⁹Denn so du mit deinem Munde bekennst Jesum, daß er der HERR sei, und glaubst in deinem Herzen, daß ihn Gott von den Toten auferweckt hat, so wirst du selig.

¹⁰Denn so man von Herzen glaubt, so wird man gerecht; und so man mit dem Munde bekennt, so wird man selig.

¹¹Denn die Schrift spricht: "Wer an ihn glaubt, wird nicht zu Schanden werden."

¹²Es ist hier kein Unterschied unter Juden und Griechen; es ist aller zumal ein HERR, reich über alle, die ihn anrufen.

¹³Denn "wer den Namen des HERRN wird anrufen, soll selig werden."

¹⁴Wie sollen sie aber den anrufen, an den sie nicht glauben? Wie sollen sie aber an den glauben, von dem sie nichts gehört haben? wie sollen sie aber hören ohne Prediger?

¹⁵Wie sollen sie aber predigen, wo sie nicht gesandt werden? Wie denn geschrieben steht: "Wie lieblich sich die Füße derer, die den Frieden verkündigen, die das Gute verkündigen!"

¹⁶Aber sie sind nicht alle dem Evangelium gehorsam. Denn Jesaja sagt: "HERR, wer glaubt unserm Predigen?"

¹⁷So kommt der Glaube aus der Predigt, das Predigen aber aus dem Wort Gottes.

¹⁸Ich sage aber: Haben sie es nicht gehört? Wohl, es ist ja in alle Lande ausgegangen ihr Schall und in alle Welt ihre Worte.

¹⁹Ich sage aber: Hat es Israel nicht erkannt? Aufs erste spricht Mose: "Ich will euch eifern machen über dem, das nicht ein Volk ist; und über ein unverständiges Volk will ich euch erzürnen."

²⁰Jesaja aber darf wohl so sagen: "Ich bin gefunden von denen, die mich nicht gesucht haben, und bin erschienen denen, die nicht nach mir gefragt haben."

²¹Zu Israel aber spricht er: "Den ganzen Tag habe ich meine Hände ausgestreckt zu dem Volk, das sich nicht sagen läßt und widerspricht."

Kapitel 11

¹So sage ich nun: Hat denn Gott sein Volk verstoßen? Das sei ferne! Denn ich bin auch ein Israeliter von dem Samen Abrahams, aus dem Geschlecht Benjamin.

²Gott hat sein Volk nicht verstoßen, welches er zuvor ersehen hat. Oder wisset ihr nicht, was die Schrift sagt von Elia, wie er tritt vor Gott wider Israel und spricht:

³"HERR, sie haben deine Propheten getötet und deine Altäre zerbrochen; und ich bin allein übriggeblieben, und sie stehen mir nach meinem Leben"?

⁴Aber was sagt die göttliche Antwort? "Ich habe mir lassen übrig bleiben siebentausend Mann, die nicht haben ihre Kniee gebeugt vor dem Baal."

⁵Also gehet es auch jetzt zu dieser Zeit mit diesen, die übriggeblieben sind nach der Wahl der Gnade.

⁶Ist's aber aus Gnaden, so ist's nicht aus Verdienst der Werke; sonst würde Gnade nicht Gnade sein. Ist's aber aus Verdienst der Werke, so ist die Gnade nichts; sonst wäre Verdienst nicht Verdienst.

⁷Wie denn nun? Was Israel sucht, das erlangte es nicht; die Auserwählten aber erlangten es. Die andern sind verstockt,

⁸wie geschrieben steht: "Gott hat ihnen gegeben eine Geist des Schlafs, Augen, daß sie nicht sehen, und Ohren, daß sie nicht hören, bis auf den heutigen Tag."

⁹Und David spricht: "Laß ihren Tisch zu einem Strick werden und zu einer Berückung und zum Ärgernis und ihnen zur Vergeltung.

¹⁰Verblende ihre Augen, daß sie nicht sehen, und beuge ihren Rücken allezeit."

¹¹So sage ich nun: Sind sie darum angelaufen, daß sie fallen sollten? Das sei ferne! Sondern aus ihrem Fall ist den Heiden das Heil widerfahren, auf daß sie denen nacheifern sollten.

¹²Denn so ihr Fall der Welt Reichtum ist, und ihr Schade ist der Heiden Reichtum, wie viel mehr, wenn ihre Zahl voll würde?

¹³Mit euch Heiden rede ich; denn dieweil ich der Heiden Apostel bin, will ich mein Amt preisen,

¹⁴ob ich möchte die, so mein Fleisch sind, zu eifern reizen und ihrer etliche selig machen.

¹⁵Denn so ihre Verwerfung der Welt Versöhnung ist, was wird ihre Annahme anders sein als Leben von den Toten?

¹⁶Ist der Anbruch heilig, so ist auch der Teig heilig; und so die Wurzel heilig ist, so sind auch die Zweige heilig.

¹⁷Ob aber nun etliche von den Zweigen ausgebrochen sind und du, da du ein wilder Ölbaum warst, bist unter sie gepfropft und teilhaftig geworden der Wurzel und des Safts im Ölbaum,

¹⁸so rühme dich nicht wider die Zweige. Rühmst du dich aber wider sie, so sollst du wissen, daß du die Wurzel nicht trägst, sondern die Wurzel trägt dich.

¹⁹So sprichst du: Die Zweige sind ausgebrochen, das ich hineingepfropft würde.

²⁰Ist wohl geredet! Sie sind ausgebrochen um ihres Unglaubens willen; du stehst aber durch den Glauben. Sei nicht stolz, sondern fürchte dich.

²¹Hat Gott die natürlichen Zweige nicht verschont, daß er vielleicht dich auch nicht verschone.

²²Darum schau die Güte und den Ernst Gottes: den Ernst an denen, die gefallen sind, die Güte aber an dir, sofern du an der Güte bleibst; sonst wirst du auch abgehauen werden.

²³Und jene, so nicht bleiben in dem Unglauben, werden eingepfropft werden; Gott kann sie wohl wieder einpfropfen.

²⁴Denn so du aus dem Ölbaum, der von Natur aus wild war, bist abgehauen und wider die Natur in den guten Ölbaum gepropft, wie viel mehr werden die natürlichen eingepropft in ihren eigenen Ölbaum.

²⁵Ich will euch nicht verhalten, liebe Brüder, dieses Geheimnis (auf daß ihr nicht stolz seid): Blindheit ist Israel zum Teil widerfahren, so lange, bis die Fülle der Heiden eingegangen sei

²⁶und also das ganze Israel selig werde, wie geschrieben steht: "Es wird kommen aus Zion, der da erlöse und abwende das gottlose Wesen von Jakob.

²⁷Und dies ist mein Testament mit ihnen, wenn ich ihre Sünden werde wegnehmen."

²⁸Nach dem Evangelium sind sie zwar Feinde um euretwillen;

aber nach der Wahl sind sie Geliebte um der Väter willen.

²⁹Gottes Gaben und Berufung können ihn nicht gereuen.

³⁰Denn gleicherweise wie auch ihr weiland nicht habt geglaubt an Gott, nun aber Barmherzigkeit überkommen habt durch ihren Unglauben,

³¹also haben auch jene jetzt nicht wollen glauben an die Barmherzigkeit, die euch widerfahren ist, auf daß sie auch Barmherzigkeit überkommen.

³²Denn Gott hat alle beschlossen unter den Unglauben, auf daß er sich aller erbarme.

³³O welch eine Tiefe des Reichtums, beides, der Weisheit und Erkenntnis Gottes! Wie gar unbegreiflich sind sein Gerichte und unerforschlich seine Wege!

³⁴Denn wer hat des HERRN Sinn erkannt, oder wer ist sein Ratgeber gewesen?

³⁵Oder wer hat ihm etwas zuvor gegeben, daß ihm werde wiedervergolten?

³⁶Denn von ihm und durch ihn und zu ihm sind alle Dinge. Ihm sei Ehre in Ewigkeit! Amen.

Kapitel 12

¹Ich ermahne euch nun, liebe Brüder, durch die Barmherzigkeit Gottes, daß ihr eure Leiber begebet zum Opfer, das da lebendig, heilig und Gott wohlgefällig sei, welches sei euer vernünftiger Gottesdienst.

²Und stellet euch nicht dieser Welt gleich, sondern verändert euch durch die Erneuerung eures Sinnes, auf daß ihr prüfen möget, welches da sei der gute, wohlgefällige und vollkommene Gotteswille.

³Denn ich sage euch durch die Gnade, die mir gegeben ist, jedermann unter euch, daß niemand weiter von sich halte, als sich's gebührt zu halten, sondern daß er von sich mäßig halte, ein jeglicher, nach dem Gott ausgeteilt hat das Maß des Glaubens.

⁴Denn gleicherweise als wir in einem Leibe viele Glieder haben, aber alle Glieder nicht einerlei Geschäft haben,

⁵also sind wir viele ein Leib in Christus, aber untereinander ist einer des andern Glied,

⁶und haben mancherlei Gaben nach der Gnade, die uns gegeben ist.

⁷Hat jemand Weissagung, so sei sie dem Glauben gemäß. Hat jemand ein Amt, so warte er des Amts. Lehrt jemand, so warte er der Lehre.

⁸Ermahnt jemand, so warte er des Ermahnens. Gibt jemand, so gebe er einfältig. Regiert jemand, so sei er sorgfältig. Übt jemand Barmherzigkeit, so tue er's mit Lust.

⁹Die Liebe sei nicht falsch. Hasset das Arge, hanget dem Guten an.

¹⁰Die brüderliche Liebe untereinander sei herzlich. Einer komme dem andern mit Ehrerbietung zuvor.

¹¹Seid nicht träge in dem, was ihr tun sollt. Seid brünstig im Geiste. Schicket euch in die Zeit.

¹²Seid fröhlich in Hoffnung, geduldig in Trübsal, haltet an am Gebet.

¹³Nehmet euch der Notdurft der Heiligen an. Herberget gern.

¹⁴Segnet, die euch verfolgen; segnet und fluchet nicht.

¹⁵Freut euch mit den Fröhlichen und weint mit den Weinenden.

¹⁶Habt einerlei Sinn untereinander. Trachtet nicht nach hohen Dingen, sondern haltet euch herunter zu den Niedrigen.

¹⁷Haltet euch nicht selbst für klug. Vergeltet niemand Böses mit Bösem. Fleißigt euch der Ehrbarkeit gegen jedermann.

¹⁸Ist es möglich, soviel an euch ist, so habt mit allen Menschen Frieden.

¹⁹Rächet euch selber nicht, meine Liebsten, sondern gebet Raum dem Zorn Gottes; denn es steht geschrieben: "Die Rache ist mein; ich will vergelten, spricht der HERR."

²⁰So nun deinen Feind hungert, so speise ihn; dürstet ihn, so tränke ihn. Wenn du das tust, so wirst du feurige Kohlen auf sein Haupt sammeln.

²¹Laß dich nicht das Böse überwinden, sondern überwinde das Böse mit Gutem.

Kapitel 13

¹Jedermann sei untertan der Obrigkeit, die Gewalt über ihn hat. Denn es ist keine Obrigkeit ohne von Gott; wo aber Obrigkeit ist, die ist von Gott verordnet.

²Wer sich nun der Obrigkeit widersetzt, der widerstrebt Gottes Ordnung; die aber widerstreben, werden über sich ein Urteil empfangen.

³Denn die Gewaltigen sind nicht den guten Werken, sondern den bösen zu fürchten. Willst du dich aber nicht fürchten vor der Obrigkeit, so tue Gutes, so wirst du Lob von ihr haben.

⁴Denn sie ist Gottes Dienerin dir zu gut. Tust du aber Böses, so fürchte dich; denn sie trägt das Schwert nicht umsonst; sie ist Gottes Dienerin, eine Rächerin zur Strafe über den, der Böses tut.

⁵Darum ist's not, untertan zu sein, nicht allein um der Strafe willen, sondern auch um des Gewissens willen.

⁶Derhalben müßt ihr auch Schoß geben; denn sie sind Gottes Diener, die solchen Schutz handhaben.

⁷So gebet nun jedermann, was ihr schuldig seid: Schoß, dem der Schoß gebührt; Zoll, dem der Zoll gebührt; Furcht, dem die Furcht gebührt; Ehre, dem die Ehre gebührt.

⁸Seid niemand nichts schuldig, als daß ihr euch untereinander liebt; denn wer den andern liebt, der hat das Gesetz erfüllt.

⁹Denn was da gesagt ist: "Du sollst nicht ehebrechen; du sollst nicht töten; du sollst nicht stehlen; du sollst nicht falsch Zeugnis geben; dich soll nichts gelüsten", und so ein anderes Gebot mehr ist, das wird in diesen Worten zusammengefaßt: "Du sollst deinen Nächsten lieben wie dich selbst."

¹⁰Denn Liebe tut dem Nächsten nichts Böses. So ist nun die Liebe des Gesetzes Erfüllung.

¹¹Und weil wir solches wissen, nämlich die Zeit, daß die Stunde da ist, aufzustehen vom Schlaf (sintemal unser Heil jetzt näher ist, denn da wir gläubig wurden;

¹²die Nacht ist vorgerückt, der Tag aber nahe herbeigekommen): so lasset uns ablegen die Werke der Finsternis und anlegen die Waffen des Lichtes.

¹³Lasset uns ehrbar wandeln als am Tage, nicht in Fressen und Saufen, nicht in Kammern und Unzucht, nicht in Hader und Neid;

¹⁴sondern ziehet an den HERRN Jesus Christus und wartet des Leibes, doch also, daß er nicht geil werde.

Kapitel 14

¹Den Schwachen im Glauben nehmet auf und verwirrt die Gewissen nicht.

²Einer glaubt er möge allerlei essen; welcher aber schwach ist, der ißt Kraut.

³Welcher ißt, der verachte den nicht, der da nicht ißt; und welcher nicht ißt, der richte den nicht, der da ißt; denn Gott hat ihn aufgenommen.

⁴Wer bist du, daß du einen fremden Knecht richtest? Er steht oder fällt seinem HERRN. Er mag aber wohl aufgerichtet werden; denn Gott kann ihn wohl aufrichten.

⁵Einer hält einen Tag vor dem andern; der andere aber hält alle Tage gleich. Ein jeglicher sei in seiner Meinung gewiß.

⁶Welcher auf die Tage hält, der tut's dem HERRN; und welcher nichts darauf hält, der tut's auch dem HERRN. Welcher ißt, der ißt dem HERRN, denn er dankt Gott; welcher nicht ißt, der ißt dem HERRN nicht und dankt Gott.

⁷Denn unser keiner lebt sich selber, und keiner stirbt sich selber.

⁸Leben wir, so leben wir dem HERRN; sterben wir, so sterben wir dem HERRN. Darum, wir leben oder sterben, so sind wir des HERRN.

⁹Denn dazu ist Christus auch gestorben und auferstanden und wieder lebendig geworden, daß er über Tote und Lebendige HERR sei.

¹⁰Du aber, was richtest du deinen Bruder? Oder, du anderer, was verachtest du deinen Bruder? Wir werden alle vor den Richtstuhl Christi dargestellt werden.

¹¹denn es steht geschrieben: "So wahr ich lebe, spricht der HERR, mir sollen alle Kniee gebeugt werden, und alle Zungen sollen Gott bekennen."

¹²So wird nun ein jeglicher für sich selbst Gott Rechenschaft geben.

¹³Darum lasset uns nicht mehr einer den andern richten; sondern das richtet vielmehr, daß niemand seinem Bruder einen Anstoß oder Ärgernis darstelle.

¹⁴Ich weiß und bin gewiß in dem HERRN Jesus, daß nichts gemein ist an sich selbst; nur dem, der es rechnet für gemein, dem ist's gemein.

¹⁵So aber dein Bruder um deiner Speise willen betrübt wird, so wandelst du schon nicht nach der Liebe. Verderbe den nicht mit deiner Speise, um welches willen Christus gestorben ist.

¹⁶Darum schaffet, daß euer Schatz nicht verlästert werde.

¹⁷Denn das Reich Gottes ist nicht Essen und Trinken, sondern Gerechtigkeit und Friede und Freude in dem heiligen Geiste.

¹⁸Wer darin Christo dient, der ist Gott gefällig und den Menschen wert.

¹⁹Darum laßt uns dem nachstreben, was zum Frieden dient und was zur Besserung untereinander dient.

²⁰Verstöre nicht um der Speise willen Gottes Werk. Es ist zwar alles rein; aber es ist nicht gut dem, der es ißt mit einem Anstoß seines Gewissens.

²¹Es ist besser, du essest kein Fleisch und trinkest keinen Wein und tust nichts, daran sich dein Bruder stößt oder ärgert oder schwach wird.

²²Hast du den Glauben, so habe ihn bei dir selbst vor Gott. Selig ist, der sich selbst kein Gewissen macht in dem, was er annimmt.

²³Wer aber darüber zweifelt, und ißt doch, der ist verdammt; denn es geht nicht aus dem Glauben. Was aber nicht aus dem Glauben geht, das ist Sünde.

Kapitel 15

¹Wir aber, die wir stark sind, sollen der Schwachen Gebrechlichkeit tragen und nicht gefallen an uns selber haben.

²Es stelle sich ein jeglicher unter uns also, daß er seinem Nächsten gefalle zum Guten, zur Besserung.

³Denn auch Christus hatte nicht an sich selber Gefallen, sondern wie geschrieben steht: "Die Schmähungen derer, die dich schmähen, sind auf mich gefallen."

⁴Was aber zuvor geschrieben ist, das ist uns zur Lehre geschrieben, auf daß wir durch Geduld und Trost der Schrift Hoffnung haben.

⁵Der Gott aber der Geduld und des Trostes gebe euch, daß ihr einerlei gesinnt seid untereinander nach Jesu Christo,

⁶auf daß ihr einmütig mit einem Munde lobet Gott und den Vater unseres HERRN Jesu Christi.

⁷Darum nehmet euch untereinander auf, gleichwie euch Christus hat aufgenommen zu Gottes Lobe.

⁸Ich sage aber, daß Jesus Christus sei ein Diener gewesen der Juden um der Wahrhaftigkeit willen Gottes, zu bestätigen die Verheißungen, den Vätern geschehen;

⁹daß die Heiden aber Gott loben um der Barmherzigkeit willen, wie geschrieben steht: "Darum will ich dich loben unter den Heiden und deinem Namen singen."

¹⁰Und abermals spricht er: "Freut euch, ihr Heiden, mit seinem Volk!"

¹¹Und abermals: "Lobt den HERRN, alle Heiden, und preiset ihn, alle Völker!"

¹²Und abermals spricht Jesaja: "Es wird sein die Wurzel Jesse's, und der auferstehen wird, zu herrschen über die Heiden; auf den werden die Heiden hoffen."

¹³Der Gott aber der Hoffnung erfülle euch mit aller Freude und Frieden im Glauben, daß ihr völlige Hoffnung habet durch die Kraft des heiligen Geistes.

¹⁴Ich weiß aber gar wohl von euch, liebe Brüder, daß ihr selber voll Gütigkeit seid, erfüllt mit Erkenntnis, daß ihr euch untereinander könnet ermahnen.

¹⁵Ich habe es aber dennoch gewagt und euch etwas wollen schreiben, liebe Brüder, euch zu erinnern, um der Gnade willen, die mir von Gott gegeben ist,

¹⁶daß ich soll sein ein Diener Christi unter den Heiden, priesterlich zu warten des Evangeliums Gottes, auf daß die Heiden ein Opfer werden, Gott angenehm, geheiligt durch den heiligen Geist.

¹⁷Darum kann ich mich rühmen in Jesus Christo, daß ich Gott diene.

¹⁸Denn ich wollte nicht wagen, etwas zu reden, wo dasselbe Christus nicht durch mich wirkte, die Heiden zum Gehorsam zu bringen durch Wort und Werk,

¹⁹durch Kraft der Zeichen und Wunder und durch Kraft des Geistes Gottes, also daß ich von Jerusalem an und umher bis Illyrien alles mit dem Evangelium Christi erfüllt habe

²⁰und mich sonderlich geflissen, das Evangelium zu predigen, wo Christi Name nicht bekannt war, auf daß ich nicht auf einen fremden Grund baute,

²¹sondern wie geschrieben steht: "Welchen ist nicht von ihm verkündigt, die sollen's sehen, und welche nicht gehört haben, sollen's verstehen."

²²Das ist auch die Ursache, warum ich vielmal verhindert worden, zu euch zu kommen.

²³Nun ich aber nicht mehr Raum habe in diesen Ländern, habe aber Verlangen, zu euch zu kommen, von vielen Jahren her,

²⁴so will ich zu euch kommen, wenn ich reisen werde nach Spanien. Denn ich hoffe, daß ich da durchreisen und euch sehen werde und von euch dorthin geleitet werden möge, so doch, daß ich zuvor mich ein wenig an euch ergötze.

²⁵Nun aber fahre ich hin gen Jerusalem den Heiligen zu Dienst.

²⁶Denn die aus Mazedonien und Achaja haben willig eine gemeinsame Steuer zusammengelegt den armen Heiligen zu Jerusalem.

²⁷Sie haben's willig getan, und sind auch ihre Schuldner. Denn so die Heiden sind ihrer geistlichen Güter teilhaftig geworden, ist's billig, daß sie ihnen auch in leiblichen Gütern Dienst beweisen.

²⁸Wenn ich nun solches ausgerichtet und ihnen diese Frucht versiegelt habe, will ich durch euch nach Spanien ziehen.

²⁹Ich weiß aber, wenn ich zu euch komme, daß ich mit vollem Segen des Evangeliums Christi kommen werde.

³⁰Ich ermahne euch aber, liebe Brüder, durch unsern HERRN Jesus Christus und durch die Liebe des Geistes, daß ihr helfet kämpfen mit Beten für mich zu Gott,

³¹auf daß ich errettet werde von den Ungläubigen in Judäa, und daß mein Dienst, den ich für Jerusalem tue, angenehm werde den Heiligen,

³²auf daß ich mit Freuden zu euch komme durch den Willen Gottes und mich mit euch erquicke.

³³Der Gott aber des Friedens sei mit euch allen! Amen.

Kapitel 16

¹Ich befehle euch aber unsere Schwester Phöbe, welche ist im Dienste der Gemeinde zu Kenchreä,

²daß ihr sie aufnehmet in dem HERRN, wie sich's ziemt den Heiligen, und tut ihr Beistand in allem Geschäfte, darin sie euer bedarf; denn sie hat auch vielen Beistand getan, auch mir selbst.

³Grüßt die Priscilla und den Aquila, meine Gehilfen in Christo Jesu,

⁴welche haben für mein Leben ihren Hals dargegeben, welchen nicht allein ich danke, sondern alle Gemeinden unter den Heiden.

⁵Auch grüßet die Gemeinde in ihrem Hause. Grüßet Epänetus, meinen Lieben, welcher ist der Erstling unter denen aus Achaja in Christo.

⁶Grüßet Maria, welche viel Mühe und Arbeit mit uns gehabt hat.

⁷Grüßet den Andronikus und den Junias, meine Gefreundeten und meine Mitgefangenen, welche sind berühmte Apostel und vor mir gewesen in Christo.

⁸Grüßet Amplias, meinen Lieben in dem HERRN.

⁹Grüßet Urban, unsern Gehilfen in Christo, und Stachys, meinen Lieben.

¹⁰Grüßet Apelles, den Bewährten in Christo. Grüßet, die da sind von des Aristobulus Gesinde.

¹¹Grüßet Herodian, meinen Gefreundeten. Grüßet, die da sind von des Narzissus Gesinde in dem HERRN.

¹²Grüßet die Tryphäna und die Tryphosa, welche in dem HERRN gearbeitet haben. Grüßet die Persis, meine Liebe, welch in dem HERRN viel gearbeitet hat.

¹³Grüßet Rufus, den Auserwählten in dem HERRN, und seine und meine Mutter.

¹⁴Grüßet Asynkritus, Phlegon, Hermas, Patrobas, Hermes und die Brüder bei ihnen.

¹⁵Grüßet Philologus und die Julia, Nereus und seine Schwester und Olympas und alle Heiligen bei ihnen.

¹⁶Grüßet euch untereinander mit dem heiligen Kuß. Es grüßen euch die Gemeinden Christi.

¹⁷Ich ermahne euch aber, liebe Brüder, daß ihr achtet auf die, die da Zertrennung und Ärgernis anrichten neben der Lehre, die ihr gelernt habt, und weichet von ihnen.

¹⁸Denn solche dienen nicht dem HERRN Jesus Christus, sondern ihrem Bauche; und durch süße Worte und prächtige Reden verführen sie unschuldige Herzen.

¹⁹Denn euer Gehorsam ist bei jedermann kund geworden. Derhalben freue ich mich über euch; ich will aber, daß ihr weise seid zum Guten, aber einfältig zum Bösen.

²⁰Aber der Gott des Friedens zertrete den Satan unter eure Füße in kurzem. Die Gnade unsers HERRN Jesus Christi sei mit euch!

²¹Es grüßen euch Timotheus, mein Gehilfe, und Luzius und Jason und Sosipater, meine Gefreundeten.

²²Ich, Tertius, grüße euch, der ich diesen Brief geschrieben habe, in dem HERRN.

²³Es grüßt euch Gajus, mein und der ganzen Gemeinde Wirt. Es grüßt euch Erastus, der Stadt Rentmeister, und Quartus, der Bruder.

²⁴Die Gnade unsers HERRN Jesus Christus sei mit euch allen! Amen.

Römer

²⁵Dem aber, der euch stärken kann laut meines Evangeliums und der Predigt von Jesu Christo, durch welche das Geheimnis offenbart ist, das von der Welt her verschwiegen gewesen ist,

²⁶nun aber offenbart, auch kundgemacht durch der Propheten Schriften nach Befehl des ewigen Gottes, den Gehorsam des Glaubens aufzurichten unter allen Heiden:

²⁷demselben Gott, der allein weise ist, sei Ehre durch Jesum Christum in Ewigkeit! Amen.

1 Korinther

Kapitel 1

¹Paulus, berufen zum Apostel Jesu Christi durch den Willen Gottes, und Bruder Sosthenes

²der Gemeinde zu Korinth, den Geheiligten in Christo Jesu, den berufenen Heiligen samt allen denen, die anrufen den Namen unsers HERRN Jesu Christi an allen ihren und unsern Orten:

³Gnade sei mit euch und Friede von Gott, unserm Vater, und dem HERRN Jesus Christus!

⁴Ich danke meinem Gott allezeit eurethalben für die Gnade Gottes, die euch gegeben ist in Christo Jesu,

⁵daß ihr seid durch ihn an allen Stücken reich gemacht, an aller Lehre und in aller Erkenntnis;

⁶wie denn die Predigt von Christus in euch kräftig geworden ist,

⁷also daß ihr keinen Mangel habt an irgend einer Gabe und wartet nur auf die Offenbarung unsers HERRN Jesu Christi,

⁸welcher auch wird euch fest erhalten bis ans Ende, daß ihr unsträflich seid auf den Tag unsers HERRN Jesu Christi.

⁹Denn Gott ist treu, durch welchen ihr berufen seid zur Gemeinschaft seines Sohnes Jesu Christi, unsers HERRN.

¹⁰Ich ermahne euch aber, liebe Brüder, durch den Namen unsers HERRN Jesu Christi, daß ihr allzumal einerlei Rede führt und lasset nicht Spaltungen unter euch sein, sondern haltet fest aneinander in einem Sinne und in einerlei Meinung.

¹¹Denn es ist vor mich gekommen, liebe Brüder, durch die aus Chloes Gesinde von euch, daß Zank unter euch sei.

¹²Ich sage aber davon, daß unter euch einer spricht: Ich bin paulisch, der andere: Ich bin apollisch, der dritte: Ich bin kephisch, der vierte; Ich bin christisch.

¹³Wie? Ist Christus nun zertrennt? Ist denn Paulus für euch gekreuzigt? Oder seid ihr auf des Paulus Namen getauft?

¹⁴Ich danke Gott, daß ich niemand unter euch getauft habe außer Krispus und Gajus,

¹⁵daß nicht jemand sagen möge, ich hätte auf meinen Namen getauft.

¹⁶Ich habe aber auch getauft des Stephanas Hausgesinde; weiter weiß ich nicht, ob ich etliche andere getauft habe.

¹⁷Denn Christus hat mich nicht gesandt, zu taufen, sondern das Evangelium zu predigen, nicht mit klugen Worten, auf daß nicht das Kreuz Christi zunichte werde.

¹⁸Denn das Wort vom Kreuz ist eine Torheit denen, die verloren werden; uns aber, die wir selig werden ist's eine Gotteskraft.

¹⁹Denn es steht geschrieben: "Ich will zunichte machen die Weisheit der Weisen, und den Verstand der Verständigen will ich verwerfen."

²⁰Wo sind die Klugen? Wo sind die Schriftgelehrten? Wo sind die Weltweisen? Hat nicht Gott die Weisheit dieser Welt zur Torheit gemacht?

²¹Denn dieweil die Welt durch ihre Weisheit Gott in seiner Weisheit nicht erkannte, gefiel es Gott wohl, durch törichte Predigt selig zu machen die, so daran glauben.

²²Sintemal die Juden Zeichen fordern und die Griechen nach Weisheit fragen,

²³wir aber predigen den gekreuzigten Christus, den Juden ein Ärgernis und den Griechen eine Torheit;

²⁴denen aber, die berufen sind, Juden und Griechen, predigen wir Christum, göttliche Kraft und göttliche Weisheit.

²⁵Denn die göttliche Torheit ist weiser, als die Menschen sind; und die göttliche Schwachheit ist stärker, als die Menschen sind.

²⁶Sehet an, liebe Brüder, eure Berufung: nicht viel Weise nach dem Fleisch, nicht viel Gewaltige, nicht viel Edle sind berufen.

²⁷Sondern was töricht ist vor der Welt, das hat Gott erwählt, daß er die Weisen zu Schanden mache; und was schwach ist vor der Welt, das hat Gott erwählt, daß er zu Schanden mache, was stark ist;

²⁸und das Unedle vor der Welt und das Verachtete hat Gott erwählt, und das da nichts ist, daß er zunichte mache, was etwas ist,

²⁹auf daß sich vor ihm kein Fleisch rühme.

³⁰Von ihm kommt auch ihr her in Christo Jesu, welcher uns gemacht ist von Gott zur Weisheit und zur Gerechtigkeit und zur Heiligung und zur Erlösung,

³¹auf daß (wie geschrieben steht), "wer sich rühmt, der rühme sich des HERRN!"

Kapitel 2

¹Und ich, liebe Brüder, da ich zu euch kam, kam ich nicht mit hohen Worten oder hoher Weisheit, euch zu verkündigen die göttliche Predigt.

²Denn ich hielt mich nicht dafür, daß ich etwas wüßte unter euch, als allein Jesum Christum, den Gekreuzigten.

³Und ich war bei euch mit Schwachheit und mit Furcht und mit großem Zittern;

⁴und mein Wort und meine Predigt war nicht in vernünftigen Reden menschlicher Weisheit, sondern in Beweisung des Geistes und der Kraft,

⁵auf daß euer Glaube bestehe nicht auf Menschenweisheit, sondern auf Gottes Kraft.

⁶Wovon wir aber reden, das ist dennoch Weisheit bei den Vollkommenen; nicht eine Weisheit dieser Welt, auch nicht der Obersten dieser Welt, welche vergehen.

⁷Sondern wir reden von der heimlichen, verborgenen Weisheit Gottes, welche Gott verordnet hat vor der Welt zu unsrer Herrlichkeit,

⁸welche keiner von den Obersten dieser Welt erkannt hat; denn so sie die erkannt hätten, hätten sie den HERRN der Herrlichkeit nicht gekreuzigt.

⁹Sondern wie geschrieben steht: "Was kein Auge gesehen hat und kein Ohr gehört hat und in keines Menschen Herz gekommen ist, was Gott bereitet hat denen, die ihn lieben."

¹⁰Uns aber hat es Gott offenbart durch seinen Geist; denn der Geist erforscht alle Dinge, auch die Tiefen der Gottheit.

¹¹Denn welcher Mensch weiß, was im Menschen ist, als der Geist des Menschen, der in ihm ist? Also auch weiß niemand, was in Gott ist, als der Geist Gottes.

¹²Wir aber haben nicht empfangen den Geist der Welt, sondern den Geist aus Gott, daß wir wissen können, was uns von Gott gegeben ist;

¹³welches wir auch reden, nicht mit Worten, welche menschliche Weisheit lehren kann, sondern mit Worten, die der heilige Geist lehrt, und richten geistliche Sachen geistlich.

¹⁴Der natürliche Mensch aber vernimmt nichts vom Geist Gottes; es ist ihm eine Torheit, und er kann es nicht erkennen; denn es muß geistlich gerichtet sein.

¹⁵Der geistliche aber richtet alles, und wird von niemand gerichtet.

¹⁶Denn "wer hat des HERRN Sinn erkannt, oder wer will ihn unterweisen?" Wir aber haben Christi Sinn.

Kapitel 3

¹Und ich, liebe Brüder, konnte nicht mit euch reden als mit Geistlichen, sondern als mit Fleischlichen, wie mit jungen Kindern in Christo.

²Milch habe ich euch zu trinken gegeben, und nicht Speise; denn ihr konntet noch nicht. Auch könnt ihr jetzt noch nicht,

³dieweil ihr noch fleischlich seid. Denn sintemal Eifer und Zank und Zwietracht unter euch sind, seid ihr nicht fleischlich und wandelt nach menschlicher Weise?

⁴Denn so einer sagt ich bin paulisch, der andere aber: Ich bin apollisch, seid ihr nicht fleischlich?

⁵Wer ist nun Paulus? Wer ist Apollos? Diener sind sie, durch welche ihr seid gläubig geworden, und das, wie der HERR einem jeglichen gegeben hat.

⁶Ich habe gepflanzt, Apollos hat begossen; aber Gott hat das Gedeihen gegeben.

⁷So ist nun weder der da pflanzt noch der da begießt, etwas, sondern Gott, der das Gedeihen gibt.

⁸Der aber pflanzt und der da begießt, ist einer wie der andere. Ein jeglicher aber wird seinen Lohn empfangen nach seiner Arbeit.

⁹Denn wir sind Gottes Mitarbeiter; ihr seid Gottes Ackerwerk und Gottes Bau.

¹⁰Ich nach Gottes Gnade, die mir gegeben ist, habe den Grund gelegt als weiser Baumeister; ein anderer baut darauf. Ein jeglicher aber sehe zu, wie er darauf baue.

¹¹Einen anderen Grund kann niemand legen außer dem, der gelegt ist, welcher ist Jesus Christus.

¹²So aber jemand auf diesen Grund baut Gold, Silber, edle Steine, Holz, Heu, Stoppeln,

¹³so wird eines jeglichen Werk offenbar werden: der Tag wird's klar machen. Denn es wird durchs Feuer offenbar werden; und welcherlei eines jeglichen Werk sei, wird das Feuer bewähren.

¹⁴Wird jemandes Werk bleiben, das er darauf gebaut hat, so wird er Lohn empfangen.

¹⁵Wird aber jemandes Werk verbrennen, so wird er Schaden leiden; er selbst aber wird selig werden, so doch durchs Feuer.

¹⁶Wisset ihr nicht, daß ihr Gottes Tempel seid und der Geist Gottes in euch wohnt?

¹⁷So jemand den Tempel Gottes verderbt, den wird Gott verderben; denn der Tempel Gottes ist heilig, der seid ihr.

¹⁸Niemand betrüge sich selbst. Welcher sich unter euch dünkt weise zu sein, der werde ein Narr in dieser Welt, daß er möge weise sein.

¹⁹Denn dieser Welt Weisheit ist Torheit bei Gott. Denn es steht geschrieben: "Die Weisen erhascht er in ihrer Klugheit."

²⁰Und abermals: "Der HERR weiß der Weisen Gedanken, daß sie eitel sind."

²¹Darum rühme sich niemand eines Menschen. Es ist alles euer:

²²es sei Paulus oder Apollos, es sei Kephas oder die Welt, es sei das Leben oder der Tod, es sei das Gegenwärtige oder das Zukünftige, alles ist euer;

²³ihr aber seid Christi, Christus aber ist Gottes.

Kapitel 4

¹Dafür halte uns jedermann: für Christi Diener und Haushalter über Gottes Geheimnisse.

²Nun sucht man nicht mehr an den Haushaltern, denn daß sie treu erfunden werden.

³Mir aber ist's ein Geringes, daß ich von euch gerichtet werde oder von einem menschlichen Tage; auch richte ich mich selbst nicht.

⁴Denn ich bin mir nichts bewußt, aber darin bin ich nicht gerechtfertigt; der HERR ist's aber, der mich richtet.

⁵Darum richtet nicht vor der Zeit, bis der HERR komme, welcher auch wird ans Licht bringen, was im Finstern verborgen ist, und den Rat der Herzen offenbaren; alsdann wird einem jeglichen von Gott Lob widerfahren.

⁶Solches aber, liebe Brüder, habe ich auf mich und Apollos gedeutet um euretwillen, daß ihr an uns lernet, daß niemand höher von sich halte, denn geschrieben ist, auf daß sich nicht einer wider den andern um jemandes willen aufblase.

⁷Denn wer hat dich vorgezogen? Was hast du aber, daß du nicht empfangen hast? So du es aber empfangen hast, was rühmst du dich denn, als ob du es nicht empfangen hättest?

⁸Ihr seid schon satt geworden, ihr seid schon reich geworden, ihr herrschet ohne uns; und wollte Gott, ihr herrschtet, auf daß auch wir mit euch herrschen möchten!

⁹Ich halte aber dafür, Gott habe uns Apostel für die Allergeringsten dargestellt, als dem Tode übergeben. Denn wir sind ein Schauspiel geworden der Welt und den Engeln und den Menschen.

¹⁰Wir sind Narren um Christi willen, ihr aber seid klug in Christo; wir schwach, ihr aber seid stark; ihr herrlich, wir aber verachtet.

¹¹Bis auf diese Stunde leiden wir Hunger und Durst und sind nackt und werden geschlagen und haben keine gewisse Stätte

¹²und arbeiten und wirken mit unsern eigenen Händen. Man schilt uns, so segnen wir; man verfolgt uns, so dulden wir's; man lästert uns, so flehen wir;

¹³wir sind stets wie ein Fluch der Welt und ein Fegopfer aller Leute.

¹⁴Nicht schreibe ich solches, daß ich euch beschäme; sondern ich vermahne euch als meine lieben Kinder.

¹⁵Denn obgleich ihr zehntausend Zuchtmeister hättet in Christo, so habt ihr doch nicht viele Väter; denn ich habe euch gezeugt in Christo Jesu durchs Evangelium.

¹⁶Darum ermahne ich euch: Seid meine Nachfolger!

¹⁷Aus derselben Ursache habe ich auch Timotheus zu euch gesandt, welcher ist mein lieber und getreuer Sohn in dem HERRN, daß er euch erinnere meiner Wege, die in Christo sind, gleichwie ich an allen Enden in allen Gemeinden lehre.

¹⁸Es blähen sich etliche auf, als würde ich nicht zu euch kommen.

¹⁹Ich werde aber gar bald zu euch kommen, so der HERR will, und kennen lernen nicht die Worte der Aufgeblasenen, sondern die Kraft.

²⁰Denn das Reich Gottes steht nicht in Worten, sondern in Kraft.

²¹Was wollt ihr? Soll ich mit der Rute zu euch kommen oder mit Liebe und sanftmütigem Geist?

Kapitel 5

¹Es geht eine gemeine Rede, daß Hurerei unter euch ist, und eine solche Hurerei, davon auch die Heiden nicht zu sagen wissen: daß einer seines Vaters Weib habe.

²Und ihr seid aufgeblasen und habt nicht vielmehr Leid getragen, auf daß, der das Werk getan hat, von euch getan würde?

³Ich zwar, der ich mit dem Leibe nicht da bin, doch mit dem Geist gegenwärtig, habe schon, als sei ich gegenwärtig, beschlossen über den, der solches getan hat:

⁴in dem Namen unsers HERRN Jesu Christi, in eurer Versammlung mit meinem Geist und mit der Kraft unsers HERRN Jesu Christi,

⁵ihn zu übergeben dem Satan zum Verderben des Fleisches, auf daß der Geist selig werde am Tage des HERRN Jesu.

⁶Euer Ruhm ist nicht fein. Wisset ihr nicht, daß ein wenig Sauerteig den ganzen Teig versäuert?

⁷Darum feget den alten Sauerteig aus, auf daß ihr ein neuer Teig seid, gleichwie ihr ungesäuert seid. Denn wir haben auch ein Osterlamm, das ist Christus, für uns geopfert.

⁸Darum lasset uns Ostern halten nicht im alten Sauerteig, auch nicht im Sauerteig der Bosheit und Schalkheit, sondern im Süßteig der Lauterkeit und der Wahrheit.

⁹Ich habe euch geschrieben in dem Briefe, daß ihr nichts sollt zu schaffen haben mit den Hurern.

¹⁰Das meine ich gar nicht von den Hurern in dieser Welt oder von den Geizigen oder von den Räubern oder von den Abgöttischen; sonst müßtet ihr die Welt räumen.

¹¹Nun aber habe ich euch geschrieben, ihr sollt nichts mit ihnen zu schaffen haben, so jemand sich läßt einen Bruder nennen, und ist ein Hurer oder ein Geiziger oder ein Abgöttischer oder ein Lästerer oder ein Trunkenbold oder ein Räuber; mit dem sollt ihr auch nicht essen.

¹²Denn was gehen mich die draußen an, daß ich sie sollte richten? Richtet ihr nicht, die drinnen sind?

¹³Gott aber wird, die draußen sind, richten. Tut von euch selbst hinaus, wer da böse ist.

Kapitel 6

¹Wie darf jemand unter euch, so er einen Handel hat mit einem andern, hadern vor den Ungerechten und nicht vor den Heiligen?

²Wißt ihr nicht, daß die Heiligen die Welt richten werden? So nun die Welt von euch soll gerichtet werden, seid ihr denn nicht gut genug, geringe Sachen zu richten?

³Wisset ihr nicht, daß wir über die Engel richten werden? Wie viel mehr über die zeitlichen Güter.

⁴Ihr aber, wenn ihr über zeitlichen Gütern Sachen habt, so nehmt ihr die, so bei der Gemeinde verachtet sind, und setzet sie zu Richtern.

⁵Euch zur Schande muß ich das sagen: Ist so gar kein Weiser unter euch, auch nicht einer, der da könnte richten zwischen Bruder und Bruder?

⁶sondern ein Bruder hadert mit dem andern, dazu vor den Ungläubigen.

⁷Es ist schon ein Fehl unter euch, daß ihr miteinander rechtet. Warum laßt ihr euch nicht lieber Unrecht tun? warum laßt ihr euch nicht lieber übervorteilen?

⁸Sondern ihr tut Unrecht und übervorteilt, und solches an den Brüdern!

⁹Wisset ihr nicht, daß die Ungerechten das Reich Gottes nicht ererben werden? Lasset euch nicht verführen! Weder die Hurer noch die Abgöttischen noch die Ehebrecher noch die Weichlinge noch die Knabenschänder

¹⁰noch die Diebe noch die Geizigen noch die Trunkenbolde noch die Lästerer noch die Räuber werden das Reich Gottes ererben.

¹¹Und solche sind euer etliche gewesen; aber ihr seid abgewaschen, ihr seid geheiligt, ihr seid gerecht geworden durch den Namen des HERRN Jesu und durch den Geist unsers Gottes.

¹²Ich habe alles Macht; es frommt aber nicht alles. Ich habe alles Macht; es soll mich aber nichts gefangen nehmen.

¹³Die Speise dem Bauche und der Bauch der Speise; aber Gott wird diesen und jene zunichte machen. Der Leib aber nicht der Hurerei, sondern dem HERRN, und der HERR dem Leibe.

¹⁴Gott aber hat den HERRN auferweckt und wird uns auch auferwecken durch seine Kraft.

¹⁵Wisset ihr nicht, daß eure Leiber Christi Glieder sind? Sollte ich nun die Glieder Christi nehmen und Hurenglieder daraus machen? Das sei ferne!

¹⁶Oder wisset ihr nicht, daß, wer an der Hure hangt, der ist ein Leib mit ihr? Denn "es werden", spricht er, "die zwei ein Fleisch sein."

¹⁷Wer aber dem HERRN anhangt, der ist ein Geist mit ihm.
¹⁸Fliehet der Hurerei! Alle Sünden, die der Mensch tut, sind außer seinem Leibe; wer aber hurt, der sündigt an seinem eigenen Leibe.
¹⁹Oder wisset ihr nicht, daß euer Leib ein Tempel des heiligen Geistes ist, welchen ihr habt von Gott, und seid nicht euer selbst.
²⁰Denn ihr seid teuer erkauft; darum so preist Gott an eurem Leibe und in eurem Geiste, welche sind Gottes.

Kapitel 7

¹Wovon ihr aber mir geschrieben habt, darauf antworte ich: Es ist dem Menschen gut, daß er kein Weib berühre.
²Aber um der Hurerei willen habe ein jeglicher sein eigen Weib, und eine jegliche habe ihren eigenen Mann.
³Der Mann leiste dem Weib die schuldige Freundschaft, desgleichen das Weib dem Manne.
⁴Das Weib ist ihres Leibes nicht mächtig, sondern der Mann. Desgleichen der Mann ist seines Leibes nicht mächtig, sondern das Weib.
⁵Entziehe sich nicht eins dem andern, es sei denn aus beider Bewilligung eine Zeitlang, daß ihr zum Fasten und Beten Muße habt; und kommt wiederum zusammen, auf daß euch der Satan nicht versuche um eurer Unkeuschheit willen.
⁶Solches sage ich aber aus Vergunst und nicht aus Gebot.
⁷Ich wollte aber lieber, alle Menschen wären, wie ich bin; aber ein jeglicher hat seine eigene Gabe von Gott, der eine so, der andere so.
⁸Ich sage zwar den Ledigen und Witwen: Es ist ihnen gut, wenn sie auch bleiben wie ich.
⁹So sie aber sich nicht mögen enthalten, so laß sie freien; es ist besser freien denn Brunst leiden.
¹⁰Den Ehelichen aber gebiete nicht ich, sondern der HERR, daß sich das Weib nicht scheide von dem Manne;
¹¹so sie sich aber scheidet, daß sie ohne Ehe bleibe oder sich mit dem Manne versöhne; und daß der Mann das Weib nicht von sich lasse.
¹²Den andern aber sage ich, nicht der HERR: So ein Bruder ein ungläubiges Weib hat, und sie läßt es sich gefallen, bei ihm zu wohnen, der scheide sich nicht von ihr.
¹³Und so ein Weib einen ungläubigen Mann hat, und er läßt es sich gefallen, bei ihr zu wohnen, die scheide sich nicht von ihm.
¹⁴Denn der ungläubige Mann ist geheiligt durchs Weib, und das ungläubige Weib ist geheiligt durch den Mann. Sonst wären eure Kinder unrein; nun aber sind sie heilig.
¹⁵So aber der Ungläubige sich scheidet, so laß ihn scheiden. Es ist der Bruder oder die Schwester nicht gefangen in solchen Fällen. Im Frieden aber hat uns Gott berufen.
¹⁶Denn was weißt du, Weib, ob du den Mann wirst selig machen? Oder du, Mann, was weißt du, ob du das Weib wirst selig machen?
¹⁷Doch wie einem jeglichen Gott hat ausgeteilt, wie einen jeglichen der HERR berufen hat, also wandle er. Und also schaffe ich's in allen Gemeinden.
¹⁸Ist jemand beschnitten berufen, der halte an der Beschneidung. Ist jemand unbeschnitten berufen, der lasse sich nicht beschneiden.
¹⁹Beschnitten sein ist nichts, und unbeschnitten sein ist nichts, sondern Gottes Gebote halten.
²⁰Ein jeglicher bleibe in dem Beruf, darin er berufen ist.
²¹Bist du als Knecht berufen, sorge dich nicht; doch, kannst du frei werden, so brauche es viel lieber.
²²Denn wer als Knecht berufen ist in dem HERRN, der ist ein Freigelassener des HERRN; desgleichen, wer als Freier berufen ist, der ist ein Knecht Christi.
²³Ihr seid teuer erkauft; werdet nicht der Menschen Knechte.
²⁴Ein jeglicher, liebe Brüder, worin er berufen ist, darin bleibe er bei Gott.
²⁵Von den Jungfrauen aber habe ich kein Gebot des HERRN; ich sage aber meine Meinung, als der ich Barmherzigkeit erlangt habe vom HERRN, treu zu sein.
²⁶So meine ich nun, solches sei gut um der gegenwärtigen Not willen, es sei dem Menschen gut, also zu sein.
²⁷Bist du an ein Weib gebunden, so suche nicht los zu werden; bist du los vom Weibe, so suche kein Weib.
²⁸So du aber freist, sündigst du nicht; und so eine Jungfrau freit, sündigt sie nicht. Doch werden solche leibliche Trübsal haben; ich verschone euch aber gern.
²⁹Das sage ich aber, liebe Brüder: Die Zeit ist kurz. Weiter ist das die Meinung: Die da Weiber haben, daß sie seien, als hätten sie keine; und die da weinten, als weinten sie nicht;
³⁰und die sich freuen, als freuten sie sich nicht; und die da kaufen, als besäßen sie es nicht;
³¹und die diese Welt gebrauchen, daß sie dieselbe nicht mißbrauchen. Denn das Wesen dieser Welt vergeht.
³²Ich wollte aber, daß ihr ohne Sorge wäret. Wer ledig ist, der sorgt, was dem HERRN angehört, wie er dem HERRN gefalle;
³³wer aber freit, der sorgt, was der Welt angehört, wie er dem Weibe gefalle. Es ist ein Unterschied zwischen einem Weibe und einer Jungfrau:
³⁴welche nicht freit, die sorgt, was dem HERRN angehört, daß sie heilig sei am Leib und auch am Geist; die aber freit, die sorgt, was der Welt angehört, wie sie dem Manne gefalle.
³⁵Solches aber sage ich zu eurem Nutzen; nicht, daß ich euch einen Strick um den Hals werfe, sondern dazu, daß es fein zugehe und ihr stets ungehindert dem HERRN dienen könntet.
³⁶So aber jemand sich läßt dünken, es wolle sich nicht schicken mit seiner Jungfrau, weil sie eben wohl mannbar ist, und es will nichts anders sein, so tue er, was er will; er sündigt nicht, er lasse sie freien.
³⁷Wenn einer aber sich fest vornimmt, weil er ungezwungen ist und seinen freien Willen hat, und beschließt solches in seinem Herzen, seine Jungfrau also bleiben zu lassen, der tut wohl.
³⁸Demnach, welcher verheiratet, der tut wohl; welcher aber nicht verheiratet, der tut besser.
³⁹Ein Weib ist gebunden durch das Gesetz, solange ihr Mann lebt; so aber ihr Mann entschläft, ist sie frei, zu heiraten, wen sie will, nur, daß es im HERRN geschehe.
⁴⁰Seliger ist sie aber, wo sie also bleibt, nach meiner Meinung. Ich halte aber dafür, ich habe auch den Geist Gottes.

Kapitel 8

¹Von dem Götzenopfer aber wissen wir; denn wir haben alle das Wissen. Das Wissen bläst auf, aber die Liebe bessert.
²So aber jemand sich dünken läßt, er wisse etwas, der weiß noch nichts, wie er wissen soll.
³So aber jemand Gott liebt, der ist von ihm erkannt.
⁴So wissen wir nun von der Speise des Götzenopfers, daß ein Götze nichts in der Welt sei und daß kein andrer Gott sei als der eine.
⁵Und wiewohl welche sind, die Götter genannt werden, es sei im Himmel oder auf Erden (sintemal es sind viele Götter und Herren),
⁶so haben wir doch nur einen Gott, den Vater, von welchem alle Dinge sind und wir zu ihm; und einen HERRN, Jesus Christus, durch welchen alle Dinge sind und wir durch ihn.
⁷Es hat aber nicht jedermann das Wissen. Denn etliche machen sich noch ein Gewissen über dem Götzen und essen's für Götzenopfer; damit wird ihr Gewissen, weil es so schwach ist, befleckt.
⁸Aber die Speise fördert uns vor Gott nicht: essen wir, so werden wir darum nicht besser sein; essen wir nicht, so werden wir darum nicht weniger sein.
⁹Sehet aber zu, daß diese eure Freiheit nicht gerate zum Anstoß der Schwachen!
¹⁰Denn so dich, der du die Erkenntnis hast, jemand sähe zu Tische sitzen im Götzenhause, wird nicht sein Gewissen, obwohl er schwach ist, ermutigt, das Götzenopfer zu essen?
¹¹Und also wird über deiner Erkenntnis der schwache Bruder umkommen, um des willen doch Christus gestorben ist.
¹²Wenn ihr aber also sündigt an den Brüdern, und schlagt ihr schwaches Gewissen, so sündigt ihr an Christo.
¹³Darum, so die Speise meinen Bruder ärgert, wollt ich nimmermehr Fleisch essen, auf daß ich meinen Bruder nicht ärgere.

Kapitel 9

¹Bin ich nicht ein Apostel? Bin ich nicht frei? Habe ich nicht unsern HERRN Jesus Christus gesehen? Seid ihr nicht mein Werk in dem HERRN?
²Bin ich andern nicht ein Apostel, so bin ich doch euer Apostel; denn das Siegel meines Apostelamts seid ihr in dem HERRN.
³Also antworte ich, wenn man mich fragt.
⁴Haben wir nicht Macht zu essen und zu trinken?
⁵Haben wir nicht auch Macht, eine Schwester zum Weibe mit umhuzuführen wie die andern Apostel und des HERRN Brüder und Kephas?
⁶Oder haben allein ich und Barnabas keine Macht, nicht zu arbeiten?
⁷Wer zieht jemals in den Krieg auf seinen eigenen Sold? Wer pflanzt einen Weinberg, und ißt nicht von seiner Frucht? Oder wer weidet eine Herde, und nährt sich nicht von der Milch der Herde?
⁸Rede ich aber solches auf Menschenweise? Sagt nicht solches das Gesetz auch?
⁹Denn im Gesetz Mose's steht geschrieben: "Du sollst dem Ochsen

nicht das Maul verbinden, der da drischt." Sorgt Gott für die Ochsen?

¹⁰Oder sagt er's nicht allerdinge um unsertwillen? Denn es ist ja um unsertwillen geschrieben. Denn der da pflügt, der soll auf Hoffnung pflügen; und der da drischt, der soll auf Hoffnung dreschen, daß er seiner Hoffnung teilhaftig werde.

¹¹So wir euch das Geistliche säen, ist's ein großes Ding, wenn wir euer Leibliches ernten?

¹²So andere dieser Macht an euch teilhaftig sind, warum nicht viel mehr wir? Aber wir haben solche Macht nicht gebraucht, sondern ertragen allerlei, daß wir nicht dem Evangelium Christi ein Hindernis machen.

¹³Wisset ihr nicht, daß, die da opfern, essen vom Altar, und die am Altar dienen, vom Altar Genuß haben?

¹⁴Also hat auch der HERR befohlen, daß, die das Evangelium verkündigen, sollen sich vom Evangelium nähren.

¹⁵Ich aber habe der keines gebraucht. Ich schreibe auch nicht darum davon, daß es mit mir also sollte gehalten werden. Es wäre mir lieber, ich stürbe, denn daß mir jemand meinen Ruhm sollte zunichte machen.

¹⁶Denn daß ich das Evangelium predige, darf ich mich nicht rühmen; denn ich muß es tun. Und wehe mir, wenn ich das Evangelium nicht predigte!

¹⁷Tue ich's gern, so wird mir gelohnt; tu ich's aber ungern, so ist mir das Amt doch befohlen.

¹⁸Was ist denn nun mein Lohn? Daß ich predige das Evangelium Christi und tue das frei umsonst, auf daß ich nicht meine Freiheit mißbrauche am Evangelium.

¹⁹Denn wiewohl ich frei bin von jedermann, habe ich doch mich selbst jedermann zum Knechte gemacht, auf daß ich ihrer viele gewinne.

²⁰Den Juden bin ich geworden wie ein Jude, auf daß ich die Juden gewinne. Denen, die unter dem Gesetz sind, bin ich geworden wie unter dem Gesetz, auf daß ich die, so unter dem Gesetz sind, gewinne.

²¹Denen, die ohne Gesetz sind, bin ich wie ohne Gesetz geworden (so ich doch nicht ohne Gesetz bin vor Gott, sondern bin im Gesetz Christi), auf daß ich die, so ohne Gesetz sind, gewinne.

²²Den Schwachen bin ich geworden wie ein Schwacher, auf daß ich die Schwachen gewinne. Ich bin jedermann allerlei geworden, auf daß ich allenthalben ja etliche selig mache.

²³Solches aber tue ich um des Evangeliums willen, auf daß ich sein teilhaftig werde.

²⁴Wisset ihr nicht, daß die, so in den Schranken laufen, die laufen alle, aber einer erlangt das Kleinod? Laufet nun also, daß ihr es ergreifet!

²⁵Ein jeglicher aber, der da kämpft, enthält sich alles Dinges; jene also, daß sie eine vergängliche Krone empfangen, wir aber eine unvergängliche.

²⁶Ich laufe aber also, nicht als aufs Ungewisse; ich fechte also, nicht als der in die Luft streicht;

²⁷sondern ich betäube meinen Leib und zähme ihn, daß ich nicht den andern predige, und selbst verwerflich werde.

Kapitel 10

¹Ich will euch aber, liebe Brüder, nicht verhalten, daß unsre Väter sind alle unter der Wolke gewesen und sind alle durchs Meer gegangen

²und sind alle auf Mose getauft mit der Wolke und dem Meer

³und haben alle einerlei geistliche Speise gegessen

⁴und haben alle einerlei geistlichen Trank getrunken; sie tranken aber vom geistlichen Fels, der mitfolgte, welcher war Christus.

⁵Aber an ihrer vielen hatte Gott kein Wohlgefallen; denn sie wurden niedergeschlagen in der Wüste.

⁶Das ist aber uns zum Vorbilde geschehen, daß wir nicht uns gelüsten lassen des Bösen, gleichwie jene gelüstet hat.

⁷Werdet auch nicht Abgöttische, gleichwie jener etliche wurden, wie geschrieben steht: "Das Volk setzte sich nieder, zu essen und zu trinken, und stand auf, zu spielen."

⁸Auch lasset uns nicht Hurerei treiben, wie etliche unter jenen Hurerei trieben, und fielen auf einen Tag dreiundzwanzigtausend.

⁹Lasset uns aber auch Christum nicht versuchen, wie etliche von jenen ihn versuchten und wurden von Schlangen umgebracht.

¹⁰Murrt auch nicht, gleichwie jener etliche murrten und wurden umgebracht durch den Verderber.

¹¹Solches alles widerfuhr jenen zum Vorbilde; es ist aber geschrieben uns zur Warnung, auf welche das Ende der Welt gekommen ist.

¹²Darum, wer sich läßt dünken, er stehe, mag wohl zusehen, daß er nicht falle.

¹³Es hat euch noch keine denn menschliche Versuchung betreten; aber Gott ist getreu, der euch nicht läßt versuchen über euer Vermögen, sondern macht, daß die Versuchung so ein Ende gewinne, daß ihr's könnet ertragen.

¹⁴Darum, meine Liebsten, fliehet von dem Götzendienst!

¹⁵Als mit den Klugen rede ich; richtet ihr, was ich sage.

¹⁶Der gesegnete Kelch, welchen wir segnen, ist der nicht die Gemeinschaft des Blutes Christi? Das Brot, das wir brechen, ist das nicht die Gemeinschaft des Leibes Christi?

¹⁷Denn ein Brot ist's, so sind wir viele ein Leib, dieweil wir alle eines Brotes teilhaftig sind.

¹⁸Sehet an das Israel nach dem Fleisch! Welche die Opfer essen, sind die nicht in der Gemeinschaft des Altars?

¹⁹Was soll ich denn nun sagen? Soll ich sagen, daß der Götze etwas sei oder daß das Götzenopfer etwas sei?

²⁰Aber ich sage: Was die Heiden opfern, das opfern sie den Teufeln, und nicht Gott. Nun will ich nicht, daß ihr in der Teufel Gemeinschaft sein sollt.

²¹Ihr könnt nicht zugleich trinken des HERRN Kelch und der Teufel Kelch; ihr könnt nicht zugleich teilhaftig sein des Tisches des HERRN und des Tisches der Teufel.

²²Oder wollen wir dem HERRN trotzen? Sind wir stärker denn er?

²³Ich habe zwar alles Macht; aber es frommt nicht alles. Ich habe es alles Macht; aber es bessert nicht alles.

²⁴Niemand suche das Seine, sondern ein jeglicher, was des andern ist.

²⁵Alles, was feil ist auf dem Fleischmarkt, das esset, und forschet nicht, auf daß ihr das Gewissen verschonet.

²⁶Denn "die Erde ist des HERRN und was darinnen ist."

²⁷So aber jemand von den Ungläubigen euch ladet und ihr wollt hingehen, so esset alles, was euch vorgetragen wird, und forschet nicht, auf daß ihr das Gewissen verschonet.

²⁸Wo aber jemand würde zu euch sagen: "Das ist Götzenopfer", so esset nicht, um des willen, der es anzeigte, auf daß ihr das Gewissen verschonet.

²⁹Ich sage aber vom Gewissen, nicht deiner selbst, sondern des andern. Denn warum sollte ich meine Freiheit lassen richten von eines andern Gewissen?

³⁰So ich's mit Danksagung genieße, was sollte ich denn verlästert werden über dem, dafür ich danke?

³¹Ihr esset nun oder trinket oder was ihr tut, so tut es alles zu Gottes Ehre.

³²Gebet kein Ärgernis weder den Juden noch den Griechen noch der Gemeinde Gottes;

³³gleichwie ich auch jedermann in allerlei mich gefällig mache und suche nicht, was mir, sondern was vielen frommt, daß sie selig werden.

Kapitel 11

¹Seid meine Nachfolger, gleichwie ich Christi!

²Ich lobe euch, liebe Brüder, daß ihr an mich denkt in allen Stücken und haltet die Weise, wie ich sie euch gegeben habe.

³Ich lasse euch aber wissen, daß Christus ist eines jeglichen Mannes Haupt; der Mann aber ist des Weibes Haupt; Gott aber ist Christi Haupt.

⁴Ein jeglicher Mann, der betet oder weissagt und hat etwas auf dem Haupt, der schändet sein Haupt.

⁵Ein Weib aber, das da betet oder weissagt mit unbedecktem Haupt, die schändet ihr Haupt, denn es ist ebensoviel, als wäre es geschoren.

⁶Will sie sich nicht bedecken, so schneide man ihr das Haar ab. Nun es aber übel steht, daß ein Weib verschnittenes Haar habe und geschoren sei, so lasset sie das Haupt bedecken.

⁷Der Mann aber soll das Haupt nicht bedecken, sintemal er ist Gottes Bild und Ehre; das Weib aber ist des Mannes Ehre.

⁸Denn der Mann ist nicht vom Weibe, sondern das Weib vom Manne.

⁹Und der Mann ist nicht geschaffen um des Weibes willen, sondern das Weib um des Mannes willen.

¹⁰Darum soll das Weib eine Macht auf dem Haupt haben, um der Engel willen.

¹¹Doch ist weder der Mann ohne das Weib, noch das Weib ohne den Mann in dem HERRN;

¹²denn wie das Weib vom Manne, also kommt auch der Mann durchs Weib; aber alles von Gott.

¹³Richtet bei euch selbst, ob es wohl steht, daß ein Weib unbedeckt vor Gott bete.

¹⁴Oder lehrt euch auch nicht die Natur, daß es einem Manne eine Unehre ist, so er das Haar lang wachsen läßt,

¹⁵und dem Weibe eine Ehre, so sie langes Haar hat? Das Haar ist ihr zur Decke gegeben.

¹⁶Ist aber jemand unter euch, der Lust zu zanken hat, der wisse, daß wir solche Weise nicht haben, die Gemeinden Gottes auch nicht.

¹⁷Ich muß aber dies befehlen: Ich kann's nicht loben, daß ihr nicht auf bessere Weise, sondern auf ärgere Weise zusammenkommt.

¹⁸Zum ersten, wenn ihr zusammenkommt in der Gemeinde, höre ich, es seien Spaltungen unter euch; und zum Teil glaube ich's.

¹⁹Denn es müssen Parteien unter euch sein, auf daß die, so rechtschaffen sind, offenbar unter euch werden.

²⁰Wenn ihr nun zusammenkommt, so hält man da nicht des HERRN Abendmahl.

²¹Denn so man das Abendmahl halten soll, nimmt ein jeglicher sein eigenes vorhin, und einer ist hungrig, der andere ist trunken.

²²Habt ihr aber nicht Häuser, da ihr essen und trinken könnt? Oder verachtet ihr die Gemeinde Gottes und beschämet die, so da nichts haben? Was soll ich euch sagen? Soll ich euch loben? Hierin lobe ich euch nicht.

²³Ich habe es von dem HERRN empfangen, das ich euch gegeben habe. Denn der HERR Jesus in der Nacht, da er verraten ward, nahm das Brot,

²⁴dankte und brach's und sprach: Nehmet, esset, das ist mein Leib, der für euch gebrochen wird; solches tut zu meinem Gedächtnis.

²⁵Desgleichen auch den Kelch nach dem Abendmahl und sprach: Dieser Kelch ist das neue Testament in meinem Blut; solches tut, so oft ihr's trinket, zu meinem Gedächtnis.

²⁶Denn so oft ihr von diesem Brot esset und von diesem Kelch trinket, sollt ihr des HERRN Tod verkündigen, bis daß er kommt.

²⁷Welcher nun unwürdig von diesem Brot isset oder von dem Kelch des HERRN trinket, der ist schuldig an dem Leib und Blut des HERRN.

²⁸Der Mensch prüfe aber sich selbst, und also esse er von diesem Brot und trinke von diesem Kelch.

²⁹Denn welcher unwürdig isset und trinket, der isset und trinket sich selber zum Gericht, damit, daß er nicht unterscheidet den Leib des HERRN.

³⁰Darum sind auch viele Schwache und Kranke unter euch, und ein gut Teil schlafen.

³¹Denn so wir uns selber richten, so würden wir nicht gerichtet.

³²Wenn wir aber gerichtet werden, so werden wir vom HERRN gezüchtigt, auf daß wir nicht samt der Welt verdammt werden.

³³Darum, meine lieben Brüder, wenn ihr zusammenkommt, zu essen, so harre einer des andern.

³⁴Hungert aber jemand, der esse daheim, auf daß ihr nicht euch zum Gericht zusammenkommt. Das andere will ich ordnen, wenn ich komme.

Kapitel 12

¹Von den geistlichen Gaben aber will ich euch, liebe Brüder, nicht verhalten.

²Ihr wisset, daß ihr Heiden seid gewesen und hingegangen zu den stummen Götzen, wie ihr geführt wurdet.

³Darum tue ich euch kund, daß niemand Jesum verflucht, der durch den Geist Gottes redet; und niemand kann Jesum einen HERRN heißen außer durch den heiligen Geist.

⁴Es sind mancherlei Gaben; aber es ist ein Geist.

⁵Und es sind mancherlei Ämter; aber es ist ein HERR.

⁶Und es sind mancherlei Kräfte; aber es ist ein Gott, der da wirket alles in allem.

⁷In einem jeglichen erzeigen sich die Gaben des Geistes zum allgemeinen Nutzen.

⁸Einem wird gegeben durch den Geist, zu reden von der Weisheit; dem andern wird gegeben, zu reden von der Erkenntnis nach demselben Geist;

⁹einem andern der Glaube in demselben Geist; einem andern die Gabe, gesund zu machen in demselben Geist;

¹⁰einem andern, Wunder zu tun; einem andern Weissagung; einem andern, Geister zu unterscheiden; einem andern mancherlei Sprachen; einem andern, die Sprachen auszulegen.

¹¹Dies aber alles wirkt derselbe eine Geist und teilt einem jeglichen seines zu, nach dem er will.

¹²Denn gleichwie ein Leib ist, und hat doch viele Glieder, alle Glieder aber des Leibes, wiewohl ihrer viel sind, doch ein Leib sind: also auch Christus.

¹³Denn wir sind auch durch einen Geist alle zu einem Leibe getauft, wir seien Juden oder Griechen, Knechte oder Freie, und sind alle zu einem Geist getränkt.

¹⁴Denn auch der Leib ist nicht ein Glied, sondern viele.

¹⁵So aber der Fuß spräche: Ich bin keine Hand, darum bin ich des Leibes Glied nicht, sollte er um deswillen nicht des Leibes Glied sein?

¹⁶Und so das Ohr spräche: Ich bin kein Auge, darum bin ich nicht des Leibes Glied, sollte es um deswillen nicht des Leibes Glied sein?

¹⁷Wenn der ganze Leib Auge wäre, wo bliebe das Gehör? So er ganz Gehör wäre, wo bliebe der Geruch?

¹⁸Nun hat aber Gott die Glieder gesetzt, ein jegliches sonderlich am Leibe, wie er gewollt hat.

¹⁹So aber alle Glieder ein Glied wären, wo bliebe der Leib?

²⁰Nun aber sind der Glieder viele; aber der Leib ist einer.

²¹Es kann das Auge nicht sagen zur Hand: Ich bedarf dein nicht; oder wiederum das Haupt zu den Füßen: Ich bedarf euer nicht.

²²Sondern vielmehr die Glieder des Leibes, die uns dünken die schwächsten zu sein, sind die nötigsten;

²³und die uns dünken am wenigsten ehrbar zu sein, denen legen wir am meisten Ehre an; und die uns übel anstehen, die schmückt man am meisten.

²⁴Denn die uns wohl anstehen, die bedürfen's nicht. Aber Gott hat den Leib also vermengt und dem dürftigen Glied am meisten Ehre gegeben,

²⁵auf daß nicht eine Spaltung im Leibe sei, sondern die Glieder füreinander gleich sorgen.

²⁶Und so ein Glied leidet, so leiden alle Glieder mit; und so ein Glied wird herrlich gehalten, so freuen sich alle Glieder mit.

²⁷Ihr seid aber der Leib Christi und Glieder, ein jeglicher nach seinem Teil.

²⁸Und Gott hat gesetzt in der Gemeinde aufs erste die Apostel, aufs andre die Propheten, aufs dritte die Lehrer, darnach die Wundertäter, darnach die Gaben, gesund zu machen, Helfer, Regierer, mancherlei Sprachen.

²⁹Sind sie alle Apostel? Sind sie alle Propheten? Sind sie alle Lehrer? Sind sie alle Wundertäter?

³⁰Haben sie alle Gaben, gesund zu machen? Reden sie alle mancherlei Sprachen? Können sie alle auslegen?

³¹Strebet aber nach den besten Gaben! Und ich will euch noch einen köstlichern Weg zeigen.

Kapitel 13

¹Wenn ich mit Menschen-und mit Engelzungen redete, und hätte der Liebe nicht, so wäre ich ein tönend Erz oder eine klingende Schelle.

²Und wenn ich weissagen könnte und wüßte alle Geheimnisse und alle Erkenntnis und hätte allen Glauben, also daß ich Berge versetzte, und hätte der Liebe nicht, so wäre ich nichts.

³Und wenn ich alle meine Habe den Armen gäbe und ließe meinen Leib brennen, und hätte der Liebe nicht, so wäre mir's nichts nütze.

⁴Die Liebe ist langmütig und freundlich, die Liebe eifert nicht, die Liebe treibt nicht Mutwillen, sie blähet sich nicht,

⁵sie stellet sich nicht ungebärdig, sie suchet nicht das Ihre, sie läßt sich nicht erbittern, sie rechnet das Böse nicht zu,

⁶sie freut sich nicht der Ungerechtigkeit, sie freut sich aber der Wahrheit;

⁷sie verträgt alles, sie glaubet alles, sie hoffet alles, sie duldet alles.

⁸Die Liebe höret nimmer auf, so doch die Weissagungen aufhören werden und die Sprachen aufhören werden und die Erkenntnis aufhören wird.

⁹Denn unser Wissen ist Stückwerk, und unser Weissagen ist Stückwerk.

¹⁰Wenn aber kommen wird das Vollkommene, so wird das Stückwerk aufhören.

¹¹Da ich ein Kind war, da redete ich wie ein Kind und war klug wie ein Kind und hatte kindische Anschläge; da ich aber ein Mann ward, tat ich ab, was kindisch war.

¹²Wir sehen jetzt durch einen Spiegel in einem dunkeln Wort; dann aber von Angesicht zu Angesicht. Jetzt erkenne ich's stückweise; dann aber werde ich erkennen, gleichwie ich erkannt bin.

¹³Nun aber bleibt Glaube, Hoffnung, Liebe, diese drei; aber die Liebe ist die größte unter ihnen.

1 Korinther
Kapitel 14

¹Strebet nach der Liebe! Fleißiget euch der geistlichen Gaben, am meisten aber, daß ihr weissagen möget!

²Denn der mit Zungen redet, der redet nicht den Menschen, sondern Gott; denn ihm hört niemand zu, im Geist aber redet er die Geheimnisse.

³Wer aber weissagt, der redet den Menschen zur Besserung und zur Ermahnung und zur Tröstung.

⁴Wer mit Zungen redet, der bessert sich selbst; wer aber weissagt, der bessert die Gemeinde.

⁵Ich wollte, daß ihr alle mit Zungen reden könntet; aber viel mehr, daß ihr weissagt. Denn der da weissagt, ist größer, als der mit Zungen redet; es sei denn, daß er's auch auslege, daß die Gemeinde davon gebessert werde.

⁶Nun aber, liebe Brüder, wenn ich zu euch käme und redete mit Zungen, was wäre es euch nütze, so ich nicht mit euch redete entweder durch Offenbarung oder durch Erkenntnis oder durch Weissagung oder durch Lehre?

⁷Verhält sich's doch auch also mit den Dingen, die da lauten, und doch nicht leben; es sei eine Pfeife oder eine Harfe: wenn sie nicht unterschiedene Töne von sich geben, wie kann man erkennen, was gepfiffen oder geharft wird?

⁸Und so die Posaune einen undeutlichen Ton gibt, wer wird sich zum Streit rüsten?

⁹Also auch ihr, wenn ihr mit Zungen redet, so ihr nicht eine deutliche Rede gebet, wie kann man wissen, was geredet ist? Denn ihr werdet in den Wind reden.

¹⁰Es ist mancherlei Art der Stimmen in der Welt, und derselben ist keine undeutlich.

¹¹So ich nun nicht weiß der Stimme Bedeutung, werde ich unverständlich sein dem, der da redet, und der da redet, wird mir unverständlich sein.

¹²Also auch ihr, sintemal ihr euch fleißigt der geistlichen Gaben, trachtet darnach, daß ihr alles reichlich habet, auf daß ihr die Gemeinde bessert.

¹³Darum, welcher mit Zungen redet, der bete also, daß er's auch auslege.

¹⁴Denn so ich mit Zungen bete, so betet mein Geist; aber mein Sinn bringt niemand Frucht.

¹⁵Wie soll das aber dann sein? Ich will beten mit dem Geist und will beten auch im Sinn; ich will Psalmen singen im Geist und will auch Psalmen singen mit dem Sinn.

¹⁶Wenn du aber segnest im Geist, wie soll der, so an des Laien Statt steht, Amen sagen auf deine Danksagung, sintemal er nicht weiß, was du sagst?

¹⁷Du danksagest wohl fein, aber der andere wird nicht davon gebessert.

¹⁸Ich danke meinem Gott, daß ich mehr mit Zungen rede denn ihr alle.

¹⁹Aber ich will in der Gemeinde lieber fünf Worte reden mit meinem Sinn, auf daß ich auch andere unterweise, denn zehntausend Worte mit Zungen.

²⁰Liebe Brüder, werdet nicht Kinder an dem Verständnis; sondern an der Bosheit seid Kinder, an dem Verständnis aber seid vollkommen.

²¹Im Gesetz steht geschrieben: Ich will mit andern Zungen und mit andern Lippen reden zu diesem Volk, und sie werden mich auch also nicht hören, spricht der HERR."

²²Darum sind die Zungen zum Zeichen nicht den Gläubigen, sondern den Ungläubigen; die Weissagung aber nicht den Ungläubigen, sondern den Gläubigen.

²³Wenn nun die ganze Gemeinde zusammenkäme an einen Ort und redeten alle mit Zungen, es kämen aber hinein Laien oder Ungläubige, würden sie nicht sagen, ihr wäret unsinnig?

²⁴So sie aber alle weissagen und käme dann ein Ungläubiger oder Laie hinein, der würde von ihnen allen gestraft und von allen gerichtet;

²⁵und also würde das Verborgene seines Herzens offenbar, und er würde also fallen auf sein Angesicht, Gott anbeten und bekennen, daß Gott wahrhaftig in euch sei.

²⁶Wie ist es denn nun, liebe Brüder? Wenn ihr zusammenkommt, so hat ein jeglicher Psalmen, er hat eine Lehre, er hat Zungen, er hat Offenbarung, er hat Auslegung. Laßt alles geschehen zur Besserung!

²⁷So jemand mit Zungen redet, so seien es ihrer zwei oder aufs meiste drei, und einer um den andern; und einer lege es aus.

²⁸Ist aber kein Ausleger da, so schweige er in der Gemeinde, rede aber sich selber und Gott.

²⁹Weissager aber lasset reden zwei oder drei, und die andern lasset richten.

³⁰So aber eine Offenbarung geschieht einem andern, der da sitzt, so schweige der erste.

³¹Ihr könnt wohl alle weissagen, einer nach dem andern, auf daß sie alle lernen und alle ermahnt werden.

³²Und die Geister der Propheten sind den Propheten untertan.

³³Denn Gott ist nicht ein Gott der Unordnung, sondern des Friedens.

³⁴Wie in allen Gemeinden der Heiligen lasset eure Weiber schweigen in der Gemeinde; denn es soll ihnen nicht zugelassen werden, daß sie reden, sondern sie sollen untertan sein, wie auch das Gesetz sagt.

³⁵Wollen sie etwas lernen, so lasset sie daheim ihre Männer fragen. Es steht den Weibern übel an, in der Gemeinde zu reden.

³⁶Oder ist das Wort Gottes von euch ausgekommen? Oder ist's allein zu euch gekommen?

³⁷So sich jemand läßt dünken, er sei ein Prophet oder geistlich, der erkenne, was ich euch schreibe; denn es sind des HERRN Gebote.

³⁸Ist aber jemand unwissend, der sei unwissend.

³⁹Darum, liebe Brüder, fleißiget euch des Weissagens und wehret nicht, mit Zungen zu reden.

⁴⁰Lasset alles ehrbar und ordentlich zugehen.

Kapitel 15

¹Ich erinnere euch aber, liebe Brüder, des Evangeliums, das ich euch verkündigt habe, welches ihr auch angenommen habt, in welchem ihr auch stehet,

²durch welches ihr auch selig werdet: welchergestalt ich es euch verkündigt habe, so ihr's behalten habt; es wäre denn, daß ihr umsonst geglaubt hättet.

³Denn ich habe euch zuvörderst gegeben, was ich empfangen habe: daß Christus gestorben sei für unsre Sünden nach der Schrift,

⁴und daß er begraben sei, und daß er auferstanden sei am dritten Tage nach der Schrift,

⁵und daß er gesehen worden ist von Kephas, darnach von den Zwölfen.

⁶Darnach ist er gesehen worden von mehr denn fünfhundert Brüdern auf einmal, deren noch viele leben, etliche aber sind entschlafen.

⁷Darnach ist er gesehen worden von Jakobus, darnach von allen Aposteln.

⁸Am letzten ist er auch von mir, einer unzeitigen Geburt gesehen worden.

⁹Denn ich bin der geringste unter den Aposteln, der ich nicht wert bin, daß ich ein Apostel heiße, darum daß ich die Gemeinde Gottes verfolgt habe.

¹⁰Aber von Gottes Gnade bin ich, was ich bin. Und seine Gnade an mir ist nicht vergeblich gewesen, sondern ich habe vielmehr gearbeitet denn sie alle; nicht aber ich, sondern Gottes Gnade, die mit mir ist.

¹¹Es sei nun ich oder jene: also predigen wir, und also habt ihr geglaubt.

¹²So aber Christus gepredigt wird, daß er sei von den Toten auferstanden, wie sagen denn etliche unter euch, die Auferstehung der Toten sei nichts?

¹³Ist die Auferstehung der Toten nichts, so ist auch Christus nicht auferstanden.

¹⁴Ist aber Christus nicht auferstanden, so ist unsre Predigt vergeblich, so ist auch euer Glaube vergeblich.

¹⁵Wir würden aber auch erfunden als falsche Zeugen Gottes, daß wir wider Gott gezeugt hätten, er hätte Christum auferweckt, den er nicht auferweckt hätte, wenn doch die Toten nicht auferstehen.

¹⁶Denn so die Toten nicht auferstehen, so ist auch Christus nicht auferstanden.

¹⁷Ist Christus aber nicht auferstanden, so ist euer Glaube eitel, so seid ihr noch in euren Sünden.

¹⁸So sind auch die, so in Christo entschlafen sind, verloren.

¹⁹Hoffen wir allein in diesem Leben auf Christum, so sind wir die elendesten unter allen Menschen.

²⁰Nun ist aber Christus auferstanden von den Toten und der Erstling geworden unter denen, die da schlafen.

²¹Sintemal durch einen Menschen der Tod und durch einen Menschen die Auferstehung der Toten kommt.

²²Denn gleichwie sie in Adam alle sterben, also werden sie in Christo alle lebendig gemacht werden.

²³Ein jeglicher aber in seiner Ordnung: der Erstling Christus; darnach die Christo angehören, wenn er kommen wird;

²⁴darnach das Ende, wenn er das Reich Gott und dem Vater

überantworten wird, wenn er aufheben wird alle Herrschaft und alle Obrigkeit und Gewalt.

²⁵Er muß aber herrschen, bis daß er "alle seine Feinde unter seine Füße lege".

²⁶Der letzte Feind, der aufgehoben wird, ist der Tod.

²⁷Denn "er hat ihm alles unter seine Füße getan". Wenn er aber sagt, daß es alles untertan sei, ist's offenbar, daß ausgenommen ist, der ihm alles untergetan hat.

²⁸Wenn aber alles ihm untertan sein wird, alsdann wird auch der Sohn selbst untertan sein dem, der ihm alles untergetan hat, auf daß Gott sei alles in allen.

²⁹Was machen sonst, die sich taufen lassen über den Toten, so überhaupt die Toten nicht auferstehen? Was lassen sie sich taufen über den Toten?

³⁰Und was stehen wir alle Stunde in der Gefahr?

³¹Bei unserm Ruhm, den ich habe in Christo Jesu, unserm HERRN, ich sterbe täglich.

³²Habe ich nach menschlicher Meinung zu Ephesus mit wilden Tieren gefochten, was hilft's mir? So die Toten nicht auferstehen, "laßt uns essen und trinken; denn morgen sind wir tot!"

³³Lasset euch nicht verführen! Böse Geschwätze verderben gute Sitten.

³⁴Werdet doch einmal recht nüchtern und sündigt nicht! Denn etliche wissen nichts von Gott; das sage ich euch zur Schande.

³⁵Möchte aber jemand sagen: Wie werden die Toten auferstehen, und mit welchem Leibe werden sie kommen?

³⁶Du Narr: was du säst, wird nicht lebendig, es sterbe denn.

³⁷Und was du säst, ist ja nicht der Leib, der werden soll, sondern ein bloßes Korn, etwa Weizen oder der andern eines.

³⁸Gott aber gibt ihm einen Leib, wie er will, und einem jeglichen von den Samen seinen eigenen Leib.

³⁹Nicht ist alles Fleisch einerlei Fleisch; sondern ein anderes Fleisch ist der Menschen, ein anderes des Viehs, ein anderes der Fische, ein anderes der Vögel.

⁴⁰Und es sind himmlische Körper und irdische Körper; aber eine andere Herrlichkeit haben die himmlischen Körper und eine andere die irdischen.

⁴¹Eine andere Klarheit hat die Sonne, eine andere Klarheit hat der Mond, eine andere Klarheit haben die Sterne; denn ein Stern übertrifft den andern an Klarheit.

⁴²Also auch die Auferstehung der Toten. Es wird gesät verweslich, und wird auferstehen unverweslich.

⁴³Es wird gesät in Unehre, und wird auferstehen in Herrlichkeit. Es wird gesät in Schwachheit, und wird auferstehen in Kraft.

⁴⁴Es wird gesät ein natürlicher Leib, und wird auferstehen ein geistlicher Leib. Ist ein natürlicher Leib, so ist auch ein geistlicher Leib.

⁴⁵Wie es geschrieben steht: der erste Mensch, Adam, "ward zu einer lebendigen Seele", und der letzte Adam zum Geist, der da lebendig macht.

⁴⁶Aber der geistliche Leib ist nicht der erste, sondern der natürliche; darnach der geistliche.

⁴⁷Der erste Mensch ist von der Erde und irdisch; der andere Mensch ist der HERR vom Himmel.

⁴⁸Welcherlei der irdische ist, solcherlei sind auch die irdischen; und welcherlei der himmlische ist, solcherlei sind auch die himmlischen.

⁴⁹Und wie wir getragen haben das Bild des irdischen, also werden wir auch tragen das Bild des himmlischen.

⁵⁰Das sage ich aber, liebe Brüder, daß Fleisch und Blut nicht können das Reich Gottes ererben; auch wird das Verwesliche nicht erben das Unverwesliche.

⁵¹Siehe, ich sage euch ein Geheimnis: Wir werden nicht alle entschlafen, wir werden aber alle verwandelt werden;

⁵²und dasselbe plötzlich, in einem Augenblick, zur Zeit der letzten Posaune. Denn es wird die Posaune schallen, und die Toten werden auferstehen unverweslich, und wir werden verwandelt werden.

⁵³Denn dies Verwesliche muß anziehen die Unverweslichkeit, und dies Sterbliche muß anziehen die Unsterblichkeit.

⁵⁴Wenn aber das Verwesliche wird anziehen die Unverweslichkeit, und dies Sterbliche wird anziehen die Unsterblichkeit, dann wird erfüllt werden das Wort, das geschrieben steht:

⁵⁵"Der Tod ist verschlungen in den Sieg. Tod, wo ist dein Stachel? Hölle, wo ist dein Sieg?"

⁵⁶Aber der Stachel des Todes ist die Sünde; die Kraft aber der Sünde ist das Gesetz.

⁵⁷Gott aber sei Dank, der uns den Sieg gegeben hat durch unsern HERRN Jesus Christus!

⁵⁸Darum, meine lieben Brüder, seid fest, unbeweglich, und nehmet immer zu in dem Werk des HERRN, sintemal ihr wisset, daß eure Arbeit nicht vergeblich ist in dem HERRN.

Kapitel 16

¹Was aber die Steuer anlangt, die den Heiligen geschieht; wie ich den Gemeinden in Galatien geordnet habe, also tut auch ihr.

²An jeglichem ersten Tag der Woche lege bei sich selbst ein jeglicher unter euch und sammle, was ihn gut dünkt, auf daß nicht, wenn ich komme, dann allererst die Steuer zu sammeln sei.

³Wenn ich aber gekommen bin, so will ich die, welche ihr dafür anseht, mit Briefen senden, daß sie hinbringen eure Wohltat gen Jerusalem.

⁴So es aber wert ist, daß ich auch hinreise, sollen sie mit mir reisen.

⁵Ich will aber zu euch kommen, wenn ich durch Mazedonien gezogen bin; denn durch Mazedonien werde ich ziehen.

⁶Bei euch aber werde ich vielleicht bleiben oder auch überwintern, auf daß ihr mich geleitet, wo ich hin ziehen werde.

⁷Ich will euch jetzt nicht sehen im Vorüberziehen; denn ich hoffe, ich werde etliche Zeit bei euch bleiben, so es der HERR zuläßt.

⁸Ich werde aber zu Ephesus bleiben bis Pfingsten.

⁹Denn mir ist eine große Tür aufgetan, die viel Frucht wirkt, und sind viel Widersacher da.

¹⁰So Timotheus kommt, so sehet zu, daß er ohne Furcht bei euch sei; denn er treibt auch das Werk des HERRN wie ich.

¹¹Daß ihn nun nicht jemand verachte! Geleitet ihn aber im Frieden, daß er zu mir komme; denn ich warte sein mit den Brüdern.

¹²Von Apollos, dem Bruder, aber wisset, daß ich ihn sehr viel ermahnt habe, daß er zu euch käme mit den Brüdern; und es war durchaus sein Wille nicht, daß er jetzt käme; er wird aber kommen, wenn es ihm gelegen sein wird.

¹³Wachet, stehet im Glauben, seid männlich und seid stark!

¹⁴Alle eure Dinge lasset in der Liebe geschehen!

¹⁵Ich ermahne euch aber, liebe Brüder: Ihr kennet das Haus des Stephanas, daß sie sind die Erstlinge in Achaja und haben sich selbst verordnet zum Dienst den Heiligen;

¹⁶daß auch ihr solchen untertan seid und allen, die mitwirken und arbeiten.

¹⁷Ich freue mich über die Ankunft des Stephanas und Fortunatus und Achaikus; denn wo ich an euch Mangel hatte, das haben sie erstattet.

¹⁸Sie haben erquickt meinen und euren Geist. Erkennet die an, die solche sind!

¹⁹Es grüßen euch die Gemeinden in Asien. Es grüßt euch sehr in dem HERRN Aquila und Priscilla samt der Gemeinde in ihrem Hause.

²⁰Es grüßen euch alle Brüder. Grüßet euch untereinander mit dem heiligen Kuß.

²¹Ich, Paulus, grüße euch mit meiner Hand.

²²So jemand den HERRN Jesus Christus nicht liebhat, der sei anathema. Maran atha! (das heißt: der sei verflucht. Unser HERR kommt!)

²³Die Gnade des HERRN Jesu Christi sei mit euch!

²⁴Meine Liebe sei mit euch allen in Christo Jesu! Amen.

2 Korinther

Kapitel 1

¹Paulus, ein Apostel Jesu Christi durch den Willen Gottes, und Bruder Timotheus der Gemeinde Gottes zu Korinth samt allen Heiligen in ganz Achaja:

²Gnade sei mit euch und Friede von Gott, unserm Vater, und dem HERRN Jesus Christus!

³Gelobet sei Gott und der Vater unsers HERRN Jesu Christi, der Vater der Barmherzigkeit und Gott alles Trostes,

⁴der uns tröstet in aller unsrer Trübsal, daß auch wir trösten können, die da sind in allerlei Trübsal, mit dem Trost, damit wir getröstet werden von Gott.

⁵Denn gleichwie wir des Leidens Christi viel haben, also werden wir auch reichlich getröstet durch Christum.

⁶Wir haben aber Trübsal oder Trost, so geschieht es euch zugute. Ist's Trübsal, so geschieht es euch zu Trost und Heil; welches Heil sich beweist, so ihr leidet mit Geduld, dermaßen, wie wir leiden. Ist's Trost, so geschieht auch das euch zu Trost und Heil;

⁷und unsre Hoffnung steht fest für euch, dieweil wir wissen, daß, wie ihr des Leidens teilhaftig seid, so werdet ihr auch des Trostes teilhaftig sein.

⁸Denn wir wollen euch nicht verhalten, liebe Brüder, unsre Trübsal, die uns in Asien widerfahren ist, da wir über die Maßen beschwert waren und über Macht, also daß wir auch am Leben verzagten

⁹und bei uns beschlossen hatten, wir müßten sterben. Das geschah aber darum, damit wir unser Vertrauen nicht auf uns selbst sollen stellen, sondern auf Gott, der die Toten auferweckt,

¹⁰welcher uns von solchem Tode erlöst hat und noch täglich erlöst; und wir hoffen auf ihn, er werde uns auch hinfort erlösen,

¹¹durch Hilfe auch eurer Fürbitte für uns, auf daß über uns für die Gabe, die uns gegeben ist, durch viel Personen viel Dank geschehe.

¹²Denn unser Ruhm ist dieser: das Zeugnis unsers Gewissens, daß wir in Einfalt und göttlicher Lauterkeit, nicht in fleischlicher Weisheit, sondern in der Gnade Gottes auf der Welt gewandelt haben, allermeist aber bei euch.

¹³Denn wir schreiben euch nichts anderes, als was ihr leset und auch befindet. Ich hoffe aber, ihr werdet uns auch bis ans Ende also befinden, gleichwie ihr uns zum Teil befunden habt.

¹⁴Denn wir sind euer Ruhm, gleichwie auch ihr unser Ruhm seid auf des HERRN Jesu Tag.

¹⁵Und auf solch Vertrauen gedachte ich jenes Mal zu euch zu kommen, auf daß ihr abermals eine Wohltat empfinget,

¹⁶und ich durch euch nach Mazedonien reiste und wiederum aus Mazedonien zu euch käme und von euch geleitet würde nach Judäa.

¹⁷Bin ich aber leichtfertig gewesen, da ich solches dachte? Oder sind meine Anschläge fleischlich? Nicht also; sondern bei mir ist Ja Ja, und Nein ist Nein.

¹⁸Aber, o ein treuer Gott, daß unser Wort an euch nicht Ja und Nein gewesen ist.

¹⁹Denn der Sohn Gottes, Jesus Christus, der unter euch durch uns gepredigt ist, durch mich und Silvanus und Timotheus, der war nicht Ja und Nein, sondern es war Ja in ihm.

²⁰Denn alle Gottesverheißungen sind Ja in ihm und sind Amen in ihm, Gott zu Lobe durch uns.

²¹Gott ist's aber, der uns befestigt samt euch in Christum und uns gesalbt

²²und versiegelt und in unsre Herzen das Pfand, den Geist, gegeben hat.

²³Ich rufe aber Gott an zum Zeugen auf meine Seele, daß ich euch verschont habe in dem, daß ich nicht wieder gen Korinth gekommen bin.

²⁴Nicht daß wir Herren seien über euren Glauben, sondern wir sind Gehilfen eurer Freude; denn ihr stehet im Glauben.

Kapitel 2

¹Ich dachte aber solches bei mir, daß ich nicht abermals in Traurigkeit zu euch käme.

²Denn, so ich euch traurig mache, wer ist, der mich fröhlich mache, wenn nicht, der da von mir betrübt wird?

³Und dasselbe habe ich euch geschrieben, daß ich nicht, wenn ich käme, über die traurig sein müßte, über welche ich mich billig soll freuen; sintemal ich mich des zu euch allen versehe, daß meine Freude euer aller Freude sei.

⁴Denn ich schrieb euch in großer Trübsal und Angst des Herzens mit viel Tränen; nicht, daß ihr solltet betrübt werden, sondern auf daß ihr die Liebe erkennet, welche ich habe sonderlich zu euch.

⁵So aber jemand eine Betrübnis hat angerichtet, der hat nicht mich betrübt, sondern zum Teil, auf daß ich nicht zu viel sage, euch alle.

⁶Es ist aber genug, daß derselbe von vielen also gestraft ist,

⁷daß ihr nun hinfort ihm desto mehr vergebet und ihn tröstet, auf daß er nicht in allzu große Traurigkeit versinke.

⁸Darum ermahne ich euch, daß ihr die Liebe an ihm beweiset.

⁹Denn darum habe ich euch auch geschrieben, daß ich erkennte, ob ihr rechtschaffen seid, gehorsam zu sein in allen Stücken.

¹⁰Welchem aber ihr etwas vergebet, dem vergebe ich auch. Denn auch ich, so ich etwas vergebe jemand, das vergebe ich um euretwillen an Christi Statt,

¹¹auf daß wir nicht übervorteilt werden vom Satan; denn uns ist nicht unbewußt, was er im Sinn hat.

¹²Da ich aber gen Troas kam, zu predigen das Evangelium Christi, und mir eine Tür aufgetan war in dem HERRN,

¹³hatte ich keine Ruhe in meinem Geist, da ich Titus, meinen Bruder, nicht fand; sondern ich machte meinen Abschied mit ihnen und fuhr aus nach Mazedonien.

¹⁴Aber Gott sei gedankt, der uns allezeit Sieg gibt in Christo und offenbart den Geruch seiner Erkenntnis durch uns an allen Orten!

¹⁵Denn wir sind Gott ein guter Geruch Christi unter denen, die selig werden, und unter denen, die verloren werden:

¹⁶diesen ein Geruch des Todes zum Tode, jenen aber ein Geruch des Lebens zum Leben. Und wer ist hierzu tüchtig?

¹⁷Denn wir sind nicht, wie die vielen, die das Wort Gottes verfälschen; sondern als aus Lauterkeit und als aus Gott reden wir vor Gott in Christo.

Kapitel 3

¹Heben wir denn abermals an, uns selbst zu preisen? Oder bedürfen wir, wie etliche, der Lobebriefe an euch oder Lobebriefe von euch?

²Ihr seid unser Brief, in unser Herz geschrieben, der erkannt und gelesen wird von allen Menschen;

³die ihr offenbar geworden seid, daß ihr ein Brief Christi seid, durch unsern Dienst zubereitet, und geschrieben nicht mit Tinte, sondern mit dem Geist des lebendigen Gottes, nicht in steinerne Tafeln, sondern in fleischerne Tafeln des Herzens.

⁴Ein solch Vertrauen aber haben wir durch Christum zu Gott.

⁵Nicht, daß wir tüchtig sind von uns selber, etwas zu denken als von uns selber; sondern daß wir tüchtig sind, ist von Gott,

⁶welcher auch uns tüchtig gemacht hat, das Amt zu führen des Neuen Testaments, nicht des Buchstaben, sondern des Geistes. Denn der Buchstabe tötet, aber der Geist macht lebendig.

⁷So aber das Amt, das durch die Buchstaben tötet und in die Steine gebildet war, Klarheit hatte, also daß die Kinder Israel nicht konnten ansehen das Angesicht Mose's um der Klarheit willen seines Angesichtes, die doch aufhört,

⁸wie sollte nicht viel mehr das Amt, das den Geist gibt, Klarheit haben!

⁹Denn so das Amt, das die Verdammnis predigt, Klarheit hat, wie viel mehr hat das Amt, das die Gerechtigkeit predigt, überschwengliche Klarheit.

¹⁰Denn auch jenes Teil, das verklärt war, ist nicht für Klarheit zu achten gegen die überschwengliche Klarheit.

¹¹Denn so das Klarheit hatte, das da aufhört, wie viel mehr wird das Klarheit haben, das da bleibt.

¹²Dieweil wir nun solche Hoffnung haben, sind wir voll großer Freudigkeit

¹³und tun nicht wie Mose, der die Decke vor sein Angesicht hing, daß die Kinder Israel nicht ansehen konnten das Ende des, das aufhört;

¹⁴sondern ihre Sinne sind verstockt. Denn bis auf den heutigen Tag bleibt diese Decke unaufgedeckt über dem alten Testament, wenn sie es lesen, welche in Christo aufhört;

¹⁵aber bis auf den heutigen Tag, wenn Mose gelesen wird, hängt die Decke vor ihrem Herzen.

¹⁶Wenn es aber sich bekehrte zu dem HERRN, so würde die Decke abgetan.

¹⁷Denn der HERR ist der Geist; wo aber der Geist des HERRN ist, da ist Freiheit.

¹⁸Nun aber spiegelt sich in uns allen des HERRN Klarheit mit aufgedecktem Angesicht, und wir werden verklärt in dasselbe Bild von

einer Klarheit zu der andern, als vom HERRN, der der Geist ist.

Kapitel 4

¹Darum, dieweil wir ein solch Amt haben, wie uns denn Barmherzigkeit widerfahren ist, so werden wir nicht müde,

²sondern meiden auch heimliche Schande und gehen nicht mit Schalkheit um, fälschen auch nicht Gottes Wort; sondern mit Offenbarung der Wahrheit beweisen wir uns wohl an aller Menschen Gewissen vor Gott.

³Ist nun unser Evangelium verdeckt, so ist's in denen, die verloren werden, verdeckt;

⁴bei welchen der Gott dieser Welt der Ungläubigen Sinn verblendet hat, daß sie nicht sehen das helle Licht des Evangeliums von der Klarheit Christi, welcher ist das Ebenbild Gottes.

⁵Denn wir predigen nicht uns selbst, sondern Jesum Christum, daß er sei der HERR, wir aber eure Knechte um Jesu willen.

⁶Denn Gott, der da hieß das Licht aus der Finsternis hervorleuchten, der hat einen hellen Schein in unsere Herzen gegeben, daß durch uns entstünde die Erleuchtung von der Erkenntnis der Klarheit Gottes in dem Angesichte Jesu Christi.

⁷Wir haben aber solchen Schatz in irdischen Gefäßen, auf daß die überschwengliche Kraft sei Gottes und nicht von uns.

⁸Wir haben allenthalben Trübsal, aber wir ängsten uns nicht; uns ist bange, aber wir verzagen nicht;

⁹wir leiden Verfolgung, aber wir werden nicht verlassen; wir werden unterdrückt, aber wir kommen nicht um;

¹⁰und tragen allezeit das Sterben des HERRN Jesu an unserm Leibe, auf daß auch das Leben des HERRN Jesu an unserm Leibe offenbar werde.

¹¹Denn wir, die wir leben, werden immerdar in den Tod gegeben um Jesu willen, auf das auch das Leben Jesu offenbar werde an unserm sterblichen Fleische.

¹²Darum ist nun der Tod mächtig in uns, aber das Leben in euch.

¹³Dieweil wir aber denselbigen Geist des Glaubens haben, nach dem, das geschrieben steht: "Ich glaube, darum rede ich", so glauben wir auch, darum so reden wir auch

¹⁴und wissen, daß der, so den HERRN Jesus hat auferweckt, wird uns auch auferwecken durch Jesum und wird uns darstellen samt euch.

¹⁵Denn das geschieht alles um euretwillen, auf daß die überschwengliche Gnade durch vieler Danksagen Gott reichlich preise.

¹⁶Darum werden wir nicht müde; sondern, ob unser äußerlicher Mensch verdirbt, so wird doch der innerliche von Tag zu Tag erneuert.

¹⁷Denn unsre Trübsal, die zeitlich und leicht ist, schafft eine ewige und über alle Maßen wichtige Herrlichkeit

¹⁸uns, die wir nicht sehen auf das Sichtbare, sondern auf das Unsichtbare. Denn was sichtbar ist, das ist zeitlich; was aber unsichtbar ist, das ist ewig.

Kapitel 5

¹Wir wissen aber, so unser irdisch Haus dieser Hütte zerbrochen wird, daß wir einen Bau haben, von Gott erbauet, ein Haus, nicht mit Händen gemacht, das ewig ist, im Himmel.

²Und darüber sehnen wir uns auch nach unsrer Behausung, die vom Himmel ist, und uns verlangt, daß wir damit überkleidet werden;

³so doch, wo wir bekleidet und nicht bloß erfunden werden.

⁴Denn dieweil wir in der Hütte sind, sehnen wir uns und sind beschwert; sintemal wir wollten lieber nicht entkleidet, sondern überkleidet werden, auf daß das Sterbliche würde verschlungen von dem Leben.

⁵Der uns aber dazu bereitet, das ist Gott, der uns das Pfand, den Geist, gegeben hat.

⁶So sind wir denn getrost allezeit und wissen, daß, dieweil wir im Leibe wohnen, so wallen wir ferne vom HERRN;

⁷denn wir wandeln im Glauben, und nicht im Schauen.

⁸Wir sind aber getrost und haben vielmehr Lust, außer dem Leibe zu wallen und daheim zu sein bei dem HERRN.

⁹Darum fleißigen wir uns auch, wir sind daheim oder wallen, daß wir ihm wohl gefallen.

¹⁰Denn wir müssen alle offenbar werden vor dem Richtstuhl Christi, auf daß ein jeglicher empfange, nach dem er gehandelt hat bei Leibesleben, es sei gut oder böse.

¹¹Dieweil wir denn wissen, daß der HERR zu fürchten ist, fahren wir schön mit den Leuten; aber Gott sind wir offenbar. Ich hoffe aber, daß wir auch in euerm Gewissen offenbar sind.

¹²Wir loben uns nicht abermals bei euch, sondern geben euch eine Ursache, zu rühmen von uns, auf daß ihr habt zu rühmen wider die, so sich nach dem Ansehen rühmen und nicht nach dem Herzen.

¹³Denn tun wir zu viel, so tun wir's Gott; sind wir mäßig, so sind wir euch mäßig.

¹⁴Denn die Liebe Christi dringt in uns also, sintemal wir halten, daß, so einer für alle gestorben ist, so sind sie alle gestorben;

¹⁵und er ist darum für alle gestorben, auf daß die, so da leben, hinfort nicht sich selbst leben, sondern dem, der für sie gestorben und auferstanden ist.

¹⁶Darum kennen wir von nun an niemand nach dem Fleisch; und ob wir auch Christum gekannt haben nach dem Fleisch, so kennen wir ihn doch jetzt nicht mehr.

¹⁷Darum, ist jemand in Christo, so ist er eine neue Kreatur; das Alte ist vergangen, siehe, es ist alles neu geworden!

¹⁸Aber das alles von Gott, der uns mit ihm selber versöhnt hat durch Jesum Christum und das Amt gegeben, das die Versöhnung predigt.

¹⁹Denn Gott war in Christo und versöhnte die Welt mit ihm selber und rechnete ihnen ihre Sünden nicht zu und hat unter uns aufgerichtet das Wort von der Versöhnung.

²⁰So sind wir nun Botschafter an Christi Statt, denn Gott vermahnt durch uns; so bitten wir nun an Christi Statt: Lasset euch versöhnen mit Gott.

²¹Denn er hat den, der von keiner Sünde wußte, für uns zur Sünde gemacht, auf daß wir würden in ihm die Gerechtigkeit, die vor Gott gilt.

Kapitel 6

¹Wir ermahnen aber euch als Mithelfer, daß ihr nicht vergeblich die Gnade Gottes empfanget.

²Denn er spricht: "Ich habe dich in der angenehmen Zeit erhört und habe dir am Tage des Heils geholfen." Sehet, jetzt ist die angenehme Zeit, jetzt ist der Tag des Heils!

³Und wir geben niemand irgend ein Ärgernis, auf daß unser Amt nicht verlästert werde;

⁴sondern in allen Dingen beweisen wir uns als die Diener Gottes: in großer Geduld, in Trübsalen, in Nöten, in Ängsten,

⁵in Schlägen, in Gefängnissen, in Aufruhren, in Arbeit, in Wachen, in Fasten,

⁶in Keuschheit, in Erkenntnis, in Langmut, in Freundlichkeit, in dem heiligen Geist, in ungefärbter Liebe,

⁷in dem Wort der Wahrheit, in der Kraft Gottes, durch Waffen der Gerechtigkeit zur Rechten und zur Linken,

⁸durch Ehre und Schande, durch böse Gerüchte und gute Gerüchte: als die Verführer, und doch wahrhaftig;

⁹als die Unbekannten, und doch bekannt; als die Sterbenden, und siehe, wir leben; als die Gezüchtigten, und doch nicht ertötet;

¹⁰als die Traurigen, aber allezeit fröhlich; als die Armen, aber die doch viele reich machen; als die nichts innehaben, und doch alles haben.

¹¹O ihr Korinther! unser Mund hat sich zu euch aufgetan, unser Herz ist weit.

¹²Ihr habt nicht engen Raum in uns; aber eng ist's in euren Herzen.

¹³Ich rede mit euch als mit meinen Kindern, daß ihr euch auch also gegen mich stellet und werdet auch weit.

¹⁴Ziehet nicht am fremden Joch mit den Ungläubigen. Denn was hat die Gerechtigkeit zu schaffen mit der Ungerechtigkeit? Was hat das Licht für Gemeinschaft mit der Finsternis?

¹⁵Wie stimmt Christus mit Belial? Oder was für ein Teil hat der Gläubige mit dem Ungläubigen?

¹⁶Was hat der Tempel Gottes für Gleichheit mit den Götzen? Ihr aber seid der Tempel des lebendigen Gottes; wie denn Gott spricht: "Ich will unter ihnen wohnen und unter ihnen wandeln und will ihr Gott sein, und sie sollen mein Volk sein.

¹⁷Darum gehet aus von ihnen und sondert euch ab, spricht der HERR, und rührt kein Unreines an, so will ich euch annehmen

¹⁸und euer Vater sein, und ihr sollt meine Söhne und Töchter sein, spricht der allmächtige HERR."

Kapitel 7

¹Dieweil wir nun solche Verheißungen haben, meine Liebsten, so lasset uns von aller Befleckung des Fleisches und des Geistes uns reinigen und fortfahren mit der Heiligung in der Furcht Gottes.

²Fasset uns: Wir haben niemand Leid getan, wir haben niemand verletzt, wir haben niemand übervorteilt.

³Nicht sage ich solches, euch zu verdammen; denn ich habe droben zuvor gesagt, daß ihr in unsern Herzen seid, mitzusterben und mitzuleben.

⁴Ich rede mit großer Freudigkeit zu euch; ich rühme viel von euch; ich bin erfüllt mit Trost; ich bin überschwenglich in Freuden und in aller unsrer Trübsal.

⁵Denn da wir nach Mazedonien kamen, hatte unser Fleisch keine Ruhe; sondern allenthalben waren wir in Trübsal: auswendig Streit, inwendig Furcht.

⁶Aber Gott, der die Geringen tröstet, der tröstete auch uns durch die Ankunft des Titus;

⁷nicht allein aber durch seine Ankunft, sondern auch durch den Trost, mit dem er getröstet war an euch, da er uns verkündigte euer Verlangen, euer Weinen, euren Eifer um mich, also daß ich mich noch mehr freute.

⁸Denn daß ich euch durch den Brief habe traurig gemacht, reut mich nicht. Und ob's mich reute, dieweil ich sehe, daß der Brief vielleicht eine Weile euch betrübt hat,

⁹so freue ich mich doch nun, nicht darüber, daß ihr seid betrübt worden, sondern daß ihr betrübt seid worden zur Reue. Denn ihr seid göttlich betrübt worden, daß ihr von uns ja keinen Schaden irgendworin nehmet.

¹⁰Denn göttliche Traurigkeit wirkt zur Seligkeit einen Reue, die niemand gereut; die Traurigkeit aber der Welt wirkt den Tod.

¹¹Siehe, daß ihr göttlich seid betrübt worden, welchen Fleiß hat das in euch gewirkt, dazu Verantwortung, Zorn, Furcht, Verlangen, Eifer, Rache! Ihr habt euch bewiesen in allen Stücken, daß ihr rein seid in der Sache.

¹²Darum, ob ich euch geschrieben habe, so ist's doch nicht geschehen um des willen, der beleidigt hat, auch nicht um des willen, der beleidigt ist, sondern um deswillen, daß euer Fleiß gegen uns offenbar sein würde bei euch vor Gott.

¹³Derhalben sind wir getröstet worden, daß ihr getröstet seid. Überschwenglicher aber haben wir uns noch gefreut über die Freude des Titus; denn sein Geist ist erquickt an euch allen.

¹⁴Denn was ich vor ihm von euch gerühmt habe, darin bin ich nicht zu Schanden geworden; sondern, gleichwie alles wahr ist, was ich von euch geredet habe, also ist auch unser Rühmen vor Titus wahr geworden.

¹⁵Und er ist überaus herzlich wohl gegen euch gesinnt, wenn er gedenkt an euer aller Gehorsam, wie ihr ihn mit Furcht und Zittern habt aufgenommen.

¹⁶Ich freue mich, daß ich mich zu euch alles Guten versehen darf.

Kapitel 8

¹Ich tue euch kund, liebe Brüder, die Gnade Gottes, die in den Gemeinden in Mazedonien gegeben ist.

²Denn ihre Freude war überschwenglich, da sie durch viel Trübsal bewährt wurden; und wiewohl sie sehr arm sind, haben sie doch reichlich gegeben in aller Einfalt.

³Denn nach allem Vermögen (das bezeuge ich) und über Vermögen waren sie willig

⁴und baten uns mit vielem Zureden, daß wir aufnähmen die Wohltat und Gemeinschaft der Handreichung, die da geschieht den Heiligen;

⁵und nicht, wie wir hofften, sondern sie ergaben sich selbst, zuerst dem HERRN und darnach uns, durch den Willen Gottes,

⁶daß wir mußten Titus ermahnen, auf daß er, wie er zuvor angefangen hatte, also auch unter euch solche Wohltat ausrichtete.

⁷Aber gleichwie ihr in allen Stücken reich seid, im Glauben und im Wort und in der Erkenntnis und in allerlei Fleiß und in eurer Liebe zu uns, also schaffet, daß ihr auch in dieser Wohltat reich seid.

⁸Nicht sage ich, daß ich etwas gebiete; sondern, dieweil andere so fleißig sind, versuche ich auch eure Liebe, ob sie rechter Art sei.

⁹Denn ihr wisset die Gnade unsers HERRN Jesu Christi, daß, ob er wohl reich ist, ward er doch arm um euretwillen, auf daß ihr durch seine Armut reich würdet.

¹⁰Und meine Meinung hierin gebe ich; denn solches ist euch nützlich, die ihr angefangen habt vom vorigen Jahre her nicht allein das Tun, sondern auch das Wollen;

¹¹nun aber vollbringet auch das Tun, auf daß, gleichwie da ist ein geneigtes Gemüt, zu wollen, so sei auch da ein geneigtes Gemüt, zu tun von dem, was ihr habt.

¹²Denn so einer willig ist, so ist er angenehm, nach dem er hat, nicht nach dem er nicht hat.

¹³Nicht geschieht das in der Meinung, daß die andern Ruhe haben, und ihr Trübsal, sondern daß es gleich sei.

¹⁴So diene euer Überfluß ihrem Mangel diese teure Zeit lang, auf daß auch ihr Überfluß hernach diene eurem Mangel und ein Ausgleich geschehe;

¹⁵wie geschrieben steht: "Der viel sammelte, hatte nicht Überfluß, der wenig sammelte, hatte nicht Mangel."

¹⁶Gott aber sei Dank, der solchen Eifer für euch gegeben hat in das Herz des Titus.

¹⁷Denn er nahm zwar die Ermahnung an; aber dieweil er fleißig war, ist er von selber zu euch gereist.

¹⁸Wir haben aber einen Bruder mit ihm gesandt, der das Lob hat am Evangelium durch alle Gemeinden.

¹⁹Nicht allein aber das, sondern er ist auch verordnet von den Gemeinden zum Gefährten unsrer Fahrt in dieser Wohltat, welche durch uns ausgerichtet wird dem HERRN zu Ehren und zum Preis eures guten Willens.

²⁰Also verhüten wir, daß uns nicht jemand übel nachreden möge solcher reichen Steuer halben, die durch uns ausgerichtet wird;

²¹und sehen darauf, daß es redlich zugehe, nicht allein vor dem HERRN sondern auch vor den Menschen.

²²Auch haben wir mit ihnen gesandt unsern Bruder, den wir oft erfunden haben in vielen Stücken, daß er fleißig sei, nun aber viel fleißiger.

²³Und wir sind großer Zuversicht zu euch, es sei des Titus halben, welcher mein Geselle und Gehilfe unter euch ist, oder unsrer Brüder halben, welche Boten sind der Gemeinden und eine Ehre Christi.

²⁴Erzeiget nun die Beweisung eurer Liebe und unsers Rühmens von euch an diesen auch öffentlich vor den Gemeinden!

Kapitel 9

¹Denn von solcher Steuer, die den Heiligen geschieht, ist mir nicht not, euch zu schreiben.

²Denn ich weiß euren guten Willen, davon ich rühme bei denen aus Mazedonien und sage: Achaja ist schon voriges Jahr bereit gewesen; und euer Beispiel hat viele gereizt.

³Ich habe aber diese Brüder darum gesandt, daß nicht unser Rühmen von euch zunichte würde in dem Stücke, und daß ihr bereit seid, gleichwie ich von euch gesagt habe;

⁴auf daß nicht, so die aus Mazedonien mit mir kämen und euch unbereit fänden, wir (will nicht sagen: ihr) zu Schanden würden mit solchem Rühmen.

⁵So habe ich es nun für nötig angesehen, die Brüder zu ermahnen, daß sie vorzögen zu euch, fertigzumachen diesen zuvor verheißenen Segen, daß er bereit sei, also daß es sei ein Segen und nicht ein Geiz.

⁶Ich meine aber das: Wer da kärglich sät, der wird auch kärglich ernten; und wer da sät im Segen, der wird auch ernten im Segen.

⁷Ein jeglicher nach seiner Willkür, nicht mit Unwillen oder aus Zwang; denn einen fröhlichen Geber hat Gott lieb.

⁸Gott aber kann machen, daß allerlei Gnade unter euch reichlich sei, daß ihr in allen Dingen volle Genüge habt und reich seid zu allerlei guten Werken;

⁹wie geschrieben steht: "Er hat ausgestreut und gegeben den Armen; seine Gerechtigkeit bleibt in Ewigkeit."

¹⁰Der aber Samen reicht dem Säemann, der wird auch das Brot reichen zur Speise und wird vermehren euren Samen und wachsen lassen das Gewächs eurer Gerechtigkeit,

¹¹daß ihr reich seid in allen Dingen mit aller Einfalt, welche wirkt durch uns Danksagung Gott.

¹²Denn die Handreichung dieser Steuer erfüllt nicht allein den Mangel der Heiligen, sondern ist auch überschwenglich darin, daß viele Gott danken für diesen unsern treuen Dienst

¹³und preisen Gott über euer untertäniges Bekenntnis des Evangeliums Christi und über eure einfältige Steuer an sie und an alle,

¹⁴indem auch sie nach euch verlangt im Gebet für euch um der überschwenglichen Gnade Gottes willen in euch.

¹⁵Gott aber sei Dank für seine unaussprechliche Gabe!

Kapitel 10

¹Ich aber, Paulus, ermahne euch durch die Sanftmütigkeit und Lindigkeit Christi, der ich gegenwärtig unter euch gering bin, abwesend aber dreist gegen euch.

²Ich bitte aber, daß mir nicht not sei, gegenwärtig dreist zu handeln und der Kühnheit zu brauchen, die man mir zumißt, gegen etliche, die uns schätzen, als wandelten wir fleischlicherweise.

³Denn ob wir wohl im Fleisch wandeln, so streiten wir doch nicht fleischlicherweise.

⁴Denn die Waffen unsrer Ritterschaft sind nicht fleischlich, sondern mächtig vor Gott, zu zerstören Befestigungen;

⁵wir zerstören damit die Anschläge und alle Höhe, die sich erhebt wider die Erkenntnis Gottes, und nehmen gefangen alle Vernunft unter den Gehorsam Christi

⁶und sind bereit, zu rächen allen Ungehorsam, wenn euer Gehorsam erfüllt ist.

⁷Richtet ihr nach dem Ansehen? Verläßt sich jemand darauf, daß

er Christo angehöre, der denke solches auch wiederum bei sich, daß, gleichwie er Christo angehöre, also auch wir Christo angehören.

⁸Und so ich auch etwas weiter mich rühmte von unsrer Gewalt, welche uns der HERR gegeben hat, euch zu bessern, und nicht zu verderben, wollte ich nicht zu Schanden werden.

⁹Das sage ich aber, daß ihr nicht euch dünken lasset, als hätte ich euch wollen schrecken mit Briefen.

¹⁰Denn die Briefe, sprechen sie, sind schwer und stark; aber die Gegenwart des Leibes ist schwach und die Rede verächtlich.

¹¹Wer ein solcher ist, der denke, daß, wie wir sind mit Worten in den Briefen abwesend, so werden wir auch wohl sein mit der Tat gegenwärtig.

¹²Denn wir wagen uns nicht unter die zu rechnen oder zu zählen, so sich selbst loben, aber dieweil sie an sich selbst messen und halten allein von sich selbst, verstehen sie nichts.

¹³Wir aber rühmen uns nicht über das Ziel hinaus, sondern nur nach dem Ziel der Regel, mit der uns Gott abgemessen hat das Ziel, zu gelangen auch bis zu euch.

¹⁴Denn wir fahren nicht zu weit, als wären wir nicht gelangt zu euch; denn wir sind ja auch zu euch gekommen mit dem Evangelium Christi.

¹⁵und rühmen uns nicht übers Ziel hinaus in fremder Arbeit und haben Hoffnung, wenn nun euer Glaube in euch wächst, daß wir in unsrer Regel nach wollen weiterkommen

¹⁶und das Evangelium auch predigen denen, die jenseit von euch wohnen, und uns nicht rühmen in dem, was mit fremder Regel bereitet ist.

¹⁷Wer sich aber rühmt, der rühme sich des HERRN.

¹⁸Denn darum ist einer nicht tüchtig, daß er sich selbst lobt, sondern daß ihn der HERR lobt.

Kapitel 11

¹Wollte Gott, ihr hieltet mir ein wenig Torheit zugut! doch ihr haltet mir's wohl zugut.

²Denn ich eifere um euch mit göttlichem Eifer; denn ich habe euch vertraut einem Manne, daß ich eine reine Jungfrau Christo zubrächte.

³Ich fürchte aber, daß, wie die Schlange Eva verführte mit ihrer Schalkheit, also auch eure Sinne verrückt werden von der Einfalt in Christo.

⁴Denn so, der da zu euch kommt, einen andern Jesus predigte, den wir nicht gepredigt haben, oder ihr einen andern Geist empfinget, den ihr nicht empfangen habt, oder ein ander Evangelium, das ihr nicht angenommen habt, so vertrüget ihr's billig.

⁵Denn ich achte, ich sei nicht weniger, als die "hohen" Apostel sind.

⁶Und ob ich nicht kundig bin der Rede, so bin ich doch nicht unkundig der Erkenntnis. Doch ich bin bei euch allenthalben wohl bekannt.

⁷Oder habe ich gesündigt, daß ich mich erniedrigt habe, auf daß ihr erhöht würdet? Denn ich habe euch das Evangelium Gottes umsonst verkündigt

⁸und habe andere Gemeinden beraubt und Sold von ihnen genommen, daß ich euch predigte.

⁹Und da ich bei euch war gegenwärtig und Mangel hatte, war ich niemand beschwerlich. Denn mein Mangel erstatteten die Brüder, die aus Mazedonien kamen, so habe ich mich in allen Stücken euch unbeschwerlich gehalten und will auch noch mich also halten.

¹⁰So gewiß die Wahrheit Christi in mir ist, so soll mir dieser Ruhm in den Ländern Achajas nicht verstopft werden.

¹¹Warum das? Daß ich euch nicht sollte liebhaben? Gott weiß es.

¹²Was ich aber tue und tun will, das tue ich darum, daß ich die Ursache abschneide denen, die Ursache suchen, daß sie rühmen möchten, sie seien wie wir.

¹³Denn solche falsche Apostel und trügliche Arbeiter verstellen sich zu Christi Aposteln.

¹⁴Und das ist auch kein Wunder; denn er selbst, der Satan, verstellt sich zum Engel des Lichtes.

¹⁵Darum ist es auch nicht ein Großes, wenn sich seine Diener verstellen als Prediger der Gerechtigkeit; welcher Ende sein wird nach ihren Werken.

¹⁶Ich sage abermals, daß nicht jemand wähne, ich sei töricht; wo aber nicht, so nehmet mich als einen Törichten, daß ich mich auch ein wenig rühme.

¹⁷Was ich jetzt rede, das rede ich nicht als im HERRN, sondern als in der Torheit, dieweil wir in das Rühmen gekommen sind.

¹⁸Sintemal viele sich rühmen nach dem Fleisch, will ich mich auch rühmen.

¹⁹Denn ihr vertraget gern die Narren, dieweil ihr klug seid.

²⁰Ihr vertraget, so euch jemand zu Knechten macht, so euch jemand schindet, so euch jemand gefangennimmt, so jemand euch trotzt, so euch jemand ins Angesicht streicht.

²¹Das sage ich nach der Unehre, als wären wir schwach geworden. Worauf aber jemand kühn ist (ich rede in Torheit!), darauf bin ich auch kühn.

²²Sie sind Hebräer? Ich auch! Sie sind Israeliter? Ich auch! Sie sind Abrahams Same? Ich auch!

²³Sie sind Diener Christi? Ich rede töricht: Ich bin's wohl mehr: Ich habe mehr gearbeitet, ich habe mehr Schläge erlitten, bin öfter gefangen, oft in Todesnöten gewesen;

²⁴von den Juden habe ich fünfmal empfangen vierzig Streiche weniger eins;

²⁵ich bin dreimal gestäupt, einmal gesteinigt, dreimal Schiffbruch erlitten, Tag und Nacht habe ich zugebracht in der Tiefe des Meers;

²⁶ich bin oft gereist, ich bin in Gefahr gewesen durch die Flüsse, in Gefahr durch die Mörder, in Gefahr unter den Juden, in Gefahr unter den Heiden, in Gefahr in den Städten, in Gefahr in der Wüste, in Gefahr auf dem Meer, in Gefahr unter den falschen Brüdern;

²⁷in Mühe und Arbeit, in viel Wachen, in Hunger und Durst, in viel Fasten, in Frost und Blöße;

²⁸außer was sich sonst zuträgt, nämlich, daß ich täglich werde angelaufen und trage Sorge für alle Gemeinden.

²⁹Wer ist schwach, und ich werde nicht schwach? Wer wird geärgert, und ich brenne nicht?

³⁰So ich mich ja rühmen soll, will ich mich meiner Schwachheit rühmen.

³¹Gott und der Vater unsers HERRN Jesu Christi, welcher sei gelobt in Ewigkeit, weiß, daß ich nicht lüge.

³²Zu Damaskus verwahrte der Landpfleger des Königs Aretas die Stadt der Damasker und wollte mich greifen,

³³und ich ward in einem Korbe zum Fenster hinaus durch die Mauer niedergelassen und entrann aus seinen Händen.

Kapitel 12

¹Es ist mir ja das Rühmen nichts nütze; doch will ich kommen auf die Gesichte und Offenbarung des HERRN.

²Ich kenne einen Menschen in Christo; vor vierzehn Jahren (ist er in dem Leibe gewesen, so weiß ich's nicht; oder ist er außer dem Leibe gewesen, so weiß ich's nicht; Gott weiß es) ward derselbe entzückt bis in den dritten Himmel.

³Und ich kenne denselben Menschen (ob er im Leibe oder außer dem Leibe gewesen ist, weiß ich nicht; Gott weiß es);

⁴der ward entzückt in das Paradies und hörte unaussprechliche Worte, welche kein Mensch sagen kann.

⁵Für denselben will ich mich rühmen; für mich selbst aber will ich mich nicht rühmen, nur meiner Schwachheit.

⁶Und so ich mich rühmen wollte, täte ich daran nicht töricht; denn ich wollte die Wahrheit sagen. Ich enthalte mich aber dessen, auf daß nicht jemand mich höher achte, als er an mir sieht oder von mir hört.

⁷Und auf daß ich mich nicht der hohen Offenbarung überhebe, ist mir gegeben ein Pfahl ins Fleisch, nämlich des Satans Engel, der mich mit Fäusten schlage, auf daß ich mich nicht überhebe.

⁸Dafür ich dreimal zum HERRN gefleht habe, daß er von mir wiche.

⁹Und er hat zu mir gesagt: Laß dir an meiner Gnade genügen; denn meine Kraft ist in den Schwachen mächtig. Darum will ich mich am allerliebsten rühmen meiner Schwachheit, auf daß die Kraft Christi bei mir wohne.

¹⁰Darum bin ich gutes Muts in Schwachheiten, in Mißhandlungen, in Nöten, in Verfolgungen, in Ängsten, um Christi willen; denn, wenn ich schwach bin, so bin ich stark.

¹¹Ich bin ein Narr geworden über dem Rühmen; dazu habt ihr mich gezwungen. Denn ich sollte von euch gelobt werden, sintemal ich nichts weniger bin, als die "hohen" Apostel sind, wiewohl ich nichts bin.

¹²Denn es sind ja eines Apostels Zeichen unter euch geschehen mit aller Geduld, mit Zeichen und mit Wundern und mit Taten.

¹³Was ist's, darin ihr geringer seid denn die andern Gemeinden, außer daß ich selbst euch nicht habe beschwert? Vergebet mir diese Sünde!

¹⁴Siehe, ich bin bereit zum drittenmal zu euch zu kommen, und will euch nicht beschweren; denn ich suche nicht das Eure, sondern euch. Denn es sollen nicht die Kinder den Eltern Schätze sammeln, sondern die Eltern den Kindern.

¹⁵Ich aber will sehr gern hingeben und hingegeben werden für

eure Seelen; wiewohl ich euch gar sehr liebe, und doch weniger geliebt werde.

¹⁶Aber laß es also sein, daß ich euch nicht habe beschwert; sondern, die weil ich tückisch bin, habe ich euch mit Hinterlist gefangen.

¹⁷Habe ich aber etwa jemand übervorteilt durch derer einen, die ich zu euch gesandt habe?

¹⁸Ich habe Titus ermahnt und mit ihm gesandt einen Bruder. Hat euch etwa Titus übervorteilt? Haben wir nicht in einem Geist gewandelt? Sind wir nicht in einerlei Fußtapfen gegangen?

¹⁹Lasset ihr euch abermals dünken, wir verantworten uns vor euch? Wir reden in Christo vor Gott; aber das alles geschieht, meine Liebsten, euch zur Besserung.

²⁰Denn ich fürchte, wenn ich komme, daß ich euch nicht finde, wie ich will, und ihr mich auch nicht findet, wie ihr wollt; daß Hader, Neid, Zorn, Zank, Afterreden, Ohrenblasen, Aufblähen, Aufruhr dasei;

²¹daß mich, wenn ich abermals komme, mein Gott demütige bei euch und ich müsse Leid tragen über viele, die zuvor gesündigt und nicht Buße getan haben für die Unreinigkeit und Hurerei und Unzucht, die sie getrieben haben.

Kapitel 13

¹Komme ich zum drittenmal zu euch, so soll in zweier oder dreier Zeugen Mund bestehen allerlei Sache.

²Ich habe es euch zuvor gesagt und sage es euch zuvor, wie, als ich zum andernmal gegenwärtig war, so auch nun abwesend schreibe ich es denen, die zuvor gesündigt haben, und den andern allen: Wenn ich abermals komme, so will ich nicht schonen;

³sintemal ihr suchet, daß ihr einmal gewahr werdet des, der in mir redet, nämlich Christi, welcher unter euch nicht schwach ist, sondern ist mächtig unter euch.

⁴Und ob er wohl gekreuzigt ist in der Schwachheit, so lebt er doch in der Kraft Gottes. Und ob wir auch schwach sind in ihm, so leben wir doch mit ihm in der Kraft Gottes unter euch.

⁵Versuchet euch selbst, ob ihr im Glauben seid; prüfet euch selbst! Oder erkennet ihr euch selbst nicht, daß Jesus Christus in euch ist? Es sei denn, daß ihr untüchtig seid.

⁶Ich hoffe aber, ihr erkennet, daß wir nicht untüchtig sind.

⁷Ich bitte aber Gott, daß ihr nichts Übles tut; nicht, auf daß wir als tüchtig angesehen werden, sondern auf daß ihr das Gute tut und wir wie die Untüchtigen seien.

⁸Denn wir können nichts wider die Wahrheit, sondern für die Wahrheit.

⁹Wir freuen uns aber, wenn wir schwach sind, und ihr mächtig seid. Und dasselbe wünschen wir auch, nämlich eure Vollkommenheit.

¹⁰Derhalben schreibe ich auch solches abwesend, auf daß ich nicht, wenn ich gegenwärtig bin, Schärfe brauchen müsse nach der Macht, welche mir der HERR, zu bessern und nicht zu verderben, gegeben hat.

¹¹Zuletzt, liebe Brüder, freuet euch, seid vollkommen, tröstet euch, habt einerlei Sinn, seid friedsam! so wird der Gott der Liebe und des Friedens mit euch sein.

¹²Grüßet euch untereinander mit dem heiligen Kuß.

¹³Es grüßen euch alle Heiligen.

¹⁴Die Gnade unsers HERRN Jesu Christi und die Liebe Gottes und die Gemeinschaft des heiligen Geistes sei mit euch allen! Amen.

Galater

Kapitel 1

¹Paulus, ein Apostel (nicht von Menschen, auch nicht durch Menschen, sondern durch Jesum Christum und Gott, den Vater, der ihn auferweckt hat von den Toten),

²und alle Brüder, die bei mir sind, den Gemeinden in Galatien:

³Gnade sei mit euch und Friede von Gott, dem Vater, und unserm HERRN Jesus Christus,

⁴der sich selbst für unsere Sünden gegeben hat, daß er uns errettete von dieser gegenwärtigen, argen Welt nach dem Willen Gottes und unseres Vaters,

⁵welchem sei Ehre von Ewigkeit zu Ewigkeit! Amen.

⁶Mich wundert, daß ihr euch so bald abwenden lasset von dem, der euch berufen hat in die Gnade Christi, zu einem anderen Evangelium,

⁷so doch kein anderes ist, außer, daß etliche sind, die euch verwirren und wollen das Evangelium Christi verkehren.

⁸Aber so auch wir oder ein Engel vom Himmel euch würde Evangelium predigen anders, denn das wir euch gepredigt haben, der sei verflucht!

⁹Wie wir jetzt gesagt haben, so sagen wir abermals: So jemand euch Evangelium predigt anders, denn das ihr empfangen habt, der sei verflucht!

¹⁰Predige ich denn jetzt Menschen oder Gott zu Dienst? Oder gedenke ich, Menschen gefällig zu sein? Wenn ich den Menschen noch gefällig wäre, so wäre ich Christi Knecht nicht.

¹¹Ich tue euch aber kund, liebe Brüder, daß das Evangelium, das von mir gepredigt ist, nicht menschlich ist.

¹²Denn ich habe es von keinem Menschen empfangen noch gelernt, sondern durch die Offenbarung Jesu Christi.

¹³Denn ihr habt ja wohl gehört meinen Wandel weiland im Judentum, wie ich über die Maßen die Gemeinde Gottes verfolgte und verstörte

¹⁴und nahm zu im Judentum über viele meinesgleichen in meinem Geschlecht und eiferte über die Maßen um das väterliche Gesetz.

¹⁵Da es aber Gott wohl gefiel, der mich von meiner Mutter Leibe an hat ausgesondert und berufen durch seine Gnade,

¹⁶daß er seinen Sohn offenbarte in mir, daß ich ihn durchs Evangelium verkündigen sollte unter den Heiden: alsobald fuhr ich zu und besprach mich nicht darüber mit Fleisch und Blut,

¹⁷kam auch nicht gen Jerusalem zu denen, die vor mir Apostel waren, sondern zog hin nach Arabien und kam wiederum gen Damaskus.

¹⁸Darnach über drei Jahre kam ich nach Jerusalem, Petrus zu schauen, und blieb fünfzehn Tage bei ihm.

¹⁹Der andern Apostel aber sah ich keinen außer Jakobus, des HERRN Bruder.

²⁰Was ich euch aber schreibe, siehe, Gott weiß, ich lüge nicht!

²¹Darnach kam ich in die Länder Syrien und Zilizien.

²²Ich war aber unbekannt von Angesicht den christlichen Gemeinden in Judäa.

²³Sie hatten aber allein gehört, daß, der uns weiland verfolgte, der predigt jetzt den Glauben, welchen er weiland verstörte,

²⁴und priesen Gott über mir.

Kapitel 2

¹Darnach über vierzehn Jahre zog ich abermals hinauf gen Jerusalem mit Barnabas und nahm Titus auch mit mir.

²Ich zog aber hinauf aus einer Offenbarung und besprach mich mit ihnen über das Evangelium, das ich predige unter den Heiden, besonders aber mit denen, die das Ansehen hatten, auf daß ich nicht vergeblich liefe oder gelaufen wäre.

³Aber es ward auch Titus nicht gezwungen, sich beschneiden zu lassen, der mit mir war, obwohl er ein Grieche war.

⁴Denn da etliche falsche Brüder sich mit eingedrängt hatten und neben eingeschlichen waren, auszukundschaften unsre Freiheit, die wir haben in Christo Jesu, daß sie uns gefangennähmen,

⁵wichen wir denselben nicht eine Stunde, ihnen untertan zu sein, auf daß die Wahrheit des Evangeliums bei euch bestünde.

⁶Von denen aber, die das Ansehen hatten, welcherlei sie weiland gewesen sind, daran liegt mir nichts; denn Gott achtet das Ansehen der Menschen nicht, mich haben die, so das Ansehen hatten, nichts anderes gelehrt;

⁷sondern dagegen, da sie sahen, daß mir vertraut war das Evangelium an die Heiden, gleichwie dem Petrus das Evangelium an die Juden

⁸(denn der mit Petrus kräftig gewesen ist zum Apostelamt unter den Juden, der ist mit mir auch kräftig gewesen unter den Heiden),

⁹und da sie erkannten die Gnade, die mir gegeben war, Jakobus und Kephas und Johannes, die für Säulen angesehen waren, gaben sie mir und Barnabas die rechte Hand und wurden mit uns eins, daß wir unter die Heiden, sie aber unter die Juden gingen,

¹⁰allein daß wir der Armen gedächten, welches ich auch fleißig bin gewesen zu tun.

¹¹Da aber Petrus gen Antiochien kam, widerstand ich ihm unter Augen; denn es war Klage über ihn gekommen.

¹²Denn zuvor, ehe etliche von Jakobus kamen, aß er mit den Heiden; da sie aber kamen, entzog er sich und sonderte sich ab, darum daß er die aus den Juden fürchtete.

¹³Und mit ihm heuchelten die andern Juden, also daß auch Barnabas verführt ward, mit ihnen zu heucheln.

¹⁴Aber da ich sah, daß sie nicht richtig wandelten nach der Wahrheit des Evangeliums, sprach ich zu Petrus vor allen öffentlich: So du, der du ein Jude bist, heidnisch lebst und nicht jüdisch, warum zwingst du denn die Heiden, jüdisch zu leben?

¹⁵Wir sind von Natur Juden und nicht Sünder aus den Heiden;

¹⁶doch weil wir wissen, daß der Mensch durch des Gesetzes Werke nicht gerecht wird, sondern durch den Glauben an Jesum Christum, so glauben wir auch an Christum Jesum, auf daß wir gerecht werden durch den Glauben an Christum und nicht durch des Gesetzes Werke; denn durch des Gesetzeswerke wird kein Fleisch gerecht.

¹⁷Sollten wir aber, die da suchen, durch Christum gerecht zu werden, auch selbst als Sünder erfunden werden, so wäre Christus ja ein Sündendiener. Das sei ferne!

¹⁸Wenn ich aber das, was ich zerbrochen habe, wiederum baue, so mache ich mich selbst zu einem Übertreter.

¹⁹Ich bin aber durchs Gesetz dem Gesetz gestorben, auf daß ich Gott lebe; ich bin mit Christo gekreuzigt.

²⁰Ich lebe aber; doch nun nicht ich, sondern Christus lebt in mir. Denn was ich jetzt lebe im Fleisch, das lebe ich in dem Glauben des Sohnes Gottes, der mich geliebt hat und sich selbst für mich dargegeben.

²¹Ich werfe nicht weg die Gnade Gottes; denn so durch das Gesetz die Gerechtigkeit kommt, so ist Christus vergeblich gestorben.

Kapitel 3

¹O ihr unverständigen Galater, wer hat euch bezaubert, daß ihr der Wahrheit nicht gehorchet, welchen Christus Jesus vor die Augen gemalt war, als wäre er unter euch gekreuzigt?

²Das will ich allein von euch lernen: Habt ihr den Geist empfangen durch des Gesetzes Werke oder durch die Predigt vom Glauben?

³Seid ihr so unverständig? Im Geist habt ihr angefangen, wollt ihr's denn nun im Fleisch vollenden?

⁴Habt ihr denn so viel umsonst erlitten? Ist's anders umsonst!

⁵Der euch nun den Geist reicht und tut solche Taten unter euch, tut er's durch des Gesetzes Werke oder durch die Predigt vom Glauben?

⁶Gleichwie Abraham hat Gott geglaubt und es ist ihm gerechnet zur Gerechtigkeit.

⁷So erkennet ihr ja, daß, die des Glaubens sind, das sind Abrahams Kinder.

⁸Die Schrift aber hat es zuvor gesehen, daß Gott die Heiden durch den Glauben gerecht macht; darum verkündigte sie dem Abraham: "In dir sollen alle Heiden gesegnet werden."

⁹Also werden nun, die des Glaubens sind, gesegnet mit dem gläubigen Abraham.

¹⁰Denn die mit des Gesetzes Werken umgehen, die sind unter dem Fluch. Denn es steht geschrieben: "Verflucht sei jedermann, der nicht bleibt in alle dem, was geschrieben steht in dem Buch des Gesetzes, daß er's tue."

¹¹Daß aber durchs Gesetz niemand gerecht wird vor Gott, ist offenbar; denn "der Gerechte wird seines Glaubens leben."

¹²Das Gesetz aber ist nicht des Glaubens; sondern "der Mensch, der es tut, wird dadurch leben."

¹³Christus aber hat uns erlöst von dem Fluch des Gesetzes, da er ward ein Fluch für uns (denn es steht geschrieben: "Verflucht ist jedermann, der am Holz hängt!"),

¹⁴auf daß der Segen Abrahams unter die Heiden käme in Christo Jesu und wir also den verheißenen Geist empfingen durch den Glauben.

¹⁵Liebe Brüder, ich will nach menschlicher Weise reden: Verwirft man doch eines Menschen Testament nicht, wenn es bestätigt ist, und tut auch nichts dazu.

¹⁶Nun ist ja die Verheißung Abraham und seinem Samen zugesagt. Er spricht nicht: "durch die Samen", als durch viele, sondern als durch einen: "durch deinen Samen", welcher ist Christus.

¹⁷Ich sage aber davon: Das Testament, das von Gott zuvor bestätigt ist auf Christum, wird nicht aufgehoben, daß die Verheißung sollte durchs Gesetz aufhören, welches gegeben ist vierhundertdreißig Jahre hernach.

¹⁸Denn so das Erbe durch das Gesetz erworben würde, so würde es nicht durch Verheißung gegeben; Gott aber hat's Abraham durch Verheißung frei geschenkt.

¹⁹Was soll denn das Gesetz? Es ist hinzugekommen um der Sünden willen, bis der Same käme, dem die Verheißung geschehen ist, und ist gestellt von den Engeln durch die Hand des Mittlers.

²⁰Ein Mittler aber ist nicht eines Mittler; Gott aber ist einer.

²¹Wie? Ist denn das Gesetz wider Gottes Verheißungen? Das sei ferne! Wenn aber ein Gesetz gegeben wäre, das da könnte lebendig machen, so käme die Gerechtigkeit wahrhaftig aus dem Gesetz.

²²Aber die Schrift hat alles beschlossen unter die Sünde, auf daß die Verheißung käme durch den Glauben an Jesum Christum, gegeben denen, die da glauben.

²³Ehe denn aber der Glaube kam, wurden wir unter dem Gesetz verwahrt und verschlossen auf den Glauben, der da sollte offenbart werden.

²⁴Also ist das Gesetz unser Zuchtmeister gewesen auf Christum, daß wir durch den Glauben gerecht würden.

²⁵Nun aber der Glaube gekommen ist, sind wir nicht mehr unter dem Zuchtmeister.

²⁶Denn ihr seid alle Gottes Kinder durch den Glauben an Christum Jesum.

²⁷Denn wieviel euer auf Christum getauft sind, die haben Christum angezogen.

²⁸Hier ist kein Jude noch Grieche, hier ist kein Knecht noch Freier, hier ist kein Mann noch Weib; denn ihr seid allzumal einer in Christo Jesu.

²⁹Seid ihr aber Christi, so seid ihr ja Abrahams Same und nach der Verheißung Erben.

Kapitel 4

¹Ich sage aber: Solange der Erbe unmündig ist, so ist zwischen ihm und einem Knecht kein Unterschied, ob er wohl ein Herr ist aller Güter;

²sondern er ist unter den Vormündern und Pflegern bis auf die Zeit, die der Vater bestimmt hat.

³Also auch wir, da wir unmündig waren, waren wir gefangen unter den äußerlichen Satzungen.

⁴Da aber die Zeit erfüllet ward, sandte Gott seinen Sohn, geboren von einem Weibe und unter das Gesetz getan,

⁵auf daß er die, so unter dem Gesetz waren, erlöste, daß wir die Kindschaft empfingen.

⁶Weil ihr denn Kinder seid, hat Gott gesandt den Geist seines Sohnes in eure Herzen, der schreit: Abba, lieber Vater!

⁷Also ist nun hier kein Knecht mehr, sondern eitel Kinder; sind's aber Kinder, so sind's auch Erben Gottes durch Christum.

⁸Aber zu der Zeit, da ihr Gott nicht erkanntet, dientet ihr denen, die von Natur nicht Götter sind.

⁹Nun ihr aber Gott erkannt habt, ja vielmehr von Gott erkannt seid, wie wendet ihr euch denn wiederum zu den schwachen und dürftigen Satzungen, welchen ihr von neuem an dienen wollt?

¹⁰Ihr haltet Tage und Monate und Feste und Jahre.

¹¹Ich fürchte für euch, daß ich vielleicht umsonst an euch gearbeitet habe.

¹²Seid doch wie ich; denn ich bin wie ihr. Liebe Brüder, ich bitte euch. Ihr habt mir kein Leid getan.

¹³Denn ihr wisset, daß ich euch in Schwachheit nach dem Fleisch das Evangelium gepredigt habe zum erstenmal.

¹⁴Und meine Anfechtungen, die ich leide nach dem Fleisch, habt ihr nicht verachtet noch verschmäht; sondern wie ein Engel Gottes nahmet ihr mich auf, ja wie Christum Jesum.

¹⁵Wie wart ihr dazumal so selig! ich bin euer Zeuge, daß, wenn es möglich gewesen wäre, ihr hättet eure Augen ausgerissen und mir gegeben.

¹⁶Bin ich denn damit euer Feind geworden, daß ich euch die Wahrheit vorhalte?

¹⁷Sie eifern um euch nicht fein; sondern sie wollen euch von mir abfällig machen, daß ihr um sie eifern sollt.

¹⁸Eifern ist gut, wenn's immerdar geschieht um das Gute, und nicht allein, wenn ich gegenwärtig bei euch bin.

¹⁹Meine lieben Kinder, welche ich abermals mit Ängsten gebäre, bis daß Christus in euch eine Gestalt gewinne.

²⁰ich wollte, daß ich jetzt bei euch wäre und meine Stimme wandeln könnte; denn ich bin irre an euch.

²¹Saget mir, die ihr unter dem Gesetz sein wollt: Habt ihr das Gesetz nicht gehört?

²²Denn es steht geschrieben, daß Abraham zwei Söhne hatte: einen von der Magd, den andern von der Freien.

²³Aber der von der Magd war, ist nach dem Fleisch geboren; der aber von der Freien ist durch die Verheißung geboren.

²⁴Die Worte bedeuten etwas. Denn das sind zwei Testamente: eins von dem Berge Sinai, daß zur Knechtschaft gebiert, welches ist die Hagar;

²⁵denn Hagar heißt in Arabien der Berg Sinai und kommt überein mit Jerusalem, das zu dieser Zeit ist und dienstbar ist mit seinen Kindern.

²⁶Aber das Jerusalem, das droben ist, das ist die Freie; die ist unser aller Mutter.

²⁷Denn es steht geschrieben: "Sei fröhlich, du Unfruchtbare, die du nicht gebierst! Und brich hervor und rufe, die du nicht schwanger bist! Denn die Einsame hat viel mehr Kinder, denn die den Mann hat."

²⁸Wir aber, liebe Brüder, sind, Isaak nach, der Verheißung Kinder.

²⁹Aber gleichwie zu der Zeit, der nach dem Fleisch geboren war, verfolgte den, der nach dem Geist geboren war, also geht es auch jetzt.

³⁰Aber was spricht die Schrift? "Stoß die Magd hinaus mit ihrem Sohn; denn der Magd Sohn soll nicht erben mit dem Sohn der Freien."

³¹So sind wir nun, liebe Brüder, nicht der Magd Kinder, sondern der Freien.

Kapitel 5

¹So bestehet nun in der Freiheit, zu der uns Christus befreit hat, und lasset euch nicht wiederum in das knechtische Joch fangen.

²Siehe, ich, Paulus, sage euch: Wo ihr euch beschneiden lasset, so nützt euch Christus nichts.

³Ich bezeuge abermals einem jeden, der sich beschneiden läßt, daß er das ganze Gesetz schuldig ist zu tun.

⁴Ihr habt Christum verloren, die ihr durch das Gesetz gerecht werden wollt, und seid von der Gnade gefallen.

⁵Wir aber warten im Geist durch den Glauben der Gerechtigkeit, auf die man hoffen muß.

⁶Denn in Christo Jesu gilt weder Beschneidung noch unbeschnitten sein etwas, sondern der Glaube, der durch die Liebe tätig ist.

⁷Ihr liefet fein. Wer hat euch aufgehalten, der Wahrheit nicht zu gehorchen?

⁸Solch Überreden ist nicht von dem, der euch berufen hat.

⁹Ein wenig Sauerteig versäuert den ganzen Teig.

¹⁰Ich versehe mich zu euch in dem HERRN, ihr werdet nicht anders gesinnt sein. Wer euch aber irremacht, der wird sein Urteil tragen, er sei, wer er wolle.

¹¹Ich aber, liebe Brüder, so ich die Beschneidung noch predige, warum leide ich denn Verfolgung? So hätte ja das Ärgernis des Kreuzes aufgehört.

¹²Wollte Gott, daß sie auch ausgerottet würden, die euch verstören!

¹³Ihr aber, liebe Brüder, seid zur Freiheit berufen! Allein sehet zu, daß ihr durch die Freiheit dem Fleisch nicht Raum gebet; sondern durch die Liebe diene einer dem andern.

¹⁴Denn alle Gesetze werden in einem Wort erfüllt, in dem: "Liebe deinen Nächsten wie dich selbst."

¹⁵So ihr euch aber untereinander beißet und fresset, so seht zu, daß ihr nicht untereinander verzehrt werdet.

¹⁶Ich sage aber: Wandelt im Geist, so werdet ihr die Lüste des Fleisches nicht vollbringen.

¹⁷Denn das Fleisch gelüstet wider den Geist, und der Geist wider das Fleisch; dieselben sind widereinander, daß ihr nicht tut, was ihr wollt.

¹⁸Regiert euch aber der Geist, so seid ihr nicht unter dem Gesetz.

¹⁹Offenbar sind aber die Werke des Fleisches, als da sind: Ehebruch, Hurerei, Unreinigkeit, Unzucht,

²⁰Abgötterei, Zauberei, Feindschaft, Hader, Neid, Zorn, Zank, Zwietracht, Rotten, Haß, Mord,

²¹Saufen, Fressen und dergleichen, von welchen ich euch zuvor gesagt und sage noch zuvor, daß, die solches tun, werden das Reich

Gottes nicht erben.

²²Die Frucht aber des Geistes ist Liebe, Freude, Friede, Geduld, Freundlichkeit, Gütigkeit, Glaube, Sanftmut, Keuschheit.

²³Wider solche ist das Gesetz nicht.

²⁴Welche aber Christo angehören, die kreuzigen ihr Fleisch samt den Lüsten und Begierden.

²⁵So wir im Geist leben, so lasset uns auch im Geist wandeln.

²⁶Lasset uns nicht eitler Ehre geizig sein, einander zu entrüsten und zu hassen.

Kapitel 6

¹Liebe Brüder, so ein Mensch etwa von einem Fehler übereilt würde, so helfet ihm wieder zurecht mit sanftmütigem Geist ihr, die ihr geistlich seid; und sieh auf dich selbst, daß du nicht auch versucht werdest.

²Einer trage des andern Last, so werdet ihr das Gesetz Christi erfüllen.

³So aber jemand sich läßt dünken, er sei etwas, so er doch nichts ist, der betrügt sich selbst.

⁴Ein jeglicher aber prüfe sein eigen Werk; und alsdann wird er an sich selber Ruhm haben und nicht an einem andern.

⁵Denn ein jeglicher wird seine Last tragen.

⁶Der aber unterrichtet wird mit dem Wort, der teile mit allerlei Gutes dem, der ihn unterrichtet.

⁷Irrt euch nicht! Gott läßt sich nicht spotten. Denn was der Mensch sät, das wird er ernten.

⁸Wer auf sein Fleisch sät, der wird von dem Fleisch das Verderben ernten; wer aber auf den Geist sät, der wird von dem Geist das ewige Leben ernten.

⁹Lasset uns aber Gutes tun und nicht müde werden; denn zu seiner Zeit werden wir auch ernten ohne Aufhören.

¹⁰Als wir denn nun Zeit haben, so lasset uns Gutes tun an jedermann, allermeist aber an des Glaubens Genossen.

¹¹Sehet, mit wie vielen Worten habe ich euch geschrieben mit eigener Hand!

¹²Die sich wollen angenehm machen nach dem Fleisch, die zwingen euch zur Beschneidung, nur damit sie nicht mit dem Kreuz Christi verfolgt werden.

¹³Denn auch sie selbst, die sich beschneiden lassen, halten das Gesetz nicht; sondern sie wollen, daß ihr euch beschneiden lasset, auf daß sie sich von eurem Fleisch rühmen mögen.

¹⁴Es sei aber ferne von mir, mich zu rühmen, denn allein von dem Kreuz unsers HERRN Jesu Christi, durch welchen mir die Welt gekreuzigt ist und ich der Welt.

¹⁵Denn in Christo Jesu gilt weder Beschneidung noch unbeschnitten sein etwas, sondern eine neue Kreatur.

¹⁶Und wie viele nach dieser Regel einhergehen, über die sei Friede und Barmherzigkeit und über das Israel Gottes.

¹⁷Hinfort mache mir niemand weiter Mühe; denn ich trage die Malzeichen des HERRN Jesu an meinem Leibe.

¹⁸Die Gnade unsers HERRN Jesu Christi sei mit eurem Geist, liebe Brüder! Amen.

Epheser

Epheser

Kapitel 1

¹Paulus, ein Apostel Jesu Christi durch den Willen Gottes, den Heiligen zu Ephesus und Gläubigen an Christum Jesum:

²Gnade sei mit euch und Friede von Gott, unserm Vater, und dem HERRN Jesus Christus!

³Gelobet sei Gott und der Vater unsers HERRN Jesu Christi, der uns gesegnet hat mit allerlei geistlichem Segen in himmlischen Gütern durch Christum;

⁴wie er uns denn erwählt hat durch denselben, ehe der Welt Grund gelegt war, daß wir sollten sein heilig und unsträflich vor ihm in der Liebe;

⁵und hat uns verordnet zur Kindschaft gegen sich selbst durch Jesum Christum nach dem Wohlgefallen seines Willens,

⁶zu Lob seiner herrlichen Gnade, durch welche er uns hat angenehm gemacht in dem Geliebten,

⁷an welchem wir haben die Erlösung durch sein Blut, die Vergebung der Sünden, nach dem Reichtum seiner Gnade,

⁸welche uns reichlich widerfahren ist durch allerlei Weisheit und Klugheit;

⁹und er hat uns wissen lassen das Geheimnis seines Willens nach seinem Wohlgefallen, so er sich vorgesetzt hatte in ihm,

¹⁰daß es ausgeführt würde, da die Zeit erfüllet war, auf daß alle Dinge zusammengefaßt würden in Christo, beide, das im Himmel und auf Erden ist, durch ihn,

¹¹durch welchen wir auch zum Erbteil gekommen sind, die wir zuvor verordnet sind nach dem Vorsatz des, der alle Dinge wirkt nach dem Rat seines Willens,

¹²auf daß wir etwas seien zu Lob seiner Herrlichkeit, die wir zuvor auf Christum hofften;

¹³durch welchen auch ihr gehört habt das Wort der Wahrheit, das Evangelium von eurer Seligkeit; durch welchen ihr auch, da ihr gläubig wurdet, versiegelt worden seid mit dem Heiligen Geist der Verheißung,

¹⁴welcher ist das Pfand unsers Erbes zu unsrer Erlösung, daß wir sein Eigentum würden zu Lob seiner Herrlichkeit.

¹⁵Darum auch ich, nachdem ich gehört habe von dem Glauben bei euch an den HERRN Jesus und von eurer Liebe zu allen Heiligen,

¹⁶höre ich nicht auf, zu danken für euch, und gedenke euer in meinem Gebet,

¹⁷daß der Gott unsers HERRN Jesus Christi, der Vater der Herrlichkeit, gebe euch den Geist der Weisheit und der Offenbarung zu seiner selbst Erkenntnis

¹⁸und erleuchtete Augen eures Verständnisses, daß ihr erkennen möget, welche da sei die Hoffnung eurer Berufung, und welcher sei der Reichtum seines herrlichen Erbes bei seinen Heiligen,

¹⁹und welche da sei die überschwengliche Größe seiner Kraft an uns, die wir glauben nach der Wirkung seiner mächtigen Stärke,

²⁰welche er gewirkt hat in Christo, da er ihn von den Toten auferweckt hat und gesetzt zu seiner Rechten im Himmel

²¹über alle Fürstentümer, Gewalt, Macht, Herrschaft und alles, was genannt mag werden, nicht allein auf dieser Welt, sondern auch in der zukünftigen;

²²und hat alle Dinge unter seine Füße getan und hat ihn gesetzt zum Haupt der Gemeinde über alles,

²³welche da ist sein Leib, nämlich die Fülle des, der alles in allem erfüllt.

Kapitel 2

¹Und auch euch, da ihr tot waret durch Übertretungen und Sünden,

²in welchen ihr weiland gewandelt habt nach dem Lauf dieser Welt und nach dem Fürsten, der in der Luft herrscht, nämlich nach dem Geist, der zu dieser Zeit sein Werk hat in den Kindern des Unglaubens,

³unter welchen auch wir alle weiland unsern Wandel gehabt haben in den Lüsten unsers Fleisches und taten den Willen des Fleisches und der Vernunft und waren auch Kinder des Zorns von Natur, gleichwie auch die andern;

⁴Aber Gott, der da reich ist an Barmherzigkeit, durch seine große Liebe, damit er uns geliebet hat,

⁵da wir tot waren in den Sünden, hat er uns samt Christo lebendig gemacht (denn aus Gnade seid ihr selig geworden)

⁶und hat uns samt ihm auferweckt und samt ihm in das himmlische Wesen gesetzt in Christo Jesu,

⁷auf daß er erzeigte in den zukünftigen Zeiten den überschwenglichen Reichtum seiner Gnade durch seine Güte gegen uns in Christo Jesu.

⁸Denn aus Gnade seid ihr selig geworden durch den Glauben, und das nicht aus euch: Gottes Gabe ist es,

⁹nicht aus den Werken, auf daß sich nicht jemand rühme.

¹⁰Denn wir sind sein Werk, geschaffen in Christo Jesu zu guten Werken, zu welchen Gott uns zuvor bereitet hat, daß wir darin wandeln sollen.

¹¹Darum gedenket daran, daß ihr, die ihr weiland nach dem Fleisch Heiden gewesen seid und die Unbeschnittenen genannt wurdet von denen, die genannt sind die Beschneidung nach dem Fleisch, die mit der Hand geschieht,

¹²daß ihr zur selben Zeit waret ohne Christum, fremd und außer der Bürgerschaft Israels und fremd den Testamenten der Verheißung; daher ihr keine Hoffnung hattet und waret ohne Gott in der Welt.

¹³Nun aber seid ihr, die ihr in Christo Jesu seid und weiland ferne gewesen, nahe geworden durch das Blut Christi.

¹⁴Denn er ist unser Friede, der aus beiden eines hat gemacht und hat abgebrochen den Zaun, der dazwischen war, indem er durch sein Fleisch wegnahm die Feindschaft,

¹⁵nämlich das Gesetz, so in Geboten gestellt war, auf daß er aus zweien einen neuen Menschen in ihm selber schüfe und Frieden machte,

¹⁶und daß er beide versöhnte mit Gott in einem Leibe durch das Kreuz und hat die Feindschaft getötet durch sich selbst.

¹⁷Und er ist gekommen, hat verkündigt im Evangelium den Frieden euch, die ihr ferne waret, und denen, die nahe waren;

¹⁸denn durch ihn haben wir den Zugang alle beide in einem Geiste zum Vater.

¹⁹So seid ihr nun nicht mehr Gäste und Fremdlinge, sondern Bürger mit den Heiligen und Gottes Hausgenossen,

²⁰erbaut auf den Grund der Apostel und Propheten, da Jesus Christus der Eckstein ist,

²¹auf welchem der ganze Bau ineinandergefügt wächst zu einem heiligen Tempel in dem HERRN,

²²auf welchem auch ihr mit erbaut werdet zu einer Behausung Gottes im Geist.

Kapitel 3

¹Derhalben ich, Paulus, der Gefangene Christi Jesu für euch Heiden,

²wie ihr ja gehört habt von dem Amt der Gnade Gottes, die mir an euch gegeben ist,

³daß mir ist kund geworden dieses Geheimnis durch Offenbarung, wie ich droben aufs kürzeste geschrieben habe,

⁴daran ihr, so ihr's leset, merken könnt mein Verständnis des Geheimnisses Christi,

⁵welches nicht kundgetan ist in den vorigen Zeiten den Menschenkindern, wie es nun offenbart ist seinen heiligen Aposteln und Propheten durch den Geist,

⁶nämlich, daß die Heiden Miterben seien und mit eingeleibt und Mitgenossen seiner Verheißung in Christo durch das Evangelium,

⁷dessen Diener ich geworden bin nach der Gabe aus der Gnade Gottes, die mir nach seiner mächtigen Kraft gegeben ist;

⁸mir, dem allergeringsten unter allen Heiligen, ist gegeben diese Gnade, unter den Heiden zu verkündigen den unausforschlichen Reichtum Christi

⁹und zu erleuchten jedermann, welche da sei die Gemeinschaft des Geheimnisses, das von der Welt her in Gott verborgen gewesen ist, der alle Dinge geschaffen hat durch Jesum Christum,

¹⁰auf daß jetzt kund würde den Fürstentümern und Herrschaften in dem Himmel an der Gemeinde die mannigfaltige Weisheit Gottes,

¹¹nach dem Vorsatz von der Welt her, welche er bewiesen hat in Christo Jesu, unserm HERRN,

¹²durch welchen wir haben Freudigkeit und Zugang in aller Zuversicht durch den Glauben an ihn.

¹³Darum bitte ich, daß ihr nicht müde werdet um meiner Trübsal willen, die ich für euch leide, welche euch eine Ehre sind.

¹⁴Derhalben beuge ich meine Kniee vor dem Vater unsers HERRN Jesu Christi,

¹⁵der der rechte Vater ist über alles, was da Kinder heißt im Himmel und auf Erden,

¹⁶daß er euch Kraft gebe nach dem Reichtum seiner Herrlichkeit, stark zu werden durch seinen Geist an dem inwendigen Menschen,

¹⁷daß Christus wohne durch den Glauben in euren Herzen und ihr durch die Liebe eingewurzelt und gegründet werdet,

¹⁸auf daß ihr begreifen möget mit allen Heiligen, welches da sei

die Breite und die Länge und die Tiefe und die Höhe;

¹⁹auch erkennen die Liebe Christi, die doch alle Erkenntnis übertrifft, auf daß ihr erfüllet werdet mit allerlei Gottesfülle.

²⁰Dem aber, der überschwenglich tun kann über alles, das wir bitten oder verstehen, nach der Kraft, die da in uns wirkt,

²¹dem sei Ehre in der Gemeinde, die in Christo Jesu ist, zu aller Zeit, von Ewigkeit zu Ewigkeit! Amen.

Kapitel 4

¹So ermahne nun euch ich Gefangener in dem HERRN, daß ihr wandelt, wie sich's gebührt eurer Berufung, mit der ihr berufen seid,

²mit aller Demut und Sanftmut, mit Geduld, und vertraget einer den andern in der Liebe

³und seid fleißig, zu halten die Einigkeit im Geist durch das Band des Friedens:

⁴ein Leib und ein Geist, wie ihr auch berufen seid auf einerlei Hoffnung eurer Berufung;

⁵ein HERR, ein Glaube, eine Taufe;

⁶ein Gott und Vater unser aller, der da ist über euch allen und durch euch alle und in euch allen.

⁷Einem jeglichen aber unter uns ist gegeben die Gnade nach dem Maß der Gabe Christi.

⁸Darum heißt es: "Er ist aufgefahren in die Höhe und hat das Gefängnis gefangengeführt und hat den Menschen Gaben gegeben."

⁹Daß er aber aufgefahren ist, was ist's, denn daß er zuvor ist hinuntergefahren in die untersten Örter der Erde?

¹⁰Der hinuntergefahren ist, das ist derselbe, der aufgefahren ist über alle Himmel, auf daß er alles erfüllte.

¹¹Und er hat etliche zu Aposteln gesetzt, etliche aber zu Propheten, etliche zu Evangelisten, etliche zu Hirten und Lehrern,

¹²daß die Heiligen zugerichtet werden zum Werk des Dienstes, dadurch der Leib Christi erbaut werde,

¹³bis daß wir alle hinkommen zu einerlei Glauben und Erkenntnis des Sohnes Gottes und ein vollkommener Mann werden, der da sei im Maße des vollkommenen Alters Christi,

¹⁴auf daß wir nicht mehr Kinder seien und uns bewegen und wiegen lassen von allerlei Wind der Lehre durch Schalkheit der Menschen und Täuscherei, womit sie uns erschleichen, uns zu verführen.

¹⁵Lasset uns aber rechtschaffen sein in der Liebe und wachsen in allen Stücken an dem, der das Haupt ist, Christus,

¹⁶von welchem aus der ganze Leib zusammengefügt ist und ein Glied am andern hanget durch alle Gelenke, dadurch eins dem andern Handreichung tut nach dem Werk eines jeglichen Gliedes in seinem Maße und macht, daß der Leib wächst zu seiner selbst Besserung, und das alles in Liebe.

¹⁷So sage ich nun und bezeuge in dem HERRN, daß ihr nicht mehr wandelt, wie die andern Heiden wandeln in der Eitelkeit ihres Sinnes,

¹⁸deren Verstand verfinstert ist, und die entfremdet sind von dem Leben, das aus Gott ist, durch die Unwissenheit, so in ihnen ist, durch die Blindheit ihres Herzens;

¹⁹welche ruchlos sind und ergeben sich der Unzucht und treiben allerlei Unreinigkeit samt dem Geiz.

²⁰Ihr aber habt Christum nicht also gelernt,

²¹so ihr anders von ihm gehört habt und in ihm belehrt, wie in Jesu ein rechtschaffenes Wesen ist.

²²So legt nun von euch ab nach dem vorigen Wandel den alten Menschen, der durch Lüste im Irrtum sich verderbt.

²³Erneuert euch aber im Geist eures Gemüts

²⁴und ziehet den neuen Menschen an, der nach Gott geschaffen ist in rechtschaffener Gerechtigkeit und Heiligkeit.

²⁵Darum leget die Lüge ab und redet die Wahrheit, ein jeglicher mit seinem Nächsten, sintemal wir untereinander Glieder sind.

²⁶Zürnet, und sündiget nicht; lasset die Sonne nicht über eurem Zorn untergehen.

²⁷Gebet auch nicht Raum dem Lästerer.

²⁸Wer gestohlen hat der stehle nicht mehr, sondern arbeite und schaffe mit den Händen etwas Gutes, auf daß er habe, zu geben dem Dürftigen.

²⁹Lasset kein faul Geschwätz aus eurem Munde gehen, sondern was nützlich zur Besserung ist, wo es not tut, daß es holdselig sei zu hören.

³⁰Und betrübet nicht den heiligen Geist Gottes, mit dem ihr versiegelt seid auf den Tag der Erlösung.

³¹Alle Bitterkeit und Grimm und Zorn und Geschrei und Lästerung sei ferne von euch samt aller Bosheit.

³²Seid aber untereinander freundlich, herzlich und vergebet einer dem andern, gleichwie Gott euch auch vergeben hat in Christo.

Kapitel 5

¹So seid nun Gottes Nachfolger als die lieben Kinder

²und wandelt in der Liebe, gleichwie Christus uns hat geliebt und sich selbst dargegeben für uns als Gabe und Opfer, Gott zu einem süßen Geruch.

³Hurerei aber und alle Unreinigkeit oder Geiz lasset nicht von euch gesagt werden, wie den Heiligen zusteht,

⁴auch nicht schandbare Worte und Narrenteidinge oder Scherze, welche euch nicht ziemen, sondern vielmehr Danksagung.

⁵Denn das sollt ihr wissen, daß kein Hurer oder Unreiner oder Geiziger, welcher ist ein Götzendiener, Erbe hat in dem Reich Christi und Gottes.

⁶Lasset euch niemand verführen mit vergeblichen Worten; denn um dieser Dinge willen kommt der Zorn Gottes über die Kinder des Unglaubens.

⁷Darum seid nicht ihr Mitgenossen.

⁸Denn ihr waret weiland Finsternis; nun aber seid ihr ein Licht in dem HERRN.

⁹Wandelt wie die Kinder des Lichts, die Frucht des Geistes ist allerlei Gütigkeit und Gerechtigkeit und Wahrheit,

¹⁰und prüfet, was da sei wohlgefällig dem HERRN.

¹¹und habt nicht Gemeinschaft mit den unfruchtbaren Werken der Finsternis, strafet sie aber vielmehr.

¹²Denn was heimlich von ihnen geschieht, das ist auch zu sagen schändlich.

¹³Das alles aber wird offenbar, wenn's vom Licht gestraft wird; denn alles, was offenbar ist, das ist Licht.

¹⁴Darum heißt es: "Wache auf, der du schläfst, und stehe auf von den Toten, so wird dich Christus erleuchten."

¹⁵So sehet nun zu, wie ihr vorsichtig wandelt, nicht als die Unweisen, sondern als die Weisen,

¹⁶und kaufet die Zeit aus; denn es ist böse Zeit.

¹⁷Darum werdet nicht unverständig, sondern verständig, was da sei des HERRN Wille.

¹⁸Und saufet euch nicht voll Wein, daraus ein unordentlich Wesen folgt, sondern werdet voll Geistes:

¹⁹redet untereinander in Psalmen und Lobgesängen und geistlichen Liedern, singet und spielet dem HERRN in eurem Herzen

²⁰und saget Dank allezeit für alles Gott und dem Vater in dem Namen unsers HERRN Jesu Christi,

²¹und seid untereinander untertan in der Furcht Gottes.

²²Die Weiber seien untertan ihren Männern als dem HERRN.

²³Denn der Mann ist des Weibes Haupt, gleichwie auch Christus das Haupt ist der Gemeinde, und er ist seines Leibes Heiland.

²⁴Aber wie nun die Gemeinde ist Christo untertan, also auch die Weiber ihren Männern in allen Dingen.

²⁵Ihr Männer, liebet eure Weiber, gleichwie Christus auch geliebt hat die Gemeinde und hat sich selbst für sie gegeben,

²⁶auf daß er sie heiligte, und hat sie gereinigt durch das Wasserbad im Wort,

²⁷auf daß er sie sich selbst darstellte als eine Gemeinde, die herrlich sei, die nicht habe einen Flecken oder Runzel oder des etwas, sondern daß sie heilig sei und unsträflich.

²⁸Also sollen auch die Männer ihre Weiber lieben wie ihre eigenen Leiber. Wer sein Weib liebt, der liebt sich selbst.

²⁹Denn niemand hat jemals sein eigen Fleisch gehaßt; sondern er nährt es und pflegt sein, gleichwie auch der HERR die Gemeinde.

³⁰Denn wir sind die Glieder seines Leibes, von seinem Fleisch und von seinem Gebein.

³¹"Um deswillen wird ein Mensch verlassen Vater und Mutter und seinem Weibe anhangen, und werden die zwei ein Fleisch sein.

³²Das Geheimnis ist groß; ich sage aber von Christo und der Gemeinde.

³³Doch auch ihr, ja ein jeglicher habe lieb sein Weib als sich selbst; das Weib aber fürchte den Mann.

Kapitel 6

¹Ihr Kinder, seid gehorsam euren Eltern in dem HERRN, denn das ist billig.

²"Ehre Vater und Mutter," das ist das erste Gebot, das Verheißung hat:

³"auf daß dir's wohl gehe und du lange lebest auf Erden."

⁴Und ihr Väter, reizet eure Kinder nicht zum Zorn, sondern ziehet sie auf in der Vermahnung zum HERRN.

Epheser

⁵Ihr Knechte, seid gehorsam euren leiblichen Herren mit Furcht und Zittern, in Einfalt eures Herzens, als Christo;

⁶nicht mit Dienst allein vor Augen, als den Menschen zu gefallen, sondern als die Knechte Christi, daß ihr solchen Willen Gottes tut von Herzen, mit gutem Willen.

⁷Lasset euch dünken, daß ihr dem HERRN dienet und nicht den Menschen,

⁸und wisset: Was ein jeglicher Gutes tun wird, das wird er von dem HERRN empfangen, er sei ein Knecht oder ein Freier.

⁹Und ihr Herren, tut auch dasselbe gegen sie und lasset das Drohen; wisset, daß auch euer HERR im Himmel ist und ist bei ihm kein Ansehen der Person.

¹⁰Zuletzt, meine Brüder, seid stark in dem HERRN und in der Macht seiner Stärke.

¹¹Ziehet an den Harnisch Gottes, daß ihr bestehen könnet gegen die listigen Anläufe des Teufels.

¹²Denn wir haben nicht mit Fleisch und Blut zu kämpfen, sondern mit Fürsten und Gewaltigen, nämlich mit den Herren der Welt, die in der Finsternis dieser Welt herrschen, mit den bösen Geistern unter dem Himmel.

¹³Um deswillen ergreifet den Harnisch Gottes, auf daß ihr an dem bösen Tage Widerstand tun und alles wohl ausrichten und das Feld behalten möget.

¹⁴So stehet nun, umgürtet an euren Lenden mit Wahrheit und angezogen mit dem Panzer der Gerechtigkeit

¹⁵und an den Beinen gestiefelt, als fertig, zu treiben das Evangelium des Friedens.

¹⁶Vor allen Dingen aber ergreifet den Schild des Glaubens, mit welchem ihr auslöschen könnt alle feurigen Pfeile des Bösewichtes;

¹⁷und nehmet den Helm des Heils und das Schwert des Geistes, welches ist das Wort Gottes.

¹⁸Und betet stets in allem Anliegen mit Bitten und Flehen im Geist, und wachet dazu mit allem Anhalten und Flehen für alle Heiligen

¹⁹und für mich, auf daß mir gegeben werde das Wort mit freudigem Auftun meines Mundes, daß ich möge kundmachen das Geheimnis des Evangeliums,

²⁰dessen Bote ich bin in der Kette, auf daß ich darin freudig handeln möge und reden, wie sich's gebührt.

²¹Auf daß aber ihr auch wisset, wie es um mich steht und was ich schaffe, wird's euch alles kundtun Tychikus, mein lieber Bruder und getreuer Diener in dem HERRN,

²²welchen ich gesandt habe zu euch um deswillen, daß ihr erfahret, wie es um mich steht, und daß er eure Herzen tröste.

²³Friede sei den Brüdern und Liebe mit Glauben von Gott, dem Vater, und dem HERRN Jesus Christus!

²⁴Gnade sei mit euch allen, die da liebhaben unsern HERRN Jesus Christus unverrückt! Amen.

Philipper

Kapitel 1

¹Paulus und Timotheus, Knechte Jesu Christi, allen Heiligen in Christo Jesu zu Philippi samt den Bischöfen und Dienern:

²Gnade sei mit euch und Friede von Gott, unserm Vater, und dem HERRN Jesus Christus!

³Ich danke meinem Gott, so oft ich euer gedenke

⁴(welches ich allezeit tue in allem meinem Gebet für euch alle, und tue das Gebet mit Freuden),

⁵über eure Gemeinschaft am Evangelium vom ersten Tage an bis her,

⁶und bin desselben in guter Zuversicht, daß, der in euch angefangen hat das gute Werk, der wird's auch vollführen bis an den Tag Jesu Christi.

⁷Wie es denn mir billig ist, daß ich dermaßen von euch halte, darum daß ich euch in meinem Herzen habe in diesem meinem Gefängnis, darin ich das Evangelium verantworte und bekräftige, als die ihr alle mit mir der Gnade teilhaftig seid.

⁸Denn Gott ist mein Zeuge, wie mich nach euch allen verlangt von Herzensgrund in Jesu Christo.

⁹Und darum bete ich, daß eure Liebe je mehr und mehr reich werde in allerlei Erkenntnis und Erfahrung,

¹⁰daß ihr prüfen möget, was das Beste sei, auf daß ihr seid lauter und unanstößig auf den Tag Christi,

¹¹erfüllt mit Früchten der Gerechtigkeit, die durch Jesum Christum geschehen in euch zur Ehre und Lobe Gottes.

¹²Ich lasse euch aber wissen, liebe Brüder, daß, wie es um mich steht, das ist nur mehr zur Förderung des Evangeliums geraten,

¹³also daß meine Bande offenbar geworden sind in Christo in dem ganzen Richthause und bei den andern allen,

¹⁴und viele Brüder in dem HERRN aus meinen Banden Zuversicht gewonnen haben und desto kühner geworden sind, das Wort zu reden ohne Scheu.

¹⁵Etliche zwar predigen Christum um des Neides und Haders willen, etliche aber aus guter Meinung.

¹⁶Jene verkündigen Christum aus Zank und nicht lauter; denn sie meinen, sie wollen eine Trübsal zuwenden meinen Banden;

¹⁷diese aber aus Liebe; denn sie wissen, daß ich zur Verantwortung des Evangeliums hier liege.

¹⁸Was tut's aber? Daß nur Christus verkündigt werde allerleiweise, es geschehe zum Vorwand oder in Wahrheit, so freue ich mich doch darin und will mich auch freuen.

¹⁹Denn ich weiß, daß mir dies gelingt zur Seligkeit durch euer Gebet und durch Handreichung des Geistes Jesu Christi,

²⁰wie ich sehnlich warte und hoffe, daß ich in keinerlei Stück zu Schanden werde, sondern daß mit aller Freudigkeit, gleichwie sonst allezeit also auch jetzt, Christus hoch gepriesen werde an meinem Leibe, es sei durch Leben oder durch Tod.

²¹Denn Christus ist mein Leben, und Sterben ist mein Gewinn.

²²Sintemal aber im Fleisch leben dient, mehr Frucht zu schaffen, so weiß ich nicht, welches ich erwählen soll.

²³Denn es liegt mir beides hart an: ich habe Lust, abzuscheiden und bei Christo zu sein, was auch viel besser wäre;

²⁴aber es ist nötiger, im Fleisch bleiben um euretwillen.

²⁵Und in guter Zuversicht weiß ich, daß ich bleiben und bei euch allen sein werde, euch zur Förderung und Freude des Glaubens,

²⁶auf daß ihr euch sehr rühmen möget in Christo Jesu an mir, wenn ich wieder zu euch komme.

²⁷Wandelt nur würdig dem Evangelium Christi, auf daß, ob ich komme und sehe euch oder abwesend von euch höre, ihr steht in einem Geist und einer Seele und samt uns kämpfet für den Glauben des Evangeliums

²⁸und euch in keinem Weg erschrecken lasset von den Widersachern, welches ist ein Anzeichen, ihnen der Verdammnis, euch aber der Seligkeit, und das von Gott.

²⁹Denn euch ist gegeben, um Christi willen zu tun, daß ihr nicht allein an ihn glaubet sondern auch um seinetwillen leidet;

³⁰und habet denselben Kampf, welchen ihr an mir gesehen habt und nun von mir höret.

Kapitel 2

¹Ist nun bei euch Ermahnung in Christo, ist Trost der Liebe, ist Gemeinschaft des Geistes, ist herzliche Liebe und Barmherzigkeit,

²so erfüllet meine Freude, daß ihr eines Sinnes seid, gleiche Liebe habt, einmütig und einhellig seid.

³Nichts tut durch Zank oder eitle Ehre; sondern durch Demut achte einer den andern höher denn sich selbst,

⁴und ein jeglicher sehe nicht auf das Seine, sondern auch auf das, was des andern ist.

⁵Ein jeglicher sei gesinnt, wie Jesus Christus auch war:

⁶welcher, ob er wohl in göttlicher Gestalt war, hielt er's nicht für einen Raub, Gott gleich sein,

⁷sondern entäußerte sich selbst und nahm Knechtsgestalt an, ward gleich wie ein andrer Mensch und an Gebärden als ein Mensch erfunden;

⁸er erniedrigte sich selbst und ward gehorsam bis zum Tode, ja zum Tode am Kreuz.

⁹Darum hat ihn auch Gott erhöht und hat ihm einen Namen gegeben, der über alle Namen ist,

¹⁰daß in dem Namen Jesu sich beugen aller derer Kniee, die im Himmel und auf Erden und unter der Erde sind,

¹¹und alle Zungen bekennen sollen, daß Jesus Christus der HERR sei, zur Ehre Gottes, des Vaters.

¹²Also, meine Liebsten, wie ihr allezeit seid gehorsam gewesen, nicht allein in meiner Gegenwart sondern auch nun viel mehr in meiner Abwesenheit, schaffet, daß ihr selig werdet, mit Furcht und Zittern.

¹³Denn Gott ist's, der in euch wirkt beides, das Wollen und das Vollbringen, nach seinem Wohlgefallen.

¹⁴Tut alles ohne Murren und ohne Zweifel,

¹⁵auf daß ihr seid ohne Tadel und lauter und Gottes Kinder, unsträflich mitten unter dem unschlachtigen und verkehrten Geschlecht, unter welchem ihr scheinet als Lichter in der Welt,

¹⁶damit daß ihr haltet an dem Wort des Lebens, mir zu einem Ruhm an dem Tage Christi, als der ich nicht vergeblich gelaufen noch vergeblich gearbeitet habe.

¹⁷Und ob ich geopfert werde über dem Opfer und Gottesdienst eures Glaubens, so freue ich mich und freue mich mit euch allen.

¹⁸Dessen sollt ihr euch auch freuen und sollt euch mit mir freuen.

¹⁹Ich hoffe aber in dem HERRN Jesus, daß ich Timotheus bald werde zu euch senden, daß ich auch erquickt werde, wenn ich erfahre, wie es um euch steht.

²⁰Denn ich habe keinen, der so gar meines Sinnes sei, der so herzlich für euch sorgt.

²¹Denn sie suchen alle das ihre, nicht, das Christi Jesu ist.

²²Ihr aber wisset, daß er rechtschaffen ist; denn wie ein Kind dem Vater hat er mir gedient am Evangelium.

²³Ihn, hoffe ich, werde ich senden von Stund an, wenn ich erfahren habe, wie es um mich steht.

²⁴Ich vertraue aber in dem HERRN, daß auch ich selbst bald kommen werde.

²⁵Ich habe es aber für nötig angesehen, den Bruder Epaphroditus zu euch zu senden, der mein Gehilfe und Mitstreiter und euer Gesandter und meiner Notdurft Diener ist;

²⁶sintemal er nach euch allen Verlangen hatte und war hoch bekümmert, darum daß ihr gehört hattet, daß er krank war gewesen.

²⁷Und er war todkrank, aber Gott hat sich über ihn erbarmt; nicht allein aber über ihn, sondern auch über mich, auf daß ich nicht eine Traurigkeit über die andern hätte.

²⁸Ich habe ihn aber desto eilender gesandt, auf daß ihr ihn seht und wieder fröhlich werdet und ich auch der Traurigkeit weniger habe.

²⁹So nehmet ihn nun auf in dem HERRN mit allen Freuden und habt solche Leute in Ehren.

³⁰Denn um des Werkes Christi willen ist er dem Tode so nahe gekommen, da er sein Leben gering bedachte, auf daß er mir diente an eurer Statt.

Kapitel 3

¹Weiter, liebe Brüder, freuet euch in dem HERRN! Daß ich euch immer einerlei schreibe, verdrießt mich nicht und macht euch desto gewisser.

²Sehet auf die Hunde, sehet auf die bösen Arbeiter, sehet auf die Zerschneidung!

³Denn wir sind die Beschneidung, die wir Gott im Geiste dienen und rühmen uns von Christo Jesu und verlassen uns nicht auf Fleisch,

Philipper

⁴wiewohl ich auch habe, daß ich mich Fleisches rühmen könnte. So ein anderer sich dünken läßt, er könnte sich Fleisches rühmen, ich könnte es viel mehr:

⁵der ich am achten Tag beschnitten bin, einer aus dem Volk von Israel, des Geschlechts Benjamin, ein Hebräer von Hebräern und nach dem Gesetz ein Pharisäer,

⁶nach dem Eifer ein Verfolger der Gemeinde, nach der Gerechtigkeit im Gesetz gewesen unsträflich.

⁷Aber was mir Gewinn war, das habe ich um Christi willen für Schaden geachtet.

⁸Ja, ich achte es noch alles für Schaden gegen die überschwengliche Erkenntnis Christi Jesu, meines HERRN, um welches willen ich alles habe für Schaden gerechnet, und achte es für Kot, auf daß ich Christum gewinne

⁹und in ihm erfunden werde, daß ich nicht habe meine Gerechtigkeit, die aus dem Gesetz, sondern die durch den Glauben an Christum kommt, nämlich die Gerechtigkeit, die von Gott dem Glauben zugerechnet wird,

¹⁰zu erkennen ihn und die Kraft seiner Auferstehung und die Gemeinschaft seiner Leiden, daß ich seinem Tode ähnlich werde,

¹¹damit ich gelange zur Auferstehung der Toten.

¹²Nicht, daß ich's schon ergriffen habe oder schon vollkommen sei; ich jage ihm aber nach, ob ich's auch ergreifen möchte, nachdem ich von Christo Jesu ergriffen bin.

¹³Meine Brüder, ich schätze mich selbst noch nicht, daß ich's ergriffen habe. Eines aber sage ich: Ich vergesse, was dahinten ist, und strecke mich zu dem, was da vorne ist,

¹⁴und jage nach dem vorgesteckten Ziel, nach dem Kleinod, welches vorhält die himmlische Berufung Gottes in Christo Jesu.

¹⁵Wie viele nun unser vollkommen sind, die lasset uns also gesinnt sein. Und solltet ihr sonst etwas halten, das lasset euch Gott offenbaren;

¹⁶doch soferne, daß wir nach derselben Regel, darin wir gekommen sind, wandeln und gleich gesinnt seien.

¹⁷Folget mir, liebe Brüder, und sehet auf die, die also wandeln, wie ihr uns habt zum Vorbilde.

¹⁸Denn viele wandeln, von welchen ich euch oft gesagt habe, nun aber sage ich auch mit Weinen, daß sie sind die Feinde des Kreuzes Christi,

¹⁹welcher Ende ist die Verdammnis, welchen der Bauch ihr Gott ist, und deren Ehre zu Schanden wird, die irdisch gesinnt sind.

²⁰Unser Wandel aber ist im Himmel, von dannen wir auch warten des Heilands Jesu Christi, des HERRN,

²¹welcher unsern nichtigen Leib verklären wird, daß er ähnlich werde seinem verklärten Leibe nach der Wirkung, mit der er kann auch alle Dinge sich untertänig machen.

Kapitel 4

¹Also, meine lieben und ersehnten Brüder, meine Freude und meine Krone, besteht also in dem HERRN, ihr Lieben.

²Die Evodia ermahne ich, und die Syntyche ermahne ich, daß sie eines Sinnes seien in dem HERRN.

³Ja ich bitte auch dich, mein treuer Geselle, stehe ihnen bei, die samt mir für das Evangelium gekämpft haben, mit Klemens und meinen andern Gehilfen, welcher Namen sind in dem Buch des Lebens.

⁴Freuet euch in dem HERRN allewege! Und abermals sage ich: Freuet euch!

⁵Eure Lindigkeit lasset kund sein allen Menschen! der HERR ist nahe!

⁶Sorget nichts! sondern in allen Dingen lasset eure Bitten im Gebet und Flehen mit Danksagung vor Gott kund werden.

⁷Und der Friede Gottes, welcher höher ist denn alle Vernunft, bewahre eure Herzen und Sinne in Christo Jesu!

⁸Weiter, liebe Brüder, was wahrhaftig ist, was ehrbar, was gerecht, was keusch, was lieblich, was wohllautet, ist etwa eine Tugend, ist etwa ein Lob, dem denket nach!

⁹Welches ihr auch gelernt und empfangen und gehört und gesehen habt an mir, das tut; so wird der Gott des Friedens mit euch sein.

¹⁰Ich bin aber höchlich erfreut in dem HERRN, daß ihr wieder wacker geworden seid, für mich zu sorgen; wiewohl ihr allewege gesorgt habt, aber die Zeit hat's nicht wollen leiden.

¹¹Nicht sage ich das des Mangels halben; denn ich habe gelernt, worin ich bin, mir genügen zu lassen.

¹²Ich kann niedrig sein und kann hoch sein; ich bin in allen Dingen und bei allen geschickt, beides, satt sein und hungern, beides, übrighaben und Mangel leiden.

¹³Ich vermag alles durch den, der mich mächtig macht, Christus.

¹⁴Doch ihr habt wohl getan, daß ihr euch meiner Trübsal angenommen habt.

¹⁵Ihr aber von Philippi wisset, daß von Anfang des Evangeliums, da ich auszog aus Mazedonien, keine Gemeinde mit mir geteilt hat nach der Rechnung der Ausgabe und Einnahme als ihr allein.

¹⁶Denn auch gen Thessalonich sandtet ihr zu meiner Notdurft einmal und darnach noch einmal.

¹⁷Nicht, daß ich das Geschenk suche; sondern ich suche die Frucht, daß sie reichlich in eurer Rechnung sei.

¹⁸Denn ich habe alles und habe überflüssig. Ich habe die Fülle, da ich empfing durch Epaphroditus, was von euch kam: ein süßer Geruch, ein angenehmes Opfer, Gott gefällig.

¹⁹Mein Gott aber fülle aus alle eure Notdurft nach seinem Reichtum in der Herrlichkeit in Christo Jesu.

²⁰Gott aber, unserm Vater, sei Ehre von Ewigkeit zu Ewigkeit! Amen.

²¹Grüßet alle Heiligen in Christo Jesu. Es grüßen euch die Brüder, die bei mir sind.

²²Es grüßen euch alle Heiligen, sonderlich aber die von des Kaisers Hause.

²³Die Gnade unsers HERRN Jesu Christi sei mit euch allen! Amen.

Kolosser

Kapitel 1

¹Paulus, ein Apostel Jesu Christi durch den Willen Gottes, und Bruder Timotheus

²den Heiligen zu Kolossä und den gläubigen Brüdern in Christo: Gnade sei mit euch und Friede von Gott, unserm Vater, und dem HERRN Jesus Christus!

³Wir danken Gott und dem Vater unsers HERRN Jesu Christi und beten allezeit für euch,

⁴nachdem wir gehört haben von eurem Glauben an Christum Jesum und von der Liebe zu allen Heiligen,

⁵um der Hoffnung willen, die euch beigelegt ist im Himmel, von welcher ihr zuvor gehört habt durch das Wort der Wahrheit im Evangelium,

⁶das zu euch gekommen ist, wie auch in alle Welt, und ist fruchtbar, wie auch in euch, von dem Tage an, da ihr's gehört habt und erkannt die Gnade Gottes in der Wahrheit;

⁷wie ihr denn gelernt habt von Epaphras, unserm lieben Mitdiener, welcher ist ein treuer Diener Christi für euch,

⁸der uns auch eröffnet hat eure Liebe im Geist.

⁹Derhalben auch wir von dem Tage an, da wir's gehört haben, hören wir nicht auf, für euch zu beten und zu bitten, daß ihr erfüllt werdet mit Erkenntnis seines Willens in allerlei geistlicher Weisheit und Verständnis,

¹⁰daß ihr wandelt würdig dem HERRN zu allem Gefallen und fruchtbar seid in allen guten Werken

¹¹und wachset in der Erkenntnis Gottes und gestärkt werdet mit aller Kraft nach seiner herrlichen Macht zu aller Geduld und Langmütigkeit mit Freuden,

¹²und danksaget dem Vater, der uns tüchtig gemacht hat zu dem Erbteil der Heiligen im Licht;

¹³welcher uns errettet hat von der Obrigkeit der Finsternis und hat uns versetzt in das Reich seines lieben Sohnes,

¹⁴an welchem wir haben die Erlösung durch sein Blut, die Vergebung der Sünden;

¹⁵welcher ist das Ebenbild des unsichtbaren Gottes, der Erstgeborene vor allen Kreaturen.

¹⁶Denn durch ihn ist alles geschaffen, was im Himmel und auf Erden ist, das Sichtbare und das Unsichtbare, es seien Throne oder Herrschaften oder Fürstentümer oder Obrigkeiten; es ist alles durch ihn und zu ihm geschaffen.

¹⁷Und er ist vor allem, und es besteht alles in ihm.

¹⁸Und er ist das Haupt des Leibes, nämlich der Gemeinde; er, welcher ist der Anfang und der Erstgeborene von den Toten, auf daß er in allen Dingen den Vorrang habe.

¹⁹Denn es ist das Wohlgefallen gewesen, daß in ihm alle Fülle wohnen sollte

²⁰und alles durch ihn versöhnt würde zu ihm selbst, es sei auf Erden oder im Himmel, damit daß er Frieden machte durch das Blut an seinem Kreuz, durch sich selbst.

²¹Und euch, die ihr weiland Fremde und Feinde waret durch die Vernunft in bösen Werken,

²²hat er nun versöhnt mit dem Leibe seines Fleisches durch den Tod, auf daß er euch darstellte heilig und unsträflich und ohne Tadel vor ihm selbst;

²³so ihr anders bleibet im Glauben, gegründet und fest und unbeweglich von der Hoffnung des Evangeliums, welches ihr gehört habt, welches gepredigt ist unter aller Kreatur, die unter dem Himmel ist, dessen Diener ich, Paulus, geworden bin.

²⁴Nun freue ich mich in meinem Leiden, das ich für euch leide, und erstatte an meinem Fleisch, was noch mangelt an Trübsalen in Christo, für seinen Leib, welcher ist die Gemeinde,

²⁵deren Diener ich geworden bin nach dem göttlichen Predigtamt, das mir gegeben ist unter euch, daß ich das Wort Gottes reichlich predigen soll,

²⁶nämlich das Geheimnis, das verborgen gewesen ist von der Welt her und von den Zeiten her, nun aber ist es offenbart seinen Heiligen,

²⁷denen Gott gewollt hat kundtun, welcher da sei der herrliche Reichtum dieses Geheimnisses unter den Heiden, welches ist Christus in euch, der da ist die Hoffnung der Herrlichkeit.

²⁸Den verkündigen wir und vermahnen alle Menschen und lehren alle Menschen mit aller Weisheit, auf daß wir darstellen einen jeglichen Menschen vollkommen in Christo Jesu;

²⁹daran ich auch arbeite und ringe, nach der Wirkung des, der in mir kräftig wirkt.

Kapitel 2

¹Ich lasse euch aber wissen, welch einen Kampf ich habe um euch und um die zu Laodizea und alle, die meine Person im Fleisch nicht gesehen haben,

²auf daß ihre Herzen ermahnt und zusammengefaßt werden in der Liebe und zu allem Reichtum des gewissen Verständnisses, zu erkennen das Geheimnis Gottes, des Vaters und Christi,

³in welchem verborgen liegen alle Schätze der Weisheit und der Erkenntnis.

⁴Ich sage aber davon, auf daß euch niemand betrüge mit unvernünftigen Reden.

⁵Denn ob ich wohl nach dem Fleisch nicht da bin, so bin ich doch im Geist bei euch, freue mich und sehe eure Ordnung und euren festen Glauben an Christum.

⁶Wie ihr nun angenommen habt den HERRN Christus Jesus, so wandelt in ihm

⁷und seid gewurzelt und erbaut in ihm und fest im Glauben, wie ihr gelehrt seid, und seid in demselben reichlich dankbar.

⁸Sehet zu, daß euch niemand beraube durch die Philosophie und lose Verführung nach der Menschen Lehre und nach der Welt Satzungen, und nicht nach Christo.

⁹Denn in ihm wohnt die ganze Fülle der Gottheit leibhaftig,

¹⁰und ihr seid vollkommen in ihm, welcher ist das Haupt aller Fürstentümer und Obrigkeiten;

¹¹in welchem ihr auch beschnitten seid mit der Beschneidung ohne Hände, durch Ablegung des sündlichen Leibes im Fleisch, nämlich mit der Beschneidung Christi,

¹²indem ihr mit ihm begraben seid durch die Taufe; in welchem ihr auch seid auferstanden durch den Glauben, den Gott wirkt, welcher ihn auferweckt hat von den Toten.

¹³Und er hat euch auch mit ihm lebendig gemacht, da ihr tot waret in den Sünden und in eurem unbeschnittenen Fleisch; und hat uns geschenkt alle Sünden

¹⁴und ausgetilgt die Handschrift, so wider uns war, welche durch Satzungen entstand und uns entgegen war, und hat sie aus dem Mittel getan und an das Kreuz geheftet;

¹⁵und hat ausgezogen die Fürstentümer und die Gewaltigen und sie schaugetragen öffentlich und einen Triumph aus ihnen gemacht durch sich selbst.

¹⁶So lasset nun niemand euch Gewissen machen über Speise oder über Trank oder über bestimmte Feiertage oder Neumonde oder Sabbate;

¹⁷welches ist der Schatten von dem, das zukünftig war; aber der Körper selbst ist in Christo.

¹⁸Laßt euch niemand das Ziel verrücken, der nach eigener Wahl einhergeht in Demut und Geistlichkeit der Engel, davon er nie etwas gesehen hat, und ist ohne Ursache aufgeblasen in seinem fleischlichen Sinn

¹⁹und hält sich nicht an dem Haupt, aus welchem der ganze Leib durch Gelenke und Fugen Handreichung empfängt und zusammengehalten wird und also wächst zur göttlichen Größe.

²⁰So ihr denn nun abgestorben seid mit Christo den Satzungen der Welt, was lasset ihr euch denn fangen mit Satzungen, als lebtet ihr noch in der Welt?

²¹"Du sollst", sagen sie, "das nicht angreifen, du sollst das nicht kosten, du sollst das nicht anrühren",

²²was sich doch alles unter den Händen verzehrt; es sind der Menschen Gebote und Lehren,

²³welche haben einen Schein der Weisheit durch selbst erwählte Geistlichkeit und Demut und dadurch, daß sie des Leibes nicht schonen und dem Fleisch nicht seine Ehre tun zu seiner Notdurft.

Kapitel 3

¹Seid ihr nun mit Christo auferstanden, so suchet, was droben ist, da Christus ist, sitzend zu der Rechten Gottes.

²Trachtet nach dem, was droben ist, nicht nach dem, was auf Erden ist.

³Denn ihr seid gestorben, und euer Leben ist verborgen mit Christo in Gott.

⁴Wenn aber Christus, euer Leben, sich offenbaren wird, dann werdet ihr auch offenbar werden mit ihm in der Herrlichkeit.

⁵So tötet nun eure Glieder, die auf Erden sind, Hurerei, Unreinigkeit, schändliche Brunst, böse Lust und den Geiz, welcher ist Abgötterei,

Kolosser

⁶um welcher willen kommt der Zorn Gottes über die Kinder des Unglaubens;

⁷in welchem auch ihr weiland gewandelt habt, da ihr darin lebtet.

⁸Nun aber leget alles ab von euch: den Zorn, Grimm, Bosheit, Lästerung, schandbare Worte aus eurem Munde;

⁹Lüget nicht untereinander; ziehet den alten Menschen mit seinen Werken aus

¹⁰und ziehet den neuen an, der da erneuert wird zur Erkenntnis nach dem Ebenbilde des, der ihn geschaffen hat;

¹¹da nicht ist Grieche, Jude, Beschnittener, Unbeschnittener, Ungrieche, Scythe, Knecht, Freier, sondern alles und in allen Christus.

¹²So ziehet nun an, als die Auserwählten Gottes, Heiligen und Geliebten, herzliches Erbarmen, Freundlichkeit, Demut, Sanftmut, Geduld;

¹³und vertrage einer den andern und vergebet euch untereinander, so jemand Klage hat wider den andern; gleichwie Christus euch vergeben hat, also auch ihr.

¹⁴Über alles aber ziehet an die Liebe, die da ist das Band der Vollkommenheit.

¹⁵Und der Friede Gottes regiere in euren Herzen, zu welchem ihr auch berufen seid in einem Leibe; und seid dankbar!

¹⁶Lasset das Wort Christi unter euch reichlich wohnen in aller Weisheit; lehret und vermahnet euch selbst mit Psalmen und Lobgesängen und geistlichen lieblichen Liedern und singt dem HERRN in eurem Herzen.

¹⁷Und alles, was ihr tut mit Worten oder mit Werken, das tut alles in dem Namen des HERRN Jesu, und danket Gott und dem Vater durch ihn.

¹⁸Ihr Weiber, seid untertan euren Männern in dem HERRN, wie sich's gebührt.

¹⁹Ihr Männer, liebet eure Weiber und seid nicht bitter gegen sie.

²⁰Ihr Kinder, seid gehorsam euren Eltern in allen Dingen; denn das ist dem HERRN gefällig.

²¹Ihr Väter, erbittert eure Kinder nicht, auf daß sie nicht scheu werden.

²²Ihr Knechte, seid gehorsam in allen Dingen euren leiblichen Herren, nicht mit Dienst vor Augen, als den Menschen zu gefallen, sondern mit Einfalt des Herzens und mit Gottesfurcht.

²³Alles, was ihr tut, das tut von Herzen als dem HERRN und nicht den Menschen,

²⁴und wisset, daß ihr von dem HERRN empfangen werdet die Vergeltung des Erbes; denn ihr dienet dem HERRN Christus.

²⁵Wer aber Unrecht tut, der wird empfangen, was er unrecht getan hat; und gilt kein Ansehen der Person.

Kapitel 4

¹Ihr Herren, was recht und billig ist, das beweiset den Knechten, und wisset, daß ihr auch einen HERRN im Himmel habt.

²Haltet an am Gebet und wachet in demselben mit Danksagung;

³und betet zugleich auch für uns, auf daß Gott uns eine Tür des Wortes auftue, zu reden das Geheimnis Christi, darum ich auch gebunden bin,

⁴auf daß ich es offenbare, wie ich soll reden.

⁵Wandelt weise gegen die, die draußen sind, und kauft die Zeit aus.

⁶Eure Rede sei allezeit lieblich und mit Salz gewürzt, daß ihr wißt, wie ihr einem jeglichen antworten sollt.

⁷Wie es um mich steht, wird euch alles kundtun Tychikus, der liebe Bruder und getreue Diener und Mitknecht in dem HERRN,

⁸welchen ich habe darum zu euch gesandt, daß er erfahre, wie es sich mit euch verhält, und daß er eure Herzen ermahne,

⁹samt Onesimus, dem getreuen und lieben Bruder, welcher von den euren ist. Alles, wie es hier steht, werden sie euch kundtun.

¹⁰Es grüßt euch Aristarchus, mein Mitgefangener, und Markus, der Neffe des Barnabas, über welchen ihr etliche Befehle empfangen habt (so er zu euch kommt, nehmt ihn auf!)

¹¹und Jesus, der da heißt Just, die aus den Juden sind. Diese sind allein meine Gehilfen am Reich Gottes, die mir ein Trost geworden sind.

¹²Es grüßt euch Epaphras, der von den euren ist, ein Knecht Christi, und allezeit ringt für euch mit Gebeten, auf daß ihr bestehet vollkommen und erfüllt mit allem Willen Gottes.

¹³Ich gebe ihm Zeugnis, daß er großen Fleiß hat um euch und um die zu Laodizea und zu Hierapolis.

¹⁴Es grüßt euch Lukas, der Arzt, der Geliebte, und Demas.

¹⁵Grüßet die Brüder zu Laodizea und den Nymphas und die Gemeinde in seinem Hause.

¹⁶Und wenn der Brief bei euch gelesen ist, so schafft, daß er auch in der Gemeinde zu Laodizea gelesen werde und daß ihr den von Laodizea lest.

¹⁷Und saget Archippus: Siehe auf das Amt, das du empfangen hast in dem HERRN, daß du es ausrichtest!

¹⁸Mein Gruß mit meiner, des Paulus, Hand. Gedenket meiner Bande! Die Gnade sei mit euch! Amen.

1 Thessalonicher

Kapitel 1

¹Paulus und Silvanus und Timotheus der Gemeinde zu Thessalonich in Gott, dem Vater, und dem HERRN Jesus Christus: Gnade sei mit euch und Friede von Gott, unserm Vater, und dem HERRN Jesus Christus!

²Wir danken Gott allezeit für euch alle und gedenken euer im Gebet ohne Unterlaß

³und denken an euer Werk im Glauben und an eure Arbeit in der Liebe und an eure Geduld in der Hoffnung, welche ist unser HERR Jesus Christus, vor Gott und unserm Vater.

⁴Denn, liebe Brüder, von Gott geliebt, wir wissen, wie ihr auserwählt seid,

⁵daß unser Evangelium ist bei euch gewesen nicht allein im Wort, sondern auch in der Kraft und in dem heiligen Geist und in großer Gewißheit; wie ihr denn wisset, welcherlei wir gewesen sind unter euch um euretwillen;

⁶und ihr seid unsre Nachfolger geworden und des HERRN und habt das Wort aufgenommen unter vielen Trübsalen mit Freuden im heiligen Geist,

⁷also daß ihr geworden seid ein Vorbild allen Gläubigen in Mazedonien und Achaja.

⁸Denn von euch ist auserschollen das Wort des HERRN; nicht allein in Mazedonien und Achaja, sondern an allen Orten ist auch euer Glaube an Gott bekannt geworden, also daß uns nicht not ist, etwas zu sagen.

⁹Denn sie selbst verkündigen von euch, was für einen Eingang wir zu euch gehabt haben und wie ihr bekehrt seid zu Gott von den Abgöttern, zu dienen dem lebendigen und wahren Gott

¹⁰und zu warten auf seinen Sohn vom Himmel, welchen er auferweckt hat von den Toten, Jesum, der uns von dem zukünftigen Zorn erlöst.

Kapitel 2

¹Denn auch ihr wisset, liebe Brüder, von unserm Eingang zu euch, daß er nicht vergeblich gewesen ist;

²sondern, ob wir gleich zuvor gelitten hatten und geschmäht gewesen waren zu Philippi, wie ihr wisset, waren wir freudig in unserm Gott, bei euch zu sagen das Evangelium Gottes mit großen Kämpfen.

³Denn unsere Ermahnung ist nicht gewesen aus Irrtum noch aus Unreinigkeit noch mit List;

⁴sondern, wie wir von Gott bewährt sind, daß uns das Evangelium vertraut ist zu predigen, also reden wir, nicht, als wollten wir den Menschen gefallen, sondern Gott, der unser Herz prüft.

⁵Denn wir sind nie mit Schmeichelworten umgegangen, wie ihr wisset, noch mit verstecktem Geiz, Gott ist des Zeuge;

⁶haben auch nicht Ehre gesucht von den Leuten, weder von euch noch von andern;

⁷hätten euch auch mögen schwer sein als Christi Apostel. Aber wir sind mütterlich gewesen bei euch, gleichwie eine Amme ihr Kind pflegt;

⁸also hatten wir Herzenslust an euch und waren willig, euch mitzuteilen nicht allein das Evangelium Gottes sondern auch unser Leben, darum daß wir euch liebgewonnen haben.

⁹Ihr seid wohl eingedenk, liebe Brüder, unsrer Arbeit und unsrer Mühe; denn Tag und Nacht arbeiteten wir, daß wir niemand unter euch beschwerlich wären, und predigten unter euch das Evangelium Gottes.

¹⁰Des seid ihr Zeugen und Gott, wie heilig und gerecht und unsträflich wir bei euch, die ihr gläubig waret, gewesen sind;

¹¹wie ihr denn wisset, daß wir, wie ein Vater seine Kinder, einen jeglichen unter euch ermahnt und getröstet

¹²und bezeugt haben, daß ihr wandeln solltet würdig vor Gott, der euch berufen hat zu seinem Reich und zu seiner Herrlichkeit.

¹³Darum danken auch wir ohne Unterlaß Gott, daß ihr, da ihr empfinget von uns das Wort göttlicher Predigt, es aufnahmt nicht als Menschenwort, sondern, wie es denn wahrhaftig ist, als Gottes Wort, welcher auch wirkt in euch, die ihr glaubet.

¹⁴Denn ihr seid Nachfolger geworden, liebe Brüder, der Gemeinden Gottes in Judäa in Christo Jesu, weil ihr ebendasselbe erlitten habt von euren Blutsfreunden, was jene von den Juden,

¹⁵welche auch den HERRN Jesus getötet haben und ihre eigenen Propheten und haben uns verfolgt und gefallen Gott nicht und sind allen Menschen zuwider,

¹⁶wehren uns, zu predigen den Heiden, damit sie selig würden, auf daß sie ihre Sünden erfüllen allewege; denn der Zorn ist schon über sie gekommen zum Ende hin.

¹⁷Wir aber, liebe Brüder, nachdem wir euer eine Weile beraubt gewesen sind nach dem Angesicht, nicht nach dem Herzen, haben wir desto mehr geeilt, euer Angesicht zu sehen mit großem Verlangen.

¹⁸Darum haben wir wollen zu euch kommen (ich, Paulus) zweimal, und Satan hat uns verhindert.

¹⁹Denn wer ist unsre Hoffnung oder Freude oder Krone des Ruhms? Seid nicht auch ihr es vor unserm HERRN Jesus Christus zu seiner Zukunft?

²⁰Ihr seid ja unsre Ehre und Freude.

Kapitel 3

¹Darum haben wir's nicht weiter wollen ertragen und haben uns lassen wohlgefallen, daß wir zu Athen allein gelassen würden,

²und haben Timotheus gesandt, unsern Bruder und Diener Gottes und unsern Gehilfen im Evangelium Christi, euch zu stärken und zu ermahnen in eurem Glauben,

³daß nicht jemand weich würde in diesen Trübsalen. Denn ihr wisset, daß wir dazu gesetzt sind;

⁴und da wir bei euch waren, sagten wir's euch zuvor, wir würden Trübsale haben müssen; wie denn auch geschehen ist und ihr wisset.

⁵Darum habe ich's auch nicht länger ertragen und ausgesandt, daß ich erführe euren Glauben, auf daß nicht euch vielleicht versucht hätte der Versucher und unsre Arbeit vergeblich würde.

⁶Nun aber, da Timotheus zu uns von euch gekommen ist und uns verkündigt hat euren Glauben und eure Liebe, und daß ihr unser gedenket allezeit zum besten und euch verlangt, uns zu sehen, wie denn auch uns nach euch,

⁷da sind wir, liebe Brüder, getröstet worden an euch in aller unsrer Trübsal und Not durch euren Glauben;

⁸denn nun sind wir lebendig, wenn ihr stehet im HERRN.

⁹Denn was für einen Dank können wir Gott vergelten um euch für alle diese Freude, die wir haben von euch vor unserm Gott?

¹⁰Wir bitten Tag und Nacht gar sehr, daß wir sehen mögen euer Angesicht und erstatten, so etwas mangelt an eurem Glauben.

¹¹Er aber, Gott, unser Vater, und unser HERR Jesus Christus schicke unsern Weg zu euch.

¹²Euch aber vermehre der HERR und lasse die Liebe völlig werden untereinander und gegen jedermann (wie denn auch wir sind gegen euch),

¹³daß eure Herzen gestärkt werden und unsträflich seien in der Heiligkeit vor Gott und unserm Vater auf die Zukunft unsers HERRN Jesu Christi samt allen seinen Heiligen.

Kapitel 4

¹Weiter, liebe Brüder, bitten wir euch und ermahnen in dem HERRN Jesus (nach dem ihr von uns empfangen habt, wie ihr solltet wandeln und Gott gefallen), daß ihr immer völliger werdet.

²Denn ihr wisset, welche Gebote wir euch gegeben haben durch den HERRN Jesus.

³Denn das ist der Wille Gottes, eure Heiligung, und daß ihr meidet die Hurerei

⁴und ein jeglicher unter euch wisse sein Gefäß zu behalten in Heiligung und Ehren.

⁵nicht in der Brunst der Lust wie die Heiden, die von Gott nichts wissen;

⁶und daß niemand zu weit greife und übervorteile seinen Bruder im Handel; denn der HERR ist der Rächer über das alles, wie wir euch zuvor gesagt und bezeugt haben.

⁷Denn Gott hat uns nicht berufen zur Unreinigkeit, sondern zur Heiligung.

⁸Wer nun verachtet, der verachtet nicht Menschen, sondern Gott, der seinen heiligen Geist gegeben hat in euch.

⁹Von der brüderlichen Liebe aber ist nicht not euch zu schreiben; denn ihr seid selbst von Gott gelehrt, euch untereinander zu lieben.

¹⁰Und das tut ihr auch an allen Brüdern, die in ganz Mazedonien sind. Wir ermahnen euch aber, liebe Brüder, daß ihr noch völliger werdet

¹¹und ringet darnach, daß ihr stille seid und das Eure schaffet und arbeitet mit euren eigenen Händen, wie wir euch geboten haben,

¹²auf daß ihr ehrbar wandelt gegen die, die draußen sind, und ihrer keines bedürfet.

¹³Wir wollen euch aber, liebe Brüder, nicht verhalten von denen, die da schlafen, auf daß ihr nicht traurig seid wie die andern, die keine

1 Thessalonicher

Hoffnung haben.

¹⁴Denn so wir glauben, daß Jesus gestorben und auferstanden ist, also wird Gott auch, die da entschlafen sind, durch Jesum mit ihm führen.

¹⁵Denn das sagen wir euch als ein Wort des HERRN, daß wir, die wir leben und übrig bleiben auf die Zukunft des HERRN, werden denen nicht zuvorkommen, die da schlafen.

¹⁶denn er selbst, der HERR, wird mit einem Feldgeschrei und der Stimme des Erzengels und mit der Posaune Gottes herniederkommen vom Himmel, und die Toten in Christo werden auferstehen zuerst.

¹⁷Darnach wir, die wir leben und übrig bleiben, werden zugleich mit ihnen hingerückt werden in den Wolken, dem HERRN entgegen in der Luft, und werden also bei dem HERRN sein allezeit.

¹⁸So tröstet euch nun mit diesen Worten untereinander.

Kapitel 5

¹Von den Zeiten aber und Stunden, liebe Brüder, ist nicht not euch zu schreiben;

²denn ihr selbst wisset gewiß, daß der Tag des HERRN wird kommen wie ein Dieb in der Nacht.

³Denn sie werden sagen: Es ist Friede, es hat keine Gefahr, so wird sie das Verderben schnell überfallen, gleichwie der Schmerz ein schwangeres Weib, und werden nicht entfliehen.

⁴Ihr aber, liebe Brüder, seid nicht in der Finsternis, daß euch der Tag wie ein Dieb ergreife.

⁵Ihr seid allzumal Kinder des Lichtes und Kinder des Tages; wir sind nicht von der Nacht noch von der Finsternis.

⁶So lasset uns nun nicht schlafen wie die andern, sondern lasset uns wachen und nüchtern sein.

⁷Denn die da schlafen, die schlafen des Nachts, und die da trunken sind, die sind des Nachts trunken;

⁸wir aber, die wir des Tages sind, sollen nüchtern sein, angetan mit dem Panzer des Glaubens und der Liebe und mit dem Helm der Hoffnung zur Seligkeit.

⁹Denn Gott hat uns nicht gesetzt zum Zorn, sondern die Seligkeit zu besitzen durch unsern HERRN Jesus Christus,

¹⁰der für uns alle gestorben ist, auf daß, wir wachen oder schlafen, wir zugleich mit ihm leben sollen.

¹¹Darum ermahnet euch untereinander und bauet einer den andern, wie ihr denn tut.

¹²Wir bitten aber euch, liebe Brüder, daß ihr erkennet, die an euch arbeiten und euch vorstehen in dem HERRN und euch vermahnen;

¹³habt sie desto lieber um ihres Werks willen und seid friedsam mit ihnen.

¹⁴Wir ermahnen aber euch, liebe Brüder, vermahnet die Ungezogenen, tröstet die Kleinmütigen, traget die Schwachen, seid geduldig gegen jedermann.

¹⁵Sehet zu, daß keiner Böses mit Bösem jemand vergelte; sondern allezeit jaget dem Guten nach, untereinander und gegen jedermann.

¹⁶Seid allezeit fröhlich,

¹⁷betet ohne Unterlaß,

¹⁸seid dankbar in allen Dingen; denn das ist der Wille Gottes in Christo Jesu an euch.

¹⁹Den Geist dämpfet nicht,

²⁰die Weissagung verachtet nicht;

²¹prüfet aber alles, und das Gute behaltet.

²²Meidet allen bösen Schein.

²³Er aber, der Gott des Friedens, heilige euch durch und durch, und euer Geist ganz samt Seele und Leib müsse bewahrt werden unsträflich auf die Zukunft unsers HERRN Jesu Christi.

²⁴Getreu ist er, der euch ruft; er wird's auch tun.

²⁵Liebe Brüder, betet für uns.

²⁶Grüßet alle Brüder mit dem heiligen Kuß.

²⁷Ich beschwöre euch bei dem HERRN, daß ihr diesen Brief lesen lasset vor allen heiligen Brüdern.

²⁸Die Gnade unsers HERRN Jesu Christi sei mit euch! Amen.

2 Thessalonicher

Kapitel 1

¹Paulus und Silvanus und Timotheus der Gemeinde zu Thessalonich in Gott, unserm Vater, und dem HERRN Jesus Christus:

²Gnade sei mit euch und Friede von Gott, unserm Vater, und dem HERRN Jesus Christus!

³Wir sollen Gott danken allezeit um euch, liebe Brüder, wie es billig ist; denn euer Glauben wächst sehr, und die Liebe eines jeglichen unter euch allen nimmt zu gegeneinander,

⁴also daß wir uns euer rühmen unter den Gemeinden Gottes über eure Geduld und euren Glauben in allen Verfolgungen und Trübsalen, die ihr duldet;

⁵welches anzeigt, daß Gott recht richten wird und ihr würdig werdet zum Reich Gottes, für das ihr auch leidet;

⁶nach dem es recht ist bei Gott, zu vergelten Trübsal denen, die euch Trübsal antun,

⁷euch aber, die ihr Trübsal leidet, Ruhe mit uns, wenn nun der HERR Jesus wird offenbart werden vom Himmel samt den Engeln seiner Kraft

⁸und mit Feuerflammen, Rache zu geben über die, so Gott nicht erkennen, und über die so nicht gehorsam sind dem Evangelium unsers HERRN Jesu Christi,

⁹welche werden Pein leiden, das ewige Verderben von dem Angesichte des HERRN und von seiner herrlichen Macht,

¹⁰wenn er kommen wird, daß er herrlich erscheine mit seinen Heiligen und wunderbar mit allen Gläubigen; denn unser Zeugnis an euch von diesem Tage habt ihr geglaubt.

¹¹Und derhalben beten wir auch allezeit für euch, daß unser Gott euch würdig mache zur Berufung und erfülle alles Wohlgefallen der Güte und das Werk des Glaubens in der Kraft,

¹²auf daß an euch gepriesen werde der Namen unsers HERRN Jesu Christi und ihr an ihm, nach der Gnade unsres Gottes und des HERRN Jesu Christi.

Kapitel 2

¹Aber der Zukunft halben unsers HERRN Jesu Christi und unsrer Versammlung zu ihm bitten wir euch, liebe Brüder,

²daß ihr euch nicht bald bewegen lasset von eurem Sinn noch erschrecken, weder durch Geist noch durch Wort noch durch Brief, als von uns gesandt, daß der Tag Christi vorhanden sei.

³Lasset euch niemand verführen in keinerlei Weise; denn er kommt nicht, es sei denn, daß zuvor der Abfall komme und offenbart werde der Mensch der Sünde, das Kind des Verderbens,

⁴der da ist der Widersacher und sich überhebt über alles, was Gott oder Gottesdienst heißt, also daß er sich setzt in den Tempel Gottes als ein Gott und gibt sich aus, er sei Gott.

⁵Gedenket ihr nicht daran, daß ich euch solches sagte, da ich noch bei euch war?

⁶Und was es noch aufhält, wisset ihr, daß er offenbart werde zu seiner Zeit.

⁷Denn es regt sich bereits das Geheimnis der Bosheit, nur daß, der es jetzt aufhält, muß hinweggetan werden;

⁸und alsdann wird der Boshafte offenbart werden, welchen der HERR umbringen wird mit dem Geist seines Mundes und durch die Erscheinung seiner Zukunft ihm ein Ende machen,

⁹ihm, dessen Zukunft geschieht nach der Wirkung des Satans mit allerlei lügenhaftigen Kräften und Zeichen und Wundern

¹⁰und mit allerlei Verführung zur Ungerechtigkeit unter denen, die verloren werden, dafür daß sie die Liebe zur Wahrheit nicht haben angenommen, auf daß sie selig würden.

¹¹Darum wird ihnen Gott kräftige Irrtümer senden, daß sie glauben der Lüge,

¹²auf daß gerichtet werden alle, die der Wahrheit nicht glauben, sondern haben Lust an der Ungerechtigkeit.

¹³Wir aber sollen Gott danken allezeit um euch, von dem HERRN geliebte Brüder, daß euch Gott erwählt hat von Anfang zur Seligkeit, in der Heiligung des Geistes und im Glauben der Wahrheit,

¹⁴darein er euch berufen hat durch unser Evangelium zum herrlichen Eigentum unsers HERRN Jesu Christi.

¹⁵So stehet nun, liebe Brüder, und haltet an den Satzungen, in denen ihr gelehrt seid, es sei durch unser Wort oder Brief.

¹⁶Er aber, unser HERR Jesus Christus, und Gott, unser Vater, der uns hat geliebt und uns gegeben einen ewigen Trost und eine gute Hoffnung durch Gnade,

¹⁷der ermahne eure Herzen und stärke euch in allerlei Lehre und gutem Werk.

Kapitel 3

¹Weiter, liebe Brüder, betet für uns, daß das Wort des HERRN laufe und gepriesen werde wie bei euch,

²und daß wir erlöst werden von den unverständigen und argen Menschen. Denn der Glaube ist nicht jedermanns Ding.

³Aber der HERR ist treu; der wird euch stärken und bewahren vor dem Argen.

⁴Wir versehen uns aber zu euch in dem HERRN, daß ihr tut und tun werdet, was wir euch gebieten.

⁵Der HERR aber richte eure Herzen zu der Liebe Gottes und zu der Geduld Christi.

⁶Wir gebieten euch aber, liebe Brüder, in dem Namen unsers HERRN Jesu Christi, daß ihr euch entzieht von jedem Bruder, der da unordentlich wandelt und nicht nach der Satzung, die er von uns empfangen hat.

⁷Denn ihr wisset, wie ihr uns sollt nachfolgen. Denn wir sind nicht unordentlich unter euch gewesen,

⁸haben auch nicht umsonst das Brot genommen von jemand; sondern mit Arbeit und Mühe Tag und Nacht haben wir gewirkt, daß wir nicht jemand unter euch beschwerlich wären.

⁹Nicht darum, daß wir es nicht Macht haben, sondern daß wir uns selbst zum Vorbilde euch gäben, uns nachzufolgen.

¹⁰Und da wir bei euch waren, geboten wir euch solches, daß, so jemand nicht will arbeiten, der soll auch nicht essen.

¹¹Denn wir hören, daß etliche unter euch wandeln unordentlich und arbeiten nichts, sondern treiben Vorwitz.

¹²Solchen aber gebieten wir und ermahnen sie durch unsern HERRN Jesus Christus, daß sie mit stillem Wesen arbeiten und ihr eigen Brot essen.

¹³Ihr aber, liebe Brüder, werdet nicht verdrossen Gutes zu tun.

¹⁴So aber jemand nicht gehorsam ist unserm Wort, den zeigt an durch einen Brief, und habt nichts mit ihm zu schaffen, auf daß er schamrot werde;

¹⁵doch haltet ihn nicht als einen Feind, sondern vermahnet ihn als einen Bruder.

¹⁶Er aber, der HERR des Friedens, gebe euch Frieden allenthalben und auf allerlei Weise. Der HERR sei mit euch allen!

¹⁷Der Gruß mit meiner, des Paulus, Hand. Das ist das Zeichen in allen Briefen; also schreibe ich.

¹⁸Die Gnade unsers HERRN Jesu Christi sei mit euch allen! Amen.

1 Timotheus

Kapitel 1

¹Paulus, ein Apostel Jesu Christi nach dem Befehl Gottes, unsers Heilandes, und des HERRN Jesu Christi, der unsre Hoffnung ist,

²dem Timotheus, meinem rechtschaffenen Sohn im Glauben: Gnade, Barmherzigkeit, Friede von Gott, unserm Vater, und unserm HERRN Jesus Christus!

³Wie ich dich ermahnt habe, daß du zu Ephesus bliebest, da ich nach Mazedonien zog, und gebötest etlichen, daß sie nicht anders lehrten,

⁴und nicht acht hätten auf die Fabeln und Geschlechtsregister, die kein Ende haben und Fragen aufbringen mehr denn Besserung zu Gott im Glauben;

⁵denn die Hauptsumme des Gebotes ist Liebe von reinem Herzen und von gutem Gewissen und von ungefärbtem Glauben;

⁶wovon etliche sind abgeirrt und haben sich umgewandt zu unnützem Geschwätz,

⁷wollen der Schrift Meister sein, und verstehen nicht, was sie sagen oder was sie setzen.

⁸Wir wissen aber, daß das Gesetz gut ist, so es jemand recht braucht

⁹und weiß solches, daß dem Gerechten kein Gesetz gegeben ist, sondern den Ungerechten und Ungehorsamen, den Gottlosen und Sündern, den Unheiligen und Ungeistlichen, den Vatermördern und Muttermördern, den Totschlägern

¹⁰den Hurern, den Knabenschändern, den Menschendieben, den Lügnern, den Meineidigen und so etwas mehr der heilsamen Lehre zuwider ist,

¹¹nach dem herrlichen Evangelium des seligen Gottes, welches mir anvertrauet ist.

¹²Ich danke unserm HERR Christus Jesus, der mich stark gemacht und treu geachtet hat und gesetzt in das Amt,

¹³der ich zuvor war ein Lästerer und ein Verfolger und ein Schmäher; aber mir ist Barmherzigkeit widerfahren, denn ich habe es unwissend getan im Unglauben.

¹⁴Es ist aber desto reicher gewesen die Gnade unsers HERRN samt dem Glauben und der Liebe, die in Christo Jesu ist.

¹⁵Das ist gewißlich wahr und ein teuer wertes Wort, daß Christus Jesus gekommen ist in die Welt, die Sünder selig zu machen, unter welchen ich der vornehmste bin.

¹⁶Aber darum ist mir Barmherzigkeit widerfahren, auf daß an mir vornehmlich Jesus Christus erzeigte alle Geduld, zum Vorbild denen, die an ihn glauben sollten zum ewigen Leben.

¹⁷Aber Gott, dem ewigen König, dem Unvergänglichen und Unsichtbaren und allein Weisen, sei Ehre und Preis in Ewigkeit! Amen.

¹⁸Dies Gebot befehle ich dir, mein Sohn Timotheus, nach den vorherigen Weissagungen über dich, daß du in ihnen eine gute Ritterschaft übest

¹⁹und habest den Glauben und gutes Gewissen, welches etliche von sich gestoßen und am Glauben Schiffbruch erlitten haben;

²⁰unter welchen ist Hymenäus und Alexander, welche ich habe dem Satan übergeben, daß sie gezüchtigt werden, nicht mehr zu lästern.

Kapitel 2

¹So ermahne ich euch nun, daß man vor allen Dingen zuerst tue Bitte, Gebet, Fürbitte und Danksagung für alle Menschen,

²für die Könige und alle Obrigkeit, auf daß wir ein ruhiges und stilles Leben führen mögen in aller Gottseligkeit und Ehrbarkeit.

³Denn solches ist gut und angenehm vor Gott, unserm Heiland,

⁴welcher will, daß allen Menschen geholfen werde und sie zur Erkenntnis der Wahrheit kommen.

⁵Denn es ist ein Gott und ein Mittler zwischen Gott und den Menschen, nämlich der Mensch Christus Jesus,

⁶der sich selbst gegeben hat für alle zur Erlösung, daß solches zu seiner Zeit gepredigt würde;

⁷dazu ich gesetzt bin als Prediger und Apostel (ich sage die Wahrheit in Christo und lüge nicht), als Lehrer der Heiden im Glauben und in der Wahrheit.

⁸So will ich nun, daß die Männer beten an allen Orten und aufheben heilige Hände ohne Zorn und Zweifel.

⁹Desgleichen daß die Weiber in zierlichem Kleide mit Scham und Zucht sich schmücken, nicht mit Zöpfen oder Gold oder Perlen oder köstlichem Gewand,

¹⁰sondern, wie sich's ziemt den Weibern, die da Gottseligkeit beweisen wollen, durch gute Werke.

¹¹Ein Weib lerne in der Stille mit aller Untertänigkeit.

¹²Einem Weibe aber gestatte ich nicht, daß sie lehre, auch nicht, daß sie des Mannes Herr sei, sondern stille sei.

¹³Denn Adam ist am ersten gemacht, darnach Eva.

¹⁴Und Adam ward nicht verführt; das Weib aber ward verführt und hat die Übertretung eingeführt.

¹⁵Sie wird aber selig werden durch Kinderzeugen, so sie bleiben im Glauben und in der Liebe und in der Heiligung samt der Zucht.

Kapitel 3

¹Das ist gewißlich wahr: So jemand ein Bischofsamt begehrt, der begehrt ein köstlich Werk.

²Es soll aber ein Bischof unsträflich sein, eines Weibes Mann, nüchtern, mäßig, sittig, gastfrei, lehrhaft,

³nicht ein Weinsäufer, nicht raufen, nicht unehrliche Hantierung treiben, sondern gelinde, nicht zänkisch, nicht geizig,

⁴der seinem eigenen Hause wohl vorstehe, der gehorsame Kinder habe mit aller Ehrbarkeit,

⁵(so aber jemand seinem eigenen Hause nicht weiß vorzustehen, wie wird er die Gemeinde Gottes versorgen?);

⁶Nicht ein Neuling, auf daß er sich nicht aufblase und ins Urteil des Lästerers falle.

⁷Er muß aber auch ein gutes Zeugnis haben von denen, die draußen sind, auf daß er nicht falle dem Lästerer in Schmach und Strick.

⁸Desgleichen die Diener sollen ehrbar sein, nicht zweizüngig, nicht Weinsäufer, nicht unehrliche Hantierungen treiben;

⁹die das Geheimnis des Glaubens in reinem Gewissen haben.

¹⁰Und diese lasse man zuvor versuchen; darnach lasse man sie dienen, wenn sie unsträflich sind.

¹¹Desgleichen ihre Weiber sollen ehrbar sein, nicht Lästerinnen, nüchtern, treu in allen Dingen.

¹²Die Diener laß einen jeglichen sein eines Weibes Mann, die ihren Kindern wohl vorstehen und ihren eigenen Häusern.

¹³Welche aber wohl dienen, die erwerben sich selbst eine gute Stufe und eine große Freudigkeit im Glauben an Christum Jesum.

¹⁴Solches schreibe ich dir und hoffe, bald zu dir zu kommen;

¹⁵so ich aber verzöge, daß du wissest, wie du wandeln sollst in dem Hause Gottes, welches ist die Gemeinde des lebendigen Gottes, ein Pfeiler und eine Grundfeste der Wahrheit.

¹⁶Und kündlich groß ist das gottselige Geheimnis: Gott ist offenbart im Fleisch, gerechtfertigt im Geist, erschienen den Engeln, gepredigt den Heiden, geglaubt von der Welt, aufgenommen in die Herrlichkeit.

Kapitel 4

¹Der Geist aber sagt deutlich, daß in den letzten Zeiten werden etliche von dem Glauben abtreten und anhangen den verführerischen Geistern und Lehren der Teufel

²durch die, so in Gleisnerei Lügen reden und Brandmal in ihrem Gewissen haben,

³die da gebieten, nicht ehelich zu werden und zu meiden die Speisen, die Gott geschaffen hat zu nehmen mit Danksagung, den Gläubigen und denen, die die Wahrheit erkennen.

⁴Denn alle Kreatur Gottes ist gut, und nichts ist verwerflich, das mit Danksagung empfangen wird;

⁵denn es wird geheiligt durch das Wort Gottes und Gebet.

⁶Wenn du den Brüdern solches vorhältst, so wirst du ein guter Diener Jesu Christi sein, auferzogen in den Worten des Glaubens und der guten Lehre, bei welcher du immerdar gewesen bist.

⁷Aber der ungeistlichen Altweiberfabeln entschlage dich; übe dich selbst aber in der Gottseligkeit.

⁸Denn die leibliche Übung ist wenig nütz; aber die Gottseligkeit ist zu allen Dingen nütz und hat die Verheißung dieses und des zukünftigen Lebens.

⁹Das ist gewißlich wahr und ein teuer wertes Wort.

¹⁰Denn dahin arbeiten wir auch und werden geschmäht, daß wir auf den lebendigen Gott gehofft haben, welcher ist der Heiland aller Menschen, sonderlich der Gläubigen.

¹¹Solches gebiete und lehre.

¹²Niemand verachte deine Jugend; sondern sei ein Vorbild den Gläubigen im Wort, im Wandel, in der Liebe, im Geist, im Glauben, in der Keuschheit.

¹³Halte an mit Lesen, mit Ermahnen, mit Lehren, bis ich komme.

¹⁴Laß nicht aus der Acht die Gabe, die dir gegeben ist durch die

Weissagung mit Handauflegung der Ältesten.

¹⁵Dessen warte, gehe damit um, auf daß dein Zunehmen in allen Dingen offenbar sei.

¹⁶Habe acht auf dich selbst und auf die Lehre; beharre in diesen Stücken. Denn wo du solches tust, wirst du dich selbst selig machen und die dich hören.

Kapitel 5

¹Einen Alten schilt nicht, sondern ermahne ihn als einen Vater, die Jungen als Brüder,

²Die alten Weiber als Mütter, die jungen als Schwestern mit aller Keuschheit.

³Ehre die Witwen, welche rechte Witwen sind.

⁴So aber eine Witwe Enkel oder Kinder hat, solche laß zuvor lernen, ihre eigenen Häuser göttlich regieren und den Eltern Gleiches vergelten; denn das ist wohl getan und angenehm vor Gott.

⁵Das ist aber die rechte Witwe, die einsam ist, die ihre Hoffnung auf Gott stellt und bleibt am Gebet und Flehen Tag und Nacht.

⁶Welche aber in Wollüsten lebt, die ist lebendig tot.

⁷Solches gebiete, auf daß sie untadelig seien.

⁸So aber jemand die Seinen, sonderlich seine Hausgenossen, nicht versorgt, der hat den Glauben verleugnet und ist ärger denn ein Heide.

⁹Laß keine Witwe erwählt werden unter sechzig Jahren, und die da gewesen sei eines Mannes Weib,

¹⁰und die ein Zeugnis habe guter Werke: so sie Kinder aufgezogen hat, so sie gastfrei gewesen ist, so sie der Heiligen Füße gewaschen hat, so sie den Trübseligen Handreichung getan hat, so sie in allem guten Werk nachgekommen ist.

¹¹Der jungen Witwen aber entschlage dich; denn wenn sie geil geworden sind wider Christum, so wollen sie freien

¹²und haben ihr Urteil, daß sie den ersten Glauben gebrochen haben.

¹³Daneben sind sie faul und lernen umlaufen durch die Häuser; nicht allein aber sind sie faul sondern auch geschwätzig und vorwitzig und reden, was nicht sein soll.

¹⁴So will ich nun, daß die jungen Witwen freien, Kinder zeugen, haushalten, dem Widersacher keine Ursache geben zu schelten.

¹⁵Denn es sind schon etliche umgewandt dem Satan nach.

¹⁶So aber ein Gläubiger oder Gläubige Witwen hat, der versorge sie und lasse die Gemeinde nicht beschwert werden, auf daß die, so rechte Witwen sind, mögen genug haben.

¹⁷Die Ältesten, die wohl vorstehen, die halte man zweifacher Ehre wert, sonderlich die da arbeiten im Wort und in der Lehre.

¹⁸Denn es spricht die Schrift: "Du sollst dem Ochsen nicht das Maul verbinden, der da drischt;" und "Ein Arbeiter ist seines Lohnes wert."

¹⁹Wider einen Ältesten nimm keine Klage an ohne zwei oder drei Zeugen.

²⁰Die da sündigen, die strafe vor allen, auf daß sich auch die andern fürchten.

²¹Ich bezeuge vor Gott und dem HERRN Jesus Christus und den auserwählten Engeln, daß du solches haltest ohne eigenes Gutdünken und nichts tust nach Gunst.

²²Die Hände lege niemand zu bald auf, mache dich auch nicht teilhaftig fremder Sünden. Halte dich selber keusch.

²³Trinke nicht mehr Wasser, sondern auch ein wenig Wein um deines Magens willen und weil du oft krank bist.

²⁴Etlicher Menschen Sünden sind offenbar, daß man sie zuvor richten kann; bei etlichen aber werden sie hernach offenbar.

²⁵Desgleichen auch etlicher gute Werke sind zuvor offenbar, und die andern bleiben auch nicht verborgen.

Kapitel 6

¹Die Knechte, so unter dem Joch sind, sollen ihre Herren aller Ehre wert halten, auf daß nicht der Name Gottes und die Lehre verlästert werde.

²Welche aber gläubige Herren haben, sollen sie nicht verachten, weil sie Brüder sind, sondern sollen viel mehr dienstbar sein, dieweil sie gläubig und geliebt und der Wohltat teilhaftig sind. Solches lehre und ermahne.

³So jemand anders lehrt und bleibt nicht bei den heilsamen Worten unsers HERRN Jesu Christi und bei der Lehre, die gemäß ist der Gottseligkeit,

⁴der ist aufgeblasen und weiß nichts, sondern hat die Seuche der Fragen und Wortkriege, aus welchen entspringt Neid, Hader, Lästerung, böser Argwohn.

⁵Schulgezänke solcher Menschen, die zerrüttete Sinne haben und der Wahrheit beraubt sind, die da meinen, Gottseligkeit sei ein Gewerbe. Tue dich von solchen!

⁶Es ist aber ein großer Gewinn, wer gottselig ist und lässet sich genügen.

⁷Denn wir haben nichts in die Welt gebracht; darum offenbar ist, wir werden auch nichts hinausbringen.

⁸Wenn wir aber Nahrung und Kleider haben, so lasset uns genügen.

⁹Denn die da reich werden wollen, die fallen in Versuchung und Stricke und viel törichte und schädliche Lüste, welche versenken die Menschen ins Verderben und Verdammnis.

¹⁰Denn Geiz ist eine Wurzel alles Übels; das hat etliche gelüstet und sind vom Glauben irregegangen und machen sich selbst viel Schmerzen.

¹¹Aber du, Gottesmensch, fliehe solches! Jage aber nach der Gerechtigkeit, der Gottseligkeit, dem Glauben, der Liebe, der Geduld, der Sanftmut;

¹²kämpfe den guten Kampf des Glaubens; ergreife das ewige Leben, dazu du auch berufen bist und bekannt hast ein gutes Bekenntnis vor vielen Zeugen.

¹³Ich gebiete dir vor Gott, der alle Dinge lebendig macht, und vor Christo Jesu, der unter Pontius Pilatus bezeugt hat ein gutes Bekenntnis,

¹⁴daß du haltest das Gebot ohne Flecken, untadelig, bis auf die Erscheinung unsers HERRN Jesu Christi,

¹⁵welche wird zeigen zu seiner Zeit der Selige und allein Gewaltige, der König aller Könige und HERR aller Herren.

¹⁶der allein Unsterblichkeit hat, der da wohnt in einem Licht, da niemand zukommen kann, welchen kein Mensch gesehen hat noch sehen kann; dem sei Ehre und ewiges Reich! Amen.

¹⁷Den Reichen von dieser Welt gebiete, daß sie nicht stolz seien, auch nicht hoffen auf den ungewissen Reichtum, sondern auf den lebendigen Gott, der uns dargibt reichlich, allerlei zu genießen;

¹⁸daß sie Gutes tun, reich werden an guten Werken, gern geben, behilflich seien,

¹⁹Schätze sammeln, sich selbst einen guten Grund aufs Zukünftige, daß sie ergreifen das wahre Leben.

²⁰O Timotheus! bewahre, was dir vertraut ist, und meide die ungeistlichen, losen Geschwätze und das Gezänke der falsch berühmten Kunst,

²¹welche etliche vorgeben und gehen vom Glauben irre. Die Gnade sei mit dir! Amen.

2 Timotheus

Kapitel 1

¹Paulus, ein Apostel Jesu Christi durch den Willen Gottes nach der Verheißung des Lebens in Christo Jesu,

²meinem lieben Sohn Timotheus: Gnade, Barmherzigkeit, Friede von Gott, dem Vater, und Christo Jesu, unserm HERRN!

³Ich danke Gott, dem ich diene von meinen Voreltern her in reinem Gewissen, daß ich ohne Unterlaß dein gedenke in meinem Gebet Tag und Nacht;

⁴und mich verlangt, dich zu sehen, wenn ich denke an deine Tränen, auf daß ich mit Freude erfüllt würde;

⁵und wenn ich mich erinnere des ungefärbten Glaubens in dir, welcher zuvor gewohnt hat in deiner Großmutter Lois und deiner Mutter Eunike; ich bin aber gewiß, auch in dir.

⁶Um solcher Ursache willen erinnere ich dich, daß du erweckest die Gabe Gottes, die in dir ist durch die Auflegung meiner Hände.

⁷Denn Gott hat uns nicht gegeben den Geist der Furcht, sondern der Kraft und der Liebe und der Zucht.

⁸Darum so schäme dich nicht des Zeugnisses unsers HERRN noch meiner, der ich sein Gebundener bin, sondern leide mit für das Evangelium wie ich, nach der Kraft Gottes,

⁹der uns hat selig gemacht und berufen mit einem heiligen Ruf, nicht nach unsern Werken, sondern nach dem Vorsatz und der Gnade, die uns gegeben ist in Christo Jesu vor der Zeit der Welt,

¹⁰jetzt aber offenbart durch die Erscheinung unsers Heilandes Jesu Christi, der dem Tode die Macht hat genommen und das Leben und ein unvergänglich Wesen ans Licht gebracht durch das Evangelium,

¹¹für welches ich gesetzt bin als Prediger und Apostel der Heiden.

¹²Um dieser Ursache willen leide ich auch solches; aber ich schäme mich dessen nicht; denn ich weiß, an wen ich glaube, und bin gewiß, er kann mir bewahren, was mir beigelegt ist, bis an jenen Tag.

¹³Halte an dem Vorbilde der heilsamen Worte, die du von mir gehört hast, im Glauben und in der Liebe in Christo Jesu.

¹⁴Dies beigelegte Gut bewahre durch den heiligen Geist, der in uns wohnt.

¹⁵Das weißt du, daß sich von mir gewandt haben alle, die in Asien sind, unter welchen ist Phygellus und Hermogenes.

¹⁶Der HERR gebe Barmherzigkeit dem Hause Onesiphorus; denn er hat mich oft erquickt und hat sich meiner Kette nicht geschämt,

¹⁷sondern da er zu Rom war, suchte er mich aufs fleißigste und fand mich.

¹⁸Der HERR gebe ihm, daß er finde Barmherzigkeit bei dem HERRN an jenem Tage. Und wieviel er zu Ephesus gedient hat, weißt du am besten.

Kapitel 2

¹So sei nun stark, mein Sohn, durch die Gnade in Christo Jesu.

²Und was du von mir gehört hast durch viele Zeugen, das befiehl treuen Menschen, die da tüchtig sind, auch andere zu lehren.

³Leide mit als ein guter Streiter Jesu Christi.

⁴Kein Kriegsmann flicht sich in Händel der Nahrung, auf daß er gefalle dem, der ihn angenommen hat.

⁵Und so jemand auch kämpft, wird er doch nicht gekrönt, er kämpfe denn recht.

⁶Es soll aber der Ackermann, der den Acker baut, die Früchte am ersten genießen. Merke, was ich sage!

⁷Der HERR aber wird dir in allen Dingen Verstand geben.

⁸Halt im Gedächtnis Jesum Christum, der auferstanden ist von den Toten, aus dem Samen Davids, nach meinem Evangelium,

⁹für welches ich leide bis zu den Banden wie ein Übeltäter; aber Gottes Wort ist nicht gebunden.

¹⁰Darum erdulde ich alles um der Auserwählten willen, auf daß auch sie die Seligkeit erlangen in Christo Jesu mit ewiger Herrlichkeit.

¹¹Das ist gewißlich wahr: Sterben wir mit, so werden wir mitleben;

¹²dulden wir, so werden wir mitherrschen; verleugnen wir, so wird er uns auch verleugnen;

¹³glauben wir nicht, so bleibt er treu; er kann sich selbst nicht verleugnen.

¹⁴Solches erinnere sie und bezeuge vor dem HERRN, daß sie nicht um Worte zanken, welches nichts nütze ist denn zu verkehren, die da zuhören.

¹⁵Befleißige dich, Gott dich zu erzeigen als einen rechtschaffenen und unsträflichen Arbeiter, der da recht teile das Wort der Wahrheit.

¹⁶Des ungeistlichen, losen Geschwätzes entschlage dich; denn es hilft viel zum ungöttlichen Wesen,

¹⁷und ihr Wort frißt um sich wie der Krebs; unter welchen ist Hymenäus und Philetus,

¹⁸welche von der Wahrheit irregegangen sind und sagen, die Auferstehung sei schon geschehen, und haben etlicher Glauben verkehrt.

¹⁹Aber der feste Grund Gottes besteht und hat dieses Siegel: Der HERR kennt die seinen; und: Es trete ab von Ungerechtigkeit, wer den Namen Christi nennt.

²⁰In einem großen Hause aber sind nicht allein goldene und silberne Gefäße, sondern auch hölzerne und irdene, und etliche zu Ehren, etliche aber zu Unehren.

²¹So nun jemand sich reinigt von solchen Leuten, der wird ein geheiligtes Gefäß sein zu Ehren, dem Hausherrn bräuchlich und zu allem guten Werk bereitet.

²²Fliehe die Lüste der Jugend; jage aber nach der Gerechtigkeit, dem Glauben, der Liebe, dem Frieden mit allen, die den HERRN anrufen von reinem Herzen.

²³Aber der törichten und unnützen Fragen entschlage dich; denn du weißt, daß sie nur Zank gebären.

²⁴Ein Knecht aber des HERRN soll nicht zänkisch sein, sondern freundlich gegen jedermann, lehrhaft, der die Bösen tragen kann

²⁵und mit Sanftmut strafe die Widerspenstigen, ob ihnen Gott dermaleinst Buße gebe, die Wahrheit zu erkennen,

²⁶und sie wieder nüchtern würden aus des Teufels Strick, von dem sie gefangen sind zu seinem Willen.

Kapitel 3

¹Das sollst du aber wissen, daß in den letzten Tagen werden greuliche Zeiten kommen.

²Denn es werden Menschen sein, die viel von sich halten, geizig, ruhmredig, hoffärtig, Lästerer, den Eltern ungehorsam, undankbar, ungeistlich,

³lieblos, unversöhnlich, Verleumder, unkeusch, wild, ungütig,

⁴Verräter, Frevler, aufgeblasen, die mehr lieben Wollust denn Gott,

⁵die da haben den Schein eines gottseligen Wesens, aber seine Kraft verleugnen sie; und solche meide.

⁶Aus denselben sind, die hin und her in die Häuser schleichen und führen die Weiblein gefangen, die mit Sünden beladen sind und von mancherlei Lüsten umgetrieben,

⁷lernen immerdar, und können nimmer zur Erkenntnis kommen.

⁸Gleicherweise aber, wie Jannes und Jambres dem Mose widerstanden, also widerstehen auch diese der Wahrheit; es sind Menschen von zerrütteten Sinnen, untüchtig zum Glauben.

⁹Aber sie werden's in die Länge nicht treiben; denn ihre Torheit wird offenbar werden jedermann, gleichwie auch jener Torheit offenbar ward.

¹⁰Du aber bist nachgefolgt meiner Lehre, meiner Weise, meiner Meinung, meinem Glauben, meiner Langmut, meiner Liebe, meiner Geduld,

¹¹meinen Verfolgungen, meinen Leiden, welche mir widerfahren sind zu Antiochien, zu Ikonien, zu Lystra. Welche Verfolgungen ich da ertrug! Und aus allen hat mich der HERR erlöst.

¹²Und alle, die gottselig leben wollen in Christo Jesu, müssen Verfolgung leiden.

¹³Mit den bösen Menschen aber und verführerischen wird's je länger, je ärger: sie verführen und werden verführt.

¹⁴Du aber bleibe in dem, was du gelernt hast und dir vertrauet ist, sintemal du weißt, von wem du gelernt hast.

¹⁵Und weil du von Kind auf die heilige Schrift weißt, kann dich dieselbe unterweisen zur Seligkeit durch den Glauben an Christum Jesum.

¹⁶Denn alle Schrift, von Gott eingegeben, ist nütze zur Lehre, zur Strafe, zur Besserung, zur Züchtigung in der Gerechtigkeit,

¹⁷daß ein Mensch Gottes sei vollkommen, zu allem guten Werk geschickt.

Kapitel 4

¹So bezeuge ich nun vor Gott und dem HERRN Jesus Christus, der da zukünftig ist, zu richten die Lebendigen und die Toten mit seiner Erscheinung und mit seinem Reich:

²Predige das Wort, halte an, es sei zu rechter Zeit oder zur Unzeit; strafe, drohe, ermahne mit aller Geduld und Lehre.

³Denn es wird eine Zeit sein, da sie die heilsame Lehre nicht leiden werden; sondern nach ihren eigenen Lüsten werden sie sich selbst Lehrer aufladen, nach dem ihnen die Ohren jucken,

⁴und werden die Ohren von der Wahrheit wenden und sich zu Fabeln kehren.

⁵Du aber sei nüchtern allenthalben, sei willig, zu leiden, tue das Werk eines evangelischen Predigers, richte dein Amt redlich aus.

⁶Denn ich werde schon geopfert, und die Zeit meines Abscheidens ist vorhanden.

⁷Ich habe einen guten Kampf gekämpft, ich habe den Lauf vollendet, ich habe Glauben gehalten;

⁸hinfort ist mir beigelegt die Krone der Gerechtigkeit, welche mir der HERR an jenem Tage, der gerechte Richter, geben wird, nicht aber mir allein, sondern auch allen, die seine Erscheinung liebhaben.

⁹Befleißige dich, daß du bald zu mir kommst.

¹⁰Denn Demas hat mich verlassen und hat diese Welt liebgewonnen und ist gen Thessalonich gezogen, Kreszens nach Galatien, Titus nach Dalmatien.

¹¹Lukas allein ist bei mir. Markus nimm zu dir und bringe ihn mit dir; denn er ist mir nützlich zum Dienst.

¹²Tychikus habe ich gen Ephesus gesandt.

¹³Den Mantel, den ich zu Troas ließ bei Karpus, bringe mit, wenn du kommst, und die Bücher, sonderlich die Pergamente.

¹⁴Alexander, der Schmied, hat mir viel Böses bewiesen; der HERR bezahle ihm nach seinen Werken.

¹⁵Vor dem hüte du dich auch; denn er hat unsern Worten sehr widerstanden.

¹⁶In meiner ersten Verantwortung stand mir niemand bei, sondern sie verließen mich alle. Es sei ihnen nicht zugerechnet.

¹⁷Der HERR aber stand mir bei und stärkte mich, auf daß durch mich die Predigt bestätigt würde und alle Heiden sie hörten; und ich ward erlöst von des Löwen Rachen.

¹⁸Der HERR aber wird mich erlösen von allem Übel und mir aushelfen zu seinem himmlischen Reich; welchem sei Ehre von Ewigkeit zu Ewigkeit! Amen.

¹⁹Grüße Priska und Aquila und das Haus des Onesiphorus.

²⁰Erastus blieb zu Korinth; Trophimus aber ließ ich zu Milet krank.

²¹Tue Fleiß, daß du vor dem Winter kommst. Es grüßt dich Eubulus und Pudens und Linus und Klaudia und alle Brüder.

²²Der HERR Jesus Christus sei mit deinem Geiste! Die Gnade sei mit euch! Amen.

Titus

Kapitel 1

¹Paulus, ein Knecht Gottes und ein Apostel Jesu Christi, nach dem Glauben der Auserwählten Gottes und der Erkenntnis der Wahrheit zur Gottseligkeit,

²auf Hoffnung des ewigen Lebens, welches verheißen hat, der nicht lügt, Gott, vor den Zeiten der Welt,

³aber zu seiner Zeit hat er offenbart sein Wort durch die Predigt, die mir vertrauet ist nach dem Befehl Gottes, unsers Heilandes,

⁴dem Titus, meinem rechtschaffenen Sohn nach unser beider Glauben: Gnade, Barmherzigkeit, Friede von Gott, dem Vater, und dem HERRN Jesus Christus, unserm Heiland!

⁵Derhalben ließ ich dich in Kreta, daß du solltest vollends ausrichten, was ich gelassen habe, und besetzen die Städte hin und her mit Ältesten, wie ich dir befohlen haben;

⁶wo einer ist untadelig, eines Weibes Mann, der gläubige Kinder habe, nicht berüchtigt, daß sie Schwelger und ungehorsam sind.

⁷Denn ein Bischof soll untadelig sein als ein Haushalter Gottes, nicht eigensinnig, nicht zornig, nicht ein Weinsäufer, nicht raufen, nicht unehrliche Hantierung treiben;

⁸sondern gastfrei, gütig, züchtig, gerecht, heilig, keusch,

⁹und haltend ob dem Wort, das gewiß ist, und lehrhaft, auf daß er mächtig sei, zu ermahnen durch die heilsame Lehre und zu strafen die Widersprecher.

¹⁰Denn es sind viel freche und unnütze Schwätzer und Verführer, sonderlich die aus den Juden,

¹¹welchen man muß das Maul stopfen, die da ganze Häuser verkehren und lehren, was nicht taugt, um schändlichen Gewinns willen.

¹²Es hat einer aus ihnen gesagt, ihr eigener Prophet: "Die Kreter sind immer Lügner, böse Tiere und faule Bäuche."

¹³Dies Zeugnis ist wahr. Um der Sache willen strafe sie scharf, auf daß sie gesund seien im Glauben

¹⁴und nicht achten auf die jüdischen Fabeln und Gebote von Menschen, welche sich von der Wahrheit abwenden.

¹⁵Den Reinen ist alles rein; den Unreinen aber und Ungläubigen ist nichts rein, sondern unrein ist ihr Sinn sowohl als ihr Gewissen.

¹⁶Sie sagen, sie erkennen Gott; aber mit den Werken verleugnen sie es, sintemal sie es sind, an welchen Gott Greuel hat, und gehorchen nicht und sind zu allem guten Werk untüchtig.

Kapitel 2

¹Du aber rede, wie sich's ziemt nach der heilsamen Lehre:

²den Alten sage, daß sie nüchtern seien, ehrbar, züchtig, gesund im Glauben, in der Liebe, in der Geduld;

³den alten Weibern desgleichen, daß sie sich halten wie den Heiligen ziemt, nicht Lästerinnen seien, nicht Weinsäuferinnen, gute Lehrerinnen;

⁴daß sie die jungen Weiber lehren züchtig sein, ihre Männer lieben, Kinder lieben,

⁵sittig sein, keusch, häuslich, gütig, ihren Männern untertan, auf daß nicht das Wort Gottes verlästert werde.

⁶Desgleichen die jungen Männer ermahne, daß sie züchtig seien.

⁷Allenthalben aber stelle dich selbst zum Vorbilde guter Werke, mit unverfälschter Lehre, mit Ehrbarkeit,

⁸mit heilsamem und untadeligem Wort, auf daß der Widersacher sich schäme und nichts habe, daß er von uns möge Böses sagen.

⁹Den Knechten sage, daß sie ihren Herren untertänig seien, in allen Dingen zu Gefallen tun, nicht widerbellen,

¹⁰nicht veruntreuen, sondern alle gute Treue erzeigen, auf daß sie die Lehre Gottes, unsers Heilandes, zieren in allen Stücken.

¹¹Denn es ist erschienen die heilsame Gnade Gottes allen Menschen

¹²und züchtigt uns, daß wir sollen verleugnen das ungöttliche Wesen und die weltlichen Lüste, und züchtig, gerecht und gottselig leben in dieser Welt

¹³und warten auf die selige Hoffnung und Erscheinung der Herrlichkeit des großen Gottes und unsers Heilandes, Jesu Christi,

¹⁴der sich selbst für uns gegeben hat, auf daß er uns erlöste von aller Ungerechtigkeit und reinigte sich selbst ein Volk zum Eigentum, das fleißig wäre zu guten Werken.

¹⁵Solches rede und ermahne und strafe mit gutem Ernst. Laß dich niemand verachten.

Kapitel 3

¹Erinnere sie, daß sie den Fürsten und der Obrigkeit untertan und gehorsam seien, zu allem guten Werk bereit seien,

²niemand lästern, nicht hadern, gelinde seien, alle Sanftmütigkeit beweisen gegen alle Menschen.

³Denn wir waren weiland auch unweise, ungehorsam, verirrt, dienend den Begierden und mancherlei Wollüsten, und wandelten in Bosheit und Neid, waren verhaßt und haßten uns untereinander.

⁴Da aber erschien die Freundlichkeit und Leutseligkeit Gottes, unsers Heilandes,

⁵nicht um der Werke willen der Gerechtigkeit, die wir getan hatten, sondern nach seiner Barmherzigkeit machte er uns selig durch das Bad der Wiedergeburt und Erneuerung des heiligen Geistes,

⁶welchen er ausgegossen hat über uns reichlich durch Jesum Christum, unsern Heiland,

⁷auf daß wir durch desselben Gnade gerecht und Erben seien des ewigen Lebens nach der Hoffnung.

⁸Das ist gewißlich wahr; solches will ich, daß du fest lehrest, auf daß die, so an Gott gläubig geworden sind, in einem Stand guter Werke gefunden werden. Solches ist gut und nütze den Menschen.

⁹Der törichten Fragen aber, der Geschlechtsregister, des Zankes und Streites über das Gesetz entschlage dich; denn sie sind unnütz und eitel.

¹⁰Einen ketzerischen Menschen meide, wenn er einmal und abermals ermahnt ist,

¹¹und wisse, daß ein solcher verkehrt ist und sündigt, als der sich selbst verurteilt hat.

¹²Wenn ich zu dir senden werde Artemas oder Tychikus, so komm eilend zu mir gen Nikopolis; denn daselbst habe ich beschlossen den Winter zu bleiben.

¹³Zenas, den Schriftgelehrten, und Apollos fertige ab mit Fleiß, auf daß ihnen nichts gebreche.

¹⁴Laß aber auch die Unsern lernen, daß sie im Stand guter Werke sich finden lassen, wo man ihrer bedarf, auf daß sie nicht unfruchtbar seien.

¹⁵Es grüßen dich alle, die mit mir sind. Grüße alle, die uns lieben im Glauben. Die Gnade sei mit euch allen! Amen.

Philemon

¹Paulus, der Gebundene Christi Jesu, und Timotheus, der Bruder, Philemon, dem Lieben und unserm Gehilfen,
²und Appia, der Lieben, und Archippus, unserm Streitgenossen, und der Gemeinde in deinem Hause:
³Gnade sei mit euch und Friede von Gott, unserm Vater, und dem HERRN Jesus Christus!
⁴Ich danke meinem Gott und gedenke dein allezeit in meinem Gebet,
⁵nachdem ich höre von der Liebe und dem Glauben, welche du hast an den HERRN Jesus und gegen alle Heiligen,
⁶daß der Glaube, den wir miteinander haben, in dir kräftig werde durch Erkenntnis alles des Guten, das ihr habt in Christo Jesu.
⁷Wir haben aber große Freude und Trost an deiner Liebe; denn die Herzen der Heiligen sind erquickt durch dich, lieber Bruder.
⁸Darum, wiewohl ich habe große Freudigkeit in Christo, dir zu gebieten, was dir ziemt,
⁹so will ich doch um der Liebe willen nur vermahnen, der ich ein solcher bin, nämlich ein alter Paulus, nun aber auch ein Gebundener Jesu Christi.
¹⁰So ermahne ich dich um meines Sohnes willen, Onesimus, den ich gezeugt habe in meinen Banden,
¹¹welcher weiland dir unnütz, nun aber dir und mir wohl nütze ist; den habe ich wiedergesandt.
¹²Du aber wollest ihn, das ist mein eigen Herz, annehmen.
¹³Denn ich wollte ihn bei mir behalten, daß er mir an deiner Statt diente in den Banden des Evangeliums;
¹⁴aber ohne deinen Willen wollte ich nichts tun, auf daß dein Gutes nicht wäre genötigt, sondern freiwillig.
¹⁵Vielleicht aber ist er darum eine Zeitlang von dir gekommen, daß du ihn ewig wieder hättest,
¹⁶nun nicht mehr als einen Knecht, sondern mehr denn einen Knecht, als einen lieben Bruder, sonderlich mir, wie viel mehr aber dir, beides, nach dem Fleisch und in dem HERRN.
¹⁷So du nun mich hältst für deinen Genossen, so wollest du ihn als mich selbst annehmen.
¹⁸So er aber dir etwas Schaden getan hat oder schuldig ist, das rechne mir zu.
¹⁹Ich, Paulus, habe es geschrieben mit meiner Hand: Ich will's bezahlen. Ich schweige, daß du dich selbst mir schuldig bist.
²⁰Ja, lieber Bruder, gönne mir, daß ich mich an dir ergötze in dem HERRN; erquicke mein Herz in dem HERRN.
²¹Ich habe aus Zuversicht deines Gehorsams dir geschrieben; und ich weiß, du wirst mehr tun, denn ich sage.
²²Daneben bereite mir die Herberge; denn ich hoffe, daß ich durch euer Gebet euch geschenkt werde.
²³Es grüßt dich Epaphras, mein Mitgefangener in Christo Jesu,
²⁴Markus, Aristarchus, Demas, Lukas, meine Gehilfen.
²⁵Die Gnade unsers HERRN Jesu Christi sei mit eurem Geist! Amen.

Hebräer

Kapitel 1

¹Nachdem vorzeiten Gott manchmal und mancherleiweise geredet hat zu den Vätern durch die Propheten,

²hat er am letzten in diesen Tagen zu uns geredet durch den Sohn, welchen er gesetzt hat zum Erben über alles, durch welchen er auch die Welt gemacht hat;

³welcher, sintemal er ist der Glanz seiner Herrlichkeit und das Ebenbild seines Wesens und trägt alle Dinge mit seinem kräftigen Wort und hat gemacht die Reinigung unsrer Sünden durch sich selbst, hat er sich gesetzt zu der Rechten der Majestät in der Höhe

⁴und ist so viel besser geworden den die Engel, so viel höher der Name ist, den er von ihnen ererbt hat.

⁵Denn zu welchem Engel hat er jemals gesagt: "Du bist mein lieber Sohn, heute habe ich dich gezeugt"? und abermals: "Ich werde sein Vater sein, und er wird mein Sohn sein"?

⁶Und abermals, da er einführt den Erstgeborenen in die Welt, spricht er: "Und es sollen ihn alle Engel Gottes anbeten."

⁷Von den Engeln spricht er zwar: "Er macht seine Engel zu Winden und seine Diener zu Feuerflammen,"

⁸aber von dem Sohn: "Gott, dein Stuhl währt von Ewigkeit zu Ewigkeit; das Zepter deines Reichs ist ein richtiges Zepter.

⁹Du hast geliebt die Gerechtigkeit und gehaßt die Ungerechtigkeit; darum hat dich, o Gott, gesalbt dein Gott mit dem Öl der Freuden über deine Genossen."

¹⁰Und: "Du, HERR, hast von Anfang die Erde gegründet, und die Himmel sind deiner Hände Werk.

¹¹Sie werden vergehen, du aber wirst bleiben. Und sie werden alle veralten wie ein Kleid;

¹²und wie ein Gewand wirst du sie wandeln, und sie werden sich verwandeln. Du aber bist derselbe, und deine Jahre werden nicht aufhören."

¹³Zu welchem Engel aber hat er jemals gesagt: "Setze dich zu meiner Rechten, bis ich lege deine Feinde zum Schemel deiner Füße"?

¹⁴Sind sie nicht allzumal dienstbare Geister, ausgesandt zum Dienst um derer willen, die ererben sollen die Seligkeit?

Kapitel 2

¹Darum sollen wir desto mehr wahrnehmen des Worts, das wir hören, damit wir nicht dahinfahren.

²Denn so das Wort festgeworden ist, das durch die Engel geredet ist, und eine jegliche Übertretung und jeder Ungehorsam seinen rechten Lohn empfangen hat,

³wie wollen wir entfliehen, so wir eine solche Seligkeit nicht achten? welche, nachdem sie zuerst gepredigt ist durch den HERRN, auf uns gekommen ist durch die, so es gehört haben;

⁴und Gott hat ihr Zeugnis gegeben mit Zeichen, Wundern und mancherlei Kräften und mit Austeilung des heiligen Geistes nach seinem Willen.

⁵Denn er hat nicht den Engeln untergetan die zukünftige Welt, davon wir reden.

⁶Es bezeugt aber einer an einem Ort und spricht: "Was ist der Mensch, daß du sein gedenkest, und des Menschen Sohn, daß du auf ihn achtest?

⁷Du hast ihn eine kleine Zeit niedriger sein lassen denn die Engel; mit Preis und Ehre hast du ihn gekrönt und hast ihn gesetzt über die Werke deiner Hände;

⁸alles hast du unter seine Füße getan." In dem, daß er ihm alles hat untergetan, hat er nichts gelassen, das ihm nicht untertan sei; jetzt aber sehen wir noch nicht, daß ihm alles untertan sei.

⁹Den aber, der eine kleine Zeit niedriger gewesen ist als die Engel, Jesum, sehen wir durchs Leiden des Todes gekrönt mit Preis und Ehre, auf daß er von Gottes Gnaden für alle den Tod schmeckte.

¹⁰Denn es ziemte dem, um deswillen alle Dinge sind und durch den alle Dinge sind, der da viel Kinder hat zur Herrlichkeit geführt, daß er den Herzog der Seligkeit durch Leiden vollkommen machte.

¹¹Sintemal sie alle von einem kommen, beide, der da heiligt und die da geheiligt werden. Darum schämt er sich auch nicht, sie Brüder zu heißen,

¹²und spricht: "Ich will verkündigen deinen Namen meinen Brüdern und mitten in der Gemeinde dir lobsingen."

¹³Und abermals: "Ich will mein Vertrauen auf ihn setzen." und abermals: "Siehe da, ich und die Kinder, welche mir Gott gegeben hat."

¹⁴Nachdem nun die Kinder Fleisch und Blut haben, ist er dessen gleichermaßen teilhaftig geworden, auf daß er durch den Tod die Macht nehme dem, der des Todes Gewalt hatte, das ist dem Teufel,

¹⁵und erlöste die, so durch Furcht des Todes im ganzen Leben Knechte sein mußten.

¹⁶Denn er nimmt sich ja nicht der Engel an, sondern des Samens Abrahams nimmt er sich an.

¹⁷Daher mußte er in allen Dingen seinen Brüdern gleich werden, auf daß er barmherzig würde und ein treuer Hoherpriester vor Gott, zu versöhnen die Sünden des Volks.

¹⁸Denn worin er gelitten hat und versucht ist, kann er helfen denen, die versucht werden.

Kapitel 3

¹Derhalben, ihr heiligen Brüder, die ihr mit berufen seid durch die himmlische Berufung, nehmet wahr des Apostels und Hohenpriesters, den wir bekennen, Christus Jesus,

²der da treu ist dem, der ihn gemacht hat, wie auch Mose in seinem ganzen Hause.

³Dieser aber ist größerer Ehre wert denn Mose, soviel größere Ehre denn das Haus de hat, der es bereitete.

⁴Denn ein jeglich Haus wird von jemand bereitet; der aber alles bereitet hat, das ist Gott.

⁵Und Mose war zwar treu in seinem ganzen Hause als ein Knecht, zum Zeugnis des, das gesagt sollte werden,

⁶Christus aber als ein Sohn über sein Haus; des Haus sind wir, so wir anders das Vertrauen und den Ruhm der Hoffnung bis ans Ende fest behalten.

⁷Darum, wie der heilige Geist spricht: "Heute, so ihr hören werdet seine Stimme,

⁸so verstocket eure Herzen nicht, wie geschah in der Verbitterung am Tage der Versuchung in der Wüste,

⁹da mich eure Väter versuchten; sie prüften mich und sahen meine Werke vierzig Jahre lang.

¹⁰Darum ward ich entrüstet über dies Geschlecht und sprach: Immerdar irren sie mit dem Herzen! Aber sie erkannten meine Wege nicht,

¹¹daß ich auch schwur in meinem Zorn, sie sollten zu meiner Ruhe nicht kommen."

¹²Sehet zu, liebe Brüder, daß nicht jemand unter euch ein arges, ungläubiges Herz habe, das da abtrete von dem lebendigen Gott;

¹³sondern ermahnet euch selbst alle Tage, solange es "heute" heißt, daß nicht jemand unter euch verstockt werde durch Betrug der Sünde.

¹⁴Denn wir sind Christi teilhaftig geworden, so wir anders das angefangene Wesen bis ans Ende fest behalten.

¹⁵Indem gesagt wird: "Heute, so ihr seine Stimme hören werdet, so verstocket eure Herzen nicht, wie in der Verbitterung geschah":

¹⁶welche denn hörten sie und richteten eine Verbitterung an? Waren's nicht alle, die von Ägypten ausgingen durch Mose?

¹⁷Über welche aber ward er entrüstet vierzig Jahre lang? Ist's nicht über die, so da sündigten, deren Leiber in der Wüste verfielen?

¹⁸Welchen schwur er aber, daß sie nicht zur Ruhe kommen sollten, wenn nicht den Ungläubigen?

¹⁹Und wir sehen, daß sie nicht haben können hineinkommen um des Unglaubens willen.

Kapitel 4

¹So lasset uns nun fürchten, daß wir die Verheißung, einzukommen zu seiner Ruhe, nicht versäumen und unser keiner dahinten bleibe.

²Denn es ist uns auch verkündigt gleichwie jenen; aber das Wort der Predigt half jenen nichts, da nicht glaubten die, so es hörten.

³Denn wir, die wir glauben, gehen in die Ruhe, wie er spricht: "Daß ich schwur in meinem Zorn, sie sollten zu meiner Ruhe nicht kommen." Und zwar, da die Werke von Anbeginn der Welt gemacht waren,

⁴sprach er an einem Ort von dem siebenten Tag also: "Und Gott ruhte am siebenten Tage von allen seinen Werken;"

⁵und hier an diesem Ort abermals: "Sie sollen nicht kommen zu meiner Ruhe."

⁶Nachdem es nun noch vorhanden ist, daß etliche sollen zu ihr kommen, und die, denen es zuerst verkündigt ist, sind nicht dazu gekommen um des Unglaubens willen,

⁷bestimmt er abermals einen Tag nach solcher langen Zeit und sagt durch David: "Heute," wie gesagt ist, "so ihr seine Stimme hören

werdet, so verstocket eure Herzen nicht."

⁸Denn so Josua hätte sie zur Ruhe gebracht, würde er nicht hernach von einem andern Tage gesagt haben.

⁹Darum ist noch eine Ruhe vorhanden dem Volke Gottes.

¹⁰Denn wer zu seiner Ruhe gekommen ist, der ruht auch von seinen Werken gleichwie Gott von seinen.

¹¹So lasset uns nun Fleiß tun, einzukommen zu dieser Ruhe, auf daß nicht jemand falle in dasselbe Beispiel des Unglaubens.

¹²Denn das Wort Gottes ist lebendig und kräftig und schärfer denn kein zweischneidig Schwert, und dringt durch, bis daß es scheidet Seele und Geist, auch Mark und Bein, und ist ein Richter der Gedanken und Sinne des Herzens.

¹³Und keine Kreatur ist vor ihm unsichtbar, es ist aber alles bloß und entdeckt vor seinen Augen. Von dem reden wir.

¹⁴Dieweil wir denn einen großen Hohenpriester haben, Jesum, den Sohn Gottes, der gen Himmel gefahren ist, so lasset uns halten an dem Bekenntnis.

¹⁵Denn wir haben nicht einen Hohenpriester, der nicht könnte Mitleiden haben mit unsern Schwachheiten, sondern der versucht ist allenthalben gleichwie wir, doch ohne Sünde.

¹⁶Darum laßt uns hinzutreten mit Freudigkeit zu dem Gnadenstuhl, auf daß wir Barmherzigkeit empfangen und Gnade finden auf die Zeit, wenn uns Hilfe not sein wird.

Kapitel 5

¹Denn ein jeglicher Hoherpriester, der aus den Menschen genommen wird, der wird gesetzt für die Menschen gegen Gott, auf daß er opfere Gaben und Opfer für die Sünden;

²der da könnte mitfühlen mit denen, die da unwissend sind und irren, dieweil er auch selbst umgeben ist mit Schwachheit.

³Darum muß er auch, gleichwie für das Volk, also auch für sich selbst opfern für die Sünden.

⁴Und niemand nimmt sich selbst die Ehre, sondern er wird berufen von Gott gleichwie Aaron.

⁵Also auch Christus hat sich nicht selbst in die Ehre gesetzt, daß er Hoherpriester würde, sondern der zu ihm gesagt hat: "Du bist mein lieber Sohn, heute habe ich dich gezeuget."

⁶Wie er auch am andern Ort spricht: "Du bist ein Priester in Ewigkeit nach der Ordnung Melchisedeks."

⁷Und er hat in den Tagen seines Fleisches Gebet und Flehen mit starkem Geschrei und Tränen geopfert zu dem, der ihm von dem Tode konnte aushelfen; und ist auch erhört, darum daß er Gott in Ehren hatte.

⁸Und wiewohl er Gottes Sohn war, hat er doch an dem, was er litt Gehorsam gelernt.

⁹Und da er vollendet war, ist er geworden allen, die ihm gehorsam sind, eine Ursache zur ewigen Seligkeit,

¹⁰genannt von Gott ein Hoherpriester nach der Ordnung Melchisedeks.

¹¹Davon hätten wir wohl viel zu reden; aber es ist schwer, weil ihr so unverständig seid.

¹²Und die ihr solltet längst Meister sein, bedürft wiederum, daß man euch die ersten Buchstaben der göttlichen Worte lehre und daß man euch Milch gebe und nicht starke Speise.

¹³Denn wem man noch Milch geben muß, der ist unerfahren in dem Wort der Gerechtigkeit; denn er ist ein junges Kind.

¹⁴Den Vollkommenen aber gehört starke Speise, die durch Gewohnheit haben geübte Sinne zu unterscheiden Gutes und Böses.

Kapitel 6

¹Darum wollen wir die Lehre vom Anfang christlichen Lebens jetzt lassen und zur Vollkommenheit fahren, nicht abermals Grund legen von Buße der toten Werke, vom Glauben an Gott,

²von der Taufe, von der Lehre, vom Händeauflegen, von der Toten Auferstehung und vom ewigen Gericht.

³Und das wollen wir tun, so es Gott anders zuläßt.

⁴Denn es ist unmöglich, die, so einmal erleuchtet sind und geschmeckt haben die himmlische Gabe und teilhaftig geworden sind des heiligen Geistes

⁵und geschmeckt haben das gütige Wort Gottes und die Kräfte der zukünftigen Welt,

⁶wo sie abfallen, wiederum zu erneuern zur Buße, als die sich selbst den Sohn Gottes wiederum kreuzigen und für Spott halten.

⁷Denn die Erde, die den Regen trinkt, der oft über sie kommt, und nützliches Kraut trägt denen, die sie bauen, empfängt Segen von Gott.

⁸Welche aber Dornen und Disteln trägt, die ist untüchtig und dem Fluch nahe, daß man sie zuletzt verbrennt.

⁹Wir versehen uns aber, ihr Liebsten, eines Besseren zu euch und daß die Seligkeit näher sei, ob wir wohl also reden.

¹⁰Denn Gott ist nicht ungerecht, daß er vergesse eures Werks und der Arbeit der Liebe, die ihr erzeigt habt an seinem Namen, da ihr den Heiligen dientet und noch dienet.

¹¹Wir begehren aber, daß euer jeglicher denselben Fleiß beweise, die Hoffnung festzuhalten bis ans Ende,

¹²daß ihr nicht träge werdet, sondern Nachfolger derer, die durch Glauben und Geduld ererben die Verheißungen.

¹³Denn als Gott Abraham verhieß, da er bei keinem Größeren zu schwören hatte, schwur er bei sich selbst

¹⁴und sprach: "Wahrlich, ich will dich segnen und vermehren."

¹⁵Und also trug er Geduld und erlangte die Verheißung.

¹⁶Die Menschen schwören ja bei einem Größeren, denn sie sind; und der Eid macht ein Ende alles Haders, dabei es fest bleibt unter ihnen.

¹⁷So hat Gott, da er wollte den Erben der Verheißung überschwenglich beweisen, daß sein Rat nicht wankte, einen Eid dazu getan,

¹⁸auf daß wir durch zwei Stücke, die nicht wanken (denn es ist unmöglich, daß Gott lüge), einen starken Trost hätten, die wir Zuflucht haben und halten an der angebotenen Hoffnung,

¹⁹welche wir haben als einen sichern und festen Anker unsrer Seele, der auch hineingeht in das Inwendige des Vorhangs,

²⁰dahin der Vorläufer für uns eingegangen, Jesus, ein Hoherpriester geworden in Ewigkeit nach der Ordnung Melchisedeks.

Kapitel 7

¹Dieser Melchisedek aber war ein König von Salem, ein Priester Gottes, des Allerhöchsten, der Abraham entgegenging, da er von der Könige Schlacht wiederkam, und segnete ihn;

²welchem auch Abraham gab den Zehnten aller Güter. Aufs erste wird er verdolmetscht: ein König der Gerechtigkeit; darnach aber ist er auch ein König Salems, das ist: ein König des Friedens;

³ohne Vater, ohne Mutter, ohne Geschlecht und hat weder Anfang der Tage noch Ende des Lebens: er ist aber verglichen dem Sohn Gottes und bleibt Priester in Ewigkeit.

⁴Schauet aber, wie groß ist der, dem auch Abraham, der Patriarch, den Zehnten gibt von der eroberten Beute!

⁵Zwar die Kinder Levi, die das Priestertum empfangen, haben ein Gebot, den Zehnten vom Volk, das ist von ihren Brüdern, zu nehmen nach dem Gesetz, wiewohl auch diese aus den Lenden Abrahams gekommen sind.

⁶Aber der, des Geschlecht nicht genannt wird unter ihnen, der nahm den Zehnten von Abraham und segnete den, der die Verheißungen hatte.

⁷Nun ist's ohne alles Widersprechen also, daß das Geringere von dem Besseren gesegnet wird;

⁸und hier nehmen die Zehnten die sterbenden Menschen, aber dort einer, dem bezeugt wird, daß er lebe.

⁹Und, daß ich also sage, es ist auch Levi, der den Zehnten nimmt, verzehntet durch Abraham,

¹⁰denn er war ja noch in den Lenden des Vaters, da ihm Melchisedek entgegenging.

¹¹Ist nun die Vollkommenheit durch das levitische Priestertum geschehen (denn unter demselben hat das Volk das Gesetz empfangen), was ist denn weiter not zu sagen, daß ein anderer Priester aufkommen solle nach der Ordnung Melchisedeks und nicht nach der Ordnung Aarons?

¹²Denn wo das Priestertum verändert wird, da muß auch das Gesetz verändert werden.

¹³Denn von dem solches gesagt ist, der ist von einem andern Geschlecht, aus welchem nie einer des Altars gewartet hat.

¹⁴Denn es ist offenbar, daß von Juda aufgegangen ist unser HERR, zu welchem Geschlecht Mose nichts geredet hat vom Priestertum.

¹⁵Und es ist noch viel klarer, so nach der Weise Melchisedeks ein andrer Priester aufkommt,

¹⁶welcher nicht nach dem Gesetz des fleischlichen Gebots gemacht ist, sondern nach der Kraft des unendlichen Lebens.

¹⁷Denn er bezeugt: "Du bist ein Priester ewiglich nach der Ordnung Melchisedeks."

¹⁸Denn damit wird das vorige Gebot aufgehoben, darum daß es zu schwach und nicht nütze war

¹⁹(denn das Gesetz konnte nichts vollkommen machen); und wird eingeführt eine bessere Hoffnung, durch welche wir zu Gott nahen;

²⁰und dazu, was viel ist, nicht ohne Eid. Denn jene sind ohne Eid Priester geworden,

²¹dieser aber mit dem Eid, durch den, der zu ihm spricht: "Der

Hebräer

HERR hat geschworen, und es wird ihn nicht gereuen: Du bist ein Priester in Ewigkeit nach der Ordnung Melchisedeks."

²²Also eines so viel besseren Testaments Ausrichter ist Jesus geworden.

²³Und jener sind viele, die Priester wurden, darum daß sie der Tod nicht bleiben ließ;

²⁴dieser aber hat darum, daß er ewiglich bleibt, ein unvergängliches Priestertum.

²⁵Daher kann er auch selig machen immerdar, die durch ihn zu Gott kommen, und lebt immerdar und bittet für sie.

²⁶Denn einen solchen Hohenpriester sollten wir haben, der da wäre heilig, unschuldig, unbefleckt, von den Sünden abgesondert und höher, denn der Himmel ist;

²⁷dem nicht täglich not wäre, wie jenen Hohenpriestern, zuerst für eigene Sünden Opfer zu tun, darnach für des Volkes Sünden; denn das hat er getan einmal, da er sich selbst opferte.

²⁸denn das Gesetz macht Menschen zu Hohenpriestern, die da Schwachheit haben; dies Wort aber des Eides, das nach dem Gesetz gesagt ward, setzt den Sohn ein, der ewig und vollkommen ist.

Kapitel 8

¹Das ist nun die Hauptsache, davon wir reden: Wir haben einen solchen Hohenpriester, der da sitzt zu der Rechten auf dem Stuhl der Majestät im Himmel

²und ist ein Pfleger des Heiligen und der wahrhaften Hütte, welche Gott aufgerichtet hat und kein Mensch.

³Denn ein jeglicher Hoherpriester wird eingesetzt, zu opfern Gaben und Opfer. Darum muß auch dieser etwas haben, das er opfere.

⁴Wenn er nun auf Erden wäre, so wäre er nicht Priester, dieweil da Priester sind, die nach dem Gesetz die Gaben opfern,

⁵welche dienen dem Vorbilde und dem Schatten des Himmlischen; wie die göttliche Antwort zu Mose sprach, da er sollte die Hütte vollenden: "Schaue zu," sprach er, "daß du machest alles nach dem Bilde, das dir auf dem Berge gezeigt ist."

⁶Nun aber hat er ein besseres Amt erlangt, als der eines besseren Testaments Mittler ist, welches auch auf besseren Verheißungen steht.

⁷Denn so jenes, das erste, untadelig gewesen wäre, würde nicht Raum zu einem andern gesucht.

⁸Denn er tadelt sie und sagt: "Siehe, es kommen die Tage, spricht der HERR, daß ich über das Haus Israel und über das Haus Juda ein neues Testament machen will;

⁹nicht nach dem Testament, das ich gemacht habe mit ihren Vätern an dem Tage, da ich ihre Hand ergriff, sie auszuführen aus Ägyptenland. Denn sie sind nicht geblieben in meinem Testament, so habe ich ihrer auch nicht wollen achten, spricht der HERR.

¹⁰Denn das ist das Testament, das ich machen will dem Hause Israel nach diesen Tagen, spricht der HERR: Ich will geben mein Gesetz in ihren Sinn, und in ihr Herz will ich es schreiben, und will ihr Gott sein, und sie sollen mein Volk sein.

¹¹Und soll nicht lehren jemand seinen Nächsten noch jemand seinen Bruder und sagen: Erkenne den HERRN! denn sie sollen mich alle kennen von dem Kleinsten an bis zu dem Größten.

¹²Denn ich will gnädig sein ihrer Untugend und ihren Sünden, und ihrer Ungerechtigkeit will ich nicht mehr gedenken."

¹³Indem er sagt: "Ein neues", macht das erste alt. Was aber alt und überjahrt ist, das ist nahe bei seinem Ende.

Kapitel 9

¹Es hatte zwar auch das erste seine Rechte des Gottesdienstes und das äußerliche Heiligtum.

²Denn es war da aufgerichtet das Vorderteil der Hütte, darin der Leuchter war und der Tisch und die Schaubrote; und dies hieß das Heilige.

³Hinter dem andern Vorhang aber war die Hütte, die da heißt das Allerheiligste;

⁴die hatte das goldene Räuchfaß und die Lade des Testaments allenthalben mit Gold überzogen, in welcher war der goldene Krug mit dem Himmelsbrot und die Rute Aarons, die gegrünt hatte, und die Tafeln des Testaments;

⁵obendarüber aber waren die Cherubim der Herrlichkeit, die überschatteten den Gnadenstuhl; von welchen Dingen jetzt nicht zu sagen ist insonderheit.

⁶Da nun solches also zugerichtet war, gingen die Priester allezeit in die vordere Hütte und richteten aus den Gottesdienst.

⁷In die andere aber ging nur einmal im Jahr allein der Hohepriester, nicht ohne Blut, das er opferte für seine und des Volkes Versehen.

⁸Damit deutete der heilige Geist, daß noch nicht offenbart wäre der Weg zum Heiligen, solange die vordere Hütte stünde,

⁹welche ist ein Gleichnis auf die gegenwärtige Zeit, nach welchem Gaben und Opfer geopfert werden, die nicht können vollkommen machen nach dem Gewissen den, der da Gottesdienst tut

¹⁰allein mit Speise und Trank und mancherlei Taufen und äußerlicher Heiligkeit, die bis auf die Zeit der Besserung sind aufgelegt.

¹¹Christus aber ist gekommen, daß er sei ein Hoherpriester der zukünftigen Güter, und ist durch eine größere und vollkommenere Hütte, die nicht mit der Hand gemacht, das ist, die nicht von dieser Schöpfung ist,

¹²auch nicht der Böcke oder Kälber Blut, sondern sein eigen Blut einmal in das Heilige eingegangen und hat eine ewige Erlösung erfunden.

¹³Denn so der Ochsen und der Böcke Blut und die Asche von der Kuh, gesprengt, heiligt die Unreinen zu der leiblichen Reinigkeit,

¹⁴wie viel mehr wird das Blut Christi, der sich selbst ohne allen Fehl durch den ewigen Geist Gott geopfert hat, unser Gewissen reinigen von den toten Werken, zu dienen dem lebendigen Gott!

¹⁵Und darum ist er auch ein Mittler des neuen Testaments, auf daß durch den Tod, so geschehen ist zur Erlösung von den Übertretungen, die unter dem ersten Testament waren, die, so berufen sind, das verheißene ewige Erbe empfangen.

¹⁶Denn wo ein Testament ist, da muß der Tod geschehen des, der das Testament machte.

¹⁷Denn ein Testament wird fest durch den Tod; es hat noch nicht Kraft, wenn der noch lebt, der es gemacht hat.

¹⁸Daher auch das erste nicht ohne Blut gestiftet ward.

¹⁹Denn als Mose ausgeredet hatte von allen Geboten nach dem Gesetz zu allem Volk, nahm er Kälber-und Bocksblut mit Wasser und Scharlachwolle und Isop und besprengte das Buch und alles Volk

²⁰und sprach: "Das ist das Blut des Testaments, das Gott euch geboten hat."

²¹Und die Hütte und alles Geräte des Gottesdienstes besprengte er gleicherweise mit Blut.

²²Und es wird fast alles mit Blut gereinigt nach dem Gesetz; und ohne Blut vergießen geschieht keine Vergebung.

²³So mußten nun der himmlischen Dinge Vorbilder mit solchem gereinigt werden; aber sie selbst, die himmlischen, müssen bessere Opfer haben, denn jene waren.

²⁴Denn Christus ist nicht eingegangen in das Heilige, so mit Händen gemacht ist (welches ist ein Gegenbild des wahrhaftigen), sondern in den Himmel selbst, nun zu erscheinen vor dem Angesicht Gottes für uns;

²⁵auch nicht, daß er sich oftmals opfere, gleichwie der Hohepriester geht alle Jahre in das Heilige mit fremden Blut;

²⁶sonst hätte er oft müssen leiden von Anfang der Welt her. Nun aber, am Ende der Welt, ist er einmal erschienen, durch sein eigen Opfer die Sünde aufzuheben.

²⁷Und wie den Menschen gesetzt ist, einmal zu sterben, darnach aber das Gericht:

²⁸also ist auch Christus einmal geopfert, wegzunehmen vieler Sünden; zum andernmal wird er ohne Sünde erscheinen denen, die auf ihn warten, zur Seligkeit.

Kapitel 10

¹Denn das Gesetz hat den Schatten von den zukünftigen Gütern, nicht das Wesen der Güter selbst; alle Jahre muß man opfern immer einerlei Opfer, und es kann nicht, die da opfern, vollkommen machen;

²sonst hätte das Opfern aufgehört, wo die, so am Gottesdienst sind, kein Gewissen mehr hätten von den Sünden, wenn sie einmal gereinigt wären;

³sondern es geschieht dadurch nur ein Gedächtnis der Sünden alle Jahre.

⁴Denn es ist unmöglich, durch Ochsen-und Bocksblut Sünden wegzunehmen.

⁵Darum, da er in die Welt kommt, spricht er: "Opfer und Gaben hast du nicht gewollt; den Leib aber hast du mir bereitet.

⁶Brandopfer und Sündopfer gefallen dir nicht.

⁷Da sprach ich: Siehe, ich komme (im Buch steht von mir geschrieben), daß ich tue, Gott, deinen Willen."

⁸Nachdem er weiter oben gesagt hatte: "Opfer und Gaben, Brandopfer und Sündopfer hast du nicht gewollt, sie gefallen dir auch nicht" (welche nach dem Gesetz geopfert werden),

⁹da sprach er: "Siehe, ich komme, zu tun, Gott, deinen Willen." Da hebt er das erste auf, daß er das andere einsetze.

¹⁰In diesem Willen sind wir geheiligt auf einmal durch das Opfer

des Leibes Jesu Christi.

¹¹Und ein jeglicher Priester ist eingesetzt, daß er täglich Gottesdienst pflege und oftmals einerlei Opfer tue, welche nimmermehr können die Sünden abnehmen.

¹²Dieser aber, da er hat ein Opfer für die Sünden geopfert, das ewiglich gilt, sitzt nun zur Rechten Gottes

¹³und wartet hinfort, bis daß seine Feinde zum Schemel seiner Füße gelegt werden.

¹⁴Denn mit einem Opfer hat er in Ewigkeit vollendet die geheiligt werden.

¹⁵Es bezeugt uns aber das auch der heilige Geist. Denn nachdem er zuvor gesagt hatte:

¹⁶Das ist das Testament, das ich ihnen machen will nach diesen Tagen", spricht der HERR: "Ich will mein Gesetz in ihr Herz geben, und in ihren Sinn will ich es schreiben,

¹⁷und ihrer Sünden und Ungerechtigkeit will ich nicht mehr gedenken."

¹⁸Wo aber derselben Vergebung ist, da ist nicht mehr Opfer für die Sünde.

¹⁹So wir denn nun haben, liebe Brüder, die Freudigkeit zum Eingang in das Heilige durch das Blut Jesu,

²⁰welchen er uns bereitet hat zum neuen und lebendigen Wege durch den Vorhang, das ist durch sein Fleisch,

²¹und haben einen Hohenpriester über das Haus Gottes:

²²so lasset uns hinzugehen mit wahrhaftigem Herzen in völligem Glauben, besprengt in unsern Herzen und los von dem bösen Gewissen und gewaschen am Leibe mit reinem Wasser;

²³und lasset uns halten an dem Bekenntnis der Hoffnung und nicht wanken; denn er ist treu, der sie verheißen hat;

²⁴und lasset uns untereinander unser selbst wahrnehmen mit Reizen zur Liebe und guten Werken

²⁵und nicht verlassen unsere Versammlung, wie etliche pflegen, sondern einander ermahnen; und das so viel mehr, soviel ihr sehet, daß sich der Tag naht.

²⁶Denn so wir mutwillig sündigen, nachdem wir die Erkenntnis der Wahrheit empfangen haben, haben wir fürder kein anderes Opfer mehr für die Sünden,

²⁷sondern ein schreckliches Warten des Gerichts und des Feuereifers, der die Widersacher verzehren wird.

²⁸Wenn jemand das Gesetz Mose's bricht, der muß sterben ohne Barmherzigkeit durch zwei oder drei Zeugen.

²⁹Wie viel, meint ihr, ärgere Strafe wird der verdienen, der den Sohn Gottes mit Füßen tritt und das Blut des Testaments unrein achtet, durch welches er geheiligt ist, und den Geist der Gnade schmäht?

³⁰Denn wir kennen den, der da sagte: "Die Rache ist mein, ich will vergelten", und abermals: "Der HERR wird sein Volk richten."

³¹Schrecklich ist's, in die Hände des lebendigen Gottes zu fallen.

³²Gedenket aber an die vorigen Tage, in welchen ihr, nachdem ihr erleuchtet wart, erduldet habt einen großen Kampf des Leidens

³³und zum Teil selbst durch Schmach und Trübsal ein Schauspiel wurdet, zum Teil Gemeinschaft hattet mit denen, welchen es also geht.

³⁴Denn ihr habt mit den Gebundenen Mitleiden gehabt und den Raub eurer Güter mit Freuden erduldet, als die ihr wisset, daß ihr bei euch selbst eine bessere und bleibende Habe im Himmel habt.

³⁵Werfet euer Vertrauen nicht weg, welches eine große Belohnung hat.

³⁶Geduld aber ist euch not, auf daß ihr den Willen Gottes tut und die Verheißung empfanget.

³⁷Denn "noch über eine kleine Weile, so wird kommen, der da kommen soll, und nicht verziehen.

³⁸Der Gerechte aber wird des Glaubens leben, Wer aber weichen wird, an dem wird meine Seele keinen Gefallen haben."

³⁹Wir aber sind nicht von denen, die da weichen und verdammt werden, sondern von denen, die da glauben und die Seele erretten.

Kapitel 11

¹Es ist aber der Glaube eine gewisse Zuversicht des, das man hofft, und ein Nichtzweifeln an dem, das man nicht sieht.

²Durch den haben die Alten Zeugnis überkommen.

³Durch den Glauben merken wir, daß die Welt durch Gottes Wort fertig ist, daß alles, was man sieht, aus nichts geworden ist.

⁴Durch den Glauben hat Abel Gott ein größeres Opfer getan denn Kain; durch welchen er Zeugnis überkommen hat, daß er gerecht sei, da Gott zeugte von seiner Gabe; und durch denselben redet er noch, wiewohl er gestorben ist.

⁵Durch den Glauben ward Henoch weggenommen, daß er den Tod nicht sähe, und ward nicht gefunden, darum daß ihn Gott wegnahm;

denn vor seinem Wegnehmen hat er Zeugnis gehabt, daß er Gott gefallen habe.

⁶Aber ohne Glauben ist's unmöglich, Gott zu gefallen; denn wer zu Gott kommen will, der muß glauben, daß er sei und denen, die ihn suchen, ein Vergelter sein werde.

⁷Durch den Glauben hat Noah Gott geehrt und die Arche zubereitet zum Heil seines Hauses, da er ein göttliches Wort empfing über das, was man noch nicht sah; und verdammte durch denselben die Welt und hat ererbt die Gerechtigkeit, die durch den Glauben kommt.

⁸Durch den Glauben ward gehorsam Abraham, da er berufen ward, auszugehen in das Land, das er ererben sollte; und ging aus und wußte nicht wo er hinkäme.

⁹Durch den Glauben ist er ein Fremdling gewesen in dem verheißenen Lande als in einem fremden und wohnte in Hütten mit Isaak und Jakob, den Miterben derselben Verheißung;

¹⁰denn er wartete auf eine Stadt, die einen Grund hat, der Baumeister und Schöpfer Gott ist.

¹¹Durch den Glauben empfing auch Sara Kraft, daß sie schwanger ward und gebar über die Zeit ihres Alters; denn sie achtete ihn treu, der es verheißen hatte.

¹²Darum sind auch von einem, wiewohl erstorbenen Leibes, viele geboren wie die Sterne am Himmel und wie der Sand am Rande des Meeres, der unzählig ist.

¹³Diese alle sind gestorben im Glauben und haben die Verheißung nicht empfangen, sondern sie von ferne gesehen und sich ihrer getröstet und wohl genügen lassen und bekannt, daß sie Gäste und Fremdlinge auf Erden wären.

¹⁴Denn die solches sagen, die geben zu verstehen, daß sie ein Vaterland suchen.

¹⁵Und zwar, wo sie das gemeint hätten, von welchem sie waren ausgezogen, hatten sie ja Zeit, wieder umzukehren.

¹⁶Nun aber begehren sie eines bessern, nämlich eines himmlischen. Darum schämt sich Gott ihrer nicht, zu heißen ihr Gott; denn er hat ihnen eine Stadt zubereitet.

¹⁷Durch den Glauben opferte Abraham den Isaak, da er versucht ward, und gab dahin den Eingeborenen, da er schon die Verheißungen empfangen hatte,

¹⁸von welchem gesagt war: "In Isaak wird dir dein Same genannt werden";

¹⁹und dachte, Gott kann auch wohl von den Toten auferwecken; daher er auch ihn zum Vorbilde wiederbekam.

²⁰Durch den Glauben segnete Isaak von den zukünftigen Dingen den Jakob und Esau.

²¹Durch den Glauben segnete Jakob, da er starb, beide Söhne Josephs und neigte sich gegen seines Stabes Spitze.

²²Durch den Glauben redete Joseph vom Auszug der Kinder Israel, da er starb, und tat Befehl von seinen Gebeinen.

²³Durch den Glauben ward Mose, da er geboren war, drei Monate verborgen von seinen Eltern, darum daß sie sahen, wie er ein schönes Kind war, und fürchteten sich nicht vor des Königs Gebot.

²⁴Durch den Glauben wollte Mose, da er groß ward, nicht mehr ein Sohn heißen der Tochter Pharaos,

²⁵und erwählte viel lieber, mit dem Volk Gottes Ungemach zu leiden, denn die zeitliche Ergötzung der Sünde zu haben,

²⁶und achtete die Schmach Christi für größern Reichtum denn die Schätze Ägyptens; denn er sah an die Belohnung.

²⁷Durch den Glauben verließ er Ägypten und fürchtete nicht des Königs Grimm; denn er hielt sich an den, den er nicht sah, als sähe er ihn.

²⁸Durch den Glauben hielt er Ostern und das Blutgießen, auf daß, der die Erstgeburten erwürgte, sie nicht träfe.

²⁹Durch den Glauben gingen sie durchs Rote Meer wie durch trockenes Land; was die Ägypter auch versuchten, und ersoffen.

³⁰Durch den Glauben fielen die Mauern Jerichos, da sie sieben Tage um sie herumgegangen waren.

³¹Durch den Glauben ward die Hure Rahab nicht verloren mit den Ungläubigen, da sie die Kundschafter freundlich aufnahm.

³²Und was soll ich mehr sagen? Die Zeit würde mir zu kurz, wenn ich sollte erzählen von Gideon und Barak und Simson und Jephthah und David und Samuel und den Propheten,

³³welche haben durch den Glauben Königreiche bezwungen, Gerechtigkeit gewirkt, Verheißungen erlangt, der Löwen Rachen verstopft,

³⁴des Feuers Kraft ausgelöscht, sind des Schwertes Schärfe entronnen, sind kräftig geworden aus der Schwachheit, sind stark geworden im Streit, haben der Fremden Heere darniedergelegt.

³⁵Weiber haben ihre Toten durch Auferstehung wiederbekommen. Andere aber sind zerschlagen und haben keine Erlösung angenommen,

Hebräer

auf daß sie die Auferstehung, die besser ist, erlangten.

³⁶Etliche haben Spott und Geißeln erlitten, dazu Bande und Gefängnis;

³⁷sie wurden gesteinigt, zerhackt, zerstochen, durchs Schwert getötet; sie sind umhergegangen in Schafpelzen und Ziegenfellen, mit Mangel, mit Trübsal, mit Ungemach

³⁸(deren die Welt nicht wert war), und sind im Elend umhergeirrt in den Wüsten, auf den Bergen und in den Klüften und Löchern der Erde.

³⁹Diese alle haben durch den Glauben Zeugnis überkommen und nicht empfangen die Verheißung,

⁴⁰darum daß Gott etwas Besseres für uns zuvor ersehen hat, daß sie nicht ohne uns vollendet würden.

Kapitel 12

¹Darum wir auch, dieweil wir eine solche Wolke von Zeugen um uns haben, lasset uns ablegen die Sünde, so uns immer anklebt und träge macht, und lasset uns laufen durch Geduld in dem Kampf, der uns verordnet ist.

²und aufsehen auf Jesum, den Anfänger und Vollender des Glaubens; welcher, da er wohl hätte mögen Freude haben, erduldete das Kreuz und achtete der Schande nicht und hat sich gesetzt zur Rechten auf den Stuhl Gottes.

³Gedenket an den, der ein solches Widersprechen von den Sündern wider sich erduldet hat, daß ihr nicht in eurem Mut matt werdet und ablasset.

⁴Denn ihr habt noch nicht bis aufs Blut widerstanden in den Kämpfen wider die Sünde

⁵und habt bereits vergessen des Trostes, der zu euch redet als zu Kindern: "Mein Sohn, achte nicht gering die Züchtigung des HERRN und verzage nicht, wenn du von ihm gestraft wirst.

⁶Denn welchen der HERR liebhat, den züchtigt er; und stäupt einen jeglichen Sohn, den er aufnimmt."

⁷So ihr die Züchtigung erduldet, so erbietet sich euch Gott als Kindern; denn wo ist ein Sohn, den der Vater nicht züchtigt?

⁸Seid ihr aber ohne Züchtigung, welcher sind alle teilhaftig geworden, so seid ihr Bastarde und nicht Kinder.

⁹Und so wir haben unsre leiblichen Väter zu Züchtigern gehabt und sie gescheut, sollten wir denn nicht viel mehr untertan sein dem Vater der Geister, daß wir leben?

¹⁰Denn jene haben uns gezüchtigt wenig Tage nach ihrem Dünken, dieser aber zu Nutz, auf daß wir seine Heiligung erlangen.

¹¹Alle Züchtigung aber, wenn sie da ist, dünkt uns nicht Freude, sondern Traurigkeit zu sein; aber darnach wird sie geben eine friedsame Frucht der Gerechtigkeit denen, die dadurch geübt sind.

¹²Darum richtet wieder auf die lässigen Hände und die müden Kniee

¹³und tut gewisse Tritte mit euren Füßen, daß nicht jemand strauchle wie ein Lahmer, sondern vielmehr gesund werde.

¹⁴Jaget nach dem Frieden gegen jedermann und der Heiligung, ohne welche wird niemand den HERRN sehen,

¹⁵und sehet darauf, daß nicht jemand Gottes Gnade versäume; daß nicht etwa eine bittere Wurzel aufwachse und Unfrieden anrichte und viele durch dieselbe verunreinigt werden;

¹⁶daß nicht jemand sei ein Hurer oder ein Gottloser wie Esau, der um einer Speise willen seine Erstgeburt verkaufte.

¹⁷Wisset aber, daß er hernach, da er den Segen ererben wollte, verworfen ward; denn er fand keinen Raum zur Buße, wiewohl er sie mit Tränen suchte.

¹⁸Denn ihr seid nicht gekommen zu dem Berge, den man anrühren konnte und der mit Feuer brannte, noch zu dem Dunkel und Finsternis und Ungewitter

¹⁹noch zu dem Hall der Posaune und zu der Stimme der Worte, da sich weigerten, die sie hörten, daß ihnen das Wort ja nicht gesagt würde;

²⁰denn sie mochten's nicht ertragen, was da gesagt ward: "Und wenn ein Tier den Berg anrührt, soll es gesteinigt oder mit einem Geschoß erschossen werden";

²¹und also schrecklich war das Gesicht, daß Mose sprach: Ich bin erschrocken und zittere.

²²Sondern ihr seid gekommen zu dem Berge Zion und zu der Stadt des lebendigen Gottes, dem himmlischen Jerusalem, und zu einer Menge vieler tausend Engel

²³und zu der Gemeinde der Erstgeborenen, die im Himmel angeschrieben sind, und zu Gott, dem Richter über alle, und zu den Geistern der vollendeten Gerechten

²⁴und zu dem Mittler des neuen Testaments, Jesus, und zu dem Blut der Besprengung, das da besser redet denn das Abels.

²⁵Sehet zu, daß ihr den nicht abweiset, der da redet. Denn so jene nicht entflohen sind, die ihn abwiesen, da er auf Erden redete, viel weniger wir, so wir den abweisen, der vom Himmel redet;

²⁶dessen Stimme zu der Zeit die Erde bewegte, nun aber verheißt er und spricht: "Noch einmal will ich bewegen nicht allein die Erde sondern auch den Himmel."

²⁷Aber solches "Noch einmal" zeigt an, daß das Bewegliche soll verwandelt werden, als das gemacht ist, auf daß da bleibe das Unbewegliche.

²⁸Darum, dieweil wir empfangen ein unbeweglich Reich, haben wir Gnade, durch welche wir sollen Gott dienen, ihm zu gefallen, mit Zucht und Furcht;

²⁹denn unser Gott ist ein verzehrend Feuer.

Kapitel 13

¹Bleibet fest in der brüderlichen Liebe.

²Gastfrei zu sein vergesset nicht; denn dadurch haben etliche ohne ihr Wissen Engel beherbergt.

³Gedenket der Gebundenen als die Mitgebundenen derer, die in Trübsal leiden, als die ihr auch noch im Leibe lebet.

⁴Die Ehe soll ehrlich gehalten werden bei allen und das Ehebett unbefleckt; die Hurer aber und die Ehebrecher wird Gott richten.

⁵Der Wandel sei ohne Geiz; und laßt euch genügen an dem, was da ist. Denn er hat gesagt: "Ich will dich nicht verlassen noch versäumen";

⁶also daß wir dürfen sagen: "Der HERR ist mein Helfer, ich will mich nicht fürchten; was sollte mir ein Mensch tun?"

⁷Gedenkt an eure Lehrer, die euch das Wort Gottes gesagt haben; ihr Ende schaut an und folgt ihrem Glauben nach.

⁸Jesus Christus gestern und heute und derselbe auch in Ewigkeit.

⁹Lasset euch nicht mit mancherlei und fremden Lehren umtreiben; denn es ist ein köstlich Ding, daß das Herz fest werde, welches geschieht durch die Gnade, nicht durch Speisen, davon keinen Nutzen haben, die damit umgehen.

¹⁰Wir haben einen Altar, davon nicht Macht haben zu essen, die der Hütte pflegen.

¹¹Denn welcher Tiere Blut getragen wird durch den Hohenpriester in das Heilige für die Sünde, deren Leichname werden verbrannt außerhalb des Lagers.

¹²Darum hat auch Jesus, auf daß er heilige das Volk durch sein eigen Blut, gelitten draußen vor dem Tor.

¹³So laßt uns nun zu ihm hinausgehen aus dem Lager und seine Schmach tragen.

¹⁴Denn wir haben hier keine bleibende Stadt, sondern die zukünftige suchen wir.

¹⁵So lasset uns nun opfern durch ihn das Lobopfer Gott allezeit, das ist die Frucht der Lippen, die seinen Namen bekennen.

¹⁶Wohlzutun und mitzuteilen vergesset nicht; denn solche Opfer gefallen Gott wohl.

¹⁷Gehorcht euren Lehrern und folgt ihnen; denn sie wachen über eure Seelen, als die da Rechenschaft dafür geben sollen; auf daß sie das mit Freuden tun und nicht mit Seufzen; denn das ist euch nicht gut.

¹⁸Betet für uns. Unser Trost ist der, daß wir ein gutes Gewissen haben und fleißigen uns, guten Wandel zu führen bei allen.

¹⁹Ich ermahne aber desto mehr, solches zu tun, auf daß ich umso schneller wieder zu euch komme.

²⁰Der Gott aber des Friedens, der von den Toten ausgeführt hat den großen Hirten der Schafe durch das Blut des ewigen Testaments, unsern HERRN Jesus,

²¹der mache euch fertig in allem guten Werk, zu tun seinen Willen, und schaffe in euch, was vor ihm gefällig ist, durch Jesum Christum; welchem sei Ehre von Ewigkeit zu Ewigkeit! Amen.

²²Ich ermahne euch aber, liebe Brüder, haltet das Wort der Ermahnung zugute; denn ich habe euch kurz geschrieben.

²³Wisset, daß der Bruder Timotheus wieder frei ist; mit dem, so er bald kommt, will ich euch sehen.

²⁴Grüßet alle eure Lehrer und alle Heiligen. Es grüßen euch die Brüder aus Italien.

²⁵Die Gnade sei mit euch allen! Amen.

Jakobus

Kapitel 1

¹Jakobus, ein Knecht Gottes und des HERRN Jesu Christi, den zwölf Geschlechtern, die da sind hin und her, Freude zuvor!

²Meine lieben Brüder, achtet es für eitel Freude, wenn ihr in mancherlei Anfechtungen fallet,

³und wisset, daß euer Glaube, wenn er rechtschaffen ist, Geduld wirkt.

⁴Die Geduld aber soll festbleiben bis ans Ende, auf daß ihr seid vollkommen und ganz und keinen Mangel habet.

⁵So aber jemand unter euch Weisheit mangelt, der bitte Gott, der da gibt einfältig jedermann und rücket's niemand auf, so wird sie ihm gegeben werden.

⁶Er bitte aber im Glauben und zweifle nicht; denn wer da zweifelt, der ist wie die Meereswoge, die vom Winde getrieben und gewebt wird.

⁷Solcher Mensch denke nicht, daß er etwas von dem HERRN empfangen werde.

⁸Ein Zweifler ist unbeständig in allen seinen Wegen.

⁹Ein Bruder aber, der niedrig ist, rühme sich seiner Höhe;

¹⁰und der da reich ist, rühme sich seiner Niedrigkeit, denn wie eine Blume des Grases wird er vergehen.

¹¹Die Sonne geht auf mit der Hitze, und das Gras verwelkt, und seine Blume fällt ab, und seine schöne Gestalt verdirbt: also wird der Reiche in seinen Wegen verwelken.

¹²Selig ist der Mann, der die Anfechtung erduldet; denn nachdem er bewährt ist, wird er die Krone des Lebens empfangen, welche Gott verheißen hat denen, die ihn liebhaben.

¹³Niemand sage, wenn er versucht wird, daß er von Gott versucht werde. Denn Gott kann nicht versucht werden zum Bösen, und er selbst versucht niemand.

¹⁴Sondern ein jeglicher wird versucht, wenn er von seiner eigenen Lust gereizt und gelockt wird.

¹⁵Darnach, wenn die Lust empfangen hat, gebiert sie die Sünde; die Sünde aber, wenn sie vollendet ist, gebiert sie den Tod.

¹⁶Irret nicht, liebe Brüder.

¹⁷Alle gute Gabe und alle vollkommene Gabe kommt von obenherab, von dem Vater des Lichts, bei welchem ist keine Veränderung noch Wechsel des Lichtes und der Finsternis.

¹⁸Er hat uns gezeugt nach seinem Willen durch das Wort der Wahrheit, auf daß wir wären Erstlinge seiner Kreaturen.

¹⁹Darum, liebe Brüder, ein jeglicher Mensch sei schnell, zu hören, langsam aber, zu reden, und langsam zum Zorn.

²⁰Denn des Menschen Zorn tut nicht, was vor Gott recht ist.

²¹Darum so leget ab alle Unsauberkeit und alle Bosheit und nehmet das Wort an mit Sanftmut, das in euch gepflanzt ist, welches kann eure Seelen selig machen.

²²Seid aber Täter des Worts und nicht Hörer allein, wodurch ihr euch selbst betrügt.

²³Denn so jemand ist ein Hörer des Worts und nicht ein Täter, der ist gleich einem Mann, der sein leiblich Angesicht im Spiegel beschaut.

²⁴Denn nachdem er sich beschaut hat, geht er davon und vergißt von Stund an, wie er gestaltet war.

²⁵Wer aber durchschaut in das vollkommene Gesetz der Freiheit und darin beharrt und ist nicht ein vergeßlicher Hörer, sondern ein Täter, der wird selig sein in seiner Tat.

²⁶So sich jemand unter euch läßt dünken, er diene Gott, und hält seine Zunge nicht im Zaum, sondern täuscht sein Herz, des Gottesdienst ist eitel.

²⁷Ein reiner unbefleckter Gottesdienst vor Gott dem Vater ist der: Die Waisen und Witwen in ihrer Trübsal besuchen und sich von der Welt unbefleckt erhalten.

Kapitel 2

¹Liebe Brüder, haltet nicht dafür, daß der Glaube an Jesum Christum, unsern HERRN der Herrlichkeit, Ansehung der Person leide.

²Denn so in eure Versammlung käme ein Mann mit einem goldenen Ringe und mit einem herrlichen Kleide, es käme aber auch ein Armer in einem unsauberen Kleide,

³und ihr sähet auf den, der das herrliche Kleid trägt, und sprächet zu ihm: Setze du dich her aufs beste! und sprächet zu dem Armen: Stehe du dort! oder setze dich her zu meinen Füßen!

⁴ist's recht, daß ihr solchen Unterschied bei euch selbst macht und richtet nach argen Gedanken?

⁵Höret zu, meine lieben Brüder! Hat nicht Gott erwählt die Armen auf dieser Welt, die am Glauben reich sind und Erben des Reichs, welches er verheißen hat denen, die ihn liebhaben?

⁶Ihr aber habt dem Armen Unehre getan. Sind nicht die Reichen die, die Gewalt an euch üben und ziehen euch vor Gericht?

⁷Verlästern sie nicht den guten Namen, nach dem ihr genannt seid?

⁸So ihr das königliche Gesetz erfüllet nach der Schrift: "Liebe deinen Nächsten wie dich selbst," so tut ihr wohl;

⁹so ihr aber die Person ansehet, tut ihr Sünde und werdet überführt vom Gesetz als Übertreter.

¹⁰Denn so jemand das ganze Gesetz hält und sündigt an einem, der ist's ganz schuldig.

¹¹Denn der da gesagt hat: "Du sollst nicht ehebrechen," der hat auch gesagt: "Du sollst nicht töten." So du nun nicht ehebrichst, tötest aber, bist du ein Übertreter des Gesetzes.

¹²Also redet und also tut, als die da sollen durchs Gesetz der Freiheit gerichtet werden.

¹³Es wird aber ein unbarmherziges Gericht über den ergehen, der nicht Barmherzigkeit getan hat; und die Barmherzigkeit rühmt sich wider das Gericht.

¹⁴Was hilfts, liebe Brüder, so jemand sagt, er habe den Glauben, und hat doch die Werke nicht? Kann auch der Glaube ihn selig machen?

¹⁵So aber ein Bruder oder eine Schwester bloß wäre und Mangel hätte der täglichen Nahrung,

¹⁶und jemand unter euch spräche zu ihnen: Gott berate euch, wärmet euch und sättiget euch! ihr gäbet ihnen aber nicht, was des Leibes Notdurft ist: was hülfe ihnen das?

¹⁷Also auch der Glaube, wenn er nicht Werke hat, ist er tot an ihm selber.

¹⁸Aber es möchte jemand sagen: Du hast den Glauben, und ich habe die Werke; zeige mir deinen Glauben ohne die Werke, so will ich dir meinen Glauben zeigen aus meinen Werken.

¹⁹Du glaubst, daß ein einiger Gott ist? Du tust wohl daran; die Teufel glauben's auch und zittern.

²⁰Willst du aber erkennen, du eitler Mensch, daß der Glaube ohne Werke tot sei?

²¹Ist nicht Abraham, unser Vater, durch die Werke gerecht geworden, da er seinen Sohn Isaak auf dem Altar opferte?

²²Da siehst du, daß der Glaube mitgewirkt hat an seinen Werken, und durch die Werke ist der Glaube vollkommen geworden;

²³und ist die Schrift erfüllt, die da spricht: "Abraham hat Gott geglaubt, und das ist ihm zur Gerechtigkeit gerechnet," und er ward ein Freund Gottes geheißen.

²⁴So sehet ihr nun, daß der Mensch durch die Werke gerecht wird, nicht durch den Glauben allein.

²⁵Desgleichen die Hure Rahab, ist sie nicht durch die Werke gerecht geworden, da sie die Boten aufnahm und ließ sie einen andern Weg hinaus?

²⁶Denn gleichwie der Leib ohne Geist tot ist, also ist auch der Glaube ohne Werke tot.

Kapitel 3

¹Liebe Brüder, unterwinde sich nicht jedermann, Lehrer zu sein, und wisset, daß wir desto mehr Urteil empfangen werden.

²Denn wir fehlen alle mannigfaltig. Wer aber auch in keinem Wort fehlt, der ist ein vollkommener Mann und kann auch den ganzen Leib im Zaum halten.

³Siehe, die Pferde halten wir in Zäumen, daß sie uns gehorchen, und wir lenken ihren ganzen Leib.

⁴Siehe, die Schiffe, ob sie wohl so groß sind und von starken Winden getrieben werden, werden sie doch gelenkt mit einem kleinen Ruder, wo der hin will, der es regiert.

⁵Also ist auch die Zunge ein kleines Glied und richtet große Dinge an. Siehe, ein kleines Feuer, welch einen Wald zündet's an!

⁶Und die Zunge ist auch ein Feuer, eine Welt voll Ungerechtigkeit. Also ist die Zunge unter unsern Gliedern und befleckt den ganzen Leib und zündet an allen unsern Wandel, wenn sie von der Hölle entzündet ist.

⁷Denn alle Natur der Tiere und der Vögel und der Schlangen und der Meerwunder wird gezähmt und ist gezähmt von der menschlichen Natur;

⁸aber die Zunge kann kein Mensch zähmen, das unruhige Übel, voll tödlichen Giftes.

⁹Durch sie loben wir Gott, den Vater, und durch sie fluchen wir den Menschen, die nach dem Bilde Gottes gemacht sind.

¹⁰Aus einem Munde geht Loben und Fluchen. Es soll nicht, liebe Brüder, also sein.

¹¹Quillt auch ein Brunnen aus einem Loch süß und bitter?

¹²Kann auch, liebe Brüder, ein Feigenbaum Ölbeeren oder ein Weinstock Feigen tragen? Also kann auch ein Brunnen nicht salziges und süßes Wasser geben.

¹³Wer ist weise und klug unter euch? Der erzeige mit seinem guten Wandel seine Werke in der Sanftmut und Weisheit.

¹⁴Habt ihr aber bitteren Neid und Zank in eurem Herzen, so rühmt euch nicht und lügt nicht wider die Wahrheit.

¹⁵Das ist nicht die Weisheit, die von obenherab kommt, sondern irdisch, menschlich und teuflisch.

¹⁶Denn wo Neid und Zank ist, da ist Unordnung und eitel böses Ding.

¹⁷Die Weisheit von obenher ist auf's erste keusch, darnach friedsam, gelinde, läßt sich sagen, voll Barmherzigkeit und guter Früchte, unparteiisch, ohne Heuchelei.

¹⁸Die Frucht aber der Gerechtigkeit wird gesät im Frieden denen, die den Frieden halten.

Kapitel 4

¹Woher kommt Streit und Krieg unter euch? Kommt's nicht daher: aus euren Wollüsten, die da streiten in euren Gliedern?

²Ihr seid begierig, und erlanget's damit nicht; ihr hasset und neidet, und gewinnt damit nichts; ihr streitet und krieget. Ihr habt nicht, darum daß ihr nicht bittet;

³ihr bittet, und nehmet nicht, darum daß ihr übel bittet, nämlich dahin, daß ihr's mit euren Wollüsten verzehrt.

⁴Ihr Ehebrecher und Ehebrecherinnen, wisset ihr nicht, daß der Welt Freundschaft Gottes Feindschaft ist? Wer der Welt Freund sein will, der wird Gottes Feind sein.

⁵Oder lasset ihr euch dünken, die Schrift sage umsonst: Der Geist, der in euch wohnt, begehrt und eifert?

⁶Er gibt aber desto reichlicher Gnade. Darum sagt sie: "Gott widersteht den Hoffärtigen, aber den Demütigen gibt er Gnade."

⁷So seid nun Gott untertänig. Widerstehet dem Teufel, so flieht er von euch;

⁸nahet euch zu Gott, so naht er sich zu euch. Reiniget die Hände, ihr Sünder, und macht eure Herzen keusch, ihr Wankelmütigen.

⁹Seid elend und traget Leid und weinet; euer Lachen verkehre sich in Weinen und eure Freude in Traurigkeit.

¹⁰Demütiget euch vor Gott, so wir er euch erhöhen.

¹¹Afterredet nicht untereinander, liebe Brüder. Wer seinem Bruder afterredet und richtet seinen Bruder, der afterredet dem Gesetz und richtet das Gesetz. Richtest du aber das Gesetz, so bist du nicht ein Täter des Gesetzes, sondern ein Richter.

¹²Es ist ein einiger Gesetzgeber, der kann selig machen und verdammen. Wer bist du, der du einen andern richtest?

¹³Wohlan nun, die ihr sagt: Heute oder morgen wollen wir gehen in die oder die Stadt und wollen ein Jahr da liegen und Handel treiben und gewinnen;

¹⁴die ihr nicht wisset, was morgen sein wird. Denn was ist euer Leben? Ein Dampf ist's, der eine kleine Zeit währt, danach aber verschwindet er.

¹⁵Dafür ihr sagen solltet: So der HERR will und wir leben, wollen wir dies und das tun.

¹⁶Nun aber rühmet ihr euch in eurem Hochmut. Aller solcher Ruhm ist böse.

¹⁷Denn wer da weiß Gutes zu tun, und tut's nicht, dem ist's Sünde.

Kapitel 5

¹Wohlan nun, ihr Reichen, weinet und heulet über euer Elend, das über euch kommen wird!

²Euer Reichtum ist verfault, eure Kleider sind mottenfräßig geworden.

³Euer Gold und Silber ist verrostet, und sein Rost wird euch zum Zeugnis sein und wird euer Fleisch fressen wie ein Feuer. Ihr habt euch Schätze gesammelt in den letzten Tagen.

⁴Siehe, der Arbeiter Lohn, die euer Land eingeerntet haben, der von euch abgebrochen ist, der schreit, und das Rufen der Ernter ist gekommen vor die Ohren des HERRN Zebaoth.

⁵Ihr habt wohlgelebt auf Erden und eure Wollust gehabt und eure Herzen geweidet am Schlachttag.

⁶Ihr habt verurteilt den Gerechten und getötet, und er hat euch nicht widerstanden.

⁷So seid nun geduldig, liebe Brüder, bis auf die Zukunft des HERRN. Siehe, ein Ackermann wartet auf die köstliche Frucht der Erde und ist geduldig darüber, bis er empfange den Frühregen und den Spätregen.

⁸Seid ihr auch geduldig und stärket eure Herzen; denn die Zukunft des HERRN ist nahe.

⁹Seufzet nicht widereinander, liebe Brüder, auf daß ihr nicht verdammt werdet. Siehe, der Richter ist vor der Tür.

¹⁰Nehmet, meine lieben Brüder, zum Exempel des Leidens und der Geduld die Propheten, die geredet haben in dem Namen des HERRN.

¹¹Siehe, wir preisen selig, die erduldet haben. Die Geduld Hiobs habt ihr gehört, und das Ende des HERRN habt ihr gesehen; denn der HERR ist barmherzig und ein Erbarmer.

¹²Vor allen Dingen aber, meine Brüder, schwöret nicht, weder bei dem Himmel noch bei der Erde noch mit einem andern Eid. Es sei aber euer Wort: Ja, das Ja ist; und: Nein, das Nein ist, auf daß ihr nicht unter das Gericht fallet.

¹³Leidet jemand unter euch, der bete; ist jemand gutes Muts, der singe Psalmen.

¹⁴ist jemand krank, der rufe zu sich die Ältesten von der Gemeinde, daß sie über ihm beten und salben ihn mit Öl in dem Namen des HERRN.

¹⁵Und das Gebet des Glaubens wird dem Kranken helfen, und der HERR wird ihn aufrichten; und so er hat Sünden getan, werden sie ihm vergeben sein.

¹⁶Bekenne einer dem andern seine Sünden und betet füreinander, daß ihr gesund werdet. Des Gerechten Gebet vermag viel, wenn es ernstlich ist.

¹⁷Elia war ein Mensch gleich wie wir; und er betete ein Gebet, daß es nicht regnen sollte, und es regnete nicht auf Erden drei Jahre und sechs Monate.

¹⁸Und er betete abermals, und der Himmel gab den Regen, und die Erde brachte ihre Frucht.

¹⁹Liebe Brüder, so jemand unter euch irren würde von der Wahrheit, und jemand bekehrte ihn,

²⁰der soll wissen, daß, wer den Sünder bekehrt hat von dem Irrtum seines Weges, der hat einer Seele vom Tode geholfen und wird bedecken die Menge der Sünden.

1 Petrus

Kapitel 1

¹Petrus, ein Apostel Jesu Christi, den erwählten Fremdlingen hin und her in Pontus, Galatien, Kappadozien, Asien und Bithynien,

²nach der Vorsehung Gottes, des Vaters, durch die Heiligung des Geistes, zum Gehorsam und zur Besprengung mit dem Blut Jesu Christi: Gott gebe euch viel Gnade und Frieden!

³Gelobet sei Gott und der Vater unsers HERRN Jesu Christi, der uns nach seiner Barmherzigkeit wiedergeboren hat zu einer lebendigen Hoffnung durch die Auferstehung Jesu Christi von den Toten,

⁴zu einem unvergänglichen und unbefleckten und unverwelklichen Erbe, das behalten wird im Himmel

⁵euch, die ihr aus Gottes Macht durch den Glauben bewahrt werdet zur Seligkeit, die bereitet ist, daß sie offenbar werde zu der letzten Zeit.

⁶In derselben werdet ihr euch freuen, die ihr jetzt eine kleine Zeit, wo es sein soll, traurig seid in mancherlei Anfechtungen,

⁷auf daß euer Glaube rechtschaffen und viel köstlicher erfunden werde denn das vergängliche Gold, das durchs Feuer bewährt wird, zu Lob, Preis und Ehre, wenn nun offenbart wird Jesus Christus,

⁸welchen ihr nicht gesehen und doch liebhabt und nun an ihn glaubet, wie wohl ihr ihn nicht sehet, und werdet euch freuen mit herrlicher und unaussprechlicher Freude

⁹und das Ende eures Glaubens davonbringen, nämlich der Seelen Seligkeit.

¹⁰Nach dieser Seligkeit haben gesucht und geforscht die Propheten, die von der Gnade geweissagt haben, so auf euch kommen sollte,

¹¹und haben geforscht, auf welche und welcherlei Zeit deutete der Geist Christi, der in ihnen war und zuvor bezeugt hat die Leiden, die über Christus kommen sollten, und die Herrlichkeit darnach;

¹²welchen es offenbart ist. Denn sie haben's nicht sich selbst, sondern uns dargetan, was euch nun verkündigt ist durch die, so euch das Evangelium verkündigt haben durch den heiligen Geist, der vom Himmel gesandt ist; was auch die Engel gelüstet zu schauen.

¹³Darum so begürtet die Lenden eures Gemütes, seid nüchtern und setzet eure Hoffnung ganz auf die Gnade, die euch angeboten wird durch die Offenbarung Jesu Christi,

¹⁴als gehorsame Kinder, und stellt euch nicht gleichwie vormals, da ihr in Unwissenheit nach den Lüsten lebtet;

¹⁵sondern nach dem, der euch berufen hat und heilig ist, seid auch ihr heilig in allem eurem Wandel.

¹⁶Denn es steht geschrieben: "Ihr sollt heilig sein, denn ich bin heilig."

¹⁷Und sintemal ihr den zum Vater anruft, der ohne Ansehen der Person richtet nach eines jeglichen Werk, so führt euren Wandel, solange ihr hier wallt, mit Furcht

¹⁸und wisset, daß ihr nicht mit vergänglichem Silber oder Gold erlöst seid von eurem eitlen Wandel nach väterlicher Weise,

¹⁹sondern mit dem teuren Blut Christi als eines unschuldigen und unbefleckten Lammes,

²⁰der zwar zuvor ersehen ist, ehe der Welt Grund gelegt ward, aber offenbart zu den letzten Zeiten um euretwillen,

²¹die ihr durch ihn glaubet an Gott, der ihn auferweckt hat von den Toten und ihm die Herrlichkeit gegeben, auf daß ihr Glauben und Hoffnung zu Gott haben möchtet.

²²Und machet keusch eure Seelen im Gehorsam der Wahrheit durch den Geist zu ungefärbter Bruderliebe und habt euch untereinander inbrünstig lieb aus reinem Herzen,

²³als die da wiedergeboren sind, nicht aus vergänglichem, sondern aus unvergänglichem Samen, nämlich aus dem lebendigen Wort Gottes, das da ewig bleibt.

²⁴Denn "alles Fleisch ist wie Gras und alle Herrlichkeit der Menschen wie des Grases Blume. Das Gras ist verdorrt und die Blume abgefallen;

²⁵aber des HERRN Wort bleibt in Ewigkeit." Das ist aber das Wort, welches unter euch verkündigt ist.

Kapitel 2

¹So leget nun ab alle Bosheit und allen Betrug und Heuchelei und Neid und alles Afterreden,

²und seid begierig nach der vernünftigen, lautern Milch als die jetzt geborenen Kindlein, auf daß ihr durch dieselbe zunehmet,

³so ihr anders geschmeckt habt, daß der HERR freundlich ist,

⁴zu welchem ihr gekommen seid als zu dem lebendigen Stein, der von Menschen verworfen ist, aber bei Gott ist er auserwählt und köstlich.

⁵Und auch ihr, als die lebendigen Steine, bauet euch zum geistlichem Hause und zum heiligen Priestertum, zu opfern geistliche Opfer, die Gott angenehm sind durch Jesum Christum.

⁶Darum steht in der Schrift: "Siehe da, ich lege einen auserwählten, köstlichen Eckstein in Zion; und wer an ihn glaubt, der soll nicht zu Schanden werden."

⁷Euch nun, die ihr glaubet, ist er köstlich; den Ungläubigen aber ist der Stein, den die Bauleute verworfen haben, der zum Eckstein geworden ist,

⁸ein Stein des Anstoßens und ein Fels des Ärgernisses; denn sie stoßen sich an dem Wort und glauben nicht daran, wozu sie auch gesetzt sind.

⁹Ihr aber seid das auserwählte Geschlecht, das königliche Priestertum, das heilige Volk, das Volk des Eigentums, daß ihr verkündigen sollt die Tugenden des, der euch berufen hat von der Finsternis zu seinem wunderbaren Licht;

¹⁰die ihr weiland nicht ein Volk waret, nun aber Gottes Volk seid, und weiland nicht in Gnaden waret, nun aber in Gnaden seid.

¹¹Liebe Brüder, ich ermahne euch als die Fremdlinge und Pilgrime: enthaltet euch von fleischlichen Lüsten, welche wider die Seele streiten,

¹²und führet einen guten Wandel unter den Heiden, auf daß die, so von euch afterreden als von Übeltätern, eure guten Werke sehen und Gott preisen, wenn es nun an den Tag kommen wird.

¹³Seid untertan aller menschlichen Ordnung um des HERRN willen, es sei dem König, als dem Obersten,

¹⁴oder den Hauptleuten, als die von ihm gesandt sind zur Rache über die Übeltäter und zu Lobe den Frommen.

¹⁵Denn das ist der Wille Gottes, daß ihr mit Wohltun verstopft die Unwissenheit der törichten Menschen,

¹⁶als die Freien, und nicht, als hättet ihr die Freiheit zum Deckel der Bosheit, sondern als die Knechte Gottes.

¹⁷Tut Ehre jedermann, habt die Brüder lieb; fürchtet Gott, ehret den König!

¹⁸Ihr Knechte, seid untertan mit aller Furcht den Herren, nicht allein den gütigen und gelinden, sondern auch den wunderlichen.

¹⁹Denn das ist Gnade, so jemand um des Gewissens willen zu Gott das Übel verträgt und leidet das Unrecht.

²⁰Denn was ist das für ein Ruhm, so ihr um Missetat willen Streiche leidet? Aber wenn ihr um Wohltat willen leidet und erduldet, das ist Gnade bei Gott.

²¹Denn dazu seid ihr berufen; sintemal auch Christus gelitten hat für uns und uns ein Vorbild gelassen, daß ihr sollt nachfolgen seinen Fußtapfen;

²²welcher keine Sünde getan hat, ist auch kein Betrug in seinem Munde erfunden;

²³welcher nicht wiederschalt, da er gescholten ward, nicht drohte, da er litt, er stellte es aber dem anheim, der da recht richtet;

²⁴welcher unsre Sünden selbst hinaufgetragen hat an seinem Leibe auf das Holz, auf daß wir, der Sünde abgestorben, der Gerechtigkeit leben; durch welches Wunden ihr seid heil geworden.

²⁵Denn ihr waret wie die irrenden Schafe; aber ihr seid nun bekehrt zu dem Hirten und Bischof eurer Seelen.

Kapitel 3

¹Desgleichen sollen die Weiber ihren Männern untertan sein, auf daß auch die, so nicht glauben an das Wort, durch der Weiber Wandel ohne Wort gewonnen werden,

²wenn sie ansehen euren keuschen Wandel in der Furcht.

³Ihr Schmuck soll nicht auswendig sein mit Haarflechten und Goldumhängen oder Kleideranlegen,

⁴sondern der verborgene Mensch des Herzens unverrückt mit sanftem und stillem Geiste; das ist köstlich vor Gott.

⁵Denn also haben sich auch vorzeiten die heiligen Weiber geschmückt, die ihre Hoffnung auf Gott setzten und ihren Männern untertan waren,

⁶wie die Sara Abraham gehorsam war und hieß ihn Herr; deren Töchter ihr geworden seid, so ihr wohltut und euch nicht laßt schüchtern machen.

⁷Desgleichen, ihr Männer, wohnet bei ihnen mit Vernunft und gebet dem weiblichen als dem schwächeren Werkzeuge seine Ehre, als die auch Miterben sind der Gnade des Lebens, auf daß eure Gebete

nicht verhindert werden.

⁸Endlich aber seid allesamt gleichgesinnt, mitleidig, brüderlich, barmherzig, freundlich.

⁹Vergeltet nicht Böses mit Bösem oder Scheltwort mit Scheltwort, sondern dagegen segnet, und wisset, daß ihr dazu berufen seid, daß ihr den Segen erbet.

¹⁰Denn wer leben will und gute Tage sehen, der schweige seine Zunge, daß sie nichts Böses rede, und seine Lippen, daß sie nicht trügen.

¹¹Er wende sich vom Bösen und tue Gutes; er suche Frieden und jage ihm nach.

¹²Denn die Augen des HERRN merken auf die Gerechten und seine Ohren auf ihr Gebet; das Angesicht aber des HERRN steht wider die, die Böses tun.

¹³Und wer ist, der euch schaden könnte, so ihr dem Gutem nachkommt?

¹⁴Und ob ihr auch leidet um Gerechtigkeit willen, so seid ihr doch selig. Fürchtet euch aber vor ihrem Trotzen nicht und erschrecket nicht;

¹⁵heiligt aber Gott den HERRN in euren Herzen. Seid allezeit bereit zur Verantwortung jedermann, der Grund fordert der Hoffnung, die in euch ist,

¹⁶und das mit Sanftmütigkeit und Furcht; und habt ein gutes Gewissen, auf daß die, so von euch afterreden als von Übeltätern, zu Schanden werden, daß sie geschmäht haben euren guten Wandel in Christo.

¹⁷Denn es ist besser, so es Gottes Wille ist, daß ihr von Wohltat wegen leidet als von Übeltat wegen.

¹⁸Sintemal auch Christus einmal für unsre Sünden gelitten hat, der Gerechte für die Ungerechten, auf daß er uns zu Gott führte, und ist getötet nach dem Fleisch, aber lebendig gemacht nach dem Geist.

¹⁹In demselben ist er auch hingegangen und hat gepredigt den Geistern im Gefängnis,

²⁰die vorzeiten nicht glaubten, da Gott harrte und Geduld hatte zu den Zeiten Noahs, da man die Arche zurüstete, in welcher wenige, das ist acht Seelen, gerettet wurden durchs Wasser;

²¹welches nun auch uns selig macht in der Taufe, die durch jenes bedeutet ist, nicht das Abtun des Unflats am Fleisch, sondern der Bund eines guten Gewissens mit Gott durch die Auferstehung Jesu Christi,

²²welcher ist zur Rechten Gottes in den Himmel gefahren, und sind ihm untertan die Engel und die Gewaltigen und die Kräfte.

Kapitel 4

¹Weil nun Christus im Fleisch für uns gelitten hat, so wappnet euch auch mit demselben Sinn; denn wer am Fleisch leidet, der hört auf von Sünden,

²daß er hinfort die noch übrige Zeit im Fleisch nicht der Menschen Lüsten, sondern dem Willen Gottes lebe.

³Denn es ist genug, daß wir die vergangene Zeit des Lebens zugebracht haben nach heidnischem Willen, da wir wandelten in Unzucht, Lüsten, Trunkenheit, Fresserei, Sauferei und greulichen Abgöttereien.

⁴Das befremdet sie, daß ihr nicht mit ihnen laufet in dasselbe wüste, unordentliche Wesen, und sie lästern;

⁵aber sie werden Rechenschaft geben dem, der bereit ist, zu richten die Lebendigen und die Toten.

⁶Denn dazu ist auch den Toten das Evangelium verkündigt, auf daß sie gerichtet werden nach dem Menschen am Fleisch, aber im Geist Gott leben.

⁷Es ist aber nahe gekommen das Ende aller Dinge.

⁸So seid nun mäßig und nüchtern zum Gebet. Vor allen Dingen aber habt untereinander eine inbrünstige Liebe; denn die Liebe deckt auch der Sünden Menge.

⁹Seid gastfrei untereinander ohne Murren.

¹⁰Und dienet einander, ein jeglicher mit der Gabe, die er empfangen hat, als die guten Haushalter der mancherlei Gnade Gottes:

¹¹so jemand redet, daß er's rede als Gottes Wort; so jemand ein Amt hat, daß er's tue als aus dem Vermögen, das Gott darreicht, auf daß in allen Dingen Gott gepriesen werde durch Jesum Christum, welchem sei Ehre und Gewalt von Ewigkeit zu Ewigkeit! Amen.

¹²Ihr Lieben, lasset euch die Hitze, so euch begegnet, nicht befremden (die euch widerfährt, daß ihr versucht werdet), als widerführe euch etwas Seltsames;

¹³sondern freuet euch, daß ihr mit Christo leidet, auf daß ihr auch zur Zeit der Offenbarung seiner Herrlichkeit Freude und Wonne haben möget.

¹⁴Selig seid ihr, wenn ihr geschmäht werdet über den Namen Christi; denn der Geist, der ein Geist der Herrlichkeit und Gottes ist, ruht auf euch. Bei ihnen ist er verlästert, aber bei euch ist er gepriesen.

¹⁵Niemand aber unter euch leide als ein Mörder oder Dieb oder Übeltäter oder der in ein fremdes Amt greift.

¹⁶Leidet er aber als ein Christ, so schäme er sich nicht; er ehre aber Gott in solchem Fall.

¹⁷Denn es ist Zeit, daß anfange das Gericht an dem Hause Gottes. So aber zuerst an uns, was will's für ein Ende werden mit denen, die dem Evangelium nicht glauben?

¹⁸Und so der Gerechte kaum erhalten wird, wo will der Gottlose und Sünder erscheinen?

¹⁹Darum, welche da leiden nach Gottes Willen, die sollen ihm ihre Seelen befehlen als dem treuen Schöpfer in guten Werken.

Kapitel 5

¹Die Ältesten, so unter euch sind, ermahne ich, der Mitälteste und Zeuge der Leiden, die in Christo sind, und auch teilhaftig der Herrlichkeit, die offenbart werden soll:

²Weidet die Herde Christi, die euch befohlen ist und sehet wohl zu, nicht gezwungen, sondern willig; nicht um schändlichen Gewinns willen, sondern von Herzensgrund;

³nicht als übers Volk herrschen, sondern werdet Vorbilder der Herde.

⁴So werdet ihr, wenn erscheinen wird der Erzhirte, die unverwelkliche Krone der Ehren empfangen.

⁵Desgleichen, ihr Jüngeren, seid untertan den Ältesten. Allesamt seid untereinander untertan und haltet fest an der Demut. Denn Gott widersteht den Hoffärtigen, aber den Demütigen gibt er Gnade.

⁶So demütiget euch nun unter die gewaltige Hand Gottes, daß er euch erhöhe zu seiner Zeit.

⁷Alle Sorge werfet auf ihn; denn er sorgt für euch.

⁸Seid nüchtern und wachet; denn euer Widersacher, der Teufel, geht umher wie ein brüllender Löwe und sucht, welchen er verschlinge.

⁹Dem widerstehet, fest im Glauben, und wisset, daß ebendieselben Leiden über eure Brüder in der Welt gehen.

¹⁰Der Gott aber aller Gnade, der uns berufen hat zu seiner ewigen Herrlichkeit in Christo Jesu, der wird euch, die ihr eine kleine Zeit leidet, vollbereiten, stärken, kräftigen, gründen.

¹¹Ihm sei Ehre und Macht von Ewigkeit zu Ewigkeit! Amen.

¹²Durch euren treuen Bruder Silvanus (wie ich achte) habe ich euch ein wenig geschrieben, zu ermahnen und zu bezeugen, daß das die rechte Gnade Gottes ist, darin ihr stehet.

¹³Es grüßen euch, die samt euch auserwählt sind zu Babylon, und mein Sohn Markus.

¹⁴Grüßet euch untereinander mit dem Kuß der Liebe. Friede sei mit allen, die in Christo Jesu sind! Amen.

2 Petrus

Kapitel 1

¹Simon Petrus, ein Knecht und Apostel Jesu Christi, denen, die mit uns ebendenselben teuren Glauben überkommen haben in der Gerechtigkeit, die unser Gott gibt und der Heiland Jesus Christus:

²Gott gebe euch viel Gnade und Frieden durch die Erkenntnis Gottes und Jesu Christi, unsers HERRN!

³Nachdem allerlei seiner göttlichen Kraft, was zum Leben und göttlichen Wandel dient, uns geschenkt ist durch die Erkenntnis des, der uns berufen hat durch seine Herrlichkeit und Tugend,

⁴durch welche uns die teuren und allergrößten Verheißungen geschenkt sind, nämlich, daß ihr dadurch teilhaftig werdet der göttlichen Natur, so ihr fliehet die vergängliche Lust der Welt.

⁵so wendet allen euren Fleiß daran und reichet dar in eurem Glauben Tugend und in der Tugend Erkenntnis

⁶und in der Erkenntnis Mäßigkeit und in der Mäßigkeit Geduld und in der Geduld Gottseligkeit

⁷und in der Gottseligkeit brüderliche Liebe und in der brüderlichen Liebe allgemeine Liebe.

⁸Denn wo solches reichlich bei euch ist, wird's euch nicht faul noch unfruchtbar sein lassen in der Erkenntnis unsers HERRN Jesu Christi;

⁹welcher aber solches nicht hat, der ist blind und tappt mit der Hand und vergißt die Reinigung seiner vorigen Sünden.

¹⁰Darum, liebe Brüder, tut desto mehr Fleiß, eure Berufung und Erwählung festzumachen; denn wo ihr solches tut, werdet ihr nicht straucheln,

¹¹und also wird euch reichlich dargereicht werden der Eingang zu dem ewigen Reich unsers HERRN und Heilandes Jesu Christi.

¹²Darum will ich's nicht lassen, euch allezeit daran zu erinnern, wiewohl ihr's wisset und gestärkt seid in der gegenwärtigen Wahrheit.

¹³Ich achte es für billig, solange ich in dieser Hütte bin, euch zu erinnern und zu erwecken;

¹⁴denn ich weiß, daß ich meine Hütte bald ablegen muß, wie mir denn auch unser HERR Jesus Christus eröffnet hat.

¹⁵Ich will aber Fleiß tun, daß ihr allezeit nach meinem Abschied solches im Gedächtnis halten könnt.

¹⁶Denn wir sind nicht klugen Fabeln gefolgt, da wir euch kundgetan haben die Kraft und Zukunft unsers HERRN Jesus Christus; sondern wir haben seine Herrlichkeit selber gesehen,

¹⁷da er empfing von Gott, dem Vater, Ehre und Preis durch eine Stimme, die zu ihm geschah von der großen Herrlichkeit: "Dies ist mein lieber Sohn, an dem ich Wohlgefallen habe."

¹⁸Und diese Stimme haben wir gehört vom Himmel geschehen, da wir mit ihm waren auf dem heiligen Berge.

¹⁹Und wir haben desto fester das prophetische Wort, und ihr tut wohl, daß ihr darauf achtet als auf ein Licht, das da scheint in einem dunklen Ort, bis der Tag anbreche und der Morgenstern aufgehe in euren Herzen.

²⁰Und das sollt ihr für das Erste wissen, daß keine Weissagung in der Schrift geschieht aus eigener Auslegung.

²¹Denn es ist noch nie eine Weissagung aus menschlichem Willen hervorgebracht; sondern die heiligen Menschen Gottes haben geredet, getrieben von dem heiligen Geist.

Kapitel 2

¹Es waren auch falsche Propheten unter dem Volk, wie auch unter euch sein werden falsche Lehrer, die nebeneinführen werden verderbliche Sekten und verleugnen den HERRN, der sie erkauft hat, und werden über sich selbst herbeiführen eine schnelle Verdammnis.

²Und viele werden nachfolgen ihrem Verderben; um welcher willen wird der Weg der Wahrheit verlästert werden.

³Und durch Geiz mit erdichteten Worten werden sie an euch Gewinn suchen; welchen das Urteil von lange her nicht säumig ist, und ihre Verdammnis schläft nicht.

⁴Denn Gott hat die Engel, die gesündigt haben, nicht verschont, sondern hat sie mit Ketten der Finsternis zur Hölle verstoßen und übergeben, daß sie zum Gericht behalten werden;

⁵und hat nicht verschont die vorige Welt, sondern bewahrte Noah, den Prediger der Gerechtigkeit, selbacht und führte die Sintflut über die Welt der Gottlosen;

⁶und hat die Städte Sodom und Gomorra zu Asche gemacht, umgekehrt und verdammt, damit ein Beispiel gesetzt den Gottlosen, die hernach kommen würden;

⁷und hat erlöst den gerechten Lot, welchem die schändlichen Leute alles Leid taten mit ihrem unzüchtigen Wandel;

⁸denn dieweil er gerecht war und unter ihnen wohnte, daß er's sehen und hören mußte, quälten sie die gerechte Seele von Tag zu Tage mit ihren ungerechten Werken.

⁹Der HERR weiß die Gottseligen aus der Versuchung zu erlösen, die Ungerechten aber zu behalten zum Tage des Gerichts, sie zu peinigen,

¹⁰allermeist aber die, so da wandeln nach dem Fleisch in der unreinen Lust, und die Herrschaft verachten, frech, eigensinnig, nicht erzittern, die Majestäten zu lästern,

¹¹so doch die Engel, die größere Stärke und Macht haben, kein lästerlich Urteil wider sie fällen vor dem HERRN.

¹²Aber sie sind wie die unvernünftigen Tiere, die von Natur dazu geboren sind, daß sie gefangen und geschlachtet werden, lästern, davon sie nichts wissen, und werden in ihrem verderblichen Wissen umkommen

¹³und den Lohn der Ungerechtigkeit davonbringen. Sie achten für Wollust das zeitliche Wohlleben, sie sind Schandflecken und Laster, prangen von euren Almosen, prassen mit dem Euren,

¹⁴haben Augen voll Ehebruchs, lassen sich die Sünde nicht wehren, locken an sich die leichtfertigen Seelen, haben ein Herz, durchtrieben mit Geiz, verfluchte Leute.

¹⁵Sie haben verlassen den richtigen Weg und gehen irre und folgen nach dem Wege Bileams, des Sohnes Beors, welcher liebte den Lohn der Ungerechtigkeit,

¹⁶hatte aber eine Strafe seiner Übertretung: das stumme lastbare Tier redete mit Menschenstimme und wehrte des Propheten Torheit.

¹⁷Das sind Brunnen ohne Wasser, und Wolken, vom Windwirbel umgetrieben, welchen behalten ist eine dunkle Finsternis in Ewigkeit.

¹⁸Denn sie reden stolze Worte, dahinter nichts ist, und reizen durch Unzucht zur fleischlichen Lust diejenigen, die recht entronnen waren denen, die im Irrtum wandeln,

¹⁹und verheißen ihnen Freiheit, ob sie wohl selbst Knechte des Verderbens sind. Denn von wem jemand überwunden ist, des Knecht ist er geworden.

²⁰Denn so sie entflohen sind dem Unflat der Welt durch die Erkenntnis des HERRN und Heilandes Jesu Christi, werden aber wiederum in denselben verflochten und überwunden, ist mit ihnen das Letzte ärger geworden denn das Erste.

²¹Denn es wäre ihnen besser, daß sie den Weg der Gerechtigkeit nicht erkannt hätten, als daß sie erkennen und sich kehren von dem heiligen Gebot, das ihnen gegeben ist.

²²Es ist ihnen widerfahren das wahre Sprichwort: "Der Hund frißt wieder, was er gespieen hat;" und: "Die Sau wälzt sich nach der Schwemme wieder im Kot."

Kapitel 3

¹Dies ist der zweite Brief, den ich euch schreibe, ihr Lieben, in welchem ich euch erinnere und erwecke euren lautern Sinn,

²daß ihr gedenket an die Worte, die euch zuvor gesagt sind von den heiligen Propheten, und an unser Gebot, die wir sind Apostel des HERRN und Heilandes.

³Und wisset aufs erste, daß in den letzten Tagen kommen werden Spötter, die nach ihren eigenen Lüsten wandeln

⁴und sagen: Wo ist die Verheißung seiner Zukunft? denn nachdem die Väter entschlafen sind, bleibt es alles, wie es von Anfang der Kreatur gewesen ist.

⁵Aber aus Mutwillen wollen sie nicht wissen, daß der Himmel vorzeiten auch war, dazu die Erde aus Wasser, und im Wasser bestanden durch Gottes Wort;

⁶dennoch ward zu der Zeit die Welt durch die dieselben mit der Sintflut verderbt.

⁷Also auch der Himmel, der jetztund ist, und die Erde werden durch sein Wort gespart, daß sie zum Feuer behalten werden auf den Tag des Gerichts und der Verdammnis der gottlosen Menschen.

⁸Eins aber sei euch unverhalten, ihr Lieben, daß ein Tag vor dem HERRN ist wie tausend Jahre, und tausend Jahre wie ein Tag.

⁹Der HERR verzieht nicht die Verheißung, wie es etliche für einen Verzug achten; sondern er hat Geduld mit uns und will nicht, daß jemand verloren werde, sondern daß sich jedermann zur Buße kehre.

¹⁰Es wird aber des HERRN Tag kommen wie ein Dieb in der Nacht, an welchem die Himmel zergehen werden mit großem Krachen; die Elemente aber werden vor Hitze schmelzen, und die Erde und die Werke, die darauf sind, werden verbrennen.

2 Petrus

¹¹So nun das alles soll zergehen, wie sollt ihr denn geschickt sein mit heiligem Wandel und gottseligem Wesen,

¹²daß ihr wartet und eilet zu der Zukunft des Tages des HERRN, an welchem die Himmel vom Feuer zergehen und die Elemente vor Hitze zerschmelzen werden!

¹³Wir aber warten eines neuen Himmels und einer neuen Erde nach seiner Verheißung, in welchen Gerechtigkeit wohnt.

¹⁴Darum, meine Lieben, dieweil ihr darauf warten sollt, so tut Fleiß, daß ihr vor ihm unbefleckt und unsträflich im Frieden erfunden werdet;

¹⁵und die Geduld unsers HERRN achtet für eure Seligkeit, wie auch unser lieber Bruder Paulus nach der Weisheit, die ihm gegeben ist, euch geschrieben hat,

¹⁶wie er auch in allen Briefen davon redet, in welchen sind etliche Dinge schwer zu verstehen, welche die Ungelehrigen und Leichtfertigen verdrehen, wie auch die andern Schriften, zu ihrer eigenen Verdammnis.

¹⁷Ihr aber, meine Lieben, weil ihr das zuvor wisset, so verwahret euch, daß ihr nicht durch den Irrtum der ruchlosen Leute samt ihnen verführt werdet und entfallet aus eurer eigenen Festung.

¹⁸Wachset aber in der Gnade und Erkenntnis unsers HERRN und Heilandes Jesu Christi. Dem sei Ehre nun und zu ewigen Zeiten! Amen.

1 Johannes

Kapitel 1

¹Das da von Anfang war, das wir gehört haben, das wir gesehen haben mit unsern Augen, das wir beschaut haben und unsre Hände betastet haben, vom Wort des Lebens

²und das Leben ist erschienen, und wir haben gesehen und bezeugen und verkündigen euch das Leben, das ewig ist, welches war bei dem Vater und ist uns erschienen:

³was wir gesehen und gehört haben, das verkündigen wir euch, auf daß ihr mit uns Gemeinschaft habt; und unsre Gemeinschaft ist mit dem Vater und mit seinem Sohn Jesus Christus.

⁴Und solches schreiben wir euch, auf daß eure Freude völlig sei.

⁵Und das ist die Verkündigung, die wir von ihm gehört haben und euch verkündigen, daß Gott Licht ist und in ihm ist keine Finsternis.

⁶So wir sagen, daß wir Gemeinschaft mit ihm haben, und wandeln in der Finsternis, so lügen wir und tun nicht die Wahrheit.

⁷So wir aber im Licht wandeln, wie er im Licht ist, so haben wir Gemeinschaft untereinander, und das Blut Jesu Christi, seines Sohnes, macht uns rein von aller Sünde.

⁸So wir sagen, wir haben keine Sünde, so verführen wir uns selbst, und die Wahrheit ist nicht in uns.

⁹So wir aber unsre Sünden bekennen, so ist er treu und gerecht, daß er uns die Sünden vergibt und reinigt uns von aller Untugend.

¹⁰So wir sagen, wir haben nicht gesündigt, so machen wir ihn zum Lügner, und sein Wort ist nicht in uns.

Kapitel 2

¹Meine Kindlein, solches schreibe ich euch, auf daß ihr nicht sündiget. Und ob jemand sündigt, so haben wir einen Fürsprecher bei dem Vater, Jesum Christum, der gerecht ist.

²Und derselbe ist die Versöhnung für unsre Sünden, nicht allein aber für die unseren sondern auch für die der ganzen Welt.

³Und an dem merken wir, daß wir ihn kennen, so wir seine Gebote halten.

⁴Wer da sagt: Ich kenne ihn, und hält seine Gebote nicht, der ist ein Lügner, und in solchem ist keine Wahrheit.

⁵Wer aber sein Wort hält, in solchem ist wahrlich die Liebe Gottes vollkommen. Daran erkennen wir, daß wir in ihm sind.

⁶Wer da sagt, daß er in ihm bleibt, der soll auch wandeln, gleichwie er gewandelt hat.

⁷Brüder, ich schreibe euch nicht ein neues Gebot, sondern das alte Gebot, das ihr habt von Anfang gehabt. Das alte Gebot ist das Wort, das ihr von Anfang gehört habt.

⁸Wiederum ein neues Gebot schreibe ich euch, das da wahrhaftig ist bei ihm und bei euch; denn die Finsternis vergeht, und das wahre Licht scheint jetzt.

⁹Wer da sagt, er sei im Licht, und haßt seinen Bruder, der ist noch in der Finsternis.

¹⁰Wer seinen Bruder liebt, der bleibt im Licht, und ist kein Ärgernis bei ihm.

¹¹Wer aber seinen Bruder haßt, der ist in der Finsternis und wandelt in der Finsternis und weiß nicht, wo er hin geht; denn die Finsternis hat seine Augen verblendet.

¹²Liebe Kindlein, ich schreibe euch; denn die Sünden sind euch vergeben durch seinen Namen.

¹³Ich schreibe euch Vätern; denn ihr kennt den, der von Anfang ist. Ich schreibe euch Jünglingen; denn ihr habt den Bösewicht überwunden.

¹⁴Ich habe euch Kindern geschrieben; denn ihr kennet den Vater. Ich habe euch Vätern geschrieben; denn ihr kennt den, der von Anfang ist. Ich habe euch Jünglingen geschrieben; denn ihr seid stark, und das Wort Gottes bleibt bei euch, und ihr habt den Bösewicht überwunden.

¹⁵Habt nicht lieb die Welt noch was in der Welt ist. So jemand die Welt liebhat, in dem ist nicht die Liebe des Vaters.

¹⁶Denn alles, was in der Welt ist: des Fleisches Lust und der Augen Lust und hoffärtiges Leben, ist nicht vom Vater, sondern von der Welt.

¹⁷Und die Welt vergeht mit ihrer Lust; wer aber den Willen Gottes tut, der bleibt in Ewigkeit.

¹⁸Kinder, es ist die letzte Stunde! Und wie ihr gehört habt, daß der Widerchrist kommt, so sind nun viele Widerchristen geworden; daher erkennen wir, daß die letzte Stunde ist.

¹⁹Sie sind von uns ausgegangen, aber sie waren nicht von uns. Denn wo sie von uns gewesen wären, so wären sie ja bei uns geblieben; aber es sollte offenbar werden, daß nicht alle von uns sind.

²⁰Und ihr habt die Salbung von dem, der heilig ist, und wisset alles.

²¹Ich habe euch nicht geschrieben, als wüßtet ihr die Wahrheit nicht; sondern ihr wisset sie und wisset, daß keine Lüge aus der Wahrheit kommt.

²²Wer ist ein Lügner, wenn nicht, der da leugnet, daß Jesus der Christus sei? Das ist der Widerchrist, der den Vater und den Sohn leugnet.

²³Wer den Sohn leugnet, der hat auch den Vater nicht; wer den Sohn bekennt, der hat auch den Vater.

²⁴Was ihr nun gehört habt von Anfang, das bleibe bei euch. So bei euch bleibt, was ihr von Anfang gehört habt, so werdet ihr auch bei dem Sohn und dem Vater bleiben.

²⁵Und das ist die Verheißung, die er uns verheißen hat: das ewige Leben.

²⁶Solches habe ich euch geschrieben von denen, die euch verführen.

²⁷Und die Salbung, die ihr von ihm empfangen habt, bleibt bei euch, und ihr bedürfet nicht, daß euch jemand lehre; sondern wie euch die Salbung alles lehrt, so ist's wahr und ist keine Lüge, und wie sie euch gelehrt hat, so bleibet bei ihm.

²⁸Und nun, Kindlein, bleibet bei ihm, auf daß, wenn er offenbart wird, wir Freudigkeit haben und nicht zu Schanden werden vor ihm bei seiner Zukunft.

²⁹So ihr wisset, daß er gerecht ist, so erkennet ihr auch, daß, wer recht tut, der ist von ihm geboren.

Kapitel 3

¹Sehet, welch eine Liebe hat uns der Vater erzeigt, daß wir Gottes Kinder sollen heißen! Darum kennt euch die Welt nicht; denn sie kennt ihn nicht.

²Meine Lieben, wir sind nun Gottes Kinder; und es ist noch nicht erschienen, was wir sein werden. Wir wissen aber, wenn es erscheinen wird, daß wir ihm gleich sein werden; denn wir werden ihn sehen, wie er ist.

³Und ein jeglicher, der solche Hoffnung hat zu ihm, der reinigt sich, gleichwie er auch rein ist.

⁴Wer Sünde tut, der tut auch Unrecht, und die Sünde ist das Unrecht.

⁵Und ihr wisset, daß er ist erschienen, auf daß er unsre Sünden wegnehme, und es ist keine Sünde in ihm.

⁶Wer in ihm bleibt, der sündigt nicht; wer da sündigt, der hat ihn nicht gesehen noch erkannt.

⁷Kindlein, laßt euch niemand verführen! Wer recht tut, der ist gerecht, gleichwie er gerecht ist.

⁸Wer Sünde tut, der ist vom Teufel; denn der Teufel sündigt von Anfang. Dazu ist erschienen der Sohn Gottes, daß er die Werke des Teufels zerstöre.

⁹Wer aus Gott geboren ist, der tut nicht Sünde, denn sein Same bleibt bei ihm; und kann nicht sündigen, denn er ist von Gott geboren.

¹⁰Daran wird's offenbar, welche die Kinder Gottes und die Kinder des Teufels sind. Wer nicht recht tut, der ist nicht von Gott, und wer nicht seinen Bruder liebhat.

¹¹Denn das ist die Botschaft, die ihr gehört habt von Anfang, daß wir uns untereinander lieben sollen.

¹²Nicht wie Kain, der von dem Argen war und erwürgte seinen Bruder. Und warum erwürgte er ihn? Weil seine Werke böse waren, und die seines Bruders gerecht.

¹³Verwundert euch nicht, meine Brüder, wenn euch die Welt haßt.

¹⁴Wir wissen, daß wir aus dem Tode in das Leben gekommen sind; denn wir lieben die Brüder. Wer den Bruder nicht liebt, der bleibt im Tode.

¹⁵Wer seinen Bruder haßt, der ist ein Totschläger; und ihr wisset, daß ein Totschläger hat nicht das ewige Leben bei ihm bleibend.

¹⁶Daran haben wir erkannt die Liebe, daß er sein Leben für uns gelassen hat; und wir sollen auch das Leben für die Brüder lassen.

¹⁷Wenn aber jemand dieser Welt Güter hat und sieht seinen Bruder darben und schließt sein Herz vor ihm zu, wie bleibt die Liebe Gottes bei ihm?

¹⁸Meine Kindlein, laßt uns nicht lieben mit Worten noch mit der Zunge, sondern mit der Tat und mit der Wahrheit.

¹⁹Daran erkennen wir, daß wir aus der Wahrheit sind, und können unser Herz vor ihm damit stillen,

²⁰daß, so uns unser Herz verdammt, Gott größer ist denn unser

Herz und erkennt alle Dinge.

²¹Ihr Lieben, so uns unser Herz nicht verdammt, so haben wir eine Freudigkeit zu Gott,

²²und was wir bitten, werden wir von ihm nehmen; denn wir halten seine Gebote und tun, was vor ihm gefällig ist.

²³Und das ist sein Gebot, daß wir glauben an den Namen seines Sohnes Jesu Christi und lieben uns untereinander, wie er uns ein Gebot gegeben hat.

²⁴Und wer seine Gebote hält, der bleibt in ihm und er in ihm. Und daran erkennen wir, daß er in uns bleibt, an dem Geist, den er uns gegeben hat.

Kapitel 4

¹Ihr Lieben, glaubet nicht einem jeglichen Geist, sondern prüfet die Geister, ob sie von Gott sind; denn es sind viel falsche Propheten ausgegangen in die Welt.

²Daran sollt ihr den Geist Gottes erkennen: ein jeglicher Geist, der da bekennt, daß Jesus Christus ist in das Fleisch gekommen, der ist von Gott;

³und ein jeglicher Geist, der da nicht bekennt, daß Jesus Christus ist in das Fleisch gekommen, der ist nicht von Gott. Und das ist der Geist des Widerchrists, von welchem ihr habt gehört, daß er kommen werde, und er ist jetzt schon in der Welt.

⁴Kindlein, ihr seid von Gott und habt jene überwunden; denn der in euch ist, ist größer, als der in der Welt ist.

⁵Sie sind von der Welt; darum reden sie von der Welt, und die Welt hört sie.

⁶Wir sind von Gott, und wer Gott erkennt, der hört uns; welcher nicht von Gott ist, der hört uns nicht. Daran erkennen wir den Geist der Wahrheit und den Geist des Irrtums.

⁷Ihr Lieben, lasset uns untereinander liebhaben; denn die Liebe ist von Gott, und wer liebhat, der ist von Gott geboren und kennt Gott.

⁸Wer nicht liebhat, der kennt Gott nicht; denn Gott ist Liebe.

⁹Daran ist erschienen die Liebe Gottes gegen uns, daß Gott seinen eingeborenen Sohn gesandt hat in die Welt, daß wir durch ihn leben sollen.

¹⁰Darin steht die Liebe: nicht, daß wir Gott geliebt haben, sondern daß er uns geliebt hat und gesandt seinen Sohn zur Versöhnung für unsre Sünden.

¹¹Ihr Lieben, hat uns Gott also geliebt, so sollen wir uns auch untereinander lieben.

¹²Niemand hat Gott jemals gesehen. So wir uns untereinander lieben, so bleibt Gott in uns, und seine Liebe ist völlig in uns.

¹³Daran erkennen wir, daß wir in ihm bleiben und er in uns, daß er uns von seinem Geiste gegeben hat.

¹⁴Und wir haben gesehen und zeugen, daß der Vater den Sohn gesandt hat zum Heiland der Welt.

¹⁵Welcher nun bekennt, daß Jesus Gottes Sohn ist, in dem bleibt Gott und er in Gott.

¹⁶Und wir haben erkannt und geglaubt die Liebe, die Gott zu uns hat. Gott ist die Liebe; und wer in der Liebe bleibt, der bleibt in Gott und Gott in ihm.

¹⁷Darin ist die Liebe völlig bei uns, daß wir eine Freudigkeit haben am Tage des Gerichts; denn gleichwie er ist, so sind auch wir in dieser Welt.

¹⁸Furcht ist nicht in der Liebe, sondern die völlige Liebe treibt die Furcht aus; denn die Furcht hat Pein. Wer sich aber fürchtet, der ist nicht völlig in der Liebe.

¹⁹Lasset uns ihn lieben; denn er hat uns zuerst geliebt.

²⁰So jemand spricht: "Ich liebe Gott", und haßt seinen Bruder, der ist ein Lügner. Denn wer seinen Bruder nicht liebt, den er sieht, wie kann er Gott lieben, den er nicht sieht?

²¹Und dies Gebot haben wir von ihm, daß, wer Gott liebt, daß der auch seinen Bruder liebe.

Kapitel 5

¹Wer da glaubt, daß Jesus sei der Christus, der ist von Gott geboren; und wer da liebt den, der ihn geboren hat, der liebt auch den, der von ihm geboren ist.

²Daran erkennen wir, daß wir Gottes Kinder lieben, wenn wir Gott lieben und seine Gebote halten.

³Denn das ist die Liebe zu Gott, daß wir seine Gebote halten; und seine Gebote sind nicht schwer.

⁴Denn alles, was von Gott geboren ist, überwindet die Welt; und unser Glaube ist der Sieg, der die Welt überwunden hat.

⁵Wer ist aber, der die Welt überwindet, wenn nicht, der da glaubt, daß Jesus Gottes Sohn ist?

⁶Dieser ist's, der da kommt mit Wasser und Blut, Jesus Christus; nicht mit Wasser allein, sondern mit Wasser und Blut. Und der Geist ist's, der da zeugt; denn der Geist ist die Wahrheit.

⁷Denn drei sind, die da zeugen: der Geist und das Wasser und das Blut;

⁸und die drei sind beisammen.

⁹So wir der Menschen Zeugnis annehmen, so ist Gottes Zeugnis größer; denn Gottes Zeugnis ist das, das er gezeugt hat von seinem Sohn.

¹⁰Wer da glaubt an den Sohn Gottes, der hat solches Zeugnis bei sich. Wer Gott nicht glaubt, der macht ihn zum Lügner; denn er glaubt nicht dem Zeugnis, das Gott zeugt von seinem Sohn.

¹¹Und das ist das Zeugnis, daß uns Gott das ewige Leben hat gegeben; und solches Leben ist in seinem Sohn.

¹²Wer den Sohn Gottes hat, der hat das Leben; wer den Sohn Gottes nicht hat, der hat das Leben nicht.

¹³Solches habe ich euch geschrieben, die ihr glaubet an den Namen des Sohnes Gottes, auf daß ihr wisset, daß ihr das ewige Leben habt, und daß ihr glaubet an den Namen des Sohnes Gottes.

¹⁴Und das ist die Freudigkeit, die wir haben zu ihm, daß, so wir etwas bitten nach seinem Willen, so hört er uns.

¹⁵Und so wir wissen, daß er uns hört, was wir bitten, so wissen wir, daß wir die Bitte haben, die wir von ihm gebeten haben.

¹⁶So jemand sieht seinen Bruder sündigen eine Sünde nicht zum Tode, der mag bitten; so wird er geben das Leben denen, die da sündigen nicht zum Tode. Es gibt eine Sünde zum Tode; für die sage ich nicht, daß jemand bitte.

¹⁷Alle Untugend ist Sünde; und es ist etliche Sünde nicht zum Tode.

¹⁸Wir wissen, daß, wer von Gott geboren ist, der sündigt nicht; sondern wer von Gott geboren ist, der bewahrt sich, und der Arge wird ihn nicht antasten.

¹⁹Wir wissen, daß wir von Gott sind und die ganze Welt im Argen liegt.

²⁰Wir wissen aber, daß der Sohn Gottes gekommen ist und hat uns einen Sinn gegeben, daß wir erkennen den Wahrhaftigen; und wir sind in dem Wahrhaftigen, in seinem Sohn Jesus Christus. Dieser ist der wahrhaftige Gott und das ewige Leben.

²¹Kindlein, hütet euch vor den Abgöttern! Amen.

2 Johannes

¹Der Älteste: der auserwählten Frau und ihren Kindern, die ich liebhabe in der Wahrheit, und nicht allein ich sondern auch alle, die die Wahrheit erkannt haben,

²um der Wahrheit willen, die in uns bleibt und bei uns sein wird in Ewigkeit.

³Gnade, Barmherzigkeit, Friede von Gott, dem Vater, und von dem HERRN Jesus Christus, dem Sohn des Vaters, in der Wahrheit und in der Liebe, sei mit euch!

⁴Ich bin erfreut, daß ich gefunden habe unter deinen Kindern, die in der Wahrheit wandeln, wie denn wir ein Gebot vom Vater empfangen haben.

⁵Und nun bitte ich dich, Frau (nicht als schriebe ich dir ein neues Gebot, sondern das wir gehabt haben von Anfang), daß wir uns untereinander lieben.

⁶Und das ist die Liebe, daß wir wandeln nach seinem Gebot; das ist das Gebot, wie ihr gehört habt von Anfang, daß ihr in derselben wandeln sollt.

⁷Denn viele Verführer sind in die Welt gekommen, die nicht bekennen Jesum Christum, daß er in das Fleisch gekommen ist. Das ist der Verführer und der Widerchrist.

⁸Sehet euch vor, daß wir nicht verlieren, was wir erarbeitet haben, sondern vollen Lohn empfangen.

⁹Wer übertritt und bleibt nicht in der Lehre Christi, der hat keinen Gott; wer in der Lehre Christi bleibt, der hat beide, den Vater und den Sohn.

¹⁰So jemand zu euch kommt und bringt diese Lehre nicht, den nehmet nicht ins Haus und grüßet ihn auch nicht.

¹¹Denn wer ihn grüßt, der macht sich teilhaftig seiner bösen Werke.

¹²Ich hatte euch viel zu schreiben, aber ich wollte nicht mit Briefen und Tinte; sondern ich hoffe, zu euch zu kommen und mündlich mit euch reden, auf daß unsere Freude vollkommen sei.

¹³Es grüßen dich die Kinder deiner Schwester, der Auserwählten. Amen.

3 Johannes

¹Der Älteste: Gajus, dem Lieben, den ich liebhabe in der Wahrheit.

²Mein Lieber, ich wünsche in allen Stücken, daß dir's wohl gehe und du gesund seist, wie es denn deiner Seele wohl geht.

³Ich bin aber sehr erfreut worden, da die Brüder kamen und zeugten von deiner Wahrheit, wie denn du wandelst in der Wahrheit.

⁴Ich habe keine größere Freude denn die, daß ich höre, wie meine Kinder in der Wahrheit wandeln.

⁵Mein Lieber, du tust treulich, was du tust an den Brüdern und Gästen,

⁶die von deiner Liebe gezeugt haben vor der Gemeinde; und du wirst wohl tun, wenn du sie abfertigst würdig vor Gott.

⁷Denn um seines Namens willen sind sie ausgezogen und nehmen von den Heiden nichts.

⁸So sollen wir nun solche aufnehmen, auf daß wir der Wahrheit Gehilfen werden.

⁹Ich habe der Gemeinde geschrieben, aber Diotrephes, der unter ihnen hochgehalten sein will, nimmt uns nicht an.

¹⁰Darum, wenn ich komme, will ich ihn erinnern seiner Werke, die er tut; denn er plaudert mit bösen Worten wider uns und läßt sich an dem nicht genügen; er selbst nimmt die Brüder nicht an und wehrt denen, die es tun wollen, und stößt sie aus der Gemeinde.

¹¹Mein Lieber, folge nicht nach dem Bösen, sondern dem Guten. Wer Gutes tut, der ist von Gott; wer Böses tut, der sieht Gott nicht.

¹²Demetrius hat Zeugnis von jedermann und von der Wahrheit selbst; und wir zeugen auch, und ihr wisset, das unser Zeugnis wahr ist.

¹³Ich hatte viel zu schreiben; aber ich will nicht mit der Tinte und der Feder an dich schreiben.

¹⁴Ich hoffe aber, dich bald zu sehen; so wollen wir mündlich miteinander reden. Friede sei mit dir! Es grüßen dich die Freunde. Grüße die Freunde bei Namen.

Judas

¹Judas, ein Knecht Jesu Christi, ein Bruder aber des Jakobus, den Berufenen, die da geheiligt sind in Gott, dem Vater, und bewahrt in Jesu Christo:

²Gott gebe euch viel Barmherzigkeit und Frieden und Liebe!

³Ihr Lieben, nachdem ich vorhatte, euch zu schreiben von unser aller Heil, hielt ich's für nötig, euch mit Schriften zu ermahnen, daß ihr für den Glauben kämpfet, der einmal den Heiligen übergeben ist.

⁴Denn es sind etliche Menschen nebeneingeschlichen, von denen vorzeiten geschrieben ist solches Urteil: Die sind Gottlose, ziehen die Gnade unsers Gottes auf Mutwillen und verleugnen Gott und unsern HERRN Jesus Christus, den einigen Herrscher.

⁵Ich will euch aber erinnern, die ihr dies ja schon wisset, daß der HERR, da er dem Volk aus Ägypten half, das andere Mal umbrachte, die da nicht glaubten.

⁶Auch die Engel, die ihr Fürstentum nicht bewahrten, sondern verließen ihre Behausung, hat er behalten zum Gericht des großen Tages mit ewigen Banden in der Finsternis.

⁷Wie auch Sodom und Gomorra und die umliegenden Städte, die gleicherweise wie diese Unzucht getrieben haben und nach einem andern Fleisch gegangen sind, zum Beispiel gesetzt sind und leiden des ewigen Feuers Pein.

⁸Desgleichen sind auch diese Träumer, die das Fleisch beflecken, die Herrschaft aber verachten und die Majestäten lästern.

⁹Michael aber, der Erzengel, da er mit dem Teufel stritt und mit ihm redete über den Leichnam Mose's, wagte er das Urteil der Lästerung nicht zu fällen, sondern sprach: Der HERR strafe dich!

¹⁰Diese aber lästern alles, davon sie nichts wissen; was sie aber natürlich erkennen wie die unvernünftigen Tiere, darin verderben sie.

¹¹Weh ihnen! denn sie gehen den Weg Kains und fallen in den Irrtum des Bileam um Gewinnes willen und kommen um in dem Aufruhr Korahs.

¹²Diese Unfläter prassen bei euren Liebesmahlen ohne Scheu, weiden sich selbst; sie sind Wolken ohne Wasser, von dem Winde umgetrieben, kahle, unfruchtbare Bäume, zweimal erstorben und ausgewurzelt,

¹³wilde Wellen des Meeres, die ihre eigene Schande ausschäumen, irre Sterne, welchen behalten ist das Dunkel der Finsternis in Ewigkeit.

¹⁴Es hat aber auch von solchen geweissagt Henoch, der siebente von Adam, und gesprochen: "Siehe, der HERR kommt mit vielen tausend Heiligen,

¹⁵Gericht zu halten über alle und zu strafen alle Gottlosen um alle Werke ihres gottlosen Wandels, womit sie gottlos gewesen sind, und um all das Harte, das die gottlosen Sünder wider ihn geredet haben."

¹⁶Diese murren und klagen immerdar und wandeln dabei nach ihren Lüsten; und ihr Mund redet stolze Worte, und achten das Ansehen der Person um Nutzens willen.

¹⁷Ihr aber, meine Lieben, erinnert euch der Worte, die zuvor gesagt sind von den Aposteln unsers HERRN Jesu Christi,

¹⁸da sie euch sagten, daß zu der letzten Zeit werden Spötter sein, die nach ihren eigenen Lüsten des gottlosen Wesens wandeln.

¹⁹Diese sind es, die da Trennungen machen, Fleischliche, die da keinen Geist haben.

²⁰Ihr aber, meine Lieben, erbauet euch auf euren allerheiligsten Glauben durch den heiligen Geist und betet,

²¹und erhaltet euch in der Liebe Gottes, und wartet auf die Barmherzigkeit unsers HERRN Jesu Christi zum ewigen Leben.

²²Und haltet diesen Unterschied, daß ihr euch etlicher erbarmet,

²³etliche aber mit Furcht selig machet und rücket sie aus dem Feuer; und hasset auch den Rock, der vom Fleische befleckt ist.

²⁴Dem aber, der euch kann behüten ohne Fehl und stellen vor das Angesicht seiner Herrlichkeit unsträflich mit Freuden,

²⁵dem Gott, der allein weise ist, unserm Heiland, sei Ehre und Majestät und Gewalt und Macht nun und zu aller Ewigkeit! Amen.

Offenbarung

Kapitel 1

¹Dies ist die Offenbarung Jesu Christi, die ihm Gott gegeben hat, seinen Knechten zu zeigen, was in der Kürze geschehen soll; und er hat sie gedeutet und gesandt durch seinen Engel zu seinem Knecht Johannes,

²der bezeugt hat das Wort Gottes und das Zeugnis von Jesu Christo, was er gesehen hat.

³Selig ist, der da liest und die da hören die Worte der Weissagung und behalten, was darin geschrieben ist; denn die Zeit ist nahe.

⁴Johannes den sieben Gemeinden in Asien: Gnade sei mit euch und Friede von dem, der da ist und der da war und der da kommt, und von den sieben Geistern, die da sind vor seinem Stuhl,

⁵und von Jesu Christo, welcher ist der treue Zeuge und Erstgeborene von den Toten und der Fürst der Könige auf Erden! Der uns geliebt hat und gewaschen von den Sünden mit seinem Blut

⁶und hat uns zu Königen und Priestern gemacht vor Gott und seinem Vater, dem sei Ehre und Gewalt von Ewigkeit zu Ewigkeit! Amen.

⁷Siehe, er kommt mit den Wolken, und es werden ihn sehen alle Augen und die ihn zerstochen haben; und werden heulen alle Geschlechter auf der Erde. Ja, amen.

⁸Ich bin das A und das O, der Anfang und das Ende, spricht Gott der HERR, der da ist und der da war und der da kommt, der Allmächtige.

⁹Ich, Johannes, der auch euer Bruder und Mitgenosse an der Trübsal ist und am Reich und an der Geduld Jesu Christi, war auf der Insel, die da heißt Patmos, um des Wortes Gottes willen und des Zeugnisses Jesu Christi.

¹⁰Ich war im Geist an des HERRN Tag und hörte hinter mir eine große Stimme wie einer Posaune,

¹¹die sprach: Ich bin das A und das O, der Erste und der Letzte; und was du siehst, das schreibe in ein Buch und sende es zu den Gemeinden in Asien: gen Ephesus und gen Smyrna und gen Pergamus und gen Thyatira und gen Sardes und gen Philadelphia und gen Laodizea.

¹²Und ich wandte mich um, zu sehen nach der Stimme, die mit mir redete. Und als ich mich umwandte sah ich sieben goldene Leuchter

¹³und mitten unter die sieben Leuchtern einen, der war eines Menschen Sohne gleich, der war angetan mit einem langen Gewand und begürtet um die Brust mit einem goldenen Gürtel.

¹⁴Sein Haupt aber und sein Haar war weiß wie weiße Wolle, wie der Schnee, und seine Augen wie eine Feuerflamme

¹⁵und seine Füße gleichwie Messing, das im Ofen glüht, und seine Stimme wie großes Wasserrauschen;

¹⁶und er hatte sieben Sterne in seiner rechten Hand, und aus seinem Munde ging ein scharfes, zweischneidiges Schwert, und sein Angesicht leuchtete wie die helle Sonne.

¹⁷Und als ich ihn sah, fiel ich zu seinen Füßen wie ein Toter; und er legte seine rechte Hand auf mich und sprach zu mir: Fürchte dich nicht! Ich bin der Erste und der Letzte

¹⁸und der Lebendige; ich war tot, und siehe, ich bin lebendig von Ewigkeit zu Ewigkeit und habe die Schlüssel der Hölle und des Todes.

¹⁹Schreibe, was du gesehen hast, und was da ist, und was geschehen soll darnach.

²⁰Das Geheimnis der sieben Sterne, die du gesehen hast in meiner rechten Hand, und die sieben goldenen Leuchter: die sieben Sterne sind Engel der sieben Gemeinden; und die sieben Leuchter, die du gesehen hast, sind sieben Gemeinden.

Kapitel 2

¹Dem Engel der Gemeinde zu Ephesus schreibe: Das sagt, der da hält die sieben Sterne in seiner Rechten, der da wandelt mitten unter den sieben goldenen Leuchtern:

²Ich weiß deine Werke und deine Arbeit und deine Geduld und daß du die Bösen nicht tragen kannst; und hast versucht die, so da sagen, sie seien Apostel, und sind's nicht, und hast sie als Lügner erfunden;

³und verträgst und hast Geduld, und um meines Namens willen arbeitest du und bist nicht müde geworden.

⁴Aber ich habe wider dich, daß du die erste Liebe verlässest.

⁵Gedenke, wovon du gefallen bist, und tue Buße und tue die ersten Werke. Wo aber nicht, werde ich dir bald kommen und deinen Leuchter wegstoßen von seiner Stätte, wo du nicht Buße tust.

⁶Aber das hast du, daß du die Werke der Nikolaiten hassest, welche ich auch hasse.

⁷Wer Ohren hat, der höre, was der Geist den Gemeinden sagt: Wer überwindet, dem will ich zu essen geben vom Holz des Lebens, das im Paradies Gottes ist.

⁸Und dem Engel der Gemeinde zu Smyrna schreibe: das sagt der Erste und der Letzte, der tot war und ist lebendig geworden:

⁹Ich weiß deine Werke und deine Trübsal und deine Armut (du bist aber reich) und die Lästerung von denen, die da sagen, sie seien Juden, und sind's nicht, sondern sind des Satans Schule.

¹⁰Fürchte dich vor der keinem, das du leiden wirst! Siehe, der Teufel wird etliche von euch ins Gefängnis werfen, auf daß ihr versucht werdet, und werdet Trübsal haben zehn Tage. Sei getrost bis an den Tod, so will ich dir die Krone des Lebens geben.

¹¹Wer Ohren hat, der höre, was der Geist den Gemeinden sagt: Wer überwindet, dem soll kein Leid geschehen von dem andern Tode.

¹²Und dem Engel der Gemeinde zu Pergamus schreibe: Das sagt, der da hat das scharfe, zweischneidige Schwert:

¹³Ich weiß, was du tust und wo du wohnst, da des Satans Stuhl ist; und hältst an meinem Namen und hast meinen Glauben nicht verleugnet auch in den Tagen, in welchen Antipas, mein treuer Zeuge, bei euch getötet ist, da der Satan wohnt.

¹⁴Aber ich habe ein Kleines wider dich, daß du daselbst hast, die an der Lehre Bileams halten, welcher lehrte den Balak ein Ärgernis aufrichten vor den Kindern Israel, zu essen Götzenopfer und Hurerei zu treiben.

¹⁵Also hast du auch, die an der Lehre der Nikolaiten halten: das hasse ich.

¹⁶Tue Buße; wo aber nicht, so werde ich dir bald kommen und mit ihnen kriegen durch das Schwert meines Mundes.

¹⁷Wer Ohren hat, der höre, was der Geist den Gemeinden sagt: Wer überwindet, dem will zu essen geben von dem verborgenen Manna und will ihm geben einen weißen Stein und auf den Stein einen neuen Namen geschrieben, welchen niemand kennt, denn der ihn empfängt.

¹⁸Und dem Engel der Gemeinde zu Thyatira schreibe: Das sagt der Sohn Gottes, der Augen hat wie Feuerflammen, und seine Füße sind gleichwie Messing:

¹⁹Ich weiß deine Werke und deine Liebe und deinen Dienst und deinen Glauben und deine Geduld und daß du je länger, je mehr tust.

²⁰Aber ich habe wider dich, daß du lässest das Weib Isebel, die da spricht, sie sei eine Prophetin, lehren und verführen meine Knechte, Hurerei zu treiben und Götzenopfer zu essen.

²¹Und ich habe ihr Zeit gegeben, daß sie sollte Buße tun für ihre Hurerei; und sie tut nicht Buße.

²²Siehe, ich werfe sie in ein Bett, und die mit ihr die Ehe gebrochen haben, in große Trübsal, wo sie nicht Buße tun für ihre Werke,

²³und ihre Kinder will ich zu Tode schlagen. Und alle Gemeinden sollen erkennen, daß ich es bin, der die Nieren und Herzen erforscht; und ich werde geben einem jeglichen unter euch nach euren Werken.

²⁴Euch aber sage ich, den andern, die zu Thyatira sind, die nicht haben solche Lehre und die nicht erkannt haben die Tiefen des Satans (wie sie sagen): Ich will nicht auf euch werfen eine andere Last:

²⁵doch was ihr habt, das haltet, bis daß ich komme.

²⁶Und wer da überwindet und hält meine Werke bis ans Ende, dem will ich Macht geben über die Heiden,

²⁷und er soll sie weiden mit einem eisernen Stabe, und wie eines Töpfers Gefäße soll er sie zerschmeißen,

²⁸wie ich von meinem Vater empfangen habe; und ich will ihm geben den Morgenstern.

²⁹Wer Ohren hat, der höre, was der Geist den Gemeinden sagt!

Kapitel 3

¹Und dem Engel der Gemeinde zu Sardes schreibe: Das sagt, der die sieben Geister Gottes hat und die sieben Sterne: Ich weiß deine Werke; denn du hast den Namen, daß du lebest, und bist tot.

²Werde wach und stärke das andere, das sterben will; denn ich habe deine Werke nicht völlig erfunden vor Gott.

³So gedenke nun, wie du empfangen und gehört hast, und halte es und tue Buße. So du nicht wirst wachen, werde ich über dich kommen wie ein Dieb, und wirst nicht wissen, welche Stunde ich über dich kommen werde.

⁴Aber du hast etliche Namen zu Sardes, die nicht ihre Kleider besudelt haben; und sie werden mit mir wandeln in weißen Kleidern, denn sie sind's wert.

⁵Wer überwindet soll mit weißen Kleidern angetan werden, und ich werde seinen Namen nicht austilgen aus dem Buch des Lebens, und ich will seinen Namen bekennen vor meinem Vater und vor seinen Engeln.

⁶Wer Ohren hat, der höre, was der Geist den Gemeinden sagt!

⁷Und dem Engel der Gemeinde zu Philadelphia schreibe: Das sagt der Heilige, der Wahrhaftige, der da hat den Schlüssel Davids, der auftut, und niemand schließt zu, der zuschließt, und niemand tut auf:

⁸Ich weiß deine Werke. Siehe, ich habe vor dir gegeben eine offene Tür, und niemand kann sie zuschließen; denn du hast eine kleine Kraft, und hast mein Wort behalten und hast meinen Namen nicht verleugnet.

⁹Siehe, ich werde geben aus des Satanas Schule, die da sagen, sie seien Juden, und sind's nicht, sondern lügen; siehe, ich will sie dazu bringen, daß sie kommen sollen und niederfallen zu deinen Füßen und erkennen, daß ich dich geliebt habe.

¹⁰Dieweil du hast bewahrt das Wort meiner Geduld, will ich auch dich bewahren vor der Stunde der Versuchung, die kommen wird über den ganzen Weltkreis, zu versuchen, die da wohnen auf Erden.

¹¹Siehe, ich komme bald; halte, was du hast, daß niemand deine Krone nehme!

¹²Wer überwindet, den will ich machen zum Pfeiler in dem Tempel meines Gottes, und er soll nicht mehr hinausgehen; und will auf ihn schreiben den Namen meines Gottes und den Namen des neuen Jerusalem, der Stadt meines Gottes, die vom Himmel herniederkommt von meinem Gott, und meinen Namen, den neuen.

¹³Wer Ohren hat, der höre, was der Geist den Gemeinden sagt!

¹⁴Und dem Engel der Gemeinde zu Laodizea schreibe: Das sagt, der Amen heißt, der treue und wahrhaftige Zeuge, der Anfang der Kreatur Gottes:

¹⁵Ich weiß deine Werke, daß du weder kalt noch warm bist. Ach, daß du kalt oder warm wärest!

¹⁶Weil du aber lau bist und weder kalt noch warm, werde ich dich ausspeien aus meinem Munde.

¹⁷Du sprichst: Ich bin reich und habe gar satt und bedarf nichts! und weißt nicht, daß du bist elend und jämmerlich, arm, blind und bloß.

¹⁸Ich rate dir, daß du Gold von mir kaufest, das mit Feuer durchläutert ist, daß du reich werdest, und weiße Kleider, daß du dich antust und nicht offenbart werde die Schande deiner Blöße; und salbe deine Augen mit Augensalbe, daß du sehen mögest.

¹⁹Welche ich liebhabe, die strafe und züchtige ich. So sei nun fleißig und tue Buße!

²⁰Siehe, ich stehe vor der Tür und klopfe an. So jemand meine Stimme hören wird und die Tür auftun, zu dem werde ich eingehen und das Abendmahl mit ihm halten und er mit mir.

²¹Wer überwindet, dem will ich geben, mit mir auf meinem Stuhl zu sitzen, wie ich überwunden habe und mich gesetzt mit meinem Vater auf seinen Stuhl.

²²Wer Ohren hat, der höre, was der Geist den Gemeinden sagt!

Kapitel 4

¹Darnach sah ich, und siehe, eine Tür war aufgetan im Himmel; und die erste Stimme, die ich gehört hatte mit mir reden wie eine Posaune, die sprach: Steig her, ich will dir zeigen, was nach diesem geschehen soll.

²Und alsobald war ich im Geist. Und siehe, ein Stuhl war gesetzt im Himmel, und auf dem Stuhl saß einer;

³und der dasaß, war gleich anzusehen wie der Stein Jaspis und Sarder; und ein Regenbogen war um den Stuhl, gleich anzusehen wie ein Smaragd.

⁴Und um den Stuhl waren vierundzwanzig Stühle, und auf den Stühlen saßen vierundzwanzig Älteste, mit weißen Kleidern angetan, und hatten auf ihren Häuptern goldene Kronen.

⁵Und von dem Stuhl gingen aus Blitze, Donner und Stimmen; und sieben Fackeln mit Feuer brannten vor dem Stuhl, welches sind die sieben Geister Gottes.

⁶Und vor dem Stuhl war ein gläsernes Meer gleich dem Kristall, und mitten am Stuhl und um den Stuhl vier Tiere, voll Augen vorn und hinten.

⁷Und das erste Tier war gleich einem Löwen, und das andere Tier war gleich einem Kalbe, das dritte hatte ein Antlitz wie ein Mensch, und das vierte Tier war gleich einem fliegenden Adler.

⁸Und ein jegliches der vier Tiere hatte sechs Flügel, und sie waren außenherum und inwendig voll Augen und hatten keine Ruhe Tag und Nacht und sprachen: Heilig, heilig, heilig ist Gott der HERR, der Allmächtige, der da war und der da ist und der da kommt!

⁹Und da die Tiere gaben Preis und Ehre und Dank dem, der da auf dem Stuhl saß, der da lebt von Ewigkeit zu Ewigkeit,

¹⁰fielen die vierundzwanzig Ältesten nieder vor dem, der auf dem Stuhl saß, und beteten an den, der da lebt von Ewigkeit zu Ewigkeit, und warfen ihre Kronen vor den Stuhl und sprachen:

¹¹HERR, du bist würdig, zu nehmen Preis und Ehre und Kraft; denn du hast alle Dinge geschaffen, und durch deinen Willen haben sie das Wesen und sind geschaffen.

Kapitel 5

¹Und ich sah in der rechten Hand des, der auf dem Stuhl saß, ein Buch, beschrieben inwendig und auswendig, versiegelt mit sieben Siegeln.

²Und ich sah einen starken Engel, der rief aus mit großer Stimme: Wer ist würdig, das Buch aufzutun und seine Siegel zu brechen?

³Und niemand im Himmel noch auf Erden noch unter der Erde konnte das Buch auftun und hineinsehen.

⁴Und ich weinte sehr, daß niemand würdig erfunden ward, das Buch aufzutun und zu lesen noch hineinzusehen.

⁵Und einer von den Ältesten spricht zu mir: Weine nicht! Siehe, es hat überwunden der Löwe, der da ist vom Geschlecht Juda, die Wurzel Davids, aufzutun das Buch und zu brechen seine sieben Siegel.

⁶Und ich sah, und siehe, mitten zwischen dem Stuhl und den vier Tieren und zwischen den Ältesten stand ein Lamm, wie wenn es erwürgt wäre, und hatte sieben Hörner und sieben Augen, das sind die sieben Geister Gottes, gesandt in alle Lande.

⁷Und es kam und nahm das Buch aus der Hand des, der auf dem Stuhl saß.

⁸Und da es das Buch nahm, da fielen die vier Tiere und die vierundzwanzig Ältesten nieder vor dem Lamm und hatten ein jeglicher Harfen und goldene Schalen voll Räuchwerk, das sind die Gebete der Heiligen,

⁹und sangen ein neues Lied und sprachen: Du bist würdig, zu nehmen das Buch und aufzutun seine Siegel; denn du bist erwürget und hast uns Gott erkauft mit deinem Blut aus allerlei Geschlecht und Zunge und Volk und Heiden

¹⁰und hast uns unserm Gott zu Königen und Priestern gemacht, und wir werden Könige sein auf Erden.

¹¹Und ich sah und hörte eine Stimme vieler Engel um den Stuhl und um die Tiere und um die Ältesten her; und ihre Zahl war vieltausendmal tausend;

¹²und sie sprachen mit großer Stimme: Das Lamm, das erwürget ist, ist würdig, zu nehmen Kraft und Reichtum und Weisheit und Stärke und Ehre und Preis und Lob.

¹³Und alle Kreatur, die im Himmel ist und auf Erden und unter der Erde und im Meer, und alles, was darinnen ist, hörte ich sagen: Dem, der auf dem Stuhl sitzt, und dem Lamm sei Lob und Ehre und Preis und Gewalt von Ewigkeit zu Ewigkeit!

¹⁴Und die vier Tiere sprachen: Amen! Und die vierundzwanzig Ältesten fielen nieder und beteten an den, der da lebt von Ewigkeit zu Ewigkeit.

Kapitel 6

¹Und ich sah, daß das Lamm der Siegel eines auftat; und hörte der vier Tiere eines sagen wie mit einer Donnerstimme: Komm!

²Und ich sah, und siehe, ein weißes Pferd. Und der daraufsaß, hatte einen Bogen; und ihm ward gegeben eine Krone, und er zog aus sieghaft, und daß er siegte.

³Und da es das andere Siegel auftat, hörte ich das andere Tier sagen: Komm!

⁴Und es ging heraus ein anderes Pferd, das war rot. Und dem, der daraufsaß, ward gegeben, den Frieden zu nehmen von der Erde und daß sie sich untereinander erwürgten; und ward ihm ein großes Schwert gegeben.

⁵Und da es das dritte Siegel auftat, hörte ich das dritte Tier sagen: Komm! Und ich sah, und siehe, ein schwarzes Pferd. Und der daraufsaß, hatte eine Waage in seiner Hand.

⁶Und ich hörte eine Stimme unter den vier Tieren sagen: Ein Maß Weizen um einen Groschen und drei Maß Gerste um einen Groschen; und dem Öl und Wein tu kein Leid!

⁷Und da es das vierte Siegel auftat, hörte ich die Stimme des vierten Tiers sagen: Komm!

⁸Und ich sah, und siehe, ein fahles Pferd. Und der daraufsaß, des Name hieß Tod, und die Hölle folgte ihm nach. Und ihnen ward Macht gegeben, zu töten das vierte Teil auf der Erde mit dem Schwert und Hunger und mit dem Tod und durch die Tiere auf Erden.

⁹Und da es das fünfte Siegel auftat, sah ich unter dem Altar die Seelen derer, die erwürgt waren um des Wortes Gottes willen und um

Offenbarung

des Zeugnisses willen, das sie hatten.

¹⁰Und sie schrieen mit großer Stimme und sprachen: HERR, du Heiliger und Wahrhaftiger, wie lange richtest du nicht und rächest unser Blut an denen, die auf der Erde wohnen?

¹¹Und ihnen wurde gegeben einem jeglichen ein weißes Kleid, und ward zu ihnen gesagt, daß sie ruhten noch eine kleine Zeit, bis daß vollends dazukämen ihre Mitknechte und Brüder, die auch sollten noch getötet werden gleich wie sie.

¹²Und ich sah, daß es das sechste Siegel auftat, und siehe, da ward ein großes Erdbeben, und die Sonne ward schwarz wie ein härener Sack, und der Mond ward wie Blut;

¹³und die Sterne des Himmels fielen auf die Erde, gleichwie ein Feigenbaum seine Feigen abwirft, wenn er von großem Wind bewegt wird.

¹⁴Und der Himmel entwich wie ein zusammengerolltes Buch; und alle Berge und Inseln wurden bewegt aus ihren Örtern.

¹⁵Und die Könige auf Erden und die Großen und die Reichen und die Hauptleute und die Gewaltigen und alle Knechte und alle Freien verbargen sich in den Klüften und Felsen an den Bergen

¹⁶und sprachen zu den Bergen und Felsen: Fallt über uns und verberget uns vor dem Angesichte des, der auf dem Stuhl sitzt, und vor dem Zorn des Lammes!

¹⁷Denn es ist gekommen der große Tag seines Zorns, und wer kann bestehen?

Kapitel 7

¹Und darnach sah ich vier Engel stehen auf den vier Ecken der Erde, die hielten die vier Winde der Erde, auf daß kein Wind über die Erde bliese noch über das Meer noch über irgend einen Baum.

²Und ich sah einen anderen Engel aufsteigen von der Sonne Aufgang, der hatte das Siegel des lebendigen Gottes und schrie mit großer Stimme zu den vier Engeln, welchen gegeben war zu beschädigen die Erde und das Meer;

³und er sprach: Beschädiget die Erde nicht noch das Meer noch die Bäume, bis wir versiegeln die Knechte unsers Gottes an ihren Stirnen!

⁴Und ich hörte die Zahl derer, die versiegelt wurden: hundertvierundvierzigtausend, die versiegelt waren von allen Geschlechtern der Kinder Israel:

⁵Von dem Geschlechte Juda zwölftausend versiegelt; von dem Geschlechte Ruben zwölftausend versiegelt; von dem Geschlechte Gad zwölftausend versiegelt;

⁶von dem Geschlechte Asser zwölftausend versiegelt; von dem Geschlechte Naphthali zwölftausend versiegelt; von dem Geschlechte Manasse zwölftausend versiegelt;

⁷von dem Geschlechte Simeon zwölftausend versiegelt; von dem Geschlechte Levi zwölftausend versiegelt; von dem Geschlechte Isaschar zwölftausend versiegelt;

⁸von dem Geschlechte Sebulon zwölftausend versiegelt; von dem Geschlechte Joseph zwölftausend versiegelt; von dem Geschlechte Benjamin zwölftausend versiegelt.

⁹Darnach sah ich, und siehe, eine große Schar, welche niemand zählen konnte, aus allen Heiden und Völkern und Sprachen, vor dem Stuhl stehend und vor dem Lamm, angetan mit weißen Kleidern und Palmen in ihren Händen,

¹⁰schrieen mit großer Stimme und sprachen: Heil sei dem, der auf dem Stuhl sitzt, unserm Gott, und dem Lamm!

¹¹Und alle Engel standen um den Stuhl und um die Ältesten und um die vier Tiere und fielen vor dem Stuhl auf ihr Angesicht und beteten Gott an

¹²und sprachen: Amen, Lob und Ehre und Weisheit und Dank und Preis und Kraft und Stärke sei unserm Gott von Ewigkeit zu Ewigkeit! Amen.

¹³Und es antwortete der Ältesten einer und sprach zu mir: Wer sind diese, mit den weißen Kleidern angetan, und woher sind sie gekommen?

¹⁴Und ich sprach zu ihm: Herr, du weißt es. Und er sprach zu mir: Diese sind's, die gekommen sind aus großer Trübsal und haben ihre Kleider gewaschen und haben ihre Kleider hell gemacht im Blut des Lammes.

¹⁵Darum sind sie vor dem Stuhl Gottes und dienen ihm Tag und Nacht in seinem Tempel; und der auf dem Stuhl sitzt, wird über ihnen wohnen.

¹⁶Sie wird nicht mehr hungern noch dürsten; es wird auch nicht auf sie fallen die Sonne oder irgend eine Hitze;

¹⁷denn das Lamm mitten im Stuhl wird sie weiden und leiten zu den lebendigen Wasserbrunnen, und Gott wird abwischen alle Tränen von ihren Augen.

Kapitel 8

¹Und da es das siebente Siegel auftat, ward eine Stille in dem Himmel bei einer halben Stunde.

²Und ich sah die sieben Engel, die da stehen vor Gott, und ihnen wurden sieben Posaunen gegeben.

³Und ein andrer Engel kam und trat an den Altar und hatte ein goldenes Räuchfaß; und ihm ward viel Räuchwerk gegeben, daß er es gäbe zum Gebet aller Heiligen auf den goldenen Altar vor dem Stuhl.

⁴Und der Rauch des Räuchwerks vom Gebet der Heiligen ging auf von der Hand des Engels vor Gott.

⁵Und der Engel nahm das Räuchfaß und füllte es mit Feuer vom Altar und schüttete es auf die Erde. Und da geschahen Stimmen und Donner und Blitze und Erdbeben.

⁶Und die sieben Engel mit den sieben Posaunen hatten sich gerüstet zu posaunen.

⁷Und der erste Engel posaunte: und es ward ein Hagel und Feuer, mit Blut gemengt, und fiel auf die Erde; und der dritte Teil der Bäume verbrannte, und alles grüne Gras verbrannte.

⁸Und der andere Engel posaunte: und es fuhr wie ein großer Berg mit Feuer brennend ins Meer; und der dritte Teil des Meeres ward Blut,

⁹und der dritte Teil der lebendigen Kreaturen im Meer starben, und der dritte Teil der Schiffe wurden verderbt.

¹⁰Und der dritte Engel posaunte: und es fiel ein großer Stern vom Himmel, der brannte wie eine Fackel und fiel auf den dritten Teil der Wasserströme und über die Wasserbrunnen.

¹¹Und der Name des Sterns heißt Wermut. Und der dritte Teil der Wasser ward Wermut; und viele Menschen starben von den Wassern, weil sie waren so bitter geworden.

¹²Und der vierte Engel posaunte: und es ward geschlagen der dritte Teil der Sonne und der dritte Teil des Mondes und der dritte Teil der Sterne, daß ihr dritter Teil verfinstert ward und der Tag den dritten Teil nicht schien und die Nacht desgleichen.

¹³Und ich sah und hörte einen Engel fliegen mitten durch den Himmel und sagen mit großer Stimme: Weh, weh, weh denen, die auf Erden wohnen, vor den andern Stimmen der Posaune der drei Engel, die noch posaunen sollen!

Kapitel 9

¹Und der fünfte Engel posaunte: und ich sah einen Stern, gefallen vom Himmel auf die Erde; und ihm ward der Schlüssel zum Brunnen des Abgrunds gegeben.

²Und er tat den Brunnen des Abgrunds auf; und es ging auf ein Rauch aus dem Brunnen wie ein Rauch eines großen Ofens, und es ward verfinstert die Sonne und die Luft von dem Rauch des Brunnens.

³Und aus dem Rauch kamen Heuschrecken auf die Erde; und ihnen ward Macht gegeben, wie die Skorpione auf Erden Macht haben.

⁴Und es ward ihnen gesagt, daß sie nicht beschädigten das Gras auf Erden noch ein Grünes noch einen Baum, sondern allein die Menschen, die nicht haben das Siegel Gottes an ihren Stirnen.

⁵Und es ward ihnen gegeben, daß sie sie nicht töteten, sondern sie quälten fünf Monate lang; und ihre Qual war wie eine Qual vom Skorpion, wenn er einen Menschen schlägt.

⁶Und in den Tagen werden die Menschen den Tod suchen, und nicht finden; werden begehren zu sterben, und der Tod wird vor ihnen fliehen.

⁷Und die Heuschrecken sind gleich den Rossen, die zum Kriege bereitet sind; und auf ihrem Haupt wie Kronen, dem Golde gleich, und ihr Antlitz gleich der Menschen Antlitz;

⁸und hatten Haare wie Weiberhaare, und ihre Zähne waren wie die der Löwen;

⁹und hatten Panzer wie eiserne Panzer, und das Rasseln ihrer Flügel wie das Rasseln an den Wagen vieler Rosse, die in den Krieg laufen;

¹⁰und hatten Schwänze gleich den Skorpionen, und es waren Stacheln an ihren Schwänzen; und ihre Macht war, zu beschädigen die Menschen fünf Monate lang.

¹¹Und hatten über sich einen König, den Engel des Abgrunds, des Name heißt auf hebräisch Abaddon, und auf griechisch hat er den Namen Apollyon.

¹²Ein Wehe ist dahin; siehe, es kommen noch zwei Wehe nach dem.

¹³Und der sechste Engel posaunte: und ich hörte eine Stimme aus den vier Ecken des goldenen Altars vor Gott,

¹⁴die sprach zu dem sechsten Engel, der die Posaune hatte: Löse die vier Engel, die gebunden sind an dem großen Wasserstrom Euphrat.

¹⁵Und es wurden die vier Engel los, die bereit waren auf die Stunde und auf den Tag und auf den Monat und auf das Jahr, daß sie töteten den dritten Teil der Menschen.

¹⁶Und die Zahl des reisigen Volkes war vieltausendmal tausend; und ich hörte ihre Zahl.

¹⁷Und also sah ich die Rosse im Gesicht und die daraufsaßen, daß sie hatten feurige und bläuliche und schwefelige Panzer; und die Häupter der Rosse waren wie die Häupter der Löwen, und aus ihrem Munde ging Feuer und Rauch und Schwefel.

¹⁸Von diesen drei Plagen ward getötet der dritte Teil der Menschen, von dem Feuer und Rauch und Schwefel, der aus ihrem Munde ging.

¹⁹Denn ihre Macht war in ihrem Munde; und ihre Schwänze waren den Schlangen gleich und hatten Häupter, und mit denselben taten sie Schaden.

²⁰Und die übrigen Leute, die nicht getötet wurden von diesen Plagen, taten nicht Buße für die Werke ihrer Hände, daß sie nicht anbeteten die Teufel und goldenen, silbernen, ehernen, steinernen und hölzernen Götzen, welche weder sehen noch hören noch wandeln können;

²¹und taten auch nicht Buße für ihre Morde, Zauberei, Hurerei und Dieberei.

Kapitel 10

¹Und ich sah einen andern starken Engel vom Himmel herabkommen; der war mit einer Wolke bekleidet, und ein Regenbogen auf seinem Haupt und sein Antlitz wie die Sonne und Füße wie Feuersäulen,

²und er hatte in seiner Hand ein Büchlein aufgetan. Und er setzte seinen rechten Fuß auf das Meer und den linken auf die Erde;

³und er schrie mit großer Stimme, wie ein Löwe brüllt. Und da er schrie, redeten sieben Donner ihre Stimmen.

⁴Und da die sieben Donner ihre Stimmen geredet hatten, wollte ich sie schreiben. Da hörte ich eine Stimme vom Himmel sagen zu mir: Versiegle, was die sieben Donner geredet haben; schreibe es nicht!

⁵Und der Engel, den ich sah stehen auf dem Meer und der Erde, hob seine Hand gen Himmel

⁶und schwur bei dem Lebendigen von Ewigkeit zu Ewigkeit, der den Himmel geschaffen hat und was darin ist, und die Erde und was darin ist, und das Meer und was darin ist, daß hinfort keine Zeit mehr sein soll;

⁷sondern in den Tagen der Stimme des siebenten Engels, wenn er posaunen wird, soll vollendet werden das Geheimnis Gottes, wie er hat verkündigt seinen Knechten, den Propheten.

⁸Und ich hörte eine Stimme vom Himmel abermals mit mir reden und sagen: Gehe hin, nimm das offene Büchlein von der Hand des Engels, der auf dem Meer und der Erde steht!

⁹Und ich ging hin zu dem Engel und sprach zu ihm: Gib mir das Büchlein! Und er sprach zu mir: Nimm hin und verschling es! und es wird dich im Bauch grimmen; aber in deinem Munde wird's süß sein wie Honig.

¹⁰Und ich nahm das Büchlein von der Hand des Engels und verschlang es, und es war süß in meinem Munde wie Honig; und da ich's gegessen hatte, grimmte mich's im Bauch.

¹¹Und er sprach zu mir: Du mußt abermals weissagen von Völkern und Heiden und Sprachen und vielen Königen.

Kapitel 11

¹Und es ward ein Rohr gegeben, einem Stecken gleich, und er sprach: Stehe auf und miß den Tempel Gottes und den Altar und die darin anbeten.

²Aber den Vorhof außerhalb des Tempels wirf hinaus und miß ihn nicht; denn er ist den Heiden gegeben, und die heilige Stadt werden sie zertreten zweiundvierzig Monate.

³Und ich will meinen zwei Zeugen geben, daß sie weissagen tausendzweihundertundsechzig Tage, angetan mit Säcken.

⁴Diese sind die zwei Ölbäume und die Fackeln, stehend vor dem HERRN der Erde.

⁵Und so jemand sie will schädigen, so geht Feuer aus ihrem Munde und verzehrt ihre Feinde; und so jemand sie will schädigen, der muß also getötet werden.

⁶Diese haben Macht, den Himmel zu verschließen, daß es nicht regne in den Tagen ihrer Weissagung, und haben Macht über das Wasser, es zu wandeln in Blut, und zu schlagen die Erde mit allerlei Plage, so oft sie wollen.

⁷Und wenn sie ihr Zeugnis geendet haben, so wird das Tier, das aus dem Abgrund aufsteigt, mit ihnen einen Streit halten und wird sie überwinden und wird sie töten.

⁸Und ihre Leichname werden liegen auf der Gasse der großen Stadt, die da heißt geistlich "Sodom und Ägypten", da auch der HERR gekreuzigt ist.

⁹Und es werden etliche von den Völkern und Geschlechter und Sprachen ihre Leichname sehen drei Tage und einen halben und werden ihre Leichname nicht lassen in Gräber legen.

¹⁰Und die auf Erden wohnen, werden sich freuen über sie und wohlleben und Geschenke untereinander senden; denn diese zwei Propheten quälten die auf Erden wohnten.

¹¹Und nach drei Tagen und einem halben fuhr in sie der Geist des Lebens von Gott, und sie traten auf ihre Füße; und eine große Furcht fiel über die, so sie sahen.

¹²Und sie hörten eine große Stimme von Himmel zu ihnen sagen: Steiget herauf! und sie stiegen auf in den Himmel in einer Wolke, und es sahen sie ihre Feinde.

¹³Und zu derselben Stunde ward ein großes Erdbeben, und der zehnte Teil der Stadt fiel; und wurden getötet in dem Erdbeben siebentausend Namen der Menschen, und die andern erschraken und gaben Ehre dem Gott des Himmels.

¹⁴Das andere Wehe ist dahin; siehe, das dritte Wehe kommt schnell.

¹⁵Und der siebente Engel posaunte: und es wurden große Stimmen im Himmel, die sprachen: Es sind die Reiche der Welt unsers HERRN und seines Christus geworden, und er wird regieren von Ewigkeit zu Ewigkeit.

¹⁶Und die vierundzwanzig Ältesten, die vor Gott auf ihren Stühlen saßen, fielen auf ihr Angesicht und beteten Gott an

¹⁷und sprachen: Wir danken dir, HERR, allmächtiger Gott, der du bist und warest, daß du hast angenommen deine große Kraft und herrschest;

¹⁸und die Heiden sind zornig geworden, und es ist gekommen dein Zorn und die Zeit der Toten, zu richten und zu geben den Lohn deinen Knechten, den Propheten, und den Heiligen und denen, die deinen Namen fürchten, den Kleinen und Großen, und zu verderben, die die Erde verderbt haben.

¹⁹Und der Tempel Gottes ward aufgetan im Himmel, und die Lade seines Bundes ward im Tempel gesehen; und es geschahen Blitze und Donner und Erdbeben und ein großer Hagel.

Kapitel 12

¹Und es erschien ein großes Zeichen im Himmel: ein Weib, mit der Sonne bekleidet, und der Mond unter ihren Füßen und auf ihrem Haupt eine Krone mit zwölf goldenen Sternen.

²Und sie war schwanger und schrie in Kindesnöten und hatte große Qual zur Geburt.

³Und es erschien ein anderes Zeichen im Himmel, und siehe, ein großer, roter Drache, der hatte sieben Häupter und zehn Hörner und auf seinen Häuptern sieben Kronen;

⁴und sein Schwanz zog den dritten Teil der Sterne des Himmels hinweg und warf sie auf die Erde. Und der Drache trat vor das Weib, die gebären sollte, auf daß, wenn sie geboren hätte, er ihr Kind fräße.

⁵Und sie gebar einen Sohn, ein Knäblein, der alle Heiden sollte weiden mit eisernem Stabe. Und ihr Kind ward entrückt zu Gott und seinem Stuhl.

⁶Und das Weib entfloh in die Wüste, wo sie einen Ort hat, bereitet von Gott, daß sie daselbst ernährt würde tausend zweihundertundsechzig Tage.

⁷Und es erhob sich ein Streit im Himmel: Michael und seine Engel stritten mit dem Drachen; und der Drache stritt und seine Engel,

⁸und siegten nicht, auch ward ihre Stätte nicht mehr gefunden im Himmel.

⁹Und es ward ausgeworfen der große Drache, die alte Schlange, die da heißt der Teufel und Satanas, der die ganze Welt verführt, und ward geworfen auf die Erde, und seine Engel wurden auch dahin geworfen.

¹⁰Und ich hörte eine große Stimme, die sprach im Himmel: Nun ist das Heil und die Kraft und das Reich unsers Gottes geworden und die Macht seines Christus, weil der Verkläger unserer Brüder verworfen ist, der sie verklagte Tag und Nacht vor Gott.

¹¹Und sie haben ihn überwunden durch des Lammes Blut und durch das Wort ihres Zeugnisses und haben ihr Leben nicht geliebt bis an den Tod.

¹²Darum freuet euch, ihr Himmel und die darin wohnen! Weh denen, die auf Erden wohnen und auf dem Meer! denn der Teufel kommt zu euch hinab und hat einen großen Zorn und weiß, daß er wenig Zeit hat.

Offenbarung

¹³Und da der Drache sah, daß er verworfen war auf die Erde, verfolgte er das Weib, die das Knäblein geboren hatte.

¹⁴Und es wurden dem Weibe zwei Flügel gegeben wie eines Adlers, daß sie in die Wüste flöge an ihren Ort, da sie ernährt würde eine Zeit und zwei Zeiten und eine halbe Zeit vor dem Angesicht der Schlange.

¹⁵Und die Schlange schoß nach dem Weibe aus ihrem Munde ein Wasser wie einen Strom, daß er sie ersäufte.

¹⁶Aber die Erde half dem Weibe und tat ihren Mund auf und verschlang den Strom, den der Drache aus seinem Munde schoß.

¹⁷Und der Drache ward zornig über das Weib und ging hin zu streiten mit den übrigen von ihrem Samen, die da Gottes Gebote halten und haben das Zeugnis Jesu Christi.

Kapitel 13

¹Und ich trat an den Sand des Meeres und sah ein Tier aus dem Meer steigen, das hatte sieben Häupter und zehn Hörner und auf seinen Hörnern zehn Kronen und auf seinen Häuptern Namen der Lästerung.

²Und das Tier, daß ich sah, war gleich einem Parder und seine Füße wie Bärenfüße und sein Mund wie eines Löwen Mund. Und der Drache gab ihm seine Kraft und seinen Stuhl und große Macht.

³Und ich sah seiner Häupter eines, als wäre es tödlich wund; und seine tödliche Wunde ward heil. Und der ganze Erdboden verwunderte sich des Tieres

⁴und sie beteten den Drachen an, der dem Tier die Macht gab, und beteten das Tier an und sprachen: Wer ist dem Tier gleich, und wer kann mit ihm kriegen?

⁵Und es ward ihm gegeben ein Mund, zu reden große Dinge und Lästerungen, und ward ihm gegeben, daß es mit ihm währte zweiundvierzig Monate lang.

⁶und es tat seinen Mund auf zur Lästerung gegen Gott, zu lästern seinen Namen und seine Hütte und die im Himmel wohnen.

⁷Und ward ihm gegeben, zu streiten mit den Heiligen und sie zu überwinden; und ward ihm gegeben Macht über alle Geschlechter und Sprachen und Heiden.

⁸Und alle, die auf Erden wohnen, beten es an, deren Namen nicht geschrieben sind in dem Lebensbuch des Lammes, das erwürgt ist, von Anfang der Welt.

⁹Hat jemand Ohren, der höre!

¹⁰So jemand in das Gefängnis führt, der wird in das Gefängnis gehen; so jemand mit dem Schwert tötet, der muß mit dem Schwert getötet werden. Hier ist Geduld und Glaube der Heiligen.

¹¹Und ich sah ein anderes Tier aufsteigen aus der Erde; das hatte zwei Hörner gleichwie ein Lamm und redete wie ein Drache.

¹²Und es übt alle Macht des ersten Tiers vor ihm; und es macht, daß die Erde und die darauf wohnen, anbeten das erste Tier, dessen tödliche Wunde heil geworden war;

¹³und tut große Zeichen, daß es auch macht Feuer vom Himmel fallen vor den Menschen;

¹⁴und verführt, die auf Erden wohnen, um der Zeichen willen, die ihm gegeben sind zu tun vor dem Tier; und sagt denen, die auf Erden wohnen, daß sie ein Bild machen sollen dem Tier, das die Wunde vom Schwert hatte und lebendig geworden war.

¹⁵Und es ward ihm gegeben, daß es dem Bilde des Tiers den Geist gab, daß des Tiers Bild redete und machte, daß alle, welche nicht des Tiers Bild anbeteten, getötet würden.

¹⁶Und es macht, daß die Kleinen und die Großen, die Reichen und die Armen, die Freien und die Knechte-allesamt sich ein Malzeichen geben an ihre rechte Hand oder an ihre Stirn,

¹⁷daß niemand kaufen oder verkaufen kann, er habe denn das Malzeichen, nämlich den Namen des Tiers oder die Zahl seines Namens.

¹⁸Hier ist Weisheit! Wer Verstand hat, der überlege die Zahl des Tiers; denn es ist eines Menschen Zahl, und seine Zahl ist sechshundertsechsundsechzig.

Kapitel 14

¹Und ich sah das Lamm stehen auf dem Berg Zion und mit ihm hundertvierundvierzigtausend, die hatten seinen Namen und den Namen seines Vaters geschrieben an ihre Stirn.

²Und ich hörte eine Stimme vom Himmel wie eines großen Wassers und wie eine Stimme eines großen Donners; und die Stimme, die ich hörte, war wie von Harfenspielern, die auf ihren Harfen spielen.

³Und sie sangen ein neues Lied vor dem Stuhl und vor den vier Tieren und den Ältesten; und niemand konnte das Lied lernen denn die hundertvierundvierzigtausend, die erkauft sind von der Erde.

⁴Diese sind's, die mit Weibern nicht befleckt sind-denn sie sind Jungfrauen-und folgen dem Lamme nach, wo es hingeht. Diese sind erkauft aus den Menschen zu Erstlingen Gott und dem Lamm;

⁵und in ihrem Munde ist kein Falsch gefunden; denn sie sind unsträflich vor dem Stuhl Gottes.

⁶Und ich sah einen Engel fliegen mitten durch den Himmel, der hatte ein ewiges Evangelium zu verkündigen denen, die auf Erden wohnen, und allen Heiden und Geschlechtern und Sprachen und Völkern,

⁷und sprach mit großer Stimme: Fürchtet Gott und gebet ihm die Ehre; denn die Zeit seines Gerichts ist gekommen! Und betet an den, der gemacht hat Himmel und Erde und Meer und Wasserbrunnen.

⁸Und ein anderer Engel folgte nach, der sprach: Sie ist gefallen, sie ist gefallen, Babylon, die große Stadt; denn sie hat mit dem Wein der Hurerei getränkt alle Heiden.

⁹Und der dritte Engel folgte diesem nach und sprach mit großer Stimme: So jemand das Tier anbetet und sein Bild und nimmt sein Malzeichen an seine Stirn oder an seine Hand,

¹⁰der wird vom Wein des Zorns Gottes trinken, der lauter eingeschenkt ist in seines Zornes Kelch, und wird gequält werden mit Feuer und Schwefel vor den heiligen Engeln und vor dem Lamm;

¹¹und der Rauch ihrer Qual wird aufsteigen von Ewigkeit zu Ewigkeit; und sie haben keine Ruhe Tag und Nacht, die das Tier haben angebetet und sein Bild, und so jemand hat das Malzeichen seines Namens angenommen.

¹²Hier ist Geduld der Heiligen; hier sind, die da halten die Gebote Gottes und den Glauben an Jesum.

¹³Und ich hörte eine Stimme vom Himmel zu mir sagen: Schreibe: Selig sind die Toten, die in dem HERRN sterben von nun an. Ja, der Geist spricht, daß sie ruhen von ihrer Arbeit; denn ihre Werke folgen ihnen nach.

¹⁴Und ich sah, und siehe, eine weiße Wolke. Und auf der Wolke saß einer, der gleich war eines Menschen Sohn; der hatte eine goldene Krone auf seinem Haupt und in seiner Hand eine scharfe Sichel.

¹⁵Und ein anderer Engel ging aus dem Tempel und schrie mit großer Stimme zu dem, der auf der Wolke saß: Schlag an mit deiner Sichel und ernte; denn die Zeit zu ernten ist gekommen, denn die Ernte der Erde ist dürr geworden.

¹⁶Und der auf der Wolke saß, schlug mit seiner Sichel an die Erde, und die Erde ward geerntet.

¹⁷Und ein anderer Engel ging aus dem Tempel, der hatte eine scharfe Hippe.

¹⁸Und ein anderer Engel ging aus vom Altar, der hatte Macht über das Feuer und rief mit großem Geschrei zu dem, der die scharfe Hippe hatte, und sprach: Schlag an mit deiner scharfen Hippe und schneide die Trauben vom Weinstock der Erde; denn seine Beeren sind reif!

¹⁹Und der Engel schlug an mit seiner Hippe an die Erde und schnitt die Trauben der Erde und warf sie in die große Kelter des Zorns Gottes.

²⁰Und die Kelter ward draußen vor der Stadt getreten; und das Blut ging von der Kelter bis an die Zäume der Pferde durch tausend sechshundert Feld Wegs.

Kapitel 15

¹Und ich sah ein anderes Zeichen im Himmel, das war groß und wundersam: sieben Engel, die hatten die letzten sieben Plagen; denn mit denselben ist vollendet der Zorn Gottes.

²Und ich sah wie ein gläsernes Meer, mit Feuer gemengt; und die den Sieg behalten hatten an dem Tier und seinem Bild und seinem Malzeichen und seines Namens Zahl, standen an dem gläsernen Meer und hatten Harfen Gottes

³und sangen das Lied Mose's, des Knechtes Gottes, und das Lied des Lammes und sprachen: Groß und wundersam sind deine Werke, HERR, allmächtiger Gott! Gerecht und wahrhaftig sind deine Wege, du König der Heiden!

⁴Wer sollte dich nicht fürchten, HERR und deinen Namen preisen? Denn du bist allein heilig. Denn alle Heiden werden kommen und anbeten vor dir; denn deine Urteile sind offenbar geworden.

⁵Darnach sah ich, und siehe, da ward aufgetan der Tempel der Hütte des Zeugnisses im Himmel;

⁶und gingen aus dem Tempel die sieben Engel, die die sieben Plagen hatten, angetan mit reiner, heller Leinwand und umgürtet an ihren Brüsten mit goldenen Gürteln.

⁷Und eines der vier Tiere gab den sieben Engeln sieben goldene Schalen voll Zorns Gottes, der da lebt von Ewigkeit zu Ewigkeit.

⁸Und der Tempel ward voll Rauch von der Herrlichkeit Gottes und von seiner Kraft; und niemand konnte in den Tempel gehen, bis daß die sieben Plagen der sieben Engel vollendet wurden.

Kapitel 16

¹Und ich hörte eine große Stimme aus dem Tempel, die sprach zu den sieben Engeln: Gehet hin und gießet aus die Schalen des Zorns Gottes auf die Erde!

²Und der erste ging hin und goß seine Schale auf die Erde; und es ward eine böse und arge Drüse an den Menschen, die das Malzeichen des Tiers hatten und die sein Bild anbeteten.

³Und der andere Engel goß aus seine Schale ins Meer; und es ward Blut wie eines Toten, und alle lebendigen Seelen starben in dem Meer.

⁴Und der dritte Engel goß aus seine Schale in die Wasserströme und in die Wasserbrunnen; und es ward Blut.

⁵Und ich hörte den Engel der Wasser sagen: HERR, du bist gerecht, der da ist und der da war, und heilig, daß du solches geurteilt hast,

⁶denn sie haben das Blut der Heiligen und Propheten vergossen, und Blut hast du ihnen zu trinken gegeben; denn sie sind's wert.

⁷Und ich hörte einen anderen Engel aus dem Altar sagen: Ja, HERR, allmächtiger Gott, deine Gerichte sind wahrhaftig und gerecht.

⁸Und der vierte Engel goß aus seine Schale in die Sonne, und ihm ward gegeben, den Menschen heiß zu machen mit Feuer.

⁹Und den Menschen ward heiß von großer Hitze, und sie lästerten den Namen Gottes, der Macht hat über diese Plagen, und taten nicht Buße, ihm die Ehre zu geben.

¹⁰Und der fünfte Engel goß aus seine Schale auf den Stuhl des Tiers; und sein Reich ward verfinstert, und sie zerbissen ihre Zungen vor Schmerzen

¹¹und lästerten Gott im Himmel vor ihren Schmerzen und vor ihren Drüsen und taten nicht Buße für ihre Werke.

¹²Und der sechste Engel goß aus seine Schale auf den großen Wasserstrom Euphrat; und das Wasser vertrocknete, auf daß bereitet würde der Weg den Königen vom Aufgang der Sonne.

¹³Und ich sah aus dem Munde des Drachen und aus dem Munde des Tiers und aus dem Munde des falschen Propheten drei unreine Geister gehen, gleich den Fröschen;

¹⁴denn es sind Geister der Teufel, die tun Zeichen und gehen aus zu den Königen auf dem ganzen Kreis der Welt, sie zu versammeln in den Streit auf jenen Tag Gottes, des Allmächtigen.

¹⁵Siehe, ich komme wie ein Dieb. Selig ist, der da wacht und hält seine Kleider, daß er nicht bloß wandle und man nicht seine Schande sehe.

¹⁶Und er hat sie versammelt an einen Ort, der da heißt auf hebräisch Harmagedon.

¹⁷Und der siebente Engel goß aus seine Schale in die Luft; und es ging aus eine Stimme vom Himmel aus dem Stuhl, die sprach: Es ist geschehen.

¹⁸Und es wurden Stimmen und Donner und Blitze; und ward ein solches Erdbeben, wie solches nicht gewesen ist, seit Menschen auf Erden gewesen sind, solch Erdbeben also groß.

¹⁹Und aus der großen Stadt wurden drei Teile, und die Städte der Heiden fielen. Und Babylon, der großen, ward gedacht vor Gott, ihr zu geben den Kelch des Weins von seinem grimmigen Zorn.

²⁰Und alle Inseln entflohen, und keine Berge wurden gefunden.

²¹Und ein großer Hagel, wie ein Zentner, fiel vom Himmel auf die Menschen; und die Menschen lästerten Gott über die Plage des Hagels, denn seine Plage war sehr groß.

Kapitel 17

¹Und es kam einer von den sieben Engeln, die die sieben Schalen hatten, redete mit mir und sprach zu mir: Komm, ich will dir zeigen das Urteil der großen Hure, die da an vielen Wassern sitzt;

²mit welcher gehurt haben die Könige auf Erden; und die da wohnen auf Erden, sind trunken geworden von dem Wein ihrer Hurerei.

³Und er brachte mich im Geist in die Wüste. Und ich sah ein Weib sitzen auf einem scharlachfarbenen Tier, das war voll Namen der Lästerung und hatte sieben Häupter und zehn Hörner.

⁴Und das Weib war bekleidet mit Purpur und Scharlach und übergoldet mit Gold und edlen Steinen und Perlen und hatte einen goldenen Becher in der Hand, voll Greuel und Unsauberkeit ihrer Hurerei,

⁵und an ihrer Stirn geschrieben einen Namen, ein Geheimnis: Die große Babylon, die Mutter der Hurerei und aller Greuel auf Erden.

⁶Und ich sah das Weib trunken von dem Blut der Heiligen und von dem Blute der Zeugen Jesu. Und ich verwunderte mich sehr, da ich sie sah.

⁷Und der Engel spricht zu mir: Warum verwunderst du dich? Ich will dir sagen das Geheimnis von dem Weibe und von dem Tier, das sie trägt und hat sieben Häupter und zehn Hörner.

⁸Das Tier, das du gesehen hast, ist gewesen und ist nicht und wird wiederkommen aus dem Abgrund und wird fahren in die Verdammnis, und es werden sich verwundern, die auf Erden wohnen, deren Namen nicht geschrieben stehen in dem Buch des Lebens von Anfang der Welt, wenn sie sehen das Tier, daß es gewesen ist und nicht ist und dasein wird.

⁹Hier ist der Sinn, der zur Weisheit gehört! Die sieben Häupter sind sieben Berge, auf welchen das Weib sitzt, und sind sieben Könige.

¹⁰Fünf sind gefallen, und einer ist, und der andere ist noch nicht gekommen; und wenn er kommt, muß er eine kleine Zeit bleiben.

¹¹Und das Tier, das gewesen und ist nicht, das ist der achte und ist von den sieben und fährt in die Verdammnis.

¹²Und die zehn Hörner, die du gesehen hast, das sind zehn Könige, die das Reich noch nicht empfangen haben; aber wie Könige werden sie eine Zeit Macht empfangen mit dem Tier.

¹³Die haben eine Meinung und werden ihre Kraft und Macht geben dem Tier.

¹⁴Diese werden streiten mit dem Lamm, und das Lamm wird sie überwinden (denn es ist der HERR aller Herren und der König aller Könige) und mit ihm die Berufenen und Auserwählten und Gläubigen.

¹⁵Und er sprach zu mir: Die Wasser, die du gesehen hast, da die Hure sitzt, sind Völker und Scharen und Heiden und Sprachen.

¹⁶Und die zehn Hörner, die du gesehen hast, und das Tier, die werden die Hure hassen und werden sie einsam machen und bloß und werden ihr Fleisch essen und werden sie mit Feuer verbrennen.

¹⁷Denn Gott hat's ihnen gegeben in ihr Herz, zu tun seine Meinung und zu tun einerlei Meinung und zu geben ihr Reich dem Tier, bis daß vollendet werden die Worte Gottes.

¹⁸Und das Weib, das du gesehen hast, ist die große Stadt, die das Reich hat über die Könige auf Erden.

Kapitel 18

¹Und darnach sah ich einen andern Engel herniederfahren vom Himmel, der hatte eine große Macht, und die Erde ward erleuchtet von seiner Klarheit.

²Und er schrie aus Macht mit großer Stimme und sprach: Sie ist gefallen, sie ist gefallen, Babylon, die große, und eine Behausung der Teufel geworden und ein Behältnis aller unreinen Geister und ein Behältnis aller unreinen und verhaßten Vögel.

³Denn von dem Wein des Zorns ihrer Hurerei haben alle Heiden getrunken, und die Könige auf Erden haben mit ihr Hurerei getrieben, und die Kaufleute auf Erden sind reich geworden von ihrer großen Wollust.

⁴Und ich hörte eine andere Stimme vom Himmel, die sprach: Gehet aus von ihr, mein Volk, daß ihr nicht teilhaftig werdet ihrer Sünden, auf daß ihr nicht empfanget etwas von ihren Plagen!

⁵Denn ihre Sünden reichen bis in den Himmel, und Gott denkt an ihren Frevel.

⁶Bezahlet sie, wie sie bezahlt hat, und macht's ihr zwiefältig nach ihren Werken; und in welchem Kelch sie eingeschenkt hat, schenkt ihr zwiefältig ein.

⁷Wieviel sie herrlich gemacht und ihren Mutwillen gehabt hat, so viel schenket ihr Qual und Leid ein! Denn sie spricht in ihrem Herzen: Ich sitze als Königin und bin keine Witwe, und Leid werde ich nicht sehen.

⁸Darum werden ihre Plagen auf einen Tag kommen: Tod, Leid und Hunger; mit Feuer wird sie verbrannt werden; denn stark ist Gott der HERR, der sie richten wird.

⁹Und es werden sie beweinen und sie beklagen die Könige auf Erden, die mit ihr gehurt und Mutwillen getrieben haben, wenn sie sehen werden den Rauch von ihrem Brand;

¹⁰und werden von ferne stehen vor Furcht ihrer Qual und sprechen: Weh, weh, die große Stadt Babylon, die starke Stadt! In einer Stunde ist ihr Gericht gekommen.

¹¹Und die Kaufleute auf Erden werden weinen und Leid tragen über sie, weil ihre Ware niemand mehr kaufen wird,

¹²die Ware des Goldes und Silbers und Edelgesteins und die Perlen und köstliche Leinwand und Purpur und Seide und Scharlach und allerlei wohlriechendes Holz und allerlei Gefäß von Elfenbein und allerlei Gefäß von köstlichem Holz und von Erz und von Eisen und von Marmor,

¹³und Zimt und Räuchwerk und Salbe und Weihrauch und Wein und Öl und Semmelmehl und Weizen und Vieh und Schafe und Pferde und Wagen und Leiber und-Seelen der Menschen.

¹⁴Und das Obst, daran deine Seele Lust hatte, ist von dir gewichen, und alles, was völlig und herrlich war, ist von dir gewichen, und du wirst solches nicht mehr finden.

Offenbarung

¹⁵Die Händler solcher Ware, die von ihr sind reich geworden, werden von ferne stehen vor Furcht ihrer Qual, weinen und klagen

¹⁶und sagen: Weh, weh, die große Stadt, die bekleidet war mit köstlicher Leinwand und Purpur und Scharlach und übergoldet war mit Gold und Edelstein und Perlen!

¹⁷denn in einer Stunde ist verwüstet solcher Reichtum. Und alle Schiffsherren und der Haufe derer, die auf den Schiffen hantieren, und Schiffsleute, die auf dem Meer hantieren, standen von ferne

¹⁸und schrieen, da sie den Rauch von ihrem Brande sahen, und sprachen: Wer ist gleich der großen Stadt?

¹⁹Und sie warfen Staub auf ihre Häupter und schrieen, weinten und klagten und sprachen: Weh, weh, die große Stadt, in welcher wir reich geworden sind alle, die da Schiffe im Meere hatten, von ihrer Ware! denn in einer Stunde ist sie verwüstet.

²⁰Freue dich über sie, Himmel und ihr Heiligen und Apostel und Propheten; denn Gott hat euer Urteil an ihr gerichtet!

²¹Und ein starker Engel hob einen großen Stein auf wie einen Mühlstein, warf ihn ins Meer und sprach: Also wird mit einem Sturm verworfen die große Stadt Babylon und nicht mehr gefunden werden.

²²Und die Stimme der Sänger und Saitenspieler, Pfeifer und Posauner soll nicht mehr in dir gehört werden, und kein Handwerksmann irgend eines Handwerks soll mehr in dir gefunden werden, und die Stimme der Mühle soll nicht mehr in dir gehört werden,

²³und das Licht der Leuchte soll nicht mehr in dir leuchten, und die Stimme des Bräutigams und der Braut soll nicht mehr in dir gehört werden! Denn deine Kaufleute waren Fürsten auf Erden; denn durch deine Zauberei sind verführt worden alle Heiden.

²⁴Und das Blut der Propheten und der Heiligen ist in ihr gefunden worden und all derer, die auf Erden erwürgt sind.

Kapitel 19

¹Darnach hörte ich eine Stimme großer Scharen im Himmel, die sprachen: Halleluja! Heil und Preis, Ehre und Kraft sei Gott, unserm HERRN!

²Denn wahrhaftig und gerecht sind seine Gerichte, daß er die große Hure verurteilt hat, welche die Erde mit ihrer Hurerei verderbte, und hat das Blut seiner Knechte von ihrer Hand gefordert.

³Und sie sprachen zum andernmal: Halleluja! und der Rauch geht auf ewiglich.

⁴Und die vierundzwanzig Ältesten und die vier Tiere fielen nieder und beteten an Gott, der auf dem Stuhl saß, und sprachen: AMEN, Halleluja!

⁵Und eine Stimme ging aus von dem Stuhl: Lobt unsern Gott, alle seine Knechte und die ihn fürchten, beide, klein und groß!

⁶Und ich hörte wie eine Stimme einer großen Schar und wie eine Stimme großer Wasser und wie eine Stimme starker Donner, die sprachen: Halleluja! denn der allmächtige Gott hat das Reich eingenommen.

⁷Lasset uns freuen und fröhlich sein und ihm die Ehre geben! denn die Hochzeit des Lammes ist gekommen, und sein Weib hat sich bereitet.

⁸Und es ward ihr gegeben, sich anzutun mit reiner und schöner Leinwand. (Die köstliche Leinwand aber ist die Gerechtigkeit der Heiligen.)

⁹Und er sprach zu mir: Schreibe: Selig sind, die zum Abendmahl des Lammes berufen sind. Und er sprach zu mir: Dies sind wahrhaftige Worte Gottes.

¹⁰Und ich fiel vor ihn zu seinen Füßen, ihn anzubeten. Und er sprach zu mir: Siehe zu, tu es nicht! Ich bin dein Mitknecht und deiner Brüder, die das Zeugnis Jesu haben. Bete Gott an! (Das Zeugnis aber Jesu ist der Geist der Weissagung.)

¹¹Und ich sah den Himmel aufgetan; und siehe, ein weißes Pferd. Und der daraufsaß, hieß Treu und Wahrhaftig, und er richtet und streitet mit Gerechtigkeit.

¹²Seine Augen sind wie eine Feuerflamme, und auf seinem Haupt viele Kronen; und er hatte einen Namen geschrieben, den niemand wußte denn er selbst.

¹³Und war angetan mit einem Kleide, das mit Blut besprengt war; und sein Name heißt "das Wort Gottes".

¹⁴Und ihm folgte nach das Heer im Himmel auf weißen Pferden, angetan mit weißer und reiner Leinwand.

¹⁵Und aus seinem Munde ging ein scharfes Schwert, daß er damit die Heiden schlüge; und er wird sie regieren mit eisernem Stabe; und er tritt die Kelter des Weins des grimmigen Zorns Gottes, des Allmächtigen.

¹⁶Und er hat einen Namen geschrieben auf seinem Kleid und auf seiner Hüfte also: Ein König aller Könige und ein HERR aller Herren.

¹⁷Und ich sah einen Engel in der Sonne stehen; und er schrie mit großer Stimme und sprach zu allen Vögeln, die unter dem Himmel fliegen: Kommt und versammelt euch zu dem Abendmahl des großen Gottes,

¹⁸daß ihr esset das Fleisch der Könige und der Hauptleute und das Fleisch der Starken und der Pferde und derer, die daraufsitzen, und das Fleisch aller Freien und Knechte, der Kleinen und der Großen!

¹⁹Und ich sah das Tier und die Könige auf Erden und ihre Heere versammelt, Streit zu halten mit dem, der auf dem Pferde saß, und mit seinem Heer.

²⁰Und das Tier ward gegriffen und mit ihm der falsche Prophet, der die Zeichen tat vor ihm, durch welche er verführte, die das Malzeichen des Tiers nahmen und die das Bild des Tiers anbeteten; lebendig wurden diese beiden in den feurigen Pfuhl geworfen, der mit Schwefel brannte.

²¹Und die andern wurden erwürgt mit dem Schwert des, der auf dem Pferde saß, das aus seinem Munde ging; und alle Vögel wurden satt von ihrem Fleisch.

Kapitel 20

¹Und ich sah einen Engel vom Himmel fahren, der hatte den Schlüssel zum Abgrund und eine große Kette in seiner Hand.

²Und er griff den Drachen, die alte Schlange, welche ist der Teufel und Satan, und band ihn tausend Jahre

³und warf ihn in den Abgrund und verschloß ihn und versiegelte obendarauf, daß er nicht mehr verführen sollte die Heiden, bis daß vollendet würden tausend Jahre; und darnach muß er los werden eine kleine Zeit.

⁴Und ich sah Stühle, und sie setzten sich darauf, und ihnen ward gegeben das Gericht; und die Seelen derer, die enthauptet sind um des Zeugnisses Jesu und um des Wortes Gottes willen, und die nicht angebetet hatten das Tier noch sein Bild und nicht genommen hatten sein Malzeichen an ihre Stirn und auf ihre Hand, diese lebten und regierten mit Christo tausend Jahre.

⁵Die andern Toten aber wurden nicht wieder lebendig, bis daß tausend Jahre vollendet wurden. Dies ist die erste Auferstehung.

⁶Selig ist der und heilig, der teilhat an der ersten Auferstehung. Über solche hat der andere Tod keine Macht; sondern sie werden Priester Gottes und Christi sein und mit ihm regieren tausend Jahre.

⁷Und wenn tausend Jahre vollendet sind, wird der Satanas los werden aus seinem Gefängnis

⁸und wird ausgehen, zu verführen die Heiden an den vier Enden der Erde, den Gog und Magog, sie zu versammeln zum Streit, welcher Zahl ist wie der Sand am Meer.

⁹Und sie zogen herauf auf die Breite der Erde und umringten das Heerlager der Heiligen und die geliebte Stadt. Und es fiel Feuer von Gott aus dem Himmel und verzehrte sie.

¹⁰Und der Teufel, der sie verführte, ward geworfen in den feurigen Pfuhl und Schwefel, da auch das Tier und der falsche Prophet war; und sie werden gequält werden Tag und Nacht von Ewigkeit zu Ewigkeit.

¹¹Und ich sah einen großen, weißen Stuhl und den, der daraufsaß; vor des Angesicht floh die Erde und der Himmel und ihnen ward keine Stätte gefunden.

¹²Und ich sah die Toten, beide, groß und klein, stehen vor Gott, und Bücher wurden aufgetan. Und ein anderes Buch ward aufgetan, welches ist das Buch des Lebens. Und die Toten wurden gerichtet nach der Schrift in den Büchern, nach ihren Werken.

¹³Und das Meer gab die Toten, die darin waren, und der Tod und die Hölle gaben die Toten, die darin waren; und sie wurden gerichtet, ein jeglicher nach seinen Werken.

¹⁴Und der Tod und die Hölle wurden geworfen in den feurigen Pfuhl. das ist der andere Tod.

¹⁵Und so jemand nicht ward gefunden geschrieben in dem Buch des Lebens, der ward geworfen in den feurigen Pfuhl.

Kapitel 21

¹Und ich sah einen neuen Himmel und eine neue Erde; denn der erste Himmel und die erste Erde verging, und das Meer ist nicht mehr.

²Und ich, Johannes, sah die heilige Stadt, das neue Jerusalem, von Gott aus dem Himmel herabfahren, bereitet als eine geschmückte Braut ihrem Mann.

³Und ich hörte eine große Stimme von dem Stuhl, die sprach: Siehe da, die Hütte Gottes bei den Menschen! und er wird bei ihnen wohnen, und sie werden sein Volk sein, und er selbst, Gott mit ihnen, wird ihr Gott sein;

⁴und Gott wird abwischen alle Tränen von ihren Augen, und der Tod wird nicht mehr sein, noch Leid noch Geschrei noch Schmerz wird

mehr sein; denn das Erste ist vergangen.

⁵Und der auf dem Stuhl saß, sprach: Siehe, ich mache alles neu! Und er spricht zu mir: Schreibe; denn diese Worte sind wahrhaftig und gewiß!

⁶Und er sprach zu mir: Es ist geschehen. Ich bin das A und das O, der Anfang und das Ende. Ich will den Durstigen geben von dem Brunnen des lebendigen Wassers umsonst.

⁷Wer überwindet, der wird es alles ererben, und ich werde sein Gott sein, und er wird mein Sohn sein.

⁸Der Verzagten aber und Ungläubigen und Greulichen und Totschläger und Hurer und Zauberer und Abgöttischen und aller Lügner, deren Teil wird sein in dem Pfuhl, der mit Feuer und Schwefel brennt; das ist der andere Tod.

⁹Und es kam zu mir einer von den sieben Engeln, welche die sieben Schalen voll der letzten sieben Plagen hatten, und redete mit mir und sprach: Komm, ich will dir das Weib zeigen, die Braut des Lammes.

¹⁰Und er führte mich hin im Geist auf einen großen und hohen Berg und zeigte mir die große Stadt, das heilige Jerusalem, herniederfahren aus dem Himmel von Gott,

¹¹die hatte die Herrlichkeit Gottes. Und ihr Licht war gleich dem alleredelsten Stein, einem hellen Jaspis.

¹²Und sie hatte eine große und hohe Mauer und hatte zwölf Tore und auf den Toren zwölf Engel, und Namen darauf geschrieben, nämlich der zwölf Geschlechter der Kinder Israel.

¹³Vom Morgen drei Tore, von Mitternacht drei Tore, vom Mittag drei Tore, vom Abend drei Tore.

¹⁴Und die Mauer der Stadt hatte zwölf Grundsteine und auf ihnen Namen der zwölf Apostel des Lammes.

¹⁵Und der mit mir redete, hatte ein goldenes Rohr, daß er die Stadt messen sollte und ihre Tore und Mauer.

¹⁶Und die Stadt liegt viereckig, und ihre Länge ist so groß als die Breite. Und er maß die Stadt mit dem Rohr auf zwölftausend Feld Wegs. Die Länge und die Breite und die Höhe der Stadt sind gleich.

¹⁷Und er maß ihre Mauer, hundertvierundvierzig Ellen, nach Menschenmaß, das der Engel hat.

¹⁸Und der Bau ihrer Mauer war von Jaspis und die Stadt von lauterm Golde gleich dem reinen Glase.

¹⁹Und die Grundsteine der Mauer um die Stadt waren geschmückt mit allerlei Edelgestein. Der erste Grund war ein Jaspis, der andere ein Saphir, der dritte ein Chalzedonier, der vierte ein Smaragd,

²⁰der fünfte ein Sardonix, der sechste ein Sarder, der siebente ein Chrysolith, der achte ein Beryll, der neunte ein Topas, der zehnte ein Chrysopras, der elfte ein Hyazinth, der zwölfte ein Amethyst.

²¹Und die zwölf Tore waren zwölf Perlen, und ein jeglich Tor war von einer Perle; und die Gassen der Stadt waren lauteres Gold wie ein durchscheinend Glas.

²²Und ich sah keinen Tempel darin; denn der HERR, der allmächtige Gott, ist ihr Tempel, und das Lamm.

²³Und die Stadt bedarf keiner Sonne noch des Mondes, daß sie scheinen; denn die Herrlichkeit Gottes erleuchtet sie, und ihre Leuchte ist das Lamm.

²⁴Und die Heiden, die da selig werden, wandeln in ihrem Licht; und die Könige auf Erden werden ihre Herrlichkeit in sie bringen.

²⁵Und ihre Tore werden nicht verschlossen des Tages; denn da wird keine Nacht sein.

²⁶Und man wird die Herrlichkeit und die Ehre der Heiden in sie bringen.

²⁷Und es wird nicht hineingehen irgend ein Gemeines und das da Greuel tut und Lüge, sondern die geschrieben sind in dem Lebensbuch des Lammes.

Kapitel 22

¹Und er zeigte mir einen lautern Strom des lebendigen Wassers, klar wie ein Kristall; der ging aus von dem Stuhl Gottes und des Lammes.

²Mitten auf ihrer Gasse auf beiden Seiten des Stroms stand Holz des Lebens, das trug zwölfmal Früchte und brachte seine Früchte alle Monate; und die Blätter des Holzes dienten zu der Gesundheit der Heiden.

³Und es wird kein Verbanntes mehr sein. Und der Stuhl Gottes und des Lammes wird darin sein; und seine Knechte werden ihm dienen

⁴und sehen sein Angesicht; und sein Name wird an ihren Stirnen sein.

⁵Und wird keine Nacht da sein, und sie werden nicht bedürfen einer Leuchte oder des Lichts der Sonne; denn Gott der HERR wird sie erleuchten, und sie werden regieren von Ewigkeit zu Ewigkeit.

⁶Und er sprach zu mir: Diese Worte sind gewiß und wahrhaftig; und der HERR, der Gott der Geister der Propheten, hat seinen Engel gesandt, zu zeigen seinen Knechten, was bald geschehen muß.

⁷Siehe, ich komme bald. Selig ist, der da hält die Worte der Weissagung in diesem Buch.

⁸Und ich bin Johannes, der solches gehört hat. Und da ich's gehört und gesehen, fiel ich nieder, anzubeten zu den Füßen des Engels, der mir solches zeigte.

⁹Und er spricht zu mir: Siehe zu, tu es nicht! denn ich bin dein Mitknecht und deiner Brüder, der Propheten, und derer, die da halten die Worte dieses Buchs. Bete Gott an!

¹⁰Und er spricht zu mir: Versiegle nicht die Worte der Weissagung in diesem Buch; denn die Zeit ist nahe!

¹¹Wer böse ist, der sei fernerhin böse, und wer unrein ist, der sei fernerhin unrein; aber wer fromm ist, der sei fernerhin fromm, und wer heilig ist, der sei fernerhin heilig.

¹²Siehe, ich komme bald und mein Lohn mit mir, zu geben einem jeglichen, wie seine Werke sein werden.

¹³Ich bin das A und das O, der Anfang und das Ende, der Erste und der Letzte.

¹⁴Selig sind, die seine Gebote halten, auf daß sie Macht haben an dem Holz des Lebens und zu den Toren eingehen in die Stadt.

¹⁵Denn draußen sind die Hunde und die Zauberer und die Hurer und die Totschläger und die Abgöttischen und alle, die liebhaben und tun die Lüge.

¹⁶Ich, Jesus, habe gesandt meinen Engel, solches zu bezeugen an die Gemeinden. Ich bin die Wurzel des Geschlechts David, der helle Morgenstern.

¹⁷Und der Geist und die Braut sprechen: Komm! Und wer es hört, der spreche: Komm! Und wen dürstet, der komme; und wer da will, der nehme das Wasser des Lebens umsonst.

¹⁸Ich bezeuge allen, die da hören die Worte der Weissagung in diesem Buch: So jemand dazusetzt, so wird Gott zusetzen auf ihn die Plagen, die in diesem Buch geschrieben stehen.

¹⁹Und so jemand davontut von den Worten des Buchs dieser Weissagung, so wird Gott abtun sein Teil von Holz des Lebens und von der heiligen Stadt, davon in diesem Buch geschrieben ist.

²⁰Es spricht, der solches bezeugt: Ja, ich komme bald. Amen, ja komm, HERR Jesu!

²¹Die Gnade unsers HERRN Jesu Christi sei mit euch allen! Amen.

www.ingramcontent.com/pod-product-compliance
Lightning Source LLC
Chambersburg PA
CBHW080403300426
44113CB00015B/2388